D1747791

Kümpel **Bank- und Kapitalmarktrecht**

Bank- und Kapitalmarktrecht

von

Prof. Dr. Siegfried Kümpel

2. neubearbeitete und
wesentlich erweiterte Auflage

2000

Verlag
Dr. Otto Schmidt
Köln

Die Deutsche Bibliothek – *CIP-Einheitsaufnahme*

Kümpel, Siegfried:
Bank- und Kapitalmarktrecht / von Siegfried Kümpel. – 2. neubearb. und wesentlich erweiterte Auflage. – Köln: O. Schmidt, 2000
ISBN 3-504-40056-0

Verlag Dr. Otto Schmidt KG
Unter den Ulmen 96–98, 50968 Köln
Tel.: 02 21/9 37 38-01, Fax: 02 21/9 37 38-9 21

© 2000 by Verlag Dr. Otto Schmidt KG

Das Werk einschließlich aller seiner Teile ist urheberrechtlich geschützt. Jede Verwertung, die nicht ausdrücklich vom Urheberrechtsgesetz zugelassen ist, bedarf der vorherigen Zustimmung des Verlages. Das gilt insbesondere für Vervielfältigungen, Bearbeitungen, Übersetzungen, Mikroverfilmungen und die Einspeicherung und Verarbeitung in elektronischen Systemen.

Das verwendete Papier ist aus chlorfrei gebleichten Rohstoffen hergestellt, holz- und säurefrei, alterungsbeständig und umweltfreundlich.

Umschlaggestaltung: Jan P. Lichtenford, Mettmann
Gesamtherstellung: Bercker Graphischer Betrieb GmbH, Kevelaer
Printed in Germany

Meiner Frau

Vorwort

Seit Erscheinen der Erstauflage hat das Bank- und Kapitalmarktrecht umwälzende Neuregelungen erfahren. Im Blickpunkt steht die Ablösung der Deutschen Mark durch den Euro als supranationaler Währung. Die Innovationskraft der Praxis hat das Leistungsangebot der Kreditinstitute vor allem im elektronischen Zahlungsverkehr erweitert, die Kassamärkte des Kapitalmarktes weiterentwickelt und neue Varianten des Terminhandels geschaffen. Gesetzgebung und Rechtsprechung haben wiederum bedeutende Beiträge zur Weiterentwicklung des Bank- und Kapitalmarktrechts geleistet.

Starke Impulse für diese Entwicklung kamen aus der rechtlichen Harmonisierung in der Europäischen Wirtschafts- und Währungsunion. Diese europäischen Vorgaben sind in mehreren EU-Richtlinien konkretisiert worden, die der deutsche Gesetzgeber zwischenzeitlich durch eine Vielzahl nationaler Vorschriften umgesetzt hat. Die Veränderungen in den rechtlichen Rahmenbedingungen vollzogen sich in fast allen Geschäftsfeldern der Kreditinstitute. Sie erstrecken sich auf das kommerzielle Bankgeschäft (Commercial Banking) mit seinem Einlagengeschäft, bargeldlosen Zahlungsverkehr und Kreditgeschäft sowie auf das Investment Banking, das das Wertpapiergeschäft im weitesten Wortsinne und den Terminhandel umfaßt.

Die Legaldefinition des *Einlagengeschäfts* (§ 1 Abs. 1 Nr. 1 KWG) ist durch die sechste KWG-Novelle erweitert worden, die einen Schwerpunkt des Gesetzes zwecks Umsetzung der EG-Richtlinien zur Harmonisierung bank- und wertpapieraufsichtsrechtlicher Bestimmungen bildet. Nach den europäischen Vorgaben wurde mittlerweile eine gesetzliche Einlagensicherung eingeführt. Zu den Instrumenten des *bargeldlosen Zahlungsverkehrs* gehören nunmehr auch die GeldKarte und das Netzgeld für Zahlungen mit digitalen Datensätzen. Für das Vertragsverhältnis zwischen Kunde und Bank beim Home-Banking gelten die von der Kreditwirtschaft überarbeiteten einheitlichen „Bedingungen für die konto-/depotbezogene Nutzung des online Banking mit elektronischer Signatur". Änderungen im grenzüberschreitenden Zahlungsverkehr ergaben sich durch das Transportrecht-Reformgesetz vom 25. Juni 1998 und die Einheitlichen Richtlinien für Rembourse zwischen Banken unter Dokumentenakkreditiven (ICC-Publikation Nr. 525).

Wesentliche Neuregelungen erfuhren auch das *Kreditgeschäft* und das Recht der *Kreditsicherheiten*. Der traditionelle Diskontkredit der Deutschen Bundesbank ist in Anlehnung an das längerfristige Refinanzierungsgeschäft als neues geldpolitisches Instrument der Europäischen Zentralbank umgestaltet worden. Das neue Umwandlungsgesetz ermöglicht die gesellschaftsrechtliche Spaltung kreditnehmender Unternehmen in Form einer OHG, KG, GmbH, AG und KGaA. Mehrere Entscheidungen des Bundesgerichtshofs ergingen zur Bemessung der Vorfälligkeitsentschädigung bei vorzeitiger Darlehensrückzahlung. Die am 1. Januar 1999 in Kraft getretene Insolvenzordnung hat die Restschuldbefreiung für private Kreditnehmer eingeführt. Sie wird im übrigen erhebliche Auswirkungen auf die Kreditsicherheiten haben. Die Entscheidung des Großen Zivilrechtssenats vom 27. November 1997 zur Freigabepflicht bei revolvierenden Globalsicherheiten brachte die für die Praxis erwünschte Rechtssicherheit. Eine Vielzahl von Urteilen des Bundesgerichtshofs seit der Ersten Auflage betreffen die Bürgschaften und Schuldübernahmen vermögensloser Familienangehöriger und der Anwendung des Haustürwiderrufgesetzes auf die Kreditsicherheiten. Der Bereich der atypischen Sicherheiten wurde schließlich um die durch das angelsächsische Recht geprägten Financial Covenants bei grenzüberschreitenden Kreditgewährungen erweitert.

Vielfältige und tiefgreifende Änderungen der rechtlichen Rahmenbedingungen betreffen das *Kapitalmarktrecht* im weitesten Wortsinne. Das *Emissionsgeschäft* der Kreditinstitute ist in den gesetzlichen Katalog der Bankgeschäfte aufgenommen worden. Neue Emissionstechniken und das Bookbuilding-Verfahren zur Preisfindung für die zu emittierenden Aktien wurden entwickelt. Das dritte Finanzmarktförderungsgesetz hat die *Prospekthaftung* des Börsengesetzes (§ 45) grundlegend neu gestaltet. Das *Effektengeschäft* profitiert von der Einführung des elektronischen XETRA-Handels und des Neuen Marktes als einer eigenständigen Handelsplattform des Freiverkehrs. Mit der gesetzlichen Einlagensicherung wurde zugleich eine gesetzliche Anlegerentschädigung entsprechend den europäischen Vorgaben vorgeschrieben. Auswirkungen auf das *Effektengeschäft* wird auch das für diese Legislaturperiode angekündigte vierte Finanzmarktförderungsgesetz haben. Hierbei soll das Börsengesetz grundlegend überarbeitet werden. Die bereits vorliegenden Reformvorschläge geboten eine ausführliche Stellungnahme insbesondere zu der Frage einer angemessenen rechtlichen Organisationsform für die Börse als Marktveranstalter.

Im *Depotgeschäft* sind die Neuregelungen des Depotstimmrechts durch das Gesetz zur Kontrolle und Transparenz im Unternehmensbereich (KonTraG) zu beachten. Das Bundesaufsichtsamt für das Kreditwesen hat im übrigen seine Bekanntmachung über die Anforderung an die Ordnungsmäßigkeit das Depotgeschäft neu gefaßt. Tiefgreifende Neuregelungen des *Gesetzes* über die *Kapitalanlagegesellschaften* enthält das dritte Finanzmarktförderungsgesetz mit seinen neuen Anlagemöglichkeiten. So wurden Dachfonds zugelassen, der Einsatz derivativer Finanzinstrumente tiefgreifend neu gestaltet und der Abschluß von Wertpapierpensionsgeschäften gestattet. Die Kapitalanlagegesellschaften können künftig auch als geschlossene Fonds in Form sogenannter Investmentfondsaktiengesellschaften organisiert werden.

Neue Bankprodukte wurden im Bereich der *Derivate* und der sonstigen *Finanzinnovationen* geschaffen. Beispiele hierfür sind die exotischen Optionen und die verschiedenen Varianten der Zinsbegrenzungsverträge. Zu diesen Finanzderivaten gesellen sich die Derivate, die Kreditrisiken aus anderen Geschäften handelbar machen. Aus der grenzüberschreitenden Zusammenführung der Deutsche Terminbörse und der Swiss Options and Futures Exchange AG (Soffex) ist die Eurex-Deutschland hervorgegangen, die sich ein umfangreiches Regelwerk gegeben hat. Vor dem Hintergrund des modernen Terminhandels hat der Bundesgerichtshof durch mehrere Entscheidungen eine weitere Abgrenzung der Kassageschäfte von den Börsentermingeschäften vorgenommen. Im übrigen sollen die termingeschäftlichen Bestimmungen des Börsengesetzes im Rahmen des vierten Finanzmarktförderungsgesetzes einer grundlegenden Überarbeitung unterzogen werden. Hierzu wird in einem besonderen Abschnitt Stellung genommen.

Umfangreiche Neuregelungen zeigen sich auch bei der staatlichen *Aufsicht* über die Kreditwirtschaft sowie die Kapital- und Terminmärkte. So wurde die EU-Kapitaladäquanz-Richtlinie zur angemessenen Eigenkapitalausstattung von Wertpapierfirmen und Kreditinstituten in die sechste KWG-Novelle transformiert. Die Bankenaufsicht hat die Eigenkapital- und Liquiditätsgrundsätze zu §§ 10, 11 KWG neu gefaßt und eine Verlautbarung zu den Bankgeschäften mit Minderjährigen veröffentlicht. Das Bundesaufsichtsamt für den Wertpapierhandel als Marktaufsichtsbehörde hat Richtlinien zur Konkretisierung der Verhaltensregeln nach §§ 31 und 32 WpHG erlassen und die Organisationspflichten des § 33 WpHG in der Compliance-Richtlinie konkretisiert.

Der letzte Teil des Werkes ist dem *Euro* und der rechtlichen Organisation des Europäischen Systems der Zentralbanken (ESZB) gewidmet. Es galt das geldpolitische Instrumentarium der Europäischen Zentralbank wie auch die vielfältigen Auswirkungen des Euro auf das Bankgeschäft und den Kapitalmarkt darzustellen.

Die zweite Auflage berücksichtigt auch die zwischenzeitlich veröffentlichte umfangreiche Literatur zum Bank- und Kapitalmarktrecht. Dies erforderte eine tiefgreifende Neubearbeitung insbesondere des bargeldlo-

Vorwort

sen Zahlungsverkehrs. Nachgeholt worden ist auch eine ausführliche Kommentierung der Allgemeinen Geschäftsbedingungen des Kreditgewerbes. Die vollständig überarbeitete und erweiterte zweite Auflage wurde schließlich für eine grundlegende Neugliederung des Handbuchs zum Anlaß genommen. So wurden die kapitalmarktbezogenen Bankdienstleistungen im Emissions-, Effekten- und Depotgeschäft sowie das Investmentgeschäft im engeren Wortsinne des Gesetzes über die Kapitalanlagegesellschaften (KAGG) dem Kapitalmarktrecht zugeordnet, das nunmehr als ein sich verselbständigendes Rechtsgebiet gleichgewichtig neben dem Bankrecht im engeren Wortsinne steht.

Das Sachregister wurde auf ca. 7.500 Stichworte erweitert. Diese Zugriffsmöglichkeit für den eiligen Benutzer des Handbuchs war nur durch den Einsatz eines EDV-gestützten Verfahrens (Makro) möglich, das unser Sohn Bernd Kümpel mit Sachkenntnis und großem Engagement entwickelt hat.

Die Hauptlast bei der Anfertigung des Manuskriptes lag bei meiner langjährigen Sekretärin, Frau Marianne Lohfink. Die Fertigstellung der zweiten Auflage wurde von Frau Rechtsanwältin Dr. Ursula Schweitzer als Lektorin des Verlages und Herrn Assessor Manfred Baumbach, Wissenschaftlicher Mitarbeiter an der Justus-Liebig-Universität Gießen, betreut. Die Überprüfung der Gesetzeszitate und Fußnoten besorgten die Herren cand. jur. Hendrik Mutschmann und cand. jur. Holger Thißen, die meine Gießener Vorlesung zum Bank- und Kapitalmarktrecht gehört und an dem mit Herrn Professor Dr. Hammen veranstalteten bank- und kapitalmarktrechtlichen Seminar teilgenommen haben.

Für diese engagierte Mitarbeit bei der Neuauflage bin ich zu großem Dank verpflichtet.

Frankfurt am Main, im September 1999   Siegfried Kümpel

Inhaltsübersicht

	Seite
Vorwort	VII
Inhaltsverzeichnis	XVII
Abkürzungsverzeichnis	XCI
Verzeichnis der abgekürzt zitierten Literatur	CIII

1. Hauptteil: Kommerzielles Bankgeschäft (Commercial Banking)

1. Teil: Einführung 1

   1. Abschnitt: Bank- und Kapitalmarktrecht als sich ergänzende Regelungsbereiche 3
   2. Abschnitt: Wachsende Bedeutung des Bank- und Kapitalmarktrechts 5

2. Teil: Allgemeine Grundlagen

   1. Abschnitt: Rechtsquellen 11
   2. Abschnitt: Allgemeine Geschäftsbedingungen als wesentlicher Teil des Bankrechts 20
   3. Abschnitt: AGB der Banken 50
   4. Abschnitt: Bankmäßige Geschäftsverbindung 255
   5. Abschnitt: Allgemeine Verhaltens- und Schutzpflichten der Bank und des Kunden 264
   6. Abschnitt: Gesetzlicher Katalog der Bankgeschäfte und das Allfinanzangebot 276

3. Teil: Einlagengeschäft

   1. Abschnitt: Grundsätzliches 287
   2. Abschnitt: Einlagearten 297
   3. Abschnitt: Kontobeziehung 320
   4. Abschnitt: Gemeinschaftskonten 356
   5. Abschnitt: Konto zugunsten Dritter auf den Todesfall 369

4. Teil: Bargeldloser Zahlungsverkehr (Girogeschäft)

Seite

1. Abschnitt: Grundlagen 391
2. Abschnitt: Die Banküberweisung 420
3. Abschnitt: Gestörte oder fehlerhafte Geschäftsabwicklung . 462
4. Abschnitt: Lastschriftverfahren 492
5. Abschnitt: Scheckinkasso im bargeldlosen Zahlungsverkehr 536
6. Abschnitt: Automation des konventionellen Zahlungsverkehrs 586
7. Abschnitt: Kontobezogenes Online-Banking und Homebanking 593
8. Abschnitt: Kartengestützte und kartengesteuerte Zahlungssysteme 603
9. Abschnitt: Kreditkartengeschäft 671
10. Abschnitt: Reisescheck 695
11. Abschnitt: Elektronisches Netzgeld (Cyber Coins) 702

5. Teil: Kreditgeschäft

1. Abschnitt: Grundsätzliches 727
2. Abschnitt: Verbraucherkredite 736
3. Abschnitt: Firmenkredite 786
4. Abschnitt: Factoring-Geschäft 837
5. Abschnitt: Finanzierungsleasing 850

6. Teil: Kreditsicherung

1. Abschnitt: Allgemeine rechtliche Risiken der Sicherheitenbestellung 863
2. Abschnitt: Bürgschaft 891
3. Abschnitt: Grundpfandrechte 924
4. Abschnitt: Sicherungsübereignung 957
5. Abschnitt: Sicherungszession 989
6. Abschnitt: Sicherheiten-Poolverträge 1017
7. Abschnitt: Nicht-bankmäßige Kreditsicherungsinstrumente 1023

7. Teil: Auslandsgeschäft

1. Abschnitt: Allgemeines 1047
2. Abschnitt: Grenzüberschreitender bargeldloser Zahlungsverkehr 1065
3. Abschnitt: Dokumentenakkreditive 1083
4. Abschnitt: Auslandskreditgeschäft 1111

2. Hauptteil: Kapitalmarktrecht (Investment Banking)

8. Teil: Allgemeiner Teil des Kapitalmarktrechts
                                                                              Seite
1. Abschnitt: Vorbemerkungen 1135
2. Abschnitt: Begriff des Kapitalmarktes 1138
3. Abschnitt: Abgrenzung des Kapitalmarktes vom Geld- und
   Devisenmarkt 1151
4. Abschnitt: Segmente des Kapitalmarktes 1157
5. Abschnitt: Kapitalmarktbezogene Bankgeschäfte 1173
6. Abschnitt: Die Marktteilnehmer 1180
7. Abschnitt: Staatliche Marktaufsicht 1189
8. Abschnitt: Regelungsziele des Kapitalmarktrechts 1192
9. Abschnitt: Rechtsquellen des Kapitalmarktrechts 1208

9. Teil: Emissionsgeschäft

1. Abschnitt: Allgemeines 1227
2. Abschnitt: Wertpapiere des Kapitalmarktrechts 1241
3. Abschnitt: Grundsätzliches der Anleihe-/Aktienemissionen 1264
4. Abschnitt: Rechtsverhältnisse des Emissionskonsortiums .. 1295
5. Abschnitt: Rechtsbeziehungen zwischen den Emissionsbanken und den Anlegern 1308
6. Abschnitt: Prospekthaftung 1316

10. Teil: Effektengeschäft

1. Abschnitt: Allgemeines 1335
2. Abschnitt: Ausführung von Kommissionsaufträgen 1343
3. Abschnitt: Festpreisgeschäfte 1384
4. Abschnitt: Abwicklung von Effektengeschäften 1390
5. Abschnitt: Weggefallene AGB-Klauseln für das Effektengeschäft 1402

11. Teil: Depotgeschäft

1. Abschnitt: Grundstrukturen 1429
2. Abschnitt: Depotsonderformen 1441
3. Abschnitt: Depotgeschäftliche Dienstleistungen 1451
4. Abschnitt: Girosammelverwahrung 1463
5. Abschnitt: Auslandsaufbewahrung 1494

	Seite
6. Abschnitt: Giroverkehr der Deutsche Börse Clearing AG	1512
7. Abschnitt: Staatliche Depotprüfung	1533

12. Teil: Investmentgeschäft nach dem Gesetz über Kapitalanlagegesellschaften (KAGG)

1. Abschnitt: Allgemeines	1547
2. Abschnitt: Grundstrukturen des Investmentgeschäfts	1556
3. Abschnitt: Die zulässigen Geschäftsarten	1566
4. Abschnitt: Rechtsverhältnisse zwischen den Beteiligten	1580
5. Abschnitt: Auslandsinvestment-Gesetz	1593

13. Teil: Wertpapierleihe/Repogeschäft

1. Abschnitt: Grundsätzliches	1595
2. Abschnitt: Verleihsystem der Deutsche Börse Clearing AG	1616
3. Abschnitt: Bankeigene Verleihsysteme	1625

14. Teil: Derivate und sonstige Finanzinnovationen

1. Abschnitt: Begriff und wirtschaftliche Grundlagen	1627
2. Abschnitt: Neue Finanzierungsformen und -techniken	1631
3. Abschnitt: Finanzderivate	1642
4. Abschnitt: Börsen-Terminmärkte	1650
5. Abschnitt: Außerbörsliche Finanztermingeschäfte (OTC-Geschäfte)	1664
6. Abschnitt: Swapgeschäfte	1673

15. Teil: Das Recht der Börsentermingeschäfte

1. Abschnitt: Grundsätzliches	1691
2. Abschnitt: Begriff des Börsentermingeschäfts	1697
3. Abschnitt: Termineinwand	1721
4. Abschnitt: Aufklärungspflichten der Kreditinstitute	1738
5. Abschnitt: Differenzeinwand	1744
6. Abschnitt: Reform der terminrechtlichen Regelungen	1750

16. Teil: Wertpapierhandelsgesetz

1. Abschnitt: Allgemeiner Teil	1765
2. Abschnitt: Insiderrecht	1780

	Seite
3. Abschnitt: Ad-hoc-Publizität (§ 15 Abs. 1 WpHG)	1831
4. Abschnitt: Mitteilungs- und Veröffentlichungspflichten bei Veränderungen des Stimmrechtsanteils an börsennotierten Gesellschaften (Transparenzgebot)	1873
5. Abschnitt: Verhaltensregeln des Wertpapierhandelsgesetzes	1894
6. Abschnitt: Compliance-Organisationen	1930

17. Teil: Börsenrecht

1. Abschnitt: Grundlagen	1953
2. Abschnitt: Rechtliche Organisationsstruktur der Börse als Marktveranstalter	1980
3. Abschnitt: Das Benutzungsverhältnis der Börse zu den Handelsteilnehmern und Emittenten	2012
4. Abschnitt: Marktorganisation	2046
5. Abschnitt: Reform des Börsengesetzes	2092

18. Teil: Staatliche Marktaufsicht

1. Abschnitt: Grundsätzliches	2121
2. Abschnitt: Bundesaufsichtsamt für den Wertpapierhandel	2141
3. Abschnitt: Börsenaufsicht durch die Länder	2151
4. Abschnitt: Marktaufsicht im Rahmen der Börsenselbstverwaltung	2157

19. Teil: Kreditwesengesetz und Bankenaufsicht

1. Abschnitt: Grundsätzliches	2163
2. Abschnitt: EG-Harmonisierung ab Januar 1993	2166
3. Abschnitt: Kreditwesengesetz als gewerberechtliches Spezialgesetz	2183
4. Abschnitt: Bankenaufsicht	2202

20. Teil: Der Euro und das Europäische System der Zentralbanken (ESZB)

1. Abschnitt: Allgemeines	2217
2. Abschnitt: Der Euro als europäische Währung	2220
3. Abschnitt: Der Rechtsrahmen für den Euro	2233
4. Abschnitt: Die Europäische Zentralbank (EZB)	2247

Seite

5. Abschnitt: Die Deutsche Bundesbank als integraler Bestandteil des ESZB 2254
6. Abschnitt: Das währungspolitische Instrumentarium 2265

Anhang: Allgemeine Geschäftsbedingungen 2289
Sonderbedingungen für Wertpapiergeschäfte 2303

Sachregister 2313

Inhaltsverzeichnis

	Seite
Vorwort	VII
Inhaltsübersicht	XI
Abkürzungsverzeichnis	XCI
Verzeichnis der abgekürzt zitierten Literatur	CIII

1. Hauptteil: Kommerzielles Bankgeschäft (Commercial Banking)

1. Teil: Einführung ... 1

1. Abschnitt: Bank- und Kapitalmarktrecht als sich ergänzende Regelungsbereiche ... 3

2. Abschnitt: Wachsende Bedeutung des Bank- und Kapitalmarktrechts ... 5
    I. Fortentwicklung des Kapitalmarktrechts durch den Gesetzgeber . 7
    II. Gemeinschaftsrecht der Europäischen Wirtschafts- und Währungsunion ... 7

2. Teil: Allgemeine Grundlagen

1. Abschnitt: Rechtsquellen ... 11
    I. Bankprivatrecht ... 11
        1. Die ersten drei Bücher des BGB als Schwerpunkt ... 11
        2. Berührungspunkte zu anderen Kodifikationen ... 15
        3. Bankrechtliche Spezialgesetze ... 15
    II. Berührungspunkte des Bank- und Kapitalmarktrechts mit öffentlichem Recht ... 16
    III. Bankrecht als eigenständiges Rechtsgebiet ... 17

                                                                    Seite
2. Abschnitt: Allgemeine Geschäftsbedingungen als wesentlicher Teil des Bankrechts 20
    I. Fehlender Normcharakter der AGB 20
    II. Praktische Bedürfnisse für die Verwendung von AGB 23
    III. Weitgefaßter AGB-Begriff 25
    IV. Vier Arten von Banken-AGB 27
    V. Geltung der vom Bankkontrahenten verwendeten AGB 28
        1. Einbeziehung in das Vertragsverhältnis Kunde/Bank 28
        2. Mittelbare Geltung durch kommissionsrechtliches Ausführungsgeschäft der Bank mit Dritten 30
    VI. Ausreichender Kundenschutz vor unangemessenen AGB 31
        1. Überblick 31
        2. Kontrolle durch staatliche Behörden 33
        3. Europäische Rechtsangleichung 35
        4. Inhaltskontrolle nach dem AGB-Gesetz 36
        5. Lesbarkeit und Transparenz von AGB 40
    VII. Behandlung von AGB-Klauseln mit nur teilweise unzulässigem Inhalt 43
        1. Unzulässigkeit geltungserhaltender Reduktion 44
        2. Abgrenzung der unzulässigen geltungserhaltenden Reduktion von der Teilunwirksamkeit 46
    VIII. Unanwendbarkeit einer AGB-Klausel im Einzelfall 48
        1. Vorrang der Individualabrede 48
        2. Einwand des individuellen Rechtsmißbrauchs 49

3. Abschnitt: AGB der Banken 50

1. Teilabschnitt: Allgemeiner Teil 50
    I. Vorbemerkungen 50
    II. Geltungsbereich und Änderungen der AGB (Nr. 1 AGB) 52
        1. Einbeziehung der AGB und der Sonderbedingungen 53
        2. AGB-Änderungen 54
    III. Verhaltens- und Schutzpflichten aus der Geschäftsverbindung 56
        1. Bankgeheimnis (Nr. 2 Abs. 1 AGB) 59
            a) Rechtsnatur der Verschwiegenheitspflicht der Bank 59
            b) Gegenstand des Bankgeheimnisses 62

	Seite
c) Reichweite der Verschwiegenheitspflicht	63
d) Einschränkungen des Bankgeheimnisses	64
aa) Einwilligung des Kunden	64
bb) Pflichtenkollision bei Warnpflichten gegenüber anderen Kunden	65
cc) Überwiegendes Eigeninteresse der Bank	67
e) Auskünfte gegenüber staatlichen Stellen	68
aa) Zivilprozeß	68
bb) Strafprozeß	69
cc) Bankgeheimnis im Steuerrecht	71
dd) Auskunftspflicht gegenüber anderen Verwaltungsbehörden	72
f) Unterrichtung des Kunden	73
2. Bankauskunft (Nr. 2 Abs. 2 AGB)	74
a) Spannungsverhältnis zwischen Bankauskunft und Bankgeheimnis	75
b) AGB-mäßige Regelung der Bankauskunft	76
aa) Auskünfte über Geschäftskunden	77
bb) Auskünfte über Privatkunden und sonstige Kunden	77
c) Inhalt der Bankauskunft	78
d) Empfänger von Bankauskünften	79
e) Haftung für fehlerhafte Auskünfte	80
f) Auskünfte an die Schutzgemeinschaft für Allgemeine Kreditsicherung GmbH („Schufa-Meldungen")	81
aa) Abgrenzung der Schufa-Meldung von der Bankauskunft	82
bb) Einwilligung des Kunden	83
3. Mitwirkungspflichten des Bankkunden (Nr. 11 AGB)	85
a) Rechtsnatur der Mitwirkungspflichten	85
b) Pflichtverletzung als Verschulden gegen sich selbst	87
c) Deklaratorische Bedeutung der einzelnen Klauseln	87
d) Änderungen von Name, Anschrift oder einer gegenüber der Bank erteilten Vertretungsmacht (Nr. 11 Abs. 1 AGB)	88
aa) Mitteilung der Anschriftenänderung	88
bb) Änderung der gegenüber der Bank erteilten Vertretungsmacht	89
e) Klarheit von Aufträgen (Nr. 11 Abs. 2 AGB)	90
f) Besondere Hinweise bei der Ausführung eines Auftrages (Nr. 11 Abs. 3 AGB)	91
g) Unterlassene Reklamation fehlerhafter Mitteilungen der Bank (Nr. 11 Abs. 4 AGB)	92
h) Benachrichtigung der Bank bei Ausbleiben von Mitteilungen (Nr. 11 Abs. 5 AGB)	94
IV. Haftung der Bank (Nr. 3 AGB)	**95**
1. Uneingeschränkte Haftung für Erfüllungsgehilfen	96
a) Zurechnung des Wissens der Bankmitarbeiter	97

	Seite
aa) Zurechenbarkeit wegen Organisationsverschuldens	97
bb) Problematik einer „filialübergreifenden" Wissenszusammenrechnung	99
b) Persönliche Haftung des Bankmitarbeiters	100
2. Begrenzte Haftung bei weitergeleiteten Kundenaufträgen	100
a) Weitergeleiteter Auftrag als spezielle Auftragsart des Bankgeschäfts	101
b) Begrenzter Verpflichtungswille der erstbeauftragten Bank	103
c) Weitergeleiteter Auftrag als anerkannte eigenständige Auftragsart	105
d) Abgrenzung des weitergeleiteten Auftrags von der auftragsrechtlichen Substitution	105
aa) Rechtliche Unsicherheit bei einer gestatteten Substitution	106
bb) Vereinbarkeit des weitergeleiteten Auftrages mit dem AGB-Gesetz	108
e) Rechtsgeschäftliche Erweiterung der Haftung der Bank bei weitergeleiteten Aufträgen	110
3. Störung des Bankbetriebs (Nr. 3 Abs. 3 AGB)	111

V. Kosten der Bankdienstleistungen (Nr. 12 AGB) ... 112

1. Privatkundengeschäft	113
a) Maßgeblichkeit der aktuellen Preisangaben	113
b) Nicht standardisiertes Kundengeschäft	114
2. Zinsen und Entgelte außerhalb des Privatkundengeschäfts	115
3. Klarstellungsfunktion der Kostenklauseln	115
4. Unzulässige Entgeltklauseln	116
a) BGH-Rechtsprechung	117
b) Kritische Literaturstimmen	120
5. Änderung von Zinsen und Entgelten (Nr. 12 Abs. 3 und 4 AGB)	121
a) Zinsanpassungsregelungen	121
b) Änderung von Entgelten für dauerhafte Leistungen	123
c) Kündigungsrecht des Kunden bei Änderung von Zinsen und Entgelten	123
6. Auslagenersatz (Nr. 12 Abs. 5)	125

VI. Rechtswahl und Gerichtsstandsklausel (Nr. 6 AGB) ... 126

1. Maßgebliches Recht (Nr. 6 Abs. 1 AGB)	126
a) Deklaratorische Rechtsnatur der Klausel	126
b) Anwendbarkeit ausländischen Rechts nur in Ausnahmefällen	127
2. Gerichtsstand bei kaufmännischen und öffentlich-rechtlichen Kunden (Nr. 6 Abs. 2 u. 3 AGB)	128
a) Inlandskunden	129
b) Auslandskunden	129

	Seite
VII. Kündigung der Geschäftsverbindung oder einzelner Geschäftsbeziehungen (Nr. 18, 19 AGB)	130
1. Kündigungsrecht des Kunden	132
2. Kündigungsrecht der Bank	133
a) Ordentliche Kündigung	133
aa) Kündigung unbefristeter Kredite (Nr. 19 Abs. 2 AGB)	134
bb) Zusätzliche Einräumung einer Abwicklungsfrist	135
b) Außerordentliche Kündigung (Nr. 19 Abs. 3 AGB)	135
aa) Beispielhafte Aufzählung der wichtigen Gründe	136
bb) Keine Abmahnungspflicht der Bank	138
2. Teilabschnitt: Kontoführung im Rahmen des Einlagen- und Girogeschäfts	139
I. Rechnungsabschluß bei Kontokorrentkonten (Nr. 7 AGB)	139
1. Quartalsweiser Rechnungsabschluß als Regelfall	140
2. Feststellung des Abschlußsaldos	140
a) Saldoanerkenntnis durch Schweigen	142
b) Berichtigungsanspruch bei Anerkenntnis eines unrichtigen Abschlußsaldos	143
3. Abgrenzung der kontokorrentmäßigen Verrechnung von der einseitigen Aufrechnung durch den Kunden (Nr. 4 AGB)	145
II. Storno- und Berichtigungsbuchungen der Bank (Nr. 8 AGB)	146
1. Stornorecht	146
a) Rechtsnatur des Stornorechts	146
b) Bereicherungsrechtliche Voraussetzungen	147
c) Stornierung bei fehlendem Kontoguthaben	149
d) Zeitliche Begrenzung des Stornorechts	149
e) „Unechte" Stornierungen	150
2. Berichtigungsbuchungen	152
3. Informationspflichten und valutagerechte Buchung	153
III. Einzugsaufträge (Nr. 9 Abs. 1 AGB)	154
1. Eingang des Inkassoerlöses als Voraussetzung einer endgültigen Kontogutschrift	155
2. E.v.-Gutschriften als banktübliche Praxis	156
3. Anwendungsbereich der Vorbehaltsklausel	158
a) Kreis der Inkassopapiere	159
b) Identität von Inkassobank und Zahlstelle	159
c) Unanwendbarkeit der Vorbehaltsklausel	160
4. Rechtsnatur der E.v.-Gutschrift	161
a) Auflösende Bedingung der Nichteinlösung	161
b) Verfügung über E.v.-Gutschrift als Kreditgewährung	162

	Seite
IV. Einlösung von Lastschriften und Kundenschecks (Nr. 9 Abs. 2 AGB)	163
1. Einlösung mittels Belastungsbuchung	163
2. Einlösung im Abrechnungsverkehr der Landeszentralbanken	165
3. Scheckvorlage durch den Scheckinhaber	165
4. Bezahltmeldung	166
V. Fremdwährungskonten (Nr. 10 AGB)	167
1. Ausländische Devisenguthaben als Deckung für inländische Fremdwährungskonten	167
a) Notwendigkeit der Mitwirkung von Banken im Heimatland der Währung	169
b) Regelungsbedarf für das politische Risiko des Währungs-Heimatlandes	170
2. Vertragsbeziehung Kunde/Bank als Geschäftsbesorgungsvertrag (§ 675 BGB)	170
a) Verfügungsrecht des Kunden als auftragsrechtliche Weisungsbefugnis (§ 666 BGB)	171
b) Ausschluß von Bareinzahlungen- und auszahlungen	172
c) Inländische Fremdwährungsguthaben als auftragsrechtlicher Herausgabeanspruch (§ 667 BGB)	174
aa) Rechtskonstruktive Parallelen zur WR-Gutschrift bei ausländischer Wertpapierverwahrung	175
bb) Geltendmachung des Herausgabeanspruchs durch hausinternen Kontoübertrag	176
3. Politische Risiken des ausländischen Deckungsguthabens	177
a) Vorübergehende Beschränkung der Leistungspflicht der Bank	177
b) Auftragsrechtliche Herausgabeverpflichtung der Bank keine Geldschuld	178
aa) Fremdwährungsschulden als Sachschulden	179
bb) Fehlende Zahlungspflicht der Bank	180
c) Vereinbarkeit der AGB-Klausel mit § 279 BGB	180
aa) Unanwendbarkeit des § 279 BGB auf auftragsrechtlichen Herausgabeanspruch	181
bb) Begründung einer haftungsbeschränkenden Vorratsschuld	182
d) Parallelen zur eingeschränkten Haftung bei depotmäßigen WR-Gutschriften	183
e) Verbleibende Verfügungsmöglichkeiten	184
aa) Weisung zum hausinternen Kontoübertrag	184
bb) Einseitige Aufrechnungsbefugnis von Kunde und Bank	185
VI. Verfügungsberechtigung nach dem Tod des Kunden (Nr. 5 AGB)	186
1. Vorlage des Erbscheines oder des Testamentvollstreckerzeugnisses	187

	Seite
2. Verzicht auf Erbschein oder Testamentsvollstreckerzeugnis	188
3. Vorlage weiterer Urkunden	190

VII. Regelungen zugunsten der Einlagensicherung (Nr. 20 AGB) ... 190
  1. Hinweis auf den Einlagensicherungsfonds und den Schutzumfang ... 191
    a) Kein vertraglicher Anspruch auf Entschädigung ... 191
    b) Gesetzlicher Entschädigungsanspruch ... 192
      aa) Einlagensicherungs- und Anlegerentschädigungsgesetz (EAG) ... 192
      bb) Gebot der rechtlichen Gleichbehandlung ... 193
      cc) Anspruch aufgrund Vertrauenshaftung wegen widersprüchlichen Verhaltens? ... 194
  2. Forderungsübergang ... 194
    a) Forderungskauf ... 195
    b) Rechtskonstruktion des Forderungserwerbs ... 195
  3. Befreiung vom Bankgeheimnis ... 197

3. Teilabschnitt: Sicherheitenklauseln ... 198

I. Anspruch auf Bestellung oder Verstärkung von Sicherheiten (Nr. 13 Abs. 1 AGB) ... 198
  1. Originärer Besicherungsanspruch (Nr. 13 Abs. 1 AGB) ... 199
    a) Erfordernis einer bankmäßigen Sicherheit ... 200
    b) Konkretisierung durch den Bankkunden ... 200
    c) Keine Überprüfungspflicht der Bank ... 201
  2. Nachsicherungsanspruch (Nr.13 Abs. 2 AGB) ... 201
  3. Grenzen des Besicherungsanspruches ... 203
    a) Vorrang der Individualabrede ... 203
    b) Erlöschen des Besicherungsanspruches ... 203
    c) Sonderregelung für Verbraucherkredite ... 205
    d) Eingeschränkter Besicherungsanspruch gegen Bürgen ... 206
    e) Fristgewährung für die Sicherheitsleistung ... 206
  4. Nichterfüllung des Besicherungsanspruches als Kündigungsgrund (Nr. 19 Abs. 3 AGB) ... 206

II. Vereinbarung eines Pfandrechts zugunsten der Bank (Nr. 14 AGB) ... 207
  1. Einigung über den Pfandrechtserwerb (Nr. 14 Abs. 1 AGB) ... 209
  2. Haftungsobjekte ... 210
    a) Wertpapiere und sonstige bewegliche Sachen ... 212
    b) Kontoguthaben und sonstige Forderungen ... 214
  3. Ausnahmen vom Pfandrecht (Nr. 14 Abs. 3) ... 214
    a) Haftungsausschließender Geschäftszweck ... 215
      aa) Besondere Zweckbestimmung durch den Kunden ... 215

	Seite
bb) Treuhandkonten	217
b) Auslandsverwahrte Wertpapiere	217
c) Eigene Aktien und gleichgestellte Bankverbindlichkeiten	218
d) Urkunden ohne Wertpapiercharakter	219
e) Gesetzliche Einschränkungen	220
4. Gesicherte Forderungen	220
a) Filialklausel	221
b) Ansprüche aus der bankmäßigen Geschäftsverbindung	221
c) Künftige Forderungen	223
5. Ungesicherte Forderungen	224
a) Forderung aufgrund Gesellschafterhaftung	225
b) Haftungsübernahme zugunsten anderer Bankkunden	225
c) Forderungserwerb nach Pfändung des Kontoguthabens durch Drittgläubiger	225
d) Nicht-konnexe Forderungen gegen Bankierkunden (§ 4 Abs. 1 S. 2 DepG)	226

III. Sicherungsrechte an Einzugspapieren und diskontierten Wechseln (Nr. 15 AGB) 227

1. Kreditgewährung	228
2. Erwerb von Sicherungseigentum	230
3. Sicherungsabtretung	231
4. Sonderregeln für zweckgebundene Inkassopapiere	233
5. Enger Sicherungszweck	233
6. Freigabepflicht	235

IV. Anspruch auf Freigabe von Sicherheiten (Nr. 16 Abs. 2 AGB) . . 236

1. Freigabeanspruch durch Auslegung des Sicherungsvertrages	237
2. Begriff der Deckungsgrenze	238
a) Erfordernis einer abstrakt-generellen Deckungsgrenze	240
b) 110% der gesicherten Forderungen als regelmäßige Deckungsgrenze	241
c) Kein Ermessensspielraum der Bank	242
3. Bewertung der Sicherheiten	243
a) Mangel an festen Bewertungsmaßstäben	244
b) Anhaltspunkte für die Bewertung des Sicherungsgutes analog § 237 BGB	244
4. Wahlrecht der Bank	246

V. Verwertung von Sicherheiten (Nr. 17) 247

1. Gesetzliche Verwertungsvorschriften und Rechtsprechung	247
2. Auswahlrecht der Bank	249
3. Gebot zur Rücksichtnahme (§ 242 BGB)	250
a) Verhältnismäßigkeitsgrundsatz und Gebot des milderen Mittels	250
b) Gebot der bestmöglichen Verwertung	251

	Seite
4. Freihändiger Verkauf marktgängiger Sicherungsgegenstände	252
5. AGB-Pfandrecht am Kontoguthaben bei der Bank	253
6. Umsatzsteuerrechtliche Erlösgutschrift	254

4. Abschnitt: Bankmäßige Geschäftsverbindung ... 255

I. Abgrenzung zur konkreten Geschäftsbeziehung ... 255
1. Rollenverteilung Kunde/Bank ... 256
2. Anwendbarkeit der AGB nur auf bankmäßige Geschäftsverbindungen ... 256

II. Rechtsnatur der Geschäftsverbindung ... 259
1. Die Lehre vom „allgemeinen Bankvertrag" ... 259
2. Geschäftsverbindung als gesetzliches Schuldverhältnis ... 260
   a) Fehlen eines erforderlichen Bindungswillens des Kunden ... 260
   b) Begründung einer quasivertraglichen Vertrauenshaftung ... 262

5. Abschnitt: Allgemeine Verhaltens- und Schutzpflichten der Bank und des Kunden ... 264

I. Grundlagen ... 264
1. Abgrenzung von den primären Haupt- und Nebenleistungspflichten ... 266
2. Bankmäßige Geschäftsverbindung als Rechtsgrundlage ... 266

II. Verhaltens- und Schutzpflichten der Bank ... 270
1. Einlagengeschäft ... 271
2. Bargeldloser Zahlungsverkehr ... 271
3. Kreditgeschäft ... 272

III. Verhaltens- und Schutzpflichten des Kunden ... 274

6. Abschnitt: Gesetzlicher Katalog der Bankgeschäfte und das Allfinanzangebot ... 276

I. Gesetzlicher Katalog der Bankgeschäfte ... 276

II. Commercial Banking/Investment Banking ... 277

III. Universalbankprinzip und Trennbanksystem ... 279

IV. Allfinanzangebot ... 281
1. Ausgliederungen von Geschäftssparten in Konzernunternehmen ... 283
2. Verändertes Erscheinungsbild des Bankgeschäfts ... 284
3. Intensivierung des Beratungsangebots ... 285
4. Barter-Geschäfte ... 285

3. Teil: Einlagengeschäft

	Seite
1. Abschnitt: Grundsätzliches	287

I. Einlagenbegriff 288

II. Divergierende Auffassungen von Rechtsprechung und Bankenaufsicht 289

III. Annahme anderer rückzahlbarer Gelder des Publikums als Einlagengeschäft 292

IV. Einlagengeschäft und Gelddisposition der Bank 295

2. Abschnitt: Einlagearten 297

   I. Rechtsnatur der bankmäßigen Einlagen 297

   II. Sichteinlagen 298
      1. Kontokorrentverhältnis 301
         a) Kontokorrentfähigkeit 302
         b) Wirkung der Kontokorrentabrede 303
         c) Rechnungsabschluß 304
            aa) Kausale Saldoforderung 305
            bb) Feststellung des Saldos 306
            cc) Fortbestehen von Sicherheiten 308
         d) Tägliche Saldierung (Tagessalden) 309
            aa) Verfügbarkeit des Giroguthabens 311
            bb) Pfändbarkeit des Tagessaldos 311
      2. Fremdwährungskonten 312

   III. Spareinlagen 314
      1. Begriffsmerkmale 315
      2. Erfordernis der Kündigung 316
      3. Freigrenze bis DM 3000 318
      4. Rechtsnatur des Sparbuches 319

3. Abschnitt: Kontobeziehung 320

   I. Begriff des Kontos 320

   II. Kontoinhaberschaft 321
      1. Öffentlich-rechtliche Identifizierungspflichten der Kreditinstitute 321
      2. Bezeichnung des Kontoinhabers 324
      3. Maßgeblichkeit der Kontobezeichnung 327
      4. Inhaberschaft bei besonderen Kontoarten 329
         a) Sonderkonto 329

	Seite
b) Offenes Treuhandkonto	330
c) Anderkonto	332
d) Sperrkonto	333
e) Konto pro Diverse	334
f) Gesellschaft des bürgerlichen Rechts	335
g) GmbH „in Gründung"	336
III. Verfügungs- und Vertretungsbefugnisse Dritter	338
1. Aufspaltung von Kontoinhaberschaft und Verfügungsmacht	338
2. Vertretungsbefugnisse bei Beschränkungen der Geschäftsfähigkeit	339
a) Konten für geschäftsunfähige Kunden	340
b) Beschränkt geschäftsfähige Kontoinhaber	341
3. Kontovollmacht	343
a) Vollmachtsumfang bei Organmitgliedern	343
b) Inhaltskontrolle bei Bankvollmachten	345
c) Vollmacht für den Tod des Kontoinhabers	345
d) Vollmachtsmißbrauch	346
IV. Vollstreckung in Kontoguthaben	348
1. Bestimmtheitsgrundsatz	349
2. Pfändung von Girokonten	351
3. Unzulässigkeit von Ausforschungs- oder Suchpfändungen	354
4. Inländische Vollstreckungsmaßnahmen in Auslandsguthaben	354
4. Abschnitt: Gemeinschaftskonten	356
I. Typen der Gläubigermehrheiten	356
1. Teilgläubigerschaft	357
2. Mitgläubigerschaft	358
3. Gesamtgläubigerschaft	360
II. „Und"-Konto	360
1. Bruchteils- oder Gesamthandsgemeinschaft	361
2. Formularmäßige AGB-Klauseln	362
III. „Oder"-Konto	362
1. Gesamtgläubigerschaft	363
2. Gesamtschuldnerische Haftung	364
3. Vollstreckung und Insolvenz eines Kontoinhabers	365
4. Widerruf der Einzelverfügungsbefugnis	367
5. Auflösung des Oder-Kontos	368

	Seite
5. Abschnitt: Konto zugunsten Dritter auf den Todesfall	369
I. Auf den Todesfall befristete Schenkungen unter Lebenden	370
1. „Hand"schenkung	370
2. Schenkungsversprechen	370
II. Erbrechtliche Zuwendungen auf den Todesfall	372
1. Vermächtnis	372
2. Schenkungsversprechen von Todes wegen	373
3. Formerfordernisse	375
4. Heilung des Formmangels durch Vollzug	376
a) Erteilung einer Bankvollmacht	377
b) Beauftragung eines Übermittlungsboten	378
c) Lebzeitiger Schenkungsvollzug durch aufschiebend bedingte Abtretung	379
III. Konto zugunsten Dritter auf den Todesfall	381
1. Funktionsverlust des Erbrechts?	383
2. Erfordernis einer Schenkungsabrede im Valutaverhältnis	385
a) Verzicht auf Widerruf der Schenkungsofferte	386
b) Verpflichtung zur Nichtausübung des Widerrufsrechts	388

4. Teil: Bargeldloser Zahlungsverkehr (Girogeschäft)

1. Abschnitt: Grundlagen	391
I. Buchgeld als Kontoguthaben	392
II. Kontobelastung als Deckung für die Buchgeldzahlung	393
III. Mitwirkungserfordernis der Kreditinstitute	394
IV. Zugang des Publikums zum bargeldlosen Zahlungsverkehr	395
V. Abgrenzung zur Bargeldzahlung	396
VI. Erfordernis des Einverständnisses des Buchgeldempfängers	399
1. Nachteile einer Buchgeldzahlung für den Buchgeldempfänger	399
2. Einverständnis durch konkludentes Verhalten	400
VII. Rechtliche Einordnung des Zahlungsvorganges	401
1. Rechtsnatur der Kontogutschrift	401
2. Zeitpunkt des Wirksamwerdens der Kontogutschrift	404
a) Manuelle Gutschriftsbuchung	404
b) EDV-Gutschrift	404
aa) Maßgeblichkeit der autorisierten Abrufpräsenz	406
bb) Einheitlicher Zeitpunkt für alle EDV-Gutschriften	407

	Seite
c) Erteilung von Vorbehaltsgutschriften	408
3. Die Wertstellung (Valutierung) der Kontobuchungen	410
4. Belastungsbuchung ohne rechtserzeugende Wirkung	412
a) Geltendmachung des Anspruchs auf Vorschuß (§ 669 BGB)	413
b) Stornierung der Belastungsbuchung	414
VIII. Buchgeldzahlung zwecks Erfüllung von Geldschulden	**414**
1. Tilgungszeitpunkt	415
a) Gutschrift auf Gläubigerkonto als spätester Zeitpunkt	415
b) Deckungseingang bei Gläubigerbank als maßgeblicher Zeitpunkt?	416
2. Rechtzeitigkeit der Buchgeldzahlung	417

2. Abschnitt: Die Banküberweisung ... 420

I. Rechtsbeziehung zwischen überweisendem Kunden und seiner Bank ... 421

1. Rechtsnatur des Girovertrages ... 422
   a) Rechtliche Aspekte des Überweisungsauftrages ... 422
   b) Grundsatz der Formfreiheit ... 425
   c) Daueraufträge und sonstige Auftragsformen ... 426
   d) Gefälschte oder verfälschte Aufträge ... 427
2. Inhalt der Geschäftsbesorgungspflicht der Bank ... 428
   a) Rückfragepflicht der Überweiserbank (§ 666 BGB) ... 431
   b) Vorschußleistung des Buchgeldzahlers ... 431
   c) Weisungswidrige Auftragsausführung ... 433
   d) Verhaltens-(Schutz-)Pflichten der Bank und des Kunden ... 434
   e) Warnpflichten der Bank ... 435
   f) AGB-mäßige Verhaltens- und Schutzpflichten des Girokunden ... 437
3. Beendigung des Girovertrages ... 438

II. Rechtsbeziehungen zwischen den mitwirkenden Kreditinstituten ... 439

1. Selbständige Vertragsverhältnisse zwischen den beteiligten Kreditinstituten (Interbankenverhältnis) ... 439
2. Anschaffung der Deckung für den Überweisungsauftrag ... 442
3. Buchgeldzahlung unter Mitwirkung der Deutschen Bundesbank ... 443
4. Standardisierung des grenzüberschreitenden bargeldlosen Zahlungsverkehrs ... 445

III. Bank des Buchgeldempfängers als Letztbeauftragte in der Girokette ... 447

1. Maßgeblichkeit des Namens des Buchgeldempfängers ... 447
2. Unmaßgeblichkeit des Verwendungszwecks ... 451

	Seite
IV. Rechtsbeziehung zwischen Buchgeldempfänger und seiner Bank	451
1. Anspruch auf Gutschrift des Überweisungsbetrages	453
2. Anspruch aus der Gutschrift	455
3. Das Recht des Buchgeldempfängers zur Zurücküberweisung einer Kontogutschrift	456
a) Rechtsnatur des Zurückweisungsrechts	457
b) Reichweite des Zurückweisungsrechts	458
4. Verhaltens-(Schutz-)Pflichten des Bankkunden	459
V. Die Erfüllungswirkung der Kontogutschrift im Valutaverhältnis zwischen Buchgeldzahler und Buchgeldempfänger	460

3. Abschnitt: Gestörte oder fehlerhafte Geschäftsabwicklung — 462

I. Widerruf des Überweisungsauftrags — 462
1. Zeitliche Wirksamkeitsgrenze — 463
2. Kein Direktwiderruf des Überweisenden — 463
3. Rechtsfolgen eines wirksamen Widerrufs — 464

II. Schadensersatzpflicht wegen fehlerhafter Auftragsausführung in der mehrgliedrigen Girokette — 466
1. Schadensliquidation im Drittinteresse — 467
2. Girovertrag zwischen den beteiligten Kreditinstituten mit Schutzwirkung für den Buchgeldzahler? — 471

III. Bereicherungsausgleich beim Girogeschäft — 472
1. Komplexer Bereicherungsausgleich im Mehrpersonenverhältnis — 473
   a) Bestimmung der anspruchsbegründenden Leistungsbeziehung — 474
   b) Bereicherungsrechtlicher Leistungsbegriff als Rechtsbegriff — 474
   c) Bereicherungsausgleich im Valutaverhältnis als Regelfall — 475
   d) Mitwirkende Kreditinstitute im Regelfall als bloße Leistungs-„mittler" — 476
2. Buchgeldzahler als Bereicherungsgläubiger — 477
   a) Bereicherungsanspruch bei intaktem Valutaverhältnis — 478
   b) Bereicherungsanspruch wegen fehlerhaften Deckungsverhältnisses — 478
   c) Fehlerhaftes Valuta- und Deckungsverhältnis (sog. Doppelmangel) — 480
3. Bereicherungsanspruch der Bank des mit der Buchgeldzahlung belasteten Girokunden — 480
   a) Bereicherungsansprüche gegen den belasteten Girokunden — 480
   b) „Direkt"anspruch der Bank gegen den Buchgeldempfänger („Durchgriffs"kondiktion) — 481
      aa) „Bösgläubigkeit" des Buchgeldempfängers — 483
      bb) Direktanspruch wegen unzulässiger Zuordnung der Kontogutschrift zum belasteten Girokunden — 484

	Seite
4. Bank des Buchgeldempfängers als Bereicherungsgläubiger	485
a) Leistungsverhältnis zwischen Buchgeldempfänger und seiner Bank	486
b) AGB-mäßiges Stornorecht	488
aa) Zweck des Stornorechts	489
bb) Zeitliche Befristung des Stornorechts	490

4. Abschnitt: Lastschriftverfahren ... 492

I. Grundsätzliches ... 492
1. Lastschrift als „rückläufige" Überweisung ... 492
2. Vorzüge des Lastschriftverfahrens ... 493
3. Dogmatische Grundstrukturen ... 495
   a) Einzugsermächtigungsverfahren und Abbuchungsauftragsverfahren mit unterschiedlicher Grundstruktur ... 496
   b) Vielzahl von nachgeordneten Inkassoverhältnissen ... 497

II. Vertragsverhältnis zwischen Gläubiger und seiner Bank ... 497
1. Schriftform für die Inkassovereinbarung ... 499
2. Erteilung von E.v.-Gutschriften ... 499
3. Zeitlich unbegrenztes Rückbelastungsrecht ... 502
4. Keine Haftung der Gläubigerbank für nachgeordnete Inkassobanken ... 502

III. Vertragsverhältnis zwischen Schuldner und seiner Bank ... 503
1. Abbuchungsauftragsverfahren ... 503
   a) Einlösung bei fehlendem Abbuchungsauftrag ... 505
   b) Zeitpunkt der Lastschrifteinlösung ... 506
   c) Keine Widerspruchsmöglichkeit nach Einlösung der Lastschrift ... 508
2. Einzugsermächtigungsverfahren ... 509
   a) Vorläufige Einlösung der Lastschrift durch Wirksamwerden der Belastungsbuchung ... 510
   b) Endgültige Lastschrifteinlösung mit Erfüllungswirkung im Valutaverhältnis ... 510
   c) Erlöschen des Widerspruchsrechts ... 513
3. Benachrichtigungspflicht bei Nichteinlösung ... 516

IV. Das Rechtsverhältnis zwischen Gläubiger und Schuldner (Valutaverhältnis) ... 517
1. Pflichten aus der Lastschriftabrede ... 517
   a) Gläubigerpflichten ... 518
   b) Schuldnerpflichten ... 519
2. Erfüllungswirkung im Valutaverhältnis zwischen Lastschriftgläubiger und Lastschriftschuldner ... 519

	Seite
a) Abbuchungsverfahren	519
b) Einzugsermächtigungsverfahren	520

V. Rechtsbeziehungen im Interbankenverhältnis ... 521

   1. Mitwirkung der Deutschen Bundesbank ... 522
      a) Auftragsabwicklung im Abrechnungsverkehr ... 522
      b) Vereinfachter Lastschrifteinzug ... 523
   2. Rückgabe von Lastschriften ... 524
   3. Wiedervergütung eingelöster Lastschriften ... 525
   4. Vertragsverhältnis zwischen den Beteiligten als Vertrag mit Schutzwirkung zugunsten Dritter? ... 526
      a) Schutzpflichten der Schuldnerbank gegenüber dem Lastschriftgläubiger ... 527
         aa) Argumente für die Rechtsfortbildung ... 528
         bb) Restriktive Annahme von Schutzpflichten ... 529
      b) Dogmatische Vorzüge der Schadensliquidation im Drittinteresse ... 530

VI. Schadensersatzansprüche wegen mißbräuchlichen Verhaltens im Rahmen des Lastschriftverfahrens ... 532

   1. Mißbräuchlicher Widerspruch durch Lastschriftschuldner im Einzugsermächtigungsverfahren ... 532
   2. Mißbräuchliche Inanspruchnahme des Lastschriftverfahrens ... 534

5. Abschnitt: Scheckinkasso im bargeldlosen Zahlungsverkehr ... 536

I. Grundsätzliches ... 536

   1. Vergleich mit dem Lastschriftverfahren ... 536
   2. Erfordernis eines Inkassoauftrages bei bargeldloser Scheckeinlösung ... 537

II. Inkassoverhältnis zwischen Scheckinhaber und erster Inkassostelle ... 538

   1. Erteilung einer Vorbehaltsgutschrift ... 540
   2. Pflichten der Inkassobank bei Nichteinlösung ... 542
   3. Rechtsstellung der Inkassobank bei unterbliebener Scheckeinlösung ... 542

III. Scheckvertragliche Beziehung zwischen Scheckaussteller und bezogener Bank ... 544

   1. Rechtsnatur des Scheckvertrages ... 545
   2. Abschluß des Scheckvertrages ... 545
   3. Rechte und Pflichten der Vertragspartner ... 546
   4. Einlösung des Schecks ... 548
   5. Zeitpunkt der Einlösung ... 550

	Seite
a) Barauszahlung	551
b) Erteilung einer Kontogutschrift durch die bezogene Bank	551
c) Einlösung beim Scheckeinzug im bargeldlosen Zahlungsverkehr	552
6. Ansprüche der bezogenen Bank aus der Scheckeinlösung	553
a) Aufwendungsersatzanspruch (§ 670 BGB)	553
b) Bereicherungsanspruch	554
7. Schecksperre	555
8. Fälschung und Verfälschung von Schecks	556
a) Unanwendbarkeit der Sphärenhaftung	556
b) Haftung des Kontoinhabers bei Verschulden	558
c) Berücksichtigung des mitwirkenden Verschuldens der bezogenen Bank	559
IV. Rechtsbeziehungen zwischen dem Scheckberechtigten und der bezogenen Bank	560
1. Fehlende scheckrechtliche Beziehungen	561
2. Vertraglicher Zahlungsanspruch des Scheckberechtigten	562
a) Einlösungszusage der bezogenen Bank	563
b) Scheckbestätigung	565
V. Das Valutaverhältnis zwischen Scheckaussteller und erstem Schecknehmer	566
1. Rechtliche Konsequenzen der Scheckzahlungsabrede	567
2. Pflichten des Schecknehmers	567
3. Pflichten des Scheckausstellers	569
4. Erfüllung der Zahlungspflicht	569
VI. Vertragsbeziehungen zwischen den mitwirkenden Kreditinstituten	571
1. Zahlungsverkehrsabkommen für den beleghaften Scheckeinzug	571
2. Mitwirkung der Deutschen Bundesbank	574
a) Einlieferung in den Abrechnungsverkehr	574
b) Vereinfachter Scheck- und Lastschrifteinzug	574
3. Belegloser Scheckeinzug	576
VII. Haftung der Inkassobank und der bezogenen Bank gegenüber Scheckberechtigten bei abhandengekommenen Schecks	578
1. Problem der Wissenszusammenrechnung	580
2. Bösgläubigkeit der Bank	582
3. Mitverschulden des Scheckberechtigten (§ 254 BGB)	585

Seite

6. Abschnitt: Automation des konventionellen Zahlungsverkehrs ... 586

   I. Datenträgeraustausch 587

   II. Datenfernübertragung 588

   III. Überleitung belegbegleiteter Überweisungs- und Lastschrifteinzugsaufträge in die beleglose Zahlungsverkehrsabwicklung ... 588
      1. EZÜ-Abkommen 589
      2. EZL-Abkommen 591

7. Abschnitt: Kontobezogenes Online-Banking und Homebanking ... 593

   I. Einführung des Bildschirmtext(Btx)-Verfahrens 1984 595

   II. Institutsspezifisches Leistungsangebot der Kreditwirtschaft ... 596

   III. Überprüfung der Verfügungsberechtigung des Nutzers 597

   IV. Rechtliche Aspekte des Online-Banking 598
      1. Abgabe und Zugang der Willenserklärungen des Kunden 599
      2. Haftungsregeln 600
      3. Sperre des Online-Banking-Angebotes 600
      4. Finanzielle Nutzungsgrenze 601

   V. Homebanking über offene Netze (Internet) 601

8. Abschnitt: Kartengestützte und kartengesteuerte Zahlungssysteme ... 603

   I. Allgemeines 603
      1. Bedürfnis nach Automatisierung der Zahlungsvorgänge 603
      2. Internationales edc-System (electronic debit card) 604
      3. Nutzung der Chip-Technologie 605
      4. ec-Karte als Instrument kartengesteuerter Zahlungssysteme ... 606
      5. Verwendung einer persönlichen Identifikationsnummer (PIN) . 607

   II. AGB-mäßige Sonderbedingungen für die Nutzung der ec-Karte ... 608
      1. Die wesentlichen Regelungspunkte 609
         a) Finanzielle Nutzungsgrenzen 610
         b) Umrechnung von Fremdwährungsbeträgen 611
         c) Rückgabe, Sperre und Einziehung der ec-Karte 611
         d) Sorgfalts- und Mitwirkungspflichten des Karteninhabers ... 611
         e) AGB-Klauseln zur Erfüllung der Aufklärungspflicht der kartenausgebenden Bank 613
      2. Haftungsregelungen für mißbräuchliche Verwendung der ec-Karte 614
         a) Vereinbarkeit mit dem Transparenzgebot des AGB-Gesetzes . 614
         b) Angemessenheit der Schadensverteilung 615

Seite

    c) Verteilung des Schadensrisikos aus einer mißbräuchlichen Verwendung der ec-Karte 616
    d) Die einzelnen Haftungsklauseln 618
        aa) Differenzierungen bei der Haftung des Kunden 619
        bb) Haftungsregelung bei Verwendung der eurocheque-Vordrucke ohne ec-Karte 621

III. Garantiefunktion der ec-Karte 622
  1. Grundsätzliches 625
  2. Garantievertrag zwischen Schecknehmer und bezogener Bank . 626
    a) Abgrenzung der Garantie von der Bürgschaft und dem Schuldbeitritt 626
    b) Zustandekommen des Garantievertrages 627
        aa) Garantiehaftung aufgrund Rechtsscheinhaftung 629
        bb) Abtretung des Garantieanspruchs bei Scheckweitergabe ... 632
  3. ec-Scheckkartenvertrag mit dem Kontoinhaber (Deckungsverhältnis) 632
    a) Auftragsrechtliche Aufwendungsersatzansprüche 634
    b) Beachtung von Schecksperren 635
  4. Einwendungen der bezogenen Bank gegen die Garantieinanspruchnahme 635
    a) Grundsätzlicher Ausschluß von Einwendungen aus dem Deckungsverhältnis zum Kontoinhaber 637
    b) Einwendungen aus dem Valutaverhältnis wegen rechtsmißbräuchlicher Garantieinanspruchnahme 638

IV. Bargeldlose Zahlung an automatisierten Kassen im Rahmen des inländischen electronic cash-Systems (POS-System) 639
  1. Grundstrukturen des electronic cash-Systems 639
    a) Abgrenzung zum POZ-System und zur elektronischen Geldbörse 640
    b) Clearing der electronic cash-Umsätze durch Lastschrifteinzug 641
  2. Rechtsgrundlagen des electronic cash-Systems 642
  3. Zahlungsverpflichtung des kartenausgebenden Kreditinstituts als Garantieverpflichtung 643
    a) Zahlungsgarantie als Abgrenzungsmerkmal zum POZ-System 645
    b) Garantieverpflichtung aufgrund des Gesamtgefüges der ec-Zahlungssysteme 645

V. Bargeldloses Bezahlen ohne Zahlungsgarantie an automatisierten Kassen mittels Lastschrift (POZ-System) 647

VI. ec-Karte als Bedienungsmedium für ec-Geldautomaten 649
  1. Rechtsgrundlagen 649
  2. Rechtliche Konstruktion der Bargeldauszahlung an bankeigenen Geldautomaten 651

	Seite
3. Benutzung institutsfremder Geldautomaten	652
a) Rechtsnatur des Erstattungsanspruches des automatenbetreibenden Kreditinstituts	653
b) Erfüllungswirkung der Auszahlung im Verhältnis Kunde/Bank	655
4. Verschaffung des Eigentums an dem ausgegebenen Bargeld	656
5. Beweisfragen	657

VII. Ausgabe von institutseigenen Kundenkarten für kartengesteuerte Zahlungssysteme 658

VIII. GeldKarte als elektronische Geldbörse 659
   1. „Chipgeld" als Bargeldersatz 660
   2. GeldKarte als „vorausbezahlte" Geldbörse 661
   3. Rechtliche Parallelen zur Grundstruktur des kartengesteuerten Zahlungsverkehrs 662
      a) Ausübung des girovertraglichen Weisungsrechts 662
      b) Verschaffung einer abstrakten Zahlungsverbindlichkeit des kartenausgebenden Kreditinstitutes 664
         aa) Zustandekommen des Zahlungsanspruchs 665
         bb) Übernahme einer Zahlungsgarantie 666
   4. Haftung des Kontoinhabers für mißbräuchliche Verwendung der GeldKarte 666
   5. GeldKartengeschäft als genehmigungspflichtiges Bankgeschäft 668

9. Abschnitt: Kreditkartengeschäft 671

I. Wirtschaftliche Funktionen 672
   1. Universales Zahlungsmittel 672
   2. Bargeldservice 673
   3. Inanspruchnahme des Karteninhabers im Lastschriftverfahren 674
   4. Kreditfunktion 675

II. Rechtsnatur des Kreditkartengeschäfts 676
   1. Rechtsverhältnis zwischen Emittent und Inhaber der Kreditkarte 677
      a) Rechtsnatur des Belastungsbeleges 680
      b) Ausschluß von Einwendungen aus dem Valutaverhältnis 681
   2. Rechtsverhältnis zwischen Kartenemittent und Vertragsunternehmen 683
      a) Zahlungsgarantie des Kartenemittenten 683
      b) Schuldversprechen (§ 780 BGB) als ungeeignetes Sicherungsinstrument 685
      c) Begründung des Garantieanspruchs 687
      d) Forderungskauf statt Zahlungsgarantie 688
      e) Haftung für Schäden aus mißbräuchlicher Verwendung der Kreditkarte durch Dritte 690

III. Eigenemission von Eurocard durch Kreditinstitute 694

	Seite
10. Abschnitt: Reisescheck	695
I. Rechtsnatur	696
II. Rechtsbeziehung zwischen Ersterwerber und Emittent	697
III. Übertragung von Reiseschecks	698
IV. Rechtsbeziehung zwischen dem Emittenten und der einlösenden oder in Zahlung nehmenden Stelle	699
V. Abhanden gekommene Reiseschecks	699
VI. Inkasso von Reiseschecks	701
11. Abschnitt: Elektronisches Netzgeld (Cyber Coins)	702
I. Funktion des Netzgeldes beim bargeldlosen Zahlungsvorgang	703
II. Abweichende Grundkonzeption der verschiedenen Netzgeldsysteme	703
1. ecash-System	704
2. Cyber cash-System	704
III. Auftragsrechtliche Weisung des Netzgeldzahlers an seine Bank zur Netzgeld„einlösung"	706
1. Vereinbarkeit der auftragsrechtlichen „Weisung" mit der Anonymisierung der Netzgeldzahlung	707
2. „Vorausbezahlung" des Netzgeldes als auftragsrechtliche „Vorschuß"leistung	708
IV. Begründung einer zusätzlichen abstrakten Leistungspflicht der Bank gegenüber Netzgeldempfängern	709
1. Rechtsnatur der Leistungspflicht der Bank	711
a) Erteilung eines Schuldversprechens nach § 780 BGB?	711
aa) Kein Bedürfnis für eine zusätzliche primäre Leistungspflicht der Bank	712
bb) Schuldversprechen als ultima ratio	714
b) Übernahme einer Garantiepflicht als angemessene Rechtskonstruktion	715
aa) Vereinbarkeit mit der girovertraglichen Leistungspflicht	715
bb) Eingeschränktere Kondiktionsmöglichkeit bei Garantiepflicht	716
2. Anwendbarkeit anweisungsrechtlicher Bestimmungen (§§ 783 ff. BGB)	719
a) Netzgeldzahlung als Anweisung im weiteren Sinne	720
b) Erfordernis einer schriftlichen Annahmeerklärung für die Begründung eines Schuldversprechens	721

	Seite
V. Digitale Münzen als Legitimationsnachweis gegenüber der emittierenden Bank	721
VI. Keine abweichende rechtliche Beurteilung umlauffähigen Netzgeldes	722
1. Schaffung eines zessionsrechtlichen Gutglaubensschutzes für umlauffähiges Netzgeld	723
2. Legitimationswirkung zugunsten des Netzgeldempfängers	724
VII. Netzgeldgeschäft als genehmigungspflichtiges Bankgeschäft	725

5. Teil: Kreditgeschäft

1. Abschnitt: Grundsätzliches	727
I. Kreditbegriff	727
1. Kreditbegriff des Verbraucherkreditgesetzes	730
2. Kreditbegriff des Kreditwesengesetzes	731
3. Verschiedene Anspruchsgrundlagen für den (Rück-)Zahlungsanspruch der Bank	733
II. Schutz der Bank als Kreditgeberin von nach dem Umwandlungsgesetz gespaltenen Unternehmen	734
2. Abschnitt: Verbraucherkredite	736
I. Geltungsbereich des Verbraucherkreditgesetzes	737
1. Begriff des Verbrauchers	737
2. Sachlicher Anwendungsbereich	740
a) Darlehen	740
b) Zahlungsaufschub	743
c) Sonstige Finanzierungshilfen	744
d) Ausgenommene Kreditverträge und beschränkte Anwendbarkeit des Gesetzes	745
e) Überziehungskredite	748
II. Formerfordernisse	750
1. Einzelne Mindestangaben	752
2. Rechtsfolgen bei Verletzung der Formerfordernisse (§ 6 Abs. 1 VerbrKrG)	754
III. Widerrufsrecht	755
IV. Drittfinanzierte Geschäfte (Verbundene Geschäfte)	758
1. Regelungsbedürfnis für verbundene Geschäfte	759

	Seite
2. Tatbestand des verbundenen Geschäfts	761
3. Einzelne Kreditarten als verbundene Geschäfte	763
a) Anschaffungsdarlehen	763
b) Bauzwischenfinanzierung	763
c) Effektenkredite	765
d) Finanzierungsleasingvertrag	766
4. Einwendungsdurchgriff	767
5. Schwebezustand des finanzierten Geschäfts	769
6. Abwicklung eines fehlerhaften Geschäftes	770
7. Unwirksamkeit eines Einwendungsverzichts	770
8. Wechsel- und Scheckverbot	771
V. Regelungen wegen „Schuldturm"problematik	772
1. Verzugsschadenberechnung	772
a) AGB-mäßige Verzugsschadenklausel	773
b) Gesetzliche Schadenspauschalierung	773
c) Verzugszinsen wegen rückständiger Zinsen	774
2. Anrechnung von Teilleistungen	775
3. Kündigung von Teilzahlungskrediten	777
a) Beschränkung auf Teilzahlungs-(Raten-)Kredite	779
b) Anwendbarkeit allgemeiner Kündigungsregelungen	780
4. Rücktrittsrecht der kreditgebenden Bank (§ 13 VerbrKrG)	781
5. Restschuldbefreiung	783
VI. Änderung des Mahnverfahrens	783
VII. Unwirksamkeit von Darlehensverträgen wegen Sittenwidrigkeit	784
VIII. Problematik der konkludenten Erlaßverträge bei notleidenden Krediten (sog. Erlaßfalle)	785
3. Abschnitt: Firmenkredite	786
I. Gelddarlehen	786
1. Krediteröffnungsverträge	789
2. Vereinbarung eines Disagios	791
3. Kündigungsrechte	794
a) Gesetzliches Kündigungsrecht des Kreditnehmers	794
b) Beendigung des Kreditverhältnisses durch AGB-mäßiges Kündigungsrecht	795
c) Abstrakte Berechnung des Verzugsschadens	797
4. Vorzeitige Beendigung von Darlehensverträgen gegen Vorfälligkeitsentschädigung	800
a) Anspruch auf Vorverlegung des Erfüllungszeitpunktes	800
b) Berechnung der Vorfälligkeitsentschädigung	802
5. Pfändung von Ansprüchen auf Kreditgewährung	804

	Seite
II. Diskontgeschäft	806
1. Einräumung eines Diskontkredites	807
2. Rechtsnatur des Diskontgeschäfts	807
3. Akzeptantenwechsel	809
4. Diskontierte Wechsel als Refinanzierungsinstrument	809
a) Kreditgewährung im Tenderverfahren	811
b) Verpfändung diskontierter Wechsel	811
5. Wechselreiterei	812
III. Avalkredit (Garantiegeschäft)	813
1. Inhalt und Funktion	813
2. Garantiearten	815
3. Rechtliche Einordnung der Bankgarantie	816
a) Kreditvertrag zwischen Bank und Kunde	816
b) Garantievertrag zwischen Bank und Garantiebegünstigtem	817
c) Vertragliche Ausgestaltung des Garantievertrages	818
d) Abgrenzung zur Bürgschaft mit Klausel „Zahlbar auf erstes Anfordern"	820
4. Inanspruchnahme der Bankgarantie	824
a) Pflicht zur Anhörung des Bankkunden	824
b) Rechtsmißbräuchliche Inanspruchnahme der Bankgarantie	825
5. Gerichtliche Eilmaßnahmen gegen den Begünstigten	827
6. Eingeschränkte Aufrechnungsbefugnis der Garantiebank	830
7. Prozeßbürgschaften	831
IV. Akzeptkredit	832
V. Revolvingkreditvermittlungsgeschäft	835
1. Rückerwerbsverpflichtung des Vermittlers als Bankgeschäft	835
2. Rechtsbeziehung zwischen Vermittler und Refinanzierungsbank	836
4. Abschnitt: Factoring-Geschäft	837
I. Erscheinungsformen und wirtschaftlicher Zweck	837
1. Echtes und unechtes Factoring	838
2. Auslands-Factoring	839
3. Factoring und Kreditwesengesetz	840
II. Rechtsnatur des Factoring-Geschäfts	841
1. Factoring-Rahmenvertrag	842
2. Echtes Factoring	842
3. Unechtes Factoring	844
III. Ausgestaltung des Rahmenvertrages	845

	Seite
IV. Kollision des Forderungserwerbs des Factors mit verlängertem Eigentumsvorbehalt	846
1. Wirksamer Forderungserwerb beim echten Factoring	847
2. Vorrang des verlängerten Eigentumsvorbehalts beim unechten Factoring	849

5. Abschnitt: Finanzierungsleasing ... 850
   I. Entwicklung und wirtschaftlicher Zweck ... 850
   II. Erscheinungsformen des Leasing ... 851
      1. Finanzierungs-Leasing ... 851
      2. Operating-Leasing ... 853
      3. Sale-and-Lease-Back-Verträge ... 853
   III. Finanzierungsleasing und KWG ... 854
   IV. Rechtsnatur des Finanzierungsleasing ... 855
      1. Rechtsprechung ... 855
      2. Abweichende Literaturmeinung ... 857
      3. Übereinstimmung zwischen steuer- und zivilrechtlicher Qualifikation ... 858
   V. Wirksamer Ausschluß von Gewährleistungsansprüchen des Leasingnehmers ... 858
      1. Bisherige Rechtslage ... 858
      2. Rechtslage unter der Geltung des Verbraucherkreditgesetz ... 860
   VI. Refinanzierung des Leasinggeschäfts ... 861
      1. Regreßloser Ankauf ... 861
      2. Insolvenzrechtliche Wirksamkeit der Vorausabtretung der Leasingraten ... 862

6. Teil: Kreditsicherung

1. Abschnitt: Allgemeine rechtliche Risiken der Sicherheitenbestellung ... 863

   I. Die Problematik einer Übersicherung der Bank ... 865
      1. Unschädlichkeit nachträglicher Übersicherungen durch ermessensunabhängige Freigabepflicht der Bank ... 867
      2. Ursprüngliche Übersicherung ... 869

	Seite
II. Nichtigkeit der Sicherheitenbestellung wegen Sittenwidrigkeit	871
1. Kollision einer Globalzession mit verlängertem Eigentumsvorbehalt	872
2. Bürgschaften und Schuldmitübernahmen vermögensloser Familienangehöriger	872
III. Haftung wegen Gläubigergefährdung	875
1. Kredittäuschung	878
2. Insolvenzverschleppung	879
a) Stillhalten	881
b) Sittenwidrige Kreditgewährung	881
IV. Haftung wegen Vermögensübernahme	881
1. Sicherungsübereignung als Vermögensübernahme	882
2. Haftung bei Vermögensübertragung durch mehrere, rechtlich selbständige Einzelakte	883
V. Besicherung eigenkapitalersetzender Darlehen	884
1. Gewährung eines eigenkapitalersetzenden Darlehens gegen Sicherheiten	885
2. Gesellschaftsanteile als Sicherungsgrundlage des Darlehens	886
3. Gesellschafterbesicherte Drittdarlehen	887
4. Keine Anwendbarkeit der Kapitalerhaltungsvorschriften (§§ 30, 31 GmbHG, § 57 AktG)	888
VI. Auswirkungen der Insolvenzrechtsreform auf die Kreditsicherung	889
2. Abschnitt: Bürgschaft	891
I. Bedeutung für die Bankpraxis	891
II. Verwandte Sicherungsformen	892
1. Schuldbeitritt	892
2. Übernahme einer Garantie	893
3. Bürgschaft auf erstes Anfordern	894
III. Bürgschaft als akzessorisches Sicherungsrecht	895
1. Erfordernis der Gläubigeridentität	896
2. Getrennte Abtretung von Haupt- und Bürgschaftsforderung	897
IV. Bürgschaftsvertragsverhältnis	898
1. Schriftformerfordernis	898
2. Bestimmbarkeitsgrundsatz	901
3. Aufklärungspflichten der Bank	903
4. Anwendbarkeit des Haustürwiderrufsgesetzes	904

	Seite

5. Unwirksamkeit von Bürgschaften wegen Sittenwidrigkeit
   (§ 138 BGB) 906
   a) Kriterien für die Unwirksamkeit der Bürgschaft 907
   b) Hinausschieben der Fälligkeit der Bürgschaftsforderung
      durch Vertragsauslegung 909

V. Formularpraxis der Kreditinstitute 910
1. Höchstbetragsbürgschaften 910
2. Inanspruchnahme aus der Bürgschaft 911
3. Übergang von Sicherheiten 913
   a) Differenzierende Regelung des Übergangs bei nicht-akzessorischen Sicherheiten 914
   b) Ausgleichsanspruch des zahlenden Bürgen (analog § 426 Abs. 1 S. 1 BGB) 915
4. Anrechnung von Zahlungseingängen 917
5. Haftung mehrerer Bürgen 917
   a) Mitbürgschaft 918
   b) Teilbürgschaft 919
6. Stundung und Freigabe von Sicherheiten 920
7. Recht des Bürgen zur Kündigung der Bürgschaft 921

VI. Ausfallbürgschaft 922

VII. Zeitbürgschaft (§ 777 BGB) 923

3. Abschnitt: Grundpfandrechte 924

I. Grundstücksrechte als Mittel der Kreditsicherung 924
1. Bedeutung der Grundstücksrechte für die Bankpraxis 924
2. Kreditsicherung mittels Grundpfandrechten 925
3. Grundschuld als bevorzugtes Grundpfandrecht 927
   a) Mangelnde Praktikabilität der Höchstbetragshypothek ... 927
   b) Inhalt und Verwendung der Sicherungsgrundschuld 929

II. Übernahme der persönlichen Haftung durch den Grundschuldbesteller 930
1. Abstraktes Schuldversprechen 930
2. Vereinbarkeit mit dem AGB-Gesetz 932
   a) Personenidentität von Kreditnehmer und Grundschuldbesteller 932
   b) Personenverschiedenheit von Kreditnehmer und Grundschuldbesteller 933

III. Sicherungsvertrag 933
1. Gesicherter Forderungskreis 935
   a) Identität von Forderungsschuldner und Grundstückseigentümer 936

XLIII

	Seite
b) Grundschuldbestellung durch einen Dritten	937
2. Verpfändung der Ansprüche aus der Zubehörversicherung	939
3. Tilgungszweck-Klausel	941
a) Identität von Grundschuldbesteller und persönlichem Schuldner	941
b) Grundschuldbestellung durch Dritte	942

IV. Anspruch des Sicherungsgebers auf Teilfreigabe 943

V. Vertraglicher Rückgewährsanspruch nach Wegfall des Sicherungszwecks 945

1. Rechtsform des Rückgewährsanspruchs 947
2. Gläubiger des Rückgewährsanspruchs 948
3. Rückgewährsanspruch als Sicherungsinstrument 950
4. Gesetzliche Abtretungsansprüche als ausgleichsberechtigte Gesamtschuldner analog § 426 Abs. 2 S. 1 BGB 951

VI. Verwertung der Grundschuld 953

1. Zwangsversteigerung 953
2. Zwangsverwaltung 954
3. Freihändiger Verkauf 954

4. Abschnitt: Sicherungsübereignung 957

I. Sicherungsübertragung als Mittel der Kreditsicherung 957

1. Unzureichende Praktikabilität des Pfandrechts 957
2. Sicherungsübertragung als Beispiel richterlicher Rechtsfortbildung 958
3. Treuhandcharakter der Sicherungsübertragung 959
   a) Bindung der Rechtsmacht des Sicherungsnehmers 959
   b) Treuhandverhältnis 960
   c) Behandlung der fiduziarischen Sicherheiten in der Insolvenz und Zwangsvollstreckung 961

II. Verwendung der Sicherungsübereignung in der Bankpraxis 961

1. Praktische Unbrauchbarkeit des Pfandrechts an beweglichen Sachen 962
2. AGB-Pfandrecht als Ausnahmetatbestand 964

III. Formularpraxis der Kreditinstitute 964

1. Gesicherter Forderungskreis 965
2. Übertragung von Anwartschaftsrechten 966
   a) Schutz des Anwartschaftsrechts 967
   b) Schutz der Bank bei Nichterfüllung des Kaufvertrages durch den Kreditnehmer 967
   c) Haftungszugriff Dritter auf das Anwartschaftsrecht 968

   Seite

      aa) Anwartschaftsrecht als Teil des grundpfandrechtlichen
          Haftungsverbandes 969
      bb) Vermieterpfandrecht 970
  3. Anforderungen des Bestimmtheitsgrundsatzes 970
  4. Mindestdeckungsbestand (Deckungsgrenze) 972
  5. Verfügungsbefugnisse des Sicherungsgebers 973
  6. Versicherung des Sicherungsgutes 974
  7. Gesetzliche Pfandrechte, Pfändungen oder sonstige Maßnahmen
     Dritter 975
  8. Verhaltenspflichten des Sicherungsgebers 976
  9. Rückgewähr des Sicherungsgutes 976
     a) Anspruch auf Teilfreigabe von Sicherheiten 977
     b) Vermeidung einer unangemessenen Übersicherung durch Frei-
        gabeanspruch 979
     c) Maßgebliche Deckungsgrenze 980
     d) Bewertung der Sicherheiten 982

IV. Verwertung des Sicherungsgutes 985
  1. Ausgestaltung der Verwertungsbefugnis 985
  2. Entsprechende Anwendung pfandrechtlicher Bestimmungen . . 987

5. Abschnitt: Sicherungszession 989

I. Verwendung in der Bankpraxis 989
  1. Unzulängliche Praktikabilität des Pfandrechts 989
  2. AGB-Pfandrecht als Ausnahmetatbestand 990
  3. Formen der Sicherungszession 991
     a) Globalzession 991
     b) Mantelzession 992

II. Abtretung künftiger Forderungen 993
  1. Grundsatz der Bestimmbarkeit 994
  2. Insolvenzfestigkeit 995

III. Konkurrenz mit erweitertem Eigentumsvorbehalt 995
  1. Wirksamkeit des verlängerten Eigentumsvorbehalts 996
     a) Übersicherung 996
     b) Bestimmbarkeitserfordernis 997
  2. Lösung der Kollision von verlängertem Eigentumsvorbehalt und
     Globalzession 997
     a) Prioritätsgrundsatz 997
     b) Sittenwidrigkeit der Globalzession 998
     c) Dingliche Verzichtsklausel im Globalzessionsvertrag 999

IV. Formularpraxis der Kreditinstitute 1001
  1. Gesicherter Forderungskreis 1002

	Seite
2. Übertragung von Nebenrechten	1003
3. Einziehung der Forderungen durch den Bankkunden	1003
4. Einreichung von Bestandslisten	1004
5. Verhaltenspflichten des Sicherungsgebers	1005
6. Sicherheitenfreigabe	1005
a) Anspruch auf Teilfreigabe der sicherungszedierten Forderungen	1006
b) Vermeidung einer unangemessenen Übersicherung durch Freigabeanspruch	1007
c) Bewertung der Sicherheiten	1009
7. Verwertung der abgetretenen Forderungen	1012
a) Voraussetzung für Offenlegung der Zession	1013
aa) Rücksichtnahmepflicht der Bank	1013
bb) Ankündigung der Verwertung	1013
b) Aushändigung von Blankobenachrichtigungsschreiben	1015
c) Ermessensspielraum bei Einziehung	1016

6. Abschnitt: Sicherheiten-Poolverträge 1017

   I. Erscheinungsformen 1017

   II. Wirtschaftliche Zwecke der Banken-Pool-Verträge 1018
      1. Finanzierungspools 1018
      2. Sanierungspools 1018

   III. Bildung einer BGB-Gesellschaft 1018
      1. Gemeinsamer Zweck 1019
      2. Keine Bildung von Gesamthandsvermögen 1019

   IV. Saldenausgleichsvereinbarung 1020

   V. Insolvenzrechtliche Zulässigkeit 1021

   VI. Haftungsrisiken der Poolbildung 1021
      1. Vermögensübernahme 1021
      2. Sittenwidrigkeit 1022

7. Abschnitt: Nicht-bankmäßige Kreditsicherungsinstrumente 1023

   I. Verwendung in der Bankpraxis 1023

   II. Sicherungserklärungen des Kreditnehmers 1024
      1. Verpflichtung zu künftiger Sicherheitenbestellung (Positiverklärung) 1024
      2. Verpflichtung zur Nichtbelastung des Vermögens (Negativerklärung) 1025
         a) Sonderregelung für Grundstücksvermögen (§ 1136 BGB) 1027

	Seite
b) Kombination von Negativklausel und Positiverklärung	1028
3. Gleichstellungsverpflichtung (Gleichrang- oder pari-passu-Klausel)	1029
4. Financial Covenants	1030
a) Inhalt typischer Financial Covenants	1031
b) Sicherungswert der Financial Covenants	1032
III. Sicherungserklärungen von dritter Seite	1032
1. Finanzierungsbestätigungen	1033
2. Zurücktreten anderer Gläubiger mit Forderungen	1034
a) Kommanditrevers	1034
b) Rangrücktritt	1035
3. Verpflichtungen zum Abkauf der Kreditforderung	1036
4. Patronatserklärung	1036
a) Erscheinungsformen	1037
b) „Harte" Patronatserklärung	1037
c) Patronatserklärungen gegenüber der „Allgemeinheit"	1040
5. Organschaftserklärung	1041
a) Gläubigerschutz beim Abschluß eines Unternehmensvertrages	1042
b) Kreditsicherung durch die Konzernhaftung der Muttergesellschaft	1042
c) Inhalt der Organschaftserklärung	1043

7. Teil: Auslandsgeschäft

1. Abschnitt: Allgemeines	1047
I. Aspekte des deutschen Internationalen Privatrechts (IPR)	1049
1. Definition des deutschen Internationalen Privatrechts	1050
2. Geltung deutschen Rechts	1051
a) Ausdrückliche Rechtswahl	1051
aa) Grundsatz	1051
bb) Grenzen der Privatautonomie	1052
cc) Rechtswahl bei Bankgeschäften mit Auslandsbezug . . .	1053
b) Konkludente Rechtswahl	1054
c) Mangels Rechtswahl anzuwendendes Recht	1055
aa) Charakteristische Leistung als Anknüpfungspunkt für vertragliche Schuldverhältnisse	1055
bb) Maßgeblichkeit des Rechts der belegenen Sache	1056
II. Harmonisierung der Rechtsgrundlagen des Auslandsgeschäfts . .	1057
1. Innerstaatliche Transformation von Staatsverträgen und internationalen Abkommen	1057

	Seite
2. Einheitliche Richtlinien der Internationalen Handelskammer (ICC)	1059
3. ERI	1061
4. ERA	1061
5. Sonstige bankgeschäftlich relevante Richtlinien	1063

2. Abschnitt: Grenzüberschreitender bargeldloser Zahlungsverkehr . . 1065

I. Banküberweisung 1065
  1. EU-Überweisungsrichtlinie 97/5/EG vom 27. 1. 1997 1066
  2. Richtlinienumsetzung im BGB (§§ 675a ff.) 1068
    a) Einbeziehung der Inlandsüberweisungen 1069
    b) Erstreckung auf Drittstaatsüberweisungen 1070
    c) Legislative Grundkonzeption 1070
      aa) Überweisungsvertrag (§ 676a BGB) 1072
      bb) Zahlungsvertrag (§ 676d BGB) 1075
      cc) Girovertrag (§ 676f BGB) 1076

II. Dokumenteninkasso 1077
  1. Wirtschaftliche Funktion 1078
  2. Rechtsgrundlagen 1078
  3. Geschäftsablauf 1079
    a) Spezielle Weisungen des Inkassoauftraggebers 1079
    b) Einschaltung der Inkassobank durch die Einreicherbank 1080
    c) Sicherungsrechte der Einreicherbank 1081
    d) Entgegennahme und Vorlage der Dokumente 1081
    e) Benachrichtigungspflichten der Inkassobank 1082

3. Abschnitt: Dokumentenakkreditive 1083

I. Grundlagen 1083

II. Wirtschaftliche Funktionen des Akkreditivs 1084
  1. Instrument des bargeldlosen Zahlungsverkehrs 1084
  2. Sicherungsfunktion 1085
    a) Schutz des Verkäufers 1085
    b) Schutz des Käufers 1087
  3. Kreditfunktion 1087

III. Rechtsgrundlagen des Akkreditivgeschäfts 1087

IV. Ablauf des Akkreditivgeschäfts 1090
  1. Inhalt des Leistungsversprechens der akkreditiveröffnenden Bank 1090
  2. Standby-Letter of Credit 1091
  3. Erforderliche Ausgestaltung des Akkreditivauftrags 1092

		Seite
a) Inhalt des Akkreditivauftrags		1093
b) Angabe des Verfalldatums und des Ortes für die Dokumentenvorlage		1094
c) Unwiderruflichkeit des Akkreditivs als Regelfall		1095
4. Übertragbarkeit des Akkreditivs		1095
a) Rechtsfolgen der Übertragung		1097
b) Übertragbarkeit mittels Gegenakkreditiv		1097

V. Rechtsverhältnisse zwischen den Beteiligten 1098

1. Rechtsbeziehung zwischen akkreditiveröffnender Bank und ausländischer Zweitbank 1098
2. Rechtsbeziehung zwischen akkreditiveröffnender Bank und Akkreditivauftraggeber (Deckungsverhältnis) 1100
   - a) Zurückweisungsrecht des Akkreditivauftraggebers 1101
   - b) Anweisungsverhältnis im weiteren Sinne 1102
3. Rechtsbeziehung zwischen Akkreditivbegünstigten und akkreditiveröffnender Bank oder Zweitbank 1103
   - a) Grundsatz der Dokumentenprüfung 1103
   - b) Haftungsausschluß für die Wirksamkeit von Dokumenten 1103
   - c) Beanstandung der Dokumente 1104
   - d) Rückforderung der Akkreditivsumme durch akkreditiveröffnende Bank 1105

VI. Zahlungsverweigerung durch akkreditiveröffnende Bank und gerichtliche Eilmaßnahmen 1105

1. Einwand unzulässiger Rechtsausübung 1106
2. Gerichtliche Eilmaßnahmen 1107
   - a) Einstweilige Verfügung 1108
   - b) Arrest 1109

4. Abschnitt: Auslandskreditgeschäft 1111

I. Exportfinanzierung 1113

1. Bevorschussung des Inkassoerlöses bei Dokumenteninkassi 1113
2. Unanfechtbares Aufrechnungsrecht der Einreicherbank bei Erwerb der Inkassoforderung 1114
3. Befriedigungsrecht der Bank ohne Erwerb der Inkassoforderung 1116
4. Sicherungsübereignung der Exportgüter 1117
5. Forfaitierung und Factoring 1118
6. Export-Leasing (Cross-Border-Leasing) 1119
7. Ausfuhrgarantien und Ausfuhrbürgschaften der Bundesrepublik (Hermes-Deckungen) 1119

II. Importfinanzierung 1121

1. Import-Sicherungsverträge 1121

	Seite
2. Übernahme von Haftungskrediten	1122
a) Eröffnung eines Dokumentenakkreditivs als Kreditgewährung	1122
b) Übernahme einer Bankgarantie	1123
3. Akkreditive als Finanzierungsinstrumente	1124
a) Rembourskredit an Importeur	1124
b) Bevorschussung bei Akkreditiven mit hinausgeschobener Zahlung	1125
III. Projektfinanzierung	1126
1. Praktischer Anwendungsbereich	1126
2. Besonderheiten der Projektfinanzierung gegenüber dem Auslandskreditgeschäft	1127
3. Typische Vertragsgestaltung	1128
4. Risiken der Projektfinanzierung	1128
IV. Eurokredite	1130
V. Struktur des Eurokreditmarktes	1131

2. Hauptteil: Kapitalmarktrecht (Investment Banking)

8. Teil: Allgemeiner Teil des Kapitalmarktrechts

1. Abschnitt: Vorbemerkungen	1135
2. Abschnitt: Begriff des Kapitalmarktes	1138
I. Kapitalmarkt als Teil des Finanzmarktes	1138
II. Kapitalmarkt im engeren Wortsinne (Wertpapiermarkt)	1139
1. Kapitalmarkttitel als Wertpapiere im Sinne des § 2 Abs. 1 WpHG	1140
2. Aktienzertifikate	1142
3. Genuß- und Optionsscheine	1143
4. Investmentzertifikate	1144
III. Kapitalmarktbezogenheit der Terminmärkte	1145
1. Abgrenzung der Geschäfte mit hinausgeschobener Valutierung	1147
2. Verknüpfung der Kapitalmärkte mit den Terminmärkten	1147
IV. Grauer Markt als Kapitalmarkt im weiteren Sinne	1149

	Seite
3. Abschnitt: Abgrenzung des Kapitalmarktes vom Geld- und Devisenmarkt	1151
I. Geldhandel	1151
II. Handel in Geldmarktpapieren	1152
1. Verzinsung durch Disagio	1153
2. Rückgabe an die Bundesbank	1153
III. Devisenmarkt	1154
4. Abschnitt: Segmente des Kapitalmarktes	1157
I. Primärmarkt	1157
1. Selbstemission (Direktplazierung)	1158
2. Mitwirkung von Kreditinstituten (Fremdemission)	1158
II. Börsenmäßig organisierte Sekundärmärkte	1159
1. Börsen als marktmäßige Veranstaltungen	1160
2. Amtlicher Markt	1162
a) Öffentlich-rechtliche Organisationsstruktur	1162
b) Zulassung der Wertpapiere	1163
c) Zulassung der Marktteilnehmer zum Börsenhandel	1164
3. Geregelter Markt (§§ 71 ff. BörsG)	1165
a) Öffentlich-rechtlich organisiertes Marktsegment ohne amtliche Notierung	1165
b) Rechtliche Integrierung in die Börse	1166
4. Freiverkehr an der Wertpapierbörse (§ 78 BörsG)	1167
a) Freiverkehr als privatrechtlich organisiertes Marktsegment	1167
b) Richtlinien für den Freiverkehr	1168
III. Organisierter Markt im Sinne des § 1 Abs. 5 WpHG	1169
IV. Sekundärmärkte als außerbörslicher Wertpapierhandel (Interbankenhandel)	1170
1. Organisierte außerbörsliche Kapitalmärkte	1170
2. Außerbörsliche elektronische Handelssysteme	1171
5. Abschnitt: Kapitalmarktbezogene Bankgeschäfte	1173
I. Effektengeschäft	1174
II. Depotgeschäft	1175
1. Depotmäßige Verwahrung als Basis des Effektengiroverkehrs	1175
2. Erfordernis von Depotguthaben	1176
III. Wertpapierleihe/Repogeschäft	1177
IV. Zahlstellen- und Bogenerneuerungsdienst	1179

	Seite
6. Abschnitt: Die Marktteilnehmer	1180
I. Kreditinstitute	1180
II. Börsenmakler	1180
1. Kursmakler	1181
2. Freimakler	1181
III. Emittenten als Marktteilnehmer	1182
1. Emittent als Wertpapierverkäufer am Primärmarkt	1182
2. Emittent als indirekter Teilnehmer an den Sekundärmärkten	1183
a) Kapitalmarktrechtliche Veröffentlichungspflichten	1184
b) Auskunftspflichten gegenüber Wertpapierbörsen	1185
c) Kapitalmarktbezogene Verhaltenspflichten	1186
IV. Anleger als Marktteilnehmer (Effektenkommittent)	1186
1. Kein direkter Marktzugang der Effektenkunden	1187
2. Marktgeschäfte für Rechnung der Effektenkunden	1187
7. Abschnitt: Staatliche Marktaufsicht	1189
I. Dreistufige Aufsichtskompetenz	1190
II. Staatliche Überwachung der Börsenpreise	1190
8. Abschnitt: Regelungsziele des Kapitalmarktrechts	1192
I. Funktionsschutz des Kapitalmarktes	1193
1. Institutionelle Funktionsfähigkeit	1195
a) Insiderrechtliches Gleichbehandlungsgebot	1196
b) Transparenz der Aktionärsstruktur	1197
c) Verhaltensregeln für die Marktintermediäre	1198
2. Operationale Funktionsfähigkeit	1199
a) Aufwand der Emittenten bei Börseneinführung	1199
b) Kostenmäßige Belastung der Anleger	1200
3. Allokative Funktionsfähigkeit	1200
II. Anlegerschutz als kapitalmarktrechtliches Schutzgut	1201
1. Anlegerschutz als bloßer Rechtsreflex	1202
2. Haftungsbegründende Amtspflichten durch kapitalmarktrechtliche Normen	1202
3. Schutz der Individualinteressen der Anleger	1203
a) Normzweck entscheidend für die Qualifizierung als Schutzgesetz	1204
b) Schutzgesetzcharakter der Publizitätspflichten der Emittenten als Ausnahmefall	1205
c) Regelungen der staatlichen Marktaufsicht keine Schutzgesetze	1206

	Seite
9. Abschnitt: Rechtsquellen des Kapitalmarktrechts	1208
I. Spezielle kapitalmarktrechtliche Regelungen	1209
II. Generelle Regelungen mit kapitalmarktrechtlicher Relevanz	1210
III. Marktrelevante Gesetzesbestimmungen ohne kapitalmarktrechtliche Normenqualität	1211
IV. Abgrenzung der privatrechtlichen von den öffentlich-rechtlichen Normen	1212
1. Interessenrichtung der Norm nur als Indiz für rechtssystematische Einordnung	1214
2. Normen mit ambivalenter Rechtsnatur	1215
V. Kategorisierung der öffentlich-rechtlichen Normen	1218
1. Regelungen der staatlichen Beaufsichtigung des Marktgeschehens und der Marktteilnehmer	1219
a) Regelungen der Marktveranstaltung	1220
b) Gewerbeaufsichtsrechtliche Aufsichtsnormen	1221
c) Ermittlungsbefugnisse der Aufsichtsbehörden	1223
2. Organisationsrechtliche Normen	1224
a) Bundesaufsichtsamt für den Wertpapierhandel	1224
b) Wertpapierbörsen als Anstalten des öffentlichen Rechts	1225
3. Strafrechts- und Bußgeldvorschriften	1226

9. Teil: Emissionsgeschäft

1. Abschnitt: Allgemeines	1227
I. Begriff der Emission	1227
II. Bankaufsichtsrechtliche Regelungen	1228
1. „Fest"übernahme (Underwriting) als erlaubnispflichtiges Bankgeschäft (§ 1 Abs. 1 S. 2 Nr. 10 KWG)	1229
2. Kommissionsweise Plazierung als Finanzkommissionsgeschäft (§ 1 Abs. 1 S. 2 Nr. 4 KWG)	1230
3. Geschäftsbesorgungskonsortien als Finanzdienstleistung (§ 1 Abs. 1a S. 2 Nr. 2 KWG)	1230
III. Formen der Emission	1231
1. Selbstemission	1231
2. Fremdemission	1232
a) Pflicht zur kommissionsweisen Plazierung	1233
b) Pflicht zur festen Übernahme der Emission	1234
c) Absatzgarantie	1235

	Seite
IV. Plazierungsmethoden	1235
1. Subskription	1236
2. Freihändiger Verkauf	1236
V. Börseneinführung	1237
1. Gesetzlich geregeltes Zulassungsverfahren	1237
2. Kurspflege	1238
3. Neuverbriefung ausländischer Wertpapiere durch Deutsche Börse Clearing AG	1239

2. Abschnitt: Wertpapiere des Kapitalmarktrechts 1241
  1. Austauschbarkeit (Fungibilität) der Kapitalmarkttitel 1242
  2. Gesteigerte Umlauffähigkeit 1243
    a) Ersatzlösungen für die wertpapiermäßige Verbriefung 1244
    b) Umlauffähigkeit vinkulierter Namensaktien 1245
    c) Verstärkung des zessionsrechtlichen Erwerberschutzes durch wertpapiermäßige Verbriefung 1245
      aa) Gutgläubiger Erwerb 1246
      bb) Nachweis der Verfügungsberechtigung 1247
      cc) Einwendungen gegenüber dem Erwerber 1247
  3. Umfang des Erwerberschutzes bei den einzelnen Wertpapierarten 1248
    a) Weitestmöglicher Erwerberschutz bei Inhaber- und indossierten Namenspapieren 1248
      aa) Schutz des gutgläubigen Erwerbers (§§ 932 Abs. 1, 935 Abs. 2 BGB) 1248
      bb) Erleichterter Legitimationsnachweis (§ 793 Abs. 1 BGB) .. 1250
      cc) Ausschluß der zessionsrechtlichen Einwendungsbefugnis (§ 404 BGB) 1253
    b) Geringerer Erwerberschutz bei Rektapapieren 1254
      aa) Praktische Beispiele für Rektapapiere 1254
      bb) Wertpapierrechtlicher Vorlegungszwang als Erwerberschutz 1255
      cc) Rechtsgeschäftlicher Ausschluß von Einwendungen 1257
  4. Beginn und Beendigung der wertpapiermäßigen Verbriefung ... 1258
    a) Entstehung des verbrieften Rechts 1258
    b) Beendigung der Wertpapierwirkung 1261

3. Abschnitt: Grundsätzliches der Anleihe-/Aktienemissionen 1264
  I. Rechtsnatur des Emissionsgeschäfts 1264
  II. Anleiheemissionen 1265
    1. Grundlagen 1265
    2. Rechtsbeziehung zwischen Emittent und den an der Emission beteiligten Banken 1267

	Seite
a) Rechtsnatur des Übernahmevertrages	1267
b) Wesentliche Regelungen im Übernahmevertrag	1268

  3. Rechtsverhältnis zwischen Emittent und Anlegern 1269
    a) Anleihebedingungen 1269
      aa) Wesentlicher Inhalt der Anleihebedingungen 1270
      bb) AGB-Charakter der Anleihebedingungen 1270
      cc) Anwendung des AGB-Gesetzes auf Anleihebedingungen . 1275
    b) Drittschutzwirkungen des Übernahmevertrages 1275
    c) Schuldverschreibungsgesetz 1277

 III. Aktienemissionen 1278
  1. Praktisches Bedürfnis für die Mitwirkung von Kreditinstituten . 1279
    a) Barkapitalerhöhung 1279
    b) Bedingte Kapitalerhöhung 1281
    c) Kapitalerhöhung aus Gesellschaftsmitteln 1282
  2. Rechtsverhältnis zwischen Emittent und Konsortialbanken . . . 1282
    a) Rechtsnatur des Übernahmevertrages 1282
    b) Inhaltliche Ausgestaltung des Übernahmevertrages 1284
    c) Preisfindungsmechanismen 1285
      aa) Festpreisverfahren 1285
      bb) Bookbuilding-Verfahren 1286
    d) Greenshoe-Option 1288
  3. Rechtsverhältnis zwischen Emittentin und Aktionären 1289
    a) Mitgliedschaftliche Rechtsstellung der Aktienerwerber . . . 1289
    b) Rechtsstellung der bisherigen Aktionäre 1290
      aa) Mittelbares Bezugsrecht der bisherigen Aktionäre 1291
      bb) Bezugsrechtsausschluß 1292

4. Abschnitt: Rechtsverhältnisse des Emissionskonsortiums 1295

 I. Abgrenzung zu anderen Beteiligungsformen 1296
  1. Verdecktes Konsortium 1296
  2. Metaverhältnis 1297
  3. Unterbeteiligung 1297

 II. Rechtsverhältnisse des Bankenkonsortiums 1298
  1. Konsortialvertragliche Regelungen 1299
    a) Fehlendes Konsortialvermögen 1299
    b) Konsortialführung 1300
    c) Pflichten der Konsortialbanken 1302
  2. „Außen"haftung der Konsorten 1302
    a) Unabweisbares Bedürfnis für Haftungsbegrenzung 1304
    b) Quotale Mithaftung bei Insolvenz einer Konsortialbank . . . 1305
  3. Auflösung des Konsortiums 1306

	Seite

5. Abschnitt: Rechtsbeziehungen zwischen den Emissionsbanken und den Anlegern 1308

   I. Rechtsbeziehung zur konsortialführenden Bank als Sicherheitentreuhänderin 1308

   II. Rechtsbeziehung aufgrund Prospektverantwortlichkeit 1309

     1. Mitwirkung der Kreditinstitute bei der Veröffentlichung von Emissionsprospekten 1309
       a) Prospektpflichtige Emissionen 1309
       b) Prospektinhalt 1312
       c) Prospektverantwortlichkeit der Emissionsbanken 1313
     2. Schuldverhältnis aufgrund der Prospektveröffentlichung 1313

   III. Übersicht über die Rechtsgrundlage der Prospekthaftung 1314

6. Abschnitt: Prospekthaftung 1316

   I. Börsengesetzliche Prospekthaftung 1316

     1. Haftungsbegründender Tatbestand 1316
       a) Unerheblichkeit der Prospektbilligung durch Börsenzulassungsstelle 1318
       b) Haftungsausschließende Prospektberichtigung 1320
       c) Verschuldensmaßstab 1320
     2. Adressatenkreis der Prospekthaftung 1322
     3. Zeitlich befristeter Anspruchserwerb 1323
       a) Beginn der Sechsmonatsfrist 1323
       b) Angemessenheit der zeitlichen Befristung 1325
     4. Wertpapierbesitz keine Anspruchsvoraussetzung 1326
     5. Beweislastumkehr zugunsten der Anleger 1327
     6. Inhalt und Umfang der Schadensersatzpflicht 1329
       a) Zahlung gegen Rückgabe der Wertpapiere 1329
       b) Erstattung des Unterschiedsbetrages zwischen Erwerbs- und Ausgabepreis 1330
     7. Verjährung 1331

   II. Allgemeine zivilrechtliche Prospekthaftung 1331

     1. Richterliche Rechtsfortbildung 1332
     2. Verhältnis der Prospekthaftungsansprüche zueinander 1333

10. Teil: Effektengeschäft

	Seite
1. Abschnitt: Allgemeines	1335
I. Abgrenzung zum Eigen-(Nostro-)Geschäft der Kreditinstitute	1335
II. Kreditinstitute als Marktintermediäre	1336
III. Abgrenzung zur Vermögensverwaltung	1337
IV. Sonderbedingungen für Wertpapiergeschäfte	1341
V. Verhaltensregeln des Wertpapierhandelsgesetzes	1342
2. Abschnitt: Ausführung von Kommissionsaufträgen	1343
I. Abschluß eines Ausführungsgeschäfts im Markt	1343
II. Ausführungsgeschäft für Rechnung des Kunden	1344
III. Entgeltliches Geschäftsbesorgungsverhältnis im Innenverhältnis zum Kunden	1345
1. Zuordnung der Ausführungsgeschäfte zu den betreffenden Kunden	1347
2. Aufzeichnungspflichten nach dem Wertpapierhandelsgesetz	1348
IV. Wahl des Ausführungsplatzes	1349
1. Ausführung im In- oder Ausland	1350
a) Inländische Wertpapiere	1350
b) Ausländische Wertpapiere	1350
2. Börsliche oder außerbörsliche Auftragsausführung	1351
3. Auswahl zwischen verschiedenen Inlandsbörsen	1352
a) Uneinheitliche Literaturmeinung	1352
b) Die „zuständige" Börse	1352
4. Freiverkehr der Börse als Ausführungsalternative	1353
a) Angemessene rechtliche Rahmenbedingungen	1353
b) Gewährleistung einer fairen Preisbildung	1354
c) Gleichwertigkeit der drei Marktsegmente	1355
5. Ausführung im Präsenzhandel oder im elektronischen Börsenhandel	1355
6. Ausführung zum Einheitskurs oder im Handel mit fortlaufender Notierung	1356
a) Begriff des Einheitskurses	1356
b) Handel zum Einheitskurs	1357
c) Handel zu variablen Kursen	1358
V. Pflicht zur interessewahrenden Auftragsausführung	1359
VI. Vorschußpflicht des Kunden bei Kauforder	1362

	Seite
VII. Verkaufsaufträge ohne ausreichende Depotguthaben	1363
1. Wahrung des Kundeninteresses	1364
a) Vermeidung des Risikos einer Zwangsregulierung	1365
b) Rechtzeitige Bereitstellung der zu verkaufenden Wertpapiere	1365
c) Zusätzliche Anforderungen bei Auslandsverkäufen	1366
d) Bankinteresse an einem ausreichenden Depotguthaben	1367
2. Prüfungs- und Benachrichtigungspflicht der Bank	1367
a) Überprüfung des Depotbestandes	1367
b) Benachrichtigung des Kunden	1368
VIII. Gültigkeitsdauer der Kundenaufträge	1369
1. Gültigkeitsdauer von Aufträgen zum Kauf oder Verkauf von Bezugsrechten	1370
2. Erlöschen der Kundenaufträge wegen Kursfestsetzung	1371
IX. Reklamationspflicht des Kunden bei fehlerhafter oder ausgebliebener Effektenabrechnung	1371
X. Ausführung von Kommissionsaufträgen aufgrund einer kaufvertraglichen Rechtsbeziehung zum Kunden	1373
1. Abschaffung des kommissionsrechtlichen Selbsteintrittsrechts	1374
a) Kritik des Schrifttums	1375
b) Mißglückter Anlegerschutz beim Selbsteintrittsrecht	1376
c) Aufzeichnungspflichten nach dem Wertpapierhandelsgesetz	1378
2. Ermächtigung der Bank zur Begründung einer kaufvertraglichen Beziehung	1378
a) Rechtsnatur der Vertragsabschlußermächtigung	1379
b) Abgrenzung zum kommissionsrechtlichen Selbsteintrittsrecht (§ 400 HGB)	1381
c) Kein Erfordernis eines amtlich festgestellten Marktpreises	1382
3. Abschnitt: Festpreisgeschäfte	1384
I. Abgrenzung zum kommissionsrechtlichen Preislimit	1385
II. Abschaffung der Eigenhändlergeschäfte	1385
1. Preisbestimmungsrecht der Bank	1386
2. Ungewisser Vertragsabschluß	1386
III. Aufklärungs- und Schutzpflichten der Bank beim Festpreisgeschäft	1387
IV. Gutglaubensschutz der Bank	1388

	Seite
4. Abschnitt: Abwicklung von Effektengeschäften	1390
I. Allgemeines	1390
1. Gesetzliche Lieferfrist	1391
2. Usancemäßiger Erfüllungszeitpunkt	1392
a) Zweitägige Lieferfrist als Usance des inländischen Kassahandels	1392
b) Geltung der usancemäßigen Lieferfrist im Bank-/Kundenverhältnis	1394
3. Lieferung gegen Zahlung	1394
II. Verschaffung von Wertpapiereigentum	1395
1. Depotgesetzliche Vorgaben	1395
a) Verschaffung von Alleineigentum	1395
b) Verschaffung von Miteigentum	1396
c) Sonderregelung für Auslandsgeschäfte	1396
d) Insolvenzvorrecht	1397
2. AGB-mäßige Erfüllungsklausel	1398
a) Anschaffung im Inland	1398
b) Anschaffung im Ausland	1398
3. Berührungspunkte der Geschäftsabwicklung mit dem Depotgeschäft	1400
5. Abschnitt: Weggefallene AGB-Klauseln für das Effektengeschäft	1402
I. Wegfall der Genehmigungsfiktion bei fehlerhafter Effektenabrechnung	1402
1. Gesetzliche Genehmigungsfiktionen	1403
2. Konstitutive Bedeutung der Genehmigungsklausel	1404
3. Generelle Genehmigungsfiktion als unangemessene AGB-Klausel	1404
a) Genehmigung als nachträgliche Änderung des Kommissionsvertrages	1405
b) Schutzbedürfnis des Bankkunden	1406
II. Haftung der Bank bei Effektengeschäften in nicht volleingezahlten Aktien	1406
1. Schadensersatzanspruch des Effektenkunden wegen unterbliebener oder verzögerter Umschreibung der Aktien auf den Erwerber	1407
a) Unterbliebene Registerumschreibung nach Aktienveräußerung	1407
b) Zeitlich verlängerte Regreßhaftung des Effektenkunden infolge verzögerter Registerumschreibung	1408
aa) Grundsätze der zeitlichen Rangfolge der Regreßhaftung	1409
bb) Abweichende Inanspruchnahme bei Zahlungsunfähigkeit eines Vormannes	1409
cc) Zeitlich begrenzte Regreßhaftung des Effektenkunden	1411

LIX

Seite

    c) Berücksichtigung des Interesses des Effektenkunden durch
        die Usancen des Wertpapierhandels 1411
    d) Drittschadensliquidation durch die Verkäuferbank 1414
    e) Nichtübertragbarkeit des Schadensersatzanspruches wegen
        verspäteter Registerumschreibung 1415
  2. Kein Haftungsrisiko der Bank bei unverzüglicher Register-
    umschreibung 1416
    a) Kein Erstattungsanspruch der Depotkunden aus der Vertrags-
        beziehung zur Bank 1417
    b) Kein Aufwendungserstattungsanspruch des Effektenkunden
        aus Geschäftsführung ohne Auftrag 1417
    c) Kein Bereicherungsanspruch des Effektenkunden 1418
    d) Keine Erstattungspflicht der Bank aufgrund der Ausgleichs-
        pflicht der Gesamtschuldner 1419
  3. Zusammenfassung 1420

**III. Verbotswidrige Anschaffung von Aktien der Muttergesellschaft
für eine Tochtergesellschaft durch die Bank** 1420

  1. Nichtigkeit des Vertragsverhältnisses Bank/Tochtergesellschaft 1421
  2. Gesetzliche Haftung der Tochtergesellschaft 1422
  3. Wegfall der Ersatzpflicht der Tochtergesellschaft bei fahrlässiger
    Nichtkenntnis der Bank von dem Mutter/Tochter-Verhältnis? . 1423
    a) Grundsätzliche Unanwendbarkeit der Schadensteilungsnorm
        des § 254 BGB 1424
    b) Anwendbarkeit des § 254 BGB aufgrund der bankmäßigen
        Geschäftsverbindung als eines Schutzpflichten begründenden
        Vertrauensverhältnisses 1425
  4. Fehlendes Regelungsbedürfnis bei seltenen Sachverhalten 1427

11. Teil: Depotgeschäft

1. Abschnitt: Grundstrukturen 1429

I. Der depotgeschäftliche Wertpapierbegriff 1429

  1. Erstreckung der staatlichen Depotprüfung auf unverbriefte
    Effekten 1430
  2. Erfordernis der Besitzübergabe 1431

II. Geschäftsbeziehung als gemischt-typischer Vertrag 1431

III. Verwahrungsrechtliche Erfordernisse des depotgeschäftlichen Vertragsverhältnisses 1432

  1. Obhutspflicht als verwahrungsrechtliche Hauptpflicht 1433
  2. (Mit-)Eigentümerposition des Depotkunden 1434

	Seite
a) Alleineigentum (Sonderverwahrung)	1435
b) Miteigentum (Sammelverwahrung)	1435
c) Aneignungsermächtigung zugunsten der Depotbank	1436
d) Fehlendes Kundeneigentum im Auslandsgeschäft	1437

    IV. **Depotgeschäftliche Regelungen als Teil des Kapitalmarktrechts**   1437

2. Abschnitt: Depotsonderformen   1441

    I. **Sperrdepot**   1441

    II. **Depot zugunsten Dritter auf den Todesfall**   1442
        1. Vertrag zugunsten Dritter auf den Todesfall   1442
        2. Treuhänderische Übereignung der Wertpapiere auf die Depotbank   1444
        3. Erfordernis einer Schenkungsabrede   1445

    III. **Verpfändungen durch den Depotkunden**   1446

    IV. **Verpfändungsermächtigungen zugunsten der Depotbank**   1447
        1. Depot C   1448
        2. Depot D   1448
        3. Depot A   1449
        4. Depot E   1449

3. Abschnitt: Depotgeschäftliche Dienstleistungen   1451

    I. **Inkassopflichten**   1452
        1. Gutschriften unter dem Vorbehalt des Eingangs   1453
        2. Leistungsgefahr der Emittentin bei Insolvenz der Hauptzahlstelle   1454

    II. **Behandlung von Bezugsrechten sowie Options- und Wandlungsrechten**   1456

    III. **Benachrichtigungspflichten**   1456
        1. Fehlende Konkretisierbarkeit der Informationspflicht   1457
        2. Benachrichtigungspflicht als Schutzpflicht der Bank   1458

    IV. **Prüfungspflichten**   1459

    V. **Umtausch sowie Ausbuchung und Vernichtung von Urkunden**   1459

    VI. **Auftragsstimmrecht**   1460
        1. Erfordernis einer Stimmrechtsvollmacht   1460
        2. Neuregelungen durch das Gesetz zur Kontrolle und Transparenz im Unternehmensbereich   1461
        3. Fehlende Alternative zur Stimmrechtsvollmacht   1462

Seite

4. Abschnitt: Girosammelverwahrung 1463

I. Allgemeines 1464
    1. Gesetzliche Privilegierung der GS-Verwahrung 1464
    2. Deutsche Börse Clearing AG als Wertpapiersammelbank 1464

II. Erfordernis der Sammelverwahrfähigkeit 1466

III. GS-Verwahrung als Drittverwahrung 1468
    1. Mehrstufiger Besitz 1469
    2. Bankfilialen als Verwahrer 1469
    3. Herausgabeanspruch des Depotkunden gegenüber der Wertpapiersammelbank 1470
        a) Geltendmachung des Herausgabeanspruchs bei Vollstreckungen gegen die Depotbank 1470
        b) Vermeidung von Vollstreckungen durch Maßnahmen der Bankenaufsicht 1472

IV. Struktur der Rechtsposition des Depotkunden 1472
    1. Schuldrechtlicher Rückforderungsanspruch 1474
    2. Dinglicher Herausgabeanspruch 1474
    3. Übertragung von GS-Guthaben 1475
        a) Wahrung des Bestimmtheitsgrundsatzes 1475
        b) Die drei möglichen Übereignungsformen 1475

V. Rationalisierung der GS-Verwahrung 1477
    1. Sammelverwahrfähigkeit von Sammelurkunden 1478
        a) Einlieferung von Sammelurkunden 1479
        b) Nachträgliche Herstellung von Sammelurkunden 1479
        c) Rechtsstellung des Depotkunden 1480
    2. Dauer-Globalurkunden 1480
        a) Wertpapiercharakter der Dauerglobalurkunde 1481
        b) Entmaterialisierung der Effekten ohne Rationalisierungseffekte 1482

VI. Unverbriefte Schuldbuchforderungen (Wertrechte) 1482
    1. Rechtsstellung der Anteilsinhaber 1484
    2. Analoge Anwendung der sachen- und depotrechtlichen Vorschriften 1485
    3. Einzelschuldbuchforderungen 1486

VII. Internationalisierung der deutschen Girosammelverwahrung .. 1488
    1. Kreis der einbeziehungsfähigen Wertpapiere 1489
    2. Schutz der Depotkunden 1491
    3. Ausländische Kooperationspartner 1492

Seite
5. Abschnitt: Auslandsaufbewahrung 1494
I. Treuhandeigentum der inländischen Depotbank 1494
1. Einlieferung in den ausländischen Deckungsbestand 1495
2. Vorteile der WR-Gutschrift 1496
II. Treuhandverhältnis zwischen Depotkunde und Bank 1497
1. Unanwendbarkeit des Unmittelbarkeitsprinzips 1497
2. Insolvenz- und vollstreckungsrechtlicher Schutz 1498
3. Fehlen einer verwahrungsrechtlichen Vertragsbeziehung 1498
III. Rechtsstellung des Depotkunden 1499
1. Teilgläubigerschaft 1499
2. Gefahrengemeinschaft der Depotkunden 1500
3. Eingeschränkte Erfüllungsgehilfenhaftung (§ 278 BGB) 1502
4. Einholung der Drei-Punkte-Erklärung 1503
5. Auskunftsersuchen ausländischer Aktiengesellschaften 1504
6. Rechtsgeschäftliche Verfügungen und Zwangsvollstreckungen . . 1506
IV. Deutsche Börse Clearing AG als treuhänderische Zwischenverwahrerin 1506
V. Internationale Clearingsysteme als ausländische Drittverwahrer 1507
1. Euro-Clear 1507
2. Cedel 1508
VI. WR-Gutschrift als Erfüllungssurrogat (§ 364 Abs. 1 BGB) 1509
1. Wesentlich verstärkte Gläubigerposition des Depotkunden . . . 1509
2. Keine Rückerstattung des Kaufpreises bei Verlusten am Deckungsbestand 1510

6. Abschnitt: Giroverkehr der Deutsche Börse Clearing AG 1512
I. Allgemeines 1512
II. Verschaffung des erforderlichen Besitzes gemäß § 929 BGB . . . 1513
1. Besitzumstellung der WSB 1513
2. Zeitpunkt des Besitzüberganges 1514
3. Fehlende Praktikabilität der anderen gesetzlichen Übereignungsformen 1516
   a) Abtretung des verwahrungsrechtlichen Rückforderungsanspruchs (§ 931 BGB) 1516
   b) Vereinbarung eines Besitzmittlungsverhältnisses (§ 930 BGB) 1517
4. Depotumbuchung als neuer Übertragungstatbestand 1518
III. Einigung über den Eigentumsübergang 1519
1. Kein Durchgangserwerb der Käuferbank 1520
2. Wahrung des sachenrechtlichen Bestimmtheitsgrundsatzes . . . 1521

LXIII

	Seite
IV. Schutz des gutgläubigen Erwerbers	1522
1. Bedürfnis für Gutglaubensschutz	1523
2. Gutglaubensschutz beim Erwerb von Schuldbuchforderungen	1523
V. Kein gesetzlicher Eigentumsübergang	1524
VI. Grenzüberschreitender Effektengiroverkehr	1525
1. Rechtskonstruktion der Belieferung	1526
2. Maßgebliches Recht für die Eigentumsverschaffung	1528
VII. Treuhandgiroverkehr in WR-Guthaben	1530
1. Parallelen zum Geldgiro	1531
2. Behandlung fehlerhafter WR-Gutschriften	1531

7. Abschnitt: Staatliche Depotprüfung ... 1533

I. Aktualisierung der „Depotprüfungsrichtlinien" durch die Prüfungsberichtsverordnung	1534
1. Gegenstand der Depotprüfung	1535
2. Umfang und Zeitpunkt der Prüfung	1536
3. Rechte und Pflichten des Depotprüfers	1536
4. Depotprüfungsbericht	1537
II. Amtliche Hinweise über die materiellen Prüfungserfordernisse	1537
1. Rechtliche Bedeutung der Amtlichen Prüfungshinweise	1538
a) Rechtsbehelfe der Kreditinstitute	1539
b) Parallele zu den Verhaltensrichtlinien gemäß § 35 Abs. 6 WpHG	1540
2. Einzelne Aspekte der Prüfungshinweise	1541
a) Ausklammerung des Effektengeschäfts von der Depotprüfung	1541
b) Buchführung	1543
c) Abstimmung von Depotkonten	1544
d) Mitteilungspflicht nach § 128 AktG und Ausübung des Stimmrechts	1545

12. Teil: Investmentgeschäft nach dem Gesetz über Kapitalanlagegesellschaften (KAGG)

1. Abschnitt: Allgemeines ... 1547

I. Abgrenzung von verwandten Geschäften	1548
1. Investmentclubs	1549
2. Geschlossene Fonds	1550
3. Beteiligungsfonds	1550

	Seite
4. Warenfonds	1551
5. Mischfonds	1551
6. Vermögensverwaltung für ein Gemeinschaftsdepot	1552

II. Harmonisierung des europäischen Investmentrechts 1553

III. Tiefgreifende Novellierungen des KAGG durch Zweite und Dritte Finanzmarktförderungsgesetz 1553

2. Abschnitt: Grundstrukturen des Investmentgeschäfts 1556

I. Organisationsrechtliche Ausgestaltung der Fondsverwaltung .. 1556
   1. Vertragstyp (Kapitalanlagegesellschaften) 1556
   2. Gesellschaftstyp (Investmentaktiengesellschaften) 1557
      a) Erfordernis einer Erlaubnis durch Bankenaufsicht 1559
      b) Ausführliche Sonderregelung 1560

II. Aufgabenteilung zwischen Kapitalanlagegesellschaft und Depotbank 1561

III. Bildung von Sondervermögen 1561
   1. Treuhand- oder Miteigentumslösung 1561
   2. Schutzbestimmungen zugunsten des Sondervermögens 1562

IV. Open-End-Prinzip 1562

V. Publikumsfonds und Spezialfonds 1563

VI. Verbriefung der Rechtsposition der Anleger 1564

3. Abschnitt: Die zulässigen Geschäftsarten 1566

I. Geldmarktfonds 1566
   1. Geeignete Geldmarktinstrumente 1567
   2. Ausreichende Bonität der Emittenten 1568

II. Wertpapierfonds 1569
   1. Anlagekatalog 1569
      a) Merkmale des organisierten Marktes 1569
      b) Erweiterung der Geschäftsmöglichkeiten durch die beiden Finanzmarktförderungsgesetze 1570
   2. Zweites Finanzmarktförderungsgesetz 1570
   3. Drittes Finanzmarktförderungsgesetz 1571
   4. Anlagegrenzen 1572
   5. Einsatz derivativer Finanzinstrumente 1573
   6. Wertpapierleihgeschäfte mit Fondspapieren 1575
   7. Beseitigung einer unklaren Rechtslage 1575
   8. Gesetzlicher Rahmen für das Verleihen 1576

	Seite
a) Zeitliche und betragsmäßige Grenzen	1576
b) Erfordernis der Sicherheitsleistung	1577
c) Teilnahme an institutsübergreifenden Wertpapierleihsystemen	1578

III. Gemischte Wertpapier- und Grundstücks-Sondervermögen ... 1578

IV. Pensions-Sondervermögen ... 1579

4. Abschnitt: Rechtsverhältnisse zwischen den Beteiligten ... 1580

I. Rechtsbeziehung der Investmentgesellschaft zu den Anteilinhabern ... 1580

1. Geschäftsbesorgungsverhältnis ... 1580
2. Hauptpflichten der Investmentgesellschaft ... 1581

II. Rechtsbeziehung der Investmentgesellschaft zur Depotbank ... 1583

III. Rechtsbeziehung der Depotbank zu den Anteilinhabern ... 1584

1. Kein selbständiger Vertrag zwischen Depotbank und Anteilinhaber ... 1586
2. Vertragsverhältnis zwischen Kapitalanlagegesellschaft und Depotbank kein echter Vertrag zugunsten Dritter ... 1587
3. Verträge mit Schutzwirkung zugunsten der Anteilinhaber? ... 1587
4. Gesetzliches Schuldverhältnis mit einer Haftung nach Vertragsgrundsätzen ... 1589

IV. Innenverhältnis der Anteilinhaber ... 1591

5. Abschnitt: Auslandsinvestment-Gesetz ... 1593

I. Prinzip der behördlichen Registrierung ... 1593

II. Sonderregelung für EG-Investmentanteile ... 1594

13. Teil: Wertpapierleihe/Repogeschäft

1. Abschnitt: Grundsätzliches ... 1595

I. Abschluß von Darlehensverträgen ... 1595

1. Abgrenzung des Wertpapierleihgeschäfts vom echten Pensionsgeschäft und Repo-Geschäft ... 1597
2. Echtes Pensionsgeschäft ... 1598
3. Repo-Geschäft (Repo's) ... 1599

II. Besonderheiten der Wertpapierleihe ... 1600

	Seite
III. Wirtschaftliche Bedürfnisse für die Wertpapierleihe	1602
IV. Ausführung von Verleihaufträgen	1603
V. Unzulässigkeit der Stimmrechtsausübung durch den Entleiher	1605
1. Beeinträchtigung des wirtschaftlichen Eigentums des Vereihers	1607
2. Vertragliche Nebenpflicht des Entleihers zur Nichtausübung der Stimmrechte	1607
3. Einzelfälle	1608
VI. Wertpapierleihgeschäfte keine Bankgeschäfte	1610
1. Kein bankmäßiges Kreditgeschäft	1610
2. Kein bankmäßiges Einlagengeschäft	1611
a) Keine Mindestreservepflicht	1612
b) Rückgewährsverpflichtung des Entleihers in der Einlagensicherung	1612
VII. Behandlung von Wertpapierdarlehen in der Jahresbilanz der Kreditinstitute sowie im Rahmen der KWG-Normen	1613
2. Abschnitt: Verleihsystem der Deutsche Börse Clearing AG	1616
I. Vertragsbeziehung des verleihenden Depotkunden zu seiner Depotbank	1616
1. Keine Haftung der Depotbank für die Bonität des Entleihers	1617
2. Schutz vor dem Insolvenzrisiko der Depotbank	1620
3. Kündigungen und Fälligwerden der Rückgewährspflicht	1620
II. Vertragsbeziehung des entleihenden Kunden zu seiner Depotbank	1621
III. Vertragsbeziehung der Depotbank zur Wertpapiersammelbank	1622
1. Vermittlung und Abwicklung der Leihgeschäfte	1622
2. Treuhandfunktionen bei der Sicherheitsleistung	1623
3. Rechtsfolgen einer nicht fristgemäßen Rückgabe der entliehenen Wertpapiere	1623
3. Abschnitt: Bankeigene Verleihsysteme	1625

14. Teil: Derivate und sonstige Finanzinnovationen

	Seite
1. Abschnitt: Begriff und wirtschaftliche Grundlagen	1627
I. Begriff	1627
II. Auslösende Faktoren der Innovationen	1628
III. Grundstruktur der Finanzinnovationen	1629
IV. Bessere Nutzung von Marktchancen	1630
2. Abschnitt: Neue Finanzierungsformen und -techniken	1631
I. Floating Rate Notes	1631
II. Zerobonds (Nullkupon-Anleihen)	1631
III. DM-Commercial Papers	1632
1. Plazierung	1632
2. Certificates of Deposit (CDs)	1634
IV. Euro-Note-Fazilitäten	1634
1. Back-up-Linien	1635
2. Underwriting der Kreditinstitute als Kreditgeschäft	1635
a) Revolving Underwriting Facilities (RUFs)	1636
b) Note Issuance Facilities (NIFs)	1637
c) Euro-Commercial-Paper-Programme	1637
V. Emission von Asset-Backed-Securities (ABS)	1637
1. Ursprung und Entwicklung	1638
2. Wirtschaftliche Vorteile	1639
3. Die ABS-Technik	1640
4. Einzelne Rechtsfragen	1641
3. Abschnitt: Finanzderivate	1642
I. Allgemeines	1642
1. Einsatzmöglichkeiten	1642
2. Systematisierung der Derivate	1643
3. Abgrenzung der Finanzderivate von den Kreditderivaten	1644
II. Hedginggeschäfte der Kreditinstitute	1645
1. Absicherung passivischer Bilanzpositionen	1645
a) Gegenläufige Markteinschätzung des Vertragspartners	1646
b) Typische Merkmale eines Hedginggeschäfts	1646
2. Absicherung von Vermögenswerten der Aktivseite der Bilanz	1647

	Seite
a) Keine Gewinnerzielung durch Hedginggeschäfte	1648
b) Gegenläufige Markteinschätzung des Vertragspartners	1648
3. Risikosteuerung als „Treasury"-Funktion	1649

4. Abschnitt: Börsen-Terminmärkte 1650

  I. Börsenmäßig organisierte Terminmärkte 1650

  II. Börsenmäßige Optionsgeschäfte 1652
    1. Optionen als Gestaltungsrechte 1653
    2. Vor- und Nachteile des Optionsgeschäfts 1653
      a) Begrenztes Risiko des Optionskäufers 1653
      b) Nachteile für den Optionsverkäufer 1654
    3. Verbriefte Optionen (Optionsscheine) 1654

  III. Festgeschäfte (Financial Futures) 1655
    1. Zinsterminkontrakte (Zinsfutures) 1655
      a) „Bund"-Future 1655
        aa) Belieferbarkeit der Terminkontrakte 1656
        bb) Ausschluß des Differenzeinwandes 1656
    2. Index-Futures 1657
      a) Geschäftsstruktur 1657
      b) Rechtsnatur des Kontraktes 1658
      c) Untypischer Kaufvertrag 1659
        aa) Kein Differenzgeschäft im Sinne des § 764 BGB ... 1659
        bb) Index-Future als adäquater Vertragstyp 1660
        cc) Erwerb einer Gewinnaussicht 1661
    3. Währungs-Futures 1662

5. Abschnitt: Außerbörsliche Finanztermingeschäfte (OTC-Geschäfte) 1664

  I. Allgemeines 1664
    1. Merkmale der OTC-Geschäfte 1664
    2. Rahmenvertrag für Finanztermingeschäfte 1665

  II. Forward Rate Agreements (FRA) 1666

  III. Zinsoptionen 1667
    1. Zinsbegrenzungsverträge 1667
      a) Caps 1667
      b) Floors 1668
      c) Collars 1668
    2. Exotische Optionen 1668
      a) Barrier-Optionen 1669
      b) Digital-Optionen 1670

LXIX

	Seite
c) Range-Optionen	1670
d) Sonstige Varianten	1671
3. Strukturierte Derivate	1672

6. Abschnitt: Swapgeschäfte 1673

I. Allgemeines 1673
   1. Zinssatzswaps 1673
   2. Kombinierte Zins- und Währungsswaps 1675
   3. Banken als Vermittler von Swapgeschäften 1676

II. Zivilrechtliche Einordnung der Swapgeschäfte 1677
   1. Abgrenzungen 1677
   2. Atypische Verträge 1678
   3. Swapgeschäfte als Börsentermingeschäfte 1680
      a) Erweiterter Börsentermingeschäftsbegriff 1680
      b) Fehlender Börsentermingeschäftscharakter in bestimmten Fallkonstellationen 1682
   4. Differenzeinwand bei Swapgeschäften 1682
      a) Kein Differenzeinwand bei Hedginggeschäften 1683
      b) Swapgeschäfte zur Erzielung von Differenzgewinnen 1683

III. Vertragliche Risikobegrenzungen im Insolvenzfalle 1685
   1. Vertragsbeendigungs- und Nettingklausel 1685
   2. Insolvenzrechtliche Anerkennung von Netting-Vereinbarungen 1688
      a) Kreis der privilegierten Finanzdienstleistungen 1689
      b) Erfordernis eines Markt- oder Börsenpreises 1689

15. Teil: Das Recht der Börsentermingeschäfte

1. Abschnitt: Grundsätzliches 1691

I. Abgrenzung zum Kassa-Geschäft 1693

II. Wertpapiergeschäfte mit hinausgeschobener Erfüllung ohne Börsentermingeschäftscharakter 1694

2. Abschnitt: Begriff des Börsentermingeschäfts 1697

I. Fehlen einer Legaldefinition 1697

II. Unzulänglichkeit der herkömmlichen Begriffsdefinition 1698
   1. Glattstellungsgeschäfte im Kassa- statt Terminmarkt 1699
   2. „Offene" Differenzgeschäfte ohne Glattstellungsgeschäfte 1700

	Seite
3. Nicht standardisierte außerbörsliche Geschäfte als Börsentermingeschäfte	1700

III. Anpassung der Begriffsdefinition an den modernen Terminhandel ... 1702
IV. Die modifizierten Merkmale des Börsentermingeschäfts 1704
   1. Wirtschaftlicher Zweck als Abgrenzungsmerkmal 1706
   2. Das Kriterium „Anlegerschutz" 1707
      a) Unkalkulierbares Risiko bei Festgeschäften und Stillhaltepositionen aus Optionsgeschäften 1708
      b) Risiko eines Totalverlustes des Optionskäufers 1708
      c) Zeitraumbezogenheit des Börsentermingeschäfts als Element des terminspezifischen Risikos 1710
      d) Verführerischer Anreiz des Leverage-Effektes 1712
V. Terminspekulation mittels Kassageschäft 1713
   1. Kassamäßige Geschäfte in Optionsrechten 1714
      a) Unverbriefte Optionen 1714
      b) Optionsscheine (Warrants) 1715
      c) Selbständige Indexoptionen 1715
      d) Abgetrennte Optionsscheine 1716
   2. Leerverkäufe (short sales) 1717
   3. Schutz der gutgläubigen Bank vor dem Termineinwand 1719

3. Abschnitt: Termineinwand 1721

I. Neugestaltung des Termineinwandes durch die Börsengesetznovelle 1989 1721
   1. Berücksichtigung des Schutzbedürfnisses 1722
   2. Einbeziehung von Warenterminkontrakten 1723
II. Börsentermingeschäftsfähige Personen 1724
III. Termingeschäftsfähigkeit kraft Information (sog. Informationsmodell) 1726
   1. Grundlagen 1726
   2. Ausgestaltung des Informationsblattes 1728
   3. Reichweite und Grenzen der Termingeschäftsfähigkeit kraft Information. 1729
      a) Herbeiführung der Börsentermingeschäftsfähigkeit 1730
      b) Unterzeichnung des Informationsblattes 1731
      c) Dauer der Termingeschäftsfähigkeit 1732
   4. Geschäftsabschlüsse durch offene Stellvertretung 1733
IV. Nachträgliche Verbindlichkeit (§ 57 BörsG) 1734
V. Ausschluß des Rückforderungsrechts (§ 55 BörsG) 1735

	Seite
4. Abschnitt: Aufklärungspflichten der Kreditinstitute	1738
I. Praktisches Bedürfnis nach standardisierter Aufklärung	1740
II. Vorgaben des Bundesaufsichtsamtes für den Wertpapierhandel	1741
III. Erfüllung der zusätzlichen Aufklärungspflicht gegenüber dem Kontobevollmächtigten	1742
5. Abschnitt: Differenzeinwand	1744
I. Erweiterter Ausschluß des Differenzeinwandes durch Börsengesetznovelle 1989	1745
1. Größere Rechtssicherheit für die Praxis	1746
2. Differenzeinwand kein Teil des ordre public	1746
II. Eingeschränkte Reichweite des Börsengesetzes bei Auslandsgeschäften	1747
III. Differenzeinwand bei Kassageschäften	1749
6. Abschnitt: Reform der terminrechtlichen Regelungen	1750
I. Wachsendes Bedürfnis nach Ausschluß des Differenzeinwandes	1752
II. Ersetzung des Begriffs „Börsentermingeschäfte" durch „Derivate"	1754
1. Umfassender Derivatbegriff	1754
2. Verläßlicher Ausschluß des Differenzeinwandes	1756
3. Einbeziehung nicht standardisierter außerbörslicher Termingeschäfte	1757
4. Ausschluß des Differenzeinwandes bei Termingeschäften in Waren und Edelmetallen	1757
5. Ausgrenzung von Derivaten als Finanzierungsinstrumente?	1758
III. Integration des Informationsmodells in die Informationspflicht des Wertpapierhandelsgesetzes	1759
1. Intransparenz und Rechtsunsicherheit des Informationsmodells	1760
2. Ersetzung des Informationsmodells durch Konkretisierung der Informationspflicht des Wertpapierhandelsgesetzes	1762

16. Teil: Wertpapierhandelsgesetz

	Seite
1. Abschnitt: Allgemeiner Teil	1765
I. Neue Regelungsperspektive für das Kapitalmarktrecht	1766
II. Schutzgüter des Wertpapierhandelsgesetzes	1767
III. Kriterien für den Anwendungsbereich des Gesetzes	1768
1. Wertpapierbegriff	1769
2. Geldmarktinstrumente	1771
3. Derivate	1771
4. Wertpapierdienstleistungen	1774
5. Wertpapiernebendienstleistungen	1775
6. Marktmäßige Differenzierungen bei den verschiedenen Schutzbereichen	1776
a) Einbeziehung der Börsen in den EU- und EFTA-Mitgliedstaaten	1776
b) Auf inländische Börsenmärkte begrenzter Anwendungsbereich	1777
c) Differenzierung nach den Marktsegmenten der Börse	1778
d) Erstreckung der Verhaltensregeln auf alle kapitalmarktbezogenen Wertpapiere	1779
2. Abschnitt: Insiderrecht	1780
I. Grundsätzliches	1780
1. Historischer Rückblick	1780
2. Grundkonzeption der gesetzlichen Insiderregelung	1781
a) Verletzung von Treuepflichten durch Insiderhandeln	1781
b) Marktbezogenheit der Insidernormen	1782
c) Grundelemente der Insiderregelung	1783
3. Schutzzweck der Insiderhandelsverbote	1784
a) Funktionsschutz des Kapitalmarktes	1785
b) Individualinteressen der Anleger kein Schutzgut	1785
c) Individualschutz als Rechtsreflex	1787
4. Richtlinienkonforme Auslegung der Insidernormen	1788
II. Insiderpapiere	1788
1. Einbeziehung von Derivaten	1789
2. Erstreckung auf den Handel per Erscheinen	1790
3. Einbeziehung der Freiverkehrswerte	1791
III. Insidertatsachen	1792
1. Emittenten- oder Wertpapierbezogenheit der Insidertatsache	1793
2. Insiderrechtliche Relevanz einzelner Stadien eines mehrstufigen Vorhabens	1795

	Seite
3. Fehlende öffentliche Bekanntgabe	1797
a) Zulässige Ausnutzung eines Informationsvorsprungs aufgrund veröffentlichter Tatsachen	1797
b) Herstellung der Öffentlichkeit	1797
aa) Begriff der Öffentlichkeit	1798
bb Herstellung der sog. Bereichsöffentlichkeit	1799
4. Erfordernis einer ausreichenden Kursrelevanz	1800
a) Erfordernis der Erheblichkeit des Kursbeeinflussungspotentials	1800
b) Wahrung des verfassungsrechtlichen Bestimmtheitsgebotes	1802
c) Isolierte Überprüfung der jeweiligen Tatsache auf insiderrelevantes Kursbeeinflussungspotential	1802
d) Maßgeblichkeit der Höhe des Kursausschlages	1803
5. Vereinbarkeit mit dem verfassungsrechtlichen Bestimmtheitsgebot	1806
a) Rechtsprechung des Bundesverfassungsgerichts	1806
b) Ausreichende Bestimmtheit	1808

IV. Insiderbegriff ... 1808
  1. Primärinsider ... 1809
     a) Statusbezogene Primärinsider ... 1809
     b) Tätigkeitsbezogene Primärinsider ... 1810
        aa) Unternehmensinterne Personen ... 1810
        bb) Unternehmensexterne Dritte ... 1811
  2. Sekundärinsider ... 1812

V. Verbotenes Insiderhandeln (§ 14 WpHG) ... 1814
  1. Erwerb und Veräußerung aufgrund von Insiderwissen (Ausnutzungsverbot) ... 1814
     a) Abschluß eines Wertpapiergeschäfts ... 1815
     b) Erwerbs- und Veräußerungsbegriff als Tatbestandsmerkmale ... 1816
  2. Subjektive Tatbestandsvoraussetzungen ... 1817
     a) Teleologische Reduktion des Ausnutzungsverbotes ... 1817
     b) Kausalitätserfordernis ... 1819
     c) Erfordernis vorsätzlichen Handelns ... 1822
  3. Weitergabeverbot ... 1822
     a) Befugte Weitergabe ... 1825
     b) Betriebsinterner Informationsfluß ... 1825
     c) Weitergabe an unternehmensexterne Dritte ... 1826
     d) Weitergabeverbot für Aufsichtsratsmitglieder ... 1828
  4. Empfehlungsverbot ... 1829

	Seite
3. Abschnitt: Ad-hoc-Publizität (§ 15 Abs. 1 WpHG)	1831

I. Allgemeines ... 1831
1. Ad-hoc-Publizität als kapitalmarktrechtliche Informationspflicht ... 1831
2. Ad-hoc-Publizität als insiderrechtliche Präventivmaßnahme ... 1833

II. Schutzzweck der Ad-hoc-Publizität ... 1834

III. Kreis der publizitätspflichtigen Wertpapiere ... 1837
1. Einbeziehung von Derivaten ... 1837
2. Ausklammerung der Freiverkehrswerte ... 1837
3. Einbeziehung des „Neuen Marktes" ... 1838

IV. Publizitätspflichtige Tatsachen ... 1839
1. Ausklammerung von Marktdaten ... 1840
2. Sonderregelung für Schuldverschreibungen ... 1842

V. Entstehungszeitpunkt der Veröffentlichungspflicht ... 1843
1. Erfordernis eines Zustimmungsbeschlusses des Aufsichtsrates des Emittenten ... 1844
   a) Ausnutzung genehmigten Kapitals ... 1844
   b) Veröffentlichungszeitpunkt für kursrelevante Ergebnisabweichungen des Jahresabschlusses ... 1847
2. „Einzel"tatsachen als ad-hoc-publizitätspflichtige Sachverhalte ... 1849
3. Berücksichtigung möglicher Gegenmaßnahmen ... 1851
4. Vermeidung einer Irreführung des Publikums ... 1853
5. Ad-hoc-Veröffentlichung wegen insiderrechtlichen Weitergabeverbots ... 1854

VI. Erforderliche Auswirkung auf Vermögens- oder Finanzlage oder auf allgemeinen Geschäftsverlauf ... 1855
1. Anwendung handelsrechtlicher Vorschriften und Grundsätze ... 1855
2. Zeitliche Vorverlagerung der Ad-hoc-Publizität ... 1856
3. Differenzierung bei den Angaben des Lageberichtes ... 1857
   a) Publizitätspflichtige „Vorgänge von besonderer Bedeutung" ... 1857
   b) Freiwillige Angaben des Lageberichtes ... 1858
4. Bedürfnis der Praxis nach Beurteilungsmaßstäben ... 1859

VII. Befreiung von der Ad-hoc-Publizität ... 1861
1. Interessenabwägung durch die Aufsichtsbehörde ... 1861
2. Kein Informationsanspruch der Börsengeschäftsführung ... 1863
3. Veröffentlichung trotz Befreiung bei Verdacht auf Insiderverstöße ... 1863
   a) Widerrufsvorbehalt des Bundesaufsichtsamtes ... 1864
   b) Unterrichtung der Börsengeschäftsführung ... 1864
4. Kein Beurteilungsspielraum des Bundesaufsichtsamtes ... 1865

	Seite
VIII. Mitteilungspflichten	1865
1. Unverzügliche Mitteilung an das Bundesaufsichtsamt für den Wertpapierhandel	1866
2. Unverzügliche Unterrichtung der Börsen	1866
3. Schutz des Anlegerpublikums	1867
IX. Veröffentlichungsform	1869
1. Ausreichender Schutz der Kleinanleger	1870
2. Sonderregelung für ausländische Emittenten	1870
X. Verletzung der Publizitätspflicht	1871
1. Geldbußen gegen Emittenten und seinen Verantwortlichen	1871
2. Geldbußen gegen unternehmensexterne Emittentenberater	1872

4. Abschnitt: Mitteilungs- und Veröffentlichungspflichten bei Veränderungen des Stimmrechtsanteils an börsennotierten Gesellschaften (Transparenzgebot) 1873

I. Allgemeines 1873
  1. Maßgeblichkeit des Stimmrechtsanteiles 1874
  2. Schutzzweck des Transparenzgebotes 1874

II. Einzelfragen der Meldepflichten 1876
  1. Verhältnis der kapitalmarkt- zu den aktienrechtlichen Meldepflichten 1876
  2. Mitteilungen durch Konzernunternehmen 1877
  3. Vorübergehende Stimmrechte aus „stimmrechtslosen" Vorzugsaktien 1878
  4. Wertpapierleihe 1878
    a) Zurechnung zum Entleiher in Ausnahmefällen 1880
    b) Zurechnung zum Verleiher 1880

III. Zurechnung von Stimmrechten 1881
  1. Kontrollierte Unternehmen 1882
    a) Begriff des kontrollierten Unternehmens 1882
    b) Investmentgesellschaften des KAGG keine kontrollierten Unternehmen 1883
  2. Poolvereinbarungen 1884
    a) Wechselseitige Zurechnung 1884
    b) Familien-Pools 1885
  3. Halten für Rechnung des Meldepflichtigen 1885
  4. Sicherungsübereignete Aktien 1886
  5. Nießbrauchbestellung 1887
  6. Erwerbsmöglichkeit aufgrund einseitiger Willenserklärung des Meldepflichtigen 1887

	Seite
a) Richtlinienkonforme Auslegung	1889
b) Gesetzesanwendung auf Vermeidungsstrategien	1890
7. Stimmrechte aus verwahrten Aktienurkunden	1891

IV. Nichtberücksichtigung von Stimmrechten 1892

5. Abschnitt: Verhaltensregeln des Wertpapierhandelsgesetzes 1894

  I. Grundsätzliches 1894
    1. Anlegerschutz 1895
    2. Funktionsschutz der Kapitalmärkte 1896
    3. Eingeschränkte Anwendbarkeit der Verhaltensregeln auf Börsengeschäfte 1896
      a) Kommissionsrechtliche Ausführungsgeschäfte 1897
      b) Meldepflichten für börsliche Marktgeschäfte 1897

  II. Allgemeine Verhaltensregeln (§ 31 WpHG) 1898
    1. Konkretisierung der kommissionsrechtlichen Interessewahrungspflicht 1899
    2. Weitestmögliche Vermeidung von Interessenkonflikten 1899
      a) Vorzüge des Universalbankensystems für das Effektengeschäft 1900
      b) Kundeninteresse am Eigenhandel der Kreditinstitute 1901
    3. Aufklärungs- und Beratungspflichten im Effektengeschäft 1901
      a) Kundeninformation als gesetzliche Verhaltenspflicht 1903
        aa) Informationspflicht als allgemeine Verhaltens- und Schutzpflicht (§ 242 BGB) 1903
        bb) Inhalt und Umfang der gesetzlichen Informationspflicht des § 31 Abs. 2 WpHG 1905
      b) Vertragliche Verpflichtung zur Anlageberatung 1908
        aa) Inhalt und Umfang der Beratungspflicht 1909
        bb) Schriftformerfordernis in Ausnahmefällen 1911
        cc) Verzicht auf AGB-mäßige Freizeichnung 1911
        dd) Kürzere Verjährungsfristen für Schadensersatzansprüche aufgrund fehlerhafter Information und Beratung 1912
      c) Einholung von wesentlichen Angaben des Kunden 1914
      d) Beratungsfreie Wertpapiergeschäfte (Execution-Only-Aufträge) 1916

  III. Besondere Verhaltensregeln (§ 32 WpHG) 1920
    1. Empfehlungsverbote 1920
    2. Verbotene Eigengeschäfte zum Nachteil der Kunden 1921

  IV. Organisationspflichten (§ 33 WpHG) 1923

  V. Aufzeichnungs- und Aufbewahrungspflichten (§ 34 WpHG) ... 1924

	Seite
VI. Richtlinien der Marktaufsicht für die Überwachung der Verhaltensregeln	1926
VII. Prüfungsrichtlinien des Bundesaufsichtsamtes für den Wertpapierhandel	1928

6. Abschnitt: Compliance-Organisationen ... 1930
I. Grundsätzliches ... 1930
1. Überwachungstätigkeit ... 1931
2. Beratung der Geschäftsabteilungen ... 1931
3. Personalausbildung ... 1932

II. Kommissionsgeschäft ... 1932
1. Konfliktsteuerung ... 1933
2. Organisationspflichten der Banken ... 1934

III. Insiderregeln ... 1935

IV. Elemente der Compliance-Organisation ... 1936
1. Schaffung von Vertraulichkeitsbereichen („chinese walls") ... 1938
2. Beobachtungs-Liste (Watch-List) ... 1940
3. Sperr- oder Stop-Liste (Restricted-List) ... 1941
4. Wahrnehmung der Organisationspflichten ... 1941

V. Compliance-Richtlinien ... 1942
1. Regelungsbedürftige Sachverhalte ... 1944
   a) Allgemeine Grundsätze ... 1944
   b) Ausführung von Effektenordern ... 1945
   c) Konten/Depots bei Drittinstituten ... 1946
   d) Bevollmächtigung von Mitarbeitern ... 1948
   e) Geschäfte zu nicht marktgerechten Bedingungen ... 1948
   f) Beteiligung an Geschäften von Dritten ... 1948
2. Vereinbarkeit mit dem Arbeitsrecht ... 1949
   a) Direktionsrecht der Bank ... 1949
   b) Vermeidung von Schäden und Haftungsrisiken ... 1950
3. Überwachung der Einhaltung der Leitsätze ... 1951

17. Teil: Börsenrecht

1. Abschnitt: Grundlagen ... 1953
I. Nicht-kapitalmarktbezogene Anlässe der Börsengesetzgebung ... 1954
1. Mißstände im Börsenterminhandel ... 1954
2. Mißbrauch des kommissionsrechtlichen Selbsteintrittsrechts ... 1954

	Seite
II. Kapitalmarktrechtliche Ausrichtung durch Novellierungen des Börsengesetzes	1956
1. Börsengesetznovelle 1986	1956
a) Anlegerschützende Informations- und Verhaltenspflichten	1957
b) Ad-hoc-Publizität	1957
2. Novellierung durch das Zweite Finanzmarktförderungsgesetz	1958
a) Börsenzwang im Effektengeschäft	1958
b) Gesetzliche Regelung der Preisfeststellungen	1958
c) Staatliche Marktaufsicht	1959
III. Genehmigungserfordernis der Börse	1960
IV. Begriffsmerkmal der Börse	1961
1. Zentralisierung der Geschäftsabschlüsse	1961
a) Marktmäßige Veranstaltungen	1963
b) Elektronischer Wertpapierhandel als Börsenhandel	1964
2. Feststellung staatlich geregelter und überwachter Preise	1965
a) Gesetzliches Anforderungsprofil der Börsenpreise	1966
b) Preisbildung im elektronischen Handelssystem	1966
c) Transparenz der Preisbildung	1967
V. Elektronischer Börsenhandel	1968
1. IBIS-Handel	1970
2. Neues elektronisches Handelssystem XETRA	1972
a) Frankfurt am Main als Börsensitz	1974
b) Keine Integration in die anderen Regionalbörsen	1975
c) Kein rechtliches Bedürfnis für eine Regionalisierung	1976
d) Bereitstellung zusätzlicher Marktliquidität durch sog. Betreuer	1977
3. Preise im elektronischen Handelssystem als Börsenpreise	1978
VI. Anwendbarkeit des Börsengesetzes auf den Börsenterminhandel	1978
2. Abschnitt: Rechtliche Organisationsstruktur der Börse als Marktveranstalter	1980
I. Börsenveranstaltungen als staatliche Aufgabe	1981
II. Weitere Gründe für die öffentlich-rechtliche Organisationsstruktur	1983
1. Verleihung autonomer Rechtsetzungsbefugnis	1984
2. Öffentlich-rechtliche Ausgestaltung des Börsenzulassungsverfahrens	1986
3. Hoheitliche Eingriffsbefugnisse der Börsenorgane	1986
4. Amtspflichten der Börsenorgane im Sinne der Staatshaftung	1987
5. Preußische Börsen als gesetzgeberisches Leitbild	1987

	Seite
III. Börsen als Anstalten des öffentlichen Rechts	1987
1. Selbstverwaltungsrecht der Börse	1988
2. Börsenselbstverwaltung als Teil der mittelbaren Staatsverwaltung	1989
3. Teilrechtsfähigkeit der Börse	1990
IV. Rechtsstellung des Börsenträgers	1993
1. Wirtschaftliches Management der Börseneinrichtungen durch Börsenträger	1995
a) Erhaltung der Funktionsfähigkeit der Börse	1996
b) Keine Rechtsbeziehung zwischen Börsenträger und Börsenbenutzer	1997
c) Unzulässigkeit eines Verzichtes auf die Genehmigung zum Betreiben einer Börse	1998
2. Status eines beliehenen Unternehmens	1998
3. Börsenträger als vermögensrechtliches Zuordnungssubjekt	1999
V. Sitzland der Börse als haftungsrechtliches Zurechnungssubjekt	2001
1. Rechtfertigung der haftungsrechtlichen Zurechnung	2002
2. Haftung des Sitzlandes bei von der Börse zu vertretenden Leistungsstörungen	2003
VI. Börsenorgane	2004
1. Börsengeschäftsführung	2005
a) Behördeneigenschaft der Börsengeschäftsführung	2005
b) Umfassender Zuständigkeitskatalog	2006
c) Sicherstellung eines ordnungsgemäßen Börsenhandels	2007
2. Börsenrat	2008
3. Zulassungsstelle und Zulassungsausschuß	2008
4. Handelsüberwachungsstelle	2010
5. Sanktionsausschuß	2011
3. Abschnitt: Das Benutzungsverhältnis der Börse zu den Handelsteilnehmern und Emittenten	2012
I. Das Leistungsverhältnis zwischen Börse und ihren Benutzern	2013
1. Außerbörsliche Vertragsbeziehung der Börsenbenutzer zur Deutsche Börse Clearing AG als Clearingstelle für die Abwicklung der Börsengeschäfte	2015
2. Außerbörsliche Mitwirkung der Deutsche Börse Systeme AG	2016
II. Benutzungsverhältnis zwischen Börse und Emittentin	2016
1. Anspruch auf Einführung in den Börsenhandel	2017
2. Öffentlich-rechtliche Ausgestaltung des Leistungsverhältnisses	2018
3. Beendigung des Benutzungsverhältnisses	2019

		Seite
a) Rücknahme und Widerruf der Zulassung		2019
b) Beendigung des Benutzungsverhältnisses (Delisting)		2020
aa) Gesetzliche Regelung des Delisting		2022
bb) Konzentration der Börsenzulassung auf eine inländische Wertpapierbörse		2024
cc) Vollständiger Rückzug ausländischer Emittenten von deutschen Wertpapierbörsen		2025

III. Benutzungsverhältnis der Börse mit den Handelsteilnehmern . . 2029
  1. Öffentlich-rechtliches Leistungsverhältnis 2030
    a) Hoheitliche Eingriffsbefugnisse der Börsenorgane gegenüber dem einzelnen Handelsteilnehmer 2031
    b) Börsengebühren als öffentlich-rechtliches Entgelt 2032
  2. Kursaussetzung (§ 43 Abs. 1 Nr. 1 BörsG) 2035
    a) Vorübergehende Unterbrechung des Börsenhandels 2036
    b) Einbeziehung des elektronischen Börsenhandels 2037
    c) Voraussetzung der Kursaussetzung 2038
    d) Ermessensentscheidung der Börsengeschäftsführung 2040
    e) Keine Kursaussetzung bei nicht-kursrelevanten Tatsachen . . 2042
    f) Dauer der Kursaussetzung 2043
  3. Beendigung des Benutzungsverhältnisses mit den Handelsteilnehmern 2044
    a) Rücknahme, Widerruf und Ruhen der Zulassung 2044
    b) Erlöschen der Zulassung durch Verzicht des zugelassenen Unternehmens 2045

4. Abschnitt: Marktorganisation 2046

I. Kassahandel 2046
  1. Meistausführungsprinzip beim Einheitskursverfahren 2047
  2. Kassahandel der Präsenzbörse mit fortlaufender (variabler) Notierung 2049
  3. Mitwirkung von Kursmaklern im Amtlichen Markt 2050
    a) Ordnungsmäßiges Zustandekommen von Börsenpreisen 2051
    b) Gesetzlich erweiterte Geschäftsmöglichkeiten 2053
    c) Kursmaklergesellschaften 2055
    d) Erteilung eines Vermittlungsauftrages 2055
    e) Ausführungsanspruch der Marktteilnehmer 2056
    f) Aufgabegeschäfte 2057
  4. Elektronischer Kassahandel (Computerhandel) 2058
    a) Zulässige Auftragsarten 2059
    b) Sonderregelung für den fortlaufenden Handel 2060
    c) Preisermittlung 2060
      aa) Auktionsverfahren 2061
      bb) Fortlaufender Handel 2061

	Seite
cc) Volatilitätsunterbrechungen	2062
5. Kassageschäfte als einheitlicher Geschäftstyp	2062
6. Zwangsregulierung der Börsengeschäfte	2063
II. Marktsegmente des Kassahandels	**2063**
1. Amtlicher Markt (§ 36 BörsG)	2064
2. Geregelter Markt (§§ 71 ff. BörsG)	2065
a) Öffentlich-rechtlich organisiertes Marktsegment ohne amtliche Notierung	2067
b) Erleichterter Zugang für Emittenten	2067
c) Rechtliche Integrierung in die Börse (§ 78 BörsG)	2068
3. Freiverkehr an der Wertpapierbörse (§ 78 BörsG)	2069
a) Neuordnung der Freiverkehrsmärkte durch Börsengesetznovelle 1986	2069
b) Erforderliche Zulassung des Freiverkehrs durch Wertpapierbörse	2070
c) Handelsrichtlinien für den Freiverkehr	2072
d) Freiverkehrspreise als Börsenpreise	2074
e) Neuer Markt als Handelsplattform des Freiverkehrs	2075
III. Platzüberschreitende Wertpapiergeschäfte unter Vermittlung skontroführender Börsenmakler (sog. Handelsverbund)	**2076**
1. Geschäftsablauf im Rahmen des Handelsverbundes	2077
2. Rechtliche Beurteilung der Handelsverbundsgeschäfte	2078
3. Aufgabengeschäft des beauftragenden Maklers	2079
a) Börsenrechtliche Vorgaben	2079
b) Berücksichtigung aufsichtsrechtlicher Erfordernisse	2080
4. Deckungsgeschäft des beauftragten Maklers	2081
IV. Terminmärkte der Börsen	**2082**
V. Eigenständiger Börsenterminmarkt	**2083**
1. Eurex Deutschland	2083
a) Vollelektronische Börse	2086
b) Unterscheidung zwischen Börsen- und Clearingmitgliedern	2086
c) Verpfändungsermächtigung der Terminkunden	2088
aa) Bedürfnis für eine gesetzliche Regelung	2089
bb) Schutz der Terminkunden	2089
cc) „Give up"-Vereinbarungen beim Clearing	2090
2. Verknüpfung der Kassamärkte mit den Terminmärkten	2091

	Seite
5. Abschnitt: Reform des Börsengesetzes	2092

I. Die öffentlich-rechtliche Börsenorganisation im Lichte der Reformvorschläge ... 2093
  1. Autonome Rechtsetzungsbefugnis als effizientes normatives Regelungsinstrument ... 2093
    a) Pauschale Verleihung der Rechtsetzungsbefugnis ... 2094
    b) Entbehrlichkeit der Zustimmung der Marktteilnehmer ... 2095
    c) Börsenordnung als Rechtsgrundlage für die Marktteilnehmer belastende Verwaltungsmaßnahmen ... 2096
      aa) Rechtsverhältnis der Börse zu ihren Benutzern als öffentlich-rechtlich geregeltes (Dienst-)Leistungsverhältnis ... 2096
      bb) Erfordernis materieller Gesetze für belastende Verwaltungsakte ... 2097
    d) Gesetzgebungspraxis ... 2098
    e) Grenzen der Verleihung autonomer Rechtsetzungsbefugnis ... 2099
  2. Autonome Aufsicht der Börsenselbstverwaltung ... 2101
    a) Öffentlich-rechtliche Organisation der Handelsüberwachungsstelle mit Rücksicht auf die internationale Wettbewerbsfähigkeit der Börsen? ... 2102
    b) Privatrechtlich organisierte Börse als beliehenes Unternehmen? ... 2103
      aa) Grenzen der Beleihung mit hoheitlichen Befugnissen ... 2104
      bb) Problematische Integration einer mit weitreichenden Befugnissen ausgestatteten Handelsüberwachungsstelle in privatrechtlich organisierten Börsen ... 2105
      cc) Ausweitung der zentralen staatlichen Marktaufsicht als Problemlösung? ... 2106

II. Nebeneinander von öffentlich-rechtlichen und privatrechtlichen Börsen ... 2107
  1. Börsen-Freiverkehr als privatrechtlich organisierter Wertpapiermarkt ... 2109
    a) Erfordernis einer öffentlich-rechtlichen Genehmigung ... 2110
      aa) Zuständigkeit des Bundesaufsichtsamtes für das Kreditwesen ... 2111
      bb) Regelungen der Verhaltenspflichten des Marktveranstalters im WpHG ... 2112
    b) „Handelsrichtlinien" als Genehmigungsvoraussetzung ... 2113
      aa) Einbeziehung von Wertpapieren in den Freiverkehr ... 2114
      bb) Gewährleistung des ordnungsgemäßen Freiverkehrshandels ... 2115
      cc) Preisfeststellung ... 2115
    c) Haftung der Deutsche Börse AG ... 2117
  2. Problem der Marktzersplitterung ... 2117

	Seite
III. Börsenpreis als Abgrenzungsmerkmal zu den börsenähnlichen Märkten	2118
1. Fehlen sonstiger Abgrenzungskriterien	2119
2. Namensschutz für die Bezeichnung „Wertpapierbörsen"	2120

18. Teil: Staatliche Marktaufsicht

1. Abschnitt: Grundsätzliches	2121
I. Bisheriges Aufsichtsrecht	2122
II. Gemeinschaftsrechtliche Vorgaben für die Grundstruktur der Marktaufsicht	2123
1. EG-Wertpapierdienstleistungsrichtlinie	2123
2. Aufsplitterung der Zuständigkeiten für die Marktaufsicht	2124
III. Schaffung einer staatlichen Kapitalmarktaufsicht	2125
1. Dreistufige Aufsichtskompetenz als Kompromißlösung	2128
2. Gemeinsame Ländereinrichtung als Zentralinstanz	2128
a) Zeitliche Verzögerung bei Schaffung einer zentralen Ländereinrichtung	2129
b) Börsenpolitische Kompromißlösung	2130
IV. Kooperation von Bund und Ländern im Wege der Organleihe	2132
1. Rechtsnatur der Organleihe	2133
a) Abgrenzung zur Amtshilfe im engeren Wortsinne	2135
b) Abgrenzung von der Bundesauftragsverwaltung	2135
2. Verfassungsrechtliche Grenzen für die Organleihe	2137
a) Verbot der Vermischung von Bundes- und Landesverwaltung	2138
b) Vereinbarkeit der Organleihe mit dem Grundsatz der eigenverantwortlichen Aufgabenwahrnehmung	2139
aa) Verwaltungsökonomischer Gesichtspunkt	2140
bb) Eng umgrenzte Kooperation	2140
2. Abschnitt: Bundesaufsichtsamt für den Wertpapierhandel	2141
I. Zuständigkeiten	2142
1. Allgemeine Marktaufsicht	2142
a) Prüfungsgrundsätze	2143
b) Aufstellung von Prüfungsrichtlinien	2144
2. Insider-Überwachung	2144
a) Meldepflichten	2145
b) Überwachungsbefugnisse	2145

	Seite
c) Überwachung der Ad-hoc-Publizität	2147
d) Zusammenarbeit mit anderen inländischen Aufsichtsbehörden	2147
3. Überwachung der Publizität bei Transaktionen über bedeutende Beteiligungen an börsennotierten Unternehmen	2148
4. Internationale Kooperation	2148

II. Wertpapierrat 2149

3. Abschnitt: Börsenaufsicht durch die Länder 2151

I. Marktaufsicht 2152
 1. Beaufsichtigung der Börsenmakler 2153
 2. Überwachung des überregionalen börsenmäßigen Wertpapierhandels 2154

II. Einsetzung eines Staatskommissars 2155

III. Befugnisse der Börsenaufsichtsbehörde 2156

4. Abschnitt: Marktaufsicht im Rahmen der Börsenselbstverwaltung . 2157

I. Errichtung einer Handelsüberwachungsstelle als neues Börsenorgan 2157

II. Rechtsnatur der Kooperation von Länderaufsicht und Handelsüberwachungsstelle 2158

III. Aufgaben der Handelsüberwachungsstelle 2159
 1. Wahrung der Neutralität der Börsenmakler 2160
 2. Maklergeschäfte im Rahmen des neuen Handelsverbundes . . . 2160

IV. Befugnisse der Handelsüberwachungsstelle 2161

19. Teil: Kreditwesengesetz und Bankenaufsicht

1. Abschnitt: Grundsätzliches 2163

I. Öffentliches Interesse an einem funktionsfähigen Bankensystem 2163

II. Institutionelle Grundstruktur der deutschen Kreditwirtschaft . . 2164

2. Abschnitt: EG-Harmonisierung ab Januar 1993 2166

I. (Vierte) KWG-Novelle 1993 2168
 1. Zweite Bankrechtskoordinierungsrichtlinie 2168
 2. Eigenmittelrichtlinie 2169
 3. Solvabilitätskoeffizienten-Richtlinie 2170

	Seite
II. (Fünfte) KWG-Novelle 1994	2171
1. Konsolidierungsrichtlinie	2171
2. Großkreditrichtlinie	2173
3. Sonstige Regelungen	2173
III. (Sechste) KWG-Novelle als Teil des Gesetzes zur Umsetzung von EG-Richtlinien zur Harmonisierung bank- und wertpapieraufsichtsrechtlicher Vorschriften vom 22. 10. 1997	2174
1. Aufsichtsrechtliche Gleichstellung von Kreditinstituten und Wertpapierfirmen	2174
a) Finanzdienstleistungsunternehmen	2175
b) Abgrenzung der Zuständigkeit von Bankenaufsicht und staatlicher Marktaufsicht	2177
2. Umsetzung der Kapitaladäquanzrichtlinie	2178
a) Eigenkapitalunterlegung für Markt- und Preisrisiken	2180
b) Definition des Handelsbuches („Trading-book")	2181
c) Trading-book-Alternative für Einlagenkreditinstitute	2181
3. BCCI-Folgerichtlinie	2181
IV. Harmonisierung der Rechnungslegung der Kreditinstitute	2182
3. Abschnitt: Kreditwesengesetz als gewerberechtliches Spezialgesetz	2183
I. Erlaubnispflicht für bankgeschäftliche Tätigkeiten (§ 32 KWG)	2183
II. Gesetzlicher Katalog der Bankgeschäfte (§ 1 Abs. 1 KWG)	2185
1. Ermächtigung zur Erweiterung des gesetzlichen Katalogs	2185
2. Anzeigepflicht bei der Aufnahme des Betreibens von Nicht-Bankgeschäften	2186
III. Angemessene Eigenkapitalausstattung und Liquidität	2187
1. Angemessenes Eigenkapital (§ 10 KWG)	2188
a) Grundsatz I	2188
b) Neufassung des Grundsatzes I nach Umsetzung der Kapitaladäquanzrichtlinie	2190
2. Ausreichende Liquidität (§ 11 KWG)	2190
a) Fristentransformation	2191
b) Liquiditätsgrundsätze II und III	2191
c) Neufassung der Liquiditätsgrundsätze im November 1998	2192
IV. Überwachung des Kreditgeschäfts	2192
1. Großkredite	2193
2. Kreditinstitutsgruppen	2194
3. Offenlegung der wirtschaftlichen Verhältnisse (§ 18 KWG)	2195

	Seite
V. Einlagensicherung durch spezielle Fonds der Institutsgruppen	2195
1. Einlagensicherung der deutschen Banken	2197
2. EG-Harmonisierung	2198

4. Abschnitt: Bankenaufsicht 2202

    I. Bundesaufsichtsamt für das Kreditwesen 2202

    II. Zusammenarbeit mit der Deutschen Bundesbank 2202

    III. Grenzüberschreitende Aufsichtstätigkeit im europäischen Binnenmarkt 2203

        1. Voraussetzungen für den „Europäischen Paß" 2204
        2. Verbleibende Aufsichtskompetenzen des aufnehmenden Mitgliedstaates 2204
        3. Kooperation der Bankenaufsichtsbehörden 2205

    IV. Aufsicht über das Bankgewerbe als Wirtschaftssektor 2206

    V. Institutsbezogene Aufsicht 2207

        1. Gefahrenabwehr zugunsten der Kunden (Einlegerschutz) 2209
        2. Rechtsgrundlage für belastende Verwaltungsakte 2209
            a) Maßnahmen bei nicht angemessener Eigenkapitalausstattung oder unzureichender Liquidität 2210
            b) Eingriffe bei konkreter Gefahr 2211
        3. Besondere Maßnahmen zur Abwendung der gesetzlichen Konkursgefahr (Schalterschließung) 2211

    VI. Verwaltungsgerichtlicher Rechtsschutz 2212

        1. Widerrufsanspruch bei unbegründeten Verwarnungen 2213
        2. Anfechtungsklagen 2213

    VII. Haftung für Amtspflichtverletzung 2214

        1. Rechtsprechung des Bundesgerichtshofes 2214
        2. Ausschluß von Amtspflichtverletzungen gegenüber Bankkunden 2215

20. Teil: Der Euro und das Europäische System der Zentralbanken (ESZB)

	Seite
1. Abschnitt: Allgemeines	2217
I. Europäisches System der Zentralbanken (ESZB)	2217
II. Ziele und Aufgaben des ESZB	2218
III. ESZB ohne eigene Rechtspersönlichkeit	2219
2. Abschnitt: Der Euro als europäische Währung	2220
I. Supranationale Währung	2220
II. Euro als Buchgeld während der Übergangszeit	2222
1. Nationales Bargeld als gesetzliches Zahlungsmittel der Eurowährung	2222
2. Auf Euro lautendes Bargeld ab 1. 1. 2002	2223
III. Auswirkungen auf das Bankgeschäft	2225
1. Einlagengeschäft	2226
2. Vermittlung bargeldloser Zahlungen (Girogeschäft)	2226
a) Überweisungs-, Scheck- und Lastschriftverkehr	2227
b) Kartengestützte Zahlungssysteme	2228
3. Kreditgeschäft	2229
4. Auslandsgeschäft	2230
5. Wertpapiergeschäft	2231
3. Abschnitt: Der Rechtsrahmen für den Euro	2233
I. Die Euro-Einführungs-VO vom 20. 5. 1998	2233
1. Regelungen für die Übergangszeit	2234
2. Regelungen für den Zeitraum ab Ende der Übergangszeit	2235
II. Euro-Ergänzungs-VO vom 17. 6. 1997	2235
1. Kontinuität der Verträge	2236
2. Ersetzung des ECU durch den Euro	2237
3. Umrechnungs- und Rundungsregeln	2239
III. Euro-Einführungsgesetz vom 9. 6. 1998	2241
1. Diskontsatz-Überleitungs-Gesetz	2241
a) Basiszinssatz-Bezugsgrößen-Verordnung	2242
b) Lombardsatz-Überleitungs-Verordnung	2242
c) Ersetzung des Fibor durch Euribor	2243
d) Die Kontinuitätsregelung für Referenzzinssätze	2244
2. Wertsicherungsklauseln	2244

	Seite
4. Abschnitt: Die Europäische Zentralbank (EZB)	2247
I. EZB-Status innerhalb der Währungsunion	2247
1. Weisungsfreiheit	2247
2. Finanzielle Unabhängigkeit	2249
3. Beschränkter Kreis von Geschäften mit öffentlichen Stellen	2250
4. Einbindung in die institutionelle Gemeinschaftsordnung	2250
II. Autonome Rechtsetzungsbefugnisse	2251
1. Organe der EZB	2251
2. EZB-Rat	2252
3. Direktorium	2252
5. Abschnitt: Die Deutsche Bundesbank als integraler Bestandteil des ESZB	2254
I. Mitwirkung bei der Umsetzung der ESZB-Geldpolitik	2254
II. Sonstige Aufgaben	2256
1. Vermittlung des bargeldlosen Zahlungsverkehrs	2256
2. Unterstützung der Bankenaufsicht	2257
III. Rechtsstellung und Organisation der Bundesbank	2258
1. Stellung der Deutschen Bundesbank im Verfassungsgefüge	2258
2. Bundesbank als Trägerin öffentlicher Verwaltung	2258
3. Organisation der Bundesbank	2261
4. Zentralbankrat	2262
5. Direktorium	2263
a) Vorstände der Landeszentralbanken	2263
b) Stellung der Organe der Bundesbank	2264
6. Abschnitt: Das währungspolitische Instrumentarium	2265
I. Die Ausformung des geldpolitischen Instrumentariums in den AGB der Bundesbank	2266
1. Umsetzung der Geldpolitik auf zivilrechtlicher Ebene	2266
2. Vorgaben der Europäischen Zentralbank	2267
II. Ansatzpunkt der Währungs-(Geld-)Politik	2268
1. Kreditwirtschaft als unmittelbarer Adressat des währungspolitischen Instrumentariums	2270
2. Geldmenge als Indikator für geldpolitische Maßnahmen	2271
III. Offenmarktkredite	2273
1. Tenderverfahren	2274
a) Zinstender	2275

	Seite
b) Mengentender	2275
2. Besicherung der geldpolitischen Kreditgeschäfte	2275
3. Kreis der refinanzierungsfähigen Sicherheiten	2277

IV. Sonstige geldpolitische Geschäftsarten 2278
    1. Feinsteuerungsoperationen 2278
        a) Devisenswapgeschäfte 2279
        b) Definitiver Kauf und Verkauf 2279
        c) Hereinnahme von Termineinlagen 2280
        d) Emission von Schuldverschreibungen der EZB 2280
        e) Wertpapierpensionsgeschäfte 2280
    2. Ständige Fazilitäten 2283

V. Unterhaltung von Mindestreserven 2284

Anhang: Allgemeine Geschäftsbedingungen 2289
           Sonderbedingungen für Wertpapiergeschäfte 2303

Sachregister 2313

Abkürzungsverzeichnis

(Für hier nicht aufgeführte Abkürzungen wird verwiesen auf *Kirchner*, Abkürzungsverzeichnis der Rechtssprache, 4. Aufl., 1993)

a.A.	anderer Ansicht
ABlEG	Amtsblatt der Europäischen Gemeinschaften
Abs.	Absatz
ABS	Asset-Backed-Securities
AbzG	Abzahlungsgesetz
ACH	Automated Clearing-House
AcP	Archiv für die civilistische Praxis (Zeitschrift)
ADHGB	Allgemeines Deutsches Handelsgesetzbuch
ADR	American Depositary Receipts
ADSp	Allgemeine Deutsche Spediteurbedingungen
a.F.	alte Fassung
AG	Amtsgericht, Aktiengesellschaft, Die Aktiengesellschaft (Zeitschrift)
AGB	Allgemeine Geschäftsbedingungen
AGB-Banken	Allgemeine Geschäftsbedingungen der deutschen Banken
AGB-Wertpapiergeschäfte	Sonderbedingungen für Wertpapiergeschäfte
AGBG	Gesetz zur Regelung des Rechts der Allgemeinen Geschäftsbedingungen (AGB-Gesetz)
AIBD	Association of International Bond Dealers
AktG	Aktiengesetz
AKV	Deutscher Auslandskassenverein AG
Alt.	Alternative
AMR	Anweisung der Deutschen Bundesbank über Mindestreserve
Amtl. Begr.	Amtliche Begründung
Anh.	Anhang
Anm.	Anmerkung
AO	Abgabenordnung
ArbGG	Arbeitsgerichtsgesetz
Art.	Artikel
Aufl.	Auflage
AuslInvestmG	Auslandsinvestmentgesetz
AWD	Außenwirtschaftsdienst s. RIW
AWG	Außenwirtschaftsgesetz
Az	Aktenzeichen

Abkürzungsverzeichnis

BAG	Bundesarbeitsgericht
BAKred	Bundesaufsichtsamt für das Kreditwesen
BAnz	Bundesanzeiger
BausparkG	Gesetz über Bausparkassen
BAWe	Bundesaufsichtsamt für den Wertpapierhandel
BayObLG	Bayerisches Oberstes Landesgericht
BayVBl.	Bayerische Verwaltungsblätter (Zeitschrift)
BazBV	Basiszinssatz-Bezugsgrößen-Verordnung
BB	Betriebs-Berater (Zeitschrift)
BBank	Bundesbank
BBankG	Gesetz über die Deutsche Bundesbank
BBk-Satzung	Satzung der Deutschen Bundesbank
BCCI	Bank of Credit and Commerce International
Bd.	Band
Begr.	Begründung
BDSG	Bundesdatenschutzgesetz
BFH	Bundesfinanzhof
BGB	Bürgerliches Gesetzbuch
BGBl.	Bundesgesetzblatt
BGH	Bundesgerichtshof
BGHZ	Entscheidungen des Bundesgerichtshofs in Zivilsachen
BIZ	Bank für internationalen Zahlungsausgleich
BMF	Bundesministerium der Finanzen
BOEGA	Börsengeschäftsabwicklung
BörsG	Börsengesetz
BörsO	Börsenordnung
BörsZulVO	Börsenzulassungsverordnung
BOSS	Börsen-Order-Service-System
BR-Drucksache	Bundesrats-Drucksache
BRAO	Bundesrechtsanwaltsordnung
BRS-Abkommen	Abkommen über den beleglosen Einzug von Reisescheckgegenwerten
BSE-Abkommen	Abkommen über das beleglose Scheckeinzugsverfahren
BStBl.	Bundessteuerblatt
BT-Drucksache	Bundestags-Drucksache
BtG	Betreuungsgesetz
Btx	Bildschirmtext
BuB	Bankrecht und Bankpraxis (Loseblattwerk)
BVerfG	Bundesverfassungsgericht

BVerfGE	Sammlung der Entscheidungen des Bundesverfassungsgerichts
BVerwG	Bundesverwaltungsgericht
BVerwGE	Sammlung der Entscheidungen des Bundesverwaltungsgerichts
BVG	Bundesversorgungsgesetz
BZÜ-Abkommen	Abkommen über die Umwandlung beleghafter Überweisungen (Gutschriftsträger) mit prüfziffergesicherten Verwendungszweckangaben in Datensätzen mittels Codierzeilenlesung
CBOE	Chicago Board of Options Exchange
CBOT	Chicago Board of Trade
CD	Certificates of Deposit
CIM	Vertrag über die internationale Eisenbahnförderung von Personen und Gepäck
CIRRUS	eingetragenes Zeichen für das internationale CIRRUS-Geldautomatensystem
CIV	Vertrag über die internationale Eisenbahnförderung von Personen und Gepäck
CME	Chicago Mercantile Exchange
CMR	Übereinkommen über den Beförderungsvertrag im internationalen Straßenverkehr
COTIF	Übereinkommen über internationalen Eisenbahnverkehr
CP	Commercial Paper
CpD	Conto pro Diverse
CR	Computer und Recht (Zeitschrift)
DAX	Deutscher Aktienindex
DB	Der Betrieb (Zeitschrift)
DBS	Deutsche Börse Systems AG
DepG	Depotgesetz
ders.	derselbe
DFÜ	Datenfernübertragung
DGAP	Deutsche Gesellschaft für die Ad-hoc-Publizität mbH
DKV	Deutscher Kassenverein AG
DNotZ	Deutsche Notar-Zeitschrift
DSW	Deutsche Schutzvereinigung für Wertpapierbesitz
DTB	Deutsche Terminbörse
DTC	New York Depository Trust Company

Abkürzungsverzeichnis

DÜG	Diskontsatz-Überleitungs-Gesetz
DWZ	Deutsche Wertpapierdaten-Zentrale GmbH (jetzt: Deutsche Börse Systems AG)
DWir	Deutsche Zeitschrift für Wirtschaftsrecht
EAG	Gesetz zur Umsetzung der EG-Einlagensicherungs-Richtlinie und der EG-Anlegerentschädigungs-Richtlinie
ec	eurocheque
ECOFIN-Rat	EU-Rat in der Zusammensetzung der Wirtschafts- und Finanzminister
ECU	European Currency Unit (Europäische Rechnungseinheit)
EDIFACT	Electronic Data Interchange for Administration, Commerce and Transport
EDV	Elektronische Datenverarbeitung
EFTA	Europäische Freihandelszone
EG	Europäische Gemeinschaft, auch Einführungsgesetz
EGBGB	Einführungsgesetz zum BGB
EGInsO	Einführungsgesetz zur Insolvenzordnung
EGScheckG	Einführungsgesetz zum Scheckgesetz
EG-Vertrag	Vertrag zur Gründung der Europäischen Gemeinschaft vom 25. 3. 1957 in der durch den Amsterdamer Vertrag geänderten Fassung, in Kraft getreten am 1. 5. 1999
Einl.	Einleitung
ELS	Elektronischer Schalter der Bundesbank
EOE	European Options Exchange
ERA	Einheitliche Richtlinien und Gebräuche für Dokumenten-Akkreditive
ERDG	Einheitliche Richtlinien für Demand Guarantees
ERI	Einheitliche Richtlinien für Inkassi
ERP	European Recovery Program (Marshall-Plan)
ERVG	Einheitliche Richtlinien für Vertragsgarantien, jetzt ERDG
EStG	Einkommensteuergesetz
ESZB	Europäisches System der Zentralbanken
ESZB-EZB-Satzung	Satzung des ESZB und der Europäischen Zentralbank
EU	Europäische Union
EuGH	Gerichtshof der Europäischen Gemeinschaften
EURIBOR	Euro Interbank Offered Rate

EURO	Rechnungseinheit der europäischen Währung
EuroEG	Euro-Einführungsgesetz vom 9. 7. 1998
e.V.-Gutschrift	Gutschrift unter dem Vorbehalt des Eingangs
EVÜ	Übereinkommen über das auf vertragliche Schuldverhältnisse anzuwendende Recht
EuZW	Europäische Zeitschrift für Wirtschaftsrecht
EWG	Europäische Wirtschaftsgemeinschaft
EWI	Europäisches Währungsinstitut
EWiR	Entscheidungen zum Wirtschaftsrecht
EWR	Europäischer Wirtschaftsraum
EWS	Europäisches Währungssystem
EWU	Europäische Wirtschaftsunion
EWWU	Europäische Währungs- und Wirtschaftsunion
EZB	Europäische Zentralbank
EZL-Abkommen	Abkommen über die Umwandlung beleghaft erteilter Lastschriftaufträge in Datensätzen und deren Bearbeitung
EZÜ-Abkommen	Abkommen über die Umwandlung beleghaft erteilter Überweisungsaufträge in Datensätzen und deren Bearbeitung
FamRZ	Zeitschrift für das gesamte Familienrecht
FESCO	Forum of European Commissions
FFG	Finanzmarktförderungsgesetz
FG	Finanzgericht
FGG	Gesetz über die Angelegenheiten der Freiwilligen Gerichtsbarkeit
FIBOR	Frankfurt Interbank Offered Rate
FKV	Frankfurter Kassenverein AG
FRA	Forward Rate Agreements
FRN	Floating Rates Notes
FS	Festschrift
FWB	Frankfurter Wertpapierbörse
GA-System	Geldautomaten-System
GBO	Grundbuchordnung
GbR	Gesellschaft des bürgerlichen Rechts
GewAufspG	Gesetz über das Aufspüren von Gewinnen aus schweren Straftaten (Geldwäschegesetz)
GG	Grundgesetz
GmbH	Gesellschaft mit beschränkter Haftung

Abkürzungsverzeichnis

GmbHG	Gesetz betr. die Gesellschaften mit beschränkter Haftung
GmbHR	GmbH-Rundschau
GNMA	Government National Mortgage Association (USA)
GoB	Grundsätze ordnungsgemäßer Buchführung
GoBS	Grundsätze ordnungsgemäßer EDV-gestützter Buchführungssysteme
GroßKomm.	Großkommentar
GrSZ	Großer Senat in Zivilsachen
GS	Girosammelverwahrung
GS-Gutschrift	Girosammeldepotgutschrift
GSE-Abkommen	Abkommen über den beleglosen Einzug von Scheckgegenwerten ab DM 5000 (Großbetragsschecks) und die gesonderte Vorlage der Originalschecks ohne Verrechnung
GVBl.	Gesetz- und Verordnungsblatt
GVG	Gerichtsverfassungsgesetz
GWB	Gesetz gegen Wettbewerbsbeschränkungen
GwG	Geldwäschegesetz (s. auch GewAufspG)
GZS	Gesellschaft für Zahlungsverkehrssysteme
HausTWG	Gesetz über den Widerruf von Haustürgesellschaften und ähnlichen Geschäften (Haustürwiderrufsgesetz)
HBCI	Homebanking Computer Interface
Hbd.	Halbband
Hdb.	Handbuch
HBG	Hypothekenbankgesetz
HGB	Handelsgesetzbuch
HinterlO	Hinterlegungsordnung
h.L.	herrschende Lehre
h.M.	herrschende Meinung
HR-FWB	Handelsrichtlinien der Frankfurter Wertpapierbörse
HRefG	Handelsrechtsreformgesetz
HS	Halbsatz
HV	Hauptversammlung
HypBankG	Hypothekenbankgesetz
IBIS	Integriertes Börsenhandels- und Informationssystem
ICC	International Chamber of Commerce (Internationale Handelskammer), Paris
IDW	Institut der Wirtschaftsprüfer

InsO	Insolvenzordnung
IOSCO	International Organization of Securities Commissions
IPMA	International Primary Market Association
IPO	Initial Public Offering
IPR	Internationales Privatrecht
IPrax	Praxis des internationalen Privat- und Verfahrensrechts (Zeitschrift)
IRG	Interest Rate Guarantee
ISDA	International Swap Dealers, jetzt: International Swaps and Derivatives Association
ISMA	International Securities Market Association
IuKDG	Informations- und Kommunikationsdienste-Gesetz
IW-Order	interessewahrende (Effekten-)Order
JherJB	Jherings Jahrbücher der Dogmatik des bürgerlichen Rechts
JR	Juristische Rundschau (Zeitschrift)
JuS	Juristische Schulung (Zeitschrift)
JW	Juristische Wochenschrift (Zeitschrift)
JWF	Internationaler Währungsfonds
JZ	Juristenzeitung
KAGG	Gesetz über die Kapitalanlagegesellschaften
KG	Kommanditgesellschaft
KGaA	Kommanditgesellschaft auf Aktien
KISS	Frankfurter Kurs-Informations-Service-System
KO	Konkursordnung, jetzt Insolvenzordnung
KonTraG	Gesetz zur Kontrolle und Transparenz im Unternehmensbereich
KStG	Körperschaftssteuergesetz
KTS	Zeitschrift für Konkurs-, Treuhand- und Schiedsgerichtswesen
KWG	Kreditwesengesetz
Kz	Kennziffer
LG	Landgericht
LIBOR	London Interbank Offered Rate
LIFFE	London International Financial Futures Exchange
LM	Nachschlagewerk des Bundesgerichtshofes in Zivilsachen, herausgegeben von Lindenmaier und Möhring

LRG	Längerfristiges Refinanzierungsgeschäft
LSA	Lastschriftabkommen
LSG	Landessozialgericht
LZB	Landeszentralbank
MATIF	Marché à Terme d'Instruments Financiers
MDR	Monatsschrift für Deutsches Recht (Zeitschrift)
MISS	Member Integration System Server s. XETRA
m.w.Nachw.	mit weiteren Nachweisen
NASDAQ	National Association of Securities Dealers Automated Quotation
NECIGEV	Nederlands Central Institut voor Giraal Effectenverkeer
n.F.	neue Fassung
NIF	Note Issuance Facilitis
NJW	Neue Juristische Wochenschrift (Zeitschrift)
NJW-RR	NJW-Rechtsprechungs-Report Zivilrecht (Zeitschrift)
NZG	Neue Zeitschrift für Gesellschaftsrecht
OECD	Organisation für wirtschaftliche Zusammenarbeit und Entwicklung
OGAW	Organismen für gemeinsame Anlagen in Wertpapieren
OHG	Offene Handelsgesellschaft
OLG	Oberlandesgericht
OLGRspr	Die Rechtsprechung der Oberlandesgerichte
OPEC	Organisation erdölexportierender Länder
OrgKG	Gesetz zur Bekämpfung des illegalen Rauschgifthandels und anderer Erscheinungsformen der organisierten Kriminalität
OTC	Over the Counter
OVG	Oberverwaltungsgericht
OVGE	Entscheidungen der Oberverwaltungsgerichte
OWiG	Gesetz über Ordnungswidrigkeiten
PAngVO	Preisangabeverordnung
PaPkG	Preisangaben- und Preisklauselgesetz
PC	Personal Computer
PIN	Persönliche Identifikationsnummer
POS-System	Point-of-Sale-System

PrüfbV	Verordnung über die Prüfung der Jahresabschlüsse und Zwischenabschlüsse der Kreditinstitute und Finanzdienstleistungsinstitute
PTS	Propietary Trading System
RabelsZ	Rabels Zeitschrift für ausländisches und internationales Privatrecht
RechKredV	Verordnung über die Rechnungslegung der Kreditinstitute
RegE	Regierungsentwurf
RG	Reichsgericht
RGBl.	Reichsgesetzblatt
RGZ	Entscheidungen des Reichsgerichts in Zivilsachen
RIW	Recht der internationalen Wirtschaft (Zeitschrift)
Rn	Randnummer
RPfl	Der Deutsche Rechtspfleger (Zeitschrift)
RSA-Verfahren	Rivert-Shamir-Adlemann-(Verschlüsselungs)-Verfahren
RTGS-Systeme	Real-Time-Gross-Settlement-Systems
RUF	Revolving Underwriting Facilities
RVO	Reichsversicherungsordnung
ScheckG	Scheckgesetz
SCHUFA	Schutzgemeinschaft für Allgemeine Kreditsicherung GmbH
SchVG	Schuldverschreibungsgesetz
SEC	Securities and Exchange Commission
SET-Standard	Secure Electronic Transaction-Standard
SeuffA	Seufferts Archiv (Zeitschrift)
SFr	Schweizer Franken
SFR-Satz	Zinssatz der Spitzenrefinanzierungsfazilität der Europäischen Zentralbank
SGB	Sozialgesetzbuch
SGG	Sozialgerichtsgesetz
Slg.	Sammlung
SOFFEX	Swiss Options and Futures Exchange
Sonderbeil.	Sonderbeilage
SRF	Spitzenrefinanzierungsfazilität der Europäischen Zentralbank
StBerG	Steuerberatungsgesetz
StGB	Strafgesetzbuch
StPO	Strafprozeßordnung

SWIFT	Society for Worldwide Interbank Financial Telekommunikation
TAN	Transaktionsnummer
TARGET	Trans-European-Automated-Real-Time-Gross Settlement-Express-Transfer-System
Tz.	Textziffer
TRG	Transportrechtsreformgesetz
UBG	Unternehmensbeteiligungsgesellschaften
UBGG	Gesetz über die Unternehmensbeteiligungsgesellschaften
UCP	Uniform Customs and Practice for Dokumentary Credits (UCP 500) der ICC
ÜG	Überweisungsgesetz
UmwG	Umwandlungsgesetz
UNCITRAL	Kommission der Vereinten Nationen für Internationales Handelsrecht
US	United States
UStG	Umsatzsteuergesetz
VAG	Versicherungsaufsichtsgesetz
VBl.	Verordnungsblatt
VerbrKrG	Verbraucherkreditgesetz
VerkProspG	Wertpapier-Verkaufsprospektgesetz
VerkProspVO	Verordnung über die Wertpapier-Verkaufsprospekte
VG	Verwaltungsgericht
VGH	Verwaltungsgerichtshof
VGHE	Entscheidungen der Verwaltungsgerichte
VglO	Vergleichsordnung
VO	Verordnung
VOB	Verdingungsordnung für Bauleistungen
Vorb.	Vorbemerkung
VUR	Verbraucher und Recht (Zeitschrift)
VVG	Versicherungsvertragsgesetz
VWD	Vereinigte Wirtschaftsdienste
VwGO	Verwaltungsgerichtsordnung
VwVfG	Verwaltungsverfahrensgesetz
WährG	Währungsgesetz
WG	Wechselgesetz
wistra	Zeitschrift für Wirtschaft, Steuer, Strafrecht

C

WiB	Wirtschaftsrechtliche Beratung (Zeitschrift)
WM	Wertpapier-Mitteilungen (Zeitschrift)
WpDPV	Verordnung über die Prüfung der Wertpapierdienstleistungsunternehmen
WPg	Die Wirtschaftsprüfung (Zeitschrift)
WpHG	Wertpapierhandelsgesetz
WPO	Wirtschaftsprüferordnung
WR	Wertpapierrechnung
WR-Gutschrift	Gutschrift in Wertpapierrechnung
WRP	Wettbewerb in Recht und Praxis
WSB	Wertpapiersammelbank
WuB	Entscheidungssammlung zum Wirtschafts- und Bankrecht
WWU	Europäische Wirtschafts- und Währungsunion
XETRA	exchange electronic trading – elektronisches Wertpapierhandelssystem der Frankfurter Wertpapierbörse
ZBB	Zeitschrift für Bankrecht und Bankwirtschaft
ZEuP	Zeitschrift für Europäisches Privatrecht
ZGesKredW	Zeitschrift für das gesamte Kreditwesen
ZGR	Zeitschrift für Unternehmens- und Gesellschaftsrecht
ZHR	Zeitschrift für das gesamte Handels- und Wirtschaftsrecht
ZIP	Zeitschrift für Wirtschaftsrecht
ZKA	Zentraler Kreditausschuß
ZPO	Zivilprozeßordnung
ZVG	Gesetz über die Zwangsversteigerung und Zwangsverwaltung
ZVglRWiss	Zeitschrift für Vergleichende Rechtswissenschaft

Verzeichnis der abgekürzt zitierten Literatur

Assmann/Schneider, WpHG	*Assmann, Heinz-Dieter / Schneider, Uwe H.* (Hrsg.): Kommentar zum Wertpapierhandelsgesetz, 2. Auflage, 1999
Assmann/Schütze, Handbuch des Kapitalanlagerechts	*Assmann, Heinz-Dieter / Schütze, Rolf A.* (Hrsg.): Handbuch des Kapitalanlagerechts mit Loseblatt-Ergänzungsband, 2. Auflage, 1997
Bankrecht und Bankpraxis	Bankrecht und Bankpraxis, hrsg. von *Thorwald Hellner / Stephan Steuer*, 1999
Bankrechts-Handbuch	*Schimansky, Herbert / Bunte, Hermann Josef / Lwowski, Hans Jürgen* (Hrsg.): Bankrechts-Handbuch. 3 Bände mit Loseblatt-Ergänzungsband, Stand: Januar 1999
Baumbach/Hefermehl	*Baumbach, Adolf / Hefermehl, Wolfgang:* Wechselgesetz und Scheckgesetz mit Nebengesetzen und einer Einführung in das Wertpapierrecht, Stand: 1. September 1998, 21. Auflage, 1999
Baumbach/Hefermehl, WPR	*Baumbach, Adolf / Hefermehl, Wolfgang:* Wettbewerbsrecht. Gesetz gegen den unlauteren Wettbewerb, Zugabenverordnung, Rabattgesetz und Nebengesetz, Stand: 1. März 1998, begründet von Adolf Baumbach, fortgeführt von Wolfgang Hefermehl, 20. Auflage, 1998
Baumbach/Hopt	*Baumbach, Adolf / Hopt, Klaus J.:* Handelsgesetzbuch mit GmbH & Co., Handelsklauseln, Bank- und Börsenrecht, Transportrecht ohne Seerecht, begründet von Adolf Baumbach, fortgeführt von Konrad Duden, erläutert von Klaus J. Hopt, 29. Auflage, 1995
Canaris, Bankvertragsrecht[2]	*Canaris, Claus Wilhelm:* Bankvertragsrecht, 2. Bearbeitung, 1981
Canaris, Bankvertragsrecht[3]	*Canaris, Claus Wilhelm,* Bankvertragsrecht, Erster Teil, 3. Bearbeitung, 1988
Großkomm. AktG/ Bearbeiter	*Hopt, Klaus J. / Wiedemann, Gerhard* (Hrsg.): Großkommentar zum Aktiengesetz, 4. Auflage, 1992 ff.
Großkomm. HGB/ Bearbeiter	*Canaris, Claus Wilhelm / Schilling, Wolfgang / Ulmer, Peter* (Hrsg.): Großkommentar zum Handelsgesetzbuch, begründet von Hermann Staub, 4. Auflage, 1983 ff.

Kölner Komm. zum AktG/*Bearbeiter*	Kölner Kommentar zum Aktiengesetz, 2. Auflage, 1988 f.
Kümpel/Ott, Kapitalmarktrecht	*Kümpel, Siegfried / Ott, Claus* (Hrsg.): Kapitalmarktrecht. Ergänzbares Rechtsbuch für die Praxis, begründet von Georg Bruns und Heinrich Rodrian, Band 1. Stand: März 1999
Münchener Komm. zum BGB/ *Bearbeiter*	Münchener Kommentar zum BGB, hrsg. von *Kurt Rebmann, Roland Rixecker, Franz Jürgen Säcker,* 2. Auflage, 1993 ff.; 3. Auflage, 1994 ff.
Palandt/Bearbeiter	Bürgerliches Gesetzbuch, Kommentar, 58. Auflage, 1999
RGRK-BGB/ *Bearbeiter*	Großkommentar zum BGB, hrsg. von Mitgliedern des Bundesgerichtshofs, 11. Auflage, 1959 ff., 12. Auflage, 1974 ff.
Schwark, BörsG	*Schwark, Eberhard:* Börsengesetz, 2. Auflage, 1994
Staudinger/ Bearbeiter	*Staudinger, Julius von:* Kommentar zum Bürgerlichen Gesetzbuch mit Einführungsgesetz und Nebengesetzen, 13. Bearbeitung, 1993 ff.
Szagunn/Haug/ Ergenzinger	*Szagunn, Volkhard / Haug, Ulrich / Ergenzinger, Wilhelm:* Gesetz über das Kreditwesen in der Fassung vom 22. Januar 1996, begründet von Szagunn, neu bearbeitet von Haug und Ergenzinger, 6. Auflage, 1997
Ulmer/Brandner/ Hensen	*Ulmer, Peter / Brandner, Hans Erich / Hensen, Horst-Dieter / Schmidt, Harry:* AGB-Gesetz, Kommentar zum Gesetz zur Regelung des Rechts der Allgemeinen Geschäftsbedingungen, 8. Auflage, 1997
Werhahn/Schebesta	*Werhahn, Jürgen W. / Schebesta, Michael:* AGB und Sonderbedingungen der Banken, 1995
Wolf/Horn/ Lindacher	*Wolf, Manfred / Horn, Norbert / Lindacher, Albert F.:* AGB-Gesetz, Kommentar zum Gesetz zur Regelung des Rechts der Allgemeinen Geschäftsbedingungen, 3. Auflage, 1994

1. Hauptteil
Kommerzielles Bankgeschäft (Commercial Banking)

1. Teil
Einführung

Mittelpunkt des Bankrechts sind die privatrechtlichen Beziehungen der Bank zu ihrem Kunden. Das Bankprivatrecht ist rechtssystematisch Teil des Wirtschaftsrechts im Sinne eines Sonderprivatrechts der Wirtschaft[1]. Das Grundgesetz (Art. 74 Nr. 11) unterteilt die Wirtschaft in Bergbau, Industrie, Energiewirtschaft, Handwerk, Gewerbe, Handel, privatrechtliches Versicherungswesen sowie das Bank- und Börsenwesen. Mit dem Börsenwesen sind aus heutiger Sicht die Kapitalmärkte gemeint, deren tragende Säulen die Wertpapierbörsen sind.

1.1

Vergleicht man das Bank-(Privat-)Recht mit der rechtlichen Ordnung der anderen Bereiche der Wirtschaft, so ist das Bankrecht sehr viel breiter gefächert. So konzentriert sich z.B. die Automobilindustrie auf die Produktion und den Absatz von Fahrzeugen; hier dominiert das Kaufrecht.

1.2

Das „Leistungs"angebot des Bankgeschäfts ist dagegen durch eine große Vielfalt gekennzeichnet. Die Kreditinstitute vermitteln die Bezahlung fälliger **Geldschulden** im Rahmen des bargeldlosen Zahlungsverkehrs (Girogeschäft). Sie verwahren **Geldvermögen** ihrer Kunden, die sie bei ihnen als Einlagen unterhalten (Einlagengeschäft) und vermitteln **Geldanlagen** in Wertpapieren, Devisen und Edelmetallen (Investmentgeschäft). Aus der Sicht dieses bankgeschäftlichen Leistungsangebots scheint es angemessener, von „Geldinstituten" und nicht von „Kreditinstituten" zu sprechen. Ein weiterer traditioneller Schwerpunkt des Bankgeschäfts ist aber auch das **Kreditgeschäft.** Die Kreditversorgung der Wirtschaftsunternehmen einschließlich der privaten Haushalte ist eine Aufgabe von über-

1.3

---

1 *Medicus*, Allgemeiner Teil des BGB, 7. Aufl., 1997, Rn 13, S. 8.

ragender Bedeutung für die Gesamtwirtschaft. Diese Funktion kommt durch die Bezeichnung „Kreditinstitute" zum Ausdruck, die nach der Begriffsdefinition des Kreditwesengesetzes (§ 1 Abs. 1) Unternehmen sind, die Bankgeschäfte im Rahmen eines in kaufmännischer Weise eingerichteten Geschäftsbetriebes erfordern. Die Begriffe Bank und Kreditinstitut sind also gleichbedeutend.

1.4 Diese verschiedenartigen Bankgeschäfte vollziehen sich im Rahmen einer Vielzahl der im BGB-Schuldrecht geregelten Vertragstypen.

1. Abschnitt
Bank- und Kapitalmarktrecht als sich ergänzende Regelungsbereiche

Eine Darstellung des Bankrechts aus der Sicht der Praxis hat auch das Kapitalmarktrecht einzubeziehen, das sich mittlerweile als ein eigenständiges Rechtsgebiet mit vielfältigen Berührungspunkten zum Bankrecht entwickelt hat. Das Kapitalmarktrecht kann definiert werden als „die Gesamtheit der Normen, Geschäftsbedingungen und Standards, mit denen die Organisation der Kapitalmärkte und der auf sie bezogenen Tätigkeiten sowie das marktbezogene Verhalten der Marktteilnehmer geregelt werden sollen". So sind insbesondere das Effektengeschäft mit den Bankkunden und der sich am Kapitalmarkt vollziehende Wertpapierhandel untrennbar miteinander verwoben. Der Bankkunde muß als Anleger darauf vertrauen können, daß sein Interesse an einer optimalen Ausführung seiner Effektenaufträge angemessen berücksichtigt wird. Denn die Anleger haben aus markttechnischen Gründen regelmäßig keinen unmittelbaren Zugang zu den Kapitalmärkten. Dies gilt insbesondere für die börsenmäßig organisierten Märkte, die eine besondere Zulassung für die Teilnahme am Börsenhandel voraussetzen. Das Zulassungserfordernis erklärt sich damit, daß sich die unmittelbar am Markt agierenden Kreditinstitute auf eine ordnungsgemäße Abwicklung ihrer an der Börse getätigten Geschäfte durch die Kontrahenten müssen verlassen können[2].

1.5

Der Börsenhandel ist aber nicht nur auf die Zuverlässigkeit der zugelassenen Marktteilnehmer angewiesen. Diese müssen wegen des Kontrahierungszwanges auch über eine ausreichende Bonität verfügen. Im Interesse eines möglichst reibungslosen Handels ist jeder vom zuständigen Börsenmakler zugeordnete Vertragskontrahent zu akzeptieren.

1.6

Die Funktionsfähigkeit des Kapitalmarkts als dem vorrangigen Schutzgut des Kapitalmarktrechts[3] erfordert deshalb die Zwischenschaltung von Kreditinstituten als Marktintermediäre und damit ein auch rechtlich geordnetes Effektengeschäft. Dieses traditionelle Bankgeschäft ist also

1.7

---

2 *Assmann* in Handbuch des Kapitalanlagerechts, S. 26 ff.
3 *Kübler*, Gesellschaftsrecht, 5. Aufl., 1998, S. 391; *Hopt*, Insiderwissen und Interessenkonflikte im europäischen und deutschen Bankrecht, FS Heinsius, 1991, S. 289, 303, 304; *Kümpel*, Einführung in das Kapitalmarktrecht, in Kümpel/Ott (Hrsg.), Kapitalmarktrecht, Kz 050, S. 38.

zugleich eine kapitalmarktbezogene gewerbliche Tätigkeit und gehört damit auch zum kapitalmarktrechtlichen Bereich. Dasselbe gilt für die Investmentgesellschaften im Sinne des Gesetzes über Kapitalanlagegesellschaften, die Bankeigenschaft haben (§ 1 Abs. 1 Nr. 6 KWG) und für Rechnung der Einleger am Kapitalmarkt Wertpapiere kaufen und verkaufen (§ 1 Abs. 1 KAGG).

1.8 Zu den marktbezogenen Hilfsfunktionen im Sinne der Definition des Kapitalmarktrechts gehört auch das Depotgeschäft, wenngleich dies nicht so deutlich wie beim Effektengeschäft hervortritt. Der Anleger ist im Regelfall daran interessiert, daß die Bank die für ihn angeschafften Wertpapiere verwahrt und die üblichen Dienstleistungen erbringt, insbesondere das Inkasso fälliger Wertpapiere übernimmt. Auch beim bankmäßigen Depotgeschäft durchdringen sich also Bank- und Kapitalmarktrecht. Marktbezogene Verhaltensnormen im Sinne der Definition des Kapitalmarktrechts stellen insbesondere die Verhaltensregeln des Wertpapierhandelsgesetzes (§§ 31 ff.) dar, das eine tragende Säule des Kapitalmarktrechts als einem sich verselbständigenden Rechtsgebiet bildet.

2. Abschnitt
Wachsende Bedeutung des Bank- und Kapitalmarktrechts

Die Bedeutung des Bankrechts ist seit den siebziger Jahren stark gewachsen. Die Inanspruchnahme bankmäßiger Dienstleistungen ist heute für jedermann selbstverständlich. Sie beschränkt sich keineswegs auf Kaufleute oder sonstige Gewerbetreibende. Bankgeschäftliche Kontakte sind weitverbreitet auch im privaten Bereich. So hat insbesondere das Vordringen des bargeldlosen Zahlungsverkehrs dazu geführt, daß heute alle Bevölkerungsschichten ein Bankkonto unterhalten. 1.9

Im Rahmen des bargeldlosen Zahlungsverkehrs werden vor allem Zahlungsverbindlichkeiten durch Kontogutschriften statt durch Banknoten und Geldmünzen erfüllt. Das Kontoguthaben (Buchgeld) hat im modernen Zahlungsverkehr weitgehend die Funktionen des Bargeldes in Gestalt der Banknoten und Geldmünzen übernommen. Das Buchgeld in Gestalt von Kontoguthaben wird daher in der Rechtswissenschaft zunehmend dem Bargeld als gesetzliches Zahlungsmittel zugeordnet. 1.10

Auch natürliche Personen nutzen mit stark zunehmender Tendenz die Vorteile der bargeldlosen Zahlung. Dies gilt insbesondere für regelmäßig wiederkehrende Zahlungen im Rahmen von Dauerschuldverhältnissen. 1.11
So werden Gehälter und Löhne üblicherweise auf das Bankkonto der Mitarbeiter überwiesen. Auch die Vermieter sind an Mietzahlungen im Wege des bargeldlosen Zahlungsverkehrs interessiert. Die geschuldeten Beträge aus Wasser-, Strom- und Telefonrechnungen sowie die Krankenkassenbeiträge oder die monatlichen Bezugspreise für Zeitungen und Zeitschriften können bargeldlos im Lastschriftverfahren vom Konto des Zahlungspflichtigen abgebucht werden.

Schließlich werden auch beim Einkauf und bei der Inanspruchnahme von Dienstleistungen die vielgestaltigen Instrumente des bargeldlosen Zahlungsverkehrs mit stetig wachsenden Marktanteilen genutzt. Hierzu gehören neben der eurocheque-Karte und der Kreditkarte mittlerweile auch die GeldKarte und das Netzgeld (cyber coins) als elektronische Zahlungsinstrumente. So wie eine moderne Industriegesellschaft auf öffentliche und private Verkehrsmittel nicht verzichten kann, ist für sie auch der durch die Kreditinstitute vermittelte bargeldlose Zahlungsverkehr unentbehrlich. 1.12

Die rechtsgeschäftlichen Kontakte der Privatpersonen zu den Kreditinstituten beschränken sich aber nicht nur auf die Unterhaltung von Bankkon- 1.13

ten und die Teilnahme am bargeldlosen Zahlungsverkehr. So ist die Inanspruchnahme von Bankkrediten durch die Privatkundschaft erleichtert worden. Nach einer Anfangsphase der Geschäftsverbindung werden dem Kunden üblicherweise Kleinkredite in Form von persönlichen Dispositionskrediten angeboten. Die Dienstleistungen der Kreditinstitute werden zunehmend auch für eine geeignete Anlage des Geldvermögens genutzt, das sich nach dem 2. Weltkrieg in den privaten Haushalten angesammelt hat. Breite Schichten der Bevölkerung werden durch Einkommenszuwachs und Erbschaften zu wohlhabenden Bürgern, die geeignete Anlagemöglichkeiten suchen.

1.14 Das breitgefächerte Leistungsangebot der Kreditinstitute hat zwangsläufig zur Folge, daß sich auch das Bankrecht als eigenständiges Rechtsgebiet ausdehnt. Dies gilt gleichermaßen für den Dienstleistungsbereich und für die kreditmäßige Versorgung der Bankkunden. Diese neuen Finanzdienstleistungen erfordern im Interesse möglichst klarer Rechtsbeziehungen AGB-mäßige Regelungen, die zu einer ständigen Ausweitung des Bankrechts führen.

1.15 Eine neue rechtliche Dimension für das Bankrecht ist durch das sog. Allfinanzangebot der Kreditinstitute eröffnet worden. Dieses Angebot umfaßt neben den traditionellen Bankdienstleistungen alle marktüblichen Dienstleistungen, mit denen auch sonstige finanzielle Vorsorgebedürfnisse des Kunden befriedigt werden können. Das Allfinanzangebot erstreckt sich deshalb neben dem Abschluß von Bausparverträgen auch auf die Vermittlung von geeigneten Grundstücken und Wohnungseigentum bis zum Abschluß von Lebensversicherungen und sonstigen Versicherungsverträgen. Diese Allfinanzstrategie hat zur Folge, daß auf die geschäftlichen Aktivitäten der Kreditinstitute zusätzliche Normenkomplexe anwendbar sind.

1.16 Die zunehmende Bedeutung des Bankrechts erklärt sich freilich nicht nur aus der Weiterentwicklung der Wirtschaft und den entsprechend wachsenden Bedürfnissen nach bankmäßigen Finanzdienstleistungen. Die intensivere Erörterung bankrechtlicher Fragen ist letztlich auch eine Auswirkung des AGB-Gesetzes. Der Gesetzgeber hat hierdurch handliche Orientierungsmaßstäbe für die Angemessenheitskontrolle der AGB-Klauseln normiert; hiervon macht die Rechtsprechung inzwischen regen Gebrauch. Gefördert wird dies durch eine umfangreiche und ausführliche Kommentarliteratur zum AGB-Gesetz. Diese Entwicklung mußte zwangsläufig auch den Bereich des Bankrechts erfassen, das durch eine Vielzahl von AGB-mäßigen Regelungen geprägt ist. Die wachsende Bedeutung des Bankrechts in der Praxis führte auch dazu, daß beim Bundesgerichtshof ein eigens für das Bank- und Kapitalmarktrecht zuständiger (XI.) Senat geschaffen worden ist.

I. Fortentwicklung des Kapitalmarktrechts durch den Gesetzgeber

Eine besonders dynamische Fortentwicklung hat das Kapitalmarktrecht durch die vielfältigen Aktivitäten des Gesetzgebers genommen. Schwerpunkte bilden die bereits in Kraft getretenen drei Finanzmarktförderungsgesetze. Mittlerweile ist ein viertes Finanzmarktförderungsgesetz angekündigt worden. Schwerpunkt dieses Gesetzesvorhabens ist eine tiefgreifende Neugestaltung des Börsenrechts und die Reform des Rechts der Börsentermingeschäfte. Starke Impulse für die Ausformung des Kapitalmarktrechts als einem eigenständigen Rechtsgebiet werden von den Neuregelungen im Wertpapierhandelsgesetz mit seinen kapitalmarktrechtlichen Intentionen ausgehen.

1.17

Eine solche Rechtsentwicklung entspricht auch der veränderten Finanzierungspraxis der großen Wirtschaftsunternehmen und der weltweiten Expansion des Wertpapiergeschäfts (Investment Banking). Die großen Unternehmen des In- und Auslands befriedigen zunehmend ihren Finanzierungsbedarf nicht mehr durch Inanspruchnahme von Bankkrediten, sondern durch Emission von Wertpapieren im Kapital- und Geldmarkt (sog. **Wertpapierfinanzierung** oder Securitization). Auch die Kreditinstitute beschaffen sich die Refinanzierungsmittel für ihr Kreditgeschäft verstärkt durch die Emission von Kapitalmarkttiteln.

1.18

II. Gemeinschaftsrecht der Europäischen Wirtschafts- und Währungsunion

Neue Anstöße für die Weiterentwicklung des Bankrechts gehen von dem zum 1. 1. 1993 geschaffenen EU-Binnenmarkt aus. Wenngleich zunächst das öffentliche Recht bei der Rechtsangleichung im Vordergrund stand, ist die Europäische Wirtschafts- und Währungsunion nicht nur eine „Gemeinschaft des Wirtschaftsverwaltungsrechts". Sie wird sich auch zu einer „Gemeinschaft des wirtschaftsrelevanten Privatrechts" und damit auch des Bankvertragsrechts entwickeln[4]. Ein Teil des Schrifttums bezweifelt zwar die legislatorische Kompetenz der Europäischen Union auf dem Gebiet des Privatrechts. Der EU-Vertrag erwähnt aber einzelne Teil-

1.19

---

4 *Uwe H. Schneider*, NJW 1991, 1985.

bereiche des Privatrechts, bei denen die Rechtsangleichung vorgesehen ist. Dazu gehört auch das Verbraucherschutzrecht (Art. 95 Abs. 3, früher Art. 100a Abs. 3, EG-Vertrag), das zu einer Reihe von EU-Richtlinien für die rechtliche Ausgestaltung von Finanzdienstleistungen geführt hat. Hierzu gehören die Verbraucherkredit-Richtlinie, die Richtlinie betreffend Haustürgeschäfte, die Wertpapierdienstleistungs-Richtlinie, die OGAW-Richtlinie zum Investmentfonds, die Richtlinie über mißbräuchliche Klauseln in Verbraucherverträgen sowie die Richtlinie über die Einlagensicherung[5].

1.20 Aus dem EG-Vertrag ergibt sich auch eine allgemeine legislatorische Regelungskompetenz. Nach Art. 94 Abs. 3 (früher Art. 100 Abs. 3) EG-Vertrag erläßt der Rat einstimmig auf Vorschlag der Kommission Richtlinien für die Angleichung der Rechts- und Verwaltungsvorschriften der Mitgliedstaaten, die sich unmittelbar auf die Errichtung oder das Funktionieren des Gemeinsamen Marktes auswirken. Voraussetzung ist also, daß solche Richtlinien erforderlich sind. Die zuständigen Gemeinschaftsorgane haben aber einen weiten Ermessensspielraum bei der Entscheidung darüber, ob diese Voraussetzungen vorliegen[6].

1.21 Ist eine solche Richtlinie in Kraft getreten, so haben die inländischen Gerichte bei Anwendung des deutschen Rechts eine etwaig erforderlich werdende Auslegung soweit wie möglich am Wortlaut und Zweck der Richtlinie auszurichten, um das mit der Richtlinie verfolgte Ziel zu erreichen und auf diese Weise Art. 249 Abs. 3 (früher Art. 189 Abs. 3) EG-Vertrag nachzukommen. Dies gilt auch bei der Auslegung von deutschen Vorschriften, die vor Erlaß der Richtlinien in Kraft getreten sind. Die Pflicht der EU-Mitgliedstaaten gemäß Art. 10 (früher Art. 5) EG-Vertrag, alle zur Erfüllung dieser Verpflichtung geeigneten Maßnahmen allgemeiner oder besonderer Art zu treffen, obliegt allen Trägern öffentlicher Gewalt in den Mitgliedstaaten und damit auch den Gerichten[7]. Im übrigen können die Betroffenen, wenn die nationalen Vorschriften nicht in einer der jeweiligen Richtlinie entsprechenden Weise ausgelegt werden können, im Rahmen der geeigneten Verfahren des nationalen Rechts den Ersatz des

---

5 Die EU-Kommission hat im Herbst 1998 einen Vorschlag für eine Richtlinie des Europäischen Parlamentes und des Rates über den Fernabsatz von Finanzdienstleistungen an Verbraucher angenommen, nachdem die Finanzgeschäfte von der EG-Richtlinie 97/7/EG vom 20. 5. 1997 über den Verbraucherschutz bei Vertragsabschlüssen im Fernabsatz (ABlEG 144 vom 4. 6. 1997, S. 19) – sog. allgemeine Fernabsatzrichtlinie – ausgeklammert worden sind (vgl. hierzu *Riesenhuber*, WM 1999, 1441 ff. und *Meyer*, WM 1998, 2445, 2446). Vgl. weiter *Derleder/Pallas* zum Vertragsabschluß und AGB-Einbeziehung im kreditwirtschaftlichen Distanzgeschäft, ZIP 1999, 1285 ff.
6 *Uwe H. Schneider*, NJW 1991, 1985, 1988.
7 EuGH NJW 1997, 3365, 3367.

Schadens verlangen, der ihnen dadurch entstanden ist, daß die Richtlinie nicht innerhalb der vorgeschriebenen Frist umgesetzt worden ist[8].

Anläßlich der Einführung des Euro sind für den Finanzsektor im Rahmen der Europäischen Wirtschafts- und Währungsunion eine Vielzahl von Normen geschaffen worden, die gemeinschaftsrechtlichen Ursprungs sind und damit in Deutschland geltende supranationale Vorschriften darstellen. Dies gilt vor allem für die beiden Verordnungen des EU-Rates, die den rechtlichen Rahmen für die Ersetzung der nationalen Währungen der Teilnehmerstaaten durch den Euro bilden. Hierbei handelt es sich vor allem um die Verordnung (EG) Nr. 974/98 des Rates vom 3. 5. 1998 über die Einführung des Euro[9] und die Verordnung (EG) Nr. 1103/97 des Rates vom 17. 6. 1997 über bestimmte Vorschriften im Zusammenhang mit der Einführung des Euro[10].

1.22

Auch kann die Europäische Zentralbank (EZB), deren Beschlußorgane in Gestalt des EZB-Rates und -Direktoriums das für die Währungsunion geschaffene Europäische System der Zentralbanken (ESZB) leitet, zur Erfüllung ihrer Aufgaben Verordnungen nach Art. 110 Abs. 2 (früher Art. 108a Abs. 2) erlassen (Art. 34 ESZB/EZB-Satzung). Dies gilt insbesondere für die Verordnungen über die Berechnung und Bestimmungen der von den Kreditinstituten bei den nationalen Zentralbanken zu unterhaltende Mindestreserve (Art. 19 Abs. 1 ESZB/EZB-Satzung).

1.23

Diese Verordnungen haben allgemeine Geltung. Sie gelten unmittelbar in jedem Mitgliedstaat, ohne daß es wie bei den EG-Richtlinien noch der Umsetzung durch den nationalen Gesetzgeber bedarf (vgl. Art. 34 Abs. 2 ESZB/EZB-Satzung).

1.24

Bevor auf die Rechtsbeziehungen zwischen Bank und Kunden aus der Inanspruchnahme des bankgeschäftlichen Leistungsangebotes eingegangen wird, werden die allgemeinen Grundlagen des Bankrechts aufgezeigt werden. Hierbei geht es zunächst um die Rechtsquellen des Bankrechts in Gestalt gesetzlicher Bestimmungen und Allgemeiner Geschäftsbedingungen. Im Anschluß folgt die rechtliche Einordnung der bankmäßigen Geschäftsverbindung als rahmenförmiges Schuldverhältnis mit seinen allgemeinen Verhaltens- und Schutzpflichten der Bank und ihrer Kunden. Diese allgemeine Einführung schließt mit den Erläuterungen der grundlegenden Strukturbegriffe des Bankgeschäfts „Investment Banking", „Commercial Banking", „Universalbankprinzip" und „Trennbanksystem".

---

8 EuGH NJW 1996, 3141; 1997, 3365, 3367; LG Bonn WM 1999, 1973, 1977. Zu den Grundsätzen der Umsetzung von EG-Richtlinien vgl. *Staudinger*, WM 1999, 1546.
9 ABlEG Nr. L 139/1.
10 ABlEG Nr. L 162/1.

2. Teil
Allgemeine Grundlagen

1. Abschnitt
Rechtsquellen

Das Bankrecht kann definiert werden als Inbegriff der rechtlichen Ordnung der einzelnen Bankgeschäfte und des Kreditgewerbes als Wirtschaftszweig oder seiner Gruppierungen, insbesondere des privaten Bankgewerbes, der Volksbanken, der Sparkassen und anderer öffentlich-rechtlicher Kreditinstitute. 2.1

I. Bankprivatrecht

Soweit Gegenstand der bankrechtlichen Regelungen die geschäftlichen Kontakte der Kreditinstitute zu ihren Kunden sind, gehören sie zum Privatrecht. Diese Regelungen finden sich infolge der Vielgestaltigkeit des Bankgeschäfts in einer Vielzahl von Gesetzen. 2.2

1. Die ersten drei Bücher des BGB als Schwerpunkt

Im Vordergrund steht das **Schuldrecht** des BGB. Das Bankgeschäft als Regelungsmaterie des Bankrechts wird durch die geschäftlichen Kontakte zwischen Bank und Kunde geprägt. Dieser Geschäftsbeziehung liegt jeweils ein vertragliches Schuldverhältnis in Gestalt einer der banküblichen Verträge zugrunde. Sie entsprechen überwiegend den Vertragstypen des Besonderen Teils des Schuldrechts, der Regelungen für eine Vielzahl von Schuldverhältnissen enthält. 2.3

Von diesen Schuldverhältnissen haben insgesamt 22 eine vertragliche Grundlage. Diese 22 Vertragstypen des BGB kommen bis auf drei auch in der Bankpraxis vor. Diese Ausnahmen sind der Pachtvertrag (§ 581), die Leihe (§ 598) und die Leibrente (§ 759).

Die Verwendung fast sämtlicher im BGB geregelter Vertragstypen resultiert daraus, daß dem Kredit- und Dienstleistungsgeschäft der Banken eine Vielzahl gesetzlicher Vertragstypen zugrunde liegt. 2.4

2.5 So beschränkt sich das **Kreditgeschäft** keineswegs auf den Abschluß von Darlehensverträgen im Sinne des § 607 BGB. Ein **Geldkredit** kann auch in der äußeren Form eines Kaufvertrages gewährt werden, wenn die Bank von ihrem Kreditkunden noch nicht fällige Forderungen ankauft, die der Kunde aus dem Verkauf von Handelsware gegen seine Abnehmer erworben hat. Auch in diesem Forderungsankauf liegt eine Kreditgewährung, wenn nicht ausnahmsweise auch das Bonitätsrisiko im Wege der Forfaitierung übernommen worden ist. Denn die Bank kann diesen Ankauf üblicherweise wieder insoweit rückgängig machen, als die zahlungspflichtigen Abnehmer bei Fälligkeit der angekauften Forderungen nicht zahlen. Infolge dieses partiellen Rücktritts vom Forderungsankauf erwächst dem Kreditkunden eine Rückzahlungspflicht wie bei der Inanspruchnahme eines Gelddarlehens. Bei einem solchen Forderungsankauf verschafft sich der Kunde die für sein Unternehmen benötigten Geldmittel aber nicht durch Abschluß eines Darlehensvertrages, sondern durch Verkauf seiner noch nicht fälligen Außenstände gegen seine Abnehmer (§ 433 BGB). Der Kreditkunde erhält also die Geldbeträge aus rechtlicher Sicht nicht in der äußeren Form einer Darlehensgewährung im Sinne des § 607 BGB. Mit der Geldzahlung tilgt vielmehr die Bank ihre Kaufpreisschuld aus dem Ankauf der noch nicht fälligen Forderungen ihres Kunden (§§ 433, 362 BGB).

2.6 Eine bankmäßige **Kreditgewährung** liegt aber auch vor, wenn die Bank keinen Geldkredit gewährt, sondern im Auftrage ihres Kunden eine Bürgschaft im Sinne des § 765 BGB übernimmt, etwa wenn der Kunde eine Wohnung anmieten will und der Vermieter eine Bankbürgschaft für künftige Mietzahlungen verlangt. Mit dieser bürgschaftsmäßigen Haftung stellt die Bank dem Kunden ihre Kreditwürdigkeit zur Verfügung, damit dieser vom Vermieter als Vertragskontrahent akzeptiert wird (sog. **Haftungskredit**). Auch solche Bankbürgschaften gehören zum typischen bankmäßigen Kreditgeschäft, obwohl die zugrundeliegende Rechtsbeziehung der Bank zu ihrem Kunden einen Werkvertrag darstellt, der zu einer entgeltlichen Geschäftsbesorgung verpflichtet (§ 675 BGB). Denn Gegenstand eines solchen Werkvertrages kann auch Herbeiführung eines körperlichen Erfolges sein (§ 631 Abs. 2 BGB), wie es die vom Kunden gewünschte Übernahme einer Bürgschaft darstellt.

2.7 Im Mittelpunkt des bankmäßigen **Dienstleistungsgeschäfts** stehen aus der Sicht des BGB-Schuldrechts Dienst- und Werkverträge, die eine entgeltliche Geschäftsbesorgung zum Gegenstand haben (§ 675 BGB). Dienst- und Werkvertrag ist gemeinsam, daß beide eine entgeltliche Tätigkeit für den Vertragspartner zum Inhalt haben. Wesentliches Abgrenzungsmerkmal zwischen beiden Vertragstypen ist, daß beim Dienstvertrag nur eine bestimmte Tätigkeit zu leisten ist, während beim Werkvertrag die Herbeiführung eines vertraglich bestimmten Erfolges geschuldet wird, wie dies bei den vielfältigen Haftungsübernahmen der Bank geschieht. Hierfür eignen sich außer der Übernahme von Bürgschaften und Garantien vor allem Schuldversprechen im Sinne des § 780 BGB. Solche Haftungsübernahmen haben eine große praktische Bedeutung im Bankgeschäft. So werden forderungsbegründende Schuldversprechen im bargeldlosen Zahlungsverkehr in Gestalt der Kontogutschrift erteilt. Hierdurch erwirbt der aus dem bargeldlosen Zahlungsverkehr begünstigte Kontoinhaber einen entsprechenden abstrakten Zahlungsanspruch gegen die kontoführende Bank. Schuldversprechen werden weiter im Auslandsgeschäft erteilt, wenn die Bank im Auftrage ihres importierenden Kunden ein Akkreditiv zugunsten eines ausländischen Exporteurs zu eröffnen hat.

Die Bank schuldet dagegen nur eine dienstvertragliche Tätigkeit, wenn der Kunde z.B. einen Auftrag zur Anschaffung bestimmter Wertpapiere erteilt. Hier muß sich die Bank als Einkaufskommissionärin darum bemühen, die gewünschten Wertpapiere durch Abschluß eines Kaufvertrages am Kapitalmarkt zu besorgen (§ 383 HGB). Bei der Anschaffung und Veräußerung von Wertpapieren kommt es aber auch zu rein kaufrechtlichen Geschäftsbeziehungen (§ 433 BGB), wenn die Bank ihrem Effektenkunden die gewünschten Wertpapiere ausnahmsweise aus ihrem eigenen Bestand verkaufen kann und sie sich deshalb nicht um eine Eindeckung am Kapitalmarkt zu bemühen braucht. 2.8

Sollen diese Wertpapiere – wie regelmäßig – in der Obhut der Bank verbleiben, so kommt mit dem Effektenkunden ein depotgeschäftlicher Verwahrungsvertrag zustande. Ein Mietvertrag kommt dagegen zustande, wenn die Bank dem Kunden ein Schließfach überläßt, in dem auch solche angeschafften Wertpapiere ohne Zugriffsmöglichkeit der Bank aufbewahrt werden können. 2.9

Ein weites praktisches Anwendungsfeld eröffnet sich auch für die meisten Regelungsbereiche des **Allgemeinen Teils des Schuldrechts.** Dies gilt vor allem für das Recht der Leistungsstörungen und des Rücktritts (§§ 275–346). Der Vertrag zugunsten Dritter (§§ 328–335) wird bei der unentgeltlichen Zuwendung von Konto- und Depotguthaben beim Ableben des Bankkunden praktiziert. Von großer praktischer Bedeutung sind auch die Bestimmungen über das Erlöschen von Schuldverhältnissen, insbesondere durch Erfüllung und Aufrechnung (§§ 362, 397). Die Übertragung von Forderungen (§§ 398–413) erfolgt bei der Sicherung von Bankkrediten in Gestalt der üblichen Zessionsverträge. Das Kreditgeschäft kennt die Schuldübernahme (§§ 414–418). Bei der Kontoführung werden 2.10

die Regeln über die Mehrheit von Gläubigern und Schuldnern (§§ 420–432) praktiziert, wenn ein Konto für mehrere Kunden eröffnet wird.

2.11 Neben den schuldrechtlichen Bestimmungen kommen auch viele Regelungskomplexe des **Allgemeinen Teils des BGB** im bankrechtlichen Bereich zum Tragen. Hierzu gehören vor allem die Normen für Rechtsgeschäfte, insbesondere für das Wirksamwerden von Willenserklärungen und Verträgen (§§ 130, 145 ff.) sowie für die Vereinbarung von Bedingungen und Befristungen (§§ 158 ff.). Auch für die Regelung der Stellvertretung (§§ 164 ff.) eröffnet sich ein weites Anwendungsfeld. Bei Konten und Depots sind häufig bevollmächtigte Dritte für den Kunden tätig.

2.12 Schließlich nimmt das **Sachenrecht** des BGB einen breiten Raum in der Bankpraxis ein. So liefert das Wertpapiergeschäft anschauliche Beispiele für die drei Varianten der Übereignung beweglicher Sachen und ihre unterschiedlichen Anforderungen für den Schutz des gutgläubigen Erwerbers (§§ 932–934 BGB). Das gleiche gilt für die verschiedenen Formen des Besitzes (§§ 866, 868, 871 BGB), die sich anhand der Girosammelverwahrung durch die Deutsche Börse-Clearing AG als Wertpapiersammelbank veranschaulichen lassen. Eine große praktische Bedeutung für das gesamte Bankgeschäft hat das Pfandrecht in Gestalt des AGB-Pfandrechts. Es besteht sowohl an gegen die Bank gerichteten Forderungen aus Kontoguthaben wie auch an den von ihr verwahrten Wertpapieren (§§ 1273 ff., 1204 ff. BGB). Hinzu kommen im Kreditgeschäft die Grundschulden und Hypotheken (§§ 1113 ff., 1191 ff. BGB).

2.13 Die Schwerpunkte des Bankrechts liegen also in den ersten drei Büchern des Bürgerlichen Gesetzbuchs als dem Kern des bürgerlichen Rechts. Das Bankrecht eignet sich aber auch als Einstieg in rechtsdogmatische Grundfragen. Das Bankrecht ist deshalb eng mit grundlegenden Fragen der Zivilrechtsdogmatik im Sinne der nicht unmittelbar praxisbezogenen rechtswissenschaftlichen Lehre vom geltenden Recht verknüpft.

2.14 Dies gilt z.B. für die Fallkonstellationen, in denen der Schädiger dem Geschädigten nach vertraglichen Grundsätzen haftet, obwohl zwischen beiden keine Vertragsbeziehung besteht. Hier gelten also nicht die milderen Haftungsmaßstäbe des Rechts der unerlaubten Handlung (§§ 823 ff. BGB), sondern die wesentlich strengeren Maßstäbe der vertraglichen Haftung (§§ 276, 278 BGB) ungeachtet des Fehlens einer Vertragsbeziehung als einer haftungsbegründenden Rechtsgrundlage. Solche Fallkonstellationen bilden die Rechtsfigur des Vertrages mit Schutzwirkung zugunsten am Vertrag unbeteiligter Dritter; beim bargeldlosen Zahlungsverkehr können Verträge zwischen den beteiligten Kreditinstituten eine solche Schutzwirkung entfalten.

Mit bankrechtlichen Sachverhalten läßt sich auch der von Rechtslehre und Rechtsprechung im Wege der Rechtsfortbildung herausgearbeitete Grundsatz veranschaulichen, daß die rechtsgeschäftliche Übertragung eines ganzen Schuldverhältnisses zulässig ist. Das BGB regelt nur die Abtretung einzelner Forderungen und die Übernahme einzelner Schulden (§§ 398–418). Praktische Beispiele für solche Vertragsübernahmen sind z.B. die sog. Give-up-Vereinbarungen beim Clearing im Börsenterminhandel. Mit diesen Verträgen werden die von einem Terminkunden eingegangenen Engagements und erworbenen Terminpositionen zwecks rationeller Geschäftsabwicklung auf eine einzige Clearingbank übertragen.

2.15

Das Bankrecht bietet auch anschauliche Beispiele für die Rechtsfigur des **Typus**. Die moderne Zivilrechtsdogmatik hat erkannt, daß sich viele Lebenssachverhalte wegen ihrer Vielgestaltigkeit einer strengen begrifflichen Definition entziehen und sich lediglich anhand der wesentlichen Züge ihres Erscheinungsbildes, also nur typologisch umschreiben lassen. Ein Beispiel hierfür aus der Architektur ist das niedersächsische Bauernhaus. Einen solchen Typus stellt nach einem Teil der Literatur auch das Börsentermingeschäft mit seinem besonders hohen Verlustrisiko dar. Den Börsentermingeschäften fehlen Merkmale, die allen Varianten dieses Geschäftstypus in gleichem Maße gemeinsam sind.

2.16

2. Berührungspunkte zu anderen Kodifikationen

Große praktische Bedeutung für das Bankgeschäft hat auch das **AGB-Gesetz**. Zum Bankrecht gehört eine Vielzahl AGB-mäßiger Regelungen. Eine starke regulative Auswirkung auf das Kreditgeschäft hat ferner das im Jahre 1992 in Kraft getretene **Verbraucherkreditgesetz**. Es enthält eine weitgehende Regelung des Kreditgeschäfts mit der Privatkundschaft. Ein breites Anwendungsfeld im Bankgeschäft haben im übrigen das **Handelsgesetzbuch** und dort vor allem die kommissionsrechtlichen Regelungen (§§ 383 ff.). Der Kommissionär erbringt Dienstleistungen, wie es für das Bankgeschäft typisch ist. Viele Berührungspunkte des Bankrechts bestehen schließlich mit dem **Scheck- und Wechselgesetz**.

2.17

3. Bankrechtliche Spezialgesetze

Hinzu kommen Spezialgesetze für einzelne Bankgeschäfte. Das **Hypothekenbankgesetz** regelt das langfristige, durch Grundpfandrechte abgesicherte Kreditgeschäft der privaten Hypothekenbanken. Zu diesen kreditwirtschaftlichen Spezialinstituten gehören auch die Bausparkassen, die

2.18

Einlagen von Bausparern entgegennehmen und aus den angesammelten Beträgen den Bausparern für wohnungswirtschaftliche Maßnahmen Gelddarlehen gewähren. Dieses Bauspargeschäft regelt das **Gesetz über die Bausparkassen,** das in seiner gesetzestechnischen Struktur dem Hypothekenbankgesetz vergleichbar ist. Aus dem Bereich des Wertpapiergeschäfts ist das Gesetz für die bankmäßige Aufbewahrung und Verwaltung von Wertpapieren **(Depotgesetz)** und das **Gesetz über die Kapitalanlagegesellschaften** zu erwähnen, die Wertpapierfonds für gemeinschaftliche Rechnung einer unbegrenzten Anzahl von Anlegern bilden und verwalten.

II. Berührungspunkte des Bank- und Kapitalmarktrechts mit öffentlichem Recht

2.19 Die bankrechtlichen Bestimmungen sind nicht nur privatrechtlicher Natur, sondern gehören in einem beträchtlichen Umfange zum öffentlichen Recht. Im Unterschied zum Bankprivatrecht zielen diese öffentlich-rechtlichen Vorschriften primär nicht auf die vertraglichen Beziehungen zwischen Bank und Kunde. Normadressat sind vielmehr die Kreditinstitute als Gewerbetreibende. Diese aufsichtsrechtlichen Vorschriften finden sich deshalb vor allem im **Kreditwesengesetz** als dem gewerberechtlichen Spezialgesetz für die Bankwirtschaft. Bei diesen Normen besteht zwischen den Kreditinstituten als Normadressaten und den zuständigen staatlichen Institutionen ein Verhältnis der Über- und Unterordnung, das das öffentliche Recht von dem auf Gleichberechtigung beruhenden Privatrecht abgrenzt.

2.20 Das öffentlich-rechtliche Bankrecht läßt das starke öffentliche Interesse an einem gesunden und funktionsfähigen Bankensystem erkennen.

2.21 Öffentliches Recht und Privatrecht unterscheiden sich aus der Sicht der sog. Interessentheorie als einer der drei wichtigsten Theorien zur Abgrenzung dieser beiden Rechtsgebiete nach der Art der Interessen, die durch den jeweiligen Rechtssatz geschützt werden sollen[1]. Danach sind öffentliches Recht die dem öffentlichen Interesse, Privatrecht die den Individual(Privat)Interessen dienenden Rechtssätze[2].

2.22 Das öffentliche Interesse an der Funktionsfähigkeit des Bankwesens erklärt sich damit, daß die Bevölkerung auf die Inanspruchnahme bankmäßiger Dienstleistungen angewiesen ist. Die auf Giro-, Spar- und Ter-

---

[1] *Maurer,* Allgemeines Verwaltungsrecht, 12. Aufl., 1999, § 3 Rn 15.
[2] *Erichsen* in Erichsen (Hrsg.), Allgemeines Verwaltungsrecht, 11. Aufl., 1998, § 2 Rn 15.

mingeldkonten unterhaltenen Guthaben sollen vor dem Risiko der Insolvenz des kontoführenden Kreditinstituts weitestmöglich geschützt sein (Stichwort: Sicherheit der Bankeinlagen). Das öffentliche Interesse gilt aber auch der ordnungsmäßigen Vermittlung des bargeldlosen Zahlungsverkehrs. Außerhalb der Geschäfte des täglichen Bedarfs werden heute Geldschulden ganz überwiegend ohne Verwendung von Bargeld durch Kontogutschriften im Rahmen des bargeldlosen Zahlungsverkehrs erfüllt. Schließlich sind die Wirtschaft und die privaten Haushalte auf eine ausreichende Geldversorgung durch Bankkredite angewiesen.

Eine noch dominierendere Rolle spielt das öffentliche Recht im Kapitalmarktrecht, das sich wie das Bankrecht mittlerweile zu einem eigenständigen Rechtsgebiet entwickelt hat[3]. Diese rechtssystematische Verselbständigung ist vor allem durch das **Wertpapierhandelsgesetz** und die verschiedenen Novellierungen des **Börsengesetzes** mit seinen neugeschaffenen anlegerschützenden Regelungen gefördert worden. 2.23

Der verhältnismäßig hohe Anteil öffentlich-rechtlicher Normen im Kapitalmarktrecht erklärt sich aus dem starken Interesse des Staates an einer größtmöglichen Effizienz der Kapitalmärkte. Dies hat vielfältige Gründe. So ist die internationale Wettbewerbsfähigkeit der Volkswirtschaft entscheidend von der Funktionsfähigkeit ihrer Finanz- und Kapitalmärkte abhängig. Der Finanzierungsbedarf in Deutschland wird angesichts des Wiederaufbaues und der strukturellen Veränderungen der Wirtschaft in den neuen Bundesländern auf längere Sicht beträchtlich sein. Auch das wirtschaftliche Wachstum in den alten Bundesländern bedarf weiterhin einer ausreichenden Kapitalbildung[4]. Schließlich haben auch die öffentlichen Hände ein überragendes Interesse an effizienten Kapitalmärkten. Ein großer Teil der staatlichen Finanzierungsbedürfnisse kann nur durch Emissionen von Anleihen befriedigt werden, deren erfolgreiche Plazierung von leistungsstarken Kapitalmärkten abhängt. Dieses vielschichtige Interesse des Staates an der Funktionsfähigkeit seiner Kapitalmärkte erfordert entsprechende rechtliche Rahmenbedingungen, die überwiegend öffentlich-rechtlicher Natur sind. 2.24

III. Bankrecht als eigenständiges Rechtsgebiet

Die Anwendbarkeit einer Vielzahl von Bestimmungen aus den ersten drei Büchern des BGB zeigt die tiefe Verankerung des Bankrechts im bürgerlichen Recht. Dies steht der Eigenständigkeit dieses Rechtsgebietes aber nicht entgegen. Insoweit ergibt sich eine Parallele zum Arbeits- und 2.25

---

3 *Kümpel*, Systematische Darstellung des Börsenrechts, in Kümpel/Ott (Hrsg.), Kapitalmarktrecht, Kz 065, S. 7.
4 Begr.RegE 2. FFG, BT-Drucksache 12/6679, S. 33.

Gesellschaftsrecht, deren Eigenständigkeit unbestritten ist. Das hochkomplexe Gefüge moderner Rechtsordnungen läßt sich nicht trennscharf und überschneidungsfrei in einzelne Rechtsgebiete zerlegen[5]. Die rechtssystematische Verselbständigung eines Rechtsgebietes ist häufig das Ergebnis eines längeren Erkenntnisprozesses, der durch Rechtsprechung, Wissenschaft und Gesetzgeber begleitet und gefördert wird.

2.26 So ist auch das Arbeitsrecht stark im BGB verwurzelt. Das Arbeitsverhältnis erscheint oberflächlich nur als eine besondere Art des Dienstverhältnisses im Sinne der §§ 611 ff. BGB, wie es auch für die Vertragsbeziehung zwischen Bank und Kunden im bankgeschäftlichen Dienstleistungsbereich gilt. Denn es werden die versprochenen „Dienste" gegen Entgelt geschuldet. Lange Zeit wurde deshalb im Arbeitsverhältnis ein auf den Austausch vermögenswerter Leistungen gerichtetes Schuldverhältnis erblickt. Nur allmählich wurde erkannt, daß sich die Verpflichtungen der Beteiligten nicht in der Leistung von „Diensten" gegen Entlohnung erschöpfen. Der Arbeitnehmer ordnet sich vielmehr mit seiner Arbeitskraft in das Unternehmen ein; die daraus resultierende persönliche Verbundenheit der Beteiligten mit seiner starken Abhängigkeit des Arbeitnehmers ist das Wesensmerkmal des Arbeitsverhältnisses[6]. Aus diesem personenrechtlichen Element ergeben sich gemeinsame spezifische Regelungsprobleme, die für die Herausbildung eines eigenständigen Rechtsgebietes typisch sind, wie dies auch für die Vertragsbeziehung Bank/Kunde mit seiner bankrechtlichen Komponente gilt. So ist der Schutz des Arbeitnehmers vor den mit seiner abhängigen Stellung verbundenen vielfältigen Gefahren von jeher eines der wichtigsten Anliegen des Arbeitsrechts gewesen. Auch das Bankrecht ist von vergleichbaren Schutzgedanken geprägt.

2.27 Tief verwurzelt im BGB ist auch das Gesellschaftsrecht als das „Recht der Personenvereinigungen, die zur Errichtung eines bestimmten gemeinsamen Zwecks durch Rechtsgeschäft begründet werden"[7]. Damit sind nicht nur die „Personengesellschaften" als „Gesellschaften im engeren Sinne" erfaßt. Erfaßt werden auch die körperschaftlich organisierten juristischen Personen, insbesondere der Verein und die Aktiengesellschaft als „Gesellschaften im weiteren Sinne". Die Grundformen dieses umfassenden gesellschaftsrechtlichen Begriffes sind als eingetragener Verein und Gesellschaft des bürgerlichen Rechts im BGB geregelt (§§ 21 ff., 705 ff.). Eine

---

5 *Kübler*, Gesellschaftsrecht versus Kapitalmarktrecht – Zwei Ansätze?, Schweizerische Zeitschrift für Wirtschaftsrecht 1995, 223, 227.
6 *Nikisch*, Arbeitsrecht, 3. Aufl., 1961, 1. Bd. I, § 6 I, S. 49.
7 *Kübler*, Gesellschaftsrecht, 5. Aufl., 1998, § 1 I, S. 1.

Vielzahl von solchen Bestimmungen gilt deshalb auch für die außerhalb des BGB geregelten Gesellschaftsformen. So bestimmt das Handelsgesetzbuch ausdrücklich, daß die Vorschriften für die BGB-Gesellschaft auch für die OHG und die KG gelten (§§ 105 Abs. 3, 161 Abs. 2 HGB). Allen Personenvereinigungen im Sinne des umfassenderen Gesellschaftsrechts sind aber grundlegende Strukturbegriffe und spezifische, Wertungsentscheidungen des Gesetzgebers erfordernde Regelungsprobleme gemeinsam, die das Gesellschaftsrecht als eigenständiges Rechtsgebiet erscheinen lassen.

Wie das Gesellschafts- und Arbeitsrecht hat auch das Bankrecht einen solchen eigenständigen Platz im System unserer Rechtsordnung eingenommen. So ist eines der spezifischen Regelungsprobleme des Bankgeschäfts der Schutz der Bankkunden, die ihrem Kreditinstitut Vermögenswerte in Gestalt von Geld und Depotguthaben anvertrauen. Die Ausformung als eigenständiges Rechtsgebiet ist zudem durch das öffentliche Interesse an geordneten Verhältnissen im Bankwesen gefördert worden, das sich in einer Vielzahl bankspezifischer Aufsichtsnormen niedergeschlagen hat. Dies gilt auch für das Kapitalmarktrecht, wie insbesondere die gesetzlichen Regelungen des kapitalmarktbezogenen Effektengeschäftes zeigen. So sind durch das Wertpapierhandelsgesetz (§§ 31 ff.) für die kommissionsrechtlichen Vertragsbeziehungen zwischen Effektenkunde und seiner Bank Verhaltensnormen geschaffen worden, die für die im öffentlichen Interesse liegende Funktionsfähigkeit der Kapitalmärkte erforderlich erscheinen und denen deshalb ein spezifischer, bei der Gesetzesanwendung zu beachtender Wertungsmaßstab zugrunde liegt.

2.28

2. Abschnitt
Allgemeine Geschäftsbedingungen als wesentlicher Teil des Bankrechts

2.29 Die auf das Bankgeschäft anwendbaren Gesetzesbestimmungen stellen nur einen Teil des hierfür geschaffenen rechtlichen Ordnungsrahmens dar. Soweit Regelungen die bankgeschäftlichen Kontakte zur Kundschaft betreffen und daher zum privatrechtlichen Bereich des Bankrechts gehören, sind diese Regelungen in einem großen Umfang eine Schöpfung der Bankpraxis. Hierzu hat das Kreditgewerbe eine Vielzahl einheitlich verwendeter Allgemeiner Geschäftsbedingungen geschaffen. Sie bilden eine wesentliche rechtliche Grundlage für die Geschäftsverbindung mit den Bankkunden. Ohne Grundkenntnisse der AGB des Kreditgewerbes und der sie ergänzenden Sonderbedingungen können bankgeschäftliche Vorgänge häufig nicht zutreffend rechtlich beurteilt werden. Dies gilt gleichermaßen für die rechtsberatende wie die richterliche Tätigkeit, wie insbesondere die Spruchpraxis des Bundesgerichtshofes bestätigt. Es kann daher nicht überraschen, daß die AGB des Kreditgewerbes mit zunehmender Tendenz vom Schrifttum kommentiert und in Monographien und Aufsätzen behandelt werden.

I. Fehlender Normcharakter der AGB

2.30 Die AGB können von ihrer Funktion her gesehen den Rechtsnormen gleichgestellt werden[8]. Auch sie sollen eine Vielzahl von gleichartigen Sachverhalten verbindlich regeln (z.B. Hinweis auf Eilbedürftigkeit von Aufträgen nach Nr. 11 Abs. 2 AGB Banken). Die AGB-Klauseln werden daher wie die Rechtsnormen in **generalisierender und abstrahierender Form** aufgestellt. Gleichwohl sind AGB nach herrschender Meinung keine Rechtsnormen im engeren Wortsinne, sondern bleiben ihrer Rechtsnatur nach generell-abstrakte Vertragsbestandteile[9]. Rechtsnormen im engeren Wortsinne sind nur solche rechtlichen Regelungen, die ohne vorherige Unterwerfung der hiervon betroffenen Personen aufgrund ihrer Rechts-

---

[8] *Schapp*, Grundlagen des bürgerlichen Rechts, 2. Aufl., 1996, Rn 472 f., S. 221 f.; vgl. ferner *Roth*, WM 1991, 2085, 2125, 2126; *E. Schmidt*, JuS 1987, 929, 931.

[9] *Ulmer/Brandner/Hensen*, Einl. Rn 25.

qualität Geltung beanspruchen können. Dagegen setzt die Wirksamkeit der AGB voraus, daß die Vertragsparteien ihre **Geltung vertraglich vereinbart** haben, der Vertragspartner des AGB-Verwenders sich den AGB also rechtsgeschäftlich unterworfen hat.

Dies geschieht durch die sog. Einbeziehungsvereinbarung gemäß § 2 Abs. 1 AGBG[10]. Danach werden Allgemeine Geschäftsbedingungen nur dann Bestandteil eines Vertrages, wenn die Bank als Verwender bei Vertragsschluß die – nicht kaufmännischen – Kunden (vgl. § 24 Abs. 1 Nr. 1 AGBG) auf die AGB hinweist, die Möglichkeit einer zumutbaren Kenntnisnahme verschafft und die Kunden mit der Geltung einverstanden sind. Diese Einbeziehung stellt kein besonderes Rechtsgeschäft dar, sondern ist Teil des jeweiligen Vertrages, der sich aus dem individuell ausgehandelten Vertragskern und den global einbezogenen AGB zusammensetzt. Für die Anwendung des § 2 Abs. 1 AGBG ist deshalb kein Raum, wenn das Rechtsgeschäft unter Verwendung eines Formularvertrages abgeschlossen wird, der in seinem Text alle wesentlichen Vertragsbedingungen enthält und deshalb selbst den gesetzlichen Begriff der AGB erfüllt[11].

2.31

Diese rechtsgeschäftliche Unterwerfung ist nach den Grundsätzen des Privatrechts erforderlich. Ein tragendes Prinzip des Privatrechts, das die Beziehungen der am Rechtsverkehr teilnehmenden Personen auf der Grundlage der Gleichordnung regelt, ist die Privatautonomie. Hiernach regeln die Bürger ihre rechtlichen Verhältnisse durch entsprechende rechtsgeschäftliche Willenserklärungen. Mit Rücksicht auf ihre Funktionsweise hat der BGH die AGB als „fertig bereitliegende Rechtsordnung" bezeichnet, die im Wege der rechtsgeschäftlichen Anerkennung durch den Vertragspartner Geltung erlangt[12].

2.32

Das Schrifttum spricht vereinzelt sogar von rechtsgeschäftlich gesetzten Normen[13]. Der Normenbegriff erfaßt jedoch nach herrschender Meinung nur solche Rechtsnormen, die ohne Unterwerfung der Rechtssubjekte Geltung beanspruchen können, weil sie einer anerkannten Rechtsquelle entsprungen sind. Hierbei handelt es sich um fünf Rechtsquellen[14]: das Grundgesetz, die formellen Gesetze durch die gesetzgebenden Körper-

2.33

---

10 Zur Einbeziehung von AGB im Internet vgl. *Mehrings*, BB 1998, 2373 ff.
11 BGH WM 1994, 2274, 2275.
12 BGHZ 1, 83, 86 für die Allgemeinen Deutschen Spediteur-Bedingungen; BGH WM 1966, 450; 1969, 289, 290.
13 Großkomm. HGB/*Helm*, § 415, Anh. I (ADSp.Vorbem.) Anm. 2; aufgeben in der 4. Aufl., ebd. Rn 3.
14 Allgemein wird von einem numerus clausus der anerkannten Rechtsquellen ausgegangen, vgl. *Palandt/Heinrichs*, Einl. Rn 19 ff.; weiter BVerfGE 8, 274, 323; 24, 184, 199.

schaften des Bundes und der Bundesländer, die Rechtsverordnungen der Verwaltung aufgrund einer gesetzlichen Ermächtigung an die Bundesregierung, ein Bundesministerium oder eine Landesregierung (Art. 80 GG) und das sog. autonom geschaffene Recht nichtstaatlicher Verbände und sonstiger Institutionen wie z.B. Satzungen von Gemeinden oder anderen öffentlich-rechtlichen Körperschaften. Nach der sog. Wesentlichkeitstheorie des Bundesverfassungsgerichts sind jedoch die grundlegenden Entscheidungen vom Gesetzgeber und nicht von anderen Organen und Institutionen zu treffen und zu verantworten[15]. Die fünfte Rechtsquelle ist das Gewohnheitsrecht, dessen Entstehung freilich nicht nur eine lang andauernde tatsächliche Übung erfordert. Hinzu kommen muß die Überzeugung der beteiligten Verkehrskreise, durch die Einhaltung der Übung bestehendes Recht zu befolgen[16].

2.34 Die AGB können auf keine dieser fünf Rechtsquellen zurückgeführt werden. Insbesondere können die AGB auch nicht als Normen angesehen werden, die die Wirtschaft in Gestalt von **autonomem Recht** schafft. Ein älterer Teil des Schrifttums[17] will die AGB den autonom erlassenen Satzungen der öffentlich-rechtlichen Körperschaften gleichsetzen. Das Bundesverfassungsgericht[18] versteht unter solchen öffentlich-rechtlichen Satzungen Rechtsvorschriften, die von einer dem Staat eingeordneten Institution des öffentlichen Rechts im Rahmen der ihr gesetzlich verliehenen Befugnis (sog. autonome Rechtsetzungsbefugnis) mit Wirkung für den Personenkreis erlassen werden, der vom Tätigkeitsbereich dieser Institution erfaßt wird. Mit dem Erlaß solcher autonomen Satzungen wird objektives Recht geschaffen[19]. Voraussetzung hierfür ist jedoch, daß der staatliche Gesetzgeber den die Satzungen erlassenden Institutionen entsprechende autonome Rechtsetzungsbefugnis eingeräumt hat. Hieran fehlt es bei den AGB der Wirtschaftsunternehmen[20]. Etwas anderes gilt nur für die Sonderfälle, in denen juristische Personen des öffentlichen Rechts im Rahmen ihrer autonomen Rechtsetzungsbefugnis beispielsweise Benutzungsordnungen in ihre Satzungen aufnehmen. Hier liegen in der Tat keine AGB-Klauseln, sondern echte Rechtsnormen vor. Zum Schutz der Benutzer unterliegen diese Rechtsnormen gleichwohl derselben rich-

---

15 BVerfGE 33, 1, 10 ff.; *Möschel*, WM 1990, 958, 960 m.w.Nachw.
16 BVerfGE 28, 21, 28 f; BGHZ 37, 219, 222.
17 *Meyer-Cording*, Die Rechtsnormen, 1971, S. 84 ff., 97 ff., 131 ff.; *Grosmann-Doerth*, JW 1929, 3447; 1930, 3724. *Hueck* bezeichnet die vertragliche Einbeziehung der AGB als „Normenvertrag", JherJb 73 (1923), 33.
18 BVerfGE 10, 20, 49 f.; 33, 125, 156.
19 BVerfGE 10, 20, 50.
20 *Schapp*, Grundlagen des bürgerlichen Rechts, 2. Aufl., 1996, Rn 474, S. 222 f.

terlichen Kontrolle wie die rechtsgeschäftlich in Kraft gesetzten AGB, sofern die rechtliche Beziehung zu den Benutzern als Vertrag und nicht als öffentlich-rechtliches Unterordnungsverhältnis ausgestaltet ist[21].

In jüngster Zeit ist die in den Jahrzehnten vor Erlaß des AGB-Gesetzes geführte Diskussion über die **Vertrags-** oder **Normenqualität** der AGB wieder aufgelebt. So ist wiederholt befürwortet worden, die AGB qualitativ nicht als Vertragsbestandteile, sondern wie die Rechtsnormen als einseitig gesetztes Recht einzustufen[22]. Praktische Unterschiede der Normentheorie im Vergleich zur Vertragstheorie sind aber kaum zu erkennen. Nach *Ulmer/Brandner/Hensen* sollte daher im Interesse der Rechtsklarheit und -sicherheit an der herrschenden Vertragstheorie für die AGB festgehalten werden[23]. 2.35

II. Praktische Bedürfnisse für die Verwendung von AGB

Mit der Verwendung von AGB wird unabweisbaren Bedürfnissen der Praxis entsprochen, die auch für das Bankgeschäft typisch sind. Das Bankgeschäft ist durch das Angebot gleichartiger Dienstleistungen gekennzeichnet, das von einer Vielzahl von Kunden in Anspruch genommen wird. Typisches Merkmal des Bankgeschäfts ist der massenhafte Abschluß inhaltsgleicher Verträge. Die der Kundschaft angebotenen Bankprodukte haben ganz überwiegend die äußere Form von Vertragsverhältnissen, wie es auch für die Leistungsangebote der Versicherungswirtschaft typisch ist. Für ein solches **Massengeschäft** empfiehlt sich die Verwendung eines standardisierten Vertragstextes. Die AGB haben daher ihren wesentlichen Entstehungsgrund im Beginn des Massenverkehrs durch die technische und wirtschaftliche Expansion in der zweiten Hälfte des 19. Jahrhunderts. Den Anfang machte die Versicherungswirtschaft. Dieser Wirtschaftszweig ist auf die Begründung und die Abwicklung von Vertragsverhältnissen gerichtet; hier ist man daher in besonderer Weise auf Einheitlichkeit und Berechenbarkeit angewiesen. Schon bald folgten die Verkehrsunternehmen und die Kreditwirtschaft. 2.36

---

21 *Ulmer/Brandner/Hensen*, § 1 Rn 9.
22 *Pflug*, Kontrakt und Status im Recht der Allgemeinen Geschäftsbedingungen, 1986. Nach *Pflug* nehmen AGB als standardisierte „Vertragsordnungen" eine Mittelstellung zwischen staatlichem Gesetz und individualvertraglicher Gestaltung ein; sie seien partikulares (objektives) Recht, S. 302; vgl. weiter *E. Schmidt*, JuS 1987, 929, 931 f.; *ders.*, ZIP 1987, 1505; *Kramer*, AcP 188 (1988), S. 423, 425 f.
23 *Ulmer/Brandner/Hensen*, Einl. Rn 27; *Schapp*, Grundlagen des bürgerlichen Rechts, 2. Aufl., 1996, Rn 474, S. 222 f.; *Heinrichs*, NJW 1996, 1381.

2.37 Ein Bedürfnis nach einer AGB-mäßigen Regelung ergab sich in der Vergangenheit, wenn die vom Gesetzgeber geschaffenen Regelungen für die verschiedenen Vertragstypen nicht ausreichend waren. Dies gilt z.B. für den Girovertrag, der der Kontoführung und dem Zahlungsverkehr zugrunde liegt. Hierbei handelt es sich um einen entgeltlichen Geschäftsbesorgungsvertrag, dessen gesetzliche Regelung den praktischen Bedürfnissen nicht genügte. Auf dieses Vertragsverhältnis finden die Gesetzesbestimmungen des Dienst- und Werkvertrages sowie des unentgeltlichen Auftrages Anwendung (§ 675 BGB). Diese gesetzlichen Regelungen wurden zu einer Zeit geschaffen, in der das Dienstleistungsangebot der Kreditinstitute verglichen mit der heutigen Angebotspalette, insbesondere im bargeldlosen Zahlungsverkehr recht bescheiden anmutet. Hinzu kommt, daß das Dienstleistungsangebot heute von einem breiten Publikum in Anspruch genommen wird und daher ein wesentlich größeres Bedürfnis für klare Regelungen besteht.

2.38 Das Bankgeschäft ist im übrigen – wie andere Wirtschaftsbereiche auch – durch ständige Weiterentwicklung der Produkte und Innovationen gekennzeichnet, um einerseits der Nachfrage der Kundschaft und andererseits dem wechselnden Wettbewerb Rechnung tragen zu können. Das Gesetz enthält aber häufig für solche neuen Leistungsangebote keine oder nur unzureichende Bestimmungen. Hier müssen anstelle der fehlenden gesetzlichen Bestimmungen AGB-mäßige Regelungen treten oder die bestehenden gesetzlichen Regelungen durch AGB-Klauseln ergänzt werden. Denn eine möglichst klare rechtliche Ordnung der Geschäftsbeziehungen liegt auch im Interesse der Bankkunden. Dies gilt z.B. für die neuen Instrumente des bargeldlosen Zahlungsverkehrs, wie sie den Kunden zur Verfügung gestellt werden. Hier sind vor allem die Scheckkarte und die Kreditkarte sowie der Geldausgabeautomat zu nennen.

2.39 Neue Regulierungsbedürfnisse entstehen, wenn die geschäftlichen Kontakte zu den Bankkunden regelmäßig mittels Telefon oder elektronischer Zugangsmedien in Gestalt von Personal Computer, Telefax oder Bildschirmtext (Btx) erfolgen[24]. Kennzeichnend für diese Banken ist, daß sie keine Filialen unterhalten, stattdessen aber sieben Tage in der Woche rund um die Uhr erreichbar sind[25]. Dieses bankmäßige Leistungsangebot richtet sich an Kunden, die sich selbst informieren und auf persönliche Beratung verzichten wollen. Die Praxis verwendet hierfür verschiedene Bezeichnungen wie: Direct-Banking, Home-Banking, virtuelles Banking, Remote-Banking, Electronic-Banking sowie Discount Brokerage für das Wertpapiergeschäft.

---

24 *Birkelbach*, WM 1996, 2094.
25 Zur Angebotspalette der Direktbanken im Wertpapiergeschäft vgl. *Lasch/Röder*, ZBB 1995, 342 ff.

Der Gesetzgeber wäre aber überfordert, wenn die gesetzlichen Regelungen laufend diesem neuen Produktangebot angepaßt werden müßten. Es empfiehlt sich zudem, mit gesetzlichen Maßnahmen zunächst abzuwarten, bis sich die neuen Produkte längerfristig im Markt durchgesetzt haben. Eine gesetzliche Normierung erfordert im übrigen, daß die zu regelnden Lebenssachverhalte zuvor für eine Regelung durch den Gesetzgeber „aufbereitet" worden sind. Hierzu sind regelmäßig Beiträge aus Rechtsprechung und Lehre willkommen. Auch dies spricht für ein Abwarten mit einer gesetzlichen Regelung. Bis zu diesem Zeitpunkt können AGB als Regelungsinstrumente dienen. 2.40

Das Bankgeschäft ist ein anschauliches Beispiel für die vielfältigen Funktionen der AGB, die der Gesetzgeber in der Amtlichen Begründung zum AGB-Gesetz wie folgt umschrieben hat: 2.41

„Im modernen Vertragsgeschehen können AGB insbesondere die Abwicklung von Massenverträgen rationalisieren und vereinfachen, im Gesetz ungeregelte oder unzureichend geregelte Lebens- und Sachbereiche rechtlich klar ordnen, die Kalkulierbarkeit von Geschäftsrisiken erhöhen und die für Massengeschäfte maßgebenden Vertragsbestimmungen rasch an veränderte wirtschaftliche und technische Entwicklungen anpassen[26].

III. Weitgefaßter AGB-Begriff

Sämtliche kundenbezogenen rechtsgeschäftlichen Regelungen haben AGB-Charakter, sofern sie nicht nur für einen bestimmten Kunden, sondern generell für das Kundengeschäft entwickelt worden sind. Dies ist die Konsequenz des sehr weitgefaßten AGB-Begriffes des AGB-Gesetzes. Unter den AGB-Begriff fallen fast alle von der Bankpraxis entwickelten Klauseln für den Verkehr mit der Kundschaft. Nach der Begriffsbestimmung des AGB-Gesetzes (§ 1 Abs. 1) sind AGB 2.42

„alle für eine Vielzahl von Verträgen vorformulierten Vertragsbedingungen, die eine Vertragspartei (Verwender) der anderen Vertragspartei bei Abschluß eines Vertrages stellt. Gleichgültig ist, ob die Bestimmungen einen äußerlich gesonderten Bestandteil des Vertrages bilden oder in die Vertragsurkunde aufgenommen werden, welchen Umfang sie haben, in welcher Schriftart sie verfaßt sind und welche Form der Vertrag hat".

Nach dieser Legaldefinition ist der **Umfang** der vorformulierten Vertragsbedingungen für den AGB-Begriff bedeutungslos. Als AGB sind selbst solche Klauseln anzusehen, die, wie bestimmte Hinweise auf Rechnungs- 2.43

---
26 BT-Drucksache 7/3919, S. 9.

formularen aus nur wenigen Worten bestehen, wie z.B. „Zahlung ohne jeglichen Abzug" oder „Eigentumsvorbehalt bis zur vollständigen Zahlung[27]". Auch ist die **Schriftart** ohne Bedeutung. AGB können auch jeweils maschinen- oder handschriftlich in den Einzelvertrag aufgenommene Klauseln sein[28]. Entscheidend ist vielmehr, daß die gewünschte Regelung für eine Vielzahl von Verträgen vorformuliert ist. Für die Qualifikation als AGB genügt bereits, daß das Kreditinstitut die Klauseln zur Verwendung für mehrere Rechtsgeschäfte konzipiert hat. Nach der BGH-Rechtsprechung ist hierzu im Regelfall eine Mindestzahl von drei bis fünf Fällen erforderlich[29]. Schon in diesem Fall kann ein Interesse des Verwenders an einer einheitlichen Ausgestaltung der Verträge mit dem Kunden unterstellt werden. Dieses Interesse läßt erwarten, daß der AGB-Verwender etwaige Änderungswünsche seiner Kunden ablehnen wird. Hier soll der Kunde also die rechtsgeschäftliche Regelung durch AGB akzeptieren und sich damit den AGB-Klauseln praktisch wie den staatlichen Rechtsnormen unterwerfen.

2.44 Der AGB-Charakter der Klausel entfällt freilich, soweit die Vertragsbedingungen im einzelnen **ausgehandelt** werden. Dabei können auch einzelne Klauseln in sonst individuell gestalteten Verträgen AGB sein[30]. Dieses Erfordernis des Aushandelns kann nach dem BGH[31] nur bejaht werden, wenn die Bank den in ihren AGB-Klauseln enthaltenen „gesetzesfremden" Kerngehalt, also die den wesentlichen Inhalt der gesetzlichen Regelung ändernden oder ergänzenden Bestimmungen echt zur Disposition des Kunden stellt. Dazu genügt nicht schon die Bereitschaft der Bank zur konkreten Abänderung des vorformulierten Vertragsinhaltes. Erforderlich ist auch die Kundmachung dieser Bereitschaft. Zu einer solchen Abänderung kann sich die Bank regelmäßig nicht bereit erklären. Die Einführung vorformulierter Klauseln dient der Rationalisierung des Bankgeschäfts im Sinne einer möglichst einheitlichen Abwicklung der mit der Kundschaft getätigten Geschäfte. Dieser Rationalisierungszweck würde durch Modifizierung der Klauseln im Einzelfall gefährdet, wenn nicht sogar vereitelt.

---

27 *Ulmer/Brandner/Hensen*, § 1 Rn 37.
28 Nach *Wolf/Horn/Lindacher*, § 1 Rn 19 genügen mit Bildschirmtext übermittelte Klauseln. Nicht erforderlich sei der Gebrauch von Worten; es genügten sonstige Zeichen, insbesondere Zahlen.
29 BGH WM 1984, 1610, 1611 (3 bis 4 Verträge); 1981, 944, 946 (5 Verwendungsfälle); *Ulmer/Brandner/Hensen*, § 1 Rn 25.
30 BGH WM 1997, 126, 127.
31 WM 1991, 1177 f.; 1992, 401, 403.

IV. Vier Arten von Banken-AGB

Angesichts des vom Gesetzgeber weitgefaßten AGB-Begriffes können grundsätzlich alle gegenüber der Kundschaft verwendeten Bankformulare unter die Inhaltskontrolle des AGB-Gesetzes fallen[32]. Die in der Bankpraxis verwendeten AGB können daher in vier Kategorien eingeteilt werden:

Die sog. **Grund-AGB**, die vor allem die grundsätzlichen Rechte und Pflichten des Kunden und der Bank der auf Dauer angelegten Geschäftsverbindung regeln sollen, sind erstmals um die Jahrhundertwende eingeführt worden. Die Praxis meint diese Grund-AGB, wenn sie von AGB spricht. 2.45

Die zweite Kategorie von AGB bilden eine Reihe von **Sonderbedingungen,** die von der Bankpraxis für spezielle Geschäftsbereiche im Laufe der Zeit entwickelt worden sind. Dies gilt z.B. für die Sparkonten, die eurocheque- und Kreditkarte, den Scheckverkehr, das Wertpapiergeschäft oder die Vermietung von Schrankfächern (Safes). Diese Sonderbedingungen enthalten Ergänzungen oder Abweichungen von den Grund-AGB. 2.46

Eine dritte Kategorie von AGB bilden die **Bankformulare** mit relevanten Regelungen der Rechtsbeziehungen zwischen Bank und Kunden. Im Interesse einer unverzichtbaren Rationalisierung bemühen sich die Kreditinstitute um weitgehende Standardisierung aller bankgeschäftlichen Dienstleistungen. Dies erfordert eine weitestmögliche Formularisierung des Geschäftsverkehrs mit der Kundschaft und damit zwangsläufig eine Vorformulierung der darin enthaltenen kundenbezogenen Klauseln, die im Rationalisierungsinteresse möglichst einheitlich gegenüber allen Kunden verwendet werden sollen. 2.47

Zur vierten Kategorie von AGB gehören Klauseln, die **außerhalb** von **Formularvordrucken** entwickelt werden, um bei Bedarf mit dem Kunden vereinbart zu werden. Ein typisches Beispiel aus dem Einlagengeschäft ist die Erteilung einer Vollmacht, die dem Bevollmächtigten eine unbeschränkte Kreditaufnahme zu Lasten des Vollmachtgebers gestattet. Diese Vollmachtsklausel ist aus dem banküblichen Vollmachtsformular entfernt worden, weil sie dort aus der Sicht der Angemessenheitskontrolle nach dem AGB-Gesetz (§ 9) problematisch ist. 2.48

---

32 AGB-Charakter hatte daher auch die frühere Fakultativklausel auf den formularmäßigen Vordrucken für Banküberweisungen. Darin war hinter der Bezeichnung des Empfängerkontos der Hinweis eingedruckt: „oder einem anderen Konto des Empfängers" (vgl. BGH WM 1986, 875).

V. Geltung der vom Bankkontrahenten verwendeten AGB

2.49 Häufig stehen die Kreditinstitute vor der Notwendigkeit, fremde AGB akzeptieren zu müssen. Dies ist der Fall, wenn sie zur Ausführung der ihnen erteilten Kundenaufträge dritte Stellen einschalten müssen, die ihre Dienstleistungen nur im Rahmen der von ihnen verwendeten AGB erbringen. Dies gilt z.B. für die umfangreichen AGB der Bundesbank. Sie regeln u.a. den von der Bundesbank vermittelten Zahlungsverkehr im In- und Ausland.

2.50 Auch im Auslandsgeschäft haben die Kreditinstitute umfangreiche Klauselwerke bei der Ausführung von Kundenaufträgen zu akzeptieren. Diese Klauseln werden weltweit verwendet. Das enorme Anwachsen des Außenhandels in der ganzen Welt macht den Abschluß individuell ausgehandelter Verträge immer weniger möglich. Vielmehr geht auch hier der Trend von der individuellen Gestaltung zur Standardisierung und zur Vermeidung individueller Entscheidungsnotwendigkeiten. Das Bedürfnis nach Standardisierung hat insbesondere auch zu der Einführung „Einheitlicher Richtlinien und Gebräuche für Dokumenten-Akkreditive" und „Einheitlicher Richtlinien für Inkassi" geführt – Rn 7.49, 7.51.

2.51 Führen die Kreditinstitute Kundenaufträge zum Kauf oder Verkauf von Wertpapieren an einer **Wertpapierbörse** aus, so gelten für die an der Börse getätigten Geschäfte die vom Börsenvorstand festgesetzten Geschäftsbedingungen (**Börsenusancen**).

1. Einbeziehung in das Vertragsverhältnis Kunde/Bank

2.52 Für die Geltung der von Dritten aufgestellten AGB gegenüber dem Bankkunden ist es von Bedeutung, ob die Bank diese AGB zum Bestandteil des Vertragsverhältnisses zum Kunden werden läßt, wie dies für die Börsenusancen gilt. Diese Handelsusancen der deutschen Wertpapierbörsen haben AGB-Charakter insoweit, als sie in der Rechtsbeziehung Bank/Kunde gelten und damit Bestandteil des zwischen ihnen bestehenden Vertragsverhältnisses werden sollen, wie dies die AGB der Kreditinstitute vorsehen[33].

2.53 Die Praxis, mehrere Klauselwerke in einem bestimmten Rangverhältnis zur Vertragsgrundlage zu machen („gestaffelte Klauselwerke"), wird vom BGH und dem Schrifttum grundsätzlich anerkannt. Auch der Gesetzgeber bedient sich einer

---

[33] Nr. 30 Abs. 2 AGB-Privatbanken und Volksbanken; Nr. 36 Abs. 1 AGB-Sparkassen.

solchen Verweisungstechnik. Diese Staffelverweisung ist aber unzulässig, wenn die Verwendung mehrerer Klauselwerke wegen des unklaren Verhältnisses konkurrierender Regelungen zur Unverständlichkeit führt. Denn das durch Verweisung geschaffene Regelwerk darf nicht so komplex werden, daß es für den Vertragspartner nicht mehr zu durchschauen ist[34].

Der AGB-Charakter der Börsenusancen folgt aus dem weitgefaßten AGB-Begriff. Es ist unerheblich, daß es sich bei den Usancen um Geschäftsbedingungen handelt, die der Börsenvorstand für die an der Börse abgeschlossenen Wertpapiergeschäfte und damit für die Kreditinstitute als Marktteilnehmer festsetzt. Solche von dritter Seite aufgestellten Bedingungen haben AGB-Charakter, wenn sie auf Vorschlag einer Vertragspartei Bestandteil der vertraglichen Beziehung werden sollen[35], wie dies in der AGB-mäßigen Einbeziehung der Börsenusancen in die Effektengeschäfte mit den Kunden geschieht. 2.54

Dagegen haben die Usancen keinen AGB-Charakter im Verhältnis der an der Börse handelnden Kreditinstitute untereinander, ungeachtet dessen, daß sie Bestandteil des den Börsengeschäften zugrundeliegenden kaufrechtlichen Vertragsverhältnisses werden. Die Usancen werden hierzu vom Börsenvorstand in Ausübung seiner öffentlich-rechtlichen Leitungsbefugnis als Geschäftsbedingungen für die Marktteilnehmer festgesetzt[36]. Insoweit liegt ein vergleichbarer Sachverhalt zu dem Fall vor, in dem beide Vertragsparteien unabhängig voneinander, wie z.B. bei der Verdingungsordnung für Bauleistungen (VOB), die Einbeziehung verlangen. Der Zweck des AGB-Gesetzes, die eine Vertragspartei (Kunde) vor einer einseitigen Inanspruchnahme der Vertragsgestaltungsfreiheit durch die andere Vertragspartei zu schützen, erfordert, daß sich eine Vertragspartei in der Rolle des Verwenders befindet, der mit den vorformulierten Vertragsbedingungen in die vertragliche Gestaltungsfreiheit der anderen Partei eingreift. Die Einbeziehung der vorformulierten Bedingungen muß daher einer Vertragspartei zugerechnet werden können[37]. Hierzu ist erforderlich, daß die AGB von einem Vertragspartner vorgeschlagen, „gestellt" werden (vgl. § 1 Abs. 1 Satz 1 AGBG)[38]. An einem solchen erforderlichen AGB-Verwender fehlt es im Verhältnis der Marktteilnehmer untereinander 2.55

---

34 BGH WM 1990, 1785; *Wolf/Horn/Lindacher*, § 6 Rn 25; kritisch zur Weiterverweisung *Ulmer/Brandner/Hensen*, § 2 Rn 52a.
35 *Ulmer/Brandner/Hensen*, § 1 Rn 27, 29; *Palandt/Heinrichs*, § 1 AGBG Rn 8; *Kümpel*, WM 1991, Sonderbeil. Nr. 1, 11.
36 Vgl. die Einheitlichen Bedingungen für Geschäfte an den Deutschen Wertpapierbörsen vom 1. 1. 1983. Dort heißt es einleitend, daß diese Geschäftsbedingungen vom Börsenvorstand gemäß der Börsenordnung festgesetzt worden sind und in § 1, daß die Börsengeschäfte als unter diesen Bedingungen abgeschlossen gelten (abgedruckt in WM 1984, 76).
37 *Ulmer/Brandner/Hensen*, § 1 Rn 27.
38 *Ulmer/Brandner/Hensen*, § 1 Rn 27; *Wolf/Horn/Lindacher*, § 1 Rn 27, 29; *Palandt/Heinrichs*, § 1 AGBG Rn 7.

bei den Börsenusancen[39]. Diesen Usancen sind alle Marktteilnehmer allein aufgrund einseitiger Festsetzung durch den Börsenvorstand unterworfen.

2. Mittelbare Geltung durch kommissionsrechtliches Ausführungsgeschäft der Bank mit Dritten

2.56 Die Einbeziehung der von dritter Seite aufgestellten AGB in das Vertragsverhältnis Bank/Kunde ist von den Fällen zu unterscheiden, in denen die Kreditinstitute bei Ausführung eines Kundenauftrages die AGB des Dritten hinnehmen müssen, mit denen sie das Ausführungsgeschäft tätigen. Hier stellt sich die Frage, ob der Kunde die AGB des Dritten gegen sich wirken lassen muß, auch wenn sie kein Bestandteil seines Vertragsverhältnisses mit der Bank geworden sind. Eine solche Drittwirkung von AGB zu Lasten am Vertragsschluß nicht Beteiligter ist grundsätzlich ohne deren Zustimmung ausgeschlossen[40]. Nach *Staudinger/Schlosser* sind jedoch stillschweigende Ermächtigungen durch am Vertrag Unbeteiligte denkbar, Ausführungsgeschäfte zu ihren Lasten auf der Grundlage üblicher AGB abzuschließen[41]. Dies entspricht der Situation im Dienstleistungsgeschäft der Kreditinstitute. Die Voraussetzungen für eine wirksame Einbeziehung der AGB der von der Bank eingeschalteten Dritten sind hier nicht gegenüber dem Bankkunden, sondern gegenüber seiner Bank zu erfüllen, die das Ausführungsgeschäft im eigenen Namen mit dem Verwender der AGB abschließt[42].

2.57 Eine solche Drittwirkung zu Lasten der Bankkunden entspricht auch den hier anwendbaren kommissionsrechtlichen Grundsätzen. Die Kreditinstitute werden bei Ausführung des Kundenauftrages als Kommissionäre tätig, weil sie das Ausführungsgeschäft mit dem Dritten regelmäßig im eigenen Namen abschließen (§§ 406, 383 HGB). Ausführungsgeschäfte eines Kommissionärs mit dem Dritten werden „für Rechnung" des Kunden getätigt (§ 383 HGB). Ein solches Ausführungsgeschäft für fremde Rechnung hat zur Folge, daß alle materiellen Vorteile (Gewinne) und Nachteile (Verluste) des Ausführungsgeschäfts dem Kunden als

---

39 Eine vergleichbare Situation ist bei den Einheitlichen Richtlinien für auf Anfordern zahlbare Garantien der Internationalen Handelskammer – Rn 7/34 – gegeben.
40 *Staudinger/Schlosser*, § 2 AGBG Rn 43.
41 § 2 AGBG Rn 43; *Ulmer/Brandner/Hensen*, § 2 Rn 85 unter Bezugnahme auf BGH WM 1974, 1118, wonach ein Unternehmer, der einen Spediteur mit der Versendung von Waren beauftragt, auch die AGB des von diesem eingeschalteten Zwischenspediteurs gegen sich gelten lassen muß, wenn er weiß oder wissen muß, daß dieser nur unter Zugrundelegung der eigenen AGB tätig wird.
42 *Staudinger/Schlosser*, § 2 AGBG Rn 43.

Auftraggeber zugute kommen bzw. zur Last fallen[43]. Hierzu gehört auch die Geltung der AGB der Kontrahenten der beauftragten Bank, wenn dies verkehrsüblich ist.

VI. Ausreichender Kundenschutz vor unangemessenen AGB

1. Überblick

Der große Anteil der AGB am Bankrecht begegnet keinen rechtspolitischen Bedenken. Kein Zweifel kann jedoch bestehen, daß das einseitige Aufstellen genereller Regeln für eine Vertragsbeziehung durch einen Vertragsteil einen ausreichenden Schutz seines Partners erfordert. 2.58

Ein solcher Schutz besteht auch beim (einseitigen) Erlaß staatlicher Rechtsnormen. Der Bürger als Adressat dieser Rechtsnormen ist nicht der Willkür des staatlichen Gesetzgebers ausgeliefert. Der staatliche Normgeber darf nicht die Gesetzlichkeiten, die in der Sache selbst liegen und die fundierten allgemeinen **Gerechtigkeitsvorstellungen** der Gemeinschaft mißachten[44]. Anderenfalls ist die erlassene Norm wegen Verfassungswidrigkeit nichtig. 2.59

Das Schutzbedürfnis des Vertragspartners beim einseitigen Aufstellen von AGB ist jedoch wesentlich größer als beim einseitigen Erlaß von Rechtsnormen. Die Interessen der Vertragspartner sind sehr oft entgegengesetzt. Die sich widerstreitenden Interessen bedürfen wegen des Gebotes eines gerechten Interessenausgleichs einer ausgewogenen rechtsgeschäftlichen Regelung (sog. **Vertragsgerechtigkeit**). Hierfür fehlt dem Verwender von AGB als Vertragspartner die erwünschte Neutralität eines Gesetzgebers. Es besteht daher die Gefahr, daß der AGB-Verwender bei der Ausformulierung der AGB-Klauseln nur seine eigenen Interessen verfolgt oder zumindest auf die Interessen des Vertragspartners nicht ausreichend Rücksicht nimmt. 2.60

Seit langem unterliegen daher AGB-Klauseln einer **Inhaltskontrolle** durch die Rechtsprechung. Diese wurde zunächst auf § 242 BGB gestützt. Für die richterliche Inhaltskontrolle hat nunmehr das AGB-Gesetz eine **Generalnorm** eingeführt. Nach § 9 dieses Gesetzes müssen AGB inhaltlich so gestaltet sein, daß die Kunden des Verwenders nicht entgegen Treu und Glauben unangemessen benachteiligt werden. Hierdurch hat der Gesetzgeber die von der Rechtsprechung entwickelten Inhaltsschranken für den 2.61

---

43 *Schlegelberger/Hefermehl*, § 383 Rn 21, 31; Großkomm. HGB/*Koller*, § 383 Rn 6.
44 BVerfGE 9, 338, 349 f.; *Schmidt-Bleibtreu/Klein*, Komm. zum GG, 9. Aufl., 1999, Art. 3 Rn 16a.

Regelungsgehalt von AGB als Rechtsnormen ausgestaltet. Durch das AGB-Gesetz ist die Inhaltskontrolle von AGB noch effizienter geworden. Hierzu hat auch die umfangreiche Kommentarliteratur zum AGB-Gesetz beigetragen. Sie stellt insbesondere für die Instanzgerichte eine große Erleichterung dar, die Angemessenheit von AGB-Klauseln zu überprüfen.

2.62 Wird eine AGB-Klausel wegen Unvereinbarkeit mit dem AGB-Gesetz für unwirksam erklärt, so stellt sich die Frage einer Rückwirkung auf in der Vergangenheit liegende Sachverhalte. Diese Rückwirkungen können für den AGB-Verwender enorme finanzielle Risiken bergen. AGB-Klauseln werden entsprechend ihrem Wesen für eine **Vielzahl von Verträgen** geschaffen und können deshalb in der Praxis auch für eine Unzahl von Vertragsverhältnissen verwendet worden sein[45]. Nach einem Teil des Schrifttums sollte auch die Rechtsprechung Rückwirkungsbeschränkungen unterliegen[46]. So wird insbesondere Vertrauensschutz für Altverträge bei Unwirksamkeitserklärung von AGB-Klauseln in Fällen gefordert, in denen dies mit einer Änderung der obergerichtlichen Rechtsprechung verbunden ist[47].

2.63 Nach dem BGH ist die Rechtsprechung aus verfassungsrechtlichen Gründen (Art. 2 Abs. 1 i.V.m. 20 Abs. 3 GG) nicht gehindert, von einer früher vertretenen Rechtsansicht abzuweichen[48]. Solche gerichtlichen Entscheidungen müssen, wenn sie die Wirksamkeit eines Rechtsgeschäfts betreffen, schon ihrer Natur nach auf einen in der Vergangenheit liegenden, noch nicht abgeschlossenen Sachverhalt einwirken. Diese sog. unechte Rückwirkung ist wie beim Erlaß gesetzlicher Vorschriften grundsätzlich zulässig[49]. Schranken ergeben sich jedoch aus dem rechtsstaatlichen Prin-

---

45 *Lecheler*, WM 1994, 2049; hiergegen *Reifner*, WM 1996, 2094; *Löwe*, BB 1995, 1810; vgl. weiter *Weber*, WM 1996, 49 f. Praktische Beispiele bietet die BGH-Rechtsprechung zu den Zinsberechnungsklauseln bei Annuitätendarlehen (WM 1988, 1780; 1992, 218), der anteiligen Erstattung des Disagios bei vorzeitiger Beendigung des Darlehensvertrages (WM 1990, 1150) und die Anwendbarkeit des Haustürwiderrufsgesetzes auf Bürgschaften (WM 1993, 683).
46 *Medicus*, NJW 1995, 2574, 2584; *ders.*, WM 1997, 2333 ff.; *Richrath*, WM 1999, 1698 ff.
47 *Lecheler*, WM 1994, 2049, 2051. Zur Rückwirkungsproblematik bei unangemessenen Vorfälligkeitsentschädigungen wegen vorzeitiger Darlehensablösung vgl. *Lang/Beyer*, WM 1998, 897, 912.
48 Vgl. WM 1996, 436, 437 zur Einschränkung des weiten Sicherungszwecks einer formularmäßigen Bürgschaft auf Kreditforderungen, die Anlaß für die Bürgschaftsübernahme waren; vgl. weiter BGH WM 1996, 762, 766; 1998, 2186, 2188; *Ganter*, WM 1996, 1705, 1718.
49 BVerfGE 74, 129, 155.

zip der Rechtssicherheit, das für die Bürger in erster Linie Vertrauensschutz bedeutet. Durfte die betroffene Partei mit der Fortgeltung der bisherigen Rechtslage rechnen und verdient dieses Vertrauen bei einer Abwägung der gegenläufigen Interessen der Beteiligten sowie der Belange der Allgemeinheit den Vorzug, greift die Rückwirkung in rechtlich geschützte Positionen[50]. So wäre es nach dem OLG Düsseldorf mit dem rechtsstaatlichen Prinzip der Rechtssicherheit schwerlich vereinbar, wenn die BGH-Rechtsprechung zur Frage der fehlenden groben Fahrlässigkeit bei der Hereinnahme von disparischen Inhaberschecks zum Inkasso geändert würde, weil die Weitergabe von Schecks erfüllungshalber im kaufmännischen Verkehr heute nicht mehr üblich ist[51]. Der BGH hat es im übrigen offen gelassen, ob die Begrenzung der Rückwirkung entsprechend einer Literaturmeinung dort geboten ist, wo die von der früheren Rechtsprechung abweichende Beurteilung auf einem allgemeinen Wertewandel beruht[52]. Möglicherweise entschärft sich das Problem der Rückwirkung dadurch, daß der BGH die Folgen von Verstößen gegen das AGB-Gesetz zunehmend tunlichst auf die unmittelbar berührten Vertragsteile beschränkt und nur noch ausnahmsweise zu einer Gesamtnichtigkeit des Vertrages gelangt[53]. Der IX. Senat des BGH hat im übrigen in seiner Entscheidung vom 8. 10. 1998, mit der er neue Grundsätze zur Beurteilung von Bürgschaftserklärungen finanziell überforderter Ehepartner entwickelt hat, ausdrücklich festgestellt, daß diese geänderte Rechtsprechung nur auf nach dem 1. 1. 1999 abgeschlossene Bürgschaftsverträge anzuwenden ist[54].

2. Kontrolle durch staatliche Behörden

Der Schutz des Kunden vor unangemessenen AGB-Klauseln erschöpft sich jedoch keineswegs in der Inhaltskontrolle durch die Rechtsprechung. So unterliegen die AGB einer zusätzlichen Kontrolle durch die staatliche Verwaltung. Die AGB des Kreditgewerbes sind vor ihrem Inkrafttreten

2.64

---

50 BGH WM 1996, 436, 438 unter Bezugnahme auf BVerfGE 72, 175, 196; 74, 129 152; vgl. weiter BGH WM 1998, 2186, 2188. Der BGH-Senat hat in dieser Entscheidung zudem die Rückwirkung dadurch erheblich eingeschränkt, daß er die für unwirksam erklärte Klausel nicht insgesamt, sondern nur soweit sie künftige Verträge und nachfolgende Vertragsänderungen betrifft, als unwirksam behandelt.
51 OLG Düsseldorf, NJW-RR 1997, 496, 497.
52 WM 1996, 436, 438; vgl. weiter BGH WM 1996, 762, 766.
53 *Ganter*, WM 1996, 1705, 1718.
54 WM 1998, 2327, 2330.

beim Bundeskartellamt anzumelden, das eine Ausfertigung dieser Anmeldung an das Bundesaufsichtsamt für das Kreditwesen weiterleitet (§ 29 Abs. 5 GWB n.F.). Das Kartellamt gibt sodann den von der Wettbewerbsbeschränkung betroffenen Wirtschaftskreisen Gelegenheit zur Stellungnahme. Hierzu gehören auch die sehr aktiven Verbraucherschutzverbände. Diese sind nach dem AGB-Gesetz überdies befugt, die Verwendung von AGB abzumahnen. Die Verbraucherschützer können notfalls ihren gesetzlichen Anspruch auf Unterlassung der Verwendung der abgemahnten AGB-Klauseln gerichtlich einklagen. Diese sog. Verbandsklage ermöglicht eine vom Einzelfall losgelöste abstrakte Überprüfung von AGB-Klauseln durch die Gerichte (§ 13 AGB-Gesetz).

2.65 Die angemeldeten AGB werden nur wirksam, wenn das Bundeskartellamt nicht widerspricht (§ 29 Abs. 5 GWB n.F.). Wie die Erfahrungen gerade der jüngsten Zeit zeigen, achten Aufsichtsbehörde, Bundeskartellamt und Verbraucherschutzverbände strikt auf die Einhaltung der vom AGB-Gesetz normierten Inhaltsschranken. Die Kreditwirtschaft prüft daher auch aus diesem Grunde sehr sorgfältig die Angemessenheit von AGB-Änderungen, um Einsprüche der beiden Behörden und berechtigte Einwände der Verbraucherschützer zu vermeiden. Schon im vorprozessualen Raum besteht also ein effizienter Kundenschutz vor unangemessenen AGB-Klauseln. Diese Entwicklung zeigt den tiefgreifenden Wertewandel in der gesellschaftlichen Verfassung. In den letzten Jahrzehnten ist die wirtschaftliche, soziale und praktische Bedeutung des Verbrauchers stark aufgewertet worden. Er findet in stärkerem Maße als bisher rechtliches und rechtspolitisches Gehör. Dementsprechend ist die Rechtsposition des Verbrauchers in der Rechtsordnung wesentlich verbessert worden[55].

2.66 Ein verstärktes verbraucherpolitisches Bewußtsein hat auch dazu geführt, daß die privaten Banken im Jahre 1992 ein Ombudsmannsystem eingeführt haben. Hierdurch soll die Möglichkeit geschaffen werden, Meinungsverschiedenheiten zwischen Privatkunden und Bank in einem bestimmten Rahmen außerhalb der ordentlichen Gerichtsbarkeit schnell, kostengünstig und unbürokratisch zu erledigen[56].

---

55 *Hellner/Steuer*, WM-Sonderbeilage vom 25. 9. 1991, S. 11.
56 Die Verfahrensordnung des Ombudsmannsystems ist abgedruckt in WM 1992, 1423, vgl. weiter *Steuer* in Bankrechts-Handbuch, § 3; *Zawal-Pfeil*, Ombudsmannverfahren in Bankrecht und Bankpraxis, Rn 2/1070 ff.; *Hellner*, Die Bank 1991, 666; *Reich*, WM 1992, 809; *Hoeren*, NJW 1992, 2727; *Parsch*, WM 1998, 1228 ff.; *Bundschuh*, ZBB 1998, 1 ff.; *Zawal-Pfeil*, Die Bank 1997, 446 ff.

3. Europäische Rechtsangleichung

Einem verbesserten Verbraucherschutz dient auch die EU-Richtlinie 93/12/EWG über mißbräuchliche Klauseln in Verbraucherverträgen vom 5. April 1993[57]. Die Umsetzung erfolgte durch das Gesetz zur Änderung des AGB-Gesetzes vom 2. 7. 1996 durch Einführung des § 24a AGBG und Neufassung des § 12 AGBG. Eine grundlegende Überarbeitung des AGB-Gesetzes oder die Schaffung eines Spezialgesetzes zum Schutze der Verbraucher vor mißbräuchlichen Vertragsklauseln erschien dem deutschen Gesetzgeber nicht erforderlich[58].

2.67

Der neugeschaffene § 24a AGBG erfaßt nur die sog. Verbraucherverträge. Hierbei handelt es sich um Verträge zwischen Personen, die in Ausübung ihrer gewerblichen oder beruflichen Tätigkeit handeln (Unternehmer) und Personen, die den Vertrag zu einem Zweck abschließen, der weder einer gewerblichen noch einer selbständigen beruflichen Tätigkeit zugerechnet werden kann (Verbraucher). Entsprechend der EU-Richtlinie ist die Inhaltskontrolle nach dem AGB-Gesetz (§§ 9–11) auf vorformulierte Vertragsbedingungen auch dann anzuwenden, wenn diese nur zur einmaligen Verwendung bestimmt sind und soweit der Verbraucher aufgrund der Vorformulierung auf ihren Inhalt keinen Einfluß nehmen konnte (§ 24a Nr. 2 AGBG). Im Unterschied zum AGB-Begriff (§ 1 Abs. 1 Satz 1 AGBG) unterliegen dieser Mißbrauchskontrolle auch die von einer neutralen Person – insbesondere von einem Notar – vorformulierten Klauseln. Dies gilt nicht in den Ausnahmefällen, in denen die AGB von dem Verbraucher selbst eingeführt worden sind[59]. Mit Rücksicht darauf, daß der engere AGB-Begriff des AGB-Gesetzes nur eine Vielzahl von Verträgen vorformulierter Vertragsbedingungen erfaßt, sind auf die unter § 24a AGBG fallenden Klauseln nur die passenden Bestimmungen des AGB-Gesetzes anwendbar. Insbesondere besteht keine Möglichkeit der abstrakten AGB-Kontrollklage der Verbraucherschutzverbände im Sinne des § 13 AGBG (vgl. § 24a Nr. 2 AGBG)[60].

2.68

Nach § 24a Nr. 3 AGBG müssen nunmehr bei der Beurteilung der unangemessenen Benachteiligung durch die vorformulierten Vertragsbedingungen und damit auch die AGB-Klauseln anhand § 9 AGBG auch die den Vertragsabschluß begleitenden Umstände berücksichtigt werden. Damit wurde Art. 4 Abs. 1 der EU-Richtlinie entsprochen. Für die Angemessen-

2.69

---

57 Abgedruckt in ABlEG Nr. L 95 vom 21.4.1993, S. 29; ZIP 1994, 1986, 1990 f.
58 Begr.RegE, BT-Drucksache 13/2713, S. 6.
59 Begr.RegE, BT-Drucksache 13/2713, S. 7.
60 Begr.RegE, BT-Drucksache 13/2713, S. 7.

heitskontrolle gilt deshalb nicht nur wie bisher ein generalisierender Prüfungsmaßstab und eine typisierende Betrachtungsweise. Darüber hinaus sind die Begleitumstände zu berücksichtigen. Nach den Gesetzesmaterialien sind entsprechend der EU-Richtlinie das „Kräfteverhältnis zwischen den Verhandlungspositionen der Parteien" zu beachten und „ob auf den Verbraucher in irgendeiner Weise eingewirkt wurde"[61].

4. Inhaltskontrolle nach dem AGB-Gesetz

2.70 Bei der Verwendung von AGB wird der Vertragsinhalt insoweit einseitig von einem Vertragspartner (AGB-Verwender) vorformuliert. Hier besteht typischerweise die Gefahr, daß die Vertragsbedingungen ausschließlich oder übermäßig auf die Interessen des Verwenders zugeschnitten sind und daher Regelungen enthalten, die nicht ausreichend auf die Interessen des Vertragspartners Rücksicht nehmen, wie dies das Gebot von Treu und Glauben erfordert. Die AGB werden daher einer verschärften Inhaltskontrolle unterworfen. Diese wurde von der Rechtsprechung in Anlehnung an § 242 BGB eingeführt; bis zum Inkrafttreten des AGB-Gesetzes wurde daher von der **gerichtlichen** Inhaltskontrolle gesprochen[62]. Das AGB-Gesetz hat durch seine §§ 9 bis 11 besondere Inhaltsschranken festgesetzt. Danach sind AGB-Klauseln unwirksam, die dem allgemeinen Maßstab des § 9 (sog. Generalklausel) nicht entsprechen oder die gemäß den §§ 10 bis 11 (Kataloge der Klauselverbote) verboten sind. Diese Gesetzesbestimmungen bilden daher die AGB-spezifische Inhaltskontrolle und setzen die Maßstäbe für ihre Durchführung.

2.71 Die Inhaltskontrolle schließt eine zusätzliche Überprüfung wegen Sittenwidrigkeit im Sinne des § 138 BGB nicht aus. Bei §§ 9 bis 11 AGBG und § 138 BGB handelt es sich um unterschiedliche, nebeneinander anwendbare Bewertungsmaßstäbe. Die Inhaltskontrolle schützt die Interessen der Vertragspartner, während § 138 BGB den Verstoß gegen die allgemeine Rechtsordnung sanktioniert, zu der vor allem die Grundrechte im Sinne unserer Verfassung gehören[63]. Nach dem Bundesverfassungsgericht sind die Zivilgerichte bei der Konkretisierung der Generalklausel für sittenwidrige Geschäfte (§ 138 BGB) und der Berücksichtigung von Treu und Glauben (§ 242 BGB) gehalten, die grundsätzliche Gewährleistung der Privatautonomie und des allgemeinen Persönlichkeitsrechts im Sinne des Art. 2 Abs. 1 GG zu beachten. Hieraus ergibt sich eine Pflicht der Zivilgerichte zur

---

61 Begr.RegE, BT-Drucksache 13/2713, S. 5; *Bunte,* DB 1996, 1389, 1390; vgl. weiter *Eckert,* ZIP 1996, 1238 ff.; *von Westphalen,* BB 1996, 2101 ff.; *Nassall,* WM 1994, 1645 ff.
62 Vgl. nur BGH WM 1976, 960.
63 *Ulmer/Brandner/Hensen,* § 9 Rn 32.

Inhaltskontrolle von Verträgen, „die einen der beiden Vertragspartner ungewöhnlich belasten und das Ergebnis struktureller ungleicher Verhandlungsstärke sind". Schon aus Gründen der Rechtssicherheit dürfe zwar ein Vertrag nicht bei jeder Störung des Verhandlungsgleichgewichts nachträglich in Frage gestellt oder korrigiert werden. Handele es sich jedoch um eine typisierte Fallgestaltung, die eine **strukturelle Unterlegenheit** des einen Vertragsteiles erkennen läßt, und sind die Folgen des Vertrages ungewöhnlich belastend, so müssen die Zivilgerichte korrigierend eingreifen. Es dürfe nicht nur das Recht des Stärkeren gelten[64]. Eine solche ausgeprägte Vertragsunterlegenheit ist z.B. bei einem Bürgen gegeben, wenn angesichts des krassen Mißverhältnisses zwischen dem Haftungsumfang und seiner Leistungsfähigkeit zu vermuten ist, daß der Bürge sich auf eine solche Verpflichtung nur aufgrund emotionaler Bindung an den Hauptschuldner infolge mangelnder Geschäftsgewandtheit eingelassen und die Bank dies in verwerflicher Weise ausgenutzt hat[65]. Dieses grobe Mißverhältnis bejaht der BGH regelmäßig, wenn die pfändbaren Einkünfte des Bürgen voraussichtlich nicht ausreichen, in fünf Jahren ein Viertel der Hauptsumme abzudecken[66]. Bei der Beurteilung der Sittenwidrigkeit sind die nach dem AGB-Gesetz unwirksamen Abreden des formularmäßigen Bürgschaftsvertrages einzubeziehen[67].

Der Klauselkatalog der §§ 10 und 11 AGBG beinhaltet im wesentlichen eine Kodifizierung der vor Inkrafttreten dieses Gesetzes entwickelten Rechtsgrundsätze, wie sie die Rechtsprechung aus § 242 BGB entwickelt hat[68]. Dabei zeichnet sich in der Rechtsprechung die Tendenz ab, die Verbotsnormen der §§ 10, 11 AGBG auch für die kaufmännische Kundschaft zur Anwendung zu bringen, obwohl dieser Klauselkatalog für die Nicht-Kaufleute konzipiert worden ist (vgl. § 24 AGBG)[69]. Fällt eine Klausel bei Verwendung gegenüber der nicht-kaufmännischen Kundschaft unter die Verbotsnormen der §§ 10, 11 AGBG, so soll dies nach dem BGH ein Indiz dafür sein, daß sie auch im Falle der Verwendung

2.72

---

64 BVerfG WM 1993, 2199, 2202 ff.; vgl. weiter BGH WM 1994, 676, 677; 1995, 237, 238; 1997, 2117; OLG Karlsruhe WM 1994, 2152; OLG Köln WM 1996, 2052. Nach *Zöllner* sind dagegen Grundrechte auf vertragliche Absprachen weder unmittelbar noch mittelbar anwendbar (AcP 196 [1996], S. 1, 36). Vgl. weiter *Preis/Rolfs*, DB 1994, 261; *Joswig*, FS Schimansky, 1999, S. 335 ff.
65 BGH WM 1997, 2117, 2118.
66 BGH WM 1997, 2117, 2118.
67 BGH WM 1997, 2117, 2119 m.w.Nachw.
68 BGH WM 1984, 314, 315; 1985, 59, 60; 1986, 580, 581. Nach BGH WM 1996, 436, 438 strebt jedoch das AGB-Gesetz eine über die früher an § 242 BGB ausgerichtete Prüfung hinausgehende strenge, intensivierte Inhaltskontrolle an.
69 BGH WM 1988, 248 für den Ausschluß der Haftung für leichte Fahrlässigkeit bei schuldhaft verzögertem Scheck- und Lastschriftinkasso durch die Bundesbank.

gegenüber der kaufmännischen Kundschaft zu einer unangemessenen Benachteiligung des Vertragspartners im Sinne der Generalklausel des § 9 AGBG führt[70]. Diese Generalklausel findet auch im Geschäftsverkehr mit der vollkaufmännischen Kundschaft Anwendung. Allerdings kann dort die strittige AGB-Klausel wegen der besonderen Bedürfnisse des kaufmännischen Geschäftsverkehrs als angemessen anzusehen sein (§ 24 Satz 2 AGBG)[71]. Die Inhaltskontrolle von Klauseln, die gegenüber der kaufmännischen Kundschaft verwendet wird, kann also zu einem anderen Ergebnis als bei der Verwendung gegenüber den Privatkunden führen. Werden AGB für verschiedene Arten von Geschäften und gegenüber verschiedenen Verkehrskreisen verwendet, deren Interessen, Verhältnisse und Schutzbedürfnisse generell unterschiedlich gelagert sind, so ist die Abwägung in den Vertrags- und Fallgruppen vorzunehmen, wie sie sich aus den am Sachgegenstand orientierten typischen Interessenlagen ergeben. Die Inhaltskontrolle von AGB kann daher zu gruppentypisch unterschiedlichen Ergebnissen führen; darin liegt keine unzulässige geltungserhaltende Reduktion[72]. So können z.B. bei der Frage, ob eine AGB-Klausel dem Transparenzgebot entspricht, bei Geschäften im kaufmännischen oder im öffentlich-rechtlichen Bereich mit Rücksicht auf die diesbezügliche Regelung in § 24 AGBG geringere Anforderungen gestellt werden[73].

2.73 Nach der Generalklausel des AGB-Gesetzes sind AGB-mäßige Klauseln unwirksam, wenn sie den Vertragspartner des Verwenders entgegen den Geboten von Treu und Glauben unangemessen benachteiligen. Mit dieser Inhaltskontrolle soll insbesondere die prägende Wirkung der Vorformulierung der Vertragsbedingungen und das Fehlen der bei einem Aushandeln zu erwartenden Richtigkeitsgewähr kompensiert werden[74].

2.74 Nach *Larenz*[75] ist das BGB vom Bilde eines unter prinzipiell Gleichen frei ausgehandelten Individualvertrages ausgegangen. Heute überwiegt aber in der sozialen Wirklichkeit der inhaltsgleiche **Massenvertrag**. Hier werden massenweise Waren oder Dienstleistungen gleicher Art zu gleichen Bedingungen in Gestalt von AGB angeboten, über die im Einzelfall nicht mehr verhandelt wird. Der Kunde ist häufig auch nicht in der Lage, ihre rechtliche Bedeutung und ihre Tragweite voll zu verstehen. Es besteht daher die Gefahr, daß der Verwender seine aus der Privatautonomie folgende Gestaltungsmacht zum Nachteil des Kunden miß-

---

70 BGH WM 1986, 461, 463.
71 *Ulmer/Brandner/Hensen*, § 9 Rn 13, 118.
72 BGH WM 1990, 464, 466.
73 BGH WM 1990, 1367, 1368.
74 *Ulmer/Brandner/Hensen*, Einl. Rn 29.
75 *Larenz/Wolf*, Allg. Teil des deutschen Bürgerlichen Rechts, 8. Aufl., 1997, S. 60.

braucht. Maßstab für die rechtliche Inhaltskontrolle ist das allgemeine Prinzip der sog. ausgleichenden Vertragsgerechtigkeit, die verletzt ist, wenn eine bestimmte AGB-Klausel offenbar unbillig ist oder wenn das als Leitbild dienende dispositive Recht über den Ausgleich widerstreitender Interessen der Vertragspartner verdrängt wird, ohne daß in anderer Weise ein angemessener Schutz des Partners gewährleistet ist.

Für eine unangemessene Benachteiligung des Kunden hat das AGB-Gesetz in § 9 Abs. 2 eine gesetzliche Vermutung eingeführt. Danach ist eine solche Benachteiligung im Zweifel anzunehmen, wenn eine Bestimmung mit wesentlichen Grundgedanken der gesetzlichen Regelung, von der abgewichen wird, nicht zu vereinbaren ist, oder wesentliche Rechte oder Pflichten, die sich aus der Natur des Vertrages ergeben, so einschränkt, daß die Erreichung des Vertragszweckes gefährdet ist. Hierbei kann es sich auch um eine Nebenpflicht handeln, wie bei der Pflicht der Bundesbank, einen Scheck oder Lastschrift auf dem schnellsten und sichersten Weg bei der bezogenen Bank vorzulegen[76]. 2.75

Nach der BGH-Rechtsprechung ist eine Klausel unangemessen, in der der Verwender mißbräuchlich eigene Interessen auf Kosten des Vertragspartners durchzusetzen versucht, ohne von vornherein das Interesse seines Partners hinreichend zu berücksichtigen und ihm einen angemessenen Ausgleich zuzugestehen. 2.76

Bis zur Schaffung des § 24a AGBG zwecks Umsetzung der EU-Richtlinie 93/12 EWG über mißbräuchliche Klauseln in Verbraucherkreditverträgen war auch im Individualprozeß zwischen AGB-Verwender und seinen Kunden allein maßgeblich, ob der Inhalt der Formularklausel bei einer überindividuell generalisierenden Betrachtung eine unangemessene Benachteiligung des Kreditnehmers von vornherein ausschließt. Auf die Verhältnisse des konkreten Einzelfalles kam es nicht an[77]. 2.77

Ein wesentliches Indiz einer solchen Unangemessenheit ist die Abweichung von dispositiven gesetzlichen Bestimmungen, soweit diese nicht nur auf Zweckmäßigkeitserwägungen beruhen, sondern dem Gerechtigkeitsgebot Ausdruck verleihen[78]. Geht es dabei um die Angemessenheit einer bestimmten Klausel, so ist der gesamte Vertragsinhalt zu berücksichtigen. Insbesondere muß auch der Inhalt anderer Klauseln in Betracht gezogen werden[79]. 2.78

---

76 BGH WM 1988, 246.
77 BGH WM 1992, 1359, 1360.
78 BGH WM 1992, 1359, 1360.
79 BGH WM 1990, 1165, 1166.

2.79 Bei der Auslegung der AGB-Klausel kommt es in erster Linie auf den Wortlaut der Klausel und ihre systematische Stellung in den AGB an[80]. Dabei sind AGB objektiv, d.h. ohne Berücksichtigung besonderer Umstände des Einzelfalls und unabhängig vom Willen und von den Vorstellungen der jeweiligen Vertragsparteien auszulegen. Es ist auf die Verständnismöglichkeit des typischerweise bei solchen Bankgeschäften zu erwartenden Durchschnittskunden und nicht die Erkenntnismöglichkeiten des konkreten Vertragspartners abzustellen[81]. Für eine solche objektive Auslegung ist grundsätzlich der allgemeine Sprachgebrauch maßgeblich. Soweit jedoch AGB-Klauseln Rechtsbegriffe oder ganze Sätze oder Teile aus Rechtsvorschriften verwenden, sind diese juristisch geprägten Formulierungen nach juristisch-technischem Sprachgebrauch auszulegen[82]. Das Ergebnis der Wortauslegung ist sodann anhand der weiteren Konkretisierungsmaßstäbe der objektiven Auslegung, dem Sinn und Zweck und der systematischen Stellung der Klausel zu überprüfen.

5. Lesbarkeit und Transparenz von AGB

2.80 Voraussetzung für eine wirksame Einbeziehung von AGB in das Vertragsverhältnis ist, daß den Kunden die Möglichkeit verschafft wird, in zumutbarer Weise von ihrem Inhalt Kenntnis zu nehmen (§ 2 Abs. 1 AGBG). Die AGB müssen den Kunden in **lesbarer** Form zugänglich gemacht werden. Bedenken wegen der Lesbarkeit bestehen nach allgemeiner Auffassung, wenn die AGB unübersichtlich aufgebaut sind oder keine Gliederung erkennen lassen oder wenn sie einen gegenüber der Bedeutung des Geschäfts unverhältnismäßigen Umfang aufweisen. Der Bereich des Zumutbaren wird verlassen, wenn die AGB wegen Art oder Größe des Schriftbildes nur mit Mühe entziffert werden können[83]. Dies ist auch bei der Ausgestaltung von **Bankformularen** zu beachten, soweit sie AGB-Klauseln enthalten.

2.81 Die AGB sind nicht nur äußerlich hinsichtlich des Schriftbildes, des Aufbaus sowie der Untergliederungen lesbar zu gestalten. Sie müssen vor allem die Rechte und Pflichten des Vertragspartners so hinreichend (möglichst) klar und durchschaubar formulieren, daß sie der Durchschnittskunde ohne intensive Beschäftigung und Einholung von Auskünften ver-

---

80 BGH WM 1990, 1389, 1390.
81 BGH WM 1988, 1780, 1783; 1990, 1367, 1368; *Ulmer/Brandner/Hensen*, § 5 Rn 14.
82 *Dreher*, AcP 189 (1989), S. 342, 368 ff.
83 BGH WM 1986, 769, 770 m.w.Nachw.; *Ulmer/Brandner/Hensen*, § 2 Rn 54.

stehen kann (sog. Transparenzgebot)[84]. Bei der formalen Ausgestaltung von AGB ist daher darauf zu achten, daß der Kunde ihre Bedeutung nicht verkennt, sondern sie möglichst mühelos und ohne weitere Erläuterung versteht[85].

Dieser BGH-Rechtsprechung liegt die Vorstellung zugrunde, das AGB-Gesetz in den Dienst wirtschaftsrechtlicher Zwecke zu stellen und mit seiner Hilfe ähnlich wie mit den Vorschriften über Preisangaben und Widerrufsbelehrung für bessere **Markttransparenz** zu sorgen. Das AGB-Gesetz erlangt hierdurch über den Schutz betroffener Kunden hinaus eine im **öffentlichen Interesse** liegende marktpolitische Funktion. Es wird zum Instrument der Kompensation von Marktversagen auf dem Gebiet des Konditionenwettbewerbs[86]. 2.82

Die gesetzliche Grundlage des Transparenzgebots ist umstritten. Der BGH hat dieses Gebot in § 9 Abs. 1 AGBG angesiedelt[87]. Die Unangemessenheit im Sinne der Generalklausel könne sich auch aus ihrer unklaren oder unübersichtlichen Ausgestaltung ergeben. Dabei ist die Unangemessenheit wegen fehlender Transparenz von der inhaltlichen Unangemessenheit zu unterscheiden[88]. Nach *Ulmer/Brandner/Hensen* hat das Transparenzgebot einen gesetzlichen Niederschlag gefunden einerseits in der Obliegenheit des Verwenders, dem Kunden beim Vertragsschluß die Möglichkeit zumutbarer Kenntnisnahme zu verschaffen (§ 2 Abs. 1 Nr. 2 AGBG), und in dem mit dieser Obliegenheit zusammenhängenden § 3 AGBG, der die Einbeziehung überraschender Klauseln ausschließt[89]. Dagegen bedarf es nach *Westermann* keiner solchen Ausdehnung der Kontrollmaßstäbe des § 9 AGBG auf die Intransparenz von Formulierungen. Die Klauselverbote der §§ 10, 11 AGBG sowie § 2 (Einbeziehungsvoraussetzungen), § 3 (Verbot überraschender Klauseln) und § 5 AGBG (Unklarheitenregel) schaffen ausreichende Möglichkeiten einer Korrektur fehlender Vertragsgerechtigkeit[90]. Der Grund und die Grenzen des Transparenz- 2.83

---

84 BGH WM 1989, 126, 128, 1990, 1367; nach *Heinrichs* ist das Transparenzgebot mittlerweile als ein tragendes Prinzip des Rechts der AGB praktisch allseits anerkannt (NJW 1996, 1381, 1385).
85 BGH WM 1988, 1780 (Tilgungsverrechnungsklausel bei Hypothekendarlehen); WM 1989, 126 (Wertstellungsklausel); WM 1990, 1367; 1785, 1786. Vgl. weiter *Hansen*, WM 1990, 1521 m.w.Nachw.; *Ulmer/Brandner/Hensen*, § 9 Rn 87 ff.
86 *Ulmer/Brandner/Hensen*, Einl. Rn 38 m.w.Nachw.
87 BGH WM 1988, 1780, 1781; 1989, 126, 128; Begr.RegE zur Änderung des AGB-Gesetzes, BT-Drucksache 13/2713, S. 6.
88 *Westermann*, ZBB 1989, 36, 38.
89 Einl. Rn 37; vgl. weiter *Hansen*, WM 1990, 1521, 1522.
90 FS Steindorff, S. 817, 831 f.; vgl. weiter *Hellner*, FS Steindorff, S. 573, 582 ff.

gebotes sind nach *Köndgen* noch längst nicht ausdiskutiert und bedürfen weiterer inhaltlicher und rechtssystematischer Präzisierung[91].

2.84 Das Transparenzgebot darf freilich den AGB-Verwender nicht überfordern. AGB-Klauseln können nicht stets so formuliert werden, daß dem Kunden jedes eigene Nachdenken erspart wird. Auch brauchen die Klauseln nicht mit einem umfassenden Kommentar versehen zu werden. Bei den kundenbelastenden Klauseln müssen jedoch, wenn das ohne unangemessene Ausweitung des Textumfanges möglich ist, zwischen mehreren möglichen Klauselfassungen diejenigen gewählt werden, bei denen die kundenbelastende Wirkung einer Regelung nicht unterdrückt, sondern klar erkennbar (deutlich gemacht) wird[92]. Im übrigen ist zu beachten, daß durch eine allzu detaillierte Regelung unübersichtliche und nur schwer durchschaubare Klauselwerke entstehen können, die den Interessen des Vertragspartners abträglich sind[93].

2.85 Als Maßstab dafür, ob eine AGB-Klausel den Anforderungen des Transparenzgebotes entspricht, dienen nach der BGH-Rechtsprechung gegenüber Nichtkaufleuten nicht die Erwartungen und Erkenntnismöglichkeiten des konkreten Vertragspartners, sondern die des typischerweise bei Verträgen der geregelten Art zu erwartenden Durchschnittskunden im Zeitpunkt des Vertragsabschlusses[94]. Abweichende Anforderungen sind nur bei Geschäften im kaufmännischen oder im öffentlich-rechtlichen Bereich denkbar. Dort ist auch bei der (das Transparenzgebot miterfassenden) Inhaltskontrolle nach § 9 AGBG auf die im Handelsverkehr geltenden Gewohnheiten und Gebräuche Rücksicht zu nehmen (§ 24 S. 2, 2. Hs. AGBG)[95].

2.86 Ist eine AGB-Klausel infolge undeutlicher Textgestaltung intransparent im Sinne der Generalklausel (§ 9), so kann sie zugleich eine überraschende Klausel im Sinne des § 3 AGBG darstellen[96]. Solche überraschenden Klauseln sind Bestimmungen, die nach den Umständen, insbesondere nach dem äußeren Erscheinungsbild des Vertrages, so **ungewöhnlich** sind, daß der Vertragspartner des Verwenders nicht mit ihnen zu rechnen braucht (§ 3 AGBG). Nach dem BGH liegen diese überraschenden Klauseln dann vor, wenn ihnen ein Überrumpelungs- oder Übertölpelungseffekt innewohnt und zwischen ihrem Inhalt und den Erwartungen des

---

91 NJW 1989, 943, 946 ff.; vgl. *Metz*, NJW 1991, 668.
92 BGH WM 1990, 1367, 1368.
93 BGH WM 1990, 1785, 1786; *Wolf/Horn/Lindacher*, § 9 Rn 143.
94 BGH WM 1992, 395, 396.
95 BGH WM 1990, 1367, 1368.
96 *Ulmer/Brandner/Hensen*, § 9 Rn 88, 94.

Kunden eine deutliche Diskrepanz besteht[97]. Auch der ungewöhnliche äußere Zuschnitt der Klausel oder ihre Unterbringung an unerwarteter Stelle kann die Bestimmung nach der BGH-Rechtsprechung zu einer ungewöhnlichen und damit überraschenden Klausel werden lassen. Eine infolge Undeutlichkeit der Textgestaltung überraschende AGB-Klausel im Sinne des § 3 AGBG muß nicht zwangsläufig, kann aber gerade deshalb zugleich gegen das Transparenzgebot des § 9 AGBG verstoßen[98].

Streng genommen kann jedoch die Inhaltskontrolle nach § 9 AGBG erst greifen, wenn die AGB-Klauseln wirksam einbezogen worden sind; diese Einbeziehung scheitert aber bei überraschenden Klauseln an der Verbotsnorm des § 3 AGBG. Nach einem Teil des Schrifttums kann die Rechtsprechung jedoch die Frage der wirksamen Einbeziehung dahingestellt sein lassen und die Klausel am Transparenzgebot des § 9 AGBG messen[99]. Nach anderer Meinung sollte bei der Prüfung nicht vorschnell unter dem Gesichtspunkt der Intransparenz auf § 9 Abs. 1 AGBG ausgewichen werden. Über die Anwendung des § 3 AGBG könne mitunter dem Informations- und Erfahrungsstand des jeweiligen Vertragspartners besser Rechnung getragen werden[100].

2.87

VII. Behandlung von AGB-Klauseln mit nur teilweise unzulässigem Inhalt

Nicht selten verstößt der Inhalt von AGB-Klauseln nur teilweise gegen das AGB-Gesetz wie z.B. das uneingeschränkte Verbot der Aufrechnung mit Gegenforderungen; nach dem AGB-Gesetz (§ 11 Nr. 3) ist nur der Ausschluß der Aufrechnung mit unbestrittenen oder rechtskräftig festgestellten Forderungen unwirksam. Ein weiteres anschauliches Beispiel aus der Bankpraxis war der früher übliche weite Sicherungszweck von Bürgschaften als Kreditsicherheiten. Hier war die Sicherungszweckerklärung nach dem BGH nur insoweit wirksam, als die Bürgschaft alle gegenwärtigen oder zukünftigen der kreditgebenden Bank zustehenden Ansprüche aus der Geschäftsverbindung mit dem Hauptschuldner, nicht aber sonstige Bankforderungen sichern sollte.

2.88

---

97 BGH WM 1985, 155, 156; *Palandt/Heinrichs*, § 3 AGBG Rn 3; *Löwe/von Westphalen/Trinkner*, § 3 Rn 12.
98 *Ulmer/Brandner/Hensen*, § 9 Rn 94; hiergegen *Hansen*, WM 1990, 1521, 1523.
99 *Palandt/Heinrichs*, Vorbem. v. § 8 AGBG Rn 19.
100 *Ulmer/Brandner/Hensen*, § 9 Rn 94; *Hansen*, WM 1990, 1521, 1525 f., 1527 f.

1. Unzulässigkeit geltungserhaltender Reduktion

2.89 Hat die AGB-Klausel aus der Sicht der Inhaltskontrolle einen **teilweise unzulässigen Inhalt,** stellt sich die Frage, ob solche Klauseln mit entsprechend eingeschränktem Inhalt aufrecht erhalten werden können. In diesen Fällen spricht man von geltungserhaltender oder teleologischer Reduktion einer AGB-Klausel. Sie bedeutet die Rückführung einer unwirksamen Klausel, bei der die von Rechtsprechung und Schrifttum geforderten Voraussetzungen für eine Trennung der Klausel in einen zulässigen und einen unzulässigen Teil nicht gegeben sind, auf einen noch zulässigen Inhalt durch richterliche Umgestaltung. Diese geltungserhaltende Reduktion ist nach ständiger BGH-Rechtsprechung und ganz herrschender Meinung unzulässig[101]. Es ist nicht Aufgabe der Rechtsprechung, gegen Treu und Glauben verstoßende Formularbestimmungen auf das vertretbare Maß abzumildern und eine für den Verwender der Klausel möglichst günstige, rechtlich gerade noch zulässige Fassung zu finden. Eine solche einseitige Wahrung der Interessen des AGB-Verwenders ist der Rechtsprechung verwehrt[102]. Nach Auffassung des BGH spricht auch der Wortlaut und Zweck der Vorschriften des AGB-Gesetzes gegen eine Aufrechterhaltung der Klausel mit eingeschränktem Inhalt und damit gegen eine geltungserhaltende Reduktion. Ziel des AGB-Gesetzes ist, auf einen angemessenen Inhalt der in der Praxis verwendeten oder empfohlenen AGB hinzuwirken. Den Kunden soll die Möglichkeit sachgerechter Information über die ihnen aus dem vorformulierten Vertrag erwachsenden Rechte und Pflichten verschafft werden. Dieses Ziel ließe sich nicht erreichen, wenn jeder AGB-Verwender zunächst einmal risikolos bis an die Grenze dessen gehen könnte, was zu seinen Gunsten in gerade noch vertretbarer Weise angeführt werden kann. Hierdurch würde einer unerwünschten Entwicklung Vorschub geleistet, bei der unangemessene AGB-Klauseln weit verbreitet und daher eine Vielzahl von Kunden mit überzogenen Klauseln konfrontiert würden. Erst in einem Prozeß würde ein Kunde des AGB-Verwenders den Umfang seiner Rechte und Pflichten zuverlässig erfahren. Der mit dem AGB-Gesetz verfolgte Verbraucherschutz wie auch die gesetzgeberisch gewollte Freihaltung des Rechtsverkehrs von unwirksamen AGB erfordern daher, daß Klauseln, die nur teilweise gegen das AGB-Gesetz verstoßen, in vollem Umfange unwirksam sind. Der BGH hat sich damit gegen die im Schrifttum teilweise bejahte Möglichkeit einer geltungserhaltenden Reduktion von AGB-Klauseln ausgesprochen.

---
101 BGH WM 1989, 88, 89; 1992, 391, 393, 1995, 1397, 1402; vgl. weiter *Canaris,* NJW 1988, 1243.
102 BGH WM 1983, 87, 89; 1984, 986, 987.

Praktische Beispiele für das Verbot der teleologischen Reduktion sind die 2.90
Einschränkung von umfassenden Haftungsausschlüssen oder Aufrechnungsverboten auf zulässige Tatbestände, die Verkürzung überlanger Fristen auf die zulässige Dauer, die Verlängerung zu kurzer Fristen oder die Herabsetzung überhöhter Pauschalen für Schadensersatz oder Nutzungsentschädigung auf die zulässige Höhe[103].

Kein Fall der unzulässigen teleologischen Reduktion liegt vor, wenn eine 2.91
AGB-Klausel nach ihrem Wortlaut **untypische Ausnahmefälle** erfaßt, die die Klausel – wäre sie auch hierauf anwendbar – als unangemessene Regelung im Sinne der Inhaltskontrolle erscheinen ließe. Nach herrschender Meinung können solche kritischen Sonderfälle im Wege der gebotenen, an Sinn und Zweck orientierten **Auslegung** aus dem Anwendungsbereich der Klausel ausgegrenzt werden[104] Selbst die Unklarheitenregel des AGB-Gesetzes zwingt nicht zur Berücksichtigung aller denkbaren Ausnahmesituationen[105]. Dies wäre dem Verwender unzumutbar, wenn nicht gar unmöglich. AGB sind von ihrer legitimen Rationalisierungsfunktion her dem Rechtsverkehr erkennbar auf Regelungssituationen einer gewissen Mindesthäufigkeit zugeschnitten. Ein Perfektionsverlangen wäre seinerseits ein Übermaß, würde berechtigte Verwenderbelange tangieren und letztlich nicht einmal im Kundeninteresse liegen. Denn eine Ausdifferenzierung, die auch seltenen Eventualitäten Rechnung trüge, würde zwangsläufig zur Einbuße der Übersicht und damit formeller Intransparenz der Klausel führen. Der Informationsgewinn für den Ausnahmefall wäre mit einer erheblichen Beeinträchtigung der Lesbarkeit und Verständlichkeit des Gesamtklauselwerkes zu teuer erkauft[106]. Auch nach dem BGH können Auslegungsmöglichkeiten, die durch den Wortlaut der Klausel zwar nicht ausgeschlossen, gleichwohl aber nicht ernsthaft in Erwägung zu ziehen sind, vernachlässigt werden[107]. Völlig fernliegende Auslegungsmöglichkeiten, von denen eine Gefährdung des Rechtsverkehrs nicht ernsthaft zu befürchten ist, rechtfertigen kein Klauselverbot. Bei einer solchen unterbliebenen Berücksichtigung untypischer Ausnahmefälle wird im Schrifttum sogar die grundsätzlich unzulässige teleologische Reduktion für möglich gehalten, sofern die Klausel wie hier in ihrem eigentlichen Anwendungsbereich unbedenklich ist[108]. Ein Rückgriff auf

---

103 BGH WM 1984, 986, 987; 1989, 949, 951 (Aufrechnungsverbote).
104 *Ulmer/Brandner/Hensen*, § 5 Rn 41, § 6 Rn 15.
105 *Ulmer/Brandner/Hensen*, § 5 Rn 26; § 6 Rn 15; *Lindacher*, BB 1983, 154, 159.
106 *Lindacher*, BB 1983, 154, 159.
107 BGH WM 1985, 24, 25; *Bunte*, ZIP 1982, 590, 591.
108 *Palandt/Heinrichs*, Vorbem. v. § 8 AGBG Rn 10; *Lindacher*, BB 1983, 154, 159.

solche Reduktionen ist freilich entbehrlich, wenn die kritischen untypischen Ausnahmefälle schon durch einschränkende Auslegung aus dem Anwendungsbereich der Klausel ausgegrenzt werden können.

2.92 Ist die AGB-Klausel wegen des Verbotes der geltungserhaltenen Reduktion insgesamt unwirksam, stellt sich die Frage, ob eine Lückenausfüllung im Wege der **ergänzenden Vertragsauslegung** möglich ist. Infolge der Unwirksamkeit der AGB-Klausel ist in dem Vertragsverhältnis eine Lücke entstanden, die den Regelungsplan der Parteien vervollständigungswürdig macht. Nach dem BGH ist eine solche ergänzende Vertragsauslegung auch bei Unwirksamkeit von AGB-Klauseln zulässig[109]. Die Lückenausfüllung im Wege der ergänzenden Vertragsauslegung läuft nach dem BGH auch nicht im Ergebnis auf eine unzulässige geltungserhaltende Reduktion hinaus. Geltungserhaltende Reduktion und ergänzende Vertragsauslegung unterscheiden sich im Ausgangspunkt ebenso wie in der Zielsetzung und mithin im Ergebnis. Bei der ergänzenden Vertragsauslegung geht es nicht um eine Rückführung der Klausel auf einen noch wirksamen Kern. Die Klausel bleibt vielmehr in vollem Umfange unwirksam. Daher gilt es bei der ergänzenden Vertragsauslegung, in Ausrichtung an dem hypothetischen Parteiwillen und dem Maßstab von Treu und Glauben, eine lückenausfüllende Ersatzregelung zu finden. Während bei der geltungserhaltenden Reduktion nach der Grenze des am Maßstab der §§ 9 bis 11 AGBG „gerade noch Zulässigen" gesucht wird, erstrebt die ergänzende Vertragsauslegung einen beiden Seiten soweit als möglich gerecht werdenden Ausgleich[110].

2. Abgrenzung der unzulässigen geltungserhaltenden Reduktion von der Teilunwirksamkeit

2.93 Die Unzulässigkeit einer geltungserhaltenden Reduktion schließt freilich nach der BGH-Rechtsprechung nicht aus, daß unter bestimmten Voraussetzungen eine AGB-Klausel nur teilweise unwirksam ist und der zulässige Teil wirksam bleibt[111]. Ist die Klausel nach ihrem Wortlaut aus sich heraus verständlich und sinnvoll trennbar in einen inhaltlich zulässigen und in einen unzulässigen Regelungsteil, so ist der zulässige Teil aufrechtzuerhalten. In einem solchen Fall ist die äußerliche Zusammenfassung der Regelungsgegenstände und der sprachliche Zusammenhang unschädlich. Der unwirksame – sprachlich trennbare und inhaltlich selb-

---

109 BGH WM 1984, 309, 311 f.; 1989, 1544, 1545.
110 BGH WM 1984, 309, 311.
111 BGH WM 1992, 391, 393.

ständige – Klauselteil muß gestrichen werden können, ohne daß der zulässige Teil der Klausel davon betroffen wird[112]. Ein anschauliches Beispiel hierfür bietet die BGH-Rechtsprechung zu der von der Bank als Kreditsicherheit hereingenommenen Bürgschaft mit dem früher üblichen sehr weit gefaßten Sicherungszweck. Danach waren nicht nur verbürgt alle gegenwärtigen und künftigen Ansprüche aus der Geschäftsverbindung mit dem Hauptschuldner, sondern auch aus Bürgschaften oder sonstigen Gewährleistungen des Hauptschuldners und aus abgetretenen oder kraft Gesetzes übergegangenen Forderungen sowie aus Wechseln, auch soweit diese die kreditgebende Bank (Bürgschaftsgläubigerin) von Dritten ankauft (diskontiert). Hier kann der erste Teil der Klausel mit der Verbürgung für Ansprüche aus der bankmäßigen Geschäftsverbindung aufrechterhalten werden, während die Verbürgung für die Verbindlichkeiten des Hauptschuldners aus Wechseln, Bürgschaften und von Dritten erworbenen Ansprüchen unwirksam ist. Wird bei einem der Bank formularmäßig erteilten Überweisungsauftrag der gesetzlich zulässige Widerruf (§ 671 BGB) ausgeschlossen, ist nur diese Unwiderruflichkeit wegen Unangemessenheit unwirksam[113].

Eine solche Teilunwirksamkeit führt jedoch ausnahmsweise zur Unwirksamkeit der ganzen AGB-Klausel, wenn der wirksam anzusehende Rest im Gesamtgefüge des Vertrages nicht mehr sinnvoll ist, insbesondere wenn der unwirksame Klauselteil von so einschneidender Bedeutung ist, daß von einer gänzlich neuen, von der bisherigen völlig abweichenden Vertragsgestaltung gesprochen werden kann[114].

2.94

---

112 BGH WM 1992, 391, 393; *Heinrichs*, NJW 1996, 1381, 1384. Nach BGH WM 1995, 1397, 1402, 1403 braucht diese Streichungsmöglichkeit nicht stets gegeben zu sein. Unter bestimmten Voraussetzungen ist auch die Umformulierung einer einheitlichen Klausel durch das Gericht keine unzulässige geltungserhaltende Reduktion (Unwirksamkeit der formularmäßigen Ausdehnung der Bürgschaften auf alle bestehenden und künftigen Verbindlichkeiten des Hauptschuldners, wenn die Bürgschaft aus Anlaß der Gewährung oder Prolongierung eines bestimmten, betragsmäßig limitierten Kontokorrentkredites übernommen worden ist. Nach *Reich/Schmitz* bestätigt auch diese Entscheidung, daß der BGH von dem engen Dogma des Verbots der geltungserhaltenden Reduktion abgerückt ist [NJW 1995, 2533, 2534]).
113 BGH WM 1984, 986, 987.
114 BGH WM 1992, 391, 393.

VIII. Unanwendbarkeit einer AGB-Klausel im Einzelfall

2.95 Die besonderen Umstände des Einzelfalls können so gelagert sein, daß (nur) in diesem Fall eine dem Wortlaut nach einschlägige AGB-Klausel unanwendbar ist, die Klausel aber sonst Wirksamkeit hat.

1. Vorrang der Individualabrede

2.96 Solche Grenzen für die Anwendbarkeit einer AGB-Klausel im Einzelfall können sich vor allem aus dem Grundsatz des **Vorrangs der Individualabrede** ergeben (§ 4 AGBG). Schon vor dem AGB-Gesetz war dieser Vorrang gegenüber abweichenden AGB-Klauseln im Grundsatz unbestritten und entsprach ständiger Rechtsprechung[115]. Die Geltung dieses Grundsatzes beruht darauf, daß für die Auslegung der auf Massengeschäfte zugeschnittenen AGB auf den hypothetischen Parteiwillen abgestellt wurde. Ausnahmen aufgrund der Umstände des Einzelfalls waren daher nicht ausgeschlossen. Durch die gesetzliche Verankerung des Vorrangprinzips im AGB-Gesetz ist gegenüber dieser Rechtslage keine grundsätzliche Änderung eingetreten[116].

2.97 Mit § 4 AGBG ist daher nur ein allgemeiner Auslegungsgrundsatz für AGB kodifiziert worden. Dieser dem AGB-Charakter entsprechende Auslegungsgrundsatz lautet, daß AGB – weil nur durch eine globale Einbeziehung Vertragsbestandteil geworden –, nur insoweit Geltung beanspruchen, als die Parteien keine individuellen Sonderregelungen für den konkreten Fall getroffen haben. Die spezielle Vereinbarung setzt sich also stets gegenüber der generellen Vereinbarung durch.

2.98 Der Grundsatz des Vorrangs der Individualabrede erfordert keineswegs, daß zwischen dem AGB-Verwender und seinem Vertragspartner ausdrücklich oder zumindest stillschweigend eine solche vorrangige Individualabrede getroffen worden ist. Nach allgemeiner Meinung bestehen keine Bedenken, das Vorrangprinzip **analog** auch auf solche Fälle anzuwenden, in denen nur **einseitige** individuelle Erklärungen des Verwenders mit dem Inhalt seiner AGB in Widerspruch stehen. Auch hier hat die spezielle Erklärung Vorrang gegenüber der generellen Erklärung[117].

Diese individuelle, die AGB verdrängende Willenserklärung des AGB-Verwenders kann auch stillschweigend[118] und damit auch durch schlüssiges Verhalten oder sogar durch bloßes Schweigen des AGB-Verwenders abgegeben werden. Nach den für solche stillschweigenden Willenserklärungen geltenden Auslegungsgrundsät-

---

115 Vgl. BGH WM 1977, 533, 534.
116 BGH WM 1982, 447, 450.
117 *Ulmer/Brandner/Hensen*, § 4 Rn 10a.
118 *Ulmer/Brandner/Hensen*, § 4 Rn 9, 10a.

zen können daher auch die besonderen Umstände des Einzelfalls für die Auslegungsfrage herangezogen werden, ob eine AGB-Klausel im konkreten Fall nicht anwendbar sein soll.

2. Einwand des individuellen Rechtsmißbrauchs

Eine weitere Grenze für die Geltung einer AGB-Klausel kann sich schließlich im Einzelfall aus dem Einwand der unzulässigen Rechtsausübung nach § 242 BGB ergeben. Nach dieser Vorschrift ist der Schuldner verpflichtet, die Leistung so zu bewirken, wie Treu und Glauben mit Rücksicht auf die Verkehrssitte es erfordern. Dieser Grundsatz von Treu und Glauben kann den Einwand einer mißbräuchlichen, weil unzulässigen Rechtsausübung begründen. Soweit dieser Einwand in einem Einzelfall zum Tragen kommt, liegt keine unzulässige teleologische Reduktion vor. § 242 BGB erfüllt daher nach allgemeiner Meinung auch gegenüber AGB-Klauseln die Funktion eines zusätzlichen Schutzes vor individuellem Rechtsmißbrauch des AGB-Verwenders[119]. Eine solche Einschränkung des Anwendungsbereichs einer an sich wirksamen AGB-Klausel dient allein dem Zweck, die Ausübung des Rechts aus einer wirksamen AGB-Klausel zu begrenzen[120]. Hier kann von einer **Ausübungskontrolle** im Gegensatz zur **Inhaltskontrolle** gesprochen werden[121]. Diese Ausübungskontrolle kommt insbesondere dann in Betracht, wenn wegen seltener Fallkonstellationen oder wegen unübersehbarer Verhältnisse eine tatbestandlich bestimmte Konkretisierung in der Klausel selbst nicht erwartet werden kann. Denn die generelle Ausrichtung der AGB erlaubt nicht die Berücksichtigung jedes einzelnen Interesses und aller fernliegenden Fallgestaltungen[122]. Raum für diese Ausübungskontrolle ist im übrigen in den Fallkonstellationen, in denen auf die unterschiedlichen Bedürfnisse konkreter Fallkonstellationen beweglich reagiert werden kann[123], wie dies insbesondere für den kaufmännischen Verkehr gilt.

2.99

Die Ausübungskontrolle kommt nur bei einer an sich wirksamen Klausel in Betracht und ist daher nur im **Individualprozeß** möglich. Die Prüfung einer wirksamen Einbeziehung sowie die Auslegung und die Inhaltskontrolle haben daher gegenüber dieser Ausübungskontrolle jeweils logischen Vorrang[124].

2.100

---

119 BGH WM 1985, 866, 868; *Ulmer/Brandner/Hensen*, § 9 Rn 34.
120 BGH WM 1988, 1569, 1571; 1989, 126, 129.
121 *Wolf/Horn/Lindacher*, § 9 Rn 27; *Bunte*, NJW 1987, 921, 926.
122 BGH WM 1987, 1131, 1134; *Wolf/Horn/Lindacher*, § 9 Rn 27.
123 *Wolf/Horn/Lindacher*, § 9 Rn 27.
124 *Wolf/Horn/Lindacher*, § 9 Rn 27.

3. Abschnitt
AGB der Banken

1. Teilabschnitt
Allgemeiner Teil

I. Vorbemerkungen

2.101 Die Industrialisierung in der zweiten Hälfte des 19. Jahrhunderts löste einen großen Finanzierungsbedarf aus, der zu einer wachsenden Inanspruchnahme von bankmäßigen Dienstleistungen führte. Zur rationellen Erledigung sich wiederholender Geschäftsvorfälle wurden insbesondere bei den Großbanken einheitliche Regelungen vornehmlich technisch-organisatorischer Art getroffen. Diese sog. Regulative sind die Vorläufer der heutigen Allgemeinen Geschäftsbedingungen (AGB) der Banken[125]. Die ersten AGB wurden um 1890 durch besondere Formblätter eingeführt, die zunächst nur wenige Ziffern aufwiesen[126]. Das „Bankgeschäftliche Formularbuch" enthielt in seiner ersten Ausgabe von 1912 ein Muster für AGB mit insgesamt 19 Regelungen für die Kontoführung über das Depotgeschäft bis hin zum Scheck- und Wechselinkasso.

2.102 Im Jahre 1937 veröffentlichte die „Wirtschaftsgruppe Privates Bankgewerbe" eine einheitliche Fassung der AGB mit 48 Klauseln, die die Grundstruktur und den Umfang der AGB bis zu der Neufassung zum 1. 1. 1993 prägten. Die zwischenzeitlichen Änderungen beschränkten sich weitgehend darauf, neuen gesetzlichen Vorschriften und der Rechtsprechung Rechnung zu tragen. Insbesondere waren die AGB an das AGB-Gesetz anzupassen[127]. Daneben galt es, Veränderungen in der technischen Abwicklung der bankmäßigen Betriebsabläufe zu berücksichtigen.

2.103 Bei der tiefgreifenden Neugestaltung der AGB zum 1. 1. 1993 wurden die bisherigen 47 Klauseln auf nur noch 20 verringert. Dabei galt es insbesondere, dem Gebot struktureller Transparenz von AGB-Klauseln Rechnung zu tragen. Hierzu wurden die bisherigen Klauseln für das Effekten- und

---

125 *Haupt*, Die Allgemeinen Geschäftsbedingungen der deutschen Banken, Leipzig 1937, S. 9 f.
126 *Mauthe*, Bank-Betrieb 1968, 8.
127 *Kümpel*, WM 1977, 695 ff.

Depotgeschäft in den Sonderbedingungen für Wertpapiergeschäfte angesiedelt und zugleich tiefgreifend neugestaltet. Parallel zu dieser Neufassung der AGB wurde eine Vielzahl neuer Formulare geschaffen, in die einzelne Klauselkomplexe zur Straffung der AGB integriert worden sind[128]. Die nachfolgenden Erläuterungen der AGB erfolgen anhand der von den privaten Banken verwendeten Fassung, die weitgehend mit den AGB der Sparkassen und Volksbanken übereinstimmen.
Dabei werden die einzelnen AGB-Klauseln nicht in ihrer numerischen Reihenfolge, sondern aus der Sicht einer geschäftsbezogenen Systematik behandelt.

Begonnen wird mit den Klauseln, die die **Geschäftsverbindung** als rahmenartiges Rechtsverhältnis regeln oder für alle Geschäftsarten übereinstimmende Regelungen enthalten. Sie betreffen den Geltungsbereich der AGB (Nr. 1) sowie die Pflichten der Bank und des Kunden aus der Geschäftsverbindung in Gestalt des Bankgeheimnisses und die Bankauskünfte (Nr. 2) sowie die Mitwirkungspflichten des Kunden (Nr. 11). Anschließend wird die Haftung der Bank für Mitarbeiter und sonstige Erfüllungsgehilfen (Nr. 3) dargestellt. Dieser „Allgemeine" Teil der AGB wird abgeschlossen mit den Klauseln für die vom Kunden zu zahlenden Zinsen, Entgelte und Auslagen (Nr. 12), der Rechtswahl und des Gerichtsstandes (Nr. 6) sowie die Möglichkeiten einer Kündigung der Geschäftsverbindung und einzelner Geschäftsbeziehungen (Nr. 18, 19).

2.104

Im 2. Abschnitt werden die Klauseln für die **Kontoführung** im Rahmen des Einlagen- und Girogeschäfts erläutert. Hier geht es um die Rechnungsabschlüsse der Kontokorrentkonten (Nr. 7), Storno- und Berichtigungsbuchungen (Nr. 8) sowie Vorbehaltsgutschriften bei Einzugsaufträgen und die Einlösung von Lastschriften und Kundenschecks durch Kontobelastungen (Nr. 9). Es folgen die Regelungen für Fremdwährungskonten (Nr. 10), die Verfügungsberechtigung nach dem Tode des Kunden (Nr. 5) sowie die Einlagensicherung (Nr. 20).

2.105

Der dritte und letzte Abschnitt betrifft die Klauseln für die **Banksicherheiten**. Begonnen wird mit dem Anspruch auf Sicherheitenbestellung (Nr. 13) sowie der Begrenzung dieses Besicherungsanspruches und der Freigabeverpflichtung der Bank (Nr. 16 AGB). Einen weiteren Schwerpunkt bilden das AGB-Pfandrecht (Nr. 14) und die Sicherungsrechte an Einzugspapieren und diskontierten Wechseln (Nr. 15). Abschließend wird die Verwertungsklausel für Banksicherheiten (Nr. 17) erläutert.

2.106

---

128 *Bunte* in Bankrechts-Handbuch, § 4 Rn 6.

II. Geltungsbereich und Änderungen der AGB (Nr. 1 AGB)

2.107 Die AGB gelten für die **gesamte Geschäftsverbindung** zwischen dem Kunden und den inländischen Geschäftsstellen der Bank. Die im Ausland unterhaltenen Geschäftsstellen müssen die von ihnen verwendeten AGB gesondert vereinbaren (Nr. 1 Abs. 1 S. 1 AGB). Dabei kann den Besonderheiten der jeweiligen ausländischen Rechtsordnung Rechnung getragen werden.

2.108 Die AGB-Klausel stellt im übrigen klar, daß neben den AGB für einzelne Geschäftsbeziehungen „Sonderbedingungen" gelten, die Abweichungen oder Ergänzungen zu den AGB enthalten (Nr. 1 Abs. 1 S. 2 AGB). Hierdurch soll der Eindruck vermieden werden, daß die AGB die alleinige AGB-mäßige Rahmenvereinbarung darstellen. Auch die **Sonderbedingungen** sind für eine Vielzahl von Verträgen vorformulierte Vertragsbedingungen und damit Allgemeine Geschäftsbedingungen im Sinne des AGB-Gesetzes (§ 1 Abs. 1). Zur terminologischen Abgrenzung von diesen Sonder-AGB werden die AGB im herkömmlichen (engeren) Wortsinne auch als **Grund-AGB** bezeichnet.

2.109 Zu diesen AGB-mäßigen Sonderbedingungen gehören insbesondere die Sonderbedingungen für den ec-Service, den Scheck- und Sparverkehr sowie für die Annahme von Verwahrstücken und für die Vermietung von Schrankfächern. Aus dem Bereich des Investmentbanking sind vor allem die Sonderbedingungen für die Wertpapiergeschäfte und für Börsentermingeschäfte sowie die Bedingungen für die Geschäfte an den deutschen Wertpapierbörsen zu erwähnen, die im Verhältnis Effektenkunde und Bank AGB-Charakter haben.

2.110 Ergibt sich ein Widerspruch zwischen den Grund-AGB und den Sonderbedingungen, so kann § 4 AGBG mit seinem Gebot des Vorranges der Individualabrede entsprechend angewendet werden mit der Folge, daß die spezielle der allgemeinen Klausel vorgeht[129]. Dies gilt auch im Verhältnis der AGB-Klauseln in den Bankformularen zu den Grund-AGB oder Sonderbedingungen[130]. Läßt sich durch diesen Vorrang der Widerspruch nicht auflösen oder besteht über das Rangverhältnis Unklarheit, so greift die Unklarheitenregel des § 5 AGBG ein.

2.111 Die AGB und Sonderbedingungen gelten auch gegenüber ausländischen Kunden, die der deutschen Sprache nicht mächtig sind[131]. Das Verständ-

---

129 *Werhahn/Schebesta*, AGB und Sonderbedingungen der Banken, Rn 21; *Bunte* in Bankrechts-Handbuch, § 6 Rn 6.
130 *Bunte* in Bankrechts-Handbuch, § 6 Rn 6.
131 BGH WM 1983, 527, 528; OLG München WM 1976, 45, 48; LG Köln WM 1986, 821, 822; *Werhahn/Schebesta*, AGB und Sonderbedingungen der Banken, Rn 23.

nis deutschsprachiger AGB kann zwar für Ausländer mit erheblichen Schwierigkeiten verbunden sein. Daraus kann aber nach dem BGH nicht gefolgert werden, daß der Verwender ihnen in solchen Fällen eine Übersetzung zur Verfügung stellen müßte[132]. Entscheidend ist vielmehr, welcher Sprache sich die Parteien im Rahmen ihrer rechtsgeschäftlichen Beziehungen bedienen. Wählen sie die deutsche Sprache als Verhandlungs- und Vertragssprache, so akzeptiert der ausländische Partner damit den gesamten deutschsprachigen Vertragsinhalt einschließlich der zugrundeliegenden AGB. Sodann ist es ihm zuzumuten, sich vor Abschluß des Vertrages selbst die erforderliche Übersetzung zu beschaffen. Anderenfalls muß er den nicht zur Kenntnis genommenen Text der Geschäftsbedingungen gegen sich gelten lassen[133].

Die AGB und die Sonderbedingungen gelten grundsätzlich auch im **Geschäftsverkehr mit anderen Banken**[134]. Voraussetzung hierfür ist aber, daß zu der anderen Bank eine bankmäßige Geschäftsbeziehung besteht und diese Bank sich damit in der hierfür typischen „Kundenrolle" befindet. Die gesamte Struktur der AGB und der Sonderbedingungen ist so stark von dem Gegensatzpaar „Kunde/Bank" geprägt, daß eine Anwendung von AGB-mäßigen Regelungen unter Verzicht auf diese Unterschiede dem Sinn und Zweck solcher Klauseln nicht gerecht wird.

2.112

1. Einbeziehung der AGB und der Sonderbedingungen

Die AGB wie auch die Sonderbedingungen werden gegenüber der nicht kaufmännischen Kundschaft nur wirksam, wenn die Einbeziehungsvoraussetzungen nach dem AGB-Gesetz (§ 2) vorliegen. Danach werden AGB-Klauseln **Bestandteil** des Vertragsverhältnisses, wenn die Bank den Kunden ausdrücklich auf sie hinweist und ihm die Möglichkeit verschafft, in zumutbarer Weise von ihrem Inhalt Kenntnis zu nehmen. Dieser ausdrückliche Hinweis kann zwar auch mündlich oder durch Aushändigung des AGB-Textes erfolgen. Aus Beweisgründen erfolgt dieser Hinweis jedoch häufig unmittelbar über der Unterschriftszeile des Kunden, wobei er durch halbfetten Druck optisch hervorgehoben wird[135].

2.113

---

132 WM 1983, 527, 528.
133 BGH WM 1983, 527, 528 m.w.Nachw.
134 BGH WM 1968, 218; *Werhahn/Schebesta,* AGB und Sonderbedingungen der Banken, Rn 24; *Bunte* in Bankrechts-Handbuch, § 6 Rn 8.
135 *Werhahn/Schebesta,* AGB und Sonderbedingungen der Banken, Rn 10. Zu den Erfordernissen dieses ausdrücklichen Hinweises vgl. BGH WM 1986, 1194 f.

2. Teil: Allgemeine Grundlagen

2.114 Für die Verschaffung der Möglichkeit zumutbarer **Kenntnisnahme** bedarf es keiner Aushändigung der AGB an den Kunden. Es reicht vielmehr aus, daß die AGB in den Schalterräumen aushängen oder ausgelegt sind. Die Praxis stellt gleichwohl häufig ein Exemplar der AGB unaufgefordert zur Verfügung, wenn eine Geschäftsbeziehung neu gegründet wird[136].

2.115 Schließlich erfordert eine wirksame Einbeziehung von AGB-Klauseln, daß sich der Kunde mit ihrer Geltung einverstanden erklärt[137]. Dieses **Einverständnis** ist formfrei und kann auch durch schlüssiges Verhalten erfolgen[138].

2.116 Ein solches **konkludentes** Einverständnis liegt insbesondere vor, wenn der Kunde weiterhin Bankdienstleistungen in Anspruch nimmt, nachdem er auf die AGB und die Sonderbedingungen hingewiesen und ihm auch die Möglichkeit zumutbarer Kenntnisverschaffung eingeräumt worden ist[139].

Die AGB selbst enthalten also keine Einbeziehungsvereinbarungen im Sinne des § 2 AGBG[140]. Dies ist in der AGB-Klausel für die Sonderbedingungen ausdrücklich klargestellt worden. Danach werden diese Sonder-AGB bei der Kontoeröffnung oder bei der Erteilung eines Auftrages mit dem Kunden vereinbart (Nr. 1 Abs. 1 S. 2 AGB).

2.117 Einer rechtsgeschäftlichen Vereinbarung über die Geltung der AGB und der Sonderbedingungen bedarf es auch im Geschäftsverkehr mit kaufmännischen Kunden. Die besonderen **Einbeziehungsvoraussetzungen** des § 2 AGBG gelten zwar nicht bei Bankgeschäften mit der kaufmännischen Kundschaft (§ 24 AGB-Gesetz). Auch im kaufmännischen Geschäftsverkehr ist nach dem BGH, wenn es an einem entsprechenden Handelsbrauch mangelt, eine ausdrückliche oder stillschweigende Vereinbarung über die Einbeziehung der AGB in das Vertragsverhältnis erforderlich[141].

2. AGB-Änderungen

2.118 Die Einbeziehungsvoraussetzungen des § 2 Abs. 1 AGBG müssen auch bei einer **nachträglichen** Änderung von AGB gegeben sein. Denn eine solche Änderung ist eine Modifizierung des Vertrages, die den gleichen

---

136 *Werhahn/Schebesta*, AGB und Sonderbedingungen der Banken, Rn 11.
137 § 2 Abs. 1 letzter Halbsatz AGBG.
138 BGH WM 1982, 444; WM 1985, 694, 695.
139 *Werhahn/Schebesta*, AGB und Sonderbedingungen der Banken, Rn 13; *Gößmann* in Bankrecht und Bankpraxis, Rn 1/24.
140 *Werhahn/Schebesta*, AGB und Sonderbedingungen der Banken, Rn 6.
141 BGH WM 1985, 694, 695 m.w.Nachw.; 1992, 657, 659.

Grundsätzen unterliegt wie der Vertragsabschluß selbst[142]. Dementsprechend regelt Nr. 1 Abs. 2 AGB die Modalitäten solcher AGB-Änderungen. Danach werden die Änderungen der AGB und der Sonderbedingungen dem Kunden schriftlich bekanntgegeben. Sie gelten als genehmigt, wenn der Kunde nicht schriftlich Widerspruch erhebt. Auf diese Folge wird die Bank bei der Bekanntgabe besonders hinweisen. Der Kunde muß den **Widerspruch** innerhalb eines Monats nach Bekanntgabe der Änderungen an die Bank absenden. Mit dieser Regelung sind zugleich die AGB-gesetzlichen Voraussetzungen für eine fingierte Einverständniserklärung des Kunden gegeben (vgl. § 10 Nr. 5 AGBG).

Der Hinweispflicht nach § 2 AGB-Gesetz kann dadurch entsprochen werden, daß die Inhaber von Girokonten und -depots anläßlich der Übersendung von Rechnungsabschlüssen oder Depotaufstellungen durch besondere Hinweise auf die Änderungen aufmerksam gemacht werden[143]. 2.119

Soweit wesentliche Bestimmungen der AGB oder Sonderbedingungen geändert worden sind, soll eine Übersendung des neuen Wortlauts erforderlich sein[144]. Bei Änderungen zum Nachteil des Kunden sind diese besonders hervorzuheben[145]. Dies kann z.B. durch eine synoptische Gegenüberstellung, durch einen Fettdruck der Änderungen oder durch ein Ergänzungsblatt mit Aufführung der Änderungen geschehen[146]. 2.120

Wie bei der Aufnahme der Geschäftsverbindung und der damit einhergehenden Einbeziehung der AGB kann auch bei solchen nachträglichen Änderungen die Einverständniserklärung des Kunden durch schlüssiges Verhalten abgegeben werden. Ein solches **konkludentes Einverständnis** ist regelmäßig anzunehmen, wenn der Kunde nach Bekanntgabe der Änderung die Geschäftsverbindung mit dem Kreditinstitut widerspruchslos fortsetzt[147]. 2.121

Dies gilt auch gegenüber den Sparkunden. Bei diesem Kundenkreis ist eine schriftliche Benachrichtigung über die AGB-Änderung oft nur unter unverhältnismäßigen Schwierigkeiten möglich. In diesem Fall bestimmt das AGB-Gesetz (§ 2 Abs. 1 Nr. 1), daß die Hinweispflicht durch einen deutlich sichtbaren Aushang erfüllt 2.122

---

142 *Ulmer/Brandner/Hensen*, § 2 Rn 64.
143 *Bunte* in Bankrechts-Handbuch, § 6 Rn 12; *Werhahn/Schebesta*, AGB und Sonderbedingungen der Banken, Rn 33.
144 *Ulmer/Brandner/Hensen*, § 2 Rn 64; *Werhahn/Schebesta*, AGB und Sonderbedingungen der Banken, Rn 36.
145 BGH BB 1973, 217; *Ulmer/Brandner/Hensen*, § 2 Rn 64.
146 *Bunte*, Bankrechts-Handbuch, § 6 Rn 12.
147 *Gößmann* in Bankrecht und Bankpraxis, Rn 1/24; *Werhahn/Schebesta*, AGB und Sonderbedingungen der Banken, Rn 37.

werden kann[148]. Ein Einverständnis des Sparkunden zu den Änderungen kann sodann spätestens unterstellt werden, wenn er nach dem deutlich sichtbaren Aushang Geschäfte mit der Bank tätigt[149].

III. Verhaltens- und Schutzpflichten aus der Geschäftsverbindung

2.123 Aus der Geschäftsverbindung als einem rahmenartigen Schuldverhältnis und aus der einzelnen Geschäftsbeziehung als einem konkreten Schuldverhältnis, wie es bei der Inanspruchnahme einer Bankdienstleistung im Rahmen der Geschäftsverbindung vertraglich begründet wird, können sich für die Bank und den Kunden allgemeine Verhaltens- und Schutzpflichten ergeben. Die vorherrschende Meinung in Rechtsprechung und Schrifttum leitet diese **Nebenpflichten** aus § 242 BGB ab[150]. Danach hat der Schuldner die Leistung so zu bewirken, wie es Treu und Glauben mit Rücksicht auf die Verkehrssitte erfordern. Diese Verhaltens- und Schutzpflichten sind von den primären Nebenleistungspflichten zu unterscheiden, die der Vorbereitung, Durchführung und Sicherung der geschuldeten Hauptleistung dienen, wie dies z.B. auf die Pflicht des Käufers zur Abnahme der gekauften Sache zutrifft (§ 433 Abs. 2 BGB).

2.124 Diese Nebenleistungspflichten prägen zusammen mit den Hauptleistungspflichten die Eigenart des jeweiligen Schuldverhältnisses, wie z.B. die Hauptpflicht des Käufers zur Zahlung des geschuldeten Kaufpreises und seiner Nebenpflicht zur Abnahme der gekauften Sache. Die primären Haupt- und Nebenleistungspflichten sind maßgeblich für die Subsumierung unter die im Schuldrecht des BGB geregelten Vertragstypen.

2.125 Die allgemeinen Verhaltens- und Schutzpflichten bezwecken anders als die primären Nebenleistungspflichten nicht den Leistungserfolg herbeizuführen oder zu sichern. Sie berühren regelmäßig nicht einmal den konkreten Vertragsinhalt[151]. Schutzobjekt dieser vertraglichen Nebenpflichten ist vielmehr das Interesse des Partners an der Erhaltung seines personen- und vermögensrechtlichen Status quo (sog. **Integritätsinteresse**)[152]. Jeder Vertragspartner hat sich nach den Regeln des allgemeinen Schuldrechts in zumutbarer Weise so zu verhalten, daß Person, Eigentum und sonstige

---

148 *Werhahn/Schebesta*, AGB und Sonderbedingungen der Banken, Rn 34.
149 *Werhahn/Schebesta*, AGB und Sonderbedingungen der Banken, Rn 39.
150 *Bunte* in Bankrechts-Handbuch, § 16 Rn 1; *Merkel*, WM 1993, 725; *Wagner-Wieduwilt* in Bankrecht und Bankpraxis, Rn 1/284.
151 Münchener Komm. zum BGB/*Roth*, § 242 Rn 183.
152 Münchener Komm. zum BGB/*Roth*, § 242 Rn 183.

Rechtsgüter einschließlich des Vermögens des anderen Teils nicht verletzt werden[153].

Für die Begründung und inhaltliche Bestimmung solcher vertraglichen Schutzpflichten sind die jeweiligen Parteivereinbarungen regelmäßig unergiebig. Diese Pflichten sind vielmehr aus einer Beurteilung der Interessenlage heraus nach den Grundsätzen von Treu und Glauben (§ 242 BGB) zu entwickeln[154]. 2.126

Eine Verletzung dieser **Schutzpflichten** kann Schadensersatzpflichten begründen. Dabei ist die Verantwortlichkeit nicht den milderen Haftungsmaßstäben des Rechts der unerlaubten Handlung (§§ 823 ff. BGB), sondern den strengeren vertraglichen Haftungsregeln (§§ 276, 278 BGB) nachgebildet[155]. 2.127

Allgemeine Verhaltens- und Schutzpflichten entspringen nicht nur vertraglich begründeten Schuldverhältnissen, wie sie den einzelnen Bankgeschäften etwa in Gestalt eines entgeltlichen Geschäftsbesorgungsverhältnisses (§ 675 BGB) oder eines Gelddarlehens (§ 607 BGB) zugrunde liegen. Auch die rahmenartige Geschäftsverbindung kommt als Rechtsgrundlage in Betracht. Insoweit ist es auch unerheblich, ob diese Geschäftsverbindung als ein eigenständiger Vertragstyp in Gestalt des allgemeinen Bankvertrages oder mit der überwiegenden Meinung als ein (außervertragliches) gesetzliches Schuldverhältnis angesehen wird, das auf dem Vertrauensprinzip als immanentes Prinzip unserer Rechtsordnung beruht[156]. 2.128

Ein anschauliches Beispiel der Bankpraxis für solche aus der Geschäftsverbindung herrührenden allgemeinen Verhaltens- und Schutzpflichten ist das **Bankgeheimnis.** Denn die Verschwiegenheitspflicht setzt nur voraus, daß die Bank die geheimzuhaltende Tatsache im Rahmen von rechtsgeschäftlichen Kontakten erfahren hat[157]. Zu einer konkreten Geschäftsbeziehung, etwa der Eröffnung eines Kontos oder eines Depots braucht es noch nicht gekommen zu sein[158]. So kommt die Verschwiegenheitspflicht der Bank schon zum Tragen, wenn sie einen Kreditwunsch abgelehnt hat, dem der Kreditsuchende Geschäftsunterlagen beigefügt hat. 2.129

Wie die Rechtsprechung zu den allgemeinen Verhaltens- und Schutzpflichten zeigt, besteht jedoch bei der Verletzung solcher Nebenpflichten häufig schon ein konkretes vertragliches Schuldverhältnis in Gestalt eines Geschäftsbesorgungs- oder Kreditvertrages, aus dem sich diese Ne- 2.130

---
153 BGH WM 1983, 795, 796; *Palandt/Heinrichs*, § 242 Rn 35.
154 Münchener Komm. zum BGB/*Roth*, § 242 Rn 130.
155 Münchener Komm. zum BGB/*Roth*, § 242 Rn 174, 196.
156 *Larenz*, Methodenlehre der Rechtswissenschaft, 6. Aufl., 1991, S. 421, 474 ff.
157 *Bruchner* in Bankrechts-Handbuch, § 39 Rn 8.
158 *Canaris*, Bankvertragsrecht[3], Rn 53.

benpflicht gemäß § 242 BGB ebenfalls ableiten läßt. Die geschäftlichen Kontakte zwischen Bank und Kunde erweisen sich, wie Rechtsprechung und Schrifttum zeigen, als wahre Fundgrube für die äußerst vielgestaltigen Verhaltens- und Schutzpflichten. Dabei stehen die allgemeinen Schutzpflichten der Bank ganz im Vordergrund[159].

2.131 Der Pflichtenkatalog des Bankkunden hat dagegen einen wesentlich geringeren Umfang. Im Interesse der erwünschten Transparenz sind bei der Neufassung der AGB im Jahre 1993 praktisch besonders bedeutsame Nebenpflichten als sog. Mitwirkungspflichten des Kunden in den AGB (Nr. 11) ausformuliert worden.

2.132 Bei den Verhaltens- und Schutzpflichten der Bank stehen die **Aufklärungs- und Warnpflichten** bei der Anlageberatung des Effektengeschäfts im Vordergrund. Unter bestimmten Voraussetzungen bestehen diese Verhaltens- und Schutzpflichten auch im Einlagen- und Kreditgeschäft und bei der Vermittlung des bargeldlosen Zahlungsverkehrs. Die Rechtsprechung stellt auch bei der Beratung über Rechtsfragen bestimmte Anforderungen an die Kreditinstitute[160].

2.133 Diese Nebenpflichten der Bank aus der Geschäftsverbindung oder einer besonderen Geschäftsbeziehung sind streng von den **Informationspflichten** zu unterscheiden, die sich aus der auftragsrechtlichen Benachrichtigungspflicht ergeben, wenn zwischen Bank und Kunde ein **Geschäftsbesorgungsvertrag** (§ 675 BGB) abgeschlossen worden ist. So hat die Bank z.B. den Kunden unverzüglich über Storno- und Berichtigungsbuchungen zu unterrichten, die sie auf seinem Girokonto vorgenommen hat (Nr. 8 Abs. 3 AGB). Dem Girokonto liegt ein Geschäftsbesorgungsvertrag zugrunde, der die Bank gemäß § 666 BGB verpflichtet, dem Kunden als ihrem Auftraggeber die erforderlichen Nachrichten zu geben. Dagegen beruhen die allgemeinen Verhaltens- und Schutzpflichten nach dem BGH auf § 242 BGB.

Von den Verhaltens- und Schutzpflichten der Bank haben in den Grund-AGB nur das Bankgeheimnis und die Bankauskunft eine Regelung erfahren.

---

159 *Nobbe*, Neue höchstrichterliche Rechtsprechung zum Bankrecht, RWS-Skript 40, 6. Aufl., 1995, S. 1; *Vortmann*, Aufklärungs- und Beratungspflichten der Banken, RWS-Skript 226, 5. Aufl., 1998; *ders.*, WM 1993, 581; zu Beweislastfragen vgl. *Roth*, ZHR 154 (1990), 513; *Köndgen*, NJW 1996, 558, 559; LG Hamburg WM 1996, 990, 1002.
160 Zum Abschluß eines steuerbegünstigten Sparvertrages vgl. BGH WM 1964, 609; zum Hinweis auf devisenrechtliche Vorschriften vgl. BGH WM 1957, 288; 1958, 1078.

1. Bankgeheimnis (Nr. 2 Abs. 1 AGB)

Ein anschauliches Beispiel einer Verhaltens- und Schutzpflicht der Bank aus der bankmäßigen Geschäftsverbindung ist das Bankgeheimnis. Dieser Begriff bezeichnet seit langem die Pflicht der Bank zur Verschwiegenheit über alle kundenbezogenen Tatsachen und Wertungen, von denen sie Kenntnis erlangt hat (vgl. Nr. 2 Abs. 1 AGB).

2.134

a) Rechtsnatur der Verschwiegenheitspflicht der Bank

Die Verpflichtung der Bank zur Wahrung des Bankgeheimnisses (nachfolgend Verschwiegenheitspflicht) wird nach der Rechtsprechung und der herrschenden Lehre als eine Nebenpflicht aus der Geschäftsverbindung zwischen Kunde und Bank eingeordnet[161]. Dabei ist es unerheblich, ob die Geschäftsverbindung als ein sog. Bankvertrag qualifiziert wird oder darin ein gesetzliches Schuldverhältnis ohne primäre Leistungspflicht erblickt wird[162]. Ein Teil des Schrifttums erblickt in dieser Verschwiegenheitspflicht der Bank Gewohnheitsrecht[163].

2.135

Die Geheimhaltungspflicht der Bank besteht gegenüber dem Kunden. Nach seinem Ableben wird Geheimnisherr der oder die Erben[164]. Es sind aber persönlichkeitsbezogene Geheimnisse denkbar, die nach dem ausdrücklichen oder mutmaßlichen Willen des Verstorbenen auch gegenüber den Erben nicht aufgedeckt werden dürfen[165]. Die Verschwiegenheitspflicht bleibt im übrigen von der Beendigung der Geschäftsverbindung unberührt[166].

2.136

Kein Einvernehmen besteht, ob das Bankgeheimnis auch im **Verfassungsrecht** verankert ist[167]. Das Schutzobjekt des Bankgeheimnisses dürfte

2.137

---

161 BGH BB 1993, 993; RGZ 126, 50, 52; 139, 103; *Canaris*, Bankvertragsrecht³, Rn 42; *Weber* in Bankrecht und Bankpraxis, Rn 1/33, 2/842; *Bruchner* in Bankrechts-Handbuch, § 39 Rn 7; *Bunte* in Bankrechts-Handbuch, § 7 Rn 1; *Werhahn/Schebesta*, AGB und Sonderbedingungen der Banken, 1995, Rn 43.
162 Vgl. z.B. *Baumbach/Hopt*, Nr. 2 AGB Banken Rn 1; *Canaris*, Bankvertragsrecht³, Rn 42.
163 *Sichtermann/Feuerborn/Kirchherr/Terdenge*, Bankgeheimnis und Bankauskunft in der Bundesrepublik Deutschland sowie in wichtigen ausländischen Staaten, 3. Aufl., 1984, 62 ff.
164 *Canaris*, Bankvertragsrecht³, Rn 51; *Weber* in Bankrecht und Bankpraxis, Rn 1/39; 2/846; *Bruchner* in Bankrechts-Handbuch, § 39 Rn 11.
165 *Weber* in Bankrecht und Bankpraxis, Rn 2/848.
166 BGH BB 1953, 993; *Weber* in Bankrecht und Bankpraxis, Rn 1/39.
167 Vgl. hierzu *Canaris*, Bankvertragsrecht³, Rn 36 ff.; verneinend *Bunte* in Bankrechts-Handbuch, § 7, Rn 1; bejahend *Bruchner* in Bankrechts-Handbuch, § 39 Rn 5.

nicht zu dem unantastbaren Kernbereich privater Lebensgestaltung (Intim- und Privatsphäre) gehören, der absolut und vorbehaltlos verfassungsrechtlich geschützt wird. Auch fehlt es an einem umfassenden strafrechtlichen Schutz des Bankgeheimnisses, wie er zum Teil im Ausland besteht[168].

2.138 Nur bei öffentlich-rechtlichen Kreditinstituten kann die Verletzung des Bankgeheimnisses strafrechtlich geahndet werden (§ 203 Abs. 2 StGB). Ein gewisser strafrechtlicher Schutz des Bankgeheimnisses ergibt sich auch aus dem Bundesdatenschutzgesetz (§ 41). Danach wird die unbefugte Weitergabe personenbezogener Daten mit einer Freiheitsstrafe bis zu einem Jahr oder mit Geldstrafe geahndet. Die Aufnahme einer besonderen Strafvorschrift in das Bundesdatenschutzgesetz war notwendig, weil der erwünschte Schutz durch die Bestimmungen des Strafgesetzbuches nicht ausreichend geleistet werden kann.

2.139 Legislatorischen Eingriffen in das Bankgeheimnis sind jedoch nach weit verbreiteter Ansicht verfassungsrechtliche Grenzen gesetzt[169]. So ist nach *Canaris* das Bankgeheimnis auch durch das Recht auf informationelle Selbstbestimmung geschützt[170]. Dieses Recht beinhaltet die Befugnis des Einzelnen, grundsätzlich selbst zu entscheiden, wann und innerhalb welcher Grenzen persönliche Lebenssachverhalte offenbart werden[171]. Im übrigen berührt eine gesetzliche Einschränkung des Bankgeheimnisses das Vertrauensverhältnis zwischen Kunde und Bank und beeinträchtigt damit zwangsläufig die ungestörte Tätigkeit der Banken. Eingriffe in das Bankgeheimnis können deshalb auch das Grundrecht der Bank auf Freiheit der Berufsausübung (Art. 12 Abs. 1 S. 2 GG) verletzen[172].

2.140 Bei der Neufassung der Grund-AGB im Jahre 1993 ist das Bankgeheimnis ausdrücklich in den AGB angesprochen und geregelt worden. Hierdurch sollte der Umfang der Geheimhaltungspflicht schärfer konturiert werden. Auch sollte dem hohen Stellenwert, der dem Bankgeheimnis unter dem Aspekt des Datenschutzes, des Persönlichkeitsrechts und der Unverletzlichkeit der Privatsphäre zukommt, sichtbar Rechnung getragen werden[173]. Schließlich legten auch Auskunftsersuchen ausländischer staatli-

---

168 Vgl. Art. 47 Schweizerisches Bankgesetz; §§ 23, 34 Abs. 1 Österreichisches Kreditwesengesetz.
169 *Bruchner* in Bankrechts-Handbuch, § 39, Rn 6 m.w.Hinw.
170 *Canaris*, Bankvertragsrecht³, Rn 37.
171 BVerfGE 65, 1, 41 f.
172 *Lerche*, ZHR 149 (1985), 165; *Rehbein*, ZHR 149 (1985), 145; *Canaris*, Bankvertragsrecht³, Rn 38; *Bruchner* in Bankrechts-Handbuch, § 39 Rn 6 m.w.Nachw.
173 *Weber* in Bankrecht und Bankpraxis, Rn 1/34, 2/842.

cher Stellen an inländische Banken wegen auslandsbezogener Geschäftsvorfälle eine ausdrückliche Verankerung in den AGB nahe[174]. Diese anfragenden Stellen haben nicht selten bezweifelt, ob die Bank nach deutschem Recht wirklich berechtigt ist, die erbetenen Informationen unter Berufung auf das Bankgeheimnis zu verweigern. Einer Verschwiegenheitspflicht, die lediglich als ungeschriebenes Recht aus allgemeinen Rechtsgrundsätzen abgeleitet wird, traute das Ausland keine große Durchsetzungskraft zu[175].

Da die Verschwiegenheitspflicht seit jeher eine ungeschriebene Nebenpflicht der bankmäßigen Geschäftsverbindung darstellt, hat die im Jahre 1993 eingeführte Regelung in Nr. 2 Abs. 1 AGB nach allgemeiner Meinung lediglich **deklaratorische Bedeutung**[176]. Das Bankgeheimnis gilt deshalb auch dann, wenn im Einzelfall die AGB zwischen der Bank und dem Kunden nicht wirksam vereinbart worden sind[177]. Die Verschwiegenheitspflicht gilt im übrigen auch in den Ausnahmefällen, in denen der geschäftliche Kontakt mit der Bank nicht in den Abschluß eines Vertrages einmündet[178].

2.141

Der Begriff des Bankgeheimnisses beinhaltet nicht nur die Verschwiegenheitspflicht der Bank. Sie begründet auch das Recht der Kreditinstitute zur Auskunftsverweigerung. Zum einen haben die Kreditinstitute eine Pflicht zur Verschwiegenheit gegenüber dem Kunden als Träger des Bankgeheimnisses. Zum anderen können sich die Kreditinstitute infolge dieser Verschwiegenheitspflicht gegenüber Dritten auf ein korrespondierendes Recht zur Geheimhaltung berufen. Mit Rücksicht auf diese Verschwiegenheitspflicht müssen die Kreditinstitute Stillschweigen über die Vermögensverhältnisse und sonstigen Belange ihrer Kunden wahren, die ihnen im Rahmen oder bei Gelegenheit ihrer geschäftlichen Tätigkeit bekannt werden. Das Bankgeheimnis berechtigt also die Kreditinstitute, Auskünfte gegenüber jedermann und damit grundsätzlich auch gegenüber Behörden zu verweigern. Etwas anderes gilt nur, wenn ausnahmsweise eine ausdrückliche gesetzliche Offenbarungspflicht besteht oder das Kreditinstitut aus sonstigen Gründen von seiner Verschwiegenheitspflicht entbunden ist.

2.142

---

174 *Sonnenhol*, WM 1993, 677, 678.
175 *Weber* in Bankrecht und Bankpraxis, Rn 1/34, 2/842; *Bosch*, IPrax 1984, 127.
176 *Baumbach/Hopt*, Nr. 2 AGB Banken Rn 1; *Bunte* in Bankrechts-Handbuch, § 7 Rn 1; *Bruchner* in Bankrechts-Handbuch, § 39 Rn 7; *Weber* in Bankrecht und Bankpraxis, Rn 1/33 und 2/842.
177 *Weber* in Bankrecht und Bankpraxis, Rn 2/842.
178 *Bruchner* in Bankrechts-Handbuch, § 39 Rn 7.

2.143 Eine solche gesetzliche Verpflichtung zur Bekanntgabe des Kundennamens besteht zum Beispiel, wenn die inländischen Kreditinstitute Wertpapiere für ihre Depotkunden im Ausland aufbewahren lassen. Nach Nr. 12 Abs. 3 S. 1 „Sonderbedingungen für Wertpapiergeschäfte" werden die Kreditinstitute treuhänderische Eigentümer dieser Wertpapiere. Damit unterliegen die Kreditinstitute Auskunftsansprüchen, die das Aktienrecht z.B. in Großbritannien, Australien und Malaysia für die Anteilseigner im Sinne des legal und des beneficial owner vorschreibt[179].

b) Gegenstand des Bankgeheimnisses

2.144 Der Verschwiegenheitspflicht unterliegen sämtliche kundenbezogene Tatsachen, von denen die Bank im Rahmen der Geschäftsbeziehung Kenntnis erlangt[180]. Das Bankgeheimnis erstreckt sich auch auf Wertungen der Bank, insbesondere wenn sie sich auf die im Rahmen der Geschäftsverbindung zugänglichen Tatsachen und Informationen stützen (Nr. 2 Abs. 1 AGB Banken)[181]. Unerheblich ist dabei, ob die Kenntnis auf einer Mitteilung des Kunden, eines Dritten oder auf eigener Wahrnehmung beruht.

2.145 Die Verschwiegenheitspflicht ist zudem nicht auf die reinen Vermögensangelegenheiten beschränkt. Sie erstreckt sich auch auf die Privatverhältnisse des Kunden, wie etwa Erbfälle, Scheidungen oder Unterhaltsverpflichtungen[182]. Der Verschwiegenheit unterliegen schließlich auch Unterlassungen des Kunden, etwa daß der Kunde an einem bestimmten Tag keine Kontoverfügung vorgenommen oder einen eingeräumten Kreditrahmen nicht ausgenutzt hat (sog. **Negativtatsachen**)[183].

2.146 Auch das Bestehen der Geschäftsverbindung mit der Bank fällt grundsätzlich unter das Bankgeheimnis.

Der Kunde wird freilich durch die Angabe seiner Bankverbindung auf seinem Briefbogen und durch Verwendung von Scheck- und Überweisungsformularen vielfach selbst seine Geschäftsverbindung zu seiner Bank offenlegen. In diesen Fällen entfällt die Verschwiegenheitspflicht; hier ist die Bankverbindung kein schutzwürdiges Geheimnis mehr[184].

---

179 *Kümpel* in Bankrecht und Bankpraxis, Rn 8/127b.
180 *Bunte* in Bankrechts-Handbuch, § 7 Rn 7; *Bruchner* in Bankrechts-Handbuch, § 39 Rn 8.
181 *Canaris*, Bankvertragsrecht³, Rn 49; *Weber* in Bankrecht und Bankpraxis, Rn 1/36, 2/842; *Bunte* in Bankrechts-Handbuch, § 7 Rn 7.
182 *Weber* in Bankrecht und Bankpraxis, Rn 2/844; *Bruchner* in Bankrechts-Handbuch, § 39 Rn 8.
183 *Bruchner* in Bankrechts-Handbuch, § 39 Rn 8; *Weber* in Bankrecht und Bankpraxis, Rn 2/844.
184 *Weber* in Bankrecht und Bankpraxis, Rn 2/844; *Bruchner* in Bankrechts-Handbuch, § 39 Rn 8.

Schließlich können auch offenkundige und allgemein bekannte Tatsachen unter das Bankgeheimnis fallen, sofern der Kunde gleichwohl die Geheimhaltung wünscht und der Dritte diese erst durch die Bank erfährt[185].

2.147

Bis zur Neufassung der AGB im Jahre 1993 setzte die Verschwiegenheitspflicht voraus, daß der Kunde die betreffenden Tatsachen überhaupt geheimzuhalten wünschte. Diese Einschränkung des Bankgeheimnisses sieht die Nr. 2 Abs. 1 AGB Banken nicht mehr vor. Die Verschwiegenheitspflicht erstreckt sich nunmehr ohne Rücksicht auf den Willen des Kunden auf alle Tatsachen und Wertungen im Rahmen der Geschäftsverbindung[186]. Hierdurch dürften sich praktisch keine Änderungen gegenüber der früheren Rechtslage ergeben haben. Die Kreditinstitute sind schon bisher vorsichtshalber davon ausgegangen, daß ein Kunde sämtliche Einzelheiten seiner Geschäftsverbindung, selbst wenn sie offenkundig und allgemein bekannt sind, geheimzuhalten wünscht[187].

2.148

c) Reichweite der Verschwiegenheitspflicht

Wenngleich die Verschwiegenheitspflicht grundsätzlich nur den Kunden oder seinen Erben schützen soll, kann das Bankgeheimnis in bestimmten Fallkonstellationen gegenüber einem Nicht-Kunden zum Tragen kommen[188]. Hier ist vor allem an die Fälle zu denken, in denen ein Kreditinstitut die geheimhaltungspflichtigen Tatsachen im Rahmen der Abwicklung eines Geschäftes erfahren hat, das die Einschaltung mehrerer Kreditinstitute erfordert. Diese Sachverhalte sind vor allem beim bargeldlosen Zahlungsverkehr unter Einschaltung mehrerer Banken gegeben.

2.149

Bei solchen institutsübergreifenden Geschäftsvorfällen tritt jedes mitwirkende Kreditinstitut in die Geheimhaltungspflicht der anderen miteingeschalteten Institute ein. So erstreckt sich die Verschwiegenheitspflicht der in der Überweisungskette nachgeschalteten Bank auch auf die Angelegenheiten des Überweisungsauftraggebers, also auf Angelegenheiten eines Kunden der vorgeschalteten Bank[189].

2.150

---

185 *Canaris*, Bankvertragsrecht³, Rn 49; *Bunte* in Bankrechts-Handbuch, § 7 Rn 8.
186 *Weber* in Bankrecht und Bankpraxis, Rn 1/37; 2/844.
187 *Weber* in Bankrecht und Bankpraxis, Rn 1/37; *Bunte* in Bankrechts-Handbuch, § 7 Rn 8.
188 *Weber* in Bankrecht und Bankpraxis, Rn 1/34.
189 BGH WM 1958, 776, 777. Vgl. weiter *Canaris* (Bankvertragsrecht³, Rn 128 ff.) wegen der Pflichten gegenüber „unverbundenen Dritten" (Nicht-Kunden).

2.151 Die Verschwiegenheitspflicht besteht gegenüber jedermann, also auch gegenüber dem Ehegatten[190]. Sie kommt auch innerhalb der Bank selbst zum Tragen. Die Bankmitarbeiter sind insoweit grundsätzlich als Dritte anzusehen, denen gegenüber das Bankgeheimnis zu wahren ist (sog. **inneres Bankgeheimnis**)[191]. Hieraus folgt die Unzulässigkeit einer bankweiten „Evidenzstelle", auf die jeder Mitarbeiter Zugriff hat[192]. Andererseits dürfen den Mitarbeitern, die aufgrund der betrieblichen Gegebenheiten in die Geschäftsabwicklung eingebunden sind, Kundengeheimnisse preisgegeben werden[193].

d) Einschränkungen des Bankgeheimnisses

2.152 Die Verschwiegenheitspflicht der Bank ist in bestimmten Fällen eingeschränkt. Nach der Nr. 2 Abs. 1 AGB Banken darf die Bank vertrauliche Informationen über den Kunden weitergeben, wenn der Kunde eingewilligt hat oder die Bank zur Erteilung einer Bankauskunft befugt ist oder gesetzliche Bestimmungen dies gebieten.

2.153 Eine **Befreiung** vom Bankgeheimnis kann sich in Ausnahmefällen auch aus dem Gebot von Treu und Glauben (§ 242 BGB) ergeben, das den – auch diese Verschwiegenheitspflicht umfassenden – allgemeinen Verhaltens- und Schutzpflichten zugrunde liegt und dem anderen Vertragspartner nur eine diesem zumutbare Verhaltensweise zumutet. Problematisch sind insoweit die Fallgestaltungen, in denen die Verschwiegenheitspflicht mit einer höherwertigen Warnpflicht gegenüber einem anderen Kunden oder einem ganz überwiegenden Eigeninteresse der Bank an der Offenlegung der geheimzuhaltenden Tatsachen kollidiert.

aa) Einwilligung des Kunden

2.154 Bei der Einwilligung des Kunden, die die Bank nach der Nr. 2 Abs. 1 AGB von der Verschwiegenheitspflicht befreit, handelt es sich um eine vorherige Zustimmung im Sinne des § 183 BGB. In Ausnahmefällen kann auch eine konkludente Einwilligung in Betracht kommen[194]. Nicht ausreichend ist jedoch die mutmaßliche Einwilligung[195].

---

190 *Bunte* in Bankrechts-Handbuch, § 7 Rn 9; *Weber* in Bankrecht und Bankpraxis, Rn 1/40, 2/851.
191 *Weber* in Bankrecht und Bankpraxis, Rn 2/851; *Bunte* in Bankrechts-Handbuch, § 7 Rn 9.
192 *Bunte* in Bankrecht und Bankpraxis, § 7 Rn 9.
193 *Weber* in Bankrecht und Bankpraxis, Rn 2/852; *Bunte* in Bankrechts-Handbuch, § 7 Rn 9.
194 *Weber* in Bankrecht und Bankpraxis, Rn 1/50.
195 *Bunte* in Bankrechts-Handbuch, § 7 Rn 14.

Eine solche konkludente Entbindung vom Bankgeheimnis ist z.B. gegeben, wenn die Bank im Auftrag des Kunden bestimmte Tatsachen zur Ermöglichung eines Geschäftsabschlusses, insbesondere **Referenzauskünfte** einem Dritten mitteilt. Die Bank darf auch nach allgemeiner Meinung bei der Nichteinlösung eines Schecks Auskünfte über den Scheckaussteller ohne dessen ausdrückliche Einwilligung erteilen, soweit diese Auskünfte zur Durchsetzung der scheckrechtlichen Ansprüche unerläßlich sind[196].

2.155

Eine ausdrückliche Einwilligung zur Mitteilung geheimhaltungspflichtiger Umstände liegt in den Fällen vor, in denen die Bank zur Erteilung einer Bankauskunft befugt ist. Die Bank ist nach Nr. 2 Abs. 3 AGB zu solchen Auskünften befugt, sofern sich die Anfrage auf die geschäftliche Tätigkeit bezieht und der Bank keine anderslautende Weisung des Kunden vorliegt. Die Funktionsfähigkeit des für den Rechtsverkehr höchst erwünschten Bankauskunftsverfahrens setzt voraus, daß die Beteiligten nicht nur Auskunft einholen, sondern regelmäßig auch mit sie betreffenden Auskünften einverstanden sind.

2.156

Auch das **Schufa-Verfahren** basiert auf der Befreiung vom Bankgeheimnis. Die Schufaklausel in den Kontoeröffnungsanträgen und den Kreditanträgen der Privatkunden beinhaltet eine ausdrückliche Einwilligung, daß genau definierte Daten unter bestimmten Voraussetzungen an die Schufa gemeldet und von dort an bestimmte Vertragspartner der Schufa weitergegeben werden dürfen.

2.157

Eine **Entbindung** vom Bankgeheimnis kann auch bei Auskunftsersuchen aus dem Ausland in Betracht kommen. Mit zunehmender Tendenz führt das Ausland besondere Auskunftspflichten für die Eigentümer von Wertpapieren ein. Dies gilt insbesondere für das Gesellschaftsrecht, wonach die Depotbanken zur Bekanntgabe des Namens und der Anschrift ihrer Kunden als Aktionäre sowie des Umfanges des Anteilsbesitzes verpflichtet sind. Die Sonderbedingungen für Wertpapiergeschäfte (Nr. 20 Abs. 1) bestimmen hierzu, daß die Bank den Kunden über solche Auskünfte zu informieren hat.

2.158

bb) Pflichtenkollision bei Warnpflichten gegenüber anderen Kunden

Die Bank gerät in eine Pflichtenkollision, wenn ihre Verschwiegenheitspflicht mit der Schutzpflicht aus der Geschäftsverbindung zugunsten eines anderen Kunden kollidiert, weil sie diesen insbesondere vor Ge-

2.159

---

196 *Schebesta/Wehrhahn*, AGB und Sonderbedingungen der Banken, Rn 46; *Weber* in Bankrecht und Bankpraxis, Rn 1/53.

schäftsrisiken zu warnen hat[197]. Nach dem BGH ist der Konflikt zwischen Aufklärungspflicht und Bankgeheimnis durch **Güterabwägung** zu lösen[198]. Hierbei ist zu berücksichtigen, in welchem Umfang das aufklärungspflichtige Kreditinstitut gezwungen wäre, Einzelheiten seiner Geschäftsverbindung mit einem anderen Bankkunden und über dessen Vermögenslage zu offenbaren.

2.160 Bei der gebotenen Güterabwägung kommt es darauf an, ob das Interesse an der Geheimhaltung nach Treu und Glauben den Vorrang vor dem Schutz des anderen Kunden verdient. Hierzu sind die Umstände des Einzelfalls zu berücksichtigen. Ist der Bank z.B. bei einer Geldüberweisung im Rahmen des bargeldlosen Zahlungsverkehrs die Insolvenz oder eine unmittelbar bevorstehende Zahlungsunfähigkeit des Überweisungsempfängers bekannt, so wird dessen Interesse an dem Verschweigen dieser Tatsache gegenüber dem Interesse des Überweisenden an einer Warnmitteilung häufig zurückzutreten haben. Eine solche finanzielle Notlage läßt sich ohnehin nur kurze Zeit geheimhalten. Ein Hinweis auf diese Notsituation gegenüber dem überweisenden Kunden wird daher den Schaden des insolventen Überweisungsempfängers meist nur geringfügig vergrößern. Dagegen ist das Interesse des Überweisungsbegünstigten an dem Verschweigen seiner Situation vorrangig, wenn es sich bei der Überweisung um einen Bagatellbetrag handelt und der überweisende Kunde daher durch das Schweigen seiner Bank nur einen geringen Schaden erleiden kann. In solchen Fällen verdrängt die Verschwiegenheitspflicht aufgrund des Bankgeheimnisses die Warnpflichten aus der Geschäftsverbindung.

2.161 Bei einer solchen **Kollision** der Geheimhaltungspflicht und einer Warnpflicht der in den Überweisungsvorgang eingeschalteten Bank scheidet der grundsätzlich in Betracht zu ziehende Rechtfertigungsgrund der Nothilfe (§ 227 BGB) regelmäßig aus. Hier fehlt es an dem Tatbestandsmerkmal „gegenwärtiger rechtswidriger Angriff". Unter einem solchen Angriff ist nur die von einem Menschen drohende Verletzung rechtlich geschützter Interessen zu verstehen[199]. Auf die **Nothilfe** kann sich die Bank aber berufen, wenn sie anläßlich eines Ersuchens um eine Kreditauskunft erkennt, daß ein Kunde gegenüber einem Dritten einen Kreditbetrug begehen will[200].

---
197 *Bruchner* in Bankrechts-Handbuch, § 39 Rn 40.
198 WM 1991, 85, 86; vgl. weiter *Canaris*, Bankvertragsrecht³, Rn 60; *Bruchner* in Bankrechts-Handbuch, § 39 Rn 40.
199 *Palandt/Heinrichs*, § 227 Rn 2.
200 *Canaris*, Bankvertragsrecht³, Rn 59.

2.162 Hier liegt ein Fall der Notwehr in Gestalt der Nothilfe vor, der mit dem strafrechtlichen Begriff der Notwehr und Nothilfe (§ 32 StGB) identisch ist. Die Notwehr wird als Nothilfe bezeichnet, wenn im Rahmen des § 227 BGB nicht eigene, sondern fremde Rechtsgüter verteidigt werden sollen.

2.163 Der Gedanke der Notwehr und der Nothilfe hat für das Bankgeheimnis einen verhältnismäßig breiten Anwendungsbereich. Dieser Rechtfertigungsgrund kommt nicht nur bei Angriffen auf die Person zum Tragen. Unbestritten kann bei jedem Rechtsgut, also insbesondere auch beim Vermögen Notwehr als Nothilfe ausgeübt werden. Die Bank kann daher das Bankgeheimnis durchbrechen, sofern dieses Mittel zur Verhinderung eines Angriffs erforderlich und der Angriff gegenwärtig ist. Dabei ist das Merkmal „Gegenwärtigkeit" in der Regel verhältnismäßig weit auszulegen[201].

2.164 Unter Berufung auf das Nothilferecht können die Kreditinstitute auch Auskunft über die Einzahlungen von Lösegeldern erteilen, die aus strafbaren Erpressungen und Geiselnahmen stammen. Hier bedarf es jedoch im Einzelfall der Überprüfung, ob der Angriff noch gegenwärtig im Sinne des Nothilfebegriffs ist. So ist der Angriff des Diebes noch gegenwärtig, solange er bestrebt ist, die Beute zu sichern (Unterhaltung eines vorläufigen Kontos für strafbar erlangte Geldbeträge)[202].

cc) Überwiegendes Eigeninteresse der Bank

2.165 Die Kreditinstitute können schließlich nach übereinstimmender Meinung aus eigenen überwiegenden Interessen berechtigt sein, unter das Bankgeheimnis fallende Tatsachen offenzulegen[203]. Dies entspricht dem Rechtsgedanken der **Wahrnehmung berechtigter Interessen** (§ 193 StGB). Bei diesem besonderen Rechtfertigungsgrund für das Gebiet der Ehrverletzung handelt es sich um ein praktisches Beispiel des allgemeinen Grundsatzes der Güter- und Interessenabwägung[204]. Ein solches berechtigtes Interesse ist beispielsweise gegeben, wenn die Offenlegung der geheimhaltungspflichtigen Tatsachen notwendig ist, um in einem Prozeß eigene Forderungen gegen den Kunden mit Erfolg einklagen zu können oder um sich gegen Angriffe des Kunden sachgemäß verteidigen zu können[205].

---

201 *Canaris*, Bankvertragsrecht[3], Rn 59.
202 *Palandt/Heinrichs*, § 227 Rn 4 unter Bezugnahme auf RGZ 111, 370.
203 OLG Köln WM 1993, 289, 291; *Canaris*, Bankvertragsrecht[3], Rn 62; *Sichtermann/Feuerborn/Kirchherr/Terdenge*, Bankgeheimnis und Bankauskunft in der Bundesrepublik Deutschland sowie in wichtigen ausländischen Staaten, 3. Aufl., 1984, S. 180; *Baumbach/Hopt*, (7) BankGesch. Rn A/10; *Bruchner* in Bankrechts-Handbuch, § 39 Rn 42.
204 *Schönke/Schröder/Lenckner*, StGB, 25. Aufl., 1995, § 193 Rn 8.
205 *Canaris*, Bankvertragsrecht[3], Rn 58 m.w.Nachw. (Widerlegung eines ehrenrührigen Vorwurfs); *Bruchner* in Bankrechts-Handbuch, § 39 Rn 42.

2.166 Ein solches überwiegendes **Eigeninteresse** kann vor allem bei Auskunftsersuchen aus dem Ausland in Betracht kommen, insbesondere bei Anfragen der Securities and Exchange Commission (SEC) im Zusammenhang mit dem Mißbrauch von Insiderinformationen. Ein überwiegendes Eigeninteresse der Bank an einer Auskunft kann auch bei der Verurteilung durch ein ausländisches Gericht zur Herausgabe bestimmter Unterlagen gegeben sein, wenn bei Mißachtung des Urteils eine Bestrafung oder Nachteile für eine ausländische Filiale und Tochtergesellschaft drohen[206]. Zu diesen Nachteilen gehören auch die Gefahr für Leib und Leben von Bankmitarbeitern und mögliche Beuge- oder Freiheitsstrafen[207].

2.167 In diesen Ausnahmefällen kann allerdings nicht generell eine Befugnis zum Geheimnisbruch bejaht werden. Vielmehr bedarf es einer konkreten (einzelfallbezogenen) Abwägung, bei der die Nachteile, die der Bank und den Kunden aus der Durchbrechung der Verschwiegenheitspflicht drohen, unter dem Gesichtspunkt der Verhältnismäßigkeit und Zumutbarkeit miteinander zu vergleichen sind[208].

e) Auskünfte gegenüber staatlichen Stellen

2.168 Das Bankgeheimnis wird durch verschiedene gesetzliche Bestimmungen durchbrochen. Danach ist die Bank im Rahmen gerichtlicher Verfahren und gegenüber Verwaltungsbehörden zur Auskunft verpflichtet. Diese Auskunftspflicht ist in den einzelnen Prozeßarten verschieden geregelt.

aa) Zivilprozeß

2.169 Nach der Zivilprozeßordnung (§ 383 Abs. 1 Nr. 6 und § 384 Nr. 3 ZPO) ist ein Zeuge berechtigt, seine Aussage hinsichtlich solcher Tatsachen zu verweigern, zu deren Geheimhaltung er verpflichtet ist und hinsichtlich solcher Fragen, die er ohne Offenbarung eines Gewerbegeheimnisses

---

206 *Canaris*, Bankvertragsrecht³, Rn 62; *Stiefel/Petzinger*, RIW 1983, 242, 245 ff.; *Bosch*, IPRax 1984, 127; *Kümpel* in Bankrecht und Bankpraxis, Rn 8/127b.
207 *Kleiner*, FS Bärmann, S. 523, 527; *Bosch*, IPRax 1984, 127, 129, wonach die US-Staatsanwaltschaft in Schriftsätzen darauf hingewiesen hat, daß letztlich das Gesamtvermögen der betroffenen Bank in den USA beschlagnahmt und eingezogen werden kann. Die US-amerikanischen Gerichte können z.B. Erzwingungsgelder von zunächst 50 000 US-Dollar pro Tag der Zuwiderhandlung gegen das gerichtliche Auskunftsbegehren verlangen; dieser Betrag kann im Abstand von je 10 Tagen um jeweils weitere 50 000 US-Dollar erhöht werden.
208 *Canaris*, Bankvertragsrecht³, Rn 62; *Sichtermann/Feuerborn/Kirchherr/Terdenge*, Bankgeheimnis und Bankauskunft, S. 180 f.; *Bosch*, IPRax 1984, 127, 131.

nicht beantworten könnte. Zu den hiernach geschützten Geheimnissen gehört auch das **Bankgeheimnis**. Diese zivilprozessuale Regelung gilt aufgrund gesetzlicher Verweisungen auch im Arbeitsgerichtsprozeß, Sozialgerichtsverfahren, Verwaltungsgerichtsverfahren, Insolvenzverfahren sowie in der freiwilligen Gerichtsbarkeit[209].

Bei der **Vollstreckung** in ein Bankguthaben hat die Bank als Drittschuldnerin auf Verlangen des Gläubigers innerhalb von zwei Wochen nach Zustellung des Pfändungsbeschlusses die sog. Drittschuldnererklärung abzugeben (§ 840 ZPO)[210]. Eine Pfändung im Wege der Vollziehung eines Arrestes (§ 930 ZPO) ist ausreichend[211]. 2.170

Diese **Auskunftspflicht** besteht dagegen noch nicht bei der Vorpfändung von Forderungen (§ 845 ZPO)[212]. Hier benachrichtigt der Gläubiger schon vor der Pfändung aufgrund eines vollstreckbaren Schuldtitels den Drittschuldner und den Schuldner von der bevorstehenden Pfändung mit der Aufforderung an den Schuldner, sich jeder Verfügung über die Forderung, insbesondere ihrer Einziehung, zu enthalten. Diese Benachrichtigung an den Drittschuldner hat die Beschlagnahmewirkung eines Arrestes (§ 930 ZPO). Mit Hilfe eines solchen Arrestes kann sich der Gläubiger ein vorrangiges Pfändungspfandrecht verschaffen. 2.171

bb) Strafprozeß

Im Strafverfahren sind Inhaber und Mitarbeiter von Kreditinstituten verpflichtet, als **Zeuge** vor der Staatsanwaltschaft zu erscheinen und auszusagen (§ 161a StPO). Dieselbe Verpflichtung besteht gegenüber dem Untersuchungsrichter und in der Hauptverhandlung[213]. Ein Aussageverweigerungsrecht für Zeugen besteht nur, wenn bei der Beantwortung der Fragen die Gefahr besteht, daß der Zeuge selbst oder ein naher Angehöriger strafrechtlich verfolgt wird. Diese Erscheinens- und Aussagepflicht besteht jedoch nicht bei Vernehmungen durch die Polizei. Dies gilt selbst 2.172

---

209 §§ 46 Abs. 2 S. 1 ArbGG; 118 Abs. 1, 202 SGG; § 98 VwGO; § 15 Abs. 1 S. 1 FGG; § 4 InsO.
210 *Bruchner* in Bankrechts-Handbuch, § 39 Rn 108.
211 Münchener Komm. zur ZPO/*Smid*, § 840 Rn 5; *Baumbach/Lauterbach/Albers/Hartmann*, ZPO, 57. Aufl., 1999, § 840 Rn 4; *Werhahn/Schebesta*, AGB und Sonderbedingungen der Banken, Rn 44.
212 BGHZ 68, 289 ff.; *Bruchner* in Bankrecht und Bankpraxis, § 39 Rn 44 ff.; Münchener Komm. zur ZPO/*Smid*, § 840 Rn 5; *Baumbach/Lauterbach/Albers/Hartmann*, ZPO, 57. Aufl., 1999, § 840 Rn 4; *Werhahn/Schebesta*, AGB und Sonderbedingungen der Banken, Rn 44.
213 *Weber* in Bankrecht und Bankpraxis, Rn 1/42.

dann nicht, wenn die Polizei von der Staatsanwaltschaft mit den Ermittlungen beauftragt worden ist[214]. Die strafprozessuale Bestimmung des § 161 a StPO ist eine Eingriffsnorm, die nach allgemeinen Rechtsgrundsätzen eng auszulegen ist. Die Staatsanwaltschaft kann im übrigen beweisrelevante Geschäftsunterlagen der Bank beschlagnahmen (§§ 94 Abs. 2, 98 StPO).

2.173 Keine Verletzung des Bankgeheimnisses beinhaltet die Anzeige einer **Geldwäsche** im Sinne des § 261 StGB, wie er durch das Gesetz zur Bekämpfung des illegalen Rauschgifthandels und anderer Erscheinungsformen der organisierten Kriminalität (OrgKG) vom 15. 7. 1992 eingeführt worden ist[215]. Hiernach wird u.a. bestraft, wer einen Vermögensgegenstand, der aus dem Verbrechen eines anderen, aus Rauschgiftgeschäften und aus einem organisierten Verbrechen herrührt, für einen Dritten entgegennimmt, annimmt, anlegt, verwahrt, wenn er die Herkunft des Gegenstandes zu dem Zeitpunkt gekannt hat, zu dem er ihn erlangt hat. Solche Tatbestände können auch im Bankgeschäft verwirklicht werden. Der Täter kann jedoch Strafbefreiung erlangen, wenn er die Tat freiwillig bei der zuständigen Behörde anzeigt oder freiwillig eine solche Anzeige veranlaßt, sofern nicht die Tat in diesem Zeitpunkt ganz oder zum Teil bereits entdeckt war und der Täter dies wußte oder bei verständiger Würdigung der Sachlage damit rechnen mußte. Weitere Voraussetzung der Strafbefreiung ist die Sicherstellung der betreffenden Vermögensgegenstände (§ 261 Abs. 9 StGB).

2.174 Von dieser strafbefreienden Anzeige ist die Anzeigepflicht zu unterscheiden, die das Gesetz über das Aufspüren von Gewinnen aus schweren Straftaten als flankierende Maßnahme für die Bekämpfung der Geldwäsche eingeführt hat (**Geldwäschegesetz** – GwG) vom 25. 10. 1993 (Rn 3.61)[216]. Die Geldwäsche ist als solche regelmäßig schwer erkennbar. Eine effektive Bekämpfung der Geldwäsche erfordert daher mehr als nur eine angemessene Identifizierung der Bankkunden mit einer ausreichenden Aufzeichnung und Aufbewahrung der vorgeschriebenen Daten. Das Geldwäschegesetz (§ 11) hat daher eine Anzeigepflicht für Verdachtsfälle

---

214 *Kleinknecht/Meyer-Goßner*, StPO, 44. Aufl., 1999, § 163 Rn 37; *Ungnade*, WM 1976, 1210, 1214; *Bruchner* in Bankrecht und Bankpraxis, § 39 Rn 65.
215 Zum Entwurf dieses Gesetzes vgl. BT-Drucksache 12/989.
216 BGBl. I 1993, S. 1770. Dieses Gesetz dient der Umsetzung der Richtlinie 91/308/EWG des Rates vom 10. 6. 91 zur Verhinderung der Nutzung des Finanzsystems zum Zwecke der Geldwäsche (ABlEG Nr. L 166 vom 28. 6. 1991, S. 77). Wegen der Begründung des Gesetzes und den Stellungnahmen dazu vgl. BT-Drucksache 12/2704, 12/2747 und 12/4795.

eingeführt. Danach haben u.a. die Bankmitarbeiter bei der Feststellung von Tatsachen, die darauf schließen lassen, daß eine Finanztransaktion einer Geldwäsche dient oder im Falle ihrer Durchführung dienen würde, diese unverzüglich mündlich, fernmündlich, fernschriftlich oder durch elektronische Datenübermittlung den zuständigen Strafverfolgungsbehörden anzuzeigen. Der Anzeigende kann hierfür nicht verantwortlich gemacht werden, es sei denn, die Anzeige ist vorsätzlich oder grob fahrlässig unwahr erstattet worden (§ 12 GewAufspG).

cc) Bankgeheimnis im Steuerrecht

Gegenüber den **Finanzbehörden** ist die gesetzliche Pflicht der Kreditinstitute zur Wahrung des Bankgeheimnisses unterschiedlich gestaltet[217]. Hier kommt es darauf an, in welchen der verschiedenen Verfahrensarten nach der Abgabenordnung die Auskunft verlangt wird. 2.175

Solche Auskunftsersuchen können im sog. Besteuerungsverfahren an die Kreditinstitute gerichtet werden. Nach der Abgabenordnung (§ 85) sind die Finanzbehörden gehalten, die Steuern nach Maßgabe der Gesetze gleichmäßig festzusetzen und zu erheben. Insbesondere ist sicherzustellen, daß Steuern nicht verkürzt werden. Zu diesem Zweck ermitteln die Finanzbehörden den Sachverhalt schon von Amts wegen. Dabei können sie alle Beweismittel heranziehen und insbesondere Auskünfte jeder Art von den Beteiligten und anderen Personen einschließlich der Kreditinstitute einholen (§ 92 AO). Die Abgabenordnung regelt im übrigen die sog. **Steuerfahndung** und das spezielle **Steuerstrafverfahren** (§§ 208 ff., 385 ff. AO)[218]. Für diese beiden Verfahrensarten hat der Gesetzgeber das Bankgeheimnis am weitesten eingeschränkt. 2.176

Durch das Steuerreformgesetz vom 2.8.1988 ist der sog. Bankenerlaß[219] als schlichte Verwaltungsanweisung vollständig in der Abgabenordnung (§ 30a) verankert worden[220]. Diese gesetzliche Regelung schreibt den Finanzbehörden vor, auf das Vertrauensverhältnis zwischen den Kreditinstituten und ihren Kunden besondere Rücksicht zu nehmen und insbe- 2.177

---

217 Vgl. *Bruchner* in Bankrechts-Handbuch, § 39 Rn 66 ff.; *Weber* in Bankrecht und Bankpraxis, Rn 2/869 ff.; *Joecks*, Die Stellung der Kreditwirtschaft im steuerstrafrechtlichen Ermittlungsverfahren gegen Kunden, WM 1998, Sonderbeilage Nr. 1.
218 *Weber* in Bankrecht und Bankpraxis, Rn 2/879 ff.; *Bruchner* in Bankrechts-Handbuch, § 39 Rn 84 ff.
219 Schreiben des Bundesministers der Finanzen vom 31. 8. 1979 – BStBl. I 1979, S. 590.
220 Hierzu ausführlich *Bruchner* in Bankrechts-Handbuch, § 39 Rn 67 ff.

sondere Außenprüfungen bei Kreditinstituten regelmäßig nicht zum Anlaß zu nehmen, sog. Kontrollmitteilungen über Kontoinhaber auszuschreiben.

2.178 Nach der Rechtsprechung des Bundesfinanzhofes hindert § 30a Abs. 3 AO nicht die Fertigung und Auswertung von Kontrollmitteilungen anläßlich einer Außenprüfung bei Kreditinstituten, wenn hierfür ein hinreichend begründeter „Anlaß" besteht[221]. Der Bundesfinanzhof mißt jedoch dem Bank-Kundenverhältnis eine erhöhte Schutzbedürftigkeit zu. Es kann deshalb von einem **steuerlichen Bankgeheimnis** gesprochen werden, dessen Wirkung freilich im Rahmen der verfassungsmäßigen Ordnung beschränkt ist[222].

2.179 Ein Kreditinstitut soll im übrigen von der Finanzbehörde oder Steuerfahndung erst dann um Auskunft und Vorlage von Urkunden gebeten werden, wenn ein Auskunftsersuchen an den von Person bekannten Steuerpflichtigen, gegen den noch kein Steuerstraf- oder Steuerordnungswidrigkeitsverfahren eingeleitet worden ist, nicht zum Ziele führt oder keinen Erfolg verspricht (§ 30a Abs. 5 S. 2 AO).

dd) Auskunftspflicht gegenüber anderen Verwaltungsbehörden

2.180 Die Kreditinstitute sind von ihrer Verschwiegenheitspflicht in bestimmtem Umfang auch bei Auskünften an ihre Aufsichtsbehörden befreit.

2.181 So kann das **Bundesaufsichtsamt für das Kreditwesen** von den Kreditinstituten Auskünfte über alle Geschäftsangelegenheiten sowie die Vorlegung der Bücher und Schriften verlangen (§ 44 Abs. 1 Nr. 1 KWG). Diese Befugnis steht auch der Deutschen Bundesbank zu, soweit sie im Rahmen der Bankenaufsicht tätig wird (§ 44 Abs. 3 KWG). Dies gilt insbesondere für Anzeigen von Groß- und Millionenkrediten gemäß §§ 13, 14 KWG. Des weiteren können die **Deutsche Bundesbank** und die anderen in § 44 AWG bezeichneten Behörden zur Überwachung des Außenwirtschaftsverkehrs Auskünfte von den Beteiligten einholen.

2.182 Das **Bundesaufsichtsamt für den Wertpapierhandel** als Marktaufsichtsbehörde kann im Rahmen der laufenden Überwachung der börslichen und außerbörslichen Geschäfte in Insiderpapieren von den auskunftspflichtigen Kreditinstituten die Angabe der Identität der Auftraggeber sowie der berechtigten und verpflichteten Personen verlangen (§ 16 Abs. 2 WpHG).

---

221 WM 1997, 1233, 1240. Zum Leitfaden für die Kreditwirtschaft bei Auskunftsersuchen und Kontrollmitteilungen der Finanzverwaltung vgl. *Thomas/Tischbein*, WM 1999, 1645 ff.
222 *Hamacher*, WM 1997, 2149 ff.

Dasselbe gilt hinsichtlich der Änderung des Depotbestandes in Insiderpapieren, soweit es sich um Insiderpapiere handelt, für welche die Anhaltspunkte für einen Insiderverstoß vorlagen. Zur Erfüllung dieser Auskunftspflicht müssen die Kreditinstitute vor Auftragsausführung den Namen, das Geburtsdatum sowie die Anschrift oder die Firma und die Anschrift des Auftraggebers und der berechtigten oder verpflichteten Personen feststellen und diese Angaben aufzeichnen (§ 16 Abs. 2 S. 4 WpHG). Diese Verpflichtung umfaßt auch die sog. Tafelgeschäfte am Bankschalter[223].

f) Unterrichtung des Kunden

Die Banken sind grundsätzlich berechtigt, ihre Kunden über angeordnete oder durchgeführte Maßnahmen der Strafverfolgungsbehörden oder Gerichte zu informieren[224]. Besteht jedoch Anlaß zu der Annahme, daß die Unterrichtung des Kunden die Ermittlungen gefährdet oder Vermögenswerte oder Beweismittel beiseite geschafft werden, ist im Einzelfall dem begründeten Ersuchen der Ermittlungsbehörde um Geheimhaltung zu entsprechen[225].

2.183

Eine andere Rechtslage ist bei einer Anzeige wegen Verdachts auf eine Finanztransaktion im Sinne der strafbaren Geldwäsche (§ 261 StGB) gegeben. Hier ist dem anzeigenden Kreditinstitut gesetzlich untersagt, den Kunden über seine Verdachtsanzeige oder über ein daraufhin eingeleitetes Ermittlungsverfahren zu unterrichten (§ 11 Abs. 3 GewAufspG). Auch dürfen die Kreditinstitute ihre Kunden als Auftraggeber nicht darüber informieren, daß das Bundesaufsichtsamt für den Wertpapierhandel im Rahmen der Insiderüberwachung Auskünfte verlangt hat oder daraufhin ein Ermittlungsverfahren eingeleitet worden ist (§ 16 Abs. 8 WpHG). Dieses Verbot bezweckt, daß die Ermittlungen der Aufsichtsbehörde und der Strafverfolgungsbehörde bei der Aufdeckung von Insidergeschäften nicht beeinträchtigt werden[226].

2.184

---

223 Begr.RegE des Gesetzes zur Umsetzung von EG-Richtlinien zur Harmonisierung bank- und wertpapieraufsichtsrechtlicher Vorschriften, BT-Drucksache 13/7142, S. 108.
224 *Sichtermann/Feuerborn/Kirchherr/Terdenge*, Bankgeheimnis und Bankauskunft, S. 348; für die Benachrichtigung über Auskunftserteilungen im Steuerverfahren ebd., S. 290; *Ungnade/Kruck*, WM 1980, 258, 262; *Kirchherr/Stützle*, Aktuelle Probleme aus der Rechtsprechung und Rechtspraxis zu Bankgeheimnis und Bankauskunft, RWS-Skript 97, 2. Aufl., 1983, S. 29 f.
225 *Bruchner* in Bankrechts-Handbuch, § 39 Rn 60.
226 Begründung des Entwurfs eines Gesetzes zur Umsetzung von EG-Richtlinien zur Harmonisierung bank- und wertpapieraufsichtsrechtlicher Vorschriften (BT-Drucksache 13/7142, S. 108).

Umstritten ist, ob die Bank zu einer Unterrichtung ihrer Kunden auch verpflichtet ist[227]. Ein Anspruch der Bank auf Erstattung der mit der Auskunftserteilung verbundenen Aufwendungen kann sich aus der AGB-Klausel über die vom Kunden zu zahlenden Entgelte und Auslagen ergeben (vgl. Nr. 12 Abs. 1 u. 2 AGB).

2. Bankauskunft (Nr. 2 Abs. 2 AGB)[228]

2.185 Kreditinstitute werden häufig um Auskunft über die Verhältnisse ihrer Kunden angesprochen, weil sie hierfür besonders geeignet erscheinen. Sie sind regelmäßig über die wirtschaftlichen Verhältnisse ihrer Kunden gut unterrichtet und können diese Verhältnisse infolge ihrer eigenen wirtschaftlichen Erfahrungen meistens auch richtig beurteilen. Bankauskünfte sind im Geschäftsleben ein wichtiges Instrument zur raschen Information über die Kreditwürdigkeit eines Geschäftspartners[229]. Deshalb können sich die Kreditinstitute der Beantwortung solcher Auskunftsersuchen regelmäßig nicht entziehen. Gleichwohl ist die Auskunftserteilung weder ein Haupt- noch ein Nebengeschäft der Kreditinstitute im Rahmen ihrer bankgeschäftlichen Tätigkeiten.

2.186 Die Erteilung einer Bankauskunft im engeren Wortsinne ist von einer **Raterteilung** durch die Bank zu unterscheiden, wie sie insbesondere im Rahmen einer Anlageberatung geschieht. Bei einer solchen Raterteilung gibt die Bank dem Kunden zu erkennen, welches Verhalten sie für ihn in seiner Lage für das Günstigste halten und an seiner Stelle selbst wählen würde. Hierin liegt zugleich eine für den Kunden unverbindliche Aufforderung zu einem entsprechenden Verhalten. Ein Rat enthält deshalb eine subjektive Bewertung von Tatsachen speziell für die Situation des ratsuchenden Kunden. Beim Rat wird also ein eigener Entscheidungsvorschlag unterbreitet, nicht nur eine fremde Entschließung vorbereitet.

2.187 Eine **Bankauskunft** enthält dagegen vorwiegend eine objektive Darstellung einer gegebenen tatsächlichen oder sicheren zukünftigen Sach- oder Rechtslage. Der Auskunftsersuchende wird über Tatsachen, die ihm bis-

---

227 Verneinend *Sichtermann/Feuerborn/Kirchherr/Terdenge*, Bankgeheimnis und Bankauskunft, S. 348 f.; *Kirchherr/Stützle*, Aktuelle Probleme aus der Rechtsprechung und Rechtspraxis zu Bankgeheimnis und Bankauskunft, RWS-Skript 97, 2. Aufl., 1993, S. 30; *Bruchner* in Bankrecht und Bankpraxis, § 39 Rn 60; dagegen bejahend *Ungnade/Kruck*, WM 1980, 258, 262.
228 *Sichtermann/Feuerborn/Kirchherr/Terdenge*, Bankgeheimnis und Bankauskunft, S. 389 ff.; *Weber* in Bankrecht und Bankpraxis, Rn 1/56, 2/840 ff.; *Bruchner* in Bankrechts-Handbuch, § 40.
229 *Horn*, WM 1984, 449, 459.

her unbekannt waren, aufgeklärt und unterrichtet. Die Bewertung dieser Fakten und die praktischen Folgerungen hieraus bleiben jedoch dem Auskunftssuchenden weitgehend überlassen.

Aber auch die Bankauskunft erschöpft sich nicht in reinen Tatsachenmitteilungen. Sie enthält häufig wertende allgemeine Aussagen über die Geschäftsverbindung. Die Bankauskunft steht deshalb zwischen einer möglichst objektiven Auskunft und einer subjektiv gefärbten Raterteilung.

2.188

a) Spannungsverhältnis zwischen Bankauskunft und Bankgeheimnis

Die Bankauskunft steht in einem natürlichen Spannungsverhältnis zum Bankgeheimnis. Zum einen ist die Bank gegenüber dem angefragten Kunden zur Verschwiegenheit verpflichtet, zum anderen haftet sie dem Auskunftsbegehrenden wegen fehlerhafter Auskunft. Überdies besteht keine einhellige Meinung darüber, bei welchen Bankauskünften eine Einwilligung des angefragten Kunden erforderlich ist.

2.189

Nach dem älteren Schrifttum kann davon ausgegangen werden, daß der Kunde stillschweigend mit der Erteilung von Auskünften im banküblichen Rahmen einverstanden ist, wenn er bei Aufnahme der Geschäftsverbindung oder später nichts Gegenteiliges erklärt[230]. Die Erteilung von Bankauskünften entspräche einer im Kreditwesen allgemein herrschenden Übung. Diese Handhabung sei den interessierten Verkehrskreisen bekannt; auch werde auf sie in den AGB der Kreditwirtschaft ausdrücklich hingewiesen. Diese tatsächliche Übung habe über die §§ 157 BGB und 346 HGB Eingang in die Geschäftsverbindung zwischen Kunde und Bank gefunden. Zumindest bei Auskünften über Kaufleute, soweit sie deren geschäftliche Tätigkeit betreffen, könne ein mutmaßliches Einverständnis zur Durchbrechung des Bankgeheimnisses kraft Verkehrssitte unterstellt werden.

2.190

Infolge der **datenschutzrechtlichen** Sensibilisierung der Öffentlichkeit kam es im Jahre 1984 anläßlich einer redaktionellen Klarstellung in den AGB der Kreditwirtschaft in den Medien zu einer breiten Diskussion über das gesamte Bankauskunftsverfahren[231]. Sie mündete in ein „Gemeinsames Kommuniqué[232] der Datenschutzaufsichtsbehörden des Bundes und der Länder sowie der Spitzenverbände der Kreditwirtschaft, in denen die datenschutzrechtlichen Voraussetzungen und Grenzen des Bankaus-

2.191

---

230 Zitiert nach *Sichtermann/Feuerborn/Kirchherr/Terdenge*, Bankgeheimnis und Bankauskunft, S. 165.
231 *Bruchner* in Bankrechts-Handbuch, § 40 Rn 1.
232 Abgedruckt bei *Weber* in Bankrecht und Bankpraxis, Rn 2/948.

kunftsverfahrens präzisiert worden sind. Auf dieser Grundlage vereinbarten die kreditwirtschaftlichen Spitzenverbände im Jahre 1987 „Grundsätze für die Durchführung des Bankauskunftsverfahrens zwischen Kreditinstituten[233]. Diese „Grundsätze" haben im Verhältnis der Bank zu den auskunftsuchenden oder angefragten Kunden keine unmittelbare Geltung. Sie können jedoch unter Umständen zur Konkretisierung der Pflichten der Kreditinstitute gemäß §§ 157, 242 BGB berücksichtigt werden und so eine gewisse Reflexwirkung entfalten[234]. Dementsprechend sind diese Grundsätze im Jahre 1993 bei der Neufassung der Regelungen des Bankauskunftsverfahrens in den AGB berücksichtigt worden[235].

2.192 Das Bankauskunftsverfahren hat sich im Laufe der Jahrzehnte zu einer praktischen Handhabung entwickelt, die dem Interesse des Auskunftsbegehrenden und dem des angefragten Kunden unter voller Beachtung der Grundsätze des Bankgeheimnisses in gleicher Weise Rechnung trägt. Mit der Einführung eines genau reglementierten Verfahrens konnte auch vermieden werden, daß sich ein unkontrolliertes und rechtlich angreifbares Auskunftswesen herausbilden konnte[236].

b) AGB-mäßige Regelung der Bankauskunft

2.193 Die Bank ist nach Nr. 3 Abs. 2 AGB befugt, über juristische Personen und im Handelsregister eingetragene Kaufleute Bankauskünfte zu erteilen, sofern sich die Anfrage auf ihre geschäftliche Tätigkeit bezieht und der Bank keine anderslautende Weisung des Kunden vorliegt. Bankauskünfte über Personen und Vereinigungen erteilt die Bank nur dann, wenn diese generell oder im Einzelfall ausdrücklich zugestimmt haben. Dabei wird eine Bankauskunft nur erteilt, wenn der Anfragende ein berechtigtes Interesse an der gewünschten Auskunft glaubhaft dargelegt hat und kein Grund zu der Annahme besteht, daß schutzwürdige Belange des Kunden der Auftragserteilung entgegenstehen. Die Einwilligung des Kunden rechtfertigt jedoch nicht jede Auskunft. Im Einzelfall kann die Bank verpflichtet sein, eine Güterabwägung vorzunehmen und trotz Einwilligung des Kunden die Auskunft zu verweigern[237]. Diese Einschränkung gilt auch bei Auskünften über Geschäftskunden[238].

---

233 Abgedruckt bei *Canaris*, Bankvertragsrecht³, Rn 99a und bei *Weber* in Bankrecht und Bankpraxis, Rn 1/76.
234 *Canaris*, Bankvertragsrecht³, Rn 99a.
235 *Bruchner* in Bankrechts-Handbuch, § 40 Rn 2.
236 *Weber* in Bankrecht und Bankpraxis, Rn 2/946.
237 *Weber* in Bankrecht und Bankpraxis, Rn 2/958; *Bunte* in Bankrechts-Handbuch, § 7 Rn 29.
238 *Bunte* in Bankrechts-Handbuch, § 7 Rn 29.

aa) Auskünfte über Geschäftskunden

Mit der Differenzierung nach Kaufleuten und sonstigen Kunden ist den Bedenken der Datenschutzaufsichtsbehörden Rechnung getragen worden[239]. Bei **Kaufleuten** besteht eine durch Handelsbrauch begründete Vermutung, daß sie mit der Erteilung von Bankauskünften über sich einverstanden sind. Da diese Kundengruppe in großem Umfang selbst Auskunft über Geschäftspartner einholt, rechnet sie demgemäß auch damit, daß umgekehrt andere sich über ihre Bonität bei der kontoführenden Bank vergewissern[240]. Mit Rücksicht auf dieses mutmaßliche Einverständnis bedarf es also keiner ausdrücklichen Einwilligung zur Offenlegung geheimhaltungspflichtiger Tatsachen. Insoweit ist Nr. 2 Abs. 3 AGB Banken nur deklaratorischer Natur, soweit sich Anfragen auf die geschäftliche Tätigkeit des angefragten Kunden beziehen[241].

2.194

Eine Bankauskunft über Kaufleute ist jedoch durch die AGB-Klausel nur gedeckt, wenn der Angefragte gegenüber der Bank auch tatsächlich als Geschäftskunde aufgetreten ist. Unterhält ein Vollkaufmann ein Privatkonto bei der Bank, so darf über ihn wie bei der nicht-kaufmännischen Kundschaft nur mit seiner Einwilligung Auskunft erteilt werden. Im Zweifel dürfte aber nach der Vermutungsregelung des § 344 HGB davon auszugehen sein, daß die Bankverbindung dem Betrieb des Handelsgewerbes zuzuordnen ist und deshalb von dem mutmaßlichen Einverständnis gemäß Nr. 2 Abs. 3 AGB ausgegangen werden kann[242].

2.195

bb) Auskünfte über Privatkunden und sonstige Kunden

Bei Auskünften über Privatkunden und sonstige Kunden setzt die Bankauskunft voraus, daß der Kunde „generell oder im Einzelfall ausdrücklich zugestimmt hat" (vgl. Nr. 3 Abs. 3 S. 3 AGB).

2.196

Zu den sonstigen Kunden rechnen Gewerbetreibende, Handwerker und Freiberufler[243]. Die Differenzierung nach juristischen Personen und im Handelsregister eingetragenen Kaufleuten einerseits und andererseits der sonstigen Kunden ist im Interesse eines leicht nachvollziehbaren Abgrenzungsmerkmals erfolgt[244].

2.197

---

239 *Weber* in Bankrecht und Bankpraxis, Rn 1/61.
240 *Weber* in Bankrecht und Bankpraxis, Rn 1/64, 2/952; *Bruchner* in Bankrechts-Handbuch, § 40 Rn 18.
241 *Weber* in Bankrecht und Bankpraxis, Rn 2/952; *Bruchner* in Bankrechts-Handbuch, § 40 Rn 19; a.A. *Canaris*, Bankvertragsrecht³, Rn 56; *Bunte* in Bankrechts-Handbuch, § 7 Rn 23.
242 *Weber* in Bankrecht und Bankpraxis, Rn 1/63, 2/950; *Bruchner* in Bankrechts-Handbuch, § 40 Rn 16.
243 *Bruchner* in Bankrechts-Handbuch, § 7 Rn 26.
244 *Weber* in Bankrecht und Bankpraxis, Rn 1/61.

2.198 Bei der erforderlichen Zustimmung handelt es sich um eine **Einwilligung** im Sinne einer vorherigen Zustimmung gemäß § 182 BGB. Die erforderliche „Ausdrücklichkeit" der Einwilligung schließt im übrigen aus, daß sich die Bank auf ein stillschweigendes oder nur mutmaßliches Einverständnis beruft[245]. Zulässig ist aber eine ausdrücklich mündlich oder formularmäßig erteilte Einwilligung[246]. Fehlt die erforderliche Einwilligung, so könnte die Bank beim Kunden Rückfrage halten. Hiergegen dürften jedoch organisatorische und vor allem haftungsrechtliche Gründe sprechen. Denn es muß damit gerechnet werden, daß der Kunde auf den Inhalt der Auskunft Einfluß nehmen will. Damit gerät die Bank in einen Interessenkonflikt, mit dem für sie ein Haftungsrisiko verbunden sein kann[247].

c) Inhalt der Bankauskunft

2.199 Die AGB-Klausel umschreibt zugleich den zulässigen Inhalt einer Bankauskunft. Danach sind Bankauskünfte allgemein gehaltene Feststellungen und Bemerkungen über die wirtschaftlichen Verhältnisse des Kunden, seine Kreditwürdigkeit und Zahlungsfähigkeit. Hierzu gehört auch der Ruf des Kunden im Geschäftsleben sowie eine abschließende Kreditbeurteilung, die die in dem Auskunftsersuchen zumeist gestellte Frage beantwortet, ob der Angefragte für einen Betrag X gut ist. Betragsmäßige Angaben über Kontostand, Sparguthaben, Depot und sonstige der Bank anvertrauten Vermögenswerte sowie Angaben über die Höhe von Kreditinanspruchnahmen werden nicht gemacht. Dementsprechend werden keine konkreten Fakten, Zahlen oder Vermögenswerte genannt. Nach dem BGH sind jedoch Scheck- und Lastschriftrückgaben sowie Wechselproteste zu erwähnen[248].

2.200 Die Bankauskunft wird lediglich aufgrund der Kenntnisse erteilt, die die auskunftsgebende Geschäftsstelle hat. Es werden weder Rückfragen beim Kunden noch eine Auswertung der Tagespresse oder sonstige Veröffentlichungen vorgenommen[249]. Wie in dem „Gemeinsamen Kommuniqué" mit den Datenschutzbehörden festgeschrieben, werden keine Recherchen, etwa mit Hilfe von Wirtschaftsauskunfteien angestellt. Demgemäß stützen sich die Bonitätsurteile lediglich auf das **Faktenwissen** derjenigen

---
245 *Weber* in Bankrecht und Bankpraxis, Rn 2/955; *Bunte* in Bankrechts-Handbuch, § 7 Rn 27.
246 *Bunte* in Bankrechts-Handbuch, § 7 Rn 27; *Weber* in Bankrecht und Bankpraxis, Rn 2/957.
247 *Weber* in Bankrecht und Bankpraxis, Rn 2/959.
248 BGH WM 1962, 1110, 1111; *Weber* in Bankrecht und Bankpraxis, Rn 1/57.
249 *Werhahn/Schebesta*, AGB und Sonderbedingungen der AGB, Rn 49.

Geschäftsstelle, die die Bankauskunft formuliert. Ein weitergehendes Wissen von Mitarbeitern anderer Niederlassungen einer Filialbank braucht nicht berücksichtigt zu werden. Eine solche Wissenszurechnung stünde zudem im Widerspruch zum „inneren Bankgeheimnis[250]. Die Bankauskunft kann und will nicht für sich in Anspruch nehmen, ein unter allen Gesichtspunkten objektiv richtiges Urteil abzugeben[251]. Die Bank, die nur einen unvollständigen Einblick in die finanziellen Verhältnisse des Angefragten hat und deshalb zu einem abschließenden Bonitätsurteil außerstande ist, muß dies unmißverständlich zum Ausdruck bringen. Irreführend wäre es deshalb, wenn sich eine Bank, bei der lediglich ein Sparkonto geführt wird, in der Auskunft darauf beschränken würde, daß die Geschäftsverbindung auf Guthabenbasis geführt wird.

d) Empfänger von Bankauskünften

Die AGB-Klausel bezeichnet auch den Personenkreis, der eine Bankauskunft einholen darf. Bankauskünfte werden nur an eigene Kunden sowie andere Kreditinstitute für deren Zweck oder den ihrer Kunden erteilt (Nr. 2 Abs. 4 AGB Banken). Diese **Bank-zu-Bank-Auskunft** entspricht einer jahrzehntelangen nationalen und internationalen Übung, die sich zu einer rechtlich nicht faßbaren Standespflicht des Kreditgewerbes verfestigt hat. Die Funktionsfähigkeit des Bankauskunftsverfahrens hängt von der wechselseitigen Mitwirkung der Kreditinstitute ab[252]. 2.201

Für die Erteilung von Bank-zu-Bank-Auskünften haben die Spitzenverbände des Kreditgewerbes „Grundsätze über die Erteilung von Bankauskünften" entwickelt. Hierdurch wird die formelle zwischenbetriebliche Abwicklung des Auskunftswesens geregelt. 2.202

Bankauskünfte werden im übrigen nur erteilt, wenn der Anfragende ein berechtigtes Interesse an der gewünschten Auskunft glaubhaft darlegt (Nr. 2 Abs. 3 S. 4 AGB Banken). Ein solches Interesse ist insbesondere zu bejahen, wenn der Auskunftsempfänger mit dem Anfragenden Geschäfte tätigen wird, bei denen er vorzuleisten hat oder wenn Wechsel angekauft werden sollen, aus denen der Angefragte haftet[253]. 2.203

---

250 *Weber* in Bankrecht und Bankpraxis, Rn 1/58; *Bruchner* in Bankrechts-Handbuch, § 40 Rn 5.
251 *Bruchner* in Bankrechts-Handbuch, § 40 Rn 5.
252 *Bunte* in Bankrechts-Handbuch, §7 Rn 31; *Bruchner* in Bankrechts-Handbuch, § 40 Rn 26.
253 *Weber* in Bankrecht und Bankpraxis, Rn 1/72; *Bunte* in Bankrechts-Handbuch, § 7 Rn 28.

e) Haftung für fehlerhafte Auskünfte

2.204 Die Bank haftet gegenüber ihrem Kunden, wenn sie über ihn eine fehlerhafte Auskunft schuldhaft erteilt hat[254]. Eine solche **Fehlerhaftigkeit** ist gegeben, wenn sie dem subjektiven Erkenntnisstand der auskunftgebenden Stelle der Bank nicht entspricht oder das vorhandene Wissen bei der Formulierung der Auskunft nicht zutreffend umgesetzt worden ist[255]. Dabei ist die Bank verpflichtet, auch solche Informationen zu berücksichtigen, die aus einer zentralen Datei der Bank unschwer abgerufen werden können[256].

2.205 Führt die auf einer unrichtigen Bonitätsauskunft beruhende Weiterbelieferung eines Kunden einerseits dazu, daß neue Lieferungen unbezahlt bleiben, andererseits aber dazu, daß ältere Rechnungen, die ohne Weiterbelieferung offengeblieben wären, noch beglichen werden, so ist die Berücksichtigung der positiven Auswirkungen der Weiterbelieferung eine Frage der Vorteilsausgleichung[257]. Für diese Haftung genügt jedes fahrlässige Verhalten (§ 276 Abs. 1 BGB).

2.206 Nach der Neufassung der AGB im Jahre 1993 haftet die Bank auch gegenüber den Auskunftsersuchenden uneingeschränkt. Durch die Bankauskunft kommt ein haftungsbegründender **Auskunftsvertrag** zustande; der haftungsausschließende § 676 BGB ist auf die Bankauskunft unanwendbar. Nach ständiger Rechtsprechung des BGH[258] entstehen bei einer Bankauskunft zwischen dem Anfragenden und dem auskunftserteilenden Kreditinstitut stillschweigend vertragliche Beziehungen, wenn die Auskunft der Bank für den Anfragenden erkennbar von erheblicher Bedeutung ist und er sie zur Grundlage wesentlicher Vermögensverfügungen machen will. Ist der Auskunftsersuchende eine Bank, so kommt dieser Auskunftsvertrag mit ihr zustande, auch wenn die Auskunft für ihren Kunden eingeholt wird. Die anfragenden Kreditinstitute pflegen solche Auskunftsersuchen im eigenen Namen weiterzuleiten. Für ein Handeln im Namen des Kunden bedarf es aber besonderer Umstände. Hierfür genügt nicht, daß die Auskunft ausdrücklich im „Kundeninteresse" erfolgt[259].

2.207 Der BGH hat in seiner Entscheidung vom 25. 2. 1980[260] die anfragende Bank ausnahmsweise als Stellvertreterin ihres Kunden angesehen, weil

---

254 *Bruchner* in Bankrechts-Handbuch, § 40 Rn 47 ff.; *Weber* in Bankrecht und Bankpraxis, Rn 2/1016 ff.
255 *Weber* in Bankrecht und Bankpraxis, Rn 1/59.
256 *Bruchner* in Bankrecht und Bankpraxis, Rn 2/997.
257 BGH WM 1992, 1559.
258 WM 1989, 1409, 1411; 1990, 1990, 1991; vgl. weiter *Musielak*, WM 1999, 1593, 1595.
259 BGH WM 1991, 1629.
260 WM 1980, 527, 528; 1990, 1990, 1991; 1998, 1771, 1772.

der auskunftserteilenden Bank bekannt war, daß die Auskunft für den Kunden erkennbar von erheblicher Bedeutung war und er sie zur Grundlage wesentlicher Vermögensverfügungen machen wollte, so daß ein Rechtsverhältnis zwischen dem auskunftserteilenden Kreditinstitut und dem Kunden der anfragenden Bank zustande kam. In diesem Ausnahmefall haftet daher die auskunftgebende Bank dem Kunden der anfragenden Bank unmittelbar für eine falsche Auskunft.

Rechtlich möglich ist schließlich auch ein Vertrag zugunsten Dritter (§ 328 BGB). Dem steht nicht entgegen, daß der Berechtigte in der Anfrage nicht namentlich genannt, sondern nur bestimmbar ist[261]. 2.208

Im Regelfall kann also ein Schadensersatzanspruch wegen **fehlerhafter Bankauskunft** vom Kunden der anfragenden Bank nur geltend gemacht werden, wenn ihm dieser Ersatzanspruch zuvor von seiner anfragenden Bank abgetreten worden ist. Die Bank kann aber diesen Anspruch auch im Wege der Schadensliquidation im Drittinteresse für ihren Kunden geltend machen. Bei einer solchen Schadensliquidation fallen Gläubigerstellung und geschütztes Interesse auseinander. Bei der **Bank-zu-Bank-Auskunft** ist Gläubiger des Auskunftsanspruches die anfragende Bank, während deren Kunde in seinem Interesse vor einer fehlerhaften Bankauskunft geschützt werden muß[262]. Soweit die Auskunft von der anfragenden Bank ausdrücklich im Interesse eines Kunden eingeholt wird, haftet die auskunftgebende Bank regelmäßig nicht für eigene Schäden der anfragenden Bank[263]. 2.209

f) Auskünfte an die Schutzgemeinschaft für Allgemeine Kreditsicherung GmbH („Schufa-Meldungen")

Die Kreditinstitute erteilen aufgrund vertraglicher Absprachen Auskünfte an die Schutzgemeinschaft für Allgemeine Kreditsicherung GmbH (Schufa)[264]. Die Schufa ist eine Gemeinschaftseinrichtung der kreditgebenden deutschen Wirtschaft. Teilnehmer sind neben den Kreditinstituten Einzelhandelsunternehmer, insbesondere Versandhandel, Waren- und Kaufhäuser, Kreditkartenunternehmen, Leasinggesellschaften und Inkassounternehmen. Dieses Kreditinformationssystem erfaßt nur das Konsumen- 2.210

---

261 BGH WM 1974, 685, 686; kritisch hierzu *Musielak*, WM 1999, 1593, 1596.
262 BGH WM 1972, 583, 585; *Breinersdorfer*, WM 1991, 977, 978; *ders.*, WM 1992, 1557, 1561; *Musielak*, WM 1999, 1593, 1594.
263 *Breinersdorfer*, WM 1992, 1557; *Nobbe*, Neue höchstrichterliche Rechtsprechung zum Bankrecht, 6. Aufl., 1995, S. 29 ff.
264 *Bruchner* in Bankrechts-Handbuch, § 41 Rn 1 ff.; *Weber* in Bankrecht und Bankpraxis, Rn 2/1038 ff.

tenkreditgeschäft und operiert auf Gegenseitigkeit. Die Vertragspartner sind verpflichtet, bestimmte formalisierte Merkmale über die Aufnahme und Abwicklung eines meldepflichtigen Geschäfts der zuständigen Schufa zu übermitteln. Im Gegenzug hierzu erhalten sie Informationen, die von anderen Vertragspartnern über den betroffenen Kunden gemeldet worden sind.

2.211 Das von der Schufa aufgebaute Informationssystem dient sowohl den Interessen der Kreditinstitute und der kreditgebenden gewerblichen Wirtschaft als auch dem Interesse des einzelnen Kreditnehmers. Denn aufgrund der Schufa-Meldungen operiert das gesamte deutsche Kreditwesen in diesem Geschäftsfeld ohne wesentliches Risiko. Das Schufa-System eröffnet den Kreditinstituten zudem die Möglichkeit, die Kreditnehmer durch Beratung vor einer übermäßigen Verschuldung zu bewahren. Der BGH hat daher in mehreren Entscheidungen die Zulässigkeit und Berechtigung des Schufa-Systems bejaht[265].

aa) Abgrenzung der Schufa-Meldung von der Bankauskunft

2.212 Die Schufa-Meldungen stellen Bankauskünfte besonderer Art dar. Während das übliche Bankauskunftsverfahren durch einzelne Anfragen von anderen Kreditinstituten oder Kunden der auskunftserteilenden Bank ausgelöst wird, erfolgen die Schufa-Meldungen aufgrund des Gegenseitigkeitsprinzips dieses Kreditinformationssystems. Im Unterschied zu Bankauskünften enthalten Schufa-Meldungen nur ganz bestimmte, in einem Katalog vorgesehene Merkmale, die für die Beurteilung der Kreditfähigkeit von Konsumenten bedeutsam sind. Das Schufa-Verfahren betrifft deshalb ausschließlich die Privatkunden (**Konsumentenkredite**), während der Schwerpunkt des Bankauskunftsverfahrens im Bereich der gewerblichen Kundschaft liegt.

2.213 In den Schufa-Meldungen finden sich im übrigen keine Aussagen über Einkommen und Vermögen sowie Bonitätsbeurteilungen. Die Schufa-Auskünfte enthalten also keine Wertungen, wie sie für die üblichen Bankauskünfte typisch sind[266]. Zu den Merkmalen, die die Kreditinstitute der Schufa übermitteln, gehören insbesondere Kreditaufnahmen, Bürgschaftsübernahmen sowie nicht vertragsgemäßes Verhalten und die Einleitung gerichtlicher Maßnahmen. Hierzu rechnen Kreditkündigungen, Rückgabe nicht eingelöster Schecks, Wechselproteste, Scheckkartenmißbrauch, beantragter Mahnbescheid bei unbestrittener Forderung, Voll-

---

265 Vgl. hierzu BGH WM 1978, 999, 1001 (zur Zulässigkeit des Schufa-Systems); 1983, 1188, 1189.
266 *Weber* in Bankrecht und Bankpraxis, Rn 1/57, 2/1039.

streckungsbescheid sowie Zwangsvollstreckungsmaßnahmen. Darüber hinaus werden Daten in öffentlichen Verzeichnissen entnommen. Dies gilt vor allem für eidesstattliche Versicherung über ein dem Gericht vorzulegendes Vermögensverzeichnis (§ 899 ZPO), Haftbefehl zur Erzwingung einer solchen Versicherung (§ 901 ZPO), Eröffnung eines Insolvenzverfahrens und Ablehnung der Insolvenzeröffnung mangels Masse (sog. **harte Negativmerkmale** im Sinne des § 28 BDSG).

bb) Einwilligung des Kunden

Bei den Schufa-Meldungen handelt es sich um **Datenübermittlungen,** die 2.214
das Bundesdatenschutzgesetz nur unter bestimmten Voraussetzungen gestattet. Die Datenübermittlung an die Schufa ist zulässig, wenn der Betroffene eingewilligt hat (§ 3 BDSG) oder dies zur Wahrung berechtigter Interessen der übermittelnden Stellen oder eines Dritten oder der Allgemeinheit erforderlich ist und dadurch schutzwürdige Belange des Betroffenen nicht beeinträchtigt werden (§ 24 BDSG)[267]. Hierunter fallen nach dem BGH solche Merkmale, aus denen sich die Zahlungsunfähigkeit oder die Zahlungsunwilligkeit des Kunden ergibt. Dies gilt insbesondere für gegen den Kunden gerichtete Zwangsvollstreckungsmaßnahmen[268].

Die Verschwiegenheitspflicht der Bank aufgrund des Bankgeheimnisses besteht grundsätzlich neben der Verpflichtung zur Beachtung der datenschutzrechtlichen Bestimmungen. Die vom Kunden einzuholende Einwilligung umfaßt deshalb auch die Entbindung vom Bankgeheimnis[269].

Die Kreditinstitute verwenden bei der Kontoeröffnung eine einheitliche 2.215
Schufa-Klausel, die seit 1. 7. 1990 wie folgt lautet:

Ich willige ein, daß die Bank der für meinen Wohnsitz zuständigen Schufa-Gesellschaft Daten über die Beantragung, die Aufnahme und Beendigung dieser Kontoverbindung übermittelt. Unabhängig davon wird die Bank der Schufa auch Daten aufgrund nicht vertragsgemäßen Verhaltens (z.B. Scheckkartenmißbrauch durch den rechtmäßigen Karteninhaber, Scheckrückgabe mangels Deckung, Wechselprotest, beantragter Mahnbescheid bei unbestrittener Forderung sowie Zwangsvollstreckungsmaßnahmen) melden. Diese Meldungen dürfen nach dem Bundesdatenschutzgesetz nur erfolgen, soweit dies zur Wahrung berechtigter Interessen der Bank, eines Vertragspartners der Schufa oder der Allgemeinheit erforderlich ist und dadurch meine schutzwürdigen Belange nicht beeinträchtigt werden.

---

267 Vgl. zu dieser Abwägungsklausel des § 24 BDSG BGH WM 1983, 1188.
268 BGH WM 1983, 1188, 1189; vgl. weiter BGH WM 1984, 398, 399 (Mahnbescheide).
269 *Bruchner* in Bankrechts-Handbuch, § 41 Rn 16; *Weber* in Bankrecht und Bankpraxis, Rn 2/1047.

Soweit hiernach eine Übermittlung erfolgen kann, befreie ich die Bank zugleich vom Bankgeheimnis.

Die Schufa speichert die Daten, um den ihr angeschlossenen Kreditinstituten, Kreditkartenunternehmen, Leasing-Gesellschaften, Einzelhandelsunternehmen einschließlich des Versandhandels und sonstigen Unternehmen, die gewerbsmäßig Geld- oder Warenkredite an Konsumenten geben, Informationen zur Beurteilung der Kreditwürdigkeit von Kunden geben zu können. An Unternehmen, die gewerbsmäßig Forderungen einziehen und der Schufa vertraglich angeschlossen sind, können zum Zwecke der Schuldner-Ermittlung Adreßdaten übermittelt werden. Die Schufa stellt die Daten ihren Vertragspartnern nur zur Verfügung, wenn diese ein berechtigtes Interesse an der Datenübermittlung glaubhaft darlegen. Die Schufa übermittelt nur objektive Daten ohne Angabe des Kreditgebers; subjektive Werturteile, persönliche Einkommens- und Vermögensverhältnisse sind in Schufa-Auskünften nicht enthalten. Die Adresse der örtlich zuständigen Schufa lautet . . .

Ich willige ein, daß im Falle eines Wohnsitzwechsels die vorgenannte Schufa die Daten an die dann zuständige Schufa übermittelt. Weitere Informationen über das Schufa-Verfahren enthält ein Merkblatt, das auf Wunsch zur Verfügung gestellt wird.

2.216 Die Schufa-Klausel trägt auch dem Gebot einer ausreichenden **Transparenz** von Datenübermittlungen Rechnung. Dieses Gebot ist vom Bundesverfassungsgericht[270] in seiner Entscheidung zum Volkszählungsgesetz entwickelt worden. Dieses Urteil bejaht ein Recht jedes Bürgers auf sog. informationelle Selbstbestimmung. Nach dem verfassungsrechtlich geschützten allgemeinen Persönlichkeitsrecht (Art. 2 Abs. 1 i.V.m. Art. 1 Abs. 1 GG) hat jeder das Recht auf die freie Entfaltung seiner Persönlichkeit, soweit er nicht die Rechte anderer verletzt und nicht gegen die verfassungsmäßige Ordnung oder das Sittengesetz verstößt. Hiermit ist nach dem Bundesverfassungsgericht eine Gesellschafts- und Rechtsordnung unvereinbar, in der der Bürger nicht mehr wissen könne, wer was wann und bei welcher Gelegenheit über ihn weiß[271]. Obwohl die Grundrechte nach ganz überwiegender Auffassung keine unmittelbare Drittwirkung im Privatrechtsverkehr entfalten, wirken sie jedoch über die Generalklauseln der §§ 138, 242, 826 BGB in das Zivilrecht hinein. Der aus dem allgemeinen Persönlichkeitsrecht abgeleitete Gesichtspunkt der Transparenz könnte daher ein Kriterium sein, anhand dessen die Zulässigkeit der Datenübermittlung von Privatleuten an die Schufa zu messen ist. Dieser rechtlichen Betrachtungsweise trägt die Schufa-Klausel Rechnung.

---

270 BVerfG WM 1984, 98.
271 BVerfG WM 1984, 98, 102.

3. Mitwirkungspflichten des Bankkunden (Nr. 11 AGB)

Die Grund-AGB enthalten einige wesentliche Mitwirkungs**pflichten** des Kunden, deren Verletzung typischerweise die Bank oder den Kunden selbst schädigen kann[272].

2.217

a) Rechtsnatur der Mitwirkungspflichten

Die Rechtsnatur dieser **Kundenpflichten** wird vom Schrifttum unterschiedlich beurteilt. Einige der Klauseln sind nach übereinstimmender Meinung Konkretisierungen der allgemeinen **Verhaltens- und Schutzpflichten,** wie sie der Geschäftsverbindung als rahmenartiges Schuldverhältnis oder den konkreten Schuldverhältnissen entspringen können, die bei der Inanspruchnahme einer Bankdienstleistung im Rahmen der Geschäftsverbindung vertraglich begründet werden. Bei einigen Klauseln soll es sich nach herrschender Meinung nur um sog. **Obliegenheiten** des Kunden handeln. Die Nichtbeachtung einer Obliegenheit begründet anders als die Verletzung einer Verhaltens- und Schutzpflicht keine Schadensersatzpflicht gegenüber der Bank. Die Beachtung der Obliegenheit ist nur ein Gebot des eigenen Interesses, anderenfalls der Bankkunde einen Rechtsverlust oder einen sonstigen rechtlichen Nachteil erleidet[273]. Eine solche Obliegenheit stellt insbesondere die Schadensabwendungs- und -minderungspflicht im Sinne des anrechenbaren Mitverschuldens gemäß § 254 Abs. 2 BGB dar[274]. Unterläßt der Bankkunde, den Schaden abzuwenden oder zu mildern, und verstößt er damit gegen das Gebot des eigenen Interesses, so muß er die Kürzung oder sogar den Verlust seines Schadensersatzanspruches hinnehmen.

2.218

Die Einordnung der Mitwirkungspflicht als Verhaltens- und Schutzpflicht oder als Obliegenheit hängt maßgeblich davon ab, ob im konkreten Einzelfall der auszugleichende Schaden bei der Bank oder dem Kunden eingetreten ist. Ist die Bank geschädigt worden, so kann sich die Mitwirkungspflicht des Kunden nur als eine Verhaltens- oder Schutzpflicht darstellen, deren Zweck gerade in der Vermeidung eines Schadens der Bank als der andere Partner des Schuldverhältnisses besteht. Als eine Obliegenheit des Kunden erscheint dagegen die Mitwirkungspflicht, wenn im konkreten Einzelfall der Schaden beim Kunden eingetreten ist und die Verletzung seiner Mitwirkungspflicht ein anrechenbares Mitverschulden gemäß § 254 BGB darstellt. Verletzt der geschädigte Kunde eine Mitwirkungs-

2.219

---
272 *Bunte* in Bankrechts-Handbuch, § 16 Rn 1; *Wagner-Wieduwilt* in Bankrecht und Bankpraxis Rn 1/284 ff.
273 BGHZ 24, 378, 382; *Palandt/Heinrichs,* Einl. v. § 241 Rn 16.
274 *Palandt/Heinrichs,* Einl. v. § 241 Rn 16.

pflicht im Sinne der Nr. 11 AGB, so liegt hierin ein Verschulden gegen sich selbst[275]. Folgt diese Mitwirkungspflicht im Einzelfall schon aus der allgemeinen Schadensabwendungs- und -minderungspflicht, so kann diese konkrete Pflicht als Obliegenheit eingeordnet werden, die bei ihrer Verletzung im Gegensatz zu den Verhaltens- und Schutzpflichten keinen Schadensersatzanspruch begründet[276]. Denn die Pflicht zur Schadensabwendung und -minderung im Sinne des anrechenbaren Mitverschuldens gemäß § 254 BGB wird allgemein zur Kategorie der Obliegenheiten gerechnet[277].

2.220 Die **Rechtsfolgen** eines Verstoßes gegen die Mitwirkungspflichten der Nr. 11 AGB bestimmen sich also danach, ob es sich im konkreten Einzelfall um eine Verhaltens- oder Schutzpflicht des Kunden gegenüber der Bank oder nur um eine Obliegenheit im ureigensten Interesse des Kunden handelt, deren Nichtbeachtung ein anrechenbares Mitverschulden des Kunden begründet. Deshalb wird in der Haftungsklausel der Nr. 3 Abs. 1 AGB hinsichtlich des anrechenbaren Verschuldens des Kunden auf die in Nr. 11 AGB geregelten Mitwirkungspflichten ausdrücklich hingewiesen[278].

2.221 So kann sich die Pflicht des Kunden zur unverzüglichen Mitteilung der neuen Anschrift im Einzelfall als eine Verhaltens- und Schutzpflicht zugunsten der Bank darstellen, deren Verletzung einen Schadensersatzanspruch der Bank begründet[279]. Dies ist z.B. der Fall, wenn der Bank infolge der unterlassenen Mitteilung der Anschriftsänderung die Kosten für einen nicht zustellbaren Mahnbescheid und dreier Anfragen beim Einwohnermeldeamt entstanden sind[280]. Hat dagegen die Bank in Unkenntnis des im Handelsregister eingetragenen Erlöschens den nicht mehr Vertretungsberechtigten weiter über das Firmenkonto verfügen lassen, hat die Mitwirkungspflicht die Rechtswirkung einer Obliegenheit, wenn dem (Firmen-) Kunden die unterlassene Mitteilung des Erlöschens einer gegenüber der Bank erteilten Vertretungsmacht als Mitverschulden angerechnet wird[281]. Denn die Bank muß sich nach § 15 Abs. 2 HGB solche handelsregisterlichen Eintragungen 15 Tage nach ihrer Bekanntmachung entgegen halten lassen, selbst wenn sie diese nicht kannte (sog. positive Publizitätswir-

---

275 *Palandt/Heinrichs*, § 254 Rn 1.
276 *Palandt/Heinrichs*, Einl. v. § 241 Rn 16.
277 *Palandt/Heinrichs*, § 254 Rn 1.
278 *Wagner-Wieduwilt* in Bankrecht und Bankpraxis, Rn 1/285; *Bunte* in Bankrechts-Handbuch,§ 16 Rn 9.
279 *Bunte* in Bankrechts-Handbuch, § 16 Rn 4; *Merkel*, WM 1993, 725, 726.
280 KG WM 1985, 714, 716.
281 Vgl. *Canaris*, Bankvertragsrecht², Rn 2541.

kung des Handelsregisters). Die unterlassene Mitteilung über die erloschene Vertretungsmacht als die Verletzung einer Obliegenheit wirkt sich als anrechenbares Mitverschulden des Kunden aus[282].

b) Pflichtverletzung als Verschulden gegen sich selbst

Die Pflicht zur unverzüglichen Mitteilung der neuen Anschrift ist im übrigen ein anschauliches Beispiel dafür, daß die Erfüllung dieser Pflicht, gleichgültig, ob sie als Verhaltens- oder Schutzpflicht oder als Obliegenheit einzuordnen ist, im ureigensten Interesse des Kunden liegt. Es läuft also auf ein Verschulden gegen sich selbst hinaus, wie es insbesondere beim Mitverschulden im Sinne des § 254 BGB gegeben ist[283]. Denn ohne diese Information kann die Bank ihre Mitteilungspflicht, wie sie bei Kundenaufträgen aus der auftragsrechtlichen Benachrichtigungspflicht des § 666 BGB folgt, nicht ordnungsgemäß erfüllen[284]. 2.222

So muß die Bank bestimmte Informationen über die von ihr verwahrten Wertpapiere dem Kunden übermitteln, soweit sich diese auf seine Rechtsposition erheblich auswirken können und die Benachrichtigung zur Wahrung seiner Interessen erforderlich ist (Nr. 16 Sonderbedingungen für Wertpapiergeschäfte). Dasselbe gilt für Rückfragen der Bank beim Kunden, die nach auftragsrechtlichen Grundsätzen bei unklaren Aufträgen oder auftretenden Hindernissen für die Auftragsausführung gemäß § 666 BGB geboten sind, etwa wenn das Girokonto kein ausreichendes Guthaben für die Ausführung eines erteilten Überweisungsauftrages ausweist. In solchen Fallgestaltungen wird es häufig an einem Schaden der Bank und damit an einem Bedürfnis fehlen, die Mitteilungspflicht der Nr. 11 Abs. 1 AGB als eine regreßbewehrte Verhaltens- und Schutzpflicht des Kunden einzuordnen. Im Einzelfall braucht sich die Mitwirkungspflicht nicht einmal als Obliegenheit im haftungsrechtlichen Sinne auszuwirken, weil dem Kunden aus der unterlassenen Mitteilung kein Rechtsverlust oder ein sonstiger rechtlicher Nachteil droht, wie es für eine Obliegenheit im engeren Wortsinne begriffstypisch ist. 2.223

c) Deklaratorische Bedeutung der einzelnen Klauseln

Auch soweit sich die Mitwirkungspflichten der Nr. 11 AGB im konkreten Einzelfall als eine regreßbewehrte Verhaltens- und Schutzpflicht oder 2.224

---
282 *Bunte* in Bankrechts-Handbuch, § 16 Rn 9; *Wagner-Wieduwilt* in Bankrecht und Bankpraxis, Rn 1/298; *Werhahn/Schebesta*, AGB und Sonderbedingungen der Banken, Rn 175.
283 *Palandt/Heinrichs*, § 254 Rn 1.
284 *Bunte* in Bankrechts-Handbuch, § 16 Rn 3.

zumindest als eine Obliegenheit des Kunden darstellen, haben diese Klauseln weitgehend klarstellende Funktionen und sind insoweit nur deklaratorischer Natur[285]. Mit der Zusammenfassung dieser Bestimmungen in einer einzigen Klausel bei der Neufassung der AGB im Jahre 1993 soll dem Kunden ein erleichterter Überblick über seine gebotene Mitwirkung verschafft werden. Im Unterschied zu der bisherigen Praxis enthalten die AGB der Banken und die sie ergänzenden Sonderbedingungen nicht nur konstitutive Regelungen. Im Interesse größerer Transparenz enthalten AGB-mäßige Klauselwerke zunehmend klarstellende Klauseln mit wesentlich erscheinenden Informationen für den Kunden[286].

d) Änderungen von Name, Anschrift oder einer gegenüber der Bank erteilten Vertretungsmacht (Nr. 11 Abs. 1 AGB)

2.225 Zur ordnungsgemäßen Abwicklung des Geschäftsverkehrs hat der Kunde der Bank Änderungen seines Namens und seiner Anschrift sowie das Erlöschen oder die Änderung einer gegenüber der Bank bestehenden Vertretungsbefugnis, insbesondere einer rechtsgeschäftlich erteilten Vollmacht unverzüglich mitzuteilen.

aa) Mitteilung der Anschriftenänderung

2.226 Große praktische Bedeutung hat die Mitteilung der geänderten Anschrift. Dies ist nicht nur erforderlich, damit die Bank ihre vielfältigen Mitteilungspflichten möglichst zeitnah erfüllen kann. So muß die Bank bei der Ausführung von grenzüberschreitenden Kundenaufträgen die maßgeblichen außensteuer- und außenwirtschaftlichen Bestimmungen beachten[287]. Auch kann die Verlegung des Wohnsitzes vom Inland ins Ausland den Kunden zum Steuer- oder Devisenausländer werden lassen. Dies kann z.B. für die Inanspruchnahme eines ermäßigten Quellensteuersatzes aus einem Doppelbesteuerungsabkommen entscheidend sein, wenn die Bank die depotmäßig verwahrten Wertpapiere bei Fälligkeit zugunsten des Depotkunden einlösen läßt.

2.227 Ein besonderes Interesse an der Mitteilung des geänderten Wohnsitzes hat die Bank bei den Rechnungsabschlüssen für die üblicherweise kontokorrentmäßig geführten Girokonten. Hat der Kunde die übermittelten Abschlußsalden anerkannt, so kann sich die Bank bei einer gerichtlichen Geltendmachung ihres Zahlungsanspruches darauf beschränken, die nach

---

285 *Bunte* in Bankrechts-Handbuch, § 16 Rn 1; *Merkel*, WM 1993, 725; *Wagner-Wieduwilt* in Bankrecht und Bankpraxis, Rn 1/284.
286 *Wagner-Wieduwilt* in Bankrecht und Bankpraxis, Rn 1/285.
287 *Werhahn/Schebesta*, AGB und Sonderbedingungen der Banken, Rn 167.

dem letzten Saldoanerkenntnis eingetretenen Veränderungen des Kontostandes substantiiert darzutun[288]. Solche verbindlichen Saldoanerkenntnisse erfordern aber auch eine Willenserklärung des Kunden, weil diesen ein Anerkenntnisvertrag im Sinne des § 780 BGB zugrunde liegt. Das in dem übermittelten Abschlußsaldo liegende Vertragsangebot der Bank nimmt der Kunde durch das Verstreichenlassen der Einmonatsfrist für Einwendungen konkludent an (Nr. 7 Abs. 2 AGB). Diese rechtsgeschäftliche Bedeutung des Schweigens setzt jedoch voraus, daß der Abschlußsaldo dem Kunden an die zutreffende Anschrift übermittelt worden ist.

In den überwiegenden Fällen dürfte jedoch die Mitteilung über die geänderte Anschrift im alleinigen Interesse des Kunden liegen. Dies gilt insbesondere dann, wenn für die Ausführung des Kundenauftrages eine schnelle Reaktion des Kunden erforderlich ist. Ein extremes Beispiel hierfür ist die Befugnis der Bank, die offenen Positionen aus Börsentermingeschäften durch ein Gegengeschäft glattzustellen, wenn der Kunde der Aufforderung zur Stellung weiterer Sicherheiten nicht kurzfristig entspricht (Nr. 4 Abs. 1 Sonderbedingungen für Börsentermingeschäfte)[289].

2.228

bb) Änderung der gegenüber der Bank erteilten Vertretungsmacht

Bei der Geschäftsverbindung mit Privatkunden entspricht die in Nr. 11 Abs. 1 AGB geregelte Pflicht zur Mitteilung des Erlöschens einer gegenüber der Bank erteilten Vollmacht der gesetzlichen Regelung. Hat jemand durch eine besondere Mitteilung an einen Dritten kundgegeben, daß er einen anderen bevollmächtigt hat, so bleibt die Vertretungsmacht bestehen, bis die Kundgebung in derselben Weise, wie sie erfolgt ist, widerrufen ist (§ 171 Abs. 2 BGB). Eine solche Kundgebung der Bevollmächtigung erfolgt, wenn der Kunde einer anderen Person Kontovollmacht erteilt. Die Pflicht des Kunden zur Mitteilung des Erlöschens der Kontovollmacht entspricht also der gesetzlichen Vorgabe. Andererseits muß sich die Bank das ihr nicht mitgeteilte Erlöschen der Vollmacht entgegen halten lassen, wenn ihr auf andere Weise der Widerruf der Vollmacht bekannt geworden oder infolge von Fahrlässigkeit nicht bekannt geworden ist (§ 173 BGB). Trifft die Bank in diesen Fällen eine Schadensersatzverpflichtung, so ist die unterlassene Mitteilung des Kunden als Mitverschulden zu berücksichtigen[290].

2.229

---

288 BGH WM 1991, 1294, 1295.
289 *Kümpel*, WM 1991, Sonderbeilage Nr. 1, 21 ff.
290 *Merkel*, WM 1993, 725, 726; *Wagner-Wieduwilt* in Bankrecht und Bankpraxis, Rn 1/294.

2.230 Die **unterlassene Mitteilung** des Erlöschens der Vertretungsmacht kann insbesondere gegenüber Firmenkunden ein gemäß § 254 BGB anrechenbares Mitverschulden begründen. Denn die Bank muß sich gemäß § 15 Abs. 2 HGB die handelsregisterliche Eintragung dieses Erlöschens 15 Tage nach ihrer Bekanntmachung entgegen halten lassen, selbst wenn sie diese Veröffentlichung nicht kannte (positive Publizitätswirkung des Handelsregisters). Die Mitteilungspflicht des Kunden im Sinne der Nr. 11 Abs. 1 AGB soll diese gesetzliche Rechtsscheinhaftung nicht einschränken, sondern durch ein Mitverschulden gemäß § 254 BGB begrenzen[291]. Denn eine solche Mitteilungspflicht kann Kaufleuten zugemutet werden. Für den Kunden ist die Benachrichtigung der Bank über den Wegfall der Zeichnungsbefugnis eine auffällige Einzelmaßnahme. Dagegen ist für die Bank die systematische Überprüfung des Handelsregisters ein Massengeschäft mit dem hier typischen Risiko eines Versehens im Einzelfall.

2.231 Bei der rechtlichen Beurteilung des Einzelfalls ist im übrigen zu prüfen, ob die erloschene Zeichnungsbefugnis auf der im Handelsregister veröffentlichten Vertretungsmacht z.B. als Prokuraerteilung beruhte. Denn die Aufführung der Zeichnungsberechtigten in dem sog. Unterschriftenprobenblatt, wie es bei der Eröffnung von Konten für Firmenkunden hereingenommen wird, kann eine eigenständige Bankvollmacht darstellen. Solche Unterschriftsprobenblätter können konstitutive Erteilungen von Bankvollmachten enthalten, etwa wenn der Firmenkunde aus organisatorischen Gründen einem Mitarbeiter aus der Buchhaltung eine gemeinschaftliche Zeichnungsbefugnis mit einem im Handelsregister eingetragenen Prokuristen erteilt hat. Die Haftung der Bank beim Erlöschen solcher ihr gegenüber erteilten Vollmachten ohne Mitteilung durch den Firmenkunden richtet sich wie bei Kontovollmachten durch Privatkunden nach § 173 BGB[292].

e) Klarheit von Aufträgen (Nr. 11 Abs. 2 AGB)

2.232 Im Geschäftsverkehr zwischen Bank und Kunde besteht ein starkes Bedürfnis nach Klarheit[293]. Eine ordnungsgemäße Auftragsausführung setzt voraus, daß der Bankkunde seinen Auftrag klar und unmißverständlich formuliert hat. Nr. 11 Abs. 2 AGB stellt deshalb klar, daß Aufträge jeder Art ihren Inhalt zweifelsfrei erkennen lassen müssen. Ist ein Auftrag mehrdeutig, muß ihn die Bank unerledigt mit einem entsprechenden Hinweis zurückgeben oder beim Kunden Rückfrage halten (§ 666 BGB)[294].

---

291 *Bunte* in Bankrechts-Handbuch, § 16 Rn 10; *Werhahn/Schebesta*, AGB und die Sonderbedingungen der Banken, Rn 176; *Wagner-Wieduwilt* in Bankrecht und Bankpraxis, Rn 1/295; *Merkel*, WM 1993, 725, 726.
292 Vgl. hierzu *Kümpel*, Bank-Betrieb 1971, 93, 94.
293 *Canaris*, Bankvertragsrecht², Rn 2574.
294 OLG München, WM 1995, 1017, 1018; *Bunte* in Bankrechts-Handbuch, § 16 Rn 12.

Nr. 11 Abs. 2 S. 1 AGB weist den Kunden deshalb darauf hin, daß nicht eindeutig formulierte Aufträge solche Rückfragen zur Folge haben können, die zu Verzögerungen führen können. Die Klausel soll dem Kunden vor Augen führen, welche Folgen mangelnde Sorgfalt für ihn haben kann[295]. Die Pflicht zu klar formulierten Aufträgen begründet keine regreßbewehrte Verhaltens- und Schutzpflicht, sondern nur eine Obliegenheit[296]. Eine Nichtbeachtung dieser Obliegenheit stellt deshalb ein anrechenbares Mitverschulden dar, wenn der Bank bei der Erledigung des unklaren Auftrages ein haftungsbegründendes Verschulden vorgeworfen werden kann[297].

2.233 Praktische Bedeutung hat diese Klausel vor allem im **Zahlungsverkehr.** Die reibungslose Abwicklung des bargeldlosen Zahlungsverkehrs hängt vor allem davon ab, daß bei Aufträgen zur Gutschrift auf einem Konto, insbesondere bei Überweisungsaufträgen auf die Richtigkeit und Vollständigkeit des Namens des Zahlungsempfängers, der angegebenen Kontonummer und der angegebenen Bankleitzahl zu achten ist[298]. Zur Angabe dieser Bankleitzahl ist der Kunde nicht verpflichtet. Sofern er sie aber angibt, hat er auf ihre Richtigkeit zu achten[299].

2.234 Auch im **Effektengeschäft** ist mit mehrdeutigen Aufträgen ein hohes Schadensrisiko verknüpft. Die Marktkurse können sich sehr kurzfristig zum Nachteil des Effektenkunden entwickeln.

2.235 Risikoträchtig ist auch die schriftliche Bestätigung eines Auftrages, der bereits mündlich erteilt worden ist. Nr. 11 Abs. 2 S. 4 AGB weist deshalb darauf hin, daß Änderungen, Bestätigungen oder Wiederholungen von Aufträgen als solche gekennzeichnet werden müssen.

f) Besondere Hinweise bei der Ausführung eines Auftrages (Nr. 11 Abs. 3 AGB)

2.236 Hält der Kunde bei der Ausführung eines Auftrages besondere Eile für nötig, so hat er dies der Bank gesondert mitzuteilen. Bei formularmäßig erteilten Aufträgen muß dies außerhalb des Formulars erfolgen. Im Interesse der Transparenz erwähnt die Klausel das praktisch bedeutsame Bei-

---

295 *Bunte* in Bankrechts-Handbuch, § 16 Rn 12; *Merkel,* WM 1993, 725, 726.
296 *Bunte* in Bankrechts-Handbuch, § 16 Rn 18; *Wolf/Horn/Lindacher,* § 23 Rn 700.
297 *Bunte* in Bankrechts-Handbuch, § 16 Rn 13; *Merkel,* WM 1993, 725, 726; *Wagner-Wieduwilt* in Bankrecht und Bankpraxis, Rn 1/304.
298 *Schimansky* in Bankrechts-Handbuch, § 49 Rn 29.
299 *Bunte* in Bankrechts-Handbuch, § 16 Rn 13.

spiel, daß der Überweisungsbetrag dem Empfänger zu einem bestimmten Termin gutgeschrieben sein muß.

2.237 Bei der Bezahlung einer Geldschuld im bargeldlosen Zahlungsverkehr hat der Schuldner zwar regelmäßig seine Leistung rechtzeitig erbracht, wenn der Überweisungsauftrag rechtzeitig bei der Bank eingeht und ausreichende Deckung auf seinem Girokonto vorhanden ist[300]. Zwischen Gläubiger und Schuldner kann aber vereinbart sein, daß dem Gläubiger bis zum Fristablauf die Gutschrift auf seinem Girokonto erteilt und damit auch der Leistungserfolg eingetreten sein muß. So kann insbesondere die Leistungspflicht des Versicherers davon abhängen, daß die fällige Prämie noch vor Fristablauf seinem Girokonto gutgeschrieben worden ist. Die Prämienverbindlichkeit wird durch § 36 Abs. 1 VVG als eine solche qualifizierte Schickschuld geregelt[301].

2.238 Die Bank schuldet grundsätzlich eine schnelle und sichere Weiterleitung von Zahlungsaufträgen. Infolge der Massenhaftigkeit von Überweisungsaufträgen geschieht dies normalerweise unter Ausnutzung eines Standardweges im Rahmen des **Zahlungsverkehrsnetzes**[302]. Will deshalb der Kunde eine eiligere Auftragsausführung, so muß er die Bank darauf hinweisen[303]. Soweit der Bank ein Verschulden vorgeworfen werden kann, ist die Unterlassung eines Hinweises auf die Eilbedürftigkeit als Mitverschulden des Kunden zu berücksichtigen[304]. Bei dieser Mitwirkungspflicht des Kunden handelt es sich nach allgemeiner Meinung um keine regreßbewehrte Verhaltens- und Schutzpflicht, sondern nur um eine Obliegenheit[305].

g) Unterlassene Reklamation fehlerhafter Mitteilungen der Bank (Nr. 11 Abs. 4 AGB)

2.239 Der Kunde hat Kontoauszüge, Wertpapierabrechnungen, Depot- und Erträgnisaufstellungen, sonstige Abrechnungen, Anzeigen über die Ausführung von Aufträgen sowie Informationen über erwartete Zahlungen und Sendungen (Avise) auf ihre Richtigkeit und Vollständigkeit unverzüglich zu prüfen und etwaige Einwendungen unverzüglich zu erheben. Die Verletzung dieser **Reklamationspflichten** hat unterschiedliche **Rechtsfolgen.** So hat die unterlassene Beanstandung eines fehlerhaften Rechnungsabschlusses für die kontokorrentmäßig geführten Girokonten eine rechtsge-

---

300 *Palandt/Heinrichs,* § 270 Rn 7.
301 BGH WM 1971, 110.
302 *Wagner-Wieduwilt* in Bankrecht und Bankpraxis, Rn 1/305.
303 *Merkel,* WM 1993, 725, 726.
304 *Wagner-Wieduwilt,* Bankrecht und Bankpraxis, Rn 1/304; *Bunte* in Bankrechts-Handbuch, § 16 Rn 25.
305 *Werhahn/Schebesta,* AGB und die Sonderbedingungen der Banken, Rn 198; *Bunte* in Bankrechts-Handbuch, § 16 Rn 23.

schäftliche Bedeutung. Diese fehlt der Reklamation gegen die von Nr. 11 Abs. 4 AGB erfaßten Mitteilungen der Bank.

Mit Rücksicht auf diese unterschiedlichen Rechtsfolgen der unterbliebenen Kundenreklamation ist die unterbliebene Einwendung gegen einen fehlerhaften Rechnungsabschluß bei der Neufassung der AGB im Jahre 1993 in einer eigenständigen Klausel (Nr. 7 Abs. 2) geregelt worden[306]. In dem Schweigen des Kunden auf den ihm übermittelten Rechnungsabschluß liegt die konkludente Annahme des hierin liegenden Angebotes der Bank auf Abschluß eines Anerkenntnisvertrages über den mitgeteilten Saldo im Sinne des § 780 BGB.

2.240

In der unterlassenen Reklamation einer fehlerhaften Mitteilung im Sinne der Nr. 11 Abs. 4 AGB liegt aber keine „Genehmigung" der zugrundeliegenden weisungswidrigen Auftragsausführung der Bank.

2.241

Solche weisungswidrigen Ausführungen braucht der Kunde als Auftraggeber nicht gegen sich gelten zu lassen. Dies gilt insbesondere, wenn die Bank als Kommissionärin des Kunden gehandelt hat (§ 385 Abs. 1 HGB). Das Zurückweisungsrecht des Kunden als Kommittent entfällt aber, wenn er sich nachträglich mit der weisungswidrigen Auftragsausführung einverstanden erklärt hat. Für diese Einverständniserklärung hat sich in Übereinstimmung mit der Gesetzessprache die Bezeichnung „Genehmigung" eingebürgert (vgl. § 386 Abs. 1 HGB). Diese Genehmigung kann ausdrücklich oder konkludent, also auch durch Schweigen erteilt werden[307].

2.242

Die AGB-Klausel zur unterlassenen Reklamation einer fehlerhaften Bankmitteilung enthält nach übereinstimmender Meinung **keine Genehmigungsfiktion**[308]. Dies hat die Rechtsprechung insbesondere für die unterlassene Beanstandung eines unrichtigen Tagesauszuges für ein Girokonto entschieden. In dem Schweigen des Kunden liegt kein Einverständnis mit der darin dokumentierten Auftragsausführung der Bank[309].

2.243

Kein Einvernehmen besteht, ob die Reklamationspflicht eine Verhaltens- und Schutzpflicht ist, deren Nichterfüllung eine positive Forderungsverletzung oder nur die Verletzung einer Obliegenheit darstellt. Für die Übersendung eines Tagesauszuges mit einer irrtümlich erteilten Kontogutschrift hat die Rechtsprechung erkannt, daß der Kunde aufgrund des Girovertragsverhältnisses in einem gewissen Maß zur Kontrolle der ihm

2.244

---

306 *Merkel*, WM 1993, 725, 727.
307 *Schlegelberger/Hefermehl*, § 385 Rn 11; Großkomm. HGB/*Koller*, § 385 Rn 7.
308 *Bunte* in Bankrechts-Handbuch, § 16 Rn 29; *Merkel*, WM 1993, 725, 727.
309 BGH WM 1979, 417 418; 1985, 905, 906; OLG Hamm, WM 1986, 704, 706; OLG München WM 1995, 1017, 1018. Dasselbe gilt für das Schweigen auf einen fehlerhaften Rechnungsabschluß, BGH WM 1994, 2273, 2274; *Schimansky* in Bankrechts-Handbuch, § 47 Rn 51.

in den Kontoauszügen mitgeteilten Kontobewegungen und Kontostände verpflichtet ist. Verletzt der Kunde diese Schutzpflicht, so ist er der Bank wegen positiver Forderungsverletzung zum Ersatz des Schadens verpflichtet[310]. Eine solche Schädigung kann insbesondere darin bestehen, daß der gutgläubige Kunde über den gutgeschriebenen Betrag verfügt hat und er deshalb den Einwand der weggefallenen Bereicherung (§ 818 Abs. 3 BGB) geltend machen könnte. Unterläßt der Kunde die Kontrolle der Tagesauszüge, so läuft er Gefahr, sich nach zahlreichen unbemerkt gebliebenen Fehlbuchungen nicht mehr bei der Bank schadlos halten zu können[311]. Die **Reklamationspflicht** wird zum Teil als Schutzpflicht bezeichnet[312]. In einer jüngeren Entscheidung des Bankrechtssenats des BGH wird dagegen von einer Obliegenheit gesprochen[313].

2.245 Einvernehmen besteht insoweit, als die AGB-Klausel mit dieser Reklamationspflicht deklaratorischer Natur ist. Zu solchen Beanstandungen fehlerhafter Bankmitteilungen sei der Kunde schon nach Treu und Glauben (§ 242 BGB) und der Schadensabwendungs- und -minderungspflicht (§ 254 BGB) gehalten[314].

h) Benachrichtigung der Bank bei Ausbleiben von Mitteilungen (Nr. 11 Abs. 5 AGB)

2.246 Sofern Rechnungsabschlüsse und Depotaufstellungen dem Kunden nicht zugehen, muß er die Bank unverzüglich benachrichtigen. Diese Benachrichtigungspflicht besteht auch beim Ausbleiben anderer Mitteilungen, deren Eingang der Kunde erwartet. Die AGB-Klausel erwähnt aus Transparenzgründen Wertpapierabrechnungen, Kontoauszüge nach der Ausführung von Kundenaufträgen oder über Zahlungen, die der Kunde erwartet. Diese **Benachrichtigungspflicht** hat vor allem im Effektengeschäft praktische Bedeutung. Wird der Effektenauftrag nicht schnellstmöglich ausgeführt, besteht die Gefahr, daß durch eine ungünstige Marktentwicklung ein beträchtlicher Kursschaden eintritt.

2.247 Mit dieser AGB-Klausel wird dem Kunden keine unbegrenzte **Kontrollpflicht** auferlegt[315]. So beschränkt sich die Benachrichtigungspflicht nach

---

310 BGH WM 1979, 417, 419; WM 1991, 57, 60; OLG Hamm, WM 1986, 704, 707.
311 LG Lübeck, WM 1993, 1131; *Bunte* in Bankrechts-Handbuch, § 16 Rn 30.
312 BGH WM 1979, 417, 419.
313 BGH WM 1991, 57, 60.
314 *Bunte* in Bankrechts-Handbuch, § 16 Rn 28; *Merkel*, WM 1993, 725, 727; *Werhahn/Schebesta*, AGB und die Sonderbedingungen der Banken, Rn 199; *Wagner-Wieduwilt* in Bankrecht und Bankpraxis, Rn 1/308.
315 *Wagner-Wieduwilt* in Bankrecht und Bankpraxis, Rn 1/314.

dem Wortlaut der AGB-Klausel auf solche Mitteilungen, die der Kunde erwartet. Auch kann von dem Bankkunden nicht erwartet werden, daß er jeden einzelnen Buchungsvorgang nachzählt und schon das Ausbleiben eines einzelnen oder einzelner Kontoauszüge bemerkt oder beanstandet. Dagegen ist es ihm zuzumuten, einem auffälligen Ausbleiben von Kontoauszügen Bedeutung beizumessen und sich sodann bei der Bank insoweit nach den Gründen zu erkundigen[316]. Auch die Regelung dieser Mitwirkungspflicht des Kunden wird allgemein als wirksam angesehen, weil sie sich aus Treu und Glauben (§ 242 BGB) und der allgemeinen Schadensabwendungs- und -minderungspflicht (§ 254 BGB) ableiten läßt[317].

Die Verletzung dieser Benachrichtigungspflicht kann eine Schadensersatzpflicht wegen positiver Forderungsverletzung begründen[318]. In der Praxis wird die Pflichtverletzung des Kunden infolge Verschuldens der Bank häufig nur als Mitverschulden anrechenbar sein. 2.248

IV. Haftung der Bank (Nr. 3 AGB)

Im Interesse einer verbesserten Transparenz sind bei der Neufassung der AGB im Jahre 1993 die Regelungen der Haftung der Bank an einer Stelle zusammengefaßt worden. Der Kunde soll sich anhand Nr. 3 AGB über die grundsätzliche Verteilung des Schadensrisikos informieren können. 2.249

Die Haftungsklausel hat weitgehend nur klarstellende Bedeutung. So folgt die uneingeschränkte Haftung für den **Erfüllungsgehilfen** (Nr. 3 Abs. 1 S. 1 AGB) bereits aus § 278 BGB. Dasselbe gilt für die Berücksichtigung des Mitverschuldens des Kunden, die in enger Anlehnung an § 254 BGB geregelt worden ist. Hat der Kunde hiernach durch ein schuldhaftes Verhalten zu der Entstehung eines Schadens beigetragen, bestimmt sich nach den Grundsätzen des Mitverschuldens, in welchem Umfang Bank und Kunde den Schaden zu tragen haben (Nr. 3 Abs. 1 S. 3 AGB). Ein solches Mitverschulden kommt insbesondere in Betracht, wenn der Kunde gegen seine Mitwirkungspflichten schuldhaft verstoßen hat, wie sie in Nr. 11 AGB geregelt worden sind. 2.250

Eine grundsätzliche Neugestaltung hat die bisherige Substitutionsklausel (Nr. 9 AGB Banken a.F.) erfahren. Die Beschränkung der Haftung der 2.251

---

316 OLG Düsseldorf WM 1987, 1215, 1217; vgl. weiter BGH WM 1985, 511.
317 *Canaris*, Bankvertragsrecht², Rn 2644; *Bunte* in Bankrechts-Handbuch, § 16 Rn 31; *Schimansky* in Bankrechts-Handbuch, § 49 Rn 29; *Merkel*, WM 1993, 725, 727.
318 BGH WM 1985, 511; *Bunte* in Bankrechts-Handbuch, § 16 Rn 33.

Bank auf sorgfältige Auswahl und Unterweisung der von ihr eingeschalteten Dritten ist nur noch für solche Fälle vorgesehen, in denen ein sog. weitergeleiteter Auftrag vorliegt. Bei dieser zwischenzeitlich allgemein anerkannten speziellen Auftragsart erschöpft sich die Verpflichtung der Bank von vornherein auf eine sorgfältige Weiterleitung des Kundenauftrages. Mit dieser Weiterleitung hat die Bank also ihre Verpflichtung erfüllt. Die eingeschalteten anderen Banken können deshalb nicht mehr Erfüllungsgehilfen sein, für die die Bank gemäß § 278 BGB zu haften hätte.

1. Uneingeschränkte Haftung für Erfüllungsgehilfen

2.252 Nach der Neufassung der AGB im Jahre 1993 haftet die Bank für jedes Verschulden ihrer Mitarbeiter und der Personen, die sie zur Erfüllung hinzuzieht (Nr. 3 Abs. 1 AGB)[319]. Dies entspricht der gesetzlichen Haftung für Erfüllungsgehilfen (§ 278 BGB). Die grundsätzliche Haftung der Bank für ihre Erfüllungsgehilfen gilt nur dann nicht, wenn Sonderbedingungen für einzelne Geschäftsbeziehungen oder sonstige Vereinbarungen etwas Abweichendes regeln (Vorrang der Individualabrede im Sinne des § 4 AGBG).

2.253 Erfüllungsgehilfen sind nicht nur Mitarbeiter der Bank. In Ausnahmefällen können es auch sonstige von der Bank eingeschaltete Dritte sein. Ob eine solche Erfüllungsgehilfenschaft vorliegt, hängt von den tatsächlichen Gegebenheiten des Sachverhaltes ab. Erfüllungsgehilfe ist regelmäßig, wer mit dem Willen des Schuldners bei der Erfüllung einer diesem obliegenden Verbindlichkeit als seine Hilfsperson tätig wird. Dabei muß der Dritte in Ausübung der ihm übertragenen Tätigkeit und nicht nur „bei Gelegenheit" der ihm obliegenden Verrichtungen gehandelt haben. Dies ist der Fall, wenn das Handeln des Dritten in dem für die Anwendbarkeit des § 278 BGB erforderlichen unmittelbaren sachlichen (inneren) Zusammenhang mit den Aufgaben steht, die dem Dritten im Hinblick auf die Vertragserfüllung zugewiesen waren[320]. Der Schuldner hat in diesem Rahmen auch für strafbares Verhalten seiner Hilfspersonen einzustehen. Dies gilt selbst dann, wenn die Hilfspersonen den Weisungen oder Interessen des Schuldners vorsätzlich zuwiderhandeln, um eigene Vorteile zu erzielen[321].

---

319 Zur Haftung für einen nicht vertretungsberechtigten Bankmitarbeiter vgl. *Schnorbus*, WM 1999, 197 ff.
320 BGH WM 1993, 658, 659.
321 BGH WM 1991, 1912, 1914.

Keine Erfüllungsgehilfenhaftung kommt in Betracht, wenn der Schaden des Kunden nicht auf einer vertraglichen Verpflichtung der Bank aus einem Bankgeschäft beruht. Dies ist insbesondere bei der allgemeinen gesetzlichen Verkehrssicherungspflicht der Fall, wie sie sich gemäß § 823 BGB aus der Eröffnung von Geschäftslokalen für den Schalterverkehr mit den Bankkunden ergibt. Hat die Bank einen Handwerker mit Renovierungsarbeiten in den Räumen einer Filiale beauftragt und erleidet ein Kunde infolge dieser Arbeiten einen Schaden, so ist der Handwerker kein Erfüllungsgehilfe, sondern nur ein Verrichtungsgehilfe im Sinne des § 831 BGB. Hier entfällt eine Schadensersatzpflicht der Bank, wenn sie den Entlastungsbeweis im Sinne dieser Gesetzesbestimmung führen kann[322].

2.254

a) Zurechnung des Wissens der Bankmitarbeiter

Von der Haftung für den Erfüllungsgehilfen ist die Frage zu unterscheiden, inwieweit der Bank das Wissen der Mitarbeiter als ihrer rechtsgeschäftlichen Vertreter zuzurechnen ist[323]. Das Wissen eines Mitgliedes des Vorstandes einer als Aktiengesellschaft organisierten Bank ist ihr stets zuzurechnen. Dabei ist es unerheblich, ob dieses Organmitglied an dem konkreten Rechtsgeschäft beteiligt war, die Kenntnis privat erlangt hat oder inzwischen ausgeschieden ist[324]. Die Zurechnung des Wissens der sonstigen für die Bank tätigen Mitarbeiter ist nach § 166 BGB zu beurteilen. Diese vertretungsrechtliche Vorschrift ist nicht nur bei rechtsgeschäftlicher Vertretung, sondern analog auch bei Wissensvertretung anwendbar[325].

2.255

aa) Zurechenbarkeit wegen Organisationsverschuldens

Die Frage, wessen Wissen einer Bank zuzurechnen ist, läßt sich nach dem BGH nicht mit logisch-begrifflicher Stringenz, sondern nur in wertender Beurteilung entscheiden[326]. Maßstab hierbei sei, daß die Wissenszurechnung dem Schutz des Rechtsverkehrs dienen soll. Wer es mit einer Organisation, wie etwa einer Bank als juristischer Person zu tun hat, darf grundsätzlich nicht schlechter, aber auch nicht besser gestellt werden als derjenige, der einer natürlichen Person gegenübersteht. Ob das Wissen

2.256

---

322 *Werhahn/Schebesta*, AGB und Sonderbedingungen der Banken, Rn 63.
323 *Faßbender*, Innerbetriebliches Wissen und bankrechtliche Aufklärungspflichten, in Hadding/Hopt/Schimansky (Hrsg.), Schriftenreihe der Bankrechtlichen Vereinigung, Bd. 10, 1998, S. 23 f.
324 BGH WM 1984, 1309, 1311; BGHZ 109, 331; *Palandt/Heinrichs*, § 28 Rn 2; § 166 Rn 2.
325 BGH WM 1996, 824, 825; 1997, 1092, 1093.
326 BGH WM 1996, 594, 596; *Nobbe* in Bankrechts-Handbuch, § 61 Rn 152, 156.

eines Bankmitarbeiters, der mit dem konkreten Geschäftsvorfall nicht befaßt war, der Bank zugerechnet werden darf, kann deshalb unter dem Gesichtspunkt des Organisationsverschuldens relevant sein[327]. Ein solches Verschulden kann auch darin erblickt werden, daß kein abteilungsübergreifender Informationsaustausch organisiert worden ist, soweit hierzu ein konkreter Anlaß bestand[328].

2.257 Das Organisationsverschulden kann auch darin bestehen, daß das einmal erlangte Wissen der Bank nicht in dem gebotenen Maße genutzt werden konnte[329]. Informationen, deren Relevanz für spätere Geschäftsvorgänge für den konkret wissenden Angestellten erkennbar sind, müssen dokumentiert und über einen gewissen Zeitraum verfügbar gehalten werden. Überdies muß sichergestellt werden, daß die Informationsmöglichkeit auch genutzt wird[330]. Die Bankkunden dürften nach dem BGH auch grundsätzlich erwarten, durch einen Mitarbeiterwechsel in der Bank keine Nachteile zu erleiden[331]. Die Bank müsse deshalb dafür sorgen, daß das für spätere Geschäftsvorgänge relevante Wissen eines abwesenden oder versetzten Bankangestellten an den Vertreter oder Nachfolger weitergegeben wird oder für diesen in einer Kartei oder auf einem elektronischen Speichermedium zur Verfügung steht. Wird dies unterlassen, so muß sich die Bank aus Gründen des Verkehrsschutzes so behandeln lassen, als habe sie von der Information Kenntnis[332].

2.258 Bei Girokonten, die als Lohn- oder Gehaltskonten geführt werden, gehört zu solchem verfügbar zu haltenden relevanten Wissen einer Bank auch die Kenntnis über Berufstätigkeit und den Arbeitgeber des Kontoinhabers[333]. Von dieser Kenntnis muß die Bank Gebrauch machen, wenn der Kontoinhaber über DM 5000,- lautende Schecks, die weder auf ihn lauten noch auf ihn giriert sind, zum Einzug einreicht. Die Einreichung solcher sog. disparischer (Inhaber-)Verrechnungsschecks aus kaufmännischem Verkehr, die

---

327 BGH WM 1996, 594 596; *Baumbach/Hefermehl,* Art. 21 ScheckG Rn 10a; *Nobbe* in Bankrechts-Handbuch, § 61 Rn 147.
328 OLG Karlsruhe WM 1995, 378, 380.
329 BGH WM 1997, 1092, 1093.
330 BGH WM 1996, 594, 596; vgl. weiter BGH WM 1997, 957, 959; *Medicus,* Probleme der Wissenszurechnung in Versicherungsrecht, Karlsruher Forum 1994, S. 4; *Taupitz* in Versicherungsrecht, Karlsruher Forum 1994, S. 16 ff.; *Bohrer,* DNotZ 1991, 124, 129; *Siol* in Bankrechts-Handbuch, § 43 Rn 18; Münchener Komm. zum BGB/*Schramm,* § 166 Rn 19; 20.
331 BGH WM 1997, 1092, 1093; *Nobbe* in Bankrechts-Handbuch, § 61 Rn 154.
332 BGH WM 1996, 594, 596; 1997, 1092, 1093 m.w.Nachw.
333 BGH WM 1997, 1092, 1094; vgl. weiter *Canaris,* Bankvertragsrecht³, Rn 810 ff. der in diesem Zusammenhang von einer Pflicht der Bank zur systematischen Informationssammlung und -konzentration spricht.

vom Arbeitgeber des Kontoinhabers für Dritte ausgestellt oder aber an ihn adressiert sind, durch einen Arbeitnehmer zur Einziehung über ein privates Girokonto, ist nach dem BGH ein ganz ungewöhnlicher, Verdacht erregender Vorgang, den die Bank bei unterlassener Prüfung der sachlichen Berechtigung des Einreichers grob fahrlässig handeln läßt[334].

bb) Problematik einer „filialübergreifenden" Wissenszusammenrechnung

Seit langem hat die Rechtsprechung in bestimmten eng umgrenzten Fallgestaltungen das Wissen von Mitarbeitern aus verschiedenen Filialen der Filialbank als rechtlicher **Unternehmenseinheit** zugerechnet. Dies war der Fall bei der Frage grober Fahrlässigkeit beim Erwerb eines abhandengekommenen Inhaberverrechnungsschecks. Hier ist der Bank nicht nur das Wissen des zuständigen Schalterangestellten, sondern das der Mitarbeiter zuzurechnen, denen der Scheck zur Prüfung und zur weiteren Bearbeitung zugeleitet wird oder die über die Hereinnahme der Schecks endgültig entscheiden[335]. Diese Stelle ist die kontoführende Filiale, wenn ihr der Scheck nach Entgegennahme durch eine andere Filiale zur weiteren Beurteilung zugeleitet wird[336].

2.259

Grundsätzlich kann jedoch das Wissen aller Vertreter einer Filialbank ungeachtet der die Zentrale und alle Filialen umfassenden rechtlichen Unternehmenseinheit nicht zusammengerechnet werden. Denn Ausgangspunkt der rechtlichen Beurteilung ist das Wissen des aktuell handelnden Vertreters[337]. Andererseits ist stets das Wissen der mehreren an einem einheitlichen Vorgang beteiligten Wissensvertreter zusammenzurechnen[338].

2.260

Hinzu kommt, daß ein institutionalisierter Informationsaustausch einer Filialbank in einem Spannungsverhältnis zu dem sog. inneren Bankgeheimnis stünde. Die Verpflichtung des Mitarbeiters zur Verschwiegenheit über kundenbezogene Tatsachen besteht auch gegenüber anderen Bankmitarbeitern, soweit nicht die Weitergabe der Information für einen ordnungsgemäßen Geschäftsablauf erforderlich ist[339]. Schon aus Gründen des Datenschutzes erscheint es ausgeschlossen, in einer Filialbank eine Art Informationszentrum zu bilden, auf das jeder Mitarbeiter Zugriff hat[340].

2.261

---

334 BGH WM 1997, 1092, 1094.
335 OLG Karlsruhe WM 1995, 378, 379; KG WM 1995, 241, 243.
336 BGH WM 1993, 541, 542.
337 *Nobbe* in Bankrechts-Handbuch, § 61 Rn 152.
338 OLG Karlsruhe WM 1995, 378, 379; *Nobbe* in Bankrechts-Handbuch, § 61 Rn 152.
339 *Weber* in Bankrecht und Bankpraxis, Rn 1/40.
340 *Wagner-Wieduwilt* in Bankrecht und Bankpraxis, Rn 1/40.

Der BGH hat es dahingestellt sein lassen, ob sich die von *Canaris* befürwortete „filialübergreifende" Wissenszusammenrechnung mit den Vorteilen einer stärkeren Arbeitsteilung in einer Filialbank und der daraus resultierenden Wissensaufspaltung rechtfertigen läßt[341]. Bislang hat der BGH nur das Wissen eines in derselben Filiale tätigen Kassierers im Rahmen einer Konkursanfechtung gemäß dem früheren § 30 KO (jetzt: §§ 130, 131 InsO) zugerechnet, obwohl dieser an dem der Konkursanfechtung unterliegenden Vorgang nicht selbst beteiligt war[342]. Eine filialübergreifende Wissenszusammenrechnung dürfte nur in den Fällen gegeben sein, in denen wie beim Scheckinkasso mehrere Bankmitarbeiter aus verschiedenen Filialen beteiligt sind[343].

b) Persönliche Haftung des Bankmitarbeiters

2.262 Der Bankmitarbeiter kann in seltenen Ausnahmefällen auch persönlich aus Verschulden bei Vertragsverhandlungen haften. Diese persönliche Haftung eines Vertreters wird bejaht, wenn er in besonderem Maße persönliches Vertrauen in Anspruch genommen hat oder dem Verhandlungsgegenstand besonders nahesteht, weil er wirtschaftlich selbst stark an dem Vertragsschluß interessiert ist und aus den Geschäften eigenen Nutzen erstrebt[344]. Dabei reicht es nicht aus, daß der Vertragspartner dem verhandelnden Vertreter besonderes Vertrauen entgegenbringt. Der Vertreter muß dieses Vertrauen auch in Anspruch nehmen. Hierzu muß er durch sein Verhalten Einfluß auf die Entscheidung des anderen nehmen. Der Verhandelnde muß daher über das allgemeine Verhandlungsvertrauen hinaus eine zusätzliche, von ihm persönlich ausgehende Gewähr für die Seriosität und die Erfüllung des Geschäfts bieten[345]. Mit der Bejahung einer solchen Eigenhaftung wegen Inanspruchnahme besonderen persönlichen Vertrauens ist die Rechtsprechung aber zurückhaltend[346].

2. Begrenzte Haftung bei weitergeleiteten Kundenaufträgen

2.263 Soweit der Bank die Erledigung der von ihrem Kunden gewünschten Geschäftsbesorgung selbst nicht möglich ist, braucht sie den Kundenauftrag nur weiterzuleiten. In dieser Weiterleitung des Auftrages erschöpft

---

341 WM 1989, 1368, 1369.
342 WM 1984, 1309, 1311.
343 *Palandt/Heinrichs*, § 166 Rn 8; *Nobbe* in Bankrechts-Handbuch, § 61 Rn 152.
344 BGH WM 1992, 699, 700.
345 BGH WM 1993, 295, 298.
346 BGH WM 1992, 1604, 1607.

sich die auftragsrechtliche **Ausführungspflicht** der Bank, wie sie jedem entgeltlichen Geschäftsbesorgungsvertrag immanent ist (§ 675 BGB)[347]. Mit der Beauftragung einer anderen Bank, die für eine ordnungsgemäße Erledigung der Geschäftsbesorgung geeignet erscheint, hat also die erstbeauftragte Bank die von ihr geschuldete Ausführungspflicht selbst ordnungsgemäß erfüllt[348]. Infolge des Erlöschens dieser begrenzten Leistungspflicht der erstbeauftragten Bank kann die nachgeschaltete Bank auch nicht mehr als ihr Erfüllungsgehilfe angesehen werden, für dessen Verschulden sie zu haften hätte[349]. Denn der Status eines Erfüllungsgehilfen setzt tatbestandsmäßig voraus, daß der Schuldner einen Dritten zur Erfüllung seiner (noch bestehenden) Verbindlichkeit einschaltet (§ 278 BGB). Beim weitergeleiteten Auftrag erschöpft sich deshalb die Pflicht der Bank in der sorgfältigen Auswahl und Unterweisung der von ihr beauftragten Bank[350].

a) Weitergeleiteter Auftrag als spezielle Auftragsart des Bankgeschäfts

2.264

Das Bankgeschäft mit seiner globalen Vernetzung der in- und ausländischen Kredit- und Finanzinstitute bietet ein besonders breites Anwendungsfeld für den weitergeleiteten Auftrag als spezielle Auftragsart[351]. So kann die Bank den für eine bestimmte Wertpapierbörse erteilten Kauf- oder Verkaufsauftrag nicht selbst ausführen, wenn sie dort nicht zum Börsenhandel zugelassen ist, wie dies insbesondere bei ausländischen Ausführungsplätzen fast regelmäßig zutrifft. Sollen anschließend die für den Kunden angeschafften Wertpapierurkunden vereinbarungsgemäß auch im Ausland physisch verwahrt werden, so ist seine inländische Bank wiederum regelmäßig nicht selbst in der Lage, die hierfür erforderliche typische Verwahrtätigkeit in Gestalt der Raumgewährung und der Obhut für die Kundenpapiere zu leisten. Infolge der ausländischen Verwahrung sieht

---

347 Vgl. BGH WM 1991, 797, 798 für den mehrgliedrigen bargeldlosen Zahlungsverkehr; *Bunte* in Bankrechts-Handbuch, § 8 Rn 33; *Wagner-Wieduwilt* in Bankrecht und Bankpraxis, Rn 1/103; *Werhahn/Schebesta*, AGB und Sonderbedingungen der Banken, Rn 85.
348 *Hansen*, BB 1989, 2418, 2419; *Hüffer*, WM 1987, 643; *Bunte* in Bankrechts-Handbuch, § 8 Rn 33.
349 Vgl. für den weitergeleiteten Überweisungsauftrag *Hüffer*, ZHR 151, (1987), S. 93, 95; *Canaris*, Bankvertragsrecht³, Rn 329; *Schröter*, ZHR 151 (1987), 118, 123.
350 Für die Einschaltung von ausländischen Banken zur Aufbewahrung von Wertpapieren im Ausland vgl. *Coing*, WM 1977, 466, 472; *Canaris*, Bankvertragsrecht², Rn 2155; *Ulmer/Brandner/Hensen*, Anh. §§ 9–11 Rn 162.
351 *Hansen*, BB 1989, 2418, 2424 f.

sich die inländische Bank auch zu den typischen depotgeschäftlichen Dienstleistungen, insbesondere zum Inkasso der fälligen Dividenden- und Zinsscheine außerstande. Ein solches Unvermögen der inländischen Bank zur eigenen Erledigung der Kundenwünsche kann sogar bei rein inlandsbezogenen Bankgeschäften gegeben sein. So hat der Gesetzgeber die in der Praxis dominierende inländische Girosammelverwahrung ausschließlich den Wertpapiersammelbanken vorbehalten (§ 1 Abs. 3 DepotG).

2.265 Weitere Beispiele des Unvermögens der Bank zur eigenen Geschäftsbesorgung kennt der bargeldlose Zahlungsverkehr, wenn Überweisungsauftraggeber (Schuldner) und Überweisungsbegünstigter (Gläubiger) das hierfür benötigte Girokonto nicht bei derselben Bank unterhalten. Hier ist zumindest die Einschaltung der kontoführenden Bank des Überweisungsbegünstigten notwendig, damit diese die Kontogutschrift erteilen kann, die den Überweisungsauftraggeber von seiner Zahlungspflicht gegenüber dem Überweisungsbegünstigten befreien soll. Ist ein Überweisungsauftrag über **mehrere** Banken bis zur letztendlichen Kontogutschrift zu leiten, so muß die erstbeauftragte Bank zur Erfüllung ihrer auftragsrechtlichen Ausführungspflicht den geeigneten **Überweisungsweg** suchen, dessen rechtliches Fundament auf einer entsprechenden Vielzahl nachgeschalteter Girovertragsverhältnisse ruht[352]. Solche **Auftragsketten** mit mehreren nacheinander eingeschalteten Banken sind vor allem beim mehrgliedrigen Zahlungsverkehr anzutreffen. Die Zahlungsströme bei den grenzüberschreitenden Geldüberweisungen erfordern häufig eine Vielzahl nacheinander einzuschaltender Banken, weil die hierzu benötigte kontomäßige Vernetzung der erstbeauftragten Bank und der kontoführenden Bank des Zahlungsempfängers eine recht unterschiedliche Dichte aufweisen.

2.266 Solche weitergeleiteten Aufträge im bargeldlosen Zahlungsverkehr kennt auch das **Lastschriftverfahren.** Dort ist insbesondere die Bank des Zahlungsschuldners (Zahlstelle) keine Erfüllungsgehilfin der mit dem Lastschrifteinzug beauftragten Bank des Zahlungsempfängers[353]. Ebensowenig ist beim Scheckinkasso die bezogene Bank Erfüllungsgehilfin der Inkassobank[354].

Wird im **Akkreditivgeschäft** eine ausländische Bank mit der Eröffnung eines Akkreditivs beauftragt, kommt es für die Haftung der inländischen Bank gegenüber ihrem Kunden als Auftraggeber darauf an, welche Pflichten die Bank gegenüber ihrem Kunden übernehmen soll. Beschränkt sich die Pflicht der inländischen Bank

---

352 Vgl. *Canaris*, Bankvertragsrecht[3], Rn 329, wonach die erstbeauftragte Bank zur Wahl des zweckmäßigsten Überweisungsweges und der Zwischenschaltung anderer Banken verpflichtet ist. Vgl. weiter BGH WM 1991, 797, 798 für eine Auslandsüberweisung; *Schlegelberger*, Anh. § 365 Rn 46.
353 *Canaris*, Bankvertragsrecht[3], Rn 567.
354 *Canaris*, Bankvertragsrecht[3], Rn 743.

auf die schlichte Beauftragung einer anderen Bank mit der Akkreditiveröffnung und liegt somit ein nur weiterzuleitender Auftrag vor, so hat sie mit dieser Auftragserteilung ihre auftragsrechtliche Ausführungspflicht erfüllt. Die Auslandsbank kann deshalb nicht als ihre Erfüllungsgehilfin tätig werden[355]. Dasselbe gilt, wenn die ausländische Bank von der inländischen Bank mit der Übernahme einer **Bankgarantie** beauftragt wird[356].

b) Begrenzter Verpflichtungswille der erstbeauftragten Bank

In den Fällen des nur weiterzuleitenden Auftrages will sich die erstbeauftragte Bank nicht selbst zu der vom Kunden gewünschten Dienstleistung verpflichten[357]. Gegen die Übernahme einer eigenen Verpflichtung zu einer ihr unmöglichen Geschäftsbesorgung spricht, daß die Bank eine solche Leistungspflicht wegen ihres Leistungsunvermögens gar nicht sinnvoll erfüllen kann[358]. Bei den weitergeleiteten Aufträgen ist die Bank, weil sie zur eigenen Ausführung des Auftrages außerstande ist, von vornherein gezwungen, hiermit einen Dritten zu beauftragen[359].

2.267

Auch der Kunde kann vernünftigerweise nicht damit rechnen, daß die Bank eine für sie unmögliche Geschäftsbesorgung übernehmen möchte. Dies gilt insbesondere für den Kunden, der auf dem Überweisungsauftrag einen Zahlungsempfänger mit einer anderen Bankverbindung angibt und der deshalb unschwer erkennen kann, daß seine Bank den Überweisungserfolg in Gestalt der Kontogutschrift nicht allein herbeiführen kann, sondern hierzu mindestens die Empfängerbank beauftragen oder sogar andere Kreditinstitute für die weitere Durchführung seines Überweisungsauftrages zwischenschalten muß[360]. Denn der Kunde darf von seiner Bank

2.268

---

355 Vgl. RGZ 105, 48, 51; *Canaris*, Bankvertragsrecht³, Rn 974. Diese Haftungssituation umschreibt Art. 18a der Einheitlichen Richtlinien und Gebräuche für Dokumenten-Akkreditive (ERA) wie folgt: „Bedienen sich Banken einer oder mehrerer Banken, um die Weisungen des Akkreditivauftraggebers auszuführen, tun sie dies für Rechnung und Gefahr des Auftraggebers."
356 *Canaris*, Bankvertragsrecht³, Rn 1116.
357 *Wagner-Wieduwilt* in Bankrecht und Bankpraxis, Rn 1/103, 105.
358 *Canaris*, Bankvertragsrecht³, Rn 1116 für die Beauftragung einer inländischen Bank, für Rechnung ihres Kunden im Lande dessen Gläubigers durch eine dortige Bank eine Garantie übernehmen zu lassen.
359 *Bunte* in Bankrechts-Handbuch, § 8 Rn 38; *Wagner-Wieduwilt* in Bankrecht und Bankpraxis, Rn 1/103.
360 Vgl. BGH WM 1991, 797, 798 für die Einschaltung einer ausländischen Bank bei einer Auslandsüberweisung; *von Gablenz*, Die Haftung der Banken bei Einschaltung Dritter, 1983, S. 223; *Schröter*, ZHR, 151 (1987), 118, 120, 121 m.w.Nachw.; *Canaris*, Bankvertragsrecht², Rn 2155 für den Fall der Auslandsverwahrung.

grundsätzlich nichts Unzumutbares erwarten. Der Bank kann deshalb kein unzumutbares Risiko auferlegt werden, wie es die Eingehung einer Verpflichtung zu einer für sie nicht durchführbaren Geschäftsbesorgung darstellen würde[361]. Bei sachgerechter Vertragsauslegung solcher Kundenaufträge (§ 157 BGB) kann deshalb die Bank nur als verpflichtet angesehen werden, in diesen Fällen eine geeignete in- oder ausländische Bank einzuschalten, die die vom Kunden gewünschte Geschäftsbesorgung erledigen kann.

2.269 Diese Weiterleitung stellt die von der erstbeauftragten Bank geschuldete Hauptleistung dar. Hierin erschöpft sich aber nicht ihre Leistungspflicht. Denn die gewünschte Geschäftsbesorgung läßt sich regelmäßig nur vornehmen, wenn auch der Kunde seinerseits die hierfür erforderlichen Leistungen aus seiner Vermögenssphäre erbringt. So muß die erstbeauftragte Bank bei einem Verkaufsauftrag die zugrundeliegenden Wertpapiere der ihr nachgeschalteten Bank liefern und den Verkaufserlös dem Girokonto ihres Kunden gutschreiben. Umgekehrt hat sie bei einem Kaufauftrag den Kaufpreis zu Lasten des Girokontos ihres Kunden an die nachgeschaltete Bank zu zahlen und diesem die ihm zukommende Rechtsposition an den am Kapitalmarkt gekauften Wertpapieren zu verschaffen. Bei einem Auftrag im Rahmen des bargeldlosen Zahlungsverkehrs hat die erstbeauftragte Bank wiederum zu Lasten des Girokontos des Kunden den zu überweisenden Geldbetrag der nachgeschalteten Bank zur Verfügung zu stellen. Denn ohne die Anschaffung einer solchen Deckung wird dem Überweisungsbegünstigten keine Gutschrift auf seinem Konto als Voraussetzung einer Buchgeldzahlung an ihn verschafft.

2.270 Auch diese von der erstbeauftragten Bank geschuldeten Tätigkeiten sind für die vom Kunden gewünschten Geschäftsbesorgungen notwendige (Neben-)Leistungen. Sie stellen aber nicht die Hauptleistung bei dieser Geschäftsbesorgung dar.

Denn beim Giroverkehr besteht diese Hauptleistung in der Erteilung einer korrespondierenden Gutschrift auf dem Girokonto des Überweisungsempfängers. Im Effektenkommissionsgeschäft beinhaltet die vom Kunden gewünschte Geschäftsbesorgung im eigentlichen (engeren) Sinne, daß für Rechnung des Kunden an einer Börse oder am außerbörslichen Kapitalmarkt ein entsprechendes Wertpapiergeschäft abgeschlossen wird,

---

361 *Koller*, Grundstrukturen des Bankhaftungsrechts unter besonderer Berücksichtigung des Zahlungsverkehrs, in Köndgen, Neue Entwicklungen im Bankhaftungsrecht, 1987, S. 23/24; *Hopt*, FS Stimpel, 1985, S. 265, 274; *von Gablenz*, Die Haftung der Banken bei Einschaltung Dritter, 1983, 149; *Schröter*, ZHR 151 (1987), 118, 121.

das die gewünschte Anschaffung oder Veräußerung der Wertpapiere rechtsgeschäftlich absichert und zugleich den dem Kunden abzurechnenden Kurs fixiert.

c) Weitergeleiteter Auftrag als anerkannte eigenständige Auftragsart

Der nur weiterzuleitende Auftrag ist seit langem von der höchstrichterlichen Rechtsprechung als eine Auftragsart anerkannt[362]. Das Reichsgericht spricht hierbei anschaulich von der Verpflichtung der erstbeauftragten Bank zur „Veranlassung" der vom Kunden gewünschten Geschäftsbesorgung durch Beauftragung einer anderen geeigneten Bank[363]. 2.271

Die (abstrakte) auftragsrechtliche Ausführungspflicht, wie sie auch die erstbeauftragte Bank aus dem Kundenauftrag trifft, wird also bei einem nur weiterzuleitenden Auftrag zu einer bloßen **Veranlassungspflicht.** Dagegen beinhaltet die auftragsrechtliche Ausführungspflicht der nachgeschalteten Bank, die die vom Kunden gewünschte Dienstleistung letztlich erbringt, die Verpflichtung zu dieser den konkreten Kundenauftrag prägenden Geschäftsbesorgung[364]. 2.272

Auch das Schrifttum behandelt den weitergeleiteten Auftrag als eine spezielle Auftragsart[365]. Dabei wird als ein anschauliches Beispiel der mit einer Hausverwaltung Beauftragte erwähnt, der Handwerker mit den notwendigen Reparaturarbeiten zu beauftragen hat, ohne selbst zu deren Durchführung verpflichtet zu sein[366]. 2.273

d) Abgrenzung des weitergeleiteten Auftrags von der auftragsrechtlichen Substitution

Wie beim weitergeleiteten Auftrag haftet die Bank nur für sorgfältige Auswahl und Unterweisung der von ihr beauftragten Bank, wenn ihr diese Übertragung des Auftrages an der nunmehr verantwortlichen nach- 2.274

---

362 RGZ 105, 48, 51 für den Kundenauftrag, eine andere Bank mit der Eröffnung eines Akkreditivs zu beauftragen. BGHZ 4, 244, 248 für einen Überweisungsauftrag zugunsten eines Zahlungsempfängers einer anderen Bank. BGH WM 1991, 797, 798 für eine Auslandsüberweisung.
363 RGZ 105, 48.
364 So unterscheidet auch *Palandt/Sprau*, § 664 Rn 1 die vom Erstbeauftragten selbst zu erfüllenden Pflichten von solchen Geschäftsbesorgungen, die der Beauftragte aufgrund eines nur weiterzuleitenden Auftrages zu „veranlassen" hat. Vgl. weiter *Hansen*, BB 1989, 2418, 2420, 2424.
365 *Steffen* in BGB-RGRK, § 664 Rn 3; *Staudinger/Wittmann*, § 664 Rn 8; *Koller*, Grundstrukturen des Bankhaftungsrechts, in Köndgen, Neue Entwicklungen im Bankhaftungsrecht, 1987, S. 23.
366 *Coing*, WM 1977, 466, 471; *Palandt/Sprau*, § 664 Rn 1.

geschalteten Bank gestattet wäre (§ 664 Abs. 1 Satz 2 BGB)[367]. Aus haftungsrechtlicher Sicht besteht jedoch ein wesentlicher Unterschied zwischen dem weitergeleiteten Auftrag und einer solchen gestatteten Substitution[368]. In diesen Substitutionsfällen hat die Bank anders als bei den nur weiterzuleitenden Aufträgen eine **eigene** Verpflichtung zur ordnungsgemäßen Erledigung der vom Kunden erwünschten Geschäftsbesorgung übernommen[369]. Der Bank ist vielmehr nur gestattet, die Geschäftsbesorgung vollständig oder teilweise einem Dritten unter dessen alleiniger Verantwortung zu überlassen. Schaltet deshalb eine Bank für die vom Kunden gewünschte und von ihr selbst geschuldete Geschäftsbesorgung eine andere Bank ein, so wird für sie zunächst eine Haftungspflicht für das Verschulden dieser Bank als ihres Erfüllungsgehilfen begründet (§ 664 Abs. 1 S. 3 i.V.m. § 278 BGB). Dieses Risiko der Erfüllungsgehilfenhaftung kann nur dadurch vermieden werden, daß der Effektenkunde seiner Bank die Übertragung der von ihr zunächst selbst geschuldeten Geschäftsbesorgung in wirksamer Form gestattet.

aa) Rechtliche Unsicherheit bei einer gestatteten Substitution

2.275 Für das Bankgeschäft mit seinen massenhaft anfallenden Geschäftsvorfällen käme nur eine AGB-mäßige Gestattung in Betracht. Eine solche **Substitutionsklausel** ist aber problematisch[370]. Eine generelle AGB-Klausel würde den Bankkunden nach allgemeiner Meinung unangemessen im Sinne der Generalklausel des AGB-Gesetzes (§ 9) benachteiligen[371]. Der Grundsatz der **Höchstpersönlichkeit** und damit das generelle Substitutionsverbot gehört zu den tragenden Grundgedanken des Geschäftsbesorgungsverhältnisses. Eine zulässige Abweichung erfordert einen triftigen Anlaß[372].

2.276 Selbst bei einer nur sehr spärlichen AGB-mäßigen Verwendung der Substitutionsklausel wäre die Wirksamkeit der beabsichtigten Haftungsbegrenzung zumindest zweifelhaft. Denn bei den Substitutionsfällen schuldet die Bank zunächst die vom Kunden gewünschte Geschäftsbesorgung, bis sie einen Substituten aufgrund der Gestattung durch ihren Kunden

---

367 Zur Abgrenzung des Substituten vom Erfüllungsgehilfen vgl. BGH WM 1993, 658, 659.
368 *Steffen* in BGB-RGRK, § 664 Rn 3; *Staudinger/Wittmann*, § 664 Rn 9; *Palandt/Sprau*, § 664 Rn 1; *Hansen*, BB 1989, 2418, 2420; anderer Ansicht *Wolff/Horn/Lindacher*, § 23 Rn 659.
369 *Wagner-Wieduwilt* in Bankrecht und Bankpraxis, Rn 1/103.
370 Vgl. *Bunte* in Bankrechts-Handbuch, § 8 Rn 34.
371 *Wolf/Horn/Lindacher*, Rn 658.
372 *Canaris*, Bankvertragsrecht², Rn 2586.

beauftragt hat[373]. Wegen dieser eigenen Geschäftsbesorgungspflicht bedeutet deshalb die Substitution eine verdeckte Befreiung der Bank von der allgemeinen Haftung für das Verschulden eines Erfüllungsgehilfen.

Dagegen kann die Haftung für vorsätzliches oder grob fahrlässiges Verhalten des Erfüllungsgehilfen AGB-mäßig nicht ausgeschlossen werden (§ 11 Nr. 7 AGBG). 2.277

Selbst die hiernach grundsätzlich zulässige Freizeichnung für leichte Fahrlässigkeit ist aber ausgeschlossen, wenn die eingeschaltete Bank zur Erfüllung einer sog. Kardinalpflicht hinzugezogen wird. Dieser vollständige Ausschluß der Haftungsfreizeichnung gilt sogar gegenüber der kaufmännischen Kundschaft[374]. 2.278

Angesichts dieser Rechtslage müßte damit gerechnet werden, daß eine Substitutionsklausel wegen unzulässiger Umgehung dieses weitgehenden gesetzlichen Verbots der AGB-mäßigen Freizeichnung von der Erfüllungsgehilfenhaftung unwirksam wäre[375]. Abgesehen davon könnte die Wirksamkeit einer solchen AGB-Klausel vom Kunden wegen Gesetzesumgehung angezweifelt und damit die erwünschte Rechtsklarheit verfehlt werden. 2.279

Die haftungsrechtliche Situation der Bank würde sich freilich günstiger darstellen, wenn die Substitution schon aufgrund der **Verkehrssitte** gestattet wäre[376]. Die Bank hat ihre Geschäftsbesorgungspflichten aus den Kundenaufträgen so zu erfüllen, wie es Treu und Glauben mit Rücksicht auf die **Verkehrssitte** erfordern (§ 242 BGB). Diese Norm kann im Einzelfall durchaus auch Rechte und damit Befugnisse des Schuldners begründen[377], wie sie die Gestattung einer Substitution darstellt. Mit Rücksicht auf diese Verkehrssitte hält deshalb ein Teil des Schrifttums die AGB-mäßige Haftungsbegrenzung bei der Einschaltung anderer Banken grundsätzlich für zulässig[378]. 2.280

---

373 *Wagner-Wieduwilt* in Bankrecht und Bankpraxis, Rn 1/103.
374 *Ulmer/Brandner/Hensen*, § 11 Nr. 7 Rn 34 m.w.Nachw.
375 *Canaris*, Bankvertragsrecht², Rn 2154, 2586; *Ulmer/Brandner/Hensen*, Anh. §§ 9–11 Rn 161; *Wolf/Horn/Lindacher*, § 23 Rn 638; *von Westphalen*, BB 1993, 8, 9.
376 *Lange*, Die Klauselwerke der Kreditwirtschaft, Schriften zum deutschen und europäischen Zivil-, Handels und Prozeßrecht, 1995, Bd. 155, S. 84.
377 Münchener Komm. zum BGB/*Roth*, § 242 Rn 50; *Palandt/Heinrichs*, § 242 Rn 13 für das Kündigungsrecht bei Dauerschuldverhältnissen.
378 *Ulmer/Brandner/Hensen*, Anh. §§ 9–11 Rn 161 für den Zahlungsverkehr und den Einzug von Inkassopapieren. Dagegen läge bei der Einschaltung einer anderen Bank zur ausländischen Verwahrung von Wertpapieren des Depotkunden keine gestattete Substitution sondern ein weitergeleiteter Auftrag vor (*Ulmer/Brandner/Hensen*, Anh. §§ 9–11 Rn 162). Vgl. weiter *Lange*, Die Klauselwerke der Kreditwirtschaft, Schriften zum deutschen und europäischen Zivil-, Handels- und Prozeßrecht, Bd. 155, 1995, S. 84.

Im Interesse einer größtmöglichen Rechtsklarheit kann aber auch die Möglichkeit der Berufung auf die Verkehrssitte nicht zufriedenstellen. Denn die Existenz einer solchen Verkehrssitte müßte nachgewiesen werden. Die Ermittlung solcher faktischen Übungen macht aber erfahrungsgemäß erhebliche Schwierigkeiten. Sie verursacht überdies bei korrektem empirischem Vorgehen große Aufwendungen an Zeit und Kosten[379].

2.281 Angesichts der rechtlichen Problematik der Vereinbarkeit mit dem AGB-Gesetz ist die bisherige Substitutionsklausel bei der Neufassung der AGB im Jahre 1993 entfallen. Entsprechend der gesetzlichen Regelung ist klargestellt worden, daß die Bank bei der Erfüllung ihrer Verpflichtungen für jedes Verschulden ihrer Mitarbeiter und der Personen haftet, die sie zur Erfüllung ihrer Verpflichtungen hinzuzieht (Nr. 3 Abs. 1 AGB). Im Interesse größtmöglicher Transparenz ist zudem der Tatbestand des weitergeleiteten Auftrages umschrieben und dabei darauf hingewiesen worden, daß sich in diesen Fällen die Haftung der Bank auf die sorgfältige Auswahl und Unterweisung des Dritten beschränkt (Nr. 3 Abs. 2 AGB)[380].

Der Gesetzgeber kann jedoch die Haftung erweitern, wie dies durch das Überweisungsgesetz geschehen ist, mit dem die EU-Richtlinie 97/5/EG vom 27. 1. 1997 über grenzüberschreitende Überweisungen umgesetzt worden ist. Danach hat die mit einer bargeldlosen Überweisung (erst-)beauftragte Bank ein Verschulden eines in der Überweisungskette nachgeordneten Kreditinstitutes, das sie mit der Weiterleitung des Überweisungsbetrages beauftragt hat, wie eigenes Verschulden zu vertreten.

bb) Vereinbarkeit des weitergeleiteten Auftrages mit dem AGB-Gesetz

2.282 Der nur weiterzuleitende Auftrag steht dagegen zweifelsfrei im Einklang mit dem AGB-Gesetz[381]. Infolge des hier gegebenen begrenzten Pflichtenkreises der Bank erschöpft sich deren Verpflichtung von vornherein auf die sorgfältige Auswahl und Unterweisung der nachgeschalteten Bank. Damit fehlt es an einer eigenen Geschäftsbesorgungspflicht, zu deren Erfüllung die nachgeschaltete Bank als Erfüllungsgehilfin der erstbeauftragten Bank hätte tätig werden können[382]. Die begrenzte Haftung der Bank bei weitergeleiteten Aufträgen kann deshalb auch nicht gegen § 11

---

379 *Staudinger/Schmidt*, § 242 Rn 150.
380 Die AGB Sparkassen (Nr. 20 Abs. 2) haben in modifizierter Form die Substitutionsklausel beibehalten, deren Wirksamkeit umstritten ist (verneinend *von Westphalen*, BB 1993, 8, 9; *Palandt/Heinrichs*, § 9 AGBG, Rn 59; anderer Ansicht *Lange*, Die Klauselwerke der Kreditwirtschaft in Schriften zum deutschen und europäischen Zivil-, Handels- und Prozeßrecht, 1995, Bd. 155, S. 85 ff.
381 *Lange*, Die Klauselwerke der Kreditwirtschaft, Schriften zum deutschen und europäischen Zivil-, Handels- und Prozeßrecht, Bd. 155, 1995, S. 69.
382 *Ulmer/Brandner/Hensen*, Anh. §§ 9–11 Rn 162.

Nr. 7 AGBG verstoßen, der eine Freizeichnung vom Verschulden eines Erfüllungsgehilfen bei den sog. Kardinalpflichten selbst für leichte Fahrlässigkeit ausschließt[383].

Die Begrenzung des Pflichtenkreises der Bank bei Erteilung eines nur weiterzuleitenden Auftrages stellt auch keine unzulässige Umgehung des § 11 Nr. 7 AGBG dar[384], zu dessen Schutzbereich auch die gesetzliche Erfüllungsgehilfenhaftung (§ 278 BGB) gehört. Denn bei dem nur weiterzuleitenden Auftrag kann der gesetzgeberische Grund für die Erfüllungsgehilfenhaftung nicht zum Tragen kommen. Mit dieser Einstandspflicht soll ein haftungsmäßiger Ausgleich dafür geschaffen werden, daß der Schuldner grundsätzlich befugt ist, die ihm obliegende Tätigkeit zumindest teilweise durch andere ausführen zu lassen[385]. Wer sich der Hilfe Dritter bei der Bewirkung der von ihm geschuldeten Leistung bedient, tut dies zum eigenen Nutzen und muß infolgedessen auch das damit verbundene Risiko tragen[386]. Wesentliche Voraussetzung für die Erfüllungsgehilfenhaftung ist also nach deren Grundgedanke, daß eine bestimmte Leistung geschuldet wird. Beim nur weiterzuleitenden Auftrag obliegt jedoch die vom Kunden gewünschte Geschäftsbesorgung der erstbeauftragten Bank schon deshalb nicht, weil ihr die Erledigung nicht möglich ist[387]. Die gesetzliche Haftung für den Erfüllungsgehilfen soll also den Haftungsrahmen des Schuldners nicht vergrößern. Der Schuldner soll vielmehr durch die Zurechnung des schuldhaften Verhaltens seines Erfüllungsgehilfen als eigenes nur ebenso haften, wie wenn er die Gehilfentätigkeit selbst ausgeführt hätte[388].

2.283

Der nur weiterzuleitende Auftrag kann schließlich auch keine unangemessene Benachteiligung des Kunden im Sinne der Generalklausel des AGB-Gesetzes (§ 9) darstellen. Denn in diesen Fallkonstellationen ist die erstbeauftragte Bank zur Erledigung der erwünschten Geschäftsbesorgung gar nicht in der Lage[389]. Selbst wenn hier aus Kundenschutzgründen der

2.284

---

383 *Ulmer/Brandner/Hensen*, § 11 Nr. 7 Rn 1, 34 m.w.Nachw., Anh. §§ 9–11, Rn 162 unter beispielhafter Erwähnung der Auslandsverwahrung.
384 *Canaris*, Bankvertragsrecht², Rn 2154.
385 *Larenz*, Lehrbuch des Schuldrechts, Band I, 14. Aufl., 1987, § 20 VIII, 297.
386 *Staudinger/Löwisch*, § 278 Rn 1 unter Bezugnahme auf die Gesetzesmaterialien.
387 *Bunte* in Bankrechts-Handbuch, § 8 Rn 38; *Wagner-Wieduwilt* in Bankrecht und Bankpraxis, Rn 1/104.
388 *Medicus*, Allg. Teil des Schuldrechts, 10. Aufl., 1998, Rn 334.
389 *Canaris*, Bankvertragsrecht³, Rn 1116 für die Beauftragung einer inländischen Bank, für Rechnung des Kunden im Land des Gläubigers durch eine dortige Bank eine Garantie übernehmen zu lassen; *ders.*, Bankvertragsrecht²,

Wille der Bank zur Übernahme einer eigenen Geschäftsbesorgungspflicht unterstellt würde, wäre nach allgemeinen Grundsätzen eine Haftung der Bank für eine ordnungsgemäße Geschäftsbesorgung zu verneinen, weil sie sich sodann zu einer für sie unmöglichen Leistung verpflichtet hätte[390].

e) Rechtsgeschäftliche Erweiterung der Haftung der Bank bei weitergeleiteten Aufträgen

2.285 Auch bei den nur weiterzuleitenden Aufträgen bleibt es der erstbeauftragten Bank aber unbenommen, für die ordnungsgemäße Erledigung der vom Kunden gewünschten Geschäftsbesorgung durch die nachgeschaltete Bank die haftungsrechtliche Verantwortung zu übernehmen, so als ob diese wie ihre Erfüllungsgehilfin tätig geworden wäre. Eine solche Haftung wird z.B. im Depotgeschäft für die Deutsche Börse Clearing AG (bisher Deutscher Kassenverein AG) und andere inländische Zwischenverwahrer übernommen (Nr. 19 Abs. 1 S. 2 AGB Wertpapiergeschäfte).

2.286 Mit dieser auf die inländische Girosammelverwahrung begrenzten Haftungsklausel garantiert also die Bank die ordnungsgemäße Erfüllung der Verwahrpflicht, wie sie die Deutsche Börse Clearing AG als unmittelbare Verwahrerin der Wertpapiere übernommen hat. Die Haftungsklausel enthält also einen AGB-mäßig zustandegekommenen **Garantievertrag.** Die garantierende Bank ist deshalb zur Schadloshaltung ihres Kunden verpflichtet, falls der garantierte Erfolg in Gestalt einer ordnungsgemäßen Verwahrung mit den dazugehörigen banküblichen Geschäftsbesorgungen, insbesondere dem Inkasso fälliger Wertpapiere nicht eingetreten ist[391].

2.287 Aus dieser AGB-mäßigen Erweiterung der Haftung durch die übernommene Garantiepflicht kann aber nicht gefolgert werden, daß die Bank auch eine eigene depotgeschäftliche **Verwahrpflicht** übernimmt, zu deren Erfüllung sie sich der Deutsche Börse Clearing AG bedient. Dies veranschaulicht insbesondere die Einschaltung der Deutsche Börse Clearing AG, die aufgrund ihres Status als mittlerweile einzige inländische Wert-

---

Rn 2154; *Bunte* in Bankrechts-Handbuch, § 8 Rn 38; *Wagner-Wieduwilt* in Bankrecht und Bankpraxis, Rn 1/104.
390 *Kümpel*, WM 1996, 1893, 1898.
391 Nach dem BGH liefe es im Ergebnis auf eine Garantiehaftung hinaus, wenn z.B. die erstbeauftragte Bank über die Weiterleitung hinaus Verpflichtungen gegenüber ihrem Kunden übernähme, etwa sich um die Rückzahlung eines im Giroverkehr fehlgeleiteten Betrages von der nachgeschalteten Bank zu bemühen. Eine solche Garantiehaftung ist grundsätzlich zu verneinen, weil hierdurch der erstbeauftragten Bank Risiken aufgebürdet würden, die für sie weder beherrschbar noch überschaubar sind (WM 1991, 797, 798).

papiersammelbank ausschließlich zur Girosammelverwahrung befugt ist. Würde die Bank eine eigene Verpflichtung zur Girosammelverwahrung übernehmen, so würde sie sich zu einer ihr gesetzlich verwehrten Leistung verpflichten. Die Übernahme einer solchen AGB-mäßigen Garantiehaftung bei den weitergeleiteten Kundenaufträgen beschränkt sich auf Ausnahmefälle, in denen hierfür ein besonderes geschäftliches Interesse besteht oder diese Haftungsübernahme gesetzlich vorgeschrieben ist.

So entspricht die AGB-mäßige Erweiterung der Haftung der Kreditinstitute für die Deutsche Börse Clearing AG den Besonderheiten der Girosammelverwahrung, die nach der Novellierung des Depotgesetzes durch das Zweite Finanzmarktförderungsgesetz auch aus gesetzlicher Sicht zur inländischen Regelverwahrung geworden ist. Die Deutsche Börse Clearing AG dient den Kreditinstituten zum einen als Rationalisierungsinstrument für das Depotgeschäft und Effektengeschäft. Zum anderen soll die Deutsche Börse Clearing AG die am Kapitalmarkt getätigten Wertpapiergeschäfte in größtmöglichem Umfang mit Hilfe des schnellen, sicheren und kostengünstigen Effektengiroverkehrs abwickeln, dem die Girosammelbestände als wertpapiermäßige Grundlage dienen. Dementsprechend ist auch der Aktionärskreis und der Aufsichtsrat der Deutsche Börse Clearing AG in der deutschen Kreditwirtschaft verankert worden. 2.288

3. Störung des Bankbetriebs (Nr. 3 Abs. 3 AGB)

In den AGB wird seit langem klargestellt, daß die Bank nicht für Schäden haftet, die durch höhere Gewalt, Aufruhr, Kriegs- und Naturereignisse oder durch sonstige von ihr nicht zu vertretende Vorkommnisse eintreten (Nr. 3 Abs. 3). Hierzu erwähnt die Klausel beispielhaft Streik, Aussperrung, Verkehrsstörung sowie Verfügungen von hoher Hand im In- und Ausland. Unter „höherer Gewalt" sind außergewöhnliche Ereignisse zu verstehen, die unter den gegebenen Umständen auch durch äußerste, billigerweise zu erwartende Sorgfalt nicht verhindert werden können. Schon das geringste Verschulden schließt höhere Gewalt aus[392]. Im übrigen ist die AGB-Klausel nach ihrem Regelungszweck unanwendbar, wenn die schadensbegründende Verfügung von hoher Hand durch das Verhalten der Bank selbst veranlaßt worden ist[393]. Zu den Verkehrsstörungen gehören insbesondere Störungen auf den Netzwegen der Telekom oder wenn ein Container mit Zahlungsverkehrsbelegen durch die Bundesbahn verspätet ausgeliefert wird[394]. 2.289

---

392 BGHZ 81, 353, 355.
393 *Wagner-Wieduwilt* in Bankrecht und Bankpraxis, Rn 1/110.
394 *Werhahn/Schebesta*, AGB und Sonderbedingungen der Banken, Rn 89; *Wagner-Wieduwilt* in Bankrecht und Bankpraxis, Rn 1/110.

2.290 Die Haftungsklausel soll das Risiko von **Zufallsschäden** auf den Kunden verlagern[395]. Auf eine Betriebsstörung, die die Bank zu vertreten hat, ist also die Haftungsfreizeichnung unanwendbar[396].

2.291 Dasselbe gilt, wenn die Bank in Ausnahmefällen ohne Verschulden aufgrund einer Gefährdungshaftung schadensersatzpflichtig ist oder sonst das allgemeine Betriebsrisiko zu tragen hat. Dies folgt aus dem Wortlaut und Zweck der Klausel, ohne daß hierbei gegen das Verbot der geltungserhaltenden Reduktion verstoßen worden ist[397].

2.292 Der Haftungsausschluß bei Störungen des Bankbetriebes steht nach ganz überwiegender Auffassung im Einklang mit dem AGB-Gesetz. Die Klausel dürfte fast nur klarstellende Bedeutung haben. Denn der Ausschluß der Haftung folgt regelmäßig bereits schon aus § 275 BGB, der den Schuldner von seiner Verpflichtung befreit, wenn die Leistung infolge eines von ihm nicht zu verantwortenden, nachträglich eingetretenen Umstandes unmöglich geworden ist[398]. Die Haftungsklausel verschafft also der Bank keine Rechtsposition, die sie nicht auch sonst schon hätte[399].

V. Kosten der Bankdienstleistungen (Nr. 12 AGB)

2.293 Die Grund-AGB enthalten des weiteren Zinsen, Entgelte und Auslagen, die der Kunde für die Inanspruchnahme von Krediten und Dienstleistungen zu zahlen hat. Dabei wird zwischen der Privatkundschaft und den sonstigen Kunden unterschieden, wie es der im Bankgewerbe üblichen Konditionengestaltung entspricht. Mit Privatkunden sind die privaten Letztverbraucher im Sinne des § 1 Abs. 1 PAngVO (PaPkG) gemeint. Hierzu rechnen insbesondere die Kreditnehmer nach dem Verbraucherkreditgesetz (§ 1 Abs. 1)[400]. Geschäftskunden sind dagegen alle anderen Kunden, die nicht unter diesen Begriff der Privatkunden fallen[401]. Die Rechtsprechung hat die Anforderungen an die Transparenz von Entgeltklauseln zunehmend verschärft. Die Regelungen für die von der Bank in

---

395 *Bunte* in Bankrechts-Handbuch, § 8 Rn 41; *Werhahn/Schebesta*, AGB und Sonderbedingungen der Banken, Rn 89; *Wagner-Wieduwilt* in Bankrecht und Bankpraxis, Rn 1/110.
396 *Baumbach/Hopt*, Nr. 3 AGB Banken Rn 8.
397 *Baumbach/Hopt*, Nr. 3 AGB Banken Rn 8.
398 *Bunte* in Bankrechts-Handbuch, § 8 Rn 41.
399 *Baumbach/Hopt*, Nr. 3 AGB Banken Rn 8; *Bunte* in Bankrechts-Handbuch, § 8 Rn 41.
400 *Bunte* in Bankrechts-Handbuch, § 17 Rn 9.
401 *Werhahn/Schebesta*, AGB und Sonderbedingungen der Banken, Rn 209.

Rechnung gestellten Zinsen und Entgelte sind deshalb bei der Neufassung der AGB im Jahre 1993 neu strukturiert und ausführlicher formuliert worden[402].

1. Privatkundengeschäft

Im Geschäft mit den Privatkunden ergibt sich die Höhe der Zinsen und Entgelte für die üblichen Kredite und Dienstleistungen aus dem sog. **„Preisaushang"**, der die Regelsätze im sog. standardisierten Privatkundengeschäft enthält (Nr. 12 Abs. 1 AGB). Der Preisaushang ist in den Schalterhallen der Kreditinstitute für die Kunden zugänglich. Er wird ergänzt durch ein wesentlich ausführlicheres sog. **„Preisverzeichnis"** (ab 1. 1. 2000: Preis- und Leistungsverzeichnis), das von der Kundschaft während der Schalteröffnungszeiten eingesehen werden kann.

2.294

Die Geltung der im Preisaushang und im Preisverzeichnis aufgeführten Zinsen und Entgelte beruht nicht allein auf der wirksamen Einbeziehung von Nr. 12 AGB in die konkrete Geschäftsverbindung zwischen Kunde und Bank. Der Preisaushang und das Preisverzeichnis sind selbst AGB im Sinne von § 1 AGBG[403]. Der Kunde muß deshalb gemäß der Einbeziehungsnorm des § 2 AGBG hierauf hingewiesen werden und die Möglichkeit haben, vom Preisaushang und Preisverzeichnis in zumutbarer Weise Kenntnis zu nehmen.

2.295

a) Maßgeblichkeit der aktuellen Preisangaben

Die Höhe der Zinsen und des Entgeltes richtet sich nach den Regelsätzen, wie sie aktuell im Zeitpunkt der Inanspruchnahme der Kredite oder Dienstleistung im Preisaushang oder Preisverzeichnis ausgewiesen sind[404]. Der Bank ist grundsätzlich freigestellt, die ausgewiesenen Preise zu erhöhen. Eine Preiskontrolle ist den Gerichten gemäß § 8 AGBG verwehrt[405].

2.296

Dagegen kann eine Erhöhung der Zinsen oder des Entgeltes auf „billiges Ermessen" im Sinne des § 315 BGB überprüft werden, wenn eine Dienstleistung wie insbesondere die Konto- und Depotführung „dauerhaft" in Anspruch genommen wird. Hier kommt Nr. 12 Abs. 3 AGB zum Tragen,

2.297

---

402 *Wagner-Wieduwilt* in Bankrecht und Bankpraxis, Rn 1/323.
403 *Bunte* in Bankrechts-Handbuch, § 17 Rn 16; vgl. weiter *Derleder/Metz*, ZIP 1996, 573, 579.
404 *Bunte* in Bankrechts-Handbuch, § 17 Rn 17; *Wagner-Wieduwilt* in Bankrecht und Bankpraxis, Rn 1/326.
405 BGH WM 1991, 179, 181; OLG Celle WM 1998, 651, 652; *Ulmer/Brandner/Hensen*, § 8 Rn 8.

wonach der Bank eine Änderung der Zinsen und Entgelte nur im Rahmen dieses billigen Ermessens gestattet ist[406]. Eine solche Änderung kann dagegen nicht gemäß § 315 Abs. 3 BGB, sondern nur am Maßstab der Sittenwidrigkeit (§ 138 BGB) überprüft werden, wenn der Kunde eine **Einmalleistung** etwa durch Erteilung einer Effektenorder nach der Erhöhung der Effektenprovision im Preisaushang oder Preisverzeichnis in Anspruch nimmt[407].

b) Nicht standardisiertes Kundengeschäft

2.298 Soweit im Preisaushang oder im Preisverzeichnis Kreditangebote oder Dienstleistungen nicht aufgeführt sind, darf die Bank die Höhe der Entgelte nach billigem Ermessen (§ 315 BGB) bestimmen. Voraussetzung ist freilich, daß diese Leistungen im Auftrage des Kunden oder in dessen mutmaßlichem Interesse erbracht werden und diese Leistungen den Umständen nach nur gegen eine Vergütung zu erwarten sind (Nr. 12 Abs. 1 S. 3 AGB). Hierbei handelt es sich vor allem um Leistungsangebote, die sich einer Typisierung entziehen oder ein Entgelt wegen des ungewissen Arbeitsaufwandes nicht im voraus berechnet werden kann. Dies gilt z.B. für die Betreuung von Nachlässen, Prüfung von Urkunden oder das Ausstellen von Bescheinigungen[408].

2.299 Eine Vergütungspflicht des Kunden kann in Ausnahmefällen auch begründet werden, wenn er der Bank keinen Auftrag zum Tätigwerden erteilt hat. Hier müssen die Voraussetzungen für eine Geschäftsführung ohne Auftrag gegeben sein, die dem wirklichen oder zumindest dem mutmaßlichen Willen des Kunden entsprochen haben[409]. Letzteres ist der Fall, wenn die Bank die erbrachte Leistung bei objektiver Beurteilung aller Umstände im Zeitpunkt des Tätigwerdens als nützlich für den Kunden ansehen durfte[410]. Weitere Voraussetzung für die Anwendbarkeit der Nr. 12 Abs. 1 AGB ist, daß der Arbeitsaufwand der Bank mit dem allgemeinen Geschäfts- und Rechtsverkehr zwischen ihr und dem Kunden im Zusammenhang steht und eine in diesem Verhältnis erbrachte vertragstypische Bankleistung zur Grundlage hat. Hieran fehlt es bei Prozeßkosten anläßlich von Rechtsstreitigkeiten mit dem Kunden[411].

---

406 *Horn*, WM 1997, Sonderbeilage Nr. 1, S. 22.
407 *Wagner-Wieduwilt* in Bankrecht und Bankpraxis, Rn 1/326, 328.
408 *Bunte* in Bankrechts-Handbuch, § 17 Rn 19; *Wagner-Wieduwilt* in Bankrecht und Bankpraxis, Rn 1/329.
409 *Werhahn/Schebesta*, AGB und Sonderbedingungen der Banken, Rn 213; *Wagner-Wieduwilt* in Bankrecht und Bankpraxis, Rn 1/329.
410 *Bunte* in Bankrechts-Handbuch, § 17 Rn 20.
411 BGH WM 1997, 2355, 2356.

2. Zinsen und Entgelte außerhalb des Privatkundengeschäfts

Außerhalb des Privatkundengeschäfts ist die Bank generell befugt, die Höhe der Zinsen und der Entgelte nach ihrem billigen Ermessen gemäß § 315 BGB festzusetzen, wenn hierüber keine Vereinbarungen mit dem Kunden getroffen worden sind (Nr. 12 Abs. 3 AGB). Auch in diesen Fällen ist Voraussetzung für die Vergütungspflicht, daß die Bank einen Auftrag ausgeführt hat oder das Tätigwerden dem Interesse und dem wirklichen oder mutmaßlichen Willen des Kunden entsprochen hat[412].

2.300

3. Klarstellungsfunktion der Kostenklauseln

Die Kostenklauseln der Nr. 12 AGB haben weitgehend nur deklaratorische Bedeutung. Sie sollen den Bankkunden über die Grundstruktur der Belastung mit Zinsen für Kreditinanspruchnahmen und Entgelte für Bankdienstleistungen sowie die Erstattung von Auslagen informieren[413]. Die Befugnis der Bank, mangels Vereinbarung das Entgelt nach billigem Ermessen im Sinne des § 315 BGB festzusetzen, entspricht der gesetzlichen Rechtslage. Nach dem Grundsatz „Ein Kaufmann tut grundsätzlich nichts umsonst"[414] gewährt § 354 HGB einen sehr weitreichenden gesetzlichen **Vergütungsanspruch**. Diese Gesetzesbestimmung gilt auch gegenüber der Privatkundschaft[415].

2.301

Dieser gesetzliche Vergütungsanspruch der Bank beschränkt sich nicht nur auf Dienstleistungen im Sinne des Dienstvertrages des BGB (§ 612 BGB). Der Vergütungsanspruch entsteht vielmehr bei jeder berechtigten Geschäftsbesorgung, wie sie für das Bankgeschäft typisch ist. Dieser Geschäftsbesorgung kann also eine dienst- oder werkvertragliche Vertragsbeziehung zugrunde liegen (sog. Geschäftsbesorgungsvertrag im Sinne des § 675 BGB). **Vergütungspflichtig** ist danach **jede** im Interesse eines anderen liegende Tätigkeit[416], vorausgesetzt, daß diese Tätigkeit nicht völlig aus dem Rahmen der gewerblichen Aktivitäten herausfällt[417] und sie auch im Einklang mit dem wirklichen oder mutmaßlichen Willen des Kunden steht.

2.302

---

412 *Bunte* in Bankrechts-Handbuch, § 17 Rn 21.
413 *Bunte* in Bankrechts-Handbuch, § 17 Rn 2; *Horn*, WM 1984, 449, 462; *Werhahn/Schebesta*, AGB und Sonderbedingungen der Banken, Rn 208.
414 *Schlegelberger/Hefermehl*, § 354 Rn 1.
415 *Baumbach/Hopt*, § 354 Rn 2; Großkomm. HGB/*Canaris*, § 354 Anm. 4; *Schlegelberger/Hefermehl*, § 354 Rn 7.
416 *Schlegelberger/Hefermehl*, § 354 Rn 3.
417 Großkomm. HGB/*Canaris*, § 354 Anm. 3.

2.303 Der gesetzliche Vergütungsanspruch entsteht im übrigen nicht nur in dem Regelfall, daß die Bank im Auftrag ihres Kunden tätig geworden ist. Er kommt auch bei einer Geschäftsausführung ohne Auftrag in Betracht[418]. Die Bank kann also regelmäßig schon kraft Gesetzes die Erstattung ihres Zeit- und Arbeitsaufwandes für eine im Kundeninteresse liegende Tätigkeit verlangen, auch wenn ihr hierzu kein Auftrag erteilt worden ist. Nach allgemeiner Meinung kann der Geschäftsführer ohne Auftrag bei berufseinschlägigen oder gewerblichen Tätigkeiten die übliche Vergütung in Rechnung stellen[419].

2.304 Der gesetzliche Entgeltanspruch des § 354 HGB gewährt der Bank freilich nur die übliche Vergütung. Ist jedoch diese Üblichkeit – wie im Regelfall – der Bankpraxis nicht feststellbar, so steht dem Gläubiger nach einhelliger Meinung das einseitige Leistungsbestimmungsrecht im Sinne des § 315 BGB zu, wie es in den Zins- und Entgeltklauseln der AGB an mehreren Stellen erwähnt ist[420]. In der Bankpraxis fehlt es regelmäßig an einer solchen üblichen Vergütung im Sinne des § 354 HGB. Denn nach dem Schrifttum ist es umstritten, welches Kriterium für diese Üblichkeit maßgeblich sein könnte. Insbesondere ist es strittig, ob jeweils die am Ort der betreffenden Bankfiliale üblichen Entgelte maßgeblich sein sollen oder ob die bei der einzelnen Filialbank oder die bei der betreffenden Bankfiliale üblichen Entgelte zugrunde zu legen sind[421]. Wegen Fehlens einer üblichen Vergütung im Sinne des § 354 HGB steht also den Kreditinstituten das einseitige Bestimmungsrecht des § 315 BGB für das vom Kunden zu entrichtende Entgelt schon nach dem Gesetz zu. Die Entgeltklauseln in den Grund-AGB wiederholen daher im wesentlichen nur die gesetzliche Rechtslage.

4. Unzulässige Entgeltklauseln

2.305 Die Bank kann dem Kunden grundsätzlich für einzelne Tätigkeiten ein gesondertes Entgelt in Rechnung stellen. Eine Entgeltklausel in den AGB kann jedoch im Einzelfall wegen Unvereinbarkeit mit dem AGB-Gesetz unwirksam sein. Von der Inhaltskontrolle ausgenommen sind aber alle

---

418 Großkomm. HGB/*Canaris*, § 354 Anm. 5; *Schlegelberger/Hefermehl*, § 354 Rn 3; *Baumbach/Hopt*, § 354 Rn 3.
419 *Palandt/Sprau*, § 683 Rn 8; *Staudinger/Wittmann*, § 683 Rn 3; Münchener Komm. zum BGB/*Seiler*, § 683 Rn 24.
420 RG SeuffA 81, Nr. 92; OLG Hamburg OLGRspr. 8, 439; Großkomm. HGB/*Canaris*, § 354 Rn 11; *Schlegelberger/Hefermehl*, § 354 Rn 14; *Bunte* in Bankrechts-Handbuch, § 17 Rn 8.
421 *Hellner*, Bank-Betrieb 1969, 8.

AGB-Klauseln über den unmittelbaren Gegenstand der gegenseitig geschuldeten Hauptleistungen, insbesondere über die Höhe des Preises der empfangenen Gegenleistung[422]. Nach dem im Bürgerlichen Gesetzbuch geltenden Grundsatz der Privatautonomie können die Vertragsparteien Leistung und Gegenleistung grundsätzlich frei bestimmen[423].

Kontrollfähig als **Preisnebenabrede** sind aber alle AGB-Klauseln, die sich mittelbar auf den Preis auswirken, an deren Stelle aber, wenn eine wirksame Vertragsregelung fehlt, dispositives Recht treten kann, das die AGB-mäßig vereinbarte Vergütungspflicht nicht vorsieht[424]. Auch die Nichteinstellung von Entgeltklauseln in ein AGB-mäßiges Regelwerk, das wie der Preisaushang oder das Preisverzeichnis der Kreditinstitute Preise für Einzelleistungen im Rahmen einer Geschäftsbeziehung festlegt, macht diese einzelne Preisklausel nicht zum jeder Kontrolle entzogenen, unselbständigen Bestandteil einer Preisabsprache[425]. Auf diese Preisnebenabreden ist § 8 AGBG unanwendbar, der die Inhaltskontrolle auf die von Rechtsvorschriften abweichende oder diese ergänzenden Regelungen beschränkt[426].

2.306

Der Inhaltskontrolle unterliegen also nur solche Klauseln, die die Voraussetzungen des Vergütungsanspruchs abweichend vom Gesetz regeln. Fehlt eine solche gesetzliche Regelung, bedarf es einer Preisabrede zwischen Kunde und Bank, die der Inhaltskontrolle entzogen ist. Ein richterlicher Eingriff kommt sodann nur bei einer Überschreitung der Grenze der Sittenwidrigkeit in Betracht[427]. Eine solche der Inhaltskontrolle entzogene Entgeltklausel liegt z.B. vor, wenn ein Kreditinstitut für die Ausstellung eines Sparbuches ohne vorherige Kraftloserklärung durch ein gerichtliches Aufgebotsverfahren ein nach der Guthabenhöhe gestaffeltes Entgelt von mindestens DM 15,– und höchstens DM 150,– verlangt[428].

2.307

a) BGH-Rechtsprechung

Der AGB-Verwender kann nach dem BGH Entgelte nur für Hauptleistungen und gegebenenfalls Nebenleistungen verlangen, die er auf rechtsgeschäftlicher Grundlage für den einzelnen Kunden erbringt. **Allgemeine Betriebskosten** (Gemeinkosten) sind grundsätzlich nicht gesondert zu ver-

2.308

---

422 *Ulmer/Brandner/Hensen*, § 8 Rn 10.
423 BGH WM 1993, 2237, 2238.
424 BGH WM 1993, 2237, 2238; 1999, 1271, 1272 m.w.Nachw.; *Ulmer/Brandner/Hensen*, § 8 Rn 21; *Horn*, WM 1997, Sonderbeilage Nr. 1, S. 22.
425 BGH WM 1993, 1663, 1664.
426 BGH WM 1997, 1298, 1299.
427 OLG Celle, WM 1998, 651, 652.
428 BGH WM 1998, 1623, 1624; OLG Celle WM 1998, 651, 652.

güten[429]. Fehlt es an einer gesondert „bepreisbaren" Geschäftsbesorgung oder Dienstleistung der Bank, kann auch der gesetzliche Vergütungsanspruch des Kaufmanns gemäß § 354 HGB nicht zum Tragen kommen[430]. Jede Entgeltregelung, die sich nicht auf eine rechtsgeschäftlich vereinbarte Leistung stützt, sondern die Aufwendungen für die Erfüllung eigener Pflichten oder für Zwecke des Verwenders auf Kunden abzuwälzen versucht, stellt ein Abweichen von Rechtsvorschriften dar und muß sich deshalb an der Generalklausel des AGB-Gesetzes (§ 9) messen lassen[431].

2.309 Diese Grundsätze gelten nach dem BGH insbesondere für Ein- und Auszahlungen bei Girokonten[432]. Diese Geschäftsvorfälle sind nach den Kategorien des BGB entweder einer unregelmäßigen Verwahrung (§ 700 BGB) oder einem Darlehen (§ 607 BGB) zuzuordnen und als Begründung oder Erfüllung solcher Verwahrungs- und Darlehensverhältnisse zu werten[433]. Der gesetzlichen Regelung beider Vertragstypen lassen sich Grundsätze für die Frage der Entgeltlichkeit von Ein- und Auszahlungen entnehmen[434].

2.310 Bei einem auf Guthabenbasis geführten (kreditorischen) Girokonto ist mit dem zugrundeliegenden Girovertrag eine unregelmäßige Verwahrung gemäß § 700 BGB verbunden[435]. Jede Einzahlung begründet also ein Verwahrungsverhältnis. Die kontoführende Bank erfüllt sodann bei Barauszahlungen am Kassenschalter ihre aus den §§ 700 Abs. 1 S. 3, 695 BGB folgende Rückgabepflicht. Sie kann deshalb für den personellen und sachlichen Aufwand bei diesen Erfüllungshandlungen nach dispositivem Gesetzesrecht keine Vergütung beanspruchen[436]. Entsprechendes gilt für die Kosten aus der Entgegennahme solcher Bareinzahlungen, mit denen das Verwahrungsverhältnis begründet wird[437].

---

429 BGH WM 1993, 1237, 1239; 1991, 1113, 1114 (Gebührenfreie Löschungsbewilligung zur Grundschuldfreigabe).
430 BGH WM 1993, 1238, 1239; 1997, 1663, 1665.
431 BGH WM 1997, 2298, 2299 (kein Entgelt für die Nichtausführung eines Dauerauftrages oder einer Überweisung sowie für die Rückgabe von Schecks oder Lastschriften wegen fehlender Deckung); BGH WM 1997, 1663, 1666 (kein Entgelt für Freistellungsauftrag nach dem Zinsabschlagsgesetz und für die Änderung solcher Aufträge); BGH WM 1999, 1271, 1272 (kein Entgelt für die Bearbeitung und Überwachung von Pfändungsmaßnahmen).
432 A.A. *Canaris*, wonach die Kontobuchungen bei jeder Art von Barzahlungen eine spezifische girovertragliche Leistung an den Kunden darstellt und die Bank nicht zur unentgeltlichen Vornahme von Buchungen verpflichtet ist (WM 1996, 237, 246).
433 BGH WM 1996, 1080, 1081.
434 WM 1993, 2237, 2238; 1996, 1080, 1081.
435 BGH WM 1982, 816 m.w.Nachw.; 1993, 2237, 2238.
436 BGH WM 1993, 2237, 2238.
437 BGH WM 1993, 2237, 2238.

Bei einem debitorisch geführten Girokonto ist mit dem Girovertrag ein ausdrücklich oder stillschweigend geschlossener (Kontokorrent-)Kreditvertrag verknüpft[438]. Dementsprechend sind Barauszahlungen bei solchen Konten als nicht vergütungspflichtige Auszahlungen der Darlehensvaluta zu qualifizieren. Bareinzahlungen des Kunden stellen dagegen Tilgungsleistungen mit Hilfe gesetzlicher Zahlungsmittel dar, die die Bank zur Vermeidung eines Annahmeverzuges annehmen muß[439]. Die Kosten aus der Entgegennahme dieser Bareinzahlungen stellen deshalb Verwaltungsaufwand bei der Abwicklung eines Kontokorrentkredites dar. Für einen solchen Aufwand kann die Bank nach dispositivem Gesetzesrecht kein gesondertes Entgelt verlangen; dieser muß vielmehr aus den ihr zustehenden Kreditzinsen gedeckt werden[440]. Das BGB geht nach dem BGH als selbstverständlich davon aus, daß jede Geldschuld durch Barzahlung des Nennwertes erfüllt wird und der Gläubiger für die Entgegennahme von Bargeld keine gesonderte Vergütung verlangen kann. Zu den gesetzlichen Verpflichtungen eines jeden Gläubigers gehöre deshalb auch die Pflicht, Bargeld als gesetzliches Zahlungsmittel anzunehmen[441]. Entsprechendes gilt für die Kosten der Barauszahlung der Darlehensvaluta am Bankschalter, für die nach dispositivem Gesetzesrecht kein gesondertes Entgelt beansprucht werden kann[442].

2.311

Die Kontrollfähigkeit der AGB-mäßigen Entgeltregelungen für Ein- und Auszahlungen bei Girokonten bedeutet aber nicht ohne weiteres die Unzulässigkeit solcher Klauseln. Die Unwirksamkeit solcher Klauseln erfordert eine unangemessene Benachteiligung der Girokunden im Sinne der Generalklausel des AGB-Gesetzes. Sieht jedoch die Entgeltklausel fünf „Freiposten" im Monat für Ein- und Auszahlungen vor, so werden diese Geschäftsvorfälle in einem Umfang vergütungsfrei gestellt, den der BGH für erforderlich, aber auch für ausreichend hält, um der Klausel den Makel einer unangemessenen Kundenbenachteiligung im Sinne des AGB-Gesetzes zu nehmen[443]. Unangemessen sind solche Klauseln nur insoweit, als sie eine besondere Vergütungspflicht auch für solche Geschäftsvorgänge vorsehen, die bei verständiger Würdigung noch als normale Inanspruchnahme von Ein- und Auszahlungen im Rahmen eines Girokontos für Privatkunden angesehen werden können. Wer dagegen die Kassendienste einer Bank im außergewöhnlichen Ausmaß in Anspruch nimmt, wird nicht unangemessen im Sinne des AGB-Gesetzes behandelt, wenn er in maßvollem Umfang zu einem Entgelt für den damit verbundenen Aufwand der Bank herangezogen wird[444]. Denn die Bank ist grund-

2.312

---
438 *Canaris*, Bankvertragsrecht³, Rn 142, 318; BGH WM 1993, 2237, 2238.
439 BGH WM 1993, 2237, 2238.
440 BGH WM 1991, 1113.
441 BGH WM 1993, 2237, 2238.
442 BGH WM 1993, 2237, 2238.
443 BGH WM 1996, 1080, 1082; vgl. hierzu auch *Canaris*, WM 1996, 237, 246.
444 BGH WM 1996, 1080, 1082.

sätzlich berechtigt, für ihre Tätigkeit im Rahmen des dem Girokonto zugrundeliegenden Girovertrages Vergütungen zu verlangen und diese auch in Allgemeinen Geschäftsbedingungen festzulegen. Bei der Bemessung der Vergütungen darf die Bank grundsätzlich auch an die Kontoführung und deren von Fall zu Fall unterschiedlichen Umfang anknüpfen[445].

b) Kritische Literaturstimmen

2.313 Das Problem der richterlichen Entgeltkontrolle ist mittlerweile Gegenstand einer umfangreichen und anhaltenden Diskussion in der Fachliteratur geworden[446]. Nach überwiegender Literaturmeinung schließt das Bestehen einer gesetzlichen oder vertraglichen Rechtspflicht der Bank zu einem bestimmten Tätigwerden grundsätzlich nicht aus, daß sie hierfür ein Entgelt verlangt[447]. Dies gilt insbesondere in den Fällen, in denen die Kreditinstitute wie bei den Freistellungsaufträgen für die Zinsabschlagsteuer zur Erfüllung staatlicher Aufgaben gesetzlich herangezogen werden und dabei eine auf einem eigenständigen zivilrechtlichen Rechtsverhältnis beruhende individuelle Dienstleistung erbringen, die als selbständige Leistungspflicht zu den depotvertraglichen Pflichten hinzutreten und als solche ein gesondertes Entgelt wie andere im Zusammenhang mit der Depotführung verbundenen zusätzlichen Aufträge, insbesondere bei Depotüberträgen auslösen.

2.314 Selbst der BGH hat Entgeltklauseln für Ein- und Auszahlungen bei Girokonten mit monatlich fünf Freiposten für AGB-Gesetz konform erklärt, obwohl die Bank mit Auszahlungen bei kreditorischen Konten ihre gesetzliche Rückgabepflicht (§§ 700 Abs. 1 S. 3, 695 BGB) und bei Einzahlungen auf debitorischen Konten die gesetzliche Pflicht des Gläubigers zur Entgegennahme von Bargeld zu Tilgungszwecken erfüllt. Eine solche Entgeltregelung kann aber im Einzelfall als überraschende oder intransparente AGB-Klausel im Sinne der §§ 3, 9 AGBG unwirksam sein[448].

2.315 Die Bank ist nach dem Schrifttum auch grundsätzlich befugt, anstelle eines einheitlichen Preises mehrere **Teilentgelte** vorzusehen, insbesondere beim Girokonto ein Grundentgelt zuzüglich eines Entgeltes pro Buchungsposten zu verlangen[449]. Auch der BGH hält solche Buchungsposten

---

445 BGH WM 1996, 1080, 1081; *von Westphalen*, WM 1995, 1209, 1218; *Canaris*, WM 1996, 237, 241.
446 *Horn*, WM 1997, Sonderbeilage Nr. 1, S. 7 m.w.Nachw.; *Köndgen*, ZBB 1997, 117 ff.; *Joost*, ZIP 1996, 1685 ff.; *Krüger*, WM 1999, 1402 ff.
447 *Köndgen*, ZBB 1997, 117, 133, 134; *Früh*, WM 1998, 63, 64.
448 *Horn*, WM 1997, Sonderbeilage Nr. 1, S. 23.
449 *Horn*, WM 1997, Sonderbeilage Nr. 1, S. 22; vgl. weiter *von Westphalen*, WM 1995, 1209, 1219.

für Ein- oder Auszahlungen zumindest in den Fällen für mit dem AGB-Gesetz vereinbar, in denen den Kunden zugleich monatlich mindestens fünf Freiposten gewährt werden[450]. Es erscheint im übrigen gerechter, die aus der Erfüllung gesetzlich auferlegter Pflichten entstandenen Kosten nicht als Gemeinkosten zu erwirtschaften, sondern für die jeweilige Tätigkeit ein konkretes Entgelt zu berechnen. Werden die Entgelte einer konkreten Tätigkeit zugeordnet, müssen diese von den betreffenden Kunden bezahlt und brauchen nicht als allgemeine Betriebskosten (Gemeinkosten) auf unbeteiligte Bankkunden abgewälzt zu werden[451]. Schließlich hat *Köndgen* den Versuch unternommen, auf der Grundlage einer institutionenökonomischen Theorie der Entgeltgestaltung Konturen eines allgemeinen Preisrechts der Kreditwirtschaft zu zeichnen[452].

5. Änderung von Zinsen und Entgelten (Nr. 12 Abs. 3 und 4 AGB)

Bei der rechtlichen Beurteilung dieser AGB-Klausel sind Zinsanpassungen und Änderungen des Entgeltes für Dienstleistungen zu unterscheiden.   2.316

a) Zinsanpassungsregelungen

In Nr. 12 Abs. 3 S. 1 AGB wird lediglich klargestellt, daß die Änderung der Zinsen bei Krediten mit einem veränderlichen Zinssatz aufgrund der jeweiligen Kreditvereinbarungen mit dem Kunden erfolgt. Bei der Neufassung der AGB im Jahre 1993 wurde auf eine AGB-mäßige Zinsanpassungsregelung verzichtet[453]. Der Hinweis auf die Maßgeblichkeit der im Kreditvertrag vereinbarten Zinsanpassungsregel war zwar entbehrlich; eine konkrete Vereinbarung geht ohnehin der AGB-mäßigen Regelung vor[454]. Es sollte aber der unzutreffende Eindruck vermieden werden, daß überhaupt keine Zinsanpassung erfolgen dürfe[455].   2.317

Für eine AGB-mäßige Zinsanpassungsklausel bestand kein Bedürfnis. Beim **Privatkundengeschäft** muß auch insoweit den Vorgaben des Verbraucherkreditgesetzes Rechnung getragen werden. In der Vertragsurkunde ist, wenn sich die Bank eine Zinsänderung vorbehält, auch anzugeben, unter welchen Voraussetzungen preisbestimmende Faktoren und damit   2.318

---

450 WM 1996, 1080.
451 *Früh*, WM 1998, 63, 66.
452 ZBB 1997, 117 f.
453 *Wagner-Wieduwilt* in Bankrecht und Bankpraxis, Rn 1/334; *Werhahn/Schebesta*, AGB und Sonderbedingungen der Banken, Rn 24.
454 *Bunte* in Bankrechts-Handbuch, § 17 Rn 49.
455 *Wagner-Wieduwilt* in Bankrecht und Bankpraxis, Rn 1/335.

insbesondere der Zinssatz geändert werden können (§ 4 Abs. 1 Nr. 1 Buchst. a VerbrKrG). Auch beim Überziehungskredit ist der Kunde vor der Inanspruchnahme u.a. über die Bedingungen einer Zinsänderung zu unterrichten (§ 5 Abs. 1 S. 2 VerbrKrG). Überdies ist der Kunde spätestens nach der ersten Kreditinanspruchnahme über bestimmte Kreditbedingungen zu unterrichten, zu denen auch die Voraussetzungen für eine Zinsänderung gehören (§ 5 Abs. 1 S. 3 VerbrKrG).

2.319 Auch im **Firmenkundengeschäft** bestand kein Bedürfnis für eine Zinsanpassungsklausel in den Grund-AGB. Bei den Krediten mit der Möglichkeit einer Zinsanpassung („bis auf weiteres" – b.a.w. – Kredite) wird dieser Änderungsvorbehalt ohnehin in der Kreditzusage oder im Kreditbestätigungsschreiben erläutert.

2.320 Der BGH hat sich in einer grundlegenden Entscheidung vom 6.3.1986[456] zu den Voraussetzungen einer einseitigen Veränderung des Zinssatzes durch die Bank geäußert. Danach sind Zinsanpassungsklauseln, die der Bank ein einseitiges Leistungsbestimmungsrecht gemäß § 315 BGB einräumen, mit der Generalklausel des AGB-Gesetzes (§ 9) vereinbar, soweit für die Anpassungsregelung ein sachlicher Grund besteht[457]. Dies gilt auch dann, wenn diese Klauseln die Voraussetzungen und Grenzen für die nachträgliche Änderung der Zinsen nicht ausdrücklich beschreiben. Die normalen Anpassungsklauseln seien dahin auszulegen, daß die Bank nur eine Anpassung des Vertragszinses an kapitalmarktbedingte Refinanzierungskosten vornehmen darf. Im Interesse der Ausgewogenheit der Regelung dürfen solche Anpassungsklauseln aber nicht nur die darlehensgebende Bank begünstigen. Bei sinkendem Zinsniveau und Verbesserung der Refinanzierungskonditionen muß die Bank auch zur Herabsetzung des dem Kunden berechneten Zinssatzes verpflichtet sein[458].

2.321 Nach dem OLG Düsseldorf kann die Änderung des Zinssatzes grundsätzlich auch nach anderen Merkmalen als den kapitalmarktbedingten Wandlungen der Refinanzierungsmöglichkeiten bestimmt werden[459]. Für die Kreditinstitute besteht ein unabweisbares Bedürfnis, ihre Zinskonditionen in wechselnden und bei Vertragsschluß meist nicht überschaubaren künftigen Marktverhältnissen für die Refinanzierung ihres Kreditgeschäfts anzupassen[460]. Dies muß freilich in der Zinsanpassungsklausel deutlich zum Ausdruck gebracht werden[461].

---

456 WM 1986, 581; vgl. weiter BGH WM 1992, 940, 941.
457 Vgl. weiter *Bunte* in Bankrechts-Handbuch, § 17 Rn 52; *Horn*, NJW 1985, 1118 ff.; *Schwarz*, NJW 1987, 626 ff.
458 BGH WM 1986, 580, 581.
459 WM 1989, 1370, 1373.
460 BGH WM 1992, 940, 941.
461 Vgl. hierzu *Wagner-Wieduwilt* in Bankrecht und Bankpraxis, Rn 1/339.

b) Änderung von Entgelten für dauerhafte Leistungen

Im Unterschied zu den Vereinbarungen über eine Zinsanpassung enthalten die AGB eine konstitutive Regelung für Leistungen, die vom Kunden im Rahmen der Geschäftsverbindung typischerweise dauerhaft in Anspruch genommen werden. Die Entgelte dieser Leistungen kann die Bank nach billigem Ermessen im Sinne des § 315 BGB ändern (Nr. 12 Abs. 3 S. 2 AGB).

2.322

Als Beispiel für solche auf Dauer angelegte Dienstleistungen erwähnt die AGB-Klausel die Konto- und Depotführung. Eine typische dauerhafte Leistung ist insbesondere die Aufbewahrung von Wertpapieren im Rahmen einer depotgeschäftlichen Beziehung. Dagegen ist eine „Einzelleistung" jede Ausführung von Effektenaufträgen des Kunden. Bei der Abgrenzung der „dauerhaften" Leistungen von den **Einzelleistungen** kommt es also nicht auf die Häufigkeit einer bestimmten typischen Leistung an, etwa der Ausführung von Kundenaufträgen im Effektengeschäft[462]. Entscheidend ist vielmehr, ob eine bestimmte Dauerleistung, selbst wenn sie in dieser Art wiederholt erbracht wird, einen in sich selbst abgeschlossenen Geschäftsvorfall bildet[463]. Deshalb stellt auch jeder Überweisungsauftrag im Rahmen des bargeldlosen Zahlungsverkehrs eine solche Einzelleistung dar[464]. Unbeachtlich für die Abgrenzung zwischen dauerhaften Leistungen und Einzelleistungen ist also, daß der einzelne Überweisungsauftrag keinen Auftrag im Sinne des § 662 BGB, sondern nach bisherigem Recht nur eine Weisung gemäß § 665 BGB im Rahmen des dem Girokonto zugrundeliegenden Girovertragsverhältnisses darstellt.

2.323

c) Kündigungsrecht des Kunden bei Änderung von Zinsen und Entgelten

Änderungen von Zinsen und Entgelten sind dem Kunden mitzuteilen. Diese Mitteilungspflicht ergibt sich bereits aus § 315 Abs. 2 BGB. Danach erfolgt die Leistungsbestimmung seitens eines Vertragspartners durch eine einseitige, empfangsbedürftige Erklärung gegenüber dem anderen Partner[465]. Die Mitteilung wirkt nur für die Zukunft und erst nach ihrem Zugang beim Kunden. Nach überwiegender Meinung ist es deshalb unzu-

2.324

---

462 *Wagner-Wieduwilt* in Bankrecht und Bankpraxis, Rn 1/349.
463 *Bunte* in Bankrechts-Handbuch, § 17 Rn 17; *Wagner-Wieduwilt* in Bankrecht und Bankpraxis, Rn 1/349.
464 *Wagner-Wieduwilt* in Bankrecht und Bankpraxis, Rn 1/349; *Bunte* in Bankrechts-Handbuch, § 17 Rn 17.
465 *Bunte* in Bankrechts-Handbuch, § 17 Rn 56; *Wagner-Wieduwilt* in Bankrecht und Bankpraxis, Rn 1/341.

lässig, wenn der Kunde von der Änderung erst nachträglich aus einem Rechnungsabschluß erfährt[466].

2.325 Für diese Mitteilung genügt nicht schon ein genereller Aushang oder die Auslage in den Geschäftsräumen. Andererseits bedarf es auch keines individuellen Briefes an Kunden. Es genügt vielmehr eine Mitteilung auf dem Kontoauszug, wie es auch das Verbraucherkreditgesetz (§ 5 Abs. 1 S. 5) bei einer Änderung des Jahreszinses für Überziehungskredite vorsieht[467].

2.326 Bei einer Erhöhung der Zinsen und Entgelte kann der Kunde mangels anderweitiger Vereinbarung die davon betroffene Geschäftsbeziehung innerhalb eines Monats nach Bekanntgabe der Änderung mit sofortiger Wirkung kündigen. Solche **Anpassungsklauseln** zu Lasten des Kunden sind nach der Rechtsprechung nur zulässig, wenn sich der Kunde von der Vertragsbeziehung lösen kann[468].

2.327 Im Falle einer Kündigung des Kunden werden die erhöhten Zinsen und Entgelte für die gekündigte Geschäftsbeziehung nicht zugrunde gelegt (Nr. 12 Abs. 4 S. 3 AGB). Sodann wird der Vertrag nach den bisherigen Konditionen abgewickelt[469]. Bei einer Kreditgewährung ist jedoch § 609a Abs. 3 BGB zu beachten, nach dem eine Kündigung des Kreditnehmers nicht erfolgt ist, wenn der geschuldete Betrag nicht binnen zweier Wochen nach Wirksamwerden der Kündigung zurückgezahlt ist. Zahlt der Kunde den Kredit nicht bis zum Ablauf der ihm für die Rückführung eingeräumten Frist, so dürfen rückwirkend auf den Zinsanpassungstermin die erhöhten Zinsen und Entgelte berechnet werden[470].

2.328 Zur Abwicklung der gekündigten Geschäftsbeziehung, insbesondere der Kreditrückführung wird die Bank dem Kunden eine angemessene Frist einräumen (Nr. 12 Abs. 4 S. 3 AGB). Dabei ist zu berücksichtigen, daß dem

---

466 OLG Saarbrücken NJW 1988, 3210; *Werhahn/Schebesta*, AGB und Sonderbedingungen der Banken, Rn 244; *Bunte* in Bankrechts-Handbuch, § 17 Rn 56; a.A. OLG München WM 1983, 1275, 1276.
467 *Bunte* in Bankrechts-Handbuch, § 17 Rn 57; *Werhahn/Schebesta*, AGB und Sonderbedingungen der Banken, Rn 243; *Wagner-Wieduwilt* in Bankrecht und Bankpraxis, Rn 1/342; vgl. weiter OLG Saarbrücken NJW 1988, 3210.
468 BGH ZIP 1989, 697, 698 = WM 1989, 740, 742; *Werhahn/Schebesta*, AGB und Sonderbedingungen der Banken, Rn 247; *Bunte* in Bankrechts-Handbuch, § 17 Rn 58.
469 *Wagner-Wieduwilt* in Bankrecht und Bankpraxis, Rn 1/345; *Bunte* in Bankrechts-Handbuch, § 17 Rn 61.
470 *Bunte* in Bankrechts-Handbuch, § 17 Rn 61; *Wagner-Wieduwilt* in Bankrecht und Bankpraxis, Rn 1/347.

Kunden zunächst eine Frist von einem Monat zu konzedieren ist, innerhalb der er sich über die Ausübung seiner Kündigungsrechte schlüssig werden kann. Im übrigen hat der BGH eine Abwicklungsfrist von nur zwei Wochen als nicht ausreichend bezeichnet[471]. Allgemein wird aber bislang eine Frist von einem Monat als ausreichend angesehen, vor die sich noch die einmonatige Überlegungsfrist für die Kündigung schiebt[472].

6. Auslagenersatz (Nr. 12 Abs. 5)

Der Kunde trägt nach Nr. 12 Abs. 5 AGB alle Auslagen, die anfallen, wenn die Bank in seinem Auftrag oder seinem mutmaßlichen Interesse tätig wird oder wenn Sicherheiten bestellt, verwaltet, freigegeben oder verwertet werden. Bei dieser Regelung handelt es sich um eine Konkretisierung des Anspruchs auf Aufwendungsersatz (§§ 670, 675 BGB). Deshalb bestehen auch aus der Sicht der Angemessenheitsklausel keine Bedenken gegen die Zulässigkeit[473]. Bei den Auslagen handelt es sich um Aufwendungen im engeren Sinne, bei denen die Bank selbst eine Geldleistung an Dritte im Auftrag oder im mutmaßlichen Interesse des Kunden erbringt, nicht aber um kalkulatorische Kosten des Geschäftsbetriebes[474].   2.329

Im übrigen müssen die weiteren Voraussetzungen des Aufwendungsbegriffes im Sinne des § 670 BGB gegeben sein[475]. Die Bank muß deshalb die Aufwendungen den Umständen nach für erforderlich halten dürfen. Der Beurteilung ist also ein objektiver Maßstab mit subjektivem Einschlag zugrunde zu legen[476]. Die Einschätzung der Bank hinsichtlich der Erforderlichkeit ist deshalb nur gerechtfertigt, wenn sie ihre Entscheidung nach sorgfältiger und den besonderen Umständen angemessenen Prüfung getroffen hat[477]. Dabei ist auf den Zeitpunkt der Entscheidung abzustellen[478].   2.330

Die Klausel nennt als Beispiele solcher Auslagen Ferngespräche, Porti und bei Sicherheiten Notarkosten, Lagergelder und Kosten der Bewa-   2.331

---

471 BGH ZIP, 1989, 697.
472 *Bunte* in Bankrechts-Handbuch, § 17 Rn 60; *Wagner/Wieduwilt* in Bankrecht und Bankpraxis, Rn 1/346; *Werhahn/Schebesta*, AGB und Sonderbedingungen der Banken, Rn 248.
473 BGH WM 1989, 129, 130; *Horn*, WM 1984, 129; *Werhahn/Schebesta*, AGB und Sonderbedingungen der Banken, Rn 249.
474 *Wolf/Horn/Lindacher*, § 23 Rn 274; *Merkel*, WM 1993, 725, 728.
475 *Bunte* in Bankrechts-Handbuch, § 17 Rn 64.
476 *Palandt/Sprau*, § 670 Rn 4.
477 BGHZ 95, 375, 388 = WM 1985, 1387, 1390.
478 *Bunte* in Bankrechts-Handbuch, § 17 Rn 264.

chung. Die Rechtsprechung hat im übrigen verschiedene Kosten als Auslagen im Sinne der Nr. 12 Abs. 5 AGB anerkannt. So kann die Bank Kostenersatz verlangen, wenn den Kunden bereits erhaltene Kontounterlagen für zurückliegende Jahre nochmals zur Verfügung zu stellen sind[479]. Zulässig ist auch ein Entgelt für eine Zessionsverwaltung[480] und die Erstattung der Auslagen für eine Löschungsbewilligung bei der Freigabe einer Grundschuld[481].

VI. Rechtswahl und Gerichtsstandsklausel (Nr. 6 AGB)

1. Maßgebliches Recht (Nr. 6 Abs. 1 AGB)

2.332   Für die Geschäftsverbindung zwischen Kunde und Bank gilt deutsches Recht (Nr. 6 Abs. 1 AGB). Unerheblich ist, ob der Kunde seinen gewöhnlichen Aufenthalt im Ausland hat[482]. Diese Regelung steht im Einklang mit dem AGB-Gesetz[483]. Das bisherige Verbot von AGB-mäßigen Rechtswahlklauseln (§ 10 Nr. 8 AGBG a.F.) ist durch Art. 6 § 2 des Gesetzes zur Neuregelung des Internationalen Privatrechts vom 25. 7. 1986[484] aufgehoben worden. Diese Aufhebung erfolgte, weil das Verbot von Rechtswahlklauseln teilweise im Widerspruch zu dem „EG-Übereinkommen über das auf vertragliche Schuldverhältnisse anzuwendende Recht" vom 1. 4. 1991 stand[485]. Eine Inhaltskontrolle von auf ausländisches Recht verweisenden Rechtswahlklauseln nach § 9 AGBG ist mit Rücksicht auf Art. 31 Abs. 1 EGBGB ausgeschlossen. Die Wirksamkeit solcher Klauseln richtet sich vielmehr nach der gewählten ausländischen Rechtsordnung[486]. Im übrigen gilt das Prinzip der freien Rechtswahl (Art. 27 EGBGB).

a) Deklaratorische Rechtsnatur der Klausel

2.333   Die Vereinbarung deutschen Rechts ist weitestgehend nur deklaratorischer Natur. Nach deutschem Internationalen Privatrecht wäre auch ohne diese Rechtswahlklausel generell deutsches Recht anwendbar. Dies gilt auch für die bankgeschäftlichen Vertragsbeziehungen zu im Ausland

---

479 OLG Hamm WM 1992, 1100.
480 LG Hannover WM 1974, 987.
481 BGH WM 1991, 1113.
482 *Wagner-Wieduwilt* in Bankrecht und Bankpraxis, Rn 1/172, 174.
483 *Bunte* in Bankrechts-Handbuch, § 11 Rn 3; *Wagner-Wieduwilt* in Bankrecht und Bankpraxis, Rn 1/175.
484 BGBl. I, 1142.
485 *Ulmer/Brandner/Hensen*, Anh. §§ 9–11 Rn 575.
486 *Ulmer/Brandner/Hensen*, Anh. § 2 Rn 2.

ansässigen Kunden[487]. Denn nach Art. 28 Abs. 1 EGBGB unterliegt ein grenzüberschreitender Vertrag ohne Rechtswahlklausel dem Recht des Staates, mit dem er die engsten Verbindungen aufweist. Dabei knüpft diese Kollisionsnorm an die Erbringung der für die jeweilige Vertragsbeziehung charakteristischen Leistung an. Nach Art. 28 Abs. 2 EGBGB wird vermutet, daß der Vertrag die engsten Verbindungen mit dem Staat aufweist, in dem die Partei, welche die charakteristische Leistung zu erbringen hat, im Zeitpunkt des Vertragsabschlusses ihren gewöhnlichen Aufenthalt oder ihre Hauptverwaltung oder ihre leistende Niederlassung hat. Deshalb wäre deutsches Recht regelmäßig schon nach Art. 28 Abs. 2 EGBGB anwendbar[488]. Die Vertragsbeziehung zwischen Kunde und Bank wird durch die bankmäßigen Kredite und Dienstleistungen geprägt und weist folglich die engste Beziehung zum Inland auf.

b) Anwendbarkeit ausländischen Rechts nur in Ausnahmefällen

Ausländisches Recht kann nach Art. 29 EGBGB ausnahmsweise in den Fällen zur Anwendung kommen, in denen der Aufenthaltsstaat des ausländischen Kunden zwingende Vorschriften zum Schutze des Verbrauchers erlassen hat. Sodann gilt diese Kollisionsnorm als Bestandteil des durch Nr. 6 Abs. 1 AGB vereinbarten deutschen Rechts auch für die bankmäßige Geschäftsbeziehung[489]. Sie hat jedoch wegen ihres eingeschränkten Anwendungsbereichs keine große praktische Bedeutung[490]. Art. 29 EGBGB gilt nur für Verträge über die Lieferung beweglicher Sachen oder die Erbringung von Dienstleistungen zu einem Zweck, der nicht der beruflichen oder gewerblichen Tätigkeit des Berechtigten (Verbrauchers) zugerechnet werden kann, sowie bei Verträgen zur Finanzierung eines solchen Geschäfts.

2.334

So werden Wertpapiergeschäfte von dieser Kollisionsnorm nach allgemeiner Auffassung nicht erfaßt, obwohl die zu liefernden Wertpapiere infolge der Verbriefung als bewegliche Sachen eingestuft werden[491]. Im Kreditgeschäft kann Art. 29 EGBGB nur bei der zweckgebundenen Finanzierung

2.335

---

487 *Bunte* in Bankrechts-Handbuch, § 11 Rn 4; *Wagner-Wieduwilt* in Bankrecht und Bankpraxis, Rn 1/177; *Werhahn/Schebesta*, AGB und Sonderbedingungen der Banken, Rn 106.
488 *Bunte* in Bankrechts-Handbuch, § 11 Rn 4; *Wagner-Wieduwilt* in Bankrecht und Bankpraxis, Rn 1/177.
489 *Wagner-Wieduwilt* in Bankrecht und Bankpraxis, Rn 1/176; für Vertragsschlüsse im Internet vgl. *Grub*, DB 1999, 1437 ff.
490 *Bunte* in Bankrechts-Handbuch, § 11 Rn 6; *Wagner-Wieduwilt* in Bankrecht und Bankpraxis, Rn 1/176.
491 BGH WM 1994, 14; *Welter* in Bankrechts-Handbuch, § 28 Rn 43 ff.

von Kaufgeschäften, nicht aber beim einfachen Verbraucherkredit ohne eine solche Zweckbindung praktische Bedeutung erlangen[492].

2.336 Schließlich kommt diese Kollisionsnorm nur in den Fällen zur Anwendung, in denen dem Vertragsabschluß ein ausdrückliches Angebot oder eine Werbung in dem Staat des gewöhnlichen Aufenthaltes des Kunden vorausgegangen ist und wenn der Kunde in diesem Staat die zum Abschluß des Vertrages erforderlichen Rechtshandlungen vorgenommen hat. Das gleiche gilt, wenn die Bank oder ihr Vertreter die „Bestellung" des Kunden in dem ausländischen Staat entgegengenommen hat, in dem der Kunde seinen gewöhnlichen Aufenthalt hat (Art. 29 Abs. 1 Nr. 1 u. 2 EGBGB). Diese tatbestandsmäßigen Voraussetzungen sind in der bisherigen Bankpraxis nur in Ausnahmefällen realisiert worden.

2. Gerichtsstand bei kaufmännischen und öffentlich-rechtlichen Kunden (Nr. 6 Abs. 2 u. 3 AGB)

2.337 Gerichtsstandsvereinbarungen enthalten die AGB nur für Prozesse mit Kaufleuten (§§ 1 ff. HGB) sowie mit juristischen Personen des öffentlichen Rechts und mit öffentlich-rechtlichen Sondervermögen. Zu diesen Sondervermögen gehören z.B. das ERP-Sondervermögen und das Bundeseisenbahnvermögen, nicht aber die Deutsche Bahn AG. Wesentlich für diesen Begriff des Sondervermögens ist, daß keine juristische Person vorliegt[493].

2.338 Zu den Kaufleuten im Sinne der Gerichtsstandsklausel gehören auch solche Kleingewerbebetreibende, die ihre Firma in das Handelsregister eintragen lassen (vgl. § 2 HGB). Das Gesetz zur Neuregelung des Kaufmanns- und Firmenrechts und zur Änderung anderer handels- und gesellschaftsrechtlicher Vorschriften (Handelsrechtsreformgesetz) vom 22. 6. 1998[494] hat den Kleingewerbebetreibenden unter Aufgabe der bisherigen Bezeichnung „Minderkaufmann" (vgl. § 4 HGB a.F.) die Möglichkeit eröffnet, durch rechtskonstitutive Eintragung im Handelsregister die Kaufmannseigenschaft zu erwerben.

2.339 Mit diesem stark eingeschränkten Anwendungsbereich ist dem Gesetz zur Änderung der Zivilprozeßordnung (Gerichtsstandnovelle) vom 21. 3. 1974[495] Rechnung getragen worden. Zu den wesentlichen Grundgedanken der gesetzlichen Regelung gehört der Grundsatz, daß Prozesse im nicht-

---
492 *Bunte* in Bankrechts-Handbuch, § 11 Rn 6; *Welter* in Bankrechts-Handbuch, § 28 Rn 43 ff.; *Wagner-Wieduwilt* in Bankrecht und Bankpraxis, Rn 1/176.
493 *Baumbach/Lauterbach/Albers/Hartmann*, § 38 Rn 19.
494 BGBl. I 1998, S. 1474.
495 BGBl. I 1974, S. 753.

kaufmännischen Rechtsverkehr durch Parteivereinbarung dem gesetzlichen Gerichtsstand nur in bestimmten Ausnahmefällen entzogen werden dürfen[496].

Bei Prozessen mit in- oder ausländischen Privatkunden sind deshalb die allgemeinen Gerichtsstände maßgeblich[497]. Für Klagen der Bank gegen Privatkunden ist also regelmäßig deren Wohnsitzgericht zuständig (§ 13 ZPO). Die Staatsangehörigkeit des Kunden ist dabei unerheblich. Umgekehrt kann der Kunde die Bank am Gesellschaftssitz (§ 17 ZPO) oder am Sitz der kontoführenden Niederlassung verklagen (§ 21 ZPO).

2.340

a) Inlandskunden

Klagen der Bank (Aktivprozesse) können bei dem für die kontoführende Stelle zuständigen Gericht oder an einem anderen zuständigen Gericht, insbesondere am allgemeinen Gerichtsstand des Wohnsitzes erhoben werden (Nr. 6 Abs. 2 S. 1 AGB). Diese AGB Klausel gilt aber nur für streitige Geschäftsbeziehungen, die dem Betrieb eines Handelsgewerbes zuzurechnen sind. Deshalb ist diese Gerichtsstandsvereinbarung auch mit dem AGB-Gesetz vereinbar[498]. Wegen der Anknüpfung an den Geschäftsbetrieb ist bei Einzelkaufleuten eine Abgrenzung zwischen den Handelsgeschäften und der privaten Sphäre des Bankkunden erforderlich. Hierfür sind die allgemeinen Regeln der §§ 343, 344 HGB maßgeblich[499]. Im Zweifelsfalle gilt die widerlegbare Vermutung der Zugehörigkeit eines Geschäftes zum Handelsgewerbe des Kaufmannes (§ 344 Abs. 1 HGB).

2.341

Klagen der in Nr. 6 Abs. 2 AGB bezeichneten Kunden gegen die Bank können nur bei den für die kontoführenden Niederlassungen zuständigen Gerichten erhoben werden (Nr. 6 Abs. 2 S. 1 AGB). Die dort beschäftigten Mitarbeiter und vorhandenen Geschäftsunterlagen weisen im Regelfall die größte Sachnähe zum Prozeßgegenstand auf.

2.342

b) Auslandskunden

Die Gerichtsstandsvereinbarung mit den Auslandskunden wurde parallel zu der für Inlandskunden geltenden Regelung ausgestaltet. Dies kann

2.343

---

496 BGH NJW 1983, 1320, 1322 u. 2026.
497 *Bunte* in Bankrechts-Handbuch, § 11 Rn 19; *Wagner-Wieduwilt* in Bankrecht und Bankpraxis, Rn 1/185.
498 *Canaris*, Bankvertragsrecht², Rn 2719; *Bunte* in Bankrechts-Handbuch, § 11 Rn 10.
499 *Bunte* in Bankrechts-Handbuch, § 11 Rn 10; *Wagner-Wieduwilt* in Bankrecht und Bankpraxis, Rn 1/180.

nach allgemeiner Meinung formfrei und damit auch in AGB geschehen. Hiernach gilt für die Frage des Erfordernisses der Schriftlichkeit auch für die Auslandsbanken der auf inländische Kunden bezogene Abs. 1 des § 38 ZPO, der sogar stillschweigende Gerichtsstandsvereinbarungen für wirksam erklärt[500].

VII. Kündigung der Geschäftsverbindung oder einzelner Geschäftsbeziehungen (Nr. 18, 19 AGB)

2.344 Der Geschäftsverbindung als rahmenartiger Grundbeziehung zwischen Kunde und Bank und den einzelnen sie konkretisierenden bankmäßigen Geschäftsbeziehungen ist gemeinsam, daß sie regelmäßig auf Dauer angelegt sind. Dies gilt nicht nur für die Kreditverträge. Auch einige typische Verträge des Dienstleistungsbereichs, insbesondere die Konto- und Depotverbindung sowie das Scheck- und Kreditkartenverhältnis werden auf unbestimmte Zeit begründet. Es besteht deshalb ein generelles Bedürfnis, eine Beendigung dieser Geschäftsverbindung und der einzelnen Geschäftsbeziehungen durch Kündigung herbeiführen zu können.

2.345 Bis zur Neufassung der AGB im Jahre 1993 waren die Kündigungsrechte zusammen in einer Klausel geregelt. Mit der klauselmäßigen Trennung der Kündigungsrechte des Kunden (Nr. 18 AGB) und der Bank (Nr. 19 AGB) sollte vor allem dem Transparenzgebot des AGB-Gesetzes entsprochen werden. Andererseits muß sich die sehr ähnliche Grundstruktur der Kündigungsrechte im Aufbau der beiden Klauseln widerspiegeln. So unterscheiden die Klauseln absatzmäßig zwischen der **ordentlichen** Kündigung (Nr. 18 Abs. 1 bzw. Nr. 19 Abs. 1 und 2 AGB) und der **außerordentlichen** Kündigung (Nr. 18 Abs. 2 bzw. 19 Abs. 3 AGB).

2.346 Das Recht zur ordentlichen Kündigung folgt bei unbefristeten Dauerschuldverhältnissen bereits aus dem Grundsatz von Treu und Glauben (§ 242 BGB). Hiernach kann jeder Vertragspartner den Vertrag nach Ablauf eines gewissen Zeitraumes mit Wirkung für die Zukunft kündigen[501]. Das ordentliche Kündigungsrecht des Kunden und der Bank scheidet jedoch in den Fällen aus, in denen für eine Geschäftsbeziehung eine Laufzeit oder eine abweichende Kündigungsregelung vereinbart worden ist. In diesen Fällen ist nur eine Kündigung gemäß der getroffenen Verein-

---

500 *Bunte* in Bankrechts-Handbuch, § 11 Rn 16; *Wagner-Wieduwilt* in Bankrecht und Bankpraxis, Rn 1/184.
501 BGH WM 1985, 1059.

barung oder eine außerordentliche Kündigung aus wichtigem Grund zulässig (Nr. 18 Abs. 2 bzw. Nr. 19 Abs. 3 AGB)[502].

Soweit die Kündigungsklauseln von Geschäftsbeziehungen sprechen, ist hiermit eine auf Dauer angelegte Vertragsbeziehung gemeint. Diese zeitliche Komponente zeigt sich insbesondere beim Girovertragsverhältnis (§ 675 BGB) als Rechtsgrundlage des Girokontos, beim Kreditvertrag und Depotvertrag sowie bei den gesonderten Vereinbarungen über die einzelnen Instrumente des bargeldlosen Zahlungsverkehrs wie insbesondere des Scheck- und Kreditkartenvertrages und der Lastschriftinkassoabrede. Das Erfordernis einer solchen auf Dauer angelegten Vertragsbeziehung wird in der AGB-Klausel in der Weise angesprochen, daß als Beispiel der hiervon erfaßten Geschäftsbeziehungen der auf Dauer angelegte Scheckvertrag erwähnt wird, der zur Nutzung von Scheckvordrucken berechtigt (Nr. 18 Abs. 1, Nr. 19 Abs. 1 AGB)[503]. 2.347

Unter die Geschäftsbeziehungen im Sinne der Kündigungsklauseln fallen also nicht die Einzelaufträge zu Lasten eines Girokontos. Hierbei handelt es sich bislang nicht um eigenständige Aufträge im Sinne des § 662 BGB sondern um auftragsrechtliche Weisungen, wie sie bei Geschäftsbesorgungsverhältnissen für den Auftraggeber möglich sind (§§ 655, 675 BGB). „Widerruft" der Kunde z.B. seinen Überweisungsauftrag, so liegt hierin eine zulässige auftragsrechtliche **Gegenweisung**[504]. Kündbar im Sinne der Kündigungsklauseln sind also nicht die Überweisungsaufträge, sondern nur der zugrundeliegende, auf Dauer angelegte Girovertrag, der zur Ausführung solcher Einzelaufträge verpflichtet. 2.348

Problematisch sind die Fälle, in denen die gekündigte Geschäftsbeziehung zwangsläufig Auswirkungen auch auf andere Geschäftsbeziehungen hat. Dies gilt insbesondere bei der Kündigung des Girovertrages, der die vertragliche Rechtsgrundlage für die Teilnahme am bargeldlosen Zahlungsverkehr darstellt. So kann der Kunde ohne die Unterhaltung eines Girokontos keine Scheckvordrucke oder eine ec-Scheckkarte ausgehändigt erhalten[505]. Ist dem Kunden die Möglichkeit der Überziehung seines Girokontos eröffnet worden und kündigt der Kunde den Girovertrag, so 2.349

---

502 *Gößmann* in Bankrecht und Bankpraxis, Rn 1/511; *Bunte* in Bankrechts-Handbuch, § 23 Rn 8; *Werhahn/Schebesta*, AGB und Sonderbedingungen der Banken, Rn 379, 385.
503 *Bunte* in Bankrechts-Handbuch, § 23 Rn 7; *Werhahn/Schebesta*, AGB und Sonderbedingungen der Banken, Rn 378.
504 BGH WM 1988, 321, 322; *Schimansky* in Bankrechts-Handbuch, § 49 Rn 8.
505 *Bunte* in Bankrechts-Handbuch, § 23 Rn 5; *Gößmann* in Bankrecht und Bankpraxis, Rn 1/514.

muß sich die Kündigung auch auf den in Anspruch genommenen Überziehungskreditbetrag erstrecken[506].

1. Kündigungsrecht des Kunden

2.350 Ist für die jeweilige Geschäftsbeziehung weder eine Laufzeit noch eine abweichende Kündigungsregelung vereinbart, so steht dem Kunden das **ordentliche** Kündigungsrecht zu. Dieses Kündigungsrecht setzt wie bei jeder ordentlichen Kündigung voraus, daß eine unbefristete Vertragsbeziehung vorliegt[507]. Dieses Recht kann der Kunde im Unterschied zur Bank jederzeit ohne Einhaltung einer Kündigungsfrist ausüben (vgl. Nr. 18 Abs. 1).

2.351 Das **außerordentliche** Kündigungsrecht des Kunden knüpft an das Vorliegen eines wichtigen Grundes an. Ein solches Recht kann ohnehin nach allgemeinen Grundsätzen bei Dauerschuldverhältnissen nicht ausgeschlossen werden[508]. Ein solcher wichtiger Grund liegt nach der AGB-Klausel nur vor, wenn es dem Kunden auch unter angemessener Berücksichtigung der berechtigten Belange der Bank unzumutbar ist, die Geschäftsbeziehung fortzusetzen (Nr. 18 Abs. 2 AGB). Dieses Kündigungsrecht ist freilich von geringer praktischer Bedeutung, weil der Kunde nur selten an einer Aufkündigung der Geschäftsbeziehung interessiert ist[509].

2.352 Die Rechtsfolgen der Kündigung der Geschäftsverbindung oder einzelner Geschäftsbeziehungen sind nicht mehr geregelt. Sie lassen sich bereits aus den allgemeinen Rechtsgrundsätzen ableiten[510]. Zum Teil finden sich AGB-mäßige Kündigungsrechte in den Sonderbedingungen für einzelne Geschäftsbereiche. Praktische Beispiele bilden die AGB-Klauseln über die Rückgabe der ec-Scheckkarte in den „Bedingungen für den ec-Service" und der nicht benutzten Scheckvordrucke in den „Bedingungen für den Scheckverkehr".

---

506 *Bunte* in Bankrechts-Handbuch, § 23 Rn 6.
507 BGH WM 1981, 150; *Bunte* in Bankrechts-Handbuch, § 24 Rn 13.
508 Ständige Rechtsprechung: BGHZ 29, 171, 172; BGH NJW 1989, 1483; *Palandt/Heinrichs*, Einl. v. § 241 Rn 18.
509 *Bunte* in Bankrechts-Handbuch, § 23 Rn 13; vgl. weiter *Gößmann* in Bankrecht und Bankpraxis, Rn 1/552.
510 *Bunte* in Bankrechts-Handbuch, § 23 Rn 14 ff.; *Gößmann* in Bankrecht und Bankpraxis, Rn 1/527 ff.

2. Kündigungsrecht der Bank

Wie der Kunde hat auch seine Bank ein ordentliches Kündigungsrecht für die Geschäftsverbindung und für solche Geschäftsbeziehungen, für die weder eine Laufzeit noch eine abweichende Kündigungsregelung vereinbart worden ist (a). Soweit eine solche Vereinbarung getroffen worden ist, steht der Bank wie dem Kunden ein außerordentliches Kündigungsrecht aus wichtigem Grunde zu (b)[511].

2.353

Soweit das Verbraucherkreditgesetz Sonderregelungen für die Kündigung wegen Verzuges mit der Kreditrückzahlung vorsieht, kann die Bank nur nach Maßgabe dieser Regelungen kündigen. Dies wird in der AGB-Klausel (Nr. 19 Abs. 4) ausdrücklich klargestellt. Hierbei handelt es sich um eine deklaratorische AGB-Bestimmung. Sie soll Zweifel oder Mißverständnisse über den Vorrang der zwingenden Vorschriften des Verbraucherkreditgesetzes ausräumen[512].

2.354

a) Ordentliche Kündigung

Die Bank hat nach der Rechtsprechung insbesondere bei einem Überziehungskredit ein ordentliches unbefristetes Kündigungsrecht[513]. Die AGB-Klausel gewährt der Bank kein schrankenloses Kündigungsrecht. So darf eine ordentliche Kündigung nach der Rechtsprechung nicht zur Unzeit, nicht rechtsmißbräuchlich oder unter Mißachtung der Pflicht zur Rücksichtnahme (§ 242 BGB) erfolgen[514]. Deshalb hat die Bank vor der Kündigung eine Angemessenheitsprüfung vorzunehmen[515].

2.355

Zugunsten der Bank sprechen vor allem ihre unternehmerische Dispositionsfreiheit und ihr Sicherungsinteresse. Auch kommt es auf die Einschätzung der wirtschaftlichen und finanziellen Kundensituation durch die Bank an. Andererseits muß das Ausmaß der dem Kunden drohenden Nachteile der Kündigung angemessen berücksichtigt werden. Die Anforderungen an eine zulässige ordentliche Kündigung erscheinen insgesamt so hoch, daß sie sich nur graduell von den Anforderungen an eine außerordentliche Kündigung unterscheiden dürfte[516].

2.356

---

511 *Werhahn/Schebesta*, AGB und Sonderbedingungen der Banken Rn 385.
512 *Werhahn/Schebesta*, AGB und Sonderbedingungen der Banken, Rn 419.
513 LG Köln WM 1998, 1067.
514 *Bunte* in Bankrechts-Handbuch, § 24 Rn 3, 10; *Gößmann* in Bankrecht und Bankpraxis, Rn 1/556; *Werhahn/Schebesta*, AGB und Sonderbedingungen der Banken Rn 386.
515 BGH WM 1985, 1128, 1136; 1988, 1222, 1224.
516 *Gößmann* in Bankrecht und Bankpraxis, Rn 1/556.

2.357 Den Unsicherheiten, die mit den unbestimmten Rechtsbegriffen des § 242 BGB verknüpft sind, versucht die Klausel dadurch zu begegnen, daß die Kündigung nur „unter Einhaltung einer angemessenen Frist" erfolgen darf[517]. Dabei ist für die Kündigung von Girokonten und Depots eine **Mindestfrist** von einem Monat (ab 1. 1. 2000 von sechs Wochen) vorgesehen. Die dienstvertragliche Bestimmung des § 627 BGB gewährt dagegen ein **fristloses Kündigungsrecht**, das nicht zur Unzeit ausgeübt werden darf. Diese Gesetzesbestimmung ist auf Verpflichtungen zu „Diensten höherer Art" anwendbar, die wie bei einem Kommissionsvertrag aufgrund besonderen Vertrauens übertragen zu werden pflegen[518]. Sie würde deshalb auch für das Dienstleistungsgeschäft der Kreditinstitute gelten[519]. Im übrigen wäre es nach der Rechtsprechung ausreichend, dem Kunden eine angemessene Frist zur Abwicklung der fristlos gekündigten Geschäftsverbindung oder einzelner Geschäftsbeziehungen zu gewähren.

2.358 Für die Angemessenheit des ordentlichen Kündigungsrechts spricht schließlich, daß die Bank bei der Bemessung der Kündigungsfrist auf die berechtigten Belange des Kunden Rücksicht zu nehmen hat (Nr. 19 Abs. 1 S. 2, Abs. 2 S. 2 AGB).

aa) Kündigung unbefristeter Kredite (Nr. 19 Abs. 2 AGB)

2.359 Eine abweichende Regelung des ordentlichen Kündigungsrechts ist für unbefristete Kredite und Kreditzusagen getroffen worden. Hier darf die Kündigung im Unterschied zu den sonstigen Fällen der ordentlichen Kündigung ohne Einhaltung einer Kündigungsfrist erfolgen. Diese Abweichung erfolgte mit Rücksicht auf das Bundesaufsichtsamt für das Kreditwesen und die Deutsche Bundesbank. Solche Kreditzusagen brauchen für Eigenkapitalanforderungen gemäß § 10 KWG nicht im Grundsatz I berücksichtigt zu werden, wenn die Bonität des Kunden mindestens einmal jährlich förmlich überprüft wird. Auch erleichtert das Fehlen einer Kündigungsfrist die Möglichkeit der Kompensation mit Einlagenforderungen des Kreditnehmers für die Mindestreservepflicht[520].

---

517 *Gößmann* in Bankrecht und Bankpraxis, Rn 1/558; *Werhahn/Schebesta*, AGB und Sonderbedingungen der Banken, Rn 388.
518 *Bunte* in Bankrechts-Handbuch, § 24 Rn 11; *Gößmann* in Bankrecht und Bankpraxis, Rn 1/558.
519 *Canaris*, Bankvertragsrecht², Rn 1239; zur Angemessenheit vgl. LG Stuttgart WM 1996, 1770, 1773.
520 *Werhahn/Schebesta*, AGB und Sonderbedingungen für die Banken, Rn 395; *Bunte* in Bankrechts-Handbuch, § 24 Rn 4, 15.

Dieses ordentliche Kündigungsrecht darf jedoch nicht willkürlich und ohne Rücksichtnahme darauf ausgeübt werden, ob dem Kunden vermeidbare und durch das Bankinteresse nicht gerechtfertigte Nachteile zugefügt werden[521]. Dementsprechend bestimmt die AGB-Klausel, daß die Bank bei der Ausübung dieses Kündigungsrechts auf die berechtigten Belange des Kunden Rücksicht nehmen wird.

2.360

bb) Zusätzliche Einräumung einer Abwicklungsfrist

Die Bank hat dem Kunden neben der Kündigungsfrist eine zusätzliche angemessene Frist für die Abwicklung des Kredits einzuräumen (Nr. 19 Abs. 5 AGB). Dem Kunden soll hierdurch ermöglicht werden, sich um eine andere Bankverbindung zu bemühen[522].

2.361

b) Außerordentliche Kündigung (Nr. 19 Abs. 3 AGB)

Bei Vorliegen eines wichtigen Grundes kann die Bank die gesamte Geschäftsverbindung oder einzelne Geschäftsbeziehungen fristlos kündigen, auch wenn eine Laufzeitvereinbarung oder eine anderweitige Kündigungsregelung getroffen worden ist. Dieses außerordentliche Kündigungsrecht kann schon als allgemeiner Rechtsgrundsatz aus §§ 554a, 626, 723 analog und § 610 BGB abgeleitet werden[523].

2.362

Die Bank wird dem Kunden aber für die Abwicklung, insbesondere für die Rückzahlung eines Kredits eine angemessene Frist einräumen, soweit nicht eine sofortige Erledigung erforderlich ist (Nr. 19 Abs. 5 AGB). Die AGB-Klausel erwähnt als praktisches Beispiel die Kündigung eines Scheckvertrages, die den Kunden zur unverzüglichen Rückgabe der Scheckvordrucke und der Scheckkarte verpflichtet.

2.363

Auch die Ausübung des außerordentlichen Kündigungsrechts darf nicht rechtsmißbräuchlich sein. Deshalb hat die Bank bei ihrer Abwägung auch die berechtigten Belange ihres Kunden angemessen zu berücksichtigen (vgl. Nr. 19 Abs. 3 S. 1 AGB).

2.364

---

521 BGH WM 1978, 235; 1979, 1176, 1179; *Werhahn/Schebesta*, AGB und Sonderbedingungen der Banken, Rn 394; *Gößmann* in Bankrecht und Bankpraxis, Rn 1/561 ff.; *Bunte* in Bankrechts-Handbuch, § 24 Rn 13 ff.
522 BGH WM 1984, 586; *Bunte* in Bankrechts-Handbuch, § 24 Rn 11; *Gößmann* in Bankrecht und Bankpraxis, Rn 1/607; *Werhahn/Schebesta*, AGB und Sonderbedingungen der Banken, Rn 420.
523 *Bunte* in Bankrechts-Handbuch, § 24 Rn 27; *Gößmann* in Bankrecht und Bankpraxis, Rn 1/575.

2.365 Ein wichtiger Grund im Sinne des außerordentlichen Kündigungsrechts liegt vor, wenn es der Bank unter Berücksichtigung der Umstände des Einzelfalls und nach Abwägung der beiderseitigen Interessen unzumutbar ist, die Geschäftsbeziehung bis zu der vereinbarten Beendigung fortzusetzen[524]. Ein Verschulden des Kunden an dem Kündigungsgrund ist nicht erforderlich[525]. Die Entscheidungen zum Vorliegen eines solchen wichtigen Grundes sind zahlreich[526].

aa) Beispielhafte Aufzählung der wichtigen Gründe

2.366 Die AGB-Klausel enthält einige Beispiele, in denen ein wichtiger Grund für die außerordentliche Kündigung gegeben ist. Diese Aufzählung ist nicht abschließend gemeint[527].

2.367 So liegt ein wichtiger Grund vor, wenn der Kunde **unrichtige Angaben** über seine Vermögenslage gemacht hat, die für die Entscheidung der Bank über eine Kreditgewährung oder über andere mit Risiken für die Bank verbundene Geschäfte von erheblicher Bedeutung sind. Die Klausel erwähnt hierzu beispielhaft die Aushändigung einer ec-Scheckkarte, bei deren Verwendung Zahlungsgarantien für die Bank begründet werden. Den „unrichtigen Angaben" im Sinne der AGB-Klausel steht die **pflichtwidrige Unterlassung** vollständiger Aufklärung gleich[528]. Der Kunde ist verpflichtet, die kreditgewährende Bank über alle erkennbar für ihre Kreditentscheidung erheblichen Tatsachen, insbesondere über die für die Beurteilung der persönlichen Zuverlässigkeit und Bonität wesentlichen Umstände aufzuklären[529]. Die unrichtigen Angaben bzw. die verschwiegenen Umstände müssen im übrigen für die Entscheidung der Bank über eine Kreditgewährung von erheblicher Bedeutung gewesen sein (vgl. Wortlaut der Nr. 19 Abs. 3 AGB)[530]. Sie müssen sich entweder auf die

---

[524] BGH WM 1978, 234, 235; 1985, 1305; 1991, 1452, 1456.
[525] *Werhahn/Schebesta*, AGB und Sonderbedingungen der Banken, Rn 402.
[526] Vgl. hierzu *Bunte* in Bankrechts-Handbuch, § 24 Rn 29 ff.; *Werhahn/Schebesta*, AGB und Sonderbedingungen der Banken, Rn 4040 ff.; *Gößmann* in Bankrecht und Bankpraxis, Rn 1/583 ff.
[527] OLG Düsseldorf WM 1978, 1301, 1304; *Bunte* in Bankrechts-Handbuch, § 24 Rn 29; *Gößmann* in Bankrecht und Bankpraxis, Rn 1/595; *Werhahn/Schebesta*, AGB und Sonderbedingungen der Banken, Rn 404.
[528] *Bunte* in Bankrechts-Handbuch, § 24 Rn 31; *Werhahn/Schebesta*, AGB und Sonderbedingungen der Banken, Rn 405.
[529] BGH WM 1985, 1437; *Bunte* in Bankrechts-Handbuch, § 24 Rn 30; *Gößmann* in Bankrecht und Bankpraxis, Rn 1/583.
[530] *Baumbach/Hopt*, Nr. 19 AGB Banken Rn 5; *Gößmann* in Bankrecht und Bankpraxis, Rn 1/583.

Sicherheit der Kredite auswirken oder Zweifel an der persönlichen Zuverlässigkeit des Kunden begründen[531].

Die Bank darf auch fristlos kündigen, wenn eine **wesentliche Verschlechterung** der Vermögenslage des Kunden eintritt oder einzutreten droht und dadurch die Erfüllung von Verbindlichkeiten gegenüber der Bank gefährdet ist. Umstritten ist, ob die erforderliche konkrete Gefährdung der Rückzahlungsansprüche der Bank bei Vorhandensein ausreichender Sicherheiten grundsätzlich ausgeschlossen ist[532]. Ausreichend für das außerordentliche Kündigungsrecht ist, daß eine Verschlechterung der Vermögenslage „droht" (vgl. Nr. 19 Abs. 3 AGB). Dieses Drohen der Verschlechterung ist aber nach objektiv nachvollziehbaren Maßstäben zu ermitteln[533].

2.368

Schließlich erwähnt die AGB-Klausel als einen wichtigen Grund für die außerordentliche Kündigung, wenn der Kunde seiner Verpflichtung zur Bestellung oder Verstärkung von Sicherheiten oder aufgrund einer sonstigen Vereinbarung nicht innerhalb der von der Bank gesetzten angemessenen Frist nachkommt. Wie bereits dem Wortlaut der Nr. 19 Abs. 3 AGB entnommen werden kann, besteht das außerordentliche Kündigungsrecht nur dann, wenn die tatbestandsmäßigen Voraussetzungen für den Anspruch der Bank auf Bestellung oder Verstärkung gemäß Nr. 13 AGB gegeben sind. Auch darf das Verlangen nach zusätzlichen Sicherheiten nicht gegen Treu und Glauben (§ 242 BGB) verstoßen, etwa weil die verlangten Sicherheiten zu einer Übersicherung führen und damit einen Freigabeanspruch des Kunden begründen oder die Bank einen ihr zurechenbaren Vertrauenstatbestand verletzen würde[534].

2.369

Die Bank hat im übrigen dem Kunden für die verlangte Bestellung oder Verstärkung von Sicherheiten eine angemessene Frist einzuräumen (Nr. 13 Abs. 3 S. 1 AGB). Sie muß schließlich den Kunden auf die beabsichtigte Ausübung des außerordentlichen Kündigungsrechts zuvor hinweisen (Nr. 13 Abs. 3 S. 2 AGB).

---

531 *Canaris*, Bankvertragsrecht[2], Rn 1247; *Bunte* in Bankrechts-Handbuch, § 24 Rn 30.
532 Diesen Ausschluß verneinen mit beachtlichen Gründen *Hopt/Mülbert*, Kreditrecht, 1989, § 609 Rn 117; *Gößmann* in Bankrecht und Bankpraxis, Rn 1/592; a.A. *Canaris*, Bankvertragsrecht[2], Rn 1247; *Bunte* in Bankrechts-Handbuch, § 24 Rn 39.
533 *Bunte* in Bankrechts-Handbuch, § 24 Rn 37.
534 BGH WM 1981, 150, 151; *Bunte* in Bankrechts-Handbuch, § 24 Rn 41; *Werhahn/Schebesta*, AGB und Sonderbedingungen der Banken, Rn 408.

2.370 Wenn auch die für das Kündigungsrecht aufgezählten wichtigen Gründe nicht abschließend sind, kommen nur solche sonstigen Gründe in Betracht, die in ihrer Bedeutung den ausdrücklich genannten Gründen gleichkommen[535]. Hierzu zählen nach allgemeiner Meinung Vollstreckungsmaßnahmen sowie Scheck- und Wechselproteste[536].

bb) Keine Abmahnungspflicht der Bank

2.371 Die Bank ist grundsätzlich nicht verpflichtet, den Kunden vor der Kündigung abzumahnen[537]. Eine solche Abmahnungspflicht kann sich jedoch im Einzelfall aus dem Gesichtspunkt der Verhältnismäßigkeit ergeben[538]. So ist die Fortsetzung der Geschäftsbeziehung zumutbar, wenn erwartet werden kann, daß sich der Kunde nach einer Abmahnung wieder vertragsgetreu verhalten wird[539].

---

535 *Gößmann* in Bankrecht und Bankpraxis, Rn 1/595; *Bunte* in Bankrechts-Handbuch, § 24 Rn 42.
536 *Bunte* in Bankrechts-Handbuch, § 24 Rn 42; *Werhahn/Schebesta*, AGB und Sonderbedingungen der Banken, Rn 412; *Gößmann* in Bankrecht und Bankpraxis, Rn 1/595.
537 BGH WM 1978, 234; 1979, 1176; 1981, 331; 1985, 1437; OLG Köln WM 1993, 325, 329; *Hoeren*, NJW 1992, 3263, 3265.
538 BGH WM 1984, 586.
539 *Bunte* in Bankrechts-Handbuch, § 24 Rn 43; *Gößmann* in Bankrecht und Bankpraxis, Rn 1/598; *Werhahn/Schebesta*, AGB und Sonderbedingungen der Banken, Rn 415.

2. Teilabschnitt
Kontoführung im Rahmen des Einlagen- und Girogeschäfts

I. Rechnungsabschluß bei Kontokorrentkonten (Nr. 7 AGB)

Die AGB-Klauseln für die Kontoführung enthalten auch Regelungen für Rechnungsabschlüsse bei Kontokorrentkonten (Konten in laufender Rechnung). Dabei wird dem Kunden aus Gründen der Transparenz die wirtschaftliche Bedeutung dieser Kontoabschlüsse erläutert (vgl. Nr. 7 Abs. 1 AGB). 2.372

Die von der AGB-Klausel erfaßten Rechnungsabschlüsse erfolgen bei Konten, die in laufender Rechnung gemäß § 355 HGB geführt werden. Eine solche laufende Rechnung (Kontokorrent) besteht, wenn jemand mit einem Kaufmann (Bank) derart in Geschäftsverbindung steht, daß die aus der Verbindung entspringenden beiderseitigen Ansprüche und Leistungen nebst Zinsen in Rechnung gestellt und in regelmäßigen Zeitabschnitten durch Verrechnung und Feststellung des für den einen oder anderen Teil sich ergebenden Überschusses ausgeglichen werden (sog. Periodenkontokorrent). 2.373

Solche Kontokorrentabreden sind nach der Verkehrssitte und dem mutmaßlichen Parteiwillen regelmäßig mit Girokonten verknüpft. Diese Konten ermöglichen dem Kunden die Teilnahme am bargeldlosen Zahlungsverkehr, der über solche Konten mittels Gutschrift- und Belastungsbuchungen abgewickelt wird[540]. In der Bankpraxis wird jedoch eine ausdrückliche Kontokorrentabrede in den standardisierten Formularen für die Eröffnung von Girokonten getroffen[541]. 2.374

Mit der Kontokorrentabrede wird die gesonderte Abwicklung jedes Einzelgeschäfts aus Gründen der Vereinfachung und der Praktikabilität durch eine Gesamtabrechnung ersetzt[542]. Die beiderseitigen Forderungen und Leistungen aus den einzelnen Geschäften mit den Bankkunden werden hierzu als schlichte Buchungsposten in die laufende Rechnung gestellt, um in den vereinbarten Zeitabständen verrechnet (saldiert) zu werden. Auf diesen Verrechnungszweck des Kontokorrents weist die 2.375

---
540 BGH WM 1982, 838, 839.
541 *Wagner-Wieduwilt* in Bankrecht und Bankpraxis, Rn 1/192.
542 BGH WM 1991, 495, 497.

AGB-Klausel ausdrücklich hin. Dabei wird der Kunde auch darüber informiert, daß die Bank auf den Saldo, der sich aus dieser Verrechnung ergibt, die vereinbarten Zinsen berechnen kann (Nr. 7 Abs. 1 S. 2 AGB). Dies gilt auch insoweit, als in den Rechnungsabschluß fällige Zinsansprüche der Bank eingeflossen sind.

2.376 Diese Berechnung von Zinseszinsen sieht § 355 Abs. 1 HGB ausdrücklich vor, der als spezielle Bestimmung das allgemeine Zinseszinsverbot des § 248 Abs. 1 BGB bei Kontokorrentverhältnissen verdrängt. Dabei können Zinsen vom Tage des Rechnungsabschlusses berechnet werden (vgl. § 355 Abs. 1 HGB). Das vom Kunden einzuholende Saldoanerkenntnis braucht also noch nicht vorzuliegen[543]. Die Befugnis zur Zinseszinsberechnung endet mit dem Wegfall des Kontokorrentverhältnisses. Von dem Schlußsaldo dürfen nur Verzugszinsen verlangt werden, wobei die bisherige Kapitalisierung der Zinsrückstände entfällt[544].

1. Quartalsweiser Rechnungsabschluß als Regelfall

2.377 Nach der gesetzlichen Regelung erfolgt der Rechnungsabschluß mangels abweichender Vereinbarung einmal jährlich (§ 355 HGB). Die AGB-Klausel bestimmt hierzu, daß der Rechnungsabschluß jeweils zum Ende eines Kalenderquartals erfolgt, sofern mit dem Kunden nichts anderes vereinbart ist. Dieser quartalsmäßige Rechnungsabschluß ist schon bislang weitgehend praktiziert worden[545]. Die Bestimmung vierteljährlicher Abschlußperioden orientiert sich im übrigen an § 5 Abs. 1 VerbrKrG. Danach bedürfen Verbraucherkredite mit kürzeren Abschlußperioden der umständlicheren Schriftform[546].

2. Feststellung des Abschlußsaldos

2.378 Der Rechnungsabschluß beinhaltet nicht nur eine **Verrechnung** der beiderseitigen Ansprüche und Leistungen. Diese Verrechnung vollzieht sich automatisch infolge der mit der Kontokorrentabrede verknüpften antizipierten Verrechnungsvereinbarung jeweils am Ende der Rechnungsperiode[547]. Der sich aus dieser Verrechnung ergebende (Abschluß-)Saldo muß überdies „festgestellt" werden, wie es § 355 Abs. 1 HGB für den Rechnungsabschluß vorschreibt. Hierzu bedarf es des **Saldoanerkenntnisses**

---

543 *Heymann/Horn*, HGB, 2. Aufl., 1995 ff., § 355 Rn 35.
544 BGH WM 1991, 60, 63 für den Fall der Konkurseröffnung.
545 *Werhahn/Schebesta*, AGB und Sonderbedingungen, 1995, Rn 115.
546 *Wagner-Wieduwilt* in Bankrecht und Bankpraxis, Rn 1/194; *Bunte* in Bankrechts-Handbuch, § 12 Rn 8.
547 *Schimansky* in Bankrechts-Handbuch, § 47 Rn 44.

durch den Kunden. Der Rechnungsabschluß im Sinne des § 355 HGB ist also auf die Herbeiführung einer rechtsgeschäftlichen Erklärung des Kunden im Sinne der Abgabe eines solchen Anerkenntnisses gerichtet, das die bisherigen kontokorrentgebundenen Einzelforderungen untergehen läßt. Es verbleibt lediglich der Anspruch aus dem Saldoanerkenntnis (§ 781 BGB), der als eine neue, auf einem selbständigen Verpflichtungsgrund beruhende, vom früheren Schuldgrund losgelöste (abstrakte) Saldoforderung an die Stelle der bisherigen Einzelforderungen tritt[548]. Von dieser abstrakten Saldoforderung ist die kausale Saldoforderung zu unterscheiden, die sich aus der automatischen Saldierung am Ende der Rechnungsperiode aufgrund der antizipierten Verrechnungsvereinbarung ergibt.

Die beim Rechnungsabschluß anerkannte Saldoforderung im Sinne des § 781 BGB ist im übrigen auch von den Saldoforderungen zu unterscheiden, die den sog. **Tagessalden** zugrunde liegen. Jede Buchung auf einem Girokonto löst eine Saldierung aus, über die der Kunde mittels (Tages-) Kontoauszügen informiert wird. Dieser Tagessaldo stellt aber keinen **Rechnungsabschluß** im engeren Sinne der Kontokorrentabrede (§ 355 Abs. 1 HGB) dar und ist daher auch ohne rechtliche Bedeutung[549]. Denn beim Bankkontokorrent erfolgt keine sofortige Verrechnung anläßlich des einzelnen kontokorrentpflichtigen Vorganges, wie dies für das sog. Staffelkontokorrent typisch ist[550].

2.379

Der in dem Tagesauszug ausgewiesene (Tages-)Saldo ist nur ein rechnerisch ermittelter Postensaldo, der dem kontoführenden Kreditinstitut die Kontrolle über die vom Kunden getroffenen Dispositionen und dem Kunden die Übersicht über den Stand seines Kontos sowie die Zinsberechnung erleichtern soll. Der Tagessaldo dokumentiert zugleich, ob und gegebenenfalls in welcher Höhe der Kunde im Rahmen des zugrundeliegenden Girovertragsverhältnisses Verfügungen über das Guthaben und Abhebungen vornehmen kann[551]. Diesem Kontoguthaben („Buchgeld") liegt nach dem BGH ein Rückforderungsrecht im Sinne der unregelmäßigen Verwahrung (§ 700 BGB) zugrunde[552]. Denn die kontoführende Bank soll das jederzeit in Bargeld umwandelbare Kontoguthaben für den Kunden bis zur Abverfügung „aufbewahren"[553].

2.380

---

548 BGH WM 1985, 936, 937; *Schimansky* in Bankrechts-Handbuch, § 47 Rn 51.
549 *Baumbach/Hopt*, § 355 Rn 9.
550 BGH WM 1985, 936, 937.
551 BGH WM 1985, 936, 937.
552 BGH WM 1993, 1585, 1586; 1995, 2094, 2095.
553 BGH WM 1982, 816, 813, *Schimansky* in Bankrechts-Handbuch, § 47 Rn 14, 27.

a) Saldoanerkenntnis durch Schweigen

2.381 Der der Saldofeststellung zugrundeliegende Schuldanerkenntnisvertrag im Sinne des § 781 BGB kommt regelmäßig durch Schweigen des Kunden auf den übermittelten Rechnungsabschluß zustande. In dieser Übermittlung liegt das Angebot der Bank auf einen Vertragsabschluß über die Anerkennung des von ihr ermittelten Saldos[554]. Dieses Angebot nimmt der Kunde stillschweigend an, wenn er Einwendungen wegen Unrichtigkeit oder Unvollständigkeit nicht spätestens innerhalb eines Monats – ab 1. 1. 2000 von sechs Wochen[555] – nach Zugang des Rechnungsabschlusses erhebt. Denn nach Nr. 7 Abs. 2 S. 2 AGB Banken gilt das Unterlassen dieser Einwendungen als Genehmigung.

2.382 Die Einwendungen bedürfen keiner bestimmten Form. Sie können also auch formlos erhoben werden. Der Kunde ist für die Rechtzeitigkeit seiner Einwendungen beweispflichtig[556].

2.383 Diese AGB-Klausel knüpft also an das Schweigen des Kunden die Fiktion einer Willenserklärung, mit der der Kunde das Angebot der Bank auf Abschluß eines Saldoanerkenntnisvertrages annimmt[557]. Diese **Genehmigungsfiktion** steht im Einklang mit dem Verbot von fingierten Erklärungen durch § 10 Nr. 5 AGBG. Danach sind solche Fiktionen zulässig, wenn dem Kunden eine angemessene Frist zur Abgabe einer ausdrücklichen Erklärung eingeräumt ist und der AGB-Verwender sich verpflichtet, den Kunden bei Beginn der Frist auf die vorgesehene Bedeutung seines Verhaltens hinzuweisen. Diesen Voraussetzungen einer zulässigen Genehmigungsfiktion trägt die AGB-Klausel Rechnung. So wird die Monatsfrist für die Einwendungen allgemein als angemessen angesehen[558].

2.384 Die Bank hat sich entsprechend § 10 Nr. 5 AGBG auch in der AGB-Klausel verpflichtet, den Kunden auf die **Genehmigungswirkung** seines Schweigens besonders hinzuweisen. Diese Verpflichtung wird regelmäßig durch einen ausdrücklichen Hinweis in dem übermittelten Rechnungsabschluß erfüllt[559].

2.385 Die Genehmigungsfiktion kommt aber erst zum Tragen, wenn der Rechnungsabschluß dem Kunden auch zugegangen ist. Die Beweislast für

---

554 BGH WM 1979, 417, 418; 1985, 936, 937.
555 Mit Rücksicht auf die übliche Urlaubszeit von drei Wochen und die BGH-Rechtsprechung (WM 1999, 1367 ff.; 1994, 832, 834).
556 *Bunte* in Bankrechts-Handbuch, § 12 Rn 12.
557 *Bunte* in Bankrechts-Handbuch, § 12 Rn 24.
558 *Bunte* in Bankrechts-Handbuch, § 12 Rn 25 m.w.Nachw.
559 *Wagner-Wieduwilt* in Bankrecht und Bankpraxis, Rn 1/206.

diesen Zugang trägt die Bank[560]. Die früher in den AGB enthaltene Zugangsfiktion (Nr. 1 Abs. 2 a.F. AGB Banken) ist bei der Neufassung der AGB im Jahre 1993 ersatzlos entfallen. Die Rechtsprechung und die Literatur haben dem Rechnungsabschluß zunehmend eine besondere Bedeutung im Sinne des Verbotes von Zugangsfiktionen (§ 10 Nr. 6 AGBG) zugemessen[561]. Der Zugang des Rechnungsabschlusses ist deshalb nach allgemeinen Regeln (§ 130 BGB) zu beurteilen[562]. Soweit mit dem Kunden die Zusendung der für ihn bestimmten Mitteilungen vereinbart ist, gilt der Rechnungsabschluß an dem Tage zugegangen, in dem die Briefsendung in den Briefkasten des Kunden eingeworfen worden ist. Auf den Zeitpunkt der tatsächlichen Kenntnisnahme durch den Kunden kommt es also nicht an[563]. Kann die Bank den Zugang des Rechnungsabschlusses nicht beweisen, so kommt ein Anerkenntnis nach den allgemeinen Regeln über konkludente Erklärungen in Betracht, wenn dem Kunden der Saldo auf andere Weise, etwa durch frühere Korrespondenz im wesentlichen bekannt war[564].

Mit dem Saldoanerkenntnis sind erhebliche prozessuale Vorteile für die Bank verbunden. Für die daraus resultierende abstrakte Saldoforderung gilt die regelmäßige Verjährungsfrist von 30 Jahren (§ 195 BGB)[565]. Bei einer gerichtlichen Geltendmachung kann sich die Bank im übrigen darauf beschränken, das letzte Saldoanerkenntnis und etwaige danach eingetretene Änderungen des Saldos substantiiert darzulegen[566].

2.386

b) Berichtigungsanspruch bei Anerkenntnis eines unrichtigen Abschlußsaldos

Ist der anerkannte Abschlußsaldo unrichtig, weil das Konto des Kunden zu Unrecht belastet oder eine ihm zustehende Gutschrift nicht erteilt worden ist, so kann das Anerkenntnis nach bereicherungsrechtlichen Grundsätzen zurückgefordert werden[567]. Ein solcher Bereicherungsan-

2.387

---

560 BGHZ 110, 55; *Bunte* in Bankrechts-Handbuch, § 12 Rn 15.
561 BGH WM 1985, 1098, 1099.
562 Vgl. hierzu *Wagner-Wieduwilt* in Bankrecht und Bankpraxis, Rn 1/202; *Bunte* in Bankrechts-Handbuch, § 12 Rn 16.
563 *Bunte* in Bankrechts-Handbuch, § 12 Rn 16; *Wagner-Wieduwilt* in Bankrecht und Bankpraxis, Rn 1/202.
564 *Bunte* in Bankrechts-Handbuch, § 12 Rn 222.
565 BGH WM 1967, 1214.
566 BGH WM 1991, 1294, 1295; OLG Koblenz WM 1997, 1566, 1563.
567 BGH WM 1985, 936, 937; 1994, 2273, 2274; *Schimansky* in Bankrechts-Handbuch, § 47 Rn 53.

spruch steht auch der Bank zu, wenn sie dem Kunden zu Unrecht eine Gutschrift erteilt hat[568].

2.388 Für die Fiktion des Schweigens als einer rechtsgeschäftlichen Genehmigung sind zwar alle für sonstige Rechtsgeschäfte geltenden Unwirksamkeitsgründe denkbar. Sie haben aber beim bankgeschäftlichen Kontokorrent keine wesentliche praktische Bedeutung[569]. So kommt insbesondere keine Irrtumsanfechtung (§ 119 BGB) in Betracht. Die bloße Annahme der Richtigkeit und Vollständigkeit des anerkannten Saldos stellt einen unbeachtlichen Motivirrtum dar[570].

2.389 Die kondizierbare Bereicherung der Bank aufgrund des unrichtigen Saldos kann darauf beruhen, daß das Konto zu Unrecht belastet worden ist. Denn eine Belastungsbuchung ohne entsprechende Forderung der Bank wird durch die Genehmigung des Abschlußsaldos nicht rechtmäßig[571]. Ein Bereicherungsanspruch des Kunden besteht auch, wenn eine ihm zustehende Forderung dem Konto nicht gutgeschrieben worden ist. Denn die Anerkennung des Abschlußsaldos beinhaltet auch die Feststellung, daß weitere als die in das Kontokorrent aufgenommene Forderungen zu seinen Gunsten nicht zu berücksichtigen sind[572]. Dies führt zum Erlöschen auch der beim Rechnungsabschluß unberücksichtigt gebliebenen Kundenforderungen[573].

2.390 Macht der Kunde seinen bereicherungsrechtlichen Rückforderungsanspruch geltend, so muß er nach allgemeinen Grundsätzen darlegen und beweisen, daß der Abschlußsaldo falsch berechnet worden ist[574]. Die Genehmigungsfiktion der Nr. 7 Abs. 2 AGB bewirkt also im Ergebnis eine Beweislastumkehr zu Lasten des Kontoinhabers[575].

2.391 Entsprechend dieser Rechtslage weist die AGB-Klausel aus Gründen der Transparenz darauf hin, daß der Kunde die Berichtigung des Rechnungsabschlusses auch nach Ablauf der für Einwendungen vorgesehenen Monatsfrist verlangen kann. Hierbei muß der Kunde beweisen, daß zu Un-

---

568 OLG Düsseldorf WM 1985, 690; *Bunte* in Bankrechts-Handbuch, § 12 Rn 6; *Werhahn/Schebesta*, AGB und Sonderbedingungen der Banken, Rn 125.
569 *Schimansky* in Bankrechts-Handbuch, § 47 Rn 53.
570 *Schlegelberger/Hefermehl*, § 355 Rn 65; *Bunte* in Bankrechts-Handbuch, § 12 Rn 30.
571 BGH WM 1994, 2273, 2274; *Schimansky* in Bankrechts-Handbuch, § 47 Rn 51; *Bunte* in Bankrechts-Handbuch, § 12 Rn 31; *Wolf/Horn/Lindacher*, § 10 Nr. 5 Rn 30 m.w.Nachw.
572 *Schimansky* in Bankrechts-Handbuch, § 47 Rn 51.
573 BGH WM 1985, 936, 937; 1994, 2273, 2274.
574 *Schimansky* in Bankrechts-Handbuch, § 47 Rn 53.
575 BGH WM 1994, 2273, 2274; *Schimansky* in Bankrechts-Handbuch, § 47 Rn 53.

recht sein Konto belastet oder eine ihm zustehende Gutschrift nicht erteilt worden ist (Nr. 7 Abs. 2 S. 4 AGB).

3. Abgrenzung der kontokorrentmäßigen Verrechnung von der einseitigen Aufrechnung durch den Kunden (Nr. 4 AGB)

Die Tilgungswirkung, wie sie die kontokorrentmäßige Verrechnung herbeiführt, tritt auch ein, wenn der Kunde mit einer aufrechenbaren Forderung gegen eine Forderung der Bank aufrechnet (§ 389 BGB). Während die Verrechnung beim Abschluß der laufenden Rechnung auf einer in der Kontokorrentabrede antizipierten Verrechnungsvereinbarung beruht, handelt es sich bei einer solchen Aufrechnung durch den Kunden um eine einseitige Willenserklärung (vgl. § 388 BGB).

2.392

Nach den AGB der Banken (Nr. 4) darf der Kunde gegen Forderungen der Bank aufrechnen, wenn seine Forderungen unbestritten oder rechtskräftig festgestellt sind. Die Bank soll davor geschützt sein, daß ein zahlungsunfähiger oder zahlungsunwilliger Kunde gegen Forderungen der Bank mit erdichteten oder sonstigen unbegründeten Gegenforderungen aufzurechnen und sich dadurch seiner Zahlungspflicht zu entziehen versucht[576]. Diese Begrenzung der Aufrechnungsbefugnis deckt sich mit dem Gestaltungsspielraum, den das AGB-Gesetz (§ 11 Nr. 3) dem AGB-Verwender für Aufrechnungsverbote beläßt.

2.393

Deshalb bestehen keine rechtlichen Bedenken gegen die Wirksamkeit der Aufrechnungsklausel[577]. Unbestritten im Sinne dieser Klausel ist die Forderung des Kunden, wenn die Bank der Kundenforderung kein rechtlich erhebliches Gegenvorbringen entgegensetzt. Unhaltbare und unsubstantiierte Einwendungen der Bank lassen also die Aufrechenbarkeit der Kundenforderung unberührt[578].

2.394

Die Berufung der Bank auf den Aufrechnungsausschluß kann im Einzelfall auch gegen Treu und Glauben verstoßen (§ 242 BGB) und deshalb unzulässig sein. Dies gilt insbesondere, wenn der Kunde mit entscheidungsreifen Gegenforderungen, die nur noch nicht rechtskräftig festgestellt sind, aufrechnet[579]. Ein solcher individueller Rechtsmißbrauch ist auch gegeben, wenn die Gegenforderung des Kunden auf einer vorsätzlich unerlaubten Handlung beruht[580].

2.395

---

576 BGH WM 1986, 477, 478.
577 BGH WM 1986, 477, 478.
578 *Wagner-Wieduwilt* in Bankrecht und Bankpraxis, Rn 1/127; *Werhahn/Schebesta*, AGB und Sonderbedingungen der Banken, Rn 92.
579 BGH WM 1986, 477, 478; *Bunte* in Bankrechts-Handbuch, § 9 Rn 18.
580 BGH WM 1985, 866, 868; vgl. weiter *Bunte* in Bankrechts-Handbuch, § 9 Rn 20.

2. Teil: Allgemeine Grundlagen

2.396 Die einseitige Aufrechnung des Kunden mit seiner Gegenforderung ist im übrigen dann ausgeschlossen, wenn der Kunde bei der Bank ein Kontokorrentkonto unterhält und seine Forderung kontokorrentpflichtig ist. Die von der Kontokorrentabrede erfaßten beiderseitigen Ansprüche und Leistungen werden ohne Rücksicht auf die Verbuchung Bestandteil der laufenden Rechnung[581]. Infolge dieser Kontokorrentbindung können die Einzelansprüche, die untereinander eine untrennbare Einheit bilden, nicht mehr selbständig geltend gemacht werden (sog. Lähmung)[582]. Das bedeutet, daß während der Kontokorrentperiode auch eine einseitige Aufrechnung mit kontokorrentpflichtigen Forderungen ausgeschlossen ist[583]. Soweit also der Kunde ein Girokonto, mit dem regelmäßig eine Kontokorrentabrede verknüpft ist, unterhält, kann die AGB-Klausel mit der eingeschränkten Aufrechnungsbefugnis des Kunden nicht zum Tragen kommen.

II. Storno- und Berichtigungsbuchungen der Bank (Nr. 8 AGB)

2.397 Die AGB regeln auch die Befugnis der Bank, fehlerhafte Gutschriften auf Girokonten unter bestimmten Voraussetzungen nachträglich durch eine betragsmäßig entsprechende Belastungsbuchung zu korrigieren. Mit Rücksicht auf die unterschiedlichen Rechtswirkungen ist zwischen Storno- und Berichtigungsbuchung zu unterscheiden.

1. Stornorecht

2.398 Fehlerhafte Gutschriften darf die Bank bis zum nächsten Rechnungsabschluß durch einfache Belastungsbuchung rückgängig machen, soweit ihr ein Rückzahlungsanspruch gegen den Kunden zusteht (Nr. 8 Abs. 1 AGB). Diese Formulierung trägt sowohl der Rechtsnatur des Stornorechts wie auch der hieraus ableitbaren materiellen und zeitlichen Reichweite dieses eigenständigen Gestaltungsrechts Rechnung.

a) Rechtsnatur des Stornorechts

2.399 Die „Rückgängigmachung" einer Gutschrift auf dem Girokonto bedeutet, daß der abstrakte Zahlungsanspruch, der dem Kunden durch die stornierte Gutschrift verschafft worden ist, nachträglich beseitigt wird. Der Gutschrift auf Girokonten liegt nach allgemeiner Meinung ein abstraktes Schuldversprechen oder ein Schuldanerkenntnis im Sinne der §§ 780, 781

---

581 BGH WM 1959, 81, 83.
582 *Baumbach/Hopt*, § 355 Rn 7; *Schlegelberger/Hefermehl*, § 355 Rn 35.
583 BGH WM 1970, 184, 186; *Canaris*, Großkomm. zum HGB, § 355 Anm. 56.

BGB zugrunde, das dem Kontoinhaber einen Zahlungsanspruch gewährt[584].

Während der BGH es dahingestellt sein läßt, ob es sich um ein Schuldversprechen oder Schuldanerkenntnis handelt[585], geht das Schrifttum ganz überwiegend von einem Schuldversprechen aus[586].

2.400

Die Stornierung verändert die materielle Rechtslage. Hierdurch wird der Anspruch des Bankkunden aus einer solchen Kontogutschrift beseitigt[587]. Das Stornorecht ist vom BGH als Widerruf des der Kontogutschrift zugrundeliegenden Schuldversprechens eingeordnet worden[588]. Das Widerrufsrecht gehört zu den rechtsgeschäftlichen Gestaltungsrechten, bei denen auf die Rechtsstellung des Erklärungsempfängers ohne dessen Zutun eingewirkt wird[589].

2.401

Das Widerrufsrecht ähnelt hinsichtlich seiner rechtsgestaltenden Wirkung dem Rücktrittsrecht, mit dem ebenfalls ein wirksam zustande gekommener Vertrag durch einseitige Erklärung einer Partei rückgängig gemacht wird[590]. Denn das Widerrufsrecht ist nicht nur auf die „Rückgängigmachung" von Willenserklärungen beschränkt, wie dies z.B. beim Widerruf einer noch nicht zugegangenen Willenserklärung (§ 130 Abs. 1 S. 2 BGB) oder einem Verbraucherkreditvertrag (§ 7 VerbrKrG) geschieht. Wie die Widerrufsmöglichkeit bei einem Schenkungsvertrag (§ 530 BGB) oder einem Darlehensversprechen (§ 610 BGB) zeigt, sind grundsätzlich auch Vertragsbeziehungen widerrufbar, wie sie das in der Kontogutschrift liegende Schuldversprechen (§ 780 BGB) darstellt.

2.402

b) Bereicherungsrechtliche Voraussetzungen

Das Stornorecht steht der Bank nach der höchstrichterlichen Rechtsprechung nur in den Fällen zu, in denen ihr gegenüber den Kontoinhabern ein bereicherungsrechtlicher Rückgewähranspruch (§ 812 BGB) zusteht[591]. Mit Rücksicht auf diese Rechtsprechung ist die Stornierung bei der Neufassung der AGB im Jahre 1995 ausdrücklich auf die Fälle beschränkt worden, in denen der Bank ein Rückzahlungsanspruch zusteht.

2.403

---

584 BGH WM 1978, 998; 1983, 907, 908; 1988, 321, 322.
585 Vgl. BGH 1988, 321, 322.
586 Vgl. *Canaris*, Bankvertragsrecht³, Rn 415.
587 BGH WM 1983, 907, 908; *Schimansky* in Bankrechts-Handbuch, § 47 Rn 32.
588 BGH WM 1978, 998; vgl. weiter OLG Zweibrücken WM 1997, 2398, 2399; *Schimansky* in Bankrechts-Handbuch, § 47 Rn 32; *Bunte* in Bankrechts-Handbuch, § 13 Rn 1.
589 *Palandt/Heinrichs*, Überbl. v. § 104 Rn 17.
590 *Palandt/Heinrichs*, Einf. v. § 346 Rn 9.
591 BGH WM 1983, 907, 908; OLG Hamm WM 1985, 1063; OLG Zweibrücken WM 1997, 2398, 2399; *Schimansky* in Bankrechts-Handbuch, § 47 Rn 32.

2.404 Diese bereicherungsrechtlichen Rückgewähransprüche setzen voraus, daß durch die fehlerhafte Gutschriftbuchung zwischen dem hieraus begünstigten Kontoinhaber und der gutschrifterteilenden Bank eine bereicherungsrechtliche Leistungsbeziehung begründet worden ist. Das der Gutschrift zugrundeliegende Schuldversprechen muß deshalb der Bank als Leistung im Sinne des § 812 BGB zugerechnet werden können. Die Bank darf also nicht nur als Leistungsmittler des Überweisungsauftraggebers und der ihr vorgeschalteten Banken in der Girokette tätig geworden sein, wie dies bei der Banküberweisung regelmäßig der Fall ist[592].

2.405 Problemlose Beispiele für solche zur Stornierung berechtigenden Rückgewähransprüche infolge fehlerhafter Gutschrift sind die Buchung auf einem falschen Konto oder eine irrtümliche Doppelbuchung. Dagegen fehlt es an einem für die Stornierung erforderlichen Bereicherungsanspruch, wenn die Bank bei der Gutschrift einen rechtzeitigen Widerruf des Überweisenden übersehen hat, der Überweisung aber ein Zahlungsanspruch ihres Girokunden gegen den Überweisenden zugrunde lag und ihr Kunde den Widerruf nicht kannte[593].

2.406 Das **Stornorecht** ermöglicht es der Bank, den bereicherungsrechtlichen Rückgewähranspruch ohne Inanspruchnahme gerichtlicher Hilfe im Wege der Selbsthilfe auf einfache Weise durchzusetzen[594]. Denn mit der Stornierungsbuchung beseitigt die Bank den Zahlungsanspruch, den sie ihrem Kunden mit der fehlerhaften Gutschrift auf seinem Girokonto verschafft hat und führt damit zugleich den Ausgleich für die mit dieser Gutschriftsbuchung erlittene Vermögenseinbuße herbei. Zweck des Stornorechts ist es also, die mit der Geltendmachung solcher Ansprüche erfahrungsgemäß verbundenen Schwierigkeiten und Risiken zu vermeiden. Insbesondere ist dem Kunden der Einwand des Wegfalls der Bereicherung (§ 818 Abs. 3 BGB) abgeschnitten[595]. Das Stornorecht verschafft damit der Bank eine eigenständige, von den Unsicherheiten des Bereicherungsrechts unabhängige Rechtsstellung[596].

2.407 Dagegen soll die **Stornoklausel** der Bank keine neue materielle Forderung verschaffen[597]. Eine solche anspruchsbegründende Wirkung dürfte mit der Generalklausel des AGB-Gesetzes (§ 9) unvereinbar sein[598].

---

592 BGH WM 1977, 1196, 1197; 1994, 1420, 1421; vgl. weiter *Schimansky* in Bankrechts-Handbuch, § 50 Rn 2 ff.
593 BGH WM 1983, 907; *Schimansky* in Bankrechts-Handbuch, § 47 Rn 32.
594 BGH WM 1983, 907, 908; OLG Hamm WM 1985, 1065; OLG Zweibrücken WM 1997, 2398, 2399.
595 BGH WM 1983, 907, 908; *Schimansky* in Bankrechts-Handbuch, § 47 Rn 32.
596 BGH WM 1983, 907, 908; *Canaris*, Bankvertragsrecht³, Rn 447.
597 BGH WM 1983, 907, 908.
598 *Bunte* in Bankrechts-Handbuch, § 13 Rn 4.

c) Stornierung bei fehlendem Kontoguthaben

2.408 Eine Stornierung ist auch möglich, wenn das auf der fehlerhaften Gutschrift beruhende Kontoguthaben bereits ausgezahlt worden ist[599]. Im übrigen kann das Stornorecht auch bei nicht ausreichendem Kontoguthaben ausgeübt werden[600]. Es ist also unschädlich, daß die Stornierung in diesen Fällen einen Schuldsaldo auf dem Girokonto entstehen läßt[601].

2.409 Die Zulässigkeit der Stornierungsbuchung auch bei fehlendem Kontoguthaben erklärt sich aus dem Zweck des Stornorechts, den Bereicherungsanspruch der Bank aus der fehlerhaften Gutschrift durch eine einfache Gegenbuchung durchsetzen zu können. Zielobjekt des Stornorechts ist also das dieser Gutschrift zugrundeliegende Schuldversprechen (§ 780 BGB) als anspruchsbegründende Vertragsbeziehung[602] und nicht die dem Kontoguthaben zugrundeliegende Saldoforderung. Die sich zwischen den Rechnungsabschlüssen ergebenden (Tages-)Guthaben begründen für den Kunden einen jederzeit fälligen Auszahlungsanspruch. Nach dem BGH handelt es sich hierbei um ein **Rückforderungsrecht** im Sinne der unregelmäßigen Verwahrung (§ 700 BGB)[603]. Denn der dem Konto zugrundeliegende Girovertrag ist mit einer unregelmäßigen Verwahrung verknüpft[604]. Die kontoführende Bank soll das jederzeit in Bargeld umwandelbare Kontoguthaben für den Kunden bis zur Abverfügung „aufbewahren". Das Stornorecht knüpft jedoch nicht an diese dem Kontoguthaben zugrundeliegende Saldoforderung an. Es zielt vielmehr auf eine bestimmte (fehlerhafte) Gutschrift als Buchungsposten zur Errechnung dieser Tagessalden als Kontoguthaben.

d) Zeitliche Begrenzung des Stornorechts

2.410 Nach der BGH-Rechtsprechung erlischt das Stornorecht mit dem nächsten Rechnungsabschluß des kontokorrentmäßig geführten Girokontos[605]. Hiernach fehlt es für die Ausübung des Stornorechts an einer

---

599 OLG München WM 1971, 264, 265; LG Berlin WM 1979, 322; *Werhahn/Schebesta,* AGB und Sonderbedingungen der Banken, 1995 Rn 136; *Wagner-Wieduwilt* in Bankrecht und Bankpraxis, Rn 1/217.
600 Vgl. OLG Zweibrücken WM 1997, 2398, 2399.
601 Vgl. OLG München WM 1971, 264, 265; OLG Nürnberg WM 1977, 1336; KG KTS 1983, 447, 450; OLG Zweibrücken WM 1997, 2398, 2399; *Baumbach/Hopt,* Nr. 8 AGB Banken Rn 2; *Blaurock,* NJW 1984, 1, 7.
602 BGH WM 1978, 998.
603 BGH WM 1993, 1585, 1586; 1995, 2094, 2095.
604 BGH WM 1982, 816, 817; *Schimansky* in Bankrechts-Handbuch, § 47, Rn 14, 27.
605 WM 1978, 998.

widerrufbaren Forderung des Kunden. Denn nach der BGH-Rechtsprechung erlöschen mit dem Anerkenntnis des Saldos aus einem solchen Kontoabschluß die hiervon erfaßten gegenseitigen Ansprüche durch Verrechnung. Es verbleibt nur der Anspruch aus dem Saldoanerkenntnis (§ 781 BGB), der als eine neue, auf einem selbständigen Verpflichtungsgrund beruhende, vom früheren Schuldgrund losgelöste Forderung an die Stelle der bisherigen Einzelforderungen tritt[606]. Mit dem Erlöschen der Einzelforderungen ist auch die der fehlerhaften Gutschrift zugrundeliegende Forderung untergegangen, auf deren Beseitigung das Stornorecht abzielt[607].

2.411 Das Stornorecht muß deshalb nach dem BGH seine zeitliche Grenze in dem Schuldanerkenntnis eines Rechnungsabschlusses finden. Anderenfalls könnte die Bank in eine hierdurch zwischenzeitlich begründete günstige Rechtslage des Kunden eingreifen[608]. Eine solche Eingriffsbefugnis würde der Inhaltskontrolle nach dem AGB-Gesetz (§ 9 Abs. 2 Nr. 1, 24) nicht standhalten[609].

e) „Unechte" Stornierungen

2.412 Die Praxis verwendet den Begriff Stornierung auch für **Korrekturbuchungen,** die nicht in den Anwendungsbereich der Stornoklausel der Banken AGB fallen.

2.413 Dies gilt insbesondere für Gutschriften unter dem Vorbehalt der Einlösung. Solche E.v.-Gutschriften erteilt die Bank, wenn ihr Lastschriften und Schecks zum Einzug eingereicht werden. Werden diese Inkassopapiere später nicht eingelöst, so nimmt die Bank eine entsprechende Belastung des Girokontos vor, um die nunmehr überholte E.v.-Gutschrift buchungsmäßig zu neutralisieren. Hierbei handelt es sich um keine Stornobuchung im engeren Sinne der Stornoklausel der AGB. Dies gilt selbst dann, wenn unter dem Vorbehalt des Eingangs des Inkassoerlöses keine aufschiebende Bedingung der Einlösung, sondern eine auflösende Bedingung der Nichteinlösung erblickt wird mit der Folge, daß der Kunde mit der Gutschrift bereits einen Zahlungsanspruch erwirbt. Kommt es wegen der Nichteinlösung zu einer Belastung des Kontos, so hat diese Buchung nur deklaratorische Bedeutung. Denn der zunächst (auflösend bedingte) Zahlungsanspruch des Kunden entfällt kraft Gesetzes wegen der Nicht-

---

606 BGH WM 1985, 936, 937; *Schimansky*, § 47 Rn 51.
607 *Bunte,* Bankrechts-Handbuch, § 13 Rn 13; *Wagner-Wieduwilt* in Bankrecht und Bankpraxis, Rn 1/217.
608 BGH WM 1978, 998.
609 BGH WM 1983, 907, 908.

einlösung (§ 158 Abs. 2 BGB) und nicht wegen der Belastungsbuchung, wie es bei einer Stornierungsbuchung im Sinne der AGB-mäßigen Stornoklausel der Fall ist.

Auch fehlt es an einer Stornierungsbuchung im engeren Wortsinne der Stornoklausel, wenn die Bank mit dem Lastschrifteinzug aufgrund einer Einziehungsermächtigung betraut worden ist und der Zahlungspflichtige innerhalb der sechswöchigen Widerspruchsfrist von seinem Widerspruchsrecht Gebrauch macht. Hier hat der Lastschriftgläubiger mit der Einlösung der Lastschrift durch die Zahlstelle des Lastschriftschuldners zwar zunächst einen Zahlungsanspruch aus der Gutschrift erworben, die ihm seine Inkassobank bei Lastschrifteinreichung erteilt hat. Die Inkassobank darf aber diese Gutschrift ohne weiteres rückgängig machen, wenn der Zahlungspflichtige der Belastung seines Kontos widersprochen hat. Diese Befugnis der Inkassobank beruht auf der mit dem Lastschrifteinreicher schriftlich getroffenen Inkassovereinbarung, wie sie zur Standardisierung des Lastschriftverkehrs vorgesehen ist. Auch hier spricht die Praxis mißverständlich von Stornierungen, obwohl das AGB-mäßige Stornorecht nicht zum Tragen kommen kann.

2.414

Schließlich kann das Stornorecht nicht bei Spar- und Festgeldkonten zum Tragen kommen. Denn mit der Stornobuchung soll das Schuldversprechen widerrufen werden, das der fehlerhaften Gutschrift zugrunde liegt. Solche für den Kunden anspruchsbegründenden Schuldversprechen werden nur bei Girokonten, nicht aber bei den Spar- und Festgeldkonten erteilt. Denn Spareinlagen und Termingelder werden allgemein als Darlehen des Kunden an die Bank eingeordnet[610]. Maßgeblich für den Umfang des Rückzahlungsanspruchs des Darlehensgebers (§ 607 BGB) ist nicht die Buchung auf dem Spar- oder Termingeldkonto, sondern die tatsächliche Überlassung des Darlehensbetrages durch den Kunden. Die Gutschriften auf Spar- und Termingeldkonten haben deshalb anders als die Gutschriften auf Girokonten nur deklaratorische Bedeutung. Eine fehlerhafte Buchung kann die Bank somit durch eine entsprechende Gegenbuchung korrigieren. Widerspricht der Kunde, muß freilich die Bank darlegen und beweisen, daß sie den ursprünglich gutgeschriebenen Betrag in dieser Höhe nicht erhalten hat[611].

2.415

---

610 *Canaris*, Bankvertragsrecht³, Rn 1165.
611 *Wagner-Wieduwilt* in Bankrecht und Bankpraxis, Rn 1/214; *Werhahn/Schebesta*, AGB und Sonderbedingungen der Bank 1995, Rn 138.

2. Berichtigungsbuchungen

2.416 Stellt die Bank eine fehlerhafte Gutschrift erst nach einem Rechnungsabschluß fest, so kann sie das auf diesen Zeitpunkt befristete Stornorecht nicht mehr ausüben. Soweit der Bank ein bereicherungsrechtlicher Rückzahlungsanspruch gegen den Kunden zusteht, wird sie in Höhe ihres Anspruchs sein Girokonto belasten (Nr. 8 Abs. 2 AGB). Diese sog. Berichtigungsbuchungen liegen regelmäßig auch im Interesse des Kunden. Denn der jeweilige (Tages-)Saldo soll möglichst das richtige Kontoguthaben ausweisen, um auch für den Kunden eine verläßliche Dispositionsgrundlage zu bilden. Erfahrungsgemäß kommt es auch zu keinen Widersprüchen des Kunden gegen solche Berichtigungsbuchungen.

2.417 Die Bereicherungsansprüche der Bank infolge solcher fehlerhafter Gutschriften sind nach herrschender Meinung auch kontokorrentfähig[612]. Die Einbeziehung dieser Ansprüche der Bank in die kontokorrentmäßige Verrechnung entspricht auch der mit dem Kunden getroffenen Kontokorrentabrede, die der vereinfachten Erfüllung der gegenseitigen Ansprüche dient[613].

2.418 Erhebt der Kunde gegen eine solche Berichtigungsbuchung Einwendungen, so wird die Bank den Betrag dem Konto wieder gutschreiben und ihren Rückzahlungsanspruch gesondert geltend machen (Nr. 8 Abs. 2 AGB Privat- und Volksbanken). Diese Geltendmachung erfolgt also außerhalb der kontokorrentmäßigen Verrechnung. Erforderlichenfalls muß die Bank hierzu gerichtliche Hilfe in Anspruch nehmen und im Prozeß beweisen, daß die Gutschrift ohne Rechtsgrund erfolgt ist[614].

---

612 *Canaris*, Bankvertragsrecht³, Rn 433; *Bunte* in Bankrechts-Handbuch, § 13 Rn 20; a.A. *Blaurock* (NJW 1984, 1, 4 Fn 30), der die Kontokorrentfähigkeit verneint, weil der Bereicherungsanspruch nicht auf Geld, sondern auf die Aufhebung des mit der Gutschrift verbundenen abstrakten Schuldversprechens gerichtet ist. Eine solche rein konstruktionsmäßige Betrachtungsweise erscheint jedoch nach *Canaris* im Hinblick auf die Besonderheiten der Giroüberweisung wenig sachgerecht. Besser sei, einen girorechtlich modifizierten und daher von vornherein auf Rückzahlung von Buchgeld gerichteten Anspruch anzunehmen.

613 *Schimansky* in Bankrechts-Handbuch, § 47 Rn 32. Eine weisungswidrig erteilte Kontogutschrift kann jedoch von der Bank bereicherungsrechtlich nicht zurückverlangt werden, wenn sie gegenüber dem Empfänger nachträglich eine Leistungsbestimmung mit Blick auf das Valutaverhältnis trifft (OLG Stuttgart WM 1989, 945, 947).

614 *Bunte* in Bankrechts-Handbuch, § 13 Rn 16; *Wagner-Wieduwilt* in Bankrecht und Bankpraxis, Rn 1/221; *Schimansky* in Bankrechts-Handbuch, § 47 Rn 32.

Gegenüber diesem Berichtigungsanspruch ist anders als beim Stornorecht der Einwand der weggefallenen Bereicherung (§ 818 BGB) zulässig[615]. Dieser Berichtigungsanspruch stellt deshalb auch keine unangemessene Benachteiligung des Kunden dar[616]. 2.419

In dieser Berichtigungsbuchung liegt ein Angebot des Kunden auf Abschluß einer Stornierungsvereinbarung. Widerspricht der Kunde der Belastungsbuchung, so fehlt es an dem erforderlichen Einverständnis des Kunden, ohne das die angebotene Stornierungsvereinbarung nicht zustandekommen kann[617]. Hat die Bank die Rückgutschrift erteilt, so kann der Kontoinhaber hierüber gleichwohl nicht verfügen, wenn die Bank dies verweigert (Einrede nach § 821 BGB)[618]. 2.420

3. Informationspflichten und valutagerechte Buchung

Über diese Berichtigungs- und Stornierungsbuchungen wird die Bank den Kunden unverzüglich unterrichten (Nr. 8 Abs. 3 S. 1 AGB Privat- und Volksbanken). Bei einer Verletzung dieser Benachrichtigungspflicht kann sich die Bank schadensersatzpflichtig machen. 2.421

Die Bank nimmt die Stornierungs- und Berechnungsbuchungen hinsichtlich der Zinsberechnung[619] rückwirkend zu dem Tag vor, an dem die fehlerhafte Buchung erfolgte – sog. valutagerechte Buchungen – (Nr. 8 Abs. 3 S. 2 AGB Privat- und Volksbanken). Hierdurch soll der Kunde wirtschaftlich so gestellt werden, als wäre die fehlerhafte Buchung nicht erfolgt und so behandelt werden, wie er bei ordnungsmäßiger Buchung stünde[620]. Umstritten ist, ob diese valutagerechte Stornierungs- und Berichtigungsbuchung auch angemessen ist, wenn es hierdurch zu einem Debetsaldo kommt[621]. 2.422

---

615 *Werhahn/Schebesta*, AGB und Sonderbedingungen der Banken 1995, Rn 143; *Wagner-Wieduwilt* in Bankrecht und Bankpraxis, Rn 1/222; *Bunte* in Bankrechts-Handbuch, § 13 Rn 16.
616 *Bunte* in Bankrechts-Handbuch, § 13 Rn 18.
617 *Baumbach/Hopt*, Nr. 8 AGB Banken Rn 1; *Bunte* in Bankrechts-Handbuch, § 13 Rn 18.
618 *Baumbach/Hopt*, Nr. 8 AGB Banken Rn 4; *Bunte* in Bankrechts-Handbuch, § 13 Rn 18.
619 Zur Frage der Wirksamkeit dieser Zinsberechnung, wenn die Stornierungs- oder Berichtigungsbuchung zu einem Schuld-(Debet-)Saldo geführt hat, vgl. *Bunte* in Bankrechts-Handbuch, § 13 Rn 25 m.w.Nachw.
620 *Westermann*, WM 1997, 1865, 1870.
621 *Bunte* in Bankrechts-Handbuch, § 13 Rn 25.

III. Einzugsaufträge (Nr. 9 Abs. 1 AGB)

2.423 Mit Rücksicht auf die neuere Rechtsprechung enthalten die AGB auch detaillierte Regelungen für die Rechtswirkungen der Kontogutschriften und -belastungen, die anläßlich des Einzugs von Schecks, Lastschriften und sonstigen Inkassopapieren im bargeldlosen Zahlungsverkehr auf dem Girokonto des Inkassoauftraggebers (Gläubigers) und des Zahlungspflichtigen (Schuldners) vorgenommen werden. Die Rechtsverhältnisse des Lastschrifteinzuges und des Scheckinkassos sind systematisch in den Rn 4.334 ff. und Rn 4.461 dargestellt. Das mit dem Einzug beauftragte Kreditinstitut erteilt seinen Kunden regelmäßig bereits bei Einreichung der Inkassopapiere eine Kontogutschrift über den einzuziehenden Betrag. Diese Gutschrift steht unter dem Vorbehalt, daß die Bank den verbuchten Betrag von der Zahlstelle des Zahlungspflichtigen (Schuldnerbank) auf dem Einzugswege erhält. Diese E.v.-Gutschriften verwandeln sich sodann in reguläre Kontogutschriften mit dem Eingang des Gegenwertes bei der Inkassobank, die hierdurch die Deckung für ihre zeitlich vorgezogene E.v.-Gutschrift erhalten hat. Dieser Deckungseingang bei der Inkassobank erfolgt regelmäßig, wenn das Inkassopapier von der Schuldnerbank durch eine Belastung des Girokontos ihres Girokunden eingelöst worden ist.

2.424 Die E.v.-Gutschrift ist also eng mit der Einlösung von Schecks und Lastschriften und sonstigen Inkassopapieren im bargeldlosen Zahlungsverkehr verknüpft. Die Rechtswirkungen der E.v.-Gutschriften und der auf sie bezogenen Belastungsbuchungen sind deshalb in derselben AGB-Klausel geregelt. Damit ist zugleich dem AGB-rechtlichen Gebot größtmöglicher Transparenz Rechnung getragen worden.

2.425 Bei der Anwendung dieser Klausel auf das Bank/Kunden-Verhältnis ist im Auge zu behalten, daß sich die Bank bei der Vornahme solcher E.v.-Gutschriften gegenüber ihrem Kunden in einer anderen Rolle als bei der Erteilung einer Belastungsbuchung befindet. Bei der Erteilung einer E.v.-Gutschrift ist die Bank als Inkassobeauftragte ihres Kunden als Gläubiger tätig. Dagegen nimmt die Bank die Belastungsbuchung als Zahlstelle ihres zahlungspflichtigen Kunden vor. Beide typischen Geschäftsbesorgungen des bargeldlosen Zahlungsverkehrs nimmt die Bank aber zugleich wahr, wenn Gläubiger und Schuldner das Girokonto bei ihr unterhalten.

1. Eingang des Inkassoerlöses als Voraussetzung einer endgültigen Kontogutschrift

Die E.v.-Gutschrift bei Erteilung eines Inkassoauftrages wird verständlicher, wenn sie vor dem Hintergrund der rechtlichen Verpflichtungen der Inkassobank aus dem Vertragsverhältnis mit ihrem Kunden als Auftraggeber gesehen wird. Als Inkassobeauftragte ist die Bank zur Herausgabe des aus der Geschäftsführung Erlangten verpflichtet (§§ 667, 675 BGB). Dieser Herausgabeanspruch entsteht aber bei einem Einzugsauftrag erst, wenn der Inkassoerlös bei der Bank eingegangen ist und sie damit buchmäßig Deckung für die zu erteilende Kontogutschrift erhalten hat. Erst dann hat die Bank etwas aus der Geschäftsbesorgung erlangt, das sie an ihren Kunden herauszugeben hat (§ 667 BGB). Vor Eingang des Inkassoerlöses schuldet die Bank den einzuziehenden Betrag weder bedingt noch betagt[622].

2.426

Insoweit ist dieselbe Rechtslage gegeben wie bei sonstigen Eingängen im bargeldlosen Zahlungsverkehr, die die Bank aufgrund des dem Girokonto zugrundeliegenden Geschäftsbesorgungsvertrages (§ 675 BGB) für den Kontoinhaber entgegenzunehmen hat. Mit dem Eingang einer solchen buchmäßigen Deckung entsteht für den hieraus begünstigten Kontoinhaber ein Anspruch auf Erteilung einer Kontogutschrift (§ 667 BGB)[623]. Dieser Herausgabeanspruch ist nach dem BGH girovertraglich dahingehend umgestaltet, daß er auf Gutschrift auf dem Girokonto gerichtet ist[624]. Mit dieser Gutschrift erlangt der Buchgeldempfänger eine Rechtsposition, die wie bares Geld verwertet werden und daher wirtschaftlich als Erfüllungssurrogat für die Tilgung der Geldschuld des Buchgeldzahlers dienen kann[625].

2.427

Da die Bank als Herausgabeverpflichtete ihrem Kunden eine Kontogutschrift erst nach Eingang der hierfür dienenden Deckung schuldet, ist es sachgerecht, bei Erteilung eines Inkassoauftrages die Gutschrift unter dem Vorbehalt der Einlösung des Inkassopapiers zu erteilen (Nr. 9 Abs. 1 S. 1 AGB). Mit dieser Einlösung wird der Bank im Regelfall die buchmäßige Deckung verschafft, die sie zur Erteilung einer betragsmäßig entsprechenden Gutschrift verpflichtet (§§ 667, 675 BGB). Denn eine solche Einlösung bedeutet die Vermittlung einer Buchgeldzahlung durch Anschaffung der Deckung für eine Kontogutschrift, die dem Kontoinhaber einen Zahlungsanspruch verschafft, der in den kontokorrentmäßigen Saldo als jederzeit verfügbares Kontoguthaben („Buchgeld") einfließt.

2.428

---

622 BGH WM 1985, 1057; 1992, 1083, 1085; *Nobbe* in Bankrechts-Handbuch, § 61 Rn 36.
623 BGH WM 1990, 6, 7; 1997, 1192, 1193; 1661, 1662.
624 BGH WM 1978, 58, 59; *Canaris*, Bankvertragsrecht³, Rn 399.
625 BGH WM 1988, 321, 322.

2.429 Nach Rechtsprechung und herrschender Lehre stellt eine Kontogutschrift ein **abstraktes Schuldversprechen** oder **Schuldanerkenntnis** dar (§§ 780, 781 BGB)[626]. Der hieraus resultierende Zahlungsanspruch fließt in den sog. Tagessaldo ein, den die kontoführende Bank jeweils anläßlich von Buchungen auf dem Girokonto erstellt. Dieser Tagessaldo dokumentiert zugleich, ob und gegebenenfalls in welcher Höhe der Kunde im Rahmen des zugrundeliegenden Girovertragsverhältnisses Verfügungen über das Kontoguthaben vornehmen kann[627]. Dieses Kontoguthaben verkörpert das sog. Buchgeld[628]. Es stellt ein Rückforderungsrecht aus unregelmäßiger Verwahrung nach § 700 BGB dar, weil mit einem Girovertragsverhältnis typischerweise eine unregelmäßige Verwahrung verbunden ist[629].

2.430 Die Einlösung hat also nicht nur eine Rechtswirkung im (Innen)Verhältnis zwischen der das Inkassopapier einlösenden Bank und ihrem Girokunden als Zahlungsschuldner, sondern auch im (Außen)Verhältnis zwischen dem Girokunden und seinem Gläubiger als Buchgeldempfänger (Valutaverhältnis). Im Innenverhältnis will die Bank mit der Einlösung des Inkassopapiers ihre Verpflichtung aus der dem Girokonto zugrundeliegenden Geschäftsbesorgung mit ihrem Kunden erfüllen. Sie gibt dabei zugleich zu erkennen, daß sie sich hinsichtlich der Anschaffung der Deckung für das Kontoguthaben (Buchgeldzahlung) mit einem Aufwendungsersatzanspruch (§ 670 BGB) gegen ihren Kunden zufrieden geben will[630].

2.431 Im Valutaverhältnis zwischen Girokunde und seinem Gläubiger als Buchgeldempfänger bewirkt die Einlösung den Eingang der Deckung für die Gutschrift, die dem Zahlungsberechtigten von seiner Bank erteilt wird. Mit dieser anspruchsbegründenden Kontogutschrift wird zugleich der Zahlungsanspruch aus dem Valutaverhältnis erfüllt. Der Zeitpunkt der Einlösung des Inkassopapiers ist deshalb regelmäßig identisch mit dem Erfüllungszeitpunkt im Valutaverhältnis[631].

2. E.v.-Gutschriften als banktübliche Praxis

2.432 Ungeachtet dessen, daß die Inkassobank den Gegenwert der Inkassopapiere ihrem Kunden erst nach Eingang des einzuziehenden Betrages gutzuschreiben hat, ist seit langem die Erteilung von E.v.-Gutschriften üb-

---

626 BGH WM 1988, 321, 322; 1991, 1152; *Canaris*, Bankvertragsrecht³, Rn 415.
627 BGH WM 1985, 936, 937.
628 BGH WM 1994, 1420, 1423.
629 BGH WM 1993, 1585, 1586; 1995, 2094, 2095; *Canaris*, Bankvertragsrecht³, Rn 318.
630 BGH WM 1988, 1325, 1326; 1997, 1194, 1196.
631 Vgl. *Nobbe* in Bankrechts-Handbuch, § 60 Rn 251 für das Scheckinkasso.

lich[632]. Dies hat bankorganisatorische Gründe[633]. Würde die Gutschrift von der Einlösung der Inkassopapiere abhängig gemacht, müßte die Bank die täglichen Zahlungseingänge daraufhin überprüfen und erforderlichenfalls bei der Zahlstelle des Schuldners rückfragen. Dies wäre angesichts der Massenhaftigkeit der Inkassoaufträge mit einem unvertretbaren Zeit- und Kostenaufwand verbunden[634]. Die Banken verlassen sich deshalb darauf, daß die Inkassopapiere regelmäßig eingelöst zu werden pflegen und erteilen im Hinblick auf diese spätere Einlösung eine vorläufige Gutschrift, die mit dem Eingang des Inkassoerlöses ohne weiteres endgültig wirksam werden kann.

Das hinausgeschobene Wirksamwerden der Kontogutschrift wird bei der Wertstellung der Gutschriftbuchung berücksichtigt, die für den Beginn oder das Ende der Zinsberechnung maßgeblich ist[635]. Dabei wird ein pauschaler Wertstellungszeitpunkt bestimmt. Eine solche Praxis ist nach dem BGH auch angemessen im Sinne der Generalklausel des AGB-Gesetzes (§ 9), wenn von Erfahrungswerten über den Eingang der Deckung bei ungestörtem Inkasso ausgegangen wird. Dies gilt für Wertstellungen bei auf in- und ausländischen Banken gezogenen Euro-Schecks auf drei Arbeitstage und bei Währungsschecks auf fünf Tage nach der Vorbehaltsgutschrift[636].

2.433

Wenngleich bei Inkassoaufträgen regelmäßig E.v.-Gutschriften erteilt werden, geschieht dies auf freiwilliger Basis, sofern sich nicht die Bank bei Hereinnahme der Inkassopapiere zu diesen Gutschriften gegenüber den Kunden verpflichtet hat[637]. Aus der Üblichkeit der E.v.-Gutschriften kann keine Verpflichtung der Bank abgeleitet werden[638]. Wie sich schon aus dem Wortlaut der Nr. 9 Abs. 1 AGB Banken ergibt, will die Bank auch nicht durch diese Klausel zur Erteilung einer E.v.-Gutschrift verpflichtet sein[639].

2.434

Werden Schecks oder Lastschriften nicht eingelöst oder erhält die Bank den Betrag aus dem Einzugsauftrag nicht, macht die Bank die Vorbehaltsgutschrift rückgängig (Nr. 9 Abs. 1 S. 4 AGB). Diese Befugnis steht der Bank auch nach einem zwischenzeitlichen Rechnungsabschluß zu (Nr. 9 Abs. 1 S. 5 AGB). Die Bank ist also bei dieser Belastungsbuchung nicht an

2.435

---

632 BGH WM 1977, 970, 971.
633 *Gößmann* in Bankrecht und Bankpraxis Rn 1/249; *Nobbe* in Bankrechts-Handbuch, § 61 Rn 36.
634 *Bunte* in Bankrecht und Bankpraxis, § 14 Rn 10.
635 BGH WM 1989, 126; *Pleyer/Huber*, ZIP 1987, 424, 427.
636 BGH WM 1997, 1192, 1194.
637 *Nobbe* in Bankrechts-Handbuch, § 61 Rn 36.
638 *Bunte* in Bankrecht und Bankpraxis, § 14 Rn 16; a.A. *Gößmann* in Bankrecht und Bankpraxis, Rn 1/249.
639 *Bunte* in Bankrecht und Bankpraxis, § 14 Rn 16.

3. Anwendungsbereich der Vorbehaltsklausel

2.436   Die AGB-Klausel stellt das Wirksamwerden der buchungstechnisch vorgezogenen Gutschrift unter den Vorbehalt der Einlösung des Inkassopapiers. Dies bedeutet aber nicht, daß die Gutschrift stets mit einer solchen Einlösung wirksam wird. Hinzu kommen muß, daß der Gegenwert der Inkassopapiere auch tatsächlich bei der Inkassobank eingegangen ist, wie es im Regelfall bei einer Einlösung geschieht. Denn die Einlösung bedeutet die Vermittlung einer Buchgeldzahlung durch Anschaffung der Deckung für die E.v.-Gutschrift, die die Inkassobank ihrem Girokunden bei Einreichung des Inkassopapiers in Erwartung des Einganges dieser Deckung erteilt. Unterbleibt ausnahmsweise diese Anschaffung, obwohl das Inkassopapier etwa durch Absenden einer Bezahltmeldung bei einem Scheckinkasso als eingelöst gilt (Nr. 9 Abs. 2 S. 3 AGB), so kann die E.v.-Gutschrift trotz dieser erfolgten Einlösung nicht wirksam werden. Dies folgt aus der Nr. 9 Abs. 1 S. 4 AGB. Danach darf die Bank die Vorbehaltsgutschrift auch rückgängig machen, wenn sie bei einem Scheck- oder Lastschriftinkasso den einzuziehenden Betrag nicht erhält. Nr. 9 Abs. 1 S. 1 AGB Banken ist zwar nicht so klar gefaßt wie Nr. 9 AGB Sparkassen, die die Gutschrift ausdrücklich unter dem Vorbehalt der Einlösung und des Einganges des Gegenwertes stellen. Nach dem BGH stimmt aber die Regelung der Vorbehaltsgutschrift in den AGB Banken sachlich mit der in den Sparkassen-AGB überein[641].

2.437   Die Verknüpfung des Wirksamwerdens der E.v.-Gutschrift mit dem Eingang der Deckung bei schon eingelösten Inkassopapieren ist auch angemessen im Sinne der Generalklausel des AGB-Gesetzes (§ 9). Denn der Anspruch des Girokunden auf Erteilung einer Gutschrift setzt nach auftragsrechtlichen Grundsätzen (§ 667 BGB) voraus, daß die Bank als Beauftragte etwas erlangt hat. Beim bargeldlosen Zahlungsverkehr ist hierzu der Eingang der Deckung für die zu erteilende Gutschrift erforderlich.

2.438   Wird ein bereits eingelöster Scheck von der bezogenen Bank mit einem Nichtbezahltvermerk zurückgegeben, so liegt hierin ein sittenwidriges Verhalten. Die bezogene Bank kann sich deshalb gemäß § 826 BGB schadensersatzpflichtig machen[642].

---

640 *Bunte* in Bankrechts-Handbuch, § 14 Rn 27.
641 BGH WM 1997, 1194, 1196.
642 AG Geldern WM 1987, 780, 781; *Canaris*, Bankvertragsrecht³, Rn 735.

a) Kreis der Inkassopapiere

Die E.v.-Gutschriften werden vor allem beim Einzug von Schecks und Lastschriften praktiziert. Vorbehaltsgutschriften werden aber auch für andere „Papiere" erteilt, die der Bank mit dem Auftrag eingereicht werden, von einem Zahlungspflichtigen einen Forderungsbetrag zu beschaffen. Hier bedeutet der Vorbehalt, daß die Bank diesen Betrag erhält (Nr. 8 Abs. 1 S. 1 AGB). Die AGB-Klauseln erwähnen beispielhaft Zinsscheine, wie sie mit Schuldverschreibungen emittiert zu werden pflegen (§ 803 BGB). 2.439

Weitere Beispiele sind die Gewinnanteilscheine der Aktienurkunden und die Ertragsscheine, wie sie insbesondere die von den Kapitalanlagegesellschaften emittierten Investmentzertifikate darstellen (§ 18 KAAG). Diese Inkassopapiere gehören wie die Zinsscheine als Nebenrechte zu Stammrechten, die regelmäßig von den Kreditinstituten depotmäßig aufbewahrt werden. Deshalb sehen die „Sonderbedingungen für Wertpapiergeschäfte", die für das Effekten- und Depotgeschäft als AGB-mäßige Sonderregelung geschaffen worden sind, eine der Nr. 9 Abs. 1 AGB vergleichbare Vorbehaltsgutschrift vor. Danach wird der von der Bank einzuziehende Gegenwert von Zins-, Gewinnanteil- und Ertragsscheinen sowie von fälligen Wertpapieren jeder Art unter dem Vorbehalt gutgeschrieben, daß die Bank den Betrag erhält und zwar auch dann, wenn die Papiere bei der Bank selbst zahlbar sind. 2.440

Die Vorbehaltsgutschrift beschränkt sich im übrigen nicht nur auf das Inkasso von Wertpapieren. So ist insbesondere die Lastschrift im Gegensatz zum Scheck kein Wertpapier. Ein weiteres Beispiel ist der Kraftfahrzeugbrief, der bei der Inkassobank zum Einzug der Kaufpreisforderung für ihre Girokunden (Autoverkäufer) eingereicht wird[643]. 2.441

b) Identität von Inkassobank und Zahlstelle

Eine E.v.-Gutschrift wird auch in den Fällen erteilt, in denen die Inkassopapiere bei der Inkassobank selbst zahlbar sind (Nr. 9 Abs. 1 S. 1 und 3 AGB). Diese Klausel gilt gleichermaßen für das innerbetriebliche Inkasso wie auch den außerbetrieblichen Einzug unter Mitwirkung verschiedener Banken[644]. Dabei ist es unerheblich, ob das Inkassopapier bei einer anderen als bei der kontoführenden Filiale des Zahlungspflichtigen eingereicht 2.442

---

643 *Gößmann* in Bankrecht und Bankpraxis, Rn 1/246; *Bunte* in Bankrechts-Handbuch, § 40 Rn 13.
644 BGH WM 1988, 1325, 1326.

wird[645]. Dies gilt insbesondere für das Scheckinkasso. Hier sieht sich die nicht-bezogene Filiale der Inkassobank schon außerstande, die gegenüber ihrem Girokunden gebotene Überprüfung der Echtheit des Schecks vorzunehmen[646]. Selbst wenn die mit dem Inkassoauftrag betraute Filiale und die bezogene Filiale identisch sind, kann aber der Einreicher der Inkassopapiere nach herrschender Meinung nicht erwarten, daß im Zeitpunkt der Gutschrifterteilung schon die AGB-mäßigen Voraussetzungen für die Einlösung gegeben sind[647].

c) Unanwendbarkeit der Vorbehaltsklausel

2.443 Nach dem Wortlaut der Vorbehaltsklausel knüpft der Vorbehalt an die spätere Einlösung an. Die Klausel ist deshalb unanwendbar, wenn die kontoführende Bank des Zahlungspflichtigen ihren Einlösungswillen schon deutlich bei der Erteilung der Gutschrift zugunsten des Vorlegers des Inkassopapiers erkennen läßt[648]. Hier erfolgt die Einlösung bereits mit der Gutschrifterteilung. So ist die Gutschrift eines Scheckbetrages durch die bezogene Bank auf einem bei ihr eröffneten Konto des Einreichers vorbehaltlos, wenn sich die Bank zuvor davon vergewissert, daß das Konto des Ausstellers ausreichend Deckung hat und dies dem Einreicher mitgeteilt hat[649]. Bei solchen ausnahmsweise vorbehaltlosen Gutschriften durch die bezogene Bank ist es im übrigen unerheblich, ob das Ausstellerkonto Deckung aufweist und ob und wann es belastet worden ist. Denn die Bank zahlt hier zunächst nicht aus dem Konto des Ausstellers, sondern aus eigenen Mitteln[650]. Entscheidend ist vielmehr, ob die bezogene Bank ihren Willen zur sofortigen Einlösung bekundet hat.

2.444 Unanwendbar ist die Vorbehaltsklausel auf das Inkasso im Ausland. Auf solche Auslandsschecks ist das Recht desjenigen Landes anwendbar, in dessen Gebiet die Ausstellerunterschrift geleistet worden ist (Art. 63 ScheckG). So kann z.B. nach US-amerikanischem Recht ein Scheck noch innerhalb eines Zeitraumes von drei Jahren zurückgegeben werden[651].

---

645 *Bunte* in Bankrechts-Handbuch, § 14 Rn 15; *Gößmann* in Bankrecht und Bankpraxis, Rn 1/253.
646 OLG Frankfurt WM 1986, 351, 352.
647 LG Bremen WM 1990, 542, WuB I D 3. – 12.90 *Häuser*; *Canaris*, Bankvertragsrecht³, Rn 745; *Baumbach/Hefermehl*, Art. 28 ScheckG Anh. Rn 2.
648 Vgl. *Bunte* in Bankrechts-Handbuch, § 14 Rn 2.
649 AG Wiesbaden 1987, 257; *Gößmann* in Bankrecht und Bankpraxis, Rn 1/262.
650 Bankrechts-Handbuch, § 60 Rn 189.
651 OLG Hamburg WM 1988, 772; *Gößmann* in Bankrecht und Bankpraxis, Rn 1/266.

4. Rechtsnatur der E.v.-Gutschrift

Umstritten ist, ob die Vorbehaltsgutschrift dogmatisch als eine Gutschrift unter **auflösender** Bedingung der Nichteinlösung oder unter **aufschiebender** Bedingung der Einlösung anzusehen ist[652]. Diese Einordnung kann praktische Bedeutung vor allem im Vollstreckungs- oder Insolvenzverfahren erlangen[653]. Die BGH-Rechtsprechung ist in der dogmatischen Einordnung der Vorbehaltsgutschrift nicht einheitlich[654]. 2.445

a) Auflösende Bedingung der Nichteinlösung

Für eine aufschiebende Wirkung spricht zunächst der gegen die Inkassobank gerichtete auftragsrechtliche Herausgabeanspruch (§ 667 BGB) des Scheckeinreichers, der mit dieser Kontogutschrift erfüllt werden soll. Dieser Anspruch entsteht erst, wenn die Inkassobank von der auf dem Einzugswege nachgeordneten Bank Deckung erhalten hat. Vor diesem Zeitpunkt schuldet die Inkassobank den einzuziehenden Betrag weder bedingt noch betagt[655]. 2.446

Für eine auflösende Bedingung der Nichteinlösung spricht dagegen vor allem, daß die Vorbehaltsgutschrift mit einer bestimmten Wertstellung für die Zinsberechnung sofort in das Kontokorrent eingestellt wird. Hierfür ist eine nur aufschiebende Gutschrift ungeeignet[656]. Eine auflösende Bedingung liegt aber auch deshalb nahe, weil die Einlösung des Schecks den Regelfall darstellt. Dieser Lebenserfahrung entspricht das sofortige Wirksamwerden der Gutschrift und der durch die zu erwartende Einlösung eintretende Wegfall der auflösenden Bedingung besser als eine nur aufschiebende Bedingung, die dieses sofortige Wirksamwerden der E.v.-Gutschrift verhindert. 2.447

Sieht man schon in der E.v.-Gutschrift eine wirksame Gutschrift, die nur unter der auflösenden Bedingung der Nichteinlösung des Inkassopapiers steht, so wäre im Inkassogeschäft zwischen einer „vorläufigen", aber rechtswirksamen Gutschrift in Form der E.v.-Gutschrift und einer „endgültigen" Gutschrift nach Einlösung des Inkassopapiers zu unterscheiden. Eine insoweit vergleichbare Differenzierung kennt auch das Lastschrift- 2.448

---
652 Vgl. *Nobbe* in Bankrechts-Handbuch, § 61 Rn 38 m.w.Nachw.
653 BGH WM 1992, 1083, 1085.
654 Für auflösende Bedingung vgl. BGH WM 1986, 1192, 1194; dagegen handelt es sich nach dem BGH WM 1992, 1082 um eine aufschiebende Bedingung; vgl. weiter *Nobbe* in Bankrechts-Handbuch, § 60 Rn 190. m.w.Nachw.
655 BGH WM 1992, 1083, 1085 m.w.Nachw.
656 *Nobbe* in Bankrechts-Handbuch, § 61 Rn 38.

verfahren aufgrund von Einzugsermächtigungen des Lastschriftschuldners. Auch dort erhält der Einreicher der Lastschrift eine E.v.-Gutschrift, die erst mit der Einlösung der Lastschrift zu einer wirksamen Gutschrift erstarkt. Auch diese Gutschrift ist aber nicht endgültig. Denn die Inkassobank kann den Gegenwert der Lastschrift dem Konto des Einreichers wieder belasten, wenn der Schuldner dem Lastschrifteinzug innerhalb der hierfür geschaffenen sechswöchigen Frist widerspricht. Den berechtigten Interessen der Inkassobank kann also auch durch eine auflösende Bedingung Rechnung getragen werden, wenn, wie durch Nr. 9 Abs. 1 AGB klargestellt ist, daß die E.v.-Gutschrift bei einer etwaigen Nichteinlösung des Inkassopapiers rückgängig gemacht werden darf.

b) Verfügung über E.v.-Gutschrift als Kreditgewährung

2.449 Üblicherweise lassen Kreditinstitute schon vor der Einlösung der Inkassopapiere über die E.v.-Gutschriften verfügen[657]. Diese vorzeitige Verfügungsmöglichkeit kann also regelmäßig nicht als Indiz für den Ankauf der Schecks (Diskontierung) gewertet werden[658].

2.450 Mit der vorzeitigen Verfügung ist insoweit ein Kreditrisiko verbunden, als das Girokonto bei Bekanntwerden der Nichteinlösung kein ausreichendes Guthaben für die Rückgängigmachung der E.v.-Gutschrift gemäß Nr. 9 Abs. 1 S. 4 AGB ausweist. Umstritten ist, ob für den Fall der Nichteinlösung konkludent ein Kreditvertrag geschlossen wird mit der Folge, daß die Bank einen Rückzahlungsanspruch gemäß § 607 BGB erwirbt. Würde der Bank nur ein auftragsrechtlicher Aufwendungsersatzanspruch gemäß §§ 675, 670 BGB zustehen, so würde dieser in zwei Jahren verjähren (§ 196 Abs. 1 S. 1 BGB)[659]. Dem bereicherungsrechtlichen Rückforderungsanspruch könnte der Einwand der Entreicherung (§ 818 Abs. 3 BGB) entgegengehalten werden.

2.451 Nach herrschender Meinung kann in der Inanspruchnahme einer E.v.-Gutschrift der konkludente Abschluß eines Kreditvertrages für den Fall des Ausbleibens der Deckung erblickt werden[660]. Ein entgegenstehender innerer Wille des Verfügenden ist unbeachtlich[661].

---

657 BGH WM 1961, 794; 1965, 1173; 1977, 970, 971; *Bunte* in Bankrechts-Handbuch, § 14 Rn 24.
658 OLG Koblenz WM 1984, 467, 468.
659 *Bunte* in Bankrechts-Handbuch, § 14 Rn 24.
660 OLG Hamm WM 1995, 1441, 1442; *Nobbe* in Bankrechts-Handbuch, § 61 Rn 37 m.w.Nachw.; *van Geldern* in Bankrechts-Handbuch, § 58 Rn 13.
661 OLG Hamm WM 1995, 1441, 1443; a.A. OLG Bremen WM 1991, 1252.

IV. Einlösung von Lastschriften und Kundenschecks (Nr. 9 Abs. 2 AGB)

Mit der Einlösung wird die Vorbehaltsgutschrift vorbehaltlos und endgültig (Nr. 9 Abs. 1 S. 1 AGB). Deshalb ist eine Rückbelastung des eingezogenen Betrages auch dann unzulässig, wenn die Inkassobank den Betrag der bezogenen Bank wieder vergütet[662]. 2.452

Die Einlösung setzt nach der BGH-Rechtsprechung die Bekundung des **Einlösungswillens** der kontoführenden Bank des Zahlungspflichtigen voraus[663]. Im bargeldlosen Zahlungsverkehr bedeutet dieser rechtsgeschäftliche Wille der kontoführenden Bank, die für die Gutschriftserteilung zugunsten des Buchgeldempfängers erforderliche Deckung seiner kontoführenden Bank anzuschaffen und sich dafür mit einem Aufwendungsersatzanspruch (§ 670 BGB) gegenüber dem zahlungspflichtigen Girokunden zufriedengeben zu wollen[664] und so ihre Geschäftsbesorgungspflicht aus dem dem Konto zugrundeliegenden Girovertragsverhältnis zum Zahlungspflichtigen zu erfüllen. 2.453

Mit der Einlösung wird die hierbei vorgenommene Belastungsbuchung im Verhältnis zum Kontoinhaber wirksam. Er kann deshalb der Einlösung nicht mehr widersprechen[665]. Zugleich hat die Einlösung aber auch Außenwirkung auf die diesbezügliche E.v.-Gutschrift, die hierdurch ebenfalls wirksam wird (Nr. 9 Abs. 1 AGB Banken). Im übrigen werden auch die sonstigen auf dem Inkassoweg vorgenommenen E.v.-Gutschriften vorbehaltlos und endgültig[666]. 2.454

Der für die Einlösung erforderliche rechtsgeschäftliche Wille der kontoführenden Bank wird in den praxisüblichen Einzugsvorgängen unterschiedlich bekundet. Abs. 2 der Nr. 9 AGB bestimmt deshalb den maßgeblichen Einlösungszeitpunkt in den wichtigsten Fallgestaltungen der Praxis. 2.455

1. Einlösung mittels Belastungsbuchung

Wird ein Kreditinstitut mit dem Einzug betraut, kommt es im Zuge der Einlösung zu einer Belastungsbuchung auf dem Konto des Zahlungspflichtigen. Hierin liegt aber noch nicht der für die Endgültigkeit dieser 2.456

---

662 LG Frankfurt WM 1976, 255; *Nobbe* in Bankrechts-Handbuch, § 61 Rn 37.
663 BGH WM 1970, 490; 1988, 1325, 1326.
664 BGH WM 1988, 1325, 1328.
665 *Bunte* in Bankrechts-Handbuch, § 14 Rn 6, 28; *Wolf/Horn/Lindacher*, § 23 Rn 683, 687.
666 *Gößmann* in Bankrecht und Bankpraxis, Rn 1/256; *Nobbe* in Bankrechts-Handbuch, § 60 Rn 197.

Buchung erforderliche Einlösungswille. Nach Nr. 9 Abs. 2 AGB sind Lastschriften und Schecks erst eingelöst, wenn die Belastungsbuchung spätestens am zweiten Bankarbeitstag nach ihrer Vornahme rückgängig gemacht wird.

2.457 Mit dieser AGB-Klausel wird nur der früheste Zeitpunkt für die Wirksamkeit der Belastungsbuchung und damit der Einlösung des Schecks festgelegt[667]. Durch einen deutlich erkennbaren individuellen Einlösungsvorbehalt kann dieser Zeitpunkt noch weiter hinausgeschoben werden[668]. Andererseits kann die Einlösungswirkung dieser AGB-Klausel dadurch vermieden werden, daß die Belastungsbuchung nicht auf dem Girokonto, sondern einem Hilfs- oder Zwischenkonto vorgenommen wird[669].

2.458 Mit dieser zweitägigen **Stornofrist** sollen die rechtlichen Voraussetzungen für die technische Abwicklung der Buchungsvorgänge geschaffen werden. Beim Einsatz zentraler Datenverarbeitungsanlagen werden technische Belastungsbuchungen erstellt, deren Ordnungsmäßigkeit erst anschließend innerhalb der zweitägigen Stornofrist überprüft wird (sog. Nachdisposition). Die endgültige Bekundung des Einlösungswillens liegt nach der AGB-Klausel in der bis zum Ablauf der Stornofrist unterbliebenen Stornierung der technischen Belastungsbuchung[670]. Dieser Einlösungszeitpunkt gilt aber auch für die seltener werdenden Fälle der vorhergehenden Überprüfung des Buchungsvorganges. Bei diesen Vordispositionen wurde bis zur Schaffung der AGB-mäßigen Vorbehaltsklausel der Einlösungswille bereits in der Belastung des Ausstellerkontos erblickt[671].

2.459 Anlaß für die zweitägige Stornofrist war zwar die Schaffung eines ausreichenden Zeitraums für die Nachdisposition. Die AGB-Klausel differenziert aber nicht zwischen den Fällen der Vor- und Nachdisposition. Da häufig fraglich sein wird, ob tatsächlich eine Vordisposition stattgefunden hat und diese mit zunehmender Verwendung der Datenverarbeitung seltener wird, liegt es im Interesse der Rechtsklarheit, durch diese AGB-Klausel einen einheitlichen Zeitpunkt für das Wirksamwerden der Belastungsbuchung festzulegen[672].

2.460 Diese AGB-Klausel ist im übrigen auch anwendbar, wenn das Inkasso durch eine andere Filiale der bezogenen Bank[673] oder durch die bezogene

---

667 BGH WM 1988, 1325, 1326.
668 *Bunte* in Bankrechts-Handbuch, § 14 Rn 33.
669 BGHZ 53, 199, 204.
670 BGH WM 1981, 450, 451; 1988, 1325, 1326.
671 BGHZ 53, 199, 203
672 BGH WM 1988, 1325, 1326.
673 BGH WM 1988, 1325, 1328.

Filiale selbst erfolgen sollte[674]. Die Nr. 9 Abs. 2 S. 1 AGB Banken ist im übrigen auch anwendbar, wenn die nicht kontoführende Filiale bei der von ihr erteilten Gutschrift eine Überprüfung des Schecks vor der Belastung des Ausstellerkontos durchgeführt hat[675].

2. Einlösung im Abrechnungsverkehr der Landeszentralbanken

Wird der Scheck in die Abrechnungsstelle[676] einer Landeszentralbank eingeliefert, so steht dies der Vorlegung zur Zahlung gleich (Art. 31 ScheckG). Hier erfolgt der Zahlungsausgleich durch Verrechnung der Beträge, welche die Abrechnungsteilnehmer für die an sie ausgelieferten Papiere schulden und für die von ihnen eingelieferten Papiere fordern. Die Spitzenbeträge werden auf den Konten der Abrechnungsteilnehmer abgebucht oder gutgeschrieben. Dieser Zahlungsausgleich im Wege der sog. Skontration gilt als Erfüllung im Sinne des bürgerlichen Rechts (Nr. 1 Geschäftsbedingungen der Abrechnungsstelle). Hierdurch gelten die Papiere als eingelöst[677]. Diese Einlösung steht jedoch unter der auflösenden Bedingung, daß der Scheck nicht bis zu dem von der Landeszentralbank festgesetzten Zeitpunkt an die Abrechnungsstelle zurückgegeben wird. Eine verspätete Rückgabe durch die bezogene Bank gilt deshalb als Einlösung[678].

2.461

3. Scheckvorlage durch den Scheckinhaber

Wird der Scheck vom Inhaber bei der bezogenen Bank zur Zahlung vorgelegt, kommt es zu einer Barauszahlung. Hier liegt die Bekundung des Einlösungswillens in der Übereignung von Bargeld. Mit dieser Übereignung ist der Scheck eingelöst[679]. Dabei ist es unerheblich, ob das Konto des Ausstellers Deckung aufweist und ob und wann es belastet wird[680]. Denn auf den Scheck zahlt die bezogene Bank und nicht der Scheckaussteller[681].

2.462

---

674 LG Bremen WM 1990, 542; WuB I D 3. – 12.90 *Häuser*; *Canaris*, Bankvertragsrecht³, Rn 745; *Gößmann* in Bankrecht und Bankpraxis, Rn 1/261; *Bunte* in Bankrechts-Handbuch, § 14 Rn 36.
675 BGH WM 1988, 1325, 1326.
676 Eine Zusammenstellung dieser Orte ist bei *Baumbach/Hefermehl*, Art. 31 Rn 4 abgedruckt.
677 BGH WM 1979, 996, 997.
678 BGH WM 1987, 400; 1988, 1505, 1508; 1997, 1192, 1194.
679 *Nobbe* in Bankrechts-Handbuch, § 60, Rn 182.
680 BGH WM 1986, 1409.
681 *Nobbe* in Bankrechts-Handbuch, § 60 Rn 182.

2.463 Die Nr. 9 Abs. 2 S.2 AGB Banken, wonach Barschecks bereits mit Zahlung an den Scheckvorleger eingelöst sind, stellt deshalb nur klar, daß das Erfordernis der Belastung des Ausstellerkontos und der Ablauf der zweitägigen Stornofrist der Nr. 9 Abs. 1 S. 1 AGB Banken für Barauszahlungen nicht gilt[682].

2.464 Für die Einlösungswirkung der Barauszahlung ist es im übrigen gleichgültig, ob der Scheck der kontoführenden Filiale oder einer anderen Stelle der bezogenen Bank vorgelegt wird (Nr. 9 Abs. 2 S. 2 AGB Banken)[683]. Die Auszahlung durch eine nicht bezogene Bank stellt dagegen grundsätzlich keine Scheckeinlösung dar. Da die nicht bezogene Bank dem Scheckaussteller nichts schuldet, zahlt sie nicht zur Erfüllung der Scheckanweisung[684].

2.465 Zu einer bargeldlosen Einlösung kommt es dagegen, wenn der Scheckbetrag auf Verlangen des Scheckvorlegers auf einem bei der kontoführenden Zweigstelle selbst geführten Konto gutgeschrieben werden soll. Hier gilt der Scheck mit der Gutschrift als eingelöst und zwar auch dann, wenn nicht zugleich das Konto des Scheckausstellers belastet worden ist[685]. Soll dagegen der Scheckbetrag dem Einreicher auf einem bei einer anderen Bank unterhaltenen Konto gutgeschrieben werden, so ist der Scheck erst mit dem Wirksamwerden dieser Gutschrift eingelöst[686].

4. Bezahltmeldung

2.466 Die Einlösung ist im übrigen auch dann erfolgt, wenn die bezogene Bank im Einzelfall eine Bezahltmeldung an den Adressaten abgesandt hat (Nr. 9 Abs. 2 S. 3 AGB Banken). Mit dieser Absendung bekundet die bezogene Bank ihren unbedingten Einlösungswillen[687]. Die Bezahltmeldung führt die Einlösung schon vor ihrem Zugang beim Adressaten herbei[688]. Eine darüber hinausgehende Bekundung des Einlösungswillens ist nicht erforderlich[689]. Insbesondere kommt es nicht auf die Belastung des Aus-

---

682 BGH WM 1986, 1409, 1411.
683 BGH WM 1986, 1409, 1412; *Canaris*, Bankvertragsrecht³, Rn 699; *Nobbe* in Bankrechts-Handbuch, § 60 Rn 182.
684 *Nobbe* in Bankrechts-Handbuch, § 60 Rn 184.
685 *Häuser*, WM 1988, 1505, 1506.
686 BGH WM 1986, 1409, 1411; *Nobbe* in Bankrechts-Handbuch, § 60 Rn 189.
687 *Gößmann* in Bankrecht und Bankpraxis, Rn 1/264.
688 *Nobbe* in Bankrechts-Handbuch, § 60 Rn 196; *Bunte* in Bankrechts-Handbuch, § 14 Rn 40.
689 OLG Frankfurt WM 1986, 351; *Nobbe* in Bankrechts-Handbuch, § 60 Rn 196.

stellerkontos oder auf den Ablauf der zweitägigen Stornierungsfrist der Nr. 9 Abs. 2 S. 1 AGB Banken an. Die Bezahltmeldung schafft ähnlich wie die Bezahlung eines Barschecks an den Vorleger einen gesonderten Einlösungstatbestand.

V. Fremdwährungskonten (Nr. 10 AGB)

Wird bei einem inländischen Kreditinstitut ein Fremdwährungskonto unterhalten, so erfolgen Gutschriften wie Belastungen und damit auch der Ausweis des jeweiligen Kontoguthabens in der jeweiligen ausländischen Währung. Für diese Fremdwährungskonten enthalten die AGB (Nr. 10) Regelungen, die den wirtschaftlichen und rechtlichen Besonderheiten dieser Kontoart Rechnung tragen sollen.

2.467

Mit der Einführung des Euro am 1. 1. 1999 haben die bisherigen Fremdwährungskonten, die in den bisherigen nationalen Währungen der Teilnehmerstaaten der Europäischen Währungsunion (EWU) geführt worden sind, ihren Status als Fremdwährungskonten verloren[690]. Die nationalen Währungen der Teilnehmerstaaten sind während der Übergangszeit der EWU bis zum 31. Dezember 2001 nur noch Denominationen des Euro. Die Bankkonten in den nationalen Währungen der Teilnehmerstaaten haben sich deshalb mit Beginn des Jahres in Euro-Konten mit unterschiedlichen Denominationen verwandelt und werden nunmehr wie Inlandskonten behandelt. Nach Ablauf der Übergangszeit am 31. 12. 2001 werden diese Konten wie die in DM geführten Inlandskonten automatisch zu Euro-Konten.

2.468

1. Ausländische Devisenguthaben als Deckung für inländische Fremdwährungskonten

Fremdwährungskonten dienen wie die in Deutsche Mark geführten Girokonten (DM-Girokonten) der Teilnahme am bargeldlosen Zahlungsverkehr. Bei diesem (Geld-)Giroverkehr erhält der Gläubiger auf Veranlassung seines Schuldners anstelle von Bargeld eine entsprechende Gutschrift auf seinem Girokonto. Das hieraus resultierende Kontoguthaben wird als Buch-(Giro-)Geld bezeichnet[691]. Unter Buchgeld sind bei Kreditinstituten unterhaltene Giroguthaben zu verstehen, denen wertpapiermäßig nicht verbriefte Forderungen zugrunde liegen, die jederzeit zu

2.469

---

690 *Rehbein*, WM 1998, 997, 1003; *Hartenfels*, WM 1999, Sonderbeil. Nr. 1, 12.
691 BGH WM 1994, 1420, 1423; *Schlegelberger/Hefermehl*, Anh. § 361 Rn 1.

Zahlungszwecken zur Verfügung stehen[692]. Die Verschaffung solcher Buchgelder im Rahmen des bargeldlosen Zahlungsverkehrs setzt regelmäßig voraus, daß nicht nur der Gläubiger, sondern auch der Schuldner ein Girokonto unterhält, zu dessen Lasten bargeldlose Zahlungen ausgeführt werden können.

2.470 Bei den Fremdwährungskonten besteht jedoch gegenüber den DM(Euro)-Girokonten eine Besonderheit, die erhebliche Konsequenzen für die Rechtsbeziehung zwischen Kunde und Bank hat. Das für die bargeldlosen Zahlungen benötigte Giroguthaben wird nicht im Inland bei dem kontoführenden Kreditinstitut, sondern von diesem bei einer Bank im Heimatland der jeweiligen Währung unterhalten[693]. Nur ein solches ausländisches Deckungsguthaben ermöglicht die Teilnahme am bargeldlosen Zahlungsverkehr in der jeweiligen Währung[694]. Denn allein diese ausländischen Währungsguthaben stellen Devisen im eigentlichen Wortsinne dar, wie sie den Gegenstand des Geldgiroverkehrs in der jeweiligen Währung bilden. Bei den Devisen in diesem engeren (rechtlichen) Sinne handelt es sich um Ansprüche auf Zahlung in fremder Währung an einem ausländischen Platz im Heimatland dieser Währung[695]. Diese Devisenforderungen werden deshalb vor allem als Kontoguthaben bei Banken oder der Zentralbank im Heimatland der Währung unterhalten. Diese Kontoguthaben bilden zugleich das Buchgeld des bargeldlosen Zahlungsverkehrs[696]. Dementsprechend werden diese Devisenguthaben, die als Deckung für das Guthaben auf den inländischen Fremdwährungskonten dienen, auch als ausländisches Buchgeld bezeichnet[697].

---

692 *Staudinger/Schmidt*, Vorbem. zu § 244 Rn A 18; *Stebut*, Jura 1982, S. 568 ff.; *Larenz*, Schuldrecht, Bd. 1, § 12 I; Münchener Komm. zum BGB/*von Maydell*, § 244 Rn 4; *Schefold* in Bankrechts-Handbuch, § 115 Rn 32.
693 Das Bedürfnis nach einem solchen ausländischen Deckungsguthaben ist nach der Euro-Einführung bei den Girokonten entfallen, die in den bisherigen nationalen Währungen der Teilnehmerstaaten der Europäischen Währungsunion geführt worden sind (*Hartenfels*, WM 1999, Sonderbeil. Nr. 1, 12).
694 *Schefold* in Bankrechts-Handbuch, § 116 Rn 31.
695 *Lipfert*, Devisenhandel und Devisenoptionshandel, 4. Aufl., 1992, S. 17; *Gabler's*, Wirtschaftslexikon, 14. Aufl., 1997, Stichwort „Devisen"; *Schönle*, Bank- und Börsenrecht, 2. Aufl., 1976, S. 403; *Kümpel*, WM 1986, 661, 666; *Kleiner*, WM 1988, 1459; *Obermüller*, WM 1984, 325; *Fülbier*, NJW 1990, 2797, 2798.
696 *Staudinger/Köhler*, § 433 Rn 37; *Soergel/Huber*, § 433 Rn 45; *Fülbier*, NJW 1990, 2797, 2798: „Fremdwährungsbuchgeld".
697 *Lipfert*, Devisenhandel und Devisenoptionshandel, 4. Aufl., 1992, S. 17; *Fülbier*, NJW 1990, 2797, 2798.

Zu den Devisen im weiteren Wortsinne gehören auch auf ausländische Währung lautende und an ausländischen Plätzen zu erfüllende Zahlungsansprüche, die wertpapiermäßig verbrieft sind. Dies gilt insbesondere für die US-amerikanischen Staatspapiere in Gestalt der Treasury-notes und Treasury-bills[698]. Gegenstand des Devisenhandels zwischen den Banken sind jedoch ausschließlich die unverbrieften Devisenforderungen in Gestalt der bei den Banken oder Zentralbanken im Heimatland der Währung unterhaltenen Giroguthaben und damit ausländisches Buchgeld[699]. In diesem Devisenmarkt führt die inländische Bank die Aufträge ihrer Kunden zum Kauf oder Verkauf von ausländischen Währungen aus.

2.471

Von diesen Devisengeschäften sind die sog. Sortengeschäfte zu unterscheiden. Unter Sorten sind ausländische gesetzliche Zahlungsmittel in Gestalt von Banknoten und Münzen zu verstehen[700]. Solchen Sortengeschäften liegen Kaufverträge zugrunde, die den Verkäufer zur Übereignung einer entsprechenden Anzahl von Banknoten und Geldmünzen verpflichten[701].

2.472

a) Notwendigkeit der Mitwirkung von Banken im Heimatland der Währung

Setzt die Devisenforderung die Ansässigkeit des Schuldners im Heimatland der Währung voraus, so muß die inländische Bank für das Guthaben auf dem bei ihr unterhaltenen Fremdwährungskonto zwangsläufig ein entsprechendes Deckungsguthaben bei einer Bank im Heimatland der Währung unterhalten, die Schuldnerin der Devisenforderung ist. Nur auf diese Weise kann die inländische Bank ihrem Kunden die Verfügungen über die von ihm benötigten Devisenforderungen verschaffen und ihm so den schnellen Zugang zum bargeldlosen Zahlungsverkehr in der jeweiligen Fremdwährung verschaffen[702].

2.473

Diese enge wirtschaftliche Verknüpfung von inländischem Fremdwährungskonto und im Ausland als Deckung unterhaltenem Kontoguthaben wird in den AGB der Kreditinstitute ausdrücklich angesprochen. Die

2.474

---

698 *Lipfert*, Devisenhandel und Devisenoptionshandel, 4. Aufl., 1992, S. 17; *Kümpel*, WM 1986, 661, 667.
699 Die Deutsche Bundesbank, Geldpolitische Aufgaben und Instrumente, Sonderdrucke der Deutschen Bundesbank, 6. Aufl., S. 48; *Lipfert*, Devisenhandel und Devisenoptionshandel, 4. Aufl., 1992, S. 17.
700 *Schefold* in Bankrechts-Handbuch, § 116 Rn 303 ff.
701 *Soergel/Huber*, § 433 Rn 44; *Staudinger/Schmidt*, § 244 Rn 12; *Fülbier*, NJW 1990, 2797.
702 Vgl. auch *Schefold* in Bankrechts-Handbuch, § 116 Rn 31; *Bunte* in Bankrechts-Handbuch, § 15 Rn 3; *Wagner-Wieduwilt* in Bankrecht und Bankpraxis, Rn 1/274.

AGB-Klausel für die Fremdwährungskonten weist darauf hin, daß Verfügungen der Bankkunden über Guthaben auf Fremdwährungskonten regelmäßig „unter Einschaltung von Banken im Heimatland der Währung abgewickelt werden" (vgl. Nr. 10 Abs. 1 S. 2 AGB Banken).

b) Regelungsbedarf für das politische Risiko des Währungs-Heimatlandes

2.475 Die Notwendigkeit von im Ausland unterhaltenen Deckungsguthaben für das Guthaben auf den inländischen Fremdwährungskonten erfordert eine interessegerechte AGB-mäßige Ausgestaltung der zugrundeliegenden Vertragsbeziehung zwischen Kunde und seiner kontoführenden Bank. Bei dieser Regelung steht das politische Risiko der Deckungsguthaben im Heimatland der Währung ganz im Vordergrund[703]. Das Risiko von Schäden und sonstigen Nachteilen an den ausländischen Deckungsguthaben hat seit langem zu Sonderregelungen in den AGB der Kreditinstitute geführt. Eine grundlegende Neugestaltung dieser AGB-Klausel ist im Jahre 1993 erfolgt. Dies wurde zugleich zum Anlaß genommen, die spezifischen tatsächlichen und rechtlichen Verhältnisse der Fremdwährungskonten transparenter erscheinen zu lassen.

2. Vertragsbeziehung Kunde/Bank als Geschäftsbesorgungsvertrag (§ 675 BGB)

2.476 Mit der Einrichtung eines Girokontos kommt zwischen Bank und Kontoinhaber ein Girovertrag zustande, der die Bank zur Führung eines laufenden Kontos im Sinne des § 355 BGB verpflichtet. Auf diesem Konto können die bargeldlosen Zahlungsverkehrsvorgänge zugunsten des Kunden durch Gutschriften verbucht werden. Belastungsbuchungen erfolgen dagegen, wenn der Kunde über sein Konto verfügt[704]. So ermöglicht das Girokonto dem Bankkunden die Teilnahme am bargeldlosen Zahlungsverkehr[705].

2.477 Derselbe Zweck wird mit der Einrichtung eines Fremdwährungskontos verfolgt. Diese Funktion wird in den AGB wie folgt umschrieben:

„Fremdwährungskonten des Kunden dienen dazu, Zahlungen an Kunden und Verfügungen des Kunden in fremder Währung bargeldlos abzuwickeln" (vgl. Nr. 10 Abs. 1 S. 1 AGB Banken).

---

703 *Wagner-Wieduwilt* in Bankrecht und Bankpraxis, Rn 1/273; vgl. weiter *Herring/Kübler*, Grenzüberschreitende Bankgeschäfte im Zielfeld politischer Interventionen, ZBB 1995, 113 ff.; 213 ff.
704 *Schimansky* in Bankrechts-Handbuch, § 47 Rn 1, 4.
705 BGH WM 1985, 344, 346; 1989, 126, 128; 1991, 317, 318.

Gutschriften auf dem Fremdwährungskonto erfolgen aber nicht nur bei 2.478
bargeldlosen Zahlungen an den Kunden, die für ihn einen auftragsrechtlichen Herausgabeanspruch (§ 667 BGB) begründen, der aufgrund des Girovertrages in einen Anspruch auf Gutschriftserteilung umgestaltet wird[706]. Zu solchen Gutschriften kommt es auch, wenn der Kunde die Bank mit einem Devisenkauf beauftragt hat[707]. Dies ist in der AGB-Klausel (Nr. 10 Abs. 2 AGB Banken) ausdrücklich klargestellt worden. Danach wird die Bank ihre Fremdwährungsverbindlichkeiten gegenüber dem Kunden durch Gutschrift auf dessen Fremdwährungskonto erfüllen. Zu diesen Fremdwährungsverbindlichkeiten gehören insbesondere auf fremde Währung lautende Zahlungsansprüche, etwa wenn der Kunde von der Bank auf US-Dollar lautende Schuldverschreibungen gekauft hat und folglich eine Fremdwährungs-Kaufpreisschuld im Sinne des § 433 BGB eingegangen ist.

Die Funktion des Fremdwährungkontos als einem Girokonto erklärt 2.479
auch, daß die Vertragsbeziehung zwischen Kunde und Bank hinsichtlich der von der Bank geschuldeten Dienstleistungen die gleiche Grundstruktur wie bei den DM(Euro)-Girokonten aufweist. Das einem Girokonto zugrundeliegende Vertragsverhältnis ist nach allgemeiner Meinung ein Geschäftsbesorgungsvertrag im Sinne des § 675 BGB, der durch dienstvertragliche Elemente geprägt ist[708]. Auf das Girovertragsverhältnis zwischen Kunde und Bank kommen deshalb die auftragsrechtlichen Bestimmungen zur Anwendung (§ 675 BGB). Dies gilt gleichermaßen für Fremdwährungskonten als einer Unterart des Girokontos.

a) Verfügungsrecht des Kunden als auftragsrechtliche Weisungsbefugnis (§ 666 BGB)

Erteilt der Kunde einen Überweisungsauftrag zu Lasten eines Girokontos, 2.480
so beinhaltet dies nach allgemeiner Meinung keinen rechtlich selbständigen Auftrag (§ 662 BGB). Vielmehr liegt hierin eine „Weisung", wie sie jeder Auftraggeber gegenüber seinem Beauftragten nach auftragsrechtlichen Grundsätzen erteilen kann (§ 666 BGB). Denn der bei Kontoeröffnung zustande kommende Girovertrag ist lediglich ein ausfüllungsbedürf-

---

706 BGH WM 1978, 58, 59; *Schimansky* in Bankrechts-Handbuch, § 49 Rn 41.
707 Dabei ergibt sich die Bestimmung des Umrechnungskurses bei solchen Fremdwährungsgeschäften nach dem ab 1. 1. 2000 geltenden Absatz 4 der Nr. 10 AGB Banken aus dem „Preis- und Leistungsverzeichnis". Mit dieser neuen AGB-Klausel sollten nach Wegfall des amtlichen Devisenfixings an der Frankfurter Wertpapierbörse die Umrechnungsmodalitäten auf eine sichere vertragliche Grundlage gestellt werden.
708 *Schimansky* in Bankrechts-Handbuch, § 47 Rn 1; BGH WM 1982, 816, 817; 1985, 1098, 1099; 1991, 317, 318; 1995, 2094, 2095.

tiger Rahmenvertrag. Die Geschäftsbesorgungspflichten der Bank sind also zunächst nur gattungsmäßig bestimmt. Diese sog. Gattungshandlungsschulden sind sodann durch Einzelweisungen noch zu konkretisieren[709]. Der einzelne Überweisungsauftrag als Weisung im Sinne des § 666 BGB verwandelt also die zunächst nur gattungsmäßig bestimmte Geschäftsbesorgungspflicht der Bank in eine Spezies-Überweisungspflicht[710].

2.481 Diese auftragsrechtlichen Grundsätze gelten auch für die Fremdwährungskonten, bei denen die Bank eine gleichartige Geschäftsbesorgungspflicht wie bei den DM(Euro)-Girokonten trifft. Die **Verfügungsbefugnis** des Kunden als Kontoinhaber, wie sie in der Nr. 10 Abs. 1 S. 1 AGB ausdrücklich erwähnt wird, stellt sich bei Überweisungsaufträgen somit als auftragsrechtliche **Weisungsbefugnis** des Kunden dar.

b) Ausschluß von Bareinzahlungen und -auszahlungen

2.482 Einem in DM (Euro) geführten Girokonto liegt aber nicht nur ein Girovertrag im Sinne eines Geschäftsbesorgungsvertrages zugrunde, der die Bank zum Tätigwerden verpflichtet, das für die Funktion des Girokontos als buchungsmäßige Grundlage für die Teilnahme am bargeldlosen Zahlungsverkehr erforderlich ist. Bei einem auf Guthabenbasis geführten Girokonto ist neben diesem Geschäftsbesorgungsvertrag noch eine unregelmäßige Verwahrung im Sinne des § 700 BGB gegeben, weil der Kunde ein (Buchgeld)Guthaben auf diesem Konto unterhält[711]. Dieses Verwahrungsverhältnis begründet für den Kunden einen jederzeitigen Anspruch auf Auszahlung des jeweiligen Guthabens in Form des sog. Tagessaldo (§§ 695, 700 BGB)[712].

2.483 Diese neben dem Girovertrag bestehende unregelmäßige „Aufbewahrung" des auf dem DM(Euro)-Girokonto verbuchten Buchgeldes fehlt bei den Fremdwährungskonten. Denn bei diesen Konten sind Bar- und Auszahlungen ausgeschlossen[713], wie dies bei DM(Euro)-Girokonten möglich

---

709 *Hadding/Häuser*, ZHR 145 (1981), 138, 140; *van Gelder*, Bankrechts-Handbuch, § 57 Rn 20; vgl. *Hammen*, Die Gattungshandlungsschulden, 1995, S. 22 ff.
710 *Hadding/Häuser*, ZHR 145 (1981), 138, 140.
711 *Schimansky* in Bankrechts-Handbuch, § 47 Rn 1; BGH WM 1993, 1585, 1586; 1995, 2094.
712 *Schimansky* in Bankrechts-Handbuch, § 47 Rn 14, 27; BGH WM 1982, 816, 817, 818; 1993, 1585, 1586; 1995, 2094, 2095.
713 *Wagner-Wieduwilt* in Bankrecht und Bankpraxis, Rn 1/270; *Werhahn/Schebesta*, AGB und Sonderbedingungen der Banken, 1995, Rn 162; *Sonnenhol*, WM 1993, 677, 682; *Bunte* in Bankrechts-Handbuch, Rn 1; *Baumbach/Hopt*, Nr. 10 AGB Banken Rn 1; *Schefold* in Bankrechts-Handbuch, § 116 Rn 15, 29.

ist[714]. Diese unterschiedliche Handhabung bei der Führung von Fremdwährungskonten erklärt sich daraus, daß bei solchen baren Zahlungsvorgängen ausländische Banknoten und Geldmünzen zu der ausländischen Bank „transportiert" werden müßten, bei der das Deckungsguthaben für das Fremdwährungskonto unterhalten wird. Denn im Unterschied zum inländischen Bargeld eignet sich ausländisches Bargeld (Sorten) grundsätzlich nicht zur unregelmäßigen Verwahrung durch inländische Kreditinstitute. So müßte die inländische Bank schon zur Vermeidung von Kursrisiken das bei ihr eingezahlte ausländische Bargeld der ausländischen Bank unverzüglich zur Gutschrift auf das dort unterhaltene Devisenkonto übermitteln.

Umgekehrt müßte bei Barauszahlungen zu Lasten des Fremdwährungskontos Bargeld zu Lasten des ausländischen Deckungsguthabens bei der ausländischen kontoführenden Bank abgehoben und zur Aushändigung an den Kunden im Inland verbracht werden. Denn die Bank schuldet keine Sorten sondern Erfüllung in Devisen[715]. Der Ausschluß von Bareinzahlungen und -auszahlungen stellt deshalb keine unangemessene Benachteiligung des Kunden im Sinne des § 9 AGBG dar[716]. 2.484

Soll ausnahmsweise dem Kunden ausländisches Bargeld zu Lasten seines Fremdwährungskontos besorgt werden, muß die Bank zunächst Devisen durch Abschluß eines Kassa-Devisengeschäfts zu Lasten des ausländischen Deckungsguthabens gegen Deutsche Mark (Euro) verkaufen. Sodann kann der Kunde in einem anschließenden Geschäft mit dem in DM (Euro) erzielten Verkaufserlös das benötigte ausländische Bargeld zum jeweils geltenden Sortenkurs bei seiner Bank kaufen, die sich dieses ausländische Bargeld im Interbanken-Sortenhandel beschaffen kann[717]. 2.485

Eine Besonderheit gilt bei Fremdwährungskonten, die in den bisherigen nationalen Währungen der Teilnehmerstaaten der Europäischen Währungsunion geführt worden sind. Mit der Einführung des Euro haben diese Konten ihren bisherigen Status als Fremdwährungskonto verloren, so daß die tatsächlichen Voraussetzungen für die Anwendbarkeit der Nr. 10 AGB entfallen sind[718]. Eine Auszahlung des Kontoguthabens in den Sorten der Kontowährungseinheit als gesetzliches Zahlungsmittel in der Übergangszeit bis zum 31.12.2001 dürfte der Bankkunde aber nicht ver- 2.486

---

714 *Canaris*, Bankvertragsrecht³, Rn 300.
715 *Kleiner*, EWS 91, 54; *Schefold* in Bankrechts-Handbuch, § 116 Rn 19.
716 *Bunte* in Bankrechts-Handbuch, § 15 Rn 5.
717 *Schefold* in Bankrechts-Handbuch, § 116 Rn 19. Zum Sortengeschäft vgl. weiter *ders.* in Bankrechts-Handbuch, § 116 Rn 303 f.
718 *Rehbein*, WM 1998, 997, 1003; *Hartenfels*, WM 1999, Sonderbeil. Nr. 1, 12.

langen können. Entsprechend dem Rechtsgedanken des § 244 BGB dürfte die Bank vielmehr ihren Auszahlungsanspruch mit auf DM lautendem Bargeld erfüllen können[719].

c) Inländische Fremdwährungsguthaben als auftragsrechtlicher Herausgabeanspruch (§ 667 BGB)

2.487 Wie sich gezeigt hat, verfügt der Kunde beim Fremdwährungskonto infolge des Ausschlusses von Bareinzahlungen und -auszahlungen über keinen Rückzahlungsanspruch im Sinne der unregelmäßigen Verwahrung (§§ 695, 700 BGB). Die Bank unterhält vielmehr ein Deckungsguthaben für das Guthaben auf dem Fremdwährungskonto bei einer Bank im Heimatland der Währung. Dieses Devisenguthaben ist dem Kunden aufgrund des zu seiner Bank bestehenden Geschäftsbesorgungsvertrages zuzurechnen. Denn dieses Guthaben resultiert regelmäßig aus für den Kunden bestimmtem ausländischem Buchgeld, das die inländische Bank aufgrund des Girovertrages für ihren Kunden entgegenzunehmen und für seine späteren Verfügungen im bargeldlosen Zahlungsverkehr bereit zu halten hat. Dieselbe **Aufbewahrungspflicht** trifft die Bank, wenn der Kunde die Bank mit dem Kauf von Devisen zur Gutschrift auf dem Fremdwährungskonto beauftragt hat, um über ein ausreichendes Guthaben für bargeldlose Zahlungen zu verfügen.

2.488 Angesichts dieser Funktion des ausländischen Deckungsguthabens sind die tatbestandsmäßigen Voraussetzungen für den auftragsrechtlichen Herausgabeanspruch des Auftraggebers (Bankkunde) gegen seinen Beauftragten (kontoführendes Kreditinstitut) gegeben. Nach § 667 BGB ist der Beauftragte verpflichtet, dem Auftraggeber alles herauszugeben, was er „aus der Geschäftsbesorgung erlangt" oder „zur Ausführung des Auftrages erhalten hat". Mit der Unterhaltung eines solchen Devisenguthabens im Heimatland der Währung soll ausländisches Buchgeld zur Verfügung des Kunden bereitgehalten werden, damit dieser ohne weiteres am bargeldlosen Zahlungsverkehr in dieser Währung teilnehmen kann.

2.489 Ein Überweisungsauftrag in ausländischer Währung kann zwar auch in der Weise ausgeführt werden, daß die inländische Bank zunächst das hierfür benötigte ausländische Buchgeld für Rechnung ihres Kunden im Kassa-Devisenhandel kauft. Demgegenüber haben Guthaben auf einem Fremdwährungskonto den entscheidenden Vorteil, daß ein solcher Devisenkauf nicht anläßlich der Erteilung des Überweisungsauftrages zu einem dann ungünstigeren Kurs vorgenommen werden muß. Das vorhandene Deckungsguthaben im Heimatland der Währung ermöglicht vielmehr die sofortige Ausführung des Überweisungsauftrages ohne einen zwi-

---
[719] *Hartenfels*, WM 1999, Sonderbeil. Nr. 1, 12.

schengeschalteten Devisenkauf und gewährleistet damit eine zuverlässigere Kalkulation der geschäftlichen Aktivitäten.

Der auftragsrechtliche Herausgabeanspruch des Bankkunden gegen seine kontoführende Bank erstreckt sich deshalb insbesondere auf die Devisenforderungen aus dem Devisenguthaben, das die Bank im Währungs-Heimatland als Deckung für das Guthaben ihres Kunden auf dem Fremdwährungskonto unterhält. Denn das Girokonto bei der ausländischen Bank, auf dem das Deckungsguthaben verbucht ist, lautet auf den Namen der inländischen Bank als Kontoinhaberin (sog. Nostro-Konto)[720]. Somit steht der inländischen Bank rechtsformal auch der (Auszahlungs-)Anspruch aus diesem ausländischen Devisenguthaben zu. Diese Rechtsposition der inländischen Bank als Gläubigerin der Devisenforderungen ist erforderlich, damit sie jederzeit zu Kontoverfügungen gegenüber der ausländischen Bank legitimiert ist. Nur so ist sie ihrerseits in der Lage, in kürzester Frist Verfügungen ihres Kunden über das bei ihr unterhaltene Fremdwährungsguthaben ausführen zu können.   2.490

aa) Rechtskonstruktive Parallelen zur WR-Gutschrift bei ausländischer Wertpapierverwahrung

Angesichts der rechtsformalen Gläubigerposition der inländischen Bank an den Devisenforderungen gegen die Bank im Währungs-Heimatland ergibt sich eine deutliche Parallele zur Rechtskonstruktion einer Gutschrift in Wertpapierrechnung (WR). Eine solche WR-Gutschrift wird dem Kundendepot erteilt, wenn der Effektenkunde seine Bank mit der Anschaffung ausländischer Wertpapiere im Ausland beauftragt, die sodann von einer ausländischen Bank als Deckung für die ihm erteilte WR-Gutschrift verwahrt werden sollen. Diesen WR-Gutschriften liegt wie dem Guthaben auf dem Fremdwährungskonto ein Geschäftsbesorgungsvertrag im Sinne des § 675 BGB zugrunde, der durch die Sonderbedingungen für Wertpapiergeschäfte (Nr. 12) seine weitere vertragliche Ausgestaltung erfahren hat[721]. Die inländische Depotbank erwirbt danach an den zum ausländischen Deckungsbestand gehörenden Wertpapieren Eigentum oder eine gleichwertige Rechtsposition. Der sich aus diesem Geschäftsbesorgungsvertrag ergebende Herausgabeanspruch (§ 667 BGB) des Bankkunden ist auf Übertragung dieser Rechtsposition an den im Ausland aufbewahrten Wertpapieren gerichtet. Entsprechendes gilt für den auftragsrechtlichen Herausgabeanspruch des Bankkunden aufgrund des inländischen Fremdwährungsguthabens, für das seine Bank ein Deckungs-   2.491

---

720 *Schefold* in Bankrechts-Handbuch, § 116 Rn 31, 32, 47.
721 *Coing*, WM 1977, 468; *Heinsius/Horn/Than*, § 22 Rn 25 ff.

guthaben bei einer Bank im Währungs-Heimatland unterhält. Wie bei der WR-Gutschrift ist die inländische Bank rechtsformale Inhaberin der das Deckungsguthaben bildenden Devisenforderungen.

2.492 Die rechtskonstruktive Parallele zwischen einem Guthaben auf einem Fremdwährungskonto und dem depotgeschäftlichen WR-Guthaben tritt noch deutlicher hervor, wenn zu dem ausländischen Deckungsbestand **unverbriefte Rechte** gehören, wie dies zunehmend der Fall ist, nachdem das Ausland immer mehr auf eine wertpapiermäßige Verbriefung verzichtet („Entmaterialisierung der Kapitalmarkttitel). Dies gilt insbesondere in den Ausnahmefällen, in denen die Schuldnerin der zum ausländischen WR-Deckungsbestand gehörenden unverbrieften Forderungsrechte zugleich die Depotbank für diesen Deckungsbestand ist[722].

bb) Geltendmachung des Herausgabeanspruchs durch hausinternen Kontoübertrag

2.493 Der auftragsrechtliche Herausgabeanspruch des Kunden bei Fremdwährungskonten ist seiner Grundstruktur nach auf **Abtretung** der Devisenforderungen gerichtet, die seiner Bank als Inhaberin des im Ausland unterhaltenen Deckungsguthabens zustehen. Eine solche Abtretung entspricht aber nicht den praktischen Bedürfnissen. So wären bei einer Übertragung die zessionsrechtlichen Bestimmungen der maßgeblichen Rechtsordnung zu berücksichtigen. Dem ausländischen Recht mangelt aber häufig die Möglichkeit einer „stillen" Forderungsabtretung, wie sie das deutsche Zessionsrecht kennt (§ 398 BGB).

2.494 Abgesehen von solchen Erschwernissen für eine wirksame Abtretung würde die Übertragung der Devisenforderungen erhebliche Legitimationsprobleme aufwerfen, wenn die Zession zur Erfüllung des Herausgabeanspruchs gegenüber der ausländischen Bank als Schuldnerin nicht offengelegt würde. Denn bei späteren Verfügungen über das bei der ausländischen Bank verbuchte Devisenguthaben hätte sich der Kunde zunächst als neuer Gläubiger zu legitimieren, weil die ausländische Bank auf eine Leistung mit befreiender Wirkung Wert legen müßte.

2.495 Für die von der inländischen Bank geschuldete „Herausgabe" der von ihr gehaltenen Devisenforderung dürfte es sich deshalb anbieten, das Devisenguthaben im Rahmen des bargeldlosen Zahlungsverkehrs auf ein Girokonto im Währungs-Heimatland zu überweisen, das auf den Namen ihres Kunden oder seiner anderen Bankverbindung lautet, bei der er ein Fremdwährungskonto unterhält.

---

722 Vgl. *Kümpel*, FS Schimansky, 1999, S. 221, 230.

3. Politische Risiken des ausländischen Deckungsguthabens

Die Unterhaltung ausländischer Deckungsguthaben, wie sie angesichts des mit dem Fremdwährungskonto verfolgten Zwecks der Teilnahme am bargeldlosen Zahlungsverkehr in der jeweiligen Währung unvermeidbar ist, hat zur Folge, daß dieses Deckungsguthaben politisch bedingten Maßnahmen oder Ereignissen im Heimatland der Währung ausgesetzt ist. Hierunter sind insbesondere Enteignungen, Beschlagnahme oder politisch motivierte Devisenbeschränkungen zu verstehen[723]. Zu den politischen Ereignissen gehören weiter Krieg, Aufruhr, politisch bedingte Streiks oder staatliche Moratorien[724]. Diese Risiken können sich auch infolge devisen- oder währungsrechtlicher Maßnahmen von Drittstaaten realisieren[725].

2.496

a) Vorübergehende Beschränkung der Leistungspflicht der Bank

Das Risiko aus diesen Maßnahmen und Ereignissen trifft nach der AGB-Klausel für die Fremdwährungskonten den Kunden und nicht seine inländische Bank. Danach ist die Verpflichtung zur Ausführung einer Verfügung zu Lasten eines Fremdwährungskontos in dem Umfang und so lange ausgesetzt (suspendiert)[726], wie die Bank wegen politisch bedingter Maßnahmen oder Ereignissen im Heimatland der Währung nicht oder nur eingeschränkt über das dort unterhaltene Deckungsguthaben verfügen kann. In dem Umfang und solange diese Maßnahmen oder Ereignisse andauern, ist die Bank auch nicht zu einer Erfüllung an einem anderen Ort außerhalb des Landes der Währung in einer anderen Währung, insbesondere nicht in Deutsche Mark oder durch Anschaffung von Bargeld verpflichtet (Nr. 10 Abs. 3 S. 1 u. 2 AGB Banken).

2.497

Diese Einschränkung der Leistungspflicht der Bank ist wirksam, weil diese Verbindlichkeit keine Geldschuld darstellt (1). Der Herausgabeanspruch des Kunden als rechtliches Substrat des Guthabens auf dem Fremdwährungskonto stellt im übrigen eine beschränkte Gattungsschuld (Vorratsschuld) dar, auf die die unbeschränkte Haftung für die Erfüllung von Gattungsschulden (§ 279 BGB) nicht anwendbar ist (2).

2.498

---

723 *Wagner-Wieduwilt* in Bankrecht und Bankpraxis, Rn 1/276; *Bunte* in Bankrechts-Handbuch, § 15 Rn 11.
724 *Bunte* in Bankrechts-Handbuch, § 15 Rn 11; *Wagner-Wieduwilt* in Bankrecht und Bankpraxis, Rn 1/274.
725 *Baumbach/Hopt*, Nr. 10 AGB Banken Rn 5.
726 *Baumbach/Hopt*, Nr. 10 AGB Banken Rn 5.

b) Auftragsrechtliche Herausgabeverpflichtung der Bank keine Geldschuld

2.499 Die in der AGB-Klausel enthaltene Einschränkung der Leistungspflicht der Bank wäre aus der Sicht der Inhaltskontrolle des AGB-Gesetzes (§ 9) problematisch, wenn die Guthaben auf den Fremdwährungskonten eine Geldschuld begründen würden. Sodann läge eine in ausländischer Währung ausgedrückte Geldschuld vor (sog. Fremdwährungsgeldschuld)[727].

2.500 Bei einer Geldschuld hat der Schuldner für die Erfüllung seiner Zahlungspflicht auch dann einzustehen, wenn er sein Unvermögen zur Leistung nicht zu vertreten hat. Der Schuldner wird selbst dann nicht frei, wenn die gesamten gesetzlichen Zahlungsmittel in der geschuldeten Währung außer Kraft gesetzt werden. Diese weitgehende Haftung für die Erfüllung einer Geldschuld folgt bereits aus dem Grundsatz, daß der Schuldner stets für seine finanzielle Leistungsfähigkeit einzustehen hat. Dieser Grundsatz läßt sich schon von dem der geltenden Wirtschaftsordnung zugrundeliegenden Prinzip der unbeschränkten Vermögenshaftung ableiten, wie er insbesondere durch das Zwangsvollstreckungs- und das Insolvenzrecht zum Ausdruck kommt[728].

2.501 Die Haftung des Schuldners einer Geldschuld bei unverschuldetem Unvermögen zur Leistung bedarf deshalb keiner Ableitung aus § 279 BGB, der die Einstandspflicht bei **Gattungsschulden** infolge eines unverschuldeten Unvermögens des Schuldners zur Leistung regelt[729]. Diese Haftungsnorm gilt nach überwiegender Literaturmeinung nur für **Sachschulden**, bei denen der Leistungsgegenstand lediglich gattungsmäßig bestimmt ist. Geldschulden stellen aber keine Sachschulden dar[730]. Unter einer Geldschuld ist die Verpflichtung zur Verschaffung der in Geld verkörperten abstrakten Kauf- oder Vermögensmacht zu verstehen[731]. Sie ist

---

727 *Palandt/Heinrichs,* § 245 Rn 17; *Maier-Reimer,* NJW 1985, 2049.
728 *Staudinger/Löwisch,* § 279 Rn 2; *Soergel/Teichmann,* § 244 Rn 4; *Soergel/Wiedemann,* § 279 Rn 7; Münchener Komm. zum BGB/*Emmerich,* § 279 Rn 5; *Palandt/Heinrichs,* § 279 Rn 4.
729 *Palandt/Heinrichs,* § 279 Rn 4; *Staudinger/Schmidt,* Vorbem. § 244 Rn C 4, C 7; *Soergel/Teichmann,* § 244 Rn 4; *Staudinger/Löwisch,* § 279 Rn 2.
730 Münchener Komm. zum BGB/*von Maydell,* § 244 Rn 8; *Soergel/Teichmann,* § 244 Rn 4; *Soergel/Wiedemann,* § 279 Rn 7. Dagegen bezeichnet der BGH die Geldschuld als Gattungsschuld (LM § 275 BGB Nr. 5). Nach *von Maydell* gilt jedoch § 279 BGB dem Inhalt nach für die Geldschuld als Wertbeschaffungsschuld in jedem Falle, ohne daß es einer Qualifizierung als Gattungsschuld bedarf (§ 244 Rn 8).
731 *Soergel/Teichmann,* § 244 Rn 4; *Palandt/Heinrichs,* § 245 Rn 12.

deshalb keine Sachschuld, sondern eine **Wertbeschaffungsschuld**[732]. Das Geschäftsinteresse des Gläubigers ist also bei der Geldschuld primär auf die Verschaffung von Bargeld als gesetzlichem Zahlungsmittel oder Buchgeld in Gestalt von Guthaben auf Girokonten bei Kreditinstituten gerichtet. Gegenstand der geschuldeten Leistung ist ein bestimmter Geldbetrag (Geldsumme), wie dies insbesondere auf die Kaufpreisschuld zutrifft[733]. Im Unterschied zu einer solchen **Geldsummenschuld** ist Gegenstand einer **Sachschuld** die Übertragung von Sachen oder Rechten, wie sie auch die Devisenforderungen aus den ausländischen Devisenguthaben als Deckung für Guthaben auf Fremdwährungskonten darstellen.

Für die **Sachschuld** als begrifflicher Gegensatz zur **Geldschuld** ist es im übrigen unwesentlich, ob der Leistungspflicht eine „Sache" als körperlicher Gegenstand oder eine unverbriefte „Forderung" als unkörperlicher Gegenstand zugrunde liegt. Auch der gesetzliche Tatbestand des § 243 BGB mit seiner Regelung der Gattungsschuld als Unterart der Sachschuld spricht nur von „Sache", die § 90 BGB als unkörperlichen Gegenstand definiert. Gleichwohl besteht Einvernehmen, daß Gegenstand einer solchen Gattungsschuld auch unverbriefte Rechte sein können und damit der Begriff Sache insoweit auch (unkörperliche) Forderungsrechte erfaßt[734]. 2.502

aa) Fremdwährungsschulden als Sachschulden

In der Praxis sind auf Fremdwährung lautende Sachschulden häufig anzutreffen. So schuldet beim Devisenkauf der Verkäufer die Übertragung von Devisenforderungen (Devisen im eigentlichen Wortsinne). Diese Lieferpflicht stellt nach allgemeiner Meinung eine Sachschuld dar, während die Zahlungspflicht des Käufers typischerweise eine Geldschuld beinhaltet[735]. Dasselbe gilt für die Sortengeschäfte, bei denen der Verkäufer ausländische Banknoten und/oder Münzen zu verschaffen hat und damit eine Sachschuld eingegangen ist, während die Kaufpreisverbindlichkeit des Käufers eine Geldschuld darstellt[736]. 2.503

---

732 Münchener Komm. zum BGB/*von Maydell*, § 244 Rn 8; *Soergel/Teichmann*, § 244 Rn 4; *Palandt/Heinrichs*, § 245 Rn 12.
733 *Soergel/Teichmann*, § 244 Rn 4.
734 Soweit gesetzliche Bestimmungen außerhalb des 3. Buches des BGB (Sachenrecht) den Sachenbegriff verwenden, ist es eine Frage des Einzelfalles, ob der § 90 BGB auch auf unkörperliche Gegenstände wie insbesondere auf unverbriefte Rechte angewendet werden kann (*Palandt/Heinrichs*, § 90 Rn 4).
735 *Staudinger/Köhler*, § 433 Rn 37; *Soergel/Huber*, § 433 Rn 45; *Staudinger/Schmidt*, § 244 Rn 12.
736 Vgl. hierzu *Soergel/Huber*, § 433 Rn 44; *Staudinger/Schmidt*, § 244, Rn 12; *Fülbier*, NJW 1990, 2797; *Schefold* in Bankrechts-Handbuch, § 116 Rn 303 ff.

bb) Fehlende Zahlungspflicht der Bank

2.504 Begriffswesentlich für die Geldschuld als Wertbeschaffungsschuld ist also, daß sie zur Zahlung einer bestimmten Geldsumme verpflichtet, wobei der Gläubiger lediglich zur Annahme von Banknoten und/oder Geldmünzen als gesetzliche Zahlungsmittel verpflichtet ist, wenn er nicht in Annahmeverzug (§ 293 BGB) geraten will[737]. Eine solche Geldschuld begründet das jeweilige Guthaben auf dem in Deutsche Mark (Euro) geführten Girokonto. Rechtsgrundlage dieses Guthabens als sog. Tagessaldo ist ein auf Geld gerichteter Zahlungsanspruch aus der mit dem Girovertrag verbundenen unregelmäßigen Verwahrung (§§ 695, 700 BGB)[738].

2.505 An einer solchen Zahlungsverpflichtung der Bank fehlt es jedoch bei den inländischen Fremdwährungskonten. Denn der Kunde kann keine Auszahlung von Bargeld in der jeweiligen Währung verlangen, weil diese Girokonten ausschließlich der Teilnahme am bargeldlosen Zahlungsverkehr dienen. Dem Kunden steht deshalb aus dem zugrundeliegenden Geschäftsbesorgungsvertrag gemäß § 667 BGB lediglich der Anspruch auf Herausgabe von Devisenforderungen zu, soweit diese zu dem Deckungsguthaben gehören, das die inländische Bank bei einer Bank im Heimatland der Währung unterhält. Die inländische Bank schuldet ihrem Kunden also die Herausgabe von **Forderungen** in ausländischer Währung. Damit liegt eine Sachschuld und keine Geldschuld vor.

2.506 Dieser Sachverhalt ist dem Falle vergleichbar, in dem die Bank bestimmte Banknoten oder Münzen herauszugeben hat, die sie für die Kunden aufzubewahren hatte. Auch hier geht es um die Übergabe bestimmter Geldsachen und nicht um die Verschaffung eines Wertquantums, wie es für die Geldschuld charakteristisch ist[739]. Nichts anderes kann gelten, wenn die Bank Devisenforderungen und damit unkörperliche Gegenstände herauszugeben hat. Hier beinhaltet die Herausgabepflicht keine Geldschuld sondern eine **Sachschuld,** die dadurch gekennzeichnet ist, daß die Leistungspflicht des Schuldners auf eine Sache oder einen unkörperlichen Gegenstand, insbesondere auf eine unverbriefte Forderung gerichtet ist.

c) Vereinbarkeit der AGB-Klausel mit § 279 BGB

2.507 Gegenstand des auftragsrechtlichen Herausgabeanspruchs des Inhabers eines Fremdwährungskontos ist nach alledem die Abtretung betragsmäßig bestimmter Devisenforderungen in der jeweiligen Währung. Die Verpflichtung zur Abtretung solcher Forderungsrechte, wie sie insbesondere

---

[737] BGH NJW 1983, 1605, 1606; NJW 1988, 2115.
[738] BGH WM 1982, 816, 817.
[739] Münchener Komm. zum BGB/*von Maydell*, § 244 Rn 10.

Gegenstand des Devisenhandels der Banken und der dort auszuführenden Kauf- und Verkaufsaufträge der Bankkunden sind, begründet eine Sachschuld in Gestalt der **Gattungsschuld**. Denn bei solchen Devisengeschäften wird lediglich der Betrag und die Währung und damit der Vertragsgegenstand nur gattungsmäßig angegeben.

Gattungsschulden können – wie ausgeführt – nach allgemeiner Meinung auch begründet werden, wenn die Übertragung von wertpapiermäßig unverbrieften und damit unkörperlichen Rechten geschuldet wird[740]. So spricht der gesetzliche Tatbestand des § 279 BGB selbst von gattungsmäßig geschuldeten „Gegenständen"[741]. Ein praktisch bedeutsames Beispiel für Gattungsschulden mit unverbrieften Rechten als Leistungsgegenstand bietet der Handel in Schuldbuchforderungen aus den Anleiheemissionen des Bundes und der Länder, die seit 1972 nur noch in dieser unverbrieften Form emittiert werden. Bei Abschluß von Kaufverträgen werden diese unverbrieften Rechte lediglich nach Betrag und jeweiliger Emission und damit gattungsmäßig bezeichnet. Jede dieser Emissionen stellt eine Wertpapiergattung dar, der wie bei den Emissionen von verbrieften Rechten eine eigene Wertpapierkennnummer zwecks gattungsmäßiger Bezeichnung zugeordnet wird.

2.508

Ist die Herausgabepflicht der Bank aufgrund des Guthabens auf dem Fremdwährungskonto als Gattungsschuld zu qualifizieren, stellt sich die Frage der Anwendbarkeit des § 279 BGB. Danach hat der Schuldner, solange die Leistung aus der Gattungsschuld möglich ist, sein Unvermögen zur Leistung auch dann zu vertreten, wenn ihm ein Verschulden nicht zur Last fällt. Diese erweiterte Einstandspflicht bei fehlendem Verschulden kommt jedoch bei Fremdwährungskonten nicht zum Tragen.

2.509

aa) Unanwendbarkeit des § 279 BGB auf auftragsrechtlichen Herausgabeanspruch

Nach dem Schrifttum ist § 279 BGB auf Geschäftsbesorgungsverhältnisse, insbesondere auf den sich daraus ergebenden Herausgabeanspruch gemäß § 667 BGB unanwendbar[742]. Ein solcher Herausgabeanspruch liegt dem Guthaben auf einem Fremdwährungskonto zugrunde. § 279 BGB soll selbst dann unanwendbar sein, wenn der Herausgabeanspruch auf Geld

2.510

---

[740] *Hammen*, Die Gattungshandlungsschulden, 1995, S. 39, 40; *Enneccerus-Lehmann*, Schuldrecht, 14. Bearbeitung, § 6 I, S. 27/28; *Staudinger/Schiemann*, § 243 Rn 44; *Medicus*, Schuldrecht I, Allgemeiner Teil, 10. Aufl., 1998, Rn 175.
[741] *Staudinger/Schiemann*, § 243 Rn 4, 44; *Palandt/Heinrichs*, § 243 Rn 1; *Medicus*, Schuldrecht I, Allgemeiner Teil, 10. Aufl., 1998, Rn 175.
[742] BGHZ 28, 123, 128; OGHZ Bd. 3, 280, 285; *Palandt/Heinrichs*, § 279 Rn 2; *Staudinger/Löwisch*, § 279 Rn 11.

gerichtet ist[743]. Denn Gegenstand des Vertrages ist die geschuldete Tätigkeit des Geschäftsbesorgers, nicht die Leistung von Gattungssachen[744]. Der Anwendungsbereich des § 279 BGB beschränkt sich im übrigen grundsätzlich auf Hauptleistungspflichten. Bei der Verletzung von Nebenpflichten, wie sie die auftragsrechtliche Herausgabepflicht des § 667 BGB darstellt, sollen die allgemeinen Regeln und damit der leistungsbefreiende § 275 BGB bei unverschuldetem Unvermögen zur Leistung anwendbar sein[745].

bb) Begründung einer haftungsbeschränkenden Vorratsschuld

2.511 Selbst wenn man die Anwendbarkeit des § 279 BGB auf solche auftragsrechtlichen Herausgabepflichten grundsätzlich bejahen würde, wäre die AGB-Klausel mit dieser Gesetzesbestimmung vereinbar. Denn nach allgemeiner Meinung kommt § 279 BGB nicht zum Tragen, wenn der Schuldner nach dem Inhalt des vom Gläubiger abgeschlossenen Vertrages nicht zur Beschaffung am Markt verpflichtet ist, sondern nur aus seinem Vorrat zu liefern braucht (sog. **Vorratsschuld**)[746]. Bei diesen beschränkten Gattungsschulden wird der Schuldner vielmehr von seiner Leistungsschuld befreit, wenn der Vorrat, „aus dem geleistet werden sollte", untergegangen ist[747].

2.512 Die Voraussetzungen einer beschränkten Gattungsschuld sind bei den Fremdwährungskonten gegeben[748]. Denn das Verfügungsrecht des Kunden aufgrund seines Fremdwährungsguthabens soll nur in dem Umfang und nur so lange gegeben sein, als die Bank ihrerseits über das bei einer Bank im Währungs-Heimatland unterhaltene Deckungsguthaben selbst verfügen kann. Nach dem BGH kann auch ein Anspruch auf Kontoguthaben als beschränkte Vorratsschuld ausgestaltet werden[749].

2.513 Ist die Zugriffsmöglichkeit der Bank auf das ausländische Deckungsguthaben für dauernd ausgeschlossen, so wird aus der vorübergehenden eine endgültige Unmöglichkeit zur Leistung und damit die Bank von ihrer Leistungspflicht befreit (§ 275

---

743 Münchener Komm. zum BGB/*Emmerich*, § 279 Rn 7.
744 *Staudinger/Löwisch*, § 279 Rn 11.
745 Münchener Komm. zum BGB/*Emmerich*, § 279 Rn 8; vgl. auch BGHZ 28, 123, 128.
746 RGZ 108, 420; OLG Karlsruhe JZ 1972, 120; *Palandt/Heinrichs*, § 279 Rn 2.
747 RGZ 84, 125, 126: Hafer von einem bestimmten Gut; OLG Karlsruhe JZ 1972, 120: Kohle aus einer bestimmten Zeche, wenn diese stillgelegt wird; vgl. weiter *Staudinger/Löwisch*, § 279 Rn 15; Münchener Komm. zum BGB/*Emmerich*, § 279 Rn 9; *Soergel/Wiedemann*, § 279 Rn 11.
748 *Baumbach/Hopt*, Nr. 10 AGB Banken Rn 5.
749 WM 1982, 707, 709.

BGB)[750]. Die Bank ist auch nicht zu einer Erfüllung ihrer Leistungspflicht an einen anderen Ort außerhalb des Landes der Währung, in einer anderen Währung oder in Euro oder durch Anschaffung von Bargeld verpflichtet (Nr. 10 Abs. 3 S. 2 AGB)[751]. Soweit das ausländische Deckungsguthaben nicht zur vollständigen Befriedigung aller betroffenen Bankkunden ausreicht, hat die Bank eine anteilige Aufteilung des noch verfügbaren Devisenguthabens vorzunehmen (sog. Repartierung). Diese Kunden bilden hinsichtlich des Deckungsguthabens eine Gefahrengemeinschaft[752].

Die Begründung einer solchen beschränkten Gattungsschuld in Nr. 20 AGB ist auch angemessen im Sinne der Generalklausel des AGB-Gesetzes (§ 9)[753]. Die Angemessenheit der AGB-Klausel zeigt sich insbesondere darin, daß der Kunde demselben politischen Risiko ausgesetzt wäre, wenn er ohne Zwischenschaltung einer Inlandsbank unmittelbar ein Girokonto bei einer Bank im Lande der Währung unterhalten würde, um am bargeldlosen Zahlungsverkehr in der betreffenden Währung teilnehmen zu können[754]. 2.514

d) Parallelen zur eingeschränkten Haftung bei depotmäßigen WR-Gutschriften

Auch bei dieser eingeschränkten Haftung der Bank ergibt sich wiederum eine Parallele zu den WR-Gutschriften, die dem Depot eines Kunden erteilt werden, wenn die für ihn im Ausland angeschafften Wertpapiere dort verwahrt werden sollen. Wie beim Fremdwährungskonto hat der Kunde auch hier einen auftragsrechtlichen Herausgabeanspruch (§§ 667, 675 BGB) aus dem zugrundeliegenden Geschäftsbesorgungsvertrag. Diese 2.515

---

750 *Bunte* in Bankrechts-Handbuch, § 15 Rn 12; *Baumbach/Hopt*, Nr. 10 AGB Banken Rn 5; *Westermann*, WM 1993, 1865, 1871; *Schefold* in Bankrechts-Handbuch, § 116 Rn 65; *Wagner-Wieduwilt* in Bankrecht und Bankpraxis, Rn 1/277; *Werhahn/Schebesta*, AGB und Sonderbedingungen der Banken, 1995, Rn 165; *von Westphalen*, BB 1993, S. 8, 10.
751 Zur Angemessenheit dieser einschränkenden Leistungsbeschreibung vgl. *Baumbach/Hopt*, Nr. 10 AGB Banken Rn 6; *Bunte* in Bankrechts-Handbuch, § 15 Rn 18; *Wagner-Wieduwilt* in Bankrecht und Bankpraxis, Rn 1/280.
752 *Baumbach/Hopt*, Nr. 10 AGB Banken Rn 5; *Bunte* in Bankrechts-Handbuch, § 15 Rn 14; *Canaris*, Bankvertragsrecht[2], Rn 2561; *Löwe/von Westphalen/Trinkner*, Banken-AGB Rn 11.
753 Vgl. *Canaris*, Bankvertragsrecht[2], Rn 2561, wonach es allgemein anerkannt ist, daß die Tragung dieses politischen Risikos der Bank nicht zugemutet werden kann; vgl. weiter *von Westphalen*, BB 1993, 8, 10; *ders.* in Löwe/v.Westphalen/Trinkner, Banken AGB Rn 11; *Schefold* in Bankrechts-Handbuch, § 116 Rn 51; *Bunte* in Bankrechts-Handbuch, § 15 Rn 13.
754 *Wagner-Wieduwilt* in Bankrecht und Bankpraxis, Rn 1/279; *Schefold* in Bankrechts-Handbuch, § 116 Rn 51.

Gläubigerposition ermöglicht dem Kunden, in Höhe seines inländischen Depotguthabens über Wertpapiere zu verfügen, die zu dem im Ausland befindlichen Deckungsbestand gehören. Hierzu sehen die Sonderbedingungen für Wertpapiergeschäfte (Nr. 12 Abs. 4) eine Haftungsbeschränkung bei Schäden an dem ausländischen Deckungsbestand vor, die sogar weitergeht als bei den Fremdwährungskonten. Das Schrifttum hat diese Haftungsbegrenzung stets als angemessen bewertet[755].

e) Verbleibende Verfügungsmöglichkeiten

2.516 Wird die Verfügungsmöglichkeit der inländischen Bank hinsichtlich ihres ausländischen Deckungsguthabens eingeschränkt, so kann gleichwohl über das Guthaben auf dem Fremdwährungskonto in zweierlei Hinsicht verfügt werden. So darf der Kunde weiterhin solche Verfügungen treffen, die die Bank vollständig im eigenen Haus ausführen kann (Nr. 10 Abs. 3 S. 3 AGB). Im übrigen lassen die politisch bedingten Maßnahmen oder Ereignisse im Währungs-Heimatland das Recht des Kunden und der Bank unberührt, fällige gegenseitige Forderungen in derselben Währung miteinander zu verrechnen (Nr. 10 Abs. 3 S. 4 AGB).

aa) Weisung zum hausinternen Kontoübertrag

2.517 Die vollständige Ausführung einer Kundenverfügung im eigenen Haus ist der Bank vor allem in den Fällen möglich, in denen das Kontoguthaben lediglich auf das Fremdwährungskonto eines anderen Bankkunden übertragen werden soll. Bei einem solchen hausinternen Kontoübertrag bleibt das von der Bank im Währungs-Heimatland unterhaltene Devisenguthaben völlig unberührt. Es bedarf insbesondere keiner Mitwirkung der ausländischen Bank, bei der das Deckungsguthaben unterhalten wird.

2.518 Die inländische Bank hat bei dem hausinternen Kontoübertrag dem begünstigten Bankkunden lediglich eine Kontogutschrift zu erteilen. Der Gutschriftsempfänger erlangt hierdurch einen Herausgabeanspruch (§ 667 BGB), bei dessen Geltendmachung die Bank wiederum ihre AGB-mäßig beschränkte Leistungspflicht einwenden kann. Im Zuge der Erteilung einer solchen Gutschrift darf die Bank zugleich eine korrespondierende Belastungsbuchung auf dem Fremdwährungskonto ihres Auftraggebers vornehmen (§ 670 BGB).

2.519 Die Rechtskonstruktion dieses Kontoübertrags ist vergleichbar mit dem Übertrag depotmäßig erteilter WR-Guthaben im sog. WR-Treuhandgiroverkehr, der von der

---

755 *Heinsius/Horn/Than*, § 22 Rn 37 m.w.Nachw.; *Räbel*, ZGesKredW 1968, 816, 818; *Kümpel*, ZGesKredW 1973, 170, 172.

Deutschen Börse Clearing AG als Wertpapiersammelbank vermittelt wird[756]. Hierzu unterhalten die als Kontoinhaber angeschlossenen Kreditinstitute WR-Guthaben, soweit dieses Verwahr- und Clearinginstitut als Zwischenverwahrer bei der ausländischen Aufbewahrung von Wertpapieren der Bankkunden eingeschaltet ist. Auch diesen WR-Gutschriften liegen auftragsrechtliche Herausgabeansprüche (§ 667 BGB) der angeschlossenen Kreditinstitute zugrunde, wie dies bei den Guthaben auf den Fremdwährungskonten der Fall ist[757].

bb) Einseitige Aufrechnungsbefugnis von Kunde und Bank

Unberührt von den Auswirkungen der politisch bedingten Maßnahmen oder Ereignisse auf das ausländische Deckungsguthaben bleibt auch das Recht der Kunden und der Bank, fällige gegenseitige Forderungen in derselben Währung miteinander zu verrechnen. Diese AGB-Klausel betrifft die einseitige Aufrechnungsbefugnis, soweit sie dem Kunden oder der Bank zusteht. Eine solche Befugnis setzt nach dem gesetzlichen Tatbestand voraus, daß die gegenseitig geschuldeten Leistungen „ihrem Gegenstand nach gleichartig sind" (vgl. § 387 BGB). 2.520

Diese **Gleichartigkeit** mangelt häufig den Fremdwährungsverbindlichkeiten aus Bankgeschäften. So zielt insbesondere der auftragsrechtliche Anspruch des Kunden aus seinem Fremdwährungsguthaben auf „Herausgabe" der Devisenforderungen, die der Bank aus ihrem im Währungs-Heimatland als Deckung unterhaltenen Devisenguthaben zustehen. Hier stellt die Leistungspflicht der kontoführenden Bank eine **Sachschuld** dar. Dagegen handelt es sich um eine **Geldsummenschuld,** wenn der Kunde von seiner Bank festverzinsliche Wertpapiere in derselben Währung gekauft hat und damit die Zahlung des vereinbarten Kaufpreises schuldet. Die beiden Leistungen, die der auftragsrechtlichen Herausgabeschuld der Bank (§ 667 BGB) und der Geldsummenschuld des Kunden (§ 433 BGB) zugrunde liegen, sind in diesen Fällen nicht gleichartig[758]. 2.521

Auch solche ungleichartigen Ansprüche können jedoch miteinander verrechnet werden, wenn dies nicht durch einseitige Aufrechnungserklärung, sondern im Wege eines **Aufrechnungsvertrages** geschieht. Ein solcher Vertrag ist nach allgemeiner Meinung nicht an die tatbestandsmäßigen Voraussetzungen einer einseitigen Aufrechnung gemäß § 387 BGB 2.522

---

756 Vgl. Nr. 64 Abs. 1 AGB der Deutsche Börse Clearing AG abgedruckt in *Kümpel/Ott*, Kapitalmarktrecht, Kz 380.
757 *Kümpel*, Bankrecht und Bankpraxis, Rn 8/133.
758 BGH WM 1978, 58, 59;, Münchener Komm. zum BGB/*von Feldmann*, § 387 Rn 16.

gebunden[759]. Die Problematik fehlender Gleichartigkeit der gegenseitigen Fremdwährungsforderungen relativiert sich jedoch in der Praxis dadurch, daß es sich bei einem Fremdwährungskonto um eine Unterart der Girokonten handelt. Diese Konten werden aber regelmäßig als Kontokorrentkonten im Sinne des § 355 HGB geführt, um sowohl Zahlungseingänge als auch -ausgänge kontokorrentmäßig **verrechnen** zu können. Die Kontokorrentfähigkeit setzt jedoch die strenge Gleichartigkeit im Sinne der einseitigen Aufrechnungsbefugnis nicht voraus. Es genügt vielmehr, daß die in das Kontokorrent einzustellenden Forderungen und Leistungen nach dem Willen der Vertragsparteien im Zeitpunkt der Verrechnung mit einheitlichem Maßstab bewertet werden sollen[760]. Als ein solcher Maßstab dient bei dem Fremdwährungskonto die jeweilige ausländische Währung.

VI. Verfügungsberechtigung nach dem Tod des Kunden (Nr. 5 AGB)

2.523 Verstirbt der Kunde, bedarf es einer Klärung der Verfügungsberechtigung. Die Bank leistet nur mit befreiender Wirkung, wenn sie die geschuldete Leistung an den Verfügungsberechtigten bewirkt. Dies ist im Regelfall der Gläubiger (§ 362 Abs. 1 BGB). Beim Ableben der Kunden werden nach dem Grundsatz der Universalsukzession die Erben Gläubiger der Forderungen gegen die Bank (§ 1922 BGB). Im Interesse einer schuldbefreienden Leistung ist die Bank auf einen ausreichenden Nachweis der Verfügungsberechtigung angewiesen.

2.524 Gegenstand der Verfügungen sind regelmäßig schuldrechtliche Ansprüche des Kunden gegen die Bank. Zu diesen Verfügungen gehört auch die Geltendmachung einer Forderung. Verfügungen sind alle Rechtsgeschäfte, die unmittelbar darauf gerichtet sind, auf ein bestehendes Recht einzuwirken[761]. Dies geschieht insbesondere durch Aufhebung, wie sie infolge des geforderten Bewirkens der geschuldeten Leistung eintritt. Solche Verfügungen trifft der Bankkunde auch im Rahmen der depotgeschäftlichen Vertragsbeziehungen. Denn rechtliche Grundlage der Depotverfügungen gegenüber seiner Bank sind der schuldrechtliche Rückforderungsanspruch aus dem Verwahrverhältnis (§ 695 BGB) und nicht das (Mit-)Eigentum an den depotmäßig verwahrten Wertpapieren.

---

759 RGZ 72, 377, 378; vgl. weiter *Soergel/Zeiss,* vor §§ 387 Rn 5, wonach in diesen Fällen besser nicht von vertraglicher Aufrechnung, sondern von wechselseitiger vertraglicher Tilgung durch Hingabe an Erfüllungs Statt gesprochen werden sollte (*Weber* in RGRK-BGB, vor § 387 Rn 32).
760 *Canaris* in RGRK-HGB, § 355 Anm. 38.
761 *Palandt/Heinrichs,* Überbl. v. § 104 Rn 16.

Solange die Verfügungsberechtigung nach dem Ableben des Kunden nicht 2.525
ausreichend nachgewiesen ist, braucht die Bank nicht an den wahren oder
vermeintlichen Erben zu leisten. Insbesondere gerät die Bank nicht in
Verzug, wenn sie von der Person des Erben unverschuldet keine Kenntnis
hat oder sich Zweifel an der Verfügungsberechtigung trotz pflichtgemäßer
Bemühungen der Bank nicht haben ausräumen lassen[762].

Bei fortbestehender Ungewißheit über die Person des Gläubigers kann die 2.526
Bank von ihrer gesetzlichen Befugnis zur Hinterlegung der bei ihr befindlichen Nachlaßwerte Gebrauch machen[763]. Der Bank kann nicht zugemutet werden, berechtigte Zweifel über den wahren Erbberechtigten auf
eigenes Risiko zu lösen[764].

1. Vorlage des Erbscheins oder des Testamentvollstreckerzeugnisses

Der sicherste Nachweis für die Verfügungsberechtigung als Erbe ist der 2.527
Erbschein[765]. Diese Urkunde genießt öffentlichen Glauben. Deshalb kann
sich die Bank unbedingt auf die Richtigkeit des Urkundeninhalts verlassen, sofern sie nicht die Unrichtigkeit kennt oder weiß, daß das Nachlaß-
gericht die Rückgabe des Erbscheins wegen Unrichtigkeit verlangt hat
(§ 2366 BGB)[766].

Wird an den Erbscheinserben geleistet, so geschieht dies mit **befreiender** 2.528
Wirkung (§ 2367 BGB). Dagegen greift der Schutz des öffentlichen Glau-
bens des Erbscheins nicht ein, wenn die Bank mit dem Erbscheinserben
neue Rechtsgeschäfte tätigt, die nur schuldrechtliche Wirkungen äußern.
Durch solche schuldrechtlichen Verpflichtungsgeschäfte wird der wahre
Erbe nicht verpflichtet[767].

Soweit eine Testamentsvollstreckung angeordnet ist, bedarf es der Aus- 2.529
stellung eines Testamentsvollstreckerzeugnisses. In diesen Fällen steht
die Verfügungsberechtigung über die zum Nachlaß gehörenden Gegenstände und damit auch über die Bankforderungen allein dem Testaments-

---

762 BGH LM § 581 Nr. 35; LG Krefeld WM 1977, 378, 379; *Bunte* in Bankrechts-
   Handbuch, § 10 Rn 11; *Gößmann* in Bankrecht und Bankpraxis, Rn 1/155;
   Palandt/Heinrichs, § 285 Rn 2.
763 *Bunte* in Bankrechts-Handbuch, § 10 Rn 11; *Weber* in Bankrecht und Bankpraxis, Rn 1/155.
764 BGH WM 1960, 112; BGH RPfl 1985, 412 mit Anmerkung *Hornung*.
765 *Palandt/Edenhofer*, Überbl. v. § 2353 Rn 1.
766 *Palandt/Edenhofer*, § 2366 Rn 1.
767 *Staudinger/Schilken*, § 2367 Rn 8; *Palandt/Edenhofer*, § 2367 Rn 1; *Weber* in
   Bankrecht und Bankpraxis, Rn 1/141.

vollstrecker zu (§§ 2205, 2211 BGB). Wie der Erbschein genießt auch das Testamentsvollstreckerzeugnis öffentlichen Glauben (§ 2368 Abs. 3 BGB).

2.530 Anders als beim Erbschein kommt der Gutglaubensschutz auch bei schuldrechtlichen Verpflichtungsgeschäften des Testamentsvollstreckers zum Tragen. Dieser hat den Nachlaß zu verwalten und darf die hierfür erforderlichen Verbindlichkeiten für den Nachlaß eingehen (§§ 2205, 2206 BGB). Deshalb erstreckt sich der Gutglaubensschutz beim Testamentsvollstreckerzeugnis auch auf den Abschluß von schuldrechtlichen Verpflichtungsgeschäften[768].

2. Verzicht auf Erbschein oder Testamentsvollstreckerzeugnis

2.531 Die Bank braucht nicht in allen Fällen auf die Vorlage eines Erbscheins oder eines Testamentsvollstreckerzeugnisses zu bestehen. So ist die Bank auch ohne Vorlage dieser Urkunden zu Zahlungen aus den bei ihr unterhaltenen Nachlaßwerten berechtigt, die von den Erben ohnehin zu leisten sind, wie dies z.B. für Beerdigungskosten und die Erbschaftsteuer gilt[769].

2.532 Die Bank kann im übrigen die Vorlage eines Erbscheins oder eines Testamentsvollstreckerzeugnisses nicht verlangen, wenn dies zur Klärung der Verfügungsberechtigung entbehrlich ist[770]. Nach der Rechtsprechung ist eine generelle Pflicht zur Vorlage eines Erbscheins vom Gesetzgeber nicht gewollt und würde in vielen Fällen zu einer „unerträglichen Belästigung des Erben, zu unnützen Kosten und zur Verzögerung der Nachlaßregulierung führen"[771].

2.533 Die Bank kann deshalb auf die Vorlage eines Erbscheins oder eines Testamentsvollstreckerzeugnisses verzichten, wenn ihr eine Ausfertigung oder eine beglaubigte Abschrift der letztwilligen Verfügung in Form eines Testaments oder Erbvertrages nebst zugehöriger Eröffnungsniederschrift vorgelegt wird (Nr. 5 S. 2 AGB). Die Bank darf denjenigen, der in diesen Urkunden als Erbe oder Testamentsvollstrecker bezeichnet ist, als Berechtigten ansehen, ihn verfügen lassen und insbesondere mit befreiender

---

768 *Staudinger/Schilken*, § 2368 Rn 12; *Bunte* in Bankrechts-Handbuch, § 10 Rn 18; *Weber* in Bankrecht und Bankpraxis, Rn 1/148.
769 *Bunte* in Bankrechts-Handbuch, § 10 Rn 1; *Werhahn/Schebesta*, AGB und Sonderbedingungen der Banken, Rn 105.
770 *Gößmann* in Bankrecht und Bankpraxis, Rn 1/151; *Palandt/Edenhofer*, Überbl. v. § 2353 Rn 5.
771 RGZ 53, 343 ff.

3. Abschnitt: AGB der Banken

Wirkung an ihn leisten (Nr. 5 S. 3 AGB). Dies gilt jedoch nicht, wenn der Bank bekannt ist, daß der dort Genannte etwa nach Anfechtung oder wegen Nichtigkeit des Testaments nicht verfügungsberechtigt ist oder wenn ihr dies infolge Fahrlässigkeit nicht bekannt geworden ist (Nr. 5 S. 4 AGB).

In der Praxis wird über die Eröffnungsniederschrift (§ 2260 Abs. 3 BGB) häufig keine gesonderte Urkunde erstellt, sondern dies mittels Stempelabdruck auf dem Testament oder dem Erbvertrag selbst angebracht[772]. Unzureichend ist jedoch nach dem Wortlaut der AGB-Klausel ein bloßer Eröffnungsvermerk, der lediglich die Tatsache der Eröffnung des Testaments verlautbaren soll. In diesen Fällen leistet die Bank grundsätzlich nicht mit befreiender Wirkung[773].　　2.534

Dieser Verzicht auf die Vorlage eines Erbscheins oder eines Testamentsvollstreckerzeugnisses orientiert sich an dem Legitimationsnachweis bei der Umschreibung des Grundbuchs auf den Erben. Beruht die Erbfolge auf einer Verfügung von Todes wegen, die in einer öffentlichen Urkunde enthalten ist, so genügt es, wenn anstelle des Erbscheins die Verfügung und die Niederschrift über die Eröffnung der Verfügung vorgelegt wird (§ 35 Abs. 1 GBO). Entsprechendes gilt für die Testamentsvollstreckung (§ 35 Abs. 2 GBO).　　2.535

Dieser AGB-mäßige Verzicht auf die Vorlage eines Erbscheins oder eines Testamentsvollstreckerzeugnisses wird allgemein als angemessen im Sinne der Generalklausel des AGB-Gesetzes angesehen[774]. Mit dieser AGB-Klausel soll ein **ausgewogener Ausgleich** zwischen den Interessen des wahren Erben und der Bank geschaffen werden, die auf eine schuldbefreiende Leistung besonderen Wert legen muß[775]. Andererseits sind die Erben häufig an einer möglichst zügigen Abwicklung des Nachlasses stark interessiert[776]. Besteht die Bank in diesen Fällen gleichwohl auf der Vorlage eines Erbscheins oder eines Testamentsvollstreckerzeugnisses und sind die bei ihr unterhaltenen Nachlaßwerte nur von geringem Wert, so kann hierin ein rechtsmißbräuchliches Verlangen der Bank liegen[777].　　2.536

---

772 *Palandt/Edenhofer*, § 2260 Rn 8.
773 *Bunte* in Bankrechts-Handbuch, § 10 Rn 9; *Werhahn/Schebesta,* AGB und Sonderbedingungen der Banken, Rn 102.
774 *Bunte* in Bankrechts-Handbuch, § 10 Rn 28; *Gößmann* in Bankrecht und Bankpraxis, Rn 1/160; vgl. weiter *Canaris*, Bankvertragsrecht^2, Rn 2714.
775 *Gößmann* in Bankrecht und Bankpraxis, Rn 1/135.
776 *Bunte* in Bankrechts-Handbuch, § 10 Rn 29; *Gößmann* in Bankrecht und Bankpraxis, Rn 1/135.
777 *Canaris*, Bankvertragsrecht^2, Rn 2714; *Gößmann* in Bankrecht und Bankpraxis, Rn 1/152.

3. Vorlage weiterer Urkunden

2.537 Die Bank kann zum Legitimationsnachweis weitere Urkunden verlangen, wenn dies für die Prüfung der Verfügungsberechtigung erforderlich ist. Ein Beispiel hierfür bildet die Erklärung des Testamentsvollstreckers zur Annahme seines Amtes (§ 2202 BGB).

2.538 Fremdsprachige Urkunden sind auf Verlangen der Bank in deutscher Sprache vorzulegen (Nr. 5 S. 1 AGB). Auf solche Urkunden kann die Bank bei Erbfällen mit Auslandsberührung angewiesen sein[778]. Mit dieser Regelung wird zugleich klargestellt, daß der Kunde die Kosten einer erforderlichen Übersetzung zu tragen hat[779].

VII. Regelungen zugunsten der Einlagensicherung (Nr. 20 AGB)

2.539 Die Geldforderungen aus einer bankmäßigen Geschäftsverbindung sind, soweit der Gläubiger nicht selbst ein Kreditinstitut ist, weitgehend vor der Insolvenz geschützt. Dies gilt vor allem für die auf Girokonten unterhaltenen Guthaben sowie für die Termin- und Spareinlagen einschließlich der auf den Namen lautenden Sparbriefe. Hierzu sind Sicherungseinrichtungen durch die zuständigen Spitzenverbände des Kreditgewerbes geschaffen worden – Rn 19.131 ff. Dabei bieten sich für die Grundstruktur des angestrebten Insolvenzschutzes zwei Sicherungsmodelle an. So bezwecken die Sicherungseinrichtungen der Sparkassenorganisation und des Genossenschaftssektors die **Institutssicherung**. Ziel ist hier die Fortführung des Geschäftsbetriebes des in Krise geratenen Kreditinstitutes, erforderlichenfalls durch die Förderung von Übernahme oder Fusionen. Mit der Sanierung und Fortführung des Geschäftsbetriebes werden die Zahlungsfähigkeit des betroffenen Kreditinstitutes erhalten und damit seine Kunden als Forderungsgläubiger **mittelbar** geschützt[780].

2.540 Der Einlagensicherungsfonds des Bundesverbandes deutscher Banken e.V. dient dagegen nicht der Bestandssicherung der angeschlossenen Banken gegen die Risiken des Wettbewerbes. Eine solche Garantie kann es in einer auf marktwirtschaftlichen Grundsätzen beruhenden Wirtschaftsordnung regelmäßig nicht geben. Diese freiwillige Sicherungseinrichtung

---

778 *Bunte* in Bankrechts-Handbuch, § 10 Rn 6.
779 *Bunte* in Bankrechts-Handbuch, § 10 Rn 5; *Werhahn/Schebesta*, AGB und Sonderbedingungen der Banken, Rn 99.
780 BGH WM 1989, 184 für die Sicherungseinrichtung der Genossenschaftsbanken; *Fischer* in Bankrechts-Handbuch, § 133 Rn 32; *Rümker* in Bankrechts-Handbuch, § 124 Rn 136; *Claussen*, Bank- und Börsenrecht, 1996, § 2 Rn 10.

soll vielmehr nur die geschützten Kunden **unmittelbar** vor den Nachteilen einer Insolvenz ihrer Bank bewahren[781]. Hier werden die geschützten Einlagen vom Sicherungsfonds unmittelbar an die forderungsberechtigten Kunden ausgezahlt (Einlegerschutz im engeren Wortsinne)[782]. Der erleichterten Abwicklung dieser Entschädigungszahlungen dient die hierfür geschaffene AGB-Klausel (Nr. 20 AGB Banken).

1. Hinweis auf den Einlagensicherungsfonds und den Schutzumfang

In dieser AGB-Klausel wird ausdrücklich darauf hingewiesen, daß die Bank dem Einlagensicherungsfonds des Bundesverbandes deutscher Banken e.V. angeschlossen ist. Dabei wird der in § 6 des Einlagensicherungsstatuts genau bestimmte Umfang der geschützten Forderungen angedeutet. Der Einlagensicherungsfonds sichert alle Verbindlichkeiten, die in der Bilanzposition „Verbindlichkeiten gegenüber Kunden" auszuweisen sind. Hierzu zählen insbesondere Sicht-, Termin- und Spareinlagen einschließlich der auf den Namen lautenden Sparbriefe. Die Sicherungsgrenze je Gläubiger beträgt 30% des für die Einlagensicherung maßgeblich haftenden Eigenkapitals der Bank. Nicht geschützt sind dagegen Forderungen, über die die Bank auf den Inhaber lautende Schuldverschreibungen und Einlagenzertifikate ausgestellt hat. Im übrigen nimmt die AGB-Klausel Bezug auf das Statut des Einlagensicherungsfonds, das dem Kunden auf Verlangen zur Verfügung gestellt wird.

2.541

Dieser AGB-mäßige Hinweis enthält nach überwiegender Literaturmeinung nicht nur eine Tatsachenerklärung. Sie begründet vielmehr eine wesentliche Vertragspflicht der Bank, sich dem Einlagensicherungsfonds anzuschließen. Eine Verletzung dieser Pflicht berechtigt zur fristlosen Kündigung aus wichtigem Grund[783].

2.542

a) Kein vertraglicher Anspruch auf Entschädigung

Mit dem ausdrücklichen Hinweis auf die Mitgliedschaft beim Einlagensicherungsfonds wird kein vertraglicher Zahlungsanspruch der Kunden gegen den Bundesverband der deutschen Banken begründet[784]. § 6 des Sta-

2.543

---

781 *Weber* in Bankrecht und Bankpraxis, Rn 1/615; *Bunte* in Bankrechts-Handbuch, § 25 Rn 1.
782 *Rümker* in Bankrechts-Handbuch, § 124 Rn 137.
783 *Baumbach/Hopt*, Nr. 20 AGB Banken Rn 1; *Bunte* in Bankrechts-Handbuch, § 25 Rn 27.
784 *Canaris*, Bankvertragsrecht[2], Rn 2725; *Bunte* in Bankrechts-Handbuch, § 25 Rn 4.

tuts des Einlagensicherungsfonds[785], auf den Nr. 20 AGB für den Schutzumfang ausdrücklich verweist, schließt einen Rechtsanspruch auf ein Eingreifen oder auf Leistungen des Fonds ausdrücklich aus. Solche Rechtsansprüche sind auch bei allen anderen Sicherungseinrichtungen der Kreditwirtschaft angeschlossen[786]. Hierfür waren vor allem steuer- und versicherungsaufsichtsrechtliche Gründe maßgeblich. Mit diesem Ausschluß sollte der Einlagensicherungsfonds von der Körperschaft- sowie der Vermögen- und Gewerbesteuer befreit werden. Auch hätte ein solcher Rechtsanspruch den Fonds der Versicherungsaufsicht unterstellt[787]. Schließlich sollte die wohl nur theoretische Möglichkeit offengehalten werden, eine ruinöse Inanspruchnahme des Fonds abwenden zu können[788].

b) Gesetzlicher Entschädigungsanspruch

2.544 Gesetzliche Ansprüche können sich aber nach dem Einlagensicherungs- und Anlegerentschädigungsgesetz (EAG) und aus dem **Gebot der Gleichbehandlung** ergeben.

aa) Einlagensicherungs- und Anlegerentschädigungsgesetz (EAG)

2.545 Die EG-Einlagensicherungs-Richtlinie 94/19/EG vom 30. 5. 1994, an die sich die EG-Anlegerentschädigungs-Richtlinie 97/9/EG vom 3. 3. 1997 eng anlehnt, sehen einen **Mindestschutz für die Einleger** vor[789]. Beide Richtlinien sind mit dem am 1. 8. 1998 in Kraft getretenen „Gesetz zur Umsetzung der EG-Einlagensicherungs-Richtlinie und der EG-Anlegerentschädigungs-Richtlinie" in innerdeutsches Recht transformiert worden[790]. Das Kernstück dieses Artikelgesetzes ist das „Einlagensicherungs- und Anlegerentschädigungsgesetz" (EAG). Nach § 3 EAG haben die hierdurch geschützten Gläubiger gegen die Sicherungs-/Entschädigungseinrichtung, der das insolvente Kredit- oder Finanzdienstleistungsinstitut angehört, einen gesetzlichen Anspruch auf Entschädigung. Der Entschädi-

---

785 Abgedruckt in Bankrecht und Bankpraxis, Rn 1/616.
786 *Fischer* in Bankrechts-Handbuch, § 133 Rn 35; *Werhahn/Schebesta*, AGB und Sonderbedingungen der Banken, Rn 429.
787 *Weber* in Bankrecht und Bankpraxis, Rn 1/656; *Fischer* in Bankrechts-Handbuch, § 133 Rn 35; *Bunte* in Bankrechts-Handbuch, § 25 Rn 20; *Claussen*, Bank- und Börsenrecht, 1996, § 5 Rn 101.
788 *Fischer* in Bankrechts-Handbuch, § 133 Rn 35; vgl. hierzu auch *Weber*, Bankrecht und Bankpraxis 1/658.
789 Abgedruckt in ABlEG Nr. L 135 vom 31. 5. 1995, S. 5 ff.; Nr. L 84 vom 26. 3. 1997, S. 22 f.
790 BGBl. I 1988, S. 1842 ff.

gungsanspruch ist nach Abzug eines Selbstbehalts von 10% auf den Höchstbetrag von 20.000 ECU begrenzt (§ 4 Abs. 1 Nr. 1 EAG). In derselben Höhe sind Verbindlichkeiten gegenüber diesen Gläubigern aus Wertpapiergeschäften geschützt (§ 4 Abs. 2 EAG). Ein solcher Entschädigungsanspruch kommt, da Geldforderungen aus den Wertpapiergeschäften bereits durch den Einlegerschutz abgesichert sind, in den wenig realistischen Fällen der Veruntreuung von Wertpapieren bei gleichzeitiger Insolvenz der Depotbank in Betracht.

Für den Bereich der privaten Banken ist eine „Entschädigungseinrichtung deutscher Banken GmbH" mit Sitz in Köln gegründet worden – 19.140 ff. Dieser Entschädigungseinrichtung gehören alle privatrechtlich organisierten Institute einschließlich der privaten Bausparkassen an. Das Rechtsverhältnis zwischen dieser Einrichtung und den ihr zugehörigen Instituten ist öffentlich-rechtlich und nicht mitgliedschaftsrechtlich geprägt, wie dies beim Einlagensicherungsfonds des Bundesverbandes deutscher Banken der Fall ist. Dieser Fonds, der als privatrechtliche, staatlich nicht anerkannte und unbeaufsichtigte freiwillige Einrichtung der privaten Banken besteht, unterliegt nicht den gesetzlichen Regelungen und Restriktionen des Einlagensicherungs- und Anlegerentschädigungsgesetzes. Soweit die Entschädigungseinrichtung den Entschädigungsanspruch eines Berechtigten erfüllt, gehen dessen Ansprüche gegen die insolvente Bank auf den zahlenden Sicherungsfonds über (§ 5 Abs. 5 EAG).

2.546

Der privatrechtliche Einlagensicherungsfonds und die öffentlich-rechtlichen Entschädigungseinrichtungen bestehen grundsätzlich nebeneinander[791]. Dabei übernimmt die Entschädigungseinrichtung die Funktion einer Basisdeckung nach Maßgabe der EG-Richtlinie. Der Einlagensicherungsfonds fungiert dagegen als Anschlußdeckung und schützt die Einlagen bis zur bisherigen Sicherungsgrenze, wenn und soweit die Entschädigungseinrichtung keine Zahlungen leistet.

2.547

bb) Gebot der rechtlichen Gleichbehandlung

Die Einlagensicherungseinrichtungen haben das Gebot der Gleichbehandlung der Kunden zu beachten. Werden einzelne Kunden entschädigt, so können die vergleichbar geschützten Kunden ebenso Zahlungen verlangen. Vor willkürlicher Ungleichbehandlung bei den Entschädigungszahlungen dürfte bereits § 826 BGB schützen, der eine vorsätzliche sittenwidrige Benachteiligung durch willkürliche Entschädigungen verbietet[792].

2.548

---
791 Vgl. hierzu *Dreher*, ZIP 1998, 1777 ff.
792 *Canaris*, Bankvertragsrecht², Rn 2724; *Bunte* in Bankrechts-Handbuch, § 25 Rn 21.

cc) Anspruch aufgrund Vertrauenshaftung wegen widersprüchlichen Verhaltens?

2.549 Einen solchen Entschädigungsanspruch bejaht *Canaris*. Mit der Schaffung des Einlagensicherungsfonds und der hiermit verbundenen Publizität sei ein Vertrauenstatbestand gesetzt und damit die berechtigte Erwartung erweckt worden, die geschützten Kunden würden bei einer Insolvenz der Bank entschädigt werden[793]. Diese Erwartungen sind nach *Bunte* nochmals durch den AGB-mäßigen Hinweis auf die Einlagensicherung verstärkt worden[794]. Demgegenüber hat das OLG Karlsruhe in einer unveröffentlichten Entscheidung vom 9. 1. 1986 (12 U 11/85) die Klage eines Einlegers auf Entschädigung unter Bezugnahme auf § 6 Abs. 10 des Statuts des Einlagensicherungsfonds abgelehnt, der einen Anspruch des Einlegers ausschließt[795].

2.550 Auch ohne Bestehen eines rechtlichen Entschädigungsanspruchs beruht der Schutz des Einlegers vor allem darauf, daß die Nichtrückzahlung der geschützten Kontoguthaben zu einem nicht wiedergutzumachenden Vertrauensverlust gegenüber den privaten Banken führen würde[796]. Der dogmatische Reiz der Problematik eines solchen Entschädigungsanspruchs aufgrund Vertrauenshaftung ist deshalb nach *Canaris* ungleich größer als ihre praktische Bedeutung[797].

2. Forderungsübergang

2.551 Soweit der Einlagensicherungsfonds oder ein von ihm Beauftragter Zahlungen an einen Kunden leistet, gehen dessen Forderungen gegen die Bank in entsprechender Höhe mit allen Nebenrechten Zug um Zug auf den Fonds über (Nr. 20 Abs. 4 AGB). Hierbei handelt es sich um das Kernstück der AGB-Klausel. Mit solchen Entschädigungszahlungen würde der Einlagensicherungsfonds zwar in Höhe der abgelösten Kundenforderung einen Bereicherungsanspruch gemäß § 812 Abs. 1 S. 1 BGB erwerben. Diese Leistungskondiktion erfaßt aber keine etwaigen Neben- und

---

[793] *Canaris*, Bankvertragsrecht², Rn 2725.
[794] *Bunte* in Bankrechts-Handbuch, § 25 Rn 22; nach *Horn* liegt in diesem Hinweis sogar eine vertragliche Haftungserklärung gegenüber dem Kunden im Namen und zumindest Anscheinsvollmacht des Bundesverbandes deutscher Banken; *Wolf/Horn/Lindacher*, § 23 Rn 779.
[795] Zitiert nach *Weber* in Bankrecht und Bankpraxis, Rn 1/658.
[796] *Habscheid*, BB 1988, 2328, 2334 Fn 69.
[797] *Canaris*, Bankvertragsrecht², Rn 2725.

Vorzugsrechte[798]. Mit dieser Abtretungsklausel soll der Kunde bereits bei Aufnahme der Geschäftsverbindung und der dabei erfolgenden Anerkennung der AGB alle rechtsgeschäftlichen Erklärungen abgeben, die zur Abwicklung einer späteren Entscheidung erforderlich sind[799].

a) Forderungskauf

Dem Erwerb der geschützten Forderung liegt ein Forderungskauf zugrunde[800]. Damit ist ein Rechtsgrund für den Forderungsübergang geschaffen, der Bereicherungsansprüche des Kunden ausschließt. Der Einlagensicherungsfonds ist daran interessiert, die erfahrungsgemäß zum großen Teil noch werthaltigen Forderungen zu erwerben, um sie im Insolvenzverfahren zu realisieren[801].

2.552

b) Rechtskonstruktion des Forderungserwerbs

Die rechtsdogmatische Konstruktion des Forderungsübergangs ist umstritten. In der AGB-Klausel dürfte ein **bedingt antizipierter Abtretungsvertrag** (§ 398 BGB) enthalten sein[802]. Solche Vorausverfügungen finden sich auch in anderen AGB-Klauseln. Dies gilt insbesondere für die Einigung über das AGB-Pfandrecht (Nr. 14 Abs. 1) und für die Sicherungsabtretung der Forderungen, die der Bank zum Einzug eingereichten Schecks und sonstigen Inkassopapieren zugrunde liegen (Nr. 15 Abs. 2 AGB).

2.553

Die Vorausabtretung zugunsten des Einlagensicherungsfonds ist zweifach aufschiebend bedingt (§ 158 Abs. 1 BGB). Sie wird erst wirksam, wenn der Kunde eine Forderung gegen die Bank erworben hat und ihm später eine Entschädigung aus dem Fonds gezahlt worden ist[803].

2.554

Die Vorausabtretung ist auch hinreichend bestimmt, weil die Forderung im Zeitpunkt der Entschädigung und damit ihres Übergangs nach Art und Höhe konkretisiert ist[804].

2.555

Im Unterschied zu den sonstigen Vorausverfügungen in den AGB handelt die Bank bei der AGB-mäßigen Einigung mit ihrem Kunden über den

2.556

---

798 *Bunte* in Bankrechts-Handbuch, § 25 Rn 29; *Weber* in Bankrecht und Bankpraxis, Rn 1/667.
799 *Hellner*, ZKW 1976, 132, 134; *Werhahn/Schebesta*, AGB und Sonderbedingungen der Banken, 1995, Rn 428.
800 *Kümpel*, WM 1976, Sonderbeilage Nr. 1 S. 23.
801 *Weber* in Bankrecht und Bankpraxis, Rn 1/674.
802 *Baumbach/Hopt*, Nr. 20 AGB Banken Rn 1.
803 *Weber* in Bankrecht und Bankpraxis, Rn 1/669.
804 *Baumbach/Hopt*, Nr. 20 AGB Banken Rn 1; *Bunte* in Bankrechts-Handbuch, § 25 Rn 33; *Weber* in Bankrecht und Bankpraxis Rn 1/669.

Forderungsübergang nicht im eigenen Namen, sondern im Namen des Bundesverbandes der deutschen Banken, der den Einlagensicherungsfonds als ein rechtlich unselbständiges Sondervermögen verwaltet[805]. Aus dem Wortlaut der AGB-Klausel geht klar hervor, daß Erwerber der Kundenforderung der Bundesverband sein soll. Auch liegt zumindest eine **Anscheinsvollmacht der Bank** vor[806]. Denn mit der Verwendung der Nr. 20 als Teil der AGB liegt ein konkludentes Verhalten jeder dem Einlagensicherungsfonds angeschlossenen Bank zugrunde, das auf das Vorliegen einer Vollmacht des Bundesverbandes der privaten Banken schließen läßt. So informiert die Bank mit dieser AGB-Klausel nicht nur ihre Kunden über das Bestehen der Einlagensicherung. Die Banken sind als Mitglieder des Fonds auch zur Mitwirkung bei einer wirksamen Abtretung der geschützten Forderungen auf den Bundesverband gehalten. So verpflichtet insbesondere § 5 Abs. 4 des Statuts des Einlagensicherungsfonds, eine solche AGB-Klausel zu verwenden, um den Erwerb der abgelösten Forderung durch den Bundesverband zu gewährleisten. Dieses Ziel wird rechtskonstruktiv optimal dadurch erreicht, daß in Nr. 20 Abs. 4 AGB eine bedingte antizipierte Abtretung erblickt wird, bei der auf Seiten des erwerbenden Bundesverbandes die Bank als offener Stellvertreter (§ 164 BGB) handelt.

2.557 Eine solche rechtsgeschäftliche Abtretung ist freilich in den Fällen entbehrlich, in denen der Kunde einen **gesetzlichen Anspruch auf Entschädigung** nach dem Gesetz zur Umsetzung der EG-Einlagensicherungs-Richtlinie und der EG-Anlegerentschädigungs-Richtlinie hat. Dieser gesetzliche Entschädigungsanspruch deckt 90 vom Hundert der Einlagen und den Gegenwert von 20.000 ECU sowie 90 vom Hundert der Verbindlichkeiten aus Wertpapiergeschäften und den Gegenwert von wiederum 20.000 ECU. Soweit die Entschädigungseinrichtung den Entschädigungsanspruch eines Berechtigten erfüllt, gehen dessen Ansprüche gegen die insolvente Bank auf den zahlenden Sicherungsfonds über (§ 5 Abs. 5 des Gesetzes).

2.558 Die praktische Bedeutung dieser AGB-mäßigen Abtretungs-Klausel ist jedoch gering. Die rechtsgeschäftlichen Erklärungen, die zwischen dem Einlagensicherungsfonds und dem geschützten Kunden im Rahmen der Entschädigungszahlungen gewechselt werden, sehen regelmäßig eine ausdrückliche Zession der abgelösten Forderung vor[807].

---

805 *Weber* in Bankrecht und Bankpraxis Rn 1/614.
806 *Wolf/Horn/Lindacher*, § 23 Rn 779.
807 *Weber* in Bankrecht und Bankpraxis, Rn 1/675.

3. Befreiung vom Bankgeheimnis

Die Bank ist befugt, dem Einlagensicherungsfonds oder einem von ihm Beauftragten alle für die Abwicklung der Entschädigung erforderlichen Auskünfte zu erteilen und Unterlagen zur Verfügung zu stellen (Nr. 20 Abs. 5 AGB). Mit dieser Regelung wird die Bank vom Bankgeheimnis befreit[808]. Das insolvente Institut kann deshalb den Einlagensicherungsfonds auch über etwaige Gegenforderungen, insbesondere aus Krediten, Haftungsübernahmen sowie Sicherheitenstellung unterrichten, die die Entschädigungsleistung mindern oder den Zeitpunkt der Entschädigung bis zur Erledigung des Sicherungszwecks verzögern können[809].

2.559

---

808 *Bunte* in Bankrechts-Handbuch, § 25 Rn 35.
809 *Weber* in Bankrecht und Bankpraxis, Rn 1/677.

3. Teilabschnitt
Sicherheitenklauseln

I. Anspruch auf Bestellung oder Verstärkung von Sicherheiten (Nr. 13 Abs. 1 AGB)

2.560 Die Kreditinstitute haben ein berechtigtes Interesse, sich vor der nicht ordnungsgemäßen Nichterfüllung ihrer Forderungen aus dem Bankgeschäft zu schützen. Dies gilt vor allem für die Rückzahlungsansprüche aus ihrem Kreditgeschäft. Verluste aus solchen Forderungsausfällen können letztlich dazu führen, daß ein Kreditinstitut nicht mehr in der Lage ist, die ihm anvertrauten Gelder bei Fälligkeit zurückzuzahlen. Hiergegen soll die Hereinnahme ausreichender Sicherheiten schützen. Der Anspruch auf Bestellung oder Verstärkung von Sicherheiten ist also eng mit dem notwendigen Einlegerschutz verknüpft. Die Kreditinstitute haben deshalb ein legitimes Interesse an ausreichenden Sicherheiten[810]. Damit ist auch die AGB-mäßige Verankerung eines solchen Besicherungsanspruchs grundsätzlich gerechtfertigt.

2.561 Bei der Bestellung ausreichender Sicherheiten kann die Bank zudem darauf verzichten, daß der Kreditnehmer seine wirtschaftlichen Verhältnisse offenlegen muß. Diese Offenlegung, insbesondere durch Vorlage der Jahresabschlüsse, ist bei Kreditgewährungen von mehr als DM 500 000,– durch das Kreditwesengesetz (§ 18) vorgeschrieben. Wie die Bestellung der Sicherheiten dient auch die Offenlegung der wirtschaftlichen Verhältnisse des Kreditnehmers dem Schutz der Bankengläubiger[811].

2.562 Die AGB der Kreditwirtschaft bestimmen seit längerem, daß die Bank jederzeit die Bestellung oder Verstärkung bankmäßiger Sicherheiten verlangen kann. Bislang wurde jedoch nicht zwischen dem **originären Besicherungsanspruch** („Bestellung" von Sicherheiten) und dem **Nachsicherungsanspruch** („Verstärkung" von Sicherheiten) unterschieden. Die Rechtsprechung hat die bisherige Regelung für wirksam angesehen, es aber offen gelassen, ob der Nachsicherungsanspruch einen besonderen

---

810 BGH WM 1983, 1406; 1992, 1362, 1363; *Werhahn/Schebesta*, AGB und Sonderbedingungen der Banken, Rn 262; *Bunte* in Bankrechts-Handbuch, § 18 Rn 1; *von Westphalen* in Löwe/von Westphalen/Trinkner, Banken-AGB Rn 61; *Gößmann* in Bankrecht und Bankpraxis, Rn 1/362; *Krings*, ZBB 1992, 326, 330; *Merkel*, WM 1993, 725, 729.

811 *Szagunn/Haug/Ergenzinger*, § 18 Rn 1.

sachlichen Grund für das Sicherheitenverlangen der Bank voraussetzt[812]. Deshalb wurde bei der Neufassung der AGB im Jahre 1993 der Anspruch auf Sicherheitenverstärkung von einem erhöhten Risiko abhängig gemacht, um Bedenken aus der Sicht der Angemessenheitskontrolle des AGB-Gesetzes von vornherein auszuschließen[813]. Dagegen kann der originäre Besicherungsanspruch ohne besonderen Anlaß geltend gemacht werden[814].

1. Originärer Besicherungsanspruch (Nr. 13 Abs. 1 AGB)

Die Bestellung von Sicherheiten kann nur für Ansprüche aus der bankmäßigen Geschäftsverbindung verlangt werden (Nr. 13 Abs. 1 S. 1 AGB)[815]. Ansprüche, die der Bank nur zufällig und ohne inneren Zusammenhang mit dem Geschäftsverkehr erwachsen sind, werden von der Sicherungsklausel nicht erfaßt. Dies gilt insbesondere für deliktische Ansprüche ohne Bezug zur Geschäftsverbindung[816]. 2.563

Die Sicherheitenbestellung kann auch für **bedingte Forderungen** verlangt werden. Die Besicherungsklausel erwähnt ausdrücklich den auftragsrechtlichen Aufwendungsersatzanspruch (§ 670 BGB) wegen der Inanspruchnahme aus einer für den Kunden übernommenen Bürgschaft. Solche Ersatzansprüche entstehen nicht nur bei der Gewährung eines sog. Haftungskredites in Form eines Bankavals sondern auch außerhalb des Kreditgeschäfts im Dienstleistungsgeschäft, dem regelmäßig ein entgeltliches Geschäftsbesorgungsverhältnis zugrunde liegt (§ 675 BGB). Voraussetzung für den auftragsrechtlichen Ersatzanspruch ist, daß die Bank zum Zweck der Ausführung des ihr erteilten Auftrages Aufwendungen gemacht hat, die sie den Umständen nach für erforderlich halten durfte (§ 670 BGB). 2.564

Im Unterschied zu der bisherigen Fassung werden die **befristeten Forderungen** (vgl. § 163 BGB) nicht mehr ausdrücklich erwähnt. Sie haben nur geringe praktische 2.565

---

812 BGH WM 1979, 1176, 1179; 1981, 150, 151; *Canaris*, Bankvertragsrecht[2], Rn 2654; vgl. weiter *Hettich/Thieves/Timmann/Windhöfel*, BB 1990, 2347, 2352.
813 *Bunte* in Bankrechts-Handbuch, § 18 Rn 2, 20; *Werhahn/Schebesta*, AGB und Sonderbedingungen der Banken, Rn 261; *Gößmann* in Bankrecht und Bankpraxis, Rn 1/358.
814 *Bunte* in Bankrechts-Handbuch, § 18 Rn 10.
815 BGH NJW 1981, 756 = WM 1981, 162; WM 1985, 79; BGHZ 101, 29, 34 m.w.Nachw. = WM 1987, 802, 803.
816 *Bunte* in Bankrechts-Handbuch, § 18 Rn 5.

Bedeutung und fallen zudem unter die in der Sicherungsklausel genannten „Ansprüche" der Bank[817].

2.566 Nicht erfaßt sind dagegen **künftige Ansprüche** der Bank. Hier ist das Sicherungsinteresse noch zu unbestimmt[818].

2.567 Insoweit ergibt sich ein deutlicher Unterschied zu der Regelung des AGB-Pfandrechts, das auch künftige Ansprüche der Bank absichert (vgl. Nr. 14 Abs. 2 S. 1 AGB), wie es die gesetzliche Regelung der Pfandrechtsbestellung ausdrücklich zuläßt (§ 1204 Abs. 2 BGB). Solche Ansprüche müssen freilich zumindest bestimmbar sein[819], etwa wenn die Bank mit einem Kostenerstattungsanspruch aus einem schwebenden Prozeß gegen den Kunden rechnen kann[820].

a) Erfordernis einer bankmäßigen Sicherheit

2.568 Die vom Kunden zu bestellende Sicherheit muß „bankmäßig" sein (Nr. 13 Abs. 1 S. 1 AGB). Es darf sich also nicht um eine im Bankgeschäft ganz unübliche oder gar um eine für die Bank ungeeignete Sicherheit handeln[821]. Dies gilt insbesondere für verderbliche Gegenstände. Sofern eine Aufbewahrung durch die Bank nach der Natur der Sicherheit erforderlich ist, muß dies platzsparend und kostengünstig möglich sein. Im übrigen kommen nur leicht und rasch verwertbare Vermögenswerte in Betracht[822]. Für eine bankmäßige Sicherheitsleistung ungeeignet sind deshalb nicht-marktgängige Waren sowie Geldforderungen, deren Durchsetzbarkeit infolge eines Abtretungsverbotes, einer Aufrechenbarkeit oder Einwendungsmöglichkeiten zweifelhaft ist[823].

b) Konkretisierung durch den Bankkunden

2.569 Die Sicherungsklausel gewährt der Bank nach allgemeiner Meinung keinen Anspruch auf Bestellung einer bestimmten Sicherheit, sondern auf bankmäßige Sicherheiten überhaupt[824]. Der Kunde hat also die freie Wahl

---

817 *Bunte* in Bankrechts-Handbuch, § 18 Rn 5; *Werhahn/Schebesta*, AGB und Sonderbedingungen der Banken, Rn 265.
818 *Canaris*, Bankvertragsrecht², Rn 2652; *Werhahn/Schebesta*, AGB und Sonderbedingungen der Banken, Rn 265; *Bunte* in Bankrechts-Handbuch, § 18 Rn 5.
819 BGH WM 1983, 213, 215; *Werhahn/Schebesta*, AGB und Sonderbedingungen der Banken, Rn 308.
820 *Canaris*, Bankvertragsrecht², Rn 2676.
821 *Bunte* in Bankrechts-Handbuch, § 18 Rn 8; *Werhahn/Schebesta*, AGB und Sonderbedingungen der Banken, Rn 266.
822 BGH WM 1990, 54, 57; *Baumbach/Hopt*, Nr. 13 AGB Banken Rn 3.
823 *Gößmann* in Bankrecht und Bankpraxis, Rn 1/363.
824 BGH WM 1981, 150, 151; 1984, 1178, 1179; *Canaris*, Bankvertragsrecht², Rn 2655.

zwischen mehreren geeigneten Sicherungsobjekten[825]. Hierbei handelt es sich nicht um eine Wahlschuld im engeren Wortsinne (§ 262 BGB), sondern um eine Konkretisierung im Sinne der die Sicherheitsleistung regelnden §§ 232 ff. BGB[826].

Erst in der **Zwangsvollstreckung,** die gemäß des für die Erzwingung vertretbarer Handlungen geltenden § 887 ZPO erfolgt, könnte die Bank die zu bestellenden Sicherheiten analog § 264 BGB bestimmen[827]. In der Praxis wird jedoch die Bank regelmäßig ihren Besicherungsanspruch nicht einklagen, sondern den Kredit wegen Nichterfüllung ihres Anspruchs auf Sicherheitenbestellung kündigen (Nr. 19 Abs. 3 AGB).

2.570

Die Konkretisierungsbefugnis des Kunden kann **insolvenzrechtliche Auswirkungen** haben. Bestellt der Kunde die Sicherheit in dem anfechtungsrechtlich relevanten Zeitraum, so handelt es sich nach allgemeiner Meinung um ein inkongruentes Deckungsgeschäft[828]. Das gilt selbst dann, wenn der Schuldner zuletzt nur noch über ein einziges werthaltiges Sicherungsgut verfügt[829].

2.571

c) Keine Überprüfungspflicht der Bank

Die Bank ist nicht verpflichtet, die Werthaltigkeit einer ihr bestellten Sicherheit zu prüfen. Soweit sie eine solche Prüfung bei einer von einem Dritten bestellten Sicherheit vornimmt, erfolgt diese nur im eigenen und nicht im Kundeninteresse[830]. Im übrigen besteht auch keine Pflicht der Bank, den Sicherungsgeber ungefragt über den Umfang des Risikos oder die Vermögensverhältnisse des Schuldners zu unterrichten[831].

2.572

2. Nachsicherungsanspruch (Nr. 13 Abs. 2 AGB)

Hat die Bank bei der Entstehung von Ansprüchen gegen den Kunden zunächst ganz oder teilweise davon abgesehen, die Bestellung oder Ver-

2.573

---

825 *Bunte* in Bankrechts-Handbuch, § 18 Rn 15.
826 *Baumbach/Hopt,* Nr. 13 AGB Banken Rn 5; *Bunte* in Bankrechts-Handbuch, § 18 Rn 15.
827 *Palandt/Heinrichs,* § 232 Rn 1; *Bunte* in Bankrechts-Handbuch, § 18 Rn 15 m.w.Nachw.
828 BGH WM 1969, 968; *Canaris,* Bankvertragsrecht², Rn 2655; *Obermüller,* Insolvenzrecht in der Bankpraxis, 5. Aufl., 1997, Rn 1213.
829 BGH WM 1999, 12, 13.
830 BGH WM 1982, 480, 481.
831 BGH WM 1990, 1956 m.w.Nachw.; vgl. weiter BGH WM 1999, 1614 und Rn 6.139 ff.

stärkung von Sicherheiten zu verlangen, kann sie auch später noch eine Besicherung fordern. Voraussetzung hierfür ist jedoch, daß Umstände eintreten oder bekannt werden, die eine erhöhte Risikobewertung der Ansprüche gegen den Kunden rechtfertigen (Nr. 13 Abs. 2 S. 1, 2 AGB).

2.574 Im Unterschied zum originären Besicherungsanspruch erfordert der Nachsicherungsanspruch also einen **besonderen Anlaß**. Bis zur Neufassung der AGB im Jahre 1993 sollte dagegen schon eine geänderte, vorsichtigere Bewertung der kreditgebenden Banken einen Anspruch auf Sicherheitenverstärkung gewähren[832]. Nunmehr ist der Nachsicherungsanspruch der Bank an objektivierte Voraussetzungen geknüpft[833]. Damit ist zugleich der Rechtsprechung Rechnung getragen worden, wonach die Bank bei der Geltendmachung ihres Anspruches auf Sicherheitsverstärkung an die allgemeinen Grundsätze von Treu und Glauben (§ 242 BGB) gebunden ist[834].

2.575 Treuwidrig ist es, wenn das Verlangen der Bank nach weiteren Sicherheiten zu ihrer **Übersicherung** führen würde[835]. Denn eine Rechtsausübung ist grundsätzlich dann mißbräuchlich, wenn ihr kein schutzwürdiges Eigeninteresse zugrunde liegt[836]. Dies kann insbesondere der Fall sein, wenn eine Leistung gefordert wird, die alsbald zurückzugewähren wäre[837]. Eine solche Rückgewähr der Sicherheit im Wege ihrer Freigabe müßte aber gemäß Nr. 16 Abs. 2 S. 1 AGB erfolgen, wenn die Bank sie auch für die nähere Zukunft nicht mehr benötigt. Ferner kann die Geltendmachung des Besicherungsanspruchs gegen das Verbot widersprüchlichen Verhaltens[838] als weiterer Ausprägung des Treuegebots verstoßen. Ein solcher Verstoß kommt in Betracht, wenn der Kreditnehmer wegen des bisherigen Verhaltens darauf vertrauen durfte, keine weiteren Sicherheiten mehr bestellen zu müssen[839].

2.576 Die Nachsicherungsklausel erwähnt zwei nicht abschließend gemeinte Beispiele, die eine erhöhte Risikobewertung rechtfertigen. Dies ist insbesondere der Fall, wenn sich die wirtschaftlichen Verhältnisse des Kunden nachteilig verändert haben oder sich zu verändern drohen oder sich die vorhandenen Sicherheiten wertmäßig verschlechtert haben oder zu verschlechtern drohen. Die „nachteilige Veränderung" oder „wertmäßige Verschlechterung" im Sinne der Nachsicherungsklausel ist von einem

---

832 *Gößmann* in Bankrecht und Bankpraxis, Rn 1/369.
833 *Bunte* in Bankrechts-Handbuch, § 18 Rn 19; *Merkel*, WM 1993, 725, 729; *Gößmann* in Bankrecht und Bankpraxis, Rn 1/369.
834 BGH WM 1981, 150, 151.
835 BGH WM 1981, 150, 151.
836 *Palandt/Heinrichs*, § 242 Rn 50.
837 *Palandt/Heinrichs*, § 242 Rn 52.
838 *Palandt/Heinrichs*, § 242 Rn 55 ff.
839 BGH WM 1981, 150, 151.

schwächeren Grad als die „wesentliche Verschlechterung" der Vermögenslage des Kunden im Sinne des außerordentlichen Kündigungsrechts der Bank gemäß Nr. 19 AGB S. 2 AGB[840]. Diese Abstufung ermöglicht es der Bank, im Interesse des Kunden die außerordentliche Kündigung durch Geltendmachung des Nachsicherungsanspruches zu vermeiden[841].

3. Grenzen des Besicherungsanspruchs

Der Anspruch auf Bestellung und Verstärkung von Sicherheiten ist in mehrfacher Hinsicht eingeschränkt. 2.577

a) Vorrang der Individualabrede

Der Besicherungsanspruch der Bank besteht in den Fällen nicht, in denen ausdrücklich vereinbart worden ist, daß der Kunde keine oder ausschließlich im einzelnen benannte Sicherheiten zu bestellen hat (Nr. 13 Abs. 2 S. 4 AGB). Hierin liegt eine individuelle Vertragsabrede, die Vorrang vor den AGB hat (§ 4 AGBG). Für einen solchen Ausschluß des Nachsicherungsanspruchs genügt es freilich nicht, daß im Krediteröffnungsvertrag bestimmte Sicherheiten vorgesehen sind[842]. Der Abschluß einer bestimmten Sicherungsabrede bedeutet grundsätzlich kein Verzicht auf weitere Sicherheiten. Nach dem BGH besteht für eine Bank ohne besonderen Grund kein Anlaß, von vornherein auf die Inanspruchnahme der als Sicherheit geeigneten Vermögenswerte zu verzichten[843]. Die Sicherungsklausel stellt deshalb klar, daß es für eine Einschränkung des Besicherungsanspruchs einer **ausdrücklichen Vereinbarung** mit dem Kunden bedarf. Bei einem vollständigen Ausschluß des Besicherungsanspruchs spricht die Praxis von einem „Blankokredit"[844]. 2.578

b) Erlöschen des Besicherungsanspruchs

Der Besicherungsanspruch der Bank erlischt, wenn der realisierbare Wert der bestellten Sicherheiten die Deckungsgrenze im Sinne einer **Siche-** 2.579

---

840 *Baumbach/Hopt,* Nr. 13 AGB Banken Rn 7; *Bunte* in Bankrechts-Handbuch, § 18 Rn 19; *Gößmann* in Bankrecht und Bankpraxis, Rn 1/371.
841 *Gößmann* in Bankrecht und Bankpraxis, Rn 1/371; vgl. weiter *Bunte* in Bankrechts-Handbuch, § 18 Rn 19.
842 BGH WM 1979, 1176, 1179; 1981, 150, 151; 1983, 926, 927.
843 BGH WM 1983, 926, 927.
844 *Werhahn/Schebesta,* AGB und Sonderbedingungen der Banken, Rn 275; *Gößmann* in Bankrecht und Bankpraxis, Rn 1/372; *Bunte* in Bankrechts-Handbuch, § 18 Rn 26.

rungsobergrenze überschreitet. So bestimmen die AGB der Kreditwirtschaft, daß die Bank ihren Anspruch auf Bestellung oder Verstärkung von Sicherheiten so lange geltend machen kann, bis der realisierbare Wert aller Sicherheiten dem Gesamtbetrag aller Ansprüche aus der bankmäßigen Geschäftsverbindung entspricht (Nr. 16 Abs. 1 AGB). Hierzu gehören auch die vom AGB-Pfandrecht erfaßten Wertgegenstände sowie die AGB-mäßig bestellten Sicherungsrechte an Einzugspapieren (Nr. 15 AGB)[845].

2.580   Der **realisierbare Wert** einer Sicherheit ist der Betrag, der bei deren Verwertung erlöst wird[846] – Rn. 6.401 ff. Die Erzielung dieses Verwertungserlöses ist mit der Sicherheitsleistung bezweckt, um damit die notleidend gewordene Forderung der Bank durch Verrechnung (§ 389 BGB) zum Erlöschen zu bringen.

Soweit eine **abweichende Deckungsgrenze** im Einzelfall vereinbart worden ist, hat diese Sonderabsprache Vorrang (Nr. 16 Abs. 3 AGB). Die Maßgeblichkeit einer gesondert vereinbarten Deckungsgrenze gilt schon wegen des Vorrangs der Individualabrede vor den Allgemeinen Geschäftsbedingungen[847]. Dabei ist es unerheblich, ob diese individualvertraglich oder in formularmäßigen Kreditsicherungsverträgen erfolgt, die ihrerseits wiederum AGB-Charakter haben[848]. Der Vorrang der Individualabrede gilt auch im Verhältnis zwischen den Grund-AGB und den AGB-Klauseln in den von der Bank verwendeten Formularverträgen[849].

2.581   Bei einer solchen individuellen Festlegung ist jedoch die Entscheidung des Großen Zivilrechtssenats des BGH vom 27. 11. 1997 zu berücksichtigen[850]. Danach ist bei der Ermittlung der Deckungsgrenze von 100% der gesicherten Forderung auszugehen. Des weiteren ist für die Rechtsverfolgungskosten ein pauschaler Aufschlag von 10% zulässig. Auch kann der von der Bank zu tragende Mehrwertsteuerbetrag, der zur Verrechnung mit der gesicherten Forderung nicht zur Verfügung steht, mit einem weiteren Aufschlag ausgeglichen werden[851]. Ein weiterer Aufschlag zur Abdeckung von Unsicherheiten bei der Bewertung des Sicherungsgutes ist jedoch unzulässig. Ein Mindererlös ist vielmehr bei der Ermittlung des realisierbaren Wertes zu berücksichtigen[852] – Rn. 6.408 ff.

---

845 *Bunte* in Bankrechts-Handbuch, § 21 Rn 3; *Werhahn/Schebesta*, AGB und Sonderbedingungen der Banken, Rn 341; *Gößmann* in Bankrecht und Bankpraxis, Rn 1/467.
846 GrSZ WM 1998, 227, 232.
847 *Bunte* in Bankrechts-Handbuch, § 21 Rn 34; *Werhahn/Schebesta*, AGB und Sonderbedingungen der Banken, Rn 357.
848 *Gößmann* in Bankrecht und Bankpraxis, Rn 1/485.
849 *Bunte* in Bankrechts-Handbuch, § 21 Rn 34.
850 WM 1998, 227, 232.
851 *Saenger*, ZBB 1998, 174, 180.
852 GrSZ WM 1998, 232, 233; *Ganter*, WM 1996, 1705, 1710.

Nach dem Schrifttum entfällt der Besicherungsanspruch auch, soweit 2.582
eine Freigabepflicht der Bank besteht – Rn 2.688. In diesem Fall stünde
der Geltendmachung des Besicherungsanspruchs die Arglisteinrede gemäß § 242 BGB entgegen (dolo facit qui petit quod redditurus est)[853].
Dieser Einwand besteht aber nicht in allen Fällen, in denen die bestellten
Sicherheiten die vereinbarte Deckungsgrenze überschreiten und damit
der Besicherungsanspruch schon nach Nr. 16 Abs. 1 AGB entfällt. Denn
nicht jedes Überschreiten dieser Sicherungsobergrenze begründet bereits
eine Freigabeverpflichtung der Bank – Rn. 2.700. Der Freigabeanspruch
des Kunden setzt vielmehr voraus, daß der realisierbare Wert aller Sicherheiten die Deckungsgrenze nicht nur vorübergehend, sondern dauerhaft
überschreitet. Die Arglisteinrede kommt also beim Überschreiten der
Deckungsgrenze nur in den Fällen zum Tragen, in denen hierdurch zugleich eine Freigabepflicht der Bank begründet wird.

c) Sonderregelung für Verbraucherkredite

Bei Krediten, die unter das Verbraucherkreditgesetz fallen, besteht ein 2.583
Anspruch auf die Bestellung oder Verstärkung von Sicherheiten nur, soweit die Sicherheiten im Kreditvertrag angegeben sind. Wenn jedoch der
Nettokreditbetrag DM 100000,– übersteigt, besteht der Anspruch auf
Bestellung oder Verstärkung auch dann, wenn der Kreditvertrag keine
oder keine abschließenden Angaben über Sicherheiten enthält (§§ 4
Abs. 1 S. 3 Nr. 1g, 6 Abs. 2 S. 6 VerbrKrG). Dieser gesetzlichen Vorgabe
trägt die AGB-mäßige **Sicherungsklausel** Rechnung. Danach kann die
Bank ihren Besicherungsanspruch nur hinsichtlich der im Kreditvertrag
bezeichneten Sicherheiten geltend machen. Übersteigt jedoch der Nettokreditbetrag DM 100 000,–, kann die Bestellung oder Verstärkung auch
dann verlangt werden, wenn der Kreditvertrag keine oder keine abschließenden Angaben über Sicherheiten enthält (Nr. 13 Abs. 2 S. 5 AGB).
Diese Regelung des Verbraucherkreditgesetzes kann zu einem Forderungsausfall der Bank führen, wenn die im Kreditvertrag bezeichneten
Sicherheiten in nicht vorhersehbarer Weise den Rückzahlungsanspruch
nicht mehr decken. Andererseits ist eine zu großzügig bemessene Sicherheitsleistung bei Kreditgewährung aus dem Verbot der Übersicherung
problematisch. Das Schrifttum befürwortet deshalb, eine auf diese Sicherungslücke bezogene nachträgliche Stellung von Ersatzsicherheiten in
den Kreditvertrag aufzunehmen[854].

---

853 *Canaris*, Bankvertragsrecht[2], Rn 2654.
854 *Gößmann* in Bankrecht und Bankpraxis, Rn 1/375.

d) Eingeschränkter Besicherungsanspruch gegen Bürgen

2.584 Hat der Kunde gegenüber der Bank eine Haftung für Verbindlichkeiten eines anderen Kunden der Bank z.B. in Gestalt einer Bürgschaft oder Garantie übernommen, so kann die Bank die Bestellung oder Verstärkung von Sicherheiten für die aus der Haftungsübernahme folgende Schuld erst ab deren Fälligkeit beanspruchen (Nr. 13 Abs. 1 S. 2 AGB). Hierdurch wird der BGH-Rechtsprechung Rechnung getragen, wonach der Bürge nach dem gesetzlichen Leitbild die verbürgte Forderung nur persönlich sichern und daher konkrete Vermögenswerte erst aufzuwenden brauchen soll, wenn seine Bürgschaftsverbindlichkeit fällig geworden ist[855].

e) Fristgewährung für die Sicherheitsleistung

2.585 Die Bank hat dem Kunden eine angemessene Frist einzuräumen, um dem Sicherheitenverlangen der Bank Rechnung tragen zu können (Nr. 19 Abs. 3 S. 1 AGB). Mit dieser Regelung wurde dem Verbot, den Besicherungsanspruch zur Unzeit geltend zu machen, wie auch der Pflicht zur Rücksichtnahme (§ 242 BGB) Rechnung getragen[856]. Die **Fristdauer** bestimmt sich nach der konkreten Situation des Kunden[857]. Nach *Bunte* ist eine Frist von 8 bis 14 Tagen als Untergrenze einzuhalten[858].

4. Nichterfüllung des Besicherungsanspruchs als Kündigungsgrund (Nr. 19 Abs. 3 AGB)

2.586 Die Bank kann die gesamte Geschäftsverbindung oder einzelne Geschäftsbeziehungen, für die eine Laufzeit oder eine abweichende Kündigungsregelung vereinbart worden ist, fristlos kündigen, wenn der Kunde seiner Verpflichtung zur Bestellung oder Verstärkung von Sicherheiten nicht innerhalb der von der Bank gesetzten angemessenen Frist nachkommt (Nr. 19 Abs. 3 S. 3 AGB). Nach der Sicherungsklausel ist eine solche **außerordentliche Kündigung** aber nur zulässig, wenn die Bank den Kunden hierauf zuvor hinweist (Nr. 13 Abs. 3 S. 2 AGB). Dieser Hinweis kann mit der Anforderung weiterer Sicherheiten verbunden werden[859]. Ohne diesen Hinweis ist eine erneute Fristsetzung erforderlich, die freilich kürzer bemessen werden kann[860]. Die wechselseitigen Verweisungen

---

855 BGH WM 1984, 1465, 1466; 1989, 129, 130; *Merkel*, WM 1993, 725, 729; *Gößmann* in Bankrecht und Bankpraxis, Rn 1/367.
856 *Bunte* in Bankrechts-Handbuch, § 18 Rn 29.
857 *Gößmann* in Bankrecht und Bankpraxis, Rn 1/377.
858 Bankrechts-Handbuch, § 18 Rn 29.
859 *Gößmann* in Bankrecht und Bankpraxis, Rn 1/379.
860 *Bunte* in Bankrechts-Handbuch, § 18 Rn 31.

in Nr. 13 Abs. 3 und Nr. 19 Abs. 3 S. 4 AGB lassen die enge Verknüpfung von Besicherungsanspruch und außerordentlichem Kündigungsrecht der Bank transparent werden.

II. Vereinbarung eines Pfandrechts zugunsten der Bank (Nr. 14 AGB)

Die AGB der Kreditinstitute enthalten schon seit der Jahrhundertwende eine **Pfandrechtsklausel**[861]. Die Verwertung der hiervon erfaßten Kundenwerte ist regelmäßig schneller und reibungsloser möglich als bei den mit gesonderten Verträgen bestellten Sicherheiten, wie dies insbesondere auf die im Besitz des Sicherungsgebers verbleibenden sicherungsübereigneten Gegenstände sowie auf sicherungshalber abgetretene Forderungen und bestellte Grundpfandrechte zutrifft.

2.587

Die AGB-Pfandklausel ist nach der BGH-Rechtsprechung wirksam, weil sie **weder überraschend noch unangemessen** im Sinne des AGB-Gesetzes ist[862]. Die Pfandklausel beruht auf dem berechtigten Interesse der Bank an der Absicherung ihrer gegen den Kunden gerichteten Ansprüche, insbesondere ihrer Kreditforderungen. Dieses verständliche Sicherungsinteresse der Bank ist nach dem BGH für den Kunden auch vorhersehbar und deshalb nicht überraschend[863]. Die Befriedigung dieses Sicherungsbedürfnisses dient insbesondere der Begründung von Pfandrechten an Vermögensgegenständen des Kunden, an denen die Bank Besitz hat oder noch erlangen wird.

2.588

Die Pfandklausel benachteiligt den Bankkunden grundsätzlich auch nicht unangemessen im Sinne des AGB-Gesetzes (§ 9). Denn die Bank ist verpflichtet, den Kunden über seine vom Pfandrecht erfaßten Werte frei disponieren zu lassen, solange ein Sicherungsbedürfnis fehlt. Der Kunde ist also gegenüber einer übermäßigen Ausübung des Pfandrechts geschützt[864]. Hinzu kommt, daß die Befugnis der Bank, bei einer Übersicherung die freizugebenden Sicherheiten auswählen zu dürfen, unter dem Gebot von Treu und Glauben steht[865]. Dem dient die Klarstellung in den

2.589

---

861 *Werhahn/Schebesta*, AGB und Sonderbedingungen der Banken, Rn 282.
862 BGH WM 1983, 926, 927; 1995, 375, 377; Hans. OLG Hamburg WM 1988, 571, 574; vgl. weiter *Bunte* in Bankrechts-Handbuch, § 19 Rn 1, 6; *Werhahn/Schebesta*, AGB und Sonderbedingungen der Banken, Rn 281; *Gößmann* in Bankrecht und Bankpraxis, Rn 1/383.
863 BGH WM 1983, 926, 927.
864 BGH WM 1983, 926, 927; *Gößmann* in Bankrecht und Bankpraxis, Rn 1/383.
865 BGH WM 1983, 926, 928; vgl. weiter *Werhahn/Schebesta*, AGB und Sonderbedingungen der Banken, Rn 282.

AGB, daß die Bank bei der Auswahl der freizugebenden Sicherheiten auf die berechtigten Belange des Kunden und eines dritten Sicherungsgebers Rücksicht nehmen wird (Nr. 16 Abs. 2 S. 1 AGB). In diesem Rahmen ist die Bank nach Nr. 16 Abs. 2 S. 2 AGB auch verpflichtet, Aufträge des Kunden über die vom Pfandrecht erfaßten Werte auszuführen, insbesondere Wertpapiere zu verkaufen und Sparguthaben auszuzahlen.

2.590 Die Pfandklausel bietet dem **Kunden** schließlich erhebliche **Vorteile.** Ohne das AGB-mäßig begründete Pfandrecht könnte ein Kunde nicht ohne weiteres im Wege einer Kontoüberziehung einen Dispositionskredit in Anspruch nehmen. Er müßte vielmehr zunächst für die Bestellung einer Sicherheit sorgen, selbst wenn sich dafür geeignete Wertgegenstände bereits in der Verfügungsgewalt der Bank befinden. Die Pfandrechtsklausel erleichtert im übrigen die Ausgabe von eurocheque-Karten, die das wirtschaftliche Risiko der Bank deutlich erhöht, weil durch deren Verwendung im Rahmen des kartengestützten Zahlungsverkehrs eine Garantiehaftung der emittierenden Bank begründet werden kann[866].

2.591 Das AGB-Pfandrecht wird vom Bundesaufsichtsamt für das Kreditwesen (BAKred) bei der Bewertung der angemessenen Eigenkapitalausstattung der Bank nach dem neugefaßten Grundsatz I gemäß §§ 10, 10a KWG nicht anerkannt. Mit den Kreditnehmern wird deshalb eine nochmalige Vereinbarung des bereits durch die AGB-Klausel geschaffenen Pfandrechts getroffen[867]. Die Hereinnahme einer solchen sog. Verstärkungserklärung erklärt sich daraus, daß nach den vom BAKred verlautbarten „Erläuterungen zur Bekanntmachung über die Änderung und Ergänzung der Grundsätze über das Eigenkapital und die Liquidität der Kreditinstitute" vom 29. 12. 1992[868] für die Berücksichtigung der Sicherungsgegenstände ein bloßer Verweis auf die AGB-Pfandklausel nicht genügt, vielmehr eine **besondere Verpfändungserklärung** erforderlich ist. In dieser Verstärkungserklärung wird die Verpflichtung der Bank abbedungen, Aufträge des Kunden über die dem Pfandrecht unterliegenden Werte auszuführen (Nr. 16 Abs. 2 S. 2 AGB). Hierin dürfte der Grund für die Nichtanerkennung des AGB-Pfandrechts durch das BAKred bei der Beurteilung der angemessenen Eigenkapitalausstattung liegen[869].

---

866 *Gößmann* in Bankrecht und Bankpraxis, Rn 1/383; *Bunte* in Bankrechts-Handbuch, Rn 1.
867 *Bunte* in Bankrechts-Handbuch, § 19 Rn 12a, 32a; *Merkel* in Bankrechts-Handbuch, § 93 Rn 184 ff.
868 Abgedruckt in *Consbruch/Möller/Bähre/Schneider*, Kz 3.01b, S. 3z.
869 *Bunte* in Bankrechts-Handbuch, § 19 Rn 32b.

Mit dieser **Verstärkungserklärung** wird kein doppeltes Pfandrecht geschaffen, so daß sich die Frage des Rangverhältnisses nicht stellt. Vielmehr wird mit dieser Erklärung das AGB-Pfandrecht nur schuldrechtlich suspendiert[870]. Mit dieser schuldrechtlichen Lösung wird vermieden, daß auf das AGB-Pfandrecht verzichtet werden müßte und bei einer Erledigung der Verstärkungserklärung neu zu bestellen und damit der Vorrang des zwischenzeitlich erloschenen AGB-Pfandrechts (§ 1209 BGB) verloren gegangen wäre[871]. Diese Verstärkungserklärung ist zu unterscheiden von der sog. externen Verfügungssperre, bei der zwischen Sicherungsgeber und Bank vereinbart wird, daß Verfügungen über die dem AGB-Pfandrecht unterliegenden Werte nur mit ausdrücklicher Zustimmung der Bank möglich sind.

2.592

1. Einigung über den Pfandrechtserwerb (Nr. 14 Abs. 1 AGB)

Ausgangspunkt der Bestellung des AGB-Pfandrechts ist Nr. 14 Abs. 1 AGB. Danach sind sich der Kunde und die Bank darüber einig, daß die Bank ein Pfandrecht an den Wertpapieren und Sachen erwirbt, an denen eine inländische Geschäftsstelle im bankmäßigen Geschäftsverkehr Besitz erlangt hat oder noch erlangen wird (Nr. 14 Abs. 1 S. 1 AGB). Im übrigen erwirbt die Bank ein Pfandrecht auch an den Ansprüchen, die dem Kunden gegen die Bank aus der bankmäßigen Geschäftsverbindung zustehen oder – wie insbesondere beim Guthaben auf dem Girokonto – künftig zustehen werden (Nr. 14 Abs. 1 S. 2 AGB).

2.593

Die Bestellung eines Pfandrechts erfordert eine Einigung des Verpfänders mit dem Gläubiger der gesicherten Forderung, daß diesem das Pfandrecht zustehen soll (§ 1205 Abs. 1 S. 1 BGB). Daneben bedarf es bei beweglichen Sachen der Besitzverschaffung (§§ 1205, 1206 BGB) und bei unverbrieften Forderungen der Verpfändungsanzeige (§ 1280 BGB).

2.594

Diese erforderliche Verpfändungsabsprache liegt in Gestalt einer **vorweggenommenen Einigung** bereits in der Anerkennung der AGB mit der Pfandklausel[872]. Unschädlich ist, daß die antizipierte Einigung über die Pfandrechtsbestellung auch Wertpapiere des Kunden erfaßt, die erst künftig in den Besitz der Bank gelangen[873].

2.595

Nach dem allen Verfügungsgeschäften gemeinsamen **Spezialitätsprinzip** können zwar Verfügungen nicht über Sachgesamtheiten, sondern nur

2.596

---

870 *Merkel* in Bankrechts-Handbuch, § 93 Rn 186.
871 *Bunte* in Bankrechts-Handbuch, § 19 Rn 32b; *Merkel* in Bankrechts-Handbuch, § 93 Rn 186.
872 BGH WM 1983, 926, 927; 1988, 859, 862; 1998, 968, 972; *Canaris*, Bankvertragsrecht³, Rn 2657.
873 BGH WM 1983, 926, 927.

über bestimmte Sachen getroffen werden. Die praktischen Konsequenzen dieses strikten Bestimmtheitsgrundsatzes werden aber dadurch erheblich gemildert, daß eine zusammenfassende Bezeichnung mehrerer verpfändeter Sachen zulässig ist und sich daher auch Warenlager mit wechselndem Bestand verpfänden lassen[874].

2.597 Dieser **Bestimmtheitsgrundsatz** bei Verfügungsgeschäften ist von dem aus dem Akzessorietätsgedanken abgeleiteten **Bestimmbarkeitsgrundsatz** zu unterscheiden, der für die zu sichernde Forderung gilt[875].

2.598 Eine wirksame Bestellung des Pfandrechts erfordert, daß Pfandgläubiger und Gläubiger der gesicherten Forderung identisch sind. Dieses Identitätserfordernis, das bei einer Mehrheit von Kreditgebern (z.B. einem Bankenkonsortium) zu praktischen Problemen führen kann, folgt schon aus dem Wortlaut der gesetzlichen Regelung der Pfandrechtsbestellung (§ 1205 Abs. 1 BGB). Sie ist auch eine Konsequenz des Grundsatzes der Akzessorietät, der besagt, daß das Pfandrecht in seiner Entstehung, in seinem Fortbestand, in der Zuständigkeit und im Untergang von der Entstehung, Existenz und Zuständigkeit der Forderung abhängig ist[876]. Pfandrecht und gesicherte Forderung sollen derselben Person zustehen. Bei Übertragung der Forderung geht daher das Pfandrecht auf den neuen Gläubiger über – § 1250 Abs. 1 BGB (**Zuständigkeitsakzessorietät**). Hiernach kann das Pfandrecht nicht ohne die Forderung übertragen werden. Wird bei der Übertragung der Forderung der Übergang des Pfandrechts ausgeschlossen, so erlischt das Pfandrecht (§ 1250 Abs. 2 BGB).

2.599 Diese Identität des Gläubigers der verbürgten Forderung und des Gläubigers des Bürgen als Sicherungsnehmer ist auch bei der Bürgschaft erforderlich, für die dieselbe strenge Akzessorietät wie für das Pfandrecht und das Grundpfandrecht in Gestalt der Hypothek gilt[877].

2. Haftungsobjekte

2.600 Das AGB-Pfandrecht erstreckt sich auf die Wertpapiere und sonstigen beweglichen Sachen, an denen eine inländische Geschäftsstelle im bankmäßigen Geschäftsverkehr Besitz erlangt hat oder noch erlangen wird (Nr. 14 Abs. 1 S. 1 AGB). Im übrigen erwirbt die Bank ein Pfandrecht auch

---

874 *Baur/Stürner*, Lehrbuch des Sachenrechts, 17. Aufl., 1999, § 55 Rn 5; *Staudinger/Wiegand*, § 1204 Rn 35 f.
875 Vgl. *Staudinger/Wiegand*, Vorbem. zu §§ 1204 ff. Rn 22.
876 *Staudinger/Wiegand*, § 1204 Rn 19.
877 BGH WM 1991, 1869, 1870.

an den Ansprüchen, die dem Kunden gegen die Bank aus der bankmäßigen Geschäftsverbindung zustehen oder künftig zustehen werden (Nr. 14 Abs. 1 S. 2 AGB).

Nach der Pfandklausel ist es ausreichend, wenn der Besitz an den Pfandgegenständen durch eine beliebige inländische Geschäftsstelle erlangt wird. Diese Regelung berücksichtigt, daß alle rechtlich unselbständigen Geschäftsstellen (Filialen/Zweigstellen) als Einheit anzusehen sind, weil sie Teil ein- und derselben juristischen Person sind[878].

2.601

Das Pfandrecht erfaßt jedoch nicht die im Besitz einer **ausländischen Geschäftsstelle** befindlichen Wertpapiere und Sachen. Denn zur Wirksamkeit der Verpfändung wäre nach international anerkannten Grundsätzen erforderlich, daß das für die ausländische Geschäftsstelle maßgebliche Recht (lex rei sitae) berücksichtigt worden ist[879]. Den Besonderheiten des jeweils maßgeblichen ausländischen Rechts kann jedoch in den notwendigerweise generalisierenden AGB-Klauseln keine Rechnung getragen werden.

2.602

Das Pfandrecht erfaßt jedoch nur solche Wertpapiere und Sachen, die entweder durch den Kunden selbst oder durch Dritte im Rahmen der bankmäßigen Geschäftsverbindung in den Besitz der Bank gelangt sind (vgl. Nr. 14 Abs. 1 S. 1 AGB). Die Bank muß also den **Besitz** an den Wertgegenständen mit Willen des Kunden erlangt haben. Dabei braucht sich der Wille des Kunden nicht auf einen bestimmten Gegenstand zu konkretisieren[880]. Im übrigen ist nach dem BGH der erforderliche Besitzverschaffungswille des Kunden kein rechtsgeschäftlicher, sondern nur ein natürlicher Wille, den auch ein Geschäftsunfähiger haben kann[881].

2.603

Unerheblich ist auch, ob die Pfandgegenstände erst nach Begründung der Bankforderung, also etwa nach der Auszahlung der Kreditvaluta in den Besitz der Bank gelangt sind[882].

2.604

Mit Rücksicht auf die spezifischen Voraussetzungen für den Erwerb von Pfandrechten ist zwischen der Verpfändung von Sachen und unverbrieften Forderungen als unkörperliche Gegenstände zu unterscheiden (vgl. §§ 1204 ff., 1273 ff. BGB).

2.605

---

878 OLG Bamberg WM 1990, 1019, 1021; *Canaris*, Bankvertragsrecht[2], Rn 2670; *von Westphalen*, WM 1980, 1406, 1422.
879 *Bunte* in Bankrechts-Handbuch, § 19 Rn 21.
880 *Gößmann* in Bankrecht und Bankpraxis, Rn 1/392.
881 BGH WM 1988, 859, 862; *Canaris*, Bankvertragsrecht[3], Rn 2712.
882 BGH WM 1983, 926, 927.

a) Wertpapiere und sonstige bewegliche Sachen

2.606 Für den Erwerb eines Pfandrechts an Wertpapieren oder sonstigen beweglichen Sachen bedarf es grundsätzlich der Erlangung des **unmittelbaren** Besitzes durch die Bank als Pfandgläubigerin (§ 1205 Abs. 1 S. 1 BGB). Der bloße **mittelbare** Besitz der Bank ist aber z.B. in den praktisch bedeutsamen Fällen ausreichend, in denen die Deutsche Börse Clearing AG als Wertpapiersammelbank unmittelbar Besitzerin der Wertpapiere ist, die sie für die bei ihr angeschlossenen Banken als mittelbare Besitzerin der ersten Stufe (giro-)sammelverwahrt und deren Depotkunden als Verpfänder nur mittelbare Besitzer der zweiten Stufe sind[883].

2.607 Das AGB-Pfandrecht erstreckt sich auch auf die (Mit-)Eigentumsrechte des Kunden an den von der Deutsche Börse Clearing AG (giro-)sammelverwahrten Dauer-Globalurkunden, bei denen die Auslieferung von Einzelstücken für alle Zukunft ausgeschlossen ist[884]. Bei diesen Dauer-Globalurkunden ist es zweifelhaft, ob die Depotkunden wegen des Ausschlusses des depotgesetzlichen Herausgabeanspruches (§§ 7 Abs. 1, 9a Abs. 3 S. 2 DepG) überhaupt (mittelbaren Mit-)Besitz erlangen können[885]. Ohne diesen Besitz könnte eine Übereignung nur durch schlichte Einigung über den Eigentumsübergang nach den Grundsätzen der Übertragung „besitzloser" Sachen erfolgen. Nach heute herrschender Meinung genügt für die Übereignung solcher „besitzloser" Sachen die bloße Einigung, weil hier keine besitzrechtliche Beziehung der Veräußerung zum übereigneten Gegenstand fortbesteht[886].

2.608 An dem Inhalt eines vermieteten Schrankfachs kann die Bank dagegen kein Pfandrecht erwerben. Hier fehlt es nach allgemeiner Meinung an dem erforderlichen Allein- oder Mitbesitz der Bank[887].

2.609 Die **Pfandrechtsklausel** ermöglicht auch den gutgläubigen Erwerb an Wertpapieren und sonstigen beweglichen Sachen. Die Bank muß hierfür den Kunden als Eigentümer ansehen (§§ 1207, 1293, 932, 935 BGB) oder aber zumindest für verfügungsberechtigt halten (§§ 366, 367 HGB). An

---

883 BGH WM 1997, 1136; *Palandt/Bassenge*, § 1205 Rn 4; vgl. weiter *Werhahn/Schebesta*, AGB und Sonderbedingungen der Banken, Rn 293.
884 Zum Begriff der Dauerglobal-Urkunde vgl. *Kümpel* in Bankrecht und Bankpraxis, Rn 8/95.
885 *Canaris*, Bankvertragsrecht², Rn 2124 ff.
886 *Staudinger/Wiegand*, § 931 Rn 17; *Palandt/Bassenge*, § 931 Rn 3; *Kümpel* in Bankrecht und Bankpraxis, Rn 8/100 FN 3.
887 *Canaris*, Bankvertragsrecht², Rn 2659; *Werhahn/Schebesta*, AGB und Sonderbedingungen der Banken, Rn 307; *Bunte* in Bankrechts-Handbuch, § 19 Rn 48.

den guten Glauben der Bank werden jedoch hohe Anforderungen gestellt. Ergeben sich Anhaltspunkte für das fehlende Eigentum oder einer mangelnden Verfügungsberechtigung, muß die Bank Nachforschungen anstellen[888].

Handelt es sich um vinkulierte Aktien, hängt der Erwerb des AGB-Pfandrechts von der Zustimmung der Gesellschaft ab (§ 1274 Abs. 1 BGB, § 68 Abs. 2 AktG)[889].   2.610

Die Pfandrechtsklausel enthält im übrigen eine Sonderregelung für Zins- und Gewinnanteilscheine. Das Pfandrecht an einem Wertpapier erstreckt sich kraft Gesetzes auch auf die dazugehörenden Zins- und Gewinnanteilscheine, sofern diese Urkunden in den für den Rechtserwerb erforderlichen Besitz der Bank gelangt sind (§ 1296 S. 1 BGB).   2.611

Das AGB-Pfandrecht an einer Inhaberschuldverschreibung setzt sich an dem nach Fälligkeit von dem Emittenten gezahlten Einlösungsbetrag gemäß § 1287 S. 1 BGB fort. Diese Vorschrift ist nach allgemeiner Meinung anzuwenden, wenn sich durch Leistung des Schuldners der Pfandgegenstand in eine Forderung umwandelt[890].   2.612

Dies ist in der Praxis der Regelfall, weil diese Papiere üblicherweise zusammen mit den Aktien- und Schuldverschreibungsurkunden depotmäßig aufbewahrt werden. Hierdurch sind die abwicklungstechnischen Voraussetzungen dafür geschaffen, daß die Bank Verkaufsaufträge des Kunden jederzeit im Markt ausführen kann; zur termingerechten Erfüllung der Lieferverpflichtung aus den am Kapitalmarkt getätigten Wertpapiergeschäften sind auch diese Nebenpapiere mitzuübereignen.   2.613

Nach der gesetzlichen Regelung kann jedoch der Verpfänder die Herausgabe der Zins- und Gewinnanteilscheine verlangen, wenn sie vor der Pfandreife fällig geworden sind und mit dem Pfandgläubiger nichts anderes vereinbart worden ist (§ 1296 S. 2 BGB). Hierzu ist in den AGB klargestellt worden, daß der Kunde die Herausgabe dieser Nebenpapiere nicht verlangen kann. Diese Regelung ist schon deshalb angemessen, weil auch dieser Herausgabeanspruch dem AGB-Pfandrecht unterliegt[891].   2.614

---

888 *Werhahn/Schebesta*, AGB und Sonderbedingungen der Banken, Rn 289; *Gößmann* in Bankrecht und Bankpraxis, Rn 1/385; *Bunte* in Bankrechts-Handbuch, § 19 Rn 29.
889 *Werhahn/Schebesta*, AGB und Sonderbedingungen der Banken, Rn 297; *Bunte* in Bankrechts-Handbuch, § 19 Rn 26.
890 BGH WM 1997, 1136, 1137.
891 *Kümpel*, WM 1978, 970, 973; *Bunte* in Bankrechts-Handbuch, § 19 Rn 58.

b) Kontoguthaben und sonstige Forderungen

2.615 Das Pfandrecht besteht auch an den Ansprüchen, die dem Kunden gegen die Bank aus der bankmäßigen Geschäftsverbindung zustehen oder zustehen werden (Nr. 14 Abs. 1 S. 2 AGB). Dies gilt insbesondere für Kontoguthaben. Guthaben auf Girokonten begründen für den Kunden Rückgewährsansprüche im Sinne der unregelmäßigen Verwahrung (§ 700 BGB). Bei den Termin- und Spareinlagen bestehen darlehensrechtliche Rückzahlungsansprüche (§ 607 Abs. 1 BGB).

2.616 Die rechtliche Besonderheit dieses Pfandrechts liegt darin, daß Schuldner der verpfändeten Forderung und Erwerber des Pfandrechts (Pfandgläubiger) identisch sind. Ein solches „Pfandrecht an eigener Schuld" der kontoführenden Bank ist rechtlich zulässig[892]. Allerdings ist die Verpfändung einer Forderung, zu deren Übertragung wie bei Rückzahlungsansprüchen aus Kontoguthaben der formlose Abtretungsvertrag (§ 398 S. 1 BGB) genügt, gemäß § 1280 BGB nur wirksam, wenn der Gläubiger (Verpfänder) der Forderung die Verpfändung dem Schuldner anzeigt. Bei der Verpfändung einer gegen sich gerichteten Forderung erlangt der Schuldner diese Kenntnis dagegen schon als Erwerber des Pfandrechts[893]. Deshalb ist die Anzeige im Sinne des § 1280 BGB entbehrlich.

3. Ausnahmen vom Pfandrecht (Nr. 14 Abs. 3)

2.617 In bestimmten Fällen ist das Pfandrecht ausdrücklich ausgeschlossen worden. Gelangen Gelder oder andere Werte mit der Maßgabe in die Verfügungsgewalt der Bank, daß sie nur für einen bestimmten Zweck verwendet werden dürfen (z.B. Bareinzahlung zur Einlösung eines Wechsels), erstreckt sich das Pfandrecht der Bank nicht auf diese Werte (a). Dasselbe gilt für die Wertpapiere, die die Bank für den Kunden im Ausland verwahrt (b). Nicht erfaßt von der Pfandrechtsklausel sind die von der als Aktiengesellschaft organisierten Bank emittierten eigenen Aktien, Genußrechte und Genußscheine sowie die Ansprüche aus den verbrieften und nicht verbrieften nachrangigen Verbindlichkeiten der Bank (c). Im übrigen ist die Pfandrechtsklausel nicht auf rechtsverbriefende Dokumente ohne Wertpapiercharakter anwendbar (d).

---

892 BGH WM 1983, 926, 927.
893 *Staudinger/Wiegand*, § 1280 Rn 5 m.w.Nachw.

a) Haftungsausschließender Geschäftszweck

Die Pfandrechtsklausel kommt vor allem in den Fällen nicht zum Tragen, in denen Gelder oder andere Wertgegenstände mit der Maßgabe in die Verfügungsgewalt der Bank gelangen, daß sie nur für einen bestimmten Zweck verwendet werden dürfen. Die AGB erwähnen als Beispiel die Bareinlösung zur Einlösung eines Wechsels (Nr. 14 Abs. 3 S. 1 AGB). Diese Einschränkung der Pfandrechtsklausel entspricht der BGH-Rechtsprechung, die wiederholt entschieden hat, daß Werte, die der Bank mit einer Einschränkung in Form einer besonderen Zweckbestimmung zugeleitet worden sind, im Falle der Ablehnung des Kundenauftrages nicht dem Pfandrecht unterliegen[894].

2.618

Umstritten ist, wie dieser Ausschluß des AGB-Pfandrechts rechtsdogmatisch begründet werden kann. In der haftungsbegrenzenden Zweckbestimmung könnte ein einseitiger Widerruf der in der Pfandrechtsklausel enthaltenen antizipierenden Einigung über das Entstehen des Pfandrechts liegen[895]. Diese dingliche Einigung über die Pfandrechtsbestellung ist bis zur Übergabe der zu verpfändenden Sachen frei widerrufbar[896].

2.619

Der Erwerb des Pfandrechts kann aber auch durch eine Einzelabsprache zwischen Kunde und Bank oder durch einen einseitigen Verzicht der Bank ausgeschlossen werden, wobei die hierfür erforderlichen Willenserklärungen konkludent abgegeben werden können[897]. Angesichts des legitimen Sicherungsinteresses der Bank sind aber an das Zustandekommen einer solchen konkludenten individualvertraglichen Abbedingung der Pfandrechtsklausel oder des bankseitigen Verzichts strenge Anforderungen zu stellen[898]. Rechtsprechung und Schrifttum haben für diesen **konkludenten Ausschluß** des AGB-Pfandrechts verschiedene **Fallgruppen** entwickelt.

2.620

aa) Besondere Zweckbestimmung durch den Kunden

Die den Pfandrechtserwerb ausschließende Zweckbestimmung durch den Kunden kann sich aus Bankgeschäften mit unterschiedlichem Inhalt erge-

2.621

---
894 BGH WM 1985, 688, 689.
895 *Bunte* in Bankrechts-Handbuch, § 19 Rn 43 m.w.Nachw.; *Werhahn/Schebesta*, AGB und Sonderbedingungen der Banken, Rn 286, 295; a.A. *Gößmann* in Bankrecht und Bankpraxis, Rn 1/407.
896 Münchener Komm. zum BGB/*Damrau*, § 1205 Rn 2 m.w.Nachw.
897 BGH WM 1985, 688, 689; OLG Düsseldorf, WM 1988, 1688, 1689; *Gößmann* in Bankrecht und Bankpraxis, Rn 1/408; *Bunte* in Bankrechts-Handbuch, § 19 Rn 45.
898 BGH WM 1995, 375, 377; 1974, 155, 157; 1985, 688, 689; *Werhahn/Schebesta*, AGB und Sonderbedingungen der Banken, Rn 294.

ben. So kann eine Bargeldeinzahlung mit der Maßgabe erfolgen, den empfangenen Betrag zur Einlösung eines fällig werdenden Wechsels (Nr. 14 Abs. 3 S. 1 AGB) zu verwenden oder an einen Dritten weiterzuleiten[899].

2.622 Kein Pfandrecht entsteht an Wertgegenständen, die der Bank ausdrücklich nur vorübergehend zur Aufbewahrung übergeben worden sind, etwa bis die Reparaturarbeiten an dem Safe in der Wohnung des Kunden beendet worden sind. Der widerspruchslosen Entgegennahme steht hier die Anwendbarkeit der Pfandrechtsklausel entgegen[900].

2.623 Hat die Bank den Wechsel diskontiert, so darf sie den Gegenwert nicht unter Berufung auf das AGB-Pfandrecht einbehalten[901]. Ebensowenig erwirbt die Bank ein AGB-Pfandrecht an Wechseln, die der Kunde zum Diskont eingereicht hat, wenn die Bank die Diskontierung ablehnt (vgl. Nr. 15 Abs. 1 S. 2, 1. Hs. AGB Banken)[902].

2.624 Umstritten ist im Schrifttum, wie das Nichtentstehen des AGB-Pfandrechts in diesen Fällen begründet werden kann. Nach *Canaris*[903] ist hier das AGB-Pfandrecht durch Individualabrede konkludent abbedungen[904]; zumindest könne der Kunde den Einwand unzulässiger Rechtsausübung (§ 242 BGB) geltend machen. Dagegen soll nach *Koller* die Pfandklausel geltungserhaltend restringiert werden[905]. Insoweit sei die frühere Pfandklausel vom Wortlaut zu weit geraten.

2.625 Die Bank erwirbt das AGB-Pfandrecht aber nachträglich, wenn sie den Wechsel trotz abgelehnter Diskontierung nicht zurückgibt und der Kunde auch nicht die Rückgabe fordert. In diesem Unterlassen der Rückforderung kann nach dem BGH ein nachträgliches Einverständnis des Kunden zum Erwerb von treuhänderischem Sicherungseigentum der Bank erblickt werden[906]. Nach *Koller* verdient Schutz vor dem AGB-Pfandrecht nur derjenige, der sich mit den zum Diskont angebotenen Wechseln anderweitig Geld besorgen will. Das AGB-Pfandrecht ist daher nur dahingehend einzuschränken, daß es in dem Zeitpunkt entstehen soll, in dem die Bank nach den ihr erkennbaren Umständen und der branchentypi-

---

899 BGH WM 1985, 688, 689; OLG Düsseldorf WM 1988, 1688, 1689; LG Zweibrücken WM 1987, 1010; *Bunte* in Bankrechts-Handbuch, § 19 Rn 47.
900 BGH WM 1958, 1480; 1985, 688, 689.
901 BGH WM 1984, 1391, 1392; *Bunte* in Bankrechts-Handbuch, § 20 Rn 33; Hans.OLG WM 1988, 571.
902 BGH WM 1968, 695; 1986, 610, 611; Hans.OLG WM 1988, 571, 574 f.
903 *Canaris*, Bankvertragsrecht², Rn 1547.
904 Hans.OLG WM 1988, 571, 575.
905 *Koller*, WuB I D 4. 6.86.
906 BGH WM 1986, 610, 611.

schen Geschäftserfahrung zum Ergebnis kommen darf, daß der Einreicher keine anderweitige Diskontierung anstrebt; hierauf deutet das Unterlassen der Rückforderung der Wechselurkunde hin.

Die Bank erwirbt das AGB-Pfandrecht auch bei einer unwirksamen Sicherungsübereignung eines Warenlagers. Dies setzt freilich voraus, daß die besitzrechtlichen Voraussetzungen für einen solchen Pfandrechtserwerb gegeben sind[907]. 2.626

bb) Treuhandkonten

Vom AGB-Pfandrecht nicht erfaßt werden die Guthaben auf einem offenen Treuhandkonto. Diese Kontoart setzt aber voraus, daß sowohl Kunde wie auch Bank den erkennbaren Willen haben, ein solches Konto zu errichten[908]. Hierfür ist nicht schon ausreichend, daß die Bank ihre Ermittlungspflicht nach dem Gewinnaufspürungsgesetz erfüllt und in den Kontoführungsunterlagen vermerkt, daß der Kunde das Konto für Rechnung eines Dritten unterhält. Bei einem erkennbaren beiderseitigen Willen zur Errichtung eines offenen Treuhandkontos wird nicht notwendigerweise eine entsprechende ausdrückliche Bezeichnung vorausgesetzt, wohl aber der erkennbare Wille beider Seiten zur Errichtung eines solchen Treuhandkontos. Erforderlich ist also zumindest eine diesbezügliche konkludente Treuhandvereinbarung bei der Kontoeröffnung[909]. 2.627

b) Auslandsverwahrte Wertpapiere

Das Pfandrecht erfaßt auch keine Wertpapiere, die die Bank für den Kunden im Ausland aufbewahrt (Nr. 14 Abs. 3 S. 2, 2. Alt. AGB). Bei einer Auslandsaufbewahrung erwirbt der (Depot-)Kunde an den im Ausland aufbewahrten Wertpapieren kein rechtsformales (Mit-)Eigentum, das mit dem AGB-Pfandrecht belastet werden könnte. Nach den hierfür geltenden „Sonderbedingungen für Wertpapiergeschäfte" (Nr. 12 Abs. 3)[910] hat sich die inländische Depotbank des Kunden vielmehr das (Mit-)Eigentum an den Wertpapieren oder eine andere am Lagerort übliche, gleichwertige Rechtsstellung zu verschaffen[911]. Der Kunde erlangt nur die wirt- 2.628

---

907 BGH WM 1995, 375, 377.
908 BGH WM 1973, 894, 895; 1985, 688, 689; 1987, 1457, 1459; 1990, 1954, 1955; OLG Hamm, WM 1999, 1111, 1112; *Canaris*, Bankvertragsrecht³, Rn 284.
909 *Canaris*, Bankvertragsrecht³, Rn 284; *Fischer*, WuB I A. Nr. 19 AGB Banken 3.85.
910 Abgedruckt in *Kümpel/Ott*, Handbuch des Kapitalmarktrechts, Kz 220.
911 Wegen der vielfältigen Vorteile dieser rechtlichen Ausgestaltung der Auslandsaufbewahrung vgl. *Kümpel* in Bankrecht und Bankpraxis Rn 8/126 ff.

schaftliche Stellung eines Eigentümers. Infolge dieser AGB-Regelung wird zwischen dem Kunden und seiner Bank ein **Treuhandverhältnis** begründet, aufgrund dessen dem Kunden als Treugeber der auftragsrechtliche Herausgabeanspruch zusteht (§§ 667, 675 BGB). Hierüber erhält der Depotkunde eine Gutschrift in Wertpapierrechnung (WR-Gutschrift).

2.629 Soll dieses Guthaben in Gestalt von WR-Gutschriften der Bank haften, so bedarf es einer ausdrücklichen Verpfändung des dem Kunden hieraus zustehenden auftragsrechtlichen Herausgabeanspruchs (§ 667 BGB). Das AGB-Pfandrecht erfaßt zwar grundsätzlich alle Ansprüche, die dem Kunden gegen die Bank aus der bankmäßigen Geschäftsverbindung zustehen (Nr. 14 Abs. 1 S. 2 AGB). Der Herausgabeanspruch bei WR-Gutschriften ist aber auf Wertpapiere gerichtet, die die Bank als treuhänderischer (Mit-)Eigentümer für den Kunden verwahrt. Nach Nr. 14 Abs. 3 S. 2 AGB soll sich das AGB-Pfandrecht nicht auf Wertpapiere erstrecken, die die Bank im Ausland für ihre Kunden verwahrt. Mit Rücksicht auf die Unklarheitenregelung des AGB-Gesetzes (§ 5) ist deshalb vorsorglich davon auszugehen, daß dieser Verzicht auf das AGB-Pfandrecht auch für den Herausgabeanspruch bei den WR-Gutschriften für auslandsverwahrte Kundenpapiere zu gelten hat, weil die Bank auch in diesen Fällen ungeachtet ihres Treuhandeigentums an den Wertpapieren diese Werte zur Verfügung ihrer Depotkunden bereit hält.

2.630 Soweit sich die Bank das Guthaben aus den WR-Gutschriften in einer gesonderten Erklärung verpfänden läßt, ist hierfür allein deutsches Recht maßgeblich. Denn die inländische Depotbank als Schuldner des verpfändeten Anspruchs hat ihren Geschäftssitz im Inland. Das zugrundeliegende Treuhandverhältnis zum Kunden unterliegt deshalb deutschem Recht. Bei der Verpfändung der im Ausland ruhenden Wertpapiere wären dagegen nach dem Recht der belegenen Sache (lex cartae sitae) die maßgeblichen Bestimmungen der jeweiligen ausländischen Rechtsordnung zu beachten. Soweit sich die inländische Bank die Wertpapiere bei Pfandreife von ihrer ausländischen Lagerstelle zwecks Verwertung ins Inland ausliefern läßt und dies dem Kunden mitteilt, würde der Kunde kraft Gesetzes Eigentümer der Wertpapiere und die Bank hieran ein erstrangiges gesetzliches Pfandrecht erwerben (§ 1287 S. 1 BGB). Der Kunde wird sich jedoch schon aus Kostenersparnis mit einer unmittelbaren Verwertung der der WR-Gutschrift zugrundeliegenden Wertpapiere im Ausland einverstanden erklären[912].

c) Eigene Aktien und gleichgestellte Bankverbindlichkeiten

2.631 Von dem AGB-Pfandrecht sind ausgenommen eigene Aktien der Bank sowie die von der Bank selbst ausgegebenen eigenen Genußrechte oder Genußscheine sowie die nachrangigen verbrieften und nicht verbrieften

---

912 Vgl. hierzu *Kümpel* in Bankrecht und Bankpraxis, Rn 8/126.

Verbindlichkeiten der Bank (Nr. 14 Abs. 3 S. 2, 1. Alt., S. 3 AGB). Mit dieser AGB-mäßigen Regelung wird den gesetzlichen Beschränkungen für den Pfandrechtserwerb Rechnung getragen. Nach dem Aktiengesetz (§§ 71 e Abs. 1 S. 2, 71 Abs. 2 S. 1) darf der Gesamtbetrag der verpfändeten eigenen Aktien zusammen mit anderen eigenen Aktien 10% des Grundkapitals der Gesellschaft nicht überschreiten. Ohne den bankmäßigen Ausschluß des Pfandrechtserwerbs bei eigenen Aktien würde deswegen die Gefahr bestehen, daß eine als AG organisierte Bank die 10%-Grenze überschreitet[913].

Dieselbe Begrenzung für den Pfandrechtserwerb gilt gemäß Nr. 14 Abs. 3 S. 3 AGB nach der Novellierung des KWG im Jahre 1993 für die Genußrechte oder Genußscheine (§ 10 Abs. 5 S. 6 KWG). Im übrigen sind vom AGB-Pfandrecht ausdrücklich auch die Ansprüche aus den verbrieften oder unverbrieften nachrangigen Verbindlichkeiten im Sinne des § 10 Abs. 5a KWG ausgenommen worden, weil sie Eigenkapitalcharakter haben[914].

2.632

d) Urkunden ohne Wertpapiercharakter

Das AGB-Pfandrecht erfaßt auch nicht die im Besitz der Bank befindlichen Urkunden, die Forderungen des Kunden gegen Dritte dokumentieren. Praktische Beispiele sind vor allem Lebensversicherungspolicen oder von anderen Banken ausgestellte Sparbücher. Diese Dokumente sind keine Wertpapiere im engeren Wortsinne wie die auf den Inhaber oder an Order lautenden Papiere. Bei der Verbriefung eines Rechts im engeren wertpapierrechtlichen Sinne wird das verbriefte (Forderungs-, Sachen- oder Mitgliedschafts-)Recht versachlicht mit der Folge, daß eine Übertragung des verbrieften Rechts durch die Übertragung der Urkunde erfolgt und damit an die Stelle des Zessionsrechts (§§ 398 ff. BGB) die sachenrechtlichen Bestimmungen (§§ 929 ff. BGB) treten („Das Recht aus dem Papier folgt dem Recht am Papier")[915]. Wertpapiere in diesem engeren Wortsinne sind also nur die rechtsverbriefenden Urkunden, bei denen über das verbriefte Recht durch Verfügungen über die Urkunde und damit nur mittelbar nach sachenrechtlichen Grundsätzen verfügt wird[916].

2.633

Für die Voraussetzungen eines Pfandrechtserwerbs aufgrund der AGB-Pfandklausel kommt es also entscheidend darauf an, ob es sich bei den im

2.634

---
913 *Geßler/Hefermehl/Bungeroth*, § 71e Rn 34.
914 *Werhahn/Schebesta*, AGB und Sonderbedingungen der Banken, Rn 327a; *Gößmann* in Bankrecht und Bankpraxis, Rn 1/417.
915 *Baumbach/Hefermehl*, WPR Rn 4.
916 *Baumbach/Hefermehl*, WPR Rn 10.

Besitz der Bank befindlichen Urkunden um **Wertpapiere im engeren Sinne** handelt. Die Lebensversicherungspolice, das von einer anderen Bank ausgestellte Sparbuch oder Grundschuldbriefe gehören nicht zu solchen Wertpapieren. Deshalb müßten die in diesen Dokumenten verbrieften Forderungen des Kunden gegen einen Dritten wie auch die anderen unverbrieften Forderungen verpfändet werden. Zur Wirksamkeit einer Forderungsverpfändung ist jedoch eine Anzeige an den Drittschuldner erforderlich (§ 1280 BGB), die regelmäßig den Interessen des Kunden widerspräche. Sofern auch die in solchen Dokumenten verbrieften Forderungen der Bank als Sicherheit dienen sollen, böte sich eine Zession an, die nach der gesetzlich vorgeschriebenen Offenlegung gegenüber dem Drittschuldner wirksam erfolgen kann[917].

e) Gesetzliche Einschränkungen

2.635 Der Ausschluß des AGB-Pfandrechts kann sich auch daraus ergeben, daß die gesetzliche Regelung eine Zweckbestimmung für bestimmte Gelder vornimmt. Dies hat der BGH für Baugeldforderungen im Sinne des § 1 Abs. 2 des Gesetzes über die Sicherung der Bauforderungen entschieden[918]. Ebenso dürften dem Girokonto des Kunden gutgeschriebene Sozialleistungen innerhalb der siebentägigen Frist des § 55 SBG-AT nicht dem AGB-Pfandrecht unterworfen sein, weil die Bank hiermit auch nicht aufrechnen darf[919].

2.636 Im übrigen erwirbt die Bank kein Pfandrecht für Kreditgewährungen im Sinne des Verbraucherkreditgesetzes, wenn in der vorgeschriebenen Vertragsurkunde nicht ausdrücklich auf dieses Sicherungsrecht der Bank hingewiesen wird (§§ 4 Abs. 1 Nr. 1 lit. g, 6 Abs. 2 S. 6 VerbrKrG).

4. Gesicherte Forderungen

2.637 Das Pfandrecht dient der Sicherung aller bestehenden, künftigen und bedingten Ansprüche, die der Bank mit ihren sämtlichen in- und ausländischen Geschäftsstellen aus der bankmäßigen Geschäftsverbindung zustehen (Nr. 14 Abs. 2 S. 1 AGB). Mit dieser Anknüpfung des Sicherungszwecks an die sich aus der bankmäßigen Geschäftsverbindung ergebenden Ansprüche der Bank wird nach dem BGH dem Erfordernis der Be-

---

917 *Bunte* in Bankrechts-Handbuch, § 19 Rn 22; *Merkel*, WM 1993, 725, 730; *Gößmann* in Bankrecht und Bankpraxis, Rn 1/381, 1/395.
918 BGH WM 1987, 1457.
919 *Gößmann* in Bankrecht und Bankpraxis, Rn 1/416; *Bunte* in Bankrechts-Handbuch, § 19 Rn 55.

stimmbarkeit der abzusichernden künftigen und bedingten Forderungen Rechnung getragen[920].

Diese weite Sicherungszweckerklärung ist mit der Generalklausel des AGB-Gesetzes (§ 9) vereinbar. Dies hat der BGH mehrfach für die Grundschuldbestellung entschieden[921]. Diese Rechtsprechung kann auch auf die Verpfändung[922] und die Sicherungsübertragung einzelner Vermögensgegenstände[923] übertragen werden. Solche Sicherungsgeber sind insoweit weniger schutzbedürftig als der Bürge, weil dessen Haftung gegenständlich unbeschränkt ist[924]. 2.638

a) Filialklausel

Sämtliche inländischen und ausländischen Geschäftsstellen, die rechtlich unselbständig sind, bilden eine Einheit, weil sie nur Teile ein und derselben juristischen Person sind[925]. Gesichert sind also auch **alle Ansprüche der ausländischen Geschäftsstellen**. Um eine Bewertung als überraschende Klausel im Sinne des § 3 AGBG zu vermeiden, wird dieser weitere Sicherungszweck ausdrücklich in Nr. 1 Abs. 1 S. 2 AGB klargestellt. 2.639

Während diese Filialklausel auch die Ansprüche ausländischer Geschäftsstellen absichert, beschränkt sich die **Reichweite der Pfandrechte** hinsichtlich der von ihm erfaßten Wertgegenstände auf die Wertpapiere und sonstigen Sachen, die sich im Besitz der inländischen Geschäftsstellen befinden. Diese Begrenzung der Pfandklausel war geboten, weil nach dem maßgeblichen Recht der belegenen Sache (lex rei sitae) dessen Besonderheit zu berücksichtigen gewesen und dies mit den notwendigerweise generalisierenden AGB-Regelungen unvereinbar wäre. 2.640

b) Ansprüche aus der bankmäßigen Geschäftsverbindung

Der weite Sicherungszweck der Pfandklausel erfährt insoweit eine sachgerechte Einschränkung, als die gesicherten Ansprüche aus der bankmäßigen Geschäftsverbindung stammen müssen[926]. Dies entspricht der Verpfändungsabrede in Nr. 14 Abs. 1 AGB, wonach der Besitz an den 2.641

---

920 BGH WM 1981, 162; 1983, 926; 1985, 78, 79.
921 BGH WM 1997, 1615.
922 LG Bonn WM 1996, 1538; *Rösler*, WM 1998, 1377, 1379; *Ganter*, WM 1998, 2045, 2046.
923 *Ganter*, WM 1998, 2045, 2046.
924 BGH WM 1997, 1615, 1616.
925 OLG Bamberg WM 1990, 1019, 1021; *Canaris*, Bankvertragsrecht², Rn 2670; *von Westphalen*, WM 1980, 1406, 1422; *Bunte* in Bankrechts-Handbuch, § 19 Rn 40.
926 BGH WM 1985, 116.

erfaßten Wertpapieren und Sachen im bankmäßigen Geschäftsverkehr erlangt sein muß und die verpfändeten Forderungen dem Kunden aus der bankmäßigen Geschäftsverbindung zustehen müssen.

2.642 Zu den gesicherten Ansprüchen der Bank rechnen Rückzahlungsverpflichtungen aus einer unberechtigten Kontoüberziehung[927]. Im Rahmen der bankmäßigen Geschäftsverbindung liegt auch ein Anspruch der Bank aus Geschäftsführung ohne Auftrag §§ 677, 684 BGB[928]. Dagegen werden deliktsrechtliche Ansprüche, die der Bank nur zufällig und ohne inneren Zusammenhang mit dem Geschäftsverkehr erwachsen, nicht durch das AGB-Pfandrecht abgesichert[929].

2.643 Das AGB-Pfandrecht sichert grundsätzlich auch solche Forderungen, die nicht unmittelbar im Rahmen der Geschäftsverbindung mit dem Kunden entstanden sind, sondern die Bank von Dritten erworben hat[930]. Der weite Sicherungszweck der Pfandrechtsklausel erfaßt auch solche auf die Bank übergegangenen Forderungen[931]. Erforderlich ist jedoch, daß dieser Erwerb in banküblicher Weise etwa im Rahmen eines Diskontgeschäfts mit einem anderen Kunden oder aufgrund einer Globalzession eines anderen Kreditnehmers geschehen ist.

2.644 Wenn sich der Kunde am Geschäftsleben beteiligt, muß er damit rechnen, daß gegen ihn gerichtete Forderungen im Rahmen normaler Umsatz- und Sicherungsgeschäfte auf andere Gläubiger und damit auch auf eine Bank übergehen. Durch einen solchen Forderungsübergang kann im übrigen im Verhältnis Kunde und seine erwerbende Bank eine Aufrechnungslage entstehen, die eine pfandrechtsähnliche Wirkung hat, so daß die Erstreckung des AGB-Pfandrechts auf solche von Dritten erworbenen Forderungen grundsätzlich nicht anstößig sein kann[932].

2.645 Unanwendbar ist dagegen die Pfandrechtsklausel, wenn die Bank die Forderungen gerade deshalb erworben hat, um sie unter Deckung zu bringen und so die Realisierung einer notleidend gewordenen Forderung zu erreichen[933]. Nach dem BGH ist es mit der Rechtsnatur einer bankmäßigen Geschäftsverbindung unvereinbar, wenn die Bank solche Sicherheiten, die sie selbst nicht benötigt, für einen Dritten allein deshalb

---

927 OLG Hamm WM 1991, 847.
928 OLG München WM 1991, 1415.
929 *Canaris*, Bankvertragsrecht[2], Rn 2673; *Werhahn/Schebesta*, AGB und Sonderbedingungen der Banken, Rn 311a.
930 BGH WM 1987, 834, 835; *Canaris*, Bankvertragsrecht[2], Rn 2672.
931 *Bunte* in Bankrechts-Handbuch, § 19 Rn 38; *Werhahn/Schebesta*, AGB und Sonderbedingungen der Banken, Rn 313.
932 *Canaris*, Bankvertragsrecht[2], Rn 2672.
933 *Canaris*, Bankvertragsrecht[2], Rn 2672.

auszunutzen sucht, weil sie zu ihnen Zugang hat. In solchen Fällen steht der Berufung auf das AGB-Pfandrecht der Einwand rechtsmißbräuchlichen Verhaltens (§ 242 BGB) entgegen[934].

c) Künftige Forderungen

Mit der Pfandklausel werden auch künftige Forderungen gesichert, wie es § 1204 Abs. 2 BGB ausdrücklich gestattet, wenn diese Forderungen – wie bei einer bankmäßigen Geschäftsverbindung – zumindest bestimmbar sind[935]. 2.646

Der **Zeitpunkt des Entstehens** eines solchen Pfandrechts läßt sich nach dem BGH aus dem Gesetzeswortlaut nicht zweifelsfrei bestimmen. Den Gesetzesmaterialien könne aber entnommen werden, daß der Gesetzgeber beim Pfandrecht für künftige Forderungen die strikte Anlehnung des Pfandrechts an die gesicherte Forderung (Akzessorietät) lockern wollte[936]. Das Pfandrecht an den im Besitz der Bank befindlichen Sachen und Kontoguthaben entsteht also auch für künftige Forderungen bereits mit Einigung und Übergabe der Pfandsache bzw. mit der Begründung des Kontoguthabens und nicht erst mit dem Entstehen der abzusichernden Forderung der Bank. Es handelt sich mithin nicht nur um ein Anwartschaftsrecht, sondern um ein „gegenwärtiges" Pfandrecht, das nur noch nicht valutiert ist[937]. Es erlischt aber, wenn feststeht, daß die Forderung nicht entstehen kann. Eine Verwertung des Pfandes ist allerdings erst mit Entstehen und Fälligkeit der Forderung möglich[938]. 2.647

Dieses frühzeitige Entstehen des AGB-Pfandrechts an den von ihm erfaßten Kundenwerten hat den wesentlichen Vorzug, daß die Bank gegenüber einem späteren Pfandrecht zugunsten anderer Gläubiger ein vorrangiges Pfandrecht erwirbt. Dieser „Altersvorzug" beruht auf § 1209 BGB, der für den Rang des Pfandrechts die Zeit seiner Bestellung für maßgeblich erklärt[939]. Das frühzeitige Entstehen des Pfandrechts für künftige Forderun- 2.648

---

934 BGH WM 1987, 834, 835; 1991, 846; *Werhahn/Schebesta*, AGB und Sonderbedingungen der Banken, Rn 312; *Bunte* in Bankrechts-Handbuch, § 19 Rn 38.
935 BGH WM 1983, 213, 215; *Staudinger/Wiegand*, § 1204 Rn 24.
936 BGH WM 1983, 213, 215; vgl. weiter *Staudinger/Wiegand*, § 1204 Rn 23 ff.; *Ganter*, WM 1998, 2081, 2085.
937 *Kümpel* in Bankrecht und Bankpraxis, Rn 8/20; *Staudinger/Wiegand*, § 1204 Rn 22 ff.
938 BGH WM 1983, 213, 215 m.w.Nachw.; zum Zeitpunkt des Entstehens des Pfandrechts vgl. weiter BGH WM 1998, 2463 m.w.Nachw.
939 Vgl. BGH WM 1983, 213, 215; 1997, 1324, 1326.

gen hat auch Konsequenzen für den gutgläubigen Erwerb des Pfandrechts. Die Gutgläubigkeit braucht nur bis zur Vollendung des Bestellungsakts vorhanden gewesen zu sein[940].

2.649 Auch die **Insolvenzanfechtung** stellt bei mehraktigen Rechtshandlungen auf den Akt ab, durch den die Masse geschmälert worden ist[941]. Bei der rechtsgeschäftlichen Bestellung eines Pfandrechts ist dies der Rechtsakt, mit dem der Vollzug des Rechtserwerbs des Anfechtungsgegners eingetreten ist[942]. Die Insolvenzanfechtung der Pfandrechtsbestellung ist damit nur möglich, wenn entweder die Einigung oder die Übergabe oder beides in die kritische Zeit fallen. Denn das Vermögen des Eigentümers der Pfandsache wird bereits mit dem dinglichen Verpfändungsvertrag und der Übergabe geschmälert, weil schon hierdurch die dingliche Belastung des Pfandgegenstandes entsteht[943].

2.650 Insoweit kann auch kein Vergleich mit der Rechtslage bei der Bestellung einer Hypothek für künftige Forderungen gezogen werden. Denn eine eingetragene Hypothek für eine künftige Forderung steht bis zum Entstehen der Forderung als Eigentümergrundschuld dem Grundstückseigentümer zu (§ 1163 BGB). Die Schmälerung des Vermögens des Grundstückseigentümers tritt daher erst mit dem Entstehen der Forderung und dem damit verbundenen Übergang der Hypothek ein[944].

5. Ungesicherte Forderungen

2.651 Bestimmte Kategorien von Forderungen der Bank werden durch das AGB-Pfandrecht nicht abgesichert. Dies beruht vor allem auf der einschränkenden Auslegung der Pfandrechtsklausel durch die Rechtsprechung. Beispiele hierfür sind die Zahlungsansprüche gegen Firmen und Gesellschaften, für deren Verbindlichkeiten der Kunde persönlich kraft Gesetzes haftet (a) und eine vertragliche Haftungsübernahme des Kunden für einen anderen Kunden (b). Dasselbe gilt für den Erwerb der Forderung nach einer Pfändung des von der Pfandrechtsklausel erfaßten Guthabens auf dem Girokonto durch einen Gläubiger des Kunden (c). Eine gesetzliche Einschränkung des Sicherungszwecks der Pfandrechtsklausel enthält das Depotgesetz für nicht-konnexe Forderungen der Bank gegen ihren Bankierkunden (§ 4 Abs. 1 S. 2 DepG).

---

940 *Westermann*, Sachenrecht, 7. Aufl., 1998, § 128 IV 2, S. 902 f.; *Soergel/Mühl*, § 1207 Rn 8.
941 BGH WM 1964, 196, 197.
942 BGH WM 1983, 213, 215.
943 BGH WM 1983, 213, 215.
944 WM 1983, 213, 215.

a) Forderung aufgrund Gesellschafterhaftung

Seit der Neufassung der AGB im Jahre 1993 erstreckt sich das AGB-Pfandrecht nicht mehr auf Ansprüche gegen Firmen und Gesellschaften, für deren Verbindlichkeiten der Kunde persönlich haftet[945]. Nach dem BGH ist es zweifelhaft, ob eine solche weitgehende Haftung in einer AGB-mäßigen Sicherungsabrede der Inhaltskontrolle nach dem AGB-Gesetz standhalten könnte[946]. Hierin könnte ein Sonderopfer erblickt werden, das den Bankkunden unangemessen benachteiligt[947].

2.652

b) Haftungsübernahme zugunsten anderer Bankkunden

Hat der Kunde gegenüber der Bank eine Haftung für Verbindlichkeiten eines anderen Kunden der Bank übernommen, so sichert das Pfandrecht die aus der Haftungsübernahme folgende Zahlungsverbindlichkeit erst **ab ihrer Fälligkeit** (Nr. 14 Abs. 2 S. 2 AGB). Dies gilt insbesondere, wenn sich der Kunde für einen anderen Bankkunden verbürgt hat[948].

2.653

Nach dem gesetzlichen Leitbild der Bürgschaft braucht ein Bürge vor Fälligkeit seiner Bürgschaftsschuld weder konkrete Vermögenswerte aufzuwenden noch den Zugriff der Bank auf die vom AGB-Pfandrecht erfaßten Werte zu dulden[949]. Diesem gesetzlichen Leitbild wird dadurch Rechnung getragen, daß die Bank bis zur Fälligkeit ihrer Bürgschaftsforderung das AGB-Pfandrecht nicht geltend machen kann. Auch insoweit bleibt aber die rangwahrende Wirkung der in den AGB erhaltenen antizipierenden Pfandrechtsbestellung erhalten (§ 1209 BGB)[950].

2.654

c) Forderungserwerb nach Pfändung des Kontoguthabens durch Drittgläubiger

Das AGB-Pfandrecht hat grundsätzlich Vorrang vor dem gesetzlichen Pfändungspfandrecht, das der Gläubiger des Bankkunden bei einer Voll-

2.655

---

945 *Merkel*, WM 1993, 725, 730; *Werhahn/Schebesta*, AGB und Sonderbedingungen der Banken, Rn 320; *Gößmann* in Bankrecht und Bankpraxis, Rn 1/403.
946 BGH WM 1987, 571, 572; LG Hamburg WM 1996, 1628, 1629; *Bunte* in Bankrechts-Handbuch, § 19 Rn 7.
947 *Clemente*, DB 1983, 1531, 1532; *Merkel*, WM 1993, 725, 731; *Gößmann* in Bankrecht und Bankpraxis, Rn 1/403; *Werhahn/Schebesta*, AGB und Sonderbedingungen der Banken, Rn 320.
948 Zur Frage der Anwendbarkeit der Nr. 14 Abs. 2 S. 2 AGB Banken auf Ansprüche der Bank gegen den Kunden aufgrund einer für diesen übernommenen Bürgschaft (Avalkredit), vgl. BGH WM 1998, 2463.
949 BGH WM 1989, 129, 131; 1990, 1910, 1911.
950 *Köndgen*, NJW 1992, 2263, 2267.

streckung in dessen Girokonto erwirbt (§ 804 Abs. 1 ZPO). Damit stellt sich die Frage, inwieweit sich die Bank als Drittschuldnerin aus dem ihrem vorrangigen Pfandrecht unterworfenen Giroguthaben mit Wirkung gegenüber dem Vollstreckungsgläubiger wegen Forderungen befriedigen darf, die sie erst nach Entstehung des (nachrangigen) Pfändungspfandrechts erworben hat. Nach dem BGH ist diese Frage anhand des für solche Kontokorrentguthaben geschaffenen § 357 S. 1 HGB zu beantworten, der als spezielle Norm die pfandrechtliche Bestimmung des § 1209 BGB verdrängt, wonach das **Rangverhältnis** konkurrierender Pfandrechte nach dem Zeitpunkt ihrer Bestellung bestimmt wird[951]. Nach dieser handelsgesetzlichen Spezialnorm kann bei einem Kontokorrentverhältnis, wie es mit einem Girokonto verbunden ist, die Bank als Drittschuldner dem Pfandgläubiger Schuldposten, die nach der Pfändung durch neue Geschäfte entstehen, nicht in Rechnung stellen. Der Vollstreckungsgläubiger soll davor geschützt sein, daß ihm durch Schaffung neuer Schuldposten das Guthaben entzogen wird[952]. Diesem Zweck des § 357 S. 1 HGB widerspräche es, wenn die Bank das gepfändete Kontoguthaben aufgrund ihres Pfandrechts mit Wirkung gegenüber dem Pfändungsgläubiger um den Betrag einer Gegenforderung verringern dürfte, die sie gemäß §§ 670, 675 BGB dadurch erworben hat, daß sie einen Anspruch ihres Kunden nach der Kontopfändung getilgt hat. In diesen Fällen ist der Bank eine Berufung auf ihr vorrangiges Pfandrecht verwehrt[953].

2.656 Etwas anderes gilt nur für Geschäfte, die aufgrund einer schon vor der Pfändung des Kontoguthabens bestehenden Verpflichtung der Bank vorgenommen wurden. Die Bank, die ihrem Kunden vor der Pfändung des Girokontos eurocheque-Vordrucke und die eurocheque-Karte ausgehändigt hatte, wird auch gegenüber dem Pfändungsgläubiger von ihrer Rückzahlungspflicht aus dem gepfändeten Kontoguthaben insoweit frei, als sie nach der Pfändung garantierte Eurocheques einzulösen hat[954].

d) Nicht-konnexe Forderungen gegen Bankierkunden (§ 4 Abs. 1 S. 2 DepotG)

2.657 Eine gesetzliche Begrenzung des AGB-Pfandrechts enthält auch § 4 Abs. 1 S. 2 DepotG, wenn eine Bank als Zwischenverwahrerin die ihr vom Depotkunden anvertrauten Wertpapiere einer anderen **Bank als Drittverwahrer** anvertraut. Mit Rücksicht auf den Hinterlegerschutz gilt in einem

---

951 BGH WM 1997, 1324, 1326.
952 BGH WM 1981, 542; 1982, 816.
953 BGH WM 1997, 1324, 1326.
954 BGH WM 1985, 78; 1997, 1324, 1326.

solchen Fall der drittverwahrenden Bank als bekannt, daß die Wertpapiere ihrem Bankierkunden als Depotinhaber nicht gehören (Fremdvermutung, § 4 Abs. 1 S. 1 DepotG). Die materiellen Prüfungshinweise zu den Depotprüfungs-Richtlinien schreiben deswegen vor, daß solche Wertpapiere des Bankierkunden im sog. Depot B aufzubewahren sind (Nr. 3 Abs. 3 S. 1)[955].

Die drittverwahrende Bank kann an solchen Wertpapieren ein Pfandrecht oder Zurückbehaltungsrecht nur wegen solcher Forderungen geltend machen, die mit Bezug auf diese Wertpapiere entstanden sind oder für die diese Wertpapiere nach dem einzelnen über sie zwischen dem zwischenverwahrenden Bankierkunden und der drittverwahrenden Bank vorgenommenen Geschäft haften sollen. Auch für den Erwerb eines solchen eingeschränkten Pfandrechts bedarf es der hierfür erforderlichen rechtsgeschäftlichen Einigung über die Verpfändung, wie sie die AGB-Pfandrechtsklausel enthält. Die depotgesetzliche Regelung (§ 4 Abs. 1 S. 2), die eine solche eingeschränkte Verpfändung zuläßt, hat also den Charakter nur einer rechtsbegrenzenden und nicht einer rechtsbegründenden Norm[956]. Mit Rücksicht auf diese depotgesetzliche Sonderregelung entsteht das AGB-Pfandrecht nur in dem gesetzlich zulässigen Umfang[957].

2.658

Auf das AGB-Pfandrecht ist die Bank jedoch dann nicht angewiesen, wenn sie die von ihr verwahrten Wertpapiere kommissionsweise für ihren Bankierkunden angeschafft, aber noch nicht bezahlt erhalten hat. Hier ist die Bank bereits durch das gesetzliche Pfandrecht des Einkaufskommissionärs gegen ein etwaiges Verlangen ihres ausländischen Bankierkunden auf Herausgabe der Wertpapiere geschützt (§ 397 HGB).

2.659

III. Sicherungsrechte an Einzugspapieren und diskontierten Wechseln (Nr. 15 AGB)

Auch bei der Neufassung der AGB im Jahre 1993 ist es bei der bisherigen Sonderregelung für die Sicherungsrechte der Bank an den eingereichten Einzugspapieren (Inkassopapiere) und den diskontierten Wechseln geblieben. Die **Vertragsbeziehung** zwischen Kunde und Bank, aufgrund derer die Bank Besitz an den Wertpapieren und Inkassopapieren erlangt, ist von **unterschiedlicher Rechtsnatur**. Die von der Pfandrechtsklausel (Nr. 14 Abs. 1 AGB) erfaßten Wertpapiere besitzt die Bank im Rahmen ihres Depotgeschäfts als Verwahrer (§ 688 BGB). Der Besitz an den diskontier-

2.660

---

955 Abgedruckt in *Kümpel/Ott*, Kapitalmarktrecht, Kz 320.
956 *Kümpel* in Bankrecht und Bankpraxis, Rn 8/21.
957 *Heinsius/Horn/Than*, § 4 Rn 9.

ten Wechseln wird der Bank dagegen bei der Erfüllung der Lieferverpflichtung des Kunden aus dem Kaufvertrag (§ 433 BGB) verschafft, der dem Wechseldiskontgeschäft zugrunde liegt. Schließlich erlangt die Bank den Besitz an den zum Einzug eingereichten Schecks und Wechseln sowie an den sonstigen Inkassopapieren anläßlich der ihr erteilten Inkassoaufträge (§ 675 BGB). Das Inkasso- und Diskontgeschäft dient dazu, dem Kunden die benötigten liquiden Mittel zu verschaffen. Aus diesem verschiedenartigen Geschäftszweck und der unterschiedlichen Rechtsnatur der zwischen Kunde und Bank bestehenden Vertragsbeziehung als Rechtsgrundlage für den erlangten Besitz ergibt sich ein differenziertes Sicherungsbedürfnis der Bank. Im Gegensatz zu dem weiten Sicherungszweck des AGB-Pfandrechts hat deshalb das Sicherungsinteresse der Bank bei den Inkassopapieren und den diskontierten Wechseln nur eine begrenzte Anerkennung durch die Rechtsprechung gefunden[958].

1. Kreditgewährung

2.661 Mit den Wechseldiskontgeschäften ist regelmäßig eine Kreditgewährung verbunden. Dies gilt ganz überwiegend auch für das **Inkassogeschäft**[959]. Die AGB-mäßig vereinbarten Sicherungsrechte an den Inkassopapieren und diskontierten Wechseln sollen deshalb dem aus diesen geschäftlichen Beziehungen resultierenden Sicherungsbedürfnis der Bank angemessen Rechnung tragen. Mit Rücksicht auf diese Sicherungsfunktion war es schon im Interesse struktureller Transparenz der AGB geboten, die Sicherungsrechte an den Inkassopapieren und den diskontierten Wechseln im engen textlichen Zusammenhang mit der AGB-Pfandrechtsklausel zu regeln[960].

2.662 Die **Diskontierung eines Wechsels** stellt wirtschaftlich die Gewährung eines Geldkredits dar. Rechtsprechung und herrschende Lehre gehen gleichwohl für den Regelfall von einem Kauf oder kaufähnlichen Verhältnis aus[961]. Das Diskontgeschäft ist jedoch mit einem verkehrsüblichen Rücktrittsrecht der Bank verknüpft, wenn der angekaufte Wechsel bei Fälligkeit nicht eingelöst wird mit der Folge, daß sich der der Diskontierung zugrundeliegende Kaufvertrag in ein Rückgewährverhältnis im Sin-

---

958 *Merkel*, WM 1993, 725, 731; *Gößmann* in Bankrecht und Bankpraxis, Rn 1/459; *Bunte* in Bankrechts-Handbuch, § 20 Rn 36.
959 *Bunte* in Bankrechts-Handbuch, § 20 Rn 1.
960 *Merkel*, WM 1993, 725, 731.
961 BGH WM 1977, 638; *Staudinger/Hopt/Mülbert*, Vorbem. zu §§ 607 ff. Rn 654 m.w.Nachw.

ne der §§ 346 ff. BGB verwandelt. Der jedem Wechselankauf immanente Rückzahlungsanspruch (§ 346 S. 1 BGB) begründet für die Bank das für das Wechseldiskontgeschäft typische Kreditrisiko, daß sie auf die Zahlungsfähigkeit und -bereitschaft ihres Kunden als Zahlungsverpflichteter bei Nichteinlösung des Wechsels vertrauen muß und damit im Regelfall auf eine Sicherheitsleistung angewiesen ist.

Nr. 15 Abs. 1 S. 2 AGB bestimmt deshalb ausdrücklich, daß der Bank das Sicherungseigentum an dem beim Wechselankauf erworbenen Eigentum verbleibt, wenn sie den nicht eingelösten Wechsel dem Konto zurückbelastet. Bis zu diesem Zeitpunkt ist die Bank als Käuferin freilich uneingeschränkte Eigentümerin der Wechselurkunde (Nr. 15 Abs. 1 S. 2 AGB). Mit dieser Rückbelastung des Wechsels entsteht zwischen Kunde und Bank ohne weiteres ein Treuhandverhältnis, wie es bei der Bestellung von nicht akzessorischen Sicherheiten in Gestalt der Sicherungsübereignung, Sicherungszession und Sicherungsgrundschuld zustande kommt[962]. 2.663

Zu einer Kreditgewährung kommt es ganz überwiegend auch, wenn der Bank **Schecks und Wechsel zum Einzug** eingereicht werden[963]. Hier erteilt die Bank regelmäßig eine Gutschrift unter dem Vorbehalt der Einlösung dieser Inkassopapiere (Nr. 9 Abs. 1 S. 1 AGB). Zu solchen E.v.-Gutschriften kommt es auch, wenn die Bank bei der Einreichung sonstiger Inkassopapiere, insbesondere bei Lastschriften den einzuziehenden Forderungsbetrag dem Konto ihres Kunden gutschreibt (Nr. 9 Abs. 1 S. 2 AGB). 2.664

Diese Verbuchungspraxis ist aus organisatorischen Gründen geboten, weil die Gutschrift nicht von der Einlösung der Inkassopapiere abhängig gemacht werden kann. Anderenfalls müßte die Bank die täglichen Zahlungseingänge daraufhin überprüfen und erforderlichenfalls bei der Zahlstelle des Zahlungspflichtigen rückfragen. Angesichts der Massenhaftigkeit der Inkassoaufträge wäre dies mit einem unvertretbaren Zeit- und Kostenaufwand verbunden. 2.665

Eine solche E.v.-Gutschrift verschafft dem Kunden aber noch keinen Zahlungsanspruch im Sinne eines Schuldversprechens (§ 780 BGB), wie er durch eine vorbehaltlose Gutschrift auf dem Girokonto begründet wird. Gleichwohl läßt die Bank den Kunden über solche E.v.-Gutschriften verfügen. Hierin liegt nach allgemeiner Meinung eine Kreditgewährung[964]. Der Bank steht also in diesen Fällen ein darlehensrechtlicher Rückzahlungsanspruch (§ 607) zu[965]. Wegen des Kreditrisikos solcher vorzeitigen 2.666

---

962 *Gößmann* in Bankrecht und Bankpraxis, Rn 1/442.
963 *Gößmann* in Bankrecht und Bankpraxis, Rn 1/420.
964 OLG Koblenz, WM 1984, 467, 468; OLG Hamm WM 1995, 1441, 1443; LG Stuttgart WM 1996, 1729, 1724 (für Scheck); *van Gelder* in Bankrechts-Handbuch, § 58 Rn 13 (für Lastschrift).
965 *Canaris*, Bankvertragsrecht³, Rn 572.

Kreditverfügungen kann die Bank grundsätzlich auch ihren AGB-mäßigen Anspruch auf Bestellung oder Verstärkung von Sicherheiten (Nr. 13 Abs. 1 AGB) geltend machen[966]. Die AGB-mäßige Bestellung von Sicherungsrechten an Einzugspapieren und diskontierten Wechseln steht deshalb im Einklang mit der Generalklausel des AGB-Gesetzes (§ 9).

2. Erwerb von Sicherungseigentum

2.667 Werden der Bank **Schecks und Wechsel** zum Einzug eingereicht, so erwirbt sie Sicherungseigentum an diesen Urkunden (Nr. 15 Abs. 1 S. 1 AGB).

2.668 Diese AGB-Klausel enthält die antizipierte Einigung über die Eigentumsübereignung[967]. Während bei Inhaberschecks für die Erlangung des erforderlichen Besitzes die Einreichung der Scheckurkunde ausreicht, ist für Orderpapiere zusätzlich ein Indossament erforderlich (Art. 11 WG; Art. 14 ScheckG)[968]. Mit der Vereinbarung einer solchen Vollrechtsübertragung wird das speziell für Scheckinkasso vorgesehene Vollmachtsindossament (Art. 23 ScheckG) ausgeschlossen[969].

2.669 Diese **AGB-mäßige Sicherungsübereignung** entspricht, wie der BGH[970] wiederholt bestätigt hat, einer allgemeinen Gepflogenheit im Bankverkehr, zum Einzug eingereichte Schecks mangels abweichender Vereinbarung mit dem Einreicher als Mittel für die eigene Sicherung entgegenzunehmen und sich diese Papiere daher sicherungshalber übereignen zu lassen. Dies gilt auch in den Fällen, in denen Wechsel der Bank nicht zum Diskont, sondern zum Inkasso eingereicht werden[971].

2.670 Soweit der Kunde über die eingereichten Schecks und Wechsel nicht verfügungsberechtigt ist, kann die Bank das Sicherungseigentum gutgläubig erwerben (Art. 21 ScheckG, 16 WG). Die Sicherungstreuhand wird bei Gutgläubigkeit auch an solchen Schecks und Wechseln begründet, die mangels eines Begebungsvertrages zwischen Aussteller und Schecknehmer irgendwie abhanden gekommen sind[972].

2.671 Würde dem Auftrag zum Scheckinkasso nur eine Legitimationszession zugrunde liegen, so könnte der Scheckaussteller anders als bei der Siche-

---

966 *Van Gelder* in Bankrechts-Handbuch, § 58 Rn 22; *Canaris*, Bankvertragsrecht², Rn 582.
967 *Baumbach/Hopt*, Nr. 15 AGB Banken Rn 1; *Bunte* in Bankrechts-Handbuch, § 20 Rn 13; *Bülow*, BB 1995, 2485, 2586.
968 *Gößmann* in Bankrecht und Bankpraxis, Rn 1/433.
969 *Bunte* in Bankrechts-Handbuch, § 20 Rn 14.
970 WM 1977, 49, 50; 970, 971; 1984, 1073.
971 BGH WM 1985, 1057, 1058.
972 OLG Düsseldorf WM 1973, 739, 740; OLG Koblenz WM 1984, 467, 468.

rungsübereignung dem Rückgriffsanspruch im Sinne des Art. 40 ScheckG Einwendungen entgegensetzen, die ihm gegen den einreichenden Kunden zustehen[973].

Durch eine Sicherungsübertragung wird der Scheckaussteller auch nicht in unzulässiger Weise beeinträchtigt. Wenn der Scheckaussteller dadurch Gefahr läuft, Einwendungen gegen den Scheckeinreicher zu verlieren (Art. 22 ScheckG), dann ist dies eine spezifische Folge des Scheckrechts, mit der jeder Scheckaussteller rechnen muß, der einen Scheck begibt[974]. Voraussetzung für diesen Ausschluß von Einwendungen ist freilich, daß das Sicherungsinteresse der Bank noch besteht, wenn sie den Zahlungsanspruch aus dem Scheck geltend macht[975]. 2.672

3. Sicherungsabtretung

Soweit der Bank keine Schecks und Wechsel, sondern sonstige Inkassopapiere zum Einzug eingereicht werden, werden die in diesen Urkunden verbrieften Forderungen des Kunden gegen Dritte der Bank sicherungshalber abgetreten (Nr. 15 Abs. 2 letzter Halbsatz). Die für eine Forderungsabtretung erforderliche Einigung zwischen Zedentem und Zessionar gemäß § 398 BGB kann wie die dingliche Einigung über den Eigentumsübergang (§ 929 BGB) AGB-mäßig erfolgen[976]. Nach zessionsrechtlichen Grundsätzen ist der gutgläubige Erwerb ausgeschlossen, wie er bei wertpapiermäßig verbrieften Forderungen wegen der hier anwendbaren sachenrechtlichen Vorschriften (§§ 932 ff. BGB) möglich ist[977]. 2.673

Diese **Zessionsklausel** erwähnt beispielhaft Lastschriften und kaufmännische Handelspapiere. Nach dem BGH sind unter diesen Handelspapieren die Inkassopapiere im Sinne der „Einheitlichen Richtlinien für Inkassi" zu verstehen[978]. Die Zessionsklausel erfaßt also Zahlungsquittungen, Rechnungen, Verlade-, Dispositions- oder ähnliche Dokumente[979]. 2.674

Eine Sicherungsübereignung wie bei den Schecks und Wechseln kommt bei den sonstigen Inkassopapieren nicht in Betracht. Sie gehören nicht zu 2.675

---

973 Vgl. BGH WM 1977, 1119, 1120.
974 BGH WM 1977, 970, 971.
975 BGH WM 1984, 1073 f.
976 BGH WM 1988, 861, 862.
977 *Bunte* in Bankrechts-Handbuch, § 20 Rn 24.
978 BGH WM 1985, 1057, 1058.
979 BGH WM 1985, 1057, 1058; *Bunte* in Bankrechts-Handbuch, § 20 Rn 28; *Gößmann* in Bankrecht und Bankpraxis, Rn 1/448.

den Wertpapieren im engeren Wortsinne wie die auf den Inhaber oder an Order lautenden Papiere. Nur bei einer **wertpapiermäßigen Verbriefung** wird das verbriefte Recht versachlicht mit der Folge, daß eine Übertragung des verbrieften Rechts durch die Übertragung der Urkunde erfolgt und damit an die Stelle des Zessionsrechts (§§ 398 ff. BGB) die sachenrechtlichen Bestimmungen (§§ 929 ff. BGB) treten („Das Recht aus dem Papier folgt dem Recht am Papier")[980]. Bei den Wertpapieren im engeren Wortsinne wird also über das verbriefte Recht durch Verfügung über die jeweilige Urkunde und damit nur mittelbar nach sachenrechtlichen Grundsätzen verfügt[981].

2.676 Möglich wäre zwar, die in diesen sonstigen Inkassopapieren verbrieften Forderungen zu verpfänden. Zur Wirksamkeit einer solchen Verpfändung wäre jedoch eine Anzeige an den Drittschuldner erforderlich (§ 1280 BGB), die aber regelmäßig den Interessen des Kunden widerspräche. Deshalb werden solche Forderungen des Kunden gegen seine Schuldner durch eine Sicherungszession gemäß §§ 398 ff. BGB auf die Bank übertragen. Die Wirksamkeit einer solchen Zession ist im Unterschied zu einer Verpfändung von der Offenlegung gegenüber dem Drittschuldner unabhängig.

2.677 Eine solche Sicherungszession ist auch für die Forderungen des Kunden vereinbart, die den an die Bank übereigneten Schecks und Wechseln zugrunde liegen (Nr. 15 Abs. 2 AGB). Damit erhält die Bank eine **direkte Zugriffsmöglichkeit** gegen die Drittschuldner, die ihr Ausfallrisiko bei Nichteinlösung der Inkassopapiere verringern soll[982]. Eine solche Verknüpfung von Sicherungseigentum an den zum Einzug eingereichten Schecks und Wechseln mit der Sicherungsabtretung der zugrundeliegenden Forderungen ist auch nach Auffassung des BGH rechtlich unbedenklich[983]. Mit den abgetretenen Forderungen gehen kraft Gesetzes auch die für sie bestellten akzessorischen Sicherheiten auf die Bank über (§ 401 BGB)[984]. Im Zweifel ist anzunehmen, daß auch künftige Zinsen mit abgetreten sind[985].

---

980 *Baumbach/Hefermehl,* WPR Rn 4.
981 *Baumbach/Hefermehl,* WPR Rn 10.
982 *Van Gelder* in Bankrechts-Handbuch, § 58 Rn 22 für die Lastschrift; *Bunte* in Bankrechts-Handbuch, § 20 Rn 25.
983 BGH WM 1985, 1057, 1058; *Merkel,* WM 1993, 725, 731; *Gößmann* in Bankrecht und Bankpraxis, Rn 1/446.
984 *Baumbach/Hopt,* Nr. 15 AGB-Banken Rn 2; vgl. weiter *Bunte* in Bankrechts-Handbuch, *Palandt/Heinrichs,* § 401 Rn 6.
985 BGHZ 95, 173; *Palandt/Heinrichs,* § 401 Rn 6.

Der Forderungserwerb der Bank kann jedoch durch ein Abtretungsverbot 2.678
(§ 399 BGB) verhindert oder zumindest nach § 354a HGB eingeschränkt
sein. Bei Lastschriften kann jedoch die Auslegung des Abtretungsverbotes
ergeben, daß eine Abtretung der Forderung an die Bank zulässig sein
soll[986]. Im übrigen kann die Abtretung an dem entgegenstehenden ausländischen Recht scheitern, das auf die Forderung anwendbar ist[987].

4. Sonderregeln für zweckgebundene Inkassopapiere

Werden der Bank Schecks, Wechsel oder sonstige Inkassopapiere mit der 2.679
Maßgabe eingereicht, daß ihr Gegenwert nur für einen bestimmten
Zweck verwendet werden darf, werden diese Papiere von der AGB-mäßig
vereinbarten Sicherungsübertragung und -abtretung nicht erfaßt (Nr. 15
Abs. 2 AGB). Bei einer solchen Zweckbestimmung ist auch das Entstehen
des AGB-Pfandrechts ausdrücklich ausgeschlossen worden (Nr. 14 Abs. 3
AGB). Insoweit deckt sich die Rechtslage in Nr. 14 Abs. 3 AGB mit der in
Nr. 15 Abs. 3 AGB[988]. Diese **Einschränkung der Übereignungs- und Abtretungsklausel** ergibt sich nach der BGH-Rechtsprechung schon daraus, daß
der Kunde der Bank Wertgegenstände mit einer besonderen Zweckbestimmung zuleitet. Hier kommt es zu einem **stillschweigenden Ausschluß** des AGB-Pfandrechts[989]. Nichts anderes kann gelten, wenn in den
AGB für die Absicherung der Bank statt eines AGB-Pfandrechts Sicherungseigentum oder Sicherungszession vereinbart worden ist[990]. Bei solchen zweckgebundenen Inkassopapieren erwirbt die Bank auch kein
AGB-Pfandrecht an dem Inkassoerlös[991].

5. Enger Sicherungszweck

Mit Rücksicht auf die BGH-Rechtsprechung ist der Sicherungszweck der 2.680
übereigneten Schecks und Wechsel und der sicherungshalber abgetrete-

---

986 *Canaris*, Bankvertragsrecht³, Rn 603; *Bunte* in Bankrechts-Handbuch, § 20
    Rn 29; *Gößmann* in Bankrecht und Bankpraxis, Rn 1/454.
987 BGH WM 1985, 1057, 1058.
988 *Bunte* in Bankrechts-Handbuch, § 20 Rn 31.
989 BGH WM 1990, 6, 7, 1954; 1995, 375, 377.
990 Nach *Bunte* liegt hier eine Individualweisung des Kunden vor, die aus dem
    Gedanken des Vorranges der Individualabrede (§ 4 AGBG) eine wirksame
    Sicherungsübereignung oder -zession ausschließt (Bankrechts-Handbuch,
    § 20 Rn 3a).
991 BGH WM 1990, 6, 7.

nen Forderungen wesentlich enger⁹⁹². Dies entspricht dem Zweck des Inkasso- und Diskontgeschäfts, den Kunden Geldmittel zu verschaffen⁹⁹³.

2.681 Das AGB-mäßig vereinbarte Sicherungseigentum und die Sicherungsabtretung dienen nur der Sicherung der Ansprüche, die der Bank gegen den Kunden bei Einreichung von Inkassopapieren aus seinen Kontokorrentkonten zustehen oder die infolge der Rückbelastung nicht eingelöster Inkassopapiere oder diskontierter Wechsel entstehen (Nr. 15 Abs. 4 AGB).

2.682 Dieser **eingeschränkte Sicherungszweck** steht im Einklang mit der BGH-Rechtsprechung. Danach erwirbt die Bank Sicherungseigentum, wenn bei Hereinnahme des Inkassopapiers ein Schuld-(Debet-)Saldo des Kunden mindestens in Höhe des Forderungsbetrages in diesem Papier besteht⁹⁹⁴. Dasselbe gilt, wenn durch die Rückbelastung eines nicht eingelösten Inkassopapiers ein Schuldsaldo in Höhe des dort bezifferten Forderungsbetrages entsteht⁹⁹⁵.

2.683 Im übrigen kann die Bank wie beim AGB-Pfandrecht (Nr. 14 Abs. 2 S. 3 AGB) keine Rechte aus dem Sicherungseigentum oder der Sicherungszession herleiten, wenn der Kunde eine Bürgschaft übernommen hat, die Bürgschaftsforderung aber noch nicht fällig ist. Nach der BGH-Rechtsprechung widerspricht es dem Leitbild der Bürgschaft, schon vor Fälligkeit seiner Verbindlichkeiten Sicherheit zu leisten. Dieser Rechtsgedanke gilt nicht nur für das AGB-Pfandrecht, sondern auch für die Sicherungsübereignung und die Sicherungsabtretung. Dies um so mehr, als die Übereignungs- und Zessionsklausel die Pfandklausel ergänzen⁹⁹⁶.

2.684 Vorsorglich ist davon auszugehen, daß diese **eingeschränkte Zugriffsmöglichkeit** auf die Sicherungsübereignung und Sicherungszession nicht nur für die Bürgschaft, sondern für alle Fälle gilt, in denen der Kunde gegenüber der Bank eine Haftung für Verbindlichkeiten eines anderen Kunden der Bank übernommen hat. Denn insoweit ist auch der Sicherungszweck des AGB-Pfandrechts eingeschränkt worden (Nr. 14 Abs. 2 S. 2 AGB)⁹⁹⁷. Etwas anderes gilt nach dem BGH nur, wenn der Kunde für einen anderen

---

992 *Merkel,* WM 1993, 725, 731; *Gößmann* in Bankrecht und Bankpraxis, Rn 1/459; *Bunte* in Bankrechts-Handbuch, § 20 Rn 36; 38.
993 *Wolf/Horn/Lindacher,* § 23 Rn 752; *Bunte* in Bankrechts-Handbuch, § 20 Rn 37.
994 BGH WM 1992, 1083, 1085.
995 BGH WM 1977, 1119, 1120.
996 BGH WM 1990, 1910, 1911; vgl. weiter *Gößmann* in Bankrecht und Bankpraxis, Rn 1/449.
997 *Bunte* in Bankrechts-Handbuch, § 20 Rn 39.

Bankkunden die gesamtschuldnerische Haftung übernommen hat und sein Girokonto bei Einreichung des Schecks einen Schuldsaldo aufweist[998].

Dieser enge Sicherungszweck hat jedoch nur eine schuldrechtliche Wirkung zwischen Bank und Kunden dahingehend, daß eine Zugriffsmöglichkeit der Bank auf die ihr übereigneten Schecks und Wechsel und auf die an sie abgetretenen Forderungen ausgeschlossen wird. Der **sachenrechtliche Bestimmtheitsgrundsatz** wie auch der **zessionsrechtliche Bestimmbarkeitsgrundsatz** erfordern es, daß die Sicherungsübertragung und die Sicherungsabtretung lückenlos alle zum Einzug eingereichten Schecks und Wechsel und die unter die AGB-Klausel fallende Forderung des Kunden gegen die Drittschuldner erfassen[999].

2.685

Dem sachenrechtlichen Erfordernis der ausreichenden Bestimmtheit der zu übereignenden Sachen wäre nicht Rechnung getragen worden, wenn die Übereignung von einem entsprechenden Schuldsaldo bei Einreichung der Inkassopapiere oder der späteren Rückbelastung dieser Papiere auf dem Girokonto des Kunden abhängig gemacht worden wäre. Nach gefestigter Rechtsprechung sind bei der Sicherungsübereignung einer Sachgesamtheit die zu übereignenden Gegenstände im Zeitpunkt der Einigung so bestimmt zu bezeichnen, daß jeder, der die Vereinbarung der Vertragsparteien kennt, ohne Heranziehung weiterer Umstände feststellen kann, auf welche Gegenstände sie sich bezieht[1000].

2.686

6. Freigabepflicht

Im Vergleich zum AGB-Pfandrecht trifft die Bank bei der Bestellung von Sicherungsrechten an Einzugspapieren und diskontierten Wechseln eine erweiterte Freigabepflicht[1001]. Auch hierdurch sollte der BGH-Rechtsprechung, die für das Inkasso- und Diskontgeschäft nur ein eingeschränktes Sicherungsbedürfnis der Bank anerkennt, Rechnung getragen werden[1002]. Nach der getroffenen Regelung nimmt die Bank auf Anforderung des Kunden eine Rückübertragung des Sicherungseigentums an den Wertpapieren und der auf sie übergegangenen Forderungen an den Kunden vor, falls ihr im Zeitpunkt der Anforderung kein zu sichernder Anspruch gegen den Kunden zusteht oder sie ihn über den Gegenwert der Inkassopapiere vor deren endgültiger Bezahlung nicht verfügen läßt (Nr. 15

2.687

---

998 Vgl. BGH WM 1977, 49; *Bunte* in Bankrechts-Handbuch, § 20 Rn 39.
999 *Merkel*, WM 1993, 725, 731; *Bunte* in Bankrechts-Handbuch, § 20 Rn 12, 41; *Gößmann* in Bankrecht und Bankpraxis, Rn 1/427, 1/464.
1000 BGH WM 1993, 2161 m.w.Nachw.
1001 *Bunte* in Bankrechts-Handbuch, § 20 Rn 12; 36.
1002 *Merkel*, WM 1993, 725, 732; *Bunte* in Bankrechts-Handbuch, § 20 Rn 12.

Abs. 4 S. 2 AGB). Der Freigabeanspruch besteht also stets dann, wenn die Bank dem Kunden zwar die übliche E.v.-Gutschrift erteilt hat, ihn aber darüber nicht hat verfügen lassen[1003]. Unschädlich ist nach dem BGH, daß die Freigabe nur auf Anforderung des Kunden erfolgt[1004].

IV. Anspruch auf Freigabe von Sicherheiten (Nr. 16 Abs. 2 AGB)

2.688 Der Kunde kann die Freigabe von Sicherheiten von der Bank verlangen, wenn der **realisierbare Wert** aller ihr bestellten Sicherheiten die Deckungsgrenze im Sinne einer Obergrenze für die gesicherten Bankforderungen nicht nur vorübergehend übersteigt (Nr. 16 Abs. 2 S. 1 AGB). Die Höhe des Freigabeanspruchs wird durch den Betrag bestimmt, mit dem die Deckungsgrenze überschritten wird – vgl. weiter Rn 6.382 ff.

2.689 Dieser Freigabeklausel in den AGB der Kreditwirtschaft kommt allerdings nur eine sekundäre Bedeutung zu. Im Regelfall werden in den einzelnen Sicherungsverträgen besondere auf die jeweilige Kreditsicherung bezogene Deckungsgrenzen für die Freigaberegelung vorgesehen, die als Individualabsprache Vorrang haben (Nr. 16 Abs. 3 AGB)[1005]. Der **Grundsatz des Vorrangs der Individualabrede** (§ 4 AGBG) gilt auch im Verhältnis der AGB zu formularmäßigen Sicherungsverträgen[1006].

2.690 Der Zweck des Freigabeanspruchs ist es, den Sicherungsgeber bei der Bestellung nicht-akzessorischer Sicherheiten in Gestalt der Sicherungsübereignung, Sicherungszession und der Sicherungsgrundschuld davor zu schützen, daß seine wirtschaftliche Bewegungsfreiheit über Gebühr eingeschränkt wird[1007]. Die Bank hat aber die überschüssigen Sicherheiten nur **„auf Verlangen des Kunden"** freizugeben (Nr. 16 Abs. 2 S. 1 AGB). Der Freigabeanspruch muß also vom Sicherungsgeber geltend gemacht werden[1008].

1003 *Merkel*, WM 1993, 725, 731; *Bunte* in Bankrechts-Handbuch, § 20 Rn 40.
1004 BGH WM 1984, 357 = NJW 1984, 1184; BGHZ 94, 115 = WM 1985, 605, 607; *Bunte* in Bankrechts-Handbuch, § 20 Rn 4.
1005 *Merkel*, WM 1993, 725, 732.
1006 *Bunte* in Bankrechts-Handbuch, § 21 Rn 34.
1007 GrSZ WM 1988, 227, 231, 232.
1008 *Werhahn/Schebesta*, AGB und Sonderbedingungen der Banken, Rn 347.

1. Freigabeanspruch durch Auslegung des Sicherungsvertrages

Die ausdrückliche Einräumung eines Freigabeanspruchs in den AGB oder in dem einzelnen Sicherungsvertrag ist nach dem Vorlagebeschluß des Großen Zivilrechtssenats des BGH vom 27. 11. 1997 entbehrlich[1009] – Rn. 6.390 ff.

2.691

Anlaß dieses Beschlusses waren die divergierenden Auffassungen verschiedener Senate des BGH über die Wirksamkeit formularmäßiger Globalsicherheiten in Gestalt der Übereignung eines Warenlagers mit wechselndem Bestand und der Globalzession. Im Vordergrund dieser Entscheidung stand die Frage, welche rechtsgeschäftlichen Vorkehrungen für den Fall einer nachträglichen Übersicherung getroffen werden müssen[1010]. Dabei ging es im wesentlichen um das Erfordernis von Regelungen über die Freigabepflicht und vor allem um die Kriterien zur Bestimmung der für diese Verpflichtung maßgeblichen Deckungsgrenze und für die Bewertung der Kreditsicherheiten. Die aufgeworfenen Fragen sind von so grundsätzlicher Bedeutung gewesen, daß von einer der spektakulärsten privatrechtlichen Kontroversen des letzten Jahrzehnts gesprochen worden ist[1011]. Nach Auffassung des gemäß § 132 Abs. 4 GVG vorlegenden BGH-Senats bedurfte es zu der für erforderlich gehaltenen Fortbildung des Rechts und zur Sicherung einer einheitlichen Rechtsprechung der Autorität des Großen Senats[1012].

2.692

Nach dem Vorlagebeschluß hat der Sicherungsgeber bei einer Übersicherung einen **vom Ermessen der Bank unabhängigen Freigabeanspruch** auch dann, wenn der Sicherungsvertrag keine oder eine ermessensabhängige Freigabeverpflichtung enthält.

2.693

Diese Freigabeverpflichtung entfällt allerdings in den Ausnahmefällen, in denen die Sicherheitenübereignung oder -zession unter der auflösenden Bedingung der Kreditrückzahlung vereinbart worden sind. Hier würden das Sicherungseigentum und die abgetretenen Forderungen automatisch mit Eintritt der Bedingung an den Sicherungsgeber zurückfallen (§ 158 Abs. 2 BGB)[1013]. Solche nicht akzessorischen Kreditsicherheiten werden jedoch seit langem zum Schutz vor unberechtigten Verfügungen des Sicherungsnehmers **unbedingt** abgeschlossen. Nach dem BGH hat diese Praxis zu keinen Unzuträglichkeiten geführt und ist auch von den beteiligten Geschäftskreisen akzeptiert worden[1014].

2.694

1009 GrSZ WM 1998, 227, 229; vgl. hierzu *Saenger*, ZBB 1998, 174 ff.; *Serick*, BB 1998, 801 ff.
1010 *Saenger*, ZBB 1998, 174.
1011 BGH WM 1997, 750, 753; *Canaris*, ZIP 1996, 1109; *Saenger*, ZBB 1998, 174, 176.
1012 BGH WM 1997, 750, 753.
1013 Auf diesen Ausnahmefall weist die Entscheidung des GrSZ ausdrücklich hin (WM 1998, 227, 229).
1014 BGH WM 1984, 357, 359; 1994, 414, 415.

2.695 Nach der Entscheidung des Großen Zivilrechtssenats ergibt sich dieser Freigabeanspruch des Sicherungsgebers aufgrund der Auslegung des Sicherungsvertrages (§ 157 BGB) aus dem fiduziarischen Charakter der Sicherungsabrede sowie der **Interessenlage der Vertragsparteien**[1015].

2.696 Sicherungseigentum und -zession sowie die Sicherungsgrundschuld sind fiduziarische Sicherheiten. Ein Bestellungsvertrag über Sicherheiten begründet also auch ohne eine ausdrückliche Vereinbarung ein **Treuhandverhältnis**. Dabei ist es gleichgültig, ob es sich um einen Individualvertrag handelt und ob eine einzelne Sicherheit oder revolvierende Globalsicherheiten bestellt worden sind[1016]. Aus der Treuhandnatur des Sicherungsvertrages ergibt sich die Pflicht des Sicherungsnehmers zur Rückgabe der Sicherheiten bereits vor Beendigung des Vertrages, wenn und soweit sie endgültig nicht mehr benötigt werden[1017]. Die Bank ist aufgrund ihrer Treuhänderschaft verpflichtet, soweit kein vorrangiges Schutzbedürfnis besteht, auch auf die Interessen des Sicherungsgebers als Treugeber Rücksicht zu nehmen[1018].

2.697 Werden Sicherheiten nicht nur vorübergehend nicht mehr benötigt und liegt damit eine dauernde Übersicherung vor, ist nach der Entscheidung des Großen Zivilrechtssenats ein weiteres Verbleiben bei der Bank ungerechtfertigt. Sodann ist eine (Teil-)Freigabe zwingend erforderlich und steht deshalb auch nicht im Ermessen der Bank. Einen Ermessensspielraum hat die Bank nur bei der Entscheidung, welche von mehreren Sicherheiten sie freigeben will. Dies folgt aus § 262 BGB und entspricht dem Rechtsgedanken des § 1230 S. 1 BGB[1019].

2. Begriff der Deckungsgrenze

2.698 Ein wesentliches Kriterium für die Konkretisierung des Freigabeanspruchs im Einzelfall ist die maßgebliche **Deckungsgrenze**. Sie bildet die **betragsmäßige Obergrenze** für die Bankforderungen, deren ordnungsgemäße Bedienung durch den realisierbaren Wert der bestellten Sicherheiten abgesichert werden soll. Die Sicherheitsleistung soll die Bank vor dem Risiko schützen, in der Insolvenz des Kunden mit ihren Forderungen auszufallen. Der Wert der Sicherheiten muß deshalb regelmäßig zumindest ebenso hoch sein wie die zu sichernden Forderungen[1020].

1015 WM 1998, 227, 229.
1016 GrSZ WM 1998, 227, 228; vgl. weiter BGH WM 1996, 1128, 1130; 1997, 750, 753.
1017 GrSZ WM 1998, 227, 229.
1018 BGH WM 1989, 210, 211; *Serick*, Eigentumsvorbehalt und Sicherungsübertragung, Bd. III, 1. Teil, S. 75, 425.
1019 GrSZ WM 1998, 227, 229; vgl. weiter BGH WM 1997, 750, 754 u. 1197, 1199.
1020 *Saenger*, ZIP 1997, 174, 178.

Die Deckungsgrenze ist maßgeblich nicht nur für den **Freigabeanspruch** 2.699
des Kunden, sondern auch für den **Besicherungsanspruch der Bank**. So
wird durch diese Sicherungsobergrenze der Umfang des Anspruchs der
Bank auf Bestellung und Verstärkung von Sicherheiten eingeschränkt.
Nach den AGB der Kreditwirtschaft kann die Bank ihren Besicherungsanspruch nur so lange geltend machen, bis der realisierbare Wert aller
Sicherheiten dem Gesamtbetrag aller Ansprüche aus der bankmäßigen
Geschäftsverbindung entspricht (Nr. 16 Abs. 1 AGB). Soweit im Einzelfall eine andere Deckungsgrenze vereinbart worden ist, ist diese maßgeblich (vgl. Nr. 16 Abs. 3 AGB).

Die Sicherungsgrenze begrenzt also den Besicherungsanspruch der Bank 2.700
und konkretisiert zugleich den Entstehungstatbestand für den Freigabeanspruch des Sicherungsgebers. Dieser Anspruch auf Freigabe entsteht,
wenn der realisierbare Wert aller Sicherheiten die Deckungsgrenze nicht
nur vorübergehend überschreitet (Nr. 16 Abs. 2 S. 1 AGB). Nicht jede
Überschreitung der Deckungsgrenze, die den Besicherungsanspruch der
Bank erlöschen läßt (Nr. 16 Abs. 1 AGB), läßt also zugleich den Freigabeanspruch des Sicherungsgebers entstehen. Die Freigabeverpflichtung wird
erst durch ein dauerhaftes Überschreiten der Deckungsgrenze begründet
(sog. **Freigabegrenze**)[1021]. Deckungsgrenze und die davon zu unterscheidende Freigabegrenze können also im Einzelfall auseinanderfallen[1022]. Beide Grenzen liegen aber eng beieinander und berühren sich, wenn der
realisierbare Wert aller Sicherheiten die Deckungsgrenze nicht nur vorübergehend überschreitet.

Das Erfordernis eines dauerhaften Überschreitens der Deckungsgrenze für den 2.701
Freigabeanspruch des Kunden ist im übrigen sachgerecht. Erledigt sich die Übersicherung in einem angemessenen Zeitraum, besteht kein anerkennenswertes praktisches Bedürfnis, dem Sicherungsgeber auch für diese Fälle einen Freigabeanspruch zu gewähren. Hiergegen sprechen vor allem der zeitliche und kostenmäßige
Aufwand, der mit solchen Teilfreigaben verbunden wäre.

Auch wenn Freigabegrenze und Deckungsgrenze im Einzelfall nicht iden- 2.702
tisch zu sein brauchen, bildet die Deckungsgrenze gleichwohl einen wesentlichen Berührungspunkt des Freigabeanspruchs des Kunden mit dem
Besicherungsanspruchs der Bank. Schon wegen der gebotenen Transparenz
von AGB empfiehlt es sich, die Deckungsgrenze als Beschränkung des
Besicherungsanspruchs einerseits und als maßgeblichen Anknüpfungs-

---

1021 Zur terminologischen Unterscheidung der Freigabegrenze von der Deckungsgrenze vgl. GrSZ WM 1998, 227, 235; *Werhahn/Schebesta*, AGB und
Sonderbedingungen der Banken, Rn 353.
1022 GrSZ WM 1998, 227, 230.

punkt der Freigabepflicht andererseits in derselben AGB-Klausel zu regeln.

a) Erfordernis einer abstrakt-generellen Deckungsgrenze

2.703 Die AGB der Kreditinstitute definieren die **Deckungsgrenze als den Gesamtbetrag aller Ansprüche aus der bankmäßigen Geschäftsverbindung** (Nr. 16 Abs. 1 AGB). Zugleich wird aber klargestellt, daß bei Vereinbarung einer anderen Deckungsgrenze diese Sonderabsprache maßgeblich ist (Nr. 16 Abs. 3 AGB). Solche individuellen Deckungsgrenzen müssen allerdings den Anforderungen entsprechen, die der Große Zivilrechtssenat des BGH für die Angemessenheit der Vereinbarung einer Deckungsgrenze entwickelt hat[1023]. Bei der Ermittlung einer angemessenen Sicherungsobergrenze ist der Zweck der nichtakzessorischen Sicherheiten zu berücksichtigen. Sie sollen die Bank vor Forderungsausfällen schützen, zugleich aber die wirtschaftliche Bewegungsfreiheit des Schuldners nicht über Gebühr einschränken[1024]. Die Deckungsgrenze muß deswegen einerseits an die gesicherten Forderungen, andererseits an den realisierbaren Wert der bestellten Sicherheiten (Sicherungswert) anknüpfen. Im Regelfall verändern sich diese beiden Größen. Dem berechtigten **Sicherungsinteresse der Bank** trägt deshalb grundsätzlich nur eine prozentuale, abstrakt-generelle Deckungsgrenze angemessen Rechnung.

2.704 Eine betragsmäßige Deckungsgrenze kommt allenfalls dann in Betracht, wenn ein bestimmter Kreditrahmen eingeräumt worden ist oder die Höhe der gesicherten Forderungen unverändert bleibt[1025].

2.705 Eine konkret-individuelle Sicherungsobergrenze, die sich an der bei Abschluß des Sicherungsvertrages bestehenden **Wertrelation** zwischen den gesicherten Forderungen und dem Umfang der Sicherheiten orientiert und diese für die gesamte Vertragslaufzeit festschreibt, entspricht nach dem BGH weder dem Inhalt und dem Zweck des Sicherungsvertrages noch gewährleistet sie die Effizienz des Freigabeanspruchs[1026]. Eine solche individuelle Wertrelation wird in der Praxis insbesondere bei formularmäßigen Sicherungsverträgen regelmäßig weder festgelegt noch erwogen. Auch wird der realisierbare Wert der Sicherheiten bei Abschluß des Sicherungsvertrages im Regelfall nicht dokumentiert. Zu einem späteren Zeitpunkt läßt sich dieser Sicherungswert oftmals nicht mehr oder nur noch sehr schwer ermitteln.

1023 WM 1998, 227 ff.
1024 GrSZ WM 1998, 227, 232.
1025 GrSZ WM 1998, 227, 232.
1026 GrSZ WM 1998, 227, 231.

Eine konkret-individuelle Deckungsgrenze ist deswegen weder praktikabel noch trägt sie dem Interesse des Sicherungsgebers, seine wirtschaftliche Bewegungsfreiheit nicht über Gebühr eingeschränkt zu sehen, ausreichend Rechnung – ganz abgesehen davon, daß eine solche Deckungsgrenze die Bank an einer anfänglichen Untersicherung festhalten würde, die sie nicht erkannt oder in der Erwartung eines anwachsenden und sodann ausreichenden Sicherheitsvolumens bewußt in Kauf genommen hat[1027].

2.706

b) 110% der gesicherten Forderungen als regelmäßige Deckungsgrenze

Der regelmäßige Zweck eines Sicherungsvertrages, die Bank abzusichern, wird auch nach Auffassung des BGH nur erreicht, wenn der im Falle der Insolvenz des Schuldners und des Kreditnehmers realisierbare Verwertungserlös der Sicherheiten die gesicherte Forderung abdeckt. Die Deckungsgrenze muß deshalb auf der einen Seite an die gesicherten Forderungen, auf der anderen Seite an den Wert der bestellten Sicherheiten anknüpfen[1028].

2.707

Nach der Entscheidung des Großen Zivilrechtssenats wird dem berechtigten Sicherungsinteresse der Bank erst mit einer Deckungsgrenze von 110% Rechnung getragen. Eine Deckungsgrenze von nur 100% wäre nicht ausreichend, weil erfahrungsgemäß bei der Versilberung von Sicherheiten Kosten für deren Feststellung und Verwertung und in einzelnen Fällen, vor allem bei abgetretenen Forderungen, auch Kosten der Rechtsverfolgung anfallen. Dies mindert den Verwertungserlös, der für die Verrechnung auf die gesicherten Forderungen zur Verfügung steht. Diese Kosten lassen sich im Interesse der Rechtssicherheit pauschalieren.

2.708

Die **Insolvenzordnung** hat die Kosten der Feststellung der Sicherheiten mit 4% und die der Sicherheitenverwertung mit 5% des Erlöses, also mit insgesamt 9% festgesetzt (§ 171 Abs. 1 S. 2, Abs. 2 S. 1 InsO). Schon vorher hat der BGH wiederholt die anfallenden Rechtsverfolgungskosten durch einen pauschalen Aufschlag von 10% auf die Deckungsgrenze berücksichtigt[1029]. Ein weiterer Aufschlag auf die Deckungsgrenze zur Abdeckung von Unsicherheiten bei Verwertung der Sicherungsgegenstände oder von Zinsen ist jedoch nach Auffassung des Großen Zivilrechtssenats nicht anzuerkennen. Die Gefahr eines Mindererlöses muß vielmehr bei der Ermittlung des realisierbaren Sicherungswertes berücksichtigt werden[1030]. Soweit die Bank bei der Verwertung sicherungsübereigneter Waren die Umsatzsteuer auszugleichen hat (§§ 170 Abs. 2, 171 Abs. 2 S. 3 InsO), ist diesen Zahlun-

2.709

1027 GrSZ WM 1998, 227, 231.
1028 GrSZ WM 1998, 227, 232.
1029 WM 1985, 605; 1993, 139; 1997, 750, 757.
1030 WM 1998, 227, 232, 233; *Ganter*, WM 1996, 1705, 1710.

gen durch einen entsprechenden Aufschlag auf die Deckungsgrenze von 110% Rechnung zu tragen[1031].

2.710 Auch **ohne ausdrückliche Vereinbarung** einer zulässigen Deckungsgrenze ist der Sicherheitenbestellungsvertrag wirksam. Insbesondere steht der Sittenwidrigkeit (§ 138 Abs. 1 BGB) wegen nachträglicher Übersicherung[1032], die die wirtschaftliche Bewegungsfreiheit des Sicherungsgebers über Gebühr einschränkt, der Freigabeanspruch entgegen, der dem Sicherungsgeber aufgrund Vertragsauslegung aus dem fiduziarischen Charakter der Sicherungsabrede sowie der Interessenlage der Vertragsparteien zusteht (§ 157 BGB)[1033]. Anderenfalls könnte sich der Insolvenzverwalter mit Erfolg auf die Gesamtnichtigkeit des Sicherungsvertrages berufen, obwohl in der Insolvenz eine Gesamtverwertung aller Sicherheiten und abschließende Verrechnung möglich und geboten sind und deshalb in diesem für den Sicherungszweck maßgeblichen Stadium der Deckungsgrenze als maßgeblichem Kriterium für einen etwaigen Freigabeanspruch des Gemeinschuldners keine praktische Bedeutung mehr zukommt. Dies geht insbesondere in den Fällen weit über die schutzwürdigen Interessen des Sicherungsgebers hinaus, in denen eine Übersicherung in keinem Zeitpunkt bestand und damit ein Freigabeanspruch des Sicherungsgebers nie bestand[1034].

c) Kein Ermessensspielraum der Bank

2.711 Die angemessene Deckungsgrenze von 110% kann bei formularmäßig bestellten globalen Sicherheiten nicht durch eine Klausel ersetzt werden, die die Freigabe in das Ermessen der Bank stellt. Eine solche Regelung schränkt wesentliche Rechte und Pflichten, die sich aus der Natur des Sicherungsvertrages ergeben, ein und gefährdet regelmäßig das Erreichen des Zwecks des Sicherungsvertrages (§ 9 Abs. 2 Nr. 2 AGBG). Sie benachteiligt deshalb den Sicherungsgeber unangemessen im Sinne der Generalklausel des § 9 Abs. 1 AGBG[1035].

2.712 Wird der Bank in dem Sicherungsvertrag ein solcher unangemessener Ermessensspielraum eingeräumt, so ist allerdings nur diese Klausel unwirksam. Auch bei revolvierenden Globalsicherheiten führt diese Ermessensklausel nicht zur Gesamtnichtigkeit des Sicherungsvertrages. Viel-

---

1031 GrSZ WM 1998, 227, 233; *Saenger*, ZBB 1998, 174, 180.
1032 Zur anders gelagerten Problematik der anfänglichen Übersicherung vgl. *Nobbe*, FS Schimansky, 1999, S. 433, 443 ff.; *Lwowski*, FS Schimansky, 1999, S. 389 ff.
1033 GrSZ WM 1998, 227, 231.
1034 GrSZ WM 1998, 227, 231.
1035 GrSZ WM 1998, 227, 231.

mehr tritt an die Stelle der unwirksamen Klausel die Deckungsgrenze von 110%, mithin der Rechtszustand, der ohne die nichtige Klausel besteht (§ 6 Abs. 2 AGBG)[1036].

3. Bewertung der Sicherheiten

Die bloße Festlegung einer Deckungsgrenze von 110% der gesicherten Forderung ist jedoch nach der Entscheidung des Großen Zivilrechtssenats des BGH weder sach- noch praxisgerecht[1037]. Zur raschen Durchsetzung des Freigabeanspruchs, der den Sicherungsgeber vor einer unangemessenen Einschränkung seiner wirtschaftlichen Bewegungsfreiheit schützen soll, bedarf es vielmehr einer Orientierungshilfe für diese Bewertung[1038]. Anderenfalls hätte der Freigabeanspruch keine nennenswerte praktische Bedeutung. Würde die Einholung eines kosten- und zeitaufwendigen Sachverständigen-Gutachtens in fast jedem Streitfall notwendig, würde dies den Sicherungsgeber regelmäßig davon abhalten, seinen Freigabeanspruch geltend zu machen. Das Hauptproblem des Freigabeanspruchs des Sicherungsgebers liegt deshalb in einer sach- und praxisgerechten Erleichterung der Bewertung der bestellten Sicherheiten[1039].

2.713

Dabei sind **alle der Bank bestellten Sicherheiten** zu berücksichtigen (vgl. den Wortlaut der Nr. 16 Abs. 2 S. 1 AGB). Hierzu gehören also auch die vom AGB-Pfandrecht erfaßten Werte und die AGB-mäßig bestellten Sicherungsrechte an Einzugspapieren und diskontierten Wechseln[1040]. Ob der Umfang bestehender Bürgschaften mit in die Bewertung einzubeziehen ist, richtet sich nach dem BGH unter Beachtung von Sinn und Zweck der getroffenen Vereinbarung sowie Treu und Glauben allein nach den jeweiligen Umständen des Einzelfalls[1041]. Die Voraussetzungen dafür können nicht durch eine Freigabeklausel mit zahlenmäßig bestimmter Deckungsgrenze im voraus sachgerecht geregelt werden. Sowohl die Art der Sicherheit, die eine Bürgschaft gewährt, als auch die Ausgestaltung der Rechte des Bürgen schließen es im Ansatz aus, für die Berechnung und Bewertung, ab wann eine den Freigabeanspruch begründende Übersicherung vorliegt, zu dem Wert der dinglichen Sicherheiten denjenigen einer Bürgschaft einfach hinzuzurechnen. Real- und Personalsicherheiten können nicht miteinander konkurrieren. Bei der Bürgschaft als Personalsicherheit ist für die Bonität die allgemeine Vermögenslage der Sicherungsgeber entscheidend, bei den Realsicherheiten in Gestalt

2.714

1036 GrSZ WM 1998, 227, 233; 1997, 750, 758; 1998, 1280, 1281.
1037 WM 1998, 227, 234.
1038 *Pfeiffer*, WM 1995, 1565, 1567; *Rellermeyer*, WM 1994, 1009; *Saenger*, ZBB 1998, 174, 176.
1039 *Saenger*, ZBB 1998, 174, 180, 181.
1040 *Werhahn/Schebesta*, AGB und Sonderbedingungen der Banken, Rn 341.
1041 BGH WM 1994, 1161, 1163; *Bunte* in Bankrechts-Handbuch, § 21 Rn 14.

des Pfandrechts das Sicherungseigentum oder bei der Zession dagegen der Wert des Sicherungsgutes[1042].

2.715 Die besonderen Schwierigkeiten für den Sicherungsgeber, eine Übersicherung der Bank beweisen zu müssen, lassen sich auch nicht durch die Vereinbarung allgemein gültiger Maßstäbe für die Bewertung des Sicherungsgebers bei Eintritt des Verwertungsfalls weder bei der Übereignung eines Warenlagers mit wechselndem Bestand noch bei der Globalzession beheben[1043].

a) Mangel an festen Bewertungsmaßstäben

2.716 Für die Kreditsicherungspraxis lassen sich keine allgemeingültigen, branchenunabhängigen (festen) Maßstäbe für die Bewertung der Sicherheiten entwickeln. Der Sicherungsvertrag läßt sich deshalb auch nicht durch Auslegung um solche Maßstäbe ergänzen[1044].

2.717 Im Gegensatz zur Deckungsgrenze ist der bei Eintritt des Sicherungsfalls zu realisierende Wert des Sicherungsgutes keine vertragsimmanente Größe, sondern vom Sicherungsvertrag losgelöst. Dieser Wert bestimmt sich vielmehr entscheidend nach den **(Markt-)Verhältnissen** bei Eintritt des Sicherungsfalls, also inbesondere bei Insolvenz des Schuldners. Denn Sicherheiten müssen sich vor allem bei Leistungsunfähigkeit des Schuldners bewähren[1045]. Bei Abschluß der regelmäßig längerfristigen Sicherungsverträge ist jedoch unbekannt und nicht vorhersehbar, ob und wann der Sicherungsfall eintritt[1046]. Die Wirksamkeit formularmäßig bestellter, revolvierender Globalsicherheiten erfordert also nicht die Vereinbarung fester Maßstäbe für die Bewertung des Sicherungsgutes.

b) Anhaltspunkte für die Bewertung des Sicherungsgutes analog § 237 BGB

2.718 Soll sich der Sicherungsgeber mit dem Freigabeanspruch vor einer unangemessenen Einschränkung seiner wirtschaftlichen Bewegungsfreiheit schützen können, so müssen ihm einfache Vermutungs- und Beweislastregeln als Orientierungshilfe für die Bewertung der von ihm bestellten Sicherheiten zur Verfügung gestellt werden, um die Übersicherung kurzfristig nachweisen zu können[1047]. Mit diesem Lösungsansatz für eine

---
1042 BGH WM 1994, 1161, 1162.
1043 WM 1998, 227, 235.
1044 GrSZ WM 1998, 227, 233; vgl. weiter BGH WM 1994, 1283, 1284.
1045 BGH WM 1995, 1264; 1997, 750, 756.
1046 GrSZ WM 1998, 227, 233.
1047 *Saenger*, ZBB 1998, 174, 180, 181.

erleichterte Durchsetzung des Freigabeanspruchs nähert sich die Entscheidung des Großen Zivilrechtssenats dem Prinzip „feste Deckungsgrenze – feste Bewertungsparameter", wie es vom IX. Senat des BGH vertreten worden ist[1048]. Nach der Entscheidung des Großen Zivilsenats läßt sich aus §§ 232 ff. BGB die widerlegliche Vermutung ableiten, daß dem Sicherungsinteresse der Bank durch einen Abschlag eines Drittels vom Nennwert abgetretener Forderungen oder vom Schätzwert sicherungsübereigneter Waren ausreichend Rechnung getragen wird. Denn bei Verpfändung geeigneter Sachen kann nach **§ 237 S. 1 BGB** Sicherheit nur in Höhe von zwei Dritteln des Schätzwertes geleistet werden. Der regelmäßige Sicherungswert ist deshalb bei beweglichen Sachen durch Anknüpfung an den Schätzwert und bei abgetretenen Forderungen an den Nennwert zu bemessen, wobei ein pauschaler Risikoabschlag von einem Drittel vorzunehmen ist[1049].

Der Bewertungsabschlag von einem Drittel gemäß § 237 S. 1 BGB führt bei beweglichen Sachen dazu, daß dem Sicherungsgeber ein Freigabeanspruch regelmäßig erst zusteht, wenn der Marktpreis bzw. der Einkaufs- oder der Herstellungspreis der sicherungsübereigneten Waren, soweit sie zu berücksichtigen sind und andere Sicherheiten nicht zur Verfügung stehen, 150% der gesicherten Forderung ausmacht. Entsprechendes gilt bei Globalzessionen für den Nennwert der berücksichtigungsfähigen Forderungen[1050]. 2.719

Der Zuschlag von 50% kann jedoch nach der Entscheidung des Großen Zivilrechtssenats nur eine Orientierungshilfe darstellen. Dies um so mehr, als §§ 232 ff. BGB nicht auf Globalabtretungen und Sicherungsübereignungen zugeschnitten sind und keine für alle Sachverhalte passende Regelung enthalten. Aus der Bewertungsvorschrift des § 237 S. 1 BGB kann aber eine widerlegliche Vermutung abgeleitet werden, daß derjenige, der behauptet, ein Abschlag von einem Drittel oder eine Freigabegrenze von 150% – bezogen auf den Nennwert von Forderungen und den Marktpreis bzw. den Einkaufs- oder Herstellungspreis von Waren – sei im Streitfalle unangemessen, dies substantiiert darzulegen oder zu beweisen hat. Dies gilt auch dann, wenn der Abschlag bzw. die Deckungsgrenze in dem formularmäßigen Sicherungsvertrag ohne Rücksicht auf die konkrete Risikolage anders festgelegt worden ist (§ 9 AGBG). 2.720

Die Maßgeblichkeit dieses gesetzlichen Abschlags läßt sich nicht schon mit dem allgemeinen Vorbringen entkräften, bei der Verwertung von 2.721

1048 BGH ZIP 1997, 632, 638 ff.; 1996, 1429; *Saenger*, ZIP 1998, 174, 180, 181.
1049 GrSZ WM 1998, 227, 234.
1050 GrSZ WM 1998, 227, 234.

Sicherungsgut werde oft nur die Hälfte des Verkehrswertes erzielt[1051]. Zur Durchsetzung eines von § 237 S. 1 BGB abweichenden **Bewertungsabschlags** sind deshalb hierfür konkrete (Erfahrungs-)Tatsachen nachzuweisen. Diese müssen belegen, daß der gesetzliche Abschlag den besonderen Verhältnissen der Branche oder des Sicherungsgebers überhaupt nicht gerecht wird, sondern unter Berücksichtigung der Umstände des Einzelfalls gemäß § 287 ZPO erheblich anders zu bemessen ist und deshalb zu einem ganz anderen Sicherungswert führen muß[1052].

4. Wahlrecht der Bank

2.722 Die Bank kann nach ihrer Wahl bestimmen, welche Sicherheiten sie freigeben will (Nr. 16 Abs. 2 S. 1 AGB). Umstritten ist, ob dieses Auswahlrecht ein Wahlrecht im Sinne des § 262 BGB ist, wie es der BGH bejaht hat[1053].

2.723 Gegen eine Wahlschuld in diesem engeren Sinne spricht, daß bei dieser Schuld nach einer späteren Wahl nur die ausgewählte Leistung zu erbringen ist. Die Bank will sich aber regelmäßig die Verwertung aller Sicherheiten vorbehalten und nicht durch die Auswahl einer Sicherheit die Verwertungsmöglichkeit für die anderen Sicherheiten verlieren[1054].

2.724 Auch die Ausübung dieses Rechts steht aber unter dem Gebot von Treu und Glauben[1055]. Die AGB stellen deshalb ausdrücklich klar, daß die Bank bei der Auswahl der freizugebenden Sicherheiten auf die **berechtigten Belange** des Kunden und eines dritten Sicherungsgebers Rücksicht nehmen wird. In diesem Rahmen ist die Bank auch verpflichtet, Aufträge des Kunden über die dem Pfandrecht unterliegenden Werte auszuführen, insbesondere Wertpapiere zu verkaufen und Spargguthaben auszuzahlen (Nr. 16 Abs. 2 S. 2 AGB).

2.725 Die gebotene Rücksichtnahme auf die berechtigten Belange dritter Sicherungsgeber bedeutet freilich nicht, daß deren Sicherheiten zuerst freigegeben werden müßten, weil sie der abgesicherten Kreditgewährung ferner stehen als der Kreditnehmer[1056]. Dem Interesse dritter Sicherungsgeber

---

1051 GrSZ WM 1998, 227, 235.
1052 GrSZ WM 1998, 227, 235.
1053 WM 1983, 926, 928; vgl. weiter *Bunte* in Bankrechts-Handbuch, § 21 Rn 28.
1054 *Gößmann* in Bankrecht und Bankpraxis, Rn 1/497.
1055 BGH WM 1983, 926, 928; *Bunte* in Bankrechts-Handbuch, § 21 Rn 28.
1056 *Bunte* in Bankrechts-Handbuch, § 21 Rn 31; *Gößmann*, Bankrecht und Bankpraxis, Rn 1/479.

wird insbesondere dadurch gebührend Rechnung getragen, daß bei formularmäßigen Sicherungsverträgen der Sicherungszweck auf die Kreditforderung beschränkt wird, die Anlaß der Sicherheitsleistung war[1057]. Wird eine vom AGB-Pfandrecht erfaßte Forderung an einen Dritten abgetreten, so kann der Zessionar von der Bank als Pfandgläubigerin nicht verlangen, daß sie sich aus einer ihr bestellten anderen Sicherheit befriedigt[1058].

V. Verwertung von Sicherheiten (Nr. 17 AGB)

Bei der Neufassung der AGB im Jahre 1993 sind die Regelungen der Sicherheitenverwertung grundlegend neu konzipiert worden. Geblieben sind nur das **Auswahlrecht unter mehreren Sicherheiten** (Nr. 17 Abs. 1 S. 2 AGB) und das **Gebot zur Rücksichtnahme** auf die berechtigten Belange des Kunden bei der Auswahl und Verwertung der Sicherheiten. (Nr. 17 Abs. 1 S. 2 AGB). Diese beiden Grundsätze gelten nicht nur für das AGB-Pfandrecht sowie die AGB-mäßig vereinbarte Sicherungsübereignung und Sicherungszession, sondern für alle der Bank bestellten Sicherheiten, insbesondere für die gesondert abgeschlossenen Sicherungsverträge[1059]. Weitere Verwertungsregelungen enthalten die formularmäßigen Sicherungsverträge. Dort kann auch den Besonderheiten der jeweiligen Sicherheitenart, insbesondere den Sicherungsübereignungen von Warenlagern, den Globalzessionen und den Grundpfandrechten Rechnung getragen werden, ohne gegen das Gebot übersichtlicher AGB-Regelungen zu verstoßen[1060]. Individualabsprachen bedarf es ohnehin bei den atypischen Sicherheiten.

2.726

1. Gesetzliche Verwertungsvorschriften und Rechtsprechung

Soweit in den gesonderten Sicherungsverträgen keine besonderen Verwertungsregelungen getroffen worden sind, sind die gesetzlichen Bestimmungen und die von der Rechtsprechung entwickelten Grundsätze anwendbar. Dabei kommt den pfandrechtlichen Bestimmungen auch für die nichtakzessorische Sicherungsübereignung und Sicherungszession in einem gewissen Umfang Leitbildfunktion zu[1061].

2.727

1057 *Gößmann* in Bankrecht und Bankpraxis, Rn 1/479.
1058 OLG München WM 1995, 429, 430.
1059 *Merkel*, WM 1993, 725, 733; *Gößmann* in Bankrecht und Bankpraxis, Rn 1/492.
1060 *Werhahn/Schebesta*, AGB und die Sonderbedingungen der Banken, Rn 358.
1061 Vgl. *Kümpel*, WM 1978, 973, 970 ff.; *Serick*, BB 1970, 546:

2.728 Dies gilt insbesondere für die sog. **Pfandreife,** die besagt, daß die Verwertung grundsätzlich die Fälligkeit der gesicherten Forderung der Bank voraussetzt (§ 1228 Abs. 2 S. 1 BGB)[1062]. Ein Verzug des Kunden ist also grundsätzlich nicht erforderlich. Bei Kreditgewährungen im Sinne des Verbraucherkreditgesetzes muß die Bank jedoch erfolglos eine zweiwöchige Zahlungsfrist mit der Erklärung gesetzt haben, daß sie bei Nichtzahlung innerhalb der Frist die gesamte Restschuld verlangen wird (§ 12 Abs. 1 Nr. 2 VerbrKrG)[1063].

2.729 Erhebliche praktische Bedeutung hat die pfandrechtliche Verwertungsvorschrift des § 1234 Abs. 1 BGB, wonach die Verwertung dem Verpfänder vorher anzudrohen ist. Der Verkauf der Sicherheiten darf nicht vor Ablauf eines Monats nach der Androhung erfolgen (§ 1234 Abs. 2 BGB). Diese Monatsfrist schrumpft bei Sicherheitenbestellungen, die auch für den Sicherungsgeber ein Handelsgeschäft (§§ 343, 344, 345 HGB) darstellen, auf eine Woche (§ 368 HGB). Diese Wartefrist bis zur angedrohten Verwertung verschafft dem Sicherungsgeber eine letzte Chance, sich durch Erfüllung der fälligen Bankforderungen die hierfür haftenden Vermögensgegenstände zu erhalten. Diese grundsätzliche Verpflichtung zur Androhung der Verwertung kommt nach dem BGH insbesondere bei nicht offengelegten Zessionen zum Tragen. Bei solchen stillen Zessionen hat der Kunde ein dringendes schützenswertes Interesse, rechtzeitig vor der Offenlegung und Einzahlung benachrichtigt zu werden, um die ihm drohenden weitreichenden Folgen einer Offenlegung möglichst abwenden zu können[1064].

2.730 Eine solche **Androhung** kann nach § 1234 Abs. 2 S. 2 BGB unterbleiben, wenn sie untunlich ist. Dies trifft insbesondere auf den Fall zu, daß gegen den Kunden das Insolvenzverfahren eingeleitet worden ist.

2.731 Auch für die Verwertung von sicherungsübereigneten Gegenständen hat die Rechtsprechung zwischenzeitlich klare Regeln aufgestellt[1065]. So ist die Bank insbesondere verpflichtet, eine möglichst günstige Verwertung anzustreben[1066].

1062 Münchener Komm. zum BGB/*Damrau,* § 1228 Rn 8.
1063 Vgl. hierzu *Gößmann* in Bankrecht und Bankpraxis, Rn 1/494.
1064 BGH WM 1989, 675; 1992, 1359, 1361; 1994, 1613, 1614; KG WM 1989, 669, 675; *Bunte* in Bankrechts-Handbuch, § 22 Rn 8.
1065 *Gößmann* in Bankrecht und Bankpraxis, Rn 1/500; *Bunte* in Bankrechts-Handbuch, § 22 Rn 29.
1066 BGH WM 1987, 853, 855, 856; OLG Düsseldorf WM 1990, 1062 m.w.Nachw.; OLG Frankfurt, WM 1991, 930.

Für die Verwertung einer Grundschuld und Hypothek gilt das **Zwangsversteigerungsgesetz**. Dieses spezielle Verwertungsgesetz für Grundpfandrechte enthält die notwendigen Schutzbestimmungen für den Grundstückseigentümer. Im übrigen gilt auch hier das Gebot, auf die berechtigten Belange des Kunden und eines dritten Sicherungsgebers Rücksicht zu nehmen (Nr. 17 Abs. 1 AGB).

2. Auswahlrecht der Bank

Sind der Bank mehrere Sicherheiten bestellt, so steht ihr bei der Verwertung ein Auswahlrecht zu (Nr. 17 Abs. 1 AGB). Dieses Auswahlrecht entspricht dem § 1230 BGB, wonach der Pfandgläubiger mangels anderweitiger Vereinbarung unter mehreren Pfandrechten auswählen darf, die verkauft werden sollen. Umstritten ist, ob dieses Auswahlrecht ein Wahlrecht im Sinne des § 262 BGB ist, wie es der BGH bejaht hat[1067].

2.732

Dieses Wahlrecht gilt auch im Verhältnis unterschiedlicher Sicherungsinstrumente untereinander und damit auch beim Zusammentreffen dinglicher Sicherheiten mit Bürgschaften[1068]. Auch die Rechtsprechung geht grundsätzlich von einer Gleichstufigkeit aller Sicherheiten aus und gewährt deshalb eine Ausgleichspflicht entsprechend den Regeln der Gesamtschuld (§ 426 Abs. 1 BGB)[1069].

2.733

Die Ausübung dieses Auswahlrechts steht aber unter dem Gebot von Treu und Glauben (§ 242)[1070]. Dies ist bei der Neufassung der AGB im Jahre 1993 ausdrücklich klargestellt worden (vgl. Nr. 17 Abs. 1 AGB). Problematisch wäre es deshalb, wenn die Bank sich nicht aus einem ihr verpfändeten Spar- oder Festgeldguthaben befriedigen würde und stattdessen einen verpfändeten Anspruch auf den Rückkaufswert einer Lebensversicherung einziehen würde[1071].

2.734

1067 WM 1983, 926, 928; hiergegen *Gößmann* in Bankrecht und Bankpraxis, Rn 1/497.
1068 OLG München WM 1988, 1846; *Bunte* in Bankrechts-Handbuch, § 22 Rn 15; *Gößmann* in Bankrecht und Bankpraxis, Rn 1/492.
1069 BGH WM 1990, 1956, 1957 m.w.Nachw., WM 1989, 1205, 1206.
1070 BGH WM 1983, 926, 928.
1071 *Merkel*, WM 1993, 725, 733; *Bunte* in Bankrechts-Handbuch, § 22 Rn 15; *Werhahn/Schebesta*, AGB und Sonderbedingungen der Banken, Rn 359.

3. Gebot zur Rücksichtnahme (§ 242 BGB)

2.735 Das Gebot der Rücksichtnahme auf die schutzwürdigen Interessen des Kunden und eines dritten Sicherungsgebers gilt nicht nur für die Auswahl unter mehreren Sicherheiten, sondern für die gesamte Verwertung[1072].

a) Verhältnismäßigkeitsgrundsatz und Gebot des milderen Mittels

2.736 Die Bank muß bei der Verwertung der Sicherheiten auch den Verhältnismäßigkeitsgrundsatz wahren[1073]. Es bedarf deshalb stets einer Prüfung der Notwendigkeit einer solchen Verwertung[1074]. Droht z.B. eine wertmäßige Verschlechterung der bestellten Sicherheiten, so steht der Bank ein Anspruch auf Verstärkung der Sicherheiten zu (Nr. 13 Abs. 2 S. 3 AGB). Dieser **Neubesicherungsanspruch** der Bank soll gerade der Vermeidung der Verwertung der bereits bestellten Sicherheiten dienen[1075]. Deshalb ist eine Verwertung in solchen Fällen nur verhältnismäßig, wenn das Verlangen nach Verstärkung der Sicherheiten erfolglos geblieben ist[1076].

2.737 Auch ist die Bank an das **Prinzip des milderen Mittels** gebunden, wie es in § 777 ZPO zum Ausdruck gekommen ist[1077]. Hiernach kann der Schuldner der Zwangsvollstreckung in sein übriges Vermögen im Wege der Erinnerung (§ 766 ZPO) widersprechen, wenn die zugrundeliegende Forderung durch den Wert der den Gläubigern verpfändeten Sachen gedeckt ist. Die Verwertung der Sicherheiten ist deshalb geboten, wenn sie gegenüber einer Vollstreckung in das sonstige Vermögen das mildere Mittel darstellt[1078].

2.738 Schließlich kann die Verwertung rechtsmißbräuchlich sein, wenn die Bank ohne eigenes Sicherungsinteresse allein zur Wahrung der Interessen Dritter verwertet[1079]. Der Sicherungsgeber braucht es nach der BGH-

---

1072 BGH WM 1987, 853; OLG Düsseldorf WM 1990, 1062; OLG Hamburg WM 1991, 581; OLG Frankfurt WM 1991, 930; *Baumbach/Hopt*, Nr. 15 AGB Banken Rn 1. Zu der Frage, ob die Bank im Einzelfall eine Obliegenheit zur Verwertung von Sicherheiten treffen kann, vgl. *Koziol*, FS Schimansky, 1999, S. 355 ff.
1073 *Baumbach/Hopt*, Nr. 17 AGB Banken Rn 2; *Bunte* in Bankrechts-Handbuch, § 22 Rn 20.
1074 *Werhahn/Schebesta*, AGB und Sonderbedingungen der Banken, Rn 36.
1075 *Gößmann* in Bankrecht und Bankpraxis, Rn 1/503.
1076 *Bunte* in Bankrechts-Handbuch, § 22 Rn 18.
1077 *Canaris*, Bankvertragsrecht², Rn 2701.
1078 *Canaris*, Bankvertragsrecht², Rn 1278.
1079 *Wolf/Horn/Lindacher*, § 23 Rn 763; *Bunte* in Bankrechts-Handbuch, § 22 Rn 19.

Rechtsprechung nicht hinzunehmen, daß die von ihm gestellten Sicherheiten dazu benutzt werden, um Drittinteressen wahrzunehmen, die mit seinem Verhältnis zur Bank nichts zu tun haben[1080].

b) Gebot der bestmöglichen Verwertung

Die Bank hat sich nach Rechtsprechung und Schrifttum um die Erzielung eines möglichst hohen Preises zur Tilgung ihrer Forderung zu bemühen[1081]. 2.739

Andererseits ist im Regelfall zugunsten der Bank zu berücksichtigen, daß die Sicherheiten wegen der Zahlungsschwierigkeiten und der Vermeidung eines weiteren Zinsschadens möglichst kurzfristig zu verwerten sind[1082]. Eine andere Beurteilung ist nur geboten, wenn die Bank bewußt eine andere vorteilhaftere Verwertungsmöglichkeit nicht genutzt hat, die für sie auch zumutbar war[1083]. 2.740

Die Bank ist jedoch nicht verpflichtet, eine von ihr vorgesehene Verwertung von Sicherheiten zu unterlassen oder aufzuschieben, wenn der Sicherungsgeber pauschal behauptet, es gebe bessere Verwertungsmöglichkeiten[1084]. 2.741

Bei der **Sicherungsabtretung**, insbesondere der Globalzession, kann die Bank ein starkes Interesse daran haben, daß die üblicherweise nicht offengelegte Abtretung dem Drittschuldner bekanntgegeben wird, um damit den Eingang der Zahlungen beim Sicherungsgeber oder auf Konten bei anderen Banken zu verhindern. Das Gebot der Rücksichtnahme erfordert es aber zur Wahrung der Interessen des Bankkunden, eine solche Offenlegung grundsätzlich so rechtzeitig vorher anzukündigen, daß der Kunde noch Einwendungen gegen diese Verwertung vorbringen und sich zumindest bemühen kann, die ihm drohenden weitreichenden Folgen einer Offenlegung abzuwenden[1085]. 2.742

1080 BGH WM 1991, 846; 1983, 537.
1081 BGH WM 1966, 756; 1987, 853, 856; OLG Düsseldorf WM 1990, 1062; OLG Frankfurt WM 1991, 930, 931; *Baumbach/Hopt*, Nr. 17 AGB Banken Rn 2; *Werhahn/Schebesta*, AGB und Sonderbedingungen der Banken, Rn 365.
1082 *Canaris*, Bankvertragsrecht², Rn 2701; *Bunte* in Bankrechts-Handbuch, § 22 Rn 23.
1083 *Werhahn/Schebesta*, AGB und Sonderbedingungen der Banken, Rn 365.
1084 OLG Frankfurt WM 1991, 930, 932.
1085 BGH WM 1992, 1359, 1361; 1994, 1613, 1614.

4. Freihändiger Verkauf marktgängiger Sicherungsgegenstände

2.743 Nach der pfandrechtlichen Regelung hat der Verkauf einer Pfandsache grundsätzlich im Wege der **öffentlichen Versteigerung** zu erfolgen (§ 1235 Abs. 1 BGB). Hat das Sicherungsgut aber einen Börsen- oder Marktpreis, so kann ein freihändiger Verkauf durch einen zu solchen Verkäufen öffentlich ermächtigten Handelsmakler oder durch eine zur öffentlichen Versteigerung befugte Person zum laufenden Preis erfolgen (§ 1221 BGB). Ein solcher Marktpreis ist gegeben, wenn die Wertpapiere an der Börse oder auf einem Markt so häufig verkauft werden, daß sich laufende Preise bilden[1086]. Ein Börsenpreis ist also nicht erforderlich[1087]. In diesen Fällen können die verpfändeten Wertpapiere im Wege des freihändigen Verkaufs durch einen zu solchen Verkäufen öffentlich ermächtigten **Handelsmakler** (§ 93 HGB) oder einen **Kursmakler** einer Börse (§ 34 BörsG) veräußert werden. Ohne entsprechende Vereinbarung mit dem Kunden darf die Bank die Wertpapiere nicht einfach zum Tagespreis übernehmen[1088].

2.744 Anteilscheine, die Rechte an einem Sondervermögen im Sinne des Gesetzes über Kapitalanlagegesellschaften (KAGG) verbriefen, werden durch Rückgabe an die Kapitalanlagegesellschaft verwertet. Nach § 11 Abs. 2 KAGG kann jeder Anteilinhaber verlangen, daß ihm gegen Rückgabe des Anteilscheins sein Anteil an dem Sondervermögen aus diesem ausgezahlt wird[1089].

2.745 Ein Kursmakler kann auch dann mit dem freihändigen Verkauf beauftragt werden, wenn die Wertpapiere nicht zu seinem Geschäftsbereich gehören. Auch brauchen die Wertpapiere nicht an seiner oder einer anderen Börse gehandelt zu werden[1090]. Bei der Ausführung des Auftrags ist der Kursmakler weitgehend frei. Der Auftrag kann in oder außerhalb der Börse erledigt werden. Der Kursmakler ist verpflichtet, den Auftrag zu jedem vorliegenden Gebot auszuführen[1091].

2.746 Im Regelfall liegt **keine Verwertung** vor, wenn die Bank den Gegenwert der von ihr depotmäßig aufbewahrten Zins- und Gewinnanteilscheine bei Fälligkeit einzieht. Zu einem solchen unverzüglichen Inkasso ist die Bank aufgrund ihrer depotgeschäftlichen Verpflichtung zum Einzug aller fälligen Wertpapiere im Kundendepot gehalten (Nr. 14 Abs. 1 Sonderbe-

---

1086 *Staudinger/Wiegand*, § 1221 Rn 2.
1087 *Schwark*, § 34 Rn 2.
1088 *Staudinger/Wiegand*, § 1221 Rn 4.
1089 *Gößmann* in Bankrecht und Bankpraxis, Rn 1/508; *Merkel*, WM 1993, 725, 733.
1090 *Schwark*, § 34 Rn 2.
1091 *Nußbaum*, Kommentar zum Börsengesetz, 1910, S. 134; *Schwark*, § 34 Rn 3.

dingungen für Wertpapiergeschäfte). Die Zahlstellen der Emittenten vergüten für den Zeitraum zwischen Fälligkeit und Einlösung der Wertpapiere keine Zinsen. Dieses Inkasso der Bank kann deshalb auch nicht gegen das Verbot der Sicherheitenverwertung vor Pfandreife (§§ 1228 Abs. 2, 1282 BGB) verstoßen[1092]. Das AGB-Pfandrecht erfaßt sodann den Anspruch des Kunden auf Herausgabe des Inkassoerlöses (§ 667 BGB).

5. AGB-Pfandrecht am Kontoguthaben bei der Bank

Wie bei der Bestellung des AGB-Pfandrechts an dem bei der Bank unterhaltenen Kontoguthaben ergibt sich auch für die Verwertung eine rechtliche Besonderheit, weil dieses Pfandrecht an einem gegen die Bank gerichteten Zahlungsanspruch (§§ 700, 607 BGB) besteht und damit **Schuldner und Pfandgläubiger personengleich** sind. Die Befugnis des Pfandgläubigers bei Pfandreife, die haftenden Forderungen beim Drittschuldner „einzuziehen" (§ 1282 Abs. 1 S. 1 BGB), muß dieser Personenidentität von Schuldner und Pfandgläubiger angepaßt werden. Deshalb wird bei solchen verpfändeten Kontoguthaben das gesetzliche Einziehungsrecht des Pfandgläubigers durch „einfache Erklärung" ausgeübt, soweit die allgemeinen Voraussetzungen für eine solche Einziehung gegeben sind[1093]. Diese Erklärung tritt an die Stelle der Einziehung im Sinne des § 1282 Abs. 1 BGB[1094].
Soweit die Fälligkeit des vom Pfandrecht erfaßten Zahlungsanspruchs gegen die Bank von einer Kündigung abhängt, kann diese allerdings mit der „einfachen Erklärung" zusammen erklärt werden[1095].

2.747

Funktionell steht ein solches Pfandrecht der Aufrechnungsmöglichkeit weitgehend gleich. Es geht aber über die Aufrechnungsmöglichkeit insofern hinaus, als es auch zum Schutz nicht aufrechenbarer Forderungen wirkt. So kann das AGB- Pfandrecht auch zur Sicherung eines zukünftigen und daher nach § 387 BGB noch nicht aufrechenbaren Anspruchs oder zur Sicherung eines ungleichartigen Anspruchs geltend gemacht werden, etwa wenn der Guthabenforderung des Kunden ein Anspruch der Bank auf Freistellung von einer für den Kunden übernommenen Verpflichtung gegenübersteht. Einen solchen Befreiungsanspruch kann die Bank beispielsweise erwerben, wenn sie für ihren Kunden in dessen Auftrag eine Bürgschaft übernommen hat (§ 775 Abs. 1 BGB).

2.748

1092 BGH WM 1997, 1136, 1137; *Kümpel*, WM 1978, 970, 973.
1093 OLG Düsseldorf WM 1992, 1937, 1939 m.w.Nachw.
1094 RG JW 1931, 3101, 3102.
1095 OLG Düsseldorf WM 1992, 1937, 1939.

6. Umsatzsteuerrechtliche Erlösgutschrift

2.749 Verwertet die Bank die ihr übereigneten Sachen im Wege des freihändigen Verkaufs, so stellt dies eine umsatzsteuerpflichtige Lieferung an den Käufer dar. Nach der Rechtsprechung des BFH liegt hierin zugleich eine steuerpflichtige Lieferung des Sicherungsgebers an die Bank[1096]. Der Sicherungsgeber als Leistungserbringer hätte deshalb der Bank eine die Umsatzsteuer gesondert ausweisende Rechnung zu erteilen (§ 14 Abs. 1 UStG). Als eine solche Rechnung gilt aber auch eine Gutschrift, mit der ein Unternehmer (hier die Bank) über eine steuerpflichtige Lieferung abrechnet, die an ihn ausgeführt wird. Voraussetzung hierfür ist, daß zwischen Sicherungsgeber und Bank Einverständnis über diese Form der Abrechnung besteht (§ 14 Abs. 5 S. 2 Nr. 2 UStG). Hierzu bestimmt Nr. 17 Abs. 2 AGB, daß die Bank bei umsatzsteuerpflichtigen Sicherheitenverwertungen dem Kunden über den Erlös eine Gutschrift erteilen wird, die als Rechnung für die Lieferung der als Sicherheit dienenden Sache gilt und den Voraussetzungen des Umsatzsteuerrechts entspricht.

2.750 Die Bank kann damit den in ihrer Gutschrift ausgewiesenen Umatzsteuerbetrag von der eigenen Umsatzsteuerschuld aus dem Verkauf des Sicherungsgebers als Vorsteuer abziehen. Der Erlös aus der Veräußerung des Sicherungsgutes kann deshalb in voller Höhe – also nicht um den Steueranteil gemindert – zur Rückführung ihrer Forderungen verwendet werden[1097].

[1096] *Werhahn/Schebesta*, AGB und Sonderbedingungen der Banken, Rn 376; *Gößmann* in Bankrecht und Bankpraxis, Rn 1/508.
[1097] *Werhahn/Schebesta*, AGB und Sonderbedingungen der Banken, Rn 376 m.w.Nachw.; *Bunte* in Bankrechts-Handbuch, § 22 Rn 35.

4. Abschnitt
Bankmäßige Geschäftsverbindung

Ein Schwerpunkt des Bankrechts ist die bankmäßige **Geschäftsverbindung** zu den Kunden. Gegenstand der bankgeschäftlichen Tätigkeiten sind Dienstleistungen und Kreditgewährungen an die Bankkundschaft. Die wirtschaftlichen Aktivitäten der Kreditinstitute entfalten sich daher in starkem Maße innerhalb des rechtsgeschäftlichen Kontakts zu den Personen, die das bankmäßige Leistungsangebot in Anspruch nehmen.

2.751

I. Abgrenzung zur konkreten Geschäftsbeziehung

Für die rechtliche Beurteilung ist zu unterscheiden zwischen der auf Dauer angelegten Geschäftsverbindung und der einzelnen **Geschäftsbeziehung**, die durch eine konkrete Inanspruchnahme einer bankmäßigen Leistung entsteht. Der rechtsgeschäftliche Kontakt zwischen der Bank und ihren Kunden erschöpft sich regelmäßig nicht in einem einzigen Geschäft – etwa dem Kauf von Wertpapieren oder der Inanspruchnahme eines Kredites. Dieser Kontakt ist meist auf längere Dauer und auf eine unbestimmte Mehrzahl von Bankgeschäften angelegt. Hier kommt es zu einer **Geschäftsverbindung.** Über die Rechtsnatur dieser Geschäftsverbindung sind verschiedene Theorien aufgestellt worden. Das Spektrum der Meinungen reicht von der Annahme eines Vertrages bis zu der Ansicht, die Geschäftsverbindung sei ein rein tatsächliches Verhältnis ohne spezifisch rechtlichen Charakter[1098]. Übereinstimmung besteht jedoch, daß jede Dienstleistung der Bank oder Kreditinanspruchnahme ein wirtschaftlich und rechtlich selbständiges Bankgeschäft darstellt und eine konkrete Rechtsbeziehung in Gestalt eines vertraglichen Schuldverhältnisses begründet. So wird bei Gewährung eines Geldkredites ein Darlehensvertrag (§ 607 BGB) geschlossen. Bei Einlieferung von Wertpapieren zur Aufbewahrung kommt ein depotmäßiger Verwahrungsvertrag zustande.

2.752

1098 *Canaris*, Bankvertragsrecht³, Rn 1. Die beiden hierzu hauptsächlich vertretenen Auffassungen werden unten näher dargestellt.

1. Rollenverteilung Kunde/Bank

2.753 Kennzeichnend für eine bankmäßige Geschäftsverbindung ist, daß der eine Geschäftspartner eine bankmäßige Leistung in Anspruch nimmt und sich damit in der Rolle des Bankkunden befindet. Nicht jeder Geschäftskontrahent eines Kreditinstituts hat eine solche Kundenposition inne. Dementsprechend begründet nicht jeder rechtsgeschäftliche Kontakt eines Kreditinstituts zugleich auch eine bankmäßige Geschäftsbeziehung. Das Fehlen einer solchen bankmäßigen Geschäftsverbindung ist offensichtlich, wenn die Bank Handwerker mit Reparaturen an ihren Bankgebäuden beauftragt. Hier wird keine bankmäßige Leistung, sondern eine Werkleistung geschuldet, wie sie auch im sonstigen Wirtschaftsverkehr zu erbringen ist. Dem Vertragspartner fehlt die Eigenschaft eines Bankkunden stets dann, wenn sich der rechtsgeschäftliche Kontakt außerhalb des banktypischen Leistungsangebotes vollzieht.

2.754 Mitunter ist das Fehlen einer bankmäßigen Geschäftsverbindung nicht so offensichtlich wie bei der Beauftragung von Handwerkern. Dies gilt insbesondere, wenn das Geschäft der Durchführung eines Bankgeschäfts im Sinne des § 1 KWG dient, wie dies z.B. auf die an Börsen getätigten Wertpapiergeschäfte der Banken zutrifft, die hierbei stets im eigenen Namen und nicht im Namen ihrer Kunden handeln. Diese Börsengeschäfte stehen zwar in einem engen wirtschaftlichen Zusammenhang mit den Bankgeschäften in Gestalt der Effektengeschäfte, die der Anschaffung und der Veräußerung von Wertpapieren für andere dienen. Eine bankmäßige Geschäftsverbindung stellt aber nur die Vertragsbeziehung dar, die zwischen Bank und Kunde infolge der Ausführung seines Kauf- oder Verkaufsauftrages zustande kommt. Dagegen begründen solche Börsengeschäfte, die der Ausführung der Effektenorder der Kundschaft im Kapitalmarkt dienen, nur kaufrechtliche Vertragsbeziehungen, wie sie auch im sonstigen Wirtschaftsverkehr zwischen Käufer und Verkäufer zustandekommen.

2. Anwendbarkeit der AGB nur auf bankmäßige Geschäftsverbindungen

2.755 Die Unterscheidung zwischen bankmäßiger und sonstiger Geschäftsverbindung der Kreditinstitute ist nicht allein von theoretischem Interesse. Nur wenn das Vorliegen einer bankmäßigen Geschäftsbeziehung bejaht werden kann, sind die Banken-AGB und die sie ergänzenden Sonderbedingungen überhaupt anwendbar[1099]. In dem erwähnten Beispiel der Ausfüh-

---

1099 *Canaris*, Bankvertragsrecht², Rn 2531.

rung eines Kundenauftrages zum Kauf bestimmter Wertpapiere kommen die Banken-AGB nur auf die Geschäftsbeziehung zwischen Bank und ihren Effektenkunden zur Anwendung. Dagegen gelten für das zwischen den Banken an der Börse getätigte Wertpapiergeschäft die Handelsusancen der deutschen Wertpapierbörsen.

Die gesamte Struktur der AGB ist so stark von dem Gegensatzpaar „Kunde/Bank" geprägt, daß eine Anwendung der AGB unter Verzicht auf diese Unterscheidung zwischen Kunde und Bank dem Sinn und Zweck der Klausel nicht gerecht werden könnte[1100]. Die AGB sollen nur die aus der Inanspruchnahme des bankmäßigen Leistungsangebots resultierenden Geschäftsbeziehungen regeln. Eine bankmäßige Geschäftsbeziehung setzt also voraus, daß dem einen Partner die Funktion des „Kunden" und dem anderen die der „Bank" zugewiesen werden kann. Dies kann fraglich sein, wenn zwei Kreditinstitute in ein Leistungsaustauschverhältnis treten und es darum geht, wessen AGB gelten, wenn diese voneinander abweichen. Sachgerechtes Kriterium für diese unverzichtbare Rollenverteilung ist nach Rechtsprechung und Schrifttum, wer die **vertragstypische** Leistung erbringt[1101]. 2.756

Hierbei wird auf einen geläufigen Begriff des Internationalen Privatrechts zurückgegriffen[1102]. Das deutsche Internationale Privatrecht verwendet jedoch nach seiner Neufassung im Jahre 1986 statt des Begriffes der „vertragstypischen" Leistung den Begriff der für das Vertragsverhältnis **„charakteristischen"** Leistung (Art. 28 Abs. 2 EGBGB). „Vertragstypisch" oder „charakteristisch" ist die Leistung, die dem Vertrag sein Gepräge gibt, beim Effektengeschäft also die Anschaffung oder Veräußerung der gekauften Wertpapiere. Wer diese banktypische Leistung erbringt, befindet sich in der Rolle der „Bank". Es gelten daher seine eigenen AGB[1103]. 2.757

Eine solche unverzichtbare Rollenverteilung fehlt regelmäßig bei den üblichen **Geldhandelsgeschäften** zwischen den Kreditinstituten. Hier überläßt die geldgebende Bank ihrem Kontrahenten einen zu verzinsenden Geldbetrag für einen bestimmten Zeitraum. Beim Geldhandelsgeschäft erbringt im Regelfall kein Kontrahent eine banktypische Leistung im Sinne der Legaldefinitionen der Bankgeschäfte in § 1 KWG, insbesondere wird keine „Einlage" im Sinne des bankmäßigen Einlagengeschäfts 2.758

1100 *Canaris*, Bankvertragsrecht², Rn 2521, 2526.
1101 *Canaris*, Bankvertragsrecht², Rn 2522; *Pleyer/Battes*, DB 1971, 1289, 1291 ff.; *Schönle*, Bank- und Börsenrecht, 2. Aufl., 1976, S. 14; *Baumbach/Hopt*, Einl. AGB Banken, 1 Rn 4.
1102 *Canaris*, Bankvertragsrecht², Rn 2522.
1103 BGH WM 1968, 218; *Baumbach/Hopt*, Einl. AGB Banken, 1 Rn 5; vgl. ferner *Palandt/Heldrich*, Art. 28 EGBGB Rn 21.

getätigt. Werden Gelder von anderen Kreditinstituten hereingenommen, so liegen sog. aufgenommene Gelder im Sinne des früheren § 16 BBankG vor[1104]; diese Bestimmung unterschied die aufgenommenen Gelder ausdrücklich von den bankmäßigen Einlagen. Die Praxis nennt die Rückzahlungsverbindlichkeiten aus den aufgenommenen Geldern **Nostroverpflichtungen,** die unter dieser Bezeichnung auch in der Bankbilanz ausgewiesen werden. Der Geldhandel mit anderen Kreditinstituten (Interbankenhandel) bildet einen organisatorisch eigenständigen Geschäftszweig des **Nostrogeschäfts** im Sinne einer terminologischen Abgrenzung zum **Kundengeschäft,** zu dem auch das bankmäßige Einlagengeschäft gehört.

2.759 Die Überlassung von (Giral-)Geldern im Geldhandel kann in Ausnahmefällen auch zu einer bankmäßigen Einlage führen. Sodann kommt es zu einer bankmäßigen Geschäftsbeziehung, wobei sich die geldnehmende Bank in der Rolle eines Bankkunden befindet. So wird die Überlassung des Geldbetrages zum **Einlagengeschäft,** wenn dieser Betrag ausnahmsweise einem Konto verbucht wird, das der geldgebenden Bank die üblichen kontomäßigen Verfügungsmöglichkeiten bei der geldnehmenden Bank eröffnet[1105]. Mit der Eröffnung eines solchen Kontos erbringt die geldnehmende Bank eine für das Einlagengeschäft wesentliche Leistung und damit eine banktypische Leistung[1106]. Im Regelfall werden jedoch die aufgenommenen Gelder beim Geldhandelsgeschäft nicht auf ein reguläres Konto, sondern auf ein bankinternes Konto verbucht. Bei dieser Verbuchungsform handelt es sich nur um eine den Grundsätzen ordnungsgemäßer Buchführung entsprechende Dokumentation einer bestehenden Verbindlichkeit der geldnehmenden Bank. Hierdurch wird jedoch kein Konto im Sinne des Einlagengeschäfts geschaffen, über das der Einzahlende die üblichen Kontoverfügungen treffen kann. Die geldgebende Bank erhält daher von der geldnehmenden Bank auch keine Kontoauszüge, wie sie für das bankmäßige Einlagengeschäft typisch sind.

2.760 Wie bei Barkrediten einer Bank an ihre kreditnehmenden Kunden ist auch die Überlassung von Geld im Rahmen eines Geldhandelsgeschäfts ein Darlehen im Sinne des § 607 BGB[1107]. Ungeachtet dieser Darlehensnatur der aufgenommenen Gelder kann jedoch die Geldhingabe im Regelfall nicht dem Kreditgeschäft der geldgebenden Bank zugeordnet werden. Dies würde auch dem rechtsgeschäftlichen Willen der beteiligten Banken widersprechen. Denn die hiermit verbundenen rechtlichen Konsequenzen sind von keinem der Geschäftskontrahenten gewollt. So muß sich eine Bank bei einer Kreditgewährung die wirtschaftlichen Verhältnisse des

---

1104 Vgl. Hess. VGH WM 1993, 1328; VG Frankfurt WM 1989, 1416.
1105 *Pleyer/Battes,* DB 1971, 1289, 1294.
1106 *Canaris,* Bankvertragsrecht[2], Rn 2524.
1107 *Canaris,* Bankvertragsrecht[2], Rn 1166; *Schönle,* Bank- und Börsenrecht, 2. Aufl., 1976, S. 66; *Liesecke,* WM 1975, 214, 226; *Rudolph,* ZGesKredW 1978, 989, 990; *Bähre/Schneider,* § 1 Anm. 7.

Kreditnehmers offenlegen lassen, wie dies § 18 KWG vorschreibt. Auch begründet eine bankmäßige Kreditbeziehung für beide Vertragspartner Nebenpflichten, die die Kontrahenten eines Geldhandelsgeschäfts nicht eingehen wollen.

In Ausnahmefällen kann die Überlassung des Geldbetrages aber als **Kreditgeschäft** qualifiziert werden[1108]. Auch hier kommt es sodann zu einer bankmäßigen Leistung und damit zu einer den AGB unterliegenden Geschäftsbeziehung, wobei sich die geldnehmende Bank als Kreditnehmer in der Rolle eines Bankkunden befindet. Dies wird im Zweifel der Fall sein, wenn die geldnehmende Bank ihrem Kontrahenten eine Sicherheit zu leisten hat[1109], wie dies für das Kreditverhältnis typisch ist.

2.761

II. Rechtsnatur der Geschäftsverbindung

Für die Einordnung der bankmäßigen Geschäftsverbindung in die Rechtsordnung sind verschiedene Theorien aufgestellt worden. Dabei beschränken sich die Meinungsverschiedenheiten heute im wesentlichen auf die Frage, ob die Geschäftsverbindung einen eigenständigen Vertragstyp (sog. allgemeiner Bankvertrag) bildet oder nur ein gesetzliches Schuldverhältnis darstellt[1110].

2.762

1. Die Lehre vom „allgemeinen Bankvertrag"[1111]

Die Verfechter der Theorie vom allgemeinen Bankvertrag qualifizieren die Geschäftsverbindung als einen Vertrag. Die Bankkunden wollen regelmäßig nicht nur ein einzelnes Bankgeschäft tätigen, sondern eine auf Dauer angelegte „Bankverbindung" eröffnen. Der allgemeine Bankvertrag schafft danach die rechtlichen Grundlagen und Rahmenbedingungen für die verschiedenartigen Bankgeschäfte und regelt daher das Verhältnis zwischen Bank und Kunden insgesamt (allgemein). Hiernach ist der Bank-

2.763

1108 *Pleyer/Battes*, DB 1971, 1289, 1294.
1109 *Pleyer/Battes*, DB 1971, 1289, 1294; einschränkend *Canaris*, Bankvertragsrecht², Rn 2524.
1110 Vgl. *Canaris*, Bankvertragsrecht³, Rn 1, 2 ff., 12 ff.
1111 *Baumbach/Hopt*, BankGesch. Rn A/6; *Hopt*, Bankrechts-Handbuch, § 1 Rn 6 ff. Die ältere BGH-Rechtsprechung unterstellte einen Bankvertrag (BGH BB 1953, 993; WM 1974, 1127, 1129). Die neuere Rechtsprechung des BGH stellt dagegen auf die „begonnene Geschäftsverbindung" ab (*Schwark*, ZHR 151 [1987], 325, 329 f. m.w.Nachw.). Vgl. weiter *Ulmer/Brandner/Hensen*, § 2 Rn 73.

2. Teil: Allgemeine Grundlagen

vertrag als ein **Rahmenvertrag** zu qualifizieren, der durch die Inanspruchnahme einzelner Leistungsangebote konkretisiert wird.

2.764 Die Lehre vom allgemeinen Bankvertrag stößt im neueren Schrifttum in zunehmendem Maß auf Skepsis; sie wird teilweise sogar nachdrücklich als mißglückt abgelehnt[1112]. Die Rechtsprechung spricht zwar mitunter von einem Bankvertrag. Sie vermeidet es aber regelmäßig, spezifische Rechtsfolgen aus dieser Bezeichnung abzuleiten[1113]. Auch kann der Rechtsprechung nicht entnommen werden, ob sie im Bankvertrag überhaupt einen eigenständigen Vertragstypus sieht oder ob sie diesen Begriff lediglich als Synonym für bestimmte Einzelverträge, wie insbesondere den Girovertrag verwendet[1114].

2. Geschäftsverbindung als gesetzliches Schuldverhältnis[1115]

2.765 Der Geschäftsverbindung liegt nach heute wohl herrschender Ansicht kein Vertrag zugrunde. Es fehlt bereits an der für ein Vertragsverhältnis typischen Gebundenheit der Beteiligten. Bei der Geschäftsverbindung handelt es sich vielmehr um ein gesetzliches Schuldverhältnis, das keine (primären) Leistungspflichten, sondern lediglich Verhaltens- und Schutzpflichten begründet.

a) Fehlen eines erforderlichen Bindungswillens des Kunden

2.766 Unverzichtbares Merkmal des Vertragsbegriffs ist es, daß durch die von den Parteien abgegebenen Willenserklärungen eine gegenseitige Bindung bezweckt wird. Diese rechtliche Bindung als Rechtsfolge der Willenserklärung macht das Wesen des Vertrages aus[1116]. Hieran fehlt es bei der

---

1112 *van Geldern*, WM 1995, 1253, 1257; *Canaris*, Bankvertragsrecht³, Rn 2 m.w.Nachw. Auch nach *Schwark* (ZHR 151 [1987], 325, 330) sollte angesichts der zahlreichen Einwände gegen die Konstruktion eines allgemeinen Bankvertrages die Geschäftsverbindung als Rechtsgrundlage allgemeiner Verhaltenspflichten von Bank und Kunde angesehen werden. Vgl. weiter *Köndgen*, NJW 1996, 558, 559.
1113 Nach dem OLG Frankfurt besteht zwischen Bank und Kunde ein allgemeiner Bankvertrag, der die Grundlage aller zwischen beiden stattfindenden bankgeschäftlichen Vorgänge bildet. Dieser Vertrag beinhaltet die Pflicht zur gegenseitigen Treue, Fürsorge und Rücksichtnahme (WM 1988, 1439, 1440).
1114 *Canaris*, Bankvertragsrecht³, Rn 2 m.w.Nachw.
1115 *Canaris*, Bankvertragsrecht³, Rn 12 ff.; vgl. weiter *Baumbach/Hopt*, Einl. v. § 343 Anm. 2; BankGesch. Rn A/7.
1116 *Larenz/Wolf*, Allgemeiner Teil des deutschen Bürgerlichen Rechts, 8. Aufl., 1997, S. 444 ff.; *Canaris*, Bankvertragsrecht³, Rn 4.

bankmäßigen Geschäftsverbindung. Die Begründung der Geschäftsverbindung als solche hat keinerlei rechtliche Gebundenheit zur Folge. Der Kunde kann die Geschäftsverbindung jederzeit „aufkündigen". Nach der AGB-Neufassung 1993 kann der **Kunde** die gesamte Geschäftsverbindung oder einzelne Geschäftsbeziehungen, für die weder eine Laufzeit noch eine abweichende Kündigungsregelung vereinbart ist, **jederzeit** ohne Einhaltung einer Kündigungsfrist **kündigen.** Bei einer vereinbarten Laufzeit oder einer abweichenden Kündigungsregelung kann der Kunde fristlos aus wichtigem Grunde kündigen, wenn ein wichtiger Grund vorliegt, der dem Kunden, auch unter Berücksichtigung der berechtigten Belange der Bank, die Fortsetzung der Geschäftsbeziehung unzumutbar werden läßt (Nr. 18 AGB).

Dagegen kann die Bank die gesamte Geschäftsverbindung oder einzelne Geschäftsbeziehungen nur unter Einhaltung einer angemessenen Kündigungsfrist kündigen. Bei der Bemessung der Kündigungsfrist wird die Bank auf die berechtigten Belange des Kunden Rücksicht nehmen. Für die Kündigung der Führung laufender Konten und Depots beträgt die Kündigungsfrist mindestens einen Monat (Nr. 19 AGB). Daneben besteht für die Bank ein Recht zur fristlosen Kündigung aus wichtigem Grunde, wie es für eine auf Dauer angelegte Geschäftsbeziehung typisch und daher AGB-Gesetz konform ist[1117]. 2.767

Das fristlose Kündigungsrecht des Kunden hinsichtlich der Geschäftsverbindung bedeutet unter Zugrundelegung der herrschenden Meinung, nach der kein gesetzliches Schuldverhältnis besteht, daß der Kunde insoweit die rechtsgeschäftlichen Kontakte zur Bank sofort einstellen kann. Die Bank muß dagegen eine angemessene Frist verstreichen lassen, damit der Kunde sich eine andere Bankverbindung suchen kann[1118]. 2.768

Die Geschäftsverbindung begründet nach *Canaris* keine allgemeine Pflicht der Bank zur Durchführung von Bankgeschäften[1119]. Ein Kontrahierungszwang entfällt selbst für **risikoneutrale Geschäfte.** Hierunter werden alle bankmäßigen Geschäfte verstanden, die eine Geschäftsbesorgung der Bank nach § 675 BGB zum Gegenstand haben[1120]. In besonders gelagerten Einzelfällen kann jedoch die Bank aus der Geschäftsverbindung zur Übernahme der ihr angetragenen Geschäfte verpflichtet sein. 2.769

1117 *von Westphalen*, BB 1993, 8, 12.
1118 Vgl. OLG Köln WM 1993, 325, 327 f. zur nachhaltigen Störung des Geschäftsablaufs als wichtigem Grund.
1119 Bankvertragsrecht³, Rn 6 f.
1120 Nach *Canaris* besteht im Effektengeschäft kein Kontrahierungszwang, wenn die Bank kein entsprechendes Deckungsgeschäft tätigen kann (Bankvertragsrecht², Rn 1842 f.).

Dies ist insbesondere der Fall, wenn dieses Geschäft mit bereits abgeschlossenen Verträgen in engem Zusammenhang steht, etwa die Aushändigung von Scheckformularen für ein bei der Bank unterhaltenes Konto, um über das hierauf verbuchte Guthaben verfügen zu können.

2.770 Einvernehmen besteht im übrigen, daß wegen des erhöhten Risikos grundsätzlich keine Verpflichtung der Bank zur **Gewährung von Krediten** besteht[1121]. Nur in besonders gelagerten Ausnahmefällen wird von einem Teil der Literatur[1122] eine Pflicht der Bank zur Verlängerung oder sogar der Erhöhung der eingeräumten Kredite bejaht.

Lehnt die Bank die Vornahme eines ihr angetragenen Einzelgeschäfts ab, so hat der Kunde grundsätzlich weder einen Erfüllungs- noch einen Schadensersatzanspruch. Die Ablehnung muß freilich unverzüglich ausgesprochen werden. Anderenfalls gilt das Angebot des Kunden gemäß § 362 HGB als angenommen.

2.771 Die Theorie vom allgemeinen Bankvertrag läßt sich auch nicht damit rechtfertigen, daß die Geltung der von den Banken verwendeten AGB eine entsprechende rechtsgeschäftliche Vereinbarung erfordert. Bei dieser vertraglichen Absprache über die Einbeziehung der AGB in die Geschäftsverbindung handelt es sich um kein Spezifikum des Bankrechts, sondern um eine auch im sonstigen Wirtschaftsverkehr praktizierte **Rahmenvereinbarung** im Sinne des § 2 Abs. 2 AGBG, durch die sich der Kunde mit der Geltung der AGB einverstanden erklärt. Diese Vereinbarung ist als ein Dauerschuldverhältnis eigener Art anzusehen und nicht auf den bankgeschäftlichen Rechtsverkehr beschränkt. Die Rechtswirkung dieser Rahmenvereinbarung besteht in der Festlegung eines durch die AGB konkretisierten Vertragsschemas für die zwischen den Parteien abzuschließenden Einzelgeschäfte[1123].

2.772 Diese Vereinbarungen über die Geltung der AGB sind ausdrücklich in den Eröffnungsformularen für Konten und Depots enthalten[1124].

b) Begründung einer quasivertraglichen Vertrauenshaftung

2.773 Für das Vorliegen eines Bankvertrages spricht schließlich auch nicht, daß die Aufnahme der Geschäftsverbindung eine Reihe von allgemeinen Verhaltens- und Schutzpflichten der Bank und des Kunden zur Folge hat, wie

---

1121 *Baumbach/Hopt*, BankGesch. Rn A/6.
1122 *Canaris*, Bankvertragsrecht³, Rn 9 i.V.m. Bankvertragsrecht², Rn 1271 f.
1123 *Ulmer/Brandner/Hensen*, § 2 Rn 70; *Canaris*, Bankvertragsrecht³, Rn 10.
1124 Nach *Baumbach/Hopt*, BankGesch. Rn A/7 wird das zwischen Bank und Kunden bestehende gesetzliche Schuldverhältnis ohne primäre Leistungspflicht regelmäßig vom Bankvertrag überlagert und vertraglich ausgestaltet.

z.B. die Pflicht der Bank zur Wahrung des Bankgeheimnisses und zur Aufklärung und Beratung. Solche Pflichten können auch außerhalb einer Vertragsbeziehung aufgrund des Vertrauensprinzips begründet werden, das der Rechtsordnung immanent ist (sog. quasi-vertragliche Vertrauenshaftung) – Rn. 2.782.

5. Abschnitt
Allgemeine Verhaltens- und Schutzpflichten der Bank und des Kunden[1125]

I. Grundlagen

2.774 In der Bankpraxis gewinnen zunehmend die allgemeinen Verhaltens- und Schutzpflichten der Bank und des Kunden an Bedeutung, wie sie Rechtsprechung und Rechtslehre entwickelt haben.

2.775 Schuldverhältnisse erschöpfen sich nicht in der Herbeiführung des primär geschuldeten Leistungserfolges. Das Schuldverhältnis ist eine dem Grundsatz von Treu und Glauben unterliegende Sonderverbindung (§ 242 BGB). Dieser Grundsatz läßt Nebenpflichten entstehen, die als allgemeine Verhaltens- und Schutzpflichten bezeichnet werden[1126]. Diese Kategorie von Nebenpflichten ist von den primären Nebenpflichten zu unterscheiden, die der Vorbereitung, Durchführung und Sicherung der geschuldeten Hauptleistung dienen, wie beispielsweise die Pflicht des Käufers zur Abnahme der gekauften Sache (§ 433 Abs. 2 BGB). Im Unterschied zu den primären Nebenpflichten bezwecken die allgemeinen Verhaltens- und Schutzpflichten nicht, den Leistungserfolg herbeizuführen oder zu sichern; sie haben regelmäßig mit dem konkreten Vertragsinhalt nichts zu tun[1127]. Schutzobjekt dieser vertraglichen Nebenpflichten ist das sog. **Integritätsinteresse,** also das Interesse des Partners an der Erhaltung seines personen- und vermögensrechtlichen Status quo (Rechtsgütersphä-

---

1125 *Vortmann,* Aufklärungs- und Beratungspflichten der Banken, RWS-Skript 226, 5. Aufl., 1998; Aufklärungs- und Beratungspflichten der Kreditinstitute, Schriftenreihe der Bankrechtlichen Vereinigung, Bd. 3, 1993; *Nobbe,* Neue höchstrichterliche Rechtsprechung zum Bankrecht, RWS-Skript 40, 6. Aufl., 1995, S. 1.

1126 Die Schutzpflichten aus dem gesetzlichen Schuldverhältnis ohne Primärpflichten behalten ihren gesetzlichen Charakter unabhängig davon, ob später zwischen dem Kunden und der Bank aufgrund eines Einzelgeschäfts eine vertragliche Rechtsbeziehung, z.B. ein Geschäftsbesorgungsverhältnis zustande kommt. Diese gesetzlichen Nebenpflichten schlagen also nicht plötzlich in vertragliche Pflichten um, deren Nichtbeachtung eine „positive Vertragsverletzung" bedeuten würde (Grdl. *Canaris,* JZ 1965, 475, 479; weiter Münchener Komm. zum BGB/*Kramer,* Einl. vor § 241 Rn 75).

1127 Münchener Komm. zum BGB/*Roth,* § 242 Rn 183.

re)[1128]. Nach den Regeln des allgemeinen Schuldrechts hat sich jeder Vertragspartner so zu verhalten, daß Person, Eigentum und sonstige Rechtsgüter einschließlich des Vermögens des anderen Teils nicht verletzt werden[1129]. Für die Begründung und inhaltliche Bestimmung solcher vertraglichen Schutzpflichten sind die jeweiligen Parteivereinbarungen regelmäßig unergiebig. Diese Pflichten sind vielmehr aus einer Beurteilung der Interessenlage heraus nach den Grundsätzen von Treu und Glauben zu entwickeln[1130]. Eine Verletzung dieser Schutzpflichten kann Schadensersatzpflichten begründen, wobei die Verantwortlichkeit nicht den milderen Haftungsmaßstäben des Rechts der unerlaubten Handlung (§§ 823 ff. BGB), sondern den strengeren vertraglichen Haftungsregeln nachgebildet ist[1131].

Diese **verschärfte Haftung** bedeutet, daß Bank und Kunde schon bei fahrlässig herbeigeführten Vermögensschäden einzustehen haben. Dagegen stellt die Beschädigung des Vermögens keine unerlaubte Handlung im Sinne der Generalnorm des § 823 Abs. 1 BGB dar, bei der fahrlässiges Verhalten wie bei der quasivertraglichen Vertrauenshaftung schadensersatzpflichtig machen kann. Diese Vorschrift schützt nur die darin abschließend aufgezählten Rechtsgüter, also nur das Eigentum und nicht sonstige Vermögenswerte, insbesondere keine Forderungsrechte. Bei einer Vermögensschädigung ohne Verletzung von Eigentum gewährt zwar § 826 BGB einen Schadensersatzanspruch. Voraussetzung hierfür ist jedoch, daß der Schaden in einer gegen die guten Sitten verstoßenden Weise zugefügt worden ist. Bei Bestehen eines Vertrauensverhältnisses als Rechtsgrundlage der gesetzlichen Vertrauenshaftung soll dagegen nicht erst vorsätzliches Handeln, sondern schon **fahrlässiges** Verhalten schadensersatzpflichtig machen, wie dies das BGB (§ 276 Abs. 1) bei einem Vertragsverhältnis vorsieht. Die Verschärfung der Haftung hat die weitere Konsequenz, daß das Kreditinstitut als Geschäftsherr für das Verschulden seiner Mitarbeiter als Erfüllungsgehilfen einzustehen hat (§ 278 BGB). Im Unterschied zur milderen deliktsrechtlichen Haftung kann sich die Bank bei der quasi-vertraglichen Vertrauenshaftung nicht dadurch entlasten, daß sie nachweist, bei der Auswahl und Kontrolle des Mitarbeiters die erforderliche Sorgfalt beachtet zu haben (§ 831 Abs. 1 S. 2 BGB). Mit dieser Vertrauenshaftung soll für Vermögensschäden die deliktsrechtliche Haftungslücke geschlossen werden, die sich daraus ergibt, daß der Gesetzgeber für diese Haftung in § 826 BGB eine zu hohe Hürde aufgestellt hat und er an der mißglückten Entlastungsmöglichkeit des Schädigers nach § 831 BGB trotz einer jahrzehntelangen Massenkritik nichts geändert hat[1132].

2.776

1128 Münchener Komm. zum BGB/*Roth*, § 242 Rn 183.
1129 BGH WM 1983, 795, 796; *Palandt/Heinrichs*, § 242 Rn 35.
1130 Münchener Komm. zum BGB/*Roth*, § 242 Rn 130.
1131 Münchener Komm. zum BGB/*Roth*, § 242 Rn 174, 196.
1132 *van Gelder*, WM 1995, 1253, 1254; Münchener Komm. zum BGB/*Gottwald*, § 328 Rn 78.

1. Abgrenzung von den primären Haupt- und Nebenleistungspflichten

2.777 Die allgemeinen Verhaltens- und Schutzpflichten sind von den primären Hauptleistungs- und Nebenleistungspflichten zu unterscheiden. Im Unterschied zu den allgemeinen Verhaltens- und Schutzpflichten prägen die **primären** Hauptleistungs- und Nebenleistungspflichten die Eigenart des jeweiligen Schuldverhältnisses. So besteht die Hauptleistungspflicht des Käufers in der Zahlung des Kaufpreises. Dagegen ist die geschuldete Abnahme der gekauften Sache eine Nebenleistungspflicht des Käufers. Die primären Hauptleistungs- und Nebenleistungspflichten sind maßgeblich für die Subsumierung unter die im BGB-Schuldrecht geregelten Vertragstypen.

2.778 Zu diesen primären Hauptleistungs- und Nebenleistungspflichten können später **sekundäre** Leistungspflichten hinzutreten, wenn es zu keiner ordnungsgemäßen Erfüllung der primären Leistungspflichten kommt. Beispiele hierfür sind Schadensersatzpflichten wegen verspäteter oder schlechter Erfüllung (§§ 284, 286, 325, 326 BGB) oder Rückgewährspflichten nach einem Rücktritt vom Vertrag (§§ 346 ff. BGB). Solche sekundären Leistungspflichten in Gestalt von Schadensersatzpflichten können aber auch durch Nichterfüllung der allgemeinen Verhaltens- und Schutzpflichten begründet werden.

2.779 Von den Verbindlichkeiten in Gestalt der Hauptleistungs- und Nebenleistungspflichten, den allgemeinen Verhaltens- und Schutzpflichten sowie den sekundären Leistungspflichten sind die **Obliegenheiten** zu unterscheiden. Sie begründen für den hierdurch Begünstigten weder einen Erfüllungsanspruch noch bei Verletzung einen Schadensersatzanspruch[1133]. Ihre Befolgung ist ein Gebot des eigenen Interesses, da der hiermit Belastete bei ihrer Verletzung einen Rechtsverlust oder rechtlichen Nachteil erleidet[1134]. Obliegenheiten kommen vor allem im Versicherungsrecht, aber auch in anderen Rechtsgebieten vor, wie die Annahmeobliegenheit des Gläubigers nach § 300 BGB, die Schadensminderungspflicht des Geschädigten (§ 254 BGB) und die Untersuchungs- und Rügepflicht beim Handelskauf (§ 377 HGB).

2. Bankmäßige Geschäftsverbindung als Rechtsgrundlage

2.780 Allgemeine Verhaltens- und Schutzpflichten entspringen nicht nur vertraglich begründeten Schuldverhältnissen, wie sie den einzelnen Bankge-

---

1133 BGHZ 24, 378, 382; *Palandt/Heinrichs*, Einl.v. § 241 Rn 16.
1134 *Medicus*, Schuldrecht I, Allg.Teil, 10. Aufl., 1998, Rn 674 f.; *Palandt/Heinrichs*, Einl.v. § 241 Rn 16.

schäften z.B. in Gestalt eines entgeltlichen Geschäftsbesorgungsverhältnisses (§ 675 BGB) oder eines Gelddarlehens (§ 607 BGB) zugrunde liegen. Als Rechtsgrundlage kommt auch die bankmäßige Geschäftsverbindung in Betracht und zwar unabhängig davon, ob diese Geschäftsverbindung als ein eigenständiger Vertragstyp in Gestalt des allgemeinen Bankvertrages oder mit der überwiegenden Meinung als ein (außervertragliches) gesetzliches Schuldverhältnis angesehen wird, das auf dem Vertrauensprinzip als immanentes Prinzip unserer Rechtsordnung beruht[1135] und eine zum Schadensersatz verpflichtende außervertragliche Vertrauenshaftung begründet[1136].

Der Rechtsordnung liegen sie tragende Rechtsprinzipien zugrunde. Diese Prinzipien beinhalten Rechtsgedanken, die besondere Ausprägungen der Rechtsidee sind, so wie diese sich auf dieser historischen Entwicklungsstufe darstellt und in Gesetzgebung und Rechtsprechung fortdauernd konkretisiert wird[1137]. Auf der höchsten Stufe enthalten solche Prinzipien noch keine Sonderung von Tatbestand und Rechtsfolge, wie es für die Rechtsnormen typisch ist. Es handelt sich vielmehr um allgemeine Rechtsgedanken, an denen sich die weitere Konkretisierung als einem Leitfaden orientieren kann. Zu diesen allgemeinen Rechtsgedanken gehören das Rechtsstaatsprinzip, das Sozialstaatsprinzip, das Prinzip der Achtung der Menschenwürde und der Selbstbestimmung. Dagegen zeigen erste Ansätze zu einer Sonderung von Tatbestand und Rechtsfolge und damit zum Beginn einer Regelbildung folgende „Unterprinzipien": das Gebot der rechtlichen Gleichbehandlung gleichliegender Sachverhalte; weiter als Kriterien einer Schadenshaftung das Verschuldensprinzip, das Prinzip der Gefährdungshaftung und das Prinzip einer Zurechnung solcher Risiken, die der eine „näher" daran ist zu tragen als der andere (Sphärentheorie). Auch solche Unterprinzipien sind aber noch weit davon entfernt, Regeln darzustellen, aus denen sich die Entscheidung eines Einzelfalls ableiten läßt. Hierzu bedarf es vielmehr weiterer Konkretisierungen, die zunächst der Gesetzgeber vorzunehmen hat[1138]. Zu solchen Unterprinzipien gehört auch das **Vertrauensprinzip**. Solche Prinzipien sind nur zum Teil in der Verfassung oder in anderen Gesetzen ausgesprochen. So ist das Vertrauensprinzip ein mittragendes Element des Prinzips von Treu und Glauben, wie es der Gesetzgeber in § 242 BGB zum Aus-

2.781

1135 *Larenz*, Methodenlehre der Rechtswissenschaft, 6. Aufl., 1991, S. 421, 474 ff.
1136 BGH WM 1978, 425, 426; 1984, 1017, 1018; 1998, 1771, 1772.
1137 *Larenz*, Methodenlehre der Rechtswissenschaft, 6. Aufl., 1991, S. 474.
1138 *Larenz*, Methodenlehre der Rechtswissenschaft, 6. Aufl., 1991, S. 474.

druck gebracht hat[1139]. Aus dieser Norm leitet der BGH daher die allgemeinen Verhaltens- und Schutzpflichten ab[1140].

2.782 An dieses Vertrauensprinzip knüpft die Lehre von der Vertrauenshaftung an, die eine vertrauensrechtliche quasi-vertragliche Schadensersatzhaftung grundsätzlich bejaht. Sie erfordert aber die Herausbildung bestimmter Einzeltatbestände, weil es de lege lata keine „allgemeine" Vertrauenshaftung gibt[1141]. Auch der BGH hat in bestimmten Fallkonstellationen eine solche außervertragliche Vertrauenshaftung ausdrücklich bejaht[1142]. Diese quasi-vertragliche vertrauensrechtliche Haftung beruht also auf einem gesetzlichen Schuldverhältnis[1143]. Ein anschauliches Beispiel für das haftungsbegründende Vertrauensprinzip ist die Haftung für schuldhaftes Verhalten bei den Vertragsverhandlungen (culpa in contrahendo).

2.783 Nach *Larenz* gründet sich die Haftung für **culpa in contrahendo** nicht so sehr auf das BGB, sondern auf eine durch die Lehre und die Rechtsprechung vorgenommene schöpferische Rechtsfortbildung. Hiernach ist derjenige, dessen Umsicht oder Vorsorglichkeit sich der andere anvertraut, verpflichtet, alle zumutbare Sorgfalt anzuwenden, um diesen vor einem Schaden zu bewahren, wie dies auch in dem vom Reichsgericht entschiedenen Linoleumteppich-Fall bejaht worden ist[1144]. Dort hatte der Angestellte eines Warenhauses beim Herausholen der von der Käuferin gewünschten Rolle zwei andere Rollen so ungeschickt beiseite gestellt, daß sie umfielen und die Käuferin verletzten. Zum Abschluß eines Kaufvertrages war es nicht mehr gekommen. Für die Haftung wegen culpa in contrahendo genügt also bereits die Anbahnung geschäftlicher Beziehungen, auch wo diese noch nicht bis zum Beginn eigentlicher „Vertragsverhandlungen" gediehen sind, so z.B. wenn jemand als möglicher Kunde, wenn auch noch ohne feste Kaufabsicht, ein Warenhaus betritt oder in einer Gaststätte erst nach einem Platz sucht[1145]. Die Haftung für culpa in contrahendo gilt heute infolge langjähriger Übung und Aufnahme in das allgemeine Bewußtsein kraft Gewohnheitsrechts[1146].

1139 *Larenz*, Methodenlehre der Rechtswissenschaft, 6. Aufl., 1991, S. 474, 476; *Canaris*, Bankvertragsrecht³, Rn 12.
1140 Vgl. nur WM 1990, 98, 99.
1141 *Canaris*, FS Schimansky, 1999, S. 43, 59. Kritisch zur Lehre von der allgemeinen Vertrauenshaftung *van Gelder*, WM 1995, S. 1253, 1254 ff.; vgl. weiter *Picker*, AcP 183 (1983), S. 369, 427.
1142 WM 1984, 1017, 1018; 1998, 1771, 1772; vgl. weiter BGH WM 1978, 425, 426 zur nachvertraglichen Vertrauenshaftung.
1143 *Canaris* hat zur rechtssystematischen Einstufung diese gesetzliche Vertrauenshaftung nach vertraglichen Grundsätzen als „dritte Spur zwischen Delikts- und Vertragshaftung" bezeichnet (FS Larenz, 1983, S. 84 ff.).
1144 RGZ 78, 239.
1145 *Larenz*, Lehrbuch des Schuldrechts, Bd. 1, 14. Aufl., 1987, S. 110 Fn 11.
1146 *Larenz*, Lehrbuch des Schuldrechts, Bd. 1, 14. Aufl., 1987, S. 108 f.

Die Möglichkeit einer gesteigerten Einwirkung auf die Rechtsgüter des anderen Teils, die die tatsächliche Voraussetzung für die Begründung einer gesetzlichen (quasi-vertraglichen) Vertrauenshaftung bildet, besteht auch bei einer bankmäßigen Geschäftsverbindung. So hat die Bank z.B. einen unmittelbaren Zugriff auf die dem Kunden gehörenden Wertpapiere, die er ihr zur getreuen Aufbewahrung anvertraut hat. Nach *Canaris* läßt sich mit Hilfe der Lehre von der Vertrauenshaftung auch die Problematik der Schadensersatzpflicht der Kreditinstitute gegenüber Nichtkunden sowohl dogmatisch als auch praktisch angemessen lösen[1147].

2.784

Schon *Ludwig Raiser* hat im Jahr 1935 in der Geschäftsverbindung ein Schuldverhältnis gesehen, das nicht durch Rechtsgeschäft entstanden ist. Es handele sich hierbei um „eine außervertragliche ‚Sonderverbindung' von derselben Art wie die Vertragsverhandlungen, die die Grundlage der Haftung bei ‚culpa in contrahendo' bilden"[1148]. Bei der Geschäftsverbindung handelt es sich also wie bei der Haftung für culpa in contrahendo um eine weitere Konkretisierung der quasi-vertraglichen gesetzlichen Vertrauenshaftung. Der innere Grund für diesen Fall der Vertrauenshaftung auch bei einer Geschäftsverbindung liegt in der gesteigerten Einwirkungsmöglichkeit auf die Rechtsgüter des anderen Teils und dem daraus erwachsenden besonderen Vertrauensverhältnis.

2.785

Die Geschäftsverbindung als Ausfluß der Teilnahme am rechtsgeschäftlichen Verkehr ist ein weiteres anschauliches Beispiel für das haftungsbegründende Vertrauensprinzip als immanentes Prinzip unserer Rechtsordnung. Praktische Beispiele für solche aus der Geschäftsverbindung herrührenden allgemeinen Verhaltens- und Schutzpflichten ist das Bankgeheimnis. Solche allgemeinen Pflichten können mitunter auch eine gesetzliche Konkretisierung erfahren. Dies trifft z.B. auf einige der Verhaltensregeln des Wertpapierhandelsgesetzes (WpHG) zu, mit dem die Wohlverhaltensregeln der EG-Wertpapierdienstleistungs-Richtlinie (Art. 10, 11)[1149] umgesetzt werden. Danach haben die Kreditinstitute insbesondere ihren Kunden alle zweckdienlichen Informationen mitzuteilen, soweit dies zur Wahrung der Interessen der Kunden und im Hinblick auf Art und Umfang der beabsichtigten Geschäfte erforderlich ist (§ 31 Abs. 2 WpHG). Des weiteren müssen die Kreditinstitute die für eine ordnungsgemäße Durchführung der Wertpapierdienstleistung notwendigen Einrichtungen vorhal-

2.786

1147 FS Schimansky, 1999, S. 43, 45 m.w.Nachw. für die Schadensersatzpflicht der Kreditinstitute wegen einer unrichtigen Finanzierungsbestätigung gegenüber einem Nichtkunden (vgl. weiter BGH WM 1998, 1771, 1772.
1148 *Raiser*, Das Recht der Allgemeinen Geschäftsbedingungen, 1935, S. 135; vgl. dazu *Canaris*, Bankvertragsrecht³, Rn 12.
1149 ABlEG Nr. L 141/27 vom 11. 6. 1993; abgedruckt in *Kümpel/Ott*, Kapitalmarktrecht, Kz 925.

ten und wirksam einsetzen und geeignete organisatorische Vorkehrungen treffen, um das Risiko der im Bankgeschäft unvermeidbaren Interessenkonflikte möglichst gering zu halten (§ 33 Nr. 1, 2 WpHG).

II. Verhaltens- und Schutzpflichten der Bank

2.787 Wie die umfangreiche Rechtsprechung und das Schrifttum zeigen, erweisen sich die geschäftlichen Kontakte zwischen Bank und Kunde als Fundgrube für die äußerst vielgestaltigen Verhaltens- und Schutzpflichten. Dabei stehen die allgemeinen Schutzpflichten der Bank ganz im Vordergrund. Der Pflichtenkatalog des Bankkunden hat dagegen einen wesentlich geringeren Umfang. Die allgemeinen Verhaltens- und Schutzpflichten lassen sich in bestimmte Fallgruppen, vor allem in Aufklärungs-, Warn-, Auskunfts- und Beratungspflichten einteilen, die nach den einzelnen Bankgeschäften unterteilt werden können[1150]. Die Rechtsprechung stellt auch bei der **Beratung über Rechtsfragen** bestimmte Anforderungen an die Kreditinstitute[1151].

2.788 Aufklärungs-, Beratungs- und Schutzpflichten sind keine austauschbaren Begriffe[1152]. Solche Schutzpflichten stellen vertragliche Nebenpflichten **nach** Abschluß des Vertrages dar. Die Pflicht zur Aufklärung beschränkt sich auf die zutreffende, vollständige und verständliche Mitteilung von Tatsachen, soweit diese zur Wahrung des Kundeninteresses und zur Ermöglichung einer sachgerechten eigenverantwortlichen Entscheidung über den Abschluß des Vertrages erforderlich ist. Dagegen schuldet die Bank bei einer Beratung nicht nur Information von Tatsachen, sondern auch deren fachmännische Bewertung sowie eine sachgerechte Empfehlung unter Berücksichtigung der Ziele und der finanziellen und persönlichen Verhältnisse des Kunden.

2.789 Besonders ausgeprägt sind die Aufklärungs- und Warnpflichten bei der Anlageberatung im Effektengeschäft. Unter bestimmten Voraussetzungen bestehen diese Verhaltens- und Schutzpflichten auch im Einlagen- und Kreditgeschäft und der Vermittlung des bargeldlosen Zahlungsverkehrs.

1150 *Nobbe*, Neue höchstrichterliche Rechtsprechung zum Bankrecht, RWS-Skript 40, 6. Aufl., 1995, S. 1; *Hadding*, FS Schimansky, 1999, S. 67, 73 ff.; *Vortmann*, Aufklärungs- und Beratungspflichten der Banken, RWS-Skript 226, 5. Aufl., 1998; *ders.*, WM 1993, 581; zu Beweislastfragen vgl. *Roth*, ZHR 154 (1990), 513; *Köndgen*, NJW 1996, 558, 559; LG Hamburg WM 1996, 999, 1002.

1151 Zum Abschluß eines steuerbegünstigten Sparvertrages vgl. BGH WM 1964, 609; zum Hinweis auf devisenrechtliche Vorschriften vgl. BGH WM 1957, 288; 1958, 1078.

1152 *Hadding*, FS Schimansky, 1999, S. 67, 72 ff.

Die Pflicht der Bank zur Wahrung des Bankgeheimnisses ist bereits im Rahmen der Erläuterungen der AGB der Banken erörtert worden.

1. Einlagengeschäft

Beim Einlagengeschäft braucht sich die Bank zwar grundsätzlich nicht um die Verwendung der Kontoguthaben durch den Kunden zu kümmern. Die Bank ist aber ausnahmsweise zur Aufklärung und Warnung verpflichtet, wenn sie diese Verwendung veranlaßt hat und sie die besonderen Gefahren dieser Verwendung aufgrund eines konkreten Wissensvorsprungs besser kennt als der Kunde[1153].

2.790

2. Bargeldloser Zahlungsverkehr

Auch bei der Vermittlung des bargeldlosen Zahlungsverkehrs bestehen allgemeine Verhaltens- und Schutzpflichten nur in engen Grenzen. Die Kreditinstitute sind im Überweisungs-, Scheckeinziehungs- und Lastschriftverkehr lediglich zum Zwecke eines technisch einwandfreien, einfachen und schnellen Zahlungsverkehrs tätig. Sie haben sich bereits wegen dieses begrenzten Geschäftszwecks und der Massenhaftigkeit der Geschäftsvorgänge grundsätzlich nicht um die beteiligten Interessen ihrer Kunden zu kümmern[1154]. Ist jedoch der beauftragten Bank der unmittelbar bevorstehende Zusammenbruch des Zahlungsempfängers oder der Zusammenbruch von dessen Bank bekannt, so kann sie unter Umständen nach Treu und Glauben aus dem Geschäftsbesorgungsverhältnis verpflichtet sein, den Auftrag nicht ohne vorherige Rückfrage beim Auftraggeber auszuführen, um diesen vor einem ersichtlich drohenden Schaden zu bewahren[1155]. Bei einer Hausüberweisung, bei der Überweisende und Empfängerin Kreditinstitute sind, ist die beauftragte Bank ausnahmsweise verpflichtet, das überweisende Kreditinstitut vor Erteilung der Gutschrift auf dem Konto der Empfängerin darauf hinzuweisen, daß die Bankenaufsicht die Schließung der Empfängerbank für den Verkehr mit der Kundschaft angeordnet hat[1156].

2.791

1153 BGH WM 1990, 98, 99.
1154 BGH WM 1986, 1409; 1992, 1392, 1394.
1155 BGH WM 1978, 588, 589 f.
1156 BGH WM 1986, 1409, 1410.

3. Kreditgeschäft

2.792 Bei Kreditverträgen gilt nach ständiger Rechtsprechung der Grundsatz, daß die Bank keine Aufklärungspflicht hat. Sie ist insbesondere generell nicht verpflichtet, den Kunden über die Risiken der von ihm beabsichtigten Verwendung der Kreditvaluta aufzuklären. Das gilt auch dann, wenn der Kunde den Kredit für eine Wertpapierspekulation verwenden will[1157]. Eine **Aufklärungs- und Warnpflicht** besteht vielmehr nur **ausnahmsweise,** wenn ein besonderes Aufklärungs- und Schutzbedürfnis gegeben ist und Treu und Glauben einen Hinweis der Bank gebieten[1158]. Das kommt unter Umständen in Betracht, wenn die Bank hinsichtlich spezieller Risiken eine konkrete Kenntnis erlangt, die ihrem Kunden nicht ohne weiteres möglich ist[1159]. Denn bei einem Kreditvertrag steht das legitime Eigeninteresse der Bank am Abschluß und an der Gestaltung des Vertrages einer allgemeinen Aufklärungspflicht über die Zweckmäßigkeit des Kredits und über die mit der Aufnahme verbundenen Risiken und Rechtsfolgen grundsätzlich entgegen[1160].

2.793 Der **BGH** hat solche Aufklärungspflichten der Bank auch ohne Vorliegen einer Geschäftsverbindung mit dem Kreditsuchenden bejaht. Bei Verhandlungen über den Abschluß eines Vertrages kann jeder Teil nach Treu und Glauben verpflichtet sein, den anderen über Umstände aufzuklären, die für dessen Entschließung von wesentlicher Bedeutung sein können[1161]. Dieser Grundsatz findet auch bei Verhandlungen über den Abschluß von Kreditverträgen Anwendung. Es ist jedoch grundsätzlich Sache des Verhandlungspartners, selbst darüber zu befinden, welche der in Betracht kommenden Gestaltungsformen seinen wirtschaftlichen Verhältnissen am besten entspricht. Diese Entscheidung betrifft den Bereich der wirtschaftlichen Dispositionen, für die er im Verhältnis zum Kreditinstitut im allgemeinen das alleinige Risiko trägt[1162]. Soweit ihm in diesem Zusammenhang die für die Beurteilung notwendigen Kenntnisse fehlen, ist ihm in der Regel zuzumuten, sich durch Rückfragen bei der

---

1157 BGH WM 1997, 662; vgl. weiter *Früh*, WM 1998, 2176.
1158 BGH WM 1992, 216, 217; 901, 902; 1310, 1311. Die Bank braucht auch nicht auf die Möglichkeit einer bankinternen Verrechnung der Salden zweier Kontokorrentkonten zwecks Zinskompensation hinzuweisen (OLG Düsseldorf WM 1996, 1810, 1811).
1159 BGH WM 1997, 2301, 2302.
1160 BGH WM 1992, 977; OLG Düsseldorf BB 1996, 2319; *Canaris*, Bankvertragsrecht³, Rn 114; *Soergel/Wiedemann*, vor § 275 Rn 309; Münchener Komm. zum BGB/*Emmerich*, vor § 275 Rn 128 ff.
1161 BGH WM 1986, 1032, 1034 m.w.Nachw.
1162 BGH WM 1989, 165, 166 f.

Bank die Grundlage für eine sachgerechte Entscheidung zu verschaffen[1163]. Macht er hiervon Gebrauch und läßt die Bank sich darauf ein, dann trifft sie die Pflicht zu richtiger und vollständiger Auskunftserteilung[1164]. Anderenfalls braucht sie ihr etwaiges Eigeninteresse an der Vergabe eines Kredits bestimmter Art den wirtschaftlichen Belangen des Bewerbers grundsätzlich nicht unterzuordnen.

In bestimmten Ausnahmefällen hat der BGH eine Aufklärungspflicht der Bank bejaht, etwa wenn sie einem nicht besonders geschäftserfahrenen und rechtskundigen Kunden anstelle eines üblichen Ratenkredits einen mit einer Kapitallebensversicherung verbundenen Kreditvertrag anbietet[1165]. Die Kombination von Konsumentenkredit und Kapitallebensversicherung ist nach dem BGH von ihrem wirtschaftlichen Zweck her mit dem üblichen Ratenkredit durchaus vergleichbar. Eine solche Vertragskombination könne für den Kreditnehmer mit schwerwiegenden vertragsspezifischen Nachteilen verbunden sein[1166]. Eine Aufklärungspflicht der Bank liegt also nahe, wenn sie anstelle der herkömmlichen eine neue Kreditform anbietet, die spezifische Nachteile aufweist, die den Kunden in schwer durchschaubarer Weise besonders belasten[1167].

2.794

Eine Aufklärungspflicht der Bank besteht auch in den Fällen, in denen eine Bank für sie erkennbar bezüglich der Risiken des zu finanzierenden Vorhabens gegenüber ihren Kreditkunden einen **konkreten Wissensvorsprung** hat[1168], etwa wenn ihr die drohende Zahlungsunfähigkeit des Partners ihres Kunden bekannt ist[1169]. Hierher gehört auch der Fall, daß die Bank im Zusammenhang mit der Planung, der Durchführung oder dem Vertrieb des Projekts über ihre Rolle als Kreditgeberin hinausgeht, so daß sie gleichsam als Partei des finanzierten Geschäfts erscheint[1170]. Eine Aufklärungspflicht der kreditgebenden Bank kann weiter gegeben sein, wenn sie einen zu den allgemeinen wirtschaftlichen Risiken von Bauherren- oder Erwerbermodellen hinzutretenden Gefährdungstatbestand für den Kunden schafft oder dessen Entstehen begünstigt[1171] oder sich im

2.795

1163 Vgl. BGH WM 1987, 627, 629.
1164 Vgl. *Canaris*, Bankvertragsrecht³, Rn 101 m.w.N.
1165 BGH WM 1989, 665, 666; 1990, 918, 919.
1166 BGH WM 1989, 665, 666; zu den besonderen Aufklärungs- und Beratungspflichten bei den Kontokorrent-Ratenkrediten vgl. BGH WM 1991, 179, 181 f. („Idealkredit").
1167 *Mayen*, WM 1995, 913, 914.
1168 BGH WM 1988, 895, 898; 1992, 1310, 1311; 1355, 1359; 1997, 662.
1169 BGH WM 1991, 85.
1170 BGH WM 1988, 561, 562; *Bruchner*, WM 1999, 825 ff.
1171 BGH WM 1990, 920, 922.

Zusammenhang mit Kreditgewährungen – sowohl an den Bauträger als auch an die einzelnen Erwerber – in schwerwiegende Interessenkonflikte verwickelt; hier ist die Bank hinsichtlich der konfliktbegründenden Umstände zur Aufklärung verpflichtet[1172].

2.796 Auch im Bereich der **Kreditsicherung** bejaht die Rechtsprechung nur ausnahmsweise eine Aufklärungspflicht der Bank, etwa wenn ein allgemeiner Informationsbedarf des Sicherungsgebers besteht, weil er besonders gelagerte Risiken erkennbar nicht überschaut[1173] oder die Bank einen besonderen Gefährdungstatbestand schafft, indem sie einen Irrtum des Sicherungsgebers über dessen erhöhtes Risiko veranlaßt[1174]. Die Bank braucht bei der Hereinnahme der Sicherheiten grundsätzlich auch nicht zu prüfen, ob mit der Sicherheitenbestellung Nachteile für den Sicherungsgeber verknüpft sind. Die Überprüfung der Sicherheiten erfolgt prinzipiell im eigenen, nicht aber im Interesse des Kreditnehmers oder des Sicherungsgebers[1175].

2.797 Diese Verhaltens- und Schutzpflichten bestehen unabhängig von dem Abschluß der Einzelverträge, die bei der Inanspruchnahme einer bankmäßigen Kredit- oder Dienstleistung mit der Bank zustandekommen. Die Pflichten können nach den Regeln der culpa in contrahendo schon im **vorvertraglichen Stadium** begründet sein.

Sie können aber auch noch **nach Erfüllung** aller Einzelverträge fortbestehen. Diese Rechtsfolge hat in der Figur der **„nachwirkenden Vertragspflichten"** allgemeine Anerkennung gefunden. Schließlich brauchen diese Verhaltens- und Schutzpflichten als Haftungsgrundlage nicht mit einem bestimmten Einzelvertrag, sondern lediglich mit der die gesetzliche Vertrauenshaftung begründenden Geschäftsverbindung in innerem Zusammenhang zu stehen[1176].

III. Verhaltens- und Schutzpflichten des Kunden

2.798 Auch den Kunden können – wenn auch in viel geringerem Umfange als die Bank – allgemeine Verhaltens- und Schutzpflichten treffen. So ist der Kunde zur unverzüglichen Mitteilung von Name, Anschrift oder einer

---

1172 BGH WM 1992, 1310, 1311.
1173 BGH WM 1996, 475, 476; bei Bürgschaft auf erstes Anfordern vgl. BGH WM 1998, 1062; vgl. weiter BGH WM 1999, 1614.
1174 BGH WM 1985, 155; 1990, 1956; 1997, 1045.
1175 BGH WM 1992, 977, 1362, 1363; 1997, 2301, 2302.
1176 *Canaris*, Bankvertragsrecht³, Rn 15.

gegenüber der Bank erteilten Vertretungsmacht verpflichtet. Die vom Kunden erteilten Aufträge jeder Art müssen ihren Inhalt zweifelsfrei erkennen lassen. Auch ist die Bank auf eine etwaige Eilbedürftigkeit der Auftragsausführung besonders hinzuweisen. Mitteilungen der Bank hat der Kunde unverzüglich zu überprüfen und etwaige Einwendungen unverzüglich zu erheben. Im übrigen hat der Kunde bei Ausbleiben der von ihm erwarteten Bankmitteilungen Nachricht zu geben. Diese Verhaltenspflichten bzw. Obliegenheiten des Kunden sind im Interesse der gebotenen strukturellen Transparenz in den AGB der Kreditwirtschaft zusammengefaßt worden (vgl. Nr. 11 AGB). Die Erörterung dieser Regelungen ist bereits im Rahmen der AGB-Erläuterungen erfolgt.

6. Abschnitt
Gesetzlicher Katalog der Bankgeschäfte und das Allfinanzangebot

2.799 Das Bankrecht erfaßt eine Vielzahl von Geschäftsarten, die von den Kreditinstituten betrieben werden. Der Gesetzgeber hat hiervon nur insgesamt neun Geschäftsarten zu Bankgeschäften erklärt. Dies ist in § 1 Abs. 1 KWG geschehen, der die gesetzlichen Definitionen dieser Bankgeschäfte im engeren Sinne des KWG enthält. Der Reihenfolge der Aufzählung der Bankgeschäfte in diesem Gesetzeskatalog fehlt aus rechtlicher Sicht eine sachlich einleuchtende Systematik. Der Gesetzgeber hat sich hierbei mehr an der geschäftlichen Bedeutung der einzelnen Geschäftszweige und an der historischen Entwicklung des Bankwesens orientiert.

I. Gesetzlicher Katalog der Bankgeschäfte

2.800 Der Katalog des § 1 KWG läßt eine Vielzahl geschäftlicher Aktivitäten der Kreditinstitute unerwähnt. Gleichwohl gehören auch die rechtlichen Regelungen dieser Nicht-Bankgeschäfte im Sinne des gesetzlichen Katalogs zum Bankrecht. Der Gesetzgeber hat bewußt davon abgesehen, alle gewerblichen Tätigkeiten der Kreditinstitute in die Kategorie der Bankgeschäfte einzureihen. Die Praxis kennt daher Bankgeschäfte im Sinne des umfassenderen Begriffs des Bankrechts, die keine Bankgeschäfte im engeren Sinne des KWG sind.

2.801 Die Aufnahme von Geschäftszweigen in den gesetzlichen Katalog hat zur Folge, daß solche Tätigkeiten als Bankgeschäfte zu qualifizieren und somit den staatlichen Struktur- und Ordnungsvorschriften des Kreditwesengesetzes sowie der Bankenaufsicht unterworfen sind. Diese Unterwerfung soll die Funktionsfähigkeit der Kreditwirtschaft gewährleisten[1177]. Es besteht ein starkes öffentliches Interesse an einem gesunden und funktionsfähigen Bankensystem.

2.802 Das KWG ermöglicht im übrigen eine jederzeitige Erweiterung des gesetzlichen Katalogs der Bankgeschäfte (§ 1 Abs. 3 S. 2 KWG). Danach kann der Bundesminister der Finanzen nach Anhörung der Deutschen Bundes-

---
1177 BGH WM 1979, 482 m.w.Nachw.

bank durch Rechtsverordnung weitere Geschäfte zu Bankgeschäften erklären. Voraussetzung hierfür ist, daß eine solche Erweiterung des Katalogs nach der Verkehrsauffassung unter Berücksichtigung des mit diesem Gesetz verfolgten Aufsichtszwecks gerechtfertigt ist. Denn mit Aufnahme einer neuen Geschäftssparte in den gesetzlichen Katalog der Bankgeschäfte würden die betreffenden Unternehmen, soweit ihnen der Bankstatus fehlt, automatisch Kreditinstitute mit allen gesetzlichen Konsequenzen werden. Von dieser Ermächtigung zur Erweiterung des Kataloges der Legaldefinition ist jedoch bislang noch kein Gebrauch gemacht worden.

II. Commercial Banking/Investment Banking[1178]

Die Praxis unterscheidet in Anlehnung an das angelsächsische Bankwesen zwischen dem **Commercial Banking** und dem **Investment Banking.**   2.803

Zum **Commercial Banking** (Kommerzielles Bankgeschäft) gehören die klassischen Bereiche **Einlagen**geschäft (§ 1 Abs. 1 **Nr. 1** KWG), Durchführung des bargeldlosen Zahlungsverkehrs – sog. **Giro**geschäft (§ 1 Abs. 1 **Nr. 9** KWG) und das **Kredit**geschäft. Zum Kreditgeschäft im Sinne des gesetzlichen Kataloges rechnet die Gewährung von **Gelddarlehen** und **Akzeptkrediten** (§ 1 Abs. 1 **Nr. 2** KWG), der Ankauf von Wechseln und Schecks unter Rücktrittsvorbehalt bei späterer Nichteinlösung dieser Papiere – sog. **Diskontgeschäft** (§ 1 Abs. 1 **Nr. 3** KWG), die Übernahme von Bürgschaften, Garantien und sonstigen Gewährleistungen für andere – sog. **Garantiegeschäft** (§ 1 Abs. 1 **Nr. 8** KWG) und die Verpflichtung zum Erwerb noch nicht fälliger Darlehensforderungen – sog. **Revolvingkredit** (§ 1 Abs. 1 **Nr. 7** KWG).   2.804

Im Mittelpunkt des **Investment Banking** steht das **Wertpapiergeschäft im weitesten Sinne** des Wortes. Hierbei geht es vor allem um die Anschaffung, Aufbewahrung und Veräußerung von Wertpapieren für die Bankkunden und die Mitwirkung bei der Ausgabe neuer Wertpapiere durch die Emittenten sowie die rechtliche Organisation des Kapitalmarktes, wo diese Wertpapiere gehandelt werden. Der gesetzliche Katalog der Bankgeschäfte (§ 1 KWG) erwähnt aus dem Bereich des Investment Banking das **Emissions**geschäft, **Finanzkommissions**geschäft, **Depot**geschäft und das **Investment**geschäft im Sinne des Gesetzes über die Kapitalanlagegesellschaften, die für Rechnung einer Vielzahl von Kleinanlegern Investmentfonds auflegen und verwalten.   2.805

1178 *Jährig/Schuck/Rösler/Woite,* Handbuch des Kreditgeschäftes, 5. Aufl., 1990, S. 252 ff.

2.806 In diesem Geschäftsbereich werden auch in Deutschland zunehmend die Begriffe „Asset Management" und „Trust-Geschäft" verwendet. Das **Asset Management** umfaßt folgende Dienstleistungen für private und institutionelle Kunden: Verwaltung von Vermögen, Management von Geldanlagen und Liquidität, Verwaltung von Publikums- und Spezialfonds, Investments in offene und geschlossene Immobilienfonds und -anlagegesellschaften sowie Anlagen in steuerlich-induzierte Modelle. Das **Trust-Geschäft** schließt zusätzlich ein: Verwaltung von Vermögen außerhalb des Effektenbereichs, Dienstleistungen wie die Gründung und Verwaltung von Stiftungen, Trusts, Holding-Gesellschaften, Nachlaßverwaltung und Testamentsvollstreckung[1179] sowie rechtlichen und steuerlichen Rat soweit international möglich.

Die Praxis versteht unter Investment Banking häufig auch die sog. strukturierten Finanzierungen sowie den Handel in Geldmarktprodukten, Devisen und Derivaten (vgl. § 2 WpHG).

2.807 Die Bedeutung des Commercial Banking hat sich abgeschwächt. Dies ist vor allem auf die veränderte Finanzierungspraxis der großen Wirtschaftsunternehmen und die kräftige weltweite Expansion des Investment Banking zurückzuführen. Die großen Unternehmen des In- und Auslandes befriedigen in zunehmendem Maße ihren Finanzierungsbedarf durch Ausgabe von Wertpapieren im Kapitalmarkt statt durch Inanspruchnahme herkömmlicher Bankkredite. Hierbei wird häufig auch davon abgesehen, Kreditinstitute als Marktintermediäre zwischenzuschalten. So erstellen insbesondere multinationale Unternehmen durch ihre Finanzabteilungen immer mehr Finanzdienstleistungen in eigener Regie und umgehen so teilweise oder vollständig die traditionellen Banken (Disintermediation)[1180].

2.808 Auch die Kreditinstitute selbst beschaffen sich die für ihr Kreditgeschäft benötigten Refinanzierungsmittel in stärkerem Maß am Kapitalmarkt durch Ausgabe von Wertpapieren. Diese Entwicklungen führen dazu, daß sowohl das traditionelle **Kreditgeschäft** als auch das **Einlagengeschäft** im Sinne des Commercial Banking an geschäftlicher Bedeutung verloren hat[1181].

2.809 Auch die Wiederanlage dieser von den Kreditinstituten aufgenommenen Geldmittel erfolgt zunehmend durch Erwerb wertpapiermäßig verbriefter Forderungsrech-

---

1179 Nach herrschender Meinung bedarf die Testamentsvollstreckung durch Banken keiner Erlaubnis nach dem Rechtsberatungsgesetz (*Bork*, WM 1995, 225 ff.; *Vortmann*, WM 1995, 1745.
1180 *Büschgen*, WM 1995, 733 ff.
1181 *Schulte-Mattler*, WM 1990, 2061.

te. Eine der Ursachen dieser Entwicklung ist die internationale Verschuldungskrise[1182]. Insbesondere die US-amerikanischen Banken haben in ihren Büchern große Volumina an notleidend gewordenen Kreditforderungen gegen die Dritte Welt. Eine bilanzmäßige Bereinigung dieser notleidend gewordenen Kreditpositionen wird erleichtert, wenn diese Bilanzpositionen wertpapiermäßig verbrieft sind. Sodann können diese Wertpapiere mit einem entsprechenden Kursabschlag am Kapitalmarkt verkauft werden. Der Trend zur wertpapiermäßigen Verbriefung (sog. Securitization) erklärt sich also auch daraus, daß die Kreditinstitute die Gelder aus dem Einlagengeschäft und aus den von ihnen emittierten Wertpapieren in stärkerem Umfang als bisher nicht als Bankkredite ausleihen, sondern zum Erwerb von Wertpapieren verwenden, die am Kapitalmarkt jederzeit veräußerbar sind und damit leicht wieder in Geld umgewandelt werden können.

Der tiefgreifende Strukturwandel der internationalen Finanzmärkte in den letzten beiden Jahrzehnten zeigt sich nicht nur in dieser Securitization. So wurden die nationalen Finanzmärkte in Richtung auf einen weltumspannenden, globalen Finanzmarkt gegenseitig durchdrungen (Globalization). Im übrigen haben die Preissicherungs-(Hedge und Netting-) sowie Arbitrage-Instrumente einen großen Aufschwung genommen. Diese „Futurisierung" der Finanzmärkte ist eine Folge des verstärkten Bedürfnisses nach Absicherung von Wechselkurs-, Zins- und sonstigen Preisänderungsrisiken. Diese Sicherungsinstrumente dienen in erster Linie dazu, offene Geschäftspositionen zu schließen (Hedging) und damit latente Risiken zu eliminieren[1183]. 2.810

III. Universalbankprinzip und Trennbanksystem

Commercial Banking und Investment Banking dürfen von den deutschen Kreditinstituten nebeneinander betrieben werden. Dieses **Universalbankprinzip** ist ein Grundelement des deutschen Bankensystems. Das Gegenstück zum Universalbanksystem ist das System der Trennung des Commercial Banking vom Investment Banking. Dieses **Trennbanksystem** ist vor allem in USA anzutreffen. Das US-Bankensystem unterscheidet zwischen dem Investment Banking und dem Merchant Banking, das im wesentlichen dem Commercial Banking entspricht und damit das Einlagen- und Kreditgeschäft sowie die Durchführung des bargeldlosen Zahlungsverkehrs umfaßt. Merchant Banking und Investment Banking dür- 2.811

1182 Eine Zusammenstellung der wichtigsten Umschuldungsprogramme der verschiedenen Staaten (Stand November 1990) ist abgedruckt in Die Bank 1991, 15.
1183 *Schulte-Mattler*, WM 1990, 2061.

fen von den US-amerikanischen Banken nicht gemeinsam betrieben werden.

2.812 Das **US-amerikanische Trennbanksystem** geht auf das Jahr 1933 zurück und wollte den Erfahrungen der vorausgegangenen wirtschaftlichen Depression und dem Börsenkrach 1929 Rechnung tragen. Durch den nach seinen Autoren benannten „Glass-Steagall-Act" wurde eine allgemeine Einlagensicherung eingeführt und den Banken der Besitz von Brokerunternehmen untersagt. Geschäftsbanken sollten hiernach kein Investmentbankgeschäft, wie z.B. die Emission von Industrie-Obligationen und staatlichen Schuldverschreibungen betreiben. Investmentbanken sollten andererseits keine Einlagen annehmen[1184]. Ein konsequentes Trennsystem etwa mit der Trennung auch vom Investment Banking und dem Effektenhandel ist selbst unter dem Glass-Steagall-Act nicht verwirklicht worden, der zwischenzeitlich unter starke theoretische und praktische Kritik geraten ist[1185]. Die Tendenz zur Liberalisierung in Richtung des deutschen Universalbankprinzips ist auch in den USA wie im sonstigen bislang dem Trennbanksystem anhängenden Ausland unverkennbar[1186]. So dürfen seit Sommer 1990 US-amerikanische Merchant Banken über Tochtergesellschaften das Investment Banking betreiben, soweit das ausgegliederte Geschäft nicht mehr als 10% des Geschäftsvolumens der Muttergesellschaft ausmacht. In der Praxis wird der Glass-Steagall-Act zunehmend ausgehöhlt. Auch zeichnet sich im legislatorischen Bereich die Tendenz ab, den Banken wieder das Investmentgeschäft zu erlauben.

Das **deutsche** private Bankgewerbe bekennt sich nach dem Motto „Alle Bankleistungen unter einem Dach" seit jeher zum System der **Universalbank.** Gegen das Universalbanksystem wird mitunter eingewendet, daß es zwangsläufig zu Interessenkollisionen bei den Banken führen müsse[1187]. Aus ökonomischer Sicht hat das Universalbanksystem gegenüber dem Trennbanksystem die weit besseren Argumente für sich[1188]. Bei einer Ausgliederung des Effektengeschäfts wäre es auf lange Zeit unmöglich, im Wertpapiergeschäft ein dem Großbanknetz gleichwertiges kostengünstiges Absatzsystem aufzubauen[1189]. Auch ist die Universalbank zur gleichmäßigeren Ausnutzung ihrer Dienstleistungskapazität in der Lage. Flauten und Auftragsspitzen gleichen sich in den einzelnen Geschäftsbe-

---
1184 Vgl. *Schiessl*, ZIP 1988, 267.
1185 *Hopt*, FS Heinsius, 1991, S. 289, 315; *Schiessl*, ZIP 1988, 267, 270.
1186 *Link/Hartung*, Die Bank 1991, 132.
1187 *Schneiders*, Anlegerschutz im Recht der Effektenkommission, 1977, S. 129 ff.
1188 *Hopt*, FS Heinsius, 1991, S. 289, 315 Fn 80, 319.
1189 *Schneiders*, Anlegerschutz im Recht der Effektenkommission, 1977, S. 134.

reichen häufig gegenseitig aus. Hierdurch kann die Bank Mitarbeiter und Betriebsmittel in verschiedenen Abteilungen einsetzen und die Betriebskosten dadurch senken.

Zugleich führen die Aktivitäten in verschiedenen Geschäftssparten zu einer Risikostreuung und dadurch zu einer Risikominderung. Auch kann die Universalbank bei der Preiskalkulation für die verschiedenen Geschäftssparten einen preispolitischen Ausgleich vornehmen. Sie kann sich also damit begnügen, ihre Unkosten insgesamt zu decken, ohne in jedem Geschäftsbereich kostendeckende Preise fordern zu müssen[1190]. Schließlich verläuft die Gewinnentwicklung einer Universalbank insgesamt kontinuierlicher. Gewinnfluktuationen können in den verschiedenen Geschäftsbereichen besser ausgeglichen werden. Dies ist für die Kreditinstitute, deren wichtigstes Kapital das Vertrauen in ihre Stabilität ist, von allergrößter Bedeutung.

2.813

Das Universalbanksystem hat sich in der Vergangenheit, insbesondere in den Wiederaufbauphasen nach den Weltkriegen bewährt. Die deutschen Erfahrungen sprechen daher eindeutig zugunsten des Universalbanksystems[1191]. Selbst unter dem Aspekt des Anlegerschutzes sind eindeutige Vorteile des Universalbanksystems erkennbar[1192]. Auch künftig dürften die Universalbanken das Erscheinungsbild des deutschen Bankensystems bestimmen. Selbst nach kritischen Literaturstimmen gilt es daher nicht das System, sondern nur seine Auswüchse zu bekämpfen. Eine akzeptable Alternative zur Universalbank ist danach auch im Schrifttum nicht erkennbar[1193].

2.814

IV. Allfinanzangebot

Das sog. Allfinanzangebot der Kreditinstitute soll neben den traditionellen Bankdienstleistungen möglichst alle marktüblichen Finanzdienstleistungen („Financial Services") umfassen, mit denen die Finanzierungs-, Geldanlage- und Vorsorgebedürfnisse des Kunden befriedigt werden können[1194] und die Teilnahme am stark expansiven bargeldlosen Zahlungs-

2.815

1190 *von Dalwigk zu Lichtenfels*, Das Effektenkommissionsgeschäft, 1975, S. 137.
1191 Vgl. *Hopt*, FS Heinsius, 1991, S. 289, 319.
1192 *Hopt*, Kapitalanlegerschutz im Recht der Banken, 1975, S. 198 ff.
1193 *von Dalwigk zu Lichtenfels*, Das Effektenkommissionsgeschäft, 1975, S. 146.
1194 Zu den Ursachen der Allfinanzstrategie und den wirtschaftspolitischen Implikationen vgl. *Remsperger*, Die Bank 1989, 299.

verkehr ermöglicht wird. Zum Leistungsangebot („Angebotspalette") vieler Universalbanken gehören heute auch Bausparverträge sowie die Vermittlung geeigneter Grundstücke und Wohnungseigentum. Hinzu kommen Lebensversicherungen mit Kapitalbildung (Kapital-Lebensversicherungen). Mit dem Allfinanzangebot wollen die Kreditinstitute weitestmöglich an der Verknüpfung („Wertkette") zwischen Ersparnisbildung und Anlage (Investment) am Kapitalmarkt oder dem Erwerb von Sachvermögen beteiligt sein. Die Erscheinungsformen der Allfinanzstrategie sind freilich noch fließend[1195]. In den USA hat sich der Begriff „Financial Services" eingebürgert, der erstmals zu Anfang der siebziger Jahre in den USA zur Umschreibung von Finanzdienstleistungen verwendet wurde[1196].

2.816 Mit dem Allfinanzangebot reagieren die Kreditinstitute auf eine Marktentwicklung, die dazu führte, daß die Versicherungswirtschaft mit ihren Vorsorgeangeboten einen stetig zunehmenden Anteil der Vermögensbildung der Bevölkerung an sich gezogen hat[1197]. Dieser wachsende Marktanteil der Versicherungsunternehmen wird durch eine wesentlich veränderte Vermögensstruktur breiter Bevölkerungsschichten begünstigt. Erstmals in diesem Jahrhundert lebt eine Generation von Deutschen, die wegen des wirtschaftlichen Wohlstands sparen konnten, ohne daß diese Ersparnisse wieder Krieg und Inflation zum Opfer fielen. Die Bundesbürger werden damit zu einem Volk von Erben. Nach soliden Hochrechnungen kann allein in den alten Bundesländern damit gerechnet werden, daß bis zum Jahre 2000 durch Erbgang von einer Generation auf die nachfolgende und durch fällig werdende Kapital-Lebensversicherungen eine Umschichtung von Vermögenswerten in einer Größenordnung von rund 1,8 Billionen DM stattfindet. Es handelt sich hierbei um rd. 800 Milliarden DM an Geldwerten, über 600 Milliarden DM an Immobilien und 360 Milliarden DM aus Lebensversicherungen[1198]. Diese Entwicklung ermöglicht eine Altersvorsorge über die staatliche Rentenversicherung hinaus, um den Lebensstandard weitestmöglich auch im Alter zu erhalten. Auf diese neue Wettbewerbssituation reagierte die Kreditwirtschaft mit einem Angebot von Kapital-Lebensversicherungen als steuerbegünstigte Vorsorgeprodukte. Die Tendenz zur Allfinanzstrategie zeigt sich auch im benachbarten Ausland[1199], wo die Märkte für Finanzdienstleistungen einem tiefgreifenden Strukturwandel unterworfen sind.

1195 *Remsperger*, Die Bank 1989, 299; *Schneider*, WM 1990, 1649, 1650.
1196 *Stracke*, BB 1992, Beilage 18, S. 10.
1197 *Kuntze*, ZGesKredW 1989, 717; vgl. weiter *Schneider*, WM 1990, 1649, 1655.
1198 *Hellner/Steuer*, WM-Sonderheft vom 25. 9. 1991, 11, 12 m.w.Nachw.
1199 *Remsperger*, Die Bank 1989, 299, 304.

Das Universalbankprinzip ist prädestiniert für die Allfinanzstrategie[1200]. 2.817
Die Aktivitäten der Universalbanken waren schon in der Vergangenheit nicht auf das Betreiben von Geschäften im engeren Sinne des gesetzlichen Katalogs der Bankgeschäfte begrenzt (§ 1 KWG); sie umfassen seit langem eine Vielzahl von **bankähnlichen** und **banknahen** Geschäften. Dieser gewachsenen Entwicklung trägt auch die Verordnung über die Befreiung von bestimmten Pflichten nach dem KWG vom 20.8.1985 Rechnung. Sie enthält einen Katalog von Geschäften, die weit verbreitet sind und daher vor ihrer Aufnahme der Bankenaufsicht nicht angezeigt zu werden brauchen[1201].

Zu diesen nicht anzeigepflichtigen Geschäften gehören insbesondere der 2.818
(1) Erwerb und die Veräußerung von Wertpapieren und Beteiligungen für eigene Rechnung sowie die Teilnahme am inländischen Optionshandel an den Wertpapierbörsen, (2) die Einziehung von Wechseln, Schecks, Lastschriften, Anweisungen und ähnlichen Papieren sowie der Verkauf von Reiseschecks, (3) der An- und Verkauf von Münzen, Medaillen und unverarbeiteten Edelmetallen, (4) der Abschluß von Devisengeschäften sowie der An- und Verkauf von Sorten, (5) die Vermietung von Schließ- und Schrankfächern und die Verwahrung geschlossener Depots, (6) die Ausgabe von Schuldverschreibungen, (7) die Eingehung von Verbindlichkeiten aus Darlehen, soweit dadurch nicht das Einlagengeschäft nach § 1 KWG betrieben wird, und aus der Weitergabe von Wechseln und Schecks, (8) die Vermittlung von Bausparverträgen, Versicherungsverträgen und Verträgen über Wertpapiere, Darlehen, Bürgschaften, Garantien und sonstige Gewährleistungen, die Verwaltung von Vermögen sowie die Beratung über Vermögensangelegenheiten, (9) die Verwaltung von Darlehen und Sicherheiten für andere Kreditinstitute.

1. Ausgliederungen von Geschäftssparten in Konzernunternehmen

Die Allfinanzstrategie ist nicht nur auf Kooperationsabsprachen über den 2.819
Vertrieb von Bank- und Versicherungsprodukten angewiesen[1202]. Für die Auffächerung des Angebots von Finanzdienstleistungen können auch gesellschaftsrechtliche Konstruktionen gewählt werden. Denn Kreditinstitute dürfen sich auch an Nichtbanken beteiligen. Die Anteilsrechte dür-

---
1200 *Gaddum*, ZGesKredW 1989, 710; *Kuntze*, ZGesKredW 1989, 717.
1201 Vgl. § 9 der Verordnung, abgedruckt in BGBl. I 1985, S. 1713 und bei *Szagunn/Haug/Ergenzinger*, S. 756. Nach § 24 Abs. 1 Nr. 9 KWG muß die Aufnahme und die Einstellung des Betreibens von Geschäften, die keine Bankgeschäfte sind, angezeigt werden.
1202 *Remsberger*, Die Bank 1989, 299, 300 f.

fen jedoch aus Liquiditätsgründen zusammen mit anderen schwer veräußerlichen Anlagen wie insbesondere in Grundstücken und Gebäuden das haftende Eigenkapital nicht übersteigen (§ 12 Abs. 1 S. 1 KWG). Ein Kreditinstitut, das das Einlagen- und Kreditgeschäft betreibt, darf an einem Unternehmen, das weder Kreditinstitut, Finanzinstitut oder Versicherungsunternehmen ist, keine bedeutende Beteiligung halten, deren Nennbetrag 15% des haftenden Eigenkapitals des Kreditinstituts übersteigt. Der Gesamtnennbetrag der bedeutenden Beteiligung an solchen Unternehmen darf 60% des haftenden Eigenkapitals des Kreditinstituts nicht übersteigen (§ 12 Abs. 1, S. 2 KWG). Das Versicherungsgeschäft kann daher von einem Kreditinstitut durch ein Konzernunternehmen betrieben werden, das über die erforderliche rechtliche Selbständigkeit verfügt. Versicherungsgesellschaften dürfen dagegen von Hilfsgeschäften abgesehen keine **versicherungsfremden** Aktivitäten entwickeln (§ 7 Abs. 2 VAG). Das Bausparrgeschäft, das rechtlich selbständigen Bausparkassen zugewiesen ist (§ 1 Abs. 1 S. 2 BausparkG), kann ebenfalls durch eine hundertprozentige Tochtergesellschaft eines Kreditinstituts betrieben werden; hier handelt es sich um eine Beteiligung an einem Spezialkreditinstitut.

2.820 Ein Beteiligungserwerb ist der Bankenaufsicht unverzüglich anzuzeigen, wenn mindestens 10% des Kapitals oder der Stimmrechte des Unternehmens erworben werden (§ 24 Abs.1 Nr. 3 KWG).

2. Verändertes Erscheinungsbild des Bankgeschäfts

2.821 Die Allfinanzstrategie verwandelt insbesondere die geschäftliche Beziehung zur Privatkundschaft. Das in- und ausländische Commercial Banking läßt in einem übersättigten („over-banked") Markt mit engen Margen kaum Spielraum für Erträge. Die Versorgung der Privatkundschaft mit Bankdienstleistungen erweist sich dagegen als ein expansiver und ertragsreicherer Geschäftsbereich. Dabei wird der provisionspflichtige Dienstleistungsbereich (**Provisionsgeschäft**) gegenüber dem verzinslichen Kreditgeschäft (**Zinsgeschäft**) ausgebaut.

Die Allfinanzstrategie verändert aber nicht nur das geschäftliche Erscheinungsbild des Bankgeschäfts. Sie erfordert auch eine intensivere Ausbildung der Bankmitarbeiter, damit die Kunden über das Angebot der unterschiedlichen Produkte („Cross Selling") ausreichend beraten werden können[1203].

2.822 Eine neue Situation ergibt sich auch für die staatliche Aufsicht über die Kredit- und Versicherungswirtschaft. Bei einer konzernmäßigen Verflechtung verschiedener Bereiche des finanziellen Sektors entstehen gegensei-

---

[1203] Vgl. *Remsperger*, Die Bank 1989, 299, 302.

tige Abhängigkeiten und damit die Möglichkeit, daß Risiken eines Konzernunternehmens auf den Konzern insgesamt ausstrahlen.

Diese Risikogemeinschaft legt eine umfassende staatliche Aufsicht über alle Teilbereiche des **Allfinanzkonzerns** nahe. Dabei sprechen viele Gründe dagegen, mit der Aufsicht, wie sie das KWG und das VAG vorschreiben, nur eine einzige Behörde zu betrauen[1204].

3. Intensivierung des Beratungsangebots

Das erweiterte Leistungsangebot der Kreditinstitute beschränkt sich im übrigen nicht nur auf die Befriedigung der Finanzierungs-, Zahlungsverkehrs-, Geldanlage- und Vorsorgebedürfnisse der Kundschaft im Sinne der Allfinanzstrategie. Neue Akzente der geschäftlichen Aktivitäten werden bei der Beratung der Bankkunden gesetzt. Dies gilt insbesondere für die Beratung bei Kauf und Verkauf von Unternehmen, die zunächst eine Domäne amerikanischer Investmentbanken war. Zwischenzeitlich sind auch deutsche Kreditinstitute als Berater bei „Mergers and Acquisitions" („M & A"-Geschäft) eingeschaltet. Darüber hinaus bieten einige deutsche Kreditinstitute über Tochtergesellschaften auch Unternehmensberatung im weitesten Sinne des Wortes an; hierfür besteht insbesondere bei mittelständischen Unternehmen Interesse. Diese Beratertätigkeit erstreckt sich insbesondere auf Strategie einschließlich Marktanalysen für neue Absatzchancen und Produktinnovationen; Restrukturierung (Unternehmensanalysen von betrieblichen Schwachstellen und Risiken); Marketing und Vertrieb; Datenverarbeitungs- und Informations-Systeme sowie auf das Kostenmanagement.

2.823

4. Barter-Geschäfte

Kein Teil des erweiterten Leistungsangebots der Kreditinstitute sind die sog. Barter-Geschäfte. Hier werden keine Waren gegen Zahlung eines bestimmten Geldbetrages „getauscht" wie bei Kaufverträgen im Sinne des § 433 BGB, sondern Waren gegen Waren getauscht (Tauschverträge im Sinne des § 515 BGB). Dabei handelt es sich aber nicht nur um Tauschoperationen wie beispielsweise die sog. **Kompensations**geschäfte zwischen Unternehmen aus West- und Osteuropa (Beispiel: Lieferung östlicher Gemüsekonserven als Entgelt für westliche Maschinenbauerzeugnisse); hierdurch können ungenügende Devisenreserven eines Landes

2.824

1204 *Kuntze*, ZGesKredW 1989, 717, 719; *Gaddum*, ZGesKredW 1989, 710, 712; *Schneider*, WM 1990, 1649, 1655, 1657.

geschont werden. Typisch für die Barter-Geschäfte ist die Existenz einer zentralen Institution, die den Teilnehmern Informationen und das Clearing der Tauschoperationen anbietet. Dabei sind an den Tauschoperationen häufig Dritte beteiligt – sog. Ringtausch[1205]. Im Interesse der Vertrauenswürdigkeit der Barter-Geschäfte steht die Barter-Zentrale entweder für das Ausfallrisiko ein oder unterhält einen entsprechenden Versicherungsschutz.

2.825 Ungeachtet der Vermeidung unerwünschter Devisenzahlungen lauten die Verträge auf Währungseinheiten und werden über die bei der Barter-Zentrale geführten Konten entsprechend der getätigten Warenlieferungen verrechnet. Insoweit ergibt sich eine gewisse Parallele zu dem Clearing-System der von der Bundesbank unterhaltenen Abrechnungsstellen (vgl. Art. 31 ScheckG). Auch bei diesem Abrechnungsverkehr vollziehen sich die Leistungen in Gestalt von Buchgeldzahlungen nicht bilateral zwischen zwei Unternehmen, sondern auf **multilaterale** Weise zwischen mehreren Unternehmen (sog. Skontration). Im Rahmen der Abwicklung solcher Barter-Geschäfte kann es auch zu Bankgeschäften kommen. So können die von der Barter-Zentrale geführten Verrechnungskonten den Tatbestand des Einlagengeschäfts und des Kreditgeschäfts erfüllen. Denkbar ist auch, daß die Barter-Zentrale oder auch Kreditinstitute die Erfüllung offener Lieferverpflichtungen mit Garantien absichern, wie sie für das bankmäßige Garantiegeschäft typisch sind.

Vom Barter-Geschäft zu unterscheiden ist der sog. „Gegenkauf". In Anlehnung an die international herrschende Terminologie wird unter dem Gegenkauf eine weitere Variante des Gegengeschäfts verstanden, bei dem sich ein Exporteur in einem Vertrag zur Lieferung eines Exportgutes gegen Zahlung von Devisen verpflichtet (Haupt- oder Exportvertrag). Gleichzeitig verpflichtet sich der Exporteur in einem weiteren selbständigen Vertrag (Gegenkauf- oder Importvertrag) zur Abnahme von Gegenware aus dem Lande des Importeurs wiederum gegen Zahlung von Devisen. Beide Verträge bilden wirtschaftlich eine Einheit[1206].

1205 Vgl. *Palandt/Putzo*, § 515 Rn 2; vgl. weiter *Clausius*, BB 1989, 1359 ff.
1206 *Fülbier*, DB 1992, 977, 978.

3. Teil
Einlagengeschäft

Als Einstieg für die rechtliche Betrachtung der bankgeschäftlichen Aktivitäten der Kreditinstitute bietet sich das Einlagengeschäft an. Es vollzieht sich **buchungsmäßig über Bankkonten,** die heute auch von den meisten privaten Haushalten bei Kreditinstituten oder der Deutsche Postbank AG unterhalten werden. Dieser Geschäftszweig bringt die Kreditinstitute in ständigen engen Kontakt mit dem breiten Publikum und berührt daher am stärksten das öffentliche Interesse an der Recht- und Ordnungsmäßigkeit des Bankgeschäfts. Das Einlagengeschäft ist daher in dem gesetzlichen Katalog der der staatlichen Aufsicht unterworfenen Bankgeschäfte (§ 1 KWG) an erster Stelle aufgeführt.

3.1

1. Abschnitt
Grundsätzliches

Das Kreditwesengesetz definiert das Einlagengeschäft als „die Annahme fremder Gelder als Einlagen oder anderer rückzahlbarer Gelder des Publikums, sofern der Rückzahlungsanspruch nicht in Inhaber- oder Orderschuldverschreibungen verbrieft wird, ohne Rücksicht darauf, ob Zinsen vergütet werden". Mit solchen Einlagen oder anderen rückzahlbaren Geldern kann der **Bankkunde** verschiedene Zwecke verfolgen. So können Banknoten und Geldmünzen in ein entsprechendes Guthaben auf den bei dem annehmenden Kreditinstitut geführten Girokonten umgewandelt werden. Solche Kontoguthaben als unkörperliche Rechtspositionen sind im Unterschied zu den Banknoten und Geldmünzen gegen das Risiko des Abhandenkommens geschützt. Mit diesen Giroguthaben wird zugleich auch die Voraussetzung für die Teilnahme an dem stark expandierenden bargeldlosen Zahlungsverkehr geschaffen. Die jederzeit verfügbaren Kontoguthaben können durch eine Banküberweisung, die Verwendung einer Scheck- oder Kreditkarte oder mit Hilfe der anderen Instrumente des modernen bargeldlosen Zahlungsverkehrs zur Erfüllung von Zahlungsverpflichtungen verwendet werden. Mit solchen Einlagen oder anderen rückzahlbaren Geldern kann schließlich die Erzielung von Erträgnissen und

3.2

die Bildung von Vermögen bezweckt sein. Hierzu dienen die auf Spar- und Termingeldkonten verbuchten Guthaben.

3.3 Das Einlagengeschäft hat auch für die **Kreditinstitute** einen hohen Stellenwert. Die hereingenommenen Gelder sind eine wesentliche Säule des Aktivgeschäfts der Kreditinstitute. Das Einlagengeschäft dient mit den Worten des Bundesverwaltungsgerichts dazu, „liquide Geldbeträge für die laufende Finanzierung des Aktivgeschäfts kontinuierlich anzusammeln und bereitzuhalten"[1]. Dies gilt vor allem für das Kreditgeschäft, das im wesentlichen Umfang durch Kundeneinlagen **refinanziert** wird. Dabei wird das Einlagengeschäft von den Kreditinstituten möglichst so gesteuert, daß die Zinserträgnisse aus der Verwendung der Kundeneinlagen im Kreditgeschäft die Verzinsung dieser Einlagen als wesentlicher Teil des Passivgeschäfts deutlich übersteigen. Die Differenz zwischen den Zinserträgnissen der Bank und den den Kunden zu zahlenden Einlagezinsen wird als „Zinsspanne" bezeichnet. Traditionell sollen mit dieser Zinsspanne weitestmöglich die Erträgnisse erwirtschaftet werden, die für die Abdeckung der Personal- und Sachkosten benötigt werden. Dieser bankwirtschaftliche Aspekt verdeutlicht den Stellenwert des Einlagengeschäfts für die Kreditinstitute.

I. Einlagenbegriff

3.4 Wie sich gezeigt hat, bereitet es aus rechtlicher Sicht Schwierigkeiten, den Begriff „Einlage" im Sinne der Legaldefinition des **§ 1 Abs. 1 S. 2 Nr. 1 KWG** von der sonstigen Hereinnahme fremder Gelder durch die Kreditinstitute abzugrenzen. Nach der Neufassung dieser Legaldefinition durch das Gesetz zur Umsetzung von EG-Richtlinien zur Harmonisierung bank- und wertpapieraufsichtsrechtlicher Vorschriften stellt der Begriff des Einlagengeschäfts nicht mehr allein auf den klassischen Einlagenbegriff ab. Die erweiterte Fassung des Einlagengeschäfts schließt nunmehr den alten Begriff „Einlage" ein und erweitert ihn um den neuen Tatbestand der „Annahme anderer rückzahlbarer Gelder des Publikums"[2].

Wie bisher ist der Begriff Einlage durch den Gesetzgeber nicht näher bestimmt worden. Er unterliegt vielmehr als **unbestimmter Rechtsbegriff** der verwaltungsbehördlichen Auslegung sowie der gerichtlichen Überprüfung. Dabei ist der Einlagenbegriff des KWG von den „Einlagen" des Gesellschaftsrechts zu unterscheiden[3].

---

1 BVerwG WM 1984, 1364, 1367; vgl. auch VG Berlin WM 1986, 879, 882.
2 Begr.RegE BT-Drucksache 13/7142, S. 62.
3 VG Berlin WM 1986, 879, 881; zum gesellschaftsrechtlichen Einlagenbegriff vgl. *Schlegelberger/K. Schmidt*, § 105 Rn 153.

3.5 Die zutreffende inhaltliche Bestimmung des Einlagengeschäfts hat erhebliche praktische Bedeutung. Denn die dem Kundenschutz dienenden Regelungen des KWG finden nur Anwendung, wenn im konkreten Fall die Hereinnahme der Gelder ein Einlagengeschäft im Sinne der Legaldefinition des KWG darstellt. Nur in diesem Fall liegt eine **bankgeschäftliche Tätigkeit** vor, für die die Eingriffsbefugnisse der Bankenaufsicht zum Schutz der Geldgeber geschaffen worden sind.

3.6 Die umstrittene Frage der Abgrenzung der bankmäßigen Einlage von der sonstigen Hereinnahme fremder Gelder hat an praktischer Bedeutung noch gewonnen, seitdem große Wirtschaftsunternehmen außerhalb des Bankensektors dazu übergangen sind, ihren Beitrag zur Vermögensbildung in Arbeitnehmerhand dadurch zu leisten, daß sie ihre Mitarbeiter stärker am Erfolg des Unternehmens beteiligen. Hierzu ist den Mitarbeitern auch die Möglichkeit eröffnet worden, renditemäßig attraktive Namens-Gewinnschuldverschreibungen käuflich zu erwerben, die der Arbeitgeber zu diesem Zweck emittiert. Wäre die Zahlung des Kaufpreises an den Arbeitgeber zum Erwerb dieser Schuldverschreibungen als ein bankmäßiges Einlagengeschäft zu qualifizieren, so wäre auf diese Wertpapieremissionen das Kreditwesengesetz anwendbar und damit eine Erlaubnis des Bundesaufsichtsamtes für das Kreditwesen erforderlich (§ 32 KWG). Die Bankenaufsicht könnte jedoch die Ausgabe der Namens-Gewinnschuldverschreibungen gar nicht genehmigen. Denn hierdurch würde gegen ein gesetzliches Verbot verstoßen. Nach § 3 Nr. 1 KWG ist der Betrieb des Einlagengeschäfts verboten, wenn der Kreis der Einleger überwiegend aus Betriebsangehörigen des Unternehmens besteht und keine sonstigen Bankgeschäfte betrieben werden, die den Umfang dieses Einlagengeschäfts übersteigen (Verbot des Betreibens von „Werk"sparkassen). Bei solchen Werksparkassen sind Arbeitgeber und Schuldner der hereingenommenen Einlagen identisch. Bei einem Zusammenbruch des Unternehmens würde daher der Einleger nicht nur seinen Arbeitsplatz, sondern zugleich seine dort hingeflossenen Ersparnisse verlieren. Das Verbot der Werksparkasse soll hiervor schützen.

II. Divergierende Auffassungen von Rechtsprechung und Bankenaufsicht

3.7 Die **Verwaltungsgerichte** haben sich schon wiederholt mit dem Begriff der bankmäßigen Einlage zu beschäftigen gehabt. Die grundlegende Entscheidung des Bundesverwaltungsgerichtes vom 27. 3. 1984 hat die unterschiedliche Interpretation des Einlagenbegriffs durch die Rechtsprechung und das Bundesaufsichtsamt für das Kreditwesen als zuständiger Verwaltungsbehörde verdeutlicht[4].

---

4 WM 1984, 1364.

3.8 Das Bundesaufsichtsamt für das Kreditwesen vertritt seit langem die Auffassung, daß Einlagen im Sinne des KWG nur dann vorliegen, wenn „jemand von mehreren Geldgebern, die keine Kreditinstitute im Sinne des § 1 Abs. 1 S. 1 KWG sind, fremde Gelder aufgrund typisierter Verträge als Darlehen (§ 607 BGB) oder zu unregelmäßiger Verwahrung (§ 700 BGB) ohne Bestellung banküblicher Sicherheiten und ohne schriftliche Vereinbarung im Einzelfall laufend annimmt"[5]. Die Bankenaufsicht will diese Formel freilich nur als „Faustregel" verstanden wissen. Die Kriterien dieser „Faustregel" stellten keine erforderlichen und hinreichenden Begriffsmerkmale, sondern lediglich widerlegbare Indizien für das Vorliegen eines bankmäßigen Einlagengeschäfts dar. In jedem Einzelfall müsse daher über diese Formel hinaus geprüft werden, ob die Umstände der Hereinnahme der fremden Gelder ausreichen, diesen Vorgang als bankmäßiges Einlagengeschäft zu qualifizieren.

3.9 Nach dem **Bundesverwaltungsgericht** kann dem KWG nicht entnommen werden, welche Merkmale die bankmäßige Einlage kennzeichnen[6]. Die Abgrenzung zur **sonstigen Hereinnahme fremder Gelder** setze das KWG vielmehr als bereits anderweitig gegeben voraus. Die spezifischen Merkmale der bankmäßigen Einlage seien daher der geschäftlichen Praxis der Kreditinstitute zu entnehmen. Die Frage, ob ein Unternehmen fremde Gelder als Einlagen im Sinne des § 1 KWG annimmt und dadurch Bankgeschäfte betreibt, sei deshalb aufgrund einer Wertung aller Umstände des Einzelfalls unter Berücksichtigung der bankwirtschaftlichen Verkehrsauffassung zu entscheiden. Hiernach dient das Einlagengeschäft als Geschäftszweig der Kreditinstitute der kontinuierlichen Ansammlung und Bereithaltung liquider Geldbeträge für die laufende Finanzierung des Aktivgeschäfts. Aus dieser Sicht sind die **Einlagen Finanzierungsmittel** und die für die Einlagen zu zahlenden Zinsen Finanzierungskosten des auf die Erzielung von Gewinn gerichteten Aktivgeschäfts der Kreditinstitute. Infolge dieser funktionalen Zuordnung des Einlagengeschäfts zum Aktivgeschäft setze das Einlagengeschäft nach der maßgeblichen bankwirtschaftlichen Verkehrsauffassung voraus, daß fremde Gelder zwecks Finanzierung des Aktivgeschäfts des annehmenden Unternehmens, also mit der Absicht entgegengenommen werden, durch eine positive Differenz zwischen den für die Einlage zu zahlenden Zinsen einerseits und andererseits der Zinseinnahmen aus dem Aktivgeschäft Gewinn zu erzielen[7]. Soweit das die Gelder annehmende Unternehmen außer dem Einlagengeschäft keine Bankgeschäfte im Sinne der Legaldefinition des KWG

---

5 *Bähre/Schneider*, § 1 Anm. 7; vgl. auch BT-Drucksache 13/7142, S. 62.
6 WM 1984, 1364, 1367.
7 BVerwG WM 1984, 1364, 1367 f.

betreibt, ergibt sich diese Differenz aus den Kosten der hereingenommenen Gelder und dem Ertrag der geschäftlichen Aktivitäten des Unternehmens.

Anhand dieses Wertungsmaßstabes hat das Bundesverwaltungsgericht entgegen der Auffassung der Bankenaufsicht den Einlagencharakter der dem Rechtsstreit zugrundeliegenden **Namens-Gewinnschuldverschreibungen** verneint[8]. Hier fehle die für die Annahme einer Einlage wesentliche Zielsetzung, daß die eingelegten fremden Gelder der Gewinnerzielung im hiermit finanzierten Aktivgeschäft dienen sollen. Die Ausgabebedingungen der Namens-Gewinnschuldverschreibungen zeigten vielmehr, daß die von den Betriebsangehörigen gezahlten Gelder nicht der Finanzierung der unternehmerischen Tätigkeit des Arbeitgebers, sondern zur Vermögensbildung in Arbeitnehmerhand sowie zur stärkeren Beteiligung der Mitarbeiter am Unternehmensertrag dienten. Die Ausgabe der Namens-Gewinnschuldverschreibungen ist als eine rein sozialpolitische Maßnahme anzusehen, die als solche kein Bankgeschäft darstellt. Solche Emissionen sind daher nicht den Vorschriften des KWG und damit auch nicht dem Verbot der Werksparkassen unterworfen. Nach Meinung des Bundesverwaltungsgerichts spricht es im übrigen gegen den Einlagencharakter der hereingenommenen Gelder, wenn die Verzinsung wie bei den Namens-Gewinnschuldverschreibungen vom Unternehmensgewinn abhängig ist, die Zinshöhe über den marktgerechten Sätzen liegt, die Entgegennahme von Geldern befristet und auf einen Gesamtbetrag begrenzt ist, ein Mindestzins vereinbart wird und wenn die Emittentin die Kosten für die Verwahrung und Verwaltung der von ihr ausgegebenen Namens-Gewinnschuldverschreibungen trägt.

3.10

An diese Rechtsprechung des Bundesverwaltungsgerichts hat das für Klagen gegen die Bankenaufsicht zuständige Verwaltungsgericht Berlin angeknüpft[9]. In dem entschiedenen Sachverhalt hatte ein Unternehmen im Rahmen von **Bauherrenmodellen** die von den Bauherren im Voraus gezahlten Gelder treuhänderisch entgegengenommen und diese Gelder als Termineinlagen bei Banken vorübergehend angelegt. Die hierbei anfallenden Zinsen wurden den Bauherren vergütet. Nach dem Verwaltungsgericht Berlin fällt eine solche Hereinnahme von Geldern nicht in den Regelungs- und Schutzbereich des Kreditwesengesetzes. Denn diese Gelder dienten nicht der Finanzierung der unternehmerischen Tätigkeit des hereinnehmenden Unternehmens zwecks Gewinnerzielung, wie dies für die bankmäßige Einlage typisch ist. Das Unternehmen habe hier keine Möglichkeit, durch „Arbeit" mit dem Geld eigene Gewinne zu erwirtschaften. Vielmehr werde der Verdienst aus der unternehmerischen Tätigkeit allein aus Provisionen erzielt, die von den jeweiligen geldgebenden Bauherren zu zahlen waren[10].

3.11

---
8 WM 1984, 1364, 1367 ff.
9 WM 1986, 879.
10 VG Berlin WM 1986, 879, 883.

3.12 Dieser Rechtsprechung des Bundesverwaltungsgerichts und der Instanzgerichte ist zumindest im Ergebnis zuzustimmen. Nach *Bähre/Schneider* sind jedoch die von der Rechtsprechung entwickelten Kriterien zur Abgrenzung der bankmäßigen Einlage „völlig unbrauchbar"[11].

3.13 Keine Abgrenzungsprobleme zum bankmäßigen Einlagengeschäft ergeben sich, wenn Kreditinstitute zur **Refinanzierung** ihres Aktivgeschäfts auf den Inhaber lautende Schuldverschreibungen im Sinne des § 793 BGB oder Orderschuldverschreibungen ausgeben. Die Entgegennahme des hierfür zu entrichtenden Kaufpreises durch die emittierende Bank stellt kein Einlagengeschäft dar. Der Erwerb von Schuldverschreibungen im Rahmen der Emission ist ein Kaufvertrag, auch wenn die Emittentin hierdurch einen Kredit aufnimmt[12]. Diese Refinanzierungsform ist dem Emissionsgeschäft zuzuordnen, das ein Bankgeschäft im engeren Sinne der Legaldefinitionen des Kreditwesengesetzes (§ 1 Abs. 1 S. 2 KWG) darstellt.

3.14 Bei der **Neufassung der Legaldefinition** des Einlagengeschäfts durch das Gesetz zur Umsetzung von EG-Richtlinien zur Harmonisierung bank- und wertpapieraufsichtsrechtlicher Vorschriften ist ausdrücklich klargestellt worden, daß bei einer Verbriefung des Rückzahlungsanspruchs in einer Inhaber- oder Orderschuldverschreibung kein Einlagengeschäft getätigt wird (§ 1 Abs. 1 Nr. 1 KWG). Nach den Gesetzesmaterialien sollen sich Industrieunternehmen auch künftig durch Emissionen solcher Schuldverschreibungen direkt am Kapitalmarkt finanzieren können, ohne hierdurch zu Kreditinstituten zu werden. Dem Kundenschutz wird durch das Wertpapierverkaufsprospektgesetz ausreichend Rechnung getragen[13].

III. Annahme anderer rückzahlbarer Gelder des Publikums als Einlagengeschäft

3.15 Nach der Neufassung der Legaldefinition des Einlagengeschäfts fallen hierunter nicht nur die bisherigen bankmäßigen Einlagen, sondern auch „andere rückzahlbare Gelder des Publikums". Damit wird der rechtlichen Interpretation des Einlagengeschäfts durch das Bundesaufsichtsamt für das Kreditwesen Rechnung getragen. Die Bankenaufsicht bejaht seit langem das Vorliegen des **erlaubnispflichtigen Einlagengeschäfts,** „wenn von einer Vielzahl von Geldgebern auf der Grundlage typisierter Verträge Darlehen oder in ähnlicher Weise laufend Gelder entgegengenommen

---
11 § 1 Anm. 7.
12 *Palandt/Putzo,* Einf. v. § 607 Rn 23.
13 BT-Drucksache 13/7142, S. 63.

werden, die ihrer Art nach nicht banküblich besichert sind"[14]. Für den neuen Auffangtatbestand „Annahme anderer rückzahlbarer Publikumsgelder" ist nach den Gesetzesmaterialien jede Form von subjektiver Zwecksetzung für die Hereinnahme der Gelder unerheblich. Dies gilt auch dann, wenn diese Zweckbestimmung auf dem übereinstimmenden Willen des Geldgebers und der Bank beruht. Es spielt künftig auch keine Rolle mehr, ob die Gelder des Publikums in der Absicht hereingenommen werden, durch Ausnutzung der Zinsspanne Gewinne zu erzielen[15].

Auf diese Kriterien hatte die Rechtsprechung entscheidend abgestellt. Danach setzt der Einlagenbegriff voraus, daß die fremden Gelder der **Finanzierung des Aktivgeschäfts** dienen sollen. Bei dieser erforderlichen Zwecksetzung werden also die Gelder mit der Intention entgegengenommen, durch eine positive Differenz zwischen den Bedingungen der Geldannahme einerseits und andererseits des Aktivgeschäftes Gewinne zu erzielen[16]. Die Ausgabe von Namens-Gewinnschuldverschreibungen an Betriebsangehörige stellt deshalb kein erlaubnispflichtiges Einlagengeschäft dar, weil sie nicht der unternehmerischen Tätigkeit der Emittenten dienen sollen, sondern ausschließlich zur verstärkten Vermögensbildung in Arbeitnehmerhand sowie der stärkeren Beteiligung der Betriebsangehörigen am Unternehmensertrag bestimmt sind[17].   3.16

Der **zusätzliche Auffangtatbestand** des Einlagengeschäfts läßt sich auf drei Tatbestandsmerkmale zurückführen. Es bedarf der **Annahme von Geld.** Wertpapierdarlehen sind deshalb auch künftig für den Darlehensnehmer kein Einlagengeschäft, wie es auch für den Darlehensgeber kein Kreditgeschäft darstellt[18].   3.17

Ein weiteres Tatbestandsmerkmal ist die **Rückzahlbarkeit der Gelder.** Der Rückzahlungsanspruch muß unbedingt sein. So sind Vermögenseinlagen stiller Gesellschafter, bei denen die Verlustteilnahme abbedungen ist, rückzahlbare Gelder. Dasselbe gilt für partiarische Darlehen im engeren Sinne, selbst wenn sie nicht als Einlage zu qualifizieren sind, sofern nur der Zins, nicht auch die Rückzahlung des Darlehens durch den Erfolg des Unternehmens bedingt ist. Dagegen sind Vermögenseinlagen stiller Gesellschafter, Genußrechte, die am laufenden Verlust des kapitalnehmenden Unternehmens sowie nachrangige Forderungen, die vereinbarungsgemäß im Falle der Liquidation des kapitalnehmenden Unterneh-   3.18

---

14 Begr.RegE BT-Drucksache 13/7142, S. 62.
15 BT-Drucksache 13/7142, S. 62.
16 BVerwG WM 1984, 1364, 1366; VG Berlin WM 1986, 879, 883.
17 BVerwG WM 1984, 1364, 1366. Das VG Berlin hat keine erlaubnispflichtigen Einlagengeschäfte auch in der Entgegennahme und Verwaltung von Geldern im Rahmen des Bauherrenmodells erblickt (WM 1986, 879).
18 Begr.RegE BT-Drucksache 13/7142, S. 63.

mens hinter die anderen Forderungen gegen das Unternehmen zurücktreten, nur bedingt rückzahlbar. Sie können deshalb die Voraussetzungen des Einlagengeschäfts nicht erfüllen[19].

3.19 Schließlich muß es sich um **Gelder des Publikums** handeln. Die Hereinnahme rückzahlbarer Gelder von verbundenen Unternehmen kann deshalb nicht als Einlagengeschäft angesehen werden[20]. Dasselbe gilt für die Emission von Namensgewinnschuldverschreibungen an Betriebsangehörige. Denn das Tatbestandsmerkmal „Publikums"gelder setzt voraus, daß diese Hingabe von Geld grundsätzlich jedem möglich sein muß. Solche Schuldverschreibungen können jedoch nur von Betriebsangehörigen erworben werden. Nach der Rechtsprechung stellen Namens-Gewinnschuldverschreibungen aber auch keine bankmäßigen Einlagen dar. Damit kann die Emission wie bisher nicht als erlaubnispflichtiges Einlagengeschäft eingestuft werden.

3.20 Keine bankmäßigen Einlagen stellen die sog. **aufgenommenen Gelder** dar. Dieser Begriff wurde bislang im Bundesbankgesetz (§ 16 Abs. 1 S. 1) ausdrücklich neben den verschiedenen Formen des bankmäßigen Einlagengeschäfts erwähnt. Bei diesen aufgenommenen Geldern handelt es sich um Darlehen, die das Kreditinstitut bei anderen Kreditinstituten aufnimmt[21].

3.21 Auch die frühere Zinsverordnung stellte bei der Abgrenzung der bankmäßigen Einlagen von den sonstigen Geldern darauf ab, ob diese Gelder von Kreditinstituten oder der Nicht-Bankenkundschaft entgegengenommen worden sind. § 11 der Zinsverordnung lautete: „Einlagen im Sinne dieser Verordnung sind fremde Gelder, die Kreditinstitute von **Nicht-Kreditinstituten** entgegennehmen".

3.22 Das Einlagengeschäft beschränkt sich daher auf die Hereinnahme der Gelder von Kunden, die keine Kreditinstitute sind („Nicht-Bankenkundschaft"). Zwecks Abgrenzung zum bankmäßigen Einlagengeschäft werden die Verbindlichkeiten aus der Geldaufnahme bei anderen Kreditinstituten auch als **Nostroverpflichtungen** bezeichnet; aufgenommene Gelder und Nostroverpflichtungen der Kreditinstitute sind daher identische Begriffe[22].

3.23 Diese Differenzierung zwischen Nostroverpflichtungen und Verbindlichkeiten aus dem Einlagengeschäft liegt auch den Bankbilanzen zugrunde, wie sie für die

---

19 Begr.RegE BT-Drucksache 13/7142, S. 63.
20 Begr.RegE BT-Drucksache 13/7142, S. 63.
21 *Canaris*, Bankvertragsrecht², Rn 1166.
22 Vgl. *Szagunn/Haug/Ergenzinger*, § 1 Anm. 19; *Canaris*, Bankvertragsrecht², Rn 1166. Zum Begriff der Nostroverpflichtung vgl. weiter VG Frankfurt WM 1989, 1416, 1418.

Jahresabschlüsse der Kreditinstitute vorgeschrieben sind. Danach werden die von den Kreditinstituten hereingenommenen „fremden Gelder" auf der Passivseite der Bankbilanz unter drei Kategorien ausgewiesen: „Verbindlichkeiten gegenüber Kreditinstituten (Nostroverpflichtungen)", „Verbindlichkeiten gegenüber Kunden" und „verbriefte Verbindlichkeiten"[23]. Als Verbindlichkeiten gegenüber Kunden sind alle Arten von Verbindlichkeiten gegenüber in- und ausländischen Nichtbanken (Kunden) auszuweisen, sofern es sich nicht um verbriefte Verbindlichkeiten handelt (§ 21 Abs. 2 Verordnung über die Rechnungslegung der Kreditinstitute).

Zu den „aufgenommenen" Geldern im Sinne des früheren § 16 Abs. 1 S. 1 BBankG gehören auch Verbindlichkeiten aus Schuldverschreibungen, die auf den Inhaber lauten oder, wenn sie Teile einer Gesamtemission darstellen, an Order lauten, mit einer Befristung von weniger als zwei Jahren. Für diese Verbindlichkeiten waren Mindestreserven bei der Bundesbank zu unterhalten[24].   3.24

IV. Einlagengeschäft und Gelddisposition der Bank

Das Einlagengeschäft ist ein wesentlicher Faktor für die sog. Gelddisposition der Kreditinstitute. Hierdurch soll eine **ausreichende Liquidität** sichergestellt werden. Denn die Kreditinstitute müssen ihre Mittel so anlegen, daß jederzeit eine ausreichende Zahlungsbereitschaft gewährleistet ist (§ 11 S. 1 KWG). Diese Gelddispositionen erfolgen im Geldmarkt (Rn 8.42 ff.) durch Geldhandelsgeschäfte, bei denen die geldgebende Bank ihrem Kontrahenten verzinsliche (Giral-)Gelder für einen bestimmten Zeitraum überläßt. Dieser Zeitraum kann auf 24 Stunden begrenzt sein („Tagesgeld").   3.25

Für solche Gelddispositionen kommen Gelder in Betracht, die weder im Kundengeschäft noch für sonstige Vermögensanlagen des Kreditinstituts benötigt werden und daher im kurzfristigen Geldmarkt verzinslich angelegt werden, weil die Banken ihrerseits die hereingenommenen Gelder ihren Einlegern und sonstigen Geldgebern zu verzinsen haben.   3.26

Die Gelddisposition wird zunehmend dem **Geschäftsbereich „Treasury"** zugeordnet, der für die Steuerung des Aktiv- und Passivgeschäfts der Kreditinstitute verantwortlich ist[25]. Zu diesem „Aktiv-/Passivmanage-   3.27

---

[23] Vgl. Formblatt 1 für die Jahresbilanz als Anhang zur VO über die Rechnungslegung der Kreditinstitute (BGBl. I 1992, S. 203, 215 f.).
[24] Hess. VGH WM 1993, 1328, 1329; VG Frankfurt WM 1989, 1416, 1417 ff.; a.A. *Möschel*, WM 1990, 958.
[25] *Hofmann-Werther*, ZGesKredW 1989, 804, 810; vgl. ferner *Graebner*, ZGesKredW 1989, 815, 818; *Rothacker*, Die Bank 1991, 191.

ment" gehört neben der Sicherstellung der Liquidität die Aussteuerung der sog. Grundsätze I bis III der §§ 10, 11 KWG[26], die Beschaffung von Refinanzierungsmittel und die Mitwirkung bei dem ertragsoptimalen Einsatz der Eigen- und Fremdmittel der Bank. Schwerpunkte sind hierbei die Sicherstellung ausreichender Liquidität und das Management von Zinsänderungs- und Währungsrisiken.

3.28 Diesen Risiken sind sowohl die auf der Aktivseite der Bankbilanz ausgewiesenen Vermögenswerte als auch die (passivierten) Verbindlichkeiten der Bank ausgesetzt. Das Aktiv- und Passivgeschäft ist daher stets gemeinsam auszusteuern[27]. Insbesondere besteht die Gefahr, daß infolge eines veränderten Marktzinses die Aktivwerte wegen einer nicht mehr marktgerechten zu niedrigen Rendite im Kurswert fallen bzw. die passivierten Verbindlichkeiten wegen einer nicht mehr marktgerechten zu hohen Verzinsung zu Verlusten in Gestalt zu teurer Refinanzierungskosten führen. Hier können durch Abschluß entgegengesetzter Financial Futures in Gestalt von Zins-Terminkontrakten die Aktiv- und Passivpositionen zumindest teilweise neutralisiert und damit abgesichert werden. Fällt der Wert der abgesicherten Bilanzpositionen, so steigt der Wert der Terminpositionen und umgekehrt. Gewinn und Verluste aus der anderen Position heben sich somit gegenseitig auf[28] – Rn. 14.74 ff.

3.29 Diesem **Risikomanagement** hat die Praxis mehr und mehr Beachtung geschenkt, nachdem die Finanzmärkte infolge der weitgehenden Liberalisierung starken Zins- und Wechselkursschwankungen ausgesetzt sind („Volatilität der Märkte"). Bei konstanten Marktzinsen und festen Wechselkursen erschöpft sich dagegen die Treasury-Funktion in der Sicherung einer ausreichenden Liquidität[29]. Diese organisatorische Zusammenführung der Gelddisposition und des Aktiv- und Passivmanagements in dem Geschäftsbereich Treasury ist zuerst durch US-amerikanische Großbanken praktiziert worden[30].

3.30 Handelsinstrumente für die Treasury-Funktionen sind neben dem Geldhandel und den verschiedenen Wertpapieren des Geld- und Kapitalmarktes die Finanzinnovationen in Gestalt der Swapgeschäfte – Rn. 14.181 ff. – und Financial Futures – Rn. 14.112 ff. Diese Finanzinnovationen bezwecken die Risikostreuung, während die Geldmarkt- und Kapitalmarktgeschäfte auch der Beschaffung oder Anlage von Liquidität dienen[31].

---

26 *Hofmann-Werther*, ZGesKredW 1989, 804, 806.
27 *Hofmann-Werther*, ZGesKredW 1989, 804.
28 *Kümpel*, WM 1986, 661, 665 f.
29 *Graebner*, ZGesKredW 1989, 815, 818.
30 *Hofmann-Werther*, ZGesKredW 1989, 804, 805.
31 *Graebner*, ZGesKredW 1989, 815, 818.

2. Abschnitt
Einlagearten

Die Bankpraxis unterscheidet beim Einlagengeschäft drei Arten von Einlagen. Im Vordergrund stehen die sog. **Sichteinlagen.** Sie werden auch als „täglich fällige Gelder" bezeichnet; der Einleger kann hierüber jederzeit verfügen. Eine weitere Einlagekategorie bilden die sog. **Termin-(Fest-)Gelder.** Diese Geldbeträge sind erst zu einem späteren, bei der Hereinnahme vereinbarten Zeitpunkt zur Rückzahlung fällig. Statt der Vereinbarung eines solchen festen Rückzahlungstermins kann die Fälligkeit auch daran geknüpft werden, daß der Kunde die Gelder unter Wahrung einer bestimmten Frist, etwa einem Monat, kündigt (sog. Monatsgeld). 3.31

Eine dritte Einlagenkategorie bilden die **Sparkonten.** Hierfür enthielt das KWG (§§ 21, 22) Sonderregelungen, die bei seiner Novellierung im Jahre 1993 entfallen sind. Der Gesetzgeber hat im früheren § 16 Bundesbankgesetz an diese drei Einlagekategorien angeknüpft. Auch für die Aufstellung der Bankbilanz ist beim Ausweis der dem Einlagengeschäft zugrundeliegenden Verbindlichkeiten gegenüber der Nichtbankenkundschaft zwischen „täglich fälligen" Verbindlichkeiten, solchen „mit vereinbarter Laufzeit oder Kündigungsfrist" (Termingelder) und „Spareinlagen" zu unterscheiden[32]. 3.32

I. Rechtsnatur der bankmäßigen Einlagen

Bei der rechtlichen Einordnung der Auszahlungsansprüche der Kunden im Einlagengeschäft ist zu differenzieren. Die Besonderheiten der verschiedenen Einlageformen stehen einer einheitlichen rechtlichen Qualifizierung entgegen. Einvernehmen besteht, daß die bei der Bank eingezahlten Banknoten und Geldmünzen in deren Eigentum übergehen. Den bankmäßigen Einlagen können daher keine Verwahrungsverträge zugrundeliegen. Denn beim Verwahrungsvertrag verbleibt das Eigentum an den aufbewahrten Sachen beim Hinterleger. Vollzieht sich die Einlage im bargeldlosen Zahlungsverkehr durch Erteilung einer entsprechenden Gutschrift auf dem Kundenkonto, so kann sich aufgrund der Rechtsnatur 3.33

---

32 Formblatt 1 als Anlage der VO über die Rechnungslegung der Kreditinstitute (BGBl. I 1992, S. 203, 215).

dieses unkörperlichen „Buchgeldes" die Frage des Übergangs von Eigentum von vornherein nicht stellen. Dingliche Rechte können nur an Sachen bestehen, wie sie Banknoten und Geldmünzen darstellen.

3.34 Die zugrundeliegende Vertragsbeziehung kann daher nur ein **Darlehensvertrag** oder eine **sog. unregelmäßige Verwahrung** im Sinne des § 700 BGB darstellen. Für beide Vertragstypen ist es wesentlich, daß das Eigentum an den überlassenen Geldbeträgen auf den geldnehmenden Vertragspartner übergeht (§§ 607, 700 BGB). Dabei unterscheiden sich unregelmäßige Verwahrung und Darlehen in einem für die Praxis wesentlichen Punkt. Der Rückgewähranspruch ist bei der unregelmäßigen Verwahrung jederzeit fällig (§ 695 BGB). Beim Darlehen hängt dagegen die Fälligkeit des Rückzahlungsanspruchs mangels Vereinbarung eines Rückzahlungstermins von einer vorherigen Kündigung ab (vgl. §§ 609, 609a BGB; § 12 VerbrKrG). Diese unterschiedliche **Fälligkeitsregelung** bei unregelmäßiger Verwahrung und Darlehen ist nach herrschender Lehre das entscheidende Kriterium für die rechtliche Einstufung der verschiedenen Einlagearten. Dementsprechend liegt den **Sichteinlagen** eine **unregelmäßige Verwahrung** zugrunde, weil es sich hierbei um täglich fällige Gelder handelt[33]. Diese tägliche Fälligkeit entspricht der Funktion der Sichteinlagen; sie sind die Guthabensbasis des bargeldlosen Zahlungsverkehrs. Diese Geldbeträge müssen daher anders als der Bank gewährte Darlehen jederzeit disponierbar sein. Die beiden anderen Einlagearten in Gestalt von Termingeldern und Spareinlagen werden nach allgemeiner Meinung als verzinsliche Darlehen qualifiziert[34]. Diesen Einlagen fehlt die tägliche Fälligkeit, wie sie für die unregelmäßige Verwahrung typisch ist.

II. Sichteinlagen

3.35 Bei den Sichteinlagen im Sinne fälliger Guthaben handelt es sich vor allem um Guthaben auf **Girokonten,** die den Kunden die Teilnahme am bargeldlosen Zahlungsverkehr ermöglichen[35]. Auf dem Girokonto werden

---

33 Vgl. BGH WM 1982, 816, 817: Bei dem Anspruch auf das tägliche Guthaben eines laufenden Kontokorrentkontos handelt es sich „um Zahlungsansprüche aus der mit dem Girovertrag verbundenen unregelmäßigen Verwahrung (depositum irregulare, § 700 Abs. 1 BGB)".
34 BGH WM 1975, 733, 735.
35 Nicht jedes Konto mit solchen Sichteinlagen ist zugleich auch ein Girokonto. Hierzu bedarf es eines Girovertrages, der der Durchführung des bargeldlosen Zahlungsverkehrs des Bankkunden unter Verwendung des hierfür errichteten (Giro-)Kontos dient (*Schimansky* in Bankrechts-Handbuch, § 47 Rn 1).

alle den Kunden betreffenden Zahlungseingänge und -ausgänge verbucht. Hierzu gehören auch die Ein- und Auszahlungen am Bankschalter[36]. Zu dieser Kontoführung ist die Bank aufgrund des dem Girokonto zugrundeliegenden (Giro-)Vertrages verpflichtet. Der Girovertrag ist ein auf Geschäftsbesorgung gerichteter Dienstvertrag (§ 675 BGB)[37]. Der Kunde kann über sein täglich fälliges Guthaben auf dem Girokonto jederzeit disponieren. Nur durch diese **Verfügbarkeit** eignet sich das Kontoguthaben für die Teilnahme am bargeldlosen Zahlungsverkehr. Das Girokonto ermöglicht also seinem Inhaber die erforderlichen Dispositionen über das im jeweiligen Kontoguthaben verkörperte „Buchgeld", das rechtlich in der zugrundeliegenden Guthabensforderung gegen die kontoführende Bank besteht[38].

3.36 Nach der Neufassung der AGB im Jahre 1993 kann der Kunde diese Kontobeziehung ohne Einhaltung einer Kündigungsfrist kündigen (Nr. 18 Abs. 1 AGB Banken). Für die Bank beträgt dagegen die Kündigungsfrist einen Monat (Nr. 19 Abs. 1 S. 3 AGB Banken)[39].

3.37 Soweit das Girokonto ein Guthaben ausweist, steht dem Kunden ein **Auszahlungsanspruch** zu[40]. Rechtsgrundlage hierfür ist nach der BGH-Rechtsprechung nicht der auftragsrechtliche Herausgabeanspruch, wie er bei einem entgeltlichen Geschäftsbesorgungsverhältnis entstehen kann (§§ 667, 675 BGB). Vielmehr handelt es sich um das **Rückforderungsrecht** im Sinne der unregelmäßigen Verwahrung (§ 700 Abs. 1 Satz 3 i.V.m. § 695 BGB)[41].

3.38 Der gesetzliche Tatbestand der unregelmäßigen Verwahrung (§ 700 BGB) wird offensichtlich in den Fällen verwirklicht, in denen der Kunde Bargeld zur Gutschrift auf sein kreditorisches Girokonto einzahlt, um sich Buchgeld für den bargeldlosen Zahlungsverkehr zu verschaffen. Hier geht das Eigentum an den eingezahlten Banknoten und Münzen auf die Bank über mit der gesetzlichen Folge, daß die Bank jederzeit zur Rückzahlung eines entsprechenden Geldbetrages verpflichtet ist (§§ 695, 700 Abs. 1 S. 3 BGB).

3.39 Bei der rechtlichen Einordnung dieses Rückzahlungsanspruches des Kunden wird aber nicht danach differenziert, ob das Kontoguthaben aus solchen Einzahlungen

---

36 Vgl. BGH WM 1989, 126, 128; *Canaris*, Bankvertragsrecht[3], Rn 300.
37 BGH WM 1991, 317, 318.
38 BGH WM 1994, 1420, 1423.
39 Vgl. BGH WM 1991, 317, 318, wonach auch eine fristlose Kündigung zulässig ist, wenn dem Kunden ausreichend Zeit gelassen wird, bei einem anderen Kreditinstitut ein Girovertragsverhältnis zu begründen.
40 BGH WM 1982, 838.
41 BGH WM 1993, 1585, 1586; 1995, 2094, 2095; *Canaris*, Bankvertragsrecht[3], Rn 318.

von Bargeld oder auch aus Gutschriften herrührt, die die Bank ihrem Kunden wegen der für ihn bestimmten Eingänge im bargeldlosen Zahlungsverkehr erteilt hat. Streng genommen kommt es bei solchen Gutschriftsbuchungen zwar nicht zu Übereignungen von Bargeld, wie es der gesetzliche Tatbestand des § 700 BGB voraussetzt. Der Kunde könnte aber jederzeit durch Geltendmachung seines „Auszahlungs"anspruchs das durch solche Gutschriften entstandene Kontoguthaben (Buchgeld) in Bargeld umwandeln und sodann durch sofortige Einzahlung zur Gutschrift auf dem Girokonto ohne weiteres den gesetzlichen Tatbestand der unregelmäßigen Verwahrung verwirklichen. Es erscheint deshalb sachlich gerechtfertigt, wenn die Unterhaltung solcher täglich fälligen Guthaben auf Girokonten („Sichteinlagen") ungeachtet ihrer Herkunft als eine „Aufbewahrung" im Sinne der unregelmäßigen Verwahrung qualifiziert wird[42].

3.40 Diese Rückforderungsansprüche stellen also **Zahlungsansprüche** aus der mit dem Girovertrag verbundenen unregelmäßigen Verwahrung dar[43]. Denn die kontoführende Bank soll das – jederzeit in Bargeld umwandelbare – Kontoguthaben für den Kunden bis zur Abverfügung „aufbewahren". Rechtsgrundlage dieses Guthabens ist aber ein auf Geld gerichteter Zahlungsanspruch[44]. Der Rückforderungsanspruch aus der mit dem Girovertrag verbundenen unregelmäßigen Verwahrung (§§ 695, 700 BGB) stellt deshalb eine Geldschuld dar[45].

3.41 Die unregelmäßige Verwahrung stellt einen eigenständigen Vertragstyp dar, der Elemente des Darlehens (§§ 607 ff. BGB) und der Verwahrung (§§ 688 ff. BGB) verbindet. Das Verwahrungselement kommt durch § 700 Abs. 1 Satz 3 BGB zum Ausdruck, wonach sich Zeit und Ort der Rückgabe im Zweifel nach den verwahrungsrechtlichen Vorschriften bestimmen[46]. Nach § 695 BGB kann der Hinterleger im Unterschied zum Darlehensgeber (§ 609 BGB) die hinterlegte Sache **jederzeit zurückfordern**, wie es der jederzeitigen Verfügbarkeit des Giroguthabens entspricht.

3.42 **Auftragsrechtliche Herausgabeansprüche** entstehen im Rahmen der girovertraglichen Rechtsbeziehung aber insoweit, als die Bank wegen des dem Girokonto zugrundeliegenden entgeltlichen Geschäftsbesorgungsvertrages verpflichtet ist, die im Rahmen des bargeldlosen Zahlungsverkehrs zugunsten ihres Kontoinhabers empfangenen Beträge herauszugeben (§ 667, 675 BGB). Diese Herausgabeansprüche verwandeln sich aufgrund des mit dem Girokonto verfolgten Zwecks in Ansprüche auf entsprechende Kontogutschriften im Kontokorrentverhältnis.

---

42 Vgl. *Gößmann* in Bankrechts-Handbuch, § 70 Rn 3.
43 BGH WM 1982, 816, 817; *Schimansky* in Bankrechts-Handbuch, § 47 Rn 14, 27.
44 BGH WM 1982, 816, 817.
45 BGH NJW 1983, 1605, 1606; NJW 1988, 2115.
46 Münchener Komm. zum BGB/*Hüffer*, § 700 Rn 2.

An diesem auftragsrechtlichen Anspruch auf Kontogutschrift fehlt es dagegen, 3.43
wenn der Kunde eine Bareinzahlung auf sein Girokonto tätigt. Hier erwirbt der
Kunde sein Forderungsrecht sofort mit der Übereignung des Bargeldes am Kassenschalter der Bank. Die entsprechende Gutschriftsbuchung auf dem Girokonto hat
deshalb nur eine deklaratorische Bedeutung[47]. Dieser verbuchte Rückzahlungsanspruch, wie er durch die Übereignung des bei der Bank eingezahlten („zur Verwahrung anvertrauten") Bargeldes entsteht, fließt bei kreditorischen Konten in den
Tagessaldo ein, dem ein Rückforderungsrecht im Sinne der unregelmäßigen Verwahrung (§ 700 Abs. 1 BGB) zugrunde liegt.

Die rechtliche Einordnung der Sichteinlagen als ein Fall der unregelmäßi- 3.44
gen Verwahrung bedeutet, daß hierdurch eine **Holschuld** für den Kunden
begründet wird. Leistungsort ist also die Schalterhalle der kontoführenden Bankniederlassung. Denn nach der insoweit anzuwendenden verwahrungsrechtlichen Regelung hat die Rückgabe der hinterlegten Sache an
dem Ort zu erfolgen, an dem diese aufzubewahren war (§§ 700 Abs. 1 S. 3
i.V.m. 697 BGB). Diese Regelung gilt auch für die unregelmäßige Verwahrung und zwar selbst dann, wenn die Rückgabeverbindlichkeit eine Geldschuld darstellt. Die für Geldschulden geltende spezielle Bestimmung des
§ 270 Abs. 1 BGB ist also auf die bankmäßigen Sichteinlagen nicht anwendbar. Danach sind Geldschulden sog. Schickschulden, bei denen der
Schuldner das Geld im Zweifel auf seine Gefahr und seine Kosten dem
Gläubiger an dessen Wohnsitz zu übermitteln hat. Solche Schickschulden
sind nur die Termin- und Spareinlagen, die Darlehen darstellen und auf
die daher § 270 BGB anwendbar ist.

1. Kontokorrentverhältnis

Mit einem Girovertragsverhältnis ist nach der Verkehrssitte und dem 3.45
mutmaßlichen Parteiwillen regelmäßig eine Kontokorrentabrede verknüpft[48]. Ein solches Kontokorrent – die gesetzliche Begriffsdefinition
spricht auch von „laufender Rechnung" – ist gemäß § 355 Abs. 1 HGB
gegeben, wenn jemand mit einem Kaufmann derart in Geschäftsverbindung steht, daß die aus der Verbindung entspringenden beiderseitigen
Ansprüche und Leistungen nebst Zinsen in Rechnung gestellt und in
regelmäßigen Zeitabschnitten durch Verrechnung und Feststellung des
für den einen oder anderen Teil sich ergebenden Überschusses (sog. Abschluß-Saldo) ausgeglichen werden. Soweit mit dem Kunden nicht etwas

---

47 BGH WM 1979, 533, 535; 1984, 1309, 1311.
48 BGH WM 1982, 838, 839. Zur Beendigung des Kontokorrentverhältnisses vgl.
Schimansky in Bankrechts-Handbuch, § 47 Rn 56, 57.

anderes vereinbart, erteilt die Bank jeweils zum Ende eines Kalenderquartals einen Rechnungsabschluß (Nr. 7 Abs. 1 AGB Banken).

3.46 Das Kontokorrent ersetzt also aus Gründen der Vereinfachung und der Praktikabilität die gesonderte Abwicklung jedes Einzelgeschäftes durch eine **Gesamtabrechnung**[49]. Die beiderseitigen Forderungen und Leistungen aus den einzelnen Geschäften werden hierzu als schlichte Buchungsposten „in die laufende Rechnung" gestellt, um in den vereinbarten Zeitabständen saldiert zu werden (sog. Rechnungsabschlüsse).

3.47 Jedes laufende Konto wird grundsätzlich als ein selbständiges Kontokorrent geführt[50]. Es kann aber vereinbart werden, daß mehrere Girokonten – auch wenn sie auf verschiedene Inhaber (etwa Konzerngesellschaften) lauten – als ein einheitliches Kontokorrent geführt und deshalb auch nur ein einheitlicher Anspruch auf den Überschuß aus den Salden begründet werden soll. Eine solche Vereinbarung beinhaltet aber noch nicht die sog. Kompensationsabrede, mit der mehrere rechtlich selbständige Konten zwecks Verzinsung nur der Saldendifferenz zwischen diesen Konten verknüpft werden[51].

a) Kontokorrentfähigkeit

3.48 Bei **Girokonten** sind naturgemäß nur Geldforderungen und Geldleistungen kontokorrentfähig. Lauten die Forderungen auf unterschiedliche Währungen, muß eine einheitliche Verrechnungswährung vereinbart worden sein[52]. Auch unklagbare Forderungen insbesondere aus unverbindlichen Börsentermin- und Differenzgeschäften sind in das Kontokorrent einstellbar[53]. Mit Rücksicht auf den Schutzzweck des Termin- und Differenzeinwandes kann dies aber nur unter der auflösenden Bedingung der Erfüllungsverweigerung durch den Bankkunden geschehen[54].

3.49 Nicht kontokorrentfähig sind dagegen Forderungen, die noch nicht verrechnet werden können, insbesondere noch nicht fällige Forderungen oder aufschiebend bedingte Ansprüche wie Zahlungsansprüche gegen den Bürgen vor Eintritt des Sicherungsfalls. Hierzu rechnen aber nicht die Gutschriften, die schon bei Erteilung eines Inkassoauftrages unter Eingang vorbehalten (E.v.) erteilt werden. Solche Gutschriften stehen unter

---

49 BGH WM 1991, 495, 497.
50 BGH WM 1994, 436, 437.
51 *Schimansky* in Bankrechts-Handbuch, § 47 Rn 22.
52 *Heymann/Horn*, HGB, Bd. 4, 1990, § 355 Rn 11.
53 BGH WM 1992, 479, 480.
54 RGZ 132, 218, 221; 144, 312, 313.

einer auflösenden und nicht aufschiebenden Bedingung[55] und sind damit kontokorrentfähig[56].

Der **Umfang** des Kontokorrentverhältnisses richtet sich im übrigen nach den Vereinbarungen mit dem Bankkunden. So wird nach allgemeiner Meinung mit dem Girovertrag konkludent vereinbart, daß der Anspruch des Bankkunden auf Auszahlung des Tagesguthabens nicht kontokorrentfähig ist, um die jederzeitige Verfügung über dieses Guthaben zu ermöglichen[57]. 3.50

b) Wirkung der Kontokorrentabrede

Die von der Kontokorrentabrede erfaßten beiderseitigen Ansprüche und Leistungen ohne Rücksicht auf die Verbuchung[58] werden Bestandteil der laufenden Rechnung. Sie verlieren ihre rechtliche Selbständigkeit und werden zu schlichten Rechnungsposten für den späteren Rechnungsabschluß durch Verrechnung und Saldofeststellung, ohne jedoch unterzugehen[59]. 3.51

Infolge dieser **Kontokorrentbindung** können die verbuchten Einzelansprüche, die untereinander eine untrennbare Einheit bilden, nicht mehr selbständig geltend, insbesondere nicht eingeklagt werden. Hiermit ist aber keine Stundung verbunden, unter der das Hinausschieben der Fälligkeit zu verstehen ist, ohne daß hierdurch die Erfüllbarkeit ausgeschlossen ist[60]. 3.52

Kontokorrentgebundene Einzelansprüche können dagegen nicht mehr selbständig erfüllt werden. Leistungen während der Rechnungsperiode führen deshalb nicht zur Tilgung einzelner Forderungen oder Forderungsteile, sondern bilden Rechnungsposten, die erst bei der Saldierung des nächsten Rechnungsabschlusses verrechnet werden. Die §§ 366, 367 BGB, die die Tilgungsreihenfolge bei betragsmäßig nicht ausreichenden Zahlungen bestimmen, sind im Rahmen eines Kontokorrentverhältnisses unanwendbar[61]. Bank und Kunde können aber – auch konkludent – die vorrangige Tilgung einer Einzelforderung zumindest insoweit vereinbaren, als gemäß § 356 Abs. 1 HGB kontokorrent gebundene Forderungen wegen der für sie bestellten Sicherheiten als fortbestehend zu behandeln sind[62]. Hierzu braucht die Forderung aus dem Kontokorrentkonto nicht ausgebucht zu werden[63]. 3.53

---

55 WM 1980, 738; 1986, 1409.
56 *Schimansky* in Bankrechts-Handbuch, § 47 Rn 31.
57 BGH WM 1982, 838, 839 = NJW 1982, 2192.
58 BGH WM 1959, 81, 83.
59 BGH WM 1988, 1717, 1718.
60 *Soergel-Wolf*, § 271 Rn 12.
61 BGH WM 1992, 479, 480, 481.
62 BGH WM 1991, 495, 497.
63 *Schimansky* in Bankrechts-Handbuch, § 47 Rn 37.

3.54 Die rechtliche Wirkung der Kontokorrentbindung wird deshalb vom Schrifttum als „Lähmung" bezeichnet[64]. Die Kontokorrentbindung schließt auch Verfügungen über die Einzelansprüche, insbesondere die Abtretung und die Verpfändung aus. Die **Vorausabtretung** von Forderungen aus der Weiterveräußerung etwa durch einen verlängerten Eigentumsvorbehalt des Warenlieferanten ist deshalb unwirksam, wenn diese Kaufpreisforderungen kontokorrentpflichtig sind[65]. Der **gutgläubige Erwerber** wird nur nach allgemeinen Grundsätzen (§ 405 BGB) geschützt[66]. Der Vorbehaltslieferant kann sich hiergegen durch eine anteilige Vorausabtretung der Saldoforderung aus dem Kontokorrent schützen[67].

c) Rechnungsabschluß

3.55 Entsprechend § 355 Abs. 1 HGB werden die beiderseitigen Forderungen und Leistungen in den mit dem Kunden vereinbarten Zeitabschnitten durch **Verrechnung** und **Feststellung** des sich ergebenden Überschusses (Saldo) ausgeglichen. Beim Girokonto ist in der Kontokorrentabrede zugleich eine antizipierte Verrechnungsvereinbarung enthalten, nach der sich die **Verrechnung** jeweils am Ende der Rechnungsperiode automatisch vollziehen soll. Von dieser Verrechnung der Einzelposten ist das spätere **Saldoanerkenntnis** zu trennen[68]. Mit der Verrechnung wird ein Saldo geschaffen, wie er bei Beendigung des Kontokorrentverhältnisses durch Kündigung gemäß § 355 Abs. 3 HGB entsteht[69]. Hierzu bedarf es also nicht der besonderen Rechtswirkungen des späteren Saldoanerkenntnisses[70]. Infolge dieser Verrechnung kommt es zu einer **Tilgung** der beiderseitigen verrechnungsfähigen Forderungen und Leistungen, soweit sie sich in ihrer Summe betragsmäßig decken[71].

---

64 *Baumbach/Hopt*, § 355 Rn 7; *Schlegelberger/Hefermehl*, § 355 Rn 35.
65 BGH WM 1979, 363, 365.
66 *Schimansky* in Bankrechts-Handbuch, § 47 Rn 39.
67 BGH WM 1978, 137, 140.
68 Großkomm. HGB/*Canaris*, § 355 Anm. 63c.
69 BGH WM 1979, 719, 720 = NJW 1979, 1658.
70 Großkomm. HGB/*Canaris*, § 355 Anm. 64; *Heymann/Horn*, HGB, 1990, § 355 Rn 21. Nach *Schimansky* ist die Entscheidung des I. Zivilsenats des BGH, wonach Verrechnung und Saldoanerkenntnis Teile ein und desselben Rechtsaktes sind und deshalb dieses Anerkenntnis von der sich „uno actu" vollziehenden vertraglichen Verrechnung der Einzelposten nicht getrennt werden könne (WM 1985, 563, 565), vereinzelt geblieben (Bankrechts-Handbuch, § 47 Rn 44).
71 Großkomm. HGB/*Canaris*, § 355 Anm. 63 ff.; *Heymann/Horn*, § 355 Rn 21.

aa) Kausale Saldoforderung

Der **rechnerische Überschuß** bildet eine kausale Saldoforderung[72]. 3.56

Eine kausale Saldoforderung entsteht auch, wenn das Kontokorrentverhältnis mit Eröffnung des Insolvenzverfahrens endet[73]. Bei diesem kausalen Schlußsaldo handelt es sich nach dem BGH nicht um einen erst mit oder nach Insolvenzeröffnung entstehenden künftigen Anspruch[74]. Vielmehr findet dieser Saldoanspruch, obgleich er nur auf den Überschuß geltend gemacht werden kann, seine Grundlage in den während der laufenden Verrechnungsperiode in das Kontokorrent eingestellten Einzelforderungen, die damit ihre rechtliche Selbständigkeit nicht verloren haben. Er ist daher nicht erst mit Beendigung des Kontokorrentverhältnisses entstanden, sondern besteht dem Grunde nach bereits vorher. Ist der Anspruch auf diesen kausalen Schlußsaldo wie bei der üblichen Globalzession wirksam im voraus an die Bank abgetreten, so fällt er nicht in die Masse, auch wenn die Kontokorrentbindung erst mit Insolvenzeröffnung über das Vermögen der Gemeinschuldnerin als Zedentin endet (§§ 115, 116 InsO). Denn auch im kausalen Schlußsaldo werden die bisherigen in das Kontokorrent eingesetzten Einzelforderungen als „Kontokorrentforderungen" im weiteren Sinne, wenn auch saldomäßig, geltend gemacht[75].   3.57

Umstritten ist die Rechtswirkung der Verrechnung von unklagbaren Forderungen insbesondere aus unverbindlichen Börsentermin- und Differenzgeschäften (§§ 52 ff. BörsG, §§ 762, 764 BGB), die als sog. **unvollkommene Forderungen** erfüllbar sind. Nach der Rechtsprechung würde der Schutzzweck der Unklagbarkeit unterlaufen werden, wenn die Erfüllung bereits durch die in der Kontokorrentabrede enthaltene antizipierte Verrechnungsabrede ohne Bezug auf eine bestimmte unklagbare Verbindlichkeit herbeigeführt werden könnte[76]. Die Verrechnung beim Rechnungsabschluß wie auch das spätere Saldoanerkenntnis erzeugt deshalb keine klagbare Forderung, soweit der Saldo das Ergebnis einer Verrechnung solcher unvollkommener Forderungen ist[77] – Rn 15.171.   3.58

Wegen der kausalen Rechtsnatur des Saldos vor seiner Anerkenntnis kann es in der Praxis z.B. wegen der Verjährung oder des anwendbaren   3.59

---

72 *Schimansky* in Bankrechts-Handbuch, § 47 Rn 44, wonach zur Begründung dieses kausalen Saldoerfordernisses im Bestreitensfalle auf das letzte Saldoanerkenntnis und dem danach in das Kontokorrent eingestellten Einzelposten zurückgegriffen werden kann.
73 BGH WM 1991, 60, 61.
74 BGH WM 1978, 137, 140.
75 BGH WM 1978, 137, 140. Zur gerichtlichen Geltendmachung des kausalen Saldoanspruches vgl. *Wessels*, WM 1997, 1509 ff.
76 *Schimansky* in Bankrechts-Handbuch, § 47 Rn 45.
77 BGH WM 1992, 479, 481 = NJW 1992, 1630, 1631; BGH WM 1995, 2026, 2027.

Rechts darauf ankommen, aus welchen Einzelforderungen er sich zusammensetzt. Zu einer vollständigen Tilgung aller Einzelforderungen kommt es nur auf der betragsmäßig kleineren Seite. Die Rechtsprechung geht vom Grundsatz der **Gleichwertigkeit** aller kontokorrentgebundenen Forderungen und der daraus folgenden Nichtanwendbarkeit der §§ 366, 367 BGB aus und bejaht deshalb eine **verhältnismäßige Gesamtaufrechnung**. Die Buchungsposten der größeren Seite des Kontokorrent werden deshalb ohne Ausnahme nur teilweise im Verhältnis der Gesamtheit der Posten der kleineren Seite zur Gesamtheit der Posten der größeren Seite getilgt[78].

3.60 Vom Tag des Rechnungsabschlusses an können Zinsen von dem Rechnungsabschluß verlangt werden (§ 355 Abs. 1 HGB). Das Saldoanerkenntnis braucht hierfür also noch nicht vorzuliegen[79]. Hierauf weisen die kreditwirtschaftlichen AGB ausdrücklich hin. Diese **Verzinsungspflicht** gilt auch, wenn in den Abschlußsaldo fällige Zinsforderungen der Bank eingeflossen sind. Dies stellt der **§ 355 Abs. 1 HGB** ausdrücklich klar, der als Spezialnorm das allgemeine Zinseszinsverbot (§ 248 Abs. 1 BGB) beim Kontokorrentverhältnis verdrängt. Die Befugnis zur Zinseszinsberechnung endet mit der Beendigung des Kontokorrentverhältnisses. Von dem Schlußsaldo können lediglich Verzugszinsen verlangt werden, wobei die bisherige Kapitalisierung der Zinsrückstände ausscheidet[80].

bb) Feststellung des Saldos

3.61 Die Feststellung des Saldos erfolgt durch einen **Rechnungsabschluß,** der auf die Herbeiführung einer rechtsgeschäftlichen Erklärung des Bankkunden in Form der Abgabe des Saldoanerkenntnisses gerichtet ist[81]. Dieser rechtsgeschäftliche Zweck muß aus dem Rechnungsabschluß eindeutig hervorgehen, wie er dem Kunden zur Feststellung des Saldos übermittelt wird[82]. Denn in dieser Zusendung liegt der Vertragsantrag der Bank auf Vertragsschluß über Anerkennung des von ihr ermittelten Saldos (§§ 780 ff. BGB), wie es der gemäß § 355 Abs. 1 HGB vorgeschriebenen „Feststellung" des Rechnungsabschlusses entspricht[83].

3.62 Nach der Neufassung der AGB im Jahre 1993 erteilt die Bank bei einem Kontokorrentverhältnis, sofern keine abweichende Vereinbarung getrof-

---

78 Vgl. hierzu *Schimansky* in Bankrechts-Handbuch, § 47 Rn 46.
79 *Heymann/Horn*, HGB, 1990, § 355 Rn 35.
80 BGH WM 1991, 60, 63 für den Fall der Konkurseröffnung.
81 BGH WM 1985, 936, 937.
82 BGH WM 1985, 936, 937.
83 *Schimansky* in Bankrechts-Handbuch, § 47 Rn 51.

fen wurde, jeweils zum Ende eines Kalenderquartals einen Rechnungsabschluß (Nr. 7 Abs. 1 AGB Banken). **Einwendungen** wegen Unrichtigkeit oder Unvollständigkeit eines Rechnungsabschlusses hat der Kunde spätestens innerhalb eines Monats nach dessen Zugang zu erheben. Macht der Kunde seine Einwendungen schriftlich geltend, genügt die Absendung innerhalb der Monatsfrist. Das Unterlassen rechtzeitiger Einwendungen gilt als Genehmigung. Auf diese Folge weist die Bank bei Erteilung des Rechnungsabschlusses besonders hin (Nr. 7 Abs. 2 AGB Banken).

Der AGB-Verwender muß sich nach § **10 Nr. 5b AGBG** bei solchen fingierten Erklärungen, wie sie das Schweigen des Kunden auf den übermittelten Rechnungsabschluß als Saldoanerkenntnis beinhaltet, ausdrücklich in den AGB verpflichten, den Vertragspartner bei Fristbeginn auf die vorgesehene Bedeutung seines Verhaltens besonders hinzuweisen. 3.63

Mit diesem **Saldoanerkenntnis** gehen nach der Rechtsprechung die beiderseitigen Forderungen unter. Es verbleibt lediglich der Anspruch aus dem Saldoanerkenntnis, der als eine neue, auf einem selbständigen Verpflichtungsgrund beruhende, vom früheren Schuldgrund losgelöste Forderung an die Stelle der bisherigen Einzelforderungen tritt. Für den anerkannten Abschlußsaldo gilt die regelmäßige Verjährungsfrist von 30 Jahren (§ 195 BGB)[84]. 3.64

Diese sog. Novation, die zum Untergang der Einzelforderungen und der Saldoforderungen führt, ist im Schrifttum umstritten. Die Meinungsunterschiede werden aus der Sicht der Praxis dadurch stark relativiert, daß die Rechtsprechung den Novationsgedanken nicht als Dogma sondern lediglich als Hilfsmittel zur begrifflichen Erklärung von Eigentümlichkeiten der Kontokorrentabrede ansieht. Mit Rücksicht auf den Grundgedanken des § 356 HGB wird der Untergang der Einzelposten überall dort ignoriert, wo er den Verkehrsanschauungen und -bedürfnissen widersprechen und zu wirtschaftlich unsinnigen Konsequenzen führen würde[85]. Aus der Sicht des die Novationstheorie ablehnenden Schrifttums bleiben dagegen die Einzelforderungen als undurchsetzbare Ansprüche neben dem Saldoanspruch bis zu dessen Tilgung bestehen[86]. 3.65

Soweit in dem Rechnungsabschluß Forderungen des Kunden zu Unrecht unberücksichtigt geblieben sind, erlöschen diese durch das Saldoanerkenntnis. Denn hierin liegt zugleich die Feststellung im Sinne des § 355 Abs. 1 HGB, daß weitere als die auf dem Girokonto verbuchten Forderungen nicht zu berücksichtigen sind mit der Folge, daß das unrichtige 3.66

---

84 BGH WM 1967, 1214.
85 *Schimansky* in Bankrechts-Handbuch, § 47 Rn 52.
86 *Canaris*, DB 1972, 421 ff., 469 ff.; *Baumbach/Hopt*, § 355 Rn 7.

Saldoanerkenntnis unter den Voraussetzungen der **§§ 812 ff. BGB** zurückgefordert werden kann[87].

3.67 Eine Irrtumsanfechtung (§ 119 BGB) kommt regelmäßig nicht in Betracht. Die bloße Annahme der Vollständigkeit und Richtigkeit des Saldos stellt einen unbeachtlichen Motivirrtum dar[88]. Die Beseitigung eines unrichtigen Saldoanerkenntnisses ist deshalb regelmäßig nur nach bereicherungsrechtlichen Gesichtspunkten möglich. Das Saldoanerkenntnis führt also faktisch zu einer Umkehrung der Darlegungs- und Beweislast[89].

3.68 Dagegen liegt in dem Saldoanerkenntnis **keine** rechtsgeschäftliche **Genehmigung** aller dem Rechnungsabschluß zugrundeliegenden Buchungen[90]. Belastungsbuchungen, denen keine entsprechende Forderung der Bank zugrundeliegt, oder die anderweitige Verbuchung von Zahlungseingängen, die richtigerweise dem Konto hätten gutgeschrieben werden müssen, werden durch das Saldoanerkenntnis nicht etwa rechtmäßig[91]. Das **Saldoanerkenntnis** im Sinne der Feststellung des kontokorrentmäßigen Überschusses dient nur der **Abrechnungsvereinfachung,** die vor allem prozessuale Vorteile verschaffen soll. Wer eine Guthabenforderung aus einem Girokonto einklagt, kann sich darauf beschränken, das letzte Saldoanerkenntnis und etwaige danach eingetretenen Änderungen des Saldos substantiiert darzutun. Ohne Saldoanerkenntnis muß der Kläger in vollem Umfang auf die in das Kontokorrent eingebuchten Einzelforderungen zurückgreifen. Hierzu hat er auch sämtliche Kontobewegungen, also auch die Passivposten so vorzutragen, daß das Gericht die geltend gemachte Saldoforderung in allen ihren Grundlagen überprüfen kann[92].

cc) Fortbestehen von Sicherheiten

3.69 Wird eine Forderung, für die eine Sicherheit bestellt worden ist, in das Kontokorrent eingestellt, kann sich der Gläubiger aus den Sicherheiten insoweit befriedigen, als sich sein Guthaben aus der laufenden Rechnung und die gesicherte Forderung decken (**§ 356 HGB**)[93]. Wird der jeweilige

---

87 BGH WM 1985, 936, 937; 1994, 2273, 2274.
88 *Schlegelberger/Hefermehl,* § 355 Rn 65.
89 *Schimansky* in Bankrechts-Handbuch, § 47 Rn 53.
90 *Wolf* in Wolf/Horn/Lindacher, § 10 Nr. 5 Rn 30.
91 BGH WM 1994, 2273, 2274 = NJW 1995, 320; *Schimansky* in Bankrechts-Handbuch, § 47 Rn 51.
92 BGH WM 1991, 1294, 1295; OLG Koblenz WM 1997, 1566, 1567.
93 Diese Bestimmung ist schon auf den kausalen Abschlußsaldo anzuwenden, der sich vor dem späteren Saldoanerkenntnis durch die gemäß § 355 HGB vorgeschriebene Verrechnung der beiderseitigen Forderungen ergibt (*Schimansky* in Bankrechts-Handbuch, § 47 Rn 54).

Abschlußsaldo wie üblich wieder in das Kontokorrentverhältnis eingestellt, bleibt die Sicherheit nach ständiger Rechtsprechung bis zur Höhe des späteren niedrigsten Zwischen-Abschlußsaldo bestehen[94]. Die Sicherheiten können also nur erlöschen, wenn der Schuldsaldo zu irgendeinem Rechnungsabschluß, also nicht während der laufenden Rechnungsperiode, ausgeglichen ist. Mit Rücksicht auf die zu unerwünschten Ergebnissen führende Regelung des § 356 HGB können die Beteiligten – auch konkludent – die vorrangige Tilgung gesicherter Einzelforderungen vereinbaren[95]. Die Vorschrift des § 356 HGB gilt für Sicherheiten jeder Art und damit auch für die nicht akzessorischen Sicherheiten, also insbesondere für Grundschulden, Sicherungsübereignung und -zession, gesetzliche Pfandrechte, Vorbehaltseigentum, Zurückbehaltungs- und Konkursvorrechte[96]. Eine analoge Anwendung ist für die gesamtschuldnerische Haftung vorgeschrieben (§ 356 Abs. 2 HGB).

Ergibt sich ein Saldo zugunsten der Bank, so hat der Kunde hierauf die vereinbarten Sollzinsen zu zahlen. Hierauf weisen die AGB ausdrücklich hin (Nr. 7 Abs. 1 S. 2 AGB Banken). Diese Verzinsungspflicht gilt auch, wenn in den Abschlußsaldo fällige Zinsforderungen der Bank eingeflossen sind. Dies stellt **§ 355 Abs. 1 HGB** ausdrücklich klar, der als Spezialnorm das allgemeine Zinseszinsverbot (§ 248 Abs. 1 BGB) beim Kontokorrentverhältnis verdrängt. Die Befugnis zur Zinseszinsberechnung endet mit der Beendigung des Kontokorrentverhältnisses. Von dem Schlußsaldo können lediglich Verzugszinsen verlangt werden, wobei die bisherige Kapitalisierung der Zinsrückstände ausscheidet[97].

3.70

d) Tägliche Saldierung (Tagessalden)

Von den Saldierungen bei den Rechnungsabschlüssen zum Ende einer Rechnungsperiode (sog. **Abschlußsalden**) sind die zwischenzeitlichen Saldierungen anläßlich von Buchungen auf dem Girokonto zu unterscheiden. Hierüber wird der Kunde mittels (Tages-)Kontoauszügen informiert (sog. **Tagessaldo**)[98]. Beim Bankkontokorrent erfolgt keine sofortige Ver-

3.71

---

94 BGH WM 1991, 495, 497.
95 *Schimansky* in Bankrechts-Handbuch, § 47 Rn 54.
96 *Schimansky* in Bankrechts-Handbuch, § 47 Rn 54.
97 BGH WM 1991, 60, 63 für den Fall der Konkurseröffnung.
98 Die Pflicht der Bank zur Information über die von ihr vorgenommenen Buchungen kann im Einzelfall über die Erteilung von Kontoauszügen hinausgehen, wie z.B. zusätzliche Angaben zur Berechnung der in das Konto eingestellten Zinsen und Kosten, soweit dies zur Überprüfung der Richtigkeit erforderlich ist (BGH WM 1985, 1098, 1099 = NJW 1995, 2699, 2700; vgl. weiter *Schimansky* in Bankrechts-Handbuch, § 47 Rn 50).

rechnung bei jedem kontokorrentpflichtigen Vorgang, wie dies für das sog. Staffelkontokorrent typisch ist[99]. Nach jedem Buchungsvorgang auf dem Girokonto erfolgt zwar eine rechnerische Saldierung. Dieser „Tages"saldo stellt aber keinen „Rechnungs"abschluß im engeren Sinne der Kontokorrentabrede (§ 355 Abs. 1 HGB) dar und ist daher auch ohne rechtliche Bedeutung[100].

3.72 Der in dem Tagesauszug ausgewiesene (Tages-)Saldo ist lediglich ein rechnerisch ermittelter Postensaldo, der dem kontoführenden Kreditinstitut die Kontrolle über die vom Kunden getroffenen Dispositionen und dem Kunden die Übersicht über den Stand seines Kontos sowie die Zinsberechnung erleichtert werden soll. Zugleich dokumentiert der Tagessaldo, ob und gegebenenfalls in welcher Höhe der Kunde im Rahmen des zugrundeliegenden Girovertragsverhältnisses Verfügungen über das Guthaben und Abhebungen vornehmen kann[101].

3.73 Im Unterschied zur Übermittlung eines periodischen Rechnungsabschlusses kann das **Schweigen des Kunden** auf die Übersendung eines Tagesauszuges nicht als Billigung der darin mitgeteilten Buchungen oder gar als Genehmigung rechtsgrundloser Belastungsbuchungen angesehen werden[102]. Nach der Rechtsprechung wird jedoch von dem Kunden ein gewisses Maß der **Kontrolle** der in den Tagesauszügen mitgeteilten Kontobewegungen und Kontostände sowie eine **unverzügliche Beanstandung** erkannter Fehlbuchungen verlangt[103]. Dementsprechend haben die kreditwirtschaftlichen AGB eine Prüfungspflicht in den Katalog der Mitwirkungspflichten des Kunden aufgenommen (Nr. 11 Abs. 4 AGB Banken). Der Kunde hat danach Kontoauszüge auf ihre Richtigkeit und Vollständigkeit unverzüglich zu überprüfen und etwaige Einwendungen unverzüglich zu erheben. Die schuldhafte Verletzung dieser Kontrollpflicht macht den Kunden nach den Grundsätzen der positiven Forderungsverletzung gegenüber der Bank schadensersatzpflichtig[104]. Der Gefahr einer Überspannung der für den Kunden zumutbaren Aufmerksamkeit ist durch Anwendung eines vernünftigen Sorgfaltsmaßstabes entgegenzuwirken[105]. Bei einer Verletzung der Prüfungspflichten durch den Kunden wird

---

99 BGH WM 1985, 936, 937.
100 *Baumbach/Hopt*, § 355 Rn 9.
101 BGH WM 1985, 936, 937.
102 BGH WM 1979, 417, 419; 1985, 905, 906.
103 BGH WM 1991, 57, 60.
104 BGH WM 1979, 417, 419.
105 BGH WM 1978, 998, 999.

regelmäßig eine Abwägung nach § 254 BGB stattfinden. Denn die Pflicht der Bank zur richtigen Erstellung der Auszüge ist vorrangig[106].

aa) Verfügbarkeit des Giroguthabens

Der Kontokorrentcharakter des Girokontos schließt nicht aus, daß der Kunde jederzeit über sein Kontoguthaben verfügen kann. Der Kunde kann also die Auszahlung des sich zwischen den Rechnungsabschlüssen für ihn ergebenden (Tages-)Guthabens verlangen und in der banküblichen Weise durch Überweisungsaufträge verfügen[107]. Denn der Anspruch auf jederzeitige Verfügbarkeit des Tagesguthabens basiert nicht auf dem Kontokorrentverhältnis, sondern auf dem zugrundeliegenden **Girovertragsverhältnis**[108], das die Bank zur Durchführung des vom Kunden gewünschten Zahlungsverkehrs verpflichtet. Dieser Anspruch fällt daher nicht unter die Kontokorrentabrede. Die Frage, ob eine bestimmte Forderung kontokorrentpflichtig ist, richtet sich nach der den Geschäftsbeziehungen zugrundeliegenden Vereinbarung der Vertragspartner[109]. Nach dem Girovertrag soll aber die Bank solchen Auszahlungsansprüchen hinsichtlich der Giroguthaben die Kontokorrentabsprache gerade nicht entgegenhalten dürfen. Das Girokonto dient der Durchführung des bargeldlosen Zahlungsverkehrs; der Kunde muß daher über sein Giroguthaben **jederzeit** verfügen können[110].

3.74

bb) Pfändbarkeit des Tagessaldos

Soweit das Girokonto Guthaben ausweist, wird nach **§ 357 HGB** der Tagessaldo im Zeitpunkt der Pfändung (sog. **Zustellungssaldo**) erfaßt[111]. Unwirksam ist dagegen die Pfändung der Einzelforderungen, die infolge der Kontokorrentbindung bloße Buchungsposten sind und deshalb auch nicht gesondert abgetreten oder verpfändet werden können.

3.75

Neben dem Zustellungssaldo kann auch der girovertragliche Anspruch auf Gutschrift der für den Vollstreckungsschuldner bei der kontoführenden Bank eingehenden Beträge mitgepfändet werden. Dies hat aber nur zur Folge, daß solche Beträge dem Girokonto gutzuschreiben sind, der Kontoinhaber also nicht vor Gutschrift über dieses anderweitig verfügen kann. Es handelt sich lediglich um

3.76

---

106 *Schimansky* in Bankrechts-Handbuch, § 47 Rn 49; BGH WM 1978, 998, 999.
107 BGH WM 1982, 838.
108 BGH WM 1982, 816, 817; 1982, 838, 839.
109 BGH WM 1982, 816, 818.
110 BGH WM 1989, 126, 128; („Wertstellungsurteil"); *Schlegelberger/Hefermehl*, Anh. § 365 Rn 1.
111 BGH WM 1982, 838, 839.

eine Hilfspfändung, die die weitere Pfändung des Anspruchs auf den Tagessaldo erfordert[112].

3.77 Neben dem Zustellungssaldo können auch **Aktivsalden** aus künftigen Rechnungsabschlüssen gepfändet werden. Beim Bankkonto erstreckt sich diese Pfändung nicht nur auf den nächsten Aktivsaldo, sondern auf alle weiteren künftigen Aktivsalden bis zur vollständigen Befriedigung des Vollstreckungsgläubigers[113].

2. Fremdwährungskonten

3.78 Sichteinlagen werden auch in fremder Währung auf Girokonten unterhalten. Solche Fremdwährungskonten dienen dazu, Zahlungen an den Kunden und Verfügungen des Kunden in fremder Währung bargeldlos abzuwickeln. Auf diesen Konten erteilt die Bank auch regelmäßig **Gutschriften bei Fremdwährungsgeschäften** mit dem Kunden. Schließt die Bank mit dem Kunden zum Beispiel ein Devisentermingeschäft ab, aus dem sie die Verschaffung eines Betrages in fremder Währung schuldet, wird sie ihre Fremdwährungsverbindlichkeit durch Gutschrift auf dem Konto des Kunden in dieser Währung erfüllen, sofern nicht etwas anderes vereinbart ist (Nr. 10 Abs. 2 AGB Banken).

3.79 Die Bank kann daher gegen diese Fremdwährungsforderungen nicht mit eigenen auf Deutsche Mark (Euro) lautenden Forderungen gegen den Kontoinhaber aufrechnen. Geldforderungen in verschiedenen Währungen sind nach Rechtsprechung und h.M. ungleichartig[114]. Die **einseitige Aufrechnung** ist nur möglich, soweit der Bank als Schuldnerin der Fremdwährungsforderung die Ersetzungsbefugnis des § 244 Abs. 1 BGB zusteht[115].

3.80 Auf Girokonten bei inländischen Banken unterhaltene Guthaben stellen keine Devisen dar.

3.81 Devisen sind Ansprüche auf Zahlungen in fremder Währung gegen Schuldner an einem ausländischen Platz[116]. Hierzu gehören vor allem die Kontoguthaben bei der Zentralbank oder den Geschäftsbanken im Heimatland der Währung, also z.B. US-Dollar-Guthaben bei der Federal Reserve Bank oder den Geschäftsbanken in den USA. Dieses ausländische Buchgeld ist Gegenstand des Devisenhandels der

---

112 BGH WM 1985, 344, 345.
113 BGH WM 1981, 542, 543.
114 *Palandt/Heinrichs*, § 387 Rn 9; *Vorpeil*, RIW 1993, 529 m.w.Nachw.
115 RGZ 106, 99, 100; 167, 60, 62.
116 *Lipfert*, Devisenhandel und Devisenoptionshandel, 4. Aufl., 1992, S. 17; *Schönle*, Bank und Börsenrecht, 2. Aufl., 1976, S. 403; *Kümpel*, WM 1986, 661, 666; *Kleiner*, WM 1988, 1459.

Banken[117]. Zu den Devisen gehören auch auf ausländische Währung lautende Zahlungsansprüche, die wertpapiermäßig verbrieft sind, wie zum Beispiel die US-amerikanischen Staatspapiere in Gestalt der Treasury-notes und -bills[118]. Von diesen Devisen sind zu unterscheiden die ausländischen Barzahlungsmittel in Gestalt von Banknoten und Münzen, die als Sorten bezeichnet werden[119].

Verfügungen über Guthaben auf Fremdwährungskonten etwa durch Überweisungsaufträge werden unter Einschaltung von Banken im Heimatland der Währung abgewickelt, wenn sie die Bank nicht vollständig innerhalb des eigenen Hauses ausführt. Die Banken unterhalten zur Deckung solcher Fremdwährungsguthaben Kontoguthaben bei ausländischen **Korrespondenzbanken**. Dabei handelt es sich vor allem um Banken im Heimatland der Währung. Hierdurch soll das Risiko vermieden werden, daß sich die Bank bei einer späteren Verfügung des Kunden über das Fremdwährungskonto zu einem ungünstigeren Devisenkurs eindecken muß (Grundsatz der Vermeidung sog. offener Devisenpositionen)[120]. Aus dieser Unterhaltung von **Deckungsguthaben im Ausland** erwächst den Kreditinstituten andererseits das Risiko politisch bedingter Verfügungsbeschränkungen, die nach allgemeinen Grundsätzen auch auf die Geschäftsbeziehung der kontoführenden inländischen Bank zu ihren Kunden durchschlagen. Nr. 10 Abs. 3 AGB Banken bestimmt hierzu, daß die Verpflichtung der Bank zur Ausführung einer Verfügung zu Lasten eines Fremdwährungsguthabens in dem Umfang und solange ausgesetzt ist, als die Bank in der Währung, auf die das Fremdwährungsguthaben des Kunden lautet, wegen politisch bedingter Maßnahmen oder Ereignisse im Lande dieser Währung nicht oder nur eingeschränkt verfügen kann. In dem Umfang und solange diese Maßnahmen oder Ereignisse andauern, ist die Bank auch nicht zu einer Erfüllung an einem anderen Ort außerhalb des Landes der Währung, in einer anderen Währung (auch nicht in Euro) oder durch Anschaffung von Bargeld verpflichtet. Dies folgt aus den auftragsrechtlichen Grundsätzen, wie sie auf das dem Fremdwährungskonto zugrundeliegenden Geschäftsbesorgungsverhältnis (§ 675 BGB) anwendbar sind[121] – Rn. 2.497 ff.

3.82

---

117 Die Deutsche Bundesbank, Geldpolitische Aufgaben und Instrumente, Sonderdrucke der Deutschen Bundesbank Nr. 7, 6. Aufl., 1993, S. 42; *Lipfert,* Devisenhandel und Devisenoptionshandel, 4. Aufl., 1992, S. 17.
118 *Kümpel,* WM 1986, 661, 667; *Lipfert,* Devisenhandel und Devisenoptionshandel, 4. Aufl., 1992, S. 17.
119 *Kleiner,* Internationales Devisen- und Schuldrecht, 1985, S. 51; *Schönle,* Bank- und Börsenrecht, 2. Aufl., 1976, S. 403; *Lipfert,* Devisenhandel und Devisenoptionshandel, 4. Aufl., 1992, S. 17.
120 Vgl. hierzu Grundsatz Ia zu § 10 KWG, veröffentlicht im BAnz vom 31. 12. 1992 Nr. 245, S. 9763 f. und abgedruckt in WM 1993, 315, 316.
121 *Kümpel,* FS Schimansky, 1999, S. 221, 228 ff.

3.83 Die Verpflichtung der Bank zur Ausführung einer Verfügung zu Lasten eines Fremdwährungsguthabens ist dagegen nicht ausgesetzt, wenn die Bank sie vollständig im eigenen Haus ausführen kann. Das Recht des Kunden und der Bank, fällige gegenseitige Forderungen in derselben Währung miteinander zu verrechnen, bleibt von den vorstehenden Regelungen unberührt (vgl. Nr. 10 Abs. 3 S. 3, 4 AGB Banken).

III. Spareinlagen

3.84 Das KWG enthielt für Spareinlagen Sonderregelungen in den §§ 21, 22 KWG, die bei seiner Novellierung im Jahre 1993 entfallen sind. Damit hat der Gesetzgeber einen weiteren und gleichzeitig den letzten Schritt in der **Deregulierung des Sparverkehrs** vollzogen, nachdem er auf jeglichen Einfluß auf die Zinsgestaltung der Kreditinstitute verzichtet hat[122].

3.85 Nach Meinung des Gesetzgebers waren die bisherigen gesetzlichen Regelungen aufgrund der „Entwicklung im modernen Spar- und Einlagengeschäft der Kreditinstitute nicht mehr erforderlich. Der Sparer ist heute in hohem Maße ertragsbewußt und mit einer ganzen Reihe von Sparformen, unter anderem mit Termineinlagen und variabel- oder festverzinslichen Wertpapieren, gut vertraut." Die Förderung des Sparwillens sei daher „nicht mehr davon abhängig, daß durch gesetzlichen Eingriff in die Vertragsfreiheit ein standardisiertes Produkt ‚Spareinlage' geschaffen wird"[123].

3.86 Der Kreditwirtschaft steht es nach der amtlichen Begründung frei, Spareinlagen in unveränderter oder leicht gewandelter Form anzubieten. Dabei könnten die für das Vertragsverhältnis der Kreditinstitute mit den Sparern für bedeutsam erachteten Regelungen der aufgehobenen KWG-Vorschriften in die AGB der Kreditinstitute aufgenommen werden. Dies gelte insbesondere für die Kündigungsfristen des aufgehobenen § 22 Abs. 1 und 2 KWG[124].

3.87 Die **Spareinlagen** zeichnen sich gegenüber dem **Sichtguthaben** auf den Girokonten dadurch aus, daß sie ungeachtet ihrer verhältnismäßig kurzfristigen Fälligkeit oder Kündbarkeit erfahrungsgemäß lange bei der kontoführenden Bank unterhalten werden. Sie sind daher für die Kreditinstitute als Finanzierungsmittel für langfristige Ausleihung geeignet und können deshalb sowohl bei der Berechnung der Mindestreserve als auch nach den Grundsätzen II und III im Sinne der §§ 10, 11 KWG gesondert

---

122 Amtl. Begr., BR-Drucksache 504/92, S. 35.
123 Amtl. Begr., BR-Drucksache 504/92, S. 35.
124 BR-Drucksache 504/92, S. 35.

erfaßt werden[125], soweit sie die Bilanzierungskriterien des § 21 Abs. 4 der Verordnung über die Rechnungslegung der Kreditinstitute (RechKredV) erfüllen.

1. Begriffsmerkmale

Die Spareinlagen sollten nach dem Willen des Gesetzgebers auch in Zukunft an geeigneter Stelle in einer Weise definiert werden, bei der ihr bisheriger besonderer Charakter gewahrt bleibt. Dies ist durch **§ 21 Abs. 4 RechKredV** geschehen[126]. Diese Regelung enthält eine Minimalregelung für den Sparverkehr[127]. Mit ihr ist kein Schutz der Bezeichnung „Spareinlage" verbunden. Es handelt sich vielmehr um eine „technische" Begriffsbestimmung[128]. Spareinlagen sind nach § 21 Abs. 4 RechkredV nur **unbefristete Gelder,** die vier Voraussetzungen erfüllen[129].

3.88

Sie sind durch Ausfertigung einer Urkunde, insbesondere eines Sparbuchs, als Spareinlagen gekennzeichnet (1) und nicht für den Zahlungsverkehr bestimmt (2). Sie werden nicht von Kapitalgesellschaften, Genossenschaften, wirtschaftlichen Vereinen, Personenhandelsgesellschaften oder von Unternehmen mit Sitz im Ausland mit vergleichbarer Rechtsform angenommen, es sei denn, diese Unternehmen dienen gemeinnützigen, mildtätigen oder kirchlichen Zwecken (3). Schließlich muß eine Kündigungsfrist von mindestens drei Monaten vereinbart worden sein (4).

3.89

Anstelle eines Sparbuches kann auch eine Sparkarte (Spar Card) ausgegeben werden, die in Verbindung mit dem aktuellen Kontoauszug die Sparurkunde bildet. Mit dieser Spar Card können in Verbindung mit der persönlichen Geheimzahl (PIN) insgesamt DM 3000 pro Kalendermonat an Geldautomaten im In- und Ausland abgehoben werden.

3.90

Sparbedingungen, die dem Kunden das Recht einräumen, über seine Einlagen mit einer Kündigungsfrist von drei Monaten bis zu einem bestimm-

3.91

---

125 *Boos,* Die Bank 1992, 455, 458; *Lange,* BB 1993, 1677, 1678 f.; vgl. auch Amtl. Begr., BR-Drucksache 504/92, S. 36.
126 Hinsichtlich dieser Vorschrift ist die Verordnung (BGBl. I 1992, S. 203) durch die Erste Verordnung zur Änderung der Verordnung über die Rechnungslegung der Kreditinstitute ergänzt worden (BGBl. I 1993, S. 924; vgl. BT-Drucksache 12/4876, S. 4, 6). Zu den Anforderungen der Rechnungslegungsverordnung an die Spareinlage vgl. *Kaiser,* WM 1996, 141 ff.
127 So die Amtl. Begr., BT-Drucksache 12/4876, S. 6.
128 Amtl. Begr., BT-Drucksache 12/4876, 6.
129 Zu verschiedenen Abgrenzungsfragen bei Spareinlagen vgl. das Schreiben des Bundesaufsichtsamtes für das Kreditwesen (AZ. I 3-1097 RechKredV-1/97).

ten Betrag, der jedoch pro Sparkonto und Kalendermonat DM 3000 nicht überschreiten darf, ohne Kündigung zu verfügen, schließen deren Einordnung als Spareinlagen nach § 21 Abs. 4 RechKredV nicht aus.

3.92 Nach der **BGH**-Rechtsprechung sind Geldbeträge, die wie Termingelder von vornherein nur befristet hereingenommen werden, als Spareinlage ungeeignet. Spareinlagen sollen eine längerfristige Einlage sein und nicht jeder kurzfristigen Verfügungsdisposition zugänglich sein[130]. Unschädlich ist es dagegen, wenn die Spareinlage mit Geld finanziert wird, das von einem Dritten als Darlehen entgegengenommen worden ist. Unzulässig ist nur die darlehensweise Finanzierung durch das kontoführende Kreditinstitut selbst[131].

2. Erfordernis der Kündigung

3.93 Wesentliches Begriffsmerkmal solcher unbefristeten (Spar-)Einlagen ist also, daß eine Kündigungsfrist von mindestens drei Monaten vereinbart wird. Der jeweils geltende Zinssatz für Spareinlagen mit einer solchen Mindest-Kündigungsfrist wird als sog. **Spareckzins** bezeichnet. Er bildet die Grundlage für die Bemessung der Zinsen der Darlehen mit längerer Kündigungsfrist. Als Faustregel gilt: Je länger die Kündigungsfrist, desto größer der Nutzen der Geldinstitute aus der Ausleihung dieser Spargelder und desto höher im Regelfall auch der gewährte Zinssatz.

3.94 Soweit das Sparbuch mehr als 30 Jahre nach der letzten Eintragung vorgelegt wird, kann sich die kontoführende Bank bei Geltendmachung des Rückzahlungsanspruches auf Verjährung (§§ 195, 222, 224 BGB) berufen[132].

3.95 Der aufgehobene § 22 Abs. 1 KWG enthielt ebenfalls eine gesetzliche Mindestkündigungsfrist von drei Monaten. Diese Mindestkündigungsfrist ist bedeutsam für die Frage, ob die Bank mit schuldbefreiender Wirkung leistet, wenn sie unter Mißachtung dieser Kündigungsfrist an einen nichtberechtigten Inhaber eines Sparbuches Auszahlungen vornimmt. Die Rechtsprechung hat eine schuldbefreiende Wirkung verneint. Sie könne nicht daraus abgeleitet werden, daß es sich bei den Sparbüchern um Legitimationspapiere im Sinne des § 808 Abs. 1 BGB handelt. Nach dieser Vorschrift wird der Schuldner durch die Leistung an den Inhaber der Urkunde befreit, wenn die Urkunde mit der Bestimmung ausgegeben worden ist, daß die in der Urkunde versprochene Leistung an

---

130 BGH WM 1975, 733, 735.
131 OLG Celle WM 1986, 820.
132 LG Bonn WM 1995, 2139; LG Lübeck WM 1996, 717.

jeden Inhaber bewirkt werden kann. Die hierdurch gesetzlich geschaffene **Legitimationswirkung beschränkt** sich also auf die in der Urkunde versprochenen Leistungen. Versprochen in diesem Sinne sind nach dem BGH aber nur solche Auszahlungen der Bank, die dem jeweiligen Sparvertrag unter Beachtung aller vertraglichen und gesetzlichen Bestimmungen entsprechen[133].

Zu den hiernach einzuhaltenden Bestimmungen gehören ein Sperrvermerk zugunsten eines Dritten[134] wie auch die gesetzlich vorgeschriebenen oder vertraglich vereinbarten Kündigungsfristen. Insbesondere Auszahlungen unter Mißachtung dieser Kündigungsfristen stellen daher keine von der Legitimationswirkung des Sparbuches geschützten „versprochenen" Leistungen dar. Solche Auszahlungen an den **nichtberechtigten Vorleger** der Spaurkunde braucht der Inhaber des Sparbuches also nicht gegen sich gelten zu lassen. Nach dem BGH[135] vermögen die hiergegen vorgebrachten Einwände und Argumente nicht zu überzeugen. Insbesondere stehe dem nicht entgegen, daß der Schuldner nach § 271 Abs. 2 BGB grundsätzlich zu einer vorzeitigen Leistung berechtigt ist. Bei dieser Vorschrift handelt es sich um eine Auslegungsregel, für deren Anwendung kein Raum ist, wenn im Einzelfall ausdrücklich gesetzliche Sonderregelungen wie im (aufgehobenen) § 22 KWG bestehen oder entsprechende vertragliche Absprachen getroffen worden sind.

3.96

Diese Rechtsprechung dürfte durch den Wegfall des § 22 KWG unberührt bleiben, wenn entsprechend § 21 Abs. 4 RechKredV eine **Mindestkündigungsfrist** von drei Monaten vereinbart worden ist. Denn der BGH hat für die Frage, ob eine versprochene Leistung im Sinne des § 808 BGB vorliegt, ausdrücklich auch vertraglich vereinbarte Kündigungsfristen für ausreichend erklärt[136].

3.97

Aufgrund der Legitimationswirkung des Sparbuches kann jedoch der Nichtberechtigte das Sparguthaben fristgemäß kündigen. Bei einer Auszahlung nach Ablauf der Kündigungsfrist leistet die Bank sodann mit schuldbefreiender Wirkung an den nicht berechtigten Buchvorleger[137].

3.98

---

133 BGH WM 1975, 733, 735.
134 BGH WM 1976, 1050; vgl. auch WM 1988, 1478, 1479.
135 WM 1975, 733, 735.
136 WM 1975, 733, 735; nach *Nobbe* hängt die Aufrechterhaltung der bisherigen Rechtsprechung von der Beurteilung des Inhalts der RechKredV ab (Neue höchstrichterliche Rechtsprechung zum Bankrecht, RWS-Skript Nr. 40, 6. Aufl., 1995, S. 87).
137 WM 1975, 733, 736.

3.99 Der Nachweis der Auszahlung eines Sparguthabens ist im Falle der fehlenden Eintragung im Sparbuch nur durch eindeutige bankinterne Unterlagen möglich. Dies gilt auch dann, wenn die Aufbewahrungsfrist nach § 257 Abs. 4 HGB bereits abgelaufen ist[138].

3. Freigrenze bis DM 3000

3.100 Bei Spareinlagen mit einer Kündigungsfrist von drei Monaten können auch ohne Kündigung bis zu DM 3000 für jedes Sparkonto zurückgefordert werden. Diesem „Freibetrag" liegt der Gedanke zugrunde, daß sich eine strikte Einhaltung der Mindestkündigungsfrist von drei Monaten hemmend auf das erwünschte Kontosparen des breiten Publikums auswirken könnte.

3.101 Den Freibetrag von DM 3000 können die Kreditinstitute daher mit schuldbefreiender Wirkung auch an nichtberechtigte Vorleger von Sparbüchern zahlen. Eine solche betragsmäßig begrenzte Auszahlung gehört zu den von der Legitimationswirkung des Sparbuches geschützten **versprochenen Leistungen**. Problematisch sind nur solche Auszahlungen an Nichtberechtigte, die über diesen Freibetrag hinausgehen. Damit ist die weitere Frage verbunden, ob eine Bank bei Auszahlung eines über den Freibetrag hinausgehenden Betrages hinsichtlich des gesamten Betrages von ihrer Schuld gegenüber dem Gläubiger des Sparguthabens nicht befreit wird oder ob die befreiende Wirkung in Höhe des Freibetrages eintritt. Diese Frage wird in der Rechtsprechung unterschiedlich beurteilt[139].

3.102 Werden Spareinlagen vom berechtigten Kontoinhaber ausnahmsweise vorzeitig zurückverlangt, so ist der zurückgezahlte Betrag als **Vorschuß** zu verzinsen. Die Berechnung solcher Vorschußzinsen konnte unter der Geltung der §§ 20, 21 KWG unterbleiben. Dabei hatte das Bundesaufsichtsamt für das Kreditwesen weitere Sachverhalte von der **Vorschußzinsberechnung** freigestellt[140]. Auch nach Wegfall der §§ 20, 21 KWG kann die Bank weiterhin Vorschußzinsen berechnen, wenn der Kunde eine Rückzahlung des Sparguthabens über den Freibetrag von DM 3000 hinaus verlangt. Hierzu bedarf es aber einer entsprechenden Regelung in

---

138 LG Oldenburg WM 1998, 1821; vgl. weiter LG Berlin WM 1999, 1320 u. AG Schöneberg WM 1999, 1319.
139 Im zweiten Sinn haben sich der BGH (WM 1986, 608), das BayObLG (WM 1968, 259, 261) und das LG München I (WM 1985, 599), im ersten Sinne das OLG Hamm (NJW 1961, 1311, 1312), das LG Hamburg (WM 1983, 577) und das LG Essen (WM 1987, 1452, 1453) entschieden.
140 Mitteilung des BAKred Nr. 1/44 vom 3.8.1964, abgedruckt in *Consbruch/Möller/Bähre/Schneider*, Tz. 4.44.

den von der Bank verwendeten „Bedingungen für Sparkonten"[141]. Die Berechnung von Vorschußzinsen ist jedoch kein unverzichtbares Begriffsmerkmal der Spareinlage im Sinne der Verordnung über die Rechnungslegung der Kreditinstitute[142].

4. Rechtsnatur des Sparbuches

Umstritten ist, ob das Sparbuch ein **Wertpapier** oder nur ein **schlichtes Legitimationspapier** ohne Wertpapiercharakter ist. So ist die vom BGH[143] bejahte Wertpapiereigenschaft durch das bankrechtliche Schrifttum in Zweifel gezogen worden[144]. Gegen den Wertpapiercharakter spricht vor allem, daß die hierfür typische Umlauffähigkeit des verbrieften Forderungsrechts mit dem Ziel des Sparens unvereinbar ist. Auch konnte aus dem gesetzlichen Zwang zur Vorlegung des Sparbuches, wie er durch den aufgehobenen § 21 Abs. 4 Satz 3 KWG geschaffen worden war, der Wertpapiercharakter nicht abgeleitet werden. Der **Vorlegungszwang** diente nicht der für die wertpapiermäßige Verbriefung typischen Verstärkung der Rechtsposition späterer gutgläubiger Erwerber. Dadurch sollten nur längerfristig verfügbare Sparguthaben von den täglich fälligen Geldern des Zahlungsverkehrs unterscheidbar gemacht werden[145].

3.103

---

141 *Lange,* BB 1993, 1677, 1680 f.
142 *Kaiser,* WM 1996, 141, 146.
143 WM 1975, 733, 736.
144 Den Wertpapiercharakter des Sparbuches verneinen *Schraepler,* NJW 1973, 1864; *Kümpel,* WM 1983, Sonderbeilage Nr. 6, 11; *ders.,* WM 1984, 802, 803 f. Auch nach *Baumbach/Hefermehl* wird angesichts der Häufigkeit von Auszahlungen ohne Vorlage des Sparbuches vielfach angenommen, daß das Sparbuch grundsätzlich kein Wertpapier sei (*Baumbach/Hefermehl,* WPR Rn 86). Dagegen ist nach *Zöllner* (Wertpapierrecht, 14. Aufl., 1987, S. 179) der Wertpapiercharakter im Zweifel zu bejahen.
145 Vgl. *Kümpel,* WM 1984, 802, 803 m.w.Nachw.

3. Abschnitt
Kontobeziehung

I. Begriff des Kontos

3.104 Der Begriff Konto ist **mehrdeutig**. Rechtlich gesehen wird mit dem Konto die Rechtsstellung des Kunden gegenüber der Bank bezeichnet[146]. Diese Rechtsstellung ist als Inhaberschaft eines Forderungsrechts zu qualifizieren. Gläubiger dieser Forderung auf Rückzahlung der Einlage ist der Kunde, wenn das Konto für ihn ein Guthaben ausweist. Dabei handelt es sich bei der **Sichteinlage** um den Rückgewähranspruch im Sinne der unregelmäßigen Verwahrung (§ 700 Abs. 1 S. 3 i.V.m. § 695 BGB) und bei den **Termin- und Spareinlagen** um den darlehensrechtlichen Rückzahlungsanspruch (§ 607 BGB). Weist dagegen das Konto einen Schuldsaldo aus, so ist die Bank Gläubigerin der Forderung[147].

3.105 In tatsächlicher Hinsicht wird das Konto als Inbegriff von Buchungsunterlagen verstanden. Insoweit sind die Konten Teil der Handelsbücher im Sinne von § 238 HGB.

3.106 In der Praxis hat sich zwischenzeitlich die **Loseblattbuchführung** durchgesetzt[148]. Nach dem HGB (§ 239 Abs. 4 S. 1) können die Handelsbücher auch auf Datenträgern geführt werden, soweit diese Formen der Buchführung und das dabei angewandte Verfahren den Grundsätzen ordnungsgemäßer Buchführung entsprechen. Damit ist die Buchführung mit Hilfe der EDV vom Gesetzgeber anerkannt worden.

3.107 Bei der Überarbeitung der AGB im Jahre 1993 sind im Interesse der Kürzung der Grund-AGB einige die Kontoführung betreffende **AGB-Klauseln** in die Formulare („Vordrucke") für die Kontoeröffnung integriert worden. Die in den Grund-AGB verbliebenen Kontoführungs-Klauseln betreffen die Rechnungsabschlüsse bei Kontokorrentkonten, die Storno- und Berichtigungsbuchungen, die Erteilung von Gutschriften unter dem Vorbehalt der Einlösung (E.V.-Gutschriften) sowie die Risiken bei Fremdwährungskonten (Nr. 7 bis 10 AGB Banken).

3.108 Das Beispiel der **Kontoeröffnungsformulare** zeigt, daß das Formularwesen der Kreditinstitute neben den Grund-AGB und den Sonderbedingungen für

---

146 *Canaris*, Bankvertragsrecht³, Rn 142.
147 Nach *Canaris*, Bankvertragsrecht³, Rn 142, handelt es sich um einen darlehensrechtlichen Rückzahlungsanspruch (§ 607 BGB).
148 Vgl. *Liesecke*, WM 1975, 214, 215.

einzelne Geschäftsbereiche eine wesentliche Quelle für AGB-mäßige Regelungen des Kunde/Bankverhältnisses ist. So wird in den Eröffnungsformularen für Girokonten klargestellt, daß das Konto „in laufender Rechnung"[149] und damit als Kontokorrentkonto geführt wird. Auch wird die Form der Übermittlung der Kontoauszüge festgelegt (durch Kontoauszugsdrucker, Abholung am Bankschalter oder postalische Übersendung). Des weiteren enthalten die Kontoeröffnungsformulare die einheitliche „Schufa-Klausel". Hierdurch erklärt sich der Kunde damit einverstanden, daß die Bank zur Beurteilung seiner Kreditwürdigkeit bestimmte Auskünfte an die Schutzgemeinschaft für Allgemeine Kreditsicherung GmbH (Schufa) erteilt.

II. Kontoinhaberschaft

Für die Kontobeziehung ist von großer praktischer Bedeutung, wer als **Inhaber** des Kontos anzusehen ist. Kontoinhaber kann, wenn das Konto ein Guthaben ausweist, nur derjenige Bankkunde sein, der Gläubiger der zugrundeliegenden Forderung ist. Denn das Konto ist nur die banktechnische Bezeichnung für die verbuchte Forderung. Der Gläubiger und damit der Inhaber der Forderung muß daher notwendigerweise auch Inhaber des Kontos sein. Weist das Konto einen Schuldsaldo aus, ist der Kontoinhaber der Schuldner der zugrundeliegenden Verbindlichkeit.   3.109

Diese Kontoinhaberschaft ist aus mehreren Gründen zweifelsfrei klarzustellen.   3.110

1. Öffentlich-rechtliche Identifizierungspflichten der Kreditinstitute

Die Abgabenordnung (§ 154 Abs. 2 S. 1) verlangt eine vorherige **Legitimationsprüfung**, wenn ein Konto geführt, Wertsachen verwahrt oder als Pfand entgegengenommen oder ein Schließfach überlassen wird. Die Kreditinstitute haben sich dabei „Gewißheit über die Person und Anschrift der Verfügungsberechtigten zu verschaffen und die entsprechenden Angaben in geeigneter Form, bei Konten **auf** dem **Konto,** festzuhalten"[150]. Nach *Canaris* ist eine sorgfältige Identitätskontrolle auch deshalb vorzunehmen, um Fälschungen oder die Erschleichung von Überweisungen unter fremden Namen zu verhindern bzw. aufzudecken[151].   3.111

---

149 Den Ausdruck „laufende Rechnung" verwendet auch die Legaldefinition der Kontokorrentabrede (§ 355 Abs. 1 HGB).
150 Vgl. *Schebesta,* WM 1985, 1329.
151 Bankvertragsrecht[3], Rn 24. Vgl. auch LG Köln WM 1988, 374, 376.

3.112 Es ist im übrigen sicherzustellen, daß das kontoführende Kreditinstitut jederzeit darüber Auskunft geben kann, über welche Konten oder Schließfächer eine Person verfügungsberechtigt ist (§ 154 Abs. 2 S. 2 AO). Dabei genügt es, daß sich die Bank in irgendeiner Form Gewißheit über die Identität des Kunden verschafft. Die Kreditinstitute haben insoweit Identifizierungs-, Registrierungs- und Auskunftssicherungspflichten[152].

3.113 Seit Beginn des Jahres 1992 überprüfen die Kreditinstitute auch die Legitimation der gesetzlichen Vertreter und der Bevollmächtigten ihrer Kunden. Hierzu werden die Namen der überprüften Vertreter in einem alphabetischen Register (sog. Bevollmächtigtenkartei) vermerkt[153]. Diese geänderte Praxis beruht auf Anweisungen des Bundesfinanzministers vom 8. 10. 1991[154].

3.114 Strengere Anforderungen an die **Identifizierung** stellt das Gesetz über das Aufspüren von Gewinnen aus schweren Straftaten (**Geldwäschegesetz – GwG**) vom 25. 10. 1993[155], das der Bekämpfung der Geldwäsche im Sinne des § 261 StGB dient[156]. § 261 StGB ist durch das „Gesetz zur Bekämpfung des illegalen Rauschgifthandels und anderer Erscheinungsformen der Organisierten Kriminalität" (**OrgKG**) vom 15. 7. 1992[157] in das Strafgesetzbuch eingefügt worden. Nach dieser Strafvorschrift wird u.a. bestraft, wer einen Vermögensgegenstand, der aus dem Verbrechen eines anderen, aus Rauschgiftgeschäften und aus einem organisierten Verbrechen herrührt, für einen Dritten entgegennimmt, annimmt, anlegt oder verwahrt, wenn er die Herkunft des Gegenstandes zu dem Zeitpunkt gekannt hat, zu dem er ihn erlangt hat (§ 261 Abs. 1, 2 StGB). Solche Tatbestände können auch im Bankgeschäft verwirklicht werden. Der Täter kann jedoch Strafbefreiung erlangen, wenn er die Tat freiwillig bei der zuständigen Behörde anzeigt oder freiwillig eine solche Anzeige veranlaßt, sofern nicht die Tat in diesem Zeitpunkt ganz oder zum Teil bereits entdeckt war und der Täter dies wußte oder bei verständiger Würdigung der Sachlage damit rechnen mußte. Weitere Voraussetzung der Strafbefreiung ist

---

152 *Philipowski*, WM 1992, 721, 722; vgl. weiter BGH WM 1994, 2270, 2271.
153 Diese Bevollmächtigtenkartei kann neben der Gläubigerkartei geführt werden (*Philipowski*, WM 1992, 721).
154 Veröffentlicht in BStBl. I 1991, S. 932.
155 BGBl. I 1993, S. 1770. Eine Aufstellung wesentlicher Schreiben des Bundesaufsichtsamtes für das Kreditwesen zu seiner Verlautbarung über „Maßnahmen der Kreditinstitute zur Bekämpfung und Verhinderung der Geldwäsche" sind abgedruckt in *Consbruch/Möller/Bähre/Schneider*, Kz 11.02. ff.; *Ungnade*, WM 1993, 2069, 2074 ff., 2105.
156 Zum Verhältnis der Identifizierungspflicht des Geldwäschegesetzes zur Legitimationspflicht nach § 154 AO vgl. *Hasse*, WM 1995, 1941 ff.; vgl. weiter *Herzog*, WM 1999, 1905 ff.
157 BGBl. I 1992, S. 1302; *Ungnade*, WM 1993, 2069.

die Sicherstellung der betreffenden Vermögensgegenstände (§ 261 Abs. 9 StGB).

Von dieser strafbefreienden Anzeige ist die Anzeigepflicht zu unterscheiden, die das Geldwäschegesetz eingeführt hat. Die Geldwäsche ist als solche regelmäßig schwer erkennbar. Sie wird meist gut getarnt und kann daher nicht ohne weiteres von legalen Finanztransaktionen unterschieden werden. Eine effektive Bekämpfung der Geldwäsche erfordert mehr als nur eine angemessene Identifizierung der Bankkunden mit einer ausreichenden Aufzeichnung und Aufbewahrung der vorgeschriebenen Daten. Das Geldwäschegesetz (§ 11 Abs. 1) hat daher eine **Anzeigepflicht** für Verdachtsfälle eingeführt. Danach haben u.a. die Bankmitarbeiter bei der Feststellung von Tatsachen, die darauf schließen lassen, daß eine Finanztransaktion einer Geldwäsche dient oder im Falle ihrer Durchführung dienen würde, diese unverzüglich mündlich, fernmündlich, fernschriftlich oder durch elektronische Datenübermittlung den zuständigen Strafverfolgungsbehörden anzuzeigen. Der Anzeigende kann hierfür nicht verantwortlich gemacht werden, es sei denn, die Anzeige ist vorsätzlich oder grob fahrlässig unwahr erstattet worden (§ 12 GwG). Die Anzeigepflicht nach dem Geldwäschegesetz schließt im übrigen nicht die Freiwilligkeit der Anzeige im Sinne des § 261 Abs. 9 StGB aus, die unter den dort normierten Voraussetzungen zur Straffreiheit führt (§ 11 Abs. 4 GwG).

3.115

Das Kreditinstitut darf eine ihm angetragene Finanztransaktion frühestens durchführen, wenn ihm die Zustimmung der Staatsanwaltschaft übermittelt ist oder wenn der zweite Werktag nach dem Abgangstag der Anzeige verstrichen ist, ohne daß die Durchführung der Transaktion strafprozessual untersagt worden ist. Für hieraus resultierende Schäden sind die Kreditinstitute nicht haftbar, sofern die Anzeige nicht vorsätzlich oder grob fahrlässig unwahr erstattet worden ist. Ist ein Aufschub der Finanztransaktion nicht möglich, so darf diese durchgeführt werden. Die Anzeige ist unverzüglich nachzuholen (§ 11 Abs. 1 S. 2 und 3 GwG). Das Kreditinstitut darf den Auftraggeber der Finanztransaktion nicht von der Anzeige oder von einem daraufhin eingeleiteten Ermittlungsverfahren in Kenntnis setzen (§ 11 Abs. 3 GwG).

3.116

Die Kreditinstitute haben in allen Fällen, auch wenn kein Verdacht auf Geldwäsche besteht, bei Finanztransaktionen denjenigen zu identifizieren, der ihnen gegenüber auftritt (§ 2 Abs. 1 GwG). **Finanztransaktion** ist jede Handlung, die eine Geldbewegung oder eine sonstige Vermögensverschiebung bezweckt oder bewirkt (§ 1 Abs. 6 GwG). Die Pflicht zum Identifizieren besteht bei einer Annahme oder Abgabe von Bargeld, Wertpapieren im Sinne des § 1 Abs. 1 DepG oder Edelmetallen im Wert von DM 30 000 oder mehr. Dasselbe gilt, wenn das Kreditinstitut mehrerere Transaktionen in diesem Sinne durchführt, die zusammen einen Betrag

3.117

im Wert von DM 30 000 oder mehr ausmachen, sofern tatsächliche Anhaltspunkte dafür vorliegen, daß zwischen ihnen eine Verbindung besteht – **sog. Smurfing** – (§ 2 Abs. 2 GwG).

3.118 Diese Identifizierungspflicht entfällt jedoch, wenn der zu Identifizierende dem Kreditinstitut persönlich bekannt oder wenn er bei früherer Gelegenheit identifiziert worden ist (§ 7 GwG). Dasselbe gilt bei Finanztransaktionen zwischen Kreditinstituten oder wenn der Inhaber oder Mitarbeiter eines Unternehmens auf das Konto des Unternehmens regelmäßig Gelder bar einzahlen oder von ihm abheben, oder wenn Bargeld in einem Nachttresor deponiert wird, soweit dem Kreditinstitut die Namen der Einzahlenden oder Abhebenden bekanntgegeben worden sind (§ 2 Abs. 4 GwG). Im letzteren Falle hat das Kreditinstitut den Namen des Einzahlenden oder Abhebenden auf den Einzahlungs- oder Abhebungsbeleg aufzuzeichnen (§ 9 Abs. 1 S. 4 GwG)[158].

3.119 Die **Identifizierung** hat dadurch zu geschehen, daß der Name aufgrund eines Personalausweises oder Reisepasses sowie das Geburtsdatum und die Anschrift, soweit sie darin enthalten sind, und Art, Name und Datum der ausstellenden Behörde des amtlichen Ausweises festgestellt werden (§ 1 Abs. 5 GwG). Bei der Identifizierung hat sich das Kreditinstitut zu erkundigen, ob der zu Identifizierende für eigene Rechnung handelt. Verneint dies der zu Identifizierende, so hat das Kreditinstitut nach dessen Angaben Name und Anschrift desjenigen festzustellen, für dessen Rechnung gehandelt wird (§ 8 Abs. 1 GwG). Dies gilt auch in den Fällen, in denen Einzahlungen auf ein Notar-Anderkonto von dem Kontoinhaber oder dessen Beauftragten vorgenommen werden. Bei der **Verweigerung** der Angabe des wirtschaftlich Berechtigten darf das Kreditinstitut den ihm erteilten Auftrag nicht ausführen[159].

2. Bezeichnung des Kontoinhabers

3.120 Die **Kontoinhaberschaft** ist maßgeblich für die **Verfügungsbefugnis** über das Konto. Hierzu gehört auch die Geltendmachung (Einziehung) der Forderung. Die Verfügungsbefugnis ist im Regelfall Bestandteil des betref-

---

158 Die von einem Kreditinstitut gemäß § 9 GwG gefertigten Unterlagen dürfen gemäß § 10 GwG in einem Steuerstrafverfahren nicht verwertet werden. Es handelt sich nicht um beschlagnahmefähige Beweismittel im Sinne des § 94 StPO (LG Koblenz WM 1997, 63, 64).

159 Hans. OLG Hamburg zur verlangten Barauszahlung von DM 50 000 (WM 1995, 1838, 1839).

fenden Vermögensrechts[160] und steht daher regelmäßig dem Gläubiger der Forderung zu. Sie liegt daher beim Bankkonto regelmäßig beim Kontoinhaber als Gläubiger der zugrundeliegenden Guthabenforderung. In bestimmten **Ausnahmefällen** können aber Verfügungsbefugnis und Gläubigerposition auseinanderfallen, wie dies z.B. auf den Insolvenzverwalter für Konten des Schuldners (§ 80 Abs. 1 InsO) und auf den Testamentsvollstrecker für auf die Erben übergegangene Nachlaßkonten zutrifft (§ 2205 BGB).

Die Kontoinhaberschaft ist wesentlich für die Frage, ob die Bank bei einer Barauszahlung mit befreiender Wirkung geleistet hat[161]. Grundsätzlich erlischt nach **§ 362 Abs. 1 BGB** ein Schuldverhältnis, wie es auch dem Konto zugrundeliegt, wenn „die geschuldete Leistung an den Gläubiger bewirkt wird". Dabei gilt die Leistung an den gesetzlichen oder bevollmächtigten Vertreter des Gläubigers als Leistung an ihn selbst[162]. In Betracht kommen außer der Kontovollmacht gewisse **Vollmachten** mit gesetzlichem Inhalt, wie diejenigen des Prokuristen (§ 53 HGB) oder die des Handlungsbevollmächtigten (§§ 54, 55 HGB). Gesetzliche Vertreter sind insbesondere die Organe einer juristischen Person etwa des Vorstandes eines Vereins (§ 30 BGB) oder einer Aktiengesellschaft (§ 78 Abs. 1 AktG), die Eltern (§§ 1626 ff. BGB), der Vormund (§§ 1773 BGB) oder der Betreuer (§ 1902 BGB). Die schuldbefreiende Wirkung einer Leistung an einen vertretungsberechtigten Dritten entspricht § 164 BGB, wonach eine Willenserklärung im Rahmen der Vertretungsmacht für und gegen den Vertretenen wirkt.

3.121

Dieselbe schuldbefreiende Wirkung hat die Barauszahlung an den im eigenen Namen und daher nicht als Vertreter auftretenden Dritten, der durch den Gläubiger zur Entgegennahme ermächtigt worden ist (§§ 362 Abs. 2, 185 BGB). Diese **Empfangsermächtigung** des Dritten durch den Gläubiger kann vorher (Einwilligung) oder nachträglich (Genehmigung) erfolgen. Diese Ermächtigung, die Erfüllung des Schuldners im eigenen Namen anzunehmen, ist insbesondere gegeben bei allen Formen der Anweisung und damit auch bei einem Scheck (vgl. § 783, 1. HS BGB)[163]. Die rechtsgeschäftlich begründete Empfangsermächtigung ist von der gesetz-

3.122

---

160 *Larenz*, Lehrbuch des Schuldrechts, Allg. Teil, Bd. I, 14. Aufl., 1987, S. 570.
161 Vor der Neufassung der AGB im Jahre 1993 hatte der Kunde den Schaden zu tragen, der daraus entstehen sollte, daß die Bank von einem eintretenden Mangel in der Geschäftsfähigkeit des Kunden unverschuldet keine Kenntnis erlangte. Diese Klausel verstößt nach dem BGH (WM 1991, 1368, 1370 f.) gegen § 9 AGBG.
162 *Larenz*, aaO., S. 244; Münchener Komm. zum BGB/*Heinrichs*, § 362 Rn 16.
163 *Staudinger/Olzen*, § 362 Rn 45.

lich angeordneten Verfügungsbefugnis zu unterscheiden, wie dies insbesondere für den Pfand- und Vollstreckungsgläubiger gilt (§ 1282 BGB; §§ 835, 836 Abs. 1 ZPO).

3.123 Die rechtsgeschäftlich erteilte Empfangsermächtigung des Dritten als Anweisungsempfänger/Scheckinhaber ist auch zu unterscheiden von der **Ermächtigung des Gläubigers an den Schuldner,** an einen Dritten mit Wirkung gegenüber dem Gläubiger zu leisten, wie sie mit der bürgerlich-rechtlichen oder scheckrechtlichen Zahlungsanweisung verknüpft ist (§ 783 letzter HS BGB). Hier wird der Angewiesene durch die Leistung in deren Höhe von der Schuld befreit (§ 787 BGB).

3.124 Diese Bestimmung, nach der die Leistung zu einem automatischen Erlöschen der Schuld führt, ist nach herrschender Lehre auf das Giroguthaben der Bankkonten unanwendbar. Denn das Girokonto ist mit einer Kontokorrentabrede verknüpft (§ 355 HGB). Einem solchen Kontokorrentverhältnis liegt aber die Vorstellung einer Verrechnung und nicht die eines automatischen Erlöschens eines entsprechenden Teils der Guthabenforderung zugrunde[164]. Führt die Bank daher einen Überweisungsauftrag aus, so erwirbt sie in dieser Höhe einen auftragsrechtlichen Erstattungsanspruch (§ 670 BGB), den sie zur kontokorrentmäßigen Verbuchung in das Girokonto einbucht.

3.125 Diese Ermächtigung des Gläubigers an den Schuldner, mit Wirkung ihm gegenüber an einen Dritten zu leisten, ähnelt der gesetzlich nicht geregelten „solutionis causa adiectus". Hier hat der Gläubiger dem Schuldner gestattet, sich durch die Leistung an einen Dritten zu befreien, etwa wenn der Käufer den Verkäufer ersucht, unmittelbar an den Abkäufer des Käufers zu liefern. In diesen Fällen wirkt die Leistung an den Dritten wie die Leistung an den Gläubiger selbst[165].

3.126 Soweit Verfügungsbefugnis und Gläubigerschaft ausnahmsweise wie z.B. beim Insolvenzverwalter oder Testamentsvollstrecker auseinanderfallen, weil dem Gläubiger die Verfügungsmacht entzogen ist (§ 80 Abs. 1 InsO, § 2211 BGB), leistet die Bank mit befreiender Wirkung nur an den **Verfügungsberechtigten.** Die Empfangszuständigkeit als integraler Teil der Verfügungsbefugnis liegt in diesen Ausnahmefällen nicht wie im Regelfall beim Gläubiger (Kontoinhaber), sondern beim Verfügungsberechtigten.

3.127 Im **Todesfall** entscheidet die Kontoinhaberschaft darüber, ob ein bestimmtes Bankguthaben auf die Erben des Verstorbenen übergegangen ist (§ 1922 BGB)[166]. Die Kontoinhaberschaft ist weiter maßgeblich dafür, ob

---

164 *Canaris*, Bankvertragsrecht³, Rn 344.
165 *Staudinger/Olzen*, § 362 Rn 46.
166 Vgl. OLG Nürnberg WM 1990, 928.

das Bankguthaben von einer Insolvenz oder von einer Einzelvollstreckungsmaßnahme betroffen ist. Die Person des Kontoinhabers entscheidet schließlich darüber, ob die Bank wegen ihrer Gegenforderungen auf das Kontoguthaben zurückgreifen kann. Für diesen „Rückgriff" kommt das AGB-Pfandrecht (Nr. 14 AGB Banken), die Aufrechnungsbefugnis nach dem BGB (§ 387 BGB) oder ein Zurückbehaltungsrecht (§ 369 HGB, § 273 BGB) in Betracht.

Soweit das Konto kein Guthaben, sondern einen Schuldsaldo ausweist, ist mit der Kontoinhaberschaft die **Haftung als Schuldner** verbunden. Dieser Haftungsaspekt hat an Bedeutung gewonnen, seitdem die Kreditinstitute ihren Kunden vermehrt die Überziehung des Girokontos gestatten. 3.128

3. Maßgeblichkeit der Kontobezeichnung

Im Einzelfall kann es streitig werden, wer Inhaber eines bestimmten Kontos ist. Sodann ist unter besonderer Berücksichtigung der Umstände des Einzelfalls zu prüfen, **wer** nach dem erkennbaren Willen der das Konto eröffnenden Person **Gläubiger** der Bank werden sollte[167]. Denn das Konto ist nur die banktechnische Bezeichnung für das zugrundeliegende Forderungsverhältnis. Der Gläubiger als Inhaber der Forderung muß daher auch der Inhaber des diese Forderung dokumentierenden Kontos sein. 3.129

Nach Rechtsprechung und Schrifttum ist Gläubiger eines Bankguthabens regelmäßig derjenige, der in dem Kontoeröffnungsformular durch Namensnennung als Inhaber des Kontos bezeichnet worden ist (sog. **formeller Kontoinhaber**)[168]. Der Kontobezeichnung kommt deshalb mehr als eine bloße Indizwirkung zu; ihr ist vielmehr ein besonderes Gewicht beizumessen[169]. 3.130

Nach der Rechtsprechung besteht im Giroverkehr, der auf eine unkomplizierte Abwicklung angelegt ist, ein großes praktisches Bedürfnis für einfache und klare Rechtsverhältnisse, denen man am besten gerecht wird, wenn man den formellen Kontoinhaber grundsätzlich auch als Gläubiger ansieht. Hinzu kommt, daß das 3.131

---

167 BGH WM 1987, 1418, 1419; 1990, 537, 538; OLG Nürnberg WM 1990, 929 m.w.Nachw.; *Canaris*, NJW 1973, 825. Vgl. weiter OLG Zweibrücken, wonach es nicht darauf ankommt, aus wessen Mitteln die eingezahlten Gelder stammen (WM 1990, 754, 755).
168 OLG München WM 1986, 33, 34; OLG Düsseldorf WM 1989, 91, 92; OLG Brandenburg, WM 1999, 267, 268.
169 BGH WM 1986, 35; 1996, 249, 250.

3. Teil: Einlagengeschäft

Girokonto im Unterschied zum Sparkonto passiv werden kann und daß die Bank daher ein starkes Interesse an einer **eindeutigen Festlegung** der Person des Kontoinhabers als ihrem Schuldner hat[170].

3.132 Die Kontobezeichnung ist auch dann maßgeblich, wenn der als Kontoinhaber Bezeichnete sein Girokonto einem Dritten zum alleinigen Gebrauch für die Abwicklung ausschließlich eigener Geldgeschäfte unter Erteilung einer Kontovollmacht überläßt. Der formelle Kontoinhaber kann sich sodann nicht auf den Wegfall der Bereicherung berufen, wenn der Verfügende alle Eingänge auf dem Konto veruntreut[171].

3.133 Dagegen kann für die Kontoinhaberschaft die Verfügungsbefugnis und die Unterschrift als Kontoinhaber stärkeres Gewicht haben als eine unklare Namensangabe in der Rubrik „Kontoinhaber", wenn der Namensangabe ein Zusatz, z.B. „Joint-venture-Konto", hinzugefügt worden ist[172].

3.134 Eine andere Bedeutung kommt der Kontobezeichnung bei **Sparkonten** zu, bei denen Sparbücher auszugeben sind[173]. Nach der Rechtsprechung hat der Besitz des Sparbuches eine starke Indizwirkung für die Kontoinhaberschaft. So soll bei Anlegung eines Sparkontos auf den Namen eines Dritten dieser im Zweifel noch nicht als Berechtigter anzusehen sein, solange sich der Errichtende den Besitz an dem Sparbuch vorbehält[174] und sich aus den Vereinbarungen zwischen der Bank und dem Errichtenden keine Anhaltspunkte für das Gegenteil ergeben[175]. Das Indiz dieses Besitzes hat Vorrang vor der Kontobezeichnung. Die Benennung eines Dritten in einem Sparbuch ist nicht mehr als der formelle Anlaß für die Frage einer etwaigen Drittberechtigung[176]. Denn der das Sparkonto Errichtende kann mit Rücksicht auf die Legitimationskraft des Sparbuches über das Guthaben verfügen, weil die Bank an ihn mit befreiender Wirkung leisten kann (vgl. § 808 Abs. 1 S. 1 BGB)[177].

---

170 OLG Düsseldorf WM 1989, 91, 92 m.w.Nachw. (Eröffnung eines Girokontos für einen Minderjährigen durch den vertretungsberechtigten Vater).
171 OLG Köln, WM 1998, 1327.
172 OLG Hamm WM 1993, 1713.
173 BGH WM 1996, 249, 250.
174 BGH WM 1965, 897, 900; 1970, 712 f.; OLG Nürnberg WM 1990, 928, 930 f.; OLG Zweibrücken WM 1990, 754, 755; OLG Düsseldorf WM 1993, 835, 836.
175 OLG Köln WM 1995, 1956.
176 OLG Köln WM 1995, 1956.
177 *Canaris*, Bankvertragsrecht³, Rn 156.

4. Inhaberschaft bei besonderen Kontoarten

Die Praxis kennt nicht nur eine Kontoart, sondern eine Vielzahl von Kontoarten. Hier sind vor allem das Sonderkonto, das Treuhandkonto, das Anderkonto und das Konto pro Diverse zu nennen. Die Rechtsverhältnisse dieser verschiedenen Kontoarten werfen hinsichtlich der Kontoinhaberschaft eine Reihe von Rechtsfragen auf.

3.135

a) Sonderkonto

Beim Sonder-(Separat-)Konto handelt es sich um ein Konto, das besonderen Zwecken dient. Rechtlich gesehen ist auch das Sonderkonto regelmäßig ein Eigenkonto des Verfügungsberechtigten. In Ausnahmefällen kann es aber auch ein Fremdkonto sein[178]. Das **Fremdkonto** ist dadurch gekennzeichnet, daß die Verfügungsmacht über das Konto einem anderen als dem Gläubiger der Guthabenforderung zusteht, während beim **Eigenkonto** Kontoinhaber und Verfügungsberechtigter identisch sind. Die Abgrenzung zwischen Eigen- und Fremdkonto ist z.B. wesentlich für die Aufrechnungsmöglichkeit der Bank, die lediglich gegenüber dem Kontoinhaber besteht[179]. Ob ein Eigen- oder ein Fremdkonto vorliegt, ist nach den Grundsätzen zu bestimmen, die Rechtsprechung und Schrifttum für die Ermittlung des Kontoinhabers entwickelt haben. Danach ist beim Girokonto, das auch als Sonderkonto geführt werden kann, regelmäßig Kontoinhaber, wer in dem Kontoeröffnungsformular durch **Namensnennung** als Inhaber des Kontos bezeichnet worden ist. Von entscheidender Bedeutung ist also, auf wessen Namen das Sonderkonto lautet. Dabei werden im Schrifttum und in der Rechtsprechung 4 Fallgruppen unterschieden:

3.136

Wird das Konto auf **eigenen Namen ohne Zusatz** errichtet, so liegt grundsätzlich ein Eigenkonto des Errichtenden vor. Daran ändert sich auch dann nichts, wenn die bei der Bank eingezahlten Gelder einem anderen gehören[180] oder der Einzahlende durch die Errichtung eines Eigenkontos eine Pflichtverletzung gegenüber einem Dritten begangen hat. Dies gilt selbst dann, wenn der Einzahlende die Bank wie beim offenen Treuhandkonto darauf hingewiesen hat, daß es sich um fremdes Geld handelt und die Bank mit der Errichtung eines solchen Treuhandkontos einverstanden ist.

3.137

Wird das Konto auf **eigenen Namen mit** einem bestimmten **Verwendungszweck** oder einem sonstigen auf eine Drittbeziehung hinweisenden

3.138

---

178 *Canaris*, Bankvertragsrecht³, Rn 243; *Liesecke*, WM 1975, 214, 222 f.
179 *Canaris*, Bankvertragsrecht³, Rn 238.
180 OLG Zweibrücken WM 1990, 754, 755 (Eröffnung eines Sparkontos durch gesetzlichen Vertreter).

Vermerk errichtet, so liegt nach dem Bundesgerichtshof grundsätzlich ebenfalls ein Eigenkonto des Errichtenden vor.

3.139 Wird ein Konto auf den **eigenen Namen unter Zusatz** eines **fremden Namens** errichtet, so handelt es sich regelmäßig um ein Eigenkonto des Errichtenden, wenn dessen Name an erster Stelle steht.

3.140 Dagegen liegt im Zweifel ein Fremdkonto vor, wenn jemand ein Konto **auf einen fremden Namen** errichtet. Hat sich allerdings der Errichtende die Verfügungsbefugnis über das Konto durch Vereinbarung mit der kontoführenden Bank vorbehalten, so soll nach dem Schrifttum[181] darin meist ein Indiz zu erblicken sein, das ungeachtet der Errichtung des Kontos auf fremden Namen für ein Eigenkonto des Verfügungsberechtigten spricht. Einen Ausnahmefall bildet die Errichtung eines Sparkontos auf den Namen des Kindes durch einen Elternteil, der das Sparbuch im Besitz hält[182]. Weitere **Ausnahmen,** bei denen ein Fremdkonto angenommen werden kann, liegen vor, wenn der das Konto auf fremden Namen Errichtende ohne Vereinbarung mit der Bank schon kraft Gesetzes oder seines Amtes über das Konto verfügen kann, wie dies für den Testamentsvollstrecker (§ 2205 BGB) oder Insolvenzverwalter (§ 80 Abs. 1 InsO) gilt. Hier ist die erforderliche Verfügungsbefugnis auch bei Errichtung eines echten Fremdkontos auf den Namen des Erben oder des Gemeinschuldners gegeben. Dem Insolvenzverwalter bleibt es aber unbenommen, das Sonderkonto auf seinen Namen als Eigenkonto zu errichten[183]. Ebenso kann der Testamentsvollstrecker auf seinen Namen ein Eigenkonto etwa mit dem Zusatz „Nachlaß" unterhalten.

b) Offenes Treuhandkonto

3.141 Bei einem offenen Treuhandkonto wird durch die Kontobezeichnung der Bank gegenüber deutlich gemacht, daß auf dieses Konto ausschließlich Werte gelangen sollen, die dem Kontoinhaber nur als Treuhänder zustehen[184]. Hierzu können auch **Beträge** gehören, die **Dritte** bestimmungsgemäß auf dieses Konto einzahlen[185]. Ein treuhänderisches Rechtsgeschäft ist dadurch gekennzeichnet, daß es dem Treuhänder nach außen ein Mehr an Rechten überträgt, als er nach der gleichzeitig mit dem Treugeber

---

181 Vgl. *Canaris,* Bankvertragsrecht[3], Rn 155 m.w.Nachw.
182 BGH WM 1970, 712, 713; OLG Düsseldorf WM 1989, 91, 92.
183 BGH WM 1988, 1222, 1223.
184 BGH WM 1987, 922, 923; LG Köln WM 1987, 606 (Treuhandkonto für eine Wohnungseigentümergemeinschaft); OLG Brandenburg WM 1999, 267, 268.
185 BGH WM 1996, 662.

getroffenen schuldrechtlichen Abrede ausüben darf[186], wie es z.B. auf die Sicherungszession und Sicherungsübereignung zutrifft.

Für die Begründung eines echten Treuhandverhältnisses ist zwar grundsätzlich erforderlich, daß der Treuhänder das Treugut aus dem Vermögen des Treugebers übertragen erhält[187]. Von diesem Grundsatz der Unmittelbarkeit wird aber eine Ausnahme zugelassen, wenn Geldbeträge auf einem Anderkonto oder einem eigens hierfür errichteten Treuhandkonto eingezahlt werden[188]. 3.142

Das offene Treuhandkonto nimmt daher eine **Mittelstellung** zwischen dem Eigenkonto und dem Fremdkonto ein. Es ist **Eigenkonto,** weil der Verfügungsberechtigte Kontoinhaber ist. Der Treuhandcharakter hat jedoch zur Konsequenz, daß das offene Treuhandkonto in verschiedener Hinsicht wie ein **Fremdkonto** behandelt wird. Dies gilt insbesondere bei einer Insolvenz des Kontoinhabers oder bei Vollstreckungen in das Konto durch Gläubiger des Kontoinhabers. Im übrigen schränkt der offene Treuhandcharakter das AGB-Pfandrecht der Kreditinstitute (Nr. 14 Abs. 1 AGB Banken) ein[189]. Die Bank darf aber gegen die Ansprüche aus dem Treuhandkonto mit Forderungen, die im Zusammenhang mit diesem Konto stehen, aufrechnen[190]. 3.143

Ein **offenes** Treuhandkonto liegt nur vor, wenn das Konto ausdrücklich als solches bezeichnet wird[191] – zum Anderkonto als Unterart des Treuhandkontos vgl. Rn. 3.148. Das offene Treuhandkonto erfordert nach der BGH-Rechtsprechung, daß nicht nur der Kunde, sondern auch die Bank den erkennbaren Willen hat, ein solches Konto zu errichten[192]. Es genügt daher nicht, wenn die Bank nur mit Rücksicht auf ihre Identifizierungspflicht nach dem Geldwäschegesetz (§ 8 Abs. 1) in den Kontoführungsunterlagen vermerkt, daß der Kunde das Konto für Rechnung eines Dritten unterhält. Darlegungs- und beweispflichtig für die Voraussetzungen eines offenen Treuhandkontos ist der Kontoinhaber[193]. 3.144

Bei einem Konto auf den Namen des Errichtenden ohne jeglichen auf den Treuhandcharakter hindeutenden Zusatz ist dagegen von einem regulären 3.145

---
186 *Palandt/Heinrichs,* Überbl. v. § 104 Rn 25.
187 BGH WM 1993, 83, 84.
188 BGH WM 1993, 83, 84.
189 Vgl. BGH WM 1990, 1954, 1955.
190 Vgl. OLG München WM 1992, 1732, 1735 für den Fall der Rückbelastung diskontierter Wechsel.
191 BGH WM 1993, 83, 84.
192 BGH WM 1990, 1954, 1955; 1993, 1524.
193 BGH WM 1985, 688, 689.

Eigenkonto auszugehen. Unerheblich ist, wenn der Errichtende lediglich den inneren Willen zur Errichtung eines Treuhandkontos hatte, dies jedoch nicht erkennbar zum Ausdruck gebracht hat. Denn es kommt nicht auf den inneren, sondern auf den erkennbaren Willen an. Ein solches **verdecktes Treuhandkonto** ist daher nach der Rechtsprechung im Verhältnis zur Bank als gewöhnliches Eigenkonto zu behandeln[194]. Dies gilt auch dann, wenn die eingezahlten Gelder aus dem Vermögen eines Dritten stammen und der Errichtende durch die Errichtung eines solchen Eigenkontos eine Pflichtverletzung beging, sofern nur der Wille zur Errichtung eines Eigenkontos hinreichend deutlich geworden ist. Die Bank erwirbt daher ein AGB-Pfandrecht. Sie kann sich aber schadensersatzpflichtig gemäß § 826 BGB machen, wenn sie an später eingehenden Geldern trotz Kenntnis der Treuhandbindung ein Pfandrecht für ihre Ansprüche gegen den Treuhänder persönlich entstehen läßt[195].

3.146 Für das Widerspruchsrecht des Treugebers nach § 771 ZPO oder des involvenzrechtlichen Aussonderungsrechts (§ 47 InsO) ist dagegen die Offenlegung des Treuhandcharakters gegenüber Dritten nicht zwingend erforderlich[196]. Dieses Interventionsrecht besteht aber nur solange, als der Treuhänder mit dem Treuhandkonto entsprechend der Treuhandabsprache verfährt[197].

3.147 Unschädlich für den Treuhandcharakter ist, wenn der Treuhänder gegenüber dem Herausgabeanspruch des Treugebers (§ 667 BGB) mit Forderungen aus dem Treuhandverhältnis aufrechnet und sich insoweit aus dem Treuhandkonto befriedigt[198].

c) Anderkonto

3.148 Das Anderkonto ist eine Unterart des offenen Treuhandkontos. Es unterliegt grundsätzlich den für offene Treuhandkonten geltenden Regeln[199]. Seine wichtigste Besonderheit besteht darin, daß die Kreditinstitute es nur für **bestimmte Berufsgruppen** eröffnen. Hierzu gehören die Rechtsanwälte, Patentanwälte und Angehörige der öffentlich bestellten wirtschaftsprüfenden und wirtschafts- und steuerberatenden Berufe[200]. Eröff-

---

194 Vgl. BGH WM 1987, 1418, 1419; 1990, 1954, 1955; 1993, 83, 84; OLG Hamm WM 1999, 1111, 1112; *Canaris*, Bankvertragsrecht³, Rn 164.
195 BGH WM 1990, 1954, 1955.
196 BGH WM 1993, 1524; WM 1996, 662; OLG Hamm WM 1999, 1111, 1112.
197 BGH WM 1959, 686, 688.
198 BGH WM 1996, 662, 663.
199 BGH WM 1996, 662; LG Berlin WM 1988, 1309, 1311.
200 Vgl. BGH WM 1988, 1222 f.

net daher ein Betriebswirt – in einem Verfahren vor dem Inkrafttreten der Insolvenzordnung am 1. 1. 1999 – als vorläufiger Vergleichsverwalter unter Angabe seiner Funktion und des Namens der Schuldnerfirma ein Bankkonto für die Betriebsfortführung während des Anschlußkonkurses, so ist dieses Konto, auch wenn das Antragsformular für Anderkonten verwendet worden ist, kein Anderkonto, sondern ein Sonderkonto des Konkursverwalters[201].

d) Sperrkonto

Als Sperrkonto wird ein Konto bezeichnet, bei dem besondere **Einschränkungen der Verfügungsmacht** des Kontoinhabers bestehen. Die Bankkunden verlangen zuweilen die Errichtung eines solchen Kontos. Das Sperrkonto soll zwar auf den Namen des Kunden lauten. Über das darauf verbuchte Guthaben soll aber der Kontoinhaber nur gemeinsam mit einem Dritten (Sperrbegünstigten) verfügen dürfen. Im Regelfall ist der Sperrbegünstigte entweder ein Gläubiger des Kunden, der eine Sicherheit erhalten soll, oder ein von dritter Seite Beauftragter, der die zweckentsprechende Verwendung des Kontoguthabens überwachen soll.

3.149

Die Errichtung eines Sperrkontos ist für die Bank unbequem. Sie wird in eine **Überwachungspflicht** gedrängt und läuft Gefahr, in Streitigkeiten zwischen den Beteiligten verwickelt zu werden. Soll durch die gewünschte Sperre eine Forderung des Begünstigten gegen den Kunden gesichert werden, so ist dem Kunden eine Verpfändung zugunsten seines Gläubigers vorzuschlagen. Denn die Errichtung eines Sperrkontos schafft noch nicht die allseits erwünschte Rechtsklarheit, ob für den Sperrbegünstigten die dingliche Rechtsposition eines Pfandgläubigers begründet worden ist[202]. Nach dem BGH und dem Schrifttum kann in der Sperre des Kontos eine Verpfändung oder Sicherungsabtretung liegen.

3.150

Diese Kontosperre kann aber auch nur eine schuldrechtliche Wirkung haben (§ 137 S. 2 BGB)[203]. In diesem Fall ist sie nicht insolvenzfest. Der Sperrbegünstigte erwirbt nur eine schuldrechtliche Rechtsstellung, die ihm im Insolvenzverfahren zu keiner Vorzugsstellung verhilft[204]. Beruft sich die Bank später gegenüber dem Sperrbegünstigten auf ihr AGB-Pfandrecht wegen Forderungen gegen den Kontoinhaber, so kann sie hierdurch gegen Treu und Glauben (§ 242 BGB) verstoßen[205].

3.151

---

201 BGH WM 1988, 1222, 1223.
202 OLG Nürnberg WM 1998, 1968 für Mietkautionskonto.
203 BGH WM 1984, 799, 800; *Canaris*, NJW 1973, 825, 829.
204 BGH WM 1986, 749, 750 m.w.Nachw.
205 OLG Nürnberg WM 1998, 1968; OLG München WM 1999, 317, 320.

3.152 Lehnt es der Kunde ab, diese klare Rechtslage zu schaffen, oder handelt es sich bei dem Mitwirkungsberechtigten um keinen Gläubiger des Kunden, empfiehlt es sich, ein **Gemeinschaftskonto** für beide mit gemeinschaftlicher Verfügungsbefugnis zu eröffnen. Hierdurch werden zumindest der Bank gegenüber die Verfügungsbefugnisse über das Kontoguthaben klargestellt.

3.153 Soweit kein Gemeinschaftskonto, sondern ein Sperrkonto eröffnet wird, empfiehlt es sich, den Sperrbegünstigten hiervon mit folgendem Hinweis zu unterrichten:

3.154 „Die Eröffnung des Kontos ist nicht dahingehend überprüft worden, ob es Ihnen im Verhältnis zu Dritten eine gesicherte Rechtsposition verschafft. Einen Widerruf der Bestimmung, daß Verfügungen nur mit Ihrer Zustimmung getroffen werden können, werden wir nur mit Ihrem Einverständnis zulassen."

e) Konto pro Diverse

3.155 Beim Konto pro Diverse handelt es sich um ein **bankinternes Sammelkonto.** Dieses Sammelkonto ist kein Konto im rechtlichen (engeren) Wortsinn. Hier fehlt es an einem Kontoinhaber, weil die auf diesem Konto verbuchten Geschäftsvorgänge grundsätzlich keine Zahlungsansprüche der hiervon Betroffenen begründen sollen. Das Konto dient vielmehr dazu, Geschäftsvorgänge für eine Vielzahl von Personen, die bei der Bank kein entsprechendes eigenes Konto unterhalten, buchungsmäßig zu dokumentieren.

3.156 Das Konto pro Diverse ist eine Zweckschöpfung der Bankpraxis mit sehr unterschiedlichen Funktionen. Buchungen auf einem solchen Konto sind rechtlich nicht einheitlich zu bewerten; ihnen können Geschäfte sehr verschiedener Art zugrundeliegen. Diese Buchungen haben im allgemeinen nur vorläufigen und bankinternen Charakter[206]. Ein Überweisungsempfänger, der bei der Empfängerbank kein entsprechendes Konto unterhält, erwirbt daher allein mit der Buchung auf dem Konto pro Diverse noch keinen Auszahlungsanspruch gegen die Bank. Dies gilt nach dem BGH auch für den Fall, daß ein Darlehen durch eine solche Überweisung im bargeldlosen Zahlungsverkehr ausgezahlt werden soll und der überwiesene Betrag zunächst auf dem Konto pro Diverse verbucht wird[207]. Hier ist das beabsichtigte Darlehen erst gewährt, wenn sich die zwischengeschaltete Bank mit dem Überweisungsempfänger im Einzelfall geeinigt hat, daß dem Empfänger gegen die Bank ein Anspruch auf den auf dem Konto pro Diverse verbuchten Betrag zustehen soll.

---
206 BGH WM 1986, 1182, 1183.
207 BGH WM 1986, 1182, 1183.

Erst die Umstände des Einzelfalls können also aufgrund einer Gutschrift 3.157
auf dem Konto pro Diverse eine vertragliche Beziehung zwischen Bank
und Überweisungsbegünstigten begründen. Sodann ist der Gutschriftsbegünstigte gegenüber der Bank berechtigt, über den gutgeschriebenen Betrag zu verfügen oder seine Auszahlung zu verlangen. Solange diese vertraglichen Voraussetzungen jedoch nicht vorliegen, kann z.B. eine auf dem Konto pro Diverse dokumentierte Überweisung noch widerrufen werden. Auch geht eine Pfändung durch Gläubiger des Überweisungsbegünstigten ins Leere.

f) Gesellschaft des bürgerlichen Rechts

Spezielle AGB-mäßige Regelungen enthalten die Kontoeröffnungsformulare für die Gesellschaften des bürgerlichen Rechts[208]. Hierdurch sollen möglichst klare Vertretungs- und Haftungsverhältnisse geschaffen werden. Die gesetzliche Regelung entspricht nicht den praktischen Bedürfnissen. Eine Vertretungsbefugnis der mit der Geschäftsführung betrauten BGB-Gesellschafter besteht kraft Gesetzes nicht. Sie kann nur rechtsgeschäftlich im Wege einer Vollmacht geschaffen werden[209]. Diese Vollmachtserteilung knüpft das BGB (§ 714) im Zweifel an die einem Gesellschafter übertragenen Geschäftsführungsbefugnisse[210]. Der Umfang dieser Befugnisse ist der Bank aber regelmäßig unbekannt; aus Kosten- und Risikogründen nimmt sie von einer Überprüfung der internen gesellschaftsvertraglichen Absprachen Abstand. 3.158

Auch besteht ein Bedürfnis nach Klarstellung der Haftungsverhältnisse. Soweit ein Gesellschafter mit ausreichender Vertretungsmacht auch für die anderen Gesellschafter handelt, wird zwar eine gesamtschuldnerische Haftung begründet, die sich nach den allgemeinen Vorschriften der persönlichen Verpflichtung mehrerer Personen (§ 427 BGB) auch auf das eigene Vermögen der vertretenen Gesellschafter erstreckt[211]. Die Haftung der Gesellschafter kann jedoch auf das Gesellschaftsvermögen beschränkt werden (Gesamthandschuld)[212]. Die BGB-Gesellschaft ist sodann haf- 3.159

---

208 Die Angehörigen freier Berufe können sich nach dem Partnerschaftsgesetz vom 25. 7. 1994 (BGBl. I, S. 1744) zu „Partnerschaften" zusammenschließen, deren Rechtsverhältnisse, insbesondere die rechtsgeschäftliche Vertretung, sich weitgehend am Recht der offenen Handelsgesellschaft orientieren (*Meilicke/Hoffmann/von Westphalen/Lenz*, Partnerschaftsgesellschaftsgesetz, 1995).
209 BGH WM 1979, 774.
210 Vgl. *Palandt/Sprau*, § 714 Rn 2.
211 *Palandt/Sprau*, § 718 Rn 8.
212 BGH WM 1985, 56, 57 m.w.Nachw.; 1990, 1113, 1114.

tungsmäßig der Kommanditgesellschaft angenähert[213]. Zu diesem Zweck kann im Gesellschaftsvertrag ausdrücklich die Haftung auf das Gesellschaftsvermögen beschränkt werden. Hierin liegt eine Beschränkung der Vertretungsbefugnis des geschäftsführenden Gesellschafters. Im Verhältnis zu Dritten ist diese Haftungsbeschränkung nach dem BGH aber nur wirksam, wenn sie „nach außen erkennbar ist"[214].

3.160 Angesichts dieser unübersichtlichen und damit risikoreichen Rechtslage enthalten die Kontoeröffnungsformulare für BGB-Gesellschafter klarstellende AGB-mäßige Regelungen für die Geschäftsbeziehung zur Bank. So werden die vertretungsberechtigten Gesellschafter in dem sog. Unterschriftsprobenblatt benannt, das die Namenszüge für die spätere Legitimationsprüfung bei Kontoverfügungen enthält und Teil der Kontoeröffnungsunterlagen ist. Üblicherweise wird den Vertretungsberechtigten auch gestattet, zu Lasten der anderen Gesellschafter der Gesellschaft eingeräumte Kredite jeder Art in Anspruch zu nehmen und von der Möglichkeit vorübergehender Kontoüberziehungen im banküblichen Umfang Gebrauch zu machen[215].

g) GmbH „in Gründung"

3.161 Die GmbH entsteht nach § 11 Abs. 1 GmbHG mit der Eintragung in das Handelsregister. Der Zusammenschluß der GmbH-Gründer vor dieser Eintragung, aber nach dem Abschluß des Gesellschaftsvertrages (§ 2 GmbHG), wird als Vorgesellschaft bezeichnet. Diese **„Vor-GmbH"** stellt eine Rechtsform eigener Art dar[216].

3.162 Von der Vor-GmbH ist als weitere Vorstufe der GmbH-Gründung die **Vorgründungsgesellschaft** zu unterscheiden. Ihr Zweck besteht darin, die geplante GmbH durch Abschluß des GmbH-Vertrages zu gründen. In der Praxis ist die Bildung einer Vorgründungsgesellschaft sowie die Aufnahme von Geschäftstätigkeiten durch sie eher selten. Auf die Vorgründungsgesellschaft finden die Rechtsregeln über die Vorgesellschaft keine Anwendung[217]. Dies gilt insbesondere auch für § 11 Abs. 2 GmbHG[218]. Zudem gehen die Rechte und Verbindlichkeiten der Vorgrün-

---

213 *Palandt/Sprau*, § 714 Rn 4.
214 WM 1985, 56, 57; 1992, 1964, 1966 f. m.w.Nachw.
215 Für den Abschluß eines Kreditvertrages bedarf es dagegen einer Vereinbarung mit allen BGB-Gesellschaftern.
216 BGH WM 1969, 119, 120; *Hachenburg/Ulmer*, GmbHG, 8. Aufl., 1990/1992, § 11 Rn 8 m.w.Nachw.
217 *Hachenburg/Ulmer*, GmbHG, 8. Aufl., 1990/1992, § 11 Rn 104.
218 BGH WM 1984, 929.

dungsgesellschaft nicht automatisch auf die später entstehende Vor-GmbH und die GmbH über[219].

3.163 Sofern die Gesellschafter nicht bereits ein Handelsgewerbe unter gemeinschaftlicher Firma betreiben (§ 105 HGB), handelt es sich bei der Vorgründungsgesellschaft – wie in der Regel – um eine Gesellschaft bürgerlichen Rechts. Hinsichtlich der Kontoinhaberschaft gelten dann die zu ihr erörterten Besonderheiten.

3.164 Die Vor-GmbH besitzt als ein auf die künftige juristische Person hin angelegtes Rechtsgebilde bereits vorläufige Rechtsfähigkeit und kann daher im Rechtsverkehr auftreten. Die Vor-GmbH kann daher auch Bankkonten eröffnen[220]. Ihre Einrichtung wird im Regelfall erforderlich sein, um der Vor-GmbH die Entgegennahme des nach § 7 Abs. 2 GmbHG geschuldeten Viertels der Stammeinlage zu ermöglichen.

3.165 Kontoinhaber eines entsprechenden Kontos kann außer der Vor-GmbH auch ein Geschäftsführer sein, wenn dieser hierbei als Treuhänder handelt[221]. Nach § 54 Abs. 3 S. 2 AktG, der für die Vor-GmbH entsprechend gilt, stehen die Gutschriften auf diesem Konto der Gesellschaft zu[222].

3.166 In der Vor-GmbH haften zum einen gemäß § 11 Abs. 2 GmbHG die handelnden Personen gesamtschuldnerisch, wenn sie vor der Eintragung im Namen der Gesellschaft tätig geworden sind. Zum anderen haften auch die nicht handelnden Gründungsgesellschafter persönlich für die Verbindlichkeiten der Vor-GmbH. In Rechtsprechung und Literatur ist dabei umstritten, ob die Haftung als Außenhaftung auf die Höhe der noch nicht geleisteten Einlagen beschränkt ist, ob sie unbeschränkt oder ob lediglich eine Innenhaftung gegenüber der Gesellschaft anzunehmen ist[223].

3.167 Die Kontoeröffnungsformulare sehen eine unbeschränkte Haftung vor. Die Gründungsgesellschafter erklären danach, daß sie für alle Ansprüche, die der Bank aus der bankmäßigen Geschäftsverbindung – insbesondere aus Kreditgewährungen jeder Art – gegen die GmbH in Gründung zustehen und noch zustehen werden, bis zur Eintragung der GmbH in das Handelsregister gesamtschuldnerisch und unbeschränkt haften. Die

---

219 BGH WM 1984, 929; *Hachenburg/Ulmer*, GmbHG, 8. Aufl., 1990/1992, § 2 Rn 49.
220 BGH WM 1966, 571, 573. Nach dieser Entscheidung ist die Vor-GmbH „von Gesetzes wegen kontofähig".
221 OLG Stuttgart WM 1985, 1066, 1067.
222 *Hachenburg/Ulmer*, GmbHG, 8. Aufl., 1990/1992, § 7 Rn 35; zur dogmatischen Einordnung dieser Vorschrift vgl. *Canaris*, Bankvertragsrecht³, Rn 155a.
223 Vgl. *Hachenburg/Ulmer*, GmbHG, 8. Aufl., 1990/1992, § 11 Rn 62 ff. m.w.Nachw.

Gründungsgesellschafter stellen die Bank im übrigen für die Zeit nach der handelsregisterlichen Eintragung der GmbH von allen Ansprüchen frei, die von dritter Seite gegen sie geltend gemacht werden, weil die Bank Verfügungen über Beträge zugelassen hat, die für die eingetragene GmbH bestimmt waren.

3.168 Das Kontoeröffnungsformular kann im übrigen klarstellen, daß diese persönliche Haftung mit künftiger Wirkung entfällt, wenn ein Gründungsgesellschafter vor der handelsregisterlichen Eintragung aus der GmbH ausscheidet. Dabei können von diesem Haftungsausschluß solche Bankverbindlichkeiten ausgenommen werden, die bis zu dem Zeitpunkt entstanden sind, in dem der Bank das Ausscheiden mitgeteilt wurde oder ihr anderweitig bekanntgeworden ist.

3.169 **Mit der Eintragung** der GmbH in das Handelsregister gehen Rechte und Pflichten der Vorgesellschaft ohne weiteres auf die entstandene GmbH über[224]. Das Vermögen der Vorgesellschaft wird daher Vermögen der GmbH. Inhaberin eines auf die Vor-GmbH lautenden Kontos wird sodann die GmbH.

III. Verfügungs- und Vertretungsbefugnisse Dritter[225]

3.170 Im Regelfall stehen Inhaberschaft und Verfügungsbefugnis beim Bankkonto derselben Person zu. Die „Verfügungsmacht" erscheint der heutigen Rechtslehre als ein normaler Bestandteil jedes Vermögensrechts, das dem Berechtigten immer dann zukommt, wenn es ihm nicht ausnahmsweise entzogen ist[226].

3.171 In Ausnahmefällen steht die Verfügungsmacht einem Dritten zu, weil sie dem Kontoinhaber entzogen ist. Ohne diese Verfügungsmacht ist der Gläubiger nicht zur Annahme der geschuldeten Leistung befugt. Es fehlt ihm sodann die sog. **Empfangszuständigkeit**, die sich mit der Verfügungsmacht deckt[227]. Hier würde eine Leistung der Bank an den Kontoinhaber keine schuldbefreiende Wirkung haben.

1. Aufspaltung von Kontoinhaberschaft und Verfügungsmacht

3.172 Zu einer Aufspaltung von Kontoinhaberschaft und Verfügungsmacht kommt es bei der Bestellung eines Insolvenzverwalters (§ 80 Abs. 1 InsO),

---

224 BGH WM 1981, 400, 402, 403.
225 *Canaris*, NJW 1973, 825.
226 *Larenz*, Lehrbuch des Schuldrechts, Allg. Teil, Bd. I, 14. Aufl., 1987, S. 570.
227 Münchener Komm. zum BGB/*Heinrichs*, § 362 Rn 15.

eines Testamentsvollstreckers (§ 2205 BGB), eines Nachlaßverwalters (§§ 1984, 1985 BGB) und bei der Forderungspfändung (§ 829 ZPO). Insolvenzverwalter sind nach dem BGH gesetzliche Treuhänder, denen das ihnen anvertraute Vermögen nicht zu vollem Recht, sondern nur zur **gesetzlichen Verwaltung** überlassen ist[228]. Eröffnet z.B. ein Testamentsvollstrecker ein Konto auf den Namen des Erben, so ist er zwar verfügungsberechtigt. Gläubiger des Bankkontos und damit Kontoinhaber ist aber der Erbe. Das Bankkonto ist daher kein Eigen-, sondern ein Fremdkonto.

Kein Fall des Auseinanderfallens von Verfügungsbefugnis und Kontoinhaberschaft liegt vor, wenn der Kontoinhaber einem Dritten eine **Kontovollmacht** erteilt. Hier verbleibt die Verfügungsmacht beim Kontoinhaber als Vollmachtgeber. Der Bevollmächtigte übt nur die Verfügungsbefugnis des Kontoinhabers aufgrund der Vollmacht aus. Er handelt im Namen des Kontoinhabers mit der Wirkung, daß die Rechtsfolgen unmittelbar in der Person des vertretenen Kontoinhabers eintreten (§ 164 Abs. 1 S. 1 BGB). Insoweit ergibt sich ein Unterschied zum Testamentsvollstrecker, Insolvenz- oder Nachlaßverwalter. Nach der Rechtsprechung sind diese Personen als Inhaber eines Amtes tätig (**Amtstheorie**). Diesen Personen ist eine von den Beteiligten unabhängige, selbständige Stellung eingeräumt. Sie handeln daher im Rahmen der ihnen zuerkannten Befugnisse im **eigenen** Namen. Nur die Rechtsfolgen treten kraft ausdrücklicher gesetzlicher Bestimmung in der Person des Vermögensinhabers ein[229].

3.173

2. Vertretungsbefugnisse bei Beschränkungen der Geschäftsfähigkeit[230]

Bei der Führung von Konten für geschäftsunfähige oder beschränkt geschäftsfähige Kunden ergeben sich Rechtsfragen aus der erforderlichen rechtsgeschäftlichen Vertretung des Kontoinhabers. Die Befugnis zur Annahme von Leistungen der Bank steht den jeweils kraft Gesetzes vertretungsberechtigten Personen zu. Sie sind in der Vertretungsmacht vielfach, etwa durch vormundschaftsgerichtliche Genehmigungen, beschränkt, so daß der Umfang ihrer Vertretungsmacht für die Frage von

3.174

---

228 WM 1988, 1222, 1223.
229 Vgl. *Larenz/Wolf*, Allgemeiner Teil des deutschen Bürgerlichen Rechts, 8. Aufl., 1997, S. 862 f.
230 Von der fehlenden Geschäftsfähigkeit ist der Fall der mangelnden Rechtsfähigkeit zu unterscheiden, wie dies bei der Kontoeröffnung für einen nichtrechtsfähigen Verein praktisch wird (Beispiel: Kontoeröffnung für eine politische Partei; zu deren Rechtsnatur vgl. *Palandt/Heinrichs*, Einf. v. § 21 Rn 16).

Belang ist, ob die Bank durch Leistung an den gesetzlichen Vertreter von ihrer Leistungspflicht frei wird.

a) Konten für geschäftsunfähige Kunden

3.175 **Minderjährige**, die das siebte Lebensjahr noch nicht vollendet haben, werden als Geschäftsunfähige von beiden Eltern gemeinschaftlich vertreten (§§ 1626 Abs. 1 S. 1, 1629 Abs. 1 S. 2 BGB). Bei geschiedenen Ehen oder getrennt lebenden Eltern richtet sich die Vertretung des Kindes nach der Sorgeberechtigung der Elternteile (§§ 1671, 1672 BGB).

3.176 Der Regelfall ist, daß die Vertretungsbefugnis beiden Eltern gemeinschaftlich obliegt. Diese gesetzliche Regelung kann zu unerwünschten Erschwernissen führen. Die Kontoeröffnungsformulare sehen deshalb die Möglichkeit vor, daß sich die Eltern der Bank gegenüber alleinige Verfügungsbefugnis einräumen. Diese alleinige Verfügungsbefugnis ist vereinbar mit dem Grundsatz, daß eine gesetzliche Gesamtvertretungsbefugnis durch rechtsgeschäftlich erteilte Einzelvertretungsbefugnisse nicht umgangen werden darf. Eine solche Umgehung liegt nur dann vor, wenn sie zur generellen Verlagerung der Vertretungsmacht auf den anderen Gesamtvertretungsberechtigten führt. Hieran fehlt es, wenn die Einzelvertretung der Eltern nur im Rahmen einer einzelnen Rechtsbeziehung wie die einer bankmäßigen Kontobeziehung erfolgt.

3.177 Ist für das minderjährige Kind ein **Vormund** bestellt (§ 1773 BGB), so hat die Bank die besonderen Grenzen der Vertretungsmacht zu beachten. Im Unterschied zu den Eltern darf ein Vormund über eine Forderung des Mündels grundsätzlich nur mit Genehmigung des Gegenvormunds verfügen, sofern nicht die Genehmigung des Vormundschaftsgerichts erforderlich ist (§ 1812 Abs. 1 S. 1 BGB). Fehlt, wie häufig, ein solcher Gegenvormund, tritt an Stelle seiner Genehmigung die Genehmigung des Vormundschaftsgerichts. Von diesem grundsätzlichen Genehmigungserfordernis bestehen einige praktisch bedeutsame Ausnahmen. So ist die Genehmigung entbehrlich, wenn die von der Verfügung betroffene Forderung nicht mehr als DM 5000 beträgt oder wenn Geld zurückgezahlt wird, das der Vormund selbst zur Bestreitung laufender Ausgaben z.B. auf einem Girokonto angelegt hat (§ 1813 Abs. 1 Nr. 2, 3 BGB)[231]. Diese Anlage kann durch Eröffnung eines Kontos bei einem inländischen Kreditinstitut erfolgen, das einer für die Anlage ausreichenden Sicherungseinrichtung gegen Verluste bei einer etwaigen Insolvenz des Kreditinstituts angehört (§ 1807 Abs. 1 Nr. 5 BGB).

---

231 *Palandt/Diederichsen,* § 1813 Rn 4.

Umstritten ist, ob für den genehmigungsfreien Höchstbetrag die Höhe des Kontostandes (Anspruchshöhe) maßgeblich ist oder ob es auf den Einzelbetrag der Kontoverfügung (Verfügungshöhe) ankommt. Nach einem Teil der Rechtsprechung und des Schrifttums sind Verfügungen von einem Girokonto oder einem Sparkonto genehmigungsfrei, wenn der jeweils abverfügte Betrag die Summe von DM 5000 nicht übersteigt[232]. 3.178

Das Vormundschaftsgericht kann den Vormund von diesen Beschränkungen seiner Vertretungsmacht befreien. Eine solche allgemeine Ermächtigung soll aber nur erteilt werden, wenn sie „zum Zwecke der Vermögensverwaltung, insbesondere zum Betrieb eines Erwerbsgeschäfts erforderlich ist" (§ 1825 Abs. 2 BGB). 3.179

b) Beschränkt geschäftsfähige Kontoinhaber

Die Eltern haben auch mitzuwirken, wenn das Konto nicht für einen Geschäftsunfähigen, sondern für ein minderjähriges Kind, das das siebte Lebensjahr vollendet hat, eröffnet wird. Diese Minderjährigen sind zwar **beschränkt geschäftsfähig.** Sie bedürfen aber der Mitwirkung ihrer Eltern als gesetzliche Vertreter, wenn es sich um Willenserklärungen handelt, die für den Minderjährigen nicht lediglich einen rechtlichen Vorteil mit sich bringen (§ 107 BGB). Mit der Errichtung eines Bankkontos sind nicht nur rechtliche Vorteile verbunden, selbst wenn das Konto gebühren- und spesenfrei geführt wird. Für die erforderlichen „rechtlichen Vorteile" kommt es nicht auf die wirtschaftliche Betrachtung an, sondern darauf, ob sich der Minderjährige verpflichtet oder ein Recht aufgibt[233]. Ihm ist daher der Abschluß gegenseitiger Verträge verwehrt, mithin also auch der Abschluß eines Kontoeröffnungsvertrages. 3.180

Der beschränkt Geschäftsfähige verfügt jedoch in Teilbereichen über die einem Volljährigen zustehenden Befugnisse. So ist der Minderjährige, wenn ihn sein gesetzlicher Vertreter zur Eingehung eines Dienst- oder Arbeitsverhältnisses ermächtigt hat, für solche Rechtsgeschäfte **unbeschränkt geschäftsfähig,** die die Eingehung oder Aufhebung dieses Vertragsverhältnisses oder die Erfüllung der sich aus einem solchen Verhältnis ergebenden Verpflichtungen betreffen (§ 113 BGB). Aufgrund dieser gesetzlichen Regelung ist nach heutiger Auffassung auch die Eröffnung eines Lohn- und Gehaltskontos genehmigungsfrei[234]. Gedeckt sind auch Barabhebungen vom Lohn- und Gehaltskonto. Hieran fehlt es aber zum Beispiel 3.181

---

[232] LG Saarbrücken WM 1993, 1845; Münchener Komm. zum BGB/*Schwab*, § 1813 Rn 8; a.A. OLG Köln WM 1994, 1560 m.w.Nachw.
[233] *Palandt/Heinrichs*, § 107 Rn 2 m.w.Nachw.
[234] *Palandt/Heinrichs*, § 113 Rn 4 m.w.Nachw.

bei Überweisungen, die der Minderjährige von dem Lohn- und Gehaltskonto tätigt. In diesen Fällen fehlt die erforderliche Verbindung zwischen den Banküberweisungen und dem Arbeits- oder Dienstverhältnis.

3.182 Mit Rücksicht auf die gewandelten Verkehrsbedürfnisse und -anschauungen sehen die Kontoeröffnungsformulare alternativ vor, daß auch der **Minderjährige selbst** sämtliche Verfügungen über das Kontoguthaben bis zu einem jederzeit zulässigen Widerruf eines gesetzlichen Vertreters treffen kann. Hierin liegt eine zulässige **Generaleinwilligung** seines gesetzlichen Vertreters im Sinne des § 107 BGB, die auch gegenüber der Bank als Vertragspartner des Minderjährigen erklärt werden kann (§ 182 Abs. 1 BGB). Diese Einwilligung verstößt auch nicht gegen § 1644 BGB, weil die Eltern für Kontoverfügungen nicht der Zustimmung des Vormundschaftsgerichts bedürfen (vgl. § 1643 Abs. 1 BGB).

3.183 Eine solche Generaleinwilligung zu einem Kreis von zunächst noch nicht individualisierten Geschäften ist grundsätzlich zulässig. Im Interesse eines wirksamen Minderjährigenschutzes ist diese Einwilligung eng auszulegen und darf nicht zu einer partiell erweiterten Geschäftsfähigkeit führen[235]. Die Kontoeröffnungsformulare sehen daher vor, daß sich die Eltern die Kontoführungsunterlagen zusenden lassen können. Zudem kann die Einwilligung zu Verfügungen über Kontoguthaben jederzeit widerrufen werden. Nach einer umfassenden Verlautbarung des Bundesaufsichtsamtes für das Kreditwesen zum Thema Bankgeschäft mit Minderjährigen vom März 1995 sollte die allgemeine Einwilligung auf die Vornahme bestimmter Kontoverfügungen, insbesondere Barzahlungen, Überweisungen und Daueraufträge beschränkt werden. Diese Verlautbarung enthält im übrigen die wesentlichen Grundsätze, die die Kreditinstitute bei Bankgeschäften mit Minderjährigen aus aufsichtsrechtlicher Sicht zu beachten haben[236]. Kreditkarten können im übrigen an Minderjährige ausgegeben werden, wenn die getätigten Kartenumsätze ausschließlich über das Konto der gesetzlichen Vertreter verbucht werden und eine eigene Haftung des Minderjährigen ausgeschlossen ist.

3.184 Durch das am 1. Januar 1992 in Kraft getretene **Betreuungsgesetz** ist das Recht der Geschäftsunfähigkeit und der beschränkten Geschäftsfähigkeit umgestaltet worden. Das BGB kennt neben der Geschäftsunfähigkeit für Kinder bis zur Vollendung des siebten Lebensjahres (§ 104 Nr. 1 BGB) und der beschränkten Geschäftsfähigkeit für Minderjährige, die das siebte Lebensjahr vollendet haben (§ 106 BGB), nur noch die „natürliche" (tatsächliche) Geschäftsunfähigkeit des § 104 Nr. 2 BGB. Diese natürliche Geschäftsunfähigkeit kann auch nur partiell bestehen. Das Betreuungsgesetz setzte an die Stelle der Vormundschaft über Volljährige und der Gebrechlichkeitspflegschaft das einheitliche Rechtsinstitut der Betreu-

---

235 *Palandt/Heinrichs*, § 107 Rn 9 m.w.Nachw.
236 Abgedruckt in *Consbruch/Möller/Bähre/Schneider*, Kz 4.260.

ung (§§ 1896 ff. BGB). Die Vormundschaft ist als Rechtsinstitut nur für Minderjährige erhalten geblieben.

Der **Betreuer** vertritt den Betreuten gerichtlich und außergerichtlich (§ 1902 BGB). Hierbei handelt es sich um eine gesetzliche Vertretungsmacht, obwohl sich dies nicht unmittelbar aus dem Gesetz ergibt[237]. 3.185

Auf die **Betreuung** sind eine Vielzahl der Bestimmungen für die Vormundschaft über Minderjährige anwendbar. Dabei hat der Gesetzgeber den Weg der Einzelverweisung beschritten (vgl. § 1908 i BGB). Voraussetzung der Anwendbarkeit der in Bezug genommenen vormundschaftsgerichtlichen Bestimmungen ist stets, daß sich der dem Betreuer zugewiesene Aufgabenkreis (§ 1896 BGB) auf den Regelungsbereich der Vorschrift bezieht, auf die verwiesen wird. 3.186

Für die Betreuer gilt insbesondere § 1813 Abs. 1 Nr. 2 BGB, wonach der Vormund der Annahme einer geschuldeten Leistung nicht der Genehmigung des Vormundschaftsgerichtes bedarf, wenn der Anspruch des Minderjährigen nicht mehr als DM 5000 beträgt (§ 1812 Abs. 2 BGB). In Rechtsprechung und Schrifttum ist umstritten, ob sich diese in § 1813 Abs. 1 Nr. 2 BGB genannte Betragsgrenze auf den Kontostand oder auf den Betrag bezieht, über den der Betreuer verfügen möchte[238]. 3.187

3. Kontovollmacht

Bei der Kontovollmacht handelt es sich um eine **rechtsgeschäftlich** erteilte Vertretungsmacht (vgl. § 166 Abs. 2 BGB). Die Kontovollmacht ist zu unterscheiden von der Vertretungsmacht der gesetzlichen Vertreter wie insbesondere der Eltern für ihre minderjährigen Kinder (§§ 1626 Abs. 1 S. 1, 1629 Abs. 1 S. 1 BGB). Der gesetzliche Vertreter leitet seine Vertretungsmacht unmittelbar aus dem Gesetz ab. Die Vertretungsmacht des Vormunds und des vom Gesetzgeber 1992 geschaffenen „Betreuers" gründet sich auf eine Anordnung des Vormundschaftsgerichts. 3.188

a) Vollmachtsumfang bei Organmitgliedern

Dem gesetzlichen Vertreter verwandt ist die Vertretung juristischer Personen durch ihre Organe,[239] wie z.B. durch den Vorstand einer Aktiengesellschaft oder die Geschäftsführer einer GmbH. Bei der Eröffnung eines 3.189

---

237 *Staudinger/Bienwald*, § 1902 Rn 2; *Voigt*, Die Pflichten des Betreuers, 1996.
238 Vgl. OLG Köln WM 1994, 1560 m.w.Nachw.; Münchener Komm. zum BGB/*Schwab*, § 1813 Rn 8.
239 *Palandt/Heinrichs*, Einf. v. § 164 Rn 5.

Kontos für eine Aktiengesellschaft haben die Vertretungsberechtigten ihre Unterschrift auf dem sog. Unterschriftsprobenblatt zu leisten, das bei den kontoführenden Kreditinstituten zur Legitimationsprüfung bei späteren Kontoverfügungen verbleibt. Werden wie üblich auf diesem Unterschriftsprobenblatt neben Vorstandsmitgliedern auch sonstige Mitarbeiter als Vertretungsberechtigte benannt, so kann hierin die Erteilung einer rechtsgeschäftlichen Vollmacht gegenüber dem kontoführenden Kreditinstitut liegen (vgl. §§ 167 Abs. 1, 2. Alt., 170 BGB)[240].

3.190 Eine in der Benennung im Unterschriftsprobenblatt liegende Kontovollmacht kann problematisch sein, wenn sie damit einem Mitglied des Vertretungsorgans einer Gesellschaft, etwa dem Geschäftsführer einer GmbH, erteilt wird. Ist diesem nach dem Gesellschaftsvertrag lediglich Gesamtvertretung mit einem anderen Geschäftsführer eingeräumt worden, kann sie zwar auch in der Weise ausgeübt werden, daß ein Gesamtvertreter den anderen Gesamtvertreter zur Vornahme eines Rechtsgeschäfts oder zu bestimmten Arten von Rechtsgeschäften ermächtigt.

3.191 Dagegen ist die Erteilung einer **Generalvollmacht** unzulässig. Hierdurch könnten die Gesamtvertretungsberechtigten die ihnen vorgegebenen gesellschaftsrechtlichen Schranken unterlaufen und die Gesamtvertretungsmacht zu einer nicht gewollten Einzelvertretungsmacht umgestalten. Nach der Rechtsprechung kommt eine der Bank gegenüber unbeschränkt erteilte **Einzelvollmacht** an einen nur gesamtvertretungsberechtigten GmbH-Geschäftsführer einer solchen unzulässigen Gesamtvollmacht gleich, wenn man die Vielfältigkeit der mit einer Bank zu tätigenden Geschäfte berücksichtigt[241]. Eine solche Einzelvollmacht läuft daher auf eine Umgehung der im Gesellschaftsvertrag festgelegten Gesamtvertretungsbefugnis der Geschäftsführer hinaus. Auch der BGH hat sich in dieser Richtung geäußert[242].

3.192 Mit Rücksicht auf diese Rechtsprechung sollte in dem Unterschriftsprobenblatt zum Kontoeröffnungsformular klargestellt werden, daß bei einer gesellschaftsrechtlichen Gesamtvertretung dem einzelnen **Gesamtvertretungsberechtigten** eine Einzelvollmacht nur noch für die mit der Kontoführung unmittelbar zusammenhängenden Geschäfte erteilt wird[243]. Hierzu gehören insbesondere Verfügungen über die jeweiligen Guthaben, die Inanspruchnahme eingeräumter Kredite einschließlich der Erteilung von Avalaufträgen, die Nutzung bestehender Überzie-

---

240 LG Hamburg WM 1996, 999, 1002; *Kümpel,* Bank-Betrieb 1968, 363 ff.
241 OLG Celle WM 1967, 1230, 1231.
242 WM 1986, 315, 316.
243 LG Hamburg WM 1996, 999, 1002.

hungsmöglichkeiten sowie die Einreichung von Wechseln zum Diskont und der An- und Verkauf von Wertpapieren und Devisen.

b) Inhaltskontrolle bei Bankvollmachten

Die Vollmacht darf keine unangemessene Benachteiligung des Vollmachtgebers enthalten, andernfalls ist sie nach der Generalklausel des AGB-Gesetzes unwirksam[244]. Zulässig ist es, wenn der Bevollmächtigte – auch zu seinen Gunsten – alle Geschäfte vornehmen darf, die mit der Kontoführung in **unmittelbarem Zusammenhang** stehen. Hierzu gehören insbesondere Verfügungen über das jeweilige Kontoguthaben, die Inanspruchnahme eingeräumter Kredite, die Nutzung der Möglichkeit vorübergehender Kontoüberziehungen im banküblichen Rahmen, der An- und Verkauf von Wertpapieren und der Devisen sowie die Anerkennung von Rechnungsabschlüssen (Saldoanerkenntnis).

3.193

Die **generelle Befugnis,** Kredite jeder Art aufzunehmen, erscheint dagegen nur angemessen, wenn hierfür ein anerkennenswertes Bedürfnis besteht[245].

3.194

c) Vollmacht für den Tod des Kontoinhabers

Die Vollmacht kann auch über den Tod des Kontoinhabers hinaus erteilt werden (**transmortale** Vollmacht). Dies sieht die Bankpraxis im Bedarfsfall formularmäßig vor. Hierdurch kann die Abwicklung des Nachlasses vereinfacht und die sofortige Verfügungsmöglichkeit nach dem Tod des Kontoinhabers gewährleistet werden[246]. Für die Ausübung der Vollmacht sind jedoch allein der Wille und das Interesse der Erben maßgeblich[247].

3.195

Bei Erteilung einer transmortalen Vollmacht ist eine zusätzliche Legitimation bei späteren Kontoverfügungen entbehrlich. Andernfalls muß der Bank ein kostenverursachender Erbschein oder zumindest eine Ausfertigung oder eine beglaubigte Abschrift einer Verfügung von Todes wegen nebst zugehöriger Eröffnungsniederschrift vorgelegt werden. Diese Alternative sehen die AGB der Kreditinstitute ausdrücklich vor. So lautet die Nr. 5 Abs. 1 AGB Banken wie folgt:

3.196

---

244 *Wolf/Horn/Lindacher*, § 9 Rn V 74.
245 Nach OLG Oldenburg (WM 1996, 997) verstößt eine in dem Kontoeröffnungsformular der Ehefrau eingeräumte Vollmacht zur Kreditaufnahme nicht gegen das AGB-Gesetz.
246 Zur Frage, ob eine transmortale Verfügungsbefugnis den überlebenden Ehegatten berechtigt, das bisherige Einzelkonto des Verstorbenen in ein Einzelkonto des Überlebenden umzuwandeln vgl. OLG Hamm WM 1995, 152.
247 *Palandt/Edenhofer*, Einf. vor § 2197 Rn 18.

3.197 „Nach dem Tode des Kunden kann die Bank zur Klärung der Verfügungsberechtigung die Vorlegung eines Erbscheins, eines Testamentvollstreckerzeugnisses oder weiterer hierfür notwendiger Unterlagen verlangen. Die Bank kann auf die Vorlage eines Erbscheins oder eines Testamentsvollstreckungszeugnisses verzichten, wenn ihr eine Ausfertigung oder eine beglaubigte Abschrift der letztwilligen Verfügung (Testament, Erbvertrag) nebst zugehöriger Eröffnungsniederschrift vorgelegt wird. Die Bank darf denjenigen, der darin als Erbe oder Testamentsvollstrecker bezeichnet ist, als Berechtigten ansehen, ihn verfügen lassen und insbesondere mit befreiender Wirkung an ihn leisten. Dies gilt nicht, wenn der Bank bekannt ist, daß der dort Genannte nicht verfügungsberechtigt ist, oder wenn ihr dies infolge Fahrlässigkeit nicht bekannt geworden ist."

3.198 In der Bankpraxis ist es auch möglich, eine Vollmacht zu erteilen, die nicht schon zu Lebzeiten des Kontoinhabers, sondern erst nach seinem Tode wirksam werden soll (**postmortale** Vollmacht). Diese Vollmacht kann durch Rechtsgeschäft unter Lebenden (§ 167 BGB) ohne Beachtung der erbrechtlichen Formvorschriften erteilt werden.

3.199 Der Bevollmächtigte erwirbt keine selbständigen Rechte am Vermögen des Erblassers, sondern nur die Befugnis, darüber nach dem Tode des Kontoinhabers in Vertretung des oder der Erben zu verfügen[248]. Er kann ohne Erbnachweis über Nachlaßgegenstände verfügen. Der Bevollmächtigte bedarf zu Kontoverfügungen solange keiner Zustimmung der Erben, als diese nicht die Vollmacht widerrufen haben.

3.200 Die Bankvollmacht bleibt nach herrschender Meinung von der Bestellung eines **Testamentsvollstreckers** unberührt. Bei einer Testamentsvollstreckung verlieren zwar die Erben, die der Bevollmächtigte vertritt, die Verfügungsbefugnis über die Nachlaßgegenstände. Die Verfügungsbefugnis des Bevollmächtigten steht aber nicht im Widerspruch zu der erbrechtlichen Verfügungsbeschränkung der Erben[249]. Denn die Vertretungsmacht des Bevollmächtigten beruht auf dem Willen des Erblassers und nicht der Erben.

d) Vollmachtsmißbrauch

3.201 Die Kreditinstitute stehen nicht selten vor der Frage, ob sie Kontoverfügungen von zeichnungsberechtigten Vertretern des Kontoinhabers nicht ausführen dürfen, weil hierbei die Kontovollmacht durch den Vertreter zu eigennützigen oder jedenfalls abredewidrigen Zwecken mißbraucht werden könnte. Die **Rechtsprechung** hat für den Mißbrauch der Vertretungsmacht bestimmte Grundsätze entwickelt[250]. Bei einem bewußten Zusam-

---

248 Vgl. BGH WM 1983, 411, 413.
249 *Merkel,* WM 1987, 1001; *Palandt/Edenhofer,* Einf. v. § 2197 Rn 18; teilweise abweichender Meinung *Staudinger/Reimann,* § 2211 Rn 12.
250 BGH WM 1966, 491, 492; 1968, 651, 652; 1976, 658, 659.

menwirken des Vertreters mit dem Geschäftspartner zum Nachteil des Vertretenen gelten §§ 138, 826 BGB. Abgesehen davon hat grundsätzlich der Vertretene das Risiko eines Vollmachtsmißbrauchs zu tragen[251]. Der Bank obliegt danach im allgemeinen keine besondere Prüfungspflicht, ob und in welchem Umfang der Vertreter im Innenverhältnis gebunden ist, von seiner nach außen unbeschränkten Vertretungsmacht nur begrenzten Gebrauch zu machen.

Der Vertretene ist aber gegen einen erkennbaren Mißbrauch der Vertretungsmacht gegenüber der Bank dann geschützt, wenn der Vertreter von seiner Vertretungsmacht in ersichtlich verdächtiger Weise Gebrauch macht, so daß bei der Bank begründete Zweifel entstehen müßten, ob nicht ein Treueverstoß des Vertreters gegenüber dem Vertretenen vorliegt. Der Einwand des Vollmachtsmißbrauchs ist begründet, wenn sich der Bank der Verdacht eines Treueverstoßes des Bevollmächtigten geradezu aufgedrängt hat (**Evidenzkriterium**)[252]. Notwendig ist dabei eine massive Verdachtsmomente voraussetzende objektive Evidenz des Mißbrauchs[253]. In einem solchen Fall trifft die Bank eine Rückfragepflicht. 3.202

Das Vorliegen solcher Verdachtsgründe läßt sich nur im Einzelfall beurteilen. Nach einer nur halbjährigen Kundenbeziehung ist es einer Bank regelmäßig nicht möglich, ein Kontoführungsverhalten des Kontoinhabers zu bestimmen, um daraus Verdachtsmomente für einen Mißbrauch einer Kontovollmacht zu schöpfen[254]. 3.203

Die Pflicht der Bank zur Rückfrage darf jedoch nicht überspannt werden. Nach einer älteren BGH-Entscheidung soll zwar schon einfache Fahrlässigkeit schaden[255]. Tatsächlich wird nach dem gegenwärtigen Stand der Rechtsprechung aber eine grobe Fahrlässigkeit der Bank für den Mißbrauchseinwand verlangt. Denn die Zweifel müssen sich der Bank „geradezu aufgedrängt" haben[256]. 3.204

Die Bank ist stärker geschützt, wenn die Vertretungsmacht des über das Konto Verfügungsberechtigten grundsätzlich unbeschränkbar ist, wie dies für den Prokuristen, den alleinvertretungsberechtigten Gesellschafter einer OHG oder KG, den Geschäftsführer einer GmbH oder Vorstand einer AG gilt. Sinn und Zweck einer solchen handelsrechtlichen Vertretungs- 3.205

---
[251] BGH WM 1994, 2190.
[252] BGH WM 1992, 1362, 1363.
[253] BGH WM 1994, 2190, 2191; 1996, 1037, 1038; 1999, 1617, 1618.
[254] LG Berlin WM 1998, 2143, 2144.
[255] BGH WM 1964, 505, 506.
[256] Vgl. BGH WM 1992, 1362, 1363; WM 1994, 2190, 2191.

macht ist es gerade, im Interesse der Sicherheit und Leichtigkeit des Rechtsverkehrs klare Verhältnisse zu schaffen und dem Geschäftspartner die Nachprüfung des Umfangs der Vertretungsmacht im Einzelfall zu ersparen. Hier ist der Einwand des Mißbrauchs nicht schon dann gegeben, wenn der Zeichnungsberechtigte für die Bank ersichtlich weisungswidrig oder unter Überschreitung der ihm im Innenverhältnis gegebenen Befugnisse gehandelt hat.

3.206 Dagegen greift deren Einwand des Vollmachtmißbrauchs, wenn der Verfügungsberechtigte bewußt zum Nachteil des Kontoinhabers gehandelt hat und dies sich der Bank geradezu aufdrängen mußte. Denn diese letztere Fallgestaltung unterscheidet sich in der Praxis nicht wesentlich von dem Fall, daß der Bank Mißbrauch und Schädigungsabsicht des Vertreters bekannt gewesen sind[257]. Einfache Fahrlässigkeit schadet also dem kontoführenden Kreditinstitut im Verkehr mit der kaufmännischen Kundschaft grundsätzlich nicht[258].

3.207 Das Risiko, das mit der unvermeidbaren Einschaltung von Bevollmächtigten im Bankverkehr verbunden ist, kann nicht einseitig der Bank auferlegt werden. Dementsprechend entfällt oder verringert sich der Schutz des Kontoinhabers, der durch die Regeln über den Mißbrauch der Vertretungsmacht besteht, wenn er die gebotene Kontrolle seines Bevollmächtigten unterläßt[259]. Ein überwiegendes **Mitverschulden** des Kontoinhabers liegt vor, wenn die Vollmacht nicht sofort widerrufen wird, nachdem ein unredliches Verhalten des Bevollmächtigten bekanntgeworden oder zumindest ein dahingehender dringender Verdacht entstanden ist.

IV. Vollstreckung in Kontoguthaben[260]

3.208 Die Vollstreckung in Kontoguthaben ist **grundsätzlich zulässig.** Die Vollstreckung erfolgt nach den Regeln für die Pfändung und Überweisung von Forderungsrechten (§§ 828 ff. ZPO).

3.209 Schon vor der Pfändung kann der Gläubiger aufgrund eines vollstreckbaren Schuldtitels durch den Gerichtsvollzieher dem Drittschuldner und dem Schuldner die Benachrichtigung, daß die Pfändung bevorstehe, zustellen lassen mit der Aufforderung an den Drittschuldner, nicht an den Schuldner

---

257 BGH WM 1976, 658, 659; 1980, 953, 954.
258 *Canaris*, Bankvertragsrecht³, Rn 170.
259 Vgl. *Heckelmann*, JZ 1970, 62.
260 *Stöber*, Forderungspfändung, 12. Aufl., 1999, Rn 154 ff.

zu zahlen, und mit der Aufforderung an den Schuldner, sich jeder Verfügung über die Forderung, insbesondere der Einziehung, zu enthalten. Die Benachrichtigung an den Drittschuldner hat die Wirkung eines Arrestes (§ 930 ZPO), wenn die Pfändung der Forderung innerhalb drei Wochen nach Zustellung der Benachrichtigung bewirkt wird (§ 845 Abs. 2 ZPO)[261].

In gesetzlich geregelten Ausnahmefällen wird ein **Schutz** bei Kontopfändungen gewährt. Dies gilt insbesondere für das pfändungsgeschützte Arbeitseinkommen im Sinne der §§ 850 ff. ZPO. Eine Pfändung des Kontoguthabens auf Antrag des Vollstreckungsschuldners ist insoweit aufzuheben, als das Guthaben dem der Pfändung nicht unterworfenen Teil der Einkünfte für die Zeit vor der Pfändung bis zu dem nächsten Zahlungstermin entspricht (§ 850 k Abs. 1 ZPO). Ein weitergehender Pfändungsschutz wird bei Geldleistungen nach dem Sozialgesetzbuch (SGB) gewährt. Werden solche Geldleistungen auf das Konto des Berechtigten bei einem Geldinstitut überwiesen, ist die Forderung, die durch die Gutschrift entsteht, für die Dauer von sieben Tagen seit der Gutschrift der Überweisung unpfändbar. Eine Pfändung des Guthabens gilt als mit der Maßgabe ausgesprochen, daß sie das Guthaben in Höhe der unpfändbaren Geldleistung während der sieben Tage nicht erfaßt (§ 55 Abs. 1 SGB I).

3.210

1. Bestimmtheitsgrundsatz

Die Wirksamkeit der Zwangsvollstreckung in ein Kontoguthaben setzt voraus, daß der Pfändungs- und Überweisungsbeschluß dem sog. **Bestimmtheitsgrundsatz** Rechnung trägt. Nach den vom BGH[262] entwickelten und von der instanzgerichtlichen Rechtsprechung akzeptierten Grundsätzen[263] muß der Pfändungsbeschluß die gepfändeten Forderungen und ihren Rechtsgrund so genau bezeichnen, daß bei verständiger Auslegung zweifelsfrei feststeht, welche Forderungen Gegenstand der Zwangsvollstreckung sein sollen. Die gepfändeten Forderungen müssen also von anderen unterschieden werden können; die Identität des Pfandgegenstandes muß für außenstehende Dritte eindeutig erkennbar sein[264]. Das Rechtsverhältnis, aus dem die Forderung hergeleitet wird, muß also wenigstens in groben Umrissen angegeben werden. Außerhalb des Pfändungsbeschlusses liegende Umstände können für die Auslegung nicht herangezogen werden. Dies muß sich nicht nur für die unmittelbar Beteiligten (Gläubiger,

3.211

---
261 Zur Frage ihrer konkursrechtlichen Wirksamkeit vgl. *Meyer-Rein*, NJW 1993, 3041.
262 BGH WM 1988, 950, 951 m.w.Nachw.; LG Bochum WM 1997, 394.
263 Vgl. zuletzt OLG Koblenz WM 1989, 159.
264 LG Bochum WM 1997, 394.

Schuldner und Drittschuldner), sondern wegen der Rechts- und Verkehrssicherheit auch für andere Personen, insbesondere für weitere Gläubiger des Schuldners mit hinreichender Deutlichkeit ergeben. Übermäßige Anforderungen sind aber schon deshalb nicht zu stellen, weil der Pfändungsgläubiger in der Regel die Verhältnisse des Schuldners nur oberflächlich kennt[265]. Nach herrschender Meinung ist daher die Angabe der Kontonummer im Pfändungsantrag nicht erforderlich[266].

3.212 Sehr **umstritten** ist dagegen, ob die Bezeichnung der kontoführenden Stelle im Pfändungs- und Überweisungsbeschluß erforderlich ist. Das neuere Schrifttum[267] vertritt die Auffassung, daß die Zustellung des Pfändungs- und Überweisungsbeschlusses an die **Zentrale** der kontoführenden Bank auch Guthaben bei den **Filialen** erfaßt, wenn sich der Pfändungsbeschluß auf sämtliche Forderungen aus Kontoguthaben bei der betreffenden Bank bezieht. Das LG Frankfurt hat diese Frage ausdrücklich offen gelassen[268]. Nach dem AG Leipzig besteht keine rechtliche Verpflichtung einer Bankfiliale, der ein Pfändungs- und Überweisungsbeschluß zugestellt worden ist, im Rahmen der Drittschuldnererklärung über Konten des Pfändungsschuldners bei einer anderen Filiale Auskunft zu geben[269] – vgl. weiter Rn. 3.225.

3.213 Die Bezeichnung der kontoführenden Filiale könnte dann für entbehrlich erachtet werden, wenn eine zentrale Kundendatei besteht und damit sämtliche Guthaben des Kunden bei allen Filialen „durch Knopfdruck" auf dem Bildschirm sichtbar gemacht werden können. Denn diejenigen Autoren, die die Bezeichnung der kontoführenden Filiale als Wirksamkeitsvoraussetzung verlangen, verweisen auf den nicht zumutbaren Aufwand einer Bank, bei ihren Filialen nach etwaigen Kontoguthaben zu forschen. Dieser unzumutbare Aufwand entfällt bei einer zentralen Kundendatei. Nach dem OLG Stuttgart ist eine Pfändung unwirksam, wenn der Drittschuldner den Vollstreckungsschuldner aufgrund einer falschen Adressenangabe im Pfändungs- und Überweisungsbeschluß nicht identifi-

---

265 Verneint wurde die erforderliche Bestimmtheit bei einer Pfändung „der angeblichen Forderung des Schuldners" gegen den Drittschuldner „aus jedem Rechtsgrunde" oder „aus Verträgen oder sonstigem Rechtsgrund", weil damit Forderungen der verschiedensten Entstehungszeiten und Entstehungsgründe gemeint sein könnten (BGH WM 1975, 385, 386); LG Bochum WM 1997, 394.
266 BGH WM 1988, 950, 952.
267 *Stöber*, Forderungspfändung, 12. Aufl., 1999, Rn 332. Dagegen ist nach *Thomas/Putzo*, ZPO, 21. Aufl., 1998, § 829 Rn 8 die Angabe der kontoführenden Stelle erforderlich.
268 WM 1986, 239, 241 mit Anmerkung von *Hein*, WuB VI E § 840 ZPO 1.86.
269 WM 1998, 812.

zieren kann, es sei denn, das Unvermögen des Drittschuldners ist ausschließlich auf seine mangelhafte Organisation zurückzuführen[270].

2. Pfändung von Girokonten

Eine Vielzahl von Rechtsfragen stellt sich, wenn in Girokonten vollstreckt wird. Solche Konten sind zugleich Kontokorrentkonten[271]. Bei Vorliegen eines Kontokorrentverhältnisses muß der Pfändungsbeschluß den hieraus resultierenden Besonderheiten Rechnung tragen. Danach ist die Pfändung der in das Kontokorrent fallenden Einzelansprüche nicht möglich[272]. Dies folgt aus der Kontokorrentabrede. Danach können über die hiervon erfaßten Ansprüche keine Verfügungen mehr getroffen werden; sie sind daher auch nicht mehr pfändbar.

3.214

Pfändbar ist dagegen das **gegenwärtige Guthaben** nach Saldoziehung, das im Zeitpunkt des Wirksamwerdens der Pfändung bestanden hat (§ 357 HGB). Bei der üblichen Vorpfändung (§ 845 ZPO) ist also der Saldo im Zeitpunkt der Zustellung des vorläufigen Zahlungsverbotes (sog. **Zustellsaldo**) gepfändet (§§ 829 Abs. 3, 845 Abs. 2, 930 ZPO)[273]. Ebenso können auch alle künftigen Guthaben gepfändet werden, die bei nachfolgenden Kontoabschlüssen zugunsten des Kontoinhabers (**Aktivsalden**) bis zur vollen Befriedigung des Gläubigers entstehen[274]. Dies muß jedoch in dem Pfändungsbeschluß ausdrücklich klargestellt werden[275].

3.215

Die Pfändung des Kontosaldos im Zeitpunkt der Zustellung des vorläufigen Zahlungsverbots (Vorpfändung, § 845 Abs. 1 ZPO) oder des Pfändungsbeschlusses (§ 829 Abs. 1 ZPO) bedeutet, daß sich dieser Saldo durch zwischenzeitliche Verfügungen des Kontoinhabers nicht mehr ermäßigen kann.

3.216

Die Pfändung in das laufende Kontokorrent bewirkt, daß das Konto lediglich buchungstechnisch und auch nur im Verhältnis zwischen Bank und Vollstreckungsgläubiger auf den Zeitpunkt der Pfändung vorläufig abgeschlossen wird[276].

3.217

---

270 WM 1993, 2020, 2022.
271 Vgl. BGH WM 1979, 417, 418.
272 BGH WM 1981, 542, 543; 1985, 344, 345 f.; *Häuser*, WM 1987, 1211; *David*, MDR 1993, 108.
273 BGH WM 1981, 542,543; hierbei ist die „Wertstellung" der vom Saldo erfaßten Soll- und Habenposition unbeachtlich, OLG Frankfurt WM 1994, 684, 686.
274 BGH WM 1981, 542, 543; OLG Frankfurt WM 1994, 684, 686.
275 BGH WM 1981, 542, 543; OLG Frankfurt WM 1994, 684, 686.
276 *Nobbe*, Neue höchstrichterliche Rechtsprechung zum Bankrecht, RWS-Skript 40, 5. Aufl., 1993, S. 68.

Mit der Schaffung des § 357 HGB wollte der Gesetzgeber bewußt eine Ausnahme vom Grundsatz der periodischen Verrechnung machen.

3.218 Die **Beschlagnahme** des Zustellungsaldos verhindert freilich gemäß § 357 S. 2 HGB nicht die wirksame Abwicklung solcher Geschäfte, die aufgrund eines schon vor der Pfändung bestehenden Rechts oder einer bereits vor diesem Zeitpunkt bestehenden Verpflichtung der Bank (Drittschuldnerin) vorgenommen werden. Diese Ausnahmevorschrift soll vergleichbar mit § 404 BGB zum Schutz des Schuldners verhindern, daß seine Rechtslage durch die Pfändung verschlechtert wird. Deshalb wird eine Bank, die dem Kontoinhaber (Pfändungsschuldner) eine eurocheque-Karte mit entsprechenden Scheckvordrucken ausgehändigt hatte, auch gegenüber dem Pfändungsgläubiger frei, wenn sie nach der Pfändung garantierte eurocheques einlöst, die vom Drittberechtigten erworben worden sind[277]. § 357 S. 2 HGB erfaßt jedoch nach seinem Sinn keine Zahlungen der Bank an den Kontoinhaber selbst, mit denen nur ein schuldrechtlicher Anspruch dieses Pfändungsschuldners getilgt werden soll[278]. In diesem Falle geht das Zahlungsverbot des § 829 Abs. 1 ZPO vor; hiernach haben Zahlungen des Drittschuldners an den Pfändungsschuldner selbst keine befreiende Wirkung gegenüber dem Pfändungsgläubiger.

3.219 Erwirbt die kontoführende Bank aufgrund eines freien Willensentschlusses erst nach der Pfändung des Zustellungssaldos eine Forderung gegen den Kontoinhaber, so kann sie den beschlagnahmten Saldo auch nicht aufgrund ihres AGB-Pfandrechts mit Wirkung gegenüber dem Pfändungsgläubiger um den Betrag der Forderung verringern. Für den Rang des Pfandrechts ist zwar nach §§ 1209, 1273 Abs. 2 BGB die Zeit seiner Bestellung auch dann maßgebend, wenn er wie bei den Aufwendungserstattungsansprüchen aufgrund eingelöster Euroschecks für eine künftige Forderung begründet wird. Ein solches Ergebnis widerspräche jedoch § 357 S. 1 HGB. Es würde andernfalls dazu führen, daß entgegen dieser Vorschrift jede Bank als Drittschuldnerin auf der Grundlage ihrer eigenen AGB dem Pfändungsgläubiger mittelbar gleichwohl Schuldposten in Rechnung stellen könnte, die erst nach der Pfändung durch neue Geschäfte entstehen.

3.220 Um ein solches **neues Geschäft** handelt es sich insbesondere, wenn die Bank ihre zu sichernde Gegenforderung erst nach der Pfändung durch einen selbständigen, freien Willensentschluß erwirbt. Hier geht der § 357 S. 1 HGB als spezielle Norm dem AGB-Pfandrecht vor[279].

3.221 Die Pfändung des Zustellsaldos und der künftigen Aktivsalden aus Rechnungsabschlüssen läßt jedoch die Gutschriften unberührt, die infolge

---

277 BGH WM 1985, 78; BGH WM 1997, 1324, 1326.
278 *Canaris*, Bankvertragsrecht³, § 357 Rn 12; *Schlegelberger/Hefermehl*, § 357 Rn 13 m.w.Nachw.
279 BGH WM 1997, 1324, 1326; *Kümpel*, WM 1984, 525 ff.

weiterer Zahlungseingänge auf dem Girokonto zwischen den einzelnen Kontoabschlüssen verbucht werden. Auch insoweit steht dem Kontoinhaber ein Auszahlungsanspruch zu, der nach der BGH-Rechtsprechung pfändbar ist[280]. Sodann ist der eingegangene Betrag dem Konto tatsächlich gutzuschreiben; es handelt sich daher um eine **Hilfspfändung**.

Der Kontoinhaber ist befugt, die Auszahlung des sich zwischen den Rechnungsabschlüssen ergebenden Tagesguthabens zu verlangen und in der banküblichen Weise, also z.B. durch Überweisungsauftrag zu verfügen[281]. Dieser Anspruch auf das Tagesguthaben beruht auf dem Girovertrag und nicht wie der Zustellsaldo und die künftigen Aktivsalden auf dem Kontokorrentverhältnis[282]. Hierbei handelt es sich um Zahlungsansprüche aus der mit dem Girovertrag verbundenen unregelmäßigen Verwahrung im Sinne des § 700 BGB[283]. Der Anspruch auf Auszahlung des Tagesguthabens kann daher jederzeit geltend gemacht und auch gepfändet werden[284]. 3.222

Die Beschlagnahme dieser Ansprüche tritt ein, wenn der Pfändungsbeschluß nicht nur das gegenwärtige Guthaben nach Saldoziehung und alle künftigen Guthaben je nach Saldoziehung, sondern auch alle Ansprüche und Forderungen aus dem dem betreffenden Konto **zugrundeliegenden Girovertrag** erfaßt, insbesondere auf Gutschrift aller künftigen Eingänge und auf fortlaufende Auszahlung der Guthaben sowie auf Durchführung von Überweisungen an Dritte[285]. 3.223

Der Anspruch auf Auszahlung des Tagesguthabens ist pfändbar, weil er nach dem BGH nicht in das Kontokorrent einzustellen ist und es daher an einer der Pfändbarkeit entgegenstehenden kontokorrentmäßigen Bindung fehlt. Ob eine Forderung kontokorrentgebunden ist, richtet sich nach der den Geschäftsbeziehungen zugrundeliegenden Vereinbarungen der Vertragsparteien[286]. Hier ist also der Girovertrag zwischen Bank und Kontoinhaber maßgeblich. Nach dem Girovertrag soll aber die Bank den Anspruch des Kunden auf Auszahlung des Tagesguthabens die Kontokorrentabsprache gerade nicht entgegenhalten können[287]. Ungeachtet des 3.224

---

280 BGH WM 1982, 816, 817; 838; 1985, 344, 345.
281 BGH WM, 1982, 838.
282 BGH WM 1982, 816, 818. Vgl. weiter BGH WM 1982, 838, 839, wonach es sich bei diesem Anspruch um eine schlichte Geldforderung handelt, die bankwirtschaftlich auf die Umwandlung von Giralgeld in Bargeld gerichtet ist und die ihrer Natur nach wie Geldforderungen grundsätzlich der Pfändung unterliegen.
283 BGH WM 1982, 816, 817. Nach § 700 BGB richtet sich die Fälligkeit nach der verwahrungsrechtlichen Bestimmung des § 695 BGB, wonach der Hinterleger die hinterlegte Sache jederzeit zurückfordern kann.
284 BGH WM 1982, 838, 839; 1989, 126, 128 („Wertstellungsurteil").
285 *David*, MDR 1993, 108.
286 BGH WM 1982, 816, 818.
287 BGH WM 1982, 816, 818; 838, 839.

Kontokorrents ist die Bank vielmehr kraft des Girovertrages verpflichtet, das Kontoguthaben dem Kunden sofort und nicht erst beim nächsten periodischen Rechnungsabschluß oder bei der Beendigung des Kontokorrentverhältnisses auszuzahlen. Ist jedoch aufgrund des Girovertrages die grundsätzlich geltende Kontokorrentbindung zugunsten des Kontoinhabers durchbrochen, kann die Unpfändbarkeit nicht aus der Kontokorrentabsprache hergeleitet werden[288]. Der Anspruch auf Auszahlung des Tagesguthabens ist jedoch nur mit gepfändet, wenn dies beantragt und im Pfändungsbeschluß auch angesprochen worden ist[289].

3. Unzulässigkeit von Ausforschungs- oder Suchpfändungen

3.225 Die Gläubiger versuchen häufig, sämtliche Forderungen ihrer Schuldner gegen Drittschuldner zu pfänden[290]. Hierdurch will sich der Vollstreckungsgläubiger die oft mühevolle Suche nach liquiden Vermögenswerten seines Schuldners leicht machen und auf Dritte verlagern. In einem vom LG Hannover entschiedenen Fall hatte der Gläubiger 20 Kreditinstituten am selben Ort Pfändungsbeschlüsse zustellen lassen[291]. Das Gericht hat die Ansicht vertreten, daß es nicht Aufgabe des Vollstreckungsgerichts sein kann, dem Gläubiger bei der Durchsetzung eines titulierten Anspruchs den Rechtsschutz selbst dann zu gewähren, wenn dem Gericht bekannt ist, daß die Vornahme der nachgesuchten Vollstreckungsmaßnahmen ins Leere geht und dem Gläubiger erkennbar nicht zum erstrebten Ziel verhelfen kann. Es hielt daher die Pfändungen für **rechtsmißbräuchlich.** Hier müssen die Pfändungsbeschlüsse aufgrund der üblichen Rechtsmittel aufgehoben werden. Auch das Schrifttum hält solche Ausforschungs- oder Suchpfändungen wegen des darin liegenden Verstoßes gegen den Bestimmtheitsgrundsatz für unzulässig[292].

4. Inländische Vollstreckungsmaßnahmen in Auslandsguthaben

3.226 Unterhält der Kunde Guthaben bei einer Auslandsfiliale der Bank und wird der Pfändungsbeschluß der inländischen Zentrale zugestellt, stellt sich die Frage, ob hiervon auch das Auslandsguthaben erfaßt werden kann[293]. Hiergegen dürfte sprechen, daß Entscheidungen der deutschen Gerichte keine exterritoriale Wirkung haben können[294]. Hinzu kommt,

---

288 BGH WM 1982, 838, 839.
289 BGH WM 1981, 542, 543.
290 Vgl. *Häuser*, ZIP 1983, 891.
291 WM 1985, 71; vgl. dazu *K. Schmidt*, EWiR 1985, 215.
292 *Prost*, NJW 1958, 485, 486; *Canaris*, Bankvertragsrecht³, Rn 186 m.w.Nachw.
293 Vgl. *Mülhausen*, WM 1986, 957, 985.
294 *Mülhausen*, WM 1986, 957, 988 f.

daß sich der Gläubiger sodann die Kosten und den Aufwand ersparen könnte, die durch ein Erkenntnis- (oder Exequatur-)Verfahren und Vollstreckungsverfahren vor den Gerichten am Sitz der Auslandsfilialen entstehen würden.

Die Frage der Zulässigkeit solcher „grenzüberschreitender" Pfändungsbeschlüsse ist von der Rechtsprechung noch nicht abschließend geklärt. Dabei müßte auch entschieden werden, ob es für die Wirksamkeit des Pfändungsbeschlusses eines inländischen Gerichts erheblich ist, daß die deutschen Kreditinstitute bei solchen Auslandsguthaben zunehmend dem Einleger das politische Risiko des Landes der kontoführenden Filiale auferlegen. Hierzu wird AGB-mäßig vereinbart, daß der Rückzahlungsanspruch aus solchen Auslandsguthaben nur bei der kontoführenden Stelle im Ausland geltend gemacht werden darf. Mit Hilfe dieser AGB-Klausel über den Erfüllungsort soll gerade verhindert werden, daß der Kunde einen Zahlungsanspruch im Inland gegen die Bank geltend macht, wie dies aber mit dem Überweisungsbeschluß im Rahmen einer Forderungspfändung (§ 835 ZPO) beabsichtigt ist.

3.227

4. Abschnitt
Gemeinschaftskonten[295]

3.228 Bankkonten werden häufig nicht nur für einen, sondern für mehrere Kunden eröffnet, wie dies insbesondere bei Konten für Eheleute geschieht. Bei der Errichtung von Konten für mehrere Kunden bedarf es zusätzlicher Vereinbarungen, um die erforderliche Klarheit über die Verfügungsbefugnis herbeizuführen. Es muß bestimmt werden, ob jeder Kontoinhaber allein oder alle nur gemeinsam über das Kontoguthaben verfügen können.

3.229 Anläßlich der Neufassung der AGB im Jahre 1993 sind die diesbezüglichen AGB-mäßigen Regelungen in die Kontoeröffnungsformulare integriert worden.

I. Typen der Gläubigermehrheiten

3.230 Die Verfügungsbefugnis mehrerer Kontoinhaber als einer Gläubigermehrheit kann unterschiedlich ausgestaltet sein. Das BGB kennt **drei Rechtsformen** von Gläubigermehrheiten mit jeweils unterschiedlicher Verfügungsbefugnis. Diese Gläubigermehrheiten sind in §§ 420 bis 432 BGB geregelt. Danach kommen drei Typen von Gläubigermehrheiten in Betracht:

(1) Teilgläubigerschaft (§ 420 BGB)
(2) Gesamtgläubigerschaft (§ 428 BGB)
(3) Mitgläubigerschaft (§ 432 BGB).

3.231 Bei der Mehrheit von Schuldnern treten die gleichen Rechtsformen auf wie bei der Mehrheit von Gläubigern:

(1) Teilschuldnerschaft (§ 420 BGB)
(2) Gesamtschuldnerschaft (§ 421 BGB)
(3) Gemeinschaftliche Schuld bei unteilbarer Leistung (§ 431 BGB).

3.232 Die Frage der Rechtsnatur der Schuld stellt sich bei mehreren Kontoinhabern, soweit der Bank Ansprüche aus dieser Kontobeziehung, etwa auf

---

295 *Hadding*, Zur aktuellen Rechtslage bei Gemeinschaftskonten, in WM-Festgabe für Thorwald Hellner zum 65. Geburtstag am 9. 5. 1994, WM-Sonderheft v. 9. 5. 1994, S. 4.

Kontoführungsprovisionen zustehen. Bei solchen Zahlungsverpflichtungen haftet jeder Kontoinhaber als Gesamtschuldner. Es handelt sich um eine teilbare Leistung, die die Kontoinhaber aufgrund des dem Girokonto **zugrundeliegenden** entgeltlichen Geschäftsbesorgungsverhältnisses (§ 675 BGB) zu erbringen haben. Hier greift die Auslegungsregel des § 427 BGB, wonach bei gemeinschaftlichen vertraglichen Verpflichtungen im Zweifel eine gesamtschuldnerische Haftung besteht.

Keine Gesamtschuld, sondern eine gemeinschaftliche Schuld besteht, wenn z.B. die Kontoinhaber eine BGB-Gesellschaft bilden und sich einem Dritten gegenüber zu Verfügungen über das Kontoguthaben verpflichten. Aber auch wenn die Kontoinhaber keine Gesamthandsgemeinschaft, sondern nur eine Bruchteilsgemeinschaft bilden, begründet eine solche Verpflichtung eine gemeinschaftliche Schuld. Denn die Kontoinhaber können Verfügungen über das Kontoguthaben nur miteinander erfüllen (§§ 747 S. 2, 431 BGB)[296].   3.233

1. Teilgläubigerschaft

Bei der Teilgläubigerschaft ist die Forderung jedes Gläubigers gegenüber der der anderen Gläubiger **rechtlich selbständig**[297]. Es bestehen also real mehrere (Teil-)Forderungen. Die Teilgläubigerschaft ist in § 420 BGB geregelt. Nach dieser gesetzlichen Auslegungsregelung ist, wenn eine **teilbare** Leistung geschuldet wird, im Zweifel jeder Gläubiger zu einem gleichen Anteil berechtigt.   3.234

Die Teilgläubigerschaft ist jedoch in der Praxis die große Ausnahme. Soweit nicht jeder Gläubiger über die **gesamte** Forderung **allein** verfügen kann (Gesamtgläubigerschaft), ist regelmäßig eine gemeinsame Verfügungsbefugnis gegeben **(Mitgläubigerschaft)**[298]. Sind aber mehrere Kon-   3.235

---

296 *Larenz*, Schuldrecht, Allg. Teil, 14. Aufl., 1987, S. 631 m.w.Nachw. Dagegen paßt der § 431 BGB überhaupt nicht, wenn der einzelne Schuldner die dem Gläubiger geschuldete Leistung allein gar nicht erbringen kann (z.B. das einzelne Mitglied eines Orchesters). Hier schuldet jeder lediglich die Mitwirkung an der gemeinsamen Herbeiführung des Leistungserfolges in Gestalt einer Konzertaufführung; vgl. *Medicus*, Schuldrecht I, 6. Aufl., 1998, Rn 797, S. 383.
297 *Palandt/Heinrichs*, Überbl. vor § 420 Rn 1.
298 Ausnahmen bestehen z.B. bei Publikumsfonds bei denen ein Treuhandkommanditist mitgewirkt hat. Hier sehen die Fondsbedingungen mitunter Teilforderungen der Treugeber (Anleger) z.B. auf die jährliche Gewinnausschüttung vor.

toinhaber nur zu gemeinschaftlichen Kontoverfügungen befugt, so begründet das Kontoguthaben keine teilbare Leistung im Sinne des § 420 BGB. Vielmehr liegt eine im Rechtssinne **unteilbare** Leistung gemäß § 432 BGB vor. Danach kann, wenn mehrere eine unteilbare Leistung zu fordern haben, jeder Gläubiger nur die Leistung an alle fordern und der Schuldner nur an alle gemeinschaftlich leisten[299]. Für die Frage, ob eine Teilgläubigerschaft oder Mitgläubigerschaft vorliegt, kommt es also nicht entscheidend darauf an, ob die geschuldete Leistung im natürlichen Sinn teilbar ist, wie dies auf eine Geldschuld in Gestalt von Bankguthaben zutrifft. Entscheidend sind vielmehr die Verfügungsverhältnisse hinsichtlich der aus dieser Geldschuld resultierenden Forderung.

3.236 Auch die Bankpraxis kennt im Rahmen einer Kontobeziehung keine Teilgläubigerschaft, sondern nur die Mitgläubigerschaft bei vereinbarter gemeinschaftlicher Verfügungsbefugnis oder die Gesamtgläubigerschaft, wenn jeder Kontoinhaber über das gesamte Guthaben allein verfügen kann. Die Teilgläubigerschaft ist für die Kontoführung nicht praktikabel. Denn sie würde erfordern, daß die einzelnen Kontogutschriften dem hiervon betroffenen Kontoinhaber als Teilgläubiger jeweils zugeordnet werden; diese Zuordnung wäre auch bei Abverfügungen des Kontoguthabens vorzunehmen, damit jederzeit die genaue Höhe der Teilforderung des Kontoinhabers ermittelt werden kann.

2. Mitgläubigerschaft

3.237 Der Fall der Mitgläubigerschaft ist bei Bankkonten mit gemeinschaftlicher Verfügungsbefugnis gegeben. Im Fall einer solchen Mitgläubigerschaft kann keiner der Gläubiger einen seinem Anteil entsprechenden Teil der gemeinschaftlichen Guthabenforderung gegen die Bank geltend machen[300]. Haben z.B. A und B ein auf sie lautendes Gemeinschaftskonto errichtet und A DM 600 und B DM 400 hierauf eingezahlt, so kann weder A noch B die von ihnen eingezahlten Teilbeträge in Höhe von DM 600 bzw. DM 400 allein zurückverlangen. A und B können vielmehr über das Guthaben nur gemeinschaftlich insgesamt oder teilweise verfügen und die Bank auch nur an beide mit schuldbefreiender Wirkung leisten (vgl. § 432 BGB).

---

299 BGH NJW 1958, 1723; WM 1983, 604; *Palandt/Heinrichs,* Überbl. vor § 420 Rn 3.
300 BGH NJW 1958, 1723 zur Unzulässigkeit der Geltendmachung eines Teilbetrages einer Forderung.

Diese gemeinschaftliche Verfügungsbefugnis begründet eine **Forderungs-**   3.238
gemeinschaft. Die dem Kontoguthaben zugrundeliegende Forderung in
Gestalt eines Zahlungsanspruchs ist daher als solche ungeteilt. Geteilt ist
lediglich die Rechtszuständigkeit an dem gemeinschaftlichen Gegenstand. Die Bruchteile daran sind aber nur ideell und nicht real quotenmäßig zu verstehen[301].

Umstritten ist, was sich hinter der Verfügung der Kontoinhaber über den gemein-   3.239
schaftlichen Zahlungsanspruch verbirgt, sofern die Kontoinhaber im Innenverhältnis – wie ganz überwiegend – eine Bruchteilsgemeinschaft gemäß §§ 741 ff. BGB
bilden. Nach herrschender Meinung liegt in einer Verfügung über den gemeinschaftlichen Gegenstand im Ganzen gleichzeitig stets auch eine Verfügung der
einzelnen Gläubiger über ihren Anteil an dem gemeinschaftlichen Forderungsrecht[302]. Nach *Staudinger/Huber*[303] soll zwar ebenfalls nur eine Verfügung vorliegen, diese beziehe sich aber auf den gemeinschaftlichen Gegenstand im Ganzen.
Die Verfügung habe aber notwendigerweise zugleich Rechtsfolgen für die einzelnen Bruchteilsanteile. Diese Rechtsfolgen träten als Folge der Verfügung über den
Gegenstand im Ganzen kraft Gesetzes ein, unabhängig davon, ob sie gewollt seien.
Nach *Karsten Schmidt*[304] ist die Verfügung über den gemeinschaftlichen Gegenstand eine koordinierte Verfügung aller Teilhaber über ihre Bruchteile und nicht –
wie bei einer Gesamthand – Verfügung der Gemeinschaft als Gruppe über den
gemeinschaftlichen Gegenstand insgesamt. Bei der Bruchteilsgemeinschaft existiert kein vom Vermögen des Teilhabers getrenntes Sondervermögen wie bei der
Gesellschaft. An dem gemeinsamen Gegenstand bestehen nur Anteilsrechte der
Teilhaber, die zu deren Vermögen gehören[305]. Jeder Kontoinhaber verfügt daher als
Berechtigter über das ihm zustehende Recht und nicht – unter Zustimmung der
anderen – über den ihm nicht gehörenden gemeinschaftlichen Gegenstand[306].

Wenngleich keiner der Kontoinhaber über das Guthaben insgesamt oder   3.240
teilweise allein verfügen kann, so kann er doch über sein Anteilsrecht
verfügen, etwa durch Übertragung seines Anteils auf einen Dritten, sofern
die Kontoinhaber im Innenverhältnis eine Bruchteilsgemeinschaft bilden
(§ 747 BGB). Diese Verfügungsbefugnis besteht dagegen nicht, wenn die
gemeinschaftliche Forderung zu einem Sondervermögen gehört, das den
Kontoinhabern „zur gesamten Hand" zusteht – sog. **Gesamthandsgläubigerschaft** im Unterschied zur Bruchteilsgemeinschaft[307]. Dies ist bei der
BGB-Gesellschaft, der OHG und der KG, der Miterbengemeinschaft und

---
301 *Palandt/Sprau*, § 741 Rn 7.
302 BGH WM 1964, 913, 915; *Soergel/Hadding*, § 747 Rn 4.
303 § 747 Rn 65.
304 Münchener Komm. zum BGB/*K. Schmidt*, § 747 Rn 22.
305 *Palandt/Sprau*, § 747 Rn 1.
306 Vgl. Münchener Komm. zum BGB/*K. Schmidt*, § 742 Rn 22.
307 *Palandt/Heinrichs*, § 432 Rn 4.

der ehelichen Gütergemeinschaft der Fall (§§ 719 Abs. 1; 1419 Abs. 1; 2040 Abs. 1 BGB).

3. Gesamtgläubigerschaft

3.241 Bei der Gesamtgläubigerschaft kann im Unterschied zur Mitgläubigerschaft **jeder** der Gläubiger die **ganze Leistung** fordern. Die Auszahlung des Guthabens an einen Kontoinhaber hat daher schuldbefreiende Wirkung. Jeder Kontoinhaber ist allein verfügungsberechtigt und damit zur Entgegennahme des geschuldeten Betrages ermächtigt.

3.242 Gesamtgläubiger sind jeweils Inhaber einer nur ihnen zugeordneten Forderung ungeachtet dessen, daß die inhaltsgleichen Forderungen aller Gesamtgläubiger zu einer Tilgungsgemeinschaft „gebündelt" sind. Strukturell entspricht die Gesamtgläubigerschaft deshalb als deren Umkehrung der Gesamtschuld[308].

II. „Und"-Konto

3.243 Eine Mitgläubigerschaft und keine Gesamtgläubigerschaft liegt vor, wenn über das Konto nur alle Kontoinhaber **gemeinsam** verfügen dürfen. Die Bankpraxis spricht hier vom „Und"-Konto, wenn wie in unserem Beispiel A **und** B über das Kontoguthaben nur gemeinsam verfügen können. Die Verbindungsworte „und" bzw. „oder" sollen eine im Bankverkehr typisierte Gestaltung des dem Konto **zugrundeliegenden** Vertragsverhältnisses widerspiegeln[309].

3.244 Für diese Mitgläubigerschaft ist nach dem BGH nicht schon ausreichend, daß der Kontoinhaber einer anderen Person gegenüber der Bank eine Mitzeichnungsberechtigung einräumt, wie dies beim **Sperrkonto** der Fall ist. Erforderlich ist vielmehr, daß die andere Person nicht nur ein Mitwirkungsrecht, sondern eine echte Gläubigerposition an dem Kontoguthaben erwerben soll[310].

3.245 Ein Und-Konto kann durch Rechtsgeschäft mit der Bank begründet werden. Dieses Konto kann jedoch auch kraft Gesetzes entstehen. Das praktisch wichtigste Beispiel hierfür ist das Konto einer Einzelperson, die von mehreren Personen beerbt wird. Hier verwandelt sich das Einzelkonto des verstorbenen Kontoinhabers zwangsläufig zum Und-Konto. Denn die

---

308 *Gernhuber*, WM 1997, 645, 646.
309 Vgl. OLG Köln WM 1990, 1914.
310 BGH WM 1973, 894, 895.

Bank darf kraft Gesetzes nur noch an alle Erben gemeinschaftlich leisten. Auch dürfen Miterben über die zum Nachlaß gehörende Forderung nur gemeinschaftlich verfügen (§ 2040 Abs. 1 BGB). Diese gemeinschaftliche Verfügungsbefugnis läßt das Nachlaßkonto zwangsläufig zum Und-Konto werden.

1. Bruchteils- oder Gesamthandsgemeinschaft

Die Rechtsnatur des Und-Kontos kann nach herrschender Meinung nur nach dem zwischen den Kontoinhabern bestehenden **Innenverhältnis** beurteilt werden[311]. Danach können die Kontoinhaber entweder eine einfache Forderungsgemeinschaft im Sinne der **Bruchteilsgemeinschaft** nach §§ 741 ff. BGB oder eine **Gesamthandsgemeinschaft** verkörpern. Eine Gesamthandsgemeinschaft liegt nur vor, wenn das Kontoguthaben zu einem Sondervermögen gehört, das den Kontoinhabern „zur gesamten Hand" zusteht. Gesamthandsgemeinschaften sind die BGB-Gesellschaft, die OHG und die KG, die eheliche Gütergemeinschaft und die Miterbengemeinschaft. Dabei steht es nicht im Belieben der Kontoinhaber und der Bank, ob die Mitgläubigerschaft der Kontoinhaber als Gesamthandsgläubigerschaft oder als einfache Forderungsgemeinschaft ausgestaltet wird. Denn für die Gesamthandsgemeinschaften besteht ein numerus clausus.

3.246

Soweit das Kontoguthaben den Kontoinhabern nicht „zur gesamten Hand" zusteht, bilden die Kontoinhaber eine Bruchteilsgemeinschaft im Sinne des § 741 BGB[312]. Als bloße Mitgläubiger können die Teilhaber selbständig nur über ihren **Anteil** an dem Kontoguthaben, nicht aber über das Guthaben selbst verfügen (vgl. § 747 BGB)[313].

3.247

Der Bank können die Kontoinhaber unabhängig davon, ob zwischen ihnen eine Bruchteils- oder Gesamthandsgemeinschaft besteht, nur gemeinsame Weisungen über das Kontoguthaben erteilen. Läßt die Bank daher bei einem Und-Konto einen Kontoinhaber allein verfügen, so haben die Kontoinhaber einen Anspruch auf Rückgängigmachung der Belastungsbuchung[314]. Aus der Sicht der Bank ist es daher von untergeordneter Bedeutung, ob die Kontoinhaber eine einfache Forderungsgemeinschaft oder eine Gesamthandsgläubigerschaft bilden. Im Innenverhältnis der Kontoinhaber ergibt sich jedoch ein wesentlicher Unterschied. Bei der einfa-

3.248

---

311 *Canaris*, Bankvertragsrecht³, Rn 232; Münchener Komm. zum BGB/*K. Schmidt*, 2. Aufl., § 741 Rn 50.
312 BGH WM 1987, 318.
313 BGH WM 1990, 2067, 2068.
314 BGH WM 1980, 438.

chen Forderungsgemeinschaft kann jeder Kontoinhaber ohne Mitwirkung der anderen über seinen Anteil an der Bruchteilsgemeinschaft verfügen (§ 747 S. 1 BGB). Diese Verfügungsmöglichkeit fehlt dagegen bei der Gesamthandsgläubigerschaft; hier besteht eine gesamthänderische Bindung (§ 719 Abs. 1 BGB).

3.249 Zur Zwangsvollstreckung in die Guthabenforderung beim Und-Konto ist ein Titel gegen alle Kontoinhaber erforderlich. Nach herrschender Auffassung ist der für Vollstreckungen gegen BGB-Gesellschaften geltende § 736 ZPO auf Bruchteilsgemeinschaften entsprechend anwendbar[315]. Mit einem Vollstreckungstitel nur gegen den einzelnen Kontoinhaber kann lediglich in dessen **Anteil an** der Guthabenforderung oder in sein zukünftiges Guthaben bei der Aufhebung der Forderungsgemeinschaft vollstreckt werden. Drittschuldner im vollstreckungsrechtlichen Sinne sind in diesem Fall die anderen Kontoinhaber und nicht die Bank. Die Bank wird daher allenfalls informell über die Pfändung in Kenntnis gesetzt. Die Pfändung selbst wird dadurch wirksam, daß der Pfändungsbeschluß den anderen Kontoinhabern zugestellt wird (§ 829 Abs. 3 ZPO).

2. Formularmäßige AGB-Klauseln

3.250 Entsprechend der bisherigen Regelung in den Grund-AGB wird in dem Eröffnungsformular vereinbart, daß die Kontoinhaber für die Verbindlichkeiten aus dem Gemeinschaftskonto als Gesamtschuldner haften (§ 427 BGB). Eine Kontovollmacht kann nur von allen Kontoinhabern gemeinschaftlich erteilt werden. Der Widerruf durch einen Kontoinhaber führt zum Erlöschen dieser Vollmacht. Jeder Kontoinhaber kann aber für seine (Mit-)Verfügungsbefugnisse Vollmacht erteilen. Regelungsbedürftig ist auch die Übermittlung der Kontoauszüge und der erforderlichen Benachrichtigungen, wie z.B. bei der Nichtausführung eines Überweisungsauftrages. Es dürfte sich im übrigen empfehlen, Konto- und Kreditkündigungen sowie die Ankündigung solcher Maßnahmen jedem Kontoinhaber zuzuleiten.

III. „Oder"-Konto

3.251 Kein Und-Konto liegt vor, wenn jeder Kontoinhaber **allein** über das Guthaben verfügen kann. Dieses Konto bezeichnet die Praxis als Oder-Konto.

---

315 Vgl. Münchener Komm. zum BGB/*K. Schmidt*, 2. Aufl., § 747 Rn 33 m.w. Nachweis.

Denn es kann der eine **oder** der andere Kontoinhaber allein über das **gesamte** Guthaben verfügen.

1. Gesamtgläubigerschaft

Beim Oder-Konto liegt nach einhelliger Meinung eine Gesamtgläubigerschaft im Sinne des § 428 BGB vor[316]. Gegenüber dem Regelfall der Gesamtgläubigerschaft besteht aber insoweit eine wesentliche Abweichung, als die Bank nach Sinn und Zweck der beim Oder-Konto bestehenden Einzelverfügungsbefugnisse nicht nach freiem Belieben an einen Kontoinhaber leisten darf, sondern an den Kontoinhaber zu leisten hat, der dies als erster verlangt[317]. Andernfalls macht sich die Bank wegen Erfüllungsverweigerung schadensersatzpflichtig. Für das Oder-Konto gilt insoweit das Prioritätsprinzip[318].

3.252

Mit dem Oder-Konto wird praktisch gesehen dieselbe Rechtswirkung erzeugt, als hätte ein Kontoinhaber Vertretungs- oder Verfügungsmacht über das Konto eines anderen[319]. Die Rechtsfolgen beim Oder-Konto gehen jedoch insofern weiter, als diese Form des Gemeinschaftskontos anders als eine jederzeit widerrufbare Vollmacht jedem Kontoinhaber eine vom anderen Kontoinhaber **unabhängige Rechtsstellung** verschafft[320]. Die Verfügungsbefugnis jedes Kontoinhabers beruht nicht auf einer gegenseitig eingeräumten Ermächtigung, sondern auf der eigenen Forderungsinhaberschaft[321]. Die Mitinhaberschaft bleibt daher vom Tode des Mitinhabers unberührt und erspart ihm daher für den Todesfall eine besondere Legitimation[322].

3.253

Umstritten ist, ob jeder Kontoinhaber aufgrund seiner alleinigen Verfügungsbefugnis die Möglichkeit hat, Weisungen des anderen Kontoinhabers an die kontoführende Bank zu widerrufen, solange ein **Widerrufsrecht** noch besteht[323]. Nach dem LG Hannover darf die Bank regelmäßig

3.254

---

316 BGH WM 1986, 841, 843; 1990, 2067, 2068.
317 KG WM 1976, 65, 67; *Canaris*, Bankvertragsrecht³, Rn 225; *Wagner*, ZIP 1985, 849, 855 m.w.Nachw.
318 *Canaris*, Bankvertragsrecht³, Rn 225, 228; OLG Celle WM 1995, 1871.
319 BGH WM 1991, 313, 314; OLG Köln WM 1999, 1003.
320 BGH WM 1985, 1059.
321 BGH WM 1989, 1059; 1990, 2067, 2068.
322 BGH WM 1990, 239, 240.
323 Nach LG Hannover WM 1972, 638, 639 sollen sich dagegen beide Weisungen entsprechend dem Rechtsgedanken des § 130 Abs. 1 S. 2 BGB gegenseitig aufheben. Vgl. weiter OLG Celle für den Fall, daß ein Kontoinhaber vor der

versuchen, durch Rückfragen bei dem anderen Kontoinhaber Klarheit herbeizuführen[324].

3.255 Das Widerrufsrecht des einen von zwei Kontoinhabern dürfte nicht bestehen, wenn der andere Kontoinhaber z.B. einen Überweisungsauftrag zu Lasten des Guthabens auf dem Oder-Konto erteilt hat. Mit einem solchen Überweisungsauftrag, der eine auftragsrechtliche „Weisung" im Rahmen des **zugrundeliegenden** Girovertragsverhältnisses darstellt (vgl. § 665 BGB), verfügt der auftraggebende Kontoinhaber über die Guthabenforderung, an der ihm ein alleiniges Verfügungsrecht zusteht. Nach dem bei Oder-Konten geltenden Prioritätsprinzip muß die Bank an den leisten, der dies als erster verlangt[325].

3.256 In dem Kontoeröffnungsformular kann im übrigen vorgesehen werden, daß eine **Kontovollmacht** nur von allen Kontoinhabern gemeinschaftlich erteilt werden kann. Die Einzelverfügungsbefugnis bei Oder-Konten setzt Vertrauen in die Zuverlässigkeit der anderen Verfügungsberechtigten voraus. Eine Mitwirkung aller Kontoinhaber erscheint daher bei einer Vollmachtserteilung interessegerecht. Dementsprechend könnte das Erlöschen einer Vollmacht vorgesehen werden, auch wenn nur ein Kontoinhaber die Vollmacht widerruft.

2. Gesamtschuldnerische Haftung

3.257 Wie beim Und-Konto haften auch die Kontoinhaber eines Oder-Kontos für die Verbindlichkeiten aus dem Gemeinschaftskonto gesamtschuldnerisch. Nach dem OLG Nürnberg folgt diese gesamtschuldnerische Haftung aus der Natur der Sache eines gemeinschaftlichen Kontos. Da es der Eigenart eines Girokontos entspricht, daß es der Abwicklung des Zahlungsverkehrs im Wege von Lastschriften und Gutschriften des Kunden unter gegenseitiger Verrechnung und Saldierung dient, ist eine Aufteilung der Haftung nach der Herkunft der Sollbuchungen grundsätzlich nicht möglich und zumutbar und auch von den Beteiligten nach den Gesamtumständen nicht gewollt[326]. Eine Befugnis jeden Kontoinhabers, Verbindlichkeiten zu Lasten des gemeinschaftlichen Kontos einzugehen, wird im

---

Auszahlungsanweisung eines anderen Kontoinhabers von seinem Weisungsrecht dergestalt Gebrauch macht, daß wegen des Todes eines der Gesamtgläubiger das Guthaben zunächst bei der Bank verwahrt werden soll (WM 1995, 1871).
324 LG Hannover WM 1972, 638, 639.
325 *Canaris*, Bankvertragsrecht³, Rn 225 m.w.Nachw.
326 WM 1990, 1370, 1371 f.

Schrifttum restriktiv ausgelegt. Danach berechtigt diese Befugnis nicht zu Kreditaufnahmen oder -erweiterungen in unbegrenzter Höhe[327].

Die Praxis hat gleichwohl eine entsprechende Klarstellung in dem Kontoeröffnungsformular für zweckmäßig gehalten. Die Haftung erstreckt sich danach nur auf Verbindlichkeiten aus dem Gemeinschaftskonto selbst. Hierbei handelt es sich vornehmlich um Verwaltungskosten und etwaige Überziehungskredite, die durch Verfügungen über dieses Konto ohne ausreichendes Guthaben entstanden sind. Die Grenze solcher von den anderen Kontoinhabern stillschweigend geduldeter Überziehungen liegt nach der Rechtsprechung bei drei Nettomonatsgehältern oder beim dreifachen Monatseinkommen der Kontoinhaber[328]. In dem Kontoeröffnungsformular kann aber auch bestimmt werden, daß jeder Kontoinhaber berechtigt ist, über die auf dem Gemeinschaftskonto eingeräumten Kredite jeder Art zu verfügen.

3.258

Umstritten ist, wie diese gesamtschuldnerische Haftung rechtsdogmatisch zu begründen ist. Nach *Canaris* erklärt sich diese Haftung damit, daß die Kontoinhaber mit der Bank für diesen Fall durch die betreffende AGB-Klausel das Entstehen einer Gesamtschuld vereinbart haben. Denn für die Begründung einer solchen gesamtschuldnerischen Haftung reiche die Befugnis jedes Kontoinhabers zur alleinigen Verfügung über das Kontoguthaben nicht aus. Wer ein Oder-Konto überziehe, wolle nur für sich allein handeln und gebe daher nicht zugleich eine Erklärung im Namen des anderen Kontoinhabers ab[329].

3.259

3. Vollstreckung und Insolvenz eines Kontoinhabers

Gläubiger eines Kontoinhabers können in dessen Guthabenforderung aus dem Oder-Konto vollstrecken, ohne daß dem anderen hiergegen ein Rechtsbehelf zusteht[330]. Diese umfassende Zugriffsmöglichkeit betrifft nur das Außenverhältnis zwischen Vollstreckungsgläubiger und Bank als

3.260

---

327 *Nobbe,* Neue höchstrichterliche Rechtsprechung zum Bankrecht (RWS-Skript Nr. 40), 6. Aufl., 1995, S. 45; OLG Düsseldorf WM 1996, 949, 952.
328 OLG Nürnberg WM 1990, 1370, 1372; OLG Köln WM 1999, 1003, 1004.
329 *Canaris,* Bankvertragsrecht³, Rn 227; a.A. OLG Köln ZIP 1980, 979. Nach OLG Düsseldorf kann ein Kontoinhaber nach den Grundsätzen der Anscheinsvollmacht für einen über das Oder-Konto verbuchten Dispositionskredit an einen Kontoinhaber haften, wenn ihm laufend Kontoauszüge und Rechnungsabschlüsse unbeanstandet übersandt worden sind (WM 1996, 949, 952).
330 BGH WM 1985, 344, 345; 1988, 950, 952.

Drittschuldnerin. Im Innenverhältnis zwischen den Kontoinhabern besteht eine Ausgleichspflicht gemäß § 430 BGB. Der Vollstreckungsgläubiger kann nach dem OLG Koblenz daher Befriedigung nur unter Beachtung dieser Ausgleichspflicht beanspruchen[331].

3.261 Nach § 430 BGB sind die Gesamtgläubiger zu gleichen Anteilen berechtigt. Dies gilt auch dann, wenn das Guthaben nur aus Mitteln eines der beiden Kontoinhabern stammt[332]. Zwischen den Kontoinhabern besteht nach dem BGH grundsätzlich eine Ausgleichspflicht, soweit ein Kontoinhaber mehr als die Hälfte des Guthabens verwendet hat[333]. Denn § 430 BGB ist eine eigenständige Anspruchsgrundlage für den Gesamtgläubiger, der aus einer Leistung des Schuldners weniger als die Hälfte erhalten hat. Dies gilt selbst dann, wenn es sich um ein Oder-Konto für Eheleute handelt und die Kontoverfügungen während der ehelichen Lebensgemeinschaft vorgenommen worden sind. Ist dabei einem Ehepartner mehr zugeflossen als seinem Anteil entspricht, muß er bei einer gerichtlichen Inanspruchnahme durch den anderen Ehepartner eine Gestaltung des Innenverhältnisses darlegen und beweisen, die eine andere als die vom Gesetz vermutete hälftige Beteiligung oder einen Ausschluß der Ausgleichspflicht ergibt[334].

3.262 Bei **Oder-Depots** ist § 430 BGB nicht für die Eigentumslage an den verwahrten Wertpapieren, sondern nur für die schuldrechtlichen Ansprüche aus dem zugrundeliegenden Verwahrungsvertrag von Bedeutung[335]. Eine Gesamtgläubigerschaft, an die § 430 BGB anknüpft, besteht also vor allem hinsichtlich des verwahrungsrechtlichen Rückforderungsrechts (§ 695 BGB, § 7 DepotG)[336]. Maßgeblich für das Innenverhältnis sind vielmehr die dinglichen Rechtsverhältnisse an den im Oder-Depot verbuchten Wertpapiere. Für die Eigentumslage depotverwahrter Wertpapiere stellt zwar § 1006 BGB die Vermutung auf, daß bei einem solchen mittelbaren Mitbesitz gemeinschaftliches Eigentum der Depotinhaber besteht. Mit Rücksicht auf § 741 BGB müsse deshalb regelmäßig Miteigentum nach Bruchteilen angenommen werden, wobei den Teilhabern gemäß § 742 BGB im Zweifel gleiche Anteile zustehen. Diese gesetzliche Auslegungsregel ist aber nach dem BGB nur schwach ausgeprägt. Sie kommt deshalb nicht zum Tragen, wenn sich aus

---

331 OLG Koblenz WM 1990, 1532, 1535; hiergegen *Wagner*, WM 1991, 1145, 1148 ff.
332 BGH WM 1990, 239, 240; KG WM 1976, 65, 67.
333 BGH WM 1993, 1005; weiter BGH WM 1990, 239, 240 f. für die Frage, ob § 430 BGB auch nach Trennung der Ehegatten anwendbar ist.
334 BGH WM 1993, 1005, a.A. OLG Zweibrücken WM 1991, 1299; vgl. weiter *Gernhuber*, WM 1997, 645, 652 ff.
335 BGH WM 1997, 667.
336 BGH WM 1997, 667; OLG Hamm WM 1990, 130, 131; *Canaris*, Bankvertragsrecht[2], Rn 2095; *Heinsius/Horn/Than*, § 2 Rn 11.

dem Parteiwillen etwas anderes ergibt oder wenn sie der Sachlage nicht gerecht wird[337].

Offen ist die Frage, ob der von der Pfändung nicht betroffene Kontoinhaber weiterhin über das Kontoguthaben verfügen kann und die Bank daher zu einer schuldbefreienden Leistung an ihn berechtigt ist, solange der gepfändete Betrag an den Pfandgläubiger noch nicht ausbezahlt worden ist. Der BGH hat diese Frage ausdrücklich offen gelassen[338]. Nach herrschender Meinung bleibt die Verfügungsbefugnis des anderen Kontoinhabers von dieser Pfändung unberührt; dessen Rückforderungsanspruch würde hiervon nicht erfaßt[339]. Nach *Canaris* liegt aber in der Zustellung des Überweisungsbeschlusses ein Zahlungsverlangen des Vollstreckungsgläubigers, dem die Bank nach dem für das Oder-Konto geltenden Prioritätsprinzip nachkommen muß, wenn sie sich nicht wegen Erfüllungsverweigerung schadensersatzpflichtig machen will[340].

3.263

Die Insolvenz eines Kontoinhabers läßt die Verfügungsbefugnis des anderen Kontoinhabers unberührt. Die Bank kann daher auch bei Kenntnis von der Insolvenzeröffnung ohne weiteres schuldbefreiend an den nicht in der Insolvenz befindlichen Kontoinhaber zahlen[341], soweit nicht der Insolvenzverwalter z.B. einen Überweisungsauftrag erteilt hat und daher diese Verfügung nach dem Prioritätsprinzip als erste auszuführen ist. Geraten beide Inhaber eines Oder-Kontos in Insolvenz, gehört die gesamte Einlagenforderung zu jeder der beiden Insolvenzmassen[342].

3.264

4. Widerruf der Einzelverfügungsbefugnis

In dem Kontoeröffnungsformular kann vorgesehen werden, daß jeder Kontoinhaber das alleinige Verfügungsrecht des anderen widerrufen kann. Dies wird allgemein für zulässig gehalten[343]. Nach Ausübung eines solchen „Weisungs"rechts können nur noch alle Kontoinhaber gemeinschaftlich über das Konto verfügen. Hierdurch wird das Oder-Konto in ein

3.265

---

337 BGH WM 1997, 667, 668. Vgl. weiter OLG Düsseldorf, wonach § 430 BGB anwendbar ist, wenn ein Ehegatte den gesamten Depotbestand veräußern und sich den Erlös auszahlen läßt (WM 1998, 550).
338 BGH WM 1985, 344, 345.
339 Münchener Komm. zum BGB/*K. Schmidt*, § 741 Rn 51 m.w.Nachw.
340 Bankvertragsrecht³, Rn 228; ebenso *Wagner*, ZIP 1985, 849, 856; a.A. *Gernhuber*, WM 1997, 645, 649, 650.
341 BGH WM 1985, 1059; *Canaris*, Bankvertragsrecht³, Rn 229.
342 BGH WM 1986, 841, 843 zur Konkursordnung.
343 Münchener Komm. zum BGB/*K. Schmidt*, § 741 Rn 49.

Und-Konto umgewandelt. Ein solches vertraglich vereinbartes Widerrufsrecht jedes Kontoinhabers kann nach dem BGH grundsätzlich nur aufgrund einer Zustimmung aller Kontoinhaber begründet werden, weil deren Rechtsstellung als Einzelverfügungsberechtigte hierdurch verschlechtert wird[344]. Auch bedarf es einer Mitwirkung der Bank, wenn das Widerrufsrecht nicht schon im Kontoeröffnungsformular vorgesehen ist. Durch diese Umwandlung wird zugleich das dem Konto zugrundeliegende Vertragsverhältnis zur Bank geändert (§ 305 BGB)[345].

5. Auflösung des Oder-Kontos

3.266 Dagegen kann der einzelne Kontoinhaber die Kontobeziehung zur Bank nur zusammen mit dem anderen Kontoinhaber **kündigen.** Die Befugnis jeden Kontoinhabers, allein über das auf dem Konto verbuchte Guthaben zu verfügen, folgt aus der Innehabung eines eigenständigen Rückforderungsanspruchs als Gesamtgläubiger. Die alleinige Verfügungsbefugnis erstreckt sich daher nicht auf das dem Konto zugrundeliegende Geschäftsbesorgungsverhältnis zur kontoführenden Bank. Soll dem einzelnen Kontoinhaber ein solches alleiniges Kündigungsrecht zustehen, so muß ihm eine entsprechende Vollmacht eingeräumt werden.

3.267 Für den **Todesfall** eines Kontoinhabers kann es sich empfehlen, den überlebenden Kontoinhaber ein solches Kündigungsrecht ohne Mitwirkung der Erben einzuräumen, weil das aus der Gesamtgläubigerschaft resultierende Verfügungsrecht Vertrauen in den anderen Kontoinhaber voraussetzt und nicht ohne weiteres auf die Erben übertragen werden kann.

---

344 BGH WM 1990, 2067, 2068; 1993, 141, 143; nach *Canaris*, Bankvertragsrecht[3], Rn 226 steht dieses Umwandlungsrecht jedem Kontoinhaber schon aufgrund seiner Einzelverfügungsmacht zu.
345 BGH WM 1990, 2067, 2068; 1993, 141, 143; *Canaris*, Bankvertragsrecht[3], Rn 226.

5. Abschnitt
Konto zugunsten Dritter auf den Todesfall

Die Bankkunden wünschen nicht selten, bestimmte Kontoguthaben re- 3.268
gelmäßig in Gestalt von Sparkonten mit ihrem Ableben einem Dritten
zuzuwenden, der kein Erbe ist. Für solche Zuwendungen kommen nicht
nur erbrechtliche Verfügungen von Todes wegen, sondern auch bestimmte Rechtsgeschäfte unter Lebenden in Betracht. Rechtsgeschäfte unter
Lebenden können auch auf das Ableben eines der beiden Vertragskontrahenten (hier des zuwendenden Bankkunden) **befristet** werden.

Hierbei handelt es sich regelmäßig um keine aufschiebende „Bedingung", sondern 3.269
um eine „Befristung" mit aufschiebender Wirkung. Die Übergänge solcher „befristeten" Verträge zu „aufschiebend bedingten" Rechtsgeschäften sind freilich fließend[346]. Bei einer **Bedingung** wird auf ein Ereignis abgestellt, dessen Eintritt
ungewiß ist. Dagegen kann die **Befristung** auf ein nur dem Zeitpunkt nach unge-
wisses Ereignis, wie z.B. den Tod abstellen. Wird daher wie bei unentgeltlichen
Zuwendungen auf den Todesfall das Rechtsgeschäft auf das Ableben des Bankkunden „befristet", so wird es wie bei einer aufschiebenden Bedingung erst mit dessen
Ableben wirksam (§§ 158 Abs. 1, 163 BGB).

Auf den Todesfall befristete Schenkungen unter Lebenden sind in ihren 3.270
wirtschaftlichen Auswirkungen den erbrechtlichen Verfügungen stark angenähert. In beiden Fällen soll der Rechtserwerb unentgeltlich und erst
mit dem Ableben des Schenkers (Erblassers) erfolgen. Diese unterschiedlichen rechtsgeschäftlichen Gestaltungsmöglichkeiten sind aber rechtlich
streng auseinanderzuhalten. Sie unterliegen unterschiedlichen Regelungen, insbesondere unterschiedlichen Formerfordernissen. Eine auf den
Tod befristete Schenkung unter Lebenden vollzieht sich im übrigen **außerhalb des Nachlasses**. Wird dagegen der erbrechtliche Weg der Zuwendung eines bestimmten Kontoguthabens durch ein erbrechtliches Vermächtnis beschritten, fällt dieses Geldguthaben zunächst in den Nachlaß
und kann daher den Pflichtteilberechtigten und Nachlaßgläubigern zugute kommen.

Bei auf das Ableben des Bankkunden befristeten Zuwendungen wird in 3.271
der Praxis häufig ein Konto oder Depot zugunsten Dritter auf den Todesfall eröffnet. Die Zweckmäßigkeit solcher Konten und Depots läßt sich
leichter erkennen, wenn zunächst die anderen möglichen schuld- und

---
346 Palandt/Heinrichs, § 163 Rn 1.

erbrechtlichen Gestaltungsmöglichkeiten dargestellt und ihre aus der Sicht der Bankkundschaft unerwünschten Konsequenzen aufgezeigt werden.

I. Auf den Todesfall befristete Schenkungen unter Lebenden

3.272 Für Zuwendungen durch Rechtsgeschäft unter Lebenden kommen die sog. „Hand"schenkung (§ 516 BGB) und das Schenkungsversprechen (§ 518 BGB) in Betracht, wenn man einmal vom Vertrag zugunsten Dritter (§ 331 BGB) absieht, der dem Konto und Depot zugunsten Dritter auf den Todesfall zugrundeliegt. Auch der Vertrag zugunsten Dritter auf den Todesfall (§ 331 BGB) ist ein Rechtsgeschäft unter Lebenden[347].

1. „Hand"schenkung

3.273 Eine solche „Hand"schenkung liegt vor, wenn der Vermögensgegenstand dem Beschenkten ohne ein vorhergehendes Schenkungsversprechen verschafft werden soll[348]. Bei Kontoguthaben geschieht dies durch **Abtretung** des zugrundeliegenden Forderungsrechts des Bankkunden, wobei diese Abtretung auf das Ableben des Kontoinhabers befristet wird. Im übrigen ist eine Einigung über den Schenkungszweck als Rechtsfertigungsgrund (causa) der Zuwendung erforderlich (vgl. § 516 Abs. 1 BGB). Bei der formfreien „Hand"schenkung liegt diese causa regelmäßig zugleich im Rechtsgeschäft, durch das der Vermögensgegenstand auf den Beschenkten übergeht[349].

2. Schenkungsversprechen

3.274 Das Schenkungsversprechen (§ 518 BGB) ist ein **einseitig** verpflichtender Vertrag, durch den der Schenker einem anderen eine Leistung wie die Zuwendung eines bestimmten Kontoguthabens verspricht, die unentgeltlich erfolgen soll. Dabei ist die Einigung über den Schenkungszweck als Rechtfertigungsgrund (causa) der Zuwendung auch bei dem Schenkungsversprechen erforderlich[350]. Dieser Vertrag kommt zustande, indem der Beschenkte erklärt, daß er das Versprechen des Schenkers annimmt. Das

---

347 *Kipp/Coing*, Erbrecht, 14. Bearb., 1990, S. 449; *Palandt/Edenhofer*, § 2301 Rn 2, 17.
348 *Palandt/Putzo*, § 518 Rn 4.
349 *Palandt/Putzo*, § 518 Rn 4.
350 BGH WM 1983, 1355, 1356.

Schenkungsversprechen im engeren Sinne der Willenserklärung des Schenkers bedarf zu seiner Wirksamkeit der notariellen Beurkundung (§ 518 Abs. 1 S. 1 BGB), während die zum Vertragsschluß erforderliche Annahmeerklärung des Beschenkten grundsätzlich formlos erklärt werden kann[351].

Ein formwirksames Schenkungsversprechen stellt bereits die Schenkung dar. Denn hierdurch wird das Recht des Beschenkten begründet, die versprochene Leistung zu fordern. Wird daher das „versprochene" Kontoguthaben später von den Erben an den Beschenkten abgetreten, so liegt hierin die Erfüllung der mit dem wirksamen Schenkungsversprechen begründeten Leistungspflicht. Soll dagegen das Kontoguthaben ohne vorhergehendes Schenkungsversprechen im Wege einer „Hand"schenkung unentgeltlich zugewendet werden, so liegt in der Abtretung dieses Kontoguthabens keine Erfüllung einer Leistungspflicht, sondern die eigentliche Zuwendung und damit der Schenkungstatbestand.

3.275

Ist die Versprechenserklärung des Schenkers wegen der fehlenden notariellen Beurkundung unwirksam, so kann der Mangel der Form durch die Bewirkung der versprochenen Leistung geheilt werden (§ 518 Abs. 2 BGB). Für diese **Heilung des Formmangels** wird aber kein Leistungserfolg verlangt. Es genügt vielmehr, wenn der Schenker als Leistungsschuldner alles getan hat, was er für den Vollzug seines Schenkungsversprechens tun mußte[352]. Ist ein bestimmtes Kontoguthaben versprochen, so genügt für die Heilung des Formmangels, wenn die dem Kontoguthaben zugrundeliegende Forderung aufschiebend bedingt abgetreten worden ist[353]. Diese Heilung tritt auch dann noch ein, wenn der Beschenkte die Leistung an sich mit Hilfe einer Bankvollmacht des Schenkers nach dessen Tode selbst bewirkt oder die Zuwendung aufgrund einer über den Tod hinauswirkenden Vollmacht von einem sonstigen Vertreter bewirkt wird[354]. Diese Heilung einer formnichtigen Versprechensschenkung setzt freilich voraus, daß die zunächst unwirksame Einigung über die versprochene Schenkung bei der späteren Bewirkung der Leistung noch fortbestand, also nicht von den Erben widerrufen war[355].

3.276

---

351 Bedarf ausnahmsweise nicht nur die Willenserklärung des Versprechenden, sondern auch die des Beschenkten und damit der ganze Vertrag einer bestimmten Form (z.B. nach §§ 313, 2033 BGB), muß die Form auch für die Annahmeerklärung des Beschenkten gewahrt werden (*Palandt/Putzo*, § 518 Rn 7).
352 *Palandt/Putzo*, § 518 Rn 9 m.w.Nachw.
353 BGH WM 1989, 1344, 1345.
354 BGH WM 1987, 139, 140; 1988, 984, 985.
355 BGH WM 1987, 139, 140.

II. Erbrechtliche Zuwendungen auf den Todesfall

3.277 Die Zuwendung eines Kontoguthabens durch eine „Hand"schenkung oder ein Schenkungsversprechen unter Lebenden entspricht regelmäßig nicht den Intentionen der Bankkunden. Im Regelfall soll die unentgeltliche Zuwendung des Kontoguthabens an die Bedingung geknüpft werden, daß der Bedachte den Bankkunden überlebt. Wird jedoch eine solche „Überlebensbedingung" vereinbart, so liegt keine Schenkung unter Lebenden, sondern eine Schenkung von Todes wegen vor (vgl. § 2301 Abs. 1 BGB ausdrücklich für das Schenkungsversprechen).

3.278 Für alle erbrechtlichen Verfügungen von Todes wegen ist es begriffswesentlich, daß sie das Vorversterben des Erblassers voraussetzen. So kann Erbe nur werden, wer zur Zeit des Erbfalls lebt (1923 Abs. 1 BGB). Ein Vermächtnis wird unwirksam, wenn der Bedachte zur Zeit des Erbfalls nicht mehr lebt (§ 2160 BGB).

1. Vermächtnis

3.279 Für die Zuwendung einzelner Vermögenswerte wie ein bestimmtes Kontoguthaben bietet das Erbrecht vor allem das Rechtsinstitut des Vermächtnisses an. Hierdurch kann dem Bedachten das Kontoguthaben zugewendet werden, ohne ihn zugleich als Erben einzusetzen. Ein solches Vermächtnis kann in einem Testament oder in einem Erbvertrag als den beiden Formen der Verfügung von Todes wegen angeordnet werden (§§ 1937, 1941 BGB).

3.280 Solche Verfügungen sind kein Unterfall der Verfügungen in dem außerhalb des Erbrechts üblichen bürgerlich-rechtlichen Sprachgebrauchs. Denn dort handelt es sich um ein Rechtsgeschäft, das unmittelbar auf die bestehende Rechtslage an einem Gegenstand einwirkt, sei es durch Übertragung, inhaltliche Änderung, Belastung oder Aufhebung eines bestehenden Rechts. Die Verfügungen von Todes wegen lassen aber, obgleich wirksam errichtet, die Rechtslage zu Lebzeiten des Erblassers unberührt.

3.281 Der Vermächtnisnehmer erwirbt mit dem Erbfall nur einen Anspruch auf die ihm zugedachten Gegenstände. Die „vermachten" Gegenstände, wie ein bestimmtes Kontoguthaben, fallen also zunächst in den Nachlaß und sind daher noch vom Erben auf den Vermächtnisnehmer zu übertragen (§ 2174 BGB). Das BGB kennt mithin nur ein Vermächtnis mit obligatorischer Wirkung (**Damnationslegat**) und nicht mit dinglicher Rechtsfolge (**Vindikationslegat**). Der Vermächtnisnehmer ist also auch kein Einzelrechtsnachfolger des Erblassers. Er ist vielmehr auf den Erwerb eines mit dem Erbfall entstehenden Anspruchs gegen den Erben beschränkt (§§ 2147, 2174, 2176 BGB).

Diese anspruchsbegründende Wirkung des Vermächtnisses ist zugleich das Abgrenzungsmerkmal zur erbrechtlichen **Auflage** (§ 1940 BGB). Durch eine solche Auflage kann der Erblasser den Erben zu einer Leistung verpflichten, ohne einem anderen ein Recht auf die Leistung zuzuwenden. 3.282

Die Anordnung eines solchen Vermächtnisses kann durch ein Testament (§ 1939 BGB) geschehen. Hierbei handelt es sich um eine **einseitige** (nicht empfangsbedürftige) Willenserklärung des Erblassers, die von ihm eigenhändig geschrieben und unterschrieben sein muß (§ 2247 Abs. 1 BGB). 3.283

Die Zuwendung eines Kontoguthabens durch ein Vermächtnis könnte auch in einem **Erbvertrag** geschehen[356], bei dem es sich um eine in Vertragsform errichtete Verfügung von Todes wegen handelt. Das Testament stellt dagegen eine einseitige Verfügung von Todes wegen dar. Dieser Erbvertrag könnte auch zwischen zuwendendem Bankkunden und Bank geschlossen werden. Die Vertragsform für den Erbvertrag ist allein deshalb vorgesehen, weil sie der Gesetzgeber als adäquaten Erzeugungstatbestand für die bindende Wirkung betrachtet[357]. Die notwendige Rolle des Vertragspartners besteht hier darin, die Erklärungen des Erblassers in vertraglicher Form anzunehmen. Der Vertragspartner braucht daher nicht einmal Erbe oder Vermächtnisnehmer zu sein (vgl. § 1941 Abs. 2 BGB). Auch das kontoführende Kreditinstitut könnte daher Partner eines Erbvertrages sein, der im übrigen ausschließlich eine Zuwendung an einen Dritten enthalten könnte, wie sie die unentgeltliche Zuwendung eines Kontoguthabens in Gestalt eines Vermächtnisses beinhaltet. Hier würde dem Begünstigten das Kontoguthaben nicht im Wege eines Vertrages zugunsten Dritter, sondern durch ein Vermächtnis zugewendet werden. Diese Gestaltungsform kommt schon aus Kostengründen nicht in Betracht; der Erbvertrag bedarf im Unterschied zum Testament der notariellen Form (§ 2276 Abs. 1 S. 1 BGB). 3.284

2. Schenkungsversprechen von Todes wegen

Für die Zuwendung eines bestimmten Kontoguthabens braucht aber nicht stets der Weg eines Vermächtnisses durch Testament oder Erbvertrag als den beiden Formen der Verfügung von Todes wegen beschritten werden. Möglich ist auch eine auf den Erbfall befristete Schenkung von Todes wegen oder das ebenso befristete Schenkungsversprechen. Diese Rechtsgeschäfte „**von Todes wegen**" unterscheiden sich von der auf den 3.285

---

356 Die Anordnung eines Vermächtnisses in einem (zweiseitigen) Erbvertrag bedeutet freilich nicht, daß auch dieses Vermächtnis selbst stets vertragsmäßigen und daher bindenden Charakter hat. In Erbverträgen können vielmehr auch einseitige Verfügungen von Todes wegen getroffen werden. Entscheidend ist der erklärte Wille des Erblassers (Münchener Komm. zum BGB/*Leipold*, § 1941 Rn 6).
357 Vgl. BGHZ 26, 204, 207.

Tod des Schenkers befristeten „Hand"Schenkung (§ 516 BGB) und von dem ebenso befristeten Schenkungsversprechen (§ 518 BGB) als Rechtsgeschäfte unter Lebenden dadurch, daß sie mit der Bedingung des Überlebens des Beschenkten und damit des Vorversterbens des Schenkers verknüpft sind (vgl. § 2301 Abs. 1 S. 1 BGB)[358]. Das Schenkungsversprechen von Todes wegen steht also unter einer qualifizierten Befristung. Erforderlich ist nicht nur das Ableben des Schenkers (Erblasser), sondern auch sein Vorversterben[359].

3.286 Nach dem BGH spricht im Zweifel mehr dafür, daß ein Schenkungsversprechen von Todes wegen und keine auf den Tod befristete Schenkung unter Lebenden gewollt ist. Dies gilt inbesondere, wenn der Schenker (Erblasser) für diese Zuwendung besondere Gründe gerade in der Person des Versprechensempfängers hat. Es müsse bedacht werden, daß die Anwendung der Vorschriften über die Verfügung von Todes wegen von den Gerichten nicht zu weit zurückgedrängt werde[360].

3.287 Das BGB hat die Schenkung und das Schenkungsversprechen von Todes wegen nicht als eigenständige Rechtsinstitute ausgestaltet, aber anderen Regelungen unterworfen als die Schenkung oder das Schenkungsversprechen unter Lebenden (§ 2301 Abs. 2 BGB). Auf Schenkungen oder Schenkungsversprechen von Todes wegen finden die Vorschriften über Verfügungen von Todes wegen, insbesondere deren Formvorschriften Anwendung (§ 2301 Abs. 1 S. 1 BGB). Nur in den Fällen, in denen der Schenker die Schenkung durch Leistung des zugewendeten Gegenstandes **vollzieht**, finden die Vorschriften über Schenkungen unter Lebenden Anwendung (§ 2301 Abs. 2 BGB).

3.288 Der Vollzug der Schenkung und sein Zeitpunkt ist bei dem Schenkungsversprechen von Todes wegen maßgeblich dafür, ob es noch wie eine Schenkung unter Lebenden behandelt wird oder dem formstrengen Recht der Verfügung von Todes wegen untersteht. Dieser Vollzug führt bei einem formungültigen Schenkungsversprechen unter Lebenden stets zur Heilung des Formmangels (§ 518 Abs. 2 BGB). Die Voraussetzungen für die Anwendbarkeit des **§ 2301 Abs. 2 BGB** und des **§ 518 Abs. 2 BGB** sind also nicht völlig identisch. Während beim ungültigen Versprechen unter Lebenden Heilung auch noch durch Leistung nach dem Tode des Versprechenden eintritt, führt beim Schenkungsversprechen von Todes wegen die Leistung nach dem Tode in keinem Fall mehr zur Heilung, weil es dann bereits den Vorschriften des Erbrechts untersteht, das einer Leistung nach dem Tode des Erblassers keine formheilende Kraft beimißt[361].

---

358 *Palandt/Edenhofer*, § 2301 Rn 3.
359 Vgl. *Staudinger/Kanzleiter*, § 2301 Rn 10.
360 BGH WM 1987, 139, 140.
361 BGH WM 1987, 139, 140; *Palandt/Edenhofer*, § 2301 Rn 8.

Das Schenkungsversprechen von Todes wegen kommt der erbrechtlichen Verfügung von Todes wegen in Gestalt des Vermächtnisses besonders nahe. Es soll seine Wirkung wie beim Vermächtnis erst für den Fall des Todes des Zuwendenden entfalten. Auch beim Schenkungsversprechen von Todes wegen wird der Zuwendende nicht zu seinen Lebzeiten, sondern es werden nur dessen Erben belastet[362]. Mit solchen Schenkungsversprechen können also die Zwecke eines erbrechtlichen Vermächtnisses erreicht werden[363]. Das Gesetz (§ 2301 Abs. 1 BGB) behandelt daher ein Schenkungsversprechen von Todes wegen als eine erbrechtliche Verfügung von Todes wegen in Gestalt eines Vermächtnisses, sofern die Schenkung erst **nach dem Ableben** des Schenkers vollzogen wird[364].

3.289

3. Formerfordernisse

Umstritten ist, ob in diesen Fällen die notarielle Form des Erbvertrages oder nur die Schriftform des Testaments, das eigenhändig geschrieben und unterschrieben sein muß (§ 2247 BGB), zu beachten ist. Die strengere notarielle Form wäre einzuhalten, wenn der Begriff des Schenkungsversprechens im Sinne des § 2301 BGB nicht nur die Offerte zum Abschluß eines solchen einseitig verpflichtenden Vertrages im Sinne des § 518 Abs. 1 BGB bezeichnet, sondern zugleich auch die Annahme dieser Offerte durch den Versprechensempfänger und damit dieser Begriff im Sinne einer **vertraglichen Vereinbarung** verstanden werden müßte. Hiergegen spricht jedoch, daß auch der § 518 Abs. 1 BGB zwischen dem einem Schenkungsversprechen zugrundeliegenden Vertrag und dem Versprechen im Sinne der Verpflichtungserklärung des Schenkers unterscheidet. Eine Mindermeinung versteht daher unter dem in § 2301 Abs. 1 BGB erwähnten Schenkungsversprechen nur das einseitige, empfangsbedürftige Angebot des Schenkers zum Abschluß eines Vertrages in Gestalt des Schenkungsversprechens und läßt daher konsequenterweise jede zulässige Form eines (einseitigen) Testaments ausreichen[365].

3.290

Für die **Praxis** kann diese Frage dahingestellt bleiben, wenn das Schenkungsversprechen zumindest in der testamentarischen Schriftform wie z.B. in einem eigenhändig geschriebenen und unterschriebenen Brief des Zuwendenden enthalten ist[366]. Hier beinhaltet das einseitige Schenkungsversprechen ein testamentarisches

3.291

---

362 *Kipp/Coing*, Erbrecht, 14. Bearb., 1990, S. 439.
363 RGZ 83, 223, 227 (Bonifatius-Fall).
364 *Palandt/Edenhofer*, Einf. v. § 2147 Rn 3.
365 Münchener Komm. zum BGB/*Musielak*, § 2301 Rn 5 f., 13.
366 *Palandt/Edenhofer*, § 2301 Rn 6.

Vermächtnis[367]. Muß dagegen die Erklärung des Erblassers als eine (noch nicht angenommene) Offerte zum Abschluß eines Vertrages in Gestalt eines Schuldversprechens angesehen werden und ist statt der notariellen Form des Erbvertrages nur die testamentarische Schriftform gewählt worden, kann diese Zuwendung zumindest als wirksames testamentarisches Vermächtnis umgedeutet werden (§ 140 BGB)[368].

4. Heilung des Formmangels durch Vollzug

3.292 Entspricht das Schenkungsversprechen von Todes wegen nicht den erbrechtlichen Formerfordernissen des eigenhändig geschriebenen und unterschriebenen Testaments oder des notariellen Erbvertrages, so kann der Formmangel geheilt werden, sofern der Schenker die Schenkung „durch Leistung des zugewendeten Gegenstandes vollzieht" (§ 2301 Abs. 2 BGB). In diesen Fällen untersteht das Schenkungsversprechen von Todes wegen nicht mehr dem Erbrecht; vielmehr sind die Vorschriften über Schenkungen unter Lebenden anzuwenden. Ein formnichtiges Schenkungsversprechen unter Lebenden kann aber im Unterschied zu einem formnichtigen Schenkungsversprechen von Todes wegen „durch Bewirkung der versprochenen Leistung geheilt werden" (§ 518 Abs. 2 BGB). Dabei kann diese Leistung auch noch **nach dem Ableben** des Schenkers erfolgen, soweit die (formnichtige) Einigung über die versprochene Schenkung bei der Bewirkung der Leistung noch fortbestand, also nicht etwa von den Erben widerrufen worden ist[369].

3.293 Diese aus der Sicht des Beschenkten günstigere Rechtslage bei einem Schenkungsversprechen unter Lebenden kann bei einem Schenkungsversprechen von Todes wegen nicht zum Tragen kommen, weil bei letzterem die Regeln des Schenkungsversprechens unter Lebenden mit ihrer zeitlich längeren Heilungsmöglichkeit überhaupt nur anwendbar sind, wenn der Vollzug des Versprechens noch durch den Schenker und damit grundsätzlich **vor seinem Ableben** erfolgte. Ist aber ein solcher rechtzeitiger Vollzug schon erforderlich, um überhaupt zur Anwendung der Regeln des Schenkungsversprechens zu gelangen, so kann der dort bestehende Vorteil einer formheilenden Leistung **nach** dem Ableben des Schenkers infolge des hierzu benötigten früheren Vollzuges nicht genutzt werden.

3.294 Für die Frage der Heilung eines formnichtigen Schenkungsversprechens von Todes wegen kommt es daher entscheidend darauf an, welche Wil-

---

367 *Staudinger/Kanzleiter*, § 2301 Rn 9.
368 *Palandt/Edenhofer*, § 2301 Rn 6. Diese Umdeutung (§ 140 BGB) kann sogar vermieden werden, wenn man im Wege der Auslegung den vom Erblasser verwendeten Ausdruck „schenken" in „vermachen" interpretiert (Münchener Komm. zum BGB/*Musielak*, § 2301 Rn 6).
369 BGH WM 1987, 139, 140.

lenserklärungen und Maßnahmen des Schenkers als eine solche heilende Leistungsbewirkung angesehen werden können. Steht die dingliche Erfüllung noch aus, so erfordert der Vollzug der Leistung durch den Schenker, daß er seinen Zuwendungswillen bereits in entsprechendem Umfang in die Tat umgesetzt hat und schon zu Lebzeiten alles getan hat, was von seiner Seite zur Vermögensverschiebung erforderlich ist, so daß diese ohne sein weiteres Zutun eintreten kann[370].

a) Erteilung einer Bankvollmacht

In der Praxis soll eine unentgeltliche Zuwendung auf den Todesfall häufig dadurch erfolgen, daß der Erblasser einem Dritten mündlich oder schriftlich seinen Willen erklärt, ihm ein bestimmtes Kontoguthaben nach seinem Tode zu schenken und ihn widerruflich oder unwiderruflich **bevollmächtigt,** nach seinem Tode über dieses Guthaben zu verfügen. Solche Vollmachten, die über den Tod hinaus gelten sollen oder zumindest für den Todesfall erteilt werden, sind im rechtsgeschäftlichen Verkehr mit den Banken allgemein üblich. Es ist jedoch sehr umstritten, ob der Schenker sein Schenkungsversprechen schon durch die Erteilung einer solchen Vollmacht im Sinne des § 2301 Abs. 2 BGB „vollzogen" hat[371].

3.295

Nach dem BGH hat der Erblasser durch die Erteilung einer Verfügungsvollmacht, auch wenn diese unwiderruflich ist, den zugewendeten Gegenstand noch nicht geleistet und die Schenkung daher noch nicht im Sinne des § 2301 Abs. 2 BGB vollzogen[372]. Mit dieser Vollmachtserteilung hat der Erblasser von seiner Seite noch nicht alles zur rechtlichen Zuordnung der Vermögenswerte an den Beschenkten Erforderliche getan. Der Erblasser muß soviel für die Vermögensverschiebung veranlaßt haben, daß diese Verschiebung ohne sein weiteres Zutun eintreten kann. Es bedarf jedoch bei solchen Vollmachten auf den Todesfall stets einer sorgfältigen Prüfung, ob etwaige im Zusammenhang mit der Erteilung der Vollmacht abgegebenen sonstigen Erklärungen des Erblassers die Annahme einer vollzogenen Schenkung unter Lebenden zuläßt[373].

3.296

Die Schenkung ist nach dem BGH selbst dann nicht unter Lebenden vollzogen worden, wenn der Beschenkte aufgrund der Vollmacht **nach dem Tode** des Schenkers die zugewendeten Vermögenswerte ganz oder teilweise erlangt hat. Eine nicht vollzogene Schenkung oder Schenkungsversprechen von Todes wegen kann ebensowenig wie eine formnichtige

3.297

---

370 *Palandt/Edenhofer,* § 2301 Rn 10.
371 Vgl. *Kuchinke,* FamRZ 1984, 109.
372 WM 1983, 411, 413.
373 *Johannsen,* WM 1985, Sonderbeilage Nr. 1, 29.

Verfügung von Todes wegen in Gestalt eines Testamentes oder notariellen Vertrages nach dem Erbfall durch Handlungen einer vom Erblasser bevollmächtigten Person in Kraft gesetzt werden[374].

3.298 Insoweit besteht ein wesentlicher Unterschied zu einem auf den Tod befristeten Schenkungsversprechen unter Lebenden im Sinne des § 518 Abs. 1 BGB. Bei solchen Schenkungsversprechen unter Lebenden kann die Heilung der erforderlichen notariellen Form noch durch eine Bewirkung der Leistung nach dem Tode des Schenkers erfolgen. Für ein auf den Tod befristetes Schenkungsversprechen unter Lebenden bewirkt der Tod des Schenkers keine prinzipielle Zäsur und zwar selbst dann nicht, wenn die Schenkung auf den Tod des Schenkers befristet ist. Die versprochene Leistung kann daher mit heilender Wirkung auch noch nach dem Tode des Schenkers von seinen Erben oder (aufgrund postmortaler Vollmacht) von einem Vertreter für diese an den Beschenkten bewirkt werden. Auch insoweit rücken die Erben durch die Universalsukzession in die Rechtsposition des Erblassers ein.

3.299 Die Bestimmung des § 518 Abs. 2 BGB kann nach dem BGH auf ein **nicht rechtzeitig vollzogenes** Schenkungsversprechen von Todes wegen nicht angewendet werden. Das Gesetz (§ 2301 Abs. 1 BGB) unterstelle derartige Geschäfte uneingeschränkt dem Erbrecht[375]. Der § 518 Abs. 2 BGB gilt daher nur für auf den Tod befristete Schenkungsversprechen, die nicht mit der Bedingung verknüpft sind, daß der Bedachte den Schenker überlebt. Dieses Versprechen beinhaltet daher eine Schenkung unter Lebenden.

b) Beauftragung eines Übermittlungsbotens

3.300 Ein Vollzug der Schenkung durch den Schenker liegt auch dann nicht vor, wenn er die erforderliche Erklärung der Schenkungs- und Übereignungsofferte nicht einem Bevollmächtigten überläßt, sondern diese **Offerten selbst abgibt** und mit deren Übermittlung einen Boten (§ 120 BGB) betraut, dem auch der zuzuwendende Gegenstand zur Aushändigung an den Beschenkten übergeben wird. Ein solcher Sachverhalt lag dem vom Reichsgericht entschiedenen „**Bonifatius-Fall**" zugrunde[376].

3.301 Auch dort sollten die zugewendeten Wertpapiere erst nach dem Tode des Zuwendenden dem Beschenkten (Bonifatius-Verein) übergeben werden, und zwar nicht von einem Bevollmächtigten, sondern von einem Erklärungsboten im Sinne des § 120 BGB, der den Zeitpunkt der Übergabe der Wertpapiere selbst bestimmen sollte. Nach dem Reichsgericht würde es auf eine Umgehung des Gesetzes (§ 2301

---

374 BGH WM 1988, 984, 985.
375 BGH WM 1988, 984, 985; entgegen *Kuchinke*, FamRZ 1984, 109.
376 RGZ 83, 223.

BGB) hinauslaufen, wenn ein Erblasser eine Schenkung von Wertpapieren, die tatsächlich bis zu seinem Tode nicht vollzogen worden ist, durch formlose Erklärung an einen Boten unter Übergabe der Wertpapierurkunden mit einer über seinen Tod hinausreichenden Rechtswirkung anordnen und in die Wege leiten könnte. Hinzu kommt, daß eine wirksame Übereignung erfordert, daß der Eigentümer die Übergabe und den Eigentumsübergang auch will. Hieran fehlt es jedoch, wenn wie beim Bonifatius-Fall die Übereignung erst **nach dem Tode** des Erblassers erfolgt und der Erbe als Rechtsnachfolger des Schenkers und neuer Eigentümer mit dieser Schenkung nicht einverstanden ist.

c) Lebzeitiger Schenkungsvollzug durch aufschiebend bedingte Abtretung

Der Vollzug der Schenkung durch den Schenker im Sinne des § 2301 BGB erfordert nicht, daß der Gegenstand der Schenkung schon zu Lebzeiten des Schenkers in vollem Umfang auf den Beschenkten übertragen worden ist und damit die Leistungspflicht aus dem Schenkungsversprechen erfüllt ist (§ 362 BGB). Unzureichend sind nur solche Handlungen, die den Vollzug der Schenkung auf den Todesfall nur vorbereiten und sichern sollen[377]. Es genügt daher, wenn der Schenker mit der Leistung ein jedenfalls **mit seinem Tode** wirksames Opfer gebracht hat[378]. Diese Voraussetzung ist z.B. erfüllt, wenn die Abtretung eines Kontoguthabens dergestalt dinglich bewirkt worden ist, daß der Eintritt der vollen Wirksamkeit der Abtretung nur noch davon abhängt, daß der Schenker **vor** dem Beschenkten **stirbt**[379] und damit alle anderen Voraussetzungen für den Rechtserwerb des Beschenkten erfüllt sind[380], so daß das zugewendete Kontoguthaben beim Tode des Schenkers aus seinem Vermögen ausscheidet[381]. Hierfür reicht es aus, daß dem Beschenkten eine durch sein Überleben **aufschiebend bedingte** Rechtsstellung und damit eine Anwartschaft im Sinne der §§ 158, 160 BGB verschafft wird[382]. Die auf den Tod befristete Schenkung des Kontoguthabens ist daher schon zu Lebzeiten im Sinne des § 2301 Abs. 2 BGB vollzogen, wenn das Kontoguthaben dem Beschenkten aufschiebend bedingt auf den Todesfall abgetreten worden ist.

3.302

---

377 BGH WM 1986, 786, 787.
378 *Staudinger/Kanzleiter*, § 2301 Rn 23.
379 So zutreffend *Harder*, Zuwendungen unter Lebenden auf den Todesfall, 1968, S. 36.
380 Münchener Komm. zum BGB/*Musielak*, § 2301 Rn 21.
381 *Staudinger/Kanzleiter*, § 2301 Rn 23.
382 Ganz h.M.; BGH WM 1989, 1345; *Johannsen*, WM 1985, Sonderbeilage Nr. 1, 28. Bei der Zuwendung eines Geldbetrages genügt auch die Hingabe eines Schecks, der nach dem Tode des Erblassers eingelöst wird (BGH WM 1978, 844, 845; Johannsen, WM 1979, 630, 634).

3. Teil: Einlagengeschäft

3.303 Das Reichsgericht hat diese aufschiebend bedingte Abtretung schon für ein Sparguthaben anerkannt[383]. Der BGH hat diese Rechtsprechung fortgeführt[384]. Das Gericht läßt es genügen, daß der Schenker bei der Zuwendung seines Guthabens auf einem Bankkonto im Einverständnis des Beschenkten den feststellbaren Willen hatte, den Rechtsübergang mit seinem Tode eintreten zu lassen und dafür bereits bei der Errichtung des Kontos alles Erforderliche veranlaßt hat. Dabei steht der Annahme einer solchen wirksamen Vollziehung nicht entgegen, daß sich der Erblasser vorbehält, bei Lebzeiten noch Beträge von dem Sparguthaben abzuheben und für sich verwenden zu können[385].

3.304 Eine aufschiebend bedingte Abtretung des Kontoguthabens, mit der der Schenker die versprochene Schenkung im Sinne des § 2301 Abs. 2 BGB vollzieht, kann auch in der Weise erfolgen, daß das Konto **als Oder-Konto** ausgestaltet wird, über das der Schenker und der Beschenkte die bei diesen Konten übliche Alleinverfügungsbefugnis haben. Auch die Einräumung dieser Alleinverfügungsbefugnis stellt nach dem BGH ein schon zu Lebzeiten erbrachtes Vermögensopfer dar[386], wie es für den Vollzug im Sinne des § 2301 Abs. 2 BGB von der Rechtsprechung gefordert wird. Unschädlich für diesen Vollzug ist es, daß dem Schenker aufgrund seiner Mitinhaberschaft des Oder-Kontos ebenfalls eine Alleinverfügungsbefugnis verbleibt[387].

3.305 Nicht angesprochen hat der BGH die Frage, ob bei einem Oder-Konto **als Sparkonto** die Schenkung der Forderung des einen Gesamtgläubigers auf den Todesfall für ihren Vollzug neben der aufschiebend bedingten Abtretung (§§ 398, 158 Abs. 1 BGB) voraussetzt, daß der andere Gesamtgläubiger zu Lebzeiten zumindest den Mitbesitz (vgl. § 866 BGB) am Sparbuch hatte. Wird jedoch die Abtretung nachgewiesen, kann es angesichts des § 952 BGB auf den Mitbesitz (oder gar Alleinbesitz) am Sparbuch für den lebzeitigen Vollzug der Schenkung nicht ankommen. Dem Besitz am Sparbuch kommt nur dann eine Indizwirkung für die Gläubigerstellung hinsichtlich des Sparguthabens zu, wenn ein anderer sie in Anspruch nimmt, der bisher an der Gläubigerschaft gegenüber dem Kreditinstitut nicht teilhatte[388].

---

383 Vgl. *Gruchot* 50 (1906), 651; *Recht* 1908 Nr. 3633.
384 WM 1986, 786, 787. Nach *Canaris* (Bankvertragsrecht³, Rn 221) liegt in dieser Anerkennung der bedingten Abtretung als Vollzug des Schenkers wie bei der Anerkennung des Vertrages zugunsten Dritter auf den Todesfall eine Durchbrechung des § 2301 BGB.
385 BGH WM 1989, 1344, 1345.
386 BGH WM 1986, 786, 787.
387 BGH WM 1986, 786, 787.
388 Vgl. dazu *Canaris*, Bankvertragsrecht³, Rn 156 ff.

III. Konto zugunsten Dritter auf den Todesfall

Es entspricht regelmäßig nicht der Intention des Bankkunden, daß das Kontoguthaben im Wege einer auf seinen Tod befristeten Schenkung oder eines derart befristeten Schenkungsversprechens als Rechtsgeschäfte unter Lebenden wie auch mittels erbrechtlichen Rechtsgeschäfts in Gestalt eines Vermächtnisses oder Schenkungsversprechens von Todes wegen zugewendet wird. Erfahrungsgemäß scheuen Bankkunden – aus welchen Gründen auch immer – davor zurück, die erst für das Ableben gewollte Zuwendung schon zu Lebzeiten mit dem Begünstigten zu besprechen. Gewünscht wird vielmehr, daß allein durch entsprechende Absprachen mit der kontoführenden Bank alle notwendigen Vorkehrungen für eine von den Erben unangreifbare Zuwendung getroffen werden, bei der die Erben nicht mitzuwirken brauchen. Hierfür bietet sich das Rechtsinstitut des Vertrages zugunsten Dritter auf den Todesfall an (§§ 328, 331 BGB). Hierdurch erwirbt der begünstigte Dritte mit dem Ableben des Bankkunden einen eigenständigen Anspruch gegen die kontoführende Bank auf Auszahlung des ihm zugewendeten Kontoguthabens (Konto zugunsten Dritter auf den Todesfall).

3.306

Der Begünstigte erwirbt auch die Rechte aus einem **Sparbrief,** den der Kontoinhaber nach Abschluß des Vertrages zugunsten Dritter mit Mitteln aus dem Sparkonto mit der Bestimmung erworben hat, Kapital nebst Zinsen sollten bei Fälligkeit dem Sparkonto gutgeschrieben werden[389]. Für die spätere Auszahlung bedarf es daher keiner Mitwirkung der Erben. Die Zuwendung dieses Kontoguthabens vollzieht sich daher außerhalb des Nachlasses. Der Begünstigte hat nach Ableben des Bankkunden einen Anspruch gegen die Bank auf Auskunft über das zugewendete Kontoguthaben[390]. Soweit der Vertrag auch das Guthaben auf einem **Girokonto** erfaßt, wird das Kontokorrentverhältnis beim Tode des Erblassers nicht mit den Erben sondern mit dem Drittbegünstigten fortgesetzt[391].

3.307

Solche Verträge zugunsten Dritter auf den Todesfall gehören wie die auf den Tod befristeten Schenkungen und Schenkungsversprechen zu den Rechtsgeschäften unter Lebenden. Dies gilt selbst in dem Regelfall, daß der Bankkunde die Zuwendung davon abhängig macht, daß ihn der Begünstigte überlebt[392]. Denn nach der gesetzlichen Regelung kann der Rechtserwerb des Begünstigten von „bestimmten Voraussetzungen" und

3.308

---
389 OLG Köln WM 1996, 1365.
390 OLG Zweibrücken WM 1998, 1776.
391 OLG Hamm WM 1998, 2236, 2238.
392 BGH WM 1983, 1355, 1356.

damit auch von Bedingungen und Befristungen (§§ 158, 163 BGB) abhängig gemacht werden (vgl. § 328 Abs. 2 BGB). Es hängt von der getroffenen Vereinbarung ab, ob das Überleben des Dritten Voraussetzung für den Erwerb ist oder im Falle des Vorversterbens die zugedachten Gegenstände an den Erben des Dritten fallen sollen[393].

3.309 Bei Fehlen einer ausdrücklichen Regelung ist der Vertrag auszulegen oder aus den Umständen, insbesondere aus dem Zweck des Vertrages (§ 328 Abs. 2 BGB) zu entnehmen, ob der Versprechende an den Versprechensempfänger zu leisten hat, falls kein Dritter benannt wird, oder ob an die Stelle des verstorbenen Dritten dessen Erbe tritt[394]. Für die Auslegung der rechtsgeschäftlichen Vereinbarung sind §§ 133, 157 BGB maßgebend; die besonderen erbrechtlichen Auslegungsregeln sind dagegen auch nicht entsprechend anwendbar. Im Zweifel steht das **Leistungsrecht** dem Versprechensempfänger oder dem Nachlaß zu, wenn kein anderer Begünstigter benannt worden ist[395].

3.310 Die in der Bankpraxis **üblichen Formulare** sehen häufig vor, daß die Zuwendung gegenstandslos wird, wenn der begünstigte Dritte **vor** dem **Depotinhaber verstirbt.** Insoweit ergibt sich ein wesentlicher Unterschied zu den auf den Tod befristeten Schenkungen und Schenkungsversprechen, die zu den dem Erbrecht unterworfenen Verfügungen von Todes wegen gerechnet werden, wenn sie mit einer Überlebensbedingung verknüpft werden (vgl. § 2301 BGB). Der Vertrag zugunsten Dritter auf den Todesfall bleibt dagegen auch mit einer solchen Überlebensbedingung ein Rechtsgeschäft unter Lebenden. Die Rechtsbeziehung des Bankkunden zur kontoführenden Bank (Deckungsverhältnis) und der dadurch begründete Anspruch des Begünstigten gegen die Bank unterliegen daher grundsätzlich nicht dem Erbrecht, sondern dem Schuldrecht[396].

3.311 Das Reichsgericht wie auch der BGH haben es daher in **ständiger Rechtsprechung** abgelehnt, solche Verträge zugunsten Dritter in Anlehnung an § 2301 BGB den erbrechtlichen Formvorschriften für Verfügungen von Todes wegen zu unterwerfen, auch wenn es sich im Verhältnis des zuwendenden Bankkunden und dem Begünstigten um eine unentgeltliche Zuwendung handelte[397]. Ebensowenig bedürfen Verträge zugunsten Dritter über eine unentgeltliche Zuwendung der notariellen Form des Schen-

---

393 Vgl. *Staudinger/Kaduk,* § 331 Rn 11.
394 *Soergel/Hadding,* § 331 Rn 7; *Staudinger/Kaduk,* § 331 Rn 10.
395 BGH WM 1993, 1276.
396 BGH WM 1983, 1355, 1356; Münchener Komm. zum BGB/*Kollhosser,* § 518 Rn 7.
397 RGZ 106, 1; 128, 187; BGH WM 1983, 1355, 1356.

kungsversprechens unter Lebenden (vgl. § 518 Abs. 1 BGB)[398]. Die Verträge zugunsten Dritter werden in die Vordrucke für die Eröffnung solcher Konten zugunsten Dritter auf den Todesfall integriert, die der eröffnende Bankkunde mit seiner rechtsgültigen Unterschrift zu versehen hat. Dies genügt freilich noch nicht den Formerfordernissen eines Vermächtnisses, das neben dieser Unterzeichnung auch eigenhändig unterschrieben sein muß.

Bei einem solchen Konto zugunsten Dritter auf den Todesfall bleibt der Kontoinhaber **wirtschaftlicher Inhaber** des Guthabens. Der Begünstigte hat zu Lebzeiten des Bankkunden überhaupt keine Rechtsposition, auch nicht eine betagte oder aufschiebend bedingte Forderung gegen die Bank oder den Kontoinhaber, sondern nur eine Hoffnung auf einen künftigen Rechtserwerb mit dem Tode Kontoinhabers[399].

3.312

1. Funktionsverlust des Erbrechts?

Das Konto wie auch das denselben wirtschaftlichen Zwecken dienende Depot zugunsten Dritter wird von einem Teil des Schrifttums für bedenklich angesehen. So sind nach *Kipp/Coing* solche Verträge zugunsten Dritter auf den Todesfall nach dem im § 2301 BGB angesprochenen Prinzip zu beurteilen, ob der Erblasser bereits selbst ein unmittelbares Opfer gebracht hat[400]. Die höchstrichterliche Rechtsprechung hat nach *Canaris* einen empfindlichen Funktionsverlust des Erbrechts zur Folge, der bei der Schaffung des § 331 BGB in diesem Ausmaß nicht ins Auge gefaßt worden ist[401]. Das „Spannungsverhältnis" solcher auf schuldrechtlicher Grundlage erfolgenden unentgeltlichen Zuwendungen auf den Todesfall zu den erbrechtlichen Formvorschriften ist indes im Gesetz selbst angelegt. Der Gesetzgeber hat mit dem Vertrag zugunsten Dritter auf den Todesfall (§§ 328, 331 BGB) bewußt eine **schuldrechtliche** Möglichkeit für solche Zuwendungen schaffen wollen, weil sich „schon lange vor Inkrafttreten des Bürgerlichen Gesetzbuchs ein Bedürfnis geltend gemacht hat, durch Vertrag unter Lebenden die Zwecke zu erreichen, welche das Vermächtnis verfolgt"[402].

3.313

---

398 BGH WM 1983, 1355, 1356.
399 *Soergel/Hadding*, § 331 Rn 7.
400 Erbrecht, 14. Bearb., 1990, S. 452.
401 Bankvertragsrecht³, Rn 210; a.A. insbesondere *Gernhuber*, Das Schuldverhältnis, 1989, S. 507 ff., wonach der Kritik an der höchstrichterlichen Rechtsprechung nicht zu folgen ist.
402 RGZ 80, 175, 177.

3.314 Der Gesetzgeber hat es jedoch versäumt, diese schuldrechtliche Zuwendungsmöglichkeit in Gestalt eines Vertrages zugunsten Dritter von den erbrechtlichen Vorschriften über letztwillige Verfügungen, insbesondere der Schenkung auf den Todesfall (§ 2301 BGB) eindeutig abzugrenzen. Die **Rechtsprechung** hat daher „solche Verträge **großzügig** als wirksame lebzeitige Verfügungen anerkannt, zumal die Beteiligten durchweg auf diese Anerkennung vertrauten und deshalb die Formen letztwilliger Verfügungen nicht einhielten"[403]. Nach dem BGH ist durch diese höchstrichterliche Rechtsprechung „zwar noch keine gewohnheitsrechtliche Verfestigung der Rechtslage entstanden, wohl aber ein grundsätzlich zu beachtender **Vertrauenstatbestand** geschaffen, den zu beseitigen sich nur aus ganz schwerwiegenden Gründen rechtfertigen ließe". Solche Gründe lägen „noch nicht deshalb vor, weil mit guten Gründen auch eine andere Grenzlinie zwischen lebzeitigen Verfügungen und Verfügungen von Todes wegen gezogen werden kann"[404].

3.315 Dabei ist es für die Wirksamkeit solcher Konten unerheblich, daß der Bankkunde bis zu seinem Ableben über die auf seinen Tod zugewendeten Guthaben weiter verfügen kann[405]. Diese Verfügungsbefugnis hat der BGH auch in den wertungsmäßig gleich zu behandelnden Fällen als unschädlich bezeichnet, in denen das Kontoguthaben dem Begünstigten dadurch unentgeltlich zugewendet worden ist, daß Bankkunde und Begünstigter eine auf den Todesfall (aufschiebend) bedingte Abtretung der zugrundeliegenden Auszahlungsansprüche vereinbaren bzw. dem Begünstigten durch Umwandlung des Kontos in ein Oder-Konto die hierfür typische Alleinverfügungsbefugnis jedes Kontoinhabers verschafft wurde[406]. Sowohl die bedingte Abtretung als auch die Verschaffung der Mitinhaberschaft eines Oder-Kontos stellen nach dem BGH den Vollzug der unentgeltlichen Zuwendung durch den Bankkunden im Sinne des § 2301 Abs. 2 BGB dar. Diese Schenkungen auf den Todesfall sind daher auch ohne Einhaltung der erbrechtlichen Formerfordernisse wirksam, weil sie wegen des lebzeitigen Vollzuges nicht dem Erbrecht, sondern den Vorschriften über Schenkungen unter Lebenden unterworfen sind, die die Heilung des Formmangels durch Bewirkung der versprochenen Leistung zulassen (§ 518 Abs. 2 BGB). Dieselbe Wertung kommt zum Tragen, wenn der Bankkunde die Zuwendung mit Hilfe eines Kontos zugunsten Dritter auf den Todesfall vornimmt, über das der Bankkunde bis zu seinem Ableben verfügen kann.

---

403 BGH WM 1976, 320, 321.
404 BGH WM 1976, 320, 321.
405 OLG Celle WM 1996, 851, 854.
406 BGH WM 1986, 786, 787; 1989, 1344, 1345.

2. Erfordernis einer Schenkungsabrede im Valutaverhältnis

Der spätere Erwerb des Kontoguthabens durch den Begünstigten ist im Verhältnis zur kontoführenden Bank unproblematisch. Hierzu bestimmt § 331 BGB, daß der Begünstigte mit dem Tode des Bankkunden das Recht aus diesem Guthaben erwirbt. Die rechtliche Problematik dieser Konten und Depots liegt vielmehr in dem Verhältnis zwischen Begünstigtem und Erben (sog. **Valutaverhältnis**). Hier stellt sich die Kernfrage, ob die Erben von dem Begünstigten die Herausgabe des erworbenen Kontoguthabens nach bereicherungsrechtlichen Grundsätzen entgegen dem ausdrücklich erklärten Willen des Erblassers wieder herausverlangen können, m.a.W. ob die vom Bankkunden beabsichtigte unentgeltliche Zuwendung noch von seinen Erben vereitelt werden kann und daher nicht „bereicherungs"fest ist.

3.316

Solche Bereicherungsansprüche entfallen nach herrschender Meinung nur dann, wenn eine Schenkungsabrede zwischen dem Bankkunden und dem Begünstigten zustandegekommen ist, die als „Rechtfertigungsgrund" (causa) für die unentgeltliche Zuwendung des Guthabens auf solchen Konten und Depots dienen kann und daher einen Bereicherungsanspruch der Erben ausschließt. Denn eine **„bereicherungsfeste"** Schenkung erfordert nach allgemeiner Meinung die „Einigung" des Schenkers (Bankkunde) und des Beschenkten (Begünstigten) „daß die Zuwendung **unentgeltlich** erfolgen soll" (Schenkungsabrede gemäß § 516 BGB)[407]. Die Verfügung zugunsten Dritter allein schafft im Valutaverhältnis zu den Erben nicht den in diesem Verhältnis erforderlichen Rechtsgrund für die zugewendete Forderung[408].

3.317

Die Verträge zugunsten Dritter auf den Todesfall sind nicht nach Erbrecht, sondern nach Schuldrecht zu beurteilen[409]. Hiernach kommt bei unentgeltlichen Zuwendungen, wie sie mit Hilfe des Kontos zugunsten Dritter auf den Todesfall bewirkt werden sollen, generell nur eine Schenkung in Betracht[410]. Es bedarf daher einer Einigung des Begünstigten mit dem Schenker über die Unentgeltlichkeit der Zuwendung gemäß § 516 BGB, wobei es ausreicht, wenn diese Einigung erst nach dem Tode des Schenkers zustande kommt (§§ 130, 153 BGB)[411].

3.318

Unproblematisch ist das Vorliegen der erforderlichen Schenkungsabrede, wenn sich der Bankkunde noch zu seinen Lebzeiten mit dem Begünstigten über die spätere unentgeltliche Zuwendung einigt. Hier erfolgen Zu-

3.319

---

407 Vgl. im einzelnen *Soergel/Hadding*, § 331 Rn 12 ff.
408 OLG Hamm WM 1996, 1362.
409 BGH WM 1983, 1355, 1356.
410 BGH WM 1983, 1355, 1356.
411 OLG Zweibrücken WM 1998, 1776, 1777.

gang und Annahme des Schenkungsangebotes noch zu Lebzeiten des Zuwendenden; ein Widerruf des Angebotes durch die Erben und damit die Vereitelung der Bereicherungsfertigkeit scheiden hier aus[412]. Erfahrungsgemäß scheuen jedoch die Bankkunden – aus welchen Gründen auch immer – davor zurück, die erst für das Ableben gewollte Zuwendung schon zu Lebzeiten mit dem Begünstigten zu besprechen. Gewünscht wird vielmehr nachdrücklich, daß allein durch entsprechende Absprachen mit der kontoführenden Bank alle notwendigen Vorkehrungen für eine von den Erben unangreifbare Zuwendung getroffen werden.

a) Verzicht auf Widerruf der Schenkungsofferte

3.320 Mit Rücksicht auf diese Kundenwünsche sehen die Bankformulare vor, daß die darin integrierte Schenkungsofferte nicht mehr widerrufbar ist. Die Bank wird zugleich damit beauftragt, diese Offerte nach dem Ableben des Bankkunden an den Begünstigten zur Annahme weiterzuleiten (**postmortaler Übermittlungsauftrag**). Mit dieser Vertragsgestaltung soll sichergestellt werden, daß die Schenkungsabrede nach dem Ableben des Bankkunden tatsächlich zustandekommen kann, ohne daß die Erben die Realisierung des Zuwendungswillens des dann verstorbenen Bankkunden vereiteln können. Hierzu verzichtet der Bankkunde auf sein Recht zum Widerruf der Schenkungsofferte, die infolge ihrer ausdrücklichen Integration in das Kontoeröffnungsformular zwar schon abgegeben, aber dem Begünstigten als Adressaten noch nicht zugegangen ist. Denn **zugangsbedürftige Willenserklärungen** wie Schenkungsofferten werden grundsätzlich erst mit dem Zugang beim Adressaten wirksam, sofern diesem nicht vorher oder gleichzeitig ein Widerruf zugeht (§ 130 Abs. 1 BGB).

3.321 Dieses Vertragsmodell eines Widerrufsverzichts kombiniert mit einem postmortalen Übermittlungsauftrag an das kontoführende Kreditinstitut basiert auf einer einschlägigen Entscheidung des **BGH** vom 14. 7. 1976[413]. Dort heißt es:

3.322 „Konnte der Erblasser etwa infolge eines Widerrufsverzichts nicht mehr widerrufen, so können es auch die Erben grundsätzlich nicht."

3.323 Für die Zulässigkeit eines solchen auch die **Erben bindenden** Widerrufsverzichts haben sich zwischenzeitlich mehrere Literaturstimmen ausgesprochen[414].

---

412 OLG Köln WM 1995, 1954, 1955; OLG Hamm WM 1998, 2236, 2238.
413 WM 1976, 1130, 1132; OLG Celle WM 1996, 851, 854; vgl. weiter OLG Hamm WM 1996, 1362, 1363.
414 *Gernhuber*, Das Schuldverhältnis, 1989, S. 507; *Soergel/Hadding*, § 331 Rn 16; *Hadding*, WuB I C2.-2.93; *Palandt/Heinrichs*, § 130 Rn 11; *Kümpel*,

Die rechtsgeschäftliche Bindung an die unwiderrufliche Schenkungsofferte geht auf die Erben nach dem Grundsatz der Universalsukzession über (§ 1922 BGB)[415].

3.324

Diese BGH-Rechtsprechung kann sich auf das Schrifttum zu dem hier einschlägigen § 130 Abs. 1 BGB stützen, nach dem zugangsbedürftige Willenserklärungen bis zum Zugang beim Adressaten (hier der Begünstigte) widerrufen werden können. Nach allgemeiner Meinung stellt § 130 Abs. 1 BGB kein zwingendes Recht dar[416]. Es kann daher nicht nur auf das Recht zum Widerruf im Sinne des Satzes 2 des § 130 Abs. 1 BGB verzichtet werden. Zulässig ist sogar die Vereinbarung, daß die zugangsbedürftige Willenserklärung unter Abbedingung des Satzes 1 des § 130 Abs. 1 BGB bereits **vor ihrem Zugang** zu einem anderen früheren Zeitpunkt wirksam werden soll[417], etwa schon bei ihrer Abgabe[418] oder Absendung[419].

3.325

In den Bankformularen wird jedoch davon abgesehen, den Zeitpunkt des Wirksamwerdens der Schenkungsofferte zeitlich vorzuverlegen. Der Bankkunde erklärt vielmehr seinen **„Verzicht"** auf das Recht zum Widerruf der Schenkungsofferte.

3.326

Verzicht im weiteren Sinne ist jedes Aufgeben eines rechtlichen Vorteiles durch eine darauf gerichtete Willenserklärung. Der Vorteil kann insbesondere ein Recht (hier Widerrufsrecht) sein[420]. Dieser Verzicht erfolgt meistens durch eine einseitige Willenserklärung, die in vielen, aber nicht in allen Fällen empfangsbedürftig ist[421]. Bei den Konten zugunsten Dritter wird diese Verzichtserklärung in die Eröffnungsformulare integriert, die das zugrundeliegende Vertragsverhältnis zwi-

3.327

WM 1977, 1186, 1194; *ders.*, WM 1993, 825, 826; *von Westphalen* in Münchener Vertragshandbuch, Bd. 3, 4. Aufl., 1996, Formular III.7 Anm. 10; gegen Zulässigkeit *Muscheler*, WM 1994, S. 921, 934 ff.; a.A. *Fuchs*, AcP 196 (1996), S. 313, 377 ff., wonach das allgemeine Widerrufsrecht nach § 130 Abs. 1 Satz 2 BGB nur zusammen mit dem Zugangserfordernis nach Satz 1 der Parteidisposition unterliegt.

415 BGH WM 1976, 1130, 1132; *Kümpel*, WM 1977, 1186, 1193.
416 RGZ 108, 91, 96; *Palandt/Heinrichs*, § 130 Rn 11, 19.
417 *Soergel/Hefermehl*, § 130 Rn 7; Münchener Komm. zum BGB/*Förschler*, § 130 Rn 7 m.w.N.
418 *Krüger-Nieland* in RGRK-BGB, § 130 Rn 28; *Flume*, Allgemeiner Teil des Bürgerlichen Rechts, Bd. II, 4. Aufl., 1992, S. 227.
419 Münchener Komm. zum BGB/*Förschler*, § 130 Rn 7 unter Bezugnahme auf RGZ 108, 91, 96; *Staudinger/Dilcher*, § 130 Rn 18.
420 *Enneccerus/Nipperdey*, Allg. Teil des Bürgerlichen Rechts, 2. Halbbd., 15. Aufl., 1960, S. 884.
421 *Enneccerus/Nipperdey*, Allg. Teil des Bürgerlichen Rechts, 2. Halbbd., 15. Aufl., 1960, S. 885.

schen Bankkunde und seiner Bank näher ausgestalten. Diese Eröffnungsformulare verbleiben im Besitz der Bank. Die darin verkörperte Verzichtserklärung als eine einseitige Willenserklärung hat daher die Einflußsphäre des Bankkunden verlassen, so daß die gewollte Bindung an den Widerrufsverzicht eingetreten ist. An dieser Bindung hat die Bank ein anzuerkennendes wirtschaftliches Eigeninteresse. In diese Bindung treten die Erben nach dem Grundsatz der Universalsukzession ein (§ 1922 BGB)[422].

3.328 Mit diesem Widerrufsverzicht wird nicht Satz 1, sondern Satz 2 des § 130 Abs. 1 BGB abbedungen, der den Widerruf einer zugangsbedürftigen Willenserklärung bis zu ihrem Zugang gestattet. Auch diese **Abbedingung** kann sich aber auf das bereits zitierte Schrifttum stützen. Denn auch bei der hiernach zulässigen zeitlichen Vorverlegung des Wirksamwerdens auf die Absendung der Schenkungsofferte – und damit der Abbedingung des Satzes 1 des § 130 Abs. 1 BGB – wird das Widerrufsrecht wenn auch **indirekt**, abbedungen; eine (schon bei Abgabe oder Absendung) wirksam gewordene Schenkungsofferte kann nicht mehr widerrufen werden. Erst recht muß ein **direkter** Ausschluß des Widerrufsrechts durch Verzicht möglich sein (argumentum a majore ad minus). Denn bei einem solchen bloßen Widerrufsverzicht verbleibt es immerhin beim Zugangserfordernis für das Wirksamwerden der Schenkungsofferte, wie es Satz 1 des § 130 Abs. 1 BGB bestimmt. Dieses Wirksamwerden kann nur nicht mehr durch einen Widerruf vereitelt werden, weil das hierfür benötigte Widerrufsrecht durch Verzicht erloschen ist.

3.329 Ein solcher Verzicht kann nach dem OLG Frankfurt, wenn er wie bei einem Kontoeröffnungsformular in die AGB integriert wird, unter Umständen unangemessen im Sinne der Generalklausel des AGB-Gesetzes (§ 9 Abs. 2 Nr. 1) und damit unwirksam sein[423]. Dies trifft nach Auffassung des Gerichts auf den Widerrufsverzicht bei einer Warenbestellung zu, wenn hierfür keine betriebliche Notwendigkeit des AGB-Verwenders oder ein sonstiger wichtiger Grund gegeben ist. Ein solcher Verstoß gegen die Generalklausel des AGB-Gesetzes scheidet beim Konto zugunsten Dritter auf den Todesfall von vornherein aus. Denn dieser Verzicht erfolgt in erster Linie nicht zugunsten der Bank als AGB-Verwenderin, sondern des Bankkunden, damit die von ihm beabsichtigte unentgeltliche Zuwendung durch die Erben nicht angegriffen werden kann, wie es der rechtsgeschäftlichen Intention des Bankkunden entspricht.

b) Verpflichtung zur Nichtausübung des Widerrufsrechts

3.330 Die Unwiderruflichkeit der Schenkungsofferte kann auch durch eine Verpflichtung des Bankkunden zur Nichtausübung seines Widerrufsrechts

---

422 BGH WM 1976, 1130, 1132; *Kümpel*, WM 1977, 1186, 1193.
423 DB 1981, 884, 885.

sichergestellt werden⁴²⁴. Gegenstand einer vertraglich begründeten Leistungspflicht kann auch ein Unterlassen sein (§ 241 S. 2 BGB). Bei dieser Vertragskonstruktion bleibt das Widerrufsrecht im Unterschied zum praxisüblichen Widerrufsverzicht bis zum Zugang der Schenkungsofferte beim Begünstigten bestehen.

Dabei kann diese Verpflichtung zur Nichtausübung des Widerrufsrechts dadurch begründet werden, daß der Begünstigte sich mit der Verpflichtung des anderen (hier Bankkunden), den Widerruf zu unterlassen, einverstanden erklärt (Vertrag zwischen Begünstigtem und Bankkunden) oder indem dem Begünstigten durch Vertrag anderer Personen (hier Bankkunden und seiner Bank) zu seinen Gunsten ein Anspruch auf Unterlassen des Widerrufs zugewendet wird⁴²⁵. Bei der letzteren Alternative würde also von dem rechtstechnischen Instrument des Vertrages zugunsten Dritter zwecks Verschaffung zweier verschiedenartiger Ansprüche Gebrauch gemacht: Zum einen für die Zuwendung des Anspruchs aus den Konto- und Depotguthaben und zum anderen zwecks Verschaffung eines eigenständigen Anspruchs des Begünstigten gegen die Erben auf Unterlassen des Widerrufs der erforderlichen Schenkungsofferte. Bei dieser Vertragsgestaltung würde also mit dem Kontoeröffnungsformular dokumentiert werden, daß sich der Bankkunde in dem zugrundeliegenden Vertrag mit seiner Bank zugunsten des Begünstigten auch verpflichtet hat, den Widerruf der von ihm erklärten Schenkungsofferte zu unterlassen. Die Erben würden sodann in diese gegenüber dem Begünstigten bestehende Unterlassenspflicht nach dem Grundsatz der Universalsukzession eintreten.

3.331

Widerruft später der Erbe, auf den diese Verpflichtung zur Nichtausübung des Widerrufsrechts übergegangen ist, so macht er sich die nunmehr von ihm geschuldete Leistung (Unterlassen des Widerrufs) vorsätzlich unmöglich⁴²⁶. Der **Erbe** haftet sodann auf Schadensersatz wegen Nichterfüllung.

3.332

---

424 *Kümpel*, WM 1993, 825, 829; *Muscheler*, WM 1994, 921, 937; a.A. *Fuchs*, AcP 196 (1996), S. 313, 389.

425 Wie jeder Vertrag zugunsten Dritter bedarf auch dieser eines Rechtfertigungsgrundes (causa) im Valutaverhältnis zwischen Versprechensempfänger (hier die Bank) und begünstigtem Dritten. Die Bank kann hierzu die Schenkungscausa für diesen Unterlassungsanspruch – auch für diesen Anspruch ist eine unentgeltliche Zuwendung gewollt – problemlos noch nach dem Tod des Erblassers zustandebringen, ohne daß der Erbenwiderruf etwas zu bewirken vermag, oder aber auf die Geltendmachung ihres bereicherungsrechtlichen Rückforderungsrechts verzichten (*Muscheler*, WM 1994, 921, 937 f.).

426 Das OLG Celle (WM 1993, 591, 593) verneint diese Schadensersatzpflicht, weil der Bankkunde den „Erlaß" dieser Verpflichtung zur Nichtausübung seines Widerrufsrechts nach bereicherungsrechtlichen Grundsätzen von der Bank hätte verlangen können und daher sein Widerruf kein rechtswidriges Handeln darstellen kann. Hierbei wird jedoch übersehen, daß auch die Bank ein anerkennenswertes Eigeninteresse an dem Unterlassen des Widerrufs hat (*Kümpel*, WM 1993, 825, 828).

Der Schuldner hat dem Gläubiger (Begünstigten) den durch Nichterfüllung entstehenden Schaden zu ersetzen, soweit die Leistung infolge eines von dem Schuldner (Erbe) zu vertretenen Umstandes unmöglich wird (§ 280 BGB).

3.333 Nach dem schadensersatzrechtlichen Grundsatz der Naturalrestitution muß der Schädiger (Erbe) den gleichen wirtschaftlichen Zustand herstellen, der ohne das schädigende Ereignis (Widerruf der Schenkungsofferte) bestehen würde (§ 249 BGB)[427]. Hätten jedoch die Erben entsprechend ihrer vom Erblasser übernommenen Verpflichtung die Schenkungsofferte nicht widerrufen, so hätte diese vom Begünstigten noch angenommen und damit das Entstehen eines bereicherungsrechtlichen Herausgabeanspruchs der Erben vermieden werden können. Die Erben müßten daher den Begünstigten so stellen, wie er gestanden hätte, wenn sie die Schenkungsofferte nicht widerrufen und damit ihre geschuldete Leistung vertragsgetreu erbracht hätten. Sodann hätte der Begünstigte das Entstehen eines bereicherungsrechtlichen Herausgabeanspruchs der Erben durch Annahme der (nicht widerrufenen) Schenkungsofferte vermeiden können. Es wäre daher dasselbe Ergebnis erreicht worden wie bei dem in dem Kontoeröffnungsformlar üblicherweise vorgesehenen „Verzicht" auf das Widerrufsrecht. Die Verpflichtung des Bankkunden zur Nichtausübung seines Widerrufsrechts führt daher zum selben wirtschaftlichen Ziel, wie es auch durch den praxisüblichen Verzicht des Bankkunden auf dieses Widerrufsrecht erreicht werden soll.

---

427 Vgl. *Palandt/Heinrichs*, § 249 Rn 1.

4. Teil
Bargeldloser Zahlungsverkehr (Girogeschäft)

1. Abschnitt
Grundlagen

Zu den Bankgeschäften im enLaden Sinne des Kataloges der erlaubnispflichtigen Bankgeschäfte (§ 1 Abs. 1 KWG) gehört auch die „Durchführung des bargeldlosen Zahlungsverkehrs" – sog. Girogeschäft (**§ 1 Abs. 1 Nr. 9 KWG**). 4.1

Nach der gesetzlichen Definition gehört zum Girogeschäft auch die Durchführung des „Abrechnungsverkehrs". Hiermit ist der Verkehr mit den Buchungsstellen der Landeszentralbanken im Sinne des Art. 31 ScheckG und Art. 38 WG gemeint. Einen Abrechnungsverkehr bildet im übrigen jede kontenmäßige Verrechnung im Bankgewerbe durch eine zentrale Buchungsstelle, insbesondere die Verrechnungssysteme der Girozentralen gegenüber den ihnen angeschlossenen Sparkassen, der genossenschaftlichen Zentralbanken gegenüber den Kreditgenossenschaften oder der Deutsche Börse Clearing AG als Wertpapiersammelbank im Effektengiroverkehr[1]. 4.2

Der bargeldlose Zahlungsverkehr geht auf den Ende des 16. Jahrhunderts entstandenen Giroverkehr der Banken zurück, nachdem mit dem unbaren Scheckverkehr bereits Mitte des 12. Jahrhunderts in Italien begonnen worden war[2]. Der Ausdruck „Giro" kommt aus dem Italienischen und bedeutet „Kreislauf". Im Jahre 1619 wurde mit der Hamburger Girobank die erste deutsche Bank gegründet, die Zahlungen durch einfache Kontoübertragungen durchführte[3]. 4.3

Die Durchführung bargeldloser Zahlungen ist eine volkswirtschaftlich bedeutsame Funktion der Kreditinstitute. Geldschulden werden heute, soweit sie nicht aus Geschäften des täglichen Bedarfs resultieren, ganz überwiegend ohne Verwendung von Bargeld im Rahmen des bargeldlosen Zahlungsverkehrs erfüllt. Diese unbare Schuldenregulierung ist für den 4.4

---

1 *Szagunn/Haug/Ergenzinger*, § 1 Rn 67.
2 *Schimansky* in Bankrechts-Handbuch, §§ 46 ff.; *Gößmann*, Recht des Zahlungsverkehrs, 3. Aufl., 1997. Zum Zahlungsverkehr im EG-Binnenmarkt vgl. *Rehm*, WM 1991, 757.
3 *Humpert* in Obst/Hintner, Geld-, Bank- und Börsenwesen, 39. Aufl., S. 609.

Rechtsverkehr gegenüber der Bargeldzahlung weniger zeit- und kostenaufwendig. Die Buchgeldzahlung ist zudem weniger risikoreich: Hierbei wird der körperliche Transport von Bargeld vermieden. Diese **Vorteile** des bargeldlosen Zahlungsverkehrs kommen vor allem bei der Erfüllung der Zahlungsverbindlichkeiten im kaufmännischen Verkehr zum Tragen. Hierbei sind häufig größere Geldbeträge in kürzester Frist über große räumliche Distanzen zu zahlen. Die **praktische Bedeutung** des bargeldlosen Zahlungsverkehrs zeigt sich in seinem Volumen mit hohen Wachstumsraten. Der Giroverkehr, insbesondere in Gestalt der Banküberweisung und des Lastschriftverfahrens hat sich im Laufe der Zeit zu einem Massengeschäft entwickelt, das ohne Standardisierung und Einsatz der EDV nicht zu bewältigen wäre. Hierzu haben die Spitzenverbände der Kreditwirtschaft unter Mitwirkung der Deutschen Bundesbank Richtlinien und Bedingungen aufgestellt[4].

I. Buchgeld als Kontoguthaben

4.5 Beim bargeldlosen Zahlungsverkehr erhält der Gläubiger anstelle von Bargeld eine entsprechende **Gutschrift** auf seinem Girokonto erteilt. Das hierdurch erzeugte Kontoguthaben wird auch als **Giralgeld** oder **Buchgeld** bezeichnet[5]. Der Geldcharakter zeigt sich darin, daß der Rechtsverkehr mit diesem Kontoguthaben Geldschulden zu bezahlen pflegt. Dieses Kontoguthaben kann zudem kurzfristig in Bargeld durch Auszahlung von Banknoten und Geldmünzen umgewandelt werden.

4.6 Von diesem Buchgeld ist das sog. **elektronische Geld** zu unterscheiden. Diese Geldart wird im allgemeinen von Kreditinstituten gegen Vorausbezahlung in Form digitaler Werteinheiten entweder auf dem Chip einer Zahlungskarte (Kartengeld) oder auf der Festplatte eines PC zur möglichen Nutzung in Netzgeldsystemen (Netzgeld) zur Verfügung gestellt[6].

4.7 Die Bezeichnung als „Buch"geld assoziiert im übrigen, daß dieses unkörperliche Geld als jederzeit verfügbares Kontoguthaben nur in den Büchern der kontoführenden Bank dokumentiert ist. Die Konten, auf denen das Buchgeld verbucht ist, gehören zu der gesetzlich vorgeschriebenen Buchführung der Kreditinstitute als Kaufleute.

---

4 Abgedruckt in *Gutschmidt*, Zahlungsverkehr (Richtlinien, Abkommen, Bedingungen), Loseblattsammlung.
5 BGH WM 1994, 1420, 1423; *Schlegelberger/Hefermehl*, § 361 Anh., Rn 1 ff.; Sonderdruck der Deutschen Bundesbank Nr. 7, 6. Aufl., S. 20.
6 Deutsche Bundesbank, Geschäftsbericht 1995, 128 f.; *Gramlich*, CR 1997, 11.

II. Kontobelastung als Deckung für die Buchgeldzahlung

Die Erteilung einer Girogutschrift begründet eine Zahlungsverpflichtung der Bank gegenüber ihrem Kontoinhaber als Buchgeldempfänger im Sinne eines abstrakten Schuldversprechens oder Schuldanerkenntnis gemäß §§ 780, 781 BGB. Die Deckung für diese Zahlungsverbindlichkeit erfolgt wirtschaftlich gesehen aus dem Giroguthaben des Buchgeldzahlers, auf dessen Girokonto eine entsprechende Belastungsbuchung vorgenommen wird. Das Girokonto des Buchgeldzahlers und des Buchgeldempfängers bilden also die beiden Endpunkte jedes bargeldlosen Zahlungsvorganges. 4.8

Die Praxis spricht deshalb häufig davon, daß (Giro-)Guthaben vom Konto des Buchgeldzahlers auf das des Buchgeldempfängers „übertragen" wird. Dies ist nur aus wirtschaftlicher und buchungstechnischer Sicht zutreffend. Dagegen liegt dieser „Übertragung" keine Abtretung im Rechtssinne zugrunde (§ 398 BGB). Aus rechtlicher Sicht ist die giromäßige Übertragung von Buchgeld vielmehr ein komplexer Vorgang. Dem Buchgeldempfänger wird das (überwiesene) Buchgeld dadurch „gezahlt", daß ihm seine Bank (Empfängerbank) eine entsprechende Gutschrift auf seinem Girokonto erteilt und damit einen hierdurch erst entstandenen abstrakten Zahlungsanspruch verschafft. Die Empfängerbank wiederum erhält von der ihr in der Girokette vorgeschalteten Bank entsprechendes Buchgeld als „Deckung", damit ihr Vermögen nicht durch ihre Zahlungsverbindlichkeit aus der dem Buchgeldempfänger erteilten Kontogutschrift geschmälert wird. Diese Deckung rührt letztlich aus einer Belastung des Girokontos des Buchgeldzahlers her. Rechtlich gesehen liegt also in der „Übertragung" von Kontoguthaben eine rechtskonstitutive Begründung neuen Giroguthabens des Buchgeldempfängers und eine entsprechende Verringerung des Giroguthabens des Buchgeldzahlers. Mit Hilfe dieses vom Konto des Buchgeldzahlers abgebuchten Buchgeldes wird der Giroverkehr für die dabei mitwirkenden Kreditinstitute (Girokette) zu einem vermögensneutralen Zahlungsvorgang. 4.9

Der bargeldlose Zahlungsvorgang kann sowohl vom Konto des Buchgeldzahlers als auch von dem des Buchgeldempfängers beginnen. Dies hängt davon ab, ob der **Buchgeldzahler** oder der **Buchgeldempfänger** den Zahlungsvorgang veranlaßt. Im Falle einer Banküberweisung liegt die Initiative beim Überweisenden (Schuldner). Soweit der Buchgeldzahler zur Tilgung seiner Geldschuld einen Scheck übergeben oder eine Lastschrift-Einzugsermächtigung als die beiden anderen Instrumente des bargeldlosen Zahlungsverkehrs gegeben hat, erteilt dagegen der Buchgeldempfänger seiner kontoführenden Bank einen „Einzugs"auftrag, bei dessen Ausführung seinem Girokonto ein bestimmter Betrag zu Lasten des Kontos des Buchgeldzahlers gutgeschrieben wird. Bei diesen Inkassoaufträgen wird also die Buchgeldzahlung durch den Buchgeldempfänger initiiert. Im Vergleich zur Banküberweisung werden damit die Zahlungsströme bei einem Scheck- oder Lastschriftinkasso aus umgekehrter Richtung ausgelöst. 4.10

III. Mitwirkungserfordernis der Kreditinstitute

4.11 Die Durchführung des bargeldlosen Zahlungsverkehrs setzt stets voraus, daß zumindest die Buchgeldempfänger (Giro-)Konten unterhalten. Im Regelfall wird hierbei auch ein Girokonto des Buchgeldzahlers belastet. Hierbei muß es sich um Bankkonten handeln, weil es sich bei der Vermittlung solcher Buchzahlungen um ein **erlaubnispflichtiges Bankgeschäft** handelt (§§ 1 Abs. 1 Nr. 9, 32 KWG). Der bargeldlose Zahlungsverkehr ist also auf die Mitwirkung der Kreditinstitute angewiesen.

4.12 Der dem Girokonto zugrundeliegende **Geschäftsbesorgungsvertrag** (§ 675 BGB) verpflichtet die Bank, sämtliche Zahlungsverkehrsvorgänge zugunsten ihres Kunden oder zu seinen Lasten auf dessen (Giro-)Konto zu verbuchen. Dementsprechend sind die für den Kunden bestimmten Geldeingänge dem Konto gutzuschreiben und Überweisungsaufträge im Rahmen des Giroguthabens oder eines eingeräumten Kredites auszuführen. Die Bank ist regelmäßig auch verpflichtet, die vom Kunden eingereichten Schecks einzuziehen (Scheckinkasso) und die ihren Kunden betreffenden Lastschriften bei ausreichendem Guthaben oder Krediteinräumung einzulösen[7].

4.13 Die den bargeldlosen Zahlungsverkehr vermittelnden Kreditinstitute schaffen die technisch-organisatorische Verknüpfung zwischen dem Girokonto des Buchgeldzahlers und dem des Zahlungsempfängers als den beiden Endpunkten des Zahlungsvorganges. Dabei ist die Anzahl der mitwirkenden Kreditinstitute von den besonderen Umständen des Einzelfalls abhängig.

4.14 Haben Buchgeldempfänger und Buchgeldzahler das Girokonto bei demselben Kreditinstitut, so genügt eine einfache Umbuchung durch Gutschriftserteilung und korrespondierende Kontobelastung (sog. Kontoübertrag oder **Hausüberweisung**). Von **Filialüberweisungen** spricht man dagegen, wenn bei einer Filialbank mit mehreren regionalen Buchungsstellen die Umbuchung nicht von derselben Buchungsstelle vorgenommen werden kann.

4.15 Filialüberweisung und Hausüberweisung sind grundsätzlich rechtlich gleich zu behandeln, da die erstbeauftragte Bank und die kontoführende Filiale des Buchgeldempfängers unselbständige Teile eines einheitlichen Gesamtunternehmens sind[8]. Deshalb werden die Ausführung des Überweisungauftrages und die Kontogutschrift von demselben Rechtssubjekt geschuldet[9]. Der für den bargeldlosen Zahlungsverkehr typische „Transport" von Geldvermögen ist hier nicht denkbar[10].

---

7 *Schimansky* in Bankrechts-Handbuch, § 47 Rn 4.
8 BGH LM § 355 HGB Nr. 4 = NJW 1952, 499.
9 BGH NJW 1951, 652; 1953, 660.
10 *Schimansky* in Bankrechts-Handbuch, § 49 Rn 31.

Unterhalten dagegen Buchgeldempfänger und Buchgeldzahler das Girokonto bei verschiedenen Kreditinstituten, so kommt es zu einem außen- oder zwischenbetrieblichen Zahlungsvorgang. Bei einem solchen mehrgliedrigen Zahlungsverkehr kommt es häufig zur Zwischenschaltung weiterer Kreditinstitute (sog. **Kettenüberweisung**)[11]. Dieser institutsübergreifende Zahlungsverkehr setzt Verrechnungs"netze" und standardisierte Kommunikationsformen voraus. Hierzu sind zahlreiche Abkommen und Vereinbarungen für das gesamte Bankgewerbe von den Spitzenverbänden der einzelnen Institutsgruppen abgeschlossen worden, die im Zentralen Kreditausschuß (ZKA) zusammengeschlossen sind[12].

4.16

Die **zunehmende Elektronisierung** des bargeldlosen Zahlungsverkehrs erfordert Verfahren zur Vereinheitlichung des Datenaustausches, um zu gewährleisten, daß die verschiedenen eingesetzten Computer die Nachrichten einheitlich lesen können. Diesem Ziel dient auch EDIFACT; dabei steht EDI für „electronic data interchange". Hierunter ist ein Verfahren der elektronischen Nachrichtenübermittlung zu verstehen, das den Austausch von Informationen kommerzieller, administrativer, technischer oder sonstiger Art auf elektronischem Wege durch Computer ermöglicht[13]. Für den Zahlungsverkehr bietet EDIFACT eine Vielzahl von Vorteilen. So können elektronische Gutschriftsanzeigen der Bank unmittelbar in die Debitoren-Buchhaltung des Überweisungsbegünstigten übernommen und dort hausintern oder in seinem Konzernbereich beliebig umverteilt werden. Auch können elektronische Zahlungsaufträge von der Kreditoren-Buchhaltung des Auftraggebers erzeugt und direkt der Bank übergeben werden. Obwohl es sich bei EDIFACT um ein reines Normungsverfahren für die Vereinheitlichung der Nachrichten zum elektronischen Datenaustausch handelt, könnten sich aus dieser Modifizierung der übernommenen Zahlungsverkehrsinstrumente neue Rechtsfragen, insbesondere für den wirksamen Austausch von Willenserklärungen ergeben[14].

4.17

IV. Zugang des Publikums zum bargeldlosen Zahlungsverkehr

Die bankmäßige **Kontoverbindung** als eine unverzichtbare Voraussetzung für die Teilnahme am bargeldlosen Zahlungsverkehr und dessen wachsende Bedeutung auch für breite Bevölkerungsschichten hat zu rechtspolitischen Initiativen geführt, das Recht auf ein Girokonto auf Guthaben-

4.18

---
11 *Schimansky* in Bankrechts-Handbuch, § 47 Rn 6.
12 Vgl. hierzu *Schimansky* in Bankrechts-Handbuch, § 46 Rn 7.
13 *Reiser/Werner*, WM 1995, 1901; *Schwintowski/Schäfer*, Bankrecht, § 5 Rn 19.
14 Vgl. hierzu *Reiser/Werner*, WM 1995, 1901 ff.

basis gesetzlich zu verankern[15]. Die im Zentralen Kreditausschuß zusammengeschlossenen kreditwirtschaftlichen Verbände haben deshalb in Abstimmung mit dem Bundesministerium der Finanzen eine Empfehlung zum Girokonto für jedermann erarbeitet. Darin erklären die Kreditinstitute, jedem Bürger innerhalb bestimmter Zumutbarkeitsgrenzen ein laufendes Konto zur Verfügung zu stellen und damit die Teilnahme am bargeldlosen Zahlungsverkehr zu ermöglichen[16]. Unzumutbar ist die Eröffnung oder Fortführung des Kontos insbesondere, wenn der Kunde die Leistungen der Bank z.B. durch Betrug oder Geldwäsche mißbraucht, für das Vertragsverhältnis wesentliche Falschangaben macht oder nicht sichergestellt ist, daß die Bank die für die Kontoführung und -nutzung vereinbarten üblichen Entgelte erhält.

V. Abgrenzung zur Bargeldzahlung

4.19   Im Rahmen des Geldgiroverkehrs wird dem Gläubiger Buch-(Giral-)Geld in Form einer Kontogutschrift statt Bargeld verschafft. Unter **Bargeld** sind Banknoten und Geldmünzen zu verstehen. Wegen seiner Körperlichkeit wird das Bargeld auch als **Sachgeld** bezeichnet im Unterschied zum unkörperlichen Buchgeld des bargeldlosen Zahlungsverkehrs in Form von Kontogutschriften. Bei den Banknoten und den Geldmünzen handelt es sich um die beiden Geldzeichen, die in der Bundesrepublik Deutschland als alleinige gesetzliche Zahlungsmittel zugelassen sind.

4.20   Mit der Einführung des Euro hat die Europäische Zentralbank (EZB) das ausschließliche Recht zur Genehmigung der Ausgabe von Banknoten innerhalb der Gemeinschaft. Zu dieser Ausgabe sind die EZB und die nationalen Zentralbanken berechtigt. Die emittierten Banknoten sind die einzigen Banknoten, die in der Gemeinschaft als gesetzliches Zahlungsmittel gelten (Art. 107 Abs. 1, früher Art. 106 Abs. 1 EG-Vertrag, Art. 16 EZB-Satzung). Die EU-Mitgliedstaaten haben weiterhin das Recht zur Ausgabe von Münzen. Der EU-Rat kann nach Anhörung der EZB Maßnahmen erlassen, um die Stückelung und die technischen Merkmale für den Umlauf bestimmter Münzen soweit zu harmonisieren, wie dies für den reibungslosen Umlauf innerhalb der Gemeinschaft erforderlich ist (Art. 107 Abs. 2 S. 2, früher Art. 106 Abs. 2 S. 2 EG-Vertrag). Der Umfang solcher Emissionen bedarf jedoch der Genehmigung der EZB (Art. 106 Abs. 2 EG-Vertrag). Diese Münzen haben als einzige in allen EU-Mitgliedstaaten die Eigenschaft eines gesetzlichen Zahlungsmittels (Art. 11 der EG-Verordnung Nr. 974/98 des EG-Rates vom

---

15 BT-Drucksache 13/856 (SPD), 13/137 (PDS) und 13/351 (Bündnis 90/Die Grünen). Der Deutsche Bundestag hat die Bundesregierung aufgefordert, ihn über die Umsetzung der ZKA-Empfehlung bis zum 31. 12. 1999 zu berichten.
16 Abgedruckt in Die Bank 1995, 635.

20. 5. 1998 über die Einführung des Euro [Euro-Einführungs-VO] – Rn 20.14 ff.).
Mit Ausnahme der emittierenden Behörde und der Personen, die in den nationalen
Rechtsvorschriften der ausgebenden Mitgliedstaaten speziell benannt werden, ist
niemand verpflichtet, mehr als fünfzig Münzen bei einer einzelnen Zahlung anzunehmen (Art. 11 Euro-Einführungs-VO). Für die Ausgabe von Münzen galt bisher
das Münzgesetz vom 8. 7. 1950, das nach dem Entwurf des Bundesministeriums
der Finanzen (Stand: 9. 3. 1999) für ein Gesetz zur Änderung währungsrechtlicher
Vorschriften infolge der Einführung des Euro-Bargeldes (Drittes Euro-Einführungsgesetz) durch ein neues Münzgesetz (MünzG) ersetzt werden soll[17].

Die im bargeldlosen Zahlungsverkehr erteilten Kontogutschriften stellen 4.21
dagegen kein gesetzlich anerkanntes Zahlungsmittel dar[18]. Dieser **Kontogutschrift** liegt nach Rechtsprechung[19] und herrschender Lehre[20] ein **Forderungsrecht** gegen das kontoführende Kreditinstitut in Form eines abstrakten Zahlungsanspruches im Sinne eines Schuldversprechens oder
Schuldanerkenntnis (§§ 780, 781 BGB) zugrunde. Aus der Sicht der privatrechtlichen Geldtheorie ist also zu konstatieren, daß die Entwicklungen
im technisch-organisatorischen Bereich wie auch das immense Volumen
des bargeldlosen Zahlungsverkehrs nicht dazu geführt haben, das Giralgeld „ohne die Krücke der Vorstellung eines Forderungsrechts zu denken", wie dies einmal als konsequente Weiterentwicklung des Geldbegriffs erwartet worden ist[21].

Die **Funktion** des bargeldlosen Zahlungsverkehrs, die Bargeldzahlung 4.22
durch Verschaffung von Buch-(Giral-)Geld zu ersetzen, erfordert, daß dem
Zahlungsempfänger eine ähnliche sichere Rechtsposition wie beim Erhalt
von Bargeld einzuräumen ist[22]. Das Buchgeld soll wie bares Geld verwertet werden können[23]. Dies setzt voraus, daß der Buchgeldempfänger einen
rechtlich selbständigen Zahlungsanspruch gegen die kontoführende Bank
erwirbt, der keinen Einwendungen und Einreden weder aus seinem Valutaverhältnis zum Buchgeldzahler noch aus dem zwischen dem Buchgeldzahler und seiner kontoführenden Bank bestehenden Deckungsverhältnisses ausgesetzt ist[24]. Auch muß ausgeschlossen sein, daß die Kontogut-

---

17 Vgl. BR-Drucksache 453/99 vom 13. 8. 1999.
18 Vgl. BGH WM 1983, 559, 560.
19 BGH WM 1988, 321, 322.
20 Vgl. *Hadding/Häuser*, WM 1988, 1149, 1150.
21 Vgl. *Reinhardt*, FS Boehmer, 1954, S. 60, 71; *Hadding/Häuser*, WM 1988, 1149, 1155.
22 OLG Frankfurt, WM 1985, 512, 513; *Canaris*, Bankvertragsrecht³, Rn 410; *Hadding/Häuser*, WM 1988, 1149, 1150.
23 BGH WM 1988, 321, 322.
24 *Bröker*, WM 1995, 468, 469.

schrift durch eine Willenserklärung etwa eines Widerrufs der zugrundeliegenden Banküberweisung wieder beseitigt werden kann[25]. Anderenfalls wäre die Verkehrsfähigkeit des Buchgeldes aufs Schwerste beeinträchtigt[26]. Dies spricht dafür, der Kontogutschrift im bargeldlosen Zahlungsverkehr einen solchen abstrakten Zahlungsanspruch zugrundezulegen, wie er durch ein Schuldversprechen oder Schuldanerkenntnis begründet wird. Diese Abstraktheit zeigt sich darin, daß der Rechtsgrund für diesen Zahlungsanspruch nicht in dem Schuldversprechen oder -anerkenntnis liegt, sondern außerhalb dieser Rechtsgeschäfte, beim bargeldlosen Zahlungsverkehr regelmäßig im Valutaverhältnis zwischen Buchgeldempfänger und Buchgeldzahler.

4.23 Das Buchgeld ist zugleich ein anschauliches Beispiel dafür, daß das deutsche Zivilrecht in Gestalt abstrakter Verbindlichkeiten Rechtsfiguren bereithält, die es ermöglichen, Erscheinungen der Lebensrealität funktionsgerecht einzuordnen[27].

4.24 Für die **Entstehung** von Buch-(Giral-)Geld im Sinne eines eigenständigen abstrakten, jederzeit disponiblen Zahlungsanspruches ist es im übrigen nicht bereits ausreichend, daß dem Bankkunden eine kontomäßige Gutschrift erteilt wird. Hierzu bedarf es vielmehr der **Errichtung eines Girokontos,** das den Abschluß eines Girovertrages voraussetzt. Denn nur ein solches Vertragsverhältnis verpflichtet die Bank zur Durchführung des bargeldlosen Zahlungsverkehrs[28]. Keine Girokonten stellen deshalb Konten dar, bei denen der Kontoinhaber zwar über sein Guthaben jederzeit verfügen kann, aber nur durch Barabhebungen oder durch Übertrag auf ein bestimmtes („Referenz"-Giro-)Konto. Hier fehlt es an der girovertraglichen Vereinbarung, die erforderlich ist, um einem Kontoguthaben die Rechtsqualität von Buchgeld zubilligen zu können[29].

4.25 Aus diesem Grund stellt auch eine Gutschrift auf einem Konto „pro Diverse" kein Buchgeld dar, selbst wenn aus der Sicht der Bank eine nicht nur vorläufige Buchung vorgenommen werden sollte[30].

---

25 *Baumbach/Hopt,* BankGesch. Rn C/14.
26 *Canaris,* Bankvertragsrecht³, Rn 410.
27 *Hadding/Häuser,* WM 1988, 1149, 1150.
28 BGH WM 1989, 126, 128.
29 *Schimansky* in Bankrechts-Handbuch, § 47 Rn 1.
30 BGH WM 1958, 776; 1959, 113; *Canaris,* Bankvertragsrecht³, Rn 463.

VI. Erfordernis des Einverständnisses des Buchgeldempfängers

Wenngleich das Buchgeld heute das Bargeld als Zahlungsmittel weitgehend verdrängt hat und der Buchgeldempfänger aufgrund der Kontogutschrift eine ähnlich sichere Stellung wie bei der Bargeldzahlung erlangt, bedarf die Bezahlung einer Geldverbindlichkeit mit Buchgeld des Einverständnisses des Gläubigers, wenn sich der Schuldner von seiner Zahlungsverbindlichkeit befreien will. Eine Geldschuld kann nach der BGH-Rechtsprechung grundsätzlich nur in bar erfüllt werden, also durch Übereignung einer entsprechenden Anzahl von gesetzlichen Zahlungsmitteln[31]. Der Gläubiger gerät daher grundsätzlich nicht in Annahmeverzug (§ 293 BGB), wenn er die Bezahlung der Schuld durch Gutschrift auf dem Girokonto zurückweist. Die Zahlung mit Buchgeld hat also **schuldbefreiende Wirkung** nur in den Fällen, in denen die Parteien dies ausdrücklich oder stillschweigend (konkludent) vereinbart haben[32]. Soweit für die Buchgeldzahlung ein bestimmtes Girokonto bestimmt worden ist, tritt die Tilgungswirkung nur bei einer Kontogutschrift auf diesem Konto ein[33]. Bezeichnet der Gläubiger dieses Konto versehentlich falsch, so trägt er im Ergebnis die durch eine darauf erteilte Gutschrift entstandene Verlustgefahr (analog § 270 Abs. 3 BGB)[34].

4.26

1. Nachteile einer Buchgeldzahlung für den Buchgeldempfänger

Das Erfordernis eines solchen Einverständnisses mit der Buchgeldzahlung erklärt sich daraus, daß diese Form der Schuldentilgung durchaus auch Nachteile für den Gläubiger haben kann[35]. Dies ist beispielsweise der Fall, wenn das Konto, auf dem der überwiesene Geldbetrag verbucht wird, einen Schuldsaldo ausweist, so daß für den Kunden kein verfügbares Kontoguthaben entstehen kann.

4.27

Nachteile für den Empfänger des Buchgeldes können sich auch ergeben, wenn sein Bankkonto von einem Gläubiger gepfändet worden ist. In diesen Fällen könnte der Buchgeldempfänger nicht ohne weiteres über

4.28

---
31 BGH WM 1983, 559, 560; 1986, 875, 876.
32 BGH WM 1983, 559, 560; 1986, 875, 876; 1999, 11. Nach *Schimansky* muß eine Überweisung, sofern sich nach der Verkehrsanschauung keine eindeutige Barleistungspflicht ergibt, zulässig sein, wenn sie nicht im Einzelfall ausdrücklich oder konkludent ausgeschlossen wird (Bankrechts-Handbuch, § 49 Rn 45); vgl. weiter *von Dücker*, WM 1999, 1257.
33 BGH WM 1986, 875.
34 BFH WM 1988, 252, 253 m.w.Nachw.
35 BGH WM 1986, 875, 877; *Canaris*, Bankvertragsrecht³, Rn 470.

den überwiesenen Betrag wieder verfügen, wie dies dem Gläubiger bei einer Erfüllung der Geldverbindlichkeit mit Bargeld stets möglich ist. Aus diesem Grunde hat der BGH auch die frühere Fakultativklausel auf den Überweisungsvordrucken – hier befand sich hinter der Bezeichnung des Kontos des Überweisungsbegünstigten der ausgedruckte Hinweis: „oder einem anderen Konto des Empfängers" – wegen unangemessener Benachteiligung des Begünstigten für unwirksam nach § 9 AGBG erkannt[36].

4.29 Es ist daher auch **umstritten,** ob die Bank einen Überweisungsbetrag, der einem bestimmten Verwendungszweck dient, wie z.B. das im bargeldlosen Zahlungsverkehr überwiesene Kindergeld, einem guthabenlosen Konto des kindergeldberechtigten Vaters gutschreiben und sodann hiergegen mit ihrer Gegenforderung aus einem gewährten Kredit aufrechnen kann[37]. Hier könnte eine Berufung der Bank auf ihre Befugnis aus dem Girovertrag zur kontomäßigen Gutschrift eingehender Beträge einen sog. individuellen Rechtsmißbrauch im Sinne des § 242 BGB darstellen – Rn 2.99.

2. Einverständnis durch konkludentes Verhalten

4.30 Ein stillschweigendes Einverständnis des Gläubigers mit der Zahlung von Buchgeld statt mit Bargeld liegt in der Regel in der Bekanntgabe des Girokontos auf Briefen, Rechnungen, Preislisten und dergleichen. Dasselbe gilt, wenn der Zahlungsempfänger schon früher Überweisungen des Überweisenden widerspruchslos entgegengenommen hat oder er die Überweisung nicht unverzüglich nach Übermittlung des Kontoauszuges mit der diesbezüglichen Gutschriftsbuchung zurückgewiesen hat[38]. Liegt auf diese Weise das stillschweigende Einverständnis des Gläubigers vor, so tritt mit der Gutschrift die Erfüllungswirkung ein. Dabei kann es nach der BGH-Rechtsprechung dahingestellt bleiben, ob hier eine Leistung im Sinne des **§ 362 Abs. 1 BGB** oder eine Leistung an Erfüllungs Statt im Sinne des **§ 364 Abs. 1 BGB** vorliegt[39].

4.31 In bestimmten **Fallkonstellationen** ist jedoch ein solches Einverständnis des Gläubigers mit der Erfüllung der Zahlungsverbindlichkeiten durch Verschaffung von Buchgeld nicht erforderlich. Denn das Gesetz hat in bestimmten Fällen die Zahlung von Buchgeld der Barzahlung ausdrücklich gleichgestellt. So kann z.B. der Aktionär seine Einlagenverpflichtung

---

36 WM 1986, 875, 876 f.
37 Vgl. AG Marbach WM 1987, 283.
38 OLG Karlsruhe WM 1996, 2007; *Canaris,* Bankvertragsrecht[3], Rn 471 ff.
39 BGH WM 1983, 559, 560; 1986, 875, 876, 1999, 11; vgl. *Meder,* NJW 1993, 3245, 3246 (Fn 14, 15) m.w.Nachw.

durch Gutschrift auf ein Bank- oder Postscheckkonto der Gesellschaft erfüllen (§ 54 Abs. 3 AktG). Nach der Abgabenordnung können Steuerschulden auf einem Girokonto des Finanzamtes beglichen werden (vgl. § 224 Abs. 2 Nr. 2 AO). Umgekehrt sind auch Zahlungen der Finanzverwaltung grundsätzlich bargeldlos zu leisten (§ 224 Abs. 3 S. 1 AO). Tarifvertraglich oder durch Betriebsvereinbarung kann bestimmt werden, daß der Arbeitgeber das Arbeitsentgelt durch Überweisung auf ein Konto des Arbeitnehmers zahlt. Circa 80 bis 90% der Arbeitnehmer besitzen inzwischen ein Lohn- oder Gehaltskonto.

VII. Rechtliche Einordnung des Zahlungsvorganges

Bei der Buchgeldzahlung wird dem Girokonto des Buchgeldempfängers eine Gutschrift erteilt und auf dem Girokonto des Buchgeldzahlers eine entsprechende Belastungsbuchung vorgenommen. Die rechtliche Einordnung dieser beiden wirtschaftlich zusammengehörenden Kontobuchungen betrifft zentrale Fragestellungen des bargeldlosen Zahlungsverkehrs. Dies gilt vor allem für die Gutschriftserteilung. Wegen der fehlenden gesetzlichen Regelung hat die Rechtsprechung die rechtlichen Maßstäbe zu konkretisieren, an denen sich die Rechtspraxis orientieren kann[40].

4.32

1. Rechtsnatur der Kontogutschrift

Einvernehmen besteht, daß das der Kontogutschrift zugrundeliegende Forderungsrecht eine abstrakte Zahlungsverbindlichkeit des kontoführenden Kreditinstitutes aus einem **Schuldversprechen** oder **Schuldanerkenntnis** (§§ 780, 781 BGB) beinhaltet.

4.33

Während der BGH es dahingestellt sein läßt, welcher dieser beiden Vertragstypen der Gutschriftsbuchung zugrunde liegt, sieht das Schrifttum in der Kontogutschrift ein Schuldversprechen[41]. Die Unterscheidung zwischen selbständigem Schuldversprechen und Schuldanerkenntnis ist freilich nur äußerer Natur. Inhaltlich und in der Praxis fließen beide Vertragstypen ineinander: „Ich verspreche (verpflichte mich) zu zahlen" oder „ich erkenne an, zu schulden"[42].

4.34

---

40 *Hadding/Häuser*, WM 1988, 1149, 1152.
41 *Canaris*, Bankvertragsrecht³, Rn 415; *Baumbach/Hopt*, BankGesch. Rn C/14; *Wallach*, Die Befugnis der Banken zur Stornierung von Überweisungsgutschriften, 1992, S. 8 m.w.Nachw. BGH WM 1988, 321, 322 spricht ebenfalls nur von Schuldversprechen. Vgl. weiter *Böker*, WM 1995, 468, 469.
42 *Palandt/Sprau*, § 780 Rn 1.

4.35 Mit Rücksicht auf den Vertragscharakter des Schuldversprechens wie des Schuldanerkenntnisses beruht der Anspruch des Buchgeldempfängers aus der Kontogutschrift und damit das Buchgeld auf einem **vertragsrechtlichen** Entstehungstatbestand. Wie dieser Tatbestand unter Berücksichtigung der tatsächlichen Abläufe im bargeldlosen Zahlungsverkehr und den hierbei berührten Interessen sämtlicher an der Buchgeldzahlung Beteiligter verwirklicht wird, ist **umstritten**. Nach dem BGH wird im Anschluß an *Schönle* der anspruchsbegründende vertragsrechtliche Entstehungstatbestand schon bei Einrichtung des Girokontos verwirklicht. Bei dem hierin liegenden konkludenten Abschluß des Girovertrages werde zugleich ein Schuldversprechen oder Schuldanerkenntnis global und aufschiebend bedingt vereinbart. Diese Bedingung trete jeweils mit der jeweiligen Kontogutschrift ein. Die Gutschrift sei die Rechtshandlung, die das global abgegebene Schuldversprechen der Bank dem Inhalt und der Höhe nach konkretisiert[43].

4.36 Die Rechtshandlung unterscheidet sich von einem einseitigen Rechtsgeschäft dadurch, daß ihre Rechtsfolgen unabhängig vom Willen des Handelnden eintreten, während das Rechtsgeschäft rechtliche Wirkungen nur hervorruft, weil sie gewollt sind[44]. Die Rechtswirkung der Kontogutschrift würde deshalb kraft Gesetzes eintreten (§ 158 Abs. 1 BGB). Nach dieser Konstruktion bedarf es für das Entstehen des Anspruches aus der Gutschrift schon deshalb keiner Kontomitteilung an den Begünstigten, weil die Kontogutschrift keine Willenserklärung darstellt, zu deren Wirksamwerden nach allgemeinen Grundsätzen der Zugang beim Erklärungsempfänger erforderlich ist (§ 130 BGB).

4.37 Gegen diese rechtliche Konstruktion der Kontogutschrift spricht jedoch, daß die dem Buchgeldempfänger später durch Gutschriftsbuchungen zu verschaffenden Zahlungsansprüche noch inhaltlich, insbesondere betragsmäßig zu konkretisieren sind. Die Funktion einer solchen Konkretisierung ist aber der rechtsgeschäftlichen Bedingung wesensfremd[45]. Es bedarf deshalb einer den jeweiligen Gutschriftsbetrag beziffernden Erklärung des kontoführenden Kreditinstitutes, die eine Willenserklärung darstellt[46].

---

43 BGH WM 1988, 321, 322 unter Bezugnahme auf *Schönle*, FS Werner, S. 817, 826; *Hefermehl*, FS Möhring, S. 381, 390. Nach *Wallach* (Die Befugnis der Banken zur Stornierung von Überweisungsgutschriften, 1992, S. 11) ist jedoch die Funktion einer inhaltlichen Konkretisierung der rechtsgeschäftlichen Bedingungen wesensfremd.
44 *Palandt/Heinrichs*, Überbl. v. § 104 Rn 4.
45 *Wallach*, Die Befugnis der Banken zur Stornierung von Überweisungsgutschriften, 1992, S. 11; vgl. weiter *Hadding/Häuser*, WM 1988, 1149, 1151.
46 Nach *Schimansky* kommt das auf dem Girovertrag beruhende Schuldanerkenntnis der Bank durch die einseitige in der Gutschrift selbst liegende „Erklärung" zustande (Bankrechts-Handbuch, § 47 Rn 30).

Nach der herrschenden Literaturmeinung im Anschluß an *Koller*[47] verfügen die Kreditinstitute über ein „ausfüllendes Gestaltungsrecht". 4.38

Gegen die Annahme eines solchen Gestaltungsrechts spricht auch nicht, daß die kontoführende Bank zur Gutschrift des für den Kontoinhaber eingegangenen Geldbetrages und damit zur Ausübung ihres Gestaltungsrechts verpflichtet ist. Eine solche Verpflichtung besteht auch beim Leistungsbestimmungsrecht des § 315 BGB, das eine praktische bedeutsame Variante der Gestaltungsrechte darstellt[48]. 4.39

Mit dem Girovertrag ist zugleich **rahmenartig** ein **abstraktes Schuldversprechen** vereinbart und den Kreditinstituten die Befugnis eingeräumt, durch rechtsgeschäftliche Ausübung eines Gestaltungsrechts den Anspruch aus der Gutschrift im Einzelfall nach Inhalt und Höhe zu konkretisieren. Zu einer solchen Konkretisierung der Leistungspflicht kommt es, wenn einem der Vertragspartner das Recht zusteht, „die geschuldete Leistung zu bestimmen" (§ 315 BGB), und er von diesem Gestaltungsrecht Gebrauch macht[49]. 4.40

Zur Entstehung des Anspruchs auf die Kontogutschrift bedarf es keiner Annahmeerklärung des Buchgeldempfängers oder dessen Kenntnis[50]. Die Gutschriftsbuchung braucht ihm nicht einmal mitgeteilt zu werden[51]. Der Forderungserwerb erfolgt vielmehr „durch die Gutschrift als solche"[52]. 4.41

Für diese rechtliche Begründung der Entstehung von Buchgeld spricht insbesondere die Interessenlage des Kontoinhabers. Das zugrundeliegende Forderungsrecht soll baldmöglichst wirksam entstehen, damit verfügbares Giroguthaben vorhanden ist[53]. Dieser Zeitpunkt für den Erwerb würde jedoch hinausgeschoben werden, wenn hierfür der Zugang der Mitteilung über diese Kontogutschrift durch den sog. Tagesauszug zu ihrem Wirksamwerden erforderlich wäre. 4.42

---

47 BB 1972, 687, 692; *Hadding/Häuser*, WM 1988, 1149, 1151 m.w.Nachw.; *dies.*, WM 1989, 589, 591; *Canaris*, Bankvertragsrecht³, Rn 417; *Wallach*, Die Befugnis der Banken zur Stornierung von Überweisungsgutschriften, 1992, S. 10 f. Nach *Gernhuber* ist der forderungsbegründende Akt bei der Gutschrift ein einseitiges Rechtsgeschäft der Bank (Die Erfüllung und ihre Surrogate, 1983, S. 201).
48 Münchener Komm. zum BGB/*Gottwald*, § 315 Rn 1.
49 Vgl. *Palandt/Heinrichs*, § 315 Rn 11.
50 BGH WM 1988, 321, 322.
51 *Schimansky* in Bankrechts-Handbuch, § 47 Rn 30; BGH NJW 1951, 437.
52 BGH LM § 355 HGB Nr. 8 Bl. 2 R.
53 *Hadding/Häuser*, ZHR 145 (1981), 138, 159.

2. Zeitpunkt des Wirksamwerdens der Kontogutschrift

4.43 Unabhängig von der rechtlichen Begründung, wie der Anspruch aus der Gutschrift im einzelnen entsteht, kann die Gutschrift in jedem Fall erst dann wirksam werden, wenn sich der erforderliche **Rechtsbindungswille der kontoführenden Bank** manifestiert hat[54].

4.44 Einer wirksamen Gutschrift liegt ein Forderungsrecht aus einem Schuldversprechen oder Schuldanerkenntnis und damit aus einem Vertragsverhältnis zugrunde. Zum Wesen jeden Vertrages gehört aber die rechtliche Bindung der Partner[55]. Es bedarf daher zumindest eines konkludenten Verhaltens, das den erforderlichen Bindungswillen ausdrückt.

a) Manuelle Gutschriftsbuchung

4.45 Soweit die Verbuchung der Gutschrift ausnahmsweise noch manuell erfolgt, manifestiert sich dieser Rechtsbindungswille nach allgemeiner Meinung im Zeitpunkt der Buchung der Gutschrift[56]. Die Buchung war deshalb bislang das „Symbol des Buchgeldes"[57]. Denn bei der manuellen Buchung kontrolliert der kontoführende Bankmitarbeiter die Ordnungsmäßigkeit der Gutschrift schon vor ihrer Erteilung. Mit Rücksicht auf diese sog. Vordisposition kann diese Gutschriftsbuchung als rechtsgeschäftlich gewollt angesehen werden.

b) EDV-Gutschrift

4.46 Die präzise Festlegung des Zeitpunktes der Gutschrift ist durch die Einführung der elektronischen Datenverarbeitung (EDV) etwas schwieriger geworden[58]. Bei der EDV-mäßigen Bearbeitung des Zahlungsverkehrsvorganges kann aber nicht schon in der Eingabe des Buchungsbeleges in den Rechner (Computer) oder in der Gutschriftsbuchung der rechtliche Bindungswille erblickt werden. Denn durch die Automatisierung des bargeldlosen Zahlungsverkehrs fallen Vornahme der Kontogutschrift als reiner Buchungsvorgang und Kontrolle der Ordnungsmäßigkeit der Kontogutschrift durch den hierfür zuständigen Bankmitarbeiter häufig zeitlich auseinander.

---

54 BGH WM 1988, 321, 322; *Hadding/Häuser*, WM 1988, 1149, 1155.
55 *Larenz/Wolf*, Allgemeiner Teil des deutschen Bürgerlichen Rechts, 8. Aufl., 1997, S. 444 f.
56 BGH WM 1988, 321, 32; *Baumbach/Hopt*, BankGesch. Rn C/14.
57 *Schlegelberger/Hefermehl*, Anh. § 365 Rn 57.
58 *Schimansky* in Bankrechts-Handbuch, § 47 Rn 30.

Etwas anderes gilt nur für die Bareinzahlung auf das eigene Konto. Hier entstehen 4.47
bereits mit der Einzahlung und nicht erst mit der Gutschrift Forderungsrechte
gegen die Bank in Gestalt von jederzeit verfügbarem (Sicht-)Guthaben[59]. Anders
als bei Gutschriften im bargeldlosen Zahlungsverkehr hat daher die Gutschriftsbuchung bei Bareinzahlungen stets nur deklaratorische Rechtsnatur[60]. Dagegen ist
die Bareinzahlung auf ein fremdes Konto insoweit wie eine Banküberweisung zu
behandeln, bei der die Kontogutschrift konstitutiv ist[61].

Beim automatisierten bargeldlosen Zahlungsverkehr kann deshalb nicht 4.48
schon der Gutschriftserteilung ein Rechtsbindungswille der Bank entnommen werden, wenn die Kontrolle der Ordnungsmäßigkeit der Kontogutschrift erst nach der Verbuchung erfolgt. Bei einer solchen Nachdisposition ist für das Wirksamwerden einer Gutschriftsbuchung also nicht
bereits die Eingabe der Daten aus den Buchungsbelegen in einen Computer ausreichend, weil sie ohne Kontrolle der Ordnungsmäßigkeit geschieht[62]. Auch die sich anschließende EDV-mäßige Buchung auf dem
Girokonto kann nicht bereits als wirksame Gutschriftserteilung angesehen werden. In diesen beiden Zeitpunkten befindet sich die Gutschriftserteilung noch im Stadium der bloßen Erklärungsvorbereitung und nicht in
dem allein entscheidenden Stadium der Erklärungsabgabe der kontoführenden Bank[63].

Die Gutschrift ist in diesem frühen Stadium ein reiner Skripturakt im Sinne des 4.49
Entwurfs einer Gutschrift. Der erforderliche Rechtsbindungswille der Bank läßt
sich erst unterstellen, wenn die Endgültigkeit der Erklärung äußerlich erkennbar
wird[64].

Sodann stellt die Gutschriftsbuchung nicht mehr nur ein Internum des 4.50
Kreditinstituts in der Vorbereitungsphase der Kontogutschrift dar. Dieser
Zeitpunkt ist nach einer Entscheidung des II. Senats des BGH spätestens
mit dem Absenden oder Bereitstellen des die Gutschrift dokumentierenden Kontoauszuges gegeben[65].

Selbst dieses Absenden der Kontoauszüge ist aber für das Wirksamwerden der 4.51
Kontogutschrift nicht ausreichend, wenn die Kontoauszüge nicht von der konto-

---

59 BGH WM 1989, 126, 128 (Wertstellungsurteil).
60 BGH WM 1979, 533, 534; *Schlegelberger/Hefermehl*, Anh. § 365 Rn 70.
61 *Canaris*, Bankvertragsrecht³, Rn 424; *Schimansky* in Bankrechts-Handbuch,
§ 47 Rn 30.
62 BGH WM 1988, 321, 322. Vgl. weiter OLG Zweibrücken WM 1984, 531, 532;
a.A. OLG Hamm WM 1977, 1238, 1239.
63 BGH WM 1988, 321, 322.
64 BGH WM 1988, 321, 322; *Canaris*, Bankvertragsrecht³, Rn 420.
65 BGH WM 1988, 321, 322.

führenden Bank selbst, sondern unmittelbar von einem hiervon rechtlich oder zumindest organisatorisch getrennten Rechenzentrum versandt werden. Hier wird üblicherweise in dem Kontoauszug ausdrücklich darauf hingewiesen, daß die Gutschrift erst endgültig ist, wenn sie nicht an dem dem Buchungstag folgenden bzw. übernächsten Tag storniert wird. Durch diesen ausdrücklichen Vorbehalt wird die Kontogutschrift erst am folgenden bzw. übernächsten Tag wirksam.

aa) Maßgeblichkeit der autorisierten Abrufpräsenz

4.52 Die bisherige Faustformel, der Rechtsbindungswille der Bank sei „spätestens mit der vorbehaltlosen Absendung der Kontoauszüge an den Überweisungsempfänger bzw. deren Bereitstellung zur Abholung manifestiert", erscheint jedoch angesichts der technischen Weiterentwicklung des bargeldlosen Zahlungsverkehrs zu unscharf, um in den echten Grenzfällen, in denen es auf die genaue Fixierung des Entstehungszeitpunktes der Kontogutschrift ankommt, klare Verhältnisse zu schaffen. So besteht insbesondere eine nicht unwesentliche Zeitspanne zwischen dem heute voll automatisierten Ausdruck der Kontoauszüge, ihrer Kuvertierung und Frankierung sowie dem Abtransport zur Post[66]. Der **genaue Zeitpunkt** des Wirksamwerdens der Kontogutschrift kann aber aus vielfältigen Rechtsgründen erheblich sein, insbesondere wegen der Möglichkeit eines Widerrufs der zugrundeliegenden Banküberweisung, die spätestens mit der Kontogutschrift ausgeführt und damit unwiderruflich ist[67].

4.53 Eine ganz andere Frage ist, ob der Widerruf schon vor dem Wirksamwerden der Kontogutschrift ausgeschlossen ist, weil seine Beachtung für die betroffene Bank unzumutbar geworden ist. Dies gilt vor allem dann, wenn die kontoführende Bank des Buchgeldempfängers alle für die Gutschriftsbuchung erforderlichen Maßnahmen getroffen hat und der Widerruf eine für die Bank und ihre sonstigen Kontoinhaber unzumutbare Verzögerung in der Abwicklung der bereits angelaufenen EDV-mäßigen Verbuchung zur Folge hätte. Die AGB der Deutschen Bundesbank (Abschnitt II, Nr. 29 Abs. 1, 2) lassen deshalb den Widerruf nur solange zu, als mit der maschinellen Bearbeitung des Überweisungsauftrages noch nicht begonnen worden ist.

4.54 Nach dem BGH ist im Interesse der Rechtsklarheit nicht die individuelle Prüfungsreihenfolge bei der jeweiligen EDV-mäßigen Buchung, die Außenstehenden ohnehin verschlossen ist, sondern generell der Zeitpunkt maßgebend, in dem nach dem Willen der Bank die Daten der Gutschrift zur vorbehaltlosen Bekanntgabe an den Überweisungsempfänger zur Verfügung gestellt werden[68]. Soweit der Kunde Zugriffsmöglichkeit auf den Datenbestand der Bank hat, wie sie unmittelbar etwa durch Kontoauszug-

---

[66] Schimansky in Bankrechts-Handbuch, § 47 Rn 30.
[67] BGH WM 1988, 321, 322.
[68] WM 1988, 321, 322; Schimansky in Bankrechts-Handbuch, § 47 Rn 30.

drucker oder über Bildschirmtext (BTX) gegeben ist, sei deshalb auf die sog. **autorisierte Abrufpräsenz** abzustellen[69].

bb) Einheitlicher Zeitpunkt für alle EDV-Gutschriften

Dieser Zeitpunkt sollte nach überwiegender Meinung für jede EDV-Gutschrift maßgeblich sein[70]. Dies gilt auch für Gutschriften im Rahmen des beleglosen Magnetband-Clearing-Verfahrens. Denn auch bei diesem Verfahren sprechen die besseren Gründe dafür, nicht erneut hinsichtlich des Wirksamwerdens der Gutschriftsbuchung zu differenzieren. Es sei vielmehr auf denselben rechtlichen Zeitpunkt abzustellen, wie er für die EDV-mäßige Abwicklung eines belegbegleiteten Überweisungsauftrages gilt[71]. Auch in diesen Fällen läßt erst die Bereithaltung der entsprechenden Daten für den Abruf durch den Zahlungsempfänger (Abrufpräsenz) die Gutschriftsbuchung wirksam sein.

4.55

Wird auf diese Abrufpräsenz abgestellt, entfällt auch die im Schrifttum erörterte Problematik bei den Überweisungsaufträgen im Magnetband-Clearing-Verfahren. Bei diesem sog. beleglosen Datenträgeraustausch ist eine Überprüfung des einzelnen Überweisungsauftrages nach Eingabe des Magnetbandes in die EDV-Bearbeitung mangels Beleges nicht durchführbar. Möglich ist allein eine rechtliche Prüfung dahingehend, ob im Zeitpunkt der Eingabe des Magnetbandes in die Datenverarbeitung und damit praktisch der EDV-Buchung ein Widerruf des Überweisungsauftrages bei der kontoführenden Stelle der Empfängerbank vorlag. Diese Prüfung kann jedoch nicht im Sinne der – das Wirksamwerden der Kontogutschrift hinausschiebenden – Nachdisposition gewertet werden, wie sie bei einem belegbegleiteten Überweisungsauftrag erfolgt[72]. Beim beleglosen Datenträgeraustausch könnte die Empfängerbank deshalb ihren für die Gutschriftserteilung erforderlichen Rechtsbindungswillen schon dadurch erklären wollen, daß sie das betreffende Magnetband in die Datenverarbeitungsanlage eingibt. Dem hieraus folgenden Risiko für die Empfängerbank könnte dadurch Rechnung getragen werden, daß der zeitlich vorverlegte Rechtsbindungswille der Bank unter die auflösende Bedingung gestellt wird, daß bei der Endkontrolle der EDV-mäßigen Verbuchung festgestellt wird, daß bis zur Eingabe des Magnetbandes in die EDV-Anlage kein rechtzeitiger

4.56

---

69 WM 1988, 321, 322.
70 OLG Nürnberg WM 1997, 1524, 1526; *Schimansky* in Bankrechts-Handbuch, § 47 Rn 29; *Hadding/Häuser*, WM 1998, 1149, 1153.
71 OLG Nürnberg WM 1997, 1524, 1526; *Hadding/Häuser*, WM 1988, 1149, 1153; *Canaris*, Bankvertragsrecht³, 1988, Rn 524; *Pleyer/Wallach*, RIW 1988, 172, 176. Vgl. weiter *Baumbach/Hopt*, BankGesch. Rn C/14 mit der Einschränkung, dies gelte nicht in den Fällen, in denen noch eine Nachdisposition der Bank möglich ist. Nach *Schimansky* sei es jedoch Sache der Bank, für welchen Zeitpunkt sie die Buchungen zum Abruf bereitstellt.
72 OLG Nürnberg WM 1997, 1524, 1526.

Widerruf des Überweisungsbetrages erfolgt ist. Der Zeitpunkt der EDV-mäßigen Verbuchung wegen der bei Rechenzentren üblichen uhrzeitmäßigen Genauigkeit aller wesentlichen Vorgänge ist jederzeit nachvollziehbar[73]. Die Konstruktion eines wegen der Widerruflichkeit des Überweisungsauftrages nur (auflösend) bedingten Einlösungswillens ist aber entbehrlich, wenn für das Wirksamwerden einer EDV-mäßigen Buchung stets die Abrufpräsenz maßgeblich ist[74].

4.57 Diese autorisierte Abrufpräsenz erfordert einen entsprechenden Organisationsakt der Bank in Form einer EDV-mäßigen „Freischaltung" der Buchungsdaten, mit der der genaue Entstehungszeitpunkt der Kontogutschrift möglichst nachvollziehbar fixiert wird. Diese „Freischaltung" kann der Buchgeldempfänger aufgrund seines girovertraglichen Anspruchs auf Gutschrift der für ihn eingegangenen Beträge verlangen[75].

4.58 Soweit die Bank die bearbeiteten Magnetbänder dem Girokunden ausliefert, manifestiert sich der erforderliche Bindungswille der Bank für eine wirksame Gutschriftserteilung in der Absendung der Magnetbänder[76].

c) Erteilung von Vorbehaltsgutschriften

4.59 Die Bank erteilt im Rahmen der ihr erteilten (bargeldlosen) Inkassoaufträge Gutschriften unter dem ausdrücklichen Vorbehalt, daß sie Deckung aus dem bei ihr eingehenden Inkassoerlös erhält – „Eingang vorbehalten" – (E.v.). Hierzu enthalten die kreditwirtschaftlichen AGB ausführliche Regelungen.

4.60 Vgl. Nr. 1 Abs. 1 der AGB Banken.

4.61 „Schreibt die Bank den Gegenwert von Schecks und Lastschriften schon vor ihrer Einlösung gut, geschieht dies unter dem Vorbehalt ihrer Einlösung, und zwar auch dann, wenn diese Papiere bei der Bank selbst zahlbar sind. Reicht der Kunde andere Papiere mit dem Auftrag ein, von einem Zahlungspflichtigen einen Forderungsbetrag zu beschaffen (zum Beispiel Zinsscheine), und erteilt die Bank über den Betrag eine Gutschrift, so steht diese unter dem Vorbehalt, daß die Bank den Betrag erhält. Der Vorbehalt gilt auch dann, wenn die Papiere bei der Bank selbst zahlbar sind. Werden Schecks oder Lastschriften nicht eingelöst oder erhält die Bank den Betrag aus dem Einzugsauftrag nicht, macht die Bank die Vorbehaltsgutschrift rückgängig. Dies geschieht unabhängig davon, ob in der Zwischenzeit ein Rechnungsabschluß erteilt wurde."

---

73 *Kindermann*, WM 1982, 318, 320.
74 *Hadding/Häuser*, WM 1988, 1149, 1153, Fn 54.
75 *Hadding/Häuser*, WM 1988, 1149, 1153; *Schimansky* in Bankrechts-Handbuch, § 47 Rn 30.
76 OLG Nürnberg WM 1997, 1524, 1526; *Canaris*, Bankvertragsrecht[3], Rn 524.

Umstritten ist, ob der **Vorbehalt des Eingangs** des Inkassoerlöses als **aufschiebende** oder **auflösende Bedingung** zu qualifizieren ist. Der auftragsrechtliche Herausgabeanspruch des Kunden auf den Inkassoerlös (§ 667 BGB), den die Bank aufgrund der girovertraglichen Vereinbarung dem Girokonto gutzuschreiben hat, entsteht erst, wenn sie von der auf dem Einzugswege nachgeordneten Bank Deckung erhalten hat. Vor diesem Zeitpunkt schuldet die Inkassobank den einzuziehenden Betrag weder bedingt noch betagt[77]. 4.62

Die im Zeitpunkt der Gutschriftsbuchung fehlende Zahlungsverbindlichkeit der kontoführenden Bank könnte dafür sprechen, daß die Gutschrift unter der **aufschiebenden Bedingung** der späteren Einlösung steht[78]. Andererseits spricht die Behandlung dieser Gutschriftsbuchungen durch die Praxis dafür, daß die Kontogutschrift sofort wirksam sein und nur in den Ausnahmefällen der Nichteinlösung der Inkassopapiere rückwirkend entfallen soll. Bei dieser Beurteilung stehen die E.v.-Gutschriften unter der auflösenden Bedingung der Rückgabe als einem klar definierten und zeitlich fixierbaren Ereignis[79]. 4.63

Für die Vereinbarung einer nur **auflösenden Bedingung** spricht vor allem, daß eine aufschiebend bedingte Kontogutschrift nicht kontokorrentfähig wäre und damit auch nicht verrechnet werden könnte[80]. Die E.v.-Gutschriften werden jedoch sofort in das Kontokorrent mit einer bestimmten Wertstellung für die Zinsberechnung eingestellt und fließen zudem in den für den Kunden verfügbaren Tagessaldo[81]. Nach *Schimansky* handelt es sich deshalb bei diesen Gutschriftsbuchungen um auflösend bedingte Kontogutschriften[82]. 4.64

---

[77] BGH WM 1992, 1083, 1085 m.w.Nachw.
[78] BGH, WM 1992, 1083, 1085; *Canaris*, Bankvertragsrecht³, Rn 570, 577, 744; *Baumbach/Hopt*, BankGesch. Rn E/6; *van Gelder* in Bankrechts-Handbuch, § 58 Rn 166; *Heymann/Horn*, Anh. § 372 III Rn Nr. 66.
[79] *Schimansky* in Bankrechts-Handbuch, § 47 Rn 31.
[80] *Schimansky* in Bankrechts-Handbuch, § 47 Rn 31.
[81] Die Einräumung dieser Verfügungsmöglichkeit über den „E.V." gutgeschriebenen Betrag beinhaltet deshalb ein Angebot zur Kreditgewährung (*van Gelder* in Bankrechts-Handbuch, § 58 Rn 166).
[82] *Schimansky* in Bankrechts-Handbuch, § 47 Rn 31; ebenso *Nobbe* in Bankrechts-Handbuch, § 61 Rn 38. Derselben Meinung sind BGH WM 1979, 828; 1980, 738; 1986, 1409; *Gößmann*, BuB Rn 1/250.

3. Die Wertstellung (Valutierung) der Kontobuchungen

4.65 Die Wertstellung (Valutierung) der Buchungen in einem Girokonto ist der Kalendertag, an den die Zinsberechnung im Bankkontokorrent anknüpft. Die Zinsberechnung erfolgt gewohnheitsrechtlich durch Bildung eines **fiktiven Zwischensaldos,** der jeweils aus der rechnerischen Differenz von Soll- und Habenbuchungen mit gleicher Wertstellung entsteht[83].

4.66 Dieser Zwischensaldo gilt nur für die Zinsberechnung. Er darf also nicht mit dem aus den Gutschriften und Belastungen eines Buchungstages gebildeten sog. **Tagessaldo** verwechselt werden[84]. Der Tagessaldo soll der kontoführenden Bank die Kontrolle über die vom Kunden getroffenen Dispositionen und dem Kunden die Übersicht über den Stand seines Kontos erleichtern[85].

4.67 Die Wertstellung hat nach (dispositivem) Gesetzesrecht auf den Tag zu erfolgen, an dem der überwiesene Betrag bei der Bank des Überweisungsempfängers eingeht und dieser deshalb einen Anspruch auf Gutschrift erwirbt, für die der eingegangene Betrag als buchungsmäßige Deckung dient[86]. Dieser Anspruch auf Gutschriftserteilung entsteht mit Eingang dieser buchmäßigen Deckung bei der kontoführenden Bank[87]. Denn die Empfängerbank hat solche eingehenden Beträge sofort an den hieraus begünstigten Kontoinhaber in Form einer Kontogutschrift herauszugeben (§§ 667, 675, 271 Abs. 1 BGB)[88]. Deshalb hat bei Bareinzahlungen die Wertstellung auf den Tag der Einzahlung zu erfolgen[89]. Dies gilt auch bei Einzahlungen auf das Girokonto eines kaufmännischen Bankkunden[90].

4.68 Bei **Belastungsbuchungen** ist der korrekte Wertstellungstag derjenige Tag, an dem die Bank für Rechnung ihres Kunden eine Leistung erbracht hat (§ 670 BGB). Der Buchungstag ist im übrigen auch dann der zutreffende Wertstellungstag, wenn die Bank hierdurch ihren Anspruch auf Vorschuß nach § 669 BGB konkludent geltend macht[91].

4.69 Eine korrekte Wertstellung für die eingegangenen Überweisungsbeträge ist im übrigen erforderlich, damit die Bank ihre Herausgabepflicht nach

---

83 Zu den Einzelheiten vgl. *Schlegelberger/Hefermehl,* § 355 Rn 39; *Schimansky* in Bankrechts-Handbuch, § 47 Rn 33.
84 *Schimansky* in Bankrechts-Handbuch, § 47 Rn 33.
85 BGH WM 1985, 936, 937.
86 BGH WM 1997, 1192, 1193; 1661, 1662.
87 BGH WM 1990, 6, 7; 1997, 1192, 1193; 1661, 1662.
88 BGH WM 1997, 1192, 1193; 1661, 1662.
89 BGH WM 1989, 126.
90 BGH WM 1997, 1661, 1662.
91 *Schimansky* in Bankrechts-Handbuch, § 47 Rn 34.

§ 667 BGB auch in zeitlicher Hinsicht vollständig erfüllt hat[92]. Denn erst mit dieser Wertstellung kann sich der überwiesene Betrag zinsmäßig auswirken[93].

Das Wertstellungsdatum als Tag des Überweisungseingangs bei der kontoführenden Bank ist unabhängig vom Buchungstag, an dem lediglich die Verbuchung des überwiesenen Betrages als Kontobewegung vollzogen wird[94]. Ist die Überweisung bei der Bank erst nach dem sog. Buchungsschnitt eingegangen, muß die erst am nächsten Bankarbeitstag erfolgende Gutschrift auf den Eingangstag zurückvalutiert werden[95].

4.70

Die Wertstellung besagt nach dem BGH noch nichts über die Verzinsung als solche. Sie dient lediglich als zeitlicher Anknüpfungspunkt für die Zinsberechnung[96].

4.71

Bei der Wertstellung handelt es sich also um keine Befristung im Sinne einer aufschiebenden Bedingung gemäß §§ 163, 158 BGB, die die Wirksamkeit einer Kontogutschrift hinausschieben würde. Deshalb ist die Wertstellung auch keine Rechtshandlung im Sinne des § 130 Abs. 1 Nr. 2 InsO. Das Datum der Wertstellung gibt nur der Einfachheit halber den Tag an, an dem der Kontoinhaber über den gutgeschriebenen Betrag verfügen kann, ohne der Bank Kreditzinsen zahlen zu müssen[97]. Denn verfügt der Kunde über diesen Betrag vor dem hinausgeschobenen Wertstellungstag der Gutschrift, so geht diese Kontobewegung als Sollposten in den Saldo des Abschlußtages ein und wird zinswirksam erst durch den Habenposten im Saldo des Wertstellungstages der Gutschrift ausgeglichen. Für die Zwischenzeit sind, soweit der für die Verzinsung maßgebliche Zwischensaldo negativ gewesen ist, Sollzinsen und gegebenenfalls auch Überziehungsprovisionen zu zahlen[98].

4.72

Fehlt eine Vereinbarung über den Zinsbeginn, so ändert sich die Verzinsungspflicht mit dem Beginn des auf die Wertstellung folgenden Kalendertages (nicht: Bankarbeitstag)[99]. Dabei ergibt sich nach dem BGH die Änderung der Verzinsungspflicht entsprechend dem Grundsatz der sog. Zivilkomputation, daß Fristen und damit auch Zinsen nach vollen Tagen berechnet werden, aus einer entsprechenden Anwendung des für den Fristbeginn geltenden § 187 BGB und des das Fristende regelnden § 188 BGB. Hiernach endet die Verzinsung für ein debitorisch geführtes Giro-

4.73

---

92 *Pleyer/Huber*, ZIP 1987, 424, 430.
93 BGH WM 1997, 1192, 1193; 1661, 1662.
94 *Schimansky* in Bankrechts-Handbuch, § 47 Rn 33.
95 BGH WM 1997, 1192, 1193; 1661, 1662; *Pleyer/Huber*, ZIP 1987, 424, 433.
96 *Schimansky* in Bankrechts-Handbuch, § 47 Rn 33.
97 BGH WM 1978, 133, 134.
98 *Schimansky* in Bankrechts-Handbuch, § 47 Rn 35.
99 *Schimansky* in Bankrechts-Handbuch, § 47 Rn 33.

konto in Höhe des Überweisungsbetrages mit dem Ablauf des Tages der Wertstellung auf dem Empfängerkonto. Bei einer etwaigen Verzinsung kreditorisch geführter Girokonten beginnt die Verzinsung des überwiesenen Betrages am Kalendertag nach der Wertstellung[100].

4.74 Der Nutzen der Kreditinstitute aus der Wertstellungspraxis stellt keinen Preis im klassischen Sinne für die Vermittlung des bargeldlosen Zahlungsverkehrs dar. Denn dieser „Wertstellungsgewinn" ist weder von vornherein genau bestimmt noch ohne weiteres berechenbar. Die Einnahmen der Bank entstehen vielmehr aus der Einflußnahme der Valutierung auf einen anderen Preis in Gestalt der Zinsen, der hinausgeschoben oder verkürzt wird. Die Wertstellung ist demnach nicht als Zins im Rechtssinne, sondern als Zinsabrede und damit als eine der Angemessenheitskontrolle des AGB-Gesetzes unterworfene Preisnebenabrede zu qualifizieren[101].

4. Belastungsbuchung ohne rechtserzeugende Wirkung

4.75 Im Unterschied zur Kontogutschrift hat eine Belastungsbuchung keine rechtserzeugende Bedeutung, da sie keine materiell-rechtliche Veränderung der zugrundeliegenden Forderungen bewirkt. Es handelt sich vielmehr um einen Realakt mit im wesentlichen deklaratorischer Wirkung[102]. Dies gilt auch, wenn infolge der Belastungsbuchung ein negativer Kontostand ausgewiesen wird[103].

4.76 Obwohl der Buchung keine rechtliche Bedeutung zukommt, hat der Kontoinhaber einen Anspruch auf Rückgängigmachung einer unberechtigten Belastungsbuchung durch eine entsprechende Gegenbuchung[104]. An dieser Stornierung hat der Kunde regelmäßig ein Interesse, weil die Belastungsbuchung den Tagessaldo mindert und er daher in Höhe der Belastungsbuchung nicht mehr über sein wirkliches Guthaben verfügen kann. Hat die Bank die fehlerhafte Belastungsbuchung verschuldet, so kann ein zu ersetzender wirtschaftlicher Schaden dadurch entstehen, daß der Kunde bis zur Rückbuchung wegen des unrichtig übermittelten Tagessaldos

---

100 BGH WM 1997, 1192, 1193; 1661, 1662; vgl. weiter *Borges*, WM 1998, 105 ff.
101 BGH WM 1989, 126, 128; 1997, 1192, 1193; *Schimansky* in Bankrechts-Handbuch, § 47 Rn 34; *Pleyer/Huber*, ZIP 1987, 424, 429; *Canaris*, Bankvertragsrecht³, Rn 460.
102 BGH WM 1991, 1915, 1916; 1993, 429, 432 = NJW 1993, 735; 1994, 1420, 1422.
103 BGH WM 1994, 1420, 1422.
104 BGH WM 1980, 438; vgl. weiter BGH WM 1988, 1325, 1327.

in seiner Verfügung über das Girokonto beschränkt ist, weil die Bank insoweit keine Verfügungen mehr zuläßt[105]. Dies gilt insbesondere, wenn das Konto infolge der ungerechtfertigten Belastungsbuchung einen Schuld-(Debet-)Saldo ausweist. Bis zur **Stornierung** dieser Belastungsbuchung ist der Kontoinhaber einer Beeinträchtigung von vermögensrechtlicher Relevanz ausgesetzt, die einen ersatzfähigen Schaden im Sinne des § 249 BGB darstellt[106].

Die Rechtsgrundlage für den Anspruch auf Rückgängigmachung einer unberechtigten Belastungsbuchung liegt im Girovertrag, dessen Durchführung die Bank beeinträchtigt, wenn sie die gebotene Stornierung einer Belastungsbuchung unterläßt und hierdurch der ausgewiesene Tagessaldo unrichtig ist. Der Kontoinhaber hat in diesem Fall daher einen vertraglichen Anspruch auf Vornahme der Stornierung. Dieser girovertragliche Stornierungsanspruch gegen die kontoführende Bank schließt nicht aus, daß der Kontoinhaber darüber hinaus einen Schadensersatzanspruch aus § 826 BGB gegen den Buchgeldempfänger auf Beseitigung der Belastungsbuchung hat, wenn die Bank einen gefälschten Überweisungsauftrag aufgrund kollusiven Zusammenwirkens zwischen Buchgeldempfänger und ihrem zuständigen Mitarbeiter ausgeführt hat[107].

4.77

a) Geltendmachung des Anspruchs auf Vorschuß (§ 669 BGB)

Wird der Bank ein Überweisungsauftrag erteilt, so belastet sie üblicherweise das Girokonto ihres Kunden (Auftraggeber) mit dem zu überweisenden Betrag, bevor dieser dem Girokonto des Buchgeldempfängers gutgeschrieben worden ist. Der **Belastungsbuchung** kommt deshalb eine Rechtswirkung insoweit zu, als hierin das Verlangen nach Zahlung eines Vorschusses im Sinne des § 669 BGB konkludent enthalten ist[108]. Denn der Anspruch auf Vorschuß entsteht nur auf Verlangen der Beauftragten[109].

4.78

Diese Kontobelastung wird erst mit der **Ausführung der Überweisung** durch wirksame Gutschrift auf dem Konto des Buchgeldempfängers endgültig. Mit dieser endgültigen Ausführung erwirbt die Überweiserbank gegen ihren auftraggebenden Kunden einen Aufwendungserstattungsanspruch (§ 670 BGB). Dieser Anspruch wird verrechnet mit dem auftragsrechtlichen Anspruch des Kunden auf Herausgabe dessen, was der Beauftragte (Bank) zur Ausführung des Auftrages erhalten hat (§ 667 BGB)[110].

4.79

---

105 BGH WM 1994, 1420, 1423; *Schimansky* in Bankrechts-Handbuch, § 47 Rn 28.
106 BGH WM 1994, 1420, 1423.
107 BGH WM 1994, 1420, 1423.
108 *Canaris*, Bankvertragsrecht³, Rn 345.
109 *Palandt/Sprau*, § 669 Rn 1.
110 BGH WM 1978, 367; OLG Zweibrücken WM 1984, 531.

4. Teil: Bargeldloser Zahlungsverkehr (Girogeschäft)

b) Stornierung der Belastungsbuchung

4.80 Unterbleibt die Überweisung aus irgendeinem Grund, etwa weil der Überweisungsbegünstigte kein Konto unterhält, so ist die Belastungsbuchung rückgängig zu machen. Die Bank des Überweisenden hat sodann den Vorschuß zur Durchführung des Überweisungsauftrages nicht benötigt und muß ihn daher wieder herausgeben (§ 667 BGB)[111].

4.81 Die Herausgabe des Vorschusses geschieht in Form einer Rückbuchung mit Wirkung ex nunc. Die Bank schuldet also dem Kunden für die Zeit zwischen der Belastungsbuchung und der Rückbuchung keine Habenzinsen. Bei einem debitorisch geführten Konto kann sie für die Zwischenzeit Sollzinsen berechnen. Dagegen tritt ausnahmsweise eine ex tunc-Wirkung bei der **Rückbuchung** ein, wenn die Bank eine Überweisung versehentlich ohne Auftrag oder doppelt ausgeführt oder sie irrtümlich einen zu hohen Betrag überwiesen hat. In diesen Fällen fehlte der Bank ein entsprechender Überweisungsauftrag und damit ein Anspruch auf Vorschuß. Das Girokonto des Überweisenden ist hier ohne rechtlichen Grund belastet worden.

4.82 Umstritten ist, welche Rechtswirkung dieser Aufwendungserstattungsanspruch auf den dem Kontoguthaben zugrundeliegenden Zahlungsanspruch des Kunden hat. Die herrschende Lehre nimmt an, daß zwischen beiden eine **Verrechnung** stattfindet und daß erst hierdurch diese Guthabenforderung gemindert bzw. getilgt wird. Nach der Mindermeinung[112] reduziert sich dagegen das Kontoguthaben automatisch, da die Befolgung der Kundenweisung etwa durch Ausführung eines Überweisungsauftrages die Bank in Analogie zu § 787 Abs. 1 BGB von einer Schuld gegenüber dem Kunden in entsprechender Höhe befreien soll. Diese Analogie ist nach *Canaris* abzulehnen, weil sie mit dem Bestehen eines Kontokorrentverhältnisses bei Girokonten unvereinbar ist. Denn der Kontokorrentabsprache liege die Vorstellung einer Verrechnung und nicht die eines automatischen Erlöschens der jeweiligen Guthabenforderung im Sinne des Tagesguthabens aus dem Girovertragsverhältnis (§ 667 BGB) zugrunde[113].

VIII. Buchgeldzahlung zwecks Erfüllung von Geldschulden

4.83 Buchgeldzahlungen dienen gewöhnlich der Bezahlung von Geldschulden, die aus dem Valutaverhältnis des Buchgeldzahlers zum Buchgeldempfänger herrühren. Solche Zahlungsverbindlichkeiten stellen regelmäßig sog.

---

111 BGH WM 1978, 367; OLG Zweibrücken WM 1984, 531 m.w.Nachw.
112 *Schlegelberger/Hefermehl*, Anh. § 365 Rn 43 m.w.Nachw.
113 *Canaris*, Bankvertragsrecht³, Rn 344 m.w.Nachw. zum Streitstand.

Schickschulden dar. Im Unterschied zu den **Holschulden** und **Bringschulden** fallen bei den Schickschulden der Leistungsort als der Ort, an dem der Leistungspflichtige die geschuldeten Leistungshandlungen zu erbringen hat, und der Ort des Leistungserfolges auseinander (§ 270 Abs. 4 BGB).

Keine Schickschulden stellen aber die Zahlungsverbindlichkeiten der kontoführenden Bank aus Giroguthaben dar, die sich bei der täglichen Saldierung der auf den Girokonten verbuchten Buchgeldeingänge ergeben. Diesen Tagessalden liegen Rückforderungsansprüche des Kontoinhabers im Sinne der unregelmäßigen Verwahrung zugrunde, auf die verwahrungsrechtliche Sonderregelungen anwendbar sind. Danach hat die Rückgabe der hinterlegten Sache am Ort der „Aufbewahrung" (kontoführende Bankniederlassung) zu erfolgen (§ 697 i.V.m. § 700 Abs. 3 Satz 1 BGB). Diese Rückzahlungspflicht stellt eine Holschuld dar, auf die § 270 BGB deshalb nicht anwendbar ist[114]. 4.84

Mit Rücksicht auf dieses Auseinanderfallen von Leistungsort und Ort des Leistungserfolges bestimmt § 270 Abs. 1 BGB, daß der Schuldner Geld im Zweifel auf seine Gefahr und seine Kosten dem Gläubiger an dessen Wohnsitz zu übermitteln hat. Dementsprechend treffen auch den Buchgeldzahler die „Transport"gefahr auf dem Überweisungswege sowie die hierbei entstehenden Kosten. 4.85

1. Tilgungszeitpunkt

Das **Transportrisiko der Schickschuld** entfällt mit ihrer Tilgung. Damit stellt sich die Frage nach dem maßgeblichen Zeitpunkt der Erfüllungswirkung einer Buchgeldzahlung. 4.86

a) Gutschrift auf Gläubigerkonto als spätester Zeitpunkt

Nach ganz überwiegender Literaturmeinung tritt die Forderungstilgung spätestens mit der Gutschrift des überwiesenen Betrages auf dem Girokonto des Buchgeldempfängers ein. Denn in dieser Kontogutschrift wird die forderungstilgende Erfüllung der Geldschuld aus dem (Valuta-)Verhältnis zwischen Buchgeldzahler (Schuldner) und Buchgeldempfänger (Gläubiger) erblickt[115]. Diese Gutschriftsbuchung verschafft dem Buchgeldempfänger gegen die kontoführende Bank einen abstrakten Zahlungsanspruch im Sinne eines Schuldversprechens oder Schuldanerkenntnis (§§ 780, 781 BGB). Aus der Sicht des Buchgeldempfängers tritt also ein „Schuldnerwechsel" ein. 4.87

---

114 *Palandt/Sprau*, § 697 Rn 1.
115 BGH WM 1972, 309; BFH WM 1988, 252; *Canaris*, Bankvertragsrecht[3], Rn 476; *Palandt/Heinrichs*, § 362 Rn 9.

4.88 Hierbei handelt es sich aber um keine Schuldübernahme im Sinne der §§ 414 ff. BGB. Denn mit der Kontogutschrift wird eine neue (abstrakte) Zahlungsverbindlichkeit für die kontoführende Bank als neue Schuldnerin begründet.

b) Deckungseingang bei Gläubigerbank als maßgeblicher Zeitpunkt?

4.89 Es drängt sich jedoch die Frage auf, ob nicht eine dogmatisch sauberere Lösung für eine interessengerechte Verteilung des Transportrisikos einer Buchgeldzahlung gebietet, die Tilgung der zugrundeliegenden Geldschuld auf den Zeitpunkt **vorzuverlegen,** in dem die (geldmäßige) Deckung bei der kontoführenden Bank des Buchgeldempfängers (Empfängerbank) eingeht[116]. Nach dem für solche Schickschulden geltenden § 270 BGB müßte der Buchgeldzahler das Insolvenzrisiko der Bank des Buchgeldempfängers tragen. Dieses Risiko trägt aber auch nach der herrschenden Meinung nicht der Buchgeldzahler, sondern der Buchgeldempfänger, obwohl nach dieser Literaturmeinung der Tilgungszeitpunkt auf die Erteilung der Kontogutschrift hinauszuschieben ist[117]. Dieser Widerspruch zur gesetzlichen Regelung wird vermieden, wenn der Tilgungszeitpunkt schon auf den Eingang der Deckung bei der Empfängerbank vorverlegt wird.

4.90 Für diese zeitliche Vorverlegung des Tilgungszeitpunktes spricht überdies, daß der Buchgeldempfänger mit dem Eingang der Deckung bei seiner kontoführenden Bank bereits den girovertraglichen Anspruch auf Herausgabe (§ 667 BGB) erlangt. Dieser Herausgabeanspruch ist sodann aufgrund des Girovertragsverhältnisses durch Erteilung einer entsprechenden Gutschrift zu erfüllen. Mit dieser Erfüllung tritt an die Stelle des hierdurch erloschenen Herausgabeanspruches der Anspruch aus der Kontogutschrift im Sinne eines Schuldversprechens oder Schuldanerkenntnisses (§§ 780, 781 BGB). Nach Eingang der Deckung kommt es also im Innenverhältnis zwischen Buchgeldempfänger und seiner kontoführenden Bank als seiner „Zahl- und Empfangs"stelle lediglich zu einer Umgestaltung eines bereits bestehenden Forderungsverhältnisses.

4.91 Gegen eine solche Vorverlagerung des Erfüllungszeitpunktes spricht auch nicht, daß der bei Deckungseingang entstehende Anspruch auf Herausgabe noch Einreden und Einwendungen aus dem Deckungsverhältnis der Empfängerbank zu der ihr in der Überweisungskette vorgeschalteten

---

116 *Schimansky* in Bankrechts-Handbuch, § 49 Rn 48.
117 *Schlegelberger/Hefermehl,* Anh. § 365 Rn 105; *Canaris,* Bankvertragsrecht³, Rn 476. Nach *Staudinger/Selb* müßte sich der Buchgeldempfänger überdies ein Verschulden seiner kontoführenden Bank gemäß § 278 BGB anrechnen lassen, wenn hierdurch die Verschaffung der sich anschließenden Kontogutschrift scheitert (*Staudinger/Selb,* § 270 Rn 8).

(Zwischen-)Bank ausgesetzt ist. Denn solange solche Einreden und Einwendungen bestehen, hat die Empfängerbank noch keine endgültige Deckung erlangt, die sie gemäß § 667 BGB an ihren Kontoinhaber herauszugeben hätte. Der Möglichkeit eines Widerrufs der Banküberweisung bis zur Gutschrift auf dem Konto des Buchgeldempfängers kann im übrigen auch dadurch Rechnung getragen werden, daß der Anspruch aus der Gutschrift durch einen rechtzeitigen Widerruf des Buchgeldzahlers auflösend bedingt angesehen wird[118]. Eine solche auflösend bedingte Erfüllung wird nach Rechtsprechung und Lehre für möglich gehalten. Der Eintritt der Bedingung läßt die zunächst durch die Tilgungswirkung der Kontogutschrift erloschene Geldschuld aus dem Valutaverhältnis zwischen Buchgeldzahler und Buchgeldempfänger rückwirkend wieder aufleben[119].

2. Rechtzeitigkeit der Buchgeldzahlung

Soweit die Buchgeldzahlung auf dem Überweisungswege erfolgt, stellt sich die weitere Frage, ob der Schuldner die Buchgeldzahlung rechtzeitig veranlaßt hat. Im Unterschied zur Scheckzahlung und der Ermächtigung des Gläubigers zum Lastschrifteinzug seiner Geldforderung als den beiden anderen Instrumenten des bargeldlosen Zahlungsverkehrs wird bei der Banküberweisung der Zahlungsvorgang vom Buchgeldzahler ausgelöst, so daß er für eine rechtzeitige Beauftragung seiner kontoführenden Bank selbst zu sorgen hat. 4.92

Nach herrschender Meinung hat der Schuldner seine Leistung rechtzeitig erbracht, wenn er das **Geld** bis zum Zahlungstermin **abgesandt** hat[120]. Im Schrifttum ist freilich umstritten, was im Überweisungsverkehr unter dieser „Absendung" zu verstehen ist. Dabei ist nach den **verschiedenartigen Überweisungswegen** zu differenzieren. 4.93

Werden das Girokonto des Buchgeldempfängers und das des Buchgeldzahlers bei derselben Bankfiliale geführt (sog. Hausüberweisung), so genügt nach der herrschenden Meinung, daß der Überweisungsauftrag fristgerecht bei der Bank eingeht und ausreichende Deckung für die Auftrags- 4.94

---

118 *Schimansky* in Bankrechts-Handbuch, § 49 Rn 48.
119 *Schimansky* in Bankrechts-Handbuch, § 49 Rn 48.
120 BGH WM 1969, 390 = NJW 1969, 875, 876; WM 1964, 113 m.w.Nachw. = NJW 1964, 499. Nach *Canaris* muß der Schuldner den Überweisungsauftrag so frühzeitig erteilen, daß der Betrag dem Empfänger am Fälligkeitszeitpunkt gutgeschrieben werden kann (Bankvertragsrecht³, Rn 480 ff.); *Trölitzsch/Jaeger*, BB 1994, 2152, 2153; *Vogel*, DB 1997, 1758, 1759.

ausführung vorhanden ist[121]. Dasselbe muß gelten, wenn diese beiden Girokonten bei verschiedenen Filialen derselben Bank geführt werden (sog. Filialüberweisung). Mit Rücksicht darauf, daß die erstbeauftragte Filiale und die das „Empfänger"konto führende Filiale selbständige Teile eines Unternehmens sind (sog. Grundsatz der Unternehmenseinheit)[122], ist für das Merkmal der rechtzeitigen Absendung auf den Eingang des Überweisungsauftrages bei der erstbeauftragten Bankfiliale abzustellen[123].

4.95 Eine Mindermeinung stellt für die Rechtzeitigkeit auf die Abbuchung des zu überweisenden Betrages vom Schuldnerkonto ab. Mit dieser Belastung entsteht jedoch schon der Anspruch des Buchgeldempfängers auf Gutschrift im Sinne des auftragsrechtlichen Herausgabeanspruchs (§ 667 BGB). Mit der Verschaffung eines solchen Anspruchs, den die Bank sodann mit der Gutschrift auf dem Girokonto des Buchgeldempfängers erfüllt, ist jedoch mehr bewirkt, als das Gesetz bei der Schickschuld erfordert, bei der nur die rechtzeitige Übersendung verlangt wird (vgl. § 270 Abs. 1 BGB)[124].

4.96 Auch bei einer außerbetrieblichen Überweisung – hier werden die Girokonten des Buchgeldzahlers und des Buchgeldempfängers nicht bei derselben Bank geführt – kommt es für die Rechtzeitigkeit auf die „Absendung" des geschuldeten Geldbetrages an. Dabei bejaht die herrschende Meinung die Rechtzeitigkeit der Leistung, wenn der Überweisungsauftrag innerhalb der Zahlungsfrist bei der Bank des Buchgeldzahlers eingeht und ausreichend Deckung vorhanden ist[125].

4.97 Etwas anderes gilt nur, wenn zwischen Gläubiger und Schuldner eine besondere Vereinbarung über die Rechtzeitigkeit der Zahlung getroffen worden ist. Hierfür genügt freilich noch nicht die Vereinbarung einer bestimmten Zahlungsfrist. Eine solche Vereinbarung braucht nur zu bedeuten, daß lediglich die Zahlung innerhalb der Frist veranlaßt, also nur die Leistungshandlung vorgenommen, nicht aber der Leistungserfolg eingetreten sein muß. Gewollt sein kann aber im Einzelfall, daß dem Gläubiger bis zum Fristablauf die Gutschrift auf seinem Girokonto erteilt und damit auch der Leistungserfolg eingetreten sein muß. So kann insbesondere die Zahlungspflicht des Versicherers davon abhängen, daß die fällige Prämie noch vor Fristablauf seinem Girokonto gutgeschrieben worden ist. § 36 Abs. 1 VVG regelt die Prämienverbindlichkeit als eine solche qualifizierte Schickschuld[126].

---

121 *Palandt/Heinrichs*, § 270 Rn 7.
122 *Kümpel*, WM 1996, 1893, 1899 m.w.Nachw.
123 *Schimansky* in Bankrechts-Handbuch, § 49 Rn 50.
124 *Schimansky* in Bankrechts-Handbuch, § 49 Rn 50.
125 *Schimansky* in Bankrechts-Handbuch, § 49 Rn 52 m.w.Hinw.
126 Vgl. BGH WM 1971, 110.

An die Kontogutschrift knüpft auch die Regelung der Abgabenordnung 4.98
über den Erfüllungszeitpunkt an. Nach § 224 Abs. 2 Nr. 2 AO gilt eine
Zahlung im bargeldlosen Zahlungsverkehr an dem Tag als entrichtet, an
dem der Betrag der Finanzbehörde auf einem ihrer Konten gutgeschrieben
wird.

2. Abschnitt
Die Banküberweisung

4.99 Bei einer Banküberweisung beauftragt der Buchgeldzahler seine Bank, einen bestimmten Betrag zu Lasten seines Girokontos an den Buchgeldempfänger zu überweisen. Ausgangspunkt dieses bargeldlosen Zahlungsvorganges, sozusagen des „Transportes" des Buchgeldes, ist das Girokonto des Buchgeldzahlers und Endpunkt das Empfängerkonto. Beim Inkasso von Schecks und Lastschriften als den beiden anderen Instrumenten des bargeldlosen Zahlungsverkehrs beginnt dagegen der Zahlungsvorgang umgekehrt mit der Gutschrift „Eingang vorbehalten (E.v.)" auf dem Girokonto des Buchgeldempfängers.

4.100 Die kontoführenden Kreditinstitute stehen in (Giro-)Vertragsverhältnissen zu ihren beteiligten Girokunden. Dasselbe gilt für die Rechtsverhältnisse der mitwirkenden Kreditinstitute untereinander. In diesen „Interbanken"verhältnissen schließen die Kreditinstitute die Verträge zwecks Ausführung der ihnen erteilten Aufträge nicht im Namen ihrer Girokunden, sondern im eigenen Namen, wie dies auch für das sonstige bankmäßige Dienstleistungsgeschäft gilt.

4.101 Das Europäische Parlament und der Rat der Europäischen Union haben zwecks Verbesserung des grenzüberschreitenden Überweisungsverkehrs die Richtlinie 97/5/EG vom 27. 1. 1997 über grenzüberschreitende Überweisungen (Überweisungs-Richtlinie) erlassen, die bis zum 14. 8. 1999 in deutsches Recht umzusetzen war[127]. Diese Umsetzung erfolgte durch das **Überweisungsgesetz (ÜG)** vom 21. 7. 1999, das am 14. 8. 1999 in Kraft getreten ist[128]. Die Überweisungs-Richtlinie und das diese Umsetzung enthaltene **Überweisungsgesetz** (ÜG) werden im 7. Teil – Rn 7.66 ff. – im einzelnen dargestellt[129]. Die europäischen Vorgaben haben den deutschen Gesetzgeber veranlaßt, wesentliche Aspekte des Überweisungsrechts zum Teil stark abweichend vom bisherigen Recht neu zu regeln. Hierauf wird jeweils bei der Darstellung des geltenden Rechts kurz hingewiesen.

---

127 AB1EG Nr. L 43, S. 25, abgedruckt in WM 1997, 844 ff.
128 BGBl. I 1999, S. 1642 ff.; *Hartmann*, Die Bank 1999, 536 ff.
129 Entwurfstext mit besonderer Begründung (Auszug) abgedr. in ZIP 1999, 680 ff.; vgl. weiter *Häuser*, WM 1999, 1037 ff.; *Bydlinski*, WM 1999, 1046 ff.; *Klamt/Koch*, DB 1999, 943 ff.

Das Überweisungsgesetz gilt nicht für inländische Überweisungen und Überweisungen in Staaten außerhalb der Europäischen Union und des Europäischen Wirtschaftsraumes (EWR), mit deren Abwicklung vor dem 1. 1. 2002 begonnen wurde. Für diese Überweisungen gelten die bis dahin geltenden Vorschriften und Grundsätze (Art. 228 Abs. 2 EGBGB). 4.102

I. Rechtsbeziehung zwischen überweisendem Kunden und seiner Bank

Überweisungsaufträge werden regelmäßig auf der rechtlichen Grundlage **eines Girovertragsverhältnisses** als einer rahmenartigen, noch ausfüllungsbedürftigen Vertragsbeziehung erteilt, wie es bei Eröffnung des Girokontos begründet wird. 4.103

Das **Überweisungsgesetz** (§§ 676f, 676g BGB) definiert die Wesensmerkmale des Girovertrages entsprechend der bisherigen Rechtslage. Danach wird das Kreditinstitut durch den Girovertrag verpflichtet, für den Kunden ein Konto einzurichten, eingehende Zahlungen auf dem Konto gutzuschreiben und abgeschlossene Überweisungsverträge über dieses Konto abzuwickeln. Der Gesetzgeber hat den Girovertrag nur insoweit geregelt, als dies durch die Überweisungsrichtlinie gefordert wird. Dabei handelt es sich im wesentlichen um den Anspruch des Bankkunden auf Gutschrift des für ihn eingegangenen Betrages auf seinem Girokonto. Der Girovertrag ist durch seine gesetzliche Definition zu einem gemischt-typischen Geschäftsbesorgungsvertrag eigener Art geworden. 4.104

Die Umsetzung der Überweisungs-Richtlinie im Rahmen des Geschäftsbesorgungs- und Auftragsrechts hat den Gesetzgeber veranlaßt, den Geschäftsbesorgungsvertrag zu einem eigenständigen Untertitel im Rahmen des bisher den Auftrag regelnden Teils des BGB aufzuwerten und gleichzeitig mit verschiedenen Unterfällen zu untergliedern, die die erforderlichen Umsetzungsbestimmungen enthalten[130]. Hierzu werden für drei Unterfälle des Geschäftsbesorgungsvertrages (§ 676a BGB) in Form des Überweisungsvertrages (§ 676a BGB), des Zahlungsvertrages (§ 676d BGB) und des Girovertrages (§ 676f BGB) spezielle Vorschriften getroffen. 4.105

---

130 Begr.RegE Überweisungsgesetz, S. 26.

1. Rechtsnatur des Girovertrages

4.106 Der Girovertrag, der der Durchführung des bargeldlosen Zahlungsverkehrs dient[131], hat erst allmählich sein eigenes Gepräge durch die Bankpraxis erfahren. BGB und HGB haben bislang dem Girovertragsverhältnis keine besondere Aufmerksamkeit geschenkt. Die AGB der Kreditwirtschaft enthalten deshalb eine Reihe rechtsgeschäftlicher Regelungen, mit denen die gesetzlichen Bestimmungen ergänzt werden.

4.107 Der Girovertrag ist nach herrschender Meinung ein **Geschäftsbesorgungsvertrag**, der durch dienstvertragliche Elemente geprägt ist (§§ 675, 611 BGB)[132]. Dieser Vertrag hat „Dienste höherer Art zum Gegenstand, die aufgrund besonderen Vertrauens übertragen zu werden pflegen" (vgl. § 627 Abs. 2 BGB). Deshalb kann der Bankkunde das Vertragsverhältnis schon gesetzlich fristlos kündigen[133].

4.108 Wird das Girovertragsverhältnis nach dem Tode des Kontoinhabers von einem Vorerben fortgeführt, so tritt der Nacherbe in dieses Vertragsverhältnis nicht ein. Die Benutzung des Girokontos durch den Vorerben für den eigenen Zahlungsverkehr gebietet es, die mit diesem Vertragsverhältnis verbundenen Rechte und Pflichten fortan ausschließlich dem Vorerben persönlich und nicht mehr dem Nachlaß zuzuordnen (vgl. § 2111 BGB)[134].

a) Rechtliche Aspekte des Überweisungsauftrages

4.109 Der Überweisungs„auftrag" als das die Buchgeldzahlung veranlassende Rechtsgeschäft ist auch nach dem bis zum 31. 12. 2001 geltenden alten Recht zu unterscheiden von dem Girovertrag, der anläßlich der Kontoeröffnung mit dem Kunden konkludent geschlossen wird. Aus dieser Rechtsbeziehung als einem rahmenartigen Vertragsverhältnis ergibt sich nur eine allgemeine Pflicht der Kreditinstitute, bargeldlose Zahlungen aus dem Kontoguthaben zu vermitteln, insbesondere Überweisungsaufträge auszuführen.

4.110 Solche Überweisungsaufträge können grundsätzlich auch außerhalb eines Girovertragsverhältnisses erteilt werden, etwa wenn der Kunde bei seiner Bank Bargeld mit der Bestimmung einzahlt, den Gegenwert an den hierzu benannten Buchgeldempfänger zu überweisen[135]. Hierin liegt ein Angebot zum Abschluß eines einzel-

---

131 BGH WM 1989, 126, 128; 1991, 317, 318.
132 BGH WM 1991, 317, 318 m.w.Nachw.; 1995, 2094, 2095.
133 BGH WM 1991, 317, 318.
134 BGH WM 1995, 2094, 2095.
135 BGH WM 1978, 637 spricht hier vom „Einzel"überweisungsauftrag.

nen Geschäftsbesorgungsauftrages, das durch die Entgegennahme des Geldes oder die Auftragsausführung angenommen wird[136].

Die Überweisungspflicht der kontoführenden Bank wird durch den Girovertrag zunächst nur gattungsmäßig (**sog. Gattungshandlungsschuld**)[137] bestimmt. Das Tätigwerden der Bank setzt also eine konkretisierende Weisung voraus, für die sich die mißverständliche Bezeichnung Überweisungs„auftrag" eingebürgert hat. Bei einem solchen Überweisungsauftrag handelt es sich um keinen rechtlich selbständigen Auftrag (§ 662 BGB), sondern um eine im Rahmen eines Auftrags-(Geschäftsbesorgungs-)Verhältnis erteilte „Weisung" im Sinne des § 665 BGB[138]. Entsprechend dem Sprachgebrauch der Praxis wird aber nachfolgend weiter von Überweisungs„aufträgen" wie auch vom „Widerruf" solcher Aufträge gesprochen, obwohl streng genommen auch der Widerruf als (Gegen-)Weisung im auftragsrechtlichem Sinne einzuordnen ist[139]. 4.111

Solche **Weisungen** sind einseitige rechtsgeschäftliche Gestaltungserklärungen, durch die der Auftraggeber einzelne Pflichten des Beauftragten bei der Ausführung des Auftrages konkretisiert („aktualisiert")[140]. Damit wird die zunächst nur gattungsmäßig bestimmte Geschäftsbesorgungspflicht in eine Spezies-Überweisungspflicht der kontoführenden Bank verwandelt[141]. Im Unterschied zu den Willenserklärungen des Auftraggebers, die zum Abschluß des Girovertrages führen, bedürfen solche einseitigen Weisungen nicht der „Annahme" (§§ 146 ff. BGB) durch den Beauftragten. Weisungen sind also von der Bank zu befolgen, wenn der Girovertrag als rechtliche Grundlage für das Weisungsrecht des Girokunden wirksam zustande gekommen ist[142]. Die Weisungsbefugnis des Girokunden kann deshalb als rechtsgeschäftliches Gestaltungsrecht qualifiziert werden[143]. 4.112

Für Überweisungsaufträge gelten im übrigen die allgemeinen Bestimmungen für Rechtsgeschäfte, insbesondere die Vorschriften über Willensmängel. Solche Weisungen sind also nach herrschender Meinung anfecht- 4.113

---

136 *Schimansky* in Bankrechts-Handbuch, § 49 Rn 1.
137 *Hadding/Häuser*, ZHR 145 (1981), 138, 140; *van Geldern* in Bankrechts-Handbuch, § 57 Rn 20.
138 *Palandt/Sprau*, § 665 Rn 5. Nach *Canaris* (WM 1980, 354, 357) hat der Überweisungsauftrag eine Doppelnatur (Weisung im auftragsrechtlichen Sinne und abstrakte Anweisung i.S. des § 783 BGB). Der Begriff der Weisung findet sich u.a. auch in § 166 Abs. 2 Satz 1 BGB, §§ 384 Abs. 1, 408 Abs. 1 HGB (Münchener Komm. zum BGB/*Seiler*, § 665 Rn 3).
139 BGH WM 1988, 321.
140 *Staudinger/Wittmann*, § 665 Rn 2; *Palandt/Sprau*, § 665 Rn 2.
141 *Hadding/Häuser*, ZHR 145 (1981), 138, 140.
142 Münchener Komm. zum BGB/*Seiler*, § 665 Rn 5, 9.
143 Münchener Komm. zum BGB/*Seiler*, § 665 Rn 5, 9.

bar[144]. Im übrigen bedürfen nicht vollgeschäftsfähige Kontoinhaber der Einwilligung ihrer gesetzlichen Vertreter. Dies gilt auch für beschränkt Geschäftsfähige, die über ihr Lohn- oder Gehaltskonto durch Banküberweisung verfügen wollen – Rn 3.181.

4.114 Die Minderjährigen erwerben zwar Teilgeschäftsfähigkeit, wenn sie mit Einwilligung ihrer gesetzlichen Vertreter ein Arbeits- oder Dienstverhältnis eingehen. Diese partielle Geschäftsfähigkeit deckt jedoch nach herrschender Meinung nur die Errichtung eines Lohn- oder Gehaltskontos und Barabhebungen von diesem Konto, nicht jedoch die Erteilung von Überweisungsaufträgen[145].

4.115 Nach der **Neuregelung** durch das Überweisungsgesetz liegt jeder einzelnen Überweisung ein eigenständiger Geschäftsbesorgungsvertrag zugrunde. Hierdurch wird die Bank verpflichtet, dem Begünstigten einen bestimmten Geldbetrag zur Gutschrift auf seinem Konto oder zur Barauszahlung zur Verfügung zu stellen (§ 675a Abs. 1 S. 1 BGB). Eine Banküberweisung kann deshalb nicht mehr wie bisher als eine auftragsrechtliche Weisung (§ 665 BGB) im Rahmen eines dem Girokonto zugrundeliegenden Geschäftsbesorgungsvertrages konstruiert werden. Bei diesem Vertrag handelt es sich um einen gemischt-typischen Vertrag, der Elemente sowohl des Überweisungsvertrages als auch des bisher nicht geregelten eigenständigen Geschäftsbesorgungsvertrages enthält[146].

4.116 Die neu geschaffenen Bestimmungen für den Überweisungsvertrag regeln insbesondere die Ansprüche, die den Überweisenden bei Leistungsstörungen gegen seine kontoführende Bank zustehen. Entsprechend den Vorgaben der Überweisungsrichtlinie werden dabei drei unterschiedliche Arten von **Leistungsstörungen** unterschieden: die gekürzte Überweisung, die verspätete Überweisung und die verlorene Überweisung. Ein solches „Verlorengehen" ist z.B. gegeben, wenn ein zwischengeschaltetes Kreditinstitut in Insolvenz gerät.

4.117 Diese Leistungsstörungen führen, ohne daß es auf ein Verschulden der Bank des Überweisenden ankäme, zu Garantieansprüchen des Bankkunden[147]. Denn nach der Neuregelung ist die erstbeauftragte Bank nicht nur verpflichtet, sich um einen erfolgreichen Abschluß der Überweisung zu bemühen. Die erstbeauftragte Bank schuldet vielmehr den Überweisungserfolg[148]. Der neugeschaffene Überweisungsvertrag beinhaltet also einen

---

144 *Canaris*, Bankvertragsrecht³, Rn 377 ff.
145 *Palandt/Heinrichs*, § 113 Rn 4 m.w.Nachw.; *Vortmann*, WM 1994, 965, 966, 967.
146 Begr.RegE Überweisungsgesetz, S. 47.
147 Begr.RegE Überweisungsgesetz, S. 61.
148 Begr.RegE Überweisungsgesetz, S. 34.

eigenständigen Geschäftsbesorgungsvertrag mit werkvertraglichem Charakter im Sinne der §§ 631 ff. BGB[149]. Die Bank haftet deshalb auch für Verschulden der in der Überweisungskette nachgeordneten Kreditinstitute wie für eigenes Verschulden – sog. Erfüllungsgehilfenhaftung – (§ 676c Abs. 1 BGB).

Mit Rücksicht auf diese erweiterte Haftung ist es den Kreditinstituten gestattet worden, **in bestimmten Fällen** die Haftung zu beschränken oder auszuschließen. Dies kann nach den Gesetzesmaterialien auch in den Allgemeinen Geschäftsbedingungen geschehen[150]. Zu diesem Zweck werden die Kreditinstitute „Sonderbedingungen für grenzüberschreitende Überweisungen innerhalb der Europäischen Union und der Staaten des Europäischen Wirtschaftsraumes" verwenden. Solche Haftungsbegrenzungen sind zulässig für Überweisungen, deren Auftraggeber ein Kreditinstitut ist, sowie bei grenzüberschreitenden Überweisungen in der Europäischen Union mit Beträgen über 75 000 Euro sowie bei Überweisungen auf Konten bei Kreditinstituten in Nicht-Mitgliedstaaten der EU. Im übrigen kann die Erfüllungsgehilfenhaftung auch bei Überweisungen innerhalb der EU auf 25 000 Euro begrenzt werden (§ 676c Abs. 1 S. 4 BGB). Im übrigen kann die Bank für Folgeschäden durch Verzögerung oder Nichtausführung der Überweisung die Haftung für eigenes Verschulden auf 12 500 Euro begrenzen (§ 676c Abs. 1 S. 5 BGB).

4.118

b) Grundsatz der Formfreiheit

Überweisungsaufträge können zwar grundsätzlich mündlich und damit auch konkludent erteilt werden[151]. In der Praxis werden aber einheitliche Formulare verwendet, deren Ausgestaltung sich an den von den Spitzenverbänden des Kreditgewerbes vereinbarten „Richtlinien für einheitliche Zahlungsverkehrsdrucke" zu orientieren hat[152]. Diese Formulare sehen eine Zeile für die Unterschrift des Auftraggebers vor. Hierin liegt aber keine Vereinbarung der Schriftform nach § 127 BGB[153]. Überweisungsfor-

4.119

---

149 Begr.RegE Überweisungsgesetz, S. 33, 47.
150 Begr.RegE Überweisungsgesetz, S. 64.
151 *Schimansky* in Bankrechts-Handbuch, § 49 Rn 1.
152 Maßgebend sind derzeit die am 16. 10. 1995 in Kraft getretenen „Richtlinien für einheitliche Zahlungsverkehrsvordrucke" (1995), die „Richtlinien für eine einheitliche Codierung von zwischenbetrieblichen weiterzuleitenden Zahlungsverkehrsbelegen (Codierungsrichtlinien) sowie das seit dem 16. April 1996 geltende „Abkommen zum Überweisungsverkehr", das Rechte und Pflichten nur zwischen den beteiligten Kreditinstituten begründet (Nr. 6 des Abkommens).
153 *Schimansky* in Bankrechts-Handbuch, § 49 Rn 2.

mulare, die keine Unterschrift unter dem Text tragen, sondern nur oben am Rand rechts gezeichnet sind („Oberschrift"), erbringen nicht die Vermutung der Echtheit (§§ 440 Abs. 2, 416 ZPO). Es greift auch nicht der Erfahrungssatz ein, daß unterschriebene Urkunden die vollständige Willenserklärung einer Partei richtig wiedergeben[154]. Die Bank braucht im übrigen Aufträge mit faksimiliertem Namenszug nur zu akzeptieren, wenn der Girokunde sie von den damit für sie verbundenen Risiken durch eine entsprechende Erklärung freigestellt hat[155].

4.120 Verlangt der Kunde von seiner Bank eine Bestätigung für die Entgegennahme des Überweisungsauftrages, so empfiehlt es sich, dem Kundenwunsch zu entsprechen. Der Zeitpunkt des Eingangs des ordnungsgemäß ausgefüllten Überweisungsauftrages ist maßgeblich für die Rechtzeitigkeit der Erfüllung einer Geldschuld und damit die Vermeidung von Verzugszinsen. Mit dieser Bankbestätigung kann die Rechtzeitigkeit der Absendung des geschuldeten Geldes nachgewiesen werden[156].

4.121 Beim beleglosen Zahlungsverkehr sind diese Formulare von Magnetbändern, Kassetten oder Disketten abgelöst worden. Insbesondere in Einzelfällen können jedoch Überweisungsaufträge auch fernmündlich und fernschriftlich erteilt werden[157]. Beim sog. „Blitz"giro wird der Überweisungsauftrag gegen ein zusätzliches Entgelt fernschriftlich an die Bank des Buchgeldempfängers weitergegeben und so die Gutschrift auf dessen Girokonto am Tage der Auftragserteilung sichergestellt.

c) Daueraufträge und sonstige Auftragsformen

4.122 Die girovertragliche Weisung des Kontoinhabers ist regelmäßig auf eine **einmalige Überweisung** gerichtet. Sie kann aber auch einen **„Dauerauftrag"** für Überweisungen derselben Beträge an denselben Empfänger zu wiederkehrenden Zeitpunkten beinhalten.

4.123 Neben diesen beiden Grundformen kennt die Praxis auch die sog. **Sammelüberweisung.** Hier wird das erste, die Unterschrift des Auftraggebers tragende Blatt des Überweisungsformulars durch eine Aufstellung der einzelnen Überweisungsbeträge zusammengefaßt. Der Sammelüberweisungsauftrag muß aber die Einzelbeträge sowie die Gesamtsumme der beiliegenden Einzelüberweisungsträger enthalten. Die Unterschrift ist unter der Auflistung der Einzelüberweisungen zu leisten[158].

---

154 BGH WM 1991, 57; 1992, 626.
155 *Kindermann*, Zahlungsverkehr in Bankrecht und Bankpraxis, Rn 6/34.
156 *Trolitzsch/Jaeger*, BB 1994, 2152, 2153; *Vogel*, DB 1997, 1758, 1759.
157 Vgl. BGH WM 1970, 244; 1976, 904.
158 BGH WM 1992, 1392, 1393.

Beim sog. **Massen-Überweisungsauftrag** werden die Überweisungsträger in Endlospapierbahnen mit EDV-Schnelldruckern beschriftet. Das beleglose Datenträger-Austauschverfahren ermöglicht es den Girokunden, die in ihren eigenen EDV-Anlagen gespeicherten Überweisungsmerkmale ohne vorherigen Ausdruck an die erstbeauftragte Bank weiterzugeben. Diese Form der Auftragserteilung eignet sich vor allem für regelmäßig wiederkehrende Buchgeldzahlungen an einen Empfängerkreis wie bei den Gehalts- und Rentenzahlungen.

4.124

d) Gefälschte oder verfälschte Aufträge

Wird der Überweisungsauftrag gefälscht oder inhaltlich verfälscht, so ist das **Fälschungsrisiko** nach einhelliger Meinung von der **Bank** zu tragen[159]. Denn die Bank darf nach dem Girovertrag nur vom Kunden erteilte Überweisungsaufträge ausführen. Hieran fehlt es auch bei den verfälschten Aufträgen.

4.125

Das Fälschungsrisiko ist auch nicht durch die AGB auf den Kunden abgewälzt worden. Insoweit liegen die Verhältnisse bei der Banküberweisung anders als im Scheckverkehr. Dort haben zumindest die Firmenkunden den Schaden aus einer von ihnen unverschuldeten mißbräuchlichen Verwendung von Scheckformularen zu tragen, sofern ihnen dieser Mißbrauch nach der Sphärentheorie zugerechnet werden kann. Diese unterschiedliche Regelung ist dadurch gerechtfertigt, daß die Überweisungsformulare nicht numeriert sind und an jedem Bankschalter frei ausliegen; sie können daher auch leicht von Unbefugten an sich gebracht werden[160]. Es erscheint deshalb unangemessen, dem Kunden das Risiko einer mißbräuchlichen Verwendung der Überweisungsvordrucke aufzubürden. Dagegen sind beim Scheckverkehr die einzelnen Scheckformulare numeriert und mit der Kontonummer versehen. Hinzu kommt, daß der Kunde die Scheckformulare gegen entsprechende Quittung erhält. Er muß deshalb die Vordrucke in Obhut nehmen und dafür sorgen, daß sie nicht mißbräuchlich verwendet werden. Ein Mißbrauch der Scheckvordrucke kann daher in bestimmten Fallkonstellationen der Risikosphäre des Firmenkunden zugerechnet werden und damit nach der Sphärentheorie eine verschuldensunabhängige Haftung begründen.

4.126

---

159 BGH WM 1992, 1392, 1393 m.w.Nachw., 1994, 2073, 2074; *Canaris*, Bankvertragsrecht³, Rn 368 f.; für den Fall eines gefälschten Überweisungsauftrages aufgrund kollusiven Zusammenwirkens des Gutschriftempfängers mit dem zuständigen Bankangestellten vgl. BGH WM 1994, 1420, 1422 ff.; vgl. weiter *Schnauder*, ZIP 1994, 1069.
160 LG Lübeck WM 1993, 1131.

4.127 Auch wenn die Kreditinstitute grundsätzlich das Fälschungsrisiko zu tragen haben, kann sich im Einzelfall eine Haftung des **Kunden** für einen der Überweisungsbank entstehenden **Fälschungsschaden** ergeben. Der Girokunde hat die girovertragliche Pflicht, die Gefahr einer Fälschung soweit wie möglich auszuschalten[161]. Hat der Kunde z.B. Überweisungsformulare blanko unterschrieben oder bewußt unvollständig ausgefüllt und wurden die Formulare sodann entgegen seinem Willen ergänzt, so haftet der Kunde wegen eines von ihm veranlaßten Rechtsscheins[162]. Hier hat der Kunde eine Schutzpflicht als Nebenpflicht des Girovertragsverhältnisses verletzt und sich deswegen schadenersatzpflichtig gemacht. Unter Umständen ist der Kunde auch zur Warnung der Bank und zur Veranlassung der Sperrung seines Kontos verpflichtet, wenn ihm seine Ausweispapiere verlorengegangen sind[163].

2. Inhalt der Geschäftsbesorgungspflicht der Bank

4.128 Die Bank hat den Überweisungsauftrag, wenn ausreichende Deckung in Form eines ausreichenden Kontoguthabens oder Kreditrahmens vorhanden ist, unverzüglich und mit der Sorgfalt eines ordentlichen Kaufmanns (§ 347 HGB) auszuführen[164]. Die geschuldete Leistung der Bank aus dem ihr erteilten Überweisungsauftrag bestimmt sich inhaltlich weitgehend danach, ob das Girokonto des Buchgeldempfängers bei ihr oder bei einer anderen Bank unterhalten wird. Im ersteren Falle spricht man von einer Haus- oder Filialüberweisung, bei der die Bank eine entsprechende Gutschrift auf dem Girokonto des Buchgeldempfängers schuldet[165].

4.129 Nach dem Überweisungsgesetz sind solche institutsinterne Überweisungen innerhalb einer Haupt- oder Zweigstelle eines Kreditinstitutes binnen eines Bankgeschäftstages auf das Konto des Zahlungsbegünstigten zu bewirken. Andere institutsinterne Überweisungen zwischen verschiedenen Haupt- oder Zweigstellen sind binnen zwei Bankgeschäftstagen zu bewirken (§ 676a Abs. 2 Nr. 3 BGB). Diese Ausführungsfristen gelten für den Inlandsüberweisungsverkehr erst ab 1. 1. 2002 (Art. 228 Abs. 2 EGBGB). Ab diesem Zeitpunkt gilt im übrigen für inländische Überweisungen im außerbetrieblichen Überweisungsverkehr eine maximale Ausführungsfrist von drei Bankgeschäftstagen (§ 676a Abs. 2 Nr. 2 BGB).

---

161 BGH WM 1994, 2073, 2074.
162 BGH WM 1992, 1392, 1393; OLG Koblenz WM 1984, 206, 208; *Schimansky* in Bankrechts-Handbuch, § 49 Rn 11.
163 BGH WM 1967, 1142, 1143.
164 *Canaris*, Bankvertragsrecht³, Rn 326.
165 BGH WM 1991, 797, 798.

2. Abschnitt: Die Banküberweisung

Beim **außerbetrieblichen** Überweisungsverkehr erfüllt dagegen die erstbeauftragte Bank ihre girovertragliche Verpflichtung schon dadurch, daß sie den Auftrag an eine andere geeignete Bank weiterleitet und dieser die für die Auftragsausführung erforderliche Deckung zur Verfügung stellt[166].

4.130

Für diese Weiterleitung stehen verschiedene Leitwege zur Verfügung, zu denen insbesondere die fünf Gironetze des deutschen Zahlungsverkehrsnetzes gehören, das an die inländischen Kreditinstitutsgruppen anknüpft[167]. Regelmäßig wird der Leitweg gewählt, der die zeit- und kostenmäßig günstigste Weiterleitung ermöglicht[168]. Dabei darf das Interesse der Girokunden an möglichst kurzen Laufzeiten der Überweisung nicht unberücksichtigt bleiben[169]. Das Überweisungsgesetz enthält eine von der beauftragten Bank bei grenzüberschreitenden Überweisungen schon heute zu beachtende Ausführungsfrist. Danach sind solche Überweisungen binnen fünf Bankgeschäftstagen auf das Konto des Kreditinstitutes des Zahlungsbegünstigten zu bewirken (§ 676a Abs. 2 Nr. 1 BGB).

4.131

Die mit dem Überweisungsauftrag bezweckte Erteilung einer Gutschrift auf dem Girokonto des Buchgeldempfängers kann beim außerbetrieblichen Giroverkehr naturgemäß nicht von der Überweiserbank geschuldet sein, da nur die kontoführende Bank des Buchgeldempfängers zu dieser Gutschriftsbuchung in ihren Geschäftsbüchern fähig ist. Aus dieser praktischen Sicht ist die vertragliche Verpflichtung der erstbeauftragten Bank beim außerbetrieblichen Überweisungsverkehr nicht erfolgs-, sondern tätigkeitsbezogen, wie es dem Dienstvertrag entspricht, bei dem kein Erfolg, sondern nur eine Tätigkeit geschuldet wird (vgl. §§ 611, 631 Abs. 2 BGB).

4.132

Die erstbeauftragte Bank haftet deshalb nach bisherigem Recht beim außerbetrieblichen Überweisungsverkehr nicht für ein weisungswidriges Verhalten der Empfänger„bank" oder einer nachgeordneten Zwischenbank. Denn diese nachgeordneten Banken wie auch die „Empfänger"bank sind bei solchen weitergeleiteten Aufträgen nach bisherigem Recht keine Erfüllungsgehilfen der erstbeauftragten Bank, weil diese ihre Geschäftsbesorgungspflicht mit einer ordnungsgemäßen Weiterleitung des Auftrages erfüllt hat. Die erstbeauftragte Bank könnte deshalb einen auftragsrechtlichen Aufwendungserstattungsanspruch (§ 670 BGB) auch dann erwerben, wenn die Durchführung des Überweisungsauftrages aus nicht in ihrer Sphäre liegenden Gründen scheitert[170].

4.133

---

166 BGH WM 1991, 797, 798; *Schimansky* in Bankrechts-Handbuch, § 49 Rn 12.
167 Vgl. *Schimansky* in Bankrechts-Handbuch, § 46 Rn 8 ff., § 49 Rn 11, 12.
168 *Kindermann* in Bankrecht und Bankpraxis, Rn 6/141.
169 *Schimansky* in Bankrechts-Handbuch, § 46 Rn 10; vgl. weiter *Koller/Faust*, ZBB 1989, 63, 75.
170 *Schimansky* in Bankrechts-Handbuch, § 49 Rn 12.

4. Teil: Bargeldloser Zahlungsverkehr (Girogeschäft)

4.134 Die erstbeauftragte Bank wie auch die ihr nachgeschalteten Zwischenbanken übernahmen nach bisherigem Recht auch keine Garantiehaftung für die die Auftragsausführung abschließende Gutschriftsbuchung auf dem Girokonto des Buchgeldempfängers. Denn damit würden nach der BGH-Rechtsprechung den mitwirkenden Banken, insbesondere im grenzüberschreitenden Giroverkehr Risiken aufgebürdet, die für sie weder beherrschbar noch überschaubar sind[171].

4.135 Dagegen haftet die erstbeauftragte Bank nach dem Überweisungsgesetz für ein Fehlverhalten der nachgeschalteten Zwischenbanken bis zum Eingang des Überweisungsbetrages beim Kreditinstitut des Zahlungsbegünstigten[172]. Sobald diesem Kreditinstitut der überwiesene Betrag gutgeschrieben ist, entfällt die Verantwortlichkeit der erstbeauftragten Bank, die nur die Übermittlung des Betrages auf einem Konto des Kreditinstitutes des Zahlungsbegünstigten schuldet[173]. Mit Rücksicht auf die weitgehende Haftung der erstbeauftragten Bank kann diese Einstandspflicht als gesetzlich begründete Garantiehaftung oder als eine „Erfolgs"haftung im Sinne des Werkvertrages (§ 631 Abs. 2 BGB) eingeordnet werden (siehe hierzu Rn 7.88 ff.).

4.136 Der Überweisungsauftrag begründet keine Ansprüche für den hierdurch begünstigten Buchgeldempfänger[174]. Er entfaltet auch keine Schutzwirkung zugunsten des Überweisungsempfängers[175]. Es handelt sich ausschließlich um eine Rechtsbeziehung zwischen dem auftragserteilenden Buchgeldzahler und seiner kontoführenden Bank[176]. Der Überweisungsauftrag begründet deshalb keinen Vertrag zugunsten Dritter gemäß § 328 BGB[177]. Dies gilt auch in den Fällen der Avisierung der Überweisung durch die erstbeauftragte Bank oder ihren Girokunden gegenüber der Bank des Buchgeldempfängers. In einem solchen sog. Eilavis oder Direktavis und seiner Entgegennahme durch die Empfängerbank liegt kein Vertrag zugunsten des Buchgeldempfängers[178]. Hierdurch wird keine rechtliche Verbindlichkeit des Avisierenden begründet[179]. Der in der Bankpraxis

---

171 BGH WM 1991, 797, 798.
172 Begr.RegE Überweisungsgesetz, S. 34.
173 Begr.RegE Überweisungsgesetz, S. 34.
174 BGH WM 1988, 321, 322.
175 Die gegenteilige Auffassung des OLG Düsseldorf (WM 1987, 1008) ist nach Meinung von *Schimansky* (Bankrechts-Handbuch, § 49 Rn 6) unhaltbar.
176 *Schimansky* in Bankrechts-Handbuch, § 49 Rn 4.
177 BGH WM 1977, 1042; 1986, 1409, 1410; OLG Düsseldorf WM 1987, 1008, 1009.
178 *Canaris*, Bankvertragsrecht³, Rn 397, 404.
179 *Schimansky* in Bankrechts-Handbuch, § 49 Rn 42; vgl. weiter BGH WM 1998, 592, 593, wonach mit dem Stempelaufdruck „angenommen" auf der Durchschrift des Überweisungsauftrages ohne besondere Anhaltspunkte eine Ausführung dieses Auftrages nicht zugesichert wird.

übliche Wortlaut stellt im übrigen klar, daß die avisierende Bank gegebenenfalls zur Beachtung eines rechtzeitigen Widerrufs ihres Auftraggebers verpflichtet ist[180].

a) Rückfragepflicht der Überweiserbank (§ 666 BGB)[181]

Die beim Giroverkehr mitwirkenden Kreditinstitute müssen sich streng an den ihnen erteilten formalen Auftrag halten (Grundsatz der **formalen Auftragsstrenge**)[182]. Deshalb ist nach auftragsrechtlichen Grundsätzen beim auftragserteilenden Girokunden zurückzufragen, wenn konkrete Zweifel irgendwelcher Art bestehen[183]. Wenn die Bank aus besonderen Gründen von dem Auftrag meint abweichen zu sollen, so hat sie ihren Kunden umgehend zu benachrichtigen. Dies folgt aus der Pflicht des Beauftragten, dem Auftraggeber die erforderlichen Nachrichten zu geben (§ 666 BGB). Eine solche Benachrichtigungspflicht obliegt der Bank auch, wenn sie den Überweisungsauftrag mangels Deckung nicht ausführen will[184].

4.137

Hat die Bank es versäumt, ihren Kunden über die wegen mangelnder Deckung unterbliebene Ausführung seines Überweisungsauftrages zu unterrichten, so hat sie zwar ihre Benachrichtigungspflicht verletzt. Dies bedeutet nach der Rechtsprechung[185] aber noch nicht, daß sie stets schadensersatzpflichtig ist. Denn den Kontoinhaber trifft als Überweisungsauftraggeber ein **überwiegendes Mitverschulden,** wenn er nicht für eine ausreichende Deckung gesorgt hat. Dieses überwiegende Mitverschulden verdrängt die Vertragsverletzung der Bank; der Schaden ist hier nach § 254 Abs. 1 BGB vom Kontoinhaber allein zu tragen.

4.138

Ist die Überweisung fehlgeschlagen, so muß der Girokunde hierüber in jedem Falle unterrichtet werden. Dies gilt auch bei einer Einzelüberweisung außerhalb eines Girovertragsverhältnisses[186].

4.139

b) Vorschußleistung des Buchgeldzahlers

Die Kreditinstitute belasten üblicherweise das Konto ihres Girokunden, schon bevor der überwiesene Betrag dem Buchgeldempfänger gutgeschrie-

4.140

---

180 Der Wortlaut ist abgedruckt bei *Kindermann* in Bankrecht und Bankpraxis, Rn 6/220; vgl. weiter *Canaris,* Bankvertragsrecht³, Rn 405.
181 Vgl. BGH WM 1978, 588, 589.
182 BGH WM 1976, 630, 631; 1986, 1409.
183 OLG München WM 1995, 1017, 1018 für den Fall der Mehrdeutigkeit des Überweisungsauftrages.
184 OLG Hamm WM 1984, 1222.
185 OLG Hamm WM 1984, 1222.
186 BGH WM 1978, 637; *Schimansky* in Bankrechts-Handbuch, § 49 Rn 21.

ben worden ist. Bei Belastungsbuchungen handelt es sich zwar regelmäßig nur um Realakte mit im wesentlichen deklaratorischer Wirkung[187]. Der Belastungsbuchung anläßlich der Ausführung eines Überweisungsauftrages ist aber insoweit eine Rechtswirkung beizumessen, als hierin konkludent das Verlangen nach Zahlung eines Vorschusses im Sinne des § 669 BGB enthalten ist[188].

4.141 Für die **Haus- und Filialüberweisung** scheidet freilich ein solcher „Vorschuß"anspruch aus. Denn durch Belastungsbuchung auf dem Girokonto des Buchgeldzahlers erhält sie die erforderliche Deckung für die dem Buchgeldempfänger zu erteilende Kontogutschrift. Die Belastungsbuchung begründet deshalb für die Bank eine Verpflichtung zu dieser Gutschriftsbuchung und damit einen korrespondierenden Aufwendungserstattungsanspruch (§ 670 BGB), der durch diese Belastungsbuchung dokumentiert wird[189]. Bei außerbetrieblichen Überweisungen beschränkt sich nach *Schimansky* der Vorschußanspruch auf Auslandsüberweisungen, da hier die Beschaffung der Deckung für die ausländische Korrespondenz Zeit in Anspruch nehmen kann. Im inländischen Zahlungsverkehr sei dagegen wegen der kurzen Laufzeiten für einen Vorschußanspruch kein Raum. Der Umstand, daß der Überweisende den Auftrag bis zur Gutschrift auf dem Konto des Buchgeldempfängers widerrufen kann und sodann einen Rückgewährsanspruch hat, sei kein ausreichender Grund, die Aufwendungen der Bank als „vorläufig" und damit als Vorschuß anzusehen[190].

4.142 Mit der Erteilung der Kontogutschrift auf dem Girokonto des Buchgeldempfängers wird, da hiermit der Überweisungsauftrag ausgeführt ist, der Anspruch auf Vorschuß zu einem Anspruch auf Aufwendungsersatz (§ 670 BGB). Der vorläufige Anspruch verwandelt sich also in ein endgültiges Forderungsrecht[191]. Umstritten ist, welche Rechtswirkung dieser Aufwendungserstattungsanspruch auf das Kontoguthaben des Girokunden hat, dem ein Rückforderungsrecht im Sinne der unregelmäßigen Verwahrung (§ 700 BGB) – sog. Tagessaldo – zugrunde liegt (Rn 3.71). Die herrschende Lehre nimmt an, daß zwischen beiden gegenseitigen Ansprüchen eine (kontokorrentmäßige) **Verrechnung** stattfindet und daß erst hierdurch die Guthabenforderung getilgt und damit gemindert wird. Nach der Mindermeinung[192] reduziert sich dagegen das Kontoguthaben automatisch, da die Befolgung der Kundenweisung aus seinem Überwei-

---

187 BGH WM 1991, 1915, 1916; 1993, 429, 432.
188 *Canaris*, Bankvertragsrecht[3], Rn 345; vgl. weiter BGH WM 1989, 126, 128, wonach die Bank gemäß §§ 669, 675 BGB Vorschuß verlangen kann.
189 *Schimansky* in Bankrechts-Handbuch, § 49 Rn 14.
190 *Schimansky* in Bankrechts-Handbuch, § 49 Rn 14.
191 *Canaris*, Bankvertragsrecht[3], Rn 343.
192 *Schlegelberger/Hefermehl*, Anh. § 365 Rn 43 m.w.Nachw.

sungsauftrag die Bank von einer Schuld gegenüber dem Kunden in entsprechender Höhe befreien soll (analog § 787 Abs. 1 BGB).

Diese Analogie ist nach *Canaris* abzulehnen, da sie mit dem Bestehen eines Kontokorrentverhältnisses bei Girokonten unvereinbar ist. Denn der Kontokorrentabsprache liege die Vorstellung einer solchen Verrechnung und nicht die eines automatischen Erlöschens der jeweiligen Guthabenforderung im Sinne des Tagesguthabens aus dem Girovertragsverhältnis (§ 667 BGB) zugrunde[193].   4.143

Unterbleibt die Überweisung, etwa weil der Überweisungsbegünstigte kein Konto unterhält, so ist die Belastungsbuchung rückgängig zu machen. Die Bank des Überweisenden hat sodann den Vorschuß zur Durchführung des Überweisungsauftrages nicht benötigt und muß ihn daher wieder herausgeben (§ 667 BGB)[194].   4.144

Zur Frage, ob diese Herausgabe mit Wirkung ex nunc oder rückwirkend zu erfolgen hat, vgl. Rn 4.81.   4.145

c) Weisungswidrige Auftragsausführung

Hält sich die Bank entsprechend dem Grundsatz der formalen Auftragsstrenge nicht strikt an die ihr erteilten Weisungen, so erwirbt sie **keinen Vergütungsanspruch**. Die weisungswidrige Auftragsausführung kann zudem bei einem schuldhaften Verhalten der Bank eine positive Forderungsverletzung darstellen, die zum Ersatz des ihrem Girokunden hierdurch entstandenen Schadens verpflichten kann[195].   4.146

Bei solchen Abweichungen von den Kundenweisungen muß die Bank ohne Rücksicht auf ein Verschulden die erhaltene Deckung zurückgewähren (§§ 667, 675 BGB)[196]. Mißachtet dagegen eine der Überweiserbank in der Girokette nachgeschalteten Bank die Weisung des Kunden, so braucht die Überweiserbank diese Deckung nur herauszugeben, wenn sie diese ihrerseits von der nachgeschalteten Bank erhalten hat[197].   4.147

Die Bank ist aber verpflichtet, ihre eigenen Ansprüche gegen die in der Girokette nachgeschaltete Bank an ihren Kunden abzutreten. Darüber hinaus muß die Bank ihren Girokunden auch im Rahmen ihrer Möglichkeiten die für die gerichtliche Geltendmachung erforderlichen Informationen, insbesondere über die Gründe für das Fehlschlagen der Überweisung und den Verbleib des überwiesenen Betrages verschaffen[198].   4.148

---

193 *Canaris*, Bankvertragsrecht[3], Rn 344 m.w.Nachw. zum Streitstand.
194 BGH WM 1978, 367; OLG Zweibrücken WM 1984, 531 m.w.Nachw.
195 *Schimansky* in Bankrechts-Handbuch, Rn 23.
196 BGH WM 1991, 1915, 1917.
197 *Canaris*, Bankvertragsrecht[3], Rn 349.
198 *Schimansky* in Bankrechts-Handbuch, § 49 Rn 28.

4.149 Die Geltendmachung dieses verschuldensunabhängigen Rückerstattungsanspruchs wegen Verletzung des Grundsatzes der formalen Auftragsstrenge wird in der Praxis häufig gegen Treu und Glauben verstoßen. Nach der Rechtsprechung fehlt es an einer ausreichenden Verletzung des Kundeninteresses, wenn trotz formellen Verstoßes die Weisungen des Kunden erfüllt worden sind oder wenn auf anderem Wege der mit der Überweisung verfolgte Zweck trotz der Fehlbuchung erreicht worden ist[199]. Nach der Rechtsprechung kann die Bank im übrigen gegenüber dem Rückzahlungsverlangen Mitverschulden des Girokunden einwenden (§ 254 BGB)[200].

d) Verhaltens-(Schutz-)Pflichten der Bank und des Kunden

4.150 Die beiden synallagmatischen Hauptleistungspflichten bei der Banküberweisung als einem entgeltlichen Geschäftsbesorgungsvertrag (§ 675 BGB) sind die Pflicht der Bank zur Ausführung des ihr erteilten Überweisungsauftrages und die Vergütungspflicht des Girokunden. Diese Hauptpflicht der Bank beinhaltet eine auf den „Transport" von Buchgeld gerichtete Geschäftsbesorgung[201]. Zu dieser **Hauptleistungspflicht** der Bank gesellen sich **Nebenleistungspflichten** wie insbesondere die auftragsrechtliche Benachrichtigungs- und Rechnungslegungspflicht (§ 666 BGB). Hinzutreten können in Einzelfällen die sog. **allgemeinen Verhaltenspflichten,** insbesondere in Gestalt von Schutzpflichten. Bei dieser dritten Kategorie von Pflichten geht es nicht um die vertragsmäßig geschuldete Leistung, sondern darum, die Rechte und sonstigen Rechtsgüter des Vertragspartners zu schützen (Wahrung des sog. Integritätsinteresses)[202] – Rn 2.775 ff.

4.151 Diese **Verhaltens-(Schutz-)Pflichten** werden von der herrschenden Meinung schon aus der bankmäßigen Geschäftsverbindung abgeleitet, der kein (Bank-)Vertragsverhältnis, sondern als Ausprägung des die Rechtsordnung mittragenden **Vertrauensprinzips** ein (gesetzliches) Schuldverhältnis ohne primäre Leistungspflicht mit quasivertraglicher Haftung zugrunde liegt. Die Rechtsprechung verknüpft dagegen die Verhaltens-(Schutz-)Pflichten ganz überwiegend mit einem konkreten Vertragsverhältnis zwischen Kunde und Bank, wie dies insbesondere auf den Girovertrag zutrifft[203].

4.152 Solche Schutzpflichten können sich grundsätzlich auch aus dem **konkreten Überweisungsauftrag** ergeben[204]. Dabei sind diese Pflichten vielgestal-

---
199 BGH 1991, 1912, 1913.
200 BGH WM 1991, 1912, 1914; OLG München WM 1995, 1017, 1019.
201 *Schimansky* in Bankrechts-Handbuch, § 49 Rn 26.
202 Vgl. *Palandt/Heinrichs,* Einl. v. § 241 Rn 7.
203 Vgl. BGH WM 1979, 417, 419; 1985, 905, 906 für die Pflicht des Kunden zur Prüfung der Tagesauszüge bei Girokonten.
204 *Schimansky* in Bankrechts-Handbuch, § 49 Rn 26.

tig. Inhalt und Umfang sind aus einer Beurteilung der Interessenlage heraus nach den Grundsätzen von Treu und Glauben zu entwickeln[205]. So hat die erstbeauftragte Bank bei einer außerbetrieblichen Überweisung die Angaben zum Verwendungszweck, die für das Valutaverhältnis zwischen Buchgeldzahler und Buchgeldempfänger wesentlich sind, an die nachgeschaltete Bank weiterzuleiten. Hat die Bank bei einer fehlgeschlagenen Überweisung infolge pflichtwidrigen Verhaltens einer anderen Bank ihre Schadensersatzansprüche aus der Drittschadensliquidation an den Girokunden abgetreten, so muß sie ihren Kunden auch im Rahmen ihrer Möglichkeiten die für die gerichtliche Geltendmachung erforderlichen Informationen geben[206].

Eine schuldhafte Verletzung der Verhaltens-(Schutz-)Pflichten kann eine **Schadensersatzpflicht** begründen. Sie führt aber nicht zum Verlust des Aufwendungserstattungsanspruches (§ 670 BGB), wie dies bei einer Nichtbeachtung von Kundenweisungen mit Rücksicht auf den Grundsatz der formalen Auftragsstrenge der Fall ist[207]. Auch bei einer schuldhaften Verletzung solcher allgemeiner Verhaltenspflichten ist ein etwaiges Mitverschulden des Girokunden zu berücksichtigen[208]. 4.153

e) Warnpflichten der Bank

Zu diesen Verhaltens-(Schutz-)Pflichten gehören auch bestimmte Warnpflichten der Bank[209]. Hinsichtlich ihres Umfangs ist zu berücksichtigen, daß das Girogeschäft zu dem sog. standardisierten Massengeschäft der Kreditinstitute zählt. Dem Girogeschäft liegt daher ein sehr begrenzter Geschäftszweck zugrunde[210]. Dementsprechend erwachsen den Kreditinstituten auch nur eingeschränkte Verpflichtungen aus dem Girogeschäft. Die Bank genügt daher ihrer Pflicht zur ordnungsgemäßen Prüfung eines Überweisungsauftrages, wenn sie sich davon überzeugt hat, daß er seinem äußeren Erscheinungsbild nach den Eindruck der Echtheit erweckt[211]. Die Kreditinstitute brauchen grundsätzlich keine Erwägungen über die Zweckmäßigkeit von Überweisungaufträgen anzustellen. Denn sie haben regelmäßig keinen genügenden Einblick in die Motive und 4.154

---

205 *Palandt/Heinrichs,* Einl. v. § 241 Rn 7.
206 *Schimansky* in Bankrechts-Handbuch, § 49 Rn 26.
207 *Schimansky* in Bankrechts-Handbuch, § 49 Rn 26.
208 *Schimansky* in Bankrechts-Handbuch, § 49 Rn 28.
209 Vgl. hierzu *Möschel,* AcP 186 (1986), 212, der für den automatisierten Zahlungsverkehr auf eine weitere Zurückdrängung von Warnpflichten der Bank gegenüber dem Kunden verweist.
210 BGH WM 1986, 1409; OLG München WM 1995, 1017, 1019.
211 BGH WM 1992, 1392, 1394.

Verhältnisse ihrer Kunden, um sich ein klares Urteil über die Zweckmäßigkeit von Kundenaufträgen bilden zu können. Eine solche Pflicht der Bank wäre zudem mit Zweck und Funktion des Giroverkehrs unvereinbar. Nach dem BGH werden die Geldinstitute im Giroverkehr nur zum Zwecke eines technisch einwandfreien, einfachen und schnellen Zahlungsverkehrs tätig und haben sich schon wegen dieses **begrenzten Geschäftszwecks** und der Massenhaftigkeit der Geschäftsvorfälle grundsätzlich nicht um die beteiligten Interessen ihrer Kunden zu kümmern[212].

4.155 In **Ausnahmefällen** kann jedoch etwas anderes gelten. So ist eine Warnpflicht gegenüber dem Kontoinhaber als Auftraggeber einer Überweisung zu bejahen, wenn die Bank Kenntnis von der Zahlungseinstellung des Buchgeldempfängers oder vom unmittelbaren Bevorstehen seines wirtschaftlichen Zusammenbruchs hat. Denn die Bank kann nicht wissen, ob der Buchgeldzahler möglicherweise vorleistet. In diesem Fall hätte er ohne die Überweisung die Möglichkeit der Insolvenzaufrechnung gehabt, die vor einem Ausfall mit seiner Gegenforderung gegen den Buchgeldempfänger schützen würde. Nach § 96 InsO braucht der zur Aufrechnung befugte Gläubiger seine Forderung nicht im Insolvenzverfahren anzumelden, sondern kann sich durch Aufrechnung mit einer Gegenforderung gegen den Gemeinschuldner voll befriedigen. In diesen Fällen läuft die Bank daher Gefahr, durch die Vornahme der Überweisung an einer Schädigung des Kunden mitzuwirken[213]. Diese Warnpflicht entfällt grundsätzlich im Abrechnungsverfahren der Deutschen Bundesbank[214].

4.156 Diese Warnpflicht besteht regelmäßig selbst dann, wenn der Überweisungsempfänger ebenfalls Kunde der Bank ist und sich der Überweisungsvorgang daher innerhalb eines Kreditinstitutes ohne Einschaltung anderer Banken vollzieht. Hier verdrängt die Warnpflicht gegenüber dem Auftraggeber der Überweisung die Pflicht der Bank gegenüber dem Überweisungsempfänger zur Wahrung des Bankgeheimnisses. Eine solche Warnpflicht der Bank gegenüber dem Kontoinhaber wird weiter bejaht, wenn sich gegen einen Verfügungsberechtigten über das Konto der Verdacht des Mißbrauchs der Vertretungsmacht aufdrängen muß[215], etwa bei verdächtigen Verfügungen eines GmbH-Geschäftsführers über das Konto der Gesellschaft. Hier läuft die Bank Gefahr, an einer Schädigung ihres Kunden als Kontoinhaber mitzuwirken.

---

212 BGH WM 1992, 1392, 1394.
213 BGH WM 1978, 588, 589;1986, 1409, 1410.
214 BGH WM 1978, 588, 589.
215 BGH WM 1976, 474.

Eine Warnpflicht hat der BGH auch bei einer (Haus-)Überweisung bejaht, bei der der Überweisende und der Empfänger Banken sind. Hier ist die beauftragte Bank ausnahmsweise verpflichtet, die überweisende Bank vor Erteilung der Gutschrift auf dem Konto der empfangenden Bank darauf hinzuweisen, daß die Bankenaufsicht die Schließung der Empfängerbank für den Verkehr mit der Kundschaft angeordnet hat[216].

4.157

f) AGB-mäßige Verhaltens- und Schutzpflichten des Girokunden

Der Girokunde ist verpflichtet, die nicht unerheblichen Risiken der Bank im Überweisungsverkehr, insbesondere das Fälschungsrisiko und die Abwicklung von Kundenweisungen weitestmöglich auszuschalten[217]. So ist vom Girokunden ein **gewisses Maß an Kontrolle** der in den Kontoauszügen mitgeteilten Kontobewegungen zu verlangen. Läßt er erkannte Fehlbelastungen unbeanstandet, so trägt er einen Teil des Schadens, der dadurch entsteht, daß die Bank ausgeführte gefälschte oder verfälschte Aufträge nicht rechtzeitig rückgängig machen kann[218]. Einer Überspannung der für den Kunden zumutbaren Kontrolle ist nach der Rechtsprechung durch Anwendung eines vernünftigen Sorgfaltsmaßstabes entgegen zu wirken[219]. Bei der Erfüllung dieser Verhaltens- und Schutzpflichten haftet der Girokunde auch für seine Hilfspersonen (§ 278 BGB)[220].

4.158

Zur **Vermeidung von Schäden** enthalten die Grund-AGB bestimmte (Verhaltens-)Pflichten bei der Erteilung von Aufträgen (Nr. 11 AGB Banken). Danach müssen Aufträge jeder Art ihren Inhalt zweifelsfrei erkennen lassen. Nicht eindeutig formulierte Aufträge können Rückfragen zur Folge haben, die zu Verzögerungen führen können. Vor allem hat der Kunde bei Überweisungsaufträgen auf die Richtigkeit und Vollständigkeit des Namens des Zahlungsempfängers, der angegebenen Kontonummer und der angegebenen Bankleitzahl zu achten. Änderungen, Bestätigungen oder Wiederholungen von Aufträgen müssen als solche gekennzeichnet sein (Nr. 11 Abs. 2 AGB Banken).

4.159

Hält der Kunde bei der Ausführung eines Auftrages besondere Eile für nötig, weil zum Beispiel ein Überweisungsbetrag dem Empfänger zu einem bestimmten Termin gutgeschrieben sein muß, hat er dies der Bank gesondert mitzuteilen. Bei formularmäßig erteilten Aufträgen muß dies außerhalb des Formulars erfolgen (Nr. 11 Abs. 3 AGB Banken). Dieser

4.160

---
216 BGH WM 1986, 1409, 1410.
217 *Schimansky* in Bankrechts-Handbuch, § 49 Rn 29.
218 BGH WM 1991, 1912.
219 BGH WM 1978, 998.
220 Zu den Einzelheiten vgl. *Schimansky* in Bankrechts-Handbuch, § 49 Rn 30.

erforderliche Hinweis auf eine besondere **Eilbedürftigkeit** schränkt aber die Pflicht zu einer zügigen Bearbeitung des Überweisungsauftrages nicht ein. Die Hinweispflicht betrifft deshalb solche Aufträge, die schneller als banküblich ausgeführt werden sollen[221].

4.161 Führt die schuldhafte Verletzung dieser Verhaltenspflichten zu einem Schaden, geht dieser zu Lasten des Kunden. Hat die Bank durch ein schuldhaftes Verhalten zu der Entstehung des Schadens beigetragen, bestimmt sich nach den Grundsätzen des Mitverschuldens (§ 254 Abs. 1 BGB), in welchem Umfang Bank und Kunde den Schaden zu tragen haben.

3. Beendigung des Girovertrages

4.162 Der Girovertrag kann als ein Dauerschuldverhältnis nach allgemeinen Grundsätzen aus wichtigem Grunde **fristlos gekündigt** werden. Der Kunde kann diese Kontoverbindung auch ohne Vorliegen eines Grundes jederzeit ohne Einhaltung einer Frist kündigen. Dieses Kündigungsrecht, wie es in den AGB Banken (Nr. 18 Abs. 1) angesprochen ist, ergibt sich schon aus § 627 Abs. 1 BGB. Die Kreditinstitute erbringen „Dienste höherer Art, die aufgrund besonderen Vertrauens übertragen zu werden pflegen".

4.163 Auch die Kreditinstitute können den Girovertrag jederzeit unter Einhaltung einer angemessenen Frist kündigen. Dabei beträgt die **Kündigungsfrist** mindestens einen Monat (Nr. 19 Abs. 1 AGB Banken). Eine Kündigung zur Unzeit ohne wichtigen Grund kann die Bank schadensersatzpflichtig machen (vgl. § 627 Abs. 2 BGB)[222].

4.164 Mit dem Wegfall des Girovertrages verliert das Girokonto seine Eigenschaft als Zahlungsverkehrskonto. Der Kunde kann deshalb insbesondere keine Überweisungsaufträge erteilen. Mit Rücksicht auf die sich aus dem bisherigen Girovertragsverhältnis ergebenden nachvertraglichen Schutzpflichten[223] ist die Bank befugt, noch eingehende Überweisungsaufträge für ihren ehemaligen Girokunden entgegenzunehmen[224]. Sie hat diesen Betrag dem Kunden gemäß § 667 BGB herauszugeben[225]. Im übrigen hat die Bank den Kunden von dem Eingang der Buchgeldzahlung zu unterrichten.

---

221 *Schimansky* in Bankrechts-Handbuch, § 49 Rn 11 m.w.Nachw.
222 *Schimansky* in Bankrechts-Handbuch, § 47 Rn 17.
223 *Schimansky* in Bankrechts-Handbuch, § 47 Rn 19.
224 BGH WM 1995, 745.
225 BGH WM 1995, 745; *Schimansky* in Bankrechts-Handbuch, § 47 Rn 19.

II. Rechtsbeziehungen zwischen den mitwirkenden Kreditinstituten[226]

Beim außerbetrieblichen Überweisungsverkehr beschränkt sich nach bisherigem Recht die girovertragliche Pflicht der erstbeauftragten Bank darauf, daß sie den Auftrag an eine andere geeignete Bank weiterleitet und dieser die für die Auftragsausführung erforderliche Deckung zur Verfügung stellt[227]. Für diese Weiterleitung stehen verschiedene **Gironetze** („Leitwege") zur Verfügung. Das inländische Zahlungsverkehrsnetz besteht aus mehreren selbständigen Gironetzen mit regionalen und zentralen Clearingstellen. Dabei sind fünf Gruppen zu unterscheiden, die an die Organisationsstruktur der deutschen Kreditinstitutsgruppen anknüpfen[228]: (1) Gironetz der Deutschen Bundesbank mit ihren Hauptverwaltungen (Landeszentralbanken) sowie einer Vielzahl von Haupt- und Zweigstellen, (2) Gironetz der Sparkassen mit regionalen Landesbanken/Girozentralen und der Deutschen Girozentrale/Deutschen Kommunalbank in Frankfurt a.M., (3) Gironetz der Kreditgenossenschaften mit regionalen Zentralbanken und der Deutschen Genossenschaftsbank in Frankfurt a.M., (4) Girosystem der Postbank sowie die hausinternen Verrechnungsnetze der großen privaten Geschäftsbanken. Bei den Gironetzen der Sparkassen und der Kreditgenossenschaften sind zahlreiche rechtlich selbständige Institute zur gemeinsamen Abwicklung des Zahlungsverkehrs zusammengeschlossen[229].

4.165

1. Selbständige Vertragsverhältnisse zwischen den beteiligten Kreditinstituten (Interbankenverhältnis)

In der **Girokette** bestehen jeweils zweiseitige selbständige girovertragliche Geschäftsbesorgungsverhältnisse (§ 675 BGB) zwischen den in einem unmittelbaren geschäftlichen Kontakt stehenden Gliedern[230]. Denn die zwischengeschalteten Banken treten regelmäßig als selbständige Vertragspartner auf und nicht als Stellvertreter oder Boten der erstbeauftragten Bank bei der Übermittlung ihrer rechtsgeschäftlichen Erklärungen an die Bank des Buchgeldempfängers. Das jeweils nächste Glied in der Girokette hat gegenüber dem vorhergehenden dieselbe auftragsrechtliche Stel-

4.166

---

226 *Hüffer*, ZHR 151 (1987), 93 ff.; *Schröter*, ZHR 151 (1987), 118 ff.
227 BGH WM 1991, 797, 798.
228 *Humpert* in Obst/Hintner, Geld-, Bank- und Börsenwesen, 39. Aufl., S. 626 ff.
229 Wegen der Einzelheiten vgl. *Schimansky* in Bankrechts-Handbuch, § 46 Rn 8 ff.
230 BGH WM 1988, 321, 322; 1989, 1754, 1755.

lung wie die erstbeauftragte Bank gegenüber ihrem Girokunden als Überweisenden[231].

4.167 Nach dem Überweisungsgesetz, mit dem die EG-Überweisungsrichtlinie 97/5 vom 27. 1. 1997 umgesetzt worden ist – Rn 4.101 ff., Rn 7.66 ff.[232], kommen die Geschäftsbesorgungsverhältnisse mit der in der Überweisungskette jeweils nachgeordneten Bank durch die Annahme eines sog. Zahlungsvertrages zustande. Hierdurch verpflichtet sich die nachgeordnete Bank zur Weiterleitung des dem Zahlungsvertrag zugrundeliegenden Überweisungsbetrages. Diese zwischen den die Überweisungskette bildenden Banken bestehenden Geschäftsbesorgungsverträge, die nach bisherigem Recht keine besondere Bezeichnung erfahren haben, müssen eigenständig ausgestaltet werden, um die inhaltlichen Vorgaben der Richtlinie umzusetzen. Denn der nationale Gesetzgeber wird hiernach verpflichtet, **Rückgriffsansprüche** der verschuldensunabhängig haftenden erstbeauftragten Bank gegen die mit der Weiterleitung des Überweisungsbetrages beauftragten Kreditinstitute einzuführen.

4.168 Nach der **bisherigen rechtlichen Konstruktion** des Überweisungsverkehrs war ein Rückgriff der Banken untereinander ausgeschlossen. Vielmehr war der überweisende Bankkunde gezwungen, sich unmittelbar an die Bank zu wenden. Zweck dieser neugeschaffenen Einstandspflicht ist es, dem überweisenden Bankkunden die Durchsetzung seiner Ansprüche zu erleichtern und ihm die Mühe zu ersparen, zur Durchsetzung seiner Ansprüche zunächst das haftende Kreditinstitut zu ermitteln[233]. Nach der Neuregelung muß sich im übrigen eine Bank, auch wenn sie selbst nicht für die Folgen der Nichtausführung des Überweisungsauftrages haftet, um Erstattung des Überweisungsbetrages bemühen. Ist die Intervention erfolgreich, muß die Bank den empfangenen Betrag an ihren Kunden auskehren (§ 676e Abs. 3 BGB).

4.169 Hat eine nachgeschaltete Bank oder die Empfängerbank wegen Verstoßes gegen den Grundsatz der formalen Auftragsstrenge keinen Aufwendungserstattungsanspruch (§ 670 BGB) erworben (Rn 4.137), so hat sie das von ihr zur Auftragsausführung Erlangte oder eine von einer ihr nachgeschalteten Bank in der Girokette zurückfließende Deckung an ihre unmittelbar vorgeschaltete Bank weiterzuleiten (§ 667 BGB). Es handelt sich also um eine **Rückabwicklung** nach auftragsrechtlichen Grundsätzen und um keine Schadensliquidation im Drittinteresse[234].

---

231 *Schimansky* in Bankrechts-Handbuch, § 49 Rn 33.
232 Vgl. ZIP 1999, 676.
233 Begr.RegE Überweisungsgesetz, S. 70.
234 *Schimansky* in Bankrechts-Handbuch, § 49 Rn 35.

Mit Rücksicht auf diese eigenständigen Girovertragsverhältnisse zwischen den im unmittelbaren geschäftlichen Kontakt stehenden Gliedern der Girokette hat die erstbeauftragte Bank, wenn ihr Girokunde seinen Überweisungsauftrag widerrufen hat, diesen Widerruf an die ihr nachgeordnete Bank weiterzuleiten. Der Widerruf hat sodann in der Girokette die gleichen Stationen wie der Überweisungsauftrag zu durchlaufen. 4.170

Dasselbe gilt für den Fall, daß die erstbeauftragte Bank den Auftrag eigenmächtig wegen der zwischenzeitlich eingetretenen Insolvenz ihres Kunden widerrufen hat. Hier macht sich die Bank gegenüber ihrem Kunden nicht wegen unterlassener Ausführung seines Überweisungsauftrages schadensersatzpflichtig[235]. 4.171

Die **Pflichten** im Interbankenverhältnis der Girokette werden konkretisiert durch Abkommen, Vereinbarungen und Richtlinien, die die kreditwirtschaftlichen Spitzenverbände für ihre Mitgliedsinstitute verbindlich abschließen. Dies gilt insbesondere für das am 16. 4. 1996 in Kraft getretene „Abkommen zum Überweisungsverkehr". Die Empfängerbank oder eine zwischengeschaltete Bank hält sich deshalb im Rahmen des ihr erteilten Auftrages, wenn sie für das jeweilige Verfahren diese Abkommen oder Richtlinien beachtet[236]. 4.172

Auch der Buchgeldzahler steht lediglich in einer girovertraglichen Beziehung zu seiner kontoführenden Bank. Dagegen soll nach der **Lehre vom sog. Netzvertrag** dem Überweisenden gegen die in der Girokette nachgeschalteten Kreditinstitute ein vertraglicher „Direkt"anspruch zustehen[237]. Die Einzelverträge zwischen den Gliedern einer Überweisungskette seien nach dieser Rechtsfigur eingebettet in ein Gesamtsystem des bargeldlosen Zahlungsverkehrs. Diese Einbettung würde die individualistische Vertragsstruktur wertungsmäßig so überlagern, daß durch Anschluß an ein solches Verbundsystem ein Netzvertrag zustande kommt. Dies begründe eine die Vertragskette überspringende Aktivlegitimation des Überweisenden gegenüber der fehlerhaft handelnden Zwischenbank. Der Netzvertrag verbinde alle an der Vermittlung bargeldloser Zahlungen beteiligten Kreditinstitute mit dem Überweisenden und ermögliche deshalb auch dessen direkten Widerruf gegenüber der Bank des Buchgeldempfängers auf vertraglicher Grundlage[238]. Die Rechtsfigur des Netzvertrages wird ganz überwiegend abgelehnt[239]. Hierbei handele es sich um 4.173

---

235 OLG Köln ZIP 1993, 1538, 1539.
236 BGH WM 1989, 1754, 1755.
237 *Möschel*, AcP 186 (1986), S. 187, 211 ff.
238 Vgl. *Hadding/Häuser*, WM 1988, 1149, 1154.
239 *van Gelder*, WM 1995, 1253; *Schimansky* in Bankrechts-Handbuch, § 49 Rn 33; *Hüffer*, ZHR 151 (1987), 93, 106 ff.; *Schröter*, ZHR 151 (1987), 118,

eine dem geltenden Recht unbekannte, von den Beteiligten nicht gewollte und im Abschlußtatbestand nicht konstruierbare Erscheinung.

2. Anschaffung der Deckung für den Überweisungsauftrag

4.174 Die in einen Überweisungsvorgang eingeschalteten Kreditinstitute brauchen an sie weitergeleitete Überweisungsaufträge erst auszuführen, wenn ihnen die entsprechende Deckung zugeflossen ist. Nach auftragsrechtlichen Grundsätzen hat der Beauftragte einen Anspruch auf Vorschuß (§ 669 BGB). Die **Modalitäten** der Verschaffung dieser Deckung bestimmen sich danach, ob die beteiligten Banken untereinander eine Kontoverbindung unterhalten. Dabei kann dieses Konto bei der Bank des Buchgeldzahlers (Überweiserbank) oder bei der Bank des Buchgeldempfängers (Empfängerbank) unterhalten werden, so daß keine weiteren (Zwischen-) Banken einzuschalten sind.

4.175 Dieses Konto ist für die das Konto innehabende Bank ein sog. **Nostro-Konto** (italienisch: „unser Konto"). Für die kontoführende Bank handelt es sich dagegen um ein sog. **Loro-Konto** (italienisch: „Ihr Konto bei uns").

4.176 Unterhält die Empfängerbank bei der Überweiserbank ein Konto, so erhält sie auf diesem Konto eine entsprechende Gutschrift durch die Überweiserbank. Hat dagegen die Überweiserbank ein Konto bei der Empfängerbank, so wird letztere das bei ihr unterhaltene Konto mit dem Überweisungsbetrag belasten. Die Empfängerbank hat durch die Kontogutschrift bzw. Kontobelastung entsprechendes Buchgeld als Deckung dafür erhalten, daß sie ihrem Kunden wegen des ihr erteilten Überweisungsauftrages eine korrespondierende Kontogutschrift zu erteilen hat[240]. Durch die Anschaffung der Deckung wird die Vermittlung solcher bargeldloser Zahlungen zu einem vermögensneutralen Bankgeschäft, wie dies für das bankmäßige Dienstleistungsgeschäft typisch ist. Erhält die Empfängerbank eine Gutschrift von der Überweiserbank, so erwirbt sie einen Zahlungsanspruch als vermögensrechtlichen Ausgleich für die Eingehung einer entsprechenden Zahlungsverbindlichkeit aus der dem Buchgeldempfänger erteilten Kontogutschrift. Belastet die Empfängerbank das bei ihr unterhaltene Konto der Überweiserbank, so verringert sich entsprechend ihre Zahlungsverbindlichkeit gegenüber der Überweiserbank. Hierin liegt

---

126, f.; *Köndgen* in ders. (Hrsg.), Neue Entwicklungen im Bankhaftungsrecht, RWS-Forum 1, 1987, S. 133, 145; *Koller* in ebd., 21, 25; *Schwark*, ZHR 151 (1987), 325, 339; *Hadding/Häuser*, WM 1988, 1149, 1154 f.

240 Vgl. BGH WM 1986, 1409 zur Anschaffung dieser Deckung durch Belastung des bei der Empfängerbank unterhaltenen Kontos der Überweiserbank.

der **Ausgleich** für die Eingehung einer entsprechenden Zahlungsverbindlichkeit aus der dem Buchgeldempfänger erteilten Kontogutschrift.

Fehlt eine unmittelbare Kontoverbindung, so werden andere Kreditinstitute eingeschaltet, über die die giromäßige Buchgeldzahlung von der Empfängerbank an die Überweiserbank unmittelbar oder mittelbar über weitere zwischengeschaltete Kreditinstitute geleistet werden kann. Hierbei handelt es sich häufig um die Kopfstelle eines in sich geschlossenen Gironetzes wie bei den Girozentralen der Sparkassen oder der Zentralkassen der Genossenschaftsbanken. Bei einem bargeldlosen Zahlungsverkehr können daher mehr als nur zwei Kreditinstitute eingeschaltet werden. 4.177

Solche von mehreren Kreditinstituten gebildete **Überweisungsketten** kennt insbesondere der grenzüberschreitende Giroverkehr; hier sind auch ausländische Kreditinstitute eingeschaltet. 4.178

3. Buchgeldzahlung unter Mitwirkung der Deutschen Bundesbank

Zu den **Aufgaben der Deutschen Bundesbank** gehört neben der Mitwirkung bei der vorrangigen Sicherung der Geldwertstabilität und der Kreditversorgung der Wirtschaft „die Sorge für die bankmäßige Abwicklung des Zahlungsverkehrs im Inland und mit dem Ausland" (§ 3 BBankG). In Erfüllung dieser öffentlich-rechtlichen Verpflichtung unterhält die Deutsche Bundesbank ein privatrechtlich organisiertes Gironetz und den sog. Abrechnungsverkehr für den bargeldlosen Zahlungsverkehr der Kreditinstitute[241]. Mit Hilfe dieser Einrichtungen sollen die Laufzeiten im bargeldlosen Zahlungsverkehr im Interesse der Wirtschaft verkürzt werden[242]. 4.179

Das **Gironetz** wird von den Kreditinstituten, die bei der Bundesbank oder bei einer Haupt- oder Zweigstelle der Landeszentralbanken ein Girokonto unterhalten, vor allem für den „vereinfachten Scheck- und Lastschrifteinzug für die Kreditinstitute" genutzt, das in den AGB der Bundesbank (Nr. III ff.) näher geregelt ist. Diesem Verfahren liegen Geschäftsbesorgungsverträge zwischen Bundesbank und den mitwirkenden Kreditinstituten als ihren Kontoinhabern zugrunde. Denn die Bundesbank wird bei diesem Inkassoverfahren als selbständige Inkassostelle tätig[243]. Da die Inkassotätigkeit gebühren- und lastenfrei erfolgt, ist das Vertragsverhältnis 4.180

---

241 BGH WM 1978, 588, 589; *Gramlich,* Bundesbankgesetz, Währungsgesetz, Münzgesetz, 1988, § 3 Rn 30 ff.
242 BGH WM 1985, 1391, 1392.
243 *Häuser,* WM 1988, 1505, 1508; *Bürger,* WuB I D 3.-2.86; *Nobbe* in Bankrechts-Handbuch, § 61 Rn 53.

zur Inkassobank kein entgeltlicher Geschäftsbesorgungsvertrag (§ 675 BGB), sondern als schlichtes Auftragsverhältnis (§§ 662 ff. BGB) zu qualifizieren. Wie auch im sonstigen Interbankenverhältnis sind die der Bundesbank erteilten Inkassoaufträge als girovertragliche Weisungen (§ 665 BGB) im Rahmen des bestehenden Girovertragsverhältnisses anzusehen[244].

4.181 Dagegen wird die Bundesbank mit Rücksicht auf ihre schlichte Vermittlungsfunktion im sog. **Abrechnungsverkehr** nur als Botin tätig[245]. Sie wird deshalb kein Glied der Einzugskette[246]. Gleichwohl besteht zwischen Bundesbank und Abrechnungsteilnehmer ein Auftragsverhältnis, das die Bundesbank zur Organisation und Durchführung des Abrechnungsverkehrs verpflichtet[247]. Eine weitergehende Pflicht zur Wahrung der Vermögensinteressen der Abrechnungssteilnehmer, insbesondere diese bei drohender Insolvenz eines anderen Teilnehmers zu warnen, besteht nicht[248].

4.182 Bei dem Abrechnungsverkehr vollziehen sich die Buchgeldzahlungen nicht auf bilaterale Weise zwischen zwei Kreditinstituten, sondern multilateral dadurch, daß die Abrechnungsstelle die Beträge, die die teilnehmende Bank für die an sie ausgelieferten Forderungspapiere zu zahlen hat, mit den Beträgen verrechnet, die sie für die von ihr angelieferten Forderungspapiere zu fordern hat. Zu diesen sog. Abrechnungspapieren gehören auch alle banküblichen, bei den teilnehmenden Kreditinstituten zahlbaren Forderungspapiere, insbesondere Schecks und Lastschriften. Der **Abrechnungsverkehr** für Überweisungen wurde zum 30. Mai 1997 eingestellt. Die Abrechnungsstellen haben wegen der weitestmöglichen elektronischen Datenverarbeitung im bargeldlosen Zahlungsverkehr erheblich an praktischer Bedeutung verloren.

4.183 Die örtliche Abrechnungsstelle und die ihr angeschlossenen Kreditinstitute bilden einen **Skontrationsverband,** für den besondere Geschäftsbedingungen der Abrechnungsstellen gelten. Diese Abrechnungsstellen werden als Zweiganstalten der Deutschen Bundesbank bei den Landeszentralbanken errichtet (§§ 8, 10 BBankG, Nr. 1 der Geschäftsbedingungen der Abrechnungsstellen)[249]. Der Zahlungsausgleich vollzieht sich täglich

---

244 *Nobbe* in Bankrechts-Handbuch, § 61 Rn 53.
245 BGH WM 1985, 1391, 1392; 1987, 400, 401; *Canaris,* Bankvertragsrecht³, Rn 878 ff.
246 *Van Gelder* in Bankrechts-Handbuch, § 58 Rn 122.
247 *Canaris,* Bankvertragsrecht³, Rn 891; *Nobbe* in Bankrechts-Handbuch, § 61 Rn 49.
248 BGH WM 1978, 588.
249 Ein Verzeichnis dieser Abrechnungsstellen ist abgedruckt bei *Baumbach/Hefermehl,* Art. 31 ScheckG Rn 4.

durch bloße Verrechnung einerseits der Beträge, die die Kreditinstitute für die von ihnen eingelieferten Schecks und Lastschriften fordern können, und andererseits der Beträge, die sie aus den eingelieferten Abrechnungspapieren schulden. Der Ausgleich im Abrechnungsverfahren gilt als Erfüllung im Sinne des bürgerlichen Rechts[250]. Diese Erfüllung ist freilich auflösend bedingt durch die Rückgabe bis zum Ablauf der hierfür vorgeschriebenen Rückgabefrist[251].

Diese **Erfüllung** vollzieht sich nach herrschender Meinung ohne Berührung des Bundesbankvermögens **unmittelbar** zwischen den Abrechnungsteilnehmern aufgrund eines nicht nur zweiseitigen, sondern vielseitigen (multilateralen) Aufrechnungsvertrages. Bei dieser sog. Skontration fehlt es deshalb im Unterschied zur typischen Aufrechnung im Sinne des § 387 BGB an der Gegenseitigkeit der verrechneten Zahlungsansprüche[252]. 4.184

Seit 1996 bietet die Landeszentralbank die **„Elektronische Abrechnung Frankfurt"** (EAF-2) an. Hierbei handelt es sich um ein Großbetragszahlungssystem[253], bei dem der Austausch der Zahlungen mittels Datenfernübertragung erfolgt. Zur Teilnahme zugelassen sind Kreditinstitute, deren Transaktionsmengen und Umsatzvolumen im täglichen bargeldlosen Zahlungsverkehr bestimmten Mindestanforderungen genügen muß. 4.185

4. Standardisierung des grenzüberschreitenden bargeldlosen Zahlungsverkehrs

Für die Abwicklung des grenzüberschreitenden „Kleinzahlungs"verkehrs wird die Deutsche Bundesbank nicht zur Verfügung stehen[254]. Für den Bereich der Banküberweisungen ist zwischenzeitlich die „Richtlinie 97/5/EG des Europäischen Parlamentes und des Rates vom 27. 1. 1997 über grenzüberschreitende Überweisungen" veröffentlicht worden[255]. Die Richtlinie, die für alle Überweisungen über einen Betrag von weniger als ECU 50 000 gilt, ist durch Überweisungsgesetz vom 21. 7. 1999 umgesetzt worden – Rn 4.101 ff., Rn 7.66 ff. Sie will sicherstellen, daß grenzüberschreitende Überweisungen innerhalb der Wirtschafts- und Währungsunion „schnell, zuverlässig und kostengünstig" erfolgen. 4.186

---

250 BGH WM 1987, 400, 401; *Pfister*, ZHR 143 (1979), 24, 58 f.; *Canaris*, Bankvertragsrecht[3], Rn 884 ff.
251 BGH WM 1987, 400, 401.
252 *Canaris*, WM 1976, 994, 977.
253 *Fabritius*, ZKW 1997, 606 ff.
254 *Hartmann*, WM 1993, 982, 984 f.
255 ABlEG Nr. L 43/25 ff.; abgedruckt in WM 1997, 844 ff.

4.187 Die Richtlinie (Art. 8) enthält auch eine Erstattungspflicht der eingeschalteten Kreditinstitute bei Nichtabwicklung des Überweisungsauftrages (sog. **„Money-back-Garantie"**). Geht der überwiesene Betrag nicht beim kontoführenden Kreditinstitut des Überweisungsbegünstigten (Buchgeldempfänger) ein, so ist die erstbeauftragte Bank verpflichtet, den Überweisungsbetrag ihrem Girokunden wieder gutzuschreiben. Im Gegensatz zu den auftragsrechtlichen Grundsätzen des deutschen Rechts hat hiernach die erstbeauftragte Bank auch für eine Insolvenz der nachgeschalteten Banken zu haften[256]. Diese Haftung wird allerdings dadurch relativiert, daß die erstbeauftragte Bank wie auch die anderen in die Überweisungskette eingeschalteten Kreditinstitute jeweils einen Erstattungsanspruch gegen die in der Überweisungskette nachgeschalteten Institute in der Höhe haben, in der sie dem Überweisungsauftraggeber bzw. dem in der Überweisungskette vorgeschalteten Institut aus der „Money-back-Garantie" zahlungspflichtig sind. Jedes in der Überweisungskette eingeschaltete Kreditinstitut trägt letztendlich das Insolvenzrisiko des ihm in der Kette nachgeschalteten Instituts. Die Höhe der Erstattungspflicht ist auf ECU 12 500 begrenzt worden (Art. 8 Abs. 1 der Richtlinie).

4.188 Im Interesse der Standardisierung des europaweiten Massenzahlungsverkehrs, kürzerer Laufzeiten, einer erhöhten Transparenz und Kostenersparnis erscheint es zweckmäßig, auf nationaler Ebene Clearinghäuser – Automated Clearing-Houses (ACH) – zu schaffen, die im Interesse eines länderübergreifenden Giroverkehrs kooperieren könnten[257]. Der Zentrale Kreditausschuß hatte deshalb die Gesellschaft für Zahlungssysteme (GZS) mit der Errichtung und dem Betrieb eines **deutschen ACH** beauftragt. Dieses Clearing-House sollte schrittweise mit weiteren Verrechnungszentralen im europäischen Ausland verbunden werden. Wie sich jedoch zeigte, kann die für eine wirtschaftliche Vernetzung von ACH's notwendige Reziprozität in der Europäischen Union nicht erreicht werden. Das ACH-Geschäft der GZS und der BZS-Bank für Zahlungsservice GmbH ist deshalb nach Abstimmung mit den Spitzenverbänden des deutschen Kreditgewerbes zum 31. 12. 1996 **eingestellt** worden.

4.189 Im Rahmen einer Kooperation der Zentralbanken der Europäischen Union und des Europäischen Währungsinstitutes (EWI) ist für den Beginn der Stufe 3 der Europäischen Wirtschafts- und Währungsunion ein europaweites Großzahlungssystem eingeführt worden, das die rasche und effiziente Abwicklung von grenzüberschreitenden Großzahlungen ermöglichen und die sichere Umsetzung der gemeinsamen Geldpolitik gewährleisten soll. Dieses sog. **TARGET-System** (Trans-European-Automated-Real-Time-Gross Settlement-Express-Transfer-System) wird als dezentrales System durch einen Verbund der nationalen Echtzeit-Brutto-Systeme

---

256 *Göbel*, WM 1997, 1832, 1835.
257 *Terrahe*, WM 1993, 834.

(RTGS-Systeme = Real-Time-Gross-Settlement-Systems) errichtet. Die nationalen Systeme werden dabei über eine Verbindungskomponente grenzüberschreitend verknüpft. Bei diesem Giroverkehr können die Zentralbanken der Europäischen Währungsunion grenzüberschreitende Großzahlungen sicher tagglich einschließlich der Gutschrift auf dem Konto des begünstigten Kreditinstitutes bei der empfangenden Zentralbank abwickeln. Als Kommunikationsnetz für dieses „Interlinking-System" dient zunächst das „S.W.I.F.T.-Netz".

III. Bank des Buchgeldempfängers als Letztbeauftragte in der Girokette

Im Rahmen des außerbetrieblichen Überweisungsverkehrs ist die Bank des Buchgeldempfängers in doppelter Rolle tätig, wenn sie auf dessen Girokonto die Gutschriftsbuchung als dem Endpunkt des Zahlungsvorganges vornimmt. So ist die Empfängerbank zum einen Letztbeauftragte in der Girokette der ihr vorgeschalteten Kreditinstitute[258]. Die Empfängerbank steht deshalb als Beauftragte in einem **Geschäftsbesorgungsverhältnis** zu der ihr vorgeschalteten Bank. Hierbei kann es sich um die Bank des Buchgeldzahlers oder um eine Zwischenbank in einer mehrgliedrigen Überweisungskette handeln. Als Letztbeauftragte in der Girokette hat die Empfängerbank insbesondere den Inhalt des Überweisungsauftrages und die Weisungen der ihr vorgeschalteten Bank zu beachten. Zum anderen ist die Empfängerbank zugleich auch (Empfangs-)Beauftragte im Rahmen des dem Girokonto zugrundeliegenden Geschäftsbesorgungsverhältnisses zum Kontoinhaber. Aufgrund dieser Vertragsbeziehung ist die Bank verpflichtet, den bei ihr eingegangenen Überweisungsbetrag auf dem Konto des Buchgeldempfängers gutzuschreiben.

4.190

1. Maßgeblichkeit des Namens des Buchgeldempfängers

Soweit beleghaft erteilte Überweisungsaufträge ausgeführt werden, ist nach ständiger Rechtsprechung der in dem Auftrag bezeichnete Name des Zahlungsempfängers und nicht die Nummer seines Girokontos maßgeblich. Dieses **Prinzip des Namenskontos**[259] wird daraus abgeleitet, daß der Name im Vergleich zur Kontonummer eine wesentlich sicherere Indivi-

4.191

---

258 *Hadding/Häuser*, WM 1988, 1149, 1154; *Canaris*, Bankvertragsrecht³, Rn 387; *Schimansky* in Bankrechts-Handbuch, § 49 Rn 8, 33.
259 OLG Köln WM 1989, 93, 95.

dualisierung ermöglicht[260]. Nur in besonders gelagerten Einzelfällen kann auch der Kontonummer die ausschlaggebende Bedeutung zukommen[261].

4.192 Soweit die Maßgeblichkeit der Kontonummer AGB-mäßig vereinbart wird, liegt hierin eine unbillige Benachteiligung des Kunden im Sinne der Generalklausel des AGB-Gesetzes (§ 9). Hierdurch wird das durch den Abgleich von Kontonummer und Empfängername vermeidbare **Risiko von Fehlüberweisungen** einseitig dem Girokunden aufgebürdet[262]. Die Gutschrift auf einem anderen Konto hat regelmäßig keine Erfüllungswirkung im Valutaverhältnis und belastet deshalb den überweisenden Girokunden mit dem Risiko einer nochmaligen Leistung[263]. Die Kontonummer stellt also nur ein technisches Hilfsmittel für das leichtere Auffinden des Überweisungsbegünstigten als Zahlungsempfänger dar[264]. Sie steht als Synonym für den Empfänger der Überweisung. Der Überweisende identifiziert mit der Kontonummer die im Überweisungsauftrag als Zahlungsempfänger bezeichnete Person[265].

4.193 Diese Rechtsprechung steht nicht im Einklang mit dem fortschreitenden Einsatz der EDV-Technik bei der Bewältigung von Massenvorgängen in allen Bereichen von Wirtschaft und Verwaltung. Diese **Automatisierung** erfordert eine Bearbeitung anhand der nummernmäßigen Angabe der maßgeblichen Daten des Überweisungsauftrages[266]. Die Forderung der Rechtsprechung, die Bearbeitung der Überweisungsaufträge nach dem Namen des Zahlungsempfängers und nicht nach seiner Kontonummer vorzunehmen, führt zur herkömmlichen beleggebundenen Verbuchung zurück. Dort ist in der Endphase eines Überweisungsvorganges vor der endgültigen Gutschrift auf dem Konto des Empfängers manuell-visuell abzugleichen, ob der im Überweisungsträger benannte Zahlungsempfänger identisch ist mit dem Inhaber des ziffernmäßig benannten Kontos – sog. **Kontonummer/Namen-Abgleich** oder Kontoanrufprüfung. Nach *Schimansky* kann jedoch die Kreditwirtschaft nicht die nach dem Girovertrag geschuldeten Prüfungen mit der Begründung entfallen lassen, sie ließen sich nach dem Stand der Technik nicht oder nicht mit vertretbarem Aufwand EDV-mäßig erledigen[267]. Verletzt die Bank die ihr zumutbare Prüfungspflicht in grobfahrlässiger Weise, so kann sie sich schadensersatzpflichtig machen. Dabei muß sich der Kunde als Überweisungsauftraggeber eigenes Mitverschulden nach § 254 BGB anrechnen lassen[268].

---

260 BGH WM 1991, 1912, 1913 m.w.Nachw.
261 BFH WM 1998, 1482, 1484.
262 BGH WM 1989, 1754, 1755.
263 BGH WM 1985, 826; 1986, 875, 877.
264 BGH WM 1972, 308, 309.
265 *Schimansky* in Bankrechts-Handbuch, § 49 Rn 19, 41.
266 *Steuer*, Die Bank 1985, 561, 562; *Schröter*, ZGesKredW 1986, 137, 138.
267 Bankrechts-Handbuch, § 49 Rn 18.
268 LG Freiburg WM 1978, 262, 264.

Höchstrichterlich noch nicht entschieden ist die Frage, ob sich die Kreditinstitute das Recht zur Nutzung des beleglosen Überweisungsverkehrs AGB-mäßig auch gegenüber ihrem Girokunden als Überweisungsbegünstigten einräumen lassen können. Nach Auffassung der Instanzgerichte[269] darf sich die Bank des Überweisungsempfängers nach der angegebenen Bankleitzahl und der Kontonummer richten und auf einen Abgleich des Namens des Überweisungsempfängers und des Kontoinhabers (Kontonummer/Namens-Abgleich) verzichten, wie das die im Interbankenverhältnis geltenden „Richtlinien für den beleglosen Datenträgeraustausch" vorsehen.

4.194

Nach Auffassung des OLG Köln sei auch bei einer solchen Handhabung die richtige Bearbeitung der Überweisungsaufträge für die Masse der Fälle gewährleistet, könne doch davon ausgegangen werden, daß im **Regelfall** Bankleitzahl und Kontonummer richtig angegeben sind und daher ein Konto des Überweisungsempfängers bezeichnen[270]. Nach dem LG Köln[271] sei hier zu berücksichtigen, daß der beleglose Datenträgerverkehr nur von Großverwendern wie den Kreditinstituten oder Großkunden aus der Verwaltung und Wirtschaft genutzt wird. Diese setzen bei der Erstellung der Datenträger besonders geschultes Personal ein, das eine hohe Richtigkeitsquote bei der Dateneingabe erwarten läßt. Nach *Häuser/Welter* haben die Argumente des OLG Köln[272] zur beleglosen Abwicklung des beleghaft erteilten Auftrages anhand der Kontonummer Gewicht; sie werden im neueren Schrifttum zunehmend als berechtigt anerkannt[273].

4.195

Der BGH hat dagegen noch nicht darüber entschieden, ob die **Empfängerbank** auch gegenüber ihrem Girokunden als Überweisungsbegünstigten die eingehenden Überweisungsaufträge ausschließlich nach Maßgabe der numerischen Angaben im Auftragsformular bearbeiten darf. Die Pflichten der beteiligten Banken bestimmen sich nach dem BGH im Verhältnis zueinander nach den von den kreditwirtschaftlichen Spitzenverbänden vereinbarten Bearbeitungsrichtlinien[274]. Deshalb handelt die Empfängerbank, wenn diese Richtlinien keinen Vergleich zwischen dem Namen des Überweisungsempfängers und dem des Kontoinhabers vorsehen, bei Unterlassen einer solchen Prüfung nicht weisungswidrig. Ob sich jedoch die Überweiserbank im Verhältnis zu ihrem Girokunden eines solchen beleg-

4.196

---

269 OLG Köln WM 1989, 93, 94 ff.; 1990, 1963, 1964; OLG Hamm WM 1979, 339, 341; vgl. auch FG Baden-Württemberg WM 1993, 1279, 1283.
270 OLG Köln WM 1989, 93, 95.
271 WM 1988, 374, 375.
272 WM 1989, 93, 95.
273 *von Westphalen,* WM 1984, 2, 5; *Möschel,* AcP 186 (1986), S. 187, 206, 208; *Reiser,* WM 1990, 745, 746; *Gößmann* in Bankrechts-Handbuch, § 52 Rn 15.
274 BGH WM 1989, 1754; OLG Hamm WM 1994, 1027, 1028.

losen Zahlungsverkehrs bedienen darf, richtet sich nach der ihr von dem Girokunden erteilten Weisung[275]. Nach *Schimansky* bestehen gegen den formularmäßigen Verzicht auf den Kontonummer/Namens-Abgleich wegen der einseitigen Risikoverlagerung auf den Kunden durchgreifende Bedenken. Dies gelte selbst dann, wenn der überweisungsbegünstigte Kunde im beleglosen Überweisungsverkehr an dem Datenträgeraustausch teilnimmt und deshalb über das Unterbleiben des Kontonummer/Namens-Abgleichs unterrichtet ist[276]. Die Kontonummer stehe auch in diesen Fällen als Synonym für den Überweisungsbegünstigten. Der Überweisende identifiziert also mit dieser Nummer die im Auftrag als Zahlungsempfänger bezeichnete Person, die deshalb auch den Anspruch auf die Gutschrift gemäß §§ 667, 675 BGB erwirbt[277].

4.197 Maßgeblich ist jedoch die Bezeichnung der Kontonummer, wenn der Überweisungsempfänger mehrere Konten bei demselben Kreditinstitut hat. Hier gibt die angegebene Kontonummer den Ausschlag für die Verbuchung. Überweisungsbeträge, die für ein nicht existierendes Girokonto des Empfängers bestimmt sind, darf die Bank des Überweisungsempfängers nicht ohne weiteres dessen Sparkonto gutschreiben[278].

4.198 Die frühere sog. **Fakultativklausel** auf den Überweisungsvordrucken hatte dagegen den Fall im Auge, daß der Überweisungsbegünstigte eine Kontobeziehung zu mehreren Kreditinstituten unterhält und hier eine Verbuchung auf einem Konto bei einer anderen Bank ermöglicht werden sollte. Der BGH hat diese Fakultativklausel für unvereinbar mit § 9 AGBG angesehen. Die Klausel könne bei entsprechender Weisung des Gläubigers die mit der Überweisung bezweckte Erfüllung verhindern und belaste damit einseitig den Schuldner[279].

---

275 BGH WM 1989, 1754, 1755.
276 Bankrechts-Handbuch, § 49 Rn 19 unter Hinweis auf die Nr. 3 des neuen „Abkommens zum Überweisungsverkehr" von 1995 für den Interbankenverkehr, das von einer Abgleichspflicht der Bank des Buchgeldempfängers ausgeht.
277 *Schimansky* in Bankrechts-Handbuch, § 49 Rn 41.
278 BGH WM 1989, 1640, 1642.
279 BGH WM 1986, 875, 876 f.; vgl. weiter *Canaris*, ZIP 1986, 1021. Nach OLG Karlsruhe (WM 1989, 712) gilt diese Unwirksamkeit auch im Verhältnis der in der Überweisung eingeschalteten Kreditinstitute.

2. Unmaßgeblichkeit des Verwendungszwecks

Die Überweisungsformulare enthalten eine **besondere Spalte** für den Verwendungszweck der Überweisung. Hierdurch soll regelmäßig eine Beziehung der Überweisung zum Valutaverhältnis zwischen Buchgeldzahler und Buchgeldempfänger hergestellt werden, insbesondere wenn mit dem überwiesenen Betrag eine bestimmte Zahlungsverbindlichkeit getilgt werden soll. Diese Angaben zum Verwendungszweck werden nicht Inhalt der girovertraglichen Weisung. Sie konkretisieren mithin auch nicht Pflichten der Kreditinstitute bei der Vermittlung des bargeldlosen Zahlungsverkehrs. Die Spalte für den Verwendungszweck hat daher keine Bedeutung für das Rechtsverhältnis zwischen Buchgeldempfänger und seiner kontoführenden Bank[280]. Dies gilt gleichermaßen im Verhältnis des Buchgeldzahlers und der Bank des Buchgeldempfängers[281]. Das Überweisungsformular enthält daher bei der Spalte für den Verwendungszweck auch den eingedruckten Hinweis „Nur für den Empfänger". Dieser Hinweis entspricht der Stellung der Kreditinstitute bei der Vermittlung des bargeldlosen Zahlungsverkehrs, die bei dessen Durchführung auf die Rechtsbeziehung zwischen Buchgeldzahler und Buchgeldempfänger nicht zu achten haben[282]. Es besteht nur eine girovertragliche Nebenpflicht der Banken zur Weiterleitung solcher Angaben[283]. Sollen die mitwirkenden Banken zur Beachtung des Verwendungszwecks verpflichtet sein, so muß außerhalb der girovertraglichen Weisung ein gesonderter Auftrag erteilt werden[284].

4.199

IV. Rechtsbeziehung zwischen Buchgeldempfänger und seiner Bank

Der bargeldlose Zahlungsvorgang als ein „Transport" von Buchgeld ist beendet, wenn der überwiesene Betrag dem Girokonto des Buchgeldempfängers entsprechend seiner Bezeichnung im Überweisungsauftrag gutgeschrieben ist. Diese **Gutschrift** läßt für den Kontoinhaber einen Zahlungsanspruch entstehen.

4.200

---

280 BGH WM 1968, 839; 1976, 904, 905.
281 OLG Düsseldorf WM 1987, 954; *Schimansky* in Bankrechts-Handbuch, § 49 Rn 20.
282 Vgl. BGH WM 1986, 1409.
283 BGH WM 1976, 904, 907.
284 BGH WM 1971, 158, 159; vgl. weiter *Schimansky* in Bankrechts-Handbuch, § 49 Rn 20.

4.201 Soweit der Überweisungsbegünstigte kein Girokonto unterhält und seine Bank den eingegangenen Betrag auf einem CpD-Konto (Conto pro Diverse) verbucht hat, erwirbt er aus dieser Verbuchung regelmäßig keinen Anspruch gegen die Bank. Diese **Sammelkonten** haben bankinternen Charakter; die darauf vorgenommenen Verbuchungen sind nur vorläufiger Natur[285].

4.202 Das dem Girokonto zugrundeliegende Vertragsverhältnis wird herkömmlicherweise als Girovertrag bezeichnet. Dessen Wesensmerkmale sind durch das **Überweisungsgesetz** definiert worden, mit dem die EG-Überweisungsrichtlinie 97/5/EG vom 27. Januar 1997 umgesetzt worden ist – Rn 4.101[286]. Der Girovertrag ist jedoch durch das Überweisungsgesetz nur insoweit geregelt worden, als dies durch EU-Überweisungsrichtlinie gefordert wird. Diesem Vertrag werden nur die nach den gemäß der Richtlinie zu begründenden Ansprüche des Begünstigten gegen seine kontoführende Bank zugeordnet. Im wesentlichen handelt es sich also um den herkömmlichen Anspruch des Bankkunden auf Gutschrift des für ihn eingegangenen Betrages auf seinem Girokonto. Mangels anderweitiger Vereinbarung ist der Überweisungsbetrag grundsätzlich innerhalb eines Bankgeschäftstages nach dem Tag gutzuschreiben, an dem der Betrag der Bank selbst gutgeschrieben worden ist. Im übrigen ist eine Bank, die den Überweisungsbetrag bei der Gutschriftserteilung ungerechtfertigt gekürzt hat, verpflichtet, den Fehlbetrag dem Begünstigten kosten- und gebührenfrei gutzuschreiben. Eine solche ungerechtfertigte Kürzung liegt auch dann vor, wenn für die Gutschrift aus grenzüberschreitenden Überweisungen zwischen Kreditinstituten mit Sitz in Vertragsstaaten des Abkommens über den Europäischen Wirtschaftsraum ein höheres Entgelt berechnet wird als für die Gutschrift aus inländischen Überweisungen.

4.203 Im übrigen **haftet die Bank** des Zahlungsbegünstigten für die Nichtausführung der an ihn gerichteten Überweisung für den Fall, daß die Bank ihrerseits ein anderes Kreditinstitut mit der Abwicklung der Überweisung beauftragt und dieses die Überweisung nicht ausgeführt hat. Dabei kommt es auf ein Verschulden der Bank sowie des von ihr beauftragten Kreditinstitutes nicht an. Die (erstbeauftragte) Bank des Überweisenden trifft jedoch in diesen Fällen keine Haftung[287].

---

285 BGH WM 1986, 1182, 1183.
286 Vgl. ZIP 1999, 676.
287 Begr.RegE Überweisungsgesetz, S. 63.

1. Anspruch auf Gutschrift des Überweisungsbetrages

Der dem Konto zugrundeliegende Girovertrag verpflichtet die Bank, die für ihre Kunden eingehenden Beträge entgegenzunehmen und diesem Konto gutzuschreiben. Bei dem Girovertrag handelt es sich um ein entgeltliches Geschäftsbesorgungsverhältnis, auf das die auftragsrechtlichen Bestimmungen anwendbar sind (§ 675 BGB). Danach ist der Beauftragte zur Herausgabe des aus der Geschäftsbesorgung Erlangten verpflichtet (§ 667 BGB). Die Verpflichtung zur Gutschriftserteilung setzt danach voraus, daß die kontoführende Bank den Überweisungsbetrag selbst „erlangt" hat, ihr also „Deckung" verschafft worden ist. Denn nach dem BGH handelt es sich bei diesem Anspruch auf Gutschriftserteilung „um den Anspruch auf Herausgabe dessen, was der Beauftragte durch die Geschäftsbesorgung erlangt hat" (§§ 667, 675 BGB)[288]. Dieser Anspruch auf Gutschriftserteilung entsteht mit Eingang dieser buchmäßigen Deckung bei der kontoführenden Bank[289]. Denn die Empfängerbank hat solche eingehenden Beträge sofort an den hieraus begünstigten Kontoinhaber in Form einer Kontogutschrift herauszugeben (§§ 667, 675, 271 Abs. 1 BGB)[290]. Für den Zeitpunkt des Eingangs der Deckung ist nicht erforderlich, daß die kontoführende Bank hiervon Kenntnis erlangt hat[291].

4.204

Der Eingang der buchmäßigen Deckung erfolgt entweder auf einem (Nostro-)Konto der kontoführenden Bank bei einer anderen Bank oder dadurch, daß sie das bei ihr geführte Konto des Auftraggebers, also regelmäßig der ihr in der Girokette unmittelbar vorgeschalteten Bank belastet.

4.205

Nach dem BGH ist es unerheblich, ob die Bank über die ihr zugeflossene Deckung tatsächlich verfügen kann[292]. Ausreichend ist also eine „**buchmäßige**" Deckung; eine „wertmäßige" Deckung ist dagegen nicht erforderlich[293]. Die Bank haftet also ohne Rücksicht auf eigenes Verschulden für ihr Unvermögen, auf die erlangte Deckung tatsächlich zugreifen zu können. Denn für das Girovertragsverhältnis gilt § 279 BGB[294].

4.206

Nach auftragsrechtlichen Grundsätzen trägt zwar das Risiko des zufälligen Untergangs oder einer Verschlechterung des „Erlangten" der Auftraggeber selbst dann,

4.207

---

288 WM 1978, 58, 59.
289 BGH WM 1990, 6, 7; 1997, 1192, 1193; 1661, 1662.
290 BGH WM 1997, 1192, 1193; 1661, 1662.
291 *Schimansky* in Bankrechts-Handbuch, § 47 Rn 6.
292 BGH LM, § 355 HGB Nr. 8.
293 *Schimansky* in Bankrechts-Handbuch, § 47 Rn 6.
294 Münchener Komm. zum BGB/*Seiler*, § 667 Rn 23; *Steffen* in RGRK-BGB, § 667 Rn 17.

wenn das Erlangte in Geld besteht[295]. Diese Grundsätze gelten aber lediglich für den schlichten Auftrag, nicht jedoch für das Girovertragsverhältnis, dessen wesentlicher Zweck der „Transport" von Buchgeld ist[296].

4.208 Der **auftragsrechtliche Herausgabeanspruch** ist nach dem BGH girovertraglich dahingehend umgestaltet, daß er „auf Gutschrift auf dem Girokonto gerichtet ist"[297]. Dieser Anspruch auf Gutschrifterteilung wegen eingegangener Deckung steht aber unter dem Vorbehalt, daß der Überweisende den Auftrag vor der Gutschrift nicht noch widerruft[298].

4.209 Auch bei der Ausführung eines Auftrags zum Inkasso eines zur Gutschrift auf dem Girokonto eingereichten Schecks oder einer einzuziehenden Lastschrift entsteht dieser Anspruch auf Gutschrift erst nach Eingang des Inkassoerlöses. Denn die Bank schuldet dasjenige, was sie einzuziehen hat, aber noch nicht eingezogen hat, weder bedingt noch betagt[299]. Soweit die Bank wie üblich den Gegenwert von Schecks und Lastschriften bereits vor der Einlösung gutschreibt, geschieht dies unter dem Vorbehalt der Einlösung – Gutschriften „Eingang vorbehalten" (vgl. Nr. 9 Abs. 1 AGB Banken).

4.210 Die **auftragsrechtliche Herausgabepflicht** der Bank wird im übrigen noch nicht begründet, wenn die Bank den Buchgeldzahlern der Empfängerbank mitteilt, daß sie von einem Kunden beauftragt sei, einen genau bezifferten Betrag auf das Konto eines bestimmten Girokunden der Empfängerbank zu überweisen. Die Empfängerbank hat in diesen Fällen noch keine Deckung erlangt. Denn ein solches Avis begründet im Regelfall keine rechtliche Verpflichtung der avisierenden Bank gegenüber der Empfängerbank[300]. Vielmehr stellt das Avis eine schlichte Mitteilung dar, sofern sich aus dem Wortlaut nicht etwas anderes ergibt. Die avisierende Bank trifft daher auch keine Haftung, wenn sie letztlich insbesondere durch Widerruf daran gehindert wird, ihrem Avis die angekündigte Überweisung folgen zu lassen[301].

4.211 Vereinzelt verlangt der Überweisungsbegünstigte, daß sein Schuldner zu seinen Gunsten einen unwiderruflichen Zahlungsauftrag erteilt, der von der Bank des Überweisenden zu bestätigen ist. In einer solchen **Bestätigung** kann ein abstraktes Schuldversprechen (§ 780 BGB) der Überweiserbank gegenüber dem Überwei-

---

295 BGH WM 1958, 1129; 1969, 26.
296 *Schimansky* in Bankrechts-Handbuch, § 47 Rn 6.
297 WM 1978, 58, 59; vgl. weiter *Canaris*, Bankvertragsrecht³, Rn 399.
298 *Hadding/Häuser*, WM 1988, 1149, 1154; vgl. BGH WM 1986, 1409 (Widerruf als „auflösende Bedingung").
299 BGH WM 1985, 1057, 1058 unter Bezugnahme auf RGZ 53, 327, 330.
300 *Canaris*, Bankvertragsrecht³, Rn 404.
301 *Schimansky* in Bankrechts-Handbuch, § 49 Rn 42 m.w.Nachw.

sungsbegünstigten erblickt werden[302]. Hier kommt es ausnahmsweise zu einer vertraglichen Beziehung zwischen der Überweiserbank und dem Überweisungsbegünstigten, der sein Girokonto bei einer anderen Bank unterhält.

2. Anspruch aus der Gutschrift

Die Gutschriftsbuchung auf dem Girokonto begründet nach allgemeiner Meinung einen abstrakten Zahlungsanspruch im Sinne der §§ 780, 781 BGB. Spätestens mit dieser Kontogutschrift ist der Überweisungsauftrag ausgeführt und damit unwiderruflich geworden. 4.212

Diese Unwiderruflichkeit bedeutet jedoch nicht, daß die Kontogutschrift mit ihrer rechtserzeugenden Wirkung unter allen Umständen rechtsgültig ist. So kann die kontoführende Bank bis zum nächsten Rechnungsabschluß das AGB-mäßige Stornorecht geltend machen, wenn ihr aufgrund einer fehlerhaften Gutschriftsbuchung ein Bereicherungsanspruch erwachsen ist (Rn 4.325). Auch kann der Buchgeldempfänger unter bestimmten Voraussetzungen die Gutschrift zurückweisen (Rn 4.215). 4.213

Eine **Sonderregelung** besteht auch für die Rücküberweisung überzahlter Leistungen aus der Sozialversicherung im Falle des Ablebens des Versicherten (§ 118 Abs. 3 SGB VI, § 96 Abs. 3 SGB VII und § 66 Abs. 2 BVG). Hiernach sind Geldleistungen, die für die Zeit nach dem Tode des Berechtigten auf einem Girokonto überwiesen wurden, zurückzuüberweisen. Etwas anderes gilt nur, soweit über den entsprechenden Betrag bei Eingang der Rückforderung bereits anderweitig verfügt worden ist und die Rücküberweisung nicht aus Guthaben erfolgen kann. Die Spitzenverbände der Kreditwirtschaft haben gemeinsam mit den Spitzenverbänden der Rentenversicherungsträger und der Unfallversicherungen Erläuterungen mit Empfehlungscharakter erarbeitet[303]. Mit diesen gesetzlichen Regelungen hat der Träger der gesetzlichen Rentenversicherung einen unmittelbaren Rücküberweisungsanspruch gegen das Kreditinstitut, auf das die Rentenleistungen überwiesen worden sind[304]. Dieser Anspruch geht grundsätzlich einem Erstattungs- oder Bereicherungsanspruch des Rentenversicherungsträgers gegen die Erben vor. Damit wird zugunsten des Leistungsträgers der Grundsatz durchbrochen, daß Mängel im Valutaverhältnis grundsätzlich auch nur im Valutaverhältnis auszugleichen sind[305]. 4.214

---

302 OLG Köln ZIP 1993, 1538, 1539.
303 Abgedruckt WM 1992, 2078.
304 Landessozialgericht (LSG) Stuttgart WM 1995, 1876, 1878; *Schimansky* in Bankrechts-Handbuch, § 49 Rn 44.
305 LSG Stuttgart WM 1995, 1876, 1878.

3. Das Recht des Buchgeldempfängers zur Zurücküberweisung einer Kontogutschrift

4.215 Ist der Buchgeldempfänger mit der Buchgeldzahlung nicht einverstanden oder widerspricht sie sogar der getroffenen Absprache, stellt sich die Frage, wie er gegen die dennoch erfolgende Gutschriftsbuchung auf seinem Girokonto geschützt werden kann. Denn eine solche „**aufgedrängte**" **Gutschrift**[306] kann für den Buchgeldempfänger unter Umständen, insbesondere bei debitorischem Konto ungelegen kommen. So kann die Bank die „aufgedrängte" oder nur versehentlich erteilte Gutschrift zur Rückführung des Schuldsaldos verwenden wollen. Selbst bei einem kreditorischen Girokonto kann diese Gutschrift ungelegen kommen, insbesondere wenn sie von einer Saldopfändung durch den Gläubiger des Buchgeldempfängers erfaßt wird.

4.216 Bei solchen debitorischen Girokonten und Kontenpfändungen ist der Buchgeldempfänger in seiner Verfügung über diese Kontoeingänge beschränkt. Andererseits ist aber der Buchgeldempfänger aufgrund der Gutschriftsbuchung bereichert, wenn diese Gutschrift zur Befriedigung der kontoführenden Bank oder des Pfändungsgläubigers führt[307]. Denn die Kontogutschrift hat den Zahlungsanspruch des Buchgeldempfängers aus dem Valutaverhältnis wegen seines fehlenden Einverständnisses mit der Buchgeldzahlung nicht getilgt.

4.217 Ist diese Bereicherung des Buchgeldempfängers wie bei „aufgedrängter" Gutschrift auf Kosten des Buchgeldzahlers erfolgt[308], sieht sich der Buchgeldempfänger einem Bereicherungsanspruch des Buchgeldzahlers ausgesetzt[309]. Der Buchgeldempfänger muß deshalb in der Lage sein, der Zuwendung eines derartigen Zahlungsanspruchs durch seine Erklärung zuvorzukommen, keine Rechte aus der Kontogutschrift herzuleiten[310].

4.218 Bei **fehlendem Einverständnis** mit der Giroüberweisung darf deshalb der Buchgeldempfänger nach Rechtsprechung und überwiegendem Schrifttum die Kontogutschrift zurücküberweisen[311]. Diese Zurücküberweisung hat ex tunc-Wirkung, wie dies auch für die Ausübung des AGB-mäßigen Stornorechts der kontoführenden Bank für die Zinsberechnung gilt (vgl.

---

306 *Häuser,* WM-Festgabe für Hellner, 1995, S. 10 ff.
307 BGH WM 1985, 826.
308 *Hadding/Häuser,* WM 1989, 589, 591.
309 *Schimansky* in Bankrechts-Handbuch, § 47 Rn 9; *Hadding/Häuser,* WM 1989, 589, 591.
310 BGH WM 1989, 1560, 1562.
311 BGH WM 1989, 1560, 1562.

Nr. 3 Abs. 3 AGB Banken). Nur mit einer solchen Rückwirkung läßt sich dogmatisch begründen, daß etwaige Sicherungsrechte der Bank wegen der fehlenden Tilgungswirkung der Kontogutschrift bestehen bleiben[312] und Pfändungsgläubiger nicht auf ein durch die fehlerhafte Gutschrift entstandenes Kontoguthaben zurückgreifen können[313]. Die Rechtslage soll nach der Ausübung des Zurückweisungsrechts so anzusehen sein, als habe die Bank die Kontogutschrift nie erteilt[314].

Der **BGH** hat es offengelassen, ob das Zurückweisungsrecht unverzüglich („ohne schuldhaftes Zögern" – § 121 BGB) zu erfolgen hat[315]. Nach dem OLG Celle kommt als zeitliche Schranke nur eine Verwirkung in Betracht[316]. Diese Problematik wird dadurch relativiert, daß das Zurückweisungsrecht entfällt, wenn der Buchgeldempfänger die Gutschrift durch schlüssiges Verhalten, insbesondere durch Kontoverfügungen angenommen („genehmigt") hat[317]. Die Bank ist im übrigen schutzwürdig, wenn der Buchgeldempfänger mit Rücksicht auf diese Gutschrift weiteren Kredit in Anspruch genommen oder ihm die Bank Sicherheiten freigegeben hat. Hier hat der Buchgeldempfänger mit seinem Verhalten einen Vertrauenstatbestand gesetzt, der die Geltendmachung des Zurückweisungsrechts ausschließt[318].

4.219

a) Rechtsnatur des Zurückweisungsrechts

Die Rechtsgrundlage dieses Zurückweisungsrechts ist umstritten. Nach dem BGH ergibt sich diese neue Rechtsfigur aus einer ergänzenden Auslegung des Girovertrages (§ 157 BGB)[319]. Kontogutschriften stehen deshalb unter der mit dem Girovertrag vereinbarten auflösenden Bedingung (§ 158 BGB), daß das in bestimmten Ausnahmefällen bestehende Zurückweisungsrecht vom Kontoinhaber nicht ausgeübt wird.

4.220

Nach einem Teil der Literatur ergibt sich das Zurückweisungsrecht aus einer analogen Anwendung des § 333 BGB, der ein solches Recht dem

4.221

---

312 BGH WM 1989, 1560, 1562; *Häuser*, WM-Festgabe für Hellner, 1995, S. 10, 15, 16.
313 *Schimansky* in Bankrechts-Handbuch, § 47 Rn 10.
314 *Häuser*, WM-Festgabe für Hellner, 1995, S. 10, 16.
315 *Schimansky* in Bankrechts-Handbuch, § 47, Rn 11.
316 WM 1994, 625, 626.
317 *Häuser*, WM-Festgabe für Hellner, 1995, S. 10, 16; *Schimansky* in Bankrechts-Handbuch, § 47 Rn 11.
318 *Häuser*, WM-Festgabe für Hellner, 1995, S. 10, 16.
319 BGH WM 1989, 1560, 1562; *Häuser*, WM-Festgabe für Hellner, 1995, S. 10, 17.

Begünstigten aus einem Vertrag zugunsten Dritter zubilligt[320]. Gegen eine solche Analogie spricht aber, daß der Buchgeldempfänger anders als der Begünstigte eines Vertrages zugunsten Dritter an dem Girovertrag, der die Rechtsgrundlage des ihm durch die Gutschriftsbuchung verschafften Zahlungsanspruches bildet, als Vertragspartner beteiligt ist: Überdies will die Bank mit dieser Gutschriftsbuchung ihre girovertragliche Herausgabepflicht (§ 667 BGB) gegenüber ihrem Kunden erfüllen. Angesichts dieses Tilgungszwecks kann die Bank die Kontogutschrift ihrem Girokunden schwerlich aufdrängen, wie dies bei einem Vertrag zugunsten Dritter in der Person des Drittbegünstigten der Fall sein kann[321].

b) Reichweite des Zurückweisungsrechts

4.222 **Umstritten** ist, in welchen Fallkonstellationen ein solches Zurückweisungsrecht auch unter angemessener Berücksichtigung der Interessen der anderen Beteiligten zuzubilligen ist. So kann auch für die kontoführende Bank des Buchgeldempfängers die girovertragliche Pflicht zur Zurückweisung des gutgeschriebenen Betrages nachteilig sein, wenn sie mit Rücksicht auf die Kontogutschrift ihrem Kunden weitere Kredite gewährt oder eine Sicherheit aufgegeben hat[322].

4.223 Der BGH hat bisher ein solches Zurückweisungsrecht nur anerkannt, wenn es an einem Valutaverhältnis zwischen Buchgeldempfänger und Buchgeldzahler fehlt, das den Rechtsgrund für die Gutschrift bilden könnte[323]. Das Schrifttum geht jedoch über diesen Ansatz hinaus und bejaht ein **generelles** Zurückweisungsrecht[324]. Nach dem BGH muß jedoch ein solches Zurückweisungsrecht auf Ausnahmefälle begrenzt bleiben, für die ein triftiger, mit dem Willen und der Interessenlage der Girovertragspartner vereinbarter Rechtfertigungsgrund besteht. Ein uneingeschränktes Zurückweisungsrecht würde einen ungehinderten Giroverkehr nicht mehr gewährleisten und den Tagessaldo als Grundlage für die Kontoverfügung entwerten[325].

4.224 Nach *Schimansky* würde zudem der Wert der bargeldlosen Zahlung gemindert[326]. Die Bank brauche im übrigen ihr Interesse an einer Verrechnung des Zahlungsein-

---

320 *Canaris*, Bankvertragsrecht³, Rn 473.
321 *Schimansky* in Bankrechts-Handbuch, § 47 Rn 12; *Häuser*, WM-Festgabe für Hellner, 1995, S. 10, 15.
322 BGH WM 1989, 1560, 1562; *Häuser*, WM-Festgabe für Hellner, 1995, S. 10.
323 BGH WM 1989, 1560, 1562; *Schimansky* in Bankrechts-Handbuch, § 47 Rn 9, 13.
324 BGH WM 1995, 149 m.w.Nachw.
325 BGH WM 1995, 149, 150.
326 Bankrechts-Handbuch, § 47 Rn 12.

ganges mit einem Debetsaldo auf dem Girokonto nicht im Interesse ihres Kunden an der Verhinderung dieser Befriedigungsmöglichkeit zu opfern. Ebenso schutzwürdig sei das Interesse des Pfandgläubigers an der Befriedigung auch aus diesen Zahlungseingängen[327].

Ein Zurückweisungsrecht besteht nach dem BGH aber in den Fällen, in denen der zurückgewiesene Gutschriftsbetrag dem Kontoinhaber materiell nicht oder nicht mehr zusteht[328]. Denn das Recht der kontoführenden Bank zur Erteilung einer Gutschrift läßt sich lediglich für solche Geldeingänge rechtfertigen, die in Wahrheit für den Kontoinhaber bestimmt sind[329].

4.225

Besteht dagegen zwischen Buchgeldempfänger und dem Buchgeldzahler ein Valutaverhältnis, kann die Kontogutschrift nach *Schimansky* nicht zurückgewiesen werden[330]. In diesen Fällen kann der Buchgeldzahler, insbesondere bei einem rechtzeitigen – dem Buchgeldempfänger unbekannt gebliebenen – Widerruf einen **Bereicherungsanspruch** erlangen. Soweit diese Buchgeldzahlung nicht im Einverständnis des Empfängers erfolgt ist oder gar den mit dem Buchgeldzahler vereinbarten Zahlungsmodalitäten widerspricht, wird die dem Valutaverhältnis zugrundeliegende Zahlungsverbindlichkeit des Buchgeldzahlers nicht getilgt. Der Buchgeldempfänger wird aber durch die Zugriffsmöglichkeit der Bank oder des Pfändungsgläubigers auf Kosten des Buchgeldzahlers bereichert[331].

4.226

Der Buchgeldzahler kann jedoch in diesen Fällen nicht mit seinem Bereicherungsanspruch gegen die durch die Kontogutschrift nicht getilgte Forderung des Buchgeldempfängers aus dem Valutaverhältnis aufrechnen. Dieser Aufrechnungsausschluß ist geboten, damit nicht über dieses Erfüllungssurrogat (§ 389 BGB) letztlich doch eine Schuldbefreiung erreicht würde, die bei einer vom Buchgeldempfänger nicht gebilligten Buchgeldzahlung gerade nicht eintreten soll[332].

4.227

4. Verhaltens-(Schutz-)Pflichten des Bankkunden

Aus der girovertraglichen Rechtsbeziehung erwachsen nicht nur der Bank Verhaltens- und Schutzpflichten. So obliegt dem Bankkunden die vertragliche Nebenpflicht, die ihm von der Bank mitgeteilten Kontobewegungen und Kontostände zu kontrollieren und gegebenenfalls Fehler gegenüber

4.228

---

327 Bankrechts-Handbuch, § 47 Rn 12.
328 BGH WM 1995, 149, 150.
329 *Schimansky* in Bankrechts-Handbuch, § 47 Rn 12.
330 Bankrechts-Handbuch, § 47 Rn 12.
331 BGH WM 1985, 826.
332 *Häuser*, WM-Festgabe für Hellner, 1995, S. 10, 12; *Schimansky* in Bankrechts-Handbuch, § 47 Rn 9; BGH WM 1995, 149.

der Bank zu beanstanden. Diese Verhaltenspflicht ist in den Grund-AGB ausformuliert worden. Danach hat der Kunde Kontoauszüge und bestimmte weitere Mitteilungen auf ihre Richtigkeit und Vollständigkeit unverzüglich zu überprüfen und etwaige Einwendungen unverzüglich zu erheben (Nr. 11 Abs. 4 AGB Banken). Der Giroverkehr mit seinen massenhaft anfallenden Geschäftsvorgängen kann nur unter dieser Voraussetzung zuverlässig funktionieren[333]. Bei Verletzung dieser Kontrollpflicht kann sich der Kunde wegen positiver Forderungsverletzung schadensersatzpflichtig machen[334]. Der Kunde kann sich auch nicht auf den Wegfall der Bereicherung (§ 818 Abs. 3 BGB) berufen, wenn er einen ihm irrtümlich gutgeschriebenen Betrag für eine sonst nicht geplante Urlaubsreise ausgegeben hat[335]. Er muß vielmehr nach schadensersatzrechtlichen Grundsätzen seiner Bank den von ihm abverfügten Betrag wieder anschaffen, wenn der Irrtum der Bank bei der gebotenen Sorgfalt hätte erkannt werden können (§ 276 BGB).

V. Die Erfüllungswirkung der Kontogutschrift im Valutaverhältnis zwischen Buchgeldzahler und Buchgeldempfänger

4.229 Mit der Gutschriftsbuchung auf dem Girokonto des Buchgeldempfängers erlischt nach der Rechtsprechung des BGH und der ganz überwiegenden Literaturmeinung dessen Zahlungsanspruch aus seinem Valutaverhältnis zum Buchgeldzahler[336]. Denn durch diese Kontogutschrift wird dem Buchgeldempfänger ein **abstraktes Forderungsrecht** aus einem Schuldversprechen oder Schuldanerkenntnis (§§ 780, 781 BGB) verschafft, das vermögensmäßig an die Stelle des durch diese Buchgeldzahlung getilgten Zahlungsanspruchs aus dem Valutaverhältnis tritt. Aus der Sicht des Buchgeldempfängers vollzieht sich also eine Art Schuldnerwechsel.

4.230 Hierbei handelt es sich aber um keine Schuldübernahme im Sinne des §§ 414 ff. BGB, bei der dieselbe Verbindlichkeit vom neuen Schuldner übernommen wird. Denn mit der forderungstilgenden Kontogutschrift wird eine neue (abstrakte) Zahlungsverbindlichkeit für die kontoführende Bank als Schuldnerin begründet. Voraussetzung dieser Erfüllungswirkung ist aber, daß der Buchgeldzahler den geschuldeten Betrag dem Buchgeldempfänger „endgültig zur freien Verfügung" überweist[337].

---
333 BGH WM 1978, 998, 999; OLG Hamm WM 1986, 704, 707.
334 BGH WM 1979, 417, 419; 1985, 905, 907.
335 BGH WM 1978, 998, 999.
336 BGH WM 1972, 309; BFH WM 1988, 252; *Canaris*, Bankvertragsrecht[3], Rn 476; *Palandt/Heinrichs*, § 362 Rn 9.
337 BGH WM 1996, 438, 439.

Nach *Schimansky* bietet es sich an, den Zeitpunkt der Forderungstilgung 4.231
schon auf den Eingang der für die Kontogutschrift bestimmten Deckung
bei der Bank des Buchgeldempfängers vorzuverlegen[338]. Damit wäre zugleich eine dogmatisch saubere Lösung für eine interessengerechte Verteilung des Transportrisikos einer Buchgeldzahlung geboten, auf die der für
Schickschulden geltende § 270 BGB anwendbar ist. Nach dieser Vorschrift müßte der Buchgeldzahler das Insolvenzrisiko der Bank des Buchgeldempfängers tragen, wenn seine Verbindlichkeit erst mit der Kontogutschrift erlischt. Dieses Risiko trägt aber auch nach der herrschenden
Meinung nicht der Buchgeldzahler, sondern der Buchgeldempfänger[339].
Dieser Widerspruch zur gesetzlichen Regelung wird mit einer **Vorverlegung des Tilgungszeitpunkts** schon auf den Eingang der Deckung bei der
Empfängerbank vermieden.

Für diese zeitliche Vorverlegung spricht überdies, daß der Buchgeldempfänger mit dem Eingang der Deckung bei seiner kontoführenden Bank 4.232
bereits den girovertraglichen Herausgabeanspruch (§ 667 BGB) erlangt,
der nach dem BGH girovertraglich dahingehend ausgestaltet ist, daß er
auf Gutschrift auf dem Girokonto gerichtet ist[340]. Der Möglichkeit eines
Widerrufs der Banküberweisung bis zur Gutschrift auf dem Konto des
Buchgeldempfängers kann im übrigen dadurch Rechnung getragen werden, daß der Anspruch aus der Gutschrift durch einen rechtzeitigen Widerruf des Buchgeldzahlers auflösend bedingt angesehen wird[341]. Eine
solche auflösend bedingte Erfüllung wird nach Rechtsprechung und Lehre
für möglich gehalten. Der Eintritt der Bedingung läßt die zunächst durch
die Tilgungswirkung der Kontogutschrift erloschene Geldschuld aus dem
Valutaverhältnis zwischen Buchgeldzahler und Buchgeldempfänger rückwirkend wieder aufleben[342].

---

338 *Schimansky* in Bankrechts-Handbuch, § 49 Rn 48.
339 *Schlegelberger/Hefermehl*, Anh. § 365 Rn 109; *Canaris*, Bankvertragsrecht³,
Rn 476. Nach *Staudinger/Selb* müßte sich der Buchgeldempfänger überdies
ein Verschulden seiner kontoführenden Bank gemäß § 278 BGB anrechnen
lassen, wenn hierdurch die Verschaffung der sich anschließenden Kontogutschrift scheitert (*Staudinger/Selb*, § 270 Rn 8).
340 BGH WM 1978, 58, 59.
341 *Schimansky* in Bankrechts-Handbuch, § 49 Rn 48.
342 *Schimansky* in Bankrechts-Handbuch, § 49 Rn 48.

3. Abschnitt
Gestörte oder fehlerhafte Geschäftsabwicklung

4.233 Die Ausführung eines Überweisungsauftrags kann durch rechtzeitigen Widerruf (I.) oder fehlerhaftes Verhalten der mitwirkenden Kreditinstitute gestört werden, das einen Schadensersatzanspruch entstehen lassen kann (II.). Die Buchgeldzahlungen begründen im übrigen Bereicherungsansprüche, wenn die mit der Gutschriftsbuchung auf dem Girokonto des Buchgeldempfängers verknüpfte Vermögensverschiebung ohne rechtlichen Grund erfolgt ist.

I. Widerruf des Überweisungsauftrags

4.234 Überweisungsaufträge sind grundsätzlich solange widerrufbar, wie der Auftrag noch nicht ausgeführt ist. Der Widerruf wird überwiegend als eine empfangsbedürftige **„Gegenweisung"** im Sinne des § 665 BGB qualifiziert[343]. Denn der widerrufene Überweisungs„auftrag" stellt nach bisherigem Recht eine auftragsrechtliche Weisung im Rahmen des dem Girokonto zugrundeliegenden Girovertragsverhältnisses dar (vgl. § 665 BGB). Ein rechtzeitig erklärter Widerruf bewirkt, daß die mit dem Überweisungsauftrag verbundene Konkretisierung der Überweisungspflicht wieder entfällt[344].

4.235 Die **Zulässigkeit des Widerrufs** richtet sich allein nach dem Girovertragsverhältnis[345]. Ein Rückgriff auf die §§ 649, 671 BGB mit ihrer Kündigungs- oder Widerrufsmöglichkeit durch entsprechende Anwendung dieser Bestimmung scheidet deshalb aus.

4.236 Die Widerrufsmöglichkeit kann AGB-mäßig nicht wirksam ausgeschlossen werden; hierin läge eine unangemessene Benachteiligung des überweisenden Girokunden[346].

---
343 BGH WM 1988, 321, 322; *Hadding/Häuser*, WM 1988, 1149, 1153.
344 *Hadding/Häuser*, WM 1988, 1149, 1153.
345 *Hadding/Häuser*, WM 1988, 1149, 1153; *Schimansky* in Bankrechts-Handbuch, § 49 Rn 8; vgl. i.Erg. ebenso BGH WM 1988, 321. Zur Unwirksamkeit des formularmäßigen Ausschlusses der Widerrufbarkeit vgl. BGH WM 1984, 986.
346 BGH WM 1984, 986, 987 hinsichtlich „unwiderruflicher" Überweisungsaufträge im Zusammenhang mit sog. Finanzierungsbestätigungen für Fertighaushersteller (vgl. hierzu *Lauer*, WM 1985, 705 ff.).

1. Zeitliche Wirksamkeitsgrenze

Der Überweisungsauftrag ist nach einhelliger Meinung **unwiderruflich, wenn** er **ausgeführt** worden ist. Dies ist spätestens der Fall, wenn die Gutschriftsbuchung auf dem Girokonto des Buchgeldempfängers erfolgt ist[347]. Wird deshalb der Überweisungsbetrag nur einem bankinternen Zwischenkonto (CpD) gutgebracht, bleibt die Überweisung widerruflich[348].

4.237

Wird der Betrag dem Empfängerkonto gutgeschrieben, ist aber die Wertstellung auf einen späteren Zeitpunkt datiert, so schiebt dies den Widerrufszeitpunkt nicht hinaus[349]. Die Wertstellung ist nicht für das Wirksamwerden der Gutschrift, sondern für den Beginn der Zinsberechnung maßgeblich.

4.238

Für die Frage, ob ein Widerruf wirksam geworden ist, kommt es entscheidend darauf an, wann die Gutschrift auf dem Girokonto des Buchgeldempfängers wirksam geworden ist[350]. Ist deshalb die Kontogutschrift nur unter „Eingang vorbehalten" erteilt worden, so muß der Widerruf noch beachtet werden[351].

4.239

Das für die Unwiderruflichkeit maßgebliche **Wirksamwerden der Kontogutschrift** hängt davon ab, ob die Kontogutschrift manuell oder wie heute fast regelmäßig im Wege der elektronischen Datenverarbeitung (EDV) erfolgt. Bei manueller Bearbeitung wird die Kontogutschrift mit dem Buchungsvorgang wirksam. Keine einhellige Meinung besteht über das Wirksamwerden einer EDV-mäßigen Kontogutschrift. Hier sollte einheitlicher Zeitpunkt die sog. autorisierte Abrufpräsenz sein, also der Zeitpunkt, in dem die kontoführende Bank die Daten der Kontogutschrift für eine vorbehaltlose Bekanntgabe an den Buchgeldempfänger zur Verfügung gestellt hat – Rn 4.54.

4.240

2. Kein Direktwiderruf des Überweisenden

Bei einer **außerbetrieblichen Überweisung** kann der Überweisende nur gegenüber seiner Bank als Erstbeauftragte widerrufen. Der Widerruf als eine girovertragliche (Gegen-)Weisung kann nur vom Auftraggeber als

4.241

---

347 BGH WM 1988, 321, 322; OLG Köln ZIP 1993, 1540; OLG München WM 1995, 1017, 1019.
348 BGH WM 1986, 1182, 1183.
349 *Hadding/Häuser*, WM 1988, 1149, 1154 m.w.Nachw.; *Schimansky* in Bankrechts-Handbuch, § 49 Rn 8.
350 BGH WM 1988, 321, 322.
351 OLG Frankfurt WM 1983, 162, 163.

Vertragspartner des zugrundeliegenden Giroverhältnisses erklärt werden[352].

4.242 Einen unwirksamen Direktwiderruf darf insbesondere nicht die Bank des Buchgeldempfängers beachten, weil sie diesem die Gutschrift mit Eingang der Deckung schuldet. Die Empfängerbank könnte regelmäßig auch nicht die Legitimation des Widerrufenden überprüfen. Die Unzulässigkeit des Direktwiderrufs vermeidet also einen kaum lösbaren Konflikt mit dem Anspruch des Buchgeldempfängers auf die Kontogutschrift sowie praktische Buchungs- und Überwachungsprobleme[353].

4.243 Die erstbeauftragte Bank ist ihrerseits verpflichtet, den ihr gegenüber erklärten Widerruf grundsätzlich an die in der Girokette nachgeordnete Bank weiterzuleiten mit der Folge, daß der Widerruf in der Girokette die gleichen Stationen wie der Überweisungsauftrag zu durchlaufen hat.

4.244 Einen solchen Widerruf will zwar die Theorie des Netzvertrages allen Beteiligten am Überweisungsverkehr ermöglichen[354]. Diese Theorie ist aber nicht praktikabel[355].

4.245 Die **Weiterleitung des Widerrufs** über die Stationen des Überweisungsauftrages reduziert freilich die Chance eines rechtzeitigen Eintreffens vor der Gutschriftsbuchung auf dem Girokonto des Buchgeldempfängers auf ein Minimum. Die für das Interbankenverhältnis geltenden „Vereinbarungen zum Überweisungsverkehr"[356] wie auch die „Richtlinien für den beleglosen Datenträgeraustausch"[357] sehen deshalb einen Direktwiderruf der erstbeauftragten Bank gegenüber der kontoführenden Bank des Buchgeldempfängers vor. Danach sind solche „Rückrufe" unter Verwendung standardisierter Vordrucksätze brieflich oder unter Verwendung des Vordruckbildes mit Telefax zu übermitteln. Die in dem Vordruck anzugebenden Daten können auch per Telegramm, Telex und Teletext übermittelt werden.

3. Rechtsfolgen eines wirksamen Widerrufs

4.246 Ein rechtzeitiger Widerruf gegenüber der erstbeauftragten Bank durch den Überweisenden läßt die Wirkungen des Überweisungsauftrages für die

---

352 BGH WM 1988, 321, 322; *Hadding/Häuser*, WM 1988, 1149, 1154.
353 *Schröter*, ZHR 151 (1987), 143; *Schimansky* in Bankrechts-Handbuch, § 49 Rn 9.
354 *Möschel*, AcP 186 (1986), S. 187, 228 ff.
355 *Schwark*, ZHR 151 (1987), 325, 339; *Hadding/Häuser*, WM 1988, 1149, 1154 f.
356 Abgedruckt WM 1991, 925, 926.
357 *Gößmann* in Bankrechts-Handbuch, § 52 Rn 14.

Zukunft entfallen (**ex nunc**). Würde die Bank die Überweisung gleichwohl noch ausführen, würde sie ohne eine Weisung des Kontoinhabers handeln.

Bei der **Rückabwicklung** des widerrufenen Überweisungsauftrages sind die Bank des Überweisenden und auch die nachgeschalteten Zwischenbanken[358] gehalten, sich darum zu bemühen, daß ihnen von der in der Girokette nachgeordneten Bank der Überweisungsbetrag wieder gutgeschrieben wird. 4.247

Die Empfängerbank ist ihrerseits zur Herausgabe der erhaltenen Deckung verpflichtet (§§ 667, 675 BGB). Hierdurch wird die Voraussetzung dafür geschaffen, daß der dem Überweisenden bereits als Vorschuß belastete Betrag seinem Girokonto wieder gutgeschrieben werden kann. Erlangt die Überweiserbank den Betrag zurück, hat sie ihn an den Überweisungsauftraggeber im Wege einer Wiedergutschrift auf seinem Girokonto herauszugeben (§ 667 BGB). Schlägt dieser Versuch fehl, hat die Überweiserbank dem Kunden ihre Ansprüche gegen die in der Überweisungskette nachgeordnete Bank abzutreten. 4.248

Zu dieser Abtretung ist die Überweiserbank nach Auftragsrecht verpflichtet (§ 667 BGB). Zu dem „aus der Geschäftsbesorgung Erlangten" gehören auch Ansprüche, die der Geschäftsbesorger im Zusammenhang mit der Geschäftsbesorgung gegen Dritte erlangt hat[359]. 4.249

Die girovertragliche Pflicht zur Wahrung des Kundeninteresses erschöpft sich freilich nicht in dieser Abtretung des Rückforderungsrechts aus dem Interbankenverhältnis. Sie hat vielmehr im Rahmen ihrer Möglichkeiten auch die für eine – nur dem Kunden obliegende – gerichtliche Geltendmachung notwendigen Informationen zu beschaffen, insbesondere nach den Gründen für das Mißlingen des Auftrags und nach dem Verbleib des Überweisungsbetrages zu forschen[360]. Der Kunde kann freilich nicht die Rückgängigmachung der Belastungsbuchung verlangen, die seine Bank als Deckung des weitergeleiteten Überweisungsauftrages vorgenommen hat[361]. Dies würde auf eine Garantiehaftung der erstbeauftragten Bank für die Gutschrift durch eine andere Bank hinauslaufen[362]. Zu der neuen Rechtslage nach dem Überweisungsgesetz vom 21. 7. 1999 vgl. Rn 4.101 ff.; 7.66 ff. 4.250

---

358 *Schimansky* in Bankrechts-Handbuch, § 49, Rn 35.
359 Vgl. *Palandt/Sprau*, § 667 Rn 3.
360 *Schimansky* in Bankrechts-Handbuch, § 49 Rn 13.
361 *Schimansky* in Bankrechts-Handbuch, § 49 Rn 13.
362 BGH NJW 1991, 2210 = WM 1991, 797 = ZIP 1991, 892 für die Auslandsüberweisung.

II. Schadensersatzpflicht wegen fehlerhafter Auftragsausführung in der mehrgliedrigen Girokette

4.251 Wird ein Überweisungsauftrag nicht ordnungsgemäß ausgeführt, so kann bei einer schuldhaften Pflichtverletzung ein Schadensersatzanspruch entstehen. Eine solche fehlerhafte Auftragsausführung liegt insbesondere vor, wenn ein in der Girokette stehendes Kreditinstitut schuldhaft versäumt, die girovertraglich geschuldete Leistung in der angemessenen Bearbeitungsfrist zu erbringen. Die hierdurch verzögerte Kontogutschrift kann dem Buchgeldzahler z.B. die Möglichkeit des Abzugs eines Skontos nehmen, den ihm der Buchgeldempfänger beim Abschluß des Kaufvertrages für die Zahlung innerhalb einer bestimmten Frist konzediert hat.

4.252 Die Begründung eines solchen Schadensersatzanspruchs berührt rechtsdogmatische Grundfragen in den Fällen, in denen die fehlerhafte Bearbeitung nicht von der eigenen Bank (**Überweiserbank**), sondern von einer ihr nachgeschalteten Bank (**Zwischenbank**) zu verantworten ist. In diesen Fällen besteht zwischen dem Buchgeldzahler und der seiner Bank nachgeordneten Zwischenbank keine Vertragsbeziehung, auf die ein solcher Schadensersatzanspruch gestützt werden könnte. Denn die Überweiserbank handelt im eigenen Namen, also nur für Rechnung ihrer Girokunden. Dasselbe gilt für die Überweisungsaufträge, die die Zwischenbanken den in der Girokette nachgeschalteten Banken erteilen[363]. Mit Rücksicht auf die fehlende girovertragliche Rechtsbeziehung entfällt deshalb eine Haftung dieser Zwischenbanken gegenüber dem Buchgeldzahler als Überweisungsauftraggeber[364].

4.253 Diese Rechtslage ist für grenzüberschreitende Überweisungen in der Europäischen Union grundlegend durch das Überweisungsgesetz vom 21. 7. 1999 geändert worden, mit dem die EG-Überweisungsrichtlinie 97/5/EG vom 27. Januar 1997 umgesetzt worden ist[365]. Danach haftet die erstbeauftragte Bank auch für Verschulden der in der Überweisungskette nachgeordneten Kreditinstitute wie für eigenes Verschulden (§ 676c Abs. 1 BGB). Das Überweisungsgesetz erstreckt sich jedoch auf inländische Giroüberweisungen ohne jegliche Auslandsberührung erst ab 1. Januar 2002. Die EG-Überweisungs-Richtlinie und das Überweisungsgesetz sind im 7. Teil, Rn 7.66 ff. im einzelnen dargestellt.

4.254 Die Überweiserbank haftet für ein Verschulden der in der Girokette nachgeschalteten Banken auch nicht aus dem Gesichtspunkt der Haftung für den Erfüllungsgehilfen (§ 278 BGB). Diese **Zwischenbanken** sind nach bis-

---

363 Vgl. *Canaris*, Bankvertragsrecht³, Rn 387.
364 *Schimansky* in Bankrechts-Handbuch, § 49 Rn 35.
365 Vgl. ZIP 1999, 676.

herigem Recht **keine Erfüllungsgehilfen** der Überweiserbank[366]. Die Überweiserbank schuldet ihrem Girokunden nur die ordnungsgemäße Weiterleitung des ihr erteilten Überweisungsauftrages. Diese Verpflichtung hat sie damit erfüllt, daß sie eine andere Zwischenbank beauftragt und dieser die erforderliche Deckung zur Verfügung stellt[367]. Deshalb kann der Überweiserbank ein schuldhaftes Verhalten der ihr nachgeordneten Bank nicht zugerechnet werden.

Die Überweiserbank im mehrgliedrigen Giroverkehr trifft auch keine Garantiehaftung für die Herbeiführung des Überweisungserfolgs. Anderenfalls würden der Überweiserbank insbesondere im grenzüberschreitenden Zahlungsverkehr Risiken aufgebürdet, die für sie weder beherrschbar noch überschaubar sind[368]. 4.255

Infolge dieser Rechtslage beim mehrgliedrigen Zahlungsverkehr können die Voraussetzungen für die Drittschadensliquidation oder eines Vertrages mit Schutzwirkungen für Dritte gegeben sein[369]. Es ist freilich sehr **umstritten,** ob der Schadensausgleich im mehrgliedrigen Giroverkehr mit der seit langem anerkannten Rechtsfigur der Drittschadensliquidation[370] erreicht werden kann oder hierzu auch Schutzwirkungen den girovertraglichen Rechtsbeziehungen zwischen den nachgeschalteten Banken der Girokette zugunsten des Überweisenden beigelegt werden können[371]. 4.256

1. Schadensliquidation im Drittinteresse

Den Ersatz des Schadens aufgrund eines Vertrages kann grundsätzlich nur derjenige verlangen, bei dem der Schaden tatsächlich eingetreten ist und dem er rechtlich zur Last fällt. Tritt dagegen der Schaden bei einem Dritten ein, so haftet ihm der Schädiger in der Regel nur nach Delikts- 4.257

---

366 BGH WM 1991, 797, 798; *Kümpel,* WM 1996, 1893, 1894 m.w.Nachw.; *Schimansky* in Bankrechts-Handbuch, § 49, Rn 34; kritisch hierzu *Einsele,* AcP 198 (1998), S. 145 ff.
367 BGH WM 1991, 797, 798; *Schimansky* in Bankrechts-Handbuch, § 49, Rn 12.
368 BGH WM 1991, 797 798.
369 *Hadding,* FS Werner, 1984, S. 165, 169 ff.
370 Die Drittschadensliquidation war schon bei Schaffung des BGB bekannt. Der Gesetzgeber hat jedoch ausweislich der Protokolle zum BGB für den Fall, daß in der Person des Dritten ein Schaden eintritt, unter ausdrücklicher Bezugnahme auf die bereits damals vorhandene Rechtsprechung zur Schadensliquidation im Drittinteresse und wegen der Schwierigkeiten bei der Gesetzesformulierung von einer gesetzlichen Regelung abgesehen und damit bewußt diesen Komplex weiterhin der Rechtsprechung überlassen (*van Gelder,* WM 1995, 1253, 1254).
371 *Hadding/Häuser,* WuB I D 1. – 6.88 m.w.Nachw.

recht[372]. Deshalb hat die Rechtsprechung eine Drittschadensliquidation nur in ganz besonders gelagerten Fällen zugelassen. Wenn das durch den Vertrag geschützte Interesse infolge besonderer Rechtsbeziehungen zwischen dem aus dem Vertrag berechtigten Gläubiger und dem Träger der Interessen dergestalt auf den Dritten verlagert ist, daß der Schaden ihn und nicht den Gläubiger trifft, soll letzterer berechtigt sein, den Drittschaden geltend zu machen[373].

4.258 Rechtsprechung und Schrifttum haben **Fallgruppen** für bestimmte Situationen entwickelt, in denen der Schaden typischerweise in der Person eines Dritten entsteht und es hier nicht gerechtfertigt ist, den vertragswidrig handelnden Schädiger auf Kosten des Dritten vom Ersatze des dem letzteren zugefügten Schadens zu entlasten. Diese Sachverhalte können mit dem Stichwort „mittelbare Stellvertretung", „Treuhand", „obligatorische Gefahrentlastung" und „Obhut für fremde Sachen" umschrieben werden[374].

4.259 Einvernehmen besteht im wesentlichen, daß die Drittschadensliquidation auf die Fälle der **mittelbaren Stellvertretung** anwendbar ist[375]. Ein „indirekter" Stellvertreter, wie ihn insbesondere der Kommissionär repräsentiert, handelt im Interesse seines Auftraggebers, aber im eigenen Namen (vgl. § 383 HGB). Deshalb kann ein solcher Stellvertreter, wie insbesondere die Überweiserbank, den in der Person ihres Girokunden als ihrem Auftraggeber entstandenen Schaden wie einen eigenen geltend machen[376]. Der „schadenslose Ersatzanspruch" des mittelbaren Stellvertreters und der „anspruchslose Schaden" des Auftraggebers wird in der Person des mittelbaren Stellvertreters als Gläubiger des Schadensersatzanspruches zusammengezogen, um eine zufällige Schadensverlagerung vom Gläubiger auf den Dritten zu vermeiden[377].

4.260 Diese Voraussetzungen für die Drittschadensliquidation sind auch im mehrgliedrigen Giroverkehr erfüllt[378]. Wie im sonstigen Bankgeschäft

---

372 BGH WM 1996, 1618, 1619.
373 BGH WM 1996, 1618, 1619 m.w.Nachw.
374 van Gelder, WM 1995, 1253, 1259.
375 BGH WM 1996, 1618, 1619; Larenz, Lehrbuch des Schuldrechts, Bd. 1, Allgemeiner Teil, 14. Aufl., 1987, S. 465; van Gelder, WM 1995, 1253, 1259.
376 Schimansky in Bankrechts-Handbuch, § 49 Rn 36; einschränkend Canaris, Bankvertragsrecht³, Rn 26, 45.
377 van Gelder, WM 1995, 1253, 1259.
378 Nach Hadding handelt es sich bei der Drittschadensliquidation im mehrgliedrigen Überweisungsverkehr um einen „vereinbarten" Weg des Ausgleichs von Nachteilen (FS Werner, 1984, S. 165, 182 ff.). Nach Schimansky besteht dagegen kein Bedürfnis einer solchen die rechtliche Begründung unterstützenden „Annahme einer vereinbarten Drittschadensliquidation" (Bankrechts-Handbuch, § 49 Rn 36).

handeln auch hier die Kreditinstitute nicht im Namen ihrer (Giro-)Kunden, sondern im eigenen Namen[379]. In diesen Fällen ist durch die Verletzung einer Vertragspflicht nicht die der Schädigerbank in der Girokette vorgeschaltete Zwischenbank als ihre Auftraggeberin im rechtlichen Sinne, sondern unmittelbar und allein der Girokunde als Buchgeldzahler geschädigt worden. Es geht also um den Ersatz des unmittelbar bei diesem Girokunden entstandenen Schadens[380].

Bei einer solchen Drittschadensliquidation muß sich die anspruchsberechtigte Bank freilich bei der Geltendmachung des Drittschadens eine schuldhafte Mitverursachung des Schadens durch den Überweisenden und dessen Hilfspersonen nach § 254, 278 BGB anrechnen lassen[381]. 4.261

Soweit die schädigende Pflichtverletzung nicht die der Überweiserbank unmittelbar nachgeschaltete Zwischenbank, sondern eine aus der Sicht des Überweisers in der Girokette noch entfernter positionierte Bank begangen hat, kann die dieser Schädigerbank unmittelbar vorgeschaltete Zwischenbank für die Drittschadensliquidation als mittelbare Stellvertreterin des geschädigten Überweisers angesehen werden. Denn für den Schutzzweck der Drittschadensliquidation erscheint es unerheblich, daß diese Zwischenbank wegen ihrer entfernteren Position in der Girokette der Überweiserbank nicht unmittelbar benachbart ist und deshalb in keinem Girovertragsverhältnis zur Überweiserbank steht. Diese Einstufung einer entfernteren Zwischenbank als mittelbare Stellvertreterin des Überweisers als Buchgeldzahler erscheint gerechtfertigt. Denn nach allgemeiner Meinung sind **alle Banken der Girokette** bei der Buchgeldzahlung aus der Sicht des zwischen Buchgeldzahler und Buchgeldempfänger bestehenden Valutaverhältnisses nur Leistungs„mittler" des Buchgeldzahlers als eigentlich Leistendem. Aus wirtschaftlicher Sicht ist also „Auftraggeber" im Sinne der Drittschadensliquidation der Überweiser und keine der in der Girokette stehenden und girovertraglich miteinander verbundenen Banken. Deshalb ist haftungsbegünstigter Dritter bei der Drittschadensliquidation durch eine in der Girokette stehende Zwischenbank stets nur der überweisende Girokunde[382]. Der geschützte Dritte kann deshalb auch 4.262

---

379 *Hadding*, FS Werner, 1984, S. 165, 177 ff. m.w.Nachw.
380 *Larenz*, Lehrbuch des Schuldrechts, Bd. 1, Allgemeiner Teil, 14. Aufl., 1987, S. 466; *Hadding*, FS Werner, 1984, S. 165, 181.
381 BGH WM 1972, 274, 276 m.w.Nachw.; 1989, 1754, 1755; OLG Köln WM 1989, 93, 96.
382 Vgl. *Hadding*, der bei der Darstellung der Drittschadensliquidation ausdrücklich den Fall behandelt, daß die schädigende Pflichtverletzung beim Überweisungsverkehr nicht von der der Überweiserbank unmittelbar nachgeschalteten Bank sondern von der dieser nachgeschalteten („übernächsten") Bank

bei einer erweiterten Drittschadensliquidation eindeutig bestimmt werden. Es werden also keine sonstigen Dritten in einem kontur- und uferlosen „Rundumschutz" in die Drittschadensliquidation einbezogen, deren klare Ausgrenzung gerade als ein dogmatischer Vorteil der Rechtsfigur der „mittelbaren Stellvertretung" als einer unumstrittenen Fallgruppe der Drittschadensliquidation angesehen wird[383].

4.263 Soweit die der Schädigerbank vorgeschaltete Zwischenbank den ihr aus der Drittschadensliquidation erwachsenden Ersatzanspruch nicht selbst geltend machen will, hat sie diesen Anspruch nach auftragsrechtlichen Grundsätzen durch Abtretung „herauszugeben". Denn auch solche Schadensersatzansprüche gehören zu dem „aus der Geschäftsbesorgung Erlangten", das der Beauftragte an seinen Auftraggeber herauszugeben hat (§ 667 BGB)[384]. Mit Rücksicht auf die zwischen den Banken der Girokette jeweils bestehenden eigenständigen Girovertragsverhältnisse (§ 675 BGB) hat aber diese Abtretung ihren Weg über die vorgeschaltete Zwischenbank bis zur Überweiserbank zu nehmen, die den ihr zedierten Schadensersatzanspruch sodann an ihren geschädigten Girokunden abzutreten hat.

4.264 Bei diesem (rückwärts gerichteten) mehrstufigen Zessionsweg ergibt sich eine gewisse Parallele zum Widerruf eines Überweisungsauftrags in einer mehrgliedrigen Girokette. Auch hier ist nach allgemeiner Meinung ein „Direkt"widerruf des Überweisenden etwa an die Empfängerbank als Letztbeauftragte in der Girokette ausgeschlossen. Der Widerruf hat vielmehr in der Girokette die gleichen Stationen wie der Überweisungsauftrag zu durchlaufen.

4.265 Wird dem überweisenden Girokunden der Ersatzanspruch zur eigenen Rechtsverfolgung abgetreten, hat ihn hierbei seine Bank im Rahmen ihrer aus dem Girovertrag herzuleitenden Pflicht zur Interessenwahrung zu unterstützen[385]. Unterbleibt im übrigen die Ausführung des Überweisungsauftrags wegen der Pflichtverletzung einer in der Girokette nachgeschalteten Bank, so ist die Bank des Überweisers verpflichtet, den überwiesenen Betrag bei der ihr nachgeschalteten Zwischenbank zurückzufordern. Der Überweiser kann schließlich die Erstattung des seinem Girokonto belasteten Vorschusses verlangen[386].

---

begangen worden ist. Deshalb könnten auch andere zwischengeschaltete Banken befugt sein, den Schaden des Buchgeldzahlers, „d.h. den Schaden eines Dritten" im Sinne der Drittschadensliquidation geltend zu machen (FS Werner, 1984, S. 165, 174, 175).
383 Vgl. hierzu van Gelder, WM 1995, 1253, 1258, 1260.
384 Staudinger/Wittmann, § 667, Rn 7.
385 Schimansky in Bankrechts-Handbuch, § 49 Rn 13, 36.
386 Hadding/Häuser, ZHR 145 (1981), 138, 152; dies., WuB I D 1. – 6.88.

2. Girovertrag zwischen den beteiligten Kreditinstituten mit Schutzwirkung für den Buchgeldzahler?

Die Geltendmachung eines Schadens des Überweisenden durch seine kontoführende Bank gegenüber den in der Überweisungskette nachgeordneten Banken im Wege der Drittschadensliquidation ist entbehrlich, wenn dem Überweisenden ein **eigener Schadensersatzanspruch** gegen die schadensverursachende Bank in der Überweisungskette zustehen würde. Einen solchen eigenen Schadensersatzanspruch würde der Überweisende erwerben, wenn das Girovertragsverhältnis zwischen seiner Bank und der nachgeordneten Schädigerbank als ein sog. Vertrag mit Schutzwirkung zugunsten des Überweisenden angesehen werden kann[387]. 4.266

Ist dem Girovertrag eine Drittschutzwirkung beizumessen, so verletzt die Schädigerbank ihre Schutzpflichten gegenüber dem Überweisenden mit der Folge, daß dieser einen unmittelbaren Schadensersatzanspruch gegen die Schädigerbank erwirbt. Der Überweisende wäre in diesem Fall nicht darauf angewiesen, daß seine Bank den Schaden im Wege der Schadensliquidation in seinem Interesse geltend macht oder ihm den gegen die Schädigerbank erwachsenden Schadensersatzanspruch abtritt, um die Schädigerbank selbst in Anspruch nehmen zu können. 4.267

Der Schadensersatzanspruch wird bei der Annahme einer Drittschutzwirkung nicht durch das Vermögen der Überweiserbank geleitet und ist deshalb auch nicht Aufrechnungs-, Zurückbehaltungs- und Pfandrechten der Überweiserbank ausgesetzt[388]. Die Rechte des Überweisenden können freilich grundsätzlich nicht weitergehen als die Rechte seiner Bank gegen die Schädigerbank aus dem Girovertragsverhältnis[389]. 4.268

Der **BGH** hat bislang den Geschäftsbesorgungsverträgen im bargeldlosen Zahlungsverkehr **Drittschutzwirkung** nur im Lastschriftverfahren und im Scheckeinzugsverfahren zugemessen[390]. Ein Teil der instanzgerichtlichen Rechtsprechung hat die vertraglichen Schutzwirkungen zugunsten Dritter auf den mehrgliedrigen Überweisungsverkehr übertragen und sich 4.269

---

[387] Nach *van Gelder* ist eine dogmatische Begründung der Rechtsfigur des Vertrages mit Schutzwirkung für Dritte bis heute nicht gelungen (in Bankrechts-Handbuch, § 58 Rn 201; *ders.* in WM 1995, 1253, 1254). Vgl. hierzu auch *Hadding*, FS Werner, 1984, S. 165, 194 und *Schimansky* in Bankrechts-Handbuch, § 49 Rn 36 ff.
[388] *Canaris*, Bankvertragsrecht³, Rn 395.
[389] BGH WM 1988, 246, 248 m.w.Nachw.
[390] BGH WM 1977, 1042 ff.; 1983, 410, 411; WM 1985, 1391, 1393; 1988, 246, 243.

dabei auf die BGH-Rechtsprechung zum Lastschriftverfahren berufen[391]. Nach den literarischen Äußerungen von Mitgliedern des nunmehr zuständigen XI. Senates des BGH steht aber zu erwarten, daß der BGH den girovertraglichen Beziehungen der Banken im Überweisungsverkehr keine Schutzwirkungen zugunsten des Überweisenden beilegen wird. Nach *Schimansky* besteht für eine Ausdehnung von Schutzpflichten umso weniger Anlaß, als auch mit der Drittschadensliquidation vernünftige Ergebnisse erzielt werden können (Rn 4.257)[392].

III. Bereicherungsausgleich beim Girogeschäft

4.270 Wie bei Bargeldzahlungen kann es auch beim bargeldlosen Zahlungsverkehr zu einer (Buchgeld-)Zahlung kommen, auf die der Buchgeldempfänger keinen Anspruch hat. Hier bewirkt die **Buchgeldzahlung** eine nicht gerechtfertigte Vermögensverschiebung zugunsten des Buchgeldempfängers. Die **Korrektur** einer solchen ungerechtfertigten Bereicherung erfolgt durch den gesetzlichen Bereicherungsanspruch (§ 812 BGB), mit dessen Hilfe ein Rechtserwerb rückgängig gemacht werden kann, der zwar rechtsgültig vollzogen ist, aber im Verhältnis zu dem Benachteiligten des rechtfertigenden Grundes (causa) entbehrt. Zu einem solchen Bereicherungsausgleich kommt es auch bei fehlerhaften oder fehlgeschlagenen Banküberweisungen.

4.271 Beauftragt der Bankkunde beispielsweise nach Bezahlung einer Geldschuld seine kontoführende Bank versehentlich nochmals mit der Überweisung dieses Geldbetrages an seinen schon befriedigten Gläubiger, so ist dieser als Buchgeldempfänger um den ihm überwiesenen Betrag auf Kosten des Buchgeldzahlers ohne rechtli-

---

391 OLG Düsseldorf WM 1982, 575, 576; 1987, 1008, 1009; OLG Frankfurt WM 1984, 726, 727. Das OLG München (WM 1988, 373) hat Schutzpflichten der Empfängerbank aus ihrem Vertragsverhältnis mit der Überweisungsbank zugunsten des Überweisenden bejaht. Nach *Hadding/Häuser* wird in der instanzgerichtlichen Rechtsprechung inzwischen eine solche Schutzwirkung für Dritte in den unterschiedlichsten Gestaltungen des Überweisungsverkehrs, wenn auch nicht immer überzeugend, bejaht (WM 1989, 589, 591 Fn 15). Vgl. weiter *Canaris*, Bankvertragsrecht³, Rn 25, 395; *Palandt/Heinrichs* § 328 Rn 17; *Baumbach/Hopt*, BankGesch. Rn C/10. Verneint wird die Schutzwirkung i.Erg. vom OLG Hamm WM 1979, 342; LG Hamburg WM 1981, 754, 755 und LG Frankfurt WM 1982, 1343. Das OLG Schleswig (WM 1984, 549, 550) hat diese Frage dahingestellt sein lassen.
392 Bankrechts-Handbuch, § 49 Rn 36 ff.; vgl. weiter *van Gelder* in Bankrechts-Handbuch, § 58 Rn 210; *ders.*, WM 1995, 1253, 1259; *Jung*, ZEuP, 1996, 659, 670 ff.

chen Grund bereichert. Diese ungerechtfertigte Vermögensverschiebung begründet für den Buchgeldzahler einen betragsmäßig entsprechenden Bereicherungsanspruch gegen den Buchgeldempfänger.

1. Komplexer Bereicherungsausgleich im Mehrpersonenverhältnis

4.272
Der Bereicherungsausgleich beim bargeldlosen Zahlungsverkehr ist jedoch komplexer als bei einer Bargeldzahlung. Wird eine Geldschuld mit Banknoten und Geldmünzen erfüllt, so sind an diesem Tilgungsvorgang regelmäßig nur zwei Personen in Gestalt des Schuldners und Gläubigers beteiligt. Bei einer Buchgeldzahlung wirken dagegen mindestens drei (natürliche oder juristische) Personen mit. Ein solches **Dreiecksverhältnis** ist gegeben, wenn Gläubiger und Schuldner das Girokonto bei derselben Bank unterhalten. Sehr häufig werden aber diese beiden Girokonten als Ausgangspunkt und Endpunkt der Buchgeldzahlung bei verschiedenen Kreditinstituten unterhalten. Hier sind mindestens vier, wenn nicht sogar noch mehr Personen beteiligt, wenn für diesen Zahlungsvorgang weitere Kreditinstitute zwischengeschaltet werden müssen (sog. Girokette).

4.273
Beim Bereicherungsausgleich im Rahmen solcher Mehrpersonenverhältnisse ist deshalb im Einzelfall zu entscheiden, wer von den beteiligten Personen einen Ausgleichsanspruch gegen den ungerechtfertigt Bereicherten erwirbt, weil er als „Leistender" im Sinne des gesetzlichen Bereicherungsanspruches einzustufen ist.

4.274
Vgl. § 812 Abs. 1 Satz 1 BGB:

„Wer durch die Leistung eines anderen oder in sonstiger Weise auf dessen Kosten etwas ohne rechtlichen Grund erlangt, ist ihm zur Herausgabe verpflichtet."

Ist der Leistende im bereicherungsrechtlichen Sinne bestimmt, so kommt dem Tatbestandsmerkmal „auf dessen Kosten" im Sinne des gesetzlichen Tatbestandes der Leistungskondiktion des § 812 BGB keine Bedeutung mehr zu[393].

4.275
Der Bereicherungsausgleich im Mehrpersonenverhältnis ist der im Schrifttum meist diskutierte Fragenkomplex des Bereicherungsrechts, da sich hier die eigentlichen bereicherungsrechtlichen Probleme stellen. Der hier vorzunehmende Ausgleich einer ungerechtfertigten Vermögensverschiebung veranschaulicht zugleich, daß es sich beim bereicherungsrechtlichen Leistungsbegriff nicht um einen faktischen Begriff, sondern einen Rechtsbegriff handelt[394].

---

393 OLG München, WM 1993, 412, 413; *Palandt/Thomas*, § 812 Rn 31.
394 So *Medicus*, Schuldrecht II, Besonderer Teil, 5. Aufl., 1991, S. 332; Münchener Komm. zum BGB/*Lieb*, § 812 Rn 28.

a) Bestimmung der anspruchsbegründenden Leistungsbeziehung

4.276 Mit der Feststellung des „Leistenden" wird zugleich die bereicherungsrechtliche Leistungsbeziehung bestimmt, an der sich der Bereicherungsausgleich zu orientieren hat. Nach gefestigter Rechtsprechung des BGH vollzieht sich der Bereicherungsausgleich in den Fällen der Leistung kraft (An-)Weisung, zu denen auch die Banküberweisung gehört, grundsätzlich **innerhalb** des jeweiligen (fehlerhaften) Leistungsverhältnisses[395].

4.277 Diesem **Grundsatz** liegen mehrere Wertungen zugrunde. Jede Partei eines fehlerhaften Leistungs(Kausal-)verhältnisses soll ihre Einwendungen gegen die andere Partei geltend machen können und vor Einwendungen geschützt werden, die aus dem Rechtsverhältnis ihres Partners zu einem Dritten herrühren. Im übrigen soll jede Partei das Risiko der Zahlungsunfähigkeit derjenigen Person tragen, die sie sich selbst als Partner ausgesucht hat[396].

4.278 Diese bereicherungsrechtlichen Leistungsverhältnisse im Mehrpersonenverhältnis bestimmen sich nach den **Zwecken,** die die Beteiligten mit ihren faktischen Leistungen erreichen wollten. Denn Leistung im bereicherungsrechtlichen Sinne ist „jede auf bewußte und zweckgerichtete Vermögensmehrung gerichtete Zuwendung"[397].

b) Bereicherungsrechtlicher Leistungsbegriff als Rechtsbegriff

4.279 Die Anknüpfung des bereicherungsrechtlichen Leistungsbegriffs an die **Zweckbestimmung** dient dem Ziel, in Mehrpersonenverhältnissen die **Zurechnung** der sich faktisch vollziehenden Vermögensverschiebungen zu der bereicherungsrechtlich relevanten Leistungsbeziehung zu ermöglichen[398].

4.280 **Faktisch** vollzieht sich die bereicherungsrechtliche Vermögensverschiebung durch die dem Buchgeldempfänger erteilte Kontogutschrift[399], da hierdurch seinem Vermögen ein betragsmäßig entsprechender Zahlungsanspruch zuwächst. Denn dieser

---

395 Vgl. WM 1986, 1381, 1382 mit Übersicht der BGH-Rechtsprechung; WM 1994, 1420, 1421 = NJW 1994, 2357.
396 *Canaris,* FS Larenz I, 799, 802 f.
397 BGH WM 1994, 1420, 1421; *Palandt/Thomas,* § 812 Rn 3 m.w. Nachw.; *Blaurock,* NJW 1984, 1, 3.
398 Münchener Komm. zum BGB/*Lieb,* § 812 Rn 23.
399 Nach der Mindermeinung liegt diese ungerechtfertigte Vermögensvermehrung bereits im Eingang des überwiesenen Betrages bei der Bank des Buchgeldempfängers. Denn dieser erwirbt hierdurch den girovertraglichen Herausgabeanspruch (§ 667 BGB), den seine Bank sodann wegen des zugrundeliegenden Girovertragsverhältnisses durch Kontogutschrift erfüllt.

Kontogutschrift liegt ein Schuldversprechen oder Schuldanerkenntnis (§§ 780, 781 BGB) zugrunde.

Beim bereicherungsrechtlichen Leistungsbegriff handelt es sich jedoch um einen **Rechtsbegriff**, für den es entscheidend darauf ankommt, welchen an dem Mehrpersonenverhältnis Beteiligten die faktische Leistung bereicherungsrechtlich zuzurechnen ist. Dies ist im Überweisungsverkehr regelmäßig der Buchgeldzahler und nicht die auf dem Überweisungsweg eingeschalteten Banken. Die Banküberweisung mit ihrem zugrundeliegenden Mehrpersonenverhältnis ist also ein anschauliches Beispiel für ein solches Auseinanderfallen von faktischer Leistung und Leistung im bereicherungsrechtlichen Sinne.

4.281

c) Bereicherungsausgleich im Valutaverhältnis als Regelfall

Kommt es für den bereicherungsrechtlichen Leistungsbegriff entscheidend auf die von den Leistenden getroffene Zweckbestimmung an, so ergeben sich im Regelfall der Ausführung eines wirksamen Überweisungsauftrags **zwei Leistungsbeziehungen.** Die erstbeauftragte Bank erbringt durch die Ausführung des Überweisungsauftrags eine Leistung an ihren Girokunden als Auftraggeber (Buchgeldzahler). Diese Leistungsbeziehung wird als Deckungsverhältnis bezeichnet, weil die Bank als Leistungsschuldner hieraus die „Deckung", d.h. den Gegenwert für ihre Leistung erhält[400]. Zugleich bewirkt der Buchgeldzahler mit dieser an ihn erbrachten Leistung seiner Bank seinerseits eine Leistung an den Buchgeldempfänger dadurch, daß dieser aus der Ausführung des Überweisungsauftrages letztlich eine Kontogutschrift erhält[401]. Diese Leistungsbeziehung zwischen Buchgeldzahler und Buchgeldempfänger wird als Valuta- oder Zuwendungsverhältnis bezeichnet, weil sich hieraus der Rechtsgrund für die „Zuwendung" in Form der Kontogutschrift ergibt.

4.282

Die in der Ausführung des Überweisungsauftrags liegende Leistung der erstbeauftragten Bank stellt gleichzeitig („simultan") eine Leistung der Bank in ihrem Deckungsverhältnis zum Girokunden und eine Leistung des Girokunden in seinem Valutaverhältnis zum Buchgeldempfänger dar. Eine solche **„Simultan"leistung** ist typisch für die Anweisung im Sinne der §§ 783 ff. BGB. Beim Überweisungsauftrag liegt jedoch keine Anweisung im strengen Wortsinne vor[402]. Hieraus

4.283

---

400 *Palandt/Heinrichs,* Einf. v. § 328 Rn 3; *Larenz,* Lehrbuch des Schuldrechts, Bd. 1, Allg. Teil, 14. Aufl., 1987, § 17 I, b, S. 222.
401 BGH WM 1994, 1420, 1421.
402 Vgl. BGH WM 1983, 908, 909. Wegen der Unterschiede des Überweisungsauftrages zur bürgerlich-rechtlichen Anweisung vgl. *Canaris,* Bankvertragsrecht[3], Rn 322.

ergeben sich Parallelen zu den §§ 783 ff. BGB, die das Schrifttum bei der dogmatischen Einordnung der Banküberweisung heranzieht[403].

4.284 Infolge dieser beiden Leistungszwecke der Auftragsausführung durch die erstbeauftragte Bank wird die betreffende Kontogutschrift über das Deckungsverhältnis auf das Valutaverhältnis „umgeleitet" und dort jeweils zur Leistung des Buchgeldzahlers im Rechtssinne[404]. Dieses Valutaverhältnis steht deshalb beim bereicherungsrechtlichen Ausgleich von Buchgeldzahlungen des Giroverkehrs ganz im Vordergrund. Das gilt selbst dann, wenn sowohl das Valutaverhältnis als auch das Deckungsverhältnis zwischen Buchgeldzahler und seiner kontoführenden Bank fehlerhaft ist. Der als besonders problematisch angesehene Fall des sog. Doppelmangels beim Valuta- und Deckungsverhältnis weist also grundsätzlich keine Besonderheiten auf[405].

4.285 Etwas anderes gilt nur, wenn z.B. bei einem infolge rechtzeitigen Widerrufs erloschenen Überweisungsauftrag der Buchgeldempfänger diesen Widerruf im Zeitpunkt der Kontogutschrift kannte. Bei einer solchen „Bösgläubigkeit" kann der Buchgeldempfänger in dieser Gutschrift keine für ihn bestimmte Leistung des Inhabers des belasteten Girokontos, sondern nur das Ergebnis einer irrtümlichen Überweisung der erstbeauftragten Bank erblicken. Stimmen wie in einem solchen Fall die tatsächlichen Zweckvorstellungen des Buchgeldempfängers und der irrtümlich überweisenden Bank nicht überein, so ist nach der BGH-Rechtsprechung eine objektive Betrachtungsweise aus der Sicht des Zahlungsempfängers geboten[406] (Rn 4.306). In diesem seltenen Ausnahmefall ist Gläubiger des Bereicherungsausgleichs die Bank des Inhabers des belasteten Girokontos[407]. Hier spricht man von einer „Durchgriffs"kondiktion, bei der die Bank des belasteten Girokunden einen „Direkt"anspruch gegen den Buchgeldempfänger hat (Rn 4.301).

d) Mitwirkende Kreditinstitute im Regelfall als bloße Leistungs„mittler"

4.286 Besteht wie im Regelfall der Ausführung eines wirksamen Überweisungsauftrages die bereicherungsrechtliche Leistungsbeziehung zwischen Buchgeldempfänger und Buchgeldzahler, so fehlt es hinsichtlich der sich zwischen diesen beiden Personen vollziehenden Buchgeldzahlung an bereicherungsrechtlichen Leistungsbeziehungen zwischen dem Buchgeld-

---

403 Nach *Schimansky* kann das Anweisungsrecht als Argumentationshilfe allenfalls für bereicherungsrechtliche Fehlentscheidungen dienen (Bankrechts-Handbuch, § 49, Rn 4; § 50 Rn 1).
404 *Schnauder*, WM 1996, 1069, 1071.
405 *Schimansky* in Bankrechts-Handbuch, § 50 Rn 2.
406 BGH WM 1989, 315, 316; 1993, 1150, 1151; *Schnauder*, WM 1996, 1069, 1071.
407 BGH WM 1994, 1420, 1421.

empfänger und den hierbei tätig gewordenen Kreditinstituten. Denn die erstbeauftragte Bank will dadurch, daß sie der ihr auf dem Überweisungswege nachgeschalteten Bank Deckung für die dem Buchgeldempfänger letztendlich zu erteilende Kontogutschrift anschafft, eine Leistung an den Buchgeldzahler als ihren Girokunden erbringen[408]. Die jeweilige in der Girokette nachgeschaltete Bank will mit ihrer „Weiterleitung" des überwiesenen Betrages eine Leistung an die ihr vorgeschaltete Bank erbringen, die sie mit dieser Weiterleitung beauftragt hat.

Die beim bargeldlosen Zahlungsverkehr der erstbeauftragten Bank nachgeschalteten Kreditinstitute sind also im Regelfall nur **„Durchgangsstationen"** beim „Transport" des Buchgeldes vom Girokonto des Buchzahlers auf das Girokonto des Buchgeldempfängers. Deshalb sind die Banken in diesen Fallkonstellationen keine potentiell Leistenden im Sinne des § 812 BGB sondern nur Leistungs„mittler"[409]. Die für den bargeldlosen Zahlungsverkehr typischen Mehrpersonenverhältnisse lassen sich deshalb im Überweisungsverkehr praktisch auf das Dreiecksverhältnis Buchgeldzahler, seine kontoführende (erstbeauftragte) Bank und Buchgeldempfänger reduzieren[410]. Dementsprechend kommen als Gläubiger eines Bereicherungsanspruchs vor allem der Buchgeldzahler und seine kontoführende Bank in Betracht. Bereicherungsansprüche kann aber in Ausnahmefällen bei fehlerhaften Überweisungen auch die kontoführende Bank des Buchgeldempfängers gegen ihren Girokunden haben – Rn 4.312 ff.

4.287

2. Buchgeldzahler als Bereicherungsgläubiger

Wie die Bargeldzahlung dient auch die bargeldlose Zahlung im Regelfall der Erfüllung von Geldschulden. Aus wirtschaftlicher Sicht stehen deshalb die Leistungsbeziehung zwischen Buchgeldzahler als Schuldner und Buchgeldempfänger als Gläubiger, also das sog. Valutaverhältnis ganz im

4.288

---

408 BGH WM 1994, 1420, 1421 = NJW 1994, 2357.
409 Nach BGH WM 1977, 1196, 1197 ist auch die kontoführende Bank des Buchgeldempfängers keine Leistungsempfängerin sondern dessen Zahlstelle und damit ebenfalls Leistungsmittlerin. Vgl. weiter *Schimansky* in Bankrechts-Handbuch, § 50 Rn 1; so noch *Larenz*, Lehrbuch des Schuldrechts, Bd. 2, Besonderer Teil, 12. Aufl., 1981, S. 526. Dieselben Grundsätze gelten nach der BGH-Rechtsprechung auch für das Inkasso von Lastschriften als „rückläufige Überweisungen" und von Schecks. Denn die Rechtsfigur der Leistung kraft (An-)Weisung kann bei allen Varianten des bargeldlosen Zahlungsverkehrs als rechtliche Klammer dienen (*Schwark*, ZHR 151 (1987), 325, 342).
410 *Schimansky* in Bankrechts-Handbuch, § 50 Rn 1.

Vordergrund. **Buchungstechnisch** zeigt sich dies vor allem darin, daß Ausgangspunkt des Zahlungsvorgangs das mit dem überwiesenen Betrag belastete Girokonto und Endpunkt das Girokonto des Buchgeldempfängers ist. Der Bereicherungsausgleich hat sich deshalb ganz überwiegend in dem zwischen diesen beiden Kontoinhabern bestehenden (Valuta-)Verhältnis zu vollziehen[411].

4.289 Der Buchgeldzahler erwirbt also wie bei der Bargeldzahlung einen Bereicherungsanspruch gegen den Buchgeldempfänger, wenn der Rechtsgrund für die Zahlung im Valutaverhältnis nach Erteilung der Gutschrift auf dem Konto des Buchgeldempfängers wegfällt. Ein praktisches Beispiel bietet der spätere Wegfall des mit dem Buchgeldempfänger abgeschlossenen Vertrages, der für den Buchgeldzahler die mit der Kontogutschrift getilgte Geldschuld begründete. Dagegen mangelt der Kontogutschrift der rechtliche Grund schon bei ihrer Erteilung, wenn der Buchgeldzahler seinen Gläubiger im Auftragsformular irrtümlich falsch bezeichnet hat und deshalb die irregeleitete Buchgeldzahlung keine Tilgungswirkung im Valutaverhältnis entfalten konnte. Hier ist also Schuldner des bereicherungsrechtlichen Ausgleichsanspruches der durch die irrtümliche Kontogutschrift bereicherte Dritte.

a) Bereicherungsanspruch bei intaktem Valutaverhältnis

4.290 Ein Bereicherungsanspruch des Buchgeldzahlers gegen den Buchgeldempfänger kann auch bei einem intakten Valutaverhältnis entstehen. Dies gilt insbesondere, wenn die Buchgeldzahlung den im Valutaverhältnis getroffenen Absprachen widerspricht. So kann der Buchgeldempfänger Barzahlung verlangen oder ein anderes Girokonto bestimmt haben[412]. Der Bereicherungsanspruch gründet sich in diesen Fällen darauf, daß der mit der Buchgeldzahlung bezweckte Erfolg (Tilgung der zugrundeliegenden Geldschuld) nicht eingetreten ist[413].

b) Bereicherungsanspruch wegen fehlerhaften Deckungsverhältnisses

4.291 Einen Bereicherungsanspruch gegen den Buchgeldempfänger kann der Inhaber des belasteten Girokontos auch bei einem fehlerhaften Deckungsverhältnis zwischen ihm und seiner kontoführenden Bank erwerben. In

---

411 *Schimansky* in Bankrechts-Handbuch, § 50 Rn 9.
412 BGH WM 1983, 907, 908.
413 Zu der Frage, ob der Buchgeldzahler mit diesem Bereicherungsanspruch gegen seine – wegen der fehlgeschlagenen Tilgung – fortbestehende Geldschuld aus dem Valutaverhältnis aufrechnen kann vgl. *Schimansky* in Bankrechts-Handbuch, § 50 Rn 10.

der Praxis gehören hierzu vor allem die **Fälle des Widerrufs** eines „Überweisungsauftrages"[414] oder eines Dauerauftrages[415].

Dieser Widerruf beinhaltet aus der Sicht des dem (Giro-)Konto zugrundeliegenden Girovertragsverhältnisses eine auftragsrechtliche „Gegenweisung". Denn der „Überweisungsauftrag" stellt nach bisherigem Recht eine auftragsrechtliche Weisung (§ 665 BGB) im Rahmen des dem Girokonto zugrundeliegenden Girovertragsverhältnisses dar.

4.292

Eine solche **Gegenweisung** rechtfertigt es aber nicht, die Buchgeldzahlung nicht mehr dem Inhaber des belasteten Girokontos, sondern der nunmehr ohne Auftrag handelnden Bank zuzuordnen. Denn diese Gegenweisung vermag die ursprüngliche Weisung in Form des Überweisungs- oder Dauerauftrages nicht als eine ausreichende Zurechnungsgrundlage zu beseitigen. Deshalb ist die Buchgeldzahlung dem Inhaber des belasteten Girokontos als vermeintlichem Buchgeldzahler zuzuordnen[416]. Die Bank erwirbt hier also keine Bereicherungsansprüche gegenüber dem Buchgeldempfänger, sondern nur gegen ihren Kontoinhaber als ursprünglichen Auftraggeber[417]. Der Bereicherungsausgleich vollzieht sich mithin in dem zwischen dem belasteten Kontoinhaber und seiner Bank bestehenden Deckungsverhältnis.

4.293

In diese Fallgruppe gehören nach *Schimansky* auch sonstige Fälle der nachträglichen Beseitigung des „Überweisungsauftrags", selbst wenn dies wie bei der Anfechtung mit rückwirkender Kraft (§ 142 Abs. 1 BGB) geschieht. Denn auch hier war zunächst ein Zurechnungsgrund vorhanden. Ein solcher ursprünglich wirksam erteilter Überweisungsauftrag rechtfertigt es, diese Leistung dem Inhaber des belasteten Girokontos zuzuordnen. Deshalb ist auch hier der **Bereicherungsausgleich** im Deckungsverhältnis zwischen dem belasteten Kontoinhaber (Anfechtender) und seiner Bank vorzunehmen. Dies entspricht im übrigen dem Grundgedanken der anfechtungsrechtlichen Schadensersatznorm des § 122 BGB[418].

4.294

Eine solche weitestmögliche Zuordnung der Banküberweisung zum Inhaber des belasteten Girokontos entspricht im übrigen dem bereicherungsrechtlichen Begriff der Leistung als einer „auf bewußte und zweckgerichtete Vermögensmehrung gerichteten Zuwendung". Entscheidend ist hier-

4.295

---

414 BGH WM 1983, 907, 908 = NJW 1983, 2501.
415 BGH WM 1984, 423 = NJW 1984, 1348; WM 1984, 890.
416 *Schimansky* in Bankrechts-Handbuch, § 50 Rn 6, § 47 Rn 32.
417 *Schimansky* in Bankrechts-Handbuch, § 50 Rn 6.
418 *Schimansky* in Bankrechts-Handbuch, § 50 Rn 6.

nach die vom Leistenden getroffene **Zweckbestimmung**. Beim bargeldlosen Zahlungsverkehr bezweckt die Bank mit der Auftragsausführung, für den belasteten Girokunden eine Geschäftsbesorgung (§ 675 BGB) zu erledigen und damit diesem die von ihr geschuldete Leistung zu erbringen. Zu dieser Leistung gehört vor allem, daß die Bank den zu überweisenden Betrag der ihr in der Überweisungskette nachgeschalteten Bank als Deckung für die Gutschrift auf dem Girokonto des Buchgeldempfängers anzuschaffen hat. Mit der Erbringung der von ihr girovertraglich geschuldeten Leistung entsteht zwischen der Bank und ihrem Girokunden als Buchgeldzahler eine **Leistungsbeziehung,** an die der Bereicherungsausgleich anknüpft.

c) Fehlerhaftes Valuta- und Deckungsverhältnis (sog. Doppelmangel)

4.296 Sind solche irrtümlichen Ausführungen von Überweisungsaufträgen dem Inhaber des belasteten Girokontos als Buchgeldzahlung zuzurechnen, ist es für den Bereicherungsausgleich grundsätzlich unerheblich, ob nur das Valutaverhältnis oder auch das Deckungsverhältnis zwischen Bank und belastetem Girokunden fehlerhaft ist. Ein solcher sog. **Doppelmangel** liegt beispielsweise vor, wenn ein Dauerauftrag wegen regelmäßig wiederkehrender Zahlungsverpflichtungen erteilt worden ist und nach seinem Widerruf wegen Fortfalls dieser Verbindlichkeiten von der Bank nicht berücksichtigt worden ist[419]. Der Fall des Doppelmangels weist also grundsätzlich keine bereicherungsrechtlichen Besonderheiten auf[420]. (Wegen Ausnahmefällen siehe nachstehend Rn 4.309).

3. Bereicherungsanspruch der Bank des mit der Buchgeldzahlung belasteten Girokunden

4.297 Die Bank des Inhabers des belasteten Girokontos kann je nach den Umständen des Einzelfalles einen Bereicherungsanspruch gegen ihren Girokunden oder ausnahmsweise direkt gegen den Buchgeldempfänger erwerben. Hier stellt sich das wohl am meisten erörterte Problem des Bereicherungsanspruchs im **Dreiecksverhältnis**.

a) Bereicherungsansprüche gegen den belasteten Girokunden

4.298 Die Bank des belasteten Girokunden will diesem mit der Überweisung eine Leistung erbringen, die dem Kunden wiederum als seine Leistung an den Buchgeldempfänger zuzurechnen ist. In keinem Fall bezweckt die

---

[419] BGH WM 1984, 423, 424.
[420] *Schimansky* in Bankrechts-Handbuch, § 50 Rn 2.

Bank also eine eigene Leistung an den Buchgeldempfänger. Die Überweisung soll vielmehr als Leistung der Bank in ihrem (Deckungs-)Verhältnis zum belasteten Girokunden auf das Valutaverhältnis zwischen diesem und dem Buchgeldempfänger „umgeleitet" werden und dort als Leistung des belasteten Girokunden im bereicherungsrechtlichen Sinne einzustufen sein. Aus der Sicht des (Valuta-)Verhältnisses ist folglich auch die erstbeauftragte Bank nur Leistungs„mittlerin", aber keine den überwiesenen Betrag Leistende.

Soweit die Überweisung der Bank dem hiermit belasteten Girokunden **zuzurechnen** ist, liegt hierin eine Leistung an diesen Kunden. Regelmäßig besteht also zwischen beiden ein Leistungsverhältnis. Ist deshalb das Deckungsverhältnis zwischen Bank und belastetem Girokunden fehlerhaft, etwa weil die Bank versehentlich einen rechtzeitig widerrufenen Überweisungsauftrag ausgeführt hat, so erwirbt die Bank gegen ihren Girokunden einen Bereicherungsanspruch. Denn der Bereicherungsausgleich hat sich nach der **BGH**-Rechtsprechung bei einem Mehrpersonenverhältnis grundsätzlich in dem jeweiligen Leistungsverhältnis zu vollziehen[421]. Mit Hilfe dieses Bereicherungsanspruchs kann die Bank sodann den vermögensmäßigen Ausgleich dafür suchen, daß sie wegen des weggefallenen Überweisungsauftrags keinen entsprechenden auftragsrechtlichen Aufwendungsanspruch (§ 670 BGB) gegen ihren Girokunden erworben hat.

4.299

Ein solcher Bereicherungsanspruch der Bank ist vor allem gegeben, wenn die Kontogutschrift **im Valutaverhältnis** zwischen belastetem Girokunden und Buchgeldempfänger **Tilgungswirkung** hatte, der Bankkunde also von seiner Schuld befreit und damit sein Vermögen vermehrt worden ist. Fehlte es im Valutaverhältnis an einer solchen Zahlungsverbindlichkeit, erwirbt die Bank einen girovertraglichen Anspruch gegen ihren Girokunden auf Abtretung seines Bereicherungsanspruchs gegen den Buchgeldempfänger („Doppel"kondiktion statt einstufiger „Durchgriffs"kondiktion)[422].

4.300

b) „Direkt"anspruch der Bank gegen den Buchgeldempfänger („Durchgriffs"kondiktion)

Der Bereicherungsausgleich ist zwischen der Bank und ihrem mit der Buchgeldzahlung belasteten Girokunden nur in den Fällen vorzunehmen, in denen die Überweisung diesem Kunden **als Leistung zuzurechnen** ist mit der Folge, daß diese Leistung über das zwischen beiden bestehende

4.301

---

421 WM 1986, 1381, 1382; 1994, 1420, 1421.
422 BGH WM 1989, 1364, 1367; *Canaris*, Bankvertragsrecht³, Rn 430; *Blaurock*, NJW 1984, 1, 2.

(Deckungs-)Verhältnis auf das (Valuta-)Verhältnis zwischen belastetem Girokunden und Buchgeldempfänger „umgeleitet" wird.

4.302 Ein solcher für den Bereicherungsausgleich „weichenstellender" Leistungsversuch der Bank scheitert in den Fällen, in denen die Überweisung nicht als eine Leistung des belasteten Girkokunden an den Buchgeldempfänger angesehen werden kann. In diesen Fallkonstellationen wird deshalb der Buchgeldempfänger durch die Kontogutschrift nicht auf Kosten des belasteten Girokunden, sondern dessen Bank bereichert. Diese **„Entreicherung" der Bank** als notwendiges Gegenstück zur „Bereicherung" des Buchgeldempfängers beruht darauf, daß die Bank wegen fehlenden Überweisungsauftrages keinen girovertraglichen Aufwendungserstattungsanspruch (§ 670 BGB) erwirbt, der die Verminderung ihres Vermögens infolge der irrtümlichen Überweisung kompensieren könnte. Die Bank erwirbt hier also ausnahmsweise einen Bereicherungsanspruch unmittelbar (direkt) gegen den Buchgeldempfänger.

4.303 Dementsprechend spricht man hier auch vom „Direkt"anspruch der Bank und „Durchgriffs"kondition. Die beiden Ausdrücke werden erst vor dem Hintergrund eines solchen Bereicherungsausgleichs im Dreiecksverhältnis verständlich. Bei einem solchen Mehrpersonenverhältnis kann sich theoretisch der Ausgleich infolge einer ungerechtfertigten Vermögensverschiebung wie im Regelfall auch mittelbar (indirekt) dadurch vollziehen, daß zunächst der belastete Girokunde wegen der dem Buchgeldempfänger erteilten Kontogutschrift auf Kosten seiner Bank bereichert wird. Diese Bereicherung kann sodann die (entreicherte) Bank von ihrem Girokunden nach bereicherungsrechtlichen Grundsätzen herausverlangen.

4.304 Der bei einer solchen **„Durchgriffs"kondiktion** direkt vorzunehmende Bereicherungsausgleich zwischen dem Buchgeldempfänger und der Bank des belasteten Girokunden stellt eine sog. „Nichtleistungs"kondiktion dar. Eine solche ungerechtfertigte Bereicherung ist gegeben, wenn diese nicht „durch die Leistung eines anderen" (sog. Leistungskondiktion), sondern „in sonstiger Weise" erfolgt ist (vgl. § 812 Abs. 1 Satz 1, 2. Alt. BGB). Denn auch in den Fällen eines wegen Zweckverfehlung fehlgeschlagenen Leistungsversuches will die Bank an ihren belasteten Girokunden und nicht an den Buchgeldempfänger leisten[423]. Eine Bereicherung „in sonstiger Weise" kann auch auf einer eigenen Handlung des Gläubigers des Bereicherungsanspruches beruhen, wenn eine Leistungsbeziehung mit dem Berechtigten nicht gewollt ist[424]. Auch die Bank als Bereicherungsgläubigerin will die Überweisung nicht an den Buchgeldempfänger (Bereicherungsschuldner), sondern stets an ihren belasteten Girokunden erbringen.

---

423 BGH WM 1994, 1420, 1421.
424 *Staudinger/Lorenz*, § 812 Rn 29.

Soweit die Bank des Inhabers des belasteten Girokontos einen solchen Direktanspruch gegen den Buchgeldempfänger hat, scheidet eine Nichtleistungskondiktion dieses (zu Unrecht belasteten) Girokunden gegen den Buchgeldempfänger aus. Denn der Empfänger des Buchgelds ist auch nicht „in sonstiger Weise" auf Kosten des hiermit belasteten Kontoinhabers im Sinne des § 812 Abs. 1 Satz 1, 2. Alt. BGB bereichert, da die kontoführende Bank diese Belastungsbuchung stornieren muß. Sie hat wegen Fehlens eines Überweisungsauftrages keinen girovertraglichen Aufwendungserstattungsanspruch (§ 670 BGB) gegen den Kontoinhaber erworben. Deshalb findet die Gutschrift auf dem Konto des Buchgeldempfängers als ein vermögensmehrender Vorgang nicht das erforderliche Gegenstück in einem entsprechenden Vermögensverlust des vermeintlichen Buchgeldzahlers. Der Buchgeldempfänger ist deshalb auf Kosten der Bank und nicht des Inhabers des belasteten Kontos bereichert[425].

4.305

aa) „Bösgläubigkeit" des Buchgeldempfängers

Ein bereicherungsrechtlicher Direktanspruch der Bank des belasteten Girokunden gegen den Buchgeldempfänger ist in dem seltenen Ausnahmefall gegeben, in dem der **Buchgeldempfänger wußte,** daß die Überweisung auf einem fehlerhaften Verhalten der Bank beruht, etwa weil ihm der rechtzeitige Widerruf des zu seinen Gunsten erteilten Überweisungsauftrages bekannt war. Denn aus der konditionsrechtlich maßgeblichen Sicht des (bereicherten) Buchgeldempfängers kann es sich hier um keine Leistung des belasteten Kontoinhabers handeln. Der bereicherungsrechtliche Leistungsbegriff erfordert eine auf **„bewußte und zweckgerichtete Vermögensmehrung gerichtete Zuwendung".** Hat aber der Buchgeldempfänger den rechtzeitigen Widerruf des Überweisungsauftrags durch den hiermit belasteten Kontoinhaber gekannt, kann er in der ihm versehentlich erteilten Kontogutschrift nicht mehr eine Buchgeldzahlung erblicken, mit der der belastete Kontoinhaber eine für ihn bestimmte Leistung bezweckte[426]. Eine solche „Durchgriffs"kondiktion ist deshalb auch in den Fällen gegeben, in denen die überweisende Bank in erheblicher Weise von dem ihr erteilten Überweisungsauftrag abweicht und der Buchgeldempfänger dies weiß[427].

4.306

---

425 Vgl. BGH WM 1994, 1420, 1422, wonach auch die mit der ungerechtfertigten Belastungsbuchung verbundene Beeinträchtigung der jederzeitigen Verfügbarkeit von Giroguthaben nicht im konditionsrechtlichen Sinne mit der Bereicherung des Buchgeldempfängers aus der zu Unrecht erhaltenen Kontogutschrift korrespondiert.
426 Dasselbe gilt nach BGH WM 1986, 1381, 1382 bei fehlerhafter Ausführung eines Überweisungsauftrages durch die Bank (Überweisung des 10fachen Betrages der angewiesenen Summe).
427 BGH WM 1986, 1381, 1382; 1997, 1324, 1325.

4.307 Die „Bösgläubigkeit" des Buchgeldempfängers hinsichtlich des Fortbestandes des ursprünglich erteilten Überweisungsauftrages neutralisiert also dessen Wirkung als Zurechnungsgrund, der bei „Gutgläubigkeit" des Buchgeldempfängers ausreicht, um die versehentliche Kontogutschrift als eine Leistung des belasteten Kontoinhabers einstufen zu können mit der Folge, daß bei einem „gutgläubigen" Buchgeldempfänger der Bereicherungsanspruch dem vermeintlichen Buchgeldzahler zusteht und deshalb ein Direktanspruch der Bank ausgeschlossen ist.

4.308 Diese Abhängigkeit der Zuordnung des Bereicherungsanspruchs von dem Wissen des Buchgeldempfängers und damit den Umständen des Einzelfalls ist ein besonderes anschauliches Beispiel dafür, daß sich nach der BGH-Rechtsprechung bei der bereicherungsrechtlichen Behandlung von Vorgängen, an denen mehr als zwei Personen beteiligt sind, jede schematische Lösung verbietet. Vielmehr ist ein interessengerechter Ausgleich aufgrund der Besonderheiten des Einzelfalls anzustreben[428].

bb) Direktanspruch wegen unzulässiger Zuordnung der Kontogutschrift zum belasteten Girokunden

4.309 Vereinzelt können Überweisungen versehentlich ausgeführt werden, ohne daß die Bank von dem Inhaber des belasteten Girokontos hiermit beauftragt worden ist. In diesen Fällen fehlt es von vornherein an einem ausreichenden Zurechnungsgrund, der die Zuordnung der Überweisung zum belasteten Kontoinhaber rechtfertigen könnte[429]. Die überweisende Bank hat auch hier erfolglos versucht, eine Leistung an den belasteten Girokunden zu erbringen[430]. Bei diesem weiteren Beispiel einer sog. **fehlgeschlagenen Leistung** besteht deshalb keine Leistungsbeziehung zwischen der überweisenden Bank und ihrem Girokunden[431]. Damit mangelt es auch an einer Leistung, die – wie bei Ausführung eines wirksamen Überweisungsauftrages – über das zwischen Bank und ihrem auftragserteilenden Kunden bestehende Deckungsverhältnis auf das zwischen diesem und dem Buchgeldempfänger bestehende Valutaverhältnis „umgeleitet" und dort zu einer (kondiktionsfähigen) Leistung des Buchgeldzahlers an den Buchgeldempfänger im Rechtssinne wird[432]. Ohne eine solche „umleitbare" Leistung der auftragslos handelnden Bank fehlt es aber von

---

428 BGH WM 1989, 1364, 1367; *Palandt/Thomas,* § 812 Rn 65. Nach *Canaris* müsse man aber der Bank einen vom Valutaverhältnis unabhängigen Bereicherungsanspruch gegen ihren Girokunden zuerkennen (Bankvertragsrecht³, Rn 430).
429 BGH WM 1990, 1531, 1532.
430 BGH WM 1994, 1420, 1421.
431 BGH WM 1994, 1420, 1421.
432 BGH WM 1994, 1420, 1421.

vornherein an einer kondiktionsfähigen Leistung des belasteten Kontoinhabers an den Buchgeldempfänger[433]. Dies gilt bei solchen dem belasteten Kontoinhaber nicht zurechenbaren Banküberweisungen selbst dann, wenn sich die Kontogutschrift aus der Sicht des Buchgeldempfängers als eine Zahlung dieses Kontoinhabers darstellt[434].

Hierzu gehören die Fälle einer der Bank anzulastenden versehentlichen doppelten Ausführung eines Überweisungsauftrags, der Zuvielüberweisung, der Überweisung an einen falschen Buchgeldempfänger, des Fehlens eines Überweisungsauftrags, des gefälschten Überweisungsauftrags[435] und der Nichtigkeit des Überweisungsauftrags sowie die Erteilung eines Überweisungsauftrags durch einen nicht bevollmächtigten Dritten[436]. 4.310

Der **Buchgeldempfänger** ist in dieser Fallkonstellation wegen unzulässiger Zuordnung der Überweisung an den belasteten Girokunden auf Kosten der Bank bereichert. Denn diese muß die Belastungsbuchung stornieren, weil sie keinen auftragsrechtlichen Aufwendungserstattungsanspruch erworben hat. Die Gutschrift auf dem Konto des Buchgeldempfängers als einem vermögensmehrenden Vorgang findet deshalb nicht das erforderliche Gegenstück in einem entsprechenden Vermögensverlust des belasteten Girokunden. Der Buchgeldempfänger kann deshalb auch nicht auf Kosten dieses Bankkunden, sondern nur auf Kosten seiner Bank bereichert sein. 4.311

4. Bank des Buchgeldempfängers als Bereicherungsgläubiger

Schließlich kann auch die Bank des Buchgeldempfängers (Gläubigerbank) infolge ihrer Kontogutschrift einen Bereicherungsanspruch gegen den Buchgeldempfänger als ihren Kontoinhaber erwerben. 4.312

Umstritten ist, ob der stornierenden Bank zusätzlich zu dem Bereicherungsanspruch ein mit diesem in Anspruchskonkurrenz stehender vertraglicher Rückzahlungsanspruch zusteht. Bei Bestehen eines solchen vertraglichen Zahlungsanspruches würde der Girokunde trotz Wegfalls der Bereicherung auch bei (unverschuldeter) Unkenntnis der Rechtsgrundlosigkeit rückzahlungspflichtig. Eine solche vertragliche Rückzahlungspflicht würde jedoch die durch §§ 818 Abs. 3, 819 BGB gezogene Opfergrenze überschreiten[437]. 4.313

---

433 BGH WM 1990, 1531, 1532; 1994, 1420, 1421.
434 *Canaris*, JZ 1987, 201.
435 OLG Köln WM 1996, 2007, 2009 (WM 1997, 213, 215); vgl. OLG Naumburg bei Einlösung eines gefälschten Schecks an einen gutgläubigen Schecknehmer (WM 1998, 593, 596).
436 *Blaurock*, NJW 1984, 1, 3; OLG Düsseldorf WM 1993, 1327.
437 *Canaris*, Bankvertragsrecht[3], Rn 434.

a) Leistungsverhältnis zwischen Buchgeldempfänger und seiner Bank

4.314 Die **Gläubigerbank** ist bei eingehenden Überweisungen in einer **doppelten Rolle** tätig. Zum einen bezweckt sie mit der Gutschrift des überwiesenen Betrages auf dem Girokonto des Buchgeldempfängers, den Auftrag der ihr in der Girokette unmittelbar vorgeschalteten Bank zur Erteilung dieser Kontogutschrift auszuführen. Insoweit befindet sich die Gläubigerbank in der Rolle der Letztbeauftragten der ihr in der mehrgliedrigen Überweisungskette vorgeschalteten Banken[438]. Die Gläubigerbank wird hierbei als Beauftragte der ihr unmittelbar vorgeschalteten Bank tätig, der sie wegen des zugrundeliegenden Girovertragsverhältnisses die Erteilung der Kontogutschrift schuldet. Bei einer solchen Kontogutschrift handelt es sich um einen vermögensneutralen und damit bereicherungsrechtlich irrelevanten Zahlungsvorgang, wenn die Gläubigerbank wie im Regelfall von der ihr vorgeschalteten Bank Deckung erhält.

4.315 Die Gläubigerbank ist aber zugleich auch im Rahmen des Girovertrages mit ihrem Kunden zur Entgegennahme der für ihn bestimmten Buchgeldzahlungen ermächtigt[439]. In dieser Rolle bezweckt die Gläubigerbank mit der Kontogutschrift ihre girovertragliche Verpflichtung gegenüber ihrem Kunden zur Herausgabe des für ihn empfangenen Geldbetrages (§§ 667, 675 BGB) zu erfüllen[440]. Aus der Sicht dieser Zweckbestimmung besteht also auch ein bereicherungsrechtliches Leistungsverhältnis zwischen dem Buchgeldempfänger und seiner kontoführenden Bank. Nach der BGH-Rechtsprechung hat jedoch beim Bereicherungsausgleich das zwischen dem Buchgeldempfänger und dem Inhaber des belasteten Girokontos bestehende Leistungs-(Valuta-)Verhältnis den Vorrang vor dem Deckungsverhältnis des Buchgeldzahlers zu seiner kontoführenden Bank. Beim Bereicherungsausgleich steht folglich im Vordergrund die Rolle der kontoführenden Bank als Letztbeauftragte in der Überweisungskette, wie sie von den mitwirkenden Banken als bloße Leistungsmittler gebildet wird. Dagegen tritt die Rolle der Bank als „Zahl"- und „Empfangs"stelle des Buchgeldzahlers als Teilnehmer am bargeldlosen Zahlungsverkehr in den Hintergrund.

4.316 Die Gläubigerbank kann jedoch in bestimmten Fallkonstellationen bei fehlerhaften Kontogutschriften Bereicherungsansprüche auch gegen ihren Kontoinhaber erwerben. Hier vollzieht sich also der **Bereicherungsausgleich** in der Leistungsbeziehung zwischen Buchgeldempfänger und sei-

---

438 *Schimansky* in Bankrechts-Handbuch, § 49 Rn 8, 33.
439 BGH WM 1995, 149; *Hadding/Häuser*, WM 1989, 1149, 1154; *Canaris*, Bankvertragsrecht³, Rn 387.
440 *Schimansky* in Bankrechts-Handbuch, § 47 Rn 12.

ner kontoführenden Bank. Dies gilt insbesondere, wenn der Bank kein Auftrag zur Erteilung dieser Kontogutschrift erteilt worden ist, etwa bei einer irrtümlichen Doppelbuchung oder einer Buchung auf einem falschen Konto[441].

Dieser **Bereicherungsanspruch** der Gläubigerbank besteht **unabhängig** von einem etwaigen Regreßanspruch gegen ihren Kontoinhaber, weil dieser die irrtümliche Kontogutschrift schuldhaft (mit-)verursacht hat. Ein Schaden entsteht der Gläubigerbank nur, soweit ihr Bereicherungsanspruch nicht durchsetzbar ist. Dieser Ersatzanspruch ist also nur subsidiär[442].   4.317

Kein Bereicherungsanspruch ist dagegen gegeben, wenn die Gläubigerbank bei der Gutschriftsbuchung einen rechtzeitigen Widerruf des mit dem überwiesenen Betrag belasteten Kontoinhabers als vermeintlichem Buchgeldzahler übersehen hat, der Überweisung jedoch ein Zahlungsanspruch des Buchgeldempfängers aus seinem Valutaverhältnis zum Buchgeldzahler zugrunde lag und der Buchgeldempfänger den Widerruf nicht kannte[443]. Aus der bereicherungsrechtlich maßgeblichen Sicht des Buchgeldempfängers ist hier die Buchgeldzahlung eine Leistung des ihm schuldenden Buchgeldzahlers in dem zu diesem bestehenden Valutaverhältnis. Der Bereicherungsausgleich hat sich hier also in dem Valutaverhältnis als derjenigen Leistungsbeziehung zu vollziehen, die Vorrang hat gegenüber der Leistungsbeziehung zwischen dem Buchgeldempfänger und seiner Bank aus den zwischen beiden bestehenden Giroverstragsverhältnissen.   4.318

Hier zeigt sich wiederum, daß die Gläubigerbank im Unterschied zu den anderen ihr in der Überweisungskette vorgeschalteten Banken in einer doppelten Rolle bei einem sie berührenden bargeldlosen Zahlungsvorgang tätig ist: letztes Glied (Endbeauftragter) in der Überweisungskette und zugleich Zahlstelle für den Buchgeldempfänger[444]. In ihrer Rolle als **Letztbeauftragte** in der Girokette erbringt sie mit der Kontogutschrift eine Leistung, die sie der ihr vorgeschalteten Bank aufgrund des zu dieser bestehenden Giroverstragsverhältnisses schuldet. Aus der bereicherungsrechtlich maßgeblichen Sicht des Buchgeldempfängers vermittelt dagegen seine Bank die vom vermeintlichen Buchgeldzahler geschuldete Leistung. Die Bank ist deshalb insoweit bei der Erteilung der Kontogutschrift nur Leistungs„mittler" und kein „Leistender" im Sinne der Leistungskondiktion nach   4.319

---

441 BGH WM 1995, 352 = NJW 1995, 1484. Dagegen entfällt der Bereicherungsanspruch, wenn der Bank zwar kein Überweisungsauftrag erteilt worden ist, sie aber die Gutschrift wegen einer Schuldmitübernahme und folglich mit rechtlichem Grund gegenüber dem Kontoinhaber erteilt hat (BGH WM 1972, 283, 285).
442 *Canaris*, Bankvertragsrecht³, Rn 436.
443 BGH WM 1983, 907 = NJW 1983, 2501; *Schimansky* in Bankrechts-Handbuch, § 47 Rn 32, § 50 Rn 6.
444 BGH WM 1995, 149.

§ 812 Abs. 1 Satz 1, 1. Alt. BGB. Die Kontogutschrift weist also eine Parallele zu den sog. Simultanleistungen auf, die typisch für eine Leistung kraft Anweisung im Sinne des § 783 BGB ist[445].

b) AGB-mäßiges Stornorecht

4.320 Soweit die Gläubigerbank infolge der fehlerhaften Gutschriftsbuchung einen Bereicherungsanspruch gegen den Kontoinhaber erworben hat, ist die Bank aufgrund einer AGB-mäßigen Klausel befugt, die Kontogutschrift im Wege der Selbsthilfe durch eine Belastungsbuchung wieder rückgängig zu machen (sog. Stornierung). Diese **Stornoklausel** lautet nach der Neufassung der AGB Banken (Nr. 8 Abs. 1) im Jahre 1993 wie folgt:

4.321 „Fehlerhafte Gutschriften auf Kontokorrentkonten (z.B. infolge einer falschen Kontonummer) darf die Bank bis zum nächsten Rechnungsabschluß durch eine Belastungsbuchung rückgängig machen, soweit ihr ein Rückzahlungsanspruch gegen den Kunden zusteht; der Kunde kann in diesem Fall gegen die Belastungsbuchung nicht einwenden, daß er in Höhe der Gutschrift bereits verfügt hat (Stornobuchung)".

4.322 Solche Stornobuchungen sind also nur auf einem kontokorrentmäßig geführten Girokonto zulässig, da Gutschriftsbuchungen auf diesem Konto Zahlungsansprüche nach §§ 780, 781 BGB begründen und damit stets rechtskonstitutiv sind. Gutschriften auf Spar- und Termingeldkonten sind dagegen nicht rechtsbegründend, sondern deklaratorisch. Guthaben auf diesen Konten werden im Unterschied zu den Girokonten als Darlehen eingestuft, bei denen der Rückzahlungsanspruch zumindest nicht in allen Fällen durch die Kontogutschrift begründet wird, wie dies für Giroguthaben gilt.

4.323 Bei dem Stornorecht handelt es sich nach dem BGH um ein **eigenständiges,** auf dem Girovertrag basierendes **Rückbuchungsrecht,** das seiner Rechtsnatur nach ein Widerrufsrecht darstellt[446]. Mit der Ausübung dieses Widerrufsrechts wird der Zahlungsanspruch des Kunden (§§ 780, 781 BGB), der mit der stornierten Gutschriftsbuchung begründet worden ist, wieder beseitigt. Das Stornorecht soll der Bank ermöglichen, einen Rückgewährsanspruch im Wege der Selbsthilfe durchzusetzen[447].

---

445 *Blaurock,* NJW 1984, 1, 2; Münchener Komm. zum BGB/*Lieb,* § 812 Rn 30; *Schimansky* in Bankrechts-Handbuch, § 49 Rn 4.
446 BGH WM 1978, 998; 1983, 907, 908; *von Westphalen,* WM 1984, 1, 4; *Kümpel,* WM 1979, 378. Nach einem Teil der Literatur handelt es sich bei dem Stornorecht um ein Anfechtungsrecht (vgl. *Bunte* in Bankrechts-Handbuch, § 13 Rn 7 m.w.Nachw.).
447 OLG Zweibrücken WM 1997, 2398, 2399.

aa) Zweck des Stornorechts

Das Stornorecht bezweckt, die mit der Geltendmachung solcher Bereicherungsansprüche der Bank erfahrungsgemäß verbundenen Schwierigkeiten und Risiken zu vermeiden. Hierdurch soll die Rechtsstellung der Bank insbesondere auf eine von den Unsicherheiten des Bereicherungsrechts unabhängige eigenständige Grundlage gestellt werden[448]. Insbesondere kann der Kontoinhaber nicht den Wegfall der Bereicherung (§ 818 Abs. 3 BGB) einwenden[449]. 4.324

Die Ausübung des Stornorechts setzt einen Bereicherungsanspruch der Bank voraus. Die AGB-mäßige Stornoklausel knüpft deshalb das Stornorecht ausdrücklich daran, daß der Bank „ein Rückzahlungsanspruch gegen den Kunden zusteht". Würde dieses Rückbuchungsrecht auch für fehlerhafte Kontogutschriften gelten, in denen der Gläubigerbank kein Bereicherungsanspruch gegen den Kontoinhaber zusteht, so würde die Stornoklausel eine unangemessene Regelung im Sinne der Generalklausel des AGB-Gesetzes darstellen[450]. 4.325

Der kontoführenden Bank steht deshalb kein Stornorecht zu, wenn sie einen Überweisungsauftrag trotz rechtzeitigen Widerrufs ausgeführt und infolgedessen keinen bereicherungsrechtlichen Direktanspruch gegen ihren Kontoinhaber als Buchgeldempfänger hat, der Bereicherungsausgleich vielmehr im Wege der „Doppelkondiktion" vorgenommen werden muß[451] (Rn 4.300). Ein Stornorecht entfällt im übrigen auch in den Fällen, in denen die Bank irrtümlich von einem Vorhandensein ausreichender Deckung ausging. Hier kann die Bank ihren **auftragsrechtlichen Aufwendungserstattungsanspruch** (§ 670 BGB) gegen den ihr in der Überweisungskette vorgeschalteten Auftraggeber geltend machen[452]. 4.326

Kein Fall des Stornorechts ist es, wenn die Bank durch eine Gegenbuchung eine Gutschriftsbuchung berichtigt, die wie z.B. im Lastschrifteinzugsverfahren oder beim Scheckinkasso noch unter dem Vorbehalt des Eingangs des Inkassoerlöses steht und deshalb dem Kontoinhaber im Zeitpunkt der Gegenbuchung noch keinen endgültigen Zahlungsanspruch verschafft hatte[453]. 4.327

---

448 BGH WM 1993, 907, 908.
449 *Canaris*, Bankvertragsrecht³, Rn 455; *Bunte* in Bankrechts-Handbuch, § 13 Rn 14.
450 BGH WM 1983, 907, 908.
451 *Baumbach/Hopt*, Nr. 8 AGB Banken Rn 1 f.
452 *Baumbach/Hopt*, Nr. 8 AGB Banken Rn 2.
453 BGH WM 1974, 1127, 1129.

bb) Zeitliche Befristung des Stornorechts

4.328 Nach der BGH-Rechtsprechung erlischt das Stornorecht mit dem nächsten Rechnungsabschluß des kontokorrentmäßig geführten Girokontos[454]. Die Ansprüche und damit auch der der fehlerhaften Kontogutschrift zugrundeliegende Zahlungsanspruch des Kontoinhabers erlöschen durch den Rechnungsabschluß, so daß dieser Anspruch als Gegenstand des Stornorechts nicht mehr in Betracht kommt[455].

4.329 Mit Rücksicht auf diese BGH-Rechtsprechung befristet die Stornoklausel der AGB das Stornorecht bis zum nächsten Rechnungsabschluß. Statt dessen wird der Bank eine „Berichtigungsbuchung" gestattet, wenn die fehlerhafte Gutschrift erst nach einem Rechnungsabschluß festgestellt wird. Erhebt der Kunde gegen eine solche Berichtigungsbuchung Einwendungen, so wird die Bank den Betrag dem Konto wieder gutschreiben und ihren Rückzahlungsanspruch gesondert geltend machen (Nr. 8 Abs. 2 AGB Banken). Gegenüber diesem Berichtigungsanspruch ist anders als beim Stornorecht der Einwand der weggefallenen Bereicherung (§ 818 BGB) zulässig. Dieser Berichtigungsanspruch stellt deshalb auch keine unangemessene Benachteiligung des Kunden dar[456].

4.330 In dieser Berichtigungsbuchung liegt ein Angebot des Kunden auf Abschluß einer Stornierungsvereinbarung. Widerspricht der Kunde der Belastungsbuchung, so muß diese Buchung rückgängig gemacht werden. Die AGB-Klausel spricht von „Einwendungen" des Kunden gegen die Berichtigungsbuchung, meint hiermit aber ein fehlendes Einverständnis, ohne das die angebotene Stornierungsvereinbarung nicht zustande kommen kann[457]. Hat die Bank die Rückgutschrift erteilt, so kann der Kontoinhaber hierüber gleichwohl nicht verfügen, wenn die Bank dies verweigert (Einrede nach § 821 BGB)[458].

---

454 WM 1978, 998; dagegen hat es der BGH (WM 1983, 907, 908) offengelassen, ob das Stornorecht auch noch nach Beendigung der Geschäftsverbindung geltend gemacht werden kann, weil die AGB bis zur Abwicklung der Geschäftsverbindung fortgelten.
455 *Schimansky* in Bankrechts-Handbuch, § 47 Rn 32. Eine weisungswidrig erteilte Kontogutschrift kann jedoch von der Bank bereicherungsrechtlich nicht zurückverlangt werden, wenn sie gegenüber dem Empfänger nachträglich eine Leistungsbestimmung mit Blick auf das Valutaverhältnis trifft (OLG Stuttgart WM 1989, 945, 947).
456 *Bunte* in Bankrechts-Handbuch, § 13 Rn 18.
457 *Baumbach/Hopt*, Nr. 8 AGB Banken Rn 4; *Bunte* in Bankrechts-Handbuch, § 13 Rn 18.
458 *Baumbach/Hopt*, Nr. 8 AGB Banken Rn 4; *Bunte* in Bankrechts-Handbuch, § 13 Rn 18.

3. Abschnitt: Gestörte oder fehlerhafte Geschäftsabwicklung

Über diese Berichtigungs- und Stornierungsbuchungen wird die Bank den Kunden unverzüglich unterrichten (Nr. 8 Abs. 3 Satz 1 AGB Banken). Bei einer Verletzung dieser Benachrichtigungspflicht kann sich die Bank wegen positiver Forderungsverletzung schadensersatzpflichtig machen. 4.331

Die Bank nimmt solche Buchungen hinsichtlich der Zinsberechnung[459] **rückwirkend** zu dem Tag vor, an dem die fehlerhafte Buchung erfolgte – sog. valutagerechte Buchungen – (Nr. 8 Abs. 3 Satz 2 AGB Banken). Der Kontoinhaber soll wirtschaftlich so gestellt werden, als wäre die stornierte Gutschriftsbuchung nicht geschehen. Eine solche Berichtigungsbuchung ist auch kontokorrentrechtlich zulässig. Denn der zugrundeliegende Bereicherungsanspruch ist auf Rückzahlung von Buchgeld gerichtet[460]. 4.332

Dem Stornorecht steht auch nicht die Auszahlung des auf der irrtümlichen Gutschrift beruhenden Guthabens an den Kontoinhaber entgegen[461]. Im übrigen kann das Stornorecht nach herrschender Meinung auch bei nicht ausreichendem Kontoguthaben ausgeübt werden. Es ist also unschädlich, daß die Stornierung in diesen Fällen einen Schuldsaldo auf dem Girokonto entstehen läßt[462]. 4.333

---

459 Zur Frage der Wirksamkeit dieser Zinsberechnung, wenn die Stornierungs- oder Berichtigungsbuchung zu einem Schuld-(Debet-)Saldo geführt hat vgl. *Bunte* in Bankrechts-Handbuch, § 13 Rn 25 m.w.Nachw.
460 *Canaris*, Bankvertragsrecht³, Rn 433; a.A. *Blaurock* (NJW 1984, 1, 4 Fn 30), der die Kontokorrentfähigkeit verneint, weil der Bereicherungsanspruch nicht auf Geld, sondern auf die Aufhebung des mit der Gutschrift verbundenen abstrakten Schuldversprechens gerichtet ist. Eine solche rein konstruktionsmäßige Betrachtungsweise erscheint jedoch nach *Canaris* im Hinblick auf die Besonderheiten der Giroüberweisung wenig sachgerecht. Besser sei, einen girorechtlich modifizierten und daher von vornherein auf Rückzahlung von Buchgeld gerichteten Anspruch anzunehmen.
461 OLG München WM 1971, 264, 265; LG Berlin WM 1979, 322.
462 Vgl. OLG München WM 1971, 264, 265; OLG Nürnberg WM 1977, 1336; KG KTS 1983, 447, 450; OLG Zweibrücken WM 1997, 2398, 2399; *Baumbach/Hopt*, Nr. 8 AGB Banken Rn 2; *Blaurock*, NJW 1984, 1, 7.

4. Abschnitt
Lastschriftverfahren[463]

I. Grundsätzliches

4.334 Das Lastschriftverfahren ist erst in den sechziger Jahren von der Kreditwirtschaft zu einem einheitlichen Instrument des bargeldlosen Zahlungsverkehrs ausgestaltet worden. Seine wirtschaftliche Bedeutung läßt sich an dem wachsenden Anteil am bargeldlosen Zahlungsverkehr ablesen. Der **Vorläufer** des Lastschrifteinzuges war das **Einziehungsverfahren**, das insbesondere von *Schoele* seit dem Jahre 1920 nachdrücklich gefordert worden ist und dem heutigen Abbuchungsverfahren entspricht[464]. Das Lastschriftverfahren wird mittlerweile ohne größere rechtliche Schwierigkeiten über drei Jahrzehnte praktiziert. Die Diskussion über seine Dogmatik hält aber trotz inzwischen gefestigter Rechtsprechung an[465].

4.335 Auch im **Ausland**, insbesondere in den Mitgliedstaaten der Europäischen Wirtschafts- und Währungsunion werden Lastschriftverfahren praktiziert, die aber untereinander sehr weitgehende Unterschiede aufweisen. Angesichts dessen und des geringen Anteils grenzüberschreitender Lastschriften wird die Regelung dieser Inkassovorgänge zunächst einzelvertraglichen Lösungen vorbehalten bleiben[466].

1. Lastschrift als „rückläufige" Überweisung

4.336 Das Lastschriftverfahren dient wie die Banküberweisung regelmäßig der bargeldlosen Bezahlung von Geldschulden. Ein wesentlicher Unterschied zwischen diesen beiden Instrumenten des bargeldlosen Zahlungsverkehrs besteht aber darin, daß beim Lastschriftverfahren die bargeldlose Zahlung nicht vom Schuldner, sondern vom Gläubiger veranlaßt wird. Beim Lastschriftverfahren verwandelt sich die Geldschuld, wie sie regelmäßig auch einer Banküberweisung zugrunde liegt, von einer Schickschuld zu einer Holschuld[467]. Hierzu reicht der Gläubiger die Lastschrift bei seiner kontoführenden Bank zum Einzug ein. Die Lastschrift wird sodann unmittelbar

---

463 *van Gelder* in Bankrechts-Handbuch, § 56 ff.; *Reiser/Krepold* in Bankrecht und Bankpraxis, Rn 6/300 ff.
464 *Hadding/Häuser*, WM 1983, Sonderbeilage Nr. 1, S. 6.
465 *van Gelder* in Bankrechts-Handbuch, § 57 Rn 1.
466 *Wand*, WM 1995, 2165 ff.
467 BGH WM 1985, 461, 462; *van Gelder* in Bankrechts-Handbuch, § 58 Rn 154.

oder unter Zwischenschaltung anderer Banken der kontoführenden Bank des Schuldners zur Einlösung vorgelegt, die zu einer entsprechenden Belastung des Girokontos des Schuldners führt, wie dies auch bei der Erteilung einer Banküberweisung durch den Schuldner zur Erfüllung seiner Zahlungsverbindlichkeit geschieht.

Wie bei der Banküberweisung bildet sich auch beim Lastschriftverfahren die für den bargeldlosen Zahlungsverkehr typische **Kette von korrespondierenden Kontogutschriften** der bei den am Zahlungsvorgang mitwirkenden Banken; diese Gutschriften bilden die buchungsmäßige und rechtliche Grundlage für die Buchgeldzahlung. Ein deutlicher Unterschied besteht aber darin, daß aus der Sicht des buchungsmäßigen Ablaufs des Lastschriftverfahrens die Bank des Gläubigers (Gläubigerbank) als erstes Glied dieser Gutschriftskette erscheint. Denn die Gläubigerbank erteilt schon bei Einreichung der Lastschrift eine Gutschrift auf dem Girokonto ihres Kunden als Lastschriftgläubiger. Dagegen erscheint die Gutschrift der Bank des Lastschriftschuldners (Schuldnerbank) als letztes Glied dieser Buchungskette. Bei einer Banküberweisung beginnt dagegen diese Gutschriftskette bei der Schuldnerbank und endet bei der Gläubigerbank. Die dem Lastschriftverfahren zugrundeliegende Buchgeldzahlung im Sinne einer geldwerten Leistung des Schuldners an seinen Gläubiger vollzieht sich im übrigen auch beim Lastschrifteinzug zu Lasten des Girokontos des Schuldners und zugunsten des Gläubigerkontos.

4.337

Schoele hat deshalb für den Einzug einer Lastschrift die vom BGH übernommene Bezeichnung „rückläufige" Überweisung verwendet[468]. Mit dieser Terminologie sollte der Tatsache Rechnung getragen werden, daß die Lastschriftzahlung als bargeldloser Zahlungsvorgang der Banküberweisung sehr ähnelt, in ihrem buchungstechnischen Ablauf aber in umgekehrter Richtung verläuft[469].

4.338

2. Vorzüge des Lastschriftverfahrens

Die weitverbreitete Nutzung des Lastschriftverfahrens erklärt sich nicht nur aus seiner **Praktikabilität** und **Eignung für Rationalisierungsmaßnahmen**. Dieses Inkassoverfahren ist auch mit wesentlichen Vorteilen für die Beteiligten verbunden. So hat vor allem der Gläubiger die Möglichkeit der Initiative beim Zahlungseinzug und ist somit nicht mehr darauf angewiesen, die pünktliche Zahlung seiner Schuldner abzuwarten. Das Lastschriftverfahren dient nach dem BGH im wesentlichen dem Interesse des

4.339

---

468 BGH WM 1977, 1042; 1196, 1197; *Hadding/Häuser*, WM 1983, Sonderbeilage Nr. 1, S. 6.
469 *Hadding/Häuser*, WM 1983, Sonderbeilage Nr. 1, S. 4.

Gläubigers an der zügigen und reibungslosen Einziehung seiner Forderungen[470].

4.340 Des weiteren wird die innerbetriebliche Buchhaltung des Gläubigers entlastet. Der pünktliche Zahlungseingang erspart weitgehend die Debitorenbuchhaltung und die Versendung von Mahnschreiben. Schließlich kann der Gläubiger durch EDV-Einsatz den Einzug seiner Außenstände weitgehend rationalisieren.

4.341 Die Vorteile des Schuldners bestehen vor allem in einer wesentlichen Arbeitserleichterung. Er braucht weder Überweisungsaufträge zu erteilen noch Schecks auszustellen oder Fälligkeitstermine zu überwachen, um Skontovergünstigungen nicht zu verlieren oder einen Zahlungsverzug zu vermeiden. Der Zahlungsverpflichtete kann also die Initiative seines Gläubigers zur termingerechten Bezahlung seiner Geldschuld abwarten und braucht lediglich ein entsprechendes Guthaben auf seinem für den Lastschrifteinzug bezeichneten Konto zu unterhalten oder zumindest über einen ausreichenden Überziehungskredit zu verfügen. Im übrigen ist der Schuldner am bargeldlosen Zahlungsvorgang kostenlos beteiligt, während nach allgemeinen Grundsätzen der Schuldner Geld im Zweifel auf seine Kosten und Gefahr dem Gläubiger zu übermitteln hat (§ 270 BGB).

4.342 Das Lastschriftverfahren birgt freilich für den Lastschriftschuldner das **Risiko**, daß sein Konto aufgrund einer Lastschrift belastet wird, ohne daß dem Lastschriftgläubiger eine entsprechende Forderung zusteht. Dieses Risiko darf jedoch nicht überbewertet werden. Im Lastschriftverfahren aufgrund einer dem Gläubiger erteilten Einzugsermächtigung braucht der Schuldner nur dieser Belastung seines Girokontos in angemessener Frist zu widersprechen, damit er von seiner Bank eine entsprechende Wiedergutschrift erhält (Rn 4.360, 4.388). Diese Möglichkeit entfällt nur bei dem in der Praxis selteneren Abbuchungsauftragsverfahren. Hier muß der Schuldner bei einem mißbräuchlichen Lastschrifteinzug oder bei einer nicht vertragsgemäßen Leistung des Gläubigers den seinem Girokonto abgebuchten Betrag unmittelbar von seinem Gläubiger zurückfordern.

4.343 Angesichts der **vielfältigen Vorteile** des Lastschriftverfahrens wird dieses Instrument des bargeldlosen Zahlungsverkehrs weiter expandieren. Es ist besonders geeignet für die Bezahlung wiederkehrender Zahlungsverbindlichkeiten auch unterschiedlicher Höhe wie Steuern, Strom-, Wasser- und Telefonrechnungen, Zeitungsabonnements sowie Versicherungsprämien. Das Lastschriftverfahren wird aber auch bei den kartengesteuerten und -gestützten bargeldlosen Zahlungssystemen, insbesondere beim Einsatz der eurocheque-Karte und der Kreditkarte praktiziert, um dem zahlungs-

---

470 WM 1977, 1042; 1989, 520, 521; 1996, 335, 336.

berechtigten Vertragspartner des Karteninhabers den geschuldeten Betrag durch eine Gutschrift auf seinem Girokonto zu verschaffen.

Die Vorteile des Lastschriftverfahrens für die Kreditinstitute liegen vor allem darin, daß sich der Einzug der Lastschriften für die vollständige Automatisierung durch Austausch elektronischer Datenträger oder durch Datenfernübertragung eignet. Lastschriften, die der kontoführenden Bank des Lastschriftgläubigers mit urkundenmäßigen Belegen („beleghaft") eingereicht werden, sind von dieser sog. ersten Inkassostelle auf EDV-Medien zu erfassen und beleglos unmittelbar der Zahlstelle des Lastschriftschuldners vorzulegen oder beleglos an die in der Inkassokette nachgeschaltete Stelle weiterzuleiten. Zu diesem beleglosen Lastschrifteinzug haben sich die Spitzenverbände der Kreditwirtschaft und der Deutschen Bundesbank in dem Abkommen über den Lastschriftverkehr (LSA) verpflichtet[471].

4.344

3. Dogmatische Grundstrukturen

Das Lastschriftverfahren ist eine Schöpfung der Praxis. Die Gerichte konnten daher nicht auf die überkommene Rechtsprechung zur Banküberweisung und zum Scheckeinzug als den beiden älteren Formen des bargeldlosen Zahlungsverkehrs zurückgreifen. Der BGH hatte aus diesem Grund in Anlehnung an vergleichbare rechtliche Strukturen bei der Banküberweisung und beim Scheckeinzug **neue Rechtsgrundsätze** zu entwickeln, die die Besonderheiten des Lastschriftverfahrens berücksichtigen. Dabei besteht zu einzelnen Rechtsfragen noch keine einhellige Meinung in der Rechtsprechung und im Schrifttum.

4.345

Einvernehmen besteht, daß das Lastschriftverfahren als eine Art des bargeldlosen Zahlungsverkehrs dessen allgemeinen Regelungen unterworfen ist[472]. Zwischen den als Lastschriftgläubiger und -schuldner beteiligten Bankkunden und ihren kontoführenden Kreditinstituten sowie zwischen den beim Lastschrifteinzug mitwirkenden Kreditinstituten bestehen Girovertragsverhältnisse, die als Geschäftsbesorgungsverhältnisse mit dienstvertraglichem Einschlag (§§ 675, 611 BGB) einzuordnen sind[473]. Wie bei allen Formen des bargeldlosen Zahlungsverkehrs sind also auf die Vertragsverhältnisse zwischen den Beteiligten vor allem die Vorschriften

4.346

---

471 Das LSA ist abgedruckt bei *Reiser/Krepold* in Bankrecht und Bankpraxis, Rn 6/311 ff.
472 *Van Gelder* in Bankrechts-Handbuch, § 58 Rn 1.
473 BGH WM 1991, 317.

der entgeltlichen Geschäftsbesorgung (§§ 675, 611 BGB) anwendbar. Eine Ausnahme gilt nur für das Valutaverhältnis zwischen Lastschriftgläubiger und -schuldner, das auch anderen schuldrechtlichen Normen, insbesondere kaufrechtlichen Bestimmungen beim Warenkauf durch den Lastschriftschuldner unterworfen sein kann[474].

a) Einzugsermächtigungsverfahren und Abbuchungsauftragsverfahren mit unterschiedlicher Grundstruktur

4.347 Das Lastschriftverfahren der Kreditwirtschaft, wie es im **Lastschriftabkommen** (LSA) geregelt ist, kennt **zwei Abwicklungsformen**, deren rechtliche Grundstruktur sich deutlich voneinander unterscheidet: das in der Praxis vorherrschende „Einzugsermächtigungs"verfahren und das „Abbuchungsauftrags"verfahren (Abschnitt I Nr. 1 des LSA). Das Einzugsermächtigungsverfahren setzt voraus, daß der Zahlungspflichtige (Schuldner) den Zahlungsempfänger (Gläubiger) schriftlich „ermächtigt", die von ihm zu entrichtenden näher bezeichneten Zahlungen bei Fälligkeit zu Lasten seines Girokontos bei dem hierzu bestimmten Kreditinstitut durch Lastschrift einzuziehen. Beim Abbuchungsauftragsverfahren erteilt der Schuldner dagegen eine generelle Weisung im Sinne der §§ 675, 665 BGB seiner kontoführenden Bank (Zahlstelle), Lastschriften des im Abbuchungsauftrag bezeichneten Gläubigers zu Lasten seines Girokontos im Rahmen einer vorhandenen Deckung einzulösen[475]. Dieses girovertragliche Weisungsrecht entspricht dem Überweisungs„auftrag" im bargeldlosen Überweisungsverkehr[476], der ebenfalls als auftragsrechtliche Weisung im Sinne des § 665 BGB eingeordnet wird[477].

4.348 Der wesentliche **Unterschied zwischen Abbuchungsauftragsverfahren und Einzugsermächtigungsverfahren** besteht in dem Zeitpunkt, in dem die zugrundeliegende Lastschrift als endgültig eingelöst gilt. Beim Abbuchungsauftragsverfahren ist die Lastschrift bereits mit der Belastung des Girokontos des Schuldners endgültig eingelöst („bezahlt"), soweit dies durch seinen „Abbuchungs"auftrag (§ 665 BGB) gedeckt ist und die Belastungsbuchung nach den kreditwirtschaftlichen AGB wirksam geworden ist[478]. Dagegen tritt die endgültige Einlösung der Lastschrift beim Einzugsermächtigungsverfahren wesentlich später ein. Denn die Zahlstelle des Schuldners darf nach dem LSA (Abschnitt III) die von ihr bezahlten

---
474 *van Gelder* in Bankrechts-Handbuch, § 58, Rn 1.
475 BGH WM 1979, 194, 195; *Hadding*, WM 1978, 1366 ff.
476 BGH WM 1979, 194, 195; 1986, 784, 785.
477 *Palandt/Sprau*, § 665 Rn 5.
478 BGH WM 1981, 450, 451; 1996, 335, 337.

Lastschriften der ersten Inkassostelle zur Wiedervergütung zurückgeben, wenn der Schuldner der Belastung seines Girokontos binnen sechs Wochen widersprochen hat. Dem Schuldner steht ein solches Widerspruchsrecht zu, weil die Belastungsbuchung nach gefestigter BGH-Rechtsprechung zu ihrem Wirksamwerden der Genehmigung des Schuldners bedarf[479]. Mit seiner Einzugsermächtigung will der Schuldner seinem Gläubiger nur die Benutzung des Lastschriftverfahrens gestatten, nicht aber das Recht einräumen, unmittelbar über das Guthaben auf seinem Girokonto zu verfügen[480].

b) Vielzahl von nachgeordneten Inkassoverhältnissen

Mit Rücksicht auf die für den bargeldlosen Zahlungsverkehr notwendige Mitwirkung von Kreditinstituten, die auch hier wie üblich im eigenen Namen handeln, vollzieht sich der Lastschrifteinzug auf der Grundlage einer entsprechenden Vielzahl entgeltlicher Geschäftsbesorgungsverhältnisse zwischen den Beteiligten (§§ 675, 611 BGB). So bestehen zwischen Gläubiger und Schuldner vertragliche Beziehungen zu ihren kontoführenden Kreditinstituten. Weitere Geschäftsbesorgungsverhältnisse werden begründet, wenn zwischen der Gläubiger- und Schuldnerbank kein unmittelbares Girovertragsverhältnis besteht und mithin ein oder mehrere andere Kreditinstitute für das Inkassoverfahren zwischengeschaltet werden müssen. Aus rechtlicher Sicht ist von besonderem Interesse das Girovertragsverhältnis zwischen dem Gläubiger und seiner Bank.

4.349

II. Vertragsverhältnis zwischen Gläubiger und seiner Bank

Das Girovertragsverhältnis, wie es zwischen dem Gläubiger und seiner kontoführenden Bank (Gläubigerbank) besteht, gibt dem Gläubiger noch nicht das Recht, Lastschriften zum Einzug einzureichen. Insoweit ergibt sich ein Unterschied zur Einreichung von Schecks zum Inkasso im Rahmen des bargeldlosen Zahlungsverkehrs[481]. Für den **Lastschrifteinzug** bedarf es vielmehr des Abschlusses einer **Inkassovereinbarung**, für die das Kreditgewerbe einen weitgehend vereinheitlichten Mustertext verwendet[482]. Wie beim Einzugsermächtigungsverfahren muß der Schuldner auch beim Abbuchungsauftragsverfahren den Gläubigern den Lastschrift-

4.350

---

479 BGH WM 1987, 895, 896; 1989, 520, 521.
480 BGH WM 1989, 520, 521; *van Gelder* in Bankrechts-Handbuch, § 56 Rn 43.
481 *van Gelder* in Bankrechts-Handbuch, § 58 Rn 2.
482 Abgedruckt bei *Reiser/Krepold* in Bankrecht und Bankpraxis, Rn 6/379a.

einzug gestatten. Dieses ausdrückliche Einverständnis ist nach der Inkassovereinbarung (Nr. 3) erforderlich[483].

4.351 Dagegen bedarf es keiner besonderen Vereinbarung zwischen dem Schuldner und seiner Bank über seine passive Teilnahme am Lastschriftverfahren. Das zwischen beiden bestehende Girovertragsverhältnis ermöglicht dem Bankkunden, über sein Giroguthaben auch dadurch zu verfügen, daß er seinem Gläubiger den Lastschrifteinzug zu Lasten seines Girokontos gestattet[484].

4.352 Die Bank wird vor allem im eigenen Interesse lediglich Kunden von unzweifelhafter Bonität und Seriosität zum Lastschriftverfahren zulassen[485]. Denn die Gläubigerbank erteilt schon bei Einreichung der Lastschriften Gutschriften unter dem Vorbehalt des Eingangs des darin bezifferten Betrages. Über diese sog. E.v.-Gutschriften läßt sie regelmäßig den Gläubiger sofort verfügen. Die Gläubigerbank läuft deshalb Gefahr, bei nicht eingelösten Lastschriften, insbesondere wegen eines Widerspruchs des Schuldners, mit ihrem Rückzahlungsanspruch gegen den Gläubiger infolge seiner Zahlungsunfähigkeit auszufallen[486]. Überdies muß sich die Bank darauf verlassen können, daß der Zahlungsempfänger nur Lastschriften einreicht, wenn er das Lastschriftverfahren als Zahlungsmodus mit seinem Schuldner im Valutaverhältnis vereinbart hat und die der Lastschrift zugrundeliegende Forderung auch fällig ist[487]. Die Akzeptanz des Lastschriftverfahrens und seine Reputation erfordert, lediglich Bankkunden mit einwandfreier Seriosität als Einreicher der Lastschriften zuzulassen[488].

4.353 In der Inkassovereinbarung (Nr. 2) verpflichtet sich der Gläubiger, Lastschriften nur dann zum Einzug einzureichen, wenn ihm eine **schriftliche Einzugsermächtigung** seines Schuldners als Zahlungspflichtigem vorliegt. Die Gläubigerbank kann zwar verlangen, daß ihr der Kunde die erforderliche Einzugsermächtigung seiner Schuldner vorlegt. Hiervon pflegt aber die Praxis wegen des damit verbundenen Aufwandes keinen Gebrauch zu machen. Kreditinstitute brauchen deshalb nach dem BGH auch nicht zu prüfen, ob dem Lastschriftgläubiger Einzugsermächtigungen erteilt worden sind[489]. Wegen dieser fehlenden Prüfpflicht haftet die Gläubi-

---

483 *Reiser/Krepold* in Bankrecht und Bankpraxis, Rn 6/310; *van Gelder* in Bankrechts-Handbuch, § 56 Rn 40.
484 *van Gelder* in Bankrechts-Handbuch, § 56 Rn 40.
485 *Reiser/Krepold* in Bankrecht und Bankpraxis, Rn 6/375; *van Gelder* in Bankrechts-Handbuch, § 58 Rn 3.
486 *Reiser/Krepold* in Bankrecht und Bankpraxis, Rn 6/375; *van Gelder* in Bankrechts-Handbuch, § 58 Rn 3.
487 *Reiser/Krepold* in Bankrecht und Bankpraxis, Rn 6/375.
488 *van Gelder* in Bankrechts-Handbuch, § 58 Rn 3.
489 BGH WM 1977, 1196, 1199.

gerbank der Schuldnerbank, wenn sie eine Lastschrift einzieht, für die dem Schuldner keine Einzugsermächtigung erteilt worden ist[490].

1. Schriftform für die Inkassovereinbarung

Die Inkassovereinbarung sieht im übrigen vor, daß die den Gläubigern zu erteilende Einzugsermächtigung schriftlich erteilt werden muß (Abschnitt I Nr. 1a LSA). Mit dieser Regelung soll einer möglichen Diskreditierung des Lastschriftverfahrens entgegengewirkt werden, die durch mündlich erteilte Einzugsermächtigungen entstehen können. In begründeten Ausnahmefällen kann jedoch die Gläubigerbank unter bestimmten Voraussetzungen mit dem Zahlungsempfänger vereinbaren, daß auch eine nicht schriftlich erteilte Einzugsermächtigung ausreicht. Nach einer Verlautbarung des Bundesaufsichtsamts für das Kreditwesen darf es sich hierbei aber nur um Ausnahmeregelungen handeln wie etwa bei telefonisch aufgegebenen Zeitungsinseraten, deren Entgelte zum Teil nur auf der Basis eines Lastschriftverfahrens eingezogen werden[491].

4.354

2. Erteilung von E.v.-Gutschriften

Die Beträge der Lastschriften werden unmittelbar nach Einreichung dem Girokonto des Gläubigers gutgeschrieben. Diese **Gutschrift** erfolgt unter der **aufschiebenden Bedingung** (§ 158 Abs. 1 BGB) „Eingang vorbehalten" (E.v.-Gutschriften)[492]. Das in einer Kontogutschrift liegende Schuldversprechen (§ 780 BGB) – Rn 4.33 – steht also unter der aufschiebenden Bedingung der **Einlösung** der Lastschrift durch die kontoführende Bank des Schuldners (sog. Zahlstelle)[493].

4.355

Dementsprechend richtet sich die für die Zinsberechnung maßgebliche Wertstellung der Lastschriftgutschrift nach den üblichen Laufzeiten im Einzugsverkehr. Sie können sich regelmäßig auf drei bis fünf Tage nach dem Tag der Einreichung der Lastschrift erstrecken[494]. Diese Wertstellungspraxis ist nach dem BGH nicht zu beanstanden[495]. Sie trägt der Tatsache Rechnung, daß die Gläubigerbank über

4.356

---

490 Vgl. auch Abschnitt 1 Nr. 5 des Lastschriftabkommens.
491 Vgl. *Reiser/Krepold* in Bankrecht und Bankpraxis, Rn 6/315 zu Abschnitt I Nr. 1.
492 *Canaris*, Bankvertragsrecht³, Rn 570; *Reiser/Krepold* in Bankrecht und Bankpraxis, Rn 6/393.
493 *van Gelder* in Bankrechts-Handbuch, § 58 Rn 13; ders., FS Schimansky, 1999, S. 127, 141.
494 *Reiser/Krepold* in Bankrecht und Bankpraxis, Rn 6/395.
495 BGH WM 1997, 1661, 1663.

die Einlösung der Lastschriften von den Zahlstellen keine Nachricht erhält (vgl. Abschnitt I Nr. 7 Abs. 2 LSA) und die Gutschrift zur Vermeidung einer zweiten Buchung aus Rationalisierungsgründen schon bei Einreichung erfolgt, ohne daß der Bank der gutgeschriebene Betrag zugeflossen ist[496]. Diese Praxis enthält eine zulässige Pauschalierung der bis zum Eingang der Deckung vergehenden Zeitspanne, die für beide Seiten im jeweiligen Einzelfall Vor- und Nachteile bringen kann. Da der Lastschrifteinzug vom Gläubiger beleggebunden mit sog. Sammeleinzugsauftrag und beleglos durch Datenträger mit sog. Begleitzettel in Gang gesetzt wird und für die Summe einer darin zusammengefaßten Vielzahl von Lastschriften eine Gesamtgutschrift erteilt wird[497], ist es auch nicht erforderlich, bei der Wertstellung nach Haus-, Filial- und außerbetrieblichen Lastschriften zu differenzieren und damit dem als Massengeschäft konzipierten Lastschriftverfahren einen wesentlichen Rationalisierungsvorteil zu nehmen.

4.357 Bis zur Einlösung der Lastschriften steht aber dem Gläubiger kein Anspruch aus der Gutschrift zu. Die Gläubigerbank braucht deshalb keine Verfügungen über diese E.v.-Gutschriften zuzulassen[498]. Regelmäßig kann aber der Gläubiger zumindest über Teile dieser E.v.-Gutschriften verfügen[499]. Hierin liegt eine Kreditgewährung; bei Nichteinlösung der Lastschrift steht der Bank sodann der darlehensrechtliche Rückzahlungsanspruch (§ 607 BGB) zu[500]. Das hierfür bestimmte „Rückbelastung"recht der Inkassovereinbarung (Nr. 7) hat insoweit nur **deklaratorische Bedeutung**[501]. Wegen des Kreditrisikos solcher vorzeitigen Kontoverfügungen kann die Bank grundsätzlich ihren AGB-mäßigen Anspruch auf Bestellung oder Verstärkung von Sicherheiten (Nr. 13 Abs. 1 AGB Privatbanken) geltend machen[502]. Der Umfang dieses Anspruches richtet sich nicht nur nach dem einzuziehenden Lastschriftvolumen, sondern auch nach dem Bonitätsrisiko des Lastschrifteinreichers[503].

4.358 Mit der Einreichung der Lastschriften gehen zugleich die zugrundeliegenden Forderungen auf die Bank über (Nr. 15 Abs. 2 AGB Privatbanken). Damit erhält die Bank eine direkte Zugriffsmöglichkeit gegen den Lastschriftschuldner, die ihr Ausfallrisiko bei Nichteinlösung der Lastschriften verringern soll[504].

---

496 *van Gelder* in Bankrechts-Handbuch, § 58 Rn 13.
497 *van Gelder* in Bankrechts-Handbuch, § 56 Rn 72.
498 *van Gelder* in Bankrechts-Handbuch, § 58 Rn 13, 22.
499 *Reiser/Krepold* in Bankrecht und Bankpraxis, Rn 6/394.
500 *Canaris*, Bankvertragsrecht³, Rn 572; *van Gelder* in Bankrechts-Handbuch, § 58 Rn 13.
501 *Canaris*, Bankvertragsrecht³, Rn 572.
502 *van Gelder* in Bankrechts-Handbuch, § 58 Rn 22; *Canaris*, Bankvertragsrecht³, Rn 582.
503 *Reiser/Krepold* in Bankrecht und Bankpraxis, Rn 6/394.
504 *van Gelder* in Bankrechts-Handbuch, § 58 Rn 22.

Die E.v.-Gutschrift erstarkt zu einer anspruchsbegründenden Gutschrift 4.359
durch die Einlösung der Lastschrift, mit der die aufschiebende Bedingung
„Eingang vorbehalten" entfällt. Nach den AGB der Kreditwirtschaft sind
Lastschriften wie auch Schecks eingelöst, wenn die hierzu erteilte Belastungsbuchung der Schuldnerbank nicht spätestens am zweiten Bankarbeitstag nach ihrer Vornahme rückgängig gemacht wird. Lastschriften, die über die Abrechnungsstelle einer Landeszentralbank vorgelegt werden, sind eingelöst, wenn sie nicht bis zu dem von der Landeszentralbank festgesetzten Zeitpunkt an die Abrechnungsstelle zurückgegeben werden (Nr. 9 Abs. 2 AGB Privatbanken). Mit dieser Einlösung entfallen auch alle (Eingangs-)Vorbehalte, unter denen die auf dem Inkassoweg erteilten Gutschriften der mitwirkenden Banken stehen[505]. Anders als bei der Ausführung eines Überweisungsauftrags hat also die Belastungsbuchung der Schuldnerbank wegen dieses Wegfalls des mit den Gutschriftsbuchungen verknüpften Eingangvorbehaltes eine rechtskonstitutive Bedeutung[506].

Die **Einlösung der Lastschriften** hat freilich beim Einzugsermächtigungs- 4.360
verfahren keine Endgültigkeit im Sinne der Erfüllung gemäß § 362 Abs. 1
BGB, wie sie für die beabsichtigte Tilgung des Zahlungsanspruchs im
Valutaverhältnis erforderlich ist[507]. Bei diesem Inkassoverfahren steht der
Anspruch aus der bei Lastschrifteinreichung erteilten E.v.-Gutschrift
nicht nur unter der aufschiebenden Bedingung der Einlösung (§ 158
Abs. 1 BGB). Die nach der Einlösung zu einer anspruchsbegründenden
Buchung erstarkende E.v.-Gutschrift steht unter der weiteren auflösenden
Bedingung des Widerspruchs des Kunden gegen die Belastungsbuchung
auf seinem Girokonto (§ 158 Abs. 2 BGB)[508].

Diese **Widerspruchsmöglichkeit** ist jedoch für die Gläubigerbank kein 4.361
ausreichender Umstand, um Verfügungen über die von ihr gutgeschriebenen Beträge selbst dann nicht mehr zuzulassen, wenn die Lastschriften durch die Belastungsbuchung auf dem Girokonto des Lastschriftschuldners als vorläufig eingelöst anzusehen sind. Mit einer solchen restriktiven Handhabung der Verfügungsmöglichkeiten des Lastschrifteinreichers würde seine Liquidität übermäßig beeinträchtigt werden und damit das Einzugsermächtigungsverfahren wesentlich an Attraktivität verlieren[509].

---

505 BGH WM 1981, 450.
506 *Canaris*, Bankvertragsrecht³, Rn 550.
507 *van Gelder* in Bankrechts-Handbuch, § 58 Rn 22.
508 BGH WM 1979, 828, 829; *van Gelder* in Bankrechts-Handbuch, § 58 Rn 22; *Canaris*, Bankvertragsrecht³, Rn 577; *Reiser/Krepold* in Bankrecht und Bankpraxis, Rn 6/393.
509 *Reiser/Krepold* in Bankrecht und Bankpraxis, Rn 6/394.

Mit Rücksicht auf die Funktion des Lastschriftverfahrens hat vielmehr die Gläubigerbank das mit der Widerspruchsmöglichkeit verknüpfte Verlustrisiko hinzunehmen, zumal sie dieses Risiko durch strenge Prüfung der Bonität des Lastschriftträgers weitgehend zu beherrschen vermag[510].

3. Zeitlich unbegrenztes Rückbelastungsrecht

4.362 Nach der Inkassovereinbarung (Nr. 8) kann die Gläubigerbank nicht eingelöste Lastschriften mit der Wertstellung der E.v.-Gutschrift zurückbelasten. Das gilt auch für die Rückbelastung von Lastschriften, die auf einer Einzugsermächtigung beruhen und für die der Zahlungspflichtige nach Belastung des Inkassobetrages auf seinem Konto Wiedergutschrift verlangt, weil er dieser Belastung widersprochen hat. Dieses Rückbelastungsrecht enthält nach herrschender Meinung keine zeitliche Begrenzung[511]. Im Unterschied zum Rückvergütungsanspruch der Schuldnerbank gegen die Gläubigerbank, der nach dem LSA (Abschnitt III. Nr. 2) nur binnen sechs Wochen nach Widerspruch des Schuldners gegen die Belastung seines Girokontos geltend gemacht werden kann, ist also das **Rückbelastungsrecht** der Gläubigerbank aus der Inkassovereinbarung unbefristet. Diese sechswöchige Frist kann sich nicht reflexartig zugunsten des Lastschrifteinreichers auswirken. Denn der Schuldner kann nach der BGH-Rechtsprechung im Einzugsermächtigungsverfahren bis zu deren Genehmigung widersprechen. Diese kann im Einzelfall durchaus erst nach dieser Frist erteilt werden. Die Gläubigerbank kann also von ihrem Rückbelastungsrecht auch dann Gebrauch machen, wenn sie trotz Ablauf der Sechswochenfrist im Einvernehmen mit der Schuldnerbank die Lastschrift zurückgibt[512].

4. Keine Haftung der Gläubigerbank für nachgeordnete Inkassobanken

4.363 Die Gläubigerbank hat die Lastschriften nach ihrer Einreichung unverzüglich auf dem hierfür geeigneten Inkassoweg weiterzuleiten. Mit dieser **Weiterleitung** hat sie ihre Geschäftsbesorgungspflicht erfüllt. Deshalb können die nachgeordneten Inkassobanken auch keine Erfüllungsgehilfen

---

510 *van Gelder* in Bankrechts-Handbuch, § 58 Rn 17; *Canaris*, Bankvertragsrecht³, Rn 582.
511 *Reiser/Krepold* in Bankrecht und Bankpraxis, Rn 6/397; *van Gelder* in Bankrechts-Handbuch, § 58 Rn 17; einschränkend *Canaris*, Bankvertragsrecht³, Rn 578.
512 *van Gelder* in Bankrechts-Handbuch, § 58 Rn 17; einschränkend *Canaris*, Bankvertragsrecht³, Rn 578.

der Gläubigerbank sein, für deren Verschulden sie gemäß § 278 BGB einzustehen hätte[513]. Der Einzugsauftrag des Gläubigers im Lastschriftverfahren ist ein weiteres praktisches Beispiel für die Rechtsfigur des weitergeleiteten Auftrages im Sinne der Nr. 3 Abs. 2 AGB Banken.

III. Vertragsverhältnis zwischen Schuldner und seiner Bank

Der Schuldner kann aufgrund des zu seiner kontoführenden Bank bestehenden Girovertragsverhältnisses ohne weiteres am Lastschriftverfahren teilnehmen. Der Girovertrag beinhaltet auch die Befugnis, über das Kontoguthaben mittels Lastschriften zu verfügen. Anders als im Girovertragsverhältnis zwischen Lastschriftgläubiger und seiner Bank bedarf es also keiner besonderen Vereinbarung über die Teilnahme des Schuldners am Lastschriftverfahren. 4.364

Für die Beurteilung des Vertragsverhältnisses zwischen Schuldner und seiner Bank (Schuldnerbank) ist zwischen dem **Abbuchungsauftragsverfahren** und dem **Einzugsermächtigungsverfahren** zu differenzieren. 4.365

1. Abbuchungsauftragsverfahren

Beim Abbuchungsauftrag beauftragt der Schuldner seine Bank, die von einem bestimmten Gläubiger auf ihn gezogenen Lastschriften zu Lasten seines Kontos einzulösen. Dieser Auftrag ist kein echter Vertrag zugunsten Dritter (§ 328 BGB), aus dem der Lastschriftgläubiger berechtigt wird[514]. Die Schuldnerbank will beim Lastschrifteinzug wie beim Überweisungsauftrag dem Zahlungsbegünstigten keinen eigenen Anspruch verschaffen, sondern sich nur zur ordnungsgemäßen Weiterleitung des Buchgelds verpflichten. Der Abbuchungsauftrag ist lediglich die Legitimierung der Schuldnerbank gegenüber dem Schuldner zur Abbuchung der Beträge von Lastschriften eines bestimmten Gläubigers[515]. 4.366

Der **Abbuchungsauftrag** ist wie der Überweisungsauftrag bei der Banküberweisung eine (General-)Weisung im Sinne der §§ 665, 675 BGB innerhalb des zwischen dem Schuldner und seiner kontoführenden Bank bestehenden Girovertrages[516]. Kraft dieser Weisung ist die Schuldnerbank be- 4.367

---

513 *van Gelder* in Bankrechts-Handbuch, § 58 Rn 21.
514 BGH WM 1986, 784, 785.
515 *van Gelder* in Bankrechts-Handbuch, § 57 Rn 61.
516 BGH WM 1979, 194, 195; 1986, 784, 785; *van Gelder* in Bankrechts-Handbuch, § 57 Rn 64.

rechtigt, die bei ihr eingehenden Lastschriften des im Abbuchungsauftrag bezeichneten Gläubigers durch Belastung des Kontos ihres Kunden einzulösen.

4.368 Mit dem Wirksamwerden dieser **Belastungsbuchung** erlangt die Schuldnerbank den Gegenwert aus der Lastschrift, den sie bestimmungsgemäß aus der Geschäftsführung für die Gläubigerbank oder der ihr in der Inkassokette unmittelbar vorgeschalteten Zwischenbank einziehen sollte (§ 667 BGB)[517]. Nach dem LSA (Abschnitt I Nr. 1) werden die Lastschriftbeträge zugunsten des Gläubigers über sein Kreditinstitut von dem Konto des Schuldners eingezogen. Mit der Belastung des Schuldnerkontos entspricht die Schuldnerbank also nicht nur den Abbuchungsaufträgen, sondern vor allem der Weisung der ihr in der Inkassokette unmittelbar vorgeschalteten Bank zum Lastschrifteinzug[518]. Das Wirksamwerden dieser Belastungsbuchung läßt zugleich alle „Eingang vorbehalten" (E.v.) der auf dem Inkassowege erteilten Gutschriften fortfallen[519]. Damit ist die bargeldlose (Buchgeld-)Zahlung des Schuldners an seinen Gläubiger erfolgt[520]. Die Schuldnerbank hat infolge ihrer Vermittlung dieser Buchgeldzahlung in Höhe des Lastschriftbetrages Aufwendungen gemacht. Der hierdurch begründete Ersatzanspruch (§§ 670, 675 BGB) wird durch die Belastungsbuchung auf dem Schuldnerkonto dokumentiert[521].

4.369 Wie bei sonstigen Verfügungen über Giroguthaben ist die Bank zur **Einlösung** der Lastschrift nur verpflichtet, wenn das Konto des Schuldners ausreichende Deckung aufweist. Nach dem LSA (Abschnitt II Nr. 1b) kann die Bank als Zahlstelle des Schuldners die Lastschrift mangels Deckung auf dem bezeichneten Konto zurückgeben. Teileinlösungen kommen nach dem LSA (Abschnitt I Nr. 7 Abs. 3) nicht in Betracht.

4.370 Weist dagegen das Konto ausreichendes Guthaben auf, so ist die Schuldnerbank zur Einlösung der Lastschriften grundsätzlich auch dann berechtigt, wenn der Gläubiger durch die Inanspruchnahme des Lastschriftverfahrens gegenüber seinem Schuldner pflichtwidrig handelt. Drängen sich dagegen der Schuldnerbank massive Verdachtsmomente auf oder erkennt sie die Lastschrifteinreichung als ein mißbräuchliches Verhalten des Gläubigers, so dürfte ihre Befugnis und Pflicht zur Einlösung der Lastschrift entsprechend den Grundsätzen über den Vollmachtsmißbrauch

---

517 BGH WM 1981, 450, 451.
518 BGH WM 1979, 194, 195; 1981, 450, 451.
519 BGH WM 1979, 194, 195; 1981, 450, 451.
520 *van Gelder* in Bankrechts-Handbuch, § 58 Rn 29.
521 *van Gelder* in Bankrechts-Handbuch, § 58 Rn 31.

entfallen[522]. Im Zweifelsfalle dürfte sich eine Rückfrage beim Schuldner empfehlen[523].

a) Einlösung bei fehlendem Abbuchungsauftrag

Fehlt der Abbuchungsauftrag, so hat die Schuldnerbank die Lastschrift nach dem LSA (Abschnitt II Nr. 1 c) innerhalb der dort vorgesehenen Frist (spätestens an dem auf den Tag des Eingangs folgenden Geschäftstag) zurückzugeben. Denn beim Abbuchungsauftragsverfahren lautet die Weisung der auf dem Inkassoweg vorgeschalteten Gläubigerbank oder Zwischenbank, den Einzug der Lastschrift mit Rücksicht auf den zugunsten des Gläubigers erteilten Abbuchungsauftrag vorzunehmen[524]. Bei fehlendem Abbuchungsauftrag **fehlt** es deshalb an einer **verbindlichen Inkassoweisung**. In der Übersendung der Lastschrift kann aber nach dem BGH unter bestimmten Voraussetzungen das Auftragsangebot der vorgeschalteten Inkassobank liegen, die Lastschrift dennoch vom Schuldner einzuziehen. Dem Interesse des Gläubigers und damit auch der Gläubigerbank entspräche es eher, wenn die Schuldnerbank bei fehlenden Abbuchungsaufträgen zumindest den Versuch unternimmt, die Einlösung der Lastschrift durch Einholung der Zustimmung des Schuldners herbeizuführen, als diese einfach zurückzugeben. Dieses Auftragsangebot nimmt die Schuldnerbank an, wenn sie mit Zustimmung des Schuldners dessen Konto belastet mit der Folge, daß die Lastschrift eingelöst ist[525].

4.371

Diese Rechtsprechung begegnet Bedenken, weil eigentlich jeder Einziehungsauftrag dahingehend auszulegen ist, daß er bei einem etwaigen fehlenden Abbuchungsauftrag als „Antrag auf Abschluß eines besonderen Inkassoauftrages" gewollt ist[526]. Dieser Kritik hat der **BGH** in einer späteren Entscheidung durch eine **zeitlich restriktivere Auslegung** des Einziehungsauftrages Rechnung getragen. Der von ihm unterstellte Inkassoauftrag an die Schuldnerbank, bei Fehlen eines Abbuchungsauftrages die Lastschrift dennoch vom Schuldner einzuziehen, stünde unter dem Vorbehalt, daß die Einholung des Einverständnisses des Schuldners zur Belastung seines Kontos grundsätzlich innerhalb der Rückgabefristen des Lastschriftabkommens möglich ist. Ohne diese zeitliche Befristung wür-

4.372

---

522 *Canaris*, Bankvertragsrecht³, Rn 541; zur Widerspruchsmöglichkeit gegen Einzugsermächtigungslastschriften im Konkurs- oder Vergleichsverfahren des Schuldners vgl. *Rottnauer*, WM 1995, 272 ff.
523 *van Gelder* in Bankrechts-Handbuch, § 58 Rn 35.
524 *Hadding/Häuser*, WM 1983, Sonderbeilage Nr. 1, S. 18.
525 BGH WM 1981, 450, 451; 1979, 996.
526 *Hadding/Häuser*, WM 1983, Nr. 1, S. 19.

de der Zweck der Rückgabefristen vereitelt, Gläubigerbank und Gläubiger so bald wie möglich von der Nichteinlösung zu informieren, um diese vor Schaden zu schützen[527].

4.373 Nach einem Teil des Schrifttums kann in der Belastung des Schuldnerkontos trotz Fehlens eines Abbuchungsauftrags die Einlösung der Lastschrift erblickt werden. Diese gegenüber dem Schuldner unwirksame Kontobelastung geschieht auf Risiko der Schuldnerbank, die selbst noch keine Deckung für die Lastschrifteinlösung erhalten hat. Deshalb kann die Unterstellung eines Einlösungswillens der Schuldnerbank nur in Ausnahmefällen in Betracht kommen, wenn dafür besondere Gründe vorliegen oder die Schuldnerbank zwecks Rationalisierung des Geschäftsbetriebes auf die Prüfung verzichtet, ob ein Abbuchungsauftrag vorliegt[528].

b) Zeitpunkt der Lastschrifteinlösung

4.374 Beim Abbuchungsauftragsverfahren gilt die Lastschrift mit der Belastung des Girokontos des Schuldners als endgültig eingelöst (bezahlt), soweit diese Belastung durch einen von ihm erteilten Abbuchungsauftrag gedeckt ist[529]. Dabei tritt diese **Einlösungswirkung** nach den AGB der Banken nicht schon mit der Belastung des Girokontos, sondern erst zu einem späteren Zeitpunkt ein[530]. Danach sind Lastschriften wie Schecks erst eingelöst, wenn die Belastung des Girokontos nicht spätestens am 2. Bankarbeitstag nach der Belastungsbuchung rückgängig gemacht (storniert) wird (Nr. 9 Abs. 2 S. 1 AGB Banken). Der **Ablauf** dieser zweitägigen **Stornierungsfrist** hat die Einlösung auch dann zur Folge, wenn die Belastung durch eine elektronische Datenverarbeitungsanlage vorgenommen wird[531].

4.375 Soweit Lastschriften über die Abrechnungsstelle einer Landeszentralbank vorgelegt werden, sind diese jedoch eingelöst, wenn sie nicht bis zu dem von der Landeszentralbank festgesetzten Zeitpunkt an die Abrechnungsstelle zurückgegeben werden (Nr. 9 Abs. 2 S. 3 AGB Banken)[532]. Etwas anderes gilt nur beim „vereinfachten Scheck- und Lastschrifteinzug" der Landeszentralbanken. Hier gilt die verspätete Rückgabe einer unbezahlt gebliebenen Lastschrift nicht als Einlösung[533].

---

527 BGH WM 1982, 1246, 1248.
528 *van Gelder* in Bankrechts-Handbuch, § 58 Rn 34; *Bauer*, WM 1983, 198, 204.
529 BGH WM 1981, 450, 451.
530 *Canaris*, Bankvertragsrecht³, Rn 550.
531 *Canaris*, Bankvertragsrecht³, Rn 700 für die gleichgelagerte Scheckeinlösung.
532 BGH WM 1987, 400; *Häuser*, WM 1988, 1505, 1508.
533 BGH WM 1996, 335, 337; *Canaris*, Bankvertragsrecht³, Rn 597, 549.

Für den Zeitpunkt des Wirksamwerdens der Belastungsbuchung kann also nicht allein auf die Buchung abgestellt werden. Sie ist zunächst nur ein rein tatsächlicher Vorgang im Sinne eines bloßen Entwurfs einer Buchung und besagt deshalb noch nichts über die Einlösung der Lastschrift[534]. Wie bei einer manuellen Buchung muß für eine wirksame Einlösung noch hinzukommen, daß die Bank mit diesem buchungstechnischen Vorgang zugleich ihren Einlösungswillen bekunden will[535].

4.376

Dieser von der Rechtsprechung[536] generell geforderte Einlösungswillen als weitere subjektive Voraussetzung der Einlösung wird von einem Teil des Schrifttums[537] kritisiert. Die **Kritik** stützt sich darauf, daß die h.L. bei der Erfüllung von Verbindlichkeiten einschließlich von Geldschulden auch sonst das Erfordernis eines Erfüllungsvertrages oder eines einseitigen rechtsgeschäftlichen Erfüllungswillens verneint und allein den realen Tilgungsakt für den Eintritt der Erfüllung genügen läßt (Theorie der „realen Leistungsbewirkung")[538]. Das Denkmodell der Erfüllung durch reale Leistungsbewirkung biete sich daher auch für die Einlösung der Inkassopapiere des bargeldlosen Zahlungsverkehrs an, sofern nicht das subjektive Erfordernis eines rechtsgeschäftlichen Einlösungswillens durch Besonderheiten des technischen Einlösungsvorganges veranlaßt sei.

4.377

Die **zweitägige Stornierungsfrist** in den AGB der Kreditinstitute, mit deren Ablauf eine endgültige Einlösung eintritt, soll dem technischen Ablauf bei einer EDV-mäßigen Bearbeitung der Inkassopapiere Rechnung tragen. Diese für die Einlösung maßgebliche Frist gilt nach dem BGH schon aus Gründen der Rechtsklarheit ohne Rücksicht auf das angewandte Verfahren und unabhängig davon, ob der Belastungsbuchung eine Prüfung vorausgegangen ist (Vordisposition) oder ob eine Nachdisposition erfolgt[539].

4.378

Dieselbe Rechtslage ist bei einer sog. zentralen Datenverarbeitungsanlage gegeben. In diesen Fällen besteht eine organisatorische Trennung zwischen dem sog. Rechenzentrum als verbuchender Stelle und der kontoführenden Stelle der Schuldnerbank. Auch hier ist die Einlösung erst erfolgt, wenn der AGB-mäßige Stornierungsvorbehalt wegen Verstreichens der zweitägigen Frist entfallen ist.

4.379

---

534 *van Gelder* in Bankrechts-Handbuch, § 58 Rn 38; vgl. BGH WM 1988, 1325, 1326 für das Scheckinkasso.
535 BGH WM 1970, 490, 491; 1972, 1379, 1380; 1988, 1325, 1326; OLG Frankfurt WM 1986, 351; *Canaris*, Bankvertragsrecht³, Rn 550.
536 BGH WM 1970, 490, 491; 1988, 1325, 1326.
537 *Pleyer/Wallach*, ZHR 153 (1989), 539, 544 ff.
538 *Palandt/Heinrichs*, § 362 Rn 5.
539 WM 1988, 1325, 1326; vgl. *Häuser*, WM 1988, 1505, 1511; *Canaris*, Bankvertragsrecht³, Rn 550; *Nobbe* in Bankrechts-Handbuch, § 60 Rn 192 für Scheckeinlösung.

c) Keine Widerspruchsmöglichkeit nach Einlösung der Lastschrift

4.380 Das Abbuchungsauftragsverfahren bezweckt auch nach dem **BGH**, dem Gläubiger den einzuziehenden Betrag durch die Belastung des Girokontos seines Schuldners endgültig und nicht nur unter Vorbehalt eines Widerspruches des Schuldners zu verschaffen, wie dies beim Einzugsermächtigungsverfahren möglich ist[540]. Die Schuldnerbank ist kraft des ihr erteilten Abbuchungsauftrages im Verhältnis zu ihrem Kunden als Lastschriftschuldner zur Einlösung der Lastschrift berechtigt und verpflichtet; die Durchführung dieses Auftrages kann deshalb nicht mehr einseitig rückgängig gemacht werden[541].

4.381 Ein **Widerruf des Abbuchungsauftrags** als „Gegenweisung" kommt deshalb nicht mehr in Betracht[542]. Insoweit bestehen zwischen dem Abbuchungsauftragsverfahren und der Giroüberweisung keine rechtlichen Unterschiede; auch ein ausgeführter Überweisungsauftrag ist nicht mehr widerrufbar[543]. Mit der Wirksamkeit der Belastung des Schuldnerkontos ist dem Gläubiger der einzuziehende Betrag endgültig verschafft[544]. Dementsprechend kann der Schuldner der Belastung seines Girokontos auch nicht mehr widersprechen[545]. Dieser Rechtslage trägt auch das Lastschriftabkommen des Kreditgewerbes Rechnung. Danach ist ein Widerspruch des Schuldners gegen die Belastung nur bei Lastschriften zulässig, die auf einer Einzugsermächtigung beruhen (Abschn. III Nr. 1).

4.382 Dem Schuldner steht im übrigen auch in den Fällen kein Widerspruchsrecht zu, in denen ein die Kontobelastung deckender Abbuchungsauftrag erteilt worden ist, die vorgelegte Lastschrift aber als „Einzugsermächtigungs"-Lastschrift gekennzeichnet ist (sog. doppelt begründete Lastschrift)[546]. Der Schuldnerbank bleibt es aber unbenommen, die Kontobelastung zu stornieren, wenn der Schuldner binnen sechs Wochen widersprochen hat. Wenngleich der Widerspruch des Schuldners von seiner Bank nicht beachtet zu werden braucht, ist die Lastschrift entsprechend ihrer Kennzeichnung im **Interbankenverhältnis** als Einzugsermächti-

---

540 BGH WM 1981, 450, 451; *van Gelder* in Bankrechts-Handbuch, § 58 Rn 46.
541 *van Gelder* in Bankrechts-Handbuch, § 58 Rn 45.
542 BGH WM 1996, 335, 337.
543 BGH WM 1979, 194, 195.
544 *van Gelder* in Bankrechts-Handbuch, § 58 Rn 46.
545 BGH WM 1978, 819, 820; 1979, 194, 195; 1981, 450, 451; *van Gelder* in Bankrechts-Handbuch, § 58 Rn 45.
546 BGH WM 1979, 194, 195; *van Gelder* in Bankrechts-Handbuch, § 58 Rn 49, 98 ff.

gungs-Lastschrift zu behandeln⁵⁴⁷. Die doppelt begründete Lastschrift kann deshalb nach einem rechtzeitigen „Widerspruch" des Kunden an die Gläubigerbank zurückgegeben werden⁵⁴⁸.

Durch eine solche Rückgabe macht sich die Schuldnerbank auch nicht schadensersatzpflichtig gegenüber dem Gläubiger, soweit nicht die tatbestandsmäßigen Voraussetzungen einer sittenwidrigen Schädigung (§ 826 BGB) gegeben sind. Auch kommt kein Schadensersatzanspruch aus der Verletzung einer Schutzpflicht aufgrund eines Vertrages mit Schutzwirkung für Dritte in Betracht. Mit Rücksicht darauf, daß die durch einen Abbuchungsauftrag gedeckte Lastschrift im Einzugsermächtigungsverfahren weitergeleitet worden ist, braucht sie nur nach den diesbezüglichen Bestimmungen des Lastschriftabkommens zu verfahren, die einen solchen Widerspruch vorsehen⁵⁴⁹. Auch in diesen Fällen ist die Gläubigerbank gegenüber dem Gläubiger berechtigt, die ihm erteilte Gutschrift gemäß der Inkassovereinbarung (Nr. 9) zu stornieren⁵⁵⁰.

4.383

2. Einzugsermächtigungsverfahren

Beim Einzugsermächtigungsverfahren „ermächtigt" der Schuldner den Gläubiger, fällige Forderungen zu Lasten seines Kontos durch Lastschriften einzuziehen. Im Gegensatz zum Abbuchungsauftragsverfahren gibt hier der Schuldner gegenüber seiner Bank keine Erklärung ab, die als sein erforderliches Einverständnis zur Belastung seines Kontos mit dem Lastschriftbetrag gedeutet werden kann. Nach ständiger Rechtsprechung des BGH handelt die Schuldnerbank bei dieser Kontobelastung nur aufgrund der Weisung der Gläubigerbank bzw. der ihr auf dem Inkassowege vorgeschalteten Zwischenbank und ohne entsprechenden Auftrag des Schuldners⁵⁵¹. Die Schuldnerbank löst deshalb die Lastschrift auf eigene Rechnung ein, weil sie zu dieser Kontobelastung im Verhältnis zu ihrem Kunden nicht berechtigt ist⁵⁵². Deshalb erwirbt die Schuldnerbank zunächst noch keinen Aufwendungsersatzanspruch (§§ 670, 675 BGB), wie er mit der Belastungsbuchung bereits dokumentiert wird⁵⁵³.

4.384

---

547 BGH WM 1979, 194, 195.
548 *Reiser/Krepold* in Bankrecht und Bankpraxis, Rn 6/482; OLG Rostock WM 1996, 2011, 2013.
549 BGH WM 1979, 194, 196.
550 *van Gelder* in Bankrechts-Handbuch, § 58 Rn 49.
551 BGH WM 1989, 520, 521 m.w.Nachw.
552 *van Gelder* in Bankrechts-Handbuch, § 57 Rn 31.
553 BGH WM 1989, 520, 521; 1996, 335, 337.

a) Vorläufige Einlösung der Lastschrift durch Wirksamwerden der Belastungsbuchung

4.385 Die fehlende Berechtigung zu dieser Kontobelastung im Innenverhältnis der Schuldnerbank zum Schuldner verhindert also nicht, daß die Lastschrift mit Rücksicht auf den hierdurch manifestierten Einlösungswillen der Schuldnerbank als (vorläufig) eingelöst gilt[554]. Der bargeldlose Zahlungsvorgang zwischen der Schuldnerbank und dem Lastschriftgläubiger ist damit vorbehaltlich eines etwaigen Widerspruchsrechts abgeschlossen. Die dem Gläubiger bei Einreichung der Lastschrift unter „**Eingang vorbehalten**" erteilte Kontogutschrift ist durch diese Einlösung endgültig geworden und damit dem Gläubiger entsprechendes Buchgeld verschafft worden[555]. Hinsichtlich dieser Einlösungswirkung besteht also kein Unterschied zu der im Rahmen des Abbuchungsverfahrens erteilten Belastung des Schuldnerkontos. Auch dort wird die Belastungsbuchung nach den kreditwirtschaftlichen AGB wirksam, wenn sie nicht spätestens am zweiten Bankarbeitstag nach ihrer Vornahme rückgängig gemacht worden ist – Nr. 9 Abs. 2 S. 1 AGB Banken (Rn 2.456).

b) Endgültige Lastschrifteinlösung mit Erfüllungswirkung im Valutaverhältnis

4.386 Wenngleich Einvernehmen über die vorläufige Einlösung der Lastschrift mit dem Wirksamwerden der Belastung auf dem Schuldnerkonto besteht, ist im Schrifttum stark umstritten, wie die endgültige Einlösung der Lastschrift rechtlich zu konstruieren ist[556]. Erst mit dieser **Endgültigkeit** kann die Buchgeldzahlung **Erfüllungswirkung** im Valutaverhältnis zwischen Gläubiger und Schuldner zeitigen. Hierzu bedarf es einer entsprechenden rechtsgeschäftlichen Mitwirkung des Lastschriftschuldners, die nach dem BGH nicht schon in der Erteilung der Einzugsermächtigung im Rahmen der Lastschriftabrede mit dem Gläubiger erblickt werden kann.

4.387 Zur **dogmatischen Einordnung** dieser „Einzugsermächtigung" werden im Schrifttum verschiedene Theorien vertreten. So wird in dieser Erklärung eine anweisungsähnliche Doppelermächtigung erblickt, die die Schuldnerbank zur Zahlung an den Gläubiger ermächtigt (Zahlungsermächtigung) und zugleich den Gläubiger zur Entgegennahme der Buchgeldzahlung legitimiert (Empfangsermächtigung). Nach der sog. Vollmachtstheorie ist die Einzugsermächtigung eine vollmachtsähnliche Befugnis des Gläubigers zur aktiven Einwirkung auf das zwischen Schuldner und Schuldnerbank bestehende Deckungsverhältnis. In der Lastschriftermächti-

---

554 *van Gelder* in Bankrechts-Handbuch, § 58 Rn 55.
555 BGH WM 1979, 194, 195; 1981, 450.
556 *van Gelder* in Bankrechts-Handbuch, § 58 Rn 55; § 57 Rn 4; *Reiser/Krepold* in Bankrecht und Bankpraxis, Rn 6/316.

gung wird ferner ein Leistungsbestimmungsrecht des Gläubigers im Sinne des § 317 BGB erblickt. Nach *Canaris* erteilt der Schuldner dem Gläubiger eine (Ausübungs)Ermächtigung im Sinne des § 185 BGB zur Erteilung eines Überweisungsauftrages an die Zahlstelle zu Lasten seines Kontos. Hierbei handelt es sich um eine interne, weil nur gegenüber dem Gläubiger erklärte Ermächtigung, während dem Abbuchungsauftragsverfahren eine externe Ermächtigung gegenüber der Schuldnerbank zugrunde liegt[557].

Nach dem BGH wird die Belastung des Schuldnerkontos im Anschluß an die von *Hadding* entwickelte „Genehmigungstheorie" erst wirksam, wenn sie durch den Schuldner nach §§ 684 S. 2, 185 Abs. 2 S. 1 BGH **genehmigt** worden ist[558]. Erst diese Genehmigung begründet einen Anspruch der Schuldnerbank auf Ersatz ihrer Aufwendungen an der (vorläufigen) Einlösung der Lastschrift (§§ 684 S. 2, 683 S. 1, 670 BGB)[559]. Bis zu dieser Genehmigung kann der Schuldner der Belastung seines Kontos widersprechen[560]. Mit diesem **Widerspruch** verlangt der Schuldner die nur deklaratorisch bedeutsame Rückgängigmachung (Stornierung) der Belastung durch Wiedergutschrift, weil sie nicht durch eine von ihm ausgehende girovertragliche Weisung gedeckt ist[561]. Das Widerspruchsrecht ist somit das Korrektiv für die unberechtigte Kontobelastung[562].

4.388

Diese Widerspruchsmöglichkeit beruht also nicht auf dem Lastschriftabkommen (Abschnitt IV, Nr. 1), weil dieses nur Rechte und Pflichten zwischen den beteiligten Kreditinstituten begründen kann. Das Widerspruchsrecht ergibt sich vielmehr daraus, daß beim Einzugsermächtigungsverfahren die Bank das Girokonto ihres Kunden ohne dessen Auftrag (Weisung) belastet hat[563]. Die Widerspruchsmöglichkeit hat deshalb ihre Rechtsgrundlage in dem Girovertragsverhältnis zwischen Schuldner und seiner Bank[564].

4.389

Den Widerspruch ihres Kunden hat die Bank grundsätzlich selbst dann zu beachten, wenn ihr bekannt ist, daß der Schuldner die abgebuchten Beträge dem Zahlungsempfänger schuldet[565]. Entscheidend ist allein, daß der Schuldner widersprochen hat[566].

4.390

---

557 *Canaris*, Bankvertragsrecht³, Rn 532 ff.
558 BGH WM 1989, 520, 521; 1996, 335, 336; *van Gelder* in Bankrechts-Handbuch, § 57 Rn 37 m.w.Nachw.
559 BGH WM 1989, 520, 521; 1996, 335, 336; *van Gelder* in Bankrechts-Handbuch, § 57 Rn 36, 43.
560 BGH WM 1987, 895, 896.
561 *van Gelder* in Bankrechts-Handbuch, § 58 Rn 57, 62.
562 *Hadding*, WM 1978, 1366, 1368; *Bauer*, WM 1981, 1186, 1187.
563 BGH WM 1979, 194, 195.
564 *Van Gelder* in Bankrechts-Handbuch, § 58 Rn 70.
565 BGH WM 1985, 905.
566 BGH WM 1979, 828, 829; 1985, 905; 1987, 895, 896.

4.391 Von der Zulässigkeit des Widerspruchs des Lastschriftschuldners gegenüber seiner Bank zu unterscheiden ist die Frage, ob der Lastschriftschuldner hierzu auch im (Valuta-)Verhältnis zum Lastschriftgläubiger berechtigt ist. Dies beurteilt sich nach dem Zweck, den das Widerspruchsrecht im Einzugsermächtigungsverfahren zu erfüllen hat[567] (Rn 4.348).

4.392 Mit dem Widerspruch gegen die Belastungsbuchung verweigert der Schuldner zugleich die Genehmigung der Belastungsbuchung nach § 684 S. 2 BGB[568].

4.393 Dieser Widerspruch kann auch nicht mehr vom Schuldner widerrufen werden. Auf die geschäftsbesorgungsrechtliche Genehmigung nach § 684 S. 2 BGB, die für die Wirksamkeit der unberechtigten Belastungsbuchung erforderlich ist, finden die §§ 182 ff. BGB entsprechende Anwendung[569]. Die Verweigerung einer solchen Genehmigung ist wie diese eine Gestaltungserklärung, die als solche unwiderruflich ist[570]. Sie kann aber als ein nicht formbedürftiger Überweisungsauftrag angesehen werden, wenn besondere Umstände vorliegen, die für die Bank eindeutig eine entsprechende Weisung ihres Kunden erkennen lassen[571].

4.394 An dieser gefestigten Rechtsprechung, die für die Praxis maßgeblich ist[572], hat der BGH trotz kritischer Stimmen in der Literatur festgehalten[573]. Die im Schrifttum vertretene Theorie, der Schuldner ermächtige oder bevollmächtige im Einzugsermächtigungsverfahren den Gläubiger zu Verfügungen über sein Konto, läßt die Interessenlage und die tatsächliche Abwicklung des Lastschriftverfahrens außer Betracht. Das Lastschriftverfahren dient im wesentlichen dem Interesse des Gläubigers an der zügigen und reibungslosen Einziehung seiner Forderungen[574]. Seine weite Verbreitung verdankt es der Tatsache, daß die Gläubiger bei der Einholung der formularmäßigen Einzugsermächtigungen mit dem Hinweis auf die Risikofreiheit werben und dabei die fehlende Verpflichtung zur Einlösung und die freie Widerruflichkeit der „Ermächtigung" in den Vordergrund stellen. Dies spricht bereits gegen die Annahme einer echten Ermächtigung im Sinne des § 185 BGB. Zwischen Gläubiger und Schuldner besteht vielmehr bei sachgerechter Auslegung der beiderseitigen Erklärungen Einvernehmen darüber, daß durch die Einzugsermächtigung nur die Benutzung

---

567 BGH WM 1987, 895, 896.
568 *van Gelder* in Bankrechts-Handbuch, § 58 Rn 57.
569 BGH WM 1989, 520, 521.
570 BGH WM 1989, 520, 521; *van Gelder* in Bankrechts-Handbuch, § 58 Rn 62.
571 *van Gelder* in Bankrechts-Handbuch, § 58 Rn 63.
572 *Reiser/Krepold,* Bankrecht und Bankpraxis, Rn 6/330.
573 BGH WM 1989, 520, 521.
574 WM 1977, 1042.

des von der Kreditwirtschaft entwickelten technischen Verfahrens gestattet wird, der Schuldner dagegen dem Gläubiger nicht das Recht einräumen will, unmittelbar über sein Guthaben bei dem Kreditinstitut zu verfügen. Von der Interessenlage her besteht für ihn kein Anlaß, dem Gläubiger über die Verfahrensvereinfachung hinaus mehr Rechte einzuräumen, als diesem zustehen würden, wenn der Zahlungsverkehr auf dem konventionellen Weg durch Banküberweisung oder Scheckzahlung abgewickelt würde[575].

Dieser rechtlichen Deutung entspricht auch die Widerspruchsmöglichkeit für den Schuldner, von der das Abkommen über den Lastschriftverkehr ausgeht. Sie ließe sich bei Annahme einer echten Ermächtigung oder Vollmacht dogmatisch nicht erklären. Aus den Vereinbarungen zwischen Gläubiger und Schuldner ist sie nicht herzuleiten, und in den Einziehungsermächtigungen wird sie nicht erwähnt. Durch das Abkommen über den Lastschriftverkehr kann sie nicht eingeräumt werden, da dieses nur Rechte und Pflichten zwischen den beteiligten Kreditinstituten begründet. Der durch die **Genehmigungstheorie** gewährleistete Schutz des Schuldners bildet im übrigen die innere Rechtfertigung für die Abwicklung des Lastschriftverkehrs als eines Massengeschäfts ohne Prüfung der Ermächtigung. Der erforderliche Schutz des Schuldners wird nicht bereits dadurch gewährleistet, daß die Ermächtigung nur „berechtigte" Lastschriften deckt. Der Schuldner geht ohne die freie Widerspruchsmöglichkeit, die sich aus dem Fehlen einer von ihm ausgehenden Weisung gegenüber seiner Bank ergibt, das Risiko einer gerichtlichen Auseinandersetzung über die „Berechtigung" der eingelösten Lastschrift ein.

4.395

c) Erlöschen des Widerspruchsrechts

Nach dem Lastschriftabkommen (Abschnitt III Nr. 1 und 2) kann eine Lastschrift im Einzugsermächtigungsverfahren an die Gläubigerbank als erste Inkassostelle zur Wiedervergütung nur zurückgegeben werden, wenn der Schuldner binnen sechs Wochen nach Belastung seines Kontos widersprochen hat. Ob diese sechswöchige Frist auch eine Bedeutung im Verhältnis des Schuldners zu seiner Bank hat, ist im Schrifttum umstritten. Höchstrichterlich ist die Frage der zeitlichen Befristung des Widerspruchsrechts des Schuldners noch nicht entschieden[576].

4.396

---

575 WM 1977, 1042.
576 In BGH WM 1996, 335, 337 ist nur in einem obiter dictum zum Ausdruck gebracht, daß der Widerspruch nicht an eine Frist gebunden ist (*van Gelder* in Bankrechts-Handbuch, § 58 Rn 68).

4.397 Die **sechswöchige Widerspruchsfrist** gilt nach zutreffender Auffassung nur im Interbankenverhältnis[577]. Die Rechtsstellung des Schuldners richtet sich dagegen allein nach dem Girovertragsverhältnis zu seiner Bank. Der Schuldner kann deshalb grundsätzlich zeitlich unbegrenzt widersprechen[578]. Die Gläubigerbank kann also auch noch nach Ablauf von sechs Wochen mit einem Widerspruch eines Lastschriftverfahrens außerhalb des Lastschriftabkommens konfrontiert werden[579]. Sodann stellt sich die Frage, ob die Gläubigerbank in ihrem Verhalten zum Lastschriftgläubiger von der unbefristeten Möglichkeit der zwischen ihnen geschlossenen Inkassovereinbarung (Nr. 9) Gebrauch machen will, dessen Konto zurückzubelasten und den Lastschriftbetrag der Schuldnerbank wieder zurückzuvergüten[580].

4.398 Soweit der Lastschrift kein entsprechender Zahlungsanspruch zugrunde lag und der Schuldnerbank ein Schaden entstanden ist, haftet hierfür nach dem LSA (Abschnitt I Nr. 4) die Gläubigerbank. Hierbei handelt es sich um eine **verschuldensunabhängige Garantiehaftung**[581]. Dieser Schadensersatzanspruch entsteht nach *Canaris* aber nur, wenn die Schuldnerbank ihre Ansprüche gegen den Lastschriftgläubiger nicht hat durchsetzen können[582]. Die Schuldnerbank muß sich also nach Ablauf der sechswöchigen Frist in erster Linie unmittelbar an den Lastschriftgläubiger halten[583]. Etwas anderes ergäbe sich auch nicht aus Nr. 9 S. 2 der Inkassovereinbarung zwischen Gläubigerbank und Lastschriftgläubiger. Auf dieses **Rückbelastungsrecht** wirkt sich nach *Canaris* die sechswöchige Frist des Lastschriftabkommens für den Anspruch der Schuldnerbank auf Wiedervergütung des bezahlten Lastschriftbetrages „reflexartig" aus. Soweit die Schuldnerbank ihren Erstattungsanspruch gegen den Lastschriftgläubiger unmittelbar durchzusetzen vermag, dürfe deshalb die Gläubigerbank gemäß § 242 BGB nicht zusätzlich von dem Rückbelastungsrecht nach Nr. 9 der Inkassovereinbarung Gebrauch machen. Hierzu sei die Gläubigerbank nur befugt, wenn sie der Schuldnerbank schadensersatzpflichtig ist, weil deren unmittelbare Inanspruchnahme des Lastschriftgläubigers erfolglos geblieben ist[584]. Im übrigen steht der Schuldnerbank gegen die Gläubigerbank ein Ersatzanspruch nach §§ 675, 670 BGB analog zu, soweit ihr Durchgriff gegen den Lastschriftgläubiger erfolglos geblieben ist. Denn die Schuldnerbank hat mit der Belastung des Kontos des Lastschriftschuldners eine Weisung

---

577 BGH WM 1996, 335, 337.
578 *van Gelder* in Bankrechts-Handbuch, § 58 Rn 70.
579 *Reiser/Krepold* in Bankrecht und Bankpraxis, Rn 6/315.
580 *Reiser/Krepold* in Bankrecht und Bankpraxis, Rn 6/315; *van Gelder* in Bankrechts-Handbuch, § 58 Rn 71.
581 *Canaris*, Bankvertragsrecht³, Rn 591.
582 *Canaris*, Bankvertragsrecht³, Rn 592.
583 *Canaris*, Bankvertragsrecht³, Rn 578.
584 *Canaris*, Bankvertragsrecht³, Rn 578.

der Gläubigerbank als erster Inkassostelle ausgeführt, die in Höhe des Ausfalls zu Aufwendungen geführt hat[585].

Der **Widerspruch** ist aber **ausgeschlossen**, wenn der Schuldner die Belastungsbuchung gegenüber der Schuldnerbank nach § 684 S. 2 BGB genehmigt hat und diese dadurch den Aufwendungsersatzanspruch erworben hat[586]. Diese Genehmigung kann auch stillschweigend erteilt werden[587]. Damit kommt es darauf an, in welchem Verhalten des Schuldners eine konkludent erklärte Genehmigung der Belastungsbuchung zu sehen ist. Hierzu liegt noch keine höchstrichterliche Entscheidung vor[588].

4.399

Eine solche Genehmigung liegt nach dem BGH aber nicht schon in dem Schweigen des Lastschriftschuldners auf die Zusendung eines Tageskontoauszuges mit der Belastung des Lastschriftbetrages[589]. Nach der auf den Überweisungsverkehr bezogenen Rechtsprechung liegt in dem Schweigen auf eine durch Übersendung eines solchen Kontoauszuges mitgeteilten Belastungsbuchung lediglich die rein tatsächliche Erklärung, daß der Kontoinhaber gegen den Inhalt des Auszuges nichts einzuwenden hat, aber keine rechtsgeschäftliche Genehmigung dieser Kontobelastung. Diese Rechtsprechung läßt sich auf die Belastungsbuchungen im Einzugsermächtigungsverfahren übertragen[590]. Einer solchen **Fiktion** einer rechtsgeschäftlichen Genehmigung stünde auch **§ 10 Nr. 5 AGBG** entgegen. Denn es fehlt an dem besonderen Hinweis auf die Bedeutung des Schweigens innerhalb einer eingeräumten Frist[591].

4.400

Der Kunde kann sich aber nach dem **BGH**[592] durch sein Schweigen auf den Kontoauszug mit dem belasteten Lastschriftbetrag gegenüber seiner Bank schadensersatzpflichtig machen. Aufgrund des Girovertragsverhältnisses obliegt dem Kunden ein gewisses Maß an Kontrolle der ihm in den Tageskontoauszügen mitgeteilten Kontobewegungen und Kontostände. Verletzt er diese Pflicht schuldhaft, so muß er seiner Bank wegen positiver Vertragsverletzung für den daraus entstehenden Schaden einstehen. Dies hindere den Zahlungspflichtigen jedoch nicht, daß er beim Einzugsermächtigungsverfahren der ohne seine Weisung vorge-

4.401

---

585 *van Gelder* in Bankrechts-Handbuch, § 58 Rn 146.
586 BGH WM 1987, 895, 896.
587 BGH WM 1985, 905, 906; 1989, 520, 521.
588 *van Gelder* in Bankrechts-Handbuch, § 58 Rn 72; *Häuser*, WM 1991, 1, 6; vgl. OLG Düsseldorf zur konkludenten Genehmigung der Belastungsbuchung durch deren Anfechtung seitens des Konkursverwalters.
589 WM 1979, 417, 419; 1985, 905, 906; 1988, 1717, 1719; 1991, 1915, 1916.
590 BGH WM 1985, 905, 906.
591 *van Gelder* in Bankrechts-Handbuch, § 58 Rn 76.
592 BGH WM 1985, 905, 906.

nommenen Kontobelastung widersprechen und die Wiedergutschrift des belasteten Betrages verlangen kann[593].

4.402 Nach *Hadding/Häuser*[594] und *van Gelder*[595] liegt dagegen die für eine wirksame Lastschrifteinlösung erforderliche konkludente Genehmigung spätestens in dem Schweigen auf einen Rechnungsabschluß des Girokontos. Hier komme es zu einem Saldoanerkenntnis und damit zu einer rechtsgeschäftlichen Willenserklärung des Kontoinhabers über die Ordnungsmäßigkeit des Rechnungsabschlusses und damit der hiervon erfaßten Belastungsbuchungen wegen der bezahlten Lastschriften.

4.403 Nach *Hadding/Häuser* dürfte es auch im Zusammenhang mit Kontoauszügen über die Belastung wegen einer Einzugsermächtigungslastschrift und in Verbindung mit einer zu schaffenden AGB-Klausel möglich sein, zu einer Genehmigung des Kontoinhabers zu kommen, wenn zugleich die Voraussetzungen für fingierte Erklärungen nach § 10 Nr. 5 AGBG geschaffen würden[596].

4.404 Wenn auch dem **Schweigen auf den Rechnungsabschluß** grundsätzlich ein solcher Genehmigungscharakter zugemessen werden kann, muß aber berücksichtigt werden, daß die Schuldnerbank mit einem Widerspruch ihres Kunden zumindest innerhalb der im Lastschriftabkommen bestimmten sechswöchigen Frist rechnen muß. Das Schweigen auf die Kontobelastung mit einer Einzugsermächtigungs-Lastschrift kann deshalb nur dann als Genehmigung angesehen werden, wenn seit dieser Buchung mindestens sechs Wochen und seit dem Zugang des Rechnungsabschlusses ein Monat ohne Beanstandung durch den Kunden verstrichen ist[597].

3. Benachrichtigungspflicht bei Nichteinlösung

4.405 Bei Nichteinlösung einer Lastschrift ist der Schuldner hierüber zu unterrichten[598]. Die Schuldnerbank müsse ihren Kunden durch diese Benachrichtigung in die Lage versetzen, anderweitig für die rechtzeitige Erfüllung der Zahlungsverpflichtung zu sorgen[599]. Diese Benachrichtigung ist **spätestens** am Tage der Rückgabe der Lastschrift abzusenden. Eine Verletzung dieser Pflicht macht die Schuldnerbank wegen positiver Forderungs-

---

593 *Bundschuh*, FS Stimpel, S. 1039, 1047 f.
594 Rechtsfragen des Lastschriftverfahrens, RWS-Skript 103, 1981, S. 42; vgl. weiter *Häuser*, WM 1991, 1, 6.
595 In Bankrechts-Handbuch, § 58 Rn 79.
596 *Hadding/Häuser*, WuB I D 2. 6.85; *Häuser*, WM 1991, 1, 6.
597 *van Gelder* in Bankrechts-Handbuch, § 58 Rn 84.
598 BGH WM 1989, 625, 626.
599 *Häuser*, WM 1989, 841, 842.

verletzung schadensersatzpflichtig⁶⁰⁰. Für die Schadensursächlichkeit des Unterlassens der rechtzeitigen Benachrichtigung ist der Schuldner beweispflichtig⁶⁰¹.

IV. Das Rechtsverhältnis zwischen Gläubiger und Schuldner (Valutaverhältnis)

Nach dem gesetzlichen Leitbild schuldet ein Zahlungspflichtiger die Übereignung von Bargeld als gesetzliches Zahlungsmittel. Es bedarf deshalb zwischen Gläubiger und Schuldner einer besonderen Lastschriftabrede; sie kann auch konkludent abgeschlossen werden⁶⁰². Mit einer solchen Vereinbarung ist die Zahlung mittels Lastschrift eine Leistung im Sinne des § 362 Abs. 1 BGB und nicht nur Leistung an Erfüllungs Statt⁶⁰³. Im übrigen wird die Geldschuld von einer bisher „qualifizierten Schickschuld (§ 270 Abs. 1, 4 BGB) zur Holschuld"⁶⁰⁴. Der Schuldner hat deshalb das seinerseits Erforderliche getan, wenn er auf seinem Konto ausreichende Deckung unterhält⁶⁰⁵.

4.406

Mit der Lastschriftabrede hat sich auch die Gefahrtragungslage verändert. Für Verzögerungen aus einer verspäteten Vorlage der Lastschrift durch die Gläubigerbank oder die ihr auf dem Inkassoweg nachgeschalteten Zwischenbanken hat nunmehr der Gläubiger einzustehen. Der Schuldner haftet nur für ein Verschulden seiner Bank, die als Zahlstelle sein Erfüllungsgehilfe ist⁶⁰⁶. Mit der Einlösung der Lastschrift durch die Zahlstelle geht die Verlustgefahr in diesem Zeitpunkt auf den Gläubiger über⁶⁰⁷.

4.407

1. Pflichten aus der Lastschriftabrede

Aus der Lastschriftabrede erwachsen dem Gläubiger und dem Schuldner bestimmte Pflichten.

4.408

---

600 *van Gelder* in Bankrechts-Handbuch, § 58 Rn 111, 113.
601 *Häuser*, WM 1989, 841, 846 f.; vgl. weiter *Terpitz*, NJW 1989, 2740.
602 *van Gelder* in Bankrechts-Handbuch, § 58 Rn 151.
603 *van Gelder* in Bankrechts-Handbuch, § 58 Rn 149.
604 BGH WM 1984, 163, 164; 1985, 461, 462; *Canaris*, Bankvertragsrecht³, Rn 629; *Schwarz*, ZIP 1989, 1442, 1446.
605 BGH WM 1985, 462, 462.
606 *van Gelder* in Bankrechts-Handbuch, § 58 Rn 155.
607 *Canaris*, Bankvertragsrecht³, Rn 641; *Reiser/Krepold* in Bankrecht und Bankpraxis, Rn 6/366.

a) Gläubigerpflichten

4.409 Infolge der Verwandlung der Zahlungsverbindlichkeiten von der bisherigen Schickschuld (§ 270 BGB) in eine Holschuld ist der Gläubiger gehalten, von der Ermächtigung zum Einzug der Lastschrift auch rechtzeitig Gebrauch zu machen[608]. Dies ist von besonderer Bedeutung für die vom Zahlungspflichtigen abgeschlossenen **Versicherungsverträge**. Hat ein Versicherungsnehmer dem Versicherer eine Lastschrifteinzugsermächtigung erteilt, so hat er als Schuldner einer Folgeprämie für eine Versicherung gemäß § 39 VVG „das seinerseits Erforderliche" getan, wenn die Prämie bei Fälligkeit abgebucht werden kann[609].

4.410 Denn die Vereinbarung des Lastschrifteinzugs erschöpft sich im Zweifel nicht darin, „dem Versicherer lediglich die Befriedigungsmöglichkeit an die Hand zu geben, deren Wahrnehmung in seinem Belieben stehen soll." Mit der Einzugsermächtigung soll vielmehr regelmäßig gerade die Verantwortung für die rechtzeitige Übermittlung der Prämie auf den Versicherer übertragen werden. Die Lastschriftabrede ist nach dem BGH dahin auszulegen, daß sich der Zahlungsempfänger direkt unter Vorlage von Lastschriftbelegen an die ihm benannte Bank wenden und durch Gebrauchmachen von der Einzugsermächtigung selbst Sorge für den Prämieneinzug tragen soll[610].

4.411 Unterbleibt die Vorlage der Lastschrift bei Fälligkeit des zugrundeliegenden Zahlungsanspruchs und weist das Schuldnerkonto die notwendige Deckung auf, kommt der Gläubiger in Annahmeverzug (vgl. § 279 BGB). Ein Leistungsangebot des Schuldners ist hierzu nicht erforderlich[611].

4.412 Wird die **Lastschrift nicht eingelöst**, so besteht die Zahlungsverpflichtung des Schuldners mit ihrem ursprünglichen Inhalt weiter. Die Vereinbarung über den Lastschrifteinzug begründet also wie bei der Hingabe eines Schecks für den zahlungspflichtigen Schuldner zunächst nur die aufschiebende Einrede, daß der Gläubiger aufgrund der getroffenen Erfüllungsvereinbarung aus der Forderung keine Leistung außerhalb des Lastschriftverfahrens verlangen kann. Diese Einrede erlischt, wenn die Schuldnerbank die Einlösung verweigert oder wenn etwa wegen Insolvenz des Schuldners feststeht, daß diese Einlösung nicht erfolgen wird[612].

---

608 BGH WM 1984, 163, 164.
609 BGHZ 69, 361, 366.
610 BGH WM 1985, 461, 462; vgl. ferner BGHZ 69, 361, 366 f.
611 *van Gelder* in Bankrechts-Handbuch, § 58 Rn 160.
612 *Soergel/Huber*, § 433 Rn 208.

b) Schuldnerpflichten

Der Schuldner hat aufgrund der Lastschriftabrede für die Einlösung der seiner Bank eingereichten Lastschriften zu sorgen. Hierzu muß er auf dem Girokonto ausreichende Deckung (Guthaben oder eine Kreditlinie) unterhalten[613]. Der Schuldner darf im übrigen keine Weisungen zur Nichteinlösung von Lastschriften erteilen, wenn hierfür im Valutaverhältnis kein Grund besteht[614]. Beim Einzugsermächtigungsverfahren muß der Schuldner im übrigen die vorläufige Einlösung durch die Belastungsbuchung auf seinem Konto genehmigen. Denn erst hierdurch wird die Buchgeldzahlung endgültig, so daß der Gläubiger über die ihm bei Lastschrifteinreichung erteilte Kontogutschrift gesichert disponieren kann[615].

4.413

2. Erfüllungswirkung im Valutaverhältnis zwischen Lastschriftgläubiger und Lastschriftschuldner

Die Erfüllung tritt erst ein, wenn die geschuldete Leistung **endgültig** an den Gläubiger bewirkt worden ist (§ 362 Abs. 1 BGB)[616]. Eine Buchgeldzahlung im Rahmen des bargeldlosen Zahlungsverkehrs kann deshalb einer Barzahlung hinsichtlich der Erfüllungswirkung nur dann wirtschaftlich gleichgestellt werden, wenn die Kontogutschrift dem hieraus begünstigten Gläubiger so nahe gerückt ist, daß dieser das Buchgeld wie bares Geld verwerten kann[617]. Hierzu ist erforderlich, daß die Buchgeldzahlung an den Lastschriftgläubiger endgültig erfolgt ist[618].

4.414

a) Abbuchungsverfahren

Beim Abbuchungsverfahren verschafft die dem Gläubiger bei Lastschrifteinreichung erteilte E.v.-Gutschrift einen unentziehbaren Zahlungsanspruch (§ 780 BGB), sobald die Belastungsbuchung auf dem Schuldnerkonto nach Maßgabe der diesbezüglichen AGB-Klausel (vgl. Nr. 9 Abs. 2 AGB Privatbanken) wirksam geworden und damit zugleich endgültig ist (Rn 2.454). Mit dieser endgültigen Einlösung ist der Zahlungsanspruch aus dem Valutaverhältnis erfüllt[619].

4.415

---

613 BGH WM 1985, 461, 462.
614 *Canaris*, Bankvertragsrecht³, Rn 638.
615 *van Gelder* in Bankrechts-Handbuch, § 58 Rn 157.
616 BGH WM 1986, 547.
617 BGH WM 1988, 321, 322.
618 *van Gelder* in Bankrechts-Handbuch, § 58 Rn 163.
619 *van Gelder* in Bankrechts-Handbuch, § 58 Rn 164.

b) Einzugsermächtigungsverfahren

4.416 Beim Einzugsermächtigungsverfahren stellt sich dagegen die Frage, ob auch hier die Einlösung der Lastschrift durch das AGB-mäßige Wirksamwerden der Belastungsbuchung auf dem Schuldnerkonto eine Erfüllung im Sinne des § 362 BGB darstellt. Die Frage des Erfüllungszeitpunkts bei dem Inkasso solcher Lastschriften ist höchstrichterlich noch nicht geklärt[620].

4.417 Nach den Befürwortern der Ermächtigungs- bzw. Vollmachtstheorie (Rn 4.387) bewirkt bereits die Lastschrifteinlösung eine Erfüllung des Zahlungsanspruchs aus dem Valutaverhältnis. Mit dieser Einlösung entfällt der „Vorbehalt des Eingangs", unter dem die Gutschrift auf dem Girokonto des Lastschriftgläubigers bei Einreichung erteilt worden ist. Die Folge hiervon ist, daß der Gläubiger einen Zahlungsanspruch aus der Kontogutschrift (§ 780 BGB) erwirbt.

4.418 Gegen diesen **frühzeitigen Erfüllungszeitpunkt** spricht jedoch, daß die Erfüllung wegen des Widerspruchsrechts des Schuldners unter der auflösenden Bedingung eines solchen Widerspruches steht und deshalb noch nicht endgültig ist. Die Erfüllung im Sinne des § 362 Abs. 1 BGB kann jedoch nach dem BGH erst eintreten, wenn die geschuldete Leistung **endgültig** an den Gläubiger bewirkt worden ist[621].

4.419 Gegen die Erfüllungswirkung der Einlösung der Lastschrift spricht aus der Sicht der für die Praxis maßgeblichen Genehmigungstheorie weiter, daß die Schuldnerbank einen Aufwendungsersatzanspruch (§ 670 BGB) gegen den Schuldner, wie er sich in der Belastungsbuchung auf dessen Girokonto manifestiert, erst erwirbt, wenn der Schuldner diese Buchung genehmigt hat (§§ 684 S. 2, 185 Abs. 2 BGB). Bis zu dieser Genehmigung hat die Schuldnerbank nicht einmal einen Anspruch auf Leistung gegen den Schuldner in Höhe des Lastschriftbetrages erlangt, geschweige denn, daß der Schuldner eine Leistung erbracht hat. Bis zur Genehmigung der Belastungsbuchung ist also noch nichts aus dem Vermögen des Schuldners abgeflossen. Die Erfüllung einer Schuld ohne Leistung ist jedoch, wie sich schon aus dem Gesetzeswortlaut ergibt (vgl. § 362 Abs. 1 BGB), ein Widerspruch in sich[622]. Mit Rücksicht auf die unbefristete Widerspruchsmöglichkeit des Schuldners bestimmt sich deshalb der Erfüllungszeitpunkt danach, wann diese Möglichkeit infolge der späteren Genehmigung der Belastungsbuchung durch den Schuldner entfällt[623].

---

620 *van Gelder* in Bankrechts-Handbuch, § 58 Rn 165.
621 BGH WM 1986, 547; WM 1996, 438, 439; *Palandt/Heinrichs*, § 362 Rn 1.
622 *van Gelder* in Bankrechts-Handbuch, § 58 Rn 179.
623 *Häuser*, WM 1991, 1, 5; *van Gelder* in Bankrechts-Handbuch, § 58 Rn 178.

Wenn auch mit der Einlösung der Lastschrift noch keine endgültige Erfüllung eingetreten ist, so muß doch berücksichtigt werden, daß der Gläubiger hierdurch einen Zahlungsanspruch gemäß § 780 BGB erworben und damit (vorläufig) Buchgeld empfangen hat. Dieser Abwicklungslage des Lastschrifteinzugs nach Einlösung der Lastschrift ist der Erfüllungsanspruch des Gläubigers anzupassen. Nach der Lastschrifteinlösung und bis zu ihrer Genehmigung durch den Schuldner ist deshalb der Zahlungsanspruch aus dem Valutaverhältnis in seiner Durchsetzung gehemmt. Dem Schuldner steht deshalb die Einrede des „Deckungseingangs" zu[624]. Im übrigen kann der Gläubiger aufgrund der Lastschriftabrede verlangen, daß der Schuldner die Belastung seines Kontos genehmigt. Erst durch diese Genehmigung erwirbt der Gläubiger einen Anspruch aus der ihm erteilten Kontogutschrift, die durch einen Widerspruch des Schuldners nicht mehr beeinträchtigt werden kann[625].

4.420

V. Rechtsbeziehungen im Interbankenverhältnis

Die Spitzenverbände der Kreditwirtschaft und die Bundesbank haben ein **„Abkommen über den Lastschriftverkehr"** (LSA) geschlossen, mit dem die Abwicklung des Lastschrifteinzuges weitgehend standardisiert wird. Das LSA ist in seiner ursprünglichen Fassung vom 1. 1. 1964 in Kraft getreten und mehrfach aktualisiert worden[626]. Das LSA ist im Jahre 1995 mit dem „Abkommen über die Umwandlung beleghaft erteilter Lastschriftaufträge in Datensätze und deren Bearbeitung" (EZL-Abkommen) zusammengefaßt worden. Das LSA begründet Rechte und Pflichten nur zwischen den beteiligten Kreditinstituten (Abschnitt IV, 1)[627].

4.421

Grundgedanke des LSA ist, der Zahlstelle (Schuldnerbank) im Verhältnis zur ersten Inkassostelle (Gläubigerbank) die Abwälzung der Risiken des Lastschriftverfahrens zu ermöglichen, die sich daraus ergeben, daß die erste Inkassostelle einen Kunden zum Lastschriftverfahren zugelassen hat, während sie selbst insoweit keine Möglichkeit für die Prüfung der Bonität und Seriosität des Gläubigers hatte[628]. So haftet die erste Inkassostelle bei Lastschriften im Einzugsermächtigungsverfahren der Zahlstelle

4.422

---

624 *Häuser*, WM 1991, 1, 7.
625 BGH WM 1987, 895, 896; *Häuser*, WM 1991, 1, 6; *van Gelder* in Bankrechts-Handbuch, § 58 Rn 181.
626 Der Wortlaut vom 12. 12. 1995 ist abgedruckt in *Reiser/Krepold* in Bankrecht und Bankpraxis, Rn 6/311.
627 BGH WM 1977, 1196, 1197; 1989, 520, 521.
628 *van Gelder* in Bankrechts-Handbuch, § 58 Rn 116.

für jeden Schaden, der dieser durch unberechtigt eingereichte Lastschriften entsteht (Abschnitt I Nr. 5). Schadensersatzansprüche wie auch Reklamationen sind außerhalb des Lastschriftverfahrens unmittelbar gegenüber der ersten Inkassostelle oder der Zahlstelle geltend zu machen (Abschnitt IV. Nr. 3 Abs. 2).

4.423 Zwischen der ersten Inkassostelle und der Zahlstelle sowie etwaigen in der Girokette zwischengeschalteten Kreditinstituten bestehen **Geschäftsbesorgungsverhältnisse** (§§ 675, 611 BGB). Dabei werden eine eingeschaltete Zwischenbank auf Weisung der ersten Inkassostelle und die Zahlstelle auf eine rechtlich eigenständige Inkassoweisung der Zwischenbank tätig[629].

1. Mitwirkung der Deutschen Bundesbank

4.424 Beim Einzug der Lastschriften kann wie im Überweisungs- und Scheckverkehr auch die Bundesbank mitwirken, die nach dem Bundesbankgesetz (§ 3) auch für die bankmäßige Abwicklung des Zahlungsverkehrs im Inland und mit dem Ausland zu sorgen hat. Diese Mitwirkung vollzieht sich im sog. Abrechnungsverkehr und im Rahmen des vereinfachten Lastschrifteinzuges.

a) Auftragsabwicklung im Abrechnungsverkehr

4.425 Sind die vom Lastschriftgläubiger beauftragte (Inkasso-)Bank und die Zahlstelle des Lastschriftschuldners bei derselben Abrechnungsstelle der Bundesbank als Teilnehmer zugelassen, so kann der Inkassoauftrag auch im sog. Abrechnungsverkehr – Rn 2.461 – abgewickelt werden. Die Abrechnung erfolgt durch tägliche multilaterale Verrechnung (Skontration) der Spitzenbeträge durch Gutschriften und Belastungsbuchungen auf den bei der Landeszentralbank unterhaltenen Girokonten der Teilnehmer[630]. Der Zahlungsausgleich im Abrechnungsverkehr gilt als Erfüllung[631]. Bei **nicht rechtzeitiger Rückgabe** einer unbezahlt gebliebenen Lastschrift gilt diese als eingelöst[632].

4.426 Bei diesem Abrechnungsverfahren ist die **Bundesbank** mit Rücksicht auf ihre reine **Vermittlungsfunktion** rechtlich kein selbständiges Glied in der

---

629 BGH WM 1977, 1042, 1196; 1996, 335, 337.
630 *Canaris*, Bankvertragsrecht[3], Rn 878 ff.
631 BGH WM 1987, 400; *Bauer*, WM 1983, 198, 203; *van Gelder* in Bankrechts-Handbuch, § 58 Rn 121.
632 *Reiser/Krepold* in Bankrecht und Bankpraxis, Rn 6/453.

Inkassokette⁶³³. Gleichwohl besteht zwischen der Bundesbank und den Abrechnungsteilnehmern ein Geschäftsbesorgungsvertrag, der die Bundesbank zur Organisation und Durchführung des Abrechnungsverkehrs verpflichtet⁶³⁴.

b) Vereinfachter Lastschrifteinzug

Sind Inkassobank und bezogene Bank nicht bei derselben Abrechnungsstelle als Teilnehmer zugelassen, so kann die Inkassobank wie beim Scheckverkehr den hierfür geschaffenen „vereinfachten Scheck- und Lastschrifteinzug" der Bundesbank nutzen. Dieses Inkassoverfahren ist in den Allgemeinen Geschäftsbedingungen der Deutschen Bundesbank näher geregelt (AGB BBankG). Nach den AGB BBankG (Nr. III, 1) kann die Bundesbank mit dem Inkasso von Lastschriften auf alle Orte des Bundesgebietes beauftragt werden. Dieses Verfahren ist geschaffen worden, um im Interesse der Wirtschaft die Laufzeiten des bargeldlosen Zahlungsvorgangs zu verkürzen⁶³⁵. Ein wesentlicher Unterschied zum Abrechnungsverkehr der Bundesbank besteht darin, daß hier jeder Zahlungsvorgang auf dem Girokonto verbucht und nicht nur Verrechnungssalden wie bei der multilateralen Skontration ausgeglichen werden. 4.427

Werden von der Zahlstelle des Lastschriftschuldners nicht eingelöste Lastschriften an die Inkassobank verspätet zurückgegeben, so gilt dies im Gegensatz zu einer **verspäteten Rückgabe** im Abrechnungsverkehr der Bundesbank nicht als Einlösung⁶³⁶. Daß aus der verspäteten Rückgabe nicht auf die Einlösung der Lastschrift geschlossen werden kann, folgt auch aus dem Lastschriftabkommen (Abschnitt II, Nr. 3). Danach hat die Inkassobank eine nicht eingelöste Lastschrift auch bei Nichtbeachtung der Rückgabefrist der Zahlstelle wieder zu vergüten⁶³⁷. 4.428

Die **Bundesbank** wird beim vereinfachten Lastschrift- und Scheckeinzug als **selbständige Inkassostelle** tätig⁶³⁸. Da die Inkassotätigkeit gebühren- und lastenfrei erfolgt, ist das Vertragsverhältnis zur Inkassobank kein 4.429

---

633 BGH WM 1988, 321, 322; *van Gelder* in Bankrechts-Handbuch, § 58 Rn 121; *Nobbe* in Bankrechts-Handbuch, § 61 Rn 49 für Scheckeinzugsverfahren; *Häuser*, WM 1988, 1505, 1508.
634 *Canaris*, Bankvertragsrecht³, Rn 891; *Nobbe* in Bankrechts-Handbuch, § 61 Rn 49.
635 BGH WM 1985, 1391, 1392.
636 BGH WM 1970, 490 für den Scheckeinzug.
637 *Reiser/Krepold* in Bankrecht und Bankpraxis, Rn 6/458.
638 *Bürger*, WuB I D 3. – 2.86; *Häuser*, WM 1988, 1505, 1508; a.A. *van Gelder* in Bankrechts-Handbuch, § 58 Rn 123.

entgeltlicher Geschäftsbesorgungsvertrag (§ 675 BGB), sondern als schlichtes Auftragsverhältnis (§§ 662 ff. BGB) zu qualifizieren. Wie auch im sonstigen Interbankenverhältnis des bargeldlosen Zahlungsverkehrs sind die der Bundesbank erteilten Inkassoaufträge als girovertragliche Weisungen gemäß § 665 BGB im Rahmen des bestehenden Girovertragsverhältnisses anzusehen[639].

4.430 Verletzt die Bundesbank ihre auftragsrechtlichen Pflichten, etwa weil sie die Lastschrift schuldhaft nicht oder verzögert weiterleitet, so macht sie sich gegenüber der ihr vorgeschalteten Inkassobank aus positiver Vertragsverletzung schadensersatzpflichtig[640]. Die Inkassobank kann einen Schaden, der bei ihrem Kunden als Scheckeinreicher eingetreten ist, unter dem Gesichtspunkt der Drittschadensliquidation geltend machen.

2. Rückgabe von Lastschriften

4.431 Zur Vermeidung eines erheblichen Arbeits- und Kostenaufwands enthält das LSA eine Reihe von Regelungen, die die Rückgabe von Lastschriften vereinfachen sollen (Abschnitt II). Danach können Lastschriften zurückgegeben werden, die zu Unstimmigkeiten oder Unklarheiten wegen der in ihnen enthaltenen Daten führen und deshalb ohne zusätzliches Risiko für die Zahlstelle nicht ausgeführt werden können (sog. unanbringliche Lastschriften). Eine **Rückgabemöglichkeit** besteht auch bei Einlösung ohne Deckung auf dem Schuldnerkonto. Etwas anderes gilt nur, wenn die Zahlstelle vor Rückgabe der Lastschrift einen Einlösungswillen eindeutig und unmißverständlich der Inkassostelle gegenüber bekundet hat[641] Die Zahlstelle ist gegenüber ihrem Kunden in solchen Fällen nicht zur Einlösung auf Kredit berechtigt, weil er bei dieser den Einzug der Lastschrift nicht veranlaßt hat. Dagegen liegt bei der Einreichung eines ungedeckten Schecks bei fehlender Deckung in der Scheckziehung ein konkludentes Darlehensangebot des Scheckausstellers, das die Bank mit der Einlösung annimmt[642]. Schließlich können Lastschriften, die im Abbuchungsauftragsverfahren eingezogen werden, ohne Vorliegen eines solchen Abbuchungsauftrags zurückgegeben werden (Abschnitt II Nr. 1c).

---

639 Nach *Nobbe* vermag die vom II. Zivilsenat des BGH (WM 1985, 1391) vorgenommene Qualifizierung der Deutschen Bundesbank als bloße Botin im vereinfachten Lastschrift- und Scheckeinzug nicht zu überzeugen (Bankrechts-Handbuch, § 61 Rn 53); vgl. weiter *Häuser*, WM 1988, 1505, 1508.
640 BGH WM 1985, 1391 für den Scheckeinzug.
641 OLG Hamm WM 1998, 1576, 1577.
642 *Canaris*, Bankvertragsrecht³, Rn 697; *van Gelder* in Bankrechts-Handbuch, § 58 Rn 127.

Die **Rückgabe** der nicht eingelösten Lastschrift hat spätestens an dem auf 4.432
den Tag des Eingangs fallenden Geschäftstag zu erfolgen. Die Versäumung dieser Rückgabefrist hat jedoch nicht zur Folge, daß die Lastschrift als eingelöst gilt. Wie sich aus Abschnitt III Nr. 2 und Nr. 3 LSA ergibt, ist die erste Inkassostelle zur Rücknahme nicht eingelöster Lastschriften auch bei Verletzung des LSA und damit auch bei nicht rechtzeitiger Rückgabe verpflichtet[643]. Die **Fristversäumung** der Zahlstelle läßt also die E.v.-Gutschrift, die dem Gläubiger bei Einreichung der Lastschrift erteilt worden ist, nicht endgültig werden[644]. Lastschriften im Einzugsermächtigungsverfahren können auch nach ihrer Einlösung zurückgegeben werden, wenn der Schuldner binnen sechs Wochen der Belastung seines Kontos widerspricht (Abschnitt II Nr. 2 S. 1 LSA). Dies gilt auch für die Fälle, in denen der Widerspruch unberechtigt ist[645]. Nach Ablauf der sechswöchigen Frist ist eine Rückgabe nach den im LSA aufgestellten Regelungen ausgeschlossen. Für die Zahlstelle besteht nur die Möglichkeit, die Inkassostelle für Schäden haftbar zu machen, die ihr durch unberechtigt eingereichte Lastschriften entstanden sind (Abschnitt I Nr. 5 LSA).

3. Wiedervergütung eingelöster Lastschriften

Hat der Kunde innerhalb der sechswöchigen Frist der Belastung seines 4.433
Kontos widersprochen, so muß die erste Inkassostelle den eingezogenen Betrag wieder vergüten (Abschnitt II Nr. 3 LSA). Dabei ist es unerheblich, ob der Widerspruch berechtigt war oder nicht[646]. Dies gilt selbst dann, wenn der Zahlstelle bekannt war, daß der Schuldner den Widerspruch im Verhältnis zum Gläubiger mißbräuchlich erklärt hat[647].

Nach Auffassung des Bundesaufsichtsamtes für das Kreditwesen liegt in 4.434
der Verpflichtung der Gläubigerbank zur Rücknahme nicht eingelöster Lastschriftverfahren kein Kredit in Form von Bürgschaften, Garantien oder sonstiger Gewährleistungen gemäß § 19 Abs. 1 S. 1 Nr. 4 KWG, den sie ihren Kunden als Lastschrifteinreicher gewährt. Einer solchen Wer-

---

643 BGH WM 1979, 1996, 997.
644 Vgl. BGH NJW 1970, 898, 899. Für das Scheckrückgabeabkommen *van Gelder* in Bankrechts-Handbuch, § 58 Rn 132; *Bauer*, WM 1983, 198, 205.
645 *Reiser/Krepold* in Bankrecht und Bankpraxis, Rn 6/315; *van Gelder* in Bankrechts-Handbuch, § 58 Rn 139.
646 *Denck*, ZHR 147 (1983), 544, 560 f.; *Canaris*, Bankvertragsrecht³, Rn 588; *Bauer*, WM 1981, 1186, 1190.
647 BGH WM 1979, 828, 829.

tung stehen die zwischen den Beteiligten bestehenden Rechtsbeziehungen entgegen.

4. Vertragsverhältnis zwischen den Beteiligten als Vertrag mit Schutzwirkung zugunsten Dritter?

4.435 Die am Lastschrifteinzug beteiligten Kreditinstitute handeln wie auch sonst im Interbankenverhältnis im eigenen Namen. Damit werden beim Lastschriftverfahren mehrere durch den Inkassozweck verknüpfte Vertragsverhältnisse begründet mit der Folge, daß zwischen den Beteiligten, insbesondere zwischen Gläubiger und Schuldnerbank sowie Schuldnerbank und Gläubigerbank keine Vertragsbeziehungen bestehen. Hier **fehlen** also **vertragliche Leistungsansprüche,** deren schuldhafte Verletzung Schadensersatzpflichten begründen könnte. Insoweit liegen die Verhältnisse ähnlich wie beim Überweisungsverkehr[648].

4.436 Damit stellt sich die grundsätzliche Frage, ob zwischen solchen vertraglich nicht verbundenen Beteiligten neben einem möglichen Anspruch aus § 826 BGB wegen sittenwidriger Schädigung auch Ersatzansprüche wegen Verletzung von Schutzpflichten entstehen können, die zu ihren Gunsten aus den Vertragsverhältnissen zwischen anderen Beteiligten abgeleitet werden können[649]. Bei diesen Vertragsverhältnissen mit Schutzwirkung zugunsten an dem Vertrag unbeteiligter Dritter handelt es sich um keinen Vertrag auf Leistung an einen Dritten im Sinne des § 328 BGB. Dieser im Gesetz nicht geregelte schwächere Typus des „Vertrages zugunsten Dritter" im weiteren Sinne beruht auf einer Fortbildung des Rechts durch die Rechtsprechung[650]. Der Vertrag mit Schutzwirkung für Dritte ist ein Beispiel für die Ergänzung des dispositiven Gesetzesrechts für typische Vertragsgestaltungen, die in dieser Hinsicht als regelungsbedürftig betrachtet werden, durch richterliche Rechtsfortbildung. Dieser Vertragstyp ist wegen der Unzulänglichkeit des deutschen Deliktrechts entwickelt worden, das die Gehilfenhaftung einschränkt (§ 831 BGB) und keinen umfassenden Vermögensschutz gewährt[651]. Ein solcher Drittschutz muß aber dem – gegebenenfalls im Wege ergänzender Vertragsauslegung nach § 157 BGB zu ermittelnden hypothetischen – Parteiwillen entsprechen[652]. Hierfür bedarf es konkreter Anhaltspunkte in ausdrücklichen Parteiver-

---

648 BGH WM 1977, 1042.
649 *van Gelder* in Bankrechts-Handbuch, § 58 Rn 194.
650 Vgl. BGH WM 1977, 1042 f.; *van Gelder*, WM 1995, 1253, 1256.
651 *Palandt/Heinrichs*, § 328 Rn 13.
652 OLG Köln ZIP 1993, 1540.

einbarungen oder zumindest im sonstigen Parteiverhalten, wenn eine dahingehende Vereinbarung nicht allein aufgrund der objektiven Interessenlage anzunehmen ist.

a) Schutzpflichten der Schuldnerbank gegenüber dem Lastschriftgläubiger

Nach dem LSA (Abschnitt II Nr. 2 Abs. 1) hat die Schuldnerbank die erste Inkassostelle bei Lastschriften ab DM 2000 unmittelbar spätestens an dem auf den Tag des Eingangs folgenden Geschäftstag und unter Einsatz der vorgeschriebenen Kommunikationsverfahren von der Nichteinlösung zu benachrichtigen. An dieser sog. Eilnachricht ist vor allem die erste Inkassostelle interessiert, weil sie den Gläubiger regelmäßig über die bei Lastschrifteinreichung erteilten Gutschriften verfügen läßt und deshalb dessen Girokonto möglichst bald wieder belasten möchte. 4.437

Auch für den Lastschriftgläubiger besteht ein erhebliches Interesse daran, daß die Schuldnerbank solche nicht eingelösten Lastschriften **unverzüglich** nach Eingang und Prüfung zurückgehen läßt oder zumindest die Gläubigerbank von der nicht erfolgten Einlösung **benachrichtigt.** Schon mit Rücksicht auf seine geschäftlichen Dispositionen ist der Gläubiger daran interessiert, nicht von verspäteten Rückbelastungen überrascht zu werden. Bei verspäteter Benachrichtigung besteht zudem die Gefahr, daß der Lastschriftgläubiger im Vertrauen auf die zwischenzeitlich erfolgte Einlösung weitere Geschäfte mit dem Schuldner tätigt und erst bei der verspäteten Rückgabe der Lastschrift merkt, daß sein Vertrauen getäuscht und der Schuldner insolvent geworden ist. Hier hat der Lastschriftgläubiger ein berechtigtes Interesse daran, einen vertraglichen Schadensersatzanspruch gegen die Schuldnerbank zu erwerben. 4.438

Denn der Lastschriftgläubiger erwirbt keinen Schadensersatzanspruch gegen seine Bank. Der Gläubigerbank kann keine Vertragsverletzung vorgeworfen werden. Die säumige Schuldnerbank ist auch keine Erfüllungsgehilfin der Gläubigerbank, für deren Verschulden sie gegenüber dem Lastschriftgläubiger wie für eigenes Verschulden einzustehen hätte (§ 278 BGB)[653]. 4.439

Dieses Interesse des Gläubigers an einer alsbaldigen Zurückleitung der nicht eingelösten Lastschrift und der vorgeschriebenen Eilnachricht hat seine Bank als erste Inkassostelle aufgrund des zwischen ihnen bestehenden Girovertrages als ein Vertrauensverhältnis gegenüber den anderen auf dem Inkassowege nachgeschalteten Banken wie ihr eigenes Interesse 4.440

---

653 *Schimansky* in Bankrechts-Handbuch, § 49 Rn 36 für den Überweisungsverkehr.

wahrzunehmen. Dementsprechend begründen die LSA-Regelungen der Rückgabe unbezahlter Lastschriften nach der Entscheidung des BGH vom 28. 2. 1971[654] nicht nur eine Vertragspflicht der Schuldnerbank gegenüber der Gläubigerbank, sondern nach Treu und Glauben auch eine Schutzpflicht der Schuldnerbank zugunsten des jeweiligen Lastschriftgläubigers.

4.441 Diese **Schutzpflicht** basiert auf dem zwischen Gläubigerbank und Schuldnerbank bestehenden Geschäftsbesorgungsvertrag. Sind aber zum Lastschriftinkasso weitere Kreditinstitute eingeschaltet, hat diese Schutzpflicht als Rechtsgrundlage das Vertragsverhältnis zwischen der Schuldnerbank und der ihr auf dem Inkassoweg unmittelbar vorgeschalteten Bank[655].

aa) Argumente für die Rechtsfortbildung

4.442 Diese Rechtsprechung hat der BGH[656] trotz kritischer Äußerung im Schrifttum[657] bestätigt und sie hierbei auf das Scheckeinzugsverfahren ausgedehnt, soweit es um die Verpflichtung der eingeschalteten Kreditinstitute geht, den Scheck auf dem schnellsten und sichersten Weg der bezogenen Bank vorzulegen. Eine Einbeziehung von Dritten in den Schutzbereich von Schuldverhältnissen kann nach dem BGH geboten sein, wenn **Massengeschäfte** eines bestimmten Typs mit einem einheitlich praktizierten Verfahren zugrunde liegen, das den Rechtsverkehr in großem Stile unter Inanspruchnahme des Vertrauens auf sach- und interessengerechte Abwicklung angeboten wird. Dies sei der Fall, wenn das Verfahren für den Dritten, der sich dessen bedient, bestimmte verfahrenstypische Risiken in sich birgt und den mit der Durchführung betrauten beteiligten Kreditinstituten ohne weiteres zugemutet werden kann, diese Risiken klein zu halten.

4.443 Mit dieser Rechtsprechung hat der **BGH** den Kreis der Verträge mit Schutzwirkung zugunsten Dritter wesentlich erweitert. Ursprünglich kam eine solche **Einbeziehung Dritter** regelmäßig nur in Betracht, wenn das Innenverhältnis zwischen Gläubiger und Drittem durch einen personenrechtlichen Einschlag gekennzeichnet und erkennbar ist, daß der Gläubiger in Mitverantwortung und Fürsorge für den Dritten handelt, wie dies z.B. bei Abschluß eines Mietvertrages durch einen Familienvater der Fall ist. Voraussetzung für die Einbeziehung Dritter an einem Vertrage

---

654 WM 1977, 1042, 1043.
655 BGH WM 1977, 1042, 1043.
656 WM 1985, 1391, 1393; 1988, 246, 243.
657 *Hadding*, FS Werner, 1984, S. 165, 169 ff.

nicht beteiligter Personen in dessen Schutzbereich ist, daß für den Schuldner erkennbar mit seiner Leistung ein Dritter in Berührung kommt, demgegenüber der Gläubiger fürsorge- und obhutspflichtig ist, und daß es dem Sinn und Zweck des Vertrages entspricht, dem Dritten den Schutz in gleicher Weise zugute kommen zu lassen wie dem Gläubiger selbst. Diese Schutzwirkung beschränkt sich nicht auf Körper und Gesundheit des Dritten, sondern erstreckt sich auch auf dessen Vermögen[658]. Mit diesem bisherigen Erfordernis des „personenrechtlichen Einschlags" sollte eine Ausuferung solcher Schutzpflichten vermieden werden und eine Grenze gehalten werden, jenseits deren der Schutz Dritter auf das Recht der unerlaubten Handlung beschränkt bleiben muß. Nach der neueren Rechtsprechung des BGH hat dagegen die Frage, ob „Wohl und Wehe" des Dritten dem Vertragspartner des Schutzpflichtigen anvertraut waren, nur noch die Bedeutung, eine objektive Interessenlage annehmen zu können, aufgrund deren die Schutzwirkung eines Vertrages zu bejahen ist, ohne daß es auf die Auslegung des konkreten Vertrages ankäme[659].

bb) Restriktive Annahme von Schutzpflichten

Der BGH hat bei seiner Rechtsprechung zur Schutzwirkung zugunsten Dritter die Gefahren gesehen, die aus der damit verbundenen Ausdehnung der vertragsähnlichen Vertrauenshaftung für primäre Vermögensschäden ohne Vertrag entstehen. Außer in den Fällen, in denen eine besondere Fürsorgebeziehung zwischen Gläubiger und Drittem besteht, hat der BGH deshalb nur fallgruppenweise den **Anwendungsbereich** des Vertrages mit Schutzwirkung zugunsten Dritter erweitert[660]. 4.444

Die Rechtsprechung hat bislang keine weiteren Schutzpflichten aus dem Vertragsverhältnis abgeleitet, die beim Lastschrifteinzug begründet werden. So hat die Rechtsprechung Schutzpflichten der Gläubigerbank gegenüber dem Schuldner verneint. Sie brauche mit Rücksicht auf das Widerspruchsrecht des Schuldners insbesondere nicht zu prüfen, ob dem Gläubiger eine Einzugsermächtigung vorliegt[661]. 4.445

Dem Lastschriftschuldner steht auch kein Anspruch aufgrund ungerechtfertigter Bereicherung gegen die Gläubigerbank zu. Voraussetzung für einen Bereicherungs- 4.446

---

658 BGH WM 1968, 438, 439; OLG Düsseldorf WM 1987, 1008, 1009.
659 BGH WM 1987, 257, 259.
660 Vgl. *Schwark*, ZHR 151 (1987), 325, 331.
661 BGH WM 1977, 1196, 1197; 1978, 133, 134; *Reiser/Krepold* in Bankrecht und Bankpraxis, Rn 6/340.

anspruch nach § 812 BGB in Gestalt der sog. Leistungskondiktion wäre, daß zwischen der Gläubigerbank und dem Lastschriftschuldner ein **Leistungsverhältnis** bestünde. Dies ist jedoch zu verneinen. Leistung in diesem Sinne ist die bewußte, zweckgerichtete Vermehrung fremden Vermögens zu Lasten des eigenen Vermögens. Eine solche Leistung liegt nur im Verhältnis zwischen Lastschriftschuldner und Lastschriftgläubiger vor. Die Schuldnerbank erbringt dagegen mit der Einlösung der Lastschrift eine Leistung des Lastschriftschuldners an den Lastschriftgläubiger, nicht aber an dessen Bank. Die Gläubigerbank wird daher ausschließlich als Leistungsmittlerin zwischen dem Lastschriftschuldner und dem Lastschriftgläubiger tätig. Beim Lastschriftverfahren ist insoweit dieselbe Rechtslage gegeben wie bei der Banküberweisung[662].

4.447 Dem Lastschriftschuldner steht nach dem BGH auch kein Anspruch wegen rechtsgrundloser Bereicherung der Gläubigerbank „in sonstiger Weise" zu (§ 812 Abs. 1 Satz 1 Fall 2 BGB). Ein solcher Anspruch in Gestalt der sog. **Eingriffskondiktion** kommt im Regelfall nur in Betracht, wenn der Bereicherungsgegenstand dem Empfänger überhaupt nicht, also von niemandem geleistet worden ist. Beim Lastschriftverfahren erhält jedoch die Gläubigerbank eine Leistung von der Schuldnerbank, die den Lastschriftbetrag der Gläubigerbank als Deckung dafür anzuschaffen hat, daß diese dem Lastschriftgläubiger eine entsprechende Kontogutschrift erteilt[663].

4.448 Den Schuldner treffen im übrigen keine Schutzpflichten gegenüber der Gläubigerbank. Weder der Girovertrag des Schuldners mit seiner Bank noch seine Absprache mit dem Gläubiger über den Lastschrifteinzug bieten Anhaltspunkte für die Begründung solcher Schutzpflichten[664]. Schließlich bestehen auch keine Schutzpflichten des Gläubigers gegenüber der Schuldnerbank. Sie können weder aus dem Girovertragsverhältnis des Gläubigers zu seiner Bank noch aus seinem Valutaverhältnis zum Schuldner abgeleitet werden[665].

b) Dogmatische Vorzüge der Schadensliquidation im Drittinteresse

4.449 Nach den literarischen Äußerungen von Mitgliedern des nunmehr zuständigen XI. Senats des BGH steht aber zu erwarten, daß der BGH für die Problemlösung der Rechtsfigur des Vertrages mit Schutzwirkung zugunsten Dritter die Schadensliquidation im Drittinteresse bevorzugt. Für eine ufer- und konturlose Ausdehnung von Schutzpflichten bestünde umso weniger Anlaß, als auch mit einer solchen Drittschadensliquidation

---

662 BGH WM 1977, 1196, 1197.
663 BGH WM 1977, 1196, 1197.
664 BGH WM 1979, 689, 830; 1979, 831, 832; *Reiser/Krepold* in Bankrecht und Bankpraxis, Rn 6/341.
665 *van Gelder* in Bankrechts-Handbuch, § 58 Rn 192.

vernünftige Ergebnisse erzielt werden können[666]. Die vom II. Senat des BGH entschiedenen Sachverhalte hätten nach den Grundsätzen der Schadensliquidation im Drittinteresse beurteilt werden können. Deshalb sei eine Abweichung von der bisherigen Rechtsprechung durch Heranziehung des „Vertrages mit Schutzwirkung für Dritte" nicht erforderlich und damit kein Raum für eine solche richterliche Rechtsfortbildung vorhanden gewesen[667]. Hinzu kommt, daß mit dieser Rechtsprechung des II. Senats die „Leistungsberührung" des Dritten als unverzichtbare Voraussetzung für die Annahme einer Schutzpflicht aufgegeben worden ist. Weder der Zahlungsgläubiger kommt mit der Leistung der Zahlstelle, noch der Zahlungspflichtige mit der Leistung der ersten Inkassostelle im Giroverhältnis zwischen diesen beiden Kreditinstituten gegenständlich oder unmittelbar in Berührung. Es fehle der erforderliche Kontakt zu der in diesem Giroverhältnis geschuldeten Hauptleistung, die den Gläubiger oder Schuldner einem besonderen unvermeidbaren Risiko aus diesem Leistungsverhältnis aussetzt[668].

Nach *Hadding* liegen die sachlichen Vorteile der Schadensliquidation im Drittinteresse vor allem in ihren klaren, rechtlich begründbaren Grenzen. Nicht mehr oder weniger nahestehende „Dritte", sondern lediglich der mittelbare Vertreter (Buchgeldzahler) wird mit seinem Schaden in das vertragliche Girovertragsverhältnis einbezogen, in dem ein Kreditinstitut eine Pflichtverletzung zu verantworten hat. Sodann ist der Kreis der in den Schadensausgleich einzubeziehenden Personen deutlich abgegrenzt. Infolge dieser rechtlichen Situation wird bei der Drittschadensliquidation das Risiko der Beteiligten an einer bargeldlosen Zahlung überschaubar und erst hierdurch zumutbar[669]. 4.450

Das LSA steht dieser Schadensliquidation nicht mehr im Wege. Nach Abschnitt IV Nr. 1 LSA begründet dieses Abkommen zwar Rechte und Pflichten nur zwischen den beteiligten Kreditinstituten. Damit ist aber nicht die Abtretung von Ansprüchen aufgrund der Drittschadensliquida- 4.451

---

666 *Schimansky* in Bankrechts-Handbuch, § 49 Rn 36 ff.; vgl. weiter *van Gelder* in Bankrechts-Handbuch, § 58 Rn 203 ff.; *ders.*, WM 1995, 1253, 1259; *Nobbe* in Bankrechts-Handbuch, § 61 Rn 85 für das Vertragsverhältnis zwischen Inkassobank und bezogener Bank beim Scheckeinzugsverfahren; *Jung*, ZEuP 1996, 659, 670 ff.
667 *van Gelder*, WM 1995, 1253 ff.; *Schimansky* in Bankrechts-Handbuch, § 49 Rn 37; vgl. weiter *Hadding*, FS Werner, 1984, S. 165, 199; *ders.*, WM 1978, 1366, 1374.
668 *Bauer*, WM 1981, 1186, 1195; *Reiser/Krepold* in Bankrecht und Bankpraxis, Rn 6/335; *van Gelder* in Bankrechts-Handbuch, § 58 Rn 207.
669 FS Werner, 1984, S. 165, 196, 197.

tion ausgeschlossen. Ein solcher Ausschluß wäre wegen seiner den Gläubiger oder Schuldner benachteiligenden Wirkung unwirksam[670].

VI. Schadensersatzansprüche wegen mißbräuchlichen Verhaltens im Rahmen des Lastschriftverfahrens

4.452 Wie die anderen bargeldlosen Zahlungssysteme eröffnet auch das Lastschriftverfahren Möglichkeiten mißbräuchlichen Verhaltens. Dies gilt insbesondere für das Einzugsermächtigungsverfahren. Mit Rücksicht auf den **massenhaften Anfall von Lastschriften** müssen sich die mitwirkenden Kreditinstitute auf formale Prüfungen bei der Zulassung zum Lastschriftverfahren durch die Gläubigerbank und dem Vorhandensein einer für die Lastschrifteinlösung ausreichenden Deckung durch die Schuldnerbank beschränken. Solche Schadensersatzansprüche aus mißbräuchlichem Verhalten richten sich keineswegs nur gegen den jeweiligen Vertragspartner in der Inkassokette. Stellt ein solches Verhalten eine unerlaubte Handlung, insbesondere eine sittenwidrige Schädigung im Sinne des § 826 BGB dar, so kann ein Regreßverhältnis auch zwischen zwei in der Inkassokette vertraglich unverbundenen Beteiligten, etwa zwischen der Bank des Lastschriftgläubigers und dem Schuldner begründet werden.

4.453 Ansatzpunkt für ein mißbräuchliches Verhalten bietet insbesondere die Möglichkeit des Schuldners im Einzugsermächtigungsverfahren, einer Belastung seines Kontos mit der Absicht zu widersprechen, daß ihm in sittenwidriger Weise der abgebuchte Betrag zum Nachteil der Gläubigerbank oder des Gläubigers im eigenen Interesse oder im Interesse seiner eigenen Bank **rückvergütet** wird. Denn die Schuldnerbank hat einem Widerspruch ihres Kunden gegen die Belastungsbuchung grundsätzlich zu entsprechen[671]. Dabei ist es unerheblich, ob dieser Widerspruch im Valutaverhältnis zwischen Gläubiger und Schuldner berechtigt ist. Der Widerspruch ist selbst dann zu beachten, wenn er sich gegen Lastschriften aus einer möglicherweise sittenwidrigen Lastschriftreiterei richtet[672].

1. Mißbräuchlicher Widerspruch durch Lastschriftschuldner im Einzugsermächtigungsverfahren

4.454 Ein Mißbrauch des Widerspruchsrechts setzt voraus, daß dem Gläubiger gegen den widersprechenden Schuldner ein von der Einzugsermächtigung

---
670 *van Gelder* in Bankrechts-Handbuch, § 58 Rn 209.
671 BGH WM 1979, 689, 690.
672 BGH WM 1979, 828, 829.

gedeckter Zahlungsanspruch zusteht[673]. Ohne einen solchen Zahlungsanspruch handelt es sich um eine unberechtigte Lastschrift, deren Kontobelastung der angeblich Zahlungspflichtige grundsätzlich widersprechen kann. Erleidet die **Gläubigerbank** hierdurch **Schaden,** weil sie den Zahlungsempfänger über die gutgeschriebenen Beträge vor Einlösung der Lastschriften hat verfügen lassen und sie nunmehr einen Ausfall befürchten muß, verwirklicht sich das Risiko der Gläubigerbank als erster Inkassostelle, in dessen voller Kenntnis die Kreditwirtschaft das Lastschriftverfahren eingeführt hat[674].

Wie auch die Regelungen des LSA (Abschnitt I Nr. 4 und III Nr. 1) zeigen, soll der Schaden aus Verfahrensmißbräuchen grundsätzlich die Gläubigerbank treffen. Denn das Lastschriftverfahren eröffnet eine Zugriffsmöglichkeit auf das Konto des Schuldners, so daß es vor allem auf eine ausreichende Bonität und Seriosität der Lastschrifteinreicher ankommt, die von der Gläubigerbank zu verantworten ist[675]. 4.455

Für ein mißbräuchliches Verhalten ist es aber auch nicht ausreichend, daß dem Lastschriftgläubiger ein Zahlungsanspruch zusteht und es sich damit um eine „berechtigte" Lastschrift handelt. Auch in diesem Fall kann der Schuldner der Belastung seines Kontos widersprechen, wenn er hierfür anerkennenswerte Gründe hat[676]. Ob eine Widerspruchsmöglichkeit mißbräuchlich ausgenutzt wird und dadurch in sittenwidriger Weise insbesondere das Insolvenzrisiko der Gläubigerbank zugeschoben wird, hängt also von dem mit dem Widerspruch verfolgten Zweck ab[677]. 4.456

Nach dem BGH liegt es im Rahmen des **Widerspruchszwecks,** wenn der Schuldner anerkennenswerte Gründe hat, die ihn im Zeitpunkt der Kenntnis der Lastschriften davon abgehalten haben würden, den entsprechenden Geldbetrag bar oder durch Banküberweisung zu begleichen[678]. Denn mit der Erteilung der Einzugsermächtigung will sich der Schuldner dem Gläubiger gegenüber nicht der Möglichkeit zur Ausübung seiner Gegenrechte begeben und seine Rechtsposition verschlechtern[679]. Anerkennenswerte Gründe für einen Widerspruch gegen eine berechtigte Last- 4.457

---

673 *Hegel,* Die Bank 1982, 74, 79; *van Gelder* in Bankrechts-Handbuch, § 58 Rn 90.
674 BGH WM 1979, 689, 690; 1985, 83, 84.
675 *van Gelder* in Bankrechts-Handbuch, § 58 Rn 86.
676 BGH WM 1985, 89, 84.
677 BGH WM 1979, 689, 830, 831; OLG Hamm WM 1995, 479, 480.
678 BGH WM 1985, 83, 84.
679 BGH WM 1979, 689, 690; *van Gelder* in Bankrechts-Handbuch, § 58 Rn 91.

schrift sind nach dem BGH Leistungsverweigerungs-, Zurückbehaltungs- oder Aufrechnungsrechte des Lastschriftschuldners[680].

4.458 Ein **Widerspruch** des Lastschriftschuldners kann dagegen eine **sittenwidrige Schädigung** im Sinne des § 826 BGB darstellen, wenn der Lastschriftschuldner, der sich nach Ablauf einer angemessenen Überlegungsfrist mit der Belastung seines Kontos bereits zufrieden gegeben und damit auch entschlossen hatte, von etwaigen Gegenrechten keinen Gebrauch zu machen, gleichwohl der Belastung seines Girokontos mit der Lastschrift widerspricht. Das Ausfallrisiko zu einem solchen späteren Zeitpunkt auf die Gläubigerbank abzuwälzen, steht im Gegensatz zum bisherigen Verhalten des Schuldners und wäre ein Mißbrauch der Widerspruchsmöglichkeit, die ihm zu diesem Zweck nicht eingeräumt worden ist[681]. In diesen Fällen kann sich auch die Schuldnerbank gegenüber der Gläubigerbank oder dem Gläubiger schadensersatzpflichtig machen, wenn sie den Schuldner im eigenen Interesse zu diesem Widerspruch animiert[682]. So leistet die Schuldnerbank Beihilfe zum rechtsmißbräuchlichen Widerspruch des Schuldners gegen eine berechtigte Lastschrift und damit zu einer sittenwidrigen Schädigung des Gläubigers, wenn sie die Widerspruchsmöglichkeit mit dem Schuldner wohlwollend erörtert, den Widerspruch als für sie finanziell günstige Variante akzeptiert und ihn beanstandungsfrei und zügig umsetzt[683].

2. Mißbräuchliche Inanspruchnahme des Lastschriftverfahrens

4.459 Schadensersatzansprüche können sich im übrigen ergeben, wenn das Lastschriftverfahren zweckwidrig genutzt wird und hierdurch den Beteiligten, insbesondere der Gläubigerbank im Rahmen des Einzugsermächtigungsverfahren vorsätzlich Schaden zugefügt wird. Ein solches mißbräuchliches Verhalten stellt die Einreichung sog. **Kreditlastschriften** dar[684]. In diesen Fällen vereinbaren Darlehensgeber und Darlehensnehmer, daß die Kreditvaluta im Einzugsermächtigungsverfahren vom Giro-

---

680 BGH WM 1979, 689, 690; *van Gelder* in Bankrechts-Handbuch, § 58 Rn 91; zur sittenwidrigen Herstellung einer Aufrechnungslage vgl. OLG Oldenburg WM 1986, 1277, 1278.
681 WM 1979, 689, 690; *van Gelder* in Bankrechts-Handbuch, § 58 Rn 91; zur sittenwidrigen Herstellung einer Aufrechnungslage vgl. OLG Oldenburg WM 1986, 1277, 1278.
682 BGH WM 1979, 829; *van Gelder* in Bankrechts-Handbuch, § 56 Rn 56.
683 OLG Frankfurt WM 1997, 211, 212; vgl. weiter *Reiser/Krepold* in Bankrecht und Bankpraxis, Rn 6/425.
684 BGH WM 1979, 689, 691; 994, 995.

konto des Darlehensgebers abgebucht werden sollen. Sieht der Darlehensgeber seinen Rückzahlungsanspruch innerhalb der sechswöchigen Widerspruchsfrist als gefährdet an, kann er das Insolvenzrisiko seines Darlehensnehmers von sich auf die Gläubigerbank verlagern. Die erste Inkassostelle würde also, ohne dies zu erkennen, die Funktion eines Bürgen für ihren Kunden als Lastschriftgläubigerin übernehmen. Sinn und Zweck des Lastschriftverfahrens ist es aber, den massenhaften bargeldlosen Zahlungsverkehr zu erleichtern, nicht aber dem Lastschriftschuldner eine risikolose Darlehensgewährung an den Lastschriftgläubiger innerhalb der sechswöchigen Widerspruchsfrist zu ermöglichen[685].

Einen weiteren Mißbrauch des Lastschriftverfahrens stellt die sog. Lastschriftreiterei dar. Hier werden von den beiden Beteiligten wechselseitig als Zahlungsempfänger und Zahlungspflichtigem Lastschriften eingereicht, die jeweils vom Girokonto des anderen Beteiligten abgebucht werden. Mit den bei Lastschrifteinreichungen erteilten Gutschriften wollen sich die Kontoinhaber kurzfristig Kredit verschaffen[686]. Die Lastschriftreiterei ist für die beteiligten Kreditinstitute in ihrer Funktion als erste Inkassostelle mit besonderen Risiken verbunden. Sie ist wegen der Verlagerung dieser Risiken auf die Inkassostelle sittenwidrig mit der Folge, daß ihr gegen den „Lastschriftschuldner" ein Schadensersatz gemäß § 826 BGB zusteht[687]. Insoweit ergibt sich eine Parallele zu der sog. **Wechselreiterei,** bei der die Beteiligten in sittenwidriger Weise wechselseitig Wechsel aufeinander ziehen, um sich mit Hilfe der Diskontierung dieser Wechsel durch ihre Bank die benötigten Geldmittel zu beschaffen[688].

4.460

---

685 BGH WM 1979, 689, 691; 994, 995.
686 *van Gelder* in Bankrechts-Handbuch, § 56 Rn 39.
687 BGH WM 1979, 828, 829.
688 BGH WM 1973, 66; *van Gelder* in Bankrechts-Handbuch, § 56 Rn 39.

5. Abschnitt
Scheckinkasso im bargeldlosen Zahlungsverkehr

I. Grundsätzliches

4.461 Wie die Banküberweisung und das Lastschriftverfahren gehört der Scheck zu den Instrumenten des bargeldlosen Zahlungsverkehrs, der der Bezahlung von Geldschulden zu Lasten des bei einem Kreditinstitut unterhaltenen Girokontos dient. Auch bei einer Scheckzahlung verfügt der Aussteller des Schecks über sein Kontoguthaben. In solchen **Kontoverfügungen** liegt die eigentliche Funktion des Schecks. Das Scheckgesetz (Art. 3 S. 1) bestimmt deshalb, daß ein Scheck nur auf einen Bankier gezogen werden darf, bei dem der Aussteller ein Guthaben hat.

4.462 Eine solche scheckmäßige Verfügung über das Kontoguthaben löst einen **bargeldlosen Zahlungsvorgang** aus, wenn die Zahlung der Schecksumme – wie im Regelfall – dadurch erfolgt, daß der Schecknehmer seine Bank mit dem Einzug des Schecks zur Gutschrift auf sein bei ihr unterhaltenes Girokonto beauftragt. Sodann kommt es zu einer **Buchgeldzahlung durch Abbuchung** des Scheckbetrages vom Girokonto des Scheckausstellers.

4.463 Die scheckmäßige Kontoverfügung führt dagegen zu einer **Bargeldzahlung**, wenn der Scheckinhaber den Scheck der bezogenen Bank **unmittelbar vorlegt**. Diese Verwendbarkeit des Schecks für eine Barauszahlung ist bei der Banküberweisung und der Lastschrift als den beiden anderen Instrumenten des bargeldlosen Zahlungsverkehrs grundsätzlich nicht gegeben.

1. Vergleich mit dem Lastschriftverfahren

4.464 Das Scheckinkassoverfahren weist Parallelen zum Lastschriftverfahren auf, das ebenfalls dem Einzug eines geschuldeten Betrages im bargeldlosen Zahlungsverkehr dient. Dies gilt insbesondere für das **Abbuchungsauftragsverfahren**. Bei dieser Variante des Lastschriftinkassos erteilt der Lastschriftschuldner mit dem Auftrag der kontoführenden Bank (Zahlstelle) eine **girovertragliche Weisung** im Sinne des § 665 BGB zur Einlösung der Lastschrift. Eine solche Weisung liegt auch dem zum Inkasso eingereichten Scheck zugrunde. Die in der Scheckurkunde verkörperte „Zahlungsanweisung" im Sinne des Art. 1 Nr. 2 ScheckG ist zwar eine besondere Form der Anweisung, wie sie im BGB (§§ 783 ff.) geregelt ist[689]. Mit dieser **Scheckziehung** auf das Giroguthaben ist aber zugleich eine **girovertragliche Weisung** (§ 665 BGB) des Scheckausstellers an die bezogene Bank verknüpft, den Scheck zu Lasten seines Girokontos einzulösen[690]. Diese auftragsrechtliche Weisung im Rahmen des Girovertragsverhältnisses zwischen Scheckaussteller und seiner kontoführenden Bank als Scheckbezogene wird vom Scheckinhaber als Bote überbracht[691].

Ein deutlicher Unterschied zwischen beiden Inkassoverfahren besteht aber darin, daß die einzuziehende Lastschrift vom Gläubiger selbst angefertigt wird. Das Scheckeinzugsverfahren setzt dagegen voraus, daß der Scheck zunächst vom Schuldner ausgestellt und seinem Gläubiger zum Inkasso ausgehändigt wird. Die **Scheckurkunde** ist im übrigen anders als die Lastschrift ein **Wertpapier.** Sie legitimiert deshalb auch den unberechtigten Scheckinhaber zur Erteilung eines Inkassoauftrages und eröffnet damit eine andere **Mißbrauchsmöglichkeit** als beim Lastschriftverfahren.

4.465

2. Erfordernis eines Inkassoauftrages bei bargeldloser Scheckeinlösung

Wie beim Lastschriftverfahren muß auch der Schecknehmer die Initiative ergreifen, um eine Gutschrift der Schecksumme im bargeldlosen Zahlungsverkehr zu erreichen.

4.466

Schecks können grundsätzlich auch an die Bank verkauft werden. Solche **Diskontierungen** sind jedoch in der Praxis unüblich, weil Schecks keine feste Laufzeit haben, sondern mit der Vorlage bei der bezogenen Bank zahlbar sind (Art. 28 Abs. 1 ScheckG). Die Einreichung eines Schecks bei einer Bank erfolgt deshalb im Zweifel zum Einzug. Diese Gemeinsamkeit von Scheck- und Lastschriftinkasso in der Einzugsphase zeigt sich z.B. darin, daß die Bundesbank den „vereinfachten Scheck- und Lastschrifteinzug" für Kreditinstitute in einheitlichen AGB geregelt hat. Auch die kreditwirtschaftlichen AGB enthalten z.B. einheitliche Regelungen für die Einlösung von Schecks und Lastschriften (Nr. 9 Abs. 2 AGB Privatbanken).

4.467

Der Scheck wird von der bezogenen Bank grundsätzlich nur „eingelöst", wenn ihr die **Scheckurkunde körperlich vorgelegt** wird (Art. 29 ScheckG) oder das Inkasso im sog. **beleglosen Scheckeinzug** erfolgt, wie es in dem

4.468

---

689 *Palandt/Sprau*, Einf. v. § 783 Rn 8; *Baumbach/Hefermehl*, Art. 1 ScheckG Rn 1, 3.
690 BGH WM 1979, 996, 997; *Nobbe* in Bankrechts-Handbuch, § 60 Rn 11; *Heymann/Horn*, HGB, Anh. § 372, Bankgeschäfte III Rn 78; *Baumbach/Hefermehl*, Art. 3 ScheckG Rn 3.
691 *Canaris*, Bankvertragsrecht³, Rn 686; *Nobbe* in Bankrechts-Handbuch, § 60 Rn 11.

„Abkommen über das beleglose Scheckeinzugsverfahren" (BSE-Abkommen) der Kreditwirtschaft geregelt worden ist – Rn 4.599. Der Begriff **„einlösen"** wird, wie seine Verwendung an mehreren Stellen des Scheckgesetzes zeigt (z.B. Art. 35, 39 Abs. 2, 40, 45 Nr. 1 und 46), als Synonym für „zahlen" verstanden. Die Einlösung ist also die Ausführung der im Scheck enthaltenen unbedingten Anweisung, „eine bestimmte Geldsumme zu zahlen" (Art. 1 Nr. 2 ScheckG)[692]. Für diese Scheckeinlösung hat der Schecknehmer die Scheckurkunde seiner Bank einzureichen und sie mit dem Einzug durch Gutschrift auf sein Girokonto zu beauftragen.

4.469 Nach Erteilung dieses Inkassoauftrages erteilt die Bank dem Einreicher eine **Gutschrift** unter dem **Vorbehalt der Scheckeinlösung.** Soweit das im Scheck bezogene Girokonto wie regelmäßig nicht bei der Inkassobank selbst geführt wird, geht der Scheck den üblichen Inkassoweg wie beim Lastschriftverfahren. Die bezogene Bank löst sodann den Scheck ein, soweit der Aussteller des Schecks über ein ausreichendes Guthaben oder eine entsprechende Kreditlinie verfügt.

4.470 Mit dieser Einlösung wird die **Kontogutschrift endgültig,** die der Scheckeinreicher bei Erteilung des Inkassoauftrages von seiner Bank erhalten hat. Hierdurch hat der Scheckeinreicher in Höhe der Schecksumme eine Buchgeldzahlung vom Scheckaussteller als seinem Schuldner empfangen. Die beabsichtigte „Vermögensverschiebung" im Valutaverhältnis zwischen dem ersten Schecknehmer und dem Scheckaussteller ist damit vollzogen. Damit ist zugleich der durch den Scheckeinzug ausgelöste bargeldlose Zahlungsvorgang abgeschlossen[693].

4.471 Wie beim Lastschrifteinzugsverfahren und der Giroüberweisung sind auch beim Scheckeinzugsverfahren regelmäßig zwei oder mehrere Kreditinstitute beteiligt. Es besteht deshalb auch beim Scheckinkasso eine Vielzahl von Vertragsverhältnissen. Dabei steht wie beim Lastschrifteinzug das Inkassoverhältnis zwischen Scheckinhaber und erster Inkassostelle (Inkassobank) im Vordergrund.

II. Inkassoverhältnis zwischen Scheckinhaber und erster Inkassostelle

4.472 Die zum Einzug eingereichten Schecks sollen regelmäßig dem bei der Bank unterhaltenen Girokonto gutgeschrieben werden. Das Inkassover-

---

692 *Pleyer/Wallach,* ZHR 153 (1989), 539, 540.
693 *Pleyer/Wallach,* ZHR 153 (1989), 539, 541.

fahren vollzieht sich also im Rahmen des der Kontoverbindung **zugrundeliegenden Girovertragsverhältnisses,** das einen entgeltlichen Geschäftsbesorgungsvertrag mit dienstvertraglichem Einschlag im Sinne der §§ 675, 611 BGB darstellt[694]. Der einzelne Inkassoauftrag stellt deshalb wie der Überweisungsauftrag eine auftragsrechtliche Weisung (§ 665 BGB) dar[695].

Verlangt der Kunde von seiner Bank eine Bestätigung für die Einreichung des Schecks, so ist dem Kundenwunsch zu entsprechen. Der Zeitpunkt des Eingangs dieser Einreichung kann für die Frage der Rechtzeitigkeit der Scheckzahlung und damit der Vermeidung von Verzugszinsen von entscheidender Bedeutung sein[696]. Hinzu kommt, daß der Kunde ohne diese Bestätigung keinerlei Nachweis über die Aushändigung des Schecks als eines Wertpapiers in Händen hält.

4.473

Fehlt es dagegen an einem solchen **Girokonto,** wird ein selbständiger Einzugsauftrag erteilt, der ebenfalls einen Geschäftsbesorgungsvertrag in Form eines Dienstvertrages darstellt[697]. Hier wird der eingezogene Scheckbetrag auf dem sog. Konto pro Diverse gutgeschrieben[698].

4.474

Der **Einzugsauftrag** verpflichtet die Inkassobank, den Scheck auf dem schnellsten und sichersten Weg der bezogenen Bank vorzulegen[699]. Inkassowege für Inlandsschecks mit Laufzeiten von mehr als fünf Arbeitstagen erscheinen deshalb nicht mehr als akzeptabel[700]. Dabei darf sie sich grundsätzlich der banküblichen Einzugswege bedienen[701].

4.475

Bei dieser **Weiterleitungspflicht** handelt es sich um eine sich aus der Natur dieses Geschäftsbesorgungsverhältnisses ergebende wesentliche Pflicht im Sinne des § 9 Abs. 2 Nr. 2 AGBG. Die Haftung für die Verletzung einer solchen Pflicht kann auch im Handelsverkehr formularmäßig nicht ausgeschlossen werden[702]. Der Inkassoauftrag beschränkt sich regelmäßig auf die Einziehung des Scheckgegenwertes[703].

4.476

Die Inkassobank haftet nicht für ein Verschulden der bezogenen Bank oder auf dem Einzugswege zwischengeschalteter anderer Banken. Die **Geschäftsbesorgungspflicht der Inkassobank** erschöpft sich in der ord-

4.477

---

694 BGH WM 1977, 1119; WM 1992, 1083, 1085.
695 *Nobbe* in Bankrechts-Handbuch, § 61 Rn 2.
696 *Trolitzsch/Jaeger,* BB 1994, 2152 f.; *Vogel,* DB 1997, 1758 f.
697 *Nobbe* in Bankrechts-Handbuch, § 61 Rn 2
698 OLG Frankfurt WM 1978, 1025, 1027.
699 BGH WM 1985, 1391; 1988, 246.
700 *Nobbe* in Bankrechts-Handbuch, § 61 Rn 30.
701 BGH WM 1985, 1391, 1393.
702 BGH WM 1988, 246, 248; *Nobbe* in Bankrechts-Handbuch, § 61 Rn 35.
703 BGH WM 1977, 1119, 1120.

nungsgemäßen Weiterleitung des Inkassoauftrages, so daß die nachgeordneten Banken keine Erfüllungsgehilfen (§ 278 BGB) sind[704]. Der Scheckinkassoauftrag stellt also ein weiteres Beispiel für den sog. weitergeleiteten Auftrag im Sinne der Nr. 3 Abs. 2 AGB Banken dar.

1. Erteilung einer Vorbehaltsgutschrift

4.478 Wie im Lastschriftverfahren erteilt die Inkassobank dem Scheckeinreicher auf seinem Girokonto eine Gutschrift unter dem Vorbehalt ihrer Einlösung. Dies gilt auch, wenn diese Papiere bei der Bank selbst zahlbar sind (Nr. 9 Abs. 1 AGB Banken). Wird der Scheck bei einer nicht kontoführenden Filiale der bezogenen Bank eingereicht, so liegt nach dem BGH auch hier ein Inkassoauftrag vor[705].

4.479 Erteilt der **Einreicher** seiner Inkassobank die **Weisung**, den eingehenden Einlösungsbetrag nicht seinem Konto, sondern dem Konto eines Dritten gutzuschreiben, so darf sie die Gutschrift nicht auf dem Einreicherkonto erteilen[706].

4.480 Diese **Vorbehaltsgutschrift** steht im übrigen auch unter der weiteren Bedingung, daß sie den Scheckbetrag auch tatsächlich erhält. Gilt der Scheck bereits als eingelöst, weil die bezogene Bank eine die Einlösung bewirkende Bezahltmeldung im Sinne der Nr. 9 Abs. 2 S. 2 AGB Banken abgesandt hat, verweigert sie aber die Zahlung des Scheckbetrages, so kann die Vorbehaltsgutschrift gemäß Nr. 9 Abs. 1 S. 4 AGB Banken wieder **rückgängig** gemacht werden. Diese Klausel ist nach dem BGH mit dem AGB-Gesetz vereinbar. Denn der Scheckeinreicher hat einen Anspruch auf Gutschrift der Schecksumme gemäß §§ 675, 667 BGB erst, wenn seine kontoführende Bank buchmäßig Deckung erlangt hat[707].

4.481 Umstritten ist, ob diese Vorbehaltsgutschrift dogmatisch als Gutschrift unter der **auflösenden Bedingung** der Nichteinlösung oder unter der **aufschiebenden Bedingung** der Einlösung anzusehen ist[708] (siehe Abschnitt

---

704 *Nobbe* in Bankrechts-Handbuch, § 61 Rn 34 unter Berufung auf BGH WM 1991, 797 für die Weiterleitung eines Überweisungsauftrages.
705 BGH WM 1988, 1325, 1326.
706 BGH WM 1990, 6, 7 mit Anmerkung *Häuser*, WM 1990, 1184, 1187, wonach dem Dritten hieraus ein eigener Anspruch auf Erteilung einer entsprechenden Gutschrift erwächst (§§ 675, 667 Fall 2 BGB). Anspruchsgrundlage ist das eigene Girovertragsverhältnis des Begünstigten mit der Inkassobank, so daß der Inkassoauftrag nicht als echter Vertrag zugunsten Dritter qualifiziert zu werden braucht.
707 BGH WM 1997, 1194, 1197.
708 Vgl. *Nobbe* in Bankrechts-Handbuch, § 61 Rn 38 m.w.Nachw.

„AGB Banken" Rn 2.445 ff.). Praktische Bedeutung kann diese Einordnung als auflösende oder als aufschiebende Bedingung vor allem im Vollstreckungs- oder Insolvenzverfahren erlangen[709]. Für eine **aufschiebende Wirkung** spricht der gegen die Inkassobank gerichtete auftragsrechtliche Herausgabeanspruch (§ 667 BGB) des Scheckeinreichers, der mit dieser Kontogutschrift erfüllt werden soll. Dieser entsteht erst, wenn die Inkassobank von der auf dem Einzugswege nachgeordneten Bank Deckung erhalten hat. Vor diesem Zeitpunkt schuldet die Inkassobank den einzuziehenden Betrag weder bedingt noch betagt[710]. Läßt die Bank den Scheckeinreicher wie häufig schon vor der Einlösung des Schecks über den gutgeschriebenen Betrag verfügen, so liegt darin eine **Kreditgewährung**[711]. Ein Inkassoauftrag und kein Ankauf (Diskontierung) des Schecks liegt also unabhängig davon vor, ob die Inkassobank den Einreicher sofort über die Vorbehaltsgutschrift verfügen läßt[712].

Für eine **auflösende Bedingung** der Nichteinlösung spricht vor allem, daß die Vorbehaltsgutschrift mit einer bestimmten Wertstellung für die Zinsberechnung sofort in das Kontokorrent eingestellt wird. Hierzu ist eine nur aufschiebende Gutschrift ungeeignet[713]. 4.482

Da die Inkassobank bei Erteilung der Vorbehaltsgutschrift in vielen Fällen keine sichere Kenntnis vom Zeitpunkt der Scheckeinlösung und damit von der Erlangung der endgültigen Deckung hat, erhalten die Gutschriftsbuchungen einen pauschalen Wertstellungszeitpunkt, wenn von Erfahrungswerten über den Empfang der Deckung bei ungestörtem Scheckinkasso ausgegangen wird. Dies gilt nach dem BGH für Wertstellungen bei auf in- oder ausländische Banken gezogenen DM-Schecks auf drei Arbeitstage und bei Währungsschecks auf fünf Tage nach der Vorbehaltsgutschrift[714]. 4.483

Die **BGH**-Rechtsprechung ist in der dogmatischen Einordnung der Vorbehaltsgutschrift als aufschiebend oder auflösend bedingte Gutschrift nicht einheitlich[715]. 4.484

---

709 Vgl. BGH WM 1992, 1083, 1085.
710 BGH WM 1992, 1083, 1085 m.w.Nachw.
711 OLG Hamm WM 1995, 1441, 1443; LG Stuttgart WM 1996, 1723, 1724.
712 OLG Koblenz WM 1984, 467, 468.
713 *Nobbe* in Bankrechts-Handbuch, § 61 Rn 38.
714 BGH WM 1997, 1192, 1194.
715 Nach dem BGH (WM 1986, 1409, 1411) erfolgt diese Gutschrift auflösend bedingt, über die der Scheckeinreicher unter Umständen sofort verfügen kann. An dem bis zum Wirksamwerden dieser Kontogutschrift dem Scheckeinreicher gegen die Inkassobank zustehenden Anspruch auf Herausgabe des Erlöses erwirbt die Bank ein AGB-Pfandrecht (*Häuser*, WM 1990, 1184, 1186); für aufschiebende Bedingung BGH WM 1992, 1083, 1085.

2. Pflichten der Inkassobank bei Nichteinlösung

4.485 Bei Nichteinlösung des Schecks hat die bezogene Bank dafür zu sorgen, daß **Protest erhoben** wird oder die dem Protest **gleichgestellten Erklärungen** abgegeben werden[716]. Diese Maßnahmen sind erforderlich, damit dem Scheckinhaber der scheckrechtliche Rückgriff gegen den Scheckaussteller und die anderen Scheckverpflichteten erhalten bleibt (Art. 40 i.V.m. Art. 12, 18, 20, 27 ScheckG).

4.486 Die erforderliche **förmliche Feststellung** der Zahlungsverweigerung hat nicht nur die Funktion eines Beweismittels. Sie ist vielmehr sachliche Voraussetzung für den Rückgriffsanspruch, deren Fehlen bei seiner gerichtlichen Geltendmachung von Amts wegen festzustellen ist und gegebenenfalls zur Klageabweisung führt[717].

4.487 Diese Pflicht zur Protesterhebung enthält das kreditwirtschaftliche „Abkommen über die Rückgabe nicht eingelöster Schecks und die Behandlung von Ersatzstücken verlorengegangener Schecks im Scheckeinzugsverkehr"[718]. Dieses Scheckabkommen regelt die Rechte und Pflichten der mitwirkenden Kreditinstitute untereinander[719].

4.488 Die Inkassobank hat im übrigen den Scheckeinreicher über die Nichteinlösung des Schecks unverzüglich zu informieren (§§ 666, 675 BGB) und sich um die Rückgabe der Scheckurkunde zu bemühen[720].

3. Rechtsstellung der Inkassobank bei unterbliebener Scheckeinlösung

4.489 Werden Schecks nicht rechtzeitig eingelöst oder erhält die Bank den Betrag aus dem Inkassoauftrag nicht, so kann die Bank die Vorbehaltsgutschrift ohne Rücksicht auf einen zwischenzeitlichen Rechnungsabschluß wieder rückgängig machen (Nr. 9 Abs. 1 AGB Banken). Ungeachtet dieser Rückbelastung verbleiben der Inkassobank ihre Rechte aus dem Scheck[721].

4.490 Neben dieser Rückbelastung des nicht eingelösten Schecks kann die Inkassobank im Einzelfall ein Interesse daran haben, den Aussteller aus seiner scheckrechtlichen Haftung für den nicht eingelösten Scheck in

---

716 *Nobbe* in Bankrechts-Handbuch, § 61 Rn 39.
717 BGH WM 1985, 1391, 1392 m.w.Nachw.; 1989, 594, 595; zur rechtzeitigen Vorlegung vgl. BGH WM 1991, 1910.
718 Abgedruckt bei *Baumbach/Hefermehl,* Anhang 11.
719 BGH WM 1990, 96, 97.
720 *Nobbe* in Bankrechts-Handbuch, § 61 Rn 41.
721 *Nobbe* in Bankrechts-Handbuch, § 61 Rn 26.

5. Abschnitt: Scheckinkasso

Anspruch zu nehmen[722]. Nach dem Scheckgesetz (Art. 12) **haftet der Aussteller** des Schecks für die Einlösung des Schecks[723]. Für seine Inanspruchnahme durch die Bank kommt es darauf an, welche Rechte sie aufgrund des Inkassoauftrages aus dem Scheck erworben hat[724]. Dies richtet sich im einzelnen danach, ob dem Auftrag eine **Legitimationszession** oder ein **Sicherungstreuhandverhältnis** zugrunde liegt[725]. Im ersten Fall verbleiben die Rechte aus dem Scheck beim Kunden als Auftraggeber. Im letzten Fall werden sie sicherungshalber auf die beauftragte Bank übertragen.

Nach der BGH-Rechtsprechung nimmt eine Bank entsprechend den allgemeinen Gepflogenheiten im Bankverkehr einen ihr zum Einzug übergebenen Scheck gleichzeitig zu ihrer eigenen Sicherung entgegen und läßt sich ihn deshalb sicherungshalber übereignen (Nr. 15 Abs. 1 S. 1 AGB Banken)[726]. Ein solches **Sicherungsinteresse** besteht insbesondere, wenn das Konto des Bankkunden bei Scheckeinreichung einen Schuldsaldo aufweist oder die Bank den Kunden wie üblich schon vor Scheckeinlösung über die Vorbehaltsgutschrift verfügen läßt[727]. Das **Sicherungseigentum** wird bei Gutgläubigkeit der Inkassobank auch an solchen Schecks begründet, die mangels eines Begebungsvertrages zwischen Aussteller und Schecknehmer als „irgendwie abhanden gekommen" zu behandeln sind[728].

4.491

Werden der Bank Schecks mit der Maßgabe eingereicht, daß ihr Gegenwert nur für einen bestimmten Zweck verwendet werden darf, erstreckt sich die Sicherungsübereignung nicht auf diese Inkassopapiere (Nr. 15 Abs. 3 AGB Banken). Hierdurch soll der Rechtsprechung Rechnung getragen werden[729].

4.492

Mit dem Erwerb des Sicherungseigentums geht auch die zugrundeliegende Forderung auf die Bank über (Nr. 15 Abs. 2 AGB Banken)[730]. Macht die

4.493

---

722 Macht die Bank den scheckrechtlichen Rückgriffsanspruch im eigenen Namen zu Gunsten ihres Kunden als Inkassoauftraggeber geltend, so liegt eine Prozeßstandschaft vor (BGH WM 1977, 1119).
723 Diese Haftung besteht auch aufgrund zurechenbar veranlaßten Rechtsscheins, wenn der Scheck mißbräuchlich zum Zwecke der ungenehmigten Kreditschöpfung (Scheckreiterei) in den Verkehr gebracht worden ist (BGH WM 1989, 1009, 1010 f.; 1993, 499, 500).
724 *Klein*, WM 1975, 374, 376 f.
725 Bei bloßer Legitimationszession muß sich die Inkassobank alle Einwendungen des Scheckausstellers gegen den Scheckeinreicher entgegenhalten lassen (BGH WM 1977, 1119, 1120).
726 BGH WM 1988, 8; *Nobbe* in Bankrechts-Handbuch, § 61 Rn 15.
727 BGH WM 1977, 970, 971.
728 OLG Düsseldorf WM 1973, 739, 740; OLG Koblenz WM 1984, 467, 468.
729 BGH WM 1979, 533; 1984, 1391; 1990, 6.
730 Vgl. BGH WM 1974, 171; 1977, 49, 50.

Bank diese Forderung geltend und geht der Erlös bei ihr ein, so erlischt ihre gesicherte Forderung gegen den Schuldner (§ 1288 Abs. 2 BGB).

4.494 Für dieses **Erlöschen** bedarf es keiner kontokorrentmäßigen Verrechnung. Wenn die Bank trotzdem den Erlös dem Konto gutschreibt, so handelt es sich nur um die buchungstechnische Erledigung dieses Vorgangs, dem keine selbständige Bedeutung zukommt[731].

4.495 Das Sicherungseigentum und die Sicherungsabtretung dienen der **Sicherung aller Ansprüche,** die der Bank gegen den Kunden bei Einreichung des Schecks aus seinen Kontokorrentkonten zustehen oder die infolge der Rückbelastung nicht eingelöster Schecks entstehen (Nr. 15 Abs. 4 AGB Banken). Diese AGB-Regelung ist nach dem BGH interessengemäß, weil die Banken die Schecksumme sofort bei Einreichung der Schecks gutschreiben und hierüber den Kunden vor der Einlösung des Schecks verfügen lassen. Durch ein solches Sicherungstreuhandverhältnis wird nach dem BGH die Lage des Scheckausstellers nicht in unzulässiger Weise beeinträchtigt. Wenn der Schuldner dadurch Gefahr laufe, Einwendungen gegen den Scheckeinreicher zu verlieren (Art. 22 ScheckG), dann sei dies eine spezifische Folge des Scheckrechts, mit der jeder Scheckaussteller rechnen müsse, der einen Scheck begibt[732]. Die Sicherungstreuhand der Inkassobank wird bei deren Gutgläubigkeit auch an solchen Schecks begründet, die mangels eines Begebungsvertrages zwischen Aussteller und Schecknehmer „irgendwie abhanden gekommen" sind[733].

III. Scheckvertragliche Beziehung zwischen Scheckaussteller und bezogener Bank

4.496 Die Möglichkeit zu Scheckziehungen auf das Girokonto begründet ein besonderes schuldrechtliches Verhältnis zwischen Scheckaussteller und bezogener Bank. Dagegen bestehen keine vertraglichen Beziehungen zwischen dem Scheckaussteller und der Inkassobank. Deshalb erwachsen der Inkassobank auch keine Sorgfalts- und Warnpflichten gegenüber dem Scheckaussteller[734].

---

731 BGH WM 1992, 1083, 1085.
732 BGH WM 1977, 970, 971; ebenso OLG Düsseldorf WM 1981, 369, 370; OLG Koblenz WM 1984, 467, 468. Art. 22 ScheckG setzt voraus, daß es sich um ein „Verkehrsgeschäft" handelt und daher der Gedanke des Verkehrsschutzes zum Tragen kommt, wie dies für die Sicherungsabtretung gilt (*Baumbach/Hefermehl,* Art. 22 ScheckG Rn 1, Art. 17 WG Rn 22).
733 OLG Düsseldorf WM 1973, 739, 740; OLG Koblenz WM 1984, 467, 468.
734 *Nobbe* in Bankrechts-Handbuch, § 61 Rn 22.

1. Rechtsnatur des Scheckvertrages

Das schuldrechtliche Rechtsverhältnis zwischen der bezogenen Bank und ihren Scheckkunden (**Deckungsverhältnis**) regelt der Scheckvertrag. Dieser ist in der Praxis regelmäßig mit einem dem Girokonto zugrundeliegenden Geschäftsbesorgungsvertrag (§ 675 BGB) verknüpft, davon rechtlich aber zu unterscheiden[735]. Das Unterhalten eines Giroguthabens berechtigt den Bankkunden noch nicht, hierüber mittels Scheck zu verfügen. Nach dem Scheckgesetz (Art. 3 S. 1) muß dem Kontoinhaber durch den Scheckvertrag das Scheckziehungsrecht eingeräumt werden[736].

4.497

Der Scheckvertrag verpflichtet die Bank gegenüber ihrem Kunden, auf sie gezogene und ordnungsgemäß ausgestellte Schecks bis zur Höhe seines Guthabens oder einer eingeräumten Kreditlinie einzulösen. In der scheckrechtlichen Zahlungsanweisung (Art. 1 Nr. 2 ScheckG) liegt zugleich die auftragsrechtliche Weisung (§ 665 BGB), im Rahmen des dem Girokonto zugrundeliegenden Girovertragsverhältnisses den auf sie bezogenen Scheck einzulösen[737].

4.498

Der Scheckvertrag stellt nach allgemeiner Meinung einen **entgeltlichen Geschäftsbesorgungsvertrag** (§ 675 BGB) dar. Dabei wird er im Schrifttum zum Teil als Dienstvertrag (§§ 611, 675 BGB) und zum Teil als Werkvertrag (§§ 631, 675 BGB) qualifiziert. Nach anderer Ansicht erscheint die Einordnung als gemischttypischer Vertrag mit dienst- und werkvertraglichen Elementen praxisgerechter[738].

4.499

Der Scheckvertrag ist **kein Vertrag zugunsten Dritter**[739]. Die bezogene Bank ist nur dem Scheckaussteller, nicht aber dem Schecknehmer zur Einlösung verpflichtet[740]. Ein scheckrechtlicher Anspruch des Schecknehmers gegen die bezogene Bank ist nach Art. 4 ScheckG ausgeschlossen.

4.500

2. Abschluß des Scheckvertrages

Der Scheckvertrag kommt regelmäßig mit der Aushändigung von Scheckvordrucken an den Kontoinhaber oder den Kontobevollmächtigten zustande. Die Kontovollmacht bei Girokunden beinhaltet auch das Recht,

4.501

---

[735] Bülow, WM 1996, 8.
[736] *Baumbach/Hefermehl*, Art. 3 ScheckG Rn 3.
[737] BGH WM 1979, 996, 997; 1988, 1325, 1327; *Baumbach/Hefermehl*, Art. 3 ScheckG Rn 3.
[738] *Nobbe* in Bankrechts-Handbuch, § 60 Rn 31.
[739] *Baumbach/Hefermehl*, Art. 3 ScheckG Rn 4.
[740] BGH WM 1974, 155; *Baumbach/Hefermehl*, Art. 3 Rn 4.

durch Scheckausstellung über das vorhandene Kontoguthaben zu verfügen und hierzu einen Scheckvertrag abzuschließen[741].

4.502 **Minderjährige** können den Scheckvertrag als einen entgeltlichen Geschäftsbesorgungsvertrag nur unter Mitwirkung der gesetzlichen Vertreter wirksam abschließen (§§ 105, 107, 108 BGB). Die beschränkte Geschäftsfähigkeit zur Eingehung eines Arbeitsverhältnisses (§ 113 BGB) reicht für den Abschluß eines wirksamen Scheckvertrages nicht aus, weil er im Gegensatz zu der Eröffnung eines Gehaltskontos zur Erfüllung der Verpflichtungen aus solchen Rechtsverhältnissen nicht benötigt wird[742]. Nach einer Verlautbarung des Bundesaufsichtsamtes für das Kreditwesen vom 22. 3. 1993[743] sollen an Minderjährige grundsätzlich keine Scheckformulare ausgehändigt werden.

4.503 Für die Beendigung des Scheckvertrages durch **Kündigung** gelten die generellen Regelungen in den AGB der Kreditinstitute. Die bezogene Bank kann deshalb den Scheckvertrag nur nach einer Einhaltung einer auf die berechtigten Belange des Kunden Rücksicht nehmenden angemessenen Frist kündigen (Nr. 19 Abs. 1 S. 3 AGB Banken)[744]. Bei Beendigung des Scheckvertrages sind die nicht benutzten Scheckvordrucke unverzüglich entweder an die Bank zurückzugeben oder entwertet zurückzusenden (Nr. 2 Abs. 3 der Bedingungen für den Scheckverkehr).

3. Rechte und Pflichten der Vertragspartner

4.504 Die Rechte und Pflichten des Scheckkunden und seiner Bank regeln die „Bedingungen für den Scheckverkehr 1995" (**Scheckbedingungen**). Danach ist die Einlösungspflicht davon abhängig, daß der Kunde die von seiner Bank zugelassenen Scheckvordrucke verwendet (Nr. 1 Scheckbedingungen). Nach dem Scheckvertrag ist die Bank zur Einlösung der Schecks nur bei ausreichendem Kontoguthaben verpflichtet. Weist das Konto keine Deckung auf, so darf die Bank nach den Scheckbedingungen (Nr. 4) gleichwohl die Schecks einlösen. Die Verbuchung solcher Verfügungen auf dem Girokonto führt nicht zur Einräumung einer Kreditlinie, sondern nur zu einer geduldeten Kontoüberziehung. Die Bank ist deshalb berechtigt, in diesem Falle den höheren Zinssatz für geduldete Kontoüberziehungen zu verlangen (Nr. 4 Scheckbedingungen).

---

741 BGH WM 1994, 1204, 1205.
742 *Nobbe* in Bankrechts-Handbuch, § 60 Rn 38.
743 Abgedruckt in *Consbruch/Möller/Bähre/Schneider*, Kz 4.260 und ZIP 1995, 691 ff.
744 OLG Köln WM 1996, 150.

Die **Verpflichtung zur Einlösung** besteht auch nach Ablauf der scheckrechtlichen Vorlegungsfrist des § 29 ScheckG[745]. Scheckrechtlich ist die Einlösung nicht verboten. Nach Art. 32 Abs. 2 ScheckG kann die bezogene Bank auch nach Ablauf der Vorlegungsfrist Zahlung leisten, sofern der Scheck nicht widerrufen worden ist. Auch besteht grundsätzlich kein Anlaß für die Annahme, daß nach den zwischen Scheckaussteller und Schecknehmer getroffenen Absprachen die Einlösung nach Ablauf der Vorlegungsfrist ausgeschlossen sein soll. Werden Schecks freilich erst nach sehr langer Zeit vorgelegt, so pflegt die Bank vorsorglich bei dem Kunden zurückzufragen, um sicher zu gehen, daß die Einlösung noch seinem Willen entspricht.

4.505

Bei einer **Nichteinlösung der Schecks** unterrichtet die Bank den Kunden (§§ 675, 666 BGB). Diese **Benachrichtigung** hat stets vor der Nichteinlösung zu erfolgen. Denn diese Benachrichtigung soll dem Scheckaussteller die Möglichkeit eröffnen, die Nichteinlösung noch abzuwenden[746]. Nur wenn eine vorherige Benachrichtigung nicht möglich oder zumutbar ist, hat die Unterrichtung zusammen mit der Nichteinlösung zu erfolgen. Mit Rücksicht auf den Schutzzweck der Benachrichtigung ist nach *Nobbe* Nr. 4 S. 4 der Scheckbedingungen, wonach die Bank die Kunden „gleichzeitig" mit der Nichteinlösung unterrichtet, mit der Generalklausel des § 9 AGBG nicht vereinbar[747].

4.506

Bei einer solchen Nichteinlösung darf die bezogene Bank alle zur Geltendmachung des scheckrechtlichen Rückgriffsanspruches erforderlichen Daten, insbesondere Name und Anschrift des Scheckausstellers an die Inkassobank oder den Scheckeinreicher weitergeben. Der Scheckaussteller hat sein Einverständnis hierzu mit der Begebung des eingelösten Schecks erklärt und ist hieran nach Treu und Glauben gebunden[748].

4.507

Der **bezogenen Bank** obliegen grundsätzlich **keine Aufklärungs- und Warnpflichten** gegenüber ihrem Scheckkunden. Denn die Kreditinstitute werden im allgemeinen lediglich zum Zwecke eines technisch einwandfreien, einfachen und schnellen Zahlungsverkehrs tätig und haben sich schon wegen dieses begrenzten Geschäftszwecks und der Massenhaftigkeit der Geschäftsvorgänge grundsätzlich nicht um die beteiligten Interessen ihrer Kunden zu kümmern[749]. Bei erkennbaren Gefahren für den

4.508

---

745 *Canaris*, Bankvertragsrecht³, Rn 692; *Nobbe* in Bankrechts-Handbuch, § 60 Rn 135.
746 *Nobbe* in Bankrechts-Handbuch, § 60 Rn 90 unter Bezugnahme auf BGH WM 1989, 625 (für Lastschrift).
747 Bankrechts-Handbuch, § 60 Rn 92.
748 *Nobbe* in Bankrechts-Handbuch, § 60 Rn 95.
749 BGH WM 1992, 1392, 1394.

Scheckaussteller ist die bezogene Bank aber ausnahmsweise verpflichtet, einen Scheck nur nach vorheriger Rückfrage bei ihrem Kunden einzulösen[750].

4. Einlösung des Schecks

4.509 Die Einlösung des Schecks erfolgt durch die Befolgung der scheckrechtlichen Zahlungsanweisung des Ausstellers durch die bezogene Bank. Damit wird die von ihr geschuldete Leistung im Sinne des § 362 Abs. 1 BGB bewirkt. Die bezogene Bank schuldet dem Aussteller einen **Leistungserfolg** und nicht nur eine Leistungshandlung[751]. Dieser Erfolg tritt grundsätzlich nur ein, wenn die Zahlung der Schecksumme an einen Empfangsberechtigten als die geschuldete Leistung erbracht ist[752].

4.510 Der **BGH** stellt zum Teil auf die Vollendung der Vermögensverschiebung ab[753]. Hiermit ist aber nur die Zahlung an den empfangsberechtigten Inhaber gemeint[754].

4.511 Bei einem **Barscheck** schuldet die bezogene Bank die Barzahlung von gesetzlichen Zahlungsmitteln in Höhe der Schecksumme. Wird der Scheck im Rahmen eines Inkassoauftrages vorgelegt, so erfolgt die geschuldete Zahlung durch bargeldlose Anschaffung der erforderlichen Deckung für die dem Scheckeinreicher erteilte Kontogutschrift. **Verrechnungsschecks** dürfen dagegen nur im Wege einer Kontogutschrift eingelöst werden (Art. 39 Abs. 2 ScheckG). Solche Verrechnungsschecks sollen die Ermittlung des Scheckeinreichers ermöglichen und der Gefahr der Scheckeinlösung zugunsten Nichtberechtigter vorbeugen[755].

4.512 Als Verrechnungsschecks werden in Deutschland nach Art. 3 EGScheckG auch die **im Ausland ausgestellten** gekreuzten Schecks behandelt. Diese Kreuzung geschieht durch zwei gleichlaufende Striche auf der Vorderseite, die üblicherweise schräg in der linken oberen Ecke erfolgen[756]. Die gleiche Behandlung erfahren nach

---

750 *Nobbe* in Bankrechts-Handbuch, § 60 Rn 97 unter Bezugnahme auf BGH WM 1986, 1409, 1410.
751 *Nobbe* in Bankrechts-Handbuch, § 60 Rn 159.
752 Die bezogene Bank ist dem Einreicher zum Schadensersatz nach § 826 BGB verpflichtet, wenn sie einen bereits eingelösten Scheck im Widerspruch zum Scheckabkommen im Interbankenverkehr zurückreicht und deshalb von dieser Wiedergutschrift des Scheckbetrages erhalten hat (AG Geldern WM 1987, 780, 781).
753 BGH WM 1988, 1325, 1326.
754 *Nobbe* in Bankrechts-Handbuch, § 60 Rn 181.
755 *Baumbach/Hefermehl*, Art. 39 ScheckG Rn 2.
756 *Baumbach/Hefermehl*, Art. 37 ScheckG Rn 1.

ganz herrschender Meinung auch die in Deutschland ausgestellten gekreuzten Schecks[757].

Die bezogene Bank hat im übrigen die Schecksumme an einen **Empfangsberechtigten** zu zahlen[758]. Empfangsberechtigt ist jeder, an den die Bank die Schecksumme mit befreiender Wirkung leisten kann. Dies ist insbesondere der materiell Scheckberechtigte als verfügungsberechtigter Eigentümer des Schecks und sein gesetzlicher oder bevollmächtigter Vertreter sowie ein von ihm zur Entgegennahme der Leistung Ermächtigter (§§ 362 Abs. 2, 185 BGB). 4.513

Empfangsberechtigt ist grundsätzlich aber auch der nur formell Berechtigte, der aufgrund gesetzlicher Vorschriften als Eigentümer des Schecks gilt. Dies ist bei einem **Inhaberscheck** der Besitzer (§ 1006 Abs. 1 BGB)[759]. Bei einem **Orderscheck** ist formell berechtigt der Inhaber, der in der Scheckurkunde als erster Nehmer benannt ist oder auf den eine ununterbrochene Reihe von Indossamenten hinführt (Art. 19 S. 1 ScheckG). Ein Blankoindossament mit einem richtigen oder falschen denkbaren Namen führt nicht zur Unterbrechung dieser Indossamentenkette (Art. 19 S. 1 ScheckG). 4.514

Diese nur **formelle Berechtigung** ist jedoch für eine schuldbefreiende Empfangsberechtigung des Scheckeinreichers nicht ausreichend, wenn die bezogene Bank seine fehlende **materielle Scheckberechtigung** kennt oder grob fahrlässig nicht kennt. Dies folgt aus dem zwischen bezogener Bank und Aussteller bestehenden Scheckvertrag in Verbindung mit den Scheckbedingungen (Nr. 3 Abs. 2)[760]. Danach kann die Bank Schecks, die dem Kunden nach der Ausstellung abhanden gekommen sind, dem Konto ihres Kunden nur belasten, wenn sie bei der Einlösung nicht grob fahrlässig gehandelt hat. Die bezogene Bank hat also wie die erste Inkassobank bei der Hereinnahme des Schecks (Rn 4.619 ff.) die materielle Berechtigung des Scheckeinreichers anders als die formelle Berechtigung nur dann zu prüfen, wenn ihr Bedenken kommen oder kommen müssen[761]. Für die Verletzung dieser **Prüfpflicht** hat die bezogene Bank nur bei grobem Verschulden einzustehen. Im Ergebnis bedeutet dies, daß die Leistung an einen nur formell berechtigten Scheckeinreicher dazu führt, daß die bezogene Bank einen Aufwendungsersatzanspruch im Sinne des § 670 BGB gegen den Scheckaussteller erwirbt, sofern ihr die mangelnde materielle 4.515

---

757 *Nobbe* in Bankrechts-Handbuch, § 60 Rn 152 m.w.Nachw.
758 *Nobbe* in Bankrechts-Handbuch, § 60 Rn 159.
759 BGH WM 1989, 1756, 1758.
760 *Nobbe* in Bankrechts-Handbuch, § 60 Rn 169.
761 *Nobbe* in Bankrechts-Handbuch, § 60 Rn 169.

Berechtigung des Scheckeinreichers bekannt oder grob fahrlässig unbekannt ist[762].

5. Zeitpunkt der Einlösung

4.516 Wie beim Lastschriftverfahren stellt sich auch beim Scheckinkasso die Frage, wann genau die Einlösung des Schecks erfolgt ist. Dieser Zeitpunkt ist zugleich entscheidend für den Wegfall der Vorbehalte, unter denen die auf dem Inkassoweg erteilten E.v. Gutschriften der mitwirkenden Kreditinstitute stehen. Diese Gutschriften werden mit der Einlösung des Schecks endgültig mit der Folge, daß dem Scheckeinreicher entsprechendes Buchgeld verschafft worden ist. Mit dieser Einlösung gibt die bezogene Bank zu erkennen, daß sie sich mit dem Anspruch gegen den Scheckaussteller auf Zahlung des aufgewendeten Betrages begnügen will[763].

4.517 Hat die bezogene Bank den Scheck eingelöst, kann die Inkassobank den dem Einreicher gutgeschriebenen Betrag auch dann nicht zurückbelasten, wenn sie selbst den Betrag – aus welchen Gründen auch immer – der bezogenen Bank zurückerstattet hat[764].

4.518 Die **Einlösung** des Schecks durch die bezogene Bank ist **endgültig** und nicht nur vorläufiger Natur wie im Lastschriftverfahren. Bei einer Lastschrift aufgrund einer Einziehungsermächtigung kann der Zahlungspflichtige (Lastschriftschuldner) noch innerhalb von sechs Wochen der Belastung seines Kontos widersprechen mit der Folge, daß die dem Gläubiger erteilte Kontogutschrift auch nach der Lastschrifteinlösung wieder rückgängig gemacht werden muß. Während bei der Einzugsermächtigung des Lastschriftverfahrens die Kontogutschrift wegen dieser Widerspruchsmöglichkeit also auflösend bedingt erteilt wird, ist sie bei der Scheckeinlösung unbedingt, weil die Scheckurkunde eine Weisung des Scheckausstellers zur entsprechenden Belastung seines Kontos enthält. Zudem ist diese scheckrechtliche Zahlungsanweisung mit einer girovertraglichen Weisung (§ 665 BGB) des Scheckausstellers aufgrund des Giroverhältnisses verknüpft, das seiner Kontoverbindung zu der bezogenen Bank zugrunde liegt[765]. Insoweit ergibt sich eine Parallele zum Lastschriftverfahren, bei dem der Lastschriftschuldner seiner kontoführenden Bank einen Abbuchungsauftrag erteilt hat (sog. Abbuchungsauftragsverfahren)[766].

---

762 BGH WM 1995, 20, 22; 2135, 2137.
763 BGH WM 1988, 1325, 1326.
764 LG Frankfurt WM 1976, 255, 256.
765 BGH WM 1979, 996, 997; *Baumbach/Hefermehl*, Art. 3 ScheckG Rn 3.
766 Vgl. BGH WM 1978, 819; 1979, 996.

Für die Bestimmung des Einlösungszeitpunkts, der nach der BGH-Rechtsprechung von der Bekundung des Einlösungswillens abhängt[767], muß weiter unterschieden werden, ob der Scheck durch Barauszahlung, Erteilung einer Kontogutschrift oder Überweisung der Deckung an die Inkassobank eingelöst werden soll. 4.519

a) Barauszahlung

Mit der Zahlung der Schecksumme an den empfangsberechtigten Vorleger ist der Scheck eingelöst. Hierbei ist es gleichgültig, ob der Scheck der kontoführenden Filiale oder einer anderen Stelle der bezogenen Bank vorgelegt wird (Nr. 9 Abs. 2 S. 2 AGB Banken)[768]. 4.520

Zu einer **bargeldlosen Einlösung** kommt es dagegen, wenn der Scheckbetrag auf einem bei der kontoführenden Zweigstelle selbst geführten Konto gutgeschrieben werden soll. Hier gilt der Scheck mit dieser (Haus)Gutschrift als eingelöst, und zwar auch dann, wenn nicht zugleich das Konto des Scheckausstellers belastet worden ist[769]. Soll dagegen der Scheckbetrag dem Einreicher auf einem bei einer anderen Bank unterhaltenen Konto gutgeschrieben werden, so ist der Scheck erst mit dem Wirksamwerden dieser Gutschrift eingelöst[770]. 4.521

b) Erteilung einer Kontogutschrift durch die bezogene Bank

Zu einer Kontogutschrift der bezogenen Bank kann es kommen, wenn der Scheck einer nicht kontoführenden Zweigstelle zum Einzug eingereicht wird. Auch eine solche Gutschrift steht unter dem üblichen Vorbehalt, daß die kontoführende Zweigstelle noch prüfen muß, ob der Scheck gedeckt und die Unterschrift des Ausstellers echt ist (Nr. 9 Abs. 1 S. 2 AGB Banken). Der positive Abschluß dieser Prüfung und damit der hierdurch bekundete Einlösungswille der kontoführenden Zweigstelle manifestiert sich in der Belastung des Kontos des Ausstellers und dem Verstreichen der AGB-mäßigen Stornierungsfrist. Dabei ist es nach dem BGH für den **Stornierungsvorbehalt** unerheblich, ob die nicht kontoführende Zweigstelle bei der von ihr erteilten (Filial-)Gutschrift eine Überprüfung der Schecks vor der Belastung (sog. Vordisposition) durchgeführt hat[771]. 4.522

Erteilt die bezogene Bank für den ihr unmittelbar vorgelegten Scheck auf dem Konto des Einreichers ausnahmsweise eine vorbehaltlose Gutschrift, 4.523

---

767 BGH WM 1988, 1325, 1326.
768 BGH WM 1986, 1409, 1411; *Canaris,* Bankvertragsrecht³, Rn 699; *Nobbe* in Bankrechts-Handbuch, § 60 Rn 182.
769 *Häuser,* WM 1988, 1505, 1506.
770 BGH WM 1986, 1409, 1411.
771 WM 1988, 1325, 1326; a.A. *Häuser,* WM 1988, 1505, 1509 f.

so ist der Scheck damit **endgültig eingelöst**[772]. Dabei ist es unerheblich, ob die bezogene Bank das Girokonto des Scheckausstellers auf ein ausreichendes Deckungsguthaben überprüft hat oder ob und wann dieses Konto mit der Schecksumme belastet worden ist[773].

c) Einlösung beim Scheckeinzug im bargeldlosen Zahlungsverkehr

4.524 Für die Einlösung eines Schecks im Inkassoweg ist zunächst die Belastungsbuchung auf dem Konto des Scheckausstellers erforderlich[774]. Weitere Voraussetzung der Einlösung ist, daß diese Buchung nicht innerhalb der AGB-mäßig hierfür vorgesehenen Frist storniert worden ist. Nach dieser **AGB-Klausel** sind Schecks erst eingelöst, wenn die Belastungsbuchung nicht spätestens am zweiten Bankarbeitstag nach ihrer Vornahme rückgängig gemacht worden ist (Nr. 9 Abs. 2 S. 1 AGB Banken). Die Einlösung ist im übrigen auch dann erfolgt, wenn die bezogene Bank im Einzelfall eine Bezahltmeldung an den Adressaten abgesandt hat (Nr. 9 Abs. 2 S. 3 AGB Banken)[775]. Eine darüber hinausgehende Bekundung des Einlösungswillens ist nicht erforderlich[776]. Insbesondere kommt es nicht auf die Belastung des Ausstellerkontos oder auf den Ablauf der zweitägigen Stornierungsfrist der Nr. 9 Abs. 2 S. 1 AGB Banken an. Die **Bezahltmeldung** schafft ähnlich wie die Bezahlung eines Barschecks an den Vorleger einen gesonderten Einlösungstatbestand[777].

4.525 Diese zweitägige Stornierungsfrist soll dem technischen Ablauf einer EDV-mäßigen Bearbeitung Rechnung tragen. Sie gilt nach allgemeiner Meinung schon aus Gründen der Rechtsklarheit ohne Rücksicht auf den Bearbeitungsablauf und ohne Rücksicht auf eine Vor- oder Nachdisposition der Belastungsbuchung[778]. Diese AGB-Regelung ist im übrigen auch anwendbar, wenn das Inkasso durch eine andere Filiale der bezogenen Bank oder durch die bezogene Filiale selbst erfolgen soll[779].

4.526 Die AGB-mäßige Stornierungsfrist gilt grundsätzlich unabhängig davon, welcher Inkassoweg gewählt worden ist. Denn die Zahlungsverkehrsabkommen der Kreditwirtschaft enthalten keine spezifischen Bestimmun-

---

772 BGH WM 1986, 1409, 1411; *Nobbe* in Bankrechts-Handbuch, § 60 Rn 189.
773 *Nobbe* in Bankrechts-Handbuch, § 60 Rn 189; a.A. OLG Koblenz WM 1988, 18, 20.
774 BGH WM 1970, 490, 491; 1972, 1379, 1380; 1986, 1409, 1411.
775 *Gößmann* in Bankrecht und Bankpraxis, Rn 1/264.
776 OLG Frankfurt WM 1986, 351; *Nobbe* in Bankrechts-Handbuch, § 60 Rn 194.
777 BGH WM 1997, 1194, 1196.
778 BGH WM 1988, 1325, 1326.
779 *Nobbe* in Bankrechts-Handbuch, § 60 Rn 192.

gen über den Einlösungszeitpunkt. Eine praktisch bedeutsame Ausnahme bilden lediglich die Geschäftsbedingungen der Abrechnungsstellen der Deutschen Bundesbank. Diese Abrechnungsstellen sind wesentliche Träger des bargeldlosen Zahlungsverkehrs (vgl. Art. 31 ScheckG). Will die bezogene Bank solche Schecks nicht einlösen, so muß sie diese Papiere innerhalb der vorgesehenen Frist von zwei Geschäftstagen an die Abrechnungsstellen als unbezahlt wieder zurückgeben. Ansonsten gilt nach den Geschäftsbedingungen der Abrechnungsstelle (Nr. 14 i.V.m. Nr. 1 S. 3)[780] eine verspätete Rückgabe durch die bezogene Bank als Einlösung[781].

6. Ansprüche der bezogenen Bank aus der Scheckeinlösung

Aus der Einlösung kann der bezogenen Bank der auftragsrechtliche Aufwendungsersatzanspruch (§ 670 BGB) oder ein Bereicherungsanspruch (§ 812 BGB) erwachsen. 4.527

a) Aufwendungsersatzanspruch (§ 670 BGB)

Bei der Befolgung der Scheckanweisung durch Barzahlung, Erteilung einer Kontogutschrift oder Überweisung der Schecksumme an einen Empfangsberechtigten erwirbt die bezogene Bank einen Aufwendungsersatzanspruch gegen den Aussteller[782]. 4.528

Nach einer Mindermeinung reduziert sich dagegen das Kontoguthaben automatisch. Die Befolgung der Weisung des Kunden bei einer Kontoverfügung durch Scheckziehung soll das Kontoguthaben in Analogie zu § 787 Abs. 1 BGB unmittelbar vermindern[783]. Diese Analogie vermag nicht zu überzeugen, weil sie mit dem Bestehen eines Kontokorrentverhältnisses bei solchen Girokonten unvereinbar ist. Der Kontokorrentabsprache liegt die Vorstellung einer Verrechnung (Saldierung) und nicht die eines automatischen Erlöschens der Guthabenforderung zugrunde[784]. Hinzu kommt, daß § 787 Abs. 1 BGB nur auf Anweisungen bei ausreichendem Kontoguthaben anwendbar wäre, nicht aber bei einer Zahlungsanweisung unter Ausnutzung einer Kreditlinie[785]. 4.529

Leistet die bezogene Bank an einen **nicht Empfangsberechtigten,** so kann sie bei Verletzung ihrer Pflichten aus dem Scheckvertrag einen auftragsrechtlichen Aufwendungsersatzanspruch gegen ihren Kunden als Scheck- 4.530

---

780 Abgedruckt bei *Baumbach/Hefermehl,* Bankbedingungen 15.
781 BGH WM 1987, 400; *Häuser,* WM 1997, 1192, 1194; 1988, 1505, 1508.
782 *Canaris,* Bankvertragsrecht³, Rn 692.
783 *Baumbach/Hefermehl,* Art. 3 ScheckG Rn 5.
784 *Canaris,* Bankvertragsrecht³, Rn 696.
785 *Nobbe* in Bankrechts-Handbuch, § 60 Rn 201.

aussteller nicht erwerben. Dies gilt insbesondere, wenn die bezogene Bank einen **rechtzeitigen Scheckwiderruf** nicht beachtet hat[786]. Nimmt die Bank trotzdem eine Belastungsbuchung auf dem Girokonto ihres Kunden vor, ist sie zur Stornierung verpflichtet. Dies geschieht buchungstechnisch durch eine Gutschrift des belasteten Betrages mit gleicher Wertstellung[787]. Dagegen kann der Kunde statt der Stornierung der Belastungsbuchung die Auszahlung des Betrages verlangen, wenn die Bank infolge der unbefugten Scheckeinlösung einen für sie günstigeren Saldo auf dem ebenfalls bei ihr geführten Girokonto des nichtberechtigten Scheckeinreichers erhalten hat[788].

4.531 Ein **Schutzbedürfnis** für die bezogene Bank, die auf die Wirksamkeit einer nicht widerrufenen Scheckanweisung vertraut hat, kann selbst bei einem vom Scheckaussteller zurechenbar gesetzten Rechtsschein nicht bejaht werden[789]. Fehlt es an einer wirksamen scheckrechtlichen Zahlungsanweisung, kommt gegebenenfalls ein Aufwendungsersatzanspruch aus Geschäftsführung ohne Auftrag (§§ 677, 683 BGB) oder ein Anspruch aus ungerechtfertigter Bereicherung (§§ 812 ff. BGB) in Betracht. Ein gutgläubiger Erwerb eines Aufwendungsersatzanspruchs kraft Rechtsscheins findet nach *Nobbe* im BGB keine Stütze[790].

b) Bereicherungsanspruch

4.532 Ein Bereicherungsanspruch der bezogenen Bank aus der Scheckeinlösung kommt in Betracht, wenn die bezogene Bank gegen ihren Kunden keinen Aufwendungsersatzanspruch (§ 670) erworben hat, weil sie ihm gegenüber zur Scheckeinlösung nicht oder nicht in der vorgenommenen Weise berechtigt war[791]. Dabei vollzieht sich der **Bereicherungsausgleich** nach denselben Grundsätzen, wie er bei fehlerhaften oder fehlgeschlagenen Überweisungen, von der BGH-Rechtsprechung entwickelt worden ist[792] – Rn 4.272 ff. Eine Änderung dieser Rechtsprechung, an der verschiedene Senate mitgewirkt haben, ist nach *Nobbe* ungeachtet der kritischen Äußerung im Schrifttum nicht zu erwarten[793].

4.533 Fehlt es an einer wirksamen Scheckanweisung des Kunden von Anfang an, hat der bereicherungsrechtliche Ausgleich im Wege einer Nichtlei-

---

786 BGH WM 1988, 1325, 1327.
787 BGH WM 1988, 1325, 1327.
788 OLG München WM 1998, 1813, 1814.
789 *Nobbe* in Bankrechts-Handbuch, § 60 Rn 204; a.A. *Canaris*, Bankvertragsrecht[3], Rn 717, 718.
790 Bankrechts-Handbuch, § 60 Rn 204.
791 *Canaris*, Bankvertragsrecht[3], Rn 705.
792 BGH WM 1984, 423.
793 Bankrechts-Handbuch, § 60 Rn 207.

stungskondiktion (§ 812 Abs. 1 S. 1, 2. Alt. BGB) im Verhältnis zwischen der bezogenen Bank und dem Scheckeinreicher zu erfolgen (sog. Durchgriffskondiktion)[794]. Zu diesen Fällen gehören insbesondere die Einlösung gefälschter Schecks[795]. Wird dagegen eine zunächst wirksam erteilte Scheckanweisung nachträglich widerrufen und der Scheck gleichwohl von der Bank bezahlt, so ist diese Scheckeinlösung nach der BGH-Rechtsprechung dem Scheckaussteller grundsätzlich nicht zuzurechnen. Der Kunde kann nicht als Unbeteiligter zum Bereicherungsschuldner der bezogenen Bank gemacht werden[796]. Ist dagegen dem Scheckeinreicher zum Zeitpunkt der Scheckeinlösung der Scheckwiderruf bekannt, dann stellt sich die Scheckeinlösung für ihn nicht als eine Leistung des Scheckausstellers dar. In einem solchen Falle steht der einlösenden Bank ein unmittelbarer Bereicherungsanspruch gegen den Kunden zu[797].

7. Schecksperre

Der Scheck kann bis zu seiner Einlösung widerrufen werden. Diesen **Widerruf** (Schecksperre) muß die bezogene Bank nach Auffassung des BGH schon während der Vorlegungsfrist beachten[798]. Nach dem Scheckgesetz (Art. 32 Abs. 1) wird der Widerruf zwar erst nach Ablauf der Vorlegungsfrist wirksam. Die Kreditinstitute beachten aber solche vorzeitigen Schecksperren seit langer Zeit routinemäßig. Diese tatsächliche Übung, auf die die Bankkunden weitgehend vertrauen, rechtfertigt es nach dem BGH, insoweit von einer Verkehrssitte oder einem Handelsbrauch auszugehen. Der Girovertrag sei daher gemäß § 157 BGB, § 346 HGB dahingehend auszulegen, daß die Verpflichtung der bezogenen Bank zur Beachtung einer Schecksperre im Zweifel konkludent als Nebenpflicht des Scheckvertrages vereinbart sei[799]. Die bezogene Bank hat deshalb grundsätzlich jeden Scheckwiderruf ihres Kunden zu beachten[800].

4.534

Dementsprechend sind die „Bedingungen für den Scheckverkehr" dahingehend geändert worden, daß die bisherige Freizeichnung einer Haftung für die Nichtbeachtung eines Scheckwiderrufs vor Ablauf der Vorlegungsfrist

4.535

---

794 BGH WM 1994, 1420, 1421.
795 WM BGH 1990, 1280; wegen weiterer Fälle vgl. *Nobbe* in Bankrechts-Handbuch, § 60 Rn 211; OLG Naumburg WM 1998, 593, 596.
796 *Nobbe* in Bankrechts-Handbuch, § 60 Rn 209.
797 BGH WM 1983, 908, 909.
798 BGH WM 1988, 1325, 1327; vgl. weiter *Baumbach/Hefermehl*, Art. 32 ScheckG Rn 3.
799 BGH WM 1988, 1325, 1327.
800 *Nobbe* in Bankrechts-Handbuch, § 60 Rn 132.

entfallen ist. Nach den „Bedingungen für den Scheckverkehr" (Nr. 5 S. 2) kann dieser Widerruf nur beachtet werden, wenn er der Bank so rechtzeitig zugeht, daß seine Berücksichtigung im Rahmen des ordnungsgemäßen Arbeitsablaufes möglich ist. Gegen diese AGB-Klausel bestehen keine AGB-rechtlichen Bedenken[801]. Denn Schecksperren werden im übrigen entgegen der früheren Handhabung auch dann beachtet, wenn sie noch innerhalb der zweitägigen Frist für die Stornierung von Belastungsbuchungen auf dem Girokonto des Scheckausstellers der bezogenen Bank übermittelt werden. Die Pflicht zur Beachtung des Widerrufs erlischt jedoch, wenn auch bei gehöriger unverzüglicher Bearbeitung des Scheckwiderrufs die Scheckeinlösung aus technischen oder anderen Gründen nicht mehr verhindert werden konnte. Zur außerordentlichen Maßnahme zwecks Verhinderung der Einlösung ist die Bank nicht verpflichtet[802].

8. Fälschung und Verfälschung von Schecks

4.536 Unterschiedliche Auffassungen werden zur Risikotragung bei der Einlösung von gefälschten und verfälschten Schecks vertreten. Die **Fälschung** eines Schecks ist die Herstellung einer unechten Urkunde durch Nachahmen der Unterschrift des wahren Kontoinhabers. Unter **Verfälschung** ist die nachträgliche Änderung des Inhaltes eines echten Schecks zu verstehen. In beiden Fällen mangelt es (ganz oder zumindest teilweise) an einer wirksamen Scheckanweisung des Kontoinhabers als Scheckaussteller[803]. Die bezogene Bank ist folglich gegenüber dem Kontoinhaber zur Einlösung des ge- oder verfälschten Schecks nicht befugt. Mit der Scheckeinlösung erwirbt deshalb die Bank nach ständiger Rechtsprechung[804] und der herrschenden Literaturmeinung[805] keinen Aufwendungsersatzanspruch nach §§ 675, 670 BGB. Sie darf also auch nicht das Konto ihres Kunden belasten. Das **Fälschungsrisiko** liegt somit **bei der Bank.**

a) Unanwendbarkeit der Sphärenhaftung

4.537 Nach einer Mindermeinung[806] hat die Bank einen Aufwendungsersatzanspruch gegen ihren Kunden aus § 670 BGB, wenn sie die Fälschung auch

---

801 *Nobbe* in Bankrechts-Handbuch, § 60 Rn 141.
802 *Nobbe* in Bankrechts-Handbuch, § 60 Rn 143.
803 BGH WM 1997, 1250, 1251.
804 BGH WM 1984, 1173; 1993, 12.
805 *Baumbach/Hefermehl*, Art. 3 ScheckG Rn 13; *Reiser*, WM 1986, 409, 412; *Koller*, NJW 1981, 2433, 2435; *ders.*, NJW 1984, 2225.
806 *Canaris*, Bankvertragsrecht³, Rn 710; *Zöllner*, Wertpapierrecht, 14. Aufl., § 26 VI, 2; *Heymann/Horn*, Wertpapierrecht, § 372, Bankgeschäfte III Rn 97.

bei sorgfältiger Prüfung nicht erkennen konnte und die Fälschung durch einen Umstand ermöglicht wurde, der in der Sphäre des Ausstellers liegt. Dieser von *Eugen Ulmer*[807] entwickelten **Sphärentheorie** kann nach dem BGH nicht zugestimmt werden[808]. Der wertpapierrechtliche Rechtsscheingedanke kann einen Aufwendungsersatzanspruch (§ 670 BGB) aus der Befolgung einer gefälschten Scheckanweisung nicht rechtfertigen. Eine gefälschte Scheckanweisung auf einem Vordruck mit vorcodierter Kontonummer kann nicht anders behandelt werden als ein gefälschter Überweisungsauftrag auf einem vorcodierten Auftragsformular für eine Banküberweisung[809]. Nach dem BGH ist zudem die Geltungskraft des Gedankens einer Sphärenhaftung, um eine verschuldensunabhängige Haftung im Privatrecht zu begründen, sehr begrenzt[810]. Das der Rechtsordnung zugrundeliegende haftungsrechtliche Verschuldensprinzip kann AGB-mäßig nur ausnahmsweise abbedungen werden, wenn es durch höherrangige Interessen der AGB-Verwender gerechtfertigt ist oder die den Vertragspartner benachteiligende Abweichung vom dispositiven Gesetzeszweck durch Gewährung anderer rechtlicher Vorteile kompensiert wird. Denn das haftungsrechtliche Verschuldensprinzip gehört zu den wesentlichen Grundgedanken der gesetzlichen Regelung im Sinne der Generalklausel des AGBG (§ 9 Abs. 2 Nr. 1). Die AGB-mäßige Abbedingung läßt sich deshalb nicht allein mit dem Interesse der Bank rechtfertigen, in der Sphäre ihrer Kunden liegende Risiken von sich abzuwälzen. Dieses Bankinteresse ist ohne Hinzutreten weiterer Umstände nicht ausreichend, um einer uneingeschränkten AGB-mäßig vereinbarten Zufallshaftung des Kunden zur Wirksamkeit zu verhelfen[811].

Dieser einschränkenden Rechtsprechung ist die Haftungsregelung in den einheitlichen Scheckbedingungen der Kreditwirtschaft angepaßt worden. Dabei wurde auch berücksichtigt, daß die Firmenkunden im Vergleich zur Privatkundschaft besondere Sorgfaltspflichten haben, um das Abhandenkommen von Scheckvordrucken und den Mißbrauch von Schecks durch **geeignete Sicherungsvorkehrungen** weitestmöglich zu vermeiden. Bei einer schuldhaften Verletzung dieser Sorgfaltspflichten machen sich die Firmenkunden wegen positiver Forderungsverletzung schadensersatzpflichtig. Sodann bedarf es keines Rückgriffs auf die verschuldensunabhängige Sphärenhaftung. Diese Haftung wurde aber zunächst für Kaufleute, juristische Personen des öffentlichen Rechts und für öffentlich-rechtli-

4.538

---

807 Rechte der Wertpapiere, S. 315 f.
808 BGH WM 1991, 1110, 1111; 1368, 1370.
809 *Nobbe* in Bankrechts-Handbuch, § 60 Rn 101.
810 BGH WM 1992, 1948; 1997, 910, 912.
811 BGH WM 1991, 1110, 1111 f.; 1368, 1371.

che Sondervermögen in den Scheckbedingungen aufrechterhalten. Dieser Personenkreis sollte den Schaden tragen, der dadurch entsteht, daß ihm Scheckvordrucke ohne sein Verschulden aus dem von ihm beherrschbaren Verantwortungsbereich (z.B. Entwendung aus den Geschäftsräumen) abhanden kommen und die Bank einen auf den abhandengekommenen Scheckvordrucken gefälschten Scheck einlöst[812]. Zwischenzeitlich hat sich die Kreditwirtschaft zur Nichtanwendung dieser speziellen Haftungsregelung verpflichtet. Diese AGB-Klausel wurde im Schrifttum von maßgeblicher Seite als unangemessen im Sinne der Generalklausel des AGB-Gesetzes (§ 9) bewertet. Mangels nicht ersichtlicher höherrangiger Interessen der Kreditinstitute könnte diese Haftungsregelung nur Bestand haben, wenn die die kaufmännische Kunden benachteiligende Sphärenhaftung durch Gewährung von Vorteilen kompensiert wird. Dies sei aber nicht geschehen[813].

b) Haftung des Kontoinhabers bei Verschulden

4.539 Mit der Einlösung eines gefälschten Schecks erleidet die Bank einen Schaden. Dieser ist vom Kontoinhaber nur dann zu ersetzen, wenn er ihn durch eine positive **Verletzung des Scheckvertrages** schuldhaft verursacht hat, wobei die Beweislast bei der Bank liegt[814]. Verletzt der Kontoinhaber durch Verschulden[815] eine dieser Pflichten, eine sonstige Sorgfaltspflicht gegenüber der kontoführenden Bank oder die Pflicht zur Einrichtung einer geeigneten betrieblichen Organisation zur Kontrolle des Scheckverkehrs[816], so ist der Scheckaussteller zum Ersatze des dadurch entstandenen Schadens verpflichtet.

4.540 Eine solche Haftung kommt vor allem bei **nicht sorgfältiger Aufbewahrung** der Scheckvordrucke in Betracht[817]. Dabei sind die Umstände des Einzelfalls entscheidend. Als Faustregel kann gelten, daß Scheckvordrucke ebenso sicher aufzubewahren sind wie Geldscheine[818]. Grob fahrlässig handelt der Kontoinhaber grundsätzlich auch beim Liegenlassen von Vor-

---

812 Dieses einschränkende Kriterium der Beherrschbarkeit fehlt in der Nr. 11 der Scheckbedingungen 1989, die der BGH als unvereinbar mit der Generalklausel des AGB-Gesetzes (§ 9 Abs. 2 Nr. 1) angesehen hat (WM 1997, 910, 912; 1250, 1251).
813 *Nobbe* in Bankrechts-Handbuch, § 60 Rn 134.
814 OLG Düsseldorf WM 1985, 1030; OLG Hamm, WM 1985, 1261; *Baumbach/Hefermehl*, Art. 3 ScheckG Rn 14, 20; *Koller*, NJW 1981, 2433, 2440.
815 Zur Haftung für einen Erfüllungsgehilfen vgl. BGH WM 1994, 2073, 2075.
816 BGH WM 1982, 425; 1997, 1250, 1251.
817 BGH WM 1997, 1250, 1251.
818 *Koller*, WM 1985, 821, 824; *Nobbe* in Bankrechts-Handbuch, § 60 Rn 105.

drucken in einem geparkten Kraftfahrzeug[819]. Den Kontoinhaber trifft aber kein Mitverschulden, wenn er den Scheck mit einfachem Brief dem Schecknehmer übermittelt hat[820].

Das Abhandenkommen von Scheckvordrucken ist im übrigen **unverzüglich** möglichst der kontoführenden Stelle der Bank mitzuteilen (Nr. 2 Abs. 2 Scheckbedingungen). Eine verspätete Anzeige ist jedoch nicht schadensursächlich, wenn sie noch vor der Vorlage des gefälschten Schecks bei der bezogenen Bank eingegangen ist[821].

4.541

c) Berücksichtigung des mitwirkenden Verschuldens der bezogenen Bank

Soweit sich der Scheckaussteller wegen der Verletzung seiner scheckvertraglichen Pflichten schadensersatzpflichtig gemacht hat, muß sich die Bank ein mitwirkendes Verschulden, insbesondere bei der Prüfung der gefälschten Schecks auf Ordnungsmäßigkeit gemäß § 254 BGB anrechnen lassen[822].

4.542

Für das Verschulden genügt **leichte Fahrlässigkeit.** Dagegen ist nur grobe Fahrlässigkeit schädlich, wenn es um die Frage geht, ob die bezogene Bank einen abhandengekommenen Scheck gutgläubig erworben hat und deshalb dem Scheckberechtigten gemäß §§ 990, 989 BGB i.V.m. Art. 21 ScheckG schadensersatzpflichtig ist, weil sie den Scheck infolge Einlösung nicht mehr an ihn herausgeben kann.

4.543

Die bezogene Bank hat daher insbesondere die Ordnungsmäßigkeit der ihr vorgelegten Schecks mit banküblicher Sorgfalt zu prüfen[823]. Diese Prüfungspflicht kann durch AGB nicht abbedungen werden[824].

4.544

Diese **Prüfungspflicht** darf jedoch nach einhelliger Meinung in Rechtsprechung und Schrifttum nicht überspannt werden. Von den Kreditinstituten darf nach der Rechtsprechung insbesondere nicht verlangt werden, daß sie die Unterschriften mit den Fähigkeiten eines Schriftsachverständigen prüfen. Nicht jede geringfügige Abweichung des Schriftbildes von der hinterlegten Unterschrift muß also bereits den Verdacht der Bank erwekken. Die eigene Unterschrift fällt häufig recht unterschiedlich aus, je

4.545

---

819 LG Köln WM 1988, 160, 162.
820 BGH WM 1998, 1622, 1623.
821 BGH WM 1991, 1110.
822 *Nobbe* in Bankrechts-Handbuch, § 60 Rn 102; vgl. weiter BGH WM 1997, 1250, 1251.
823 BGH WM 1986, 123.
824 BGH WM 1984, 1173; 1986, 123; *Nobbe* in Bankrechts-Handbuch, § 60 Rn 110 m.w.Nachw.

nachdem, welcher Kugelschreiber oder welcher Füllfederhalter benutzt wird. Auch die Einreichung von Firmenschecks zur Gutschrift auf das Konto eines Angestellten der Firma braucht durchaus nicht verdachterregend zu sein. Entscheidend sind vielmehr stets die Umstände des Einzelfalls[825]. Dabei kann als **Ergebniskontrollmaßstab** gelten, daß die Prüfungspflicht grundsätzlich nur verletzt ist, wenn der kontoführende Bankmitarbeiter ins Auge springende Abweichungen von der hinterlegten Unterschriftsprobe, ersichtlich vorhandene Änderungen des Schecks oder die ihm bekannte Ungewöhnlichkeit des Inkassoauftrages übergeht[826].

4.546 Die Rechtsprechung verfolgt die Tendenz, die Funktion des Schecks als eines Massenzahlungsmittels nicht durch zu weitgehende Anforderungen an die Sorgfaltspflichten zu durchkreuzen. Wenn freilich ein Scheck, der auf die Filiale eines Instituts gezogen ist, bei einer anderen Filiale des gleichen Instituts vorgelegt und eingelöst wird, so kann sich die betreffende Filiale im Falle einer Unterschriftsfälschung regelmäßig nicht auf die Haftungsfreizeichnung berufen. Denn hier ist überhaupt kein Vergleich der Unterschriftsproben durchgeführt worden[827]. Die bezogene Bank verletzt ihre Sorgfaltspflicht auch, wenn sie einen Scheck einlöst, der nur von einem der zwei gesamtvertretungsberechtigten GmbH-Geschäftsführer unterschrieben worden ist[828].

4.547 Kann der bezogenen Stelle eine schuldhafte Verletzung ihrer Prüfungspflicht vorgeworfen werden, so hat sie nicht ohne weiteres den gesamten Schaden zu tragen. Sodann bleibt im Einzelfall zu prüfen, ob eine **Schadensaufteilung** nach den Grundsätzen des § 254 BGB vorzunehmen ist. Dies kommt z.B. in Betracht, wenn der Kontoinhaber durch Sorglosigkeit die mißbräuchliche Verwendung seiner Scheckvordrucke ermöglicht und das bezogene Institut andererseits seine Prüfungspflichten verletzt hat.

IV. Rechtsbeziehungen zwischen dem Scheckberechtigten und der bezogenen Bank

4.548 Der Scheckberechtigte hat grundsätzlich weder scheckrechtliche noch vertragliche Zahlungsansprüche gegen die bezogene Bank. Vertragliche Verpflichtungen der bezogenen Bank können jedoch begründet werden, wenn der Scheck unter Verwendung einer eurocheque-Karte begeben wor-

---

825 Vgl. hierzu BGH WM 1986, 123; 1993, 12, 14.
826 *Nobbe* in Bankrechts-Handbuch, § 60 Rn 111, 126.
827 BGH WM 1984, 1173.
828 BGH WM 1982, 425, 427; OLG Düsseldorf WM 1993, 1327.

den ist oder die bezogene Bank eine individuelle Einlösungszusage erteilt oder über den Scheck Auskunft (Scheckbestätigung) gegeben hat.

1. Fehlende scheckrechtliche Beziehungen

Ein scheckrechtlicher Anspruch des Scheckberechtigten scheidet aus, weil die bezogene Bank die in dem Scheck enthaltene Zahlungsanweisung nicht annehmen kann[829]. Ein auf den Scheck gesetzter **Annahmevermerk** gilt als nicht geschrieben (Art. 4 ScheckG).   4.549

Zur Vermeidung solcher scheckrechtlichen Ansprüche erklärt das Scheckgesetz (Art. 15 Abs. 3) auch ein **Indossament** der bezogenen Bank für nichtig. Im übrigen kann die bezogene Bank auch keine scheckrechtliche **Bürgschaft** übernehmen (Art. 25 Abs. 2 ScheckG).   4.550

Durch den **Ausschluß** solcher scheckrechtlichen Ansprüche soll verhindert werden, daß die Scheckurkunde eine ähnliche Rechtswirkung wie die Banknote als gesetzliches Zahlungsmittel erhält und damit das Währungsmonopol der Bundesbank (jetzt der Europäischen Zentralbank) ausgehöhlt wird[830]. Mit diesem **Akzeptverbot** sollte auch die Verwendbarkeit des Schecks als Instrument der Kreditschöpfung ausgeschlossen werden[831].   4.551

Die Unzulässigkeit einer solchen scheckrechtlichen Annahmeerklärung grenzt die Scheckurkunde, die eine rechtlich besonders ausgestaltete Zahlungsanweisung enthält[832], deutlich von der bürgerlich-rechtlichen „Anweisungs"urkunde im Sinne des § 783 BGB ab. Eine solche Anweisung zur Leistung von Geld, Wertpapieren oder anderen vertretbaren Sachen kann vom Angewiesenen durch einen schriftlichen Vermerk auf der Anweisungsurkunde angenommen werden. Hierdurch wird der Angewiesene gegenüber dem Anweisungsempfänger zur Leistung verpflichtet (§ 784 Abs. 1 BGB).   4.552

Die **Rechtsstellung des Scheckberechtigten** ist dagegen der Stellung des Inhabers einer bürgerlich-rechtlichen Anweisung ähnlich, wenn diese wie üblich vom Angewiesenen nicht angenommen worden ist. Sodann erschöpft sich die Rechtsposition des Anweisungsempfängers in der Befugnis, die zugrundeliegende Leistung bei dem Angewiesenen im eigenen Namen geltend zu machen (§ 783 BGB). Hierdurch wird eine rechtlich   4.553

---

829 BGH WM 1986, 1409, 1411.
830 *Baumbach/Hefermehl*, Art. 4 ScheckG Rn 1.
831 *Gramlich*, Bundesbankgesetz, Währungsgesetz, Münzgesetz, § 23 BBankG Rn 5.
832 Münchener Komm. zum BGB/*Hüffer*, § 783 Rn 27.

eigenständige „Empfangs"ermächtigung begründet, ohne daß der Anweisungsempfänger einen Anspruch auf die Leistung oder die Annahme der Anweisung vom Angewiesenen verlangen kann[833]. Diese Rechtsposition des Scheckberechtigten beinhaltet eine Ermächtigung im Sinne des § 185 BGB, die den Ermächtigten befugt, im eigenen Namen über das Recht des Ermächtigenden zu verfügen oder das Recht durch Einziehung oder in sonstiger Weise auszuüben[834]. Bei Vorliegen einer solchen Ermächtigung hat die Leistung an den Ermächtigten dieselbe **forderungstilgende Wirkung** wie die Leistung an den Gläubiger (Anweisenden) – § 362 Abs. 2 BGB –. Diese Erfüllungswirkung der Ermächtigung gilt für alle Formen der Anweisung und damit auch der scheckrechtlichen Zahlungsanweisung als einer rechtlich gesonderten geregelten Anweisungsform[835].

4.554 Ein scheckrechtlicher Zahlungsanspruch kann dagegen ausnahmsweise begründet werden, wenn der Scheck durch die Deutsche Bundesbank bestätigt wird. Aus einem solchen **Bestätigungsvermerk** auf der Rückseite des Schecks wird die **Bundesbank** dem Inhaber der Scheckurkunde scheckrechtlich zur Einlösung verpflichtet[836]. Auch haftet sie dem Scheckaussteller und dem Indossanten für die Einlösung (Art. 23 Abs. 1 BBankG). Angesichts der unbeschränkten Zahlungsfähigkeit der Bundesbank hat ein von ihr bestätigter Scheck Geldnotenfunktion, ohne jedoch gesetzliches Zahlungsmittel zu sein. Solche Schecks werden insbesondere zur Bezahlung hoher Kaufpreise und als Sicherheitsleistung in der Zwangsversteigerung verwendet (§ 69 Abs. 2 ZVG).

2. Vertraglicher Zahlungsanspruch des Scheckberechtigten

4.555 Das **Akzeptverbot** des Art. 4 ScheckG schließt nicht aus, daß für die bezogene Bank eine vertragliche Zahlungsverbindlichkeit außerhalb der Scheckurkunde begründet wird[837].

4.556 Außervertragliche Ansprüche kommen insbesondere als Schadensersatzansprüche wegen sittenwidriger Schädigung (§ 826 BGB) in Betracht, wenn z.B. die bezogene Bank einen von ihr bereits eingelösten Scheck mit einem Nichteinlösungsvermerk zurückgibt[838]. Sittenwidrig handelt eine Bank auch, wenn sie die Rückgabe eines

---

833 *Staudinger/Marburger*, § 784 Rn 1.
834 *Palandt/Heinrichs*, § 185 Rn 13.
835 *Staudinger/Olzen*, § 362 Rn 43, 45 f.
836 BGH WM 1985, 1391, 1392.
837 BGH WM 1975, 466; *Baumbach/Hefermehl*, Art. 4 ScheckG Rn 2; *Häuser*, FS Schimansky, 1999, S. 183, 192 ff.
838 AG Geldern WM 1987, 780, 781; *Canaris*, Bankvertragsrecht³, Rn 735.

nicht eingelösten Schecks bewußt hinauszögert, weil sie ein eigenes Interesse an weiteren Lieferungen des Einreichers an den insolvenzgefährdeten Scheckaussteller hat, um sich z.B. aus dem Weiterverkaufserlös zu befriedigen oder um weitere Sicherheiten zu erlangen[839].

Solche vertraglichen Zahlungsansprüche ergeben sich aber nicht schon aus der scheckrechtlichen Abrede zwischen Scheckaussteller und seiner bezogenen Bank über Scheckziehungen auf das bei ihr unterhaltene Girokonto. Hierbei handelt es sich um keinen Vertrag zugunsten des Schecknehmers im Sinne des § 328 BGB[840]. Auch wird dem Schecknehmer mit der Aushändigung der Scheckurkunde kein Anspruch auf das bei der bezogenen Bank unterhaltene Kontoguthaben abgetreten[841]. Zweifelhaft erscheint, ob das Girovertragsverhältnis zwischen der bezogenen Bank und der Inkassobank oder einer auf dem Inkassoweg zwischengeschalteten Bank Schutzpflichten zugunsten des Scheckeinreichers begründet – vgl. hierzu Rn 4.266 ff., 4.435 ff. 4.557

Vertragliche Ansprüche gegen die bezogene Bank werden dagegen stets begründet, wenn Schecks unter Verwendung der eurocheque-Karte ausgestellt werden. Hierbei wird zugunsten des ersten Schecknehmers ein Garantieanspruch begründet, um die sonst vorsichtige Zurückhaltung gegenüber Scheckzahlungen zu überwinden und so den bargeldlosen Zahlungsverkehr zu fördern. In diesen Fällen wird die Zahlungsverbindlichkeit der bezogenen Bank durch den Inhaber der Scheckkarte als ihres Bevollmächtigten begründet (§ 164 BGB). In der Praxis kann aber auch die bezogene Bank selbst durch eigenes rechtsgeschäftliches Handeln Zahlungsansprüche des Scheckberechtigten gegen sich begründen. Dies kann durch die sog. Einlösungszusage und die Scheckbestätigung geschehen. 4.558

a) Einlösungszusage der bezogenen Bank

Die bezogene Bank kann grundsätzlich dem Scheckinhaber die Einlösung außerhalb der Scheckurkunde vertraglich zusagen. Das scheckrechtliche Akzeptverbot (Art. 4 ScheckG) steht dieser **Einlösungszusage** nicht entgegen. An das Vorliegen einer solchen Zusage werden jedoch **strenge Anforderungen** gestellt; insbesondere die neuere BGH-Rechtsprechung ist sehr restriktiv[842]. Die bezogene Bank hat im Regelfall keinen Anlaß und kein Interesse, durch eine Einlösungszusage das Risiko der Insolvenz oder zwischenzeitlicher Verfügungen des Scheckausstellers vor der Einlösung 4.559

---

839 *Nobbe* in Bankrechts-Handbuch, § 61 Rn 87.
840 BGH WM 1974, 155.
841 BGH WM 1975, 818.
842 BGH WM 1990, 494, 495; *Nobbe* in Bankrechts-Handbuch, § 61 Rn 97.

4. Teil: Bargeldloser Zahlungsverkehr (Girogeschäft)

zu übernehmen. Grundsätzlich soll nur über die Aussichten der Einlösung im Zeitpunkt der Anfrage Auskunft gegeben werden (sog. **Scheckbestätigung**)[843]. Nach dem BGH ist es Sache des Anfragenden, der bezogenen Bank zu sagen, ob nur die übliche Scheckbestätigung oder aber eine echte Scheckeinlösungszusage verlangt wird. Dabei ist nicht zuletzt wegen des mit einer Scheckeinlösungsgarantie für die Bank verbundenen Risikos erforderlich, daß die Anfrage eindeutig und unmißverständlich formuliert ist[844]. Wird deshalb nur angefragt, ob ein Scheck „eingelöst" werde, so liegt in der Erklärung der bezogenen Bank, der Scheck werde zu einem bestimmten Zeitpunkt eingelöst, keine Einlösungszusage, sondern lediglich eine Scheckbestätigung[845].

4.560 Aus dieser Einlösungszusage erwächst der bezogenen Bank eine **garantievertragliche Einlösungspflicht**[846], wie sie auch bei der Begebung eines Schecks unter Verwendung der eurocheque-Karte begründet wird.

4.561 Ein solcher verläßlicher Anspruch wird auch bei der der scheckrechtlichen Zahlungsanweisung ähnlichen Zahlungsanweisung des BGB (§ 783) begründet, wenn sie vom Angewiesenen angenommen wird (§ 784 BGB)[847]. In dieser Annahmeerklärung wird aber typologisch ein abstraktes Schuldversprechen im Sinne des § 780 BGB erblickt[848].

4.562 Die Einlösungszusage gilt nur gegenüber dem materiell berechtigten Schecknehmer. Deshalb können **förmliche Mängel** des Schecks, insbesondere das Fehlen der Ausstellerunterschrift oder des Ausstellungsdatums dem Schecknehmer entgegengehalten werden[849]. Mit Rücksicht auf die abstrakte Natur und den Zweck der Einlösungszusage kann die Bank im übrigen keine Einwendungen aus dem Valutaverhältnis des Scheckausstellers zum Scheckinhaber oder aus ihrem Deckungsverhältnis zum Scheckaussteller geltend machen[850].

---

843 *Nobbe* in Bankrechts-Handbuch, § 61 Rn 97 mit Beispielen für eine Einlösungszusage.
844 BGH WM 1990, 494, 495.
845 BGH WM 1990, 494, 495; damit ist von der früheren Entscheidung des II. Zivilsenats des BGH (WM 1980, 586) abgerückt worden (*Nobbe* in Bankrechts-Handbuch, § 61 Rn 101).
846 BGH WM 1980, 586; 1982, 924, 925; 1990, 494, 495; *Canaris*, Bankvertragsrecht³, Rn 730.
847 Münchener Komm. zum BGB/*Hüffer*, § 784 Rn 3.
848 *Staudinger/Marburger*, § 784 Rn 9; Münchener Komm. zum BGB/*Hüffer*, § 784 Rn 1, 6; vgl. weiter BGH WM 1990, 494, 495, wo von einem „Erfüllungs"anspruch der Scheckberechtigten die Rede ist.
849 BGH WM 1989, 1673, 1674.
850 Vgl. BGH WM 1982, 924, 926.

Die abstrakte Rechtsnatur der Einlösungsgarantie schließt nicht aus, daß die 4.563
Garantieleistung vereinbarungsgemäß von der Erfüllung bestimmter Voraussetzungen abhängig gemacht wird, etwa daß die nach dem zugrundeliegenden Vertrag geschuldeten Waren geliefert werden[851].

Ist jedoch das Valutaverhältnis zwischen dem Aussteller des Schecks und 4.564
dem Schecknehmer wegen Sittenwidrigkeit (§ 138 Abs. 1 BGB) nichtig, so steht der bezogenen Bank der Einwand des Rechtsmißbrauchs (§ 242 BGB) zu, um sie nicht über die Einlösungszusage zur Mitwirkung an einem sittenwidrigen Geschäft zu zwingen[852].

Die Zahlungspflicht aus der Einlösungszusage ist im übrigen zeitlich 4.565
begrenzt auf die übliche Dauer des Inkassos eines solchen Schecks im bargeldlosen Zahlungsverkehr[853].

b) Scheckbestätigung[854]

Erklärt die bezogene Bank auf Anfrage, der Scheck sei gedeckt oder gehe 4.566
in Ordnung oder ähnliches, so liegt hierin keine Einlösungszusage, sondern die banktübliche Scheckbestätigung. Sie bedeutet lediglich, daß der Scheck eingelöst würde, wenn er der bezogenen Bank zur Zeit der Auskunftserteilung zur Einlösung vorliegen würde[855]. Hiermit übernimmt die bezogene Bank keine Verpflichtung, einen Widerruf des Scheckausstellers nicht zu beachten oder sein Girokonto zu sperren[856].

Durch die Scheckbestätigung kommt nach der Rechtsprechung konkludent ein **Auskunftsvertrag** zwischen der bezogenen Bank und dem Anfragenden zustande[857]. Bei Unrichtigkeit dieser Auskunft macht sich die bezogene Bank schadensersatzpflichtig[858]. Erfolgte die Scheckanfrage im Auftrag eines Bankkunden, so handelt die anfragende Bank regelmäßig im eigenen Namen. Der Kunde muß sich deshalb die Ersatzansprüche seiner Bank abtreten lassen, um sie geltend machen zu können[859]. Im Einzelfall kann ein Schadensersatzanspruch des Scheckeinreichers unter dem Ge- 4.567

---

851 BGH WM 1982, 924, 926.
852 BGH WM 1989, 1673, 1674.
853 BGH WM 1980, 586, 587.
854 *Rieder*, WM 1979, 686; *Baumbach/Hefermehl*, Art. 4 Rn 3.
855 *Baumbach/Hefermehl*, Art. 4 ScheckG Rn 3; *Nobbe* in Bankrechts-Handbuch, § 61 Rn 111.
856 BGH WM 1980, 586; Rieder, WM 1979, 686.
857 *Nobbe* in Bankrechts-Handbuch, § 61 Rn 112 m.w.Nachw.; *Baumbach/Hefermehl*, Art. 4 Rn 3 ff.
858 BGH WM 1990, 494, 495.
859 BGH WM 1972, 583.

sichtspunkt eines Rechtsverhältnisses mit Schutzwirkung zugunsten Dritter in Betracht kommen[860]. Der Haftungsumfang wird im übrigen durch den Schutzzweck der verletzten Pflicht begrenzt. Erfolgt die Scheckanfrage ausdrücklich „im Kundeninteresse", so steht der anfragenden Bank kein Anspruch auf Ersatz der Schäden zu, die sie im Vertrauen auf die Richtigkeit der Auskunft durch eigene Geschäfte erleidet[861].

4.568 Grundsätzlich besteht für die angefragte Bank keine Pflicht zu einer „Korrekturmeldung" bei nachträglichen Veränderungen[862]. Nur unter ganz besonderen Umständen kann die bezogene Bank nach Treu und Glauben zu einer solchen Korrekturmeldung verpflichtet sein[863].

V. Das Valutaverhältnis zwischen Scheckaussteller und erstem Schecknehmer

4.569 Wie bei der Banküberweisung und der Lastschrift bedarf es auch bei der Bezahlung einer Geldschuld mittels eines Schecks der Zustimmung des Gläubigers. Denn zur Erfüllung einer Geldschuld braucht der Gläubiger nur eine Barzahlung in Gestalt der Übereignung von Banknoten oder von Geldmünzen als den gesetzlichen Zahlungsmitteln zu akzeptieren[864]. Eine Verpflichtung zur Scheckannahme besteht deshalb nur, wenn der Gläubiger dem Schuldner das Recht zur Zahlung mittels Scheck eingeräumt hat. Diese **Scheckzahlungsabrede** kann auch stillschweigend mit oder nach Abschluß des Grundgeschäfts getroffen werden[865]. Der Scheck kann vom Gläubiger dementsprechend auch zurückgewiesen werden.

4.570 Dieser nur beschränkten Verwendbarkeit des Schecks als Zahlungsmittel soll mit der sog. **Scheckkarte** abgeholfen werden. Bei Verwendung einer Scheckkarte wird dem Schecknehmer im Unterschied zum Scheck ein einklagbarer Zahlungsanspruch gegen die bezogene Bank aus einem selbständigen **Garantievertrag** verschafft. Auch insoweit bedarf es aber einer Scheckzahlungsabrede[866].

---

860 *Nobbe* in Bankrechts-Handbuch, § 61 Rn 114.
861 BGH WM 1991, 1629.
862 BGH WM 1973, 1134, 1135.
863 *Nobbe* in Bankrechts-Handbuch, § 61 Rn 119.
864 Vgl. BGH WM 1993, 2237, 2238.
865 Wegen der praktischen Beispiele vgl. *Nobbe* in Bankrechts-Handbuch, § 60 Rn 216 ff.
866 *Nobbe* in Bankrechts-Handbuch, § 60 Rn 214.

1. Rechtliche Konsequenzen der Scheckzahlungsabrede

Die **Hingabe eines Schecks** zur Tilgung einer Schuld ist weder Erfüllung noch eine Leistung an Erfüllungs Statt, sondern erfolgt lediglich **erfüllungshalber**[867]. Die zu tilgende Geldschuld aus dem Valutaverhältnis zwischen Schecknehmer als Gläubiger und Scheckaussteller als Schuldner bleibt also so lange bestehen, bis der Scheck eingelöst worden ist. Damit verbleibt dem Verkäufer insbesondere der Eigentumsvorbehalt an der gegen Scheckzahlung gelieferten Ware, auf die er zurückgreifen kann, wenn der Scheck nicht eingelöst wird. Auch nach der Scheckzahlungsabrede bleibt die zugrundeliegende Geldschuld eine qualifizierte Schickschuld im Sinne des § 270 Abs. 1 BGB. Die **Verlustgefahr** bei der Übermittlung des Schecks auf dem Postwege trägt also der Schuldner[868].

4.571

Mit dem Zugang des übermittelten Schecks geht die Verlustgefahr auf den Gläubiger über[869]. Zugleich wird die geschuldete Leistung zur Holschuld, weil der Schuldner bei ausreichendem Guthaben auf seinem Girokonto alles seinerseits Erforderliche getan hat[870].

4.572

Sobald die bezogene Bank den Scheck eingelöst hat, trägt der Gläubiger im Verhältnis zum Schuldner neben der Gefahr des Verlustes, der Entwertung und der Beschlagnahme des Scheckbetrages auch das Risiko einer Insolvenz der beteiligten Banken während des Übermittlungsvorgangs[871].

4.573

2. Pflichten des Schecknehmers

Der Schecknehmer ist gegenüber dem Scheckaussteller gehalten, für den ordnungsgemäßen Einzug des Schecks zu sorgen[872]. Der Scheck muß deshalb innerhalb der **Vorlegungsfrist** bei der bezogenen Bank vorgelegt oder einem anderen Kreditinstitut zum Inkasso eingereicht werden. Diese Vorlegungsfrist beträgt für Schecks, die im Inland ausgestellt und zahlbar

4.574

---

867 BGH WM 1982, 637, 638; 1995, 1988, 1989; Hans. OLG Hamburg WM 1986, 383, 384; *Baumbach/Hefermehl*, Einl. ScheckG Rn 19. Nach *Häuser* (WM 1988, 1505 Fn 4) ist § 364 Abs. 2 BGB auf die Scheckzahlung unanwendbar; die scheckrechtliche Rückgriffsverbindlichkeit (Art. 12, 40 ScheckG) verfolge keinen primären Erfüllungszweck. Seiner Auffassung zufolge sei insoweit § 788 BGB entsprechend anzuwenden.
868 LG Braunschweig WM 1979, 735; *Baumbach/Hefermehl*, Art. 39 ScheckG Rn 2.
869 BGH WM 1996, 1037, 1038; vgl. weiter *Kreissl*, WM 1996, 1074 ff.
870 *Nobbe* in Bankrechts-Handbuch, § 60 Rn 226 m.w.Nachw.
871 *Nobbe* in Bankrechts-Handbuch, § 60 Rn 226.
872 BGH WM 1984, 1466, 1467; 1986, 20.

sind, acht Tage (Art. 29 Abs. 1 ScheckG). Das rechtzeitige Inkasso des Schecks ist nicht nur eine Obliegenheit des Gläubigers, sondern wird zu einer rechtlichen Verpflichtung, insbesondere wenn die Zahlung der Schecksumme wie bei der Versicherungsprämie (§ 39 Abs. 2 VVG) auch im Interesse des Schuldners liegt[873]. Mit dem Scheckeinzug kann auch eine hierfür beauftragte Bank beauftragt werden[874], die aber keine Erfüllungsgehilfin des Schecknehmers ist[875]. Versäumt der Schecknehmer die rechtzeitige Vorlegung, so verletzt er seine Obliegenheit zur Mitwirkung bei der Tilgung der Scheckverbindlichkeit und gerät deshalb in **Annahmeverzug** (§ 293 BGB).

4.575 Der Schecknehmer ist aufgrund der Scheckzahlungsabrede gehalten, sich zunächst aus dem Scheck zu befriedigen. Der Scheckaussteller kann deshalb den Einwand der Scheckhingabe geltend machen, wenn er wegen der Forderung aus dem Grundgeschäft (Valutaverhältnis) in Anspruch genommen wird[876].

4.576 Bei **Nichteinlösung des Schecks** kann der Gläubiger auf den Zahlungsanspruch aus dem Valutaverhältnis (Kausalforderung) zurückgreifen[877]. Der Scheckaussteller ist aber zur Erfüllung dieser Forderung nur Zug um Zug gegen Rückgabe des Schecks verpflichtet. Damit soll der Gefahr einer doppelten Inanspruchnahme des Schuldners aus der Kausalforderung und aus der scheckrechtlichen Ausstellerhaftung (Art. 12 ScheckG) vorgebeugt werden. Der Schuldner vermag regelmäßig nicht zu übersehen, ob eine solche Gefahr besteht, insbesondere weil der Gläubiger den Scheck an einen Dritten weiter übertragen hat. Die Bezahlung der Kausalforderung kann jedoch von der Rückgabe des Schecks nicht mehr abhängig gemacht werden, wenn die Gefahr einer doppelten Inanspruchnahme ganz unwahrscheinlich ist und es aus besonderen Gründen Schwierigkeiten bereitet, den Scheck für kraftlos erklären zu lassen und ein Ausschlußurteil zu erwirken. Mit dieser Kraftloserklärung könnte eine solche doppelte Inanspruchnahme vermieden werden[878].

---

873 *Nobbe* in Bankrechts-Handbuch, § 60 Rn 227.
874 *Baumbach/Hefermehl*, Einl. ScheckG Rn 22.
875 *Canaris*, Bankvertragsrecht³, Rn 766.
876 BGH WM 1984, 1466, 1467; WM 1986, 2022 (für Wechsel).
877 *Nobbe* in Bankrechts-Handbuch, § 60 Rn 233 m.w.Nachw.
878 Vgl. weiter *Canaris*, Bankvertragsrecht³, Rn 770.

3. Pflichten des Scheckausstellers

Der Scheckaussteller ist vor allem verpflichtet, während der Vorlegungsfrist des Schecks gemäß Art. 29 ScheckG auf seinem **Konto ausreichend Deckung** zu unterhalten. Auch muß er die Scheckeinlösung störenden Eingriffe, insbesondere die Sperre des Schecks unterlassen[879]. Diese Verpflichtung endet grundsätzlich mit der Vorlegungsfrist. Dem Schuldner kann nicht zugemutet werden, für eine unbestimmte Zeit eine Deckung für die Einlösung eines präjudizierten Schecks zu unterhalten[880]. Der Scheck kann freilich schon während der Vorlegungsfrist widerrufen werden, wenn dem Gläubiger die Forderung aus dem Grundgeschäft infolge eines Rechtsmangels oder einer zwischenzeitlichen Abtretung nicht mehr zusteht[881]. Der Widerruf ist auch dann zulässig, wenn die Forderung aus dem Valutaverhältnis einredebehaftet ist. Denn der Schecknehmer kann aus dem Scheck nicht mehr Rechte in Anspruch nehmen, als ihm aus dem Valutageschäft zustehen[882].

4.577

Sorgt der Schuldner für **keine ausreichende Deckung** auf seinem Girokonto oder läßt er den Scheck unberechtigterweise sperren, kann der Schecknehmer einen Schadensersatzanspruch wegen positiver Vertragsverletzung geltend machen. Für eine schuldhafte Pflichtverletzung der bezogenen Bank, etwa durch Verzögerung oder Verweigerung der Einlösung eines gedeckten Schecks hat der Schuldner zu haften (§ 278 BGB). Die Bank ist seine Erfüllungsgehilfin, weil sich der Scheckaussteller ihrer zur Tilgung seiner Geldschuld bedient[883].

4.578

4. Erfüllung der Zahlungspflicht

Die Forderung aus dem Valutaverhältnis zwischen Schecknehmer und Scheckaussteller erlischt gemäß § 362 Abs. 1 BGB mit der Scheckeinlösung durch die kontoführende Stelle[884]. Dieser Erfüllungswirkung steht nicht entgegen, daß die bezogene Bank nur auf den Scheck zahlt. Die zugrundeliegende Forderung erlischt gleichwohl, weil diese Scheckzahlung der Vereinbarung im Valutaverhältnis entspricht[885].

4.579

---

879 BGH WM 1988, 8.
880 *Canaris*, Bankvertragsrecht³, Rn 768; *Nobbe* in Bankrechts-Handbuch, § 60 Rn 237.
881 BGH WM 1976, 903, 904; WM 1988, 8.
882 *Nobbe* in Bankrechts-Handbuch, § 60 Rn 238 m.w.Nachw.
883 *Canaris*, Bankvertragsrecht³, Rn 767.
884 BGH WM 1990, 1883, 1885; 1995, 1988, 1991.
885 *Nobbe* in Bankrechts-Handbuch, § 60 Rn 242.

4.580　Umstritten ist das Erlöschen der Grundforderung, wenn die bezogene Bank den Scheck an einen gutgläubigen Erwerber oder an einen Nichtberechtigten zahlt[886]. Nach dem BGH kann ein Gläubiger seine auch nach Bezahlung des Schecks an einen Nichtberechtigten fortbestehende Forderung aus dem Valutaverhältnis grundsätzlich nicht mehr durchsetzen und sich bei grober Fahrlässigkeit der einlösenden Bank nur an diese halten. Dies gilt unabhängig davon, ob den Gläubiger an dem Abhandenkommen ein Verschulden trifft oder nicht. Denn mit dem Zugang eines Schecks geht die Verlustgefahr analog § 270 BGB auf den Schecknehmer über, soweit er sich mit einer Scheckzahlung einverstanden erklärt hat[887].

4.581　Der **Zeitpunkt der Erfüllung** der Forderung aus dem Valutaverhältnis deckt sich im Regelfall mit dem **Zeitpunkt der Einlösung** des Schecks (Rn 4.509 ff.)[888]. Dies setzt aber voraus, daß die einlösende Zahlstelle des Schuldners die Schecksumme der mit dem Scheckinkasso beauftragten Bank auch tatsächlich als Deckung für die Gutschrift anschafft, die die Inkassobank dem Gläubiger bei Einreichung des Schecks unter dem Vorbehalt des Eingangs des Inkassoerlöses erteilt hat (E.v. Gutschrift). Denn die Einlösung bedeutet die Vermittlung einer Buchgeldzahlung durch Anschaffung der Deckung für eine solche E.v. Gutschrift. Ohne Eingang dieser Deckung bei der Inkassobank kann diese E.v. Gutschrift nicht wirksam werden und wird deshalb wieder rückgängig gemacht (Nr. 9 Abs. 1 S. 4 AGB Banken)[889]. Sodann fehlt es an einer Gutschrift auf dem Girokonto des Gläubigers und damit an einer Erfüllung des Zahlungsanspruchs aus dem Valutaverhältnis.

4.582　Für die **Rechtzeitigkeit** dieser Erfüllung kommt es auf den Zeitpunkt der Leistungshandlung an. Denn der Gläubiger trägt bei der Scheckzahlung die Gefahr der verzögerten Scheckeinlösung (§§ 270 Abs. 4, 279 Abs. 1 BGB). Der Schuldner hat deshalb seine Leistungshandlung rechtzeitig bewirkt, wenn er den Scheck innerhalb der Leistungsfrist der Post zur Beförderung übergibt. Dies setzt freilich voraus, daß der Scheck vom Gläubiger aufgrund einer Scheckzahlungsabrede akzeptiert werden muß und nachfolgend auch eingelöst wird[890].

886　Wegen der unterschiedlichen Meinungen in der Literatur vgl. *Nobbe* in Bankrechts-Handbuch, § 60 Rn 244 ff.
887　BGH WM 1996, 1037, 1038.
888　*Nobbe* in Bankrechts-Handbuch, § 60 Rn 251.
889　BGH WM 1997, 1194, 1196.
890　*Baumbach/Hefermehl*, Einl. ScheckG Rn 20; *Palandt/Heinrichs*, § 270 Rn 6; *Nobbe* in Bankrechts-Handbuch, § 60 Rn 252.

VI. Vertragsbeziehungen zwischen den mitwirkenden Kreditinstituten

Beim Scheckeinzug wirken mehrere Kreditinstitute mit, sofern nicht die Inkassobank zugleich auch kontoführende Bank des Scheckausstellers ist. Die die **Inkassokette** bildenden Kreditinstitute sind jeweils durch **Girovertragsverhältnisse** miteinander verbunden. Besteht eine unmittelbare Kontobeziehung zwischen der Inkassobank und der bezogenen Bank, liegt bei Vorlage eines Schecks zwecks Einlösung eine auftragsrechtliche Weisung im Rahmen des Girovertrages vor (§§ 665, 675 BGB).

4.583

Fehlt eine solche unmittelbare Kontoverbindung und wird deshalb ein weiteres Kreditinstitut eingeschaltet, so bestehen unmittelbare Girovertragsverhältnisse nur zwischen dieser Zwischenbank und der Inkassobank einerseits sowie zwischen der Zwischenbank und der bezogenen Bank andererseits. Denn die Zwischenbank wird im eigenen Namen und nicht nur als Erfüllungsgehilfin der Inkassobank tätig[891]. Sie hat wie die Inkassobank den Scheck auf dem schnellsten und sichersten Weg der bezogenen Bank zuzuleiten[892]. Die Zwischenbank hat der Inkassobank eine Vorbehaltsgutschrift über den Scheckbetrag zu erteilen und das Konto der bezogenen Bank, soweit es bei ihr unterhalten wird, entsprechend zu belasten[893].

4.584

1. Zahlungsverkehrsabkommen für den beleghaften Scheckeinzug

Wesentliche Rechte und Pflichten der mitwirkenden Kreditinstitute zueinander (sog. **Interbankenverhältnis**)[894] sind geregelt in dem „Abkommen über die Rückgabe nicht eingelöster Schecks und die Behandlung von Ersatzstücken verloren gegangener Schecks im Scheckeinzugsverkehr" **(Scheckabkommen)** vom 16. 2. 1993 sowie dem „Abkommen zur Vereinfachung des Einzuges von Orderschecks" **(Orderscheckabkommen)**. Diese Abkommen sind von den Spitzenverbänden des Kreditgewerbes im eigenen Namen sowie in Vollmacht ihrer Mitgliedsinstitute geschlossene Rahmenvereinbarungen. Sie stellen keine AGB dar[895].

4.585

---

891 *Nobbe* in Bankrechts-Handbuch, § 61 Rn 64.
892 *Canaris*, Bankvertragsrecht³, Rn 742.
893 *Nobbe* in Bankrechts-Handbuch, § 61 Rn 64.
894 BGH WM 1990, 96, 97.
895 *Canaris*, Bankvertragsrecht³, Rn 758; *Nobbe* in Bankrechts-Handbuch, § 61 Rn 60.

4.586　Beide Abkommen begründen Rechte und Pflichten nur zwischen den beteiligten Banken, nicht jedoch für den Scheckeinreicher oder den wahren Scheckberechtigten bei Einzug eines abhandengekommenen Schecks (Nr. 4 Scheckabkommen, Nr. 6 Orderscheckabkommen)[896]. Umstritten ist, ob dem Scheckaussteller und dem Scheckeinreicher aus der Verletzung der durch die beiden Zahlungsverkehrsabkommen begründeten Pflichten Schadensersatzansprüche unter dem Gesichtspunkt eines Vertrages mit Schutzwirkung zugunsten Dritter zustehen. Dies gilt insbesondere für den Fall, daß ein nicht eingelöster Scheck unter Verletzung der Rückgabefrist verspätet an die Inkassobank zurückgegeben wird. Wie bei der verspäteten Rückgabe einer Lastschrift[897] soll nach dem BGH die Pflicht zur rechtzeitigen Rückgabe eines nicht eingelösten Schecks Schutzwirkungen auch zugunsten des Scheckeinreichers entfalten[898]. Hiergegen sind im Schrifttum von maßgeblicher Seite Bedenken angemeldet worden[899]. Danach können etwaige Schäden des Ausstellers des Schecks oder des Scheckeinreichers aus der Verletzung des Zahlungsverkehrsabkommens gegen die Inkassobank oder die bezogene Bank im Wege der Drittschadensliquidation geltend gemacht werden[900]. Dabei ist der Scheckeinreicher auf die Geltendmachung des Schadensersatzanspruchs durch seine Bank angewiesen, soweit das Orderscheckabkommen mit seinem Abtretungsverbot im Sinne des § 399 BGB anwendbar ist[901].

4.587　Wird ein **bereits eingelöster Scheck** von der bezogenen Bank **zurückgegeben**, so erwächst der Inkassobank im Falle der Wiedergutschrift des Scheckbetrages ein Bereicherungsanspruch gegen die Bezogene[902]. Des weiteren kommt ein Schadensersatzanspruch aus § 826 BGB in Betracht, weil die Rückgabe des bereits eingelösten Schecks sittenwidrig ist[903]. Ein solcher Anspruch kann auch dem Scheckeinreicher zustehen[904].

4.588　Die bezogene Bank ist nach dem Zahlungsverkehrsabkommen **bei Nichteinlösung** verpflichtet, den Scheck spätestens an dem auf den Tag der

---

896　BGH WM 1989, 1756, 1758; vgl. weiter BGH WM 1990, 96, 97.
897　BGH WM 1977, 1042.
898　BGH WM 1985, 1391, 1393; WM 1988, 246; *Baumbach/Hefermehl*, Art. 28 ScheckG Anh. Rn 32.
899　*Nobbe* in Bankrechts-Handbuch, § 60 Rn 231; § 61 Rn 68, 83; *van Gelder* in Bankrechts-Handbuch, § 58 Rn 195; *ders.*, WM 1995, 1253.
900　*Baumbach/Hefermehl*, Art. 28 ScheckG Anh. Rn 32; *Nobbe* in Bankrechts-Handbuch, § 61 Rn 68.
901　*Nobbe* in Bankrechts-Handbuch, § 61 Rn 68.
902　BGH WM 1987, 400.
903　AG Geldern WM 1987, 780, 781.
904　*Nobbe* in Bankrechts-Handbuch, § 61 Rn 69.

Vorlage folgenden Geschäftstag mit dem Vorlegungsvermerk versehen an die erste Inkassostelle zurückzuleiten (Abschnitt II Nr. 1 des Scheckabkommens). Dabei kann – anders als beim Abrechnungsverkehr und dem „vereinfachten Scheck- und Lastschrifteinzug" – der Rückgabeweg frei gewählt werden. Im übrigen besteht anders als beim Abrechnungsverkehr bei einer verspäteten Rückgabe des Schecks keine Funktion der Einlösung[905].

Im Jahre **1998** sind die verschiedenen Zahlungsverkehrsabkommen für den beleghaften Scheckeinzug in dem **„Abkommen über den Einzug von Schecks"** zusammengefaßt worden. In diesem neuen Scheckabkommen sind die folgenden Abkommen in einen einheitlichen Vertragstext integriert worden: 4.589

- Abkommen über die Rückgabe nicht eingelöster Schecks und die Behandlung von Ersatzstücken verlorengegangener Schecks im Scheckeinzugsverkehr (Scheckabkommen);
- Abkommen über das beleglose Scheckeinzugsverfahren (BSE-Abkommen);
- Abkommen über den beleglosen Einzug von Scheckgegenwerten ab DM 5000 (Großbetrag-Schecks) und die gesonderte Vorlage der Originalschecks ohne Verrechnung (GSE-Abkommen);
- Abkommen zur Vereinfachung des Einzugs von Orderschecks (Orderscheck-Abkommen);
- Vereinbarung über Richtlinien für eine einheitliche Codierung von zwischenbetrieblich weiterzuleitenden Zahlungsverkehrsbelegen (Codierrichtlinien);
- Abkommen für den zwischenbetrieblichen belegbegleitenden Datenträgeraustausch.

Das „Abkommen über den beleglosen Einzug von Reisescheckgegenwerten" (BRS-Abkommen) ist dagegen als eigenständiges Vertragswerk erhalten geblieben. Es ist aber in Anlehnung an die Neuerungen des Scheckabkommens und unter der Bezeichnung „Abkommen über den Einzug von Reiseschecks" (Reisescheckabkommen) neu gefaßt worden. 4.590

Neben der redaktionellen Zusammenführung der genannten Abkommen werden in dem neuen Abkommen als organisatorische Neuerungen insbesondere eine BSE-Pflicht, eine Ausweitung des GSE-Verfahrens auf bisher nicht automationsfähige Einzugspapiere und eine Pflicht zur beleglosen Rückrechnung nicht eingelöster BSE-Schecks geregelt. Mit diesen Maß- 4.591

---

905 BGH WM 1970, 490; *Baumbach/Hefermehl*, Art. 28 ScheckG Anh. Rn 32.

nahmen wird erreicht, daß das gesamte Clearing sowohl für Schecks als auch für Lastschriften und Überweisungen seit dem 7. September 1998 **vollständig beleglos** durchgeführt wird. Dies war eine notwendige Voraussetzung für die Umsetzung des Szenarios für die Abwicklung des Inlandszahlungsverkehrs in der dritten Stufe der Europäischen Wirtschafts- und Währungsunion.

2. Mitwirkung der Deutschen Bundesbank

4.592   Wie im Überweisungs- und Lastschriftverkehr kann auch beim Scheckeinzug die Deutsche Bundesbank beteiligt werden, die nach § 3 BBankG auch für die bankmäßige Abwicklung des Zahlungsverkehrs im Inland und mit dem Ausland zu sorgen hat. Diese Teilnahme geschieht auf unterschiedlichem Wege.

a) Einlieferung in den Abrechnungsverkehr

4.593   Schecks können auch zum Einzug in den Abrechnungsstellen der Deutschen Bundesbank gegeben werden, die an den bedeutendsten Bankplätzen sog. Abrechnungsstellen unterhält[906]. Dieser Einzugsweg kann gewählt werden, wenn Inkassobank und bezogene Bank zu dem Teilnehmerkreis **derselben Abrechnungsstellen** gehören[907]. Abrechnungsteilnehmer sind jeweils die im Bezirk der Abrechnungsstellen ansässigen Kreditinstitute. Der Einlieferung des Schecks steht die Vorlegung im Sinne des Art. 28 ScheckG gleich (Art. 31 Abs. 1 ScheckG). Die Abrechnung geschieht durch tägliche Verrechnung (sog. Skontration) – Rn 4.182, 4.183[908].

b) Vereinfachter Scheck- und Lastschrifteinzug

4.594   Sind Inkassobank und bezogene Bank **nicht bei derselben Abrechnungsstelle** als Teilnehmer zugelassen, so kann die Inkassobank wie beim Lastschriftverkehr den hierfür geschaffenen „vereinfachten Scheck- und Lastschrifteinzug" der Bundesbank nutzen. Dieses Inkassoverfahren ist in den AGB der Deutschen Bundesbank näher geregelt (AGB BBank). Nach den AGB BBank (Nr. III, 1) kann die Bundesbank mit dem Inkasso von Inhaber- und Orderschecks auf alle Orte des Bundesgebietes beauftragt werden. Diese Schecks dürfen nicht von einem Kreditinstitut ausgestellt sein und müssen stets den Vermerk „nur zur Verrechnung" tragen

---

906 Ein Verzeichnis der Abrechnungsstellen ist bei *Baumbach/Hefermehl*, Art. 31 ScheckG Rn 4 abgedruckt.
907 *Nobbe* in Bankrechts-Handbuch, § 61 Rn 48.
908 BGH WM 1987, 400.

(Nr. III, 2, 5 AGB BBank). Werden von der bezogenen Bank nicht eingelöste Schecks an die Inkassobank verspätet zurückgegeben, so gilt dies im Gegensatz zu einer verspäteten Rückgabe im Abrechnungsverkehr der Bundesbank nicht als Einlösung[909]. Ein Scheck ist erst dann eingelöst, wenn die bezogene Bank das Ausstellerkonto belastet hat[910].

Die **Bundesbank** wird beim vereinfachten Scheckeinzug als **selbständige Inkassostelle** tätig[911]. Da die Inkassotätigkeit gebühren- und lastenfrei erfolgt, ist das Vertragsverhältnis zur Inkassobank kein entgeltlicher Geschäftsbesorgungsvertrag (§ 675 BGB), sondern als **schlichtes Auftragsverhältnis** (§§ 662 ff. BGB) zu qualifizieren. Wie auch im sonstigen Interbankenverhältnis des bargeldlosen Zahlungsverkehrs sind die der Bundesbank erteilten Inkassoaufträge als girovertragliche Weisungen gemäß § 665 BGB im Rahmen des bestehenden Girovertragsverhältnisses anzusehen[912].

4.595

Verletzt die Bundesbank ihre auftragsrechtlichen Pflichten, etwa weil sie den Scheck schuldhaft nicht oder verzögert weiterleitet, so macht sie sich gegenüber der ihr vorgeschalteten Inkassobank aus **positiver Vertragsverletzung** schadensersatzpflichtig[913]. Die Inkassobank kann einen Schaden, der bei ihrem Kunden als Scheckeinreicher eingetreten ist, unter dem Gesichtspunkt der Drittschadensliquidation geltend machen. Sie ist auch verpflichtet, den Schadensersatzanspruch auf Verlangen an den Scheckeinreicher abzutreten.

4.596

Nach Auffassung des II. Zivilsenats des BGH[914] besteht darüber hinaus – wie im Lastschriftverkehr – auch ein umittelbarer Schadensersatzanspruch des Scheckeinreichers gegen die Bundesbank unter dem Gesichtspunkt eines Vertrages mit Schutzwirkung zugunsten Dritter. Hiergegen sind im Schrifttum von maßgeblicher Seite Bedenken angemeldet worden[915] – Rn 4.266 ff., 4.435 ff.

4.597

Da die Bundesbank beim vereinfachten Scheck- und Lastschrifteinzug als selbständige Inkassostelle und nicht nur als Botin mitwirkt, steht sie in

4.598

---

909 BGH WM 1970, 490.
910 *Nobbe* in Bankrechts-Handbuch, § 61 Rn 52.
911 *Bürger*, WuB I D 3.-2.86; *Häuser*, WM 1988, 1505, 1508.
912 Nach *Nobbe* vermag die vom II. Zivilsenat des BGH (WM 1985, 1391) vorgenommene Qualifizierung der Deutschen Bundesbank als bloße Botin im vereinfachten Lastschrift- und Scheckeinzug nicht zu überzeugen (in Bankrechts-Handbuch, § 61 Rn 53); vgl. weiter *Häuser* WM 1988, 1505, 1508.
913 BGH WM 1985, 1391.
914 BGH WM 1985, 1391; 1988, 247.
915 *Nobbe* in Bankrechts-Handbuch, § 61 Rn 54; 83 ff.; *van Gelder* in Bankrechts-Handbuch, § 58 Rn 198 ff.

einem unmittelbaren Girovertragsverhältnis mit der ihr nachgeschalteten bezogenen Bank. Auch beim vereinfachten Lastschrift- und Scheckeinzug besteht also kein unmittelbares Vertragsverhältnis zwischen der Inkassobank und der bezogenen Bank. Der Inkassobank können aber gegen die bezogene Bank Bereicherungsansprüche und Schadensersatzansprüche wegen sittenwidriger Schädigung (§ 826 BGB) zustehen[916].

3. Belegloser Scheckeinzug

4.599 Zur weiteren Rationalisierung des bargeldlosen Zahlungsverkehrs wurde 1985 das beleglose Scheckeinzugsverfahren eingeführt, bei dem auch die Bundesbank als Inkassostelle eingeschaltet werden kann. Hierzu haben die Spitzenverbände der Kreditwirtschaft und die Bundesbank das „Abkommen über das beleglose Scheckeinzugsverfahren" (**BSE-Abkommen**) abgeschlossen, das wie die anderen Zahlungsverkehrsabkommen keine AGB, sondern einen Rahmenvertrag darstellt, aus dem den beteiligten Kreditinstituten Rechte und Pflichten erwachsen[917]. Dieses beleglose Einzugsverfahren sieht vor, daß die Angaben auf den vom Kunden zum Einzug eingereichten Schecks von seinem Kreditinstitut auf Datenträger übernommen und nach den „Richtlinien für den beleglosen Datenträgeraustausch" formatiert werden, um den Inkassoauftrag in das beleglose Scheckeinzugsverfahren überzuleiten.

4.600 Das überleitende Kreditinstitut ist ermächtigt, die Scheckgegenwerte von der bezogenen Bank beleglos einzuziehen (Abschnitt I Nr. 1 Abs. 3 BSE-Abkommen). Im übrigen verwahrt das überleitende Kreditinstitut die Originalschecks oder die davon erstellten Mikrokopien der Vorder- und Rückseite entsprechend den handels- und steuerrechtlichen Vorschriften. Die Originalschecks sind auch dann für einen Zeitraum von mindestens **zwei Monaten aufzubewahren,** wenn Mikrokopien erstellt wurden.

4.601 Die mit dem beleglosen Scheckinkasso verbundenen rechtlichen Nachteile machen deutlich, daß die Rationalisierung des bargeldlosen Zahlungsverkehrs auf rechtliche Grenzen stößt[918]. Die bezweckte Rationalisierung und Kostenersparnis rechtfertigt jedoch dieses Inkassoverfahren[919].

---

916 *Nobbe* in Bankrechts-Handbuch, § 61 Rn 55.
917 *Nobbe* in Bankrechts-Handbuch, § 61 Rn 70.
918 *Reiser,* WM 1986, 409, 410 ff.; *Baumbach/Hefermehl,* Anh. Art. 28 ScheckG, Rn 38 ff.; *Schlie,* WM 1990, 617.
919 *Nobbe* in Bankrechts-Handbuch, § 61, Rn 72.

Unvereinbar mit dem Scheckgesetz und den Pflichten der mitwirkenden Banken gegenüber dem Scheckaussteller ist insbesondere, daß die bezogene Bank infolge der fehlenden körperlichen Vorlegung des Schecks die an sich gebotene Unterschriftsprüfung nicht mehr vornehmen kann[920]. Die Haftung der Bank für die vorzunehmende Prüfung der ihr vorzulegenden Schecks kann aber nach Rechtsprechung und Schrifttum vertraglich nicht ausgeschlossen werden[921].   4.602

Im übrigen ist ein wesentliches Begriffsmerkmal der Wertpapiere, zu denen auch der Scheck gehört, daß diese Urkunden zur Geltendmachung der darin verbrieften Rechte körperlich vorgelegt werden müssen. Das Scheckgesetz hat deshalb an diese Vorlage einige wesentliche Regelungen für den Scheckverkehr geknüpft. So ist die körperliche Vorlage der Scheckurkunde bei der bezogenen Bank insbesondere für die Einholung eines wirksamen Protestvermerks bei Nichteinlösung des Schecks erforderlich[922]. Dieser Protest ist notwendig, damit der Inhaber des nicht eingelösten Schecks seinen scheckrechtlichen Rückgriffsanspruch gegen den Scheckaussteller im Scheckprozeß (§ 605a ZPO) geltend machen kann (Art. 12, 40 ScheckG)[923]. Durch den Wegfall der körperlichen Vorlage des Schecks bei der bezogenen Bank wird dem Schecknehmer also der scheckrechtliche Rückgriffsanspruch und dessen Durchsetzbarkeit im Scheckprozeß genommen.   4.603

Dem Scheckeinreicher verbleibt lediglich die Möglichkeit, seine Inkassobank im regulären Erkenntnisverfahren auf Schadensersatz zu verklagen. Die Ersatzpflicht dürfte sich auch auf den Zins- und Vergütungsanspruch im Sinne des Art. 45 Nr. 2 und 4 ScheckG erstrecken. Die Inkassobank   4.604

---

920 *Nobbe* in Bankrechts-Handbuch, § 61, Rn 72.
921 *Baumbach/Hefermehl*, Art. 3 ScheckG Rn 18 m.w.Nachw.; vgl. *Koller*, WM 1985, 821, der sich im Ergebnis für den Verzicht auf diese Prüfungspflicht wegen gewandelter Verhältnisse ausspricht.
922 *Baumbach/Hefermehl*, Art. 40 ScheckG Rn 4; *Schlie*, WM 1990, 617, 618; *Reiser*, WM 1986, 409, 413; anders *Canaris*, Bankvertragsrecht[3], Rn 743a, der Art. 40 Nr. 2 ScheckG auf den Nichteinlösungsvermerk der ersten Inkassostelle anwenden will. Nach dem AG Königswinter (NJW-RR 1990, 628) wird der erforderliche Protestvermerk im beleglosen Scheckinkassoverfahren auch nicht dadurch ersetzt, daß die bezogene Bank ohne die körperliche Vorlage der Scheckurkunde bestätigt, daß der Scheck nicht bezahlt worden ist; mit einer anderen Entscheidung wären die Grenzen richterlicher Rechtsfortbildung überschritten.
923 Hierbei handelt es sich um eine Unterart des sog. Urkundenprozesses, bei dem als Beweismittel nur Urkunden zugelassen sind und deshalb ein vollstreckbarer Titel gegen den Scheckaussteller schneller erwirkt werden kann.

ist zum Schadensersatz verpflichtet, weil sie gegen ihre Pflicht verstoßen hat, für die nach dem Scheckgesetz unverzichtbare körperliche Vorlage der Scheckurkunde zu sorgen[924]. Der Scheckeinreicher hat jedoch zu beweisen, daß auf dem Konto des Scheckausstellers bei ordnungsgemäßer Vorlage Deckung vorhanden gewesen wäre oder er bei Kenntnis der Nichteinlösung Zahlung von dritter Seite erhalten hätte[925].

4.605 Mit Rücksicht auf die teilweise Unvereinbarkeit des beleglosen Scheckinkassos mit dem Scheckgesetz und den Pflichten der Inkassobank und der bezogenen Bank gegenüber dem Scheckeinreicher und dem Scheckaussteller können nur Schecks mit Beträgen unter DM 5000 in das Verfahren einbezogen werden (Abschnitt I Nr. 1 BSE-Abkommen). Für Schecks über größere Beträge gilt das zusätzlich abgeschlossene „Abkommen über den beleglosen Einzug von Scheckgegenwerten ab DM 5000 (Großbetrag-Schecks) und die gesonderte Vorlage der Originalschecks ohne Verrechnung" (GSE-Abkommen). Auch in diesem Verfahren, das sich stark an das BSE-Abkommen anlehnt, ist das überleitende Kreditinstitut ermächtigt, die Scheckgegenwerte von den bezogenen Kreditinstituten beleglos einzuziehen. Diese einbezogenen Großbetrag-Schecks sind jedoch anders als nach dem BSE-Abkommen an die bezogenen Kreditinstitute körperlich ohne Verrechnung zu übermitteln. Für den Versand der Scheckurkunden beschränkt sich die Haftung des überleitenden Kreditinstitutes auf die sorgfältige Auswahl und Beauftragung eines Dritten (Nr. 5 GSE-Abkommen).

VII. Haftung der Inkassobank und der bezogenen Bank gegenüber Scheckberechtigten bei abhandengekommenen Schecks

4.606 Kommt ein Scheck dem Schecknehmer abhanden, so ist der nichtberechtigte Scheckinhaber aufgrund der Legitimationswirkung der Scheckurkunde in der Lage, die Schecksumme einziehen zu lassen. Damit stellt sich die Frage, ob der Scheckberechtigte seinen Schaden insbesondere gegenüber der ersten Inkassobank in der Einzugskette oder gegenüber der bezogenen Bank geltend machen kann.

4.607 Ein Scheck ist nicht nur **abhandengekommen**, wenn der Eigentümer oder sein Besitzmittler den unmittelbaren Besitz ohne seinen Willen verloren hat. Hierzu gehören auch die Fälle, in denen der Scheck ohne wirksamen Begebungsvertrag

---

924 *Nobbe* in Bankrechts-Handbuch, § 61 Rn 31, 72; *Reiser*, WM 1986, 409, 413; *Schlie*, WM 1990, 617, 618 ff.
925 BGH WM 1981, 119.

etwa bei Geschäftsunfähigkeit (§ 104 Nr. 2 BGB) oder bei einem sonstigen zur Unwirksamkeit führenden Willensmangel in die Hände des nicht berechtigten Scheckeinreichers gelangt ist[926].

Zwischen dem Scheckberechtigten und der ersten Inkassobank und der bezogenen Bank bestehen regelmäßig keine vertraglichen Beziehungen. Ein Schadensersatzanspruch kann sich aber aus den §§ 990, 989 BGB ergeben, die das Rechtsverhältnis zwischen dem herausgabeberechtigten Eigentümer und dem herausgabepflichtigen Besitzer der Sache regeln. 4.608

Danach haftet der **bösgläubige Besitzer** dem Eigentümer (Scheckberechtigter) für den Schaden, der dadurch entsteht, daß infolge seines Verschuldens die Sache verschlechtert wird, untergeht oder aus einem anderen Grunde von ihm nicht herausgegeben werden kann. Bösgläubig ist, wer bei der Besitzergreifung den Mangel des Besitzrechts kennt oder grob fahrlässig nicht kennt (vgl. § 990 Abs. 1 BGB). 4.609

Voraussetzung einer solchen Haftung ist jedoch, daß der Scheckberechtigte noch Eigentümer des Schecks ist und ihm deshalb der eigentumsrechtliche Herausgabeanspruch zusteht. Dieses Eigentum ist jedoch weggefallen, wenn die erste Inkassobank das Eigentum an der Scheckurkunde gutgläubig gemäß Art. 21 ScheckG erworben hat. Diese Übereignung erfolgt in der Praxis üblicherweise sicherungshalber (Rn 4.491). Die Gutgläubigkeit im Sinne des Art. 21 ScheckG entfällt, wenn die Bank den Scheck in bösem Glauben erworben hat oder ihr beim Erwerb eine grobe Fahrlässigkeit zur Last fällt. Der Herausgabeanspruch erlischt im übrigen, sobald die Bank den wegen fehlender Gutgläubigkeit nicht erworbenen Scheck auf dem Inkassowege an eine andere Bank weitergegeben hat[927]. 4.610

Der Schadensersatz gemäß §§ 990, 989 BGB kann auch gegenüber der bezogenen Bank geltend gemacht werden, weil sie im Zuge der Einlösung Besitz an der Scheckurkunde erlangt[928]. Die bezogene Bank erwirbt jedoch das – Schadensersatz ausschließende – Eigentum entsprechend § 952 Abs. 2 BGB, wenn sie den Scheck wirksam einlöst[929]. Dies setzt wiederum voraus, daß ihr bei der der Einlösung vorausgehenden Prüfung der Berechtigung des Einreichers keine grobe Fahrlässigkeit zur Last fällt[930]. 4.611

Der Schaden besteht nach Einlösung des Schecks durch die bezogene Bank darin, daß hierdurch die im Scheck enthaltene Zahlungsanweisung für den Berechtigten wirtschaftlich wertlos geworden ist. Es liegt sodann 4.612

---

926 BGH WM 1995, 1950; *Nobbe* in Bankrechts-Handbuch, § 61 Rn 124.
927 *Nobbe* in Bankrechts-Handbuch, § 61 Rn 137.
928 *Baumbach/Hefermehl*, Art. 21 ScheckG Rn 5b.
929 *Baumbach/Hefermehl*, Art. 35 ScheckG Rn 4.
930 *Nobbe* in Bankrechts-Handbuch, § 61 Rn 137.

eine Verschlechterung im Sinne des § 989 BGB vor[931]. Soweit dem Scheckberechtigten ein Schadensersatzanspruch wegen grob fahrlässiger Verletzung der Prüfpflichten sowohl gegen die Inkassobank als auch gegen die bezogene Bank zusteht, kommt im Interbankenverhältnis eine Schadensteilung in Betracht.

4.613 Neben einem solchen Schadensersatzanspruch kann **unter bestimmten Voraussetzungen** ein Bereicherungsanspruch des Scheckberechtigten gemäß § 816 Abs. 1 S. 1 oder § 816 Abs. 2 BGB gegen die Inkassobank in Betracht kommen. Hierzu muß die Bank die Schecksumme wie z.B. beim Ankauf des Schecks für eigene Rechnung eingezogen haben und zudem das Eigentum an der Scheckurkunde nicht gutgläubig erworben haben. Anderenfalls fehlt es bereits an der nach § 816 BGB erforderlichen Verfügung eines Nichtberechtigten[932]. Im übrigen kann sich die Inkassobank auf den Wegfall der Bereicherung berufen (§ 818 Abs. 3 BGB), wenn sie den Inkassoerlös an den Einreicher des Schecks in bar ausgezahlt oder auf sein Girokonto gutgeschrieben hat[933].

1. Problem der Wissenszusammenrechnung

4.614 Der gutgläubige Erwerb der Scheckurkunde, der einen Schadensersatzanspruch gemäß §§ 990, 989 BGB einschließt, hängt davon ab, ob die handelnden Bankmitarbeiter nicht bösgläubig gewesen sind. Damit stellt sich die Frage, inwieweit das schädliche **Wissen eines Bankmitarbeiters** der Bank zuzurechnen ist. Dies beurteilt sich nach § 166 BGB, der nicht nur bei rechtsgeschäftlicher Vertretung, sondern auch bei einer Wissensvertretung analog anzuwenden ist[934]. Die Frage hat insbesondere bei der Erteilung eines Scheckeinzugsauftrags eine besondere Bedeutung, weil hier regelmäßig mehrere Bankmitarbeiter, teilweise in verschiedenen Abteilungen, mitwirken. Einvernehmen besteht, daß eine Zusammenrechnung des Wissens aller Vertreter einer Filialbank nicht in Betracht kommt, ungeachtet dessen, daß die rechtlich unselbständige Zentrale, Filialen und Zweigstellen eine rechtliche Unternehmenseinheit bilden. Denn Ausgangspunkt ist, daß jeweils das Wissen der aktuell handelnden Bankmitarbeiter zuzurechnen ist[935].

4.615 Eine umfassende Erfassung und Verteilung der vorhandenen Informationen ist angesichts der Massenhaftigkeit des Scheckverkehrs unmöglich

---

931 KG WM 1995, 242, 244; *Nobbe* in Bankrechts-Handbuch, § 61 Rn 141.
932 *Nobbe* in Bankrechts-Handbuch, § 61 Rn 217.
933 *Nobbe* in Bankrechts-Handbuch, § 61 Rn 218.
934 BGH WM 1996, 824, 825; 1997, 1092, 1093.
935 OLG Karlsruhe WM 1995, 378; *Baumbach/Hefermehl*, Art. 21 ScheckG Rn 9a; *Nobbe* in Bankrechts-Handbuch, § 61 Rn 152.

und wäre zudem nicht mit dem Bankgeheimnis vereinbar[936]. Die stark arbeitsteilige Erledigung der Geschäftsvorgänge durch mehrere Bankmitarbeiter aus Rationalisierungsgründen darf jedoch nicht zu Lasten des Bankkunden gehen[937]. Das Wissen der mehreren an einem einheitlichen Geschäftsvorgang beteiligten Vertreter ist deshalb der Bank zuzurechnen[938].

Ob das Wissen der Geschäftsleitung oder anderer Angestellter, die mit dem konkreten Vorgang nicht befaßt waren, der Bank zugerechnet werden darf, kann unter dem Gesichtspunkt des **Organisationsverschuldens** relevant sein[939]. Ein solches Verschulden kann auch darin erblickt werden, daß keine abteilungsübergreifende Informationstechnik organisiert worden ist, soweit hierzu ein konkreter Anlaß bestand[940].

4.616

Die Frage, **wessen Wissen** der Bank zuzurechnen ist, läßt sich im übrigen nach der Rechtsprechung nur in wertender Beurteilung entscheiden[941]. Dies sind bei einem Scheckinkasso nicht nur der die Scheckurkunde entgegennehmende Schalterangestellte, sondern jeder Mitarbeiter, dem der Scheck zur Prüfung und zur weiteren Bearbeitung zugeleitet worden ist oder der über die Hereinnahme des Schecks endgültig entscheidet[942]. Eine schädliche Pflichtverletzung kann auch bei einer Kontoeröffnung begangen worden sein, wenn es ohne diese zur Hereinnahme des Schecks erst gar nicht gekommen wäre[943]. Hier wirkt also die Pflichtverletzung fort[944]. Wird der Scheck bei einer nicht kontoführenden Filiale eingereicht, kommt es auch auf Bösgläubigkeit des Kontoführers an[945]. Soweit die mit dem Geschäftsvorgang befaßten Bankmitarbeiter keine Vertretungsmacht haben, ist § 166 Abs. 1 BGB entsprechend anzuwenden[946]. Maßgeblicher Zeitpunkt für die **Bösgläubigkeit** ist entsprechend dem Wortlaut des § 990 Abs. 1 BGB der Zeitpunkt des Erwerbs des Besitzes an der Scheckurkunde[947]. Dabei kommt es aber auch auf das Wissen des

4.617

---

936 *Nobbe* in Bankrechts-Handbuch, § 61 Rn 152.
937 BGH WM 1997, 1092, 1093; OLG Celle WM 1991, 1412, 1414.
938 *Palandt/Heinrichs*, § 166 Rn 8; *Baumbach/Hefermehl*, Art. 21 ScheckG Rn 9a.
939 BGH WM 1997, 1092, 1093; *Baumbach/Hefermehl*, ScheckG Art. 21 Rn 9a.
940 *Nobbe* in Bankrechts-Handbuch, § 61 Rn 147.
941 BGH WM 1997, 1092, 1093.
942 OLG Karlsruhe WM 1995, 378, 379; KG WM 1995, 241, 243; *Baumbach/Hefermehl*, Art. 21 ScheckG Rn 9a.
943 BGH WM 1992, 1849.
944 *Baumbach/Hefermehl*, Art. 21 Rn 19.
945 BGH WM 1993, 541, 542.
946 BGH WM 1992, 792, 793; *Nobbe* in Bankrechts-Handbuch, § 61 Rn 146.
947 BGH WM 1993, 541, 542.

Angestellten an, dem der Scheck zur Prüfung und weiteren Bearbeitung zugeleitet worden ist. Denn die hierfür entscheidende Endgültigkeit des Willens zum Besitzerwerb ist erst eingetreten, wenn der zuständige Mitarbeiter den Scheck geprüft und den Inkassoauftrag angenommen hat[948].

4.618 Für die Bösgläubigkeit der bezogenen Bank ist der Zeitpunkt der Einlösung maßgeblich. Dies ist in den zwischen der bezogenen Bank und dem Scheckaussteller vereinbarten Scheckbedingungen ausdrücklich klargestellt (Nr. 3 Abs. 2 Scheckbedingungen 1995). Erst mit dieser Einlösung bringt die Bank den nach § 990 Abs. 1 BGB erforderlichen Besitzerwerbswillen zum Ausdruck. Erfolgt die Einlösung durch eine Belastung auf dem Girokonto des Scheckausstellers, dürfte der maßgebliche Zeitpunkt die Prüfung des Schecks, nicht aber das Wirksamwerden dieser Belastungsbuchung nach der zweitägigen „Stornierungs"frist der Nr. 9 Abs. 2 S. 1 AGB Banken sein.

2. Bösgläubigkeit der Bank

4.619 Die Bank kann sich bei der Hereinnahme oder der Einlösung eines Inhaberschecks grundsätzlich auf die (materielle) Berechtigung des Einreichers verlassen. Der Besitz der Scheckurkunde begründet nach wertpapierrechtlichen Grundsätzen eine widerlegliche Vermutung für die materielle Berechtigung (sog. **formelle Legitimation**)[949].

4.620 Bei einem auf den Namen lautenden (Order-)Scheck stellt dagegen der bloße Besitz noch keine Vermutung für die sachliche Berechtigung des Inhabers dar. Hinzu kommen muß, daß der Scheckinhaber sein Recht durch eine ununterbrochene Reihe von Indossamenten nachweist, wobei das letzte ein Blankoindossament sein kann (Art. 19 ScheckG)[950]. Die Pflicht zur Prüfung der Ordnungsmäßigkeit dieser Indossamentenkette gemäß Art. 35 ScheckG ist in dem „Abkommen zur Vereinfachung des Einzuges von Orderschecks" (Nr. 3) auf die erste Inkassostelle verlagert worden. Dies ist jedoch im Verhältnis zwischen Scheckaussteller und bezogener Bank unerheblich[951].

4.621 Nach der Rechtsprechung brauchen die Kreditinstitute grundsätzlich nicht zu prüfen, ob der durch den Urkundenbesitz formell legitimierte Einreicher auch sachlich berechtigt ist[952]. Die Inkassobank handelt bei

---

948 BGH WM 1993, 541, 542.
949 *Baumbach/Hefermehl*, Art. 19 ScheckG Rn 1 i.V.m. Art. 21 ScheckG Rn 2, 4; *Zöllner*, Wertpapierrecht, 14. Aufl., § 4 II.
950 *Baumbach/Hefermehl*, Art. 19 ScheckG Rn 1.
951 BGH WM 1995, 2135, 2137.
952 BGH WM 1988, 147, 148; 1296, 1297. Zur erhöhten Prüfpflicht bei der Diskontierung eines Verrechnungsschecks vgl. BGH WM 1995, 1950, 1951.

der Hereinnahme eines Schecks bzw. die bezogene Bank bei der Einlösung grob fahrlässig, wenn die hiermit befaßten Mitarbeiter die im bankkaufmännischen Verkehr erforderliche Sorgfalt nach den gesamten Umständen des Einzelfalls in ungewöhnlich hohem Maße verletzt haben und das unbeachtet lassen, was jedem Bankangestellten hätte einleuchten müssen. Dies ist der Fall, wenn die im Zeitpunkt des Scheckerwerbs bekannten Umstände so ungewöhnlich und verdächtig erscheinen, daß die Bank sich bei einfachster Überlegung einer Erkundigungspflicht nicht entziehen kann, ohne sich nach der verständigen Auffassung der beteiligten Handelskreise dem Vorwurf eines leichtfertigen Verhaltens auszusetzen[953]. Bei der groben Fahrlässigkeit handelt es sich um eine auch subjektiv schlechthin unentschuldbare Pflichtverletzung, die das gewöhnliche Maß der Fahrlässigkeit des § 276 Abs. 1 BGB erheblich übersteigt[954]. Dabei ist der massenhafte Empfang der Schecks und der auf schnelle Abwicklung ausgerichtete Massenverkehr zu berücksichtigen, der die Prüfungsmöglichkeiten der Bank erheblich einschränkt[955].

Eine solche gesteigerte Prüfungspflicht der Bank besteht erst dann, wenn ganz besondere Umstände nach der Lebenserfahrung den Verdacht der fehlenden Scheckberechtigung ergeben[956]. Ob ein solcher Sachverhalt vorliegt, ist im wesentlichen eine Frage der **tatrichterlichen Würdigung,** die auf einer Gesamtschau aller entscheidungserheblichen Umstände zu beruhen hat[957]. Die eine **Prüfungspflicht** gemäß Art. 21 ScheckG begründenden Verdachtsumstände können sich insbesondere aus der Scheckurkunde selbst, aus der Person des Einreichers, aus der Ungewöhnlichkeit des Geschäfts und seiner Begleitumstände sowie aus sonstigen Auffälligkeiten im konkreten Sachverhalt ergeben[958].

4.622

Eine **ungewöhnlich hohe Schecksumme,** etwa über DM 100 000 ist nach dem BGH allein betrachtet noch kein ausreichender Verdacht, der die Bank zur Überprüfung der sachlichen Berechtigung des Einreichers verpflichten könnte. Ein solcher Betrag kann jedoch, wenn er zu den der

4.623

---

953 *Baumbach/Hefermehl*, Art. 21 ScheckG Rn 4, 9.
954 BGH WM 1992, 1849, 1994, 1203, 1204. Vgl. ferner OLG Celle WM 1993, 101 zur sorgfaltswidrigen Einlösung eines gefälschten Barschecks durch eine nicht kontoführende Filiale.
955 OLG Düsseldorf WM 1995, 524, 525; *Baumbach/Hefermehl*, Art. 21 ScheckG Rn 8.
956 BGH WM 1988, 1296, 1297; 1993, 736; OLG München WM 1998, 2101.
957 *Nobbe* in Bankrechts-Handbuch, § 61 Rn 142.
958 *Nobbe* in Bankrechts-Handbuch, § 61 Rn 160; *Baumbach/Hefermehl*, Art. 21 ScheckG Rn 8. Zur grob fahrlässigen Hereinnahme eines kaufmännischen Schecks auf das Konto eines Minderjährigen vgl. OLG Celle WM 1995, 1912.

Bank bekannten Verhältnissen des Einreichers in keiner Weise paßt, als ein Umstand berücksichtigt werden, der mit weiteren Begleitumständen den Verdacht nahelegt, daß der Scheck abhanden gekommen sein könnte[959].

4.624 Auch die Verschiedenheit von Einreicher und erstem Schecknehmer (**Disparität**) ist nach ständiger BGH-Rechtsprechung für sich genommen regelmäßig kein verdachtsbegründendes Moment, das eine Prüfungspflicht der Bank gemäß Art. 21 ScheckG begründen könnte[960]. Diese Rechtsprechung beruht auf der Erfahrung, jedenfalls im kaufmännischen Verkehr sei es nicht ungewöhnlich, daß der erste Schecknehmer den Scheck nicht sogleich zum Einzug einreicht, sondern ihn zahlungshalber weitergibt[961]. Diese Annahme ist neuerdings als unzutreffend bezeichnet worden[962]. Wäre diese Kritik im Schrifttum[963] begründet, so könnte der bisherigen Beurteilung der Fahrlässigkeit bei der Hereinnahme sog. disparischer Schecks der Boden entzogen sein. Sodann müßte die Verfügungsberechtigung durch Rückfrage beim Scheckbegünstigten oder beim Scheckaussteller intensiver als bisher geprüft werden, um den Vorwurf einer grob fahrlässigen Hereinnahme des Schecks zu vermeiden[964]. Die bekannt gewordene Meinungsumfrage der Industrie- und Handelskammern Karlsruhe und Stuttgart zu der Frage, ob die Weitergabe von Inhaberschecks zahlungshalber im kaufmännischen Verkehr nicht mehr üblich ist, ist nach dem BGH aber keine geeignete Grundlage für die Beurteilung der allein maßgeblichen tatsächlichen Praxis[965].

4.625 Die Disparität kann jedoch im Einzelfall durchaus ein für die Prüfungspflicht gemäß Art. 21 ScheckG ausreichendes **Verdachtsmoment** sein. So handelt die Inkassobank grob fahrlässig, wenn ein Inhaberverrechnungsscheck aus kaufmännischem Verkehr, als dessen Scheckbegünstigter der Arbeitgeber des Einreichers bezeichnet ist, zum Inkasso über ein privates Girokonto eingereicht wird[966].

---

[959] BGH WM 1993, 736; *Nobbe* in Bankrechts-Handbuch, § 61 Rn 169.
[960] BGH WM 1993, 736, 737.
[961] BGH WM 1993, 736, 737.
[962] Vgl. BGH WM 1996, 248, 249; 1997, 2395; vgl. weiter LG Frankfurt WM 1998, 2102; LG Leipzig WM 1998, 2105.
[963] *Aden*, NJW 1994, 413, 416.
[964] BGH WM 1996, 248, 249; *Nobbe* in Bankrechts-Handbuch, § 61 Rn 171. Zu den Bedenken der Rückwirkung einer geänderten BGH-Rechtsprechung aus der Sicht des rechtsstaatlichen Prinzips der Rechtssicherheit vgl. OLG Düsseldorf NJW-RR 1997, 496, 497. Vgl. weiter *Bülow*, NJW 1997, 10 ff.
[965] BGH WM 1997, 2395, 2396.
[966] BGH WM 1997, 2395; 1092, 1093.

3. Mitverschulden des Scheckberechtigten (§ 254 BGB)

Ein Mitverschulden von Hilfspersonen muß sich der geschädigte Scheckberechtigte gemäß § 278 BGB anrechnen lassen. Ein Entlastungsbeweis gemäß § 831 BGB wird regelmäßig ausgeschlossen sein. Ist die Inkassobank bei der Hereinnahme des Schecks bösgläubig, wird ein Eigentümer-Besitzer-Verhältnis (§§ 985 ff BGB) und damit eine rechtliche Sonderverbindung begründet, auf die § 278 BGB entsprechend anwendbar ist[967]. Ein solches Mitverschulden liegt in der fehlenden organisatorischen und personellen Trennung von Buchhaltung und Scheckeinzug[968]. Auch muß der Geschädigte den Scheck sofort sperren lassen, wenn der Verdacht besteht, daß er in falsche Hände geraten ist[969].

4.626

---

[967] BGH NJW 1979, 973; KG WM 1995, 241; 245.
[968] OLG Celle WM 1995, 1913; *Nobbe* in Bankrechts-Handbuch, § 61 Rn 213 m.w.Nachw.
[969] BGH WM 1993, 541, 544; *Baumbach/Hefermehl*, Art. 21 ScheckG Rn 7.

6. Abschnitt
Automation des konventionellen Zahlungsverkehrs

4.627 Die zunehmende Automatisierung des Bankgeschäfts erfaßt insbesondere den konventionellen Zahlungsverkehr, zu dem die Banküberweisung sowie das Inkasso von Lastschriften und Schecks gehören. Hierzu sind unter Mitwirkung der Spitzenverbände der Kreditwirtschaft und der Bundesbank Abwicklungsverfahren entwickelt worden, bei denen die elektronische Technik genutzt werden kann, um die massenhaft anfallenden Geschäftsvorgänge bewältigen zu können. Auch bei der Ausführung der Inkassoaufträge für Lastschriften und Schecks dominiert die **beleglose Abwicklung** der Zahlungsvorgänge, wie sie für die zwischenzeitlich neu geschaffenen Zahlungsverkehrsmedien typisch sind. Bei diesem Abwicklungsverfahren handelt es sich um den **Datenträgeraustausch** und die **Datenfernübertragung**.

4.628 Es verbleibt aber noch ein erhebliches Auftragsvolumen, das in der herkömmlichen Belegform erteilt wird. Dabei werden von den Bankkunden noch die banküblichen Vordrucke für Banküberweisungen und Lastschrift-Inkassoaufträge verwendet. Zu diesen vom Bankkunden beleghaft erteilten Aufträgen gehört auch die Einreichung von Schecks zum Inkasso zwecks Gutschrift der Schecksumme auf seinem Girokonto. Die Spitzenverbände der Kreditwirtschaft und der Bundesbank haben zwischenzeitlich Verfahren entwickelt, um diese beleghaft erteilten Kundenaufträge zumindest im zwischenbetrieblichen Bankenverkehr beleglos abwickeln zu können. Zu diesem Zweck sind drei Abkommen geschlossen worden. Hierbei handelt es sich um das „Abkommen über die Umwandlung beleghaft erteilter Überweisungsaufträge in Datensätze und deren Bearbeitung" (EZÜ-Abkommen), das „Abkommen über die Umwandlung beleghaft erteilter Lastschriftaufträge in Datensätze und deren Bearbeitung" (EZL-Abkommen) und das „Abkommen über das beleglose Scheckeinzugsverfahren" (BSE-Abkommen) – Rn 4.599 ff.[970].

4.629 Die Vollendung des Binnenmarktes der Europäischen Union läßt erwarten, daß die Praxis ihre Bemühungen um Verbesserungen des Zahlungsverkehrs innerhalb der Union intensivieren wird. Es bedarf der Schaffung neuer Strukturen für die bargeldlosen grenzüberschreitenden Zahlungs-

---

[970] Abgedruckt in *Gutschmidt*, Zahlungsverkehr (Richtlinien, Abkommen, Bedingungen), Loseblattsammlung.

ströme. Hierfür bietet sich insbesondere die **Vernetzung nationaler Clearingsysteme** an[971].

Als rechtliche Grundlage des bargeldlosen Datenträgeraustausches im Interbankenverhältnis wurde im Jahre 1976 zwischen den Spitzenverbänden der Kreditwirtschaft die „Vereinbarung über die Richtlinien für den beleglosen Datenträgeraustausch" (Magnetband-Clearing-Verfahren) geschlossen. Diese Vereinbarung wurde im Jahre 1998 unter Teilnahme der Deutschen Bundesbank durch die „Vereinbarung über den Datenaustausch in der zwischenbetrieblichen Abwicklung des Inlandszahlungsverkehrs" (Clearing-Abkommen) ersetzt. Hiernach verpflichten sich die Kreditinstitute, Zahlungsverkehrsaufträge des Inlandszahlungsverkehrs in der zwischenbetrieblichen Abwicklung beleglos mittels Datenfernübertragung (DFÜ) oder Datenträger nach Maßgabe dieser Vereinbarung zu übermitteln, sofern in dem Abkommen über den Einzug von Schecks nichts anderes geregelt ist. Für die einzelnen Zahlungsverkehrsarten sind daneben die Regelungen des Überweisungsabkommens, des Lastschriftabkommens und der Abkommen zum Scheckverkehr zu beachten.

4.630

I. Datenträgeraustausch

Zur Rationalisierung des Zahlungsverkehrs nehmen die Kreditinstitute von hierzu zugelassenen Kunden auch Datenträger in Gestalt von Magnetbändern, Disketten und Kassetten entgegen (sog. Magnetband[Disketten/Kassetten]-Clearing-Verfahren)[972]. Hierbei handelt es sich um der Bank erteilte Ausführungsaufträge für Überweisungen und Lastschriften. Zu einem solchen Datenträgeraustausch kommt es auch, wenn die Bank dem Kunden Datenträger mit eingegangenen Buchgeldzahlungen aushändigt.

4.631

Jedem Datenträger ist ein Auftrag in Form eines besonderen Begleitzettels beizufügen, der bestimmte Mindestangaben enthalten muß und die Funktion eines Sammelüberweisungs- oder -einziehungsauftrages über die Gesamtsumme aller Überweisungen bzw. Lastschriften hat. Der Kunde hat die Kontonummer des Empfängers bzw. Zahlungspflichtigen und die Bankleitzahl des endbegünstigten Kreditinstuts bzw. der Zahlstelle zutreffend anzugeben. Die in die Abwicklung des Zahlungsauftrages eingeschalteten Kreditinstitute sind berechtigt, die Bearbeitung ausschließlich anhand dieser numerischen Angaben vorzunehmen. Fehlerhafte Angaben

4.632

---

971 *Terrahe*, WM 1993, 834.
972 *Canaris*, Bankvertragsrecht³, Rn 526 ff. mit Abdruck der einschlägigen AGB und Richtlinien.

können Fehlleitungen des Zahlungsauftrages zur Folge haben. Schäden und Nachteile, die hieraus entstehen, gehen zu Lasten des Kunden.

4.633 Bei der Auslieferung des Datenträgers werden die darauf enthaltenen Belastungen bzw. Gutschriften unter Verzicht auf Einzelbelege in Form einer **Sammelbuchung** auf das Konto des Kunden gebucht. Die Einzelheiten des Rechtsverhältnisses zwischen Kunde und Bank werden in besonderen Geschäftsbedingungen geregelt (Bedingungen für die Beteiligung von Kunden am automatisierten Zahlungsverkehr durch beleglosen Datenträgeraustausch „mittels Magnetbändern/mittels Disketten")[973].

II. Datenfernübertragung

4.634 Der ständig zunehmende Einsatz von PC hat dazu geführt, daß Firmenkunden zunehmend eine Datenkommunikation im Wege der Datenfernübertragung (DFÜ) wünschen. Insbesondere Zahlungsverkehrsaufträge können auf diesem Wege ohne Datenträger übermittelt werden. Hierzu wird durch den sog. Scanner ein Abbild des Überweisungsträgers (sog. Image) hergestellt.

4.635 Die Spitzenverbände des Kreditgewerbes und die Deutsche Bundespost haben daher gemeinsam ein Verfahren entwickelt, das der Kundschaft die Datenfernübertragung von Zahlungsverkehrsaufträgen an die jeweilige Hausbank unter Einsatz eines Personal-Computers ermöglicht (**Zahlungsverkehr-Datenfernübertragung – ZV-DFÜ**). Dieses Verfahren kann auch für die elektronische Übermittlung von Kontoauszugsdaten an den Kontoinhaber genutzt werden. Im Verhältnis des Kunden zu seiner kontoführenden Bank gelten die „**Bedingungen für Datenfernübertragung**" (DFÜ).

III. Überleitung belegbegleiteter Überweisungs- und Lastschrifteinzugsaufträge in die beleglose Zahlungsverkehrsabwicklung[974]

4.636 Mit dem EZÜ-Abkommen[975] vom April 1984 und dem EZL-Abkommen[976] vom Oktober 1987 ist es den Kreditinstituten möglich, fast alle

---

973 Nach dem OLG Köln (WM 1989, 93, 94) handelt es sich auch bei den „Richtlinien für den beleglosen Datenträgeraustausch" um AGB, soweit sie Bestandteil des Girovertrages zwischen Bankkunde und kontoführender Bank sind.
974 *Reiser*, WM 1990, 745.
975 Abgedruckt in WM 1990, 786.
976 Abgedruckt in WM 1990, 787.

beleghaft erteilten Überweisungs- und Lastschrift-Inkassoaufträge in die beleglose Abwicklung des Zahlungsverkehrs einzubeziehen[977]. Das vom Kunden eingereichte Datenmaterial wird entweder durch ein Schriftenlesesystem oder durch manuelle Datenerfassung über Terminals auf EDV-Medien erfaßt und im Abrechnungsverkehr zwischen den Kreditinstituten beleglos abgewickelt[978]. Nach den beiden Zahlungsverkehrsabkommen steht es jedem in dem bargeldlosen Zahlungsvorgang eingeschalteten Kreditinstitut frei, das beleghaft überlassene Material in **beleglose Datensätze** überzuleiten[979].

Mit diesen beiden Zahlungsverkehrsabkommen ist die beleglose Abwicklung solcher beleghaft erteilten Kundenaufträge rechtlich auf ein gesichertes Fundament gestellt worden. Insbesondere ist die Zuordnung und Verteilung der Haftungsrisiken der beteiligten Banken geregelt (vgl. Nr. 3 des EZÜ-Abkommens und des EZL-Abkommens)[980]. 4.637

Diese Zahlungsverkehrsabkommen bilden die vertragliche Grundlage für das technische Abwicklungsverfahren im zwischenbetrieblichen Bankenverkehr. In der Vertragsbeziehung zwischen dem Kunden und seiner beauftragten Bank sind diese Abkommen freilich grundsätzlich unbeachtlich[981]. 4.638

1. EZÜ-Abkommen[982]

Bei der manuell oder durch das Schriftenlesesystem erfolgenden Erfassung der Daten können Fehler nicht völlig ausgeschlossen werden. Das 4.639

---

977 Ausgenommen hiervon sind die in dem Abkommen genannten seltenen Fälle wie z.B. Aufträge, in denen sehr lange Verwendungszweckangaben gemacht worden sind (Nr. 1 (3) bzw. (2) des EZÜ- und EZL-Abkommen).
978 Die von den eingereichten Belegen übernommenen Daten werden derzeit noch ganz überwiegend auf Datenträger übernommen (Magnetband-Clearing-Verfahren), die dann weitergeleitet werden. In seltenen Fällen erfolgt aber auch schon der Datentransport rein elektronisch über die Leitungsnetze der Telekom.
979 Die mit der Erfassung der Belegdaten und der Umwandlung in Datensätze verbundenen Aufwendungen lohnen sich freilich am meisten, wenn die Umwandlung der Kundenaufträge regelmäßig von dem erstbeauftragten Kreditinstitut vorgenommen wird.
980 *Reiser*, WM 1990, 745, 746, 748; *Gößmann* in Bankrechts-Handbuch, § 53 Rn 4 ff.
981 *Reiser*, WM 1990, 745, 746.
982 Abgedruckt in WM 1990, 786. Dieses Abkommen ist zwischenzeitlich in das Abkommen zum Überweisungsverkehr integriert worden, dessen Wortlaut in

EZÜ-Abkommen (Nr. 3) enthält daher eine Regelung über die Haftung der am Zahlungsvorgang beteiligten Kreditinstitute. Diese **Risikoverteilung** orientiert sich an der Rechtsprechung zur Haftung der Kreditinstitute für Fehlbuchungen aufgrund widersprüchlicher Angaben über den Überweisungsempfänger (Buchgeldempfänger)[983].

4.640 Nach der **BGH**-Rechtsprechung ist im beleghaften Zahlungsverkehr nicht die angegebene Kontonummer, sondern der Name des im Auftrag genannten Zahlungsempfängers maßgeblich[984]. Das kontoführende Kreditinstitut des Überweisungsbegünstigten prüft daher manuell die im beleghaften Auftrag angegebene Kontonummer und die in Klarschrift angegebene Bezeichnung des Kontoinhabers gemäß der angegebenen Kontonummer auf Übereinstimmung (sog. Kontonummer/Namensvergleich, auch Kontoanrufsprüfung genannt), um Haftungsrisiken zu vermeiden. Bei nicht ordnungsgemäßer Gutschrift des Überweisungsbetrages hat das kontoführende Kreditinstitut des Überweisungsbegünstigten den zur Durchführung des Auftrages erhaltenen Vorschuß (§ 669 BGB) wieder herauszugeben (§ 667 BGB) und gegebenenfalls einen aus der unrichtigen Auftragsausführung entstandenen Schaden aus positiver Forderungsverletzung zu erstatten[985].

4.641 Im Interesse eines gerechten Ausgleichs der aus der Datenerfassung resultierenden Haftungsrisiken ist im EZÜ-Verfahren die Haftung zwischen dem schadensverursachenden Kreditinstitut und dem zum Kontonummer/Namensvergleich verpflichteten Kreditinstitut des Überweisungsbegünstigten nach Maßgabe der denkbaren Fehlerquellen verschieden aufgeteilt. Grundgedanke war dabei, daß der durch das beleglose Überweisungsverfahren erzielte Rationalisierungserfolg vor allem beim kontoführenden Kreditinstitut des Überweisungsbegünstigten zu Buche schlägt[986].

Schimansky/Bunte/Lwowski, Bankrechts-Handbuch, Anh. 6 zu §§ 52–55 abgedruckt ist. Zur Rechtsnatur der in der Nr. 3 Abs. 1 dieses neuen Abkommens vorgesehenen Rückfrage der Empfängerbank bei der erstbeauftragten Bank vgl. OLG Düsseldorf WM 1999, 1363, 1364.
983 *Reiser*, WM 1990, 745, 746.
984 BGH WM 1991, 1452, 1458; 1912, 1913. Dagegen ist die Frage, ob die Bezeichnung des Kontoinhabers oder die angegebene Kontonummer maßgeblich ist, für den beleglosen Überweisungsverkehr mittels Datenträgeraustausch oder auf elektronischem Wege nach wie vor nicht abschließend geklärt (ausdrücklich offenlassend BGH WM 1983, 834). Dagegen haben das OLG Hamm (WM 1979, 339, 341) und das OLG Köln (WM 1989, 93, 94 f.; 1990, 1963, 1964) die Ansicht vertreten, daß im beleglosen Verfahren die Maßgeblichkeit der Kontonummer mit dem Kunden wirksam vereinbart werden kann.
985 *Canaris*, Bankvertragsrecht³, Rn 347.
986 *Reiser*, WM 1990, 745, 746.

Zur weiteren Rationalisierung der **Abwicklung papiergebundener Überweisungsaufträge** haben die Spitzenverbände der Kreditwirtschaft und die Bundesbank das Anfang 1993 in Kraft getretene „Abkommen über die Umwandlung beleghafter Überweisungen (Gutschriftsträger) mit prüfziffergesicherten Verwendungszweckangaben in Datensätze mittels Codierzeilenlesung und deren weitere Bearbeitung" (BZÜ-Abkommen) geschlossen. Im BZÜ werden wie im EZÜ die Daten der Codierzeile auf EDV-Medien erfaßt und im Verrechnungsverkehr zwischen den Kreditinstituten beleglos weitergeleitet (sog. Magnetband-Clearing-Verfahren). Hierdurch soll der Anteil beleglos weitergeleiteter Zahlungen zum Vorteil des Zahlungsempfängers und des Kreditgewerbes weiter gesteigert werden. Firmen und öffentliche Kassen, die in größerem Umfang Zahlungseingänge zu empfangen haben, können für das BZÜ-Verfahren standardisierte neutrale Übeweisungs- oder Zahlscheinvordrucke mit „prüfziffergesicherten" Zuordnungsdaten an ihre zahlungspflichtigen Kunden ausgeben. Das erstbeteiligte Kreditinstitut hat aufgrund einer speziellen Textschlüsselkennzeichnung vor Überführung der jeweiligen Zahlung in das BZÜ-Verfahren eine Prüfzifferkontrolle der im Mehrzweckfeld der Codierzeile enthaltenen Daten nach dem vorgegebenen Verfahren durchzuführen. Für den Zahlungsempfänger ergibt sich der Vorteil, den einzelnen Zahlungsvorgang nach den von ihm selbst vorgegebenen internen Daten einwandfrei zuordnen zu können. Zwischen dem vordrucksausgebenden Zahlungsempfänger und seinem Kreditinstitut werden die im Kreditgewerbe vereinheitlichten „Sonderbedingungen für die Herstellung und Ausgabe neutraler Überweisungs-/Zahlscheinvordrucke mit prüfziffergesicherten Zuordnungsdaten" vereinbart. Hiernach haftet der Zahlungsempfänger gegenüber seinem kontoführenden Kreditinstitut und den vorgeschalteten Kreditinstituten für die Richtigkeit der von ihm vorgenommenen Beschriftung und Codierung von Kontonummer und Bankleitzahl.

4.642

2. EZL-Abkommen[987]

Auch das Zahlungsverkehrsabkommen für das Lastschriftinkasso enthält eine Haftungsregelung (Nr. 3 EZL-Abkommen). Im Unterschied zum Überweisungsverkehr ist aber beim Lastschriftverfahren die Gefahr eines Geldverlustes wesentlich geringer. Denn bei Banküberweisungen ist es bei einer irrtümlichen Gutschriftserteilung nicht in jedem Falle möglich,

4.643

---

[987] Abgedruckt in WM 1990, 787. Dieses Abkommen ist zwischenzeitlich in das Abkommen zum Überweisungsverkehr integriert worden. Wegen des Wortlauts vgl. *Schimansky/Bunte/Lwowski*, Bankrechts-Handbuch, Anh. 6 zu §§ 52–55.

das Geld vom Kontoinhaber zurückzubekommen; zumindest sind hiermit erhebliche Mühen und Kosten verbunden. Beim Lastschriftverfahren besteht insoweit eine wesentlich andere Ausgangssituation. Hier kann der zu Unrecht belastete Kunde die Kontobelastung beanstanden und unverzüglich valutagerechte Wiedergutschrift verlangen.

7. Abschnitt
Kontobezogenes Online-Banking[988] und Homebanking

Das Online-Banking eröffnet dem Bankkunden die Möglichkeit, mit seiner Bank in einen direkten elektronischen Dialog zu treten, um die von ihr angebotenen Dienstleistungen in Anspruch zu nehmen. Im Unterschied zum ec-Geldautomatensystem und dem electronic cash-System handelt es sich beim Online-Banking aber um **kein kartengesteuertes Verfahren**. Auch beschränkt sich beim Online-Banking der geschäftliche Kontakt des Kunden auf seine Bank. Bei der Inanspruchnahme dieser Dienstleistungen wird also kein anderes Kreditinstitut eingeschaltet, wie dies insbesondere bei der Benutzung des ec-Geldautomaten eines anderen Kreditinstitutes der Fall ist. Eine Parallele zum Online-Banking ergibt sich insoweit nur bei der Benutzung des bankeigenen Geldautomaten. Während für die Barabhebung am bankeigenen Geldautomaten mit ec-Karte oder Kundenkarte bereits die Persönliche Geheimzahl (PIN) genügt, bedarf es bei der Abwicklung von Bankgeschäften mittels Online-Banking neben der PIN jeweils noch einer Transaktionsnummer (TAN).

4.644

Der Bankkunde kann die technische Verbindung zum Online-Banking-Angebot der Bank nur über den Zugangskanal herstellen, den ihm die Bank mitgeteilt hat. Zunächst diente hierfür das sog. Bildschirmtext(Btx)-Verfahren. Hier werden die Aufträge und Weisungen des Kunden in den PC des Kunden eingegeben und durch einen Decoder auf dem Bildschirm sichtbar gemacht. Sodann erfolgt mittels eines Modems die Dateneingabe in das Telefonnetz der Telekom (T-Online), mit dem die Daten unmittelbar an den Zentralrechner der Bank weitergeleitet werden können. Neben dieses T-Online-Verfahren ist mittlerweile das Homebanking Computer Interface (HBCI)-Verfahren (Rn 4.670) getreten.

4.645

Das Btx/T-Online-Verfahren wie auch das HBCI-Verfahren gehören zum „**Direktbanking**". Mit diesem unscharfen Begriff sind solche bankmäßi-

4.646

---

[988] Für das Online-Banking in Gestalt des Btx-Verfahrens vgl. *Canaris*, Bankvertragsrecht³, Rn 527ee ff.; *G. Schneider*, Die Geschäftsbeziehungen der Banken mit ihren Kunden auf dem Wege des Bildschirmtextes, 1990; *Gößmann* in Bankrechts-Handbuch, § 55; *Hellner*, FS Werner, 1984, S. 251, 258 ff.; *Birkelbach*, Onlinebanking-Bankgeschäfte rund um die Uhr, Bank-Verlag, Köln 1998; *Lange*, Internet Banking, 1998; *Zietsch*, Die Haftung im Telefon-Banking-Verkehr, 1998.

gen Geschäftsverbindungen gemeint, bei denen die Kommunikation zwischen dem Bankkunden und seinem Kreditinstitut nicht mehr persönlich am Bankschalter erfolgt. Für die Kundenaufträge werden vielmehr Telefon, Telefax oder die modernen Teledienste benutzt. Nach dem „Gesetz zur Regelung der Rahmenbedingungen für Informations- und Kommunikationsdienste" – **Informations- und Kommunikationsdienste-Gesetz** (IuKDG) vom 22. 7. 1997[989] handelt es sich bei den Telediensten um elektronische Informations- und Kommunikationsdienste, die für eine individuelle Nutzung von kombinierbaren Daten wie Zeichen, Bilder oder Töne bestimmt sind und denen eine Übermittlung mittels Telekommunikation zugrunde liegt. Solche Teledienste sind nach dem IuKDG (§ 2 Abs. 1 Nr. 1) vor allem Angebote im Bereich der Individualkommunikation[990].

4.647 Bei dem IuKDG handelt es sich um ein sog. Artikelgesetz. Während Art. 1 des Gesetzes allgemeine Fragen zu den Telediensten regelt (sog. Teledienstegesetz), wird mit Art. 3 eine bundeseinheitliche Sicherungsinfrastruktur für digitale (elektronische) Signaturen geschaffen (sog. **Signaturgesetz**)[991]. Die digitale Signatur ist ein Verfahren, mit dem über Verschlüsselung und Entschlüsselung die Authentizität und Unversehrtheit elektronischer Dokumente nachgewiesen wird. Bei diesem Verfahren wird der signierenden Person ein Schlüsselpaar zur Verfügung gestellt. Während der eine Schlüssel geheim ist und nur dem Inhaber zur Verfügung steht (geheimer Schlüssel), ist der andere Schlüssel öffentlich zugänglich. Dieser öffentliche Schlüssel dient dem Erklärungsempfänger dazu, elektronisch übermittelte Erklärungen des Schlüsselinhabers auf Authentizität und Unversehrtheit zu überprüfen. Die geheimen und öffentlichen Schlüssel werden von „vertrauenswürdigen Stellen" vergeben. Diese Funktion weist das Signaturgesetz (§§ 4, 5) privatwirtschaftlich betriebenen Zertifizierungsstellen zu, die der Genehmigung durch die Regulierungsbehörde nach § 66 Telekommunikationsgesetz bedürfen[992].

4.648 Die Europäische Kommission hat am 13. 5. 1998 einen „Vorschlag für eine Richtlinie des Europäischen Parlamentes und des Rates über gemeinsame Rahmenbedingungen für elektronische Signaturen" veröffentlicht. Die Aufstellung **einheitlicher Rahmenbedingungen** für elektronische (digitale) Signaturen in den EU-Mitgliedstaaten fördert langfristig die Inte-

---

989 BGBl. I 1997, S. 1870 ff.; BT-Drucksache 13/7385 und 13/7934; BR-Drucksache 996/96.
990 *von Rottenburg*, WM 1997, 2381, 2384.
991 *Malzer*, DNotZ 1998, 96 ff.
992 *Haas*, Zur Haftung der Zertifizierungsstellen nach dem Signaturgesetz gegenüber Dritten, FS Heinrichs, 1998, S. 261 ff. Zu den Aufgaben der Zertifizierungsstellen vgl. *Mertes/Zeuner* in Hoeren/Sieber (Hrsg.), Handbuch Multimedia Recht, 1999, 13.3 Rn 34 ff., 44 ff.; *Mertes* in Glade/Reimer/Struif (Hrsg.), Digitale Signatur u. Sicherheitssensitive Anwendungen, S. 156 ff.

grität und Authentizität des grenzüberschreitenden elektronischen Geschäftsverkehrs.

Das **Teledienstegesetz** erwähnt bei den von ihm erfaßten elektronischen Angeboten vor allem das sog. **Telebanking** (§ 2 Abs. 2 Nr. 1 IuKDG), ohne daß dieser Begriff im Gesetz oder in den Gesetzesmaterialien näher umschrieben wird. Unter diesen Begriff fallen insbesondere das „Homebanking" über offene Netze (Internet) sowie das „Online-Banking" über geschlossene Datennetze wie z.B. T-Online. Zum Telebanking gehört aber auch das Telefonbanking und das Telefaxbanking, soweit es zu einer unmittelbaren Kommunikation des Kunden mit dem Computer der Bank kommt (sog. Mensch-Maschine-Kommunikation). Nicht erfaßt wird eine Kommunikation, die sich ausschließlich in verkörperter Form, insbesondere durch Briefe oder Druckwerte, oder direkt zwischen Menschen, z.B. in einem Gespräch zwischen Kunde und Bankmitarbeitern am Bankschalter vollzieht. Der Begriff Telebanking erscheint deshalb präziser als der in der Praxis gebräuchlichere Begriff „Direktbanking".

4.649

Das Teledienstegesetz stellt Rahmenbedingungen für das Angebot und die Nutzung von „Telediensten" durch Sicherstellung der Zugangsfreiheit auf. Darüber hinaus sollen Regelungslücken im Verbraucherschutz geschlossen und Verantwortlichkeiten der Dienstanbieter klargestellt werden.

4.650

I. Einführung des Bildschirmtext(Btx)-Verfahrens 1984

Das Online-Banking im engeren Wortsinne wurde Mitte der 80er Jahre in Gestalt des Bildschirmtext(Btx)-Verfahrens eingeführt. Die Spitzenverbände des Kreditgewerbes und die Deutsche Bundespost haben hierzu ein „Abkommen über Bildschirmtext" abgeschlossen. Damit ist den angeschlossenen Kreditinstituten ein „Konzept für die Absicherung des Benutzerzugangs zur kontobezogenen Bildschirmtext-Anwendung (Btx-Sicherungskonzept)" verbindlich vorgeben worden.

4.651

Die Vertragspartner haben gleichzeitig „Muster-Bedingungen über die Nutzung von Bildschirmtext" erarbeitet. Diese Bedingungen sind den angeschlossenen Kreditinstituten als Vertragsgrundlage für die Rechtsbeziehungen zu ihren Kunden empfohlen worden[993]. Sie sind im Jahre 1997 neugefaßt worden. Hierbei ist diese Bezeichnung in „Bedingungen für die konto-/depotbezogene Nutzung des Online-Banking unter Verwendung

4.652

---

993 Beide Regelungswerke sind als Teil des „Abkommens über Bildschirmtext" abgedruckt in WM 1984, 1070.

von PIN und TAN", nachfolgend **"Online-Banking-Bedingungen"** gewählt worden.

4.653 Das Btx-System kann, wie es für das Online-Banking typisch ist, nur im unmittelbaren Kontakt zwischen der Bank und ihren Kunden genutzt werden. Gleichwohl erschien es vor Einführung des Btx-Systems schon im Interesse eines gemeinsamen Sicherheitsstandards geboten, weitgehend einheitliche Verfahrensabläufe zu schaffen. Im übrigen erhöht sich erfahrungsgemäß die Akzeptanz neuer Leistungsangebote bei der Kundschaft, wenn es bei allen Kreditinstituten in nahezu gleicher Weise in Anspruch genommen werden kann.

II. Institutsspezifisches Leistungsangebot der Kreditwirtschaft

4.654 Im Unterschied zu den kartengesteuerten Zahlungssystemen fehlt es im Online-Banking an einem einheitlichen Leistungsangebot der Kreditinstitute. Ganz überwiegend werden Dienstleistungen aus dem Girogeschäft angeboten, insbesondere die Erteilung von Überweisungs- und Daueraufträgen sowie Lastschriftabbuchungsaufträge, Bestellung von ec-Karten und eurocheque-Vordrucken sowie die Eröffnung weiterer Konten. Zu den sonstigen Leistungen gehören insbesondere die Bestellung von Reiseschecks und ausländischen Zahlungsmitteln (Sorten). Das Spektrum der Informationsangebote umfaßt die Abfrage des Guthabens und der Umsätze auf den Konten und Depots sowie von Wertpapier- und Devisenkursen.

4.655 Die Inanspruchnahme dieses Leistungsangebots setzt eine **besondere Absprache** zwischen Bank und Kunden voraus. Sie beinhaltet eine Vereinbarung über die Benutzbarkeit eines bestimmten Kommunikationsmediums für den Geschäftsverkehr mit der Bank. Wesentliche Voraussetzung hierfür ist die Zuverlässigkeit des Kunden, weil der Zugang zu dem Leistungsangebot bereits durch die Kenntnis der Kontonummer sowie der Persönlichen Identifikationsnummer (PIN) und einer Transaktionsnummer (TAN) möglich ist.

4.656 Soweit sich das Leistungsangebot auf das Girogeschäft bezieht, handelt es sich bei der Vereinbarung mit dem Kunden um eine Nebenabrede zu dem Girovertrag[994]. Sie begründet eine Reihe besonderer gegenseitiger Pflichten[995].

---

994 *Schneider*, Die Geschäftsbeziehungen der Banken mit ihren Kunden auf dem Wege des Bildschirmtextes, Bankrechtliche Sonderveröffentlichungen des Instituts für Bankwirtschaft und Bankkredit an der Universität zu Köln, 1990, S. 15.
995 *Schneider*, ebd., S. 31 ff.

III. Überprüfung der Verfügungsberechtigung des Nutzers

Die Btx-Anwendung im bankgeschäftlichen Verkehr erfolgt **beleglos**. Das Sicherungskonzept des Btx-Verfahrens legt deshalb besonderen Wert auf die **zweifelsfreie Identifizierung** des Nutzers[996]. Auch muß sichergestellt sein, daß bei Verfügungen, die im traditionellen bankmäßigen Geschäftsverkehr eine Unterschrift des Kunden als Sicherungsvorkehrung erfordern, Mißbrauchs- und Manipulationsmöglichkeiten weitgehend ausgeschaltet sind. Denn die Bank muß darauf achten, daß sie bei Ausführung Btx-mäßig erteilter Aufträge und sonstiger Weisung mit schuldbefreiender Wirkung leistet, damit sie hieraus einen wirksamen Aufwendungserstattungsanspruch (§ 670 BGB) erlangt. Das entwickelte Sicherungskonzept des Btx-Verfahrens ist der Kundenunterschrift, wie sie im traditionellen Geschäftsverkehr häufig als Kontrollmittel genutzt wird, in tatsächlicher und rechtlicher Hinsicht annähernd gleichwertig.

4.657

Jedem Kunden wird eine individuelle Zahl, die sog. persönliche Identifikationsnummer (PIN) zugeordnet. Die **PIN** werden so erstellt, daß auch die Mitarbeiter der ausgebenden Kreditinstitute sie nicht in Erfahrung bringen können. Der Kunde erhält die Merkmale deshalb in sog. Blinddruckbriefen, die in einer EDV-Anlage hergestellt werden. Der Kunde kann außerdem seine PIN jederzeit selbst ändern, ohne hierzu verpflichtet zu sein[997].

4.658

Die Kenntnis der PIN gewährt im übrigen auch nur die Möglichkeit, Kenntnis über den aktuellen Kontosaldo zu erlangen. Selbst bei Kenntnis der PIN ist ein Nichtberechtigter also nicht in der Lage, Verfügungen über das Kontoguthaben vorzunehmen. Denn **zusätzlich zur PIN** erhält der Kunde sog. Transaktionsnummern (**TAN**), mit der der einzelne Auftrag zuverlässig identifiziert werden kann. Es kann nicht ausgeschlossen werden, daß ein unberechtigter Dritter die PIN eines Kunden z.B. dadurch in Erfahrung bringt, daß er die im Btx-System notwendige Telefonverbindung abhört. Deshalb muß der Kunde bei Kontoverfügungen und sonstigen rechtsgeschäftlichen Erklärungen gegenüber seiner Bank jeweils zusätzlich eine Transaktionsnummer eingeben. Sie ist nur einmal verwendbar. Der Kunde erhält hierzu von seiner Bank einen Vorrat von solchen Transaktionsnummern, die ohne jeden logischen Zusammenhang ausgewählt werden und dem Kunden ebenfalls in einem Blinddruckbrief zuge-

4.659

---

996 *Gößmann* in Bankrechts-Handbuch, § 55 Rn 3.
997 Zur (zu verneinenden) Frage, ob auch eine Pflicht der Kunden zur regelmäßigen Änderung der PIN besteht, vgl. *Schneider*, Die Geschäftsbeziehungen der Banken mit ihren Kunden auf dem Wege des Bildschirmtextes, 1990, S. 60.

hen. TAN-pflichtige Aufträge und Weisungen des Kunden werden ohne Verwendung einer solchen Transaktionsnummer nicht ausgeführt.

4.660 Der Kunde hat nach den „Bedingungen für Online-Banking" (Nr. 8) dafür Sorge zu tragen, daß keine andere Person Kenntnis von der PIN und der TAN erlangt. Erfährt der Nutzer von einer solchen Kenntniserlangung, muß er die PIN unverzüglich ändern und die noch nicht verbrauchten TAN sperren. Sieht sich der Kunde hierzu außerstande, ist seine Bank unverzüglich zu informieren, damit der Zugang im Online-Banking gesperrt werden kann.

IV. Rechtliche Aspekte des Online-Banking[998]

4.661 Beim Online-Banking stellen sich eine Reihe von Rechtsfragen, die das Schrifttum bislang am Beispiel des Btx-Verfahrens als der in der Bankpraxis zuerst eingeführten Variante erörtert. Rechtlich gesehen sind z.B. Zahlungsaufträge im Online-Banking wie die Kundenaufträge einzustufen, die im Btx-Verfahren erteilt werden[999]. Bei diesem Verfahren stellen sich nach *Canaris* ganz ähnliche Probleme wie beim ec-Geldautomaten-System, wenn der Kunde seiner Bank nicht gehörende Geldautomaten benutzt[1000]. Es seien deshalb nahezu uneingeschränkt dieselben Lösungsansätze maßgeblich. Für die Bank besteht daher auch beim Btx-Verfahren kein Kontrahierungszwang gegenüber ihren Kunden. Die Kunden sind über die mit diesem Verfahren verbundenen Gefahren angemessen aufzuklären[1001].

Zu einer wirksamen Einbeziehung der Banken-AGB gemäß § 2 AGBG ist deren EDV-mäßige Speicherung erforderlich. Auch sollte der Bankkunde auf dem Bildschirm deutlich darauf hingewiesen werden, daß er durch einen „Maus-Klick" den AGB-Text sichtbar werden und auch ausdrucken lassen kann[1002].

4.662 Mißbrauchsmöglichkeiten sind im Rahmen des technisch Machbaren und wirtschaftlich-organisatorisch Zumutbaren auszuschließen. Der Bank kommt im übrigen der **Anscheinsbeweis** (Prima-facie-Beweis) zugu-

---

998 *von Rottenburg*, WM 1997, 2381 ff.
999 *Escher*, WM 1997, 1173, 1174.
1000 Bankvertragsrecht³, Rn 527 ff.
1001 BGH NJW 1974, 849; *Hellner*, FS Werner, 1984, S. 260; *Gößmann* in Bankrechts-Handbuch, § 55 Rn 10; *Reiser*, WM 1986, 1403.
1002 Zur Frage der Einbeziehung der AGB bei Vertragsabschluß mittels Bildschirmtext vgl. *Mehrings*, BB 1998, 2373; *Köhler*, NJW 1998, 185, 189; *Gruber*, DB 1999, 1437, 1439.

te, daß ein bestimmter Auftrag den von ihr behaupteten Inhalt hat, wenn PIN und TAN als korrekt vom Kunden verwendet erscheinen und der Auftrag von der Bank in technisch zuverlässiger Weise aufgezeichnet worden ist[1003]. Die Sicherheit der PIN, wenn sie beim Einsatz der ec-Karte verwendet wird, ist von einzelnen Gerichten in Zweifel gezogen worden[1004]. Diese Kritik richtet sich jedoch nicht gegen das PIN-/TAN-Verfahren, weil hier mit der TAN eine andersgeartete Sicherungsvorkehrung geschaffen worden ist[1005].

1. Abgabe und Zugang der Willenserklärungen des Kunden

Beim kontobezogenen Geschäftsdialog im Btx-Verfahren sind aus rechtlicher Sicht von besonderer Bedeutung die Fragen, die generell mit der Abgabe, der Übermittlung, dem Zugang und der Anfechtbarkeit von Willenserklärungen verknüpft sind[1006]. Dies erklärt sich daraus, daß die rechtsgeschäftlichen Erklärungen hier automatisiert sind. Dabei handelt es sich freilich um keine Btx-spezifischen Probleme, sondern um Fragen, die sich aus jeder Verwendung von EDV-Anlagen im rechtsgeschäftlichen Verkehr ergeben[1007].   4.663

Der Auftrag des Kunden wird vom Kunden über Tastatur eingegeben und auf dem Bildschirm sichtbar. Diese Eingabe stellt aber keine Abgabe der Willenserklärung dar. Die **„Bedingungen für Online-Banking"** stellen vielmehr klar, daß diese Abgabe erst erfolgt ist, wenn die Erklärung zur Übermittlung an die Bank freigegeben ist[1008]. Bei Vorgängen, die wie z.B. der Überweisungsauftrag zusätzlich der Eingabe einer TAN bedürfen, ist dagegen die Freigabe der TAN maßgeblich.   4.664

1003 OLG Oldenburg NJW 1993, 1400, 1401.
1004 Vgl. OLG Hamm WM 1997, 1203; hiergegen *Werner*, WM 1997, 1516, 1517 ff.
1005 *von Rottenburg*, WM 1997, 2381, 1289.
1006 Zum Zugang eines Telefaxschreibens und der Aussagekraft eines „OK"-Berichts im Telefax-Sendebericht vgl. BGH BB 1995, 221 ff. mit Anmerkungen von *Burgard*.
1007 *Schneider*, Die Geschäftsbedingungen der Banken mit ihren Kunden auf dem Wege des Bildschirmtextes, 1990, S. 63.
1008 *Schneider*, Die Geschäftsbedingungen der Banken mit ihren Kunden auf dem Wege des Bildschirmtextes, 1990, S. 77, wonach diese Eingabe in das Btx-System mit der Niederschrift einer Willenserklärung auf einem Blatt Papier verglichen werden kann. Zu den technischen Ausgestaltungsmöglichkeiten dieser Freigabe vgl. *Hellner*, FS Werner, 1984, S. 251, 267; vgl. weiter *Gößmann* in Bankrechts-Handbuch, § 55 Rn 14.

4.665 Bei der Frage, wann die Kundenerklärungen der Bank zugegangen sind, ist zu unterscheiden, ob ein Online- oder Offline-Dialog stattgefunden hat. Denn nach allgemeinen Grundsätzen ist für den Zeitpunkt des Zugangs auf die Möglichkeit der Kenntnisnahme abzustellen[1009]. Beim **Online-Dialog** werden die Erklärungsdaten mit einer für die rechtliche Beurteilung unerheblichen zeitlichen Verzögerung unmittelbar nach ihrem Eingang bearbeitet[1010]. Anders verhält es sich beim **Offline-Dialog,** bei dem die Kundenerklärungen zunächst nur gespeichert werden.

4.666 Hier findet die Datenverarbeitung und damit die für den Zugang maßgebliche Möglichkeit der Kenntnisnahme erst dann statt, wenn der Datenträger mit den Erklärungsdaten in die EDV-Anlage eingelegt wird[1011]. Nach den „Bedingungen für Online-Banking" (Nr. 6) werden die erteilten Aufträge im Rahmen des ordnungsmäßigen Arbeitsablaufes bearbeitet.

2. Haftungsregeln

4.667 Die „Bedingungen für Online-Banking" (Nr. 11) enthalten auch Regelungen für die Haftung des Kunden, wenn Schäden im Rahmen des Online-Banking entstehen. Diese Haftung setzt grundsätzlich voraus, daß dem Kunden ein schuldhaftes Verhalten vorgeworfen werden kann. Die Bank haftet im Rahmen des von ihr zu vertretenden Verschuldens nur in dem Maße, in dem es im Verhältnis zu anderen Ursachen an der Entstehung des Schadens mitgewirkt hat (Nr. 9 Abs. 2).

3. Sperre des Online-Banking-Angebotes

4.668 Die „Bedingungen für Online-Banking" (Nr. 10) enthalten Regelungen über die Sperre des Angebotes im Rahmen des Online-Banking. Dies ist vor allem für die Fälle vorgesehen, in denen eine falsche PIN oder TAN dreimal hintereinander eingegeben worden sind. Auch darf die Bank den Zugang im Online-Banking sperren, wenn der Verdacht einer **mißbräuchlichen Nutzung** des Kontos oder Depots besteht.

1009 Vgl. *Palandt/Heinrichs,* § 130 Rn 5.
1010 *Schneider,* Die Geschäftsbedingungen der Banken mit ihren Kunden auf dem Wege des Bildschirmtextes, 1990, S. 90.
1011 *Schneider,* Die Geschäftsbedingungen der Banken mit ihren Kunden auf dem Wege des Bildschirmtextes, 1990, S. 92.

4. Finanzielle Nutzungsgrenze

Wie die „Bedingungen für die ec-Karte" enthalten auch die „Bedingungen für Online-Banking" (Nr. 7) Regelungen über die finanzielle Nutzungsgrenze. So darf der Kunde Verfügungen auf diesem Wege nur im Rahmen des Kontoguthabens oder eines vorher eingeräumten Kredits vornehmen. Wird diese Nutzungsgrenze nicht eingehalten, darf die Bank Ersatz ihrer Aufwendungen verlangen, die aus der Nutzung des Online-Banking entstehen. Solche Kontoverfügungen führen nur zu einer **geduldeten Überziehung des Kontos** (§ 5 Abs. 2 VerbrKrG). In diesem Fall kann die Bank den höheren Zinssatz für geduldete Kontoüberziehungen verlangen.

4.669

V. Homebanking über offene Netze (Internet)

Bei dem bisherigen Btx-/T-Online-Verfahren war der Bankkunde für den elektronischen Dialog mit seiner Bank auf die Dienste der Deutschen Telekom und damit auf ein geschlossenes Datennetz angewiesen. Für Homebanking über offene Netze fehlte es bislang an einem standardisierten Übertragungs- und Sicherungsverfahren. Mit der Einführung des neuen Standard **„Homebanking Computer Interface"** (HBCI) im Jahre 1998 kann nunmehr auch das Internet[1012] als Kommunikationsweg gewählt werden (sog. Homebanking über offene Netze). Auf diesen neuen und modernen Standard haben sich alle Banken und Sparkassen im Rahmen eines bundesweit geltenden Abkommens vom 1. 10. 1997 geeinigt. Das HBCI-Verfahren ermöglicht eine wesentlich problemlosere und kundenfreundlichere Geschäftsabwicklung. Auch wird der direkte elektronische Dialog zwischen dem Kunden und seinem Kreditinstitut vereinfacht.

4.670

So können die aufwendigeren Prozeduren mit PIN und TAN des Btx/T-Online-Verfahrens vermieden werden. Diese beiden Sicherungsmerkmale werden ersetzt durch **elektronische Unterschriften** nach dem international etablierten „RSA-Verfahren"[1013] bzw. „MAC-Verfahren"[1014]. Die beim HBCI-Verfahren verwendeten Authentifizierungs- und Verschlüsselungstechnologien gelten nach heutigem Erkenntnisstand als absolut si-

4.671

1012 Zu den speziellen Rechtsfragen und den verbraucherschutzrechtlichen Aspekten des Internetverkehrs vgl. *Ernst*, BB 1997, 1057 ff.; *ders.*, VuR 1997, 259 ff.
1013 RSA-Verfahren: *Rivert-Shamir-Adlemann*, Verschlüsselungsverfahren, benannt nach den Erfindern.
1014 *von Rottenburg*, WM 1997, 2381, 2389, 2390.

cher und bieten keinen Ansatz zur Manipulation. Beim asymmetrischen RSA-Verfahren wird ein Schlüsselpaar verwendet, das stets aus einem privaten Schlüssel und einem öffentlichen Schlüssel besteht, den der Kunde seiner Bank zu übermitteln hat. Mit Hilfe des öffentlichen Schlüssels kann die Bank die Ordnungsmäßigkeit der elektronischen Unterschrift des Kunden überprüfen. Diese Signatur beweist, daß die unterschriebenen Daten auf dem Übertragungsweg nicht verändert worden sind und einem bestimmten Kunden zugeordnet werden können.

4.672 Ein „Diskussionsentwurf" des Bundesministers der Justiz (Stand: 31. 5. 1999) für ein Gesetz zur Anpassung der Formvorschriften des Privatrechts an den modernen Rechtsgeschäftsverkehr sieht eine sog. elektronische Form vor, die speziell auf elektronische Medien zugeschnitten ist und als Option zur Schriftform angeboten werden soll. Technische Voraussetzung für die Erfüllung der elektronischen Form soll als Äquivalenz zur eigenhändigen Unterschrift der Einsatz einer digitalen Signatur nach dem Signaturgesetz sein. Mit dieser elektronischen Form soll auch dem Richtlinienvorschlag der Europäischen Kommission „über bestimmte rechtliche Aspekte des elektronischen Geschäftsverkehrs im Binnenmarkt" von 1998 Rechnung getragen werden.

4.673 Das HBCI-Dialog-Verfahren weist im Vergleich zum Btx/T-Online-Verfahren weitere Vorteile auf. So ist der neue Standard „HBCI" von dem verwendeten Transportmedium unabhängig. Hierdurch wird Homebanking über die verschiedensten Endgeräte ermöglicht. Benutzbar sind vor allem PC, Fernsehgeräte, die mit einer Set-Top-Dose ausgestattet sind oder sog. Smartphones. Auch ist es gleichgültig, mit welchen Betriebssystemen der Kunden-PC ausgestattet ist (sog. Plattformunabhängigkeit).

4.674 Schließlich ist durch die Einführung des einheitlichen HBCI-Standard die Grundlage für ein **multibankfähiges Angebot** des gesamten Kreditgewerbes geschaffen worden. Der Kunde braucht sich also nicht für jede elektronisch geführte Bankverbindung an die institutsspezifische Eingabemaske der Kreditinstitute zu gewöhnen.

4.675 Für das Vertragsverhältnis zwischen Bank und ihrem Kunden sind von den kreditwirtschaftlichen Spitzenverbänden einheitliche Sonderbedingungen geschaffen worden. Diese sog. Homebanking-Bedingungen tragen die Bezeichnung „Bedingungen für die konto/depotbezogene Nutzung des Online-Banking mit elektronischer Signatur" (Homebanking-Bedingungen). Darüber hinaus ist zu einer wirksamen Einbeziehung der AGB-Banken gemäß § 2 AGBG deren EDV-mäßige Speicherung erforderlich. Auch sollte der Bankkunde auf dem Bildschirm deutlich darauf hingewiesen werden, daß er durch einen „Mausklick" den AGB-Text sichtbar machen und auch ausdrucken lassen kann.

8. Abschnitt
Kartengestützte und kartengesteuerte Zahlungssysteme

I. Allgemeines

Die im In- und Ausland fortschreitende Automatisierung des Bankgeschäfts erfaßt insbesondere den bargeldlosen Zahlungsverkehr. Die herkömmlichen beleghaften Zahlungsvorgänge erfordern wegen ihrer Papiergebundenheit eine manuelle Bearbeitung („papiergebundene" bargeldlose Zahlungssysteme). Die konsequente Nutzung elektronischer Techniken ermöglicht dagegen eine **nicht papiergebundene,** rein EDV-mäßige Bearbeitung der Zahlungsvorgänge („elektronische" Zahlungssysteme). Deshalb heißt die Losung für die elektronische Umrüstung des bargeldlosen Zahlungsverkehrs „weg vom körperlichen Beleg – hin zu beleg(papier)losen Abwicklungsformen". Die elektronischen Zahlungssysteme sollen insbesondere die Ausstellung von bearbeitungsmäßig aufwendigen eurocheques (ec-Schecks) weitestmöglich ersetzen. Die Scheckurkunden sind bei einem Kreditinstitut zum Einzug der Schecksumme einzureichen, wenn der Scheckinhaber nicht ausnahmsweise die Scheckurkunde der bezogenen Bank vorlegt. Dieses Scheckinkasso (Rn 4.461 ff.) erfordert infolge der notwendigen Erfassung der Belege eine aufwendige manuelle Bearbeitung, die bei den elektronischen Zahlungssystemen vermieden wird.

4.676

1. Bedürfnis nach Automatisierung der Zahlungsvorgänge

Die weitestmögliche Vermeidung beleghafter Zahlungsvorgänge ist aus vielerlei Gründen unverzichtbar geworden. So läßt sich insbesondere der massenhafte Anfall von Zahlungsvorgängen ohne Automatisierung technisch-organisatorisch nicht mehr bewältigen. Die herkömmliche manuelle Bearbeitung ist zudem sehr kostenaufwendig. Automation ist daher zugleich ein Versuch, den ständig steigenden Kosten insbesondere im Personalbereich zumindest teilweise auszuweichen. Bei Nutzung der elektronischen Techniken kann im übrigen die Abwicklung der bargeldlosen Zahlungen erheblich beschleunigt werden. Schließlich spielt der Wettbewerb zwischen den Kreditinstituten eine entscheidende Rolle. Der Zahlungsverkehr muß für den Kunden attraktiv sein und daher ständig den neuen Anforderungen der Technik angepaßt werden. Er wird daher zunehmend auch im Ausland auf die „elektronische Welt" umgerüstet.

4.677

4.678 Die Automatisierung erfaßt nicht nur die konventionellen Zahlungsverkehrsinstrumente in Gestalt der Banküberweisung sowie das Inkasso von Lastschriften und Schecks, sondern auch die ec-Karte. Diese Karte wurde ursprünglich nur dazu geschaffen, Schecks unter der Garantie der bezogenen Bank zu begeben. Durch **Weiterentwicklung der ec-Karte** können die Bankkunden zunehmend mit ihrem Kreditinstitut auf elektronischem Wege durch Kontoverfügungen, Auftragserteilungen sowie Abruf kundenbezogener Informationen, insbesondere in Gestalt von Kontoauszügen kommunizieren. Mit Hilfe der ec-Karte wie auch der insoweit vergleichbaren Kreditkarte und GeldKarte („elektronische Geldbörse") sowie der speziellen Kundenkarte der Kreditinstitute kann die elektronische Technik auch für bestimmte Zahlungsvorgänge in den kartengesteuerten Zahlungssystemen nutzbar gemacht werden. Dies geschieht seit längerem bei der Abhebung von Geldbeträgen an Geldautomaten, die von dem kartenausgebenden Kreditinstitut selbst oder von fremden Kreditinstituten im In- und Ausland betrieben werden. Eine wachsende Bedeutung haben die elektronischen Zahlungsvorgänge beim bargeldlosen Bezahlen an automatisierten Kassen im Rahmen des electronic cash- und edc-Systems und die seit 1996 ausgegebenen GeldKarten, die als **elektronische Geldbörse** insbesondere bei der Benutzung des öffentlichen Nahverkehrs, Parkhäusern und Automaten verwendet werden können.

2. Internationales edc-System (electronic debit card)

4.679 Das bargeldlose Bezahlen an automatisierten Kassen (sog. POS-Funktion) soll zunehmend auch grenzüberschreitend ermöglicht werden. Im Sommer 1993 begann die europäische Zahlungsverkehrsgesellschaft Europay International S.A., Brüssel mit dem Electronic-Debitcard-Verfahren (edc). Europay ist im Herbst 1992 aus einer Fusion von eurocheque International und Eurocard International hervorgegangen[1015]. Das edc-System ist ein **grenzüberschreitender Debitkarten-Service** mit dem Ziel, nationalen Debitkarten den Zugang zu electronic-cash-Kassen im Ausland zu verschaffen. Es stützt sich auf die vorhandenen nationalen electronic-cash-Systeme. Hierdurch können nationale Investitionen sowohl für den EDV-Bereich als auch für die Kartenausgabe genutzt und neue Investitionen vermieden werden.

4.680 Das edc-Verfahren bietet dem Bankkunden unabhängig von seinem Aufenthaltsort einen europaweiten unmittelbaren Zugriff auf sein Girokonto, wie dies auch das deutsche electronic cash-System ermöglicht. Dabei

---

1015 *van Eldick,* WM 1993, 283.

können die kartenausgebenden Kreditinstitute auf einer bis zu ihnen führenden „Online"-Autorisierung bestehen.

Einige Mitgliedsländer von Europay haben das Verfahren sogleich weltweit gestartet; hier erfolgt die Systemausweitung auf die USA, Kanada, Südamerika und Asien/Pazifik. Hierzu wurde von Europay und der Kreditkartengesellschaft Master-Card „Maestro International" als erstes weltweites, 100%iges Electronic-Debitprogramm gegründet. Das alternative Leistungsangebot edc- und Maestro-System ermöglicht den Kreditinstituten die Wahl zwischen europa- oder weltweiter Akzeptanz ihrer ec-Karten. Zwischenzeitlich wird die weltweite POS-Funktion wie auch die weltweite Geldautomatenfunktion unter dem „Maestro"-Logo als gemeinsames Akzeptanzsymbol beworben, während das europaweite POS-Logo „edc" untergehen wird. 4.681

3. Nutzung der Chip-Technologie

Zur weiteren Kostensenkung des Zahlungsverkehrs soll zunehmend auch die Chip-Technologie anstelle des bisherigen Magnetstreifens der ec-Karte genutzt werden. Hierzu wird ein Mikroprozessorchip in die ec-Karte, GeldKarte oder Kreditkarte implementiert. Die Einführung dieser Chipkartentechnik ist eine logische Fortsetzung der mit dem Magnetstreifen begonnenen Elektronisierung der ec-Karte. Der Vorteil dieser Technik besteht vor allem darin, daß der **Autorisierungsvorgang** im unmittelbaren Dialog zwischen dem mit einem Chipkartenleser ausgestatteten Terminal des Händlers und dem Chip in der Karte erfolgt („Offline"-Autorisierung im Unterschied zur „Online"-Autorisierung bei der bisherigen Magnetstreifentechnik)[1016]. Die Prüfung der Geheimzahl und der Zahlungsfähigkeit wird also im Chip vorgenommen. Nur in bestimmten Fällen erfolgt eine Durchschaltung zur Autorisierungszentrale, etwa wenn eine Verfügung eine bestimmte Betragsgrenze überschreitet[1017]. Hier wird der im Chip gespeicherte Verfügungsrahmen für solche „Offline"-Transaktionen wieder neu am Girokonto des Karteninhabers disponiert und in den Chip geladen. Dieses ausnahmsweise Durchschalten erfordert wie bei der generellen „Online"-Autorisierung im Rahmen der Magnetstreifen-Technik den kostenverursachenden Aufbau einer entsprechenden „Online"-Verbindung zum Rechenzentrum der kontoführenden Bank. 4.682

1016 Vgl. *Terrahe,* WM 1991, 845; *Harbeke,* Die Bank 1989, 31, 33; *Rodewald,* Bankinformation 1993, Nr. 5, 2.
1017 *Harbeke,* Die Bank 1989, 31, 33.

4. Teil: Bargeldloser Zahlungsverkehr (Girogeschäft)

4.683 Die von einigen Banken ausgegebenen Kreditkarten, ec-Karten und Kundenkarten ermöglichen schon seit längerem auch das bargeldlose Telefonieren an den Chip-Kartentelefonen der Deutschen Bundespost Telekom im Inland und im Ausland. Mit diesen **Telefon-Chips** können auch die öffentlichen Telefax-Geräte genutzt werden, um schnell schriftliche und bildliche Informationen in alle Welt übertragen zu können. Zu den neuen elektronischen Bedienungsmedien gehört schließlich die kontobezogene Bildschirmtextanwendung für den bargeldlosen Zahlungsverkehr (BTX-System).

4.684 Ausschließlich auf der Chip-Technik basiert das GeldKarten-System. Bei der Nutzung der GeldKartenfunktion wird der aktuell verfügbare Betrag an elektronischem Geld („Chipgeld") jeweils um den Betrag ermäßigt, den der Karteninhaber zur sofortigen Bezahlung seiner Geldschuld benötigt.

4. ec-Karte als Instrument kartengesteuerter Zahlungssysteme

4.685 Während die ec-Karte im Scheckkartenverfahren nur die Funktion hat, die Akzeptanz der eurocheques durch die Schecknehmer zu erhöhen und damit nur systemunterstützend ist, dient die ec-Karte bei den anderen Zahlungssystemen sozusagen der Steuerung der einzelnen Zahlungsvorgänge. Dies gilt insbesondere bei der Benutzung der automatisierten Kassen im Rahmen des electronic cash-Systems (POS-System) und des internationalen (europäischen) electronic debit card-Systems im Ausland.

4.686 Keine solche Steuerungsfunktion hat dagegen die ec-Karte bei dem vom POS-System zu unterscheidenden **„POZ-System"**, das auf einem Lastschrifteinzug ohne Zahlungsgarantie der Kreditinstitute beruht. Die POZ-Kassenterminals lesen die im Magnetstreifen der ec-Karte gespeicherten Daten, um damit eine Lastschrift mit der für das anschließende Inkasso erforderlichen Einzugsermächtigung zu erstellen.

4.687 Seit 1996 kann die ec-Karte auch mit der GeldKartenfunktion ausgerüstet werden, wenn dem Kunden keine eigenständige GeldKarte angeboten werden soll. Des weiteren kann die ec-Karte auch zur Abhebung von Geldbeträgen an ec-Geldautomaten benutzt werden, die von Kreditinstituten im In- oder Ausland betrieben werden.

4.688 Bei diesen neuen elektronischen Zahlungsverkehrsmedien bedarf es keiner unmittelbaren persönlichen Mitwirkung von Bankmitarbeitern. Diese Instrumente eröffnen dem Kunden vielmehr den Zugang zu den elektronischen Dienstleistungen seiner kontoführenden Bank. Sie werden deshalb auch als Kunden-Selbstbedienungs-Systeme bezeichnet.

8. Abschnitt: Kartengestützte und kartengesteuerte Zahlungssysteme

Die ec-Karte kann im übrigen dazu benutzt werden, Kontoauszüge und Kontoabschlüsse durch den automatisierten Kontoauszugsdrucker ausdrucken zu lassen, wie sie zwischenzeitlich von der Kreditwirtschaft aus Rationalisierungsgründen eingeführt worden sind. Hierfür werden zwischen Bank und Kunden AGB-mäßige „Sonderbedingungen für die Benutzung von Kontoauszugsdruckern" verwendet. 4.689

Die von einigen Banken ausgegebenen ec-Karten ermöglichen schließlich auch das bargeldlose Telefonieren an den Chip-Kartentelefonen der Deutschen Bundespost Telekom im Inland und im Ausland. Mit diesen Karten können auch die öffentlichen Telefax-Geräte genutzt werden, mit denen schriftliche und briefliche Informationen übertragen werden können. 4.690

Die Funktionen der ec-Karte haben auch die von einigen Kreditinstituten ausgegebenen Kundenkarten. Diese **institutsbezogenen Karten** können u.a. als Bedienungsmedium bei kartengesteuerten Zahlungssystemen dienen. Sie sind aber nicht als Garantiekarten bei der Ausstellung von eurocheques geeignet. 4.691

Für die Garantiekartenfunktion der ec-Karte wird auch künftig ein Bedürfnis bestehen. Denn die Teilnahme an den kartengesteuerten Zahlungssystemen setzt voraus, daß der Zahlungsberechtigte über eine automatisierte Kasse verfügt. Diese Voraussetzung wird aber mit Rücksicht auf den damit verbundenen Kostenaufwand auch in der Zukunft nur bei einem Teil der Zahlungsberechtigten gegeben sein. 4.692

5. Verwendung einer persönlichen Identifikationsnummer (PIN)

Will ein Kunde die ec-Karte als Bedienungsmedium für automatisierte Kassen (Rn 4.809 ff.) oder ec-Geldautomaten nutzen, erhält er von der Bank eine „persönliche Geheimzahl" Diese persönliche Geheimzahl („Persönliche Identifikationsnummer – PIN") ist **neben der ec-Karte** in die zugelassenen Geldautomaten oder automatisierten Kassen einzugeben. Sie dient als weiteres **Legitimationsmittel** der Sicherheit dieser Systeme gegen Mißbräuche durch unbefugte Dritte. Ohne diese PIN-Eingabe können also die Geldautomaten und das bargeldlose Zahlen mittels der automatisierten Kassen nicht genutzt werden. Im internationalen electronic debit card (edc)-System des Auslands kann aber anstelle der persönlichen Geheimzahl im Einzelfall eine Unterschrift zur Zahlung ausreichend sein. 4.693

Bei den „papiergebundenen" Zahlungssystemen, wie insbesondere bei der Ausstellung von eurocheques wird dagegen neben der ec-Karte als weiteres Legitimationsmittel die vom Kunden zu leistende Unterschrift genutzt. Diese ermöglicht einen 4.694

Kontrollvergleich mit seiner Unterschrift auf der Scheckkarte oder auf dem Vordruck zur Eröffnung des bei dem kartenemittierenden Kreditinstitut unterhaltenen Girokontos.

4.695 Soweit die ec-Karte auch mit der GeldKartenfunktion ausgestattet wird, bedarf es beim Einsatz als GeldKarte keiner PIN-Eingabe. Hier ist die persönliche Identifikationsnummer nur beim Aufladen der GeldKarte an den sog. Ladeterminals erforderlich.

II. AGB-mäßige Sonderbedingungen für die Nutzung der ec-Karte

4.696 Für die Ausgabe der ec-Karte als einer multifunktionalen Karte sind im Jahre **1989** die „Bedingungen für den ec-Service" als ein für alle Kreditinstitute **einheitlich geltendes Bedingungswerk** geschaffen worden, die die Rechtsbeziehungen der Karteninhaber zur kartenausgebenden Bank näher regeln[1018]. Dabei sind die drei Funktionen der ec-Karte in Gestalt der Scheckkartengarantie bei Scheckausstellungen und eines Bedienungsmediums für automatisierte Kassen und ec-Geldautomaten berücksichtigt worden.

4.697 Für die Schaffung einer umfassenden AGB-Regelung sprach vor allem, daß dem Kontoinhaber jeweils für einen bestimmten Zeitraum ein gemeinsamer Verfügungsrahmen für die automatisierten Kassen und die Geldautomaten eingeräumt wird. Verfügungen des Kunden an diesen Kassen und Geldautomaten werden von einem für beide Systeme einheitlich festgesetzten Verfügungsrahmen abgeschrieben, der auf Verlangen des Kunden individuell herabgesetzt werden kann. Auch sollte die Haftung des Kunden bei einer mißbräuchlichen Verwendung der ec-Karte übersichtlich an einer Stelle für alle drei Funktionen geregelt sein[1019]. Diese ec-Bedingungen bilden eine wesentliche Rechtsgrundlage für die ec-kartengestützten und -gesteuerten Zahlungssysteme[1020].

4.698 Seit Anfang **1995** gilt eine **Neufassung**, die inhaltlich mit den bisherigen Bedingungen weitgehend übereinstimmt, aber auch Neuregelungen enthält und insgesamt neugegliedert ist[1021]. Bei der Neufassung ist es zu einigen Abweichungen zwischen den Fassungen gekommen, wie sie für

---

1018 *Harbeke*, WM 1989, 1709, 1711 f.
1019 Abgedruckt in WM 1988, 1742.
1020 *Nobbe* in Bankrechts-Handbuch, § 63 Rn 8 ff.
1021 *Ahlers*, WM 1995, 601.

den Bereich der privaten Banken, den Sparkassen- und den Volksbankenbereich jeweils einheitlich gelten[1022].

Mit der Einführung des Systems „GeldKarte" im Jahre 1996 wurden die „Bedingungen für die ec-Karte" um die erforderlichen Regelungen für dieses neue Zahlungssystem ergänzt[1023]. Die ec-Karte kann nunmehr auch als GeldKarte zum bargeldlosen Bezahlen an automatisierten Kassen des Handels- und Dienstleistungsbereiches (POS) verwendet werden. Die GeldKarte soll als elektronische Geldbörse Bargeldfunktionen übernehmen und insoweit Bargeld ersetzen. 4.699

Mit der Einführung des „Maestro" als internationales Akzeptanzsymbol im Rahmen des grenzüberschreitenden POS-Systems kam es zu einer erneuten Neufassung der „Bedingungen für die ec-Karte", die sich im wesentlichen auf die Einarbeitung dieses Symbols in das Bedingungswerk beschränkt. 4.700

1. Die wesentlichen Regelungspunkte

Angesichts der zusätzlichen Einsatzmöglichkeiten für die ec-Karte empfahl es sich, das Bedingungswerk im Interesse größerer Transparenz und Lesbarkeit neu zu strukturieren. Nach der Beschreibung der Funktion der ec-Karte und deren verschiedenen Einsatzmöglichkeiten (I. ec-Bedingungen Privatbanken) folgen die „Allgemeinen Regeln", die für alle Nutzungsarten der ec-Karte gelten (II. ec-Bedingungen Privatbanken). Sodann werden die einzelnen Nutzungsformen der Karte geregelt (III.). 4.701

Der Kontoinhaber hat jeweils mit der Bank zu vereinbaren, welche Dienstleistungen mit der ec-Karte in Anspruch genommen werden können. Hierauf wird ausdrücklich am Schluß der „Bedingungen für die ec-Karte" hingewiesen. 4.702

Das Bedingungswerk wird abgeschlossen mit der Service-Beschreibung des bargeldlosen Bezahlens ohne Zahlungsgarantie an automatisierten Kassen mittels Lastschrift (POZ-System). Zur weiteren Klarstellung wird abschließend darauf hingewiesen, daß für sonstige für die ec-Karte bereitgestellte Service-Leistungen der Bank besondere „Bedingungen" gelten, die vor Inanspruchnahme mit dem Kontoinhaber vereinbart werden. Hierbei handelt es sich um Einsatzmöglichkeiten der ec-Karte, die ein 4.703

1022 Die „Bedingungen für ec-Karten" der privaten Banken sind in WM 1995, 636 ff. abgedruckt; vgl. weiter *Ahlers*, WM 1995, 601 ff.; *Wand*, ZIP 1996, 214 ff.; *Harbeke*, ZIP 1995, 250 ff.
1023 Die Neufassung ist abgedruckt in WM 1996, 2356 ff.

Karteninhaber nur bei seiner eigenen Bank, nicht aber institutsübergreifend nutzen kann[1024].

a) Finanzielle Nutzungsgrenzen

4.704 Die ec-Bedingungen stellen ausdrücklich klar, daß der Bankkunde nur im Rahmen des Kontoguthabens oder eines vorher für das Konto eingeräumten Kredits die ec-Karte nutzen oder (nicht garantierte) eurocheques ohne Verwendung der ec-Karte ausstellen darf (II. 2 ec-Bedingungen Privatbanken). Diese „**Nutzungsgrenze**" darf nicht mit dem „**Verfügungsrahmen**" verwechselt werden, wie er dem Kunden für den ec-Geldautomaten-Service und das bargeldlose Bezahlen an automatisierten Kassen im electronic cash- und edc-System eingeräumt wird. Dieser Verfügungsrahmen darf jeweils nur im Rahmen der finanziellen Nutzungsgrenze ausgenutzt werden. Hat der Kunde seine finanzielle Nutzungsgrenze ausgeschöpft, darf er mit der ec-Karte keine Verfügungen mehr vornehmen, auch wenn der Verfügungsrahmen noch nicht voll ausgeschöpft ist[1025].

4.705 Die Einräumung eines solchen Verfügungsrahmens ist aus technischen Gründen erforderlich. Denn bei der vorgeschriebenen Kommunikation mit der Autorisierungszentrale kann nur dieser technische Verfügungsrahmen im Rechenzentrum, **nicht aber der aktuelle Kontostand** beim Kreditinstitut abgefragt werden. Eine Autorisierung der Inanspruchnahme des Geldautomaten oder des POS-Systems unmittelbar am Girokonto des Kunden und damit an seiner aktuellen finanziellen Nutzungsgrenze ist regelmäßig nicht möglich[1026]. Deshalb muß der Kunde selbst darauf achten, daß er bei der Ausnutzung des technischen Verfügungsrahmens sein verfügbares Kontoguthaben oder den ihm eingeräumten Dispositionskredit, also seine finanzielle Nutzungsgrenze nicht überschreitet. Dabei ist für die Frage des Überschreitens nicht der Zeitpunkt maßgeblich, zu dem der Umsatz an den automatisierten Kassen oder am Geldautomaten durch die eingeschaltete Autorisierungszentrale „genehmigt" wird, sondern der Zeitpunkt, zu dem der getätigte Umsatz **vom Konto abgebucht wird**[1027].

4.706 Auch bei einem **Überschreiten** des finanziellen Nutzungsrahmens haftet die Bank aus ihrer Zahlungsgarantie gegenüber dem Betreiber des Geldautomaten oder dem am POS-System teilnehmenden Vertragsunternehmen. Die ec-Bedingungen stellen deshalb klar, daß die Bank die aus solchen

---

1024 *Wand*, ZIP 1996, 214, 221.
1025 *Ahlers*, WM 1995, 601, 602.
1026 *Wand*, ZIP 1996, 214, 221.
1027 *Wand*, ZIP 1996, 214, 221.

Verfügungen resultierenden Aufwendungserstattungsansprüche dem Girokonto belasten darf. Diese Belastungsbuchungen können also zu einer **geduldeten Kontoüberziehung** (§ 5 Abs. 2 VerbrKrG) mit den für diese geltenden höheren Zinssätzen führen.

Soweit der Kunde eurocheques ohne Verwendung der ec-Karte außerhalb der Nutzungsgrenze ausstellt, kann die Bank die Einlösung dieser nicht garantierten Schecks verweigern. Die Bank hat den Kunden als Scheckaussteller über die unterbliebene Einlösung zu unterrichten (II. 3. ec-Bedingungen Privatbanken).

4.707

b) Umrechnung von Fremdwährungsbeträgen

Verwendet der Kunde die ec-Karte für auf fremde Währung lautende Verfügungen, so wird gleichwohl das in Deutsche Mark geführte Konto belastet (II. 4. ec-Bedingungen Privatbanken). Die Umrechnung von Fremdwährungsbeträgen erfolgt im Inland durch die Stelle, die den Zahlungsvorgang vom Ausland zur weiteren Bearbeitung erhält. Dabei wird der Devisenbriefkurs des dem Eingang vorausgegangenen Börsentages zugrunde gelegt. Die Bank gibt dem Kontoinhaber mit dem Kontoauszug den Eingangstag und den Umrechnungskurs bekannt.

4.708

c) Rückgabe, Sperre und Einziehung der ec-Karte

Mit Aushändigung einer neuen, spätestens aber nach Ablauf der Gültigkeitsdauer ist die alte ec-Karte zurückzugeben. Eine unverzügliche Rückgabe hat auch zu erfolgen, wenn die Berechtigung zur Kartennutzung, insbesondere nach Kündigung der Kontoverbindung oder des ec-Kartenvertrages entfallen ist. Dasselbe gilt für die einem Kontobevollmächtigten ausgehändigte ec-Karte nach Widerruf der Vollmacht.

4.709

Mit der ec-Karte sind regelmäßig auch die unbenutzten eurocheque-Vordrucke entweder an die Bank zurückzugeben oder entwertet zurückzusenden (II. 5 ec-Bedingungen Privatbanken).

4.710

d) Sorgfalts- und Mitwirkungspflichten des Karteninhabers

Die ec-Bedingungen umschreiben bestimmte Sorgfalts- und Mitwirkungspflichten des Kunden bei der Aufbewahrung der ec-Karte und der ec-Vordrucke[1028]. Hierdurch erfüllen die Kreditinstitute zugleich ihre girover-

4.711

1028 Die Verletzung dieser Sorgfaltspflichten führt zu einer Haftung nach den allgemeinen Regeln über die positive Forderungsverletzung (vgl. *Reifner*, BB 1989, 1912, 1915 und die dort aufgeführten Beispiele der Verletzung der Sorgfaltspflichten des Kunden hinsichtlich der Aufbewahrung der ec-Karte

tragliche Nebenpflicht, die Kunden umfassend über mögliche Risiken zu informieren, die mit bestimmten Verhaltens- und Verfahrensweisen verbunden sind[1029].

4.712 Der Karteninhaber hat die ec-Karte nach Erhalt **unverzüglich** auf dem Unterschriftsfeld **zu unterschreiben**. Die ec-Karte und eurocheque-Vordrucke sind mit **besonderer Sorgfalt** und **getrennt voneinander** aufzubewahren. Hierdurch soll verhindert werden, daß Karte und Scheckformulare abhanden kommen und gemeinsam mißbräuchlich zur Ausstellung garantierter Schecks verwendet werden. Sie dürfen insbesondere nicht unbeaufsichtigt im Kraftfahrzeug aufbewahrt werden[1030]. Die Pflicht zur sorgfältigen Aufbewahrung wird z.B. grob fahrlässig verletzt, wenn ec-Karte und eurocheque-Vordrucke in einem Jackett aufbewahrt worden sind, das sich in einem unverschlossenen Schrank in einem nicht abgeschlossenen Büro befindet, und der Karteninhaber diesen Raum für etwa eine Stunde verließ[1031].

4.713 Die eurocheque-Vordrucke sind auch allein sorgfältig aufzubewahren. Sie können nach Verlust auch ohne ec-Karte zur Ausstellung von nicht garantierten Bar- oder Verrechnungsschecks mißbräuchlich verwendet werden. Dasselbe gilt für die ec-Karte, da sie ohne eurocheque-Vordrucke bei Geldautomaten und automatisierten Kassen mißbräuchlich eingesetzt werden kann.

4.714 Die eurocheque-Vordrucke sind deutlich lesbar auszufüllen. Der Scheckbetrag ist in Ziffern und in Buchstaben unter Angabe der Währung so einzusetzen, daß nichts hinzugeschrieben werden kann.

4.715 Der Karteninhaber hat dafür zu sorgen, daß keine andere Person Kenntnis von der persönlichen Geheimzahl (PIN) erlangt. Die Geheimzahl darf insbesondere nicht auf der Karte vermerkt oder in anderer Weise zusammen mit dieser aufbewahrt werden. Denn jede Person, die die persönliche Geheimzahl kennt und in den Besitz der Karte kommt, hat die Möglichkeit, zu Lasten des auf der ec-Karte angegebenen Kontos Verfügungen zu tätigen.

---

und des Geheimhaltens der persönlichen Geheimzahl). Liegt die Schadensursache ausschließlich im Gefahrenbereich des Karteninhabers, so obliegt diesem die Darlegung und der Beweis, keine Pflichtverletzung begangen zu haben (OLG Zweibrücken WM 1991, 67).
1029 Vgl. LG Lüneburg WM 1985, 914, 915. Vgl. ferner *Köhler*, AcP 182 (1982), S. 126, 129 f.
1030 AG Essen WM 1998, 1127.
1031 AG Hannover WM 1996, 2013, 2014.

Stellt der Karteninhaber den Verlust der ec-Karte oder von eurocheque-Vordrucken oder ausgestellten eurocheques fest oder werden ihm mißbräuchliche Verfügungen mit seiner ec-Karte bekannt, so ist die Bank – möglichst die kontoführende Stelle – unverzüglich zu benachrichtigen. Der Verlust der ec-Karte kann auch gegenüber dem Zentralen Sperrannahmedienst angezeigt werden. Der **Zentrale Sperrannahmedienst** sperrt alle für das betreffende Konto ausgegebenen ec-Karten für die weitere Nutzung an ec-Geldautomaten und automatisierten Kassen. Zur Beschränkung der Sperre auf die abhanden gekommene Karte muß sich der Karteninhaber mit seiner Bank – möglichst mit der kontoführenden Stelle – in Verbindung setzen. Wird die ec-Karte mißbräuchlich verwendet, ist unverzüglich Anzeige bei der Polizei zu erstatten. 4.716

e) AGB-Klauseln zur Erfüllung der Aufklärungspflicht der kartenausgebenden Bank

Die „Bedingungen für die ec-Karte" enthalten neben rechtskonstitutiven Regelungen auch rein deskriptive Klauseln zu der Funktionsweise und den Risiken der erfaßten Zahlungssysteme. Hierdurch wollen die Banken ihren vorvertraglichen Aufklärungspflichten Rechnung tragen, um nicht ihren künftigen Aufwendungserstattungsanspruch durch Schadensersatzpflichten wegen **Verschuldens bei Vertragsschluß** (c.i.c) zu gefährden[1032]. 4.717

So wird insbesondere auf die Verpflichtung der Bank gegenüber den Betreibern von ec-Geldautomaten und automatisierten Kassen hingewiesen, diesen die Beträge zu vergüten, über die unter Verwendung der ec-Karte verfügt worden ist. Deshalb sind Einwendungen und sonstige Beanstandungen des Karteninhabers aus dem (Valuta-)Verhältnis zu den Betreibern von automatisierten Kassen unmittelbar gegenüber diesen Unternehmen geltend zu machen (III. 2.3. ec-Bedingungen Privatbanken). 4.718

Auch wird der Kunde ausdrücklich auf die Konsequenzen einer fehlerhaften Eingabe der persönlichen Geheimzahl (PIN) hingewiesen. Wird diese dreimal hintereinander falsch eingegeben, kann die ec-Karte an ec-Geldautomaten und an automatisierten Kassen nicht mehr eingesetzt werden. Der Karteninhaber sollte sich in diesem Fall mit seiner Bank, möglichst mit der kontoführenden Stelle in Verbindung setzen (III. 2.2 ec-Bedingungen Privatbanken). 4.719

1032 Zu diesen Aufklärungspflichten vgl. *Vortmann*, Aufklärungs- und Beratungspflichten der Banken, 4. Aufl., RWS-Skript 226, Rn 269; *Canaris*, Bankvertragsrecht³, Rn 527q; *Gößmann* in Bankrechts-Handbuch, § 54 Rn 10. Nach *Bieber* empfehle sich eine gesonderte mündliche Belehrung des Kunden im Eigeninteresse der Bank (WM 1987, Sonderbeil. Nr. 6, S. 11).

2. Haftungsregelungen für mißbräuchliche Verwendung der ec-Karte

4.720 Dem Kunden erwachsen aus jeder der drei Verwendungsfunktionen der ec-Karte Haftungsrisiken, falls die Karte abhanden kommt und mißbräuchlich eingesetzt wird. Im Interesse einer transparenten Regelung empfahl sich eine alles umfassende Haftungsregelung in einem überschaubaren Kontext. Denn die verschiedenen Verlustrisiken sind mit demselben Medium in Gestalt der ec-Karte verknüpft. Die neuen Bedingungen für den ec-Service sehen eine **Haftungsverteilung** zwischen Kunde und Kreditinstitut vor, die den Kunden in weitem Umfang von seiner Verantwortlichkeit für eingetretene Schäden freistellt. Dabei weichen die Haftungsklauseln der ec-Bedingungen der Privatbanken teilweise von den Bedingungen ab, die die Sparkassen und der Volksbanken- und Genossenschaftsbereich verwenden[1033].

4.721 Die mißbräuchliche Verwendung der ec-Karte kann auch **Straftatbestände** verwirklichen. So ist die Entnahme von Geld mit Hilfe einer verfälschten ec-Karte als Computerbetrug strafbar. Der Gesetzgeber hat mit der Einführung des § 263a StGB auch den Mißbrauch von ec-Karten an ec-Geldautomaten, insbesondere die unbefugte Benutzung fremder Codenummern bei mißbräuchlichem Gebrauch eines ec-Geldautomaten als Computerbetrug erfassen wollen[1034]. Ob § 263a StGB auch die Fälle des Mißbrauchs durch den berechtigten Karteninhaber erfaßt, ist wegen der Spezialnorm des § 266b StGB umstritten[1035]. Wird die auf dem Magnetstreifen vorhandene Kontonummer entfernt und durch eine andere ersetzt, so liegt hierin eine strafbare Veränderung von Daten, die magnetisch gespeichert waren (§§ 303a, 202a StGB)[1036].

a) Vereinbarkeit mit dem Transparenzgebot des AGB-Gesetzes

4.722 Die Schadensverteilung ist wegen der Komplexität der Regelungsmaterie entsprechend ausdifferenziert. Sie dürfte aber dem **durchschnittlichen Bankkunden** keine vermeidbaren Verständnisschwierigkeiten bereiten. Angesichts der klaren, am Regel/Ausnahmeverhältnis ausgerichteten Systematik ist das Transparenzgebot zumindest nicht grob verletzt[1037].

4.723 Diese Ausdifferenzierung ist vor allem erforderlich, weil im Scheckkartenverfahren der Einsatz der ec-Karte die Verwendung von eurocheque-Vordrucken erfordert. Dagegen ist bei der Inanspruchnahme der ec-Geldautomaten und beim bargeldlosen Bezahlen an automatisierten Kassen

---
1033 Abgedruckt in ZIP 1995, 250, 252; vgl. weiter *Wand*, ZIP 1996, 214.
1034 BGH WM 1992, 515, 516.
1035 *Dreher/Tröndle*, StGB, 49. Aufl., 1999, § 263a Rn 8a.
1036 BayObLG WM 1993, 2079, 2080.
1037 *Nobbe* in Bankrechts-Handbuch, § 63 Rn 64; a.A. *Löwe*, ZIP 1995, 259.

im elektronischen cash- und edc-System die Scheckausstellung entbehrlich. Vielmehr wird hier nur die ec-Karte unter Verwendung der persönlichen Geheimzahl (PIN) eingesetzt. Des weiteren mußte angesichts des unterschiedlichen Schadensrisikos danach unterschieden werden, ob die eurocheque-Vordrucke mit der ec-Karte mißbräuchlich verwendet oder nicht garantierte eurocheques ohne ec-Karte ausgestellt worden sind.

So ist eine sofortige Schecksperre im Sinne des Scheckwiderrufs gemäß Art. 32 ScheckG nur bei nicht garantierten Schecks möglich. Nach der Beweislastregel der insoweit übereinstimmenden ec-Bedingungen des Kreditgewerbes gilt der eurocheque nach dem Beweis des ersten Anscheins unter Verwendung der ec-Karte als ausgestellt, wenn deren Nummer auf der Scheckurkunde vermerkt ist[1038]. 4.724

b) Angemessenheit der Schadensverteilung

Die seit 1995 geltende Haftungsregelung steht nunmehr zweifelsfrei im Einklang mit dem Verbot einer unangemessenen Benachteiligung des Bankkunden im Sinne der Generalklausel des AGB-Gesetzes (§ 9)[1039]. Ausgangspunkt der Schadensverteilung ist, daß bei der Ausstellung gefälschter oder verfälschter eurocheques dem bezogenen Kreditinstitut kein gesetzlicher Aufwendungserstattungsanspruch aus §§ 670, 675 BGB zusteht, wenn die durch eine ec-Karte wirksam begründete Garantieverpflichtung nicht durch den Kontoinhaber veranlaßt worden ist[1040]. 4.725

Ebensowenig erwirbt die Bank einen Bereicherungsanspruch gegen den Kontoinhaber. Bei einer mißbräuchlichen Verwendung der ec-Karte kommt es regelmäßig zu keiner Schuldbefreiung des Kontoinhabers[1041]. 4.726

Im Unterschied zu der bisherigen Regelung in den ec-Service-Bedingungen 1989 basiert die Haftung des Kunden nicht mehr auf der vom BGH stark eingeschränkten Theorie der Sphärenhaftung, sondern allein auf dem **haftungsrechtlichen Verschuldensprinzip**[1042], nach dem der Schuldner grundsätzlich nur für den von ihm zu vertretenden Schaden einzustehen hat. Diese gesetzliche Verschuldenshaftung wird durch die ec-Bedingungen teilweise zugunsten des Kunden modifiziert[1043]. 4.727

1038 Dieser Beweis des ersten Anscheins ist AGB-rechtlich unbedenklich (*Nobbe* in Bankrechts-Handbuch, § 63 Rn 65).
1039 *Nobbe* in Bankrechts-Handbuch, § 63 Rn 35, 60.
1040 *Ahlers*, WM 1995, 601, 605.
1041 *Baumbach/Hefermehl*, Art. 3 ScheckG, Rn 13.
1042 *Harbeke*, ZIP 1995, 250, 252; *Ahlers*, WM 1995, 601, 605; *Reiser* in Hopt, Vertrags- und Formularbereich zum Handels-Gesellschafts- und Transportrecht, 1995, S. 800; *Schröter*, ZBB 1995, 395, 399.
1043 *Nobbe* in Bankrechts-Handbuch, § 63 Rn 60.

4.728 Dieser vollständige Verzicht auf die Anlehnung an den Gedanken der Haftung nach zu verantwortenden Sphären erschien geboten. Nach der mittlerweile gefestigten BGH-Rechtsprechung ist eine verschuldensunabhängige Haftung des Bankkunden nur noch in sehr engen Grenzen möglich.

c) Verteilung des Schadensrisikos aus einer mißbräuchlichen Verwendung der ec-Karte

4.729 Bei der **Neufassung** der ec-Bedingungen Jahre **1995** wurde insbesondere die Aufteilung des Schadensrisikos aus mißbräuchlicher Verwendung der ec-Karte der BGH-Rechtsprechung zur verschuldensunabhängigen Haftung des Kunden angepaßt. Hiernach ist ein wesentlicher Grundgedanke der gesetzlichen Regelung im Sinne der Generalklausel des AGB-Gesetzes (§ 9 Abs. 2 Nr. 1), daß eine Schadensersatzpflicht regelmäßig schuldhaftes Verhalten voraussetzt[1044].

4.730 Die unzulässige Abweichung von solchen wesentlichen Grundgedanken hängt entscheidend davon ab, ob die dispositive gesetzliche Regelung nicht nur auf Zweckmäßigkeitserwägungen beruht, sondern eine Ausprägung des Gerechtigkeitsgebotes darstellt[1045]. Dabei brauchen solche Grundgedanken eines Rechtsbereichs nicht in Einzelbestimmungen formuliert zu sein. Vielmehr reicht es aus, daß sie in allgemeinen, am Gerechtigkeitsgedanken ausgerichteten und auf das betreffende Rechtsgebiet anwendbaren Grundsätzen ihren Niederschlag gefunden haben[1046]. Ein solcher wesentlicher Grundgedanke ist das haftungsrechtliche Verschuldensprinzip, das als Ausdruck des Gerechtigkeitsgebotes gleichermaßen für vertragliche wie für gesetzliche Ansprüche gilt[1047].

4.731 Dieses haftungsrechtliche Verschuldensprinzip kann allerdings **abbedungen oder modifiziert** werden. Geschieht dies durch eine individualvertragliche Regelung, ist diese Haftungsregelung in den Grenzen der §§ 138, 242 BGB vom Grundsatz der Vertragsfreiheit gedeckt. Dagegen stellt die (AGB)formularmäßige Überbürdung einer verschuldensunabhängigen Haftung grundsätzlich eine der gesetzlichen Risikoverteilung widersprechende, unangemessene Benachteiligung des Kunden dar, die zur Unwirksamkeit einer derartigen Klausel nach **§ 9 Abs. 2 Nr. 1 AGBG** führt[1048]. Eine solche verschuldensunabhängige Haftung kann deshalb nur ausnahmsweise wirksam vereinbart werden, wenn sie durch höherwertige Interessen des AGB-Verwenders gerechtfertigt ist oder besondere Um-

---

1044 BGH WM 1991, 1368, 1370; 1992, 1163, 1164; 1948, 1953.
1045 BGH WM 1984, 314 m.w.Nachw.; 1991, 1110.
1046 BGH WM 1991, 1368, 1370.
1047 BGH WM 1991, 1368, 1370; 1992, 1163, 1164.
1048 BGH WM 1991, 1368, 1370; 1992, 1163, 1164; 1948, 1953.

stände hinzukommen, um die **Angemessenheit der Risikoabwälzung** zu begründen[1049].

Allein das **Interesse der Bank**, die in der Sphäre des Kunden wurzelnden Risiken von sich abzuwälzen, ist ohne Hinzutreten weiterer Umstände nicht geeignet, einer uneingeschränkten AGB-mäßigen Zufallshaftung des Kunden zur Wirksamkeit zu verhelfen[1050]. Mit der Einrichtung der Kartensysteme für den bargeldlosen Zahlungsverkehr haben die Kreditinstitute ein Verfahren etabliert, das in erhöhtem Maße mißbrauchsanfällig ist und auf dessen Ausgestaltung der Kunde keinen Einfluß hat[1051].

4.732

Mit Rücksicht auf das haftungsrechtliche Verschuldensprinzip ist nach dem BGH der Gedanke einer Haftung nach Gefahrenbereichen (Sphärenhaftung) allein nicht geeignet, AGB-mäßig für den Kunden eine verschuldensunabhängige Haftung zu begründen[1052]. Deshalb ist die Geltungskraft des Gedanken einer Sphärenhaftung zur Begründung einer verschuldensunabhängigen Zufallshaftung begrenzt[1053].

4.733

Angesichts des haftungsrechtlichen Verschuldensprinzips und der stark eingeschränkten Geltung der Sphärenhaftung steht der bezogenen Bank bei einem ge- oder verfälschten Scheck nach ständiger Rechtsprechung und herrschender Meinung in der Literatur **kein Aufwendungsersatzanspruch** nach §§ 675, 670 BGB zu. Das **(Ver-)Fälschungsrisiko** beim Scheck liegt nach dispositivem Recht beim bezogenen Kreditinstitut. Der Schaden aus der Einlösung gefälschter oder verfälschter Schecks tritt infolgedessen bei der Bank ein[1054]. Der BGH lehnt deshalb die von einer Mindermeinung im Anschluß an *Eugen Ulmer*[1055] begründete „Sphärentheorie" ab, wonach die Bank einen Aufwendungserstattungsanspruch hat, wenn sie die Fälschung auch bei sorgfältiger Prüfung nicht erkennen konnte und die Fälschung durch einen Umstand ermöglicht wurde, der in der Sphäre des Ausstellers liegt[1056].

4.734

Die Anwendung des § 670 BGB setze nach dem eindeutigen Gesetzeswortlaut einen „Auftrag" voraus, an dem es bei einem ge- oder verfälschten Scheck gerade fehlt. Der wertpapierrechtliche Rechtsscheingedanke ist für die Begründung eines

4.735

1049 BGH WM 1991, 1110, 1112; 1368, 1370; 1992, 1163, 1164.
1050 BGH WM 1991, 1110, 1112.
1051 BGH WM 1991, 1110, 1112.
1052 BGH WM 1991, 1110, 1112; 1992, 1163, 1164; 1948, 1953.
1053 BGH WM 1991, 1368, 1371; *Nobbe*, Bankrechts-Handbuch, § 60, Rn 100 ff., § 63 Rn 35, 47.
1054 *Nobbe* in Bankrechts-Handbuch, § 63 Rn 34; *Reifner*, VuR 1995, 93, 95.
1055 Recht der Wertpapiere, S. 315 ff.
1056 *Nobbe* in Bankrechts-Handbuch, § 60 Rn 100 mit zahlreichen Hinweisen auf die hierzu unterschiedlichen Meinungen in Rechtsprechung und Schrifttum.

Aufwendungsersatzanspruchs (§ 670 BGB) aus der Ausführung einer gefälschten Scheckanweisung nicht tragfähig[1057]. Eine gefälschte Scheckanweisung auf einem Vordruck mit vorcodierter Kontonummer könne nicht anders behandelt werden als ein gefälschter Überweisungsauftrag auf einem vorcodierten Überweisungsformular[1058].

d) Die einzelnen Haftungsklauseln

4.736 Die ec-Bedingungen bestimmen ausdrücklich, daß die Bank Schaden aufgrund gemeinsamer mißbräuchlicher Verwendung von ec-Karte und eurocheque-Vordrucken in vollem Umfang übernimmt, wenn der Kunde die ihm nach diesen Bedingungen obliegenden Pflichten erfüllt hat (III. 1.4. ec-Bedingungen Privatbanken, III. 1.5. ec-Bedingungen Sparkassen). Diese **(Neben)Pflichten,** deren schuldhafte Verletzung eine Kundenhaftung begründen können, sind nach *Nobbe* wegen der ausdrücklichen Bezugnahme auf die in den ec-Bedingungen enthaltenen Verpflichtungen abschließend geregelt. Denn Zweifel bei der Auslegung von AGB gehen zu Lasten des Verwenders (§ 5 AGBG)[1059]. Diese abschließende Regelung dürfte jedoch nicht solche ungeschriebenen Nebenpflichten erfassen, die sich aus den allgemeinen (gesetzlichen) Verhaltens- und Schutzpflichten ergeben, wie sie Rechtsprechung und Schrifttum aus der bankmäßigen Geschäftsverbindung als einem beiderseitigen Vertrauensverhältnis ableiten.

4.737 Bei einem solchen vom gegenseitigen Vertrauen geprägten Schuldverhältnis können neben den Hauptleistungs- und Nebenpflichten, die der Durchführung und Sicherung der geschuldeten Hauptleistung dienen, **allgemeine Verhaltens- und Schutzpflichten** bestehen, die mit dem konkreten Vertragsinhalt nichts zu tun haben[1060]. Nach den Regeln des allgemeinen Schuldrechts hat sich jeder Vertragspartner in zumutbarer Weise so zu verhalten, daß Person, Eigentümer und sonstige Rechtsgüter einschließlich des Vermögens des anderen Teils nicht verletzt werden[1061]. Schutzobjekt dieser Kategorie vertraglicher Nebenpflichten ist das Interesse des Partners an der Erhaltung seines personen- und vermögensrechtlichen Status quo (**Rechtsgütersphäre**)[1062]. Für die Begründung und inhaltliche Bestimmung dieser vertraglichen Schutzpflichten sind die jeweiligen Parteivereinbarungen regelmäßig unergiebig. Diese Pflichten sind vielmehr aus einer Beurteilung der Interessenlage heraus nach den Grundsätzen von Treu und Glauben zu entwickeln.

1057 *Nobbe* in Bankrechts-Handbuch, § 60 Rn 101.
1058 *Nobbe* in Bankrechts-Handbuch, § 60 Rn 101.
1059 Bankrechts-Handbuch, § 63 Rn 36, 61.
1060 Münchener Komm. zum BGB/*Roth*, § 242 Rn 183.
1061 BGH WM 1979, 726, 727; 1983, 798; *Palandt/Heinrichs*, § 242 Rn 35.
1062 Münchener Komm. zum BGB/*Roth*, § 242 Rn 183; Münchener Komm. zum BGB/*Kramer*, Einl. vor § 241 Rn 72.

Die Rechtsprechung sieht die Rechtsgrundlage dieser Verhaltens- und Schutzpflichten ganz überwiegend nicht in der zwischen Kunde und Bank bestehenden Geschäftsverbindung als einer rahmenartigen und deshalb noch konkretisierungsbedürftigen Rechtsbeziehung. Diese Pflichten werden vielmehr aus dem konkreten Vertragsverhältnis abgeleitet, das durch die Inanspruchnahme eines bestimmten bankmäßigen Leistungsangebotes begründet wird. Dies gilt insbesondere für das dem Girokonto zugrundeliegende Girovertragsverhältnis[1063]. 4.738

aa) Differenzierungen bei der Haftung des Kunden

Soweit der Karteninhaber durch ein schuldhaftes Verhalten zur Entstehung des Schadens beigetragen hat, bestimmt sich nach den Grundsätzen des **Mitverschuldens** (§ 254 BGB), in welchem Umfang Bank und Kontoinhaber den Schaden zu tragen haben (vgl. z.B. III.1.5. ec-Bedingungen Privatbanken). Dabei trifft die **Bank die Beweislast** für eine Pflichtverletzung des Karteninhabers[1064]. 4.739

Bei einer nur **leicht fahrlässigen Pflichtverletzung** stellt die Bank den Kontoinhaber von seiner Verpflichtung zur teilweisen Schadensübernahme in jedem Falle in Höhe von 90% des Gesamtschadens frei. 4.740

Nach den ec-Bedingungen der Sparkassen und des Volksbanken- und Genossenschaftsbereichs übernimmt das kartenausgebende Kreditinstitut den vom Kontoinhaber zu tragenden Schaden bis zu DM 6000 je Schadensfall. Diese Schadensübernahme erfolgt nach dem Wortlaut der Klausel ohne Rücksicht darauf, ob dem Karteninhaber leichte, normale, grobe oder gröbste Fahrlässigkeit trifft[1065]. Eine Schadensübernahme entfällt aber, wenn ec-Karte und eurocheque-Vordrucke gemeinsam in einem Kraftfahrzeug aufbewahrt wurden oder der Karteninhaber seiner Pflicht zur Erstattung einer Anzeige bei der Polizei nicht nachgekommen ist (III. 1.5 ec-Bedingungen)[1066]. 4.741

1063 Vgl. BGH WM 1979, 417, 419; 1985, 905, 906 für die Pflicht des Girokunden zur Prüfung der Kontotagesauszüge.
1064 *Nobbe* in Bankrechts-Handbuch, § 63 Rn 65. Dabei besteht nach dem OLG Hamm bei einem Mißbrauch der ec-Karte unter Benutzung der PIN grundsätzlich kein Anscheinsbeweis dafür, daß der Karteninhaber dem Täter die Kenntnis der PIN durch einen pflichtwidrigen Umgang mit der PIN verschafft haben muß (ZIP 1997, 878, 880); vgl. weiter LG Rottweil WM 1999, 1934; LG Stuttgart WM 1999, 1935.
1065 *Nobbe* in Bankrechts-Handbuch, § 63 Rn 68; *Schröter*, ZBB 1995, 395, 400.
1066 Nach *Nobbe* gilt aber eine Ausnahme dann, wenn dem Karteninhaber situationsbedingt z.B. bei einem Strandbesuch eine sichere Verwahrung von ec-Karte und ec-Vordrucken nicht möglich ist. In solchen Ausnahmefällen kann es sogar an einem Verschulden überhaupt fehlen (Bankrechts-Handbuch, § 63 Rn 38, 63).

4.742 Diese **10%ige Haftung** nach den ec-Bedingungen der Privatbanken entfällt im übrigen, sobald der Verlust der Karte der kontoführenden Stelle oder dem Tag und Nacht telefonisch erreichbaren Zentralen Sperrannahmedienst angezeigt worden ist.

4.743 Bei dieser 10%igen Haftung des Kunden verbleibt es dagegen trotz einer Verlustanzeige, wenn eurocheque-Vordrucke und ec-Karte ohne Benutzung der Geldautomaten und der automatisierten Kassen mißbräuchlich verwendet worden sind. Auch solche Verlustanzeigen werden zwar dem Zentralen Sperrannahmedienst mitgeteilt. Hierdurch können aber keine mißbräuchlichen Verwendungen der ec-Karte oder der eurocheque-Vordrucke außerhalb des Bereichs der Geldautomaten und der automatisierten Kassen vermieden werden. Denn garantierte Schecks können an jedermann und nicht nur an einen über die „Sperr"abfrage erreichbaren Adressatenkreis begeben werden, wie sie für die Betreiber von Geldautomaten und automatisierten Kassen vorgeschrieben sind. Deshalb ist die Übernahme von 10% des Schadens als Sanktion für eine zu sorglose Aufbewahrung der ec-Karte und der eurocheque-Vordrucke unverzichtbar.

4.744 Ist die sich aus der leichten Fahrlässigkeit errechnende Mitverschuldensquote geringer als 10%, bleibt es bei der gesetzlichen Mitverschuldensregelung (§ 254 BGB). Dasselbe gilt, wenn dem Kontoinhaber nicht nur „leichte", sondern „normale" Fahrlässigkeit zur Last fällt. Dies folgt aus der Systematik der Haftungsregelung, die an die gesetzliche Mitverschuldensregelung anknüpft und den Kontoinhaber lediglich für den Fall nur leichter Fahrlässigkeit begünstigen will. Fehlt es an diesem Ausnahmefall, gilt die gesetzliche Mitverschuldensregelung[1067].

4.745 Hat die Bank ihre Verpflichtungen erfüllt, dagegen der Kontoinhaber seine Pflichten **grob fahrlässig** verletzt, trägt dieser den entstandenen Schaden nach den ec-Bedingungen Privatbanken (III.2.4.) im vollen Umfang. Ein solcher Verschuldensgrad kann nach dieser Haftungsklausel insbesondere vorliegen, wenn der Kartenverlust der Bank oder dem Zentralen Sperrannahmedienst schuldhaft nicht unverzüglich mitgeteilt worden ist, die persönliche Geheimzahl (PIN) auf der ec-Karte vermerkt oder zusammen mit der ec-Karte verwahrt oder der Mißbrauch der Karte durch Mitteilung der PIN an eine andere Person verursacht worden ist.

4.746 Die Haftung bei mißbräuchlicher Verwendung der ec-Karten an ec-Geldautomaten und automatisierten Kassen im electronic cash- und edc-System ist jedoch betragsmäßig begrenzt. Für Schäden, die innerhalb des für den Verfügungsrahmen geltenden Zeitraums verursacht werden, beschränkt sich die Haftung jeweils auf den mitgeteilten Verfügungsrahmen (III. 2.4. ec-Bedingungen Privatbanken). Nach den ec-Bedingungen der Sparkassen werden Schäden auch bei grober Fahrlässigkeit bis

---

1067 *Nobbe* in Bankrechts-Handbuch, § 63 Rn 62.

zu DM 6000 übernommen[1068]. Eine solche Schadensübernahme erfolgt freilich nicht, wenn der Kontoinhaber ec-Karte und eurocheque-Vordrucke gemeinsam in einem Kraftfahrzeug aufbewahrt hat oder seiner Pflicht zur Erstattung einer Anzeige bei der Polizei nicht nachkommt (III. 1.5. ec-Bedingungen Sparkassen).

Die Beweislast für eine Pflichtverletzung des Karteninhabers als Voraussetzung für eine Schadensersatzpflicht liegt bei der Bank. Dagegen sind die Voraussetzungen für ein Mitverschulden der Bank sowie für die Übernahme des Schadens in Höhe von 90% durch die Bank vom Kunden darzulegen und zu beweisen[1069]. 4.747

bb) Haftungsregelung bei Verwendung der eurocheque-Vordrucke ohne ec-Karte

Die ec-Bedingungen 1995 regeln nunmehr auch die Verwendung von eurocheque-Vordrucken ohne ec-Karte. Diese Vordrucke unterscheiden sich von den einfachen Scheckformularen durch den **fehlenden Eindruck des ec-Logos**. Bislang war nicht ohne weiteres erkennbar, daß für solche eurocheques wegen der fehlenden Garantie die „Bedingungen für den Scheckverkehr" galten, wie sie seit langem für Scheckausstellungen, insbesondere im kaufmännischen Verkehr unter Benutzung von Scheckvordrucken ohne ec-Logo verwendet worden sind[1070]. 4.748

Die ec-Bedingungen bestimmen nunmehr ausdrücklich, daß eurocheque-Vordrucke auch ohne Verwendung der ec-Karte zur Ausstellung nicht garantierter Schecks verwendet werden können (II, 2 ec-Bedingungen Privatbanken). Sie enthalten im übrigen für diesen isolierten Einsatz der eurocheque-Vordrucke eine **Schadensregelung bei mißbräuchlicher Verwendung**. Diese Klausel beruht wie die Haftung für Schäden aufgrund gemeinsamer mißbräuchlicher Verwendung von ec-Karte und eurocheque-Vordrucken auf dem Verschuldensprinzip[1071]. Hat also der Kunde durch ein schuldhaftes Verhalten, insbesondere durch eine Verletzung seiner Sorgfaltspflichten zur Entstehung eines Schadens beigetragen, bestimmt sich nach den Grundsätzen des Mitverschuldens, in welchem Umfang Bank und Karteninhaber den Schaden zu tragen haben. 4.749

Demgegenüber ist der kartengarantierte eurocheque privilegiert, weil die Bank bei leichter Fahrlässigkeit den Kunden in jedem Fall in Höhe von 90% des Gesamtschadens freistellt (III. 1.4 ec-Bedingungen Privatbanken)[1072]. Diese **günstigere** 4.750

1068 *Harbeke,* ZIP 1995, 250, 252.
1069 *Nobbe* in Bankrechts-Handbuch, § 63 Rn 65.
1070 *Wand,* ZIP 1996, 214, 215.
1071 *Ahlers,* WM 1995, 601, 605; *Harbeke,* ZIP 1995, 250, 252.
1072 *Ahlers,* WM 1995, 601, 603.

Haftungsregelung erklärt sich damit, daß garantierte eurocheques nur mit einem Höchstbetrag von DM 400 ausgestellt werden können, während die Schecksumme bei nicht garantierten Schecks unbegrenzt ist.

4.751 Bei dieser Haftungsklausel für nicht garantierte eurocheques handelt es sich um eine abschließende Regelung[1073]. Sie gilt also auch, wenn Kaufleute eurocheque-Vordrucke im Rahmen des bargeldlosen Zahlungsverkehrs verwenden[1074]. Hierbei kann es sich aber nur um Ausnahmefälle handeln. Denn üblicherweise werden eurocheques nur gemeinsam mit der ec-Karte ausgestellt. Hinzu kommt, daß der vorgeschriebene Höchstbetrag von DM 400 nicht den Größenordnungen des kaufmännischen Zahlungsverkehrs entspricht.

4.752 In diesen **Ausnahmefällen** stand sich bislang der kaufmännische Scheckaussteller günstiger. Denn nach der Haftungsregel der für einfache Scheckvordrucke geltenden „Bedingungen für den Scheckverkehr" haften Kaufleute auch für einen Schaden, der dadurch entsteht, daß ihnen Scheckvordrucke ohne ihr Verschulden aus dem von ihnen beherrschbaren Verantwortungsbereich (z.B. Entwendung aus den Geschäftsräumen) abhanden kommen und die Bank einen auf den abhandengekommenen Scheckvordrucken gefälschten Scheck einlöst. Zwischenzeitlich hat sich jedoch die Kreditwirtschaft zur Nichtanwendung dieser Haftungsregelung verpflichtet[1075].

III. Garantiefunktion der ec-Karte

4.753 Die drei konventionellen Instrumente des bargeldlosen Zahlungsverkehrs in Gestalt eines bankmäßigen Überweisungsauftrages, der Lastschrift und des Schecks verschaffen dem Gläubiger bis zur Auftragsausführung bzw. Einlösung keine zusätzliche Absicherung gegen die Zahlungsverweigerung oder -unfähigkeit seines Schuldners. Der Gläubiger hat einen rechtlich selbständigen Zahlungsanspruch gegen seine kontoführende Bank und damit Buchgeld erst erlangt, wenn die **Gutschrift,** die er von seiner kontoführenden Bank erteilt erhalten hat, **endgültig** geworden ist.

4.754 Bis zu dieser Endgültigkeit der Buchgeldzahlung hat der Gläubiger, der seine Leistung ohne sofortige Bezahlung des vereinbarten Entgelts mit Bargeld zu erbringen bereit ist, ein Interesse daran, gegen eine spätere

---

1073 *Ahlers,* WM 1995, 601, 602.
1074 *Wand,* ZIP 1996, 214, 215.
1075 Nach *Nobbe* ist diese Haftungsklausel wegen Unvereinbarkeit mit § 9 Abs. 2 Nr. 1 AGBG nichtig (Bankrechts-Handbuch, § 60 Rn 134; a.A. *Wand,* ZIP 1996, 214, 218).

Zahlungsverweigerung oder -unfähigkeit seines Partners abgesichert zu sein. Dieser Absicherung des Gläubigers dient die Scheckkarte wie die Kreditkarte, die dem Gläubiger einen zusätzlichen abstrakten Zahlungsanspruch gegen den Kartenherausgeber als einem Dritten mit zweifelsfreier Bonität verschafft. Die Garantiefunktion der ec-Karte bezweckt also, dem Rechtsverkehr bei kleineren Beträgen die Sorge mangelnder Deckung der ausgestellten Schecks zu nehmen, die sonst vorsichtige Zurückhaltung bei der Entgegennahme von Schecks zu durchbrechen und so den bargeldlosen Zahlungsverkehr im allgemeinen Interesse zu fördern[1076].

Die Garantiefunktion der ec-Karte trägt auch dem für gegenseitige Verträge geltenden Zug-um-Zug-Prinzip Rechnung (vgl. § 320 BGB). Die mit der ec-Karte abzusichernde Zahlungsverbindlichkeit beruht auf einem sog. gegenseitigen Vertrag, bei dem, wie insbesondere beim Kauf- oder Dienstleistungsvertrag, die beiderseitigen Leistungspflichten in einem Abhängigkeitsverhältnis zueinander stehen (**synallagmatische Verknüpfung**). Bei solchen in einem Gegenseitigkeitsverhältnis stehenden Forderungen kann der Gläubiger die von ihm zu beanspruchende Leistung nicht schlechthin, sondern nur Zug um Zug gegen Erbringung der von ihm geschuldeten Gegenleistung verlangen. Dem Vertragspartner steht daher die Einrede des nicht erfüllten Vertrages zu (§ 320 BGB). Der Käufer kann danach die Übereignung der gekauften Sache nur Zug um Zug gegen Zahlung des Kaufpreises verlangen. Denn der Verkäufer soll von dem Risiko einer jeden Vorleistung bewahrt werden, die den Vorleistenden von der Zahlungsbereitschaft und -fähigkeit (Bonität) seines Vertragspartners abhängig macht, wie dies auch für Kreditgewährungen im engeren Wortsinne ohne Sicherheitsleistung gilt. Bei der Barzahlung läßt sich dieses Zug-um-Zug-Prinzip ohne weiteres beachten, wenn der Käufer entsprechendes Bargeld bei der Entgegennahme der Kaufsache mit sich führt.

4.755

Die drei konventionellen Instrumente des Zahlungsverkehrs können dieses **Sicherungsbedürfnis des Gläubigers** nicht befriedigen. Denn der Überweisungsauftrag des Schuldners an seine kontoführende Bank ist kein anspruchsbegründender Vertrag zugunsten des Gläubigers als Buchgeldempfänger im Sinne des § 328 BGB, ganz abgesehen davon, daß der Gläubiger regelmäßig keinen Einfluß auf die hierzu erforderliche Erteilung eines solchen Auftrages hat. Das gleiche gilt für den Abbuchungsauftrag, den der Schuldner beim Lastschriftverfahren seiner kontoführenden Bank als Zahlstelle erteilen kann, der aber gegenüber der Bank widerrufbar ist. Beim Einzugsermächtigungsverfahren wird dem Lastschriftgläubiger lediglich der Einzug des geschuldeten Betrages im bargeldlosen Zahlungsverkehr mittels Lastschrift gestattet, ohne daß der Gläubiger ermächtigt (§ 185 BGB) oder bevollmächtigt (§ 167 BGB) ist, das Weisungsrecht des Schuldners gegenüber dessen kontoführender Bank auszuüben.

4.756

1076 BGH WM 1975, 466, 467.

4.757 Auch der Scheck verschafft dem Gläubiger als Schecknehmer keinen Zahlungsanspruch gegen die bezogene Bank als Zahlstelle des Scheckausstellers. Nach dem Scheckgesetz (Art. 4) kann ein Scheck nicht durch die bezogene Bank angenommen werden; eine solche Annahme wäre aber die rechtliche Voraussetzung für die Begründung einer eigenen Zahlungsverpflichtung der Bezogenen (zur Ausnahme von diesem Verbot für auf die Bundesbank gezogene Schecks vgl. Rn 4.554).

4.758 Bei der Bezahlung mit einem Scheck verbessert sich die Rechtsposition des Gläubigers nur insoweit, als er neben dem Zahlungsanspruch aus seinem Valutaverhältnis zum Schuldner – sog. kausaler Zahlungsanspruch – **zusätzlich** einen **scheckrechtlichen Zahlungsanspruch** gegen seinen Schuldner erwirbt. Als Aussteller des Schecks haftet der Schuldner kraft Gesetzes für dessen Einlösung (Art. 12, 40 ScheckG).

4.759 Dieser scheckrechtliche Zahlungsanspruch kann im sog. **Scheckprozeß** gerichtlich geltend gemacht werden (§ 605 a ZPO). Hierbei handelt es sich um eine Unterart des sog. **Urkundenprozesses** (§ 592 ZPO). Diese Prozeßart eröffnet ein beschleunigtes Verfahren. Denn hier erfolgt nur eine sehr beschränkte Sachprüfung durch das Gericht. Insoweit ähnelt der Urkundenprozeß dem Arrestverfahren, das dem Gläubiger eine schnelle Zugriffsmöglichkeit auf das Vermögen seines Schuldners eröffnet. Infolge des weitestmöglichen beleglosen Scheckeinzugsverfahrens – Rn 4.599 ff. – ist die praktische Bedeutung des Scheckprozesses zwischenzeitlich spürbar zurückgegangen[1077].

4.760 Auch die Bezahlung einer Geldschuld mit einem Scheck ändert also nichts daran, daß der Gläubiger bis zur Erlangung einer endgültigen Kontogutschrift auf seinem Girokonto nur seinen Schuldner auf Zahlung in Anspruch nehmen kann. Wird dagegen ein **Scheck** unter Verwendung einer **Scheckkarte** begeben, so tritt eine wesentliche Verstärkung der Rechtsposition des Gläubigers ein. In diesen Fällen erwirbt der Gläubiger schon mit der Entgegennahme des Schecks einen selbständigen Zahlungsanspruch gegen die bezogene Bank.

4.761 Ebenso verstärkt sich die Rechtsposition des Gläubigers bei Verwendung einer **Kreditkarte.** Hier erwirbt der Gläubiger einen **selbständigen Zahlungsanspruch** gegen den Ausgeber der Karte. In beiden Fällen ist der Gläubiger also nicht mehr auf die Zahlungsfähigkeit und -willigkeit seines Schuldners angewiesen. Dies führt zu einer wesentlich größeren Akzeptanz des Schecks als Instrument des bargeldlosen Zahlungsverkehrs, wie dies auch für die Kreditkarte gilt[1078]. Für den Mißbrauch der Scheck-

---

1077 Münchener Komm. zur ZPO/*Braun*, § 605a Rn 1 m.w.Nachw.
1078 Nach dem BGH ist die Wegnahme einer codierten eurocheque-Karte in der Absicht, sich unbefugt durch ihre Benutzung und die Eingabe der zugehöri-

karte und der Kreditkarte ist ein eigener Straftatbestand eingeführt worden (§ 266b StGB).

Eine vergleichbare Absicherung wie durch die Garantiefunktion der ec-Karte erfährt der Zahlungsberechtigte bei den nicht papiergebundenen „elektronischen" Zahlungen an automatisierten Kassen im Rahmen des inländischen electronic cash-Systems und dem internationalen (europäischen) electronic debit card-System im Ausland. Hier wird jeder Zahlungsvorgang „genehmigt" und damit „garantiert". Ebenso gesichert ist der Zahlungsberechtigte beim Einsatz der GeldKarte als elektronische Geldbörse (Rn 4.886 ff.). 4.762

1. Grundsätzliches

Die ec-Karte wurde im Jahre **1968** als „Scheckkarte" eingeführt, die zunächst nur die Funktion hatte, dem Schecknehmer eine **Einlösungsgarantie des kartenausgebenden Kreditinstituts** zu verschaffen. Diese mit einem Magnetstreifen versehene Karte kann mittlerweile in allen Staaten West- und Osteuropas einschließlich der Mittelmeeranrainerstaaten zur Begebung von eurocheques verwendet werden. Bei dem eurocheque handelt es sich um einen international einheitlich gestalteten Scheck, der zur Bezahlung von Waren und Dienstleistungen und zur Beschaffung von Bargeld benutzt werden kann. Der kartengarantierte eurocheque ist scheckrechtlich ein normaler Inhaberscheck. Seine Besonderheit liegt in der Garantiehaftung der bezogenen Bank[1079]. 4.763

Ein Bedürfnis für die Garantiefunktion der ec-Karte wird es trotz zunehmender Automatisierung des bargeldlosen Zahlungsverkehrs und der damit einhergehenden Ausdehnung der kartengesteuerten Zahlungssysteme auch künftig geben. Denn die Teilnahme hieran setzt voraus, daß der Zahlungsgläubiger über ein durch die Karte nutzbares Terminal in Gestalt der automatisierten Kassen verfügt. Schon mit Rücksicht auf den damit verbundenen Kostenaufwand wird jedoch auch künftig nur ein Teil der Zahlungsgläubiger ihrer Kundschaft solche Termine als für die Bezahlung anbieten können. 4.764

---

gen Geheimzahl Geld aus einem Geldautomaten zu verschaffen und sie sodann dem Berechtigten zurückzugeben, eine straflose Gebrauchsentwendung (furtum usus), WM 1988, 405, 406. Die Strafbarkeit ergibt sich heute nach § 263a StGB.

1079 *Nobbe* in Bankrechts-Handbuch, § 63 Rn 11.

2. Garantievertrag zwischen Schecknehmer und bezogener Bank

4.765 Die aus dem Einsatz der ec-Karte resultierende Verpflichtung der bezogenen Bank wird von der herrschenden Meinung als Garantievertrag und nicht als abstraktes Schuldversprechen (§ 780 BGB) qualifiziert[1080]. Hierfür spricht nicht nur, daß die Einstandspflicht der bezogenen Bank in den Bedingungen für ec-Karten als Garantie bezeichnet wird. Die Haftung der Bank ist vor allem für die Fälle gewollt, in denen ein nicht garantierter Scheck nicht eingelöst wurde. Es soll also eine **subsidiäre Erfolgshaftung** begründet werden, wie sie für die Garantie typisch ist[1081].

4.766 Die Scheckkartengarantie kollidiert auch nicht mit Art. 4 ScheckG. Danach kann ein Scheck im Unterschied zum Wechsel nicht angenommen werden. Dagegen kann sich die bezogene Bank zur Einlösung des Schecks vertraglich verpflichten[1082]. Solche **vertraglichen Einlösungsverpflichtungen** der bezogenen Bank außerhalb des Schecks sind zulässig[1083].

a) Abgrenzung der Garantie von der Bürgschaft und dem Schuldbeitritt

4.767 Der Garantievertrag ist im BGB nicht geregelt. Die Bedürfnisse des Rechts- und Wirtschaftsverkehrs haben dazu geführt, daß sich neben den vom Gesetz ausdrücklich normierten Verträgen weitere typische Verträge herausgebildet haben (sog. verkehrstypische Verträge)[1084]. Dabei handelt es sich zum Teil um Neubildungen eigener Art, wie dies auch für den Garantie-(Gewähr-)Vertrag zutrifft. Der Garantievertrag ist dadurch gekennzeichnet, daß der Garant eine Verpflichtung zur Schadloshaltung übernimmt, sofern der Garantieerfolg nicht eintritt; er haftet auch für alle typischen Zufälle.

4.768 Der garantierte Erfolg ist ein anderer und weitergehend als die bloße garantierte Vertragsleistung. Der Umfang der Verpflichtung zur Schadloshaltung bestimmt sich nach schadensersatzrechtlichen Grundsätzen[1085].

4.769 Der Anspruch aus der Garantie ist ein **Erfüllungsanspruch.** Die Schadloshaltung bei der Forderungsgarantie, wie sie auch die Scheckkartengarantie darstellt, geht auf Ersatz des Schadens, der dem Gläubiger (Schecknehmer) aus der Nichterfüllung oder nicht rechtzeitigen Erfüllung seiner

---

1080 BGH WM 1975, 466; 1982, 478, 479; vgl. *Canaris*, Bankvertragsrecht³, Rn 834 m.w.Nachw.; *Hadding/Häuser*, WM 1993, 1357, 1358.
1081 *Nobbe* in Bankrechts-Handbuch, § 63 Rn 11, 76 m.w.Nachw.
1082 BGH WM 1975, 466.
1083 BGH WM 1956, 1293.
1084 *Palandt/Heinrichs*, Einf. v. § 305 Rn 12.
1085 BGH WM 1985, 1035, 1037.

Forderung aus dem Valutaverhältnis zu seinem Schuldner (Scheckinhaber) erwächst[1086].

Die Garantie ist der vom Gesetz geregelten **Bürgschaft** (§ 765 Abs. 1 BGB) verwandt. Beide sollen eine persönliche Forderung gegen einen Dritten durch Übernahme einer Hilfsschuld absichern[1087]. Ein **wesentlicher Unterschied** besteht darin, daß die Bürgschaftsschuld vom Bestehen und Umfang der gesicherten (Haupt)Schuld dauernd abhängig ist. Diese Akzessorietät fehlt der Garantie, die wie die Scheckkartengarantie eine Zahlungsverbindlichkeit der bezogenen Bank begründen soll, die unabhängig von dem Anspruch des Schecknehmers (Garantiebegünstigten) gegen den Scheckkarteninhaber aus dem Valutaverhältnis Bestand hat.

4.770

Die Terminologie der „Bedingungen für die ec-Karte" wie auch die Interessenlage spricht auch dagegen, daß anstelle einer Garantie ein **Schuldbeitritt** (Schuldmitübernahme, kumulative Schuldübernahme) der bezogenen Bank gewollt ist. Der Schuldbeitretende tritt zusätzlich **neben** dem bisherigen Schuldner in das Schuldverhältnis ein; beide werden Gesamtschuldner im Sinne der §§ 421 ff. BGB[1088]. Die bezogene Bank will aber nicht die Zahlungsverbindlichkeit ihres Kunden aus dem Valutaverhältnis mit dem Schecknehmer mitübernehmen, sondern diesen nur schadlos halten, wenn der Scheck ausnahmsweise z.B. wegen fehlender Deckung oder Widerrufs (Schecksperre) durch den Aussteller nicht eingelöst wird. Durch die Scheckkarte soll daher erkennbar nur eine **subsidiäre Haftung der bezogenen Bank** begründet werden. Die Annahme einer Garantiehaftung entspricht zudem dem Sicherungsbedürfnis des Schecknehmers besser als ein Schuldbeitritt. Bei einer solchen kumulativen Schuldübernahme könnte die bezogene Bank als Gesamtschuldnerin gegenüber dem Schecknehmer alle Einwendungen und Einreden geltend machen, welche sich aus dem (Valuta-)Verhältnis zwischen ihrem Kunden und dem Schecknehmer ergeben (analog § 417 Abs. 1 S. 1 BGB)[1089].

4.771

b) Zustandekommen des Garantievertrages

Der Garantievertrag kommt nach herrschender Meinung zwischen der bezogenen Bank und dem ersten Schecknehmer durch einen Vertragsschluß zustande, der durch den Inhaber der ec-Karte vermittelt wird. Hierbei handelt der Karteninhaber nicht nur als Übermittlungsbote, son-

4.772

1086 BGH WM 1961, 204, 207; *Palandt/Sprau*, Einf. v. § 765 Rn 16.
1087 *Palandt/Sprau*, Einf. v. § 765 Rn 15, 16.
1088 *Palandt/Heinrichs*, Überbl. v. § 414 Rn 2.
1089 *Palandt/Heinrichs*, Überbl. v. § 414 Rn 5.

dern als **offener Stellvertreter** der bezogenen Bank (§ 164 Abs. 1 BGB)[1090]. Denn der Karteninhaber entscheidet nach freiem Ermessen selbst, ob, gegenüber welchem Schecknehmer und in welcher Höhe eine Garantieverpflichtung seiner Bank begründet werden soll[1091]. Die Vollmacht erteilt die Bank konkludent durch die Aushändigung der ec-Karte an den Kontoinhaber oder Kontobevollmächtigten[1092].

4.773 Für das **Entstehen der Garantiehaftung** ist die Vorlage der Scheckkarte nicht erforderlich[1093]. Die Scheckkarte bezweckt, den Scheckaussteller gegenüber dem Schecknehmer als denjenigen zu legitimieren, der über das im Scheckvordruck bezeichnete Konto verfügen und der die Garantiehaftung der bezogenen Bank begründen darf. Dagegen hat die Bank kein erkennbares Interesse an der Vorlage der ec-Karte, zumal sie diese Vorlage regelmäßig nicht überprüfen kann. Die Nichtvorlage der ec-Karte bei Scheckbegebungen durch den Kontoinhaber hat deshalb nur insoweit Bedeutung, als der Schecknehmer Gefahr läuft, keinen Garantieanspruch zu erwerben, wenn der Name des Scheckausstellers oder die verwendete Scheckkartennummer nicht mit der ec-Karte übereinstimmen[1094].

4.774 Es genügt deshalb, wenn die in den „Bedingungen für die ec-Karte" umschriebenen Voraussetzungen für die Begründung der Garantiehaftung erfüllt sind. Hiernach müssen der **Name der Bank**, die **Konto- und die ec-Kartennummer** sowie die **Unterschriften auf eurocheque und ec-Karte** übereinstimmen. In Deutschland ausgestellte eurocheques sind für acht Tage, in anderen Ländern ausgestellte eurocheques sind für 20 Tage ab dem Ausstellungsdatum garantiert. Die Frist ist gewahrt, wenn der eurocheque innerhalb dieser Fristen der Bank vorgelegt, einem anderen inländischen Kreditinstitut zum Inkasso eingereicht oder der GZS Gesellschaft für Zahlungssysteme mbH, Frankfurt, zugeleitet worden ist. Der Bankkunde wird zudem ausdrücklich in den ec-Bedingungen darauf hingewiesen, daß die Bank auf jeden mit der ec-Kartennummer versehenen eurocheque Zahlung leisten wird, sofern die oben genannten Voraussetzungen eingehalten sind (vgl. III. 1.1. ec-Bedingungen Privatbanken).

1090 OLG Hamm NJW 1972, 298, 299; OLG Düsseldorf WM 1975, 504, 507; 1984, 489, 491; OLG Nürnberg NJW 1978, 2513, 2514; *Nobbe* in Bankrechts-Handbuch, § 63 Rn 78 m.w.Nachw.; *Canaris*, Bankvertragsrecht³, Rn 831; *Baumbach/Hefermehl*, Anh. Art. 4 ScheckG Rn 7.
1091 *Nobbe* in Bankrechts-Handbuch, § 63 Rn 78.
1092 *Hadding*, WuB I D 3.-3.88; *Nobbe* in Bankrechts-Handbuch, § 63 Rn 78.
1093 BGH WM 1982, 478, 479; *Canaris*, Bankvertragsrecht³, Rn 844; *Hadding/Häuser*, WM 1993, 1357, 1358.
1094 OLG Frankfurt WM 1988, 10, 12.

Die Scheckkartengarantie verpflichtet die bezogene Bank im übrigen 4.775
auch dann, wenn als Ausstellungstag der Schecks ein späteres Datum
eingesetzt wird[1095]. Bei solchen **vordatierten Schecks** beginnt die Garantiefrist erst ab dem angegebenen Ausstellungstag[1096]. Dagegen entfällt die
Garantiehaftung, wenn der Scheck z.B. mangels der gemäß Art. 1 Nr. 5
ScheckG erforderlichen Angabe der Jahreszahl wegen **Formfehlers** ungültig ist. Die Garantie soll dem Schecknehmer das Risiko einer fehlenden
Deckung des Schecks abnehmen, aber nicht vor den Folgen unachtsamer
Entgegennahme formnichtiger Schecks schützen[1097]. Auch eine etwa
mögliche Umdeutung eines formnichtigen eurocheques in eine Anweisung oder in eine Ermächtigung vermag eine Garantiehaftung nicht zu
begründen[1098].

Soweit die bezogene Bank entsprechend einer weitverbreiteten Praxis im Interesse 4.776
der Akzeptanz der Scheckkartengarantie auch eurocheques einlöst, bei denen der
nach dem Scheckgesetz (Art. 1 Nr. 5) vorgeschriebene Ausstellungsort und/oder
das Ausstellungsdatum fehlen, ist es fraglich, ob in diesen Fällen eine Garantiehaftung begründet worden ist[1099]. Hier steht der bezogenen Bank bei Fehlen einer
wirksamen scheckrechtlichen Anweisung der auftragsrechtliche Aufwendungserstattungsanspruch nur zu, wenn die Voraussetzungen der Geschäftsführung ohne
Auftrag erfüllt sind (§§ 677 ff. BGB). Anderenfalls kommt lediglich ein Anspruch
nach bereicherungsrechtlichen Grundsätzen in Betracht (§§ 684, 812 BGB)[1100].

Weitere Voraussetzung für die Begründung einer Garantiehaftung ist, daß 4.777
bei der Scheckausstellung kein normales Scheckformular, sondern ein
eurocheque-Vordruck benutzt worden ist. Diese Vordrucke sind mit dem
ec-Logo versehen. Dagegen ist die Garantiehaftung nicht von der Verwendung einer bestimmten Vordruck-Generation oder -form abhängig[1101].

aa) Garantiehaftung aufgrund Rechtsscheinhaftung

Die Garantiehaftung kommt auch zum Tragen, wenn die ec-Karte von 4.778
einem nicht verfügungsberechtigten Dritten, insbesondere einem Fälscher zusammen mit ihr äußerlich übereinstimmenden eurocheques verwendet wird. Trotz Besitzes der Karten ist der Dritte kein Bevollmächtigter des kartenausgebenden Kreditinstitutes; es fehlt ihm also die Vertre-

---
1095 BGH WM 1975, 466 f.
1096 *Baumbach/Hefermehl*, Anh. Art. 4 ScheckG Rn 10; *Nobbe* in Bankrechts-Handbuch, § 63 Rn 88.
1097 BGH WM 1993, 939.
1098 BGH WM 1993, 939.
1099 *Nobbe* in Bankrechts-Handbuch, § 63 Rn 83.
1100 *Nobbe* in Bankrechts-Handbuch, § 63 Rn 83.
1101 *Nobbe* in Bankrechts-Handbuch, § 63 Rn 84.

tungsbefugnis zum Abschluß eines Garantievertrages[1102]. Die Garantiehaftung des Kreditinstitutes wird jedoch aufgrund zurechenbaren Rechtsscheins begründet[1103]. Dieser Haftung steht auch nicht entgegen, daß die ec-Karte **keinen Wertpapier-Charakter** hat und auch kein qualifiziertes Legitimationspapier im Sinne des § 808 BGB darstellt[1104].

4.779 Die ec-Karte ist deshalb auch nicht aufgebotsfähig im Sinne der §§ 946 ff. ZPO[1105]. Wegen der Ähnlichkeit mit einer Vollmachtsurkunde wird jedoch eine Kraftloserklärung durch das Kreditinstitut analog § 176 BGB für zulässig erachtet[1106]. Nach der Kraftloserklärung kann der Schecknehmer aus der Vorlage der ec-Karte keine Rechte mehr herleiten[1107]. Diese Möglichkeit der Kraftloserklärung steht aber nicht im Einklang mit der Akzeptanz der ec-Karte.

4.780 Ungeachtet ihres fehlenden Wertpapiercharakters ist die ec-Karte aufgrund ihrer Legitimationsfunktion ein Rechtsscheinträger und damit als Vertrauensgrundlage für die Rechtsscheinhaftung ausreichend. Diese Karte soll den sie vorlegenden Scheckaussteller gegenüber dem Schecknehmer als denjenigen ausweisen, der **berechtigt ist,** über das im Scheck bezeichnete Girokonto zu verfügen und die Garantiehaftung der bezogenen Bank zu begründen[1108]. Diese Legitimationskraft läßt die ec-Karte zwar nicht zu einem Legitimationspapier im Sinne des § 808 BGB werden, wie dies z.B. auf das Sparbuch zutrifft, dessen Besitz bestimmte Legitimationswirkungen bei Verfügungen über das Spargluthaben durch einen Nichtberechtigten entfaltet. Die ec-Karte ist aber aufgrund der ihr zugewiesenen Legitimationsfunktion **vergleichbar einer Vollmachtsurkunde,** deren Aushändigung typischerweise keinen selbständigen Bevollmächtigungsakt darstellt, sondern der Schaffung eines Legitimationsträgers im Hinblick auf eine zuvor oder gleichzeitig erteilte Innenvollmacht dient. Diese Legitimationsfunktion läßt die Vollmachtsurkunde zum Rechtsscheinträger werden mit der Folge, daß der gutgläubige Geschäftsgegner in sein Vertrauen auf das Bestehen der darin dokumentierten Vollmacht geschützt wird, wenn diese nicht oder nicht wirksam erteilt worden ist oder sie zur Zeit der Vornahme des Rechtsgeschäftes nicht mehr besteht (vgl. § 173 BGB)[1109].

1102 *Canaris,* Bankvertragsrecht³, Rn 833 m.w.Nachw.; a.A. LG Berlin WM 1981, 1242.
1103 *Nobbe* in Bankrechts-Handbuch, § 63 Rn 79.
1104 BGH WM 1988, 405, 407; *Canaris,* Bankvertragsrecht³, Rn 527b; *Bieber,* WM 1987, Sonderbeil. Nr. 6, S. 7.
1105 *Kümpel,* NJW 1975, 1549; *Pleyer/Wüsten,* WM 1975, 1102, 1105.
1106 *Canaris,* Bankvertragsrecht³, Rn 849.
1107 *Nobbe* in Bankrechts-Handbuch, § 63 Rn 111.
1108 LG Koblenz WM 1988, 1666, 1667.
1109 Münchener Komm. zum BGB/*Thiele,* § 172 Rn 1.

Ein solcher Rechtsscheinträger wie die Vollmachtsurkunde ist auch die 4.781
ec-Karte, die insoweit der GeldKarte (Rn 4.887 ff.) und der Kreditkarte
(Rn 4.946) vergleichbar ist. Denn sie **dokumentiert eine Vollmachtserteilung** des Kreditinstituts, wie sie konkludent durch die Aushändigung der
ec-Karte an den Kontoinhaber oder den Kontobevollmächtigten erfolgt.
Mit Rücksicht auf diesen, dem Kreditinstitut zurechenbaren Rechtsschein darf der Schecknehmer darauf vertrauen, daß der Vorleger der
ec-Karte bei der Verwendung äußerlich übereinstimmender eurocheque-Vordrucke zum Abschluß eines Garantievertrages zu Lasten des Kreditinstituts bevollmächtigt ist. Der ec-Karte kommt deshalb eine ähnliche
Legitimationswirkung zu wie einer Vollmachtsurkunde[1110].

Wie bei Vollmachtsurkunden kommt aber eine **Rechtsscheinhaftung** des 4.782
kartenausgebenden Kreditinstituts nur in Betracht, wenn der Nichtberechtigte die ec-Karte bei der Ausstellung der eurocheques auch **tatsächlich vorgelegt** hat (vgl. § 172 BGB). Denn ohne diese Vorlage kann der
Schecknehmer nicht auf den durch die ec-Karte begründeten Rechtsschein der Vollmacht des Scheckausstellers zur Begründung einer Scheckkartengarantie vertraut haben. Damit fehlt es an einem haftungsbegründenden Rechtsscheintatbestand[1111]. Dabei ist es unerheblich, ob der Fälscher der begebenen eurocheques die nicht vorgelegte ec-Karte im Besitz
hatte oder nicht[1112].

Dagegen wird bei **Vorlage einer gefälschten** ec-Karte keine Garantiehaftung begründet. Hier fehlt es an einem dem Kreditinstitut zurechenbaren 4.783
Rechtsscheintatbestand. Hinzu kommt, daß die ec-Bedingungen die
Pflicht zur Scheckeinlösung ausdrücklich davon abhängig machen, daß
die ec-Karte und der verwendete eurocheque-Vordruck dem Kontoinhaber
„abhandengekommen" sind (III. 1.3. ec-Bedingungen Privatbanken). An
dieser Voraussetzung fehlt es bei solchen Fälschungen[1113].

Ein **Abhandenkommen** im Sinne dieser AGB-Haftungsklausel kann aber 4.784
auch dann gegeben sein, wenn die ec-Karte und/oder die eurocheque-Vordrucke in zurechenbarer Weise abhandengekommen sind. Wird die Karte

---
1110 *Timm/Enders*, JuS 1992, 406, 409; *Nobbe* in Bankrechts-Handbuch, § 63
Rn 79.
1111 *Nobbe* in Bankrechts-Handbuch, § 63 Rn 108.
1112 LG Koblenz WM 1988, 1665, 1666; *Nobbe* in Bankrechts-Handbuch, § 63
Rn 86.
1113 Vgl. *Baumbach/Hefermehl*, Anh. Art. 4 ScheckG, Rn 16 m.w.Nachw. Nach
Nobbe entfällt die Garantiehaftung, wenn „ec-Karte und/oder die ec-Vordrucke" gefälscht sind (Bankrechts-Handbuch, § 63 Rn 110).

bei mißbräuchlicher Verwendung vorgelegt, so wird hierdurch der für die Garantiehaftung erforderliche Rechtsscheintatbestand verwirklicht[1114].

bb) Abtretung des Garantieanspruchs bei Scheckweitergabe

4.785 Bei Weiterübertragung des Schecks erwirbt der **zweite Nehmer** nach herrschender Meinung **keinen originären Garantieanspruch**[1115]. Hierfür spricht vor allem der Zweck der ec-Karte, die nicht die Umlauffähigkeit von eurocheques steigern, sondern nur die Akzeptanz von Scheckzahlungen fördern soll. Hierfür genügt eine nur den ersten Schecknehmer begünstigende Einlösungsgarantie[1116]. Der Garantieanspruch des ersten Schecknehmers geht also auf die nachfolgenden Erwerber nur durch **Abtretung (§ 398 BGB)** über. Dies kann regelmäßig in der Übertragung eines mit einer ec-Kartennummer versehenen eurocheques erblickt werden[1117].

4.786 Nach zessionsrechtlichen Grundsätzen kann die bezogene Bank dem Zweiterwerber und jedem nachfolgenden Erwerber alle Einwendungen und Einreden entgegenhalten, die ihr gegenüber dem ersten Schecknehmer zustanden (§ 404 BGB). Auch scheidet ein gutgläubiger Erwerb aus, weil der Gutglaubensschutz eine wertpapiermäßige Verbriefung des Garantieanspruchs voraussetzen würde[1118].

3. ec-Scheckkartenvertrag mit dem Kontoinhaber (Deckungsverhältnis)

4.787 Der ec-Scheckkartenvertrag regelt das Rechtsverhältnis zwischen dem kartenausgebenden Kreditinstitut und seinen Kunden als Karteninhaber. Bei diesem sog. Deckungsverhältnis handelt es sich um einen **entgeltlichen Geschäftsbesorgungsvertrag** mit dienst- und werkvertraglichen Elementen (§ 675 BGB).

4.788 Minderjährige bedürfen für die Teilnahme am Scheckkartenverfahren nicht nur der Zustimmung der gesetzlichen Vertreter (§ 107 BGB). Erforderlich ist auch die Genehmigung des Vormundschaftsgerichts gemäß

1114 *Canaris*, Bankvertragsrecht[3], Rn 848; *Nobbe* in Bankrechts-Handbuch, § 63 Rn 110.
1115 OLG Nürnberg NJW 1978, 2513, 2514; *Baumbach/Hefermehl*, Anh. Art. 4 ScheckG Rn 9; *Bülow*, Art. 4 ScheckG Rn 30; *Canaris*, Bankvertragsrecht[3], Rn 852.
1116 *Canaris*, Bankvertragsrecht[3], Rn 852; *Nobbe* in Bankrechts-Handbuch, § 63 Rn 90.
1117 OLG Nürnberg NJW 1978, 2513, 2514; LG Hamburg WM 1975, 90.
1118 *Baumbach/Hefermehl*, Anh. Art. 4 ScheckG Rn 18; *Nobbe* in Bankrechts-Handbuch, § 63 Rn 91.

§ 1822 Nr. 8 BGB. Es kann nicht ausgeschlossen werden, daß der Minderjährige die ec-Karte zur Kreditaufnahme in Form von Kontoüberziehungen verwendet. Deshalb soll von der Aushändigung einer ec-Karte grundsätzlich Abstand genommen werden[1119].

Hat der Kontoinhaber eine **Kontovollmacht** erteilt, so kann eine ec-Karte auch auf den **Namen des Bevollmächtigten** ausgestellt werden (II. 1. ec-Bedingungen Privatbanken). In diesen Fällen kommt zwischen dem Kreditinstitut und dem Kontobevollmächtigten ein **eigenständiger Vertrag** mit eigenen Rechten und Pflichten zustande, der als Auftrag im Sinne der §§ 662 ff. BGB einzustufen ist[1120]. Nach diesem Vertrag darf der Kontobevollmächtigte für das kontoführende Kreditinstitut eine Garantiehaftung begründen[1121]. Einige der in den Bedingungen für ec-Karten geregelten Pflichten richten sich ausdrücklich an den Inhaber der Karte und gelten damit auch für den Kontobevollmächtigten als Karteninhaber[1122].

4.789

Wird die **Kontovollmacht widerrufen,** ist der Kontoinhaber dafür verantwortlich, daß die ec-Karte des Bevollmächtigten zurückgegeben wird (II. 1. ec-Bedingungen Privatbanken). Aufwendungen der Bank aus der Weiterbenutzung der Karte hat der Kontoinhaber zu erstatten, wie es den Wertungen der §§ 170, 172 BGB entspricht[1123].

4.790

Der Inhalt des ec-Kartenvertrages wird wesentlich durch die Bedingungen für ec-Karten bestimmt. Des weiteren gelten die Grundsätze, die für den „normalen" Scheckvertrag entwickelt worden sind, auch für den Scheckkartenvertrag[1124]. Der Karteninhaber wie auch der Kontobevollmächtigte dürfen Verfügungen mit seiner ec-Karte nur im Rahmen des Kontoguthabens oder eines vorher für das Konto eingeräumten Kredits vornehmen (II. 3. ec-Bedingungen Privatbanken). Auch wenn der Karteninhaber diese sog. finanzielle Nutzungsgrenze nicht einhält, kann die Bank den Ersatz der Aufwendungen verlangen, die aus dem Karteneinsatz entstehen. Die hieraus resultierenden Kontobelastungen führen zu geduldeten Kontoüberziehungen mit den hierfür geltenden höheren Zinssätzen (II. 3 ec-Bedingungen Banken).

4.791

Wird diese Pflicht zur Einhaltung der finanziellen Nutzungsgrenzen verletzt, so erwirbt das Kreditinstitut regelmäßig einen Schadensersatzanspruch wegen positi-

4.792

1119 Verlautbarung des Bundesaufsichtsamtes für das Kreditwesen vom 22. 3. 1995, abgedruckt in ZIP 1995, 691 ff.
1120 *Hadding,* WuB I D 3.-3.88.
1121 *Nobbe* in Bankrechts-Handbuch, § 63 Rn 16.
1122 OLG Celle WM 1988, 150, 152.
1123 *Schröter,* ZBB 1995, 395, 397; *Harbeke,* WM 1989, 1709, 1712; *Nobbe* in Bankrechts-Handbuch, § 63 Rn 21.
1124 *Nobbe* in Bankrechts-Handbuch, § 63 Rn 17.

ver Vertragsverletzung sowie wegen ungerechtfertigter Übernahme der Geschäftsführung[1125]. Daneben kommt ein Schadensersatzanspruch aus § 823 Abs. 2 BGB i.V.m. § 266b StGB in Betracht, der den Mißbrauch von Scheck- und Kreditkarten unter Strafe stellt[1126]. Diese Schadensersatzansprüche treten neben den auftragsrechtlichen Aufwendungserstattungsanspruch (§ 670 BGB)[1127].

4.793 Der ec-Kartenvertrag endet mit dem Ablauf des Girovertrages (II. 5 ec-Bedingungen Privatbanken). Der Vertrag kann **auch einseitig gekündigt** werden. Die **Kündigungsfristen** richten sich nach den Grund-AGB (vgl. Nr. 19 AGB Privatbanken), die auch die fristlose Kündigung aus wichtigem Grunde, etwa bei Mißbrauch der ec-Karte regeln[1128]. Soweit die ec-Karte nach Beendigung des Scheckkartenvertrages verwendet wird, sind auch diese garantierten eurocheques von der bezogenen Bank einzulösen, soweit nicht der Schecknehmer die Vertragsbeendigung kannte oder hätte kennen müssen (§ 173 BGB)[1129].

a) Auftragsrechtliche Aufwendungsersatzansprüche

4.794 Das bezogene Kreditinstitut darf wie bei einem gewöhnlichen Scheck grundsätzlich auch einen eurocheque nur an einen Empfangsberechtigten bezahlen. Bei einer **Scheckeinlösung** gegenüber einem **Nichtberechtigten** schaden der Bank nur Vorsatz und grobe Fahrlässigkeit. Dabei ist aber gebührend zu berücksichtigen, daß der Scheckinhaber einen eigenständigen Zahlungsanspruch gegen die Bank der Scheckgarantie geltend macht. Überdies haben die Kreditinstitute an der Funktionsfähigkeit des eurocheque-Verkehrs ein berechtigtes Interesse. Die Akzeptanz der Scheckkarte als Einlösungsgarantie erfordert, daß die Verweigerung der Einlösung garantierter eurocheques dem Kreditinstitut nur zugemutet werden kann, wenn es die fehlende materielle Berechtigung des Scheckinhabers ohne weiteres beweisen kann[1130].

4.795 Soweit dies nicht möglich ist, darf die bezogene Bank die Einlösung des eurocheques für erforderlich halten. Sie erwirbt deshalb einen auftragsrechtlichen Aufwendungserstattungsanspruch (§§ 670, 675 BGB)[1131].

1125 *Hadding*, WuB I D 3.-3.88; vgl. weiter OLG Celle WM 1988, 150.
1126 Hierbei handelt es sich um einen speziellen Straftatbestand, der den allgemeinen Tatbestand des Betruges und der Untreue (§§ 263, 266 StGB) verdrängt (BGHZ 87, 208).
1127 *Nobbe* in Bankrechts-Handbuch, § 63 Rn 32.
1128 Vgl. weiter *Nobbe* in Bankrechts-Handbuch, § 63 Rn 19.
1129 *Nobbe* in Bankrechts-Handbuch, § 63 Rn 23.
1130 *Canaris*, Bankvertragsrecht³, Rn 855; *Nobbe* in Bankrechts-Handbuch, § 63 Rn 73.
1131 *Nobbe* in Bankrechts-Handbuch, § 63 Rn 30, 74.

Die Rechtsgrundlage für diese Pflicht zur Scheckeinlösung wird schon durch den Scheckkartenvertrag gelegt. Das **AGB-Pfandrecht** wegen des Aufwendungserstattungsanspruches **entsteht** deshalb schon mit der Aushändigung der ec-Karte und der eurocheque-Vordrucke. Dieses AGB-Pfandrecht geht einem späteren Pfändungspfandrecht an dem Giroguthaben im Range vor, selbst wenn der eurocheque erst nach der Pfändung des Kontoguthabens begeben oder eingelöst worden ist[1132]. 4.796

b) Beachtung von Schecksperren

Die Bank darf mit Rücksicht auf ihre Einlösungsgarantie auch Schecks einlösen, die der Kontoinhaber innerhalb der Garantiefrist gesperrt hat (vgl. II. 1.2. ec-Bedingungen Banken). Eine solche Sperre hat die Bank aber zu beachten, wenn der eurocheque erst nach Ablauf der für den Scheckeinzug bestehenden Frist vorgelegt worden ist[1133]. Mit dem Ablauf dieser Garantiefrist erlischt die Scheckkartengarantie. Danach wird der zunächst garantierte Scheck zu einem gewöhnlichen Scheck, der widerrufbar ist (Art. 32 ScheckG)[1134]. Dagegen hat die Bank die Schecksperre sofort zu beachten, soweit der Scheckbetrag den garantierten Höchstbetrag übersteigt (III. 1. 2. ec-Bedingungen Banken). Die Kartengarantie erstreckt sich nicht auf diesen überschießenden Betrag. Die Bank ist also insoweit nicht zur Einlösung des eurocheques verpflichtet. 4.797

Die Schecksperre kann die Bank nur beachten, wenn ihr diese so rechtzeitig zugeht, daß ihre Berücksichtigung im Rahmen des ordnungsgemäßen Arbeitsablaufes möglich ist (III. 1. 2. ec-Bedingungen Banken). 4.798

4. Einwendungen der bezogenen Bank gegen die Garantieinanspruchnahme

Die bezogene Bank kann die Unwirksamkeit des Garantievertrages einwenden, wenn es an den **formellen Voraussetzungen** für die Garantieübernahme **mangelt**. In Betracht kommen als Einwände insbesondere die fehlende Übereinstimmung der Unterschriften auf ec-Karte und eurocheque[1135], Fehlen der ec-Kartennummer auf der Scheckrückseite oder deren Unrichtigkeit[1136] oder Ablauf der Garantiefrist[1137]. 4.799

1132 BGH WM 1985, 78.
1133 *Wand*, ZIP 1996, 214, 215.
1134 *Nobbe* in Bankrechts-Handbuch, § 63 Rn 70, 89.
1135 LG Berlin WM 1981, 1242.
1136 LG Koblenz WM 1988, 1665; LG Bielefeld WM 1987, 282.
1137 LG Bielefeld WM 1987, 282.

4.800 An dieser Unwirksamkeit des Garantievertrages fehlt es zwar, wenn der Scheckaussteller nur beschränkt geschäftsfähig ist. Auch solche Kunden könne die Bank beim Zustandekommen des Garantievertrages wirksam vertreten (§ 165 BGB). Hier kann der Garantieanspruch des Schecknehmers aber daran scheitern, daß ihm der beschränkt Geschäftsfähige kein Eigentum an den eurocheques hat verschaffen können[1138].

4.801 Nach ganz herrschender Auffassung entsteht die Scheckkartengarantie nur für den materiell berechtigten Schecknehmer[1139]. Hieran fehlt es aber, wenn der Scheck von einem nicht Geschäftsfähigen ausgestellt wird. In diesen Fällen kommt jedoch eine Rechtsscheinhaftung der Bank in Betracht, wenn sie einem Minderjährigen eine Scheckkarte und eurocheque-Vordrucke aushändigt und damit in zurechenbarer Weise den Rechtsschein setzt, daß dieser Bankkunde zur ordnungsgemäßen Teilnahme am Scheckkartenverkehr in der Lage ist[1140].

4.802 Bei **gefälschten oder verfälschten eurocheques** kann Bösgläubigkeit des Schecknehmers eingewendet werden. Dabei schadet Kenntnis der Fälschung und deren grob fahrlässige Unkenntnis. Der Schecknehmer handelt jedoch nicht bereits grob fahrlässig, wenn er einen schon unterschriebenen eurocheque entgegennimmt und keine Wiederholung der Unterschrift vor seinen Augen verlangt[1141]. Die **Bösgläubigkeit des Schecknehmers** hat die bezogene Bank zu beweisen[1142].

4.803 Schließlich kann auch die **Unwirksamkeit des Begebungsvertrages** eingewendet werden. Denn die Scheckkartengarantie soll lediglich den materiell berechtigten Schecknehmer schützen[1143]. So ist z.B. die Nichtigkeit des Begebungsvertrages wegen Wuchers zu berücksichtigen. Hier ist dem Schecknehmer kein Eigentum verschafft worden. Dieser Eigentumserwerb ist aber Voraussetzung für die Begründung einer wirksamen Scheckkartgarantie[1144].

1138 *Nobbe* in Bankrechts-Handbuch, § 63 Rn 107.
1139 BGH WM 1989, 1673, 1674 m.w.Nachw.
1140 *Canaris*, Bankvertragsrecht³, Rn 839 m.w.N.; a.A. *Nobbe* in Bankrechts-Handbuch, § 63 Rn 107. Nach einer Verlautbarung des Bundesaufsichtsamtes für das Kreditwesen (abgedruckt in ZIP 1995, 691 ff.) sollen jedoch die Kreditinstitute von der Ausgabe von Scheckkarten an Minderjährige absehen.
1141 *Nobbe* in Bankrechts-Handbuch, § 63 Rn 109.
1142 LG Berlin WM 1981, 1242, 1243.
1143 BGH WM 1989, 1673, 1674; *Nobbe* in Bankrechts-Handbuch, § 63 Rn 103 m.w.Nachw.
1144 *Nobbe* in Bankrechts-Handbuch, § 63 Rn 103, 107.

Selbst wenn der Wuchereinwand nur das Grundgeschäft nichtig sein läßt und hiervon der Scheckbegebungsvertrag wegen der abstrakten Rechtsnatur der Scheckerklärungen unberührt bleibt, steht der bezogenen Bank gleichwohl regelmäßig gegen den ersten Schecknehmer und unmittelbaren Garantiebegünstigten der Einwand des Rechtsmißbrauchs bei Geltendmachung des Garantieanspruches zu. Die bezogene Bank darf nicht auf dem Umwege über die (abstrakte) Einlösungsgarantie zur Mitwirkung an einem sittenwidrigen Geschäft gezwungen werden[1145].

4.804

a) Grundsätzlicher Ausschluß von Einwendungen aus dem Deckungsverhältnis zum Kontoinhaber

Einwendungen der bezogenen Bank aus ihrem (Deckungs-)Verhältnis zum Karteninhaber sind grundsätzlich ausgeschlossen. Es kann also insbesondere nicht eingewendet werden, daß der eurocheque ungedeckt oder widerrufen (gesperrt) sei. Vor diesem Risiko soll die Garantie den Schecknehmer gerade schützen[1146].

4.805

Der **Einwand fehlender Deckung** ist deshalb **nur ausnahmsweise** in Fällen des Rechtsmißbrauchs zulässig[1147]. Diese Voraussetzung kann unter bestimmten Voraussetzungen gegeben sein, wenn der Scheckkarteninhaber seine Vertretungsmacht, die ihm aufgrund des ec-Scheckkartenvertrages mit der bezogenen Bank zusteht, zur Ausstellung ungedeckter eurocheques mißbraucht. Bei der Frage, ob ein solcher Vollmachtsmißbrauch gegenüber dem geltend gemachten Garantieanspruch erfolgversprechend eingewendet werden kann, unterscheidet der BGH danach, ob die eurocheques funktionswidrig oder nur pflichtwidrig verwendet worden sind[1148]. Im letzteren Falle ist der Einwand der unzulässigen Rechtsausübung selbst dann nicht begründet, wenn dem Schecknehmer das vertragswidrige Verhältnis des Ausstellers der eurocheques infolge grober Fahrlässigkeit unbekannt geblieben ist[1149]. Eine solche funktionsgerechte Verwendung von eurocheques ist gegeben, wenn sie zur Bargeldverschaffung bei anderen Kreditinstituten verwendet werden[1150]. Dasselbe gilt bei der Ausstellung einer Vielzahl von eurocheques jeweils über den Garantiehöchstbetrag zur Bezahlung eines größeren Rechnungsbetrages. Denn es fehlt an einer stückzahl- oder wertmäßigen Grenze, bei deren Über-

4.806

1145 BGH WM 1989, 1673, 1674; *Canaris*, Bankvertragsrecht³, Rn 836.
1146 *Nobbe* in Bankrechts-Handbuch, § 63 Rn 92.
1147 BGH WM 1975, 466; 1985, 78; LG Nürnberg-Fürth, WM 1986, 479, 480.
1148 BGH WM 1975, 466; 1982, 478; 1993, 939, 940; *Nobbe* in Bankrechts-Handbuch, § 63 Rn 96 m.w.Nachw.
1149 BGH WM 1993, 939, 940.
1150 BGH WM 1993, 939, 940.

schreiten die gleichzeitige Ausstellung von eurocheques als funktionswidrig anzusehen ist[1151].

4.807 Kein Einvernehmen besteht, ob es sich bei der Ausstellung zahlreicher garantierter eurocheques zur Tilgung eines Darlehens auch um eine funktionswidrige Verwendung handelt[1152]. Dagegen liegt nach einhelliger Meinung ein solcher **funktionswidriger Einsatz der ec-Karte** vor, sofern die Scheckkarte zur Kreditbeschaffung verwendet worden ist, etwa wenn vordatierte ungedeckte Schecks zur Sicherung der Rückerstattung eines Darlehens[1153] oder zur Bezahlung von Spielschulden[1154] dienen sollen. Bei einer solchen zweckwidrigen Verwendung der Scheckkarte kann Rechtsmißbrauch schon bei grober Fahrlässigkeit des Schecknehmers eingewendet werden[1155]

b) Einwendungen aus dem Valutaverhältnis wegen rechtsmißbräuchlicher Garantieinanspruchnahme

4.808 Einwendungen aus dem Valutaverhältnis zwischen dem Aussteller und dem ersten Schecknehmer kommen schon nach allgemeinen Rechtsgrundsätzen nicht in Betracht. Die Bank ist nicht Vertragspartner, so daß es sich um eine unzulässige Einwendung aus dem Recht eines Dritten handeln würde[1156]. Solche Einwendungen sind im übrigen unvereinbar mit der Funktion der Scheckkarte, dem Schecknehmer eine ähnlich gesicherte Rechtsposition wie eine Barzahlung zu verschaffen. Eine Ausnahme gilt deshalb nur für die Fälle, in denen die Geltendmachung des Garantieanspruchs einen Rechtsmißbrauch in der Form einer unzulässigen Rechtsausübung darstellt[1157]. Beispiele hierfür sind die Nichtigkeit des Valutaverhältnisses wegen Gesetzeswidrigkeit (§ 134 BGB), Sittenwidrigkeit oder Wucher (§ 138 BGB)[1158]. Dasselbe gilt für den Fall, daß die Klage des Schecknehmers aus dem Valutaverhältnis rechtskräftig abgewiesen wird[1159].

1151 *Nobbe* in Bankrechts-Handbuch, § 63, 299.
1152 Bejahend BGH WM 1982, 478 (Ausstellung von 46 eurocheques über DM 300,–); zweifelnd *Nobbe* in Bankrechts-Handbuch, § 63 Rn 98.
1153 BGH WM 1975, 466, 467.
1154 Vgl. *Soergel/Häuser*, § 762 Rn 3.
1155 *Nobbe* in Bankrechts-Handbuch, § 63 Rn 95 ff.
1156 *Canaris*, Bankvertragsrecht³, Rn 836; OLG Hamm WM 1984, 1445, 1448; OLG Nürnberg NJW 1978, 2513, 2514.
1157 *Canaris*, Bankvertragsrecht³, Rn 836; *Nobbe* in Bankrechts-Handbuch, § 63 Rn 102.
1158 BGH WM 1989, 1673; OLG Hamm WM 1984, 1445, 1448.
1159 *Canaris*, Bankvertragsrecht³, Rn 843; *Nobbe* in Bankrechts-Handbuch, § 63 Rn 102.

IV. Bargeldlose Zahlung an automatisierten Kassen im Rahmen des inländischen electronic cash-Systems (POS-System)[1160]

Das electronic cash-System ermöglicht dem Bankkunden bargeldlose Zahlungen an den automatisierten Kassen des Handels und des Dienstleistungsgewerbes zu Lasten seines Girokontos bei dem kartenausgebenden Kreditinstitut. Dem POS-System sind Einzelhandelsgeschäfte, Tankstellen und Hotels angeschlossen (nachfolgend kurz „Händler"). Der Kunde des Händlers braucht sich hierzu nur durch seine **ec-Karte**[1161] **und persönliche Geheimzahl** (PIN) zu legitimieren.

4.809

Damit entfällt die Ausstellung der (garantierten) eurocheques oder der „Belastungsbelege" des Kreditkartenverfahrens. Bei dem POS-System handelt es sich also um ein nicht „papiergebundenes" elektronisches Zahlungssystem. In dieser „beleglosen" Veranlassung des Zahlungsvorgangs berühren sich die Verbraucherinteressen mit den Rationalisierungsinteressen der Handels- und Dienstleistungsunternehmen[1162]. Die elektronische Zahlung beschleunigt im übrigen die Zahlungsvorgänge an den Ladenkassen. Aus der Sicht des Händlers ergeben sich weitere kostensparende Rationalisierungseffekte gegenüber einer Bezahlung mit Bargeld oder Scheck. Insbesondere entfallen die mit einem Bargeldbestand verbundenen Risiken wie auch die späteren Einzahlungen dieser Bestände bei der Bank und Einreichungen von Schecks zum Einzug auf das eigene Girokonto.

4.810

1. Grundstrukturen des electronic cash-Systems

Wesentlicher Bestandteil des electronic cash-Systems ist die Genehmigung jedes Zahlungsvorgangs durch die jeweilige Autorisierungsstelle des kartenausgebenden Kreditinstituts. Hierzu wird die ec-Karte in die automatisierte Kasse (electronic cash-Terminal) eingeführt, die dem Kunden den geschuldeten Geldbetrag anzeigt. Anschließend identifiziert sich der Kunde durch Eingabe seiner persönlichen Geheimzahl (PIN) über die Terminal-Tastatur. Sodann werden die für die Autorisierung erforderlichen Daten, wie sie auf dem Magnetstreifen der ec-Karte codiert sind, der zuständigen Autorisierungsstelle elektronisch überspielt. Hiernach wird zur Vermeidung mißbräuchlicher Kontoverfügungen überprüft, ob die

4.811

1160 *Reiser*, WM 1989, Sonderbeil. 3; *Harbeke*, WM 1994, Sonderbeil. 1; *Canaris*, Bankvertragsrecht³, Rn 527cc; *Gößmann* in Bankrechts-Handbuch, § 68.
1161 Zugelassen zum POS-System sind auch die S-Card der Sparkassen, die Bank-Card der genossenschaftlichen Institute sowie die Kundenkarte der Deutsche Bank AG und der Dresdner Bank (*Harbeke*, WM 1994, Sonderbeil. Nr. 1 S. 6).
1162 *Hartmann*, WM 1983, 982, 983.

4. Teil: Bargeldloser Zahlungsverkehr (Girogeschäft)

PIN richtig ist und die ec-Karte auch nicht gesperrt ist und ob der dem Kunden eingeräumte Verfügungsrahmen eingehalten ist. Bei positivem Prüfungsergebnis sendet die Autorisierungszentrale als Beauftragte des kartenausgebenden Kreditinstituts die Nachricht „Zahlung genehmigt" an das POS-Terminal. Der gesamte Autorisierungsvorgang vollzieht sich in Sekunden.

4.812 Mit dieser Autorisierung des jeweiligen electronic cash-Umsatzes wird für das kartenausgebende Kreditinstitut eine **(abstrakte) Zahlungsverbindlichkeit** begründet[1163]. Sie verschafft dem hieraus begünstigten Händler einen der Bargeldzahlung gleichwertigen Vermögenswert. Auch Bargeldzahlungen führen in der Praxis letztlich nur zu solchen abstrakten Zahlungsansprüchen gegen eine Bank. Denn wird das in die Ladenkasse eingezahlte Bargeld nicht als Wechselgeld benötigt, wird es regelmäßig kurzfristig bei einer Bank zur Gutschrift auf das Girokonto eingezahlt und begründet hierdurch einen abstrakten Zahlungsanspruch (§ 780 BGB). Diese wirtschaftliche Gleichwertigkeit des elektronischen Autorisierungsvorgangs mit einer Bargeldzahlung erklärt auch, daß die „Bedingungen für ec-Karten" nicht mehr vom POS-System sondern nur noch vom „electronic cash"-System sprechen. Das Kürzel „POS"(Point of Sale) soll andeuten, daß die bargeldlosen Zahlungen am Ort des Vertriebes der Waren oder der Dienstleistungen erfolgen. Dagegen drückt die Bezeichnung „electronic cash" viel treffender aus, daß dem Händler durch den Autorisierungsvorgang auf elektronischem Wege eine der Zahlung von Bargeld durchaus gleichwertige Leistung in Form eines abstrakten Zahlungsanspruches gegen das kartenausgebende Kreditinstitut verschafft wird.

a) Abgrenzung zum POZ-System und zur elektronischen Geldbörse

4.813 Diese systemimmanente Einschaltung der jeweiligen Autorisierungsstelle der kartenausgebenden Kreditinstitute ist zugleich ein wesentliches Abgrenzungsmerkmal zu dem POZ-System (Rn 4.809 ff.) und der Geld-Karte (Rn 4.868 ff.) als elektronischer Geldbörse. Beim POZ-System unterbleibt diese Autorisierung des Zahlungsvorgangs. Im Interesse einer größeren Sicherheit dieses Systems ist lediglich die jeweilige Datei mit den gesperrten ec-Karten abzufragen. Hier übernimmt das kartenausgebende Kreditinstitut wegen der fehlenden Autorisierung keine Zahlungsgarantie gegenüber dem Händler. Die Buchstaben „OZ" in der Bezeichnung „POZ-System" stehen deshalb für „ohne Zahlungsgarantie".

4.814 Bei der elektronischen Geldbörse (GeldKarte) erwirbt dagegen der Zahlungsberechtigte wie beim electronic cash-System einen – der Bargeldzahlung gleichwertigen – **abstrakten Zahlungsanspruch gegen das kartenausgebende Kreditinstitut.** Dieser Rechtserwerb vollzieht sich jedoch durch den unmittelbaren Dialog zwischen dem mit einem Chipkartenleser aus-

---

1163 *Böker,* WM 1995, 468, 478.

gestatteten Terminal des Händlers und dem Mikroprozessorchip der GeldKarte (Rn 4.889). Die bei der elektronischen Geldbörse angewandte Chipkarten-Technik ermöglicht also eine sog. Offline-Autorisierung. Dagegen erfordert die sog. „Online"-Autorisierung[1164] der bisherigen Magnetstreifentechnik der ec-Karte die Einschaltung der jeweiligen Autorisierungszentrale, die entsprechende Kosten für die Datenfernübertragung verursacht.

b) Clearing der electronic cash-Umsätze durch Lastschrifteinzug

Die electronic cash-Umsätze werden nach ihrer Autorisierung im Lastschriftverfahren abgewickelt. Hier erhält der Händler eine entsprechende Kontogutschrift zu Lasten des beim kartenausgebenden Kreditinstitut unterhaltenen Girokontos des Karteninhabers. Dieses Clearing der Umsätze im üblichen Rahmen der bargeldlosen Zahlung ist aber nicht mehr Gegenstand des electronic cash-Systems im engeren Wortsinne und deshalb auch nicht in den zugrundeliegenden Vertragswerken näher geregelt[1165]. Bei diesem Clearing hat jedoch der jeweilige sog. Netzbetreiber eine unterstützende Funktion wahrzunehmen.   4.815

Die beiden Hauptfunktionen des Netzbetreibers bestehen in der Bereitstellung von electronic cash-Terminals, die durch seine Rechner gesteuert werden (electronic cash-Terminal-Netz) und in der elektronischen Weiterleitung der Autorisierungsanfragen der bei ihm angeschlossenen Händler an die Autorisierungsstelle des kartenausgebenden Kreditinstituts. Neben dieser „Routing-Funktion" in der Autorisierungsphase obliegt dem Netzbetreiber aber auch eine wichtige Aufgabe beim späteren Clearing der electronic cash-Umsätze im bargeldlosen Zahlungsverkehr[1166]. Denn der Netzbetreiber ist verpflichtet, die Einleitung des Geld-Clearing dadurch zu unterstützen, daß er Lastschriftdateien aus den electronic cash-Umsätzen der angeschlossenen Händler erstellt. Diese Dateien sind entweder dem Händler zur Einreichung bei seinem kontoführenden Kreditinstitut bzw. einer von diesem benannten Zentralstelle zur Verfügung zu stellen oder beim kontoführenden Kreditinstitut des Händlers in dessen Auftrag einzureichen oder nach Abtretung der Forderung durch den Händler seinem kontoführenden Kreditinstitut zur Einziehung zu übergeben.   4.816

1164 *Harbeke*, WM 1994, Sonderbeil. Nr. 1 S. 5.
1165 *Harbeke*, WM 1994, Sonderbeil. Nr. 1 S. 5.
1166 *Harbeke*, WM 1994, Sonderbeil. Nr. 1 S. 5.

2. Rechtsgrundlagen des electronic cash-Systems

4.817 Dieses System beruht auf **mehreren Vertragswerken**[1167]. Denn ähnlich dem Kreditkartengeschäft sind an einem electronic cash-Umsatz der Bankkunde als Karteninhaber, das Vertragsunternehmen als Zahlungsberechtigter und das kartenausgebende Kreditinstitut beteiligt. Das für die Autorisierung und das Clearing dieses Umsatzes erforderliche electronic cash-Terminal-Netz wird vom Netzbetreiber zur Verfügung gestellt.

4.818 Bei dem electronic cash-System handelt es sich im übrigen um ein von der deutschen Kreditwirtschaft getragenes „**institutsübergreifendes**" **System**. Hierzu wurde im Jahre 1990 eine „Vereinbarung über ein institutsübergreifendes System zur bargeldlosen Zahlung an automatisierten Kassen (electronic cash-System)" zwischen den Spitzenverbänden der Privatbanken, Sparkassen und Volksbanken und Raiffeisenbanken sowie der Postbank geschlossen. Dieser „POS-Grundvertrag" umschreibt vor allem die Voraussetzungen für die Teilnahme an diesem Zahlungssystem und seine „Eckpfeiler" (Autorisierung der Umsätze, Zahlungsgarantie der kartenausgebenden Kreditinstitute, Forderungsinkasso dieser Lastschriften). Auch ist eine Ausgleichspflicht zwischen den Vertragspartnern für Schäden vorgesehen, die im Interesse des electronic cash-Systems abgedeckt werden müssen und deren Übernahme einem einzelnen angeschlossenen Kreditinstitut nicht zugemutet werden kann. Aus technisch-organisatorischen Gründen sind zwischen den automatisierten Ladenkassen und den Autorisierungsstellen die Netzbetreiber zwischengeschaltet. Diese Unternehmen haben die electronic cash-Terminals bereitzustellen, die durch Rechner des Netzbetreibers gesteuert werden. Der Netzbetreiber ist für die technische Betreuung des Terminalnetzes verantwortlich und hat sicherzustellen, daß dieses Netz bestimmte Sicherheitsanforderungen erfüllt. Hierzu wird zwischen den Netzbetreibern und den Vertragspartnern des POS-Grundvertrages ein standardisierter „Vertrag über die Zulassung als Netzbetreiber im electronic cash-System der deutschen Kreditwirtschaft" abgeschlossen.

4.819 Dieser **Netzbetreibervertrag** enthält insbesondere Regelungen für die elektronische Übermittlung der Umsätze vom Händlerterminal bis zum Eingang in die von der Kreditwirtschaft betriebenen Autorisierungs-Systeme („Routing"funktion). Die Rechner der Netzbetreiber müssen an den Schnittstellen zu den Autorisierungssystemen die einheitliche Spezifikation der Kreditwirtschaft für den Nachrichtenverkehr und andere der Systemsicherheit dienenden Komponenten erfüllen.

1167 Abgedruckt in Bankrechts-Handbuch, Anh. zu §§ 67, 68.

Schließlich wird der Netzbetreiber ausdrücklich verpflichtet, das Inkasso der autorisierten Zahlungsansprüche der Händler im bargeldlosen Zahlungsverkehr durch **Erstellung sog. Lastschriftdateien** über die electronic cash-Umsätze zu unterstützen. Diese Umsätze können im Netz zentral im Betreiberrechner oder vor Ort im Händler-Terminal gesammelt werden. 4.820

Für die Teilnahme der Handels- und Dienstleistungsunternehmen an dem electronic cash-System gelten die „Bedingungen für die Teilnahme am electronic cash-System der Deutschen Kreditwirtschaft". Danach müssen sich die zugelassenen Unternehmen, sofern sie nicht selbst die Aufgaben des Netzbetreibers übernehmen, einem Betreibernetz anschließen. Des weiteren verpflichtet sich der Händler, Journale der electronic cash-Terminals für ein Jahr aufzubewahren und auf Verlangen im Original zur Verfügung zu stellen. Auch ist zu gewährleisten, daß der Beauftragte der Kreditwirtschaft auf Wunsch Zutritt zu den Terminals erhält und diese überprüfen kann. Des weiteren erwähnen die Händler-Bedingungen die Zahlungsgarantie der kartenausgebenden Kreditinstitute sowie die für die electronic cash-Umsätze an die kartenabgebenden Kreditinstitute zu zahlenden Entgelte. 4.821

Schließlich enthalten auch die „Bedingungen für ec-Karten", wie sie zwischen den kartenausgebenden Kreditinstituten und ihren Kunden vereinbart werden, Regelungen für das Bezahlen an automatisierten Kassen. Danach gilt für die Inanspruchnahme der electronic cash-Terminals und der ec-Geldautomaten ein einheitlicher Verfügungsrahmen, den der Karteninhaber nur im Rahmen seines Kontoguthabens oder eines ihm vorher für das Konto eingeräumten Kredits in Anspruch nehmen kann. Auch wird der Bankkunde darauf hingewiesen, daß die ec-Karte an den automatisierten Kassen nicht mehr eingesetzt werden kann, wenn die persönliche Geheimzahl dreimal hintereinander falsch eingegeben wurde. 4.822

3. Zahlungsverpflichtung des kartenausgebenden Kreditinstituts als Garantieverpflichtung

Die Rechtsnatur der Zahlungsverpflichtung, die mit der Autorisierung des jeweiligen electronic cash-Umsatzes für das kartenausgebende Kreditinstitut begründet wird, ist umstritten. Einvernehmen besteht aber, daß es sich bei dieser Verpflichtung um eine **abstrakte Zahlungsverbindlichkeit** handeln muß. Denn es müssen sowohl Einwendungen aus dem Deckungsverhältnis zum Karteninhaber als auch aus dem Valutaverhältnis zwischen diesem und dem Händler als Zahlungsberechtigtem ausge- 4.823

schlossen sein. Nur mit einem solchen abstrakten Zahlungsanspruch wird den Händlern eine Rechtsposition verschafft, die wirtschaftlich dem Empfang von Bargeld gleichgestellt werden kann[1168].

4.824 Für die Einstufung der Zahlungsverpflichtung scheiden deshalb von vornherein die akzessorische Bürgschaft wie auch die Schuldübernahme oder der Schuldbeitritt aus. In Betracht kommt nur eine Garantie oder ein selbständiges Schuldversprechen im Sinne des § 780 BGB[1169]. Für die Entscheidung zwischen diesen beiden Alternativen ist die Terminologie des dem electronic cash-System zugrundeliegenden Vertragswerkes nicht aussagekräftig. **Anders als bei der Scheckkartengarantie** für eurocheques wird die Zahlungsverpflichtung des electronic cash-Systems nicht ausdrücklich als „Garantie" bezeichnet. Es wird aber auch keine einheitliche Terminologie für die Zahlungsverpflichtung des kartenausgebenden Kreditinstituts verwandt, die es zwingend nahelegen würde, darin ein Schuldversprechen im Sinne des § 780 BGB zu erblicken. So heißt es in Nr. 4 der Händler-Bedingungen, daß das kartenausgebende Kreditinstitut mit der Nachricht über die positive Autorisierung die „Erklärung" abgibt, daß es die Forderung in Höhe des am electronic cash-Terminal autorisierten Betrages begleicht. Die Klauseln in den „Bedingungen für die ec-Karte" weisen den Karteninhaber nur auf die „vertragliche Verpflichtung" der Bank hin, die unter Verwendung der ec-Karte verfügten Beträge an die Betreiber (Händler) zu vergüten. Eine solche verpflichtende „Erklärung" der kartenausgebenden Bank im Sinne der Händler-Bedingungen und der Bedingungen für die ec-Karte kann als Garantie eingestuft werden[1170].

1168 *Harbeke,* WM 1994, Sonderbeil. 1, S. 8; *Gößmann* in Bankrechts-Handbuch, 968, Rn 6.
1169 *Harbeke,* WM 1994, Sonderbeil. 1, S. 8, 9.
1170 In der Nr. 9 der kreditwirtschaftlichen Vereinbarung über das electronic cash-System verpflichten sich zwar die kartenausgebenden Kreditinstitute, ein „Zahlungsversprechen" in Höhe der am electronic cash-System autorisierten Beträge abzugeben. Ein Zahlungsversprechen im weiteren (untechnischen) Sinne des Wortes kann aber auch eine Zahlungsgarantie darstellen. Abgesehen davon kommt es für die Frage, ob ein Schuldversprechen im Sinne des § 780 BGB vorliegt, vor allem auf die Terminologie der Händler-Bedingungen an, weil die Zahlungsverpflichtung des kartenausgebenden Kreditinstitutes gegenüber dem jeweiligen Händler abgegeben wird. Dort ist aber nur von der insoweit völlig neutralen „Erklärung" der Bank zur Begleichung des autorisierten Betrages die Rede.

a) Zahlungsgarantie als Abgrenzungsmerkmal zum POZ-System

Für die Einstufung der Zahlungsverpflichtung des kartenausgebenden Kreditinstitutes als eine Garantieverpflichtung[1171] spricht schon die Grundkonzeption des POZ-Systems, das wie das electronic cash-System als ein „institutsübergreifendes Point of Sale-Systems" ausgestaltet worden ist[1172]. Als wesentliches Abgrenzungsmerkmal des POZ-Systems vom electronic cash-System wird sowohl in der Terminologie der zugrundeliegenden Vereinbarungen als auch im Marketing der Kreditwirtschaft betont, daß es beim POZ-System an einer „Zahlungsgarantie" („Einlösung") als kartenausgebendes Kreditinstitut fehlt[1173].

4.825

b) Garantieverpflichtung aufgrund des Gesamtgefüges der ec-Zahlungssysteme

Die Einstufung der Zahlungsverpflichtung der kartenausgebenden Bank als Garantieverbindlichkeit folgt aber vor allem aus der **Funktion** des electronic cash-Systems im Gesamtgefüge der verschiedenen Zahlungssysteme des bargeldlosen Zahlungsverkehrs. Bei diesem System handelt es sich um eine **Weiterentwicklung der Scheckkartengarantie**, an deren Stelle die „Autorisierung" des jeweiligen Zahlungsvorgangs getreten ist, die das Ausstellen eines kostenaufwendigen eurocheques entbehrlich macht. Mit der „Einlösungs"garantie des Scheckkartenverfahrens verpflichtet sich das kartenausgebende Kreditinstitut, die in dem garantierten eurocheque enthaltene (scheckrechtliche) Zahlungsanweisung ihres Girokunden als Scheckaussteller zu befolgen – Rn 4.765[1174].

4.826

Eine insoweit vergleichbare „Zahlungsanweisung" erteilt der Girokunde konkludent, wenn er die ec-Karte und seine persönliche Geheimzahl (PIN) in das electronic cash-Terminal des Händlers eingibt, um die vorge-

4.827

1171 Bejahend *Baumbach/Hopt*, BankGesch. Rn F/8; *Ahlers*, WM 1995, 601, 605; *Kümpel*, WM 1997, 1037, 1040; *Gutschmidt*, Zahlungsverkehr, Bd. 2, 1993, Abschnitt 6.2, S. 2; ein Schuldversprechen bejahen *Harbeke*, WM 1994, Sonderbeil. Nr. 1, S. 9; *Gößmann* in Bankrechts-Handbuch, § 68 Rn 9; *Böker*, WM 1995, 468, 476, FN 76.
1172 Vgl. Nr. 1 der kreditwirtschaftlichen Vereinbarung zum POZ-System, abgedruckt in Bankrechts-Handbuch, Anh. zu § 67, 68.
1173 Vgl. Nr. 1 der kreditwirtschaftlichen Vereinbarung zum POZ-System, der „Bedingungen für die Teilnahme am POZ-System" und des Vertrages über die Zulassung des Konzentrators im POZ-System sowie die Beschreibung des POZ-Systems in den „Bedingungen für ec-Karten".
1174 Für die gleiche Rechtslage bei der GeldKarte und dem elektronischen Netzgeld vgl. Rn 4.886 ff. u. 4.1024 ff.

4. Teil: Bargeldloser Zahlungsverkehr (Girogeschäft)

schriebene Autorisierung durch die Autorisierungszentrale seiner kontoführenden (kartenausgebenden) Bank zu ermöglichen[1175]. Hierbei macht der **Kunde** von seinem **auftragsrechtlichen Weisungsrecht** Gebrauch, das ihm aufgrund des dem Girokonto zugrundeliegenden entgeltlichen Geschäftsbesorgungsverhältnisses zusteht (§§ 665, 675 BGB). Nach *Canaris* handelt es sich bei dieser Kundenweisung um eine besondere Art der Erteilung eines Zahlungsauftrages an die Bank, der rechtlich im wesentlichen dem herkömmlichen Überweisungsauftrag als einer auftragsrechtlichen Weisung (§ 665 BGB) entspricht[1176].

4.828 Diese **Weisung zur Bezahlung** des jeweiligen electronic cash-Umsatzes zu Lasten seines Giroguthabens wird konkludent im Zuge des Autorisierungsvorganges der Autorisierungsstelle übermittelt. Diese wird hierbei als Beauftragte der kartenausgebenden Kreditinstitute tätig und ist deshalb auch für den „Empfang" solcher Weisungen für das kartenausgebende Kreditinstitut als Auftraggeber zuständig (§ 164 Abs. 3 BGB). Die online-Verbindung des electronic cash-Terminals des Händlers zur Autorisierungsstelle ist deshalb ein geeigneter Weg für den erforderlichen Zugang dieser Kundenweisung als eine empfangsbedürftige Willenserklärung bei der Kartenemittentin als Erklärungsadressat (vgl. § 130 BGB).

4.829 Mit der Autorisierung eines electronic cash-Umsatzes garantiert also das kartenausgebende Kreditinstitut, die konkludente Weisung ihres Girokunden zur Einlösung der über diesen Umsatz erstellten Lastschrift zu befolgen[1177]. Dieser Lastschrift liegt der Zahlungsanspruch des Händlers aus dem autorisierten Umsatz zugrunde.

4.830 Dieser **Zahlungsanspruch** aus dem Valutaverhältnis **bleibt bestehen,** bis der Händler mittels der Lastschrift eine Gutschrift auf seinem Girokonto erhält. Dementsprechend bestimmt Nr. 10 des „POS-Grundvertrages", daß das mit dem Lastschriftinkasso beauftragte Kreditinstitut für den Inhaber der „Forderung" aus dem electronic cash-Umsatz den Einzug der „Forderung" per Lastschrift im Einzugsermächtigungsverfahren abwickelt. Die Übernahme der Zahlungsgarantie durch das kartenausgebende Kreditinstitut stellt also keine Leistung an Erfüllungs Statt (§ 364 BGB) dar. Insoweit ergibt sich wiederum eine Parallele zur Begebung von eurocheques unter Verwendung der ec-Karte. Auch eine solche Scheckbegebung mit gleichzeitiger Verschaffung eines Garantieanspruches gegen die kartenausge-

---

1175 *Reiser,* WM 1989, Sonderbeil. 3, S. 11.
1176 Bankvertragsrecht³, Rn 527cc; *Gößmann,* WM 1998, 1264, 1267; *Schön,* AcP 198 (1998), S. 401, 421.
1177 Zur Konstruktion des Vertragsschlusses vgl. *Kümpel,* WM 1997, 1037, 1040; vgl. weiter *Bröker,* WM 1995, 468, 478; *Gößmann,* FS Schimansky, 1999, S. 145, 151 ff.

bende Bank erfolgt nicht an Erfüllungs Statt. Der zugrundeliegende Zahlungsanspruch aus dem Valutaverhältnis besteht bis zur Scheckeinlösung durch die bezogene Bank auch dort fort.

Dementsprechend bestimmt der „POS-Grundvertrag", daß eine Rückgabe dieser Lastschrift durch das kartenausgebende Kreditinstitut wegen Widerspruchs, fehlender Deckung oder aus anderen Gründen im Sinne des Abkommens über den Lastschriftverkehr nicht möglich ist. Parallel dazu weisen die „Bedingungen für die ec-Karte" zur Information des Karteninhabers ausdrücklich darauf hin, daß sich die Bank gegenüber dem Betreiber von automatisierten Kassen vertraglich verpflichtet hat, die unter Verwendung der ec-Karte verfügbaren Beträge an den Betreiber zu vergüten. Einwendungen und sonstige Beanstandungen des Kunden aus dem Vertrags-(Valuta-)Verhältnis zum Händler, bei dem bargeldlos an einer automatisierten Kasse bezahlt worden ist, sind unmittelbar gegenüber diesen geltend zu machen (III. 2.3. ec-Bedingungen Banken).

4.831

V. Bargeldloses Bezahlen ohne Zahlungsgarantie an automatisierten Kassen mittels Lastschrift (POZ-System)

Das POZ-System ist mit Rücksicht auf die Wünsche aus Kreisen des Handels eingeführt worden. Hierzu haben die interessierten kreditwirtschaftlichen Spitzenverbände eine „Vereinbarung" zum POZ-System abgeschlossen[1178]. Anlaß hierfür war, daß der Handel die ec-Karte für ein eigenes Zahlungssystem zu nutzen begann[1179]. Bei diesem sog. „wilden" System kann die Sperrdatei der jeweiligen Autorisierungsstelle des kartenausgebenden Kreditinstituts nicht abgefragt werden. Hierdurch entsteht eine erhebliche Sicherheitslücke beim Einsatz der ec-Karte.

4.832

Das anstelle des „wilden" Systems eingeführte POZ-System der Kreditinstitute lehnt sich dagegen in technischer und vertraglicher Hinsicht eng an das electronic cash-System an. Dies gilt auch für seine Bezeichnung. Dabei stehen die Buchstaben „OZ" für „ohne Zahlungsgarantie", die ein wesentliches Merkmal des POS-Systems darstellt.

4.833

1178 Abgedruckt in *Gutschmidt*, Zahlungsverkehr und in Bankrechts-Handbuch, Anh. zu §§ 67, 68.
1179 Zu den damit verbundenen Fragen insbesondere der wettbewerbsrechtlichen Zulässigkeit sowie der wirksamen Entpflichtung der Bank vom Bankgeheimnis vgl. *Harbeke*, WM 1994, Sonderbeil. 1, 12 ff.; vgl. weiter *van Gelder* in Bankrechts-Handbuch, § 56 Rn 78 ff.

4.834 Ein wesentlicher Unterschied zum POS-System besteht in der vom Handel gewünschten **vereinfachten Legitimationsprüfung** des POZ-Systems. Anders als beim electronic cash-System erfolgt die Legitimation des Karteninhabers beim POZ-System nicht durch die Eingabe der persönlichen Geheimzahl (PIN), sondern durch einen Vergleich der Unterschrift auf der ec-Karte mit der Unterschrift, die der Karteninhaber auf der jeweils durch die automatisierte Ladenkasse erstellten Lastschrift-Einzugsermächtigung zu leisten hat. Auf die PIN-Eingabe wird vor allem deswegen verzichtet, weil ein Teil der ec-Karteninhaber ihre persönliche Geheimzahl nicht kennen oder wieder vergessen und damit als potentielle Kunden ausfallen[1180]. Hinzu kommt, daß die Legitimation mit Hilfe der Unterschrift des Karteninhabers kostengünstiger ist. Die Verwendung einer persönlichen Geheimzahl stellt hohe Sicherheitsanforderungen an das electronic cash-System und verursacht daher entsprechende Investitions- und Betriebskosten.

4.835 Infolge des Verzichts auf den Einsatz der PIN als zusätzliches Kontrollmittel erhöht sich gegenüber dem POS-System das **Risiko einer mißbräuchlichen Verwendung der ec-Karte.** Die kartenausgebenden Kreditinstitute sahen sich deshalb außerstande, die beim POS-System vorgesehene Zahlungsgarantie gegenüber den Händlern zu übernehmen. Hierauf wird sowohl in den „Bedingungen für die Teilnahme am POZ-System" (Händlerbedingungen[1181]) wie auch in den „Bedingungen für die ec-Karte" ausdrücklich hingewiesen, die zur Unterrichtung der Bankkunden eine Service-Beschreibung für das POZ-System enthalten.

4.836 Zur Vermeidung des Einsatzes gesperrter ec-Karten sind die Vertragsunternehmen des POZ-Systems vertraglich verpflichtet worden, die Sperrdateien des Kreditgewerbes auf eine etwaige Kartensperre elektronisch abzufragen. Hierzu haben sich die Unternehmen dem Netzwerk eines sog. Konzentrators anzuschließen, sofern sie nicht selbst die Aufgaben des Konzentrators übernehmen[1182].

4.837 Das POZ-Verfahren beschränkt sich im wesentlichen darauf, den Handels- und Dienstleistungsunternehmen zu ermöglichen, mittels der auf dem Magnetstreifen gespeicherten Daten der ec-Karte eine Lastschrift an einer automatisierten Kasse schnell und rationell zu erstellen. Dabei hat der Kunde auch eine schriftliche Einzugsermächtigung im Sinne des Last-

---
1180 Vgl. *Terrahe*, Die Bank 1992, 312, 313.
1181 Die Händlerbedingungen sind abgedruckt im Bankrechts-Handbuch, Anh. zu §§ 67, 68.
1182 Hierzu ist mit einem Konzentrator ein standardisierter Vertrag abzuschließen, der im Bankrechts-Handbuch, Anh. zu §§ 67, 68 abgedruckt ist.

schriftverfahrens zu erteilen. Das Unternehmen hat dafür zu sorgen, daß seine Mitarbeiter an den Terminals ihre Kontrollpflichten hinsichtlich der Überprüfung der Unterschriften auf der ec-Karte einerseits und der Einzugsermächtigung mit größter Sorgfalt nachkommen (Nr. 9 Händlerbedingungen). Diese Lastschrift kann im Unterschied zum POS-System widerrufen werden, weil beim POZ-System das kartenausgebende Kreditinstitut keine Zahlungsgarantie übernimmt. Ein solcher Widerruf bedeutet freilich regelmäßig nicht, daß damit auch die Ermächtigung zur Weitergabe des Namens und der Adresse des Kunden widerrufen wird[1183].

Der **Kunde erklärt sich** im Rahmen des Zahlungsvorgangs auch schriftlich damit **einverstanden,** daß das kartenausgebende Kreditinstitut Name und Anschrift des Kunden an den Händler mitteilt. Denn die Kreditinstitute haben sich im Rahmen des POZ-Systems verpflichtet, den teilnehmenden Unternehmen im Falle der Nichteinlösung von Lastschriften diesbezügliche Auskünfte zu geben. Infolge der fehlenden Zahlungsgarantie muß der Händler erforderlichenfalls den Kunden direkt in Anspruch nehmen können. Diese Adressenbekanntgabe setzt jedoch nach den „Bedingungen für die ec-Karte" voraus, daß die anfragenden Unternehmen im Rahmen der Zahlungsvorgänge die Sperrdateien der Kreditwirtschaft abgefragt haben und der Bank auch kein Kartenverlust angezeigt worden ist.

4.838

VI. ec-Karte als Bedienungsmedium für ec-Geldautomaten

Zu den kartengesteuerten Zahlungssystemen gehört auch das ec-Geldautomatensystem (GA-System). Es ermöglicht Bargeldabhebungen aus den ec-Geldautomaten auch außerhalb der Öffnungszeiten der Kreditinstitute.

4.839

1. Rechtsgrundlagen

Dieses Zahlungssystem beruht auf der **Vereinbarung über das deutsche ec-Geldautomatensystem**[1184], das von den kreditwirtschaftlichen Spitzenverbänden abgeschlossen worden ist, die hierbei zugleich als Stellvertreter für ihre angeschlossenen Kreditinstitute handelten[1185]. Die angeschlossenen Kreditinstitute stellen hiernach die von ihnen betriebenen ec-Geldautomaten allen Inhabern der zugelassenen Karten institutsübergreifend und ohne Differenzierung in der zeitlichen Nutzungsmöglichkeit

4.840

1183 *Gößmann* in Bankrechts-Handbuch, § 68 Rn 14.
1184 Abgedruckt *Gutschmidt,* Zahlungsverkehr, Kapitel 6 (Fassung vom 1. 1. 1995).
1185 *Bieber,* WM 1987, Sonderbeil. Nr. 6, S. 6.

zur Verfügung. Zu diesen Karten gehören insbesondere die ec-Karten und die zum GA-System zugelassenen sog. Kundenkarten der angeschlossenen Kreditinstitute (Rn 4.864).

4.841 Das deutsche ec-Geldautomatensystem ist Bestandteil des europäischen Europay-Geldautomatensystems und des weltweiten Maestro-Systems. Die Geldautomaten können deshalb auch im Rahmen des grenzüberschreitenden ec-Geldautomatensystems genutzt werden[1186]. Die ec-Geldautomaten sind auch für solche Karten geöffnet, die dem internationalen „**CIRRUS**"-**System** angehören. Dieses internationale Geldautomatensystem wird weltweit von der in den USA ansässigen Gesellschaft „CIRRUS-Systems Incorporated" lizenziert und in Europa aufgrund einer an Europay International vergebenen Exklusivlizenz ausschließlich von Europay International S.A. betreut. Entsprechend der Zugehörigkeit zu den regional verschiedenen Systemen sind die ec-Geldautomaten einheitlich mit dem ec-GA-Piktogramm, dem Maestro-Zeichen und dem Cirrus-Zeichen zu kennzeichnen.

4.842 Diese Vereinbarung begründet nach dem Schrifttum zwischen den beteiligten Kreditinstituten eine **BGB-Gesellschaft** in Form einer Innengesellschaft. Denn die Beteiligten verfolgen mit den von ihnen getragenen ec-Geldautomatensystemen einen gemeinsamen Zweck und sind verpflichtet, die Erreichung dieses Zweckes in der vereinbarten Weise zu fördern, wie es der Begriff der BGB-Gesellschaft voraussetzt (§ 705 BGB)[1187].

4.843 Nicht alle in dieser Vereinbarung übernommenen Pflichten sind jedoch gesellschaftsrechtlicher Natur, wie dies insbesondere für die Pflicht zur Erstattung von Aufwendungen gilt. Dagegen ist die Ausgleichspflicht bei der Verwendung gefälschter oder verfälschter Karten spezifisch gesellschaftsrechtlicher Art[1188]. Danach erfolgt bei Schäden, die durch die Benutzung von ec-Geldautomaten mit solchen Karten entstehen, sowie bei sonstigen Schäden, die im Interesse des Systems abgedeckt werden müssen und deren Übernahme einem einzelnen Kreditinstitut nicht zugemutet werden kann, unter bestimmten Voraussetzungen ein Ausgleich zwischen den Vertragspartnern[1189].

4.844 Die teilnehmenden Kreditinstitute übernehmen **keine Gewähr** für die Aufrechterhaltung der **Funktionsfähigkeit** des GA-Systems[1190]. Soweit überhaupt eine solche Organisationspflicht des einzelnen kartenausgebenden Kreditinstitutes bejaht werden kann, würde sich dieser zweifels-

---

1186 CIRRUS ist ein eingetragenes Zeichen der CIRRUS System Inc. Alleiniger Lizenzgeber für CIRRUS in Europa ist Europays International.
1187 *Canaris*, Bankvertragsrecht³, Rn 527y; *Bieber*, WM 1987, Sonderbeil. Nr. 6, S. 6.
1188 *Canaris*, Bankvertragsrecht³, Rn 527y.
1189 Nr. 9 der kreditwirtschaftlichen Vereinbarung.
1190 *Gößmann* in Bankrechts-Handbuch, § 54 Rn 2; vgl. weiter *Baumbach/Hopt*, BankGesch. Rn F/6.

frei nicht auf institutsfremde Geldautomaten erstrecken. In diesen Fällen fehlt die hierfür erforderliche Möglichkeit der Einflußnahme und Kontrolle und damit die für eine Haftung notwendige Beherrschbarkeit des Risikos[1191]. Auch bei einem technischen Versagen der institutseigenen Geldautomaten dürfte regelmäßig eine Schadensersatzpflicht entfallen. Denn die Bank wird sich regelmäßig nicht in Verzug befinden[1192]. Im Regelfall verbleibt dem Kunden die Möglichkeit, das Bargeld während der Schalterstunde bei seiner Bank abzuheben oder sich die benötigten Beträge an anderen Geldautomaten oder mit Hilfe der eurocheque-Karte bei anderen Kreditinstituten zu beschaffen[1193].

Die Rechtsbeziehungen zwischen den kartenausgebenden Kreditinstituten und ihren Girokunden als Karteninhaber sind durch die Bedingungen für die ec-Karte geregelt. Mit Rücksicht auf die Multifunktionalität dieser Karte im Rahmen des Scheckkartenverfahrens und des electronic cash-Systems enthalten diese Bedingungen auch Regelungen für die anderen Kartenfunktionen, die für alle erfaßten Zahlungssysteme einheitlich gelten (vgl. hierzu Rn 4.696 ff.). 4.845

Das ec-Geldautomatensystem wirft zahlreiche Rechtsprobleme auf, die von der Rechtsprechung und dem Schrifttum noch nicht abschließend geklärt sind[1194]. Dabei ist zu unterscheiden, ob für die Bargeldabhebung ein bankeigener oder institutsfremder Geldautomat benutzt wird. 4.846

2. Rechtliche Konstruktion der Bargeldauszahlung an bankeigenen Geldautomaten

Mit der Eingabe von ec-Karte und PIN in den Automaten macht der Kunde schuldrechtlich gesehen lediglich seinen Anspruch gegen seine kontoführende Bank geltend[1195]. Die Verfügung an einem Geldautomaten ist eine Einzelweisung im Sinne des § 665 BGB, die hier auf Auszahlung zu Lasten seines Girokontos gerichtet ist[1196]. Soweit das Girokonto ein Guthaben ausweist, verbirgt sich hinter diesem Forderungsrecht des Kunden der Anspruch auf das tägliche Guthaben eines Kontokorrentkontos (sog. **Tagessaldo**). Bei diesem Anspruch handelt es sich nach der BGH-Rechtsprechung um ein **Rückforderungsrecht** aus der mit dem Girover- 4.847

1191 *Canaris*, Bankvertragsrecht³, Rn 527j.
1192 *Canaris*, Bankvertragsrecht³, Rn 527i; *Baumbach/Hopt*, BankGesch. Rn F/6.
1193 *Canaris*, Bankvertragsrecht³, Rn 527i.
1194 *Bieber*, WM 1987, Sonderbeil. Nr. 6, S. 1.
1195 *Canaris*, Bankvertragsrecht³, Rn 527d.
1196 *Gößmann*, WM 1998, 1264, 1267.

trag verbundenen unregelmäßigen Verwahrung – depositum irregulare gemäß § 700 Abs. 1 BGB[1197]. Denn die kontoführende Bank soll das jederzeit in Bargeld umwandelbare Kontoguthaben für den Kunden bis zur Abverfügung „aufbewahren".

4.848 Bei einem **debitorischen Konto** liegt in der Eingabe von ec-Karte und PIN zugleich die Ausübung des kreditvertraglichen Abrufsrechts aus einer eingeräumten Kreditlinie oder die Inanspruchnahme eines Überziehungskredites (§ 5 Abs. 1 VerbrKrG)[1198].

4.849 Mit der Überlassung der ec-Karte wird also kein eigenständiger Zahlungsanspruch des Girokunden gegen seine Bank in Gestalt eines **abstrakten Zahlungsanspruchs** gemäß § 780 BGB begründet[1199]. Vielmehr wird dem Kunden mit der ec-Karte nur eine zusätzliche Möglichkeit zur Geltendmachung seines Rückzahlungsanspruches gemäß § 700 BGB eröffnet. Sein auftragsrechtliches Weisungsrecht aus dem zugrundeliegenden Girovertrag wird also dahingehend erweitert, daß die Barauszahlung nicht nur am Kassenschalter der kontoführenden Bank, sondern auch an den bankeigenen oder institutsfremden Geldautomaten verlangt werden kann[1200].

4.850 Diese **zusätzliche Weisungsmöglichkeit** erweitert die Rechtsposition des Bankkunden. Denn Leistungsort für den girovertraglichen Rückzahlungsanspruch ist die Schalterhalle der kontoführenden Bankniederlassung. Nach der auf solche Zahlungsansprüche anzuwendenden verwahrungsrechtlichen Regelung hat die Rückgabe der „hinterlegten" Sache an den Ort zu erfolgen, an dem diese aufzubewahren ist (§ 700 Abs. 1 S. 3 i.V.m. § 697 BGB). Die für Geldschulden als sog. Schickschulden geltende spezielle Bestimmung des § 270 Abs. 1 BGB ist auf die bankmäßigen Sichteinlagen nicht anzuwenden[1201].

3. Benutzung institutsfremder Geldautomaten

4.851 Auch bei Barabhebungen an institutsfremden Geldautomaten verlangt der Karteninhaber eine Auszahlung zu Lasten seines Girokontos. Denn mit der Eingabe von ec-Karte und PIN macht der Kunde schuldrechtlich

---

1197 WM 1982, 816, 817; 1993, 1585 1586; 1995, 2094, 2095; *Schimansky* in Bankrechts-Handbuch, § 47 Rn 14, 27. Die mißbräuchliche Verwendung der ec-Karte erfüllt den Tatbestand des § 266b StGB, wenn das Bargeld von einem institutsfremden Geldautomaten abgehoben wird, also im sog. Drei-Parteien-System, nicht aber bei der Benutzung eines Geldautomaten der kartenemittierenden Bank (BayObLG BB 1997, 2347).
1198 *Canaris*, Bankvertragsrecht³, Rn 527d.
1199 *Canaris*, Bankvertragsrecht³, Rn 527h.
1200 *Canaris*, Bankvertragsrecht³, Rn 527d, 527h.
1201 *Palandt/Sprau*, § 697 Rn 1.

gesehen nur seinen **girovertraglichen Auszahlungsanspruch** gegen die Bank geltend[1202]. Wie bei der Benutzung eines bankeigenen Geldautomaten liegt hierin die konkludente Ausübung des auftragsrechtlichen Weisungsrechts, das dem Bankkunden aufgrund des dem Girokonto zugrundeliegenden Girovertrages zusteht (§§ 665, 675 BGB). Mit der Aushändigung einer bei ec-Geldautomaten benutzbaren ec-Karte wird dieses Weisungsrecht dahingehend erweitert, Auszahlungsanweisungen dem kartenausgebenden Kreditinstitut auch über andere automatenbetreibende Kreditinstitute mit der Maßgabe erteilen zu können, diese Beträge an den jeweiligen Betreiber zu überweisen.

a) Rechtsnatur des Erstattungsanspruchs des automatenbetreibenden Kreditinstituts

Nach ganz überwiegender Literaturmeinung erwächst dem Betreiber eines institutsfremden Geldautomaten aus einer Geldabhebung ein **auftragsrechtlicher Aufwendungserstattungsanspruch** gegen das kartenausgebende Kreditinstitut (§ 670 BGB)[1203]. Das Rechtsverhältnis des automatenbetreibenden Kreditinstituts zum kartenausgebenden Kreditinstitut beinhaltet einen **Dienstvertrag,** der eine **Geschäftsbesorgung** zum Inhalt hat (§§ 611, 675 BGB)[1204].

4.852

Angesichts der dem ec-Geldautomatensystem zugrundeliegenden vertraglichen Vereinbarungen zwischen den Beteiligten und dem Gesamtgefüge der kartengesteuerten Zahlungssysteme liegt es jedoch näher, dem Betreiber von Geldautomaten denselben abstrakten Zahlungsanspruch wie dem Betreiber einer automatisierten Ladenkasse im POS-System zuzubilligen. Denn wie beim POS-System wird die Bargeldauszahlung durch die jeweilige Autorisierungsstelle als Beauftragte des kartenausgebenden Kreditinstituts „genehmigt". Für diese Gleichbehandlung sprechen auch die insoweit im Kreditgewerbe einheitlich geltenden „Bedingungen für die ec-Karte". Darin wird von der „vertraglichen Zahlungsverpflichtung" des kartenausgebenden Kreditinstituts gesprochen, ohne daß zwischen den Betreibern von ec-Geldautomaten und den Betreibern automatisierter Kassen differenziert wird (III. 2.3. ec-Bedingungen Privatbanken).

4.853

Ein weiteres Argument für die **Begründung einer Garantieverbindlichkeit** ergibt sich aus der rechtlichen Bewertung des Zahlungsvorgangs im inso-

4.854

1202 *Canaris*, Bankvertragsrecht³, Rn 527d; *Kümpel*, WM 1997, 1037, 1038.
1203 *Canaris*, Bankvertragsrecht³, Rn 527y; nach *von Gablenz*, Die Haftung der Bank bei Einschaltung Dritter, 1983, S. 254, ist der Zahlungsvorgang juristisch analog der Scheckkartensysteme zu behandeln.
1204 *Bülow*, WM 1987, Sonderbeil. Nr. 6, S. 8.

weit gleichgelagerten POS-System. Gibt der Bankkunde seine ec-Karte und seine persönliche Geheimzahl (PIN) in die automatisierte Kasse des POS-Systems ein, so übt der Kunde sein auftragsrechtliches Weisungsrecht aus, das ihm aufgrund des dem Girokonto zugrundeliegenden Geschäftsbesorgungsverhältnis zusteht (§§ 665, 675 BGB). Nach *Canaris* handelt es sich bei dieser Weisung um eine besondere Art der Erteilung eines Zahlungsauftrags, der rechtlich im wesentlichen dem herkömmlichen Überweisungsauftrag als einer auftragsrechtlichen Weisung entspricht[1205]. Diese **konkludente Weisung** wird im Zuge des Autorisierungsvorgangs der Autorisierungsstelle übermittelt, die hierbei als Beauftragte des kartenausgebenden Kreditinstituts tätig ist und deshalb auch stellvertretend eine solche Willenserklärung entgegennehmen kann (§ 164 Abs. 3 BGB). Mit der Autorisierung des electronic cash-Umsatzes garantiert sodann die kartenausgebende Bank, diese Zahlungsanweisung ihres Girokunden zu befolgen, wenn ihr im weiteren Verlauf eine Lastschrift über den garantierten Betrag zur Einlösung übermittelt wird.

4.855 Die gleiche Eingabe von ec-Karte und PIN mit anschließender Autorisierung und Lastschrifteinzug erfolgt bei der Bargeldabhebung an institutsfremden Geldautomaten. Es ist deshalb davon auszugehen, daß auch mit dieser „Genehmigung" für das kartenausgebende Kreditinstitut eine Zahlungsverbindlichkeit begründet wird. Für diese rechtliche Beurteilung spricht auch die Regelung des Inkassos der ausgezahlten Beträge in der zwischen den kreditwirtschaftlichen Spitzenverbänden getroffenen „Vereinbarung über das deutsche ec-Geldautomatensystem". Dort wird klargestellt, daß sich die „Einlösungspflicht" der kartenausgebenden Bank hinsichtlich der ihr vorgelegten Lastschriften „auf alle durch sie positiv autorisierten Verfügungen" an institutsfremden Geldautomaten bezieht[1206]. Wie beim POS-System kann eine solche Einlösungspflicht zwanglos als Zahlungsgarantie eingestuft werden[1207], so daß für die Annahme eines auftragsrechtlichen Aufwendungserstattungsanspruchs kein Bedürfnis besteht.

4.856 Für das Vorliegen einer **Zahlungsgarantie** spricht schließlich auch die Bargeldabhebung bei anderen Kreditinstituten unter Verwendung von eurocheques und der ec-Karte[1208]. Auch hier wird dem auszahlenden Kredit-

---

1205 Bankvertragsrecht³, Rn 527d; vgl. weiter *Reiser*, WM 1989, Sonderbeil. Nr. 3, S. 11; *Gößmann*, WM 1998, 1264, 1267.
1206 Vgl. Nr. 8 der Anlage 2 zu der kreditwirtschaftlichen Vereinbarung.
1207 *Bieber*, WM 1987, Sonderbeil. Nr. 6, S. 7.
1208 Auf diese Parallele zur Begründung einer Garantiepflicht weist auch *Bieber* hin, WM 1987, Sonderbeil. Nr. 6, S. 7.

institut kein auftragsrechtlicher Aufwendungserstattungsanspruch zugebilligt. Vielmehr erfolgt die Absicherung des schecknehmenden Kreditinstituts allein durch die Scheckkartengarantie, die das kartenausgebende Kreditinstitut zur späteren Scheckeinlösung und damit zur Befolgung der im Scheck enthaltenen Zahlungsanweisung ihrer Girokunden verpflichtet. Gleichermaßen kann dem Sicherungsinteresse des Betreibers des benutzten Geldautomaten mit einer als Garantie eingestuften Einlösungsverpflichtung des kartenausgebenden Kreditinstituts Rechnung getragen werden.

b) Erfüllungswirkung der Auszahlung im Verhältnis Kunde/Bank

Mit der „Weisung" des Karteninhabers an sein kontoführendes Kreditinstitut durch Eingabe von Karte und PIN, den Gegenwert der Barabhebung zu Lasten seines Girokontos an den Betreiber des benutzten Geldautomaten zu überweisen, wird dieser zugleich **zum Inkasso** dieses Betrages beim kartenausgebenden Kreditinstitut **ermächtigt**. 4.857

Diese Ermächtigung des kartenausgebenden Kreditinstituts ergibt sich **analog § 783 BGB**. Eine unmittelbare Anwendbarkeit dieser Bestimmung ist schon deshalb ausgeschlossen, weil die bei der Benutzung des Geldautomaten verwendete ec-Karte keine Urkunde im Sinne des § 783 BGB darstellt. Die Anweisung des BGB beinhaltet aber nur einen gesetzlich geregelten Sonderfall der allgemeinen Anweisung, unter der die Aufforderung und die Ermächtigung an einen anderen (kartenausgebende Bank) zu verstehen ist, für Rechnung des Anweisenden an einen Dritten (automatenbetreibende Bank) zu leisten[1209]. Die §§ 783 ff. BGB sind deshalb auch auf andere Anweisungsformen entsprechend anwendbar[1210]. Diese analoge Anwendung ist umso mehr geboten, als der benutzte Geldautomat den codierten Teil „liest" und damit die für den anschließenden Lastschrifteinzug wesentlichen Daten der Karte in die Verfügungssphäre der automatenbetreibenden Bank gelangt sind. Deshalb kann dieser Sachverhalt dem gesetzlichen Tatbestand des § 783 BGB gleichgestellt werden, der für die Ermächtigung die Aushändigung einer „Urkunde" erfordert. 4.858

Ist jedoch die automatenbetreibende Bank zum Einzug des Gegenwertes zu Lasten des Girokontos des Karteninhabers befugt, so erfüllt das kartenausgebende Kreditinstitut mit der Einlösung der vom Automatenbetreiber ausgestellten Lastschrift insoweit seine girovertragliche Rückgewährspflicht. Denn eine solche **schuldtilgende Erfüllungswirkung** tritt auch dann ein, wenn an einen Dritten geleistet wird, der zur Entgegen- 4.859

1209 *Palandt/Thomas*, Einf. v. § 783 Rn 1.
1210 BGH NJW 1971, 1608; *Bieber*, WM 1987, Sonderbeil. Nr. 6, S. 7. *M. Weber*, Das Geldausgabeautomatengeschäft nach deutschem Recht, Diss. St. Gallen, 1984, S. 76 ff.

nahme der geschuldeten Leistung ermächtigt ist (§ 362 Abs. 2 i.V.m. § 185 BGB)[1211]. Eine solche Ermächtigung zur Annahme der Erfüllungsleistung im eigenen Namen ist insbesondere bei allen Arten der Anweisung gegeben[1212].

4.860 Es bedarf deshalb auch nicht der Einstufung der automatenbetreibenden Bank als Erfüllungsgehilfin des kartenausgebenden Kreditinstituts, um das Erlöschen der girovertraglichen Rückgewährspflicht in Höhe der Bargeldabhebung begründen zu können[1213]. Gegen eine solche Erfüllungsgehilfenschaft spricht zudem, daß sodann das kartenausgebende Kreditinstitut für ein Verschulden des Betreibers des benutzten Geldautomaten einzustehen hätte (§ 278 BGB).

4. Verschaffung des Eigentums an dem ausgegebenen Bargeld

4.861 Kein Einvernehmen besteht, ob die für die Übereignung erforderliche Übereignungsofferte der Bank schon antizipierend bei Aushändigung der ec-Karte erklärt und vom Kunden bei der Benutzung des Geldautomaten angenommen wird. Nach *Canaris* sollte dieses **Übereignungsangebot** besser in der **Aufstellung des Geldautomaten** erblickt werden, um unterschiedliche Rechtskonstruktionen für die Übereignung zu vermeiden, wenn der Karteninhaber nicht die bankeigenen, sondern institutsfremde Geldautomaten benutzt[1214]. Bei mißbräuchlicher Benutzung des Geldautomaten durch den Karteninhaber wird ganz überwiegend der Eigentumserwerb verneint[1215]. Dem Rechtsverkehr erwachsen hieraus keine Nachteile, weil das automatenbetreibende Kreditinstitut sein Eigentum an gutgläubige Dritte verliert (§§ 932, 935 Abs. 2 BGB)[1216].

1211 BGH WM 1983, 559, 560; *Staudinger/Olzen*, § 362 Rn 43; Münchener Komm. zum BGB/*Heinrichs*, § 362 Rn 17.
1212 Münchener Komm. zum BGB/*Heinrichs*, § 362 Rn 17.
1213 Diese Mitwirkung des Betreibers des benutzten Geldautomaten als Erfüllungsgehilfe des kartenausgebenden Kreditinstitutes bejahen *Canaris*, Bankvertragsrecht³, Rn 527y; *Bieber*, WM 1987, Sonderbeil. Nr. 6, S. 8, 9; *Gößmann* in Bankrechts-Handbuch, § 54 Rn 15.
1214 Bankvertragsrecht³, Rn 527d.
1215 *Bieber*, WM 1987, Sonderbeil. Nr. 6, S. 10; *Canaris*, Bankvertragsrecht³, Rn 527e; a.A. OLG Schleswig WM 1987, 64, 65.
1216 *Bieber*, WM 1987, Sonderbeil. Nr. 6, S. 10.

5. Beweisfragen

Die Voraussetzungen des Anspruchs gegen den Karteninhaber auf Aufwendungsersatz gemäß § 670 BGB wegen Benutzung eines eigenen oder institutsfremden Geldautomaten hat nach allgemeinen Grundsätzen die Bank zu beweisen. Mit Rücksicht auf die Sicherheit des PIN-Systems begründet aber die Verwendung der ec-Karte unter Einsatz der richtigen PIN den Beweis des ersten Anscheins dafür, daß der Karteninhaber entweder die angeblich mißbräuchliche Transaktion selbst vorgenommen hat oder mit seiner PIN nicht sorgfältig umgegangen ist[1217]. Dieser **prima-facie-Beweis** setzt voraus, daß der Auszahlungsvorgang durch das Geldautomaten-Dokument ordnungsgemäß dokumentiert ist und die technisch-organisatorische Ausstattung des Systems mit sehr großer Wahrscheinlichkeit Manipulationen ausschließt[1218].

4.862

Der Karteninhaber kann den **Anscheinsbeweis** nicht schon mit der pauschalen Behauptung entkräften, es sei möglich, die Geldausgabe mit ver- oder gefälschten ec-Karten oder durch andere Formen des Systembruchs zu erschleichen und es sei auch eine Funktionsstörung des Geldautomaten nicht auszuschließen. Behauptet ein Kontoinhaber, er habe aus einem Geldautomaten kein Geld erhalten, sein Konto sei aber gleichwohl mit einem Betrag in Höhe der versuchten Abhebung belastet worden, so hat er sämtliche Voraussetzungen des Bereicherungsanspruches gegen das kontoführende Kreditinstitut zu beweisen. Dazu gehört auch die Bereicherung des Kreditinstitutes, die durch den Nachweis der ordnungsgemäßen Abstimmung des Geldautomaten widerlegt werden kann[1219].

4.863

1217 *Gößmann*, WM 1998, 1264, 1269; *Werner*, WM 1997, 1516, 1517 m.w.Nachw.; *Harbeke*, WM 1994, Sonderbeilage Nr. 1, 11; LG Bonn WM 1995, 575; LG Köln WM 1995, 976 ff.; LG Frankfurt WM 1996, 953; LG Frankfurt, Urteil vom 12. 5. 1999 (Az: 2/1 S 336/98). Nach dem OLG Hamm besteht bei einem Mißbrauch der ec-Karte unter Benutzung der PIN grundsätzlich kein Anscheinsbeweis, weil nicht auszuschließen ist, daß der Täter die PIN selbständig durch Ausprobieren oder Entschlüsseln anhand der auf der Karte gespeicherten Daten ermittelt haben kann (WM 1997, 1203 ff.); hiergegen *Werner*, WM 1997, 1516 ff.; LG Hannover WM 1998, 1123, 1124; AG Charlottenburg WM 1997, 2082; 1998, 1124, 1125; AG Dinslaken WM 1998, 1126; AG Osnabrück WM 1998, 1128; AG Wildeshausen WM 1998, 1128, 1129; LG Stuttgart WM 1999, 1934.
1218 *Canaris*, Bankvertragsrecht³, Rn 527e; *Bieber*, WM 1987, Sonderbeil. 6, 12, 31; *Gößmann* in Bankrechts-Handbuch, § 54 Rn 13; OLG Celle WM 1985, 655, 656; AG Nürnberg WM 1987, 9, 10; AG Saarbrücken WM 1987, 810, 811; AG Bochum WM 1988, 1629; LG Duisburg WM 1989, 181, 182 f.
1219 AG Burgdorf WM 1993, 2122.

VII. Ausgabe von institutseigenen Kundenkarten für kartengesteuerte Zahlungssysteme

4.864 Neben den ec-Karten geben einige deutsche Banken sog. Kundenkarten für die kartengesteuerten Zahlungssysteme aus. Im Unterschied zu den ec-Karten können mit den Kundenkarten keine eurocheques mit der Zahlungsgarantie der kartenausgebenden Bank begeben werden. Die **Funktionen** dieser Kundenkarte gehen andererseits über die Verwendungsmöglichkeiten der ec-Karte insoweit hinaus, als sie auch zur Auftragserteilung an die Bank und zum Abruf kundenbezogener Informationen an Kunden-Terminals der Bank dienen.

4.865 Die Kundenkarte kann im übrigen wie die ec-Karte bei den kartengesteuerten Zahlungssystemen eingesetzt werden. Sie dient also zur Abhebung von Geldbeträgen an in- und ausländischen Geldautomaten, die mit dem ec-Logo gekennzeichnet sind. Wie die ec-Karte kann die Kundenkarte auch zum bargeldlosen Bezahlen an automatisierten Kassen im Rahmen des inländischen electronic cash-Systems und des internationalen electronic debit card (edc)-Systems genutzt werden.

4.866 Die Kundenkarten einiger Banken ermöglichen auch das bargeldlose Telefonieren an den Chip-Kartentelefonen der Deutschen Bundespost Telekom im In- und Ausland. Mit diesen Telefon-Chips können auch die öffentlichen Telefax-Geräte genutzt werden.

4.867 Die Rechtsbeziehungen zwischen Bank und Karteninhaber sind durch **AGB-mäßige Sonderbedingungen** ausgestaltet. Diese stimmen inhaltlich weitgehend mit den „Bedingungen für ec-Karten" überein, soweit diese den Karteneinsatz an ec-Geldautomaten und automatisierten Kassen des electronic cash- oder edc-Systems regeln[1220]. Zusätzlich zu dem Verfügungsrahmen für diese Zahlungssysteme wird den Kunden ein weiterer Verfügungsrahmen für die Benutzung der bankeigenen Kunden-Terminals eingeräumt.

1220 Soweit die Kundenkarten für den automatisierten Ausdruck von Kontoauszügen benutzt werden, gelten für diese Kartenfunktionen AGB-mäßige „Sonderbedingungen für die Benutzung von Kontoauszugsdruckern".

VIII. GeldKarte als elektronische Geldbörse[1221]

Das im Jahre 1996 eingeführte GeldKarten-Verfahren ist ein weiteres Instrument zur bargeldlosen Erfüllung von Zahlungsverbindlichkeiten. Es eröffnet eine einfache, rationelle und kostengünstige Zahlungsmöglichkeit in allen Bereichen, in denen **überwiegend „kleinere Beträge"** geschuldet werden. In Betracht kommen insbesondere der Personennahverkehr, Parkhäuser, Warenautomaten, Sport- und Kulturveranstaltungen, Kioske sowie Kantinen.

4.868

Mit Rücksicht auf diesen Verwendungszweck und zwecks Beschränkung des Verlustrisikos wird die GeldKarte nur mit Beträgen bis zu maximal DM 400 aufgeladen. Bei dieser **Aufladung** werden elektronische Werteinheiten in dem Chip der GeldKarte gespeichert. Diese Werteinheiten werden beim Karteneinsatz an den GeldKarten-Terminals zur Bezahlung des geschuldeten Geldbetrages verbraucht. Dasselbe geschieht bei den Telefonkarten, die schon seit geraumer Zeit als Chipkarte für die Benutzung von Kartentelefonen verwendet werden.

4.869

Die GeldKarte basiert auf der Chipkartentechnologie. Hier wird die Karte mit einem Mikroprozessor ausgestattet, der einen unmittelbaren Dialog mit dem Prozessor (Rechner) des GeldKarten-Terminals zur Autorisierung des jeweiligen Karteneinsatzes ermöglicht. Die Technologie der Prozessorchipkarte als eines miniaturisierten Computers sowie die Begrenzung des Höchstbetrages an Chipgeld auf DM 400 bietet eine höhere Sicherheit gegenüber der Verwendung der ec-Karte mit ihrer Magnetstreifentechnik (sog. Hybridkarten). Deshalb konnte auf die Verwendung einer persönlichen Geheimzahl (PIN) und die Einschaltung der jeweiligen Autorisierungsstelle der kartenausgebenden Kreditinstitute verzichtet werden, wie sie bei der Nutzung des electronic cash-Systems und ec-Geldautomaten zur „Genehmigung" des jeweiligen Zahlungsvorgangs erfolgt. Hierdurch soll eine mißbräuchliche Verwendung abhandengekommener ec-Karten vermieden werden (sog. „Online"-Autorisierung). Die mit einer solchen Online-Abfrage verbundenen Kosten der Datenkommunikation

4.870

1221 *Kümpel*, WM 1997, 1037 ff.; *Werner* in Hoeren/Sieber (Hrsg.), Handbuch Multimedia-Recht, 1999, Teil 13, 5. Abschnitt; *Schwolow*, Die „Elektronische Geldbörse" in Herrmann/Berger/Wackerbarth (Hrsg.), Deutsches und Internationales Bank- und Wirtschaftsrecht im Wandel, 1997, S. 272 ff.; *Friedrich/Möker*, Vorausbezahlte Karten – eine Bewertung aus der Sicht der Deutschen Bundesbank, 2. Aufl., 1995, Arbeitspapier Nr. 36 der Universität Trier, FB IV; *Pfeiffer*, NJW 1997, 1036 ff.; *Gross*, FS Schimansky, 1999, 165 ff.

4. Teil: Bargeldloser Zahlungsverkehr (Girogeschäft)

entfallen dagegen bei der „Offline-Autorisierung" der Chipkartentechnologie.

4.871 Die GeldKarte kann entweder an speziellen, mit dem GeldKarten-Logo gekennzeichneten Terminals oder zunehmend auch an ec-Geldautomaten aufgeladen werden. Bei einer kontobezogenen Karte geschieht dies zu Lasten des Kontos, für das die Karte ausgestellt wurde in Verbindung mit der persönlichen Geheimzahl (PIN), wie sie auch für Bargeldabhebungen an in- und ausländischen Geldautomaten oder beim bargeldlosen Zahlen an automatisierten Kassen des inländischen electronic cash-Systems (POS) oder des internationalen edc (electronic debit card)/Maestro-Systems im Ausland benötigt werden.

1. „Chipgeld" als Bargeldersatz

4.872 Die GeldKarte mit ihrem im Chip gespeicherten Betrag („Chip"geld) soll entsprechend der ihr zugewiesenen Funktion die mit Bargeld bestückte Geldbörse ersetzen. Sie wird deshalb auch als elektronische Geldbörse bezeichnet.

4.873 Die Funktion der GeldKarte als Bargeldersatz wird insbesondere beim technischen Ablauf des Karteneinsatzes wahrnehmbar. Das aktuell verfügbare Chipgeld wird hierbei jeweils um den vom Karteninhaber geschuldeten Betrag vermindert, so wie sich bei der Ausgabe von Banknoten und Geldmünzen der Bestand des sich in der Geldbörse befindlichen Bargelds reduziert.

4.874 Die Funktion des Chipgelds als Bargeldersatz zeigt sich besonders deutlich in den Fällen, in denen die GeldKarte nicht durch Belastung des Girokontos, also unter Rückgriff auf „Buchgeld", sondern gegen Einzahlung von Bargeld aufgeladen wird und damit unmittelbar Banknoten und Geldmünzen in elektronisches Geld umgewandelt werden.

4.875 GeldKarten, bei denen das ausgebende Kreditinstitut die sofortige Deckung in Form von Bargeld erhält, werden als sog. „weiße Karten" ausgegeben, die ausschließlich GeldKartenfunktion haben. Als Karteninhaber kommen regelmäßig Touristen und Geschäftsreisende in Betracht, die keine Kontoverbindung zu dem kartenausgebenden Kreditinstitut unterhalten. Diese „weißen Karten" sind keinem bestimmten Girokonto zugeordnet. Deshalb können diese „entpersonalisierten" Karten auch nicht unmittelbar, sondern allenfalls unter Verwendung einer ec-Karte oder Kundenkarte mit deren PIN und innerhalb deren Verfügungsrahmen zu Lasten von Giroguthaben aufgeladen werden.

2. GeldKarte als „vorausbezahlte" Geldbörse

Bei der GeldKarte wird der im Chip gespeicherte **Betrag** schon bei ihrer Ausgabe vom Girokonto des Karteninhabers **abgebucht**, wenn hierfür kein Bargeld zur Verfügung gestellt wird. Dagegen kommt es bei der Ausstellung von kartengarantierten eurocheques oder der Inanspruchnahme des electronic cash-Systems zu einer entsprechenden Belastung des Girokontos des Kontoinhabers erst dann, **nachdem** ein eurocheque ausgestellt bzw. ein electronic cash-Umsatz getätigt worden ist. Bei der GeldKarte muß jedoch im Regelfall eine wesentlich schnellere Inanspruchnahme aus dem Karteneinsatz einkalkuliert werden. Die Funktion der GeldKarte als Ersatz von „Kleingeld" für den täglichen Bedarf läßt eine baldige Ausgabe des im Chip gespeicherten „elektronischen Geldes" erwarten. Dies rechtfertigt es, den Gegenwert dieses „Chipgelds" schon bei Aushändigung der Karte vom Girokonto als auftragsrechtlichen Vorschuß (§ 669 BGB) abzubuchen[1222].

4.876

Hinzu kommt, daß es sich bei diesen Vorschüssen um verhältnismäßig geringfügige Beträge handelt. Auch ist bei der Prüfung der Angemessenheit dieser sofortigen Belastung des Girokontos mit dem Gegenwert des gespeicherten Chipgelds zu berücksichtigen, daß bei der Ausgabe der GeldKarte anders als bei Ausgabe der ec-Karte nicht auf die Bonität des Kunden abgestellt wird. Die Bank hat deshalb ein wesentlich stärkeres Interesse an einem ausreichenden Schutz vor einem Karteneinsatz ohne ausreichende Deckung durch Kontoguthaben oder eine Kreditlinie. Schließlich wird durch die sofortige Kontobelastung vermieden, daß es zu einer Vielzahl kostenaufwendiger Belastungen des Girokontos mit verhältnismäßig geringfügigen Beträgen aus dem Karteneinsatz im Kleinpreis-Bereich kommt.

4.877

Der vom Girokonto abgebuchte Betrag wird einem bankinternen „**Geldbörsen-Verrechnungskonto**" gutgeschrieben, aus dem alle vorausbezahlten Beträge für die ausgegebene GeldKarte als Deckung der Bank für ihre spätere Inanspruchnahme aus den Kartenumsätzen verbucht werden. Soweit der Kunde das Chipgeld nicht verbraucht hat, muß die Bank diesen Vorschuß in entsprechender Höhe wieder zurückgewähren, wenn ihr die GeldKarte zum „Entladen" zurückgegeben wird. Der Beauftragte (Bank) hat dasjenige, was er zur Durchführung der übertragenen Geschäftsbesorgung (Vorschuß) erhalten, aber letztlich nicht benötigt hat, wieder herauszugeben (§ 667 BGB).

4.878

1222 *Gross*, FS Schimansky, 1999, S. 165, 168; a.A. *Koller*, FS Schimansky, 1999, S. 207, 219.

4.879 Infolge des Vorschußcharakters der auf dem Geldbörsen-Verrechnungskonto verbuchten Beträge fehlt dem Girokunden hierüber auch das jederzeitige Verfügungsrecht, wie es für Guthaben auf Girokonten begriffsnotwendig ist. Ein solcher nur in Ausnahmefällen bestehender auftragsrechtlicher Herausgabeanspruch stellt keine Einlagenverbindlichkeit dar. Dementsprechend sind die auf dem Geldbörsen-Verrechnungskonto als Deckung für die späteren Karteneinsätze reservierten Beträge von der Mindestreserve freigestellt.

3. Rechtliche Parallelen zur Grundstruktur des kartengesteuerten Zahlungsverkehrs

4.880 Die verschiedenartigen Instrumente des kartengestützten Zahlungsverkehrs sind aus rechtlicher Sicht durch eine gleichförmige Grundstruktur geprägt. Dies gilt auch für die (neue) GeldKarte. Der Bankkunde will zu Lasten seines Girokontos eine **Geldschuld** im Wege des bargeldlosen Zahlungsverkehrs **erfüllen** und deshalb eine entsprechende Kontoverfügung gegenüber seiner Bank vornehmen. Dabei soll sein Vertragspartner, der die von ihm geschuldete Leistung vor Erhalt einer Gutschrift auf seinem Girokonto zu erbringen hat, gegen das Risiko dieser Vorleistung durch eine abstrakte Zahlungsverbindlichkeit des kartenausgebenden Kreditinstituts abgesichert werden.

a) Ausübung des girovertraglichen Weisungsrechts

4.881 Die äußere Form dieser Verfügungen über das Giroguthaben kann freilich recht verschieden sein. Beim electronic cash-System und ec-Geldautomaten-System macht der Bankkunde mit der Eingabe seiner ec-Karte und seiner persönlichen Geheimzahl (PIN) in die automatisierte Ladenkasse bzw. den benutzten Geldautomaten konkludent von seinem vertraglichen Weisungsrecht Gebrauch, das ihm aus dem seinem Girokonto zugrundeliegenden Geschäftsbesorgungs(Giro)Vertrag gegen die kontoführende Bank zusteht. Soweit der Girokunde eurocheques unter Verwendung der ec-Karte ausstellt, wird dieses girovertragliche Verfügungsrecht in Form der ausdrücklichen scheckrechtlichen Zahlungsanweisung ausgeübt, die wesentlicher Bestandteil einer Scheckurkunde ist (vgl. Art. 1 Nr. 2, 3 ScheckG).

4.882 Bei der Ausübung des girovertraglichen Weisungsrechts anläßlich des Einsatzes der GeldKarte ergibt sich eine wertungsmäßige Parallele zum electronic cash-System. Dort wird dieses Weisungsrecht dadurch ausgeübt, daß die ec-Karte in die automatisierte Ladenkasse mit der PIN eingegeben und die Bestätigungstaste des Händler-Terminals gedrückt wird. Hierin liegt die konkludente Weisung des Karteninhabers an die ausgebende Bank, den Gegenwert an seinen zahlungsberechtigten Vertragspartner zu Lasten seines Girokontos zu zahlen (analog § 783 BGB)[1223].

Rechtsgeschäftlich nichts anderes geschieht, wenn der Girokunde seine GeldKarte in die autorisierte Ladenkasse eingibt und damit seine Bank konkludent anweist, den Gegenwert an seinen Vertragspartner aus der von seinem Girokonto bereits abgebuchten Vorauszahlung zu leisten. Denn für die rechtsgeschäftliche Bedeutung des Karteneinsatzes ist es unerheblich, ob der Girokunde seine Karte im Rahmen des electronic cash-Systems oder im GeldKartensystem verwendet. Dies wird besonders deutlich in den Fällen erkennbar, in denen die multifunktionale ec-Karte zugleich auch mit der Geldbörsenfunktion ausgestattet ist. Für die Bewertung des rechtsgeschäftlichen Willens des Benutzers der Karte kann deren Eingabe in das Terminal nicht unterschiedlich beurteilt werden. Denn der Karteninhaber will in beiden Fällen seine Bank zu einer bargeldlosen Zahlung an seinen zahlungsberechtigten Vertragspartner veranlassen. Die GeldKarte verkörpert also ein Weisungsrecht gegenüber der emittierenden Bank und kein Geld. Sie steht deshalb als bloße Legitimationsurkunde der ec-Karte oder der Kreditkarte näher als der Banknote oder der Geldmünze[1224].

4.883

Die mit dem Einsatz der GeldKarte **konkludent erteilte Weisung** des Karteninhabers, seinem Vertragspartner den geschuldeten Geldbetrag zu Lasten der bereits von seinem Girokonto abgebuchten Vorauszahlung zu verschaffen, wird anschließend auch seiner Bank übermittelt. Diese Übermittlung ist für das Wirksamwerden dieser Kundenweisung unverzichtbar. Denn solche empfangsbedürftigen Willenserklärungen werden, wenn sie in Abwesenheit ihres Adressaten abgegeben werden, erst in dem Zeitpunkt wirksam, in dem sie diesem zugehen (§ 130 BGB). Dieser Zugang erfolgt in dem Zeitpunkt, in dem die systemimmanente (Inkasso)Lastschrift über den betreffenden GeldKarten-Umsatz bei der kartenausgebenden Bank zur Einlösung eingeht. Insoweit ergibt sich eine Parallele zum Kreditkarten-System. Auch dort werden die Kartenumsätze per Lastschrift eingezogen. Der Inhaber der Kreditkarte erteilt auch bei diesem Karteneinsatz nach Rechtsprechung und Schrifttum eine „Weisung" im

4.884

1223 Die die bürgerlich-rechtliche Anweisung regelnden §§ 783 ff. BGB bilden den Grundtypus für verschiedene andere Formen der Anweisung im weiteren Sinne als die Aufforderung und Ermächtigung an einen anderen für Rechnung des Anweisenden an einen Dritten zu leisten. Deshalb sind diese Bestimmungen für solche anderen „Anweisungen" hilfsweise anzuwenden, wenn für diese keine Regelungen getroffen sind (*Palandt/Thomas*, Einf. v. § 783 Rn 2).
1224 *Schön*, AcP 198 (1998), S. 401, 428.

auftragsrechtlichen Sinne (§§ 675, 666 BGB), seine Zahlungsverbindlichkeiten gegenüber seinem Vertragspartner zu erfüllen[1225].

4.885 Insbesondere im bargeldlosen Zahlungsverkehr stellt es keine Besonderheit dar, wenn solche „Zahlungs"weisungen des Kontoinhabers seiner kontoführenden Bank nicht unmittelbar zugehen, sondern eine Vielzahl von übermittelnden Zwischenpersonen eingeschaltet sind. Dies gilt für den Scheck als traditionellen Zahlungsinstrument ebenso wie für das Online-Banking, wo ein solcher elektronischer Zahlungsauftrag erst über verschiedene Server unbemerkt springt, um zur kontoführenden Hausbank zu gelangen[1226].

b) Verschaffung einer abstrakten Zahlungsverbindlichkeit des kartenausgebenden Kreditinstitutes

4.886 Wie bei der Verwendung der ec-Karte zur Ausstellung garantierter Schecks und der Inanspruchnahme des electronic cash-Systems ist das Interesse der zahlungsberechtigten Handels- oder Dienstleistungsunternehmen darauf gerichtet, daß ihnen zur Absicherung ihrer an den Karteninhaber erbrachten Vorleistung ein (abstrakter) Zahlungsanspruch gegen das kartenausgebende Kreditinstitut verschafft wird. Einen solchen Anspruch erwirbt der Gläubiger auch beim Scheckkartengarantie-Verfahren mit der Entgegennahme des eurocheque in Form eines eigenständigen Garantieanspruchs. Derselbe Anspruchserwerb vollzieht sich beim electronic cash-System mit der „Genehmigung" des jeweiligen Zahlungsvorganges durch die systemimmanente Autorisierungszentrale (sog. Online-Autorisierung). Auch hierdurch wird für den Gläubiger ein solcher Zahlungsanspruch begründet[1227].

1225 BGH WM 1984, 1213; KG Berlin WM 1993, 2044, 2045; OLG Schleswig WM 1991, 453; *Martinek* in Bankrechts-Handbuch, § 67 Rn 8, 19 ff.; *ders.*, Moderne Vertragstypen, Bd. III, 1993, S. 77 ff.; *Oechsler*, WuB I D 5-3.94; *Pfeiffer* in von Westphalen, Vertragsrecht und AGB-Klauselwerke, Rn 48 (Loseblatt-Werke) Stand: 1998; *Escher*, WM 1997, 1173, 1175; *Fischer/Klanten*, Bankrecht, 2. Aufl., 1996, Rn 6.78.
1226 *Escher*, WM 1997, 1173, 1174.
1227 *Ahlers*, WM 1995, 601, 605; nach *Harbeke*, WM 1994, Sonderbeilage 1, S. 9 übernimmt die Käuferbank ein (abstraktes) Schuldversprechen im Sinne des § 780 BGB. Auch bei der Kreditkarte wird die aus dem Karteneinsatz resultierende Zahlungsverpflichtung des Emittenten als Zahlungsgarantie eingestuft (*Heymann/Horn*, HGB, § 372 Anh. Rd. 144; *Wolf/Horn/Lindacher*, § 9 Rn K 64; für das Vorliegen eines Schuldversprechens *Hadding*, FS Pleyer, 1986, S. 17 ff.; *Canaris*, Bankvertragsrecht³, Rn 1625); *Gross*, FS Schimansky, 1999, S. 165, 176.

aa) Zustandekommen des Zahlungsanspruchs

Einvernehmen besteht, daß der vorleistende Gläubiger auch beim Einsatz 4.887
der GeldKarte einen Zahlungsanspruch gegen den Kartenausgeber erwirbt, um deren größtmögliche Akzeptanz im Rechtsverkehr zu gewährleisten. Bei der GeldKarte tritt für diesen **Anspruchserwerb** an die Stelle der Online-Autorisierung des electronic cash-Systems mit ihrer garantiebegründenden Wirkung der elektronische Dialog zwischen dem Prozessor des GeldKarten-Terminals und dem Prozessor im Chip der GeldKarte. Dieser Dialog deckt sich aus der Sicht der rechtsgeschäftlichen Begründung der Zahlungsverpflichtung des kartenausgebenden Kreditinstituts vollständig mit dem garantiebegründenden Autorisierungsvorgang beim electronic cash-System.

Auch beim GeldKarten-Verfahren wird der Bezahlvorgang vom Prozessor des Geld- 4.888
Karten-Terminals (sog. Händlerkarte) initiiert. Hierzu liest die Händlerkarte die Identifikation der in den Terminal eingeführten GeldKarte sowie den Chipgeldbestand und führt die erforderlichen Plausibilitätsprüfungen durch. Sodann generiert die Händlerkarte einen Befehl an den Prozessor der GeldKarte zur „Abbuchung" eines Chipgeldbetrages in Höhe des geschuldeten Geldbetrages. Nach der Reduzierung des gespeicherten Chipgeldbestandes („Abbuchung") generiert der Prozessor der GeldKarte einen Datensatz mit den Transaktionsdaten, zu denen insbesondere der „abzubuchende" Chipgeldbetrag, der Name des kartenausgebenden Kreditinstitutes und die Kontonummer des Karteninhabers gehören. Dieser **Transaktionssatz** wird sodann mit einem Echtheitszertifikat an die Händlerkarte übermittelt. In dieser Übermittlung liegt das konkludente Angebot der kartenausgebenden Bank auf die vertragliche Begründung ihrer Zahlungsverbindlichkeit. Dieses Angebot wird vom Vertragspartner des Kartenbenutzers dadurch konkludent angenommen, daß die Händlerkarte den Transaktionsbetrag zu dem auf ihr gespeicherten Saldo addiert. Mit dieser Annahmeerklärung ist der Garantievertrag zustandegekommen. Auf eine „Rückmeldung" dieser Erklärung wird verzichtet (§ 151 BGB)[1228].

Bei der GeldKarte tritt für die Generierung des Vertragsangebots der 4.889
kartenausgebenden Bank an die Stelle des Prozessors der zentralen Autorisierungsstelle des electronic cash-Systems der in den GeldKarten-Chip integrierte Prozessor. Dabei dienen die in den Chip gespeicherten elektronischen Werteinheiten (Chipgeld) dem Lesegerät des GeldKarten-Terminals als elektronischer Legitimationsnachweis für die Abgabe eines wirksamen Vertragsangebotes der kartenausgebenden Bank. Die Rechtsnatur des „Chip"gelds ist also anders als das „Buch"geld in Form der Gutschriften auf dem Girokonto **kein abstrakter Zahlungsanspruch** gegen die kar-

---

1228 Nach *Gößmann* kommt der Garantievertrag dadurch zustande, daß der Karteninhaber als offener Stellvertreter der kartenausgebenden Bank handelt (FS Schimansky, 1999, S. 145, 160 ff.).

tenausgebende Bank. Das **Chipgeld** hat vielmehr **nur eine Legitimationsfunktion** bei der Begründung einer abstrakten Zahlungsverpflichtung der kartenausgebenden Bank.

4.890 Die Händlerkarte generiert im übrigen einen Transaktionssatz, der mit einem eigenen Zertifikat gesichert und im Terminal gespeichert wird. Aufgrund dieser Speicherung können die Lastschriften erstellt werden, mit denen die Gegenwerte des „abgebuchten" Chipgeldbetrages bei den kartenausgebenden Kreditinstituten zu Lasten ihrer bankinternen Geldbörsen-Verrechnungskonten eingezogen werden können.

bb) Übernahme einer Zahlungsgarantie

4.891 Kein Einvernehmen besteht darüber, ob der Zahlungsanspruch aus Geld-Karten-Umsätzen wie bei den garantierten eurocheques und dem POS-System als ein abstrakter Garantieanspruch einzuordnen ist. Hierfür spricht jedoch die Interessenlage der Beteiligten und auch der Umstand, daß es sich bei der GeldKarte wie schon beim POS-System im Kern um eine technische Fortentwicklung der durch das kartenausgebende Kreditinstitut „abgesicherten" bargeldlosen Erfüllung einer Zahlungsverbindlichkeit des Schuldners in Form einer **Garantie** handelt[1229]. Dementsprechend ist in Nr. 4 der einheitlichen „Bedingungen für die Teilnahme am System GeldKarte", wie sie zwischen den teilnehmenden Unternehmen und ihren kontoführenden Kreditinstituten vereinbart werden, klargestellt, daß das jeweilige Unternehmen mit Abschluß eines ordnungsgemäßen Bezahlvorgangs mittels GeldKarte an zugelassenen GeldKarten-Terminals eine „Garantie" gegen das kartenausgebende Kreditinstitut in Höhe des getätigten Umsatzes erwirbt[1230].

4. Haftung des Kontoinhabers für mißbräuchliche Verwendung der Geld-Karte

4.892 Mit Rücksicht auf den Charakter der GeldKarte als Bargeldersatz ist in den „Bedingungen für ec-Karten" klargestellt, daß die ausgebende Bank den im Chip gespeicherten Betrag bei Verlust der Karte nicht erstattet (vgl. z.B. III, 3.5 ec-Karten-Bedingungen der Privatbanken)[1231]. Denn auch

---

1229 *Escher*, WM 1997, 1173, 1180; *Kümpel*, WM 1997, 1037, 1040; vgl. weiter *Gößmann*, FS Schimansky, 1999, S. 143, 151, 164.

1230 Diese „Bedingungen" sind Bestandteil der von den kreditwirtschaftlichen Spitzenverbänden getroffenen „Vereinbarung über das institutsübergreifende System GeldKarte" (abgedruckt in WM 1996, 2353 ff.).

1231 In dieser Haftungsklausel wird der Kunde ausdrücklich auch darauf hingewiesen, daß jeder, der im Besitz der GeldKarte ist, den darin gespeicherten Betrag ohne Einsatz des PIN verbrauchen kann.

bei einem Verlust von Bargeld, das sich der Kunde bei seiner Bank beschafft hat, muß dieser den Schaden allein tragen.

Soweit den Kunden an einer mißbräuchlichen Verwendung der GeldKarte kein Verschulden trifft, begründet diese AGB-Klausel eine **verschuldensunabhängige Risikohaftung des Kunden**. Damit stellt sich die Frage nach der Vereinbarkeit dieser Haftungsregelung mit dem AGB-Gesetz. Ein wesentlicher Grundgedanke der gesetzlichen Regelung im Sinne der Generalklausel des AGB-Gesetzes (§ 9 Abs. 2 Nr. 1) ist, daß eine Schadensersatzpflicht regelmäßig schuldhaftes Verhalten voraussetzt[1232]. Dieses haftungsrechtliche Verschuldensprinzip kann nach der BGH-Rechtsprechung nur in engen Grenzen wirksam abbedungen werden. Daran ändere auch der Rechtsgedanke der Haftung nach Gefahrenbereichen nichts. Nach dieser sog. **Sphärenhaftung** dürfen auf einen Vertragsteil diejenigen Risiken abgewälzt werden, die ihre Ursache ausschließlich in seiner Sphäre haben und vom anderen Vertragsteil nicht beherrscht werden können[1233]. Die Geltungskraft dieser Sphärenhaftung ist nach dem BGH begrenzt. Sie kann ohne Hinzutreten „weiterer Umstände" einer uneingeschränkten formularmäßigen Zufallshaftung des Kunden nicht zur Wirksamkeit verhelfen[1234].

4.893

Solche „weiteren Umstände", die auch eine verschuldensunabhängige Haftung des Bankkunden aufgrund der Sphärenhaftung rechtfertigen können, lassen sich aus der besonderen Ausgestaltung des GeldKarten-Verfahrens und aus der Funktion dieser Karte als Bargeldersatz ableiten. So hat der BGH bei der Prüfung der Zulässigkeit einer AGB-mäßigen verschuldensunabhängigen Haftung eines Karteninhabers entscheidend darauf abgestellt, daß in dem entschiedenen Fall das auf den Karteninhaber verlagerte Risiko mangels betragsmäßiger Haftungsbegrenzung für diesen unkalkulierbar war[1235]. Bei der GeldKarte ist dagegen die Haftung auf DM 400 begrenzt. Sie ist also für den Karteninhaber berechenbar. Überdies kann dem Kunden aus einem solchen Höchstbetrag nur ein verhältnismäßig geringfügiges Haftungsrisiko erwachsen.

4.894

Hinzu kommt, daß der Kunde die Höhe dieses Verlustrisikos selbst zu steuern vermag. Soll die maximale Haftungsgrenze von DM 400 nicht ausgeschöpft werden, so kann die Karte mit wesentlich niedrigeren Beträgen aufgeladen und hierdurch die Höhe des Verlustrisikos entsprechend eingeschränkt werden.

4.895

1232 BGH WM 1991, 1368, 1370; 1992, 1948, 1953.
1233 BGH WM 1991, 1110, 1111; 1368, 1371.
1234 BGH WM 1991, 1368, 1371; 1992, 1163, 1164; 1948, 1953.
1235 BGH WM 1991, 1010, 1112.

4.896 Schließlich ist diese verschuldensunabhängige Haftung des Kunden **auf den Betrag beschränkt,** der bei Abhandenkommen der GeldKarte noch in deren Chip gespeichert ist. Denn soll die Karte zu Lasten des Girokontos des betroffenen Girokunden durch Benutzung eines ec-Geldautomaten aufgeladen werden, bedarf es hierzu der GeldKarte und der Verwendung der dazugehörigen PIN. Für dieses mißbräuchliche Aufladen gelten sodann die Bedingungen für die ec-Karte, die eine Haftung des Kunden nur bei Verschulden vorsehen. Diese Haftung ist zudem bei nur **leicht fahrlässigem Verhalten** auf 10% beschränkt. Sobald der Verlust der ec-Karte gemeldet ist, entfällt sogar jegliche Haftung des Kunden, selbst wenn ihm grobe Fahrlässigkeit vorgeworfen werden kann.

4.897 Dieses begrenzte Haftungsrisiko, das zudem vom Kunden beliebig reduziert werden kann, stellen die von der BGH-Rechtsprechung geforderten „besonderen Umstände" dar, um eine AGB-mäßige Vereinbarung über eine verschuldensunabhängige Haftung des Kunden aufgrund der Sphärenhaftung angemessen im Sinne der Generalklausel des AGB-Gesetzes (§ 9) erscheinen zu lassen. Denn auch die sehr restriktive BGH-Rechtsprechung hat eine solche Haftung nach Gefahrenbereichen nicht ausgeschlossen, wenn wie hier die Kundenhaftung rechtfertigende „besondere Umstände" gegeben sind.

5. GeldKartengeschäft als genehmigungspflichtiges Bankgeschäft

4.898 Die 6. Novelle zum KWG – Rn 19.46 – hat den gesetzlichen Katalog der „lizenz"pflichtigen Bankgeschäfte wesentlich erweitert. Hierbei ist auch das GeldKartengeschäft aufgenommen und damit zum erlaubnispflichtigen Bankgeschäft geworden (vgl. § 1 Abs. 1 Nr. 11 KWG n.F.).

4.899 Die Umsetzung der beiden EG-Richtlinien hat der Gesetzgeber zum Anlaß genommen, über die gemeinschaftsrechtliche Vorgabe hinaus Regelungen zur Sicherstellung der Funktionsfähigkeit des volkswirtschaftlich notwendigen Zahlungsverkehrs mit seinem dominierenden Giroverkehr zu treffen[1236]. Bei diesen bargeldlosen Zahlungen wird dem Zahlungsberechtigten eine Gutschrift auf seinem Girokonto („Buch"geld) verschafft. Als Medien dieser Buchgeldzahlungen dienten bislang neben der traditionellen Banküberweisung, Lastschrift und Scheckzahlung die Zahlungssysteme auf der Basis der eurocheque-Karte und der Kreditkarte. Dieses Instrumentarium des bargeldlosen Zahlungsverkehrs wird zunehmend durch elektronisches Geld ergänzt, das in GeldKarten gespeichert

---
1236 BT-Drucksache 13/7142, S. 64, 65.

("Chip"geld) oder in Rechnernetzen verwendet werden kann ("Netz"-geld) – Rn 4.996 ff. Wie das "Buch"geld dient auch das "Chip"geld und "Netz"geld der Erfüllung von Zahlungsverbindlichkeiten; hierdurch erfährt das Spektrum der **"bargeldähnlichen" Zahlungsmittel** eine wesentliche Verbreiterung.

Angesichts dessen hielt der Gesetzgeber es für geboten, das GeldKartengeschäft wie auch das Netzgeldgeschäft in einem möglichst frühen Stadium der Bankenaufsicht zu unterwerfen. Nach seiner Einschätzung könnten diese beiden innovativen Zahlungsinstrumente bei größerer Akzeptanz zu einer entsprechenden Verdrängung der Barzahlungen und der traditionellen Buchgeldzahlungen führen und damit zu einem Risikofaktor für den gesamten Zahlungsverkehr werden. So könnte die Insolvenz eines bedeutenden Kartenemittenten oder Netzbetreibers das Vertrauen in diese neuartigen Zahlungsinstrumente erschüttern; dies könnte auch durch massive Fälschungen oder zahlreiche systembedingte Fehlbuchungen geschehen. Ein solcher Vertrauensverlust könnte wiederum zu Verwerfungen des gesamten bargeldlosen Zahlungsverkehrs mit gravierenden volkswirtschaftlichen Konsequenzen führen. Denn bei hoher Akzeptanz der GeldKarte und verstärkter Nutzung der Netzgeldsysteme werden die Kreditinstitute ihre bisherigen bargeldlosen Zahlungsverkehrssysteme und Fazilitäten für Barzahlungen der geringeren Nachfrage anpassen. Die Kreditinstitute könnten sodann wegen ihrer reduzierten Kapazitäten nicht mehr in der Lage sein, eine gesteigerte Nachfrage der traditionellen Zahlungsinstrumente infolge schwindender Akzeptanz der GeldKarten oder der Netzgeldsysteme zu befriedigen[1237]. 4.900

Die Wahrscheinlichkeit solcher **Störfälle** ist nach Meinung des Gesetzgebers zudem wesentlich geringer, wenn GeldKartenausgabe und Netzgeldemission durch Kreditinstitute erfolgt, die über einschlägige langjährige Erfahrungen und Sicherheitsstandards verfügen. Auch könnten Kreditinstitute negativen Auswirkungen solcher Ereignisse effizienter begegnen. Sie unterlägen zudem aufsichtsrechtlichen Liquiditäts- und Bonitätsvorschriften und könnten schließlich auf die Refinanzierungsmöglichkeiten bei der Zentralbank zurückgreifen[1238]. Deshalb beschränkt sich die geplante Richtlinie der Europäischen Kommission zur Ausgabe und Verwaltung von "Electronic Money" auf Unternehmen des Nicht-Bankenbereichs, die insoweit bankaufsichtsrechtlichen Mindeststandards unterworfen werden sollen. 4.901

Die Erstreckung der Bankenaufsicht auf das GeldKartengeschäft ist gesetzestechnisch durch Aufnahme in den gesetzlichen Katalog der Bankgeschäfte in § 1 Abs. 1 KWG erfolgt. Hierzu mußte diese nunmehr "li- 4.902

1237 BT-Drucksache 13/7142, S. 64, 65.
1238 BT-Drucksache 13/7142, S. 64, 65.

zenz"pflichtige Geschäftsart im Wege einer Legaldefinition tatbestandsmäßig umschrieben werden. Das GeldKartengeschäft wird definiert als „die Ausgabe vorausbezahlter Karten zu Zahlungszwecken" (§ 1 Abs. 1 Nr. 11 KWG n.F.). Einen **bankgeschäftlichen Status** hat das GeldKartengeschäft aber nur bei solchen Zahlungssystemen, bei denen Kartenemittent und Leistungserbringer (kontoführendes Kreditinstitut des Zahlungspflichtigen) gegenüber dem Zahlungsempfänger verschiedene Personen sind. Diese „lizenz"pflichtigen dreiseitigen Systeme sind von den genehmigungsfreien zweiseitigen Systemen zu unterscheiden; hier sind Leistungserbringer und der Kartenemittent identisch. Bei dem **lizenzfreien GeldKartengeschäft** wird das mit der Vorausbezahlung belastete Girokonto des Karteninhabers bei dem kartenemittierenden Kreditinstitut unterhalten[1239]. Diese Differenzierung ergibt sich aus der insoweit stark interpretationsbedürftigen Definition des GeldKartengeschäfts, dessen vollständiger Wortlaut die nachfolgende Fassung erhalten hat:

4.903 „Die Ausgabe vorausbezahlter Karten zu Zahlungszwecken, es sei denn, der Kartenemittent ist auch der Leistungserbringer, der die Zahlung aus der Karte erhält".

[1239] Begr.RegE, BT-Drucksache 13/7142, S. 64.

9. Abschnitt
Kreditkartengeschäft

Das Kreditkartengeschäft stammt aus den USA und ist heute auch im inländischen Zahlungsverkehr nicht mehr wegzudenken. Gegenüber der eurocheque-Karte hat die Kreditkarte den **Vorteil**, daß sie nach ihrer Grundkonzeption ohne eine betragsmäßige Grenze verwendet werden kann. Bei größeren Beträgen müssen sich freilich die Unternehmen, die die Kreditkarte aufgrund eines **Rahmenvertrages mit dem Kartenherausgeber** zu akzeptieren haben (sog. Vertragsunternehmen), die Verwendung durch eine Autorisierungszentrale des Kartenherausgebers (Emittent) bestätigen lassen. 4.904

Mit diesen „Genehmigungs"anfragen soll auch die mißbräuchliche Verwendung von Kreditkarten aufgedeckt werden. Bei **nicht genehmigter Limitüberschreitung** braucht der Kartenherausgeber nicht zu zahlen. Ein solcher Ausschluß der Zahlungspflicht stellt keine unangemessene Regel im Sinne des § 9 AGBG dar[1240]. 4.905

Das Kreditkartengeschäft der deutschen Kreditinstitute stützt sich vor allem auf die Ausgabe der Eurocard/Master Card. Für die Entwicklung des Eurocard-Systems ist die Eurocard International S.A., Brüssel gegründet worden. Diese Dachorganisation sollte sich um die Produktentwicklung und den weiteren Ausbau des Systems kümmern. Die Gesellschaft ist am 1. 7. 1992 mit der eurocheque International S.A., Brüssel zur Europay International S.A., Brüssel fusioniert worden. Unter dem Dach dieser neuen Gesellschaft werden verschiedene Produktgruppen mit einer Vielzahl von individuellen Funktionen und Dienstleistungen einschließlich der Eurocard/Master Card betreut[1241]. 4.906

Das Kreditkartengeschäft stellt **kein Bankgeschäft im (engeren) gesetzlichen Sinne** des Kataloges der lizenzpflichtigen Bankgeschäfte dar, wie sie § 1 Abs. 1 KWG enthält[1242]. Nach der Neufassung des KWG durch das „Gesetz zur Umsetzung von EG-Richtlinien zur Harmonisierung bank- und wertpapieraufsichtsrechtlicher Vorschriften" vom 22. 10. 1997 gehören Unternehmen, deren Haupttätigkeit in der Ausgabe oder Verwaltung von Kreditkarten besteht, zu den sog. **Finanzinstituten** (§ 1 Abs. 3 Nr. 4 KWG). Diese Institute sind von den sog. **Finanzdienstleistungsinstituten** 4.907

1240 *Martinek* in Bankrechts-Handbuch, § 67 Rn 52.
1241 *van Eldik*, WM 1993, 283.
1242 *Martinek* in Bankrechts-Handbuch, § 67 Rn 45.

zu unterscheiden, bei denen es sich um Unternehmen handelt, die Finanzdienstleistungen für andere gewerbsmäßig oder in einem Umfang erbringen, der einen in kaufmännischer Weise eingerichteten Geschäftsbetrieb erfordert, und die keine Kreditinstitute sind (§ 1 Abs. 1a KWG).

I. Wirtschaftliche Funktionen

4.908 Der Vorteil der Kreditkarte liegt für den Benutzer in der **Bequemlichkeit und Sicherheit,** die die bargeldlose Zahlung dieses Verfahrens mit sich bringt[1243]. Die Kreditkarte ist besonders für den geschäftlichen Reiseverkehr geeignet. Bei häufiger Benutzung ergeben sich **Zinsvorteile**[1244]. Denn der Karteninhaber wird erst nachträglich mit den Beträgen belastet, die der Kartenemittent an Vertragsunternehmen als Vertragspartner des Karteninhabers zu zahlen hatte. Diese Zinsvorteile können die für die Karte zu entrichtende Benutzungsgebühr kompensieren.

4.909 Der Vorteil der Kreditkarten akzeptierenden Unternehmen liegt in der Erweiterung ihres Kundenpotentials und der sich daraus ergebenden Chance auf Umsatzsteigerung. Insbesondere die auf der Durchreise befindlichen Personen wären ohne das Kreditkartensystem meist nicht in der Lage, an einem fremden Ort, vor allem im Ausland, größere Einkäufe zu tätigen. Häufig wird nicht ausreichend Bargeld mit sich geführt und die garantierten Schecks können nur betragsmäßig begrenzt ausgestellt werden. Dagegen genügt regelmäßig ein Telefonanruf des Vertragsunternehmens in ein Büro eines Kreditkartenausgebers, um dessen Zahlungszusage zu erwirken[1245].

1. Universales Zahlungsmittel

4.910 Die Kreditkarte ist wegen ihrer weltweiten Verwendbarkeit ein universales Zahlungsmittel[1246]. Die eurocheque-Karte wird dagegen nur in Europa und in den an das Mittelmeer angrenzenden nichteuropäischen Staaten akzeptiert.

4.911 Mit der Kreditkarte können vor allem Waren und Dienstleistungen bei Vertragsunternehmen, Einzelhandelsgeschäften, Restaurants, Hotels, Fluggesellschaften, Mietwagenfirmen u.a. bargeldlos gezahlt werden. Die

---
1243 BGH WM 1984, 1213, 1214.
1244 *Martinek* in Bankrechts-Handbuch, § 67 Rn 4.
1245 Vgl. LG Heidelberg WM 1988, 773, 774.
1246 BGH WM 1997, 2244, 2246.

Kreditkarte gehört deshalb zu den Instrumenten des bargeldlosen Zahlungsverkehrs, bei deren Einsatz der Karteninhaber seine Zahlungsverbindlichkeiten zu Lasten eines bei seiner Bank geführten Girokontos erfüllen kann[1247]. Mit der Kartenzahlung **stundet** deshalb das Vertragsunternehmen die **Zahlungsverbindlichkeit** des Karteninhabers mit der Verpflichtung, den geschuldeten Betrag erfüllungshalber beim Karteninhaber einzuziehen[1248]. Solche Stundungen werden auch bei der Bezahlung mittels Scheck oder Lastschrift vereinbart.

Die Vertragsunternehmen erhalten die den Karteninhabern in Rechnung gestellten Beträge unter **Abzug des vereinbarten Disagios**. Bei dem Disagio handelt es sich um eine Gegenleistung dafür, daß der Kartenemittent den Vertragsunternehmen neue Kunden zuführt, die ihre Einkäufe weitestmöglich nach der Verwendbarkeit von Kreditkarten ausrichten[1249]. Bei den Emittenten der Kreditkarte handelt es sich meist um eine Bank oder eine von Banken betriebene Gesellschaft. 4.912

2. Bargeldservice

Die Kreditkarten dienen freilich nicht nur der bargeldlosen Zahlung, sondern auch der **Beschaffung von Bargeld** (sog. Bargeldservice). So hat der Inhaber einer Eurocard die Möglichkeit, sich Bargeld an Geldautomaten sowie gegen Vorlage eines Ausweispapiers an Kassen von Kreditinstituten im In- oder Ausland auszahlen zu lassen. Für die Nutzung dieser Geldautomaten stellt die Bank dem Karteninhaber eine persönliche Geheimzahl (PIN) zur Verfügung, wie sie auch für den Einsatz der Kreditkarte an einer automatisierten Kasse eines Vertragsunternehmens benötigt wird – Rn 4.693. 4.913

Bei diesem Bargeldservice handelt es sich um eine zusätzliche Dienstleistung. Der **typische Zweck** eines Kreditkartenvertrages erschöpft sich darin, die von dem Karteninhaber eingegangenen Zahlungsverbindlichkeiten aus dem Valutaverhältnis mit dem Vertragsunternehmen zu erfüllen. Deshalb ist es auch mit der Generalklausel des AGB-Gesetzes (§ 9) vereinbar, wenn der Kartenemittent für die Inanspruchnahme des Bargeldservice ein dem Karteninhaber im voraus bekanntgegebenes Entgelt berechnet[1250]. Bei der Nutzung dieses zusätzlichen Service fehlt es an 4.914

1247 *Martinek* in Bankrechts-Handbuch, § 67 Rn 22; *Heymann/Horn*, HGB, Anh. § 372 Rn 143.
1248 LG Düsseldorf WM 1991, 1027, 1029; *Hadding*, FS Pleyer, 1986, S. 17, 24.
1249 *Martinek* in Bankrechts-Handbuch, § 67 Rn 35.
1250 AG Frankfurt WM 1996, 1177.

einem Leistungsaustausch, wie er sich beim Kauf von Waren oder Dienstleistungen der Vertragsunternehmen vollzieht. Beim Bargeldservice erbringt der Kartenemittent vielmehr die von ihm geschuldete Leistung unter Einschaltung eines Dritten[1251]. Der Emittent haftet im übrigen dem Vertragsunternehmen, bei dem der Bargeldservice in Anspruch genommen worden ist[1252].

4.915 Die von einigen Banken ausgegebene Eurocard ermöglicht im übrigen das bargeldlose Telefonieren an den Chip-Kartentelefonen der Deutschen Bundespost Telekom im Inland und im Ausland sowie die Nutzung der öffentlichen Telefax-Geräte.

3. Inanspruchnahme des Karteninhabers im Lastschriftverfahren

4.916 Der Kartenemittent nimmt wegen seiner Zahlungen an die Vertragsunternehmen die betreffenden Inhaber der Kreditkarte in Anspruch. Dies geschieht dadurch, daß der Emittent die von ihm gezahlten Geldbeträge bei der kontoführenden Bank des Karteninhabers im Wege des Lastschriftverfahrens einzieht. Dieser Technik des Kreditkartengeschäfts liegt das sog. **Drei-Parteien-System** zugrunde.

4.917 Beim **Zwei-Parteien-System** gibt dagegen das die Leistung erbringende Unternehmen, etwa eine Einzelhandelskette selbst die Karte aus[1253]. In Deutschland haben nur die Kreditkarten des Drei-Parteien-Systems Verbreitung gefunden. Soweit eine Kreditkarte wie bei der Eurocard auch von den deutschen Kreditinstituten selbst emittiert werden darf, sind sogar vier Vertragsparteien eingeschaltet: Karteninhaber, emittierendes Kreditinstitut, Vertragsunternehmen und die GZS Gesellschaft für Zahlungssysteme mbH, Frankfurt. Diese Gesellschaft ist zugleich Vertragspartner des Vertragsunternehmens und im eigenen Namen handelnde Beauftragte des emittierenden Kreditinstituts für die Abwicklung des Kreditkartengeschäfts.

4.918 Auch das Kreditkartengeschäft dient funktionell gesehen dem bargeldlosen Zahlungsverkehr[1254]. Bei den Zahlungsvorgängen aus den Kreditkartenumsätzen sind im Regelfall jeweils sechs Personen beteiligt: der Karteninhaber, das Vertragsunternehmen und der Kartenemittent sowie deren jeweilige kontoführende Banken, die die bargeldlose Zahlung vermit-

---

1251 *Pfeiffer*, Kreditkartenvertrag, in von Westphalen (Hrsg.), Vertragsrecht und AGB-Klauseln, Rn 39.
1252 *Heymann/Horn*, HGB, Anh., § 372 Rn 159.
1253 Zur Rechtsnatur der vertraglichen Beziehungen im Zwei-Parteien-System vgl. *Pfeiffer*, Kreditkartenvertrag, in von Westphalen (Hrsg.), Vertragsrecht und AGB-Klauselwerk Rn 6 ff. und *Schwintowski/Schäfer*, Bankrecht, § 6 Rn 15.
1254 BGH WM 1985, 1336. Nach dem OLG Karlsruhe (WM 1991, 184, 187) ist das Kreditkartenverfahren aber nicht völlig der Bargeldzahlung gleichzusetzen.

teln. Bei dieser Vermittlung wird die **Bank des Vertragsunternehmens** als **Inkassostelle** tätig, die hierbei einen bargeldlosen Zahlungsvorgang wie beim Inkasso von Lastschriften und Schecks veranlaßt. Die **Bank des erstattungspflichtigen Karteninhabers** wird als dessen **Zahlstelle** tätig, bei der die Bank des Kartenemittenten die vom Karteninhaber geschuldeten Beträge im Lastschriftverfahren einziehen kann. Für den Kartenemittenten ist also die bargeldlose Zahlung des Karteninhabers nur ein durchlaufender Posten auf dem Wege zum Vertragsunternehmen als zahlungsberechtigtem Gläubiger.

4. Kreditfunktion

Ein wesentlicher Unterschied der Kreditkarte zu den herkömmlichen Instrumenten des bargeldlosen Zahlungsverkehrs besteht darin, daß die Kreditkarte entsprechend ihrem Namen im Regelfall zugleich eine Kreditfunktion hat[1255]. Das Vertragsunternehmen gewährt dem Karteninhaber einen **Kredit im weiteren Sinne** des Wortes dadurch, daß es die von ihm geschuldete Leistung ohne sofortige Bezahlung erbringt[1256].   4.919

Dagegen liegt regelmäßig **keine Kreditgewährung** des Kartenemittenten an den Karteninhaber vor, wenn der Emittent die Zahlungen an die Vertragsunternehmen wie üblich nicht sofort gegenüber dem Karteninhaber abrechnet und von dessen Konto abbuchen läßt. Solche Abrechnungen erfolgen nur aus Gründen der technischen Vereinfachung in periodischen Abständen. Der Kartenemittent ist mithin zu einem derartigen Zuwarten regelmäßig nicht verpflichtet, wie dies bei einer Kreditgewährung der Fall wäre[1257].   4.920

Dieses rationelle Abrechnungsverfahren stellt deshalb auch keine Kreditgewährung dar, auf die das Verbraucherkreditgesetz anwendbar ist. Die Kreditkarte wird hier vielmehr nur als Instrument des bargeldlosen Zahlungsverkehrs verwendet[1258]. Die vereinheitlichten AGB für die Eurocard enthalten deshalb auch eine sog. **finanzielle Nutzungsgrenze.** Danach darf der Bankkunde die Kreditkarte nur im Rahmen seiner Einkommens- und Vermögensverhältnisse verwenden, so daß ein termingerechter Ausgleich   4.921

1255 OLG Karlsruhe WM 1991, 184, 187.
1256 BGH WM 1985, 1336, 1337; *Martinek* in Bankrechts-Handbuch, § 67 Rn 29.
1257 *Hadding*, FS Pleyer, 1986, S. 17, 18; vgl. aber weiter *Canaris*, Bankvertragsrecht², Rn 1623, wonach sogar in der Zahlung des Kartenherausgebers an das Vertragsunternehmen ein Kredit gesehen werden kann.
1258 Begr.RegE, BT-Drucksache 11/5462, S. 18 ff.; *Pfeiffer*, Kreditkartenvertrag, in von Westphalen (Hrsg.), Vertragsrecht und AGB-Klauselwerke, Rn 42.

der Eurocard-Umsätze gewährleistet ist[1259]. Der mit dem üblichen Abrechnungsverfahren verbundene Zahlungsaufschub wird im übrigen nicht gegen Zahlung eines Entgeltes gewährt, wie es das Verbraucherkreditgesetz (§ 1 Abs. 2) erfordert. Die Jahresgebühr für die Kreditkarte stellt kein Entgelt für den konkreten Zahlungsaufschub dar, sondern wird als Vergütung für die Dienstleistungen des Kartenemittenten gezahlt[1260]. Auch das von dem Vertragsunternehmen zu zahlende Disagio stellt kein mittelbares Entgelt des Karteninhabers für die monatliche Abrechnung dar, sondern ist eine Vergütung im Verhältnis von Kartenemittent und Vertragsunternehmen[1261].

4.922 Dagegen liegt ein der Schriftform des **Verbraucherkreditgesetzes** (§ 4) unterliegender Kreditvertrag vor, wenn für die Kreditkarte ein gesondertes (debitorisches) Kreditkonto geführt wird, der Kartenemittent dem Kontoinhaber seinen Aufwendungsersatzanspruch (§ 670 BGB) für mehr als drei Monate stundet und die Inanspruchnahme dieses Kredits gegen Zinszahlungen ermöglicht (vgl. § 3 Abs. 1 Nr. 1 VerbrKrG). Derartige Kreditinanspruchnahmen stellen im übrigen keine Kontoüberziehungen im Sinne des § 5 VerbrKrG dar, weil solche „Kreditkartenkonten" nicht als laufende Konten geführt werden, wie es diese von bestimmten Formerfordernissen befreiende Gesetzesbestimmung erfordert[1262]. Die diesbezügliche Privilegierung des § 5 VerbrKrG kommt nur zum Tragen, wenn der Karteninhaber durch Verwendung der Kreditkarte einen ihm ohne spezifischen Verwendungszweck eingeräumten Dispositionskredit ausnutzt, der ihm die Überziehung seines Girokontos ermöglicht.

II. Rechtsnatur des Kreditkartengeschäfts

4.923 Für die rechtliche Darstellung des Kreditkartengeschäfts ist das Rechtsverhältnis zwischen Vertragsunternehmen und Kartenherausgeber von besonderem Interesse. Die **Akzeptanz der Kreditkarte** hängt weitgehend

---

1259 Bei Eigenemissionen von Eurocard durch Kreditinstitute enthalten die zum Teil abweichenden AGB vereinzelt den klarstellenden Hinweis, daß die „Autorisierung" einzelner Kreditkartenumsätze weder zur Einräumung eines Kredites noch zur Erhöhung eines zuvor eingeräumten Kredites führt, sondern in der Erwartung erfolgt, daß ein Ausgleich der Kartenumsätze erfolgt.
1260 *Seibert*, DB 1991, 429; *Martinek* in Bankrechts-Handbuch, § 67 Rn 29.
1261 *Seibert*, DB 1991, 429.
1262 *Seibert*, DB 1991, 430 vgl. weiter *Martinek* in Bankrechts-Handbuch, § 67 Rn 14, 29.

davon ab, daß die Vertragsunternehmen den Gegenwert für die erbrachte Leistung im bargeldlosen Zahlungsverkehr von dem Kartenherausgeber erlangen können. Die Erfüllung des Zahlungsanspruchs des Vertragsunternehmens soll durch eine bargeldgleiche Sicherung gewährleistet werden[1263]. Hierzu wird dem Vertragsunternehmen bei der Verwendung der Kreditkarte ein rechtlich eigenständiger Zahlungsanspruch gegen den Kartenemittenten als einen zahlungskräftigen Dritten verschafft. Insoweit ergibt sich eine Parallele zu den anderen Instrumenten der kartengestützten bargeldlosen Zahlungssysteme, insbesondere zur Scheckkarte.

Einen anderen rechtlichen Schwerpunkt bildet das **Rechtsverhältnis des Kartenemittenten zum Karteninhaber.** Der Emittent holt sich die Deckung für die Zahlungen an die Vertragsunternehmen beim Karteninhaber. Die rechtliche Ausgestaltung dieses Deckungsverhältnisses prägt zugleich die zwischen Kartenemittent und Vertragsunternehmen bestehende Vertragsbeziehung. 4.924

1. Rechtsverhältnis zwischen Emittent und Inhaber der Kreditkarte

Das Rechtsverhältnis zwischen Emittent und Inhaber der Kreditkarte ist nach Rechtsprechung und herrschender Literaturmeinung ein entgeltlicher Geschäftsbesorgungsvertrag mit werkvertraglichem Einschlag (§§ 675, 631 BGB)[1264]. Diese rechtliche Einordnung gilt auch in den Fällen, in denen der sicherungshalber verschaffte Zahlungsanspruch des Vertragsunternehmens gegen den Kartenemittenten keine Zahlungsgarantie beinhaltet, sondern die Kaufpreisforderungen aus dem Kauf des Zahlungsanspruches des Vertragsunternehmens aus seinem Grundgeschäft mit dem Karteninhaber (Valutaverhältnis) darstellt[1265]. 4.925

Der **Kreditkartenvertrag** zwischen Emittenten und Inhaber der Karte entspricht nach dem BGH **keinem gesetzlichen Leitbild**[1266]. Es handelt sich vielmehr um einen **Vertrag eigener Art** (§ 305 BGB). Durch diesen Ver- 4.926

1263 *Pfeiffer,* Kreditkartenvertrag, in von Westphalen (Hrsg.), Vertragsrecht und AGB-Klauselwerk Rn 20.
1264 BGH WM 1984, 1213; KG WM 1993, 2044; OLG Oldenburg WM 1994, 378; *Martinek* in Bankrechts-Handbuch, § 67 Rn 7; *Hadding,* WM 1987, 1571; *Heymann/Horn,* HGB, Anh. § 372 Rn 146; *Pfeiffer,* Kreditkartenvertrag, in von Westphalen (Hrsg.), Vertragsrecht und AGB-Klauselwerke Rn 23.
1265 *Canaris,* Bankvertragsrecht², Rn 1628; vgl. weiter BGH WM 1984, 1213 zu der auf einem solchen Forderungskauf basierenden Eurocard; OLG Karlsruhe WM 1991, 184, 187; OLG Frankfurt WM 1993, 889, 892.
1266 WM 1991, 1110, 1111; 1997, 2244, 2245.

tragsabschluß werden zunächst keine unmittelbaren gegenseitigen Rechte und Pflichten der Parteien ausgelöst werden, wenn man einmal von der Verpflichtung zum Schutz vor einem Kartenmißbrauch absieht. Es handelt sich also um einen **Rahmenvertrag**. Er verschafft dem Karteninhaber nach Maßgabe der vertraglichen Vereinbarungen einen Anspruch gegen die angeschlossenen Vertragsunternehmen, ohne Bezahlung die gekauften Waren erwerben oder die gewünschten Dienstleistungen in Anspruch nehmen zu können (§ 328 BGB)[1267]. Der Schwerpunkt des Vertrages liegt also in der vorweggenommenen Stundung des Zahlungsanspruchs des Vertragsunternehmens aus dem Valutaverhältnis mit dem Karteninhaber.

4.927 Wird für die Ehefrau des (Haupt-)Karteninhabers eine Familienzusatzkarte ausgegeben, so kommt der Geschäftsbesorgungsvertrag auch mit der Ehefrau zustande[1268]. Soweit für Firmenkunden neben der Hauptkarte weitere Zusatzkarten für Mitarbeiter des Kunden ausgestellt werden, kann eine gesamtschuldnerische Haftung des Firmenkunden für die Verwendung dieser Zusatzkarten vereinbart werden. Dagegen ist es nach dem Schrifttum mit der Generalklausel des AGB-Gesetzes (§ 9) unvereinbar, wenn der Inhaber einer solchen Zusatzkarte auch für Zahlungsansprüche aus der Verwendung der Hauptkarte oder der für andere Mitarbeiter ausgegebenen Zusatzkarten haften soll[1269].

4.928 Die Hauptpflicht des Kartenemittenten besteht darin, die Zahlungsverbindlichkeiten des Karteninhabers aus dem jeweiligen Grundgeschäft mit dem Vertragsunternehmen (**Valutaverhältnis**) zu erfüllen[1270]. Der Kartenemittent hat also dafür zu sorgen, daß der Inhaber der Kreditkarte von seiner Zahlungspflicht gegenüber dem Vertragsunternehmen befreit wird[1271]. Der Emittent ist mithin zu einer Erfüllungsübernahme im Sinne des § 329 BGB verpflichtet[1272]. Diese **Erfolgsbezogenheit** der vom Kartenemittenten geschuldeten Hauptleistung zeigt, daß die übernommene Ge-

---

1267 *Martinek* in Bankrechts-Handbuch, § 67 Rn 35; *Pfeiffer*, Kreditkartenvertrag, in von Westphalen (Hrsg.), Vertragsrecht und AGB-Klauselwerk, Rn 35.
1268 OLG Köln WM 1993, 369.
1269 *Heymann/Horn*, Anh. § 372 Rn 149; *Canaris*, Bankvertragsrecht², Rn 1631; vgl. weiter *Pfeiffer*, Kreditkartenvertrag, in von Westphalen (Hrsg.), Vertragsrecht und AGB-Klauselwerke Rn 100 f.
1270 BGH WM 1984, 1213; KG WM 1993, 2044; OLG Oldenburg WM 1994, 378; *Canaris*, Bankvertragsrecht², Rn 1628; *Heymann/Horn*, HGB, Anh. § 372 Rn 146.
1271 *Pfeiffer*, Kreditkartenvertrag, in von Westphalen (Hrsg.), Vertragsrecht und AGB-Klauselwerke, Rn 22.
1272 *Hadding*, FS Pleyer, 1986, S. 17, 34; *Soergel/Hadding*, § 329 Rn 11; *Martinek* in Bankrechts-Handbuch, § 67 Rn 7; *Pfeiffer*, Kreditkartenvertrag, in von Westphalen (Hrsg.), Vertragsrecht und AGB-Klauselwerke, Rn 22, 24.

schäftsbesorgung nicht auf eine Dienstleistung, sondern auf eine Werkleistung gerichtet ist (vgl. § 631 Abs. 2 BGB)[1273].

Die **Hauptleistung des Karteninhabers** besteht in der Zahlung eines Entgelts (Kreditkarten„gebühr"), die meist jährlich berechnet wird[1274]. Soweit für die Verwendung der Kreditkarte im Ausland eine gesonderte Vergütung in Rechnung gestellt wird, unterliegt dieses Entgelt nicht der richterlichen Inhaltskontrolle. Nach dem BGH handelt es sich hierbei um eine zusätzlich angebotene Sonderleistung, die eine kontrollfreie Bepreisung ermöglicht[1275].   4.929

Die **Verpflichtung zur Erfüllungsübernahme** stellt eine Rahmenvereinbarung über eine Vielzahl von entgeltlichen Geschäftsbesorgungen dar. Die nähere Bestimmung (Konkretisierung) der zunächst nur gattungsmäßig festgelegten Geschäftsbesorgungspflicht erfolgt durch den jeweiligen Einsatz der Kreditkarte[1276]. Dabei wird zur Einziehung des geschuldeten Rechnungsbetrages regelmäßig von dem Vertragsunternehmen ein sog. „Belastungs"beleg ausgestellt, den der Karteninhaber zu unterzeichnen hat.   4.930

Beim Einsatz der Kreditkarte wird vor allem im Ausland vielfach auf die Unterzeichnung eines solchen Belastungsbeleges verzichtet. Dies gilt insbesondere bei fernmündlichen Bestellungen im Teleshopping oder „Charge-it"-Verfahren. Hier genügt die Nennung des Namens des Karteninhabers und die Angabe der Nummer und der Gültigkeitsdauer der Kreditkarte[1277].   4.931

Zum Inkasso des geschuldeten Rechnungsbetrages im bargeldlosen Zahlungsverkehr wird der erstellte Belastungsbeleg wie die Lastschrift im Lastschriftverfahren vom Vertragsunternehmen seiner Bank eingereicht, soweit nicht die Abrechnung zwischen Vertragsunternehmen und Kartenemittent auf elektronischem Wege erfolgt. Die beim Vertragsunternehmen aufgestellten Terminals, über die die vorgeschriebene Autorisierung des Karteneinsatzes eingeholt wird, verfügen zunehmend über die Möglichkeit des Ausdrucks einer Quittung, die der Karteninhaber zu unterschreiben hat und die beim Vertragsunternehmen als Beleg verbleibt. Diese Quittung im Sinne des § 368 BGB enthält eine Angabe des Ortes, Datums und Zeitpunkts des Zahlungsvorgangs sowie das Autorisierungs-Kennzeichen als Merkmal der genehmigten Zahlung.   4.932

1273 *Martinek* in Bankrechts-Handbuch, § 67 Rn 7.
1274 *Heymann/Horn*, HGB, Anh. § 372 Rn 147.
1275 BGH WM 1997, 2244, 2245; *Wand*, WM 1997, 289 ff.
1276 *Hadding*, FS Pleyer, 1986, S. 17, 35.
1277 *Martinek* in Bankrechts-Handbuch, § 67 Rn 4; *Etzkorn*, WM 1991, 1901, 1903.

4. Teil: Bargeldloser Zahlungsverkehr (Girogeschäft)

a) Rechtsnatur des Belastungsbeleges

4.933 Mit der **Unterzeichnung** des Belastungsbeleges erteilt der Karteninhaber nach Rechtsprechung und herrschender Literaturmeinung dem Kartenemittenten im Rahmen des zwischen ihnen bestehenden Geschäftsbesorgungsverhältnisses die **auftragsrechtliche Weisung** im Sinne des § 665 BGB, seine Zahlungsverbindlichkeit gegenüber dem Vertragsunternehmen zu tilgen[1278]. Dies gilt unabhängig davon, ob der Kartenemittent gegenüber dem Vertragsunternehmen diese Forderungstilgung garantiert oder dem Vertragsunternehmen dessen Zahlungsanspruch aus dem Valutageschäft mit dem Karteninhaber abkauft[1279]. Mit dieser Weisung wird die zunächst nur gattungsmäßig[1280] begründete Geschäftsbesorgungspflicht des Kartenemittenten konkretisiert. Die mit dem Karteneinsatz konkludent erteilte Weisung zur Erfüllungsübernahme wird sodann von dem Vertragsunternehmen als Bote des Karteninhabers dem Kartenemittenten übermittelt[1281].

4.934 Der **Karteninhaber** kann seine Weisungen zu solchen Erfüllungsübernahmen **grundsätzlich nicht mehr widerrufen.** Weisungen im auftragsrechtlichen Sinne sind zwar grundsätzlich frei widerrufbar[1282]. Eine solche Widerrufsmöglichkeit scheidet aber für den Inhaber der Kreditkarte wegen der Besonderheiten des Kreditkartengeschäfts aus[1283]. Anderenfalls wäre die Funktion der Kreditkarte als Bargeldersatz nicht gewährleistet[1284].

4.935 Ein **Weisungswiderruf** erscheint allenfalls **dann zulässig,** wenn die Unwirksamkeit des Zahlungsanspruchs des Vertragsunternehmens ausnahmsweise offenkundig und leicht nachweisbar ist[1285]. Dies ist beispielsweise der Fall, wenn der Kartenin-

---

1278 BGH WM 1984, 1213; KG WM 1993, 2044, 2045; *Heymann/Horn,* HGB, Anh. § 372 Rn 146; *Martinek* in Bankrechts-Handbuch, § 67 Rn 8; *Pfeiffer,* Kreditkartenvertrag, in von Westphalen (Hrsg.), Vertragsrecht und AGB-Klauselwerke, Rn 29.
1279 *Heymann/Horn,* HGB, Anh. § 372 Rn 145.
1280 Sog. Gattungshandlungsschuld wie die Geschäftsbesorgungspflicht beim Girovertrag (*van Gelder* in Bankrechts-Handbuch, § 57 Rn 20).
1281 *Martinek* in Bankrechts-Handbuch, § 67 Rn 8, 25.
1282 *Palandt/Sprau,* § 665 Rn 4.
1283 AG Frankfurt WM 1998, 2145; *Martinek* in Bankrechts-Handbuch, § 67 Rn 19 m.w.Hinw.; *Etzkorn,* WM 1991, 1901, 1906; hiergegen kritisch *Ma,* Einwendungsdurchgriff und Widerrufsrecht als Instrument des Verbraucherschutzes im Kreditkartenverfahren, Diss. Frankfurt am Main, 1996, S. 145 ff.
1284 OLG Schleswig WM 1991, 453, 454; *Pfeiffer,* Kreditkartenvertrag in von Westphalen, Vertragsrecht und AGB-Klauselwerke, Rn 68.
1285 *Pfeiffer,* Kreditkartenvertrag, in von Westphalen (Hrsg.), Vertragsrecht und AGB-Klauselwerke, Rn 69.

haber Belege über das Grundgeschäft mit dem Vertragsunternehmen vorlegen kann, aus denen sich das Nichtbestehen des Zahlungsanspruchs augenfällig ergibt[1286].

Für die Unwiderruflichkeit der Weisung des Karteninhabers spricht im übrigen, daß hierdurch ein gegen den Kartenemittenten gerichteter Zahlungsanspruch begründet wird. Die vom Kartenemittenten geschuldete Geschäftsbesorgung ist damit bereits im wesentlichen ausgeführt[1287]. Der mit der Kreditkarte verfolgte Sicherungszweck ist schon mit der Begründung dieses Zahlungsanspruchs erreicht. Dieser wesentliche Teil der ausgeführten Geschäftsbesorgung ist zudem endgültig[1288]. Das auftragsrechtliche Weisungsrecht entfällt aber mit der Ausführung des Auftrages[1289].

4.936

b) Ausschluß von Einwendungen aus dem Valutaverhältnis

Sobald der Kartenemittent dem Vertragsunternehmen den offenen Rechnungsbetrag bezahlt hat und damit die dem Karteninhaber geschuldete Erfüllungsübernahme vorgenommen hat, erwirbt er gegen diesen einen **auftragsrechtlichen Aufwendungsersatzanspruch** gemäß § 670 BGB. Dabei ist es unerheblich, ob der Kartenemittent eine Zahlungsgarantie gegenüber dem Vertragsunternehmen übernommen hat oder diesem vereinbarungsgemäß den Zahlungsanspruch aus dem Valutaverhältnis mit dem Karteninhaber abgekauft hat[1290].

4.937

Bei dem Aufwendungsersatzanspruch des Kartenemittenten handelt es sich um **keine Fremdwährungsschuld** im Sinne des § 244 BGB, wenn die Kreditkarte **im Ausland** eingesetzt wird. Denn der Kartenemittent erbringt seine Aufwendungen, die er von dem Karteninhaber erstattet verlangen kann, in der Heimatwährung[1291].

4.938

Gegenüber diesem Erstattungsanspruch kann der Karteninhaber grundsätzlich **keinerlei Einwendungen** aus seinem Valutaverhältnis mit dem Vertragsunternehmen geltend machen[1292]. Solche Einwendungen sollen grundsätzlich unmittelbar zwischen Karteninhaber und Vertragsunternehmen geklärt werden.

4.939

1286 LG Aachen NJW-RR 1994, 1009; *Pfeiffer*, Kreditkartenvertrag, in von Westphalen (Hrsg.), Vertragsrecht und AGB-Klauselwerke, Rn 69.
1287 *Hadding*, FS Pleyer, 1986, S. 17, 37.
1288 *Pfeiffer*, Kreditkartenvertrag, in von Westphalen (Hrsg.), Vertragsrecht und AGB-Klauselwerke, Rn 73.
1289 *Palandt/Sprau*, § 665 Rn 4.
1290 *Heymann/Horn*, HGB, Anh. § 372 Rn 150 ff.
1291 *Meder*, WM 1996, 2085, 2087; offen gelassen vom BGH WM 1997, 2244, 2245.
1292 *Martinek* in Bankrechts-Handbuch, Rn 18.

4.940 Für den Ausschluß solcher Einwendungen bedarf es keiner zusätzlichen Vereinbarungen mit dem Karteninhaber. Der Ausschluß folgt vielmehr schon daraus, daß der Kartenemittent gegenüber dem Vertragsunternehmen eine Zahlungsgarantie übernommen hat. Infolge der Abstraktheit einer solchen Garantieverbindlichkeit sind Einwendungen aus dem zugrundeliegenden Valutaverhältnis von vornherein grundsätzlich ausgeschlossen[1293].

4.941 Soweit der Kartenemittent anstelle einer Zahlungsgarantie den gegen den Karteninhaber gerichteten Zahlungsanspruch des Vertragsunternehmens kauft, erwirbt das Vertragsunternehmen einen rechtlich selbständigen Zahlungsanspruch aus dem mit dem Kartenemittenten getätigten Kaufvertrag (§ 433 BGB).

4.942 Stützt sich der Kartenemittent gegenüber dem Karteninhaber auf den vom Vertragsunternehmen erworbenen Zahlungsanspruch aus dem Valutaverhältnis, wären Einwendungen aus dem Grundgeschäft zwar grundsätzlich möglich (vgl. § 404 BGB). Eine solche **Einwendungsmöglichkeit** gilt aber nach dem Zweck des Kreditkartenverfahrens **als stillschweigend abbedungen**[1294]. Ein AGB-mäßiger Ausschluß würde jedenfalls nicht gegen die Generalklausel des AGB-Gesetzes (§ 9) verstoßen[1295]. Auch insoweit ist das Interesse des Kartenemittenten anzuerkennen, grundsätzlich nicht in das Valutaverhältnis hineingezogen zu werden[1296]. Ein solcher Einwendungsdurchgriff gegenüber dem Kartenemittenten kommt nach Meinung des Schrifttums aber in den Fällen in Betracht, in denen der Karteninhaber offenkundige oder leicht nachweisbare (liquide) Einwendungen gegenüber dem Zahlungsanspruch des Vertragsunternehmens geltend macht und den Kartenemittenten hiervon unterrichtet. Würde in diesen Fällen der Emittent gleichwohl an das Vertragsunternehmen Zahlung leisten, würde er gegenüber dem Karteninhaber treuwidrig handeln (§ 242 BGB). Bei einem solchen Verhalten entfiele der auftragsrechtliche Erstattungsanspruch[1297]. Insoweit ergibt sich eine vergleichbare Rechtslage wie bei der mißbräuchlichen Inanspruchnahme einer Bankgarantie (Rn 5.294) und eines Dokumentenakkreditivs (Rn 7.210 ff.). Der Aufwendungser-

---

1293 *Heymann/Horn*, HGB, Anh. § 372 Rn 150 ff.; *Pfeiffer*, Kreditkartenvertrag, in von Westphalen (Hrsg.), Vertragsrecht und AGB-Klauselwerke, Rn 75 f.; hiergegen kritisch *Ma*, Einwendungsdurchgriff und Widerrufsrecht als Instrumente des Verbraucherschutzes in Kreditkartenverfahren, Diss. Frankfurt am Main, 1996, S. 61 ff.
1294 BGH WM 1990, 1059, 1061; *Schwintowski/Schäfer*, Bankrecht, § 6 Rn 30.
1295 OLG Schleswig WM 1991, 453; *Pfeiffer*, Kreditkartenvertrag, in von Westphalen (Hrsg.), Vertragsrecht und AGB-Klauselwerke, Rn 81.
1296 *Heymann/Horn*, HGB, Anh. § 372 Rn 151.
1297 *Martinek* in Bankrechts-Handbuch, § 67 Rn 23; *Pfeiffer*, Kreditkartenvertrag, in von Westphalen (Hrsg.), Vertragsrecht und AGB-Klauselwerke, Rn 20, 25; *Heymann/Horn*, HGB, Anh. § 372 Rn 150; *Köndgen*, NJW 1992, 2263, 2272.

satzanspruch des Kartenemittenten entfällt im übrigen auch, wenn Angestellte des Vertragsunternehmens, denen die Kreditkarte zur Erstellung eines Belastungsbeleges ausgehändigt worden ist, gefälschte Belege erstellt haben[1298].

2. Rechtsverhältnis zwischen Kartenemittent und Vertragsunternehmen

Zwischen Kartenemittent und Vertragsunternehmen wird üblicherweise ein **formularmäßiger Rahmenvertrag** geschlossen. Hierin erklärt sich das Vertragsunternehmen zur Annahme der Kreditkarte bereit. Nach überwiegender Meinung liegt in dieser Bereitschaft des Vertragsunternehmens ein Vertrag zugunsten der Karteninhaber im Sinne des § 328 Abs. 1 BGB[1299].

4.943

Das Vertragsunternehmen kann jedoch die Bezahlung mit der Kreditkarte verweigern, wenn diese nicht von seinem Kunden, sondern von einem Dritten zwecks bargeldloser Zahlung angeboten wird[1300]. Das Vertragsunternehmen ist zwar wie jeder Gläubiger gemäß § 267 Abs. 1 BGB gehalten, eine Erfüllung durch einen Dritten zu akzeptieren. § 267 Abs. 1 BGB greift indes bei dem Angebot einer Leistung erfüllungshalber, wie sie die Zahlung mittels Kreditkarte darstellt, nicht ein[1301]. Ein abweichendes Ergebnis läßt sich auch nicht aus dem Vertrag zwischen Kartenherausgeber und Vertragsunternehmen ableiten[1302].

4.944

Der Rahmenvertrag zwischen Kartenemittent und Vertragsunternehmen enthält auch eine Klausel, wonach die künftigen Zahlungsansprüche des Vertragsunternehmens gegen die Inhaber der Kreditkarte aus deren Verwendung unter Abzug eines prozentualen Disagios von dem Emittenten zu zahlen sind. Sehr umstritten ist, wie dieser Zahlungsanspruch des Vertragsunternehmens gegen den Kartenemittenten rechtlich einzuordnen ist.

4.945

a) Zahlungsgarantie des Kartenemittenten

Die Zahlungszusage des Kartenemittenten, mit der die Erfüllung des Zahlungsanspruches des Vertragsunternehmens aus dem Grundgeschäft mit dem Karteninhaber (Valutaverhältnis) abgesichert werden soll, ist

4.946

1298 BGH WM 1984, 1213; vgl. weiter *Hadding*, FS Pleyer, 1986, S. 17, 38 f.
1299 LG Düsseldorf WM 1991, 1027, 1029; *Hadding*, FS Pleyer, 1986, S. 17, 26; *Canaris*, Bankvertragsrecht², Rn 1649; *Heymann/Horn*, HGB, Anh. § 372 Rn 158; *Martinek* in Bankrechts-Handbuch, § 67 Rn 50; *Pfeiffer*, Kreditkartenvertrag, in von Westphalen (Hrsg.), Vertragsrecht und AGB-Klauselwerk, Rn 35.
1300 LG Düsseldorf WM 1991, 1027, 1029.
1301 *Soergel/M. Wolf*, § 267 Rn 15.
1302 Vgl. näher LG Düsseldorf WM 1989, 1027, 1029.

nach einem Teil des Schrifttums als **Garantievertrag** einzuordnen. Für eine solche rechtliche Qualifizierung spricht insbesondere, daß die Zahlungspflicht des Kartenemittenten gegenüber dem Vertragsunternehmen rechtlich selbständig sein und damit unabhängig von dem Valutaverhältnis zwischen dem Vertragsunternehmen und dem Karteninhaber bestehen soll. Diese fehlende Akzessorietät ist ein prägendes Merkmal des Garantievertrages.

4.947 Gegen die Einordnung als Garantievertrag wird jedoch eingewendet, daß der Garant nur für den Eintritt eines Erfolges einstehen soll, von dessen anderweitigem Eintritt die Parteien des Garantievertrages als Regelfall ausgehen. Es soll nur eine **sekundäre „Ausfallhaftung"** für den Fall begründet werden, daß ein primärer Erfolg nicht eingetreten ist (Garantiefall). Beim Kreditkartengeschäft soll jedoch von vornherein und in erster Linie der Kartenemittent auf Zahlung in Anspruch genommen werden. Die Inanspruchnahme des Karteninhabers erfolgt erst mittelbar dadurch, daß er dem primär in Anspruch genommenen Kartenemittenten die hieraus resultierenden Aufwendungen erstattet[1303]. Die Zahlung des Kartenemittenten an das Vertragsunternehmen stellt nicht den „pathologischen" Ausnahmefall, sondern den gewollten Normalfall dar[1304]. Angesichts dessen läßt sich die **Zahlungsverpflichtung des Kartenemittenten** gegenüber dem Vertragsunternehmen am ehesten als ein **Schuldversprechen** im Sinne des § 780 BGB einordnen[1305].

4.948 Dieses Schuldversprechen läßt wie bei der Annahme einer Zahlungsgarantie den hierdurch „abgesicherten" Zahlungsanspruch des Vertragsunternehmens gegen den Karteninhaber aus dem Valutaverhältnis unberührt. Hierauf kann das Vertragsunternehmen zurückgreifen, wenn der Kartenemittent ausnahmsweise die Zahlung verweigert. Auf diese Weise wird auch dem erkennbaren Willen der Beteiligten entsprochen, daß der Kartenemittent nur die hinausgeschobene bargeldlose Zahlung ermöglichen soll, ohne in etwaige Streitigkeiten aus dem Valutaverhältnis zwischen den Vertragsunternehmen und dem Karteninhaber hineingezogen zu werden. Bei dieser rechtlichen Beurteilung ist nach *Hadding* für das Kreditkartengeschäft eine bemerkenswerte Nähe zum Akkreditiv feststellbar[1306].

1303 *Hadding*, FS Pleyer, 1986, S. 17, 31.
1304 *Pfeiffer*, Kreditkartenvertrag, in von Westphalen (Hrsg.), Vertragsrecht und AGB-Klauselwerk, Rn 20.
1305 *Hadding*, FS Pleyer, 1986, S. 17, 31; *Canaris*, Bankvertragsrecht², Rn 1626; *Pfeiffer*, Kreditvertrag in von Westphalen, Vertragsrecht und AGB-Klauselwerk, Rn 20; *Bröker*, WM 1995, 468, 476 Rn 76. Nach *Meder* handelt es sich um eine Zahlungsverpflichtung, wie sie bei der Annahme einer Anweisung gemäß § 784 Abs. 1 BGB begründet wird (AcP 198 [1998], S. 72, 96).
1306 FS Pleyer, 1986, S. 17, 23.

Die primäre Inanspruchnahme des Kartenemittenten auf Zahlung des von dem Vertragsunternehmen in Rechnung gestellten Betrages zwingt jedoch keineswegs dazu, eine nur sekundäre Ausfallshaftung im Sinne einer Zahlungsgarantie für nicht interessegerecht zu bewerten[1307]. Die Zahlung des Rechnungsbetrages durch den Kartenemittenten als Normalfall ist vielmehr schon dadurch ausreichend gewährleistet, daß er aufgrund seines Vertragsverhältnisses zum Karteninhaber verpflichtet ist, seine Zahlungsverbindlichkeiten aus dem Einsatz der Kreditkarte zu erfüllen. Denn in diesem Karteneinsatz liegt zugleich die an den Kartenemittenten gerichtete Weisung zur Vornahme dieser geschuldeten Erfüllungsübernahme. Diese Weisung wird zudem vom Vertragsunternehmen selbst dem Kartenemittenten übermittelt, wenn er die offenen Rechnungsbeträge vereinbarungsgemäß per Lastschrift vom Emittenten einzieht. Angesichts dieser **Kontrollmöglichkeit des Vertragsunternehmens** erschöpft sich sein Interesse an der Absicherung seines Zahlungsanspruchs aus dem Grundgeschäft (Valutaverhältnis) auf solche Ausnahmefälle, in denen eine Verpflichtung zur grundsätzlich vorgesehenen Erfüllungsübernahme zumindest problematisch erscheint. Hierzu gehört insbesondere der Fall, daß eine abhanden gekommene Kreditkarte mißbräuchlich von einem Dritten verwendet wird, der wegen fehlender materieller Berechtigung den Kartenemittenten nicht rechtswirksam zur Zahlung an das Vertragsunternehmen anweisen kann.

4.949

b) Schuldversprechen (§ 780 BGB) als ungeeignetes Sicherungsinstrument

Diesem **Sicherungszweck** kann vor allem mit einem **Garantievertrag** angemessen Rechnung getragen werden[1308]. Auch ein Schuldversprechen gemäß § 780 BGB kann zwar bezwecken, dem Gläubiger einen möglichst verläßlichen Anspruch zu gewähren, um sein Interesse an der Erfüllung seines Anspruchs gegen einen Dritten sicherzustellen[1309]. Trotz dieses Berührungspunkts unterscheiden sich Garantievertrag und Schuldversprechen deutlich nach dem Inhalt der vom Schuldner übernommenen Leistungspflicht. Bei einem sicherungshalber erfolgten Schuldversprechen verpflichtet sich der Schuldner, die vom Dritten versprochene Leistung selbst zu erbringen. Dagegen verpflichtet sich der Garant, lediglich für den Eintritt des von einem anderen versprochenen Erfolges einzustehen.

4.950

1307 In diesem Sinne aber *Martinek* in Bankrechts-Handbuch, § 67 Rn 43; *Hadding*, FS Pleyer, 1986, S. 17, 31.
1308 *Heymann/Horn*, HGB, Anh. § 372 Rn 144; *Zahrnt*, NJW 1972, 1077, 1079.
1309 *Staudinger/Marburger*, Vorbem. zu §§ 780–782 Rn 17; Münchener Komm. zum BGB/*Hüffer*, § 780 Rn 10.

4.951 Die **Übernahme** einer solchen nachrangigen (sekundären) **Einstandspflicht** liegt hier wesentlich näher als die Erteilung eines Schuldversprechens, das für den Kartenemittenten eine Zahlungsverbindlichkeit begründen würde, die auf gleicher Stufe neben der Zahlungsverbindlichkeit des Karteninhabers aus seinem Valutaverhältnis zum Vertragsunternehmen stünde. Denn im **Regelfall** hat der Kartenemittent schon aufgrund seiner Verpflichtung gegenüber dem Karteninhaber aus dem zwischen ihnen bestehenden Geschäftsbesorgungsverhältnis die Zahlung des offenen Rechnungsbetrages des Vertragsunternehmens zu bezahlen. Zur Vornahme dieser geschuldeten Erfüllungshandlung wird der Kartenemittent zudem durch den Einsatz der Karte verbindlich angewiesen (§ 665 BGB). Angesichts der mit dem Karteneinsatz verknüpften Zahlungsweisung besteht auch aus der Sicht des Vertragsunternehmens kein echtes Bedürfnis für die Begründung einer zusätzlichen gleichstufigen Zahlungsverbindlichkeit des Kartenemittenten in Form eines Schuldversprechens (§ 780 BGB).

4.952 Lediglich für den **Ausnahmefall,** daß der Kartenemittent im (Innen-)Verhältnis zum Karteninhaber nicht verpflichtet sein sollte, die mit dem Karteneinsatz konkludent erteilte Weisung zur geschuldeten Erfüllungsvornahme auszuführen, will er im Interesse einer möglichst breiten Akzeptanz seiner Kreditkarten dafür einstehen, daß der vom Karteninhaber geschuldete Betrag dem Vertragsunternehmen bezahlt wird. Für die Auslegungsfrage (§§ 133, 157 BGB), ob ein Garantievertrag oder Schuldversprechen gemäß § 780 BGB vorliegt, kommt es aber entscheidend auf das Verständnis der beteiligten Wirtschaftskreise an[1310]. Dabei ist auch zu berücksichtigen, daß der Einsatz der anderen Instrumente des kartengesteuerten bargeldlosen Zahlungsverkehrs nach überwiegender Meinung ebenfalls einen Garantieanspruch zugunsten der Vertragspartner des Bankkunden entstehen läßt, der die Erfüllung seines Zahlungsanspruches aus dem Valutaverhältnis zum Bankkunden gewährleisten soll. Dasselbe Sicherungsbedürfnis des Vertragspartners des Bankkunden im Rahmen der anderen kartengesteuerten und -gestützten Zahlungssysteme ist ein weiteres Argument dafür, die hierfür benötigten Zahlungsverbindlichkeiten des Kartenemittenten weitestmöglich demselben schuldrechtlichen Vertragstypus zuzuordnen. Zu den weiteren Vorteilen eines Garantieanspruches vgl. Rn 4.1044.

1310 Münchener Komm. zum BGB/*Hüffer,* § 780 Rn 10.

c) Begründung des Garantieanspruchs

Der Garantieanspruch kommt dadurch zustande, daß sich das Vertragsunternehmen den von ihm erstellten Belastungsbeleg unterzeichnen läßt[1311]. Mit der **Unterschriftsleistung** erfolgen also **zwei Willenserklärungen der Karteninhaber**. Zum einen liegt in diesem schlüssigen Verhalten eine Weisung an den Kartenemittenten zur Zahlung an das Vertragsunternehmen (§ 665 BGB)[1312]. Zum anderen gibt der Karteninhaber als bevollmächtigter Vertreter des Kartenemittenten eine Garantieofferte ab, die das Vertragsunternehmen konkludent annimmt. Die Kreditkarte legitimiert den Karteninhaber zu einer solchen Stellvertretung beim Zustandekommen des Garantievertrages zwischen Kartenemittent und Vertragsunternehmen (§ 164 BGB)[1313].

4.953

Diese **Legitimationsfunktion** macht die Kreditkarte aber noch **nicht zum Wertpapier**[1314]. Die Kreditkarte soll den Karteninhaber nur als Vertragspartner des Emittenten ausweisen, der zur Inanspruchnahme der Möglichkeiten bargeldloser Zahlungen mit der Kreditkarte befugt ist[1315]. Diese Legitimationsfunktion läßt die Kreditkarte wie die eurocheque-Karte und die GeldKarte zu einer Legitimationsurkunde mit Rechtsscheinwirkung werden mit der Folge, daß das gutgläubige Vertragsunternehmen in seinem Vertrauen auf die materielle Berechtigung des Karteninhabers und damit seinen Status als Bevollmächtigter des Kartenemittenten bei der Begründung des Garantievertrages geschützt wird[1316]. Die Kreditkarte hat deshalb eine ähnliche Wirkung wie eine **Vollmachtsurkunde** gemäß § 172 BGB. Dies gilt umso mehr, als die Fälschung der Unterschrift auf dem Belastungsbeleg durch die auf der Rückseite der Kreditkarte befindliche Originalunterschrift erheblich erleichtert wird und damit die gutgläubigen und sorgfältig handelnden Vertragsunternehmen besonders schutzwürdig erscheinen lassen[1317].

4.954

Bei dieser Konstruktion des Abschlusses des Garantievertrages ergibt sich eine Parallele zur Verwendung der ec-Karte bei Ausstellung eines eurocheques. Auch der eurocheque enthält eine Zahlungsanweisung des Karteninhabers an seine kontoführende Bank als Scheckbezogene. Mit der

4.955

1311 *Martinek* in Bankrechts-Handbuch, § 67 Rn 50, 73; *Heymann/Horn*, HGB, Anh. § 372 Rn 143 f.
1312 *Martinek* in Bankrechts-Handbuch, § 67 Rn 43.
1313 *Heymann/Horn*, HGB, Anh. § 372 Rn 144.
1314 *Eckert*, WM 1987, 161, 168 m.w.Nachw.
1315 *Pfeiffer*, Kreditkartenvertrag, in von Westphalen (Hrsg.), Vertragsrecht und AGB-Klauselwerk, Rn 11.
1316 Vgl. *Nobbe* in Bankrechts-Handbuch, § 63 Rn 79 zur ec-Karte und *Kümpel*, WM 1997, 1037, 1041 zur GeldKarte.
1317 Vgl. *Nobbe* in Bankrechts-Handbuch, § 63 Rn 79 zu der insoweit vergleichbaren Rechtsscheinhaftung bei der mißbräuchlichen Verwendung einer ec-Karte.

Scheckbegebung begründet der Karteninhaber zugleich die Scheckkartengarantie zugunsten des Schecknehmers als seinen Gläubiger.

4.956 Eine **andere Rechtskonstruktion** des Vertragsabschlusses ist zugrunde zu legen, wenn schon bei der Ausgabe der Kreditkarte ein rahmenmäßig vereinbarter Garantievertrag zustandekommt. Sodann könnte in der konkludenten Weisung des Karteninhabers zur Zahlung an das Vertragsunternehmen die Ausübung eines **Leistungsbestimmungsrechts** gemäß § 315 BGB erblickt werden, mit der zugleich der zunächst nur rahmenmäßig festgelegte Garantieanspruch der Höhe nach bestimmt wird[1318]. Insoweit ergibt sich eine Parallele zur Erteilung einer Kontogutschrift. Mit dem bei Kontoeröffnung abgeschlossenen Girovertrag wird zugleich ein abstraktes Schuldversprechen (§ 780 BGB) als Rahmenvertrag vereinbart und den Kreditinstituten die Befugnis eingeräumt, durch rechtsgeschäftliche Ausübung eines Gestaltungsrechts den Anspruch aus der Gutschrift im Einzelfall nach Inhalt und Höhe zu konkretisieren. Zu einer solchen Konkretisierung der Leistungspflicht kommt es, wenn einem der Vertragspartner das Recht zusteht, „die geschuldete Leistung zu bestimmen" (§ 315 BGB), und er von diesem Gestaltungsrecht Gebrauch macht[1319].

4.957 Dieses Gestaltungsrecht des Kartenemittenten als Garantieschuldner übt der Karteninhaber konkludent bei Erteilung seiner auftragsrechtlichen Weisung durch Unterzeichnung des Belastungsbeleges aus, wenn schon bei Ausgabe der Kreditkarte ein rahmenmäßig vereinbarter Garantievertrag zustandekommen sollte.

d) Forderungskauf statt Zahlungsgarantie

4.958 Nach dem Wortlaut der von den Kartenemittenten verwendeten AGB soll häufig keine Zahlungsgarantie übernommen werden. Vielmehr verpflichtet sich der Emittent gegenüber dem Vertragsunternehmen, dessen **Zahlungsanspruch** aus dem Valutageschäft mit dem Karteninhaber **zu erwerben**[1320]. Dies gilt insbesondere für die von Eurocard verwendeten AGB. Diese Verpflichtung des Kartenemittenten ist nach dem BGH als ein **Rechtskauf** einzuordnen[1321].

1318 *Martinek* in Bankrechts-Handbuch, § 67 Rn 43. Für einen solchen antizipierten globalen Rahmenvertrag auch *Canaris*, Bankvertragsrecht², Rn 1626.
1319 Vgl. *Palandt/Heinrichs*, § 315 Rn 10 f.
1320 *Martinek* in Bankrechts-Handbuch, § 67 Rn 41.
1321 BGH WM 1990, 1059, 1060; *Eckert*, WM 1987, 161, 162 ff. Nach *Hadding* (FS Pleyer, 1986, S. 17, 19), spricht gegen einen Forderungskauf, daß für den Kartenherausgeber nicht der endgültige Erwerb der Forderungen des Vertragsunternehmens gegen die Karteninhaber mit der Zahlung eines Kaufprei-

Bei dieser Vertragskonstruktion erwirbt das **Vertragsunternehmen** einen **kaufrechtlichen Zahlungsanspruch** (§ 433 BGB) gegen den Emittenten und damit wie bei der Übernahme einer Zahlungsgarantie einen eigenständigen Anspruch, für dessen Erfüllung ihm das Vermögen des Emittenten haftet.

4.959

Mit der Zugrundelegung eines Forderungskaufes sollte das Vorliegen einer Garantieübernahme vermieden werden[1322]. Im Falle einer solchen Garantieübernahme würde die Zahlungszusage der GZS Gesellschaft für Zahlungssysteme mbH, Frankfurt, als Kartenemittent ein erlaubnispflichtiges Bankgeschäft im Sinne des KWG darstellen; zu diesen Bankgeschäften gehört auch das Garantiegeschäft (§ 1 Abs. 1 S. 2 Nr. 8 KWG). Diese Gesellschaft hätte somit den eine Bankbilanz erfordernden Status eines Kreditinstituts. Liegt dem Kreditkartengeschäft dagegen ein Forderungskauf zugrunde, so liegt kein Bankgeschäft im Sinne des KWG vor. Danach ist nur der Ankauf von Wechseln und Schecks, nicht aber auch der Ankauf anderer Forderungen ein genehmigungspflichtiges Bankgeschäft (vgl. § 1 Abs. 1 S. 2 Nr. 3 KWG)[1323].

4.960

Gegen die Annahme eines Forderungskaufes spricht jedoch nach *Martinek*[1324] die Funktion der Kreditkarte als Bargeldersatz. Das Vertragsunternehmen sei zu einer Vorleistung nur bereit, wenn es hinsichtlich der Erfüllung seines Zahlungsanspruchs aus dem Valutageschäft mit dem Karteninhaber in einer der Barzahlung gleichwertigen Weise abgesichert wird. Hierzu ist die Übernahme einer Zahlungsgarantie oder eines sicherungshalber erteilten Schuldversprechens gemäß § 780 BGB erforderlich[1325]. Auch erscheine der Forderungskauf aus bankenaufsichtsrechtlicher Sicht nicht mehr erforderlich. Denn mit dem neugefaßten § 1 Abs. 3 Nr. 4 KWG, der den Kartenemittenten nur noch den Status von Finanzinstituten zumißt, habe der Gesetzgeber zu erkennen gegeben, daß die Emission von Kreditkarten keinen Status als lizenzpflichtiges Bankgeschäft begründen sollte.

4.961

---

ses als Gegenleistung im Vordergrund steht, sondern die Zusage einer Zahlung auf die Verbindlichkeiten der Karteninhaber, für die als Entgelt (Provision) das prozentuale Disagio verlangt wird.

1322 *Martinek* in Bankrechts-Handbuch, § 67 Rn 41; *Hadding*, FS Pleyer, 1986, S. 17, 29.
1323 *Canaris*, Bankvertragsrecht³, Rn 1627.
1324 *Martinek* in Bankrechts-Handbuch, § 67 Rn 45.
1325 Bankrechts-Handbuch, § 67 Rn 41; vgl. weiter *Hadding*, FS Pleyer, 1986, S. 17, 29, 30.

4.962 Geht man mit dem **BGH** von einem Forderungskauf aus, so erwirbt der Kartenemittent den Zahlungsanspruch des Vertragsunternehmens aus dem Valutageschäft mit dem Karteninhaber. Dieser Forderungserwerb schließt jedoch nicht aus, daß der Emittent zusätzlich einen auftragsrechtlichen Aufwendungsersatzanspruch (§ 670 BGB) gegen den Karteninhaber erwirbt, wenn er den geschuldeten Betrag an das Vertragsunternehmen zwecks Erfüllung seiner Kaufpreisverbindlichkeit aus dem Forderungskauf zahlt[1326]. Macht der Emittent den erworbenen Zahlungsanspruch aus dem Valutaverhältnis geltend, kann der Karteninhaber grundsätzlich keine Einwendungen oder Einreden aus dem Valutaverhältnis erheben. Mit Rücksicht auf den besonderen Vertragszweck des Kreditkartenvertrages gilt § 404 BGB stillschweigend als abbedungen[1327].

e) Haftung für Schäden aus mißbräuchlicher Verwendung der Kreditkarte durch Dritte

4.963 Der Karteninhaber ist zur sorgfältigen Aufbewahrung der Kreditkarte verpflichtet, um eine unbefugte Verwendung der Kreditkarte durch Dritte weitestmöglich zu verhindern. Wird z.B. die Karte in einer Jacke oder Handtasche aufbewahrt, die in einer Gastwirtschaft über eine Stuhllehne gehängt wird, so liegt hierin ein leicht fahrlässiges Verhalten[1328].

4.964 Sobald der Verlust der Kreditkarte gegenüber der AGB-mäßig hierfür vorgeschriebenen Stelle angezeigt worden ist, übernimmt der Kartenemittent entsprechend der BGH-Rechtsprechung[1329] alle Schäden, die durch mißbräuchliche Verfügungen der Kreditkarte nach diesem Zeitpunkt entstehen. Problematisch ist jedoch, ob und bejahendenfalls in welchem Umfang der Karteninhaber für Schäden einzustehen hat, die durch mißbräuchliche Verfügung **vor Eingang der Verlustanzeige** entstehen. Nach dem BGH und der überwiegenden Literaturmeinung kann der Kartenemittent keinen auftragsrechtlichen Aufwendungsersatzanspruch (§ 670 BGB) erwerben, wenn die Kreditkarte z.B. unbefugt von einem Dieb oder einem Finder verwendet wird, der hierbei die Unterschrift des materiell berechtigten Karteninhabers auf dem Belastungsbeleg nicht erkennbar fälscht. Bei einer solchen Fälschung der Unterschrift fehlt die konkludente Weisung des Karteninhabers gemäß § 665 BGB, den offenen Rech-

---

1326 *Heymann/Horn*, HGB, Anh. § 372 Rn 150.
1327 BGH WM 1990, 1059, 1061; *Heymann/Horn*, HGB, Anh. § 372 Rn 150 f.; *Pfeiffer*, Kreditkartenvertrag, in von Westphalen (Hrsg.), Vertragsrecht und AGB-Klauselwerk, Rn 81.
1328 OLG Bamberg WM 1994, 194, 195.
1329 WM 1984, 1213; 1991, 1110.

nungsbetrag an das Vertragsunternehmen zu zahlen. Infolgedessen kann auch nicht wie im Regelfall einer echten Unterschrift ein auftragsrechtlicher Aufwendungsersatzanspruch (§ 670 BGB) entstehen[1330].

Bei dieser rechtlichen Beurteilung verbleibt der **Schaden** in vollem Umfang **beim Kreditkartenunternehmen.** Soweit die Vertragsunternehmen die mißbräuchliche Verwendung der abhandengekommenen Kreditkarte trotz sorgfältigen Vergleichs der gefälschten Unterschrift auf dem Belastungsbeleg mit der echten Unterschrift auf der Rückseite der Kreditkarte nicht erkennen konnten, muß das Vertragsunternehmen die Bezahlung des geschuldeten Betrages aus seinem Valutageschäft mit dem unbefugten Kartenbenutzer vom Kartenemittenten verlangen können. Denn die auch im Interesse des Karteninhabers liegende Akzeptanz der Kreditkarte würde großen Schaden nehmen, wenn die sorgfältig handelnden Vertragsunternehmen das für sie nicht erkennbare Risiko der Nichtberechtigung des Vorlegers zu tragen hätten[1331]. Entstehen dem Kreditkartenunternehmen aus solchen mißbräuchlichen Verwendungen der Kreditkarte durch die Zahlungen an die schutzwürdigen Vertragsunternehmen Aufwendungen, so drängt sich die Frage auf, ob diese Zahlungen nicht zumindest in begrenztem und dem Karteninhaber bekanntgegebenem Umfang einen auftragsrechtlichen Aufwendungsersatzanspruch des Kartenemittenten zu begründen vermögen. So hat der Karteninhaber z.B. nach den für die Eurocard geltenden AGB-mäßigen Sonderbedingungen für jede mißbräuchliche Verwendung der Karte bis zu maximal DM 100 zu haften.

4.965

Nach § 670 BGB entsteht ein Ersatzanspruch, wenn der Beauftragte zum Zweck der Ausführung des Auftrages Aufwendungen macht, die er den Umständen nach für erforderlich halten durfte. Das Geschäftsbesorgungsverhältnis (§ 675 BGB), wie es zwischen dem Emittenten der Kreditkarte und dem Inhaber durch die Ausgabe der Karte begründet wird, erschöpft sich aber nicht nur in der Zahlung des vom Karteninhaber geschuldeten Betrages an die zahlungsberechtigten Vertragsunternehmen. Dieses Vertragsverhältnis verpflichtet den Kartenemittenten auch dazu, im Interesse der Karteninhaber ein möglichst breites Einsatzspektrum für die Karte als Zahlungsmittel zu eröffnen[1332]. Zu den **Pflichten des Kartenemittenten** aus diesem Geschäftsbesorgungsverhältnis gehört es deshalb auch,

4.966

1330 BGH WM 1984, 1213; *Hadding,* FS Pleyer, 1986, S. 17, 38; *Heymann/Horn,* HGB, Anh. § 372 Rn 153; *Martinek* in Bankrechts-Handbuch, § 67 Rn 27.
1331 Vgl. *Nobbe* in Bankrechts-Handbuch, § 63 Rn 151, für den insoweit gleichgelagerten Fall der mißbräuchlichen Verwendung entwendeter Reiseschecks.
1332 *Martinek* in Bankrechts-Handbuch, § 67 Rn 4.

ein weitgespanntes Netz von Akzeptanzstellen anzuwerben und nicht zuletzt auch zu pflegen[1333]. Diese Geschäftsbesorgungspflicht kann der Kartenemittent aber nur erfüllen, wenn er sorgfältig verfahrende Vertragsunternehmen vor Schäden aus der für sie nicht erkennbaren mißbräuchlichen Verwendung der Kreditkarte schützen darf. Zu den erforderlichen Aufwendungen bei der Auftragsausführung gehören aber auch alle Ausgaben, die die übertragene Geschäftsbesorgung fördern[1334]. Damit dürften die tatbestandsmäßigen Voraussetzungen für einen auftragsrechtlichen Aufwendungsersatzanspruch gegeben sein, um den Karteninhaber zumindest in Höhe von maximal DM 100 an dem Schaden einer mißbräuchlichen Verwendung der abhandengekommenen Karte zu beteiligen.

4.967 Kann der Kartenemittent eine solche angemessene begrenzte Beteiligung des Karteninhabers an den Schäden aus der mißbräuchlichen Kartenbenutzung bereits nach auftragsrechtlichen Grundsätzen verlangen, hat eine diesbezügliche Klausel in den AGB für das Geschäftsbesorgungsverhältnis zwischen dem Emittenten der Karte und dem Inhaber keine rechtserzeugende sondern nur deklaratorische Bedeutung. Ohne eine Rückgriffsmöglichkeit auf § 670 BGB stellt sich dagegen die Frage, ob eine solche **Schadensbeteiligung des Karteninhabers** mit der Generalklausel des AGB-Gesetzes (§ 9) vereinbar ist. Dies gilt vor allem für die kritischen Fälle, in denen dem Karteninhaber kein Verschulden an der mißbräuchlichen Verwendung der Kreditkarte vorgeworfen werden kann, etwa wenn die sorgfältig aufbewahrte Karte unbemerkt gestohlen wird, so daß bis zur vorgeschriebenen Verlustanzeige eine gewisse Zeitspanne verstreicht, in der die Karte mißbräuchlich verwendet wird.

4.968 Bei solchen Sachverhalten stellt sich die umstrittene Frage, ob eine verschuldensunabhängige Mißbrauchshaftung AGB-mäßig begründet werden kann. Ein wesentlicher Teil des Schrifttums bejaht diese Frage unter Berufung auf die allgemeine Gefahrtragungsregel nach Risikosphären (**„Sphärentheorie"**). Danach gehöre das Risiko des Verlierens oder Diebstahls der Kreditkarte grundsätzlich zu dem vom Karteninhaber zu verantwortenden Bereich[1335]. Nach dem BGH verstößt dagegen eine AGB-Klausel, durch die der Emittent einer Kreditkarte das Mißbrauchsrisiko

---

1333 *Pfeiffer*, Kreditkartenvertrag, in von Westphalen (Hrsg.), Vertragsrecht und AGB-Klauselwerke, Rn 22.
1334 Münchener Komm. zum BGB/*Seiler*, § 670 Rn 9.
1335 *Hadding*, FS Pleyer, 1986, S. 17, 38, 39; *Heymann/Horn*, HGB, Anh. § 372 Rn 153; vgl. weiter *Pfeiffer*, Kreditkartenvertrag, in von Westphalen (Hrsg.), Vertragsrecht und AGB-Klauselwerk, Rn 54 ff.; a.A. *Martinek* in Bankrechts-Handbuch, § 67 Rn 27.

auf den Karteninhaber ohne Rücksicht auf dessen Verschulden abwälzt, grundsätzlich gegen die Generalklausel des AGB-Gesetzes (§ 9 Abs. 2 Nr. 1). Ein wesentlicher Grundgedanke der gesetzlichen Regelung im Sinne dieser AGB-Bestimmung ist, daß eine Verpflichtung zum Schadensersatz regelmäßig nur bei schuldhaftem Verhalten besteht[1336]. Mit Rücksicht auf dieses **haftungsrechtliche Verschuldensprinzip** ist nach dem BGH der Gedanke einer Haftung nach Risikosphären allein nicht geeignet, AGB-mäßig eine verschuldensunabhängige Haftung des Kunden zu begründen[1337].

Eine solche Haftung des Kunden kann nach dem BGH nur ausnahmsweise wirksam vereinbart werden, wenn sie durch höherrangige Interessen des AGB-Verwenders gerechtfertigt ist oder die den Vertragspartner benachteiligende Abweichung vom dispositiven Gesetzesrecht durch Gewährung anderer rechtlicher Vorteile kompensiert ist[1338]. Diese Voraussetzung ist aber gegeben, wenn wie z.B. nach den AGB-Bedingungen für die Eurocard die Haftung des Karteninhabers nach der Verlustmeldung vollständig entfällt und bis dahin die Haftung auf einen angemessenen Betrag begrenzt ist[1339]. Denn auch der BGH hat in seiner Kreditkartenentscheidung vom 23. 4. 1991 betont, daß gegen die Zulässigkeit der dort verworfenen Haftungsklausel „entscheidend" gesprochen hat, daß das auf den Karteninhaber verlagerte Risiko mangels betragsmäßiger Haftungsbegrenzung für diesen unkalkulierbar war[1340]. Hinzu kommt, daß durch eine solche verhältnismäßig geringfügige Haftungsbeteiligung bei der betragsmäßig unbegrenzt verwendbaren Kreditkarte ein Anreiz für den Karteninhaber zur baldestmöglichen Verlustmeldung geschaffen wird. Erfahrungsgemäß kann das Vertragsunternehmen dem Karteninhaber in den seltensten Fällen eine schuldhafte Verletzung seiner Pflicht zur unverzüglichen Verlustmeldung nachweisen.

4.969

Diese **Haftungsbeteiligung** des Karteninhabers **entfällt** jedoch, wenn die Mitarbeiter des Vertragsunternehmens die zur Erstellung des Belastungsbeleges überlassene Kreditkarte dazu benutzen, um unbemerkt gefälschte Belastungsbelege zu erstellen. Ein solcher Mißbrauch ist der Sphäre des Kartenemittenten zuzurechnen, der das Vertragsunternehmen ausgewählt hat[1341].

4.970

1336 BGH WM 1991, 1110, 1111; KG WM 1993, 2044, 2045.
1337 BGH WM 1992, 1163, 1164; 1948, 1953; *Nobbe* in Bankrechts-Handbuch, § 60 Rn 100.
1338 BGH WM 1991, 1110, 1111.
1339 OLG Bamberg WM 1994, 194, 195.
1340 WM 1991, 1110, 1112; *Köndgen*, NJW 1992, 2263, 2272.
1341 BGH WM 1984, 1213.

III. Eigenemission von Eurocard durch Kreditinstitute

4.971 Seit Beginn des Jahres 1991 besteht für die Kreditinstitute die Möglichkeit, aufgrund eines Lizenzvertrages mit der GZS die Eurocard in eigener Verantwortung gegenüber dem Karteninhaber zu emittieren. Hierdurch können die Kreditkarten ein institutsindividuelles Design erhalten und mit zusätzlichen Leistungen ausgestattet werden. Bei der Eigenemission ist Vertragspartner des Karteninhabers nicht mehr die GZS, sondern das emittierende Kreditinstitut. Dagegen bleibt die GZS wie bisher Vertragspartner, wenn die Kreditkarte gemeinsam von einem Kreditinstitut und einem anderen Unternehmen oder einer anderen Organisation herausgegeben wird (sog. Co-branding)[1342].

4.972 Bei Eigenemissionen besteht das für das Kreditkartengeschäft typische **Vertragsverhältnis** in Gestalt eines **auf eine Werkleistung gerichteten Geschäftsbesorgungsvertrages** (§§ 675, 631 BGB) zwischen Karteninhaber und emittierendem Kreditinstitut. Diese Rechtsbeziehung ist in den AGB-mäßigen „Eurocard-Kundenbedingungen"[1343] näher geregelt. Für diese **Sonder-AGB** haben die Spitzenverbände des Kreditgewerbes einen Mustertext zur Verfügung gestellt, der eine Berücksichtigung des institutsindividuellen Leistungsangebots zuläßt. So wird insbesondere der Dispositionsrahmen durch das Leistungsprofil bestimmt, mit dem das emittierende Kreditinstitut die Karte ausgestaltet hat.

4.973 Bei einer Eigenemission wird die GZS als Beauftragte des emittierenden Kreditinstituts für dessen Rechnung tätig. Hier wird das für das Kreditkartengeschäft typische **Drei-Personenverhältnis** um eine **vierte Person** erweitert: Karteninhaber/emittierendes Kreditinstitut/GZS/Vertragsunternehmen. Auch in diesen Fällen schließt die GZS die Verträge mit dem Vertragsunternehmen im eigenen Namen ab. Es wird daher ein unentgeltliches Kommissionsgeschäft im Sinne des § 406 Abs. 1 S. 2 HGB getätigt. Danach kommen die kommissionsrechtlichen Bestimmungen zur Anwendung, wenn ein Kaufmann, der kein Kommissionär ist, im Betriebe seines Handelsgewerbes Geschäfte für Rechnung eines anderen im eigenen Namen zu schließen übernimmt. Auch hier hat die GZS die Kartenumsätze mit dem Vertragsunternehmen abzuwickeln. Dementsprechend kann sie von den emittierenden Kreditinstituten die Erstattung aller Aufwendungen verlangen (§ 670 BGB). Das Kreditinstitut haftet daher für die Zahlungsfähigkeit des Karteninhabers. Andererseits kann das Kreditinstitut von der GZS alle Erträge aus dem Kreditkartengeschäft, wie z.B. die Händlerprovisionen verlangen (§ 667 BGB).

1342 *Pfeiffer*, Kreditkartenvertrag, in von Westphalen (Hrsg.), Vertragsrecht und AGB-Klauselwerk, Rn 5.
1343 Abgedruckt in WM 1991, 1937.

10. Abschnitt
Reisescheck

Im Unterschied zur Kreditkarte dient der Reisescheck primär nicht als bargeldloses Zahlungsmittel. Er ermöglicht vielmehr den Bankkunden, auch ohne Mitnahme von Bargeld ins Ausland zu verreisen und sich dort jederzeit **Bargeld** durch Einlösung bei den ausländischen Zahlstellen **zu verschaffen**. Mit Reisescheks können aber auch wie mit den eurocheques Zahlungsverbindlichkeiten erfüllt werden. Eine Vielzahl von Hotels, Fluggesellschaften, Restaurants, Reisebüros und Einzelhandelsgeschäften akzeptieren Reisescheks bestimmter Emittenten als bargeldloses Zahlungsmittel.

4.974

Die auf bestimmte runde Beträge lautenden Reiseschecks werden heute nicht mehr von den deutschen Kreditinstituten selbst emittiert, sondern von ihnen lediglich vertrieben. Emittenten sind wie z.B. American Express und Thomas Cook auf das Reisescheckgeschäft spezialisierte Unternehmen mit einem weltweiten Zahlstellennetz. Die deutschen Kreditinstitute handeln beim Verkauf der Reiseschecks nicht im eigenen Namen, sondern als **offene Stellvertreter der Emittenten** (§ 164 Abs. 1 BGB). Deshalb bestehen keine unmittelbaren Rechtsbeziehungen zwischen dem Ersterwerber des Reiseschecks und dem Kreditinstitut als Ausgabestelle[1344].

4.975

Beim Erwerb der Reiseschecks muß der darin bezifferte Betrag voll eingezahlt werden. Wie bei der GeldKarte und dem Netzgeld handelt es sich also auch bei den Reiseschecks um **vorausbezahlte Zahlungsverkehrsinstrumente**. Diese Vorleistung ist als Vorschuß zu qualifizieren, den der Emittent aufgrund seines Geschäftsbesorgungsverhältnisses zum Ersterwerber verlangen kann (§§ 669, 675 BGB)[1345]. Bei Ausgabe der Reiseschecks hat der Ersterwerber auf den Scheckvordruck eine Unterschrift zu leisten, die eine mißbräuchliche Verwendung bei Verlust der Schecks möglichst verhindern soll. Eine Verletzung dieser Sorgfaltspflicht stellt ein gemäß § 254 BGB zu berücksichtigendes Verschulden des Ersterwerbers dar[1346]. Bei der späteren Einlösung der Reiseschecks ist eine zweite

4.976

1344 *Fritzsche*, WuB I D 3-6.94; *Nobbe* in Bankrechts-Handbuch, § 63 Rn 123 m.w.Nachw.
1345 *Baumbach/Hopt*, BankGesch. Rn E/9.
1346 *Nobbe* in Bankrechts-Handbuch, § 63 Rn 141; *Canaris*, Bankvertragsrecht³, Rn 871.

Unterschrift des Ersterwerbers mit rechtsgeschäftlicher Qualität erforderlich[1347].

I. Rechtsnatur

4.977 Die Rechtsnatur des Reiseschecks ist bislang durch die Rechtsprechung nicht geklärt worden[1348]. Im Schrifttum besteht **kein Einvernehmen** über die Rechtsnatur[1349]. Teilweise werden in den Reiseschecks nach dem Vorbild des American Express Traveler Cheque Schecks im Sinne des Scheckgesetzes erblickt, die vom Ersterwerber an eigene Order ausgestellt und auf den Emittenten gezogen sind[1350]. Die neuere Literatur lehnt diese Qualifizierung ab. Der gegen Vorausbezahlung erhältliche Reisescheck soll den Ersterwerber begünstigen und nicht eine scheckrechtliche Ausstellerhaftung (Art. 12 ScheckG) begründen[1351].

4.978 Der American Express Traveler Cheque ähnelt am meisten der bürgerlich-rechtlichen Anweisung (§ 783 BGB), die von der Emittentin angenommen wird (§ 784 BGB)[1352]. Diese Annahmeerklärung, für die eine faksimilierte Unterschrift analog § 793 Abs. 2 BGB genügt, erfolgt bereits vor der Ausgabe der Reiseschecks[1353]. Die zweite Unterschrift des Ersterwerbers bei der Verwendung des Reiseschecks ist als dessen Anweisungserklärung gemäß § 783 BGB anzusehen[1354].

4.979 Im Unterschied zu dem American Express Traveler Cheque enthält der Reisescheck von Thomas Cook keine solche Zahlungsanweisung im Sinne des § 783 BGB, sondern eine Einlösungsverpflichtung. Dieser Reisechecktyp hat deshalb die größte Ähnlichkeit mit einem kaufmännischen Verpflichtungsschein an Order im Sinne des § 363 Abs. 1 S. 2 HGB[1355].

4.980 Der Reisescheck ist nach der neueren Schriftform weder ein Wertpapier im engeren Sinne noch ein Rektapapier. Denn bei einem Verlust der

---

1347 *Heymann/Horn*, HGB, Anh. § 372 Rn 135.
1348 *Nobbe* in Bankrechts-Handbuch, § 63 Rn 118.
1349 *Canaris*, Bankvertragsrecht³, Rn 859.
1350 *Canaris*, Bankvertragsrecht³, Rn 859.
1351 *Nobbe* in Bankrechts-Handbuch Rn 120 m.w.Nachw.; *Schlegelberger/Hefermehl*, Anh. § 365 Rn 314.
1352 *Heymann/Horn*, HGB Anh. § 372 Rn 136; *Nobbe* in Bankrechts-Handbuch, § 63 Rn 122; *Schwintowski/Schäfer*, Bankrecht, 1997, § 4 Rn 367.
1353 *Heymann/Horn*, HGB, Anh. § 372 Rn 138; *Schwintowski/Schäfer*, Bankrecht, 1997, § 4 Rn 367.
1354 *Heymann/Horn*, HGB, Anh. § 372 Rn 138.
1355 RGZ 1979, 342, 345; *Nobbe* in Bankrechts-Handbuch, § 63 Rn 122.

Reiseschecks ist zur Geltendmachung des Anspruches des Ersterwerbers die Innehabung der Urkunden nicht erforderlich. Es liegt also nur eine **Legitimationsurkunde** vor[1356].

II. Rechtsbeziehung zwischen Ersterwerber und Emittent

Das Vertragsverhältnis zwischen dem Emittenten des Reiseschecks und dem Ersterwerber stellt nach allgemeiner Meinung einen **entgeltlichen Geschäftsbesorgungsvertrag mit werkvertraglichem Charakter** dar (§§ 675, 631 BGB), der wegen der Einzahlung des Gegenwertes bei der Scheckausgabe mit einem Einlagengeschäft (§ 700 BGB) verbunden ist[1357]. Dementsprechend ist der Emittent zur Einlösung des Reiseschecks zum Nennbetrag Zug um Zug gegen Rückgabe der Scheckurkunde verpflichtet.

4.981

Dagegen besteht **kein Einlösungsanspruch gegen die Zahlstelle**, selbst wenn diese in das vom Emittenten weltweit unterhaltene Netz von Korrespondenzbanken eingebunden ist. Der zwischen dem Emittenten und diesen Banken bestehende Geschäftsbesorgungsvertrag ist kein echter Vertrag zugunsten des Ersterwerbers[1358]. Auch bestehen zwischen dem Ersterwerber und der einlösenden Zahlstelle keine sonstigen schuldrechtlichen Beziehungen, aufgrund derer der Ersterwerber die Einlösung verlangen könnte[1359].

4.982

Bei einem **Abhandenkommen** der Reiseschecks sehen die AGB der Emittenten eine sofortige Rückerstattung vor, die zum Teil unterschiedlich geregelt ist. Dabei obliegt dem Ersterwerber die Beweislast, wobei ihm die Beweiserleichterungen zugutekommen, die von der Rechtsprechung für den Nachweis des Versicherungsfalls bei entwendeten Sachen entwickelt worden sind[1360]. Der Ersterwerber muß deshalb nur einen äußeren Sach-

4.983

1356 *Baumbach/Hopt*, BankGesch. Rn E/9; *Schlegelberger/Hefermehl*, Anh. § 365 Rn 314; *Nobbe* in Bankrechts-Handbuch, § 63 Rn 122; *Heymann/Horn*, HGB, Anh. § 372 Rn 136.
1357 *Canaris*, Bankvertragsrecht³, Rn 860; *Heymann/Horn*, HGB, Anh. § 372 Rn 137; *Nobbe* in Bankrechts-Handbuch, § 63 Rn 126. Für eine Geschäftsbesorgung mit Dienstvertragscharakter (§§ 675, 611 BGB) vgl. *Odefey*, Der einheitliche DM-Reisescheck der deutschen Kreditinstitute, in Bankrechtliche Sonderveröffentlichungen des Instituts für Bankwirtschaft und Bankrecht an der Universität Köln, Bd. 29, 1982, S. 178 ff.; *Fritzsche*, WuB I D 3.-6.94.
1358 *Nobbe* in Bankrechts-Handbuch, § 63 Rn 145 m.w.Nachw.
1359 *Nobbe* in Bankrechts-Handbuch, § 63 Rn 145.
1360 AG Frankfurt WM 1992, 306, 307 = WuB I D 3.-4.92; *Nobbe* in Bankrechts-Handbuch, § 63 Rn 131.

verhalt darlegen und beweisen, aus dem mit hoher Wahrscheinlichkeit auf den Verlust oder die Entwendung des Reisechecks geschlossen werden kann. Sodann ist es Sache des Emittenten, die ernsthafte Möglichkeit eines anderen Geschehensablaufs darzutun und zu beweisen[1361].

4.984 Der Ersterwerber kann im übrigen gegen Rückgabe der Reisechecks die Herausgabe des bei ihrem Kauf geleisteten Vorschusses verlangen (§ 667 BGB). Dieser Herausgabeanspruch entfällt jedoch, wenn dem Emittenten ein Aufwendungsersatzanspruch aus § 670 BGB zusteht, den er mit dem Vorschuß verrechnen darf[1362]. Ein solcher Ersatzanspruch ist vor allem gegeben, wenn die mit dem Emittenten verbundene Korrespondenzbank aus der Einlösung des Reisechecks ihrerseits einen Aufwendungsersatzanspruch erworben hat. Dasselbe gilt, wenn sonstige Banken die Einlösung vornehmen oder Dritte die Reisechecks in Zahlung nehmen, soweit hierbei die tatbestandsmäßigen Voraussetzungen für eine Geschäftsführung ohne Auftrag gegeben sind (§§ 670, 677, 683[1363]) – Rn 4.987 ff.

III. Übertragung von Reisechecks

4.985 Die Reisechecks sind regelmäßig frei übertragbar. Dies geschieht vor allem, wenn die Reisechecks anstelle von Bargeld zur Bezahlung einer in Anspruch genommenen Leistung verwendet werden. Hierzu gehört auch die Einlösung der Reisechecks durch eine Bank außerhalb des Netzes der Korrespondenzbanken des Emittenten. In dieser Übertragung des Reisechecks liegt zugleich eine konkludente Abtretung des Einlösungsanspruchs, den der Ersterwerber gegen den Emittenten hat[1364].

4.986 Stellt der Reisecheck eine bürgerlich-rechtliche Anweisung im Sinne des § 783 BGB dar, kommt auch eine Abtretung des aus der Annahmeerklärung des Emittenten resultierenden Zahlungsanspruches (§ 784 Abs. 1 BGB) in Betracht. Eine solche Übertragung bedarf nach § 792 Abs. 1 S. 2 BGB der Schriftform. Hierfür sollte bereits ausreichend sein, wenn der Ersterwerber seine Unterschrift auf der Rückseite des Reisechecks leistet[1365].

1361 *Nobbe* in Bankrechts-Handbuch, § 63 Rn 131 m.w.Nachw.
1362 *Odefey*, Der einheitliche DM-Reisecheck der deutschen Kreditinstitute, 1982, S. 239.
1363 OLG Frankfurt WM 1980, 752; vgl. weiter LG Frankfurt WM 1980, 290; *Canaris*, Bankvertragsrecht³, Rn 873; *Nobbe* in Bankrechts-Handbuch, § 63 Rn 137.
1364 *Canaris*, Bankvertragsrecht³, Rn 863; *Nobbe* in Bankrechts-Handbuch, § 63 Rn 148; *Heymann/Horn*, HGB, Anh. § 372 Rn 139.
1365 *Heymann/Horn*, HGB, Anh. § 372 Rn 140.

IV. Rechtsbeziehung zwischen dem Emittenten und der einlösenden oder in Zahlung nehmenden Stelle

Soweit deutsches Recht anwendbar ist, besteht zwischen dem Emittenten und den Korrespondenzbanken ein **Geschäftsbesorgungsvertrag** (§§ 675, 611 BGB). Hiernach sind diese Zahlstellen gegenüber den Emittenten zur Einlösung vorgelegter Reiseschecks gemäß den Einlösungs-Richtlinien unter sorgfältiger Prüfung der Berechtigung des Vorlegers verpflichtet. Mit der Einlösung erwirbt die Korrespondenzbank gegen den Emittenten einen Aufwendungsersatzanspruch aus §§ 670, 675 BGB. Werden abhanden gekommene Schecks eingelöst, so erwirbt die Korrespondenzbank gleichwohl einen Aufwendungsersatzanspruch, wenn sie bei sorgfältiger Prüfung der Legitimation des Vorlegenden das Abhandenkommen nicht erkannt hat und deshalb die Aufwendung für erforderlich halten durfte[1366].

4.987

Ist der Vorleger der materiell berechtigte Erwerber des Reiseschecks, so erwirbt die einlösende oder die in Zahlung nehmende Stelle zugleich auch dessen Einlösungsanspruch gegen den Emittenten und das Eigentum am Reisescheck (§§ 398, 952 BGB)[1367].

4.988

Wird der Reisescheck von einer mit dem Emittenten vertraglich unverbundenen Bank eingelöst oder von einem Hotel oder sonstigen Vertragspartner des Ersterwerbers in Zahlung genommen, so erwerben diese ebenfalls einen auftragsrechtlichen Erstattungsanspruch (§ 670 BGB). Entspricht die Übernahme einer Geschäftsführung wie in solchen Fällen dem Interesse und dem wirklichen oder dem mutmaßlichen Willen des Geschäftsherrn (Emittenten), so kann der Geschäftsführer wie ein Beauftragter Ersatz seiner Aufwendung verlangen (§ 683 BGB). Diese Voraussetzungen werden bei der Verwendung von Reiseschecks regelmäßig erfüllt sein. Die Emittenten sind an einer möglichst weltweiten Akzeptanz der von ihnen ausgegebenen Reiseschecks stark interessiert[1368].

4.989

V. Abhanden gekommene Reiseschecks

Werden abhanden gekommene Reiseschecks durch eine Korrespondenzbank eingelöst, erwirbt diese ebenfalls einen auftragsrechtlichen Erstat-

4.990

1366 *Canaris*, Bankvertragsrecht³, Rn 872; *Heymann/Horn*, HGB, Anh. § 372 Rn 141; *Nobbe* in Bankrechts-Handbuch, § 63 Rn 149 m.w.Nachw.
1367 *Schlegelberger/Hefermehl*, Anh. § 365 Rn 317, 318; *Nobbe* in Bankrechts-Handbuch, § 63 Rn 148; *Canaris*, Bankvertragsrecht³, Rn 862.
1368 *Nobbe* in Bankrechts-Handbuch, § 63 Rn 151; *Canaris*, Bankvertragsrecht³, Rn 861; *Schwintowski/Schäfer*, Bankrecht, 1997, § 4 Rn 374; *Heymann/Horn*, HGB, Anh. § 372 Rn 142.

tungsanspruch, wenn die vorgeschriebenen Kontrollvorkehrungen in Form des Unterschriftsvergleichs und der Identitätskontrolle des Vorlegers eingehalten worden sind[1369]. Die damit verknüpften Prüfungspflichten werden insbesondere grob verletzt, wenn der Reisescheck nach Ablauf seiner einjährigen Gültigkeitsdauer eingelöst wird[1370].

4.991 Diesen **auftragsrechtlichen Erstattungsanspruch** erwerben auch die die Reiseschecks in Zahlung nehmenden Stellen. Eine solche Inzahlungnahme entspricht grundsätzlich dem Interesse und dem wirklichen, zumindest aber dem mutmaßlichen Willen des Emittenten, wie es der auftragsrechtliche Erstattungsanspruch einer Geschäftsführung ohne Auftrag voraussetzt (§ 683 BGB). Denn der Emittent hat ein hohes Interesse an einer möglichst weitreichenden Akzeptanz der von ihm ausgegebenen Reiseschecks. Diese würde gefährdet sein, wenn gutgläubig handelnden Dritten das Risiko der Nichtberechtigung des Vorlegers aufgebürdet würde[1371].

4.992 Hat der Emittent auch in diesen Fällen der einlösenden oder der in Zahlung nehmenden Stelle den Gegenwert zu zahlen, so erwirbt sie ihrerseits einen Aufwendungserstattungsanspruch gegen den Ersterwerber, soweit dieser nicht abbedungen worden ist. Dies gilt auch in den Fällen, in denen der Ersterwerber rechtzeitig den **Verlust der Reiseschecks** gemeldet hat. Eine Weitergabe dieser Verlustmeldung an alle weltweit tätigen Korrespondenzbanken ist dem Emittenten nach allgemeiner Meinung nicht zumutbar[1372]. Beim Verkauf der Reiseschecks wird der Ersterwerber deshalb auch ausdrücklich darauf hingewiesen, daß eine Auszahlungssperre nach einer Verlustmeldung nicht möglich ist. Der einlösenden oder in Zahlung nehmenden Stelle wird im übrigen nur selten eine Verletzung ihrer Sorgfaltspflichten nachgewiesen werden können.

4.993 Aus der mißbräuchlichen Verwendung abhanden gekommener Reiseschecks erwächst jedoch dem Ersterwerber kein eigenes Verlustrisiko. Beim Verkauf der Reiseschecks wird regelmäßig eine Versicherung gegen solche Schäden abgeschlossen[1373], wenn diese nicht sogar zur Vermeidung der Versicherungsprämien vom Emittenten selbst getragen wird.

1369 *Schlegelberger/Hefermehl*, HGB, Anh. § 365 Rn 317, 318.
1370 *Canaris*, Bankvertragsrecht³, Rn 867.
1371 OLG Frankfurt WM 1980, S. 752; *Nobbe* in Bankrechts-Handbuch, § 63 Rn 151; *Schwintowski/Schäfer*, Bankrecht, 1997, § 4 Rn 374; *Heymann/Horn*, HGB, Anh. § 372, Rn 142; *Käser*, ZGesKredWiss, 1992, 399, 402.
1372 OLG Frankfurt WM 1980, 752; *Canaris*, Bankvertragsrecht³, Rn 869, 873; *Schwintowski/Schäfer*, Bankrecht, 1997, § 4 Rn 374.
1373 *Heymann/Horn*, HGB, Anh. § 372 Rn 141; *Schwintowski/Schäfer*, Bankrecht, 1997, § 4 Rn 374.

VI. Inkasso von Reisechecks

Zum Girogeschäft der Kreditinstitute gehört auch der Einzug der Gegenwerte eingelöster oder zum Inkasso hereingenommener Reiseschecks im Rahmen des bargeldlosen Zahlungsverkehrs. Hierzu haben die kreditwirtschaftlichen Spitzenverbände mit der Deutschen Bundesbank im Jahre 1991 ein „Abkommen über den beleglosen Einzug von Reisescheckgegenwerten" (BRS-Abkommen) abgeschlossen, das im September 1998 durch das „Abkommen über den Einzug von Reiseschecks" (**Reisescheckabkommen**) ersetzt worden ist. Diese Neufassung des BRS-Abkommens stellt eine Folgemaßnahme der Zusammenführung der übrigen bislang für den Scheckverkehr maßgeblichen Abkommen[1374] in dem neuen „Abkommen über den Einzug von Schecks" (**Scheckabkommen**) dar, das ebenfalls am 7. September 1998 in Kraft getreten ist. Das Reisescheckabkommen ist nach seiner Konzeption sehr eng an das neue Scheckabkommen angebunden worden. Es enthält deshalb zahlreiche Verweise auf die jeweiligen Vorschriften des Scheckabkommens.

4.994

Bezogenes Kreditinstitut im Sinne des Reisescheckabkommens ist ein Kreditinstitut, das ein Emittent von Reiseschecks mit der Verrechnung der Scheckgegenwerte beauftragt hat. Diese Verrechnung erfolgt durch eine entsprechende Kontogutschrift und löst damit einen bargeldlosen Zahlungsvorgang aus. Erste Inkassostelle ist das erste am Einzug beteiligte Kreditinstitut, bei vom Ausland eingereichten Reiseschecks das erste am Inkasso beteiligte Kreditinstitut im Inland. Das Reisescheckabkommen begründet wie die anderen Zahlungsverkehrsabkommen für das Interbankenverhältnis Rechte und Pflichten ausschließlich zwischen den beteiligten Kreditinstituten (Abschnitt Nr. 1 Abs. 1).

4.995

1374 Abkommen über die Rückgabe nicht eingelöster Schecks und die Behandlung von Ersatzstücken verloren gegangener Schecks im Scheckeinzugsverkehr (Scheckabkommen), Abkommen über das beleglose Scheckeinzugsverfahren (BSE-Abkommen), Abkommen über den beleglosen Einzug von Scheckgegenwerten ab DM 5000 (Großbetrag-Schecks) und die gesonderte Vorlage der Originalschecks ohne Verrechnung (GSE-Abkommen), Abkommen zur Vereinfachung des Einzugs von Orderschecks (Orderscheckabkommen), Vereinbarung über Richtlinien für eine einheitliche Codierung von zwischenbetrieblich weiterzuleitenden Zahlungsverkehrsbelegen (Codierungsrichtlinien) und Abkommen für den zwischenbetrieblichen belegbegleitenden Datenträgeraustausch.

11. Abschnitt
Elektronisches Netzgeld (Cyber Coins)

4.996 Das Instrumentarium des bargeldlosen Zahlungsverkehrs mit der traditionellen Banküberweisung, Lastschrift und Scheckzahlung sowie der Zahlungssysteme auf der Basis der eurocheque-Karte und der Kreditkarte wird zunehmend durch elektronisches Geld ergänzt, das nicht nur in GeldKarten gespeichert („Chip"geld), sondern auch in Rechnernetzen verwendet werden kann („Netz"geld)[1375]. Netzgeldzahlungen basieren auf Zahlungseinheiten, die in Form digitaler Daten in dem PC des Bankkunden gespeichert und von dort auf den PC des Zahlungsberechtigten übertragen werden können[1376]. Wie das elektronische Chipgeld in der Geld-Karte dient auch das Netzgeld der bargeldlosen Bezahlung von Geldschulden. Die Verwendung elektronischen Geldes ist also vergleichbar dem Einsatz von Scheck- und Kreditkarten oder der bargeldlosen Zahlung an automatisierten Kassen im Rahmen des electronic cash-Systems. Das elektronische Geld in Form von Netzgeld soll vor allem **bei Geschäftsabschlüssen im Internet** genutzt werden.

4.997 Von dieser Zahlung mit elektronischem Geld ist die Bezahlung mit Kreditkarte im Internet zu unterscheiden, bei der der Kunde nur noch die in der Karte integrierten Daten als solche nutzt und diese unter Verwendung eines asymmetrischen, digitalen Signaturverfahrens (Public Key-Verfahren) nach SET (Secure Electronic Transaction)-Standard unterschreibt[1377].

1375 Zu den rechtlichen Aspekten des Netzgeldes im Internet vgl. *Escher*, WM 1997, 1173, 1175; *Kümpel*, WM 1998, S. 365 ff.; *ders.*, NJW 1999, S. 313 ff.; vgl. weiter *Gramlich*, Elektronisches Geld – Gefahr für Geldpolitik und Währungshoheit?, CR 1997, 11 ff.; *Werner* in Hoeren/Sieber (Hrsg.), Handbuch Multimedia-Recht, 1999, Teil 13, 5. Abschnitt.

1376 *Pichler*, „Rechtsnatur, Rechtsbeziehungen und zivilrechtliche Haftung beim elektronischen Zahlungsverkehr im Internet", Arbeitsberichte zum Informations-, Telekommunikations- und Medienrecht (Hrsg. Hoeren/Holznagel), LIT, Münster, 1998 – nachfolgend Arbeitsberichte Bd. 3 –, S. 6.

1377 *Pichler*, NJW 1998, 3234 ff.; vgl. weiter *Zwißler*, Datenschutz und Datensicherheit 1998, 711 ff.; 1999, 13 ff.

I. Funktion des Netzgeldes beim bargeldlosen Zahlungsvorgang

Wie bei den anderen Innovationen des bargeldlosen Zahlungsverkehrs erschließt sich auch die Rechtsnatur des Netzgeldes erst, wenn das elektronische Geld vor dem Hintergrund seiner Funktion für den bargeldlosen Zahlungsverkehr betrachtet wird. Bei einer bargeldlosen Zahlung erfüllt der Schuldner seine Zahlungsverbindlichkeiten dadurch, daß er unter Mitwirkung seiner kontoführenden Bank eine entsprechende Gutschrift auf dem Girokonto seines Gläubigers veranlaßt und damit eine wesentliche Voraussetzung für das Entstehen von Buchgeld schafft. Denn mit dieser Gutschrift auf dem kontokorrentmäßig geführten Konto wird dem Gläubiger ein abstrakter Zahlungsanspruch in Form eines Schuldversprechens gemäß § 780 BGB verschafft. Dieser Anspruch fließt sodann in den Saldo ein, der am Ende des jeweiligen Buchungstages für den Bankkunden ein Guthaben ergeben kann.

4.998

Diesem jederzeit verfügbaren sog. Tagessaldo liegt ein Auszahlungsanspruch aus unregelmäßiger Verwahrung gemäß § 700 BGB zugrunde. Mit dem Girovertrag als Rechtsgrundlage des Girokontos ist nach der BGH-Rechtsprechung stets eine **unregelmäßige Verwahrung** verbunden[1378]. Über diesen verwahrungsrechtlichen Rückzahlungsanspruch kann der Bankkunde im Rahmen des bargeldlosen Zahlungsverkehrs jederzeit verfügen, um fällige Geldschulden zu bezahlen. Dies kann insbesondere unter Einsatz der modernen Zahlungsinstrumente und damit auch im Rahmen einer elektronischen Zahlung geschehen. Das disponible Guthaben aus den Tagessalden auf den Girokonten wird deshalb auch als „Buchgeld" bezeichnet[1379].

4.999

II. Abweichende Grundkonzeption der verschiedenen Netzgeldsysteme

In der Praxis werden derzeit für Netzgeldzahlungen das sog. **ecash-** und **das Cyber cash-System** angeboten. Diese Systeme basieren auf unterschiedlichen Grundkonzeptionen. Wenngleich diesen technischen Abweichungen für die rechtliche Beurteilung der wesentlichen rechtlichen Gesichtspunkte nur eine geringfügige Bedeutung zukommt, sollen zunächst zum besseren Verständnis die Grundzüge dieser beiden Systeme skizziert werden.

4.1000

1378 BGH WM 1995, 2094, 2095; *Schimansky* in Bankrechts-Handbuch, § 47 Rn 1.
1379 BGH WM 1994, 1420, 1423; Sonderdrucke der Deutschen Bundesbank Nr. 7, 6. Aufl., 1993, S. 20; *Schlegelberger/Hefermehl*, HGB, Anh. § 361 Rn 1.

4. Teil: Bargeldloser Zahlungsverkehr (Girogeschäft)

1. ecash-System

4.1001 Beim Ecash-System wird dem Bankkunden **Netzgeld in Form von elektronischen Zahlungseinheiten** zur Verfügung gestellt. Diese digitalen Datensätze, denen ein monetärer Wert wie den Banknoten und Geldmünzen zugeordnet wird, können mittels Software auf der PC-Festplatte des Girokunden gespeichert werden[1380]. Die Praxis spricht hier auch anschaulich von elektronischen Münzen; dies entspricht dem englischen Begriff cyber coins.

4.1002 Beim Zahlungsvorgang erfolgt ein elektronischer Dialog im Sinne digitaler Signale zwischen dem Rechner im Computer des Kunden und dem PC-Rechner des Händlers[1381]. Dabei kommt es zu einer Übertragung von elektronischen Münzen, die den Netzgeldbestand des Bankkunden entsprechend reduzieren. Gleichzeitig erhält der Händler einen korrespondierenden Netzgeldbetrag auf seinem ecash-Konto bei der Bank gutgeschrieben.

4.1003 Vor dieser Gutschrift erfolgt jeweils eine Überprüfung der übermittelten elektronischen Münzen durch die emittierende Bank[1382]. Bei dieser sog. **Validierung** werden die übertragenen cyber coins darauf geprüft, ob sie echt sind und nicht bereits vorher verwendet worden sind („**double-spending check**"). Diese Validierung wird abgeschlossen mit einer entsprechenden Gutschrift auf dem ecash-Konto des Händlers. Hierin ist die erforderliche rechtsgeschäftliche Erklärung der Bank zu erblicken, die für die vertragliche Begründung eines gegen sie gerichteten Leistungsanspruchs des Händlers erforderlich ist (§ 305 BGB)[1383]. Dieser Leistungsanspruch soll den Händler bis zum Abschluß des bargeldlosen Zahlungsvorgangs durch Gutschrift auf seinem Girokonto gegen einen Zahlungsausfall absichern. Deshalb ist die Validierung vergleichbar der Online-Autorisierung bei bargeldlosen Zahlungen an den automatisierten Kassen im Rahmen des electronic cash-Systems.

2. Cyber cash-System

4.1004 Das Cyber cash-System verwendet dagegen **keine elektronischen Münzen,** die auf der Festplatte des Rechners des Bankkunden gespeichert

---

1380 *Escher*, WM 1997, 1173, 1180.
1381 Zu diesem immateriellen Transport von Daten vgl. *Fritzsche/Malzer*, DNotZ 1995, 3, 10; *Erber-Faller*, CR 1996, 375, 376.
1382 *Escher*, WM 1997, 1173, 1177.
1383 *Kümpel*, WM 1998, 365, 368.

werden können. Es handelt sich vielmehr um ein bargeldloses Zahlungssystem, bei dem der Bankkunde über die zu transferierenden Beträge auf einem technisch anderen Wege jederzeit verfügen kann. Der eigentliche Zahlungsvorgang erfolgt beim Cyber cash-System durch eine **Umbuchung auf virtuellen Konten.** Diese sog. **Cash-Container** haben die teilnehmenden Händler und Bankkunden bei der Cyber cash-GmbH zu unterhalten. Sie betreibt als Clearingstelle den sog. Gateway, über den alle elektronischen Zahlungsvorgänge abgewickelt werden.

Auch beim Cyber cash-System überläßt die Bank ihrem Kunden die hierfür benötigte Software. Diese sog. Wallet hat aber nur die Funktion einer Geldbörse des Kunden. Sie enthält jedoch keine elektronischen Münzen, wie sie beim ecash-System als digitale Daten auf der PC-Festplatte des Bankkunden gespeichert werden. Beim elektronischen „Aufladen" der Wallet wird vielmehr nur eine entsprechende Gutschrift auf dem virtuellen Konto des Kunden beim Gateway-Betreiber generiert. Zugleich wird der gutgeschriebene Betrag dem Girokonto des Kunden belastet und einem Sammelkonto seiner Bank gutgeschrieben. Das Guthaben auf diesem bankinternen Sammelkonto dient der Bank als Deckung, wenn sie bei den späteren elektronischen Zahlungen dem zahlungsberechtigten Vertragspartner ihres Kunden eine entsprechende Gutschrift auf dessen regulärem Girokonto zu erteilen hat[1384]. 4.1005

Soll eine elektronische Zahlung im Cyber cash-System erfolgen, so erstellt die Wallet einen Datensatz, der insbesondere den vereinbarten Preis und die Kennung des zahlungspflichtigen Bankkunden enthält. Diese Daten übermittelt der Bankkunde elektronisch signiert und verschlüsselt dem Computer des Händlers. Von dort werden sie nach Ergänzung mit den Daten des Händlers an den Server des Gateway-Betreibers weitergeleitet. Nach Überprüfung der übermittelten Daten wird auf dem virtuellen Konto des Händlers und des Bankkunden die entsprechende Gutschrifts- bzw. Belastungsbuchung vorgenommen. Sodann erhält der Händler durch den Gateway-Betreiber eine Bestätigung dieser elektronischen Zahlung. Hierdurch wird dem Händler aber noch kein reales Geld in Form des Buchgeldes verschafft. Vielmehr muß zunächst sein virtuelles Konto durch den Gateway-Betreiber abgeschlossen und der Gegenwert dem Girokonto des Händlers gutgeschrieben werden. Hierbei belastet die kontoführende Bank zugleich das von ihr geführte Cyber cash-Sammelkonto und verschafft sich hierdurch Deckung für die dem Händler erteilte Kontogutschrift. 4.1006

1384 Vgl. hierzu *Pichler*, Arbeitsberichte Bd. 3, S. 17 für das insoweit vergleichbare ecash-System.

4.1007 Das Cyber cash-System ist **im Unterschied zum ecash-System** also rein **kontenbezogen.** Es besteht deshalb auch keine Anonymität von Bankkunde und Händler gegenüber dem Gateway-Betreiber. Kein Unterschied besteht dagegen hinsichtlich der Absicherung des Händlers gegenüber dem Risiko einer späteren Nichterfüllung seines Zahlungsanspruches aus dem Umsatzgeschäft mit dem Bankkunden. Denn die Bezahltmeldung, die der Gateway-Betreiber nach der Umbuchung auf dem virtuellen Konto gegenüber dem Händler abgibt, enthält die rechtsgeschäftliche Erklärung für den ihm zu verschaffenden Zahlungsanspruch, der ihn bis zur Verschaffung von Buchgeld mittels einer Gutschrift auf seinem Girokonto absichern soll. Diese Bezahltmeldung entspricht beim ecash-System der Validierung der übermittelten digitalen Münzen, die dem Händler einen zusätzlichen Leistungsanspruch gegen die Bank verschafft. Die rechtliche Einordnung der Leistungspflicht der Bank kann deshalb vor dem Hintergrund des ecash-Systems erörtert werden.

III. Auftragsrechtliche Weisung des Netzgeldzahlers an seine Bank zur Netzgeld„einlösung"

4.1008 Die Netzgeldzahlung dient wie die traditionellen Zahlungsmedien regelmäßig der Erfüllung von Geldschulden durch Gutschriften auf Girokonten. Die netzgeldemittierende Bank hat deshalb aufgrund des zwischen ihr und dem zahlungspflichtigen Kunden (Netzgeldverwender) bestehenden Deckungsverhältnisses das Erforderliche zu veranlassen, damit dem Zahlungsberechtigten (Netzgeldempfänger) eine entsprechende Gutschrift auf seinem Girokonto verschafft wird. Diesem Deckungsverhältnis für die Buchgeldzahlung an den Zahlungsberechtigten liegt nach allgemeiner Meinung ein **Geschäftsbesorgungsvertrag** zugrunde, auf den die auftragsrechtlichen Vorschriften mit ihrem „Weisungs"recht des Auftraggebers anwendbar sind (§§ 665, 675 BGB)[1385]. Aus (auftrags-)rechtlicher Sicht werden diese Buchgeldzahlungen durch auftragsrechtliche „Weisungen" veranlaßt, die der zahlungspflichtige Bankkunde beim Einsatz der bargeldlosen Zahlungsinstrumente seiner Bank erteilt.

4.1009 Diese **Weisungen** erfolgen in ausdrücklicher Form bei der Erteilung von Überweisungsaufträgen. Dasselbe gilt bei der Bezahlung von Schecks, zu deren wesentlichem Inhalt die unbedingte Anweisung zur Zahlung einer bestimmten Geldsum-

---

1385 Ein solcher Geschäftsbesorgungsvertrag liegt auch dem vergleichbaren Rechtsverhältnis zwischen der die GeldKarte emittierenden Bank und ihrem Kunde zugrunde (*Pfeiffer*, NJW 1997, 1036, 1037).

me gehört (Art. 1 Nr. 2 ScheckG). Dagegen werden diese Weisungen aufgrund schlüssigen Verhaltens des Kartenbenutzers konkludent erteilt, wenn die eurocheque-Karte im electronic cash-System[1386] oder im ec-Geldautomatensystem[1387] sowie die Kreditkarte[1388] oder die GeldKarte verwendet wird[1389]

Beim Netzgeldverkehr erteilt der Bankkunde eine auftragsrechtliche Weisung seiner netzgeldemittierenden Bank konkludent dadurch, daß er seinem Vertragspartner elektronische Münzen zahlt. Mit Rücksicht auf diese Kundenweisung hat die Bank die „Einlösung" dieser Münzen durch Gutschrift auf einem Girokonto des Netzgeldempfängers zu veranlassen. 4.1010

1. Vereinbarkeit der auftragsrechtlichen „Weisung" mit der Anonymisierung der Netzgeldzahlung

Gegen die Annahme einer auftragsrechtlichen Weisung des netzgeldverwendenden Bankkunden spricht auch nicht, daß seine Bank bei der „Einlösung" des Netzgeldes in Buchgeld nicht erkennen kann, wer aus dem Kreis ihrer Netzgeldkunden das im konkreten Einzelfall von ihr jeweils eingelöste Netzgeld gezahlt hat. Denn die Zahlung mit Netzgeld soll wie bei der Verwendung von Bargeld aus der Sicht der emittierenden Bank möglichst „anonym" erfolgen. 4.1011

Die emittierende Bank versieht zwar jede ausgegebene elektronische Münze mit einer eigenen Nummer, die in einer „Emissions"liste festgehalten wird. Diese „Kennung" dient der Überprüfung der Münzen bei ihrer späteren Verwendung (Validierung), ob sie bereits zuvor verwendet worden sind. Diese listenmäßig festgehaltenen Nummern werden jedoch nicht bestimmten Bankkunden zugeordnet. Im Interesse der erwünschten Anonymisierung wird vielmehr bei den späteren Zahlungsvorgängen der jeweilige Transferbetrag von der PC-Festplatte des zahlenden Bankkunden mittels eines verschlüsselten Datensatzes auf die Festplatte des Netzgeldempfängers übertragen[1390]. Deshalb ist die emittierende Bank außerstande, die elektronischen Münzen, die der Netzgeldempfänger ihr zur Gutschrift auf seinem ecash-Konto „einzahlt", einem bestimmten Kunden aus dem Netzgeld-Kundenkreis zuzuordnen. Es ist der Bank auch nicht möglich, den Weg des Netzgeldes bis zur Emission zurückzuverfolgen. Die emittierende Bank kann lediglich nachvollziehen, welche elektronischen Münzen sie wann und welchem Netzgeldempfänger durch Gutschrift auf seinem ecash-Konto „validiert" hat. 4.1012

1386 *Reiser*, WM 1989, Sonderbeilage 3, S. 11.
1387 *Canaris*, Bankvertragsrecht³, Rn 527d; *Reifner*, BB 1989, 1912, 1914.
1388 BGH WM 1984, 1213; KG WM 1933, 2044, 2045 = WuB I D 5-3.94 *Oechsle*; *Martinek* in Bankrechts-Handbuch, § 67 Rn 8, 19.
1389 *Pfeiffer*, NJW 1997, 1036, 1037; *Kümpel*, WM 1997, 1037, 1039.
1390 *Escher*, WM 1997, 1173, 1177.

4.1013 Aus der Sicht des Geschäftsbesorgungsverhältnisses der netzgeldemittierenden Bank zu ihren Kunden besteht jedoch kein Bedürfnis für eine Identifizierung der Person des Netzgeldverwenders. Denn die Bank ist nicht darauf angewiesen, ihren auftragsrechtlichen Aufwendungserstattungsanspruch (§ 670 BGB) aus der späteren Einlösung des Netzgeldes dem Girokonto eines bestimmten Kunden belasten zu können, wie dies z.B. nach Ausführung eines traditionellen Überweisungsauftrages geschieht. Die Bank kann sich vielmehr aus dem Guthaben auf dem Sammel-(Pool-)Konto verrechnungsmäßig befriedigen, auf dem alle bei den Netzgeldemissionen vorausbezahlten Beträge für die Einlösung der später an sie zurückfließenden elektronischen Münzen verbucht werden.

4.1014 Auch bei einer solchen **Anonymisierung des Zahlungsvorgangs** kann also die emittierende Bank die ihren Kunden geschuldete Geschäftsbesorgung, dem Netzgeldempfänger für die von ihr validierten elektronischen Münzen entsprechende Kontogutschriften (Buchgeld) zu verschaffen, ordnungsgemäß erfüllen. Die Übernahme einer solchen Geschäftsbesorgung der Bank gegenüber ihren Bankkunden ist also durchaus vereinbar mit einer Anonymisierung der Netzgeldzahlung, wie sie auch bei der Verwendung von Bargeld gegeben ist.

4.1015 Vor dem Hintergrund des rechtlichen Beziehungsgeflechts zwischen den am Netzgeldverkehr Beteiligten liegt somit in der Zahlung mit Netzgeld die konkludente Weisung des Bankkunden im Sinne des § 665 BGB an seine Bank, dem Netzgeldempfänger für die von ihr validierten elektronischen Münzen entsprechendes Buchgeld zu verschaffen.

2. „Vorausbezahlung" des Netzgeldes als auftragsrechtliche „Vorschuß"-leistung

4.1016 Die Qualifizierung der Mitwirkung der netzgeldemittierenden Bank als Geschäftsbesorgung im Sinne des § 675 BGB steht in vollem Einklang damit, daß das Netzgeld bei der Emission durch den netzgeldverwendenden Bankkunden im voraus zu bezahlen ist. Aus rechtlicher Sicht bedeutet diese Vorausbezahlung die Geltendmachung des auftragsrechtlichen Anspruchs auf Vorschuß (§ 669 BGB).

4.1017 Mit dieser Vorausbezahlung wird sichergestellt, daß die Bank ihre „Aufwendungen" aus der späteren Einlösung des Netzgeldes auf rationelle und sichere Weise verrechnen kann. Denn verwendet der Bankkunde die elektronischen Münzen und hat deshalb seine Bank dem Netzgeldempfänger weisungsgemäß eine Kontogutschrift (Buchgeld) zu verschaffen, so erwirbt sie wie auch bei der sonstigen Vermittlung von Buchgeldzahlungen im bargeldlosen Zahlungsverkehr einen auftragsrechtlichen Aufwendungserstattungsanspruch (§ 670 BGB). Im Unterschied zum herkömmlichen bargeldlosen Zahlungsverkehr darf die Bank ihren Aufwendungserstattungsanspruch jedoch nicht dem Girokonto des Kunden als ihres Auftraggebers belasten. Wegen der erfolgten Vorausbezahlung ist dieser Anspruch vielmehr mit dem bei der Emission des Netzgeldes empfangenen Vorschuß zu verrechnen. Nichts anderes geschieht bei der GeldKarte, die ähnlich dem Netzgeld als eine „vorausbezahlte" Geldbörse angesehen wird. Beim GeldKartensystem werden die Vorschußleistungen auf einem bankinternen „Geldbörsen-Verrechnungskonto" gutgeschrieben[1391].

Gibt der Bankkunde dagegen die von ihm nicht ausgegebenen elektronischen Münzen an seine Bank zurück, so wird der vorausbezahlte Betrag als seine Vorschußleistung wieder seinem Girokonto gutgeschrieben (§ 812 BGB)[1392].

4.1018

IV. Begründung einer zusätzlichen abstrakten Leistungspflicht der Bank gegenüber Netzgeldempfängern

Das Buchgeld übernimmt im modernen Zahlungsverkehr mit steigender Tendenz die Funktion des Bargeldes. Diese Geldfunktion im engeren Wortsinne fehlt jedoch dem elektronischen Geld. Dies beruht nicht nur darauf, daß das Netzgeld auf absehbare Zeit anders als das Bargeld noch nicht umlauffähig ist. Bei den gegenwärtigen elektronischen Zahlungssystemen in Deutschland hat das Netzgeld nur eine begrenzte Funktion. Es soll den zahlungsberechtigten Vertragspartner des Bankkunden, der eine Vorleistung zu erbringen hat, davor schützen, daß ihm später der geschuldete Geldbetrag nicht vereinbarungsgemäß auf seinem Girokonto angeschafft wird. Denn bei der bargeldlosen Bezahlung von Geldschulden läßt sich das Zug um Zug-Prinzip im Sinne der gleichzeitigen Erfüllung von synallagmatischen Geschäften (§ 320 BGB) häufig nicht praktizieren. Dies gilt insbesondere für die Geschäfte des täglichen Bedarfs. Hier kommt es zwangsläufig zu Vorleistungen des Vertragspartners des zahlungspflichtigen Bankkunden, wenn der geschuldete Betrag im Rahmen des bargeldlosen Zahlungsverkehrs gezahlt werden soll.

4.1019

Das hieraus resultierende Risiko der Nichtzahlung entfällt für den Zahlungsberechtigten erst, wenn der ihm geschuldete Betrag auf seinem Girokonto gutgeschrieben worden ist und er hierdurch einen abstrakten Zah-

4.1020

1391 *Kümpel*, WM 1997, 1037.
1392 Wegen der rechtlichen Parallele zur GeldKarte vgl. *Kümpel*, WM 1997, 1037, 1038.

lungsanspruch gegen seine kontoführende Bank erworben hat. Gegenüber dieser Kontogutschrift, die in den das Buchgeld repräsentierenden Tagessaldo einfließt, sind Einwendungen und Einreden aus dem Valutaverhältnis des Zahlungsberechtigten zum Buchgeldzahler wie auch aus dem Deckungsverhältnis zwischen Buchgeldzahler und seiner kontoführenden Bank ausgeschlossen. Erst hierdurch eignet sich das Buchgeld als Ersatz für die geschuldete Bargeldzahlung[1393]. Die Sicherungslücke bei der bargeldlosen Zahlung infolge der Vorleistung des Zahlungsberechtigten bis zum Erhalt der Kontogutschrift soll bei einer Computer-Zahlung mit der Verwendung des Netzgeldes geschlossen werden.

4.1021 Dem Netzgeld kommt insoweit dieselbe Funktion zu wie der Kredit- und GeldKarte sowie der eurocheque-Karte bei den kartengestützten Zahlungssystemen[1394]. So ist bei der Verwendung der eurocheque-Karte für eine Scheckzahlung das Interesse des zahlungsberechtigten Schecknehmers darauf gerichtet, daß ihm zur Absicherung der von ihm zu erbringenden Vorleistung ein abstrakter Zahlungsanspruch gegen das kartenemittierende Kreditinstitut verschafft wird. Deshalb erwirbt der Vorleistende nach allgemeiner Meinung einen Garantieanspruch aus der Verwendung der Scheckkarte.

4.1022 **Derselbe Anspruchserwerb** vollzieht sich bei der Verwendung der eurocheque-Karte an automatisierten Kassen des electronic cash-Systems. Hier wird der jeweilige Zahlungsvorgang durch die system-immanente Autorisierungszentrale genehmigt, nachdem sich der zahlungspflichtige Bankkunde für diese Online-Autorisierung durch Eingabe seiner persönlichen Geheimzahl, der sog. PIN, legitimiert hat[1395]. Auch bei der Verwendung der GeldKarte wird eine solche Zahlungsgarantie für den zahlungsberechtigten Vertragspartner des Bankkunden begründet. Hier tritt jedoch an die Stelle der Online-Autorisierung des electronic cash-Systems ein elektronischer Dialog zwischen dem Prozessor im Chip der GeldKarte und dem Prozessor im Chip der sog. „Händler"karte des Zahlungsberechtigten. In den Vertragswerken zu diesen Zahlungssystemen wird der Zahlungsberechtigte üblicherweise als „Händler" bezeichnet.

4.1023 Eine vergleichbare Rechtslage ist bei der Verwendung des Netzgeldes gegeben. Auch hier besteht die Funktion dieses neuen Zahlungsinstruments darin, dem **Händler einen abstrakten Zahlungsanspruch** bis zur Vollendung des jeweiligen bargeldlosen Zahlungsvorganges zu verschaffen. Der Händler soll hierdurch vor dem Risiko geschützt werden, daß nach seiner Vorleistung der ihm geschuldete Betrag nicht seinem Giro-

---

1393 *Canaris*, Bankvertragsrecht³, Rn 410.
1394 *Kümpel*, WM 1998, 365, 367.
1395 *Kümpel*, WM 1997, 1037, 1039.

konto gutgeschrieben wird und damit die vereinbarte Buchgeldzahlung unterbleibt. Die Funktion des verwendeten Netzgeldes ist also auf eine kurze Zwischenphase des zugrundeliegenden bargeldlosen Zahlungsvorganges begrenzt, an dessen Anfang die Weiterleitung des Netzgeldes vom Bankkunden an den Händler liegt und dessen Ende eine Gutschrift auf dem Girokonto des Händlers bildet.

1. Rechtsnatur der Leistungspflicht der Bank

Übereinstimmung besteht, daß bei der Verwendung der elektronischen Münzen eine zusätzliche abstrakte Leistungspflicht der netzgeldemittierenden Bank begründet wird. Umstritten ist jedoch, wie diese Leistungspflicht unter die Vertragstypen des BGB eingeordnet werden kann. 4.1024

a) Erteilung eines Schuldversprechens nach § 780 BGB?

Das noch spärliche Schrifttum[1396] qualifiziert die zusätzliche Leistungspflicht der Bank entweder als Schuldversprechen im Sinne des § 780 BGB oder als Garantievertrag. Ein Schuldversprechen liegt nach der gesetzlichen Definition vor, wenn „eine Leistung in der Weise versprochen wird, daß das Versprechen die Verpflichtung *selbständig* begründet" (§ 780 BGB). Das Schuldversprechen lautet im Regelfall auf Zahlung einer bestimmten Geldsumme und begründet damit eine Geldschuld, wie sie auch der Bankkunde in dem Valutaverhältnis zum Händler eingegangen ist. 4.1025

Bei der Netzgeldzahlung übernimmt die Bank ihre zusätzliche Leistungspflicht, ohne diese hierbei rechtlich zu qualifizieren. Es bedarf deshalb der **Auslegung** ihrer Verpflichtungserklärung nach allgemeinen Grundsätzen[1397]. Somit kommt es für die Auslegung entscheidend auf **Anlaß und Zweck dieser konkludenten Erklärung der Bank** an[1398]. 4.1026

Mit der zusätzlichen Leistungspflicht der Bank soll die Erteilung einer entsprechenden Gutschrift auf dem Girokonto des Händlers abgesichert werden. Bei diesem Zahlungsvorgang hat die Bank dafür zu sorgen, daß es zu einer solchen Kontogutschrift kommt. Eine solche Geschäftsbesorgungspflicht obliegt der Bank aber schon aufgrund des Vertragsverhältnis- 4.1027

[1396] *Pichler*, Arbeitsberichte Bd. 3; *Escher*, WM 1997, 1173 ff.; *Kümpel*, WM 1998, 365 ff.
[1397] Münchener Komm. zum BGB/*Hüffer*, § 780 Rn 17; *Staudinger/Marburger*, § 780 Rn 6; *Palandt/Sprau*, § 780 Rn 2.
[1398] BGH NJW-RR 1995, 1391; *Palandt/Sprau*, § 780 Rn 2; Münchener Komm. zum BGB/*Hüffer*, § 780 Rn 17, 18; *Staudinger/Marburger*, § 780 Rn 6.

ses, das der Kontoverbindung mit ihrem Kunden zugrunde liegt und einen entgeltlichen Geschäftsbesorgungsvertrag darstellt (§ 675 BGB)[1399]. Die Existenz einer solchen Geschäftsbesorgungspflicht schließt freilich nicht aus, daß die **Bank** für ihre ohnehin geschuldete Mitwirkung ein **zusätzliches Schuldversprechen** gegenüber dem Händler abgibt. Denn Gegenstand eines solchen Schuldversprechens kann auch eine Leistung sein, die der Versprechende bereits einem Dritten schuldet[1400]. Gegen die Unterstellung eines solchen rechtsgeschäftlichen Willens sprechen jedoch schwerwiegende Gründe.

aa) Kein Bedürfnis für eine zusätzliche primäre Leistungspflicht der Bank

4.1028 Ein solches Gegenargument ergibt sich freilich nicht schon aus dem Sicherungszweck, wie er mit der zusätzlichen Leistungspflicht der Bank verfolgt wird. Einem solchen Sicherungszweck kann auch ein Schuldversprechen dienen. So kann nach allgemeiner Meinung einem Gläubiger ein Schuldversprechen erteilt werden, um sein Interesse an der Erfüllung seines Anspruches gegen einen Dritten sicherzustellen[1401], wie ihn der Zahlungsanspruch des Händlers bei einer Netzgeldzahlung gegen die Bank darstellt. Die Anwendungsbereiche von Schuldversprechen und Garantievertrag berühren sich also. Beide Vertragstypen unterscheiden sich aber deutlich nach dem Inhalt der übernommenen Leistungspflicht. Bei einem sicherungshalber übernommenen Schuldversprechen wird für den Versprechenden (hier: die Bank) eine eigenständige Verpflichtung begründet, die die gleiche Leistung wie die vom Dritten (hier: Bankkunde) geschuldete Leistung zum Gegenstand hat[1402]. Bei der Netzgeldzahlung wie auch beim Einsatz der eurocheque- oder Kreditkarte sowie GeldKarte ist Gegenstand der Leistungspflicht des Bankkunden die Geldschuld aus seinem Valutaverhältnis zum Zahlungsberechtigten. Würde also die Bank ein Schuldversprechen gegenüber dem Händler abgeben, stünde ihre hierdurch begründete Geldschuld gleichrangig neben der Geldschuld ihres Kunden aus dem Valutaverhältnis zum Händler. Infolge dieser Gleichrangigkeit begründet das **Schuldversprechen** für den Versprechenden eine **primäre Leistungspflicht**.

1399 *Pichler*, Arbeitsberichte Bd. 3, S. 16, 21.
1400 RGZ 108, 105, 107; 410, 412; *Steffen* in RGRK-BGB, § 780 Rn 4; *Staudinger/Marburger*, § 780 Rn 3 m.w.Nachw.; Münchener Komm. zum BGB/*Hüffer*, § 780 Rn 14 m.w.Nachw.
1401 *Staudinger/Marburger*, Vorbem. zu §§ 780–782 Rn 17; Münchener Komm. zum BGB/*Hüffer*, § 780 Rn 10.
1402 *Staudinger/Marburger*, Vorbem. zu §§ 780–782 Rn 17 m.w.Nachw.; Münchener Komm. zum BGB/*Hüffer*, § 780 Rn 10.

Dagegen verpflichtet sich der Garant, dem Garantienehmer dafür einzustehen, daß ein bestimmter tatsächlicher oder rechtlicher Erfolg eintritt oder die Gefahr eines bestimmten künftigen Schadens sich nicht verwirklicht[1403]. Die Übernahme einer solchen **Einstandspflicht,** die von vornherein nur für Ausnahmesituationen gedacht ist und infolge dieser Nachrangigkeit nur von **sekundärer Natur** ist, liegt bei den modernen Instrumenten des Zahlungsverkehrs wesentlich näher als die Übernahme einer primären Leistungspflicht aus einem Schuldversprechen. Denn die Bank ist aufgrund ihrer Leistungspflicht aus dem Girovertragsverhältnis zu ihrem Kunden ohnehin gehalten, dafür zu sorgen, daß dem Händler der Gegenwert der elektronischen Münzen auf seinem Girokonto gutgeschrieben und so die Voraussetzung für die Erlangung von Buchgeld geschaffen wird. Hinzu kommt aber noch ein wesentlich schwerwiegenderes Argument. Das Netzgeld wie auch die anderen modernen Zahlungsinstrumente sind für den bargeldlosen Zahlungsverkehr konzipiert worden. Die Mitwirkung der kontoführenden Bank des Zahlungspflichtigen bildet deshalb einen Eckstein dieser Zahlungssysteme. Für den Regelfall bedarf es also keiner zusätzlichen Leistungspflicht der Bank, um den vorleistenden Händler abzusichern.

4.1029

Für eine Haftung der Bank besteht vielmehr nur in Ausnahmefällen ein echtes Schutzbedürfnis. Solche Fallgestaltungen sind insbesondere gegeben, wenn der Händler keinen einwendungs- und einredefreien Zahlungsanspruch gegen den Bankkunden erlangt hat oder das Netzgeld von einem hierzu unbefugten Dritten verwendet worden ist. Dagegen bedarf es für den Normalfall einer ordnungsgemäßen Netzgeldzahlung keiner zusätzlichen Leistungspflicht der Bank, die als primäre Leistungspflicht gleichrangig neben die Geldschuld des Bankkunden aus dem Valutaverhältnis zum Händler träte. Dem Sicherungsbedürfnis des Händlers ist vielmehr schon mit einer **nachrangigen Garantieverpflichtung** der Bank optimal Rechnung getragen. In diesem Fall stehen die Geldschuld des Bankkunden und die zusätzliche abstrakte Leistungspflicht der Bank aus der Sicht des Händlers als Gläubiger dieser beiden Verbindlichkeiten nicht nebeneinander, sondern hintereinander.

4.1030

Soweit das Schrifttum eine primäre Leistungspflicht der Bank unterstellt, wird als entscheidendes Argument der Umstand angeführt, daß die Bank **bei jeder Netzgeldzahlung** eine **Gutschrift** auf dem Girokonto des Händlers veranlaßt. Hierbei würde die Bank eine eigene Leistungspflicht gegen-

4.1031

[1403] *Staudinger/Horn,* Vorbem. zu §§ 765–778 Rn 194; vgl. weiter *Staudinger/Marburger,* Vorbem. zu §§ 780–782 Rn 17 m.w.Nachw.; Münchener Komm. zum BGB/*Hüffer,* § 780 Rn 10.

über dem Händler erfüllen. Diesem Befund würde das Schuldversprechen als eine primäre Leistungspflicht besser als die nur sekundäre Garantieverpflichtung entsprechen. Bei näherer Betrachtung erklärt sich jedoch diese Mitwirkung der karten- oder netzgeldemittierenden Bank schon daraus, daß bei allen diesen Zahlungsvorgängen die bargeldlose Erfüllung einer Zahlungsverbindlichkeit vereinbart worden ist. Wird aber ein Zahlungsanspruch nicht durch Bargeld, sondern im Wege der bargeldlosen Zahlung getilgt, so bedarf es schon deswegen stets einer den Zahlungsvorgang vermittelnden Tätigkeit der kontoführenden Bank des Zahlungspflichtigen.

4.1032 Einer solchen Mitwirkung bedarf es im übrigen auch bei den bargeldlosen Zahlungen, die durch den Einsatz der anderen modernen Zahlungsverkehrsinstrumente initiiert werden. Dies gilt insbesondere, wenn mit einem eurocheque unter Verwendung einer eurocheque-Karte gezahlt wird. Gleichwohl wird bei der Verwendung dieses insoweit vergleichbaren Zahlungsinstruments einhellig die Meinung vertreten, daß die hierbei begründete Leistungspflicht nur eine sekundäre Garantieverpflichtung darstellt.

4.1033 Aus dem bloßen Umstand der Vermittlung der vereinbarten bargeldlosen Zahlung durch die emittierende Bank kann deshalb kein überzeugendes Argument für die Frage gefolgert werden, ob die Leistungspflicht der Bank ein Schuldversprechen oder eine Garantieverbindlichkeit darstellt. Ausschlaggebend für die Beantwortung dieser Frage kann vielmehr nur sein, welcher dieser beiden Vertragstypen sich am ehesten für die Befriedigung des Schutzbedürfnisses des Händlers eignet. Hiervon hängt letztendlich auch die Akzeptanz des Netzgeldes wie auch der anderen Instrumente des bargeldlosen Zahlungsverkehrs ab.

bb) Schuldversprechen als ultima ratio

4.1034 Die Anknüpfung der rechtlichen Einordnung der zusätzlichen Leistungspflicht der Bank an das Schutzbedürfnis des Händlers ist auch aus einem weiteren Aspekt geboten. Nach allgemeiner Meinung kann eine konkludente Willenserklärung als Schuldversprechen überhaupt nur ausgelegt werden, wenn eine solche abstrakte Leistungspflicht notwendig ist, damit das von den Beteiligten angestrebte tatsächliche Ziel auch erreicht wird[1404]. Für die bezweckte Absicherung des Händlers ist es jedoch bereits völlig ausreichend, wenn die Bank die Umwandlung der elektronischen Münzen in Buchgeld durch Übernahme einer Garantieverpflichtung gewährleistet. Die Rechtsposition des Händlers würde durch ein abstraktes

---

1404 Münchener Komm. zum BGB/*Hüffer*, § 780 Rn 16, 19 m.w.Nachw.; *Staudinger/Marburger*, Vorbem. zu §§ 780 ff. Rn 7–14.

Schuldversprechen nicht verstärkt werden können. Das Gegenteil ist vielmehr der Fall[1405].

b) Übernahme einer Garantiepflicht als angemessene Rechtskonstruktion

Gegen die Einordnung der Leistungspflicht der Bank als ein Schuldversprechen spricht schließlich, daß sich hier die Bankgarantie als ein geeigneter Vertragstypus anbietet. Die mit der Validierung der elektronischen Münzen begründete Verpflichtung der Bank soll die Vorleistung des Händlers absichern. Die **Sicherungsfunktion dieser Leistungspflicht** der Bank entspricht dem **typischen** Geschäftszweck eines Garantievertrages[1406].

4.1035

Ein solcher Vertrag beinhaltet das selbständige Versprechen, einem anderen dafür einzustehen, daß ein bestimmter tatsächlicher oder rechtlicher **Erfolg eintritt** oder sich die Gefahr eines bestimmten künftigen **Schadens nicht verwirklicht**[1407]. Diese tatbestandsmäßigen Voraussetzungen einer solchen Einstandspflicht sind bei der Netzgeldzahlung offensichtlich gegeben. Der von der Bank zu gewährleistende Erfolg bei einer Netzgeldzahlung besteht darin, daß dem Händler eine entsprechende Gutschrift auf seinem Girokonto erteilt wird und hierdurch die notwendige Voraussetzung für die von allen Beteiligten gewollte bargeldlose Zahlung geschaffen wird. Zugleich wird mit der übernommenen Garantieverpflichtung im Interesse des Händlers vermieden, daß sich die Gefahr eines bestimmten künftigen Schadens infolge der Nichterfüllung der Zahlungsverbindlichkeit des Bankkunden verwirklicht.

4.1036

aa) Vereinbarkeit mit der girovertraglichen Leistungspflicht

Gegen die Übernahme einer solchen Garantiepflicht spricht auch nicht, daß die Bank schon aufgrund des Geschäftsbesorgungsvertrages mit ihrem Girokunden für die Erteilung dieser Kontogutschrift zu sorgen hat. Denn eine solche **abstrakte Verpflichtung zur Schadloshaltung** kann auch in den Fällen übernommen werden, in denen der Garant sich bereits anderweitig zu einem Tätigwerden für den Eintritt des garantierten Erfolges verpflichtet hat, wie dies bei der Netzgeldzahlung durch die Ge-

4.1037

1405 Für die Einordnung der zusätzlichen Leistungspflicht der Bank gegenüber dem Händler als eine Garantieverpflichtung spricht auch das Gebot der Rechtsklarheit und Rechtssicherheit (*Kümpel*, NJW 1999, 313, 316).
1406 Münchener Komm. zum BGB/*Hüffer*, § 780 Rn 10; *Staudinger/Marburger*, Vorbem. zu §§ 780 ff. Rn 17; vgl. hierzu *Einsele*, WM 1999, 1801, 1803.
1407 *Staudinger/Horn*, Vorbem. zu §§ 765 ff. Rn 194.

schäftsbesorgungspflicht der Bank gegenüber ihrem Girokunden geschieht. Denn auch ein eigenes Verhalten kann garantiert werden[1408].

4.1038 Dies hat schon das Reichsgericht für den insoweit vergleichbaren Fall einer Anfrage beim Wechselakzeptanten bejaht, ob er den Wechsel bei Fälligkeit einlösen werde[1409]. Auch hier sei Raum für die Übernahme einer Garantie im Sinne einer Pflicht zur Schadloshaltung. Hierdurch könne insbesondere das Risiko späterer Einwendungen gegen die Echtheit des Akzeptes vermieden werden.

4.1039 Ein aktuelles Beispiel der Übernahme von Garantien für ein bestimmtes eigenes Verhalten der mitwirkenden Bank ist die Zahlung mit eurocheques unter Verwendung von eurocheque-Karten. Auch bei einer solchen Scheckkartenzahlung soll die zusätzlich übernommene Einlösungspflicht den Händler für den Ausnahmefall absichern, in dem die Bank im Innenverhältnis zum Girokunden zu dieser Scheckeinlösung nicht verpflichtet oder die Scheckkarte von einem unbefugten Dritten verwendet worden ist. Diese nur für Ausnahmefälle konzipierte Einlösungspflicht wird nach einhelliger Meinung von Rechtsprechung und Schrifttum als Garantieverpflichtung und nicht als Schuldversprechen eingestuft.

bb) Eingeschränktere Kondiktionsmöglichkeit bei Garantiepflicht

4.1040 Die Einordnung der Leistungspflicht der Bank als Garantieverbindlichkeit ist keineswegs nur von dogmatischem Interesse. Denn die dem schutzbedürftigen Händler verschaffte Rechtsposition aus einem Schuldversprechen dürfte der rechtlichen Absicherung durch eine Garantieverpflichtung zumindest nicht gleichwertig sein. Dieses Minus kann durchaus Auswirkungen auf die Akzeptanz des Netzgeldes haben. Auch ein abstraktes Schuldversprechen im Sinne des § 780 BGB kann ungeachtet seiner Abstraktheit nach bereicherungsrechtlichen Grundsätzen kondiziert werden, wenn es für seine Übernahme an einem rechtfertigenden Grund mangelt[1410]. In diesem Fall könnte die Bank bei späterer Inanspruchnahme durch den Händler die Zahlung mit der **Bereicherungseinrede** verweigern (vgl. § 821 BGB)[1411]. Die Leistungspflicht der Bank aus dem Schuldversprechen begründet ein eigenständiges Leistungsverhältnis im Sinne des Bereicherungsrechts mit der Folge, daß das Schuldverspre-

---

1408 *Staudinger/Horn*, Vorbem. zu §§ 765 ff. Rn 251 ff.; Münchener Komm. zum BGB/*Habersack*, Vor § 765 Rn 13.
1409 RGZ 82, 337, 339.
1410 Münchener Komm. zum HGB/*Hüffer*, § 780 Rn 43; *Staudinger/Marburger*, § 780 Rn 23; vgl. weiter *Einsele*, WM 1999, 1801, 1804 ff.
1411 BGH WM 1991, 1152, 1153 = NJW 1991, 2140, 2141; *Zeiss*, AcP 164 (1964) S. 50, 51; *Palandt/Thomas*, § 821 Rn 1.

chen bei Fehlen eines rechtfertigenden Grundes „herauszugeben" ist (§ 812 Abs. 1 BGB). Ein solcher Kondiktionsanspruch wird vom Schrifttum bei der insoweit gleichgelagerten Verwendung von Kreditkarten bejaht, wenn die hierbei begründete selbständige Leistungspflicht der Bank als ein Schuldversprechen gegenüber dem Händler einzuordnen ist[1412]. Mangelt es diesem (Leistungs-)Verhältnis zwischen Bank und Händler an einem Rechtsgrund (causa), so hat der Bereicherungsausgleich unmittelbar zwischen diesen beiden Beteiligten zu erfolgen[1413].

Wird dagegen der bargeldlose Zahlungsvorgang durch einen gewöhnlichen Überweisungsauftrag des Girokunden veranlaßt, erfordert nach der BGH-Rechtsprechung eine solche **„Durchgriffs"kondiktion** der kontoführenden Bank gegenüber dem zahlungsberechtigten Vertragspartner des Girokunden, daß sowohl das Valutaverhältnis zwischen Girokunde und Zahlungsberechtigtem wie auch das Deckungsverhältnis zwischen Girokunde und seiner Bank mangelhaft sind (sog. Doppelmangel)[1414]. Diese Rechtsprechung läßt sich jedoch auf solche Dreiecksverhältnisse nicht übertragen, bei denen wie bei der Netzgeldzahlung und den anderen modernen Zahlungsverkehrsinstrumenten eine zusätzliche eigenständige Leistungspflicht der emittierenden Bank gegenüber dem Zahlungsberechtigten begründet wird. Hier hat der Bereicherungsausgleich stets zwischen der emittierenden Bank und dem Zahlungsberechtigten zu erfolgen, wenn es dem zwischen ihnen begründeten eigenständigen Leistungsverhältnis an einem rechtfertigenden Grund mangelt.

4.1041

Im Schrifttum ist umstritten, unter welchen Voraussetzungen der Bank ein solcher unmittelbarer Kondiktionsanspruch gegen den Händler zusteht. So bejaht *Hamman* eine solche Bereicherungseinrede schon in den Fällen, in denen die girovertragliche Weisung (§§ 665, 675 BGB) unwirksam ist, die der Girokunde bei Verwendung der Karte seiner Bank im Rahmen des zu ihr bestehenden Deckungsverhältnisses konkludent erteilt[1415]. Dagegen kann nach *Hadding* die emittierende Bank ihr Schuldversprechen kondizieren, wenn der zwischen ihr und dem Händler ge-

4.1042

1412 *Hadding,* FS Pleyer, 1986, S. 17, 33, 34; *Hamman,* Die Universalkreditkarte – ein Mittel des bargeldlosen Zahlungsverkehrs, 1991, S. 257, 259. Dagegen *Zahrnt* für das Vorliegen einer kausalen und damit nicht kondizierbaren Garantie (NJW 1972, 1077, 1078, 1079).
1413 *Hadding,* FS Pleyer, 1986, S. 17, 34; vgl. weiter *Habersack* für ein mangelhaftes Garantieverhältnis in Münchener Komm. zum BGB, Vor § 765 Rn 17 m.w.Nachw.
1414 BGH WM 1986, 1381, 1382; *Schimansky* in Bankrechts-Handbuch, § 50 Rn 2 ff.
1415 *Hamman,* Die Universalkreditkarte – ein Mittel des bargeldlosen Zahlungsverkehrs, 1991, S. 257, 259.

schlossene übliche Rahmenvertrag über die Teilnahme am Kartenverfahren unwirksam ist[1416].

4.1043 Für das Bestehen eines solchen Kondiktionsanspruchs bei der Verwendung einer Kreditkarte wie auch von Netzgeld wird es entscheidend darauf ankommen, **welcher „Erfolg"** mit der Übernahme einer zusätzlichen Leistungspflicht der Bank **bezweckt** wird. Nach bereicherungsrechtlichen Grundsätzen ist die empfangene Leistung wieder herauszugeben, wenn der Erfolg nicht eingetreten ist, der mit dieser Leistung nach dem Inhalt des Rechtsgeschäfts bezweckt war (§ 812 Abs. 1 BGB)[1417]. Insoweit ist es nun von Bedeutung, ob die Verbindlichkeit nicht als nachrangige Garantieverpflichtung der Bank, sondern als Schuldversprechen und damit als eine primäre Geldschuld einzuordnen ist, die gleichrangig neben der Geldschuld ihres Kunden aus dem Valutaverhältnis steht. Denn bei solchen gleichrangigen Geldschulden stellt sich zwangsläufig die weitere Frage, ob sich der mit dem Schuldversprechen verfolgte Leistungszweck lediglich auf den Regelfall einer ordnungsgemäßen Netzgeldzahlung beschränkt. Problematisch wären also bereits die Fälle, in denen der Händler keinen einwendungs- und einredefreien Zahlungsanspruch gegen den Bankkunden aus dem Valutaverhältnis erworben hat.

4.1044 Diese Auslegungszweifel dürften jedoch dann entfallen, wenn die **Leistungspflicht als Garantieverbindlichkeit** eingestuft wird. Für den Garantievertrag ist es gerade typisch, daß er zur Vermeidung von Schadensrisiken abgeschlossen wird. Überdies könnte eine Parallele zu der Bürgschaft auf erstes Anfordern gezogen werden, die die Kreditinstitute weitestmöglich anstelle einer Bankgarantie übernehmen, wenn der Bankkunde gegenüber seinem Gläubiger Sicherheit durch ein Bankaval zu leisten hat. In diesen Fällen ist der Bank die Geltendmachung von Einwendungen oder Einreden aus dem Valutaverhältnis ihres Kunden verwehrt, soweit die Inanspruchnahme aus ihrer Bürgschaft nicht offensichtlich rechtsmißbräuchlich ist. Diese Rechtsbehelfe können nach gefestigter Rechtsprechung des BGH erst in dem Prozeß erhoben werden, in dem die Bank ihren Bereicherungsanspruch gegen den Bürgschaftsnehmer wegen ungerechtfertigter Zahlung des verbürgten Betrages geltend machen kann. Es gilt der Grundsatz: „Erst zahlen, dann prozessieren"[1418]. Schon dieses Beispiel aus der Praxis zeigt, daß die Rechtsposition des Händlers bei einer Bankgarantie geschützter erscheint als bei einem Schuldversprechen. Für die Bankgarantie sprechen schließlich auch pragmatische Gesichtspunkte. Dieses

---

1416 FS Pleyer, 1986, S. 17, 33, 34.
1417 *Staudinger/Marburger*, § 780 Rn 23; *Zeiss*, AcP 164 (1964), S. 50, 71, 76.
1418 BGH WM 1998, 1062, 1063.

Sicherungsinstrument ist den beteiligten Wirtschaftskreisen wesentlich vertrauter als das abstrakte Schuldversprechen. Dieser Gesichtspunkt erlangt insbesondere bei grenzüberschreitenden bargeldlosen Zahlungssystemen Bedeutung, da die meisten ausländischen Rechtsordnungen Schuldversprechen im Sinne des § 780 BGB nicht kennen.

Aber auch beim Vorliegen einer Bankgarantie erscheint es freilich zweifelhaft, ob eine solche vertragliche Haftungsgrundlage für den Fall der unbefugten Verwendung von Netzgeld durch Dritte bezweckt ist. Für einen solchen extrem Ausnahmefall könnte lediglich die wesentlich eingeschränktere Haftung der Bank nach Rechtsscheingesichtspunkten gewollt sein, wie sie bei dem insoweit vergleichbaren Fall der Verwendung einer gefälschten eurocheque-Karte durch den Fälscher bejaht wird[1419]. Sodann käme eine Einstandspflicht der Bank nur in Betracht, wenn der Händler hinsichtlich der Verfügungsberechtigung des Netzgeldzahlers gutgläubig gewesen ist, ihm also auch kein fahrlässiges Verhalten vorgeworfen werden kann[1420]. Denn bei fehlender Gutgläubigkeit ist das Vertrauen des Händlers in die Verfügungsberechtigung des Netzgeldzahlers nicht schutzwürdig. Eine solche eingeschränkte Haftung der Bank dürfte gewollt sein, sofern dies nicht die erwünschte Akzeptanz des Netzgeldes spürbar gefährden würde.

4.1045

2. Anwendbarkeit anweisungsrechtlicher Bestimmungen (§§ 783 ff. BGB)

Die Übermittlung der elektronischen Münzen durch die Girokunden an den Händler und deren anschließende Weiterleitung an die Bank zur Gutschrift auf sein Girokonto hat nach dem Schrifttum eine Nähe zur bürgerlich-rechtlichen Anweisung, wie sie in den §§ 783 ff. BGB geregelt ist[1421]. Wird eine solche Anweisung im engeren Wortsinne vom Angewiesenen angenommen, so begründet diese Annahme nach § 784 Abs. 1 BGB eine abstrakte Leistungspflicht des Angewiesenen. Auch diese Leistungspflicht stellt nach allgemeiner Meinung ein **Schuldversprechen** im Sinne des § 780 BGB und keine Garantieverbindlichkeit dar[1422].

4.1046

Die Netzgeldzahlung kann aber den gesetzlichen Tatbestand des § 783 BGB nicht erfüllen. Denn bei einer Anweisung im engeren Rechtssinne

4.1047

1419 *Nobbe* in Bankrechts-Handbuch, § 63 Rn 79; vgl. weiter *Larenz*, Allgemeiner Teil des Bürgerlichen Rechts, 7. Aufl., § 33, S. 634 zur Rechtsscheinhaftung als Ergänzung zur Haftung aus Rechtsgeschäften.
1420 Zum Erfordernis der Gutgläubigkeit bei der insoweit vergleichbaren Anscheinsvollmacht, BGH NJW 1958, 2061, 2062; WM 1976, 74; NJW 1982, 1513; OLG Köln NJW-RR 1992, 1915, 1916; *Palandt/Heinrichs*, § 173, Rn 18.
1421 *Pichler*, Arbeitsberichte Bd. 3, S. 33.
1422 *Staudinger/Marburger*, § 784 Rn 9; Münchener Komm. zum BGB/*Hüffer*, § 784 Rn 6.

händigt der Anweisende dem Anweisungsempfänger eine Urkunde aus, in der der Angewiesene ermächtigt wird, für seine Rechnung Geld, Wertpapiere oder andere vertretbare Sachen an den Anweisungsempfänger zu leisten. Die digitalen Münzen, die dem Netzgeldempfänger übermittelt werden, stellen jedoch mangels Körperlichkeit keine Urkunden im Sinne des § 783 BGB dar.

a) Netzgeldzahlung als Anweisung im weiteren Sinne

4.1048 Die Netzgeldzahlung fällt aber zweifelsfrei unter den erweiterten Anweisungsbegriff. Auf solche Anweisungen im weiteren Wortsinne können die anweisungsrechtlichen Bestimmungen der §§ 783 ff. BGB grundsätzlich analog angewendet werden[1423].

4.1049 Unter diesen erweiterten Anweisungsbegriff fallen alle Anweisungen, bei denen die Leistung des Angewiesenen an den Anweisungsempfänger eine doppelte Leistung mit unterschiedlicher Zielrichtung beinhaltet. Solche **Simultanleistungen** sind für den bargeldlosen Zahlungsverkehr mit seinen mehreren Beteiligten typisch. So stellt die Leistung der kontoführenden Bank des zahlungspflichtigen Girokunden (Angewiesene) eine Leistung in ihrem Deckungsverhältnis zum Girokunden (Anweisender) dar. Zugleich verbirgt sich hinter dieser Simultanleistung eine Leistung im Valutaverhältnis zwischen Girokunde und Zahlungsberechtigtem (Anweisungsempfänger)[1424].

4.1050 Zu solchen Simultanleistungen der Bank des Zahlungspflichtigen kommt es auch bei den Netzgeldzahlungen. Denn mit der Gutschrift auf dem Girokonto des Händlers wird die Geldschuld des Bankkunden aus seinem Valutaverhältnis zum Händler bezahlt. Zugleich erfüllt die Bank mit dieser Simultanleistung auch ihre Geschäftsbesorgungspflicht gegenüber ihrem Girokunden. Die **Netzgeldzahlung** fällt deshalb unter den **erweiterten Anweisungsbegriff.**

4.1051 Dies erklärt sich auch schon daraus, daß es sich auch beim Netzgeld um ein Instrument des bargeldlosen Zahlungsverkehrs handelt. Diese Buchgeldzahlungen basieren auf dem Girovertrag, der dem Girokonto zugrunde liegt und einen entgeltlichen Geschäftsbesorgungsvertrag beinhaltet. Deshalb stellen die Verfügungen des Kunden über sein Giroguthaben nach allgemeiner Meinung Weisungen im Sinne der auftragsrechtlichen Vorschriften (§§ 662 ff. BGB) dar. Diese Gesetzesbestimmungen sind auf den Girovertrag als einen Geschäftsbesorgungsvertrag anwendbar (§ 675 BGB). Solche girovertraglichen Kundenweisungen im Sinne des

---

1423 *Staudinger/Marburger*, § 783 Rn 34; Münchener Komm. zum BGB/*Hüffer*, § 783 Rn 8.
1424 Münchener Komm. zum BGB/*Hüffer*, § 783 Rn 8; *Staudinger/Marburger*, § 783 Rn 54.

§ 665 BGB, wie sie insbesondere die einzelnen Überweisungsaufträge darstellen, werden allgemein zu den Anweisungen im weiteren Sinne gerechnet[1425].

Auch bei der Verwendung des Netzgeldes erteilt der Bankkunde im Rahmen des zu seiner Bank bestehenden Geschäftsbesorgungsverhältnisses konkludent eine auftragsrechtliche Weisung im Sinne des § 665 BGB[1426]. Diese Weisung wird der Bank durch den Händler bei Weiterleitung der elektronischen Münzen übermittelt. Dabei wird der Händler als einfacher Bote tätig.

4.1052

b) Erfordernis einer schriftlichen Annahmeerklärung für die Begründung eines Schuldversprechens

Aus der Einordnung der Netzgeldzahlung unter den erweiterten Anweisungsbegriff folgt aber nicht schon zwangsläufig, daß auf sie auch die anweisungsrechtliche Norm des § 784 BGB analog anwendbar ist, die eine Leistungspflicht des Angewiesenen (netzgeldemittierende Bank) begründet, wenn er die Anweisung angenommen hat. Denn diese Gesetzesbestimmung setzt tatbestandsmäßig voraus, daß der Angewiesene seine Annahme durch einen schriftlichen Vermerk auf der Anweisung erklärt (§ 784 Abs. 2 S. 2 BGB). Auf diese Schriftform kann nach dem BGH schon wegen des erforderlichen Schutzes des Angewiesenen nicht verzichtet werden[1427]. Deshalb ist nach allgemeiner Meinung eine analoge Anwendung dieser gesetzlichen Bestimmung auf mündliche Anweisungen unzulässig[1428], wie sie der Girokunde mit seiner Netzgeldzahlung gegenüber seiner Bank konkludent erteilt haben könnte[1429].

4.1053

V. Digitale Münzen als Legitimationsnachweis gegenüber der emittierenden Bank

Große Unsicherheit bei der dogmatischen Einordnung der elektronischen Münzen besteht schließlich bei der Frage, **ob** die digitalen Münzen ein **Forderungsrecht** wie die Wertpapiere **verkörpern**. Wie sich gezeigt hat,

4.1054

1425 BGH WM 1988, 321; *Hadding/Häuser*, ZHR 145 (1981), 138, 140; *van Gelder* in Bankrechts-Handbuch, § 57 Rn 20; *Palandt/Sprau*, § 665 Rn 5; *Staudinger/Marburger*, § 783 Rn 54.
1426 *Kümpel*, WM 1998, 365, 367; *Pichler*, Arbeitsberichte Bd. 3, S. 21.
1427 BGH WM 1982, 155, 156.
1428 *Staudinger/Marburger*, § 783 Rn 34, 35; § 784, Rn 3; *Palandt/Sprau*, § 784 Rn 4.
1429 Vgl. hierzu weiter *Kümpel*, NJW 1999, S. 313, 319.

wird die von der Bank übernommene zusätzliche Garantieverpflichtung erst im Zuge der Netzgeldzahlung begründet. Deshalb können die hierbei verwendeten elektronischen Münzen in Form digitaler Datensätze keine Forderungsrechte repräsentieren.

4.1055 Dies schließt aber nicht aus, daß die elektronischen Münzen eine **Legitimationswirkung** wie die Wertpapierurkunden entfalten. Sowohl der Bankkunde wie auch der Händler sind auf diese digitalen Datensätze angewiesen. Denn nur mit ihrer Hilfe können sich Bankkunde und Händler als Verfügungsberechtigte gegenüber der Bank legitimieren[1430]. So muß sich die Bank im Rahmen des zu ihren Kunden bestehenden Geschäftsbesorgungsverhältnisses vergewissern können, daß die in der Netzgeldzahlung liegende konkludente Weisung (§ 665 BGB) von einem ihrer Kunden als Teilnehmer am Netzgeldverkehr erteilt worden ist, um mit schuldbefreiender Wirkung leisten zu können (§ 362 BGB). Auch kann sich der Händler mittels der elektronischen Münzen als Zahlungsberechtigter legitimieren, damit die Bank die gewünschte Buchgeldzahlung mittels einer Gutschrift auf seinem Girokonto veranlassen kann.

VI. Keine abweichende rechtliche Beurteilung umlauffähigen Netzgeldes

4.1056 Wie das ecash-System und das Cyber cash-System zeigten, kann das elektronische Netzgeld seine Funktion als Zahlungsinstrument auch dann schon ausreichend wahrnehmen, wenn ihm die Umlauffähigkeit des Wertpapiers fehlt. Diese Umlauffähigkeit würde voraussetzen, daß der Empfänger die elektronischen Münzen als Zahlungsmittel wiederum zur Erfüllung seiner Zahlungsverbindlichkeiten weiterverwenden könnte. Bei den aktuellen Netzgeldsystemen ist jedoch die Verwendung der elektronischen Münzen wegen der bislang ungelösten Sicherheitsprobleme auf einen einmaligen Zahlungsvorgang begrenzt, um Mißbrauchsfälle weitestmöglich zu vermeiden[1431].

4.1057 Wie bei der Weiterübertragung eines unter Verwendung der eurocheque-Karte begebenen eurocheque[1432] käme es zugleich zu einer konkludenten Übertragung des gegen die emittierende Bank gerichteten Garantiean-

---

1430 *Kümpel*, WM 1998, 365, 374; *Pichler*, Arbeitsberichte, Bd. 3, 1998, S. 28.
1431 *Thießen*, Internetzahlungen – Bankbranche beim Cyber-Cash zersplittert, Handelsblatt vom 13. 11. 1997; Bericht der Frankfurter Allgemeine Zeitung vom 14. 11. 1997, S. 21: Sichere Zahlungssysteme für Internet gesucht.
1432 *Canaris*, Bankvertragsrecht³, Rn 853 m.w.Nachw.

spruchs, der dem Händler bei der erstmaligen Verwendung der elektronischen Münzen verschafft worden ist.

Damit stellt sich die Frage, ob dem Sicherungsinteresse des Händlers durch die Abtretung des bei der erstmaligen Verwendung des Netzgeldes begründeten Garantieanspruchs ausreichend Rechnung getragen werden könnte. Eine ausreichende Akzeptanz dieses elektronischen Zahlungssystems wäre sicherlich nicht zu erreichen, wenn die späteren Empfänger umlauffähiger elektronischer Münzen einen Garantieanspruch nur erwerben könnten, sofern ihr zahlungspflichtiger Vertragspartner über einen solchen Anspruch auch tatsächlich hat verfügen können. Denn bei der Übertragung von unverbrieften Forderungen wird der gutgläubige Erwerber nicht geschützt. Die sachenrechtlichen Vorschriften über den Gutglaubensschutz (§§ 932 ff. BGB) sind lediglich auf wertpapiermäßig verbriefte Rechte anwendbar. Diese Rechte erlangen Sacheigenschaft durch ihre urkundenmäßige Verkörperung.

4.1058

1. Schaffung eines zessionsrechtlichen Gutglaubensschutzes für umlauffähiges Netzgeld

Soll bei Verwendung umlauffähiger elektronischer Münzen dem unabweisbaren Schutzbedürfnis gutgläubiger Erwerber durch eine klare gesetzliche Regelung Rechnung getragen werden, so sollte keine analoge Anwendung der sachenrechtlichen Gutglaubensvorschriften in Erwägung gezogen werden[1433].

4.1059

Im Interesse der gebotenen Rechtsklarheit könnte vielmehr ein rein **zessionsrechtlicher Regelungsansatz** gewählt werden. Mit dem Grundgedanken des bargeldlosen Zahlungsverkehrs, insbesondere der elektronischen Zahlungsinstrumente ist die Anlehnung an sachenrechtliche Bestimmungen nur schwer vereinbar. Denn diese Vorschriften setzen bei natürlicher Betrachtungsweise körperliche Gegenstände voraus.

4.1060

Mit Rücksicht auf den reinen Forderungscharakter des Garantieanspruchs aus der Verwendung von Netzgeld läge es viel näher, für den Gutglaubensschutz einen eigenständigen zessionsrechtlichen Ansatz zu wählen. Auch das Zessionsrecht kennt zumindest ansatzweise den Schutz des

4.1061

1433 Eine analoge Anwendbarkeit der sachenrechtlichen Gutglaubensregelung ist zwar auf unverbriefte Schuldbuchforderungen aus Anleihen der öffentlichen Hand am Kapitalmarkt möglich. Dort sind für eine solche Analogie aber besondere Voraussetzungen gegeben (vgl. hierzu *Kümpel*, NJW 1999, 313, 320).

gutgläubigen Erwerbers, wenn über eine unverbriefte Forderung eine schlichte Beweisurkunde ohne Wertpapiercharakter ausgestellt worden ist (vgl. § 405 BGB).

4.1062 Erscheinen solche Beweisurkunden als ein ausreichender Ansatz für einen Gutglaubensschutz, so dürfte dies gleichermaßen für elektronische Münzen zu gelten haben. Mit der Einführung eines zessionsrechtlichen Gutglaubensschutzes bei Netzgeldzahlungen würde der Gesetzgeber also kein Neuland betreten. Für einen solchen Schutz des gutgläubigen Erwerbers käme etwa folgende Formulierung in Betracht:

4.1063 „Bei einer Übertragung von Zahlungseinheiten in elektronischen Rechnernetzen (Netzgeld) erwirbt der Empfänger den durch die Netzgeldverwendung begründeten Leistungsanspruch gegen das netzgeldemittierende Unternehmen einschließlich der Nebenrechte im Sinne des § 401 BGB auch dann, wenn der Übertragende über sie nicht verfügungsberechtigt ist, es sei denn, daß er im Zeitpunkt der Übertragung nicht in gutem Glauben ist. Der Empfänger ist nicht in gutem Glauben, wenn ihm bekannt oder infolge grober Fahrlässigkeit unbekannt ist, daß der Übertragende keine Verfügungsberechtigung über das Netzgeld hat. Der gute Glaube an die Verfügungsberechtigung wird entsprechend geschützt, wenn Netzgeld verpfändet wird."

4.1064 Diese Formulierung orientiert sich weitestmöglich an den zessionsrechtlichen Übertragungsbestimmungen (§§ 398, 413 BGB), dem Gutglaubensschutz des BGB (§ 932) und des HGB (§ 366) sowie an der Definition des elektronischen Netzgeldes in § 1 Abs. 1 Nr. 12 KWG.

2. Legitimationswirkung zugunsten des Netzgeldempfängers

4.1065 Bei einer Umlauffähigkeit der elektronischen Münzen könnte sich auch ein Bedürfnis für eine gesetzlich geregelte Legitimationswirkung zugunsten des Empfängers von Netzgeld ergeben. Insoweit bleibt zu prüfen, ob dem Empfänger von umlauffähigem Netzgeld gegenüber der emittierenden Bank eine Legitimationsmöglichkeit durch eine ausdrückliche gesetzliche Regelung verschafft werden sollte, wie sie das Zessionsrecht in Form der Abtretungsanzeige und der ihr gleichgestellten Abtretungsurkunde kennt (vgl. § 409 Abs. 1 BGB). Eine solche Anzeige der Abtretung ist im Netzgeldverkehr nicht praktikabel. Wegen der Unkörperlichkeit des elektronischen Geldes fehlt es auch an einer Urkunde. Die zessionsrechtliche Legitimationswirkung zugunsten des Netzgeldempfängers gegenüber dem Emittenten als Zahlungsschuldner könnte aber durch einen in § 409 Abs. 1 BGB neu einzufügenden Satz 3 geschaffen werden. Dies könnte etwa mit folgender Fomulierung geschehen:

„Wird eine Forderung aus der Verwendung von Netzgeld abgetreten, tritt an die Stelle dieser Abtretungsurkunde die elektronische Verfügungsgewalt über das Netzgeld". 4.1066

Das Bedürfnis nach einer gesetzlichen Legitimationswirkung zugunsten des Netzgeldempfängers ist jedoch aus praktischer Sicht gering zu veranschlagen. Wie die jahrzehntelange Praxis des Scheckkartenverfahrens zeigt, werden die Emittenten des Netzgeldes im Interesse seiner erforderlichen Akzeptanz als Zahlungsmittel die ihnen übermittelten elektronischen Münzen weitestmöglich einlösen. 4.1067

VII. Netzgeldgeschäft als genehmigungspflichtiges Bankgeschäft

Wie beim GeldKartengeschäft hat der Gesetzgeber die 6. Novelle zum KWG zum Anlaß genommen, auch das Netzgeldgeschäft in den gesetzlichen Katalog der „lizenz"pflichtigen Bankgeschäfte aufzunehmen. Diese neue Geschäftsart ist als die „Schaffung und Verwaltung von Zahlungseinheiten in Rechnernetzen" (§ 1 Abs. 1 Nr. 12 KWG n.F.) definiert worden. 4.1068

Angesichts der rasanten Entwicklung der Innovationen im Zahlungsverkehr hat der Gesetzgeber – wie beim GeldKartengeschäft – eine frühzeitige Einstufung des Netzgeldgeschäfts als erlaubnispflichtige Bankgeschäft für geboten erachtet. Das Vertrauen in dieses neuartige Zahlungsinstrument könnte durch die Insolvenz eines bedeutenden Netzbetreibers, massive Fälschungen oder durch zahlreiche systembedingte Fehlbuchungen erschüttert werden. Dieser Vertrauensverlust könnte wiederum zu Verwerfungen des gesamten bargeldlosen Zahlungsverkehrs mit gravierenden volkswirtschaftlichen Konsequenzen führen. Das **Gefährdungspotential** ist gerade bei Netzgeld besonders groß. Die Verbreitung elektronischen Geldes in den Rechnernetzen unterliegt keinen Beschränkungen. Fälschungen des Netzgeldes lassen sich nicht anhand von körperlichen Banknoten oder Münzen nachweisen[1434]. 4.1069

Für die Einbeziehung des Netzgeldgeschäfts in den Katalog „lizenz"pflichtiger Bankgeschäfte schon in seiner Erprobungsphase spricht schließlich, daß in Netzgeldsystemen – anders als bei den vorausbezahlten GeldKarten – größere Geldbeträge im nationalen oder grenzüberschreitenden Fernzahlungsverkehr transferiert werden können[1435]. 4.1070

1434 Begr.RegE, BT-Drucksache 13/7142, S. 64.
1435 Begr.RegE, BT-Drucksache 13/7142, S. 65.

5. Teil
Kreditgeschäft

1. Abschnitt
Grundsätzliches

Das Kreditgeschäft ist **traditioneller Schwerpunkt** des Bankgeschäfts und eine seiner wesentlichen Ertragsquellen, die in der Banksprache auch als Zinsmarge bezeichnet wird. Die Praxis versteht unter diesem Begriff die Differenz zwischen den Zinsen, die die Kreditinstitute aus dem Kreditgeschäft vereinnahmen, und den Zinsen, die sie für die hereingenommenen Gelder zu zahlen haben. Hierbei handelt es sich vor allem um die **Einlagen** – Rn 3.4 ff., d.h. um die täglich fälligen Giroguthaben sowie die Spar- und Termineinlagen. Hinzu kommen die von anderen Kreditinstituten hereingenommenen Gelder (sog. **aufgenommene Gelder** – Rn 3.20) und die bei der Emission eigener Schuldverschreibungen vereinnahmten **Anleihebeträge**, die nicht zum Einlagengeschäft im Sinne der Legaldefinition (§ 1 Abs. 1 S. 2 KWG) für die verschiedenen Arten des Bankgeschäfts gehören. Diese Einlagen und hereingenommenen Gelder dienen vor allem der Refinanzierung des Kreditgeschäfts. 5.1

Die herausragende Bedeutung des Kreditgeschäftes im Rahmen der gesamten bankgeschäftlichen Aktivitäten kann auch den Bilanzen der Kreditinstitute entnommen werden, wie sie als Teil der Jahresabschlüsse zur Rechnungslegung aufzustellen und zu veröffentlichen sind. Die diesbezügliche Bilanzposition „Forderungen an Kunden" bildet regelmäßig den größten Posten auf der linken (Aktiv-)Seite der Bilanz[1]. 5.2

I. Kreditbegriff

Der Kreditbegriff wird in verschiedenen Gesetzen verwendet. Hierbei handelt es sich aber um keinen einheitlichen Rechtsbegriff[2]. Rechtsbegriffe können im jeweiligen Gesetz und mitunter sogar in deren einzelnen 5.3

---
1 Vgl. Formblatt 1 der Verordnung über die Rechnungslegung der Kreditinstitute (RechKredV), BGBl. I 1992, S. 203, 215.
2 *Staudinger/Hopt/Mülbert*, Vorbem. zu §§ 607 ff. Rn 15; *Canaris*, Bankvertragsrecht[2], Rn 1198.

Bestimmungen unterschiedliche Funktionen und verschiedene Inhalte haben. Der **weitestgehende** Kreditbegriff des § 19 Abs. 1 KWG soll z.B. gewährleisten, daß sich das Bundesaufsichtsamt für das Kreditwesen einen möglichst umfassenden Einblick in die Geschäftsrisiken der Kreditwirtschaft verschaffen kann. Dagegen ist die **Legaldefinition** des Kreditgeschäfts in § 1 Abs. 1 S. 2 Nr. 2 KWG auf die spezifischen Zwecke des Kreditwesengesetzes und der Bankenaufsicht zugeschnitten (näher Rn 19.4, 19.81 ff.). Der hierzu verwendete **engere** Kreditbegriff kann daher nicht ohne weiteres auf andere Gesetze übertragen werden. Die Versuche der Rechtswissenschaft, einen einheitlichen Kreditbegriff zu entwickeln, sind erfolglos geblieben und erscheinen angesichts der zahlreichen unterschiedlichen gesetzlichen Kreditbegriffe wenig aussichtsreich. Die Übernahme des wirtschaftswissenschaftlichen Kreditbegriffes scheitert an den dort bestehenden Differenzen und einer zu weiten Definition. Danach ist Kredit jede Leistung, die im Vertrauen darauf erbracht wird, daß die vom Leistungsempfänger geschuldete (Gegen-)Leistung zu einem späteren Zeitpunkt ordnungsgemäß erbracht wird und erfaßt daher jede Vorleistung[3].

5.4 Der für das Bankrecht zugrundezulegende Kreditbegriff, der wesentlich weitergeht als der Begriff des Darlehens im Sinne des § 607 Abs. 1 BGB, bestimmt sich von der wirtschaftlichen Funktion des Kreditgeschäfts her. Hierbei handelt es sich um wirtschaftliche Sachverhalte, bei denen Kapital (Geld) oder Kaufkraft im Vertrauen auf die spätere Rückgewähr zeitweilig überlassen oder ein Haftungskredit – Rn 5.8 – übernommen wird[4]. Der Kreditgeber vertraut (Kredit von lateinisch credere) auf die Zahlungsfähigkeit und -willigkeit des Kreditnehmers – sog. **Kreditwürdigkeit.** Dieses mehr oder weniger starke Vertrauenselement ist für das Kreditgeschäft typisch[5].

5.5 Vor der Kreditgewährung ist aber nicht nur die Kreditwürdigkeit des Kreditnehmers zu prüfen, mit der das hauptsächliche Kreditrisiko (sog. **Adressenausfallrisiko)** verknüpft ist[6]. Im Einzelfall können weitere Risiken bei der Kreditgewährung hinzutreten. Ein Zinsänderungsrisiko besteht, wenn sich die Bank bei einem Kredit mit einem festen Zinssatz nicht refinanziert hat. Bei einer Kreditgewährung in einer anderen Währung ergibt sich ein **Fremdwährungsrisiko.** Eine zunehmende

---

3 Vgl. hierzu *Staudinger/Hopt/Mülbert,* Vorbem. zu §§ 607 ff. Rn 16 m.w. Nachw.; *Früh* in Bankrecht und Bankpraxis, Rn 3/3.
4 *Staudinger/Hopt/Mülbert,* Vorbem. zu §§ 607 ff. Rn 12.
5 *Canaris,* Bankvertragsrecht[2], Rn 1195; *Staudinger/Hopt/Mülbert,* Vorbem. zu §§ 607 ff. Rn 12.
6 *Früh* in Bankrecht und Bankpraxis, Rn 3/2.

Bedeutung haben auch die sog. Umweltrisiken bei gewerblichen Kreditnehmern, deren Bonität sich aus Umwelthaftungsrisiken wesentlich verschlechtern kann[7].

Für das Vorliegen eines Kreditgeschäfts kommt es auf die Form der zeitweiligen Überlassung nicht an. Geld kann wie bei Gewährung eines Darlehens entweder übereignet (Bargeld) oder im bargeldlosen Zahlungsverkehr (Buchgeld) zur Verfügung gestellt werden oder dem Kreditnehmer durch Stundung oder Vorleistung belassen werden, wie es typisch für die Kreditgewährung durch einen Warenlieferanten ist. Für die Überlassung ist also nicht stets eine Vermögensbewegung zwischen dem Kreditgeber und dem Kreditnehmer erforderlich. Es genügt, wenn der Kreditgeber vorübergehend auf die Einforderung einer ihm an sich sofort zustehenden Leistung des Vertragspartners, wie bei der Vorleistung oder bei der Stundung, verzichtet[8].   5.6

Zu einer solchen Vorleistung ist grundsätzlich kein Vertragspartner verpflichtet, weil sie wie die Kreditgewährung Vertrauenswürdigkeit des „nach"leistenden Partners erfordert. Nach dem BGB (§ 320) braucht bei gegenseitigen Verträgen – hier stehen die geschuldeten Leistungen wie beim Kaufvertrag in einem Austauschverhältnis (synallagmatisches Verhältnis) – jeder Vertragsteil nur Zug um Zug gegen die Gegenleistung zu leisten, soweit nicht ausnahmsweise eine Vertragspartei zur Vorleistung verpflichtet ist. Zu solchen Vorleistungen kommt es z.B. im Dienstleistungsgewerbe, wenn der Hotelgast die Hotelrechnung nicht mit Bargeld, sondern mit Hilfe einer Scheck- oder Kreditkarte begleicht.   5.7

Solche zeitweilige Überlassung von Kaufkraft ist auch in der Weise möglich, daß der Kreditgeber dem Kreditnehmer seinen Kredit (Bonität) zur Verfügung stellt (**Kredit„leihe"**). Im Gegensatz zur effektiven Kreditgewährung übernimmt hierzu die Bank z.B. eine Haftung gegenüber dem Vertragspartner ihres Kreditnehmers, etwa eine Bürgschaft gegenüber dem Vermieter des Kreditnehmers als Mietkaution. Für diese Bürgschaftsverpflichtung haftet die Bank mit ihrem Vermögen und „leiht" dadurch ihre Kreditwürdigkeit ihrem Kreditnehmer, dessen Einkommens- und Vermögensverhältnisse als Vertrauensgrundlage für den vorleistenden Vermieter nicht ausreichend oder zumindest nicht transparent sind. Die Kreditleihe wird daher auch als **Haftungskredit** bezeichnet,   5.8

---

7 *Meuche*, ZGesKredW 1995, 264 ff.; *Pudill*, ZGesKredW 1995, 258 ff.; *Cartano* in Bankrecht und Bankpraxis, Rn 4/542; *Früh* in Bankrecht und Bankpraxis, Rn 3/2; *Bigalke*, Die umweltrechtliche Verantwortlichkeit von gesicherten Kreditgebern: Am Beispiel der USA und Deutschland, Diss. Sonzheim, 1994, Pro Universitäts Verlag.
8 *Canaris*, Bankvertragsrecht[2], Rn 1195.

während sich für die effektive Kreditgewährung der Begriff **Zahlungskredit** eingebürgert hat[9].

5.9 Angesichts der Vieldeutigkeit des Kreditbegriffs und der verschiedenen Formen der Kreditgewährung kann daher sinnvollerweise nicht nach der Rechtsnatur des bankmäßigen Kreditgeschäfts als solches, sondern nur nach der **Rechtsnatur der einzelnen Kreditarten** gefragt werden[10]. Dabei ist vorab zwischen den Zahlungskrediten und den Haftungskrediten zu unterscheiden. Als Vertragstypen des Zahlungskredites kommen vor allem das Darlehen (§ 607 Abs. 1 BGB) und der Rechtskauf (§ 433 Abs. 1 S. 2 BGB) beim Diskont- und Factoringgeschäft in Betracht. Den Haftungskrediten liegt jeweils eine entgeltliche Geschäftsbesorgung (§ 675 BGB) zugrunde. Das Finanzierungsleasing wird von der Rechtsprechung als Mietvertrag (§ 535 BGB) qualifiziert – Rn 5.388.

1. Kreditbegriff des Verbraucherkreditgesetzes

5.10 Das Verbraucherkreditgesetz verzichtet auf eine Legaldefinition des Kreditbegriffs und umschreibt nur den **Kreditvertrag.** Hierbei handelt es sich um einen Vertrag, „durch den ein Kreditgeber einem Verbraucher einen entgeltlichen Kredit in Form eines Darlehens, eines Zahlungsaufschubs oder einer sonstigen Finanzierungshilfe gewährt oder zu gewähren verspricht" (§ 1 Abs. 2 VerbrKrG). Der Begriff des Kredites wird im Verbraucherkreditgesetz dagegen nicht als spezifischer, abgrenzungsfähiger Rechtsbegriff verwandt. Er dient vielmehr nur der **Umschreibung** eines wirtschaftlichen Sachverhaltes, bei dem es um die zeitweilige Überlassung von Kaufkraft im Vertrauen auf künftige (Rück)Zahlung zur vorgezogenen Verwendung künftigen Einkommens für konsumtive oder investive Zwecke geht[11].

5.11 Vom Verbraucherkreditgesetz **nicht erfaßt** werden die Bankbürgschaft oder -garantie (Avalkredit), auch wenn dieses Bankaval der Absicherung eines von einem Dritten aufgenommenen Kredites dient[12]. Der Avalkredit ist auch keine Finanzierungshilfe im Sinne des § 1 Abs. 2 VerbrKrG. Denn hierbei wird in Form einer Eventualverbindlichkeit nur eine Garantie für die Zahlungsfähigkeit des Avalauftraggebers (Bankkunde) übernommen[13].

---

9 *Staudinger/Hopt/Mülbert*, Vorbem. zu §§ 607 ff. Rn 17.
10 *Canaris*, Bankvertragsrecht[2], Rn 1198 f.
11 Münchener Komm. zum BGB/*Ulmer*, § 1 VerbrKrG Rn 42 m.w.Nachw.
12 Vgl. Münchener Komm. zum BGB/*Ulmer*, § 1 VerbrKrG Rn 89.
13 Amtl. Begr. BT-Drucksache 11/5462, S. 18.

Ebensowenig wird vom Verbraucherkreditgesetz der **Akzeptkredit** als eine weitere Variante des Haftungskredites erfaßt. Beim Akzeptkredit wird ein Haftungskredit dadurch gewährt, daß die kreditgebende Bank die nach dem Wechselgesetz vorgeschriebene Annahme des Wechsels (Akzept) durch Unterzeichnung der Urkunde als Wechselbezogener leistet. Eine dem Verbraucherkreditgesetz unterliegende Kreditgewährung liegt hierin nicht. Denn die das Wechselsakzept leistende Bank soll in keinem Zeitpunkt aufgrund des Akzeptes effektiven Kredit gewähren. Der Akzeptkreditnehmer soll vielmehr die Einlösung des Wechsels bei Fälligkeit gewährleisten[14]. Unzulässig sind dagegen Akzeptvorschüsse in Gestalt eines Barkredites, wenn der Kreditnehmer auf erstes Anfordern der kreditgebenden Bank eine Wechselverbindlichkeit einzugehen hat (vgl. § 10 Abs. 2 VerbrKrG)[15].

5.12

2. Kreditbegriff des Kreditwesengesetzes

Das KWG unterscheidet das Kreditgeschäft im Sinne der Legaldefinition der Bankgeschäfte (**§ 1 Abs. 1 S. 2 KWG**) und den weiteren Kreditbegriff nach **§ 19 Abs. 1 KWG**. Diese Unübersichtlichkeit wird noch dadurch verstärkt, daß auch die gesetzliche Definition der bankmäßigen Kreditgeschäfte wenig transparent ist. Der gesetzliche Katalog der Bankgeschäfte umschreibt das bankmäßige Kreditgeschäft als die Gewährung von **Gelddarlehen** und **Akzeptkrediten.** Diese beiden Kreditarten sind repräsentativ für die beiden Grundtypen der effektiven Kreditgewährung (**Zahlungskredit**) und der Kreditleihe (**Haftungskredit**).

5.13

Neben diesen ausdrücklich als bankmäßiges Kreditgeschäft bezeichneten Geschäftstypen enthält der Katalog des § 1 Abs. 1 S. 2 KWG jedoch weitere Arten von Bankgeschäften mit Kreditfunktion. Hierzu gehören das **Diskontgeschäft,** bei dem dem Kunden durch Ankauf von Wechseln und Schecks Geld zur Verfügung gestellt wird. Beim Diskontgeschäft kommt es daher zu einem **Geldkredit,** der rechtsformal in ein **Kaufgeschäft** mit Rücktrittsvorbehalt gekleidet ist. Eine weitere bankmäßige Kreditart ist das **Garantiegeschäft.** Hier übernimmt die Bank eine Haftung zugunsten ihres Kunden, also einen **Haftungskredit** in der Rechtsform eines Garantievertrages.

5.14

Bei der grundlegenden Revision des KWG im Jahr 1961 ist in den gesetzlichen Katalog der Bankgeschäfte zusätzlich eine weitere Kreditart in Gestalt des **Revolvingkredits** aufgenommen worden (§ 1 Abs. 1 S. 2 Nr. 7

5.15

---
14 *Seibert*, Handbuch zum Verbraucherkreditgesetz, 1991, § 1 Rn 10.
15 *Bruchner/Ott/Wagner-Wiedenwilt*, VerbrKrG, 2. Aufl., 1994, § 1 Rn 57.

5. Teil: Kreditgeschäft

KWG). Bei dieser Kreditgeschäftsart verpflichtet sich die Bank gegenüber dem Inhaber von ihm zuvor abgetretenen Darlehensforderungen aus Schuldscheindarlehen, diese Forderungen schon vor Fälligkeit zurück zu erwerben. Die Bank verwendet hier also kurzfristiges Geld für langfristige Finanzierungen in der Rechtsform der von ihr gewährten Schuldscheindarlehen in der Hoffnung, daß es gelingt, stets rechtzeitig andere Geldgeber für die zurückzunehmenden Teilbeträge zu finden. Das hierin liegende Liquiditätsrisiko hat den Gesetzgeber veranlaßt, diese Finanzierungsart als Kreditgeschäft zu bezeichnen und damit dem Kreditwesengesetz zu unterwerfen[16].

5.16 Der Kreditbegriff des KWG, wie er den Struktur- und Ordnungsvorschriften über das Kreditgeschäft in den §§ 13–18 KWG zugrunde liegt, geht über diese im gesetzlichen Katalog der Bankgeschäfte enthaltenen Kreditarten hinaus. Mit der gesetzlichen Definition des Kredites in § 19 Abs. 1 KWG wird der Kreditbegriff um weitere Kreditgeschäfte erweitert. Der Kern der genehmigungspflichtigen Kreditgeschäfte, wie er im § 1 Abs. 1 S. 2 KWG umschrieben ist, ist also wesentlich enger als der materielle (wirtschaftliche) Begriff des Kredites[17]. Der weitergehende Kreditbegriff in § 19 Abs. 1 KWG umfaßt auch sonstige Vorleistungen des einen Vertragspartners unter gleichzeitiger Stundung des eigenen Anspruchs auf die Gegenleistung, wie sie im Wirtschaftsverkehr weit verbreitet sind. Nach der Novellierung des KWG im Jahr 1976 gehören zu den Krediten auch **alle** von der Bank entgeltlich erworbenen **Geldforderungen jeglicher** Art (§ 19 Abs. 1 S. 1 Nr. 1 KWG). Dagegen liegt ein nach § 1 Abs. 1 S. 2 Nr. 3 KWG genehmigungspflichtiges Bankgeschäft bei einem solchen Erwerb von Geldforderungen nur vor, wenn die Bank Wechsel und Schecks mit ihren darin verbrieften Geldforderungen ankauft. Die Kreditinstitute kaufen aber auch andere noch nicht fällige Forderungen an. Dies geschieht beispielsweise im Rahmen des sog. **Factoringgeschäfts,** das somit den §§ 13–18 KWG unterfällt, sofern es in einem Kreditinstitut betrieben wird.

5.17 Nach der Legaldefinition des Kreditbegriffs in § 19 KWG sind im übrigen Kredite auch „Gegenstände, über die ein Kreditinstitut als Leasinggeber **Leasingverträge** abgeschlossen hat" (§ 19 Abs. 1 S. 1 Nr. 7). Beim Finanzierungsleasing überläßt die kreditgebende Bank ihrem Leasingkunden die Nutzung eines von ihr zuvor erworbenen Gegenstandes durch Abschluß eines Mietvertrages – Rn 5.388. Dieser Erwerb erfolgt regelmäßig im Einvernehmen mit dem Leasingkunden. Die Übertragung des Eigen-

---

16 *Bähre/Schneider*, 3. Aufl., 1986, § 1 Anm. 13.
17 *Bähre/Schneider*, 3. Aufl., 1986, § 1 Anm. 8.

tums an dem „verleasten" Gegenstand unterbleibt wie bei der gewöhnlichen Vermietung beweglicher Sachen. Der Bank als Leasinggeber sind während der Laufzeit des Mietvertrages in regelmäßigen Abständen Leasingraten als Entgelt für die Nutzung des geleasten Gegenstandes zu zahlen.

Durch die Legaldefinition des Kreditbegriffs in § 19 Abs. 1 KWG werden also das Factoringgeschäft und das Leasinggeschäft für die Kreditinstitute zu Kreditgewährungen, obwohl diese beiden Geschäftsarten nicht zu den Kreditgeschäften gehören, die nach § 1 Abs. 1 KWG zugleich auch Bankgeschäfte darstellen. Der Kreditbegriff gemäß § 19 KWG erfaßt im übrigen auch den Erwerb einer Beteiligung an dem Unternehmen eines Kreditnehmers (§ 19 Abs. 1 S. 1 Nr. 6 KWG). 5.18

Durch diesen gesetzlich erweiterten Kreditbegriff wird erreicht, daß Geschäfte mit typischen Kreditrisiken bei der aufsichtsbehördlichen Überwachung der Kreditinstitute wie das traditionelle Kreditgeschäft behandelt werden können, ohne jedoch diese Geschäftstypen zugleich zu Bankgeschäften werden zu lassen. Damit soll vermieden werden, daß Unternehmen eine Geschäftserlaubnis des Bundesaufsichtsamtes für das Kreditwesen nur deshalb brauchen, weil sie das Factoringgeschäft oder das Leasinggeschäft betreiben. 5.19

3. Verschiedene Anspruchsgrundlagen für den (Rück-)Zahlungsanspruch der Bank

Entsprechend der unterschiedlichen Rechtsnatur der einzelnen Kreditarten in der bankgeschäftlichen Praxis kommen als Anspruchsgrundlage für die (Rück-)Zahlung an die Bank verschiedene Gesetzesbestimmungen in Betracht. 5.20

Beim Gelddarlehen wie auch beim Wertpapierdarlehen kann die Bank ihren Rückgewährsanspruch auf **§ 607 Abs. 1 BGB** stützen. Wird ein Zahlungskredit durch entgeltlichen Ankauf von Forderungen gewährt und dabei ein Rücktritt im Falle der späteren Zahlungsunfähigkeit oder Zahlungsverweigerung des Schuldners der angekauften Forderung vereinbart, so folgt die Verpflichtung des Kreditnehmers zur Rückgewähr des empfangenen Kaufpreises aus **§ 346 S. 1 BGB**. Diese Anspruchsgrundlage kommt insbesondere im Wechseldiskontgeschäft und dem unechten Factoringgeschäft in Betracht, bei denen die angekauften Forderungen dem Bankkunden (Forderungsverkäufer) zurückbelastet werden können, wenn diese Forderungen vom (Dritt-)Schuldner nicht bei Fälligkeit bezahlt werden bzw. uneinbringlich sind. Die Rechtsprechung und Lehre, die das 5.21

Diskontgeschäft als Kaufvertrag und nicht als Darlehen qualifizieren, erblicken in dem üblichen Recht der Bank zur Rückbelastung nicht eingelöster Wechsel ein vertragliches Rücktrittsrecht[18].

5.22 Den Haftungskrediten liegt ein Werkvertrag zugrunde, der eine entgeltliche Geschäftsbesorgung im Sinne des § 675 BGB zum Gegenstand hat. Denn die Bank schuldet dem Kreditnehmer in diesen Fällen die Übernahme der Haftung gegenüber einem Gläubiger des Kreditnehmers und damit einen (unkörperlichen) Erfolg im Sinne des § 631 Abs. 2 BGB. Danach kann Gegenstand des Werkvertrages auch ein „durch Dienstleistung herbeizuführender Erfolg sein". Dabei kann sich diese Dienstleistung in rechtlich sehr unterschiedlicher Form vollziehen. Beim Akzeptkredit ist es die Annahmeerklärung der bezogenen Bank auf der Wechselurkunde. Beim Garantiegeschäft übernimmt die kreditgebende Bank eine Bürgschaft, eine abstrakte Garantie oder sonstige geldmäßige Gewährleistungen. Wird die Bank aus der Haftungsübernahme in Anspruch genommen, so erwirbt sie einen auftragsrechtlichen Aufwendungserstattungsanspruch (§ 670 BGB) gegen ihren Kunden als Kreditnehmer.

5.23 Beim Finanzierungsleasing erwirbt die Bank als Leasinggeberin Mietzinsforderungen gegen den Leasingnehmer als ihren Kreditnehmer. Ferner hat sie im Regelfall einen Herausgabeanspruch (§ 985 BGB) gegen den Leasingnehmer nach Ablauf der Leasingdauer.

II. Schutz der Bank als Kreditgeberin von nach dem Umwandlungsgesetz gespaltenen Unternehmen

5.24 Das seit 1. 1. 1995 geltende Umwandlungsgesetz regelt u.a. erstmals umfassend die Spaltung von Unternehmen, insbesondere der OHG, KG, GmbH, AG sowie KGaA in mehrere Rechtsträger.

5.25 Dabei sind gemäß § 1 Abs. 1 Nr. 2 UmwG drei Varianten in Form der **Aufspaltung**, **Abspaltung** und **Ausgliederung** zulässig. Bei der Aufspaltung überträgt der Rechtsträger sein gesamtes Vermögen auf mehrere andere Rechtsträger und löst sich auf. Die Anteilseigner des übertragenden Rechtsträgers erwerben Anteile an den anderen Rechtsträgern. Bei der Abspaltung überträgt ein Unternehmen einen Teil seines Vermögens auf einen oder mehrere übernehmende Rechtsträger. Auch hier erhalten die Anteilseigner des übertragenden Rechtsträgers Anteile an den übernehmenden Rechtsträgern. Bei der Ausgliederung überträgt der übertragende Rechtsträger wiederum einen Teil seines Vermögens auf übernehmende Rechtsträ-

---
18 BGH WM 1972, 582; *Staudinger/Hopt/Mülbert*, Vorbem. zu §§ 607 Rn 677 m.w.Nachw.

ger. Im Unterschied zur Abspaltung werden hier aber nicht den Anteilseignern des übertragenden Rechtsträgers, sondern dem übertragenden Rechtsträger selbst die Anteile an den übernehmenden Rechtsträgern gewährt.

Für die Durchführung dieser Spaltungen sieht das Umwandlungsgesetz ein detailliert geregeltes, stark formalisiertes Verfahren vor. Zu seinen wichtigsten Bestandteilen gehören der sog. **Spaltungs- und Übernahmevertrag** (bei schon bestehendem übernehmendem Rechtsträger). Diesen Plänen kann entnommen werden, welche Vermögensteile und Verbindlichkeiten auf welchen Rechtsträger übergehen bzw. beim übertragenden Rechtsträger verbleiben. Die an der Spaltung beteiligten Unternehmen sind hinsichtlich dieser Aufteilung weitgehend frei und bedürfen insbesondere bei der Zuweisung von Verbindlichkeiten zu dem einen oder anderen Rechtsträger nicht der Zustimmung des jeweiligen Gläubigers. Denn das Vermögen wird nicht im Wege der Einzelrechtsnachfolge übertragen, sondern im Rahmen des speziellen Rechtsinstituts der „partiellen Gesamtrechtsnachfolge".

5.26

Die Gläubiger des übertragenden Rechtsträgers können diesen Schuldnerwechsel nicht verhindern. Zum Schutz der Gläubiger besteht neben der vollen Haftung desjenigen Rechtsträgers, dem die Verbindlichkeit ausdrücklich zugewiesen wurde, eine fünfjährige gesamtschuldnerische Haftung sämtlicher an der Spaltung beteiligter Rechtsträger für die zum Zeitpunkt der Spaltung bestehenden Verbindlichkeiten. Die Spaltgesellschaften, denen im Spaltungs- und Übernahmevertrag bzw. im Spaltungsplan die betreffende Verbindlichkeit nicht ausdrücklich zugewiesen wurde, haften also praktisch wie ausgeschiedene OHG-Gesellschafter. Diese Haftung besteht freilich nur, wenn die Forderungen innerhalb von fünf Jahren nach dem Wirksamwerden der Spaltung fällig und gerichtlich geltend gemacht werden. Daneben werden die Gläubiger durch einen **Anspruch auf Sicherheitsleistung** (§ 133 Abs. 1 S. 2 UmwG) sowie dadurch geschützt, daß sie gemäß § 125 i.V.m. §§ 25 f. UmwG von den Verwaltungs- und Aufsichtsorganen des übertragenden Rechtsträgers den **Ersatz eines etwaigen Schadens aus der Spaltung** verlangen können, sofern dieser auf einer Sorgfaltspflichtverletzung eines dieser Organe beruht.

5.27

Für die Kredite bestellte akzessorische oder nicht-akzessorische Sicherheiten bleiben von der Spaltung grundsätzlich unberührt. Durch die Spaltung kann allerdings die Sicherheit zu einer Drittsicherheit werden, die trotz eines vereinbarten weiten Sicherungszwecks nur noch die bestehenden Kredite besichert. Bei Grundpfandrechten ist zu prüfen, welches Zubehör noch zum Haftungsverband des § 1120 BGB gehört.

5.28

2. Abschnitt
Verbraucherkredite

5.29 Das Verbraucherkreditgesetz hat das bankmäßige Kreditgeschäft mit der Privatkundschaft einer tiefgreifenden gesetzlichen Regelung unterworfen[19].

5.30 Mit diesem Gesetz wurde zugleich die EG-Richtlinie „zur Angleichung der Rechts- und Verwaltungsvorschriften der Mitgliedstaaten über den Verbraucherkredit" umgesetzt[20]. Die Richtlinie will einen angemessenen Verbraucherschutz bei Kreditverträgen zwischen gewerblichen Kreditgebern und Verbrauchern sicherstellen und die Errichtung eines gemeinsamen Verbraucherkreditmarktes fördern. Ein **einheitlicher und effektiver Verbraucherschutz** im Kreditbereich sei wegen der erheblich zunehmenden Kreditvolumen und der sich ständig erweiternden Typenpalette mit zum Teil neuen Kreditformen notwendig geworden. Der Verbraucher laufe Gefahr, die damit verbundenen Belastungen und Risiken nicht mehr ausreichend beurteilen zu können. Die Richtlinie will daher vor allem sicherstellen, daß der Verbraucher über die mit der Kreditaufnahme verbundenen Verpflichtungen, insbesondere die Kreditkosten vor und bei Vertragsschluß, angemessen unterrichtet wird. Der Verbraucher soll im übrigen vor Kreditbedingungen geschützt sein, die ihn in nicht gerechtfertigter Weise benachteiligen[21].

5.31 Für die Umsetzung der EG-Richtlinie hielt der deutsche Gesetzgeber den Erlaß eines speziellen Verbraucherkreditgesetzes für erforderlich[22]. Die im BGB enthaltenen Regelungen zum Darlehensvertrag sowie die Bestimmungen des Gesetzes betreffend die Abzahlungsgeschäfte vom 16. 5. 1894 (Abzahlungsgesetz) genügten nicht den Anforderungen der EG-Richtlinie. Insbesondere mußte die Schriftform für den Darlehensvertrag eingeführt werden, dessen Mindestinhalt den Verbraucher ausreichend über die Kreditkonditionen informiert. Ein weiterer Verbraucherschutz ist durch das Widerrufsrecht und die Erhaltung von Einwendungen bei den sog. verbundenen Geschäften und bei Abtretung der Kreditforderung geschaffen worden. Das Abzahlungsgesetz gilt jedoch grundsätzlich für die vor dem 1. 1. 1991 geschlossenen Geschäfte weiter[23].

---

19 *Scholz*, WM 1996, 1425 ff.
20 Die EG-Richtlinie wurde am 22.12.1986 erlassen (AblEG Nr. L 42 vom 12. 2. 1987, S. 48).
21 Amtl. Begr. RegE, BT-Drucksache 11/5462, S. 11.
22 Amtl. Begr. RegE, BT-Drucksache 11/5462, S. 11.
23 Art. 9 Abs. 1 des das Verbraucherkreditgesetz einführenden Gesetzes über Verbraucherkredite, zur Änderung der Zivilprozeßordnung und anderer Gesetze vom 17. 12. 1990 (BGBl. I, S. 2840); vgl. dazu BGH WM 1993, 416, 417.

Nach Inkrafttreten des Verbraucherkreditgesetzes ist es in der Praxis der 5.32
Kreditvergabe und -abwicklung zu Unsicherheiten und Unklarheiten gekommen. Dies hat in einigen Punkten zu einer Novellierung des Verbraucherkreditgesetzes geführt. Diese sog. technische Novelle zum Verbraucherkreditgesetz ist am 1. 5. 1993 in Kraft getreten[24].

I. Geltungsbereich des Verbraucherkreditgesetzes

1. Begriff des Verbrauchers

Der persönliche Anwendungsbereich des Verbrauchergesetzes ist durch 5.33
die Begriffe Kreditgeber/Kreditvermittler und Verbraucher abgegrenzt[25].

Die Begriffe des Kreditgebers sowie des Kreditvermittlers sind dabei für die Geset- 5.34
zesanwendung infolge der in § 1 Abs. 1 VerbrKrG enthaltenen Legaldefinition
weitgehend unproblematisch.

Das Gesetz stellt im Unterschied zu den § 8 AbzG, § 24 AGBG nicht 5.35
statusbezogen auf das Fehlen der Kaufmannseigenschaft ab, sondern auf
Art und Gegenstand der jeweiligen Tätigkeit der Vertragspartner im Rahmen des Abschlusses des Kreditvertrages. Das Verbraucherkreditgesetz
orientiert sich daher an den **funktionsbezogenen** Regelungsvorbildern von
§ 609a Abs. 1 Nr. 2 BGB, § 6 HausTWG[26]. Der Verbraucherbegriff stellt
also auf den vom Kreditnehmer nach dem Inhalt des Kreditvertrages
verfolgten Zweck ab. Die damit verbundene teilweise Überlagerung des
persönlichen Anwendungsbereiches von sachlichen Kriterien führt zu
Abgrenzungsproblemen.

Verbraucher im Sinne des Verbraucherkreditgesetzes (§ 1 Abs. 1) sind na- 5.36
türliche Personen[27], soweit nicht die Kredite nach dem Inhalt des Vertrages

---

24 BGBl. I 1993, S. 509; vgl. *Drescher*, WM 1993, 1445.
25 Zur Anwendbarkeit des Verbraucherkreditgesetzes auf die Übernahme eines
 Kreditvertrages durch einen Verbraucher siehe BGH WM 1999, 1412. Vgl.
 weiter *Bülow* zur Frage der Anwendbarkeit des VerbrKrG bei Vertragsübernahmen, wenn anstelle eines Verbrauchers eine Person mit gewerblicher Qualifikation neue Vertragspartei oder ein von einem privaten Kreditgeber abgeschlossener Darlehensvertrag von einem gewerblichen Kreditgeber übernommen wird (WM 1995, 2089 ff.).
26 Münchener Komm. zum BGB/*Ulmer*, § 1 VerbrKrG Rn 7.
27 Solchen natürlichen Personen sind die Gesamthandsgemeinschaften in der
 Rechtsform der Gesellschaft des bürgerlichen Rechts gleichgestellt, sofern sie
 nicht gewerblich oder beruflich tätig sind (Münchener Komm. zum BGB/*Ulmer*, § 1 VerbrKrG Rn 20). Die verbraucherschutzrelevanten EG-Richtlinien

für ihre bereits ausgeübten gewerblichen oder selbständigen beruflichen Tätigkeiten bestimmt sind. Ob der Kredit für eine bereits ausgeübte gewerbliche oder selbständige berufliche Tätigkeit gewährt wird, bestimmt sich nach dem „Inhalt des Vertrages" (vgl. § 1 Abs. 1 VerbrKrG). Hierzu braucht die Zweckbestimmung nicht ausdrücklich in die Vertragsurkunde aufgenommen zu werden. Sie muß sich aber „unzweideutig" im Wege der Vertragsauslegung ergeben, wobei im Zweifel das Verbraucherkreditgesetz anzuwenden ist[28]. Es empfiehlt sich daher eine ausdrückliche Angabe des Verwendungszweckes in der Vertragsurkunde.

5.37 **Keine Anwendung** findet das Verbraucherkreditgesetz auf **Existenzgründungsdarlehen,** wenn der Nettokreditbetrag DM 100 000 übersteigt (§ 3 Abs. 1 Nr. 2 VerbrKrG). Für das Ende der Existenzgründungsphase dürfte die erstmalige Betätigung in dem Gewerbe- oder Berufszweig des Kreditnehmers entscheidend sein, wie sie die Ladeneröffnung, der Beginn des Angebots von Dienstleistungen oder die Aufnahme der Produktion darstellt[29].

5.38 Der Schutz des Verbraucherkreditgesetzes greift grundsätzlich auch im Falle **wiederholter Existenzgründungen** ein[30]. Dagegen ist dieses Gesetz nicht anwendbar, wenn der Kreditnehmer bereits eine selbständige berufliche Tätigkeit ausübt und den Kredit für den Aufbau eines weiteren, branchenfremden Geschäftszweiges in Anspruch nimmt[31].

5.39 Das neue Gesetz erfaßt damit alle Kreditaufnahmen zu privaten Zwecken, für eine unselbständige berufliche Tätigkeit und Existenzgründungsdarlehen bis DM 100 000. Unerheblich ist, ob für diese Darlehen wie bei den Hypothekendarlehen eine Grundschuld bestellt oder wie beim Lombard-Kredit ein Wertpapierdepot verpfändet wird[32]. Das Verbraucherkreditgesetz ist daher angesichts seiner Reichweite kein Sondergesetz für

---

definieren zwischenzeitlich den Verbraucherbegriff einheitlich. Verbraucher sind hiernach natürliche Personen, die bei dem konkret getätigten Geschäft zu einem Zweck handeln, der nicht ihrer beruflichen oder gewerblichen Tätigkeit zuzurechnen ist (*Wagner-Wieduwilt*, Die Bank 1992, 338, 339).

28 Amtl. Begr., BT-Drucksache 11/5462, S. 17.
29 *Bruchner/Ott/Wagner-Wieduwilt*, VerbrKrG, 2. Aufl., 1994, § 3 Rn 16; *Lwowski*, WM-Sonderheft vom 25. 9. 1991, 49, 50 ff. Vgl. weiter *Scholz*, DB 1993, 261, 263.
30 OLG Celle WM 1996, 343; OLG Köln WM 1995, 612, 613.
31 OLG Nürnberg WM 1995, 481, 482.
32 Unanwendbar ist dagegen das Verbraucherkreditgesetz auf die Bestellung eines Grundpfandrechts für einen unter dieses Gesetz fallenden Kredit. Die damit verbundene Zweckabrede wird nach dem BGH nicht vom Zweck des Verbraucherkreditgesetzes erfaßt (BGH WM 1997, 663, 664).

den „Konsumenten"kredit, sondern ein Gesetz zur Regelung betragsmäßig unbegrenzter Kredite an Privatkunden[33]. Die Bezeichnung Privatkundenkreditgesetz wäre daher aus Bankensicht zutreffender gewesen.

Wird der Kredit von mehreren Personen, etwa durch Eheleute, beantragt, so sind die Formalien des Verbraucherkreditgesetzes gegenüber allen Kreditnehmern einzuhalten, sofern sie jeweils **Verbrauchereigenschaft** besitzen[34]. Dies gilt auch für den Fall eines Schuldbeitritts, soweit dieser zeitgleich oder zeitnah mit der Kreditaufnahme erfolgt. Die analoge Anwendung des Verbraucherkreditgesetzes setzt nicht voraus, daß neben dem Beitretenden auch der Kreditnehmer Verbraucher ist[35]. Der Übernehmer einer Schuld tritt als Gesamtschuldner **neben** dem bisherigen Schuldner in das Schuldverhältnis ein. Der wesentliche Unterschied eines Schuldbeitritts zur Mitantragstellung besteht darin, daß der Mitantragsteller anders als der einer Schuld Beitretende den Anspruch auf Kreditauszahlung geltend machen kann. Dagegen unterliegt ein Bürgschaftsvertrag nicht den Formalien des Verbraucherkreditgesetzes, wenn er Kredite sichern soll, die für eine bereits ausgeübte gewerbliche oder selbständige, berufliche Tätigkeit bestimmt oder gemäß § 3 Abs. 1 VerbrKrG vom Anwendungsbereich des Gesetzes ausgenommen sind[36]. Hier kommt der Schutz des § 766 BGB zum Tragen[37].

5.40

Das Verbraucherkreditgesetz ist auch auf die Mithaftung eines GmbH-Gesellschafters für einen Kredit der Gesellschaft ohne Rücksicht auf den

5.41

---

33 *Wagner-Wieduwilt*, Die Bank 1992, 338, 339.
34 Zur Unwirksamkeit einer gegenseitgen Bevollmächtigung zur Aufnahme weiterer Bankkredite und der Entgegennahme aller Erklärungen der kreditgebenden Bank vgl. BGH WM 1989, 1086.
35 BGH WM 1996, 1258; 1997, 158, 159; 663, 664; vgl. weiter *Mayen*, FS Schimansky, 1999, S. 415, 427.
36 BGH WM 1998, 1120; vgl. weiter OLG Hamm WM 1998, 171, 172; OLG Rostock MDR 1998, 979; nach OLG Düsseldorf (WM 1998, 169, 170) setzt eine analoge Anwendung des Verbraucherkreditgesetzes zumindest voraus, daß die verbürgte Hauptverbindlichkeit einen Verbraucherkredit i.S. des § 1 Abs. 2 VerbrKrG darstellt. Vgl. weiter den Vorlagebeschluß des LG Potsdam an den EuGH zum Widerruf einer Bürgschaft als Verbraucherkreditgeschäft, ZIP 1998, 1147 und *Bülow*, VerbrKrG, 3. Aufl., 1998, § 1 Rn 43; *Pfeiffer*, ZIP 1998, 1129 ff.; *Kabisch*, WM 1998, 535 ff.; *Treber*, WM 1998, 1908; *Vollmer*, WM 1999, 209 und *Fischer*, WM 1998, 1705, 1714.
37 *Münstermann/Hannes*, VerbrKrG, 1991, Rn 49, 201. Nach Münchener Komm. zum BGB/*Ulmer*, § 1 VerbrKrG Rn 37 liegt es im Hinblick auf die Warnfunktion des § 766 BGB nahe, als Wirksamkeitserfordernis der Bürgschaftserklärung zusätzlich die Aufnahme der nach § 4 Abs. 1 VerbrKrG vorgeschriebenen Angaben zu verlangen.

Umfang seiner Beteiligung an der Gesellschaft anwendbar. Entscheidend ist, ob in der Person des Mitverpflichteten die Voraussetzungen für die Anwendbarkeit des Verbraucherkreditgesetzes erfüllt sind[38].

2. Sachlicher Anwendungsbereich

5.42 § 1 Abs. 2 VerbrKrG enthält eine Definition der von ihm geregelten **Kreditverträge**. Hierbei handelt es sich um Verträge, durch die ein Kreditgeber einem Verbraucher einen entgeltlichen Kredit in Form eines **Darlehens**, eines **Zahlungsaufschubs** oder einer sonstigen **Finanzierungshilfe** gewährt oder zu gewähren verspricht. Das Verbraucherkreditgesetz hat damit den Ausdruck „Kreditvertrag" zu einem Begriff der Gesetzessprache gemacht, der als Oberbegriff den Darlehensvertrag mit umfaßt.

5.43 Unter **Entgelt** ist jede Art von Gegenleistung des Verbrauchers für die Kreditgewährung zu verstehen. Hierzu rechnen nicht nur die Zinsen und Teilzahlungsaufschläge, sondern auch ein Disagio oder Damnum[39].

5.44 Der Unterfall der „**sonstigen Finanzierungshilfen**" hat eine Auffangfunktion. Dagegen erscheinen „Darlehen" und „Zahlungsaufschub" als gleichrangige, gegeneinander abgrenzungsbedürftige Begriffe. Die einzelnen Kreditarten sind daher möglichst der einen oder anderen Kategorie zuzuordnen, um einen Rückgriff auf den Auffangtatbestand „sonstige Finanzierungshilfe" zu vermeiden[40].

a) Darlehen

5.45 Das Verbraucherkreditgesetz enthält **keinen eigenständigen Darlehensbegriff.** Der Auslegung des § 1 Abs. 2 VerbrKrG ist daher der Darlehensbegriff des § 607 BGB zugrunde zu legen[41]. Das Verbraucherkreditgesetz erfaßt im übrigen nur Zahlungskredite und keine Haftungskredite wie z.B. die Bürgschaftsübernahme und Wechselakzepte (Aval- und Akzeptkredite)[42]. Unter Darlehen sind im übrigen nicht nur die herkömmlichen Gelddarlehen in Gestalt von Ratengeldkrediten und Krediten zu verstehen, die in einem Betrag zurückgezahlt werden müssen. Hierzu

---

38 BGH WM 1997, 710.
39 Münchener Komm. zum BGB/*Ulmer*, § 1 VerbrKrG Rn 46.
40 Münchener Komm. zum BGB/*Ulmer*, § 1 VerbrKrG Rn 31.
41 Münchener Komm. zum BGB/*Ulmer*, § 1 VerbrKrG Rn 37; *Seibert*, Handbuch zum Verbraucherkreditgesetz, 1991, § 1 Rn 6.
42 Münchener Komm. zum BGB/*Ulmer*, § 1 VerbrKrG Rn 89 f. m.w.Nachw.

gehören auch Kredite zum Erwerb von Wertpapieren, die der Bank als Sicherheit verpfändet werden (sog. Lombardkredite).

Das Verbraucherkreditgesetz soll **auch neue Kreditformen** erfassen, wie insbesondere die Einräumung eines Kreditrahmens, der vom Kreditnehmer über ein kontokorrentmäßig geführtes Konto nach seinem Ermessen in Anspruch genommen werden kann (kontokorrentähnliche Kredite). Die amtliche Begründung[43] verweist hierzu auf die neue Praxis der Teilzahlungsbanken, die diese sog. **„Selbstbedienungskredite"** unter verschiedenen Bezeichnungen wie z.B. Scheckkredit, Vario-Kredit, Dispositionskredit oder Idealkredit anbieten[44]. Nach dem BGH[45] ist ein solcher Idealkredit aus der Sicht des Kreditnehmers, auf die es insoweit entscheidend ankommt, mit einem Ratenkredit durchaus vergleichbar, wenn mit der Kreditvaluta der persönliche Konsum von Gütern und Dienstleistungen finanziert oder Vorkredite, die diesem Zwecke dienen, abgelöst werden, sofern der Kredit nicht wie ein echter Kontokorrentkredit revolvierend in Anspruch genommen werden kann. Diesen Kreditformen ist gemeinsam, daß mit Abschluß des Kreditvertrages ein Kreditrahmen vereinbart wird, der späterhin durch neue Vereinbarungen geändert, aber auch aus wichtigen Gründen, insbesondere bei Zahlungsverzug des Kreditnehmers, durch die Bank einseitig herabgesetzt oder gekündigt werden kann. Der Darlehensnehmer kann in vielen Fällen nach seinem Belieben durch Verfügungen diesen Kreditrahmen wiederholt ausschöpfen. Im Unterschied zum Überziehungskredit beim Girokonto werden monatliche Raten vereinbart, die als „Mindestrate" oder als höhere „Wunschrate" vereinbart werden. Das jeweils in Anspruch genommene Kapital wird taggenau nach einem Jahreszins verzinst. Der Zinssatz ist variabel. Der Kredit ist als Kontokorrentkredit mit in der Regel vierteljährlichen Rechnungsabschlüssen ausgestaltet.

5.46

Diese neuen Varianten des Konsumentenkredites erleichtern seine Bearbeitung bei den Kreditinstituten. Nicht jeder Kreditbedarf löst einen neuen Bearbeitungsvorgang aus. Auch hat der Kunde innerhalb des ihm eingeräumten Kreditrahmens große Flexibilität; er kann die Kreditkosten entsprechend seinen Möglichkeiten und Notwendigkeiten steuern. Schließlich erhält der Kunde regelmäßig monatliche Kontoauszüge, wodurch auch die laufenden Belastungen für ihn transparent sind. Wegen der grundsätzlich unbegrenzten Laufzeit eines derartigen Rahmenkredites müssen die Zinsen mit Rücksicht auf das Zinsänderungsrisiko variabel gestaltet werden. Auch kann die Bank bei Vertragsabschluß keine Zahlungspläne

5.47

---

43 BT-Drucksache 11/5462, S. 19.
44 Zur rechtlichen Behandlung derartiger Kredite vgl. *Canaris*, WM 1987, Sonderbeil. 4.
45 WM 1991, 179, 180.

5. Teil: Kreditgeschäft

für die gesamte Laufzeit aufstellen, zumal Höhe und Dauer der Inanspruchnahme des Kreditrahmens ungewiß sind[46].

5.48 Zu den Darlehen im Sinne des § 1 Abs. 1 VerbrKrG gehört auch das **Vereinbarungsdarlehen.** Nach § 607 Abs. 2 BGB kann, wer Geld aus einem anderen Rechtsgrund, wie z.B. die Zahlung eines Kaufpreises aus einem Kaufvertrag schuldet, mit dem Gläubiger vereinbaren, daß das Geld als Darlehen geschuldet wird. Das Vereinbarungsdarlehen[47] bezweckt regelmäßig, dem Schuldner den von ihm geschuldeten Betrag noch für eine gewisse Zeit zu belassen. Oft wird sich der Schuldner gleichzeitig zu einer Zinszahlung verpflichten[48]. Das Zivilrecht kennt **drei Grundformen** des Vereinbarungsdarlehens: (1) Möglich ist die einverständliche Behandlung eines bestehenden Schuldverhältnisses wie z.B. eine Kaufpreisverbindlichkeit als Darlehen. Es liegt ein bloßer Schuldabänderungsvertrag im Sinne des § 305 BGB vor, der entsprechend dem Grundsatz der Privatautonomie auch für die Änderung des Inhaltes eines Schuldverhältnisses einen Vertrag fordert. Das alte Schuldverhältnis bleibt bestehen. (2) Als zweite Form kommt eine kausale Schuldumschaffung (Novation) in Betracht, bei der das vereinbarte Darlehensverhältnis das alte Schuldverhältnis (Kaufpreisverbindlichkeit) ersetzt. (3) Möglich ist auch eine abstrakte Schuldumschaffung durch ein abstraktes Schuldanerkenntnis oder -versprechen im Sinne der §§ 780, 781 BGB[49].

5.49 Das Vereinbarungsdarlehen ist häufig nur schwer von der **nachträglichen Stundung zu unterscheiden**[50]. Die Stundung, die ein Kreditgeschäft im Sinne des § 19 Abs. 1 KWG darstellen kann[51], ist das Hinausschieben der Fälligkeit einer Forderung bei bestehenbleibender Erfüllbarkeit[52]. Sie ist regelmäßig eine vertraglich vereinbarte Abweichung von § 271 Abs. 1 BGB, der sofortige Fälligkeit der geschuldeten Leistung vorschreibt, wenn eine Zeit für die Leistung weder bestimmt noch aus den Umständen zu entnehmen ist. Die Stundung ist im übrigen zu unterscheiden von einem pactum de non petendo, bei dem dem Schuldner ein Leistungsverweigerungsrecht eingeräumt wird, die Fälligkeit aber bis zur Geltend-

---

46 Umstritten ist, ob bei einem Festzinssatzkredit in Verbindung mit einer Kapital-Lebensversicherung ein verschleierter Ratenkredit vorliegt, wenn die Rückzahlung des Kredites im Erlebens- oder Todesfall durch die Versicherung erfolgen sollte (vgl. BGH WM 1988, 364, 365 f.).
47 Das Vereinbarungsdarlehen kann Bankgeschäft im Sinne von § 1 Abs. 1 S. 2 Nr. 2 KWG sein (*Kort*, WM 1989, 1833, 1835).
48 *Larenz*, Lehrbuch des Schuldrechts, Bd. II, 1. Halbbd., 13. Aufl., 1986, S. 301.
49 *Palandt/Putzo*, § 607 Rn 18.
50 *Kort*, WM 1989, 1833.
51 *Kort*, WM 1989, 1833, 1836.
52 Münchener Komm. zum BGB/*Keller*, § 271 Rn 21.

machung des Leistungsverweigerungsrechts bestehen bleibt[53]. Schließlich ist die Stundung von der aufschiebenden Befristung (§ 163 BGB) zu unterscheiden, die das Schuldverhältnis erst mit Eintritt des vorgesehenen Termins entstehen läßt. Soweit die Stundung nachträglich erfolgt, ist sie eine einvernehmliche Änderung des Schuldvertrages im Sinne des § 305 BGB[54]. Läßt sich weder dem Wortlaut noch dem Sinn und Zweck der Parteivereinbarung entnehmen, ob die Parteien eine nachträgliche Stundungsabrede oder ein Vereinbarungsdarlehen gewollt haben, so ist im Zweifel anzunehmen, daß nur eine nachträgliche Stundungsabrede vorliegt, die im Vergleich zum Vereinbarungsdarlehen die weniger weitgehende Abweichung vom ursprünglichen Schuldverhältnis darstellt[55].

b) Zahlungsaufschub

Das Verbraucherkreditgesetz enthält **keine Begriffsdefinition** für den Zahlungsaufschub als weitere Kreditart. 5.50

Hierbei handelt es sich um einen aus der EG-Richtlinie (Art. 1 Abs. 2c) übernommenen Rechtsbegriff. Die Gesetzesbegründung[56] versucht diesen Begriff anhand von Beispielen zu erläutern. 5.51

Der Sache nach geht es um die Überlassung von Kaufkraft auf mittelbarem Weg durch entgeltliche Stundung der Gegenleistung des Verbrauchers im Rahmen eines Austauschvertrages über Waren oder Leistungen oder durch eine Verpflichtung des Anbieters zur Vorleistung abweichend vom dispositiven Recht (vgl. § 320 BGB)[57]. Unerheblich ist, ob der Zahlungsaufschub schon bei Vertragsschluß oder erst im Zuge der Vertragserfüllung vereinbart wird[58]. Anwendbar ist jedoch das Verbraucherkreditgesetz bei einem Zahlungsaufschub, der sich auf mehr als drei Monate beläuft (§ 3 Abs. 1 Nr. 3 VerbrKrG) nur in den Fällen, in denen für ihn ein Entgelt verlangt wird. Ein solcher entgeltlicher Zahlungsaufschub liegt im Falle der Stundung einer fälligen Kreditforderung nicht vor, solange lediglich der vereinbarte Vertragszinssatz in Rechnung gestellt und nur eine laufzeitunabhängige Bearbeitungsgebühr verlangt wird[59]. 5.52

Zu einem entgeltlichen Zahlungsaufschub kann es **nicht nur bei Liefergeschäften**, sondern **auch bei Dienstleistungen** kommen. **Keinen** Zahlungsaufschub gegenüber dem Verbraucher als Karteninhaber enthalten jedoch die Verträge über **Kreditkarten**. Selbst wenn in der vereinbarten Abrech- 5.53

---

53 *Palandt/Heinrichs*, § 271 Rn 13.
54 Münchener Komm. zum BGB/*Keller*, § 271 Rn 20.
55 *Kort*, WM 1989, 1833, 1834.
56 BT-Drucksache 11/5462, S. 17.
57 Münchener Komm. zum BGB/*Ulmer*, § 1 VerbrKrG Rn 66.
58 Münchener Komm. zum BGB/*Ulmer*, § 1 VerbrKrG Rn 66.
59 *Seibert*, Handbuch zum Verbraucherkreditgesetz, 1991, § 1 Rn 8.

nung der vom Kartenherausgeber an die Vertragsunternehmen geleisteten Zahlungen gegenüber dem Karteninhaber eine Stundung erblickt werden könnte, würde es an der nach § 1 Abs. 2 VerbrKrG erforderlichen Entgeltlichkeit fehlen – Rn 5.42[60].

5.54 Zu den **Liefergeschäften** gehören insbesondere die Teilzahlungsgeschäfte, die in erster Linie Gegenstand des Abzahlungsgesetzes waren. Dabei handelt es sich vor allem um die Abzahlungsgeschäfte alter Art, bei denen der Käufer den Kaufpreis in Raten bezahlen darf. Hier erbringt der Verkäufer eine Vorleistung durch Überlassung des Kaufgegenstandes und stundet seinen Kaufpreisanspruch. In dieser Nichteinforderung des nach § 320 BGB Zug um Zug zu zahlenden Kaufpreises liegt eine Kreditgewährung im Sinne des Verbraucherkreditgesetzes.

5.55 Das Verbraucherkreditgesetz erfaßt weitergehend als das Abzahlungsgesetz auch **kreditierte Dienstleistungen.** Durch die getroffene einheitliche Regelung sollte eine weitere Rechtszersplitterung vermieden und erreicht werden, daß gleichartige wirtschaftliche Tatbestände eine einheitliche rechtliche Behandlung erfahren[61].

c) Sonstige Finanzierungshilfen

5.56 Mit Rücksicht auf den vom Gesetzgeber[62] beabsichtigten weiten Anwendungsbereich des Verbraucherkreditgesetzes ist der Begriff der Finanzierungshilfe extensiv auszulegen. Er umfaßt daher sämtliche **Leasingverträge,** bei denen der Leasingnehmer für die Amortisation der vom Leasinggeber für die Anschaffung der Leasingsache gemachten Aufwendungen und Kosten einzustehen hat (Finanzierungsleasing)[63]. Das Verbraucherkreditgesetz ist nach einhelliger Rechtsprechung auch auf den Schuldbeitritt zu einem Leasingvertrag anzuwenden, und zwar auch dann, wenn nur der Beitretende Verbraucher ist[64].

5.57 **Nicht** zu den sonstigen Finanzierungshilfen gehören die verschiedenen Formen der Haftungskredite, insbesondere die Gewährung eines **Avalkredites** in Gestalt einer Bankbürgschaft. Hier wird nur eine Garantie für die

---

60 Münchener Komm. zum BGB/*Ulmer*, § 1 VerbrKrG Rn 77; *Seibert*, DB 1991, 429.
61 Amtl. Begr., BT-Drucksache 11/5462, S. 11.
62 Vgl. amtl. Begr., BT-Drucksache 11/5462, S. 11, 17.
63 Vgl. Beschlußempfehlung und -bericht des Rechtsausschusses des Deutschen Bundestages (BT-Drucksache 11/8274, S. 20 f.). Vgl. insgesamt weiter *Bruchner/Ott/Wagner-Wieduwilt*, VerbrKrG, 1992, § 1 Rn 68 ff.; *Zahn*, DB 1991, 81; *Martinek/Oechsler*, ZIP 1993, 81; *von Westphalen*, NJW 1993, 3225.
64 BGH WM 1997, 158; 2000, 2001; OLG Koblenz WM 1998, 2157, 2158.

Zahlungsfähigkeit des Avalnehmers in Form einer Eventualverbindlichkeit übernommen[65]. Ebensowenig werden die Wechseldiskontkredite erfaßt[66] und das echte Factoring-Geschäft – Rn 5.350. Allenfalls beim unechten Factoring, das nach herrschender Meinung als Kreditgeschäft qualifiziert wird – Rn 5.336 –, könnte die Anwendbarkeit des Verbraucherkreditgesetzes in Betracht gezogen werden. In der Praxis werden jedoch Factoring-Verträge mit natürlichen Personen in der Existenzgründungsphase und mit einem Forderungsvolumen von weniger als DM 100 000 selten oder gar nicht abgeschlossen[67].

Auch fallen die **Börsentermingeschäfte nicht** unter die sonstigen Finanzierungshilfen. Dem hiermit verbundenen Hinausschieben des Erfüllungszeitpunktes fehlt die nach § 1 Abs. 2 VerbrKrG erforderliche Entgeltlichkeit. Vielmehr handelt es sich hierbei um ein typisches Merkmal des Börsentermingeschäfts, das beiden Kontrahenten für die beabsichtigte Terminspekulation dient. Die für Börsentermingeschäfte bestellten (Initial oder Variation) Margins stellen Sicherheitsleistungen dar und fallen daher nicht unter das Verbraucherkreditgesetz. Unabhängig von der Frage, ob Börsentermingeschäfte und für sie bestellte Marginleistungen unter das Verbraucherkreditgesetz fallen, kann es zu einer nach § 5 Abs. 1 VerbrKrG eingeräumten Kontoüberziehung oder einer geduldeten Kontoüberziehung nach § 5 Abs. 2 VerbrKrG kommen, wenn die fälligen Marginleistungen einem debitorischen Girokonto belastet werden. 5.58

Zweifelhaft ist die Anwendbarkeit des VerbrKrG auf **Eurokredite** ausländischer Filialen oder Tochterbanken an inländische Privatkunden, soweit ausländisches Recht vereinbart worden ist, das gegenüber der deutschen Regelung liberalere Bestimmungen enthält. Nach Art. 29 EGBGB setzt sich in bestimmten Fällen der inländische Verbraucherschutzstandard gegenüber ausländischen Rechtsordnungen durch. 5.59

d) Ausgenommene Kreditverträge und beschränkte Anwendbarkeit des Gesetzes

Die EG-Richtlinie sieht einige sinnvolle und notwendige Ausnahmen vor, die § 3 VerbrKrG überwiegend übernommen hat. So findet das Gesetz keine Anwendung auf Kreditverträge, bei denen der auszuzahlende Kreditbetrag (Nettokreditbetrag, § 3 Abs. 1 Nr. 1 VerbrKrG) DM 400 nicht übersteigt (**Bagatell-Kreditverträge**). Dagegen hat das Verbraucherkredit- 5.60

---

65 Amtl. Begr., BT-Drucksache 11/5462, S. 18.
66 Münchener Komm. zum BGB/*Ulmer*, § 1 VerbrKrG Rn 91; a.A. *Emmerich*, JuS 1991, 705, 706.
67 *Kayser* in Bankrecht und Bankpraxis, Rn 13/42.

gesetz von der Einführung einer Obergrenze abgesehen. Für Kredite mit einem Nettokreditbetrag über DM 100 000 ist nur eine punktuelle Ausnahme hinsichtlich der Sanktion bei fehlenden oder fehlerhaften Angaben zu den Sicherheiten vorgesehen (§ 6 Abs. 2 S. 6, 2. Hs. VerbrKrG).

5.61 Unanwendbar ist das Verbraucherkreditgesetz auch bei einem Zahlungsaufschub von nicht mehr als drei Monaten (§ 3 Abs. 1 Nr. 3 VerbrKrG, **kurzfristige Kredite**). Diese Ausnahme hat insbesondere das Kreditkartengeschäft im Auge. Nach der Amtlichen Begründung des Verbraucherkreditgesetzes sollen nur solche Kreditkartenverträge dem Verbraucherkreditgesetz unterfallen, bei denen der Rechnungsbetrag mit einem Zahlungsziel von über drei Monaten kreditiert wird[68]. Für die Unanwendbarkeit des Verbraucherkreditgesetzes spricht schon, daß die Kreditkarte ein Instrument des bargeldlosen Zahlungsverkehrs und nicht für eine Kreditinanspruchnahme ist. Im übrigen findet das Verbraucherkreditgesetz keine Anwendung auf Arbeitgeberdarlehen mit einer Verzinsung, die unter den marktüblichen Sätzen liegt (§ 3 Abs. 1 Nr. 4 VerbrKrG).

5.62 Dagegen findet das Verbraucherkreditgesetz auf **Kaufverträge mit vereinbarten Teillieferungen** Anwendung, selbst wenn sämtliche vertraglichen Leistungen binnen drei Monaten nach Vertragsschluß zu erbringen sind. Liefervertrag mit Teilleistungen im Sinne des § 2 VerbrKrG sind durch § 3 Abs. 1 Nr. 3 VerbrKrG vom Schutz des Gesetzes nur ausgenommen, wenn die Lieferung mit einer entgeltlichen Kreditgewährung verbunden ist[69].

5.63 Mit der zum 1. 5. 1993 in Kraft getretenen technischen Novelle – Rn 5.74 – ist klargestellt worden, daß das Verbraucherkreditgesetz auch **nicht** auf Kreditverträge anwendbar ist, die im Rahmen der **Förderung des Wohnungswesens und des Städtebaus** aufgrund öffentlich-rechtlicher Bewilligungsbescheide oder aufgrund von Zuwendungen aus öffentlichen Haushalten unmittelbar zwischen der die Fördermittel vergebenden öffentlich-rechtlichen Anstalt und dem Verbraucher zu Zinssätzen abgeschlossen werden, die unter den marktüblichen Zinssätzen liegen (§ 3 Abs. 1 Nr. 5 VerbrKrG). Diese zinsgünstigen Kredite werden ohne Gewinnerzielungsabsicht und außerhalb des allgemeinen Wettbewerbs gewährt. Es dürfte daher regelmäßig bereits an einer gewerblichen Tätigkeit des Kreditgebers fehlen, wie sie § 1 Abs. 1 VerbrKrG für die Anwendbarkeit des Gesetzes voraussetzt[70]. Dagegen ist das Verbraucherkreditgesetz wie bisher auf die Vergabe solcher Fördermittel anwendbar, wenn das sie

---

[68] BT-Drucksache 11/5462, S. 18.
[69] OLG Karlsruhe WM 1993, 1130.
[70] Beschlußempfehlung und -bericht des Rechtsausschusses des Deutschen Bundestages, BT-Drucksache 12/4526, S. 12.

durchleitende Kreditinstitut im eigenen Namen den Darlehensvertrag mit dem Kreditnehmer abschließt.

In **einigen Fällen** finden die Bestimmungen des Verbraucherkreditgesetzes nur **teilweise Anwendung** (§ 3 Abs. 2). Hierbei handelt es sich um Finanzierungsleasingverträge, gerichtlich protokollierte oder notariell beurkundete Kreditverträge sowie grundpfandrechtlich abgesicherte Kredite, die zu üblichen Bedingungen gewährt werden (echte Realkredite). Letztere Formulierung soll verhindern, daß die gesetzliche Regelung dadurch umgangen werden kann, daß in die Vertragsurkunde eine bloße Absichtserklärung für eine grundbuchmäßige Absicherung aufgenommen wird. Mit dem Kriterium „übliche Bedingungen" dürften alle Kredite erfaßt sein, die dem typischen Erscheinungsbild eines Immobiliarkredites entsprechen[71]. 5.64

Nach der Rechtsprechung erscheint es zweifelhaft, ob bei den grundpfandrechtlich abgesicherten Krediten überhaupt ein verbundenes Geschäft im Sinne des § 9 VerbrKrG vorliegt. Denn im Gegensatz zu den finanzierten Abzahlungsgeschäften ist bei finanzierten Grundstückskäufen eine Trennung der Geschäfte und das Vorhandensein verschiedener, voneinander unabhängiger Vertragspartner für den Kreditnehmer in der Regel ersichtlich[72]. 5.65

Mit der zum 1. 5. 1993 in Kraft getretenen technischen Novelle zum Verbraucherkreditgesetz ist klargestellt worden (§ 3 Abs. 2 Nr. 2 VerbrKrG), daß unter diese Privilegierung auch die grundpfandrechtlich abgesicherten **Zwischenfinanzierungen** fallen[73]. Unter solchen Zwischenfinanzierungen ist die Bereitstellung kurz- oder mittelfristiger Gelder zu verstehen, deren Ablösung durch Mittel der Endfinanzierung vorgesehen ist. Hierbei handelt es sich häufig um eine wirtschaftlich notwendige Vorstufe der Baufinanzierung. Zu diesen Zwischenfinanzierungen gehören Baufinanzierungen, die durch demnächst fällig werdende Lebensversicherungen oder Bauspardarlehen abgelöst werden sollen. Hierunter fallen aber auch kurzfristige Kredite, die von vornherein durch die Endfinanzierung mittels eines grundpfandrechtlich abgesicherten Kredites abgelöst 5.66

---

71 Zum Begriff des Immobiliarkredites im Sinne von § 3 Abs. 2 Nr. 2 VerbrKrG vgl. *Bruchner*, FS Schimansky, 1999, S. 263 ff.; vgl. weiter BGH WM 1999, 1555 zur Unanwendbarkeit der Verzugszinsregelung des § 11 Abs. 1 VerbrKrG auf solche Immobiliarkredite und zur Frage der Möglichkeit einer Schadensschätzung. Höchstrichterlich noch ungeklärt ist die im Schrifttum umstrittene Frage der Anwendbarkeit des Haustürwiderrufsgesetzes auf solche Immobiliarkredite (WM 1999, 1495 ff.; vgl. weiter *Schönfelder*, WM 1999, 1495 ff.; *Schramm/Pamp*, FS Schimansky, 1999, S. 545 ff.).
72 LG Berlin WM 1999, 76, 78.
73 Vgl. Beschlußempfehlung und -bericht des Rechtsausschusses des Deutschen Bundestages, BT-Drucksache 12/4526, S. 13.

werden sollen. Dabei werden häufig bis zur Endfinanzierung die jeweils benötigten Kapitalbeträge sukzessive über ein gesondertes kontokorrentmäßig geführtes „Baukonto" nach Baufortschritt ausgezahlt. Der Kreditnehmer zahlt nur Zinsen auf das jeweils in Anspruch genommene Kapital. Die gesetzliche Privilegierung gilt nur für Endfinanzierungen zu für solche Kredite üblichen Konditionen und für Zwischenfinanzierungen zu bei diesen üblichen Konditionen. Maßstab für die Üblichkeit der bei den Endfinanzierungen vereinbarten Zinssätze kann der in den Monatsberichten der Deutschen Bundesbank für diese Kreditarten veröffentlichte Schwerpunktzinssatz sein.

5.67 Mit Rücksicht auf die übliche zeitliche Verzögerung dieser Veröffentlichungen dürfte bei zwischenzeitlichen Veränderungen des Marktzinses auch auf „nicht offizielle" Zinsstatistiken in der Wirtschaftspresse zurückgegriffen werden können. Bei Zwischenfinanzierungen, die üblicherweise in der Form eines Kontokorrentkredites gewährt werden, dürfte die Privilegierung nur zum Tragen kommen, sofern der Zinssatz unter den Zinssätzen liegt, die für grundpfandrechtlich nicht gesicherte Kontokorrentkredite marktüblich sind.

e) Überziehungskredite

5.68 § 5 VerbrKrG versteht unter einem Überziehungskredit sowohl den auf einem laufenden Konto (Girokonto) eingeräumten Kreditrahmen (**Dispositionskredit**) als auch die **geduldete Überziehung** des Girokontos oder eines vorher eingeräumten Dispositionskredites[74]. Die Überziehung des Kontos tritt dadurch ein, daß der Bank z.B. aus der Ausführung von Überweisungsaufträgen oder Einlösung von Schecks und Lastschriften Aufwendungserstattungsansprüche (§ 670 BGB) erwachsen, die sie aufgrund der Kontokorrentabsprache dem Girokonto zu belasten hat, ohne daß hierfür eine ausreichende Deckung in Gestalt von Kontoguthaben vorhanden ist.

5.69 Die **Dispositionskredite** hat der Gesetzgeber in § 5 Abs. 1 S. 1 VerbrKrG als Kreditverträge definiert, bei denen ein Kreditinstitut einem Verbraucher das Recht einräumt, sein laufendes Konto in bestimmter Höhe zu überziehen, wenn außer den Zinsen für den in Anspruch genommenen Kredit keine weiteren Kosten in Rechnung gestellt werden und die Zinsen nicht in kürzeren Perioden als 3 Monate belastet werden. Bei solchen Dispositionskrediten beruht die Überziehung typischerweise auf einem

---

[74] Für solche geduldeten Überziehungskredite im Sinne einer Kreditinanspruchnahme ohne ausdrückliche Vereinbarung oder über den vereinbarten Kredit hinaus können sich die Kreditinstitute AGB-mäßig das Recht ausbedingen, höhere Überziehungszinsen zu berechnen (BGH WM 1992, 940).

darauf gerichteten Kreditangebot der Bank – eingeräumte Überziehung (Dispo-Rahmen)[75].

Dagegen liegt eine nur **geduldete Überziehung** im Sinne des § 5 Abs. 2 VerbrKrG vor, wenn die Bank die vom Verbraucher ausgehende, als Kreditantrag zu beurteilende Überziehung zuläßt[76]. Bei solchen geduldeten Überziehungen ist zwischen der einvernehmlichen, mit Zustimmung der Bank erfolgenden und der eigenmächtigen, ohne oder gegen den Willen der Bank eintretenden Kontoüberziehung zu unterscheiden[77]. Die einvernehmliche Überziehung des Girokontos oder eines eingeräumten Kreditrahmens beruht auf einer freien Entscheidung der Bank, wie z.B. bei Barauszahlungen an den Kunden oder bei Ausführung der von ihm erteilten Überweisungsaufträge sowie bei Einlösung nicht garantierter Schecks oder Lastschriften. Zu den eigenmächtigen Kontoüberziehungen kommt es insbesondere, wenn der Kunde ungedeckte Scheckkarten-garantierte Schecks ausstellt oder sich ohne ausreichendes Kontoguthaben an Geldautomaten Bargeld auszahlen läßt oder die Bank Kontogutschriften storniert oder zum Inkasso eingereichte Schecks zurückbelastet. Solche Kontoüberziehungen beruhen zwar auf willentlichem Handeln der Bank, sie lassen aber nicht den Schluß zu, daß die Bank mit der dadurch eingetretenen Überziehung einverstanden ist und ihnen daher konkludent zustimmt[78]. Diese eigenmächtigen Überziehungen erscheinen hinsichtlich des in § 1 VerbrKrG geregelten sachlichen Anwendungsbereiches problematisch, der an das Vorliegen eines Kreditvertrages anknüpft. Auch bei weiter Auslegung des Vertragsbegriffs lassen sich solche unfreiwilligen Kontoüberziehungen nicht als Kreditverträge qualifizieren[79].

5.70

Die Überziehungskredite unterscheiden sich insgesamt von den übrigen Kreditverträgen darin, daß bei ihnen oftmals keine Gelegenheit zu einem vorherigen schriftlichen Vertragsschluß zwischen Bank und Kunde besteht. Diese regelmäßig unbürokratische Eingehung von Kreditverbindlichkeiten wollte der Gesetzgeber möglichst nicht einschränken, jedoch die mit dem **Schriftformzwang** (§ 4 VerbrKrG) bezweckte Information des Verbrauchers in einer dieser Kreditform angepaßten Weise sicherstellen[80].

5.71

---

75 Münchener Komm. zum BGB/*Ulmer*, § 5 VerbrKrG Rn 2; *Seibert*, Handbuch zum Verbraucherkreditgesetz, 1991, § 5 Rn 8.
76 Münchener Komm. zum BGB/*Ulmer*, § 5 VerbrKrG Rn 9.
77 Münchener Komm. zum BGB/*Ulmer*, § 5 VerbrKrG Rn 29; *Seibert*, Handbuch zum Verbraucherkreditgesetz, 1991, § 5 Rn 8.
78 Münchener Komm. zum BGB/*Ulmer*, § 5 VerbrKrG Rn 30.
79 *Seibert*, Handbuch zum Verbraucherkreditgesetz, 1991, § 5 Rn 8; Münchener Komm. zum BGB/*Ulmer*, § 5 VerbrKrG Rn 33.
80 Amtl. Begr., BT-Drucksache 11/5462, S. 20.

Der Schriftformzwang ist daher durch eine **Unterrichtungspflicht** ersetzt worden. Der Kunde soll bei den Dispositionskrediten zunächst vor der Inanspruchnahme des Kredits Informationen über die Höchstgrenze des Kredits, den zum Zeitpunkt der Unterrichtung geltenden Zinssatz, die Voraussetzungen für eine Zinssatzänderung und die Vertragsbeendigung erhalten (§ 5 Abs. 1 S. 2 VerbrKrG). Sodann sind dem Kunden diese Konditionen spätestens nach der ersten Inanspruchnahme des Kredits schriftlich zu bestätigen. Während der Inanspruchnahme des Kredits hat eine fortlaufende schriftliche Unterrichtung über Zinssatzänderungen zu erfolgen. Für die notwendige schriftliche Unterrichtung des Kunden genügt auch ein Ausdruck auf einem Kontoauszug (§ 5 Abs. 1 S. 3–5 VerbrKrG). Bei den geduldeten Überziehungen ist der Kunde über den Jahreszins, die Kosten sowie die diesbezüglichen Änderungen zu unterrichten, wenn das Konto länger als drei Monate überzogen wird (§ 5 Abs. 2 VerbrKrG).

5.72 Der dem Schriftformzwang nicht unterworfene Überziehungskredit setzt eine Kreditinanspruchnahme auf einem „laufenden Konto" voraus. Nach der amtlichen Begründung handelt es sich hierbei um **Kontokorrentkonten**[81]. Nach der Legaldefinition des Kontokorrents (§ 355 Abs. 1 HGB) ist hierfür erforderlich, daß es auf diesem Konto zu einer laufenden Verbuchung von Ansprüchen und Leistungen kommt. Dabei genügt es für das Vorliegen eines Kontokorrents, wenn eine Seite (Kunde) nur Leistungen (Kreditrückzahlungen) erbringt, während die andere Seite (Bank) Ansprüche (Kreditforderungen) erwirbt. Auch ist es unschädlich, daß sich aus den regelmäßigen Kontoabschlüssen (Saldierungen) ein „Überschuß" (Saldo) stets nur zugunsten der Bank ergibt[82]. Unschädlich dürfte schließlich sein, daß der Kunde sein Girokonto für längere Zeit oder dauernd überzieht[83]. Im übrigen wird es von der konkreten Ausgestaltung der Kontoführung abhängen, ob ein „laufendes Konto" im Sinne des § 5 Abs. 1 VerbrKrG bejaht werden kann.

II. Formerfordernisse

5.73 Alle Kreditverträge mit Ausnahme der Überziehungskredite im Sinne des § 5 VerbrKrG bedürfen der gesetzlichen Schriftform (§ 4 Abs. 1 S. 1 VerbrKrG)[84]. Dies gilt auch für den Kreditvertrag beim verbundenen Ge-

---

81 BT-Drucksache 11/5462, S. 20.
82 *Canaris*, WM 1987, Sonderbeil. 4, 3.
83 Münchener Komm. zum BGB/*Ulmer*, § 5 VerbrKrG Rn 13.
84 Zu den Wirksamkeitsanforderungen an die vertragliche Mitverpflichtung von Ehegatten und anderen Familienangehörigen vgl. *Derleder*, NJW 1993, 2401.

schäft im Sinne des § 9 VerbrKrG. Der finanzierte Kaufvertrag hat dagegen keinen Kreditcharakter und unterliegt deshalb auch nicht dem Formzwang[85]. Dieses Formerfordernis soll die zutreffenden Informationen des Kreditnehmers über die wesentlichen Kreditkonditionen sicherstellen. Zugleich soll das Erfordernis der eigenhändigen Unterschrift vor einem unüberlegten finanziellen Engagement warnen. Die geforderten Mindestangaben zeigen die finanziellen Folgewirkungen einer Kreditaufnahme auf und sollen es dem Kreditnehmer ermöglichen, eine sachgerechte Entscheidung auf gesicherter Basis für oder gegen die Kreditaufnahme zu fällen[86]. Das Formerfordernis gilt auch für eine unwiderruflich erteilte Kreditvollmacht[87].

Die zum 1. 5. 1993 in Kraft getretene technische Novelle zum Verbrauchergesetz hat klargestellt, daß es der gesetzlichen Schriftform genügt, wenn Antrag und Annahme durch die Vertragsparteien jeweils getrennt schriftlich erklärt werden (§ 4 Abs. 1 S. 2 VerbrKrG). Darin liegt eine Abweichung von der in § 126 Abs. 2 S. 1 BGB enthaltenen Grundregel, nach der die Unterzeichnung der Parteien auf derselben Urkunde geschehen muß. Nur bei mehreren Vertragsurkunden genügt es, wenn jede Partei die für die andere Partei bestimmte Urkunde unterzeichnet (§ 126 Abs. 2 S. 2 BGB). Für die Kreditgeber sieht das Gesetz die weitere Erleichterung vor, daß sie mit Hilfe einer automatischen Einrichtung, also insbesondere EDV-mäßig erstellt werden darf (§ 4 Abs. 1 S. 3 VerbrKrG). Für die erforderliche Annahmeerklärung können die Kreditinstitute daher automatisiert erstellte Kreditbestätigungsschreiben verwenden. 5.74

Diese mit der technischen Novelle geschaffenen **Formerleichterungen** gelten auch für vorbehaltene Zinsanpassungen. Die Mitteilung der Bank über eine Zinsanpassung kann daher mit einem EDV-mäßig hergestellten Schreiben ohne Unterschrift der Bank erfolgen. 5.75

Die gesetzlich geforderten Angaben müssen in der vom Kreditnehmer unterzeichneten Urkunde enthalten sein (§ 4 Abs. 1 S. 4 VerbrKrG)[88]. Bei einem Rechtsgeschäft, das einem gesetzlichen Schriftformzwang unter- 5.76

---

85 Amtl. Begr., BT-Drucksache 11/5462, S. 19.
86 Eine Zusatzklausel zu dem Kreditvertrag, durch die der Kreditnehmer verpflichtet wird, sein Gehaltskonto bei der kreditgewährenden Bank zu unterhalten oder bei Verlegung des Gehaltskontos den noch ausstehenden Kreditbetrag abzulösen, verstößt gegen § 9 AGBG (Hans. OLG Hamburg, WM 1996, 105 ff.).
87 OLG München WM 1999, 1456, 1457; *Peters,* FS Schimansky, 1999, S. 477, 501.
88 Zur Frage der inhaltlichen Ausgestaltung einer unwiderruflichen Vollmacht zum Abschluß von Verbraucherkrediten vgl. LG München WM 1991, 321.

liegt, muß die Urkunde grundsätzlich den gesamten Vertragsinhalt enthalten, damit dieser von der Unterschrift gedeckt ist. Umstritten ist deshalb, ob die AGB der Banken zu ihrer wirksamen Einbeziehung in den Vertrag in die Vertragsurkunde integriert werden müssen, auch wenn sie schon vorher, etwa anläßlich der Kontoeröffnung, wirksam in die Geschäftsverbindung mit dem Kunden einbezogen worden sind, oder ob der übliche Hinweis auf die ergänzende Geltung der AGB genügt[89].

1. Einzelne Mindestangaben

5.77 Die Vertragsurkunde nach § 4 Abs. 1 S. 4 VerbrKrG hat insbesondere zu enthalten den auszuzahlenden Kreditbetrag (**Nettokreditbetrag**), gegebenenfalls die Höchstgrenze des Kredites, wie z.B. bei dem kontokorrentmäßig ausnutzbaren Rahmenkredit (vgl. § 3 Abs. 1 Nr. 1 VerbrKrG), und die Art und Weise der Rückzahlung des Kredites oder, mangels einer solchen Vereinbarung, die Regelung der Vertragsbeendigung. Hierzu gehören auch die **Zahlungstermine** und die **Anzahl der Tilgungsraten**[90]. Denn die von § 4 Abs. 1 S. 4 Nr. 1 VerbrKrG geforderten Angaben sollen dem Schuldner die Höhe der kontinuierlich zu erbringenden Zahlungen vor Augen führen und ihm den Vergleich mit den Angeboten anderer Kreditinstitute ermöglichen[91].

5.78 Bis zur technischen Novelle zum Verbraucherkreditgesetz war der **Gesamtbetrag** aller vom Kreditnehmer zu entrichtenden Teilzahlungen einschließlich Zinsen und sonstiger Kosten anzugeben. Die Angabe eines solchen Gesamtbetrages ist aber nur dort sinnvoll, wo dieser bei Vertragsschluß der Höhe nach vollständig feststeht[92]. Nach der gesetzlichen **Änderung** in § 4 Abs. 1 S. 4 Nr. 1 lit. b VerbrKrG ist für die Angabepflicht zwischen Krediten mit „festen" und „veränderlichen" (variablen) Bedingungen (Konditionen) zu unterscheiden. So ist der Gesamtbetrag aller vom Kreditnehmer zur Tilgung des Kredites sowie zur Zahlung der Zin-

---

89 Verneinend *Münstermann/Hannes*, VerbrKrG, 1991, Rn 198; *Bruchner/Ott/Wagner-Wieduwilt*, VerbrKrG, 1992, § 4 Rn 16; bejahend *Bülow*, VerbrKrG, 3. Aufl., 1998, § 4 Rn 47; *von Westphalen/Emmerich/Kessler*, VerbrKrG, 1991, § 4 Rn 17; Münchener Komm. zum BGB/*Ulmer*, § 4 VerbrKrG Rn 20.
90 OLG Karlsruhe, Urteil vom 27.10.1998 (Az: 17 U 316/97); *Bruchner/Ott/Wagner-Wieduwilt*, VerbrKrG, 2. Aufl., 1994, § 4 Rn 86.
91 BGH WM 1998, 1120, 1123 unter Bezugnahme auf die Gesetzesmaterialien.
92 Amtl. Begr., der technischen Novelle, BT-Drucksache 12/1836, S. 15. Bei objektiver Unmöglichkeit wurde daher diese zwischenzeitlich weggefallene Angabepflicht verneint (*Reinking/Nießen*, ZIP 1991, 79, 81; *von Westphalen*, ZIP 1993, 93).

sen und sonstigen Kosten zu entrichtenden Teilzahlungen anzugeben, wenn dieser Gesamtbetrag bei Abschluß des Kreditvertrages für die gesamte Laufzeit der Höhe nach feststeht. Dies gilt im wesentlichen für das klassische Ratenkreditgeschäft, aber auch für sonstige Kredite, die in Teilzahlungen zurückgeführt werden und bei denen für die gesamte Laufzeit im Zeitpunkt des Vertragsabschlusses alle Konditionen festgelegt werden.

Um aber eine einfache Umgehung dieser Angabepflicht durch Vereinbarung veränderlicher Bedingungen zu verhindern, wurde für Kredite mit veränderlichen Konditionen ergänzend die Pflicht zur Angabe eines „fiktiven anfänglichen Gesamtbetrages" eingeführt (§ 4 Abs. 1 S. 4 Nr. 1 lit. b S. 2 VerbrKrG). Bei solchen Teilzahlungskrediten ist der Gesamtbetrag nunmehr „auf der Grundlage der bei Abschluß des Vertrages maßgeblichen Kreditbedingungen anzugeben". Hier ist also eine Hochrechnung anhand der Anfangskonditionen erforderlich. 5.79

Diese Hochrechnung dürfte auch bei den sog. **Abschnittsfinanzierungen** geboten sein, bei denen wie bei der Baufinanzierung der Zinssatz nur für einen ersten, regelmäßig mehrjährigen Zeitabschnitt fest vereinbart ist und die Konditionen sodann entsprechend der Marktsituation neu vereinbart werden. 5.80

Zu den Krediten mit veränderlichen Bedingungen im Sinne des § 4 Abs. 1 S. 4 Nr. 1 lit. b VerbrKrG dürften nicht nur solche Kredite gehören, bei denen sich die Bank eine einseitige Änderung des Zinssatzes oder anderer preisbestimmender Faktoren vorbehält (vgl. § 4 Abs. 1 S. 4 Nr. 1 lit. e VerbrKrG), sondern auch Kredite mit einer Neuvereinbarung der Konditionen nach Ablauf einer Festzinsperiode. 5.81

Zur Vermeidung jeglicher Auslegungszweifel wurde im übrigen klargestellt, daß eine Gesamtbetragsangabepflicht bei Krediten entfällt, bei denen dem Kreditnehmer die Inanspruchnahme bis zu einer Höchstgrenze freigestellt ist (§ 4 Abs. 1 S. 4 Nr. 1 lit. b S. 3 VerbrKrG). Hierunter fallen insbesondere alle Kontokorrentrahmenkredite und die kontokorrentähnlichen Ratenkredite in Gestalt der Dispo-, Vario- und Scheckkredite. Im übrigen entfällt die Pflicht zur Angabe eines Gesamtbetrages, wenn der Kredit nicht in Teilzahlungen, sondern auf einmal zurückzuführen ist oder es sich um einen Kredit handelt, dessen Sicherung durch ein Grundpfandrecht zu erfolgen hat und der zu für grundpfandrechtlich abgesicherte Kredite und deren Zwischenfinanzierung üblichen Bedingungen gewährt wird – sog. echte Realkredite – (§ 3 Abs. 2 Nr. 2 VerbrKrG). 5.82

Nach der technischen Novelle zum Verbraucherkreditgesetz sind neben dem Zinssatz auch alle sonstigen Kosten des Kredites, soweit ihre Höhe bekannt ist, im einzelnen zu bezeichnen; anderenfalls sind die Kosten 5.83

dem Grunde nach anzugeben (§ 4 Abs. 1 S. 4 Nr. 1 lit. d VerbrKrG). Bei den vom Kreditnehmer zu tragenden Versicherungsprämien könnte es sich empfehlen, die Höhe der Prämie aufgrund der Erfahrungswerte der kreditgebenden Bank zu schätzen.

5.84 Die Vertragsurkunde muß schließlich Angaben über die zu bestellenden **Sicherheiten** enthalten (§ 4 Abs. 1 S. 4 lit. g VerbrKrG). Dagegen braucht die Sicherheit selbst in der Vertragsurkunde nicht bestellt zu werden. Erforderlich ist nur die Aufnahme einer schuldrechtlichen Verpflichtung zur Bestellung einer bestimmten Sicherheit. Bei der Bestellung einer Grundschuldsicherheit könnte vorsorglich darauf hingewiesen werden, daß der Kreditnehmer ein abstraktes Schuldanerkenntnis in Höhe des Grundschuldbetrages mit Unterwerfung unter die sofortige Zwangsvollstreckung zu erklären hat. Sind bereits Sicherheiten bestellt, wie zum Beispiel das in den Banken-AGB enthaltene Pfandrecht, so genügt der pauschale Hinweis, daß diese Sicherheiten bestehen bleiben[93].

5.85 Formbedürftig nach § 4 Abs. 1 S. 4 lit. g VerbrKrG ist grundsätzlich auch eine **Nachbesicherung** eines Kredites, die die Kreditinstitute nach Nr. 13 Abs. 2 AGB Banken fordern können, wenn Umstände eintreten oder bekannt werden, die eine erhöhte Risikobewertung der Ansprüche gegen den Kunden rechtfertigen. Wegen des Schriftformzwanges besteht ein derartiger Anspruch auf nachträgliche Bestellung oder Verstärkung von Sicherheiten bei Verträgen, die unter das Verbraucherkreditgesetz fallen, jedoch nur, soweit die Sicherheiten im Kreditvertrag angegeben sind (Nr. 13 Abs. 2 S. 5, 1. Hs. AGB Banken). Da § 6 Abs. 2 S. 6, 2. Hs. VerbrKrG einen Verstoß hiergegen bei Kreditverträgen mit einem Nettokreditbetrag von über DM 100 000 sanktionslos läßt, kann jedoch die Bank die Nachbesicherung bei derartigen Verträgen auch ohne Angabe im Kreditvertrag verlangen (Nr. 13 Abs. 2 S. 5, 2. Hs. AGB Banken).

2. Rechtsfolgen bei Verletzung der Formerfordernisse (§ 6 Abs. 1 VerbrKrG)

5.86 § 6 VerbrKrG enthält Sanktionen für den Fall, daß die Formvorschrift oder wichtige Mindestangaben, aus denen sich auch die Kreditfolgelast ergibt, nicht beachtet worden sind[94]. Diese Nichtbeachtung führt nach § 6 Abs. 1 VerbrKrG **grundsätzlich** zur **Nichtigkeit** des Kreditvertrages. Kommt es gleichwohl zur Auszahlung des Darlehensbetrages, werden die

---

93 Amtl. Begr., BT-Drucksache 11/5462, S. 20.
94 Ungewiß ist, ob diese Sanktionen auch dann greifen, wenn die Angaben in der Vertragsurkunde zwar enthalten, jedoch nicht richtig oder unvollständig sind (*Reinking/Nießen*, ZIP 1991, 79, 82).

Rechtsfolgen differenziert. Hierbei wollte der Gesetzgeber sowohl dem Interesse des Kreditnehmers, der sich auf die Nutzung des Kapitals eingestellt hat, als auch dem Interesse des Kreditgebers an dem Erhalt von Zinsen und sonstigen Kreditkosten angemessen Rechnung tragen. Diese Spezialregelung soll nach der amtlichen Begründung die bereicherungsrechtlichen Vorschriften (§ 812 Abs. 1 Satz 1 BGB) verdrängen, weil bei deren Anwendung die schutzwürdigen Interessen der Vertragsparteien benachteiligt würden[95]. Soweit der Kunde das Darlehen empfängt oder den Kredit in Anspruch nimmt, wird der Kreditvertrag daher ungeachtet der Formmängel gültig (§ 6 Abs. 2 S. 1 VerbrKrG). Zum Schutze des Verbrauchers treten jedoch die nachstehenden **Sanktionen** ein:

- Zinssatzermäßigung: Fehlt die Angabe des Nominalzinssatzes des effektiven bzw. anfänglichen effektiven Jahreszinses oder des Gesamtbetrages als Summe der Tilgungsleistung zuzüglich der Zinsen und aller Kosten (§ 4 Abs. 1 Satz 4 Nr. 1 lit. d VerbrKrG), so ermäßigt sich der Nominalzinssatz des Kredites auf den gesetzlichen Zinssatz (§ 288 Abs. 1 S. 1 BGB: 4%). Ist der effektive oder der anfängliche effektive Jahreszins zu niedrig angegeben, so vermindert sich der dem Kreditvertrag zugrundeliegende Zinssatz um den Vomhundertsatz, um den der effektive Jahreszins zu niedrig angegeben ist (§ 6 Abs. 4 VerbrKrG). Ist dagegen der Gesamtbetrag im Sinne des § 4 Abs. 1 S. 4 Nr. 1 lit. b VerbrKrG zu niedrig angegeben, so führt dies zu einer Reduzierung des vertraglichen auf den gesetzlichen Zinssatz. Eine solche Zinssatzreduzierung dürfte lediglich für die Fälle zu verneinen sein, wenn unbeabsichtigt eine unbedeutende Kostenposition bei Ermittlung des Gesamtbetrages unberücksichtigt geblieben ist und auch bei zutreffender Angabe des Gesamtbetrages eine andere Kreditentscheidung des Kunden unwahrscheinlich gewesen wäre.
- Nicht angegebene Kosten: Diese werden vom Kreditnehmer nicht geschuldet (§ 6 Abs. 2 S. 3 VerbrKrG).
- Voraussetzungen für Änderungen des Zinssatzes: Fehlt deren Angabe, kann der Zinssatz nicht zum Nachteil des Kunden geändert werden (§ 6 Abs. 2 S. 5 VerbrKrG).
- Sicherheitenbestellung: Bei Fehlen ihrer Angabe können Sicherheiten grundsätzlich nicht gefordert werden, soweit nicht der Nettokreditbetrag DM 100 000 übersteigt (§ 6 Abs. 2 S. 6 VerbrKrG).

5.87

III. Widerrufsrecht

Dem umfassenden Schutz des Verbrauchers vor unüberlegten Vertragsentschließungen im Rahmen der Abschlußphase dient das Widerrufsrecht. Die auf den Abschluß eines Kreditvertrages gerichtete Willenser-

5.88

---
95 BT-Drucksache 11/5462, S. 21.

klärung des Kreditnehmers wird erst wirksam, wenn er sie nicht binnen einer Frist von einer Woche schriftlich widerruft (**§ 7 Abs. 1 VerbrKrG**). Es besteht ein Schwebezustand, über dessen dogmatische Einordnung unterschiedliche Auffassungen bestehen[96]. Eine nur teilweise Ausübung des Widerrufsrechts ist grundsätzlich nicht möglich[97]. Bei nur teilweise valutierten Darlehen soll nach einem Teil der Literatur der Widerruf auf einzelne Vertragsteile beschränkt werden können[98]. Zur Wahrung der Frist genügt die rechtzeitige Absendung des Widerrufs (§ 7 Abs. 2 S. 1 VerbrKrG). Dem Verbraucher soll auf diese Weise die volle Ausnutzung der Wochenfrist gewährt werden[99]. Es genügt daher die rechtzeitige Aufgabe der Widerrufserklärung zur Post.

5.89 Dieses bislang nur für Warenkreditgeschäfte geltende Widerrufsrecht (§ 1 b AbzG) hat das Verbraucherkreditgesetz auf **alle Verbraucherkreditgeschäfte** ausgedehnt. Diese Regelung lehnt sich in rechtstechnischer Ausgestaltung an die Widerrufsrechte in anderen Gesetzen an.

5.90 Hierbei handelt es sich um § 11 des Gesetzes über den Vertrieb ausländischer Investmentanteile und über die Besteuerung der Erträgnisse ausländischer Investmentanteile, § 23 des Gesetzes über Kapitalanlagegesellschaften, § 4 des Fernunterrichtsschutzgesetzes und § 1 des Gesetzes über den Widerruf von Haustürgeschäften und ähnlichen Geschäften.

5.91 Während bei diesen Gesetzen der überwiegende Zweck des Widerrufsrechts in einem Überrumpelungs- oder Übereilungsschutz zu sehen ist, geben beim Verbraucherkreditgesetz in erster Linie die wirtschaftliche Bedeutung und die Tragweite sowie die Schwierigkeiten der Vertragsmaterie Veranlassung, dem Verbraucher eine befristete Lösungsmöglichkeit zu gewähren.

5.92 Der Kreditnehmer muß über sein Widerrufsrecht **aufgeklärt** werden[100]. Hierzu gehört auch eine Belehrung über den Beginn der Widerrufsfrist[101]. Der Lauf der Widerrufsfrist beginnt erst, wenn dem Kreditnehmer eine

---

96 *Ollmann*, WM 1992, 2005.
97 Münchener Komm. zum BGB/*Ulmer*, § 7 VerbrKrG Rn 9; *Bülow*, VerbrKrG, 3. Aufl., 1998, § 7 Rn 21; *Münstermann/Hannes*, VerbrKrG, 1991, Rn 339. Vgl. weiter *Bruchner/Ott/Wagner-Wieduwilt*, VerbrKrG, 1994, § 7 Rn 12, wonach die Vertragspartner aber die teilweise Ausübung des Widerrufsrechts vereinbaren können.
98 Münchener Komm. zum BGB/*Ulmer*, § 7 VerbrKrG Rn 9, 47 m.w.Nachw.
99 Amtl. Begr., BT-Drucksache 11/5462, S. 22.
100 Amtl. Begr., BT-Drucksache 11/5462, S. 24 unter Bezugnahme auf BGH WM 1984, 1045; 1987, 365.
101 BGH WM 1993, 589, 590.

drucktechnisch deutlich gestaltete und von ihm gesondert zu unterschreibende Belehrung, deren Inhalt gesetzlich vorgeschrieben ist, ausgehändigt worden ist (vgl. § 7 Abs. 2 S. 2 VerbrKrG). Dabei muß die Unterschrift des Kreditnehmers nicht auf dem ihm zum dauernden Verbleib ausgehändigten Exemplar der Widerrufsbelehrung erfolgen. Es genügt vielmehr, daß die vorgeschriebene Unterschrift auf ein anderes Exemplar gesetzt wird, das dem Kreditinstitut verbleibt[102]. Für den Beginn der Widerrufsfrist ist es deshalb nicht erforderlich, daß dem Kreditgeber eine von ihm unterschriebene Widerrufsbelehrung ausgehändigt worden ist[103].

Wird der Kreditnehmer **nicht ordnungsgemäß belehrt,** so erlischt das Widerrufsrecht erst nach beiderseits vollständiger Erbringung der Leistung, spätestens jedoch ein Jahr nach Abgabe der auf den Abschluß des Kreditvertrages gerichteten Willenserklärung des Kreditnehmers (§ 7 Abs. 2 S. 3 VerbrKrG)[104]. 5.93

Soweit Darlehensbeträge vor dem Widerruf an den Kreditnehmer ausgezahlt worden sind, kann die Bank eine Verzinsung verlangen (§ 7 Abs. 4 VerbrKrG i.V.m. § 3 Abs. 3, 1. Hs. HausTWG), deren Höhe freilich umstritten ist[105]. 5.94

Bei Kreditverträgen verknüpft das Verbraucherkreditgesetz im Interesse des Kreditgebers die Rechtsbeständigkeit des Widerrufs mit der Darlehensrückzahlung, sofern die **Auszahlung des Kreditbetrages** erfolgt ist. Zahlt der Kreditnehmer den erhaltenen Kreditbetrag nicht binnen zwei Wochen entweder nach Erklärung des Widerrufs oder nach Auszahlung zurück, so gilt der Widerruf als nicht erfolgt und der Kreditvertrag wird rechtsgültig, ohne daß es auf ein Verschulden des Verbrauchers ankommt (§ 7 Abs. 3 VerbrKrG). Hat der Kreditnehmer nur einen Teilbetrag des Kredites in Anspruch genommen und unterbleibt die fristgemäße Rückzahlung dieses Betrages, so bleibt der Kreditvertrag nur in dieser Höhe erhalten; im übrigen ist der Widerruf wirksam[106]. 5.95

---

102 BGH WM 1998, 126, 128.
103 BGH WM 1998, 126, 128 m.w.Nachw.
104 OLG Hamm MDR 1999, 537.
105 Für „Vertragszinsen" *Münstermann/Hannes,* VerbrKrG, 1991, Rn 397; für „Marktzinsen" *Seibert,* Handbuch zum Verbraucherkreditgesetz, 1991, § 7 Rn 18; *von Heymann,* WM 1991, 1285, 1292; *Bruchner/Ott/Wagner-Wieduwilt,* VerbrKrG, 1992, § 7 Rn 66. Vgl. weiter Münchener Komm. zum BGB/*Ulmer,* § 7 VerbrKrG Rn 68.
106 *Seibert,* Handbuch zum Verbraucherkreditgesetz, 1991, § 7 Rn 15 a.E.; Münchener Komm. zum BGB/*Ulmer,* § 7 VerbrKrG Rn 51.

5.96 Die für die Wirksamkeit des Widerrufs erforderliche Rückzahlung des empfangenen Kredits ermöglicht es den Kreditgebern, diesen auszuzahlen, ohne den Ablauf der Widerrufsfrist abwarten zu müssen. Nach der amtlichen Begründung[107] gilt das **Darlehen auch dann als empfangen**, wenn der Kreditgeber vereinbarungsgemäß an einen Dritten ausgezahlt (§§ 362 Abs. 2, 185 BGB) oder gegen den Auszahlungsanspruch mit Ansprüchen aus Altkrediten aufgerechnet hat. Ist die Kreditvaluta auf Weisung des Kreditnehmers an einen Dritten ausgezahlt worden, muß der widerrufende Kreditnehmer ebenfalls für eine rechtzeitige Rückzahlung sorgen. Die Rückzahlungsverpflichtung ist als Geldschuld eine sog. qualifizierte Schickschuld. Für die Rechtzeitigkeit der Leistung ist daher entscheidend, wann der Schuldner das zur Übermittlung des Geldes seinerseits Erforderliche getan hat. Das Risiko des verspäteten Eingangs soll nach der Amtlichen Begründung der Kreditgeber tragen, wenn der Verbraucher innerhalb der 2-Wochen-Frist die Rücksendung des Geldes veranlaßt hat.

5.97 Bei den **verbunden Geschäften** hängt dagegen die Wirksamkeit des Widerrufs nicht von der Rückzahlung des bereits ausgezahlten Darlehens ab; § 7 Abs. 3 VerbrKrG ist hier unanwendbar (§ 9 Abs. 2 S. 3 VerbrKrG). Ist der Nettokreditbetrag dem Verkäufer bereits zugeflossen, so tritt der Kreditgeber im Verhältnis zum Kreditnehmer hinsichtlich der Rechtsfolgen des Widerrufs (§ 7 Abs. 4 VerbrKrG i.V.m. § 3 HausTWG) in die Rechte und Pflichten des Verkäufers aus dem Kaufvertrag ein (§ 9 Abs. 2 S. 4 VerbrKrG). Sollen die Konsequenzen einer solchen Geschäftsabwicklung vermieden werden, darf das Kreditinstitut die Darlehensauszahlung erst nach Ablauf der Widerrufsfrist und der Postlaufzeit für den Widerruf vornehmen.

IV. Drittfinanzierte Geschäfte (Verbundene Geschäfte)[108]

5.98 Das Verbraucherkreditgesetz regelt auch die besonderen Probleme drittfinanzierter Geschäfte, bei denen die Kreditgewährung vom Kauf- oder sonstigen Dienstleistungsvertrag getrennt von einem Finanzierungsinstitut übernommen wird, beide rechtlich selbständigen Geschäfte sich aber als eine „wirtschaftliche Einheit" darstellen („verbundene Geschäfte", § 9 Abs. 1 VerbrKrG).

5.99 Für die Bezeichnung dieser Form der Finanzierung eines Abzahlungsgeschäftes durch Gewährung von Gelddarlehen eines Kreditinstitutes fehlte es bislang an

---

107 BT-Drucksache 11/5462, S. 22.
108 *Dauner-Lieb*, WM 1991, Sonderbeil. 6.

einer einheitlichen Terminologie. Während die Rechtsprechung[109] hier vom finanzierten Abzahlungskauf (Abzahlungsgeschäft) sprach, verwendete das Schrifttum auch die Bezeichnungen Kaufkreditverträge, Finanzierungsdarlehen oder Teilzahlungskreditgeschäft. Für die Bezeichnung **Teilzahlungskredite** sprach, daß sich auf diese Kredite spezialisierte Kreditinstitute als Teilzahlungsbanken bezeichnen. Auch das bisherige Abzahlungsgesetz (§ 1) sprach von der Leistung des geschuldeten Kaufpreises „in Teilzahlungen".

1. Regelungsbedürfnis für verbundene Geschäfte

Die Rechtsprechung hat auf den finanzierten Abzahlungskauf seit langem die Vorschriften des Abzahlungsgesetzes unter Berufung auf § 6 AbzG entsprechend angewendet, wenn sich finanziertes Geschäft und der Kreditvertrag aus der Sicht des Verbrauchers als eine **„wirtschaftliche Einheit"** darstellten. Der Verbraucher sollte durch die rechtliche Aufspaltung in zwei Vertragsverhältnisse nicht schlechter gestellt werden, als wenn ihm – wie bei einem einfachen Abzahlungskauf – nur ein Vertragspartner gegenüberstünde[110]. Der Verbraucher sollte davor geschützt werden, den Kredit in voller Höhe zurückzahlen zu müssen, wenn er dem Warenlieferanten oder dem Erbringer der Dienstleistung zugeflossen ist, dieser an den Verbraucher aber keine oder keine vertragsmäßige Leistung erbracht hat[111].

5.100

Aus der Sicht des Verbraucherschutzes können einerseits die persönlichen Kleinkredite oder Anschaffungsdarlehen[112] und andererseits die Teilzahlungskredite zur Finanzierung der sog. A-, B- und C-Geschäfte unterschieden werden. Bei den A-, B- und C-Geschäften handelt es sich um verschiedene Gestaltungen des finanzierten Abzahlungskaufs[113], der bislang dem Abzahlungsgesetz unterworfen war. Die heute standardisierten persönlichen Kleinkredite und Anschaffungsdarlehen sind dadurch gekennzeichnet, daß weitgehend oder sogar völlig auf einen geschäftlichen Kontakt zwischen Verkäufer und finanzierender Bank verzichtet wird. Hier tritt die Bank nur in eine Geschäftsbeziehung zum

5.101

---

109 Vgl. nur BGH WM 1987, 365; 1988, 1328; 1990, 1234; *Halstenberg*, WM 1988, Sonderbeil. 4, 14.
110 BGH WM 1980, 159, 160.
111 Amtl. Begr., BT-Drucksache 11/5462, S. 23.
112 Die Praxis kennt vielfältige Bezeichnungen für diese beiden Kreditformen, z.B. Privatdarlehen, Personalkredit. Dagegen liegt eine reine **Absatzfinanzierung** vor, wenn sich nicht der Käufer (Kunde), sondern der **Verkäufer** die Finanzierungsmittel durch eine eigene Kreditaufnahme besorgt (*Staudinger/Hopt/Mülbert*, Vorbem. zu §§ 607 ff. Rn 396).
113 *Staudinger/Hopt/Mülbert*, Vorbem. zu §§ 607 ff. Rn 391, 404.

Käufer (**direkte Kundenfinanzierung**)[114]. Beim finanzierten Abzahlungskauf in den drei Varianten des A-, B- und C-Geschäfts sind dagegen die vertraglichen Beziehungen zwischen der finanzierenden Bank, dem Käufer und dem Verkäufer von vornherein beabsichtigt und eng aufeinander bezogen[115]. Bei dem B- und C-Geschäft besorgt sogar der Verkäufer den Kredit für den Käufer (sog. **indirekte Kundenfinanzierung**).

5.102 Das Verbraucherkreditgesetz enthält ein Regelbeispiel für das Vorliegen einer solchen „wirtschaftlichen Einheit" von Kreditvertrag und finanziertem Vertrag. Nach § 9 Abs. 1 S. 2 VerbrKrG ist eine wirtschaftliche Einheit insbesondere anzunehmen, „wenn der Kreditgeber sich bei der Vorbereitung oder dem Abschluß des Kreditvertrages der Mitwirkung des Verkäufers bedient". Nach der amtlichen Begründung[116] bildet ein praktisches Beispiel hierfür das B-Geschäft, bei dem der Verkäufer beim Kreditantrag an einen von ihm bestimmten Kreditgeber mitwirkt. Bei dem **B-Geschäft** vermittelt der Verkäufer seinem Kaufkontrahenten das Kreditinstitut, mit dessen Gelddarlehen der Kaufpreis sofort bezahlt werden soll. Das B-Geschäft wurde zuerst 1929 in Berlin angewendet (**Berliner System**). Der Käufer hat hierzu regelmäßig ein Darlehensantragsformular zu unterzeichnen, das die kreditgebende Bank dem Verkäufer zur Ausfüllung und Unterzeichnung durch den Käufer im voraus überlassen hat. Mit diesem Formular beantragt der Käufer ein **Gelddarlehen,** das nur zur Tilgung seiner Restkaufpreisschuld gegenüber dem Verkäufer verwendet werden soll. Die Darlehensvaluta wird meist durch die kreditgebende Bank unmittelbar an den Verkäufer überwiesen. Der Kreditnehmer tilgt sodann seine Rückzahlungsverbindlichkeit durch Ratenzahlungen, die an die das Abzahlungsgeschäft finanzierende Bank geleistet werden. Die Rechtsbeziehungen zwischen der finanzierenden Bank und dem Verkäufer beruhen überwiegend auf einem Rahmenvertrag. Darin erklärt sich die Bank bereit, den Kunden des Verkäufers bis zu einem bestimmten Höchstbetrag Finanzierungsdarlehen zu Warenkäufen zu gewähren. Der Verkäufer übernimmt oftmals gegenüber der finanzierenden Bank die Mithaftung für die Tilgung der Darlehensschuld seines Kaufkontrahenten. Diese Mithaftung ist jedoch für das B-Geschäft weder obligatorisch noch allgemein üblich. Dieses B-Geschäft ist vom A- und C-Geschäft zu unterscheiden.

5.103 Beim **C-Geschäft** handelt es sich um ein mit der Ausstellung von Wechseln verbundenes B-Geschäft. Diese über die einzelnen Tilgungsraten ausgestellten Wechsel werden vom Verkäufer an Order der Bank ausgestellt und vom Käufer

---

114 *Staudinger/Hopt/Mülbert*, Vorbem. zu §§ 607 ff. Rn 391.
115 *Staudinger/Hopt/Mülbert*, Vorbem. zu §§ 607 ff. Rn 398.
116 BT-Drucksache 11/5462, S. 23.

akzeptiert. Der Käufer übernimmt hierdurch zusätzlich zur Darlehensrückzahlungspflicht nach § 607 Abs. 1 BGB die wechselrechtliche Haftung als Akzeptant nach Art. 28 WG. Die Bank kann diese Wechsel zur Refinanzierung ihres Geschäfts der Bundesbank verkaufen (diskontieren). Im übrigen kann die Bank gerichtlich im Urkundenprozeß vorgehen und damit schneller einen Vollstreckungstitel erlangen. Das C-Geschäft wird meist als bloßer Unterfall des B-Geschäfts angesehen[117]. Die gegenüber dem B-Geschäft stärkere Sicherung des Verkäufers und eine für ihn erleichterte Refinanzierung kann jedoch mit dem Schutz des Käufers unvereinbar sein, der beim B-Geschäft von Rechtsprechung und Lehre für notwendig angesehen wird. Dies gilt vor allem bei der Weiterbegebung der Wechsel, weil infolge des dann eingreifenden wechselrechtlichen Einwendungsausschlusses zugunsten gutgläubiger Erwerber die Gefahr besteht, daß der Käufer keine Verteidigungsmöglichkeiten gegen die auf den Erwerber übertragene Wechselforderung besitzt[118]. Das Verbraucherkreditgesetz (§ 10 Abs. 2) verbietet daher die Eingehung von Wechsel- oder von Scheckverbindlichkeiten – Rn 5.128. Damit dürfte auch das C-Geschäft, das durch die Annahme von Wechseln seitens des Verbrauchers über einzelne Raten gekennzeichnet ist, im Ergebnis verboten sein.

Bei dem sog. **A-Geschäft** stellt das finanzierende Kreditinstitut **Warengutscheine** aus, die der Kreditnehmer bei den Vertragsfirmen des Kreditinstituts zum Einkauf verwenden kann. Die Vertragsfirmen sind zur Annahme dieser Gutscheine als Zahlungsmittel verpflichtet. Dieses Anweisungsgeschäft wurde zuerst 1926 in Königsberg eingeführt (Königsberger System). Hier besteht eine gewisse Parallele zur Kreditkarte, die freilich nicht nur zum Einkauf, sondern auch zur Bezahlung von Dienstleistungen, wie z.B. für die Bezahlung von Flugpassagen oder des Mietpreises für einen gemieteten Wagen verwendet werden kann. Das Darlehen, mit dem der Kauf der Gutscheine finanziert worden ist, wird selbständig getilgt. Dieses Darlehensgeschäft hat keine weitere unmittelbare Beziehung zu dem Warengeschäft. Kredite im Sinne des A-Geschäfts spielen in der heutigen Praxis keine große Rolle mehr.

5.104

2. Tatbestand des verbundenen Geschäfts

§ 9 Abs. 1 S. 1 VerbrKrG definiert den Begriff des verbundenen Geschäfts in **Anknüpfung** an die höchstrichterliche Rechtsprechung zum **finanzierten Abzahlungskauf**[119]. Ihrzufolge bildet ein Kaufvertrag ein mit dem Kreditvertrag verbundenes Geschäft, wenn der Kredit der Finanzierung des Kaufpreises dient und beide Verträge als wirtschaftliche Einheit anzusehen sind. Kauf- und Darlehensvertrag müssen hiernach eine so enge Verbindung aufweisen, daß sich beide als Teilstücke einer rechtlichen

5.105

---

117 *Canaris*, Bankvertragsrecht², Rn 1389; Münchener Komm. zum BGB/*Westermann*, § 6 AbzG Rn 28.
118 *Staudinger/Hopt/Mülbert*, Vorbem. zu §§ 607 ff. Rn 579.
119 Amtl. Begr., BT-Drucksache 11/5462, S. 23.

oder wenigstens wirtschaftlich-tatsächlichen Einheit eng ergänzen[120]. Dabei ist es anerkannt, daß der Begriff der wirtschaftlichen Einheit im Verbraucherkreditgesetz die gleiche Bedeutung hat, wie ihn die Rechtsprechung auf der Grundlage des früheren Abzahlungsgesetzes herausgearbeitet hat[121]. Bei dem in § 9 Abs. 1 S. 2 VerbrKrG erwähnten Sachverhalt, bei dem sich der Kreditgeber bei der Vorbereitung oder dem Abschluß des Kreditvertrages der Mitwirkung des Verkäufers bedient, ist nur ein Regelbeispiel[122].

5.106 Nach ständiger Rechtsprechung des BGH[123] unterlag ein Darlehensvertrag, durch den sich der Käufer einer beweglichen Sache die für den Kauf erforderlichen Geldmittel beschafft, zusammen mit dem Kaufvertrag den Bestimmungen des Abzahlungsgesetzes, wenn Darlehen und Kaufgeschäft Teilstücke eines wirtschaftlich einheitlichen Vorgangs mit dem Ziel waren, den Erwerb des Kaufgegenstandes gegen Ratenzahlungen zu ermöglichen. Nach dem BGH[124] bildeten Kauf- und Darlehensvertrag eine solche wirtschaftliche Einheit, wenn beide Geschäfte über ein Zweck-Mittel-Verhältnis hinaus derart miteinander verbunden sind, daß keines ohne das andere geschlossen worden wäre oder jeder der Verträge seinen Sinn erst durch den anderen erhält. Diese Feststellung setzt voraus, daß objektiv bestimmte Umstände (**Verbindungselemente**) vorliegen und dadurch subjektiv beim Darlehensnehmer – für den Darlehensgeber erkennbar – der Eindruck erweckt wird, Verkäufer und Darlehensgeber stünden ihm gemeinsam als Vertragspartner gegenüber. Die Verbindungselemente lassen sich nicht wie notwendige Tatbestandsmerkmale abschließend umschreiben, sondern können im Einzelfall verschieden sein[125].

5.107 In § 9 Abs. 1 S. 2 VerbrKG hat der Gesetzgeber den Umstand, daß der Kreditgeber sich bei der Vorbereitung oder dem Abschluß des Kreditvertrages der Mitwirkung des Verkäufers bedient, zum Regelbeispiel für das Vorliegen einer wirtschaftlichen Einheit erhoben. Im übrigen dürften die von der Rechtsprechung entwickelten objektiven Verbindungselemente für die Bestimmung des Begriffes des verbundenen Geschäftes im Sinne von § 9 Abs. 1 VerbrKrG uneingeschränkt fortgelten[126]. Hingegen kommt es nach der gesetzlichen Neuregelung auf die subjektive Einschätzung

---

120 BGH WM 1980, 159, 160.
121 OLG Köln WM 1995, 611, 612 m.w.Nachw.
122 OLG Köln WM 1995, 611, 612.
123 Vgl. zuletzt BGH WM 1990, 1234 m.w.Nachw.
124 WM 1992, 1355, 1358 m.w.Nachw.
125 BGH WM 1982, 658; 1990, 1234.
126 *Von Westphalen/Emmerich/Kessler*, VerbrKrG, 2. Aufl., 1996, § 9 Rn 39 ff.

durch den Kreditnehmer, dessen Bedeutung nach der bisherigen Rechtsprechung ohnehin zweifelhaft war[127], nicht mehr an[128].

3. Einzelne Kreditarten als verbundene Geschäfte

a) Anschaffungsdarlehen

Bei den standardisierten Kreditprogrammen der Kreditinstitute stellt sich die Frage, inwieweit sie „verbundene Geschäfte" im Sinne des § 9 Abs. 1 VerbrKrG darstellen. Unbedenklich sind insoweit die reinen persönlichen Kleinkredite, die nicht der Finanzierung eines bestimmten Kaufgeschäfts dienen. Hier fehlt es an der für die Teilzahlungskredite typischen Beziehung zum finanzierten Abzahlungsgeschäft[129]. Differenzierter könnte dagegen die Rechtslage bei den sog. **Anschaffungsdarlehen** zu beurteilen sein. Hier ist der **Bank bekannt,** daß der Kunde mit der Darlehensvaluta ein bestimmtes **Geschäft finanzieren** möchte. Richtigerweise sind sie den Teilzahlungskrediten jedoch nicht gleichzustellen. Zum einen fehlt hier eine feste Geschäftsverbindung zwischen der Bank und dem Verkäufer. Zum anderen ist der Darlehensnehmer, mag er auch der Bank den Zweck der Darlehensaufnahme erklären, in der Verfügung über die Darlehensvaluta frei. Dabei ist es nach dem BGH unschädlich, wenn die Bank die Darlehensvaluta an den Verkäufer überweist, sofern sie auch bereit gewesen ist, die Auszahlung auf das Konto des Kreditnehmers zu dessen freier Verfügung vorzunehmen; hier beruht die Direktüberweisung auf der Weisung ihres Kunden[130].

5.108

Die Kreditinstitute achten bei Anschaffungsdarlehen darauf, die Trennung zwischen Darlehensgeschäft und Kaufgeschäft in dem bisherigen Sinne aufrechtzuerhalten und nicht Formen zu wählen, die in die Nähe des üblichen Teilzahlungskredites geraten.

5.109

b) Bauzwischenfinanzierung

Bei Bauzwischenfinanzierungen in Zusammenarbeit mit Bauträgern liegt die Einstufung als verbundene Geschäfte im Sinne des § 9 VerbKrG nahe, wenn die kreditgewährende Bank hierbei den Eindruck einer wirtschaftlichen **Einheit von Kredit- und Kaufvertrag** erweckt. Eine solche Einheit zwischen beiden Verträgen kommt immer dann in Betracht, wenn die

5.110

---

127 Vgl. BGH WM 1982, 658, 659; 1985, 1307, 1309; vgl. weiter *Dauner-Lieb*, WM 1991, Sonderbeil. 6, 8 ff.
128 *Seibert,* Handbuch zum Verbraucherkreditgesetz, 1991, § 9 Rn 3; Münchener Komm. zum BGB/*Habersack*, § 9 VerbrKrG Rn 14 m.w.Nachw.
129 Zur Terminologie vgl. Rn 5.74.
130 BGH WM 1990, 1234, 1235.

kreditgebende Bank sich aktiv auf der Seite des Bauträgers bei der Veräußerung einschaltet oder in sonstiger Weise über die banktübliche Tätigkeit im Zusammenhang mit Kreditvergaben hinausgeht[131]. In diesen Fällen besteht für die kreditgebende Bank ein erhebliches Risiko, daß der Kreditnehmer Einwendungen aus dem Kaufvertrag gegenüber der Darlehensforderung der Bank geltend macht, zumal Gewährleistungsansprüche des Kreditnehmers gegen den Bauträger nach dem AGB-Gesetz (§ 11 Nr. 10) weitestgehend nicht wirksam ausgeschlossen werden können. Nach der technischen Novelle zum Verbraucherkreditgesetz sind jedoch Bauzwischenfinanzierungen aus dem Anwendungsbereich des § 9 VerbrKrG herausgenommen worden, wenn sie zu für Zwischenfinanzierungen üblichen Konditionen ausgegeben und zusätzlich von einer grundpfandrechtlichen Sicherung abhängig gemacht werden (§ 3 Abs. 2 Nr. 2 VerbrKrG). Die Anwendbarkeit dieser Gesetzesbestimmung setzt nicht voraus, daß der Kredit grundpfandrechtlich vollständig durch einen entsprechenden Wert des Grundstücksobjekts gesichert oder der Beleihungsrahmen gemäß §§ 11,12 HypBG eingehalten worden ist[132].

5.111 Angesichts der fehlenden Möglichkeit des Bauträgers, im Innenverhältnis zwischen ihm und dem Käufer (Kreditnehmer) die Gewährleistungsrechte für Bauleistungen bei neu errichteten Gebäuden wirksam auszuschließen (§ 11 Nr. 10 AGB-Gesetz), und der statistischen Häufigkeit von Baumängeln besteht damit für alle nicht von einer grundpfandrechtlichen Sicherung abhängig gemachten Zwischenfinanzierungen der Erwerber von Bauträgerobjekten ein Risiko im Hinblick auf den Durchgriff von Einwendungen für die Bank. Vor diesem Hintergrund empfiehlt sich, Zwischenfinanzierungen von einer grundpfandrechtlichen Sicherung abhängig zumachen. Ein **Einwendungsdurchgriff** beim finanzierten Immobilienkauf kann jedoch auch bei Unanwendbarkeit des § 3 Abs. 2 Nr. 2 VerbrKrG ausnahmsweise gemäß § 242 BGB gerechtfertigt sein, wenn die kreditgebende Bank sich nicht auf ihre Rolle als Kreditgeberin beschränkt, sondern darüber hinaus aktiv an dem finanzierten Kauf beteiligt und dem Käufer gleichsam als Partner des finanzierten Geschäfts gegenübergetreten ist[133].

---

131 BGH WM 1979, 1054, 1055; 1988, 561, 562 m.w.Nachw.
132 OLG Braunschweig WM 1998, 1223, 1224, wobei das Gericht es offen gelassen hat, ob im Einzelfall die Privilegierung des § 3 Abs. 2 Nr. 2 VerbrKrG entfallen kann, wenn zwischen der Höhe des bestellten Grundpfandrechts und dem Wert des Objektes offensichtlich ein krasses Mißverhältnis besteht und wegen des tatsächlich ungedeckten Kreditrisikos Kreditkosten, insbesondere Zinsen, vereinbart werden, die überlicherweise für nicht durch Grundpfandrechte abgesicherte Personalkredite verlangt werden. Vgl. weiter OLG Hamm WM 1998, 1230, 1233.
133 OLG Hamm WM 1998, 1230, 1233.

c) Effektenkredite

Die Kunden wünschen häufig die Einräumung eines Kredites, mit dem der einmalige oder wiederholte Kauf von Wertpapieren finanziert werden soll. Ob solche Effektenkredite verbundene Geschäfte im Sinne von § 9 Abs. 1 VerbrKrG darstellen, war nach Inkrafttreten des Gesetzes zunächst fraglich. Die Bejahung dieser Frage hätte vor allem für die Anwendbarkeit des in § 9 Abs. 2 VerbrKrG enthaltenen Widerrufsrechts bei verbundenen Geschäften Auswirkungen gehabt. Seine Ausübung hätte es dem Bankkunden ermöglicht, das Kursrisiko auf die Bank insoweit abzuwälzen, als er durch den Widerruf des Kreditvertrages auch das hiermit finanzierte Wertpapiergeschäft hätte unwirksam werden lassen können. Während der Widerrufsfrist (§ 7 Abs. 1 VerbrKrG) hätte der Kunde daher im Ergebnis kursrisikofrei zu Lasten der Bank spekulieren können. Dieses Risiko wäre für die Kreditinstitute unzumutbar gewesen. Im übrigen könnte sich der Kunde zum Tageskurs wieder von den gekauften Wertpapieren, Devisen oder Edelmetallen trennen[134].

5.112

Die gesetzliche Definition des verbundenen Geschäfts in § 9 Abs. 1 VerbrKrG läßt es im Unklaren, ob hierunter auch solche **Effektenkredite** fallen. Im Unterschied zu den drittfinanzierten Geschäften im Sinne des früheren Abzahlungsgesetzes sind bei solchen Effektenkrediten Verkäufer und Kreditgeber identisch. Bei der Regelung der verbunden Geschäfte hat aber der Gesetzgeber ausschließlich das typische finanzierte Abzahlungsgeschäft im Auge gehabt, bei dem es an einer solchen Personenidentität fehlt und der Kaufpreis mit Hilfe eines von einem Dritten gewährten Kredits finanziert wird[135]. Denn bei solchen „Dreiecks"verhältnissen besteht ein Bedürfnis, dem Verbraucher die Möglichkeit zu eröffnen, Einwendungen aus dem Kaufvertrag auch gegenüber dem Kreditgeber geltend zu machen[136]. Im Schrifttum wurde die Frage, ob solche Effektenkredite verbundene Geschäfte darstellen, kontrovers erörtert[137].

5.113

Im Rahmen der technischen Novellierung des Verbraucherkreditgesetzes ist mittlerweile durch § 3 Abs. 2 Nr. 4 VerbrKrG klargestellt worden, daß

5.114

---

134 Amtl. Begr. der „technischen Novelle" zum VerbrKrG, BT-Drucksache 12/4526, S. 13.
135 *Dauner-Lieb*, WM 1991, Sonderbeil. 6, 17 f.
136 Vgl. *Palandt/Heinrichs*, Einf. v. § 305 Rn 18.
137 Verneinend *Münstermann/Hannes*, VerbrKrG, 1991, Rn 471; *Bruchner/Ott/Wagner-Wieduwilt*, VerbrKrG, 1992, § 9 Rn 159; jeweils mit Einschränkungen bejahend *Dauner-Lieb*, WM 1991, Sonderbeil. 6, 17 f.; Münchener Komm. zum BGB/*Habersack*, § 9 VerbrKrG Rn 45, der davon ausgeht (ebd., Rn 37), daß der Wortlaut des § 9 Abs. 1 VerbrKrG im Gegensatz zu Art. 11 Abs. 2 der EG-VerbrKr-Richtlinie und des Regelungsmotivs des Gesetzgebers nicht auf ein Dreipersonenverhältnis abstellt. Vgl. weiter *Vortmann*, NJW 1992, 1865.

§ 9 VerbrKrG mit der in ihm enthaltenen Widerrufsmöglichkeit auf Kreditverträge nicht anwendbar ist, die der Finanzierung des Erwerbs von Wertpapieren, Devisen oder Edelmetallen dienen[138].

d) Finanzierungsleasingvertrag

5.115 Besondere Schwierigkeiten bereitet die Frage, ob auch Finanzierungsleasingverträge verbundene Geschäfte im Sinne von § 9 Abs. 1 VerbrKrG darstellen. Im Ausnahmekatalog der Vorschriften, die auf Finanzierungsleasingverträge keine Anwendung finden (§ 3 Abs. 2 Nr. 1 VerbrKrG), ist § 9 VerbrKrG nicht enthalten. Hieraus ergibt sich im Gegenschluß, daß Finanzierungsleasingverträge im übrigen wie die sonstigen Kreditverträge zu behandeln sind und daher grundsätzlich auch **§ 9 VerbrKrG unterliegen**[139].

5.116 Soweit dagegen eingewendet wird[140], § 9 VerbrKrG setze voraus, daß der Kreditnehmer zwei Verträge schließe, welche den wirtschaftlich einheitlichen Vorgang aufspalten, schließt dies dessen Anwendbarkeit auf Finanzierungsleasingverträge nicht aus. Bei der Finanzierung im Wege dieser Vertragsform kann auch in der Weise verfahren werden, daß der Leasingnehmer zunächst einen Kaufvertrag mit Leasingfinanzierungsklausel schließt, welchem der Leasinggeber später beitritt. Ein sachlicher Grund, allein diese Vertragsgestaltung dem § 9 VerbrKrG zu unterwerfen, besteht jedoch nicht[141].

5.117 Erhebliche Auswirkungen hat die Gesetzesfolge, daß Finanzierungsleasingverträge im einzelnen verbundene Geschäfte darstellen und deshalb in den Anwendungsbereich von § 9 VerbrKrG fallen können, vor allem für die Möglichkeit, Einwendungen gegenüber dem Leasinggeber zu erheben. Nach der bisherigen Praxis erhielt der Leasingnehmer alle Rechte des Leasinggebers gegen den Lieferanten von diesem mit der Maßgabe abgetreten, daß sich der Leasingnehmer, etwa wegen Mängeln der geleasten Sache, darüber mit dem Lieferanten auseinanderzusetzen hatte. Der in § 9 Abs. 3 S. 1 VerbrKrG vorgesehene Einwendungsdurchgriff würde bei der Anwendung auf Finanzierungsleasingverträge zur Folge haben, daß sich der Leasingnehmer nicht auf die Möglichkeit eines Vorgehens gegen

---

138 Die amtliche Bezeichnung lautet „Gesetz zur Änderung des Bürgerlichen Gesetzbuchs (Bauhandwerkersicherung) und anderer Gesetze", BGBl. I 1993, S. 509.
139 So im Ergebnis h.M., vgl. *Seibert*, Handbuch zum Verbraucherkreditgesetz, 1991, § 9 Rn 12; von *Westphalen/Emmerich/Kessler*, VerbrKrG, 2. Aufl., 1996, § 9 Rn 107 f.; *Canaris*, ZIP 1993, 401, 406 f.
140 *Lieb*, WM 1991, 1533, 1536; Münchener Komm. zum BGB/*Habersack*, § 9 VerbrKrG Rn 143.
141 *Canaris*, ZIP 1993, 401, 406 f.

den Lieferanten verweisen zu lassen braucht. Ein Ausschluß der Einwendungsmöglichkeit gegen den Leasinggeber wäre unzulässig (§ 18 S. 1 VerbrKrG). Im Ergebnis könnte also der Leasingnehmer die Zahlung der Leasingraten wegen Mängeln der geleasten Sache verweigern. Diese Konsequenzen des Verbraucherkreditgesetzes für Finanzierungsleasingverträge sind bislang noch nicht vollständig rechtlich bewältigt worden[142].

4. Einwendungsdurchgriff

Zum Schutze des Verbrauchers haben Rechtsprechung und Lehre bereits unter der Geltung des Abzahlungsgesetzes das Institut des Einwendungsdurchgriffs entwickelt[143]. Als Ausnahme von dem allgemeinen Grundsatz, daß Einwendungen nur in dem Rechtsverhältnis geltend gemacht werden können, dem sie entstammen, Dritten also nicht entgegengesetzt werden können, wurde es als zulässig angesehen, daß der Käufer des finanzierten Abzahlungskaufes seine Einwendungen aus dem Kaufvertrag, die ihn gegenüber dem Verkäufer zur Verweigerung seiner Leistung berechtigen würden, auch dem Kreditgeber einredeweise entgegenhält. Im Ergebnis konnte daher der Käufer bei einer Leistungsstörung, die seine Leistungspflicht gegenüber dem Verkäufer aufgehoben hätte, die Rückzahlung des Kredites verweigern. Der **BGH** hat allerdings den Einwendungsdurchgriff **nur subsidiär zugelassen**[144]. Danach mußte der Verbraucher vor Geltendmachung seines Leistungsverweigerungsrechts gegenüber dem Kreditgeber seine Rechte in zumutbarer Weise gegen den Verkäufer durchzusetzen versuchen. Die Rechtsprechung tendierte aber zu einer immer weitergehenden Zulassung von Einwendungen. Bei Nichtigkeit des finanzierten Geschäfts konnte auf die vorherige Inanspruchnahme des Lieferanten gänzlich verzichtet werden[145]. Diese Geltendmachung wurde im übrigen in Fällen einer ernsthaften Erfüllungsverweigerung des Verkäufers für unzumutbar angesehen[146].

5.118

In § 9 Abs. 3 S. 1 VerbrKrG hat der Gesetzgeber die Zulässigkeit des Einwendungsdurchgriffs und damit die bereits zuvor bestehende Rechts-

5.119

---

142 Vgl. *von Westphalen/Emmerich/Kessler*, VerbrKrG, 2. Aufl., 1996, § 3 Rn 76 ff., § 9 Rn 113; *Bruchner/Ott/Wagner-Wieduwilt*, VerbrKrG, 1992, § 9 Rn 152 ff.; *Canaris*, ZIP 1993, 401, 408 ff. jew. m.w.Nachw.
143 Vgl. *Staudinger/Hopt/Mülbert*, Vorbem. zu §§ 607 Rn 417 m.w.Nachw.
144 *Halstenberg*, WM 1988, Sonderbeil. 4, 14.
145 BGH WM 1980, 327, 329.
146 BGH WM 1979, 489, 491.

lage bestätigt. Allerdings wurde der Grundsatz der Subsidiarität des Einwendungsdurchgriffs noch weiter zurückgedrängt[147].

5.120 Begründet wurde dies damit, daß die sofortige Geltendmachung des Leistungsverweigerungsrechts gegenüber dem Kreditgeber einer ökonomischen Vertragsabwicklung diene. Der Kreditgeber könne sein Vertragsverhältnis zum Verkäufer von vornherein z.B. durch Hereinnahme einer Bürgschaft so gestalten, daß er leicht Regreß nehmen könne[148].

5.121 Unter der Geltung von § 9 Abs. 3 S. 1 VerbrKrG ist ein Einwendungsdurchgriff nunmehr auch dann möglich, wenn die Inanspruchnahme des Verkäufers möglich und zumutbar ist. Eine Ausnahme gilt nur noch gemäß § 9 Abs. 3 S. 3 VerbrKrG. Beruht hiernach die Einwendung des Kreditnehmers auf einem Mangel der gelieferten Sachen und verlangt der Verbraucher aufgrund vertraglicher oder gesetzlicher Bestimmungen Nachbesserung oder Ersatzlieferung, so kann er die Rückzahlung des Kredites erst verweigern, wenn die Nachbesserung oder Ersatzlieferung fehlgeschlagen ist (§ 9 Abs. 3 S. 3 VerbrKrG). Der Begriff des „Fehlschlagens" ist § 11 Nr. 10b AGBG entlehnt; auf die zu dieser Vorschrift ergangene Rechtsprechung[149] kann für seine Definition zurückgegriffen werden. Diese Bezugnahme hat den Vorteil, daß die Dauer der vorübergehenden Einschränkung des Einwendungsdurchgriffs dem jeweiligen Einzelfall angemessen begrenzt ist und die rechtlichen Voraussetzungen ihrer Beendigung für die Beteiligten hinreichend klar bestimmt sind[150]. Danach hängt die Zahl der hinzunehmenden Nachbesserungsversuche von der Zumutbarkeit ab[151], während eine Ersatzlieferung regelmäßig schon dann fehlgeschlagen ist, wenn die erste als Ersatz gelieferte Sache wiederum mangelhaft ist[152]. In beiden Fallkonstellationen erscheint es auch nach Auffassung des Gesetzgebers sachgerechter, wenn sich der Verbraucher wegen seines Rechtes auf Nachbesserung oder Ersatzlieferung zunächst an den Verkäufer wenden muß[153].

5.122 Der Einwendungsdurchgriff ist im übrigen ausgeschlossen, wenn der finanzierte Kaufpreis unter DM 400 liegt (§ 9 Abs. 3 S. 2, 1. Fall

---

147 Amtl. Begr., BT-Drucksache 11/5462, S. 23; nach *Reinking/Nießen* (ZIP 1991, 79, 84) hat der Gesetzgeber mit dem Subsidiaritätsprinzip die Anerkennung zweier rechtlich selbständiger Verträge (sog. Trennungstheorie) aufgegeben.
148 Amtl. Begr., BT-Drucksache 11/5462, S. 23 f.
149 Vgl. *Ulmer/Brandner/Hensen*, § 11 Nr. 10b Rn 36 ff. m.w.Nachw.
150 Amtl. Begr., BT-Drucksache 11/5462, S. 24.
151 BGH WM 1975, 1257, 1259.
152 *Ulmer/Brandner/Hensen*, § 11 Nr. 10b Rn 46.
153 Vgl. amtl. Begr., BT-Drucksache 11/5462, S. 24 und Beschlußempfehlung des Bundestags-Rechtsausschusses, BT-Drucksache 11/8274, S. 22.

VerbrKrG)[154] oder wenn sich die Einwendung aus einer nachträglich zwischen dem Kreditnehmer und dem Verkäufer vereinbarten Vertragsänderung ergibt (§ 9 Abs. 3 S. 2, 2. Fall VerbrKrG), weil der Kreditgeber mit solchen Belastungen bei Abschluß des Kreditvertrages nicht zu rechnen braucht[155].

5. Schwebezustand des finanzierten Geschäfts

Die (dritt)finanzierten Geschäfte werden erst rechtswirksam, wenn der Kreditvertrag unwiderruflich geworden ist. Nach dem Verbraucherkreditgesetz wird die auf den Abschluß des verbundenen Kaufvertrages gerichtete Willenserklärung des Verbrauchers erst wirksam, wenn der Verbraucher sie **nicht binnen einer Woche** (§ 7 Abs. 1 VerbrKrG) **widerruft** (§ 9 Abs. 2 S. 1 VerbrKrG). Auf diesen Schwebezustand des Kaufvertrages muß in der vorgeschriebenen schriftlichen Belehrung über das Widerrufsrecht ausdrücklich hingewiesen werden (§ 9 Abs. 1 S. 2 VerbrKrG)[156].

5.123

Nach der BGH-Rechtsprechung kann lediglich die auf den Abschluß des Kreditvertrages gerichtete Willenserklärung widerrufen werden. Anders als unter der Geltung des Abzahlungsgesetzes[157] kann der Käufer (Kreditnehmer) also nicht gegenüber dem Verkäufer die auf Abschluß des Kaufvertrages gerichtete Willenserklärung widerrufen[158]. Mit dem Widerruf tritt der Kreditgeber gemäß § 9 Abs. 2 S. 4 VerbrKrG im Verhältnis zum Käufer hinsichtlich der Rechtsfolgen des Widerrufs (§ 7 Abs. 4 VerbrKrG) in die Rechte und Pflichten des Verkäufers aus dem Rückabwicklungsverhältnis ein, das infolge des unwirksam gewordenen Kaufvertrages entsteht. Der Kreditgeber wird also anstelle des Verkäufers Gläubiger und Schuldner des Käufers (Kreditnehmer). Nur dieses Ergebnis wird dem Zweck des § 9 VerbrKrG gerecht, den Verbraucher vor der Aufspaltung des Rückabwicklungsverhältnisses gegenüber verschiedenen Personen zu schützen[159].

5.124

---

154 Diese Ausnahmeregel betrifft z.B. Fälle des finanzierten Kaufs, bei denen unter Ausnutzung eines höheren Kreditrahmens (z.B. bei Kreditkartenkonten mit echtem Kreditcharakter) eine Vielzahl von kleineren Geschäften abgewickelt wird, von denen jedes einzelne die Bagatell-Grenze von DM 400 (§ 3 Abs. 1 Nr. 1 VerbrKrG) nicht überschreitet (Amtl. Begr., BT-Drucksache 11/5462, S. 24).
155 Amtl. Begr., BT-Drucksache 11/5462, S. 24 unter Bezugnahme auf BGH MDR 1956, 597.
156 Vgl. OLG Düsseldorf WM 1993, 1179, 1180.
157 BGH WM 1984, 1045.
158 BGH WM 1995, 1988, 1990.
159 BGH WM 1995, 1988, 1990.

6. Abwicklung eines fehlerhaften Geschäftes

5.125 Weder das Abzahlungsgesetz noch das Verbraucherkreditgesetz behandeln die Frage, wie ein finanzierter Abzahlungskauf bzw. ein verbundenes Geschäft im Sinne des § 9 VerbrKrG bei Mängeln oder Störungen der Vertragsbeziehungen zum Kunden (Formfehler, Sittenwidrigkeit, Widerruf, Rücktritt) im Verhältnis zwischen Verkäufer und Kreditgeber abzuwickeln ist. Auch die höchstrichterliche Rechtsprechung[160] und das Schrifttum haben sich bisher nur ausschnittweise mit diesem Fragenbereich beschäftigt und noch keine endgültige Klärung erzielt. Dem Verkäufer steht zwar kein Widerrufsrecht zu. Aus der Beschränkung des Schutzzweckes des Verbraucherkreditgesetzes ergibt sich aber nicht, daß die durch den Widerruf des Käufers endgültig gewordene Nichtigkeit des Kaufkreditvertrages keinen Einfluß auf die Haftung des Verkäufers hat. Entscheidend ist vielmehr die Ausgestaltung der Haftung durch die zwischen Verkäufer und Kreditgeber getroffenen vertraglichen Vereinbarungen und ihre Auslegung. Wenn der Verkäufer selbst zusammen mit dem Käufer im Kreditvertrag als Darlehensnehmer auftritt oder wenn er gegenüber dem Kreditgeber eine von der Verpflichtung des Käufers unabhängige, garantieartige Ausfallhaftung für die Kreditschuld übernimmt, besteht seine Verpflichtung trotz des vom Käufer erklärten Widerrufs.

5.126 Etwas anderes gilt, wenn der Verkäufer nur eine **Schuldmitübernahme** erklärt hat. Ist ein solcher Schuldbeitritt wirksam, so können sich zwar später die Verpflichtungen der Gesamtschuldner gemäß § 425 BGB unabhängig voneinander entwickeln. Dagegen ist die gesamtschuldnerische Haftung des Beitretenden in ihrer Entstehung vom Bestehen der Hauptschuld abhängig. Die Tatsache, daß aufgrund des Widerrufs darlehensvertragliche Ansprüche gegen den Käufer (Kreditnehmer) von Anfang an nicht wirksam entstanden sind, kann nicht ohne Wirkung auf Art und Umfang der Mitverpflichtung des Verkäufers sein[161].

7. Unwirksamkeit eines Einwendungsverzichts

5.127 § 10 VerbrKrG stellt sicher, daß dem Verbraucher im Falle der Abtretung der Kreditforderung die ihm gegen den bisherigen Gläubiger zustehenden Einwendungen sowie die Aufrechnungsmöglichkeit auch dem neuen Gläubiger gegenüber erhalten bleiben. § 10 Abs. 1 VerbrKrG erklärt daher Vereinbarungen für unwirksam, durch die der Schuldner auf Einwendun-

---

160 BGH WM 1993, 1236.
161 BGH WM 1993, 1236, 1237.

gen (§ 404 BGB) und Aufrechnungsmöglichkeiten (§ 406 BGB) bei einer Abtretung der gegen ihn gerichteten Kreditforderung verzichtet. Der Kreditnehmer kann deshalb bei einer Forderungsabtretung die ihm zustehenden Rechte auch gegenüber dem neuen Gläubiger geltend machen.

8. Wechsel- und Scheckverbot

Der Kreditnehmer darf gemäß § 10 Abs. 2 S. 1 VerbrKrG nicht verpflichtet werden, für die Ansprüche des Kreditgebers aus dem Kreditvertrag eine Wechselverbindlichkeit einzugehen. Auch darf der Kreditgeber vom Kreditnehmer keinen Scheck zur Sicherung seiner Ansprüche aus dem Kreditvertrag entgegennehmen (§ 10 Abs. 2 S. 2 VerbrKrG). 5.128

Bei einem Verstoß gegen eine der beiden Vorschriften kann der Kreditnehmer vom Kreditgeber gemäß § 10 Abs. 2 S. 3 VerbrKrG jederzeit die Herausgabe des Wechsels oder Schecks verlangen. Entsteht dem Kreditnehmer aus einer derartigen Wechsel- oder Scheckbegebung ein Schaden, ist der Kreditgeber schadensersatzpflichtig (§ 10 Abs. 2 S. 4 VerbrKrG). 5.129

Diese **Wechsel- und Scheckverbote** sind eine konsequente Weiterführung der Unzulässigkeit des Grundgedankens der Unwirksamkeit des Verzichts auf Einwendungen, der dem Kreditnehmer Einwendungen aus dem Kreditvertrag (Grundgeschäft) für den Fall der Abtretung der Kreditforderung erhalten will. Wird der Kreditnehmer aus einem Wechsel oder einem von ihm ausgestellten Scheck im Urkundenprozeß in Anspruch genommen, so kann er Einwendungen aus dem Grundgeschäft nicht geltend machen, wenn sie nicht mit den im Urkundenprozeß zulässigen Beweismitteln bewiesen werden können (§§ 598, 605a ZPO). 5.130

Eine solche wertpapiermäßige Verbriefung würde im übrigen dem Kreditnehmer die Einwendungen aus dem Kreditvertrag abschneiden. Im Interesse der Umlauffähigkeit dieser Wertpapiere können die Einwendungen des Wechsel- oder Scheckgebers, die ihm unmittelbar gegenüber dem ersten Nehmer dieser Papiere zustehen (persönliche Einwendungen) nicht gegenüber einem gutgläubigen späteren Erwerber geltend gemacht werden (Art. 17 WG, Art. 22 SchG). Ein angemessener Schutz gegen diese Nachteile läßt sich nur durch die Scheck- und Wechselverbote des VerbrKrG erreichen[162]. Scheckziehungen sind dagegen erlaubt, wenn sie nicht sicherungshalber, sondern zahlungshalber erfolgen[163]. 5.131

---

162 Amtl. Begr., BT-Drucksache 11/5462, S. 24 f.
163 *Bülow*, NJW 1991, 129, 132.

V. Regelungen wegen „Schuldturm"problematik

5.132 Das Verbraucherkreditgesetz enthält einige von der EG-Richtlinie nicht vorgegebene Sonderregelungen für die Berechnung von Verzugsschäden, die Anrechnung von Teilleistungen (§ 11 VerbrKrG) sowie die Kündigung („Gesamtfälligstellung") bei Teilzahlungskrediten (§ 12 VerbrKrG). Diese Regelungen sollen dazu beitragen, den anwachsenden Schuldenberg von Verbrauchern nach einer einmal eingetretenen hohen Überschuldungslage abbauen zu helfen, die in der Öffentlichkeit mit dem Stichwort „moderner Schuldturm" charakterisiert wird. Die grundsätzliche Lösung dieses komplexeren Problems sollte einer speziellen Regelung der Verbraucherinsolvenz vorbehalten bleiben[164]. Dies ist in der am 1. 1. 1999 in Kraft getretenen Insolvenzordnung (§§ 304 ff.) geschehen. Das Verbraucherkreditgesetz enthält daher auch keine Regelungen über ein „Vertragshilfe"verfahren mit der Möglichkeit der Gerichte, Gläubigeransprüche zu stunden oder sogar teilweise zum Erlöschen zu bringen[165].

5.133 Die wesentliche **Ursache** dieser Verschuldungsproblematik beruht nach Meinung des Gesetzgebers auf den hohen Verzugszinsen und der Berechnung von Zinseszinsen. Mitursächlich sei aber auch die allgemeine Regel für Teilleistungen des Schuldners, die zunächst auf Kosten und Zinsen und erst zuletzt auf die Hauptforderung anzurechnen sind (§ 367 Abs. 1 BGB). Zur Verbesserung der Situation säumiger Kreditnehmer bedurfte es daher der Modifizierung der diesbezüglichen BGB-Bestimmungen.

1. Verzugsschadenberechnung

5.134 Für die Berechnung des Verzugsschadens sind die Kapitalforderung und die darauf angefallenen Zinsen grundsätzlich auseinander zu halten. Solche Kapitalforderungen sind als **Geldforderungen** nach der Verzugszinsregelung des BGB (§ 288 Abs. 1 S. 1) mit 4% für das Jahr zu verzinsen. Diese Zinsen können als Mindestschaden geltend gemacht werden, gleichgültig, ob dem Gläubiger tatsächlich ein Schaden entstanden ist oder nicht[166]. Die Geltendmachung eines weiteren Schadens läßt aber das Gesetz ausdrücklich zu (§ 288 Abs. 2 BGB).

---

164 Vgl. den Entwurf der Insolvenzordnung (InsO) mit der dort vorgesehenen Möglichkeit der Restschuldbefreiung (BR-Drucksache 1/92, S. 46 ff.).
165 Amtl. Begr., BT-Drucksache 11/5462, S. 16.
166 BGH WM 1979, 721; *Palandt/Heinrichs*, § 288 Rn 1.

a) AGB-mäßige Verzugsschadenklausel

Die Praxis macht bei säumigen Krediten regelmäßig einen weitergehenden Zinsschaden geltend und verwendet hierfür AGB-mäßige Verzugsschadensklauseln. Die **Wirksamkeit dieser Klauseln** kann im Einzelfall ungewiß sein, weil keine einheitliche Meinung darüber besteht, an welchem Maßstab solche vertraglichen Verzugszinsregelungen zu messen und die Grenzen zu bestimmen sind. Das Meinungsspektrum reicht vom Ersatz der reinen Refinanzierungskosten bis zur Weitergeltung eines erhöhten vertragsorientierten Zinssatzes[167]. Der BGH hat mit zwei Entscheidungen vom 28.4.1988[168] einen vorläufigen Schlußstrich unter die Kontroverse gezogen. Danach kann die Bank den Schaden auch abstrakt berechnen. Einer solchen abstrakten Berechnung des Verzugsschadens können die zur Zeit des Verzuges marktüblichen Bruttosollzinsen zugrunde gelegt werden und zwar nach einem Durchschnittszinssatz, der sich nach der Zusammensetzung ihres gesamten Aktivkreditgeschäfts richtet (gewichteter durchschnittlicher Bruttosollzins)[169].

5.135

Der BGH hat sich hiermit nicht für den Ersatz der Refinanzierungskosten entschieden, sondern einen **Wiederanlagezins** gewährt, der bei abstrakter Berechnung allerdings durch die Anbindung an den durchschnittlichen Marktzins in der Höhe beschränkt ist. Diese Lösung kommt nach dem Gesetzgeber zwar zu befriedigenden Ergebnissen, sie erweise sich aber als **unpraktikabel**.

5.136

Der marktübliche Bruttosollzins sei nur schwer zu errechnen. Nach dem theoretischen Ansatz des BGH müßten Durchschnittszinssätze für das gesamte Aktivkreditgeschäft ermittelt werden. Die Monatsstatistik der Deutschen Bundesbank leiste dies nicht; sie enthält nur Schwerpunktzinssätze eines Ausschnitts des Kreditgeschäfts. Zudem sei der durchschnittliche Marktzins in allen Marktbereichen ständigen Veränderungen unterworfen. Auch die Gewichtung nach dem Aktivkreditgeschäft bereite Schwierigkeiten und sei im Einzelfall schwer zu überprüfen. Schließlich passe die Lösung des BGH nur auf Verzugszinsen aus Bankkrediten, nicht aber auf dem Verbraucherkreditgesetz ebenfalls unterworfene Darlehen, die von anderen Personen in Ausübung ihrer gewerblichen oder beruflichen Tätigkeit gewährt werden[170].

b) Gesetzliche Schadenspauschalierung

Nach § 11 Abs. 1 VerbrKrG ist der geschuldete Betrag im Verzug des Verbrauchers mit 5% über dem jeweiligen Diskontsatz (nunmehr „Ba-

5.137

---

167 Vgl. *Ulmer/Brandner/Hensen*, Anh. §§ 9–11 Rn 284a m.w.Nachw.
168 WM 1988, 929; 1044.
169 BGH WM 1988, 929, 932 f.; 1044, 1045.
170 Amtl. Begr., BT-Drucksache 11/5462, S. 25 f.

sis"zinssatz – Rn 20.74)[171] der Deutschen Bundesbank zu verzinsen, wenn nicht im Einzelfall der Kreditgeber einen höheren oder der Verbraucher einen niedrigeren (konkreten) Schaden nachweist. Der Gesetzgeber folgt damit der Auffassung, daß der Verzugszins nach Schadensersatzgesichtspunkten ohne die Berücksichtigung des Vertragszinses zu ermitteln ist und geht dabei vom theoretischen Ansatz des Ersatzes der Refinanzierungskosten des Kreditgebers aus[172]. Der auf 5% über dem jeweiligen Bundesbank-Diskontsatz festgelegte Verzugszins soll die gewöhnlich anfallenden Refinanzierungskosten (Bundesbank-Diskontsatz zuzüglich 3%) sowie den Bearbeitungsaufwand der kreditgebenden Bank (weitere 2%) ausgleichen[173]. Die **Anbindung an den jeweiligen Diskontsatz** der Deutschen Bundesbank bietet den Vorteil, daß die wirtschaftliche Entwicklung des Geldmarktes in angemessener und leicht feststellbarer Weise berücksichtigt wird[174]. Diese gesetzliche Schadenspauschalierung dürfte es ausschließen, daß die Bank im Verzugsfalle zusätzlich einen Zinsanspruch aus Bereicherungsrecht hat. Offen ist dagegen, ob bei den vom Verbraucherkreditgesetz nicht erfaßten Krediten zur Vereinfachung der Zinsberechnung auf die bereicherungsrechtlichen Grundsätze zurückgegriffen werden kann[175].

5.138   Nach dem BGH[176] kann die Bank bei vor dem Inkrafttreten des Verbraucherkreditgesetzes am 1. 1. 1992 abgeschlossenen „Verbraucher"kreditverträgen Verzugszinsen in Höhe von 5% über dem jeweiligen Diskontsatz verlangen, wie es der Gesetzgeber nunmehr durch § 11 Abs. 1 VerbrKrG gestattet. Die Überlegungen und Wertungen des Gesetzgebers, die dieser Gesetzesbestimmung zugrunde liegen sowie die Praktikabilität der Neuregelung sprächen dafür, eine solche Art der Verzugsschadensberechnung auch bei Altverträgen zuzulassen, sofern sie den Anforderungen an einen Verbraucherkredit im Sinne des Verbraucherkreditgesetzes entsprechen.

c) Verzugszinsen wegen rückständiger Zinsen

5.139   Den Ersatz des Verzugsschadens wegen rückständiger Zinsen, die nach Eintritt des Verzuges angefallen sind, beschränkt das Verbraucherkreditgesetz auf den gesetzlichen Zinssatz (§ 246 BGB) in Höhe von 4% (§ 11

---

171 Mit dem Übergang der währungspolitischen Verantwortung der Bundesbank auf die Europäische Zentralbank zum 1. 1. 1999 ist der Diskontsatz für eine Übergangszeit von drei Jahren durch den neuen Basiszinssatz ersetzt worden.
172 Amtl. Begr., BT-Drucksache 11/5462, S. 26.
173 Amtl. Begr., BT-Drucksache 11/5462, S. 25 f.
174 Amtl. Begr., BT-Drucksache 11/5462, S. 25 f.
175 Vgl. hierzu BGH WM 1989, 929, 932.
176 BGH WM 1991, 1983, 1984.

Abs. 2 S. 2 VerbrKrG). Nach allgemeinem Recht brauchen Verzugszinsen bei Zinsansprüchen grundsätzlich nicht entrichtet zu werden (§ 289 S. 1 BGB). Dieses Zinseszinsverbot kam jedoch bislang in der Bankpraxis nicht zum Tragen, weil auch **auf die Zinsforderung** ein **Verzugsschadensersatz** gefordert werden kann (§ 289 S. 2 BGB). Durch die Beschränkung des Verzugszinssatzes für Zinsforderungen wird für den Bereich der Verbraucherkredite von der allgemeinen Regel, daß auch wirtschaftliche Verluste durch einen Zinsrückstand des Schuldners als Verzugsschaden ersatzfähig sind, abgewichen, da hier ein Teil dieses Verzugsschadens unter Umständen nicht geltend gemacht werden kann. Damit wollte der Gesetzgeber erreichen, daß in Fällen des Zahlungsverzuges das rasche Anwachsen der Schulden durch Zinseszinseffekte gebremst wird. Der Kreditwirtschaft wird insoweit ein gewisses Opfer abverlangt, das jedoch aus sozialen Gründen vertretbar erscheint. Den Kreditgebern wird damit im Ergebnis ein Beitrag zur Lösung der „Schuldturm"problematik auferlegt[177].

Als Konsequenz der Einschränkung der Zinseszinsen bestimmt im übrigen § 11 Abs. 1 S. 2 VerbrKrG, daß die nach Eintritt des Verzuges anfallenden Zinsen auf einem gesonderten Konto zu verbuchen sind und nicht in ein Kontokorrent mit dem geschuldeten Kapitalbetrag oder anderen Forderungen des Kreditgebers eingestellt werden dürfen. Denn nach § 355 Abs. 1 HGB entfällt das Zinseszinsverbot des § 248 Abs. 1 BGB, wenn die in das Kontokorrent eingestellten Zinsansprüche nach dem nächsten Rechnungsabschluß in den errechneten Saldo eingeflossen sind.

5.140

2. Anrechnung von Teilleistungen

Zahlungen des Kreditnehmers, die zur Tilgung der gesamten fälligen Schuld nicht ausreichen, werden abweichend von der allgemeinen Regelung des § 367 Abs. 1 BGB auf die verschiedenen Zahlungsverbindlichkeiten angerechnet. Nach § 11 Abs. 3 S. 1 VerbrKrG sind solche Zahlungen zunächst auf die Kosten der Rechtsverfolgung, dann auf den geschuldeten Betrag und zuletzt auf die nach Eintritt des Verzugs angefallenen Zinsen anzurechnen. Insbesondere durch diese **veränderte Tilgungsverrechnung** sollen die Zahlungen spürbar schuldmindernde Wirkung haben. Der Kreditnehmer erhält hierdurch die Chance und den Anreiz, den vor ihm liegenden Schuldenberg durch primäre Tilgung der Hauptforderung allmählich abzubauen[178].

5.141

---

177 Amtl. Begr., BT-Drucksache 11/5462, S. 26.
178 BT-Drucksache 11/5462, S. 27.

5. Teil: Kreditgeschäft

5.142 Zusätzlich tritt für den Kreditnehmer ein entlastender Effekt dadurch ein, daß die in der Tilgung nachrangige Zinsforderung nach § 11 Abs. 2 S. 2 VerbrKrG mit einem niedrigeren Zinssatz als dem üblichen Verzugszins verzinst wird – Rn 5.139.

5.143 Der Kreditgeber darf ferner Teilzahlungen nicht zurückweisen (§ 11 Abs. 3 S. 2 VerbrKrG). Hierdurch wird die allgemeine Regelung des § 266 BGB verdrängt, wonach der Gläubiger Teilleistungen nicht entgegenzunehmen braucht.

5.144 Für die Kontoführung der Kreditinstitute hat diese Weise der Verrechnung von Teilleistungen zur Konsequenz, daß letztlich mit Beginn des Verzuges neben dem Darlehenskonto **mehrere gesonderte Konten** zu führen sind, um die rückständigen Schuldbeträge ausbuchen, sowie später gemäß § 11 Abs. 3 VerbrKrG anrechnen und die auf diese Beträge anfallenden Verzugszinsen gemäß § 11 Abs. 2 VerbrKrG gesondert verbuchen zu können.

5.145 Mit Rücksicht auf den Schutzzweck ist der speziellen Tilgungsverrechnungsregelung des Verbraucherkreditgesetzes auch bei der gerichtlichen Durchsetzung von Zinsforderungen Rechnung zu tragen. Dabei würde die schlichte Anwendung der modifizierten Tilgungsregel des § 11 Abs. 3 S. 1 VerbrKrG zu unlösbaren Dissonanzen zwischen materiellem Recht und Vollstreckungsrecht führen[179]. Dies veranschaulicht der „schuldturmtypische" Fall, daß der Gläubiger (nur) rückständige Raten nebst Verzugszinsen einklagt und nach Vorliegen eines vollstreckbaren Titels der Schuldner mit weiteren (nicht titulierten) Raten in Verzug gerät. Soweit die titulierte Kapitalforderung aus dem Vollstreckungserlös getilgt worden ist, dürfte der restliche Erlös zuerst auf die zwischenzeitlich fällig gewordenen (nicht titulierten) Raten und erst dann mit der titulierten Zinsforderung verrechnet werden, sofern auch in diesen Fällen die spezielle Tilgungsverrechnungsregel des § 11 Abs. 1 VerbrKrG (erst Kapital- und dann Zinsschuld) anzuwenden wäre[180]. Mit einer solchen Anwendbarkeit würde jedoch gegen einen Fundamentalsatz des Vollstreckungsrechts verstoßen, demzufolge Leistungen aufgrund einer Zwangsvollstreckung nur mit der titulierten Forderung und nicht mit außerhalb des Titels bestehenden Forderungen verrechnet werden dürfen[181]. Diesem Grundsatz trägt § 11 Abs. 3 S. 4 VerbrKrG Rechnung. Danach verbleibt es bei den

---

179 *Braun*, WM 1990, 1359, 1360 ff.; *Münzberg*, WM 1991, 170, 172 f.; *Bülow*, WM 1992, 1009, 1012.
180 Vgl. *Bülow*, WM 1992, 1009, 1012 f.
181 *Münzberg*, WM 1991, 170, 172 f.

allgemeinen Bestimmungen der §§ 367 Abs. 1, 266, 197, 218 Abs. 2 BGB, soweit Zahlungen auf Vollstreckungstitel geleistet werden, deren Hauptforderungen auf Zinsen lauten. Mit dieser (entbehrlichen) Klarstellung, daß ein Titel nicht über den titulierten Betrag hinaus vollstreckt werden kann, die vor dem Hintergrund der Entstehungsgeschichte des § 11 Abs. 3 VerbrKrG zu sehen ist, hat der Gesetzgeber zu einer Reihe schwieriger Auslegungsprobleme beigetragen[182]. Ihre Lösung ist unter dogmatischen Konzessionen zu suchen, um der Absicht des Gesetzgebers, der Schuldturmproblematik durch spezielle materielle Tilgungsverrechnungsregeln entgegenzuwirken, Rechnung zu tragen[183]. Dem **Schutzzweck der Tilgungsverrechnungsregeln** muß nach herrschender Meinung daher schon im Erkenntnisverfahren Rechnung getragen werden[184]. Nach *Bülow* dürften also Verzugszinsen bei Verbraucherkrediten erst tituliert werden, wenn der gesamte aufgrund des Kreditvertrages geschuldete Betrag, auch soweit er noch nicht fällig ist, getilgt ist[185]. In solchen seltenen Fällen, in denen die Hauptforderung vollständig getilgt ist, besteht ein Bedürfnis für einen (isolierten) Zinstitel, bei dessen Vollstreckung sich sodann die Problematik der Verrechnung von Teilleistungen auf mehrere Forderungen nicht mehr stellen kann. Um eine nach § 18 S. 2 VerbrKrG unzulässige Umgehung der Tilgungsverrechnungsregel zu verhindern, müßte jedenfalls, wenn eine vorherige Zinstitulierung doch für zulässig erachtet wird, die Vollstreckbarkeit des Titels hinsichtlich der geltend gemachten Verzugszinsen davon abhängig gemacht werden, daß zwischen Erlaß des Titels und Klauselerteilung keine weiteren vorrangigen Schuldbeträge fällig geworden und erfüllt worden sind[186].

3. Kündigung von Teilzahlungskrediten[187]

Die Bank kann bei einem Kredit, der in Teilzahlungen zu tilgen ist, den Darlehensvertrag wegen Zahlungsverzugs des Kreditnehmers nur kündigen, wenn der Kreditnehmer mit mindestens zwei aufeinanderfolgenden Teilzahlungen ganz oder teilweise und mindestens zehn vom Hundert, bei einer Laufzeit des Darlehensvertrages über fünf Jahre mit fünf vom

5.146

---

182 Münchener Komm. zum BGB/*Habersack*, § 11 VerbrKrG Rn 41.
183 *Bülow*, WM 1992, 1009, 1014.
184 *Münzberg*, WM 1991, 170, 176; Münchener Komm. zum BGB/*Habersack*, § 11 VerbrKrG Rn 46 m.w.Nachw.; a.A. *Braun*, WM 1991, 1325, 1330.
185 WM 1992, 1009, 1013 f.
186 Münchener Komm. zum BGB/*Habersack*, § 11 VerbrKrG Rn 47.
187 Das VerbrKrG (§ 12) spricht hier auch von „Gesamtfälligstellung".

Hundert des Nennbetrages[188] des Kredits in Verzug ist und die Bank dem Kreditnehmer erfolglos eine zweiwöchige Frist zur Zahlung des rückständigen Betrages mit der Erklärung gesetzt hat, daß sie bei Nichtzahlung innerhalb der Frist die gesamte Restschuld verlange (§ 12 Abs. 1 S. 1 VerbrKrG). Kündigt die Bank den Kreditvertrag, so vermindert sich die Restschuld um die Zinsen und sonstigen laufzeitabhängigen Kosten des Kredits, die bei staffelmäßiger Berechnung auf die Zeit nach Wirksamwerden der Kündigung entfallen (§ 12 Abs. 2 VerbrKrG).

5.147   Durch § 12 Abs. 1 VerbrKrG wird dem Kreditgeber ein gesetzliches Kündigungsrecht eingeräumt[189]. Die darlehensrechtlichen Bestimmungen des BGB (§§ 607 ff.) enthalten keine Kündigungsregelung für den Fall, daß ein Darlehensvertrag wie bei einem Ratenkredit auf **bestimmte Zeit** abgeschlossen worden ist. Es besteht jedoch Übereinstimmung, daß bei solchen Darlehensverträgen auch ohne besondere vertragliche Abrede ebenso wie bei allen anderen Dauerschuldverhältnissen entsprechend den §§ 554, 554a und 626 BGB eine Kündigung aus wichtigem Grunde möglich ist und zwar insbesondere, wenn der Darlehensnehmer mit der Zahlung von Zinsen und Raten in Verzug ist[190]. Nach der BGH-Rechtsprechung kann ein Darlehen als Dauerschuldverhältnis auch ohne dahingehende Vereinbarung aus wichtigem Grunde **fristlos gekündigt** werden, wenn einem Vertragsteil unter Berücksichtigung aller Umstände nach Treu und Glauben nicht zugemutet werden kann, das Schuldverhältnis fortzusetzen[191]. Nach einer Mindermeinung im Schrifttum sollen sich die Voraussetzungen und die Folgen der Vertragsliquidierung bei Verzug einer Partei uneingeschränkt nach § 326 BGB richten. Der Satz 3 des § 326 Abs. 1 BGB böte gerade für den Fall des Verzuges des Darlehensnehmers mit der Rückzahlung einzelner Raten eine in jeder Hinsicht interessenge-

---

188 Dieser Nennbetrag gehörte in der ursprünglichen Fassung des Regierungsentwurfs (§ 3 Abs. 1 S. 2 Nr. 1a) des VerbrKrG zu den erforderlichen Mindestangaben und wurde später durch den Begriff „Gesamtbetrag" (§ 4 Abs. 1 S. 2 Nr. 1b VerbrKrG) ersetzt. Hiermit war der Darlehensnennbetrag gemeint, von dem bei Auszahlung die Darlehenskosten in Abzug gebracht werden. Mit Rücksicht auf die Anbindung der Kündigung an diesen Nennbetrag empfiehlt sich seine Angabe im Kreditvertrag, zumal der Nennbetrag ohnehin unter verschiedenen Bezeichnungen in der Vertragsurkunde angegeben wird.
189 *Bülow*, VerbrKrG, 1991, § 12 Rn 10.
190 *Von Westphalen/Emmerich/Kessler*, VerbrKrG, 2. Aufl., 1996, § 12 Rn 4; *Palandt/Putzo*, § 609 Rn 13 ff.; *Staudinger/Hopt/Mülbert*, § 609 Rn 34; Münchener Komm. zum BGB/*Westermann*, § 610 Rn 13.
191 BGH WM 1980, 380, 381.

rechte Lösung[192]. Überwiegend wird jedoch ein Rückgriff auf § 326 BGB unter Berufung auf die Besonderheiten von Dauerschuldverhältnissen sowie deshalb abgelehnt, weil die Rückzahlung des Kredites – im Gegensatz zur Zahlung der vereinbarten Zinsen – keine Hauptleistungspflicht des Darlehensnehmers im Sinne des § 326 Abs. 1 BGB darstellt[193].

Das gesetzliche Kündigungsrecht nach § 12 VerbrKrG **modifiziert** also das außerordentliche Kündigungsrecht, wie es die herrschende Meinung dem Darlehensgeber bei Vorliegen eines wichtigen Grundes konzediert. Vergleicht man dieses Kündigungsrecht mit dem von der Mindermeinung befürworteten gesetzlichen Rücktrittsrecht nach § 326 Abs. 1 S. 2 BGB, so wird letzteres in zweierlei Hinsicht modifiziert. Nach § 326 BGB genügt es, daß sich der Schuldner mit der ihm obliegenden Leistung (hier mit den vereinbarten Ratenzahlungen) im Verzug gemäß § 284 Abs. 1 S. 1 BGB befindet. Bei **Verbraucherkrediten** ist dagegen die Fälligstellung der gesamten Kreditforderung davon abhängig, daß der Zahlungsrückstand im Verhältnis zum Nennbetrag des Kredites eine bestimmte Höhe erreicht. Nach § 326 Abs. 1 S. 1 BGB braucht im übrigen die erforderliche Fristsetzung für die Bewirkung der verzögerten Leistung nur angemessen zu sein. Hierbei ist zu berücksichtigen, daß der Schuldner für seine finanzielle Leistungsfähigkeit verantwortlich ist[194]. Zum Schutz des Kreditnehmers schreibt dagegen das Verbraucherkreditgesetz eine Frist von mindestens zwei Wochen vor.

5.148

Die Bank soll dem Kreditnehmer spätestens mit der Fristsetzung ein Gespräch über die Möglichkeiten einer einverständlichen Regelung anbieten (§ 12 Abs. 1 S. 2 VerbrKrG). Bei dem Gesprächsangebot handelt es sich nicht um eine Tatbestandsvoraussetzung für eine wirksame Kündigung des Kreditvertrages[195]. Im Einzelfall kann jedoch ein Verstoß gegen die Pflicht zum Angebot eines Gesprächs einen Schadensersatzanspruch des Kreditnehmers auslösen[196].

5.149

a) Beschränkung auf Teilzahlungs-(Raten-)Kredite

Die Befugnis zur Gesamtfälligstellung beschränkt sich auf Teilzahlungskredite einschließlich der Kontokorrentkredite mit Mindestrate und der

5.150

---

192 *Emmerich*, WM 1986, 541, 545; *von Westphalen/Emmerich/Kessler*, VerbrKrG, 2. Aufl., 1996, § 12 Rn 5; vgl. OLG Stuttgart WM 1987, 1449, 1450.
193 Vgl. z.B. Hans. OLG Hamburg (WM 1987, 1252, 1253), wonach bei einem in Vollzug gesetzten Dauerschuldverhältnis das in § 326 BGB vorgesehene Rücktrittsrecht durch das Recht zur außerordentlichen Kündigung ersetzt wird.
194 BGH WM 1985, 1106, 1107.
195 Amtl. Begr., BT-Drucksache 11/5462, S. 27.
196 *Von Westphalen/Emmerich/Kessler*, VerbrKrG, 2. Aufl., 1996, § 12 Rn 31; *Bruchner/Ott/Wagner-Wieduwilt*, VerbrKrG, 1992, § 12 Rn 19.

Abzahlungsgeschäfte. Typische grundpfandrechtlich gesicherte Kredite sind nach § 3 Abs. 2 Nr. 3 VerbrKrG ausgenommen[197]. Die gesetzliche Regelung behandelt im übrigen für Teilzahlungskredite die Kündigung wegen Verzuges abschließend[198]. Der Kreditvertrag kann zwar entsprechend dem allgemeinen für Dauerschuldverhältnisse geltenden Grundsatz gekündigt werden, wenn der Bank aufgrund einer Gesamtwürdigung aller Umstände unter Berücksichtigung auch der Belange des Kreditnehmers das Festhalten am Vertrag aus sonstigen Gründen unzumutbar ist[199]. Mit Rücksicht auf den **Schutzzweck des § 12 VerbrKrG** kommen aber nur solche Kündigungsgründe in Betracht, die nicht im Zusammenhang mit konkreten Zahlungsschwierigkeiten des Kreditnehmers stehen[200]. Dementsprechend ist in den AGB Banken (Nr. 19 Abs. 4) klargestellt worden, daß das AGB-mäßige Kündigungsrecht der Bank entfällt, soweit das Verbraucherkreditgesetz Sonderregelungen für die Kündigung wegen Verzuges mit der Rückzahlung eines Verbraucherkredites vorsieht.

b) Anwendbarkeit allgemeiner Kündigungsregelungen

5.151 Soweit § 12 VerbrKrG nicht einschlägig ist, bestimmt sich die Kündigung des Kreditvertrages wegen Zahlungsverzuges nach allgemeinen Grundsätzen[201]. Hierfür kommen insbesondere die gesetzlichen Kündigungsregeln des BGB (§§ 609, 609 a) und die sonstigen Kündigungsgründe in den AGB (Nr. 19 AGB Banken) der Banken in Betracht. § 12 VerbrKrG hindert daher die Bank nicht daran, das Kreditvertragsverhältnis wegen unrichtiger Angaben des Kunden über seine Vermögenslage zu kündigen, sofern ihr die weitere Kreditgewährung unzumutbar ist (vgl. AGB Banken Nr. 19 Abs. 3)[202].

5.152 Aus Gründen des Verbraucherschutzes ist im übrigen ein besonderes **vorzeitiges Kündigungsrecht** des Kreditnehmers für Kredite zu privaten Zwecken geschaffen worden. Solche „Privatdarlehen", bei denen eine zeitlich begrenzte Zinsbindung vereinbart ist, können nach Ablauf von sechs Monaten nach Empfang des Darlehensbetrages mit dreimonatiger Kündigungsfrist gekündigt werden (§ 609 a Abs. 1 Nr. 2 BGB). Für dieses Kündigungsrecht ist die Höhe des vereinbarten Zinssatzes unerheblich;

---

197 *Seibert,* Handbuch zum Verbraucherkreditgesetz, 1991, § 12 Rn 1.
198 *Seibert,* Handbuch zum Verbraucherkreditgesetz, 1991, § 12 Rn 1.
199 BGH WM 1988, 195, 196 m.w.Nachw.; vgl. *Staudinger/Hopt/Mülbert,* § 609 BGB Rn 34 ff.
200 Münchener Komm. zum BGB/*Habersack,* § 12 VerbrKrG Rn 22.
201 Münchener Komm. zum BGB/*Habersack,* § 12 VerbrKrG Rn 22; *von Heymann,* WM 1991, 1285, 1293; *Seibert,* Handbuch zum Verbraucherkreditgesetz, 1991, § 12 Rn 1.
202 Münchener Komm. zum BGB/*Habersack,* § 12 VerbrKrG Rn 22.

beim früheren § 247 BGB setzte das Kündigungsrecht dagegen einen Zinssatz von mindestens 6% voraus. Dieses Kündigungsrecht gilt jedoch nicht für Darlehen, die grundpfandrechtlich abgesichert[203] oder ganz oder überwiegend für Zwecke einer gewerblichen oder beruflichen Tätigkeit bestimmt sind. Hier entfällt der Verbraucherschutzgedanke, der diesem speziellen Kündigungsrecht für die Privatkunden zugrundeliegt.

4. Rücktrittsrecht der kreditgebenden Bank (§ 13 VerbrKrG)

Bei Kreditverträgen, die die Lieferung einer Sache oder die Erbringung einer anderen Leistung gegen Teilleistungen zum Gegenstand haben, hat der Kreditgeber im Falle des Zahlungsverzuges des Verbrauchers außer der Kündigungsmöglichkeit nach § 12 VerbrKrG das Recht zum Rücktritt vom Vertrag gemäß § 13 Abs. 1 VerbrKrG. Zwischen beiden Gestaltungsrechten hat der Kreditgeber die Wahl[204]. Der Rücktritt ist durch die Verweisung in § 13 Abs. 1 VerbrKrG an dieselben Voraussetzungen wie die Kündigung geknüpft.

5.153

Rücktritt und Kündigung des Kreditvertrages unterscheiden sich darin, daß die **Kündigung** lediglich den Vertrag für die Zukunft beendet, während er bei dem **Rücktritt** rückabgewickelt wird. Insbesondere bei Vorleistungen des Ratenverkäufers ermöglicht also der Rücktritt eine sachangemessene Rückabwicklung des Vertrages[205].

5.154

Soweit die kreditgebende Bank die als Kreditsicherheit übereigneten Kaufsachen an sich nimmt, gilt dies als Ausübung ihres Rücktrittsrechts. Voraussetzung für diese Fiktion einer Rücktrittserklärung ist aber, daß gleichzeitig die Voraussetzungen für eine Gesamtfälligstellung im Sinne des § 12 VerbrKrG vorliegen[206]. Mit dieser **Rücktrittsfiktion** übernimmt das VerbrKrG in leicht modifizierter Weise die vergleichbare Regelung des früheren § 5 AbzG[207]. Nach der zu dieser Vorschrift ergangenen Rechtsprechung gilt diese Fiktion auch dann, wenn die Bank die ihr übereignete Kaufsache durch Weiterveräußerung verwertet[208] oder wenn

5.155

---

203 Das Verbraucherkreditgesetz klammert dagegen diese grundpfandrechtlich abgesicherten Kredite aus seinem Anwendungsbereich nicht aus, sondern gewährt nur bestimmte Erleichterungen (§ 3 Abs. 2 Nr. 2 VerbrKrG).
204 *Von Westphalen/Emmerich/Kessler*, VerbrKrG, 2. Aufl., 1996, § 13 Rn 8; Münchener Komm. zum BGB/*Habersack*, § 13 VerbrKrG Rn 5.
205 Amtl. Begr., BT-Drucksache 11/5462, S. 28.
206 OLG Köln WM 1998, 381, 382.
207 OLG Köln WM 1998, 381, 382.
208 BGH WM 1988, 1328, 1329.

sie in diese Sache die Zwangsvollstreckung betreibt[209]. Diese Rücktrittsfiktion kommt auch im Falle eines verbundenen Geschäfts zum Tragen (§ 13 Abs. 3 S. 2 VerbrKrG). Sie entfällt generell, wenn sich die Bank mit dem Kreditnehmer einigt, diesem den gewöhnlichen Verkaufswert der Sache im Zeitpunkt der Wegnahme zu vergüten (§ 13 Abs. 3 S. 1, 2. Hs. VerbrKrG).

5.156 § 13 VerbrKrG **fingiert** wie § 5 AbzG **nur die Rücktrittserklärung.** Bei der Anwendung stellt sich daher die Frage, ob zur Wirksamkeit dieser Rücktrittserklärungsfiktion stets ein Rücktrittsrecht gegeben sein muß. Dies ist jedenfalls für den Fall des Zahlungsverzuges des Kreditnehmers mit Rücksicht darauf, daß dann ein Rücktritt des Kreditgebers nur unter den einschränkenden Voraussetzungen des § 12 Abs. 1 VerbrKrG zulässig ist, zu bejahen[210].

5.157 Soweit dagegen vertreten wird, der Schutzzweck des § 13 Abs. 3 VerbrKrG gebiete eine Rückabwicklung nach § 13 Abs. 2 VerbrKrG auch dann, wenn dem Verbraucher der Besitz auf Veranlassung des Kreditgebers entzogen werde, ohne daß die Rücktrittsvoraussetzungen des § 12 Abs. 1 VerbrKrG vorlägen[211], kann es allenfalls um eine entsprechende Anwendung von § 13 Abs. 3 VerbrKrG gehen.

5.158 Ist die fingierte Rücktrittserklärung wegen Vorliegens des Rücktrittsrechts wirksam geworden, so finden die für das vertragsmäßige Rücktrittsrecht geltenden Vorschriften der §§ 346 bis 354, 356 BGB entsprechende Anwendung (§ 13 Abs. 2 S. 1 VerbrKrG). Der Kreditnehmer hat der Bank auch die infolge des Vertrages gemachten Aufwendungen zu ersetzen (§ 13 Abs. 2 S. 2 VerbrKrG).

5.159 Bei der Bemessung der nach §§ 347 S. 2, 987 BGB geschuldeten Vergütung von Nutzungen einer zurückzugewährenden Sache ist im übrigen auf die inzwischen eingetretene Wertminderung Rücksicht zu nehmen (§ 13 Abs. 2 S. 3 VerbrKrG).

5.160 Das **Rücktrittsrecht** steht auch dem **Waren- und Dienstleistungskreditgeber** zu. Dabei ist dieses Recht an die gleichen Voraussetzungen geknüpft

---

209 BGH WM 1955, 305; 1971, 47.
210 *Bruchner/Ott/Wagner-Wieduwilt,* VerbrKrG, 1992, § 13 Rn 32 ff.; *von Westphalen/Emmerich/Kessler,* VerbrKrG, 2. Aufl., 1996, § 13 Rn 35. Vermittelnd *Seibert,* Handbuch zum Verbraucherkreditgesetz, 1991, § 13 Rn 9, der auf eine ordnungsgemäße Fristsetzung mit Ablehnungsandrohung verzichten will.
211 Münchener Komm. zum BGB/*Habersack,* § 13 VerbrKrG Rn 47.

wie die Kündigung durch den Geldkreditgeber (§ 13 Abs. 1 VerbrKrG). Nach der amtlichen Begründung ist das **Kündigungsrecht** des § 12 VerbrKrG auf **Geldkredite** zugeschnitten, während § 13 VerbrKrG die Waren- und Dienstleistungskredite im Auge hat[212]. Mit dem eingeschränkten Rücktrittsrecht soll das schutzwürdige Interesse des Verbrauchers an der Nutzung der Ware sichergestellt und verhindert werden, daß dem Verbraucher bereits bei einer kurzfristigen, vorübergehenden Störung seiner Zahlungsfähigkeit die Sache entzogen wird. Für den Bereich der Verbraucherkredite wird daher die Regelung des § 455, 2. Alt. BGB, nach der jeder Verzug zur Geltendmachung des Eigentumsvorbehalts berechtigt, durch § 12 VerbrKrG als Spezialvorschrift verdrängt[213].

5. Restschuldbefreiung

Die Schutzbestimmungen des Verbraucherkreditgesetzes bei Zahlungsschwierigkeiten des Verbrauchers erscheinen für eine grundlegende Lösung der Schuldturmproblematik nicht ausreichend. Diese Problemsituation ist gegeben, wenn der Verbraucher seine fälligen Verbindlichkeiten nicht (vollständig) erfüllen kann, weil sein verfügbares Vermögen, insbesondere sein Arbeitseinkommen nicht ausreicht. Hierfür eröffnet die am 1. 1. 1999 in Kraft getretene **Insolvenzordnung** die Möglichkeit einer Restschuldbefreiung, wenn die hierfür gesetzlich geregelten Voraussetzungen vorliegen (§§ 286 ff. InsO)[214]. Danach erlischt nach einem mindestens siebenjährigen Wohlverhalten des Schuldners die Restschuld mit der Wirkung eines bestätigten Vergleichs (§§ 286, 301 InsO).

5.161

VI. Änderung des Mahnverfahrens[215]

Ansprüche aus Verbraucherkreditverträgen sind von der Geltendmachung im gerichtlichen Mahnverfahren (§§ 688 ff. ZPO) ausgeschlossen, wenn der anzugebende effektive oder anfängliche effektive Jahreszins den bei Vertragsabschluß geltenden Diskontsatz der Deutschen Bundesbank zuzüglich 12 v.H. übersteigt (§ 688 Abs. 2 ZPO). Hierdurch sollte die Titulierung von Ansprüchen aus sittenwidrigen Kreditverträgen im Wege des

5.162

---

212 BT-Drucksache 11/5462, S. 28.
213 BT-Drucksache 11/5462, S. 28.
214 BR-Drucksache 1/92, S. 46 ff.; vgl. die amtl. Begr. ebd., S. 100 ff., 187 ff. Vgl. weiter *Bülow*, WM 1992, 1009, 1010 Fn 11 m.w.Nachw.; *Maier/Krafft*, BB 1997, S. 2173 ff.
215 *F. J. Scholz*, DB 1992, 127.

Mahnverfahrens, in dem eine Sachprüfung nicht stattfindet, ausgeschlossen werden.

5.163 Um dies zu gewährleisten, muß der Antrag auf Erlaß eines Mahnbescheids, der den Anspruch aus einem Verbraucherkreditvertrag durchsetzen soll, gemäß § 690 Abs. 1 Nr. 3 ZPO die Angabe des Datums des Vertragsschlusses sowie des effektiven oder anfänglichen effektiven Jahreszinses enthalten.

5.164 Außerhalb der Regelung der Statthaftigkeit des Mahnverfahrens für Verbraucherkredite hat der Gesetzgeber davon abgesehen, ein Kriterium für die **Sittenwidrigkeit** (§ 138 BGB) eines Kreditvertrages einzuführen. Gleichwohl hat er sich bei der Regelung in § 688 Abs. 2 ZPO von der Rechtsprechung des BGH[216] leiten lassen, derzufolge eine absolute Überschreitung des Marktzinses um 12% (ebenso wie dessen relative Überschreitung um 100%) als Indiz für die Sittenwidrigkeit des Kreditvertrages anzusehen ist.

5.165 Stellt sich nach einer im Mahnverfahren erfolgten Titulierung **nachträglich** die **Sittenwidrigkeit** des zugrundeliegenden Ratenkredites heraus, so verbleibt es bei der BGH-Rechtsprechung zur Durchbrechung der Rechtskraft von Vollstreckungsbescheiden nach Maßgabe des § 826 BGB[217]. Die Rechtskraft eines materiell unrichtigen Titels muß nach gefestigter Rechtsprechung zurücktreten, wenn es mit dem Gerechtigkeitsgebot schlechthin unvereinbar wäre, daß der Titelgläubiger seine Rechtsstellung zu Lasten des Schuldners ausnutzt. Eine solche Anwendung des § 826 BGB muß jedoch auf besonders schwerwiegende, eng begrenzte Ausnahmefälle beschränkt bleiben. Anderenfalls würde die Rechtskraft ausgehöhlt, die Rechtssicherheit beeinträchtigt und der Rechtsfrieden in Frage gestellt[218].

VII. Unwirksamkeit von Darlehensverträgen wegen Sittenwidrigkeit

5.166 Der volljährige Schuldner hat nach dem Grundsatz der Privatautonomie grundsätzlich selbst zu prüfen und zu entscheiden, wo die **Grenzen seiner Leistungsfähigkeit** liegen. Die Tatsache, daß eine Verpflichtung das Leistungsvermögen des Schuldners überfordert, ist daher nicht ohne weiteres Nichtigkeitsgrund eines entsprechenden Vertrages[219]. Generalklauseln

---

216 BGH WM 1990, 668, 669; 669, 670.
217 Vgl. BGH WM 1987, 1245; 1989, 169; 1990, 393; 1993, 1324.
218 BVerfG WM 1993, 1326; BGH WM 1993, 1324, 1325.
219 BGH WM 1991, 1154, 1155 f.; 1992, 2129.

wie § 138 Abs. 1 BGB berechtigen und verpflichten aber die Gerichte, Rechtsgeschäfte, die nach allgemeinen Regeln wirksam erscheinen, mit Rücksicht auf besondere Umstände für nichtig zu erklären[220]. Diese Voraussetzungen können bei der Mitverpflichtung einkommens- und vermögensloser naher Angehöriger gegeben sein[221]. Hierzu bedarf es, wie auch sonst bei der Beurteilung, ob einem Rechtsgeschäft wegen Sittenwidrigkeit die Wirksamkeit zu versagen ist, einer Gesamtwürdigung aller objektiven und subjektiven Umstände[222]. An der Sittenwidrigkeit kann es deshalb im Einzelfall fehlen, wenn die vermögenslose Ehefrau selbst Vorteile aus der Kreditgewährung hat, weil sie das finanzierte Wohnheim mitbewohnt[223].

VIII. Problematik der konkludenten Erlaßverträge bei notleidenden Krediten (sog. Erlaßfalle)

Die Rechtsprechung hat wiederholt die Frage zu entscheiden gehabt, ob es bei notleidend gewordenen Verbraucherkrediten zu einem Wegfall der noch ausstehenden Kreditforderung im Wege eines Erlaßvertrages (§ 397 BGB) oder eines Vergleiches (§ 779 BGB) gekommen ist. In diesen Fällen ist der kreditgebenden Bank ein schriftliches Abfindungsangebot mit einem beigefügten Scheck über einen Betrag eingereicht worden, der im krassen Mißverhältnis zu dem noch offenen Kreditbetrag stand. Löst die Bank in solchen Fällen den übersandten Scheck ein, so liegt hierin nicht die erforderliche Annahme des Abfindungsangebotes[224].

5.167

---

220 BGH WM 1992, 2129.
221 Zur verfassungsrechtlichen Bewertung der zivilgerichtlichen Rechtsprechung hinsichtlich der Sittenwidrigkeit einer Bürgschaft durch einkommens- und vermögenslose Angehörige vgl. BVerfG WM 1993, 2199, 2202 ff. – Rn 6.31 ff., 6.148 ff.
222 BGH WM 1992, 2129, 2130.
223 Hans. OLG Bremen WM 1993, 1709, 1710.
224 LG München WM 1997, 2213; 2214; LG Bayreuth WM 1998, 1147; LG Bremen WM 1998, 2189; LG Waldshut WM 1998, 2191; OLG Dresden WM 1999, 487, 488; 949, 950; OLG Karlsruhe WM 1999, 490. Dagegen hat die Rechtsprechung bei Krediten im Firmenkundengeschäft die stillschweigende Annahme eines solchen Abfindungsangebotes durch Scheckeinlösung bejaht (BGH WM 1986, 322, 324; OLG Hamm NJW-RR 1998, 1662, 1663); *Lange*, WM 1999, 1301.

3. Abschnitt
Firmenkredite

5.168 Das Verbraucherkreditgesetz regelt das Kreditgeschäft mit den Privatkunden der Kreditinstitute. Es ist unanwendbar, wenn die Kreditnehmer juristische Personen des Privatrechts oder des öffentlichen Rechts sind (wie insbesondere die AG und die GmbH sowie die Körperschaften, Stiftungen und Anstalten des öffentlichen Rechts). Ebensowenig werden erfaßt die Kredite an die Personenhandelsgesellschaften (OHG, KG) und sonstige gewerblich oder beruflich tätige Gesamthandsgemeinschaften wie die Gesellschaft des bürgerlichen Rechts[225]. Unanwendbar ist das Verbraucherkreditgesetz auch auf Kredite an natürliche Personen, soweit diese nach dem Inhalt des Kreditvertrages für eine bereits **ausgeübte gewerbliche oder selbständige berufliche Tätigkeit** bestimmt sind (§ 1 Abs. 1 VerbrKrG). Kredite für die Aufnahme einer gewerblichen oder selbständigen beruflichen Tätigkeit (sog. Existenzgründungsdarlehen) sind keine Verbraucherkredite, wenn der Nettokreditbetrag DM 100 000 übersteigt (§ 3 Abs. 1 Nr. 2 VerbrKrG).

5.169 Das vom Verbraucherkreditgesetz nicht erfaßte Kreditgeschäft kennt verschiedene Kreditarten. Im Vordergrund stehen die **Zahlungskredite** in der Form des Gelddarlehens und des Wechseldiskontgeschäfts. **Haftungskredite** werden insbesondere in Gestalt des Aval- und Akzeptkredites gewährt. Eine weitere Kreditart im Sinne der Legaldefinition des Bankgeschäfts ist das Revolvingkreditgeschäft (§ 1 Abs. 1 S. 2 Nr. 7 KWG). Kredite im Sinne des KWG werden auch beim Finanzierungsleasing und Factoringgeschäft gewährt (§ 19 Abs. 1 S. 1 Nr. 5, 7 KWG). Seit einigen Jahren wird auch die Wertpapierleihe in Deutschland praktiziert, die ein Sachdarlehen im Sinne des § 607 Abs. 1 BGB darstellt.

I. Gelddarlehen

5.170 Das entgeltliche Gelddarlehen gehört zu den sog. **Austauschverträgen**. Die vereinbarte Verzinsung stellt keine Nebenpflicht dar, sondern steht zu der vom Kreditgeber geschuldeten befristeten Geldüberlassung in einem Gegenseitigkeitsverhältnis (§§ 320 ff. BGB). Bei der Beschreibung des

---

[225] Münchener Komm. zum BGB/*Ulmer*, § 1 VerbrKrG Rn 19 f.

Darlehenstypus in § 607 Abs. 1 BGB wird diese in synallagmatischer Beziehung stehende Verzinsungspflicht allerdings verschwiegen und lediglich normiert, daß der Kreditnehmer verpflichtet ist, das als Darlehen empfangene Geld in gleicher Art und Menge zurückzuerstatten.

Aus der Formulierung des § 607 BGB hat die ältere Lehre gefolgert, daß der Darlehensvertrag nicht bereits durch durch die Willenseinigung, sondern erst durch den Empfang des überlassenen Geldes zustandekommt und das Darlehen daher wie die Leihe zu den Realverträgen gehört (**Realvertragstheorie**). Beim Realvertrag werden Leistungspflichten erst begründet, wenn zu der Willenseinigung ein reales Moment wie die Sachhingabe hinzutritt[226]. Ein Kreditvertrag, der die Überlassung der Darlehensvaluta erst für später vorsieht (§ 610 BGB), kann aus dieser Sicht nur einen **Darlehensvorvertrag** darstellen[227]. 5.171

Nach der heute ganz herrschenden **Konsensualvertragstheorie** kommt der Darlehensvertrag auch ohne Geldüberlassung durch übereinstimmende Willenserklärungen gemäß §§ 145 ff. BGB zustande[228]. Mit der dogmatischen Anerkennung der schuldrechtlichen Inhaltsfreiheit (§§ 305, 241 BGB) erkennt die Rechtsordnung die Verbindlichkeit jeder mit Rechtsbindungswillen getroffenen Vereinbarung an. Es bedarf deshalb keines zusätzlichen „realen" Umstandes, um eine rechtsgeschäftliche Verpflichtung zu begründen[229]. 5.172

Dieses gesetzliche Leitbild liegt auch dem Verbraucherkreditgesetz zugrunde, in dem der Darlehensvertrag als eine der ihm unterfallenden Kreditarten geregelt ist (§ 1 Abs. 1 VerbrKrG). Wie sich aus § 4 Abs. 1 S. 2 Nr. 1 VerbrKrG ergibt, erfordert das Zustandekommen eines Kreditvertrages, also auch eines Darlehensvertrages, korrespondierende Willenserklärungen beider Vertragspartner[230]. 5.173

Praktische Auswirkungen haben beide Theorien im Hinblick auf die Bedeutung der Frage, wann der Darlehensnehmer das Darlehen empfangen hat. Aus der Sicht der früher vertretenen Realvertragstheorie hing hiervon ab, ob bereits ein Darlehensvertrag zustande gekommen ist. Dagegen ist dies unter Geltung der Konsensualvertragstheorie allein für die Frage von Belang, ob der Darlehensgeber seine Verbindlichkeit bereits 5.174

---

226 *Palandt/Heinrichs*, Einf. v. § 305 Rn 9.
227 *Staudinger/Hopt/Mülbert*, § 610 Rn 6.
228 *Palandt/Putzo*, § 607 Rn 1.
229 Vgl. *Staudinger/Reuter*, Vorbem. zu §§ 688 Rn 2 für den insoweit vergleichbaren Abschluß eines Verwahrungsvertrages ohne Hinterlegung der aufzubewahrenden Sache.
230 Münchener Komm. zum BGB/*Ulmer*, § 4 VerbrKrG Rn 10.

erfüllt hat und damit auch die Rückzahlungsverpflichtung des Darlehensnehmers entstanden ist. Ausreichend für den Empfang des Darlehens und damit für die Erfüllung aus der Sicht der Konsensualtheorie ist es beispielsweise, wenn die kreditgebende Bank den Darlehensbetrag vereinbarungsgemäß einem Festgeldkonto des Darlehensnehmers gutschreibt, selbst wenn das entstehende Guthaben der Bank zur Sicherung des Darlehens verpfändet ist[231].

5.175 Wird die Darlehensvaluta vereinbarungsgemäß an einen Dritten ausgezahlt oder seinem Konto gutgeschrieben, so ist zu unterscheiden, ob der Dritte das Geld nur – sogleich oder später – weiterleiten oder endgültig zur eigenen Verfügung behalten soll. Im erstgenannten Fall kommt es entscheidend darauf an, in wessen Interesse der Dritte eingeschaltet ist. Überweist z.B. der Darlehensgeber die Valuta zu seiner eigenen Sicherung zunächst auf das Anderkonto eines Notars und beauftragt er diesen, nur unter bestimmten, seinem Schutz dienenden Voraussetzungen darüber zu verfügen, so liegt noch kein Darlehensempfang vor. Der Darlehensgeber trägt also noch das Risiko, wenn der Notar weisungswidrig über das Geld verfügt[232]. Dies gilt auch dann, wenn ein Darlehensnehmer, der mit der Valuta eigene Verpflichtungen gegenüber einem anderen erfüllen will, im Vertrag mit dem anderen zu seiner eigenen Sicherung ebenfalls zunächst die Überweisung auf ein Notar-Anderkonto vereinbart hat. Solange der Notar als Treuhänder des Darlehensgebers tätig ist und dessen Weisungen unterliegt, ist das Darlehen noch nicht gewährt[233]. Etwas anderes gilt, wenn die Auszahlung der Darlehensvaluta auf das Notaranderkonto im überwiegenden Interesse des Darlehensnehmers erfolgt[234]. Aus der Sicht der Konsensualvertragstheorie folgt diese Rechtslage bei Zahlung an einen Notar daraus, daß § 362 Abs. 2 BGB, der die Erfüllung durch Zahlung an einen Dritten regelt, insoweit nicht anwendbar ist.

5.176 Um eine Leistung an einen Dritten, der nach §§ 362 Abs. 2, 185 Abs. 1 BGB erfüllende Wirkung zukommt, handelt es sich dagegen, wenn die Valuta auf Weisung des Darlehensnehmers dem Dritten nicht nur vorübergehend zur Weiterleitung, sondern **endgültig** zur eigenen Verfügung zufließen soll, etwa weil der Darlehensnehmer seinerseits dem Dritten ein Darlehen gewähren will. Mit der Gutschrift auf dem Konto des Dritten hat der Darlehensnehmer das Darlehen empfangen[235].

---

231 BGH WM 1987, 1125.
232 BGH WM 1986, 933; vgl. weiter BGH WM 1994, 647, 648.
233 *Halstenberg*, WM 1988, Sonderbeil. 4, 5.
234 OLG Stuttgart ZIP 1998, 1834; WM 1999, 1169.
235 Vgl. BGH WM 1986, 1561, 1563; WM 1997, 1658, 1659.

Dagegen liegt noch **kein Darlehensempfang** vor, wenn die kreditgebende Bank den Darlehensbetrag lediglich vom Konto des Darlehensnehmers abbucht und einem Konto pro Diverse gutschreibt, ohne einem Dritten daran durch Vereinbarung einen Auszahlungsanspruch einzuräumen[236].

5.177

1. Krediteröffnungsverträge

Der Darlehensvertrag ist eine Unterart des sog. **Krediteröffnungsvertrages**. Hierbei handelt es sich um einen Vertrag, in dem sich die Bank verpflichtet, dem Kreditnehmer zu bestimmten Konditionen und bis zu einer bestimmten Höhe Kredit nach Abruf zu gewähren. Diese sog. Kreditlinien brauchen sich keineswegs auf Gelddarlehen zu beschränken. In Betracht kommen alle banküblichen Kreditarten, insbesondere Diskont- und Avalkredite[237]. Der Krediteröffnungsvertrag ist nach heutiger Auffassung kein Vorvertrag, sondern ein **Grund-(Rahmen-)Vertrag**[238]. Er ist von den einzelnen Kreditgeschäften zu unterscheiden, obwohl ein enger Zusammenhang zwischen dem Krediteröffnungsvertrag und den einzelnen Kreditgeschäften besteht[239]. Der Krediteröffnungsvertrag enthält regelmäßig, aber nicht stets die unmittelbare Verpflichtung der Bank zur Kreditgewährung[240]. Dieser Vertragsinhalt macht es aber nicht erforderlich, die Qualifizierung als Grund-(Rahmen-)Vertrag aufzugeben und den Krediteröffnungsvertrag mit dem jeweiligen, die Kreditleistung beinhaltenden Darlehens-, Geschäftsbesorgungs- oder Kaufvertrag zu identifizieren[241].

5.178

Der wesentliche Inhalt des Krediteröffnungsvertrages betrifft die Art des eingeräumten Kredits, die für diesen Kredit geltenden Konditionen, insbesondere der zu zahlende Zinssatz, die Laufzeit des Kredites, die zu bestellenden Sicherheiten und die Höhe der Bereitstellungsprovision, die das Entgelt für die Einräumung einer solchen Kreditlinie darstellt.

5.179

Im Krediteröffnungsvertrag wird auch klargestellt, ob der Bankkunde nur einmal zum Abruf des Kredits berechtigt sein soll, oder ob er das Recht

5.180

---

236 BGH WM 1986, 1182, 1183.
237 *Staudinger/Hopt/Mülbert*, Vorbem. zu §§ 607 ff. Rn 238; *Canaris*, Bankvertragsrecht², Rn 1200.
238 *Staudinger/Hopt/Mülbert*, Vorbem. zu §§ 607 ff. Rn 241; Münchener Komm. zum BGB/*Ulmer*, § 1 VerbrKrG Rn 54.
239 *Canaris*, Bankvertragsrecht², Rn 1201.
240 Vgl. BGH NJW 1982, 1810, 1811.
241 *Staudinger/Hopt/Mülbert*, Vorbem. zu §§ 607 ff. Rn 242; vgl. weiter *Canaris*, Bankvertragsrecht², Rn 1202.

haben soll, den Kredit nach Tilgung erneut in Anspruch zu nehmen. Eine solche sog. **revolvierende Inanspruchnahme** ist für die über das Girokonto abrufbaren Kredite (**Kontokorrentkredite**) typisch[242]. Dieses „Abrufsrecht" des Kreditnehmers beinhaltet aber keine Verpflichtung, hiervon auch Gebrauch zu machen. Von der Art des eingeräumten Kredites hängt es im übrigen ab, ob der Kunde den Kredit zu festen Fälligkeitszeitpunkten ratenweise zurückzuführen hat oder ob der Kredit nur bis zu einem bestimmten Zeitpunkt insgesamt zurückgewährt zu werden braucht.

5.181 Häufig wird auch vereinbart, zu welchem Zweck der eingeräumte Kredit in Anspruch genommen werden darf. So gibt es Kredite, deren Verwendung im Belieben des Kunden steht (**Betriebsmittelkredite**). Hier kann der Kunde die Kreditvaluta je nach Bedarf für die Führung seines kaufmännischen Betriebes verwenden. Daneben gibt es **zweckgebundene** Kredite, die beispielsweise nur für die Anschaffung bestimmter Gegenstände in Anspruch genommen werden dürfen.

5.182 Bei der Gewährung größerer Kredite wird häufig ein aus mehreren Kreditinstituten bestehendes Kreditkonsortium gebildet[243]. Mit diesem **Konsortialkredit** bezwecken die mitwirkenden Banken, die Risiken und Eigenkapitalkosten solcher Kredite nicht allein tragen zu müssen. Auch möchte der Kreditnehmer oftmals seine sämtlichen Bankverbindungen ausnutzen[244]. Von diesen Kreditkonsortien sind die Kreditunterbeteiligungen zu unterscheiden. Eine solche Unterbeteiligung kann sowohl an einem Konsortialkreditanteil als auch an einem Einzelkredit eingeräumt werden[245]. Der BGH qualifiziert das Rechtsverhältnis zwischen den Unterbeteiligten und der nach außen als Kreditgeber auftretenden Bank als eine bürgerlich-rechtliche Innengesellschaft[246].

---

[242] Zu Kontokorrentratenkreditverträgen und der Frage, ob sie den Grundsätzen der Rechtsprechung zu sittenwidrigen Ratenkreditverträgen unterworfen werden können vgl. BGH WM 1991, 179, 180 f. Vgl. weiter *Canaris*, WM 1987, Sonderbeil. 4.
[243] *Scholze*, Das Konsortialgeschäft der deutschen Banken, 1973, Bd. 1, S. 100 ff.; *Hadding* in Bankrechts-Handbuch, § 87; *Früh* in Bankrecht und Bankpraxis, Rn 3/332 ff.
[244] *Jährig/Schuck/Rösler/Woite*, Handbuch des Kreditgeschäfts, 5. Aufl., 1990, S. 130.
[245] *Sittmann*, WM 1996, 469.
[246] BGH WM 1968, 1083; *Sittmann*, WM 1996, 469, 471.

2. Vereinbarung eines Disagios

Die hauptsächlichen Kosten einer Kreditinanspruchnahme resultieren aus dem vereinbarten Zinssatz. Zu den kostenbestimmenden Faktoren des langfristigen Kredites gehört weiter seit jeher das **Disagio** (Damnum)[247]. Hierbei handelt es sich um die Differenz zwischen dem rückzahlbaren Nominalbetrag des Darlehens (Kreditvaluta) und dem an den Darlehensnehmer tatsächlich ausgezahlten Betrag[248]. Funktion und Rechtsqualität des Disagios haben sich in den letzten Jahrzehnten deutlich verändert. In früheren Zeiten diente das Disagio regelmäßig der Abgeltung der mit der Kreditbeschaffung und -gewährung zusammenhängenden Aufwendungen und hatte daher die laufzeitunabhängigen Kosten des Darlehensgebers zu decken. In der heutigen Praxis ist dagegen das Disagio weitgehend zu einem integralen Bestandteil der laufzeitabhängigen Zinskalkulation geworden[249]. Das Disagio ist deshalb nach der neueren BGH-Rechtsprechung ein **laufzeitabhängiger Ausgleich** für den vertraglich vereinbarten niedrigeren Nominal-Zinssatz[250].

5.183

Soweit das Disagio einen laufzeitabhängigen Ausgleich für einen gegenüber dem Marktzins niedrigeren Nominalzins darstellt, besteht die Besonderheit des Anspruchs auf das Disagio darin, daß diese Teilbeträge nicht wie die offen vereinbarten (Nominal-)Zinsen in dem Vergütungszeitraum fällig werden, auf den sie entfallen. Der Anspruch auf das Disagio, obwohl auf die gesamte Laufzeit des Darlehens bezogen, wird vielmehr in einer Summe zu Beginn des Darlehensverhältnisses fällig[251]. Der **Kreditnehmer** ist also abweichend von §§ 320 Abs. 1, 608 BGB insoweit **vorleistungspflichtig**. Der Anspruch der Bank auf das Disagio kann auf zwei Wegen erfüllt werden. Bei einer Darlehensauszahlung in Höhe des rückzahlbaren Nominalbetrages nimmt der Darlehensnehmer einen zusätzlichen Kredit in Höhe des Disagiobetrages auf, mit dem der Disagioanspruch der Bank erfüllt werden kann. Bei der anderen Auszahlungsalternative wird das Disagio vereinbarungsgemäß abgezogen. Dieser Abzug ist als Aufrechnung des Anspruches auf das Disagio gegen den Anspruch auf Auszahlung des Hauptdarlehens aufzufassen[252]. Nach der gefestigten BGH-Rechtsprechung wird die Verpflichtung des Darlehensnehmers zur Disagiozahlung

5.184

---

247 *Jährig/Schuck/Rösler/Woite*, Handbuch des Kreditgeschäfts, 5. Aufl., 1990, S. 151 ff.
248 BGH WM 1990, 1150, 1151.
249 *Prass*, BB 1981, 1058, 1060, 1063; *Brosch*, BB 1984, 1696.
250 BGH WM 1998, 495, 496; 1996, 2047, 2048.
251 Vgl. BGH WM 1989, 1011, 1013.
252 Vgl. BGH WM 1993, 2003, 2004.

vereinbarungsgemäß bei Kreditauszahlung sofort in vollem Umfang fällig und auch in diesem Zeitpunkt zugleich im Wege der Verrechnung voll erfüllt[253]. Bei nicht subventionierten Darlehen ist das Disagio also regelmäßig als Vorauszahlung eines Teiles der Zinsen anzusehen[254].

5.185 Rechtsprobleme des Disagios entstehen vor allem bei einer **vorzeitigen Beendigung** des Darlehensvertrages. Hier hat der Darlehensnehmer grundsätzlich einen bereicherungsrechtlichen Anspruch auf anteilige Erstattung des Disagios, weil er als laufzeitabhängiger Ausgleich für den vertraglich niedrigeren Nominalzinssatz anzusehen ist. Dieser Erstattungsanspruch entsteht nicht wie der ausdrückliche Zinsanspruch periodisch, sondern im Zeitpunkt der vorzeitigen Beendigung des Kreditvertrages in vollem Umfang. Denn das Disagio wird schon bei Auszahlung der Kreditvaluta gänzlich verrechnet. Deshalb enthalten auch die Teilzahlungen des Darlehensnehmers während des Bestehens des Darlehens keine anteiligen Zahlungen mehr auf das (bereits verrechnungsmäßig geleistete) Disagio[255].

5.186 **Ob die Bank zur Erstattung** des anteiligen unverbrauchten Disagios **verpflichtet** ist, hängt nach dem **BGH** entscheidend davon ab, aus welchem Grund der Vertrag vorzeitig beendet worden ist[256]. Endet der Vertrag aufgrund eines gesetzlichen Kündigungsrechts des Darlehensnehmers (§ 609a BGB) oder weil Kreditnehmer und Bank übereinstimmend von einer wirksamen Kündigung durch den Darlehensnehmer ausgehen, so ist der Rechtsgrund für das unverbrauchte Disagio weggefallen. Dem Darlehensnehmer steht daher ein Bereicherungsanspruch aus § 812 Abs. 1 BGB auf Erstattung des zeitanteiligen Disagios zu. Die Unterstellung, der Darlehensnehmer, der den geforderten Darlehensbetrag ohne Abzug des unverbrauchten Disagios vorbehaltlos zurückzahlt, wolle der kreditgebenden Bank die ihm regelmäßig unbekannte Erstattungspflicht erlassen, liegt nach dem BGH fern[257].

5.187 Wird dagegen ein Darlehensvertrag mit fester Laufzeit durch fristlose Kündigung der kreditgebenden Bank aus wichtigem Grund vorzeitig aufgelöst, weil der Darlehensnehmer seinen Verpflichtungen schuldhaft nicht nachgekommen ist, so steht der Bank ein Anspruch auf Ersatz des Schadens zu, den sie durch die vorzeitige Beendigung des Vertrages erleidet (§ 249 BGB). Bei der Berechnung des Schadens ist das unverbrauchte

---

253 BGH WM 1998, 495, 496.
254 BGH WM 1996, 2047.
255 BGH WM 1998, 495, 496.
256 BGH WM 1996, 2047, 2048.
257 WM 1990, 1150; 1993, 2003 ff.

Disagio ein unselbständiger Rechnungsposten[258]. Denn das bei Auszahlung des Darlehens fällige und verrechnungsmäßig einbehaltene Disagio hätte sich ohne die fristlose Kündigung vollständig verbraucht. Deshalb muß das Disagio als Teil der rechtlich geschützten Zinserwartung grundsätzlich der Bank in vollem Umfang verbleiben. Eine Ausnahme kommt unter dem Gesichtspunkt der Vorteilsausgleichung allerdings in den nicht sehr häufigen Fällen in Betracht, in denen die Bank das vorzeitig zurückgezahlte Darlehen wegen des gestiegenen Zinsniveaus zu einem den effektiven Vertragszins übersteigenden Zinssatz wieder anlegen kann[259].

Wünscht dagegen der Kreditnehmer bei einem Darlehensvertrag mit fester Laufzeit dessen vorzeitige Beendigung, ohne zur Kündigung berechtigt zu sein, so darf die Bank die Vertragsaufhebung von der Zahlung einer angemessenen Vorfälligkeitsentschädigung abhängig machen[260]. Ihr Begehren, finanziell so gestellt zu werden, wie sie bei ordnungsgemäßer Durchführung des Vertrages bis zum Ende der festgelegten Laufzeit gestanden hätte, ist ohne weiteres berechtigt. Ohne vorzeitige Beendigung des Darlehensvertrages hätte sich aber das Disagio als laufzeitabhängiger Zinsersatz bis zum planmäßigen Ablauf des Vertrages verbraucht. Deshalb ist es regelmäßig nicht zu beanstanden, wenn die Bank der vorzeitigen Beendigung des Vertrages nur unter der Voraussetzung zustimmt, daß ihr auch das gesamte bei Auszahlung des Darlehens einbehaltene Disagio verbleibt[261]. Gibt sich jedoch die Bank mit dem unverbrauchten Disagio als Entschädigung nicht zufrieden, sondern berechnet sie die ihr infolge der vorzeitigen Vertragsbeendigung entgangenen Zinsen für die restliche Laufzeit des Darlehens auf der Grundlage des Effektivzinses, so muß sie nach dem BGH den unverbrauchten Disagioanteil abziehen, weil das Disagio im Effektivzins enthalten ist[262].

5.188

Ein bereicherungsrechtlicher Anspruch des Darlehensnehmers auf Erstattung des anteiligen Disagios verjährt nicht in vier Jahren, sondern in 30 Jahren (§ 195 BGB)[263]. Ob dieser Erstattungsanspruch durch den Vertrag über die Aufhebung des Darlehensvertrages fällig wird, ist durch Auslegung dieses Vertrages zu ermitteln[264]. Unzulässig ist es, diesen Erstat-

5.189

---

258 Vgl. BGH WM 1994, 1163, 1164.
259 BGH WM 1996, 2047, 2048.
260 BGH WM 1997, 1747 ff., 1799 ff.
261 BGH WM 1996, 2047, 2048.
262 WM 1996, 2047, 2048; vgl. weiter *Walter Weber,* NJW 1995. 2951, 2955; *Wenzel* in Metz/Wenzel, Vorfälligkeitsentschädigung, Rn 263.
263 BGH WM 1993, 2003, 2004.
264 BGH WM 1990, 1150; *Hammen,* WM 1994, 1001, 1106.

tungsanspruch in AGB auszuschließen²⁶⁵. Die Bank wird von ihrer Erstattungspflicht daher nur dann frei, wenn im Einzelfall ein **Erlaßvertrag** zwischen Bank und Kreditnehmer zustandekommt, der grundsätzlich auch konkludent geschlossen werden kann. Die Rechtsprechung stellt allerdings an das Vorliegen eines stillschweigend geschlossenen Erlaßvertrages generell strenge Anforderungen. Nach der Lebenserfahrung ist ein solcher Verzicht nicht zu vermuten²⁶⁶.

3. Kündigungsrechte

5.190 Für eine Beendigung des Darlehensvertrages durch eine Kündigung sowohl des Kunden als auch der Bank bestehen keine einheitlichen Rechtsgrundlagen. Die gesetzliche Regelung in §§ 609 Abs. 1, 2, 609a BGB behandelt einzelne Kündigungsrechte, nicht aber die Kündigung aus wichtigem Grund. Zudem kann die gesetzliche Kündigungsregelung in bestimmtem Umfang durch die Vereinbarung der Parteien des Darlehensvertrages ersetzt werden. Dies ist in den AGB Banken (Nr. 18, 19) geschehen, die die Kündigungsrechte der Bank und des Kunden auch hinsichtlich einzelner Geschäftsbeziehungen regeln, worunter auch Kreditverhältnisse fallen.

a) Gesetzliches Kündigungsrecht des Kreditnehmers

5.191 Das gesetzliche Kündigungsrecht des Kreditnehmers ist vor allem in **§ 609a BGB** geregelt. Die dortigen Kündigungsbestimmungen können durch Vertrag weder ausgeschlossen noch erschwert werden (§ 609a Abs. 4 S. 1 BGB). Eine Ausnahme gilt nur für Darlehen an die öffentliche Hand (§ 609a Abs. 4 S. 2 BGB).

5.192 Bis Ende 1986 enthielt das BGB in § 247 Abs. 1 BGB ein außerordentliches Kündigungsrecht für Darlehen mit einem höheren Zinssatz als 6%. Diese zunehmend umstrittene Kündigungsregelung ist zum 1. 1. 1987 geändert worden. An die Stelle des § 247 BGB ist ein neues Kündigungsrecht in Gestalt des § 609a BGB getreten²⁶⁷. Auf alle vor dem genannten Termin abgeschlossenen Verträge bleibt § 247 BGB noch anwendbar.

5.193 § 609a BGB sieht im einzelnen unterschiedliche Kündigungsrechte vor. Dabei unterscheidet die gesetzliche Regelung zwischen Darlehen, bei denen für einen bestimmten Zeitraum ein **fester Zinssatz** vereinbart wor-

---

265 BGH WM 1990, 1150, 1151.
266 BGH WM 1984, 271, 272.
267 *von Rottenburg*, WM 1987, 1; *Hopt/Mülbert*, WM 1990, Sonderbeil. 3.

den ist (Festsatzkredite, § 609a Abs. 1 BGB) und Darlehen mit **veränderlichem Zinssatz** (variabel verzinsliche Darlehen, § 609a Abs. 2 BGB).

Für Festzinskredite enthält § 609a BGB **drei Kündigungstatbestände**. (1) Festzinssatzkredite können von allen Kreditnehmern, also nicht nur von der Privatkundschaft, sondern auch von den Firmenkunden nach Ablauf von zehn Jahren seit dem vollständigen Empfang der Darlehensvaluta unter Einhaltung einer Kündigungsfrist von sechs Monaten gekündigt werden (§ 609a Abs. 1 Nr. 3, 1. Hs. BGB). (2) Ebenso steht allen Kreditnehmern ein vorzeitiges Kündigungsrecht zu, wenn der Zinssatz für einen kürzeren Zeitraum als die Gesamtlaufzeit des Darlehens vereinbart worden ist. Hier kann der Kredit mit einer Frist von einem Monat schon zum Ablauf des Tages gekündigt werden, an dem die Zinsbindung endet (§ 609a Abs. 1 Nr. 1, 1. Hs. BGB). Dieses Kündigungsrecht erlischt freilich mit einer neuen Vereinbarung über den Zinssatz. Der zweite Halbsatz des § 609a Abs. 1 Nr. 1 BGB trägt den Gegebenheiten insbesondere bei „**Roll-Over**"-**Krediten** Rechnung, bei denen zumindest eine periodische Zinsanpassung erfolgt. Hier besteht ein Kündigungsrecht nur zu den jeweiligen Zinsanpassungsterminen. (3) Ferner enthält § 609a Abs. 1 Nr. 2 BGB ein allgemeines Kündigungsrecht für grundpfandrechtlich nicht gesicherte Darlehen bei einer Mindestlaufzeit von sechs Monaten, welches allerdings nur bei einer Darlehensgewährung an natürliche Personen, bei Firmenkrediten also nur an ein einzelkaufmännisches Unternehmen, eingreift. Diese erleichterte Kündigungsmöglichkeit gilt also nicht für die grundpfandrechtlich gesicherten Darlehen (sog. Realkredite), die nach der Rechtsprechung unabhängig vom Stadium der grundbuchlichen Eintragung bereits dann auszunehmen sind, wenn eine Vereinbarung über die Bestellung eines vollwertigen Grundpfandrechts getroffen ist[268]. 5.194

Die variabel verzinslichen Kredite können dagegen von allen Kreditnehmern, also nicht nur von den Privatkunden, jederzeit mit einer Frist von drei Monaten gekündigt werden (§ 609a Abs. 2 BGB). 5.195

b) Beendigung des Kreditverhältnisses durch AGB-mäßiges Kündigungsrecht

Nach Nr. 18 Abs. 1 AGB Banken kann der Kunde einzelne Geschäftsbeziehungen, also auch Kreditverhältnisse, **jederzeit** ohne Einhaltung einer Kündigungsfrist **kündigen,** sofern weder eine Laufzeit noch eine abweichende Kündigungsregelung vereinbart ist. Anderenfalls steht ihm gemäß 5.196

---

268 OLG Stuttgart WM 1999, 1003, 1008 m.w.Nachw.

Nr. 18 Abs. 2 AGB Banken ein dort näher geregeltes Recht zur Kündigung aus wichtigem Grund zu.

5.197 Ähnlich ist das Kündigungsrecht der Bank in Nr. 19 AGB Banken geregelt. Ist weder eine Laufzeit noch eine abweichende Kündigungsregelung vereinbart, kann die Bank Kredite und Kreditzusagen jederzeit unter Einhaltung einer angemessenen Kündigungsfrist kündigen (Nr. 19 Abs. 2 S. 1 AGB Banken). Wenn eine anderweitige Vereinbarung getroffen worden ist, kann die Bank gemäß Nr. 19 Abs. 3 AGB Banken die Geschäftsbeziehung auch dann kündigen, sofern hierfür ein **wichtiger Grund** vorliegt, der der Bank, auch unter angemessener Berücksichtigung der Belange des Kunden, die Fortsetzung unzumutbar erscheinen läßt. Für die Bank kommt dieses AGB-mäßige Kündigungsrecht insbesondere dann in Betracht, wenn der Kunde unrichtige Angaben über seine Vermögenslage gemacht hat oder wenn eine wesentliche Verschlechterung seiner Vermögenslage eintritt oder einzutreten droht und dadurch die Erfüllung von Verbindlichkeiten gegenüber der Bank gefährdet ist (Nr. 19 Abs. 3 S. 2 AGB Banken). Diese AGB-Klausel orientiert sich tatbestandsmäßig an § 610 BGB.

5.198 Das AGB-mäßige Kündigungsrecht der Bank kommt auch in dem praktisch bedeutsamen Fall zum Tragen, daß der Kunde seiner Verpflichtung zur Bestellung oder zur Verstärkung von Sicherheiten nach Anforderung durch die Bank nicht innerhalb angemessener Frist nachkommt (Nr. 19 Abs. 3 S. 3 AGB Banken). Eine solche Verpflichtung der kreditnehmenden Kunden zur Sicherheitsleistung sieht Nr. 13 Abs. 2 S. 1 AGB Banken vor. Dieser Sicherheitenbestellungsanspruch ist auch mit dem AGB-Gesetz vereinbar[269].

5.199 Das AGB-mäßige Kündigungsrecht der Bank hält nach dem BGH[270] der Inhaltskontrolle im Sinne des § 9 AGBG stand, weil es nach dem Rechtsgedanken des § 242 BGB in zweierlei Hinsicht eingeschränkt ist. So hat die kreditgebende Bank bei Ausübung ihres Kündigungsrechts das aus § 242 BGB folgende Verbot der Kündigung zur Unzeit (vgl. auch § 671 Abs. 2 BGB) sowie das Verbot der mißbräuchlichen Rechtsausübung zu beachten[271]. Die Bank darf also von ihrem AGB-mäßigen Kündigungsrecht nur einen angemessenen Gebrauch machen.

---

269 BGH WM 1979, 1176, 1179; 1983, 926, 927; *Canaris*, Bankvertragsrecht[2], Rn 2654.
270 BGH WM 1985, 1136; LG Köln WM 1998, 1067.
271 Vgl. OLG Frankfurt WM 1992, 1018, 1022, wonach es keinen allgemeinen Grundsatz geben kann, daß ein Kredit dann nicht gekündigt werden darf, wenn hierdurch der Zusammenbruch des kreditnehmenden Unternehmens herbeigeführt werden könnte.

Bei der Neufassung der AGB im Jahre 1993 wurde klargestellt, daß die Bank   5.200
bei der Ausübung ihres Kündigungsrechts ohne Einhaltung einer Kündigungsfrist auf die berechtigten Belange der Bank Rücksicht nehmen wird
(Nr. 19 Abs. 2 S. 2; Abs. 3 S. 1 AGB Banken). Zu diesem Zweck sehen die
AGB Banken ausdrücklich vor, daß die Bank bei einer solchen fristlosen
Kündigung dem Kunden für die Rückzahlung des Kredites eine angemessene Frist einräumen wird (Nr. 19 Abs. 5 AGB Banken). Kreditzusagen im
Rahmen dieses AGB-mäßigen Kündigungsrechts brauchen nach Auffassung
der Bankenaufsicht nicht im Rahmen von Grundsatz I zu § 10 KWG angerechnet zu werden. Dagegen schließt nach Auffassung der Bundesbank die
Kündigungsregelung eine Kompensationsmöglichkeit dieser Kreditforderungen mit Sichteinlagen des Kreditnehmers gemäß § 2 Abs. 3 der „Anweisung der Deutschen Bundesbank über Mindestreserven" (AMR) aus.

c) Abstrakte Berechnung des Verzugsschadens

Die Bank kann nach der BGH-Rechtsprechung ihren Zinsanspruch nicht   5.201
mehr auf die Zinsvereinbarung im Kreditvertrag stützen, wenn sich der
Darlehensnehmer nach wirksamer Kündigung des Darlehensvertrages im
Verzug befindet[272]. Nach einem Teil des Schrifttums ist aus dem Wortlaut und der Entstehungsgeschichte des § 288 Abs. 2 BGB, wonach die
Geltendmachung eines weiteren Schadens nicht ausgeschlossen ist, zu
folgern, daß der vertraglich vereinbarte Zins auch im Verzug maßgebend
ist[273]. Die Rechtsprechung ist jedoch nach dem BGH nicht daran gehindert, dem § 288 Abs. 2 S. 2 BGB heute eine andere, vom Wortlaut der
Vorschrift gedeckte Auslegung zu geben, sofern der Gesetzgeber bei Erlaß
des BGB davon ausgegangen sein sollte, daß auch nach Verzugseintritt der
Vertragszins weiterzuzahlen ist[274]. Der **Vertragszins** stelle die vereinbarte
Gegenleistung des Kreditnehmers für die berechtigte Nutzung des Darlehenskapitals dar. Nach Kündigung und Verzugseintritt fehle diese Berechtigung zur Kapitalnutzung. Verlangt der Kreditgeber sodann Rückzahlung
in einer Weise, die den Kreditnehmer in Verzug setzt und die Annahme
eines stillschweigend fortgesetzten Darlehensvertrags ausschließt, so
sind nach der BGH-Rechtsprechung die vertraglich vereinbarten Zinsen
nicht weiterzuzahlen[275].

Der Bank steht nach dem BGH auf die vertraglichen Zinsen auch kein   5.202
gesetzlicher Anspruch aus §§ 288 Abs. 1 S. 2, 301 BGB oder analog § 557

---

272 BGH WM 1986, 8, 10; 1988, 929, 930; 1991, 1983.
273 *Palandt/Heinrichs*, § 288 Rn 3; *Nassall*, WM 1989, 705.
274 BGH WM 1991, 1983.
275 BGH WM 1988, 929, 930; 1991, 1983.

Abs. 1 BGB oder gemäß §§ 812, 818 BGB zu[276]. Für die Folgezeit entfällt freilich nicht jeder Zinsanspruch des Kreditgebers. Der Kreditnehmer kann nach der BGH-Rechtsprechung vielmehr aus anderen Rechtsgründen, insbesondere wegen der Pflicht zum Schadensersatz zu Zinszahlungen verpflichtet bleiben, die der Höhe nach dem Vertragszins gleichkommen oder ihn sogar übersteigen können[277].

5.203 Bei **abstrakter Schadensberechnung** kann die Bank nach der Rechtsprechung des BGH den marktüblichen Wiederanlagezins verlangen, den sie bei rechtzeitiger Zahlung des Kreditnehmers hätte erzielen können. Dabei ist ein institutsspezifischer Durchschnittszinssatz zugrunde zu legen, der sich nach der Zusammensetzung des gesamten Aktivkreditgeschäfts der Bank richtet[278]. Dieser gewichtete Durchschnittszinssatz ist anhand der Bundesbankstatistik zu ermitteln, die für einzelne Standardkreditarten marktübliche Durchschnittszinssätze (sog. **Schwerpunktzinssätze**) ausweist. Hierzu hat die Bank vollständig darzulegen, welche Kreditarten ihr Aktivgeschäft während des Verzugs umfaßte und welchen Anteil die einzelnen Arten am Gesamtvolumen hatten. Soweit sich Kredite in die Bundesbankstatistik nicht einordnen lassen, muß auf andere Weise ein marktangemessener Zinssatz ermittelt werden[279].

5.204 Mit dieser abstrakten Schadensberechnung anhand des institutspezifischen Durchschnittszinssatzes sind jedoch nach dem BGH die Möglichkeiten der Schadensschätzungen nach den § 252 BGB und § 287 ZPO noch nicht hinreichend interessegerecht ausgeschöpft[280]. So müßten insbesondere die Überlegungen und Wertungen des Gesetzgebers berücksichtigt werden, wie sie § 11 Abs. 1 Verbraucherkreditgesetz zugrunde liegen. Danach hat der Kreditnehmer im Verzugsfalle den geschuldeten Betrag mit 5% über dem jeweiligen Diskontsatz der Deutschen Bundesbank zu verzinsen (**Formel: „D + 5 Prozent"**).

5.205 Mit Beginn der 3. Stufe der Europäischen Währungsunion am 1. Januar 1999 ist die bisherige währungspolitische Verantwortung der Deutschen Bundesbank auf die Europäische Zentralbank übergegangen und damit die geldpolitische Zuständigkeit für die Festsetzung des Diskontsatzes als eines geldpolitischen Steuerungsinstrumentes weggefallen. Der Diskontsatz wird deshalb für die Übergangszeit bis zum 31. 12. 2001 durch den neuen **„Basiszinssatz"** ersetzt (§ 1 Abs. 1 Diskont-Überleitungs-Gesetz) – Rn 20.74.

---

276 BGH WM 1988, 929, 931 f.; 1991, 1983.
277 BGH WM 1988, 929, 930.
278 BGH WM 1988, 929, 932 f.; 1991, 1983, 1984; 1993, 586, 588.
279 BGH WM 1991, 1983, 1984.
280 BGH WM 1991, 1983, 1984.

Diese Art der Verzugsschadensberechnung ist praktikabler als der vom 5.206
BGH gebilligte institutsspezifische Durchschnittszinssatz. Denn die hierfür maßgebliche Bundesbankstatistik weist nur Schwerpunktzinssätze eines Ausschnitts des Kreditgeschäfts aus, unter die sich nicht das gesamte Aktivgeschäft der Kreditinstitute einordnen lassen. Die „D + 5 Prozent"-Pauschale überschreitet im übrigen auch nicht den Wiederanlagezins, den eine Bank nach der BGH-Rechtsprechung als Verzugsschadensersatz verlangen kann.

Diesen Überlegungen und Wertungen des Gesetzgebers hat sich der BGH 5.207
angeschlossen und Zinsen in Höhe von 5% über dem jeweiligen Diskontsatz zugesprochen, wenn keine ausreichenden Angaben zur Berechnung der durchschnittlichen Wiederanlagezinsen gemacht worden sind und bei einem späteren Vertragsabschluß das Verbraucherkreditgesetz anwendbar gewesen wäre[281]. Dieser auf die durchschnittlichen Wiederanlagezinsen einer Bank bezogene Verzugszinssatz kann aber nach der Rechtsprechung nur dann zugrunde gelegt werden, wenn die Bank in dem für Kreditinstitute üblichen Rahmen Kreditgeschäfte betreibt[282].

Dagegen kann nach dem BGH die „D + 5 Prozent"-Pauschale nicht auf notleidende grundpfandrechtlich gesicherte Kredite angewendet werden, die zu den üblichen Bedingungen gewährt werden[283]. Denn auch das Verbraucherkreditgesetz (§ 3 Abs. 2 Nr. 2) hat solche Realkredite von dem gesetzlichen Regelverzugszinssatz „D + 5 Prozent" ausgenommen; dieser wäre angesichts der für Realkredite niedrigeren marktüblichen Zinsen zu günstig[284]. Die Bestimmung des Verzugszinssatzes für solche Realkredite muß daher noch als offen angesehen werden[285]. Andererseits hat es aber der BGH für grundsätzlich zulässig angesehen, bei der abstrakten Schadensberechnung einen „durchschnittlichen" institutsspezifischen Wiederanlagezins zugrundezulegen, der anhand der nach den einzelnen Kreditarten gewichteten Marktzinssätzen der Bundesbankstatistik ermittelt wird. Hiernach erscheint es zulässig, auch bei Realkrediten den institutsspezifischen Durchschnittssatz des gesamten Aktivkreditgeschäfts einschließlich der Realkredite in Ansatz zu bringen. Nach *Bruchner* ist die abstrakte Verzugsschadensberechnung anhand des institutsspezifischen Durchschnittszinssatzes nicht die einzig zulässige Berechnungsmethode. Eine andere praktikable Formel in Übereinstimmung mit den Grundsätzen der BGH-Rechtsprechung wäre der Durchschnittszinssatz für Wohnungs-Hypothekenkredite zu Festzinsen auf 2 Jahre ausweislich der amtlichen Zinsstatistik der Bundesbank zuzüglich 1%[286]. 5.208

---
281 BGH WM 1991, 1983, 1984.
282 OLG Hamm WM 1995, 153, 155.
283 BGH WM 1991, 1983, 1985.
284 *Seibert*, Handbuch zum Verbraucherkreditgesetz, 1991, § 3 Rn 14.
285 *Bruchner*, WM 1992, 973.
286 *Bruchner*, WM 1992, 973, 975.

5.209 Mit der „D + 5 Prozent"-Pauschale hat der BGH nicht nur Verbraucherkredite im Blick gehabt. Hierdurch ist vielmehr eine generelle Verzugszinsformel entwickelt worden, die auch auf sonstige notleidende Kredite einschließlich der Firmen gewährten Kredite anwendbar ist[287].

5.210 Die Kreditinstitute können nach §§ 286 ff. BGB als Verzugsschaden auch eine Verzinsung der rückständigen vertraglichen Zinsen verlangen. Das Zinseszinsverbot des § 289 S. 1 BGB, das mit der Beendigung des Kontokorrentverhältnisses eingreift, betrifft nur die gesetzlichen Verzugszinsen und schließt daher einen Schadensersatzanspruch wegen verzögerter Zinszahlung nicht grundsätzlich aus (§ 289 S. 2 BGB). Hierbei handelt es sich um einen eigenständigen Anspruch auf Ersatz des weiteren Schadens. Der in den Zinseszinsen bestehende Zinsschaden kann auch abstrakt berechnet werden. Dabei gilt für die Schadensberechnung nichts anderes als für die Berechnung der Zinshöhe bei den primären Verzugszinsen[288].

4. Vorzeitige Beendigung von Darlehensverträgen gegen Vorfälligkeitsentschädigung

5.211 Umstritten ist die Frage, ob der Bankkunde bei Vorliegen eines berechtigten Interesses die vorzeitige Ablösung eines Festzinskredites mit vertraglich vereinbarter Laufzeit verlangen kann. Liegt der Grund für dieses Verlangen in der Person des Kunden, entfällt ein Recht zur außerordentlichen Kündigung aus wichtigem Grund. Denn die weitere Verwendbarkeit des Darlehens fällt allein in den Risikobereich des Darlehensnehmers[289]. Deshalb sind auch die Grundsätze über den Wegfall der Geschäftsgrundlage unanwendbar[290].

a) Anspruch auf Vorverlegung des Erfüllungszeitpunktes

5.212 Nach der BGH-Rechtsprechung kann ein Anspruch auf vorzeitige Darlehensablösung bestehen, wenn ein Bedürfnis des Bankkunden nach einer anderweitigen Verwertung des von seiner Bank beliehenen Grundstücks besteht (§ 242 BGB)[291]. Der Grundsatz der Vertragstreue erfährt bei Dauerschuldverhältnissen dann Ausnahmen, wenn berechtigte Interessen ei-

---

287 BGH WM 1995, 1055; *Bruchner/Ott/Wagner-Wieduwilt*, VerbrKrG, 1992, § 11 Rn 26 ff. m.weit.Nachw.; *Bruchner*, WuB I E 2b.-1.92.
288 BGH WM 1993, 586, 587 f.
289 BGH WM 1990, 8, 9; 1991, 760, 761.
290 BGH WM 1986, 156, 158; 1997, 1747, 1748.
291 BGH WM 1997, 1747, 1748; 1799, 1800.

nes Vertragsteiles dies gebieten. In solchen Fällen kann die Bank nach den Grundsätzen von Treu und Glauben (§ 242 BGB) verpflichtet sein, auf die Belange des Kreditnehmers Rücksicht zu nehmen und gegen eine **angemessene Vorfälligkeitsentschädigung** in die vorzeitige Beendigung des Darlehensvertrags einzuwilligen[292].

Die Bemessung der Vorfälligkeitsentschädigung hat sich nach dem BGH an Schadensersatzgrundsätzen zu orientieren. Die Bank kann deshalb nur die Kompensation ihrer Nachteile verlangen[293]. Übersteigt die gezahlte Vorfälligkeitsentschädigung diese Nachteile im konkreten Einzelfall, so könnte der Differenzbetrag grundsätzlich nach bereicherungsrechtlichen Grundsätzen herausverlangt werden[294]. Dies wäre freilich ausgeschlossen, wenn den beiden maßgeblichen Urteilen des BGH vom 1. 7. 1997[295] keine Rückwirkung zukommt[296].

5.213

Dabei kommt nach dem BGH entscheidende Bedeutung der Erwägung zu, daß die wirtschaftliche Handlungsfreiheit des Eigentümers eines zur Absicherung von Darlehen belasteten Gegenstandes schutzwürdig ist und **begrenzte Ausnahmen** vom Grundsatz der Bindung an vertraglich vereinbarte Darlehenslaufzeiten rechtfertigen kann[297]. In diesen Fällen ist der Bank eine vorzeitige Kreditabwicklung auch zumutbar, wenn sie dadurch keinen finanziellen Nachteil erleidet[298]. Auf den Beweggrund für den Verkauf des beliehenen Objektes kommt es nicht an, weil der Anspruch auf vorzeitige Kreditabwicklung seine Rechtfertigung in der Erhaltung der wirtschaftlichen Bewegungsfreiheit findet. Der Anspruch des Kreditnehmers besteht deshalb bei einem Verkauf aus privaten Gründen, insbesondere bei Ehescheidung, Krankheit, Arbeitslosigkeit, Überschuldung, Umzug, ebenso wie bei der Wahrnehmung einer günstigen Verkaufsgelegenheit[299].

5.214

Dieses eingeschränkte Recht auf vorzeitige Darlehensablösung beinhaltet nach dem BGH keinen Anspruch auf Aufhebung oder Auflösung des Darlehensvertrages, sondern nur auf Modifizierung des Vertragsinhalts ohne Reduzierung des Leistungsumfanges. Die Bank soll durch die vorzeitige Rückzahlung des Darlehenskapitals und die Zahlung der Vorfälligkeitsentschädigung im wirtschaftlichen Ergebnis so gestellt werden, wie

5.215

---
292 BGH WM 1997, 1799, 1800.
293 BGH WM 1997, 1747, 1750; *Lang/Beyer,* WM 1998, 897, 911.
294 *Wenzel,* WM 1997, 2340, 2344; *Lang/Beyer,* WM 1998, 897, 911.
295 WM 1997, 1747, 1750; 1799, 1801.
296 Vgl. *Lang/Beyer,* WM 1998, 897, 912.
297 BGH WM 1997, 1799, 1800.
298 BGH WM 1997, 1747, 1749.
299 BGH WM 1997, 1747, 1749; *Nobbe,* Neue höchstrichterliche Rechtsprechung zum Bankrecht, 6. Aufl., 1995, Rn 839.

sie stünde, wenn das Darlehen für die ursprünglich vereinbarte Laufzeit fortgeführt und mit Zinsen bedient worden wäre. Deshalb erschöpft sich die angestrebte Änderung des Kreditvertrages letztlich in der Beseitigung der vertraglich – zeitlich begrenzten – Erfüllungssperre, mit anderen Worten in einer Vorverlegung des Erfüllungszeitpunktes[300]. Diese BGH-Rechtsprechung ist vom Schrifttum im Ergebnis begrüßt worden. Die Ausführungen des BGH zur Rechtfertigung des Anspruchs auf vorzeitige Darlehensablösung ist jedoch auch auf massive Kritik gestoßen[301]. Aus der Sicht der Bankpraxis ist die BGH-Rechtsprechung weitgehend begrüßt worden, weil sie für wichtige Rechtsfragen der vorzeitigen Darlehensablösung Rechtssicherheit geschaffen hat[302]. Das Thema „Vorfälligkeitsentschädigung" dürfte weitgehend abgeschlossen sein, obwohl die BGH-Rechtsprechung verschiedene Fragen offen ließe[303].

b) Berechnung der Vorfälligkeitsentschädigung

5.216 Die Bank kann nach dem BGH den finanziellen Nachteil, der ihr durch die vorzeitige Ablösung des Darlehens entsteht, auf unterschiedliche Weise berechnen.

5.217 Insoweit gilt **grundsätzlich** dasselbe wie für die Berechnung des Nichterfüllungsschadens in Fällen eines anfänglichen Scheiterns des Darlehensvertrages durch pflichtwidrige Nichtabnahme des Kredites[304]. Mittlerweile gilt es als unstreitig, daß die für diese Fälle entwickelten Grundsätze voll umfänglich auf die vorzeitige Ablösung eines Darlehens anwendbar sind[305].

5.218 Bei der Berechnung ihres Nachteils aus der vorzeitigen Darlehensrückführung braucht sich die Bank nicht auf theoretisch oder volkswirtschaftlich abzuleitende zukünftige Geschäftschancen verweisen zu lassen[306]. Die Schadensberechnung ist vielmehr auf das **konkrete Vertragsverhältnis** abzustellen. Ein Ersatzgeschäft muß sich die Bank grundsätzlich nicht anrechnen lassen[307].

---

300 BGH WM 1997, 1747, 1748.
301 *Köndgen*, ZIP 1997, 1645; *Medicus*, EWiR, § 242 BGB 7/97, 921; wegen weiterer kritischer Stimmen vgl. die Zitate bei *Lang/Beyer*, WM 1998, 897, FN 7.
302 *Wenzel*, Die Bank 1997, 662, 665.
303 *Lang/Beyer*, WM 1998, 897, 914. Nach *Köndgen* kann die Kreditpraxis jetzt, nach einer über mehrere Jahre rollenden und nahezu beispiellosen Prozeßwelle, wieder zur Tagesordnung übergehen; *Köndgen*, ZIP 1997, 1645.
304 BGH WM 1997, 1747, 1749 unter Bezugnahme auf BGH WM 1991, 760.
305 *Lang/Beyer*, WM 1998, 897, 905.
306 *Lang/Beyer*, WM 1998, 897, 905.
307 BGH WM 1998, 1747, 1749 m.w.Nachw.

Im übrigen kann die Bank den Zinsmargenschaden und Zinsverschlechterungsschaden nicht nur alternativ, sondern **kumulativ** geltend machen[308]. 5.219

Dies war der heftigste Streitpunkt der Diskussion über die angemessene Höhe von Vorfälligkeitsentschädigungen[309]. Diese kumulative Geltendmachung von Zinsmargenschäden und Zinsverschlechterungsschäden bedeutet keine „Überkompensation" der Nachteile der Bank, sondern führt zu einem schadensgerechten Ergebnis[310]. 5.220

Der **Zinsmargenschaden** ist nach dem BGH der Differenzbetrag zwischen den Refinanzierungskosten und dem im konkreten Kreditvertrag vereinbarten Erfüllungszins zu verstehen. Diese Differenz ist um die Beträge für das entfallende Risiko aus dem abgelösten Darlehen (Risikoprämie) und für die ersparten Aufwendungen für die Darlehensverwaltung zu kürzen[311]. Dabei braucht die Bank nicht ihre interne Margenkalkulation offenzulegen, wenn sich ihre Ersatzforderung auf die bei Banken gleichen Typs üblichen Durchschnittgewinne (Netto-Zinsspanne pro Jahr) beschränkt[312]. Hierzu kann von den Möglichkeiten des § 287 ZPO Gebrauch gemacht und die maßgeblichen Berechnungsfaktoren auf der Grundlage statistischer Angaben in den Monatsberichten der Deutschen Bundesbank im Wege der Schätzung ermittelt werden[313]. 5.221

Ein über diesen Zinsmargenschaden hinausgehender **Zinsverschlechterungsschaden** entsteht, wenn das Kreditinstitut das vorzeitig zurückerhaltene Darlehenskapital für die Restlaufzeit des abgelösten Darlehens nur zu einem niedrigeren Vertragszins wieder ausleihen kann[314]. Die Berechnung des Zinsverschlechterungsschadens im Wege des Vergleichs zwischen vereinbartem Vertragszins und der Höhe des aktuellen Wiederanlagezinses für gleichartige laufzeitkongruente Darlehen wird als **Aktiv/Aktiv-Methode** bezeichnet. 5.222

Diese Kalkulationsmethode und nicht der Aktiv/Passiv-Vergleich wird auch bei einem Vergleich zwischen dem Vertragszins und dem aktuellen Wiederanlagezins in Kapitalmarkttiteln öffentlicher Emittenten angewendet. Bei dem „echten" Aktiv/Passiv-Vergleich muß dagegen der Vertragszins den entsprechenden Refinan- 5.223

---

308 BGH WM 1997, 1747, 1749; 1799, 1801.
309 *Wenzel*, DB 1997, 662, 664.
310 *Rösler*, DB 1998, 248, 249; *Lang/Beyer*, WM 1998, 897, 906.
311 BGH WM 1997, 1747, 1749.
312 BGH WM 1991, 760, 761; 1997, 1747, 1749; OLG Schleswig WM 1997, 522, 525.
313 BGH WM 1997, 1747, 1749.
314 BGH WM 1997, 1747, 1749, 1750; 1799, 1801.

zierungszinsen gegenübergestellt werden. Dabei handelt es sich um die Aufwendungen, die der Bank entstehen, wenn sie zur Refinanzierung ihres Kreditgeschäfts auf dem Kapitalmarkt Geld aufnimmt. Mit dieser Methode wird regelmäßig der Zinsmargenschaden bezeichnet[315].

5.224 Bei dieser Aktiv/Aktiv-Methode kann der Schaden der Bank aus der vorzeitigen Darlehensablösung auch auf der Grundlage einer laufzeitkongruenten Wiederanlage der frei gewordenen Beträge in sicheren Kapitalmarkttiteln berechnet werden. Zur Vermeidung eines die Bank unangemessen begünstigenden Schadensausgleichs ist die Differenz zwischen dem Vertragszins des vorzeitig abgelösten Darlehens und der Kapitalmarktrendite um angemessene Beträge sowohl für ersparte Verwaltungsaufwendungen als auch für das hier entfallende Risiko des abzulösenden Darlehens zu kürzen. Im übrigen müssen die errechneten Zinseinbußen auf den Zeitpunkt der Zahlung der Vorfälligkeitsentschädigung abgezinst werden. Dabei ist auch hier der aktive Wiederanlagezins, also die Rendite laufzeitkongruenter Kapitalmarkttitel öffentlicher Emittenten zugrunde zu legen[316].

5.225 Neben dem Ersatz der Zinsnachteile kann die Bank auch ein angemessenes Entgelt für den mit der vorzeitigen Darlehensablösung verbundenen Verwaltungsaufwand verlangen, dessen Höhe im Streitfalle nach § 287 ZPO geschätzt werden kann[317].

5. Pfändung von Ansprüchen auf Kreditgewährung[318]

5.226 Umstritten ist, ob die Ansprüche der Bankkunden auf Gewährung des durch einen Krediteröffnungsvertrag zugesagten Kredites, also der Anspruch aus einer eingeräumten **Kreditlinie**[319] pfändbar ist. Ebenso umstritten ist die Pfändbarkeit der heutzutage üblichen sog. **Dispositionskredite**. Bei diesen Dispositionskrediten handelt es sich um ein einseitiges Kreditangebot der Banken, das zwecks Herbeiführung eines Darlehensvertrages noch der Annahme durch den Bankkunden bedarf[320] (vgl. § 5 Abs. 1 VerbrKrG).

---

315 *Lang/Beyer*, WM 1998, 897, 907.
316 BGH WM 1997, 1747, 1749; 1799, 1801.
317 BGH WM 1997, 1747, 1749; 1799, 1801.
318 *Lwowski/Weber*, ZIP 1980, 609; *Weber*, Die Bank 1983, 84, 87 ff.; *Häuser*, ZIP 1983, 891; *Luther*, BB 1985, 1886; *Wagner*, ZIP 1985, 849; ders., WM 1998, 1657 ff.; *Gaul*, KTS 1989, 31.
319 Vgl. BGH WM 1985, 344, 346; LG Wuppertal WM 1990, 119.
320 *Terpitz*, WuB VI E. § 829 ZPO 4.88.

Der **BGH**[321] hat es ausdrücklich dahingestellt sein lassen, ob der Anspruch des Kunden aus einer eingeräumten Kreditlinie gepfändet werden kann. Die instanzgerichtliche Rechtsprechung ist nicht einheitlich[322]. 5.227

Gegen die Pfändbarkeit spricht, daß bis zum Abruf des eingeräumten Kredites oder des von der Bank einseitig angebotenen Dispositionskredites die Leistungspflicht der Bank nach Grund und Höhe noch nicht konkretisiert ist. Bis zum Abruf besteht also nur ein allgemeiner Anspruch auf Kreditgewährung. Erst durch die **Ausübung des Abrufrechts** wird eine konkrete Forderung auf Auszahlung der Darlehensvaluta und damit eine auf Zahlung einer bestimmten Geldsumme gerichtete Forderung des kreditnehmenden Kunden begründet[323]. Dieses Abrufsrecht ist nach überwiegender Meinung nicht pfändbar[324]. Denn es handelt sich um ein unselbständiges und höchstpersönliches, mithin nicht abtretbares Gestaltungsrecht. Solche höchstpersönlichen Rechte sind wegen ihrer Unübertragbarkeit nicht pfändbar[325]. Dies folgt aus § 851 ZPO, wonach Rechte nur insoweit pfändbar sind, als sie übertragbar sind. 5.228

Die Frage der Pfändbarkeit beschränkt sich daher von vornherein auf die seltenen Fälle, in denen der eingeräumte Kredit zwar schon abgerufen worden ist, die Darlehensvaluta aber im Zeitpunkt der Pfändung noch nicht ausgezahlt worden ist. Die Pfändbarkeit ist daher zu verneinen, wenn dieser Abruf und die Auszahlung zusammenfallen. Dieses Zusammenfallen dürfte nach einem Teil der Literatur[326] der Regelfall sein. Denn der Abruf des eingeräumten Kredites erfolgt erst durch die tatsächliche Inanspruchnahme des Kredites, also durch Einlösung des Schecks oder einer Lastschrift, durch Ausführung eines Überweisungsauftrages oder durch Barauszahlung. Hier könnte sich allenfalls die Frage stellen, ob schon in dem Eingang des Überweisungsauftrages bei der Bank ein Abruf des eingeräumten Kredites zu erblicken ist, der bis zur Ausführung des 5.229

---

321 BGH WM 1985, 344, 346.
322 Die Pfändbarkeit bejahen OLG Köln WM 1983, 1049, 1050; LG Itzehoe WM 1988, 230; gegen Pfändbarkeit haben sich ausgesprochen OLG Schleswig WM 1992, 751; LG Münster WM 1984, 1312, 1313; LG Dortmund WM 1985, 1340, 1341; LG Wuppertal WM 1990, 119. Wegen der Zusammenstellung der verschiedenen Literaturmeinungen vgl. *Ploch*, DB 1986, 1961, 1962 ff.
323 *Lwowski/Weber*, ZIP 1980, 609; nach dem OLG Schleswig (WM 1992, 751) handelt es sich um ein höchstpersönliches Gestaltungsrecht; vgl. weiter *Wagner*, WM 1998, 1657, 1660.
324 *David*, MDR 1993, 108, 109 m.w.Nachw.
325 LG Krefeld NJW 1973, 2305; LG Wuppertal WM 1990, 119; Münchener Komm. zur ZPO/*Smid*, § 851 Rn 9.
326 *Lwowski/Weber*, ZIP 1980, 609, 612.

Auftrages einen der Pfändung unterworfenen Anspruch schon entstehen läßt.

5.230 Bei **zweckgebundenen Krediten** soll nach herrschender Meinung die Pfändbarkeit ohnehin nur dann gegeben sein, wenn die Darlehensvaluta dem vereinbarten Verwendungszweck zugeführt wird[327].

5.231 Rechtlich unproblematisch ist dagegen die bloße Duldung einer **Kontoüberziehung** (vgl. § 5 Abs. 2 VerbrKrG). Nach dem BGH[328] fehlt es bei einer solchen bloßen Duldung einer Kontoüberziehung an einem pfändbaren Zahlungsanspruch des Kunden gegen die Bank. Die bloße Duldung einer Überziehung verschafft dem Kunden gegenüber der Bank keinen Anspruch auf Kreditgewährung. Mangels eines solchen Anspruches fehlt es an einer pfändbaren Forderung. Ein Kreditverhältnis zwischen der Bank und ihrem Kunden als Grundlage für einen pfändbaren Kreditanspruch kommt hier erst mit der tatsächlichen Gewährung des Kredites zustande. Dies setzt zumindest voraus, daß ohne ausreichendes Kontoguthaben ein Überweisungsauftrag ausgeführt, ein Scheck eingelöst oder eine Barauszahlung an den Kunden vorgenommen wird und die hieraus resultierenden Aufwendungserstattungsansprüche der Bank dem Girokonto ohne ausreichendes Guthaben belastet werden.

5.232 Nach dem BGH kann, wenn die Bank eine Kontoüberziehung duldet, eine stillschweigende Kreditvereinbarung zustandekommen, für die der Bank das AGB-mäßige Recht eingeräumt wird, die Höhe der Zinsen nach billigem Ermessen festzusetzen[329]. In solchen von der Bank gebilligten Kontoüberziehungen können konkludente Krediteinräumungen im Sinne der geduldeten Kontoüberziehung nach § 5 Abs. 2 VerbrKrG erblickt werden[330].

II. Diskontgeschäft

5.233 Das Diskontgeschäft gehört wirtschaftlich gesehen zum bankmäßigen Kreditgeschäft. § 1 Abs. 1 S. 2 Nr. 3 KWG definiert das Diskontgeschäft als Ankauf von Wechseln und Schecks. In der Praxis steht dabei der Ankauf von Wechseln ganz im Vordergrund; Schecks werden regelmäßig nur zum Einzug hereingenommen. Die Praxis verwendet den Ausdruck „diskontieren", um den entgeltlichen Erwerb nicht fälliger Forderungen

---

327 *Lwowski/Weber*, ZIP 1980, 609, 610; *Häuser*, ZIP 1983, 891, 899.
328 WM 1985, 344, 346; OLG Schleswig WM 1992, 751; vgl. weiter *Wagner*, WM 1998, 1657, 1666.
329 BGH WM 1986, 8, 10.
330 Vgl. Münchener Komm. zum BGB/*Ulmer*, § 5 VerbrKrG Rn 31.

unter Abzug von Zinsen zu kennzeichnen. Der Diskontsatz ist der Zinssatz, den die ankaufende Bank für die Berechnung der Zwischenzinsen für die Zeit vom Ankauf bis zur Fälligkeit des Wechsels berechnet.

Beim Diskontgeschäft wird ein **Geldkredit** gewährt. Die Bank zahlt beim Ankauf den Nennbetrag der Forderung abzüglich des Diskontes, der Provision und der Unkosten. Die Bank kann jedoch vom Diskontgeschäft zurücktreten, wenn der Wechsel bei Fälligkeit nicht bezahlt wird. Sodann hat der Kunde den Diskonterlös wieder an die Bank zurückzugewähren (§ 346 S. 1 BGB). Infolge dieser Rückgewährspflicht stellt die Bank dem Kunden den Diskonterlös nur zeitlich befristet zur Verfügung. Wie beim Gelddarlehen läuft also die Bank das Risiko, daß der Kunde bei Nichtbezahlung des Wechsels zahlungsunfähig ist.

5.234

1. Einräumung eines Diskontkredites

Im Regelfall kommt es nicht nur zum Ankauf eines einzelnen Wechsels. Die Bank verpflichtet sich vielmehr, Wechsel bis zu einer bestimmten „Kreditlinie" zu diskontieren. Hier wird ein **Diskontkrediteröffnungsvertrag** abgeschlossen, auf den die allgemeinen Regeln für den Krediteröffnungsvertrag anwendbar sind. Es handelt sich also um einen Rahmenvertrag mit Geschäftsbesorgungselementen, aufgrund dessen einzelne Diskontverträge abgeschlossen werden[331]. Solche Diskontkredite – auch Wechselkredite genannt – weisen einige Parallelen zu den Betriebsmittelkrediten auf, wie sie zu Lasten des kontokorrentmäßig geführten Girokontos in Anspruch genommen werden können. Sie dienen regelmäßig der Finanzierung des laufenden Geschäfts[332].

5.235

Wird ein **Wechsel** der Bank nicht zur Diskontierung, sondern **zum Einzug** eingereicht, so liegt ein entgeltlicher Geschäftsbesorgungsvertrag (§ 675 BGB) vor. Die Bank erwirbt auch an solchen Inkassowechseln Eigentum. Hierbei handelt es sich jedoch nur um Sicherungseigentum (vgl. Nr. 15 Abs. 1 S. 1 AGB Banken).

5.236

2. Rechtsnatur des Diskontgeschäfts

Die rechtliche Qualifikation des Diskontgeschäfts ist **umstritten.** Rechtskonstruktiv kommt ein Kauf oder ein Gelddarlehen in Betracht. Das Diskontgeschäft beinhaltet wirtschaftlich gesehen die Gewährung eines

5.237

---
331 *Staudinger/Hopt/Mülbert,* Vorbem. zu §§ 607 ff. Rn 658.
332 *Jährig/Schuck/Rösler/Woite,* Handbuch des Kreditgeschäfts, 5. Aufl., 1990, S. 118.

Geldkredites. Dies ist aber für die rechtliche Qualifizierung ohne Aussagekraft. Denn es gibt keinen einheitlichen Begriff des Kredites; neben dem Darlehen können daher auch andere Vertragstypen, insbesondere der Kaufvertrag oder die entgeltliche Geschäftsbesorgung den rechtlichen Rahmen für ein Kreditgeschäft abgeben[333]. Die Rechtsprechung und die herrschende Lehre gehen für den Regelfall von einem Kauf oder einem kaufähnlichen Verhältnis aus[334]. Der Kunde haftet daher für Mängel des verbrieften Rechts gemäß §§ 437, 440, 320 ff. BGB und für die Mängel der Wechselurkunde als Sache nach den §§ 459 ff. BGB[335]. Der Wechselbetrag wird dem wechseleinreichenden Kunden nur unter dem Vorbehalt gutgeschrieben, daß das diskontierte Papier bei Fälligkeit vom Akzeptanten des Wechsels als Zahlungspflichtigem auch eingelöst wird. Bei Nichteinlösung kann die Bank den Diskonterlös dem Konto des Wechseleinreichers wieder zurückbelasten. Die Überlassung von Geld ist also auch beim Diskontgeschäft wie beim Gelddarlehen zeitlich befristet. Diese nur zeitweilige Überlassung von Geldmitteln ist ein wesentliches Merkmal aller Varianten des Kreditgeschäftes.

5.238 Dagegen liegt **keine Kreditgewährung** vor, wenn die Bank die Wechselforderungen ohne einen solchen Rücktritt (Rücktrittsrecht) ankauft – echtes Forfaitgeschäft – oder Diskontierung à forfait (französisch: in Bausch und Bogen)[336].

5.239 Das im Diskontgeschäft verkehrsübliche **Rücktrittsrecht** der Bank bei nicht bezahltem Wechsel steht der rechtlichen Qualifizierung als Kauf nicht entgegen. Übernimmt der Verkäufer der Wechselforderung wie beim bankmäßigen Diskontgeschäft die Bonitätshaftung, so soll sich zwar diese Haftung nach der gesetzlichen Auslegungsregel des § 438 BGB im Zweifel nur auf die Zahlungsfähigkeit zur Zeit der Abtretung beziehen. Diese Haftung kann aber vertraglich erweitert werden. Schließlich ist auch der Gesetzgeber in § 19 Abs. 1 S. 1 Nr. 1 BBankG und § 1 Abs. 1 S. 2 Nr. 3 KWG davon ausgegangen, daß dem Diskontgeschäft im Regelfall ein Kauf zugrundeliegt[337].

5.240 Macht die Bank von ihrem **Recht zur Rückbelastung** des gutgeschriebenen Diskonterlöses bei Nichtbezahlung des fällig gewordenen Wechsels Gebrauch, so liegt hierin die Ausübung eines vereinbarten Rücktritts-

---
333 *Staudinger/Hopt/Mülbert*, Vorbem. zu §§ 607 ff. Rn 655.
334 BGH WM 1977, 638; *Staudinger/Hopt/Mülbert*, Vorbem. zu §§ 607 ff. Rn 654 m.w.Nachw. Zum Zeitpunkt des Zustandekommens eines solchen Kaufvertrages vgl. BGH WM 1984, 139.
335 *Baumbach/Hefermehl*, Anh. Art. 11 WG Rn 15.
336 *Staudinger/Hopt/Mülbert*, Vorbem. zu §§ 607 ff. Rn 693.
337 *Staudinger/Hopt/Mülbert*, Vorbem. zu §§ 607 ff. Rn 655.

rechts. Der der Diskontierung zugrundeliegende Kaufvertrag verwandelt sich in ein Rückgewährsverhältnis im Sinne der §§ 346 ff. BGB. Der Bank steht also ein vertraglicher Rückgewährsanspruch schon nach Maßgabe des § 346 S. 1 BGB zu. Die Bank belastet sodann das Konto des Kunden mit dem zurückzugewährenden Diskonterlös. Der diskontierte Wechsel haftet der Bank für die Ansprüche aus dieser Rückbelastung. Das Eigentum, das die Bank bei der Diskontierung erworben hat, verwandelt sich aufgrund AGB-mäßiger Vereinbarung in Sicherungseigentum (Nr. 15 Abs. 1, Abs. 4 AGB-Banken).

Lehnt die Bank die Diskontierung ab, so erwirbt sie keine Rechte an dem eingereichten Wechsel. Die Übereignung des Wechsels steht unter der aufschiebenden Bedingung des Zustandekommens des Diskontgeschäfts[338]. Ohne Abschluß eines Diskontgeschäfts erlangt die Bank auch kein AGB-Pfandrecht[339]. 5.241

3. Akzeptantenwechsel

Beim Diskontgeschäft wird der Wechsel bei zugrundeliegenden Warenumsatzgeschäften vom Lieferanten (Verkäufer) eingereicht, während der Käufer der Akzeptant des Wechsels ist. Beim Akzeptantenwechsel (**sog. umgedrehter Wechsel**) wird der Wechsel vom Käufer ebenfalls akzeptiert, darüber hinaus aber auch von ihm zur Diskontierung eingereicht. Der Käufer erhält den Diskonterlös auf sein Girokonto gutgeschrieben und kann hiermit seinen Gläubiger durch einen auf sein Kontoguthaben gezogenen Scheck bezahlen. Dieses Wechsel/Scheck-Verfahren ist nach der BGH-Rechtsprechung zulässig, weil es nicht generell auf Vortäuschung von Warengeschäften angelegt ist[340]. Diese Akzeptantenwechsel sind nicht sittenwidrig und daher wirksam. Sittenwidrigkeit liegt auch dann nicht vor, wenn der Akzeptant zahlungsunfähig ist und der Aussteller ihm gegenüber keinen Regreß durchsetzen kann[341]. 5.242

4. Diskontierte Wechsel als Refinanzierungsinstrument

Bis zum Eintritt in die dritte Stufe der Europäischen Währungsunion am 1. 1. 1999 konnte die Bank die von ihr diskontierten Wechsel der **Deut-** 5.243

---

338 BGH WM 1984, 1391, 1392.
339 BGH WM 1985, 688, 689; *Staudinger/Hopt/Mülbert*, Vorbem. zu §§ 607 ff. Rn 657.
340 BGH WM 1971, 954, 955; 1983, 1406; *Baumbach/Hefermehl*, Art. 17 WG Rn 54.
341 BGH WM 1983, 1406; OLG Frankfurt WM 1993, 1710, 1712.

schen Bundesbank zum Ankauf (sog. **Rediskontierung**) einreichen. Hierzu räumte die Bundesbank den Kreditinstituten Rediskontlinien ein, die ihnen die Beschaffung von Zentralbankgeld zu einem subventionierten Vorzugszins ermöglichten. Der für den Wechselankauf festgelegte Diskontsatz lag praktisch permanent unter dem Geldmarktsatz, so daß die Rediskontierung unterhalb des marktüblichen Niveaus erfolgte. Dieser Rediskontkredit mit seinem subventionierten Zins war ein wesentlicher Teil der Refinanzierungspolitik der Bundesbank als eines traditionellen geldpolitischen Instruments zur Erhaltung der Geldwertstabilität. Hierzu bestimmte der frühere § 15 BBankG, daß die Bundesbank zur Beeinflussung des Geldumlaufes und der Kreditgewährung die für ihre Geschäfte jeweils anzuwendenden Zins- und Diskontsätze festsetzt und die Grundsätze für ihre Kredit- und Offenmarktgeschäfte bestimmt.

5.244 Mit dem Eintritt in die dritte Stufe der Europäischen Währungsunion ist die Zuständigkeit für die Geld- und Währungspolitik auf die Gemeinschaftsebene übergegangen. Verantwortlich für die Preisstabilität ist nunmehr das **Europäische System der Zentralbanken (ESZB)**, das von den beiden Beschlußorganen der Europäischen Zentralbank (EZB) in Gestalt ihres Rates und Direktoriums geleitet wird (Art. 8 ESZB/EZB-Satzung). Der EZB-Rat erläßt Leitlinien und Entscheidungen, die notwendig sind, um die Erfüllung der dem ESZB übertragenen Aufgaben, insbesondere die Preisstabilität, zu gewährleisten (Art. 12 ESZB/EZB-Satzung). Diese geldpolitischen Vorgaben haben die nationalen Zentralbanken der teilnehmenden EU-Mitgliedstaaten durchzuführen (Art. 14 Abs. 3 ESZB/EZB-Satzung).

5.245 Entsprechend dem gemeinschaftsrechtlichen Grundsatz der dezentralen Aufgabenerfüllung hat der EZB-Rat beschlossen, daß die Umsetzung der von ihm festgelegten Geldpolitik (bis auf Feinsteuerungsmaßnahmen in Ausnahmefällen) dezentral durch die jeweils nationale Zentralbank zu erfolgen hat[342]. Die Deutsche Bundesbank hat deshalb das dem ESZB zur Verfügung stehende geldpolitische Instrumentarium in ihren AGB (V. Abschnitt „Geldpolitische Geschäfte") ausgeformt. Danach gewährt die Bank ihre „Offenmarktkredite" regelmäßig durch sog. Hauptrefinanzierungsgeschäfte in wöchentlichem Abstand mit in der Regel jeweils vierzehntägiger Laufzeit und durch längerfristige Refinanzierungsgeschäfte in monatlichem Abstand mit in der Regel dreimonatiger Laufzeit (V. Abschnitt, Nr. 25 AGB Bundesbank). Diese längerfristigen Refinanzierungsgeschäfte entsprechen von der Laufzeit her dem Rahmen ihres Diskontkredites, der fester Bestandteil ihres früheren geldpolitischen Instrumen-

---

[342] Vgl. Monatsbericht der Deutschen Bundesbank, November 1998, S. 20.

tariums war (vgl. den durch die 6. Gesetzesnovelle aufgehobenen § 15 BBankG)[343].

a) Kreditgewährung im Tenderverfahren

Die geldpolitischen Offenmarktkredite und damit auch die **längerfristigen Refinanzierungsgeschäfte** führt die Deutsche Bundesbank unter Vorschaltung von Ausschreibungsverfahren (Tendern) durch (V. Abschnitt, Nr. 23 AGB Bundesbank). Dabei ist für die an Stelle des Diskontkredites getretenen längerfristigen Refinanzierungsgeschäfte regelmäßig der Zinstender getreten[344]. Hier haben die Teilnehmer am Tenderverfahren Gebote über die Beträge und Zinssätze abzugeben, zu denen sie Geschäfte abschließen wollen. Bei diesen Verfahren kann die Bundesbank als Preisnehmer auftreten[345]. Die von der Bundesbank angebotene Liquidität wird also wettbewerbsmäßig versteigert. Im Unterschied zum früheren Diskontsatz ist der Zinssatz für längerfristige Refinanzierungsgeschäfte also nicht mehr subventioniert. Dieser Zinssatz dürfte deshalb nicht nennenswert vom vergleichbaren Drei-Monats-Euribor (Euro Interbank Offered Rate) abweichen.

5.246

b) Verpfändung diskontierter Wechsel

Im Rahmen der Umsetzung der geldpolitischen Leitlinien des ESZB hat sich die Bundesbank bei der Ausgestaltung der Absicherung ihrer Refinanzierungskredite nicht für die Vollrechtsübertragung in Form der Sicherungsübereignung, sondern für die **Verpfändung der refinanzierten Wertpapiere** entschieden[346]. Als refinanzierungsfähige Sicherheiten sind insbesondere diskontierte Handelswechsel geeignet. Denn die Refinanzierungskredite der Bundesbank sollen weitgehend auf eine realwirtschaftliche Grundlage gestellt werden[347]. Die Besicherung dieser Offenmarktkredite durch solche Wechsel ist in den AGB der Bundesbank (V. Abschnitt, Nr. 9 ff.) geregelt. Danach müssen solche Wechsel neben dem Blankoindossament der diese Refinanzierungsmöglichkeit nutzenden Bank die Unterschrift eines zentralbankfähigen Wechselschuldners mit Sitz im Inland tragen.

5.247

Als **Wechselschuldner** gilt bei Wechseln mit zwei Unterschriften ein Nichtbank-Unternehmen oder wirtschaftlich Selbständiger (inländischer Nichtbank-Ver-

5.248

---
343 Monatsbericht der Deutschen Bundesbank, November 1998, S. 21.
344 Monatsbericht der Deutschen Bundesbank, November 1998, S. 21.
345 ESZB-Bericht über die „Einheitliche Geldpolitik in Stufe 3 der Europäischen Währungsunion", September 1998, S. 13.
346 Monatsbericht der Deutschen Bundesbank, November 1998, S. 23.
347 Monatsbericht der Deutschen Bundesbank, November 1998, S. 23.

pflichteter), bei Wechseln mit drei Unterschriften der Bezogene oder, falls der Bezogene kein zentralbankfähiger inländischer Nichtbank-Verpflichteter ist, der Aussteller, ersatzweise ein Indossant. Die Wechsel müssen bei einer Stelle der Bundesbank oder bei einem Kreditinstitut an einem Bankplatz oder bei der sich refinanzierenden Bank selbst zahlbar sein.

5.249 Die Wechsel dürfen im übrigen bei der Hereinnahme eine Laufzeit von höchstens sechs Monaten und müssen eine Mindestlaufzeit von einem Monat haben. Sie werden mit Beginn des zweiten Geschäftstages vor Fälligkeit nicht mehr als Sicherheit berücksichtigt und mit ihrem Beleihungswert aus dem Pfandkonto des Geschäftspartners ausgebucht.

5.250 Die Voraussetzungen für die Refinanzierungsfähigkeit im Ausland zahlbarer Handelswechsel sind im V. Abschnitt Nr. 15 AGB Bundesbank geregelt.

5. Wechselreiterei

5.251 Unzulässig ist dagegen die sog. Wechselreiterei. Hier ziehen Kreditsuchende gegenseitig Wechsel aufeinander, um sich Geldmittel zu beschaffen. Dabei akzeptiert der eine Kreditsuchende einen Wechsel, der von seinem Partner ausgestellt ist, während der Partner umgekehrt einen zweiten Wechsel akzeptiert, der von dem Akzeptanten des ersten Wechsels ausgestellt ist. Beide können auf diese Weise eine Diskontierung durch ihre Bank erlangen. Solchen Diskontierungen liegt kein sie wirtschaftlich rechtfertigender Sachverhalt zugrunde. Es wird das Vorliegen von Warengeschäften vorgetäuscht und die Möglichkeit eines Diskontkredites mißbraucht[348]. Die Rechtsprechung hat die Wechselreiterei deshalb als **sittenwidrig** angesehen. Die Wechselbegebungen sind daher **nichtig**[349].

5.252 Von der Nichtigkeit bleiben freilich die Rechtsbeziehungen zwischen den an der Wechselreiterei Beteiligten zu ihrer diskontierenden Bank unberührt[350]. Für die Beteiligten kommt eine **wechselrechtliche Haftung** unter dem Gesichtspunkt zurechenbar veranlaßten Rechtsscheins in Betracht[351]. Die Haftung aus dem von ihnen gesetzten Rechtsschein können sie nicht mit dem Einwand ausräumen, die Bank habe die von ihnen

---

348 BGH WM 1958, 671; 1973, 66.
349 BGH WM 1973, 66; *Baumbach/Hefermehl*, Art. 17 WG Rn 52.
350 Vgl. näher *Baumbach/Hefermehl*, Art. 17 WG Rn 52.
351 BGH WM 1993, 499, 500 zu der insoweit gleichen Rechtslage im Scheckrecht.

beabsichtigte Täuschung infolge grober Fahrlässigkeit nicht erkannt[352]. Etwas anderes gilt nur dann, wenn die Bank die Wechselreiterei kennt und hierbei durch die Diskontierung mitwirkt.

III. Avalkredit (Garantiegeschäft)

1. Inhalt und Funktion

Das Garantiegeschäft wird in § 1 Abs. 1 S. 2 Nr. 8 KWG als die Übernahme von Bürgschaften, Garantien und sonstigen Gewährleistungen für andere definiert (Avalkredit). Es gehört zu den **traditionellen Bankgeschäften**. Das Garantiegeschäft erfaßt alle Varianten des Avalkredites (§ 765 BGB, §§ 349, 350 HGB, Art. 30 bis 32 WG, Art. 25 bis 27 ScheckG), die Akkreditiveröffnung oder -bestätigung, die wechsel- oder scheckrechtliche Indossamentsverpflichtung, den Schuldbeitritt und jede Verpflichtung zum Einstehen für einen bestimmten Erfolg[353]. 5.253

Das Garantiegeschäft ist überdies ein wesentlicher Teil des **Auslandsgeschäfts** (Rn 7.1 ff.). Hier werden vor allem **Bankgarantien** gegenüber ausländischen Vertragspartnern der Bankkunden übernommen. 5.254

Die Internationale Handelskammer (ICC), Paris hat im Jahre 1992 Einheitliche Richtlinien für „**Demanded Guarantees**" herausgegeben, die die 1978 veröffentlichen „Einheitlichen Richtlinien für Vertragsgarantien" abgelöst haben (ICC-Publikation Nr. 458) – Rn 7.54[354]. Zur weitestmöglichen Vermeidung von rechtsmißbräuchlichen Inanspruchnahmen solcher „Demanded Guarantees" wird die Zahlungspflicht der garantierenden Bank erst ausgelöst, wenn der Garantiebegünstigte die schriftliche Erklärung abgibt, der Garantieauftraggeber habe – konkret und spezifiziert – seine Vertragspflichten verletzt. 5.255

Die Bankgarantie hat ihre heutige Bedeutung im wesentlichen erst in der Zeit nach dem Zweiten Weltkrieg erlangt. Die Ausdehnung des internationalen Handelsverkehrs einerseits, aber auch die schwieriger werdenden internationalen Rechtsprobleme verlangten immer mehr nach einem praktikablen Sicherungsinstrument. 5.256

Im Unterschied zum Dokumenten-Akkreditiv der Kreditinstitute (Akkreditivgeschäft) ist die Bankgarantie kein Instrument des bargeldlosen Zahlungsverkehrs, sondern hat vor allem eine **Sicherungsfunktion.** Die Bankgarantie hat jedoch mit dem Dokumenten-Akkreditiv gemeinsam, daß 5.257

---
352 BGH WM 1993, 499, 500 f.
353 *Bähre/Schneider*, § 1 Anm. 14.
354 *von Westphalen*, DB 1992, 2017.

auch hierdurch dem Begünstigten eine möglichst sichere Rechtsposition verschafft werden soll.

5.258 Die Bankgarantie wird nicht ganz zu Unrecht ein „Kind des Mißtrauens" genannt. Ihr Zweck besteht darin, dem Garantiebegünstigten einen weitgehend einwendungs- und einredefreien Zahlungsanspruch gegen die garantierende Bank zu verschaffen. Die Innehabung eines solchen abstrakten, d.h. vom Valutaverhältnis grundsätzlich unabhängigen Anspruches ist, dem Garantiebegünstigten möglichst problemlos zu dessen Realisierung zu verhelfen, im Streitfalle die Prozeßlage umzukehren und sämtliche rechtliche oder tatsächliche Streitfragen, deren Beantwortung sich nicht von selbst ergibt, nach vollzogener Zahlung in einen eventuellen Rückforderungsprozeß zwischen Garantieauftraggeber und Begünstigten zu verlagern[355].

5.259 Hierdurch unterscheidet sich die Garantie von der Bürgschaft, die von dem Bestand der Hauptverbindlichkeit abhängig ist (§ 767 Abs. 1 S. 1 BGB). Spätere Verringerungen der Hauptschuld und Verbesserungen der Rechtsposition des Hauptschuldners kommen dem Bürgen wegen dieser Abhängigkeit (Akzessorietät) seiner Schuld ohne weiteres zugute[356]. Auch kann der Bürge die dem Hauptschuldner zustehenden Einreden geltend machen, selbst wenn der Hauptschuldner hierauf verzichtet hat (§ 768 BGB).

5.260 Der Begriff der Abstraktheit ist im Privatrecht vieldeutig. Nach *Hadding/Häuser/Welter* kann dieser Begriff bei Garantien zweierlei bedeuten: Rechtliche Selbständigkeit der Garantie gegenüber einem anderen Rechtsgeschäft, insbesondere dem Valutaverhältnis („äußerliche Abstraktheit"), und „inhaltliche Abstraktheit", die gegeben wäre, wenn der Sicherungszweck der Garantieforderung als causa der Verpflichtung nicht Inhalt des Garantievertrages wäre[357].

5.261 Neben dieser Sicherungsfunktion hat die Bankgarantie wie das Akkreditiv eine **Liquiditätsfunktion**[358]. Denn die Bankgarantie soll sicherstellen, daß dem Garantiebegünstigten im Garantiefall innerhalb kürzester Zeit liquide Mittel zur Verfügung stehen. Dies gilt insbesondere für Bankgarantien mit der üblichen Klausel „Zahlbar auf erstes Anfordern"[359]. Die

---
355 BGH WM 1984, 689, 691; 1985, 684, 685.
356 BGH WM 1984, 633.
357 Gutachten und Vorschläge zur Überarbeitung des Schuldrechts, Sonderdruck des Gutachtens Bürgschaft und Garantie, S. 706 ff.
358 Nach BGH WM 1984, 44, 45; 1992, 854, 855 hat auch eine Bürgschaft mit der Klausel „Zahlbar auf erstes Anfordern" diese Liquiditätsfunktion.
359 BGH WM 1985, 684, 686.

Bankgarantie hat das früher übliche „Bardepot" abgelöst[360], das dem hieraus Begünstigten ebenfalls einen Zugriff auf liquide Mittel eröffnete.

Diese Liquiditätsfunktion der Bankgarantie tritt zwar gegenüber ihrer Sicherungsfunktion im Zeitpunkt der Garantieübernahme zurück. Tritt jedoch der Garantiefall ein, so ist die Liquiditätsfunktion der Bankgarantie nicht geringer anzusetzen als beim Dokumenten-Akkreditiv. Hier wie dort erwartet der Begünstigte unverzüglich Zahlung der Bank aufgrund ihrer vom zugrundeliegenden Valutaverhältnis unabhängigen Zahlungsverpflichtung[361]. Die Berücksichtigung der Liquiditätsfunktion ist insbesondere von Bedeutung bei der Auslegung von Verträgen und einzelnen Klauseln, die im Rahmen des Garantiegeschäfts vereinbart werden. Hierbei wird im Zweifel eine Auslegung vorzuziehen sein, die den von allen Beteiligten des Garantiegeschäfts (vgl. Rn 5.269) erstrebten Zweck sowie dessen generell bestehenden Sinngehalt, nämlich dem Begünstigten ohne weiteres bare Mittel zu verschaffen, am ehesten verwirklicht.

5.262

Mit dieser Liquiditätsfunktion war die früher weit verbreitete **Hinterlegungsklausel** unvereinbar, wonach sich die Bank vorbehielt, sich von ihrer selbstschuldnerischen Bürgschaft dadurch zu befreien, daß sie Geld als Sicherheit anstelle ihrer Bürgschaft hinterlegen durfte. Hier konnte sich die Bank von ihrer Bürgschaft dadurch befreien, daß sie die Sicherheit nicht wie üblich als Schuldnerin für ihre eigene Zahlungsverbindlichkeit, sondern als Dritte für die Verbindlichkeit des Hauptschuldners leistete. Hinterlegt der Bürge, so sichert das Pfandrecht an seiner Rückerstattungsforderung nach § 233 BGB nicht den Bürgschaftsanspruch, sondern die bisher verbürgte Forderung gegen den Hauptschuldner[362].

5.263

2. Garantiearten

Das Garantiegeschäft kennt unterschiedliche Arten von Bankgarantien.

5.264

– Die **Bietungsgarantie** spielt bei internationalen Ausschreibungen eine Rolle. Zugunsten des Empfängers des Angebots soll der Bieter als künftiger Exporteur durch die ansonsten fällig werdende Garantiesumme daran gehindert werden, im Falle des Erhalts des Zuschlages seinen mit der Abgabe des Angebots übernommenen Pflichten nicht nachzukommen. Hierbei soll die Bankgarantie insbesondere sicherstellen, daß der Garantieauftraggeber als Bieter den Vertrag, für den er sich als Partner erboten hat, auch unterschreibt.

---

360 BGH WM 1989, 1496, 1497.
361 *Rümker*, ZGR 1986, 332, 335. Zur Liquiditätsfunktion der Bankgarantie vgl. weiter BGH WM 1985, 684, 686.
362 BGH WM 1985, 475, 476.

- Mit der **Anzahlungsgarantie** soll der Besteller einer Leistung für den Fall abgesichert werden, daß der Lieferant bei Nichterfüllung des Vertrages die Rückerstattung der erhaltenen Anzahlungen oder Vorauszahlungen ablehnt. Diese Variante der Bankgarantie wird erst wirksam, wenn der Lieferant vom Garantiebegünstigten zunächst einmal eine Anzahlung oder Vorauszahlung erhalten hat.

- Die **Vertragserfüllungs- oder Leistungsgarantie** sichert die Ansprüche des Importeurs gegenüber dem Exporteur, falls dieser die vertraglich vereinbarten Leistungen ganz oder teilweise nicht vertragsgemäß erbringt.

- Die **Liefergarantie** soll den Käufer dagegen sichern, daß die Leistung nicht rechtzeitig oder jedenfalls nicht zu dem vereinbarten Termin erfolgt.

- Die **Zahlungsgarantie** sichert schlicht die vertraglichen Zahlungsansprüche des exportierenden Lieferanten ab.

- Die **Konnossementsgarantie** hat in Fällen Bedeutung, in denen über eine schiffsverladene Ware schon vor Eintreffen des Konnossements verfügt werden soll. Sie sichert den Verfrachter bzw. den Reeder vor etwaigen Ansprüchen Dritter wegen der Zulassung derartiger Verfügungen ohne die an sich erforderliche Vorlage des Konnossements[363].

3. Rechtliche Einordnung der Bankgarantie

5.265 Die Rechtsnatur des Garantiegeschäfts kann nur aus der Sicht des jeweiligen Rechtsverhältnisses zwischen den beteiligten Personen beantwortet werden. Hierbei sind zwei Formen der Garantie zu unterscheiden. Bei einer **direkten** Garantie sind wirtschaftlich drei Personen beteiligt: Garantiebegünstigter, garantierende Bank und deren Kunde als Garantieauftraggeber. Bei einer **indirekten** Garantie hat dagegen die beauftragte Bank eine dritte Bank mit der Abgabe einer Garantieerklärung gegenüber dem Vertragspartner des auftraggebenden Kunden zu beauftragen und eine Zahlungsverpflichtung gegenüber der beauftragten Zweitbank in Form einer Rückgarantie einzugehen[364].

a) Kreditvertrag zwischen Bank und Kunde

5.266 Zwischen garantierender Bank und ihrem Kunden (Avalauftraggeber) wird ein Avalkreditvertrag geschlossen[365]. Dieser ist ein entgeltlicher **Ge-**

---
363 Vgl. *von Bernstorff*, ZGesKredW 1988, 990.
364 OLG Köln WM 1991, 1751, 1752.
365 Vgl. OVG Berlin NJW 1967, 1052; BGH WM 1985, 1387, 1388; *Palandt/Thomas*, Einf. v. § 765 Rn 15.

schäftsbesorgungsvertrag im Sinne des § 675 BGB[366]. Daraus schuldet die beauftragte Bank nicht nur ein Tätigwerden, sondern einen Erfolg in Gestalt der Übernahme der Garantie. Hierbei handelt es sich um einen (unkörperlichen) Erfolg im Sinne des Werkvertragsrechts. Gegenstand eines solchen Werkvertrages kann auch „ein durch Dienstleistung herbeizuführender Erfolg sein" (§ 631 Abs. 2 BGB). Auf solche Werkverträge, die eine Geschäftsbesorgung zum Gegenstand haben, finden weitgehend die auftragsrechtlichen Bestimmungen Anwendung (§ 675 BGB).

Bei einem **Avalkreditvertrag** handelt es sich regelmäßig nicht um einen Vertrag zugunsten des Gläubigers. Dieser erwirbt Rechte gegen die Bank erst, wenn sie in Ausführung des Geschäftsbesorgungsvertrages die Bürgschaft oder Garantie übernommen hat[367]. 5.267

Der bei solchen Geschäftsbesorgungsverhältnissen bestehende auftragsrechtliche **Anspruch auf Vorschuß** (§ 669 BGB) ist jedoch bei Bankgarantien **ausgeschlossen**[368]. Die Bank kann daher von ihren Kunden keine Zahlung eines Vorschusses in Höhe des Garantiebetrages verlangen. Gegen eine solche Vorschußforderung spricht schon, daß der unter der Garantie zu zahlende Betrag bei Abschluß des Garantieauftrages meist noch gar nicht feststeht, weil er von dem Schaden des Begünstigten abhängt. Ein solcher Anspruch ist aber vor allem auch mit dem typischen Sinn und Zweck des Garantieauftrages grundsätzlich unvereinbar. Funktionell gesehen soll die Bankgarantie ein Bardepot ersetzen, um die damit verbundene Liquiditätsbindung zu vermeiden. Diesem Substitutionszweck widerspricht es, wenn der Garantieauftraggeber eine solche Liquidität in Gestalt des auftragsrechtlichen Vorschusses doch wieder zur Verfügung stellen müßte. Die Bank hat jedoch wie bei einer übernommenen Bürgschaft auch bei einer Bankgarantie einen Befreiungsanspruch analog der für einen Bürgen geltenden Bestimmung des § 775 Abs. 1 BGB, sofern einer der dort erwähnten Befreiungstatbestände eingetreten ist. 5.268

b) Garantievertrag zwischen Bank und Garantiebegünstigtem

Zwischen der Bank und dem Garantiebegünstigten kommt ein sog. Garantievertrag zustande. Dieser stellt einen **Vertragstypus sui generis** dar, der gesetzlich nicht geregelt ist und sich aus den Bedürfnissen der Praxis 5.269

---

366 BGH WM 1985, 1387, 1388; OLG Frankfurt WM 1988, 1480, 1482; OLG Köln WM 1991, 1751, 1752.
367 Vgl. BGH WM 1984, 768, 769.
368 *Canaris*, Bankvertragsrecht³, Rn 1113 m.w.Nachw.

entwickelt hat (verkehrstypische Verträge)[369], wie es der Grundsatz der Vertragsfreiheit als Teil der Privatautonomie gestattet[370]. Das typische Merkmal dieses Garantievertrages ist, daß er von dem Bestand der gesicherten Hauptschuld aus dem Valutaverhältnis zwischen Garantieauftraggeber und Garantiebegünstigtem grundsätzlich unabhängig ist.

5.270 Die Abstraktheit der Bankgarantie zeigt sich nach dem BGH[371] darin, daß dem Anspruch auf Zahlung der Garantiesumme – von dem noch zu erörternden Fall des Rechtsmißbrauchs abgesehen – keine Einwendungen aus dem Valuta- oder Deckungsverhältnis entgegengehalten werden können. Insbesondere bei Bankgarantien mit der Klausel „Zahlung auf erstes Anfordern" wird sich nach der BGH-Rechtsprechung nur in Ausnahmefällen aus dem Garantievertrag ableiten lassen, daß im Falle des Vorliegens der formellen Voraussetzungen für die Inanspruchnahme der Garantie (sog. formeller Garantiefall) der Anspruch des Garantieberechtigten gegen die Bank zusätzlich davon abhängig sein soll, daß ihm auch im Valutaverhältnis zum Bankkunden als Garantieauftraggeber ein Anspruch zusteht (materieller Garantiefall)[372] Nur unter diesen Voraussetzungen kann die Bankgarantie ihren Zweck erfüllen, dem Garantiebegünstigten möglichst problemlos zu seinem berechtigten Anspruch zu verhelfen.

c) Vertragliche Ausgestaltung des Garantievertrages

5.271 Die Kreditinstitute müssen im Interesse der internationalen Akzeptanz ihrer Garantien Wert darauf legen, daß die übernommene Garantie „auf erstes Anfordern" zahlbar ist. Durch diese **Garantieklausel** wird deutlich zum Ausdruck gebracht, daß die Inanspruchnahme der Garantie nicht den Beweis oder auch nur die nähere Darlegung irgendwelcher Fehlentwicklungen innerhalb des Valutageschäfts zwischen ihrem Kunden (Avalauftraggeber) und dem Garantiebegünstigten voraussetzt. Es empfiehlt sich im übrigen eine klare Bestimmung über die Befristung der Garantie, wenn wie regelmäßig eine Befristung gewollt ist. Dabei muß aus dem Garantietext hervorgehen, ob die nicht rechtzeitige Inanspruchnahme der Garantie eine auflösende Bedingung im Sinne des § 158 Abs. 2 BGB darstellen soll, mit deren Eintritt die Garantie erlischt, oder ob die Befristung, was ganz unüblich ist, im Sinne der bürgschaftsrechtlichen Bestimmung des § 777 BGB zu verstehen ist. Bei einer solchen **Zeitbürg-**

---

369 Nach *Zahn/Eberding/Ehrlich*, Zahlung und Zahlungssicherung im Außenhandel, 6. Aufl., 1986, S. 350 f., liegt der Bankgarantie ein abstraktes Schuldversprechen gemäß § 780 BGB zugrunde.
370 *Palandt/Heinrichs*, Einf. v. § 305 Rn 11.
371 WM 1985, 684, 685.
372 BGH WM 1998, 2522, 2523.

schaft haftet der Bürge nur für die innerhalb einer bestimmten Frist begründeten Verbindlichkeiten, für diese aber unbefristet[373].

Der Gläubiger kann bei einer selbstschuldnerischen Zeitbürgschaft schon vor dem festgesetzten Ablauftermin nach Eintritt der Fälligkeit der Hauptschuld dem Bürgen wirksam mitteilen, daß er ihn in Anspruch nehmen wird, ohne daß es einer Wiederholung einer Anzeige nach Ablauf der Bürgschaftszeit bedarf[374]. Geht diese Erklärung dem Bürgen rechtzeitig zu, dann dauert seine Bürgschaftsverbindlichkeit wie bei einer unbefristeten Bürgschaft fort, wobei sich freilich der Umfang seiner Verpflichtung auf den Umfang der Hauptschuld im Zeitpunkt des Endtermines der Bürgschaft beschränkt[375].   5.272

Ist die **Hauptschuld** innerhalb der Bürgschaftszeit **nicht fällig** geworden, ist die Anzeige nicht wirksam. Die Zeitbürgschaft soll es dem Gläubiger nur ermöglichen, dem Hauptschuldner während der bestimmten Zeit Kredit zu gewähren[376]. Tritt dagegen die **Fälligkeit** der Hauptschuld mit dem Ende der Bürgschaftszeit ein, gebieten es die schutzwürdigen Interessen des Gläubigers, der rechtzeitig dem Bürgen die Inanspruchnahme angezeigt hat, ihm die Rechte aus der Bürgschaft zu erhalten[377].   5.273

Die **Befristung** im Sinne einer auflösenden Bedingung kann freilich im Einzelfall nicht zu der erwünschten rechtlichen Klarheit führen. Denn eine solche die Bankgarantie durch Zeitablauf beseitigende Befristung wird in einigen ausländischen Staaten nicht anerkannt[378]. Hier kann die garantierende Bank trotz Fristablaufs nicht gewiß sein, aus ihrer Garantiehaftung befreit zu sein. Dementsprechend bleibt auch der Garantieauftraggeber im Innenverhältnis weiter in der Haftung (Obligo).   5.274

Die Banken erklären sich freilich hier nach Fristablauf zumeist bereit, auf weitere Zahlungen der vereinbarten Provision für die Garantieübernahme, die sog. Avalprovision, zu verzichten. Dabei wird jedoch der Garantieauftraggeber darauf aufmerksam gemacht, daß er erstattungspflichtig bleibt, sofern der ausländische Garantiebegünstigte noch nach Fristablauf mit Erfolg Ansprüche aus der Garantie geltend machen sollte. Banktechnisch gesprochen werden die Garantien in diesen Fällen nur „unter Vorbehalt" ausgebucht.   5.275

Unproblematisch sind dagegen die Fälle, in denen der Garantietext das Erlöschen der Garantie nicht nur bei Fristablauf, sondern auch dann   5.276

---

373 Vgl. BGH WM 1988, 210.
374 BGH WM 1980, 127.
375 BGH WM 1983, 33.
376 BGH WM 1984, 988, 990.
377 BGH WM 1989, 627, 629; 1496, 1499.
378 Vgl. *von Bernstorff*, ZGesKredW 1988, 990, 994.

vorsieht, wenn die Garantieurkunde mit Willen des Garantiebegünstigten wieder in den Besitz der Bank gelangt und die Garantieurkunde der Bank auch ausgehändigt worden ist.

d) Abgrenzung zur Bürgschaft mit Klausel „Zahlbar auf erstes Anfordern"

5.277 Anstelle einer abstrakten Bankgarantie übernehmen die Kreditinstitute auch akzessorische Bürgschaften mit der Klausel „Zahlbar auf erstes Anfordern". Solche Bürgschaften sind von der Rechtsprechung erst seit dem Ende der 70er Jahre rechtlich anerkannt worden, um einem entsprechenden Bedürfnis der exportorientierten Wirtschaft Rechnung zu tragen. Im Inlandsgeschäft kommt der Bürgschaft auf erstes Anfordern zum Beispiel im Rahmen der **Konzernfinanzierung** Bedeutung zu[379].

5.278 Mitunter werden bei der Bürgschaft auf erstes Anfordern sog. **Effektivklauseln** verwendet. Hierdurch wird die Zahlungspflicht des Bürgen vom Vorliegen weiterer Voraussetzungen, etwa der nicht rechtzeitigen Fertigstellung und Abnahme eines Bauwerkes abhängig gemacht. Bei der Verwendung solcher Effektivklauseln besteht die Gefahr, daß die Bürgschaftssumme zu Unrecht ausgezahlt wird und die Bank deshalb keinen Aufwendungsersatzanspruch (§§ 675, 670 BGB erlangt. Soweit Effektivklauseln überhaupt konzediert werden, sollten sie sich in der Vorlage eines unschwer überprüfbaren Dokumentes erschöpfen[380].

5.279 Nach der Rechtsprechung des BGH ist diese Klausel mit dem Wesen einer Bürgschaft ungeachtet deren Akzessorietät durchaus vereinbar[381]. Im Rahmen der **Vertragsfreiheit** ist es grundsätzlich jedermann gestattet, eine Bürgschaft auf erstes Anfordern im Einzelfall zu erteilen[382]. Die im Leitsatz des BGH-Urteils vom 5. 7. 1990[383] enthaltene Aussage, wonach Bürgschaften mit der Verpflichtung auf erstes Anfordern den Kreditinstituten vorbehalten sind, ist zu weit gegangen[384]. Wie der BGH zwischenzeitlich wiederholt entschieden hat, ist dieser Leitsatz nicht auf Bürgschaften anwendbar, deren Bestimmungen nicht dem AGB-Gesetz unterliegen[385]. Die Bürgschaft auf erstes Anfordern stellt daher eine Zwischenform von akzessorischer Bürgschaft und weitestgehend abstrakter Sicherheit dar[386].

---

379 BGH WM 1992, 854, 855.
380 *Schmidt*, WM 1999, 308 ff.
381 BGH WM 1979, 691, 692; 1984, 44.
382 BGH WM 1997, 656; 1998, 1062, 1063.
383 BGH WM 1990, 1410.
384 BGH WM 1997, 656, 658.
385 BGH WM 1998, 1062, 1063 m.w.Nachw.
386 *P. Bydlinski*, AcP 190 (1990), S. 165, 170. Der BGH (WM 1998, 2522, 2523) spricht von einem Doppelcharakter dieser Einstandspflicht.

3. Abschnitt: Firmenkredite

Bei einer solchen Klausel wird somit im Gegensatz zur Bankgarantie nur eine vom Hauptbestand der Hauptschuld abhängige Bürgschaftsverpflichtung übernommen. Die Klausel „zahlbar auf erstes Anfordern" führt jedoch zu einer wesentlichen Verbesserung der Rechtsstellung des Bürgschaftsgläubigers. Hier kann sich die bürgende Bank bei ihrer Inanspruchnahme anders als nach § 768 Abs. 1 S. 1 BGB nicht auf Einwendungen aus dem Hauptschuld-(Valuta-)Verhältnis berufen. Vielmehr gilt der **Grundsatz „erst zahlen, dann prozessieren"**[387]. Hierdurch ist die bürgende Bank bei ihrer Inanspruchnahme wie bei der Übernahme einer abstrakten Garantie gestellt. Die Bürgschaft auf erstes Anfordern hat also einen Doppelcharakter, bei der die für eine Bürgschaft wesensbestimmende Abhängigkeit der Bürgschaftsforderung von der verbürgten Hauptforderung systemwidrig für das Stadium der Geltendmachung beseitigt und anschließend für die Geltendmachung eines bereicherungsrechtlichen Rückgewähranspruches der Bank wieder hergestellt wird[388].

5.280

Die **Geltendmachung eines solchen Bereicherungsanspruches** der Bank bei einer Bürgschaft auf erstes Anfordern ist dagegen bei einer Garantie auf erstes Anfordern ausgeschlossen. Bei solchen Garantien wird sich nach dem BGH nur in Ausnahmefällen aus dem Garantievertrag ableiten lassen, daß im Falle des Vorliegens der formellen Voraussetzungen für die Inanspruchnahme der Garantie (sog. formeller Garantiefall) der Anspruch des Garantiegläubigers gegen die Bank zusätzlich noch davon abhängig sein soll, daß ihm auch im Valutaverhältnis zum Bankkunden als Garantieauftraggeber ein Anspruch zusteht (materieller Garantiefall)[389]. Deshalb kann die Bank die den materiellen Garantiefall betreffenden Einwendungen, die sie gegenüber dem Zahlungsbegehren des Garantieberechtigten nicht einwenden durfte, auch nicht zur Grundlage eines bereicherungsrechtlich begründeten Herausgabeverlangens machen. Denn Sinn und Zweck der Bankgarantie auf erstes Anfordern ist, rechtliche oder tatsächliche Streitfragen aus dem Valutaverhältnis, deren Beantwortung sich nicht von selbst ergibt, aus dem Verhältnis der Bank zum Garantiebegünstigten herauszuhalten und nach einer erfolgten Zahlung des Garantiebetrages in einen eventuellen Rückforderungsprozeß zwischen Bankkunde und Garantiegläubiger zu verlagern[390].

5.281

Die **Einwendungen** gegen die materielle Berechtigung der Ansprüche des Begünstigten können grundsätzlich erst nach Zahlung durch Rückforde-

5.282

---

387 *Liesecke*, WM 1968, 22, 26; OLG Frankfurt WM 1983, 575, 576. Vgl. auch BGH WM 1987, 977, 978 f. für den Fall eines insoweit vergleichbaren Dokumentenakkreditivs.
388 BGH WM 1998, 2522, 2523.
389 BGH WM 1998, 2522, 2523.
390 BGH WM 1998, 2522, 2523; a.A. OLG Frankfurt ZIP 1998, 148, 149.

rungsklage gegen den Begünstigten geltend gemacht werden[391]. Zulässig ist aber der Einwand, die Bürgschaft sichere nicht die dem Zahlungsbegehren des Gläubigers zugrundeliegende Hauptforderung, sofern sich dies durch Auslegung aus der Bürgschaftsurkunde selbst ergibt[392].

5.283 Zur **schlüssigen Darlegung** eines Anspruches aus einer Bürgschaft auf erstes Anfordern reicht es aus, wenn der Gläubiger das erklärt, was als Voraussetzung der Zahlung in der Bürgschaft niedergelegt ist[393]. Wird die Bürgschaft für eine hierdurch nicht gesicherte Forderung in Anspruch genommen, so macht sich der Bürgschaftsgläubiger gegenüber dem Hauptschuldner als Auftraggeber der Bankbürgschaft wegen positiver Forderungsverletzung schadensersatzpflichtig. Will der Bürgschaftsgläubiger gegen diese Schadensersatzforderung mit einer anderen Forderung aufrechnen, so ist diese Aufrechnung wegen Rechtsmißbrauches gemäß § 242 BGB ausgeschlossen[394].

5.284 Die verbürgende Bank kann jedoch ausnahmsweise die fehlende materielle Berechtigung einwenden, wenn der Gläubiger bei der Inanspruchnahme offensichtlich oder liquide beweisbar seine formale Rechtsstellung mißbräuchlich ausnutzen will[395]. An den Einwand des Rechtsmißbrauchs sind aber strenge Anforderungen zu stellen[396]. Nach der Rechtsprechung des BGH[397] ist erforderlich, daß diese mißbräuchliche Ausnutzung der formalen Rechtsstellung für jedermann klar ersichtlich ist. Mit Rücksicht auf die Liquiditätsfunktion der Bürgschaft auf erstes Anfordern beschränkt sich die Prüfungspflicht der Bank daher auf die Frage, ob die materielle Berechtigung der vom Gläubiger geltend gemachten Ansprüche in diesem Sinne offenbar fehlt[398]. Ist z.B. eine Vertragserfüllungsbürgschaft auf erstes Anfordern ohne rechtlichen Grund erlangt worden, ist das Ausnutzen dieser formalen Rechtsstellung durch Inanspruchnahme der Bürgschaft rechtsmißbräuchlich[399].

5.285 Die verbesserte Rechtsposition des Bürgschaftsgläubigers erklärt sich daraus, daß insbesondere im internationalen Handelsverkehr die Bürgschaft

---

391 BGH WM 1989, 1496, 1498; 1992, 773, 776; 1994, 105, 107; 1998, 1062, 1063 m.w.Nachw. In diesem Rückforderungsprozeß trifft den Gläubiger die Darlegungs- und Beweislast (BGH WM 1989, 709, 711; 1496, 1498; *P. Bydlinski*, WM 1990, 1401).
392 BGH WM 1996, 193, 195.
393 BGH WM 1996, 2228, 2229.
394 OLG Düsseldorf WM 1996, 1856.
395 BGH WM 1998, 2522, 2523.
396 BGH WM 1988, 934, 935; 1989, 1496, 1498.
397 BGH WM 1988, 934, 935; 1989, 1496, 1498.
398 BGH WM 1989, 433, 434.
399 KG WM 1997, 1377.

mit der Klausel „Zahlbar auf erstes Anfordern" wie die Bankgarantie weitgehend das früher übliche „Bardepot" abgelöst haben[400]. Diese beiden Arten des Avalkredites sollen sicherstellen, daß dem Begünstigten im Bürgschafts- oder Garantiefall innerhalb kürzester Zeit liquide Mittel zur Verfügung stehen. Diese Funktion kann die Haftungserklärung auch nach der BGH-Rechtsprechung nur erfüllen, wenn die Anforderungen an die Erklärung, die die vorläufige Zahlungspflicht der bürgenden oder garantierenden Bank auslöst, streng formalisiert sind[401]. Die Bank muß daher schon bei Vorliegen einer Zahlungsaufforderung leisten dürfen, wenn sie inhaltlich dem entspricht, was in der Bürgschaft als Voraussetzung der Zahlung auf erstes Anfordern genannt und für jeden ersichtlich ist.

Das Recht des Bürgschaftsgläubigers, durch einseitige Erklärung über die Nichterfüllung der gesicherten Forderung von dem Bürgen die Zahlung der Bürgschaftssumme verlangen zu können, ist nach dem BGH ein **Hilfsrecht**, das der Durchsetzung der Bürgschaftsforderung dient. Dieses Recht mache geradezu das Wesen der Bürgschaft auf erstes Anfordern aus. Dadurch werde der schnelle Zugriff des Gläubigers auf die Bürgschaftssumme gesichert[402]. Mit der Abtretung der gesicherten Hauptforderung auf den Zessionar gehe daher auch das Recht über, die zur Fälligstellung der Bürgschaft erforderlichen Erklärungen abgeben zu können[403]. 5.286

Die Klausel „auf erstes Anfordern" begründet eine gegenüber dem Bestand der verbürgten Hauptschuld unbedingte **vorläufige verselbständigte Zahlungspflicht** des Bürgen[404]. Nach der Rechtsprechung des BGH[405] stellt eine solche Bürgschaft wegen der damit verbundenen Zahlungspflicht, die einer Garantieübernahme für fremde Schuld fast gleichkomme, ein besonders risikoreiches Rechtsgeschäft dar, welches überdies zum Mißbrauch verleite. Demzufolge soll eine vorformulierte und AGB-mäßig verwendete Bürgschaft auf erstes Anfordern der Angemessenheitskontrolle nach § 9 AGBG nur standhalten, wenn sie in einem Kreditinstitut[406] oder einer Versicherungsgesellschaft[407] übernommen wird. 5.287

Der **Bürgschaftsbegünstigte** erwirbt nach dem BGH keinerlei Rechte aus einer nur im Innenverhältnis bestehenden Befugnis der Bank zur Zahlung auf erstes Anfordern[408]. Die Bank muß vielmehr gegenüber dem Gläubiger 5.288

---

400 BGH WM 1994, 106; 1996, 2228; OLG Köln WM 1998, 1443, 1445.
401 BGH WM 1999, 895, 897.
402 BGH WM 1987, 553, 554.
403 BGH WM 1987, 553, 554; vgl. weiter *Zeller*, BB 1990, 363.
404 BGH WM 1990, 1410, 1411; OLG München WM 1988, 1554, 1556.
405 BGH WM 1990, 1410, 1411.
406 BGH WM 1990, 1410, 1411; hiergegen *P. Bydlinski*, WM 1991, 257.
407 BGH WM 1992, 773, 776.
408 BGH WM 1979, 691, 692.

ausdrücklich eine solche Verpflichtung auch im Außenverhältnis übernehmen[409]. Hierzu wird die Klausel „zahlbar auf erstes Anfordern" in den Bürgschaftstext eingefügt.

4. Inanspruchnahme der Bankgarantie

5.289 Bei einer Garantie auf erstes Anfordern ist die Zahlungsaufforderung durch den Begünstigten formalisiert. Sie muß nach dem Grundsatz der **Garantiestrenge** so abgegeben werden, wie sie in der Garantieurkunde festgelegt ist[410].

5.290 Liegt der Garantieübernahme ein Kundenauftrag zugrunde, so erwirbt die Bank bei einer Inanspruchnahme aus diesem Aval einen entsprechenden auftragsrechtlichen Erstattungsanspruch (§ 670 BGB) gegen ihren Kunden[411].

a) Pflicht zur Anhörung des Bankkunden

5.291 Der BGH-Rechtsprechung kann nicht eindeutig entnommen werden, ob die Bank bei einer Garantie oder Bürgschaft mit der Klausel „zahlbar auf erstes Anfordern" vor Zahlung ihren Kunden als Avalauftraggeber anzuhören hat. Nach Auffassung des BGH[412] bedarf es jedenfalls einer solchen **Anhörung** bei einer Bürgschaft **ohne** die Klausel „zahlbar auf erstes Anfordern", damit der Kunde Gelegenheit hat, gegebenenfalls liquide Einwendungen und Einreden gegen die Bürgschaftsverpflichtung seiner Bank vorzubringen[413]. Denn der schlichte Bürge ist verpflichtet, bei der Befriedigung des Gläubigers auch das Interesse des Avalauftraggebers als Geschäftsherrn zu wahren. Dazu gehört die sorgfältige Prüfung der Berechtigung des Gläubigers[414] und damit die Prüfung, ob offenkundige Einwendungen oder Einreden gegen den Zahlungsanspruch des Gläubigers aus der Bürgschaft bestehen. Hieraus ergibt sich für den Fall der einfachen Bürgschaft die Pflicht der Bank zur grundsätzlichen Anhörung ihres Aval-

---

409 BGH WM 1979, 691, 692.
410 BGH WM 1996, 193, 195, 393, 394; 770, 771; *Rüßmann/Britz*, WM 1995, 1825 ff.; *Klaas*, ZIP 1997, 1098 ff.
411 Vgl. *P. Bydlinski*, WM 1991, 257, 259.
412 WM 1985, 1387, 1390.
413 Andere Formulierungen für liquide Einwendungen oder Einreden sind: „**Offenkundige** Einwandtatsachen" oder „Offensichtlichkeit" des Nichtbestehens der Hauptschuld oder Einreden gegen sie (vgl. BGH WM 1985, 1387, 1390). Vgl. weiter LG Stuttgart WM 1981, 633, 635.
414 *Horn*, NJW 1980, 2153, 2157.

auftraggebers. Nur dieser verfügt als Hauptschuldner über die Kenntnisse und Urkunden, die erforderlich sind, um solche Einwendungen und Einreden gegen die verbürgte Schuld und damit gegen die übernommene Bürgschaftsverpflichtung vorzubringen und zu belegen[415].

An dieser Anhörungspflicht der Bank änderte auch nichts die frühere Nr. 13 AGB-Banken. Hiernach war die Bank im Innenverhältnis zum Kunden als Auftraggeber grundsätzlich auch ohne gerichtliches Verfahren auf einseitiges Anfordern des Bürgschaftsgläubigers zur Zahlung berechtigt. Mit dieser AGB-Klausel sollte zwar der Wert von Bankbürgschaften für die Gläubiger (d.h. die Akzeptanz) dieser bankmäßigen Sicherungsinstrumente gewährleistet werden. Diese Akzeptanz wäre jedoch nur beeinträchtigt, wenn die bürgende Bank jegliche Einwendungen und Einreden gegen die Hauptschuld auf Verlangen ihres Avalauftraggebers vor Zahlung auf die Bürgschaft in einem Rechtsstreit klären lassen müßte. Dagegen wird diese auch nach dem BGH unverzichtbare Akzeptanz einer Bankbürgschaft nicht beeinträchtigt, wenn der Bürge den Hauptschuldner vor der Zahlung anhört und sich gegebenenfalls auf dessen Einwendungen oder Einreden beruft, soweit diese offenkundig („liquide") sind. Dem Avalauftraggeber als Hauptschuldner muß daher Gelegenheit zum Vorbringen offenkundiger Einwandtatsachen gegeben werden, damit alsbald eindeutige, der Rechtslage entsprechende Verhältnisse geschaffen werden.

5.292

Eine solche Anhörungspflicht dürfte jedoch bei Garantien oder Bürgschaften mit der Klausel „zahlbar auf erstes Anfordern" zu verneinen sein. Insoweit besteht ein wesentlicher Unterschied zur schlichten Bürgschaft ohne diese Klausel. Denn der BGH[416] hat festgestellt, daß eine Bürgschaft oder Garantie mit der Klausel „zahlbar auf erstes Anfordern" sicherstellen soll, daß dem Begünstigten im Bürgschafts- oder Garantiefall **innerhalb kürzester Zeit** liquide Mittel zur Verfügung stehen. Diese sofortige Bezahlung würde durch eine Anhörungspflicht stark gefährdet. Die Praxis verfährt daher in der Weise, daß die Bank allenfalls kurz vor der Zahlung des Garantiebetrages ihren Kunden hiervon unterrichtet, damit sich dieser für Dispositionen über sein Girokonto einrichten kann[417].

5.293

b) Rechtsmißbräuchliche Inanspruchnahme der Bankgarantie

Bei einer Garantie und bei einer Bürgschaft mit der Klausel „zahlbar auf erstes Anfordern" muß die Bank grundsätzlich auf Verlangen des Begünstigten die Garantiesumme bezahlen, ohne geltend machen zu können,

5.294

---

415 BGH WM 1985, 1387, 1390.
416 WM 1984, 44, 45; 1989, 709, 710.
417 Nach dem OLG München (WM 1988, 1554, 1556) muß die garantierende Bank auch bei der Klausel „Zahlung auf erstes Anfordern" ihren Kunden „kurz" wegen etwaiger liquider Einwendungen anhören.

die Hauptschuld sei im Valutaverhältnis nicht entstanden oder erloschen. Dieser **Einwendungsausschluß** unterliegt jedoch nach der BGH-Rechtsprechung den Maßstäben von Treu und Glauben[418]. Deshalb scheitert der Zahlungsanspruch des Begünstigten am Einwand des Rechtsmißbrauchs, wenn die **mißbräuchliche Ausnutzung** der formalen Rechtsstellung für jedermann ersichtlich (offensichtlich) oder liquide beweisbar ist, daß trotz Vorliegens der formellen Voraussetzungen der (materielle) Garantiefall im Valutaverhältnis nicht eingetreten ist[419]. Eine solche mißbräuchliche Inanspruchnahme einer Bankgarantie oder Bürgschaft mit der Klausel „zahlbar auf erstes Anfordern" liegt etwa vor, wenn ein Erfüllungsanspruch des Gläubigers gegen den Bankkunden gesichert werden soll und dieser den Avalbegünstigten nachweislich befriedigt hat[420]. Einem derart offensichtlichen Fehlen des materiellen Anspruchs des Gläubigers gegen den Hauptschuldner kann insbesondere der Fall nicht gleichgestellt werden, daß der Gläubiger Bestand oder Umfang eines derartigen Anspruchs lediglich in nicht nachvollziehbarer Weise darlegt. Eine offensichtlich mißbräuchliche Inanspruchnahme von Bankgarantie oder Bürgschaft auf erstes Anfordern kann hierin bereits deshalb nicht gesehen werden, weil feststeht, daß dem Gläubiger eine verbürgte oder durch Garantie gesicherte Forderung gegen den Hauptschuldner zusteht und nur deren genaue Höhe unsicher ist[421]. Eine rechtsmißbräuchliche Inanspruchnahme der Bürgschaft ist auch dann nicht gegeben, wenn der verbürgte Betrag zugunsten des Bürgschaftsgläubigers und des Hauptschuldners hinterlegt worden ist, aber der Schuldner nicht die sofortige Freigabe erklärt[422].

5.295 Die mißbräuchliche Ausnutzung einer formalen Rechtsposition durch den Begünstigten muß daher **klar erkennbar** sein[423]. Alle Streitfragen tatsächlicher und rechtlicher Art, deren Beantwortung sich nicht von selbst ergibt, sind in einem etwaigen Rückforderungsprozeß auszutragen. Bei den Anforderungen an die Prüfpflicht darf die Funktion der Verpflichtung zur Zahlung auf erstes Anfordern nicht gefährdet werden[424].

5.296 Die Rechtsprechung verlangt zum Zwecke der **Glaubhaftmachung der mißbräuchlichen Inanspruchnahme** der Garantie die Vorlage solcher li-

---

418 BGH WM 1986, 1429, 1430.
419 BGH WM 1984, 44, 45; 1986, 1429, 1430; OLG Köln WM 1991, 1751, 1752.
420 Vgl. OLG Hamburg RIW 1978, 615, 616.
421 BGH WM 1994, 106, 107.
422 OLG Köln BB 1998, 2231.
423 WM 1989, 433, 434; OLG Oldenburg WM 1998, 707, 709.
424 Ebenso *Canaris*, Bankvertragsrecht³, Rn 1130. Vgl. weiter *Horn*, NJW 1980, 2153.

quiden Beweismittel[425], wie es auch die ganz überwiegende Literaturmeinung fordert[426]. Zu diesen liquiden Beweismitteln gehören nur Urkunden. Eine Beweiserhebung durch Vernehmung von Zeugen zu den tatsächlichen Voraussetzungen des Einwandes des Rechtsmißbrauchs kommt nicht in Betracht[427]. Denn im Urkundenprozeß, den der Begünstigte aufgrund der Garantieerklärung anstrengen könnte, sind als Beweismittel nur Urkunden und der – meist nicht erfolgversprechende – Antrag auf Parteivernehmung zulässig (§ 595 Abs. 2 ZPO)[428].

5. Gerichtliche Eilmaßnahmen gegen den Begünstigten

Bei der Bankgarantie können wie beim Dokumenten-Akkreditiv – Rn 7.218 – Maßnahmen des einstweiligen Rechtsschutzes in Betracht kommen, wenn die Inanspruchnahme der Bankgarantie einen offensichtlichen Mißbrauch durch den Garantiebegünstigten im oben genannten Sinne darstellt. Aus einem solchen rechtsmißbräuchlichen Verhalten erwächst dem Avalauftraggeber gegen den Garantiebegünstigten ein Anspruch darauf, die Einziehung der Garantiesumme zu unterlassen[429]. Dieser Unterlassungsanspruch ist Ansatzpunkt für gerichtliche Eilmaßnahmen in Gestalt einer einstweiligen Verfügung oder eines Arrestes.

5.297

Eine **einstweilige Verfügung** gegen den Garantiebegünstigten mit dem Ziel, ihm die Entgegennahme des Garantiebetrages zu verbieten, ist nach einhelliger Meinung prozessual zulässig. Dieses Rechtsinstitut setzt einen Verfügungsanspruch und einen Verfügungsgrund voraus (vgl. § 935 ZPO). Der Garantieauftraggeber muß hierzu als Antragsteller dartun, daß die Durchsetzung seiner Ansprüche ohne den Erlaß der einstweiligen Verfügung gefährdet wäre. Hierzu genügt freilich nicht schon, auf den ausländischen Geschäftssitz des Garantiebegünstigten und auf das sich dadurch ergebende Erfordernis der Rechtsverfolgung im Ausland zu verweisen. Diese Umstände waren bereits bei Vertragsabschluß bekannt. Es müssen vielmehr weitere Gründe dargelegt werden, aus denen die vom Antragsteller befürchteten Erschwernisse der Rechtsverfolgung ersichtlich sind[430]. Nach den allgemeinen zivilprozessualen Bestimmungen muß

5.298

---

425 OLG Frankfurt WM 1983, 575, 576; LG München WM 1981, 416, 417; LG Stuttgart WM 1981, 635, 633.
426 Vgl. *Nielsen*, ZIP 1982, 253, 262; *von Westphalen*, WM 1981, 294, 301 ff.; *Canaris*, Bankvertragsrecht³, Rn 1139.
427 OLG Köln BB 1998, 710.
428 OLG Köln WM 1988, 21, 22.
429 *Canaris*, Bankvertragsrecht³, Rn 1152; *Nielsen*, ZIP 1982, 253, 261.
430 Vgl. *Nielsen*, ZIP 1982, 253, 261.

ein Verfügungsanspruch des Antragstellers nur „glaubhaft" gemacht werden. Für den Erlaß einer einstweiligen Verfügung im Zusammenhang mit der rechtsmißbräuchlichen Inanspruchnahme einer Bankgarantie ist dagegen der liquide Beweis des Rechtsmißbrauchs erforderlich; dies muß regelmäßig in dokumentärer Form geschehen. Eine eidesstattliche Versicherung des Bankkunden als Auftraggeber ist grundsätzlich nicht ausreichend. Anderenfalls könnte die Bankgarantie ihrer Sicherungs- und Liquiditätsfunktion in dem weltweit anerkannten Umfang nicht mehr gerecht werden[431].

5.299 In der Praxis wird häufig der Wunsch geäußert, die einstweilige Verfügung nicht in einem umständlichen Verfahren gegen den ausländischen Garantiebegünstigten richten zu müssen. Vielmehr soll der inländischen Garantiebank die Auszahlung der Garantiesumme durch eine einstweilige Verfügung verboten werden. Nach herrschender Auffassung in der Literatur und der höheren Instanzgerichte sind jedoch solche einstweiligen Verfügungen gegen die Bank nicht zulässig[432].

5.300 Die erstinstanzlichen Gerichte hatten eine Zulässigkeit zunächst bejaht. Eine **Wende der Rechtsprechung** gegen die Zulässigkeit solcher einstweiligen Verfügungen waren im Jahre 1981 die Entscheidung des OLG Stuttgart[433] und des OLG Frankfurt[434]. Gegen die Zulässigkeit einer einstweiligen Verfügung gegen die Garantiebank auf Auszahlung spricht schon, daß die Funktion der Bankgarantie im internationalen Handelsverkehr weitgehend entwertet würde[435], wollte man dem Auftraggeber der garantierenden Bank die Möglichkeit einräumen, der Bank im Wege der einstweiligen Verfügung die Zahlung verbieten zu lassen.

5.301 Es fehlt zudem insoweit an einem anzuerkennenden Schutzbedürfnis des Garantieauftraggebers. Denn ist die Garantiebank gegenüber dem Garan-

---

431 *Zahn/Eberding/Ehrlich*, Zahlung und Zahlungssicherung im Außenhandel, 6. Aufl., 1986, S. 426 f. m.w.Nachw.
432 LG Stuttgart WM 1981, 631, 632 f.; OLG Frankfurt WM 1988, 1480, 1482; OLG Köln WM 1991, 1751, 1752; *Zahn/Eberding/Ehrlich*, aaO., S. 428 f.; *Heinsius*, Zur Frage des Nachweises der rechtsmißbräuchlichen Inanspruchnahme einer Bankgarantie auf erstes Anfordern mit liquiden Beweismitteln, FS Werner, S. 229, 230 ff. Auch nach dem Hans. OLG Bremen (WM 1990, 1369) ist die Zulässigkeit einer einstweiligen Verfügung zweifelhaft; vgl. weiter *Edelmann*, DB 1998, 2453 ff.
433 WM 1981, 631, 632 f.
434 NJW 1981, 1914 und WM 1988, 1480, 1482; a.A im Ergebnis die Entscheidung WM 1983, 575, 576. Vgl. weiter LG Dortmund WM 1988, 1695; *Heinsius*, FS Werner, S. 232 ff.; *Jedzig*, WM 1988, 1469; *Blau*, WM 1988, 1474.
435 OLG Frankfurt WM 1988, 1480, 1482.

tiebegünstigten zur Verweigerung der Zahlung unter dem Gesichtspunkt des Rechtsmißbrauchs (§ 242 BGB) berechtigt, so ist sie ihrem auftraggebenden Kunden schadensersatzpflichtig, wenn sie den Garantiebetrag gleichwohl auszahlt. In einem solchen Fall kann die Bank das Konto ihres Kunden nicht mit dem Auszahlungsbetrag belasten[436]. Aus dieser Sicht fehlt es mithin an einem Grund für den Erlaß einer einstweiligen Verfügung gegen die Garantiebank[437]. Dabei ergibt sich der durch die Verfügung zu sichernde Anspruch auf Unterlassung der Auszahlung aus einer Nebenpflicht des zwischen der Garantiebank und ihrem Kunden abgeschlossenen Geschäftsbesorgungsvertrages nach §§ 631, 675 BGB[438]. Nach dem LG Aachen[439] kommt der Erlaß einer einstweiligen Verfügung gegen die Garantiebank daher nur in den seltensten Ausnahmefällen in Betracht.

Gegen die Zulässigkeit einer einstweiligen Verfügung gegen die Garantiebank spricht auch die Rechtsprechung zum einstweiligen Rechtsschutz bei Dokumenten-Akkreditiven. Auch dort wird eine einstweilige Verfügung gegen die Akkreditivbank überwiegend verneint – Rn 7.219[440]. In dieser Hinsicht sollten jedoch Bankgarantie und Akkreditiv einheitlich behandelt werden. Denn im Zeitpunkt ihrer Inanspruchnahme besteht kein dogmatischer Unterschied zwischen einer Bankgarantie und einem Dokumenten-Akkreditiv[441]. 5.302

Mitunter versucht der Bankkunde als Garantieauftraggeber, in Mißbrauchsfällen die Inanspruchnahme der Bankgarantie durch die **Erwirkung eines Arrestes** zu verhindern. Hierbei würde der Anspruch des Garantiebegünstigten gegen die Bank auf Auszahlung der Garantiesumme gepfändet werden und auf diesem Wege der Verfügung des Garantiebegünstigten entzogen. Nach der herrschenden Literaturmeinung und Rechtsprechung muß dieser einstweilige Rechtsschutz jedoch als **unzulässig** angesehen werden. Gegen die Zulässigkeit der Arrestpfändung spricht vor allem, daß dem Garantieauftraggeber hierfür ein durch den Arrest zu sichernder Anspruch gegen den Garantiebegünstigten zustehen muß (§ 916 ZPO). An einem solchen durch den Arrest sicherzustellenden Anspruch des Avalauf- 5.303

---

436 Vgl. weiter OLG Frankfurt WM 1988, 1480, 1482 f.; OLG Köln WM 1991, 1751, 1752.
437 LG Frankfurt WM 1988, 1480, 1482; *Schlegelberger/Hefermehl,* Anh. § 365 Rn 229 m.w.Nachw.; *Baumbach/Hopt,* BankGesch. Rn L/14.
438 LG Frankfurt WM 1981, 284, 286 mit Anm. *Hein,* NJW 1981, 58; LG Aachen WM 1987, 499, 501; *Canaris,* Bankvertragsrecht^3, Rn 1024.
439 WM 1987, 499, 502.
440 LG Aachen WM 1987, 499, 501; *Aden,* RIW 1981, 439, 441.
441 LG Aachen WM 1987, 499, 501; *Zahn/Eberding/Ehrlich,* Zahlung und Zahlungssicherung im Außenhandel, 6. Aufl., 1986, S. 428 f.; vgl. *Baumbach/Hopt,* BankGesch. Rn L/1.

traggebers gegen den Garantiebegünstigten fehlt es im Regelfall, wie dies auch auf das Dokumenten-Akkreditiv zutrifft – Rn 7.225.

6. Eingeschränkte Aufrechnungsbefugnis der Garantiebank

5.304 Die Garantiebank kann nach allgemeiner Meinung nicht mit Ansprüchen aufrechnen, die ihr von ihrem Kunden als Avalauftraggeber aus dem der Garantie zugrundeliegenden Valutaverhältnis wie etwa Schadensersatz- oder Gewährleistungsansprüche abgetreten worden sind. Nur bei einem solchen grundsätzlichen Ausschluß der Aufrechnung mit den der garantierenden Bank abgetretenen Ansprüchen aus dem Valutaverhältnis kann die Bankgarantie ihren Zweck erfüllen, dem Garantiebegünstigten möglichst problemlos zu seinem berechtigten Anspruch zu verhelfen. Dieser **Garantiezweck** erfordert es, daß der garantierenden Bank Einwendungen aus dem Valutaverhältnis wie auch aus ihrem Deckungsverhältnis zum Garantieauftraggeber grundsätzlich genommen sind. Dasselbe muß für eine Aufrechnung mit Gegenansprüchen aus dem Valutaverhältnis gelten, die der Garantieauftraggeber der garantierenden Bank zu diesem Zweck abgetreten hat. Anderenfalls könnte die unverzichtbare Abstraktheit der Bankgarantie auf dem Umweg einer solchen Abtretung zwecks Herstellung einer Aufrechnungslage zugunsten der garantierenden Bank beseitigt werden. Diese grundsätzliche Unzulässigkeit der Aufrechnung hat der BGH für das Akkreditiv entschieden[442]. Für die Garantie auf erstes Anfordern kann nach dem BGH grundsätzlich nichts anderes gelten[443].

5.305 Eine ganz andere Frage ist, ob die garantierende Bank gegen den Anspruch auf Zahlung der Garantiesumme mit eigenen Gegenforderungen **aufrechnen** kann, die mit den durch die Garantie gesicherten Ansprüchen des Garantiebegünstigten **in keinem Zusammenhang** stehen, also insbesondere mit einem Rückzahlungsanspruch der garantierenden Bank aus einer anderweitigen Kreditgewährung an den Garantiebegünstigten. Diese Frage wird vom Schrifttum teilweise mit dem Argument verneint, daß die Garantie auf erstes Anfordern auch das Ziel habe, dem Gläubiger den Garantiebetrag effektiv zu verschaffen, ihn also so zu stellen, wie er im Falle des früher üblichen Bardepots gestanden hätte.

5.306 Nach der BGH-Rechtsprechung[444] kann jedoch die Frage der Unzulässigkeit einer Aufrechnung mit eigenen Gegenforderungen der garantierenden Bank, die in keinem Zusammenhang mit den durch die Garantie

---
442 Vgl. WM 1959, 25.
443 WM 1985, 684, 685.
444 WM 1985, 684, 685.

gesicherten Ansprüchen stehen, nicht einheitlich für alle Bankgarantien beantwortet werden. Vielmehr kommt es auf die Umstände des Einzelfalles an. So kann nach dem BGH[445] die Aufrechnung mit eigenen Gegenforderungen der Bank unzulässig sein, wenn bei einem Werkvertrag der Besteller einen Teil des geschuldeten Werklohnes als Sicherheit für etwaige Gewährleistungsansprüche einbehalten darf und er sich statt dessen mit einer Bankgarantie „zahlbar auf erstes Anfordern" zufrieden gibt, die ihm der Hersteller als Schuldner der zu sichernden Gewährleistungsansprüche verschafft hat. Hier bezweckt die Bankgarantie, dem Garantiebegünstigten als Gläubiger der gesicherten Gewährleistungsansprüche sofort flüssige Mittel zu verschaffen, damit er auftretende Mängel an dem gelieferten Werk unverzüglich beheben lassen kann[446].

Dagegen sind auch Fälle denkbar, in denen die Bankgarantie diese Liquiditätsfunktion nicht haben soll[447]. Hier kann die Aufrechnung zulässig sein. Eine solche Befugnis der garantierenden Bank zur Aufrechnung mit eigenen Gegenforderungen setzt jedoch voraus, daß diese Gegenforderungen offenkundig (liquide) sind[448]. Insoweit gelten dieselben engen Voraussetzungen wie in dem Fall, in dem die garantierende Bank die Zahlung der Garantiesumme ausnahmsweise wegen rechtsmißbräuchlicher Inanspruchnahme verweigern darf – Rn 5.294.

5.307

7. Prozeßbürgschaften

Ein erheblicher Teil des inländischen Garantiegeschäfts besteht in der Übernahme von Prozeßbürgschaften **als Sicherheitsleistung.**

5.308

Die **Notwendigkeit** einer prozessualen Sicherheitsleistung besteht im zivilgerichtlichen Verfahren vor allem für die Prozeßkosten (Ausländersicherheit, §§ 110–113 ZPO), bei der Zwangsvollstreckung (u.a. bei einstweiliger Einstellung der Zwangsvollstreckung; §§ 707, 719 f. ZPO und hinsichtlich der vorläufigen Vollstreckbarkeit von Urteilen, §§ 709 ff. ZPO) sowie bei Arrest und einstweiliger Verfügung (§§ 921, 923, 925, 927, 936, 939 ZPO).

5.309

Eine Sicherheitsleistung durch Bürgschaft ist nur zulässig, wenn sich die Parteien darauf einigen oder das Gericht sie zuläßt (§ 108 ZPO). Eine derartige Sicherheit kann nur durch einen **tauglichen Bürgen** geleistet werden (entsprechend §§ 232 Abs. 2, 239 Abs. 1 BGB); hierzu rechnen grundsätzlich auch Kreditinstitute.

5.310

---

445 WM 1985, 684, 685 f.
446 BGH WM 1979, 691, 692.
447 Vgl. BGH WM 1985, 684, 686.
448 BGH WM 1985, 684, 686.

5.311 **Umstritten** ist, ob eine Prozeßbürgschaft durch ausländische Großbanken oder deren inländische Niederlassungen übernommen werden kann. Gegen die Zulässigkeit solcher Bankavale könnte sprechen, daß der Bürge entsprechend § 239 Abs. 1 BGB seinen allgemeinen Gerichtsstand im Inland haben muß[449].

5.312 Ihrem Sicherungszweck entsprechend erkennt die Bank als Bürgin mit der Übernahme der Bürgschaft den Ausgang des anhängigen Rechtsstreits, in welchem sie sich verbürgt hat, als für sich verbindlich an[450].

5.313 Um den Sicherungszweck der Prozeßbürgschaft zu gewährleisten, bestehen weitere Anforderungen hinsichtlich des Inhalts der Bürgschaft. Die Bürgschaft muß unter Verzicht auf die Einrede der Vorausklage übernommen sein. Dies ist bei Bankbürgschaften gemäß § 349 HGB ohne weiteres der Fall, da sie auf Seiten der bürgenden Bank stets Handelsgeschäfte sind. Zudem muß die zur Sicherheitsleistung geeignete Bürgschaft grundsätzlich unbedingt und unbefristet sein[451]. Nur in diesem Fall bedarf es nicht der Annahmeerklärung des Schuldners, sondern kommt der Bürgschaftsvertrag mit Zugang der Bürgschaftserklärung zustande[452]. Die Rückgabeklausel in einer Bürgschaftsurkunde, wonach die Bürgschaft mit Rückgabe an das Kreditinstitut erlischt, ist eine auflösende Bedingung der Bürgschaftsübernahme, so daß es an einer unbedingten Bürgschaft fehlt. Dieser Mangel kann dadurch behoben werden, daß die Original-Urkunde ausgehändigt wird; hierdurch ist der Eintritt der auflösenden Bedingung allein vom Willen des Begünstigten abhängig (Potestativ-Bedingung)[453].

5.314 Auch ist es nach der Rechtsprechung unschädlich, wenn die Bank sich vorbehält, sich jederzeit von der Bürgschaft durch **Hinterlegung** des verbürgten Betrages zu befreien[454].

IV. Akzeptkredit

5.315 Unter einem Akzeptkredit ist ein regelmäßig **auf drei Monate befristeter Wechselkredit** zu verstehen. Die kreditgewährende Bank akzeptiert hierbei einen vom kreditnehmenden Kunden auf sie gezogenen Wechsel. Dabei gilt als vereinbart, daß ihr der Kreditnehmer den Wechselbetrag

---

449 In diesem Sinne OLG Hamm WM 1985, 658, 660; a.A. OLG Düsseldorf WM 1995, 1993.
450 BGH WM 1975, 424, 426.
451 *Thomas/Putzo*, ZPO, 21. Aufl., 1998, § 108 Rn 11 m.w.Nachw.
452 OLG Hamm WM 1993, 2050, 2051.
453 OLG Hamm WM 1993, 2050, 2051.
454 OLG Koblenz WM 1995, 1223.

rechtzeitig zur Einlösung des Wechsels anschafft. Dieser Akzeptkredit kann auch dadurch gewährt werden, daß die Bank statt ihres Akzeptes Wechsel als Aussteller unterschreibt (eigener Wechsel, Art. 75 WG).

Der Akzeptkredit verdankt seine Entstehung vor allem dem **Außenhandel**. Häufig konnte der ausländische Exporteur die Bonität des inländischen Importeurs nur schwer beurteilen. Hier wurde ein von einer international angesehenen Bank akzeptierter Wechsel verlangt. Als Akzeptbanken hatten zunächst die Banken in London eine Vormachtstellung, während heute alle Banken mit entsprechendem Standing in Betracht kommen. 5.316

Mit dem Akzept einer Bank kann sich ihr Kunde bei seinen Lieferanten oder bei sonstigen Dritten Kredit verschaffen. Die Bank stellt in diesen Fällen ihrem Kunden keine Barmittel, sondern ihre Kreditwürdigkeit mittels einer wechselmäßigen Haftungsübernahme zugunsten ihres Kunden zur Verfügung. Dieser „Haftungs"kredit wird daher auch als Kredit„leihe" bezeichnet. Der Akzeptkredit ist bei der gesetzlichen Definition des Kreditgeschäfts als Teil der Bankgeschäfte in § 1 Abs. 1 S. 2 Nr. 2 KWG ausdrücklich erwähnt. 5.317

In der Praxis wird heute fast regelmäßig der Akzeptkredit **mit einem Diskontkredit verknüpft**[455]. Die Bank diskontiert den von ihr akzeptierten Wechsel selbst und schreibt den Diskonterlös dem Konto des Kunden gut. Die Banken geben aus Prestigegründen ein eigenes Akzept nur ungern aus ihren Händen[456]. Im Ergebnis stellt also die akzeptierende Bank dem Kunden Barmittel zur Verfügung. Mit Rücksicht auf diese gewandelte Praxis ist es umstritten, ob die Gewährung eines Akzeptkredites als Darlehen im Sinne des § 607 BGB oder als entgeltliche Geschäftsbesorgung im Sinne des § 675 BGB anzusehen ist. Nach dem BGH[457] hängt es von den Umständen des Einzelfalles ab, ob die Gewährung eines Akzeptkredites eine Geschäftsbesorgung zum Gegenstand hat oder eine Darlehensabrede enthält. Ein **Darlehen** kann nur vorliegen, wenn die Bank beim Akzeptkredit eigene Barmittel aufwendet[458]. Dies ist der Fall, wenn sie den von ihr akzeptierten Wechsel auch selbst diskontiert und dem Kunden den Diskonterlös gutschreibt. Eine **Geschäftsbesorgung** im Sinne des § 675 BGB liegt dagegen vor, wenn die Bank lediglich ein Wechselakzept im Auftrag ihres Kunden leistet und sich der Kunde die benötigten Kreditmittel im Wege der Diskontierung der Wechsel durch eine andere 5.318

---

455 *Lwowski* in Bankrechts-Handbuch, § 75 Rn 23.
456 *Jährig/Schuck/Rösler/Woite*, Handbuch des Kreditgeschäfts, 5. Aufl., 1990, S. 127.
457 WM 1956, 185, 186.
458 *Baumbach/Hefermehl*, Einl. WG Rn 72.

5. Teil: Kreditgeschäft

Bank verschafft. Dem Akzeptkredit kann also durchaus nur ein Geschäftsbesorgungsvertrag zugrunde liegen. Dem Gesetzgeber erschien es daher erforderlich, diese Form der Kreditgewährung in der Legaldefiniton der Bankgeschäfte im Kreditwesengesetz neben dem Barkredit ausdrücklich zu erwähnen (§ 1 Abs. 1 S. 2 Nr. 2 KWG).

5.319 Die **Hauptleistungspflicht der Bank** im Rahmen eines eingeräumten Akzeptkredites besteht darin, dem Kunden die zugesagten Akzepte im Rahmen der eingeräumten Kreditlinie zu gewähren und ihm die von ihr akzeptierten Wechsel auszuhändigen. Soll eine Eigendiskontierung erfolgen, so gehört zur weiteren Pflicht der Bank, den Wechsel anzukaufen und den Gegenwert dem Konto des Kunden als Wechselverkäufer gutzuschreiben.

5.320 Die **Hauptleistungspflicht des Kunden** ist es, der Bank eine Akzeptprovision zu zahlen und ihr auf Verlangen Sicherheit zu leisten. Eine weitere Verpflichtung besteht in der rechtzeitigen Anschaffung des im Wechsel bezifferten Betrages bei der Bank, wenn der Wechsel nicht von der Bank diskontiert worden ist. Diese Verpflichtung folgt aus dem Anspruch auf Vorschuß, den die Bank aufgrund des Geschäftsbesorgungsvertrages als Beauftragte verlangen kann (§ 669 BGB). Denn in diesen Fällen entstehen der Bank bei der Einlösung des von ihr akzeptierten Wechsels Aufwendungen, für die die Bank als Beauftragte einen Vorschuß fordern kann. Hat die Bank dagegen den Wechsel selbst diskontiert und hierdurch Barmittel zur Verfügung gestellt, so liegt kein Geschäftsbesorgungsverhältnis, sondern ein nach Darlehensrecht zu beurteilendes Rechtsverhältnis vor. Der Kunde hat hier den vereinnahmten Diskonterlös einen Tag vor Fälligkeit des Wechsels seiner Bank als Kreditgeberin zurückzugewähren.

5.321 Eine Form des Akzeptkredites stellt auch der sog. **Rembourskredit** dar, der im Zusammenhang mit einem Dokumentenakkreditiv bei der Finanzierung eines Importgeschäfts gewährt wird[459]. Hier beauftragt der Importeur die Akkreditiv eröffnende Bank oder eine andere Bank meist im Lande des ausländischen Exporteurs, einen von diesem ausgestellten Wechsel zu akzeptieren. Bei dieser Verknüpfung des Rembourskredites mit einem Akkreditivgeschäft liegt der Schwerpunkt auf den akkreditivrechtlichen Bestimmungen[460].

---

459 *Lwowski* in Bankrechts-Handbuch, § 75 Rn 23.
460 *Lwowski* in Bankrechts-Handbuch, § 75 Rn 25 m.w.Nachw.

V. Revolvingkreditvermittlungsgeschäft

Zum bankmäßigen Kreditgeschäft gehört schließlich auch eine besondere Art der Revolvingkreditvermittlung im Zusammenhang mit Schuldscheindarlehen. Solche Darlehen werden zur Finanzierung eines außerordentlich hohen Kapitalbedarfs aufgenommen. Um die Refinanzierung der Schuldscheindarlehen zu erleichtern, werden diese häufig in Teilforderungen aufgeteilt und durch einen **Vermittler** an verschiedene Kapitalgeber abgetreten. Übernehmen die Kapitalgeber die Teilforderung für die gesamte Laufzeit des Darlehens, so ergeben sich keine weiteren Probleme. Hier spricht man von „kongruenter Refinanzierung" oder „laufzeitkonformer Placierung" der Schuldscheindarlehen.

5.322

1. Rückerwerbsverpflichtung des Vermittlers als Bankgeschäft

Problematisch kann die Refinanzierung sein, wenn die Erwerber der Teilforderungen aus dem Schuldscheindarlehen nur zu einer kurzfristigen Refinanzierung bereit sind. Hier setzt das **Revolvingsystem** an. Bei diesem System ist der Kreis der Kreditgeber revolvierend, d.h. es treten immer neue Kreditgeber an die Stelle der bisherigen. Zu einem Revolvingkreditgeschäft kommt es in diesen Fällen, wenn sich die das Schuldscheindarlehen placierende Bank gegenüber den Erwerbern (Kreditgebern) verpflichten muß, die an sie vermittelten Teilforderungen noch vor ihrer Fälligkeit zurückzuerwerben. Hier trägt die placierende Bank das Risiko, daß die bis zur Fälligkeit des Schuldscheindarlehens benötigte Anschlußfinanzierung mißlingt. Die Verpflichtung zur Rücknahme der Teilforderungen kann daher große Liquiditätsprobleme heraufbeschwören, wenn sich für die anderweitige Unterbringung der zurückgenommenen Teilforderungen bis zu deren späterer Fälligkeit keine neuen Kreditgeber finden. Auch beim Revolvinggeschäft können also Liquiditätsengpässe auftreten, wie dies für das Bankgeschäft allgemein gilt, wenn die als kurzfristige Einlagen hereingenommenen Gelder der Kundschaft im Wege langfristiger Kredite wieder ausgeliehen werden. Dabei ist nicht der Erwerb des Schuldscheindarlehens durch die placierende Bank, sondern deren Rückerwerbsverpflichtung gegenüber dem (Zweit-)Erwerber der eigentliche bankgeschäftliche Tatbestand[461].

5.323

Wegen dieses banktypischen Refinanzierungsrisikos ist das **Revolvingkreditvermittlungsgeschäft mit Rückerwerbsverpflichtung** des Vermittlers zum Bankgeschäft erklärt, den Strukturvorschriften des Kreditwesenge-

5.324

---
461 *Bähre/Schneider*, § 1 Anm. 13.

5. Teil: Kreditgeschäft

setzes unterstellt und damit der Bankenaufsicht unterworfen worden. Nach § 1 Abs. 1 S. 2 Nr. 7 KWG sind Bankgeschäfte auch „die Eingehung der Verpflichtung, Darlehensforderungen vor Fälligkeit zu erwerben".

5.325 Beim Revolvingkreditgeschäft läuft der Vermittler des Schuldscheindarlehens nicht nur ein **Refinanzierungsrisiko**, wie es für das Bankgeschäft typisch ist. Daneben besteht auch ein **Kreditrisiko** in der Person des Darlehensnehmers. Dieses Risiko ist jedoch wesentlich geringer als im bankmäßigen Kreditgeschäft. Schuldscheindarlehen können nur von großen Unternehmen und der öffentlichen Hand aufgenommen werden, die über eine entsprechende Kreditwürdigkeit verfügen.

2. Rechtsbeziehung zwischen Vermittler und Refinanzierungsbank

5.326 Die rechtliche Qualifizierung der Rechtsbeziehung zwischen dem Vermittler der Darlehensforderung und dem refinanzierenden Kreditinstitut hängt davon ab, ob der Vermittler reiner Vermittler ist oder zunächst die Darlehensforderungen bei der Erstplazierung selbst erwirbt. Beschränkt sich die **Mitwirkung** auf die bloße Vermittlung, liegt ein reines Maklergeschäft gemäß den §§ 93 ff. HGB vor[462]. Erwirbt dagegen der Vermittler zunächst die Darlehensforderungen, so liegt nach herrschender Meinung ein Kaufvertrag mit Rückkaufverpflichtung vor. Für diese Beurteilung spricht auch, daß eine ähnliche Qualifikationsfrage beim Diskontkredit, beim Forfaitgeschäft und Pensionsgeschäft und beim Factoring auftritt. Dort nimmt die Rechtsprechung und die herrschende Lehre ebenfalls einen Kaufvertrag an[463].

---

462 *Canaris*, Bankvertragsrecht², Rn 1374.
463 *Staudinger/Hopt/Mülbert*, Vorbem. zu §§ 607 ff. Rn 332.

4. Abschnitt
Factoring-Geschäft[464]

I. Erscheinungsformen und wirtschaftlicher Zweck

Das Factoring-Geschäft wird seit den 60er Jahren verstärkt auch von deutschen Kreditinstituten und speziellen Factoring-Unternehmen betrieben.   5.327

Entwickelt hat sich das Factoring-Geschäft im englisch/nordamerikanischen Handel des **19. Jahrhunderts.** Englische Textilhersteller beauftragten US-amerikanische Unternehmen (Factors), die aus Europa importierten Waren im eigenen Namen und für Rechnung der Auftraggeber zu verkaufen, die hieraus resultierenden Forderungen zu verwalten und für deren Erfüllung die persönliche Haftung zu übernehmen. Häufig hatte der Factor auch die hieraus resultierenden Forderungen zu bevorschussen. Später entfiel diese Verkaufsverpflichtung. Im Vordergrund standen die Finanzierung, die Forderungsverwaltung und die Delkredere-Übernahme.   5.328

Das Factoring wird in Deutschland als Instrument der **Absatzfinanzierung** eingesetzt, bei der kurzfristige Forderungen aus Lieferungen und Leistungen an die Abnehmer in (liquide) Barmittel umgewandelt werden. Das Factoring gehört in Deutschland nicht zu den traditionellen Bankgeschäften. Es wird überwiegend von Spezialinstituten betrieben[465].   5.329

Beim Factoring werden dem Kunden durch **Ankauf seiner Forderungen** und im Rahmen eines im Einzelfall vereinbarten Gesamtobligos ca. 80 bis 90% der Forderungswerte sofort zur Verfügung gestellt.   5.330

Der Differenzbetrag, der nicht bzw. nicht sogleich zur Auszahlung gelangt, kann sich zusammensetzen aus einer Factoringgebühr für die Übernahme von Dienstleistungen durch den Factor, einer Delkrederegebühr für die Übernahme des Kreditrisikos sowie banküblichen Zinsen für die Bevorschussung der Forderungen. Der Factor behält häufig auch einen Sicherheitseinbehalt zurück, um das Risiko insbesondere von Gewährleistungsansprüchen abzudecken.   5.331

Aus dem Ankauf der Forderungen erhält der Factor-Kunde Geldmittel, mit denen er seine eigenen Lieferantenverbindlichkeiten unter Ausnut-   5.332

---

464 *Staudinger/Hopt/Mülbert,* Vorbem. zu §§ 607 ff. Rn 713 ff.; *Canaris,* Bankvertragsrecht², Rn 1652 ff.; *Kayser* in Bankrecht und Bankpraxis, Rn 13/1 ff.; *Hagenmüller/Sommer* (Hrsg), Factoring-Handbuch, 3. Aufl., 1997.
465 *Kayser* in Bankrecht und Bankpraxis, Rn 13/3.

zung eines Skontos oder Rabatts sofort begleichen kann. Neben dieser **Finanzierungsfunktion** übernimmt der Factor regelmäßig die **Verwaltung** der erworbenen Kundenforderungen. Hierzu gehören die Debitorenbuchhaltung, Kreditwürdigkeitsprüfungen und die laufende Überwachung der Bonität der Drittschuldner sowie das Inkasso und das Mahnwesen. Zwecks größtmöglicher Rationalisierungseffekte werden diese Funktionen regelmäßig auch für solche Forderungen übernommen, die der Factor nicht finanziert. Diese Dienstleistungen sollen die Sachkosten, insbesondere für die Datenverarbeitung, und die Personalkosten reduzieren.

1. Echtes und unechtes Factoring

5.333   Beim **echten** Factoring übernimmt der Factor das Risiko der Zahlungsunfähigkeit der Schuldner der angekauften Forderungen (Delkredererisiko)[466]. Sind übertragene Forderungen wegen Zahlungsunfähigkeit der Schuldner uneinbringlich, kann der Factor nicht gegen seinen Kunden Regreß nehmen. Diese Delkredereübernahme hat jedoch keine selbständige rechtliche Bedeutung. Sie ist lediglich die gesetzliche Folge des Ankaufs der Forderungen. Der Verkäufer einer Forderung haftet nur für den rechtlichen Bestand der Forderung (Verität), nicht aber für die Zahlungsfähigkeit des Drittschuldners (Bonität) – § 437 Abs. 1 BGB.

5.334   Insoweit besteht ein wesentlicher Unterschied zu der **Delkrederehaftung** des Kommissionärs, die diesen grundsätzlich nur trifft, wenn er sie übernommen hat (§ 396 Abs. 1 HGB). Bei der Abwicklung der ihm erteilten Aufträge tätigt der Kommissionär die Ausführungsgeschäfte für Rechnung seiner Kunden (Kommittenten) – § 383 HGB –. Der Kommissionär haftet daher ansonsten nicht für die Erfüllung der aus dem Ausführungsgeschäft resultierenden Forderung gegen seinen Vertragspartner. Beim Factoring wird der Factor nicht als Kommissionär tätig; dementsprechend kann lediglich im untechnischen Sinne von einer Delkredereübernahme des Factors gesprochen werden.

5.335   Beim **unechten** Factoring verbleibt dagegen das Bonitätsrisiko der Schuldner beim Factor-Kunden. Hier kann der Factor die angekauften Forderungen seinem Kunden wieder zurückbelasten, wenn diese Forderungen uneinbringlich sind. Einen bereits erhaltenen Vorschuß muß der Factor-Kunde daher an den Factor zurückgeben. In der Praxis haben sich Mischformen zwischen beiden Factoringarten entwickelt. So kann z.B. der Factor das Delkredererisiko für Forderungen gegen einen bestimmten Schuldner nur bis zu einem bestimmten Höchstbetrag übernehmen und

---

466   BGH WM 1987, 775, 776.

darüber hinausgehende Forderungen im Wege des unechten Factoring erwerben.

Gegenüber dem echten Factoring ist das unechte Factoring in der Praxis von erheblich **geringerer Bedeutung**. Einer der Gründe hierfür ist die Rechtsprechung des BGH, die das unechte Factoring als Kreditgeschäft behandelt, woraus sich eine ungünstigere Sicherungsstellung gegenüber den Lieferanten des Factor-Kunden ergibt, soweit sie einen verlängerten Eigentumsvorbehalt vereinbaren – Rn 5.371.

5.336

2. Auslands-Factoring[467]

Die Factor-Unternehmen bieten regelmäßig auch den Kauf von Forderungen gegen Abnehmer im Ausland an. Der Anreiz für das Export-Factoring liegt meist in der **Delkredereübernahme**. Diese ermöglicht dem Exporteur die Einräumung der im Land des Importeurs üblichen Zahlungsziele. Die Delkredereübernahme bezieht sich regelmäßig nur auf das wirtschaftliche Risiko; Wechselkurs- und Transferrisiken sowie politische Risiken werden dagegen vom Factor nicht übernommen.

5.337

Wesentliche Voraussetzung für das Export-Factoring ist eine genaue **Kenntnis der Kreditwürdigkeit** der ausländischen Drittschuldner sowie die Beachtung des ausländischen Zessionsrechts. Nach den ausländischen Rechtsordnungen bedarf es häufig mehr als nur einer Anzeige der Forderungsabtretung, um die angekauften Forderungen wirksam erwerben zu können. In der Praxis hat sich daher eine Kooperation zwischen Factor-Unternehmen in verschiedenen Ländern als optimale Lösung erwiesen (Factoring-Ketten)[468].

5.338

Beim **Export-Factoring** sind an dem Factoring-Geschäft der Kunde (**Exporteur**), der im Inland ansässige Exporteur-Factor, der ausländische Importeur und der im Ausland beteiligte Korrespondenz-Factor (**Import-Factor**) beteiligt. Beim Export-Factoring werden die Forderungen unter Übergabe von Rechnungskopien und Versanddokumenten an den Export-Factor abgetreten, der diese an den Import-Factor weiter überträgt, der seinerseits gegenüber dem Export-Factor das Delkredererisiko übernimmt. Der Import-Factor vertritt die Interessen des Export-Factors und des Importeurs. Er nimmt die Zahlungen des Importeurs entgegen und leitet sie nach Abzug seiner Provision an den Export-Factor weiter. Soweit erforderlich

5.339

---

467 *Bittmann* in Kissner/Feinen/Bittmann, Forfaitierung, Leasing, Factoring im Auslandgeschäft, 1982, S. 75 ff.; *Kayser* in Bankrecht und Bankpraxis, Rn 13/21 ff.
468 *Kayser* in Bankrecht und Bankpraxis, Rn 13/21.

übernimmt der Import-Factor das Mahnwesen und die Abwicklung etwaiger Gewährleistungsansprüche.

5.340 Das **Import-Factoring** ist die **spiegelbildliche Erscheinungsform** des Export-Factoring. Hier übernimmt das deutsche Factoring-Unternehmen von einem ausländischen Korrepondenz-Factor Forderungen eines ausländischen Exporteurs gegen einen deutschen Importeur.

5.341 Die Kooperation in einem solchen Korrespondenz-Factor-System ermöglicht es, dem Kunden eine von ihm gewünschte Finanzierung im jeweils zinsgünstigeren Land (Land des Exporteurs oder Importeurs) anzubieten. Der günstigere Finanzierungssatz ergibt sich aus dem Vergleich der steuerlichen Situation in den beteiligten Ländern sowie der Zins- und Kurssicherungskosten[469].

3. Factoring und Kreditwesengesetz

5.342 Das Factoring ist **kein Bankgeschäft** im Sinne des gesetzlichen Kataloges der Bankgeschäfte (§ 1 Abs. 1 S. 2 KWG). Der Ankauf von Forderungen, wie es beim Factoring geschieht, gehört nur dann zu dem Bankgeschäft in Gestalt des Diskontgeschäftes, wenn sie in einem Wechsel oder Scheck wertpapiermäßig verbrieft sind (§ 1 Abs. 1 S. 2 Nr. 3 KWG). Ein Einlagengeschäft im Sinne der Nr. 1 des § 1 Abs. 1 S. 2 KWG ist mit dem Factoring lediglich insoweit verknüpft, als fällige Kaufpreise oder Inkassoerlöse, soweit sie nicht mit fälligen Gegenansprüchen verrechnet werden, nicht unverzüglich an den Kunden abgeführt, sondern einem Konto des Kunden gutgeschrieben werden.

5.343 Die **Factor-Unternehmen** unterliegen gleichwohl den KWG-Bestimmungen für das Kreditgeschäft (§§ 13–18). Die zweite Novelle zum Kreditwesengesetz vom 24. 3. 1976 hat den Kreditbegriff auf alle entgeltlich erworbenen Geldforderungen unabhängig von ihrem Rechtsgrund erweitert (§ 19 Abs. 1 S. 1 Nr. 1 KWG) . Zu einem solchen Forderungserwerb kommt es auch beim Factoringgeschäft. Dem Factoringgeschäft liegen also Kredite im Sinne des Kreditwesengesetzes zugrunde, ohne jedoch diese Kreditgewährungen zum Bankgeschäft im Sinne des § 1 Abs. 1 KWG werden zu lassen. Dabei ist es gleichgültig, ob dem Forderungsankauf ein echtes oder unechtes Factoringgeschäft zugrunde liegt.

5.344 Eine diesbezügliche Differenzierung ist nur für die Frage bedeutsam, wer als Kreditnehmer der von einer Bank angekauften Forderungen im Sinne

---

[469] *Kayser* in Bankrecht und Bankpraxis, Rn 13/25.

der §§ 13–18 KWG anzusehen ist. Nach dem Kreditwesengesetz (§ 19 Abs. 3, 2. Hs.) ist dies der Schuldner der angekauften Forderung, wenn es sich um ein echtes Factoringgeschäft handelt. Denn hier haftet der Factor-Kunde der ankaufenden Bank nur für die Existenz der Forderung, nicht jedoch auch für deren Einbringlichkeit. Bei Uneinbringlichkeit kann die Bank daher die Forderung nicht an den Kunden zurückübertragen. In diesem Fall gewährt das Factor-Unternehmen den Schuldnern der angekauften Forderungen Kredit. Denn die Bonität dieser Schuldner kann sich bis zur Fälligkeit der Forderung verschlechtern und wie bei den traditionellen Kreditgeschäften zu einem Verlust des ankaufenden Factors führen.

Haftet dagegen der Factor-Kunde wie beim unechten Factoringgeschäft auch für die Einbringlichkeit der verkauften Forderungen und damit für die Bonität der Drittschuldner oder muß der Verkäufer die Forderungen auf Verlangen der ankaufenden Bank zurückerwerben, so ist der **Factor-Kunde als Kreditnehmer** anzusehen (§ 19 Abs. 3, 1. Hs. KWG). 5.345

II. Rechtsnatur des Factoring-Geschäfts

Die Rechtsnatur der dem Factoring zugrundeliegenden Geschäftsbeziehung ist **umstritten**. Bei der rechtlichen Qualifizierung ist zu beachten, daß den Factoring-Verträgen ganz überwiegend eine zweistufige Gestaltung zugrunde liegt. Der Factor-Kunde hat hiernach seine künftigen Forderungen jeweils nach ihrer Entstehung dem Factor zum Erwerb anzubieten, während der Factor unter bestimmten Einschränkungen zum Ankauf verpflichtet ist. 5.346

Dieser sog. **Anbietungs- oder Andienungsvertrag** wird in der Praxis in der Mehrzahl der Fälle verwandt. Von ihm zu unterscheiden ist der sog. globale Kaufvertrag mit Globalzession, bei dem der Factor-Kunde schon mit dem Factoringvertrag global alle gegenwärtigen und zukünftigen Forderungen, die während der Vertragslaufzeit entstehen, verkauft. Der rechtliche Unterschied beider Vertragsgestaltungen besteht vor allem darin, daß der Factor bei einem Anbietungsvertrag ungewisse oder unsichere Forderungen bereits nicht ankauft, während er bei einem globalen Kaufvertrag mit Globalzession von einem ausbedungenen Rückverkaufsrecht Gebrauch machen muß. 5.347

Das Schrifttum unterscheidet dementsprechend zwischen einem **Factoring-Rahmenvertrag** und den hierauf basierenden späteren **Einzelgeschäften**. Dem Factoring liegt daher eine auf Dauer angelegte Geschäftsbeziehung zwischen Factor und seinem Kunden zugrunde. Hierin liegt ein 5.348

struktureller Unterschied zur Forfaitierung, bei der es sich regelmäßig um den vorbehaltlosen Ankauf einer einzelnen Forderung handelt – Rn 7.253.

1. Factoring-Rahmenvertrag

5.349 Die bei der zweistufigen Gestaltung übliche Basisvereinbarung mit der Andienungspflicht des Factoring-Kunden und der Ankaufspflicht des Factors wird überwiegend als Rahmenvertrag angesehen, der das Factoring als **Dauerschuldverhältnis** begründet. Mit Rücksicht auf die Funktionsverwandtschaft erscheint es gerechtfertigt, für diesen Rahmenvertrag auf die zum Bankkrediteröffnungsvertrag entwickelten Grundsätze zurückzugreifen – Rn 5.178[470]. Der im Krediteröffnungsvertrag regelmäßig enthaltenen Verpflichtung der Bank zur Kreditgewährung entspricht bei dem Factoring-Rahmenvertrag die im Regelfall enthaltene Verpflichtung des Factor-Kunden zur Andienung von Einzelforderungen zum Ankauf durch den Factor. Allerdings ist die Rechtsstellung des jeweils anderen Vertragsteils unterschiedlich gestaltet. Während das Abrufsrecht des Kreditnehmers bei dem Krediteröffnungsvertrag keine Verpflichtung beinhaltet, hiervon Gebrauch zu machen – Rn 5.180, ist der Factor zum Ankauf von Forderungen, die bestimmten Anforderungen genügen, regelmäßig verpflichtet. Dieser Unterschied hindert indes nicht, die dem Factoring zugrundeliegende Basisvereinbarung als Grund-(Rahmen-)Vertrag wie den Krediteröffnungsvertrag zu qualifizieren[471].

2. Echtes Factoring

5.350 Das echte Factoring ist nach der Rechtsprechung[472] und der herrschenden Meinung[473] **Forderungskauf** (§ 433 Abs. 1 S. 2 BGB) und **keine Darlehensgewährung**. Für die Qualifizierung spricht insbesondere, daß der Factor-Kunde nicht für die Zahlungsfähigkeit (Bonität) der Schuldner der übertragenen Forderungen haftet. Dieser Ausschluß der Haftung des Factoring-Kunden entspricht der gesetzlichen Gewährleistungshaftung des Verkäufers einer Forderung, der nur für den rechtlichen Bestand (Verität) der Forderung, nicht aber für die Bonität des Schuldners der verkauften Forderung einzustehen hat (§ 437 Abs. 1 BGB).

---

470 *Staudinger/Hopt/Mülbert*, Vorbem. zu §§ 607 ff. Rn 722.
471 Vgl. *Staudinger/Hopt/Mülbert*, Vorbem. zu §§ 607 ff. Rn 719 ff.
472 BGH WM 1987, 775, 776.
473 *Staudinger/Hopt/Mülbert*, Vorbem. zu §§ 607 ff. Rn 724 m.w.Nachw.

Soweit der Factor Wechselforderungen ankauft, gilt der Ausschluß von Einwendungen gemäß Art. 17 WG auch dann, wenn er zugleich die Grundforderung erwirbt. Der Umstand, daß der Factor zugleich Inhaber des Wechsels und der Grundforderung ist, kann die Nichtanwendung von Art. 17 WG nicht rechtfertigen. Ansonsten würde die Verstärkung der Rechte des Wechselinhabers durch die Abtretung der Grundforderung in ihr Gegenteil verkehrt[474].

5.351

Die **Hauptleistungspflichten** aus diesem Vertragsverhältnis bestehen in der Zahlung des Kaufpreises durch den Factor und der Übertragung der verkauften Kundenforderungen auf den Factor. Daneben obliegen dem Factor Dienstleistungen, insbesondere die Debitorenbuchhaltung sowie das Inkasso der angekauften Forderungen einschließlich des Mahnwesens. Solche Aktivitäten wird zwar der Factor schon im eigenen Interesse entfalten, weil er die Forderungen erworben hat. In einem gewissen Umfang beinhalten diese Tätigkeiten aber auch Dienstleistungen für den Factor-Kunden. Denn der Factor kann auch beim echten Factoring unter bestimmten Voraussetzungen Forderungen an den Factor-Kunden zurückübertragen[475].

5.352

Das echte Factoring enthält daher **Geschäftsbesorgungselemente** im Sinne des § 675 BGB. Auf das Vertragsverhältnis sind deshalb sowohl die kauf- als auch die geschäftsbesorgungsrechtlichen Normenkomplexe (§§ 433 ff., 675 BGB) anwendbar, je nachdem, ob das aufgetretene Rechtsproblem dem Bereich der Kreditfunktion oder der Dienstleistungsfunktion zuzuordnen ist[476]. Das Factoring-Vertragsverhältnis stellt daher einen gemischt-typischen Vertrag dar[477]. Bei einem solchen gemischten Vertrag sind Bestandteile verschiedener Vertragstypen derart miteinander verknüpft, daß sie nur in ihrer Gesamtheit ein sinnvolles Ganzes ergeben[478]. Eine der vier Gruppen solcher gemischt-typischen Verträge ist der typische Vertrag mit andersartigen Nebenleistungen[479]. Hierzu gehört auch der echte Factoring-Vertrag, bei dem die Hauptleistungen in der Übertragung von Forderungen und in der Zahlung des vereinbarten „Kaufpreises" bestehen. Das Vertragsverhältnis ist daher als Kaufvertrag mit Geschäftsbesorgungselementen einzuordnen.

5.353

---

474 BGH WM 1993, 2120, 2121.
475 *Staudinger/Hopt/Mülbert*, Vorbem. zu §§ 607 ff. Rn 723.
476 *Staudinger/Hopt/Mülbert*, Vorbem. zu §§ 607 ff. Rn 723.
477 *Kayser* in Bankrecht und Bankpraxis Rn 13/27.
478 *Palandt/Heinrichs*, Einf. v. § 305 Rn 19.
479 *Palandt/Heinrichs*, Einf. v. § 305 Rn 20.

3. Unechtes Factoring

5.354 Die Qualifizierung des unechten Factoring ist weit umstrittener als diejenige des echten Factoring. Die zunächst vorherrschende Einordnung als Kauf wird zwar noch heute vielfach vertreten.

5.355 Im Mittelpunkt der Diskussion steht vor allem die Frage, wie die Bonitätshaftung des Factor-Kunden und die mit ihr verbundene Vorläufigkeit der Bevorschussung der Forderung durch den Factor rechtlich zu bewerten ist. Nach der herrschenden darlehensvertraglichen Einordnung kann ein kaufrechtlicher Leistungsaustausch wegen dessen mangelnder Endgültigkeit nicht angenommen werden[480]. Nach der Gegenansicht tritt dagegen die Bonitätshaftung des Factor-Kunden nur in Ausnahmefällen ein, die deshalb mit der primären darlehensrechtlichen Rückzahlungspflicht nicht gleichgesetzt werden könne[481].

5.356 **Zunehmend** wird aber das unechte Factoring **als Darlehen qualifiziert**. Diese Einordnung wird auch von der Rechtsprechung des BGH vorgenommen[482]. Bei dieser Beurteilung wäre als Inhalt des Vertrages vereinbart, daß das Darlehen mit Hilfe der Zahlungen der Drittschuldner der verkauften Forderungen zurückgewährt werden soll. In der Abtretung der Forderungen läge daher zugleich eine Leistung erfüllungshalber. In dieser Sichtweise kommt der Forderungsabtretung lediglich eine Sicherungsfunktion zu, weil der Factor zwar zuerst Befriedigung aus der abgetretenen Forderung suchen soll, im Mißerfolgsfall aber den Factor-Kunden in Anspruch nehmen kann. Dogmatisch ist die Qualifizierung sowohl als Kauf als auch als Darlehen möglich. Mit Rücksicht auf die verfolgten geschäftlichen Zwecke erscheint aber eine Einordnung als Kauf sachgemäßer[483]. Die gewollte Entlastung der Bilanz des Factor-Kunden läßt sich auch beim unechten Factoring nur durch einen Forderungsverkauf erreichen. Die Praxis betrachtet daher die Zahlungen des Factors, die Zinszahlungen des Factor-Kunden und die spätere Verrechnung nur als Elemente eines besonderen Kaufpreisberechnungs- und Zahlungsverfahrens[484].

5.357 Gegen die Einordnung als Kaufvertrag spricht auch nicht, daß der Factor-Kunde beim unechten Factoring nicht nur für den Bestand der Forderung, sondern auch für die Zahlungsfähigkeit der Drittschuldner haftet. Nach der kaufrechtlichen Bestimmung des § 438 BGB haftet zwar der Verkäu-

---

480 *Serick*, Eigentumsvorbehalt und Sicherungsübertragung, Bd. 4, 1976, S. 546 ff.
481 *Blaurock*, ZHR 142 (1978), 325, 340.
482 BGH WM 1981, 1350, 1352; 1987, 775, 776.
483 *Staudinger/Hopt/Mülbert*, Vorbem. zu §§ 607 ff. Rn 726; *Kayser* in Bankrecht und Bankpraxis, Rn 13/29.
484 *Kayser* in Bankrecht und Bankpraxis, Rn 13/29.

fer, der eine Bonitätshaftung im Kaufvertrag übernommen hat, nur für die Zahlungsfähigkeit des Drittschuldners zur Zeit der Abtretung. Hierbei handelt es sich aber um eine abdingbare gesetzliche Auslegungsregel. Die Haftung kann auch für den Zeitraum nach der Abtretung und damit, wie beim unechten Factoring, die Haftung auf Einbringlichkeit der Forderung erweitert werden.

Im übrigen ist das unechte Factoring hinsichtlich des Ankaufs der Forderungen dem **bankmäßigen Diskontgeschäft vergleichbar,** bei dem die wechselankaufende Bank ebenfalls bei Nichtbezahlung der Wechselforderungen die Wechsel auf ihren Kunden wieder zurückübertragen (rückbelasten) kann. Schließlich wird der entgeltliche Erwerb von Geldforderungen beim Kreditbegriff des KWG (§ 19 Abs. 1 S. 1 Nr. 1) ausdrücklich neben der Gewährung von Gelddarlehen erwähnt. Ein solcher Forderungserwerb stellt daher typologisch Kauf und nicht Darlehen dar. 5.358

III. Ausgestaltung des Rahmenvertrages

In dem Rahmenvertrag ist zu regeln, welche von dem Factor angebotenen Leistungen in Anspruch genommen und welche Entgelte hierfür gezahlt werden sollen[485]. Nach der **Vertragspraxis** ist der Kunde regelmäßig verpflichtet, seine sämtlichen gegenwärtigen und zukünftigen Forderungen aus Lieferung und Leistung während der Laufzeit des Vertrages ausschließlich dem Factor zum Kauf anzubieten (Anbietungs- oder Andienungsvertrag). Üblicherweise werden schon im Vertrag die gegenwärtigen und zukünftigen Forderungen an den Factor abgetreten. Die Abtretung erfolgt entweder unbedingt oder – wie heute regelmäßig – durch den Ankauf aufschiebend oder durch den Nichtankauf auflösend bedingt oder ist mit einer Verpflichtung zur Zurückabtretung im Falle des Nichtankaufs gekoppelt. 5.359

Mit den Forderungen werden die vorhandenen Sicherheiten übertragen, soweit sie nicht akzessorisch sind und daher nicht bereits kraft Gesetzes (§ 401 Abs. 1 BGB) auf den Factor übergehen. Bei einer **Globalzession,** die nur auflösend bedingt oder mit einer Rückübertragungspflicht vereinbart wird, gehen die Forderungen mit ihrer Entstehung automatisch auf die Bank über. Die Globalzession wird wegen der einfachen Handhabung der Mantelzession vorgezogen, bei der die Forderungen laufend durch Einzelvertrag abgetreten werden müssen[486]. 5.360

---

485 Ein Mustervertrag der Praxis ist abgedruckt in Bankrecht und Bankpraxis, Rn 13/55.
486 Vgl. *Palandt/Heinrichs,* § 398 Rn 16.

5.361 Der Rahmenvertrag enthält üblicherweise eine Bestimmung darüber, ob die ankaufende Bank dem Kunden den Gegenwert der angekauften Forderungen sogleich oder erst zu einem späteren Zeitpunkt **gutschreiben** soll. Beim echten Factoring ist dieser Zeitpunkt die Fälligkeit der endgültig angekauften Forderungen. Beim unechten Factoring ist dieser spätere Zeitpunkt der Eingang des Gegenwertes durch Zahlung des Forderungsschuldners. Bei sofortiger Gutschrift des Forderungsgegenwertes hat der Factor-Kunde neben der üblichen Provision Kreditzinsen zu zahlen. Soll die Gutschrift erst nach Eingang des Forderungsbetrages erfolgen, so kann die Bank mangels einer Kreditgewährung nur eine Provision als Entgelt für die als Factor erbrachten Dienstleistungen beanspruchen.

5.362 **Vereinbarungsbedürftig** ist auch, wer das Risiko trägt, daß die angekauften Forderungen nicht bestehen oder nicht abtretbar sind oder Abzügen, Retouren, Mängeleinreden, Währungs- und Transferrisiken und dergleichen unterliegen. Regelmäßig ist insoweit eine Gewährsübernahme des Kunden vorgesehen.

5.363 Der Factor läßt sich darüber hinaus bestimmte **Einsichtsrechte** in und **Kontrollrechte** über das Rechnungswesen des Kunden einräumen und verpflichtet diesen zu allen wesentlichen Angaben über die Abnehmer und die zu finanzierenden Forderungen.

IV. Kollision des Forderungserwerbs des Factors mit verlängertem Eigentumsvorbehalt

5.364 Soweit der Factoring-Vertrag eine **Globalzession** von Kaufpreisforderungen aus der Weiterveräußerung von Waren enthält, die dem Factor-Kunden von seinem Verkäufer unter verlängertem Eigentumsvorbehalt geliefert worden sind, führt dies zu einer Kollision von Globalzession und verlängertem Eigentumsvorbehalt. Bei einem solchen Eigentumsvorbehalt behält sich der Vorbehaltsverkäufer bis zur Kaufpreiszahlung das Eigentum an der gelieferten Ware aufschiebend bedingt (§ 158 Abs. 1 BGB) vor und läßt sich im voraus die Kaufpreisforderungen aus der späteren Weiterveräußerung der Vorbehaltsware abtreten[487]. Wird zugleich im Rahmen des Factoring-Vertrages eine Globalzession zukünftiger Kundenforderungen vereinbart, kommt es zu einer **zweifachen Abtretung** der künftigen Forderungen. Die Beurteilung, welche dieser mehrfachen Verfügungen wirksam ist, nimmt die Rechtsprechung und herrschende Lehre mit Hilfe des Prioritätsprinzips vor.

---

[487] *Palandt/Putzo*, § 455 Rn 17.

Der **Prioritätsgrundsatz** ordnet die Forderung im Falle einer hier vorliegenden mehrfachen Vorausabtretung bei ihrer Entstehung demjenigen als Gläubiger zu, der in der zeitlichen Abfolge der Vorauszessionar ist[488]. Nach der Rechtsprechung des BGH kann dieser Grundsatz im Hinblick darauf, daß die Factoring-Globalzession regelmäßig zeitlich vorangeht, nicht uneingeschränkt aufrechterhalten werden. Die Globalabtretung zukünftiger Kundenforderungen kann, wie bei der Globalzession für ein Gelddarlehen des traditionellen Kreditgeschäfts, sittenwidrig sein, wenn und soweit sie auch Forderungen umfassen soll, die der Zedent seinen Lieferanten aufgrund verlängerten Eigentumsvorbehalts künftig abtreten muß und abtritt[489]. Der Vorwurf der Sittenwidrigkeit beruht im Einzelfall darauf, daß der Factor seinen Kunden durch die vorrangige Globalzession dazu zwingt, ständig Vertragsbrüche zu begehen, weil er ohne die Einräumung des verlängerten Eigentumsvorbehalts und die damit verbundenen Vereinbarung einer Vorausabtretung keine Ware mehr von seinen Lieferanten erhielte (Vertragsbruchstheorie). Im Ergebnis ist er dazu gezwungen, mit seinen Lieferanten Verträge unter verlängertem Eigentumsvorbehalt zu schließen, obwohl er weiß, daß infolge der (vorrangigen) Factoring-Globalzession die zweite Vorausabtretung der Kundenforderungen ins Leere geht. Der Vorwurf der Sittenwidrigkeit kann durch Vereinbarung der zwischenzeitlich üblichen dinglichen Verzichtsklausel vermieden werden[490] – Rn 6.459 ff.

5.365

Bei der Frage der Anwendbarkeit dieser Rechtsprechung ist zu unterscheiden zwischen echtem und unechtem Factoring.

5.366

1. Wirksamer Forderungserwerb beim echten Factoring

Nach Rechtsprechung und herrschender Literaturmeinung findet die **Judikatur des BGH** zur Sittenwidrigkeit der Globalzession **keine Anwendung** auf eine Globalzession, die im Rahmen eines echten Factoring erfolgt[491]. Hier erhält der Factor-Kunde für die verkauften Forderungen den Gegenwert, den er endgültig ohne die Möglichkeit der Rückbelastung seitens des Factors behalten darf. Er kann daher aus diesem Erlös seine Vorbehaltslieferanten so befriedigen, als ob er die an den Factor verkauften Forderungen selbst eingezogen hätte. Bei einer solchen Vertragsgestaltung sind die schutzwürdigen Interessen des unter verlängertem Eigentumsvorbehalt liefernden Warenkreditgebers hinreichend gewahrt. Im

5.367

---

488 Vgl. BGH WM 1983, 1235, 1236.
489 BGH WM 1987, 775, 776; 1991, 1273, 1277; 1994, 104, 105.
490 BGH 1994, 104, 105.
491 BGH WM 1987, 775, 776; *Staudinger/Hopt/Mülbert*, Vorbem. zu §§ 607 ff. Rn 739.

Verhältnis zwischen dem Factor und dem Warenkreditgeber ist daher der Vorwurf der Sittenwidrigkeit der Vorausabtretung und damit die Nichtigkeitsfolge aus § 138 Abs. 1 BGB anders als bei der Globalzession zugunsten eines Geldkreditgebers ausgeräumt[492].

5.368 Diese beim echten Factoring anerkannte **Ausnahme vom Grundsatz der Sittenwidrigkeit** einer Globalzession gilt jedoch nicht uneingeschränkt. Der Factor muß sich zwar grundsätzlich darauf verlassen dürfen, daß der Kunde mit den ihm vom Factor gezahlten Geldern seine Lieferanten bezahlen und der Factoring-Erlös daher sachgerecht nach den Regeln wirtschaftlicher Vernunft verwendet wird[493]. Der Factor ist aber zu zumutbaren Schutzmaßnahmen zugunsten der Vorbehaltsverkäufer dann verpflichtet, wenn er Anlaß zu der Annahme habe, der Anschlußkunde erfülle nicht seine Verpflichtungen gegenüber den Vorbehaltslieferanten[494]. Bei einem Unterlassen von Schutzmaßnahmen zugunsten der Vorbehaltslieferanten trifft den Factor der Vorwurf treuwidrigen Verhaltens. Damit stelle es eine unzulässige Rechtsausübung dar, wenn er sich im Konfliktfall auf das durch die globale Factoring-Zession begründete Vorrecht gegenüber den Warenkreditgebern berufe[495]. Die Globalzession zugunsten des Factors ist auch dann sittenwidrig, wenn die Delkrederehaftung des Factors in einem Ausmaß durchlöchert und ausgehöhlt ist, die es verbietet, dieses Factoring als einen dem Forderungsinkasso durch den Factor-Kunden gleichwertigen, die Interessen und den mutmaßlichen Willen des Vorbehaltslieferanten nicht verletzenden Vorgang zu bewerten[496].

5.369 Wird die Globalzession zugunsten des Factors erst **nach** dem verlängerten Eigentumsvorbehalt **vereinbart,** so ist sie selbst dann wirksam, wenn Warenkreditgeber und Factor-Kunde ein Abtretungsverbot ausdrücklich vereinbart haben. Die dem Factor-Kunden vom Vorbehaltslieferanten üblicherweise eingeräumte Einzugs- und Veräußerungsermächtigung deckt jedenfalls aufgrund ergänzender Vertragsauslegung die Abtretung der Forderung. Das folgt wiederum aus der Erwägung, daß die Forderungsverwertung mittels des echten Factoring den Factor-Kunden im wesentlichen so stellt, als habe er die Forderung in bar eingezogen[497].

5.370 Hat der Factor-Kunde seine Forderungen gegen Dritte zur Kreditsicherung an einen Geldkreditgeber abgetreten, läßt sich dagegen die von diesem

---

492 BGH WM 1977, 1198, 1200; 1978, 787, 789.
493 BGH WM 1977, 1198, 1200.
494 BGH WM 1977, 1198, 1200.
495 BGH WM 1977, 1198, 1200.
496 OLG Koblenz WM 1988, 45, 46.
497 Vgl. BGH WM 1978, 788, 789.

erteilte Einzugsermächtigung grundsätzlich nicht dahin auslegen, daß der Kreditnehmer die Forderungen im Rahmen des echten Factoring nochmals zedieren kann. Denn die vom Factor vorgenommenen Abzüge in Gestalt des Sicherungseinbehaltes, des Factoringentgeltes und der Delkredereprovision würden den als Sicherheit zugrunde gelegten Nennbetrag der Forderung derart schmälern, daß dadurch das berechtigte Sicherungsinteresse des Geldkreditgebers unzulässig beeinträchtigt würde[498]. Unerheblich wäre insoweit lediglich ein Einbehalt, den der Factor für den Zeitraum zwischen dem Ankauf der Forderung und deren Fälligkeit vornimmt (Diskont)[499].

2. Vorrang des verlängerten Eigentumsvorbehalts beim unechten Factoring

Beim unechten Factoring findet hingegen die Rechtsprechung zur Sittenwidrigkeit der Globalzession Anwendung[500]. Dieses Factoring sei den Kreditgeschäften zuzuordnen[501]. Auf der Grundlage dieser Auffassung – vgl. Rn 5.336 – kann der Factor einem Geldkreditgeber gleichgestellt werden[502]. 5.371

Eine **nachträgliche Globalzession** an den Factor werde auch nicht von der Einzugs- und Veräußerungsermächtigung gedeckt, die ein Warenkreditgeber im Rahmen des verlängerten Eigentumsvorbehalts erteile. Entscheidend hierfür sei wiederum, daß der Factor die Forderung als Kreditgeber und nicht endgültig als Barkäufer erwerbe. Aufgrund des Rückbelastungsrechts des Factors für den Fall mangelnder Bonität des Dritten erhalte der Factoring-Kunde den Ankaufspreis nicht zum endgültigen Verbleib; ein Barkauf wie beim echten Factoring liege also nicht vor[503]. Dagegen befürwortet das Schrifttum überwiegend eine Gleichbehandlung des unechten und des echten Factoring und damit eine im Vergleich zur Rechtsprechung großzügigere Beurteilung des unechten Factoring[504]. Neben vielfältigen anderen Erwägungen wird dies vor allem damit begründet, daß aus dem Sonderproblem der Rückbelastung wegen Zahlungsunfähigkeit des Dritten nicht generell auf die Sittenwidrigkeit der Globalzession beim unechten Factoring geschlossen werden könne[505]. 5.372

---
498 BGH WM 1980, 333, 335 f.
499 BGH WM 1980, 333, 335.
500 BGH WM 1987, 775, 776.
501 BGH WM 1981, 1350, 1352.
502 BGH WM 1981, 1350, 1353.
503 BGH WM 1981, 1350, 1352.
504 *Staudinger/Hopt/Mülbert*, Vorbem. zu §§ 607 ff. Rn 740 m.w.Nachw.
505 *Blaurock*, ZHR 142 (1978), 325, 340 f.

5. Abschnitt
Finanzierungsleasing[506]

I. Entwicklung und wirtschaftlicher Zweck

5.373 Das Leasinggeschäft hat mittlerweile in Ergänzung der traditionellen Finanzierungsformen große praktische Bedeutung gewonnen. Anfang der 50er Jahre wurden in den USA die ersten Leasinggesellschaften gegründet. 1962 folgte die erste Gründung in Deutschland. Die Bedeutung des Leasing dürfte noch zunehmen. Es bietet häufig eine attraktive **Alternative** zu den herkömmlichen Finanzierungsangeboten. Der Leasingnehmer schont seine eigene Liquidität, entlastet die Bilanz und verbessert damit auch seine Eigenkapitalquote. Andererseits wird der laufende Ertrag des Leasingnehmers durch die Leasingraten belastet[507]. Es hängt von den Umständen des Einzelfalles ab, ob eine traditionelle Finanzierung oder Leasing billiger ist.

5.374 **Grundgedanke** des Leasinggeschäfts ist, daß es aus wirtschaftlicher Sicht weniger auf das Eigentum am Leasingobjekt ankommt, als vielmehr auf dessen Nutzung, die sich der Leasingnehmer ohne oder zumindest mit einem stark verminderten Kapitaleinsatz verschaffen kann. Leasing kann daher auch als „Erwerbsersatz durch Nutzungsvertrag" umschrieben werden[508]. Die Leasingverträge werden im übrigen durch steuerrechtliche Vorgaben wesentlich präjudiziert, wie sie in dem diesbezüglichen Vollamortisierungs-Erlaß vom 19. 4. 1971[509] und dem Teilamortisierungs-Erlaß vom 22. 12. 1975[510] des Bundesministers der Finanzen enthalten sind. Im Vordergrund steht die Frage, **ob das Leasingobjekt dem Leasinggeber**

---

506 von *Westphalen*, Der Leasingvertrag, 5. Aufl., 1998; *Lwowski* in Bankrecht und Bankpraxis, Rn 13/60 ff.; *Feinen*, Das Leasinggeschäft, 3. Aufl., 1990; *Gitter*, Gebrauchsüberlassungsverträge, 1988, S. 277 ff.; *Treier*, WM 1995, Sonderbeil. Nr. 4, S. 26 ff. Zur Behandlung des Leasingvertrages über Mobilien in der Insolvenz des Leasinggebers nach der Insolvenzordnung vgl. *Zahn*, DB 1996, 1393 ff.
507 *Jährick/Schuck/Rösler/Woite*, Handbuch des Kreditgeschäfts, 5. Aufl., 1990, S. 293.
508 *Lwowski* in Bankrecht und Bankpraxis, Rn 13/60.
509 BMF-Schreiben vom 19. 4. 1971; BStBl. I 1971, S. 264, abgedruckt in BB 1971, 506.
510 BMF-Schreiben vom 22. 12. 1975, abgedruckt in BB 1976, 72.

steuerlich zugerechnet werden kann, weil der Leasingnehmer nicht als wirtschaftlicher Eigentümer des im Eigentum des Leasinggebers stehenden Leasinggutes anzusehen ist. Das Vertragsverhältnis muß dabei erlaßkonform so ausgestaltet sein, daß der Leasinggeber rechtlicher und wirtschaftlicher Eigentümer des Leasingutes im Sinne von § 39 Abs. 2 Nr. 1 AO ist[511]. Danach ist ein Wirtschaftsgut demjenigen zuzurechnen, der die tatsächliche Herrschaft hierüber in der Weise ausübt, daß er den Eigentümer im Regelfall für die gewöhnliche Nutzungsdauer von der Einwirkung auf das Wirtschaftsgut wirtschaftlich ausschließen kann.

II. Erscheinungsformen des Leasing

Bei den Leasingverträgen kann eine Vielzahl von Erscheinungsformen unterschieden werden. Wesentlich ist, daß jedes Leasinggeschäft **neben der Gebrauchsüberlassung** eine **Finanzierungs- und Dienstleistungskomponente** hat. Je nach dem, welche Funktion für die Leasingpartner im Vordergrund ihres Interesses steht, wird nach dem Finanzierungsleasing und dem Operating-Leasing unterschieden.

5.375

1. Finanzierungs-Leasing

Grundelemente des Finanzierungs-Leasing sind der **Gebrauch** des Leasinggutes durch den Leasingnehmer und die **Finanzierung** durch den Leasinggeber[512]. Dabei führt der Gebrauch überwiegend zu einem **Verbrauch**[513]. Die Leistungen des Leasingnehmers werden daher auf der Grundlage der Kosten des Leasinggebers festgelegt und sind grundsätzlich vom Leasingnehmer voll abzudecken. Beim **Vollamortisationsvertrag** wird dies dadurch erreicht, daß der Vertrag bis zu einem bestimmten Zeitpunkt unkündbar ist und die Summe der bis zu diesem Zeitpunkt zu entrichtenden Raten alle Kosten amortisiert.

5.376

Beim **Teilamortisations-Leasing** decken zwar die Raten nicht die gesamten Kosten. Hier wird jedoch auf andere Weise grundsätzlich Vollamortisation gewährleistet. Dies geschieht nach dem Erlaß des Bundesministers der Finanzen vom 22. 12. 1975[514] entweder (1) dadurch, daß der Leasinggeber das Leasinggut dem Leasingnehmer zu einem im voraus festgelegten, die

5.377

---

511 *von Westphalen*, Der Leasingvertrag, 5. Aufl., 1998, Rn 26 f.
512 *Flume*, DB 1991, 265, 267.
513 *Flume*, DB 1991, 265, 269.
514 Abgedruckt in BB 1976, 12.

Restkosten deckenden Preis andienen kann, oder (2) dadurch, daß das Leasinggut bei Vertragsende veräußert wird und der Leasingnehmer eine etwaige Differenz zwischen dem Erlös und dem Restamortisationsbetrag zu zahlen hat, oder (3) dadurch, daß der Leasingnehmer bei Kündigung des Vertrages eine Abschlußzahlung in Höhe der durch die Raten nicht gedeckten Gesamtkosten des Leasinggebers zu entrichten hat (unter Anrechnung von 90% des Erlöses aus der Verwertung des Wirtschaftsgutes).

5.378　Bei dieser **Abschlußzahlung** geht es nach dem BGH[515] um den Ausgleich des noch nicht getilgten Teiles der Gesamtkosten des Leasinggebers unter Einbeziehung des Erlöses aus der Verwertung des Leasingobjektes. Es handelt sich daher um eine Nachzahlung auf die Kostenmiete für die verkürzte Mietzeit, weil die Leasingraten auf die volle Amortisationszeit abgestellt werden und sich daher zwangsläufig bei einer abgekürzten Vertragsdauer eine solche Nachzahlung ergibt, wenn nicht der Erlös aus der Verwertung des Leasinggutes den Ausgleich bewirkt[516].

5.379　Das **Vollamortisationsprinzip** ist also auch für den kündbaren Teilamortisationsvertrag „leasingtypisch und damit vertragsimmanent"[517], selbst wenn der Leasingvertrag im Einzelfall nicht entsprechend dem Teilamortisationserlaß gestaltet war. Teilamortisierungsverträge auf der Basis des BMF-Erlasses vom 22. 12. 1975 sind schon wegen ihrer unkündbaren Grundmietzeit klassische Fälle des Finanzierungsleasing[518].

5.380　Ein **weiteres Merkmal** des reinen Finanzierungsleasing ist, daß der Leasinggeber das Leasinggut nicht schon vor Abschluß des Vertrages mit dem Leasingnehmer auf eigene Rechnung vorrätig hält, sondern erst auf dessen Wunsch hin anschafft. Der Leasingnehmer bestimmt sowohl das Leasinggut als auch den Lieferanten und vereinbart mit diesem die Vertragsbedingungen, insbesondere den Preis. Der Leasinggeber schließt sodann einen entsprechenden Vertrag mit dem Lieferanten oder er tritt, wenn dies schon durch den Leasingnehmer geschehen ist, in diesen Vertrag im Wege der Vertragsübernahme ein. Ein Wesensmerkmal des Finanzierungsleasing ist also, daß der Leasinggeber als unabhängiger Dritter tätig wird (indirektes Leasing)[519]. Dieses „**Dreiecksverhältnis**" ist für Finanzierungs-Leasingverträge typisch[520].

515　WM 1985, 860, 863.
516　*Flume*, DB 1991, 265, 266.
517　Vgl. BGH WM 1985, 860, 864; 1986, 458, 460 f.
518　Vgl. BGH WM 1985, 860, 863; WM 1990, 23, 24; *von Westphalen*, Der Leasingvertrag, 5. Aufl., 1998, Rn 9, 11.
519　*von Westphalen*, Der Leasingvertrag, 5. Aufl., 1998, Rn 8.
520　BGH WM 1977, 473, 474.

Schließlich ist für das Finanzierungsleasing charakteristisch, daß die Parteien häufig **steuerliche Effekte** anstreben und bestimmte Auswirkungen auf ihre Geschäftsbilanz im Auge haben. Die Leasingverträge orientieren sich daher üblicherweise an den diesbezüglichen Erlassen des Bundesfinanzministeriums vom 19. 4. 1971 und 22. 12. 1975. Hiernach darf der Leasinggegenstand dem Leasingnehmer nicht als wirtschaftlicher Eigentümer im Sinne des § 39 AO zurechenbar sein. Es ist daher vertraglich sicherzustellen, daß der Leasingnehmer den Leasinggeber nicht für die gesamte gewöhnliche Nutzungsdauer von der Einwirkung auf das Leasinggut wirtschaftlich ausschließen kann (vgl. § 39 Abs. 2 Nr. 1 AO). Die Grundmietzeit wird mithin so bemessen, daß sie kürzer als die gewöhnliche Nutzungsdauer ist. Dies führt dazu, daß der Leasinggegenstand nach Ablauf der Vollamortisationszeit typischerweise noch einen „Restwert" hat und daß dessen Realisierung zumindest teilweise dem Leasinggeber zugute kommt. Zumindest wegen dieses Restwerts hat der Leasinggeber das erforderliche eigene wirtschaftliche Interesse an dem Leasinggut.

5.381

2. Operating-Leasing

Bei dieser Erscheinungsform des Leasing wird ein Vertrag geschlossen, dessen Laufzeit **nur einen Teil der üblichen Nutzungsdauer des Objektes abdeckt.** Die Vertragsdauer ist regelmäßig kurz bemessen oder unbestimmt mit jederzeitiger Kündigungsmöglichkeit unter Wahrung einer Mindestfrist. Das Operating-Leasing eignet sich, wenn vorübergehende betriebliche Bedürfnisse zu befriedigen sind etwa zur Ausnutzung eines saisonal bedingten Nachfragepotentials. Der Leasingnehmer ist daher beim Operating-Leasing regelmäßig zur jederzeitigen Kündigung berechtigt. Bei dieser Leasingform verdrängt also die Nutzungsfunktion zugunsten des Leasingnehmers die Finanzierungsfunktion des Leasinggebers, weil dieser auf eine Vollamortisation durch den Leasingnehmer verzichtet[521].

5.382

3. Sale-and-Lease-Back-Verträge

Beim Sale-and-Lease-Back-Verfahren veräußert zunächst der Leasingnehmer einen ihm gehörenden Gegenstand an den Leasinggeber. Nachdem der Leasinggeber Eigentümer geworden ist, wird das Leasinggut dem Leasingnehmer wieder zum Gebrauch überlassen, ohne daß hierbei regelmäßig ein Übergang des unmittelbaren Besitzes stattfindet. Im Unter-

5.383

---

521 *von Westphalen*, Der Leasingvertrag, 5. Aufl., 1998, Rn 10.

schied zu den sonstigen Fällen des Leasing muß bei einem Sale-and-Lease-Back-Vertrag der Leasingnehmer – wenn auch nur **für eine logische Sekunde** – **rechtsformaler Eigentümer** des Leasinggutes gewesen sein.

5.384 Das Sale-and-Lease-Back-Verfahren kann **verschiedenen Zwecken** dienen[522]. Der typische Fall ist die bilanzmäßige Ausgliederung eines Grundstücks, das auf einen Dritten übertragen und sodann von diesem zurückgeleast wird. Hierdurch können stille Reserven in den zu einem sehr niedrigen Wert bilanzierten Grundstücken mobilisiert und damit die Bilanzoptik verbessert werden. Bei einer Bank kann das Sale-and-Lease-Back-Verfahren auch den Zweck haben, eine Entlastung im Rahmen des § 12 Abs. 1 KWG herbeizuführen. Nach dieser Gesetzesbestimmung dürfen die Anlagen eines Kreditinstituts in Beteiligungen, Grundstücken und anderen nur schwer liquidisierbaren Gegenständen das haftende Eigenkapital nicht übersteigen. Besitzt eine Bank zahlreiche Grundstücke, so blockieren diese einen Teil des haftenden Eigenkapitals. Es liegt sodann im Interesse der Bank, sie auszugliedern, um liquiditätsmäßigen Spielraum für das Kreditgeschäft und das sonstige Aktivgeschäft zu gewinnen.

5.385 Sale-and-Lease-Back-Verträge können regelmäßig **als Finanzierungsleasing** einzuordnen sein[523].

III. Finanzierungsleasing und KWG

5.386 Das Leasinggeschäft gehört **nicht zu den Bankgeschäften** im Sinne des Katalogs der Bankgeschäfte in § 1 Abs. 1 S. 2 KWG[524]. Schließen jedoch Kreditinstitute als Leasinggeber über Gegenstände Leasingverträge ab, so gelten diese Gegenstände **als Kredite** im Sinne des Kreditwesengesetzes (§ 19 Abs. 1 S. 1 Nr. 7 KWG).

5.387 Der Gesetzgeber ist bei der Erstreckung des Kreditbegriffs auf die Leasingverträge davon ausgegangen, daß es materiell auf dasselbe hinausläuft, ob eine Bank einem Kunden z. B. Maschinen „verleast" oder ihm ein Gelddarlehen zu deren Kauf gewährt und sich diese Maschinen als Sicherheit für die Darlehensforderung übereignen läßt. Beim Finanzierungsleasing beruht das „Kredit"risiko der Bank darauf, daß der Leasingnehmer die vereinbarten Ratenzahlungen nicht leistet[525]. Die Einbeziehung des Fi-

---

[522] von *Westphalen*, BB 1991, 149, 150.
[523] von *Westphalen*, Der Leasingvertrag, 5. Aufl., 1998, Rn 177; *Lwowski* in Bankrecht und Bankpraxis, Rn 13/73.
[524] Vgl. *Canaris*, AcP 190 (1990), S. 410, 468 f.
[525] *Szagunn/Haug/Ergenzinger*, § 19 Rn 27.

nanzierungsleasing in den Kreditbegriff ermöglicht es der Bankenaufsicht, die Einhaltung der Struktur- und Ordnungsvorschriften des Kreditwesengesetzes auch für diese Aktivitäten mit Kreditrisiken zu überwachen.

IV. Rechtsnatur des Finanzierungsleasing

1. Rechtsprechung

Beim Finanzierungsleasing handelt es sich nach verfestigter BGH-Rechtsprechung um einen auf den Austausch wechselseitiger Leistungen gerichteten **Gebrauchsüberlassungvertrag,** auf den in erster Linie die mietrechtlichen Bestimmungen der §§ 535 ff. BGB Anwendung finden, soweit sich nicht aus der besonderen Interessenlage des Leasinggebers und Leasingnehmers etwas anderes ergibt[526]. Die BGH-Rechtsprechung hat sich bei der rechtlichen Qualifizierung stets an einer **interessentypischen Bewertung** des Leasingvertrages orientiert[527] und dabei berücksichtigt, daß sich die Vertragspartner hierbei auch steuerliche Vorteile versprechen[528].

5.388

Das Finanzierungsleasing ist demnach **kein Darlehen** im (engeren) Sinne des § 607 Abs. 1 BGB. Gegenstand eines Darlehens können zwar auch „vertretbare Sachen" sein, wie sie Leasinggegenstände darstellen können. Der gesetzliche Typus des Darlehens setzt aber voraus, daß das Eigentum an den überlassenen Gegenständen auf den Darlehensnehmer übergeht. Beim Leasinggeschäft verbleibt jedoch aus steuerrechtlichen Gründen das Eigentum beim Leasinggeber, wie es auch für den Vermieter typisch ist.

5.389

Die **Hauptleistungspflicht des Leasinggebers** besteht nach dem BGH[529] darin, dem Leasingnehmer den Gebrauch des Leasinggutes für die Vertragszeit im Rahmen eines Dauerschuldverhältnisses zu überlassen. Dem Leasinggeber obliegt zwar auch eine Finanzierungsfunktion; er hat das dem Leasingnehmer zum Gebrauch zu überlassende Leasinggut zu beschaffen und vorzufinanzieren[530]. Diese Funktion erschöpft sich aber in der Finanzierung der Gebrauchsnutzung durch den Leasingnehmer[531]. Für das Finanzierungsleasing ist daher typisch, daß die Sach- und Gegenleistungs-(Preis-)Gefahr nach dem kaufrechtlichen Vorbild auf den Leasing-

5.390

---

526 BGH WM 1989, 1694, 1695; 1990, 935, 939; *von Westphalen,* Der Leasingvertrag, 5. Aufl., 1998, Rn 53.
527 *von Westphalen,* Der Leasingvertrag, 5. Aufl., 1998, Rn 53 ff.
528 BGH WM 1990, 935, 939.
529 WM 1987, 1338, 1339.
530 BGH WM 1990, 935, 939.
531 BGH WM 1975, 1203, 1204.

nehmer abgewälzt wird so, als sei der Leasingnehmer selbst Käufer der Leasingsache[532].

5.391 Nach den üblichen Vertragsbedingungen hat daher der Leasingnehmer die Leasingraten weiterzuleisten, wenn das Leasinggut infolge eines Umstandes, den weder der Leasinggeber noch der Leasingnehmer zu vertreten hat, zerstört, verloren oder gestohlen wird oder an Wert verliert (§§ 536, 537, 548, 323 BGB)[533]. Nach dem BGH findet diese übliche „harte" Regelung, daß der Leasingnehmer auch im Falle des unverschuldeten Unterganges des Leasinggutes die noch offenen Leasingraten weiter zu entrichten hat, eine gewisse Rechtfertigung in der Tatsache, daß der Sachwert der Sicherung des Leasinggebers weggefallen ist; auch werde die Zahlungspflicht des Leasingnehmers meist durch eine Abzinsung gemildert[534]. Angesichts dieser interessentypischen Ausgestaltung des Leasingvertrages und der daher nur begrenzten Anwendbarkeit der mietrechtlichen Bestimmungen handelt es sich bei diesem Gebrauchsüberlassungsvertrag um einen atypischen Mietvertrag[535].

5.392 Die **Abweichungen** des Finanzierungs-Leasingvertrages **vom typischen Mietvertrag** zeigen sich auch in dem Ausschluß von Gewährleistungsansprüchen[536] – Rn 5.398 ff. – und den spezifischen Rechtsfolgen einer ordentlichen oder außerordentlichen Vertragsbeendigung vor Ablauf der vorgesehenen Leasingzeit, um dem Gedanken der Vollamortisierung Rechnung zu tragen[537].

5.393 Nach der BGH-Rechtsprechung sind die Finanzierungs-Leasingverträge durch folgende Kriterien gekennzeichnet:
- Gebrauchsüberlassung eines vom Leasinggeber eigens dafür anzuschaffenden Wirtschaftsgutes gegen Abdeckung des Gesamtaufwandes durch Leasingraten sowie durch den gegebenenfalls verbleibenden und nutzbar zu machenden Restwert.
- Der Leasinggeber wird als unabhängiger Dritter tätig (indirektes Leasing)[538].
- Freizeichnung des Leasinggebers von eigener Sachmängelhaftung gegen Abtretung der kaufrechtlichen Gewährleistungsansprüche gegen den Lieferanten (Hersteller) des Leasinggutes[539].

---

532 BGH WM 1981, 1219, 1220.
533 *Lwowski* in Bankrecht und Bankpraxis, Rn 13/75.
534 BGH WM 1976, 1133, 1135.
535 Vgl. *Lwowski* in Bankrecht und Bankpraxis, Rn 13/79; *von Westphalen*, Der Leasingvertrag, 5. Aufl., 1998, Rn 55 ff. m.w.Nachw.
536 Vgl. BGH WM 1985, 1447, 1448.
537 BGH WM 1990, 935, 939.
538 Vgl. BGH WM 1977, 473, 474.
539 BGH WM 1985, 1447, 1448.

2. Abweichende Literaturmeinung

Die **rechtliche Einordnung** des Leasing ist in der Literatur nach wie vor **umstritten**[540]. Nach *Canaris* besteht die Notwendigkeit, ein eigenständiges Leitbild des Finanzierungsleasing zu entwickeln, selbst wenn man den mietrechtlichen Lösungsansatz des BGH wählt[541]. Denn das Finanzierungsleasing weise starke Abweichungen vom Normaltypus der Miete auf. Für die Anerkennung eines eigenständigen Vertragstypus bestehe ein noch größeres Bedürfnis nach Inkrafttreten des Verbraucherkreditgesetzes, das das Finanzierungsleasing privatrechtlich dem auch die Darlehensverträge umfassenden Kreditgeschäft zugerechnet hat. Dieser gesetzlichen Regelung entspreche es, wenn das Finanzierungsleasing als ein gemischttypischer Vertrag aus Elementen des Kredit- und Geschäftsbesorgungsrechts verstanden werde. Dabei habe man methodologisch grundsätzlich vom Realtypus des Finanzierungsleasing auszugehen und diesen erforderlichenfalls mit Hilfe eines Normativtyps zu korrigieren.

5.394

Dieser rechtlichen Beurteilung kann nach Auffassung des BGH[542] nicht gefolgt werden. Der rechtliche Gehalt des Finanzierungs-Leasingvertrages erschöpfe sich weder in der Finanzierungsfunktion noch stehe diese gänzlich im Vordergrund. Vielmehr habe die **Gebrauchsverschaffung** nicht nur aus der Sicht des Leasingnehmers **erhebliche Bedeutung** und sei deshalb **mitbestimmend** für die anzuwendenden Rechtsfolgen[543]. Auch könne der Finanzierungs-Leasingvertrag nicht als Auftrag oder Geschäftsbesorgungsverhältnis eingestuft werden. Hiergegen spricht vor allem die nicht nur formale, sondern sachliche und dauernde Zuordnung des Leasinggegenstandes zum Vermögen des Leasinggebers. Diese Zuordnung ist die Grundlage für die in aller Regel als „Vermietung" bezeichnete Gebrauchsüberlassung an den Leasingnehmer. Sie stellt eine in sich abgeschlossene Regelung dar und läßt deshalb keinen Raum für ein daneben bestehendes Auftragsverhältnis zu. Denn wenn nach dem von beiden Vertragspartnern verfolgten Vertragszweck der Erwerb des Leasinggutes durch den Leasinggeber und die Gebrauchsüberlassung an den Leasingnehmer den zentralen Vertragsinhalt bilden und die Verschaffung einer mängelfreien Sache damit ein Hauptziel des Leasinggeschäfts ist, schuldet der Leasinggeber nicht nur eine im Interesse des Leasingnehmers liegende Tätigkeit, wie

5.395

---

540 *Flume,* DB 1991, 265. Vgl. *von Westphalen,* Der Leasingvertrag, 5. Aufl., 1998, Rn 75 ff.; *Gitter,* Gebrauchsüberlassungsverträge, 1988, S. 301 ff.
541 *Canaris,* AcP 190 (1990), S. 410; *ders.,* ZIP 1993, 401, 404 ff.; vgl. weiter *Knebel,* WM 1993, 1026, 1027, Fn 12 m.w.Nachw.
542 WM 1990, 103, 105.
543 WM 1990, 103, 105 m.w.Nachw.

das bei einem Auftrag oder einer Geschäftsbesorgung in erster Linie der Fall wäre. Vielmehr schuldet der Leasinggeber einen Erfolg in Gestalt der Übergabe des Leasinggutes zur Gebrauchsüberlassung. Das schließt nach dem BGH aus, beim Ausbleiben dieses Erfolges auf Rechtsvorbilder wie den unentgeltlichen Auftrag oder die entgeltliche Geschäftsbesorgung zurückzugreifen.

3. Übereinstimmung zwischen steuer- und zivilrechtlicher Qualifikation

5.396 Die zivilrechtliche Einordnung des Finanzierungsleasing darf ferner nicht dazu führen, die ertragsteuerlichen Prärogativen der Leasingverträge in Frage zu stellen, wenn sie nach dem Vollamortisations-Erlaß vom 19. 4. 1971 und dem Teilamortisations-Erlaß vom 22. 12. 1975 des Bundesministers der Finanzen ausgestaltet worden sind[544]. Auch die BGH-Rechtsprechung hat bei der rechtlichen Begründung ausdrücklich darauf hingewiesen, daß sich der Leasingnehmer von dieser Art der Befriedigung eines Investitionsbedarfs auch steuerliche Vorteile verspricht[545].

5.397 Die Rechtsfigur des Finanzierungsleasing ist nach *Flume* durch die ständige und umfangreiche BGH-Rechtsprechung inzwischen so konturiert, daß diese **Leasingverträge danach zu beurteilen** sind, wie das Finanzierungsleasing als Rechtsfigur durch die Rechtsprechung herausgearbeitet worden ist. Wegen der Finanzierungsfunktion des Leasing stelle sich daher nur die Frage, inwieweit zum dispositiven Mietrecht des BGB ergänzende und abändernde Regelungen zu entwickeln sind[546]. Diese BGH-Rechtsprechung ermöglicht es, die aus der Sicht der Praxis erwünschte Kongruenz zwischen steuer- und zivilrechtlicher Einordnung zu erreichen.

V. Wirksamer Ausschluß von Gewährleistungsansprüchen des Leasingnehmers

1. Bisherige Rechtslage

5.398 Der Leasinggeber schließt beim Finanzierungsleasing typischerweise seine Haftung für Sachmängel aus. Als Äquivalent tritt der Leasinggeber die ihm gegen den Hersteller (Lieferanten) des „verleasten" Gegenstandes

---

544 *von Westphalen*, Der Leasingvertrag, 5. Aufl., 1998, Rn 90 ff.
545 BGH WM 1990, 935, 939.
546 *Flume*, DB 1991, 265, 271.

zustehenden Gewährleistungsansprüche an den Leasingnehmer ab[547]. Dieser **Haftungsausschluß** steht nach dem BGH **im Einklang mit dem AGB-Gesetz.** Insbesondere ist hierauf § 11 Nr. 10 a AGBG unanwendbar, der den Ausschluß solcher Gewährleistungsansprüche unter Verweisung auf Ansprüche gegen Dritte für unwirksam erklärt. Entstehungsgeschichte und Sinn dieser Gesetzesbestimmung sprechen für eine insoweit einschränkende Auslegung der gesetzlichen Regelung. Denn diese Haftungsregelung ist bei den Finanzierungs-Leasingverträgen üblich; sie gibt diesen Verträgen ihr typisches, insoweit vom Leitbild des Mietvertrages abweichendes Gepräge[548]. Diese Haftungsregelung wird auch ganz überwiegend als angemessen und interessegerecht empfunden[549].

Für die Inhaltskontrolle (§ 9 AGBG) ist daher nicht auf die mietrechtliche Gewährleistungshaftung, sondern auf den Ausschluß der Sachgewährleistung abzustellen, die dem Typus des Finanzierungsleasing entspricht[550]. Dieser Haftungsausschluß ist daher angemessen im Sinne der Generalklausel des AGB-Gesetzes (§ 9), sofern nur der Leasingnehmer Sachmängelansprüche nach kaufrechtlichem Vorbild unmittelbar gegenüber dem Lieferanten der Leasingsache geltend machen kann. Dies kann durch Abtretung der Gewährleistungsansprüche oder durch Ermächtigung des Leasingnehmers zu ihrer Geltendmachung gegen den Lieferanten geschehen[551].

5.399

Die **Wirksamkeit dieses Haftungsausschlusses** setzt jedoch weiter voraus, daß die Geltendmachung der Gewährleistungsansprüche durch den Leasingnehmer gegenüber dem Lieferanten des Leasinggebers auch Auswirkungen auf das Leasingvertragsverhältnis hat. Wird zwischen Leasingnehmer und Lieferant beispielsweise die Wandlung des Kaufvertrages vollzogen, so entfällt die Geschäftsgrundlage für den Leasingvertrag mit der Folge, daß dem Leasinggeber von Anfang an keine Ansprüche auf Zahlung von Leasingraten zustehen, selbst wenn der Leasinggegenstand zeitweilig benutzt worden ist[552]. Der aufgrund des Vollzuges eines Gewährleistungsrechts von Anfang an seiner Geschäftsgrundlage beraubte Leasingvertrag kann als Grundlage für bereits erbrachte Vertragsleistungen nicht mehr herangezogen werden. Er ist deshalb nach Maßgabe des Bereicherungsrechts rückabzuwickeln[553].

5.400

---

547 Vgl. *Lwowski* in Bankrecht und Bankpraxis, Rn 13/76.
548 BGH WM 1981, 1219, 1220 ff.
549 BGH WM 1985, 638, 641.
550 *Flume,* DB 1991, 265, 270.
551 BGH WM 1988, 979, 982.
552 BGH WM 1991, 954, 955.
553 BGH WM 1990, 25, 27.

5.401 Grundlage für diese Rechtsfolgen ist, daß der Leasinggeber dem Leasingnehmer den Gebrauch des Leasinggutes als ein Grundelement des Leasinggeschäfts schuldet[554]. Kommt es zu keiner Gebrauchsgewährung wegen dieser Wandlung oder wegen einer unterbliebenen Lieferung, so hat der Leasinggeber seine Aufwendungen selbst zu tragen. Dabei trägt der Leasinggeber auch das Risiko, daß nach erfolgter Wandlung der Lieferant infolge Insolvenz den empfangenen Kaufpreis nicht zurückzahlen kann[555]. Ausnahmsweise braucht der Leasinggeber eine vollzogene **Wandlung** nicht hinzunehmen, wenn bei deren Herbeiführung Leasingnehmer und Lieferant kollusiv zum Nachteil des Leasinggebers zusammengearbeitet haben[556].

5.402 Erklärt der Leasingnehmer gegenüber dem Hersteller eine **Minderung,** so tritt auch eine Minderung der Leasingrate ein. Verzichtet dagegen der Leasingnehmer auf eine Geltendmachung seiner Gewährleistungsansprüche gegenüber dem Hersteller, so bleibt er zur vollen Entrichtung der Leasingraten verpflichtet.

2. Rechtslage unter der Geltung des Verbraucherkreditgesetzes

5.403 Ob und in welcher Weise infolge des Inkrafttretens des Verbraucherkreditgesetzes eine Änderung der soeben dargestellten Rechtslage eingetreten ist, ist noch nicht abschließend geklärt. Ausgangspunkt für eine veränderte Beurteilung könnte der Umstand sein, daß **Finanzierungsleasingverträge** nach überwiegender Meinung in den **Anwendungsbereich von § 9 VerbrKrG** fallen und dementsprechend verbundene Geschäfte darstellen können – Rn 5.56. Der in § 9 Abs. 3 S. 1 VerbrKrG vorgesehene Einwendungsdurchgriff würde bei der Anwendung auf Finanzierungsleasingverträge zur Folge haben, daß der Leasingnehmer nunmehr auch direkt Einwendungen gegenüber dem Leasinggeber erheben könnte.

5.404 Ein Ausschluß der Einwendungsmöglichkeit im Sinne der bislang in den Leasingverträgen regelmäßig vorgesehenen Regelung, daß der Leasingnehmer auf ein Vorgehen gegen den Lieferanten verwiesen wird, wäre unzulässig (§ 18 S. 1 VerbrKrG). Im Ergebnis könnte daher der Leasingnehmer gegenüber dem Leasinggeber die Zahlung der Leasingraten wegen Mängeln der geleasten Sache verweigern. Ob hierin notwendigerweise die

---

554 *Flume,* DB 1991, 265, 271.
555 *Flume,* DB 1991, 265, 271; vgl. weiter *Lieb,* WM 1992, Sonderbeil. 6, 14 ff.
556 BGH WM 1985, 573, 575.

Konsequenz der nunmehrigen Geltung des Verbraucherkreditgesetzes liegt, bedarf im einzelnen noch weiterer Klärung[557].

VI. Refinanzierung des Leasinggeschäftes

Leasingunternehmen verkaufen zunehmend ihre Forderungen aus abgeschlossenen Leasingverträgen an Kreditinstitute, um sich hierdurch Liquidität insbesondere zum Erwerb von Leasingobjekten zu beschaffen[558]. Dieser **Forderungsverkauf** erspart dem Leasinggeber, Bankkredite zur Refinanzierung seines Leasinggeschäfts aufzunehmen.

5.405

Dieser Ankauf gehört ebensowenig zu den Bankgeschäften im engeren Wortsinne wie der Ankauf von Warenforderungen beim Factoringgeschäft und bei Forfaitierungen. Nach der Legaldefinition der Bankgeschäfte im § 1 Abs. 1 S. 2 KWG ist nur der Ankauf (Diskontierung) von Wechseln und Schecks ein Bankgeschäft (Nr. 3). Ein solcher Ankauf von Forderungen aus Leasinggeschäften Dritter wird jedoch wie beim Factoringgeschäft und bei Forfaitierungen vom erweiterten Kreditbegriff des § 19 Abs. 1 KWG erfaßt. Danach fällt unter den Kreditbegriff der Erwerb von Geldforderungen unabhängig von ihrem Rechtsgrund (§ 19 Abs. 1 S. 1 Nr. 1 KWG). Hierdurch sind alle entgeltlich in das wirtschaftliche Eigentum der Bank übergegangenen Forderungen erfaßt, soweit sie in Geld erfüllt werden müssen. Unerheblich ist es, aufgrund welcher Rechtsgeschäfte sie ursprünglich entstanden sind[559]. Hierunter fallen auch die von der Bank angekauften Geldforderungen aus Leasinggeschäften.

5.406

1. Regreßloser Ankauf

Es ist **üblich,** daß die Leasinggesellschaften die **Leasingforderungen à-forfait** an die refinanzierenden Kreditinstitute veräußern[560]. Der Leasinggeber hat in diesen Fällen nur für die Verität, nicht aber für die Bonität des Leasingnehmers zu haften (sog. regreßloser Ankauf von Leasingforderungen)[561]. Der Leasinggeber steht daher nur für den rechtlichen Bestand der

5.407

---

557 Vgl. *von Westphalen/Emmerich/Kessler*, VerbrKrG, 2. Aufl., 1996, § 3 Rn 75 i.V.m. § 9 Rn 26; *Bruchner/Ott/Wagner-Wieduwilt*, VerbrKrG, 1994, § 9 Rn 152 ff.; *Canaris*, ZIP 1993, 401, 408 ff. jew. m.w.Nachw.
558 *Peters*, WM 1993, 1661, 1701; *Lwowski* in Bankrecht und Bankpraxis, Rn 13/115; *von Westphalen*, Der Leasingvertrag, 5. Aufl., 1998, Rn 1837 ff.
559 *Szagunn/Haug/Ergenzinger*, § 19 Rn 10.
560 *von Westphalen*, Der Leasingvertrag, 5. Aufl., 1998, Rn 1837.
561 *Link*, ZGesKredW 1982, 218; *ders.*, ZGesKredW 1985, 658; *Lwowski*, ZIP 1983, 900.

Forderung und deren Freiheit von Einreden ein, und zwar sowohl im Zeitpunkt des Verkaufs als auch für die Dauer des Leasingvertrages[562]. Als solche Rechtsmängel kommen vor allem Anfechtungsrechte, Wandelungsrechte, Schadensersatzansprüche wegen Nichterfüllung oder sonstige Rechte zur Zahlungsverweigerung in Betracht.

5.408 Die **Rechtsfolgen der Veritätshaftung** ergeben sich aus § 440 BGB in Verbindung mit §§ 320 ff. BGB. Die refinanzierende Bank kann daher entweder von dem Rücktrittsrecht gemäß §§ 325, 326 BGB Gebrauch machen oder Schadensersatz wegen Nichterfüllung gemäß §§ 440, 325, 326 BGB geltend machen[563].

2. Insolvenzrechtliche Wirksamkeit der Vorausabtretung der Leasingraten

5.409 Die **Vorausabtretung der Ansprüche** des Leasinggebers auf die vereinbarten Leasingraten an eine refinanzierende Bank ist insolvenzfest; durch diese Vorausverfügungen wird nicht gegen § 91 InsO verstoßen. Dies gilt nicht nur für das reine Finanzierungsleasing, sondern auch für das Operating-Leasing[564]. Denn die Ansprüche auf die in der festen Grundmietzeit zu erbringenden künftigen Raten sind keine künftigen oder befristeten Forderungen (§ 163 BGB). Es handelt sich vielmehr um **betagte Forderungen,** die im Unterschied zu den befristeten Forderungen nicht erst in der Zukunft entstehen, sondern schon bestehen, aber wie eine gestundete Kaufpreisforderung noch nicht fällig sind.

5.410 Dabei hat es der BGH dahingestellt sein lassen, ob der Anspruch auf die im Anschluß an die Grundmietzeit zu entrichtenden Leasingraten gleichfalls als betagte oder nur als aufschiebend befristete, abschnittweise zum jeweiligen Zahlungstermin entstehende Forderungen zu qualifizieren sind. Auch diese Ansprüche entstehen jedenfalls schon mit Abschluß des Leasingvertrages „im Keime", weil ihnen als Teil ihres Erwerbstatbestandes nur noch der Zeitablauf fehlt[565]. Diese Leasingforderungen sind damit Abänderungsverfügungen des Leasinggebers nach Abtretung der Forderung entzogen. Denn solche Leasingraten sind nicht nur die Gegenleistung für eine zeitlich begrenzte Gebrauchsüberlassung, sondern zugleich das Entgelt für die vom Leasingeber vorweg erbrachte Finanzierungsleistung[566].

---

562 Erlaß des Finanzministeriums Nordrhein-Westfalen vom 13. 2. 1980, abgedruckt bei *von Westphalen,* aaO., Rn 1371.
563 *von Westphalen,* Der Leasingvertrag, 5. Aufl., 1998, Rn 1845.
564 Vgl. BGH WM 1990, 197.
565 BGH WM 1990, 606, 609.
566 BGH WM 1990, 935, 939; 1993, 606, 609.

6. Teil
Kreditsicherung[1]

Mit einer Kreditgewährung ist gewöhnlich das Risiko verknüpft, daß der Kreditnehmer seine Rückzahlungsverpflichtung bei Fälligkeit nicht ordnungsgemäß erfüllt. Mit der Hereinnahme geeigneter Sicherheiten treffen die Kreditinstitute die gebotene Vorsorge, damit diese **Kreditrisiken** möglichst zu keinen finanziellen Verlusten führen. Anderenfalls könnte auch die Rückzahlung der den Kreditinstituten anvertrauten Gelder gefährdet werden[2]. Dieses Sicherungsbedürfnis der Kreditinstitute ist auch von der Rechtsprechung als legitim anerkannt worden[3]. Die **AGB der Kreditwirtschaft** bestimmen deshalb seit längerem, daß die Kreditinstitute die Bestellung oder Verstärkung bankmäßiger Sicherheiten verlangen können. Bei der Neufassung der AGB im Jahre 1993 ist dieser Besicherungsanspruch weiter konkretisiert und zugleich eingeschränkt worden.

6.1

1. Abschnitt
Allgemeine rechtliche Risiken der Sicherheitenbestellung

Die Bestellung von Kreditsicherheiten unterliegt spezifischen rechtlichen Risiken. Ist der Vertrag über die Bestellung von Kreditsicherheiten wie üblich formularmäßig abgeschlossen und damit einer Inhaltskontrolle nach dem AGB-Gesetz unterworfen, ist neben überraschenden Klauseln vor allem eine unangemessene Benachteiligung des Sicherungsgebers zu vermeiden (**§§ 3, 9 AGBG**). Hier stellt sich insbesondere die Frage nach einer gesetzeswidrigen Übersicherung der Bank, weil die bestellten Kreditsicherheiten die wirtschaftliche Bewegungsfreiheit des Sicherungsgebers über Gebühr einschränken[4].

6.2

Die Bestellung von Sicherheiten kann unter bestimmten Voraussetzungen auch wegen **Verstoßes gegen die guten Sitten** nichtig sein (§ 138 BGB). Beispiele aus der Praxis sind die Kollision einer Globalzession mit

6.3

---
1 *Ganter*, WM 1998, 2045 ff.; 2081 ff.
2 BGH WM 1983, 1406.
3 BGH WM 1983, 926, 927; 1992, 1362, 1363.
4 GrSZ WM 1998, 227, 231, 232; *Ganter*, WM 1998, 2045, 2046.

dem verlängerten Eigentumsvorbehalt der Lieferanten des Sicherungsgebers sowie Bürgschaften und Schuldmitübernahmen vermögensloser Familienangehöriger (II).

6.4 In bestimmten Fallkonstellationen kann sich die Bank durch die Hereinnahme der Sicherheiten sogar gegenüber anderen Gläubigern des Sicherungsgebers schadensersatzpflichtig machen, wenn hierin eine vorsätzliche sittenwidrige Handlung gemäß § 826 BGB liegt, die zur Schädigung dieser Personen führt – Haftung wegen Gläubigergefährdung – (III.).

6.5 Der gesetzliche Tatbestand der haftungsbegründenden sittenwidrigen Schädigung (§ 826 BGB) und der des sittenwidrigen Rechtsgeschäfts (§ 138 BGB) haben starke Berührungspunkte. Nach der Rechtsprechung sind jedoch die Klagevoraussetzungen in wesentlichen Punkten verschieden[5]. So ist bei **§ 138 BGB** auf den Inhalt des zwischen der Bank und dem Sicherungsgeber geschlossenen Vertrages und auf die sie leitenden Beweggründe, vor allem die der Bank im Hinblick auf den Sicherungsgeber, abzustellen. Dagegen kommt es bei **§ 826 BGB** wesentlich auf das Verhalten der Bank im Hinblick auf die benachteiligten Gläubiger des Sicherungsgebers an[6]. Vorsorge gegen solche zu mißbilligenden Benachteiligungen anderer Gläubiger hat der Gesetzgeber freilich vor allem durch die anfechtungsrechtlichen Vorschriften der bisherigen Konkursordnung und des Gesetzes betreffend die Anfechtung von Rechtshandlungen eines Schuldners außerhalb des Konkursverfahrens getroffen[7]. Beide Gesetze sind durch die neue Insolvenzordnung aufgehoben worden, deren 3. Abschnitt die anfechtungsrechtlichen Bestimmungen enthält.

6.6 Eine **Haftung der Bank** gegenüber anderen Gläubigern des Sicherungsgebers konnte sich bislang auch bei der Übernahme des Vermögens im Sinne des § 419 BGB ergeben. Diese haftungsbegründende Norm ist zwar durch die Insolvenzrechtsreform mit Ablauf des 31. Dezember 1998 außer Kraft getreten (Art. 33 Nr. 16 EG InsO); sie ist aber noch auf Vermögensübernahmen aus der Zeit bis zu ihrem Wegfall anzuwenden (IV.).

6.7 Schließlich kann die Hereinnahme von Kreditsicherheiten auch mit anderen rechtlichen Risiken verbunden sein. So kann die Gewährung eines Kredites an eine GmbH oder AG unter Hereinnahme einer Sicherheit für die Bank nachteilige Rechtsfolgen haben, wenn es sich für die Gesellschaft um ein eigenkapitalersetzendes Darlehen (§§ 32a, b GmbHG) handelt (V.).

---

5 BGH WM 1970, 399 = NJW 1970, 657, 658.
6 BGH WM 1963, 1093; 1970, 399.
7 BGH WM 1998, 968, 970.

I. Die Problematik einer Übersicherung der Bank

Die Besicherung der Kreditforderungen kann zu einer Übersicherung der Bank führen, die unter bestimmten Voraussetzungen zur **Unwirksamkeit des Sicherungsvertrages** führen kann. Eine Übersicherung ist immer dann gegeben, wenn der Wert der Sicherheiten angesichts der vereinbarten Deckungsgrenze die wirtschaftliche Bewegungsfreiheit des Sicherungsgebers in einem nach der BGH-Rechtsprechung unerträglichen Maße einschränkt[8]. Nach der Entscheidung des Großen Zivilrechtssenats des BGH vom 27. November 1997 ist dies der Fall, soweit die Sicherheiten nicht nur vorübergehend nicht mehr benötigt werden[9]. Dabei ist auf den **realisierbaren Wert der Sicherheit** abzustellen[10], also auf den Erlös, der bei der Verwertung der Sicherheiten erzielt werden kann[11]. Denn die Erzielung dieses Verwertungserlöses ist mit der Sicherheitsleistung bezweckt, um damit die notleidend gewordenen Forderungen der Bank durch Verrechnung (§ 389 BGB) zum Erlöschen zu bringen.

6.8

Die Problematik einer etwaigen Übersicherung beschränkt sich von vornherein auf die **nicht-akzessorischen Sicherheiten** in Gestalt der Sicherungsübereignung, Sicherungszession und der Sicherungsgrundschuld. Bei der Bürgschaft und dem Pfandrecht an beweglichen Sachen, Forderungen und Grundstücken (Hypotheken) als akzessorische Sicherheiten kann es zu keiner solchen Übersicherung kommen. Hier richtet sich der Umfang der Sicherheit nach dem jeweiligen Bestand der gesicherten Forderung[12].

6.9

Solche Übersicherungen sind insbesondere in den Fällen häufig anzutreffen, in denen ein Warenlager mit wechselndem Bestand übereignet oder die Forderungen der Sicherungsgeber gegen seine Abnehmer global der Bank übertragen werden. Bei diesen „revolvierenden" Globalsicherheiten läßt sich eine Übersicherung kaum vermeiden. Denn auch bei einem solchen sich laufend verändernden Bestand an Sicherungsgegenständen muß dem sachenrechtlichen Bestimmtheitsgrundsatz bzw. dem zessionsrechtlichen Bestimmbarkeitsgrundsatz zweifelsfrei Rechnung getragen werden, damit der Sicherungsvertrag überhaupt wirksam abgeschlossen werden kann[13].

6.10

---

8 GrSZ WM 1998, 227 ff.
9 GrSZ WM 1998, 227, 229.
10 GrSZ WM 1988, 237, 231, 133; BGH WM 1985, 605, 607; BGH WM 1993, 139, 140; 1998, 856, 857; *Merkel*, WM 1993, 725, 732 m.w.Nachw.
11 GrSZ WM 1998, 227, 232; BGH WM 1997, 750, 756 f.
12 *Ganter*, ZIP 1994, 257.
13 BGH WM 1986, 1545, 1547; *Weber*, WM 1994, 1549, 1559; *Bunte* in Bankrechts-Handbuch, § 21 Rn 20.

6. Teil: Kreditsicherung

6.11 Bei einer Übersicherung der Bank stellt sich die Frage, ob der Sicherungsvertrag wegen sittenwidriger Mißachtung der schutzwürdigen Interessen des Sicherungsgebers unwirksam ist (§ 138 BGB). Bei der üblichen Bestellung der Kreditsicherheiten unter Verwendung eines dem AGB-Gesetz unterworfenen **Formularvertrages** kann die Übersicherung überdies eine unangemessene Benachteiligung des Sicherungsgebers im Sinne der Generalklausel des AGB-Gesetzes (§ 9) darstellen.

6.12 Für **Individualverträge** ist dagegen der Überprüfungsmaßstab allein dem § 138 BGB zu entnehmen, der weniger streng ist als die Generalklausel des AGB-Gesetzes. Der § 138 Abs. 1 BGB erfordert **objektiv** eine Schädigung des Vertragspartners oder eines Dritten und **subjektiv** eine verwerfliche Gesinnung des Schädigers, wobei es stets entscheidend auf die besonderen Umstände des Einzelfalls ankommt. Dagegen liegt ein Verstoß gegen die Generalklausel des AGB-Gesetzes regelmäßig schon vor, wenn die formularmäßige Verteilung der beiderseitigen Rechte und Pflichten bei einer generalisierenden, von den konkreten Umständen des Einzelfalls absehenden Betrachtungsweise zu einem **erheblichen Ungleichgewicht** führt, das die Bank begünstigt und den Sicherungsgeber benachteiligt. Deshalb können Klauseln nach § 9 Abs. 1 AGBG unwirksam sein, obwohl sie noch nicht als sittenwidrig einzustufen sind[14].

6.13 Die rechtliche Problematik einer Übersicherung beruht insbesondere darauf, daß die Bank wegen der gegenseitigen Verhaltens- und Schutzpflichten, wie sie die bankmäßige Geschäftsverbindung als ein Vertrauensverhältnis prägen, auch bei der Geltendmachung ihres Besicherungsanspruchs auf die berechtigten Belange ihres Kreditnehmers Rücksicht zu nehmen hat[15]. Nach der Entscheidung des Großen Zivilrechtssenats des BGH vom 27. 11. 1997 hat der Sicherungsgeber ein schutzwürdiges Interesse daran, über Sicherungsgegenstände, die zur Absicherung der Bank nicht benötigt werden, schnell frei verfügen zu können, um sie insbesondere zur Kreditbeschaffung verwenden zu können[16]. Das Sicherungsinteresse der Bank ist deshalb gegen das Interesse des Sicherungsgebers an der Erhaltung seiner wirtschaftlichen Bewegungsfreiheit abzuwägen[17]. Eine die wirtschaftliche Dispositionsfreiheit unerträglich beschränkende Übersicherung kann zu einer sittenwidrigen Beeinträchtigung der Interessen des Sicherungsgebers führen[18]. Die Gefahr einer solchen unzulässigen

---

14 *Ganter*, ZIP 1994, 257, 258.
15 *Wolf/Horn/Lindacher*, § 23 Rn 754; *Bunte* in Bankrechts-Handbuch, § 21 Rn 1.
16 WM 1998, 227, 230.
17 BGH WM 1989, 1086, 1088; vgl. weiter *Ganter*, ZIP 1994, 257, 258; *Bunte* in Bankrechts-Handbuch, § 21 Rn 1, 20.
18 BGH WM 1985, 605, 607.

Übersicherung ist erst gegeben, wenn der Sicherungsvertrag auf eine unangemessene Benachteiligung des Sicherungsgebers im Sinne des § 9 AGBG hinausläuft[19].

Stellt sich die Frage, ob eine Übersicherung den Sicherungsgeber unangemessen benachteiligt (§ 9 AGBG) oder sogar als sittenwidrig (§ 138 BGB) erscheint, so ist nach der BGH-Rechtsprechung zwischen der **ursprünglichen** und der **nachträglichen Übersicherung** zu unterscheiden. Denn insbesondere bei den revolvierenden Globalsicherheiten läßt es sich wegen des sachenrechtlichen Bestimmtheitserfordernis bzw. dem zessionsrechtlichen Bestimmbarkeitsgrundsatz häufig nicht vermeiden, daß es während der Dauer der Kreditgewährung zu Übersicherungen kommt – Rn 6.23 ff. 6.14

1. Unschädlichkeit nachträglicher Übersicherungen durch ermessensunabhängige Freigabepflicht der Bank

Nach einhelliger Meinung von Rechtsprechung und Schrifttum wird eine nachträgliche Übersicherung dadurch vermieden, daß der Sicherungsgeber die Freigabe der Sicherheiten bei Erreichung einer die beiderseitigen Interessen berücksichtigenden konkreten Deckungsgrenze verlangen kann[20]. Der Zweck dieses Freigabeanspruchs ist es, die wirtschaftliche Bewegungsfreiheit des Sicherungsgebers sicherzustellen[21]. Eine solche **Freigabeverpflichtung** sehen die **AGB** der Kreditwirtschaft ausdrücklich vor (vgl. Nr. 16 Abs. 2 AGB Banken) – Rn 2.688 ff. Danach hat die Bank auf Verlangen des Kunden Sicherheiten nach ihrer Wahl zurückzugeben, wenn der realisierbare Wert aller Sicherheiten die Deckungsgrenze nicht nur vorübergehend übersteigt. Mangels besonderer Absprachen mit dem Kreditnehmer ist mit dieser Deckungsgrenze der Gesamtbetrag aller Ansprüche aus der bankmäßigen Geschäftsverbindung gemeint (Nr. 16 Abs. 1 AGB Banken). 6.15

Dieser **AGB-Klausel** kommt freilich nur eine **sekundäre Bedeutung** zu. Im Regelfall werden in den einzelnen Sicherstellungsverträgen besondere auf die jeweiligen Sicherheiten bezogene Deckungsgrenzen oder andere Grenzen für die Freigabe von Sicherheiten vorgesehen, die als Individualabsprache Vorrang haben (Nr. 16 Abs. 3 AGB)[22], sofern sie den Anforderungen der BGH-Rechtsprechung an die Wirksamkeit von Freigabeklauseln entsprechen. 6.16

---

19 BGH WM 1986, 1545, 1547.
20 BGH WM 1985, 605; 1986, 1545; 1990, 1389; 1991, 1499; 1993, 139, 140; *Ulmer/Brandner/Hensen*, Anh. §§ 9–11, Rn 656, 658.
21 GrSZ 1998, 227, 231, 232.
22 *Merkel*, WM 1993, 725, 732.

6.17 Nach dem Beschluß des Großen Zivilrechtssenats des BGH vom 27. 11. 1997 bedarf es freilich keiner solchen ausdrücklichen Freigabeklausel. Danach hat der Sicherungsgeber bei einer Übersicherung einen ermessensunabhängigen Freigabeanspruch auch dann, wenn der Sicherungsvertrag keine oder eine vom Ermessen der Bank abhängige Freigabeverpflichtung enthält. Dieser Freigabeanspruch des Sicherungsgebers ergibt sich nach der gemäß § 157 BGB gebotenen **Auslegung des Sicherungsvertrages** aus dem fiduziarischen Charakter der Sicherungsabrede sowie der Interessenlage der Vertragsparteien[23].

6.18 Werden Sicherheiten nicht nur vorübergehend nicht mehr benötigt und liegt damit eine endgültige Übersicherung vor[24], ist nach der Entscheidung des Großen Zivilrechtssenats des BGH ein weiteres Verbleiben bei der Bank ungerechtfertigt. Sodann ist eine **(Teil-)Freigabe zwingend** erforderlich und steht deshalb auch nicht im Ermessen der Bank. Einen **Ermessensspielraum** hat die Bank nur bei der Entscheidung, welche von ihren Sicherheiten sie freigeben will. Dies folgt aus § 262 BGB und entspricht dem Rechtsgedanken des § 1230 S. 1 BGB[25].

6.19 Wird dieser jeder fiduziarischen Sicherheit immanente Freigabeanspruch in einem formularmäßigen Sicherungsvertrag dadurch eingeschränkt, daß die Freigabe der **nicht mehr benötigten Sicherheiten** in das Ermessen der Bank gestellt wird, verstößt dies gegen die Generalklausel des AGB-Gesetzes (§ 9). Denn eine solche Beschränkung ersetzt den ermessensunabhängigen Freigabeanspruch durch einen bloßen Anspruch auf fehlerfreie Ermessensausübung innerhalb der Billigkeitsgrenzen. Hierdurch wird der Bank nach der Entscheidung des Großen Zivilrechtssenats ein zweckwidriger Entscheidungsspielraum eröffnet, obwohl feststeht, daß sie die Sicherheiten teilweise nicht mehr benötigt. Eine **ermessensabhängige Freigabeklausel** reduziert den Freigabeanspruch auf einen Freigabeprüfungsanspruch. Der Sicherungsgeber hat aber ein schutzwürdiges Interesse daran, über solche Sicherungsgegenstände schnell frei verfügen, insbesondere sie zur Kreditbeschaffung verwenden zu können[26]. Die wirtschaftliche Bewegungsfreiheit des Schuldners darf nach der Rechtsprechung des BGH nicht über Gebühr eingeschränkt werden[27].

6.20 Die Unwirksamkeit einer solchen ermessensabhängigen Freigabeklausel führt jedoch nicht zur gesamten Nichtigkeit der bestellten revolvierenden

---
23 WM 1998, 227, 229.
24 GrSZ WM 1998, 227, 229.
25 GrSZ WM 1998, 227, 229; vgl. weiter BGH WM 1997, 750, 754; 1197, 1199.
26 GrSZ WM 1998, 227, 230.
27 GrSZ WM 1998, 227, 231, 232.

Globalsicherheiten. Vielmehr tritt an die Stelle der unwirksamen Freigabeklausel die **ermessensunabhängige Freigabeverpflichtung der Bank** aus dem Sicherungsvertrag[28]. Mit Rücksicht auf diesen Freigabeanspruch fehlt es an einer Übersicherung der Bank, die zur Unwirksamkeit des Sicherungsvertrages führen könnte.

Für die Wirksamkeit der Sicherheitsleistung bedarf es in dem Sicherungsvertrag auch keiner zahlenmäßig bestimmten Deckungsgrenze für den Besicherungsanspruch der Bank noch einer Klausel für die Bewertung der hereingenommenen Sicherungsgegenstände[29]. Vielmehr sind für die Konkretisierung des Freigabeanspruchs die vom Großen Zivilrechtssenat des BGH entwickelten Grundsätze auf den zu entscheidenden Sachverhalt anzuwenden. 6.21

Mangels Vereinbarung einer angemessenen Deckungsgrenze beträgt diese Grenze bezogen auf den realisierbaren Wert der Sicherungsgegenstände **110% der gesicherten Forderungen**[30]. Hierbei sind die Kosten der Verwaltung und der Verwertung der Sicherheiten bereits berücksichtigt. Allgemein gültige Maßstäbe für die Bewertung der Sicherungsgegenstände bei Eintritt des Sicherungsfalls lassen sich im voraus weder bei der Sicherungsübereignung noch bei der Globalabtretung festlegen. Nach der Entscheidung des Großen Zivilrechtssenats des BGH läßt sich aber aus §§ 232 ff. BGB die widerlegliche Vermutung ableiten, daß dem Sicherungsinteresse der Bank durch einen Abschlag eines Drittels vom Nennwert der abgetretenen Forderungen oder vom Schätzwert sicherungsübereigneter Waren ausreichend Rechnung getragen wird (vgl. § 237 S. 1 BGB). 6.22

2. Ursprüngliche Übersicherung

Die Entscheidung des Großen Zivilrechtssenats des BGH, daß der jeder fiduziarischen Sicherheit immanente Freigabeanspruch des Sicherungsgebers eine Übersicherung verhindert, gilt nur für den Fall einer nachträglichen Übersicherung[31]. Deshalb ist bei der Beurteilung der Wirksamkeit formularmäßiger Globalsicherheiten weiterhin **§ 138 Abs. 1 BGB** auf die Fälle der **ursprünglichen Übersicherung** anwendbar[32]. Eine solche Übersi- 6.23

---

28 GrSZ WM 1998, 227, 230.
29 GrSZ WM 1998, 227, 230.
30 *Ganter*, WM 1998, 2045, 2046.
31 Vgl. die amtlichen Leitsätze des Beschlusses des GrSZ, abgedruckt in WM 1998, 227.
32 GrSZ WM 1998, 227, 231; BGH WM 1998, 856, 857; vgl. weiter BGH WM 1994, 1161, 1163; *Lwowski*, FS Schimansky, 1999, 388, 390; *Nobbe*, FS Schimansky, 1999, 431, 450.

cherung liegt vor, wenn bereits bei Abschluß des Sicherungsvertrages gewiß ist, daß in einem noch ungewissen Verwertungsfall ein auffälliges Mißverhältnis zwischen dem realisierbaren Wert der Sicherheit und dem der gesicherten Forderung bestehen wird. Dieser Bewertungsabschlag führt bei beweglichen Sachen dazu, daß dem Sicherungsgeber ein Freigabeanspruch erst regelmäßig zusteht, wenn der Marktpreis bzw. der Einkaufs- oder der Herstellungspreis der sicherungsübereigneten Waren, soweit sie zu berücksichtigen sind und andere Sicherheiten nicht zur Verfügung stehen, 150% der gesicherten Forderung ausmacht. Entsprechendes gilt bei Globalzessionen für den Nennwert der berücksichtigungsfähigen Forderungen[33].

6.24 Hierbei ist auf den **realisierbaren Wert** nach den ungewissen Marktverhältnissen im Falle einer Insolvenz des Schuldners abzustellen. Dieser Wert läßt sich nur anhand der Besonderheit des Einzelfalls in tatrichterlicher Verantwortung ermitteln, wobei erforderlichenfalls ein Sachverständiger hinzugezogen werden muß[34]. Bewertungsrisiken und -unschärfen muß dabei angemessen Rechnung getragen werden[35]. Hier hilft auch nicht die für das Entstehen eines Freigabeanspruchs wegen nachträglicher Übersicherung geltende Vermutung, daß dem Sicherungsinteresse des Gläubigers bereits durch einen Abschlag von einem Drittel vom Nennwert der abgetretenen Forderungen oder vom Schätzwert der sicherungsübereigneten Waren ausreichend Rechnung getragen wird[36]. Denn die für eine nachträgliche Übersicherung maßgebliche Deckungsgrenze unterscheidet sich gravierend von der maßgeblichen Grenze für die ursprüngliche Übersicherung[37]. *Nobbe* hat deshalb vor einer erneuten Fehlentwicklung der Rechtsprechung gewarnt[38].

6.25 Die ursprüngliche Übersicherung läßt den Sicherungsvertrag als sittenwidrig erscheinen, wenn dieses **Übermaß an Sicherheitsleistung** im Zeitpunkt des Abschlusses des Sicherungsvertrages nach seinem sich aus Inhalt, Beweggrund und Zweck des Geschäfts ergebenden Gesamtcharakter **mit den guten Sitten unvereinbar** ist[39]. Dabei muß die Übersicherung insbesondere auf einer verwerflichen Gesinnung der Bank beruhen[40]. Hiervon kann ausgegangen werden, wenn die Bank aus eigensüchtigen Gründen eine Rücksichtslosigkeit gegenüber den berechtigten Belangen des Sicherungsgebers an den Tag legt, die nach sittlichen Maßstäben unerträglich

---

33 GrSZ WM 1998, 227, 234.
34 BGH WM 1998, 856, 857.
35 BGH WM 1998, 248, 250; 856, 857.
36 BGH WM 1998, 856, 857.
37 *Nobbe*, FS Schimansky, 1999, S. 431, 447.
38 FS Schimansky, 1999, S. 431, 456; vgl. weiter *Lwowski*, FS Schimansky, 1999, S. 389 ff.
39 BGH WM 1994, 676; 1998, 856, 857.
40 BGH WM 1966, 13, 15.

ist[41]. Dies gilt insbesondere bei einer Anhäufung verschiedener Sicherheiten. Für die Feststellung einer sittenwidrigen Übersicherung ist eine abstrakte Prozentzahl, wie sie nach der Entscheidung des Großen Zivilrechtssenats des BGH für den Freigabeanspruch des Sicherungsgebers gilt[42], nicht geeignet. Die Rechtsfolgen der ursprünglichen und nachträglichen Übersicherung sind zu unterschiedlich[43]. Das Sicherungsgeschäft muß vielmehr im Zeitpunkt seines Abschlusses nach seinem Gesamtcharakter mit den guten Sitten unvereinbar sein. Dieser Gesamtcharakter wird durch Inhalt, Beweggrund und Zweck geprägt. Insbesondere muß der Sicherungsnehmer mit verwerflicher Gesinnung gehandelt haben. Hiervon kann ausgegangen werden, wenn die Bank aus eigensüchtigen Gründen eine Rücksichtslosigkeit gegenüber den berechtigten Belangen des Sicherungsgebers zeigt, die nach sittlichen Maßstäben unerträglich ist[44].

Eine solche **Kumulation verschiedener Sicherheiten** lag der Entscheidung des BGH vom 13. 3. 1998 zugrunde[45]. Dort waren nach einer den Kreditbetrag weit übersteigenden erstrangigen Grundschuldsicherheit das gesamte Warenlager mit seinem jeweiligen Bestand sowie alle Außenstände des Sicherungsgebers übertragen worden. Nach Auffassung des BGH kann hier bereits mit der Übertragung des Warenlagers ein sittlich anstößiges Mißverhältnis zwischen dem Wert der bestellten Sicherheiten und der Höhe der zu sichernden Forderung bestanden haben[46].

6.26

II. Nichtigkeit der Sicherheitenbestellung wegen Sittenwidrigkeit

Sicherungsverträge können nicht nur wegen sittenwidriger Übersicherung der Bank nichtig sein. Zu einem Verstoß gegen die guten Sitten im Sinne des § 138 BGB kann es auch aus anderen Gründen kommen. Für die **Beurteilung** kommt es darauf an, ob der konkrete Sicherheitenbestellungsvertrag mit grundlegenden Wertungen der Rechts- oder Sittenordnung unvereinbar ist[47].

6.27

Ähnlich wie bei den haftungsbegründenden sittenwidrigen Schädigungshandlungen des § 826 BGB haben sich auch bei den sittenwidrigen Geschäften im Sinne

6.28

---

41 BGH WM 1998, 856, 857.
42 BGH WM 1998, 227 ff.
43 *Ganter*, WM 1998, 2045, 2048; vgl. weiter *Nobbe*, FS Schimansky, 1999, S. 431, 447.
44 *Ganter*, WM 1998, 2045, 2048; vgl. weiter *Lwowski*, FS Schimansky, 1999, S. 389 ff.
45 BGH WM 1998, 856.
46 WM 1998, 856, 857.
47 *Palandt/Heinrichs*, § 138 Rn 7.

des § 138 Abs. 1 BGB **einzelne Fallgruppen** herausgebildet. Wie dort sind diese Fallgruppen nicht als Tatbestände mit festen Merkmalen ausgeprägt. Die Überprüfung eines Sicherheitenbestellungsvertrages auf Sittenwidrigkeit verlangt deshalb eine Gesamtbeurteilung aller relevanten Umstände des jeweiligen Einzelfalles. So kann eine Kreditbesicherung, die auf eine den § 30 GmbHG verletzende Rückgewähr des Stammkapitals hinausläuft, sittenwidrig sein, weil die Bank mit dem Gesellschafter, der den Kredit aufnimmt, bewußt zum Schaden der Gesellschaft oder deren Gläubiger (kollusiv) zusammengewirkt hat[48].

1. Kollision einer Globalzession mit verlängertem Eigentumsvorbehalt

6.29 Die im Rahmen des traditionellen Kreditgeschäfts vereinbarte Globalzession künftiger Kundenforderungen an eine Bank zur Sicherung eines Kredites ist in der Regel sittenwidrig und damit gemäß § 138 Abs. 1 BGB nichtig, soweit sie nach dem Willen der Vertragspartner auch solche Forderungen umfassen soll, die der Sicherungsgeber seinen Lieferanten aufgrund verlängerten Eigentumsvorbehalts künftig abtreten muß und abtritt[49]. Dasselbe gilt für eine Globalzession, die im Rahmen eines – insoweit gleichzusetzenden – unechten Factorings vereinbart wird[50].

6.30 Der Vorwurf der Sittenwidrigkeit beruht darauf, daß der Sicherungsnehmer oder Factor den Sicherungsgeber durch die vorrangige Globalzession zwingt, ständig Vertragsbrüche zu begehen, weil er ohne die Einräumung des verlängerten Eigentumsvorbehalts und der damit verbundenen Vereinbarung einer Vorausabtretung keine Ware mehr von seinem Lieferanten erhielte (**Vertragsbruchtheorie**). Die Beurteilung als sittenwidrig kann durch den Sicherungsnehmer oder Factor nur dadurch vermieden werden, daß den schutzwürdigen Belangen des Kreditnehmers sowie seiner Lieferanten ausreichend Rechnung getragen wird. Dies ist nach der Rechtsprechung des BGH nur dann der Fall, wenn die Ansprüche aus einem verlängerten Eigentumsvorbehalt der Globalzession mit dinglicher Wirkung vorgehen[51].

2. Bürgschaften und Schuldmitübernahmen vermögensloser Familienangehöriger

6.31 Der BGH hatte in mehreren Entscheidungen über die Mithaftung von vermögenslosen nahen Angehörigen für Bankkredite, insbesondere durch

---
48 BGH WM 1998, 968, 970.
49 BGH WM 1991, 1273, 1277 m.w.Nachw.
50 BGH WM 1987, 775, 776.
51 BGH WM 1979, 22, 13; 1991, 1273, 1277.

Übernahmen von Bürgschaften zu befinden[52]. Unerheblich ist, ob die Mithaftung in Form einer Bürgschaft oder einer „Mitantragstellung" auf dem Kreditantragsformular begründet worden ist[53]. Dabei war eine zentrale Frage, ob die zugrundeliegenden Sicherungsverträge wegen Sittenwidrigkeit unwirksam sind, weil bei der **Konkretisierung des § 138 BGB** die grundrechtliche Gewährleistung der Privatautonomie zu berücksichtigen ist. Das Bundesverfassungsgericht hatte deshalb in seinem Beschluß vom 19. 10. 1993[54] Anlaß, die Anwendung von § 138 Abs. 1 BGB insbesondere im Hinblick auf die Bestellung von Kreditsicherheiten näher zu bestimmen.

Hiernach sind bei der Auslegung und Anwendung der zivilrechtlichen Generalklauseln, also auch bei § 138 Abs. 1 BGB Grundentscheidungen der Verfassung zu beachten. Deshalb müsse die Konkretisierung der Generalklauseln durch die Grundrechte als „Richtlinien" mitbestimmt werden[55]. Dies bedeute, daß die Privatautonomie als Teil der allgemeinen Handlungsfreiheit (Art. 2 Abs. 1 GG), die allen Beteiligten des Zivilrechtsverkehrs zukomme, in ihrer Wechselwirkung zu sehen und so zu begrenzen sei, daß sie für alle Beteiligten möglichst weitgehend wirksam werde[56]. Der sachgerechte Interessenausgleich, der auf dieser Grundlage stattfinden müsse, ergebe sich im Vertragsrecht zunächst aus dem übereinstimmenden Willen der Vertragspartner. Habe jedoch **einer der Vertragsteile ein so starkes Übergewicht,** daß er den Vertragsinhalt faktisch einseitig bestimmen könne, bewirke dies für den anderen Vertragsteil Fremdbestimmung. Der darin liegende unangemessene Interessenausgleich der Vertragsparteien müsse durch eine entsprechende Beurteilung als sittenwidrig im Sinne von § 138 Abs. 1 BGB korrigiert werden[57]. Dabei sind in die Beurteilung, ob ein formularmäßiger Bürgschaftsvertrag nach § 138 Abs. 1 BGB nichtig ist, die nach den Bestimmungen des AGB-Gesetzes unwirksamen Abreden einzubeziehen[58].

6.32

Einschränkend hat jedoch das Bundesverfassungsgericht betont, daß schon aus Gründen der Rechtssicherheit ein Vertrag **nicht bei jeder Störung** des Verhandlungsgleichgewichts nachträglich in Frage gestellt oder

6.33

---

52 BGH WM 1989, 245; 480; 595; 1991, 313; 1154; 1992, 391; 1997, 2117.
53 BGH WM 1998, 2366.
54 WM 1993, 2199.
55 BVerfG WM 1993, 2199, 2202; vgl. hierzu die kritischen Anmerkungen von *Schapp*, ZBB 1999, 30 ff.; *Krämer*, FS Schimansky, 1999, S. 367 ff.; *Joswig*, FS Schimansky, 1999, S. 335 ff.
56 BVerfG WM 1993, 2199, 2202.
57 BVerfG WM 1993, 2199, 2203; WM 1997, 2117, 2118.
58 BGH WM 1997, 2117, 2119.

korrigiert werden dürfe. Nur wenn es sich um eine **typisierbare Fallgestaltung** handele, die eine strukturelle Unterlegenheit des einen Vertragsteils erkennen lasse und die Folgen des Vertrages für den unterlegenen Vertragsteil ungewöhnlich belastend seien, müsse die Zivilrechtsordnung darauf reagieren und Korrekturen ermöglichen[59]. Eine solche ausgeprägte Vertragsunterlegenheit des Bürgen ist nach dem BGH gegeben, wenn angesichts des krassen Mißverhältnisses zwischen dem Haftungsumfang und der Leistungsfähigkeit zu vermuten ist, daß die Bürgen sich auf eine solche Verpflichtung nur aufgrund emotionaler Bindung an den Hauptschuldner infolge mangelnder Geschäftsgewandtheit und Rechtskundigkeit eingelassen haben und die Bank dies in verwerflicher Weise ausgenutzt hat[60].

6.34 Der **BGH,** der die Sittenwidrigkeit (§ 138 Abs. 1 BGB) von Bürgschaften und Schuldmitübernahmen vermögensloser Angehöriger bislang ohne hinreichende Berücksichtigung dieser verfassungsrechtlichen Vorgaben beurteilt hat[61], macht die Nichtigkeit einer solchen Sicherheitenbestellung nunmehr von folgenden Voraussetzungen abhängig:

6.35 Zunächst müsse ein **grobes Mißverhältnis** zwischen der **übernommenen Haftung** und der **Leistungsfähigkeit des Bürgen** bestehen. Die Beurteilung der Leistungsfähigkeit hat sich in erster Linie an den Einkommens- und Vermögenverhältnissen in dem Zeitpunkt der Fälligkeit der Bürgschaftsforderung sowie der zu diesem Zeitpunkt erkennbaren weiteren Entwicklung zu orientieren[62]. Ein solches grobes Mißverhältnis bejaht der BGH regelmäßig, wenn die pfändbaren Einkünfte des Bürgen voraussichtlich nicht ausreichen, in fünf Jahren ein Viertel der Hauptsumme abzudecken[63].

6.36 Zudem müßten weitere, den Bürgen erheblich belastende Umstände vorliegen, die in Verbindung mit dem „auffälligen Mißverhältnis" zusammenfassend zu einer **unerträglichen Störung der Vertragsparität** führen. Die finanzielle Überforderung des Bürgen oder sonst Mithaftenden macht also das Rechtsgeschäft im allgemeinen noch nicht sittenwidrig[64]. Ein

---

59 BVerfG WM 1993, 2199, 2203; zur prozessualen Praktikabilität des Kriteriums „strukturelle Unterlegenheit" vgl. *Joswig*, FS Schimansky, 1999, S. 335, 346 ff.
60 BGH WM 1997, 2117, 2118.
61 Vgl. die Darstellung dieser Judikatur bei *Kreft*, WM 1992, 1425; *Grün*, WM 1994, 713 ff. für die Nachw. der Stellungnahmen im Schrifttum.
62 BGH 1996, 1124, 1127; vgl. weiter WM 1994, 676, 678; 680, 683.
63 BGH WM 1997, 2117, 2118.
64 BGH WM 1998, 2366, 2367; vgl. weiter *Joswig* zum Begriff der gestörten Vertragsparität, FS Schimansky, 1999, S. 350 ff.

belastender Umstand in diesem Sinne kann dabei insbesondere in der Verletzung der nach § 1618a BGB zwischen Eltern und Kindern bestehenden Beistands- und Rücksichtnahmepflicht liegen[65].

Liegen diese beiden Voraussetzungen vor, ist das Rechtsgeschäft objektiv sittenwidrig. Für die nach § 138 Abs. 1 BGB zudem erforderliche subjektive Sittenwidrigkeit muß der Gläubiger diese Umstände kennen, bzw. sich dieser Erkenntnis zumindest leichtfertig verschließen[66]. Das in dem **Ausnutzen der familiären Hilfsbereitschaft** liegende sittenwidrige Verhalten des Angehörigen könne der Bank zugerechnet werden, sofern sie eine solche Einflußnahme auf den Angehörigen kannte oder sich einer solchen Erkenntnis bewußt verschlossen habe[67]. Die durch das nahe Angehörigenverhältnis bestehende typische Gefahrenlage für die Entschließungsfreiheit des Angehörigen verlange es, die Anforderungen an die Sicherheitenpraxis der Banken in diesen Fällen zu erhöhen[68].

6.37

Die Sittenwidrigkeit ist im übrigen auch in den Fällen gegeben, in denen die Bank die von ihr verlangte Mithaft des Ehepartners als „reine Formsache" bezeichnet hat. Die Verharmlosung oder Verschleierung des Haftungsrisikos durch die Bank stellt eine sittenwidrige **Beeinträchtigung der Willensfreiheit** des finanziell überforderten Ehepartners dar[69].

6.38

III. Haftung wegen Gläubigergefährdung[70]

Die Gewährung oder Belassung besicherter Kredite durch eine Bank kann im Einzelfall ihre Haftung gegenüber dem Gläubiger des Kreditnehmers gemäß **§ 826 BGB** auslösen. Diese Vorschrift sieht eine Schadensersatzfolge bei vorsätzlicher sittenwidriger Schädigung vor. Dies stellt die wichtigste Anspruchsgrundlage für andere Gläubiger des Kreditnehmers gegen eine Bank dar.

6.39

Die **terminologische Bezeichnung** dieses Haftungstatbestandes ist nicht einheitlich. Während die höchstrichterliche Rechtsprechung von Gläubiger„gefährdung"

6.40

---

65 BGH WM 1994, 676, 678 f.; 680, 682 f.; 1998, 2327, 2329.
66 BGH WM 1994, 676, 679; 680, 683.
67 BGH WM 1994, 676, 678 f.; 680, 683.
68 BGH WM 1994, 676, 679; 680, 682 f.
69 BGH WM 1998, 2366, 2367.
70 *Mertens*, ZHR 143 (1979), 174; *Rümker*, ZHR 143 (1979), 195, Münchener Komm. zum BGB/*Mertens*, § 826 Rn 144 ff.; *Canaris*, Bankvertragsrecht³, Rn 130 ff.; *Gawaz*, Bankenhaftung für Sanierungskredite, Beiträge zum Insolvenzrecht, Bd. 16, 1997.

spricht[71], bevorzugt ein Teil des Schrifttums auch den Ausdruck Gläubiger„benachteiligung"[72]. Mitunter werden beide Ausdrücke auch als Synonyme verwendet[73]. Für den subjektiven Tatbestand dieser Haftung der Bank genügt bereits die billigend in Kauf genommene Möglichkeit einer Schädigung anderer Gläubiger[74] und damit einer Gläubigergefährdung.

6.41 Besondere Rechtsfragen werfen in diesem Zusammenhang **gesicherte Kredite** auf, die ein in Schwierigkeiten geratenes Unternehmen stützen sollen. Die haftungsrechtliche Behandlung dieser Sanierungsfälle gehört zu den rechtsdogmatisch schwierigen Problemen des Bankrechts.

6.42 Die Beurteilung der Frage, ob die Gewährung eines besicherten Kredites die haftungsbegründenden Voraussetzungen des § 826 BGB erfüllt, verlangt eine zusammenfassende Würdigung des einzelnen Vertrages, wobei einerseits alle für den Vertragsschluß wesentlichen äußeren Umstände, andererseits die innere Einstellung der Parteien zu berücksichtigen sind[75].

6.43 Die **Rechtsprechung** hat dabei für bestimmte Sachverhalte Grundsätze entwickelt, mit Hilfe derer sie die Beurteilung ähnlicher Fallgestaltungen vornimmt[76].

6.44 Bereits das **Reichsgericht**[77] hatte fünf Tatbestände sittenwidriger Sicherungsgeschäfte herauszuarbeiten versucht. Hierbei handelte es sich um die

(1) stille Geschäftsinhaberschaft des Sicherungsnehmers – hier ist der Sicherungsgeber sog. Strohmann des Sicherungsnehmers,

(2) Knebelung und Aussaugung des Schuldners,

(3) Kredittäuschung,

(4) Gläubigergefährdung und die

(5) Konkursverschleppung.

6.45 Nach der Rechtsprechung des BGH[78] handelt es sich jedoch bei den im Rahmen von § 826 BGB entwickelten Fallgruppen nicht um Tatbestände, deren Vorliegen das Sittenwidrigkeitsurteil ohne weiteres begründen würde. Vielmehr müsse in jedem zu beurteilenden Fall die zutreffende Würdigung neu aufgefunden werden, wobei die **Fallgruppen** und die für sie maßgeblichen Merkmale als **Anhaltspunkte** für die Feststellung der Sitten-

---

71 BGH WM 1970, 399; 1998, 227, 230; 968, 970.
72 *Palandt/Thomas*, § 826 Rn 36.
73 *Koller*, JZ 1985, 1013 ff.
74 BGH WM 1998, 968, 970.
75 BGH WM 1991, 88, 90.
76 *Steffen* in RGRK-BGB, § 826 Rn 43.
77 RGZ 136, 247, 253 f.
78 BGH WM 1962, 527, 529; 1970, 399 f.

widrigkeit dienen könnten[79]. Die Grenze zwischen dem, was einer Bank bei der Besicherung ihrer Kreditforderungen noch erlaubt ist, und dem, was für den redlichen Rechtsverkehr unerträglich und deshalb unsittlich ist, kann nicht fest gezogen werden; die Grenze ist vielmehr fließend[80].

Die Kreditgewährung oder -belassung unter Hereinnahme von Sicherheiten durch eine Bank kann in diesem Sinne der Fallgruppe der **Gläubigergefährdung** unterfallen. Ein Sittenverstoß kann hierbei darin liegen, daß sich ein Gläubiger zur an sich legitimen Verfolgung eigener Interessen, insbesondere zur Befriedigung seiner eigenen Forderung unlauterer Mittel bedient, durch die Ansprüche anderer Gläubiger vereitelt werden[81]. Die Unlauterkeit der Mittel kann sich dabei aus dem Maß der eigennützigen Mißachtung fremder Interessen, das der Gläubiger an den Tag legt, oder aus der Abhängigkeit des Schuldners von dem Gläubiger ergeben[82]. 6.46

Dabei genügt der bloße Verstoß gegen eine gesetzliche Norm, etwa des § 30 GmbHG durch eine stammkapitalmindernde Sicherheitsleistung regelmäßig nicht, auch wenn er vorsätzlich geschieht[83]. Bei Rechtshandlungen, deren Inhalt und Zweck im wesentlichen darin bestehen, die Gläubiger zu benachteiligen, regeln vor allem die Sondervorschriften der Insolvenz- bzw. Gläubigeranfechtung grundsätzlich abschließend, unter welchen Voraussetzungen die Gläubiger geschützt werden. Die Sittenwidrigkeit im Sinne der §§ 138, 826 BGB erfordert vielmehr, daß das Rechtsgeschäft **besondere, über die Gläubigerbenachteiligung hinausgehende Umstände** aufweist[84]. Daß die Kreditnehmerin fast ihr gesamtes freies Vermögen zur Sicherung überträgt und daher ihre anderen Gläubiger nur geringe Chancen hatten, ihre Forderungen realisieren zu können, reicht deshalb für die Annahme der Sittenwidrigkeit nicht aus[85]. Etwas anderes gilt aber dann, wenn die Gläubigergefährdung mit einer Täuschungsabsicht oder einem Schädigungsvorsatz einhergeht. Wird das Sicherungsgeschäft unter Umständen abgeschlossen, die dazu geeignet und bestimmt sind, andere Gläubiger darüber zu täuschen, daß der Schuldner kein freies Vermögen mehr hat, und dadurch zur Vergabe weiterer Kredite zu verleiten, kann ein Sittenverstoß in Betracht kommen[86]. 6.47

---

79 BGH WM 1991, 88, 90 für die parallele Problematik bei § 138 Abs. 1 BGB.
80 RGZ 85, 344, 345; BGH NJW 1970, 657, 658 = WM 1970, 399.
81 BGH WM 1985, 866, 868.
82 WM 1985, 866, 868 f.; *Steffen* in RGRK-BGB, § 826 Rn 26, 119.
83 BGH WM 1998, 968, 970; *Ganter*, WM 1998, 2045, 2048.
84 BGH WM 1993, 1106; 1995, 1735.
85 BGH WM 1956, 378; 1998, 968, 970.
86 BGH WM 1983, 1406 = NJW 1984, 728 f.; WM 1995, 995 = NJW 1995, 1668; WM 1998, 968, 970; OLG Köln, WM 1997, 762, 763.

6.48 Unter Berücksichtigung dieses Maßstabs kommen für eine **Gläubigergefährdung** durch Gewährung oder Belassung besicherter Kredite im wesentlichen **zwei unterschiedliche Fallkonstellationen** in Betracht[87]. Ausschlaggebendes Moment für die Schadensersatzpflicht ist in beiden Fällen die Täuschung Dritter über die Kreditwürdigkeit des Schuldners[88].

1. Kredittäuschung

6.49 Eine als sittenwidrig zu bewertende Mißachtung der Rücksichtspflichten der Bank gegenüber anderen Gläubigern kann in der Fallkonstellation der Kredittäuschung darin begründet sein, daß ein Unternehmen im wesentlichen nur durch den von der Bank eingeräumten Kredit am Leben erhalten wird und die Bank die dadurch gewonnene wirtschaftliche Machtstellung dazu ausnutzt, alle wesentlichen Vermögenswerte des Schuldners zu Sicherungszwecken in ihr Vermögen zu überführen, ohne daß dies nach außen hin hervortritt[89].

6.50 Die Sittenwidrigkeit kann ferner zu bejahen sein, wenn die Bank bei der Kreditgewährung damit rechnen muß, daß der Schuldner für die Geschäftsfortführung Kredite auch noch von Dritten braucht, die ihm bei Kenntnis des Ausmaßes der Sicherheitsübertragung seines Vermögens nicht mehr gewährt werden würden. Sittenwidrig ist das Verhalten der Bank in diesem Fall jedenfalls dann, wenn sie es darauf anlegt, Dritte über die wahre Geschäftslage des Schuldners zu täuschen, um sie zu Leistungen an ihn zu veranlassen[90].

6.51 Mit der Bewertung dieses Verhaltens der sicherungsnehmenden Bank als sittenwidrig wird zu berücksichtigen versucht, daß die in der Praxis besonders häufigen Sicherungsgeschäfte in Form der Sicherungsübereignung und der Sicherungszession mangels sachenrechtlichen Publizitätserfordernisses für Dritte nicht oder jedenfalls nicht ohne weiteres erkennbar sind. Hieraus resultieren besondere Gefahren im Hinblick auf die eigennützige Ausnutzung dieser Kenntnis durch die Bank als Sicherungsnehmerin[91].

---

87 OLG Schleswig WM 1982, 25, 27; Münchener Komm. zum BGB/*Mertens*, § 826 Rn 145; *Canaris*, Bankvertragsrecht³, Rn 130 ff.
88 Vgl. *Mertens*, ZHR 143 (1979), 174, 186; BGH WM 1970; 399.
89 BGH WM 1955, 1580, 1581; 1956, 283, 286; *Ganter*, WM 1998, 2045, 2048.
90 Vgl. OLG Zweibrücken WM 1985, 86, 88; Münchener Komm. zum BGB/*Mertens*, § 826 Rn 158; *Canaris*, Bankvertragsrecht³, Rn 130.
91 Vgl. *Canaris*, Bankvertragsrecht³, Rn 130.

2. Insolvenzverschleppung

Nachteilige Haftungsfolgen können für eine Bank im Zusammenhang mit der Fallgruppe der Insolvenzverschleppung insbesondere bei Sanierungssachverhalten praktische Bedeutung erlangen. In diesen Fällen wirkt die Bank über ihre Gläubigerrolle hinaus an der Bewahrung eines Unternehmens vor seinem drohenden Zusammenbruch mit dem Ziel der Wiederherstellung seiner Ertragsfähigkeit mit[92]. Bei einem derartigen Sachverhalt hindert grundsätzlich der Sanierungszweck die Bewertung der damit verbundenen Insolvenzverschleppung als sittenwidrig. 6.52

Zu einer Gläubigergefährdung kann es allerdings kommen, wenn die Bank das insolvenzreife Unternehmen in Kenntnis der Situation durch gesicherte Kredite oder deren Belassung noch eine Zeit lang am Leben erhält, um die eigenen Kredite zurückzuführen, ohne daß eine durchgreifende Sanierung beabsichtigt und möglich ist[93]. 6.53

Das Sittenwidrigkeitsurteil hängt in diesen Fällen entscheidend von der Bewertung ab, in welcher Weise die Bank eigennützige Ziele und Interessen verfolgt. Denn grundsätzlich braucht die Bank ihre eigenen Interessen nicht hinter den Belangen anderer Gläubiger zurücktreten zu lassen[94] und diese daher auch nicht von rechtsgeschäftlichen Kontakten mit dem insolvenzreifen Unternehmen abzuhalten. 6.54

Wer ein notleidendes Unternehmen zu retten versucht, verstößt nach der Rechtsprechung des BGH[95], sofern er die Krise den Umständen nach als überwindbar und darum Bemühungen um ihre Behebung als lohnend ansehen darf, nicht schon deshalb gegen die guten Sitten, weil ein solcher Versuch die Möglichkeit des Mißlingens und damit eine Schädigung nicht informierter Geschäftspartner einschließt. Von dem Vorwurf sittenwidrigen Verhaltens kann sich die Bank nur entlasten, wenn sie aufgrund einer sachkundigen und sorgfältigen Prüfung der Lage des Kreditnehmers und insbesondere seiner Geschäftsaussichten überzeugt sein durfte, das Sanierungsvorhaben werde erfolgreich sein und eine Schädigung Dritter werde letztlich nicht eintreten[96]. Bei nur schwer überschaubaren geschäftlichen Verhältnissen des Kreditnehmers kann sich die Einschaltung eines neutralen Sachverständigen empfehlen. Zu weitgehend erscheint 6.55

---

92 Münchener Komm. zum BGB/*Mertens*, § 826 Rn 152.
93 Vgl. BGH WM 1965, 475, 476; OLG München WM 1999, 1113, 1115.
94 BGH WM 1970, 399, 400.
95 BGH WM 1979, 878, 883 m.w.Nachw.; vgl. weiter *Batereau*, WM 1992, 1517.
96 BGHZ 10, 228, 234; *Obermüller*, Insolvenzrecht in der Bankpraxis, 5. Aufl., 1997, Rn 6.53 m.w.Nachw.

freilich die Ansicht, wie sie der BGH in dem Leitsatz seiner Entscheidung vom 9. 7. 1953[97] formuliert hat, eine Bank sei bei einem Sanierungskredit in der Regel verpflichtet, vor der Krediteinräumung durch einen branchenkundigen Wirtschaftsfachmann eingehend überprüfen zu lassen, ob das Sanierungsvorhaben Erfolg verspricht[98].

6.56 Erst wenn ernste Zweifel an dem Gelingen eines Sanierungsversuchs bestehen und deshalb damit zu rechnen ist, daß er den Zusammenbruch des Unternehmens allenfalls verzögern, aber nicht auf die Dauer verhindern wird, kann der Vorwurf sittenwidrigen Handelns zum Schaden der Gläubiger vor allem dann berechtigt sein, wenn dieses Handeln auf eigensüchtigen Beweggründen beruht[99].

6.57 Für die Beurteilung als sittenwidrig genügt dabei bereits ein besonders leichtfertiges und damit gewissenloses Verhalten der Bank[100]. Zudem muß sie für die Haftung aus § 826 BGB bedingten Schädigungsvorsatz besessen, d.h. die Möglichkeit einer Schädigung anderer Gläubiger zumindestens in Kauf genommen haben[101]. Kennt die Bank Umstände, die den Schluß auf einen bevorstehenden Zusammenbruch des Kreditnehmers aufdrängen, so handelt sie bereits dann sittenwidrig, wenn sie sich über die Möglichkeit einer solchen Drittschädigung mindestens grob fahrlässig hinweg gesetzt hat[102]. Durfte die Bank dagegen davon ausgehen, der Bankkunde werde mit dem gewährten Kredit den Geschäftsbetrieb ordnungsgemäß weiterführen, kann ihr nicht vorgeworfen werden, sich sittenwidrig über die Belange anderer Gläubiger hinweggesetzt zu haben[103].

6.58 Vorsatz und Sittenwidrigkeit sind grundsätzlich getrennt festzustellen[104]. Aus einem sittenwidrigen Verhalten kann nach der BGH-Rechtsprechung auch gefolgert werden, daß eine Schädigung in Kauf genommen, also zumindest bedingt vorsätzlich gehandelt worden ist[105].

6.59 Im Hinblick auf die Bestellung von Sicherheiten können verschiedene Verhaltensweisen einer Bank zur Insolvenzverschleppung als sittenwidrig zu beurteilen sein.

---
97 BGHZ 10, 228; vgl. ferner BGH WM 1971, 441, 442.
98 Vgl. *Obermüller*, Insolvenzrecht in der Bankpraxis, 5. Aufl., 1997, Rn 6.28.
99 BGH WM 1979, 878, 883.
100 *Steffen* in RGRK-BGB, § 826 Rn 30.
101 BGH WM 1998, 968, 970.
102 BGH WM 1998, 968, 970.
103 BGH WM 1983, 1406; 1998, 968, 970.
104 *Palandt/Thomas*, § 826 Rn 9.
105 BGH WM 1986, 904, 906.

a) Stillhalten

Im Einzelfall kann das Stillhalten der Bank in der kritischen Situation des Kreditnehmers sittenwidrig sein, wenn es mit dem Versuch verbunden ist, die Sicherung der eigenen Kredite mit Hilfe der von anderen Gläubigern zur Verfügung gestellten Vermögenswerte zu verbessern[106]. 6.60

b) Sittenwidrige Kreditgewährung

Ferner kann es sittenwidrig sein, wenn die Bank dem Unternehmen keinen Kredit in der Höhe geben oder belassen will, den es zur Sanierung braucht, sondern nur einen solchen Kredit, der das wirtschaftliche Überleben lediglich für eine kurze Zeit verlängert, damit sich die Bank in der Zwischenzeit aus ihren Sicherheiten ungehindert oder besser befriedigen kann[107]. 6.61

Eine gleiche Bewertung gilt in der Konstellation, in der die Bank einen zur Sanierung nicht ausreichenden Kredit gewährt, der den Fortbestand des Unternehmens nur kurze Zeit sichert, der Kreditnehmer aber durch die Besicherung des gewährten Kredits aller zur Verfügung stehenden Sicherheiten beraubt wird[108]. 6.62

IV. Haftung wegen Vermögensübernahme

Bei der Hereinnahme von Sicherheiten hatte die Bank bis zum Inkrafttreten der Insolvenzrechtsreform zum 1. 1. 1999 darauf zu achten, daß sie hierbei nicht das gesamte Vermögen des Sicherungsgebers übernimmt. Nach dem BGH[109] scheidet eine solche Vermögensübernahme erst aus, wenn der beim Veräußerer verbliebene Vermögensteil rd. 15% des bisherigen Vermögens ausmacht. Anderenfalls können die Gläubiger unbeschadet der Fortdauer der Haftung des Vermögensveräußerers von dem Abschluß des Übernahmevertrages an ihre zu dieser Zeit bestehenden Ansprüche auch gegen den Übernehmer geltend machen (**§ 419 Abs. 1 BGB**). Das Vermögen des Schuldners ist die natürliche Grundlage für die ihm gewährten Kredite; diese Haftungsgrundlage soll dem Gläubiger erhalten bleiben[110]. Dem liegt der deutschrechtliche Gedanke zugrunde, 6.63

---

106 Vgl. BGH WM 1964, 671, 764; Münchener Komm. zum BGB/*Mertens*, § 826 Rn 159.
107 BGH WM 1970, 399, 400 m.w.Nachw. = NJW 1970, 657, 658.
108 Münchener Komm. zum BGB/*Mertens*, § 826 Rn 158.
109 WM 1993, 606, 610 m.w.Nachw.
110 BGH WM 1993, 608; 1137, 1138.

wonach Schulden als eine „Last" des Vermögens bei dessen Übertragung mit übergehen müßten[111]. Mit der Insolvenzrechtsreform tritt § 419 BGB **außer Kraft** (Art. 33 Nr. 16 EG InsO)[112]. Denn rechtssystematisch gehört diese Regelung in den Bereich des Gläubigerschutzes, wie er durch Anfechtung nach der Insolvenzordnung gewährleistet ist[113].

6.64 Der Wegfall des § 419 BGB ist mit einer Verschärfung des Anfechtungsrechts innerhalb und außerhalb des Insolvenzverfahrens verknüpft worden. Es ist deshalb auch für die Fälle der ganz oder teilweise unentgeltlichen Vermögensübernahme keine Lücke im Haftungssystem zu befürchten[114]. Der § 419 BGB bleibt jedoch auf Vermögensübernahmen aus der Zeit **vor dem 1. 1. 1999** weiterhin **anwendbar**[115].

1. Sicherungsübereignung als Vermögensübernahme

6.65 Der gesetzliche Haftungstatbestand der Vermögensübernahme im Sinne des § 419 BGB wirft eine Reihe von **Zweifelsfragen** auf. So ist umstritten, ob in einer Sicherungsübereignung überhaupt eine Vermögensübernahme liegen kann. Nach einem Teil des Schrifttums[116] kann § 419 BGB seinem Zweck nach nur angewendet werden, wenn das Vermögen endgültig und ohne Gegenleistung den Gläubigern entzogen wird. Die Sicherungsübereignung sei jedoch nur formeller Natur und diene lediglich als Ersatz für ein besitzloses Pfandrecht. In einer solchen Verpfändung kann jedoch nach allgemeiner Ansicht keine Übertragung des Vermögens gesehen werden[117]. Der Vermögensübergang muß für den Gläubiger den dauernden Entzug des haftenden Vermögens mit sich bringen[118].

6.66 Auch nach der Rechtsprechung des **BGH** muß der Vermögensübergang für den Gläubiger den **dauernden Entzug** des haftenden Vermögens mit sich bringen[119]. Dementsprechend ist ihr zufolge § 419 BGB auf eine Sicherungsübereignung jedenfalls dann anzuwenden, wenn sie dem Gläubiger durch die getroffenen Absprachen das Vermögen auf Dauer entzieht und darüber hinaus dem Sicherheitenbesteller kein entsprechender Gegen-

---

111 Münchener Komm. zum BGB/*Möschel*, § 419 Rn 1.
112 BGBl. 1994, 2911, 2925.
113 *Schmidt*, ZIP 1989, 1025, 1026.
114 Münchener Komm. zum BGB/*Möschel*, § 419 Rn 4.
115 *Palandt/Heinrichs*, § 419 Rn 1.
116 Vgl. die umfassende Literaturübersicht in BGH WM 1981, 716 f.
117 BGH WM 1970, 817.
118 BGH WM 1989, 1578, 1580 m.w.Nachw.
119 BGH WM 1989, 1578, 1580 m.w.Nachw.

wert zugeflossen ist, auf den seine sonstigen Gläubiger zurückgreifen könnten[120].

Weitere Voraussetzung ist nach dem BGH, daß der Bank als Sicherungsnehmerin von vornherein die **Befugnis zur Verwaltung und Verwertung der übernommenen Vermögensgegenstände** eingeräumt wird. Bei einer solchen Fallgestaltung erhält die Bank nicht nur eine formale Rechtsposition. Sie erwirbt vielmehr die dem Eigentümerrecht eigene materielle Verwaltungs- und Verwertungsbefugnis. Hier wird im Gegensatz zur Bestellung eines Pfandrechts das Vermögen nicht nur vorübergehend der Bank übertragen. Den Gläubigern des Sicherungsgebers wird daher eine als natürliche Grundlage des gewährten Kredits dienende Haftungsmasse endgültig entzogen. Dies rechtfertigt es, auf eine solche Sicherungsübertragung § 419 Abs. 1 BGB nach seinem Sinn und Zweck anzuwenden[121].

6.67

Dies gilt auch für den Fall, daß der Schuldner sein Vermögen zum Zwecke der Verwertung für seine Gläubiger ohne deren Zustimmung **außergerichtlich auf einen Treuhänder** überträgt[122].

6.68

Für die Haftung des Übernehmers nach § 419 Abs. 1 BGB ist es im übrigen grundsätzlich **unerheblich,** zu welchen Zwecken die Vermögensübertragung erfolgt ist. Es genügt also, wenn diese Übertragung an Erfüllungs Statt oder erfüllungshalber erfolgt. Denn § 419 Abs. 1 BGB knüpft die Haftung für die Schulden allein an die Übertragung der Rechtszuständigkeit am Vermögen, ohne nach dem Zweck der Übertragung zu unterscheiden[123].

6.69

2. Haftung bei Vermögensübertragung durch mehrere, rechtlich selbständige Einzelakte

Problematisch ist auch die Frage der Haftung, wenn die Vermögensübernahme nicht auf einmal, sondern in mehreren Einzelakten erfolgt. Hier setzt nach dem BGH[124] eine Haftung voraus, daß die rechtlich selbständigen Einzelakte in ihrer Zusammenfassung praktisch das gesamte Vermögen des Schuldners erschöpfen und zwischen ihnen ein enger zeitlicher und sachlicher (wirtschaftlicher) Zusammenhang, also eine **Zweckeinheit**

6.70

---

120 BGH WM 1981, 716, 717; ebenso für den Fall der Sicherungsabtretung BGH WM 1985, 866, 867.
121 BGH WM 1985, 866, 867.
122 BGH WM 1993, 1137, 1138 ff.
123 BGH WM 1985, 866, 867.
124 BGH WM 1985, 866, 867; 1993, 606, 608.

gegeben ist. Auch muß dem Erwerber bewußt sein, daß die verschiedenen Einzelakte das Vermögen des Übertragenden im wesentlichen aufzehren[125].

6.71 Bei solchen sich **mehrstufig vollziehenden Vermögensübernahmen** kommt es schließlich entscheidend auf den Zeitpunkt der Entstehung der Forderung an. Nach ständiger BGH-Rechtsprechung genügt es hierfür, daß die Forderung „im Keime" zur Entstehung gelangt ist[126]. Diese Voraussetzungen sind im Falle des Finanzierungsleasing bei den während der Grundmietzeit fälligen Leasingraten als betagte Forderungen gegeben. Dasselbe gilt aber auch bei den im Anschluß an die feste Grundmietzeit zu entrichtenden Leasingraten, selbst wenn sie nicht als betagte, sondern nur als aufschiebend befristete, abschnittsweise zum jeweiligen Zahlungstermin entstehende Forderungen zu qualifizieren sind[127].

V. Besicherung eigenkapitalersetzender Darlehen

6.72 Die Gewährung eines Kredites an eine GmbH oder AG unter Hereinnahme einer Sicherheit kann für die Bank nachteilige Rechtsfolgen haben, wenn dem Darlehen für die betreffende Gesellschaft eigenkapitalersetzende Funktion zukommt. Rechtsgrundlage hierfür sind in erster Linie die §§ 32a, b GmbHG. Der Grundgedanke dieser Regelung ist die **Verantwortung des Gesellschafters** für eine **ordnungsgemäße Unternehmensfinanzierung**, die ihn in der Krise der Gesellschaft zwar nicht positiv verpflichtet, fehlendes Kapital aus seinem Vermögen nachzuschießen, der er sich aber nicht in der Weise zum Nachteil der Gläubiger entziehen kann, daß er bei einer tatsächlich beabsichtigten Finanzhilfe, anstatt sie durch die objektiv gebotene Einbringung haftenden Kapitals zu leisten, auf eine andere, ihm weniger riskant erscheinende Finanzierungsform ausweicht[128].

6.73 Der Anwendungsbereich der §§ 32a, b GmbHG erstreckt sich ausdrücklich nur auf die GmbH; nach der Rechtsprechung des BGH[129] können jedoch auch **Aktionärsdarlehen** als eigenkapitalersetzend behandelt werden.

6.74 Dies setzt jedoch anders als im GmbH-Recht ein eigenunternehmerisches Interesse des kreditgewährenden Aktionärs voraus, das regelmäßig erst ab der Innehabung

---

125 BGH WM 1993, 606, 608.
126 BGH WM 1993, 606, 609.
127 BGH WM 1993, 606, 609.
128 BGH WM 1984, 625, 627.
129 BGH WM 1984, 625, 626 f.

einer Sperrminorität von einem Viertel des Grundkapitals bejaht werden kann[130]. Der dadurch eröffnete Anwendungsbereich ist in der Praxis von besonderer Bedeutung, weil Bankbeteiligungen an Gesellschaften mbH die Ausnahme bilden.

6.75 Sofern die **Bank an der Gesellschaft beteiligt** ist, unterstehen die von ihr der Gesellschaft gewährten Darlehen nach dem BGH und der herrschenden Meinung den Vorschriften über eigenkapitalersetzende Darlehen in gleicher Weise wie die Darlehen anderer Gesellschafter. Ein allgemeines **Sanierungs- oder Bankenprivileg** wurde demnach bislang nicht anerkannt[131]. Der Art. 10 des Gesetzes zur Kontrolle und Transparenz im Unternehmensbereich (Kon TraG) hat § 32a Abs. 3 GmbHG einen Satz 3 zugefügt, der den Erwerb von Anteilen an der GmbH in der Krise der Gesellschaft durch einen Darlehensgeber regelt. Danach führt ein solcher Erwerb für die bestehenden oder neugewährten Kredite dieses Anteilerwerbs nicht zur Anwendung der Regeln über den Eigenkapitalersatz[132].

6.76 Bei den daraus resultierenden Rechtsfolgen für die Bank können vor allem folgende Fallgestaltungen unterschieden werden.

1. Gewährung eines eigenkapitalersetzenden Darlehens gegen Sicherheiten

6.77 Sofern die Bank oder ein mit ihr verbundenes Unternehmen an der Gesellschaft beteiligt ist, können von ihr gewährte Darlehen den Vorschriften über eigenkapitalersetzende Gesellschafterdarlehen unterfallen, falls die allgemein für diese geltenden Voraussetzungen erfüllt sind. Vor allem muß das Darlehen eigenkapitalersetzend sein, d.h. die Bank muß der Gesellschaft zu einem Zeitpunkt, in dem ihr die Gesellschafter als ordentliche Kaufleute Eigenkapital zugeführt hätten, statt dessen ein Darlehen gewährt haben (§ 32a Abs. 1 S. 1 GmbHG). Ist dies der Fall, bestehen die nachteiligen Rechtsfolgen im wesentlichen darin, daß die Bank den Darlehensrückgewährsanspruch im Insolvenzverfahren über das Vermögen der Gesellschaft nur als nachrangige Insolvenzgläubigerin geltend machen kann (§ 32a Abs. 1 S. 1 GmbHG). In dieser Situation kann sich die Bank aus den für das Darlehen bestellten Sicherheiten der Gesellschaft auch nicht mehr abgesondert befriedigen[133].

---

130 BGH WM 1993, 625, 627.
131 BGH WM 1992, 1655, 1656; *Hachenburg/Ulmer*, GmbHG, 8. Aufl., 1992, § 32a, b Rn 62 f. m.w.Nachw.; vgl. auch BGH WM 1988, 1525, 1527.
132 Vgl. hierzu *Pichler*, WM 1999, 411 ff.
133 *Scholz/K. Schmidt*, GmbHG, 8. Aufl., 1993, §§ 32a, 32b Rn 56.

6.78 Hinsichtlich akzessorischer Sicherheiten folgt dies daraus, daß die gegen die Forderung bestehenden Einwendungen regelmäßig auch gegen das Sicherungsrecht wirken (vgl. § 1137 Abs. 1 BGB). Die Einwendung aus § 32a Abs. 1 GmbHG, die in der Insolvenz der Gesellschaft die Geltendmachung der Forderung verhindert, schließt daher auch die Durchsetzung der Sicherheit aus[134]. Wie das entsprechende Ergebnis hingegen bei nichtakzessorischen Sicherheiten zu begründen ist, ist umstritten. Neben dem Rechtsgedanken der §§ 32a Abs. 1 S. 1, 30 Abs. 1 GmbHG[135] werden die Einrede der Insolvenzanfechtung der Sicherungsgewährung gemäß § 135 InsO[136] sowie die Einrede der ungerechtfertigten Bereicherung (§ 812 BGB) zur Begründung herangezogen[137].

2. Gesellschaftsanteile als Sicherungsgrundlage des Darlehens

6.79 Nachteilige Rechtsfolgen hat die Bank ferner zu befürchten, wenn sie sich Gesellschaftsanteile als Sicherheit übertragen oder – unter bestimmten Voraussetzungen – verpfänden läßt. Da es für die Qualifizierung eines Darlehens als eigenkapitalersetzend auf die Gesellschaftereigenschaft im Zeitpunkt der Gewährung oder Belassung des Darlehens ankommt, ist es ausreichend, wenn der Erwerb der Gesellschaftsanteile oder deren Verpfändung erst im Zusammenhang mit der Darlehensgewährung erfolgt[138]. Läßt sich daher eine Bank Gesellschaftsanteile als Sicherheit übertragen oder verpfänden, kann dies den eigenkapitalersetzenden Charakter des Darlehens begründen, sofern zusätzlich die dafür geltenden allgemeinen Voraussetzungen vorliegen oder später eintreten. Im einzelnen ist dabei zwischen den verschiedenen Sicherungsrechten zu unterscheiden.

6.80 Ohne weiteres können diese Rechtsfolgen bei der Sicherungsabtretung von Gesellschaftsanteilen an die Bank eintreten, weil für die Anwendung der Vorschriften über die eigenkapitalersetzenden Darlehen die formale Gesellschafterstellung entscheidend ist[139].

6.81 Erwirbt jedoch die kreditgebende Bank in der Krise der Gesellschaft Geschäftsanteile zum Zwecke der Überwindung der Krise, führt dies für ihre bestehenden oder neu gewährten Kredite nicht zur Anwendung der Regeln über den Eigenkapitalersatz (§ 32a Abs. 3 S. 3 GmbHG).

---

134 *Hachenburg/Ulmer,* GmbHG, 8. Aufl., 1992, § 32a, b Rn 71 m.w.Nachw.
135 *Scholz/K. Schmidt,* GmbHG, 8. Aufl., 1993, §§ 32a, 32b Rn 56.
136 *Hachenburg/Ulmer,* GmbHG, 8. Aufl., 1992, §§ 32a, b Rn 71, m.w.Nachw.
137 *Hachenburg/Ulmer,* GmbHG, 8. Aufl., 1992, §§ 32a, b Rn 71.
138 *Scholz/K. Schmidt,* GmbHG, 8. Aufl., 1993, §§ 32a, 32b Rn 31, 33; *Hachenburg/Ulmer,* GmbHG, 8. Aufl., 1992, § 32a, b Rn 38 f.
139 BGH WM 1988, 1525, 1527; *Scholz/K. Schmidt,* GmbHG, 8. Aufl., 1993, §§ 32a, 32b Rn 30.

Mangels Gesellschaftereigenschaft kann dagegen ein Pfandrechtsgläubiger an dem Geschäftsanteil einer GmbH nur nach § 32a Abs. 3 GmbHG in die Rechtsfolgen eigenkapitalersetzender Darlehensgewährung einbezogen werden; diese Bestimmung erfaßt auch Rechtshandlungen Dritter. Nach dem BGH[140] unterliegt der Pfandgläubiger an dem Geschäftsanteil dem Anwendungsbereich des § 32a GmbHG jedoch grundsätzlich nur dann, wenn er sich zusätzlich Befugnisse einräumen läßt, die es ihm ermöglichen, die Geschicke der GmbH ähnlich wie ein Gesellschafter (mit-)zubestimmen.   6.82

Der Pfandgläubiger erhält durch die Verpfändung nur das Recht, sich aus dem Gesellschaftsanteil durch dessen Verwertung nach den für die Zwangsvollstreckung geltenden Vorschriften (§ 1277 BGB) zu befriedigen. Das Pfandrecht erfaßt dabei grundsätzlich nicht die Mitgliedschafts- und Gewinnbezugsrechte. Der verpfändende Gesellschafter bleibt daher regelmäßig in der Ausübung der Mitgliedschaftsrechte und insbesondere auch in der Ausübung des Stimmrechts frei. Das Pfandrecht gewährt damit dem Pfandgläubiger grundsätzlich keinen Einfluß auf die Gesellschafterstellung des Verpfändenden. Dies verbietet es regelmäßig, ihn wie einen Gesellschafter in die Verantwortung für die Finanzierung der Gesellschaft einzubeziehen[141].   6.83

Hat sich die Bank als Pfandrechtsgläubigerin in atypischer Weise zusätzlich Befugnisse einräumen lassen, unterfallen die Darlehensgewährung sowie die bestellten Sicherheiten den oben bezeichneten nachteiligen Rechtsfolgen[142].   6.84

3. Gesellschafterbesicherte Drittdarlehen[143]

Nachteilig kann sich das Recht der eigenkapitalersetzenden Gesellschafterdarlehen auf eine bankmäßige Kreditgewährung unter Hereinnahme einer Sicherheit auch dann auswirken, wenn die Bank weder Gesellschafterin noch Pfandrechtsgläubigerin eines Gesellschaftsanteils ist. Dies kommt in Betracht, wenn die Bank als Dritte der Gesellschaft zu einem Zeitpunkt, in dem ihr die Gesellschafter als ordentliche Kaufleute Kapital zugeführt hätten, ein Darlehen unter Besicherung durch einen Gesellschafter gewährt. Dabei ist ohne Belang, ob die Bank Kenntnis von dem eigenkapitalersetzenden Charakter des Darlehens hatte[144].   6.85

---

140 BGH WM 1992, 1655, 1656; vgl. dazu *Dreher*, ZGR 1994, 144.
141 BGH WM 1992, 1655, 1656.
142 BGH WM 1992, 1655, 1656; zur Frage, welche Nebenabreden als schädlich anzusehen sind vgl. näher *Dreher*, ZGR 1994, 144, 147 ff.
143 *Ganter*, WM 1998, 2045, 2050.
144 *Hachenburg/Ulmer*, GmbHG, 8. Aufl., 1992, § 32a, b Rn 133.

6.86 In diesem Fall kann die Bank gemäß § 32a Abs. 2 GmbHG in der Insolvenz über das Vermögen der Gesellschaft nur für den Betrag verhältnismäßige Befriedigung verlangen, mit dem sie bei der Inanspruchnahme der Sicherheit ausgefallen ist. Durch die Regelung werden somit die Rechte der Bank aus der Gesellschaftersicherheit nicht berührt. Die Bank wird im Ergebnis lediglich darauf verwiesen, sich wegen der Rückzahlung des Darlehens zunächst an den Gesellschafter als Sicherungsgeber zu halten.

6.87 Für die in der Praxis nicht seltene Fallkonstellation, daß die Bank sowohl von einem Gesellschafter als auch von der Gesellschaft selbst eine Sicherheit für ihr Darlehen erhalten hat, fehlt es an einer gesetzlichen Regelung. Nach dem BGH[145] kann jedoch die Bank aus der von der Gesellschaft geleisteten Sicherheit Befriedigung suchen, ohne vorrangig die vom Gesellschafter bestellte Sicherheit in Anspruch nehmen zu müssen.

4. Keine Anwendbarkeit der Kapitalerhaltungsvorschriften (§§ 30, 31 GmbHG, 57 AktG)

6.88 Kredite an Konzernunternehmen werden in der Praxis häufig durch andere Konzerngesellschaften mitbesichert. Im einzelnen ist streitig, ob in solchen Fällen die Kapitalerhaltungsvorschriften der §§ 30, 31 GmbHG und des § 57 AktG auf die Bank als Nichtgesellschafter Anwendung finden und damit Bestellung und Verwertung der Sicherheiten entgegenstehen würden. Strittig ist insbesondere, ob in solchen Fällen eine Gläubigergefährdung bereits dann vorliegt, wenn der Bank die gesellschaftsrechtliche Verbindung des Hauptschuldners und des Sicherungsgebers bekannt war, und sie wußte oder leichtfertig nicht wußte, daß die Sicherheit aus dem „gebundenen" Vermögen stammt[146]. Nach der BGH-Rechtsprechung ist eine Unwirksamkeit der Besicherung nur dann anzunehmen, wenn das besicherte „Kreditinstitut" mit den Gesellschaften bewußt zum Schaden der Gesellschaft oder der Gläubiger zusammengewirkt und damit kollusiv gehandelt hat[147].

---

145 BGH WM 1985, 115, 866; 1986, 18, 19.
146 *Peltzer/Bell*, ZIP 1993, 1757 ff., *Peltzer*, GmbH-Rundschau 1995, 15 ff.; *Schön*, ZHR 1995, 351 ff.; *Sonnenhol/Groß*, ZHR 1995, 388 ff.; *dies.*, GmbH-Rundschau 1995, 561 ff.
147 BGH AG 1981, 227; WM 1982, 1402; WM 1998, 968, 970; *Ganter*, WM 1998, 2045, 2048; *ders.*, WM 1999, 1751 ff.

VI. Auswirkungen der Insolvenzrechtsreform auf die Kreditsicherung

Die Insolvenzordnung (InsO) vom 5. 4. 1994[148] hat das deutsche Insolvenzrecht grundlegend reformiert. Sie ist am 1. 1. 1999 in Kraft getreten[149]. Dabei ist auch die Rechtsstellung des absonderungsberechtigten Gläubigers im Insolvenzverfahren neu gestaltet worden. Diese Neuregelung hat eine besondere praktische Bedeutung für die fiduziarischen Sicherheiten in Gestalt der Sicherungsübereignung und Sicherungsabtretung[150].

6.89

Während sich bislang der absonderungsberechtigte Gläubiger außerhalb des gerichtlichen Verfahrens aus dem Sicherungsgut befriedigen durfte (§ 127 Abs. 2 KO), ist nunmehr dieser Gläubigerkreis ausnahmslos in das Insolvenzverfahren einbezogen worden. Dies dient der Vereinheitlichung und Konzentration des Insolvenzverfahrens, wie sie die Insolvenzordnung bezweckt[151]. Im übrigen ist dem Insolvenzverwalter die alleinige Verwertungsbefugnis hinsichtlich des sich in seinem Besitz befindlichen Sicherungsguts zugewiesen worden (§ 166 InsO). Hierdurch soll eine vorzeitige Auszehrung der Masse durch eigenmächtige Verwertungsmaßnahmen des Gläubigers unterbunden werden, damit die Möglichkeit einer Sanierung oder Übertragung des Unternehmens erhalten bleibt.

6.90

Andererseits partizipiert der absonderungsberechtigte Gläubiger an der durch die Insolvenzordnung geschaffenen Stärkung der Gläubigerautonomie[152]. Im Unterschied zu den aussonderungsberechtigten Gläubigern (§ 47 InsO) gehören die absonderungsberechtigten Gläubiger zu den Insolvenzgläubigern (§ 38 InsO). Neben ihren besonderen Rechten gemäß den §§ 167 ff. InsO stehen den absonderungsberechtigten Gläubigern die allgemeinen Rechte eines Insolvenzgläubigers zu. Deshalb sind sie auch in voller Höhe ihrer Forderungen stimmberechtigt.

6.91

Eingriffe in die Kreditsicherheiten sind auch zulässig in einem Insolvenzverfahren, das die Sanierung eines Unternehmens auf dem Weg über den sog. Insolvenzplan (§ 217 ff. InsO) zum Ziel hat[153]. Bei der Sicherheiten-

6.92

---

148 BGBl. I 1994, S. 2866 ff., geändert durch Gesetz vom 19. 7. 1996, BGBl. I 1996, S. 1013 ff.
149 § 335 InsO i.V.m. Art. 110 EGInsO, abgedruckt BGBl. I 1994, S. 2911 ff., geändert durch Gesetz vom 28. 10. 1996, BGBl. I 1996, S. 1546 ff.
150 *Lwowski/Heyn*, WM 1998, 473 ff.; *Obermüller*, WM 1998, 483 ff.
151 *Uhlenbruck*, Das neue Insolvenzrecht, 1994, S. 36 ff.
152 *Lwowski/Heyn*, WM 1998, 473.
153 *Obermüller*, WM 1998, 483.

verwertung im neu eingeführten Verbraucherinsolvenz- und Restschuldbefreiungsverfahren ist zwischen den verschiedenen Verfahrensschritten zu unterscheiden, die der Schuldner zu durchlaufen hat. Hierbei handelt es sich um den außergerichtlichen Schuldbereinigungsversuch, das gerichtliche Schuldbereinigungsverfahren, das vereinfachte Insolvenzverfahren und das Restschuldbefreiungsverfahren[154].

---

154 Vgl. hierzu *Obermüller*, WM 1998, 483, 490 ff.

2. Abschnitt
Bürgschaft[155]

I. Bedeutung für die Bankpraxis

In der Bankpraxis ist die Bürgschaft eine gebräuchliche Form der **persönlichen Sicherung** von Forderungen der Kreditinstitute gegen Dritte. Mit der Bürgschaft wird die Erfüllung einer Verbindlichkeit des Hauptschuldners in der Weise gesichert, daß für den Gläubiger ein **zusätzlicher schuldrechtlicher Anspruch** gegen eine bestimmte Person begründet wird. Diese sog. Personalsicherheit begründet eine eigene Verbindlichkeit des Bürgen.

6.93

Mit seiner Zahlung wird der Bürge daher regelmäßig seine eigene Verbindlichkeit und nicht die von ihm verbürgte Forderung (Zahlung als Dritter gemäß § 267 Abs. 1 BGB) tilgen wollen[156].

6.94

Die Bürgschaft verschafft dem Bürgschaftsgläubiger im **Unterschied** zum Pfandrecht, der Sicherungsübereignung und Sicherungszession kein Recht, sich aus bestimmten Vermögenswerten des Bürgen Befriedigung wegen der verbürgten Forderung zu suchen. Dagegen ordnen Pfandrecht, Sicherungseigentum und Sicherungszession zumindest die Verwertungsbefugnis hinsichtlich der als Sicherheit dienenden Sache oder Rechts ausschließlich dem Gläubiger zu. Folge dieser absoluten (dinglichen) Zuordnung ist, daß andere Gläubiger des Sicherungsgebers vom Zugriff auf diese Vermögensbestandteile des Schuldners ausgeschlossen werden.

6.95

Mit der Begründung der Bürgschaftsverbindlichkeit wird dem Bürgschaftsgläubiger lediglich die Möglichkeit eröffnet, wie andere Gläubiger des Bürgen Zugriff auf dessen Vermögen nach Maßgabe der vollstreckungsrechtlichen Bestimmungen zu nehmen. Der Sicherungswert der Bürgschaft hängt daher entscheidend von den Vermögensverhältnissen **(Bonität)** des Bürgen ab. Erweist sich sein Vermögen als nicht ausreichend, kann es zu einem **Wettlauf mit anderen Gläubigern** des Bürgen kommen, bei denen die kreditgebende Bank als Bürgschaftsgläubigerin letztlich leer ausgehen kann.

6.96

---

155 *P. Bydlinski*, WM 1992, 1301; wegen der aktuellen BGH-Rechtsprechung zur Bürgschaft und Schuldbeitritt vgl. *Fischer*, WM 1998, 1705 ff., 1749 ff.
156 *Staudinger/Horn*, Vorbem. zu §§ 765 ff. Rn 13.

6.97 Hiergegen kann sich die Bank auch nicht dadurch sichern, daß sie sich schon vor Fälligkeit ihres Zahlungsanspruchs aus der Bürgschaft eine bankmäßige Sicherheit durch den Bürgen bestellen läßt. Eine solche Sicherheitsleistung widerspräche nach dem BGH grob dem Leitbild der Bürgschaft (§ 9 Abs. 2 Nr. 1 AGBG). Denn der **Bürge sichert** die verbürgte Forderung **persönlich** und braucht deswegen konkrete Vermögenswerte nur zur Verfügung zu stellen, wenn seine Bürgschaftsverpflichtung fällig ist. Der Bürge braucht daher vor Fälligkeit seiner Zahlungsverbindlichkeit auch nicht die Geltendmachung des AGB-mäßigen Pfandrechts (Nr. 14 Abs. 1 S. 1 AGB Banken) an dem bei den Banken unterhaltenen Kontoguthaben oder Depotwerten zu dulden[157]. Soll für die Bank ein insolvenz- und vollstreckungsrechtlich gesichertes und gegenüber anderen Gläubigern vorrangiges Sicherungsrecht begründet werden, bedarf es deswegen der Bestellung eines (Mobiliar- oder Grund-)Pfandrechts oder einer Sicherungsübereignung oder -zession.

II. Verwandte Sicherungsformen

6.98 Die Bürgschaft ist nur ein **Unterfall** des Eintretens für fremde Schuld.

1. Schuldbeitritt

6.99 Hierzu gehört auch der Schuldbeitritt (Schuldmitübernahme, kumulative Schuldübernahme), bei dem der Mitübernehmer zusätzlich **neben** dem bisherigen Schuldner in das Schuldverhältnis eintritt. Beide werden Gesamtschuldner im Sinne der §§ 421 ff. BGB[158]. Der **Forderungsgläubiger** erhält in dem Mitübernehmer einen **zusätzlichen,** gleichrangigen und selbständigen Schuldner[159]. Die Bürgschaftsschuld ist dagegen subsidiär gegenüber der Hauptschuld. Der Bürge haftet erst nach dem Hauptschuldner (Grundsatz der **Subsidiarität der Bürgenhaftung**). Die Abgrenzung der Bürgschaft von der Schuldmitübernahme kann im Einzelfall praktisch schwierig sein. Wichtigstes Indiz für das Vorliegen eines **Schuldbeitritts** ist, daß der Beitretende an der Leistung des Hauptschuldners ein **eigenes wirtschaftliches Interesse** hat[160]. Im Zweifel ist eine Bürgschaft als die klassische und gesetzliche Regelform der Personalsicherheit gewollt[161].

---

157 BGH WM 1989, 129, 131; 1990, 1910, 1911.
158 *Palandt/Heinrichs*, Überbl. v. § 414 Rn 2.
159 BGH WM 1976, 1109, 1110.
160 BGH WM 1976, 1109, 1110; *Palandt/Heinrichs*, Überbl. v. § 414 Rn 4.
161 BGH WM 1968, 1200, 1201.

Die **Abgrenzung** beider Sicherungsformen ist vor allem deshalb von Belang, weil 6.100
die Bürgschaftserklärung grundsätzlich formbedürftig ist (§ 766 S. 1 BGB); mangels
gesetzlicher Regelung ist der Schuldbeitritt dagegen formfrei. Er bedarf allerdings
der Form, wie sie für die durch den Schuldbeitritt verstärkte Verbindlichkeit
vorgeschrieben ist, wenn die Formvorschrift bezweckt, zu warnen oder vor Über-
eilung zu schützen. Diesem Schutzzweck dient jedoch nicht die Schriftform für
ein konstitutives Schuldanerkenntnis im Sinne des § 781 BGB[162]. Zudem bedarf
der Schuldbeitritt zu einem Verbraucherkreditvertrag gemäß § 4 VerbrKrG der
Schriftform[163]. Durch die Einführung des Verbraucherkreditgesetzes hat daher die
Problematik der Abgrenzung zur Bürgschaft an Bedeutung verloren[164].

2. Übernahme einer Garantie

Das Eintreten für fremde Schulden erfolgt in der Praxis häufig auch durch 6.101
Übernahme einer Garantie, die im BGB ebenfalls nicht geregelt ist. Die
Bedürfnisse des Rechts- und Wirtschaftsverkehrs haben dazu geführt, daß
sich neben den vom Gesetz ausdrücklich normierten und bekannten
Verträgen weitere typische Verträge herausgebildet haben (**verkehrstypische Verträge**)[165]. Dabei handelt es sich zum Teil um Neubildungen
eigener Art, wie dies für den Garantievertrag zutrifft. Der **Garantievertrag**
ist dadurch gekennzeichnet, daß der Garant eine **Verpflichtung zur Schadloshaltung** übernimmt, sofern der Garantieerfolg nicht eintritt. Der **Garant haftet** auch für alle nichttypischen Zufälle. Der Anspruch aus der
Garantie ist ein Erfüllungsanspruch. Der Umfang der Verpflichtung zur
Schadloshaltung bestimmt sich allerdings nach schadensersatzrechtlichen Grundsätzen[166]. Die Schadloshaltung bei der Forderungsgarantie,
wie sie z.B. auch die Garantie der bezogenen Bank für die mit einer
Scheckkarte begebenen Schecks ihrer Kunden darstellt, geht auf Ersatz
des Schadens, der dem Gläubiger (Schecknehmer) aus der Nichterfüllung
oder nicht rechtzeitiger Erfüllung seiner Forderung aus dem Valutaverhältnis zu seinem Schuldner (Scheckinhaber) erwächst[167].

Die Garantie ist allerdings der Bürgschaft verwandt. Beide sollen eine 6.102
persönliche Forderung gegen einen Dritten durch Übernahme einer Hilfsschuld absichern[168]. Ein **wesentlicher Unterschied** besteht aber darin, daß
die Bürgschaftsschuld vom Bestehen und Umfang der gesicherten (Haupt-)

---

162 BGH WM 1993, 287, 288; hiergegen *Dehn*, WM 1993, 2115, 2116 ff.
163 Münchener Komm. zum BGB/*Ulmer*, § 1 VerbrKrG Rn 34.
164 *Palandt/Heinrichs*, Überbl. v. § 414 Rn 4.
165 *Palandt/Heinrichs*, Einf. v. § 305 Rn 12.
166 BGH WM 1985, 1035, 1037.
167 BGH WM 1961, 204, 206.
168 *Palandt/Thomas*, Einf. v. § 765 Rn 1, 16.

Schuld dauernd abhängig ist. Diese **Akzessorietät** fehlt der Garantie, die, wie beispielsweise die Scheckkartengarantie, eine Zahlungsverbindlichkeit der bezogenen Bank begründen soll, die unabhängig von dem Anspruch des Schecknehmers (Garantiebegünstigten) gegen den Scheckkarteninhaber aus dem Valutaverhältnis Bestand hat. Diese Garantiehaftung entspricht im übrigen dem Sicherungsbedürfnis des Schecknehmers besser als ein Schuldbeitritt der bezogenen Bank. Bei einem solchen Schuldbeitritt würde die bezogene Bank zur Gesamtschuldnerin, die gegenüber dem Gläubiger (Schecknehmer) alle Einwendungen und Einreden geltend machen kann, welche sich aus dem (Valuta-)Verhältnis zwischen Gläubiger und dem Scheckinhaber als anderem Gesamtschuldner ergeben (analog § 417 Abs. 1 S. 1 BGB)[169].

3. Bürgschaft auf erstes Anfordern

6.103 Eine **Zwischenform** von abstrakter Garantie und streng akzessorischer Bürgschaft stellt die Bürgschaft auf erstes Anfordern dar. Diese Bürgschaftsart begründet für den Bürgen eine unbedingte, vorläufige und verselbständigte Zahlungspflicht[170]. Es gilt hier der **Grundsatz „erst zahlen, dann prozessieren"**. Diese Zahlungspflicht ist vom Schuldverhältnis zwischen Gläubiger und Hauptschuldner losgelöst. Denn nur das Recht, diese Zahlung endgültig zu behalten, ist dem strengen Akzessorietätsgrundsatz unterworfen[171]. Mit Rücksicht auf diese unbedingte vorläufige Zahlungspflicht ist die Bürgschaft nach dem BGH für den Nichtbankenbereich ein äußerst **risikoreiches Rechtsgeschäft,** das einer Garantieübernahme für fremde Schuld fast gleichkommt und zum Mißbrauch verleite[172]. Der Bürge, der sich zur Zahlung auf erstes Anforderung verpflichtet, setzt sich der Gefahr aus, ungerechtfertigt in Anspruch genommen zu werden und einen Rückzahlungsanspruch wegen Insolvenz des Gläubigers oder im Ausland nicht durchsetzen zu können[173].

6.104 Bürgschaften auf erstes Anforderung kommen neben Zahlungsgarantien vor allem im internationalen Wirtschaftsverkehr vor. Soweit sie von Kreditinstituten übernommen werden, gehören sie zum Bankgeschäft in Gestalt des Garantie-(Aval-)Geschäfts. Diese Sicherungsmittel haben das früher übliche „Bardepot" abgelöst[174].

---

169 *Palandt/Heinrichs,* Überbl. v. § 414 Rn 5.
170 BGH WM 1990, 1410, 1411.
171 *P. Bydlinski,* AcP 190 (1990), S. 165, 170; vgl. weiter *Hahn,* MDR 1999, 839 ff.
172 BGH WM 1990, 1410, 1411.
173 BGH WM 1997, 656, 659.
174 BGH WM 1994, 106.

Angesichts des Risikos der Bürgschaft auf erstes Anfordern darf nach dem BGH derjenige Schutz erwarten, der ohne besondere Kenntnisse und Erfahrungen außerhalb des Bank- und Außenhandelsverkehrs eine solche einzelvertragliche, vom Gläubiger formulierte Bürgschaft übernimmt[175]. Deshalb ist eine Bürgschaft auf erstes Anfordern, die außerhalb des bankgeschäftlichen Verkehrs übernommen wird, als einfache Bürgschaft auszulegen, wenn die Bank den Text gewählt hat und nicht erwarten konnte, daß der Bürge ihn im banküblichen Sinne verstehen konnte[176].

6.105

III. Bürgschaft als akzessorisches Sicherungsrecht

Für die Bürgschaftsverbindlichkeit gilt wie für das Mobiliarpfandrecht und das Grundpfandrecht in Gestalt der Hypothek der Grundsatz der Akzessorietät, der rechtsgeschäftlich **unabdingbares (zwingendes) Recht** darstellt[177]. Dieser Grundsatz besagt, daß auch die Bürgschaft in ihrer Entstehung, ihrem Fortbestand, in der Zuständigkeit und im Untergang von der Entstehung, Existenz und Zuständigkeit der gesicherten Forderung abhängig ist[178]. Deshalb kann der Bürge die Verjährung der Hauptforderung auch dann noch einwenden, wenn diese Verjährung erst nach Erhebung der Bürgschaftsklage eintritt[179].

6.106

Zu einem solchen Wegfall der gesicherten Forderung kommt es bei dem Untergang des Hauptschuldners, wie z.B. infolge der Löschung einer GmbH. Auch hier wird der Bürge infolge des Grundsatzes der Akzessorietät in der Regel frei[180]. Eine Ausnahme hiervon gilt nur, wenn der Untergang des Hauptschuldners auf seinem Vermögensverfall beruht. In diesem Fall **kollidiert der Akzessorietätsgrundsatz** mit dem Zweck der Bürgschaft, dem Gläubiger Sicherheit für den Fall des Zahlungsunvermögens des Hauptschuldners zu gewähren[181]. Weil sich der Bürge gerade auf den Vermögensverfall des Hauptschuldners nicht berufen können soll, muß der Akzessorietätsgrundsatz hier mit der Folge zurücktreten, daß der Bürge weiterhin haftet[182]. Die gleiche Rechtslage gilt bei der Verbürgung

6.107

---

175 BGH WM 1997, 656, 659.
176 BGH WM 1992, 854, 855; 1998, 1062, 1063.
177 BGH WM 1985, 1307, 1309.
178 *Staudinger/Horn*, Vorbem. zu §§ 765 ff. Rn 18; *Staudinger/Wiegand*, § 1204 Rn 10.
179 BGH WM 1998, 1766, 1767.
180 BGH WM 1982, 148; OLG Celle WM 1993, 15, 16.
181 BGH WM 1982, 148, 149.
182 BGH WM 1982, 148, 149.

für Verbindlichkeiten einer Personenhandelsgesellschaft, wenn die Gesellschaft dadurch erlischt, daß alle Gesellschafter bis auf einen ausscheiden[183]. Die Verbindlichkeiten der Gesellschaft wachsen in diesem Fall dem verbleibenden Gesellschafter nach § 142 HGB zu, der auf Mehrpersonengesellschaften entsprechend anzuwenden ist. War bei dem Ausscheiden der übrigen Gesellschafter die Gesellschaft vermögenslos, wird der Bürge unter Durchbrechung des Akzessorietätsgrundsatzes ausnahmsweise nicht frei.

6.108 Dies gilt jedenfalls dann, wenn der **Bürge selbst** zu den **ausscheidenden Gesellschaftern** gehört; in diesem Fall begründet die eigene Maßnahme des Bürgen keine Schuldübernahme im Sinne des § 418 Abs. 1 BGB[184]. Diese Vorschrift schützt ansonsten das berechtigte Interesse des Bürgen, nicht für einen anderen als den von ihm ausgewählten Hauptschuldner einstehen zu müssen.

6.109 Der Bürge haftet jedoch nicht für Verbindlichkeiten, die der verbleibende Gesellschafter, der das Unternehmen als Einzelkaufmann fortführt, nach dem Ausscheiden der übrigen Gesellschafter begründet[185].

6.110 **Unerheblich** für den Fortbestand der Bürgenhaftung ist, ob der Hauptschuldner objektiv zahlungsunfähig oder nur subjektiv leistungsunwillig ist oder wird[186].

6.111 An die Bejahung eines Wegfalls der Geschäftsgrundlage ist bei einer Haftungsübernahme für fremde Schuld im Wege einer Bürgschaft ein **strenger Maßstab** anzulegen. Denn bei solchen Geschäften übernimmt der eine Teil schlechthin und uneingeschränkt das Risiko, daß der Schuldner bei Fälligkeit der Schuld leistungsfähig und leistungswillig ist[187].

6.112 Infolge der strengen Akzessorietät der Bürgschaft kann dem Bürgen keine vom Bestehen der Hauptschuld unabhängige Garantiepflicht auferlegt werden[188].

1. Erfordernis der Gläubigeridentität

6.113 Der Grundsatz der strengen Akzessorietät gilt insbesondere für die Rechtszuständigkeit auf der Gläubigerseite. Diese **Zuständigkeitsakzes-**

---

183 BGH WM 1993, 1080, 1082.
184 BGH WM 1993, 1080, 1082.
185 BGH WM 1993, 1080, 1082 f.; vgl. weiter OLG München zur Bürgenhaftung, wenn an die Stelle einer natürlichen Person eine GmbH als Hauptschuldner tritt (WM 1998, 1966).
186 BGH WM 1988, 893, 894.
187 BGH WM 1993, 1233.
188 BGH WM 1985, 1307, 1309 f.

sorietät[189] erfordert, daß der Gläubiger des Hauptschuldners und der Gläubiger des Bürgen bei der Begründung der Bürgschaft als auch bei der Leistung des Bürgen ein und dieselbe Person sein müssen[190]. Die Gläubigeridentität ist daher ein notwendiges Merkmal der Bürgschaft[191].

Mit diesem Erfordernis ist aber vereinbar, daß der Bürge den Bürgschaftsvertrag mit einer anderen Person als dem Gläubiger der Hauptschuld, aber zu dessen Gunsten mit der Wirkung schließt, daß dieser gemäß **§ 328 BGB** unmittelbar die Bürgschaftsforderung erwirbt. Auch in diesem Falle stehen die Hauptforderung und die Rechte aus der Bürgschaft derselben Person zu[192]. 6.114

Das Erfordernis der Gläubigeridentität führt zu praktischen Schwierigkeiten, wenn die zu verbürgende Forderung wie bei einer Kreditgewährung durch ein **Bankenkonsortium** mehreren Gläubigern zusteht und die konsortialführende Bank die Bürgschaft im eigenen Namen hereinnehmen soll. Hier weicht die Praxis auf die nicht-akzessorische Garantie aus. 6.115

2. Getrennte Abtretung von Haupt- und Bürgschaftsforderung

Wenn durch eine **spätere isolierte Abtretung** von Haupt- oder Bürgschaftsforderung die Rechtszuständigkeit für beide Forderungen zu spalten versucht wird, treten unter Beachtung des Grundsatzes der Akzessorietät im einzelnen unterschiedliche Rechtsfolgen ein. Die Abtretung der Rechte aus der Bürgschaft ohne eine Abtretung der Hauptforderung ist dabei grundsätzlich unwirksam. Hier verbleiben die Gläubigerrechte aus der Bürgschaft dem Gläubiger der Hauptforderung. 6.116

Eine solche isolierte Abtretung der Bürgschaftsforderung ist nur in dem Ausnahmefall – Rn 6.106 – wirksam, in dem die **Bürgschaft** bei Untergang des Hauptschuldners **trotz Untergangs der Hauptforderung fortbesteht**[193]. Wird dagegen die Hauptforderung unter Ausschluß des Überganges der Bürgschaftsforderung abgetreten, führt dies nach der Rechtsprechung des BGH[194] zum Erlöschen der Bürgschaft. Dies gilt gleichermaßen, wenn der Ausschluß auf einer Vereinbarung des Zedenten mit dem Zessionar oder mit dem Bürgen beruht[195]. 6.117

---

189 *Medicus*, Schuldrecht, Bd. II, 9. Aufl., 1999, Rn 523.
190 Vgl. *Staudinger/Horn*, Vorbem. zu §§ 765 ff. Rn 18.
191 BGH WM 1991, 1869, 1870.
192 BGH WM 1991, 1869, 1870.
193 BGH WM 1982, 148, 149; 1991, 1869, 1870.
194 BGH WM 1991, 1869, 1870 f.; vgl. kritisch *P. Bydlinski*, WM 1992, 1301, 1308 f.
195 BGH WM 1991, 1869, 1871.

IV. Bürgschaftsvertragsverhältnis

6.118 Bei der Bürgschaft handelt es sich um einen Vertrag, der nur auf Seiten des Bürgen eine Schuld begründet (**einseitig verpflichtender Vertrag**).

6.119 Das vom Bürgen erklärte Angebot zur Übernahme einer Bürgschaft wird von dem anweisenden Gläubiger durch Entgegennahme der **Bürgschaftsurkunde** angenommen. Wird die Bürgschaftsurkunde dem abwesenden Gläubiger übersendet, genügt es für die Bestätigung des Annahmewillens regelmäßig, daß der Gläubiger die Urkunde behalten hat[196].

6.120 Ein solcher Bürgschaftsvertrag fehlt beim **Kreditauftrag**. Wer einen anderen beauftragt, im eigenen Namen und auf eigene Rechnung einem Dritten Kredit zu geben, haftet dem Beauftragten für die aus der Kreditgewährung entstehende Verbindlichkeit des Dritten als Bürge (§ 778 BGB). Der Kreditauftrag ist ein **Unterfall des Auftrages** (§§ 662 ff. BGB). Der Vertragsinhalt richtet sich zunächst nach den getroffenen Vereinbarungen, sodann nach Auftragsrecht. Erfolgt die Kreditgewährung auftragsgemäß, wird die Rechtsstellung des Auftraggebers durch Bürgschaftsrecht bestimmt[197].

1. Schriftformerfordernis

6.121 Die Bürgschaftserklärung des Bürgen bedarf der **Schriftform** (§§ 766 S. 1, 126 Abs. 1 BGB). Sie ist nicht schon mit der Unterzeichnung der Bürgschaftsurkunde gewahrt. Nach dem Gesetzeswortlaut (§ 766 S. 1 BGB) bedarf es einer Erteilung der Bürgschaftserklärung, womit eine Entäußerung gegenüber dem Bürgen verlangt wird. Hierzu ist die Übermittlung des Urkundeninhalts an den Gäubiger mittels Telefax nicht ausreichend, weil die Telekopie (Faxausdruck) keine eigenständige Unterzeichnung enthält[198]. Ebensowenig wird die gesetzliche Schriftform durch die digitale Signatur im Sinne des Signaturgesetzes ersetzt[199], das in das „Gesetz zur Regelung der Rahmenbedingungen für Informations- und Kommunikationsdienste" (IuKDG) vom 22. Juli 1997 integriert worden ist[200]. Mit Rücksicht darauf, daß die digitale Signatur nach den Gesetzesmaterialien

---

196 BGH WM 1997, 1242.
197 *Staudinger/Horn*, § 778 Rn 1.
198 BGH WM 1993, 496, 497; 1996, 762, 764; a.A. *Elzer/Jacoby*, wonach die eigenhändige Unterschrift des Bürgen auf der Faxvorlage der Warnfunktion der Schriftform ausreichend Rechnung trägt (ZIP 1997, 1821, 1826).
199 *von Rottenburg*, WM 1997, 2381, 2391.
200 BGBl. I 1997, S. 1870 ff.

hinsichtlich ihrer Fälschungssicherheit als mindestens gleichwertig mit der eigenhändigen Unterschrift im Sinne des § 126 Abs. 1 BGB anzusehen ist, soll geprüft werden, ob und in welchen Fällen es zweckmäßig erscheint, neben der Schriftform auch die „digitale" Form zuzulassen[201] – Rn 4.672.

Die Schriftform ist gemäß § 350 HGB nicht erforderlich, wenn die Bürgschaftserklärung von einem Kaufmann (früher: Vollkaufmann) abgegeben wird. 6.122

Eine entsprechende Anwendung dieser Vorschrift, etwa auf geschäftsführende GmbH-Gesellschafter, lehnt die Rechtsprechung ab[202]. 6.123

Zur Wahrung der erforderlichen Schriftform muß die Urkunde die **wesentlichen Teile der Bürgschaftserklärung** enthalten. Dies umfaßt die Person des Gläubigers und des Hauptschuldners, die Bezeichnung der Schuld, für die gebürgt werden soll sowie den Willen, für die Schuld einstehen zu wollen[203]. Deshalb kann eine formbedürftige Bürgschaftserklärung nicht in der Weise wirksam erteilt werden, daß der Bürge eine Blankounterschrift leistet und einen anderen mündlich ermächtigt, die Urkunde zu ergänzen. Mit dieser Entscheidung des **BGH vom 29. 2. 1996** ist eine jahrzehntelange höchstrichterliche Rechtsprechung geändert worden[204]. 6.124

Eine solche Änderung einer lang geltenden Rechtsprechung wirkt grundsätzlich auf den Vertragsschluß zurück, soweit dem die Grundsätze von Treu und Glauben nicht entgegenstehen. Eine über § 242 BGB hinausgehende **Einschränkung der Rückwirkung höchstrichterlicher Rechtsprechung** setzt voraus, daß die von der Rückwirkung betroffene Partei auf die Fortgeltung der bisherigen Rechtsprechung vertrauen durfte und die Anwendung der geänderten Auffassung wegen ihrer Rechtsfolgen im Streitfall oder der Wirkung auf andere vergleichbar gelagerte Rechtsbeziehungen auch unter Berücksichtigung der berechtigten Interessen des Prozeßgegners eine unzumutbare Härte bedeuten[205]. 6.125

Nach der Rechtsprechung des BGH[206] brauchen sich diese Bestandteile der Bürgschaftserklärung allerdings nicht ausnahmslos aus ihrem Wortlaut zu ergeben. Unklarheiten des Urkundentextes können im Wege der **Auslegung** behoben werden. Dabei kommt es darauf an, wie die Bürgschaftserklärung vom Gläubiger als deren Adressat nach Treu und Glau- 6.126

---

201 BT-Drucksache 13/7385, 26, 27.
202 BGH WM 1986, 939; 1991, 536; 1993, 496, 497; vgl. weitergehend *K. Schmidt*, ZIP 1986, 1510.
203 BGH WM 1993, 239, 240.
204 BGH WM 1996, 762, 764.
205 BGH WM 1996, 762, 766.
206 BGH WM 1993, 239, 240.

ben und nach der Verkehrssitte verstanden werden mußte[207]. Für die Auslegung dürfen auch Umstände berücksichtigt werden, die außerhalb der Urkunde liegen, sofern wenigstens ein zureichender Anhalt in der Urkunde selbst zu finden ist (**"Andeutungstheorie"**)[208] und für den Gläubiger einen Schluß auf den Sinngehalt der Erklärung zulassen[209]. Die Grenze der zulässigen Bezugnahme wird erst dann überschritten, wenn mindestens eine in der schriftlichen Bürgschaftserklärung fehlende wesentliche Angabe ausschließlich anhand von Umständen ermittelt werden kann, die außerhalb der Urkunde liegen[210].

6.127 Anders ist die Rechtslage im Anwendungsbereich des **§ 350 HGB**. Die dort bestehende **Formfreiheit** der Bürgschaft läßt die Warnfunktion der Schriftform entfallen. Wenn der Gläubiger mit einem Vollkaufmann gleichwohl die schriftliche Erteilung der Bürgschaft vereinbart, ist diese grundsätzlich auch dann wirksam, wenn sich der Inhalt der verbürgten Hauptschuld ausschließlich aus Umständen außerhalb der Urkunde ergibt[211].

6.128 In Anwendung dieser Grundsätze ist es nach der Rechtsprechung des BGH[212] grundsätzlich zulässig, für die Auslegung im Einzelfall aus der Bezeichnung der Hauptschuld auf die Person des in der Urkunde nicht erwähnten Gläubigers zu schließen. Hinsichtlich des Gegenstandes und Umfangs der Hauptschuld kann es möglich sein, Anhaltspunkte aus den Angaben zur Person des Gläubigers oder Hauptschuldners zu gewinnen[213]. Im Einzelfall kann daher auch bei Fehlen wesentlicher Teile die Bürgschaftserklärung auslegungsfähig und damit formgültig sein.

6.129 Aus § 765 Abs. 2 BGB folgt, daß die Person des Gläubigers nicht schon im Zeitpunkt der Unterzeichnung der Bürgschaftserklärung feststehen muß. Der Bürge kann daher den Hauptschuldner ermächtigen, den **Gläubiger erst später** in der unvollständig ausgefüllten Bürgschaftserklärung **zu benennen. Bis zur Einfügung** des Namens des Gläubigers ist die Bürgschaft **formungültig**. Anders verhält es sich wiederum nur, wenn die Bürgschaftserklärung auch ohne diese Angabe im erläuterten Sinne auslegungsfähig ist[214].

6.130 Die Berufung des Bürgen auf den Formmangel kann auch bei einer Bürgschaft nur ausnahmsweise gegen Treu und Glauben verstoßen[215].

---

207 BGH WM 1993, 1141.
208 BGH WM 1992, 177, 179; 1995, 331.
209 BGH WM 1993, 1141, 1142.
210 BGH WM 1992, 177, 179.
211 BGH WM 1993, 239, 240.
212 BGH WM 1993, 239, 240.
213 BGH WM 1993, 544, 545.
214 BGH WM 1992, 177, 179.
215 BGH WM 1993, 496, 499; 1996, 476; 762, 765.

2. Bestimmbarkeitsgrundsatz[216]

Ein Bürgschaftsvertrag ist nur wirksam, wenn er inhaltlich genügend bestimmt ist. Hierzu muß die Bürgschaftserklärung den Verbürgungswillen ausdrücken und die Person des Gläubigers und des Hauptschuldners sowie die fremde Schuld, für die gebürgt werden soll, in einer **bestimmbaren Weise** bezeichnet sein. Dabei können Unklarheiten gemäß den allgemeinen Regeln (§§ 133, 157 BGB) behoben werden[217]. Der Bürge kann den Hauptschuldner auch ermächtigen, den Gläubiger später in der von ihm unterzeichneten Bürgschaftserklärung zu benennen[218].

6.131

Bei der Bürgschaft für **künftige Verbindlichkeiten** (§ 765 Abs. 2 BGB) ist dem Grundsatz der Bestimmbarkeit Genüge getan, wenn das künftig erst abzuschließende Rechtsgeschäft oder zu begründende Rechtsverhältnis seiner allgemeinen Art nach im voraus bestimmt ist. Diese Grenze kann verhältnismäßig weit gezogen werden. Es genügt, wenn die Urkunden, auf die verwiesen wird, erst noch ausgestellt werden[219]. Dementsprechend können künftige Kreditverbindlichkeiten „aus laufender Geschäftsverbindung" ebenso im voraus verbürgt werden wie die Gesamtheit der in einem anderen Vertrag übernommenen vertraglichen Verpflichtungen[220]. **Unverzichtbar** ist aber, daß die gesicherte Hauptforderung auch hinsichtlich des „Schuldgrundes" bestimmbar sein muß. Das ist der Fall, wenn auf Forderungen verwiesen wird, die aus einem festgelegten Kreis von Rechtsbeziehungen entstehen können[221]. Die Übernahme einer Bürgschaft für alle nur irgendwie denkbaren künftigen Verbindlichkeiten des Hauptschuldners ohne jede sachliche Begrenzung ist dagegen unwirksam. Denn bei einer so weit gefaßten Verbürgung wird das Risiko zum Nachteil des Bürgen zu weit ausgedehnt und zugleich die Warnfunktion des Schriftformerfordernisses ausgehöhlt[222].

6.132

Dem Bestimmbarkeitserfordernis wird Rechnung getragen, wenn sich die Bürgschaft auf die gegenwärtigen und künftigen Ansprüche **„aus der bankmäßigen Geschäftsverbindung"** erstreckt[223]. Zu diesen Ansprüchen

6.133

---

216 BGH WM 1992, 177, 178; OLG Hamm ZIP 1999, 745, 747; *Reinicke/Tiedtke*, DB 1995, 2301 ff.
217 BGH WM 1992, 177, 178; 1995, 331.
218 BGH WM 1992, 177, 179.
219 BGH WM 1992, 177, 179.
220 BGH WM 1992, 177, 180.
221 BGH WM 1992, 391, 392; 1994, 676, 677.
222 BGH WM 1990, 969, 970; 1992, 391, 392.
223 BGH WM 1994, 676, 677; vgl. BGH WM 1990, 969, 970, wonach eine Klausel wegen inhaltlicher Unbestimmtheit unwirksam ist, wenn die Bürgschaft die Verbindlichkeiten des Hauptschuldners „aus Bürgschaften außerhalb der üblichen, bankmäßigen Geschäftsverbindung erfaßt."

aus der bankmäßigen Geschäftsverbindung gehören auch die Ansprüche auf Zinsen und sonstige Nebenleistungen im Zusammenhang mit der Kreditgewährung sowie auf Erstattung der Kosten jeglicher Art, insbesondere der Rechtsverfolgung gegenüber dem Hauptschuldner und der Verzugsschäden aus der Geschäftsverbindung. Die Bürgschaft erstreckt sich jedenfalls dann auch auf etwaige Bereicherungsansprüche, wenn der Bürge an dem Kredit des Hauptschuldners ein eigenes wirtschaftliches Interesse hat[224]. Sichert die Bürgschaft Ansprüche aus einem Kreditvertrag, bleibt sie unverändert bestehen, wenn der gesicherte Kredit verlängert oder der Zinssatz verändert wird.

6.134 Dagegen erfaßt diese Bürgschaft nicht solche Ansprüche, die die Bank erst nach der Kündigung oder Aufhebung der Geschäftsverbindung[225] oder nach Eröffnung der Insolvenz über das Vermögen des Hauptschuldners von Dritten erwirbt[226].

6.135 Nach der **neueren BGH-Rechtsprechung** ist eine Klausel, die die Bürgenhaftung über die Forderung hinaus, die den Anlaß zur Verbürgung bildete, auf **alle zukünftigen Ansprüche aus der Geschäftsverbindung** der Bank mit dem Hauptschuldner ausdehnt, mit der gesetzlichen Leitbildentscheidung des § 767 Abs. 1 S. 3 BGB nicht zu vereinbaren. Eine solche Klausel stellt eine **unangemessene Benachteiligung** des Bürgen dar. Dies gilt auch dann, wenn der Kreis der gesicherten Ansprüche mit Forderungen aus „Geschäftskrediten" umschrieben wird[227]. Eine **formularmäßig weite Haftungszweckerklärung** begründet für den Bürgen ein unabsehbares und nicht steuerbares Risiko, das zu einer unbilligen und untragbaren Belastung führen kann. Für einen Kaufmann, der eine solche Erklärung abgibt, besteht die entsprechende Gefahr in gleicher Weise[228].

6.136 Dies gilt auch, wenn die Bürgschaft für einen **betragsmäßig nicht begrenzten Kontokorrentkredit** übernommen wird[229]. Ist Anlaß der Bürgschaft ein Kontokorrentkredit, begrenzt sich die Haftung auf das im Zeitpunkt der Bürgschaftserklärung vereinbarte Kreditlimit[230]. Eine unbillige Benachteiligung des Bürgen ist mit der weiten Sicherungszweckerklärung freilich nicht in den Fällen verknüpft, in denen der Bürge selbst in der Lage ist,

---

224 BGH WM 1987, 616, 617f.; vgl. ferner *Peters*, WM 1992, 597 für Ansprüche aus Geschäftsführung ohne Auftrag.
225 BGH WM 1988, 1301, 1302.
226 BGH WM 1979, 884, 885.
227 BGH WM 1998, 1675.
228 BGH WM 1998, 2187.
229 BGH WM 1996, 436, 766, 768; *Ganter*, WM 1996, 1705, 1717.
230 BGH WM 1998, 67, 68.

eine Erweiterung der Verbindlichkeiten durch den Hauptschuldner zu unterbinden. Hier bedarf der Bürge nicht des Schutzes des § 767 Abs. 1 S. 3 BGB[231].

Im übrigen können **grundsätzlich auch zukünftige Forderungen** der Bank Anlaß für eine wirksame formularmäßige Bürgschaft geben. Dies folgt schon aus § 765 Abs. 2 BGB, wonach eine Bürgschaft auch für künftige und bedingte Verbindlichkeiten übernommen werden kann. Voraussetzung ist aber, daß der Bürge bei der Bürgschaftsübernahme weiß, aus welchem Grund und bis zu welcher Höhe diese Verbindlichkeiten entstehen werden. Der Kreis der künftigen Verbindlichkeiten muß also nach Grund und Umfang von Anfang an klar und übersichtlich abgedeckt sein, damit der **Bürge** das zu übernehmende **Risiko** genau **erkennt**[232]. Unter diesen Umständen kann eine Bürgschaft auch einen Prolongationskredit mit einbeziehen, wenn Inhalt und Zweck des Kredites durch die Prolongation unverändert bleibt.

6.137

Ein solcher zu weit gefaßter Sicherungszweck führt aber **nicht zur Unwirksamkeit** der Bürgschaft. Diese Sicherungszweckerklärung ist vielmehr in dem Sinne **teilbar,** daß die Verpflichtung des Bürgen für die Forderung bestehen bleibt, die den Anlaß zur Übernahme der Haftung gebildet hat[233]. Letztlich kommt es aber auf diese Teilbarkeit nicht an. Der Fortbestand dieser eingeschränkten Bürgenhaftung läßt sich auch bei Unwirksamkeit der Sicherungszweckklausel im Wege der ergänzenden Vertragsauslegung begründen. Denn es wäre unbillig und widerspräche der Zielsetzung des AGB-Gesetzes, dem Bürgen einen Vorteil zu belassen, der das Vertragsgefüge völlig einseitig zu seinen Gunsten verschiebt[234].

6.138

3. Aufklärungspflichten der Bank

Mit Rücksicht darauf, daß das **Risiko,** aus einer Bürgschaft ohne Gegenleistung des Gläubigers in Anspruch genommen zu werden, **allgemein bekannt** ist und der Bürge zudem durch die Schriftform gewarnt wird, kann der Gläubiger grundsätzlich davon ausgehen, daß der Bürge sich über die für die Bürgschaftsübernahme maßgeblichen Umstände, insbesondere über das Risiko seiner Inanspruchnahme selbst informiert[235].

6.139

---

231 BGB WM 1995, 1397; 1997, 67, 68; 710, 714; 1999, 1761.
232 *Kreft,* WM 1997, Sonderbeil. Nr. 5, S. 12, 13.
233 BGH WM 1995, 1397; 1998, 67.
234 BGH WM 1998, 67, 68; a.A. *Schmitz-Herscheidt,* ZIP 1997, 1140.
235 BGH WM 1990, 1956.

6.140 Nach der Auffassung des **BGH**[236] vermag in der Regel jede unbeschränkt geschäftsfähige Person zu erkennen, daß sie mit einer Bürgschaft ein erhebliches persönliches Risiko eingeht, so daß sie die Tragweite ihres Handelns entsprechend einschätzen und danach ihre Entscheidung treffen kann. An diesem Ausgangspunkt hält der BGH auch unter Berücksichtigung der Rechtsprechung des Bundesverfassungsgerichts zur Mithaftung von vermögenslosen nahen Angehörigen für Bankkredite fest – Rn 6.148.

6.141 Der Gläubiger braucht daher den Bürgen **grundsätzlich nicht** über den Umfang seines Bürgschaftsrisikos **aufzuklären**[237]. Auch der Bürgschaftsvertrag unterliegt aber dem das Schuldrecht beherrschenden **Grundsatz von Treu und Glauben** (§ 242 BGB). Verletzt der Gläubiger seine sich hiernach ergebende Verhaltenspflicht in gröblicher, besonders schwerer Weise oder handelt er arglistig, kann der Gläubiger seine Bürgschaftsforderung verwirken[238]. Bei einer fahrlässigen Pflichtverletzung kann sich der Gläubiger wegen Verschuldens bei Vertragsschluß schadensersatzpflichtig machen mit der Folge, daß er den Bürgen von seiner Bürgschaftsverpflichtung freizustellen hat. Dies ist z.B. der Fall, wenn der Gläubiger durch sein Verhalten und auch für ihn erkennbar einen Irrtum des Bürgen über den Umfang seines Bürgschaftsrisikos veranlaßt hat[239]. Ohne diese Irrtumserregung ist die Bank nicht verpflichtet, sich über den Wissensstand des Bürgen zu informieren, die eigene Einschätzung des Risikos zu offenbaren oder weitere Aufklärung zu verlangen[240].

4. Anwendbarkeit des Haustürwiderrufsgesetzes

6.142 **Umstritten** ist, ob Bürgschaftsverträge in den sachlichen Anwendungsbereich des Haustürwiderrufsgesetzes (HausTWG) fallen[241]. Dieses Gesetz gewährt unter bestimmten Voraussetzungen ein Recht, sich von einem

---

236 BGH WM 1994, 676, 677; 680, 681.
237 *Merz*, WM 1988, 241 m.w.Nachw.
238 OLG Frankfurt WM 1996, 715, 716; vgl. weiter OLG Hamm ZIP 1999, 745, 748.
239 BGH WM 1990, 1956; 1997, 1045, 1047; 1999, 1614, 1615; OLG Oldenburg WM 1997, 2076.
240 BGH WM 1986, 11, 12.
241 Zu der Frage, ob ein von einem Verbraucher geschlossener Bürgschaftsvertrag in den Geltungsbereich der Verbraucherkreditrichtlinie fällt, liegt ein Vorlagebeschluß des LG Potsdam (ZIP 1998, 1147) vor. Vgl. weiter *Mayen*, FS Schimansky, 1999, S. 415, 418 f. Nach dem BGH ist dagegen das Verbraucherkreditgesetz auf Bürgschaften für gewerbliche Kredite weder unmittelbar noch entsprechend anwendbar (WM 1998, 1120; 1999, 1555).

Vertrag zu lösen, der infolge einer Überrumpelung auf einem übereilten Entschluß beruht²⁴².

6.143 Das Haustürwiderrufsgesetz ist nicht anwendbar, wenn ein Kreditnehmer seine Mutter in ihrer Wohnung veranlaßt, eine Sicherungszweckerklärung für eine Grundschuld zugunsten der ihm kreditgewährenden Bank zu unterschreiben²⁴³. Dagegen ist eine telefonische Kontaktaufnahme für die Anwendbarkeit des Haustürwiderrufsgesetzes nicht ausreichend²⁴⁴.

6.144 Anknüpfungspunkt für die Beurteilung ist § 1 Abs. 1 HausTWG, wonach nur die auf einen Vertrag über eine **entgeltliche Leistung** gerichtete Willenserklärung erfaßt wird. Nachdem der BGH ursprünglich die Bürgschaft nicht als einen solchen Vertrag über eine entgeltliche Leistung angesehen hatte, weil es sich um eine einseitig übernommene Verbindlichkeit des Bürgen handele²⁴⁵, bejaht er nunmehr die Anwendbarkeit von § 1 Abs. 1 HausTWG auf Bürgschaftserklärungen²⁴⁶. Grund hierfür ist die gebotene gemeinschaftskonforme Auslegung des Haustürwiderrufsgesetzes.

6.145 Das Haustürwiderrufsgesetz stellt die Umsetzung der EG-Richtlinie betreffend den Verbraucherschutz in Fällen der außerhalb von Geschäftsräumen geschlossenen Verträge dar. Die Richtlinie enthält keine Einschränkung des sachlichen Anwendungsbereichs auf Verträge über eine entgeltliche Leistung. Um Konflikte zwischen innerstaatlichem und europäischem Recht zu vermeiden, geht der BGH wie in vergleichbaren anderen Fällen²⁴⁷ davon aus, daß der deutsche Gesetzgeber nicht hinter den Anforderungen der jeweiligen EG-Richtlinie zurückbleiben wollte²⁴⁸.

6.146 Bei der in dieser Weise vorzunehmenden Auslegung des Begriffs „Vertrag über eine entgeltliche Leistung" müsse es genügen, daß der Kunde sein Leistungsversprechen in der – dem Vertragspartner erkennbaren – Erwartung abgibt, ihm selbst oder einem bestimmten Dritten werde daraus ein Vorteil erwachsen. Die **erweiternde Auslegung** dieses Begriffs umfasse

---

242 BGH NJW 1992, 1889 m.w.Nachw., vgl. weiter BGH WM 1996, 387, 389.
243 BGH WM 1995, 2133. Etwas anderes gilt, wenn der Kreditnehmer hierbei im Auftrage der Bank werbend für die finanzierte Kapitalanlage tätig gewesen ist (BGH WM 1996, 2100, 2101); vgl. weiter OLG Hamm zu einer Verpflichtung zur Sicherheitsleistung anläßlich des Besuches eines Bankmitarbeiters in der Wohnung (MDR 1998, 1424).
244 BGH WM 1996, 390, 392.
245 BGH WM 1991, 359; vgl. dazu *P. Bydlinski*, WM 1992, 1301, 1302 m.w.Nachw.
246 BGH WM 1993, 683, 684; 1995, 2027.
247 BGH WM 1975, 8 f.; 1983, 446.
248 BGH WM 1993, 683, 684; vgl. den Vorlagebeschluß des LG Kleve (WM 1993, 600) an den Europäischen Gerichtshof.

daher auch eine Bürgschaft, die übernommen wird, damit der Gläubiger dem Hauptschuldner ein Darlehen gewährt oder beläßt[249].

6.147 § 1 Abs. 1 HausTWG erfaßt dagegen **keine Bürgschaftsverträge,** die zur Absicherung einer Verbindlichkeit geschlossen werden, die der Hauptschuldner im Rahmen seiner Erwerbstätigkeit eingegangen ist[250]. Dasselbe gilt, wenn der Hauptschuldner die durch die Bürgschaft gesicherte Verbindlichkeit zwar als Verbraucher, jedoch nicht im Rahmen eines Haustürgeschäftes eingegangen ist[251].

5. Unwirksamkeit von Bürgschaften wegen Sittenwidrigkeit (§ 138 BGB)

6.148 Die höchstrichterliche Rechtsprechung hat wiederholt die Unwirksamkeit von Bürgschaften infolge Sittenwidrigkeit bejaht[252]. Solche Umstände, die der Bank als sittenwidriges Vorgehen zurechenbar sind, können in dem **Verschweigen** ungewöhnlicher und schwerwiegender, dem Bürgen ersichtlich unbekannter Haftungsrisiken[253] oder in der rechtlich verwerflichen **Ausnutzung einer Geschäftsunerfahrenheit oder Zwangslage** liegen[254]. Insbesondere bei der Hereinnahme von Bürgschaften **vermögensloser naher Angehöriger** stellt sich die Frage, ob der Bürgschaftsvertrag wegen Sittenwidrigkeit unwirksam ist, weil bei der Konkretisierung des § 138 BGB die grundrechtliche Gewährleistung der Privatautonomie zu berücksichtigen ist. Nach dem Beschluß des Bundesverfassungsgerichtes vom 19. Oktober 1993[255] sind bei der Auslegung und Anwendung solche zivilrechtlichen Generalklauseln wie der § 138 Abs. 1 BGB Grundentscheidungen der Verfassung zu beachten. Dies bedeute, daß die Privatautonomie als Teil der allgemeinen Handlungsfreiheit (Art. 2 Abs. 1 GG) in ihrer Wechselwirkung zu sehen und so für den Zivilrechtsverkehr zu begrenzen sei, daß sie für alle Beteiligten möglichst weitgehend wirksam werde[256]. Habe einer der Vertragsteile ein **so starkes Übergewicht,** daß er den Vertragsinhalt faktisch einseitig bestimmen könne, bewirke dies für

---

249 BGH WM 1993, 683, 684; vgl. weiter *Bunte,* WM 1993, 877; *Wenzel,* NJW 1993, 2781.
250 EuGH WM 1998, 649, 651; BGH WM 1998, 1388.
251 BGH WM 1998, 1388; vgl. weiter *Fischer,* WM 1998, 1705, 1713.
252 Vgl. BGH WM 1996, 519, 521; 1124, 1125 m.w.Nachw.; 1997, 511, 512; vgl. weiter *Horn,* WM 1997, 1081 ff.; *Ganter,* WM 1996, 1705, 1709; *Mayen,* FS Schimansky, 1999, S. 415 ff.
253 BGH WM 1996, 1124, 1125.
254 BGH WM 1996, 53, 54; 1994, 676.
255 WM 1993, 2199; 1996, 948, 949.
256 BVerfG WM 1993, 2199, 2202; vgl. hierzu die kritischen Anmerkungen von *Schapp,* ZBB 1999, 30 ff.; *Krämer,* FS Schimansky, 1999, S. 367 ff.

den anderen Vertragsteil Fremdbestimmung. Der darin liegende unangemessene Interessenausgleich der Vertragsparteien müsse durch eine entsprechende Beurteilung als sittenwidrig im Sinne von § 138 Abs. 1 BGB korrigiert werden[257].

Schon aus Gründen der Rechtssicherheit dürfe jedoch ein Vertrag nicht bei jeder Störung des Verhandlungsgleichgewichts nachträglich in Frage gestellt oder korrigiert werden. Nur wenn es sich um eine **typisierbare Fallgestaltung** handle, die eine strukturelle Unterlegenheit des einen Vertragsteils erkennen lasse und die Folgen des Vertrages für den unterlegenen Vertragsteil ungewöhnlich belastend seien, müsse die Zivilrechtsordnung darauf reagieren und Korrekturen ermöglichen[258]. Eine solche **ausgeprägte Vertragsunterlegenheit** des Bürgen ist gegeben, wenn angesichts des krassen Mißverhältnisses zwischen dem Haftungsumfang und der Leistungsfähigkeit zu vermuten ist, daß die Bürgen sich auf eine solche Verpflichtung nur aufgrund **emotionaler Bindung an den Hauptschuldner** infolge mangelnder Geschäftsgewandtheit und Rechtskundigkeit eingelassen haben und die Bank dies in verwerflicher Weise ausgenutzt hat[259]. Ist der Hauptschuldner aber eine Gesellschaft, an der der Bürge selbst beteiligt ist, so kommt eine solche Indizwirkung jedenfalls dann nicht in Betracht, wenn es sich um eine maßgebliche Beteiligung handelt[260].

6.149

a) Kriterien für die Unwirksamkeit der Bürgschaft

Unter Berücksichtigung dieser verfassungsrechtlichen Vorgaben macht der BGH die Nichtigkeit einer solchen Sicherheitenbestellung nunmehr davon abhängig, ob ein **grobes Mißverhältnis** zwischen der übernommenen Haftung und der Leistungsfähigkeit des Bürgen besteht[261]. Ein solches grobes Mißverhältnis **bejaht der BGH** regelmäßig, **wenn** die pfändbaren Einkünfte des Bürgen voraussichtlich nicht ausreichen, in fünf Jahren ein Viertel der Hauptsumme abzudecken[262]. Zudem müßten weitere, den Bürgen erheblich belastende Umstände vorliegen, die in Verbindung mit dem „auffälligen Mißverhältnis" zusammenfassend zu einer unerträglichen Störung der

6.150

---

257 BVerfG WM 1993, 2199, 2203; BGH WM 1997, 2117, 2118; vgl. weiter *Halstenberg*, FS Schimansky, 1999, S. 315 ff.
258 BVerfG WM 1993, 2199, 2203.
259 BGH WM 1997, 2117, 2118.
260 BGH WM 1998, 235, 236.
261 BGH WM 1998, 235, 239; 1997, 1010, 1011; 1997, 467, 468; 1996, 2194, 2195. Vgl. die Darstellung dieser Judikatur bei *Kreft*, WM 1992, 1425; *Grün*, WM 1994, 713 ff. für die Nachw. der Stellungnahmen im Schrifttum.
262 BGH WM 1997, 2117, 2118.

Vertragsparität führen[263]. Ein belastender Umstand in diesem Sinne kann dabei insbesondere in der Verletzung der nach § 1618 a BGB zwischen Eltern und Kindern bestehenden Beistands- und Rücksichtnahmepflicht liegen[264]. Auch ist die Sittenwidrigkeit zu bejahen, wenn die Bank die von ihr verlangte Mithaftung des Ehepartners diesem gegenüber als eine „reine Formsache" bezeichnet. Die Verharmlosung oder Verschleierung des Haftungsrisikos durch die Bank stellt eine sittenwidrige Beeinträchtigung der Willensfreiheit des finanziell überforderten Ehepartners dar[265].

6.151 Für die nach § 138 Abs. 1 BGB erforderliche **subjektive Sittenwidrigkeit** muß die Bank diese Umstände kennen, bzw. sich dieser Erkenntnis zumindest leichtfertig verschließen[266]. Das in dem Ausnutzen der familiären Hilfsbereitschaft liegende sittenwidrige Verhalten des Angehörigen könne der Bank zugerechnet werden, sofern sie eine solche Einflußnahme auf den Angehörigen kannte oder sich einer solchen Erkenntnis bewußt verschlossen habe[267]. Diese Grundsätze gelten auch dann, wenn die Mithaftung der Ehefrau bei staatlich geförderten Eigenkapitaldarlehen von den damit betrauten Banken gemäß den einschlägigen Richtlinien des Bundesministers für Wirtschaft verlangt wird[268].

6.152 Die Rechtsprechung zur Unwirksamkeit von Bürgschaften finanziell kraß überforderter **Kinder** und **Lebenspartner** findet auf Bürgschaften von **Geschwistern** nur Anwendung, wenn im Einzelfall zwischen ihnen eine vergleichbar enge persönliche Beziehung im Zeitpunkt der Verpflichtung bestanden hat[269]. Dagegen findet diese Rechtsprechung Anwendung, wenn ein **Strohmann** ohne eigenes wirtschaftliches Interesse allein aus persönlicher Verbundenheit mit einem Dritten bereit ist, Gesellschafter der Kreditnehmer zu sein und die persönliche Haftung zu übernehmen[270].

6.153 Hat die Bank allerdings Anlaß zu der Befürchtung, der Hauptschuldner werde sein Vermögen auf ihm nahestehende Personen übertragen und damit die Durchsetzung der Darlehensforderungen gefährden, kann dies im Einzelfall nach wie vor ein berechtigtes Interesse an Bürgschaften von Familienangehörigen begründen[271]. Im übrigen hat es der BGH als sehr zweifelhaft bezeichnet, ob die Rechtsprechung

---

263 BGH WM 1998, 2366, 2367.
264 BGH WM 1994, 676, 678 f.; 680, 682 f.
265 BGH WM 1998, 2366, 2367.
266 BGH WM 1994, 676, 679; 680, 683.
267 BGH WM 1994, 676, 678 f.; 680, 683.
268 BGH WM 1997, 1010, 1011.
269 BGH WM 1998, 239, 240; 1997, 465.
270 BGH WM 1998, 239, 241.
271 BGH WM 1997, 2117, 2119 m.w.Nachw.

zur Bürgschaft naher Angehöriger auf Bürgschaften leistungsschwacher öffentlich-rechtlicher Körperschaften anwendbar ist[272].

Ist die Sittenwidrigkeit zu verneinen, kann die Bank im Einzelfall nach § 242 BGB daran gehindert sein, dem Bürgen, der eine seine wirtschaftliche Leistungsfähigkeit weit übersteigende Haftung übernommen hat, in Anspruch zu nehmen[273]. Bezweckt die Bürgschaftsübernahme hauptsächlich, den Gläubiger vor Nachteilen durch Vermögensverlagerungen zu schützen, sowie ihm den Zugriff auf eine Teilhabe des Bürgen am Vermögenszuwachs des Hauptschuldners insbesondere durch eine Bürgschaft zu ermöglichen, kommt eine **Anpassung des Vertrages** nach den Grundsätzen des Wegfalls der Geschäftsgrundlage in Betracht, wenn mit dem Eintritt entsprechender Umstände nicht mehr zu rechnen ist, wie dies vor allem für die Auflösung der Lebensgemeinschaft gilt[274].

6.154

b) Hinausschieben der Fälligkeit der Bürgschaftsforderung durch Vertragsauslegung

Bei der gebotenen Auslegung des Bürgschaftsvertrages (§ 157 BGB) ist nach dem BGH im Zweifel anzunehmen, daß die Parteien das Vernünftige gewollt haben. Deshalb ist der Auslegung den Vorzug zu geben, die zu einer sachgerechten, mit Inhalt und Zweck des Gesetzes vereinbaren Regelung gelangt. Soll der Bank nur ermöglicht werden, auf künftige Vermögen des Bürgen aus einer Erbschaft zurückgreifen zu können, so ist die Bürgschaft dahingehend auszulegen, daß die Fälligkeit der Bürgschaftsforderung **von Anfang an** auf den Erbfall **hinausgeschoben** worden ist[275]. Nach der Entscheidung des IX. Senats des BGH vom 8. 10. 1998 entfällt die Sittenwidrigkeit aber nur dann, wenn in dem Bürgschaftsvertrag ausdrücklich klargestellt worden ist, daß die Bürgschaftsverpflichtung lediglich dazu dienen soll, zukünftige Vermögensverlagerungen oder bestimmte Arten eines sonstigen späteren Vermögenserwerbs, insbesondere Erbschaften zu erfassen. Diese **neuen Haftungsgrundsätze** wird dieser BGH-Senat erst auf nach dem 1. 1. 1999 geschlossenen Bürgschaftsverträge anwenden[276].

6.155

---

272 BGH WM 1998, 976, 979.
273 BGH WM 1996, 1124, 1126; 1997, 467, 469; 1998, 2327, 2329; OLG Karlsruhe WM 1997, 2122, 2124.
274 BGH WM 1996, 1124, 1126; OLG Karlsruhe WM 1997, 2120. Zur Frage der Anpassung der Haftung des Bürgen auf die Höhe des Eigenvermögens beim Scheitern der Ehe vgl. OLG Karlsruhe WM 1997, 2122, 2124.
275 BGH WM 1997, 467, 469.
276 BGH WM 1998, 2327, 2330; vgl. hierzu weiter *Halstenberg*, FS Schimansky, 1999, S. 312 ff. und den Beschluß des XI. Senats des BGH vom 29. 1. 1999

V. Formularpraxis der Kreditinstitute

6.156 Bei der Hereinnahme von Bürgschaften verwenden die Kreditinstitute Bürgschaftsformulare, mit deren Hilfe das Vertragsverhältnis zwischen ihnen und dem Bürgen **AGB-mäßig** näher ausgestaltet wird. Sie enthalten regelmäßig die Voraussetzungen, unter denen der Bürge als Sicherungsgeber für die verbürgten Verbindlichkeiten einzustehen hat[277]. Die Bürgschaftsformulare enthalten im übrigen Klauseln, die den praktischen Bedürfnissen Rechnung tragen sollen und von den Kreditinstituten weitestgehend einheitlich verwendet werden.

6.157 Mit Rücksicht auf diese **überregionale Verwendung** kann der BGH die formularmäßigen Bürgschaftsklauseln, die Allgemeine Geschäftsbedingungen darstellen, selbst auslegen (§ 549 ZPO)[278].

1. Höchstbetragsbürgschaften

6.158 Zum Schutze der Bürgen haben die kreditwirtschaftlichen Verbände ihren Mitgliedsinstituten im Jahre 1992 empfohlen, insbesondere von Privatpersonen nur noch Höchstbetragsbürgschaften hereinzunehmen[279]. Solche Höchstbetragsbürgschaften werfen insbesondere Fragen im Hinblick auf das **Verbot überraschender Klauseln (§ 3 AGBG)** auf.

6.159 Übernimmt ein Familienangehöriger des Darlehensnehmers eine Höchstbetragsbürgschaft für einen privaten Kleinkredit in Höhe der Nettokreditsumme, so ist die formularmäßige Erstreckung der Bürgschaft „auf alle gegenwärtigen und zukünftigen Ansprüche" des Gläubigers trotz drucktechnischer Hervorhebung eine überraschende Klausel im Sinne des § 3 AGBG[280]. Dies gilt auch in den Fällen, in denen die nachträgliche betragsmäßige Erweiterung des Darlehens oder eine spätere Erhöhung der Kreditlinie des Kontokorrentkredits den vereinbarten Höchststatus nicht überschreitet[281].

(Az: XI ZR 10/98), mit dem ein Fragenkatalog zur Sittenwidrigkeit einer Bürgschaft oder Mithaftungsübernahme wegen finanzieller Überforderung dem Großen Senat für Zivilsachen gemäß § 132 Abs. 4 GVG vorgelegt worden ist (WM 1999, 1556 ff.).
277 Vgl. BGH WM 1986, 1550, 1551; 1988, 1301, 1302; 1992, 391, 392.
278 BGH WM 1992, 391, 392.
279 Vgl. *Bruchner*, WM 1992, 1268.
280 BGH WM 1996, 766, 770; 1391, 1392.
281 BGH WM 1998, 1675.

Eine Klausel im Bürgschaftsvertrag, nach der die im kontokorrentmäßig geführten Girokonto anfallenden Zinsen über diesen Höchstbetrag hinaus von der Bürgschaft mit abgesichert werden, ist hingegen weder überraschend im Sinne des § 3 AGBG noch unangemessen im Sinne des § 9 AGBG[282].

6.160

2. Inanspruchnahme aus der Bürgschaft

Sind die durch die Bürgschaft gesicherten Ansprüche der Bank fällig und erfüllt der Hauptschuldner diese Ansprüche nicht, hat der Bürge aufgrund der üblichen Haftung als Selbstschuldner nach Aufforderung durch die Bank Zahlung zu leisten. Die Bank braucht daher nicht zunächst gegen den Hauptschuldner gerichtlich oder außergerichtlich vorzugehen oder ihr gestellte Sicherheiten zu verwerten.

6.161

Der Bürge muß die Behauptung, der Hauptschuldner habe die Forderung getilgt, beweisen. Diese **Beweislast** folgt aus der Akzessorietät der Bürgschaft. Sie gilt auch bei Bürgschaften für einen nicht anerkannten Tagessaldo aus einem Kontokorrentverhältnis[283].

6.162

Hat sich der Bürge entsprechend dieser Formularpraxis als **Selbstschuldner verbürgt**, so ist kraft Gesetzes (§ 773 Abs. 1 Nr. 1 BGB) die Einrede der Vorausklage ausgeschlossen. Anderenfalls wäre die Inanspruchnahme des Bürgen davon abhängig, daß der Gläubiger eine Zwangsvollstreckung gegen den Hauptschuldner ohne Erfolg versucht hat (§ 771 BGB). Die **Einrede der Vorausklage** ist eine Ausprägung des Grundsatzes der Subsidiarität der Bürgenhaftung, dem für das Wesen der Bürgschaft jedoch nicht die gleiche Bedeutung zukommt wie dem strengen Grundsatz der Akzessorietät. Kann daher der Gläubiger bei Fälligkeit der Hauptschuld den Bürgen sofort in Anspruch nehmen, so liegt hierin keine ins Gewicht fallende unangemessene Benachteiligung des Bürgen[284].

6.163

Die Zahlungsverpflichtung des Bürgen besteht nach den üblichen Bürgschaftsformularen auch dann, wenn der Hauptschuldner das seiner Verbindlichkeit zugrundeliegende Geschäft anfechten kann (**Verzicht auf die Einrede der Anfechtbarkeit**). Dieser Verzicht hält der Inhaltskontrolle nach dem AGBG (§ 9) stand; hierdurch wird der Bürge nicht unangemessen benachteiligt. Dieser Einrede kommt in den Fällen der Irrtumsanfechtung (§ 119 BGB) kaum praktische Bedeutung zu, weil das Anfechtungs-

6.164

---
282 BGH WM 1984, 198 f.
283 BGH WM 1996, 192, 193.
284 BGH WM 1985, 1307, 1311 m.w.Nachw.

recht des Hauptschuldners nach § 121 Abs. 1 S. 1 BGB erlischt, wenn er es nicht unverzüglich nach der Kenntniserlangung ausübt[285]. Hat dagegen der Hauptschuldner sein Anfechtungsrecht ausgeübt, kann sich der Bürge auf den hierdurch eingetretenen Wegfall der verbürgten Hauptforderung berufen (Grundsatz der Akzessorietät der Bürgschaft), sofern der Bürge nicht auch für Bereicherungsansprüche, die die Bank infolge der Nichtigkeit des Kreditvertrages erwirbt, einzustehen hat[286].

6.165 Die Bürgschaftsformulare enthalten auch den **Verzicht** des Bürgen **auf die Einrede der Aufrechenbarkeit.** Auch dieser Verzicht enthält keine unangemessene Benachteiligung im Sinne des AGB-Gesetzes (§ 9). Dies gilt auch für Fälle, in denen die Forderung des Hauptschuldners gegen den Bürgschaftsgläubiger unbestritten oder rechtskräftig festgestellt worden ist[287]. Dieser Verzicht umfaßt aber nicht den Einwand unzulässiger Rechtsausübung, wenn er dem verbürgten Anspruch insoweit entgegensteht, als dem Hauptschuldner ein Schadensersatzanspruch aus positiver Vertragsverletzung bei der Verwertung von Sicherungsgut gegen den Gläubiger zusteht[288].

6.166 Die Bank ist im übrigen auch gegenüber dem Bürgen befugt, ihren Kunden als Hauptschuldner wegen dessen Gegenforderung, etwa aus einem fällig gewordenen Termingeldguthaben, zu befriedigen, ohne von ihrer Befugnis zur Aufrechnung mit der verbürgten Forderung Gebrauch zu machen. Die gesetzliche Regelung des **§ 770 Abs. 2 BGB** engt die Befugnisse des Gläubigers, solche Gegenforderungen des Hauptschuldners auf eine für ihn vorteilhafte Weise zu erfüllen, nicht ein[289].

6.167 Hinzu kommt, daß die Einrede der Aufrechenbarkeit dem Bürgen nur eine schwache und verletzliche Rechtsposition verleiht. Denn das mit der Einrede verbundene Leistungsverweigerungsrecht besteht nur, solange dem Hauptschuldner eine aufrechenbare Gegenforderung zusteht und erlischt daher, wenn z.B. der Gläubiger die Gegenforderung erfüllt. Diese Schwäche des dem Bürgen durch § 770 Abs. 2 BGB gewährten Rechts kann bei der gebotenen Interessenabwägung im Rahmen der Inhaltskontrolle nach dem AGB-Gesetz nicht unberücksichtigt bleiben[290]. Auch bei einer wirksamen Abbedingung des § 770 BGB darf die Bank aber die anderen bestellten Sicherheiten nicht willkürlich zum Schaden des Bürgen aufgeben[291].

---

285 BGH WM 1985, 1307, 1310.
286 Vgl. BGH WM 1987, 616, 617 f.; 1992, 135, 137 f.
287 BGH WM 1985, 1307, 1310.
288 BGH WM 1991, 1294, 1296.
289 BGH WM 1984, 425, 426.
290 BGH WM 1985, 1307, 1310.
291 BGH WM 1991, 558, 559; 1994, 1161, 1163.

Die Bürgschaftsformulare sehen weiter vor, daß der Bürge von seiner **6.168**
Bürgschaftsverpflichtung **nicht frei wird**, wenn die Bank Verfügungen
über Gegenstände zuläßt, die dem AGB-Pfandrecht unterliegen und dies
im Rahmen der ordnungsgemäßen Durchführung der Geschäftsverbindung zum Hauptschuldner geschieht[292]. Hierin liegt eine eingeschränkte
Abbedingung des § 776 BGB[293]. Die Bank hat an einem solchen Verzicht
ein berechtigtes Interesse, weil die Gegenforderungen des Hauptschuldners, insbesondere aus bei ihr unterhaltenen Kontoguthaben, von ihrem
AGB-mäßigen Pfandrecht erfaßt werden. Bei einer Geltung des § 776
BGB müßte die Bank alle diesem Pfandrecht unterworfenen Kundenwerte blockieren, wenn sie nicht ihr Recht aus der Bürgschaft verlieren
will[294].

3. Übergang von Sicherheiten

Soweit der Bürge den Gläubiger befriedigt, geht kraft Gesetzes die Forde- **6.169**
rung des Gläubigers gegen den Hauptschuldner auf ihn über (§ 774 Abs. 1
S. 1 BGB). Die übergegangene Forderung und der Ausgleichsanspruch aus
dem zwischen dem Bürgen und dem Hauptschuldner bestehenden
Rechtsverhältnis existieren in der Folge nebeneinander[295]. Mit diesem
gesetzlichen Übergang der Gläubigerforderung soll die Rechtsstellung des
zahlenden Bürgen im Interesse der Durchsetzung seines Ausgleichsanspruchs möglichst gestärkt werden[296]. Die Stärkung besteht vor allem
darin, daß mit dem gesetzlichen Forderungsübergang auch die für die
Forderung bestellten akzessorischen Sicherheiten (Pfandrechte, Hypotheken und von dritter Seite übernommene Bürgschaften) auf den Bürgen
übergehen (§§ 401 Abs. 1, 412 BGB). Bei den nicht-akzessorischen Sicherheiten, wie insbesondere Sicherungsgrundschuld, Sicherungseigentum
oder Eigentumsvorbehalt besteht eine im einzelnen unterschiedliche
Rechtslage – Rn 6.296 ff., 6.382 ff.

Dienen jedoch diese Sicherheiten auch als Sicherheit für Ansprüche der **6.170**
Bank, die den für die Bürgschaft vereinbarten Höchstbetrag übersteigen
oder die durch die Bürgschaft von vornherein nicht gesichert sind, steht

---

292 Vgl. BGH WM 1991, 558, 559; 1994, 1161, 1163.
293 BGH WM 1991, 558, 559; 1994, 1161, 1163.
294 BGH WM 1980, 1255; 1985, 1307, 1310. In der Entscheidung vom 6. 9. 1997
    hat es der BGH aber ausdrücklich offen gelassen, ob an der bisherigen Rechtsprechung eine uneingeschränkte Abbedingung des § 776 BGB festzuhalten
    ist (WM 1997, 2217, 2218).
295 BGH WM 1981, 691, 692.
296 Vgl. WM 1981, 691, 692.

der **Bank** hierfür gegenüber dem Bürgen nach der gesetzlichen Regelung ein **vorrangiges Befriedigungsrecht** zu. Denn der gesetzlich angeordnete Übergang der verbürgten Forderung und der für sie bestellten Sicherheiten kann nicht zum Nachteil des Gläubigers geltend gemacht werden (§ 774 Abs. 1 S. 2 BGB). So hat z.B. bei einer nur teilweisen Befriedigung des Gläubigers der beim Gläubiger verbliebene Forderungsteil in der Insolvenz des Hauptschuldners Vorrang vor dem auf den Bürgen übergegangenen Teil der verbürgten Forderung. Dieser Vorrang gilt auch für Nebenrechte, die mit der Hauptforderung gemäß oder entsprechend §§ 401 Abs. 1, 412 BGB nur teilweise auf den Bürgen übergegangen sind und hinsichtlich derer der Bürge daher nur Mitinhaber ist. Dabei spielt es auch keine Rolle, ob diese Nebenrechte nur die verbürgte Forderung oder daneben auch andere Forderungen des Gläubigers sichern[297].

6.171 Um die Durchsetzung dieses Vorrangs in der Folge des Übergangs von Teilforderungen auf den Bürgen im einzelnen zu vermeiden, sehen die Bürgschaftsformulare vor, daß bei Zahlungen des Bürgen die **Rechte** der Bank **erst dann auf ihn übergehen,** wenn die Bank wegen aller ihrer Ansprüche gegen den Hauptschuldner volle Befriedigung erlangt hat; bis dahin gelten die Zahlungen nur als Sicherheit. Infolge dieser Klausel wirkt eine die Bank nicht voll befriedigende Zahlung vorläufig nicht als Erfüllung der Bürgschaftsschuld, sondern nur als Sicherheitsleistung. Der Übergang der Hauptforderung nebst Sicherungsrechten auf den Bürgen wird daher aufgeschoben; er kann daher auch nicht an dem Insolvenzverfahren des Hauptschuldners teilnehmen[298].

a) Differenzierende Regelung des Übergangs bei nicht-akzessorischen Sicherheiten

6.172 **Problematisch** sind die Fälle, in denen der Bank nicht-akzessorische Sicherheiten (Grundschulden, Sicherungsübereignung und Sicherungszession) bestellt sind, die nicht schon kraft Gesetzes auf den zahlenden Bürgen übergehen; § 401 Abs. 1 BGB erfaßt nur die akzessorischen Sicherheiten. Hier muß mit Rücksicht auf die unterschiedliche Interessenlage danach unterschieden werden, ob diese **Sicherheiten vom Hauptschuldner selbst oder einem Dritten bestellt** worden sind. Die vom Hauptschuldner bestellten Sicherheiten werden nach den üblichen Bankformularen auf den Bürgen übertragen, sobald die Bank diese nach den jeweiligen Sicherungsvereinbarungen freizugeben hat. Die von dritter Seite bestellten nicht-akzessorischen Sicherheiten wird die Bank dagegen an den

---

297 BGH WM 1990, 260, 261.
298 BGH WM 1984, 1630, 1631 f.; 1986, 1550, 1555 f.

jeweiligen Sicherungsgeber zurückübertragen, falls mit diesem nichts anderes vereinbart worden ist. Mit dieser nach der Person des Sicherheitenbestellers differenzierenden Regelung soll der BGH-Rechtsprechung Rechnung getragen werden. Danach ist bei nicht-akzessorischen Sicherheiten in analoger Anwendung der §§ 774, 412, 401 BGB eine schuldrechtliche Verpflichtung des Gläubigers zur Übertragung auf den zahlenden Bürgen anzunehmen[299].

Eine hiervon **abweichende Regelung** enthalten die Bürgschaftsformulare für den Fall, daß einer solchen Abtretung eine Abrede zwischen Sicherungsgeber und dem Gläubiger der verbürgten Forderung als Sicherungsnehmer entgegensteht[300]. Ein Interesse am Ausschluß der Abtretung wird regelmäßig dann bestehen, wenn die nicht-akzessorischen Sicherheiten nicht vom Hauptschuldner, sondern von einem Dritten bestellt worden sind. Die Bürgschaftsformulare tragen dieser typischen Interessenlage dadurch Rechnung, daß in dieser Fallkonstellation die Sicherheiten nicht auf den Bürgen, sondern auf den Sicherungsgeber zurückübertragen werden, falls mit diesem nichts anderes vereinbart worden ist.

6.173

b) Ausgleichsanspruch des zahlenden Bürgen (analog § 426 Abs. 1 S. 1 BGB)

In den Bürgschaftsformularen wird aber vorsorglich klargestellt, daß durch diese Regelung der Rückübertragung von Sicherheiten Ausgleichsansprüche des zahlenden Bürgen gegen den Drittbesteller solcher nicht-akzessorischen Sicherheiten unberührt bleiben. Solche Ausgleichsansprüche hat der BGH dem Bürgen bei einer Grundschuldbestellung eines Dritten zuerkannt, **obwohl** zwischen dem zahlenden Bürgen und dem Grundschuldbesteller **keine ausgleichspflichtige (echte) Gesamtschuldnerschaft** im Sinne des § 426 Abs. 1 BGB besteht[301].

6.174

Bestünde ein echtes Gesamtschuldverhältnis, würde auch die verbürgte Hauptforderung anteilig kraft Gesetzes (§ 426 Abs. 2 BGB) auf den zahlenden Bürgen übergehen mit der weiteren Konsequenz, daß der Bürge von der Bank als Inhaberin der Sicherungsgrundschuld entsprechend §§ 412, 401 Abs. 1 BGB die anteilsmäßige Abtretung der Grundschuld verlangen könnte[302]. Ein solches echtes Gesamtschuldverhältnis zwischen dem Bürgen und dem Grundschuldbesteller kann je-

6.175

---

299 BGH WM 1984, 1630, 1631 f.; 1990, 260 f.; 1994, 1161, 1163; 1997, 2117, 2118.
300 Vgl. *Palandt/Heinrichs*, § 401 Rn 5.
301 WM 1989, 1205, 1207 f.; *Siol*, WM 1996, 2217, 2224; *Palandt/Heinrichs*, § 426 Rn 14; vgl. weiter BGH WM 1995, 523.
302 BGH WM 1981, 691, 692.

doch wegen des unterschiedlichen Inhalts der Haftung des Bürgen und des Eigentümers des mit der Grundschuld belasteten Grundstücks nicht bestehen[303]. Die Bürgschaft ist eine Geldschuld. Der Anspruch des Grundschuldgläubigers ist dagegen auf Befriedigung aus dem Grundstück im Wege der Zwangsvollstreckung in Gestalt der Zwangsversteigerung und Zwangsverwaltung gerichtet (§§ 1147, 1192 Abs. 1 BGB). Der Grundstückseigentümer hat daher notfalls die Zwangsvollstreckung zu dulden; seine Haftung beinhaltet also keine (schuldrechtliche) Zahlungspflicht wie bei der Bürgenhaftung, sondern eine sachenrechtliche (dingliche) Duldungspflicht[304].

6.176 Fehlt es an einem echten Gesamtschuldverhältnis und damit an der gesetzlichen Ausgleichspflicht gemäß § 426 Abs. 1 BGB, so gebietet es nach dem BGH[305] der **Grundsatz ausgleichender Gerechtigkeit,** auf das Verhältnis von Bürge und Grundschuldbesteller den hinter § 426 Abs. 1 BGB stehenden allgemeinen Rechtsgedanken einer anteiligen Haftung anzuwenden, die im Innenverhältnis entsprechende Ausgleichsansprüche begründet.

6.177 Das **Gesetz hat** die **Ausgleichsansprüche** zwischen mehreren Sicherungsgebern nur **lückenhaft geregelt.** Eine am Wortlaut haftende Auslegung führt nach dem BGH daher zu Zufallsergebnissen, die vom Gesetzgeber nicht gesehen und nicht gewollt waren. Nur eine solche anteilige Haftung der Sicherungsgeber, die unabhängig voneinander und gleichrangig dasselbe Risiko abdecken, entspräche der Billigkeit (§ 242 BGB). Zur Vermeidung von Zufallsergebnissen sei daher auch in solchen Fällen im Wege der Rechtsfortbildung der allgemeine Rechtsgedanke anzuwenden, daß mehrere auf gleicher Stufe stehende Sicherungsgeber ohne eine zwischen ihnen getroffene Vereinbarung untereinander entsprechend der Gesamtschuldregel (§ 426 Abs. 1 BGB) zur Ausgleichung verpflichtet sind[306]. Dies gelte auch für den Fall, daß der eine Sicherungsgeber eine Bürgschaft übernommen und der andere eine Grundschuld bestellt hat. Nach dem BGH besteht daher zwischen mehreren auf gleicher Stufe stehenden Sicherungsgebern beim Fehlen einer zwischen ihnen getroffenen besonderen Vereinbarung eine Ausgleichspflicht entsprechend den Regeln über die Gesamtschuld. Grundschuld und Bürgschaft sind von Gesetzes wegen gleichstufige Sicherungsmittel mit der Folge, daß die Sicherungsgeber einander grundsätzlich wie Gesamtschuldner ausgleichspflichtig sind[307].

6.178 **Umstritten ist,** ob dieser aus dem (Innen-)Verhältnis zwischen zahlendem Bürgen und Grundstückseigentümer bestehende **Ausgleichsanspruch auch**

---

303 BGH WM 1988, 1259, 1260; 1989, 1205, 1208 für das insoweit vergleichbare Verhältnis zwischen Grundstückseigentümer und persönlichem Schuldner des Grundschuldgläubigers.
304 *Staudinger/Wolfsteiner,* Einl. zu §§ 1113 ff. Rn 25.
305 BGH WM 1989, 1205, 1207 f.
306 BGH WM 1989, 1205, 1207 f.
307 WM 1992, 1983, 1894; *Siol,* WM 1996, 2217, 2224.

gegen die Bank als Inhaberin der zurückgewährenden Grundschuld geltend gemacht werden kann. Nach dem BGH kann der Bürge von der Bank anteilsmäßige Abtretung der ihr bestellten Grundschuld verlangen[308]. Dagegen hat der Bürge nach dem Schrifttum lediglich einen Anspruch gegen den Grundstückseigentümer, der auf anteilige Abtretung des dem Eigentümer gegen die Bank zustehenden Anspruchs auf Grundschuldrückgewähr oder auf Abgabe der Erklärung gerichtet ist, er sei mit der (anteilsmäßigen) Übertragung der Grundschuld auf den Bürgen einverstanden[309].

Im Einzelfall kann es zweifelhaft sein, ob und in welchem **Umfang** dem Bürgen ein Anspruch gegen die Bank auf Übertragung der Grundschuld zusteht. Mit Rücksicht auf diese **unübersichtliche Rechtslage** hat die Bank daher ein legitimes Interesse daran, die Übertragung der von dritter Seite bestellten nicht-akzessorischen Grundschuld auf den Bürgen generell auszuschließen[310]. Der Bürge kann sich vor den Nachteilen dieses Ausschlusses auch selbst schützen, indem er sich von dem Grundschuldbesteller den gegen die Bank gerichteten Anspruch auf anteilmäßige Abtretung der Grundschuld bei Wegfall der gesicherten Ansprüche abtreten läßt.

6.179

Sodann kann er von der befriedigten Bank die Übertragung der Grundschuld auf sich beanspruchen.

6.180

4. Anrechnung von Zahlungseingängen

Die Bank darf den Erlös aus der Verwertung von Sicherheiten, die ihr der Hauptschuldner oder ein anderer Dritter bestellt hat, zunächst auf den Teil der Ansprüche, der den mit dem Bürgen vereinbarten Höchstbetrag übersteigt, oder auf die durch diese Bürgschaft nicht gesicherten Ansprüche anrechnen. In derselben Weise darf die Bank alle vom Hauptschuldner oder für dessen Rechnung geleisteten Zahlungen verrechnen.

6.181

5. Haftung mehrerer Bürgen

Haben sich mehrere Personen gegenüber der Bank verbürgt, so kann es sich um **gesamtschuldnerisch haftende Mitbürgen oder Teilbürgen ohne gesamtschuldnerische Haftung** handeln.

6.182

---

308 BGH WM 1990, 260; 1995, 523.
309 *Tiedtke*, WM 1990, 1270, 1274; *Bayer/Wandt*, ZIP 1989, 1047, 1048.
310 *Bayer/Wandt*, ZIP 1989, 1047, 1048. Nach *Schmitz* (WM 1991, 1061, 1065) läßt sich die Frage, ob mehrere Sicherungsgeber wirklich auf gleicher Stufe stehen, nicht immer einfach entscheiden.

a) Mitbürgschaft

6.183 In den üblichen **Bankformularen** wird klargestellt, daß die Bürgen bei einer gemeinschaftlichen Unterzeichnung des Formulars als Gesamtschuldner haften mit der Folge (§ 421 S. 1 BGB), daß die Bank den in der Urkunde vereinbarten Höchstbetrag von jedem einzelnen Bürgen ganz oder teilweise fordern kann. Mit dieser Klausel wird klargestellt, daß die Bürgen Mitbürgen im Sinne des § 769 BGB sind, für die das Gesetz die gesamtschuldnerische Haftung angeordnet hat.

6.184 Gesamtschuldner sind mangels abweichender Vereinbarung **zum Ausgleich verpflichtet** (§ 426 Abs. 1 S. 1 BGB). Dieses Ausgleichsverhältnis steht als selbständiges Schuldverhältnis neben dem Gesamtschuldverhältnis[311]. Der **Ausgleichsanspruch entsteht** nicht erst, wenn ein Gesamtschuldner an den Gläubiger leistet, sondern von vorneherein mit dem Zustandekommen des Gesamtschuldverhältnisses[312]. Jeder ausgleichsberechtigte Gesamtschuldner kann daher schon vor seiner eigenen Leistung an den Gläubiger verlangen, daß er seinen Anteilen entsprechend an der Befriedigung des Gläubigers mitwirkt und dadurch so handelt, daß es später nicht mehr zu einem Ausgleich im Wege des Rückgriffs gemäß § 426 Abs. 2 BGB zu kommen braucht[313].

6.185 Für die **Verstärkung der Ausgleichspflicht** im Innenverhältnis durch den gesetzlichen Übergang der Gläubigerforderung gilt jedoch nicht die allgemeine Regelung, wonach die Forderung des Gläubigers gegen den Hauptschuldner einschließlich der Nebenrechte auf die Bürgen übergeht, soweit er den Gläubiger befriedigt. Hiernach kann es zu einem Übergang der gesamten Gläubigerforderung kommen (§§ 774 Abs. 2, 412, 401 Abs. 1 BGB). Die Mitbürgen haften vielmehr nach § 774 BGB „einander nur nach § 426 BGB". Dementsprechend geht die Forderung des Gläubigers gegen den Hauptschuldner nur insoweit auf den zahlenden Bürgen über, als dieser im Innenverhältnis von den anderen Mitbürgen Ausgleich verlangen kann (§ 426 Abs. 2 BGB). Der **zahlende Mitbürge** erwirbt also gemäß § 426 BGB Ausgleichsansprüche gegen die anderen Mitbürgen und im gleichen Umfang die auf ihn übergegangenen Bürgschaftsforderungen (§§ 412, 401 Abs. 1 BGB)[314].

6.186 Bei **Höchstbetragsbürgschaften** bestimmt sich mangels abweichender Vereinbarung der Innenausgleich zwischen den Mitbürgen nach dem Verhältnis der einzelnen Höchstbeträge[315].

---

311 BGH WM 1992, 1312, 1313.
312 BGH WM 1992, 1312, 1313.
313 BGH WM 1986, 961; 1550, 1551.
314 *Staudinger/Horn*, § 774 Rn 43.
315 BGH WM 1998, 235, 238.

b) Teilbürgschaft

Die gesamtschuldnerische Haftung mehrerer Bürgen hat die für die Bank ungünstige Rechtsfolge, daß die Zahlungen eines Bürgen auch die anderen Bürgen befreit (§ 422 Abs. 1 S. 1 BGB) und dadurch eine Addition der Bürgschaftsbeträge nicht möglich ist[316]. Bei betragsmäßig begrenzten Bürgschaften wird daher häufig die **gesamtschuldnerische Haftung** mehrerer Bürgen **abbedungen**. Die Höchstbetragsbürgen haften sodann selbständig nebeneinander für verschiedene Quoten der Kreditschuld als Teilschuldner (§ 420 BGB). Hier haften die Bürgen der Bank **nebeneinander** bis zur Abdeckung der gesamten gesicherten Forderung – Teil-(Neben-)Bürgschaften oder kumulative Bürgschaften[317]. In diesen Fällen liegt eine zulässige Abweichung von § 769 BGB vor, wonach gesamtschuldnerisch haftende Mitbürgen auch dann gegeben sind, wenn die Mitbürgschaften nicht auf einem einheitlichen Rechtsgeschäft, sondern auf mehreren zeitlich getrennten und ohne Kenntnis der Beteiligten voneinander übernommenen Bürgschaftsverpflichtungen beruhen[318].

6.187

Bei solchen kumulativen (Teil-)Bürgschaften kann die **Bank wählen,** in welcher Reihenfolge sie die (Teil-)Bürgen in Anspruch nehmen will. Sie ist nur darin beschränkt, daß kein Bürge mehr als den zugesagten Höchstbetrag zu leisten hat[319]. Der in den Bürgschaftsformularen vorgesehene Ausschluß der gesamtschuldnerischen Haftung der Bürgen wirkt nur im Außenverhältnis zwischen Bürgen und Bank als Gläubigerin[320]. Dies ist erforderlich, um das Erlöschen aller Bürgschaftsforderungen durch die Zahlung eines der (nur) gesamtschuldnerisch haftenden Bürgen gemäß § 422 Abs. 1 S. 1 BGB zu vermeiden und hierdurch die gewollten kumulativen Bürgschaftsverbindlichkeiten überhaupt begründen zu können. Nach der BGH-Rechtsprechung können daher der Gläubiger und die Bürgen die Anwendung der die gesamtschuldnerische Haftung regelnden §§ 422 ff. BGB in ihrem (Außen-)Verhältnis ausschließen, den gesamtschuldnerischen Ausgleich unter den Mitbürgen aber unberührt lassen[321].

6.188

Dementsprechend heißt es klarstellend in den **Bürgschaftsformularen,** daß die Ausgleichsansprüche des in Anspruch genommenen Bürgen gegen

6.189

---

316 Vgl. *Beeser*, BB 1958, 970, 971.
317 Vgl. OLG Hamm WM 1984, 829, 832; *Staudinger/Horn*, § 769 Rn 2; Münchener Komm. zum BGB/*Habersack*, § 769 Rn 2.
318 BGH WM 1983, 928, 929.
319 OLG Hamm WM 1984, 829, 832; vgl. ferner *Staudinger/Horn*, § 769 Rn 2.
320 BGH WM 1983, 928, 929; 1986, 1550, 1551.
321 BGH WM 1983, 928, 929; 1986, 1550, 1551.

die anderen Bürgen nicht berührt werden. Durch den Ausschluß der gesamtschuldnerischen Haftung im Verhältnis zur Bank wird also weder der Übergang der Forderung der Bank gegen die Hauptschuldnerin mitsamt den diese Forderung sichernden Bürgschaften (§§ 774 Abs. 1 S. 1, 412, 401 Abs. 1 BGB) noch der sich nach §§ 774 Abs. 2, 426 BGB richtende Ausgleich unter Mitbürgen abbedungen[322].

6. Stundung und Freigabe von Sicherheiten

6.190   Der **Bürge** wird den banküblichen Formularen zufolge von seiner Bürgschaftsverpflichtung **nicht frei,** wenn die Bank im Rahmen der ordnungsgemäßen Durchführung und Abwicklung der Geschäftsverbindung zum Hauptschuldner oder zur Wahrung berechtigter Belange des Hauptschuldners oder der Bank dem Hauptschuldner Stundung gewährt, andere Bürgen aus der Haftung entläßt oder sonstige Sicherheiten freigibt. Dies gilt insbesondere, wenn die Bank Verfügungen über Gegenstände zuläßt, die dem Pfandrecht der Bank unterliegen. Der Bürge wird danach ebenfalls nicht frei, wenn die Bank Sicherheiten in Erfüllung einer sich aus anderen Sicherungsverträgen ergebenden Freigabeverpflichtung aufgibt. Mit dieser AGB-Klausel wird **§ 776 S. 1 BGB abbedungen.** Hiernach wird der Bürge, wenn der Gläubiger ein mit der Forderung verbundenes Vorzugsrecht oder für ihn bestellte Hypotheken, Pfandrechte oder Bürgschaften aufgibt, von seiner Haftung insoweit befreit, als er aus dem aufgegebenen Recht hätte Ersatz erlangen können.

6.191   Nach ständiger BGH-Rechtsprechung kann der Bürge auf diese Rechte auch in einem AGB-mäßigen Bürgschaftsformular verzichten[323]. Denn bei einer Geltung des § 776 BGB müßte die Bank alle ihrem AGB-Pfandrecht unterworfenen Kontoguthaben und Depotwerte blockieren, wenn sie nicht ihre Rechte aus der Bürgschaft verlieren wollte. Dies würde zu einer starken Einschränkung der Dispositionsfreiheit des Hauptschuldners (Kreditnehmer) führen, die auch nicht im Interesse des Bürgen liegt. Der AGB-mäßige Ausschluß der Rechte aus § 776 BGB vermeidet daher wesentliche Nachteile für den Hauptschuldner und dient damit regelmäßig auch den Belangen des Bürgen, der im übrigen gegen eine willkürliche

---

322 BGH WM 1983, 928, 929; 1986, 1550, 1551; Nach Münchener Komm. zum BGB/*Habersack*, § 769 Rn 2 beziehen sich auch solche kumulativen Bürgschaften auf dieselbe Bürgschaft, wie es für die gesamtschuldnerischen Mitbürgschaften typisch ist. Dies rechtfertigt die gesamtschuldnerische Ausgleichspflicht im Sinne des § 426 BGB.
323 BGH WM 1985, 1307, 1310.

Freigabe von Sicherheiten zu seinem Schaden durch § 242 BGB geschützt ist[324].

7. Recht des Bürgen zur Kündigung der Bürgschaft

Die üblichen Bürgschaftsformulare sehen schließlich vor, daß der Bürge nach Ablauf einer in der Bürgschaftsurkunde bestimmten Frist schriftlich kündigen kann. Auch ohne eine solche Kündigungsklausel kann der Bürge nach der BGH-Rechtsprechung bei einer auf unbestimmte Zeit übernommenen Bürgschaft nach **Ablauf eines gewissen Zeitraums** oder bei **Eintritt besonders wichtiger Umstände** mit Wirkung für die Zukunft kündigen. Die Kündigung kann ausnahmsweise **mit sofortiger Wirkung** erfolgen, wenn berechtigte Interessen des Gläubigers und des Hauptschuldners, die die Einhaltung einer angemessenen Kündigungsfrist gebieten, nicht bestehen[325]. Die Kündigung wird mit einer in der Bürgschaftsurkunde bestimmten Frist nach dem Eingang bei der Bank wirksam.

6.192

Die **Haftung des Bürgen besteht** auch nach Wirksamwerden der Kündigung **fort, beschränkt** sich jedoch auf den Bestand der verbürgten Ansprüche bei Wirksamwerden der Kündigung[326]. Alle zugunsten des Hauptschuldners nach Wirksamwerden der Kündigung eingehenden Zahlungen gleich welcher Art werden zunächst auf den Teil der Ansprüche angerechnet, der durch diese Bürgschaft nicht gesichert ist oder der den Höchstbetrag der Bürgschaft im vorbezeichneten Zeitpunkt übersteigt. Weitere Eingänge führen zu einer Ermäßigung der Bürgschaftsschuld.

6.193

Handelt es sich bei einem verbürgten Kredit um einen solchen in laufender Rechnung, können **bis zum Wirksamwerden** der Kündigung vor Eingang der Kündigung zugesagte Kreditlinien vom Hauptschuldner in Anspruch genommen werden. Der Bürge haftet nach Wirksamwerden der Kündigung auch für solche Ansprüche der Bank gegen den Hauptschuldner, die dadurch entstehen, daß die Bank Einstandspflichten für den Hauptschuldner z.B. in Gestalt einer Bankbürgschaft übernommen hatte, sofern der durch die Bürgschaft gesicherte Kredit vom Hauptschuldner in dieser Weise in Anspruch genommen werden konnte. Das Kündigungsrecht besteht nicht für zeitlich befristete Bürgschaften und für Bürgschaften für Kredite mit fest vereinbarter Laufzeit.

6.194

---

324 BGH WM 1985, 1307, 1310.
325 BGH WM 1985, 969, 970; vgl. weiter *Bydlinski*, FS Schimansky, 1999, S. 299, 311.
326 BGH WM 1985, 969, 970.

VI. Ausfallbürgschaft

6.195 Bei einer Ausfallbürgschaft haftet der Ausfallbürge erst, wenn die Bank trotz Zwangsvollstreckung beim Hauptschuldner und wegen Fehlens oder Versagens sonstiger Sicherheiten einen Ausfall erlitten hat. Anders als bei der gewöhnlichen Bürgschaft braucht der Ausfallbürge **nicht erst die Einrede der Vorausklage** (§ 771 BGB) zu erheben, um den Gläubiger im Rechtsstreit zur Darlegung eines entsprechenden Ausfalls zu zwingen. Der Gläubiger hat nach dem BGH im übrigen nicht nur den objektiv eingetretenen Verlust nachzuweisen. Er muß auch darlegen und beweisen, daß der Ausfall trotz Einhaltung der bei der Verfolgung des verbürgten Anspruchs gebotenen Sorgfalt eingetreten ist oder auch eingetreten wäre, wenn er diese Sorgfalt angewandt hätte[327].

6.196 Die Haftung des Ausfallbürgen **entfällt** anders als im Regelfall bereits dann, wenn der Gläubiger selbst den Ausfall durch Verletzung von Sorgfaltspflichten verschuldet hat. Die Vereinbarung einer Ausfallbürgschaft verstärkt also nur die in §§ 771 BGB bereits angelegte Subsidiarität der Bürgenhaftung. Auch eine Rückbürgschaft kann als Ausfallbürgschaft in dem vorstehend dargelegten Sinne übernommen werden[328]. Das Risiko der Bonität vorrangiger Sicherheiten wie z.B. die Werthaltigkeit eines dinglichen Rechts oder der Zahlungsfähigkeit eines Bürgen trifft grundsätzlich den Ausfallbürgen[329].

6.197 Der Nachweis des Ausfalls ist einer Regelung der Parteien zugänglich[330]. Sie unterliegt aber bei formularmäßigen Bürgschaftsurkunden den Vorschriften des AGB-Gesetzes. Eine Klausel, derzufolge der Ausfall spätestens sechs Monate nach der Anzeige des Gläubigers an den Bürgen über rückständige Leistungen des Hauptschuldners in Höhe der dann noch bezahlten oder beigetriebenen rückständigen Beträge als festgestellt gilt, ist als überraschende Klausel (§ 3 AGBG) unwirksam. Denn eine Ausfallbürgschaft ist regelmäßig das Gegenteil der selbstschuldnerischen Bürgschaft[331].

---

327 BGH WM 1999, 173, 177.
328 BGH WM 1989, 559, 561.
329 BGH WM 1989, 707, 708.
330 BGH WM 1998, 976, 979.
331 BGH WM 1998, 976, 979.

VII. Zeitbürgschaft (§ 777 BGB)

Enthält der Bürgschaftswortlaut eine zeitliche Begrenzung, so kann dies zweierlei bedeuten: Zum einen kann diese Befristung den Sinn eines Endtermins haben, nach dessen Ablauf die Verpflichtung des Bürgen erlöschen soll (§§ 163, 158 BGB). Hier liegt eine **echte Zeitbürgschaft** im Sinne des § 777 Abs. 1 BGB vor. Dieses Erlöschen tritt jedoch nicht mit Erreichen des Endtermines ein. Gemäß § 777 Abs. 2 BGB wird der Bürge nur dann frei, wenn die Bank als Bürgschaftsgläubiger nicht unverzüglich die vorgeschriebenen Maßnahmen ergreift. Hierzu hat die Bank die Einziehung der gesicherten Forderung unverzüglich gemäß § 772 BGB zu betreiben und unverzüglich nach Beendigung des Verfahrens dem Bürgen anzuzeigen, daß sie ihn in Anspruch nehme.

6.198

Die zeitliche Begrenzung kann aber auch die Verbindlichkeit, für die der Bürge sich verbürgt, dahin näher bestimmen, daß der Bürge nur für die **innerhalb einer bestimmten Zeit begründeten Verbindlichkeiten** – für diese aber unbefristet – einstehen soll[332]. Welche Art von Bürgschaft gewollt ist, muß aufgrund einer Auslegung der Bürgschaftsverpflichtung ermittelt werden. Nach dem BGH ist eine Zeitbürgschaft im Sinne des § 777 BGB gegeben, wenn die Verbindlichkeit, für die der Bürge einstehen soll, im Zeitpunkt der Bürgschaftsübernahme schon abgeschlossen vorliegt, der zweite Fall dann, wenn für künftige oder in der Entwicklung begriffene Verbindlichkeiten des Hauptschuldners gebürgt werden soll. Praktisches Beispiel für die letzte Fallgestaltung ist die Bürgschaft für einen Kontokorrentkredit[333].

6.199

---

332 BGH WM 1966, 275, 276; WM 1974, 478, 479; WM 1979, 15, 16; *Staudinger/Horn*, § 777 Rn 3 m.w.Nachw.
333 BGH WM 1988, 210, 211; OLG Köln WM 1996, 1677, 1678.

3. Abschnitt
Grundpfandrechte[334]

I. Grundstücksrechte als Mittel der Kreditsicherung

1. Bedeutung der Grundstücksrechte für die Bankpraxis

6.200 Die Grundstücksrechte nehmen hinsichtlich ihrer Bedeutung als Gegenstände der Kreditsicherung in der Bankpraxis eine **Sonderstellung** ein.

6.201 Sie folgt zum einen daraus, daß Grundstücke im Vergleich zu anderen Vermögensgegenständen eine **erhöhte Werthaltigkeit und Wertbeständigkeit** aufweisen. Grundstücksrechte sind daher zur Sicherung vor allem langfristiger Kredite besonders geeignet und werden in der Praxis häufig genutzt.

6.202 Zum anderen folgt die Sonderstellung daraus, daß die Vergabe durch Grundstücksrechte gesicherter Kredite Geschäftsgegenstand **spezieller Kreditinstitute ist** (Hypothekenbanken, Realkreditinstitute).

6.203 **Rechtsgrundlage** ihrer Tätigkeit ist das Hypothekenbankgesetz. Es sieht vor, daß die Hypothekenbanken außer der Kreditvergabe an inländische Körperschaften und Anstalten des öffentlichen Rechts (sog. Kommunaldarlehen) hauptsächlich nur die Beleihung inländischer Grundstücke und die Emission von Schuldverschreibungen (Hypothekenpfandbriefen) auf der Basis der erworbenen Grundpfandrechte als Bankgeschäfte betreiben dürfen (§ 1 HypBankG). Die besondere Sicherheit der Hypothekenpfandbriefe beruht auf erhöhten Anforderungen an ihre grundpfandrechtliche Deckung. Als Deckung der Pfandbriefe dürfen gemäß §§ 10, 11 Abs. 2 HypBankG nur solche Grundpfandrechte benutzt werden, die nicht mehr als 60% des Verkaufswertes des Grundstücks ausschöpfen. Der zugrundezulegende Verkaufswert ist dabei aufgrund besonderer Bewertungsrichtlinien zu ermitteln (§§ 12, 13 HypBankG). Als sog. **„Außerdeckungsgeschäft"** dürfen die Hypothekenbanken auch grundpfandrechtlich gesicherte Kredite vergeben, bei denen der Forderungsbetrag die Deckungsgrenze übersteigt; wegen des damit verbundenen höheren Risikos dürfen die entsprechenden Grundpfandrechte allerdings nicht zur Deckung der Pfandbriefe verwendet werden. Zudem dürfen Kredite auf derartiger Grundlage gemäß § 5 Abs. 1 Nr. 2 HypBankG 15% des gesamten Ausleihungsbestandes einer Hypothekenbank nicht übersteigen.

---

334 Zu kreditvertraglichen Aspekten grundpfandrechtlich besicherter Kredite vgl. *Köndgen*, Gewährung und Absicherung grundpfandrechtlich gesicherter Kredite, 3. Aufl., 1994; *Siol*, WM 1996, 2217 ff.

Die Hypothekenbanken betreiben eine kongruente Refinanzierung in der Weise, daß sie die Vergabe der Immobiliarkredite durch die Emission von Pfandbriefen decken. Dabei muß der Gesamtbetrag der im Umlauf befindlichen Pfandbriefe in Höhe des Nennwerts jederzeit durch Grundpfandrechte, die die Beleihungsgrenze nicht überschreiten, von mindestens gleicher Höhe und mindestens gleichem Zinsertrag gedeckt sein (§ 6 Abs. 1 S. 1 HypBankG). Die zur Deckung der Pfandbriefe verwendeten Grundpfandrechte sind gemäß § 22 Abs. 1 S. 1 HypBankG in ein Deckungsregister einzutragen; zudem wird das Vorhandensein der vorschriftsmäßigen Deckung durch einen Treuhänder kontrolliert (§ 30 Abs. 1 HypBankG). 6.204

2. Kreditsicherung mittels Grundpfandrechten

Der Zugriff auf den in den Grundstücken liegenden Wert im Falle von Zahlungsunfähigkeit oder -unwilligkeit des Kreditnehmers wird der Bank als Sicherungsnehmerin durch die Übertragung von Grundpfandrechten ermöglicht. 6.205

Ohne Bedeutung in der Kreditsicherungspraxis ist dagegen die **Sicherungsübereignung** von Grundstücken. Der Anwendung dieses Sicherungsinstruments stehen vor allem nachteilige grunderwerbssteuerliche Folgen sowie die Kosten der notariellen Beurkundung im Wege, die jeder Übertragungsvorgang auslösen würde. Auch würde die Darlehensaufnahme bei verschiedenen Kreditinstituten mindestens erschwert werden. 6.206

Für die Anwendung des Grundpfandrechts als Sicherungsinstrument spricht, daß es aus wirtschaftlicher Sicht ausreichend ist, dem Sicherungsnehmer lediglich Teilbefugnisse des Grundstücksrechts zu übertragen. Dem Sicherungsbedürfnis des Kreditgebers wird bereits dann ausreichend Rechnung getragen, wenn ihm als Gläubiger der Forderung die rechtlich abgesicherte Möglichkeit einer anderweitigen Befriedigung für den Fall verschafft wird, daß der Kreditnehmer zur Erfüllung seiner Rückzahlungspflicht außerstande oder hierzu nicht bereit ist. 6.207

Durch die Belastung des Grundstücks mit einem Grundpfandrecht und dessen Übertragung erlangt der Sicherungsnehmer eine solche Teilbefugnis in Gestalt eines **dinglichen Verwertungsrechts** am Grundstück (beschränkt dingliches Recht)[335]. Wird das gewährte Darlehen nicht zurückgezahlt, können unter den im Sicherungsvertrag näher geregelten Voraussetzungen die Substanz und/oder die Nutzungen des Grundstücks notfalls zwangsweise zugunsten des Inhabers des Grundpfandrechts verwertet werden. 6.208

---

335 *Staudinger/Scherübl*, Einl. zu §§ 1113 f. Rn 25.

6.209 Die Verwertung zugunsten des Inhabers des Grundpfandrechts erfolgt dabei unter der Maßgabe, daß ihm der Verwertungserlös nur bis zu einem bestimmten Betrag gebührt, so daß die Verwertungsbefugnis, die das Grundpfandrecht gewährt, ihrerseits lediglich eine Teilbefugnis darstellt. Der dem Grundpfandrechtsinhaber nicht gebührende Teil der umfassenden Verwertungsbefugnis steht dabei dem Grundstückseigentümer sowie den Inhabern weiterer Grundpfandrechte zu, die an dem Grundstück bestellt sind.

6.210 Die Verwertung der Substanz des Grundstücks erfolgt im Wege der **Zwangsversteigerung;** der Versteigerungserlös wird an die Berechtigten, nach Lage des Falls also an die grundpfandrechtlich gesicherte Bank ausgezahlt. Für die **Verwertung der Nutzungen,** insbesondere der Mieteinnahmen aus dem Grundstück ist der Weg der **Zwangsverwaltung** zu beschreiten (§ 155 ZVG).

6.211 Aus **wirtschaftlicher Sicht** gibt daher die Grundschuld ihrem Inhaber einen Anspruch auf einen Geldbetrag, der nur aus dem Grundstück zu befriedigen ist. In ihrem wirtschaftlichen Gehalt entspricht deshalb die Sicherungsgrundschuld als praktisch meistverwendetes Grundpfandrecht weitgehend der Sicherungszession einer Forderung, die dem Sicherungsnehmer ebenfalls das Recht gibt, im Sicherungsfall einen bestimmten Geldbetrag zu erheben. Trotz dieses vergleichbaren Inhalts unterscheiden sich beide Kreditsicherungsinstrumente in verschiedener Hinsicht: Unterschiede ergeben sich daraus, daß bei der Sicherungszession die Forderung hinsichtlich des jeweiligen Schuldners personell beschränkt ist, während der Schuldner gegenständlich unbeschränkt mit seinem ganzen Vermögen haftet. Die Sicherungsgrundschuld ist dagegen personell unbeschränkt, weil jeder Eigentümer des belasteten Grundstücks haftet. Hingegen ist die Erhebung des Geldbetrages gegenständlich beschränkt, weil der Eigentümer nur mit dem Grundstück haftet. Ein weiterer Unterschied zwischen Sicherungsgrundschuld und Sicherungszession besteht darin, daß der Besteller der Grundschuld häufig zugleich Schuldner der Forderung ist, während bei der Sicherungszession der Schuldner der Forderung an dem Sicherungsgeschäft regelmäßig unbeteiligt ist. Damit hängt ferner zusammen, daß das Recht zur Erhebung eines Geldbetrages bei der Sicherungsgrundschuld erst begründet wird, während bei der Sicherungszession eine bereits bestehende Forderung gegen einen Dritten zur Sicherung verwendet wird. Diese systematischen Unterschiede zwischen den Sicherungsrechten bestimmen im einzelnen die Ausgestaltung des jeweils zugrunde liegenden Sicherungsvertrages.

6.212 Als Kreditsicherungsinstrument werden Grundpfandrechte im Ergebnis auch bei dem finanzierten Erwerb eines Grundstücks verwendet, wenn der Anspruch auf Auflassung des Grundstücks der kreditgewährenden Bank verpfändet wird. Hier erwirbt die Bank als Pfandgläubigerin mit dem Eigentumsübergang eine Sicherungshypothek an dem Grundstück (§ 1287 S. 2, 1. Hs. BGB)[336].

---

336 Vgl. weiter *Ludwig*, DNotZ 1992, 339.

3. Grundschuld als bevorzugtes Grundpfandrecht

In der Praxis der Kreditsicherung hat die Grundschuld die Hypothek aufgrund ihrer vielfältigen Vorzüge weitgehend verdrängt[337]. 6.213

Etwas anderes gilt nur, wenn sich die Bank im Vollstreckungswege ein Grundpfandrecht eintragen läßt. Hier kann die Eintragung nur als Sicherungshypothek erfolgen (§ 866 Abs. 1 ZPO). Diese „Zwangs"hypothek verschafft der Bank eine Immobiliarsicherheit mit einer bestimmten Rangstelle. 6.214

a) Mangelnde Praktikabilität der Höchstbetragshypothek

Als entscheidender praktischer Nachteil der **Hypothek** als Kreditsicherungsinstrument hat sich erwiesen, daß sie in ihrer gesetzlichen Grundform eine dem Rechtsgrund und der Höhe nach **bestimmte Forderung voraussetzt** (§ 1115 Abs. 1 BGB). Sie eignet sich daher nicht als Sicherungsinstrument für Kredite in wechselnder Höhe und Ansprüche aus laufender Rechnung, wie sie das bankmäßige Kontokorrent darstellt (§ 355 Abs. 1 HGB)[338]. 6.215

Diese Nachteile will zwar die Höchstbetragshypothek vermeiden, bei der nur der Höchstbetrag, bis zu dem das Grundstück haften soll, im Grundbuch eingetragen wird und die endgültige Feststellung der Forderung vorbehalten bleibt (§ 1190 Abs. 1 BGB). Auch diese Hypothekenart entspricht jedoch nicht den praktischen Bedürfnissen. Im Vergleich zu der in der Bankpraxis bevorzugt verwendeten Sicherungsgrundschuld bestehen vielfältige Nachteile. So steht insbesondere die betragsmäßige Höhe der Höchstbetragshypothek erst nach „Feststellung" der gesicherten Forderung fest. Hierzu bedarf es regelmäßig eines Vertrages zwischen Bank und Kreditnehmer, im Streitfalle eines rechtskräftigen Urteils, wobei die Beweislast bei der Bank liegt. Ein zwischen der Bank und ihrem Kreditnehmer ergangenes Urteil hat im übrigen keine Rechtskraft gegenüber einem von diesem verschiedenen Grundstückseigentümer[339]. 6.216

Bei der Grundschuld kann sich dagegen der Grundstückseigentümer in voller Höhe der sofortigen Vollstreckung auch zu Lasten späterer Eigentümer unterwerfen (§ 800 Abs. 1 S. 1 ZPO). Bei der Höchstbetragshypothek ist diese Unterwerfung nur insoweit möglich, als innerhalb eines vereinbarten Höchstbetrages ein Teilbetrag der Forderung bereits bestimmt 6.217

---

337 *Gaberdiel*, Kreditsicherung durch Grundschulden, 5. Aufl., 1991, S. 15.
338 *Staudinger/Wolfsteiner*, § 1190 Rn 1; Münchener Komm. zum BGB/*Eickmann*, § 1190 Rn 1.
339 Münchener Komm. zum BGB/*Eickmann*, § 1190 Rn 16.

ist[340]. Bei unberechtigten Widersprüchen des Schuldners können sich daher große Verzögerungen in der Verwertung des Grundpfandrechts ergeben.

6.218 Die Höchstbetragshypothek kann auch **nicht als verzinsliches Recht** bestellt werden. Bei der Grundschuld kann dagegen die Belastung auch in der Weise erfolgen, daß Zinsen von der Grundschuldsumme sowie andere Nebenleistungen aus dem Grundstück zu entrichten sind (§ 1191 Abs. 2 BGB). Dabei können diese „Grundschuld"zinsen von den für den Kredit zu entrichtenden Zinsen abweichen, so daß insoweit ein Haftungsrahmen für variable Zinsen geschaffen werden kann. Soll die Grundschuld später andere Forderungen der Bank sichern, ist eine formlose Änderung des Sicherungszwecks ausreichend, ohne daß es hierzu wie bei der Höchstbetragshypothek einer Eintragung im Grundbuch bedarf.

6.219 Auch bei der Sicherung von Forderungen in **fremder Währung** kann sich die Grundschuld als vorteilhaft erweisen, weil das Währungsrisiko dadurch aufgefangen werden kann, daß die Grundschuldsumme in Euro höher angesetzt wird, als es dem Umrechnungsgegenwert der Forderung im Zeitpunkt der Grundschuldbestellung entspricht. In Zukunft werden allerdings auch Grundpfandrechte in fremder Währung teilweise zulässig sein, so daß das Währungsrisiko insoweit entfällt[341]. Gemäß § 28 S. 2, 2. Hs. GBO[342] kann die Angabe einzutragender Geldbeträge, etwa bei Grundpfandrechten, in einer einheitlichen europäischen Währung, in der Währung eines Mitgliedstaats der Europäischen Gemeinschaft oder des Europäischen Wirtschaftsraums oder einer anderen Währung, gegen die währungspolitische Bedenken nicht zu erheben sind, im Verordnungswege zugelassen werden[343].

6.220 Im Jahre 1987 hat die Internationale Union des Lateinischen Notariats vorgeschlagen, zusätzlich zu den bestehenden Grundpfandrechten der nationalen Rechtsordnung in den Mitgliedstaaten der Europäischen Wirtschafts- und Währungsunion auf europäischer Ebene ein einheitliches Grundpfandrecht einzuführen. Diese „Eurohypothek" soll im Interesse der Verkehrsfähigkeit nach dem Vorbild des nicht akzessorischen Schweizer Schuldbriefes ausgestaltet werden[344].

---

340 *Staudinger/Scherübl*, § 1190 Rn 7.
341 Zur früher geltenden Rechtslage vgl. *Staudinger/Scherübl*, § 1115 Rn 18.
342 Diese Norm wurde eingeführt durch das Registerverfahrensbeschleunigungsgesetz vom 20. 12. 1993 (BGBl. I, S. 2182).
343 Mit der Einführung dieser Regelung sollte außer der in Aussicht genommenen einheitlichen europäischen Währung auch einer möglichen EU-rechtlichen Verpflichtung, Grundpfandrechte in ausländischer Währung zuzulassen, Rechnung getragen werden, vgl. Amtl. Begr. des Gesetzesentwufs, BT-Drucksache 12/5553, S. 65.
344 *Wachter*, WM 1999, 49 ff.

Durch die einer Bank bestellten Grundschuld können auch die Forderungen anderer Gläubiger, wie z.B. die individuellen Forderungen der beteiligten Banken im Rahmen eines Sicherheitenpools – vgl. Rn 6.528 – abgesichert werden. Bei der Hypothek erfordert dagegen die strenge Akzessorietät die Identität des Gläubigers der gesicherten Forderung mit dem Inhaber des Grundpfandrechts. 6.221

b) Inhalt und Verwendung der Sicherungsgrundschuld

Weil sich die Hypothek in diesen Aspekten als nachteilhaft erwies, hat sich in der Kreditsicherungspraxis bereits seit langer Zeit die Sicherungsgrundschuld als Grundpfandrecht durchgesetzt. 6.222

Das Gesetz kennt den Begriff der Sicherungsgrundschuld allerdings nicht. Nach der Vorstellung des Gesetzgebers sollte für die Grundschuld gerade ihre Forderungsunabhängigkeit charakteristisch sein. Infolge der Verknüpfung von Grundschuld und gesicherter Forderung hat jedoch der Begriff der Sicherungsgrundschuld in der Praxis eine rechtlich weitgehend festumrissene Bedeutung erlangt. 6.223

Typischer Inhalt der Sicherungsgrundschuld ist es in diesem Sinne, daß zwischen Grundschuld und zu sichernder Forderung ein schuldrechtlicher Zusammenhang besteht, aufgrund dessen das Recht nur zu dem bestimmten Zweck der Kreditsicherung eingesetzt werden darf. 6.224

Bei der Sicherungsgrundschuld handelt es sich somit um kein besonderes Rechtsinstitut wie z.B. die Sicherungshypothek, die nicht für den Rechtsverkehr bestimmt ist und daher nur unter Ausschluß der Erteilung eines Hypothekenbriefes eingetragen werden kann (§§ 1185 BGB, 866 ZPO)[345]. Auch die Sicherungsgrundschuld ist eine **umlauffähige Grundschuld.** Ist für die Sicherungsgrundschuld wie üblich ein Grundschuldbrief erteilt worden, ist für die Übertragung die Erteilung einer schriftlichen Abtretungserklärung und die Übergabe des Briefes oder eines der Übergabesurrogate erforderlich (§§ 1154, 1117, 1192 BGB). 6.225

Die **Briefübergabe** kann auch durch einen bevollmächtigten Dritten erfolgen, soweit dies dem Willen des Abtretenden (noch) entspricht[346]. 6.226

---

345 *Staudinger/Wolfsteiner*, Vorbem. zu §§ 1191 ff. Rn 16.
346 BGH WM 1993, 285, 286.

II. Übernahme der persönlichen Haftung durch den Grundschuldbesteller

6.227 Aus dem Grundpfandrecht kann nur in das hiermit belastete Grundstück und **nicht in das sonstige Vermögen** des Grundstückseigentümers vollstreckt werden. In der Bankpraxis ist es daher zur weitergehenden Kreditsicherung seit langem üblich, daß der Grundstückseigentümer in der Grundschuldbestellungsurkunde für die Zahlung eines Geldbetrages in Höhe des Grundschuldbetrages und der Zinsen die persönliche Haftung übernimmt und sich der sofortigen Vollstreckung in sein gesamtes Vermögen aus dieser Urkunde unterwirft[347]. Die Übernahme der persönlichen Haftung hat ihren Rechtsgrund nicht in dem Grundschuldanspruch auf Befriedigung aus dem Grundstück. Sie steht vielmehr als zusätzliche Sicherung der Kreditforderung selbständig neben der Grundschuld[348].

6.228 Die **persönliche Unterwerfungsklausel** ist von der dinglichen Unterwerfungsklausel (§ 794 Abs. 1 S. 1 Nr. 5 ZPO) zu unterscheiden, mit der sich der Grundschuldbesteller der sofortigen Zwangsvollstreckung in das belastete Grundstück unterwirft, um dem Grundschuldgläubiger erforderlichenfalls die sofortige Zwangsvollstreckung ohne vorherige gerichtliche Geltendmachung seines Anspruchs auf Befriedigung aus dem Grundstück zu ermöglichen. Die dingliche Klausel wird üblicherweise so ausgestaltet, daß die Zwangsvollstreckung aus der Urkunde gegen den jeweiligen Eigentümer des Grundstücks zulässig sein soll (§ 800 Abs. 1 S. 1 ZPO). Eine solche **erweiterte Unterwerfung** bedarf wegen ihrer Wirkung gegenüber allen späteren Eigentümern der Eintragung im Grundbuch (§ 800 Abs. 1 S. 2 ZPO). Die zugrundeliegende Urkunde bedarf sowohl bei Einfügung der dinglichen wie der persönlichen Unterwerfungsklausel der notariellen Beurkundung (§ 794 Abs. 1 S. 1 Nr. 5 ZPO).

1. Abstraktes Schuldversprechen

6.229 Die regelmäßige Übernahme der persönlichen Haftung durch den Grundschuldbesteller stellt ein abstraktes Schuldversprechen gemäß § 780 BGB dar[349]. Durch dieses Versprechen wird, ohne einen Rechtsgrund in Bezug zu nehmen, „abstrakt" auf den Leistungswillen des Versprechenden abgestellt, so daß der Gläubiger sich zur Begründung seines Anspruchs nur auf

---

347 *Rainer,* WM 1988, 1657, 1661 f.
348 BGH WM 1992, 132.
349 BGH WM 1992, 132; 1999, 1616.

das Versprechen zu berufen braucht[350]. Hierzu ändert auch die Bezugnahme des Zahlungsversprechens auf den Grundschuldbetrag nichts. Damit soll die persönliche Haftungsübernahme nicht vom Bestand der Grundschuld abhängig gemacht werden. Vielmehr soll nur die Höhe des abstrakten Schuldversprechens bestimmt werden, ohne daß der konkrete Betrag noch einmal in die Urkunde über die Übernahme der persönlichen Haftung eingesetzt zu werden braucht[351].

Wegen dieser **Unabhängigkeit des zusätzlichen Schuldversprechens** von der regelmäßig in derselben Urkunde bestellten Grundschuld kann aus der persönlichen Haftungsübernahme auch dann vollstreckt werden, wenn die Grundschuld in der Zwangsversteigerung erlischt, ohne daß es zu einer Befriedigung des Gläubigers kommt, oder die Grundschuld mangels Eintragung gar nicht entstanden ist[352]. Wäre eine solche Vollstreckungsmöglichkeit ausgeschlossen, so würde dies dem Sinn und Zweck des abstrakten Schuldversprechens widersprechen: Das Ziel der persönlichen Haftung, dem Grundschuldgläubiger eine zusätzliche Haftung zu verschaffen, würde verfehlt, wenn diese Haftung ausgerechnet dann entfallen sollte, wenn sich die Grundschuld in der Zwangsversteigerung als nicht werthaltig erweist[353].

6.230

Wenngleich das Schuldversprechen nicht von der Grundschuld abhängig ist und daher eine selbständig **neben** der Grundschuld stehende Haftungsverpflichtung begründet, sind beide wegen ihrer gemeinsamen Funktion als Sicherungsinstrumente für die Kreditforderung der Bank doch miteinander verknüpft[354]. Die Vorstellung des Grundschuldbestellers wird daher regelmäßig dahin gehen, daß der Grundschuldgläubiger bei Nichterfüllung der gesicherten Bankforderungen **alternativ** die Vollstreckung aus der Grundschuld (dingliche Unterwerfung) oder aus dem Schuldversprechen (persönliche Unterwerfung) betreiben wird[355]. Die Bank kann daher im Regelfall den für die Grundschuld angegebenen Betrag aus der Urkunde nur einmal fordern und vollstrecken.

6.231

---

350 BGH WM 1991, 758, 759.
351 BGH WM 1990, 1927, 1928.
352 BGH WM 1990, 1927, 1929; 1992, 132, 133.
353 BGH WM 1990, 1927, 1929.
354 *Gaberdiel*, Kreditsicherung durch Grundschulden, 5. Aufl., 1991, S. 126 f., 128; *Rainer*, WM 1988, 1657, 1663; vgl. BGH WM 1987, 228, 229.
355 *Gaberdiel*, Kreditsicherung durch Grundschulden, 5. Aufl., 1991, S. 128; vgl. weiter BGH WM 1999, 1616, 1617, wonach die Haftung aus dem Schuldversprechen grundsätzlich nur gegenüber dem jeweiligen Inhaber der Grundschuld besteht.

6.232 Soweit die Bank aus der Grundschuld Befriedigung erlangt, kann sie aus dem Schuldversprechen nicht vorgehen, selbst wenn ihr weitere Forderungen gegen den Schuldner zustehen[356]. Der Grundschuldbesteller kann die restliche Grundschuld und das Schuldversprechen zurückfordern oder der Vollstreckung diesen Rückforderungsanspruch einredeweise entgegensetzen[357].

6.233 Soll der Grundschuldbesteller ausnahmsweise die Grundschuld und das Schuldversprechen in Höhe des Grundschuldbetrages kumulativ nebeneinander bestellen und sich damit in doppelter Höhe der Zwangsvollstreckung unterwerfen, so muß dies im Urkundentext eindeutig zum Ausdruck gebracht werden oder sonstige Umstände müssen zweifelsfrei zu dieser für den Grundschuldbesteller ungünstigeren Auslegung führen[358].

2. Vereinbarkeit mit dem AGB-Gesetz

a) Personenidentität von Kreditnehmer und Grundschuldbesteller

6.234 Die übliche formularmäßige Übernahme der persönlichen Haftung ist **keine unangemessene Regelung** im Sinne der Inhaltskontrolle nach dem AGB-Gesetz, sofern sie der Sicherung eigener Verbindlichkeiten des Versprechenden dient und damit Kreditnehmer und Eigentümer des belasteten Grundstücks identisch sind[359]. Hier haftet der Grundstückseigentümer als Kreditnehmer der Bank ohnehin in vollem Umfang. Das abstrakte Schuldversprechen mit der persönlichen Unterwerfung unter die sofortige Zwangsvollstreckung soll der Bank nur den Zugriff auf das sonstige Vermögen des Grundschuldbestellers (Darlehensnehmer) erleichtern[360].

6.235 Eine solche Unterwerfungsklausel liegt auch im Interesse des Grundschuldbestellers. Würde die Bestellungsurkunde nur die dingliche Unterwerfungsklausel enthalten, so müßte die Bank gegebenenfalls auch wegen verhältnismäßig geringfügiger rückständiger Forderungsbeträge die Vollstreckung in das Grundstück betreiben. Mit der **zusätzlichen persönli-**

---

356 BGH WM 1990, 1927, 1929; 1992, 132, 133; *Siol*, WM 1996, 2217, 2221.
357 BGH WM 1988, 109, 110; 1992, 132, 133; *Gaberdiel*, Kreditsicherung durch Grundschulden, 5. Aufl., 1991, S. 128; *Rainer*, WM 1988, 1657, 1663.
358 BGH WM 1988, 109, 111; vgl. weiter *Gaberdiel*, Kreditsicherung durch Grundschulden, 5. Aufl., 1991, S. 129, wonach es zweifelhaft erscheint, ob eine solche kumulative Haftung formularmäßig und damit AGB-mäßig in derselben Urkunde wirksam begründet werden kann.
359 BGH WM 1991, 758, 759; 1992, 132.
360 BGH WM 1992, 132, 133.

chen **Unterwerfungsklausel** kann die Bank gegebenenfalls die den Grundstückseigentümer regelmäßig weitaus schwerer treffende Vollstreckung in sein Grundstück vermeiden und statt dessen in die Pfändung des sonstigen Vermögens ausweichen[361].

b) Personenverschiedenheit von Kreditnehmer und Grundschuldbesteller

Wird dagegen die Grundschuld zur Sicherung von Forderungen der Bank gegen einen am Kreditverhältnis unbeteiligten Dritten bestellt, so verstößt nach dem BGH die persönliche Haftungsübernahme gegen die Generalklausel des AGB-Gesetzes (§ 9 Abs 2 Nr. 1)[362]. In einer solchen zusätzlichen Sicherung der Bank liegt eine dem Grundgedanken der gesetzlichen Regelung der Grundschuld zuwiderlaufende **unangemessene Haftungserweiterung**. Der wesentliche Grundgedanke der gesetzlichen Regelung besteht darin, dem Grundschuldgläubiger ohne unmittelbare Abhängigkeit von der gesicherten Forderung eine abstrakte dingliche Haftung zu verschaffen. Mit einem zusätzlichen Schuldversprechen wird hiervon abweichend eine persönliche Haftung des Sicherungsgebers mit dem gesamten Vermögen herbeigeführt[363]. Dies stellt eine unangemessene Haftungserweiterung dar, die nach § 9 Abs. 2 Nr. 1 AGBG unwirksam ist[364].

6.236

Soweit die Bestellung einer Grundschuld aus der Sicht der kreditgebenden Bank nicht ausreichend erscheint, ist es ihr nach dem BGH unbenommen, durch eine urkundlich gesonderte Vereinbarung die persönliche Haftung des zur Sicherung bereiten Grundschuldbestellers zu begründen[365].

6.237

III. Sicherungsvertrag

Die **Verknüpfung von Grundschuld und gesicherter Forderung** wird in dem Sicherungsvertrag vorgenommen, der auch als Sicherungsabrede oder Sicherungszweckerklärung bezeichnet wird[366]. Dieser **schuldrechtliche** Sicherungsvertrag ist der Rechtsgrund der dinglichen Grundschuldbestellung. Er begründet auch ohne ausdrückliche Vereinbarung kraft seiner Rechtsnatur zwischen den Vertragspartnern ein Treuhandverhältnis[367]. Der Sicherungsnehmer erhält als Grundschuldgläubiger nach außen hin

6.238

---

361 *Kümpel*, WM 1978, 746, 747.
362 BGH WM 1991, 758, 759; *Siol*, WM 1996, 2217, 2220.
363 BGH WM 1991, 758, 759.
364 BGH WM 1991, 758, 759.
365 BGH WM 1991, 758, 760.
366 Vgl. BGH WM 1991, 86, 87; *Palandt/Bassenge*, § 1191 Rn 15.
367 BGH WM 1989, 210, 211.

mehr Rechtsmacht als er, gebunden durch den Sicherungsvertrag, ausüben darf.

6.239 Sicherungsverträge über eine Grundschuldbestellung wie auch die Verpflichtung zur Bestellung einer Grundschuld können grundsätzlich unter das **Haustürwiderrufsgesetz** fallen, wenn der Sicherungsgeber die Verpflichtung zur Bestellung einer Grundschuld in der der Bank erkennbaren Erwartung übernimmt, ihm selbst oder einem bestimmten Dritten werde daraus irgendein Vorteil erwachsen[368]. Die Voraussetzungen des § 1 Abs. 1 Nr. 1 HausTWG sind aber nach gefestigter BGH-Rechsprechung nicht gegeben, wenn der Sicherungsgeber in seiner Privatwohnung die Zweckerklärung unterschreibt, die ihm sein Ehegatte oder ein sonstiger naher Angehöriger auf Veranlassung der Bank zur Unterschrift vorgelegt hat[369]. Nach der Rechtsprechung bezweckt das Haustürwiderrufsgesetz nicht, den Schutz vor dem psychologischen Druck und den Überredungskünsten eines nahen Angehörigen zu gewähren[370].

6.240 Der **Grundschuldgläubiger** ist **als Treuhänder** verpflichtet, auch die Interessen des Treugebers zu wahren[371]. Hat zum Beispiel der persönliche Schuldner dem Gläubiger aufgrund des zwischen beiden geschlossenen Sicherungsvertrages eine Grundschuld am Grundstück eines Dritten verschafft, so verletzt der Gläubiger seine Treuhänderpflichten gegenüber dem persönlichen Schuldner aus diesem Vertrag, wenn er ohne dessen Einwilligung auf die Grundschuld verzichtet[372]. Das Gebot einer **angemessenen Interessenwahrung** ergibt sich auch aus einer generellen Verwertungsklausel in den kreditwirtschaftlichen AGB. Danach wird die Bank bei der Verwertung und bei der Auswahl der zur verwertenden Sicherheiten auf die berechtigten Belange des Kunden und eines dritten Sicherungsgebers, der für die Verbindlichkeit des Kunden Sicherheiten bestellt hat, Rücksicht nehmen (Nr. 17 Abs. 1 S. 2 AGB Banken). Die Bank muß also bestrebt sein, das bestmögliche Verwertungsergebnis zu erzielen. Sie ist deshalb auch verpflichtet, bei einer vom Kunden nachgewiesenen, günstigeren Verwertungsmöglichkeit diese durch ihre Mitwirkung zu fördern[373].

6.241 Der **Sicherungsvertrag** kann **formlos** geschlossen werden[374]. In der Praxis wird häufig davon abgesehen, den Inhalt des Sicherungsvertrages vollständig schriftlich niederzulegen. In diesen Fällen ergeben sich die Rechte

---

368 BGH WM 1995, 2027, 2029; OLG Hamm WM 1999, 73, 74; *Siol*, WM 1996, 2217, 2218.
369 BGH WM 1995, 2133, 2134.
370 OLG Hamm WM 199, 73, 74.
371 BGH WM 1989, 210, 211.
372 BGH WM 1989, 210, 211.
373 *Rösler*, WM 1998, 1377, 1380.
374 BGH WM 1991, 86, 87.

und Pflichten der Beteiligten aus dem Inhalt und dem Zweck des Schuldverhältnisses, aus dem die durch die Grundschuld zu sichernden Forderungen erwachsen[375]. Die Bankpraxis verwendet weitgehend übereinstimmende **Formulare** für die Sicherungsverträge, die wiederholt vom BGH auf Vereinbarkeit mit dem AGB-Gesetz überprüft worden sind[376].

1. Gesicherter Forderungskreis

Ein wesentlicher Regelungspunkt im Sicherungsvertrag ist die Bezeichnung der durch die Grundschuld zu sichernden Forderungen („**Sicherungszweck**"). Dabei sind die von der BGH-Rechtsprechung gezogenen Grenzen des Gestaltungsspielraums zu beachten. Für ihre Wahrung kommt es im einzelnen darauf an, ob der persönliche Schuldner und der Eigentümer des belasteten Grundstücks identisch sind oder die Grundschuld für die Schuld eines Dritten bestellt worden ist. In der letzteren Fallkonstellation sind die Grenzen für den Sicherungszweck grundsätzlich wesentlich enger. Problematisch sind insoweit die Sicherungsabreden, wonach die Grundschuld alle gegenwärtigen und künftigen Ansprüche der Bank gegen den Kunden aus der Geschäftsverbindung absichern soll und damit eine **weite** Sicherungszweckerklärung vorliegt, wie sie auch die Pfandklausel der AGB (Nr. 14 Abs. 2 S. 1) enthält.

6.242

Der BGH hat für alle Fallkonstellationen den Grundsatz entwickelt, daß eine formularmäßige Zweckerklärung überraschend im Sinne des § 3 AGBG ist und damit nicht Vertragsbestandteil wird, wenn sie von den **Erwartungen des Sicherungsgebers** deutlich abweicht und dieser mit ihr den Umständen nach vernünftigerweise nicht zu rechnen braucht[377].

6.243

Dagegen kann die Vermutung des § 9 Abs. 2 Nr. 1 AGBG, wonach im Zweifel eine unangemessene Benachteiligung des Grundschuldbestellers anzunehmen ist, wenn eine AGB-Klausel von wesentlichen Grundgedanken der dispositiven gesetzlichen Regelung abweicht und mit dieser nicht zu vereinbaren ist, bei der rechtlichen Überprüfung des Sicherungszwecks nicht zum Tragen kommen. Denn Art und Umfang der schuldrechtlichen Zweckbindung einer Grundschuld sind nicht gesetzlich geregelt, sondern unterliegen **in den Grenzen der §§ 134, 138 BGB** freier Vereinbarung[378].

6.244

---

375 BGH WM 1991, 86, 87; *Staudinger/Wolfsteiner*, Vorbem. zu §§ 1191 ff. Rn 120.
376 *Siol*, WM 1996, 2217, 2118.
377 BGH WM 1992, 563, 564; 1995, 790, 791; OLG Düsseldorf WM 1998, 1976; *Siol*, WM 1996, 2217, 2219.
378 BGH WM 1997, 1280, 1616; *Rösler*, WM 1998, 1377, 1379; *Ganter*, WM 1998, 2045, 2046.

Die formularmäßige Ausdehnung der dinglichen Haftung des Sicherungsgebers für alle bestehenden und zukünftigen Verbindlichkeiten eines Dritten, wie sie bei der weiten Sicherungszweckerklärung erfolgt, kann deshalb nicht gegen die Generalklausel des § 9 AGBG verstoßen, soweit hierin keine überraschende Klausel im Sinne des § 3 AGBG liegt[379].

6.245 Insoweit besteht wertungsmäßig ein **wesentlicher Unterschied zur Bürgschaft**, bei der eine Fremddisposition über die Haftung und das Vermögen des Bürgen durch spätere Vereinbarungen zwischen der Bank und dem Kunden (Hauptschuldner) gemäß § 767 Abs. 1 S. 3 BGB ausgeschlossen sind. Denn der Grundschuldbesteller ist nicht im gleichen Umfang schutzbedürftig. Das haftende Grundstück macht häufig nur einen Bruchteil des Vermögens des Sicherungsgebers aus. Auch kann der dingliche Sicherungsgeber niemals sein künftiges Vermögen verlieren. Dagegen droht dem Bürgen unter Umständen sogar der Verlust des erst nach Abschluß des Bürgschaftsvertrages erworbenen Vermögens. Für eine analoge Anwendung des § 767 Abs. 1 S. 3 BGB auf die weite Sicherungszweckerklärung fehlt es deshalb an der notwendigen Wertungsbasis[380].

a) Identität von Forderungsschuldner und Grundstückseigentümer

6.246 Sind der Schuldner und der Eigentümer des belasteten Grundstücks identisch, so ist eine **formularmäßige Ausdehnung** des Sicherungszwecks auf alle gegenwärtigen und künftigen Ansprüche der Bank gegen den Kunden grundsätzlich nicht überraschend oder unbillig, sofern der Sicherungszweck auf die eigenen Verbindlichkeiten beschränkt bleibt[381]. In diesem Fall ist es also zulässig, denselben weiten Sicherungszweck wie für das AGB-Pfandrecht zu vereinbaren (Nr. 14 Abs. 2 S. 1 AGB Banken). Die Grundschuld kann daher zur Sicherung aller bestehenden, künftigen oder bedingten Ansprüche bestellt werden, die der Bank mit ihren sämtlichen in- und ausländischen Geschäftsstellen aus der bankmäßigen Geschäftsverbindung gegen den Sicherungsgeber zustehen.

6.247 **Dieser Sicherungszweck** erfaßt jedoch nicht die Ansprüche der Bank gegen den Kunden aus dessen persönlicher Haftungsübernahme für die Zahlung des Betrages einer weiteren Grundschuld, die er zur Sicherung einer fremden Verbindlichkeit bestellt hat[382]. Diese persönliche Haftung begründet zwar eine eigene Verbindlichkeit des Kunden, sie dient aber lediglich der Verstärkung der eine fremde Schuld sichernden anderen Grundschuld. Dagegen fällt die Bankforderung unter diesen auch künftige Forderungen erfassenden Sicherungszweck, wenn der Kunde einen

---

379 BGH WM 1987, 586; 1997, 1615, 1616; *Schmitz*, WM 1991, 1061, 1063.
380 BGH WM 1997, 1615, 1616.
381 BGH WM 1987, 802, 803; 1989, 88, 90; *Schmitz*, WM 1991, 1061, 1062; *Siol*, WM 1996, 2217, 2219.
382 BGH WM 1986, 1467, 1468.

von einem Dritten geschlossenen Darlehensvertrag mit der Bank als Gesamtschuldner mitunterzeichnet hat[383].

Wie beim AGB-Pfandrecht **empfiehlt sich eine Klarstellung,** daß für die Ausnahmefälle, in denen der Kreditnehmer außer der Grundschuldbestellung für eigene Kreditverbindlichkeiten auch noch eine Bürgschaft für die Verbindlichkeiten eines anderen Kreditnehmers der Bank übernommen hat, die Grundschuld die aus dieser Haftungsübernahme folgende Schuld erst ab Fälligkeit sichert. Hierdurch wird der BGH-Rechtsprechung Rechnung getragen, wonach der Bürge nach dem gesetzlichen Leitbild die verbürgte Forderung nur persönlich sichern und daher konkrete Vermögenswerte erst aufzuwenden brauchen soll, wenn seine Bürgschaftsverbindlichkeit fällig geworden ist[384]. 6.248

b) Grundschuldbestellung durch einen Dritten

Läßt sich die Bank eine Grundschuld nicht von ihrem Kreditnehmer, sondern von einem Dritten bestellen, so ist der **Gestaltungsspielraum für den Sicherungszweck** stark eingeschränkt. Ist in diesen Fällen der Anlaß der Grundschuldbestellung die Sicherung einer bestimmten Forderung der Bank gegen ihren Kunden, so verstößt die Erweiterung der dinglichen Haftung für alle bestehenden und künftigen Schulden eines Dritten grundsätzlich gegen das Verbot von überraschenden AGB-Klauseln (§ 3 AGBG)[385]. 6.249

Sind im Laufe der Zeit für eine Grundschuld **mehrere Zweckerklärungen** abgegeben worden, so muß die Frage des zeitlichen und sachlichen Zusammenhangs mit einer bestimmten Darlehensgewährung für jede Erklärung gesondert geprüft werden. So hat der BGH bei einer neuen Sicherungszweckerklärung für eine schon vor Jahren bestellte Grundschuld auf den Anlaß für die neue Sicherungsabrede abgestellt und der Darlehensgewährung, die den Anlaß für die Grundschuldbestellung gebildet hat, keine Bedeutung mehr beigemessen[386]. 6.250

Ausschlaggebend für diese BGH-Rechtsprechung ist die Erwägung, daß ein Sicherungsgeber, der eine Grundschuld zwecks Sicherung einer bestimmten Forderung gegen einen Dritten bestellt, nicht damit rechnet, daß diese Sicherheit auch für ungewisse, seiner Kenntnis und Einflußnahme entzogene künftige Verbindlichkeiten des Dritten haftet[387]. Wenn die Gewährung eines bestimmten Darlehens Anlaß der Grundschuldbestel- 6.251

---

383 BGH WM 1987, 802, 804.
384 BGH WM 1989, 129, 131; 1990, 1910, 1911.
385 BGH WM 1992, 563, 564; 1992, 1648, 1649; 1994, 1242.
386 BGH WM 1995, 790, 791.
387 BGH WM 1989, 88, 89.

6. Teil: Kreditsicherung

lung ist, wird dadurch die Erwartung des Sicherungsgebers zum Umfang der Haftung bestimmt. Der Sicherungsgeber braucht deshalb nach dem BGH vernünftigerweise nicht damit zu rechnen, auch für alle anderen schon begründeten und künftig erst entstehenden Schulden eines Dritten einstehen zu müssen[388]. Dies gilt auch, wenn der Kreditnehmer der Ehegatte oder ein naher Verwandter des Grundschuldbestellers oder eine mit ihm gesellschaftsrechtlich verbundene Person ist[389].

6.252 Die Rechte der Bank können daher bei einer Grundschuldbestellung durch einen Dritten nicht im Sinne des **weiterreichenden Sicherungszwecks** des AGB-Pfandrechts erweitert werden[390]. Der überraschende Charakter entfällt erst dann, wenn der Grundschuldbesteller und der Schuldner der gesicherten Forderung persönlich und wirtschaftlich so eng verbunden sind, daß das Risiko für den Sicherungsgeber berechenbar und vermeidbar ist[391]. Dasselbe gilt, wenn im Rahmen von Verhandlungen auf die Erweiterung der dinglichen Haftung hingewiesen worden ist[392] oder der Sicherungsgeber ein mit Kreditgeschäften vertrautes Unternehmen ist[393].

6.253 Ist die weite Zweckerklärung wegen Verstoßes gegen § 3 AGBG teilweise unwirksam, bleibt der sonstige Inhalt des Sicherungsvertrages wirksam (§ 6 Abs. 1 AGB)[394]. Ausnahmsweise können die Grundsätze der **ergänzenden Vertragsauslegung** anwendbar sein[395].

6.254 **Zulässig** ist im übrigen die Erweiterung des Sicherungszwecks auf alle bestehenden, künftigen und bedingten Forderungen der Bank, wenn die Grundschuld der Sicherung aller Ansprüche aus einem kontokorrentmäßig geführten Bankkonto dient. Hier ist Anlaß der Grundschuldbestellung nicht die Sicherung einer bestimmten Forderung, sondern auch der künftigen Ansprüche der Bank. Dieser erweiterte Sicherungszweck kann daher keinen überraschenden Charakter haben[396].

---

388 BGH WM 1991, 60, 61.
389 Vgl. BGH WM 1989, 484, 488; 1991, 60, 62; 1992, 563, 564; *Siol*, WM 1996, 2217, 2219.
390 BGH WM 1989, 88, 89 f.; 1992, 563, 565.
391 BGH WM 1987, 586, 587; vgl. weiter BGH WM 1991, 1748, 1750.
392 BGH WM 1989, 1926, 1929; 1992, 563, 565; 1995; 2133, 2134.
393 BGH WM 1994, 1242; *Siol*, WM 1996, 2217, 2219.
394 *Siol*, WM 1996, 2217, 2219.
395 BGH WM 1995, 2133, 2135.
396 BGH WM 1987, 584, 585.

2. Verpfändung der Ansprüche aus der Zubehörversicherung

Nach dem **üblichen Vertragsformular** hat der Grundstückseigentümer die auf dem belasteten Grundstück befindlichen Gebäude und Anlagen sowie das Zubehör auf Kosten des Sicherungsgebers gegen alle Gefahren zu versichern, wegen derer die Bank einen Versicherungsschutz für erforderlich hält. Soweit dies nicht ausreichend geschieht, darf die Bank die Versicherung selbst auf Kosten des Sicherungsgebers abschließen.

6.255

Die **Ansprüche** aus den bestehenden oder künftig noch abzuschließenden Zubehörversicherungen werden der Bank in dem Sicherungsvertrag zu dem vereinbarten Sicherungszweck **verpfändet**. Zum Wirksamwerden der Verpfändung ist die Anzeige des Grundstückseigentümers an den Versicherer erforderlich (§ 1280 BGB). Die Praxis läßt sich von dem Versicherer auch den üblichen Zubehör-Hypotheken-Sicherungsschein ausstellen.

6.256

Die Erstreckung der Grundschuldhaftung auf Forderungen aus der Schadensversicherung ist in den **§§ 1127 ff. BGB** geregelt. Nach Eintritt der Pfandreife (§§ 1128 Abs. 3, 1192 BGB) kann der Versicherungsnehmer nur Zahlungen an die Bank als Grundschuldgläubigerin verlangen[397].

6.257

Diese **Verpfändungserklärung** knüpft an die gesetzliche Regelung an. Hiernach erstrecken sich die Grundpfandrechte auf die Forderungen des Grundstückseigentümers aus den Versicherungsverträgen über die Gebäudlichkeiten und Gegenstände, die der grundpfandrechtlichen Haftung unterliegen (§ 1127 Abs. 1 BGB). Zu diesem **Haftungsverband** gehört insbesondere das Zubehör des Grundstücks (§ 1120 BGB). Zubehör sind alle beweglichen Sachen, die, ohne Bestandteil der Hauptsache zu sein, dem wirtschaftlichen Zweck der Hauptsache zu dienen bestimmt sind und zu ihr in einem dieser Bestimmung entsprechenden räumlichen Verhältnis stehen (§§ 97 Abs. 1 S. 1, 98 BGB). Dabei kommt es nach der Rechtsprechung in hohem Maße auf die Umstände des Einzelfalls an, ob ein Grundstück und gewerbliches Inventar in diesem Sinne wirtschaftlich zusammengehören[398].

6.258

Inventar eines Gewerbebetriebes ist nur dann als Zubehör des Betriebsgrundstücks anzusehen, wenn dort der wirtschaftliche Schwerpunkt, der betriebstechnische Mittel- und Stützpunkt des Unternehmens liegt. Ein Grundstück erhält nicht bereits aufgrund der Tatsache, daß von dort aus der Betrieb geführt wird, die Eigenschaft einer Hauptsache für das Betriebsinventar[399]. Die Sachen müssen vielmehr, um Zubehör zu sein, in

6.259

---

397 *Siol*, WM 1996, 2217, 2221.
398 BGH WM 1994, 414, 418.
399 BGH WM 1983, 306, 307; *Siol*, WM 1996, 2217, 2221.

einem **engen räumlichen Bezugszusammenhang** zum Geschäftsgrundstück stehen. Solche Voraussetzungen hat der BGH für die Kraftfahrzeuge eines Speditions- und Transportunternehmens verneint, dessen Geschäftsbetrieb sich weitgehend auf dem Straßennetz und nicht auf dem Betriebsgrundstück abspielt, wo sich die Verwaltung sowie die Versorgungs- und Wartungseinrichtungen für die Kraftfahrzeuge befinden[400]. Dasselbe gilt für Baumaschinen und -geräte, sofern der eigentliche Schwerpunkt der betrieblichen Tätigkeiten auf den jeweiligen Baustellen liegt und sie auch nicht für Aufgaben verwendet werden, die in unmittelbarer Beziehung zum Betriebsgrundstück stehen[401].

6.260 Die **formularmäßige Verpfändung** der Ansprüche aus der Zubehörversicherung **empfiehlt sich,** um die Haftung dieser Ansprüche zeitlich vorzuverlagern. Bei Grundpfandrechten ist zwischen der Haftung im Sinne der Reichweite des Grundpfandrechts und der „Verwirklichung" dieser Haftung zu unterscheiden. Die Haftung der Versicherungsforderung verwirklicht sich nur bei der Gebäudeversicherung ohne zeitliche Verzögerung. Der Grundpfandgläubiger steht hier mit Abschluß des Versicherungsvertrages auch ohne Beschlagnahme und vor Eintritt des Versicherungsfalles dem Gläubiger gleich, dem die Forderung verpfändet worden ist (§ 1128 Abs. 3 BGB).

6.261 Dagegen ist die Verwirklichung der Haftung der sonstigen Versicherungsforderungen nach den für die Haftung der Mietzinsforderungen geltenden Vorschriften geregelt (§ 1129 BGB). Die Haftungsverwirklichung erfordert daher zunächst eine **Beschlagnahme** des belasteten Grundstücks zugunsten des Grundpfandrechtsgläubigers. Hier bedarf es der Anordnung der Zwangsversteigerung oder Zwangsverwaltung (§§ 20 Abs. 2, 148 ZVG). Vor dieser Beschlagnahme kann der Grundstückseigentümer über die Versicherungsforderungen frei verfügen (§ 1124 Abs. 1, Abs. 3 BGB). Dies soll die Verpfändung zugunsten des Grundpfandrechtsgläubigers verhindern, wie sie üblicherweise der Sicherungsvertrag vorsieht. Soweit freilich die Zubehörversicherung in den Vertrag über die Gebäudeversicherung einbezogen worden ist, erwirbt der Grundpfandgläubiger schon kraft Gesetzes gemäß dem für die Gebäudeversicherung geltenden § 1128 BGB auch insoweit ein Pfandrecht[402].

---

400 BGH WM 1983, 306, 307 f.
401 BGH WM 1994, 414, 418.
402 *Palandt/Bassenge,* § 1128 Rn 1.

3. Tilgungszweck-Klausel

In den formularmäßigen Sicherungszweckerklärungen wird üblicherweise klargestellt, daß alle Zahlungen an die Bank nur auf die durch die Grundschuld abgesicherten Forderungen der Bank verrechnet werden. Diese Tilgungszweckabrede ist erforderlich, um eine automatische Umwandlung der Grundschuld in eine Eigentümergrundschuld zu vermeiden, wenn der Grundstückseigentümer das Recht zur Befriedigung der Bank ausübt (§ 1142 Abs. 1 BGB).

6.262

Der Eigentümer des mit der Grundschuld belasteten Grundstücks ist, insbesondere wenn er mit dem persönlichen Schuldner nicht identisch ist, an einer Vermeidung der Zwangsvollstreckung in sein Grundstück interessiert. Der Grundstückseigentümer darf daher den Gläubiger befriedigen, wenn die gesicherte Forderung ihm gegenüber fällig geworden oder wenn der persönliche Schuldner zur Leistung berechtigt ist (§ 1142 Abs. 1 BGB). Dieses **Befriedigungsrecht** stellt eine **Sonderregelung** gegenüber dem allgemeinen Ablösungsrecht des § 268 Abs. 1 S. 1 BGB dar. Bei diesem Befriedigungsrecht ist wegen der unterschiedlichen Rechtsfolgen danach zu unterscheiden, ob die Zahlung auf die Grundschuld („Grundschuldablösung") oder auf die gesicherte Forderung geleistet wird. Mit Rücksicht auf die unterschiedlichen Rechtsfolgen ist weiter zu differenzieren, ob der Eigentümer des belasteten Grundstückes und der Schuldner der gesicherten Forderung (persönlicher Schuldner) verschiedene Personen oder identisch sind.

6.263

a) Identität von Grundschuldbesteller und persönlichem Schuldner

Ist der kreditnehmende Bankkunde auch Eigentümer des mit der Grundschuld belasteten Grundstücks, so erlischt die gesicherte Forderung, wenn auf sie gezahlt wird (§ 362 Abs. 1 BGB)[403]. Die Grundschuld ist daher wegen des weggefallenen Sicherungszwecks an den Bankkunden zurückzugewähren. Der Bankkunde erwirbt sie hierbei als **Eigentümergrundschuld**[404].

6.264

Diese rechtsgeschäftliche Rückgewähr der Grundschuld erübrigt sich, wenn der **Bankkunde nicht auf seine persönliche Schuld, sondern auf die Grundschuld zahlt.** Hier erwirbt der Bankkunde kraft Gesetzes eine Eigentümergrundschuld (analog der für die Hypothek geltenden Regelung

6.265

---

403 Vgl. BGH WM 1999, 948, 949 zu dieser Forderungstilgung für den Fall, daß die Grundschuld eine Forderung gegen eine Drittschuld absichert.
404 Vgl. *Reinicke/Tiedtke*, WM 1987, 485.

des § 1143 Abs. 1 S. 1 BGB)[405]. Mit dieser Ablösung der Grundschuld erlischt zugleich auch die gesicherte Forderung (§ 362 Abs. 1 BGB)[406]. Dies gilt auch, wenn der Eigentümer ausdrücklich nur auf die Grundschuld zahlt. Der Untergang ergibt sich aus der **Sicherungsabrede,** die eine **Erfüllungsabrede** enthält[407]. Zur Vermeidung von Zweifeln, ob der Kreditnehmer auf die Forderung oder auf die Grundschuld leistet, wird in den formularmäßigen Sicherungsverträgen üblicherweise klargestellt, daß alle Zahlungen lediglich auf die durch die Grundschuld gesicherte Forderung verrechnet werden. Diese Regelung hat den Vorteil, daß die automatische Umwandlung der Sicherungsgrundschuld in eine Eigentümergrundschuld unterbleibt, so daß die Grundschuld der Bank weiterhin in voller Höhe als Sicherheit zur Verfügung steht.

b) Grundschuldbestellung durch Dritte

6.266 Sind Grundstückseigentümer und kreditnehmender Bankkunde verschiedene Personen, so **erlischt** wie im Falle der Personenidentität die **gesicherte Forderung,** wenn **auf diese gezahlt** wird. Keinen Unterschied macht es, ob die Zahlung durch den Grundstückseigentümer oder den Bankkunden erfolgt. Die infolge des Wegfalls des Sicherungszwecks zurückzugewährende Grundschuld gebührt dabei dem Grundstückseigentümer, wenn der persönliche Schuldner im Innenverhältnis zur Zahlung an den Gläubiger verpflichtet ist. In diesem Fall kann der Eigentümer von der Bank die Rückübertragung der Grundschuld fordern, wenn er den Sicherungsvertrag mit der Bank geschlossen hat. Ist dagegen die Grundschuld ausnahmsweise vom Bankkunden, z.B. durch Abtretung einer auf dem belasteten Grundstück eingetragenen Briefgrundschuld bestellt worden, kann der Grundstückseigentümer lediglich von dem Bankkunden verlangen, daß dieser ihm seinen gegen die Bank gerichteten Anspruch auf Rückübertragung der Grundschuld abtritt[408]. Denn dieser **Rückgewährsanspruch** steht allein demjenigen zu, der mit der Bank den Sicherungsvertrag geschlossen hat.

6.267 Der Rückgewähr der Grundschuld bedarf es dagegen nicht, wenn der Grundstückseigentümer nicht auf die Kreditverbindlichkeit des Bankkunden, sondern **auf die Grundschuld zahlt.** Dann wird die Grundschuld vom Grundstückseigentümer als Eigentümergrundschuld analog § 1143 Abs. 1 S. 1 BGB erworben[409]. Die gesicherte Forderung bleibt in diesem

---
405 BGH WM 1986, 763, 768.
406 BGH WM 1992, 1893, 1894.
407 BGH WM 1992, 1893, 1894.
408 *Reinicke/Tiedtke*, WM 1987, 485, 487.
409 BGH WM 1987, 202, 203; *Palandt/Bassenge*, § 1191 Rn 33.

Fall aber anders als bei Personenidentität von Grundstückseigentümer und Bankkunde bestehen[410]. Diese Forderung geht jedoch nicht kraft Gesetzes auf den zahlenden Grundstückseigentümer über. § 1143 Abs. 1 S. 1 BGB, der einen solchen Forderungsübergang im Falle der Bestellung einer Hypothek vorschreibt, ist insoweit auf die in ihrem sachenrechtlichen Bestand von der persönlichen Forderung unabhängige (nicht-akzessorische) Grundschuld nicht übertragbar.

Auch kommt **kein Forderungsübergang** in analoger Anwendung der für Gesamtschulden geltenden Regelung des § 426 Abs. 2 BGB in Betracht. Zwischen dem persönlichen Schuldner und dem Eigentümer besteht wegen der Verschiedenartigkeit von persönlicher Schuld und dinglicher Haftung sowie nach der sich daraus ergebenden unterschiedlichen Inanspruchnahme keine einem Gesamtschuldverhältnis vergleichbare Lage[411].

6.268

Die daher bei der Bank verbleibende persönliche (Kredit-)Forderung kann jedoch nach deren Befriedigung, die infolge der Zahlung des Grundstückseigentümers eingetreten ist, nicht mehr geltend gemacht werden. Dies widerspräche im Verhältnis der Bank zu ihrem Kreditnehmer dem Grundsatz von Treu und Glauben[412]. Der Eintritt einer derartigen Rechtslage wird jedoch regelmäßig bereits durch die übliche Formularklausel vermieden, wonach alle Zahlungen des Grundschuldbestellers nur auf die durch die Grundschuld gesicherten Ansprüche verrechnet werden.

6.269

Auf diese Verrechnungsklausel kann sich die Bank jedoch nicht mehr berufen, wenn sie aus der Grundschuld die Zwangsvollstreckung betreibt und der Eigentümer deswegen Zahlungen auf die Grundschuld leistet[413].

6.270

IV. Anspruch des Sicherungsgebers auf Teilfreigabe

Die AGB der Kreditwirtschaft enthalten einen Anspruch des Sicherungsgebers auf Freigabe nicht mehr benötigter Sicherheiten. Danach hat die Bank auf Verlangen des Kunden Sicherheiten nach ihrer Wahl freizugeben, falls der realisierbare Wert aller Sicherheiten die Deckungsgrenze nicht nur vorübergehend (dauerhaft) übersteigt und zwar in Höhe des die Deckungsgrenze übersteigenden Betrages (Nr. 16 Abs. 2 S. 1 AGB Banken). Nach dem Beschluß des Großen Zivilrechtssenats des BGH vom 27. 11. 1997 bedarf es aber **keiner** Vereinbarung einer **ausdrücklichen**

6.271

---

410 BGH WM 1987, 202, 203.
411 BGH WM 1988, 1259, 1260.
412 BGH WM 1988, 1259, 1260.
413 BGH WM 1992, 1502, 1505.

Freigabeklausel selbst in den Fällen, in denen eine Bank formularmäßig ein Warenlager mit wechselndem Bestand übereignet oder ein Globalzessionsvertrag abgeschlossen woden ist. Aus der Treuhandnatur der nichtakzessorischen Sicherheiten in Gestalt der Sicherungsübereignung, -zession und -grundschuld ergibt sich die Pflicht der Bank, die ihr bestellten Sicherheiten **bereits vor Beendigung des Sicherungsvertrages** zurückzugewähren, wenn und soweit sie endgültig nicht mehr benötigt werden. Diese Freigabepflicht folgt aufgrund der gebotenen Auslegung (§ 157 BGB) aus dem fiduziarischen Charakter der Sicherungsabrede sowie der Interessenlage der Vertragsparteien[414]. Angesichts dieser Freigabeverpflichtung kann eine nachträgliche Übersicherung der Bank vermieden werden, die eine unangemessene Benachteiligung des Sicherungsgebers im Sinne der Generalklausel des AGB-Gesetzes (§ 9) darstellen oder sogar sittenwidrig gemäß § 138 BGB sein könnten[415].

6.272 Mit dieser Entscheidung des Großen Zivilrechtssenats wurde die rechtliche Unsicherheit ausgeräumt, ob formularmäßige und damit dem AGB-Gesetz unterworfene Übereignungen von Warenlagern mit wechselndem Bestand oder Globalzessionen zu ihrer Wirksamkeit eine ausdrückliche Freigabeverpflichtung enthalten müssen, die an eine zahlenmäßig bestimmte Deckungsgrenze anknüpfen und vom Ermessen der Bank unabhängig sein müssen. Diese Anforderungen an die Ausgestaltung solcher Sicherungsverträge, wie sie von einem Teil der BGH-Rechtsprechung bejaht worden sind, galten aber schon vor der Entscheidung des Großen Zivilrechtssenats **nicht für die sog. Singularsicherheiten.** Dies wurde zunächst für die Sicherungsübereignung mehrerer einzelner Sachen sowie einer Sachgesamtheit mit wesentlich festem Bestand ausgesprochen[416] und sodann ausdrücklich auf die Sicherungsgrundschuld ausgedehnt[417]. Im Gegensatz zur Übereignung des Warenlagers mit wechselndem Bestand und einer Globalzession ist bei einer Grundschuldbestellung das Sicherungsgut von Anfang an klar umrissen. Deshalb kann der Sicherungsgeber regelmäßig mit vertretbarem Aufwand ermitteln, welchen Wert das dingliche Recht bei Vertragsschluß besitzt, und in etwa überblicken, wie sich dieser Wert voraussichtlich entwickeln wird[418]. Die formularmäßige Bestellung von Sicherungsgrundschulden ist deshalb auch ohne Freigabeklausel mit zahlenmäßig bestimmter Deckungsgrenze

---

414 GrSZ WM 1997, 227, 229.
415 GrSZ WM 1998, 227, 231, 232; BGH WM 1985, 605; 1986, 1545; 1990, 1389; 1991, 1499; 1993, 139, 140.
416 BGH WM 1994, 414, 419; 1955, 1219, 1221.
417 BGH WM 1994, 1161, 1162; 1995, 1219, 1221.
418 Vgl. hierzu *Nobbe*, FS Schimansky, 1999, S. 431, 449.

wirksam. Dies gilt auch dann, wenn der Bank bestimmte Sachen übereignet worden sind und sie überdies eine Bürgschaft erhalten hat[419].

Enthält die formularmäßige Sicherungszweckerklärung Klauseln, durch die dieser Teilfreigabeanspruch ausgeschlossen, eingeschränkt oder seine Durchsetzbarkeit in unangemessener Weise erschwert wird, sind grundsätzlich nur diese Klauseln unwirksam (§ 6 Abs. 1 AGBG). Die Bestellung der Grundschuld als solche bleibt wirksam. Da der formularmäßige Sicherungsvertrag keine eigene Regelung für die Teilfreigabe zu enthalten braucht, ist dem Interesse des Sicherungsgebers schon durch die Unwirksamkeit der unzulässigen Klausel voll Rechnung getragen[420]. 6.273

Eine solche unwirksame Beschränkung des vertraglichen Freigabeanspruchs ist auch dann gegeben, wenn die Freigabe in das **Ermessen der Bank** gestellt ist. Nach der Entscheidung des Großen Zivilrechtssenats des BGH eröffnet eine ermessensabhängige Freigaberegelung der Bank einen zweckwidrigen Entscheidungsspielraum, obwohl feststeht, daß sie das Sicherungsgut teilweise nicht mehr benötigt. Die Ersetzung des vertraglichen Freigabeanspruchs durch einen Anspruch auf Ermessensausübung nach Billigkeit benachteiligt deshalb den Sicherungsgeber entgegen dem Gebot von Treu und Glauben unangemessen im Sinne der Generalklausel des AGB-Gesetzes (§ 9)[421]. 6.274

Die formularmäßigen Grundschuldbestellungsverträge der Praxis sehen mitunter eine teilweise Freigabe der Grundschuld vor, soweit die Bank diese nicht mehr benötigt. Dabei sind zur Konkretisierung dieser Freigabeverpflichtung Bewertungsmaßstäbe vereinbart worden. Hierdurch sollte vorsorglich der BGH-Rechtsprechung zu dem Erfordernis einer ausdrücklichen Freigabeklausel mit zahlmäßig bestimmter Deckungsgrenze bei einer Globalzession und bei der Sicherungsübereignung von Warenlagern mit wechselndem Bestand Rechnung getragen werden. Eine solche **ausdrückliche Freigabeklausel** ist nach neueren Entscheidungen des BGH **entbehrlich**. Damit sind auch die in der Sicherungszweckerklärung vereinbarten Bewertungsmaßstäbe gegenstandslos geworden. 6.275

V. Vertraglicher Rückgewährsanspruch nach Wegfall des Sicherungszwecks

Der zwischen Grundschuldbesteller und Bank geschlossene Sicherungsvertrag begründet einen Anspruch auf Rückgewähr der Sicherungsgrund- 6.276

---

419 BGH WM 1994, 1161, 1162; Siol, WM 1996, 2217, 2218.
420 BGH WM 1994, 414, 417; 419, 420; 1995, 1219, 1221.
421 BGH WM 1998, 227, 230.

schuld, wenn die gesicherte Forderung erloschen oder von vornherein und endgültig nicht entstanden ist[422]. Nach der Entscheidung des Großen Zivilrechtssenats des BGH vom 27. 11. 1997 ergibt sich aus der Treuhandnatur des Sicherungsvertrages, wie er der Bestellung der nicht-akzessorischen Sicherheiten in Gestalt der Sicherungsgrundschuld, Sicherungsübereignung und der Sicherungsabtretung zugrunde liegt, im übrigen die Pflicht des Sicherungsnehmers, die Sicherheit bereits vor Beendigung des Sicherungsvertrages zurückzugewähren, wenn und soweit sie endgültig nicht mehr benötigt wird[423] **(Anspruch auf Teilfreigabe)**.

6.277 Dieser vertragliche Rückgewährsanspruch besteht auch dann, wenn die Forderung nicht entstanden ist und feststeht, daß sie **nicht mehr entstehen wird**[424]. Die Grundschuld ist auch dann freizugeben, wenn die gesicherten **Verbindlichkeiten durch einen Dritten** unter Befreiung des bisherigen Schuldners **übernommen** werden. Der für akzessorische Sicherheiten geltende § 418 Abs. 1 BGB ist auf nicht-akzessorische Sicherheiten analog anwendbar[425].

6.278 Der Anspruch auf Rückgewähr folgt aus dem **Wesen des Sicherungszwecks**[426]. Dieser Anspruch bedarf keiner ausdrücklichen Regelung. Er entsteht schon mit Abschluß des Sicherungsvertrages aufschiebend bedingt für den Zeitpunkt des Wegfalls der Sicherungsgrundschuld[427]. Soweit der Sicherungsvertrag unwirksam ist, ergibt sich der Rückgewährsanspruch aufgrund der Vorschriften über die ungerechtfertigte Bereicherung[428].

6.279 Der Rückgewährsanspruch ist kein Nebenrecht im Sinne des § 401 Abs. 1 BGB, sondern ein **selbständiges Recht** des Sicherungsgebers, das auch an Dritte abgetreten werden kann, die keine Grundpfandgläubiger sind[429]. Der Rückgewährsanspruch verschafft jedoch dem jeweiligen Inhaber keine Rechte an der Grundschuld.

6.280 Der frühere Eigentümer als Inhaber dieses Rückgewährsanspruches erwirbt daher auch keine Ansprüche aus § 812 BGB gegen den Ersteher des Grundstücks, dem nach Ablösung des noch valutierten Teiles der Grundschuld eine uneingeschränkte Löschungsbewilligung erteilt wird[430].

---

422 BGH WM 1989, 210, 211; 490, 491; *Siol*, WM 1996, 2217, 2222.
423 WM 1998, 227, 229; *Rösler*, WM 1998, 1377, 1382.
424 *Staudinger/Wolfsteiner*, Vorbem. zu §§ 1191 ff. Rn 79.
425 BGH WM 1992, 1213, 1315.
426 *Schmitz*, WM 1991, 1061, 1066.
427 BGH WM 1989, 490, 491; *Siol*, WM 1992, 1312, 1305.
428 *Staudinger/Wolfsteiner*, Vorbem. zu §§ 1191 ff. Rn 79.
429 BGH WM 1988, 564, 565.
430 BGH WM 1993, 887.

Dieser Anspruch setzt sich an dem auf die Grundschuld entfallenden 6.281
Versteigerungserlös fort, wenn die Grundschuld in der Zwangsversteigerung erloschen ist[431].

1. Rechtsform des Rückgewährsanspruchs

Dieser Rückgewährsanspruch kann in **drei Rechtsformen** geltend gemacht werden: als Anspruch auf Rückübertragung der Grundschuld (§§ 1154 Abs. 1, 1192 Abs. 1 BGB), auf Verzicht (§§ 1168 Abs. 1, 1192 Abs. 1 BGB), der zum Erwerb der Grundschuld durch den Grundstückseigentümer führt, sowie als Anspruch auf Aufhebung (§§ 1183 S. 1, 1192 Abs. 1 BGB), die zum Erlöschen der Grundschuld führt[432]. Der **Sicherungsgeber** kann zwischen den drei Ansprüchen **wählen**. Es liegt daher ein Wahlschuldverhältnis im Sinne des § 262 BGB vor. Die gewählte Leistung gilt als die von Anfang an geschuldete Leistung (§ 263 Abs. 2 BGB)[433]. 6.282

In der **Praxis** wird der Anspruch auf Rückübertragung der freigewordenen Grundschuld häufig vertraglich ausgeschlossen. Diese formularmäßige Einschränkung des Rückgewähranspruchs hält der richterlichen Inhaltskontrolle nicht stand, wenn ihre Geltung für den Fall des Eigentumswechsels beim belasteten Grundstück nicht ausgeschlossen ist[434]. Mitunter behält sich der Grundschuldgläubiger die Wahl vor, entweder entsprechend dem Aufhebungsanspruch die Löschung zu bewilligen oder auf die Grundschuld zu verzichten[435]. Bei einer Abtretung des Rückgewährsanspruchs muß der Zessionar diese inhaltliche Einschränkung des Rückgewährsanspruchs gegen sich gelten lassen (§ 404 BGB). 6.283

Von dieser inhaltlichen Einschränkung des Rückgewährsanspruchs ist eine Regelung in dem Sicherungsvertrag zu unterscheiden, wonach die Abtretung des Rückgewährsanspruchs ausgeschlossen oder von der Zustimmung des Grundschuldgläubigers als Anspruchsschuldner abhängig ist (§ 399 BGB). Nach dem BGH ist ein **AGB-mäßiger Abtretungsausschluß** und ein solches Zustimmungserfordernis grundsätzlich wirksam. Diese Regelungen führten an sich zu keiner unangemessenen Benachteiligung des Gläubigers, andererseits schützten sie die berechtigten Interessen des Schuldners an der Klarheit und Übersichtlichkeit der Vertragsab- 6.284

---

431 BGH WM 1989, 1862, 1863.
432 BGH WM 1985, 12, 13; 1989, 490, 491; *Siol*, WM 1996, 2217, 2222.
433 *Staudinger/Wolfsteiner*, Vorbem. zu §§ 1191 ff. Rn 182.
434 BGH WM 1989, 490, 491 f.
435 *Scholz/Lwowski*, Das Recht der Kreditsicherung, 7. Aufl., 1994, Rn 746.

wicklung. Dem AGB-Verwender könne daher grundsätzlich nicht verwehrt werden, durch Vereinbarung eines Verbotes oder zumindest einer Beschränkung der Abtretungsmöglichkeit die Vertragsabwicklung übersichtlich zu gestalten und damit zu verhindern, daß ihm eine im voraus nicht übersehbare Vielzahl von Gläubigern entgegentritt. Eine solche Klausel könne allenfalls unwirksam sein, wenn ein schützenswertes Interesse des AGB-Verwenders an einem Abtretungsverbot nicht besteht oder die berechtigten Belange des Vertragspartners an der Abtretbarkeit vertraglicher Forderungen das entgegenstehende Interesse des Verwenders überwiegen[436].

6.285 Der **BGH** hat es **dahingestellt sein lassen,** ob eine solche Einschränkung der Abtretbarkeit für alle denkbaren Vertrags- oder Fallgruppen gerechtfertigt ist. Denn der **Rückgewähranspruch** habe **als zusätzliche Sicherheit** für nachrangige Grundpfandgläubiger auch für den Sicherungsgeber besondere Bedeutung erlangt. Der Zustimmungsvorbehalt ist aber stets dann wirksam, wenn die Grundschuld nicht vom Grundstückseigentümer, sondern von einem Dritten bestellt worden ist[437].

2. Gläubiger des Rückgewähranspruchs

6.286 Gläubiger des Rückgewähranspruchs ist, **wer die Grundschuld bestellt** und damit den Sicherungsvertrag mit dem Grundschuldgläubiger geschlossen hat[438]. Wird daher das Grundstück später veräußert, so müssen die Rückgewähransprüche auf den Erwerber übertragen werden, anderenfalls sie beim Sicherungsgeber verbleiben[439].

6.287 Sind Grundstückseigentümer und kreditnehmender Bankkunde **nicht personengleich,** so können Partner des Sicherungsvertrages sowohl der Grundstückseigentümer als auch der Bankkunde sein[440]. Erfolgt die Bestellung der Grundschuld durch den Bankkunden, so geschieht dies durch schriftliche Abtretungserklärung und Übergabe des Grundschuldbriefes, soweit die Abtretung nicht in das Grundbuch eingetragen ist (§§ 1154 Abs. 1 S. 1, Abs. 2, 1192 Abs. 1 BGB)[441].

---

436 BGH WM 1991, 554, 556; vgl. ferner *Hadding/van Look,* WM 1988, Sonderbeil. 7, 8 f.
437 BGH WM 1990, 464, 466.
438 Vgl. BGH WM 1991, 723, 724; *Schmitz,* WM 1991, 1061, 1066.
439 BGH WM 1989, 1926, 1927.
440 BGH WM 1989, 210, 211.
441 Zur Frage des Vollmachtsmißbrauchs bei einer solchen Grundschuldabtretung vgl. BGH WM 1992, 1362, 1363.

6.288 Für die **Übergabe des Briefes** genügen die Übergabesurrogate der §§ 929 S. 2, 930, 931 BGB (§ 1117 Abs. 1 S. 2 BGB). Für diese Übergabe ist es erforderlich, daß der Abtretungsempfänger den Brief vom Abtretenden und mit dessen Willen erlangt. Die Briefübergabe kann auch durch einen Vertreter bewirkt werden, sofern dies dem Willen des Abtretenden noch entspricht[442]. Ein gutgläubiger Erwerb einer Briefgrundschuld von einem nicht im Grundbuch eingetragenen Veräußerer setzt voraus, daß dieser unmittelbarer oder mittelbarer Besitzer des Grundschuldbriefes ist. Es genügt nicht, daß er in der Lage ist, dem Erwerber den Brief zu verschaffen[443]. Bei der Abtretung eines Teiles einer Briefgrundschuld kann die Übergabe des Grundschuldbriefes nicht dadurch ersetzt werden, daß der Abtretende den – ungeteilten – Grundschuldbrief zugleich als Eigenbesitzer für sich selbst und als Fremdbesitzer für den Abtretungsempfänger besitzt[444].

6.289 Ist die **Grundschuld** nicht vom Grundstückseigentümer, sondern **vom Kreditnehmer bestellt** worden, so darf die Bank die Grundschuld nach Maßgabe der Sicherungsvereinbarungen nur zur Befriedigung ihrer Ansprüche gegen ihn verwerten. Erlangt die Bank auf andere Weise Befriedigung, so ist sie zur Rückgewähr der Grundschuld an ihren Kunden als Sicherheitenbesteller verpflichtet[445]. Die Bank darf dagegen nicht ohne Einwilligung ihres Kunden auf die Grundschuld verzichten oder die Löschung bewilligen. Damit würde die Bank ihre Stellung als Sicherungsnehmerin gegenüber dem Bankkunden als Sicherungsgeber zugunsten des Eigentümers mißbrauchen und sich wegen Verletzung ihrer vertraglichen Pflichten schadensersatzpflichtig machen[446].

6.290 Wird in dem Kreditvertrag die **Bestellung** einer Grundschuld **durch einen Dritten vorgesehen,** so kann die Bank den Sicherungsvertrag mit dem Dritten abschließen. Die Bank ist dann treuhänderisch nur gegenüber dem Dritten als Sicherungsgeber gebunden. Sie kann sich daher mit dem Grundschuldbesteller über eine Freigabe einigen, ohne sich dadurch gegenüber dem Bankkunden schadensersatzpflichtig zu machen[447]. Durch diesen Verzicht wird der Bankkunde auch nicht von seiner Kreditverbindlichkeit befreit. Eine solche Befreiung sieht zwar § 1165 BGB für den Verzicht auf eine Hypothek vor; diese Vorschrift ist aber auf die Grundschuld nicht anwendbar[448].

---

442 BGH WM 1993, 285 f.
443 BGH WM 1993, 285, 286.
444 BGH WM 1982, 1431, 1432.
445 BGH WM 1989, 210, 211.
446 BGH WM 1989, 210, 211.
447 BGH WM 1989, 210, 211.
448 BGH WM 1989, 210, 211.

3. Rückgewährsanspruch als Sicherungsinstrument

6.291 Der Rückgewährsanspruch hat in der Bankpraxis eine besondere Bedeutung als zusätzliche Sicherung eines nach- oder gleichrangigen Grundpfandrechtsgläubigers erlangt[449]. Vor der Tilgung der gesicherten Forderung kommt jedoch dem abgetretenen Rückgewährsanspruch nur ein geringer Sicherungswert zu[450]. Dies gilt auch dann, wenn die Grundschuld nicht vom Kreditnehmer, sondern von einem Dritten bestellt worden ist. Wer für eine fremde Verbindlichkeit Sicherheit leistet, kann vom Sicherungsnehmer (kreditgewährende Bank) nicht erwarten oder verlangen, daß dieser dem Schuldner später keine weiteren Kredite mehr gewährt oder daß er zumindest auf die Interessen des Sicherungsgebers Rücksicht nimmt, seine eigenen Interessen aber zurückstellt[451].

6.292 Die Bank als Zessionar ist im übrigen nicht immer vor dem Verlust des Rückgewährsanspruchs geschützt, etwa wenn rechtswirksam auf die Grundschuld geleistet wird und so eine Eigentümergrundschuld entsteht[452] – Rn 6.282. Gleiches gilt, wenn der Grundschuldgläubiger auf die Grundschuld gemäß §§ 1168 Abs. 1, 1192 Abs. 1 BGB verzichtet[453].

6.293 **Erwirbt der Grundstückseigentümer** infolge dieses Verzichts die **Grundschuld,** so können die gleich- oder nachrangigen Grundpfandrechtsgläubiger die Löschung des zur Eigentümergrundschuld gewordenen Grundpfandrechts verlangen (§ 1179a Abs. 1 S. 1 BGB). Dieser gesetzliche Löschungsanspruch begründet einen zum Inhalt jedes Grundpfandrechts gehörenden Anspruch auf Aufhebung eines dem Eigentümer zufallenden gleich- oder vorrangigen Grundpfandrechts[454]. Der Eigentümer ist aber einem nachrangigen Grundpfandrechtsgläubiger nicht verpflichtet, die Rückgewähr der Grundschuld zu betreiben und damit den Löschungsanspruch nach § 1179a BGB auszulösen[455].

6.294 Die Bank erlangt also durch den Erwerb des Rückgewährsanspruchs keine Einwirkungsmöglichkeiten auf die betroffene Grundschuld. Der Grundschuldgläubiger kann daher ohne Rücksicht auf den Zessionar über die Grundschuld verfügen[456]. Die Bank wird auch nicht etwa zu einer nachrangigen Grundschuldgläubigerin, die durch eine Beschränkung der Verfügungsmöglichkeit über die Grundschuld oder über die durch sie gesi-

---

449 *Serick,* Eigentumsvorbehalt und Sicherungsübertragung, Bd. 2, 1965, S. 440.
450 BGH WM 1991, 2019, 2021.
451 BGH WM 1993, 1078, 1079.
452 BGH WM 1991, 2019, 2021.
453 Vgl. BGH WM 1989, 1412.
454 Vgl. *Staudinger/Wolfsteiner,* Vorbem. zu §§ 1191 ff. Rn 179 ff.
455 BGH WM 1989, 1412, 1415.
456 BGH WM 1989, 1412, 1415.

cherte Forderung geschützt werden müßte. Insoweit tritt die Bank auch nicht teilweise in die Rechte des Grundstückseigentümers ein[457]. Die Übernahme einer durch eine Grundschuld gesicherten Schuld bedarf zur Vermeidung einer entsprechenden Anwendung des § 418 Abs. 1 S. 2 BGB daher nur der Einwilligung des Eigentümers des belasteten Grundstücks und nicht auch des Zessionars des Rückgewähranspruchs[458].

Werden die Rückgewährsansprüche an die Bank als Gläubigerin einer nachrangigen Grundschuld abgetreten, so kann dies entweder der **Verstärkung** dieser Grundschuld oder der **Erweiterung** des Kreditrahmens ihres kreditnehmenden Kunden dienen[459]. In letzterem Falle bedarf es einer Klarstellung, daß die Rückgewährsansprüche der Bank eine zusätzliche Sicherheit neben den bereits früher oder gleichzeitig bestellten Grundschulden verschaffen sollen. Hierzu ist ausdrücklich zu vereinbaren, daß die Grundschuld, die der Bank bei Fälligkeit des ihr abgetretenen Rückgewähransanspruchs zu übertragen ist, **zusätzlich** zu der ihr schon bestellten nachrangigen Grundschuld als weitere Sicherheit dienen soll. Eine schlichte formularmäßige Sicherungsabtretung des Rückgewähranspruches ist dahin auszulegen, daß der nachrangige Gläubiger nur den Vorrang ausnutzen darf, nicht aber über die Höhe seiner nachrangigen Grundschuld hinaus Befriedigung verlangen kann[460]. Fällt der mit der Abtretung des Rückgewähranspruchs verfolgte Sicherungszweck weg, so steht dem Sicherungsgeber/Eigentümer ein Anspruch auf Rückübertragung des Rückgewähranspruchs zu[461].

6.295

4. Gesetzliche Abtretungsansprüche als ausgleichsberechtigte Gesamtschuldner analog § 426 Abs. 2 S. 1 BGB

Eine Besonderheit ergibt sich, wenn die Bank neben dem Besteller einer Grundschuld **weitere Sicherungsgeber**, insbesondere Bürgen hat. Während dem Grundschuldbesteller nach Wegfall des Sicherungszwecks ein vertraglicher Anspruch auf Rückgewähr der Grundschuld zusteht, kann der die Bank befriedigende Bürge als ausgleichsberechtigter Gesamtschuldner die Abtretung der Grundschuld analog § 426 Abs. 2 S. 1 BGB i.V.m. §§ 412, 401 BGB verlangen[462]. Hierbei handelt es sich im Unterschied

6.296

---

457 BGH WM 1991, 2019, 2021.
458 BGH WM 1991, 2019, 2021.
459 BGH WM 1988, 564, 565.
460 BGH WM 1990, 345, 346.
461 BGH WM 1988, 564, 565.
462 BGH WM 1995, 523; *Palandt/Heinrichs*, § 426 Rn 14; *Siol*, WM 1996, 2217, 2224.

zum vertraglichen Rückgewährsanspruch des Grundschuldbestellers um einen gesetzlichen Abtretungsanspruch[463].

6.297 Im Schrifttum ist umstritten, ob und in welcher Weise bei **mehrfacher Sicherung** durch eine Bürgschaft und durch eine Grundschuld ein **Ausgleich** im Verhältnis zwischen dem Bürgen und dem Besteller der dinglichen Sicherheit verlangt werden kann. So wird die Auffassung vertreten, ohne eine Vereinbarung im Innenverhältnis gebe es keinen Rückgriff[464]. Die Last treffe daher allein den zuerst in Anspruch genommenen Drittsicherer. Eine zweite Auffassung nimmt ein einseitiges Rückgriffsrecht allein des Bürgen an. Hierbei wird auf die Vorzugsstellung des Bürgen gegenüber anderen Sicherungsgebern verwiesen, wie sie in § 776 BGB, aber auch in §§ 768, 771 BGB zum Ausdruck komme. Eine dritte Rechtsmeinung befürwortet im Verhältnis von Bürgen und dinglichem Sicherer einen gegenseitigen Ausgleich, der nicht von den Zufälligkeiten des ersten Zugriffs abhängen dürfe, wie sie bei einer rein mechanischen Anwendung des Gesetzes aufträten.

6.298 Das **Gesetz** hat die Ausgleichsansprüche zwischen mehreren Sicherungsgebern nur **lückenhaft geregelt.** Eine am Wortlaut haftende Auslegung führt deshalb nach dem BGH zu **Zufallsergebnissen,** die vom Gesetzgeber nicht gesehen und gewollt waren. Für die Bestellung einer Grundschuld ist deshalb im Wege der Rechtsfortbildung der allgemeine Rechtsgedanke anzuwenden, daß mehrere auf gleicher Stufe stehende Sicherungsgeber mangels einer zwischen ihnen getroffenen Vereinbarung untereinander entsprechend den Gesamtschuldregeln (§ 426 Abs. 1 BGB) zur Ausgleichung verpflichtet sind[465]. Die **Grundschuld** und die **Bürgschaft** sind nach dem BGH von Gesetzes wegen solche **gleichstufigen Sicherungsinstrumente**[466]. Zahlt der Bürge auf die durch die Grundschuld gesicherten Forderungen der Bank, so kann er von der Bank die seinem Ausgleichsanspruch entsprechende anteilige Abtretung der Grundschuld zurückverlangen[467].

---

463 BGH WM 1995, 523.
464 BGH WM 1989, 1206 m.w.Nachw.
465 BGH WM 1989, 1205, 1207, 1208; *Palandt/Heinrichs,* § 426 Rn 14.
466 BGH WM 1992, 1893, 1894; *Siol,* WM 1996, 2217, 2224.
467 BGH WM 1990, 260; 1995, 523; nach *Tiedtke,* WM 1990, 1270, 1274 und *Bayer/Wandt,* ZIP 1989, 1047, 1048 hat dagegen der Bürge nur einen Anspruch gegen den Grundstückseigentümer, der auf anteilige Abtretung des dem Eigentümer gegenüber der Bank zustehenden Anspruchs auf Rückübertragung der Grundschuld oder auf Abgabe der Erklärung gerichtet ist, er sei mit der anteilsmäßigen Übertragung der Grundschuld auf den Bürgen einverstanden.

Einen solchen gesetzlichen Anspruch auf Abtretung der Grundschuld hat auch der zahlende Miteigentümer des mit der Grundschuld belasteten Grundstücks. Eine andere Beurteilung würde zu dem nicht hinnehmbaren Ergebnis führen, daß der ausgleichsberechtigte Gesamtschuldner nach Tilgung der Bankforderungen tatenlos zusehen müßte, wie der Ausgleichsberechtigte den vertraglichen Anspruch auf Rückgewähr der Grundschuld an beide Miteigentümer gemäß § 432 Abs. 1 BGB geltend macht und ihm damit entgegen der Zweckbestimmung des § 426 Abs. 2 S. 1 BGB die Möglichkeit nimmt, sich aus der Grundschuld am Miteigentumsanteil des Ausgleichsberechtigten zu befriedigen[468]. 6.299

VI. Verwertung der Grundschuld

Kommt es zu keiner Befriedigung des Grundschuldgläubigers, so kann die **Vollstreckung** durch Zwangsversteigerung oder Zwangsverwaltung des Grundstückes betrieben werden. Die Einleitung der Vollstreckung wird dadurch wesentlich erleichtert, daß sich der Grundstückseigentümer üblicherweise in der notariellen Urkunde über die Bestellung der Grundschuld der sofortigen Zwangsvollstreckung unterwirft und die Fälligkeit der Grundschuld schon bei ihrer Bestellung vereinbart wird. Hierdurch wird von der Möglichkeit Gebrauch gemacht, die gesetzliche Kündigungsregelung abzubedingen (§ 1193 Abs. 2 BGB). Die Bank kann sich daher von dem beurkundenden Notar jederzeit eine vollstreckbare Ausfertigung erteilen lassen (§§ 797 Abs. 2 S. 1, 724 Abs. 1 ZPO). 6.300

1. Zwangsversteigerung

Der **Sicherungsvertrag** sieht jedoch im Regelfall zugunsten des Grundstückseigentümers weitere Voraussetzungen für die Beantragung der Zwangsversteigerung oder Zwangsverwaltung vor. So kann z.B. bestimmt werden, daß die Zwangsversteigerung erst beantragt wird, wenn der Kreditnehmer fällige Zahlungen auf die durch die Grundschuld gesicherten Forderungen trotz Nachfristsetzung und Ankündigung von Zwangsvollstreckungsmaßnahmen nicht erbracht hat und die Bank aufgrund der getroffenen vertraglichen Vereinbarungen oder aufgrund gesetzlicher Bestimmungen zur Kündigung der gesicherten Forderung berechtigt ist. Entsprechendes gilt, wenn ein Kredit zum vereinbarten Rückzahlungstermin nicht getilgt wird. Dies entspricht dem **Gebot der Rücksichtnahme** auf die berechtigten Belange des Bankkunden und dritter Sicherungsgeber, wie es als 6.301

---

468 BGH WM 1995, 523; *Siol*, WM 1996, 2217, 2224.

generelle Verwertungsregelung in den kreditwirtschaftlichen AGB ihren Niederschlag gefunden hat (vgl. Nr. 17 Abs. 1 AGB Banken)[469].

6.302 Mit dem Zuschlag in der Zwangsversteigerung erlöschen die Grundpfandrechte, die nach den Versteigerungsbedingungen nicht bestehen bleiben sollen (§ 91 Abs. 1 ZVG). An die Stelle des Grundstücks tritt als **Surrogat** der Versteigerungserlös. An diesem Erlös setzen sich die erloschenen Rechte und die diesbezüglich bestehenden Rechtsbeziehungen fort (Surrogation).

a) Zwangsverwaltung

6.303 Auch für den Antrag auf Zwangsverwaltung kann eine vorherige Ankündigung vereinbart werden. Für diese Vollstreckungsart empfiehlt es sich, die Antragstellung nicht erst von der Kündigung des gesicherten Kredites abhängig zu machen, um die damit verbundenen Nachteile zugunsten des Kreditnehmers zu vermeiden. Statt dessen kann vereinbart werden, daß die Zwangsverwaltung bereits beantragt werden darf, wenn der Kreditnehmer mit einem bestimmten Betrag (z.B. ein Prozent des Grundschuldnennbetrages) in Verzug ist. Mit der Anordnung der Zwangsverwaltung sind die von der Grundschuld erfaßten Miet- und Pachtzinsforderungen beschlagnahmt. Der Zwangsverwalter kann diese Forderungen nach Maßgabe der §§ 1123, 1124 BGB einziehen.

b) Freihändiger Verkauf

6.304 Die Bank als Grundschuldgläubigerin kann statt der Zwangsvollstreckung in das belastete Grundstück die Grundschuld bei Fälligkeit der gesicherten Forderung auch dadurch verwerten, daß sie diese an einen Dritten verkauft, soweit nicht ausnahmsweise etwas anderes vereinbart worden ist[470]. Diese Form der Verwertung braucht nicht ausdrücklich vereinbart zu werden. Die **Befugnis zum freihändigen Verkauf** kann sich auch durch Auslegung ergeben[471]. Aus dem Treueverhältnis zum Kunden kann sich jedoch im Einzelfall die Verpflichtung der Bank ergeben, auf die Verwertung zu verzichten, wenn sich nur so ein günstiger freihändiger

---

469 Vgl. zum Gebot der Rücksichtnahme BGH WM 1997, 1247, 1249; 2396, 2397.
470 *Gaberdiel*, Kreditsicherung durch Grundschulden, 5. Aufl., 1991, S. 417 m.w.Nachw.; *Scholz/Lwowski*, Das Recht der Kreditsicherung, 7. Aufl., 1994, Rn 892.
471 *Staudinger/Wolfsteiner*, Vorbem. zu §§ 1191 Rn 62; vgl. weiter *Gaberdiel* (Kreditsicherung durch Grundschulden, 5. Aufl., 1991, S. 417 Fn 2), wonach diese Veräußerungsbefugnis mitunter auch formularmäßig vereinbart wird, obwohl dieses Recht ohnehin besteht.

Verkauf durchführen läßt, der zu einem deutlich besseren Ergebnis als eine mögliche Zwangsverwertung führt[472].

Bei einer Verwertung der Grundschuld durch freihändigen Verkauf ist es der Bank aus Rechtsgründen nicht verwehrt, das Grundpfandrecht ohne die gesicherte Forderung zu verkaufen und den erzielten Erlös mit der ihr verbliebenen gesicherten Forderung zu verrechnen. Bei einem solchen isolierten Verkauf erlischt grundsätzlich die gesicherte Forderung in Höhe des vereinnahmten Kaufpreises[473]. Umgekehrt kann sich der Sicherungszweck der Grundschuld erledigen, wenn die Bank nur die gesicherte Forderung ohne die Grundschuld abtritt. Hier kann der Grundschuldbesteller von der Bank die Rückgewähr der freigewordenen Grundschuld verlangen[474]. 6.305

Für die Praxis dürfte es sich gleichwohl empfehlen, daß die Bank die Grundschuld nur zusammen mit der gesicherten Forderung und in einer im Verhältnis zu ihr angemessenen Höhe abtritt[475]. Nach dem BGH widerspricht eine Abtretung der Grundschuld ohne die gesicherte Forderung dem Sicherungszweck, wie er in dem Sicherungsvertrag zwischen Grundschuldbesteller und Grundschuldgläubiger vereinbart worden ist. Soweit der Sicherungsvertrag keine abweichende Vereinbarung enthält, darf der Gläubiger die Grundschuld daher nur zusammen mit der persönlichen Forderung weiterübertragen, damit der Schuldner nicht der Gefahr einer doppelten Inanspruchnahme ausgesetzt wird[476]. Durch eine solche gemeinschaftliche Übertragung werden die mit einer isolierten Abtretung verbundenen Gefahren für den Schuldner vermieden[477]. 6.306

Nach *Gaberdiel*[478] sollte in diesem Zusammenhang der abgetretene Grundschuldteil bezüglich Kapitalbetrag oder Zinssatz nicht um mehr als 10% über die Hauptsumme oder den Zinssatz der gesicherten Forderung hinausgehen. Es sei sogar empfehlenswert, nur genau den valutierten Teil des Grundschuldkapitals und der Grundschuldzinsen abzutreten. 6.307

Aufgrund des **vereinbarten Sicherungszweckes** ist daher die Bank gegenüber dem Grundschuldbesteller verpflichtet, bei dem freihändigen Verkauf der Sicherungsgrundschuld dafür zu sorgen, daß sich auch der Zessionar 6.308

---

472 OLG Köln WM 1995, 1801, 1803.
473 BGH WM 1982, 839, 840.
474 BGH WM 1991, 86, 87.
475 Eine solche Klarstellung enthielten die AGB der Kreditinstitute bis zur Neufassung 1993. Diese Klausel ist weggefallen, weil eine solche Grundschuldverwertung durch freihändigen Verkauf von Rechtsprechung und Schrifttum bejaht wird.
476 BGH WM 1986, 1386, 1387.
477 BGH WM 1982, 839, 840.
478 Kreditsicherung durch Grundschulden, 5. Aufl., 1991, S. 419.

nur in Höhe der gesicherten Forderung aus dem Grundstück befriedigen darf[479]. Anderenfalls kann sich die Bank bei einer isolierten Abtretung wegen positiver Vertragsverletzung schadensersatzpflichtig machen[480].

6.309 Auch soweit es zu einer Mitübertragung der gesicherten Forderung kommt, liegt regelmäßig eine Verwertung der Grundschuld und kein Verkauf der gesicherten Forderung vor. Eine solche **Mitübertragung der Forderung** wird dann vorgenommen, wenn die gesicherte Forderung „notleidend" und daher häufig wirtschaftlich wertlos geworden ist. Orientiert sich daher der Kaufpreis an dem Betrag der Grundschuld, so ist erkennbar das Grundpfandrecht Kaufgegenstand. Hier dient die gleichzeitige Abtretung der gesicherten Forderung dem Schutz der veräußernden Bank vor Schadensersatz wegen Verletzung der mit dem Grundschuldbesteller getroffenen Sicherungsabrede.

6.310 Der **Bank** obliegen gegenüber dem Grundschuldbesteller regelmäßig **keine Sorgfaltspflichten** bei der Verwertung anderer Sicherheiten, die ein Dritter bestellt hat. Insbesondere kann der Grundschuldbesteller nicht verlangen, daß die Bank die vom Kreditnehmer selbst gestellten Sicherheiten bevorzugt zur Rückführung seiner Zahlungsverbindlichkeiten verwertet[481]. Es gilt freilich auch für die Verwertung einer Grundschuld der Grundsatz, daß die Bank bei der Verwertung anderer Sicherheiten nicht willkürlich zum Schaden des Sicherungsgebers handeln darf, der ihm die Grundschuld eingeräumt hat (vgl. Nr. 17 Abs. 1 AGB Banken)[482].

6.311 Die Bank kann mangels abweichender Vereinbarung eine Grundschuld, die zur Absicherung mehrerer Darlehen unterschiedlicher Kreditnehmer bestellt wurde, ohne weiteres und in vollem Umfang zur Befriedigung wegen eines ihrer gesicherten Darlehen verwerten, wenn die Voraussetzungen für die Verwertung gerade bei diesem Darlehen eingetreten sind. Eine Pflicht zur Rücksichtnahme auf die Schuldner anderer gesicherter Darlehen besteht dabei auch dann nicht, wenn die Darlehensnehmer die Sicherheit gemeinsam zur Verfügung gestellt haben. Die anderen Darlehensnehmer müssen sich in solchen Fällen ebenso behandeln lassen wie jeder Sicherungsgeber, der für fremde Schulden Sicherheiten bestellt hat und vom Sicherungsnehmer grundsätzlich keine besondere Rücksichtnahme bei der Sicherheitenverwertung verlangen kann[483].

---

479 *Gaberdiel*, Kreditsicherung durch Grundschulden, 5. Aufl., 1991, S. 419, m.w.Nachw.
480 BGH WM 1986, 1386, 1387.
481 BGH WM 1997, 1247, 1249; 2396, 2397.
482 BGH WM 1987, 853, 856 f.
483 BGH WM 1997, 1247, 1249; 2396, 2397; vgl. hierzu *Vinke*, FS Schimansky, 1999, S. 563 ff.

4. Abschnitt
Sicherungsübereignung

I. Sicherungsübertragung als Mittel der Kreditsicherung

Der Rahmen der gesetzlich geregelten Sicherungsrechte als Mittel der Kreditsicherung erwies sich angesichts der vielfältigen Bedürfnisse und der Vielgestaltigkeit der wirtschaftlichen Verhältnisse in der Vergangenheit hinsichtlich des beweglichen Vermögens als zu eng[484]. An ihre Stelle ist die Sicherungsübertragung von beweglichen Sachen und Forderungen getreten. **Leitgedanke** bei der Entwicklung der **Sicherungsübereignung** wie auch der Sicherungsabtretung(szession) war, daß es aus der Sicht der Befriedigung des Sicherungsbedürfnisses allein darauf ankommt, dem Kreditgeber als Gläubiger der gesicherten Forderung die rechtlich abgesicherte Möglichkeit einer anderweitigen Befriedigung für den Fall zu verschaffen, daß der Kreditnehmer zur Erfüllung seiner Rückzahlungspflicht außerstande oder hierzu nicht bereit ist.

6.312

Dieses Bedürfnis befriedigt nicht nur das Verwertungsrecht aufgrund des Pfandrechts, sondern erst recht das Eigentum an den sicherungshalber übereigneten beweglichen Sachen wie auch die Inhaberschaft an sicherungshalber abgetretenen Forderungen. Durch die Sicherungsübertragung kann der Sicherungsnehmer die ihm bestellen Sicherheiten erforderlichenfalls zu seiner Befriedigung verwerten, wie es auch der Pfandgläubiger darf. Diese Entwicklung wesentlich praktikablerer Sicherungsinstrumente wurde dadurch begünstigt, daß sich das Pfandrecht (§§ 1204 ff., 1273 ff. BGB) in der Zivilrechtsordnung durch eine solche Sicherungsübertragung ersetzen läßt. Statt der Verpfändung beweglicher Sachen kann der Weg der Sicherungsübereignung (§§ 929 ff. BGB) gewählt werden. Die Verpfändung von Forderungsrechten kann durch Sicherungsabtretung (§ 398 BGB) ersetzt werden.

6.313

1. Unzureichende Praktikabilität des Pfandrechts

Grund für die Ersetzung des Pfandrechts an beweglichen Sachen und an Forderungen durch die Sicherungsübertragung ist in beiden Fällen die fehlende Praktikabilität der Pfandrechtsbestellung im Wirtschaftsver-

6.314

---

484 *Scholz/Lwowski*, Das Recht der Kreditsicherung, 7. Aufl., 1994, Rn 5.

kehr. Sie resultiert aus dem **Offenkundigkeitsgrundsatz,** der bei der Verpfändung in verschiedener Weise zu beachten ist.

6.315 Bei der **Verpfändung beweglicher Sachen** muß nach § 1205 Abs. 1 S. 1 BGB der Sicherungsgeber der sicherungsnehmenden Bank die zu verpfändende Sache übergeben, ihr also den unmittelbaren Besitz verschaffen. Im Wirtschaftsleben kann indes der Kreditnehmer, etwa ein Unternehmen, auf den unmittelbaren Besitz an werthaltigen Vermögensgegenständen schwerlich verzichten – näher Rn 6.314.

6.316 Bei der Verpfändung von Forderungen muß gemäß § 1280 BGB dem Offenkundigkeitsprinzip dadurch Rechnung getragen werden, daß der Gläubiger der Forderung die Verpfändung dem Schuldner anzeigt. Ferner würde die **Verpfändung künftiger Forderungen** erst mit der bei Entstehen der Forderung vorzunehmenden Verpfändungsanzeige an den Schuldner wirksam.

2. Sicherungsübertragung als Beispiel richterlicher Rechtsfortbildung

6.317 Zur Vermeidung der Offenkundigkeit der Sicherheitenbestellung, die den wirtschaftlichen Erfordernissen in vielfältiger Weise zuwiderläuft, ist die Sicherungsübertragung von beweglichen Sachen und Forderungen entwickelt worden. Hierbei handelt es sich um eine sog. **kautelarische Kreditsicherheit,** die ihre Ausgestaltung erst durch die Vertragspraxis, Rechtsprechung und Rechtslehre erfahren hat[485].

6.318 Allerdings sieht **§ 223 Abs. 2 BGB** die Möglichkeit der Übertragung eines Rechts zur Sicherung eines Anspruchs, wie sie bei der Sicherungsübereignung, -zession und auch bei der Sicherungsgrundschuld als abstrakten Sicherheiten erfolgt, ausdrücklich vor[486].

6.319 Die Sicherungsübertragung in Gestalt der Sicherungsübereignung und -zession ist zugleich ein anschauliches Beispiel der richterlichen Rechtsfortbildung mit Rücksicht auf die Bedürfnisse des Rechtsverkehrs[487]. Der Gesetzgeber wollte ein für Dritte unerkennbares Pfandrecht nicht zulassen. Mit dieser Wertung des Gesetzgebers steht die Sicherungsübereignung, bei der der unmittelbare Besitz dem Sicherungsgeber verbleibt, ebensowenig im Einklang wie die Sicherungszession, die dem Schuldner der abgetretenen Forderung bis zu einer später erforderlich werdenden Offenlegung verborgen bleibt. Hinzu kommt, daß mit der Anerkennung

---

485 BGH WM 1984, 357, 359; 1994, 414, 415; 419.
486 Diese Verjährungsbestimmung soll nach den Gesetzesmaterialien auch für Grundschulden gelten (BGH WM 1993, 2041, 2043).
487 *Larenz,* Methodenlehre der Rechtswissenschaft, 6. Aufl., 1991, S. 414 f.

der Sicherungsübereignung der sachenrechtliche Grundsatz des geschlossenen Kreises (numerus clausus) der Sachenrechte – zumindest im Ansatz – durchbrochen wird. Denn die Sicherungsübereignung wird nicht in jeder Hinsicht, insbesondere nicht in haftungs- und insolvenzrechtlicher Sicht wie volles Eigentum behandelt. Über diese Bedenken hat sich aber die Rechtsprechung mit Rücksicht auf die Bedürfnisse des Rechtsverkehrs hinweggesetzt.

Die Rechtsregeln über die Sicherungsübereignung und -zession werden unter Billigung der Rechtsprechung seit langer Zeit tatsächlich angewendet und von den beteiligten Verkehrskreisen mit Rechtsgeltungswillen ausgeübt[488]. Sie gelten daher „kraft ungeschriebenen Rechts, kraft **Gewohnheitsrechts**"[489]. 6.320

Dem Gewohnheitsrecht kommt dabei der gleiche Rang wie dem geschriebenen (gesetzten) Recht zu. Dies folgt aus Art. 2 EGBGB, wonach Gesetz im Sinne des BGB jede Rechtsnorm ist. Hierunter fallen auch ungeschriebene Rechtsnormen des Gewohnheitsrechts. 6.321

3. Treuhandcharakter der Sicherungsübertragung

a) Bindung der Rechtsmacht des Sicherungsnehmers

Bei der Sicherungsübereignung erwirbt der **Sicherungsnehmer** wie bei der Sicherungszession eine **formale Rechtsstellung,** die über den eigentlichen Sicherungszweck hinausgeht. Während das Pfandrecht dem Sicherungsnehmer lediglich ein Verwertungsrecht und damit nur ein beschränktes dingliches Recht verschafft, wird er bei der Sicherungsübereignung Eigentümer der Sache, bei der Sicherungszession Inhaber der Forderung. Die Sicherungsübertragung gewährt also ein größeres Maß an rechtlichen Befugnissen als zur reinen Sicherung der zugrunde liegenden Forderung nötig ist. Der **Sicherungsnehmer** hat als Eigentümer des Sicherungsgutes im Außenverhältnis gegenüber Dritten die **Befugnisse eines gewöhnlichen Eigentümers,** der mit der ihm gehörenden Sache „nach seinem Belieben" verfahren kann (§ 903 S. 1 BGB). Dagegen kann der Pfandgläubiger über verpfändete Gegenstände erst bei Fälligkeit der gesicherten Forderung allein verfügen (§§ 1228 Abs. 2 S. 1, 1282 Abs. 1 BGB). 6.322

Der Wert der übertragenen Sache oder Forderung kann im übrigen die **Höhe der gesicherten Forderung übersteigen.** Die vom Sicherungsnehmer 6.323

---

488 Vgl. *Palandt/Heinrichs,* Einl. Rn 24.
489 *Serick,* Eigentumsübertragung und Sicherungsübertragung, Bd. 2, 1965, S. 4 vgl. auch Bd. 1, 1963, S. 2.

erworbene Rechtsposition und der mögliche Umfang der Sicherungsübereignung oder -zession sind also nicht von vornherein auf die gesicherte Forderung zugeschnitten. Es bedarf daher einer Angleichung von Sicherungsposition und gesicherter Forderung durch vertragliche Vereinbarungen zwischen dem Sicherheitenbesteller und dem Sicherungsnehmer.

6.324 Die erforderliche Anpassung der im Außenverhältnis überschießenden Rechtsmacht des Sicherungsnehmers an den wirtschaftlichen Zweck des Sicherungsgeschäfts erfolgt auf schuldrechtlicher Ebene im Innenverhältnis zwischen dem Sicherheitenbesteller und der Bank als Sicherungsnehmerin. Hierzu wird ein **Sicherungsvertrag** geschlossen, der den Rechtsgrund für die Sicherheitenbestellung bildet[490]. Kernstück dieses Vertrages ist die Abrede über den Sicherungszweck der übereigneten Sachen oder Forderungen, die auch als **Zweckerklärung oder Zweckbestimmungserklärung** bezeichnet wird[491].

b) Treuhandverhältnis

6.325 Dieser Sicherungsvertrag begründet auch ohne ausdrückliche Vereinbarung kraft seiner Rechtsnatur zwischen den Vertragspartnern ein Treuhandverhältnis. Hiernach hält die **Bank** die ihr sicherungshalber übertragenen Sachen der Forderungen **als Treuhänderin des Sicherheitenbestellers.**

6.326 Das schuldrechtliche Grundgeschäft der Sicherungsübertragung ist daher ein **Treuhandvertrag,** der keinen eigenständigen Vertragstyp darstellt[492]. Bei einem solchen Treuhandvertrag müssen die Rechtsbeziehungen nach den jeweiligen Umständen des Einzelfalles, insbesondere nach dem zugrunde liegenden Auftrag (§ 662 BGB) oder, wenn (wie regelmäßig) für Bestellung und Verwaltung bankmäßiger Sicherheiten eine Vergütung vereinbart worden ist, nach dem entgeltlichen Geschäftsbesorgungsvertrag (§ 675 BGB) bestimmt werden.

6.327 Diese Sicherungstreuhand ist von der **Verwaltungstreuhand** zu unterscheiden. Sie ist dadurch gekennzeichnet, daß sie in erster Linie dem Treuhänder nutzen soll und daher anders als die Verwaltungstreuhand kein fremd-, sondern ein eigennütziges Treuhandverhältnis begründet[493].

---

490 BGH WM 1989, 210, 211 für die sicherungshalber erfolgende Abtretung einer Grundschuld.
491 *Clemente,* ZIP 1990, 969; *Reinecke/Tiedtke,* WM 1991, Sonderbeil. Nr. 5, 4.
492 BGH WM 1966, 445;1969, 935; *Palandt/Sprau,* § 675 Rn 6; *Palandt/Bassenge,* § 903 Rn 36.
493 BGH WM 1956, 946, 947.

Die **Bank als Treuhänderin** ist im Innenverhältnis gegenüber dem Sicherheitenbesteller insbesondere **verpflichtet,** von ihrer überschießenden Rechtsmacht nur im Rahmen des Sicherungszwecks und in den dadurch gezogenen Grenzen Gebrauch zu machen[494]. Die Sicherungsübereignung wie auch die Sicherungszession gehören daher zu den fiduziarischen Sicherheiten. Ungeachtet dieses Treuhandcharakters kann die Bank aber die ihr als Sicherheit übertragenen Sachen oder Forderungen als deren Eigentümerin bzw. deren Inhaberin wirksam an einen Dritten übertragen[495]. **Verletzt** sie hierbei ihre **Treuhandpflichten,** so macht sie sich allerdings im Innenverhältnis gegenüber dem Sicherungsgeber wegen positiver Vertragsverletzung des Sicherungsvertrages schadensersatzpflichtig[496].

6.328

c) **Behandlung der fiduziarischen Sicherheiten in der Insolvenz und Zwangsvollstreckung**

Die Rechtsprechung trägt im übrigen dem Treuhandcharakter der fiduziarischen Sicherheiten in der Insolvenz und bei Zwangsvollstreckungen Rechnung. Nach der Konkursordnung geschah dies im Konkurs des Sicherungsgebers dadurch, daß der Sicherungsnehmer das Sicherungsgut nicht aussondern kann. Vielmehr hatte die Bank sowohl im Falle der Sicherungsübereignung als auch der -zession nur ein Absonderungsrecht wie ein Pfandgläubiger[497]. Die Insolvenzordnung (§ 166) sieht dagegen grundsätzlich eine freihändige Verwertung durch den Insolvenzverwalter vor. Bei Vollstreckungen von Gläubigern des Sicherungsnehmers kann der Besteller der Sicherheit ungeachtet der fehlenden Innehabung des Rechts aufgrund seiner Treugeberstellung die Drittwiderspruchsklage nach § 771 ZPO erheben.

6.329

II. Verwendung der Sicherungsübereignung in der Bankpraxis

Um sich insolvenz- und vollstreckungsrechtlich geschützte Befriedigungsrechte zum Zwecke der Kreditsicherung zu verschaffen, nehmen die Kreditinstitute auch auf **bewegliche Sachen** Zugriff.

6.330

Das vom BGB hierfür zur Verfügung gestellte Pfandrecht an beweglichen Sachen (§§ 1204 ff. BGB) erfordert jedoch besitzrechtliche Voraussetzun-

6.331

---

494 BGH WM 1989, 210, 211 für eine Sicherungsgrundschuld.
495 BGH WM 1982, 482, 483.
496 OLG Frankfurt 1986, 75, 76.
497 BGH WM 1977, 1422; *Palandt/Bassenge,* § 930 Rn 25.

gen, die mit den praktischen Bedürfnissen unvereinbar sind. Als Ausweg hat die Praxis daher die Sicherungsübereignung entwickelt, bei der der Besitz am Sicherungsgut beim Sicherheitenbesteller verbleiben kann. Eine Ausnahme gilt nur für die bei der Bank unterhaltenen Wertpapierdepots und sonst von ihr aufbewahrte Sachen – Rn 2.587 ff.

1. Praktische Unbrauchbarkeit des Pfandrechts an beweglichen Sachen

6.332 Im Vergleich zum Pfandrecht entspricht die Sicherungsübereignung weitaus mehr den Bedürfnissen des Rechtsverkehrs. Der Erwerb von Sicherungseigentum setzt im Gegensatz zum Pfandrechtserwerb **nicht** voraus, daß der Sicherungsgeber als Veräußerer den **unmittelbaren Besitz aufgeben** muß. Im Geschäftsleben kann aber der Kreditnehmer auf den unmittelbaren Besitz der als Haftungsobjekt geeigneten beweglichen Sachen regelmäßig nicht verzichten. So braucht der Kaufmann den unmittelbaren Zugriff auf die von ihm „durch"gehandelten oder hergestellten Waren. Denn mit dem Erlös aus dem Verkauf soll der Geldkredit zurückgezahlt werden. Hierzu muß die verkaufte Ware an den Käufer geliefert werden. Der Fabrikant benötigt die als Sicherheit übereigneten Rohstoffe, weil sie verarbeitet und weiterveräußert werden müssen. Auch ist der unmittelbare Besitz an den Maschinen und Geschäftseinrichtungen, die als natürliche Sicherungsobjekte für Bankkredite in Betracht kommen, für die Führung des Unternehmens des Kreditnehmers unentbehrlich.

6.333 Umgekehrt brächte der **unmittelbare Besitz der Bank,** wenn er zum Wirksamwerden der Sicherheitsleistung benötigt würde, **unerwünschte Verwaltungspflichten** mit sich. Hinzu kommt, daß die Banken selten über die erforderlichen räumlichen Kapazitäten verfügen, um die als Sicherheit dienenden Rohstoffe, Warenlager und Maschinen aufbewahren zu können[498]. In der heutigen Wirtschaftspraxis werden daher bewegliche Sachen regelmäßig zur Sicherung übereignet. Die gesetzlichen Bestimmungen über die Eigentumsübertragung ermöglichen eine Übereignung, ohne daß der bisherige Eigentümer seinen unmittelbaren Besitz aufgeben muß. Nach § 930 BGB genügt die Vereinbarung eines Besitzmittlungsverhältnisses, insbesondere eines Verwahrungsverhältnisses, vermöge dessen der Erwerber mittelbaren Besitz erlangt, während der unmittelbare Besitz beim Veräußerer verbleibt (§§ 868, 688 BGB).

6.334 **Fehlt** dem **Sicherungsgeber** das **Eigentum** an den vom Sicherungsvertrag erfaßten Sachen, kann die Bank das (Sicherungs)Eigentum gutgläubig erst in dem Zeitpunkt erwerben, in dem ihr das Sicherungsgut von dem Sicherungsgeber übergeben wird

---

[498] *Serick,* Eigentumsvorbehalt und Sicherungsübertragung, Bd. 2, 1965, S. 5.

(§ 933 BGB). Der Begriff der Übergabe der Sache deckt sich mit dem in § 929 BGB als dem Übereignungs-Regeltatbestand verwendeten Begriff. Für die erforderliche Übergabe muß deshalb die Übertragung des unmittelbaren Besitzes, also der tatsächlichen Gewalt (§ 854 BGB) auf die Bank stattfinden. Hinzukommen muß, daß die Bank als Erwerberin den Besitz ergreift[499]. Der Besitzverlust muß mithin vollständig sein. Der Sicherungsgeber hat also den Besitz und damit jede Einwirkungsmöglichkeit restlos aufzugeben. Er darf weder Mitbesitz noch mittelbaren Besitz behalten[500]. Für diese Besitzverschaffung ist es aber ausreichend, wenn die Übergabe auf Weisung des Sicherungsgebers durch einen Besitzdiener oder Besitzmittler vorgenommen wird[501]. Auch genügt es, wenn die Übergabe an einen Besitzdiener oder Besitzmittler des Erwerbers erfolgt, sofern das Besitzmittlungsverhältnis schon bei der Übergabe besteht[502].

Die für die Sicherungsübereignung **erforderliche Besitzverschaffung** kann auch **durch Abtretung** des gegen einen Dritten gerichteten **Herausgabeanspruches** erfolgen (§ 931 BGB). Der unmittelbare Besitzer braucht dem Sicherungsnehmer nicht bekannt zu sein[503]. 6.335

Fehlt dem **Sicherungsgeber** das **Eigentum,** kann die Bank das Sicherungsgut gutgläubig nur erwerben, wenn der Sicherungsgeber mittelbarer Besitzer gewesen ist und er deshalb den Herausgabeanspruch als Grundlage seines mittelbaren Besitzes (§ 868 BGB) an die Bank tatsächlich hat abtreten können (§§ 929, 931, 934 BGB). Mangelt es dem Sicherungsgeber an einem solchen Herausgabeanspruch, so kommt ein gutgläubiger Erwerb der Bank nur in Betracht, wenn sie den unmittelbaren Besitz aufgrund des Sicherungsvertrages unmittelbar oder mittelbar z.B. durch Übergabe an ihren Besitzmittler erlangt. Für diese Übertragung des unmittelbaren Besitzes ist es allerdings nicht erforderlich, daß dieser vom Schuldner des abgetretenen (angeblich bestehenden) Herausgabeanspruchs verschafft wird[504]. Wird der Bank später anstelle des unmittelbaren Besitzes der für den gutgläubigen Erwerb ebenfalls ausreichende mittelbare Besitz übertragen, so genügt es, wenn der unmittelbare Besitzer als Schuldner des angeblichen Herausgabeanspruches sein Besitzmittlungsverhältnis zum Sicherungsgeber dadurch beendet, daß er ein Besitzmittlungsverhältnis mit der Bank begründet (§ 868 BGB)[505]. Dagegen reicht es für den gutgläubigen Erwerb nicht aus, wenn sich die Bank den unmittelbaren Besitz eigenmächtig verschafft[506]. 6.336

---

499 BGH WM 1976, 1192; 1996, 1256.
500 BGH WM 1977, 1353; 1996, 1256.
501 *Palandt/Bassenge,* § 932 Rn 4; § 933 Rn 4.
502 *Palandt/Bassenge,* § 933 Rn 4.
503 BGH WM 1993, 2161, 2162.
504 *Palandt/Bassenge,* § 934 Rn 4.
505 BGH NJW 1978, 696; *Tiedtke,* WM 1978, 446, 450; *Palandt/Bassenge,* § 934 Rn 4; § 868 Rn 6 ff.
506 *Palandt/Bassenge,* § 934 Rn 4.

2. AGB-Pfandrecht als Ausnahmetatbestand

6.337 Von der praxisfreundlichen Sicherungsübereignung wird freilich dort kein Gebrauch gemacht, wo sich das Sicherungsgut wie bei den **depotmäßig aufbewahrten Wertpapieren** ohnehin im Besitz der kreditgebenden Bank befindet. In diesen Fällen können die für das Pfandrecht an beweglichen Sachen erforderlichen besitzmäßigen Voraussetzungen problemlos geschaffen werden. Hierauf basiert das in Nr. 14 AGB Banken verankerte Pfandrecht. Danach dienen die Wertpapiere und Sachen, an denen eine inländische Geschäftsstelle im bankmäßigen Geschäftsverkehr Besitz erlangt hat, als Pfand für alle bestehenden, künftigen und bedingten Ansprüche, die der Bank mit ihren in- und ausländischen Geschäftsstellen aus der bankmäßigen Geschäftsverbindung gegen den Kunden zustehen.

6.338 Eine solche Verpfändung erfolgt auch, wenn die Wertpapiere von einer anderen Bank als der kreditgewährenden Bank depotmäßig aufbewahrt werden. Hier kann anstelle der den erforderlichen Besitz verschaffenden Übergabe vereinbart werden, daß die depotführende Bank die verpfändeten Wertpapiere an den Kunden und die kreditgewährende Bank als Pfandgläubigerin nur gemeinschaftlich herausgeben darf (§ 1206, 2. Alt. BGB).

6.339 Für die Wirksamkeit des Pfandrechts ist es unschädlich, wenn die depotführende Bank üblicherweise die verpfändeten Wertpapiere nicht selbst, sondern durch die Deutsche Börse Clearing AG als Wertpapiersammelbank verwahren läßt und daher nur mittelbare Besitzerin ist. § 1206 BGB erfordert nur, daß der Pfandhalter „Besitz" an den Pfandsachen hat. Besitzer ist aber auch der mittelbare Besitzer (§ 868 BGB). Dem **sachenrechtlichen Publizitätsprinzip** wird dadurch ausreichend Rechnung getragen, daß der verpfändende Kunde keinen unmittelbaren Besitz hat. Diesen Besitz hat vielmehr die Deutsche Börse Clearing AG, die diesen Besitz für die depotführende Bank als (mittelbar besitzende) Pfandhalterin ausübt[507]. Insoweit ist es mißverständlich, wenn es mitunter im Schrifttum heißt, die Pfandsache müsse sich im unmittelbaren Besitz des Pfandhalters befinden.

III. Formularpraxis der Kreditinstitute

6.340 Der Sicherungsübereignungsvertrag ist gesetzlich nicht geregelt. In der Bankpraxis sind daher eine Reihe weitgehend übereinstimmender Vertragsklauseln für die regelungsbedürftigen Sachverhalte entwickelt worden. Es handelt sich wie bei den standardisierten Klauseln im Rahmen

---

507 Vgl. *Staudinger/Wiegand*, § 1206 Rn 6.

der Vordrucke für Bürgschaften, Grundschulden und Sicherungszessionen um **Allgemeine Geschäftsbedingungen** im Sinne des AGB-Gesetzes[508].

1. Gesicherter Forderungskreis

Wie bei den anderen bankmäßigen Sicherheiten in Gestalt des AGB-Pfandrechts, der Bürgschaft, Grundschuld und Sicherungszession ist auch bei der Sicherungsübereignung ein wesentlicher Regelungspunkt im Sicherungsvertrag die Bezeichnung der gesicherten Forderungen (**Sicherungszweck**). Die BGH-Rechtsprechung hat für den Sicherungszweck im einzelnen unterschiedliche Grenzen gezogen, die bei der Sicherungsübereignung aber verhältnismäßig weit gesteckt sind. Dies erklärt sich aus verschiedenen Gründen. Im Unterschied zur Grundschuld wird die Sicherungsübereignung regelmäßig mit dem Kreditnehmer vereinbart. Persönlicher Schuldner und Sicherheitenbesteller sind also im Regelfall identisch. Der Sicherungsgeber, der zugleich persönlicher Schuldner der gesicherten Forderung ist, bedarf aber weniger Schutz als derjenige, der die Sicherheit für eine fremde Verbindlichkeit bestellt. Die Sicherungsübereignung erfolgt zudem regelmäßig nicht nur zur Sicherung einer bestimmten Forderung, sondern für alle gegenwärtigen und künftigen Ansprüche der Bank gegen den betreffenden Schuldner. Die **Rechtsprechung** steht aber einem **weiten Sicherungszweck** grundsätzlich nur in den Fällen **kritisch** gegenüber, in denen eine nicht-akzessorische Sicherheit anläßlich der Besicherung einer bestimmten Forderung bestellt wird, wie dies insbesondere bei Sicherungsgrundschulden der Fall ist.

6.341

Unbedenklich ist es daher, denselben weiten **Sicherungszweck wie für das AGB-mäßige Pfandrecht** zu vereinbaren (Nr. 14 Abs. 2 AGB Banken). Die Sicherungsübereignung erfolgt dementsprechend üblicherweise zur Sicherung aller bestehenden, künftigen oder bedingten Ansprüche, die der Bank mit ihren sämtlichen in- und ausländischen Geschäftsstellen aus der bankmäßigen Geschäftsverbindung gegen den Sicherungsgeber zustehen. Dies hat der BGH ausdrücklich für den Regelfall gebilligt, daß die Sicherheit vom Kreditnehmer bestellt worden ist[509].

6.342

Dieser Sicherungszweck erfaßt jedoch nicht etwa die Ansprüche der Bank gegen den Kunden aus dessen persönlicher Haftungsübernahme für die Zahlung des Betrages einer Grundschuld, die er zur Sicherung einer fremden Verbindlichkeit gestellt hat – Rn 2.653[510].

6.343

---

508 BGH WM 1984, 357, 358.
509 BGH WM 1984, 357, 358.
510 BGH WM 1986, 1467, 1468.

6.344 Wie bei dem AGB-Pfandrecht empfiehlt sich eine Klarstellung, daß für die Fälle, in denen der Kunde die Haftung für die Verbindlichkeiten eines anderen Kunden z.B. als Bürge übernommen hat, die Sicherungsübereignung die aus dieser Haftungsübernahme folgende Schuld **erst ab Fälligkeit sichert** (vgl. Nr. 14 Abs. 2 S. 2 AGB Banken). Hierdurch wird der BGH-Rechtsprechung Rechnung getragen, wonach der Bürge nach dem gesetzlichen Leitbild die verbürgte Forderung nur persönlich sichern und daher konkrete Vermögenswerte erst aufzuwenden brauchen soll, wenn seine Bürgschaftsverbindlichkeit fällig geworden ist[511].

6.345 Sollen die sicherungsübereigneten Gegenstände auch für Ansprüche der Bank außerhalb der Geschäftsverbindung, wie z.B. aus Bürgschaften und aus abgetretenen oder kraft Gesetzes übergegangenen Forderungen sowie aus Wechseln haften, so könnte hierin eine unangemessene Regelung liegen[512]. Hier kann jedoch jedenfalls der unbedenkliche Teil der Klausel (Haftung für Ansprüche aus der Geschäftsverbindung) aufrechterhalten bleiben[513], wie es der BGH für die gleichgelagerte Problematik in den Bürgschaftsformularen entschieden hat[514].

2. Übertragung von Anwartschaftsrechten

6.346 In den formularmäßigen Sicherungsübereignungsverträgen werden der Bank üblicherweise nicht nur das Voll- oder Miteigentum an Sachen des Schuldners, sondern auch etwaige Anwartschaftsrechte übertragen. Dabei handelt es sich vor allem um die **Rechtsstellung,** die ein **Vorbehaltskäufer** aufgrund einer aufschiebend bedingten Übereignung schon vor Bedingungseintritt erlangt.

6.347 Rechtsprechung und Lehre haben dem Anwartschaftsberechtigten eine **starke Rechtsstellung** gegeben, die es ihm ermöglicht, den Wert, der in der Chance des Erwerbs des Vollrechts liegt, zu Kreditzwecken zu nutzen. Es ist daher seit langem anerkannt, daß das Anwartschaftsrecht als ein subjektiv-dingliches Recht und als Vorstufe zum Eigentum nach den Vorschriften über den Eigentumsübergang an beweglichen Sachen übertragen werden kann[515].

6.348 Eine **weit verbreitete Klausel** für die dahingehende Sicherungsübereignung lautet:

---

511 BGH WM 1984, 1465, 1466; 1989, 129, 130 f.
512 Vgl. BGH WM 1992, 1359, 1360.
513 OLG Hamm WM 1993, 2046, 2047.
514 BGH WM 1992, 391, 392 f.
515 BGH WM 1979, 1306, 1307.

„Soweit der Sicherungsgeber Eigentum oder Miteigentum an dem Sicherungsgut 6.349
hat, überträgt er der Bank das Eigentum oder Miteigentum. Soweit der Sicherungsgeber ein Anwartschaftsrecht auf Eigentumserwerb (aufschiebend bedingtes Eigentum) an den von seinen Lieferanten unter Eigentumsvorbehalt gelieferten Waren hat, überträgt er hiermit der Bank dieses Anwartschaftsrecht. Eigentum, Miteigentum und Anwartschaftsrecht an dem bereits vorhandenen Sicherungsgut gehen mit Abschluß des Sicherungsvertrages und an dem noch einzulagernden Sicherungsgut mit dessen Einlagerung auf die Bank über. Die Übergabe des Sicherungsgutes an die Bank wird dadurch ersetzt, daß der Sicherungsgeber es für die Bank sorgfältig unentgeltlich verwahrt. Soweit Dritte unmittelbar Besitz am Sicherungsgut erlangen, tritt der Sicherungsgeber seine bestehenden und künftigen Herausgabeansprüche an die Bank ab."

a) Schutz des Anwartschaftsrechts

Das Anwartschaftsrecht ist nur deshalb als Kreditsicherungsinstrument 6.350
geeignet, weil es **nicht der beliebigen Beeinträchtigung Dritter ausgesetzt** ist. Das in erster Linie durch die §§ 160, 161 BGB geschützte Anwartschaftsrecht bleibt zwar durch seine Abhängigkeit vom schuldrechtlichen Grundgeschäft geschwächt, dessen Schicksal von dem Vorbehaltsverkäufer und Vorbehaltskäufer (Sicherungsgeber) bestimmt wird. Denn der Erwerb des Anwartschaftsrechts bedeutet nicht, daß die Bank als Erwerberin des dinglichen Rechts in den zugrundeliegenden Kaufvertrag eintritt oder auch nur Einfluß auf dessen Schicksal erhielte[516].

Die **Abhängigkeit des Anwartschaftsrechts** vom schuldrechtlichen 6.351
Grundgeschäft bedeutet aber nach dem BGH keineswegs, daß die Bank als (Zweit-)Erwerberin des Anwartschaftsrechts jedes willkürliche, dieses Recht beeinträchtigende Verhalten des Bankkunden gegen sich gelten lassen muß. Der Bankkunde kann daher ohne Zustimmung der Bank als Sicherungsnehmerin nicht beliebig über das Anwartschaftsrecht verfügen. Insbesondere ein dem Anwartschaftsrecht zugrundeliegender Eigentumsvorbehalt kann nur mit Zustimmung der Bank auf andere Forderungen des Vorbehaltsverkäufers gegen den Bankkunden erweitert werden[517].

b) Schutz der Bank bei Nichterfüllung des Kaufvertrages durch den Kreditnehmer

Der formularmäßige Sicherungsvertrag verpflichtet den kreditnehmenden 6.352
Bankkunden, die Eigentumsvorbehalte der Lieferanten durch Zahlung des Kaufpreises zum Erlöschen zu bringen. Die Bank ist im übrigen befugt,

---

516 BGH WM 1979, 1306, 1307.
517 BGH WM 1979, 1306, 1307.

die noch offenen Kaufpreisverbindlichkeiten des Sicherungsgebers für dessen Rechnung an die Lieferanten zu zahlen. Gleichzeitig tritt der Bankkunde an die Bank die Ansprüche ab, welche ihm im Falle der Auflösung oder Nichterfüllung von Kaufverträgen gegen seine Lieferanten zustehen, insbesondere die Ansprüche auf Rückgewähr etwa bereits geleisteter Zahlungen.

6.353 Diese Klauseln knüpfen an die Rechtslage an, wie sie die BGH-Rechtsprechung für die sicherungshalber erfolgte Übertragung des Anwartschaftsrechts an die kreditgebende Bank entwickelt hat. Grundsätzlich kann zwar gemäß § 267 Abs. 1 S. 1 BGB eine Verbindlichkeit auch von einem Dritten erfüllt werden. Der Gläubiger darf aber bei einem Widerspruch des Schuldners die angebotene Leistung des Dritten ablehnen (§ 267 Abs. 2 BGB). Ein solcher Widerspruch ist jedoch der Rechtsprechung zufolge unbeachtlich, wenn der Kreditnehmer sein Anwartschaftsrecht auf die kreditgebende Bank übertragen und dadurch seine Verfügungsmacht auch im Hinblick auf § 267 Abs. 2 BGB verloren hat[518].

6.354 Die durch die Klausel des Sicherungsübereignungsvertrages abgetretenen Rückzahlungsansprüche können entstehen, weil der Bestand des zugrundeliegenden Grundgeschäfts durch den Vorbehaltsverkäufer und -käufer bestimmt wird. Denn die Bank als Erwerber des Anwartschaftsrechts tritt nicht in dieses Grundgeschäft ein. So kann dieses Grundgeschäft erlöschen, wenn z.B. der Vorbehaltsverkäufer infolge Verzuges des Vorbehaltskäufers vom Vertrage zurücktritt oder wenn der Vertrag wirksam angefochten wird[519].

c) Haftungszugriff Dritter auf das Anwartschaftsrecht

6.355 Die Übertragung des Anwartschaftsrechts zum Zwecke der Kreditsicherung hat zur Folge, daß bei Bedingungseintritt das **Eigentum unmittelbar** von dem Vorbehaltsverkäufer auf den Erwerber des Anwartschaftsrechtes **übergeht**[520].

6.356 Dieser unmittelbare Eigentumsübergang vom Vorbehaltsverkäufer auf die Bank als Sicherungsnehmerin, der einen Durchgangserwerb des Bankkunden selbst für eine logische Sekunde ausschließt, bedeutet jedoch nicht, daß die Bank infolge der Befriedigung des Vorbehaltsverkäufers lastenfrei-

---

518 Vgl. BGH WM 1979, 1306, 1307, wonach dem Vorbehaltskäufer nach Übertragung des Anwartschaftsrechts auf die Bank insoweit die Rechtszuständigkeit fehlt.
519 BGH WM 1979, 1306, 1307.
520 BGH WM 1992, 600, 601.

es Volleigentum erwirbt, das insbesondere von der grundpfandrechtlichen Haftung und dem Vermieterpfandrecht (§ 559 BGB) frei ist. Angesichts des fehlenden Durchgangserwerbes des Bankkunden wäre es dogmatisch konsequenter, der Bank als Inhaberin des Anwartschaftsrechts ein von der grundpfandrechtlichen Haftung und vom Vermieterpfandrecht freies Volleigentum zu gewähren. Dies entspricht der vom Reichsgericht durch RGZ 140, 223 begründeten Rechtsprechung, die jedoch der BGH in einem Vorrangstreit zwischen einer Bank als Sicherungseigentümerin und dem Grundpfandrechtsgläubiger über die Verwertung von Hotelinventar aufgegeben hat[521].

aa) Anwartschaftsrecht als Teil des grundpfandrechtlichen Haftungsverbandes

Die grundpfandrechtliche Haftung erstreckt sich auch auf das **Zubehör** des Grundstücks, soweit es im Eigentum des Grundstückseigentümers steht (§ 1120 BGB). Von dieser Zubehörhaftung wird **auch das Anwartschaftsrecht erfaßt**, das dem kreditnehmenden Bankkunden als Grundstückseigentümer aus einem unter Eigentumsvorbehalt geschlossenen Kaufvertrag zusteht. Anwartschaftsrecht und Eigentum gleichen sich der Rechtsprechung zufolge so sehr, daß eine rechtliche Gleichstellung für die Haftung nach § 1120 BGB angebracht ist. Die Bank erwirbt daher aufgrund des Sicherungsübereignungsvertrages nur der grundpfandrechtlichen Zubehörhaftung unterworfene Anwartschaftsrechte[522].

6.357

Geht mit dem Bedingungseintritt das Volleigentum über und hat zuvor keine Enthaftung nach Maßgabe von §§ 1121, 1122 BGB stattgefunden, so setzt sich daher die Haftung aus dem Grundpfandrecht im bisherigen Rang an dem Zubehör fort. Diese **Zubehörhaftung** kann aber bei individuell bestimmten Sachen dadurch **vermieden werden,** daß die durch die Kaufpreiszahlung bedingte Übereignung zwischen Vorbehaltslieferanten und Bank stattfindet mit der Folge, daß das Anwartschaftsrecht von der Bank unmittelbar und nicht nur nach einem Durchgangserwerb des Bankkunden erworben wird[523]. Hierfür bedarf es indes einer ausdrücklichen vertraglichen Vereinbarung zwischen Vorbehaltskäufer, -lieferanten und der kreditgewährenden Bank als Sicherungsnehmerin. In diesen Fällen sollten die unterschiedlichen Verwertungskostenbeiträge, die die Bank nach der Insolvenzordnung zu erbringen hat, nicht unberücksichtigt blei-

6.358

---

521 BGH WM 1961, 668 f.; vgl. BGH WM 1992, 600, 601.
522 BGH WM 1961, 668, 669.
523 *Rösler*, WM 1998, 1377, 1382.

ben[524]. Ohne diesen Durchgangserwerb kann die Zubehörhaftung das Anwartschaftsrecht nicht erfassen[525].

bb) Vermieterpfandrecht

6.359 Ebenso erfaßt das Vermieterpfandrecht die Anwartschaftsrechte, die erst nach Abschluß des Sicherungsübereignungsvertrages dem Warenbestand zugeführt werden, der **Gegenstand des Raumsicherungsvertrages** ist[526]. Der **Bestimmtheitsgrundsatz** verbietet es nach der BGH-Rechtsprechung, bei der Übereignung aufgrund eines Raumsicherungsvertrages über in gewerblich gemieteten Räumen eingebrachte Sachgesamtheiten zwischen vollbezahlten Waren des Mieters (Bankkunden) und noch einem Eigentumsvorbehalt des Lieferanten unterliegenden Waren zu unterscheiden, noch zwischen solchen, die bei Abschluß des Übereignungsvertrages bereits eingebracht waren und denen, die dem Mieter im Rahmen seines Gewerbebetriebes erst danach geliefert werden.

3. Anforderungen des Bestimmtheitsgrundsatzes

6.360 Der Beachtung des Bestimmtheitsgrundsatzes ist besondere Beachtung zu schenken, wenn nicht nur eine individuell bezeichenbare Sache, sondern eine **Sachgesamtheit** wie insbesondere ein Warenlager übereignet werden soll. Eine solche Übereignung wird allgemein für zulässig erachtet, um den Bedürfnissen der Wirtschaft Rechnung zu tragen[527]. Hierzu hat die Rechtsprechung bestimmte Grundsätze entwickelt. Danach ist dem sachenrechtlichen Bestimmtheitsgrundsatz **nur dann genügt,** wenn klar ist, auf welche einzelnen Gegenstände aus der Sachgesamtheit sich der Übereignungswille der Parteien erstreckt. Nach der Rechtsprechung des BGH[528] liegt eine hinreichende Bestimmtheit dann vor, wenn es infolge der Wahl einfacher äußerer Abgrenzungskriterien für jeden, der die Parteiabreden in dem für den Eigentumsübergang vereinbarten Zeitpunkt kennt, ohne weiteres ersichtlich ist, welche individuell bestimmten Sachen übereignet worden sind[529]. Es genügt also nicht, daß die übereigneten Gegenstände mit Hilfe außervertraglicher Erkenntnisquellen ermittelt werden können[530]. Nach gefestigter Rechtsprechung ist es auch unzu-

---

524 *Obermüller*, Insolvenzrecht in der Bankpraxis, 5. Aufl., 1997, Rn 6.381.
525 *Scholz/Lwowski*, Das Recht der Kreditsicherung, 7. Aufl., 1994, Rn 531 f.
526 BGH WM 1992, 600, 602; hiergegen *Gnamm*, NJW 1992, 2806.
527 BGH WM 1992, 600, 601.
528 BGH WM 1993, 2161; 1996, 1256, 1257.
529 BGH WM 1991, 1273; 1992, 398.
530 *Ganter*, WM 1998, 2081, 2088.

reichend, wenn sich die übereigneten Sachen nur durch Befragen der einzelnen Mitarbeiter des Sicherungsgebers ermitteln lassen[531].

Der Bestimmtheitsgrundsatz erfordert grundsätzlich **keine räumliche Zusammenfassung** der übereigneten Gegenstände[532]. Die Notwendigkeit einer räumlichen Abgrenzung des Sicherungsgutes ist nur dort erforderlich, wo eine eindeutige Feststellung der zu übereignenden Gegenstände nicht auf andere Weise gewährleistet ist, wie z.B. bei Warenlagern mit wechselndem Bestand oder bei der Beschränkung der Sicherungsübereignung auf eine nur quantitativ zu bestimmende Teilmenge der Sachgesamtheit[533]. Hier sind die übereigneten Sachen gesondert zu lagern und zugleich entweder unmittelbar oder durch Aufnahme in ein Verzeichnis unter genauer Angabe individueller Merkmale (Gegenstand, Menge, Stoff, Fabriknummer, Lieferant etc) konkret zu umschreiben (**Markierungsvertrag**)[534]. Diese Konkretisierung des Sicherungsgutes kann also auch mit Hilfe einer Warenliste erfolgen, auf die in dem Sicherungsvertrag Bezug genommen worden ist[535].

6.361

Dabei kommt es nach dem Zweck dieser Markierung, die zu übereignenden Sachen eindeutig zu bestimmen, für die Wirksamkeit der getroffenen Sicherungsvereinbarungen nicht darauf an, ob die Kennzeichen vereinbarungsgemäß in der Weise angebracht werden, oder daß die Sachen markiert werden, auf die sich die Übereignungserklärung bezieht, oder ob umgekehrt diejenigen Gegenstände der Sachgesamtheit gekennzeichnet werden, die nach den maßgeblichen Abreden von der Eigentumsübertragung nicht erfaßt werden sollen[536]. Die **unterbliebene Kennzeichnung** wirkt sich nur auf den Umfang der übereigneten Sachen aus.

6.362

Eine Sicherungsübereignung ist dagegen mangels Bestimmtheit unwirksam, wenn aus einer aufgelisteten oder räumlich umschriebenen Sachgesamtheit das Eigentum nur an solchen Sachen übergehen soll, die „nicht der Unpfändbarkeit gemäß §§ 808 ff. ZPO unterliegen"[537]. Ebensowenig ist dem Bestimmtheitsgrundsatz genügt, wenn die Übereignung auf solche Gegenstände aus einer Sachgesamtheit beschränkt wird, die „frei von

6.363

---

531 Vgl. bezüglich der Heranziehung außervertraglicher Umstände BGH WM 1986, 594, 595.
532 BGH WM 1998, 2081, 2087.
533 BGH WM 1993, 2161.
534 BGH WM 1991, 1273, 1276.
535 BGH WM 1983, 1409, 1410; *Ganter*, WM 1998, 2081, 2088.
536 Vgl. dazu *Serick*, Eigentumsvorbehalt und Sicherungsübertragung, Bd. 2, 1965, S. 168 f.
537 BGH WM 1988, 346, 347; *Ganter*, WM 1998, 2081, 2088.

Rechten Dritter" sind. Niemand könnte an Ort und Stelle den von der Übereignung erfaßten Warenteil nach solchen Kriterien bestimmen, ohne auf Unterlagen außerhalb des Vertrages (Rechnungen, Lieferscheine oder Warenbücher) zurückzugreifen[538]. Die Raumsicherungsverträge sehen daher üblicherweise vor, daß der Sicherungsgeber für den Fall, daß ihm an den übereigneten Sachen kein Alleineigentum zusteht, seine Miteigentumsrechte und Anwartschaftsrechte auf die kreditgewährende Bank überträgt.

4. Mindestdeckungsbestand (Deckungsgrenze)

6.364 Bei vielen Sicherungsübereignungen **wechselt der Bestand** an Sicherheiten laufend. Dies gilt insbesondere bei übereigneten Warenlagern, aus denen der Sicherungsgeber im Rahmen des ordnungsgemäßen Geschäftsganges Waren an seine Kunden veräußert. Hier wird der Sicherungsgeber üblicherweise verpflichtet, anstelle der veräußerten Sachen gleichwertige Ersatzgüter an den Sicherungsnehmer zu übereignen, damit der Gesamtwert des Sicherungsgutes die zu sichernden Forderungen abdeckt (**Mindestdeckung oder Deckungsgrenze**). In diesen Fällen werden in der Regel auch die Kaufpreisforderungen aus der Weiterveräußerung des Sicherungsgutes der Bank als Sicherheit abgetreten[539].

6.365 Die Vereinbarung einer solchen Mindestdeckung bedeutet, daß der übereignete Warenbestand auch den jeweiligen Bestand der gesicherten Bankforderungen übersteigen kann, ohne daß die Bank diese überschießende Sicherheit beanspruchen kann[540]. Zu den Rechtsfragen hinsichtlich einer Übersicherung der Bank sowie ihrer Freigabeverpflichtung im Hinblick auf Sicherheiten, die die Deckungsgrenze übersteigen – siehe Rn 2.688 ff.

6.366 Eine solche **Klausel** für die Mindestdeckungspflicht kann wie folgt gefaßt werden:

6.367 „Der Wert des Sicherungsgutes hat stets den jeweils vereinbarten Betrag zu erreichen, in dessen Höhe der Kredit gedeckt sein muß (Mindestdeckung oder Dekkungsgrenze). Soweit eine besondere Vereinbarung nicht getroffen worden ist, muß der Wert des Sicherungsgutes zumindest dem Gesamtbetrag der gesicherten Ansprüche entsprechen. Unterschreitet der Wert des Sicherungsgutes die vereinbarte Mindestdeckung oder, mangels einer solchen Vereinbarung, den Gesamtbetrag der gesicherten Ansprüche, so ist der Sicherungsgeber zu einer entsprechenden Ergänzung des Sicherungsgutes verpflichtet. Für die Bewertung des Siche-

---

538 BGH WM 1992, 600, 602.
539 *Scholz/Lwowski*, Das Recht der Kreditsicherung, 7. Aufl., 1994, Rn 538 f.
540 BGH WM 1994, 104, 105.

rungsgutes ist, soweit es vom Sicherungsgeber gekauft wurde, der Einkaufspreis und, soweit es der Sicherungsgeber selbst erzeugt oder es be- oder verarbeitet hat, der Gestehungspreis maßgebend. Liegt der Wert des Sicherungsgutes unter dem Einkaufs- oder Gestehungspreis, so ist der Zeitwert maßgebend."

5. Verfügungsbefugnisse des Sicherungsgebers

Die Übertragung des Eigentums auf die Bank bedeutet nicht, daß der Sicherungsgeber in der Folge über das Sicherungsgut nicht mehr verfügen darf. Dies würde die Sicherungsübereignung von Gegenständen des Umlaufvermögens ansonsten ausschließen. Die Sicherungsübereignung ist auch deshalb von der Praxis entwickelt worden, damit der Sicherungsgeber das Sicherungsgut im Rahmen seines ordnungsgemäßen Geschäftsbetriebes weiterhin nutzen kann. Insbesondere darf der Sicherungsgeber die von ihm hergestellte Ware veräußern (§ 185 Abs. 1 BGB)[541]. Erfüllt jedoch der Sicherungsgeber seine Verpflichtungen aus dem Kreditvertrag oder aus dem Sicherungsübereignungsvertrag nicht ordnungsgemäß, so darf die Bank nach den Regelungen dieses Vertrages die Weiterveräußerung untersagen. Die Bank darf sodann das Sicherungsgut auch in ihren unmittelbaren Besitz nehmen oder an dritter Stelle einlagern.

6.368

Benutzt der Sicherungsgeber die sicherungshalber übereigneten Fahrzeuge im Straßenverkehr, obwohl der Sicherungsgeber das Darlehen gekündigt hat und Herausgabe der Fahrzeuge verlangt, fehlt es gleichwohl an einem ausreichenden Grund für den Erlaß einer einstweiligen Verfügung (vgl. § 935 ZPO)[542].

6.369

Einer detaillierten Regelung bedarf es, wenn es sich bei dem Sicherungsgeber um einen das **Sicherungsgut be- oder verarbeitenden Betrieb** handelt. In diesen Fällen gestattet die Bank vorbehaltlich eines aus wichtigem Grund zulässigen Widerrufs, das Sicherungsgut in eigenen oder fremden Betrieben zu be- oder verarbeiten. Für den Fall der Be- und Verarbeitung in einem fremden Betrieb enthält der Formulartext die Abtretung aller bestehenden und künftigen Ansprüche einschließlich der Schadensersatzansprüche des Sicherungsgebers aus dem mit diesem Betrieb geschlossenen Vertrag. Die Be- und Verarbeitung soll unentgeltlich im Auftrag der Bank als Herstellerin derart erfolgen, daß die Bank in jedem Zeitpunkt und in jedem Grade der Be- und Verarbeitung das Eigentum, Miteigentum oder Anwartschaftsrecht an den Sachen behält oder erwirbt.

6.370

---

541 Vgl. *Scholz/Lwowski*, Das Recht der Kreditsicherung, 7. Aufl., 1994, Rn 538, wonach der ausdrückliche oder zu vermutende Parteiwille bei Sachen, die zur Verarbeitung bestimmt sind, dahin geht, daß sie auch weiterhin bestimmungsgemäß verwendet werden dürfen.
542 OLG Dresden WM 1998, 1678, 1679.

Diese Klausel knüpft an die in § 950 Abs. 1 S. 1 BGB enthaltene Regelung des Eigentumerwerbs kraft Verarbeitung oder Umbildung von Stoffen an. Danach erwirbt, wer durch Verarbeitung oder Umbildung eines oder mehrerer Stoffe eine neue bewegliche Sache herstellt, das Eigentum an der neuen Sache, sofern nicht der Wert der Verarbeitung oder der Umbildung erheblich geringer ist als der Wert des Stoffes.

6.371 Es ist jedoch umstritten, ob kraft ausdrücklicher Vereinbarung die kreditgebende Bank „Hersteller" im Sinne des § 950 BGB sein kann. Für die Frage, wer als ein solcher Hersteller in Betracht kommt, ist zwar der **Parteiwille** und die **Verkehrsanschauung** maßgeblich. Soll dies aber der Geldkreditgeber sein, wird im Schrifttum die Meinung vertreten, daß dies nur mit Hilfe einer Sicherungsübereignung möglich ist[543]. Der Formulartext enthält daher vorsorglich die sicherungsweise Übertragung des Eigentums, Miteigentums und des Anwartschaftsrechts des Sicherungsgebers unter Vereinbarung eines Besitzmittlungsverhältnisses (§ 930 BGB) oder unter Abtretung des Herausgabeanspruchs (§ 931 BGB) für den Fall, daß ein Dritter wie bei der Be- oder Verarbeitung in einem fremden Betrieb im Besitze des Sicherungsgutes ist. Soweit dem Sicherungsgeber nur Ansprüche auf Übertragung des Eigentums, Miteigentums oder Anwartschaftsrechts gegen den Dritten zustehen oder zustehen würden, tritt der Sicherungsgeber diese Ansprüche an die kreditgebende Bank ab.

6. Versicherung des Sicherungsgutes

6.372 Ein weiterer wesentlicher Regelungspunkt in dem Sicherungsvertrag ist der Versicherungsschutz für das Sicherungsgut[544]. Danach verpflichtet sich der Sicherungsgeber regelmäßig, das Sicherungsgut für die Dauer der Übereignung auf eigene Kosten in voller Höhe gegen die üblichen Gefahren und gegen diejenigen Risiken versichert zu halten, gegen die der Bank Versicherungsschutz erforderlich erscheint. Alle daraus entstehenden gegenwärtigen und künftigen **Ansprüche gegen die Versicherungsgesellschaft** werden der Bank **abgetreten**.

6.373 Der Sicherungsgeber hat der Versicherungsgesellschaft davon Mitteilung zu machen, daß das Sicherungsgut Eigentum der Bank ist und daß sämtliche Rechte aus dem Versicherungsvertrag, soweit sie das Sicherungsgut betreffen, der Bank zustehen. Der Sicherungsgeber hat im übrigen die Versicherungsgesellschaft zu ersuchen, der Bank einen entsprechenden **Sicherungsschein** zu übersenden.

---

543 *Palandt/Bassenge*, § 950 Rn 5 m.w.Nachw.
544 Vgl. hierzu *Eberding* in Bankrecht und Bankpraxis, Rn 4/366 ff.

Die zwischen Versicherungsnehmer (Sicherungsgeber), Versicherer und Sicherungseigentümer (Bank) zu treffende Vereinbarung über die Erteilung eines Sicherungsscheines löst versicherungsrechtlich **vielfältige Rechtsfolgen** aus[545]. Zunächst wird zugunsten der Bank § 69 Abs. 1 VVG ausgeschlossen, wonach bei einer Veräußerung der versicherten Sache der Erwerber in das Versicherungsverhältnis eintritt. Aufgrund der Sicherungsscheinabrede bleibt daher der Sicherungsgeber Versicherungsnehmer und Prämienschuldner. Weiter wird die sicherungsnehmende Bank abweichend von § 76 Abs. 1 VVG allein verfügungsbefugt über die Rechte aus dem Versicherungsvertrag, insbesondere zur Annahme der Entschädigung. Ein weitreichender Schutz der kreditgebenden Bank wird neben anderen Regelungen dadurch erreicht, daß sich der Versicherer fortan auf die Leistungsfreiheit wegen Obliegenheitsverletzung des Versicherungsnehmers (§ 61 VVG) gegenüber dem Kreditinstitut nicht mehr berufen kann. Zudem ist eine Kündigung des Versicherungsvertrages durch den Versicherungsnehmer nur mit Zustimmung der Bank wirksam[546]. 6.374

Wenn der Sicherungsgeber die Versicherung nicht oder nicht ausreichend bewirkt hat, darf die Bank den Versicherungsschutz auf seine Gefahr und Kosten herbeiführen. 6.375

7. Gesetzliche Pfandrechte, Pfändungen oder sonstige Maßnahmen Dritter

Die formularmäßigen Sicherungsverträge enthalten weiter Regelungen für den Fall, daß die Rechte der Bank an dem Sicherungsgut durch Pfandrechte oder sonstige Maßnahmen Dritter beeinträchtigt oder gefährdet werden. Soweit ein gesetzliches Pfandrecht Dritter (Vermieter, Verpächter, Lagerhalter) an dem Sicherungsgut in Betracht kommt, hat der Sicherungsgeber auf Wunsch der Bank jeweils drei Tage nach Fälligkeit des Mietzinses, Pachtzinses oder Lagergeldes deren Zahlung der Bank nachzuweisen und zu versichern, daß keine sonstigen Ansprüche des Vermieters, Verpächters oder Lagerhalters gegen den Sicherungsgeber bestehen. 6.376

Befindet sich das Sicherungsgut in gemieteten oder gepachteten Räumen, so ist die Bank befugt, zur Abwendung des Vermieter- oder Verpächterpfandrechts den Miet- oder Pachtzins für Rechnung des Sicherungsgebers zu bezahlen. 6.377

Der **Sicherungsgeber** hat der Bank im übrigen **unverzüglich anzuzeigen,** wenn die Rechte der Bank an dem Sicherungsgut durch Pfändung oder 6.378

---

545 Vgl. die Muster eines Sicherungsscheines bei *Eberding* in Bankrecht und Bankpraxis Rn 4/380; *Martin,* Sachversicherungsrecht, 3. Aufl., 1992, S. 370 f. (Texte 52).
546 Vgl. weiter *Martin,* Sachversicherungsrecht, 3. Aufl., 1992, Rn J IV 23.

sonstige Maßnahmen Dritter beeinträchtigt oder gefährdet werden sollten. Hierbei sind eine Abschrift des Pfändungsprotokolls sowie aller sonstigen zu einem Widerspruch gegen die Pfändung erforderlichen Schriftstücke mit der eidesstattlichen Versicherung mitzusenden, daß oder inwieweit die gepfändeten Sachen mit dem Sicherungsgut der Bank identisch sind. Desweiteren hat der Sicherungsgeber den Pfändungsgläubiger oder sonstige Dritte unverzüglich schriftlich von dem Eigentumsrecht der Bank in Kenntnis zu setzen.

8. Verhaltenspflichten des Sicherungsgebers

6.379   Üblicherweise werden dem Sicherungsgeber hinsichtlich der Lagerhaltung des Sicherungsgutes und seiner Kennzeichnung bestimmte **Sorgfaltspflichten** auferlegt, um erforderlichenfalls einen schnellen Zugriff des Sicherungsgebers zu ermöglichen. So hat der Sicherungsgeber der Bank nicht übereignete Sachen getrennt von dem Sicherungsgut der Bank zu lagern.

6.380   Der Sicherungsgeber hat im übrigen das der Bank übereignete Sicherungsgut, soweit ihm nicht die Entnahme gestattet ist, an der bezeichneten Lagerstelle zu belassen und es auf seine Kosten sorgfältig zu behandeln. Das Sicherungsgut ist auf Verlangen der Bank in einer ihr zweckmäßig erscheinenden Weise als ihr Eigentum zu kennzeichnen. In den Unterlagen des Sicherungsgebers ist die Übereignung mit dem Namen der Bank kenntlich zu machen. Außerdem verpflichtet sich der Sicherungsgeber, alles zu vermeiden, wodurch Dritten, die daran rechtlich oder wirtschaftlich interessiert sind, das Eigentumsrecht der Bank verborgen bleibt.

6.381   Die Erfüllung dieser Verhaltenspflichten darf die **Bank kontrollieren.** Nach dem üblichen Formulartext ist die Bank berechtigt, das Sicherungsgut am jeweiligen Standort zu überprüfen oder durch ihre Beauftragten überprüfen zu lassen. Der Sicherungsgeber hat jede zu diesem Zweck erforderliche Auskunft zu erteilen und die betreffenden Unterlagen zur Einsicht vorzulegen. Soweit sich das Sicherungsgut in unmittelbarem Besitz Dritter etwa bei einem Lagerhalter (§ 416 HGB a.F.) befindet, werden diese vom Sicherungsgeber angewiesen, der Bank Zutritt zum Sicherungsgut zu gewähren.

9. Rückgewähr des Sicherungsgutes

6.382   Sind die gesicherten **Forderungen endgültig getilgt** und ist damit **der Sicherungszweck erfüllt,** hat die Bank das noch vorhandene Sicherungsgut auf den Sicherungsgeber zurückzuübertragen. Dem Sicherungsgeber steht ein **schuldrechtlicher Anspruch auf Rückgewähr** zu[547]. Das Eigentum fällt also **nicht automatisch an** den Sicherungsgeber zurück, wie es bei Vereinbarung einer auflösenden Bedingung der Fall wäre (§ 158 Abs. 2 BGB). Es entspricht einer seit vielen Jahren geübten Vertragspraxis der Kreditinstitute, solche Sicherungsübereignungen zum Schutz vor unberechtigten Verfügungen des Sicherungsgutes unbedingt abzuschließen. Diese Handhabung hat nach dem BGH zu keinen Unzuträglichkeiten geführt und wird auch von den beteiligten Geschäftskreisen akzeptiert. Es besteht daher kein Grund, sie nach Inkrafttreten des AGB-Gesetzes für unzulässig anzusehen[548].

Dem **Interesse des Sicherungsgebers,** das Eigentum nach Tilgung der gesicherten Forderungen unabhängig vom Willen des Sicherungsnehmers sofort zurückzuerhalten, entspricht zwar eine auflösend bedingte Sicherungsübereignung mehr als eine nur mit einem schuldrechtlichen Rückgewährsanspruch verbundene unbedingte Sicherungsübereignung. Gegen eine auflösend bedingte Sicherungsübereignung spricht aber das vorrangige Interesse der Bank an einem Schutz vor unberechtigten Verfügungen des Sicherungsgebers. Denn es können leicht Zweifel und Streit entstehen, ob der Bank noch gesicherte Forderungen gegen den Sicherungsgeber zustehen. Die Gefahr, daß der Sicherungsgeber in einer solchen Lage anderweitig über das Sicherungsgut verfügt und dadurch die Rechte der Bank verletzt, ist besonders groß[549].

6.383

a) Anspruch auf Teilfreigabe von Sicherheiten

Von dieser Pflicht zur Rückgewähr des Sicherungsgutes nach endgültiger Rückführung des gesicherten Kredites ist die Pflicht zur Freigabe eines Teiles der übereigneten Gegenstände zu unterscheiden, die besteht, um eine Übersicherung zu vermeiden. Zu einer Übersicherung kann es bei akzessorischen Sicherheiten (Bürgschaft, Pfandrecht, Hypothek) nicht kommen. Hier richtet sich der Umfang der Sicherheit nach dem jeweiligen Bestand der Forderung[550].

6.384

Eine **Übersicherung** ist immer dann gegeben, wenn der Wert der Sicherheiten angesichts der vereinbarten Deckungsgrenze die wirtschaftliche Bewegungsfreiheit des Sicherungsgebers in einem unerträglichen Maße einschränkt. Die ist nach der Entscheidung des Großen Zivilrechtssenats des BGH vom 27. 11. 1997 der Fall, soweit die Sicherheiten nicht nur

6.385

---

547 BGH WM 1984, 357, 358.
548 BGH WM 1984, 357, 359; 1994, 414, 415 f.
549 BGH WM 1984, 357, 358.
550 *Ganter,* ZIP 1994, 257.

vorübergehend (dauerhaft) nicht mehr benötigt werden[551]. Dabei ist auf den realisierbaren Wert der Sicherheit abzustellen[552], also auf den Erlös, der bei der Verwertung der Sicherheiten erzielt werden kann[553].

6.386 Zu Übersicherungen kann es insbesondere in den Fällen kommen, in denen ein Warenlager mit wechselndem Bestand übereignet wird. Bei solchen **„revolvierenden" Globalsicherheiten** läßt sich eine Übersicherung kaum vermeiden. Denn auch bei einem sich laufend verändernden Bestand an Sicherungsgegenständen muß dem sachenrechtlichen Bestimmtheitsgrundsatz zweifelsfrei Rechnung getragen werden, damit der Sicherungsvertrag überhaupt wirksam abgeschlossen werden kann[554].

6.387 Wird die Sicherungsübereignung wie üblich unter Verwendung eines AGB-mäßigen Formularvertrages vereinbart, stellt eine ungerechtfertigte Übersicherung eine **unangemessene Benachteiligung** des Sicherungsgebers im Sinne der Generalklausel des AGB-Gesetzes (§ 9) dar. Nach der Entscheidung des Großen Zivilrechtssenats des BGH vom 27. November 1997 hat der Sicherungsgeber ein schutzwürdiges Interesse daran, über die zur Absicherung der Bank nicht benötigten Sicherungsgegenstände schnell frei verfügen zu können[555]. Das Sicherungsinteresse der Bank ist deshalb gegen das Interesse des Sicherungsgebers an der Erhaltung seiner wirtschaftlichen Bewegungsfreiheit abzuwägen[556].

6.388 Der Sicherungsgeber kann die Übersicherung auf eine für ihn zumutbare Weise nicht schon generell dadurch verhindern, daß er den Warenbestand rechtzeitig begrenzt. Dies würde außer dessen ständiger Bewertung häufig die Beschaffung weiterer Lagerfläche voraussetzen, hätte also eine erhebliche Erschwerung des Geschäftsbetriebs, sowie nicht unerhebliche zusätzliche Kosten zur Folge. Im übrigen könnten solche Steuerungsmaßnahmen des Schuldners nicht verhindern, daß ein Mißverhältnis zwischen der für das Sicherungsgut vereinbarten Wertuntergrenze und dem zu sichernden Anspruch entsteht, sobald die Gläubigerforderungen in erheblichem Umfang getilgt sind[557].

---

551 GrSZ WM 1998, 227, 229.
552 GrSZ WM 1988, 237, 231, 133; BGH WM 1985, 605, 607; 1993, 139, 140; 1998, 856, 857; *Merkel*, WM 1993, 725, 732 m.w.Nachw.
553 GrSZ WM 1998, 227, 232; BGH WM 1997, 750, 756 f.
554 BGH WM 1986, 1545, 1547; *Weber*, WM 1994, 1549, 1559; *Bunte* in Bankrechts-Handbuch, § 21 Rn 20.
555 WM 1998, 227, 230.
556 BGH WM 1989, 1086, 1088; vgl. weiter *Ganter*, ZIP 1994, 257, 258; *Bunte* in Bankrechts-Handbuch, § 21 Rn 1, 20.
557 BGH WM 1992, 813, 814.

b) Vermeidung einer unangemessenen Übersicherung durch Freigabeanspruch

Eine **nachträgliche Übersicherung** wird nach einhelliger Meinung von Rechtsprechung und Schrifttum dadurch vermieden, daß der Sicherungsgeber die Freigabe der Sicherheiten bei Erreichung einer die beiderseitigen Interessen berücksichtigenden konkreten Deckungsgrenze verlangen kann[558]. Der Zweck dieses Freigabeanspruches ist es, den Sicherungsgeber davor zu schützen, daß seine wirtschaftliche Bewegungsfreiheit über die Gebühren eingeschränkt wird[559].

6.389

Eine solche **generelle Freigabeverpflichtung** ist in den AGB der Kreditwirtschaft enthalten (vgl. Nr. 16 Abs. 2 AGB Banken) – Rn 2.688 – und findet sich häufig auch in den jeweiligen Sicherungsübereignungsverträgen. Nach dem Beschluß des Großen Zivilrechtsenats des BGH vom 27. 11. 1997 bedarf es jedoch keiner Vereinbarung einer ausdrücklichen Freigabeklausel. Der Freigabeanspruch des Sicherungsgebers ergibt sich vielmehr nach der gemäß § 157 BGB gebotenen Auslegung des Sicherungsvertrages aus dem fiduziarischen Charakter der Sicherungsabrede sowie der Interessenlage der Vertragsparteien[560].

6.390

Die **Freigabe** der nicht mehr benötigten Sicherheiten steht auch **nicht im Ermessen der Bank**. Liegt eine nicht nur vorübergehende (dauerhafte) Übersicherung vor[561], ist nach der Entscheidung des Großen Zivilrechtssenats des BGH ein weiteres Verbleiben bei der Bank ungerechtfertigt. Eine (Teil)Freigabe ist sodann zwingend erforderlich und steht deshalb auch nicht im Ermessen der Bank. Einen Ermessensspielraum hat die Bank nur bei der Entscheidung, welche von den Sicherheiten sie freigeben will. (§§ 262, 1230 S. 1 BGB)[562]. Eine vom Ermessen der Bank abhängige Freigabepflicht würde gegen die Generalklausel des AGB-Gesetzes (§ 9) verstoßen. Hierdurch würde der Bank ein **zweckwidriger Entscheidungsspielraum** eröffnet, obwohl feststeht, daß sie die Sicherheiten teilweise nicht mehr benötigt. Eine ermessensabhängige Freigabeklausel reduziert den Freigabeanspruch auf einen Freigabeprüfungsanspruch. Der Sicherungsgeber hat jedoch ein schutzwürdiges Interesse daran, über solche

6.391

---

558 BGH WM 1985, 605; 1986, 1545; 1990, 1389; 1991, 1499; 1993, 139, 140; *Ulmer/Brandner/Hensen,* Anh. §§ 9–11, Rn 658.
559 GrSZ WM 1998, 227, 231, 232.
560 WM 1998, 227, 229.
561 GrSZ WM 1998, 227, 229.
562 GrSZ WM 1998, 227, 229; vgl. weiter BGH WM 1997, 750, 754; 1197, 1199.

Sicherungsgegenstände schnell frei verfügen, insbesondere sie zur Kreditbeschaffung verwenden zu können[563].

6.392 Die **Unwirksamkeit** einer solchen **ermessensabhängigen Freigabeklausel** führt jedoch nicht zur gesamten Nichtigkeit der Sicherungsübereignung. Vielmehr tritt an die Stelle der unwirksamen Freigabeklausel die ermessensunabhängige Freigabeverpflichtung der Bank aus dem Sicherungsvertrag[564], die eine Übersicherung der Bank vermeidet.

6.393 Für die Wirksamkeit des Sicherungsübereignungsvertrages bedarf es auch keiner Vereinbarung einer zahlenmäßig bestimmten Deckungsgrenze für den Besicherungsanspruch und die Freigabeverpflichtung der Bank, noch einer Klausel für die Bewertung der hereingenommenen Sicherungsgegenstände[565]. Vielmehr kann der Freigabeanspruch des Sicherungsgebers anhand der vom Großen Zivilrechtssenat des BGH entwickelten Grundsätze im Einzelfall konkretisiert werden.

c) Maßgebliche Deckungsgrenze

6.394 Ein wesentliches Kriterium für eine solche Konkretisierung des Freigabeanspruchs ist die maßgebliche Deckungsgrenze. Sie bildet die **betragsmäßige Obergrenze** für die Bankforderungen, die durch den realisierbaren Wert der bestellten Sicherheiten abgesichert werden soll. Der Wert der Sicherheiten muß deshalb regelmäßig zumindest ebenso hoch sein wie die zu sichernden Forderungen[566].

6.395 Die AGB der Kreditinstitute definieren die Deckungsgrenze als den Gesamtbetrag aller Ansprüche aus der bankmäßigen Geschäftsverbindung (Nr. 16 Abs. 1 AGB Banken) – Rn 2.698, 2.703. Bei **Vereinbarung einer anderen Deckungsgrenze** soll jedoch diese Sonderabsprache maßgeblich sein (Nr. 16 Abs. 3 AGB Banken). Solche individuellen Deckungsgrenzen haben allerdings den Anforderungen zu entsprechen, die der Große Zivilrechtssenat des BGH für die Angemessenheit der Vereinbarung einer Deckungsgrenze aufgestellt hat[567]. Bei der Ermittlung einer angemessenen Sicherungsobergrenze ist der Zweck der nichtakzessorischen Sicherheiten zu berücksichtigen, wie sie auch die Sicherungsübereignung darstellt. Sie sollen die Bank vor Forderungsausfällen schützen, zugleich aber die wirtschaftliche Bewegungsfreiheit des Schuldners nicht über Gebühr

---

563 GrSZ WM 1998, 227, 230.
564 GrSZ WM 1998, 227, 230.
565 GrSZ WM 1998, 227, 230.
566 *Saenger*, ZIP 1997, 174, 178.
567 WM 1998, 227 ff.

einschränken[568]. Deshalb hat die Deckungsgrenze einerseits an die **gesicherten Forderungen**, andererseits an den **realisierbaren Wert der bestellten Sicherheiten** (Sicherungswert) anzuknüpfen[569]. Im Regelfall verändern sich diese beiden Größen. Dem berechtigten Sicherungsinteresse der Bank trägt deshalb grundsätzlich nur eine prozentuale, abstrakt-generelle Deckungsgrenze angemessen Rechnung.

Dem **berechtigten Sicherungsinteresse der Bank** wird nach der Entscheidung des Großen Zivilrechtssenats des BGH erst mit einer **Deckungsgrenze von 110%** Rechnung getragen. Eine Deckungsgrenze von lediglich 100% wäre nicht ausreichend. Denn erfahrungsgemäß entstehen bei der Versilberung von Sicherheiten Kosten für deren Feststellung und Verwertung und in einzelnen Fällen auch Kosten der Rechtsverfolgung. Dies verringert den Verwertungserlös, der für die Verrechnung auf die gesicherten Forderungen zur Verfügung steht.

6.396

Diese Kosten können im Interesse der Rechtssicherheit pauschaliert werden. Auch die **Insolvenzordnung** hat die Kosten der Feststellung der Sicherheiten mit 4% und die der Sicherheitenverwertung mit 5% des Erlöses, also mit insgesamt 9% festgesetzt (§ 171 Abs. 1 S. 2, Abs. 2 S. 1 InsO)[570]. Ein weiterer Aufschlag auf die Deckungsgrenze zur Abdeckung von Unsicherheiten bei Verwertung der Sicherungsgegenstände oder von Zinsen kann jedoch nach dem Großen Zivilrechtssenat des BGH nicht anerkannt werden. Die Gefahr eines Mindererlöses ist vielmehr bei der Ermittlung des realisierbaren Sicherungswertes zu berücksichtigen[571].

6.397

Hat die Bank bei der Verwertung sicherungsübereigneter Waren die **Umsatzsteuer auszugleichen** (§§ 170, Abs. 2, 171 Abs. 2 S. 3 InsO), ist diesen Zahlungen durch einen entsprechenden Aufschlag auf die Deckungsgrenze von 110% Rechnung zu tragen[572]. Der auszugleichende Mehrwertsteuerbetrag steht hier zur Tilgung der gesicherten Forderungen nicht zur Verfügung. Andererseits ist in diesen Fällen für das Entstehen des Freigabeanspruchs vom Nettoerlös nach Abzug des Umsatzsteuerbetrages auszugehen[573].

6.398

Auch ohne ausdrückliche Vereinbarung einer solchen zulässigen Deckungsgrenze ist der Sicherungsübereignungsvertrag wirksam. Insbesondere steht der Sittenwidrigkeit (§ 138 Abs. 1 BGB) wegen nachträglicher

6.399

---

568 GrSZ WM 1998, 227, 232.
569 GrSZ WM 1998, 227, 232.
570 Vgl. auch BGH WM 1985, 605; 1993, 139; 1997, 750, 757.
571 WM 1998, 227, 232, 233; *Ganter*, WM 1996, 1705, 1710.
572 GrSZ WM 1998, 227, 233; *Saenger*, ZBB 1998, 174, 180.
573 WM 1998, 227, 233.

Übersicherung der Freigabeanspruch entgegen, der dem Sicherungsgeber aufgrund Vertragsauslegung zusteht (§ 157 BGB)[574].

6.400 Die angemessene Deckungsgrenze von 110% kann bei formularmäßig bestellten globalen Sicherheiten, wie insbesondere bei Sicherungsübereignung, nicht durch eine Klausel ersetzt werden, die die Freigabe in das Ermessen der Bank stellt. Eine solche Regelung würde den Sicherungsgeber unangemessen im Sinne der Generalklausel des § 9 Abs. 1 AGBG benachteiligen[575]. Eine solche Ermessensklausel führt aber nicht zur Gesamtnichtigkeit des Sicherungsvertrages. Vielmehr tritt an die Stelle der unwirksamen Klausel die Deckungsgrenze von 110%, mithin der Rechtszustand, der ohne die nichtige Klausel besteht (§ 6 Abs. 2 AGBG)[576].

d) Bewertung der Sicherheiten

6.401 Nach der Entscheidung des Großen Zivilrechtssenats des BGH vom 27. 11. 1997 ist die bloße Festlegung einer Deckungsgrenze von 110% der gesicherten Forderung weder sach- noch praxisgerecht[577]. Zur schnellen Durchsetzung des Freigabeanspruchs bedarf es vielmehr einer **Orientierungshilfe für diese Bewertung**[578]. Anderenfalls hätte der Freigabeanspruch, der den Sicherungsgeber vor einer unangemessenen Einschränkung seiner wirtschaftlichen Bewegungsfreiheit schützen soll, keine nennenswerte praktische Bedeutung. Müßte in fast jedem Streitfall ein kosten- und zeitaufwendiges Sachverständigen-Gutachten eingeholt werden, würde dies den Sicherungsgeber regelmäßig davon abhalten, seinen Freigabeanspruch geltend zu machen. Der **Wert eines Warenlagers** läßt sich regelmäßig nicht einfach und zügig ermitteln. Der technische Standard, Alter und Mängel des Sicherungsgutes sowie dessen Absetzbarkeit auf dem Markt würden häufig dazu zwingen, mit der Bewertung einen Sachverständigen zu beauftragen[579]. Die praktischen Schwierigkeiten des Freigabeanspruches des Sicherungsgebers liegen deshalb in einer sach- und praxisgerechten Erleichterung der Bewertung der bestellten Sicherheiten[580].

6.402 Hierbei sind alle der Bank bestellten Sicherheiten zu berücksichtigen (Nr. 16 Abs. 2 S. 1 AGB Banken). **Miteinzubeziehen** sind also auch die vom AGB-Pfandrecht erfaßten Werte und die AGB-mäßig bestellten Sicherungsrechte an Einzugs-

---

574 GrSZ WM 1998, 227, 231.
575 GrSZ WM 1998, 227, 231.
576 GrSZ WM 1998, 227, 233; WM 1997, 750, 758; 1998, 1280, 1281.
577 WM 1998, 227, 234.
578 *Pfeiffer*, WM 1995, 1565, 1567; *Rellermeyer*, WM 1994, 1009; *Saenger*, ZBB 1998, 174, 176; vgl. weiter *Nobbe*, FS Schimansky, 1999, S. 431, 453 ff.
579 BGH WM 1992, 813, 814.
580 *Saenger*, ZBB 1998, 174, 180, 181.

papieren und diskontierten Wechseln[581]. Ob der Umfang bestehender Bürgschaften in die Bewertung mit einzufließen hat, richtet sich unter Beachtung von Sinn und Zweck der getroffenen Vereinbarung sowie Treu und Glauben allein nach den jeweiligen Umständen des Einzelfalles[582].

Die besonderen Schwierigkeiten des Nachweises einer Übersicherung der Bank lassen sich auch nicht durch die Vereinbarung allgemein gültiger Maßstäbe für die Bewertung des Sicherungsgebers bei Eintritt des Verwertungsfalles beheben[583]. Der Sicherungsübereignungsvertrag läßt sich deshalb auch nicht durch Auslegung um solche Maßstäbe ergänzen[584]. 6.403

Im **Unterschied zur Deckungsgrenze** ist der bei Eintritt des Sicherungsfalles **zu realisierende Wert** des Sicherungsgutes keine vertragsimmanente Größe, sondern vom Sicherungsvertrag losgelöst. Dieser Wert bestimmt sich vielmehr entscheidend nach den Marktverhältnissen bei Eintritt des Sicherungsfalles. Denn Sicherheiten müssen sich vor allem bei Insolvenz des Schuldners bewähren[585]. Bei Abschluß der regelmäßig längerfristigen Sicherungsübereignungsverträge ist jedoch unbekannt und nicht vorhersehbar, ob und wann der Sicherungsfall eintritt[586]. In diesem Zeitpunkt sind weder Umfang noch genauer Inhalt des Warenlagers in dem zeitlich nicht fixierbaren Verwertungsfall bekannt. Auch ist **im voraus nicht ausreichend bestimmbar,** wie sich die Preise der übereigneten Waren, die Konjunktur, die Marktverhältnisse und andere wesentliche preisbildende Faktoren in der jeweiligen Branche entwickeln werden[587]. Insbesondere läßt sich der in der Insolvenz des Schuldners realisierbare Verwertungserlös, mit dem die Forderungen der Bank nach dem Zweck des Sicherungsvertrages abgesichert werden sollen, nicht mit dem Marktpreis gleichsetzen, der im Zeitpunkt der Entscheidung über die Geltendmachung des Freigabeanspruchs aktuell ist[588]. 6.404

Soll sich der Sicherungsgeber mit dem Freigabeanspruch vor einer unangemessenen Einschränkung seiner wirtschaftlichen Bewegungsfreiheit schützen können, so müssen ihm nach der Entscheidung des Großen Zivilrechtssenats des BGH vom 27. 11. 1997 einfache Vermutungs- und Beweislastregeln zum Nachweis der Übersicherung der Bank zur Verfü- 6.405

---

581 *Wehrhahn/Schebesta,* AGB und Sonderbedingungen der Banken, Rn 341; vgl. weiter *Nobbe,* FS Schimansky, 1999, S. 431, 456.
582 BGH WM 1994, 1161, 1163; *Bunte* in Bankrechts-Handbuch, § 21 Rn 14.
583 WM 1998, 227, 235.
584 GrSZ WM 1998, 227, 233; vgl. weiter BGH WM 1994, 1283, 1284.
585 BGH WM 1995, 1264; 1997, 750, 756.
586 GrSZ WM 1998, 227, 233.
587 *Nobbe,* ZIP 1996, 657, 664.
588 GrSZ WM 1998, 227, 233.

gung stehen⁵⁸⁹. Aus §§ 232 ff. BGB läßt sich hiernach die widerlegliche Vermutung ableiten, daß dem Sicherungsinteresse der Bank durch einen Abschlag eines Drittels vom Schätzwert sicherungsübereigneter Waren ausreichend Rechnung getragen wird. Denn bei Verpfändung geeigneter Sachen kann nach § 237 S. 1 BGB Sicherheit nur in Höhe von zwei Dritteln des Schätzwertes geleistet werden. Der **regelmäßige Sicherungswert** ist deshalb bei beweglichen Sachen durch **Anknüpfung an den Schätzwert** zu bemessen, wobei ein **pauschaler Risikoabschlag** von einem Drittel vorzunehmen ist⁵⁹⁰.

6.406 Der **Schätzwert** im Sinne des geschätzten aktuellen Verkehrswertes⁵⁹¹ ist bei sicherungsübereigneten Waren der **Marktpreis** im Zeitpunkt der Entscheidung über das Freigabeverlangen des Sicherungsgebers. Fehlt ein solcher Preis, kann im Interesse einer möglichst einfachen und schnellen Durchsetzung des Freigabeanspruchs nicht auf den aktuellen Verkehrswert abgestellt werden. Sodann ist vielmehr anzuknüpfen an den Einkaufspreis, wenn der Sicherungsgeber das Sicherungsgut gekauft hat, und an den Herstellungspreis, wenn er die Sicherungsgegenstände selbst hergestellt, be- oder verarbeitet hat⁵⁹². Damit braucht nicht in jedem Streitfalle ein zeitaufwendiges Sachverständigengutachten eingeholt zu werden. Das Sicherungsgut ist dabei aber nur insoweit zu berücksichtigen, als Dritte daran kein vorrangiges Sicherungsrecht, insbesondere einen Eigentumsvorbehalt oder ein Pfandrecht haben.

6.407 Bei der Sicherungsübereignung führt der Bewertungsabschlag von einem Drittel gemäß § 237 S. 1 BGB dazu, daß dem Sicherungsgeber ein Freigabeanspruch regelmäßig erst zusteht, wenn der Marktpreis bzw. der Einkaufs- oder der Herstellungspreis der sicherungsübereigneten Waren, soweit sie zu berücksichtigen sind, und andere Sicherheiten nicht zur Verfügung stehen, **150% der gesicherten Forderung** ausmacht.

6.408 In diesem Zuschlag von 50% ist nach der Entscheidung des Großen Zivilrechtssenats der Anteil von 10% für Kosten der Feststellung und der Verwertung sowie der Rechtsverfolgung enthalten.

6.409 Bei der nach dem BGH gebotenen analogen Anwendung des § 237 S. 1 BGB müßte konsequenterweise statt der 150%igen Grenze eine solche von 165% treten. Denn zwei Drittel hiervon würden sodann die 110% ausmachen, die dem anerkannten Sicherungsbedürfnis der Bank entsprechen. Erst bei einer Deckungsgrenze von

---

589 *Saenger*, ZBB 1998, 174, 180, 181.
590 GrSZ WM 1998, 227, 234.
591 *Liebelt/Westphalen*, ZIP 1997, 230, 231; *Nobbe*, FS Schimansky, 1999, S. 431, 454.
592 WM 1995, 1394, 1395.

110% werden auch die erfahrungsgemäß bei der Sicherheitenverwertung anfallenden Kosten abgesichert. Dieses Sicherungsbedürfnis ist jedoch zu unterscheiden von der Sicherungskraft eines Sicherungsgegenstandes, die der § 237 S. 1 BGB allein im Auge hat und auf zwei Drittel des Schätzwertes begrenzt.

Der **Zuschlag von 50%** kann nach der Entscheidung des Großen Zivilrechtssenats nur eine **Orientierungshilfe** für die Bewertung des Sicherungsgutes darstellen. Dies um so mehr, als die §§ 232 ff. BGB nicht auf Sicherungsübereignungen zugeschnitten sind und keine für alle Sachverhalte passende Regelung enthalten. Aus der Bewertungsvorschrift des § 237 Abs. 1 S. 1 BGB kann aber eine widerlegliche Vermutung abgeleitet werden, daß derjenige, der behauptet, ein Abschlag von einem Drittel oder eine Freigabegrenze von 150% – bezogen auf den Marktpreis bzw. den Einkaufs- oder Herstellungspreis von Waren – sei im Streitfalle unangemessen, dies substantiiert darzulegen oder zu beweisen hat. Dasselbe gilt, wenn der Abschlag bzw. die Deckungsgrenze in dem formularmäßigen Sicherungsvertrag ohne Rücksicht auf die konkrete Risikolage anders festgelegt worden ist (§ 9 AGBG). 6.410

Die Maßgeblichkeit dieses gesetzlichen Abschlags läßt sich nicht schon mit dem allgemeinen Vorbringen entkräften, bei der Verwertung von Sicherungsgut werde oft nur die Hälfte des Verkehrswertes erzielt[593]. Ein von § 237 S. 1 BGB abweichender Bewertungsabschlag kann nur zugrunde gelegt werden, wenn konkrete (Erfahrungs-)Tatsachen nachgewiesen worden sind. Sie müssen belegen, daß der gesetzliche Abschlag den besonderen Verhältnissen der Branche oder des Sicherungsgebers überhaupt nicht gerecht wird, sondern erheblich anders zu bemessen ist, so daß sich unter Würdigung der Umstände des Einzelfalls (§ 287 ZPO) ein ganz anderer Sicherungswert errechnet[594]. 6.411

IV. Verwertung des Sicherungsgutes

1. Ausgestaltung der Verwertungsbefugnis

Maßgebliche Grundlage für die Verwertung des Sicherungsgutes ist der **Sicherungsvertrag**[595]. Die **üblichen Bankformulare** sehen vor, daß die Bank das Sicherungsgut im Verwertungsfall im eigenen Namen oder im 6.412

---

593 GrSZ WM 1998, 227, 235.
594 GrSZ WM 1998, 227, 235.
595 BGH WM 1987, 853, 855 m.w.Nachw. Zur Frage, ob die Bank im Einzelfall eine Obliegenheit zur Sicherheitenverwertung treffen kann, vgl. *Koziol*, FS Schimansky, 1999, S. 355, 366.

Namen des Sicherungsgebers nach billigem Ermessen, insbesondere auch durch freihändigen Verkauf verwerten darf. Die Bank kann auch vom Sicherungsgeber verlangen, daß dieser nach ihren Weisungen das Sicherungsgut bestmöglich verwertet oder bei der Verwertung mitwirkt. In diesem Fall hat der Sicherungsgeber alles bei der Verwertung Erlangte unverzüglich an die Bank herauszugeben.

6.413 Kommt es zu einer Verwertung des Sicherungsgutes durch die Bank, so muß sie ihrerseits aufgrund der Sicherungsabrede die aus der Veräußerung der Sicherheit eingehenden Beträge (abzüglich etwa von ihr zu entrichtender Umsatzsteuer) alsbald dem Sicherungsgeber zur Tilgung seiner Verbindlichkeiten gutbringen. Die Bank hat im übrigen den zu ihrer Befriedigung nicht benötigten Mehrerlös aus der Verwertung an den Sicherungsgeber herauszugeben (§ 667 BGB).

6.414 Soweit die Sicherheit nicht vom Kreditnehmer gestellt wird, ist die Bank bis zur vollständigen Befriedigung ihrer Forderungen befugt, den Verwertungserlös als Sicherheit zu behandeln, ungeachtet ihres Rechts, sich jederzeit daraus zu befriedigen. Einen **etwaigen Überschuß** wird die Bank dem Sicherungsgeber herausgeben.

6.415 Die Bank erhält als Sicherungseigentümerin nach außen hin mehr Rechtsmacht als sie, gebunden durch den Sicherungsvertrag, ausüben darf – Rn 6.325 ff. Sie ist daher als Treuhänderin des Sicherungsgebers verpflichtet, dessen Interessen als Treugeber zu wahren[596]. Die Bank hat also die Interessen des Sicherungsgebers bei der Ausübung ihrer Befugnisse als rechtsformaler Inhaber der Sicherheiten nach Treu und Glauben zu berücksichtigen[597]. Die **Bank** ist daher insbesondere bei der Sicherheitenverwertung **verpflichtet,** die Interessen des Sicherungsgebers angemessen zu berücksichtigen und vor allem eine möglichst günstige Verwertung des Sicherungsgutes anzustreben[598]. Ungeachtet dieser treuhänderischen Verpflichtung kann die Bank das Sicherungsgut wirksam an einen Dritten veräußern[599]. Dieses Gebot ist als generelle Regelung in die Verwertungsklausel der AGB der Kreditwirtschaft (vgl. Nr. 17 Abs. 1 AGB Banken) aufgenommen worden. Danach wird die Bank bei der Verwertung und bei der Auswahl der zu verwertenden Sicherheiten auf die berechtigten Belange des Kunden und eines dritten Sicherungsgebers, der für die Verbindlichkeiten des Kunden Sicherheit bestellt hat, Rücksicht nehmen.

---

596 BGH WM 1989, 210, 211.
597 BGH WM 1989, 210, 211.
598 BGH WM 1966, 756; 1987, 853, 856; OLG Düsseldorf WM 1990, 1062 m.w.Nachw.
599 Vgl. BGH WM 1972, 853, 854; 1982, 482, 483.

2. Entsprechende Anwendung pfandrechtlicher Bestimmungen

Die pfandrechtlichen Bestimmungen können dagegen im Innenverhältnis analog angewendet werden, soweit ihnen ein für das Treuhandverhältnis zwischen Bank und Sicherungsgeber typischer Treuegedanke zugrunde liegt[600]. So soll nach überwiegender Literaturmeinung das Sicherungsgut nur nach Androhung der Verwertung und Einhaltung einer Wartefrist, wie es § 1234 BGB für das Pfandrecht vorschreibt, verwertet werden dürfen. Allerdings ist die Bank grundsätzlich in keinem Fall verpflichtet, den Kreditnehmer vor der Verwertung von Sicherheiten zu hören, die ein Dritter bestellt hat[601].

6.416

Die **gesetzliche Wartefrist des § 1234 Abs. 2 BGB** bezweckt, dem Schuldner eine letzte Möglichkeit zur Begleichung der gesicherten Forderungen zu gewähren. Angesichts dieses gesetzlichen Grundgedankens wird ein formularmäßiger Verzicht auf jegliche Wartefrist als unwirksam angesehen[602]. Für die Inhaltskontrolle nach dem AGB-Gesetz (§ 9 Abs. 2 Nr. 1) fehlt es bei der Sicherungsübereignung zwar an einem gesetzlich geregelten Vertragstyp, von dem abgewichen werden könnte. Denn der Sicherungsübereignungsvertrag ist gesetzlich nicht geregelt. Er erhält seine rechtliche Ausgestaltung im wesentlichen durch die Vertragspraxis, die Rechtsprechung und die Rechtslehre[603]. Die Generalklausel des AGB-Gesetzes ist allerdings auch dann anwendbar, wenn zwar eine unmittelbare einschlägige Regelung des dispositiven Rechts fehlt, aber die Voraussetzungen einer analogen Anwendung von gesetzlichen Vorschriften vorliegen[604]. Das soll nach teilweise vertretener Auffassung bei § 1234 BGB im Hinblick auf die Sicherungsübereignung zutreffen[605].

6.417

Der **BGH** hat es ausdrücklich **dahingestellt sein lassen,** ob ein formularmäßiger Ausschluß der vorherigen Androhung der Verwertung und der

6.418

---

600 Vgl. *Palandt/Thomas,* § 930 Rn 17.
601 Hans.OLG Bremen WM 1993, 1709, 1710.
602 *Ulmer/Brandner/Hensen,* Anh. § 9–11 Rn 662; *Wolf/Horn/Lindacher,* § 23 Rn 658; *Baumbach/Hopt,* (8) AGB Banken 17 Rn 1 zur Sicherungszession.
603 BGH WM 1984, 357, 359.
604 BGH WM 1984, 357, 359; *Wolf/Horn/Lindacher,* § 9 Rn 66; *Ulmer/Brandner/Hensen,* § 9 Rn 137; *Schlosser/Coester-Waltjen/Graba,* AGB-Gesetz, 1977, § 9 Rn 30.
605 *Jauernig/Stürner,* BGB, 9. Aufl., 1999, § 398 Anm. 6. Nach dem OLG Frankfurt (WM 1986, 75, 76) bestehen erhebliche Bedenken, die Vorschrift des § 1234 BGB auf die Sicherungsabtretung analog anzuwenden. Im Einzelfall kann aber ein Schadensersatz aus positiver Forderungsverletzung wegen Nichteinhaltung einer Wartefrist in Betracht kommen, die freilich nicht länger als die des § 1234 Abs. 2 BGB bemessen werden darf. Vgl. weiter *Palandt/Bassenge,* § 930 Rn 17.

Einhaltung bestimmter Wartefristen wegen unangemessener Benachteiligung des Sicherungsgebers im Sinne des § 9 Abs. 1 AGBG unwirksam ist, wie dies bei der sicherungshalber erfolgten Abtretung sämtlicher gegenwärtiger und zukünftiger Lohn- und Gehaltsansprüche bejaht worden ist[606]. Dort hat der BGH § 1234 BGB auch als Maßstab für eine solche Lohnzession bezeichnet, weil der Zessionar wie der Pfandgläubiger rein faktisch in der Lage ist, das Sicherungsgut sofort zu verwerten. Wer Gegenstände sicherungsübereignet, muß dagegen gewöhnlich nicht befürchten, daß das Sicherungsgut verwertet wird, ohne daß er zuvor davon erfährt oder sich dagegen zur Wehr setzen kann[607]. Sofern der formularmäßige Ausschluß der vorherigen Verwertungsandrohung und die Einhaltung bestimmter Wartefristen gegen § 9 Abs. 1 AGBG verstoßen würden, so hätte dies nur zur Folge, daß diese Klausel unwirksam wäre und insoweit die gesetzliche Regelung zur Anwendung käme[608].

---

606 WM 1994, 414, 418.
607 WM 1994, 414, 418.
608 WM 1994, 414, 418.

5. Abschnitt
Sicherungszession

I. Verwendung in der Bankpraxis

Als Mittel der Kreditsicherung dient auch die Sicherungsübertragung von Forderungen, die dem Kreditnehmer gegen Dritte zustehen. In ihrer rechtlichen Gestaltung und ihrem wirtschaftlichen Gehalt **entspricht** die dazu vorgenommene Sicherungsabtretung **weitgehend** der **Sicherungsübereignung von beweglichen Sachen**. 6.419

Für die Entwicklung der Sicherungsabtretung war ebenso wie für die Sicherungsübereignung der Gedanke leitend, daß dem Sicherungsbedürfnis des Kreditgebers in jedem Falle dann Genüge getan ist, wenn er die rechtlich abgesicherte Möglichkeit einer anderweitigen Befriedigung für den Fall erhält, daß der Kreditnehmer zur Erfüllung seiner Rückzahlungspflicht außerstande oder hierzu nicht bereit ist. 6.420

Diese **Befriedigungsmöglichkeit** erlangt die kreditgebende Bank bei der Sicherungsabtretung durch den infolge der Übertragung der Forderungen eintretenden Erwerb der Gläubigerstellung gegenüber den Drittschuldnern. Nach dem vereinbarten Sicherungszweck sollen die abgetretenen Forderungen jedoch nicht endgültig in das Vermögen der Bank als Erwerberin (Zessionarin) übergehen. Vielmehr soll der Zessionarin lediglich eine Verwertungsbefugnis ähnlich derjenigen eines Pfandgläubigers zustehen. 6.421

1. Unzulängliche Praktikabilität des Pfandrechts

Trotz der vergleichbaren Verwertungsbefugnis ist in der Kreditsicherungspraxis die **Sicherungszession** weitgehend an die Stelle der **Verpfändung von Forderungen** (§§ 1273 ff. BGB) getreten. Grund hierfür ist die mangelnde Praktikabilität des Pfandrechts an Forderungen. Sie folgt daraus, daß es zum Wirksamwerden der Forderungsverpfändung einer Anzeige an den Schuldner der zu verpfändenden Forderung bedarf (§ 1280 BGB), soweit sie wie bei wertpapiermäßig nicht verbrieften Forderungen regelmäßig nach Zessionsrecht (§ 398 BGB) zu übertragen ist. 6.422

Zur rechtswirksamen Abtretung einer Forderung ist dagegen nach deutschem Recht[609] weder die Benachrichtigung noch die Mitwirkung des 6.423

---

609 Ausländische Rechtsordnungen kennen dagegen häufig Formerfordernisse.

Schuldners erforderlich. Diese „**stille**" **Zession** erspart es dem Kreditnehmer, die Inanspruchnahme von Bankkrediten seinen Kunden als Schuldnern der abgetretenen Forderungen schon bei der Sicherheitenbestellung zu offenbaren. Die mit einer unerwünschten Publizität verknüpfte Verpfändung von Forderungen ist daher durch die nicht offengelegte Sicherungsabtretung weitgehend verdrängt worden.

6.424 Die Sicherungszession greift über die gesetzliche Regelung der Gläubigersicherung weniger weit hinaus als die Sicherungsübereignung im Bereich der Mobiliarsicherheiten[610]. So kann sich die Sicherungszession noch eindeutiger auf § 223 Abs. 2 BGB stützen, der eine verjährungsrechtliche Regelung für den Fall enthält, daß „zur Sicherung eines Anspruchs ein Recht übertragen worden ist". Auch unterscheidet sich die Sicherungszession von dem Pfandrecht an Forderungen als ihrem gesetzlich geregelten Pendant weniger grundsätzlich als das Sicherungseigentum von dem Mobiliarpfandrecht mit dessen hohen besitzrechtlichen Anforderungen.

2. AGB-Pfandrecht als Ausnahmetatbestand

6.425 Von der Sicherungsabtretung wird allerdings bezüglich der bei der kreditgebenden Bank unterhaltenen Kontoguthaben kein Gebrauch gemacht. Diesen Guthaben liegen bei den Girokonten Rückzahlungsansprüche aus unregelmäßiger Verwahrung (§ 700 Abs. 1 S. 1 BGB), bei den Spar- und Terminkonten Ansprüche aus Darlehen (§ 607 Abs. 1 BGB) zugrunde – Rn 3.33. Solche gegen die Bank gerichteten Ansprüche könnte der Kunde ohnehin nicht der Bank zur Sicherung übertragen. Mit einer Übertragung würden die Forderungen wegen der Identität von Gläubiger und Schuldner (Bank zugleich als Sicherungsnehmerin und als Anspruchsschuldnerin) erlöschen (Konfusion)[611]. Die Bank erwirbt deshalb an den bei ihr unterhaltenen **Kontoguthaben** das **AGB-Pfandrecht** (Nr. 14 Abs. 1 S. 2 AGB Banken).

6.426 Die **kreditgebende Bank** ist infolgedessen nicht nur **Pfandgläubigerin**, sondern zugleich **auch Schuldnerin** des dem Kontoguthaben zugrundeliegenden Forderungsrechts des kreditnehmenden Kunden. Rechtliche Bedenken bestehen hiergegen nicht – Rn 2.616; ein Pfandrecht kann auch an einer Forderung bestellt werden, bei der der Pfandgläubiger zugleich Schuldner ist. Eine **Verpfändungsanzeige** im Sinne des § 1280 BGB ist in diesem Falle **nicht erforderlich**, weil dem Publizitätsgedanken, der der gesetzlichen Verpfändungsanzeige zugrunde liegt, bereits dadurch Rech-

---

610 Münchener Komm. zum BGB/*Roth*, § 398 Rn 99.
611 Vgl. BGH WM 1980, 198, 199.

nung getragen ist, daß die Bank in ihrer Eigenschaft als Pfandgläubigerin von der Verpfändung Kenntnis erlangt.

3. Formen der Sicherungszession

Die Sicherungszession hat in der Bankpraxis eine unterschiedliche Reichweite, die sich nach dem Umfang des Sicherungsbedürfnisses der kreditgebenden Bank richtet. Die **Grundform** bildet die Abtretung einer einzelnen Forderung oder wie bei der Lohnzession die Abtretung aller gegenwärtigen und künftigen Forderungen aus einem Arbeitsverhältnis[612].

6.427

a) Globalzession

Am weitreichendsten ist Sicherungsabtretung in Gestalt der Globalzession. Hier werden sämtliche gegenwärtigen und künftigen Forderungen des Kreditnehmers gegen eine Vielzahl von (Dritt)Schuldnern abgetreten. Der **Abtretungsvertrag** wird dabei **unbedingt** abgeschlossen. Eine durch die Zahlungseinstellung des Zedenten aufschiebend bedingte Abtretung wäre gemäß § 133 Abs. 1 InsO anfechtbar[613].

6.428

Die **Formularpraxis** berücksichtigt im Zusammenhang mit der Globalzession auch die Fälle, in denen zwischen dem Sicherungsgeber (Kreditnehmer) und seinem Schuldner ein Kontokorrentverhältnis besteht. Infolge der Kontokorrentabrede sind die während der Rechnungsperiode erfaßten Ansprüche gestundet und gebunden. Über die kontokorrentmäßigen Forderungen können daher keine Verfügungen mehr getroffen, insbesondere keine Abtretungen vorgenommen werden[614]. Nach ständiger BGH-Rechtsprechung gehen die kontokorrentmäßig erfaßten beiderseitigen Ansprüche am Tage des periodischen Rechnungsabschlusses durch Saldoanerkenntnis unter[615]. Es verbleibt sodann nur noch eine **Forderung aus dem Saldoanerkenntnis,** die an die Stelle der bisherigen untergegangenen Einzelforderungen tritt. Diese Saldoforderung beruht auf einem **selbständigen Verpflichtungsgrund** und ist vom früheren Schuldgrund losgelöst[616]. Sie kann daher Gegenstand der Abtretung an den Sicherungsnehmer sein.

6.429

---

612 Zur mehrfachen Abtretung innerhalb einer Kette von nachfolgenden Gläubigern vgl. *Schneider/Dreibus*, FS Schimansky, 1999, S. 521 ff.
613 BGH WM 1993, 738, 739.
614 BGH WM 1978, 137, 139; 1982, 816, 818.
615 BGH WM 1982, 816, 818.
616 BGH WM 1982, 816, 818;1985, 563, 565. Diese von der Rechtsprechung entwickelte Novationstheorie wird von der neueren Lehre abgelehnt (*Canaris*, DB 1972, 421, 469; *Baumbach/Hopt*, § 355 Rn 7).

Die Abtretung der Saldoforderung wird ergänzt um das Recht auf Feststellung des jeweiligen Saldos sowie das Recht auf Kündigung des Kontokorrents[617].

6.430 Von diesem abstrakten forderungsbegründenden Saldoanspruch ist der sog. **kausale Saldoanspruch** zu unterscheiden. Mit der Beendigung des Kontokorrentvertrages, wie z.B. durch Eröffnung eines Insolvenzverfahrens wird der Anspruch aus einem etwaigen Überschuß als sog. kausaler Saldo sofort und ohne vorherige Feststellung und Anerkennung fällig[618]. Mit Rücksicht auf diese Rechtslage tritt der Sicherungsgeber üblicherweise zusätzlich seine Forderungen gegen die Drittschuldner aus solchen Kontoabschlüssen ab.

b) Mantelzession

6.431 Von der Globalzession ist die sog. Mantelzession zu unterscheiden. Auch hier wird eine **Vielzahl bestehender Forderungen abgetreten.** Weil die Schuldner der abgetretenen Forderungen mangels Kenntnis von der Zession gemäß § 407 Abs. 1 BGB mit schuldbefreiender Wirkung gegenüber der Bank als Gläubigerin zahlen, nimmt der Bestand der Sicherung in der Folge ab. Um dies zu verhindern, verpflichtet sich der Zessionar, fortlaufend künftig entstehende Forderungen bis zu einer bestimmten Höhe (Mindestdeckungsbestand) auf die Bank zu übertragen. Die Mantelzession ist daher **hinsichtlich der zukünftigen Forderungen nur obligatorischer Natur.** Die Abtretung erfolgt erst nach Entstehen der Forderungen durch die Übersendung von Rechnungsdurchschriften, Schuldneraufstellungen oder durch Verbuchung auf einem für den Zessionar geführten Sonderkonto[619].

6.432 **Bei der Globalzession** ist dagegen der Übertragungstatbestand bereits mit Abschluß des Abtretungsvertrages abgeschlossen, so daß die im voraus abgetretene Forderung sofort mit ihrer Entstehung auf die Bank übergeht[620]. Die Willensübereinstimmung der Vertragspartner muß daher in den späteren Erwerbszeitpunkten nicht mehr bestehen[621].

---

617 Vgl. hierzu *Herget* in Bankrecht und Bankpraxis, Rn 4/573.
618 BGH WM 1978, 137, 140.
619 BGH WM 1957, 1099, 1100; *Scholz/Lwowski*, Das Recht der Kreditsicherung, 7. Aufl., 1994, Rn 695; *Weber* in RGRK-BGB, § 398 Rn 20 m.w.Nachw.
620 BGH WM 1975, 534, 535; 1983, 1235, 1236.
621 *Palandt/Henrichs*, § 398 Rn 11.

II. Abtretung künftiger Forderungen

Besondere Rechtsfragen wirft die Abtretung künftiger Forderungen auf, wie sie in erster Linie im Rahmen der Globalzession erfolgt. Sie ist allerdings nicht auf diese Zessionsart beschränkt. 6.433

Die Abtretung künftiger Forderungen ist nach allgemeiner Meinung **rechtlich zulässig**. Dabei braucht nicht einmal das Rechtsverhältnis oder der Rechtsgrund, aus dem die Forderung erwachsen soll, wirksam geschaffen zu sein. Auch ist die Ungewißheit über die Person des künftigen Schuldners unschädlich. 6.434

Bei einer Vorausabtretung künftiger Forderungen ist zwischen der Verbindlichkeit des Verfügungsgeschäfts und dem Wirksamwerden des mit ihm bezweckten späteren Rechtsübergangs zu unterscheiden[622]. Die im Abtretungsvertrag enthaltene rechtsgeschäftliche Verfügung über die Forderung ist mit Vertragsabschluß beendet und für den Veräußerer insofern bindend, als er infolge des Prioritätsgrundsatzes den späteren Erwerb der Forderung durch den Abtretungsempfänger nicht mehr durch eine erneute Abtretung vereiteln kann. Insoweit vermittelt die Vorausabtretung eine gegen abweichende Verfügungen über den abgetretenen Anspruch gesicherte Rechtsposition, wenn man einmal von den den Drittschuldner schützenden §§ 406 bis 408 BGB absieht[623]. 6.435

Die **Vorausabtretung** kann ihre **volle Wirkung aber erst** entfalten, wenn alle Voraussetzungen für die Entstehung der Forderung – abgesehen von dem Veräußerungstatbestand selbst – in der Person des Veräußerers erfüllt sind, gleichgültig, ob sie dann unmittelbar oder erst nach einem Durchgangserwerb des Veräußerers dem Abtretungsempfänger zusteht. Die **Abtretung geht daher ins Leere,** wenn das Rechtsverhältnis, das die künftige Forderung begründen soll, vor ihrer Entstehung beendet wird oder auf einen anderen übergeht. Dann hat der Veräußerer über eine Forderung im voraus verfügt, die ihm im Zeitpunkt der Verfügung noch nicht gehört hat und auch später in seiner Hand nicht mehr entstehen kann[624]. 6.436

Über diese Problematik hatte der **BGH**[625] in dem Fall zu befinden, in dem ein GmbH-Gesellschafter seinen Auseinandersetzungsanspruch im voraus abtrat, später aber seinen Geschäftsanteil an einen Dritten übertrug, bevor der Anspruch in seiner Person entstehen konnte. Hier war die Vorausabtretung hinfällig. 6.437

---

622 BGH WM 1983, 1235, 1236.
623 BGH WM 1982, 690, 691.
624 BGH WM 1983, 1235, 1236.
625 BGH WM 1983, 1235, 1236; vgl. weiter *Armbrüster*, NJW 1991, 606.

1. Grundsatz der Bestimmbarkeit

6.438 Bei der Vorausabtretung künftiger Forderungen ist dem Bestimmtheitsgrundsatz besondere Aufmerksamkeit zu schenken[626]. Der Bestimmtheitsgrundsatz gilt bei der Übertragung von Forderungen ebenso wie bei der Sicherungsübereignung, weil es sich auch bei einer Zession um eine Verfügung handelt. Er muß aber der besonderen Beschaffenheit der Forderung im Vergleich zu den sicherungsübereigneten beweglichen Sachen angepaßt werden. Hierzu sind von der Rechtsprechung mittlerweile **feste Maßstäbe** entwickelt worden.

6.439 Die Forderung muß bei ihrer Übertragung nur **eindeutig ermittelbar** sein; hierzu **genügt** schon ihre „**Bestimmbarkeit**"[627]. Die Forderung braucht daher nicht wie die zu übereignende Sache im Vertrag so bezeichnet zu werden, daß sie schon auf Grund des Vertragsinhaltes und der Kenntnis der äußeren Verhältnisse ohne weiteres identifiziert werden kann. Es kommt daher nicht darauf an, ob die unter einer gattungsmäßigen Bezeichnung im voraus abgetretenen Forderungen für alle denkbaren Fälle bestimmbar sind. Vielmehr reicht es aus, wenn nach der objektiv ausgelegten Abtretungsklausel die vom Sicherungsnehmer im Einzelfall in Anspruch genommene Forderung genügend bestimmbar ist[628]. Hierzu muß die Forderung im Zessionsvertrag so genau umschrieben werden, daß sie sich – erforderlichenfalls auch mit Hilfe außervertraglicher Umstände – unzweifelhaft feststellen läßt.

6.440 Hierzu müssen regelmäßig **Zedent, Drittschuldner, Gegenstand** (Rechtsgrund) und **Umfang der Forderungen** angegeben werden. Bei der Abtretung künftiger Forderungen sind jedoch häufig weder Drittschuldner noch Rechtsgrund bekannt. Das Fehlen solcher Individualisierungsmerkmale ist jedoch unschädlich, wenn die übrigen Merkmale die abgetretenen Forderungen zweifelsfrei kenntlich machen[629]. Die Bezugnahme auf eine der Bank übergebende Zessionsliste reicht aus. Wertmäßige Umschreibungen, wie sie oft bei Teilabtretungen praktiziert werden oder Formulierungen, die nur mit Hilfe außervertraglicher Erkenntnisquellen die Identifizierung der abgetretenen Forderungen ermöglichen, reichen nicht aus[630].

---

626 BGH WM 1999, 219 ff. Zur Reichweite der Abtretung, wenn für die abgetretene Forderung mehrere Anspruchsgrundlagen in Betracht kommen, die – bei nur einmaliger Leistungsverpflichtung des Schuldners – wirtschaftlich auf den gleichen Erfolg gerichtet sind.
627 *Serick*, Eigentumsvorbehalt und Sicherungsübertragung, Bd. 2, 1965, S. 151, 277.
628 BGH WM 1981, 167, 168.
629 *Ganter*, WM 1998, 2081, 2089.
630 *Ganter*, WM 1998, 2081, 2089.

Dabei ist es nach dem BGH unschädlich, wenn die Feststellung der abgetretenen Forderung erheblichen Arbeits- und Zeitaufwand erfordert[631]. 6.441

Nach *Serick* ist die „Umständlichkeit" des Verfahrens kein brauchbares Kriterium für die Beantwortung der Frage, ob eine abgetretene Forderung bestimmbar ist. In diesem Erfordernis seien Rechts- und Beweisfragen in unzulässiger Weise vermengt[632]. 6.442

2. Insolvenzfestigkeit

Umstritten ist, inwieweit die Vorausabtretung insolvenzfest ist. Nach § 91 InsO (§ 15 KO) können Rechte an den zur Insolvenzmasse gehörenden Gegenständen nicht mit Wirksamkeit gegenüber den Insolvenzgläubigern erworben werden, auch wenn der Erwerb nicht auf einer Rechtshandlung des Gemeinschaftsschuldners beruht. Für diese Frage wird häufig darauf abgestellt, ob die abgetretene künftige Forderung unmittelbar in der Person des Zessionars entsteht (**Direkterwerb**) oder ob sie eine „logische Sekunde" zum Vermögen des Zedenten gehört (**Durchgangserwerb**)[633]. Ein solcher insolvenzfester Direkterwerb wird bejaht, sofern der Rechtsgrund – wenn auch nur aufschiebend bedingt – bereits wirksam im Zeitpunkt der Abtretung geschaffen worden war, also z.B. der Vertrag, aus dem die abgetretene Forderung entspringt, schon geschlossen war. Hier war die Rechtsstellung des Zessionars schon zu einem Anwartschaftsrecht erstarkt[634]. Wird dagegen der Rechtsgrund erst nach Abschluß des Globalzessionsvertrages, aber noch vor Insolvenzeröffnung geschaffen, geht die herrschende Meinung von einem Durchgangserwerb aus, dem § 91 InsO (§ 15 KO) nicht entgegensteht[635]. Wird dagegen der Rechtsgrund erst nach Insolvenzeröffnung geschaffen, fällt die abgetretene Forderung in die Insolvenzmasse. 6.443

III. Konkurrenz mit erweitertem Eigentumsvorbehalt

Wie die Globalzession als Sicherungsinstrument der Geldkreditgeber erstreckt sich auch der erweiterte Eigentumsvorbehalt in Gestalt des verlängerten Eigentumsvorbehaltes des Warenkreditgebers auf eine Vielzahl 6.444

---

631 BGH WM 1978, 137, 139.
632 *Serick*, Eigentumsvorbehalt und Sicherungsübertragung, Bd. 2, 1965, S. 278.
633 Münchener Komm. zum BGB/*Roth*, § 398 Rn 80.
634 BGH WM 1955, 338, 340.
635 *Palandt/Heinrichs*, § 398 Rn 12; Münchener Komm. zum BGB/*Roth*, § 398 Rn 80.

künftiger Forderungen des Sicherungsgebers (Vorbehaltskäufers) gegen dessen Kunden.

6.445 Ein **verlängerter Eigentumsvorbehalt** liegt vor, wenn Vorbehaltsverkäufer und Vorbehaltskäufer vereinbaren, daß an die Stelle des Eigentumsvorbehaltes, wenn dieser durch Weiterveräußerung, Verbindung oder Vermischung erlischt, die daraus entstehende Forderung bzw. die neue Sache treten soll. Dieser verlängerte Eigentumsvorbehalt ist eine der sechs Varianten des erweiterten Eigentumsvorbehalts[636].

6.446 Nach der BGH-Rechtsprechung ist ein AGB-mäßig vereinbarter erweiterter Eigentumsvorbehalt im kaufmännischen Verkehr grundsätzlich unbedenklich, weil er den dort geltenden Gewohnheiten und Gebräuchen entspricht, auf die gemäß § 24 S. 2, 2. Hs. AGBG angemessen Rücksicht zu nehmen ist[637]. Dies gilt jedoch nicht uneingeschränkt. Der BGH hat es bisher offen gelassen, ob ein sog. Konzernvorbehalt AGB-mäßig wirksam vereinbart werden kann[638].

1. Wirksamkeit des verlängerten Eigentumsvorbehalts

6.447 Die Frage einer **Kollision** von **Globalzession** und **verlängertem Eigentumsvorbehalt** als typischem Sicherungsmittel des Warenkreditgebers stellt sich erst, wenn der verlängerte Eigentumsvorbehalt wirksam vereinbart wurde.

a) Übersicherung

6.448 Zunächst ist auch bei seiner Ausgestaltung das Verbot der Übersicherung zu beachten[639]. Die Vorausabtretung der Forderungen aus dem Weiterverkauf der Waren an den Vorbehaltsverkäufer muß nicht nur der Gefahr einer unverhältnismäßigen und die wirtschaftliche Bewegungsfreiheit des Käufers unerträglich beschränkenden Übersicherung des Verkäufers Rechnung tragen[640]. Sie bedarf nach der bisherigen Rechtsprechung zu ihrer Wirksamkeit auch einer formularmäßigen Klausel, die gewährlei-

---

636 *Palandt/Putzo*, § 455 Rn 14 ff.
637 BGH WM 1991, 960, 962.
638 BGH WM 1994, 585, 586; vgl. weiter *Nobbe*, FS Schimansky, 1999, S. 431, 440 ff. und *Obermüller* zum sog. umgekehrten Konzernvorbehalt, bei dem der Verkäufer den Eigentumsübergang davon abhängig macht, daß nicht nur seine Forderung aus dem Liefergeschäft mit seinem Vertragspartner, sondern auch seine Forderungen gegen andere Unternehmen aus dessen Konzern erfüllt werden (FS Schimansky, 1999, 457 ff.).
639 BGH WM 1994, 585, 586 f.
640 Vgl. BGH WM 1986, 1545, 1547.

stet, daß der Vorbehaltskäufer seinen **bei unangemessener Übersicherung** bestehenden Teilfreigabeanspruch mit zumutbaren Mitteln festzustellen und auch durchzusetzen vermag. Hierzu wird eine Freigabeklausel mit zahlenmäßig bestimmter Deckungsgrenze gefordert[641]. Dabei darf die Deckungsgrenze unter Berücksichtigung der Kosten für die Verwaltung und Verwertung der Sicherheit, bezogen auf den realisierbaren Wert der Sicherungsgegenstände, 110% der Forderungen nicht übersteigen[642].

Nach dem BGH benachteiligt eine in den Verkaufsbedingungen des Vorbehaltsverkäufers enthaltene Klausel, nach der der Vorbehaltskäufer nur in der Weise über den Kaufgegenstand soll verfügen dürfen, daß er einen zugunsten des Vorbehaltsverkäufers bestehenden Kontokorrentvorbehalt an den Zweiterwerber weiterleitet (weitergeleiteter Eigentumsvorbehalt), den Vorbehaltskäufer unangemessen und ist deshalb unwirksam, wenn der Weiterverkauf des Kaufgegenstandes vor Zahlung des Kaufpreises Vertragsinhalt ist[643].

6.449

b) Bestimmbarkeitserfordernis

Die im verlängerten Eigentumsvorbehalt enthaltene Vorausabtretung muß ferner dem Bestimmbarkeitserfordernis hinsichtlich der abgetretenen Forderung Rechnung tragen[644]. Dem ist z.B. dadurch Genüge getan, daß der Käufer der vom Vorbehaltsverkäufer gelieferten Waren schon im Zeitpunkt des Kaufabschlusses seinen zukünftigen Kaufpreisanspruch gegenüber seinem Abnehmer nach oben begrenzt bis zur Höhe des Stoffwertes der vom Vorbehaltsverkäufer gelieferten Ware abtritt[645].

6.450

2. Lösung der Kollision von verlängertem Eigentumsvorbehalt und Globalzession

Soweit die Globalzession auch künftige Forderungen des Bankkunden aus der Weiterveräußerung der Vorbehaltsware erfaßt, kann es häufig zu einem Konflikt mit dem verlängerten Eigentumsvorbehalt seines Vorbehaltsverkäufers kommen.

6.451

a) Prioritätsgrundsatz

Für seine rechtliche Bewältigung gilt zunächst der Grundsatz der Priorität, wonach bei mehrfacher Abtretung auch künftiger Forderungen nur

6.452

---

641 BGH WM 1993, 139, 140; 1994, 414, 416; 419, 420.
642 BGH WM 1998, 227, 232.
643 BGH WM 1991, 960, 961 f.
644 Vgl. BGH WM 1981, 167, 168; 1986, 1545, 1548.
645 BGH WM 1986, 1545, 1548.

die zeitlich erste wirksam ist. Nach der BGH-Rechtsprechung gibt es kein anderes dem Gesetz und den Erfordernissen der Rechtssicherheit entsprechendes Merkmal als die zeitliche Reihenfolge, um die Konkurrenz der Abtretungen zu entscheiden[646].

6.453 Dieser Prioritätsgrundsatz läßt sich nach dem BGH auch nicht mit dem Gedanken der **Surrogation** einschränken, wonach an die Stelle des bis zur Weiterveräußerung bestehenden, vorbehaltenen Eigentums des Vorbehaltsverkäufers die Kaufpreisforderung des Vorbehaltskäufers gegen dessen Kunden tritt. Der Surrogationsgrundsatz sei im geltenden Recht auf bestimmte Fallgestaltungen beschränkt, zu denen die Veräußerung von solchen Vorbehaltswaren nicht gehört[647]. Bei einer solchen mehrfachen Vorausabtretung künftiger Forderungen könne der Konflikt zwischen Waren- und Geldkreditgeber auch nicht dadurch gelöst werden, daß jedem Gläubiger ein Teil der Forderung zugesprochen wird[648].

b) Sittenwidrigkeit der Globalzession

6.454 Dieser Grundsatz der Priorität wird jedoch im Verhältnis zwischen Globalzession und verlängertem Eigentumsvorbehalt durch den Einwand der Sittenwidrigkeit (§ 138 BGB) und der Angemessenheitskontrolle des AGB-Gesetzes modifiziert[649]. Nach ständiger Rechtsprechung des BGH ist eine zur Kreditsicherung vereinbarte **Globalzession sittenwidrig und damit nichtig,** wenn sie nach dem Willen der Vertragspartner auch solche Forderungen umfassen soll, die der kreditnehmende Bankkunde seinem Lieferanten aufgrund verlängerten Eigentumsvorbehalts abtreten muß[650]. Denn bei einem solchen Globalzessionsvertrag müßte der Bankkunde, wäre er wirksam, gegenüber seinem Lieferanten fortgesetzt grobe Vertragsverletzung, möglicherweise sogar strafbare Handlungen begehen[651].

6.455 Diese Sittenwidrigkeit erfaßt auch eine Vereinbarung, wonach der Bankkunde durch einen Hinweis auf den Rechnungen seine Kunden anhalten muß, Zahlungen ausschließlich auf ein bei der Bank unterhaltenes Girokonto einzuzahlen. Bei einer solchen „Zahlstellenklausel" seitens der Bank würden zu Lasten der Vorbehaltslieferanten alle eingehenden Beträge „durch ihre Hände gehen". Unbenommen bleibt es dagegen der Bank, ihren Kreditnehmer ganz allgemein zu veranlassen, diese seinen Kunden als Zahlstelle zu benennen[652].

---

646 BGH WM 1959, 964, 965; 1960, 838, 839.
647 BGH WM 1959, 964, 965.
648 BGH WM 1960, 838, 839.
649 BGH WM 1986, 1545, 1549; Palandt/Heinrichs, § 398 Rn 25.
650 BGH WM 1991, 1273, 1277 m.w.Nachw.
651 BGH WM 1991, 1273, 1277 m.w.Nachw.
652 BGH WM 1979, 13, 15; vgl. OLG Düsseldorf WM 1992, 859, 861; vgl. hierzu weiter Peters/Lwowski, WM 1999, 258 ff.

Eine solche Sittenwidrigkeit ist aber nicht schon dann gegeben, wenn nur objektiv die Möglichkeit besteht, daß die Globalzession einmal mit einem verlängerten Eigentumsvorbehalt konkurrieren könnte. Denn § 138 BGB ist nur anwendbar, wenn die am Rechtsgeschäft Beteiligten auch subjektiv in zu mißbilligender Gesinnung handeln. 6.456

Ebensowenig kommt eine Nichtigkeit wegen Gesetzesverstoß (§ 134 BGB) nicht schon wegen der bloßen Möglichkeit des Zusammenstoßes mit einem verlängerten Eigentumsvorbehalt in Betracht. 6.457

Eine Globalzession ist daher **nicht deswegen unwirksam,** weil sie den Vorrang später vereinbarten verlängerten Eigentumsvorbehalts auf Fälle des branchenüblichen Vorbehalts beschränkt[653]. Mit einem nicht branchenüblichen verlängerten Eigentumsvorbehalt braucht die Bank nicht zu rechnen. Der Bankkunde ist hier nicht gezwungen, zu solchen Konditionen abzuschließen. Seine wirtschaftliche Bewegungsfreiheit bleibt ausreichend gewahrt; auch ist er hier nicht zur Täuschung späterer Warenkreditgeber genötigt. Mit Blick auf § 138 Abs. 1 BGB und § 9 AGBG ist daher nicht zu beanstanden, wenn bei nicht branchenüblichen verlängerten Eigentumsvorbehalten die Bank infolge einer zeitlich vorangehenden Globalzession vorrangig abgesichert ist[654]. 6.458

c) Dingliche Verzichtsklausel im Globalzessionsvertrag

Die Beurteilung der Globalzession als sittenwidrig kann dadurch vermieden werden, daß auf die schutzwerten Belange der Lieferanten des Bankkunden in einer Weise Rücksicht genommen wird, die den Bankkunden davor bewahrt, ständig Vertragsverletzungen oder gar strafbare Handlungen gegenüber seinen Lieferanten begehen zu müssen[655]. Diesen Anforderungen genügt die zwischenzeitlich übliche **dingliche Verzichtsklausel**[656]. Nach der BGH-Rechtsprechung ist die Globalzession allerdings auch ohne ausdrückliche dingliche Verzichtsklausel wirksam, wenn nach dem durch Auslegung ermittelten übereinstimmenden Willen der Vertragspartner der verlängerte Eigentumsvorbehalt auf jeden Fall der Globalabtretung vorgehen soll[657]. 6.459

Die übliche dingliche Verzichtsklausel lautet: 6.460

(1) Falls an die Bank eine Forderung abgetreten ist, die von einem Lieferanten des Sicherungsgebers aufgrund eines branchenüblichen verlängerten Eigentumsvorbe-

---

653 BGH WM 1986, 1545, 1549; vgl. weiter BGH WM 1999, 1216, 1218.
654 BGH WM 1986, 1545, 1549.
655 BGH WM 1979, 11, 12.
656 BGH WM 1991, 1273, 1277; 1994, 104, 105; 1999, 127; 1216, 1218.
657 BGH WM 1974, 368, 369.

haltes gegenwärtig oder zukünftig berechtigterweise in Anspruch genommen werden kann, soll die Abtretung erst mit Erlöschen des verlängerten Eigentumsvorbehalts wirksam werden. Soweit die Forderung einem Lieferanten nur teilweise zusteht, ist die Abtretung an die Bank zunächst auf den Forderungsteil beschränkt, der dem Sicherungsgeber zusteht. Der Restteil wird auf die Bank erst übergehen, wenn er durch den verlängerten Eigentumsvorbehalt nicht mehr erfaßt wird.

(2) Der Sicherungsgeber tritt der Bank seine etwaigen Ansprüche auf Rückabtretung der an den Lieferanten aufgrund des verlängerten Eigentumsvorbehaltes abgetretenen Forderungen sowie seine etwaigen Ansprüche auf Abführung der an den Lieferanten geflossenen Erlöse mit allen Nebenrechten ab.

(3) Die Bank ist berechtigt, den verlängerten Eigentumsvorbehalt durch Befriedigung des Lieferanten abzulösen.

6.461 Mit einer solchen dinglichen Verzichtsklausel wird nach dem BGH den **schutzwürdigen Belangen des Sicherungsgebers und seiner Lieferanten** ausreichend Rechnung getragen. Denn diese Klausel sieht sowohl für bereits entstandene als auch für künftige Forderungen, die von einem verlängerten Eigentumsvorbehalt erfaßt sind, ein Wirksamwerden der Abtretung erst bei dessen Erlöschen vor. Damit ist der Rechtsübergang generell auf den Zeitpunkt verschoben, in dem solche Forderungen von Rechten des Vorbehaltskäufers frei geworden sind. Der verwendete Ausdruck „berechtigterweise" schränke diese Wirkung nicht ein, sondern bringe nur zum Ausdruck, daß das Zurücktreten der Globalzession einen wirksam vereinbarten verlängerten Eigentumsvorbehalt voraussetzt[658].

6.462 Dagegen ist eine sog. **schuldrechtliche Teilverzichtsklausel** nicht geeignet, der Globalzession den Makel der Sittenwidrigkeit zu nehmen[659]. Bei dieser Klausel wird dem Lieferanten bei branchenüblichem verlängertem Eigentumsvorbehalt unter Aufrechterhaltung des Prioritätsgrundsatzes durch einen echten Vertrag zugunsten Dritter ein selbständiger Anspruch gegen die Bank auf Abtretung des ihm zustehenden Teils der Forderung oder auf Auszahlung eines von der Bank aufgrund der Globalzession eingezogenen Erlöses verschafft. Diese Klausel nimmt nach dem BGH auf die schutzwürdigen Belange der Lieferanten nicht ausreichend Rücksicht. Denn dieser nur schuldrechtliche Anspruch verschafft dem Lieferanten in der Insolvenz der Bank keinerlei Vorzugsrecht. Darüber hinaus wird dem Lieferanten auch die Durchsetzung seiner ursprünglichen Rechte aus dem verlängerten Eigentumsvorbehalt unangemessen erschwert[660].

6.463 Eine Globalzession kann nach dem BGH ausnahmsweise auch ohne eine dingliche Verzichtsklausel nicht sittenwidrig sein, wenn es aufgrund be-

---
658 BGH WM 1991, 1273, 1277 f.
659 BGH WM 1979, 11, 12.
660 BGH WM 1979, 11, 12.

sonderer Umstände des Einzelfalles an einer verwerflichen Gesinnung der Bank fehlt. Ein solcher Ausnahmefall kann vorliegen, wenn die Bank nach den Umständen des Einzelfalles – insbesondere wegen der Unüblichkeit des verlängerten Eigentumsvorbehaltes in der betreffenden Wirtschaftsbranche – eine Kollision der Sicherungsrechte für ausgeschlossen halten durfte[661].

IV. Formularpraxis der Kreditinstitute

Die Sicherungszession ist wie die Sicherungsübereignung gesetzlich nicht geregelt. Auch dieser Vertragstyp erfuhr seine rechtliche Ausgestaltung im wesentlichen durch die Bankpraxis, die Rechtsprechung und die Rechtslehre[662]. Wie bei der Sicherungsübereignung und der Sicherungsgrundschuld als den beiden anderen nicht-akzessorischen Sicherheitenarten begründet auch die Sicherungsabtretung ein Treuhandverhältnis, das als **entgeltlicher Geschäftsbesorgungsvertrag** (§ 675 BGB) zu qualifizieren ist[663].

6.464

Eine **Verwertung** der abgetretenen Forderungen durch Einziehung ist deshalb nicht vor Fälligkeit der hierdurch gesicherten Forderung der Bank zulässig. Soweit die Drittschuldner mit der Tilgung der abgetretenen Forderung im Verzug geraten, der Kreditnehmer aber seine Kreditverbindlichkeiten ordnungsgemäß erfüllt, ist bei der Ermittlung der Höhe des Verzugsschadens nicht auf die Bank als Sicherungsnehmer sondern auf die Person des Zedenten abzustellen. Diesem Schaden hat die Bank nach dem Grundsatz der Drittschadensliquidation Rechnung zu tragen, deren Zulässigkeit im Rahmen solcher Treuhandverhältnisse auch sonst anerkannt ist[664].

6.465

In der Praxis sind eine Reihe weitgehend übereinstimmender **Vertragsklauseln** für die regelungsbedürftigen Sachverhalte entwickelt worden. Es handelt sich wie bei den standardisierten Klauseln der Vordrucke für Bürgschaften, Grundschulden und Sicherungsübereignungen um Allgemeine Geschäftsbedingungen im Sinne des AGB-Gesetzes[665].

6.466

---

661 BGH WM 1999, 126, 127.
662 Vgl. BGH WM 1984, 357, 359 zum Sicherungsübereignungsvertrag.
663 BGH WM 1969, 935, 608, 610.
664 BGH WM 1995, 608, 610.
665 BGH WM 1991, 1499 f.

6. Teil: Kreditsicherung

1. Gesicherter Forderungskreis

6.467 Wie bei den anderen bankmäßigen Sicherheiten ist auch bei der Sicherungszession die Bezeichnung der gesicherten Forderungen (**Sicherungszweck**) ein wesentlicher Regelungspunkt des Sicherungsvertrags. Die BGH-Rechtsprechung hat für den Sicherungszweck **Grenzen** gezogen, die aber bei der Sicherungszession wie bei der Sicherungsübereignung verhältnismäßig weit gesteckt sind – Rn 6.341. Denn im Unterschied zur Grundschuld wird die Sicherungszession regelmäßig mit dem Kreditnehmer vereinbart. Persönlicher Schuldner und Sicherheitenbesteller sind in dem Regelfall also identisch. Der Sicherungsgeber, der zugleich persönlicher Schuldner der gesicherten Forderung ist, bedarf weniger Schutz als derjenige, der die Sicherheit für eine fremde Verbindlichkeit bestellt. Die Sicherungszession erfolgt zudem regelmäßig nicht nur zur Sicherung einer bestimmten Forderung, sondern für alle gegenwärtigen und künftigen Ansprüche der Bank gegen den betreffenden Schuldner.

6.468 Unbedenklich ist es, denselben Sicherungszweck wie für das AGB-mäßige Pfandrecht (Nr. 14 Abs. 2 AGB Banken) zu vereinbaren. Nach dem BGH kann eine **Globalabtretung**, mit der ein Bankkunde seine gesamten gegenwärtigen und künftigen Ansprüche aus Geschäften mit Dritten zur Sicherung auch künftiger Ansprüche abtritt, im kaufmännischen Verkehr **grundsätzlich wirksam** vereinbart werden, sofern dadurch die wirtschaftliche Bewegungsfreiheit des Zedenten nicht übermäßig beeinträchtigt wird und keine Gefährdung der Interessen künftiger Gläubiger des Zedenten eintritt[666].

6.469 Dieser Sicherungszweck **erfaßt nicht** die Ansprüche der Bank gegen den Kunden aus dessen persönlicher Haftungsübernahme für die Zahlung des Betrages einer Grundschuld, die er zur Sicherung einer fremden Verbindlichkeit gestellt hat[667] – Rn 2.653.

6.470 **Wie bei dem AGB-Pfandrecht** empfiehlt sich auch bei der Sicherungszession eine Klarstellung, daß für die Fälle, in denen der Kunde die Haftung für die Verbindlichkeiten eines anderen Kunden etwa als Bürge übernommen hat, die Sicherungszession die aus dieser Haftungsübernahme entsprechende Verbindlichkeit erst ab Fälligkeit sichert. Hierdurch wird der BGH-Rechtsprechung Rechnung getragen, wonach der Bürge nach dem gesetzlichen Leitbild die verbürgte Forderung nur persönlich sichern und daher konkrete Vermögenswerte erst aufzuwenden brauchen soll, wenn seine Bürgschaftsverbindlichkeit fällig geworden ist[668].

---

666 BGH WM 1986, 1545, 1549.
667 BGH WM 1986, 1467, 1468.
668 BGH WM 1984, 1465, 1466; 1989, 129, 130.

Sollen die abgetretenen Forderungen auch für Ansprüche der Bank **außer-** 6.471
halb der Geschäftsverbindung, wie z.B. aus Bürgschaften und aus abgetretenen oder kraft Gesetzes übergegangenen Forderungen sowie aus Wechseln haften, so könnte hierin eine unangemessene Regelung liegen. Jedoch kann in diesem Fall der unbedenkliche Teil der Klausel (Haftung für Ansprüche aus der Geschäftsverbindung) aufrecht erhalten bleiben[669], wie es der BGH für die gleichgelagerte Problematik in den Bürgschaftsformularen entschieden hat[670].

2. Übertragung von Nebenrechten

Die Formularpraxis sieht vor, daß mit den abgetretenen Forderungen 6.472
auch die sonstigen Rechte aus den zugrunde liegenden Rechtsgeschäften auf die Bank übergehen. Damit wird der Regelungsgehalt von § 401 Abs. 1 BGB erweitert. Diese Vorschrift regelt lediglich den gesetzlichen Übergang bestimmter Nebenrechte, insbesondere von akzessorischen Sicherheiten (Pfandrechte, Hypotheken und Bürgschaften) und Hilfsrechten, die zur Durchsetzung der abgetretenen Forderung erforderlich sind, wie insbesondere der Anspruch auf Auskunft und Rechnungslegung. Andere Ansprüche und Rechtsstellungen aus dem zugrunde liegenden Schuldverhältnis, wie z.B. ein bereits entstandener Anspruch auf Vertragsstrafe oder auf Schadensersatz werden dagegen nicht erfaßt und bedürfen dementsprechend einer Abtretung[671], wie sie in den üblichen Formularen enthalten ist.

Soweit für die abgetretenen Forderungen Sicherheiten bestellt sind, die 6.473
nicht schon kraft Gesetzes (§ 401 Abs. 1 BGB) auf die Bank übergehen (nichtakzessorische Sicherheiten), kann die Bank nach den üblichen Formularverträgen deren Übertragung verlangen.

3. Einziehung der Forderungen durch den Bankkunden

Dem **Bankkunden** wird in dem formularmäßigen Zessionsvertrag **aus-** 6.474
drücklich gestattet, die an die Bank abgetretenen Forderungen im Rahmen eines ordnungsgemäßen Geschäftsbetriebes einzuziehen. Mit der stillen Zession ist nach der Rechtsprechung eine Einziehungsermächtigung im Sinne des § 185 Abs. 1 BGB verknüpft. Denn der Sicherungsgeber hat ein erhebliches schutzwürdiges Interesse daran, die Zahlung der ge-

---

669 OLG Hamm WM 1993, 2046, 2047.
670 BGH WM 1992, 391, 392 f.
671 *Palandt/Heinrichs*, § 401 Rn 6

schuldeten Beträge an sich verlangen zu können[672]. Dementsprechend hat der Bankkunde grundsätzlich für die Einziehung der Forderung zu sorgen, solange die Bank die Abtretung nicht offengelegt hat[673]. Wenn der Bankkunde dabei zur Bezahlung der der Bank abgetretenen Forderungen Schecks oder Wechsel erhält, sieht der Sicherungsvertrag vor, daß der Kunde die ihm daraus zustehenden Ansprüche schon bei Vertragsabschluß im voraus sicherungshalber an die Bank abtritt.

6.475 **Diese Einziehungsermächtigung berechtigt** den Sicherungsgeber aber **nicht**, die abgetretenen Forderungen nochmals im Rahmen echter Factoring-Geschäfte an einen Factor zu verkaufen. Dies würde zu einer ungerechtfertigten Aushöhlung der zugunsten der Bank vereinbarten Sicherungszession führen[674]. In dem formularmäßigen Zessionsvertrag wird daher ein solcher Verkauf an die vorherige schriftliche Zustimmung der Bank geknüpft.

6.476 Die Bank kann zur **Wahrung ihrer berechtigten Belange** die Einziehungsbefugnis widerrufen, beschränken oder für die Einziehung Auflagen erteilen. Mit dieser Befugnis wird für die Bank ein flexibler Gestaltungsspielraum geschaffen, um im Einzelfall die Offenlegung der Zession zu vermeiden, die die Kreditwürdigkeit des Bankkunden in Frage stellen kann, weil sie für Dritte die Nichterfüllung einer bestehenden Verbindlichkeit signalisiert und Zweifel an der Vertragstreue des Bankkunden oder an seiner wirtschaftlichen Leistungsfähigkeit fördert[675].

4. Einreichung von Bestandslisten

6.477 Nach der üblichen Formularpraxis hat der Sicherungsgeber der Bank zu den mit der Bank vereinbarten Zeitpunkten, **mindestens** jedoch **einmal jährlich** eine Bestandsliste über die an die Bank abgetretenen, noch ausstehenden Forderungen einzureichen. Hierdurch wird der Bank die Nachprüfung des jeweiligen Bestandes der Sicherheiten erleichtert. Zur Wahrung ihrer berechtigten Belange kann die Bank auch in kürzeren als den vereinbarten Zeitabständen die Übersendung von Bestandslisten verlangen. Aus der Bestandsliste sollen, soweit nichts anderes vereinbart wird, Namen und Anschriften der Drittschuldner, Betrag sowie Rechnungs- und Fälligkeitstag ersichtlich sein. Sofern der Sicherungsgeber die Buchführung und/oder Datenverarbeitung von einem Dritten vornehmen läßt, wird die Bank ermächtigt, im eigenen Namen auf Kosten des Bankkunden die Bestandslisten unmittelbar bei dem Dritten einzuholen.

---

672 BGH WM 1995, 608, 610 m.w.Nachw.
673 Vgl. *Scholz/Lwowski*, Das Recht der Kreditsicherung, 7. Aufl., 1994, Rn 714.
674 BGH WM 1980, 333, 335.
675 BGH WM 1989, 1088.

In dem formularmäßigen Zessionsvertrag wird in diesem Zusammenhang klargestellt, daß die von dem Vertrag erfaßten Forderungen auch dann auf die Bank übergehen, wenn sie aus irgendeinem Grunde nicht oder nicht in voller Höhe in den der Bank eingereichten Listen verzeichnet sein sollten. 6.478

5. Verhaltenspflichten des Sicherungsgebers

Zur Wahrung der Rechte der Bank an den abgetretenen Forderungen sehen die Zessionsformulare bestimmte Informationspflichten des Bankkunden und Überwachungsbefugnisse der Bank vor. So hat der Kunde die Bank von Pfändungen dieser Forderungen unverzüglich zu informieren. Ebenso ist der Pfändungsgläubiger **unverzüglich schriftlich** von dem Sicherungsrecht der Bank zu unterrichten. 6.479

Der Bankkunde ist im übrigen verpflichtet, der Bank auf Verlangen alle Auskünfte, Nachweise und Urkunden zu geben, die zur Prüfung, Bewertung und zur Geltendmachung der abgetretenen Forderungen erforderlich sind. Beim Einsatz von EDV-Anlagen hat der Bankkunde die erforderlichen Belege auszudrucken. Soweit der Ausdruck nicht vorgenommen wird, sind der Bank die hierfür erforderlichen Datenträger und EDV-Programme auszuhändigen, damit sie selbst die Ausdrucke erstellen kann. 6.480

Verweigert der Sicherungsgeber die Herausgabe der von ihm geschuldeten Bestandsliste, so kann die Bank ihn im Wege der einstweiligen Verfügung auf Auskunft in Anspruch nehmen (§ 935 ZPO). Diese Auskunft hat an einen Sequester zu erfolgen, der die Drittschuldner über die Zession zu informieren hat. Die Auskunft muß Namen und Anschrift der Drittschuldner, den jeweiligen Forderungsbetrag sowie den jeweiligen Rechnungs- und Fälligkeitstag enthalten und einen Hinweis darauf, ob die betreffende Forderung streitig ist[676]. 6.481

Der Bankkunde gestattet schließlich der Bank, zur Prüfung, Bewertung und Geltendmachung der abgetretenen Forderungen seine Unterlagen einzusehen oder durch einen Bevollmächtigten einsehen zu lassen. 6.482

6. Sicherheitenfreigabe

In den formularmäßigen Zessionsverträgen wird ausdrücklich bestimmt, daß die Bank nach ihrer Befriedigung hinsichtlich der Darlehensforderung die ihr abgetretenen Forderungen an den Kunden als Sicherungsgeber zurückübertragen und einen etwaigen Übererlös aus der Verwertung herausgeben wird[677]. 6.483

---

676 OLG Rostock WM 1998, 1530, 1531.
677 Zu dieser Herausgabepflicht vgl. BGH WM 1995, 608, 609.

6.484 Sofern die Bank ausnahmsweise die Sicherheit an einen Dritten zu übertragen hat, ist die **Rückgewährspflicht ausgeschlossen**. Diese Klausel kommt z.B. zum Tragen, wenn der Sicherungsgeber wie im Regelfall zugleich der kreditnehmende Bankkunde ist und ein Bürge die Bank befriedigt hat. Hier hat die Bank nichtakzessorische Sicherheiten wie sicherungshalber abgetretene Forderungen in entsprechender Anwendung des § 401 Abs. 1 BGB auf den zahlenden Bürgen zu übertragen[678].

6.485 Dem Sicherungsgeber steht somit ein **schuldrechtlicher Rückübertragungsanspruch** zu[679]. Denn die Bestellung solcher fiduziarischen Sicherheiten, wie sie auch die Sicherungszession darstellt, erfolgt üblicherweise ohne die Vereinbarung einer auflösenden Bedingung[680]. Bei Wegfall der gesicherten Forderung fällt daher die Sicherheit nicht automatisch an den Sicherheitenbesteller zurück. Eine nur auflösend bedingte Sicherungsübertragung würde zwar den Sicherungsgeber besser vor treuwidrigen Verfügungen des Sicherungsnehmers (§ 161 BGB) schützen. Sie würde für den Sicherungsgeber während der Schwebezeit ein Anwartschaftsrecht auf Rückerwerb der sicherungshalber abgetretenen Forderungen begründen. Dieses Anwartschaftsrecht könnte der Bankkunde als Sicherungsgeber zudem im Wege der Anschlußzession an eine andere kreditgebende Bank wirtschaftlich nutzen. Die Gestaltung der Sicherungszession als auflösend bedingte Übertragung von Forderungen ist indes nicht zwingend geboten. Die übliche unbedingte Abtretung der als Sicherung dienenden Forderungen ist dem BGH[681] zufolge nicht zu beanstanden, weil sie dem anerkennenswerten Sicherungsinteresse der Kreditinstitute entspricht. Es gelten insoweit dieselben Bewertungsmaßstäbe wie für die Sicherungsübereignung.

a) Anspruch auf Teilfreigabe der sicherungszedierten Forderungen

6.486 Von der Pflicht zur Rückübertragung der abgetretenen Forderungen nach endgültiger Rückführung des gesicherten Kredites ist die Pflicht zur Teilfreigabe der zedierten Außenstände des Sicherungsgebers bei Übersicherung der Bank zu unterscheiden. Diese Übersicherung kann eine unangemessene Benachteiligung des Sicherungsgebers im Sinne der Generalklausel des AGB-Gesetzes (§ 9) darstellen[682]. Das legitime Sicherungsinteresse der Bank ist deshalb gegen das Interesse des Sicherungsgebers an der

---

678 *Palandt/Heinrichs*, § 401 Rn 4.
679 BGH WM 1984, 357, 358.
680 Vgl. BGH WM 1984, 357, 358 m.w.Nachw.
681 WM 1984, 357, 358; 1994, 414, 416.
682 BGH WM 1994, 414, 416; 419, 420.

Erhaltung seiner wirtschaftlichen Bewegungsfreiheit abzuwägen[683]. Nach der Entscheidung des Großen Zivilrechtssenats des BGH vom 27. November 1997 hat der **Sicherungsgeber ein schutzwürdiges Interesse** daran, über die Sicherungsgegenstände, die die Bank nicht benötigt, schnell frei verfügen zu können[684].

Das Problem einer **Übersicherung** beschränkt sich von vornherein auf die nicht-akzessorischen Sicherheiten in Gestalt der Sicherungszession, Sicherungsübereignung und der Sicherungsgrundschuld. Bei der Bürgschaft und dem Pfandrecht an beweglichen Sachen, Forderungen und Grundstücken (Hypotheken) als akzessorische Sicherheiten kann es infolge ihrer Akzessorietät zu keiner Übersicherung kommen[685].

6.487

Solche Übersicherungen sind nicht nur häufig bei der Sicherungsübereignung von Warenlagern mit wechselndem Bestand, sondern auch **bei globaler Abtretung** von Außenständen des Sicherungsgebers anzutreffen. Bei diesen „revolvierenden" Globalsicherheiten muß dem zessionsrechtlichen Bestimmbarkeitsgrundsatz zweifelsfrei Rechnung getragen werden[686].

6.488

b) Vermeidung einer unangemessenen Übersicherung durch Freigabeanspruch

Nach einhelliger Meinung in Rechtsprechung und Schrifttum wird eine **nachträgliche Übersicherung** dadurch vermieden, daß der Sicherungsgeber die Freigabe der Sicherheiten bei Erreichung einer die beiderseitigen Interessen berücksichtigenden konkreten Deckungsgrenze verlangen kann[687]. Eine solche **Freigabeverpflichtung** der Bank ist in den AGB der Kreditwirtschaft enthalten (Nr. 16 Abs. 2 AGB Banken). Danach hat die Bank auf Verlangen des Kunden Sicherheiten nach ihrer Wahl zurückzugeben, wenn der realisierbare Wert aller Sicherheiten die Deckungsgrenze nicht nur vorübergehend (dauerhaft) übersteigt. Mangels besonderer Absprachen mit dem Kreditnehmer ist mit dieser Deckungsgrenze der Gesamtbetrag aller Ansprüche aus der bankmäßigen Geschäftsverbindung gemeint (Nr. 16 Abs. 1 AGB Banken).

6.489

---

683 BGH WM 1989, 1086, 1088; vgl. weiter *Ganter*, ZIP 1994, 257, 258; *Bunte* in Bankrechts-Handbuch, § 21 Rn 1, 20.
684 WM 1998, 227, 230.
685 *Ganter*, ZIP 1994, 257.
686 BGH WM 1986, 1545, 1547; *Weber*, WM 1994, 1549, 1559; *Bunte* in Bankrechts-Handbuch, § 21 Rn 20.
687 BGH WM 1985, 605; 1986, 1545; 1990, 1389; 1991, 1499; 1993, 139, 140; *Ulmer/Brandner/Hensen*, Anh. §§ 9–11, Rn 658.

6.490 Dieser **AGB-Klausel** kommt allerdings nur eine **sekundäre Bedeutung** zu. Regelmäßig werden in den einzelnen Sicherstellungsverträgen besondere auf die jeweiligen Sicherheiten bezogene Deckungsgrenzen oder andere Grenzen für die Freigabe von Sicherheiten vorgesehen, die als Individualabsprache Vorrang haben (Nr. 16 Abs. 3 AGB)[688], sofern sie den Anforderungen der BGH-Rechtsprechung an die Wirksamkeit von Freigabeklauseln entsprechen.

6.491 Nach der Entscheidung des Großen Zivilrechtssenats des **BGH** vom 27. 11. 1997 bedarf es allerdings **keiner solchen ausdrücklichen Freigabeklausel.** Der Sicherungsgeber hat vielmehr bei einer Übersicherung einen **Freigabeanspruch** auch dann, wenn der Sicherungsvertrag keine oder eine vom Ermessen der Bank abhängige Freigabeverpflichtung enthält. Dieser Freigabeanspruch des Sicherungsgebers ergibt sich im Wege der Auslegung des Sicherungsvertrages aus dem fiduziarischen Charakter der Sicherungsabrede sowie der Interessenlage der Vertragsparteien (§ 157 BGB)[689]. Werden Sicherheiten dauerhaft nicht mehr benötigt, ist ein weiteres Verbleiben bei der Bank ungerechtfertigt. Sodann ist eine (Teil)Freigabe zwingend erforderlich und steht deshalb auch nicht im Ermessen der Bank[690]. Soweit die Freigabe in das Ermessen der Bank gestellt ist, tritt an die Stelle der unwirksamen Freigabeklausel die **ermessensunabhängige Freigabeverpflichtung der Bank** aus dem Sicherungsvertrag[691].

6.492 Wie bei der formularmäßigen Sicherungsübereignung – Rn 2.691, 6.393 – bedarf es in dem Zessionsvertrag keiner zahlenmäßig bestimmten Deckungsgrenze für die Freigabeverpflichtung der Bank, noch einer Klausel für die Bewertung der hereingenommenen Sicherungsgegenstände[692]. Vielmehr sind für die Konkretisierung des Freigabeanspruchs die vom Großen Zivilrechtssenat des BGH entwickelten Grundsätze auf den zu entscheidenden Sachverhalt anzuwenden.

6.493 Mangels Vereinbarung einer angemessenen Deckungsgrenze beträgt diese Grenze bezogen auf den realisierbaren Wert der Sicherungsgegenstände 110% der gesicherten Forderungen. Hierbei sind die Kosten der Verwaltung und der Verwertung der Sicherheiten bereits berücksichtigt. Ein weiterer Aufschlag auf die Deckungsgrenze zur Abdeckung von Unsicherheiten bei Verwertung der Sicherungsgegenstände oder von Zinsen ist nach Auffassung des Großen Zivilrechtssenats des BGH nicht anzuerken-

---

688 *Merkel*, WM 1993, 725, 732.
689 WM 1998, 227, 229.
690 GrSZ WM 1998, 227, 229.
691 GrSZ WM 1998, 227, 230.
692 GrSZ WM 1998, 227, 230.

nen. Die Gefahr eines Mindererlöses muß vielmehr bei der Ermittlung des realisierbaren Sicherungswertes berücksichtigt werden[693]. Auch ohne ausdrückliche Vereinbarung einer **zulässigen Deckungsgrenze** ist also der Sicherheitenbestellungsvertrag wirksam.

Die angemessene Deckungsgrenze von 110% kann schließlich nicht durch eine Klausel ersetzt werden, die die Freigabe in das Ermessen der Bank stellt. Eine solche Regelung würde den Sicherungsgeber unangemessen im Sinne der Generalklausel des § 9 Abs. 1 AGBG benachteiligen[694]. Die Unwirksamkeit dieser Ermessensklausel führt jedoch nicht zur Gesamtnichtigkeit des Sicherungsvertrages. Vielmehr tritt an die Stelle der unwirksamen Klausel die Deckungsgrenze von 110%, mithin der Rechtszustand, der ohne die nichtige Klausel besteht (§ 6 Abs. 2 AGBG)[695]. 6.494

c) Bewertung der Sicherheiten

Die bloße Festlegung einer Deckungsgrenze von 110% der gesicherten Forderung ist nach der Entscheidung des Großen Zivilrechtssenats des BGH weder sach- noch praxisgerecht[696]. Zur kurzfristigen Durchsetzung des Freigabeanspruchs, der den Sicherungsgeber vor einer unangemessenen Einschränkung seiner wirtschaftlichen Bewegungsfreiheit schützen soll, wird vielmehr eine **Orientierungshilfe für diese Bewertung** benötigt[697]. Anderenfalls hätte der Freigabeanspruch keine nennenswerte praktische Bedeutung. Wäre die Einholung eines kosten- und zeitaufwendigen Sachverständigen-Gutachtens in fast jedem Streitfall erforderlich, würde dies den Sicherungsgeber regelmäßig davon abhalten, seinen Freigabeanspruch geltend zu machen. Das Hauptproblem des Freigabeanspruchs des Sicherungsgebers liegt deshalb in einer sach- und praxisgerechten Erleichterung der Bewertung der bestellten Sicherheiten[698]. Dabei sind alle der Bank bestellten Sicherheiten zu berücksichtigen (Nr. 16 Abs. 2 S. 1 AGB Banken) – Rn 2.688 f. 6.495

Die Schwierigkeit, eine Übersicherung der Bank **beweisen zu müssen,** läßt sich auch nicht durch die Vereinbarung allgemein gültiger, branchenunabhängiger Maßstäbe für die Bewertung des Sicherungsgebers bei Ein- 6.496

---

693 WM 1998, 227, 232, 233; *Ganter,* WM 1996, 1705, 1710.
694 GrSZ WM 1998, 227, 231.
695 GrSZ WM 1998, 227, 233; 1280, 1281; 1997, 750, 758.
696 WM 1998, 227, 234.
697 *Pfeiffer,* WM 1995, 1565, 1567; *Rellermeyer,* WM 1994, 1009; *Saenger,* ZBB 1998, 174, 176.
698 *Saenger,* ZBB 1998, 174, 180, 181.

tritt des Verwertungsfalles ausräumen[699]. Der Sicherungsvertrag läßt sich deshalb auch nicht durch Auslegung um solche Maßstäbe ergänzen[700].

6.497 Im Gegensatz zur Deckungsgrenze ist der bei **Eintritt des Sicherungsfalles zu realisierende Wert** des Sicherungsgutes keine vertragsimmanente Größe, sondern vom Sicherungsvertrag losgelöst. Dieser Wert bestimmt sich vielmehr entscheidend nach den Verhältnissen bei Eintritt des Sicherungsfalles, also insbesondere bei Insolvenz des Schuldners.

6.498 **Bei Globalzessionen** ergibt sich die besondere Schwierigkeit, daß die erfaßten Forderungen vielfach noch nicht bei Abschluß des Sicherungsvertrages existent sind. Der bei Eintritt des Sicherungsfalles realisierbare Wert abgetretener Forderungen hängt aber entscheidend von der Bonität der Drittschuldner ab. Solche künftigen Forderungen gegen nicht bekannte Drittschuldner lassen sich deshalb nicht im voraus bewerten[701].

6.499 Wie bei der Sicherungsübereignung können auch bei der Globalzession **keine festen Maßstäbe für die Bewertung** des Sicherungsgutes vereinbart werden. Soll sich der Sicherungsgeber mit dem Freigabeanspruch vor einer unangemessenen Einschränkung seiner wirtschaftlichen Bewegungsfreiheit schützen können, so müssen ihm einfache Vermutungs- und Beweislastregeln zum Nachweis der Übersicherung der Bank zur Verfügung stehen. Nach der Entscheidung des Großen Zivilrechtssenats des BGH vom 27. November 1997 läßt sich aus §§ 232 ff. BGB die widerlegliche Vermutung ableiten, daß dem Sicherungsinteresse der Bank durch einen Abschlag eines Drittels vom Nennwert abgetretener Forderungen ausreichend Rechnung getragen wird. Denn bei Verpfändung geeigneter Sachen kann hiermit nach § 237 S. 1 BGB Sicherheit nur in Höhe von zwei Dritteln des Schätzwertes geleistet werden. Der regelmäßige Sicherungswert ist deshalb bei beweglichen Sachen durch Anknüpfung an den Schätzwert (Rn 6.406) und bei abgetretenen Forderungen an den Nennwert (Rn 2.718) zu bemessen, wobei ein pauschaler Risikoabschlag von einem Drittel vorzunehmen ist[702]. Zur Ermittlung des realisierbaren Wertes der abgetretenen Forderungen ist vom Nennwert der in den Bestandslisten als abgetreten gemeldeten Forderungen auszugehen[703]. Hiervon werden in der Praxis zunächst solche Forderungen abgesetzt, bei denen die Abtretung ausgeschlossen oder von der Zustimmung der Dritt-

---

699 WM 1998, 227, 235.
700 GrSZ WM 1998, 227, 233; vgl. weiter BGH WM 1994, 1283, 1284.
701 BGH WM 1995, 1264; 1997, 750, 759; 1197, 1202.
702 GrSZ WM 1998, 227, 234; vgl. weiter *Lwowski*, FS Schimansky, 1999, S. 400 ff., 431.
703 GrSZ WM 1998, 227, 234.

schuldner abhängig gemacht worden ist und bei denen diese Zustimmung nicht vorliegt[704]. Nach § 354a HGB ist zwar die Abtretung trotz ihres Ausschlusses wirksam, wenn das die Forderung begründende Rechtsgeschäft für beide Teile ein Handelsgeschäft oder der Schuldner eine juristische Person des öffentlichen Rechts oder ein öffentlich-rechtliches Sondervermögen ist. Der Schuldner kann jedoch mit befreiender Wirkung an den bisherigen Gläubiger leisten (§ 354a S. 2 HGB). In dieser Schuldbefreiung liegt ein erhebliches Risiko der Bank als Sicherungsnehmer[705].

Nach der Rechtsprechung steht es im **freien Belieben des Schuldners**, ob er sich auf § 354a S. 2 HGB beruft. Selbst nach Offenlegung der Abtretung und in Kenntnis der Insolvenz des bisherigen Gläubigers sowie der Tatsache, daß der Insolvenzverwalter die Forderung an den neuen Gläubiger zum Einzug frei gegeben hat, kann der Schuldner mit befreiender Wirkung an den bisherigen Gläubiger als Gemeinschuldner leisten oder ihm gegenüber aufrechnen. Die Berufung auf § 354a S. 2 HGB kann dem Schuldner nach Treu und Glauben oder wegen Rechtsmißbrauchs jedoch dann versagt sein, wenn er sich ohne jedes eigene Interesse ausschließlich zum Nachteil des neuen Gläubigers entscheidet[706].

6.500

Unberücksichtigt bleiben auch **Forderungen**, die wegen der dinglichen Verzichtsklausel mit Rücksicht auf branchenüblich verlängerte Eigentumsvorbehalte nicht an die Bank abgetreten worden sind. Dasselbe gilt für Forderungen, denen aufrechenbare Forderungen gegenüberstehen oder die einredebehaftet sind, weil die zugrunde liegenden Lieferungen und Leistungen nicht, nicht vollständig oder nicht mangelfrei erbracht worden sind[707].

6.501

Absetzbar dürften auch **Forderungen** sein, bei denen die Rechtswirksamkeit der Abtretung im Hinblick auf den Sitz des Drittschuldners im Ausland und die Geltung ausländischen Rechts von der Bank mit vertretbarem Aufwand nicht festgestellt werden kann. Deshalb sind Auslandsforderungen als Instrument der Kreditsicherung in weiten Bereichen schon unter Kostengesichtspunkten ungeeignet[708]. In Zweifelsfällen (z.B. bei Auslandsforderungen) ist die Bank berechtigt, die jeweiligen Forderun-

6.502

---

704 Zur Unwirksamkeit der Abtretung von Steuererstattungsansprüchen, wenn sie nicht sicherungs-, sondern erfüllungshalber geschieht vgl. FG Berlin WM 1998, 1017, 1018; vgl. weiter *Nobbe*, FS Schimansky, 1999, S. 431, 450 für Lohn- und Gehaltszessionen.
705 *Herget* in Bankrecht und Bankpraxis, Rn 4/784; vgl. weiter *Wagner*, WM 1996, Sonderbeilage Nr. 1; vgl. weiter *Karsten Schmidt*, FS Schimansky, 1999, S. 503 ff. zur Rechtsfolgenseite des § 354a HGB.
706 LG Hamburg WM 1999, 428.
707 *Ganter*, WM 1996, 1705, 1709.
708 *Bette*, WM 1997, 797, 802.

gen an den Sicherungsgeber zurückzuübertragen. Der Bewertungsabschlag von einem Drittel gemäß § 237 S. 1 BGB führt bei Globalzessionen dazu, daß dem Sicherungsgeber ein Freigabeanspruch regelmäßig erst zusteht, wenn der Nennwert der sicherungshalber zedierten Forderungen, soweit sie zu berücksichtigen sind und andere Sicherheiten nicht zur Verfügung stehen, 150% der gesicherten Forderung ausmacht.

6.503 Der Zuschlag von 50% kann nach der Entscheidung des Großen Zivilrechtssenats vom 27. 11. 1997 nur eine Orientierungshilfe darstellen. Dies um so mehr, als die §§ 232 ff. BGB nicht auf Globalabtretungen zugeschnitten sind und keine für alle Sachverhalte passende Regelung enthalten. Aus der Bewertungsvorschrift des § 237 Abs. 1 S. 1 BGB kann aber eine widerlegliche Vermutung abgeleitet werden, daß derjenige, der behauptet, ein Abschlag von einem Drittel oder eine Freigabegrenze von 150% – bezogen auf den Nennwert von Forderungen – sei im Streitfalle unangemessen, dies substantiiert darzulegen oder zu beweisen hat. Dies gilt auch dann, wenn der Abschlag bzw. die Deckungsgrenze in dem formularmäßigen Sicherungsvertrag ohne Rücksicht auf die konkrete Risikolage anders festgelegt worden ist (§ 9 AGBG).

6.504 Die Maßgeblichkeit dieses gesetzlichen Abschlages läßt sich nicht schon mit dem allgemeinen Vorbringen entkräften, bei der Verwertung von Sicherungsgut werde oft nur die Hälfte des Verkehrswertes erzielt[709]. Zur Durchsetzung eines von § 237 S. 1 BGB **abweichenden Bewertungsabschlags** sind deshalb hierfür konkrete (Erfahrungs-)Tatsachen nachzuweisen[710].

7. Verwertung der abgetretenen Forderungen

6.505 Im Regelfall erfolgt die Verwertung der abgetretenen Forderungen **durch** deren **Einziehung.** Hierdurch tritt der vom Drittschuldner empfangene Betrag, den die Bank zur Abdeckung ihrer Forderung zu verwenden hat, an die Stelle der Sicherheit in Gestalt der abgetretenen Forderung. Diese Verwertungsart entspricht der vergleichbaren gesetzlichen Regelung für die Bestellung eines Pfandrechts an einer Forderung. Nach Eintritt der Pfandreife, die die Fälligkeit der gesicherten Forderung voraussetzt (§ 1228 Abs. 2 S. 1 BGB), ist der Pfandgläubiger zur Einziehung der Forderung berechtigt und kann der Drittschuldner nur an ihn leisten (§ 1282 Abs. 1 S. 1 BGB)[711]. Für die Verwertung eines Forderungspfandrechts trifft § 1282 BGB somit eine von § 1277 S. 1 BGB abweichende Regelung,

---

709 GrSZ WM 1998, 227, 235.
710 GrSZ WM 1998, 227, 235.
711 Vgl. RGZ 97, 35, 39.

wonach der Pfandgläubiger seine Befriedigung aus dem verpfändeten Recht nur aufgrund eines Titels nach den für die Zwangsvollstreckung geltenden Regeln suchen kann[712].

a) Voraussetzung für Offenlegung der Zession
aa) Rücksichtnahmepflicht der Bank

Die **Verwertung** der abgetretenen Forderung durch Einziehung steht **nicht im freien Ermessen der Bank.** Denn sie ist zwangsläufig mit einer Offenlegung der bisher dem Drittschuldner nicht bekanntgegebenen („stillen") Zession verbunden. Eine solche **Offenlegung** kann weitreichende Folgen für den Kreditnehmer als Schuldner der gesicherten Forderung haben. Hierdurch kann seine Kreditwürdigkeit in Frage gestellt werden, weil sie für Dritte die Nichterfüllung einer bestehenden Verbindlichkeit signalisiert und Zweifel an der Vertragstreue des Kreditnehmers oder an seiner wirtschaftlichen Leistungsfähigkeit fördert[713]. Die Bank muß daher berücksichtigen, daß die Abnehmer ihres Bankkunden zum Abbruch der Geschäftsbeziehung geneigt sein könnten, wenn auch nur geringe Zweifel an der finanziellen Leistungsfähigkeit und damit an der Lieferfähigkeit des Bankkunden begründet werden. Die **Rücksichtnahmepflicht** ergibt sich dabei aus Nr. 17 Abs. 1 S. 2 AGB Banken.

6.506

Insoweit unterscheidet sich die Offenlegung einer stillen Zession von der Anzeige der Forderungsverpfändung an den Drittschuldner. Diese Anzeige ist für das Wirksamwerden der Verpfändung erforderlich (§ 1280 BGB) und kann daher nicht ohne weiteres als Ausdruck einer kritischen Situation oder mangelnder Vertragstreue des Bankkunden verstanden werden.

6.507

bb) Ankündigung der Verwertung

Das BGB (§§ 1234, 1273 Abs. 2) sieht für die Verwertung verpfändeter Gegenstände regelmäßig die **vorherige Androhung** und die **Einhaltung bestimmter Fristen** vor. Der zugrunde liegende Rechtsgedanke liegt auch bei der Sicherungszession vor. In eher noch höherem Maße als der Verpfänder hat der Schuldner bei einer stillen Zession ein dringendes Interesse, rechtzeitig vor Offenlegung und Einziehung benachrichtigt zu werden.

6.508

Nach einer Entscheidung des BGH[714], der die Sicherungsabtretung aller gegenwärtigen und künftigen Forderungen aus einem bestimmten Arbeitsverhältnis zugrunde lag, kann daher eine „Globalzession" formular-

6.509

---
712 *Staudinger/Wiegand*, § 1282 Rn 1.
713 BGH WM 1992, 1359, 1360; LG Stuttgart WM 1996, 154, 156.
714 BGH WM 1989, 1086, 1088; 1992, 1359, 1360; 1994, 1613, 1614.

mäßig und damit kraft AGB nur vereinbart werden, wenn darin neben Zweck und Umfang der Abtretung auch die Voraussetzungen, unter denen der Verwender von der Zession Gebrauch machen darf, hinreichend eindeutig und in einer Weise bestimmt werden, die zu einem vernünftigen, die schutzwürdigen Belange des Kunden angemessen berücksichtigenden Interessenausgleich führen. Zur Wahrung des Interesses des Kreditnehmers gehört nach dem BGH die grundsätzliche Verpflichtung der Bank, dem Kreditnehmer eine Verwertung der abgetretenen Forderung so rechtzeitig vorher anzukündigen, daß der Schuldner noch Einwendungen gegen die Verwertungsbefugnis vorbringen, zumindest aber sich bemühen kann, die ihm drohenden weitreichenden Folgen einer Offenlegung dadurch abzuwenden, daß er die fälligen Beträge der gesicherten Forderung bezahlt[715]. Die hiermit verbundene Verpflichtung des Sicherungsnehmers, von der Abtretung erst im Sicherungsfall Gebrauch zu machen, ist nach § 137 S. 2 BGB wirksam[716]. Bei der Ausgestaltung der Verwertungsklausel liegt es nach der vorerwähnten Entscheidung des BGH näher, daß die **Verwertungsbefugnis** nicht schon bei Fälligkeit der gesicherten Forderung gegeben ist, sondern den Zahlungsverzug und damit ein Verschulden des Schuldners voraussetzt. Auch hat es der BGH beanstandet, wenn eine Lohnzession keinerlei zeitliche und sachliche Einschränkungen, insbesondere hinsichtlich der Höhe des Zahlungsrückstandes enthält und damit schon ein geringer Betrag für die Verwertung der sicherungsabgetretenen Forderung ausreichen sollte[717].

6.510 Diese Rechtsprechung zur Lohnzession läßt sich nicht ohne weiteres auf die typische Globalzession übertragen, bei der Ansprüche gegen eine Vielzahl von Drittschuldnern still abgetreten werden. Im Fall einer wirtschaftlichen Krise entspricht es dem legitimen Interesse der kreditgebenden Bank, so schnell wie möglich ihre Sicherheit zu schützen. Dies kann zuverlässig nur durch die Offenlegung der Zession geschehen. Anderenfalls werden die von den Drittschuldnern zu leistenden Beträge mit schuldbefreiender Wirkung (§ 407 Abs. 1 BGB) unmittelbar an den Kreditnehmer oder auf dessen Girokonto bei anderen Banken gezahlt mit der Folge, daß die abgetretenen Forderungen ohne Gegenwert verloren sind[718].

6.511 Bei der **typischen Globalzession** mit einer Vielzahl von Drittschuldnern dürfte regelmäßig auch nicht ausreichen, daß sich die Bank das Recht ausbedingt, die Befugnis des Kreditnehmers zur Forderungseinziehung zu

---

715 BGH WM 1992, 1359, 1361; 1994, 1613, 1614.
716 BGH WM 1993, 738, 739.
717 BGH WM 1992, 1359, 1361.
718 Vgl. OLG Frankfurt WM 1992, 1018, 1022.

widerrufen. Denn zieht der Kreditnehmer die abgetretenen Forderungen gleichwohl ein, so leistet der Drittschuldner auch hier mit befreiender Wirkung (§ 407 Abs. 1 BGB). So ist nach dem BGH **bei fristloser Kündigung** des Kreditverhältnisses die Offenlegung der Zession ohne Ankündigung im allgemeinen unbedenklich, weil sodann sein Anspruch auf laufende Ergänzung des Bestandes der abgetretenen Forderung erloschen ist[719]. Dasselbe dürfte für die Fälle gelten, daß die Bank den Kredit zwar noch nicht gekündigt hat, aber die Voraussetzungen hierfür gegeben sind oder eine Insolvenz nahe bevorsteht[720]. Denn nach der Lebenserfahrung ist die Gefahr, daß Sicherungsgeber insbesondere in wirtschaftlicher Bedrängnis unberechtigt über das Sicherungsgut verfügen, erheblich höher einzuschätzen, als die Gefahr, daß die Kreditinstitute treuwidrig darüber verfügen[721].

b) Aushändigung von Blankobenachrichtigungsschreiben

Zur Vorbereitung dieser Offenlegung hat sich der Bankkunde als Sicherungsgeber üblicherweise zu verpflichten, auf Anfordern der Bank von ihm zu unterzeichnende Blankobenachrichtigungsschreiben zur Unterrichtung der Drittschuldner über die Abtretung auszuhändigen. Die Bank ist im übrigen berechtigt, diese vom Bankkunden unterschriebenen Blankobenachrichtigungsschreiben zu vervielfältigen. 6.512

Diese **Formularklausel** erklärt sich aus der gesetzlichen Regelung des Schutzes des Drittschuldners bei einer Zession (§§ 407, 409, 410 BGB). Zahlungen des Drittschuldners an den Zedenten haben nur so lange schuldbefreiende Wirkung, als der Schuldner keine Kenntnis von der Abtretung erlangt hat (§ 407 Abs. 1 BGB). Für die Vermeidung einer solchen schuldbefreienden Leistung reicht es schon aus, wenn der Drittschuldner von der Abtretung glaubhaft unterrichtet wird, also gegebenenfalls durch eine telefonische Benachrichtigung durch die Bank[722]. **Ausreichend** ist stets eine **Zessionsanzeige** durch den Bankkunden im Sinne des § 409 BGB[723]. Nach dieser Vorschrift hat eine Zahlung des Drittschuldners an den Zessionar auch dann eine schuldbefreiende Wirkung, wenn die angezeigte Abtretung unterblieben oder nicht wirksam ist (§ 409 Abs. 1 S. 1 BGB). Diese Zessionsanzeige ist eine rechtsgeschäftliche Er- 6.513

---

719 BGH WM 1963, 507, 508; 962, 963.
720 Vgl. BGH WM 1963, 962, 963; *Scholz/Lwowski*, Das Recht der Kreditsicherung, 7. Aufl., 1994, Rn 689.
721 BGH WM 1984, 357, 359.
722 *Scholz/Lwowski*, Das Recht der Kreditsicherung, 7. Aufl., 1994, Rn 690 m.w.Nachw.
723 Münchener Komm. zum BGB/*Roth*, § 407 Rn 14.

6. Teil: Kreditsicherung

klärung, die vom wahren Gläubiger abgegeben sein muß[724]. Sie bedarf keiner Form und kann daher auch mündlich erfolgen[725].

6.514 Diesen Anforderungen genügen die vom Bankkunden unterzeichneten Blankobenachrichtigungsschreiben auch insoweit, als sie aufgrund der mit ihm getroffenen Abrede vervielfältigt worden sind[726]. Der Drittschuldner ist im übrigen dem Zessionar gegenüber zur Leistung nur gegen Aushändigung einer vom bisherigen Gläubiger über die Abtretung ausgestellten Urkunde verpflichtet (§ 410 Abs. 1 S. 1 BGB). Nach herrschender Meinung kann dieses Leistungsverweigerungsrecht des Drittschuldners durch eine fotokopierte Zessionsurkunde ausgeräumt werden[727]. Eine öffentliche Beglaubigung der Abtretungsurkunde kann nach allgemeiner Meinung nicht verlangt werden.

c) Ermessensspielraum bei Einziehung

6.515 Die formularmäßigen Sicherungsverträge räumen der Bank die üblichen Befugnisse bei der Einziehung ein. So darf die Bank alle Möglichkeiten und Vereinbarungen mit dem Drittschuldner treffen, die zur Realisierung der abgetretenen Forderung erforderlich sind. Insbesondere darf die Bank Stundungen und Nachlässe gewähren und Vergleiche abschließen. Auch kann die Bank vom Sicherungsgeber verlangen, für sie die Forderungen einzuziehen.

---

724 BGH WM 1987, 434, 437 m.w.Nachw.
725 *Palandt/Heinrichs*, § 409 Rn 3.
726 *Scholz/Lwowski*, Das Recht der Kreditsicherung, 7. Aufl., 1994, Rn 690.
727 BAG NJW 1968, 2078; *Soergel/Zeiss*, § 410 Rn 1; kritisch dagegen Münchener Komm. zum BGB/*Roth*, § 410 Rn 5.

6. Abschnitt
Sicherheiten-Poolverträge[728]

I. Erscheinungsformen

Mit Sicherheiten-Poolverträgen werden in der Praxis **unterschiedliche Zwecke verfolgt.** In allen Fällen werden jedoch die mehreren Gläubigern eines Kreditnehmers bestellten Sicherheiten durch einen Vertrag zusammengefaßt, damit sie zur anteiligen Befriedigung zur Verfügung stehen. 6.516

Außer den hier näher behandelten Sicherheiten-Poolverträgen der Kreditinstitute werden derartige Verträge vor allem von Warenlieferanten, teilweise unter zusätzlicher Beteiligung von Kreditversicherern, geschlossen. Bei diesen **Lieferanten-Poolverträgen** handelt es sich dabei dem Zweck nach um Verwertungs-Pools. 6.517

Hauptgrund für den Abschluß von Lieferanten-Poolverträgen ist die typische Situation, daß mehrere Vorbehaltslieferanten gleichartige Ware unter Vereinbarung eines verlängerten Eigentumsvorbehalts geliefert haben, die Ware aber im Lager des belieferten Unternehmens vermischt wurde oder keiner von ihnen beweisen kann, daß bei einer Weiterveräußerung der Ware vor Eröffnung des Insolvenzverfahrens gerade seine Ware verkauft und deshalb ihm die Forderung aus dem Weiterverkauf abgetreten wurde. Allerdings steht fest, daß alle in Frage stehenden Lagerbestände und Forderungen aus dem Weiterverkauf allein den Lieferanten zustehen können, die sich zum Poolvertrag zusammenschließen. Der Lieferanten-Poolvertrag dient somit in erster Linie dazu, Beweisschwierigkeiten hinsichtlich der Rechtsstellung der einzelnen Lieferanten zu lösen, die ihre Ursache im sachenrechtlichen Spezialitätsgrundsatz haben. 6.518

Teilweise werden auch gemischte Pools unter Beteiligung von Warenlieferanten und Banken gebildet. Der Zweck der Poolbildung besteht in diesen Fällen darin, eine Kollision zwischen einzelnen Sicherungsformen, insbesondere zwischen einer Globalzession der Kreditinstitute und dem verlängerten Eigentumsvorbehalt der Lieferanten aufzulösen[729]. 6.519

---

[728] *Martinek* in Bankrechts-Handbuch, § 97 ff. m.w.Nachw.; *Schröter/von Westphalen,* Sicherheiten-Poolverträge der Banken und Warenlieferanten, 1986; *Obermüller,* Insolvenzrecht in der Bankpraxis, 5. Aufl., 1997, Rn 6.122 ff.; *von Westphalen,* BB 1987, 1186; *May,* Der Bankenpool, 1989.

[729] *Martinek* in Bankrechts-Handbuch, § 97 Rn 9.

6.520 Dazu werden mitunter sog. **Sicherheitenabgrenzungsverträge** geschlossen, die insbesondere die Erlösverteilung zwischen den Gruppen der Sicherungsnehmer regeln. Aus der Sicht der Kreditinstitute bestehen hinsichtlich derartiger Verträge im wesentlichen deshalb Bedenken, weil ihr Nutzen in größerem Maße den Lieferanten und Kreditversicherern zugute kommt, ohne daß dies bei der Erlösverteilung immer angemessen berücksichtigt würde[730].

II. Wirtschaftliche Zwecke der Banken-Pool-Verträge

1. Finanzierungspools

6.521 Finanzierungspools werden typischerweise bei der **Kreditvergabe durch ein Bankenkonsortium** gebildet. Solche **Konsortialkredite** sind üblich, wenn das Kreditvolumen und das damit verbundene Risiko einem einzelnen Kreditinstitut zu groß erscheinen. Durch den Poolvertrag werden die regelmäßig zugunsten der einzelnen Kreditinstitute bestellten Sicherheiten für den Eintritt des Sicherungsfalles zugunsten aller beteiligten Banken gleichrangig bereitgehalten.

2. Sanierungspools

6.522 **Zweck** des Sanierungspools ist dagegen die Abwendung einer Krise des kreditnehmenden Unternehmens unter Aufrechterhaltung einer möglichst umfassenden Sicherung der beteiligten Kreditinstitute. Dieses Ziel wird durch die Zusammenfassung der Sicherheiten in einem Pool deswegen erreicht, weil dann nicht jede kreditgewährende Bank den üblichen Abschlag bei der Bewertung der ihr gestellten Sicherheiten vornimmt und daran die Zurverfügungstellung einer Kreditlinie bemißt. Durch die Teilnahme der gepoolten Sicherheiten wird eine Kollision zwischen ihnen ausgeschlossen, so daß mangels eines dafür erforderlichen Abschlags die vorhandenen Sicherheiten für die Mittelbeschaffung optimal genutzt werden können.

III. Bildung einer BGB-Gesellschaft

6.523 Mit dem Abschluß des Sicherheiten-Poolvertrages bilden die beteiligten Gläubiger eine BGB-Gesellschaft (§§ 705 ff. BGB)[731].

---

730 Vgl. *Schröter/von Westphalen*, Sicherheiten-Poolverträge der Banken und Warenlieferanten, 1986, S. 112 ff.
731 BGH WM 1988, 1784, 1785; *Martinek* in Bankrechts-Handbuch, § 97 Rn 20.

1. Gemeinsamer Zweck

Der gemeinsam verfolgte Zweck der Gesellschafter liegt in der **verein-** **fachten Verwaltung und Verwertung der bestellten Sicherheiten.** Die Abreden zwischen den beteiligten Banken erschöpfen sich daher nicht in einer Abgrenzung der Interessenbereiche, wie sie für die Bruchteilsgemeinschaft gemäß §§ 741 ff. BGB kennzeichnend ist. Vielmehr setzen die Banken die ihnen jeweils einzeln bestellten Sicherheiten für einen gemeinsamen Zweck ein, um neben der bestmöglichen, aber auch ausreichenden Sicherung der gewährten Kredite eine gleichrangige und gleichmäßige Befriedigung im Insolvenzfall zu erreichen, die bei individueller Rechtsverfolgung nicht im gleichen Maße gewährleistet wäre.

6.524

2. Keine Bildung von Gesamthandsvermögen

Bei **Banken-Poolverträgen** werden die den einzelnen Kreditinstituten durch den Schuldner bestellten Sicherheiten typischerweise nicht zu Gesamthandseigentum übertragen, sondern verbleiben den bisherigen Sicherungsnehmern[732]. Jedes beteiligte Kreditinstitut hält jedoch infolge des Abschlusses des Poolvertrages die jeweilige Sicherheit zugleich treuhänderisch für die übrigen Poolmitglieder.

6.525

Diese regelmäßige Gestaltung hindert indes nicht die rechtliche Einordnung des Pools **als BGB-Gesellschaft.** Für ihr Vorliegen ist die Bildung von Gesamthandsvermögen keine notwendige Voraussetzung[733]. Bei dem Sicherheiten-Pool der Banken handelt es sich daher um eine Innengesellschaft ohne gemeinsames Vermögen im Sinne von § 718 Abs. 1 BGB.

6.526

Werden dagegen im Zusammenhang mit dem Abschluß des Poolvertrages neue Sicherheiten bestellt, tritt im Regelfall allein die poolführende Bank als Sicherungsnehmerin auf. Da im Poolvertrag der Sicherungszweck aller bestehenden und künftigen Sicherheitenbestellungsverträge dahingehend bestimmt wird, daß sie nunmehr zur Sicherung sämtlicher Ansprüche aller Pool-Banken dienen, kommt die neubestellte Sicherheit auch den übrigen Pool-Banken zugute.

6.527

Die Vertragsgestaltung, daß die Pool-Banken die ihnen bestellten Sicherheiten lediglich treuhänderisch für die übrigen Pool-Mitglieder halten, erweist sich außer zur Vermeidung praktischer Schwierigkeiten bei der

6.528

---

732 *Schröter/von Westphalen,* Sicherheiten-Poolverträge der Banken und Warenlieferanten, 1986, S. 8 f.; *Martinek* in Bankrechts-Handbuch, § 97 Rn 22 ff.
733 *Staudinger/Keßler,* Vorbem. zu § 705 Rn 86.

Übertragung von Grundpfandrechten vor allem im Hinblick auf akzessorische Sicherheiten als vorteilhaft. Die Bestellung der akzessorischen Bürgschaft oder eines Pfandrechts zugunsten des gesamten Forderungsbestandes nur an ein Poolmitglied wäre nur möglich, wenn diesem zuvor alle zu sichernden Kreditforderungen übertragen würden. Diese akzessorischen Sicherheiten können nur dem **Gläubiger der gesicherten Forderung** und keinem sonstigen Dritten bestellt werden; Forderungsgläubiger und Sicherheitenerwerber sind kraft Gesetzes (§ 401 BGB) identisch (vgl. §§ 765 Abs. 1, 1205 Abs. 1 S. 1 BGB).

6.529 Dieses Erfordernis der personenmäßigen Identität schafft auch außerhalb von Poolverträgen Schwierigkeiten, wenn der Kredit von mehreren Banken gewährt wird, also eine entsprechende Vielzahl von Kreditforderungen zu besichern ist, die Sicherheit jedoch aus Vereinfachungsgründen nur einer Bank übertragen werden soll. Diese Fallkonstellation ist typisch für die Kreditgewährung durch ein **Bankenkonsortium**; hier soll nur die konsortialführende Bank die Sicherheit erwerben und für die anderen Konsortialbanken treuhänderisch halten und verwalten.

IV. Saldenausgleichsvereinbarung

6.530 Sicherheiten-Poolverträge enthalten mitunter eine **Saldenausgleichsvereinbarung**. Danach haben alle Poolpartner jederzeit oder zu einem bestimmten Stichtag (z.B. zum Beginn der Sicherheitenverwertung) ihre die einzelnen Kreditlinien nicht übersteigenden Forderungen gegen den Kreditnehmer durch Überträge untereinander so auszugleichen, daß eine prozentuale gleich hohe Inanspruchnahme der Kreditlinien herbeigeführt wird. Je nach Ausnutzung der verschiedenen Kreditlinien durch den Kreditnehmer kann die Vornahme des Saldenausgleichs beim einzelnen Kreditinstitut eine Erhöhung oder Verminderung der ursprünglichen Kreditforderung bewirken.

6.531 Solche sog. Saldenausgleichsvereinbarungen sind dem Bundesaufsichtsamt für das Kreditwesen gemäß **§ 14 KWG zu melden**. Nach der Auffassung des Bundesaufsichtsamts für das Kreditwesen sind diese Vereinbarungen keine (Aval)Kredite im Sinne des § 19 Abs. 1 Nr. 4 KWG und keine Gewährleistungsverträge nach Grundsatz I zu § 10 KWG[734].

---

734 Vgl. näher *Obermüller*, Insolvenzrecht in der Bankpraxis, 5. Aufl., 1997, Rn 6.148.

V. Insolvenzrechtliche Zulässigkeit

Die Zulässigkeit von Poolverträgen wird von der Rechtsprechung des **BGH** anerkannt[735]. Sie war in der Vergangenheit insbesondere hinsichtlich der Verwertungspools der Warenlieferanten bestritten worden. Auf den Pool werden indes nicht mehr Rechte übertragen, als jedem einzelnen Beteiligten zustehen[736]. Die durch den Sicherheitenverwertungsvertrag bewirkte Erleichterung der Individualisierung der Rechte der Gesamthänder verkürzt dem BGH zufolge nicht die Rechte des Inanspruchgenommenen, sei es der Masse oder eines Abnehmers des späteren Gemeinschuldners. Auch würden keine insolvenzspezifischen Regelungen zugunsten der Masse umgangen[737].

6.532

Erst recht bestehen daher keine Bedenken gegen die insolvenzrechtliche Zulässigkeit von Sanierungspoolverträgen unter Beteiligung von Kreditinstituten. Durch die Einbringung der Sicherheiten in den Pool wurde ihre Durchsetzbarkeit im Insolvenzverfahren nicht verbessert, so daß die Poolbildung schon deshalb nicht zu beanstanden ist.

6.533

Auch nach Inkrafttreten der Insolvenzordnung besteht das Bedürfnis nach Sicherheiten-Poolverträgen zur Sanierung insolventer Unternehmen oder zur bestmöglichen Wahrung und Durchsetzung der Rechte von Sicherheiten-Gläubigern[738].

6.534

VI. Haftungsrisiken der Poolbildung

Unter bestimmten Voraussetzungen kann die Zusammenfassung der bestellten Sicherheiten in einem Pool die Haftung der an ihm beteiligten Kreditinstitute auslösen.

6.535

1. Vermögensübernahme

Der Abschluß eines – **vor dem 1. 1. 1999** geschlossenen – Poolvertrages führt regelmäßig nicht zu einer Vermögensübernahme nach § 419 Abs. 1 BGB, die die Haftung der am Pool beteiligten Kreditinstitute für die

6.536

---

735 BGH WM 1988, 1784, 1785; vgl. ferner OLG Frankfurt WM 1986, 27, 29; *von Westphalen*, BB 1987, 1186.
736 BGH WM 1988, 1784, 1785.
737 BGH WM 1988, 1784, 1785; zur insolvenzrechtlichen Anfechtbarkeit des Sicherheiten-Poolvertrages vgl. *Martinek* in Bankrechts-Handbuch, § 97 Rn 54 ff.
738 *Martinek* in Bankrechts-Handbuch, § 97 Rn 74.

6. Teil: Kreditsicherung

Verbindlichkeit des Kreditnehmers zur Folge hätte. Grund hierfür ist, daß aufgrund des Zusammenschlusses der Kreditinstitute im Poolvertrag keine Übertragung von Vermögensbestandteilen aus dem Vermögen des Schuldners stattfindet[739]. Soweit im Zusammenhang mit dem Poolvertrag neue Sicherheiten bestellt werden, tritt aus **Praktikabilitätsgründen** regelmäßig allein die **poolführende Bank als Sicherungsnehmerin** auf[740]. Falls sie als Vermögensübernehmerin angesehen werden kann, ist sie jedenfalls nach § 419 Abs. 2 BGB in der Lage, die Haftung auf das übernommene Vermögen zu beschränken[741].

6.537 § 419 BGB ist durch die am 1. 1. 1999 in Kraft getretene Insolvenzordnung aufgehoben worden (Art. 33 Nr. 16 EGInsO)[742]. Diese Vorschrift bleibt jedoch auf Vermögensübernahmen aus der Zeit vor dem 1. 1. 1999 weiterhin anwendbar[743].

2. Sittenwidrigkeit

6.538 In **Ausnahmefällen** kann die Poolbildung als sittenwidrig zu beurteilen sein und die Haftung der beteiligten Bank gemäß **§ 826 BGB** begründen. Dies kommt unter dem Gesichtspunkt der **Gläubigergefährdung** in Betracht, sofern am Pool unbeteiligte Gläubiger über die Kreditwürdigkeit des Schuldners getäuscht werden und dadurch Schaden erleiden. Der Tatbestand der Gläubigergefährdung liegt insbesondere dann vor, wenn die bestellten Sicherheiten im wesentlichen das gesamte Vermögen des Schuldners umfassen, dritten Gläubigern daher eine geeignete Sicherheitengrundlage fehlt und ihnen diese Tatsache unbekannt bleiben muß.

6.539 Die mögliche Gläubigergefährdung durch den Abschluß eines Sicherheiten-Poolvertrages läßt sich indes dadurch vermeiden, daß die Poolteilnehmer bislang unbeteiligten Gläubigern ein bindendes Angebot auf Aufnahme in den Pool machen, so daß sie sich über die Lage des Schuldners informieren können. Zu diesem Zweck sehen die Poolverträge häufig vor, daß Schuldner und am Pool beteiligte Banken verpflichtet sind, über alle für die Kreditbeurteilung des Schuldners wesentlichen Umstände Auskunft zu geben[744].

---

739 *Obermüller*, Insolvenzrecht in der Bankpraxis, 5. Aufl., 1997, Rn 6.151.
740 *Schröter/von Westphalen*, Sicherheiten-Poolverträge der Banken und Warenlieferanten, 1986, S. 21.
741 *Obermüller*, Insolvenzrecht in der Bankpraxis, 5. Aufl., 1997, Rn 6.151.
742 BGBl. 1994, 2911, 2925.
743 *Palandt/Heinrichs* (57. Aufl.), § 419 Rn 1.
744 Vgl. näher *Jährig/Schuck/Rösler/Woite*, Handbuch des Kreditgeschäfts, 5. Aufl., 1989, S. 712.

7. Abschnitt
Nicht-bankmäßige Kreditsicherungsinstrumente[745]

I. Verwendung in der Bankpraxis

Die in der Praxis entwickelten Sicherungsformen für Kreditgewährungen beschränken sich nicht auf die traditionellen Sicherheiten, wie sie das AGB-Pfandrecht, die Bürgschaft, die Grundschuld, sowie die Sicherungsübereignung und -zession darstellen. Im Laufe der Zeit wurden weitere Sicherungsinstrumente für die Fälle entwickelt, in denen solche bankmäßigen Sicherheiten nicht zu erlangen sind und gleichwohl die Aussichten auf die spätere Erfüllung des Rückzahlungsanspruchs aus der Kreditgewährung verbessert werden sollen. Diese Instrumente werden in der Praxis häufig als **„Ersatz"sicherheiten** bezeichnet.   6.540

Ihr Wert als Kreditsicherheit ist sehr unterschiedlich. Regelmäßig erfüllen diese Neuschöpfungen der Bankpraxis nicht die Anforderungen an eine bankmäßige Sicherheit. Sie gewähren weder einen gesetzlich ausgestalteten Zahlungsanspruch wie die Bürgschaft, noch werden wie bei der Grundschuld, der Sicherungsübereignung oder der Sicherungszession Gegenstände als Sicherheit geleistet, die an Dritte weiter übertragen und damit verwertet werden können. Nur bei ihrer problemlosen Verwertbarkeit können die bestellten Sicherheiten ihrer Funktion gerecht werden, dem Kreditgeber notfalls zur Befriedigung seines Rückzahlungsanspruchs dienen zu können.   6.541

Auf Ersatzsicherheiten wird daher **nur zurückgegriffen,** wenn bankmäßige Sicherheiten nicht zu erlangen sind. Ihre Hereinnahme trotz ihres oft geringen oder jedenfalls zweifelhaften Werts wird durch die Wettbewerbssituation in der Kreditwirtschaft veranlaßt. Der Wettbewerb um den Kunden macht Zugeständnisse in der Besicherung der Bankkredite und damit die Übernahme größerer Risiken unvermeidlich.   6.542

Die Ersatzsicherheiten beruhen im wesentlichen auf **zusätzlichen Verpflichtungserklärungen** des Kreditnehmers oder Dritter. Diese Dritten   6.543

---

745 *Obermüller,* Ersatzsicherheiten im Kreditgeschäft, 1987; *Merkel* in Bankrechts-Handbuch, § 98 Rn 1; *Wittig* in Bankrecht und Bankpraxis, Rn 4/2850 ff.; *Butzke/Wittig,* Ersatzsicherheiten in der Kreditsicherungspraxis, 1997.

sind entweder Gläubiger der Kreditnehmer, Gesellschafter der kreditnehmenden Gesellschaft oder zumindest mit dem Kreditnehmer wirtschaftlich verbundene Personen, wie die Hausbank oder die Lieferanten. Die Dritten sind mitunter zur Bestellung der von der Bank gewünschten Ersatzsicherheiten bereit, wenn die Kreditgewährung letztlich auch in ihrem Interesse liegt.

II. Sicherungserklärungen des Kreditnehmers

6.544 Mit Hilfe der in der Praxis teilweise gebräuchlichen Verpflichtungserklärungen des Kreditnehmers soll die Kreditsicherung der Bank verbessert werden. Durch diese **typisierten Erklärungen** verpflichtet sich der Kreditnehmer zu einem künftigen Verhalten, welches bei der sog. Positiverklärung in der künftigen Bestellung von Sicherheiten, bei der sog. Negativerklärung in der Nichtbelastung seines Vermögens liegt.

6.545 Solche zusätzlichen Sicherungserklärungen sind freilich als Kreditsicherheit nahezu wertlos. Sie schaffen der Bank in der Insolvenz des Kreditnehmers keine Vorzugsstellung, deren Erlangung gerade Zweck der Sicherheitenbestellung ist. Eine Verpflichtungserklärung ist daher nur von Nutzen, wenn die Bank den wirtschaftlichen Niedergang des hieraus verpflichteten Kreditnehmers so rechtzeitig bemerkt, daß sie noch **vor seiner Zahlungseinstellung** oder der Einleitung des Insolvenzverfahrens die Bestellung von Sicherheiten durchsetzen kann. Selbst dann besteht die Gefahr, daß die Rechtsgeschäfte, durch die die Sicherheiten bestellt wurden, vom Insolvenzverwalter angefochten werden, wenn der Bank bei ihrem Erwerb die Zahlungseinstellung oder der Eröffnungsantrag für das Insolvenzverfahren bekannt war (§ 132 InsO).

6.546 Auch die insolvenzmäßig bedingte Nichterfüllung des Sicherheitenbestellungsanspruchs durch den Kreditnehmer macht schadensersatzpflichtig. Eine betragsmäßige Addition von Kreditforderung und Schadensersatzanspruch ist jedoch unzulässig; der Schadensersatzanspruch wird von der Kreditforderung überlagert. Der Kreditgeber kann daher nur seine Kreditforderung im Insolvenzverfahren anmelden.

1. Verpflichtung zu künftiger Sicherheitenbestellung (Positiverklärung)

6.547 Eine Verpflichtung zur künftigen Bestellung von Sicherheiten ist bereits in **Nr. 13 Abs. 2 S. 1 AGB Banken** enthalten. Eine weitere Verpflichtungserklärung des Kreditnehmers neben diesem allgemeinen Besicherungsanspruch macht für die Bank daher nur dann Sinn, wenn die Allgemeinen

Geschäftsbedingungen ausnahmsweise keine Geltung finden[746] oder sich die Bank die Wahl unter den geeigneten Sicherheiten vorbehalten will.

Bei der Verpflichtung zur künftigen Bestellung von Sicherheiten ist zu unterscheiden zwischen der **konkreten (engen) Positiverklärung** und einer **weiten Verpflichtungserklärung** des Kreditnehmers. Durch eine konkrete Positiverklärung erwirbt die Bank einen schuldrechtlichen Anspruch auf Bestellung der vereinbarten Sicherheit und damit auf einen konkreten Sicherungsgegenstand. Diese Verpflichtung wird oft mit einer Verpflichtung zur Nichtveräußerung und Nichtbelastung des Sicherungsgegenstandes verbunden **(Negativerklärung)**. Notwendig ist dies jedoch nicht. Denn schon aus der Positiverklärung ist die Verpflichtung des Erklärenden abzuleiten, sich die Erfüllung seiner Verbindlichkeit nicht durch Veräußerung oder Belastung des Sicherungsgegenstandes unmöglich zu machen[747]. 6.548

Die **weite Positiverklärung** gewährt der Bank einen umfassenden Anspruch auf Bestellung von Sicherheiten aus dem Vermögen des Kreditnehmers. Der Unterschied zur konkreten Positiverklärung liegt also darin, daß der Anspruch nicht auf einzelne Gegenstände oder Rechte beschränkt ist. Die versprochene Sicherheit muß „bankmäßig" sein. Es darf sich daher nicht um eine im Bankgeschäft ganz unübliche oder gar um eine für die Bank ungeeignete Sicherheit handeln[748]. Unter den geeigneten Sicherheiten hat die **Bank** aufgrund der weiten Positiverklärung die **Wahl**. Insoweit unterscheidet sich die weite Positiverklärung von dem in Nr. 13 Abs. 1 S. 1 AGB Banken enthaltenen umfassenden Anspruch auf Bestellung oder Verstärkung bankmäßiger Sicherheiten. Bei dessen Geltendmachung steht nicht der Bank, sondern dem Sicherungsgeber die Wahl unter den in Betracht kommenden Sicherungsmitteln zu[749]. 6.549

2. Verpflichtung zur Nichtbelastung des Vermögens (Negativerklärung)[750]

Eine gewisse Verbreitung hat auch die sog. Negativklausel erfahren. Sie verdankt ihre Entstehung dem Bestreben bestimmter Kreditnehmer, eine Belastung ihres Vermögens zu vermeiden, und dem Bemühen der Kreditinstitute, eine Bevorzugung anderer Gläubiger durch die Bestellung von 6.550

---

746 *Obermüller*, Ersatzsicherheiten im Kreditgeschäft, 1987, S. 146.
747 *Obermüller*, Ersatzsicherheiten im Kreditgeschäft, 1987, S. 147; *Wittig* in Bankrecht und Bankpraxis, Rn 4/3094.
748 *Canaris*, Bankvertragsrecht², Rn 2653.
749 BGH WM 1981, 150, 151.
750 *Merkel*, Die Negativklausel, 1985; *Harries*, WM 1978, 1146.

Sicherheiten aus dem Schuldnervermögen zu verhindern[751]. Der **Hauptanwendungsbereich** von Negativerklärungen liegt im industriellen Großkreditgeschäft und bei der Emission von Aktien und Schuldverschreibungen.

6.551 In der Negativklausel kann sich der Kreditnehmer verpflichten, sein Grundvermögen nicht zu belasten (**Immobilienklausel**) oder sein gesamtes Vermögen nicht zu belasten (**Generalklausel**). Neben diesen Nichtbelastungsverpflichtungen kann die Negativerklärung die Verpflichtung enthalten, zusätzlich bestimmte Bilanzrelationen, etwa zwischen dem Eigenkapital und dem Fremdkapital oder dem Anlagevermögen, einzuhalten[752].

6.552 Die Negativklausel im Sinne eines Verfügungsverbotes wird in der Praxis häufig mit der Gleichstellungsverpflichtung kombiniert.

6.553 Mit dem **jeweiligen Belastungsverbot der Negativklausel** läßt sich der beabsichtigte Schutz des Bestandes und die Werthaltigkeit des Vermögens des Kreditnehmers nur unvollkommen realisieren. Denn solche rechtsgeschäftlichen Verfügungsverbote wirken nur zwischen den Vertragsparteien und haben keine Außenwirkung gegen Dritte (§ 137 S. 1 BGB). Der Kreditnehmer kann daher ungeachtet der mit der Negativklausel eingegangenen Verpflichtung weiterhin wirksam über Gegenstände seines Vermögens verfügen. Die Verletzung der Verpflichtung aus der Negativerklärung begründet nur einen Unterlassungsanspruch der kreditgebenden Bank als Vertragspartnerin sowie gegebenenfalls einen Schadensersatzanspruch gegenüber dem Kreditnehmer. In erster Linie wird die Bank jedoch die Verletzung des Verfügungsverbots zum Anlaß nehmen, den Darlehensvertrag zu kündigen.

6.554 Dieser gesetzliche Schutz der **Verfügungsfreiheit des Rechtsinhabers** soll unter anderem gewährleisten, daß der gesetzliche Kreis der dinglichen Rechte mit ihrem festgelegten Inhalt nicht durch Parteiabreden modifiziert werden kann. Hierdurch wird der numerus clausus der dinglichen Rechte geschützt. Mit diesem Verbot von Beschränkungen der Verfügungsfreiheit soll auch die Funktionsfähigkeit der Zwangsvollstreckung in die beweglichen und unbeweglichen Sachen gewährleistet werden, die dem Rechtsverkehr zugänglich sind[753]. Insoweit dient § 137 BGB auch dem Gläubigerschutz.

---

751 *Obermüller*, Ersatzsicherheiten im Kreditgeschäft, 1987, S. 128 f.
752 *Merkel*, Die Negativklausel, 1985, S. 22; *Obermüller*, Ersatzsicherheiten im Kreditgeschäft, 1987, S. 128; vgl. das Vertragsmuster ebd., S. 145.
753 Vgl. § 851 Abs. 1 ZPO als Ausdruck des allgemeinen Rechtsgrundsatzes des Zwangsvollstreckungsrechts, daß vermögenswerte Rechte nur dann pfändbar sind, wenn sie nach materiellem Recht übertragen werden können. Vgl. weiter *Krüger-Nieland/Zöller* in RGRK-BGB, § 137 Rn 7.

Der **geringe Sicherungswert** der Negativklausel erweist sich weiter im Insolvenzverfahren über das Vermögen des aus ihr Verpflichteten. Die Negativklausel verfolgt den Zweck, eine Bevorzugung anderer Gläubiger durch die Bestellung von Sicherheiten aus dem Schuldnervermögen zu verhindern[754]. Wesentliche Vermögensbestandteile sollen im Vermögen des Kreditnehmers verbleiben, um in der Insolvenz den ausreichenden Zugriff der Gläubiger, unter ihnen die Bank, zu ermöglichen.

6.555

Einer gleichmäßigen Behandlung der Gläubiger dient indes auch das Insolvenzverfahren, dem insoweit vor einer Negativerklärung der Vorrang gebührt. Das in der Negativerklärung enthaltene Verfügungsverbot hindert also nicht die Veräußerung oder Belastung von Vermögensgegenständen des Schuldners im Rahmen des Insolvenzverfahrens[755]. Die für die Bank durch eine Negativerklärung zu erlangende Sicherung ist dementsprechend begrenzt. Eine Ausnahme gilt nur bei einer Kombination der Negativerklärung mit einer Positiverklärung, wenn der Anspruch auf Bestellung eines Grundpfandrechts durch eine Vormerkung gesichert ist.

6.556

a) Sonderregelung für Grundstücksvermögen (§ 1136 BGB)

Eine besondere Problematik ergibt sich, wenn das in der Negativklausel enthaltene Belastungsverbot **auch Grundstücke erfaßt.** Hier muß die Negativklausel im Interesse ihrer Wirksamkeit auch auf die spezielle grundpfandrechtliche Bestimmung des § 1136 BGB Rücksicht nehmen. Hiernach ist eine Vereinbarung nichtig, durch die sich der Eigentümer dem Gläubiger gegenüber verpflichtet, das Grundstück nicht zu veräußern oder nicht weiter zu belasten. Diese Vorschrift hat somit eine Einschränkung des § 137 S. 2 BGB zum Inhalt, wonach eine rechtsgeschäftliche Verfügungsbeschränkung als schuldrechtliche Verpflichtung zwischen den Beteiligten wirksam ist. Im Falle von § 1136 BGB ist die Verpflichtung hingegen nichtig, so daß die Verletzung einer solchen Verfügungsbeschränkung keine Schadensersatzpflicht gegenüber dem Vertragspartner begründet.

6.557

§ 1136 BGB verbietet jedoch nach herrschender Lehre und Rechtsprechung nicht die Vereinbarung einer Negativklausel, die das Verbot der Belastung eines Grundstücks zum Inhalt hat, wenn sie in keinem Zusammenhang mit der Bestellung des Grundpfandrechts steht, die Negativklausel also nicht zur Stärkung des der Bank bestellten Grundpfandrechts

6.558

---

754 *Obermüller*, Ersatzsicherheiten im Kreditgeschäft, 1987, S. 137; *Merkel* in Bankrechts-Handbuch, § 98 Rn 76.
755 *Obermüller*, Ersatzsicherheiten im Kreditgeschäft, 1987, S. 137; *Merkel* in Bankrechts-Handbuch, § 98 Rn 76.

dienen soll[756]. Gleichwohl bevorzugt die Praxis im Interesse einer zweifelsfreien Wirksamkeit eine Formulierung der Negativklausel, die das für die Bank belastete Grundstück ausklammert.

b) Kombination von Negativklausel und Positiverklärung

6.559 Die Kreditinstitute legen im übrigen Wert darauf, daß die Negativklausel mit einer Verpflichtung des Schuldners verknüpft wird, auf ihr jederzeit zulässiges Anfordern Grundschulden auf die vorhandenen Grundstücke zu bestellen. Bei dieser zusätzlichen Verpflichtung handelt es sich um einen weiteren praktischen Anwendungsfall der konkreten Positiverklärung. Hierdurch erwirbt die Bank einen aufschiebend bedingten Anspruch auf Bestellung eines Grundpfandrechts.

6.560 Dieser **Bestellungsanspruch** kann durch eine Vormerkung im Grundbuch mit Wirkung gegenüber Dritten gesichert werden (§ 883 Abs. 1 S. 1 BGB). Nach § 883 Abs. 1 S. 2 BGB ist die Eintragung einer Vormerkung auch zur Sicherung eines bedingten Anspruchs zulässig. Die Eintragung dieser Vormerkung muß jedoch noch vor Eintritt der Eröffnung des Insolvenzverfahrens erfolgt sein, wenn ihre insolvenzrechtliche Anfechtbarkeit vermieden werden soll (vgl. §§ 104, 132 InsO). Die grundbuchmäßige Vormerkung ist sodann mit einer dinglichen Wirkung wie das vorgemerkte Grundstücksrecht selbst ausgestattet (sog. Vollwirkung der Vormerkung in der Insolvenz). Infolge der Regelung in § 104 InsO hat der Insolvenzverwalter nicht mehr das Wahlrecht nach § 103 InsO, womit die Vormerkung die Bank in der Insolvenz des sicherungsgebenden Eigentümers so stellt, als ob sie das Grundstücksrecht schon vor Insolvenzeröffnung erworben hätte. Im Unterschied zu allen anderen Ansprüchen auf Bestellung von Sicherheiten kann also die kreditgebende Bank den Anspruch auf Bestellung eines Grundpfandrechts an einem bestimmten Grundstück insolvenzgeschützt erlangen.

6.561 Die Negativklausel mit der vorerwähnten konkreten Positiverklärung kann den folgenden Wortlaut haben:

(Negativerklärung)

Der Grundstückseigentümer verpflichtet sich, soweit und solange die von der Bank geforderten Grundschulden noch nicht zugunsten der Bank eingetragen sind, ohne Einverständnis der Bank

(1) seinen gegenwärtigen und künftigen Grundbesitz weder zu veräußern noch über die bestehenden Belastungen hinaus zu belasten;

---

756 BGH MDR 1966, 756; *Palandt/Bassenge*, § 1136 Rn 1; *Harries*, WM 1978, 1146.

(2) dritten Personen keine wie immer gearteten Sicherheiten zu bestellen;
(3) keine Verpflichtungen einzugehen, die eine Veräußerung oder Belastung des Grundbesitzes oder eine Bestellung von Sicherheiten für Dritte zum Gegenstand haben.

Ausgenommen hiervon ist die Sicherheitenbestellung durch Eigentumsvorbehalte für die üblichen Lieferantenkredite.

Die Verpflichtung, den Grundbesitz nicht zu veräußern und nicht weiter zu belasten, betrifft nicht die Grundstücke, die zugunsten der Bank mit einem Grundpfandrecht belastet sind.

(Konkrete Positiverklärung)

Der **Grundstückseigentümer verpflichtet sich,** auf das jederzeit zulässige Anfordern der Bank brieflose, sofort fällige und vollstreckbare **Grundschulden** mit 15% p.a. Zinsen und 5% Nebenleistung zugunsten der Bank auf seinem jeweiligen Grundbesitz an nächstoffener Rangstelle **eintragen zu lassen,** wobei die Bank – falls mehrere Grundstücke vorhanden sind – bestimmen kann, welche der Grundstücke belastet werden. Für die Höhe der Grundschulden ist der Stand der Forderungen der Bank gegen den bzw. die Grundstückseigentümer maßgebend, der sich am Tage des Anforderns der Bank ergibt.

3. Gleichstellungsverpflichtung (Gleichrang- oder pari-passu-Klausel)

Unter einer Gleichstellungsverpflichtung – auch Gleichrangklausel oder pari-passu-Klausel genannt – versteht man eine Vereinbarung, die den Kreditnehmer für den Fall der Bestellung von Sicherheiten zugunsten eines anderen Gläubigers verpflichtet, zuvor oder zumindest gleichzeitig auch die aus der Gleichstellungsklausel begünstigte Bank entweder an der für den Dritten vorgesehenen Sicherheit zu beteiligen oder ihr gleichwertige Sicherheiten zu beschaffen. Die **Klausel bezweckt** also die **Gleichstellung der Gläubiger,** und zwar grundsätzlich im Umfang, im Rang und im Entstehungszeitpunkt der jeweils zu bestellenden Sicherheit[757]. Der Anspruch der Bank auf Bestellung von Sicherheiten ist daher abhängig von ihrer Bestellung für Dritte.

6.562

Die Gleichstellungsklausel steht zwischen der Verpflichtung zu künftiger Sicherheitsleistung (Positiverklärung) und der Negativerklärung. Von der Negativerklärung unterscheidet sich die Gleichstellungsklausel dadurch, daß der Kreditnehmer durch eine Negativerklärung zur Bestellung von Sicherheiten zwar nicht verpflichtet, aber berechtigt ist, weil er sich damit aus der mit der Negativerklärung verbundenen Verpflichtung, sein

6.563

---

[757] *Merkel,* Die Negativklausel, 1985, S. 49; *Obermüller,* Ersatzsicherheiten im Kreditgeschäft, 1987, S. 163.

Vermögen nicht zu belasten, befreien kann. Dagegen beinhaltet die Gleichstellungsklausel eine rechtliche Verpflichtung des Kreditnehmers zur Sicherheitsleistung, sofern Dritten Sicherheiten bestellt werden[758]. Von der **Positiverklärung** unterscheidet sich die Gleichstellungsklausel dadurch, daß der Kreditnehmer durch die Gleichstellungsklausel anders als durch die Positiverklärung nicht zur Bestellung von Sicherheiten verpflichtet wird, solange er sie nicht auch anderen Gläubigern bestellt.

4. Financial Covenants[759]

6.564   Financial Covenants stellen **im Kreditvertrag vereinbarte Kennzahlen** dar, an denen sich die finanzielle Situation des Kreditnehmers und das daraus resultierende Kreditrisiko messen lassen. Im angelsächsischen Sprachraum werden mit Financial Covenants vor allem Vertragsnebenabreden bezeichnet[760]. Mit diesen Kriterien können **Mindestanforderungen** insbesondere für Eigenkapital, Verschuldung, Ertrag oder Liquidität des Kreditnehmers verbindlich festgelegt werden, bei deren Unterschreiten die Bank den Kredit kündigen oder zumindest die Bestellung oder Verstärkung von Sicherheiten verlangen kann.

6.565   Solche Klauseln sind **zunächst im internationalen Kreditgeschäft** praktiziert worden. Sie sind regelmäßig Bestandteil syndizierter Euromarkt-Kredite und internationaler Projektfinanzierungen. Zwischenzeitlich bestehen deutsche Kreditinstitute **zunehmend** darauf, Financial Covenants auch für inländische Kreditverträge im **Firmenkundengeschäft** zu vereinbaren[761].

6.566   Financial Covenants gehören nicht zu den Kreditsicherheiten im eigentlichen Wortsinne. Denn sie gewähren keinen Anspruch der Bank auf bevorzugte Befriedigung aus dem Vermögen des Kreditnehmers. Auch begründen sie keine Mithaftung Dritter für die Verbindlichkeiten des Kreditnehmers[762]. Financial Covenants können aber wie die anderen atypischen Sicherungsformen als eine **Kreditsicherung im weiteren Sinne** angesehen werden, wenn unter dem Sicherheitenbegriff alle Maßnahmen zur Verringerung des Ausfallrisikos der Bank verstanden werden[763].

---

758 *Obermüller*, Ersatzsicherheiten im Kreditgeschäft, 1987, S. 163.
759 *Wittig* in Bankrecht und Bankpraxis, Rn 4/3139 ff.; *ders.*, WM 1996, 1381 ff.; *Thießen*, ZBB 1996, 19 ff.
760 *Thießen*, ZBB 1996, 19, 21.
761 *Wittig*, WM 1996, 1381.
762 *Peltzer*, GmbH-Rundschau, 1995, 15, 23.
763 *Thießen*, ZBB 196, 19, 29 ff.

a) Inhalt typischer Financial Covenants

Financial Covenants sind auf sehr unterschiedliche Kriterien für die Einschätzung der finanziellen Situation des Kreditnehmers und des daraus resultierenden Kreditrisikos ausgerichtet. Überdies können die vorgesehenen Grenzwerte für die einzelnen Kriterien, etwa die höchstzulässige Verschuldung in verschiedener Weise vereinbart werden. So können diese Werte mit absoluten Beträgen oder mit einem bestimmten Verhältnis zum Eigenkapital konkretisiert werden. Selbst die gebräuchlichen Financial Covenants erscheinen deshalb zunächst einer Systematisierung nur schwer zugänglich. Bei näherem Hinschauen zeigt sich jedoch, daß Financial Covenants regelmäßig Mindestanforderungen für die Eigenkapitalausstattung, die Verschuldung, den Ertrag und die Liquidität des Kreditnehmers festlegen[764].

6.567

Die **Klausel zur Eigenkapitalausstattung** (Net Worth Requirement) verlangt, daß das Eigenkapital des kreditnehmenden Kunden einen ziffernmäßig bestimmten Betrag nicht unterschreitet. Dabei läßt sich die Bank von der Überlegung leiten, daß über das Vermögen ihres Kreditnehmers kein Insolvenzverfahren wegen Überschuldung eröffnet werden kann, solange dieser Eigenkapitalklausel Rechnung getragen wird.

6.568

Bei der **„Verschuldungsgradklausel"** (Gearing Ratio) darf die Summe der Verbindlichkeiten im Verhältnis zum Eigenkapital die vereinbarte Obergrenze nicht überschreiten. Bei wachsendem Eigenkapital ist dem Kreditnehmer also eine entsprechende Ausweitung seiner Verschuldung möglich, während umgekehrt eine verringerte Eigenkapitalbasis die Rückführung der Verschuldung erfordert.

6.569

Zu den **gebräuchlichen „Ertrags"kriterien** gehört die Zinsdeckungsklausel (Interest Current Ratio). Sie legt fest, daß der Gewinn des Kreditnehmers vor Steuer- und Zinsaufwendungen im Verhältnis zum gesamten Zinsaufwand nicht unter eine bestimmte Mindestgrenze fallen darf. Während die Klausel zur Eigenkapitalausstattung und zum Verschuldungsgrad die Fähigkeit des Kunden zur Kreditrückzahlung messen soll, wird mit der Zinsdeckungsklausel ein Maßstab dafür geschaffen, ob die laufenden Zinszahlungen durch den Kunden geleistet werden können[765].

6.570

Mit der **gebräuchlichen Liquiditätsklausel** (Current Ratio) wird die Einhaltung bestimmter Anforderungen an die Liquidität vereinbart. Danach müssen die kurzfristigen realisierbaren Mittel die kurzfristigen Verbindlichkeiten um ein festgelegtes Maß übersteigen. Das Kreditrisiko wird wesentlich durch die Liquidität des Kreditnehmers bestimmt, weil auch

6.571

---

764 *Wittig*, WM 1996, 1381, 1382.
765 *Wittig* in Bankrecht und Bankpraxis, Rn 4/3144.

die Zahlungsunfähigkeit zum Insolvenzverfahren führt. Die Liquiditätsklausel soll deshalb sicherstellen, daß dem Kreditnehmer zur Tilgung kurzfristig fällig werdender Verbindlichkeiten stets ausreichende Zahlungsmittel zur Verfügung stehen.

6.572 Sollen Financial Covenants Einfluß auf die geschäftlichen Entscheidungen des Kreditnehmers ausüben, müssen sie mit Sanktionen verknüpft sein. Dabei kommen weder einklagbare Ansprüche der Bank auf Einhaltung dieser Klausel noch Schadensersatzansprüche in Betracht. Deshalb sehen die Financial Covenants üblicherweise vor, daß die Bank bei ihrer Verletzung eine zusätzliche Besicherung ihres Kredits verlangen kann und erforderlichenfalls den Kredit kündigen darf[766].

b) Sicherungswert der Financial Covenants

6.573 Der Sicherungswert von Financial Covenants **beschränkt sich** im wesentlichen darauf, daß die Bank im Vorfeld einer Insolvenz die Bestellung oder Verstärkung von Sicherheiten verlangen, die weitere Kreditgewährung verweigern und/oder schon gewährte Kredite vorzeitig kündigen darf. Angesichts der AGB der deutschen Kreditwirtschaft hält sich die praktische Bedeutung von Financial Covenants in Grenzen. Denn auch ohne diese Klauseln haben die Banken regelmäßig einen Anspruch auf Nachbesicherung und gegebenenfalls ein Recht zur außerordentlichen Kündigung, wenn eine nachteilige Veränderung in den wirtschaftlichen Verhältnissen des Kreditnehmers droht[767]. Deshalb kann von den Financial Covenants nur ein sehr beschränkter Beitrag zur Begrenzung des Kreditrisikos erwartet werden[768].

III. Sicherungserklärungen von dritter Seite

6.574 Können bankmäßige Sicherheiten nicht erlangt werden, so lassen sich die Aussichten der kreditgebenden Bank auf Befriedigung bei Eintreten einer Insolvenz auch durch Verpflichtungserklärungen von **dritter Seite** verbessern. Hierdurch wird der kreditgebenden Bank schuldrechtlich ein Zugriff auf das Vermögen eines Dritten für den Fall eröffnet, daß eine Befriedigung aus dem Vermögen des Kreditnehmers fehlschlägt oder keine Erfolgsaussichten hat. **Für die Bank** ist die dadurch erfolgende Bestellung

---

766 *Thießen*, ZBB 1996, 19; *Wittig* in Bankrecht und Bankpraxis, Rn 4/3155.
767 Vgl. Nr. 13 Abs. 2, 19 Abs. 3 AGB Banken.
768 *Wittig*, WM 1996, 1381, 1391; vgl. weiter *Peltzer*, GmbH-Rundschau 1995, 15, 23; *Thießen*, ZBB 1996, 19.

von Sicherheiten durch einen Dritten **grundsätzlich vorteilhafter,** weil diese Rechtsgeschäfte in der Insolvenz des Kreditnehmers nicht anfechtbar sind[769]. Solche Dritte können sonstige Gläubiger des Kreditnehmers oder deren Gesellschafter sein, wenn der Kredit einer Gesellschaft gewährt wird. Mitunter kann es sich bei diesen Dritten um andere dem Kreditnehmer wirtschaftlich verbundene Personen handeln, wie insbesondere um die Hausbank oder Lieferanten, die an der Gewährung des abzusichernden Kredites selbst interessiert sind.

1. Finanzierungsbestätigungen[770]

Unter dem Begriff der Finanzierungsbestätigungen werden inhaltlich **sehr unterschiedliche Erklärungen** zusammengefaßt.   6.575

Kern solcher Finanzierungsbestätigungen ist stets die Zusage des Bestätigenden, dem Kreditsuchenden mit einem eigenen Kredit zur Verfügung zu stehen. Zwischen den einzelnen Formen bestehen erhebliche Unterschiede.   6.576

Finanzierungsbestätigungen werden in erster Linie von Kreditinstituten abgegeben, die eine (End)Finanzierung schon zugesagt haben und dem Kreditnehmer eine Vorfinanzierung oder Zwischenfinanzierung bei einem anderen Kreditinstitut erleichtern wollen. Das endfinanzierende Kreditinstitut bestätigt dem Vor- bzw. Zwischenfinanzierer, daß die Gesamtfinanzierung gesichert ist und mit dieser die Vor- bzw. Zwischenfinanzierung abgelöst wird, wenn die vertraglichen Voraussetzungen für die Auszahlung der Endfinanzierungsmittel erfüllt sind. **Anwendungsbereich** ist vor allem die Vor- und Zwischenfinanzierung von Bauspar- und Hypothekenkrediten für den Hausbau[771].   6.577

Finanzierungsbestätigungen werden oft auch von Fertighausherstellern, die sich für ihre Kaufpreisforderung gegen den Abnehmer sichern wollen, und von Lieferanten insolvenzbedrohter Unternehmen verlangt.   6.578

---

769 Vgl. *Obermüller,* Ersatzsicherheiten im Kreditgeschäft, 1987, S. 149; vgl. weiter *Canaris* zur Schadensersatzpflicht der Kreditinstitute für eine unrichtige Finanzierungsbestätigung als Fall der Vertrauenshaftung, FS Schimansky, 1999, S. 44 ff.
770 *Lauer,* WM 1985, 705.
771 *Lauer,* WM 1985, 705.

2. Zurücktreten anderer Gläubiger mit Forderungen[772]

6.579 Die Situation der Bank als Kreditgeberin kann auch dadurch verbessert werden, daß mit einem oder mehreren Großgläubigern des Kreditnehmers ein Zurücktreten von deren Forderungen vereinbart wird. Hierdurch verpflichten sich diese Gläubiger, ihre Forderungen gegen den Kreditnehmer erst geltend zu machen, wenn die aus dem Forderungsrücktritt begünstigte Bank befriedigt ist[773]. Dies gilt insbesondere im Insolvenzverfahren des Kreditnehmers mit der Konsequenz, daß sich die an die kreditgebende Bank und die sonstigen Gläubiger zu zahlende Insolvenzquote entsprechend erhöht.

a) Kommanditrevers

6.580 Eine weitgehende **Parallele zu diesem Forderungsrücktritt** bietet der sog. **Kommanditrevers.** Hierunter versteht man die verbindliche Zusage eines Kommanditisten, seine Kommanditeinlage nicht zu vermindern, Gewinne stehen zu lassen und etwaige Darlehen an die Kommanditgesellschaft nicht zurückzufordern, solange die Kredite der Bank nicht getilgt sind.

6.581 In bestimmten Fällen können derartige Rechtshandlungen auch ohne Verstoß gegen eine Zusage des Kommanditisten nachteilige Rechtsfolgen nach sich ziehen. Die Rückzahlung von Einlagen an den Kommanditisten kann gemäß § 172 Abs. 4 S. 1 HGB dessen Haftung wiederaufleben lassen. Die Rückgewähr von Darlehen eines Kommanditisten unterfällt bei einer GmbH & Co KG, bei der kein persönlich haftender Gesellschafter eine natürliche Person ist, nach § 172a S. 1 HGB den Regeln über die eigenkapitalersetzenden Gesellschafterdarlehen (§§ 32a, b GmbHG).

6.582 Außerdem **verpflichtet sich der Kommanditist,** die Kommanditeinlage und sein Darlehen nicht an Dritte zu übertragen oder zu verpfänden. Dementsprechend erklärt die Gesellschaft, daß sie diesen Verpflichtungen zuwiderlaufende Maßnahmen nicht dulden wird. Der Kommanditrevers hat eine gewisse Parallele zu den Unternehmensverträgen und den darauf gestützten Organschaftserklärungen – Rn 6.604, mit denen herrschende Gesellschafter von Kapitalgesellschaften Ersatzsicherheiten stellen können[774].

---

772 *Peters,* WM 1988, 641, 685.
773 *Scholz/Lwowski,* Das Recht der Kreditsicherung, 7. Aufl., 1994, Rn 724; *Peters,* WM 1988, 641, 642.
774 *Obermüller,* Ersatzsicherheiten im Kreditgeschäft, 1987, S. 61; *Gerth,* BB 1981, 1611, 1617.

b) Rangrücktritt

Im Unterschied zu diesem kreditsicherungsrechtlichen Begriff des „Zurücktretens mit Forderungen" bezweckt der insolvenzrechtliche Rangrücktritt, eine **Überschuldung des Schuldners zu verhindern oder zu beseitigen**. Dieser Rangrücktritt stellt einen Forderungserlaß verbunden mit einem Besserungsschein dar[775]. Mit der insolvenzrechtlichen Rangrücktrittserklärung sagt der Schuldner zu, daß er seine Forderungen erst dann und in dem Maß geltend machen wird, wie sie aus einem künftigen Jahresüberschuß oder aus einem die sonstigen Verbindlichkeiten des Schuldners übersteigenden Vermögen oder aus einem Liquidationsüberschuß getilgt werden können[776].

6.583

Mit einem Rangrücktritt kann einem Kreditinstitut **auch ergänzendes Eigenkapital zugeführt werden**, wenn nachrangige Verbindlichkeiten im Sinne des § 10 Abs. 5a KWG begründet werden. Hierzu hat das Kreditinstitut mit den Geldgebern u.a. zu vereinbaren, daß dieser Teil des Eigenkapitals im Falle der Insolvenz oder der Liquidation des Kreditinstituts erst nach Befriedigung aller nicht nachrangigen Gläubiger zurückerstattet wird (§ 10 Abs. 5a S. 1 Nr. 1 KWG) und diese Geldmittel dem Kreditinstitut mindestens für die Dauer von fünf Jahren zur Verfügung gestellt werden und auch nicht auf Verlangen des Gläubigers vorzeitig zurückgezahlt werden müssen. Ist für die Rückerstattung des Kapitals eine Zeit nicht bestimmt, so ist eine Kündigungsfrist von mindestens fünf Jahren vorzusehen. Eine kürzere Kündigungsfrist nach Ablauf dieser fünf Jahre kann zugunsten des Kreditinstituts für den Fall vereinbart werden, daß das Kapital vor Rückerstattung durch die Einzahlung anderen, zumindest gleichwertigen haftenden Eigenkapitals ersetzt worden ist (§ 10 Abs. 5a S. 1 Nr. 2 KWG).

6.584

Des weiteren müssen die **Aufrechnung** des Rückerstattungsanspruchs der Geldgeber gegen Forderungen des Kreditinstituts **ausgeschlossen sein und** für die Verbindlichkeiten **keine vertraglichen Sicherheiten** durch das Kreditinstitut oder durch Dritte gestellt werden (§ 10 Abs. 5a S. 1 Nr. 3 KWG). Nachträglich können der Nachrang nicht beschränkt sowie die Laufzeit und die Kündigungsfrist nicht verkürzt werden (§ 10 Abs. 5a S. 3 KWG). Eine vorzeitige Rückzahlung ist dem Kreditinstitut ohne Rücksicht auf entgegenstehende Vereinbarungen zurückzugewähren, sofern das Kreditinstitut nicht aufgelöst wurde oder sofern nicht das Kapital durch die Einzahlung anderen, zumindest gleichwertigen haftenden Eigenkapitals ersetzt worden ist (§ 10 Abs. 5a S. 4 KWG).

6.585

---

775 *Obermüller*, Ersatzsicherheiten im Kreditgeschäft, 1987, S. 72 m.w.Nachw.
776 *Obermüller*, Ersatzsicherheiten im Kreditgeschäft, 1987, S. 72 m.w.Nachw.

3. Verpflichtungen zum Abkauf der Kreditforderung

6.586 Für die Sicherung von Krediten an eine Gesellschaft, die Tochtergesellschaft einer anderen Gesellschaft (Muttergesellschaft) ist, hat die Praxis eine Reihe von **Ersatzkonstruktionen** für den Fall entwickelt, daß bankmäßige Sicherheiten nicht bestellt werden können. Hierzu gehört auch die **Abkaufverpflichtung** der Muttergesellschaft gegenüber der Bank zugunsten ihrer Tochtergesellschaft. Sie verpflichtet die Muttergesellschaft, die Kreditforderung der Bank gegen die Tochtergesellschaft auf Wunsch der Bank zu einem im voraus fest bestimmten Kaufpreis zu übernehmen. Eine solche Abkaufsverpflichtung macht die Absicherung der Kreditgewährung an die Tochtergesellschaft entbehrlich, sofern die Bonität der Muttergesellschaft für die Erfüllung ihrer Verpflichtung ausreichend erscheint.

6.587 Bei der **Projektfinanzierung** – Rn 7.281 – wählt die Praxis anstelle dieses Abkaufs solcher Kreditforderungen mitunter eine andere rechtliche Konstruktion, um die Haftung der Muttergesellschaft für den der Tochtergesellschaft gewährten Kredit herbeizuführen. Hier wird die Kreditfinanzierung, weil sie die Bilanz der Muttergesellschaft nicht belasten soll, über eigens zu diesem Zweck gegründete Tochtergesellschaften durchgeführt. Die Tochtergesellschaft wird mit geringem Kapital ausgestattet und schließt mit der Muttergesellschaft Verträge, in denen sich die Muttergesellschaft verpflichtet, die Produkte der Tochtergesellschaft zu kostendeckenden Preisen abzunehmen. Die Tochtergesellschaft nimmt die zur Finanzierung des Projektes notwendigen Kredite auf und tritt als Sicherheit ihre Ansprüche aus den Abnahmeverträgen gegen die Muttergesellschaft an die Kreditinstitute ab.

4. Patronatserklärung

6.588 Unter dem Begriff der Patronatserklärung werden rechtlich höchst **unterschiedlich ausgestaltete Erklärungen** zusammengefaßt[777]. Es handelt sich dabei um einen **deskriptiven Sammelbegriff**. Die Patronatserklärung ist jedoch in jedem Fall keine einseitige Willenserklärung, sondern kommt durch Vertrag zustande, für den die allgemeinen Auslegungsgrundsätze gelten (§§ 133, 157 BGB)[778]. Im Einzelfall bedarf es dementsprechend der

---

777 *Schneider*, ZIP 1989, 619; *Fried*, Die weiche Patronatserklärung, Untersuchungen über das Spar-, Giro- und Kreditwesen, Abteilung B: Rechtswissenschaft, Berlin 1998.
778 Vgl. BGH WM 1992, 501, 502; OLG Düsseldorf WM 1989, 1642, 1645 f.; OLG Karlsruhe WM 1992, 2088, 2090 f.

Auslegung, ob die Muttergesellschaft bei der Abgabe der Erklärung mit Rechtsbindungswillen gehandelt hat[779]. So kann es sich bei einer Patronatserklärung lediglich um eine Absichtserklärung ohne rechtliche Verpflichtung handeln, was etwa der Fall ist, wenn die Muttergesellschaft gegenüber der Tochtergesellschaft bestimmte Maßnahmen oder Unterlassungen in Aussicht stellt (sog. **„weiche"** Patronatserklärung). Durch eine Patronatserklärung können jedoch auch Rechtspflichten zugunsten der kreditgebenden Bank begründet werden (sog. **„harte" Patronatserklärung**).

a) Erscheinungsformen

In einer Patronatserklärung wird häufig der kreditgebenden Bank durch die Muttergesellschaft zugunsten ihrer Tochtergesellschaft ein bestimmtes Verhalten zugesagt oder in Aussicht gestellt, um die Bank zur Kreditgewährung zu bewegen[780]. Die Ausgestaltung der Patronatserklärung erfolgt dabei sehr unterschiedlich. So kann die Muttergesellschaft in der Patronatserklärung beispielsweise bestätigen:

6.589

– sie sei mit der Kreditaufnahme durch die Tochtergesellschaft einverstanden;
– es sei ihre Geschäftspolitik, die Bonität der Tochtergesellschaft aufrechtzuerhalten;
– sie werde darüber wachen, daß die Tochtergesellschaft jederzeit zur Rückzahlung des Kredites in der Lage sei;
– sie werde ihre derzeitige Beteiligung an der Tochtergesellschaft während der Laufzeit des Kredites aufrechterhalten.

b) „Harte" Patronatserklärung

Die Praxis mißt den Patronatserklärungen regelmäßig **keinen Sicherungswert** zu, **sofern sie keine Rechtspflichten begründen**. Eine **Ausnahme** gilt nur für die sog. **„harte"** Patronatserklärung. Hierdurch werden dem Adressaten dieser Erklärung zur Förderung oder Erhaltung der Kreditwürdigkeit Maßnahmen oder Unterlassungen rechtlich verbindlich zugesagt, etwa wenn sich die Muttergesellschaft ihm gegenüber verpflichtet, „dafür zu sorgen, daß die Tochtergesellschaft während der Laufzeit des Kredites

6.590

---

779 OLG Karlsruhe WM 1992, 2088, 2091.
780 *Mosch*, Patronatserklärungen deutscher Konzernmuttergesellschaften und ihre Bedeutung für die Rechnungslegung, 1978; *Obermüller*, ZGR 1975, 1; *Rümker*, WM 1974, 990; *Gerth*, AG 1984, 94, 95; *Schraeppler*, ZGesKredW 1975, 7; *Bordt*, WPg 1975, 285; *Jander/Hess*, RIW 1995, 730 ff.

in der Weise geleitet und finanziell ausgestattet werde, daß diese ihren Verbindlichkeiten stets fristgemäß nachkommen könne"[781].

6.591　Sofern die Patronatserklärung in dieser Form eine rechtliche Bindung beinhaltet, ist sie **bilanziell als „Gewährleistungsvertrag"** im Sinne von § 251 S. 1, 3. Alt. HGB anzusehen und jedenfalls unter der Bilanz der Muttergesellschaft zu vermerken. Diese Bilanzausweispflicht ist die Folge ihres Sicherheitenwertes. Fehlt dieser, entfällt auch die Pflicht zum Bilanzausweis. Wird die Patronatserklärung in der Weise ausgestaltet, daß eine Bilanzierungspflicht nach § 251 S. 1 HGB vermieden werden soll, handelt es sich im Zweifel um eine „weiche" Patronatserklärung[782].

6.592　Eng verwandt mit der „harten" Patronatserklärung ist die sog. **Liquiditätshilfegarantie.** Hierdurch verpflichtet sich der Garant gegenüber dem Kreditnehmer, dafür zu sorgen, daß dieser jederzeit in der Lage ist, seinen Zahlungsverpflichtungen nachzukommen bzw. dem Kreditnehmer jeweils den Betrag als Kredit zur Verfügung zu stellen, den dieser zur Erfüllung seiner Verbindlichkeit gegenüber der hieraus begünstigten kreditgebenden Bank benötigt, und zwar unabhängig davon, ob in den Vermögensverhältnissen des Kreditnehmers eine wesentliche Verschlechterung eintritt. Mit einer Liquiditätshilfegarantie will der Garant gegenüber einem wirtschaftlich schwachen Kreditnehmer und dessen Banken das Vertrauen erwecken, daß die Liquiditätsschwierigkeiten des Kreditnehmers nicht zur Zahlungseinstellung führen, wenn die Bank ihre Kredite zurückfordert. Der Garant verpflichtet sich also, die Zahlungseinstellung des Kreditnehmers, die einen Eröffnungsgrund für das Insolvenzverfahren bilden würde (vgl. § 17 InsO), zu verhindern. Dagegen braucht der Garant eine etwaige Überschuldung, die vorliegt, wenn die Passiva die Summe von Aktivvermögen und Eigenkapital übersteigen, als weiteren Konkursgrund (vgl. §§ 19 Abs. 1 InsO) nicht zu beseitigen[783].

6.593　Keine Bedeutung für die Kreditsicherungspraxis hat dagegen die sog. **Rentabilitätsgarantie.** Hierdurch verpflichtet sich die Muttergesellschaft, ihre Tochtergesellschaft so zu stellen, daß sie in die Lage versetzt wird, bestimmte Mindestdividenden (vgl. § 254 Abs. 1 AktG) auszuschütten. Sie wird hauptsächlich im gesellschaftsrechtlichen Bereich verwandt, etwa als Ausgleich für Minderheitengesellschafter bzw. -aktionäre bei Abschluß eines Unternehmensvertrages[784].

781　BGH WM 1992, 501, 502; OLG Düsseldorf WM 1989, 1642, 1646; vgl. weiter OLG München WM 1999, 686; *Köhler,* WM 1978, 1338, 1360; *Möser,* DB 1979, 1469, 1471; *Gerth,* Atypische Kreditsicherheiten, 2. Aufl., 1980, S. 141 ff.
782　OLG Karlsruhe WM 1992, 2088, 2091.
783　*Gerth,* Atypische Kreditsicherheiten, 2. Aufl., 1980, S. 270, 306; *Obermüller,* Ersatzsicherheiten im Kreditgeschäft, 1987, S. 106.
784　*Obermüller,* Ersatzsicherheiten im Kreditgeschäft, 1987, S. 31.

7. Abschnitt: Nicht-bankmäßige Kreditsicherungsinstrumente

Die „harte" Patronatserklärung wird allgemein als Sicherungsmittel mit einer Bürgschaft oder Garantie verglichen[785]. Dabei darf aber nicht übersehen werden, daß die **kreditgebende Bank** aus der Patronatserklärung **keinen „Zahlungs"anspruch, sondern** nur einen **Schadensersatzanspruch** erwerben kann[786]. Denn der Sinn dieser Erklärung liegt vielmehr in der Sicherstellung der Liquidität bzw. Bonität der Tochtergesellschaft im Zeitpunkt der Fälligkeit der Kreditverpflichtungen[787].

6.594

Der Patronatserklärung liegt daher ein **unechter Vertrag zugunsten Dritter eigener Art** mit der kreditgebenden Bank zugunsten der kreditnehmenden Tochtergesellschaft zugrunde. Die Tochtergesellschaft kann daher auch keine eigenen Ansprüche herleiten, die deren Gläubiger pfänden könnten[788].

6.595

Zahlt die Tochtergesellschaft den Kredit nicht ordnungsgemäß zurück, kann die Bank von der Muttergesellschaft keine Zahlung an sich, sondern nur Zahlung an die Tochtergesellschaft verlangen. Einen unmittelbaren Anspruch gegen die Muttergesellschaft erwirbt die kreditgebende Bank spätestens mit Eröffnung des Insolvenzverfahrens über das Vermögen der Tochtergesellschaft[789]. Spätestens dann hat die Muttergesellschaft ihre „Ausstattungs"pflicht verletzt und haftet auf Schadensersatz wegen zu vertretender Nichterfüllung[790]. Nach herrschender Meinung ist für eine Inanspruchnahme der Patronatserklärung nicht erforderlich, daß eine Zwangsvollstreckung gegen die kreditnehmende Tochtergesellschaft erfolglos geblieben ist. Es genügt vielmehr jeder **Nachweis der Zahlungsunfähigkeit** des Kreditschuldners. Denn die „harte" Patronatserklärung verpflichtet dazu, die Tochtergesellschaft finanziell so hinreichend auszustatten, daß diese auch zur fristgemäßen Rückzahlung eines fälligen Kredites in der Lage ist[791].

6.596

Die Muttergesellschaft haftet im übrigen nicht nur für den Ausfall der kreditgebenden Bank, sondern für den Ersatz des ganzen erlittenen Schadens. Wer wie bei einer harten Patronatserklärung für die Vertragserfüllung eines anderen zu sorgen hat, haftet bei zu vertretender Nichterfüllung grundsätzlich neben diesem als Gesamtschuldner auf Schadensersatz in voller Höhe[792].

6.597

---

785 BGH WM 1992, 501, 503; vgl. weiter *Schäfer*, WM 1999, 153 ff.
786 *Wittig* in Bankrecht und Bankpraxis, Rn 4/2879 m.w.Nachw.
787 *Köhler*, WM 1978, 1338, 1344.
788 *Schraeppler*, ZGesKredW 1975, 215, 216; *Schneider*, ZIP 1989, 619, 621.
789 *Schneider*, ZIP 1989, 619, 622.
790 BGH WM 1992, 501, 503.
791 BGH WM 1992, 501, 504.
792 BGH WM 1992, 501, 503.

c) Patronatserklärungen gegenüber der „Allgemeinheit"

6.598 Vereinzelt werden Patronatserklärungen nicht gegenüber einem bestimmten Gläubiger, sondern gegenüber der „Allgemeinheit" abgegeben. So heißt es in dem Geschäftsbericht der Deutsche Bank AG für 1992 unter den Überschrift „Nicht aus der Bilanz ersichtliche Haftungsverhältnisse": „Für diejenigen Kreditinstitute und uns nahestehenden Gesellschafter, die in der in diesem Geschäftsbericht enthaltenen Liste über den ,Anteilsbesitz der Deutsche Bank AG gemäß § 285 Nr. 11 HGB' als unter die Patronatserklärung fallend gekennzeichnet sind, tragen wir, abgesehen vom Fall des politischen Risikos, dafür Sorge, daß sie ihre vertraglichen Verbindlichkeiten erfüllen können."

6.599 Bei solchen Patronatserklärungen ist im Einzelfall durch Auslegung zu ermitteln, ob hieraus Dritte Ansprüche erwerben sollen und ob dem erklärenden Kredtinstitut die Befugnis vorbehalten sein soll, diese Erklärung ohne deren Zustimmung aufzuheben oder zu ändern (§ 328 Abs. 2 BGB). Etwaige Ansprüche des Dritten können also widerruflich oder unwiderruflich sein.

6.600 Nach dem LG Frankfurt soll eine Patronatserklärung eines Kreditinstitutes, das für ihre Tochtergesellschaften gegenüber einer Aufsichtsbehörde abgegeben worden ist, den Gläubigern der Tochtergesellschaften keine eigenständigen Ansprüche einräumen[793].

6.601 **Umstritten** ist die **Rechtsnatur solcher Patronatserklärungen an die Allgemeinheit.** Nach *Canaris* fehlt solchen Erklärungen jeder rechtsgeschäftliche Charakter[794]. *Habersack* mißt dagegen solchen Patronatserklärungen eine rechtsgeschäftliche Bedeutung zu und sieht darin ein Angebot ad certas personas auf Abschluß eines Patronatsvertrages[795]. Nach *Pesch* ist die Patronatserklärung in einem Geschäftsbericht auch ein Angebot an die konkret bezeichnete oder abstrakt definierten Tochtergesellschaften, Patronatsvereinbarungen zugunsten von deren Gläubigern abzuschließen. Die Tochtergesellschaften nehmen dieses Angebot zumindest stillschweigend an. Die begünstigten Dritten erwerben hierdurch unmittelbar Rechte aus der Patronatserklärung, auch wenn sie diese nicht kennen[796].

6.602 Nach *Schneider* ist in der im Geschäftsbericht eines Kreditinstitutes enthaltenen Erklärung kein garantieähnlicher Vertrag, sondern nur ein

---

793 AG 1977, 321, 322.
794 *Larenz/Canaris*, Lehrbuch des Schuldrechts, Bd. 2, II, 13. Aufl., 1994, § 65, V., 2d.
795 ZIP 1996, 257, 262.
796 WM 1998, 1609, 1613.

einseitiges Leistungsversprechen zu erblicken[797]. Aus diesem einseitigen Leistungsversprechen sollen nicht nur alle gegenwärtigen, sondern auch alle künftigen Gläubiger berechtigt sein[798]. Erblickt man in einer solchen Patronatserklärung ein einseitiges Rechtsgeschäft, so bedarf die Erklärung zu ihrem Wirksamwerden weder einer Annahme durch den Gläubiger noch muß sie ihm im Zeitpunkt des Abschlusses eines Darlehensvertrages mit der Tochtergesellschaft bekannt gewesen sein. Auch bedarf es dann zum Widerruf der Patronatserklärung oder zu ihrer inhaltlichen Änderung keiner besonderen Kündigungserklärung, die jedem einzelnen Gläubiger der Tochtergesellschaft zugehen müßte.

War jedoch ein Kredit der Tochtergesellschaft bereits bei Widerruf gewährt, so soll der Gläubiger nach *Schneider* im Zweifel nur die Möglichkeit der Kreditkündigung haben, um sich seine Rechte zu erhalten (analog § 658 BGB)[799].   6.603

5. Organschaftserklärung[800]

Zur Sicherung von Krediten an Tochtergesellschaften kommt ferner eine sog. Organschaftserklärung der Muttergesellschaft in Betracht.   6.604

Die in der Praxis regelmäßige Verbindung eines Beherrschungsvertrages (§ 291 Abs. 1 S. 1 AktG) mit einem Gewinnabführungsvertrag wird als Organschaft bezeichnet. Mit dem gleichzeitigen Abschluß beider Verträge sollen die Voraussetzungen für die körperschaftssteuerliche Organschaft (§§ 14, 17 KStG) erfüllt werden, woraus steuerliche Vorteile resultieren.   6.605

Zweck und Inhalt der Organschaftserklärung ist es, die bei Beherrschungs- und Gewinnabführungsverträgen gesetzlich vorgesehenen Vorschriften zum Schutz der Gläubiger (§§ 300 ff. AktG) in ihrer Funktionsweise zu sichern und zu verstärken.   6.606

Weil mit der Organschaftserklärung daher **keine Übernahme einer zusätzlichen vertraglichen Verpflichtung** verbunden ist, sondern im wesentlichen nur Zweifelsfragen der gesetzlichen Regelung geklärt werden sollen, bedarf die Organschaftserklärung anders als die Patronatserklärung keines Ausweises in der Bilanz der Muttergesellschaft gemäß § 251 S. 1, 3. Alt. HGB[801].   6.607

---

797 ZIP 1989, 619, 624 m.w.Nachw.; hiergegen *Habersack*, ZIP 1996, 257, 261.
798 Die herrschende Meinung lehnt jedoch eine solche Ausweitung der gesetzlich geregelten einseitigen Leistungsversprechen ab (*Schneider*, ZIP 1989, 619, 624).
799 *Schneider*, ZIP 1989, 619, 625.
800 *Gerth*, AG 1984, 94.
801 Vgl. *Obermüller*, Ersatzsicherheiten im Kreditgeschäft, 1987, S. 45.

6.608 Ein Beherrschungs- und Gewinnabführungsvertrag kann dabei sowohl mit einer Aktiengesellschaft (§ 291 Abs. 1 S. 1 AktG) als auch mit einer GmbH als Tochtergesellschaft geschlossen werden. Im letzteren Fall werden jedenfalls die §§ 302, 303 AktG, die im folgenden von besonderem Interesse sind, entsprechend angewendet[802].

a) Gläubigerschutz beim Abschluß eines Unternehmensvertrages

6.609 Zweck dieser Vorschriften ist es, der abhängigen Tochtergesellschaft ihr bilanzmäßiges Vermögen nach Abschluß des Beherrschungs- oder Gewinnabführungsvertrages zu erhalten[803]. Dieses Ziel soll vor allem durch die §§ 302, 303 AktG erreicht werden. § 302 Abs. 1 AktG sieht eine Pflicht der Muttergesellschaft zum Ausgleich jedes während der Vertragsdauer entstehenden Jahresfehlbetrages vor. Außer dieser Verlustübernahmepflicht der Muttergesellschaft begründet § 303 Abs. 1 S. 1 AktG für die Gläubiger der abhängigen Gesellschaft das Recht, im Falle der Beendigung des Beherrschungs- oder Gewinnabführungsvertrages von der Muttergesellschaft Sicherheit für ihre Forderungen gegen die Tochtergesellschaft zu verlangen.

6.610 Nach der **Rechtsprechung des BGH**[804] wird die Rechtsfolge des § 303 Abs. 1 S. 1 AktG im Falle der Vermögenslosigkeit der Tochtergesellschaft verändert. Entsprechend § 322 AktG verwandelt sich der Anspruch der Gläubiger in diesem Fall in einen direkten Zahlungsanspruch gegen die Muttergesellschaft, jedenfalls sofern feststeht, daß ein Insolvenzverfahren über das Vermögen der Tochtergesellschaft nicht mehr durchgeführt werden wird.

b) Kreditsicherung durch die Konzernhaftung der Muttergesellschaft

6.611 Weil durch diese Vorschriften lediglich das bilanzmäßige Anfangsvermögen der Tochtergesellschaft während des Bestehens des Beherrschungs- und Gewinnabführungsvertrages gesichert werden soll, besteht in der Folge lediglich ein mittelbarer Schutz der Gläubiger der Tochtergesellschaft, der im Ergebnis zur Sicherung der kreditgebenden Bank nicht ausreichend ist[805].

6.612 Der Grund hierfür liegt vor allem in der **Schwäche der gesetzlich vorgesehenen Verlustausgleichspflicht** (§ 302 Abs. 1 AktG). Sie entsteht erst mit der Feststellung des Jahresabschlusses und kann bis dahin als Kreditsicherheit nicht dienen.

---

802 BGH WM 1985, 1263, 1267; 1988, 1525, 1530; 1991, 2137, 2138.
803 *Scholz/Emmerich*, GmbHG, Bd. 1, 8. Aufl., 1993, Anh. Konzernrecht, Rn 309.
804 BGH WM 1985, 1263, 1267; 1991, 2137, 2139.
805 *Lwowski/Groeschke*, WM 1994, 613, 614 ff.

Vor allem ist aber die Höhe des Jahresfehlbetrages der Tochtergesellschaft, der ausgleichspflichtig ist, keine feststehende Größe, sondern kann durch die Muttergesellschaft durch die bilanziellen Gestaltungsmöglichkeiten beeinflußt werden[806]. Auch die Verpflichtung zur Sicherheitsleistung (§ 303 Abs. 1 S. 1 AktG) scheidet als Kreditsicherungsgrundlage aus[807].

c) Inhalt der Organschaftserklärung

Gegenstand der Organschaftserklärung der Muttergesellschaft gegenüber der kreditgebenden Bank ist, sie dagegen zu sichern, daß die **Muttergesellschaft Maßnahmen** ergreift, durch die vor allem der Verlustausgleichsanspruch der **Tochtergesellschaft** nach § 302 Abs. 1 AktG in irgendeiner Weise **beeinträchtigt werden kann**.

6.613

Im einzelnen ist es vor allem daher Inhalt der Organschaftserklärung, daß der Unternehmensvertrag während der Dauer der Kreditgewährung weder gekündigt noch aufgehoben wird und auch sonst keine Tatbestände geschaffen werden, die zu dessen Beendigung kraft Gesetzes führen würden[808]. Für den Fall, daß die Fortgeltung des Unternehmensvertrages nicht Inhalt der Organschaftserklärung wird, wird regelmäßig vereinbart, daß die Muttergesellschaft im Falle der Beendigung des Unternehmensvertrages für die Forderungen gegen die Tochtergesellschaft nach § 303 AktG bankmäßige Sicherheit leisten wird[809]. Ferner muß die Muttergesellschaft auf die Geltendmachung von Aufrechnung oder Zurückbehaltungsrechten verzichten. Auch muß sie auf die Einwendung verzichten, der Jahresabschluß der Tochtergesellschaft, der Grundlage für den Verlustausgleichsanspruch ist, sei anfechtbar oder nichtig[810].

6.614

Im **Hinblick auf den Verlustausgleichsanspruch** wird es regelmäßig Inhalt der Organschaftserklärung sein, daß Verlustvorträge nicht bestehen sowie daß sich die Verlustübernahmepflicht der Muttergesellschaft auch auf etwaige Verluste aus Rumpfgeschäftsjahren sowie auf etwaige Abwicklungsverluste nebst Zinsen erstreckt[811]. Bestehen diese Zusagen der Muttergesellschaft nicht, kann im Einzelfall der Verlustausgleichsanspruch der Bank beeinträchtigt werden; dies soll die Organschaftserklärung gerade vermeiden.

6.615

---

806 Vgl. *Lwowski/Groeschke*, WM 1994, 613, 615.
807 Vgl. *Lwowski/Groeschke*, WM 1994, 618 f.
808 Vgl. *Gerth*, AG 1984, 94, 96.
809 Vgl. *Gerth*, AG 1984, 94, 98; *Obermüller*, Ersatzsicherheiten im Kreditgeschäft, 1987, S. 40.
810 *Gerth*, AG 1984, 97.
811 *Obermüller*, Ersatzsicherheiten im Kreditgeschäft, 1987, S. 34 ff.; *Gerth*, AG 1984, 94, 96.

6. Teil: Kreditsicherung

6.616 Im einzelnen kann es daher Inhalt der Organschaftserklärung sein[812]:

„Wir (Muttergesellschaft), haben davon Kenntnis genommen, daß Sie unserer Tochtergesellschaft, der Firma ..., mit dem Sitz in ... (im folgenden: Tochtergesellschaft genannt), mit Krediten zu Verfügung stehen.

Wir bestätigen Ihnen, daß die Aktien/Geschäftsanteile unserer Tochtergesellschaft zu ...% in unseren Händen liegen und wir mit ihr einen Gewinnabführungs- und/oder Beherrschungsvertrag (im folgenden: Organschaftsvertrag genannt) geschlossen haben. Für die Laufzeit Ihrer Kredite verpflichten wir uns Ihnen gegenüber, unsere Beteiligung an unserer Tochtergesellschaft weder aufzuheben, zu ändern noch mit Rechten Dritter zu belasten.

Aufgrund des Organschaftsvertrages sind wir den Vorschriften des § 302 AktG zufolge verpflichtet, Verluste unserer Tochtergesellschaft zu übernehmen. Wir sind uns mit Ihnen darüber einig, daß unsere aus dem Organschaftsvertrag folgende Verlustübernahmepflicht infolge einer Auflösung unserer oben genannten Tochtergesellschaft sich auch auf etwaige Abwicklungsverluste erstreckt. Die Abwicklungsverluste im Sinne dieser Organschaftserklärung umfassen auch die Zinsen, welche nach der Eröffnung eines Insolvenzverfahrens über das Vermögen der Tochtergesellschaft auflaufen sollten. Endet der Organschaftsvertrag – gleichgültig aus welchem Grunde – während des laufenden Geschäftsjahres, werden wir auch die bis zum Zeitpunkt der Beendigung entstandenen und aufgrund einer Zwischenbilanz dieses Rumpfgeschäftsjahres zu ermittelnden Verluste übernehmen. Gegen den Anspruch auf Ausgleich des jeweiligen Fehlbetrages werden wir keine Aufrechnung oder Zurückbehaltungsrechte oder andere Einwendungen und Einreden geltend machen, ihn nicht stunden lassen und auf den zu erwartenden Ausgleichsanspruch – am Liquiditätsbedarf unserer Tochtergesellschaft orientierte – Abschlagszahlungen leisten.

Wir erklären uns damit einverstanden, daß Sie sich von unserer Tochtergesellschaft deren aus dem Organschaftsvertrag folgende Rechte abtreten lassen.

Für den Fall, daß ein diesbezügliches Abtretungsverbot mit der Tochtergesellschaft vereinbart worden ist, erklären wir uns in Änderung des Organschaftsvertrages damit einverstanden, daß Sie sich von unserer Tochtergesellschaft ihre aus dem Organschaftsvertrag folgenden Rechte abtreten lassen, und weisen unsere Tochtergesellschaft hiermit an, ihrerseits die Aufhebung des Abtretungsverbotes zu bestätigen.

Unabhängig davon, ob Sie von dieser Abtretungslösung Gebrauch machen, bestätigen wir Ihnen, daß an dem Verlustausgleichsanspruch unserer Tochtergesellschaft keine Rechte Dritter bestehen, und verpflichten uns auch Ihnen gegenüber, die Ansprüche unserer Tochtergesellschaft aus dem Organschaftsvertrag zu erfüllen.

Den Verlustausgleich werden wir unter allen Umständen über das bei Ihnen geführte Konto unserer Tochtergesellschaft, Nr. ... durchführen.

---

812 Musterentwurf von *Gerth*, AG 1984, 94, 95 f.; vgl. die Erläuterungen dazu ebd., 96 ff.

Wir verpflichten uns Ihnen gegenüber, den Organschaftsvertrag ohne Ihre vorherige Zustimmung weder aufzuheben, zu ändern noch zu kündigen, solange unsere Tochtergesellschaft den (die) bei Ihnen in Anspruch genommenen Kredite(e) einschließlich Zinsen und Kosten nicht in vollem Umfange zurückgeführt hat. Mit derselben Maßgabe begründen wir die weitere Verpflichtung, keine Tatbestände zu schaffen oder zuzulassen, welche kraft Gesetzes eine Beendigung des Organschaftsvertrages zur Folge hätten. Desgleichen werden wir unsere Tochtergesellschaft anhalten, ihrerseits keine derartigen Tatbestände zu schaffen oder zuzulassen.

Für den Fall, daß unsere Tochtergesellschaft nicht die Rechtsform einer AG oder KGaA aufweist, verpflichten wir uns, Ihnen entsprechend den Vorschriften des § 303 AktG Abs. 1 und Abs. 3 S. 1 Sicherheit zu leisten.

Sollte bei uns oder unserer Tochtergesellschaft ein Ereignis eintreten, welches als Beendigungsgrund auch nur in Betracht kommt, werden wir Sie sofort benachrichtigen.

7. Teil
Auslandsgeschäft

1. Abschnitt
Allgemeines

Die Praxis spricht vom Auslandsgeschäft, ohne dabei an eine bestimmte Geschäftsart zu denken. Das Auslandsgeschäft wird vielmehr weitestgehend in den äußeren Formen der inländischen Bankgeschäfte betrieben, wie sie der Gesetzgeber in dem Katalog der Bankgeschäfte (§ 1 Abs. 1 S. 2 KWG) definiert hat. **Auch im Auslandsgeschäft erbringt die Bank die im Inlandsgeschäft typischen Dienstleistungen.** So nimmt die Bank von ihren im Ausland ansässigen Kunden Spar- und Termingelder im Rahmen ihres Einlagengeschäfts herein und führt für diese Kunden Girokonten und Wertpapierdepots. 7.1

Für die **Zuordnung zum Auslandsgeschäft** ist es aber keineswegs erforderlich, daß der Empfänger der bankmäßigen Dienstleistung seinen Wohn- oder Geschäftssitz im Ausland hat. So liegt ein weiterer Schwerpunkt des Auslandsgeschäfts in der Vermittlung von bargeldlosen Zahlungen in das Ausland oder umgekehrt in dem Inkasso von Geldbeträgen, die die inländischen Bankkunden von ihren ausländischen Schuldnern beanspruchen können. Dabei müssen zur Erbringung solcher auslandsbezogener Dienstleistungen regelmäßig ausländische Banken eingeschaltet werden. Dies gilt regelmäßig auch in den Fällen, in denen die Bank damit beauftragt wird, Wertpapiere an ausländischen Kapitalmärkten zu kaufen und dort anschließend aufbewahren zu lassen. 7.2

Wie diese Beispiele der Bankpraxis zeigen, ist es für die Zugehörigkeit zum Auslandsgeschäft also **unwesentlich,** ob der Empfänger der bankmäßigen Dienstleistung oder der Kreditnehmer seinen **Wohn- oder Geschäftssitz im In- oder Ausland** hat. Auch Kreditgewährungen im Auslandsgeschäft erfolgen nicht nur an im Ausland ansässige Bankkunden. So kann ein auslandsbezogener (Aval-)Kredit an einen inländischen Bankkunden im Rahmen eines Importgeschäfts in der Weise gewährt werden, daß die Bank in seinem Auftrag zugunsten des ausländischen Exporteurs ein Dokumentenakkreditiv eröffnet oder eine Garantie übernimmt. 7.3

Der Begriff Auslandsgeschäft ist also eine **Sammelbezeichnung** für bankmäßige Dienstleistungen und Finanzierungen aller Art, die **in irgendeiner** 7.4

Form eine Auslandsberührung haben[1]. Denn dies könnte die Anwendbarkeit ausländischen Rechts erfordern, das sich sodann auch auf die vertraglichen Beziehungen zwischen der Bank und ihren Kunden auswirken kann (nachfolgend auslandsbezogene Bankgeschäfte).

7.5 Diese Berührung mit **ausländischen Rechtsordnungen** ist bei den einzelnen Auslandsgeschäften von sehr unterschiedlicher Intensität. Am stärksten kann sich ausländisches Recht auswirken, wenn die Bank ihre Dienstleistung oder Kreditgewährung an einen im Ausland ansässigen Bankkunden erbringt. In diesen Fallkonstellationen wirkt sich die Auslandsberührung unmittelbar auf die Vertragsbeziehung zwischen der Bank und ihren Kunden aus. An dieser direkten Auswirkung fehlt es dagegen beispielsweise bei der Finanzierung des deutschen Außenhandels, wenn das Leistungsangebot der Kreditinstitute wie regelmäßig von inländischen Bankkunden in Anspruch genommen wird und damit eine dem deutschen Recht unterworfene Vertragsbeziehung zwischen Kunde und Bank begründet wird. So ergibt sich bei den Exportgeschäften die Auslandsberührung nur indirekt daraus, daß der Schuldner der finanzierten Forderung aus dem Exportgeschäft als einem grenzüberschreitenden Vertragsverhältnis seinen Sitz im Ausland hat.

7.6 Soweit die Kreditinstitute im Rahmen von **Importfinanzierungen** mitwirken, geht es häufig darum, den ausländischen Exporteur als Gläubiger des finanzierten Kaufpreisanspruches aus dem Importgeschäft im Auftrag und für Rechnung des inländischen Kaufpreisschuldners z.B. durch eine Bankgarantie oder ein Dokumentenakkreditiv abzusichern. Auch hier fehlt es an einer unmittelbaren Auslandsberührung des Kreditverhältnisses zwischen der finanzierenden Bank und dem inländischen Importeur als Avalauftraggeber. Die Auslandsberührung beschränkt sich hier auf die das Importgeschäft flankierende Vertragsbeziehung der Bank gegenüber dem ausländischen Exporteur als Garantienehmer oder Akkreditivbegünstigten. Das Kreditverhältnis zwischen Bank und inländischem Importeur wird also vom ausländischen Recht allenfalls indirekt berührt.

7.7 Ein weiterer Ansatzpunkt für die Berührung mit einer ausländischen Rechtsordnung ergibt sich bei der **Außenhandelsfinanzierung,** wenn die zum Export und Import bestimmten Waren als Sicherungsmittel für die erforderliche Finanzierung nutzbar gemacht werden sollen. Im Unterschied zur Sicherungsübereignung bei einem reinen Inlandsgeschäft haben die exportierten und importierten Waren häufig keinen festen Standort. Bei den hier typischen Versendungsverkäufen befindet sich das zu

---

1 In diesem Sinne auch *Nielsen* in Bankrecht und Bankpraxis, Rn 5/1.

finanzierende Sicherungsgut schon oder noch auf dem Transportwege im Ausland. Für eine rechtswirksame Erfassung dieses Sicherungsgutes bedarf es deshalb besonderer Vertragstechniken unter Berücksichtigung des anwendbaren ausländischen Rechts[2].

Schließlich kann sich ein Auslandsbezug auch daraus ergeben, daß ein Geldkredit an einen inländischen Bankkunden in ausländischer Währung gewährt wird, der durch die Aufnahme eines Kredits im Ausland refinanziert wird. Ein anschauliches Beispiel hierfür bieten die im sog. Euromarkt aufgenommen Kredite. Die internationale Prägung dieser **Eurokredite**, die durchaus auch zwischen inländischen Kreditinstituten gewährt werden können, beruht nicht nur auf ihrer Refinanzierungsquelle. Die standardisierten Kreditbeträge orientieren sich stark an der angloamerikanischen Vertragspraxis.

7.8

Nach Schaffung des Binnenmarktes der Europäischen Wirtschafts- und Währungsunion könnte es sich zumindest langfristig empfehlen, für die Behandlung des Auslandsgeschäfts zwischen grenzüberschreitenden Geschäften im Binnenmarkt und dem sonstigen Auslandsgeschäft zu differenzieren. Für eine systematische Darstellung des Bankrechts stehen die Bankgeschäfte im Binnenmarkt den Inlandsgeschäften wesentlich näher als die grenzüberschreitenden Bankgeschäfte mit dem nicht-europäischen Ausland.

7.9

Die Auslandsberührung als gemeinsames Merkmal der Auslandsgeschäfte kann aus rechtlicher Sicht von erheblicher Bedeutung sein. So können ausländische Rechtsvorschriften, Usancen und Allgemeine Geschäftsbedingungen unmittelbar auf eine auslandsbezogene Vertragsbeziehung zwischen Bank und ihren Kunden anwendbar sein. Auch wenn diese Vertragsbeziehungen ausschließlich deutschem Recht unterliegen, weil der Kunde einen inländischen Wohn- oder Geschäftssitz hat oder deutsches Recht vereinbart worden ist, kann die Auslandsberührung ausländischen Rechts zumindest eine indirekte Auswirkung auf die Bank/Kunde-Beziehung haben.

7.10

I. Aspekte des deutschen Internationalen Privatrechts (IPR)

Bei einer Auslandsbezogenheit der bankmäßigen Dienstleistung oder Kreditgewährung wird regelmäßig mindestens eine ausländische Rechtsordnung berührt, weil zumindest **ein Vertragspartner** seinen **Wohn- oder Geschäftssitz im Ausland** hat. Bei diesem Vertragspartner kann es sich um einen im Ausland ansässigen Bankkunden oder einen Dritten han-

7.11

---
2 *Nielsen* in Bankrecht und Bankpraxis, Rn 5/77 ff.

deln, der seinerseits in einer grenzüberschreitenden Vertragsbeziehung zum inländischen Bankkunden steht. Diese Auslandsberührung bezeichnet das deutsche Internationale Privatrecht (IPR) als Sachverhalt mit einer „Verbindung zum Recht eines ausländischen Staates" (Art. 3 Abs. 1 S. 1 EGBGB). Bei einer solchen Auslandsberührung stellt sich die Frage, welche Rechtsordnung für die rechtliche Beurteilung des zugrundeliegenden Sachverhaltes maßgeblich sein soll. Diese Frage beantwortet sich nach dem Internationalen Privatrecht (IPR), wenn die Vertragsparteien die Geltung der für sie maßgeblichen Rechtsordnung nicht rechtsgeschäftlich vereinbart haben.

1. Definition des deutschen Internationalen Privatrechts

7.12 Das IPR ist die Gesamtheit der Rechtssätze, die anordnen, welchen Staates Privatrecht anzuwenden ist[3]. Das IPR besteht daher aus sog. **Kollisionsnormen,** die mit Hilfe bestimmter Anknüpfungspunkte das auf den zugrundeliegenden Sachverhalt anzuwendende Recht bezeichnen[4]. Dabei hat wegen Fehlens eines weltweit geltenden IPR jeder Staat sein eigenes IPR. Es gibt also z.B. deutsches, französisches und englisches IPR[5]. Das IPR gehört ungeachtet dessen, daß es Regelungen für internationale Sachverhalte trifft, grundsätzlich zum Recht des jeweiligen Staates. Eine Vereinheitlichung des IPR ist nur in Teilbereichen durch Staatsverträge erfolgt[6]. Beim IPR handelt es sich also nicht um eine supranationale Rechtsordnung, sondern um **nationales Kollisionsrecht**[7].

7.13 Die Kollisionsnormen des deutschen IPR sind größtenteils im **Einführungsgesetz zum BGB** (EGBGB) enthalten. Diese Vorschriften sind durch das IPR-Gesetz vom 25. 7. 1986 neu gefaßt worden (Art. 3 bis 38 EGBGB)[8].

7.14 Die weitaus überwiegende Mehrheit der Neuregelungen entspricht dem bisherigen deutschen Kollisionsrecht[9]. Zwischenzeitlich sind auch Kollisionsnormen für außervertragliche Schuldverhältnisse und für Sachen geschaffen worden. Dies ist durch das Gesetz zum Internationalen Privatrecht für außervertragliche Schuldverhältnisse und für Sachen geschehen[10]. Mit dieser Novelle sind überwiegend

---
3 *Kegel,* Internationales Privatrecht, 7. Aufl., 1995, S. 3.
4 *Palandt/Heldrich,* Einl. v. Art. 3 EGBGB Rn 1.
5 *Kegel,* Internationales Privatrecht, 7. Aufl., 1995, S. 4.
6 *Palandt/Heldrich,* Einl. v. Art. 3 EGBGB Rn 2.
7 *Soergel/Kegel,* vor Art. 3 EGBGB Rn 1.
8 BGBl. I 1986, S. 1142 ff.
9 Vgl. *Sandrock,* RIW 1986, 841 ff.
10 BGBl. I 1999, S. 1026 ff.

bereits vorhandene richterliche Grundsätze in Gesetzesform gegossen worden[11]. Die sachenrechtliche Grundanknüpfung ist in Art. 43 Abs. 1 EGBGB geregelt. Danach unterliegen Rechte an einer beweglichen oder unbeweglichen Sache der Rechtsordnung des Staates, in dem sich diese Sache befindet. Maßgeblich ist also das Belegenheitsrecht (lex rei sitae). Dabei gilt die Rechtsordnung am Lagerort für die Entstehung, Änderung, den Übergang, Untergang und Inhalt dinglicher Rechte.

Eine gesetzliche Begriffsbestimmung des IPR enthält Art. 3 Abs. 1 S. 1 EGBGB. Danach bestimmen bei Sachverhalten mit einer Verbindung zum Recht eines ausländischen Staates die Vorschriften der Art. 3 ff. EGBGB, welche Rechtsordnungen anzuwenden sind (IPR). 7.15

Im Falle einer Verweisung der deutschen Kollisionsnorm auf ein ausländisches Recht gelten grundsätzlich nicht nur dessen Sachnormen, sondern auch seine Kollisionsnormen (sog. **Gesamtverweisung**). Die deutschen Gerichte haben also im Interesse des äußeren Entscheidungseinklangs grundsätzlich auch das IPR der zur Anwendung berufenen fremden Rechtsordnung zu beachten (Art. 4 Abs. 1 S. 1 EGBGB). Will dieses das deutsche Recht angewandt sehen (sog. **Rückverweisung**) oder erklärt es eine dritte Rechtsordnung für maßgeblich (sog. **Weiterverweisung**), so ist dem zu folgen[12]. Um ein endloses Hin und Her zu vermeiden, muß eine solche Rückverweisung auf deutsches Recht einmal abgebrochen werden. Verweist daher das Recht des anderen Staates (auf dessen Recht das deutsche IPR verwiesen hat) auf deutsches Recht zurück, so sind die deutschen Sachvorschriften anzuwenden (Art. 4 Abs. 1 S. 2 EGBGB). 7.16

2. Geltung deutschen Rechts

Die Regeln, welches Recht für vertragliche Schuldverhältnisse maßgeblich ist (sog. **Vertragsstatut**), sind in Art. 27 ff. EGBGB enthalten. 7.17

a) Ausdrückliche Rechtswahl

aa) Grundsatz

Vertragliche Schuldverhältnisse, wie sie auch den Bankgeschäften typischerweise zugrunde liegen, **unterliegen** nach Art. 27 Abs. 1 S. 1 EGBGB **grundsätzlich dem von den Parteien gewählten Recht** (Grundsatz der Parteiautonomie). Die Parteien können sich also durch eine Rechtswahl 7.18

---

11 *Staudinger*, DB 1999, 1589; vgl. weiter *Palandt/Heldrich*, Einl. v. Art. 3 EGBGB Rn 17; Vorb. v. Art. 38 EGBGB Rn 1 m.w.Nachw.
12 *Palandt/Heldrich*, Art. 4 EGBGB Rn 3.

auch den zwingenden privatrechtlichen Vorschriften derjenigen Rechtsordnung entziehen, die bei objektiver Bestimmung des maßgeblichen Rechts anwendbar wären. Sodann unterstehen sie aber den zwingenden Vorschriften des gewählten Rechts[13].

7.19 Dabei beurteilen sich das **Zustandekommen** und die **Wirksamkeit des Vertrages** nach dem Recht, das anzuwenden wäre, wenn der Vertrag wirksam wäre (Art. 31 Abs. 1 EGBGB)[14]. Eine Vertragspartei kann sich aber ausnahmsweise für ihre Behauptung, sie habe dem Vertrag nicht zugestimmt, auf das Recht des Staates ihres gewöhnlichen Aufenthaltsortes berufen, wenn sich aus den Umständen ergibt, daß es nicht gerechtfertigt wäre, die Wirkung des Verhaltens einer Partei nach fremdem Recht zu bestimmen (Art. 31 Abs. 2 EGBGB). Diese Regelung zielt vor allem auf die kollisionsrechtliche Beurteilung des Schweigens des Verhandlungspartners[15].

bb) Grenzen der Privatautonomie

7.20 Der Grundsatz der freien Rechtswahl bedeutet, daß die Parteien den Vertrag wirksam auch einem Recht unterstellen können, zu dem er sonst keine Beziehung aufweist. Auch ein Inlandsgeschäft ohne jegliche Auslandsberührung kann einem ausländischen Recht unterstellt werden[16]. Das Zustandekommen und die Wirksamkeit der auf die Geltung ausländischen Rechts verweisenden AGB-Klauseln richten sich gemäß Art. 27 Abs. 4, 31 Abs. 1 EGBGB nach der in Bezug genommenen Rechtsordnung. Deshalb scheidet eine Inhaltskontrolle der Rechtswahlklausel nach § 9 AGBGB aus. Dies gilt für den kaufmännischen wie für den nichtkaufmännischen Geschäftsverkehr[17].

7.21 **In bestimmten Fällen** steht den Vertragsparteien **keine Dispositionsbefugnis** über das maßgebliche Recht zu. So ist bei der Rechtswahl insbesondere Art. 29 Abs. 1 EGBGB zu beachten[18]. Danach darf bei Verbraucherverträgen die Rechtswahl nicht dazu führen, daß dem Verbraucher der durch die zwingenden Bestimmungen seines Heimatrechts gewährte

---

13 *Soergel/von Hoffmann*, Art. 27 Rn 6; *Nielsen* in Bankrecht und Bankpraxis, Rn 5/6.
14 Zum Vertragsschluß im Internet unter kollisionsrechtlichen Aspekten vgl. *Gruber*, DB 1999, 1437 ff.
15 *Sandrock*, RIW 1986, 841, 849.
16 *Lorenz*, RIW 1987, 569; *Sandrock*, RIW 1994, 385; *Palandt/Heldrich*, Art. 27 EGBGB Rn 3; Münchener Komm. zum BGB/*Martiny*, Art. 27 EGBGB Rn 18; *Soergel/von Hoffmann*, Art. 27 Rn 7.
17 *Ulmer/Brandner/Hensen*, Anh. §§ 9–11 Rn 577.
18 Dies gilt auch bei grenzüberschreitenden Vorträgen im Internet (*Gruber*, DB 1999, 1437 ff.).

Schutz entzogen wird. Vereinbart ein Vermittler von Börsentermingeschäften mit einem in Deutschland geworbenen Anleger im Auftrag eines englischen Brokers, daß auf dessen Vertragsverhältnis zum Anleger englisches Recht anwendbar sein soll, so beurteilt sich die Wirksamkeit dieser Rechtswahl gemäß Art. 27, 31, 29 EGBGB nach deutschem Recht[19].

Unbeschadet des gewählten ausländischen Rechts bleiben auch die **nicht abdingbaren Vorschriften** des deutschen Rechts anwendbar, die den Sachverhalt ohne Rücksichtnahme auf das auf den Vertrag anzuwendende Recht international zwingend regeln (Art. 34 EGBGB). In Betracht kommen dafür Vorschriften, die im öffentlichen Interesse oder zum Schutz des Vertragspartners in Schuldverhältnisse eingreifen. Dies gilt z.B. für den Termineinwand der Nicht-Termingeschäftsfähigen bei Börsentermingeschäften, wie dies § 61 BörsG ausdrücklich regelt[20]. 7.22

Schließlich ist eine Rechtsnorm eines anderen Staates nicht anzuwenden, wenn ihre Anwendung zu einem Ergebnis führt, das mit wesentlichen Grundsätzen des deutschen Rechts offensichtlich unvereinbar ist (Art. 6 S. 1 EGBGB). Ein solcher **Verstoß gegen die öffentliche Ordnung (ordre public)** liegt vor, wenn das Ergebnis der Anwendung des ausländischen Rechts zu den Grundgedanken der deutschen Regelung und den in ihnen liegenden Gerechtigkeitsvorstellungen in so starkem Widerspruch steht, daß es aus der Sicht der deutschen Rechtsordnung für untragbar gehalten wird[21]. Dabei ist die Anwendung dieser Vorbehaltsklausel grundsätzlich nicht schon gerechtfertigt, wenn das fremde Recht von zwingenden deutschen Vorschriften im Sinne des Art. 6 EGBGB abweicht[22]. 7.23

cc) Rechtswahl bei Bankgeschäften mit Auslandsbezug

Eine solche **ausdrückliche Rechtswahl** ist in **Nr. 6 Abs. 1 AGB Banken** enthalten. Danach gilt für die Geschäftsverbindung zwischen dem Kunden und der Bank deutsches Recht. Diese Regelung bestimmt nur das anwendbare Recht im Verhältnis der Bank zu ihrem im Ausland ansässigen Kunden. Von ihr werden also nicht die rechtsgeschäftlichen Beziehungen der Bank zu einem im Ausland ansässigen Dritten erfaßt, die die Bank zur Ausführung der Aufträge ihrer inländischen Kunden eingehen muß. Ein praktisch bedeutsames Beispiel hierfür ist die **Übernahme einer Garantie** gegenüber einem ausländischen Begünstigten als Gläubiger des 7.24

---

19 OLG Düsseldorf RIW 1994, 420; Münchener Komm. zum BGB/*Martiny*, Art. 29 Rn 12 m.w.Nachw.; *Soergel/von Hoffmann*, Art. 29 Rn 7.
20 BGH WM 1984, 1245, 1246.
21 *Palandt/Heldrich*, Art. 6 EGBGB Rn 4.
22 BGH MDR 1961, 496.

inländischen Kunden, in dessen Auftrag die Garantieübernahme erfolgt. Soweit möglich wird in diesen Fällen in der Garantieurkunde selbst die Geltung deutschen Rechts vereinbart. Unterbleibt eine solche Rechtswahl ausnahmsweise, wird es für die Frage des Vertragsstatuts regelmäßig auf die Frage ankommen, welche Vertragspartei die „charakteristische Leistung" im Sinne des Art. 28 Abs. 2 EGBGB erbringt.

b) Konkludente Rechtswahl

7.25 Eine Rechtswahl braucht allerdings nicht ausdrücklich getroffen zu werden. Sie kann auch konkludent erklärt werden, sofern sich ein entsprechender realer Parteiwille „mit hinreichender Sicherheit aus den Bestimmungen des Vertrages oder den Umständen des Falles ergibt" (Art. 27 Abs. 1 S. 2 EGBGB)[23]. Anderenfalls unterliegt der Vertrag dem Recht des Staates, „mit dem er die engste Verbindung aufweist" (Art. 28 Abs. 1 S. 1 EGBGB). Die Abgrenzung zwischen dieser objektiven Verknüpfung gemäß Art. 28 Abs. 1 EGBGB und der konkludenten Rechtswahl erfolgt also danach, ob ein tatsächlicher (realer) **Rechtswahlwille der Parteien** feststellbar ist wie insbesondere durch eine vereinbarte Gerichtsstandklausel[24]. Bei Fehlen einer ausdrücklichen oder konkludenten Rechtswahl kann somit die anzuwendende Rechtsordnung nicht durch Ermittlung eines subjektiven Parteiwillens, sondern nur im Wege einer Anknüpfung an objektive Umstände ermittelt werden. Bislang stützte sich die deutsche Rechtsprechung dagegen auf den sog. hypothetischen Parteiwillen. Die Neuregelung hat jedoch die Konzeption des hypothetischen Parteiwillens nicht übernommen. Mit Art. 28 EGBGB sollen aber ähnliche Ergebnisse erzielt werden[25].

7.26 Von besonderem Interesse ist in diesem Zusammenhang, daß gemäß Art. 27 Abs. 2 EGBGB eine Rechtswahl auch noch nach dem Vertragsschluß getroffen werden kann. Indiz für eine solche **nachträgliche Rechtswahl** kann insbesondere das Verhalten der Parteien in einem späteren Prozeß sein. Als Verhalten in diesem Sinne kommt dabei vor allem die beiderseitige Behandlung der Sache nach deutschem oder ausländischem Recht in Betracht[26].

---

23 Vgl. weiter *Palandt/Heldrich*, Art. 27 EGBGB Rn 5.
24 *Soergel/von Hoffmann*, Art. 27 EGBGB Rn 41; Münchener Komm. zum BGB/*Martiny*, Art. 27 Rn 41, 43.
25 Münchener Komm. zum BGB/*Martiny*, Art. 28 Rn 2; *Sandrock*, RIW 1986, 841, 847.
26 *Palandt/Heldrich*, Art. 27 EGBGB Rn 7 m.w.Nachw.

c) Mangels Rechtswahl anzuwendendes Recht

Soweit es an einer ausdrücklichen oder konkludenten Vereinbarung des maßgeblichen Rechts fehlt, soll nach deutschem IPR (**Art. 28 Abs. 1 S. 1 EGBGB**) „der Vertrag dem Recht des Staates unterliegen, mit dem er die engsten Verbindungen aufweist". 7.27

aa) Charakteristische Leistung als Anknüpfungspunkt für vertragliche Schuldverhältnisse

Nach Art. 28 Abs. 2 EGBGB wird vermutet, daß der Vertrag die engsten Verbindungen mit dem Staat aufweist, in dem die Partei, welche die charakteristische Leistung zu erbringen hat, im Zeitpunkt des Vertragsabschlusses ihren gewöhnlichen Aufenthalt, oder, wenn es sich um eine Gesellschaft oder eine juristische Person handelt, ihre Hauptverwaltung hat. Wird der Vertrag in Ausübung einer beruflichen oder gewerblichen Tätigkeit dieser Partei geschlossen, so wird vermutet, daß er die engsten Verbindungen zu dem Staat aufweist, in dem sich deren Hauptniederlassung oder in dem sich die die Leistung erbringende Niederlassung befindet (Art. 28 Abs. 2 S. 2 EGBGB). 7.28

Unter der Erbringung der charakteristischen Leistung ist **diejenige Leistung** zu verstehen, die dem **betreffenden Vertragstypus seine Eigenart verleiht und** seine **Unterscheidung von anderen Vertragstypen ermöglicht.** Hinsichtlich der **im Bankgeschäft typischen Verträge** ist dies beim Darlehensvertrag die Darlehensgewährung, bei Geschäftsbesorgungsverträgen die Geschäftsbesorgung und beim Verwahrungsvertrag die Leistung des Verwahrers[27]. 7.29

Mit Hilfe dieses Kriteriums der vertragstypischen Leistung läßt sich in der ganz überwiegenden Zahl der Fälle die maßgebliche Rechtsordnung bei auslandsbezogenen Bankgeschäften bestimmen. Dies gilt auch im Verkehr zwischen anderen Banken, beispielsweise bei der **Einschaltung einer Zweitbank** zur Durchführung einer Überweisung. Bei mangelnder Rechtswahl gilt daher das Recht am Sitz der beauftragten Zweitbank, weil sie die charakteristische bankmäßige Leistung im Sinne von Art. 28 Abs. 2 S. 1 EGBGB erbringt[28]. Im Akkreditiv- und Garantiegeschäft gilt gleichfalls das Recht am Sitz der beauftragten Bank[29]. Im Kreditgeschäft 7.30

---

27 *Palandt/Heldrich*, Art. 28 EGBGB Rn 3.
28 Wegen weiterer Einzelheiten vgl. *Nielsen* in Bankrecht und Bankpraxis, Rn 5/16, 17; *Palandt/Heldrich*, Art. 28 EGBGB Rn 21; Münchener Komm. zum BGB/*Martiny*, Art. 28 Rn 238 ff.; *Soergel/von Hoffmann*, Art. 28 Rn 315 ff.
29 Vgl. näher *Nielsen* in Bankrecht und Bankpraxis, Rn 5/17.

ist die Überlassung der Darlehensvaluta die charakteristische Leistung[30]. Im Falle mangelnder Rechtswahl gilt **bei Börsengeschäften** kraft objektiver Anknüpfung gemäß Art. 28 Abs. 1 EGBGB das Recht des Börsenplatzes[31].

7.31 Mitunter kann es jedoch bei geschäftlichen Beziehungen zwischen Banken **an solchen vertragstypischen Leistungen fehlen,** so daß die gesetzliche Vermutung des Art. 28 EGBGB unanwendbar ist (Art. 28 Abs. 2 S. 3 EGBGB). In derartigen Fällen muß die Beurteilung mit Hilfe der in Art. 28 Abs. 1 S. 1 EGBGB enthaltenen Regel gefunden werden. Dies kommt **insbesondere bei Geldhandelsgeschäften** in Betracht. Bei ihnen erbringt kein Kontrahent eine banktypische Leistung. So wird mit dem Geldhandelsgeschäft kein bankmäßiger Kredit gewährt. Auch gehören die Geldhandelsgeschäfte nicht zum Einlagengeschäft der geldaufnehmenden Bank. Denn die Überlassung der Geldbeträge begründet kein für das Einlagengeschäft typisches Kontoguthaben. Der Geldhandel fällt daher unter die „Aufnahme fremder Gelder", wie sie in dem früheren § 16 Abs. 1 S. 1 Bundesbankgesetz neben dem bankmäßigen Einlagengeschäft ausdrücklich erwähnt ist.

bb) Maßgeblichkeit des Rechts der belegenen Sache

7.32 Die Bestimmung des maßgeblichen Rechts ist bei fehlender Rechtswahl der Parteien ferner auch dann möglich, wenn ein sachenrechtlicher Tatbestand zu beurteilen ist.

7.33 Das IPR-Gesetz vom 25. 7. 1986, das die Kollisionsnormen des deutschen IPR neugefaßt hat, enthält keine Vorschriften über das internationale Sachenrecht. Die sachenrechtlichen IPR-Normen sollen nach dem seit langem vorliegenden Referentenentwurf zusammen mit Kollisionsnormen über außervertragliche Schuldverhältnisse in Art. 38 EGBGB integriert werden. Einstweilen gelten die von Rechtsprechung und Schrifttum entwickelten Anknüpfungsregeln. Dabei sind Rück- oder Weiterverweisungen zu beachten[32].

7.34 Sachen werden kraft gewohnheitsrechtlicher Geltung dem Recht des Lageortes (der sog. lex rei sitae) unterworfen[33]. Die **lex rei sitae** bestimmt dabei die dinglichen Rechte und Pflichten[34]. Im Gegensatz zum internationalen schuldrechtlichen Vertragsrecht ist hier die Möglichkeit einer

---

30 Zur Rechtslage bei Konsortialkrediten vgl. *Nielsen* in Bankrecht und Bankpraxis, Rn 5/16.
31 *Palandt/Heldrich,* Art. 28 EGBGB Rn 22.
32 *Palandt/Heldrich,* Anh. II zu Art. 38 EGBGB Rn 1 m.w.Nachw.
33 *Kegel,* Internationales Privatrecht, 7. Aufl., 1995, S. 85; *Palandt/Heldrich,* Anh. II zu Art. 38 EGBGB, Rn 2.
34 *Kegel,* Internationales Privatrecht, 7. Aufl., 1995, S. 485.

dahingehenden Rechtswahl grundsätzlich ausgeschlossen, um der gebotenen Verkehrssicherheit Rechnung zu tragen[35].

In Anwendung dieser Rechtsregel entscheidet **bei Wertpapieren** das Recht ihres Lageortes, auf welche Weise das **Eigentum an den Wertpapieren übertragen wird (lex cartae sitae)**[36]. 7.35

Von dieser Anknüpfung hinsichtlich des dinglichen Rechtsgeschäfts **(Wertpapiersachstatut)** muß bei Wertpapieren allerdings die Anknüpfung hinsichtlich des schuldrechtlichen Rechtsgeschäfts unterschieden werden **(Wertpapierrechtsstatut)**[37]. Das verbriefte Recht unterliegt dabei dem jeweiligen Forderungsstatut. Mangels abweichender Parteivereinbarung richtet sich das Forderungsstatut im Wechselrecht nach Art. 93 WG, im Scheckrecht nach Art. 63 ScheckG[38]. 7.36

II. Harmonisierung der Rechtsgrundlagen des Auslandsgeschäfts

Für die auslandsbezogenen Bankgeschäfte besteht nur in sehr geringem Maße eine einheitliche Rechtsgrundlage. Diese Ausnahmen sind gegeben, wenn durch Staatsverträge, internationale Abkommen oder international anerkannte Handelsbräuche oder Usancen eine Rechtsharmonisierung herbeigeführt worden ist. 7.37

1. Innerstaatliche Transformation von Staatsverträgen und internationalen Abkommen

In einigen Bereichen ist durch Transformation von Staatsverträgen und internationalen Abkommen das **nationale Recht** der beteiligten Staaten **vereinheitlicht** worden. Dies gilt insbesondere für die EU-Mitgliedstaaten. 7.38

Bei den Rechtsgrundlagen für das Europäische System der Zentralbanken (**ESZB**) und für den **Euro** als europäische Währung der Teilnehmerstaaten der Europäi- 7.39

---

35 BGH NJW 1997, 462; vgl. *Palandt/Heldrich,* Anh. II zu Art. 38 EGBGB Rn 2 m.w.Nachw.
36 BGH WM 1989, 1756, 1757; *Kegel,* Internationales Privatrecht, 7. Aufl., 1995, S. 485 f.
37 BGH WM 1989, 1756, 1757; *Palandt/Heldrich,* Anh. II zu Art. 38 EGBGB Rn 2; vgl. näher Münchener Komm. zum BGB/*Kreuzer,* nach Art. 38 Anh. I, Rn 120 ff.
38 Vgl. BGH WM 1988, 816.

schen Währungsunion handelt es sich um supranationales Recht. Hier fehlt es von vornherein an konfligierenden nationalen Gesetzesbestimmungen in den Teilnehmerstaaten.

7.40 Aus der Sicht der Bankpraxis ist beispielhaft das Übereinkommen über das auf vertragliche Schuldverhältnisse anzuwendende Recht (EVÜ) vom 19. 6. 1980 zu erwähnen. Das von der Bundesrepublik durch Gesetz vom 25. 7. 1986 ratifizierte Abkommen[39] ist innerhalb der EG noch nicht in Kraft getreten, aber von der Bundesrepublik Deutschland durch Neufassung des Art. 27 ff. in das EGBGB inkorporiert worden[40].

7.41 Für das **Devisenrecht** ist bedeutsam das Übereinkommen über den Internationalen Währungsfonds **(Bretton Woods-Abkommen)**. In diesem Abkommen verpflichten sich die Mitgliedstaaten des internationalen Währungsfonds (IWF) gegenseitig zur weitgehenden Anerkennung der Devisengesetze der einbezogenen Länder. Nach Art. VIII Abschnitt 2b) S. 1 des Bretton Woods-Abkommens kann aus Devisenkontrakten, welche die Währung eines Mitglieds berühren und den von diesem Mitglied in Übereinstimmung mit diesem Übereinkommen aufrechterhaltenen oder eingeführten Devisenkontrollbestimmungen zuwiderlaufen, in den Hoheitsgebieten der Mitglieder nicht geklagt werden[41]. Hierunter fallen aber nur solche Devisenkontrollbestimmungen, die mit Zustimmung des Internationalen Währungsfonds eingeführt worden sind[42]. Zu den unter diese Regelung fallenden Kontrakten gehören nur Geschäfte des laufenden Zahlungsverkehrs, nicht aber Kapitalübertragungen, z.B. zwecks Investitionen in Gestalt einer Beteiligung an einer Gesellschaft. Entsprechend dem Wortlaut des Art. VIII Abschnitt 2b) S. 1 ist eine Berührung des Kontraktes mit der Währung eines Mitgliedslandes erforderlich, die sich in dessen Zahlungsbilanz niederschlägt[43].

7.42 Umstritten ist, ob das Tatbestandsmerkmal „kann nicht geklagt werden", materiell-rechtlich im Sinne einer unvollkommenen Verbindlichkeit zu verstehen ist oder nur eine prozeßhindernde Einrede begründet[44]. Der BGH hat es bislang ausdrücklich dahingestellt sein lassen, ob der neueren Auffassung von der unvollkommenen Verbindlichkeit, die keine durchsetzbaren Ansprüche begründet, zu folgen ist[45].

---

39 BGBl. II 1986, S. 809.
40 Münchener Komm. zum BGB/*Martiny*, vor Art. 27 EGBGB Rn 14.
41 Die deutsche Übersetzung des Textes ist in BGBl. II 1978, S. 15, 34, 35 veröffentlicht.
42 BGH WM 1994, 581, 582.
43 BGH WM 1994, 54, 55.
44 *Ebke*, WM 1993, 1169.
45 BGH WM 1994, 54, 55.

Eine stärkere rechtliche Vereinheitlichung hat auch das **grenzüberschreitende Transportwesen** gefunden. Hier sind vor allem zu erwähnen das Übereinkommen über internationalen Eisenbahnverkehr (COTIF) vom 9. 5. 1980[46] sowie die als Anhang A und B zu diesem Übereinkommen veröffentlichten einheitlichen Rechtsvorschriften für den Vertrag über die internationale Eisenbahnbeförderung von Personen und Gepäck (CIV) und für den Vertrag über die internationale Eisenbahnbeförderung von Gütern (CIM)[47]. Hinzu kommt das Übereinkommen über den Beförderungsvertrag im internationalen Straßengüterverkehr (CMR) vom 19. 5. 1956/ 16. 8. 1961[48], das Warschauer Abkommen zur Vereinheitlichung des Luftprivatrechts vom 12. 10. 1929[49] nebst Änderungs- und Zusatzabkommen und das Internationale Abkommen zur Vereinheitlichung von Regeln über Konnossemente vom 25. 8. 1924[50].

7.43

Das geltende Transportrecht ist gekennzeichnet durch eine überaus große Normenvielfalt, eine Zersplitterung des Rechtsgebietes in zahlreiche Sondervorschriften sowie ein nahezu unübersichtliches Geflecht von internationalen Übereinkommen, Gesetzen, Verordnungen und Allgemeinen Geschäftsbedingungen. Diese Unübersichtlichkeit des Transportrechts wurde allgemein als dringend änderungsbedürftig kritisiert. Der Bundesminister der Justiz hat deshalb im Jahre 1992 eine Sachverständigenkommission einberufen, um eine Reform des Transportrechts vorzubereiten. Zwischenzeitlich ist das Gesetz zur Neuregelung des Fracht-, Speditions- und Lagerrechts (**Transportrechtsreformgesetz** – TRG) vom 25. 6. 1998 verkündet worden, das am 1. 7. 1998 in Kraft getreten ist. Dies hat zu einer Neufassung des Vierten bis Siebenten Abschnitts des die Handelsgeschäfte regelnden Vierten Buches des HGB geführt.

7.44

2. Einheitliche Richtlinien der Internationalen Handelskammer (ICC)

Beim Auslandsgeschäft der Kreditinstitute besteht ein großes Bedürfnis, möglichst von vornherein zu vereinbaren, ob die einschlägigen Vorschriften der eigenen oder der geschäftlich berührten ausländischen Rechtsordnung Anwendung finden sollen. Sofern eine solche Vereinbarung im Streitfall auch nicht nachträglich zustande kommt (vgl. Art. 27 Abs. 2 S. 1 EGBGB), muß nach den Grundsätzen des IPR ermittelt werden, **wel-**

7.45

---
46 BGBl. II 1985, S. 133 f.
47 BGBl. II 1985, S. 179 ff., 225 ff.
48 BGBl. II 1961, S. 1119; 1962, 12; *Baumbach/Hopt*, Handelsrechtliche Nebengesetze, CMR.
49 BGBl. II 1933, S. 1039.
50 BGBl. II 1939, S. 1049.

ches Recht auf das Geschäft **anwendbar** ist. Dabei ist wiederum zu unterscheiden zwischen den weitgehend der Parteivereinbarung überlassenen Bestimmungen des Privatrechts und den weitgehend nicht dispositiven Bestimmungen des öffentlichen Rechts, insbesondere des Devisen-, Währungs- und Außenwirtschaftsrechts.

7.46 Die Schwierigkeiten sowie der zeitliche und kostenmäßige Aufwand bei der Ermittlung der anwendbaren Rechtsordnung haben zu der Forderung nach weitestmöglich einheitlichen internationalen Regeln geführt. Hieran sind nicht nur die Beteiligten an solchen auslandsbezogenen Geschäften interessiert. Auch die Staaten selbst haben an solchen internationalen Übereinkommen ein großes Interesse, damit bei den erforderlichen Verhandlungen ihre gesetzlichen Regelungen über die eigenen Grenzen hinaus weitestmöglich anwendbar werden.

7.47 Solche erwünschten internationalen Regelungen außerhalb staatlicher Abkommen beinhalten die von der ICC in Paris (International Chamber of Commerce/Internationale Handelskammer) zur Anwendung empfohlener Richtlinien für bestimmte Bereiche des Auslandsgeschäfts. Eine wesentliche Aufgabe der ICC besteht darin, weltweit den Handel zu erleichtern und die internationale Investitionstätigkeit zu stärken. Die Vereinheitlichung und Förderung der Handelspraxis und -terminologie ist ein wichtiges Mittel zur Erreichung dieses Zieles. Dies geschieht insbesondere durch Publikation von erarbeiteten **„Einheitlichen Richtlinien"**. Diese Richtlinien sollen praxisbezogen und international gültige Instrumente schaffen, die einen weltweiten Standard zur Abwicklung des Handels- und Zahlungsverkehrs auf höchstes Niveau setzen[51]. Sie sind Ausdruck der Selbstregulierung durch die Privatwirtschaft als eines der grundlegenden ICC-Prinzipien. Die weltweite Akzeptanz der ICC-Richtlinien und deren Definitionen sind ein überzeugendes Beispiel dafür, daß Geschäftsleute aus Ländern mit unterschiedlichen Rechtssystemen in der Lage sind, eigene praxisbezogene und international geltende Instrumente für die Durchführung von Handelsgeschäften zu erstellen und anzuwenden[52].

7.48 Die Rechtsnatur dieser Richtlinien ist umstritten. Einvernehmen besteht, daß diese Richtlinien keinen Normcharakter haben, weil der ICC eine Gesetzgebungskompetenz fehlt. Die Regelungen sind im übrigen noch kein Gewohnheitsrecht geworden[53]. Nach ganz überwiegender Meinung

---

51 Vorwort zu den „Einheitlichen Richtlinien für Inkassi", ICC-Publikation Nr. 522, abgedruckt in WM 1996, 230.
52 Vorwort zu den „Einheitlichen Richtlinien und Gebräuchen für Dokumentenakkreditive", ICC-Publikation UCP 500.
53 *Nielsen* in Bankrecht und Bankpraxis, Rn 5/3.

des deutschen Schrifttums stellen diese Regelungen AGB-Klauseln dar, sofern sie nicht als Handelsbräuche durch § 346 HGB eine normative Wirkung haben, ohne zur Rechtsnorm zu werden[54].

3. ERI

Für das grenzüberschreitende Dokumenteninkasso wurden die „Einheitlichen Richtlinien für das Inkasso von Handelspapieren" (ERI) geschaffen, die zum 1. 1. 1958 in die Bankpraxis eingeführt worden sind[55]. Die letzte Revision vom Juni 1978 ist durch die Neufassung vom 1. 1. 1996 abgelöst worden (ICC-Publikation Nr. 522)[56]. Diese Revision berücksichtigt neueste Entwicklungen im Inkassowesen und den Einsatz technischer Entwicklungen, insbesondere die das Inkasso unterstützenden Techniken der Datenverarbeitung und -übertragung. Bei der Überarbeitung wurden auch aktuelle Änderungen im nationalen und internationalen Recht berücksichtigt[57]. Die **Neufassung** weist gegenüber der abgelösten Revision vom Juni 1978 keine wesentlichen materiellen Änderungen auf. Die ERI sollten vor allem dem äußeren Erscheinungsbild und der Definitionen der Neufassung der Einheitlichen Richtlinien und Gebräuche für Dokumenten-Akkreditive (ERA-ICC-Publikation Nr. 500) angepaßt werden[58].

7.49

Die Erläuterungen der ERI in der ICC-Publikation Nr. 550 geben die grundlegenden Überlegungen der ICC Arbeitsgruppe wieder, die mit der Revision betraut war, ohne jedoch die Richtlinien in irgendeiner Weise zu ersetzen[59].

7.50

4. ERA

Noch älteren Ursprungs als die ERI sind die „Einheitlichen Richtlinien und Gebräuche für Dokumentenakkreditive" (ERA), deren erste Fassung aus dem Jahre 1933 stammt und mehreren Revisionen in den Jahren 1951, 1962, 1974 und 1983 unterzogen worden ist. Die letzte Überarbeitung ist unter der Überschrift „ICC Uniform Customs and Practice for Documentary Credits UCP 500" am 1. 1. 1994 in Kraft getreten. Die ICC hat inzwischen vier sog. Positionspapiere zur Erläuterung einzelner Klauseln der UCP 500 herausgegeben, weil sich trotz Bemühung um Klarstellung Zweifelsfragen

7.51

---

54 *Schlegelberger/Hefermehl*, § 346 Rn 1.
55 *Zahn/Eberding/Ehrlich*, Rn 1/22.
56 Abgedruckt in *Baumbach/Hefermehl*, S. 841 ff.; WM 1996, 229 ff.
57 Vorwort zur ICC-Publikation Nr. 522 abgedruckt in WM 1996, 230.
58 *Nielsen* in Bankrechts-Handbuch, § 119 Rn 2.
59 Vorwort zur ICC-Publikation Nr. 522, WM 1996, 230.

ergeben haben[60]. Mit diesen Änderungen sollten die ERA an neue geschäftliche Entwicklungen und Technologien angepaßt werden, die sich in den letzten Jahren insbesondere auf dem Gebiet der Transporttechnik sowie der Telekommunikation vollzogen haben[61]. Wie bei den ERI ist auch die Rechtsnatur der ERA umstritten. Mit Rücksicht auf den wesentlich älteren Entstehungszeitpunkt und die mittlerweile weltweite Geltung der ERA[62] liegt ihre Einordnung als Handelsbrauch näher als bei den ERI[63]. Der BGH hat sich noch nicht abschließend geäußert[64] – Rn 7.141 ff.

7.52 Die ERA gelten soweit anwendbar auch für die sog. **Standby-Letters of Credit,** die durch die Revision 1983 in den Anwendungsbereich der ERA ausdrücklich einbezogen worden sind (Art. 1 ERA). Dieses Zahlungsversprechen stellt materiell eine Garantie US-amerikanischer Banken dar, die nach der US-amerikanischen Bankengesetzgebung nur in Form eines Akkreditivs übernommen werden kann[65]. Die Kommission der Vereinten Nationen für Internationales Handelsrecht (UNCITRAL) hat mittlerweile den Entwurf eines Übereinkommens für unabhängige Garantien und Standby-Letters of Credit erarbeitet, der am 11. 12. 1995 von der Generalversammlung der Vereinten Nationen verabschiedet worden ist.

7.53 Dieser Entwurf wird zwei Jahre lang zur Zeichnung aufliegen und mit Hinterlegung der fünften Ratifikations- bzw. Beitrittsurkunde in Kraft treten. Das Übereinkommen ist mit Inkrafttreten in den ratifizierenden bzw. beitretenden Staaten geltendes Recht. Hierzu bedarf es keiner Umsetzung in nationales Recht durch ein gesondertes Gesetz. Für eine Ratifizierung besteht aus deutscher Sicht keine Bedürfnis. Das **internationale Garantiegeschäft** ist ein auf langjähriger Praxis beruhendes Massengeschäft, das auch ohne Rückgriff auf standardisierende Regelwerke bislang ohne nennenswerte Schwierigkeiten abgewickelt wurde. Auch für das Akkreditivgeschäft ist ein Bedürfnis für ein neues Regelwerk nicht erkennbar. Die ERA haben sich international durchgesetzt. Trotz der in Einzelfällen bestehenden Auslegungsfragen ist die Akzeptanz der ERA so groß, daß sie als der Standard für die Abwicklung von Dokumenten-Akkreditiven gelten. Dies kommt auch durch die „automatische" Einbeziehung der Richtlinien bei Verwendung der von S.W.I.F.T. herausgegebenen Message-Types zum Aus-

---

60 *Nielsen* in Bankrechts-Handbuch, § 120 Rn 10.
61 *Nielsen*, WM 1994, Sonderbeil. 2.
62 *von Westphalen*, DB 1992, 2017.
63 Nach *Zahn/Eberding/Ehrlich*, Rn 1/23 machen aber Banken, Exporteure und Importeure sowie Spediteure in ihrer Einschätzung keinen Gewichtungsunterschied mehr zwischen ERA und ERI.
64 BGH WM 1960, 38, 40; 1984, 1443.
65 *Nielsen* in Bankrechts-Handbuch, § 120 Rn 4.

druck. Die Bestimmungen des Übereinkommensentwurfs weichen im übrigen von denen der ERA teilweise nicht unerheblich ab. Deshalb würde ein Nebeneinander beider Regelwerke den im Akkreditivgeschäft bislang erreichten Grad der Standardisierung eher gefährden.

5. Sonstige bankgeschäftlich relevante Richtlinien

Wie bei der Einführung der ERA und ERI hat die Internationale Handelskammer (ICC) in Paris zwischenzeitlich für eine praxisgerechte Ausgestaltung und Abwicklung des internationalen Garantiegeschäfts einheitliche Richtlinien für Demand Guarantees (ERDG) geschaffen (ICC-Publikation Nr. 458). Die ERDG sind nach herrschender Meinung grundsätzlich als AGB einzuordnen[66]. 7.54

Die ERDG haben die 1978 veröffentlichten Einheitlichen Richtlinien für Vertragsgarantien – ERVG – (ICC Publikation Nr. 325) abgelöst. Die ERVG wurden von der Praxis allerdings nicht angenommen. Sie wollten die banktübliche Garantie auf erstes Anfordern in den Hintergrund drängen und trugen dem abstrakten Charakter der Garantie nicht ausreichend Rechnung[67]. 7.55

Zur weitestmöglichen Vermeidung von rechtsmißbräuchlicher Inanspruchnahme solcher „Demand Guarantees" wird die Zahlungspflicht der garantierenden Bank nach der Neuregelung erst ausgelöst, wenn der Garantiebegünstigte die schriftliche Erklärung abgibt, der Garantie-Auftraggeber habe – konkret und spezifiziert – seine Vertragspflichten verletzt (Art. 20a I, II ERDG). Die Demand Guarantees unterliegen aber in gleicher Weise dem Einwand des Rechtsmißbrauchs (§ 242 BGB) wie die auf erstes Anfordern zahlbar gestellten Bankgarantien. Auch hier findet die Selbständigkeit von Garantieverpflichtung und Grundvertrag ihre Grenze in dem Verbot rechtsmißbräuchlichen Verhaltens[68]. 7.56

Wie die ERVG haben aus deutscher Sicht auch die ERDG in der Bankpraxis keine allgemeine Akzeptanz gefunden. Denn ein wesentlicher Vorteil der Garantie ist gerade, daß sie aus sich selbst heraus und ohne Rückgriff auf erläuternde Regelwerke verständlich ist. 7.57

---

66 *von Westphalen*, DB 1992, 2017; mit Einschränkung *Hasse*, WM 1993, 1985, 1989, weil es häufig an dem Erfordernis des einseitigen „Stellens" im Sinne des § 1 Abs. 1 S. 1 AGBG fehlen wird. Nach *Wälz* spricht gegen die Anwendung des AGB-Gesetzes, daß die Einbeziehung dieser Vertragsklauseln regelmäßig im Interesse und mit Willen aller Beteiligten erfolgt. Als Kontrollmöglichkeit unbilliger Klauseln biete sich statt des AGB-Gesetzes der international anerkannte Grundsatz von Treu und Glauben an (WM 1994, 1457, 1463).
67 *Hasse*, WM 1993, 1985, 1987.
68 *von Westphalen*, DB 1992, 2017, 2019.

7.58 Aus der Sicht der Bankpraxis sind weitere **von der ICC empfohlene Richtlinien und Handelsklauseln** von Bedeutung. Dies gilt insbesondere für die „Einheitlichen Regeln für ein Dokument des kombinierten Transportes" (Dokument Nr. 298) sowie die „Trade Terms" als eine Dokumentation nationaler Handelsbräuche und die Incoterms 1990, die die Auslegungsregeln für den internationalen Handelsverkehr hinsichtlich international üblicher Schiffs- und Transportklauseln enthalten.

2. Abschnitt
Grenzüberschreitender bargeldloser Zahlungsverkehr

Ein **Schwerpunkt des Auslandsgeschäfts** der Kreditinstitute ist die Durchführung des grenzüberschreitenden bargeldlosen Zahlungsverkehrs. Das Bedürfnis nach einer bargeldlosen Tilgung von Zahlungsansprüchen ist im internationalen Wirtschaftsverkehr, insbesondere im Außenhandelsgeschäft der exportierenden Unternehmen, viel größer als im Inland. Hier müssen häufig große räumliche Distanzen überwunden werden. Auch sind die Verlustrisiken bei einer Bezahlung mit Banknoten statt mit Buchgeld ungleich größer als im Inland.   7.59

Das **Exportgeschäft** (Außenhandel) kennt **drei Hauptformen der Zahlungsabwicklung** in Gestalt der Banküberweisung, des Inkassoauftrages und der Akkreditivstellung. Jede von ihnen dient der Erfüllung unterschiedlicher wirtschaftlicher Zwecke und stellt daher den mit der Durchführung der Zahlung beauftragten Banken unterschiedliche Aufgaben.   7.60

I. Banküberweisung[69]

Wie bei einem inländischen Geschäft kann auch bei der Abwicklung eines grenzüberschreitenden Geschäftes der inländische Zahlungsverpflichtete den geschuldeten Betrag mit Hilfe einer Banküberweisung an seinen Gläubiger auf dessen Konto bei einer ausländischen Bank bezahlen. Ein solcher Überweisungsauftrag ist meistens mit einem Auftrag an die inländische Bank zum Kauf der hierfür benötigten Devisen verbunden. Aus rechtlicher Sicht ergeben sich **keine wesentlichen Abweichungen** von den **im Inland** auszuführenden Überweisungsaufträgen[70].   7.61

Die inländischen Banken bedienen sich bei der Auftragsausführung ihrer ausländischen Korrespondenzbanken. Dabei erfolgt die dazugehörige Nachrichtenübertragung weitestgehend über das sog. S.W.I.F.T.-Netz[71],   7.62

---

69 *Hadding/Schneider* (Hrsg.), Rechtsprobleme der Auslandsüberweisung, 1992; zu Aufklärungs- und Beratungspflichten bei grenzüberschreitenden Bankdienstleistungen vgl. *Vortmann*, WM 1993, 581.
70 *Zahn/Eberding/Ehrlich*, Rn 1/2.
71 SWIFT-Society for Worldwide Interbank Financial Telecommunication.

ein vollelektronisches, belegloses Datenfernübertragungssystem, das die Banken gemeinschaftlich aufgebaut haben und unterhalten.

7.63 Für den Beginn der Stufe 3 der Europäischen Wirtschafts- und Währungsunion ist ein **europaweites Großzahlungssystem** eingeführt worden, das die rasche und effiziente Abwicklung von grenzüberschreitenden Großzahlungen ermöglichen und die sichere Umsetzung der gemeinsamen Geldpolitik gewährleisten soll. Dieses sog. TARGET-System (Trans-European-Automated-Real-Time-Gross-Settlement-Express-Transfer-System) wird als dezentrales System durch einen Verbund der nationalen Echtzeit-Brutto-Systeme (RTGS-Systeme = Real-Time-Gross-Settlement-Systems) errichtet. Dabei werden die nationalen Systeme über eine Verbindungskomponente grenzüberschreitend verknüpft. Als Kommunikationsnetz für dieses „Interlinking-System" dient zunächst das „S.W.I.F.T."-Netz.

7.64 Die **Abwicklung grenzüberschreitender Banküberweisungen** erschien seit geraumer Zeit verbesserungsbedürftig. Gegenstand öffentlicher Kritik waren insbesondere die Dauer der Überweisungen und die von ausländischen Kreditinstituten geübte Praxis, Teile des Überweisungsbetrages als Entgelt für eigene Dienste einzubehalten, so daß dem Überweisungsempfänger mitunter lediglich ein Bruchteil der Überweisungssumme ausbezahlt wird.

7.65 Zur Weiterentwicklung der gegenwärtig geltenden Rechtslage hat der Handelsrechtsausschuß der Vereinten Nationen (United Nations Commission On International Trade Law – Uncitral –) im Mai 1992 den Entwurf eines Modellgesetzes (model law) über den internationalen (grenzüberschreitenden) Überweisungsverkehr verabschiedet. Das Modellgesetz soll allen Beteiligten deutlich vor Augen führen, mit welchen Pflichten und Verantwortlichkeiten sie belastet sind[72]. Das Modellgesetz soll indes nicht zum Gegenstand eines internationalen Übereinkommens gemacht werden.

1. EG-Überweisungsrichtlinie 97/5/EG vom 27. 1. 1997

7.66 Im Interesse der **Verbesserung der Dienstleistungen** im Bereich der **grenzüberschreitenden Überweisungen** haben das Europäische Parlament und der Rat der Europäischen Union die Richtlinie 97/5/EG vom 27. 1. 1997 über grenzüberschreitende Überweisungen (Überweisungs-Richtlinie) er-

---

[72] Vgl. *Hadding/Schneider*, WM 1993, 629 zu den einzelnen Regelungsvorschlägen.

lassen[73], die bis zum 14. 8. 1999 in deutsches Recht umzusetzen war[74]. Diese Umsetzung erfolgte durch das Überweisungsgesetz (ÜG) vom 21. 7. 1999, das am 14. 8. 1999 in Kraft getreten ist[75].

Die Überweisungsrichtlinie hat zwar das Uncitral-Modellgesetz für den grenzüberschreitenden Überweisungsverkehr nicht übernommen[76]. Einzelne Vorschläge, insbesondere die Garantiehaftung der erstbeauftragten Bank (sog. Money-back-Guaranty) sind aber in diese EG-Richtlinie eingeflossen[77]. 7.67

Ziel dieser Richtlinie ist es, die Dienstleistungen im Bereich der grenzüberschreitenden Überweisungen zu verbessern[78]. Der Umfang der grenzüberschreitenden Zahlungen wächst in dem Maße, wie sich mit der Vollendung des Binnenmarktes und der Entwicklung hin zu einer vollständigen Wirtschafts- und Währungsunion die Handelsströme und der Personenverkehr innerhalb der Gemeinschaft immer weiter verstärken. Für Privatpersonen wie Unternehmen, vor allem kleinere und mittlere Unternehmen, ist es deshalb von größter Bedeutung, daß ihre Überweisungen aus einem Teil der Gemeinschaft in einen anderen schnell, zuverlässig und kostengünstig erfolgen[79]. 7.68

Die Überweisungsrichtlinie **regelt vier immer wieder auftretende Streitpunkte** bei der Ausführung von Überweisungen. Sie betreffen die Information der Bankkunden über die Dauer, die Entgelte und die sonstigen Kosten der von ihnen veranlaßten Überweisungen sowie die fristgerechte und betragsmäßig ungekürzte Ausführung der Überweisungen. Ein für die Banken wesentlicher Aspekt ist die kostenlose Stornierung der Belastungsbuchung auf seinem Girokonto wegen einer Überweisung, die letztlich fehlgeschlagen ist – sog. Geld-zurück-Garantie (Money-back-Guaranty)[80]. 7.69

Diese Überweisungsrichtlinie hat in einem Bereich enge Berührungspunkte mit der Richtlinie 98/26/EG des Europäischen Parlaments und des 7.70

---

73 ABlEG Nr. L 43, S. 25, abgedruckt in WM 1997, 844 ff.; vgl. hierzu *Einsele*, AcP 198 (1998), S. 171 ff.
74 *Häuser*, WM 1999, 1037 ff.; *Bydlinski*, WM 1999, 1046 ff.; *Klamt/Koch*, DB 1999, 943 ff.; *Ehmann/Hadding*, WM 1999, Sonderbeil. Nr. 3.
75 BGBl. I 1999, S. 1642 ff.; *Hartmann*, Die Bank 1999, 536 ff.
76 *Schneider*, WM 1994, 478, 479.
77 *Schneider*, WM 1994, 478, 480.
78 6. Erwägungsgrund der Überweisungs-Richtlinie.
79 1. und 2. Erwägungsgrund der Überweisungs-Richtlinie.
80 Begr. RegE des Entwurfs eines Gesetzes zur Umsetzung der Richtlinie 97/5/EG des Europäischen Parlaments und des Rates vom 27. 1. 1997 über grenzüberschreitende Überweisungen (Überweisungsgesetz – ÜG).

Rates vom 19. 5. 1998 über die Wirksamkeit von Abrechnungen in Zahlungs- sowie Wertpapierliefer- und -abrechnungssystemen[81] (**Zahlungssicherungsrichtlinie**), die bis 11. 12. 1999 umzusetzen ist[82].

Mit dieser weiteren EG-Richtlinie sollen die Risiken aus den erfaßten nationalen und internationalen Abrechnungs-(Clearing-)Systemen reduziert werden. Dabei geht es insbesondere um die Verringerung der Gefahr, daß die Insolvenz eines einzelnen Kreditinstitutes aufgrund seiner Einbindung in diese Systeme auch auf andere Kreditinstitute ausstrahlt mit der Folge, daß über einen „Dominoeffekt" eine Krise des internationalen Bankensystems entstehen könnte. Zwischenzeitlich liegt zur Richtlinienumsetzung der Entwurf eines Gesetzes zur Änderung insolvenz- und kreditwesenrechtlicher Vorschriften vor[83].

Die Berührungspunkte der Zahlungssicherungsrichtlinie und der Überweisungsrichtlinie betreffen die Zahlungs- und Übertragungsaufträge. Es handelt sich um Verträge, mit denen sich ein Kreditinstitut einem anderen gegenüber verpflichtet, eine Überweisung weiterzuleiten (Zahlungsaufträge) oder eine Wertpapierübertragung weiterzugeben (Übertragungsaufträge). Nach der Zahlungssicherungsrichtlinie (Art. 3 und 5) dürfen solche Verträge nur zu den im System festgelegten Bedingungen während der Ausführung einer Überweisung oder Wertpapierübertragung einseitig beendet werden. Diese Bestimmung muß mit der Berechtigung des Auftraggebers, den Auftrag zu kündigen, einerseits und mit der Verpflichtung des Kreditinstituts des Begünstigten andererseits verzahnt werden, den erhaltenen Geldbetrag auch spätestens zum Ablauf des auf den Eingang folgenden Tages auszukehren. Dem Zahlungsauftrag sind im übrigen auch die nach der Überweisungsrichtlinie zu begründenden Rückgriffsansprüche zuzuordnen.

2. Richtlinienumsetzung im BGB (§§ 675a ff.)

7.71 Bei der Umsetzung der EG-Überweisungsrichtline konnte der deutsche Gesetzgeber nicht auf schon vorhandene Gesetzesvorschriften zurückgreifen. Das Überweisungsrecht wird im deutschen Recht als Teil des Girovertrages begriffen, der eine spezielle Form des Geschäftsbesorgungsvertrages im Sinne des **§ 675 BGB** darstellt. Diese Vorschrift **erschöpft sich in der Verweisung** auf die auftragsrechtlichen Bestimmungen, die die Rechte und Pflichten der Beteiligten im Zusammenhang mit Überwei-

---

81 ABlEG Nr. L 166, S. 45.
82 Die Art. 3 und 5 der Zahlungssicherungsrichtlinie sind teilweise bereits durch das Überweisungsgesetz vom 21. 7. 1999 umgesetzt worden (vgl. BGBl. I 1999, S. 1642).
83 BR-Drucksache 456/99 vom 13. 8. 1999.

sungen nur ansatzweise und die in den von der Überweisungsrichtlinie angesprochenen Punkte gar nicht regelt. Es konnte auch nicht auf eine gefestigte Vertragspraxis oder auf Rechtsgrundsätze des BGH zurückgegriffen werden. Die vom BGH anläßlich der Überprüfung der Banken AGB entwickelten Rechtsgrundsätze sind für die Umsetzung der Überweisungsrichtlinie nicht ausreichend, weil sie in sämtlichen von dieser Richtlinie angesprochenen Fragen zu genau gegenteiligen und für den Bankkunden als Überweisungsauftraggeber ungünstigen Ergebnissen führen[84]. Für die Umsetzung mußte deshalb zunächst ein legislativer Rahmen geschaffen werden.

a) Einbeziehung der Inlandsüberweisungen

Der Gesetzgeber hat bei der Umsetzung auch die sich im Inland vollziehenden (nationalen) Überweisungen einbezogen, obwohl die Überweisungsrichtlinie nur grenzüberschreitende Überweisungen bis zu 50 000 Euro betrifft. Auf diese inländischen Überweisungen ist die gesetzliche Regelung aber nur für solche Geschäftsvorfälle anwendbar, mit deren Abwicklung nach dem 31. 12. 2001 begonnen worden ist (Art. 228 Abs. 2 S. 1 EGBGB). Für diese Überweisungen gelten die bis dahin maßgeblichen Vorschriften und Grundsätze (Art. 228 Abs. 2 S. 2 EGBGB). Die Berücksichtigung der Vorgaben dieser Richtlinie auch auf Inlandsüberweisungen erschien sachlich zwingend, um eine **Schlechterstellung der Bankkunden** bei reinen Inlandsüberweisungen **zu vermeiden**. Denn das EG-Recht besagt in allen zentralen Fragen des Überweisungsrechts genau das Gegenteil von dem, was die AGB der Kreditinstitute und die dazu entwickelten Rechtsgrundsätze des Bundesgerichtshofes besagen. Eine nach dem EG-Recht mögliche Schlechterstellung der Inlandsüberweisungen wurde verworfen, weil es für eine solche Differenzierung keinen sachlichen Grund gäbe. Verbliebe es bei den bisherigen deutschen Rechtsgrundsätzen, wäre das Haftungsrisiko der Kreditinstitute deutlich geringer als nach den Vorgaben der Überweisungsrichtlinie, obwohl das Fehler- und Haftungsrisiko der Kreditinstitute im inländischen bargeldlosen Zahlungsverkehr deutlich geringer als bei grenzüberschreitenden Überweisungen ist. Deshalb haben nach Meinung des Gesetzgebers die Vorgaben der Überweisungsrichtlinie den für den Überweisungsverkehr bisher geltenden Rechtsgrundsätzen die innere Rechtfertigung genommen[85].

7.72

---

84 Begr. RegE des ÜG, S. 19.
85 Begr. RegE des ÜG, S. 22.

b) Erstreckung auf Drittstaatsüberweisungen

7.73 Das neue Überweisungsgesetz hat auch die Überweisungen in Nicht-Mitgliedstaaten der Gemeinschaft (Drittstaatsüberweisungen) in die Regelung mit einbezogen. Schon zur **Verhinderung von Umgehungen** der Überweisungsrichtlinie müßten Überweisungen von und aus Drittstaaten außerhalb des Europäischen Wirtschaftsraumes (EWR) auf dem Wege der Überweisung vom Auftraggeber zum Begünstigten mit geregelt werden[86]. Auch wäre es sachlich ungerechtfertigt, wenn solche Drittstaatsüberweisungen völlig anders behandelt würden als Überweisungen innerhalb der EU und des Europäischen Wirtschaftsraums. Nach dem Gesetzgeber würde dies insbesondere bei Überweisungen in Staaten wie die Schweiz oder die USA zu unbefriedigenden Ergebnissen führen, zumal die US-amerikanischen Regelungen Vorbild für die Überweisungsrichtlinie waren[87]. Andererseits kann es nach dem maßgeblichen Recht in den Drittstaaten an der Möglichkeit eines Rückgriffs auf eine in der Überweisungskette nachgeschaltete Bank fehlen, wenn die erstbeauftragte Bank infolge der Neuregelung eine Haftung ohne eigenes Verschulden trifft. Eine solche **Inanspruchnahme der nachgeschalteten Bank** gehört aber zur inneren Rechtfertigung der Konzeption der Überweisungsrichtlinie, die eine zwingend vorgegebene **verschuldensunabhängige „Geld-zurück-Garantie" (Moneyback-Guaranty) der erstbeauftragten Bank** gegenüber dem Überweisungsauftraggeber vorsieht (Art. 8 Überweisungsrichtlinie). Nach dem Überweisungsgesetz ist diese Garantiehaftung auf 12 500 Euro begrenzt (§ 676b Abs. 3 BGB). Diese Haftungsrisiken der Kreditinstitute lassen sich jedoch bei den Drittstaatsüberweisungen dadurch neutralisieren, daß die Möglichkeit vorgesehen wird, bei solchen Überweisungen abweichende Vereinbarungen mit dem Bankkunden zu treffen (§ 676c Abs. 3 Nr. 3 BGB). Diese Befreiungsmöglichkeit ermöglicht sodann die Schaffung eines einheitlichen gesetzlichen Leitbildes der Banküberweisung[88].

c) Legislative Grundkonzeption

7.74 Die zur Umsetzung der Überweisungsrichtlinie erforderlichen **Neuregelungen** sind **als Geschäftsbesorgungsverträge konzipiert** und deshalb auch **in das BGB integriert** worden. Die Rechte und Pflichten bei Überweisungen werden schon bislang aus dem Geschäftsbesorgungs- und Auftragsrecht des BGB abgeleitet, dessen Vorschriften auch weiterhin als Grundlage für die Richtlinienumsetzung geeignet sind. Denn die Ausführung

---

86 Begr. RegE des ÜG, S. 24.
87 Begr. RegE des ÜG, S. 24.
88 Begr. RegE des ÜG, S. 24.

einer Überweisung und deren Weiterleitung auf das Girokonto des Überweisungsbegünstigten wie auch die Barauszahlung an den Begünstigten sind und bleiben der Sache nach Geschäftsbesorgungsverträge[89].

Die Umsetzung der Richtlinie im Rahmen des Geschäftsbesorgungs- und Auftragsrechts zwingt dazu, den Geschäftsbesorgungsvertrag zu einem eigenständigen Untertitel im Rahmen des bisher den Auftrag regelnden Teils des BGB aufzuwerten und gleichzeitig mit verschiedenen Unterfällen zu untergliedern, die die erforderlichen Umsetzungsbestimmungen enthalten[90]. Hierzu werden für drei Unterfälle des Geschäftsbesorgungsvertrages (§ 675 BGB) in Form des **Überweisungsvertrages (§ 676a BGB)**, **Zahlungsvertrages (§ 676d BGB)** und des **Girovertrages (§ 676f BGB)** spezielle Vorschriften getroffen. 7.75

Die Regelungsstruktur wirkt auch nach Meinung des Gesetzgebers auf den ersten Blick überraschend. Sie ist jedoch nach dem Inhalt der Überweisungs- wie auch der Zahlungssicherungsrichtlinie nicht vermeidbar. Aus Sicht des deutschen Rechts hätte es zwar näher gelegen, auch die Rechte und Pflichten bei Überweisungen im Rahmen des Girovertrages zu regeln. Dieses Modell läßt sich aber nach der Überweisungsrichtlinie aus mehreren Gründen nicht aufrecht erhalten, die bei der nachfolgenden Darstellung jeweils an den betreffenden Einzelregelungen mit angesprochen werden. 7.76

Nach der **Grundkonzeption des Überweisungsgesetzes** wird zunächst der Überweisungsvertrag geregelt, mit dem eine Überweisung beginnt. Diesem Vertrag sind alle Ansprüche des Überweisungsauftraggebers gegen seine kontoführende Bank zugeordnet. Daran schließt sich die Regelung des sog. „Zahlungs"vertrages an, den die Bank des Überweisungsauftraggebers mit einer ihr auf dem Überweisungswege unmittelbar nachgeordneten Bank abschließt. 7.77

Bei Überweisungen auf ein bei einer anderen Bank geführtes Konto im außerbetrieblichen Zahlungsverkehr beschränkt sich schon nach bisherigem Recht die girovertragliche Pflicht der erstbeauftragten Bank darauf, daß sie den Auftrag an eine andere geeignete Bank weiterleitet und diese die für die Auftragsausführung erforderliche Deckung zur Verfügung stellt[91]. Für diese Weiterleitung stehen verschiedene Gironetze („Leitwege") zur Verfügung, so daß auch das inländische Zahlungsverkehrsnetz aus mehreren selbständigen Gironetzen mit regionalen und zentralen Clearingstellen besteht. In dieser **Girokette** bestehen jeweils zweiseitige 7.78

---

89 Begr. RegE des ÜG, S. 25.
90 Begr. RegE des ÜG, S. 26.
91 BGH WM 1991, 797, 798.

selbständige girovertragliche Geschäftsbesorgungsverhältnisse (§ 675 BGB) zwischen den in einem unmittelbaren Geschäftskontakt stehenden Gliedern[92]. Das jeweils nächste Glied in der Girokette hat gegenüber dem vorhergehenden dieselbe auftragsrechtliche Stellung wie die erstbeauftragte Bank gegenüber ihrem Girokunden als Überweisenden[93].

7.79 Entsprechend der Terminologie der Zahlungssicherungsrichtlinie wird jedoch das zwischen den einzelnen Gliedern der Girokette bestehende Geschäftsbesorgungsverhältnis nicht als „Weiterleitungsauftrag", sondern als „Zahlungsvertrag" bezeichnet[94]. Diesem Vertragstyp sind die Rückgriffsansprüche nach der Überweisungsrichtlinie zugeordnet.

7.80 Bei der Umsetzung der Überweisungsrichtlinie sind durch den neuen § 675a S. 1 BGB auch spezielle Informationspflichten für öffentliche Anbieter von Geschäftsbesorgungen normiert worden. Diese müssen für regelmäßig anfallende standardisierte Geschäftsvorgänge (sog. Standardgeschäft) schriftlich, in geeigneten Fällen auch elektronisch, unentgeltliche Informationen über Entgelte und Auslagen der Geschäftsvorgänge zur Verfügung stellen, soweit nicht eine Preisfestsetzung gemäß § 315 BGB erfolgt oder die Entgelte und Auslagen gesetzlich verbindlich geregelt sind. Kreditinstitute haben zusätzliche Informationen über Ausführungsfristen, Wertstellungszeitpunkte und Referenzkurse von Überweisungen und weitere im Verordnungswege bestimmte Einzelheiten zu geben (§ 675a Abs. 1 S. 2 BGB). Eine diesbezügliche Verordnung des Bundesministeriums der Justiz vom 30. 7. 1999 ist am 14. 8. 1999 in Kraft getreten[95].

Der letzte der drei neu gebildeten Unterfälle betrifft den Girovertrag, dessen vertraglicher Rahmen zwangsläufig die Gutschrift eines eingegangenen Überweisungsbetrages mit erfaßt. Hierbei ist als Sonderfall die Auskehrung des Überweisungsbetrages geregelt, wie sie der von der Überweisungsrichtlinie mitgeregelte Auszahlungsauftrag erfordert. Dem Girovertrag und dem Auszahlungsauftrag sind die Ansprüche des Überweisungsbegünstigten gegen seine kontoführende Bank zugeordnet[96].

aa) Überweisungsvertrag (§ 676a BGB)

7.81 Durch den Überweisungsvertrag wird die **Bank verpflichtet,** dem Begünstigten einen bestimmten Geldbetrag zur Gutschrift auf seinem Konto

---
92 BGH WM 1988, 321, 322; 1989, 1754, 1755.
93 *Schimansky* in Bankrechts-Handbuch, § 49 Rn 33.
94 Begr. RegE des ÜG, S. 44.
95 BGBl. I 1999, S. 1730.
96 Begr. RegE des ÜG, S. 44.

oder zur Barauszahlung zur Verfügung zu stellen. Soweit keine anderen Fristen vereinbart worden sind, sind grenzüberschreitende Überweisungen in Mitgliedstaaten der EU und in den Vertragsstaaten des Europäischen Wirtschaftsraumes, die auf deren Währung oder Währungseinheit oder auf Euro lauten, binnen fünf Werktagen, an denen die beteiligten Kreditinstitute gewöhnlich geöffnet haben, ausgenommen Samstage, auf das Konto des Kreditinstitutes des Begünstigten zu bewirken (§ 676a Abs. 2 Nr. 1 BGB).

Der Überweisungvertrag ist zunächst auf die Barüberweisung zugeschnitten, gilt aber **auch** für den praktischen Regelfall der **Konto-zu-Konto-Überweisung**. Eine Banküberweisung kann deshalb nicht mehr wie bisher als eine auftragsrechtliche Weisung (§ 665 BGB) im Rahmen eines dem Girokonto zugrundeliegenden Geschäftsbesorgungsvertrages konstruiert werden. Jeder einzelnen Überweisung liegt vielmehr nach neuem Recht ein eigenständiger Geschäftsbesorgungsvertrag zugrunde. Hierbei handelt es sich um einen gemischt-typischen Vertrag, der Elemente sowohl des Überweisungsvertrages als auch des bisher nicht geregelten eigenständigen Geschäftsbesorgungsvertrages enthält[97]. 7.82

Dabei wurde berücksichtigt, daß die bisher verwendeten Banken AGB für Überweisungen auf dem Auftrags- und Geschäftsbesorgungsrecht aufbauen, das sich nach wie vor als rechtlicher Rahmen für den Überweisungsvertrag eignet. Deshalb ist der Überweisungsvertrag als besonderer Anwendungsfall des Geschäftsbesorgungsvertrages geregelt worden, bei dem jedoch teilweise vom Auftragsrecht abweichende Vorschriften gelten. 7.83

Die neu geschaffenen Bestimmungen für den Überweisungsvertrag regeln insbesondere die **Ansprüche,** die den **Überweisenden bei Leistungsstörungen** gegen seine kontoführende Bank zustehen. Entsprechend den Vorgaben der Überweisungsrichtlinie werden dabei drei unterschiedliche Arten von Leistungsstörungen unterschieden: die gekürzte Überweisung, die verspätete Überweisung und die verlorene Überweisung. Ein solches „Verlorengehen" ist z.B. gegeben, wenn ein zwischengeschaltetes Kreditinstitut insolvent wird[98]. 7.84

Diese Leistungsstörungen führen, ohne daß es auf ein Verschulden der Bank des Überweisenden ankäme, zu **Garantieansprüchen des Bankkunden**[99]. Denn nach der Neuregelung ist die erstbeauftragte Bank nicht nur verpflichtet, sich um einen erfolgreichen Abschluß der Überweisung zu 7.85

---

97 Begr. RegE des ÜG, S. 47.
98 Begr. RegE des ÜG, S. 61.
99 Begr. RegE des ÜG, S. 61.

bemühen. Die erstbeauftragte Bank schuldet vielmehr den Überweisungserfolg[100]. Der neugeschaffene Überweisungsvertrag beinhaltet also einen eigenständigen Geschäftsbesorgungsvertrag[101]. Die Bank haftet deshalb auch für Verschulden der in der Überweisungskette nachgeordneten Kreditinstitute wie für eigenes Verschulden (§ 676c Abs. 1 BGB).

7.86 Diese Zurechnung des Verschuldens der nachgeordneten Bank entspricht dem Vorbild des die Erfüllungsgehilfenhaftung regelnden § 278 BGB. Mit dieser Bestimmung sollte auch klargestellt werden, daß im Überweisungsverkehr nicht der haftungsbegrenzende § 664 Abs. 1 S. 2 und 3 BGB, sondern § 278 BGB zweifelsfrei gilt[102].

7.87 Diese **Erfüllungsgehilfenhaftung ist problematisch, wenn** die von der erstbeauftragten Bank geschuldete Dienstleistung als eine dienstvertragliche und keine werkvertragliche Leistungspflicht im Sinne des § 611 BGB eingeordnet wird. Denn die für den Dienstvertrag typischerweise geschuldeten „Dienste" können bei einer Überweisung auf das bei einer anderen Bank unterhaltene Girokonto für die erstbeauftragte Bank sinnvoller nur darin bestehen, den Auftrag an eine andere geeignete Bank weiterzuleiten, nicht aber eine ihr unmögliche Gutschrift zu erteilen[103]. Hat jedoch die erstbeauftragte Bank mit der ordnungsgemäßen Weiterleitung ihre Leistungspflicht erfüllt, kann die ihr in der Überweisungskette nachgeordnete Bank auch keine Erfüllungsgehilfin sein, für deren Verschulden sie gemäß § 278 BGB einzustehen hätte.

7.88 Dagegen dürfte eine **Erfüllungsgehilfenhaftung in Betracht** kommen, wenn in dieser gesetzlichen Einstandspflicht der erstbeauftragten Bank eine verschuldensunabhängige Haftung für den durch eine Dienstleistung herbeizuführenden Erfolg im Sinne des § 631 Abs. 2 BGB erblickt werden kann, weil das zugrundeliegende Vertragsverhältnis zwischen Überweisungsauftraggeber und erstbeauftragter Bank als eine werkvertragliche Rechtsbeziehung einzuordnen ist.

7.89 Eine **solche werkvertragliche Erfolgsbezogenheit** des Girovertragsverhältnisses wird auch vom Schrifttum nicht von vornherein ausgeschlossen[104]. Sie ist in der Praxis stets gegeben, wenn der Überweisende und der Überweisungsempfänger ihr Girokonto bei derselben Bank unterhalten und diese somit die gewünschte Kontogutschrift selbst erteilen kann.

---

100 Begr. RegE des ÜG, S. 34.
101 Begr. RegE des ÜG, S. 33, 47.
102 Begr. RegE des ÜG, S. 34, wonach die Anwendbarkeit des § 278 BGB auf den Überweisungsverkehr beschränkt ist.
103 *Schön*, AcP 198 (1998), S. 401, 449; *Bydlinski*, WM 1999, 1046, 1049.
104 *Schön*, AcP 198 (1998), S. 401, 449.

Bei einem Werkvertrag braucht nach allgemeiner Meinung die Dienstleistung, mit der der geschuldete Erfolg herbeigeführt werden soll, regelmäßig nicht von dem Schuldner selbst erbracht zu werden. Es können vielmehr **auch selbständige Dritte** damit beauftragt werden, die die Dienstleistung im Rahmen ihres Geschäftsbetriebes erbringen und dabei Erfüllungsgehilfen des Schuldners sind[105]. Die Problematik der Erfüllungsgehilfenhaftung entfällt jedoch von vornherein, wenn in der Einstandspflicht der Bank eine Garantieverpflichtung im Sinne eines Garantievertrages erblickt wird. Solche zusätzlichen „Garantien" der Bank für eine ordnungsgemäße Ausführung von Kundenaufträgen sind der Praxis keineswegs fremd. So haftet **beim Effektengeschäft** die erstbeauftragte Bank für die ordnungsgemäße Erfüllung des Ausführungsgeschäfts durch ihren Vertragspartner oder den Vertragspartner ihres zwischengeschalteten Kommissionärs (Nr. 8 Sonderbedingungen für Wertpapiergeschäfte). Im Depotgeschäft haben die zwischenverwahrenden Kreditinstitute die Haftung für die Wertpapiersammelbank als Drittverwahrer übernommen (Nr. 19 Abs. 1 S. 1 Sonderbedingungen für Wertpapiergeschäfte).

7.90

Mit Rücksicht auf diese erweiterte Haftung ist es den Kreditinstituten jedoch gestattet worden, in bestimmten Fällen die Haftung zu beschränken oder auszuschließen. Dies kann nach den Gesetzesmaterialien auch in den Allgemeinen Geschäftsbedingungen geschehen[106]. Zu diesem Zweck werden die Kreditinstitute „Sonderbedingungen für grenzüberschreitende Überweisungen innerhalb der Europäischen Union und der Staaten des Europäischen Wirtschaftsraumes" verwenden. Solche Haftungsbeschränkungen sind zulässig für Überweisungen, deren Auftraggeber ein Kreditinstitut ist, sowie bei grenzüberschreitenden Überweisungen in der EU mit Beträgen über 75 000 Euro und bei Überweisungen auf Konten bei Kreditinstituten in Nicht-Mitgliedstaaten der EU. Im übrigen kann die Haftung auch für Überweisungen innerhalb der Europäischen Union auf 12 000 Euro begrenzt werden (§ 676c Abs. 3 BGB).

7.91

bb) Zahlungsvertrag (§ 676d BGB)

Mit „Zahlungsvertrag" wird ein Geschäftsbesorgungsvertrag bezeichnet, durch den eine in der Girokette nachgeordnete Bank sich gegenüber einer ihr vorgeschalteten Bank verpflichtet, einen dieser erteilten Überweisungsauftrag weiterzuleiten (§ 676d Abs. 1 BGB). Bei diesen Vertragsbeziehungen handelt es sich um die **Geschäftsbesorgungsverhältnisse,** die

7.92

---

[105] Münchener Komm. zum BGB/*Soergel*, § 631 Rn 135; *Soergel/Teichmann*, § 631 Rn 11; *Staudinger/Peters*, § 631 Rn 31.
[106] Begr. RegE des ÜG, S. 64.

bei mehrgliedrigen Überweisungen jeweils zwischen den mitwirkenden Banken bestehen. Diese Geschäftsbesorgungsverträge, die nach bisherigem Recht keine besondere Bezeichnung erfahren haben, müssen eigenständig ausgestaltet werden, um die inhaltlichen Vorgaben der Richtlinie umzusetzen. Denn der nationale Gesetzgeber wird hiernach verpflichtet, **Rückgriffsansprüche der verschuldensunabhängig haftenden erstbeauftragten Bank** gegen die mit der Weiterleitung des Überweisungsbetrages beauftragten Kreditinstitute einzuführen.

7.93 Nach der bisherigen rechtlichen Konstruktion des Überweisungsverkehrs war ein Rückgriff der Banken untereinander ausgeschlossen. Vielmehr war der überweisende Bankkunde gezwungen, sich unmittelbar an die Bank zu wenden, der der Fehler unterlaufen ist und die er meist nicht kennt. Zweck dieser **neugeschaffenen Einstandspflicht** ist es, dem überweisenden Bankkunden die Durchsetzung seiner Ansprüche zu erleichtern und ihm die Mühe zu ersparen, zur Durchsetzung seiner Ansprüche zunächst das haftende Kreditinstitut zu ermitteln[107].

7.94 Nach der Neuregelung muß sich im übrigen eine Bank, auch wenn sie selbst nicht für die Folgen der Nichtausführung des Überweisungsauftrages haftet, um Erstattung des Überweisungsbetrages bemühen. Ist die Intervention erfolgreich, muß die Bank den empfangenen Betrag an ihren Kunden auskehren (§ 676e Abs. 3 BGB).

cc) Girovertrag (§ 676f BGB)

7.95 Die **Neuregelung definiert die Wesensmerkmale** des Girovertrages entsprechend der bisherigen Rechtslage. Danach verpflichtet dieser Vertrag die Bank, ein (Giro-)Konto für den Kunden einzurichten, eingehende Zahlungen auf dem Konto gutzuschreiben und abgeschlossene Überweisungsverträge über dieses Konto abzuwickeln. Auf eine weitergehende Ausformung hat der Gesetzgeber verzichtet; sie war für die Umsetzung der Überweisungsrichtlinie nicht geboten[108].

7.96 Der Girovertrag wird jedoch nur insoweit geregelt, als dies durch die Überweisungsrichtlinie gefordert wird. Diesem Vertrag werden nur die nach der Richtlinie zu begründenden Ansprüche des Begünstigten gegen seine kontoführende Bank zugeordnet. Im wesentlichen handelt es sich also um den Anspruch des Bankkunden auf Gutschrift des für ihn eingegangenen Betrages auf seinem Girokonto (§ 676g Abs. 1 BGB).

---

107 Begr. RegE des ÜG, S. 70.
108 Begr. RegE des ÜG, S. 71.

Dieser **Gutschriftsanspruch** bildet schon nach bisherigem Recht einen Teil der Ansprüche aus einem Girovertrag. Er läßt sich aber weder dem neugeschaffenen Überweisungsvertrag noch dem Zahlungsvertrag im Sinne eines „Weiterleitungs"vertrages zuordnen.

7.97

Der Gesetzgeber hat nach den Gesetzesmaterialien an eine weitere Ausgestaltung des Girovertrages nicht gedacht[109]. Es sind deshalb einige seit längerem offene Streitfragen bewußt ungeregelt geblieben. Dabei handelt es sich um die sog. Schufa-Klausel, den Anspruch auf ein Girokonto und den Umfang des Bankgeheimnisses. Diese Fragen erforderten eine längere politische Diskussion, die in dem zur Umsetzung der Überweisungs-Richtline, aber auch der Zahlungssicherungsrichtlinie zur Verfügung stehenden Zeitraum nicht geleistet werden konnte[110].

7.98

Nach der Neuregelung ist mangels anderweitiger Vereinbarung der Überweisungsbetrag grundsätzlich innerhalb eines Bankgeschäftages nach dem Tag gutzuschreiben, an dem der Betrag der Bank selbst gutgeschrieben worden ist (§ 676g Abs. 1 BGB). Im übrigen ist eine Bank, die den Überweisungsbetrag bei der Gutschrifterteilung ungerechtfertigt gekürzt hat, verpflichtet, den Fehlbetrag dem Begünstigten kosten- und gebührenfrei gutzuschreiben (§ 676g Abs. 2 BGB).

7.99

II. Dokumenteninkasso

Die Kreditinstitute übernehmen im Rahmen ihres Inkassogeschäftes den Einzug von Handelsforderungen, die gegen Vorlage von Dokumenten zahlbar sind. Dieses dokumentäre Inkasso ist ein Standardfall des bankmäßigen Inkassogeschäfts[111].

7.100

Die Ausführung der Inkassoaufträge dient dem **grenzüberschreitenden (internationalen) bargeldlosen Zahlungsverkehr.** Er umfaßt sowohl bargeldlose Zahlungen vom Ausland ins Inland als auch, wie bei einer Banküberweisung in das Ausland, bargeldlose Zahlungsströme in die umgekehrte Richtung. Die **Vermittlungstätigkeit der Kreditinstitute** im Rahmen des bargeldlosen Zahlungsverkehrs – der gesetzliche Katalog der Bankgeschäfte (§ 1 Abs. 1 S. 2 Nr. 9 KWG) bezeichnet sie als Girogeschäft – umfaßt nicht nur die Banküberweisung, sondern alle bankmäßigen Dienstleistungen, die der Abwicklung von Zahlungsverbindlichkei-

7.101

---
109 Begr. RegE des ÜG, S. 32.
110 Begr. RegE des ÜG, S. 32.
111 *Nielsen* in Bankrechts-Handbuch, § 119 Rn 10; *ders.* in Bankrecht und Bankpraxis, Rn 5/741 ff.

ten ohne Barzahlung dienen, gleichgültig, ob der Buchgeldzahler wie bei der Banküberweisung oder der Buchgeldempfänger wie bei den Inkassoaufträgen den bargeldlosen Zahlungsvorgang veranlaßt hat[112].

1. Wirtschaftliche Funktion

7.102 Das Inkassogeschäft unterscheidet sich vom Akkreditivgeschäft vor allem darin, daß der **Bankkunde** als Dokumenteneinreicher **keinen Zahlungsanspruch** gegen die ausländische Bank **erworben hat,** bei der die Vorlage der Dokumente zur Einlösung zu erfolgen hat. Vielmehr muß der Bankkunde abwarten, ob der ausländische Käufer als Zahlungsverpflichteter aus dem zugrundeliegenden Kaufgeschäft die Dokumente von seiner Bank als Zahlstelle einlösen lassen wird. Diese zahlungsmäßige Abwicklung des Kaufgeschäfts setzt ein beiderseitiges Vertrauen voraus. Der Verkäufer vertraut darauf, daß der Käufer gegen Vorlage der Dokumente über die zu liefernden Waren zahlen wird. Der Käufer, der gegen Empfang nur der Dokumente und nicht schon der Ware Zahlung leistet, vertraut darauf, daß die erst später empfangene Ware den vertraglichen Abmachungen entspricht. Mit dieser **Vorleistung** geht der Verkäufer ein **Kreditrisiko** ein.

2. Rechtsgrundlagen

7.103 Das auslandsbezogene Inkassogeschäft wird **weltweit** betrieben. Es besteht daher ein Bedürfnis nach einer international weitestmöglich anerkannten rechtlichen Ordnung der Geschäftsabwicklung. Inkassoaufträge lassen sich zwar weitgehend unter die geltenden allgemeinen Grundsätze des Zivil- und Handelsrechts der einzelnen Länder subsumieren. Aber auch das Inkasso bietet gelegentlich Auslegungszweifel bezüglich der Rechte und Pflichten der einzelnen Beteiligten. Es dient nicht der Sicherheit des Außenhandels, wenn solche Fälle je nach dem anzuwendenden Recht von Land zu Land eine unterschiedliche Beurteilung erfahren würden. International gültige Gesetze für das Inkassogeschäft bestehen nicht.

7.104 Die Praxis hat sich daher eine eigene Rechtsordnung geschaffen. Dies ist in Gestalt der „Einheitliche Richtlinien für Inkassi" (ERI) geschehen, deren letzte Version am 1. 1. 1979 in Kraft gesetzt worden ist. Die ERI sind auch im Verhältnis des auftraggebenden Kunden zu seiner inländischen Bank maßgeblich – zur Rechtsnatur der ERI vgl. Rn 7.48, 7.49.

---

112 *Szagunn/Haug/Ergenzinger,* § 1 Rn 66.

3. Geschäftsablauf

Bei **auslandsbezogenen Inkassoaufträgen** übergibt der Kunde seiner Bank regelmäßig **Dokumente** mit dem Auftrag, sie über die ausländische Zahlstelle dem Zahlungspflichtigen zur Leistung vorzulegen. Diese Dokumente werden unterteilt in Zahlungspapiere und Handelspapiere. Zu den Zahlungspapieren gehören Wechsel, Schecks, Zahlungsquittungen oder ähnliche zur Erlangung von Zahlungen dienende Dokumente. Zu den Handelspapieren zählen Rechnungen, Verladedokumente, Dispositionspapiere oder ähnliche Dokumente, die keine Zahlungspapiere darstellen. Dementsprechend unterscheidet die Praxis zwischen einfachen Inkassi; hier werden bei Erteilung des Inkassoauftrages allein Zahlungspapiere eingereicht. Als **dokumentäre Inkassi** werden dagegen Inkassoaufträge bezeichnet, die von Handelspapieren mit oder ohne Zahlungspapiere begleitet sind[113].

7.105

Das Inkassogeschäft **beginnt** mit der **Erteilung des Inkassoauftrages** durch den Auftraggeber an seine Bank. Hierbei kommt ein Geschäftsbesorgungsvertrag mit Dienstleistungscharakter im Sinne der §§ 675, 611 BGB zustande. Diese Geschäftsbesorgung beinhaltet keine Werkleistung, weil kein bestimmter Erfolg, sondern nur eine Tätigkeit geschuldet wird. Die eingeschalteten Kreditinstitute können keine Gewähr dafür übernehmen, daß die Dokumente auch tatsächlich bezahlt werden. Die mit dem Inkasso beauftragte Bank übernimmt daher nur den Versuch, die Einlösung durch den Zahlungspflichtigen herbeizuführen. Die Dienstleistung der Bank beschränkt sich daher auf das Bemühen um Einzug der zugrundeliegenden Forderung und die anschließende Herausgabe des Inkassoerlöses. Die beteiligten Banken übernehmen daher auch keine Beratungspflichten gegenüber dem Auftraggeber etwa hinsichtlich der Bonität des Zahlungspflichtigen.

7.106

a) Spezielle Weisungen des Inkassoauftraggebers

Bei Erteilung des Inkassoauftrages wird Wert darauf gelegt, daß die **Bedingungen genau festgelegt** werden, unter denen der Zahlungspflichtige zu leisten hat. Insbesondere sollte angegeben werden, ob bei Nichtakzeptierung der miteingereichten Wechsel der wechselrechtliche Protest zu erheben ist oder nicht. Die Inkassobanken sind nach Art. 24 ERI mangels einer derartigen Weisung nicht verpflichtet, einen solchen Wechselprotest erheben zu lassen. Der Auftraggeber läuft also bei der Nichterteilung spezieller Weisungen Gefahr, etwaige Rückgriffsansprüche gegen die son-

7.107

---

113 Vgl. Art. 4 ERI, abgedruckt in WM 1996, 231.

stigen Wechselverpflichteten zu verlieren. Der Akzeptant des Wechsels haftet freilich in den meisten Ländern auch ohne eine Protesterhebung (Art. 53 Abs. 1 WG). Die Bestimmungen, wie sie Inhalt des Wechselgesetzes sind, gelten heute als sog. Genfer Einheitliches Wechselrecht in allen europäischen Ländern mit Ausnahme Spaniens.

7.108 Der Inkassobank obliegen im übrigen keine Handlungspflichten für den Fall der **Nichteinlösung der Dokumente.** Die ERI (Art. 10) stellen ausdrücklich klar, daß die Inkassobanken mangels besonderen Auftrages nicht verpflichtet sind, irgendwelche Maßnahmen zum Schutz der Waren zu ergreifen, auf die sich das Inkasso bezieht.

7.109 Die **am Inkasso beteiligten Banken** haben sich schließlich an die ERI zu halten und dürfen hiervon nicht abweichen (Art. 1 lit. a).

b) Einschaltung der Inkassobank durch die Einreicherbank

7.110 Bei **Fehlen einer ausdrücklichen Weisung** wählt die Bank des die Dokumente einreichenden Kunden (Einreicherbank) die Inkassobank aus (Art. 5 lit. f ERI). Die Einreicherbank wird freilich das Inkasso selbst übernehmen, wenn sie im Land des Zahlungspflichtigen über eine Niederlassung verfügt. Die eingeschaltete Inkassobank ist nach herrschender Auffassung[114] kein Erfüllungsgehilfe der Einreicherbank, sondern deren Substitut im Sinne des § 664 Abs. 1 BGB. Die Einreicherbank haftet also nicht für ein Verschulden der Inkassobank, sondern nur für sorgfältige Auswahl und Unterweisung (§ 664 Abs. 1 S. 2 BGB).

7.111 Zwischen der Einreicherbank und der Inkassobank besteht ebenfalls ein auf eine Dienstleistung gerichteter Geschäftsbesorgungsvertrag im Sinne der §§ 675, 611 BGB. Der Dokumenteneinreicher steht dagegen nicht in unmittelbaren Vertragsbeziehungen zu der von der Einreicherbank eingeschalteten Inkassobank[115]. Der Kunde der Einreicherbank kann der Inkassobank daher auch keine direkten Weisungen erteilen. Ebensowenig hat er das Recht, von der Inkassobank die Herausgabe des eingezogenen Inkassoerlöses zu beanspruchen. Der **Dokumenteneinreicher** kann sich vielmehr nur an seine Bank halten. Er kann freilich von seiner Bank die Abtretung der ihr gegen die Inkassobank zustehenden Ansprüche verlangen.

---

114 *Canaris*, Bankvertragsrecht³, Rn 1095 m.w.Nachw.; *Zahn/Eberding/Ehrlich*, Rn 3/8 m.w.Nachw.
115 OLG Hamburg MDR 1970, 335.

c) Sicherungsrechte der Einreicherbank

Werden der Bank z.B. **Wechsel** zum Einzug eingereicht, so erwirbt sie hieran im Zeitpunkt der Einreichung **Sicherungseigentum** (Nr. 15 Abs. 1 S. 1 AGB Banken). Zugleich gehen auch die zugrundeliegenden Forderungen auf die Bank über (Nr. 15 Abs. 2, 1. Hs. AGB Banken). Diese Abtretung kann jedoch im Einzelfall scheitern, wenn nach der für sie maßgeblichen Rechtsordnung die AGB-mäßig vereinbarte Zession unwirksam ist, weil sie dem Schuldner wie üblich nicht offengelegt wird[116]. Im Gegensatz zum deutschen Recht verlangen viele fremde Rechtsordnungen, vor allem des romanischen und anglo-amerikanischen Rechtskreises, eine Benachrichtigung des Schuldners unter Beachtung von Formvorschriften. Nach deutschem internationalem Privatrecht entscheidet das für die abgetretene Forderung maßgebende Recht über die Voraussetzung einer wirksamen Abtretung (Art. 33 Abs. 2 EGBGB). Für den AGB-mäßigen Erwerb der einem Inkassowechsel zugrundeliegenden Kaufpreisforderung kommt es also entscheidend darauf an, welchem Recht der Kaufvertrag zwischen dem Exporteur und seinem ausländischen Vertragspartner unterliegt.

7.112

Sollen die auf die Bank übergegangenen Forderungen auch für die Verbindlichkeiten eines Bürgen haften, so kann die Bank aus dieser Sicherungsabtretung Rechte erst herleiten, wenn die Bürgschaftsschuld fällig geworden ist. Eine vorherige Inanspruchnahme der abgetretenen Forderungen ist mit dem Leitbild der Bürgschaft unvereinbar[117].

7.113

d) Entgegennahme und Vorlage der Dokumente

Die Bank ist zur **Prüfung** der eingereichten **Dokumente** nur insoweit verpflichtet, als sie festzustellen hat, ob die erhaltenen Dokumente den im Inkassoauftrag aufgezählten Dokumenten „zu entsprechen scheinen". Fehlen Dokumente, so ist derjenige zu verständigen, der die Dokumente eingereicht hat (Art. 12 lit. a ERI).

7.114

Der **Bank** ist im übrigen **nicht gestattet,** die Dokumente dem Zahlungspflichtigen zunächst zur näheren Prüfung zu überlassen, sie ihm also „zu treuen Händen" auszuhändigen[118]. Die ERI sahen früher eine solche Ermächtigung des Dokumenteneinreichers vor. Der **Zahlungspflichtige** trägt also das **Risiko,** daß ihm später ordnungsgemäße Waren geliefert werden[119]. Er hat allein anhand der Dokumente zu entscheiden, ob er zur

7.115

---

116 BGH WM 1985, 1057, 1058.
117 BGH WM 1990, 1910, 1911.
118 *Nielsen* in Bankrechts-Handbuch, § 119 Rn 28.
119 *Nielsen* in Bankrechts-Handbuch, § 119 Rn 28.

Zahlung verpflichtet ist oder nicht. Der Zahlungspflichtige ist daher im Verhältnis zum Verkäufer als seinem Vertragspartner grundsätzlich auch nicht berechtigt, die Zahlung zu verweigern, wenn die Dokumente in Ordnung sind. Eine Ausnahme gilt freilich für den Fall eines offensichtlichen Rechtsmißbrauchs. Die Geltendmachung dieses Einwands kommt etwa dann in Betracht, wenn die Dokumente zwar die bestellte Ware ausweisen, der Käufer aber weiß, daß andere als die bestellte Ware verladen worden ist.

7.116 Ist nach dem Inhalt des Inkassoauftrages ein Wechselakzept statt sofortiger Bezahlung der Dokumente einzuholen, so hat die Inkassobank darauf zu achten, daß die Form der Akzeptierung vollständig und richtig erscheint. Sie haftet jedoch nicht für die Echtheit der Unterschriften und für die Zeichnungsberechtigung der Unterzeichner (Art. 22 ERI).

e) Benachrichtigungspflichten der Inkassobank

7.117 Die Inkassobank hat nach Auftragsausführung der Einreicherbank Nachricht zu geben. Dies gilt insbesondere für die sog. **Bezahltmeldung** bzw. die **Nichtbezahltmeldung** wie auch für die sog. **Akzeptmeldung**. Ist die Bezahlung der Dokumente verweigert oder ein Wechsel nicht akzeptiert worden, so soll die Inkassobank nach Möglichkeit die Gründe dafür feststellen und in ihre Meldung mit aufnehmen (Art. 26 lit. c ERI).

7.118 Wenn die Einreicherbank die Benachrichtigung über die Nichtaufnahme bzw. Nichtakzeptierung von Dokumenten erhält, hat sie innerhalb angemessener Zeit geeignete Weisungen hinsichtlich der weiteren Behandlung der Dokumente zu erteilen. Geschieht dies nicht innerhalb von 60 Tagen, so werden die Dokumente an die Einreicherbank zurückgesandt (Art. 26 lit. c ERI).

3. Abschnitt
Dokumentenakkreditive[120]

I. Grundlagen

Das Dokumentenakkreditiv wird in den Einheitlichen Richtlinien und Gebräuchen für Dokumentenakkreditive der Internationalen Handelskammer (Rn 7.51 ff.) definiert. Hierunter ist jede wie auch immer benannte oder bezeichnete Vereinbarung zu verstehen, wonach eine im Auftrag oder nach den Weisungen eines Kunden oder im eigenen Interesse handelnde Bank (akkreditiveröffnende Bank) gegen vorgeschriebene Dokumente eine Zahlung an einen Dritten oder dessen Order zu leisten oder von diesem auf sie gezogenen Wechseln zu akzeptieren und zu bezahlen hat. Hierzu gehören auch die Fälle, in denen die akkreditiveröffnende Bank eine andere Bank zur Ausführung einer solchen Zahlung oder zur Akzeptierung und Bezahlung derartiger Wechsel ermächtigt oder eine andere Bank zur Negoziierung ermächtigt, sofern die Akkreditivbedingungen erfüllt sind (Art. 2 ERA).

7.119

Negoziierung in diesem Sinne bedeutet die Zahlung von Geld gegen Tratten und/oder Dokumente durch die zur Negoziierung ermächtigte Bank. Dagegen stellt die alleinige Prüfung der Dokumente ohne Zahlung von Geld keine Negoziierung dar (Art. 11a ERA).

7.120

Das Akkreditivgeschäft kennt somit **im Grundfall drei Beteiligte:** den Verkäufer (Exporteur) als Akkreditivbegünstigten, den Käufer (Importeur) als Akkreditivauftraggeber sowie seine von ihm beauftragte Akkreditivbank, die zur weiteren Geschäftsabwicklung häufig eine Bank im Land des Akkreditivbegünstigten einschaltet.

7.121

Aus der Sicht des deutschen Rechts ist das Akkreditiv ein **selbständiges, abstraktes Schuldversprechen** im Sinne des § 780 BGB, das die Bank dem Zahlungsberechtigten auf Weisung ihres Kunden als Zahlungsverpflichteter erteilt[121]. Dieses abstrakte Zahlungsversprechen ist dabei ein Wesens-

7.122

---

120 *Nielsen* in Bankrechts-Handbuch, § 120; *ders.* in Bankrecht und Bankpraxis, Rn 5/469; *Zahn/Eberding/Ehrlich*, S. 35 ff.; *Schütze*, Das Dokumentenakkreditiv im Internationalen Handelsverkehr, 1996.
121 OLG München WM 1996, 2335, 2336; OLG Hamm WM 1997, 609, 610; *Canaris*, Bankvertragsrecht[3], Rn 924, 984; *Zahn/Eberding/Ehrlich*, Rn 2/132; *Soergel/Häuser*, §§ 780, 781 Rn 90; *Koller*, WM 1990, 293, 298.

merkmal des Dokumentenakkreditivs[122]. Die Ausgestaltung der Rechte und Pflichten der Beteiligten und die hierfür geschaffenen Verfahrensregelungen für den Geschäftsablauf lassen das Akkreditiv aber als ein Rechtsinstitut sui generis erscheinen[123]. Dies umso mehr, als aus internationaler Sicht die Bezugnahme auf nationale Rechtsbegriffe für problematisch angesehen wird[124].

II. Wirtschaftliche Funktionen des Akkreditivs

7.123 Das Akkreditiv ist ein **Instrument des bargeldlosen Zahlungsverkehrs**, das der Sicherung vor allem des Verkäufers, aber auch des Käufers dient. Mit der Stellung des Akkreditivs kann **zudem eine Kreditgewährung** an den Kunden (Akkreditivauftraggeber) **verbunden** sein.

1. Instrument des bargeldlosen Zahlungsverkehrs

7.124 Das Akkreditiv ist vor allem ein Instrument des bargeldlosen Zahlungsverkehrs, das der Erfüllung von Zahlungsverbindlichkeiten mit Buch-(Giro)geld anstelle von Bargeld dient. Dieses Zahlungsinstrument ist insoweit **vergleichbar** mit einer Banküberweisung oder einem Auftrag zum Einzug von Wechseln oder Schecks[125].

7.125 Bei dem dem Akkreditiv **zugrundeliegenden Warengeschäft** handelt es sich um das Valutageschäft, während die Rechtsbeziehung des Käufers zu seiner akkreditveröffnenden Bank wie auch sonst im bargeldlosen Zahlungsverkehr als Deckungsgeschäft bezeichnet wird.

7.126 Beim Akkreditiv werden bargeldlose Zahlungen ins Ausland geleistet, wie dies auch bei einer Banküberweisung zugunsten eines im Ausland ansässigen Zahlungsbegünstigten der Fall ist. Das auslandsbezogene Inkassogeschäft der Kreditinstitute führt dagegen umgekehrt zu bargeldlosen Zahlungen ins Inland.

---

122 BGH WM 1989, 1713, 1714 m.w.Nachw.; 1996, 995, 996; OLG München WM 1996, 2335, 2336.
123 *Zahn/Eberding/Ehrlich*, Rn 1/22.
124 *Nielsen* in Bankrechts-Handbuch, § 120 Rn 13.
125 LG Hamburg WM 1997, 258; *Canaris*, Bankvertragsrecht³, Rn 916; *Hadding*, FS Pleyer, 1986, S. 17, 32.

2. Sicherungsfunktion

Neben dieser **Zahlungsfunktion** hat das Dokumentenakkreditiv zugleich Sicherungsfunktion[126]. Sie kommt vor allem dem Akkreditivbegünstigten, aber auch dem Bankkunden zugute. Insoweit ist das Dokumentenakkreditiv vergleichbar den modernen Instrumenten des bargeldlosen Zahlungsverkehrs in Form der eurocheque-Karte, Kreditkarte, GeldKarte sowie dem elektronischen Netzgeld. Auch die Funktion dieser Zahlungsinstrumente besteht darin, dem Gläubiger des Bankkunden einen gegen die Bank gerichteten abstrakten Zahlungsanspruch zu verschaffen und ihn auf diese Weise vor dem Risiko zu schützen, daß nach seiner Vorleistung der ihm geschuldete Betrag nicht seinem Girokonto gutgeschrieben wird und damit die vereinbarte bargeldlose Zahlung unterbleibt[127].

7.127

a) Schutz des Verkäufers

Der Verkäufer ist durch das Akkreditiv vor der Gefahr geschützt, daß er seine Ware aus der Hand gibt, ohne den Kaufpreis zu erhalten. Das **Risiko der Zahlungsunfähigkeit oder -unwilligkeit des Käufers** wird dem Verkäufer von der akkreditiveröffnenden Bank abgenommen. Dieses Bonitätsrisiko ist für den Verkäufer aus dem Ausland oft besonders schwer abzuschätzen.

7.128

Die Sicherung des Verkäufers als Akkreditivbegünstigten wird dadurch verwirklicht, daß er durch die Akkreditiveröffnung neben seinem Kaufpreisanspruch einen unmittelbaren und selbständigen Zahlungsanspruch gegen die akkreditiveröffnende Bank erwirbt. Dieser Zahlungsanspruch ist losgelöst vom zugrundeliegenden Valutaverhältnis und daher grundsätzlich geschützt vor Einwendungen und Einreden aus dem Valuta- und Deckungsverhältnis, wie es für ein abstraktes Schuldversprechen im Sinne des § 780 BGB typisch ist[128]. Deshalb wäre der Einwand der Akkreditivbank unzulässig, daß das Valutaverhältnis zwischen ihrem Kunden und dem Akkreditivbegünstigten fehlerhaft sei oder daß sie von ihrem Kunden als Akkreditivauftraggeber keine Deckung erhalten habe.

7.129

Mit Rücksicht auf die Abstraktheit des dem Akkreditiv zugrundeliegenden Schuldverhältnisses kann die akkreditiveröffnende Bank gegenüber dem Akkreditivbegünstigten auch nicht mit Ansprüchen aufrechnen, die

7.130

---
126 LG Hamburg WM 1997, 258.
127 *Kümpel*, NJW 1999, 313 ff.
128 *Baumbach/Hopt*, BankGesch VII Anm. K/1.

ihr vom Akkreditivauftraggeber aus dem zugrundeliegenden Valutaverhältnis abgetreten worden sind[129].

7.131 Der Ausschluß von Einwendungen und Einreden aus dem Valuta- und Deckungsverhältnis ergibt sich aus **Art. 3 ERA**. In dieser Bestimmung heißt es:

7.132 „Akkreditive sind ihrer Natur nach von den Kauf- oder anderen Verträgen, auf denen sie möglicherweise beruhen, getrennte Geschäfte, und die Banken haben in keiner Hinsicht etwas mit solchen Verträgen zu tun und sind nicht durch sie gebunden, selbst wenn im Akkreditiv auf solche Verträge in irgendeiner Weise Bezug genommen wird. Folglich ist die Verpflichtung einer Bank, Tratten zu akzeptieren und zu bezahlen oder zu negoziieren und/oder irgendeine andere Verpflichtung unter dem Akkreditiv zu erfüllen, nicht abhängig von Gegenansprüchen oder Einreden des Auftraggebers, die sich aus seinen Beziehungen zur eröffnenden Bank oder zum Begünstigten ergeben. Ein Begünstigter kann sich keinesfalls auf die vertraglichen Beziehungen berufen, die zwischen den Banken oder zwischen dem Auftraggeber und der eröffnenden Bank bestehen."

7.133 Aus der Sicht des Rechtsverhältnisses zwischen akkreditiveröffnender Bank und Akkreditivbegünstigtem ist für das Akkreditivgeschäft eine bemerkenswerte **Nähe zum Kreditkartengeschäft** feststellbar[130]. Auch beim Akkreditiv wird zur Erfüllung eines Anspruchs auf die Gegenleistung in Gestalt der Kaufpreisforderung durch einen Dritten (akkreditiveröffnende Bank) ein Schuldversprechen im Sinne des § 780 BGB eingegangen[131]. Das Akkreditiv hat zudem mit der Kreditkarte die auch bei ihm im Vordergrund stehende Zahlungsfunktion gemeinsam[132]. Dennoch entspricht die Zahlungszusage des Herausgebers der Kreditkarte keiner Variante des Akkreditivs. Denn die Initiative im Kreditkartengeschäft gegenüber dem Vertragsunternehmen geht nicht vom Karteninhaber aus, sondern vom Kartenherausgeber. Das Akkreditiv übernimmt dagegen die Bank erst auf Veranlassung ihres Kunden als Akkreditivauftraggeber. Der Kartenherausgeber soll im übrigen auch nicht die pflichtgemäße Leistung des Vertragsunternehmens anhand bestimmter Formalien kontrollieren, etwa anhand von Dokumenten, wie dies beim Dokumentenakkreditiv geschieht. Akkreditivgeschäft und Kreditkartengeschäft ähneln sich jedoch insoweit, als die Bezahlung einer Geldschuld in beiden Fällen durch den bargeldlosen Zahlungsverkehr erfolgen und auch die Rechtsposition

---

129 BGH WM 1985, 684, 685, zu der insoweit vergleichbaren Übernahme einer Zahlungsgarantie vgl. weiter BGH WM 1959, 25, 26.
130 *Hadding*, FS Pleyer, 1986, S. 17, 32.
131 *Soergel/Häuser*, §§ 780, 781 Rn 90.
132 *Hadding*, FS Pleyer, 1986, S. 17, 32.

des Vertragskontrahenten des Bankkunden dadurch verstärkt werden soll, daß er einen zusätzlichen Zahlungsanspruch gegen einen zahlungskräftigen Dritten auf der Grundlage eines abstrakten Schuldversprechens erwirbt.

b) Schutz des Käufers

Die Sicherung des Käufers liegt darin, daß die von ihm beauftragte akkreditiveröffnende **Bank Zahlung nur gegen Aushändigung bestimmter Dokumente** leistet. Mit Hilfe dieser Dokumente sind meistens Verfügungen über die Ware bereits vor deren Übergabe möglich. Zumindest bescheinigen diese Dokumente die Absendung der Ware. 7.134

Mit Hilfe des Dokumentenakkreditivs wird im Ergebnis ein Leistungsaustausch Zug um Zug erreicht, der ansonsten wegen der räumlichen Distanz zwischen Käufer und Verkäufer ausgeschlossen wäre. Indem der Erhalt der Dokumente aus der Sicht des Käufers an die Stelle der Aushändigung der Ware tritt, ist er in gleicher Weise wie der Verkäufer gegen das Risiko der Nichtleistung des anderen Vertragsteils geschützt. 7.135

3. Kreditfunktion

Mit dem Bereitstellen eines Dokumentenakkreditivs kann der Käufer seine **liquiden Finanzmittel schonen.** Es brauchen keine Vorauszahlungen an den Verkäufer geleistet zu werden. Auch verlangt die akkreditiv eröffnende Bank regelmäßig von dem Käufer als ihrem Auftraggeber keine Bardeckung für die übernommene Zahlungsverpflichtung aus dem Akkreditiv[133]. 7.136

III. Rechtsgrundlagen des Akkreditivgeschäfts

Das Recht des Akkreditivgeschäfts wird wegen fehlender gesetzlicher Regelung heute weitgehend durch die „Einheitlichen Richtlinien und Gebräuche für Dokumentenakkreditive" (ERA) bestimmt, die zuletzt mit Wirkung zum 1. 1. 1994 („UCP 500") revidiert worden sind[134] (Rn 7.49). 7.137

Die Aufstellung der ERA bezweckt, über die Landesgrenzen hinaus die Auffassungen der Kaufmannschaft über ein seit langem weltweit bekann- 7.138

---

133 *Nielsen* in Bankrechts-Handbuch, § 120 Rn 6.
134 Vgl. dazu *Nielsen*, WM 1994, Sonderbeil. 2; *ders.* in Bankrechts-Handbuch, § 120 Rn 8 ff.; *ders.* in Bankrecht und Bankpraxis, Rn 5/491 ff.

tes und angewendetes, gesetzlich nicht geregeltes Rechtsinstitut in Gestalt eines Akkreditivs für den Geschäftsablauf anzugleichen und zu fixieren[135]. Dies geschieht vor allem durch die Festlegung von allgemeinen Regeln und Begriffsbestimmungen (Art. 1–5 ERA), die Regelung von Form und Anzeige der Akkreditive (Art. 6–12 ERA), von Haftung und Verantwortlichkeit der Beteiligten (Art. 13–19 ERA) sowie der Anforderungen an Form und Inhalt der vorzulegenden Dokumente (Art. 20–38 ERA).

7.139 Die ERA (Art. 39–47) enthalten im übrigen verschiedene klarstellende Regelungen, die z.B. Verfalldatum und Ort für die Dokumentenvorlage sowie die Verkürzung oder Verlängerung der Verfallfrist betreffen. Schließlich werden die Übertragbarkeit von Dokumentenakkreditiven und die Abtretung von Akkreditiverlösen geregelt (Art. 48, 49 ERA).

7.140 Die ERA sind auch im Verhältnis des auftraggebenden Kunden zu seiner akkreditiveröffnenden Bank maßgeblich (Art. 1 S. 2 ERA). Hierdurch soll **weltweit** eine **Vereinheitlichung der Handhabung von Akkreditiven** erreicht werden.

7.141 Die ERA sind in den einzelnen Ländern „eingeführt" oder „angenommen" worden. Hiermit ist nicht die Übernahme der Richtlinien in das innerstaatliche Recht durch Gesetz zu verstehen. Rechtlich gesehen sind die **ERA** vielmehr **Formulierungen, die von den Bankenverbänden** der einzelnen Länder im Rahmen der Internationalen Handelskammer, Paris (ICC) **abgesprochen worden sind.** Der **rechtliche Charakter** der ERA wird nicht einheitlich beurteilt. Wegen ihrer internationalen Verbreitung und nahezu lückenlosen Befolgung wird mitunter versucht, ihre Rechtsnatur unabhängig vom jeweils anwendbaren nationalen Recht zu bestimmen. Diese Bemühungen sind von vornherein aussichtslos, da die Internationale Handelskammer unzweifelhaft keine supranationale Rechtssetzungshoheit besitzt[136]. Die ERA sind daher keine internationale Rechtsordnung „sui generis" und auch kein „normatives Regelwerk".

7.142 Ein gewichtiger Teil des Schrifttums stuft die ERA als **Allgemeine Geschäftsbedingungen** ein[137]. Andere Literaturstimmen betonen, daß die ERA nur **Handelsbrauch** darstellen. Zur Bildung eines Handelsbrauchs bedarf es eines gewissen Zeitraumes und einer auf der Zustimmung der

---

135 *Zahn/Eberding/Ehrlich*, Rn 1/16.
136 *Wälz*, WM 1994, 1457, 1458.
137 *Canaris*, Bankvertragsrecht³, Rn 928 m.w.Nachw.; *Soergel/Häuser*, §§ 780, 781 Rn 102; *von Westphalen*, DB 1992, 2017; *Baumbach/Hopt*, Einl. ERA Rn 2.

Beteiligten beruhenden tatsächlichen Übung[138]. Die Beteiligten sind also bei einer solchen rein faktischen Handhabung nicht davon überzeugt, durch die Einhaltung dieser Übung bestehendes Recht zu befolgen. Zur Entstehung eines Handelsbrauchs ist also weder ein Rechtsgeltungswille noch eine Rechtsüberzeugung nötig. Der Handelsbrauch ist deshalb kein Gewohnheitsrecht und kann somit auch keine ungeschriebenen Rechtsnormen schaffen[139]. Er gewinnt jedoch durch § 346 BGB einen normativen Effekt, ohne aber Rechtsnorm zu sein[140]. Nach dieser Vorschrift ist unter Kaufleuten in Ansehung der Bedeutung und Wirkung von Handlungen und Unterlassungen auf die im Handelsverkehr geltenden Gewohnheiten und Gebräuche Rücksicht zu nehmen.

Nach überwiegender Meinung sind die ERA als Allgemeine Geschäftsbedingungen einzuordnen, die auch Handelsbräuche enthalten[141]. Die Einordnung schließt aber nicht aus, daß Klauseln wegen mittlerweile lang anerkannter Übung zum Handelsbrauch werden[142]. Dies gilt z.B. für den Grundsatz der Unabhängigkeit des Akkreditivs vom Grundgeschäft und der Dokumentenstrenge[143]. Nach einer Mindermeinung stellen die ERA in ihrer Gesamtheit Handelsbrauch dar, der weltweit anerkannt ist[144]. 7.143

Der **BGH** hat sich noch **nicht abschließend geäußert**[145]. Die Frage, ob die ERA als AGB oder Handelsbrauch einzustufen sind, ist nicht nur theoretischer Natur. Allgemeine Geschäftsbedingungen werden selbst im kaufmännischen Geschäftsverkehr nur infolge einer rechtsgeschäftlichen Einbeziehungsvereinbarung zum Vertragsinhalt (vgl. § 24 S. 1 Nr. 1 AGBG). Der Handelsbrauch ist dagegen auch ohne eine solche Vereinbarung schon kraft Gesetzes zu berücksichtigen (§ 346 HGB). Allerdings sieht Art. 1 S. 1 ERA ohnehin die Aufnahme eines Hinweises auf die Geltung der ERA in jedes Akkreditiv vor[146]. 7.144

---

138 BGH NJW 1952, 257.
139 *Nielsen* in Bankrecht und Bankpraxis, Rn 5/501.
140 *Schlegelberger/Hefermehl*, § 346 Rn 1.
141 OLG München WM 1996, 2335, 2336; LG Frankfurt WM 1996, 153; OLG Hamm WM 1997, 609, 610; *Zahn/Eberding/Ehrlich*, Rn 1/15 FN 14; *von Westpahlen*, DB 1992, 2017.
142 *von Westphalen*, DM 1992, 2017.
143 *Baumbach/Hopt*, Einl. ERA Rn 2.
144 *Zahn/Eberding/Ehrlich*, Rn 1/18; *Wälz*, WM 1994, 1457, 1463; *Nielsen* in Bankrecht und Bankpraxis, § 120 Rn 23.
145 Vgl. WM 1958, 456, 459; WM 1960, 38, 40; 1984, 1443; vgl. weiter *Nielsen* in Bankrecht und Bankpraxis, Rn 5/501.
146 Vgl. *Nielsen*, Neue Richtlinien für Dokumenten-Akkreditive, 1994, S. 19.

7.145 Soweit die ERA einen Handelsbrauch ausformulieren, unterliegen sie nach ganz herrschender Auffassung nicht der Inhaltskontrolle des AGBGB (§ 9)[147].

7.146 Die ERA sind nach herrschender Meinung wegen ihrer Zielsetzung aus sich selbst ohne Rückgriff auf nationale Gesetze auszulegen. Regelungslücken müssen deshalb aus dem ERA gefüllt werden. Die maßgebliche nationale Rechtsordnung kann also nur ergänzend herangezogen werden[148].

IV. Ablauf des Akkreditivgeschäfts

7.147 Im Grundfall des Akkreditivgeschäfts vereinbart der Importeur mit dem ausländischen Exporteur der Ware, daß er durch seine Bank ein Akkreditiv zugunsten des Exporteurs eröffnen lassen soll, aufgrund dessen der Exporteur bei Einreichung der vereinbarten Dokumente von der Bank Zahlung erlangen kann. Bei den Dokumenten kann es sich um **Transportdokumente** (Art. 23–33 ERA), **Versicherungsdokumente** (Art. 34–36 ERA), **Handelsrechnungen** (Art. 37 ERA) **oder andere Dokumente** (Art. 38 ERA), wie insbesondere Lagerscheine, Lieferscheine, Ursprungszeugnisse und Gewichts- oder Qualitätszertifikate handeln. Die größte praktische Bedeutung haben die Transportdokumente, insbesondere die See-Konnossemente (Art. 23 ERA), weil die Akkreditive zumeist bei Schiffsverladungen eröffnet werden.

7.148 Zur Erfüllung der Verpflichtung aus der Akkreditivklausel des Vertrages beauftragt der Importeur seine Bank, zugunsten des Exporteurs ein Dokumentenakkreditiv zu eröffnen. Im Regelfall beauftragt die Bank des Importeurs eine weitere Bank (Zweitbank) im Land des Exporteurs mittels eines Akkreditiveröffnungsschreibens, gegenüber dem Exporteur ein Akkreditiv zu den im Schreiben enthaltenen Bedingungen zu eröffnen.

1. Inhalt des Leistungsversprechens der akkreditiveröffnenden Bank

7.149 Die Verpflichtung der akkreditiveröffnenden Bank besteht **keineswegs immer nur in einer Geldzahlung** (Art. 9a (i) ERA). Inhalt des Leistungsversprechens kann auch die Verpflichtung sein, vom Begünstigten auf die

---

147 BGH BB 1986, 1995; *Ulmer/Brandner/Hensen*, § 2 Rn 90; *Baumbach/Hopt*, Einl. ERA Rn 2.
148 *Steindorff*, FS von Caemmerer, 1978, S. 765; *Nielsen* in Bankrecht und Bankpraxis, Rn 5/501; *Baumbach/Hopt*, Einl. ERA Rn 2.

eröffnende Bank gezogene Wechsel (sog. Tratten) zu akzeptieren und sie bei Fälligkeit zu bezahlen (Art. 9a [iii] a. ERA).

Sieht das Akkreditiv die **Ziehung von Tratten auf eine andere Bank** als die das Akkreditiv eröffnende Bank vor, besteht die Verpflichtung der eröffnenden Bank darin, vom Begünstigten auf die eröffnende Bank gezogene Tratten zu akzeptieren und bei Fälligkeit zu bezahlen, falls die im Akkreditiv vorgeschriebene bezogene Bank auf sie gezogene Tratten nicht akzeptiert, oder die Tratten zu bezahlen, falls diese von der bezogenen Bank zwar akzeptiert, aber nicht bezahlt wurden (Art. 9a [iii] b. ERA). Nach der Neufassung der ERA ist daher eine Ziehung von Tratten auf den Akkreditivauftraggeber nicht mehr vorgesehen[149].

7.150

Im Falle sog. **Negoziierungsakkreditive** besteht die Verpflichtung der akkreditiveröffnenden Bank in erster Linie darin, für die Negoziierung durch die von ihr eingesetzte Zweitbank zu sorgen[150]. Nach Art. 10b (ii) ERA bedeutet Negoziierung die Zahlung von Geld gegen Tratten und/oder Dokumente durch die zur Negoziierung ermächtigte Bank. Diese Negoziierung wird international als Ankauf verstanden. Der Akkreditivbegünstigte hat also einen Anspruch auf sofortige Zahlung Zug um Zug gegen Vorlage ordnungsgemäßer Dokumente[151].

7.151

Wenn es Inhalt des Akkreditivs ist, daß die akkreditiveröffnende Bank eine andere Bank zur Negoziierung ermächtigt (Art. 2 [iii] ERA), besteht die Verpflichtung der akkreditiveröffnenden Bank darin, für die Bezahlung der vom Begünstigten gezogenen Tratten und unter dem Akkreditiv vorgelegten Dokumente durch die Zweitbank Sorge zu tragen (Art. 9a [iv] S. 1 ERA). Dabei ist die Möglichkeit des wechselrechtlichen Rückgriffs auf den Aussteller und/oder gutgläubigen Inhaber ausgeschlossen.

7.152

2. Standby-Letter of Credit

Der Standby-Letter of Credit ist die im anglo-amerikanischen Recht gebräuchliche Form des Dokumentenakkreditivs. Dieses **Zahlungsversprechen** hat dort zudem die über das übliche Akkreditivgeschäft hinausgehende Funktion, Bürgschaften und Garantien zu ersetzen, deren Übernahme US-amerikanischen Banken nach der dortigen Bankengesetzgebung untersagt ist[152].

7.153

---

149 Vgl. dazu *Nielsen*, WM 1994, Sonderbeil. 2, 7; *ders.* in Bankrechts-Handbuch, § 120 Rn 56.
150 *Nielsen*, WM 1994, Sonderbeil. 2, 7.
151 *Nielsen* in Bankrechts-Handbuch, § 120 Rn 42.
152 *Nielsen*, Neue Richtlinien für Dokumenten-Akkreditive, 1994, S. 19; *ders.* in Bankrechts-Handbuch, § 120 Rn 32.

7.154 Bei dieser Akkreditivform wird keine Geldleistung geschuldet, sondern dem Begünstigten ausschließlich das Recht eingeräumt, auf die aus dem Standby-Letter of Credit verpflichtete Bank einen Wechsel zu ziehen.

7.155 Die **ERA** enthalten einige **Bestimmungen**, die auch auf den Standby-Letter of Credit anwendbar sind (Art. 1 S. 1 ERA)[153]. Es bedarf allerdings für die Geltung der ERA anders als bei Dokumentenakkreditiven notwendigerweise eines Einbeziehungshinweises im Sinne von Art. 1 S. 1 ERA.

7.156 Der Standby-Letter of Credit ist wie das in Deutschland gebräuchliche Dokumentenakkreditiv regelmäßig nur an einem bestimmten Ort zahlbar. Es gibt aber auch die Variante, daß der Begünstigte die freie Wahl hat, von ihm ausgestellte Wechsel oder sonstige Dokumente jeder beliebigen Bank zum Ankauf oder zur Negoziierung anzubieten, sofern diese Bank zur Übernahme der Funktion der hierfür benötigten Zahlstelle bereit ist. Die den Standby-Letter of Credit ausstellende Bank schreibt also in diesen Fällen die Zahlstelle nicht vor, sondern richtet eine Art „offene Einladung" an alle zur Übernahme der Zahlstellenfunktion bereiten Kreditinstitute. Hier spricht man von einem Commercial Letter of Credit[154].

7.157 Bei einem Standby-Letter of Credit, der die gleiche Funktion wie eine Garantie auf erstes Anfordern hat, können die Rechtsgrundsätze angewendet werden, die für eine Garantie auf erstes Anfordern entwickelt worden sind. So kann insbesondere der Inanspruchnahme aus dem Standby-Letter of Credit der Einwand des Rechtsmißbrauchs unter den gleichen Voraussetzungen wie bei einer Garantie auf erstes Anfordern entgegen gehalten werden[155].

3. Erforderliche Ausgestaltung des Akkreditivauftrags

7.158 Das Akkreditivgeschäft wird beherrscht von dem **Grundsatz der Auftrags- und Dokumentenstrenge**[156]. Weder die akkreditiveröffnende Bank noch eine eingeschaltete Zweitbank sind daher berechtigt, von den Weisungen des Akkreditivauftraggebers abzuweichen, wie dies nach allgemeinen auftragsrechtlichen Grundsätzen (§ 665 BGB) im Einzelfall zulässig wäre. Jeder Versuch eines Aufweichens dieses Grundsatzes entwertet das Instrument des Akkreditivs. Deshalb ist ein geradezu **pedantischer Prü-**

---

153 Zur Frage, welche Artikel der ERA im einzelnen anwendbar sind vgl. *Nielsen,* WM 1994, Sonderbeil. 2, 3.
154 *Zahn/Eberding/Ehrlich,* Rn 8/1 ff.
155 OLG Frankfurt WM 1997, 1893, 1895.
156 Vgl. BGH WM 1988, 1298, 1300; OLG München BB 1998, 125, 126.

fungsmaßstab anzulegen[157]. Die Berufung auf den Grundsatz der Dokumentenstrenge ist deshalb grundsätzlich auch nicht treuewidrig[158].

Allerdings steht die Verpflichtung der Akkreditivbank, sich streng innerhalb der Grenzen des ihr erteilten formalen und präzisen Auftrages zu halten, unter der Einschränkung von Treu und Glauben. Die Bank darf deshalb von den Weisungen ihres Auftraggebers abweichen, wenn sie einwandfrei beurteilen kann, daß die Abweichung unerheblich und für den Auftraggeber unschädlich ist. Wenn feststeht, daß die Abweichungen dem Auftraggeber keinen Nachteil gebracht haben, ist es treuwidrig, wenn dieser sich nach der Durchführung des Kaufvertrages nur deshalb auf die Abweichungen beruft, um der Akkreditivbank die Erstattung des Akkreditivbetrages zu verweigern[159]. So hat der Bankkunde als Akkreditivauftraggeber die Zahlung durch seine (akkreditiveröffnende) Bank nach Treu und Glauben hinzunehmen, wenn die vom Begünstigten einzureichenden Transportpapiere als Empfänger statt den Auftraggeber die eröffnende Bank selbst ausweist und diese willens und in der Lage ist, die Ware zugunsten ihres Kunden freizugeben. Das gilt auch, wenn der Bankkunde ohne vorherige Freigabe durch seine Bank die in den Transportpapieren genannte Ware im übrigen Akkreditiv konform erhalten hat[160].

7.159

Der Grundsatz der Auftrags- und Dokumentenstrenge findet seine Berechtigung darin, daß die Banken im Akkreditivverkehr die näheren Voraussetzungen für den Auftrag im Hinblick auf die am Grundgeschäft Beteiligten nicht übersehen und infolgedessen nicht ausschließen können, daß selbst geringfügige Abweichungen von den Weisungen des Auftraggebers diesem beträchtlichen Schaden zufügen können[161].

7.160

a) Inhalt des Akkreditivauftrags

Mit Rücksicht auf den Grundsatz der Auftrags- und Dokumentenstrenge müssen Aufträge zur Eröffnung eines Akkreditivs und das Akkreditiv selbst vollständig und genau sein (Art. 5a S. 1 ERA). Bei der **Erteilung des Auftrags** ist insbesondere darauf zu achten, daß Name und Anschrift des Begünstigten präzise angegeben werden, um die rechtzeitige Eröffnung des Akkreditivs sicherzustellen[162]. Besondere Sorgfalt ist dann geboten, wenn es sich um verwechslungsfähige Firmen oder Unternehmen des gleichen Konzerns handelt. Erforderlich ist weiter die präzise Bezifferung

7.161

---

157 OLG München WM 1996, 2335, 2336; *Koller*, WM 1990, 293 m.w.Nachw.
158 OLG München, WM 1996, 23335, 2337.
159 BGH WM 1988, 1298, 1300; OLG München WM 1996, 2335, 2337; *Koller*, WM 1990, 293, 303.
160 OLG München, WM 1998, 554, 555.
161 BGH WM 1984, 1214, 1215; OLG München WM 1998, 554, 555.
162 Zur Frage der Haftung der beauftragten Bank bei verspäteter Ablehnung eines Auftrages zur Akkreditiveröffnung vgl. BGH WM 1983, 1385.

der Akkreditivsumme und die Bezeichnung der Währung, in der die Zahlung erfolgen soll.

7.162 Um Irrtümern und Mißverständnissen vorzubeugen, fordert Art. 5a S. 2 ERA die Banken auf, jedem Versuch entgegenzutreten, zu weitgehende Einzelheiten in das Akkreditiv aufzunehmen (Art. 5a S. 2 [i] ERA) oder Aufträge zur Eröffnung eines Akkreditivs durch Bezugnahme auf ein früher eröffnetes Akkreditiv zu erteilen, wenn das in Bezug genommene Akkreditiv Gegenstand von Änderungen war (Art. 5a S. 2 [ii] ERA).

7.163 Der Auftrag zur Akkreditiv-Eröffnung sowie das Akkreditiv selbst müssen zudem in jedem Falle genau die Dokumente angeben, gegen die die Zahlung, Akzeptleistung oder Negoziierung vorgenommen werden soll (Art. 5b ERA).

b) Angabe des Verfalldatums und des Ortes für die Dokumentenvorlage

7.164 In dem Akkreditiv ist ein Verfalldatum anzugeben, bis zu dem die Dokumente präsentiert sein müssen (Art. 42a S. 1 ERA). Eine solche **Angabe ist unerläßlich**. Ohne eine solches Datum ist das Akkreditiv unwirksam[163].

7.165 Ein für die Zahlung, Akzeptleistung oder Negoziierung vorgeschriebenes Verfalldatum wird dabei als Verfalldatum für die Dokumentenvorlage ausgelegt (Art. 42a S. 2 ERA).

7.166 Von diesem Verfalldatum für das Akkreditiv ist die **Vorlagefrist** im Hinblick auf Transportdokumente (Art. 43a S. 1 ERA) zu unterscheiden. Nach dieser Vorschrift sollte jedes Akkreditiv, das ein Transportdokument, also etwa ein Konnossement verlangt, eine genau bestimmte Frist nach dem Verladedatum vorschreiben, innerhalb welcher die Vorlage in Übereinstimmung mit den Akkreditiv-Bedingungen zu erfolgen hat. Diese Frist, die neben die hinsichtlich des Akkreditivs geltende Verfallfrist tritt, soll sicherstellen, daß die vorgelegten Dokumente noch aktuellen Wert haben.

7.167 Nach der **Neufassung der ERA** bemißt sich die Dokumentenvorlagefrist nicht mehr nach dem Ausstellungsdatum des Transportdokuments, sondern nach dem Verladedatum. Eine sachliche Änderung dürfte hiermit nicht verbunden sein[164].

7.168 Die Dokumentenvorlagefrist kann im Akkreditiv im einzelnen bestimmt werden. Ist eine derartige Frist nicht vorgeschrieben, nehmen die Banken Dokumente nicht an, die ihnen später als 21 Tage nach dem Verladeda-

---

163 *Nielsen,* Neue Richtlinien für Dokumenten-Akkreditive, 1994, S. 233.
164 Vgl. weiter *Nielsen,* Neue Richtlinien für Dokumenten-Akkreditive, 1994, S. 236.

tum vorgelegt werden (Art. 43a S. 2 ERA). In jedem Fall dürften die Dokumente nicht später als am Verfalldatum des Akkreditivs vorgelegt werden (Art. 43a S. 3 ERA).

Das Akkreditiv muß ferner einen Ort für die Dokumentenvorlage vorschreiben (Art. 42a S. 1 ERA), damit der Begünstigte weiß, wo er die Dokumente fristwahrend einreichen kann[165]. 7.169

c) Unwiderruflichkeit des Akkreditivs als Regelfall

Akkreditive können unwiderruflich oder widerruflich sein (Art. 6a ERA). Fehlt eine dahingehende Angabe im Akkreditiv, gilt es als unwiderruflich (Art. 6c ERA). 7.170

In der Praxis spielen widerrufliche Akkreditive wegen der Unsicherheit für den Begünstigten so gut wie keine Rolle. Denn ein widerrufliches Akkreditiv kann von der eröffnenden Bank jederzeit auch ohne vorherige Nachricht an den Begünstigten geändert oder annulliert werden (Art. 8a ERA). Ein Widerruf, der die Zahlungsverpflichtung der akkreditiveröffnenden Bank entfallen läßt, ist allerdings nur solange zulässig, bis die Zweitbank die entsprechende Erfüllungsleistung erbracht hat (Art. 8b [i] ERA). 7.171

4. Übertragbarkeit des Akkreditivs

Unter einem übertragbaren Akkreditiv ist nach den ERA (Art. 48a) ein Akkreditiv zu verstehen, bei dem der Begünstigte die zur Zahlung, Akzeptleistung oder Negoziierung ermächtigte Bank beauftragen kann, das **Akkreditiv im Ganzen oder zum Teil einem Dritten oder mehreren Dritten (Zweitbegünstigte) verfügbar zu stellen.** 7.172

Keine solche Akkreditivübertragung liegt vor, wenn der Begünstigte lediglich seinen Zahlungsanspruch an einen Dritten, also z.B. an seinen Lieferanten abtritt. Diese Zession ist auch beim nicht übertragbaren Akkreditiv zulässig (Art. 49 ERA)[166]. In diesem Fall erwirbt der Zessionar anders als bei Übertragung eines Akkreditivs keinen eigenständigen abstrakten Zahlungsanspruch, demgegenüber die akkreditiveröffnende Bank keine Einwendungen und Einreden aus dem Valutaverhältnis ihres Kunden (Akkreditivauftraggeber) zum Akkreditiv-Begünstigten geltend machen darf[167]. Dieser abgetretene Anspruch auf Auskehrung 7.173

---

165 Zur Frage, welche Rechtsfolge bei fehlender Angabe des Ortes für die Dokumentenvorlage eintritt vgl. *Nielsen*, Neue Richtlinien für Dokumenten-Akkreditive, 1994, S. 233.
166 OLG Frankfurt WM 1997, 609, 610; LG Frankfurt WM 1996, 153.
167 BGH WM 1996, 995, 996.

des Akkreditiverlöses ist vielmehr abhängig von der Rechtsposition des Akkreditivbegünstigten (§ 404 BGB) und kann damit keine stärkeren Rechte verschaffen[168].

7.174 Das Akkreditiv kann vom Begünstigten nur weiter übertragen werden, wenn dies ausdrücklich gestattet ist. Hierzu muß die eröffnende Bank das Akkreditiv ausdrücklich als „übertragbar" bezeichnen (Art. 48b S. 1 ERA).

7.175 Außer der Bezeichnung des Akkreditivs als übertragbar muß für die Wirksamkeit der Übertragung hinzukommen, daß die akkreditiveröffnende Bank einem Ersuchen auf eine solche Übertragung stattgibt (Art. 48c ERA). Sie hat dabei eine Ermessensfreiheit und kann also die Übertragung ohne Angabe von Gründen ablehnen. Jedoch wird man dem Erstbegünstigten einen gewissen Schutz angedeihen lassen und deshalb annehmen müssen, daß die Bank sich der Übertragung nur aus einem triftigen Grund entziehen kann, z.B. wenn sie etwa gegen die Zuverlässigkeit des Zweitbegünstigten Bedenken haben sollte[169].

7.176 **Ein Grundsatz** der Akkreditivübertragung ist, daß sie nur zu Originalbedingungen vorgenommen werden kann (Art. 48h S. 1 ERA). Diese Bestimmung sieht allerdings gewisse Ausnahmen von diesem Grundsatz vor. So können der Akkreditivbetrag, die im Akkreditiv etwa genannten Stückpreise und die Gültigkeitsdauer oder die Verladungsfrist insgesamt oder einzeln ermäßigt oder verkürzt werden. Außerdem kann der Name des Erstbegünstigten an die Stelle des Akkreditivauftraggebers gesetzt werden, damit der Zweitbegünstigte nicht den Abnehmer des Erstbegünstigten erfährt (Art. 48h S. 3 ERA). Dies gilt wiederum nur vorbehaltlich einer entgegenstehenden Bestimmung im Akkreditiv (Art. 48h S. 4 ERA). Wenn der Zweitbegünstigte seine Rechnungen unter dem Akkreditiv vorgelegt hat, so ist der Erstbegünstigte berechtigt, sie gegen seine eigenen Rechnungen auszutauschen. Die Rechnungen des Zweitbegünstigten werden naturgemäß niedriger sein als diejenigen des Erstbegünstigten, weil dieser ja seine Gewinnmarge auf die Preise des Zweitbegünstigten aufschlägt. Diese Regelung dient ebenfalls wiederum dem Schutz des Erstbegünstigten und der Geheimhaltung seiner Eindeckungsmöglichkeiten gegenüber dem Akkreditivauftraggeber.

---

168 OLG Frankfurt WM 1997, 609, 610; *Nielsen* in Bankrechts-Handbuch, § 120 Rn 368.
169 Vgl. näher *Nielsen*, Neue Richtlinien für Dokumenten-Akkreditive, 1994, S. 253 f. m.w.Nachw.

a) Rechtsfolgen der Übertragung

Die Übertragung hat zur Folge, daß der Zweitbegünstigte in die Rechtsstellung des Erstbegünstigten eintritt und nicht nur über den Zahlungsanspruch verfügt, sondern auch seinerseits die Dokumente vorzulegen hat. **Wirtschaftlich** liegt der Übertragung zumeist die Überlegung zugrunde, daß es für den Erstbegünstigten zweckmäßig sein kann, das Akkreditiv seinem Lieferanten verfügbar zu machen.

7.177

Grundsätzlich verschafft die Übertragung des Akkreditivs dem Zweitbegünstigten einen **eigenständigen, unmittelbar in seiner Person begründeten Zahlungsanspruch**[170]. Eine Ausnahme hiervon enthält die in Art. 48d S. 1 ERA neu aufgenommene Regelung, wonach sich der Erstbegünstigte das Recht vorbehalten kann, der übertragenden Bank die Erlaubnis zu verweigern, dem Zweitbegünstigten spätere Änderungen des Akkreditivs mitzuteilen. Dieser Vorbehalt gibt dem Erstbegünstigten das Recht, spätere Änderungen des Akkreditivs abzulehnen oder anzunehmen, wodurch dem Zweitbegünstigten die Erfüllung des Dokumentenakkreditivs unter Umständen unmöglich gemacht werden kann[171]. Um den Zweitbegünstigten vor den daraus erwachsenden Gefahren zu warnen, sieht Art. 48d S. 2 ERA die Verpflichtung der übertragenden Bank vor, den Zweitbegünstigten davon zu unterrichten, ob der Erstbegünstigte von einem derartigen Vorbehalt Gebrauch gemacht hat.

7.178

Ein übertragbares Akkreditiv kann **nur einmal übertragen** werden (Art. 48g S. 1 ERA). Allerdings können Teile eines derartigen Akkreditivs auch getrennt übertragen werden, wenn hierbei die Akkreditivsumme insgesamt nicht überschritten wird und wenn Teilverladungen der zugrundeliegenden Ware nicht verboten sind (Art. 48g S. 4, 1. Hs. ERA). Kosten, die im Zusammenhang mit der Übertragung entstehen, sind mangels entgegenstehender Bestimmungen im Akkreditiv vom Erstbegünstigten zu tragen (Art. 48f S. 1 ERA).

7.179

b) Übertragbarkeit mittels Gegenakkreditiv

Ist ein **Akkreditiv nicht übertragbar,** so kann der hieraus Begünstigte die Wirkungen der Übertragbarkeit im wesentlichen auch durch Stellung eines inhaltlich korrespondierenden Gegenakkreditivs erreichen. Der Begünstigte beauftragt hierzu seinerseits eine Bank zugunsten seines Liefe-

7.180

---

170 BGH WM 1996, 995, 996; *Canaris,* Bankvertragsrecht³, Rn 1035; *Baumbauch/Hopt,* BankGesch. Rn K/23; *Nielsen* in Bankrecht und Bankpraxis, Rn 5/685; *ders.* in Bankrechts-Handbuch, § 120 Rn 349.
171 *Nielsen,* Neue Richtlinien für Dokumenten-Akkreditive, 1994, S. 254.

ranten ein Akkreditiv zu eröffnen, dessen Bedingungen auf den Inhalt des ersten Akkreditivs, des sog. Hauptakkreditivs abgestimmt sind. Das Hauptakkreditiv kann sodann zur Absicherung der das Gegenakkreditiv eröffnenden Bank genutzt werden. Hierzu werden ihr die Zahlungsansprüche aus dem Hauptakkreditiv vom Begünstigten und Auftraggeber des Gegenakkreditivs abgetreten. Eine solche Abtretung ist auch dann zulässig, wenn das Hauptakkreditiv nicht übertragbar ist. Dies ist in Art. 49 S. 1 ERA ausdrücklich klargestellt.

7.181 Eine **echte Absicherung** der das Gegenakkreditiv eröffnenden Bank kann freilich nur erzielt werden, wenn die Bezeichnungen der zugrundeliegenden Waren in beiden Akkreditiven übereinstimmen und der Bestimmungsort des Gegenakkreditivs mit dem Abladehafen des Hauptakkreditivs identisch ist. Nur in diesen Fällen besteht die Gewißheit, die unter dem Gegenakkreditiv aufgenommenen Dokumente für das als Sicherheit dienende Hauptakkreditiv verwenden zu können, ohne dabei noch auf die Mitwirkung des Begünstigten des Hauptakkreditivs angewiesen zu sein. Die **Laufzeiten der beiden Akkreditive** sind im übrigen so zu bemessen, daß genügend Zeit verbleibt, mit den unter dem Gegenakkreditiv aufgenommenen Dokumenten das Hauptakkreditiv zu bedienen. Die Laufzeit des Hauptakkreditivs muß also entsprechend länger sein. Eine absolute Absicherung der das Gegenakkreditiv eröffnenden Bank läßt sich freilich auf diesem Wege nicht erreichen. Es kann niemals vollständig ausgeschlossen werden, daß irgendwelche nicht vorausbedachten Unstimmigkeiten zwischen Gegenakkreditiv und Hauptakkreditiv auftreten. Das übertragbare Akkreditiv ist daher der Eröffnung eines solchen Gegenakkreditivs vorzuziehen. Das Gegenakkreditiv stellt nur eine Notlösung dar, wenn der Lieferant des Akkreditivbegünstigten seinerseits auf der Verschaffung eines eigenständigen Zahlungsanspruches in Akkreditivform besteht und dem nicht durch Übertragung des Hauptakkreditivs entsprochen werden kann.

V. Rechtsverhältnisse zwischen den Beteiligten

1. Rechtsbeziehung zwischen akkreditiveröffnender Bank und ausländischer Zweitbank

7.182 Die akkreditiveröffnende inländische Bank tritt regelmäßig nicht unmittelbar an den ausländischen Exporteur als Akkreditivbegünstigten heran. Sie beauftragt vielmehr damit eine ihrer Korrespondenzbanken im Lande des Exporteurs. Die **Funktion dieser eingeschalteten Bank (Zweitbank)** kann recht unterschiedlich sein.

So kann die ausländische Zweitbank nur als avisierende Bank tätig werden. Die Aufgabe der avisierenden Bank erschöpft sich darin, dem Exporteur die Eröffnung des Akkreditivs im Auftrag der akkreditiveröffenden Bank anzuzeigen (Art. 7a ERA). 7.183

Gleichwohl treffen die avisierende Bank bestimmte Pflichten. Sie ist in erster Linie gemäß Art. 7a S. 1 ERA verpflichtet, vor der Unterrichtung des Begünstigten die „augenscheinliche Echtheit" des zu avisierenden Akkreditivs mit angemessener Sorgfalt zu überprüfen. Kann sie diese augenscheinliche Echtheit nicht feststellen, ist sie zur Unterrichtung der Akkreditivbank verpflichtet (Art. 7b S. 1 ERA). Diese Pflicht trifft die avisierende Bank auch, wenn sie das Akkreditiv nicht avisieren will (Art. 7a S. 2 ERA). 7.184

Die ausländische Zweitbank kann aber auch die Funktion einer Zahl- und Abwicklungsstelle haben, bei der die Dokumente des Exporteurs gegen Zahlung einzureichen sind. 7.185

Schließlich kann die ausländische Zweitbank auch die **Funktion eines zusätzlichen Akkreditivschuldners** übernehmen. Hier hat sie das Akkreditiv ihrerseits zu bestätigen (Art. 9b ERA). Diese Akkreditivbestätigung bedeutet, daß die ausländische Zweitbank die gleiche Zahlungsverpflichtung wie die akkreditiveröffnende Bank eingeht. Diese Bestätigung bewirkt ein abstraktes Schuldversprechen im Sinne des § 780 BGB, aus dem die bestätigende Bank neben der eröffnenden Bank bei Vorlage ordnungsgemäßer Dokumente als Gesamtschuldnerin verpflichtet wird[172]. Der Vorteil einer solchen Bestätigung des Akkreditivs liegt darin, daß der Exporteur in diesen Fällen seinen Zahlungsanspruch gegen ein Geldinstitut im eigenen Land geltend machen kann[173]. 7.186

In der Praxis finden sich häufig Kombinationen dieser drei Funktionen. Zumeist ist die ausländische Zweitbank nur Avisbank und Zahlstelle. Nur bei einem von ihr bestätigten Akkreditiv übernimmt die ausländische Zweitbank auch die dritte Funktion eines zusätzlichen Akkreditivschuldners. 7.187

Aus der Sicht der Vertragsbeziehung zwischen der akkreditiveröffnenden Bank zu ihrem Kunden ist es **haftungsrechtlich** bedeutsam, ob die auslän- 7.188

---

172 OLG Frankfurt WM 1996, 58, 59; *Nielsen* in Bankrechts-Handbuch, § 120 Rn 127 m.w.Nachw. Eine bloß bestätigende Bank ohne Zahlstellenfunktion ist nicht verpflichtet, den Begünstigten über einen Dokumentenmangel zu unterrichten oder ihm eine Nachfrist für die Beibringung ordnungsgemäßer Dokumente einzuräumen (OLG Frankfurt, WM 1996, 58, 60).
173 Zur Frage, ob durch die Bestimmung einer Zweitbank als Zahlstelle das an deren Sitz geltende Recht maßgeblich wird, vgl. *Nielsen*, Neue Richtlinien für Dokumenten-Akkreditive, 1994, S. 116.

dische Zweitbank als Erfüllungsgehilfin der inländischen Akkreditivbank anzusehen ist oder ob eine Substitution im Sinne des § 664 Abs. 1 S. 2 BGB vorliegt. Im letzteren Fall hat die Akkreditivbank nur für die sorgfältige Auswahl der ausländischen Zweitbank einzustehen, nicht aber für ihre etwaigen Fehler zu haften. Die Meinungen im Schrifttum sind unterschiedlich. Die **früher** wohl herrschende Auffassung betrachtet die **Zweitbank als Erfüllungsgehilfin** der Akkreditivbank. Neuerdings gewinnt aber die Ansicht an Boden, daß es sich um eine Substitution im Sinne des § 664 Abs. 1 S. 2 BGB handelt[174]. Dementsprechend bestimmt **Art. 18a ERA** folgendes: Bedienen sich Banken einer oder mehrerer Banken, um die Weisungen des Akkreditivauftraggebers auszuführen, tun sie dies für Rechnung und Gefahr dieses Auftraggebers. Die Banken übernehmen ferner keine Haftung oder Verantwortung, wenn die von Ihnen erteilten Weisungen nicht ausgeführt werden, auch wenn sie selbst die Auswahl dieser anderen Bank getroffen haben (Art. 18b ERA).

7.189 Die Internationale Handelskammer in Paris (ICC) hat im Jahre 1996 neue Einheitliche Richtlinien für Rembourse zwischen Banken unter Dokumentenakkreditive veröffentlicht (ICC-Publikation Nr. 525). Sie beziehen sich auf die Fälle, in denen die akkreditiveröffnende Bank bestimmt, daß die zahlende, akzeptierende oder negoziierende Bank den ihr zustehenden Rembours von einer anderen Stelle – der Remboursbank – erhalten soll. Eine solche Remboursermächtigung ist unabhängig von dem Akkreditiv, auf das es sich bezieht. Eine Remboursbank hat nach diesen Richtlinien nichts mit den Akkreditiv-Bedingungen zu tun und ist nicht durch sie gebunden, selbst wenn in der Remboursermächtigung der akkreditiveröffnenden Bank auf diese Bedingungen in irgendeiner Weise Bezug genommen wird.

2. Rechtsbeziehung zwischen akkreditiveröffnender Bank und Akkreditivauftraggeber (Deckungsverhältnis)

7.190 Das **Akkreditivgeschäft** stellt im Verhältnis zwischen der akkreditiveröffnenden Bank (Akkreditivbank) und ihrem Kunden als Akkreditivauftraggeber ein sog. **unechtes Kommissionsgeschäft** im Sinne des § 406 Abs. 1 S. 2 HGB dar[175]. Denn die Bank übernimmt es im Rahmen des Akkreditivgeschäfts, sich im eigenen Namen für Rechnung ihres Kunden gegenüber dem Begünstigten zu verpflichten bzw. für eine solche Verpflichtung einer anderen Bank durch „Bestätigung" des von der Akkreditivbank

---

174 Vgl. hierzu *Canaris*, Bankvertragsrecht³, Rn 974 m.w.Nachw.
175 *Koller*, WM 1990, 293, 296.

eröffneten Akkreditivs zu sorgen. Die Rechtsbeziehung zwischen Bank und ihrem Kunden ist nach Rechtsprechung und herrschender Lehre ein Werkvertrag, der eine Geschäftsbesorgung zum Gegenstand hat (§§ 675, 631 BGB)[176]. Denn die Bank verpflichtet sich zu einem bestimmten Erfolg (vgl. § 631 Abs. 2 BGB). Sie hat gegenüber dem Akkreditivbegünstigten ein selbständiges, durch die fristgerechte Einreichung bestimmter vorgeschriebener Dokumente bedingtes abstraktes Schuldversprechen abzugeben[177]. Die Geschäftsbeziehung zwischen Bank und Kunde hat daher dieselbe Rechtsnatur wie bei einem Auftrag ihres Kunden, zugunsten dessen Gläubiger eine Garantie zu übernehmen[178].

Kein Akkreditivvertrag, sondern ein **einfacher Geschäftsbesorgungsvertrag** im Sinne des § 675 BGB liegt vor, wenn eine **Bank nur beauftragt** wird, gegen Vorlage bestimmter Dokumente einen bestimmten Betrag auszuzahlen[179].   7.191

Bei einer Inanspruchnahme der Akkreditivbank aus dem Akkreditiv erlangt die Bank einen Aufwendungsersatzanspruch (§§ 670, 675 BGB). Dies gilt auch bei einer unberechtigten Inanspruchnahme, wenn die Bank nach berechtigter Zahlungsverweigerung gerichtlich in Anspruch genommen wird und trotz sorgfältiger Prozeßführung rechtskräftig zur Zahlung verurteilt wird[180].   7.192

a) Zurückweisungsrecht des Akkreditivauftraggebers

Das Vorliegen eines Kommissionsverhältnisses wirkt sich auch auf den das Akkreditivgeschäft beherrschenden Grundsatz der Dokumentenstrenge bzw. Akkreditivstrenge aus. Danach sind die Banken bei Prüfung der von dem Akkreditivbegünstigten eingereichten Dokumente verpflichtet, sich streng innerhalb des formalen Auftrages zu halten[181].   7.193

Nach der kommissionsrechtlichen Vorschrift des § 385 Abs. 2 HGB darf der Kunde (Kommittent) zwar auch **weisungswidrig ausgeführte Aufträge** grundsätzlich jederzeit zurückweisen. Im Rahmen dieser Vorschrift ist aber allgemein anerkannt, daß ihm ein solches Zurückweisungsrecht versagt ist, wenn der Erfolg der Auftragsausführung trotz des Weisungs-   7.194

---

176 RGZ 114, 268, 270; BGH WM 1958, 1542, 1543; 1998, 1769, 1770; *Canaris*, Bankvertragsrecht³, Rn 923; *Schlegelberger/Hefermehl*, Anh. zu § 365 Rn 96.
177 *Zahn/Eberding/Ehrlich*, Rn 2/29.
178 BGH WM 1985, 684, 685.
179 BGH NJW 1990, 255.
180 BGH WM 1998, 1769, 1770.
181 *Canaris*, Bankvertragsrecht³, Rn 942; *Liesecke*, WM 1976, 258, 263.

verstoßes den Interessen des Auftraggebers entspricht[182]. Nach herrschender Ansicht entfällt das Recht zur Zurückweisung sogar, wenn die Nachteile infolge des Weisungsverstoßes nur geringfügig waren. Sodann soll sich der Auftraggeber mit Schadensersatzansprüchen begnügen müssen. Der Auftraggeber müsse sich jedenfalls dann mit der vertragswidrigen Weisungsausführung zufrieden geben, wenn ihm ein voller Ausgleich angeboten worden sei[183].

7.195 Nach *Koller*[184] müssen im Bereich des Akkreditivgeschäfts dieselben Grundsätze gelten, die für § 385 HGB entwickelt worden sind. Danach steht der Bank ein auf Treu und Glauben gestützter auftragsrechtlicher Erstattungsanspruch zu, wenn die Aufnahme der akkreditivwidrigen Dokumente ihren Kunden in keiner Weise benachteiligt hat und ihm auch in Zukunft keinerlei Nachteile drohen.

b) Anweisungsverhältnis im weiteren Sinne

7.196 Aus der Sicht der Rechtsbeziehung der akkreditiveröffnenden Bank zu ihrem Kunden ähnelt das Akkreditiv wie die Banküberweisung und die Scheckzahlung stark der bürgerlich-rechtlichen Anweisung im Sinne der **§§ 783 ff. BGB.** In all diesen Fällen liegt daher nach allgemeiner Meinung eine Anweisung im weiteren Sinne vor[185]. Auch hier sind am Zahlungsvorgang nicht nur Gläubiger und Schuldner, sondern weitere Personen beteiligt. Dabei stehen die Zahlungen zwischen den Beteiligten wirtschaftlich gesehen in einem engen Zusammenhang. Das Akkreditiv läßt sich daher wie die Banküberweisung und der Scheck auf anweisungsrechtliche Grundgedanken zurückführen, wie sie die §§ 783 ff. BGB kennzeichnen.

7.197 Die für die bürgerlich-rechtliche Anweisung typische Simultanleistung kennt auch das Akkreditivgeschäft. Denn die Zahlung der akkreditiveröffnenden Bank an den Akkreditivbegünstigten ist gleichzeitig (simultan) eine Leistung der Bank im Deckungsverhältnis zu ihrem Kunden als Akkreditivauftraggeber wie auch eine Leistung des Bankkunden in seinem Valutaverhältnis zum Akkreditivbegünstigten. Auf diese Leistung ist freilich die anweisungsrechtliche Vorschrift des § 787 Abs. 1 BGB, wonach der Angewiesene bei einer Anweisung auf Schuld durch die Leistung in deren Höhe von der Schuld befreit wird, unanwendbar. Diese Regelung ist **mit dem Kontokorrentverhältnis unvereinbar,** wie es regel-

---

182 BGH WM 1976, 630, 632; Großkomm. HGB/*Koller*, § 385 Rn 5.
183 Großkomm. HGB/*Koller*, § 385 Rn 6 m.w.Nachw.
184 WM 1990, 293, 302; vgl. weiter BGH NJW 1985, 550, 551.
185 Vgl. *Baumbach/Hopt*, BankGesch. K/1.

mäßig zwischen akkreditiveröffnender Bank und ihrem Kunden (Akkreditivauftraggeber) besteht. Denn mit Rücksicht auf die Kontokorrentabsprache ist der Aufwendungserstattungsanspruch (§ 670 BGB) der Bank aus der Akkreditivzahlung in das Kontokorrentkonto einzubuchen (§ 355 HGB).

3. Rechtsbeziehung zwischen Akkreditivbegünstigtem und akkreditiveröffnender Bank oder Zweitbank

Die Inanspruchnahme des Akkreditivs durch den Begünstigten setzt voraus, daß innerhalb der Gültigkeitsdauer des Akkreditivs (Art. 42a ERA) die hierin bezeichneten Dokumente (akkreditivgerechte Dokumente) eingereicht werden. 7.198

a) Grundsatz der Dokumentenprüfung

Vor der Leistung an den Begünstigten müssen die beteiligten Banken mit angemessener Sorgfalt feststellen, (1.) ob die Dokumente ihrer äußeren Aufmachung nach den Akkreditivbedingungen zu entsprechen scheinen (Art. 13a Abs. 1 S. 1 ERA), (2.) ob die Dokumente vollständig sind[186] (vgl. Art. 15 S. 1 ERA) und (3.) ob sich die Dokumente ihrer äußeren Aufmachung nach nicht untereinander widersprechen (Art. 13a Abs. 1 S. 3 ERA). 7.199

Als Prüfungsmaßstab hierfür sieht die Neufassung der ERA nunmehr den „Standard internationaler Bankpraxis, wie er sich in diesen Richtlinien widerspiegelt" vor[187]. 7.200

b) Haftungsausschluß für die Wirksamkeit von Dokumenten

Wie sich aus der Bezugnahme auf die äußere Aufmachung der Dokumente ergibt, ist die **Prüfungspflicht** auf die formale Übereinstimmung der Dokumente mit den Bedingungen des Akkreditivs beschränkt. Allein auf diese Weise kann die zügige Abwicklung von dokumentären Zahlungsvorgängen gewahrt bleiben, die das Akkreditivgeschäft bezweckt[188]. 7.201

Dementsprechend übernehmen die Banken gemäß Art. 15 ERA keine Haftung oder Verantwortung für Form, Vollständigkeit, Genauigkeit, Echt- 7.202

---

186 *Nielsen* in Bankrechts-Handbuch, § 120 Rn 175.
187 Zu der praktischen Bedeutung dieser Neuregelung vgl. *Nielsen*, WM 1994, Sonderbeil. 2, 11.
188 *Nielsen*, Neue Richtlinien für Dokumenten-Akkreditive, 1994, S. 106 f.; ders. in Bankrechts-Handbuch, § 120 Rn 177.

heit, Verfälschung oder Rechtswirksamkeit von Dokumenten oder für die allgemeinen und/oder besonderen Bedingungen, die in den Dokumenten angegeben oder denselben hinzugefügt sind. Sie übernehmen auch **keine Haftung oder Verantwortung** für Bezeichnung, Menge, Gewicht, Qualität, Beschaffenheit, Verpackung, Lieferung, Wert oder Vorhandensein der durch Dokumente vertretenen Waren, oder für Treu und Glauben oder Handlungen und/oder Unterlassungen sowie für Zahlungsfähigkeit, Leistungsvermögen oder Ruf der Absender, Frachtführer, Spediteure, Empfänger oder Versicherer der Waren oder irgendwelcher anderer Personen.

7.203 Dieser **Haftungsausschluß** zugunsten der Bank begegnet keinen Bedenken. Zwar ist die zielgerichtete Prüfung der Dokumente auf ihre formale Übereinstimmung mit den Akkreditivbedingungen eine „Kardinalpflicht" im Sinne von § 9 Abs. 2 Nr. 2 AGBG, deren Einschränkung die Erreichung des Vertragszwecks gefährden würde. Dies gilt indes nicht im Hinblick auf die Echtheitsprüfung der Dokumente[189].

c) Beanstandung der Dokumente

7.204 Ist wie üblich eine ausländische Zweitbank als Zahlstelle oder als bestätigende Bank eingeschaltet, so sind die Dokumente bei ihr vorzulegen. Die Zweitbank hat sodann allein aufgrund der Dokumente zu entscheiden, ob sie ihrer äußeren Aufmachung nach den Akkreditiv-Bedingungen zu entsprechen scheinen (Art. 14b S. 1 ERA). Ist dies nicht der Fall, kann die Zweitbank die Dokumente zurückweisen (Art. 14b S. 2 ERA). Bei **Unstimmigkeiten in den Dokumenten** kann die Zweitbank an den Begünstigten unter Vorbehalt zahlen (Art. 14f S. 1 ERA).

7.205 In jedem Fall hat die ausländische Zweitbank die aufgenommenen Dokumente an die akkreditiveröffnende Bank zu übermitteln (vgl. Art. 14a [ii] ERA). Letztere hat ihrerseits zu entscheiden, ob sie die Dokumente zurückweisen will (Art. 14b S. 2 ERA). Für die Prüfung der Dokumente steht der akkreditiveröffnenden Bank ebenso wie der Zweitbank eine Bearbeitungsfrist von sieben Bankarbeitstagen nach dem Tag des Dokumentenerhalts zur Verfügung (Art. 14d [i] S. 1 ERA).

7.206 Die akkreditiveröffnende Bank hat ihre **etwaigen Beanstandungen** der ausländischen Zweitbank unverzüglich durch Telekommunikation oder auf einem anderen schnellen Wege mitzuteilen unter Hinweis darauf, daß die Dokumente zur Verfügung der Zweitbank gehalten oder ihr zurückgesandt werden (Art. 14d [i, ii] ERA). Hält die akkreditiveröffnende Bank die Dokumente nicht zur Verfügung der ausländischen Zweitbank und sen-

---

189 BGH WM 1989, 1713, 1714.

det sie diese ihr auch nicht zurück, so kann sie nicht geltend machen, daß die Dokumente nicht den Akkreditiv-Bedingungen entsprechen (Art. 14e ERA). Ist es auch für die akkreditiveröffnende Bank zweifelhaft, ob im Einzelfall ein Dokumentenmangel vorliegt, kann sie sich wegen eines Verzichts auf Geltendmachung der Unstimmigkeiten nach eigenem Ermessen an den Auftraggeber wenden (Art. 14c S. 1 ERA).

d) Rückforderung der Akkreditivsumme durch akkreditiveröffnende Bank

Die akkreditiveröffnende Bank kann nur in **Ausnahmefällen** die Rückzahlung der geleisteten Akkreditivsumme nach bereicherungsrechtlichen Grundsätzen verlangen. Mängel ihres (Deckungs-)Verhältnisses zum Kunden oder des Valutaverhältnisses zwischen ihrem Kunden und dem Akkreditivbegünstigten reichen hierfür grundsätzlich nicht aus. Solche Mängel befreien die akkreditiveröffnende Bank nicht von ihrer Zahlungspflicht aus den Akkreditiven. Es ist aber umstritten, ob diese Rückzahlung bei gleichzeitiger Unwirksamkeit von Valuta- und Deckungsverhältnis gefordert werden kann[190].

7.207

Die Frage der **Rückforderung der Akkreditivsumme** stellt sich daher nur für die Fälle, in denen die akkreditiveröffnende Bank nachträglich erkennt, daß sie aufgrund eigener Einwendungen gegenüber dem Akkreditivbegünstigten die Auszahlung des Dokumentanakkreditivs hätte verweigern können, etwa bei nachträglicher Entdeckung von Dokumentenmängeln. Das Schrifttum gesteht der Bank in einem solchen Fall ohne Einschränkung einen bereicherungsrechtlichen Anspruch auf Rückzahlung wegen Leistung auf eine Nichtschuld zu. Denn die Zahlungsverpflichtung der Bank setzt die Vorlage ordnungsgemäßer Dokumente voraus[191].

7.208

VI. Zahlungsverweigerung durch akkreditiveröffnende Bank und gerichtliche Eilmaßnahmen[192]

Der Inanspruchnahme des Akkreditivs kann trotz der Vorlage formal ordnungsgemäßer Dokumente der Einwand der unzulässigen Rechtsausübung entgegenstehen. Im Interesse der Akzeptanz des Akkreditivs und damit seiner Funktionsfähigkeit sind jedoch an diesen Einwand strengste Maßstäbe zu legen.

7.209

---

190 *Canaris*, Bankvertragsrecht³, Rn 1027 m.w.Nachw.
191 *Nielsen* in Bankrecht und Bankpraxis, Rn 5/491, 494.
192 *Nielsen* in Bankrecht und Bankpraxis, Rn 5/699 ff.; *ders.* in Bankrechts-Handbuch, § 120 Rn 404 ff.

1. Einwand unzulässiger Rechtsausübung[193]

7.210 Die Vereinbarung der Zahlungsabwicklung über ein Dokumentenakkreditiv soll dem Verkäufer die Gewähr bieten, daß er unabhängig von etwaigen Einwendungen und Einreden aus dem Kaufvertrag zunächst Bezahlung seiner Lieferung erhält.

7.211 Diese **Zwecksetzung des Akkreditivs** wird durch Art. 4 ERA bestätigt, in dem es heißt: Im Akkreditivgeschäft befassen sich alle Beteiligten mit Dokumenten und nicht mit Waren, Dienstleistungen und/oder anderen Leistungen, auf die sich die Dokumente möglicherweise beziehen.

7.212 Ansprüche aus dem Grundgeschäft (Valutaverhältnis) lassen deshalb die Zahlungsverpflichtung aus dem Akkreditiv grundsätzlich unberührt und sind vom Käufer selbständig geltend zu machen. Wie bei der Bankgarantie wird die Prozeßsituation damit umgekehrt: **erst zahlen, dann prozessieren.**

7.213 Es ist daher allgemeine Auffassung in Rechtsprechung und Schrifttum, daß der Forderung aus dem Akkreditiv Einwendungen aus dem Grundgeschäft nur dann entgegengehalten werden dürfen, wenn sich das Zahlungsbegehren des Begünstigten als unzulässige Rechtsausübung darstellt[194]. Dabei ist ein strenger Maßstab anzulegen. Die Mangelhaftigkeit der Ware reicht dazu nicht aus, selbst wenn es sich um schwere Mängel handelt. Es muß vielmehr offensichtlich sein, daß die Ware zur Vertragserfüllung ganz und gar („schlechterdings") ungeeignet ist[195].

7.214 Ein **starker Verdacht vertragswidriger Erfüllung** des Kaufvertrages genügt nicht. Anderenfalls bestünde nach dem BGH[196] die Gefahr, daß die Zulässigkeit eines Rückgriffs auf Einwendungen aus dem Valutaverhältnis zur Regel und die Abstraktheit des Zahlungsanspruches der Bank zur Ausnahme werden. Damit wären Zweck und Funktion des Dokumentenakkreditivs aus den Angeln gehoben. Diese für den internationalen Warenverkehr unentbehrliche Funktion des Dokumentenakkreditivs als unabhängige Sicherheit für den Verkäufer darf nicht durch eine zu weitreichende Aufweichung des Abstraktionsprinzips gefährdet werden[197].

7.215 Für den **Einwand unzulässiger Rechtsausübung** kommen daher nur extreme Ausnahmefälle in Betracht, in denen die Inanspruchnahme des Akkre-

---

193 *Aden,* RIW 1976, 678; *Pilger,* RIW 1979, 588.
194 BGH WM 1987, 977, 978 m.w.Nachw.; 1988, 1298, 1300.
195 BGH WM 1987, 977, 978.
196 WM 1988, 1298, 1300.
197 LG Limburg WM 1992, 1399, 1403.

ditivs als arglistig erscheint[198], etwa wenn die Ware entgegen der Angabe in den Dokumenten gar nicht verladen wurde oder der Begünstigte sich durch vorsätzliche Verladung einer falschen Ware einer strafbaren Handlung schuldig macht.

Hiermit übereinstimmend besteht im Ergebnis weitgehend Einigkeit, daß auch **gerichtliche Eilmaßnahmen,** mit denen der Bankkunde als Akkreditivauftraggeber die Auszahlung des Akkreditivbetrages an den Begünstigten verhindern will, nur dann angeordnet werden dürfen, wenn die Inanspruchnahme des Akkreditivs als offensichtlich rechtsmißbräuchliche Ausnutzung einer formalen Rechtsstellung anzusehen wäre. Dies hat der Bankkunde durch liquide Beweismittel nachzuweisen. Hierunter fallen im wesentlichen nur Urkunden. Die sonst für einen Arrest oder eine einstweilige Verfügung ausreichende Glaubhaftmachung durch eidesstattliche Versicherung (§ 294 Abs. 1 ZPO) genügt dagegen nicht. 7.216

Diese Maßstäbe gelten auch für das Akkreditiv mit hinausgeschobener Zahlung (deferred payment - Akkreditiv, Art. 9a [ii] ERA; näher Rn 7 –). Nach dem BGH[199] ist die Versuchung, die auf die angebliche oder wirkliche Mangelhaftigkeit gestützten Gegenansprüche im Wege der Inanspruchnahme vorläufigen Rechtsschutzes gegen die Auszahlung des Akkreditivs zu sichern, bei dieser Variante des Akkreditivs ganz besonders groß. Sinn dieser Akkreditivform ist es, durch die hinausgeschobene Fälligkeit dem Käufer eine Kreditierung zu gewähren, nicht jedoch ihm die Möglichkeit zu verschaffen, die Ware in der Zwischenzeit zu untersuchen und Einwendungen aus dem Warengeschäft in das Akkreditivverfahren hineinzutragen. Einwendungen aus dem Grundgeschäft sind auch hier nur in den gleichen Ausnahmefällen zulässig wie bei dem Zug um Zug abzuwickelnden Akkreditiv. 7.217

2. Gerichtliche Eilmaßnahmen[200]

Bei mißbräuchlicher Inanspruchnahme eines Akkreditivs kommt die Gewährung einstweiligen Rechtsschutzes durch eine einstweilige Verfügung oder einen Arrest in den Zahlungsanspruch aus dem Akkreditiv in Betracht. Die Frage nach der **Zulässigkeit** derartiger **gerichtlicher Maßnahmen** stellt sich gleichermaßen, wenn die Inanspruchnahme einer Bankgarantie als rechtsmißbräuchlich angegriffen wird. In beiden Fällen ist die gleiche Rechtslage gegeben. Dies kann nicht überraschen, weil in beiden 7.218

---

198 LG Aachen WM 1987, 499, 501.
199 BGH WM 1987, 977, 979.
200 *Nielsen* in Bankrechts-Handbuch, § 120 Rn 404 ff.

Fällen die abstrakte Zahlungspflicht der Bank gegenüber dem Begünstigten inhaltlich und rechtlich identisch ist[201].

a) Einstweilige Verfügung

7.219 Bei einem **Rechtsmißbrauch** steht dem Akkreditivauftraggeber ein Anspruch auf Nichteinziehung der Akkreditivsumme gegen den Akkreditivbegünstigten zu. Eine einstweilige Verfügung kann nur gegen diesen und nicht gegen die akkreditiveröffnende Bank gerichtet werden[202].

7.220 Dies entspricht der Rechtsprechung zum einstweiligen Rechtsschutz bei Bankgarantien – Rn 5.297 ff. Hinsichtlich der Zulässigkeit solcher gerichtlichen Maßnahmen sollten Bankgarantien und Akkreditive einheitlich behandelt werden. Denn im Zeitpunkt ihrer Inanspruchnahme besteht kein dogmatischer Unterschied zwischen einer Bankgarantie und einem Dokumentenakkreditiv[203].

7.221 Auch einer zweitbeauftragten Bank kann nicht im Wege der einstweiligen Verfügung verboten werden, aus dem Akkreditiv Leistungen an den Begünstigten zu erbringen. Entweder fehlt es an einem materiell-rechtlichen Anspruch oder es fehlt deswegen an einem Verfügungsgrund, weil der Akkreditivauftraggeber bei einer Pflichtverletzung der zweitbeauftragten Bank die Erstattung des Akkreditivbetrages oder die Rückgängigmachung einer entsprechenden Belastung verlangen kann[204].

7.222 Der **Antrag** bezüglich der einstweiligen Verfügung muß auf Erlaß eines Verbots an den Akkreditivbegünstigten gehen, die Akkreditivsumme in Empfang zu nehmen. Das Verbot darf nicht pauschal die Benutzung des Dokumentenakkreditivs untersagen. Denn dem Begünstigten muß die Möglichkeit zur fristgerechten Einreichung der Dokumente belassen bleiben. Anderenfalls besteht die Gefahr des Verfalls des Akkreditivs während der Dauer des Verfügungsverfahrens.

7.223 Im **Interesse eines schnellen Rechtsschutzes** ergeht die Entscheidung über die einstweilige Verfügung regelmäßig nicht durch Urteil, sondern durch Beschluß. Zur Wirksamkeit bedarf es einer Zustellung des Beschlusses an den Akkreditivbegünstigten (§§ 922 Abs. 2, 936 ZPO). Der

---

201 LG Aachen WM 1987, 499, 501; *Aden,* RIW 1981, 439; *Pilger,* RIW 1979, 588, 589.
202 Überwiegende Meinung vgl. LG Aachen WM 1987, 499, 501; *Aden,* RIW 1981, 439, 441.
203 LG Aachen WM 1987, 499, 501; vgl. weiter *Baumbach/Hopt,* BankGesch. K/21.
204 OLG Düsseldorf WM 1978, 359.

Zustellung an die akkreditiveröffnende Bank bedarf es an sich nicht. Denn sie ist an der Auseinandersetzung der Parteien des Kaufvertrages (Valutaverhältnis) nicht beteiligt. Um aber die Wirkung der einstweiligen Verfügung gleichwohl auf die akkreditiveröffnende Bank zu erstrecken, wird die Zustellung an diese für zulässig und notwendig gehalten. Dies wird damit begründet, daß das erlassene Einziehungsverbot einem gesetzlichen oder gerichtlichen Veräußerungsverbot im Sinne von § 135 Abs. 1 BGB gleich stehe, wobei die Bank „eine Art Drittschuldnerin" sei[205].

b) Arrest

Der **Antrag** auf Erlaß eines Arrestes setzt das Bestehen eines Arrestgrundes und eines Arrestanspruches voraus (§§ 916, 917 ZPO). Für diesen Arrestgrund ist nicht schon ausreichend, daß ein Urteil auf Rückzahlung der gezahlten Akkreditivsumme im Ausland vollstreckt werden müßte. Die Notwendigkeit einer Rechtsverfolgung im Lande des Begünstigten gehört zu den wesentlichen Funktionen des Akkreditivs. Unerheblich ist aber nur die Auslandsvollstreckung als solche. Umstände, die ihren Ursprung in dem fremden Land haben, wie z.B. innere Unruhen, Revolutionen oder Krieg können dagegen einen Arrestgrund bilden[206].

7.224

Schwierig zu beurteilen ist die Frage, wann ein mit liquiden Beweismitteln nachzuweisender **Arrestanspruch** gegeben ist. Dem Antragsteller muß nach § 916 Abs. 1 ZPO eine Geldforderung oder zumindest ein Anspruch zustehen, der in eine Geldforderung übergehen kann. In erster Linie kommen Ansprüche des Akkreditivauftraggebers aus Rechtsverhältnissen in Frage, die in keinem Zusammenhang mit dem zu arrestierenden Akkreditiv stehen, etwa Schadensersatzansprüche aus vorausgegangenen Lieferungen, denen sich der Akkreditivbegünstigte arglistig zu entziehen sucht. Vermag der Käufer den Nachweis, daß solche Schadensersatzansprüche bereits entstanden sind, nicht zu führen, so ist der Erlaß des Arrestes unzulässig. Umstritten ist, ob ein Arrest gegen die Akkreditivbank zwecks Abwehr einer mißbräuchlichen Inanspruchnahme des Akkreditivs zulässig ist[207]. Denn durch den Arrest wird gerade das Entstehen eines Schadensersatzanspruchs verhindert, obwohl ein solcher auf Geldleistung gerichteter Anspruch Voraussetzung für den Arrest ist. Wäre hier der Arrest zuzulassen, würde eine neue Maßnahme des einstweiligen

7.225

---

205 *Nielsen* in Bankrecht und Bankpraxis, Rn 5/708; *ders.* in Bankrechts-Handbuch, § 120 Rn 416.
206 *Canaris*, Bankvertragsrecht³, Rn 1067; *Nielsen* in Bankrecht und Bankpraxis, Rn 5/717.
207 *Nielsen* in Bankrechts-Handbuch, § 120 Rn 420.

Rechtsschutzes geschaffen, die das geltende System und seine gesetzlichen Grenzen sprengen würden[208]. Nach *Nielsen* entscheidet sich der Akkreditivauftraggeber in der Praxis nicht für das Arrestverfahren, sondern für den Antrag auf Erlaß einer einstweiligen Verfügung[209].

7.226 Die für die Vollziehung des Arrestes notwendige **Pfändung des Anspruchs** auf Auszahlung des Akkreditivs richtet sich nach §§ 829 ff. ZPO. Die Beschlagnahmewirkung tritt daher erst ein, wenn der Gerichtsbeschluß der akkreditiveröffnenden Bank zugestellt worden ist (§ 829 Abs. 3 ZPO).

---

208 *Hadding/Häuser/Welter*, Bürgschaft und Garantie, 1983, S. 722.
209 Bankrechts-Handbuch, § 120 Rn 420.

4. Abschnitt
Auslandskreditgeschäft

Ein weiterer Schwerpunkt des Auslandsgeschäfts sind Kreditgewährungen, die sich in sehr unterschiedlichen Formen vollziehen können. 7.227

Die **Auslandsberührung** dieser Kredite ist offensichtlich, wenn sie einem Bankkunden mit einem ausländischen Wohn- und Geschäftssitz eingeräumt werden (grenzüberschreitende Kreditgeschäfte). Dabei macht es keinen wesentlichen Unterschied, ob den ausländischen Kreditnehmern ein Geldkredit oder ein Haftungskredit z.B. dadurch eingeräumt wird, daß die inländische Bank für Rechnung des ausländischen Bankkunden eine Garantie gegenüber seinem in Deutschland ansässigen Partner eines grenzüberschreitenden Kaufvertrages übernimmt. In allen Fällen schließt die inländische Bank einen **grenzüberschreitenden Kreditvertrag** ab, der den Geltungsbereich einer ausländischen Rechtsordnung berührt. 7.228

Diese unmittelbare Auslandsberührung fehlt indessen den **Finanzierungen des deutschen Außenhandels,** die im Mittelpunkt des Auslandskreditgeschäfts stehen[210]. Denn in der bankwirtschaftlichen Praxis verwendet man den Begriff Auslandskreditgeschäft über den engeren Bereich der grenzüberschreitenden Kreditgewährung hinaus. Dieses auslandsbezogene Kreditgeschäft umfaßt auch die Außenhandelsfinanzierung[211]. Bei der systematischen Erfassung der verschiedenen Finanzierungsformen für den Außenhandel ist vor allem danach zu unterscheiden, ob die dem inländischen Bankkunden eingeräumte Kreditgewährung der Finanzierung eines Exportgeschäfts oder eines Importgeschäfts dient. 7.229

Beim **Exportgeschäft** erlangt der Bankkunde als Exporteur gegenüber seinem ausländischen Vertragspartner einen Zahlungsanspruch, der grundsätzlich die Inanspruchnahme eines Bankkredits ermöglicht. Dies kann z.B. durch die Bevorschussung des zu erwartenden Erlöses aus dem Inkasso dieses Zahlungsanspruches geschehen. Solche Exportforderungen können sich aber auch zum liquiditätsverschaffenden Verkauf im Rahmen einer Forfaitierung oder eines Factoring-Vertrages eignen. Der Auslandsbezug solcher Finanzierungsgeschäfte ergibt sich daraus, daß der Schuld- 7.230

---

210 *von Bernstorff,* RIW 1987, 898; *ders.,* RIW 1990, 517.
211 *Cramer,* Das internationale Kreditgeschäft der Banken, 1981, S. 6; *Nielsen* in Bankrechts-Handbuch, § 118 Rn 3.

ner der bevorschußten oder angekauften Exportforderung seinen Sitz im Ausland hat.

7.231 Bei den **finanzierten Importgeschäften** des Bankkunden kommt es dagegen zu einer Auslandsberührung dadurch, daß seine Vertragspartner als Gläubiger der Kaufpreisverbindlichkeit aus diesen Außenhandelsgeschäften ihren Sitz im Ausland haben. Wie bei der Finanzierung von Exportgeschäften der inländischen Bankkunden unterliegt freilich auch die Vertragsbeziehung zwischen der Bank und dem inländischen Importeur deutschem Recht. Die (indirekte) Auslandsberührung der finanzierten Importgeschäfte ergibt sich regelmäßig nur daraus, daß wie bei einem Importgeschäft Anlaß der Finanzierung ein grenzüberschreitendes Warengeschäft ist.

7.232 Wenngleich bei den **Außenhandelsfinanzierungen** regelmäßig der Kreditvertrag zwischen Bank und einem inländischen Bankkunden als Exporteur oder Importeur abgeschlossen wird, kann im Einzelfall aber auch der ausländische Vertragspartner eine Finanzierung in Anspruch nehmen. So kann bei einem Exportgeschäft mit ausländischem Käufer zur Bezahlung seiner Kaufpreisschuld ein Geldkredit von der inländischen Bank gewährt werden. Bei dieser sog. Export-Vorfinanzierung wird mit dem ausländischen Kreditnehmer (Käufer) ein Export-Sicherungsvertrag abgeschlossen, in dem vor allem seine Ansprüche aus dem Exportgeschäft an die finanzierende Bank sicherungshalber abgetreten werden[212].

7.233 Bei einem **Importgeschäft eines inländischen Bankkunden** wird z.B. dem ausländischen Verkäufer ein Barkredit gewährt, wenn die Bank für ihren Kunden ein Dokumentenakkreditiv mit hinausgeschobener Zahlung (deferred payment) zugunsten des ausländischen Verkäufers eröffnet hat und sich dieser nach Einreichung akkreditiv-gerechter Dokumente den noch nicht fälligen Zahlungsanspruch aus dem Akkreditiv bevorschussen läßt.

7.234 Zum Auslandskreditgeschäft gehört des weiteren auch die **internationale Projektfinanzierung.** Hier ergibt sich eine starke Auslandsberührung schon aus der Belegenheit des zu finanzierenden Objekts im Ausland.

7.235 Schließlich können auch die seit langem bestehenden **Euro-Kredite** dem Auslandsgeschäft zugerechnet werden. Hier beschafft sich die inländische Bank die benötigten Refinanzierungsmittel im internationalen Euromarkt unter Verwendung standardisierter Kreditverträge, die sich stark am anglo-amerikanischen Vertragsmuster orientieren.

7.236 Das Auslandskreditgeschäft unterliegt im allgemeinen **größeren Risiken** als eine reine Inlandsfinanzierung[213]. Dies erklärt sich schon aus der unter-

---

[212] Ein Mustervertrag für diese Sicherheitenbestellung ist abgedruckt bei *Nielsen* in Bankrecht und Bankpraxis, Rn 5/212.
[213] *Jährig/Schuck/Rösler/Woite,* Handbuch des Kreditgeschäfts, 5. Aufl., 1990, S. 215; vgl. weiter *Nielsen* in Bankrecht und Bankpraxis, Rn 5/4.

schiedlichen Wirtschafts-, Rechts- und Gesellschaftsordnung im Land des ausländischen Geschäftspartners und den dort möglicherweise abweichenden Gewohnheiten und Gebräuchen des Handelsverkehrs (vgl. § 346 HGB). Hinzu kommen die räumliche Entfernung der Geschäftspartner und die regelmäßig schwierige und kostspielige Rechtsverfolgung im Ausland.

Ein **typisches** Auslandsrisiko bei einer über fremde Währung lautenden Geldforderung ist vor allem die Gefahr eines **sich verschlechternden Wechselkurses**. Hinzu kommt ein spezifisches Länderrisiko, das die Kreditinstitute zur internen Festsetzung einer von Land zu Land verschiedenen Begrenzung des Geschäftsvolumens veranlaßt. Hiermit ist vor allem das Konvertierungs- und das Transferrisiko gemeint. Rechtliche und politische Maßnahmen des Heimatlandes des Zahlungsschuldners können der späteren Erfüllung fälliger Geldverbindlichkeiten entgegenstehen. Zu den politischen Risiken des Auslandsgeschäfts gehören nach den Allgemeinen Bedingungen der Hermes-Kreditversicherung der Eintritt tatsächlicher Risiken wie Krieg, Revolution, Blockade sowie rechtliche Hindernisse, die wie ein Embargo, Ausfuhrverbot oder Lizenzentzug die Durchführung des Außenhandelsgeschäfts unmöglich machen. 7.237

Die Kreditinstitute müssen deshalb häufig auch das zu finanzierende Außenhandelsgeschäft daraufhin überprüfen, ob sich hieraus besondere Kreditrisiken ergeben. Die Praxis hat daher spezielle Kreditformen entwickelt, die die Risiken vermindern helfen sollen, ohne durch zu hohe Kosten den grenzüberschreitenden Waren- und Dienstleistungsverkehr zu erschweren. 7.238

I. Exportfinanzierung

Beim Exportgeschäft erwirbt der inländische Bankkunde als Exporteur einen **Zahlungsanspruch** gegen seinen ausländischen Vertragspartner als Käufer der exportierten Wirtschaftsgüter. Dieser Zahlungsanspruch eignet sich als Grundlage für verschiedenartige Kreditformen. 7.239

1. Bevorschussung des Inkassoerlöses bei Dokumenteninkassi

So kann ein **Barkredit** in Form einer Bevorschussung des Inkassoerlöses aus Aufträgen zum Dokumenteninkasso gewährt werden, wie dies in der Praxis häufig geschieht[214]. Bei diesem Geschäftsablauf wird das Inkasso- 7.240

---

214 *von Bernstorff*, RIW 1987, 889, 890.

geschäft mit einem Kreditgeschäft in Gestalt eines Gelddarlehens verknüpft. Der Kredit soll aus dem später eingehenden Inkassoerlös zurückgeführt werden.

7.241 Soweit die bevorschussende Bank an den dem Inkasso zugrundeliegenden Waren oder an den darüber ausgestellten Dokumenten Sicherungsrechte erworben hat, gehen diese Rechte mit Aushändigung der Dokumente bei deren Einlösung unter[215]. Die **Einreicherbank hat** daher ein erhebliches Interesse daran, daß sie den Verlust ihrer Sicherungsrechte an den in den Dokumenten verbrieften Rechten durch ein insolvenzsicheres Befriedigungsrecht am Inkassoerlös kompensieren kann. Es geht also um die Frage, ob zwischen der Aushändigung der Dokumente bei deren Einlösung und dem späteren Eingang des Inkassoerlöses aus dem Ausland bei der Einreicherbank eine Sicherungslücke auftritt. Diese Sicherungslücke könnte zur Folge haben, daß die Einreicherbank bei einer etwaigen zwischenzeitlichen Insolvenz des Dokumenteneinreichers kein insolvenzsicheres Befriedigungsrecht an dem Inkassoerlös für ihre Vorschußforderung erwerben kann. Damit stellt sich die Frage, ob und inwieweit der Einreicherbank hinsichtlich des Inkassoerlöses ein Aufrechnungsrecht oder ein AGB-Pfandrecht schon für den Zeitraum zwischen Einlösung der Dokumente im Ausland und Eingang des Inkassoerlöses im Inland zusteht. Im Einzelfall kann eine beträchtliche Zeitspanne mit einem entsprechend großen Insolvenzrisiko vorliegen.

2. Unanfechtbares Aufrechnungsrecht der Einreicherbank bei Erwerb der Inkassoforderung

7.242 Die Einreicherbank hat grundsätzlich eine Aufrechnungsmöglichkeit, wenn der Inkassoerlös schon vor Eröffnung der Insolvenz des Dokumenteneinreichers zumindest auf einem ihrer Konten aus dem Ausland eingegangen ist[216]. Nicht erforderlich ist, daß die Einreicherbank aufgrund dieses Empfangs des Inkassoerlöses ihrem Kunden als Dokumenteneinreicher eine entsprechende Gutschrift auf dem Girokonto erteilt hat. Für dieses **Verrechnungsrecht genügt** also bereits, daß die Einreicherbank von der eingeschalteten Inkassobank den Inkassoerlös auf ihrem Konto gutgeschrieben erhalten hat (§ 96 InsO).

7.243 Dieses Aufrechnungsrecht verschafft jedoch der Bank nach der BGH-Rechtsprechung nicht in allen Fällen eine unangreifbare Sicherheit am

---
215 *Nielsen* in Bankrechts-Handbuch, § 119 Rn 40; *ders.* in Bankrecht und Bankpraxis, Rn 5/799.
216 *Kümpel*, Die Bevorschussung von Inkassodokumenten, 1968, S. 17.

Inkassoerlös, wenn der Inkassoerlös erst **nach Insolvenzeröffnung** bei ihr eingegangen ist. Denn ihrzufolge ist diese Verrechnung anfechtbar, wenn der Bank bei der Gutschrift des von ihr empfangenen Inkassoerlöses auf dem Girokonto des Dokumenteneinreichers bekannt gewesen ist, daß der Kontoinhaber in diesem Zeitpunkt seine Zahlungen bereits eingestellt hatte (§ 129 InsO)[217]. Diese Auffassung wird jedoch von der überwiegenden Meinung in der Literatur nicht geteilt[218].

Auch nach der BGH-Rechtsprechung ist jedoch dieses Anfechtungsrecht nicht gegeben, wenn die Bank die den eingereichten Dokumenten zugrundeliegenden Kaufpreisforderungen mit erworben hat, wie dies die AGB des Kreditgewerbes für das Inkassogeschäft vorsehen (Nr. 15 Abs. 2, 2. Hs. AGB Banken). Denn ein solcher Forderungserwerb führt zum Ausscheiden der Forderung aus dem Vermögen des Dokumenteneinreichers. Nach dem BGH[219] steht der bevorschussenden Bank hier das insolvenzrechtliche Absonderungsrecht zu. Der Forderungserwerb nach den AGB stellt eine zur Absonderung berechtigende Sicherungsabtretung dar. Die Bank hat daher einen Anspruch auf abgesonderte Befriedigung aus der abgetretenen Inkassoforderung. Von diesem Recht macht die Bank Gebrauch, wenn sie die Forderung nach Insolvenzeröffnung über das Vermögen des Gemeinschuldners einzieht. Mit dem erforderlichen Einzug durch die Bank aufgrund des Pfandrechts erlischt ihre gesicherte Forderung gegen den Gemeinschuldner in Höhe des Erlöses (§ 1282 BGB). Es bedarf daher zur Befriedigung der Einreicherbank keiner Aufrechnung mehr, die nach Insolvenzeröffnung nicht mehr möglich wäre.

7.244

Wenn die Einreicherbank den Erlös dem Girokonto ihres Kunden als Dokumenteneinreicher gutschreibt und ihn mit einem Schuldsaldo auf dessen Konto bei nächstem Rechnungsabschluß verrechnet, so handelt es sich lediglich um die **buchungstechnische Erledigung dieser pfandrechtlichen Verwertung** der ihr abgetretenen Inkassoforderung, der keine selbständige rechtliche Bedeutung aus insolvenzrechtlicher Sicht zukommt.

7.245

---

217 BGH WM 1972, 309, 310; ebenso *Jäger/Henckel*, KO, 9. Aufl., 1997, § 30 Rn 271; *Kilger/K. Schmidt*, KO, 16. Aufl., 1993, § 30 Anm. 14.
218 *Canaris*, Bankvertragsrecht³, Rn 1094; *Nielsen*, ZIP 1985, 777, 781 ff.; *ders.* in Bankrecht und Bankpraxis, Rn 5/798 ff.; *ders.* in Bankrechts-Handbuch, § 119 Rn 42; *Obermüller*, Insolvenzrecht in der Bankpraxis, 5. Aufl., 1997, Rn 4.165.
219 WM 1985, 1057, 1058; vgl. weiter *Jäger/Henckel*, KO, 9. Aufl., 1991, § 30 Rn 272.

3. Befriedigungsrecht der Bank ohne Erwerb der Inkassoforderung

7.246 Ohne Erwerb dieser Inkassoforderung kann sich die Bank nach dem BGH aus dem Inkassoerlös nicht befriedigen, wenn der Inkassoerlös erst nach Insolvenzeröffnung bei ihr eingegangen ist. Hier steht dem für die Befriedigung erforderlichen Erwerb des AGB-Pfandrechts § 91 InsO entgegen[220]. Denn dem Dokumenteneinreicher steht gegen seine Einreicherbank aus dem Inkassoauftrag ein Anspruch auf Herausgabe des Inkassoerlöses zu (§ 667 BGB). Die Einreicherbank erwirbt aber an diesem gegen sie gerichteten Herausgabeanspruch das AGB-Pfandrecht erst, wenn dieser Anspruch entstanden ist.

7.247 Der maßgebliche Zeitpunkt hierfür ist der Eingang des Inkassoerlöses. Dies geschieht regelmäßig dadurch, daß die Inkassobank der Einreicherbank im bargeldlosen Zahlungsverkehr eine entsprechende Kontogutschrift verschafft, aus der der Einreicherbank ein entsprechender Zahlungsanspruch erwächst. Denn bis dahin schuldet die Einreicherbank dem Dokumenteneinreicher dasjenige, was sie einzuziehen, aber noch nicht eingezogen hat, weder bedingt noch betagt[221].

7.248 Nach dieser BGH-Rechtsprechung würde für die Bank eine Sicherungslücke zwischen der Einlösung der ihr sicherungsübereigneten Dokumente im Ausland und dem Eingang des Inkassoerlöses bei ihr entstehen. Diese Lücke kann jedoch nach dem Schrifttum verneint werden[222]. Denn mit der Einlösung der Dokumente erwirbt die Inkassobank einen eigenen originären Anspruch gegen die einlösende Bank oder eine Zwischenbank auf Gutschrift, der massefremd ist[223]. Diesen Anspruch hat sie zwar an die Masse abzutreten und auch den auf sie erlangten Erlös an die Masse abzuführen. Die Bank hat jedoch an dem hierauf gerichteten Anspruch zumindest vom Augenblick der Einlösung an ein Pfandrecht nach Nr. 14 Abs. 1 AGB Banken. Maßgeblich ist also insolvenzrechtlich nicht erst der Augenblick, in dem die Einreicherbank buchmäßig Deckung erlangt, sondern zumindest der Augenblick der Einlösung der Dokumente[224].

7.249 Unschädlich ist auch, wenn die Bank im Augenblick der Dokumenteneinlösung schon bösgläubig im Sinne von §§ 130, 131 InsO war. Dies ist zweifelsfrei bei Vorliegen eines „Bargeschäfts", weil sie regelmäßig die

---

220 BGH WM 1985, 1057, 1058.
221 RGZ 53, 327, 330; BGH WM 1985, 1057, 1058.
222 *Canaris*, Bankvertragsrecht³, Rn 1094; *Nielsen*, ZIP 1985, 771, 781 ff.; *ders.* in Bankrecht und Bankpraxis, Rn 5/800; *ders.* in Bankrechts-Handbuch, § 119 Rn 42, 43.
223 *Nielsen*, ZIP 1985, 777, 782.
224 *Canaris*, Bankvertragsrecht³, Rn 1094.

Dokumente bevorschußt hat und nun den Erlös zur Abdeckung des dadurch entstandenen Debet in Anspruch nimmt[225]. Gleiches gilt aber auch bei Verrechnung des Erlöses mit einer inkonnexen Gegenforderung. Denn hier ist eine Situation gegeben, in der die Konstruktion eines insolvenzfesten Anwartschaftsrechts sinnvoll ist[226]. Sie kann sich zum einen darauf stützen, daß das Pfandrecht aus Nr. 14 Abs. 1 AGB Banken schon mit der Einreichung der Dokumente an der zukünftigen Forderung auf Auskehrung des Erlöses bestellt worden bzw. aufschiebend bedingt entstanden ist. Zum anderen hat die Bank in diesem Augenblick ein Sicherungsrecht an den Dokumenten erlangt. Die Bank hat daher mit deren Einreichung eine vom Einreicher nicht mehr zerstörbare Aussicht darauf erlangt, für ihre Forderung entweder aus den Dokumenten oder aus dem Erlös Befriedigung zu erlangen. Die Bank kann deshalb auch bei einer Einlösung der Dokumente nach Insolvenzeröffnung eine Aufrechnung gegen die Forderung der Masse auf Auskehrung des Erlöses vornehmen, ohne einer Anfechtung nach §§ 130, 131 InsO ausgesetzt zu sein[227].

4. Sicherungsübereignung der Exportgüter

Bei Finanzierungen von Exportgeschäften können auch sog. **Export-Sicherungsverträge** abgeschlossen werden[228]. Oberste Zielsetzung solcher Sicherungsverträge ist die Lückenlosigkeit der Besicherung der Kreditforderung[229]. Hierzu gehört der Erwerb von Sicherungsrechten an den exportierten Gütern und den dazugehörenden Dokumenten von dem Zeitpunkt, in dem der Kredit gewährt wird, bis zum Eingang des Gegenwertes für die finanzierte Ware.

7.250

Bei diesen **Dokumenten** handelt es sich vor allem um Ladescheine, Konnossemente und Orderlagerscheine. Die Übergabe dieser Warenpapiere an den in der Urkunde Legitimierten hat dieselbe Wirkung wie die Übergabe des Gutes (§§ 424, 450, 650 HGB). Die dogmatische Einordnung der Traditionswirkung in die Bestimmungen des BGB für die Übereignung von Sachen ist streitig[230]. Nach der bislang herrschenden **Repräsentationstheorie** hat die Übertragung des Besitzes an diesen Traditionspapieren die gleiche Wirkung, als ob der unmittelbare Besitz an der verbrieften Ware übergeht[231].

7.251

---

225 *Nielsen,* ZIP 1985, 777, 783.
226 *Canaris,* Bankvertragsrecht³, Rn 1094.
227 *Canaris,* Bankvertragsrecht³, Rn 1094 zu § 30 KO.
228 Vertragsmuster sind abgedruckt bei *Nielsen* in Bankrecht und Bankpraxis, Rn 5/209, 210.
229 *Nielsen* in Bankrecht und Bankpraxis, Rn 5/77 ff.
230 *Karsten Schmidt,* Handelsrecht, 4. Aufl., 1997, § 24 III, S. 708 ff.
231 Zu den Einzelheiten vgl. *Nielsen* in Bankrecht und Bankpraxis, Rn 5/169 ff.

7. Teil: Auslandsgeschäft

7.252 Im Unterschied zu einer Sicherungsübereignung im inländischen Kreditgeschäft haben die für den Export bestimmten Waren keinen festen Standort. Die **Exportfinanzierung** betrifft vielmehr Waren, die sich entweder schon oder noch auf dem Transport befinden. Die über diese Waren ausgestellten Dokumente, die als Sicherungsinstrumente genutzt werden, stammen infolgedessen aus dem Transportwesen[232]. Deshalb bedarf es für die Sicherungsübereignung dieser Waren **besonderer Vertragstechniken**. Hierzu gehört die Übertragung von Eigentum- oder Anwartschaftsrechten mit Hilfe von Traditionspapieren oder sonstigen Warendokumenten. Die Schwierigkeiten einer Absicherung der Bankforderung liegen hier nicht in der Übereignung der Exportwaren, solange sie sich noch zum Versand im Inland befinden. Die rechtliche Problematik liegt in einer weitestmöglichen Erfassung des Gegenwertes durch Abtreten der finanzierten Exportforderung gegen den ausländischen Käufer und die Übertragung etwa bestellter Sicherheiten insbesondere in Form von Ansprüchen aus Garantien, Dokumentenakkreditiven und Transportversicherungen[233].

5. Forfaitierung und Factoring

7.253 Unter **Forfaitierung**[234] versteht man allgemein den **Ankauf von kurz-, mittel- und langfristigen Forderungen mit einer Laufzeit bis zu zehn Jahren**. Die Bezeichnung „à forfait" weist auf die pauschale Risikoübernahme des Forfaiteurs hin. Der Verkäufer der Forderung haftet nicht für deren Erfüllung; er hat nur für ihren rechtlichen Bestand einzustehen (§ 437 BGB). Mit der Forfaitierung gehen die **wirtschaftlichen und politischen Risiken** der Forderungen und ein Kursverfall der zugrundeliegenden Währung auf den Forfaiteur über. Der Exporteur entlastet im übrigen seine Bilanz und verbessert damit seine Kreditmöglichkeiten.

7.254 Eine weitere Möglichkeit des Forderungsverkaufs bietet das **Factoring** – Rn 5.335[235]. Das Factoring unterscheidet sich von einer Forfaitierung vor allem darin, daß die angekauften Forderungen grundsätzlich **kurze Laufzeiten** (maximal 180 Tage) haben, **nicht wechselmäßig verbrieft** sind (Buchforderungen) und **global** aufgrund eines Rahmenvertrages und nicht als Einzelforderung **erworben** werden. Dem Factoring liegt also eine **auf**

---

232 *Nielsen*, WM 1994, 2221, 2224.
233 Vgl. *Nielsen* in Bankrecht und Bankpraxis, Rn 5/78 ff.
234 *Staudinger/Hopt/Mülbert*, Vorbem. §§ 607 ff. Rn 693 f.; *Nielsen* in Bankrecht und Bankpraxis, Rn 5/213 ff.; *Bernard*, Rechtsfragen des Forfaitierungsgeschäfts, 1991; *Deuber*, Rechtliche Aspekte der Forfaitierung, 1993; *Hakenberg*, RIW 1998, 906 ff.
235 *Staudinger/Hopt/Mülbert*, Vorbem. §§ 607 ff. Rn 713 ff.

Dauer angelegte Geschäftsbeziehung zwischen Forderungsverkäufer und Factor-Unternehmen zugrunde. Hierin liegt ein struktureller Unterschied zur Forfaitierung, bei der es sich regelmäßig um den Ankauf einer einzelnen Forderung handelt.

Beim Factoring verbleibt das **typische Auslandsrisiko** (politisches sowie Wechselkurs/Transfer-Risiko) regelmäßig beim Forderungsverkäufer. Dagegen trägt das Factor-Unternehmen wie der Forfaiteur in der Regel das Risiko der Bonität der Schuldner der angekauften Forderungen[236].

7.255

6. Export-Leasing (Cross-Border-Leasing)

Beim Cross-Border-Leasing haben Leasinggeber und Leasingnehmer ihren Geschäftssitz in unterschiedlichen Ländern. Diese Finanzierungsform ist jedoch bei der Außenhandelsfinanzierung nur begrenzt verwendbar. Hindernisse bestehen insbesondere im Hinblick auf die sehr unterschiedlichen rechtlichen Rahmenbedingungen der betreffenden Staaten, die langwierige Vertragsverhandlungen mit entsprechenden Kosten erfordern[237].

7.256

Cross-Border-Leasing kommt daher als Finanzierungsform nur **im langfristigen Bereich** des Großanlagenbaus und bei Schiffen und Flugzeugen in Betracht; hier liegen die Finanzierungsvolumina im mehrstelligen Millionenbereich (sog. **Big-ticket-Leasing**)[238]. Angesichts dieses Finanzierungsbedarfs wird häufig ein Zusammenwirken mehrerer Kreditinstitute erforderlich. Die Finanzierungsmittel werden ganz überwiegend auf internationalen Kapitalmärkten beschafft.

7.257

7. Ausfuhrgarantien und Ausfuhrbürgschaften der Bundesrepublik (Hermes-Deckungen)

Wie alle Industriestaaten fördert auch die Bundesrepublik Deutschland ihre Exportwirtschaft[239]. Ein wesentliches Instrument der Exportförderung sind

7.258

---

236 *Jährig/Schuck/Rösler/Woite,* Handbuch des Kreditgeschäfts, 5. Aufl., 1990, S. 250.
237 *von Bernstorff,* RIW 1987, 889, 891. Im Interesse einer vereinheitlichten Rechtsgrundlage für die Geschäftsabwicklung hat das „Internationale Institut zur Rechtsvereinheitlichung des Privatrechts" in Rom sog. UNIDROIT-Entwürfe für das internationale Finanzierungsleasing und das Exportfactoring geschaffen (*von Bernstorff,* RIW 1990, 517, 518).
238 *Jährig/Schuck/Rösler/Woite,* Handbuch des Kreditgeschäfts, 5. Aufl., 1990, S. 292.
239 *Janus* in Bankrechts-Handbuch, § 122 Rn 1 ff.; *Nielsen* in Bankrecht und Bankpraxis, Rn 5/808 ff.

die **Ausfuhrgarantien und Ausfuhrbürgschaften.** Hierdurch können Exportforderungen gegen das Risiko des Forderungsausfalles aus wirtschaftlichen und politischen Gründen abgesichert werden. Mit diesem Sicherungsinstrument soll die Exportwirtschaft bei der Erschließung von ausländischen Absatzmärkten unterstützt und dazu beigetragen werden, die Handelsbeziehungen mit dem Ausland auch bei erhöhten Risiken aufrecht zu erhalten.

7.259 Rechtsgrundlage für die Form, die Voraussetzungen und den Umfang dieser staatlichen Förderungsmaßnahmen ist das jährliche Haushaltsgesetz und der darin jährlich bestimmte Finanzierungsrahmen in Verbindung mit den Richtlinien für die Übernahme von Ausfuhrgewährleistungen vom 30. 12. 1989[240]. Die Bezeichnung „Ausfuhrgewährleistungen" wird als Oberbegriff für Ausfuhrgarantien, Ausfuhrbürgschaften und Ausfuhr-Pauschal-Gewährleistungen verwendet, die allgemein auch als Hermes-Deckungen bezeichnet werden. Die Überwachung und Abwicklung solcher staatlichen Gewährleistungen sind einem Konsortium übertragen, das aus der federführenden Hermes-Kreditversicherungs-AG, Hamburg und der Treuarbeit, Frankfurt a.M. besteht.

7.260 Die Förderungsmaßnahmen bestehen also nicht in der Gewährung von Exportkrediten, sondern durch **Absicherung gegen Forderungsausfälle.** Diese Hermesdeckungen sind aber regelmäßig für die Finanzierung eines Exportgeschäfts von großer Bedeutung, da die kreditgewährenden Banken üblicherweise das Vorhandensein einer Ausfuhrgarantie oder -bürgschaft und die Abtretung der Entschädigungsansprüche verlangen[241].

7.261 Die **Übernahme** der Hermes-Deckung erfolgt in einem **zweistufigen Verfahren,** wie sie Rechtsprechung und Schrifttum für die Fälle entwickelt haben, in denen sich der Staat zugleich auf den Gebieten des (Wirtschafts)Verwaltungsrechts und des Wirtschaftsrechts bewegt[242]. Die Entscheidung in der ersten Stufe, in der über die Deckungsübernahme entschieden wird, ist als Maßnahme auf den Gebieten des Wirtschaftsverwaltungsrechts dem Verwaltungsrecht zuzuordnen. Deshalb erfolgt diese Entscheidung nach den Bestimmungen des Verwaltungsverfahrensgesetzes. Die endgültige Deckungszusage begründet sodann einen Anspruch des Exporteurs auf Absicherung eines Gewährleistungsvertrages. Diese Vertragsbeziehung untersteht dem Zivilrecht und wird durch eine konkrete Garantie- oder Bürgschaftsurkunde unter Einbeziehung der maßgeblichen Allgemeinen Geschäftsbedingungen näher ausgestaltet[243].

---

240 BGBl. I 1983, S. 1516.
241 *Janus* in Bankrechts-Handbuch, § 122 Rn 3.
242 *Schallehn/Stolzenburg,* Garantien und Bürgschaften der Bundesrepublik Deutschland zur Förderung der deutschen Ausfuhr. 1985, Kapitel I, Rn 20.
243 *Janus* in Bankrechts-Handbuch, § 122 Rn 23; *Nielsen* in Bankrecht und Bankpraxis, Rn 5/838 ff.

II. Importfinanzierung

Kreditgewährungen erfolgen auch im Rahmen der **Finanzierung von Importgeschäften.** So kann dem inländischen Importeur ein Barkredit zur Erfüllung seiner Zahlungsverbindlichkeit aus dem Warenimport gewährt werden. Die Kreditgewährung erfolgt häufig aber nur dadurch, daß die Bank für Rechnung des Importeurs eine Zahlungsverbindlichkeit gegenüber dem ausländischen Exporteur zu dessen Absicherung eingeht. Diesen Haftungskredit kann die Bank durch Eröffnung eines Dokumentenakkreditivs, Übernahme einer Bankgarantie oder Akzeptierung eines Wechsels (Tratte) gewähren, den der ausländische Exporteur auf sie gezogen hat.

7.262

1. Import-Sicherungsverträge

Zur Absicherung dieser Bar- oder Haftungskredite kann zwischen der finanzierenden Bank und dem Kreditnehmer ein sog. Import-Sicherungsvertrag abgeschlossen werden[244]. Wie bei den Export-Sicherungsverträgen ist oberstes Ziel der Sicherungsverträge bei der Importfinanzierung die **Lückenlosigkeit der Besicherung,** die auf der Grundlage der über die Waren ausgestellten Dokumente erfolgt[245].

7.263

Diese **Warendokumente** stammen aus dem Gebiet des Transportwesens[246]. Hierzu gehören vor allem der Ladeschein, das Konnossement und der Orderlagerschein[247].

7.264

Das **Interesse der finanzierenden Bank** besteht darin, an der Ware nicht nur zum frühestmöglichen Zeitpunkt und damit bereits auf dem Transportwege Sicherungsrechte zu erwerben. Dieser Erwerb soll sich auch unmittelbar vom ausländischen Exporteur ohne Durchgangserwerb des Importeurs vollziehen, um Auseinandersetzungen mit anderen Gläubigern oder Verluste bei einer Insolvenz des Importeurs zu vermeiden. Der Schwerpunkt der Sicherungskonstruktion liegt deshalb im Direkterwerb der Sicherungsrechte an den finanzierten Waren durch die Bank[248]. Im übrigen sollen die Sicherungsrechte möglichst bis zur Weiterveräußerung bestehen, damit aus dem Erlös der Bankkredit abgelöst werden kann[249].

7.265

---

244 Musterverträge sind abgedruckt bei *Nielsen* in Bankrecht und Bankpraxis, Rn 5/208, 209.
245 *Nielsen* in Bankrecht und Bankpraxis, Rn 5/77.
246 *Nielsen*, WM 1994, 2221, 2224.
247 *Nielsen* in Bankrecht und Bankpraxis, Rn 5/80.
248 *Nielsen*, WM 1994, 2261, 2262.
249 *Nielsen* in Bankrecht und Bankpraxis, Rn 5/77 m.w.Nachw.

7.266 Die **inhaltliche Ausgestaltung** dieser Sicherungsverträge orientiert sich an dem zeitlichen Ablauf des Entstehens der in Betracht kommenden Sicherungsrechte. Zuerst werden die Ansprüche des Importeurs aus dem mit dem Exporteur abgeschlossenen Kaufvertrag abgetreten. Hier handelt es sich vor allem um die Ansprüche auf Lieferung und Übereignung der gekauften Waren, um diese bereits während des Transports aus dem Vermögen des Importeurs auszuscheiden. Im übrigen erwirbt die Bank das Eigentum, Miteigentum oder Anwartschaftsrecht an sämtlichen Waren, die in den ihr ausgehändigten Dokumenten bezeichnet sind. Dabei hat die Übergabe von Traditionspapieren, zu denen vor allem Konnossemente, Ladescheine und Orderlagerscheine gehören, dieselbe Wirkung wie die Übergabe der Ware[250].

2. Übernahme von Haftungskrediten

7.267 Die Finanzierung von Importgeschäften erfolgt in der Praxis weniger durch einen Barkredit als durch Gewährung eines Haftungskredites, bei dem die Bank zugunsten ihres Kunden als Importeur eine Zahlungsverbindlichkeit zur Absicherung des ausländischen Exporteurs übernimmt. Dies kann vor allem durch Eröffnung eines Dokumentenakkreditivs oder durch Übernahme einer Bankgarantie erfolgen.

a) Eröffnung eines Dokumentenakkreditivs als Kreditgewährung

7.268 Die Eröffnung eines Akkreditivs führt nicht zwangsläufig zu einer Kreditgewährung an den Kunden (Akkreditivauftraggeber). Denn die Bank kann **vor Akkreditiveröffnung** von dem Kunden einen **Vorschuß** in Höhe des Akkreditivbetrages verlangen (§ 669 BGB)[251]. Dieser Vorschuß wird üblicherweise auf einem gesonderten Akkreditiv-Deckungs-Konto gutgeschrieben und unterliegt dem AGB-Pfandrecht der Kreditinstitute (Nr. 14 Abs. 1 AGB Banken) bis zur Akkreditivabwicklung[252].

7.269 Unter Kreditgesichtspunkten ist eine solche Akkreditiveröffnung vergleichbar der Begebung eines Schecks unter Verwendung der eurocheque-Karte, die wie das Akkreditiv zu einer abstrakten Zahlungsverpflichtung der Bank führt[253]. Nach Inanspruchnahme des Akkreditivs steht der Bank

---

250 *Nielsen*, WM 1994, 2261, 2269; *ders.* in Bankrecht und Bankpraxis, Rn 5/195 ff.
251 *Zahn/Eberding/Ehrlich*, Rn 2/117; *Schlegelberger/Hefermehl*, Anh. § 365 Rn 114.
252 *Zahn/Eberding/Ehrlich*, Rn 2/127.
253 *Zahn/Eberding/Ehrlich*, Rn 2/132.

daher der auftragsrechtliche Erstattungsanspruch im Sinne des § 670 BGB zur Verfügung[254].

Mit Rücksicht auf den geleisteten Vorschuß besteht regelmäßig auch kein Anlaß, diesen auftragsrechtlichen Anspruch in eine Kreditforderung umzuwandeln (sog. Vereinbarungsdarlehen gemäß § 607 Abs. 2 BGB). 7.270

Dagegen ist mit der Akkreditiveröffnung eine **Kreditgewährung** verbunden, wenn die Bank auf ihren Anspruch auf Vorschuß ganz oder teilweise verzichtet[255]. Solche ungedeckten Akkreditiveröffnungen gehören zum bankmäßigen Garantiegeschäft im Sinne der Legaldefinition der Bankgeschäfte (§ 1 Abs. 1 S. 2 Nr. 8 KWG). Hier gewährt die Bank einen Kredit in Gestalt eines „Haftungs"krediertes (Avalkredit)[256]. 7.271

b) Übernahme einer Bankgarantie

Die Bankgarantie ist zusammen mit dem Dokumentenakkreditiv das **wichtigste Sicherungsinstrument** des internationalen Handels- und Wirtschaftsverkehrs[257]. Während das Akkreditiv auch eine Zahlungsfunktion hinsichtlich des Kaufpreises aus dem Importgeschäft hat, erschöpft sich die Garantie in einer Sicherungsfunktion. Die Garantie soll den ausländischen Exporteur davor schützen, daß der Importeur die Verpflichtungen aus dem Importgeschäft nicht oder nicht ordnungsgemäß erfüllt[258]. Wenngleich die Bankgarantie ein im Welthandel anerkanntes Sicherungsinstrument darstellt, ist es üblich, ihre Rechtsnatur und den Verpflichtungsumfang mit den jeweiligen Begriffen des nationalen Rechts zu erfassen[259]. 7.272

Die im Auslandsgeschäft übernommenen Garantien gehören zum Garantiegeschäft im Sinne der Legaldefinition des KWG (§ 1 Abs. 1 S. 2 Nr. 8)[260]. Zur Vermeidung von Wiederholungen wird wegen der einzelnen Aspekte auf die Darstellung der Garantien im Rahmen der inländischen Firmenkredite (Rn 5.253) verwiesen, die häufig durch Übernahme einer solchen Haftung gewährt werden. 7.273

---

254 LG Hamburg WM 1997, 258, 259; *Koller*, WM 1990, 293, 296.
255 *Zahn/Eberding/Ehrlich*, Rn 2/117.
256 *Bähre/Schneider*, § 1 Anm. 14; *Szagunn/Haug/Ergenzinger*, § 1 Rn 61.
257 *Nielsen* in Bankrechts-Handbuch, § 121 Rn 1 ff.; *ders.* in Bankrecht und Bankpraxis, Rn 5/231 ff.
258 *Nielsen* in Bankrechts-Handbuch, § 121 Rn 8.
259 *Roesle*, Die internationale Vereinheitlichung des Rechts der Bankgarantien, Diss. Zürich, 1983, S. 68; zitiert nach *Nielsen* in Bankrechts-Handbuch, § 121 Rn 40.
260 *Nielsen* in Bankrecht und Bankpraxis, Rn 5/289.

3. Akkreditive als Finanzierungsinstrumente

7.274　Im Zusammenhang mit Dokumentenakkreditiven kann es zu **Kreditgewährungen** kommen. Denn die Rechte und Ansprüche aus den Akkreditiven können auf vielfältige Weise als Sicherheit für Finanzierungen eingesetzt werden[261]. Dabei kann Kreditnehmer wie beim sog. **Rembourskredit** der inländische Importeur als Akkreditivauftraggeber sein. Bei der Bevorschussung eines Akkreditivs mit hinausgeschobener Zahlung ist Kreditnehmer der ausländische Exporteur als Akkreditivbegünstigter.

a) Rembourskredit an Importeur

7.275　Ein klassisches Instrument der Außenhandelsfinanzierung ist der sog. Rembourskredit[262], der häufig mit einem Dokumentenakkreditiv gekoppelt ist. Seine Bedeutung ist angesichts anderer Finanzierungsmöglichkeiten, insbesondere in Gestalt des Währungsbarkredites und des Eurokredites zurückgegangen. Der Rembourskredit kann den **Akzeptkrediten zugeordnet** werden mit der **Besonderheit,** daß die Akzeptleistung nur Zug um Zug gegen Übergabe der Warendokumente erfolgt (documents against acceptance)[263]. Bei dieser Verknüpfung der Kreditgewährung mit einem (Dokumenten-)Akkreditiv liegt der Schwerpunkt der Regelung auf den akkreditivrechtlichen Bestimmungen[264].

7.276　Ein solcher Kredit wird gewährt, wenn eine Bank (Remboursbank) – meist mit Geschäftssitz im Lande der Vertragsgewährung – als Abwicklungs- oder Zahlstelle für Rechnung der Bank des Käufers oder für Rechnung des Käufers selbst einen auf sie gezogenen Wechsel (Tratte) akzeptiert und dem Verkäufer Zug um Zug gegen Hereinnahme der vorgeschriebenen Dokumente das Akzept aushändigt, das er bei einer Bank seiner Wahl diskontieren lassen kann. Aussteller des Wechsels ist normalerweise der Verkäufer (Exporteur).

7.277　Im Unterschied zum **Deferred-Payment-Akkreditiv** hat hier der Akkreditivbegünstigte aufgrund der Akzeptleistung einen eigenen Zahlungsanspruch gegen die Remboursbank. Diese Haftung besteht unabhängig davon, ob die Remboursbank von der akkreditiveröffnenden Bank Deckung für die Zahlung an den Begünstigten erhält (vgl. Art. 9, a, iii ERA)[265].

261　*Nielsen* in Bankrecht und Bankpraxis, Rn 5/681.
262　*Lwowski* in Bankrechts-Handbuch, § 75 Rn 23 ff.; *Schönle,* Bank- und Börsenrecht, 2. Aufl., 1976, S. 162 ff.; *Zahn/Eberding/Ehrlich,* Rn 5/7 ff.
263　*Lwowski* in Bankrechts-Handbuch, § 75 Rn 23.
264　*Lwowski* in Bankrechts-Handbuch, § 75 Rn 26.
265　*Nielsen* in Bankrecht und Bankpraxis, Rn 5/567.

Ist ausnahmsweise Wechselaussteller der Käufer, wird die Diskontierung 7.278
in seinem Auftrag von seiner Bank oder von der Remboursbank selbst
besorgt. Der Diskonterlös wird dem Verkäufer zur Verfügung gestellt.
Hierdurch erhält der Exporteur die Möglichkeit, sofort in den Besitz des
Warengegenwerts zu kommen. Der Importeur nimmt (unmittelbar oder
über seine Hausbank) bis zur Wechselfälligkeit den Akzeptkredit der
Remboursbank in Anspruch und kann hierdurch den Zeitpunkt bis zum
Weiterverkauf der Ware überbrücken. Bei Wechselfälligkeit löst die Remboursbank ihr Akzept mit dem vom Käufer oder dessen Hausbank rechtzeitig anzuschaffenden Gegenwert ein.

b) Bevorschussung bei Akkreditiven mit hinausgeschobener Zahlung

Bei einem Dokumentenakkreditiv mit hinausgeschobener Zahlung (deferred payment, Art. 9a [ii] ERA) kann es auch zur Gewährung eines kurzfristigen Kredites an den Akkreditivbegünstigten kommen[266]. In diesem Fall stellt die Zahlstelle der das Akkreditiv eröffnenden Bank (Akkreditivbank) nach Einreichung der Dokumente einen Vorschuß auf das noch nicht fällige Akkreditiv zur Verfügung. In der Praxis kommt es auch schon zu **Kreditgewährungen vor dieser Dokumenteneinreichung.** In diesen Fällen besteht für die bevorschussende Bank regelmäßig **kein Kreditrisiko,** wenn sie selbst das Akkreditiv bestätigt hat und darauf vertrauen kann, daß der hieraus Begünstigte die Auszahlung des Akkreditivs durch Einreichung ordnungsgemäßer Dokumente herbeiführt. Die Kreditforderung der Zahlstelle kann sodann mit dem Zahlungsanspruch aus dem Akkreditiv am Tag der hinausgeschobenen Fälligkeit verrechnet werden. Problematisch sind allerdings die Fälle, in denen die bevorschussende Bank nur Zahlstelle ist und deshalb das Akkreditiv nicht bestätigt hat. Hier besteht das **Risiko des Widerrufs** der Zahlstellenfunktion durch die akkreditiveröffnende Bank[267]. 7.279

Dies gilt nach dem BGH[268] selbst für den Fall, daß die Akkreditivbank 7.280
zuvor eine Weisung zur Nichtauszahlung des Akkreditivbetrages erteilt
hatte und kein Fall einer rechtsmißbräuchlichen Inanspruchnahme des
Akkreditivs vorliegt. In diesen Fällen werden keine schutzwürdigen Interessen der Akkreditivbank verletzt, weil diese mit Rücksicht auf die Abstraktheit der aus dem Akkreditiv geschuldeten Zahlung die Inanspruch-

---

266 Zu den Deferred Payment-Krediten vgl. *Jährig/Schuck/Rösler/Woite,* Handbuch des Kreditgeschäfts, 5. Aufl., 1990, S. 226; *Nielsen* in Bankrecht und Bankpraxis, Rn 5/681.
267 *Nielsen* in Bankrechts-Handbuch, § 120 Rn 342.
268 BGH WM 1987, 977, 978.

nahme des Akkreditivs nicht hätte verhindern können. Die Akkreditivbank würde sich daher gegenüber der bevorschussenden ausländischen Zahlstelle als ihrer Beauftragten in Widerspruch zu Treu und Glauben setzen (§ 242 BGB), wenn sie die Bevorschussung an den Akkreditivbegünstigten unter Berufung auf ihre vor Fälligkeit des Akkreditivs erteilten anderslautenden Weisungen nicht als Erfüllung ihres Auftrags gelten lassen will.

III. Projektfinanzierung[269]

7.281 Bei der Projektfinanzierung handelt es sich um eine Kreditgewährung zur Finanzierung eines Projektes in der Weise, daß die **Rückzahlung** des Kredites weitgehend **aus dem künftigen wirtschaftlichen Ertrag des Projektes** erfolgen soll[270].

1. Praktischer Anwendungsbereich

7.282 Die Projektfinanzierung ist eine im Ausland, vor allem in den USA und Kanada seit langem bekannte Finanzierungsart. Mittlerweile hat dieses Finanzierungsinstrument auch im Inland über die international tätigen Kreditinstitute an Bekanntheit gewonnen und wird auch von deutschen Banken angeboten. Anlaß hierfür war, daß sich auch deutsche Unternehmen seit Mitte der 70er Jahre verstärkt an ausländischen Rohstoffprojekten beteiligten, um auf diese Weise ihren Rohstoffbedarf zu sichern. Außer bei der kapitalintensiven Erschließung von Rohstoffvorkommen hat die Projektfinanzierung vor allem im internationalen Anlagengeschäft Bedeutung erlangt[271].

7.283 Die Projektfinanzierung beschränkt sich indes nicht auf diese Bereiche, sondern wird zunehmend auch auf anderen Gebieten angewandt.

---

[269] *Hinsch/Horn*, Das Vertragsrecht der internationalen Konsortialkredite und Projektfinanzierungen, 1985; *Grosse* in Backhaus/Sandrock/Schill/Uekermann (Hrsg.), Projektfinanzierung, 1990, S. 41 ff.; *Rieger*, S. 63 ff.; *Nicklisch* (Hrsg.), Rechtsfragen privat finanzierter Projekte, 1994; *Hagemeister/Bültmann*, WM 1997, 549 ff.; *Reuter*, DB 1999, 31 ff.; *Scott L. Hoffmann*, The Law and Business of International Project Finance, Kluwer Law, International, The Hague, London, Boston.

[270] *Hinsch/Horn*, Das Vertragsrecht der internationalen Konsortialkredite und Projektfinanzierungen, 1985, S. 201.

[271] *Grosse* in Backhaus/Sandrock/Schill/Uekermann (Hrsg.), Projektfinanzierung, 1990, S. 43.

Dies gilt beispielsweise für **bislang staatlich finanzierte Infrastrukturinvestitionen**. So wurde etwa das Eurotunnelprojekt für die Verbindung Großbritanniens mit dem Festland mit Hilfe der Projektfinanzierung realisiert.

7.284

Wegen der hohen Planungsanforderungen, die sich insbesondere auch für die beteiligten Kreditinstitute stellen, kommen Projektfinanzierungen als Finanzierungsart jedoch erst für Vorhaben mit einem Investitionsvolumen von etwa 50 Mio. DM in Betracht.

7.285

2. Besonderheiten der Projektfinanzierung gegenüber dem Auslandskreditgeschäft

Von anderen Formen des Auslandskreditgeschäfts unterscheidet sich die Projektfinanzierung vor allem dadurch, daß der Kredit nicht einem Unternehmen gewährt wird, das hinsichtlich des Verwendungszweckes des Kredites oftmals keiner Bindung unterliegt, sondern ein **konkretes Investitionsvorhaben finanziert** wird[272]. Dementsprechend wird das Projekt regelmäßig als selbständige wirtschaftliche und auch rechtliche Einheit organisiert[273]. In den meisten Fällen wird dazu eine auf die Projektdurchführung beschränkte Kapitalgesellschaft gegründet.

7.286

Diese Struktur des rechtlichen Rahmens bedingt, daß zur Sicherung der Finanzierung ganz überwiegend **nur die Vermögenswerte des Projekts** zur Verfügung stehen[274]. Dies gilt zum einen hinsichtlich der zur Verfügung stehenden Kreditsicherheiten. Als solche stehen hauptsächlich nur Vermögenswerte zur Verfügung, die sich im Eigentum der Projektgesellschaft befinden.

7.287

Die Angewiesenheit auf die projekteigenen Vermögenswerte zur Sicherung der Finanzierung gilt zum anderen für die Schuldentilgung. Einer der Grundgedanken der Projektfinanzierung besteht darin, daß die Tilgung der zur Projektdurchführung aufgenommenen Kredite in großem Umfang mit Hilfe der Verkaufserlöse, die nach Fertigstellung des Projekts erzielt werden können, erfolgen soll. Insofern wird das projekteigene Verschuldungspotential weitestgehend genutzt (Cash Flow Related Lending)[275].

7.288

---

272 *Grosse* in Backhaus/Sandrock/Schill/Uekermann (Hrsg.), Projektfinanzierung, 1990, S. 52.
273 *Hinsch/Horn*, Das Vertragsrecht der internationalen Konsortialkredite und Projektfinanzierungen, 1985, S. 202.
274 Vgl. *Rieger* in Backhaus/Sandrock/Schill/Uekermann (Hrsg.), Projektfinanzierung, 1990, S. 65 f.
275 *Grosse* in Backhaus/Sandrock/Schill/Uekermann (Hrsg.), Projektfinanzierung, 1990, S. 44.

7.289 Von dieser Grundkonzeption der Projektfinanzierung wird allerdings in aller Regel aus Gründen einer angemessenen Risiko- und Haftungsverteilung insoweit abgewichen, als von den Initiatoren, die an dem Projekt ein primäres wirtschaftliches Interesse haben, ein Eigenkapitalbeitrag verlangt wird. Zu einem sog. „non recourse financing", bei dem das Projekt ausschließlich durch Fremdfinanzierung ohne Rückgriffsmöglichkeit auf die Projektträger verwirklicht wird, kommt es dagegen nur selten[276].

3. Typische Vertragsgestaltung

7.290 Eine auch rechtliche Besonderheit der Projektfinanzierung besteht darin, daß die Projektinteressenten und die finanzierenden Banken zur Durchführung des Projektes eng zusammenwirken müssen. Die **Rechtsbeziehungen** zwischen den Beteiligten werden dementsprechend durch eine Vielzahl von jeweils aufeinander bezogenen Verträgen geregelt[277]. Hauptgegenstand der Verträge ist regelmäßig die Verteilung der Risiken sowie der Verantwortung für die Durchführung der einzelnen Projektphasen.

7.291 Weiter wird typischerweise die Verteilung der aus dem Projekt resultierenden **Zahlungsströme** geregelt. In diesem Zusammenhang lassen sich die beteiligten Banken häufig die aus dem Projekt zu erzielenden Verkaufserlöse in der Form der eingehenden liquiden Mittel sowie die Ansprüche auf die Verkaufserlöse gegen Dritte sicherungshalber abtreten[278].

7.292 Das oftmals beträchtliche **Finanzierungsvolumen** bei Projektfinanzierungen wird aus Gründen der Risikostreuung regelmäßig von mehreren Banken in Form eines **Konsortialkredites** aufgebracht.

4. Risiken der Projektfinanzierung

7.293 Der Erfolg der Projektfinanzierung ist einer Vielzahl von Risiken ausgesetzt, die die üblichen Kreditrisiken im Rahmen des Kreditgeschäfts teilweise deutlich übersteigen. Ihre Begrenzung erfordert von den beteiligten Banken eine umfangreiche Kontrolle und Überwachung[279].

---

276 *Hinsch/Horn*, Das Vertragsrecht der internationalen Konsortialkredite und Projektfinanzierungen, 1985, S. 202, 218 ff.

277 *Hinsch/Horn*, Das Vertragsrecht der internationalen Konsortialkredite und Projektfinanzierungen, 1985, S. 202.

278 *Rieger* in Backhaus/Sandrock/Schill/Uekermann (Hrsg.), Projektfinanzierung, 1990, S. 74; *Hinsch/Horn*, Das Vertragsrecht der internationalen Konsortialkredite und Projektfinanzierungen, 1985, S. 257.

279 *Grosse* in Backhaus/Sandrock/Schill/Uekermann (Hrsg.), Projektfinanzierung, 1990, S. 51.

Spezifische Risiken dieser Finanzierungsart bestehen bereits im Hinblick 7.294
auf die **Erstellung eines funktionstüchtigen Projekts.** Dieses Risiko ist
aus Sicht der finanzierenden Banken in möglichst großem Umfang auf die
Anlagenersteller sowie die Projektträger, die an ihm ein primäres wirtschaftliches Interesse haben, zu verlagern. Dazu wird von den Projektträgern in vielen Fällen eine Fertigstellungsgarantie verlangt, die sowohl die
Funktionsfähigkeit des Projektes sichern soll, als auch die Risiken von
Kostenüberschreitungen den Projektträgern auferlegt[280].

Ein weiteres typisches Risiko der Projektfinanzierung ist das **Absatzrisi-** 7.295
ko. Seine Minimierung ist von besonders hoher Bedeutung, weil die
Rückführbarkeit der gewährten Kredite in hohem Umfang von dem aus
dem Absatz zu erzielenden Ertrag des Projekts bestimmt wird.

Zur Vermeidung des Absatzrisikos werden daher Abnahmeverträge ge- 7.296
schlossen, deren Laufzeit so lange bemessen wird, daß während der Vertragsdauer die Kredittilgung durch die Verkaufserlöse erfolgen kann[281].
Diese Vertragspraxis wird dadurch begünstigt, daß die Abnehmer oft
selbst an langfristigen Abnahmeverträgen ein starkes Interesse haben,
insbesondere um ihre Rohstoff- und Energieversorgung zu sichern[282]. Mitunter übernimmt der Abnehmer auch eine strikte, unbedingte Zahlungsverpflichtung, die ihm über die Abnahmeverpflichtung hinaus das Risiko
für Störungen im Zusammenhang mit dieser Verpflichtung überbürdet[283].

Hinsichtlich des Risikos, das für die beteiligten Banken dadurch entsteht, 7.297
daß die **Rückführbarkeit der Kredite** an den Erfolg einer einzelnen Investition gebunden ist, bedarf es insgesamt einer differenzierten Betrachtungsweise. Zwar stellen die Projektanlagen sowie die sonstigen Aktiva des
Projekts – sei es wegen ihrer begrenzten Weiterverwendbarkeit, sei es
wegen ihrer Lage in entlegenen Gebieten – häufig keine oder nur eine
unzulängliche Kreditsicherheit dar[284]. Dafür sind aber einzelne Risiken
und deren Auswirkungen, die den Erfolg des Projektes gefährden können,

---

280 *Hinsch/Horn,* Das Vertragsrecht der internationalen Konsortialkredite und
Projektfinanzierungen, 1985, S. 252.
281 *Rieger* in Backhaus/Sandrock/Schill/Uekermann (Hrsg.), Projektfinanzierung,
1990, S. 74.
282 *Hinsch/Horn,* Das Vertragsrecht der internationalen Konsortialkredite und
Projektfinanzierungen, 1985, S. 253.
283 Vgl. näher *Hinsch/Horn,* Das Vertragsrecht der internationalen Konsortialkredite und Projektfinanzierungen, 1985, S. 254 f.
284 *Grosse* in Backhaus/Sandrock/Schill/Uekermann (Hrsg.), Projektfinanzierung, 1990, S. 52.

7. Teil: Auslandsgeschäft

leichter zu identifizieren, weil nicht ein Unternehmen, sondern lediglich ein konkretes Investitionsvorhaben finanziert wird[285].

7.298 Zudem werden die auftretenden Risiken oftmals durch staatliche oder staatlich beauftragte **Exportversicherungen** gemindert[286].

IV. Eurokredite

7.299 Eine starke Auslandsberührung haben auch die Barkredite, die inländische Kreditinstitute am sog. Euromarkt aufnehmen, um damit ihr Kreditgeschäft einschließlich der Auslandskredite zu refinanzieren (Eurokredite). Diese Eurokredite gehören also zum **Passivgeschäft** der inländischen Banken, soweit sie nicht selbst im Rahmen ihres Aktivgeschäfts als Kreditgeber am Euromarkt auftreten.

7.300 Die Eurokredite weichen vor allem hinsichtlich der Marktteilnehmer, der Fristigkeit der Kredite und der Kreditinstrumente von der Kreditgewährung an inländischen Kredit- und Finanzmärkten in verschiedener Hinsicht ab[287]. Auch ist der Eurokredit durch eine Standardisierung geprägt, die aus der typischen **kurzfristigen und streng kongruenten Refinanzierung** im Euromarkt folgt. Im übrigen zeigt sich die Internationalität des Eurokredites nicht nur in seiner Refinanzierungsquelle, sondern in seiner starken rechtlichen Ausrichtung an anglo-amerikanischen Vertragsmustern[288].

7.301 Der Euro-Kreditmarkt ist Teil des Euromarktes. Sein Gegenstand sind alle Finanztransaktionen in den wichtigsten konvertierbaren Währungen außerhalb des Währungsursprungslandes oder in einer Freihandelszone im Währungsursprungsland. In seinen Anfängen basierte der Euro-Kreditmarkt auf US-Dollarguthaben, die von in Europa ansässigen Gläubigern gehalten wurden, die aus diesen Geldern Darlehen gewährten[289].

7.302 Trotz seiner Bezeichnung, die ihren Ursprung in seiner Entstehung hat, ist der Euromarkt geographisch nicht auf Europa oder gar auf europäische Marktteilneh-

---

285 *Grosse* in Backhaus/Sandrock/Schill/Uekermann (Hrsg.), Projektfinanzierung, 1990, S. 52.
286 Vgl. näher *Hinsch/Horn*, Das Vertragsrecht der internationalen Konsortialkredite und Projektfinanzierungen, 1985, S. 249 f.
287 Zur Bestimmung des auf Eurokredite anwendbaren Rechts vgl. *Rosenau*, RIW 1992, 879 ff.
288 *Nielsen* in Bankrechts-Handbuch, § 118 Rn 4.
289 *Nielsen* in Bankrechts-Handbuch, § 118 Rn 4 m.w.Nachw.

mer beschränkt. Vielmehr handelt es sich um einen **internationalen Finanzmarkt**[290].

Der Euromarkt (ursprünglich Euro-Dollar-Markt) erstreckt sich auf die Euro-Finanzplätze in Europa (London, Luxemburg, Paris), auf Zentren in Asien (Hongkong, Singapur, Tokio) und in Nordamerika (International Banking Facilities genannte Freihandelszonen, wie z.B. in New York) sowie auf Bankplätze in arabischen Ländern und der Karibik. 7.303

Als Segmente des Euromarktes lasse sich der **Eurokapital-**, der **Eurogeld-** und der **Eurokreditmarkt** unterscheiden[291]. Der Eurokapitalmarkt erfüllt dabei ähnliche Funktionen wie der Eurokreditmarkt. Ein Unterscheidungsmerkmal des Eurokreditmarktes vom Eurokapitalmarkt ist aber, daß sich bei einer „Kredit"beziehung des Eurokreditmarktes Gläubiger und Schuldner gegenseitig kennen, während bei einer „Kapitalmarkt"beziehung nur der Gläubiger als Wertpapiereigentümer den Schuldner als Emittenten kennt. 7.304

Die fast ausschließliche **Refinanzierungsquelle** für den Eurokreditmarkt ist der Eurogeldmarkt. Er ist ein Spezialmarkt für die Überschußliquidität des Interbankenhandels[292]. 7.305

V. Struktur des Eurokreditmarktes

Marktteilnehmer des Eurokreditmarktes sind hauptsächlich Zentralbanken, nationale und internationale Institutionen und Organisationen mit öffentlich-rechtlichem Charakter, spezielle Finanzierungsinstitute, Banken und erstklassige internationale, aber auch bonitätsmäßig einwandfreie große und mittelgroße nationale Unternehmen[293]. 7.306

Die traditionelle Form des Eurokredites ist der **Eurofestsatzkredit,** der wirtschaftlich gesehen den aus inländischen Einlagen (Liquidität) refinanzierten Festsatzkrediten entspricht. Während jedoch beim Inland-Festsatzkredit die langen Laufzeiten dominieren, sind bei den Eurofestsatzkrediten kurze Laufzeiten von vor allem einem, drei und sechs Monaten 7.307

---

290 *Schefold* in Bankrechts-Handbuch, § 116 Rn 78 ff.; *Rosenau*, RIW 1992, 879 ff.
291 *Jährig/Schuck/Rösler/Woite,* Handbuch des Kreditgeschäfts, 5. Aufl., 1990, S. 255.
292 *Jährig/Schuck/Rösler/Woite,* Handbuch des Kreditgeschäfts, 5. Aufl., 1990, S. 252.
293 *Jährig/Schuck/Rösler/Woite,* Handbuch des Kreditgeschäfts, 5. Aufl., 1990, S. 257.

üblich. Diese Laufzeiten entsprechen der Einlagenstruktur des Eurogeldmarktes als Refinanzierungsquelle des Eurokreditmarktes, so daß für die kreditgewährenden Banken eine laufzeitkongruente Refinanzierung möglich ist[294].

7.308 Der **Vorteil** des Festsatzkredites für den Kreditnehmer besteht in den regelmäßig niedrigeren Zinsen im Vergleich zu den aus der Inlandsliquidität refinanzierten Festsatzkrediten. Der günstigere Zinssatz für Eurokredite erklärt sich vor allem daraus, daß die deutschen Kreditinstitute auf die von ihnen aufgenommenen Eurogelder anders als bei den inländischen Einlagen keine kostenverursachenden Mindestreserven zu zahlen haben.

7.309 **Preisbasis** für die Eurokredite sind die international üblichen **Referenzzinssätze** für den Geldmarkt, deren Konzeption sich nach Einführung des Euro als neuer europäischer Währung geändert hat (Euribor und Euro-Libor)[295]. Hinzu kommt eine Marge (Spread), die sich nach Laufzeit, Währung und Bonität des Kreditnehmers richtet.

7.310 **Festsatzkredite müssen** bis zur Rückzahlung in der vereinbarten Höhe in Anspruch genommen werden. Bei einer **vorzeitigen Rückzahlung** muß der Kreditnehmer der Bank ein Entgelt als Äquivalent für den Zinsverlust zahlen, der bei einer Wiederanlage der Kreditvaluta für die verbliebene kürzere Laufzeit entsteht.

7.311 Der mittel- und langfristigen Finanzierung dienen die **Roll-over-Kredite** des Euromarktes, deren häufigste Laufzeiten zwischen fünf und zehn Jahren liegen. Diese Kreditform entspricht den aus Inlandsliquidität refinanzierten Langfristkrediten mit variablem Zins. Während die Inlandskredite aber an die Zinsentwicklung beim inländischen Einlagengeschäft gekoppelt sind, erfolgt die Zinsanpassung beim Roll-over-Kredit periodisch nach Maßgabe des nach Ablauf der laufenden Zinsperiode geltenden Geldmarktzinssatzes, häufig des LIBOR zuzüglich einer Marge, deren Höhe für die Gesamtlaufzeit fest vereinbart wird[296]. Da sich die Bank infolge der Anknüpfung an die Geldmarktzinsen ohne Eingehung von

---

294 *Jährig/Schuck/Rösler/Woite*, Handbuch des Kreditgeschäfts, 5. Aufl., 1990, S. 258.

295 Euribor = Euro Interbank offered Rate; Euro-Libor = Euro-London Interbank offered Rate. Bis zur Schaffung des Euribor der Libor (London Interbank offered Rate) *Jährig/Schuck/Rösler/Woite*, Handbuch des Kreditgeschäfts, 5. Aufl., 1990, S. 258 f.

296 *Jährig/Schuck/Rösler/Woite*, Handbuch des Kreditgeschäfts, 5. Aufl., 1990, S. 260.

Risiken refinanzieren kann, trägt im Ergebnis der Kreditnehmer das Risiko der Zinssatzänderung.

Charakteristisch für den Eurokreditmarkt ist ferner, daß ein erheblicher Teil der Kredite von einem **Bankenkonsortium** gewährt wird (syndicated loan). Grund hierfür ist wie beim inländischen Konsortialgeschäft die bezweckte Verteilung des Risikos auf mehrere, bei Eurokrediten meist eine Vielzahl von Banken. 7.312

Die dargestellten Kreditformen des Eurokreditmarktes in Gestalt der Eurofestsatzkredite und der Roll-over-Kredite haben mittlerweile infolge der Entwicklung neuer Finanzierungsformen und -techniken zum Teil an Bedeutung verloren. Bei ihnen handelt es sich um sog. Euro-Note-Fazilitäten – Rn 14.32, aufgrund derer der Kreditnehmer in die Lage versetzt wird, sich die benötigten Mittel durch Ausgabe kurzfristiger Geldmarktpapiere zu beschaffen. 7.313

2. Hauptteil
Kapitalmarktrecht (Investment Banking)

8. Teil
Allgemeiner Teil des Kapitalmarktrechts

1. Abschnitt
Vorbemerkungen

Das Kapitalmarktrecht ist seit langem ein allgemein anerkannter Rechtsbegriff in den angelsächsischen Kapitalmarktländern. Dies gilt vor allem für die Securities Regulations der Securities and Exchange Commission (SEC) in den USA. Mittlerweile hat sich das Kapitalmarktrecht auch einen eigenständigen Platz in unserer Rechtsordnung erobert und so mit dem Bankrecht gleichgezogen, mit dem es vielfältige Berührungspunkte hat[1]. Die Ausformung dieses neuen Rechtsgebietes und seine systematische Erfassung ist allerdings eine noch zu bewältigende Aufgabe. Starke Impulse hierfür werden von dem neuen Wertpapierhandelsgesetz, den regulatorischen Aktivitäten der staatlichen Marktaufsicht und nicht zuletzt von den weiteren gesetzgeberischen Maßnahmen ausgehen.

8.1

Die **Verflechtungen** des Kapitalmarktrechts mit anderen Rechtsgebieten werden diese Entwicklung nicht verhindern können. Auch das Gesellschaftsrecht als profiliertes eigenständiges Rechtsgebiet ist im Schuldrecht des Bürgerlichen Gesetzbuches als einem Kernbereich unserer gesamten Rechtsordnung tief verwurzelt. Erst jüngst ist darauf hingewiesen worden, daß das hochkomplexe Gefüge moderner Rechtsordnungen längst nicht mehr trennscharf und überschneidungsfrei in einzelne Rechtsgebiete zerlegt werden könne[2]. Bahnbrechend für eine rechtssystematische Verselbständigung ist vielmehr, daß die Praxis einen Regelungsbereich als einen in sich geschlossenen Lebensbereich betrachtet, wie dies

8.2

---

[1] *Hopt*, ZHR 141 (1977), 389, 431; *ders.*, ZHR 140 (1976), 201, 203; *Kübler*, AG 1977, 85, 87; *ders.*, Gesellschaftsrecht, 5. Aufl., 1998, § 31 II, 4; Großkomm. AktG/*Assmann*, Einl. Rn 356; *ders.* in Assmann/Schütze, Handbuch des Kapitalanlagerechts, 2. Aufl., § 1 Rn 1; *Kümpel*, Kapitalmarktrecht in Kümpel/Ott, Handbuch des Kapitalmarktrechts, S. 66.

[2] *Kübler*, Gesellschaftsrecht versus Kapitalmarktrecht – Zwei Ansätze?; Schweizerische Zeitschrift für Wirtschaftsrecht, 1995, 223, 227.

nach allgemeinem Konsens mittlerweile für das Bankrecht gilt. Eine solche Betrachtungsweise dürfte sich auch für das deutsche Kapitalmarktrecht durchgesetzt haben.

8.3 Eine solche Rechtsentwicklung stünde im Einklang mit der **veränderten Finanzierungspraxis** der großen Wirtschaftsunternehmen und der weltweiten Expansion des Investment Banking. Die großen in- und ausländischen Unternehmen befriedigen ihren Finanzierungsbedarf weitgehend nicht mehr auf traditionellem Wege der Aufnahme von Bankkrediten. Zur Beschaffung der benötigten Finanzmittel werden vielmehr zunehmend Wertpapiere am Kapital- und Geldmarkt emittiert – Stichwort: Securitization („Wertpapier"finanzierung). Auch die Kreditinstitute beschaffen sich die für ihre Kreditgeschäfte benötigten Refinanzierungsmittel verstärkt durch die Emission solcher Kapitalmarkttitel.

8.4 Die **Systematisierung des Kapitalmarktrechts** würde durch eine griffige Definition erleichtert werden. Eine hinreichende Umschreibung dieses Rechtsbegriffes wird jedoch weitgehend für unmöglich erachtet, weil sie weder aus einer rechtlichen Definition oder Abgrenzung des Marktes heraus noch unter Rückgriff auf die dort gehandelten Anlagetitel oder auf die an ihm agierenden Marktteilnehmer entwickelt werden könne[3]. Vor dem Hintergrund des **Wertpapierhandelsgesetzes** und des **Börsengesetzes** als die beiden Säulen des Kapitalmarktrechts erscheint es jedoch möglich, als Orientierungshilfe diesen Rechtsbegriff zu umschreiben

„als die Gesamtheit der Normen, Geschäftsbedingungen und Standards, mit denen die Organisation der Kapitalmärkte und die auf sie bezogenen Tätigkeiten sowie das marktbezogene Verhalten der Marktteilnehmer geregelt werden".[4]

8.5 Diese Umschreibung reflektiert zugleich den **grundlegenden Wandel** der Regelungsperspektive für das Kapitalmarktrecht. Bis in die 60er Jahre war diese Rechtsmaterie an den Institutionen der Banken und Börsen ausgerichtet. Kapitalmarktrecht war dementsprechend im Aktienrecht, Börsenrecht und Bankrecht angesiedelt. Mittlerweile ist die Gesetzgebung mit eindeutigem Vorrang auf die Herstellung funktionsfähiger Kapitalmärkte gerichtet. In dieser Marktbezogenheit zeigt sich die eigenständige Regelungsperspektive des Kapitalmarktrechts, die es deutlich von anderen Rechtsgebieten, auch von dem eng mit ihm verknüpften Bankrecht abgrenzt.

8.6 Vor der Darstellung der Rechtsquellen des Kapitalmarktrechts wird zunächst ein **grober Überblick** über die Regelungsmaterie des Kapitalmarktrechts verschafft. Hierbei handelt es sich um die Marktstrukturen, insbe-

---

3 *Assmann* in Assmann/Schütze, Handbuch des Kapitalanlagerechts, § 1 Rn 22.
4 *Kümpel* in Kümpel/Ott, Kapitalmarktrecht, Kz 050, S. 66.

sondere die verschiedenen Segmente des Kapitalmarktes und die kapitalmarktbezogenen Tätigkeiten. Die Reichweite des Kapitalmarktrechts wird im übrigen von den Marktteilnehmern bestimmt. Aus kapitalmarktrechtlicher Sicht gehören zu den Marktteilnehmern im weiteren Wortsinne nicht nur die Kreditinstitute und Börsenmakler als unmittelbar am Markt tätige Handelsteilnehmer. Marktteilnehmer sind selbstverständlich auch die Emittenten der am Kapitalmarkt gehandelten Wertpapiere und die Anleger als Träger des Angebots- und Nachfragepotentials, wie es im Kapitalmarkt zum Ausgleich gebracht werden soll.

Eine Herausbildung des Kapitalmarktrechts hat sich auch an seinen Regelungszielen und Schutzgütern zu orientieren. Hierbei geht es vor allem um den Schutz der Funktionsfähigkeit der Kapitalmärkte und damit zugleich um den Schutz des Anlegerpublikums als der Gesamtheit der Anleger (Anlegerschaft), die das Angebot- und Nachfragepotential verkörpern und so die Basis des Marktes bilden. In Ausnahmefällen können die kapitalmarktrechtlichen Normen allerdings auch den Schutz der Individualinteressen der Anleger bezwecken.

8.7

2. Abschnitt
Begriff des Kapitalmarktes

8.8 Wie bei der begrifflichen Erfassung des Kapitalmarktrechts bereitet auch die begriffliche Umschreibung des Kapitalmarktes als seinem vorrangigen Regelungsziel Schwierigkeiten. Bislang gehörte dieser Begriff nach allgemeiner Meinung zu den unpräzisesten und erklärungsbedürftigen Worten der Fach- und Alltagssprache[5]. Mit dem **Begriff Kapital** wird allgemein ein Vermögen bezeichnet, das einen Ertrag abwirft. Solches ertragsbringendes Vermögen kann in der Form von Geld- und Wertpapieren oder in realen Gütern, insbesondere in Grundbesitz und Fabrikanlagen gehalten werden. Das aus geld- und geldwerten Titeln bestehende Vermögen wird üblicherweise als Geld- oder Finanzkapital bezeichnet im Unterschied zu dem aus realen Gütern gebildeten Sach- oder Realkapital. Der **Begriff Kapitalmarkt** bezieht sich nur auf das Finanzkapital. Deshalb sind Kapitalmärkte stets Finanzmärkte und keine Gütermärkte.

I. Kapitalmarkt als Teil des Finanzmarktes

8.9 Zu den Finanzmärkten gehören auch die **Terminmärkte,** die aus vielerlei Gründen wie der Wertpapier-Kassamarkt integrierter und anerkannter Bestandteil des Kapitalmarkts sind[6]. Weitere wesentliche Teile des Finanzmarktes sind der **Geldmarkt** und der **Devisenmarkt.** Gesetzgeberische Maßnahmen zur Verbesserung unseres Finanzmarktes, wie sie namentlich in der Verlautbarung „Konzept Finanzplatz Deutschland" des Bundesministers der Finanzen vom 16. 12. 1992[7] angekündigt worden sind, werden dementsprechend auch als „Finanzmarkt"förderungsgesetze erlassen. So war ein Schwerpunkt des Zweiten Finanzmarktförderungsgesetzes vom 30. 7. 1994[8] das **Wertpapierhandelsgesetz** als Keimzelle eines sich auch kodifikatorisch verselbständigenden Kapitalmarktrechts[9]. Auch

---

5 *Assmann* in Assmann/Schütze, Handbuch des Kapitalanlagerechts, § 1 Rn 1 f.; Großkomm. AktG/*Assmann*, Einl. 355.

6 Vgl. *Assmann* in Assmann/Schütze, Handbuch des Kapitalanlagerechts, § 1 Rn 21, wonach es sich beim Finanzmarkt um einen Annexmarkt zum Aktienmarkt handelt.

7 Abgedruckt in WM 1992, 420 ff.

8 BGBl. I 1994, S. 1749 ff.

9 *Assmann* in Assmann/Schütze, Handbuch des Kapitalanlagerechts, § 1 Rn 21.

das Wertpapierhandelsgesetz, in dessen Mittelpunkt der Wertpapiermarkt als der Kapitalmarkt im engeren Wortsinne steht, enthält zugleich Regelungen für den Geld- und Devisenmarkt. So erstrecken sich die vom Wertpapierhandelsgesetz geregelten „Wertpapierdienstleistungen" ausdrücklich auf die am Geldmarkt gehandelten Geldmarktinstrumente sowie auf die Termingeschäfte (Derivate) der Devisenmärkte. Damit gelten auch für diese geschäftlichen Aktivitäten der Kreditinstitute die im 5. Abschnitt des Wertpapierhandelsgesetzes geregelten Verhaltensregeln (§§ 31 ff. WpHG), die vor allem für die auf den Kapitalmarkt bezogenen Dienstleistungen geschaffen worden sind. Dagegen beschränkt sich die staatliche (Kapital-)Marktaufsicht durch das Bundesaufsichtsamt für den Wertpapierhandel allein auf den Kapitalmarkt im engeren Sinne des „Wertpapier"marktes (§ 4 Abs. 1 WpHG).

II. Kapitalmarkt im engeren Wortsinne (Wertpapiermarkt)

Die herkömmlichen standardisierten **Anlagetitel** des Kapitalmarktes sind **Aktien** und **Schuldverschreibungen** (§§ 793 ff. BGB). Schuldverschreibungen emittieren insbesondere Hypothekenbanken als mündelsichere Pfandbriefe und Kommunalschuldverschreibungen zur Refinanzierung ihres Kreditgeschäfts. Solche Forderungspapiere werden auch von den großen Wirtschaftsunternehmen ausgegeben (Industrieobligationen).

8.10

Bei diesen traditionellen Kapitalmarkttiteln handelt es sich um Wertpapiere im engeren Wortsinne, die infolge ihrer wertpapiermäßigen Verbriefung eine **gesteigerte Umlauffähigkeit** haben. Diese Verbriefung verliert allerdings zunehmend an praktischer Bedeutung. Einen Großteil der an den Kapitalmärkten gehandelten Anlagetitel bilden unverbriefte Forderungsrechte. Seit 1972 werden sämtliche Anleihen der Bundesrepublik Deutschland und der Bundesländer als wertpapiermäßig unverbriefte Schuldbuchforderungen begeben. Die wertpapiermäßige Verbriefung wird in diesen Fällen durch Eintragung in den Schuldbüchern des Bundes und der Länder ersetzt (Entmaterialisierung der Wertpapiere). Diese „Wertrechts"anleihen werden in die Girosammelverwahrung der Deutsche Börse Clearing AG als Wertpapiersammelbank einbezogen. Dort können sie wie die wertpapiermäßig verbrieften Anlagetitel als Substrat des Effektengiroverkehrs zur Belieferung der an den Kapitalmärkten getätigten Wertpapiergeschäfte dienen.

8.11

1. Kapitalmarkttitel als Wertpapiere im Sinne des § 2 Abs. 1 WpHG

8.12 An diese traditionellen Kapitalmarkttitel in Form von Aktien und Schuldverschreibungen knüpft das Zweite Finanzmarktförderungsgesetz bei der Schaffung des für den Kapitalmarkt konzipierten Wertpapierhandelsgesetzes an. Das Segment des Kapitalmarktes, das allein der staatlichen Marktaufsicht unterliegt, bezeichnet das Wertpapierhandelsgesetz (§ 4 Abs. 1) bei Umschreibung der Aufgaben des Bundesaufsichtsamtes für den Wertpapierhandel als **„Wertpapiermarkt"**. So bestimmt § 4 Abs. 1 S. 2 WpHG, daß die Aufsichtsbehörden im Rahmen der ihr zugewiesenen Aufgaben insbesondere Mißständen entgegenzuwirken haben, die erhebliche Nachteile für den „Wertpapiermarkt" bewirken können. Diese Wertungsentscheidung des Gesetzgebers legt es nahe, künftig unter dem Kapitalmarkt im engeren Wortsinne den Wertpapiermarkt im Sinne des § 4 Abs. 1 WpHG zu verstehen. Hierfür spricht vor allem, daß das Bundesaufsichtsamt für den Wertpapierhandel als staatliche Marktaufsicht nur für den Kapitalmarkt geschaffen worden ist[10]. Wenn nun bei der Umschreibung dieser Aufsichtstätigkeit der Begriff der „Wertpapiermärkte" verwendet wird, so dürfte der Gesetzgeber diese Marktveranstaltung auch als den zu überwachenden **„Kapitalmarkt"** angesehen haben. Hierfür sprechen schließlich die Gesetzesmaterialien zum Gesetz zur Umsetzung von EG-Richtlinien zur Harmonisierung bank- und wertpapieraufsichtsrechtlicher Vorschriften vom 22. 10. 1997. Danach ist mit dem Begriff „Markt", wie er bei der Legaldefinition der vom Wertpapierhandelsgesetz erfaßten Wertpapiere in § 2 Abs. 1 WpHG als wesentliches Begriffsmerkmal verwendet wird, der Kapital- oder Geldmarkt gemeint[11]. Damit sind nach dem gesetzgeberischen Willen alle unter diese Legaldefinition fallenden Wertpapiere „Kapitalmarkttitel", soweit sie nicht wegen ihrer kurzen Laufzeit dem Geldmarkt zuzuordnen sind. Eine solche begriffliche Abgrenzung des Kapitalmarktes im engeren Wortsinne steht im vollen Einklang mit der bisherigen Sichtweise der Praxis. Diese indirekte Umschreibung des Kapitalmarktes im engeren Wortsinne durch den in § 4 Abs. 1 S. 2 WpHG verwendeten Begriff des „Wertpapiermarktes" kann deshalb Leitbild für die dogmatische Durchdringung des Kapitalmarktrechts sein. Dies umso mehr, als das Wertpapierhandelsgesetz von maßgeblichen Literaturstimmen als „Grundgesetz"[12] oder als „Keimzelle und Kernstück eines deutschen Kapitalmarktrechts" eingestuft wird[13].

---

10 *Assmann* in Assmann/Schütze, Handbuch des Kapitalanlagerechts, § 1 Rn 34.
11 BT-Drucksache 13/7142, S. 100.
12 *Hopt*, ZHR 159 (1995), 135.
13 *Assmann/Schneider* in Assmann/Schneider, WpHG, Vorwort der 1. Aufl., 1996.

2. Abschnitt: Begriff des Kapitalmarktes

Ist also mit dem Wertpapiermarkt des § 4 Abs. 1 WpHG der Kapitalmarkt im engeren Wortsinne gemeint, so ergibt sich der Kreis der dort gehandelten Wertpapiere (**Kapitalmarkttitel**) aus der in § 2 Abs. 1 WpHG enthaltenen **Wertpapierdefinition**. Diese Begriffsbestimmung gilt für alle Bestimmungen dieses Gesetzes und damit auch für den § 4 Abs. 1 WpHG, der die Rechtsgrundlage für die neugeschaffene staatliche Kapitalmarktaufsicht bildet[14]. Nach dieser gesetzlichen Bestimmung gehören somit zu den Kapitalmarkttiteln:

8.13

„Aktien, Zertifikate, die Aktien vertreten, Schuldverschreibungen, Genußscheine, Optionsscheine und andere Wertpapiere, die mit Aktien oder Schuldverschreibungen vergleichbar sind, wenn sie an einem Markt gehandelt werden."

8.14

Mit diesem Marktbegriff des § 2 Abs. 1 S. 1 WpHG ist der Kapital- oder Geldmarkt im Sinne des Art. 1 Nr. 4 und 5 der Wertpapierdienstleistungsrichtlinie (WDR) gemeint[15]. Die Nr. 4 des Art. 1 WDR definiert die Wertpapiere als „Aktien und andere, Aktien gleichzustellende Wertpapiere, Schuldverschreibungen und sonstige verbriefte Schuldtitel, die auf dem Kapitalmarkt gehandelt werden können und alle anderen üblicherweise gehandelten Titel, die zum Erwerb solcher Wertpapiere durch Zeichnung oder Austausch berechtigen oder zu einer Barzahlung führen mit Ausnahme von Zahlungsmitteln[16]. Der Marktbegriff des § 2 Abs. 1 S. 1 WpHG erfaßt deshalb sowohl den organisierten Markt (vgl. § 2 Abs. 5 WpHG) wie auch den nicht organisierten Markt (sog. OTC-Geschäfte)[17]. Voraussetzung für diesen Wertpapierbegriff des Wertpapierhandelsgesetzes ist aber, daß die gehandelten **Titel fungibel** sind[18]. Unter dieser Fungibilität ist die Austauschbarkeit im Sinne der Vertretbarkeit (§ 91 BGB) zu verstehen[19].

8.15

---

14 *Assmann* in Assmann/Schütze, Handbuch des Kapitalanlagerechts, § 2 Rn 2.
15 Begr. RegE zum „Gesetz zur Umsetzung von EG-Richtlinien zur Harmonisierung bank- und wertpapieraufsichtsrechtlicher Vorschriften vom 22. 10. 1997" (Richtlinien-Umsetzungsgesetz), abgedruckt in BGBl. I, S. 2518 ff. – BT-Drucksache 13/7142, S. 100.
16 Abgedruckt in *Kümpel/Ott*, Kapitalmarktrecht, Kz 925, S. 9.
17 Zum Begriff des organisierten Marktes, der dem regulated market im Sinne der Wertpapierdienstleistungsrichtlinie entspricht, vgl. Rn 8.104, 17.387 und *Hopt*, FS Schimansky, 1999, S. 631 ff.
18 Begr. RegE zum Richtlinien-Umsetzungsgesetz vom 22. 10. 1997 – BT-Drucksache 13/7142, S. 100; Informationsblatt des Bundesaufsichtsamtes für den Wertpapierhandel, abgedruckt in *Kümpel/Ott*, Kapitalmarktrecht, Kz 631/2, S. 5.
19 *Bosch/Groß* in Bankrecht und Bankpraxis, Rn 10/4; *Assmann* in Assmann/Schneider, WpHG, § 2 Rn 4.

2. Aktienzertifikate

8.16 Ein praktisches Beispiel für „Zertifikate, die Aktien vertreten", wie sie in der gesetzlichen Wertpapierdefinition des § 2 Abs. 1 WpHG erwähnt werden, stellen die **Inhaber-Sammel-Zertifikate** dar, die die Deutsche Börse Clearing AG gemäß ihren AGB (Nr. 57 Abs. 2)[20] bei der Einführung ausländischer Namensaktien an deutschen Börsen emittiert. Mit der Übernahme einer solchen Treuhandfunktion war zunächst die Deutsche Auslandskassenverein AG betraut, die im Jahre 1996 mit der Deutsche Kassenverein AG verschmolzen worden ist, die ihrerseits seit dem 1. 10. 1997 als Deutsche Börse Clearing AG firmiert.

8.17 Mit der Emission solcher Inhaber-Sammel-Zertifikate über die börseneingeführten ausländischen Originalaktien, die die treuhänderisch tätig werdende Deutsche Börse Clearing AG als Deckung für ihre Leistungspflichten aus diesen Zertifikaten hält, werden die Voraussetzungen für eine den Börsenusancen entsprechende Belieferung der an der Börse getätigten Geschäfte geschaffen. Das jeweilige Sammel-Zertifikat wird in einem Girosammel(GS)Depot bei der Treuhänderin hinterlegt und kann dort als wertpapiermäßiges Substrat für die börsenmäßige Lieferung von GS-Anteilen dienen. Bei der Emission dieser Zertifikate handelt es sich um eine aufgrund deutschen Börsenrechts bedingte Zweitverbriefung von ausländischen Aktienrechten, die aus den verschiedensten Gesichtspunkten – wie z.B. die wertpapiermäßig unverbriefte spanische Aktie und das englische share certificate sowie die italienischen und japanischen Namensaktien – nicht Gegenstand des amtlichen deutschen Börsenhandels sein können, weil dieser handelbare (fungible) Wertpapiere voraussetzt[21].

8.18 Das **Inhaber-Sammelzertifikat** stellt eine **Dauer-Globalurkunde** im Sinne des § 9 Abs. 3 S. 2 DepG dar. Die Auslieferung von Einzelstücken ist in den auf der Rückseite der Sammelzertifikate abgedruckten Emissionsbedingungen ausgeschlossen. Die Inhaber der GS-Anteile an dem Sammelzertifikat können deshalb über ihre inländische Depotbank von der Deutsche Börse Clerarring AG lediglich die Auslieferung der ausländischen Originalaktien an dem in den Emissionsbedingungen bestimmten – regel-

---

20 Abgedruckt in *Kümpel/Ott,* Kapitalmarktrecht, Kz 380.
21 *Kümpel,* Effektenhandel und Depotgeschäft mit Auslandsberührung – Grundsatzprobleme und Lösungsmodelle, Handbuch der Wertpapieranlage, Zürich, 1974, S. 811; vgl. auch *ders.,* ZKW 1964, 664. Zu den Rechtsbeziehungen unter den Beteiligten bei solchen Zweitverbriefungen vgl. *Brink,* Rechtsbeziehungen und Rechtsübertragung im nationalen und internationalen Effektengiroverkehr, 1976, S. 117 ff.

mäßig ausländischen – Ort verlangen. Soweit die ausländischen Originalaktien wegen fehlender wertpapiermäßiger Verbriefung nicht lieferbar sind, kommt nur eine Umschreibung im Aktienregister der ausländischen Gesellschaft auf den die Auslieferung begehrenden Inhaber der GS-Anteile am Inhaber-Sammelzertifikat in Betracht.

3. Genuß- und Optionsscheine

Wie die Aufzählung der Wertpapiere in § 2 Abs. 1 S. 1 WpHG zeigt, hat der Gesetzgeber bei seiner Definition des Wertpapierbegriffs im wesentlichen an die Aktien und Schuldverschreibungen als die beiden herkömmlichen Titel des Kapitalmarktes angeknüpft. Dies zeigt sich auch darin, daß nach den Gesetzesmaterialien Schuldscheindarlehen nicht unter die Wertpapierdefinition des Abs. 1 des § 2 WpHG fallen. 8.19

Schuldscheindarlehen mit den kurzen Laufzeiten des Geldmarktes sollen nach den Gesetzesmaterialien von der Definition der Geldmarktinstrumente in Abs. 1a des § 2 WpHG erfaßt werden, die nur auf solche auf dem Geldmarkt gehandelte Forderungen anwendbar ist, die nicht schon unter den Wertpapierbegriff des Abs. 1 des § 2 WpHG fallen. Diesen Wertpapierbegriff erfüllen aber nach den Gesetzesmaterialien nur die wertpapiermäßig ausgestatteten Geldmarktinstrumente in Form der Schatzanweisungen, Einlagen-Zertifikate und Commercial Papers[22]. Wertpapiermäßig unverbriefte Schuldscheindarlehen fallen also hiernach grundsätzlich nicht unter den Wertpapierbegriff des § 2 Abs. 1 WpHG. 8.20

Schon bislang konnten die Schuldscheine wegen ihrer fehlenden wertpapiermäßigen Verbriefung nicht am Kapital-(Kassa-)Markt gehandelt werden und gehörten deshalb nicht zu den Kapitalmarkttiteln im herkömmlichen Sinne. 8.21

Gegen eine solche Anknüpfung des Gesetzgebers an den Kapitalmarkt im herkömmlichen Sinne spricht auch nicht, daß in der Wertpapierdefinition des § 2 Abs. 1 WpHG ausdrücklich auch die Genußscheine und Optionsscheine erwähnt werden. Die **Emission von kapitalmarktgeeigneten Genußscheinen und Optionsscheinen** erfolgt regelmäßig in Form von Schuldverschreibungen. Dies geschieht vor allem, wenn diese Wertpapiere von einer Aktiengesellschaft als Finanzierungsinstrument benutzt werden, wie sie das Aktiengesetz (§ 221) den Gesellschaften ausdrücklich zur Verfügung stellt. 8.22

---

22 Begr. RegE des „Gesetzes zur Umsetzung von EG-Richtlinien zur Harmonisierung bank- und wertpapieraufsichtsrechtlicher Vorschriften vom 22. 10. 1997", abgedruckt BGBl. I 1997, S. 2518 ff. (BT-Drucksache 13/7142, S. 100).

8.23 Genußrechte im Sinne des § 221 Abs. 3 AktG können in **Genußscheinen** verbrieft werden[23]. Diese Wertpapiere können grundsätzlich als Schuldverschreibungen eingeordnet werden[24]. Genußscheine können aber im Einzelfall auch aktienähnlichen Inhalt[25] und sogar Eigenkapitalcharakter haben, wie dies für die Genußscheine im Sinne des § 10 Abs. 5 KWG gilt. Wertpapiermäßig ausgestattete Genußscheine können zum Amtlichen und Geregelten Markt zugelassen werden[26].

8.24 Auch **Optionsscheine** sind regelmäßig Inhaberschuldverschreibungen im Sinne des § 793 BGB. Sie verbriefen das Recht, gegen Zahlung eines bestimmten Betrages ein Wertpapier, einen sonstigen Gegenstand oder einen Geldbetrag von dem Emittenten verlangen zu können[27]. Der Handel in abgetrennten Optionsscheinen aus den Optionsanleihen im Sinne des § 221 AktG hat der BGH als **Kassageschäfte** eingestuft, wie sie beim börsenmäßigen Handel in Aktien und Schuldverschreibungen abgeschlossen werden[28]. Dies gilt auch für abgetrennte Optionsscheine aus Optionsanleihen ausländischer Aktiengesellschaften, selbst wenn das maßgebliche ausländische Recht die Ausgabe von Optionsanleihen nicht gesetzlich regelt[29].

4. Investmentzertifikate

8.25 Nach der gesetzlichen Begriffsbestimmung gehören zu den Kapitalmarktpapieren auch die **Anteilscheine** (Investmentzertifikate), die von einer Kapitalanlagegesellschaft oder anderen ausländischen Investmentgesellschaften ausgegeben werden (§ 2 Abs. 1 S. 2 WpHG). Diese Investmentzertifikate verbriefen nicht nur die Ansprüche des Anteilscheininhabers gegenüber der Kapitalanlagegesellschaft als Verwalterin des Fondsvermögens (vgl. § 18 Abs. 1 KAGG). Die Verbriefung erfaßt vielmehr die **gesamte Rechtsstellung des Anlegers** und damit auch seine **eigentumsmäßige Beteiligung** am Fondsvermögen, wie sie bei dem im Inland praktizierten

---

23 *Karollus* in Geßler/Hefermehl/Eckardt/Kropff, Aktiengesetz, § 221 Rn 236; *Hüffer*, Aktiengesetz, 3. Aufl., § 221 Rn 28.
24 Kölner Kommentar zum Aktiengesetz/*Lutter*, § 221 Rn 248; *Bosch/Groß* in Bankrecht und Bankpraxis, Rn 10/209.
25 *Hüffer*, Aktiengesetz, 3. Aufl., § 221 Rn 25.
26 *Karollus* in Geßler/Hefermehl/Eckardt/Kropff, Aktiengesetz, § 221 Rn 373.
27 *Drygalla*, ZHR 159 (1995), 686, 688; *Bosch/Groß* in Bankrecht und Bankpraxis, Rn 10/211; *Kienle* in Bankrechts-Handbuch, § 106 Rn 64.
28 BGH WM 1991, 982 m.w.Nachw.; 1994, 2231, 2232; OLG Düsseldorf, WM 1995, 1751; *Kienle* in Bankrechts-Handbuch, § 106 Rn 66; *Kümpel*, WM 1990, 449, 459.
29 BGH WM 1996, 620.

Miteigentumsmodell begründet wird. Die Investmentzertifikate verbriefen deshalb nicht nur schuldrechtliche Leistungsansprüche, wie sie für die Schuldverschreibung begriffswesentlich sind (vgl. § 793 BGB), sondern auch eine dingliche Rechtsstellung.

Bei einer **Wiederveräußerung der Investmentzertifikate** machen die Anleger regelmäßig von ihrem gesetzlichen Anspruch auf Rücknahme der Investmentzertifikate durch die Investmentgesellschaft Gebrauch (§ 11 Abs. 2 S. 1 KAGG). Hierdurch soll die **Fungibilität** der in diesen Anteilscheinen angelegten Geldbeträge gewährleistet werden, ohne den Anleger zu einem Verkauf am Kapitalmarkt zu zwingen. Wäre der Anleger auf einen börsenmäßigen Verkauf zur Liquidisierung seiner Kapitalanlage angewiesen, so würde er das Risiko laufen, daß sich der erzielbare Verkaufspreis für seine Investmentzertifikate nicht allein am wahren Wert der im Fondsvermögen befindlichen Aktien und Schuldverschreibungen orientiert, sondern auch durch das markttechnische Geschehen an der Börse möglicherweise negativ beeinflußt wird. Es bestünde also die Gefahr einer Kumulierung der kursmäßigen Risiken. Das Kursrisiko der im Fondsvermögen befindlichen Kapitalmarktpapiere würde sich also um das davon teilweise unabhängige Kursrisiko für die Investmentzertifikate erhöhen. Ein solches zweifaches Kursrisiko stünde aber im Widerspruch zum Regelungsziel des Investmentgeschäfts, das insbesondere dem Kleinanleger eine möglichst risikoarme Kapitalanlage eröffnen will. Kauf und Verkauf der Investmentzertifikate vollziehen sich deshalb regelmäßig außerhalb des Kapitalmarktes. Dies schließt aber nicht aus, daß Investmentzertifikate z.B. in den Freiverkehr einer deutschen Börse einbezogen werden.

8.26

III. Kapitalmarktbezogenheit der Terminmärkte

Die Kapitalmärkte sind von den Terminmärkten zu unterscheiden. Mit den **Wertpapiergeschäften** an den Kapitalmärkten werden regelmäßig **echte Umsatzgeschäfte** in Aktien und Schuldverschreibungen beabsichtigt[30]. Bei einer Kauforder für den Kapitalmarkt will der Effektenkunde zumindest vorübergehend die Wertpapiere in sein Depot nehmen. Ein Verkauf dient dagegen der Veräußerung der im Depot verbuchten Wertpapiere. Die Wertpapiergeschäfte am Kapitalmarkt sind im übrigen regelmäßig kurzfristig zu erfüllen. Nach den vereinheitlichten Bedingungen für Geschäfte an den deutschen Wertpapierbörsen (Börsenusancen)[31] sind die

8.27

---
30 *Kümpel*, WM 1991, Sonderbeil. 1, 2.
31 Abgedruckt in *Kümpel/Ott*, Kapitalmarktrecht, Kz 450.

Wertpapiere innerhalb von zwei Börsentagen nach Abschluß des Geschäfts gegen Zahlung des Kaufpreises zu liefern (Kassageschäfte). Diese **zweitägige Abwicklungsfrist** ist aus technischen Gründen für eine ordnungsgemäße Belieferung der Wertpapiergeschäfte erforderlich.

8.28 Die an den Terminmärkten getätigten Geschäfte (Termingeschäfte) verfolgen jedoch im Regelfall einen anderen wirtschaftlichen Zweck. Diese Geschäfte können abgeschlossen werden, um sich vor Verlusten aus den Schwankungen der Marktkurse, insbesondere der Kurse der Kapitalmärkte zu schützen **(Hedginggeschäfte)**. Ganz überwiegend sollen aber mit den Termingeschäften Differenzgewinne aus den Kursschwankungen erzielt werden **(Terminspekulation)**. Dieser Geschäftszweck erfordert eine gegenüber den Kassageschäften des Kapitalmarktes längere Laufzeit, damit sich die Kurse in der von den Vertragsparteien unterschiedlich gewünschten Richtung entwickeln können.

8.29 Bei diesen **Termingeschäften** handelt es sich um besonders **risikoreiche Zeitgeschäfte**. Der wirtschaftliche Wert der mittels des Termingeschäfts erworbenen Rechtsposition hängt vor allem von der nicht verläßlich prognostizierbaren Entwicklung des maßgeblichen Marktpreises innerhalb des Zeitraumes bis zum vereinbarten Termin ab. Dieses dem Termingeschäft innewohnende Zeitmoment ist deshalb ein typisches termingeschäftliches Risiko. Denn bis zum vereinbarten Termin kann eine gegenläufige Marktentwicklung die erworbene Rechtsposition völlig wertlos werden lassen[32]. Dagegen kann beim Erwerb von Aktien- und Schuldverschreibungen am Wertpapier-(Kassa-)Markt ein solcher Totalverlust erst eintreten, wenn der Emittent insolvent wird und es zu keinerlei Zahlungen an den Wertpapierinhaber kommt. Dieses „Insolvenz"risiko ist nach der Lebenserfahrung als äußerst gering zu bewerten, wenn man einmal von dem nicht schutzwürdigen Kauf von Wertpapieren eines erkennbar insolvenzbedrohten Emittenten absieht.

8.30 Das **Börsengesetz** enthält deshalb zum Schutze unerfahrener (nicht-termingeschäftsfähiger) Kunden eine gesonderte Regelung (§§ 50–70 BörsG). Solche risikoreichen Termingeschäfte können auch außerhalb von Börsen getätigt werden. Der Wortbestandteil „Börsen" im Begriff des Börsentermingeschäfts hat historische Gründe; solche Terminmärkte entwickelten sich zuerst an den Börsen.

8.31 Der **Begriff des Börsentermingeschäfts** ist in Rechtsprechung und Schrifttum umstritten und damit für eine möglichst präzise Abgrenzung zum

---

32 BGH WM 1984, 1599; *Kümpel*, WM 1997, 49, 53; *Paus*, Börsentermingeschäfte, 1995, S. 107, 258, 259.

Kassageschäft ungeeignet. Angesichts der kaum noch überschaubaren inhaltlichen Ausgestaltung der heutigen Termingeschäfte fällt selbst dem erfahrenen Praktiker die Einordnung der neuen termingeschäftlichen Produkte als Börsentermingeschäfte zunehmend schwerer. Im Interesse der notwendigen Rechtssicherheit und Rechtsklarheit sollte der höchst fragwürdige Begriff des Börsentermingeschäfts durch den Begriff der „Derivate" ersetzt werden, wie er zur begrifflichen Bestimmung der Termingeschäfte in § 2 Abs. 2 WpHG verwendet wird[33] – Rn 15.209 ff. Danach sind Derivate als Festgeschäfte oder Optionsgeschäfte ausgestaltete Termingeschäfte, deren Preis unmittelbar oder mittelbar abhängt von dem (1) Börsen- oder Marktpreis von Wertpapieren, (2) von dem Börsen- oder Marktpreis von Geldmarktinstrumenten, (3) von Zinssätzen oder anderen Erträgen oder (4) von dem Börsen- oder Marktpreis von Waren oder Edelmetallen.

1. Abgrenzung der Geschäfte mit hinausgeschobener Valutierung

Zeitgeschäfte werden in bestimmten Fällen auch in den Kapitalmärkten getätigt. Diese **Geschäfte mit hinausgeschobener Valutierung** sind jedoch keine Termingeschäfte. Sie bezwecken wie die Kassageschäfte echte Umsatzgeschäfte in Wertpapieren. Im Unterschied zum Kassageschäft mit seiner standardisierten zweitägigen Erfüllungsfrist kann der Erfüllungszeitpunkt bei den Wertpapiergeschäften mit hinausgeschobener Valutierung individuell festgesetzt werden. Wertpapiergeschäfte mit hinausgeschobener Valutierung werden typischerweise dann abgeschlossen, wenn der Investor zu einem späteren Zeitpunkt den Eingang von anlagesuchenden Geldern erwartet. Mit dem Abschluß solcher Zeitgeschäfte ohne Termingeschäftscharakter soll der aktuelle Tageskurs für die Wertpapieranlage genutzt werden. Dies gilt insbesondere für Versicherungsgesellschaften, die mit dem Eingang von Prämienzahlungen ihrer Versicherten zu einem späteren (Prämien)Termin fest rechnen können.

8.32

2. Verknüpfung der Kapitalmärkte mit den Terminmärkten

Wie die internationalen Erfahrungen, etwa die Crash-Situation am 19. Oktober 1987 gelehrt haben, sind die Kassamärkte des Kapitalmarktes und die Terminmärkte keine voneinander getrennten, eigenständigen Märkte. Der Terminmarkt ist vielmehr aus vielerlei Gründen wie der Kassamarkt integrierter und anerkannter Bestandteil des Kapitalmarktes.

8.33

---

33 *Kümpel*, WM 1997, 49, 58.

8.34　Im Zuge der **Globalisierung des Wertpapiergeschäfts** hat die **Volatilität der Wertpapierkurse** zugenommen und ein stärkeres Bedürfnis nach Absicherung (Hedging) gegen Kursrisiken bewirkt. Terminmärkte stellen Instrumente zur Absicherung bereit und ermöglichen einen Risikotransfer zwischen verschiedenen Marktteilnehmern. Will sich der Kassakäufer gegen fallende Kurse des Kapitalmarktes absichern, verkauft er die erworbenen Wertpapiere per Termin. Tritt der Kursverfall ein, so kann der Kassakäufer seine Lieferverpflichtung mit Wertpapieren erfüllen, die er kurz vor dem Liefertermin zum niedrigeren Kurs im Kassamarkt kauft. Mit dem Gewinn aus dem Terminverkauf als Hedginggeschäft kann der Kursverlust bei den früher erworbenen Wertpapieren ausgeglichen werden.

8.35　**Kassa- und Terminmärkte** sind im übrigen durch die **Arbitrage** miteinander verbunden. Je enger diese Verbindung ist, desto besser funktionieren Arbitrageprozesse zwischen beiden Marktsegmenten und verhindern ein Auseinanderdriften der Preise. Die Arbitrage **bewirkt** einen Ausgleich von markttechnisch bedingten, ungerechtfertigten Bewertungsunterschieden zwischen beiden Marktsegmenten durch sofortige und möglichst gleichzeitige, regelmäßig gegenläufige Aktivitäten im Termin- und Kassamarkt. Damit wirkt die Arbitrage **kursstabilisierend** und ist somit auch **volkswirtschaftlich nützlich.**

8.36　Die Möglichkeit, sich gegen unerwünschte Kursentwicklungen am Kassamarkt durch entsprechende Engagements im Terminmarkt schützen zu können, fördert zudem die Bereitschaft zu Engagements im Kassageschäft. Dies führt zusammen mit der Arbitrage zwischen Kassa- und Terminmarkt zu Umsatzsteigerungen in diesem Marktsegment. Höhere Handelsvolumina durch Arbitrage- und Hedging-Geschäfte sind gleichbedeutend mit Erhöhung der Liquidität, die für die Akzeptanz eines Kapitalmarktes wichtige Voraussetzung ist. Nur ein liquider Kapitalmarkt gewährleistet, daß Investoren jederzeit Transaktionen in jeder Größenordnung durchführen können.

8.37　Die Verknüpfung des Kapitalmarktes mit den Terminmärkten zeigt sich auch beim Portfolio Management der Kreditinstitute, das erheblich professioneller geworden ist. Gestützt auf die Erkenntnisse der modernen Kapitalmarkttheorie wurden insbesondere in den angelsächsischen Ländern **Anlagestrategien und Bewertungsmodelle** entwickelt, die die gesamte Breite des Kapitalmarktes berücksichtigen und die Möglichkeit einer Risikosteuerung und -begrenzung über Terminmärkte einbeziehen. Die traditionellen Kapitalmarktpapiere und die diesbezüglichen Derivate stellen deshalb im heutigen Wertpapiergeschäft miteinander verknüpfte Produkte dar.

Schließlich hat die Deutsche Börse AG mit der Übernahme der Trägerschaft der Frankfurter Wertpapierbörse und dem Erwerb sämtlicher Anteile an der Deutschen Terminbörse GmbH Kassamarkt und Terminbörse in Deutschland unternehmerisch integriert und die Grundlage für ein wettbewerbsfähiges Angebot von Dienstleistungen des Kassa- und des Terminmarktes aus einer Hand auf einer integrierten Handelsplattform geschaffen. Terminmärkte sind im Hinblick auf die Wettbewerbsfähigkeit eines Finanzplatzes[34] von entscheidender Bedeutung. Ein Finanzplatz, der nicht die von international operierenden Marktteilnehmern nachgefragten Anlage- und Absicherungsmöglichkeiten in Form eines leistungsfähigen Terminmarktes anbieten kann, wird wesentliche Teile seines Kassageschäfts an zunehmend konkurrierende ausländische Kapitalmärkte verlieren. 8.38

IV. Grauer Markt als Kapitalmarkt im weiteren Sinne

Zum Kapitalmarkt im weiteren Sinne gehört nach dem Schrifttum auch der sog. „Graue" Markt, auf dem vor allem Anteile an geschlossenen Immobilienfonds, ausländischen Warentermingeschäften, Bauherrenmodellen und Beteiligungen an Abschreibungsgesellschaften angeboten werden. Dabei handelt es sich **meistens um Projekte, die in der Form der GmbH & Co. KG organisiert** sind[35]. Die als Anlage angebotenen Kommanditanteile sind im Unterschied zu den Aktien und den Schuldverschreibungen für eine wertpapiermäßige Verbriefung ungeeignet. 8.39

Nachdem sich der Gesetzgeber bislang auf die Regelung des organisierten Kapitalmarktrechts beschränkt hat, entwickelte die Rechtsprechung zum Schutze der Anleger kapitalmarktrechtlich orientierte Grundsätze für den „Grauen" Markt. Hierzu wurden die Gesellschaftsverträge einer strengen Inhaltskontrolle unterworfen und für die Emittenten und Emissionshelfer sowie für die auftretenden Anlageberater ein Sonderrecht geschaffen. Insbesondere wurde **zum Schutze der Anleger** die allgemeine zivilrechtliche Prospekthaftung entwickelt – Rn 9.340 ff. 8.40

Die auf diesem Markt angebotenen Anlageformen erfüllen nicht die tatbestandsmäßigen Voraussetzungen des Wertpapierbegriffs im Sinne des 8.41

---

34 Zur Abgrenzung des Begriffs „Finanzplatz" vom Finanzmarkt vgl. den von der Landeszentralbank in Hessen herausgegebenen Frankfurter Finanzmarkt-Bericht, Nr. 28 vom 27. 11. 1997 „Zum Wesen eines Finanzplatzes und der Notwendigkeit seiner Förderung".
35 *Assmann* in Assmann/Schütze, Handbuch des Kapitalanlagerechts, § 1 Rn 11.

§ 2 Abs. 1 WpHG, der weitestgehend durch die beiden herkömmlichen Anlagetitel in Form der Aktie und der Schuldverschreibung geprägt ist. Damit fehlt es an einem Wertpapiermarkt, der die Voraussetzungen des Kapitalmarktes im engeren Wortsinne erfüllt. Das für den „Grauen" Kapitalmarkt geltende Recht gehört deshalb nur zum Kapitalmarktrecht im weiteren Sinne der rechtlichen Regelungen des Angebots von Kapitalanlagen. Dementsprechend ist der „Graue" Kapitalmarkt auch nicht der Überwachung durch das Bundesaufsichtsamt für den Wertpapierhandel unterstellt worden, dessen Aufsichtstätigkeit sich auf den Wertpapiermarkt und damit den Kapitalmarkt im engeren Wortsinne beschränkt[36].

---

36 *Assmann* in Assmann/Schütze, Handbuch des Kapitalanlagerechts, § 1 Rn 34.

3. Abschnitt
Abgrenzung des Kapitalmarktes vom Geld- und Devisenmarkt

Der Kapitalmarkt kann vom breiten Anlegerpublikum unter Zwischenschaltung der Kreditinstitute in Anspruch genommen werden. Der Geldmarkt ist dagegen im wesentlichen nur ein Markt der Kreditinstitute und der Bundesbank. Seit der Zinsliberalisierung im Jahre 1967 treten auch Nicht-Banken, vor allem große Industriefirmen als Handelspartner im Geldmarkt auf. Diese Entwicklung hat stark zugenommen durch die **Emission von Commercial Papers** (CP), die ihre Entstehung insbesondere der Abschaffung des staatlichen Emissions-Genehmigungsverfahrens nach §§ 795, 808a BGB verdanken. Bei den Commercial Papers handelt es sich um verbriefte Forderungen, die vorwiegend von größeren Wirtschaftsunternehmen unter Vermittlung von Kreditinstituten im Rahmen eines Emissonsprogrammes begeben und üblicherweise bei institutionellen Anlegern plaziert werden[37]. Zu den Geldmarktinstrumenten gehören schließlich auch die **sog. Einlagenzertifikate** (Certificates of Deposits), die von den Kreditinstituten emittiert werden[38]. 8.42

I. Geldhandel

Der Geldmarkt[39] umfaßt im engeren Wortsinne den Handel unter Kreditinstituten in Euro-Guthaben, die die Marktteilnehmer auf ihren Girokonten bei der Deutschen Bundesbank und ihren Zweiganstalten (§ 8 BBankG) unterhalten. Diese Giroguthaben werden nicht verzinst. Das Bundesbankgesetz (§ 19 Abs. 1 Nr. 4) gestattet der **Bundesbank** nur die 8.43

---

37 Die Deutsche Bundesbank – Geldpolitische Aufgaben und Instrumente, Sonderdruck der Deutschen Bundesbank Nr. 7, 6. Aufl. 1993, S. 36, 37.
38 Die Deutsche Bundesbank – Geldpolitische Aufgaben und Instrumente, 6. Aufl., S. 29, 45, 65 und die Regierungsbegründung des Entwurfs zum „Gesetz zur Umsetzung von EG-Richtlinien zur Harmonisierung bank- und wertpapieraufsichtsrechtlicher Vorschriften vom 22. 10. 1997 – BT-Drucksache 13/7142, S. 100.
39 Der Geldmarkt wird im Bundesbankgesetz (§ 21) ausdrücklich erwähnt. Zum Begriff des Geldmarktes vgl. *Spindler/Becker/Starke,* Die Deutsche Bundesbank, 1957, S. 258; *Jährig/Schuck,* Handbuch des Kreditgeschäfts, 5. Aufl., S. 14, 15.

Hereinnahme unverzinslicher Giroeinlagen. Zur Vermeidung von Zinsverlusten überlassen daher die Kreditinstitute ihr überschüssiges Zentralbankgeld anderen Kreditinstituten gegen eine marktgerechte Verzinsung, soweit sie hierüber nicht mit der Bundesbank zinsbringende Geldmarktgeschäfte tätigen. Dabei wird das **Zentralbank-Guthaben** als täglich fälliges Geld, Monats- oder Dreimonatsgeld gehandelt.

II. Handel in Geldmarktpapieren

8.44 Zum Geldmarkt gehört aber nicht nur der Handel in Zentralbank-Guthaben. Gehandelt werden dort auch die sog. Geldmarktpapiere, die wegen ihrer **kurzen Laufzeit** für den Kapitalmarkt ungeeignet sind. Hierzu gehören vor allem **Emissionen des Bundes und der Länder** in Gestalt der unverzinslichen Schatzanweisungen (sog. U.-Schätze) und Schatzwechsel. Emittenten sind auch die bisherigen Sondervermögen der Bundesrepublik in Gestalt der Post und der Postbank sowie des Ausgleichsfonds und das ERP-Sondervermögen.

8.45 Zwecks rationeller Ausgabe und Verwahrung werden diese Schatzanweisungen an einem bestimmten Tag sowie 3, 6, 12, 18 oder 24 Monate nach dem Erwerbsmonat fällig und bis zum Nominalbetrag von DM 100 000 (Mindestbetrag DM 5000) abgegeben. Diese Wertpapiere werden nur stückelos als Anteile an einem Sammelbestand der Deutsche Börse Clearing AG zur Verfügung gestellt[40].

8.46 Bei den Schatzanweisungen handelt es sich um Schuldverschreibungen im Sinne des § 793 BGB, deren Laufzeit entsprechend ihrem Charakter als Geldmarktpapiere regelmäßig zwischen sechs Monaten bis zwei Jahren liegt[41].

8.47 Zu den Geldmarktpapieren gehören auch die vom Bund oder von den Ländern ausgestellten **Schatzwechsel.** Die Wechselurkunden haben die gleiche Form wie ein gewöhnlicher Eigen-(Sola-)Wechsel im Sinne des Art. 75 WG.

8.48 Die Geldmarktinstrumente können auch **Gegenstand einer Wertpapierdienstleistung** im Sinne des Wertpapierhandelsgesetzes sein (§ 2 Abs. 3). Damit finden auch die Verhaltensregeln für Wertpapierdienstleistungsunternehmen (§§ 31 ff. WpHG) auf bestimmte Rechtsgeschäfte über diese Instrumente des Geldmarktes Anwendung. Hierzu definiert § 2 Abs. 1a WpHG die Geldmarktinstrumente als Forderungen, die nicht schon vom

---

40 *Gramlich*, Bundesbankgesetz, Währungsgesetz, Münzgesetz, 1988, § 21 Rn 4.
41 *Bosch/Groß* in Bankrecht und Bankpraxis, Rn 10/4.

Wertpapierbegriff des § 2 Abs. 1 WpHG erfaßt werden und üblicherweise auf dem Geldmarkt gehandelt werden. Vom Abs. 1a des § 2 wird z.B. ein kurzfristiges Schuldscheindarlehen erfaßt[42].

1. Verzinsung durch Disagio

Die in den Schatzanweisungen und Schatzwechseln verbrieften Zahlungsansprüche sind mit **keinem festen Zinsanspruch** ausgestattet. Statt dessen hat der Inhaber dieser unverzinslichen Geldmarktpapiere, wenn er sie vor Fälligkeit wieder verkauft, den ihm zugeflossenen Kaufpreis entsprechend dem bei Geschäftsabschluß aktuellen Geldmarktzins zu verzinsen. Hierzu erfolgt ein **Abschlag vom Kaufpreis.** Denn beim Erwerb dieser Wertpapiere ist ein „Kaufpreis" zu zahlen; die Geldaufnahme durch Emission dieser Wertpapiere wird rechtlich nach herrschender Meinung nicht als Darlehen, sondern als Kauf qualifiziert[43]. 8.49

Dieses sog. **Disagio** ist das **Entgelt** dafür, daß die in den Geldmarktpapieren verbriefte Geldforderung wie die Wechselforderung bei der Diskontierung durch die Bundesbank schon vor Fälligkeit in sofort verfügbares Geld umgewandelt wird. 8.50

Neben den **unverzinslichen Schatzanweisungen** emittiert der Bund **verzinsliche Schatzanweisungen.** Diese werden wie bei den Anleihen privater Emittenten mit Zinsscheinen für regelmäßige Zinszahlungen ausgestattet. Die verzinslichen Schatzanweisungen haben eine Laufzeit zwischen zwei und fünf Jahren und sind zur amtlichen Notierung zugelassen. Sie sind an die Stelle der bisherigen Kassenobligationen getreten. Von diesen verzinslichen Schatzanweisungen sind die Bundesobligationen zu unterscheiden, die eine Laufzeit von fünf Jahren haben und ebenfalls amtlich notiert werden. Verzinsliche Schatzanweisungen und Bundesobligationen sind wegen ihrer Laufzeit von über zwei Jahren als zeitlicher Obergrenze für Geldmarktpapiere dem Kapitalmarkt zuzurechnen. 8.51

2. Rückgabe an die Bundesbank

Geschäfte in diesen Geldmarktpapieren finden anders als beim Geldhandel ganz überwiegend nur zwischen der Bundesbank und den Geschäftsbanken statt. Ein **Handel** der Geldmarktpapiere **zwischen den Geschäftsbanken** ist zwar zulässig und möglich, aber nicht üblich. Wenn eine 8.52

---

42 Begr. RegE zum „Gesetz zur Umsetzung von EG-Richtlinien zur Harmonisierung bank- und wertpapieraufsichtsrechtlicher Vorschriften" vom 22. 10. 1997 – BT-Drucksache 13/7142, S. 100.
43 *Palandt/Putzo*, Einf. v. § 607 Rn 23; *Canaris*, Bankvertragsrecht[2], Rn 2243.

Geschäftsbank sich von den erworbenen Schatzwechseln und unverzinslichen Schatzanweisungen vor Fälligkeit trennen will, gibt sie diese Titel regelmäßig an die Bundesbank zurück[44].

III. Devisenmarkt

8.53 Unter den Devisenmärkten ist eine Vielzahl von meist telefonischen und fernschriftlichen Kontakten zwischen den Devisendisponenten bei Nichtbanken und Devisenhändlern bei Kreditinstituten sowie zwischen den Devisenhändlern der Kreditinstitute untereinander zu verstehen[45]. In einigen Ländern bestehen **Devisenbörsen,** die den institutionellen Rahmen für einen tageszeitlich und marktanteilmäßig begrenzten Teil des Devisen-Kassageschäftes bilden[46].

8.54 Bei den Devisen in diesem engeren (rechtlichen) Sinne handelt es sich um Ansprüche auf Zahlung in fremder Währung an einem ausländischen Platz im Heimatland dieser Währung[47]. Diese Devisenforderungen werden deswegen vor allem als Kontoguthaben bei Banken oder der Zentralbank im Heimatland der Währung unterhalten. Diese Kontoguthaben stellen zugleich das Buchgeld des bargeldlosen Zahlungsverkehrs dar[48]. Diese Devisenguthaben werden deshalb analog der DM-Kontoguthaben auch als ausländisches Buchgeld bezeichnet[49].

8.55 Zu den **Devisen im weiteren Wortsinne** gehören auch auf ausländische Währung lautende und an ausländischen Plätzen zu erfüllende Zahlungs-

---

44 Die Deutsche Bundesbank, Sonderdruck der Deutschen Bundesbank, 6. Aufl., 1993, S. 32; *Lipfert,* Der Geldmarkt, 8. Aufl., 1975, 28.
45 *Lipfert,* Devisenhandel und Devisenoptionshandel, 4. Aufl., 1992, S. 18; Sonderdruck der Deutschen Bundesbank, Nr. 7 „Geldpolitische Aufgaben und Instrumente", 1993, S. 48.
46 *Lipfert,* Devisenhandel und Devisenoptionshandel, 4. Aufl., 1992, S. 18.
47 *Lipfert,* Devisenhandel und Devisenoptionshandel, 4. Aufl., 1992, S. 17; Gabler's, Wirtschaftslexikon, 14. Aufl. (1997), Stichwort „Devisen"; Sonderdruck der Deutschen Bundesbank, Nr. 7, Geldpolitische Aufgaben und Instrumente, 6. Aufl., 1993, S. 48; *Schönle,* Bank- und Börsenrecht, 2. Aufl., 1976, S. 403; *Kümpel,* WM 1986, 661, 666; *Kleiner,* WM 1988, 1459; *Obermüller,* WM 1984, 325; *Fülbier,* NJW 1990, 2797, 2798.
48 *Schefold* in Bankrechts-Handbuch, § 116 Rn 31; *Staudinger/Köhler,* § 433 Rn 37; *Soergel/Huber,* § 433 Rn 45; *Fülbier,* NJW 1990, 2797, 2798: „Fremdwährungsbuchgeld".
49 *Lipfert,* Devisenhandel und Devisenoptionshandel, 4. Aufl., 1992, S. 17; *Fülbier,* NJW 1990, 2797, 2798.

ansprüche, die wertpapiermäßig verbrieft sind. Dies gilt insbesondere für die US-amerikanischen Staatspapiere in Gestalt der Treasury-notes und Treasury-bills[50]. Gegenstand des Devisenhandels zwischen den Banken sind jedoch ausschließlich die unverbrieften Devisenforderungen in Gestalt der bei den Banken oder Zentralbanken im Heimatland der Währung unterhaltenen Giroguthaben und damit ausländisches Buchgeld[51]. In diesem Devisenmarkt führt die inländische Bank die Aufträge ihrer Kunden zum Kauf oder Verkauf von ausländischen Währungen aus.

Von diesen Devisengeschäften sind die sog. **Sortengeschäfte** zu unterscheiden. Unter Sorten sind ausländische gesetzliche Zahlungsmittel in Gestalt von Banknoten und Münzen zu verstehen[52]. Solchen Sortengeschäften liegen Kaufverträge zugrunde, die den Verkäufer zur Übereignung einer entsprechenden Anzahl von Banknoten und Geldmünzen verpflichtet[53]. 8.56

Soweit die im Wertpapierhandelsgesetz geregelten Derivate-Geschäfte von Devisen abhängig sind, werden sie weitgehend von der Definition der Wertpapierdienstleistung in § 2 Abs. 3 WpHG erfaßt. Damit finden auf diese Geschäfte auch die Verhaltensregeln für Wertpapierdienstleistungsunternehmen (§§ 31 ff. WpHG) Anwendung[54]. Nach § 2 Abs. 2 Nr. 2 WpHG **gehören zu den Derivaten Devisentermingeschäfte,** die an einem organisierten Markt im Sinne des § 2 Abs. 5 WpHG gehandelt werden **(sog. Devisenfuturegeschäfte), Devisenoptionsgeschäfte und Devisenfutureoptionsgeschäfte.** Die Einbeziehung von Devisengeschäften in die staatliche Aufsicht über die Einhaltung der Verhaltensregeln im Sinne der §§ 31 ff. WpHG erfolgt nur insoweit, als sie im Zusammenhang mit der Erbringung von Wertpapierdienstleistungen stehen und Tätigkeiten im Sinne des § 2 Abs. 3 Nr. 1 bis 4 WpHG zum Gegenstand haben. 8.57

Im Rahmen solcher **Wertpapiernebendienstleistungen** werden aber auch Devisentermingeschäfte, die nicht an einem organisierten Markt gehandelt werden und deshalb keine Devisenfuturegeschäfte – sog. **Over-The-Counter(OTC)-Geschäfte** – 8.58

---

50 *Lipfert*, Devisenhandel und Devisenoptionshandel, 4. Aufl., 1992, S. 17; *Kümpel*, WM 1986, 661, 667.
51 Die Deutsche Bundesbank, Geldpolitische Aufgaben und Instrumente, Sonderdrucke der Deutschen Bundesbank, 6. Aufl., S. 48; *Lipfert*, Devisenhandel und Devisenoptionshandel, 4. Aufl., 1992, S. 17.
52 *Schefold* in Bankrechts-Handbuch, § 116 Rn 303 ff.
53 *Soergel/Huber*, § 433 Rn 44; *Staudinger/Schmidt*, § 244 Rn 12; *Fülbier*, NJW 1990, 2797.
54 Begr. RegE des Gesetzes zur Umsetzung von EG-Richtlinien zur Harmonisierung bank- und wertpapieraufsichtsrechtlicher Vorschriften vom 22. 10. 1997 (Richtlinien-Umsetzungsgesetz), abgedruckt in BGBl. I 1997, S. 2518 ff. – BT-Drucksache 13/7142, S. 102.

sind, sowie Devisenkassageschäfte erfaßt. Auch bei solchen außerhalb eines organisierten Marktes getätigten Devisentermingeschäften bestehen wegen des hinausgeschobenen Erfüllungszeitpunktes das Bonitätsrisiko des Vertragskontrahenten und das Währungsrisiko. Devisenkassageschäfte bringen durch das Halten der Devisenposition Währungsrisiken mit sich. Über diese Risiken sind die Bankkunden im Rahmen der Verhaltensregeln der §§ 31 ff. WpHG aufzuklären[55].

---

55 Begr. RegE des Richtlinien-Umsetzungsgesetzes – BT-Drucksache 13/7142, S. 102; *Baur*, Die Bank 1997, 343.

4. Abschnitt
Segmente des Kapitalmarktes

Der Kapitalmarkt setzt sich aus einer Vielzahl von Segmenten zusammen, die in ihrer Zielsetzung und organisatorischen Struktur stark voneinander abweichen. Diese Marktsegmente sind aus rechtlicher Sicht vor allem durch eine **unterschiedliche Regelungsdichte** gekennzeichnet. 8.59

Die Segmentierung des Kapitalmarktes ergibt sich schon daraus, daß die dort gehandelten Anlagetitel zunächst geschaffen werden müssen. Dies geschieht anläßlich der Unterbringung beim Anlegerpublikum im Zuge der Emission, die den Abschluß eines wertpapierrechtlichen Begebungsvertrages erfordert. Nach dieser **Emissionsphase**, die sich im sog. Primärmarkt vollzieht, können die neugeschaffenen Wertpapiere am Kapitalmarkt weiter veräußert werden und so **im Anlegerpublikum „umlaufen"**. Schwerpunkte dieser „Zirkulations"märkte als weitere Segmente des Kapitalmarktes sind die börsenmäßig organisierten Märkte. Die **Wertpapierbörsen** in Deutschland dienen heute regelmäßig nicht mehr der Plazierung von Wertpapieren, sondern dem Kauf und Verkauf von Wertpapieren nach ihrer Plazierung **(Börsenhandel)**. Die Börsenmärkte werden deshalb als Sekundär-(Zirkulations-)Märkte bezeichnet. Zu diesen Sekundärmärkten gehört aber auch der außerbörsliche Wertpapierhandel im Telefonverkehr der Banken **(Interbankenhandel)**. 8.60

I. Primärmarkt

Die Praxis versteht unter Primärmarkt die erste (primäre) Unterbringung der Kapitalmarktpapiere bei den hieran interessierten Anlegern. Diese **Plazierung** erfolgt im Zuge der Begebung (Emission) der Wertpapiere[56]. Der **inländische** Primärmarkt ist aufgrund der heutigen Emissionspraxis zugleich Teil des außerbörslichen Kapitalmarktes. 8.61

Dieser **Plazierungsvorgang** ist **zu unterscheiden** von der **eigentlichen Ausgabe** der neuzuschaffenden Kapitalmarktpapiere. Nach wertpapierrechtlichen Grundsätzen bedarf es zur Entstehung eines Wertpapiers eines Vertrages zwischen dem Wertpapieraussteller (Emittent) und dem ersten Erwerber. Dieser **Begebungsvertrag** im wertpapierrechtlichen Sinne wird 8.62

---
56 *Bosch/Groß* in Bankrecht und Bankpraxis, Rn 10/1.

zwischen dem Emittenten und den Anlegern direkt abgeschlossen, wenn der Emittent die Wertpapiere selbst ausgibt **(Selbstemission oder Direktplazierung).** Soweit bei der Emission wie im Regelfall ein **Bankenkonsortium** mitwirkt, kommt es zu einem vorübergehenden Erwerb der Wertpapiere durch die Konsortialbanken **(Fremdemission).** Hier wird der wertpapierrechtlich erforderliche Begebungsvertrag üblicherweise zwischen Emittent und konsortialführender Bank abgeschlossen. Die Plazierung auf dem Primärmarkt ist dagegen erst erfolgt, wenn die Konsortialbanken die erworbenen Wertpapiere entsprechend dem mit dem Emittenten abgeschlossenen Übernahmevertrag an die Anleger weiterübertragen (plaziert) haben.

1. Selbstemission (Direktplazierung)

8.63　Soweit sich der Emittent der Kapitalmarktpapiere direkt an die anlagesuchenden Kapitalgeber wendet, agiert er unmittelbar am Primärmarkt. Dies wird vor allem bei der Ausgabe von Pfandbriefen und Kommunalschuldverschreibungen durch Hypothekenbanken praktiziert (sog. Daueremittenten).

8.64　Bei der Selbstemission wird ein **Kaufvertrag** zwischen dem Anleger und dem Emittenten abgeschlossen. Der Erwerb von Schuldverschreibungen wird schon in dieser Emissionsphase als Kauf eines (wertpapiermäßig verbrieften) Rechts und nicht als Gewährung eines Gelddarlehens angesehen[57]. Denn zur Entstehung dieser Wertpapiere ist nach wertpapierrechtlichen Grundsätzen die Verschaffung des (Mit)Eigentums an den Wertpapierurkunden erforderlich. Die Anleger erwerben deshalb auch bei der Plazierung im Primärmarkt einen sofort fälligen Anspruch auf Eigentumsverschaffung, wie er beim Abschluß eines Kaufvertrages über eine bewegliche Sache begründet wird.

2. Mitwirkung von Kreditinstituten (Fremdemission)

8.65　Die Plazierung durch Selbstemission scheidet jedoch im Regelfall aus. Dies gilt insbesondere für die Fälle, in denen der **Emittent Fremdmittel** in einer bestimmten Höhe zu einem festen Zeitpunkt **benötigt,** wie dies regelmäßig auf die Ausgabe neuer Aktien im Rahmen einer Barkapitalerhöhung zutrifft. Hier ist der Emittent auf die Mitwirkung geeigneter Kreditinstitute angewiesen, welche die neuen Aktien zum vereinbarten Preis termingerecht übernehmen.

---

57 *Palandt/Putzo,* Einf. v. § 607 Rn 23.

Eine solche **Fremdemission** hat eine Reihe von **Vorzügen.** Sie zeigen sich 8.66
vor allem in der effizienten Vermittlung potentiell interessierter Anleger.
Die Emittenten verfügen regelmäßig über kein eigenes Vertriebsnetz. Die
Kreditinstitute stehen dagegen aufgrund ihrer bankmäßigen Geschäftsverbindung im engen Kontakt mit den Käuferschichten, die für eine höchst
erwünschte dauerhafte Plazierung der Wertpapiere in Betracht kommen.

Das **Bankenkonsortium** kann auch aufgrund Erfahrung und genauer 8.67
Kenntnis der jeweiligen Verfassung des Kapitalmarktes den Emittenten
hinsichtlich der marktgerechten Ausstattung der Wertpapiere **beraten.**
Dies gilt vor allem für das plazierungsfähige Emissionsvolumen und den
marktgerechten Ausgabepreis für die Aktien und für die Konditionen der
Schuldverschreibungen, insbesondere die Verzinsung. Angesichts der sich
widerstrebenden Interessen ist die **Ermittlung des „richtigen" Emissionspreises** häufig der schwierigste Teil. So ist der Emittent bei Aktienemissionen an einem möglichst hohen, die emissionsbegleitenden Banken
wegen des allseits erwünschten Plazierungserfolges an einem möglichst
niedrigen Ausgabekurs interessiert. Auch besteht ein Beratungsbedarf
hinsichtlich des Zeitpunktes der Begebung. Das richtige „Timing" der
Emission ist häufig entscheidend für ihren Erfolg.

Die Kreditinstitute verfügen im übrigen über erfahrenes Personal, das die 8.68
benötigten Börseneinführungsprospekte, Verkaufsangebote oder Bezugsaufforderungen bei Kapitalerhöhungen ordnungsgemäß erstellen kann.
Diese Veröffentlichungen sollen das Anlegerpublikum und die Aktionäre
über die Einzelheiten der Emission ausführlich informieren. Ist keine
Börseneinführung vorgesehen, muß mindestens drei Werktage vor dem
öffentlichen Angebot ein Verkaufsprospekt veröffentlicht werden (§ 9
Abs. 1 Wertpapierverkaufsprospektgesetz).

II. Börsenmäßig organisierte Sekundärmärkte

Die Sekundärmärkte, in denen die emittierten Kapitalmarktpapiere ge- 8.69
handelt werden, können in börsenmäßig organisierte und außerbörsliche
Kapitalmärkte unterteilt werden. Die **Wertpapierbörsen als Marktveranstalter** haben die notwendigen technischen und personellen Vorkehrungen für den an ihnen stattfindenden Wertpapierhandel zu treffen. Diese
kapitalmarktbezogene öffentliche Aufgabe der Frankfurter Wertpapierbörse wird in ihrer Börsenordnung wie folgt umschrieben:

„Die **Frankfurter Wertpapierbörse** dient dem Abschluß von Handelsgeschäften in 8.70
Wertpapieren und ihnen gleichstehenden Rechten im Sinne des § 2 Abs. 1 und 2

des Wertpapierhandelsgesetzes, Zahlungsmitteln aller Art, Rechnungseinheiten und Edelmetallen. Dieser Abschluß kann auch über ein elektronisches Handelssystem der Börse erfolgen"[58].

1. Börsen als marktmäßige Veranstaltungen

8.71 Die Börsen stellen im Unterschied zu dem außerbörslichen Wertpapierhandel marktmäßige Veranstaltungen im verwaltungsrechtlichen Sinne dar. Abgrenzungsmerkmale für solche Marktveranstaltungen, wie sie auch die Gewerbeordnung (§§ 66 ff.) regelt, sind gleicher Ort der Veranstaltungen, ihre Regelmäßigkeit, Beschränkung des Teilnahmerechts auf Kaufleute, Vertretbarkeit der Handelsobjekte sowie der überwiegende Abschluß von Geschäften mit großen Volumina.

8.72 Die **„Ortsgebundenheit"** als wesentliches Kriterium des verwaltungsrechtlichen Begriffes der Marktveranstaltung, die bislang auch für die Wertpapierbörse typisch gewesen ist, verliert im Zuge der Computerisierung des Börsenhandels zunehmend an Bedeutung. Die **traditionelle Börse** ist dadurch gekennzeichnet, daß die Kreditinstitute als Marktakteure in Gestalt ihrer Börsenhändler bei den Geschäftsabschlüssen im Börsensaal physisch präsent sind. Dieser börsenmäßige Markt wird deshalb auch als **Präsenzbörse** oder als **Parketthandel** bezeichnet.

8.73 Bei der **reinen Computerbörse** geben dagegen die Marktteilnehmer ihre verbindlichen Kauf- und Verkaufsangebote über Terminals in einen Zentralcomputer, der deckungsgleiche Gebote zu Geschäftsabschlüssen zusammenführt („matcht"). Die Versammlung der Händler im Börsensaal, wie sie die Präsenzbörse kennzeichnet, wird also durch ein **überregionales Börsenparkett** („Handelsplattform") ersetzt. Beim elektronischen Börsenhandel kommunizieren die Marktakteure mit dem Markt über ihre Computerterminals. Hier vollzieht sich das börsenmäßige Marktgeschehen in Gestalt der Abschlüsse von Wertpapiergeschäften in einem Zentralcomputer.

8.74 Auch dieser vollautomatische Börsenhandel erfüllt das für den Börsenbegriff wesentliche Merkmal der „Zentralisierung" der Geschäftsabschlüsse. Denn für die **Funktion der Börse** als einer organisierten Konzentration von größtmöglichen Wertpapierumsätzen ist es unwesentlich, ob die hierfür erforderlichen Willenserklärungen durch Händler auf dem Börsenparkett oder online über die EDV in den Markt gegeben werden[59]. Ent-

---
58 Abgedruckt in *Kümpel/Ott*, Kapitalmarktrecht, Kt 4.
59 *Kümpel*, WM 1988, 1621.

scheidend ist vielmehr, daß es an dieser geregelten Umsatzstelle zu Geschäftsabschlüssen kommt. An die Stelle der „Orts"gebundenheit des Wertpapierhandels in der traditionellen Präsenzbörse tritt also beim elektronischen Börsenhandel eine „System"gebundenheit.

Das im Jahre **1896** in Kraft getretene **Börsengesetz** knüpfte entsprechend der damaligen Kommunikationsmöglichkeiten an die physische Präsenz der Händler im Börsensaal an. Erst die **Börsengesetznovelle 1989** stellte klar, daß das Börsengesetz auch beim Einsatz der neuen Kommunikationstechniken anwendbar sein soll, die eine physische Präsenz der Händler nicht mehr erfordern. Hierzu wurde eine Bestimmung in das Börsengesetz (§ 7 Abs. 1 S. 2) eingefügt, wonach „zum Börsenhandel auch Geschäfte über zugelassene Gegenstände gehören, die durch Übermittlung von Willenserklärungen durch elektronische Datenübertragung börsenmäßig zustande kommen".

8.75

Gestützt auf diese gesetzgeberische Klarstellung konnte der **elektronische Wertpapierhandel am 5. 4. 1991** an der Frankfurter Wertpapierbörse aufgenommen werden. Für diesen vollautomatisierten Handel wurde das seit 1989 bestehende **IBIS-System** in die Frankfurter Wertpapierbörse integriert. Dabei wurde das IBIS-System von einem reinen Informations- zu einem Handelssystem fortentwickelt, das zwischen den angeschlossenen Marktakteuren automatisch Wertpapiergeschäfte zustandebrachte[60]. Das IBIS-System wurde ausschließlich als elektronisches Handelssystem auch in alle anderen Wertpapierbörsen integriert[61]. Im Zuge der Novellierung des Börsengesetzes durch das Zweite Finanzmarktförderungsgesetz wurde sodann der elektronische Wertpapierhandel auf eine ausgewogene rechtliche Grundlage gestellt[62].

8.76

Im **November 1997** ist an der Frankfurter Wertpapierbörse das neue **elektronische Handelssystem Xetra** (exchange electronic trading) eingeführt worden[63]. Zugleich wurde das IBIS-System eingestellt.

8.77

Der Wertpapierhandel an den deutschen Börsen vollzieht sich entsprechend den börsengesetzlichen Vorgaben im (a) Amtlichen Markt, (b) Geregelten Markt und (c) Freiverkehr.

8.78

---

60 *Kümpel*, WM 1991, Sonderbeil. 4, 4 ff.; IBIS ist die Abkürzung für Integriertes Börsenhandels- und Informations-System.
61 *Kümpel*, WM 1992, 249 ff.
62 Begr. RegE 2. FFG, BT-Drucksache 12/6679, S. 36.
63 *Beck*, WM 1998, 416 ff.

2. Amtlicher Markt

8.79 Mit Amtlicher Markt wird das Segment des Börsenhandels bezeichnet, in dem die hierzu zugelassenen **Wertpapiere mit amtlicher Feststellung (Notierung) des Börsenpreises gehandelt werden** (vgl. § 36 Abs. 1 BörsG).

a) Öffentlich-rechtliche Organisationsstruktur

8.80 Die Wertpapierbörsen als Veranstalter des börsenmäßigen Wertpapierhandels haben eine öffentlich-rechtliche Struktur. Wie die Gesetzesmaterialien zum Zweiten Finanzmarktförderungsgesetz betonen, besteht ein starkes Interesse an effizienten Kapitalmärkten, deren wesentliche Säulen die Börsenmärkte bilden. Die Einrichtung und die organisatorische Ausgestaltung solcher börsenmäßigen Märkte ist deshalb eine **Angelegenheit des staatlichen Gemeinwesens** und damit eine öffentliche (Verwaltungs-) Aufgabe. Die Erledigung solcher öffentlichen Aufgaben kann der Staat auch verselbständigten Trägern öffentlicher Verwaltung überlassen. Die Träger dieser mittelbaren Staatsverwaltung können als **Körperschaften, Anstalten und Stiftungen des öffentlichen Rechts** errichtet werden. Zu diesen Anstalten des öffentlichen Rechts gehören nach ganz herrschender Meinung auch die Wertpapierbörsen[64]. Das Schwergewicht der Börse als öffentlich-rechtlicher Anstalt liegt im technischen Apparat mit seiner personellen und sachlichen Ausstattung, in den Leistungen an die Emittenten und Handelsteilnehmer als Börsenbenutzer sowie in der Kursfeststellung (Notierung).

8.81 Die organisatorische Verselbständigung der Verwaltungsträger der mittelbaren Staatsverwaltung ermöglicht eine eigenverantwortliche Verwaltung, wie sie auch bei der Börsenselbstverwaltung geschieht. Die Wertpapierbörsen bleiben aber wie jeder andere Träger mittelbarer Staatsverwaltung an den Staat angebunden. Sie unterliegen deswegen auch der **staatlichen (Rechts-)Aufsicht.**

8.82 Die Wertpapierbörsen brauchen mangels Handlungsfähigkeit wie jeder andere Träger öffentlicher Verwaltung natürliche Personen, die für sie tätig werden und sie hierdurch handlungsfähig machen. Rechtstechnisch geschieht dies durch **Organe und Organwalter.** Bei den Organen handelt es sich um rechtlich geschaffene Einrichtungen des Verwaltungsträgers, die dessen Zuständigkeit wahrzunehmen haben. Organwalter sind dagegen diejenigen Personen, die den Organen zugeordnete Zuständigkeiten faktisch ausüben. Bei den Wertpapierbörsen sind diese Organwalter insbe-

---

[64] *Schwark*, BörsG, § 1 Rn 19; *Kümpel*, WM 1985, Sonderbeil. 5, 4.

sondere die Mitglieder der Börsengeschäftsführung, der die Leitung der Börse obliegt (§ 3 BörsG).

Soweit solche Organe zur eigenen (hoheitlichen) Durchführung konkreter Verwaltungsmaßnahmen im Außenverhältnis berufen sind und deshalb gerichtlich überprüfbare Verwaltungsakte erlassen können, haben diese Verwaltungsorgane **Behördeneigenschaft.** Ein solches Vollzugsorgan ist auch die Börsengeschäftsführung als Leitungsorgan der Wertpapiere. Die Börsengeschäftsführung hat deshalb einen Behördenstatus[65]. Soweit die im Einzelfall getroffenen Maßnahmen der Börsengeschäftsführung in die Rechtssphäre der Börsenbenutzer eingreifen, bedürfen diese belastenden Verwaltungsakte nach dem Gebot der Gesetzmäßigkeit der Verwaltung (sog. Vorbehalt des Gesetzes) einer gesetzlichen Regelung. Hierzu gehören auch die Eingriffsbefugnisse nach der Börsenordnung, wie sie jede Börse zu erlassen hat. Diese **Börsenordnung** hat die Rechtsqualität einer öffentlich-rechtlichen **Satzung** (§ 4 Abs. 1 BörsG), deren Bestimmungen materielle Gesetze darstellen[66] und die deshalb als Rechtsgrundlage für die Börsenbenutzer belastende Verwaltungsakte geeignet sind.

8.83

Die öffentlich-rechtliche Struktur der Börse zeigt sich schließlich auch darin, daß sich die Börsenorgane, insbesondere die **Börsengeschäftsführung** in dem Rechtsverhältnis zwischen der Börse und ihren Benutzern in Gestalt der Emittenten und Handelsteilnehmer nicht der privatrechtlichen, sondern der öffentlich-rechtlichen Handlungsformen bedienen.

8.84

b) Zulassung der Wertpapiere

Der börsenmäßige Wertpapierhandel erfordert eine Zulassung der gehandelten Wertpapiere durch die Zulassungsstelle als weiteres selbständiges Börsenorgan (§ 36 BörsG). Das **Zulassungsverfahren** bezweckt vor allem, dem Publikum über die realen Grundlagen der angebotenen Wertpapiere ein möglichst klares Bild zu vermitteln und damit insbesondere ein Urteil über die wirtschaftliche Entwicklungsfähigkeit des Emittenten und über die Qualität der Wertpapiere zu ermöglichen[67]. Mit der Zulassung wird zwischen der Börse und dem Emittenten ein Benutzungsverhältnis mit Rechten und Pflichten begründet[68]. Die **Emittenten** können deswegen

8.85

---

65 Begr. RegE 2. FFG, BT-Drucksache 12/6679, S. 64; *Wiede,* Die Börse als verwaltungsrechtliches Problem und Rechtsinstitut, Diss. Köln, 1965, S. 139.
66 BVerfGE 10, 20, 50; 33, 125, 156.
67 *Schwark,* BörsG, § 36 Rn 3.
68 *Schwark,* BörsG, § 43 Rn 11.

von der Börse die Herbeiführung der amtlichen Notierung verlangen[69]. Andererseits begründet dieses Benutzungsverhältnis bestimmte gesetzliche Publizitäts- und Verhaltenspflichten des Emittenten zum Schutze des Anlegerpublikums (§§ 44–44d BörsG).

8.86 Von dieser **Zulassung** der Wertpapiere ist deren **Einführung** in den Börsenhandel zu unterscheiden. Bei den im Amtlichen Markt gehandelten Wertpapieren ist hierunter die Aufnahme der amtlichen Feststellung des Börsenpreises zu verstehen. Mit der **ersten amtlichen Notierung** beginnt der Börsenhandel in diesen Wertpapieren (§§ 42, 36 Abs. 1 BörsG).

c) Zulassung der Marktteilnehmer zum Börsenhandel

8.87 Wie die Zulassung der Wertpapiere bedürfen auch die Marktteilnehmer einer Zulassung zum Börsenhandel (§ 7 BörsG). Diese Zulassung erfolgt nicht nur für den Amtlichen Markt, sondern gleichzeitig auch für den Geregelten Markt und den Freiverkehr. Dagegen werden die Wertpapiere jeweils nur zu einem dieser drei Marktsegmente der Börse zugelassen.

8.88 Dieses **Erfordernis einer Zulassung** erklärt sich aus dem unabweisbaren Bedürfnis des Börsenhandels. Die Marktakteure müssen sich auf eine ordnungsgemäße Abwicklung der Börsengeschäfte durch ihre Kontrahenten verlassen können. Denn sie haben ihre eigenen Lieferverpflichtungen gegenüber den Effektenkunden oder anderen Marktakteuren ordnungsgemäß zu erfüllen, wenn der Wertpapierhandel in geordneten Bahnen verlaufen soll[70]. Beim Börsenhandel muß überdies jeder vom Makler vermittelte Kontrahent akzeptiert werden. Dieser Kontrahierungszwang erfordert Zulassungsvoraussetzungen für den Börsenhandel, damit das Bonitätsrisiko der Kontrahenten weitestmöglich ausgeschlossen werden kann.

8.89 Mit der Zulassung zur Teilnahme am Börsenhandel wird zwischen den Marktakteuren und der Börse ein **öffentlich-rechtliches Benutzungsverhältnis** begründet[71]. Deshalb unterliegen die Handelsteilnehmer der Anstaltsgewalt, die sich insbesondere in der Ordnungsgewalt der Börsengeschäftsführung manifestiert. Die zugelassenen Marktteilnehmer erwerben im übrigen mit der Zulassung ein (subjektiv-öffentliches) Recht auf Teilnahme am Börsenhandel[72].

---

69 *Schwark*, BörsG, § 42 Rn 12; *Klenke*, WM 1995, 1089, 1093; vgl. weiter *Fluck*, WM 1995, 553 ff.
70 *Kümpel*, WM 1993, 2025, 2026.
71 *Schwark*, BörsG, § 7 Rn 5, § 29 Rn 31, § 43 Rn 11.
72 *Schwark*, BörsG, § 7 Rn 5.

3. Geregelter Markt (§§ 71 ff. BörsG)

Das **Börsenzulassungsgesetz** vom 16. Dezember 1986[73] hat die Etablierung eines neuen Marktsegments in Gestalt des Geregelten Marktes ermöglicht[74]. Dieses Segment soll vor allem kleineren und mittleren Aktiengesellschaften einen **erleichterten Zugang** zu einem börsenmäßigen Markt für die von ihnen emittierten Aktien eröffnen[75] und damit die **Rahmenbedingungen** für die notwendige Verstärkung der Eigenkapitalausstattung der deutschen Wirtschaft verbessern. Eine erfolgreiche Plazierung der Wertpapiere hängt wesentlich von ihrer Börseneinführung ab. Erfahrungsgemäß bevorzugt der Anleger börsennotierte Wertpapiere. Die Zulassung zum Börsenhandel wird als eine Art Gütesiegel angesehen. Im übrigen kann der Anleger die Kursentwicklung seiner Kapitalanlage täglich verfolgen und bei einer Weiterveräußerung erwarten, daß ihm ein marktgerechter und staatlich überwachter Kurs in Rechnung gestellt wird.

8.90

a) Öffentlich-rechtlich organisiertes Marktsegment ohne amtliche Notierung

Wesentliches Abgrenzungskriterium des Geregelten Marktes vom Amtlichen Markt ist das Fehlen einer amtlichen Feststellung des Börsenpreises, wie sie durch die Kursmakler erfolgt – amtliche Notierung (vgl. § 29 Abs. 1 BörsG). Hierdurch sollte ein klares Abgrenzungsmerkmal zu dem Markt mit amtlicher Notierung geschaffen werden. Denn beim **Amtlichen Markt** gelten nach der Umsetzung der drei einschlägigen EG-Richtlinien in innerstaatliches Recht **strengere Anforderungen** an den Zugang zum Börsenhandel. So sind insbesondere die **Prospektpublizität** für die Börseneinführung erweitert und **neue Publizitäts- und Verhaltenspflichten** für die Dauer der Börsenzulassung geschaffen worden[76].

8.91

---

73 BGBl. I 1986, S. 2478; *Schwark*, NJW 1987, 2041 ff.; *Schäfer*, ZIP 1987, 953 ff.; *Mülhausen*, Die Bank 1988, 342; *Kümpel*, WM 1985, Sonderbeil. 5; *ders.*, WM 1988, 1621 ff.
74 Dieser Geregelte Markt ist zu unterscheiden von dem Begriff des organisierten Marktes im Sinne des § 2 Abs. 5 WpHG, der mit dem englischen Begriff des regulated market im Sinne der Wertpapierdienstleistungsrichtlinie identisch ist (Begr. RegE des Gesetzes zur Umsetzung von EG-Richtlinien zur Harmonisierung bank- und wertpapieraufsichtsrechtlicher Vorschriften; BR-Drucksache 963/96, S. 103; *Assmann* in Assmann/Schneider, WpHG, § 2 Rn 95 ff.; *Hopt*, FS Schimansky, 1999, S. 631, 632 FN 2).
75 *Kümpel*, FS Pleyer, 1986, S. 59, 60.
76 *Kümpel*, WM 1988, 1621, 1622.

8.92 Der Unterschied zum Amtlichen Markt liegt aber nur in den **Modalitäten der Preisfeststellung**. Dagegen gelten **dieselben Qualitätsstandards** für die notierten Preise wie für den Amtlichen Markt. Die Legaldefinition des Börsenpreises erfaßt ausdrücklich auch die Preise des Geregelten Marktes (§ 11 Abs. 1 BörsG). Diese müssen daher ebenso ordnungsgemäß zustandekommen wie die Preise des Amtlichen Marktes. Auch unterliegen die Preise des Geregelten Marktes derselben staatlichen Marktaufsicht.

8.93 Mit Rücksicht auf die volkswirtschaftliche Zielsetzung des neuen Marktsegments sind vor allem die **Voraussetzungen für den Marktzugang** zugunsten der Emittenten **erleichtert** worden. Dies gilt insbesondere für einen Börsenzugang bereits unmittelbar nach Umwandlung des Unternehmens in eine Aktiengesellschaft, einen geringen Mindestbetrag des einzuführenden Grundkapitals sowie der geringeren Anforderungen an die Streuung der Aktienrechte im Publikum – Rn 17.391.

b) Rechtliche Integrierung in die Börse

8.94 Der Geregelte Markt ist als Marktsegment wie der Amtliche Markt in die Wertpapierbörse als **Anstalt des öffentlichen Rechts** integriert. Damit hat auch der Geregelte Markt eine öffentlich-rechtliche Organisationsstruktur erhalten. Dies sollte seine Akzeptanz beim Anlegerpublikum fördern. Der Gesetzgeber wollte sicherstellen, daß das „breite Anlegerpublikum" dem Geregelten Markt schon aufgrund seiner Organisationsstruktur Vertrauen entgegenbringen kann. Der Geregelte Markt wird daher wegen seiner Organisationsstruktur mitunter auch als **„halbamtlicher" Markt** bezeichnet[77].

8.95 Für den Wertpapierhandel im Geregelten Markt gelten die einheitlichen „Bedingungen für Geschäfte an den deutschen Wertpapierbörsen" (**Börsenusancen**). Auch in diesem Teil des Kapitalmarktes haben die Handelsteilnehmer einen Anspruch gegen den vermittelnden („skontroführenden") Makler auf weitestmögliche Ausführung der ihm erteilten Aufträge. Denn auch dieses öffentlich-rechtlich strukturierte Marktsegment soll einen vergleichbaren Anlegerschutz wie der Amtliche Markt bieten[78]. Hierzu ist ein Ausführungsanspruch der am Markt agierenden Kreditinstitute erforderlich, damit sie ihre kommissionsrechtliche Pflicht gegenüber den Effektenkunden bei Ausführung der ihnen erteilten Effektenorder ordnungsgemäß erfüllen.

---

77 *Schwark*, NJW 1987, 2041, 2045; *Schäfer*, ZIP 1987, 953, 954.
78 *Ledermann*, Die Rechtsstellung des Kursmaklers an den deutschen Wertpapierbörsen, 1990, S. 53.

4. Freiverkehr an der Wertpapierbörse (§ 78 BörsG)

Der Freiverkehr an der Wertpapierbörse ist aus rechtlicher Sicht dadurch geprägt, daß dieses Marktsegment **nicht in die öffentlich-rechtliche Organisation** der Börse als Anstalt des öffentlichen Rechts **integriert** ist. Dieser Wertpapierhandel vollzieht sich **nur faktisch** an den Wertpapierbörsen. Aus handelsmäßiger Sicht kann dagegen von einem weiteren (dritten) Marktsegment der Börse gesprochen werden. Der Gesetzgeber wollte nicht jeden marktmäßig organisierten Wertpapierhandel von einer staatlichen Genehmigung abhängig machen, selbst wenn dieser an einer der staatlichen Genehmigung bedürftigen Börse stattfindet. Der Freiverkehr an den Wertpapierbörsen ist deswegen unter bestimmten Einschränkungen seit jeher toleriert worden. Der Freiverkehr ist aber durch das Börsenzulassungsgesetz vom 6. 12. 1986 mit der Einfügung des § 78 BörsG **legalisiert** worden[79]. Dabei sind die früheren Verbote der Benutzung der Börseneinrichtungen und der Vermittlung von Geschäften durch Kursmakler entfallen.

8.96

a) Freiverkehr als privatrechtlich organisiertes Marktsegment

Der Freiverkehr sollte nach dem erklärten Willen des Gesetzgebers auch in Zukunft privatrechtlich geregelt sein und deshalb „nach wie vor der Obhut der ihn tragenden Kräfte der Wirtschaft überlassen bleiben"[80]. Die **Organisation** des Freiverkehrs an der Börse ist deshalb rein privatrechtlicher Natur[81].

8.97

Zum Schutze des Amtlichen und Geregelten Marktes muß jedoch eine ordnungsgemäße Durchführung des Handels im Freiverkehr und der Geschäftsabwicklung gewährleistet sein. Das Anlegerpublikum würde Mißstände im Freiverkehr der Börse insgesamt anlasten. Hierdurch könnte auch die Funktionsfähigkeit des Handels im Amtlichen und Geregelten Markt gefährdet werden. Die **Börsengeschäftsführung** darf deshalb einen Freiverkehr an der Börse nur zulassen, wenn durch Handelsrichtlinien eine ordnungsgemäße Durchführung des Handels und der Geschäftsabwicklung gewährleistet erscheint (§ 78 Abs. 1 BörsG)[82].

8.98

Der erwünschte Schutz des Amtlichen und Geregelten Marktes erfordert es auch, daß die Börsengeschäftsführung den Freiverkehr untersagen

8.99

---

79 Vgl. Begr. des Gesetzesentwurfs der Bundesregierung, BT-Drucksache 10/4296, S. 18.
80 Begr. des Gesetzesentwurfs der Bundesregierung, BT-Drucksache 10/4296, S. 11.
81 *Claussen*, ZKW 1984, 706 ff.
82 Begr. RegE 2. FFG, BT-Drucksache 12/6679, 76.

1167

kann, wenn Mißstände im Handel mit den Freiverkehrswerten zu befürchten oder eingetreten sind. Die Börsenordnung hat daher eine entsprechende Eingriffsbefugnis vorzusehen.

b) Richtlinien für den Freiverkehr

8.100 Im Interesse der Ordnung des börseninternen Freiverkehrs haben die für dieses Marktsegment zuständigen Gremien an den einzelnen Wertpapierbörsen weitgehend übereinstimmende **„Richtlinien für den Freiverkehr"** (Handelsrichtlinien) veröffentlicht[83], wie sie § 78 Abs. 1 BörsG als Voraussetzung für die erforderliche Zulassung des Freiverkehrs vorschreibt. Die Handelsrichtlinien bestimmen im übrigen auch, daß für Wertpapiere, die in keinem der drei Marktsegmente der Börse einbezogen sind, Kauf- und Verkaufsaufträge während der Börsenzeit im Börsensaal weder angenommen noch vermittelt werden dürfen und auch kein Ausruf erfolgen darf[84].

8.101 Das antragstellende Kreditinstitut hat einen ordnungsgemäßen Börsenhandel zu gewährleisten. Hierzu gehört insbesondere die Betrauung eines Börsenmaklers mit der Feststellung der Preise. Dieser **„skontroführende" Makler** ist über bevorstehende Hauptversammlungen, Dividendenzahlungen, Kapitalveränderungen und sonstige Umstände zu informieren, die für die Bewertung des Wertpapiers oder des Emittenten von wesentlicher Bedeutung sein können.

8.102 Schließlich bestimmen die Handelsrichtlinien im Interesse der Ordnungsmäßigkeit des Freiverkehrs, daß für den Handel und für die Preisfeststellung einschließlich deren Beaufsichtigung die für den Amtlichen Markt getroffenen Regelungen sinngemäß Anwendung finden, soweit nicht Besonderheiten zu beachten sind[85]. Im übrigen gelten auch für den Freiverkehr die Geschäftsbedingungen für den Amtlichen Markt (Börsenusancen).

8.103 Mit diesen Regelungen für den Freiverkehr ist entsprechend den Intentionen des Börsenzulassungsgesetzes vom 16. 12. 1986 „sichergestellt, daß

---

83 Vgl. z.B. die „Richtlinien für den Freiverkehr an der Frankfurter Wertpapierbörse", die von der hierfür zuständigen „Vereinigung Frankfurter Effektenhändler e.V." entwickelt worden sind (abgedruckt in WM 1988, 1183). Vergleichbare Richtlinien hat der „Freiverkehrsausschuß der Bayerischen Börse" veröffentlicht, der vom Münchener Handelsverein e.V. gebildet worden ist (abgedruckt in WM 1988, 1247).
84 Vgl. z.B. § 8 der Frankfurter Freiverkehrs-Richtlinien.
85 Vgl. z.B. §§ 9 bis 11 Frankfurter Freiverkehrs-Richtlinien und die Richtlinien für den Freiverkehr an der Bayerischen Börse.

ein den öffentlich-rechtlich geregelten Börsenhandel ergänzender privatrechtlicher Handel an der Börse nur unter der Voraussetzung ordnungsgemäßer Abwicklung stattfindet"[86].

III. Organisierter Markt im Sinne des § 1 Abs. 5 WpHG

Die Begriffsbestimmungen des Wertpapierhandelsgesetzes enthalten auch eine **Definition** des organisierten Marktes im Sinne dieses Gesetzes. Hiernach handelt es sich um einen Markt, der von staatlich anerkannten Stellen geregelt und überwacht wird, regelmäßig stattfindet und für das Publikum unmittelbar oder mittelbar zugänglich ist (§ 2 Abs. 5 WpHG). Diese Legaldefinition ersetzt die Beschreibung dieses Marktsegmentes in der ursprünglichen Fassung des § 2 Abs. 1 S. 1 WpHG a.F., die sich wörtlich an die Marktdefinition des Art. 1 Nr. 2d der EG-Insiderrichtlinie vom 13. November 1989 (89/592 EG)[87] anlehnt[88]. Sie entspricht im übrigen der Definition des Geregelten Marktes in Art. 1 Nr. 13 der EG-Wertpapierdienstleistungsrichtlinie[89, 90]. Der von der Wertpapierdienstleistungsrichtlinie verwendete Begriff des Geregelten Marktes dient jedoch schon für die Bezeichnung des zweiten öffentlich-rechtlich organisierten Marktsegmentes in den §§ 71 ff. BörsG[91] – Rn 17.387.

8.104

Wesentliches Merkmal des „organisierten Marktes" ist die **Reglementierung** durch eine staatlich anerkannte Stelle, wie sie z.B. die Wertpapierbörse als Marktveranstalter in Form einer Anstalt des öffentlichen Rechts darstellt. An dieser Voraussetzung fehlt es z.B. dem privatrechtlich organisierten Freiverkehr an den deutschen Wertpapierbörsen[92].

8.105

---

86 BT-Drucksache 10/4296, S. 18.
87 Abgedruckt in *Kümpel/Ott*, Kapitalmarktrecht, Kz 930, S. 2.
88 Begr. RegE 2. FFG, BT-Drucksache 12/6679, S. 76.
89 Abgedruckt in *Kümpel/Ott*, Kapitalmarktrecht, Kz 930, S. 2.
90 Begr. RegE zum Gesetz zur Umsetzung von EG-Richtlinien zur Harmonisierung bank- und wertpapieraufsichtsrechtlicher Vorschriften vom 22. 10. 1997 – Richtlinien-Umsetzungsgesetz –, abgedruckt in BGBl. I 1997, S. 2519 ff. – BT-Drucksache 13/7142, S. 103.
91 Begr. RegE des Richtlinien-Umsetzungsgesetzes (BT-Drucksache 13/7142, S. 103).
92 Begr. RegE 2. FFG, BT-Drucksache 12/6679, S. 76; *Caspari*, ZGR 1994, 530, 534; vgl. weiter *Hopt*, FS Schimansky, 1999, S. 631 ff.

IV. Sekundärmärkte als außerbörslicher Wertpapierhandel (Interbankenhandel)

8.106 Der außerbörsliche Sekundärmarkt stützt sich ganz überwiegend auf den Wertpapierhandel der Kreditinstitute (Interbankenhandel), soweit er sich außerhalb der Wertpapierbörsen vollzieht.

8.107 Im **Unterschied zum Börsenhandel** kommen in diesem außerbörslichen Handel die Wertpapiergeschäfte zwischen den Marktteilnehmern im Regelfall ohne Vermittlung eines Maklers zustande. Zu diesen außerbörslichen Sekundärmärkten gehört insbesondere der Telefonverkehr, bei dem die Geschäftsabschlüsse durch Telefon und die sonst üblichen Kommunikationsmittel zustandekommen. Insbesondere der **grenzüberschreitende Handel** zwischen den deutschen Kreditinstituten und den ausländischen Banken vollzieht sich im **Telefonverkehr**.

1. Organisierte außerbörsliche Kapitalmärkte

8.108 Gemeinsames Merkmal der außerbörslichen Kapitalmärkte ist, daß sie im Vergleich zu den Börsenmärkten nur einen **sehr geringen Organisationsgrad** aufweisen. Überwiegend fehlt es sogar ansatzweise an einer Marktorganisation. So fehlt es beim Telefonverkehr an einer förmlichen Einbeziehung der dort gehandelten Wertpapiere. Es bedarf auch keiner besonderen Zulassung der Marktteilnehmer zur Teilnahme am Handel. Im übrigen kennt der Telefonverkehr keinen Preisfindungsmechanismus. Die außerbörslichen Sekundärmärkte sind daher **intransparente Märkte**.

8.109 Einige außerbörsliche Kapitalmärkte weisen jedoch zumindest **Ansätze von organisatorischen Strukturen** auf. Deshalb verwendet das Gesetz über die Kapitalanlagegesellschaften den Begriff organisierter Markt in seinem Katalog der sich für die Anlage der Fondsmittel eignenden Wertpapiere; hierunter sind auch außerbörsliche Märkte zu verstehen. Ein solcher Markt liegt vor, wenn er anerkannt und für das Publikum offen ist und seine Funktionsweise ordnungsgemäß ist (vgl. § 8 Abs. 1 Nr. 1 KAGG). Erforderlichenfalls hat die Investmentgesellschaft die ordnungsgemäße Funktionsfähigkeit des in Anspruch genommenen Marktes nachzuweisen[93]. Zu diesen Märkten gehören der Freiverkehr an den inländischen Börsen, der französische seconde marché sowie die Vorbörsen in Genf und Zürich und der von der Association of International Bond

---

93 *Beckmann/Scholtz*, Investment, Stand 30. Lief. (Nov. 1993), Kz 425 § 8 Rn 7.

Dealers (AIBD) betreute Markt[94]. Dasselbe dürfte auch für den sich unter der Aufsicht der International Securities Market Association (ISMA) vollziehenden Eurobondhandel gelten. Als organisierte Märkte außerhalb der EG-Staaten kommen in Betracht die „Over the Counter (OTC)"-Märkte in Tokio und Kanada sowie der von der National Association of Securities Dealers Automated Quotation (NASDAQ) organisierte Markt[95].

Diese organisierten Märkte kennen regelmäßige Kursveröffentlichungen. Diese Kurse werden zur Ermittlung des Wertes der Fondsvermögen benötigt, wie es das KAGG vorschreibt. Auf dieser Basis können die Ausgabe- und Rücknahmepreise für die Investmentzertifikate errechnet werden. 8.110

2. Außerbörsliche elektronische Handelssysteme

Der enorme Fortschritt in der Kommunikationstechnik und Datenverarbeitung hat auch die Funktionsweise der Kapitalmärkte tiefgreifend verändert. Wie die Entwicklung in den führenden ausländischen Kapitalmärkten zeigt, werden außerhalb der etablierten Börsen zunehmend elektronische Handelssysteme betrieben[96]. Aus der Sicht des deutschen Börsengesetzes, das das Betreiben börsenmäßig organisierter Kapitalmärkte von einer staatlichen Genehmigung abhängig macht, sind solche privaten Handelssysteme problematisch. Der Gesetzgeber hat von einer Definition des Börsenbegriffs bewußt abgesehen, weil ihm eine erschöpfende Begriffsbestimmung nicht möglich erschien. Für die erforderliche staatliche **Genehmigung** eines börsenmäßigen Marktes ist es daher nach übereinstimmender Meinung **entscheidend,** ob der betreffende Wertpapierhandel nach der Absicht des Gesetzgebers der staatlichen Aufsicht und der Reglementierung durch das Börsengesetz unterworfen sein sollte[97]. 8.111

Wesentliches Kriterium eines genehmigungspflichtigen Wertpapiermarktes ist, daß in diesem Markt das gesamte Angebots- und Nachfragepotential zum Ausgleich zusammengeführt werden[98]. Deshalb handelt es sich nach dem Verwaltungsgericht Frankfurt bei einer Wertpapierbörse „um 8.112

---

94 *Laux*, WM 1990, 1093, 1094; *Beckmann/Scholtz*, Investment, Stand 30. Lief. (Nov. 1993) Kz 425 § 8 Rn 7, 14; vgl. weiter *Hopt*, FS Schimansky, 1999, S. 631 ff.
95 *Beckmann/Scholtz*, Investment, Stand 30. Lief. (Nov. 1993), Kz 425 § 8 Rn 14.
96 *von Rosen*, ZKW 1994, 1213 ff.
97 Vgl. *Kümpel*, WM 1985, Sonderbeil. 5, 7.
98 *Caspari*, ZGR 1994, 530, 532.

einen an den Ort der Börse gebundenen Handel"[99]. Das Phänomen Börse läßt sich deshalb erst sachgerecht definieren, wenn die hierdurch erreichte Zentralisierung der Geschäftsabschlüsse im Auge behalten wird. Der Börsenhandel soll durch die örtliche Konzentration von Angebot und Nachfrage rationeller gestaltet und die Transaktionsgeschwindigkeit erhöht werden[100]. Die **Zentralisierung** der Geschäftsabschlüsse erscheint deshalb bislang als ein bewährtes, sachlich einleuchtendes und zugleich praktikables Abgrenzungsmerkmal zwischen genehmigungspflichtigem Börsenmarkt und genehmigungsfreiem sonstigen Wertpapierhandel der Kreditinstitute[101].

8.113 Diese Börseneigenschaft fehlt den reinen Informations- und Kommunikationssystemen, die mit ihren jederzeit abrufbaren Preisen und sonstigen Daten den Wertpapierhandel zwischen Kreditinstituten durch größere Markttransparenz fördern wollen, ohne daß durch sie Geschäftsabschlüsse zustande gebracht werden. Ein anschauliches Beispiel hierfür bot das **IBIS-System** vor seiner Integration in die Frankfurter Wertpapierbörse[102]. Diesem Informationssystem fehlte die begriffsnotwendige Funktion eines börsenmäßigen Marktes als „Umsatzstelle" für Wertpapiergeschäfte, solange die auf der Basis dieser Informationen getätigten Geschäfte nicht in dem System, sondern außerhalb, etwa fernmündlich zustande kommen. Diese sich außerhalb des Systems vollziehenden Geschäftsabschlüsse beinhalten nur einen dezentralisierten Handel mit Computerunterstützung ohne Börseneigenschaft[103]. **Problematisch** sind dagegen private elektronische Handelssysteme wie die Hit-or-Take-Systeme in den USA[104]. Sie bestehen regelmäßig aus einem elektronischen Netzwerk von Broker-Dealern und institutionellen Anlegern. Die Teilnehmer können ihre Ankaufs- und Verkaufskurse (Quotierungen) anonym in das System einstellen und ihrerseits auf die bekanntgegebenen Quotierungen dadurch reagieren, daß sie über ihr Terminal den Befehl für „Kaufen" oder „Verkaufen" eingeben. Vereinzelt sind in diese Handelssysteme sogar Verhandlungsmechanismen integriert.

---

99 WM 1988, 1333, 1335.
100 *Kümpel*, WM 1988, 1621; ders., WM 1989, 1314; ders., WM 1990, 45, 46.
101 *Schwark*, Reform des Börsengesetzes, in Börsen und Börsenmaklerprüfung, 1990, 15.
102 *Kümpel*, WM 1990, 45, 46.
103 *Kümpel*, WM 1990, 45, 46.
104 *Von Rosen*, ZKW 1994, 1213, 1214.

5. Abschnitt
Kapitalmarktbezogene Bankgeschäfte

Regelungsmaterie des Kapitalmarktrechts ist nicht nur das eigentliche Handelsgeschehen an den Märkten. Die Funktionsfähigkeit des Kapitalmarktes als vorrangiges Regelungsziel des Kapitalmarktrechts[105] erfordert insbesondere eine Reihe von **Hilfstätigkeiten der Kreditinstitute.** Dies gilt nicht nur für die bankmäßigen Dienstleistungen im Effektengeschäft, dessen Notwendigkeit für einen funktionsfähigen Kapitalmarkt offensichtlich ist. Hierzu gehören auch **wesentliche Leistungsangebote im Depotgeschäft.** Das Wertpapierhandelsgesetz als Keimzelle des deutschen Kapitalmarktrechts erfaßt deswegen nicht nur die marktbezogenen Tätigkeiten der Kreditinstitute als die Wertpapierdienstleistungen im engeren Sinne (§ 2 Abs. 3 WpHG). Nach der vollständigen Umsetzung der EG-Wertpapierdienstleistungsrichtlinie werden in der in das Wertpapierhandelsgesetz neu aufgenommenen Definition für die „Wertpapiernebendienstleistungen" die „Verwahrung und Verwaltung von Wertpapieren für andere", an die auch die Legaldefinition des bankmäßigen Depotgeschäfts in § 1 Abs. 1 Nr. 5 KWG anknüpft, an erster Stelle erwähnt (§ 2 Abs. 3a WpHG). Auch nach den Gesetzesmaterialien handelt es sich bei den für das bankmäßige Depotgeschäft typischen Dienstleistungen um Nebendienstleistungen, „die typischerweise zusammen mit einer Wertpapierdienstleistung erbracht werden"[106].

8.114

Nach **§ 2 Abs. 3a WpHG** gelten als **Wertpapiernebendienstleistungen** im Sinne dieses Gesetzes die wertpapierbezogenen Verwahr- und Verwaltungstätigkeiten für andere aber nur insoweit, als das Depotgesetz nicht anwendbar ist. Damit werden die depotgeschäftlichen Dienstleistungen der Kreditinstitute aus dem Anwendungsbereich des Wertpapierhandelsgesetzes ausgegrenzt. Diese Regelung bezweckt, daß die Depotprüfung bei den Kreditinstituten in der bisherigen Zuständigkeit des Bundesaufsichtsamtes für das Kreditwesen verbleiben kann und damit eine Doppelaufsicht durch die Bankenaufsicht und das Bundesaufsichtsamt für den Wertpapierhandel vermieden wird[107]. Die Zuständigkeit der Bankenaufsicht

8.115

---
105 *Assmann* in Assmann/Schütze, Handbuch des Kapitalanlagerechts, § 1 Rn 22.
106 Begr. RegE des „Gesetzes zur Umsetzung von EG-Richtlinien zur Harmonisierung bank- und wertpapieraufsichtsrechtlicher Vorschriften" vom 22. 10. 1997 – Richtlinien-Umsetzungsgesetz – (BT-Drucksache 13/7142, S. 101).
107 Begr. RegE des Richtlinien-Umsetzungsgesetzes (BT-Drucksache 13/7142, S. 101); *Caspari,* ZGR 1994, 530, 534.

folgt aus § 29 Abs. 2 S. 2 KWG, der dem Prüfer des Jahresabschlusses eine besondere Prüfungspflicht für das Depotgeschäft auferlegt[108] Aus dieser aufsichtsrechtlich bedingten Regelung kann aber nicht abgeleitet werden, daß der Gesetzgeber in den depotgeschäftlichen Dienstleistungen auch materiell keine kapitalmarktbezogenen Wertpapiernebendienstleistungen erblickt.

8.116 Die kapitalmarktbezogenen Bankgeschäfte erschöpfen sich aber keineswegs in den Dienstleistungen des Effekten- und Depotgeschäfts. Einen unmittelbaren Marktbezug hat auch die **Mitwirkung bei der Emission** von Kapitalmarktpapieren. Dies gilt insbesondere, wenn die Kreditinstitute hierbei das Risiko einer vollständigen Plazierung der neugeschaffenen Wertpapiere tragen. Eine solche Mitwirkung stellt eine Wertpapierdienstleistung im Sinne der Legaldefinition des § 2 Abs. 3 Nr. 5 WpHG dar. Das marktbezogene Emissionsgeschäft vollzieht sich im Primärmarkt des Kapitalmarktes, der dem das Effektengeschäft betreffenden Sekundärmarkt vorgelagert ist.

8.117 Hilfsfunktionen für einen funktionsfähigen Kapitalmarkt haben insbesondere auch die Wertpapierleihe und das ihr verwandte Repogeschäft sowie der sog. Zahlstellen- und Bogenerneuerungsdienst der hiermit von den Emittenten betrauten Kreditinstitute. Aus der Sicht der Bankpraxis steht jedoch das Effekten- und Depotgeschäft ganz im Vordergrund. Dabei kann bei der rechtssystematischen Erfassung des Kapitalmarktrechts auch die Tätigkeit der Kapitalanlagegesellschaften im Sinne des Gesetzes über die Kapitalanlagegesellschaften dem Effektengeschäft zugeordnet werden. Denn diese Gesellschaften legen die ihnen anvertrauten Gelder vor allem in Wertpapieren des Kapitalmarktes an. Die Tätigkeiten dieser Investmentgesellschaften sind also stark marktbezogen.

I. Effektengeschäft

8.118 Die Kapitalmarktbezogenheit des bankmäßigen Effektengeschäfts liegt auf der Hand. Die **Anleger** als die eigentlichen Marktteilnehmer haben aus markttechnischen Gründen regelmäßig **keinen unmittelbaren Zugang** zu den Kapitalmärkten. Dies gilt insbesondere für die börsenmäßig organisierten Märkte, die eine besondere Zulassung für die Teilnahme am Börsenhandel erfordern, wie sie die Kreditinstitute beantragen können.

---

108 Rechtsgrundlage dieser jährlichen Depotprüfung war bislang § 30 Abs. 1 KWG, der nach Einführung dieser besonderen Prüfungspflicht des Abschlußprüfers aufgehoben werden konnte, um die Institute von einer gesonderten Pflichtprüfung zu entlasten (Begr. RegE des Richtlinien-Umsetzungsgesetzes (BT-Drucksache 13/7142, S. 59, 60, 88).

Die unmittelbar am Markt agierenden Kreditinstitute müssen sich auf eine ordnungsgemäße Abwicklung der an der Börse getätigten Geschäfte durch ihre Kontrahenten verlassen können[109]. Die Funktionsfähigkeit des Marktes ist also auf die Mitwirkung der professionellen Kreditinstitute angewiesen, die hierdurch die Rolle der Marktintermediäre übernehmen.

II. Depotgeschäft

8.119 Die kapitalmarktbezogenen depotgeschäftlichen Dienstleistungen beschränken sich nicht nur darin, daß sie einem wesentlichen Bedürfnis der Anleger an der sicheren Aufbewahrung und Verwaltung der am Kapitalmarkt gekauften Wertpapiere entsprechen. So übernehmen die **Depotbanken bestimmte Dienstleistungen** im Rahmen ihrer Verwahrtätigkeit, die in den Sonderbedingungen für Wertpapiergeschäfte (Nr. 13 ff.) näher geregelt sind[110]. Dies gilt insbesondere für das Inkasso fälliger Zinsen und Dividenden, auf deren kostengünstigen Eingang die Anleger Wert legen.

1. Depotmäßige Verwahrung als Basis des Effektengiroverkehrs

8.120 Eine besondere kapitalmarktbezogene Funktion hat insbesondere die **bankmäßige Girosammelverwahrung** als regelmäßige Verwahrart, die als wertpapiermäßige Grundlage für den Effektengiroverkehr unverzichtbar ist. Mit Hilfe dieses Giroverkehrs werden die am Kapitalmarkt getätigten Wertpapiergeschäfte regelmäßig abgewickelt. Die Kapitalmärkte sind in hohem Maße auf diese schnelle und kostengünstige Belieferung der an ihnen getätigten Geschäfte angewiesen. Wertpapiermäßige Grundlage des Effektengiroverkehrs sind die in den verschiedenen Wertpapiergattungen gebildeten **Sammelbestände,** die die Deutsche Börse Clearing AG als zwischenzeitlich einzige deutsche Wertpapiersammelbank verwahrt (Girosammelverwahrung). Die an Sammelbeständen Beteiligten halten an den GS-verwahrten Wertpapieren entsprechend der ihnen erteilten **Girosammel(GS)Gutschriften** Miteigentumsrechte, die Gegenstand des Effektengiroverkehrs sind. Bei der Belieferung der Wertpapiergeschäfte mit GS-Gutschriften wird die kostenaufwendige und zeitraubende körperliche Bewegung von Wertpapierurkunden vermieden. Die Deutsche Börse Clearing AG belastet statt dessen das bei ihr unterhaltene Depotkonto

---

109 *Assmann* in Assmann/Schütze, Handbuch des Kapitalanlagerechts, § 1 Rn 44 ff.
110 Abgedruckt in *Kümpel/Ott,* Kapitalmarktrecht, Kz 220.

des lieferungspflichtigen Marktakteurs und erteilt dem lieferungsberechtigten Kontrahenten eine korrespondierende GS-Gutschrift.

8.121 An den Girosammelbeständen der Deutsche Börse Clearing AG sind die Kreditinstitute mit ihren Eigenbeständen und deren Depotkunden beteiligt. Bei den Kundenbeständen sind die **Depotbanken als Zwischenverwahrer** für ihre Depotkunden tätig. Diese Zwischenverwahrung ist in der Praxis seit langem die regelmäßige Form der bankmäßigen Aufbewahrung von Wertpapieren. Sie ist wegen der damit verbundenen Rationalisierungseffekte wesentlich kostengünstiger als die Sonderverwahrung und ermöglicht deshalb im Vergleich zur zeit- und kostenintensiven Sonderverwahrung deutlich niedrigere Entgelte für die Verwahrung. Bei der Novellierung des Depotgesetzes durch das Zweite Finanzmarktförderungsgesetz hat auch der Gesetzgeber die **Girosammelverwahrung** als die **regelmäßige Verwahrart** anerkannt (vgl. § 5 Abs. 1 DepG). Diese depotgeschäftliche Dienstleistung ist für eine optimale Abwicklung der im Markt getätigten Wertpapiergeschäfte und damit für die Effizienz der Kapitalmärkte unverzichtbar.

2. Erfordernis von Depotguthaben

8.122 Die bankmäßige Verwahrung der Kapitalmarktpapiere liegt auch im ureigenen **Interesse des Anlegers,** wenn gewährleistet sein soll, daß er eine für ihn günstige Kursentwicklung sofort ausnutzen kann. Die Bank kann einen Verkaufsauftrag am Markt regelmäßig erst ausführen, wenn sie Zugriff auf die zu verkaufenden Wertpapiere hat. Denn die **Ausführung der Verkaufsaufträge** erfolgt dadurch, daß die Bank in eigenem Namen ein Ausführungsgeschäft am Kapitalmarkt für Rechnung des Kunden tätigt. Die Bank muß deshalb die notwendigen Vorkehrungen für eine termingerechte Belieferung dieses Ausführungsgeschäfts treffen. Anderenfalls droht eine Zwangsregulierung nach Maßgabe der Börsenusancen[111] durch den Marktkontrahenten, die zu erheblichen Nachteilen für den Effektenkunden als Auftraggeber führen kann. Die kurzen Lieferfristen und die abwicklungstechnischen Vorgaben der Belieferung des Ausführungsgeschäfts erfordern deshalb, daß sich die zu verkaufenden Wertpapiere regelmäßig schon vor Abschluß des Ausführungsgeschäfts in der **Verfügungssphäre der Bank** befinden, also bei ihr als Depotguthaben unterhalten werden. Sämtliche am Kapitalmarkt, insbesondere an den Börsen getätigte Wertpapiergeschäfte sind entsprechend den vereinheitlichten

---

111 Abgedruckt in *Kümpel/Ott,* Kapitalmarktrecht, Kz 450.

Usancen der deutschen Wertpapierbörsen am zweiten Börsentag nach dem Tage des Geschäftsabschlusses zu beliefern[112].

Ein solches **ausreichendes Depotguthaben** schon vor Auftragsausführung erfordern insbesondere die Verkaufsaufträge, die an ausländischen Börsenplätzen auszuführen sind. Hier ist eine zeitraubende Versendung der Wertpapiere an den ausländischen Ausführungsplatz notwendig, sofern nicht die Wertpapiere für den verkaufenden Kunden an diesem Ort verwahrt werden und ihm hierüber eine Gutschrift in Wertpapierrechnung erteilt worden ist. Das Vorhandensein eines ausreichenden Depotguthabens vor Auftragsausführung ist hier schon deshalb erforderlich, weil die zu verkaufenden Wertpapiere regelmäßig zunächst auf Echtheit, Vollständigkeit und etwaige Oppositionen zu überprüfen sind.

8.123

III. Wertpapierleihe/Repogeschäft

Eine **weitere wesentliche Hilfsfunktion** für den Kapitalmarkt hat das Wertpapierbankgeschäft in seinen beiden Varianten der Wertpapierleihe im engeren Wortsinne und des Repogeschäfts. Mit diesen Geschäften können typische Risiken der Börsentermingeschäfte begrenzt werden. Ein Terminkontrahent, der die zugrundeliegenden Wertpapiere bei Fälligkeit des Kontraktes abnehmen muß, kann sich mit Hilfe der Wertpapiere gegen fallende Kurse schützen. Hierzu können die erst später abzunehmenden Wertpapiere bereits vor der Fälligkeit des Terminkontraktes im Kassamarkt verkauft werden, um einen noch größeren Verlust durch weiter fallende Kurse zu vermeiden. Hierzu wird für die sofortige Belieferung des Kassaverkaufs eine dem Terminkontrakt entsprechende Anzahl von Wertpapieren entliehen. Die Verpflichtung zur Rückgewähr der entliehenen Wertpapiere kann später mit den Wertpapieren erfüllt werden, die der Entleiher bei Fälligkeit des Terminkontraktes abzunehmen hat.

8.124

Die **Wertpapierleihe** ist aber nicht nur für die Terminmärkte unverzichtbar. Sie dient auch dem (Kassa-)Handel in den Kapitalmärkten. Dies gilt

8.125

---

112 Vgl. § 15 Abs. 1 Börsenusancen (abgedruckt in *Kümpel/Ott*, Kapitalmarktrecht, Kz. 450, S. 11). Die Usancen des Amtlichen Marktes sind für Geschäfte im Geregelten Markt durch den Börsenvorstand für entsprechend anwendbar erklärt worden. Dasselbe ist für den Freiverkehr an den Wertpapierbörsen durch die jeweiligen „Freiverkehrs-Richtlinien" geschehen. Die Richtlinien für den Freiverkehr an der Frankfurter Wertpapierbörse, die mit den Freiverkehrsrichtlinien der anderen Börsen weitgehend übereinstimmen, sind abgedruckt in *Kümpel/Ott*, Kapitalmarktrecht, Kz. 455.

insbesondere für die ordnungsgemäße Abwicklung von Kassageschäften, wenn die verkaufende Bank die Wertpapiere von ihrem Auftraggeber bzw. Verkaufskontrahenten eines vorgeschalteten Durchhandelsgeschäfts nicht rechtzeitig innerhalb der zweitägigen Lieferfrist erhalten hat. Durch Inanspruchnahme des Wertpapier-Leihsystems können die Nachteile eines Lieferverzuges vermieden werden. Die lieferpflichtige Bank kann sich die Wertpapiere entleihen.

8.126   Rechtlich verbirgt sich hinter der Wertpapierleihe im engeren Wortsinne ein **Darlehensvertrag** (§ 607 BGB). Denn die entliehenen Wertpapiere werden zur termingerechten Erfüllung einer eigenen Lieferverpflichtung des Entleihers benötigt. Sie werden dazu weiterveräußert und können deshalb nicht mehr zurückgewährt werden. Der Entleiher soll also nur verpflichtet sein, Wertpapiere von gleicher Art und Menge zurückzugeben. Bei einer Leihe im rechtlichen Sinne wären dagegen die entliehenen Wertpapiere zurückzugewähren, weil das Eigentum beim Verleiher verblieben wäre (vgl. § 598 BGB).

8.127   Wertpapierleihgeschäfte lassen sich aber auch in der Rechtskonstruktion eines **sog. repurchase agreement** (Repo's) tätigen. Das **Repo-Geschäft** wurde an den US-amerikanischen Wertpapiermärkten entwickelt[113]. Beim Repo-Geschäft schließen die beiden Kontrahenten einen Kassa-Verkauf ab und vereinbaren gleichzeitig einen Termin-Rückkauf von Wertpapieren derselben Art und Stückzahl („repurchase" agreement). Der Repo-Verkäufer hat also die verkaufte Anzahl von Wertpapieren zu übereignen. Der Termin-Rückkauf ist dagegen erst zu dem vereinbarten späteren Zeitpunkt zu erfüllen. Repos werden in Deutschland auch unter der Bezeichnung „Wertpapierpensionsgeschäfte" betrieben.

8.128   Das Repo-Geschäft bietet sich als Alternative zur Wertpapierleihe im engeren Sinne an. Der **Repo-Käufer** erwirbt für die Laufzeit des Geschäfts das Eigentum an den zugrundeliegenden Wertpapieren. Er ist nur zur Rückgewährung von Wertpapieren gleicher Art und Anzahl verpflichtet. Der Repo-Käufer kann deshalb über die gekauften Wertpapiere in gleicher Weise verfügen wie bei der Wertpapierleihe in Gestalt eines Wertpapier-Darlehens.

---

113 *Gesell*, Wertpapierleihe und Repurchase Agreement im deutschen Recht, Bankrechtliche Sonderveröffentlichungen des Instituts für Bankwirtschaft und Bankrecht an der Universität zu Köln, 49. Band 1995, S. 135 ff.

IV. Zahlstellen- und Bogenerneuerungsdienst

Bei der üblichen Börseneinführung einer Emission wird regelmäßig zwischen Emittenten und dem mitwirkenden Bankenkonsortium vereinbart, **welche Kreditinstitute** den sog. Zahlstellen- und Bogenerneuerungsdienst übernehmen werden. Hierbei handelt es sich vor allem um die spätere Einlösung der Zins- und Dividendenscheine und um die Ausgabe neuer Dividendenscheinbögen für Aktien. Des weiteren umfaßt dieser Zahlungsdienst die Tilgung eingelöster, gekündigter oder fälliger Ansprüche.

8.129

Mit dieser rechtsgeschäftlichen Vereinbarung wird einer börsengesetzlichen Verpflichtung der Emittenten bei der Einführung der Wertpapiere in den Amtlichen oder Geregelten Markt entsprochen (§§ 44 Abs. 1 Nr. 2 BörsG). Im **Interesse der Anleger** soll zumindest am Börsenplatz eine Zahl- und Hinterlegungsstelle benannt werden. Dort müssen alle erforderlichen Maßnahmen hinsichtlich der Kapitalmarktpapiere bei Vorlage der Wertpapierurkunde kostenfrei vorgenommen werden. Diese Regelung schützt die berechtigten Anlegerinteressen insbesondere bei der Zulassung ausländischer Emittenten an deutschen Börsen.

8.130

6. Abschnitt
Die Marktteilnehmer

8.131   Die am Kapitalmarkt teilnehmenden Personen können nach ihrer Marktfunktion in verschiedene Kategorien eingeteilt werden. Unmittelbar am Markt agieren (I.) die **Kreditinstitute und** (II.) die **Börsenmakler**. Bei einem börsenmäßig organisierten Markt bedarf die Teilnahme am Börsenhandel einer Zulassung durch die Börsengeschäftsführung. Dies gilt nicht nur für Kreditinstitute als Marktteilnehmer, sondern auch für die Freimakler. Die mit der amtlichen Preisfeststellung betrauten Kursmakler werden dagegen durch die Börsenaufsichtsbehörden nach Anhörung der **Kursmaklerkammer** und der Börsengeschäftsführung bestellt (§ 30 Abs. 1 BörsG).

8.132   Marktteilnehmer sind aber auch (III.) die **Emittenten** und die (IV.) **Anleger**. Der Status des Marktteilnehmers ist also unabhängig davon, ob die marktbezogen handelnden Personen Vertragsparteien der an den Märkten abgeschlossenen Wertpapiergeschäfte sind.

I. Kreditinstitute

8.133   Bei der ganz überwiegenden Anzahl der zum Handel zugelassenen Börsenteilnehmer handelt es sich um Kreditinstitute und die für sie tätigen Mitarbeiter. Die Wertpapierbörse hat Bankmitarbeiter als Börsenhändler zuzulassen, wenn sie zuverlässig sind und die hierfür notwendige berufliche Eignung haben (§ 7 Abs. 4b BörsG). Diese Zulassung gilt sowohl für Eigen-(Nostro-)Geschäfte der Kreditinstitute wie für die börsenmäßige Ausführung der Effektenaufträge als Kommissionäre ihrer Effektenkunden. Im Kommissionsgeschäft werden die Kreditinstitute als Marktintermediäre ihrer Kunden tätig.

II. Börsenmakler

8.134   Zu den Marktteilnehmern gehören auch die Börsenmakler. Die Maklerschaft setzt sich aus **Kursmaklern und Freimaklern** zusammen. Die Kursmakler nehmen eine Doppelstellung ein. In ihrer Person ist die Vermittlung von Börsengeschäften mit der amtlichen Kurs(Preis)feststellung verknüpft. Für diese amtliche Feststellung von Börsenpreisen ist im elektronischen Börsenhandel kein Raum. Sie beschränken sich deshalb auf die traditionelle Präsenzbörse, bei der die Börsenhändler den Kursmaklern Kauf- und Verkaufsaufträge für Rechnung ihrer Effektenkunden oder für eigene Rechnung erteilen.

1. Kursmakler

Wie der Freimakler ist auch der Kursmakler **Handelsmakler.** Auf die ihm erteilten Vermittlungsaufträge sind deshalb die für die Maklertätigkeit geltenden Bestimmungen des HGB (§§ 93 ff.) anwendbar. Die Rechtsstellung des Kursmaklers hat jedoch wegen seiner Mitwirkung bei der amtlichen Kursnotierung einen stark **öffentlich-rechtlichen Einschlag**[114]. Dabei stehen die Vermittlung von Börsengeschäften und die Kursfeststellung in engem Zusammenhang. Denn die Vermittlungstätigkeit bildet zugleich die Grundlage, auf der sich der Kursmakler die erforderliche Kenntnis der Marktlage verschafft, um der wirklichen Geschäftslage an der Börse entsprechende Börsenpreise zu ermitteln[115]. 8.135

Bei der Feststellung des amtlichen Kurses nimmt der Kursmakler eine öffentliche Funktion wahr. Diese Kursmaklertätigkeit ist den öffentlich-rechtlichen Aufgaben zuzuordnen, welche die Wertpapierbörse als Verwaltungsträger der mittelbaren Staatsverwaltung wahrzunehmen hat. Der Kursmakler ist deshalb ein **Organ der Börse**[116], das von der Börsenaufsichtsbehörde bestellt wird. Die Tätigkeit des Kursmaklers kann mithin als Ausübung eines öffentlichen gebundenen Berufes ähnlich der Notartätigkeit angesehen werden[117]. Der Kursmakler hat deshalb bei seiner Preisfeststellung Neutralität zu wahren. 8.136

2. Freimakler

Die Freimakler sind zum Börsenhandel zugelassene Handelsmakler. Sie haben im Unterschied zum Kursmakler **keine amtliche Funktion.** Die Zulassung der Freimakler ist regelmäßig nicht auf die reine Vermittlungstätigkeit beschränkt. Hierdurch wird den Freimaklern auch der Abschluß von Wertpapiergeschäften auf eigene Rechnung gestattet. 8.137

Die Freimakler können Wertpapiergeschäfte in sämtlichen zum Börsenhandel zugelassenen Gattungen abschließen. Hierin unterscheiden sie 8.138

---

114 *Tilly,* Die amtliche Kursnotierung an den Wertpapierbörsen, 1975, 38.
115 *Bremer,* Grundzüge des deutschen und ausländischen Börsenrechts, S. 88.
116 *Schwark,* BörsG, § 30 Rn 3.
117 *Samm,* Börsenrecht, 1978, S. 78.

sich von den Kursmaklern, denen jeweils bestimmte Wertpapiergattungen für ihre Tätigkeit zugewiesen werden. Die Freimakler können deshalb **in allen drei Marktsegmenten** des Börsenhandels agieren, wenngleich ihre Domäne der Geregelte Markt und insbesondere der Freiverkehr ist. Die Freimakler bilden mit den zum Handel zugelassenen Kreditinstituten die Börsenkulisse, die zur erwünschten Liquidität des Marktes beiträgt[118].

III. Emittenten als Marktteilnehmer

8.139 Die **Teilnahme** der Emittenten am Kapitalmarkt kann **unterschiedlich erfolgen.** Bei der Emission der Wertpapiere tritt der Emittent zugleich als wirtschaftlicher Verkäufer am Primärmarkt auf. Werden sodann die Wertpapiere an den Sekundärmärkten, insbesondere an den Wertpapierbörsen gehandelt, ist der Emittent nicht mehr an den börslichen oder außerbörslichen Geschäftsabschlüssen beteiligt. Die marktmäßige Beziehung des Emittenten beschränkt sich beim Wertpapierhandel an den börslichen und außerbörslichen (Sekundär-)Märkten darauf, daß diesem Handelsgeschehen die von ihm emittierten Wertpapiere zugrunde liegen. Dies rechtfertigt, die Emittenten an den Sekundärmärkten als mittelbare Marktteilnehmer zu bezeichnen, wie es auch für die Anleger gilt, die sich der Kreditinstitute als Marktintermediäre bedienen müssen.

1. Emittent als Wertpapierverkäufer am Primärmarkt

8.140 Die **Verkäuferrolle** des Emittenten ist **offensichtlich,** wenn er sich selbst unmittelbar an die anlagesuchenden Kapitalgeber wendet. Bei solchen „Selbst"emissionen agiert der Emittent unmittelbar am Primärmarkt. Deshalb wird er auch Vertragspartner des Emissionsgeschäfts. Beispiel hierfür ist vor allem die (Selbst-)Emission von Pfandbriefen und Kommunalschuldverschreibungen durch Hypothekenbanken.

8.141 Die **rechtliche Qualifizierung** des Emittenten als Verkäufer erklärt sich damit, daß der Erwerb von Schuldverschreibungen im Rahmen der Emission als Kauf eines (wertpapiermäßig verbrieften) Rechts und nicht als Gewährung eines Gelddarlehens eingestuft wird[119]. Denn der Anleger erlangt auch in dieser Emissionsphase wie beim Abschluß eines Kaufver-

---

118 Begr. RegE 2. FFG, BT-Drucksache 12/6679, S. 61; vgl. weiter *Franke* in Assmann/Schütze, Handbuch des Kapitalanlagerechts, § 2 Rn 68 ff.
119 *Palandt/Putzo*, Einf. v. § 607 Rn 23.

trages über eine bewegliche Sache einen regelmäßig sofort zu erfüllenden Anspruch auf Verschaffung von (Mit-)Eigentum an den die Forderungsrechte verbriefenden Wertpapierurkunden.

Schon diese Verkäuferrolle ist aus kapitalmarktrechtlicher Sicht aber auch in den Fällen gegeben, in denen bei der Emission ein Bankenkonsortium mitwirkt, das die Wertpapiere zur sofortigen Plazierung an die Anleger übernimmt. Diese Zwischenschaltung der Konsortialbanken ist emissionstechnisch bedingt, ohne die Emittenten aus kapitalmarktmäßiger Sicht aus der für den Primärmarkt typischen Anbieterrolle eines Wertpapierverkäufers zu verdrängen. 8.142

2. Emittent als indirekter Teilnehmer an den Sekundärmärkten

Gegenstand der an den Sekundärmärkten getätigten Wertpapiergeschäfte sind keine beweglichen Sachen, sondern wertpapiermäßig verbriefte Forderungs- und Beteiligungsrechte. Die Wertpapierurkunde als Sache erfüllt nur eine dem verbrieften Recht gegenüber dienende Funktion. Mit der **wertpapiermäßigen Verbriefung** soll durch den hierdurch gegenüber dem Zessionsrecht verstärkten Erwerberschutz die Umlauffähigkeit der gehandelten Rechte gesteigert werden. Im Vordergrund steht aber weiterhin das verbriefte Recht, dessen Schuldner der Emittent ist. 8.143

Schon diese **Schuldnerposition** rechtfertigt es, den Emittenten als Marktteilnehmer im weiteren Sinne einzustufen. Denn die Einschätzung der weiteren wirtschaftlichen Entwicklung des Emittenten ist für den aus kapitalmarktmäßiger Sicht typischen Fall einer späteren Weiterveräußerung von wesentlicher Bedeutung für die Kaufentscheidung des Anlegers, wenn Kursverluste beim Wiederverkauf möglichst vermieden werden sollen. Wie beim Kauf am Primärmarkt – dort befindet sich der Emittent offensichtlich in der Rolle eines Verkäufers und damit eines Marktteilnehmers – wird der Anleger auch beim Kauf der Wertpapiere in den Sekundärmärkten ganz entscheidend auf eine möglichst positive wirtschaftliche Entwicklung des Emittenten abstellen wollen. 8.144

Insoweit ergibt sich ein **wesentlicher Unterschied** zum sonstigen Kauf von Forderungen wie etwa beim **echten Factoring**. Hier ist regelmäßig keine Weiterveräußerung vorgesehen, bei der infolge einer zwischenzeitlichen Verschlechterung der wirtschaftlichen Situation des Schuldners Kursverluste drohen könnten. Beim Erwerb solcher für den Kapitalmarkt ungeeigneter Forderungen wird der Erwerber regelmäßig nur darauf abstellen, ob die Bonität des Schuldners eine pünktliche Erfüllung der Zahlungsverpflichtungen bei Fälligkeit erwarten läßt. Ein solcher Forderungsankauf unterscheidet sich deshalb wesentlich von dem Erwerb eines kapitalmarktmäßig gehandelten und deshalb Kursverlusten unterworfenen Rechts. 8.145

Insbesondere dieser Unterschied rechtfertigt es aus kapitalmarktrechtlicher Sicht, den Emittenten auch für die Sekundärmärkte als (indirekten) Marktteilnehmer einzustufen.

8.146 Die regelmäßig ausschlaggebende Bedeutung der Emittenten beim Abschluß der Wertpapiergeschäfte an den Kapitalmärkten erfordert es, den **Emittenten** im Interesse des Anlegerschutzes **bestimmte Veröffentlichungs- und Verhaltenspflichten** aufzuerlegen. Diese kapitalmarktrechtlichen Pflichten haben unterschiedlichen Inhalt und Umfang. Sie sind am ausgeprägtesten, wenn die Wertpapiere zum Börsenhandel mit amtlicher Notierung zugelassen sind. Der Amtliche Markt hat aus der Sicht des Anlegerschutzes die höchste Qualitätsstufe.

a) Kapitalmarktrechtliche Veröffentlichungspflichten

8.147 Die kapitalmarktrechtlichen Veröffentlichungspflichten sollen den Kapitalmarkt mit ausreichenden Informationen versehen[120]. Das kapitalmarktrechtliche **Informationssystem**[121] bezweckt deshalb im Unterschied zur aktienrechtlichen Rechnungslegung nicht nur die Unterrichtung der Gesellschafter und Gläubiger der Emittentin. Die kapitalmarktrechtliche Publizität soll vielmehr neben den vorhandenen Aktionären dem sonstigen Anlegerpublikum Informationen vermitteln, die für eine fundierte Kauf- oder Verkaufsentscheidung erforderlich erscheinen[122].

8.148 Die Pflicht zur regelmäßigen Information des Anlegerpublikums (**Regelpublizität**) hat bei den beiden öffentlich-rechtlich strukturierten Marktsegmenten des Börsenhandels unterschiedlichen Inhalt und Reichweite. Die Emittenten der im Amtlichen Markt gehandelten Wertpapiere haben sämtliche der im Börsengesetz (§§ 44 bis 44d) normierten Informationspflichten zu erfüllen. Es gilt der Grundsatz, daß das Anlegerpublikum und die Zulassungsstelle der Börse über den Emittenten und die zugelassenen Wertpapiere angemessen zu unterrichten sind (§ 44 Abs. 1 S. 3 BörsG)[123]. Hiermit ist im wesentlichen die **jährliche aktienrechtliche Rechnungslegung** gemeint, die einen möglichst verläßlichen Einblick in die Vermögens- und Ertragslage des Emittenten verschaffen muß[124]. Eine weitere

---

120 *Wiedemann*, BB 1975, 1591, 1593; *von Caemmerer*, Das Frankfurter Publizitätsgespräch, 1963, S. 157.
121 *Baumbach/Hopt*, § 44a BörsG Rn 1 f.
122 *Schwark*, ZGR 1976, 294; *Wiedemann*, BB 1975, 1591, 1593.
123 *Hopt*, WM 1985, 793, 801; *ders.*, ZGR 1980, 225, 242.
124 Bei dem § 44 Abs. 1 BörsG handelt es sich um keinen Auffangtatbestand, aus dem weitere erforderliche und angemessene Informationspflichten des Emittenten, etwa über künftige emittenten- oder wertpapierbezogene Umstände, unmittelbar abgeleitet werden können (*Schwark*, BörsG, § 44 Rz. 8).

wesentliche Informationspflicht der Regelpublizität ist die Pflicht zur **Erstellung mindestens halbjährlicher, inhaltlich präzisierter Zwischenberichte** (§ 44b BörsG).

Beim **Geregelten Markt** als dem anderen öffentlich-rechtlich organisierten Marktsegment sind die Publizitätspflichten im Interesse des erleichterten Zugangs für kleinere und mittlere Aktiengesellschaften eingeschränkt worden, um die Rahmenbedingungen für die dringend notwendige Verstärkung der Eigenkapitalausstattung der deutschen Wirtschaft zu verbessern. Diese **eingeschränkte Publizität** zeigt sich vor allem in dem reduzierten Inhalt des „Unternehmensberichts", der beim Geregelten Markt an die Stelle des ausführlicheren Börsenzulassungsprospektes des Amtlichen Marktes tritt. 8.149

Diese **Regelpublizität** wird **durch die Ad hoc-Publizität ergänzt**, die gleichermaßen für den Amtlichen und Geregelten Markt der inländischen Wertpapierbörsen vorgeschrieben ist. Danach muß der Emittent unverzüglich eine neue Tatsache veröffentlichen, die in seinem Tätigkeitsbereich eingetreten und nicht öffentlich bekannt ist, wenn sie wegen ihrer Auswirkungen auf die Vermögens- und Finanzlage oder auf den allgemeinen Geschäftsverlauf geeignet ist, den Börsenpreis des Wertpapiers erheblich zu beeinflussen. Ungeachtet dieses Normzwecks steht aber die gesetzliche Regelung der Ad hoc-Publizität nicht mehr wie bisher im engen Kontext der im Börsengesetz geregelten kapitalmarktrechtlichen Informationspflichten (vgl. den bisherigen § 44a BörsG). Der deutsche Gesetzgeber hat die Ad-hoc-Publizität im Zuge der **Umsetzung der EG-Insiderrichtlinie** zugleich als eine Präventivmaßnahme zur Bekämpfung des Insiderhandels ausgestaltet und sie deshalb im unmittelbaren Anschluß an die insiderrechtlichen Verbotstatbestände im Wertpapierhandelsgesetz angesiedelt (vgl. **§ 15 WpHG**)[125]. 8.150

b) Auskunftspflichten gegenüber Wertpapierbörsen

Die Regel- und Ad hoc-Publizität wird ergänzt um eine Auskunftspflicht der Emittenten gegenüber den Wertpapierbörsen. Der **Emittent** ist hiernach **verpflichtet,** aus seinem Bereich alle Auskünfte zu erteilen, die für die Zulassungsstelle oder die Börsengeschäftsführung zur ordnungsgemäßen Erfüllung ihrer Aufgaben erforderlich sind (§ 44c Abs. 1 BörsG). Die Zulassungsstelle kann zudem verlangen, daß der Emittent in angemessener Form und Frist bestimmte Auskünfte veröffentlicht, wenn dies zum Schutz des Anlegerpublikums oder für einen ordnungsgemäßen Bör- 8.151

---

125 Begr. RegE 2. FFG, BT-Drucksache 12/6679, S. 48.

senhandel erforderlich ist. Kommt der Emittent dem Verlangen der Zulassungsstelle nicht nach, kann die Zulassungsstelle nach Anhörung des Emittenten auf dessen Kosten diese Auskünfte selbst veröffentlichen. Diese Auskunftspflicht bezieht sich in erster Linie auf Umstände und Tatsachen, die nicht schon durch die Regelpublizität und die Ad hoc-Publizität erfaßt werden.

c) Kapitalmarktbezogene Verhaltenspflichten

8.152 Der Emittent von Wertpapieren des Amtlichen und Geregelten Marktes ist nach dem Börsengesetz (§§ 44 Abs. 1 Nr. 1, 76) verpflichtet, die Inhaber der zugelassenen Wertpapiere unter gleichen Voraussetzungen **gleich zu behandeln,** wie es das Aktiengesetz (§ 53 a) für Aktienrechte vorschreibt.

8.153 Diese Verhaltenspflicht des Emittenten gehört wegen der börsengesetzlichen Verankerung zu dem kapitalmarktbezogenen Schutzsystem zugunsten der Anleger. Sie veranschaulicht zugleich, daß eine gesetzliche Regelung durchaus eine kapitalmarktrechtliche Normenqualität haben kann, wenn sie mit demselben Inhalt auch für ein anderes Rechtsgebiet wie hier für das Gesellschaftsrecht geschaffen worden ist.

8.154 Eine weitere kapitalmarktbezogene Verhaltenspflicht soll im Anlegerinteresse die Geltendmachung des verbrieften Rechts erleichtern. Der Emittent ist hierzu verpflichtet, für die gesamte Dauer der Zulassung der Wertpapiere **mindestens eine Zahlstelle am Börsenplatz zu benennen,** bei der alle erforderlichen Maßnahmen hinsichtlich der Wertpapiere bewirkt werden können. Der Emittent hat diese Maßnahmen kostenfrei vorzunehmen, wenn die Wertpapierurkunden bei dieser Zahlstelle vorgelegt werden (§ 44 Abs. 1 Nr. 2 BörsG).

8.155 Erfüllt der Emittent seine börsengesetzlichen und damit kapitalmarktrechtlichen Verhaltens- oder Publizitätspflichten nicht, so kann die Zulassungsstelle der Börse dieses **Versäumnis durch Börsenbekanntmachung** veröffentlichen. Sofern der Emittent diese Pflichten auch nach einer ihm gesetzten angemessenen Frist nicht erfüllt, kann die **Zulassung** seiner Wertpapiere zum Börsenhandel **widerrufen** werden (§ 44d BörsG).

IV. Anleger als Marktteilnehmer (Effektenkommittent)

8.156 Die Anleger agieren zwar nicht unmittelbar am Markt und gehören deshalb im Gegensatz zu den Kreditinstituten und Börsenmaklern nicht zu den Marktakteuren im engeren Wortsinne. Die Anleger sind jedoch Trä-

6. Abschnitt: Die Marktteilnehmer

ger eines wesentlichen Teiles des Angebots- und Nachfragepotentials, das in den Kapitalmarkt mittels Geschäftsabschlüssen zum Ausgleich gebracht werden soll. Sie können deshalb wie auch die Emittenten als (mittelbare) Marktteilnehmer bezeichnet werden.

Die Anleger haben im übrigen in ihrer Rechtsbeziehung zu den Emittenten und ihrer Bank als Marktintermediär weitere Rechtspositionen inne. **Gegenüber den Emittenten** haben die Anleger beim Kauf von Aktien den Status eines Aktionärs; beim **Erwerb von Schuldverschreibungen** sind sie Gesellschaftsgläubiger. Dagegen befinden sich die Anleger gegenüber ihrer Bank, die sie als Marktintermediärin mit der Anschaffung oder Veräußerung der Wertpapiere betraut haben, in der Rolle eines kommissionsrechtlichen Kommittenten (§§ 383 ff. HGB). 8.157

1. Kein direkter Marktzugang der Effektenkunden

Aus der Sicht der in den Kapitalmärkten getätigten Vertragsabschlüsse sind freilich die Anleger **keine Marktteilnehmer im Rechtssinne**, weil sie keine (rechtsformalen) Vertragspartner der dort zustandekommenden Wertpapiergeschäfte werden. Dies gilt nicht nur für das Handelsgeschehen an den Wertpapierbörsen, sondern gleichermaßen für den außerbörslichen Handel. Auch die außerbörslichen Wertpapiergeschäfte werden regelmäßig zwischen Kreditinstituten im Telefonverkehr abgeschlossen (Interbankenhandel). Die Bankkunden haben als Anleger mit Rücksicht auf die unabweisbaren Marktbedürfnisse regelmäßig **keinen unmittelbaren Zugang** zu den Kapitalmärkten. 8.158

2. Marktgeschäfte für Rechnung der Effektenkunden

Auch wenn die Anleger nicht Vertragspartner bei den am Markt getätigten Wertpapiergeschäften werden, sind sie aus kapitalmarktrechtlicher Sicht gleichwohl als Marktteilnehmer einzustufen. Denn die von ihnen beauftragten **Kreditinstitute** führen die Kundenaufträge nach den maßgeblichen Sonderbedingungen für Wertpapiergeschäfte stets **als Kommissionäre** für Rechnung der Effektenkunden (§ 383 HGB) aus. Bei diesen Transaktionen am Kapitalmarkt handelt es sich aus wirtschaftlicher Sicht um Wertpapiergeschäfte von Anlegern. Bei der Neufassung der Sonderbedingungen für Wertpapiergeschäfte zu Beginn des Jahres 1995 ist der bisherige kommissionsrechtliche Selbsteintritt (§ 400 HGB) abgeschafft worden. In den Fällen des Selbsteintritts werden die am Markt getätigten Geschäfte nicht für Rechnung des Effektenkunden für die Bank 8.159

abgeschlossen. Dabei ist es unerheblich, ob der Kundenauftrag an einer Wertpapierbörse oder außerbörslich ausgeführt wird.

8.160 Die **Kreditinstitute** handeln deswegen stets **als beauftragte Marktintermediäre,** wenn sie den Kundenauftrag am Kapitalmarkt ausführen. Nach auftragsrechtlichen Grundsätzen hat die Bank bei einem Verkaufsauftrag dem Kunden den konkreten Verkaufserlös herauszugeben, den sie selbst von ihrem Marktkontrahenten erhalten hat (§ 667 BGB). Umgekehrt kann die Bank bei einem Kaufauftrag als Aufwendungsersatz nur die Erstattung des tatsächlich an ihren Marktkontrahenten gezahlten Kaufpreises verlangen (§ 670 BGB).

8.161 Die **jederzeit nachvollziehbare Verknüpfung** eines börsenmäßigen Ausführungsgeschäfts mit dem Kundenauftrag geschieht mit Hilfe von Referenznummern, welche die Banken den skontroführenden Börsenmaklern für die ordnungsgemäße Ausfertigung der Schlußnote aufzugeben haben. Eine entsprechende Mitteilungspflicht schreibt das Wertpapierhandelsgesetz vor (§ 37 Abs. 2 S. 2).

8.162 Mit Rücksicht auf diese grundlegende Neugestaltung der Ausführung der Effektenorder als Kommissionsgeschäft ohne Selbsteintritt können die Anleger auch aus rechtlicher Sicht als Martktteilnehmer eingestuft werden[126].

---

126 In diesem Sinne auch *Claussen/Hoffmann,* ZBB 1995, 70.

7. Abschnitt
Staatliche Marktaufsicht

Das Zweite Finanzmarktförderungsgesetz hat die rechtlichen Rahmenbedingungen für eine bundesweite effiziente staatliche Marktaufsicht geschaffen. Das starke öffentliche Interesse an der Funktionsfähigkeit des Kapitalmarktes erfordert, daß für die Durchsetzung der kapitalmarktrechtlichen Normen Aufsichtsinstanzen geschaffen werden. Für die Bevorzugung eines bestimmten Kapitalmarktes durch Anleger und Emittenten ist neben anderen Faktoren auch ausschlaggebend, ob Transparenz und Fairneß des Handels, die Funktionsfähigkeit börslicher Einrichtungen, die Überwachung von Solvenz und Zuverlässigkeit der Marktintermediäre sowie eine umfassende Anlegerinformation sichergestellt ist[127]. Diese **institutionelle Absicherung** der Einhaltung der kapitalmarktrechtlichen Normen ist auch ein Abgrenzungsmerkmal des Kapitalmarktrechts gegenüber dem Gesellschaftsrecht.

8.163

Für die **staatliche Aufsicht über die Solvenz und die Zuverlässigkeit** der Wertpapierfirmen und Kreditinstitute, soweit sie Wertpapierdienstleistungen erbringen (Marktintermediäre), ist das Bundesaufsichtsamt für das Kreditwesen zuständig, das auch die erforderliche Geschäftserlaubnis erteilt. Solvenzaufsicht bedeutet hierbei die Überwachung der Fähigkeit von Unternehmen, ihr Bestehen und die ständige Erfüllbarkeit aller fälligen Verbindlichkeiten sowohl durch eine entsprechende Geschäftspolitik als auch durch ausreichendes Eigenkapital sicherzustellen. Marktaufsicht ist dagegen die Sicherstellung des Anlegerschutzes sowie der Transparenz und Integrität des Kapitalmarktes[128].

8.164

Eine vorrangige Aufgabe der staatlichen Aufsicht ist deshalb, das Verhalten der am Markt agierenden Kreditinstitute und Börsenmakler auf Recht- und Ordnungsmäßigkeit zu überwachen. Diese **Marktaufsicht** beschränkt sich nicht nur auf die Wertpapiergeschäfte, die an der Börse getätigt werden. Einbezogen werden auch die Geschäftsbeziehungen der Kreditinstitute zu den Bankkunden im Rahmen des Effektengeschäfts. Die Anleger können sich regelmäßig nur über Kreditinstitute als Marktintermediäre Zugang zum Kapitalmarkt verschaffen. Sie sind deshalb auf eine interessenwahrende Ausführung ihrer Effektenorder im Markt angewiesen.

8.165

---
127 *Kurth*, WM 1998, 1715.
128 Informationsblatt des Bundesaufsichtsamtes für den Wertpapierhandel vom Oktober 1997 abgedruckt in *Kümpel/Ott*, Kapitalmarktrecht Kz 631/2, S. 2.

I. Dreistufige Aufsichtskompetenz

8.166 Bei der Schaffung der neuen Marktaufsicht bestanden unterschiedliche Vorstellungen über den institutionellen Aufbau und die Kompetenzverteilung[129]. Als Kompromißlösung wurde ein föderal-dezentral organisiertes Aufsichtssystem geschaffen, das auf die drei Verwaltungsebenen Bund, Länder und Börsenselbstverwaltung verteilt worden ist. Es ist so konzipiert, daß es zu keiner unterschiedlichen Aufsichtspraxis an den acht Börsen führen wird.

8.167 Dem **Bund** werden erstmalig **zentrale Aufsichtsfunktionen** auf dem Gebiet des börslichen und außerbörslichen Wertpapierhandels übertragen. Zu diesem Zweck wird ein eigenständiges Bundesaufsichtsamt für den Wertpapierhandel geschaffen, das als Bundesoberbehörde dem Geschäftsbereich des Bundesministeriums der Finanzen nachgeordnet ist.

8.168 Den **Ländern** obliegt nicht nur wie bisher die Rechtsaufsicht über die Börsen. Die Überwachungsbefugnisse sind vielmehr zu einer umfassenden Marktaufsicht mit entsprechenden Kontrollmöglichkeiten erweitert worden. Dabei ist eine enge Zusammenarbeit zwischen Bund und Ländern vorgezeichnet. Diese Kooperation vollzieht sich insbesondere im Wertpapierrat beim Bundesaufsichtsamt für den Wertpapierhandel und bei eiligen Insiderfällen an der Börse. Als Rechtsgrundlage der Zusammenarbeit dient die verwaltungsrechtliche Rechtsfigur der Organleihe, die einen Eckstein der dreistufigen staatlichen Marktaufsicht darstellt[130].

8.169 Die **dritte Säule** der staatlichen Marktaufsicht sind die **neugeschaffenen Handelsüberwachungsstellen,** die jede Börse nach Maßgabe der Börsenaufsichtsbehörde als eigenständiges Börsenorgan einzurichten hat. Dieses neue Börsenorgan hat in enger Kooperation mit der jeweiligen Länderaufsicht den Handel an der Börse und die Geschäftsabwicklung zu überwachen[131].

II. Staatliche Überwachung der Börsenpreise

8.170 Einen Schwerpunkt der staatlichen Marktaufsicht bildet die Überwachung der **Preisbildung** im Börsenhandel. Diese staatliche Kontrollmög-

---

129 *Claussen*, DB 1994, 969.
130 *Kümpel*, WM-Festgabe für Hellner, 1994.
131 Zur Effizienz dieses dreigliedrigen Aufsichtssystems vgl. *Kurth*, WM 1998, 1715.

lichkeit ist ein unverzichtbares Qualitätsmerkmal für einen Kapitalmarkt, der international wettbewerbsfähig sein soll. Mit dieser Neuregelung des Börsenpreises soll deshalb auch den ausländischen Handelsteilnehmern und Anlegern die Sicherheit gegeben werden, daß die nach bisherigem Recht bestehende unbefriedigende Situation der Überwachung der Preisbildung an der Börse beseitigt worden ist. Eine effiziente Überwachung der Preisbildung soll gewährleisten, daß das Vertrauen in die Ordnungsmäßigkeit des Handels und des manipulationsfreien Zustandekommens der Börsenpreise nicht enttäuscht wird[132].

Zuständig für die Überwachung der Preisfindung ist vor allem die **Handelsüberwachungsstelle,** die als Börsenorgan diese Funktion selbständig und eigenverantwortlich wahrzunehmen hat[133]. Dieses neue Börsenorgan hat bei der Wahrnehmung seiner hoheitlichen Funktionen eng mit der Börsenaufsichtsbehörde zusammenzuarbeiten, die der Handelsüberwachungsstelle auch jederzeit Weisungen erteilen und erforderlichenfalls die Ermittlungen übernehmen kann (vgl. § 1b Abs. 1 BörsG). 8.171

Diese staatliche Marktaufsicht hat auch die strikte **Einhaltung** der neugeschaffenen Verhaltensregeln des Wertpapierhandelsgesetzes (§§ 31 ff.) und die Geschäftsbedingungen zu überwachen, mit dem die Kreditinstitute das Effektengeschäft AGB-mäßig näher geregelt haben. Die Anleger können sich regelmäßig nur über Kreditinstitute als Marktintermediäre Zugang zum Kapitalmarkt verschaffen. Sie sind daher in besonderem Maße auf eine interessengerechte Ausführung ihrer Effektenaufträge am Kapitalmarkt angewiesen. Auch diese Interessenwahrung soll die staatliche Marktaufsicht zum Schutze der Funktionsfähigkeit des Kapitalmarktes überwachen[134]. 8.172

---

132 Begr. RegE 2. FFG, BT-Drucksache 12/6679, S. 69, 70.
133 Begr. RegE 2. FFG, BT-Drucksache 12/6679, S. 60.
134 Beschlußempfehlung und Bericht des Finanzausschusses des Deutschen Bundestages, BT-Drucksache 12/7918, S. 97.

8. Abschnitt
Regelungsziele des Kapitalmarktrechts

8.173 Die kapitalmarktrechtlichen Regelungen haben zwei vorrangige Regelungsziele: Den **Funktionsschutz** und den **Anlegerschutz**[135]. Der unscharfe Begriff des Anlegerschutzes bedarf jedoch wegen der unterschiedlichen Sanktionen von Verletzungen dieses Schutzgesetzes einer weiteren Differenzierung. Es ist streng zu unterscheiden zwischen dem Schutz der Individualinteressen des einzelnen Anlegers **(Individualschutz)** und dem Schutz der Anlegerschaft im Sinne des Anlegerpublikums als Träger des gesamten Angebots- und Nachfragepotentials, wie es z.B. durch die Vorschrift des § 36 Abs. 3 Nr. 3 BörsG bezweckt wird, die eine wesentliche Norm für die Zulassung von Wertpapieren zum Börsenhandel darstellt. Dieser **überindividuelle Anlegerschutz** ist genau genommen ein wesentlicher Aspekt des **Funktionsschutzes** der Kapitalmärkte.

8.174 Das Schrifttum hat bislang den Individualschutz des Anlegers akzentuiert[136]. Mittlerweile wird aber der Schutz der Funktionsfähigkeit der Märkte als primäres Regelungsziel angesehen. Nur ein verhältnismäßig kleiner Teil der kapitalmarktrechtlichen Normen dient auch dem Schutz der Individualinteressen der Anleger. Der ganz im Vordergrund stehende Schutz der Funktionsfähigkeit des Kapitalmarktes, der den überindividuellen Anlegerschutz mit einschließt, zielt auf die im öffentlichen Interesse liegende **Leistungsfähigkeit der kapitalmarktbezogenen Einrichtungen und Ablaufmechanismen**.

8.175 Hierzu gehört insbesondere der **Schutz des Vertrauens des Anlegerpublikums.** Dieser Vertrauensschutz ist zur Erhaltung und Steigerung des Volumens des volkswirtschaftlich benötigten Investitionskapitals unverzichtbar[137]. Ohne einen hinreichenden Schutz des Vertrauens des Anlegerpublikums ist die Funktionsfähigkeit der Wertpapiermärkte gefährdet. Bei einer spürbaren Erschütterung dieses Vertrauens besteht die Gefahr, daß sich die enttäuschten Anleger von den betroffenen Märkten abkehren und diesen hierdurch die für ihre Funktionsfähigkeit erwünschte Liquidität entziehen[138]. So dienen insbesondere die vertrauensbildenden Maß-

---
135 *Hopt*, ZHR 141 (1977), 429, 431.
136 *Hopt*, ZHR 141 (1977), 429, 431.
137 *Kübler*, Gesellschaftsrecht, 5. Aufl., 1998, S. 390.
138 *Caspari*, ZGR 1994, 530, 533.

nahmen des Wertpapierhandelsgesetzes in Gestalt bestimmter Informations- und Verhaltenspflichten der Normadressaten indirekt auch dem Schutz der Funktionsfähigkeit des Kapitalmarktes als dem vorrangigen Schutzgut des Kapitalmarktrechts[139]. Diese Zusammenhänge verdeutlichen zugleich, daß der Funktionsschutz des Kapitalmarktes notwendigerweise auch den Schutz des breiten Anlegerpublikums (überindividuellen Anlegerschutz) mit einschließt.

Mit dieser Marktbezogenheit des Wertpapierhandelsgesetzes hat der Gesetzgeber die bisherige Regelungsperspektive des Kapitalmarktrechts aufgegeben, das bislang als genuines Rechtsgebiet nur in Randbereichen gesetzlich normiert gewesen ist[140]. Kapitalmarktrechtliche „Einsprengsel" finden sich vor allem im Aktiengesetz (§ 47 Nr. 3), in der Rechnungslegungspublizität der Unternehmen sowie in den rechtlichen Rahmenbedingungen für die Wertpapierbörsen. Der Regelungsansatz war bislang also ganz überwiegend rechtsform- und institutionsbezogen. Dementsprechend war das Kapitalmarktrecht im wesentlichen durch das Aktienrecht, das Börsenrecht und Teile des Bankrechts, insbesondere durch die gesetzlichen Regelungen des Emissions-, Effekten- und Depotgeschäfts geprägt[141]. 8.176

Die Funktionsfähigkeit des Kapitalmarktes als Schutzgut des Kapitalmarktrechts begründet im übrigen ein wesentliches Abgrenzungsmerkmal des Kapitalmarktrechts zum Gesellschaftsrecht. **Kapitalmarktrecht ist funktionsbezogen und damit rechtsformübergreifend**[142]. **Gesellschaftsrecht** ist dagegen **grundsätzlich rechtsformspezifisch**[143]. 8.177

I. Funktionsschutz des Kapitalmarktes

Die Funktionsfähigkeit des Kapitalmarktes ist nach den Gesetzesmaterialien zum Zweiten Finanzmarktförderungsgesetz ein Schutzgut, das ausschließlich dem **öffentlichen Interesse an effizienten Märkten** dient[144]. 8.178

Vorrangiges Ziel des öffentlichen Interesses ist das **Wohl der Allgemeinheit**. Unter diesem Gemeinwohl versteht der Gesetzgeber das aus vielen besonderen privaten 8.179

---
139 *Kübler*, Gesellschaftsrecht, 5. Aufl., 1998, S. 390.
140 *Schwark*, FS Stimpel, 1985, S. 1087, 1093.
141 *Assmann* in Assmann/Schneider, WpHG, Einl. Rn 1, 9 ff.; ders. in Assmann/Schütze, Handbuch des Kapitalanlagerechts, 1990, § 1 Rn 8 ff.
142 *Schwark*, FS Stimpel, 1985, S. 1087, 1091.
143 *Kübler*, Schweizerische Zeitschrift für Wirtschaftsrecht, 1995, 223, 225.
144 Beschlußempfehlung und Bericht des Finanzausschusses des Deutschen Bundestages, BT-Drucksache 12/7918, S. 102.

8. Teil: Allgemeiner Teil des Kapitalmarktrechts

und öffentlichen Einzelinteressen abgeleitete, häufig im Widerstreit zu ihnen bestehende Gemeininteresse[145]. Träger solcher Gemeininteressen ist insbesondere der Staat als verbandsmäßig organisierte allumfassende Personengesamtheit. Ein solches öffentliches Interesse läßt die Veranstaltung funktionsfähiger Kapitalmärkte zu einer staatlichen Aufgabe werden.

8.180 Ein solches öffentliches Interesse des Staates besteht aus vielerlei Gründen auch an möglichst effizienten Kapitalmärkten. So ist die **internationale Wettbewerbsfähigkeit** der Gesamt-(Volks-)Wirtschaft nach den Gesetzesmaterialien zum Zweiten Finanzmarktförderungsgesetz entscheidend von der Funktionsfähigkeit ihrer Finanz- und Kapitalmärkte abhängig. Diese Märkte sollen die wirtschaftspolitisch erwünschte Allokation der Ressourcen gewährleisten und damit Motor für Wachstum und Strukturwandel sein. Der Finanzierungsbedarf in Deutschland wird angesichts des Wiederaufbaues und der strukturellen Veränderungen der Wirtschaft in den jungen Bundesländern auf längere Sicht beträchtlich sein. Auch das wirtschaftliche Wachstum in den alten Bundesländern bedarf weiterhin einer ausreichenden Kapitalbildung[146]. Zur Deckung des Finanzierungsbedarfs der kapitalmarktfähigen Unternehmen müssen deshalb neben den heimischen Ersparnissen auch die anlagesuchenden Gelder des Auslandes als Finanzierungsquelle erschlossen werden[147].

8.181 Der Kapitalmarkt dient im übrigen dem Erwerb von Aktien und Schuldverschreibungen für die verschiedenen Formen der **privaten Altersversorgung.** Die staatliche Sozialversicherung, die nach der Industrialisierung der Volkswirtschaft weitgehend die Altersversorgung im Rahmen der Großfamilie ersetzt hat, wird künftig noch stärker der Ergänzung und Entlastung durch private Altersversorgung über den Kapitalmarkt bedürfen[148]. Die Anleger sind schon aus diesem Grunde an einem Erwerb und einer Veräußerung von Wertpapieren zu einem marktgerechten, transparenten und staatlich kontrollierten Kurs interessiert, wie sie die Wertpapierbörsen gewährleisten sollen. Das öffentliche Interesse an solchen effizienten börsenmäßigen Wertpapiermärkten zeigt sich deshalb auch darin, daß der Gesetzgeber den Kreditinstituten als Marktintermediäre vorgeschrieben hat, die ihnen erteilten Effektenorder mangels anderweitiger Kundenweisung nur an den Wertpapierbörsen auszuführen. Ein solcher

---

145 *Wolff/Bachof/Stober*, Verwaltungsrecht I, 10. Aufl., 1994, § 29 Rn 1, 5.
146 Begr. RegE 2. FFG, BT-Drucksache 12/6679, S. 33.
147 Begr. RegE 2. FFG, BT-Drucksache 12/6679, S. 33.
148 *Herdt*, Zukunftsvorsorge über die Börse, in Institut für Kapitalmarktforschung (Hrsg.), Aktuelle Fragen zum Verhältnis Kapitalmarkt und Politik (1992), 27 ff.; *Kübler*, Schweizerische Zeitschrift für Wirtschaftsrecht, 1995, 223, 224.

gesetzlicher Börsenzwang setzt die Existenz entsprechend organisierter Börsen voraus.

Schließlich haben auch die **öffentlichen Hände** ein überragendes Interesse an einem effizienten Kapitalmarkt. Dies gilt vor allem für börsenmäßig organisierte Märkte. Die **Finanzierungsbedürfnisse** lassen sich häufig nur durch breitgestreute Emissionen von Anleihen befriedigen, deren Plazierung durch eine Börseneinführung wesentlich erleichtert wird. 8.182

Dieses vielschichtige Interesse des Staates an der Funktionsfähigkeit seiner Kapitalmärkte erfordert entsprechende rechtliche Rahmenbedingungen. So wird das Kapitalmarktrecht zu einem notwendigen Funktionselement des Ordnungsgefüges einer hochentwickelten Gesellschaft[149]. 8.183

Bei den kapitalmarktrechtlichen Normen, die auf die Gewährleistung effizienter Kapitalmärkte abzielen, lassen sich drei eng miteinander verwobene Teilaspekte unterscheiden, mit denen die Funktionsfähigkeit des Marktes als Regelungsziel konkretisiert werden kann: 1. die **institutionelle** Funktionsfähigkeit, 2. die **operationale** Funktionsfähigkeit und 3. die **Sicherung der allokativen Funktionsfähigkeit**. 8.184

1. Institutionelle Funktionsfähigkeit

Unter der institutionellen Funktionsfähigkeit der Kapitalmärkte sind vor allem die Grundvoraussetzungen eines wirksamen Marktmechanismus zu verstehen. Hierzu bedarf es eines **weitestmöglich ungehinderten Zugangs der Emittenten und der Anleger** als Träger des Angebots- und Nachfragepotentials, soweit dieses nicht aus dem Eigen(Nostro)geschäft der Kreditinstitute und der Börsenmakler als Marktakteure resultiert. Von dieser Zugangsmöglichkeit ist die Vielfalt der Anlagetitel sowie die Zahl der Investoren und das Volumen des anlagesuchenden Kapitals abhängig[150]. Die **Aufnahmefähigkeit (Liquidität) eines Marktes** ist ein wesentlicher Aspekt für die Entscheidung des Investors, seine Geldanlage gerade in diesem Markt zu tätigen. Denn bei seiner Anlageentscheidung wird der Anleger regelmäßig auch die jederzeitige Möglichkeit einer späteren Veräußerung der erworbenen Wertpapiere in Betracht ziehen. 8.185

Das Schrifttum hat verschiedene **Kriterien für diese Marktliquidität** entwickelt[151]. Die Marktbreite ist gegeben, sofern nah am Gleichgewichtspreis zwischen Ange- 8.186

---
149 *Kübler*, Schweizerische Zeitschrift für Wirtschaftsrecht, 1995, 223, 227.
150 Großkomm. AktG/*Assmann*, Einl. Rn 360; *ders.* in Assmann/Schütze, Handbuch des Kapitalanlagerechts, § 1 Rn 26.
151 *Picot/Bortenlinger/Röhrl*, Börsen im Wandel, 1996, S. 25 ff.

bot und Nachfrage eine signifikante Zahl weiterer Aufträge zur Ausführung anstehen. Die erwünschte Markttiefe liegt vor, wenn große Aufträge zum marktgängigen Preis ausgeführt werden können. Zu den Liquiditätsmerkmalen gehören im übrigen die Sofortigkeit im Sinne einer schnellen Auftragsausführung ohne große Preisschwankungen und die Markterneuerungskraft, die sich durch eine elastische Reaktion auf kurzfristiges Ungleichgewicht in der Auftragslage ausdrückt.

8.187 Zu den allgemeinen Voraussetzungen für die Funktionsfähigkeit des Marktes gehören im übrigen **standardisierte und damit verkehrsfähige Anlagetitel**. Der deutsche Gesetzgeber hat diese in Gestalt der umlauffreundlichen (fungiblen) Aktien und Schuldverschreibungen dem Rechtsverkehr zur Verfügung gestellt.

8.188 Für die **institutionelle Effizienz der Kapitalmärkte** bedarf es im übrigen rechtlicher Rahmenbedingungen, um das Vertrauen der Investoren in die Stabilität und Integrität der Märkte zu erhalten und möglichst zu festigen[152]. Der deutsche Gesetzgeber hat diesen erforderlichen Vertrauensschutz in Gestalt des neuen Wertpapierhandelsgesetzes geschaffen, das zugleich der Umsetzung der EG-Insider-Richtlinie[153] und der EG-Transparenz-Richtlinie[154] dient. Dementsprechend sind die Schwerpunkte des Wertpapierhandelsgesetzes (a) das **insiderrechtliche Gleichbehandlungsgebot**, (b) die **größere Transparenz der Aktionärsstruktur**, (c) die **Verhaltensregel für die Marktintermediäre** im Sinne des Art. 11 der EG-Wertpapierdienstleistungs-Richtlinie[155] sowie (d) die **staatliche Marktaufsicht**.

a) Insiderrechtliches Gleichbehandlungsgebot

8.189 Die neuen insiderrechtlichen Vorschriften des Wertpapierhandelsgesetzes bezwecken die Sicherung des Vertrauens des Anlegerpublikums in eine ordnungsgemäße Abwicklung der Wertpapiergeschäfte[156]. Das **schutzwür-**

---

152 Großkomm. AktG/*Assmann*, Einl. Rn 360; *ders.* in Assmann/Schütze, Handbuch des Kapitalanlagerechts, § 1 Rn 26.
153 Richtlinie 89/591/EWG des Rates der Europäischen Gemeinschaften vom 13. 11. 1989 zur Koordinierung der Vorschriften betreffend Insidergeschäfte (abgedruckt ABlEG Nr. L 334/30).
154 Richtlinie 88/627/EWG des Rates der Europäischen Gemeinschaften vom 12. 12. 1988 über die bei Erwerb oder Veräußerung einer bedeutenden Beteiligung an einer börsennotierten Gesellschaft zu veröffentlichenden Informationen (abgedruckt ABlEG Nr. L 348/62).
155 Richtlinie 93/22/EWG des Rates der Europäischen Gemeinschaften über Wertpapierdienstleistungen vom 10. 5. 1993 (abgedruckt ABlEG Nr. L 141/27).
156 Beschlußempfehlung und Bericht des Finanzausschusses des Deutschen Bundestages, BT-Drucksache 12/7918, S. 95.

dige Vertrauen der Anleger beruht insbesondere auf der **Zusicherung**, daß sie gleichbehandelt und gegen die unrechtmäßige Verwendung einer Insiderinformation geschützt sind[157]. **Insidergeschäfte** werden von den Anlegern als Verstoß gegen das Gebot einer weitestmöglichen Chancengleichheit der Investoren am Markt angesehen. Schutzobjekt der insiderrechtlichen Bestimmungen ist auch der außerbörsliche Kapitalmarkt, sofern dort Wertpapiere gehandelt werden, die als börsennotierte Wertpapiere zum Kreis der Insiderpapiere gehören (§ 12 Abs. 1 WpHG)[158].

Zur **Bekämpfung des Mißbrauches von Insiderwissen** hat der Gesetzgeber im übrigen die kapitalmarktrechtliche Ad hoc-Publizität aktiviert. Die Veröffentlichung einer Insidertatsache nimmt ihr die Rechtsqualität einer Insiderinformation und entzieht damit dem verbotenen Insiderhandel den Boden[159]. Durch die **Ad hoc-Publizität kursrelevanter Tatsachen** wird der Kreis der potentiellen Insider möglichst klein gehalten und zudem der Zeitraum, in dem Insiderwissen mißbräuchlich ausgenutzt werden kann, weitestmöglich verkürzt[160]. 8.190

b) Transparenz der Aktionärsstruktur

Eine weitere vertrauensbildende Maßnahme zugunsten der Anleger ist im Zuge der Umsetzung der EG-Transparenz-Richtlinie getroffen worden. Wenn jemand durch Erwerb, Veräußerung oder auf sonstige Weise 5, 10, 25, 50 oder 75 Prozent der Stimmrechte an einer im Amtlichen Markt einer inländischen Börse notierten Gesellschaft erreicht, überschreitet oder unterschreitet, hat er dies der Gesellschaft und dem Bundesaufsichtsamt für den Wertpapierhandel unter Angabe der Höhe des gehaltenen Stimmrechtsanteils schriftlich mitzuteilen (§ 21 Abs. 1 WpHG). Bei diesem **Transparenzgebot** sind also kapitalmarktrechtliche Informationspflichten auch Anlegern auferlegt, soweit diese als Aktionäre eine aus der Sicht des Marktes maßgebliche Beteiligung halten. 8.191

Die **Zusammensetzung des Aktionärskreises** und die **Veränderungen maßgeblicher Aktienbeteiligungen** sind ein wesentliches Kalkül bei den Dispositionen der Anleger, insbesondere der institutionellen Investoren des In- und Auslandes. Diese haben wesentlichen Einfluß auf die Kursentwicklung einer Aktie. Aktuelle und möglichst umfassende Informationen 8.192

---

157 Begr. RegE 2. FFG, BT-Drucksache 12/6679, S. 33.
158 *Hopt*, ZGR 1991, 17, 40.
159 Beschlußempfehlung und Bericht des Finanzausschusses des Deutschen Bundestages, BT-Drucksache 12/7918, S. 96; *Assmann*, ZGR 1994, 494, 528.
160 Begr. RegE 2. FFG, BR-Drucksache 12/7918, S. 102.

der Marktakteure und der Anleger schaffen zudem am Markt eine Transparenz, die auch dem Mißbrauch von Insidergeschäften entgegenwirkt.

c) Verhaltensregeln für die Marktintermediäre

8.193 Das Wertpapierhandelsgesetz hat **zum Schutz** des Vertrauens **der Effektenkunden Verhaltensregeln** (§§ 31 ff. WpHG) für Wertpapierdienstleistungsunternehmen geschaffen, zu denen insbesondere die Kreditinstitute mit ihrem Effektenkommissionsgeschäft gehören. Diese Verhaltensregeln, die in enger Anlehnung an die Wohlverhaltensregeln der EG-Wertpapierdienstleistungs-Richtlinie ausgestaltet worden sind, haben nach Auffassung des Gesetzgebers eine große Bedeutung für das Vertrauen der Anleger in das ordnungsgemäße Funktionieren der Wertpapiermärkte. Die Effektenkunden haben keinen Einblick in die jeweilige Marktsituation, der ihnen eine Überprüfung ermöglichen könnte, ob ihre Effektenorder ordnungsgemäß abgewickelt worden sind[161].

8.194 Zum Schutz des Vertrauens der Anleger gehört auch, daß sich die Bank um die **Vermeidung von Interessenkonflikten** zu bemühen hat. Bei unvermeidbaren Konflikten hat die Bank dafür zu sorgen, daß die Effektenorder unter der gebotenen Wahrung des Kundeninteresses ausgeführt wird (§ 31 Abs. 1 Nr. 2 WpHG). Schon die **kommissionsrechtliche Pflicht** zur interessenwahrenden Auftragsausführung erfordert es, bereits im Vorfeld möglichen Beeinträchtigungen des Kundeninteresses durch Interessenkonflikte entgegenzuwirken. Diese Konflikte können sich aus gegenläufigen Interessen anderer Effektenkunden oder der Bank selbst ergeben. **Unvermeidbare Interessenkonflikte** zwischen verschiedenen Kunden ergeben sich z.B. bei überzeichneten Emissionen oder ganz allgemein, wenn institutionelle Anleger oder andere Großkunden eine bevorzugte Behandlung verlangen.

8.195 Diese Verhaltensregeln und ihre staatliche Überwachung sollen gewährleisten, daß die gewerbsmäßigen Erbringer von Wertpapierdienstleistungen ihre **Pflicht zur Wahrung des Kundeninteresses ordnungsgemäß erfüllen.** Sie dienen daher dem **Anlegerschutz.** Der Kunde muß sein Interesse an einer ordnungsgemäßen Ausführung seiner Effektenorder durch seine Bank wahrnehmen lassen, weil er selbst aus markttechnischen Gründen keinen unmittelbaren Zugang zu den Kapitalmärkten hat. Mit Rücksicht auf das Risiko einer unzureichenden Interessenvertretung[162] muß daher durch angemessene Verhaltensregeln gewährleistet sein, daß Kreditinsti-

---
161 Beschlußempfehlung und Bericht des Finanzausschusses des Deutschen Bundestages, BT-Drucksache 12/7918, S. 97.
162 *Hopt*, Der Kapitalanlegerschutz im Recht der Banken, S. 338, 479.

tute als Marktintermediäre weitestmöglich im Kundeninteresse handeln. Dabei gebührt dem Interesse des Kunden als Anleger grundsätzlich der **Vorrang vor dem Eigeninteresse der Bank**[163].

Diese Verhaltensregeln und ihre staatliche Überwachung sind nach den Gesetzesmaterialien von überragender Bedeutung für das Vertrauen der Anleger in das ordnungsgemäße Funktionieren der Wertpapiermärkte[164].

8.196

2. Operationale Funktionsfähigkeit

Die operationale Funktionsfähigkeit des Kapitalmarktes in Gestalt des Primär- und Sekundärmarktes hängt vor allem von den **Kosten** ab, die für die Emittenten aus den Emissionen und den Anlegern bei der Kapitalanlage erwachsen. Diese Kosten können im übrigen die Rendite der Kapitalanlage wesentlich mindern. Sie sind deshalb möglichst gering zu halten. Vergleichsweise niedrige Kosten steigern die Akzeptanz des Marktes.

8.197

a) Aufwand der Emittenten bei Börseneinführung

Für die Emittenten kann der Kostengesichtspunkt entscheidend sein, ob bei der die Plazierung fördernden Börsennotierung ausländischen Börsen der Vorzug gegeben werden sollte. Dabei sind die **Aufwendungen** für das Verfahren der **Börsenzulassung** verschiedenartig. Hierbei geht es nicht nur um die **Zulassungsgebühr** der Wertpapierbörse sowie die **Kosten für die Pflichtveröffentlichungen** und den Druck des **Börseneinführungsprospekts**. Bei dem üblichen Kostenvergleich zwischen den Börsenplätzen in den in Betracht kommenden Kapitalmarktländern werden auch die **Kosten für die börseneinführenden Kreditinstitute**, die **Mitwirkung von Wirtschaftsprüfern** sowie für die **freiwillige Presseveröffentlichung** und die **üblichen Präsentationen** der Emittentin in Ansatz gebracht.

8.198

Eine weitere finanzielle Belastung der Emittentin ergibt sich aus den jährlichen Pflichtveröffentlichungen, bei Aktien insbesondere aus der **Einladung zur Hauptversammlung** der Emittenten und die **Dividendenbekanntmachung**. **Folgekosten** der Börseneinführung sind schließlich die an die emissionsbegleitenden Kreditinstitute zu zahlenden Provisionen für die üblichen Dienstleistungen bei Dividenden- und Zinszahlungen sowie für die Ausgabe neuer Dividendenscheinbögen.

8.199

---

163 *Canaris,* Bankvertragsrecht², Rn 1188; *Schlegelberger/Hefermehl,* § 384, Rn 14; Großkomm. HGB/*Koller,* § 384 Anm. 7.
164 Beschlußempfehlung und Bericht des Finanzausschusses des Deutschen Bundestages, BT-Drucksache 12/7918, S. 97.

b) Kostenmäßige Belastung der Anleger

8.200 Für die Anleger ist ein wesentlicher Aspekt, ob und inwieweit die kapitalmarktbezogenen **Transaktionskosten** mit Hilfe einer ausreichenden kapitalmarktrechtlichen Publizität verringert werden können. Hierdurch kann die Auswahl des günstigsten Angebots erleichtert, und es können zugleich die Kosten erspart werden, die bei der Beschaffung der erforderlichen Daten ohne ein kapitalmarktrechtliches Informationssystem anfallen würden[165], um eine fundierte Kauf- oder Verkaufsentscheidung treffen zu können[166]. So hat insbesondere der Emittent der im Amtlichen Markt gehandelten Wertpapiere das Publikum angemessen über sich und die Wertpapiere zu informieren und einen Zwischenbericht über die ersten sechs Monate des Geschäftsjahres zu veröffentlichen (§§ 44 Abs. 1, 44b BörsG, § 53 BörsZulVO). Diese vorgeschriebene Regelpublizität ist noch wesentlich um die Ad hoc-Publizität ergänzt worden (§ 15 Abs. 1 WpHG).

8.201 Für die Anleger, insbesondere die institutionellen Großanleger, kann auch die **Kostenbelastung beim Kauf und Verkauf** der Wertpapiere für die Akzeptanz eines Kapitalmarktes entscheidend werden. Diese Kosten werden wesentlich von der organisatorischen Ausgestaltung der Märkte bestimmt. Hierbei geht es nicht nur um die **Effektenprovisionen** für die Dienstleistungen der Kreditinstitute, die in Rechnung gestellten **Spesen** sowie die Vermittlungsgebühr der Börsenmakler (**Courtage**). Hinzu kommen die Fremdkosten, bei denen es sich um die an die Börsen zu zahlenden Entgelte (**Börsengebühren**) handelt. Mit diesen Kostenbeiträgen sollen auch die Anleger als indirekte Marktteilnehmer die Inanspruchnahme der Dienstleistungen der Wertpapierbörsen bezahlen. Die Wertpapierbörsen, die zur Schaffung oder Verbesserung der Börseninfrastruktur die hierfür erforderlichen Investitionen zu finanzieren haben, können von den Handelsteilnehmern für die Nutzung der Börseneinrichtungen die Zahlung der hierfür vorgesehenen **Gebühren** verlangen.

3. Allokative Funktionsfähigkeit

8.202 Aus volkswirtschaftlicher Sicht dienen die Kapitalmärkte insbesondere der Umschichtung der Ersparnisse der privaten Haushalte in das für unternehmerische Investitionen benötigte Kapital. Diese allokative Funktion soll gewährleisten, daß die knappen Ressourcen der verfügbaren Ersparnisse dorthin fließen, wo der jeweils **dringendste Bedarf an Investitionsmitteln** die **höchste Rendite bei ausreichender Sicherheit der Anlage**

---

165 *Kübler*, Gesellschaftsrecht, 5. Aufl., 1998, S. 526; *ders.*, AG 1977, 85, 89.
166 *Schwark*, ZGR 1976, 294; *Wiedemann*, BB 1975, 1591, 1593.

verspricht[167]. Die Funktionsfähigkeit der Kapitalmärkte hat deshalb für eine marktwirtschaftlich orientierte Volkswirtschaft einen besonderen Stellenwert[168].

Eine solche volkswirtschaftlich notwendige Funktion können Kapitalmärkte nur wahrnehmen, wenn das Vertrauen der potentiellen Anleger gestärkt oder zumindest erhalten bleibt[169]. Dies gilt insbesondere für ausländische institutionelle Anleger, die sich am deutschen Kapitalmarkt wie zu Hause fühlen und deshalb den vertrauten heimatlichen Standards vergleichbare Marktstrukturen vorfinden sollen. Für dieses notwendige Vertrauen der Anleger ist die **Integrität** und die **Fairneß der Kapitalmärkte** unverzichtbar. Rechtspolitisches Ziel muß daher ein seriöser und kontrollierter Kapitalmarkt sein, damit sich die Anleger mit ihrem Kapitalangebot nicht zurückhalten, sondern das für die Gesamtwirtschaft verfügbare Investitionsvolumen auch tatsächlich zur Verfügung stellen.

8.203

II. Anlegerschutz als kapitalmarktrechtliches Schutzgut

Wenngleich der Schutz der Funktionsfähigkeit des Kapitalmarktes mittlerweile das vorrangige Regelungsziel des Kapitalmarktrechts darstellt, wird dem Anlegerschutz nicht selten ein gleicher Stellenwert zugemessen. Dieser schillernde Ausdruck hat jedoch eine recht unterschiedliche Bedeutung und kann deshalb leicht zu Mißverständnissen führen. Hiermit kann nur der **Schutz der unbestimmten Gesamtheit** der Anleger als Träger des Angebots- und Nachfragepotentials gemeint sein. Das Börsengesetz spricht bei den einschlägigen Regelungen vom Schutz des Anleger„publikums" (vgl. §§ 36 Abs. 3 Nr. 3, 42 Abs. 3, 43 Abs. 1 Nr. 1, 44 Abs. 1 Nr. 3 BörsG). Angesichts der Unschärfe des Begriffs Anlegerschutz könnte es sich empfehlen, diese nicht individualisierbare Gesamtheit der Anleger terminologisch von den Anlegern als Einzelpersonen mit individuellen Interessen durch den davon abstrahierenden Ausdruck „Anlegerschaft" abzugrenzen. Der angemessene Schutz der Anlegerschaft im Sinne des „Anlegerpublikums" des Börsengesetzes ist ein wesentlicher Teil des Funktionsschutzes des Marktes, der ausschließlich dem öffentlichen Interesse an effizienten Kapitalmärkten dient. Anlegerschutz kann aber auch gesteigerter Schutz der individuellen Interessen des einzelnen Anle-

8.204

---
167 *Kübler*, Gesellschaftsrecht, 5. Aufl., 1998, S. 385; ders., AG 1977, S. 85, 89 m.w.Nachw.; Großkomm. AktG/*Assmann*, Einl. Rn 358; ders. in Assmann/Schütze, Handbuch des Kapitalmarktrechts, § 1 Rn 24.
168 *Caspari*, ZGR 1994, 530, 532.
169 *Caspari*, ZGR 1994, 530, 533.

gers bedeuten. Dieser **Individualschutz** ist streng vom **Schutz des Anlegerpublikums** zu unterscheiden, der nur das Interesse des Anlegers als Glied einer unbestimmten Personengesamtheit im Auge hat. Diese Differenzierung zwischen Individualschutz und Schutz der Anlegerschaft ist insbesondere für die **haftungsrechtlichen Konsequenzen** einer pflichtwidrigen Verletzung der jeweiligen Normen wesentlich. Denn ein geschädigter Anleger kann einen Schadensersatzanspruch wegen eines schuldhaften Verstoßes gegen eine kapitalmarktrechtliche Norm nur erwerben, wenn die verletzte Gesetzesbestimmung zumindest auch dem Schutz seiner Individualinteressen dient und damit ein Schutzgesetz im Sinne einer haftungsbegründenden unerlaubten Handlung darstellt (§ 823 Abs. 2 BGB).

1. Anlegerschutz als bloßer Rechtsreflex

8.205   Soweit eine kapitalmarktrechtliche Norm lediglich das **Anlegerpublikum** und damit letztlich nur die **Funktionsfähigkeit** des Kapitalmarktes schützen soll, kann dieser Gesetzesbestimmung **keine drittschützende Wirkung** beigemessen werden, wie sie die dem Schutz der Individualinteressen der Anleger dienenden Normen bezwecken[170]. Das schließt freilich nicht aus, daß dieser Funktionsschutz des Kapitalmarktes letztlich auch den individuellen Interessen des einzelnen Anlegers zugute kommt. Hierbei handelt es sich jedoch um einen bloßen Rechtsreflex[171]. Dieser reflexartige Schutz läßt eine dem Funktionsschutz des Kapitalmarktes dienende Norm noch **nicht** zu einem **Schutzgesetz** im Sinne des § 823 Abs. 2 BGB werden mit der Folge, daß eine schuldhafte Normverletzung einen Schadensersatzanspruch des geschädigten Anlegers entstehen ließe.

2. Haftungsbegründende Amtspflichten durch kapitalmarktrechtliche Normen

8.206   Fehlt einer kapitalmarktrechtlichen Norm wie ganz überwiegend der Schutzgesetzcharakter im Sinne des § 823 Abs. 2 BGB, so schließt dies freilich nicht aus, daß eine pflichtwidrige Verletzung dieser Gesetzesbestimmung einen Schadensersatzanspruch wegen einer anderen unerlaub-

---

170 Beschlußempfehlung und Bericht des Finanzausschusses des Deutschen Bundestages, BT-Drucksache 12/7918, S. 102; vgl. weiter *Schwark*, BörsG, § 44 Rn 5 zu den publikumsschützenden Regelungen für die Zulassung von Wertpapieren zum Amtlichen Markt (§§ 36 Abs. 3, 43 BörsG).
171 Beschlußempfehlung und Bericht des Finanzausschusses des Deutschen Bundestages, BT-Drucksache 12/7918, S. 100.

ten Handlung im Sinne der §§ 823 ff. BGB zu begründen vermag. So können in bestimmten **Fallkonstellationen** die dem Funktionsschutz des Kapitalmarktes dienenden Normen zugleich eine Amtspflicht im Sinne des § 839 BGB begründen, bei deren schuldhafter Verletzung der geschädigte Anleger einen Schadensersatzanspruch erwirbt. Die pflichtwidrige Verletzung einer solchen Amtspflicht führt im übrigen zu einer Staatshaftung (Art. 34 GG).

Dies gilt vor allem bei den publikumsschützenden Normen für die Zulassung von Wertpapieren zum Börsenhandel mit amtlicher Notierung, die insgesamt auf den Schutz des Anlegerpublikums gerichtet sind (vgl. §§ 36 Abs. 3 Nr. 1–3, 43 Abs. 1 Nr. 1 BörsG)[172]. Maßgebend für das Vorliegen solcher eine **Staatshaftung begründenden Normen** ist der Schutzzweck der Gesetzesbestimmung, die die jeweilige öffentlich-rechtliche Dienstpflicht für die mit einem öffentlichen Amt betraute Person statuiert[173]. Diese (verwaltungsinterne) Dienstpflicht wird zu einer haftungsbegründenden und damit auch nach außen wirkenden Amtspflicht in den Fällen, in denen sie zumindest auch der Wahrnehmung der Interessen Dritter dient[174]. Dies gilt z.B. für die **Pflicht der Zulassungsstelle** als zuständiges Börsenorgan, bei der Zulassung der Wertpapiere das Vorliegen der dem Anlegerschutz dienenden Voraussetzungen sorgfältig zu prüfen (§ 36 Abs. 3 BörsG). Dasselbe gilt aber auch für die **Pflicht der Börsengeschäftsführung**, die zum Schutz des Anlegerpublikums gebotene Aussetzung der amtlichen Notierung zu veranlassen (vgl. § 43 Abs. 1 Nr. 1 BörsG)[175].

8.207

3. Schutz der Individualinteressen der Anleger

Kapitalmarktrechtliche Normen können ausnahmsweise auch dem Schutz der Individualinteressen der Anleger dienen und damit Schutzgesetzcharakter im Sinne des § 823 Abs. 2 BGB haben. Dabei kann die Frage, ob eine bestimmte kapitalmarktrechtliche Vorschrift einen solchen Individualschutz bezweckt, nur für jede einzelne Norm entschieden werden. Deshalb wäre auch eine Argumentation verfehlt, die pauschal darauf abstellt, daß das Wertpapierhandelsgesetz insgesamt nur im öffentlichen Interesse erlassen worden. Es ist vielmehr für jede einzelne Gesetzesbestimmung anhand ihrer Ausgestaltung und ihres Zweckes zu entscheiden, ob es sich um ein Schutzgesetz handelt[176]. So läßt sich selbst

8.208

---

172 *Schwark*, BörsG, § 44 Rn 5.
173 BGHZ 106, 323, 331.
174 BGHZ 109, 163; *Palandt/Thomas*, § 839 Rn 47.
175 *Schwark*, BörsG, § 36 Rn 28, § 43 Rn 12.
176 *Hopt*, ZHR 159 (1995), 135, 160.

bei den Verhaltensregeln des Wertpapierhandelsgesetzes (§§ 31–34) keine einheitliche Aussage machen. Den allgemeinen und besonderen Verhaltensregeln (§§ 31, 32 WpHG) wird zwar allgemein ein solcher Schutzgesetzcharakter zugemessen. Dies wird dagegen bei den Organisations-, Aufzeichnungs- und Mitteilungspflichten (§§ 33, 34 WpHG) verneint. Hierbei handelt es sich um (gewerbe-)aufsichtsrechtliche Normen.

a) Normzweck entscheidend für die Qualifizierung als Schutzgesetz

8.209 Ist Regelungsziel einer kapitalmarktrechtlichen Norm ein solcher **Individualschutz**, so stellt diese Gesetzesbestimmung ein regreßbewehrtes Schutzgesetz im Sinne des § 823 Abs. 2 BGB dar. Diesen **Schutzgesetzcharakter** hat aber eine Gesetzesbestimmung nur dann, wenn der Gesetzgeber gerade einen Schutz der Individualinteressen der Anleger zumindest mitgewollt hat[177]. Ein solcher haftungsbegründender Individualschutz der Anleger und der Schutz der Funktionsfähigkeit der Kapitalmärkte sind also keine sich notwendig ausschließenden Zwecke einer gesetzlichen Regelung[178].

8.210 Eine Norm wird jedoch nicht schon dadurch zum Schutzgesetz, daß sie sich nur objektiv dahingehend auswirkt, auch den einzelnen gegen die Verletzung bestimmter Rechtsgüter oder Rechtsinteressen zu schützen[179]. Diese **bloße Reflexwirkung** ist typisch für die kapitalmarktrechtlichen Normen, die lediglich dem Schutz des Anlegerpublikums und damit letztlich nur dem Funktionsschutz des Marktes dienen sollen. Für den Begriff des Schutzgesetzes sind also nicht allein seine Auswirkungen wesentlich. **Ausschlaggebend** ist vielmehr, was mit der jeweiligen Gesetzesbestimmung bezweckt werden soll[180]. Bei einem gesetzlichen Gebot oder Verbot kommt es mithin darauf an, ob der Interessenbereich des einzelnen nicht nur durch staatliche Maßnahmen und Sanktionen, insbesondere durch die staatliche Aufsichtsbehörde geschützt sein, sondern ihm die rechtliche Möglichkeit einer eigenen Interessenverfolgung eröffnet werden soll. Ein solcher weitergehender Schutz des Anlegers ist bezweckt, wenn ihm mit der Gesetzesbestimmung die Rechtsmacht verliehen worden ist, seine Interessen auch mit privatrechtlichen Mitteln gegen denjenigen zu schützen, der gegen das Gebot oder Verbot verstößt.

---

177 *Staudinger/Schäfer*, § 823 Rn 580 m.w.Nachw.
178 *Staudinger/Schäfer*, § 823 Rn 585 m.w.Nachw.
179 *Staudinger/Schäfer*, § 823 Rn 580 m.w.Nachw.
180 BGH ZIP 1991, 1597 m.w.Nachw.; BGHZ 40, 306, 307; *Staudinger/Schäfer*, § 823 Rn 580, 585; *Palandt/Thomas*, § 823 Rn 141.

b) Schutzgesetzcharakter der Publizitätspflichten der Emittenten als Ausnahmefall

8.211 Einen solchen Schutzgesetzcharakter dürfte die börsengesetzliche Verpflichtung der Emittenten haben, die Inhaber der zum Amtlichen oder Geregelten Markt zugelassenen Wertpapiere unter gleichen Voraussetzungen gleich zu behandeln (§ 44 Abs. 1 Nr. 1, § 76 BörsG). Die **börsengesetzlichen Verhaltens- und Publizitätspflichten der Emittenten** sind zwar regelmäßig nur auf den Funktionsschutz des Kapitalmarktes gerichtet, der allein für die Anwendbarkeit des § 823 Abs. 2 BGB noch nicht ausreichend ist. Das börsengesetzliche Gleichbehandlungsgebot bezweckt jedoch nicht nur diesen Funktionsschutz. Die geschützten Personen sind vielmehr auf den Kreis der Aktionäre begrenzt und damit noch genügend quantifizierbar. Ist eine kapitalmarktrechtliche Verhaltenspflicht auf diese Weise personenbezogen, so dürfte dies für den Schutzgesetzcharakter der Norm sprechen[181].

8.212 Dagegen bietet die gesetzliche **Verpflichtung** der Emittenten **zur Ad hoc-Publizität** (§ 15 Abs. 1 WpHG) ein anschauliches Beispiel für eine kapitalmarktrechtliche Norm, die allein dem Schutz des Anlegerpublikums dient und deshalb nicht die Individualinteressen der Anleger schützen soll. Diese Vorschrift soll nach den Gesetzesmaterialien zum Zweiten Finanzmarktförderungsgesetz **ausschließlich** die **Funktionsfähigkeit des Kapitalmarktes sichern**; ihr ist deshalb kein drittschützender Charakter im Sinne eines Schutzgesetzes beizumessen[182].

8.213 Die unverzügliche Veröffentlichung kursbeeinflussender Insidertatsachen soll zum einen die Bildung unangemessener Börsenpreise infolge von Informationsdefiziten der Marktteilnehmer vermeiden helfen[183]. Insoweit gehört die Ad hoc-Publizität rechtssystematisch zu den kapitalmarktrechtlichen Informationspflichten, die dem Funktionsschutz des Kapitalmarktes dienen. Daneben soll durch die Ad-hoc-Veröffentlichungen der Kreis der potentiellen Insider möglichst klein gehalten und der Zeitraum für das mißbräuchliche Ausnutzen von Insiderwissen weitestmöglich verkürzt werden[184]. Insoweit unterstützt die Ad-hoc-Publizität das Verbot von unzulässigen Insidergeschäften, das die Funktionsfähigkeit des Kapitalmarktes schützen soll[185].

---

181 *Schwark*, BörsG, § 44 Rn 5.
182 Beschlußempfehlung und Bericht des Finanzausschusses des Deutschen Bundestages BT-Drucksache 12/7918, S. 102.
183 Beschlußempfehlung und Bericht des Finanzausschusses des Deutschen Bundestages, BT-Drucksache 12/7918, S. 102.
184 Beschlußempfehlung und Bericht des Finanzausschusses des Deutschen Bundestages, BT-Drucksache 12/7918, S. 102.
185 Beschlußempfehlung und Bericht des Finanzausschusses des Deutschen Bundestages, BT-Drucksache 12/7918, S. 102.

8.214 Mit Rücksicht auf die praktische Bedeutung der Frage des Bestehens von Schadensersatzansprüchen erschien es dem **Gesetzgeber** jedoch geboten, eine klarstellende Regelung für den fehlenden Schutzgesetzcharakter in das Gesetz aufzunehmen[186]. Hierzu bestimmt **§ 15 Abs. 6 WpHG** ausdrücklich, daß der Emittent bei einer Verletzung seiner Pflicht zur Ad hoc-Publizität einem anderen nicht zum Ersatz des daraus entstehenden Schadens verpflichtet ist.

8.215 **Keinen Schutzgesetzcharakter** haben im übrigen auch die sonstigen kapitalmarktrechtlichen Publizitätspflichten (§§ 44 Abs. 1 Nr. 3, 44b BörsG). Eine Verletzung solcher Informationspflichten durch die Emittenten kann zwar eine bußgeldbewehrte Ordnungswidrigkeit darstellen. Die börsenrechtlichen Ordnungswidrigkeiten gehören aber nicht zu den Schutznormen im Sinne des § 823 Abs. 2 BGB. Denn die durch sie sanktionierten kapitalmarktrechtlichen Publizitätspflichten sollen nur dem Schutz des Anlegerpublikums im Sinne des Funktionsschutzes des Kapitalmarktes dienen[187]. Für die Verneinung des Schutzgesetzcharakters der kapitalmarktrechtlichen Publizitätsnormen spricht schließlich auch, daß die Rechtsprechung bußgeldbewehrte Vorschriften nicht als Schutzgesetze anerkennt, wenn die schützenswerten Interessen der Betroffenen in anderer Weise ausreichend abgesichert erscheinen[188].

8.216 Etwas anderes gilt nur, wenn das Zurückhalten der gebotenen kapitalmarktrechtlichen Informationen den strafbewehrten Tatbestand eines Kapitalanlagebetruges im Sinne des § 264a StGB verwirklicht hat. Diese Strafnorm stellt nach Rechtsprechung und Schrifttum ein Schutzgesetz gemäß § 823 Abs. 2 BGB dar[189].

c) Regelungen der staatlichen Marktaufsicht keine Schutzgesetze

8.217 Soweit die Gesetzesbestimmungen Regelungen für die neugeschaffene staatliche Marktaufsicht enthalten, fehlt ihnen der Schutzgesetzcharakter. Diese Normen dienen allein dem **Funktionsschutz des Kapitalmarktes.** Mit diesen aufsichtsrechtlichen Vorschriften soll nach den Gesetzesmaterialien nur den Belangen der Anleger in ihrer Gesamtheit Rechnung getragen werden. Der Schutz des einzelnen Anlegers ist bei diesen Normen bloße Reflexwirkung[190].

---

186 Beschlußempfehlung und Bericht des Finanzausschusses des Deutschen Bundestages, BT-Drucksache 12/7918, S. 102.
187 *Schwark*, BörsG, § 44 Rn 14.
188 BGH WM 1991, 2090, 2092; BGHZ 84, 312, 317.
189 BGH WM 1991, 2090.
190 Beschlußempfehlung und Bericht des Finanzausschusses des Deutschen Bundestages, BT-Drucksache 12/7918, S. 100.

Das Bundesaufsichtsamt für den Wertpapierhandel als oberste Marktauf- 8.218
sichtsbehörde nimmt deshalb seine Aufgaben und Befugnisse nur im
öffentlichen Interesse wahr (§ 4 Abs. 2 WpHG), wie dies gleichermaßen
für die Börsenaufsichtsbehörde gilt (§ 1 Abs. 4 BörsG). Deshalb ist eine
Amtspflicht zugunsten der Anleger, deren schuldhafte Verletzung eine
Staatshaftung begründen würde, mit dieser Aufsichtstätigkeit nicht verknüpft.

9. Abschnitt
Rechtsquellen des Kapitalmarktrechts

8.219 Das Kapitalmarktrecht wird wie das Bankrecht aus einer Vielzahl **kaum überschaubarer Rechtsquellen** gespeist. Dabei stellen die normenmäßigen Regelungen in beiden Rechtsgebieten lediglich nur einen Teil der rechtlichen Ordnung dar. Beim Kapitalmarktrecht gilt dies insbesondere für die Rechtsbeziehungen zwischen den Kreditinstituten als Marktintermediäre und ihren Effekten- und Depotkunden. Diese Vertragsbeziehungen sind durch die Sonderbedingungen für Wertpapiergeschäfte näher ausgestaltet worden. Die rechtsgeschäftlich vereinbarten AGB-Klauseln enthalten eine Vielzahl von Regelungen für das Effekten- und Depotgeschäft.

8.220 Auch die vereinheitlichten Bedingungen für Geschäfte an den deutschen Wertpapierbörsen haben keine Normenqualität[191]. Diese **Börsenusancen** haben aber auch **keinen AGB-Charakter,** soweit sie im Verhältnis der an der Börse handelnden Kreditinstitute gelten, die ihre Wertpapiergeschäfte mittels privatrechtlicher Kaufverträge (§ 433 BGB) tätigen. Die Börsenusancen werden zwar Bestandteil der an der Börse getätigten Wertpapiergeschäfte. Sie werden aber von der Börse als Trägerin öffentlicher Verwaltung den Marktteilnehmern vorgeschrieben. Das AGB-Gesetz mit seiner Inhaltskontrolle der vereinbarten AGB-Klauseln bezweckt dagegen, die sich in der Kundenrolle befindliche Vertragspartei vor einer einseitigen Inanspruchnahme der vertraglichen Gestaltungsfreiheit durch die andere Vertragspartei zu schützen. Dies setzt voraus, daß sich die andere Vertragspartei in der Rolle des AGB-Verwenders befindet, der mit den vorformulierten Vertragsbedingungen in die vertragliche Gestaltungsfreiheit seiner Kunden eingreift. Die Einbeziehung der vorformulierten Geschäftsbedingungen muß daher einer Vertragspartei zugerechnet werden können. Hierzu ist erforderlich, daß die **AGB** von einer Vertragspartei **„gestellt" werden** (vgl. § 1 Abs. 1 S. 1 AGBG). Bei den Börsenusancen fehlt es dagegen an einem solchen erforderlichen AGB-Verwender. Sämtliche Handelsteilnehmer haben die von der Börse vorgeschriebenen Börsenusancen gleichermaßen zu akzeptieren. Diese **Usancen** dürften deshalb aus der Sicht des Börsenhandels als **ungeschriebene Handelsbräuche** (§ 346 HGB) anzusehen sein. Auch solche Handelsbräuche („Standards") können dem Kapitalmarktrecht im Sinne einer umfassenden Ordnung der Kapitalmärkte zugeordnet werden.

---

191 Abgedruckt in *Kümpel/Ott,* Kapitalmarktrecht, Kz 450.

Im Vergleich zum Bankrecht wird das Kapitalmarktrecht in noch stärkerem Maße durch das öffentliche Recht geprägt. Dies beruht nicht nur darauf, daß die Wertpapierbörsen als tragende Säulen des inländischen Kapitalmarktes Anstalten des öffentlichen Rechts sind und die Aufsicht über die börslichen und außerbörslichen Märkte durch staatliche Behörden ausgeübt wird. Eine Vielzahl kapitalmarktrechtlicher Normen mit öffentlich-rechtlichem Charakter sind durch das neue Wertpapierhandelsgesetz geschaffen worden. Vorrangiges Regelungsziel dieser Keimzelle des deutschen Kapitalmarktrechts ist aber der Schutz der Funktionsfähigkeit der Kapitalmärkte. Die Bestimmungen des Wertpapierhandelsgesetzes dienen deshalb vorrangig fast ausnahmslos dem **Schutz des öffentlichen Interesses**. Dagegen haben nur einige der im 5. Abschnitt dieses Gesetzes geregelten Verhaltenspflichten für die Wertpapierdienstleistungsunternehmen auch den Individualschutz der Anleger im Auge. Im Vergleich zum Bankrecht stellt sich deshalb für die rechtsdogmatische Systematisierung der kapitalmarktrechtlichen Gesetzesbestimmungen verstärkt die Frage der Abgrenzung zwischen den privatrechtlichen und öffentlich-rechtlichen Normen des Kapitalmarktrechts. 8.221

Soweit das Kapitalmarktrecht privatrechtliche Normen umfaßt, gehört es zum Wirtschaftsrecht[192]. Es ist im übrigen Teil des Handelsrechts im weiteren Sinne, soweit es die Umsatzgeschäfte in den Kapitalmarktpapieren regelt und Verhaltensnormen für die Kreditinstitute als Marktintermediäre setzt. 8.222

Soweit gesetzliche Regelungen auf den Kapitalmarkt und das marktbezogene Verhalten der Marktteilnehmer anwendbar sind, können vier Kategorien von Normen unterschieden werden: 8.223

– spezielle kapitalmarktrechtliche Regelungen,
– generelle Regelungen mit kapitalmarktrechtlicher Relevanz,
– Marktrelevante Gesetzesbestimmungen ohne kapitalmarktrechtliche Normenqualität und
– öffentlich-rechtliche Normen

I. Spezielle kapitalmarktrechtliche Regelungen

Der Gesetzgeber hat Teilgebiete des Kapitalmarktrechts kodifiziert. Hier ist vor allem das **Wertpapierhandelsgesetz** zu erwähnen, das als „Grund- 8.224

---
192 *Hopt*, ZHR 140 (1976), 203; *ders.*, ZHR 141 (1977), 389, 431; *Schwark*, FS Stimpel, S. 1087, 1089.

gesetz" des deutschen Kapitalmarktrechts konzipiert worden ist[193] und als Keimzelle des deutschen Kapitalmarktrechts gilt. Ein weiteres Beispiel ist das **Börsengesetz** mit seinen organisationsrechtlichen Normen für das Handelsgeschehen an den Wertpapierbörsen.

II. Generelle Regelungen mit kapitalmarktrechtlicher Relevanz

8.225 Kapitalmarktbezogene Sachverhalte können auch unter den Tatbestand einer Gesetzesbestimmung fallen, die wie die aktien- oder handelsgesetzlichen Normen nicht in eine spezielle kapitalmarktrechtliche Kodifikation integriert worden sind. Hier fragt es sich, ob auch solche Gesetzesbestimmungen den kapitalmarktrechtlichen Normen zugerechnet werden können. Dies erscheint vor allem dann gerechtfertigt, wenn der **Gesetzeszweck** so stark **auf den Kapitalmarkt ausgerichtet** ist, daß diesen Gesetzesbestimmungen eine kapitalmarktrechtliche Normenqualität zugemessen werden kann. Beispiele hierfür sind vor allem die Fälle, in denen eine zweifelsfrei kapitalmarktrechtliche Kodifikation wie das Börsengesetz eine inhaltsgleiche oder zumindest weitgehende deckungsgleiche Regelung wie das Aktiengesetz oder das HGB enthält. Eine solche Gesetzeskonkurrenz ist beispielsweise bei § 44 Abs. 1 Nr. 1 BörsG gegeben, der den Emittenten verpflichtet, die Inhaber der zum Börsenhandel zugelassenen Aktien unter gleichen Voraussetzungen gleich zu behandeln. Diese börsen(kapitalmarkt)rechtliche Verhaltenspflicht der Emittenten ist inhaltsgleich mit dem Gleichbehandlungsgebot des Aktiengesetzes (§ 53a)[194].

8.226 Weitgehend deckungsgleich sind auch die kapitalmarktrechtlichen Pflichten zur jährlichen aktienrechtlichen Rechnungslegung und die handelsgesetzliche rechtsformspezifische Publizität. So **verpflichtet das Börsengesetz** (§ 44 Abs. 1 Nr. 3) die **Emittentin**, das Publikum über den Emittenten und die zugelassenen Wertpapiere angemessen zu unterrichten. Hierzu sind insbesondere der **Jahresabschluß** und der **Lagebericht** in der Bundesrepublik zu veröffentlichen, wenn diese Dokumentationen nicht bei den Zahlstellen des Emittenten hinterlegt werden (§ 65 Abs. 1 u. 2 BörsZulVO). Eine vergleichbare Veröffentlichung kennt auch die handelsgesetzliche Rechtsformpublizität (§ 325 HGB). Kapitalmarkt(börsen)rechtliche Publizität und handelsgesetzliche Rechtsformpublizität sind jedoch aus rechtssystematischen und sachlichen Gründen zu trennen. Erstere ist kapitalmarktbezogen, die zweite richtet sich schwer-

---

193 *Hopt*, ZHR 159 (1995), S. 135.
194 *Schwark*, BörsG, § 44 Rn 3; *Schäfer*, ZIP 1987, 953, 956.

punktmäßig an die Unternehmensbeteiligten in Gestalt der Aktionäre, Unternehmensgläubiger und Arbeitnehmer[195]. Die **kapitalmarktrechtliche Publizität** soll dagegen den Kapitalmarkt mit ausreichenden Informationen versehen und neben den vorhandenen Aktionären dem sonstigen Anlegerpublikum Informationen vermitteln, die für eine fundierte Kauf- oder Verkaufsentscheidung erforderlich erscheinen.

Aber auch ohne diese Gesetzeskonkurrenzen kann eine solche starke kapitalmarktrechtliche Ausrichtung gegeben sein, die es rechtfertigt, der Gesetzesbestimmung eine kapitalmarktrechtliche **Normenqualität** zuzumessen[196]. Dies gilt beispielsweise für § 47 Nr. 3 AktG. Diese Gesetzesnorm begründet unter bestimmten Voraussetzungen eine spezielle Haftung für diejenigen, die die Aktien vor Eintragung der Gesellschaft in das Handelsregister und während der ersten zwei Jahre nach der Eintragung öffentlich ankündigen, um sie in den Rechtsverkehr einzuführen.

8.227

III. Marktrelevante Gesetzesbestimmungen ohne kapitalmarktrechtliche Normenqualität

Wie beim Bankrecht ist auf das kapitalmarktbezogene Handeln der Kreditinstitute eine Vielzahl von allgemeinen Gesetzesbestimmungen, insbesondere aus den ersten drei Büchern des **BGB** anwendbar. Der Gesetzeszweck dieser Normen ist aber nicht so stark auf den Kapitalmarkt ausgerichtet, daß diesen Gesetzesbestimmungen kapitalmarktrechtliche Normenqualität zugemessen werden kann, obwohl sie für die rechtliche Ordnung der kapitalmarktbezogenen Rechtsmaterie unverzichtbar sind.

8.228

Ein anschauliches Beispiel hierfür bietet die kaufrechtliche Grundnorm, die den Verkäufer zur Lieferung der verkauften Sache und den Käufer zur Zahlung des vereinbarten Kaufpreises und der Abnahme der gekauften Sache verpflichtet (§ 433 BGB). Diese BGB-Bestimmung ist auf alle am Kapitalmarkt getätigten Wertpapiergeschäfte anwendbar. Der Kaufvertrag stellt einen im BGB geregelten Vertragstypus dar, mit dessen Hilfe auch Angebot und Nachfrage am Kapitalmarkt ausgeglichen werden können. Die kaufrechtlichen Bestimmungen des BGB haben gleichwohl keine kapitalmarktrechtliche Normenqualität, weil ihnen die hierfür erforderliche graduelle Ausrichtung auf den Kapitalmarkt fehlt. Dagegen sind zweifelsfrei kapitalmarktrechtliche Regelungen bei den vereinheitlichten Geschäftsbedingungen der deutschen Börsen (Börsenusancen) gegeben, die

8.229

---
195 *Schwark*, BörsG, § 44a Rn 2; *Baumbach/Hopt*, § 44a BörsG Rn 1.
196 *Hopt*, ZHR 141 (1977), 389, 393.

die kaufrechtlichen Vertragsbeziehungen marktspezifisch weiter ausgestaltet. Dies gilt z.B. für die usancemäßige Lieferfrist von zwei Börsentagen oder die detaillierten Bestimmungen für die Zwangsregulierung der Wertpapiergeschäfte bei Lieferungsverzug des Verkaufskontrahenten.

8.230 Ein weiteres anschauliches Beispiel für marktrelevante Gesetzesbestimmungen ohne kapitalmarktrechtliche Normenqualität findet sich im Effektengeschäft der Kreditinstitute. Soweit die Kreditinstitute Effektenaufträge ihrer Kunden als Kommissionäre ausführen, gelten für sie die **kommissionsrechtlichen Bestimmungen des HGB,** insbesondere die Pflicht zu einer interessenwahrenden Ausführung des Kundenauftrages (§ 384 Abs. 1 HGB). Bei dieser HGB-Bestimmung handelt es sich angesichts ihrer weitverbreiteten Anwendung um marktrelevante Regelungen ohne kapitalmarktrechtliche Normenqualität. Dagegen hat das **Wertpapierhandelsgesetz** mit seinen Verhaltensregeln für die Wertpapierdienstleistungsunternehmen (§§ 31 ff. WpHG) die kommissionsrechtliche Interessenwahrungspflicht weiter konkretisiert[197]. Danach müssen die Kreditinstitute ihre Wertpapierdienstleistungen mit der erforderlichen Sachkenntnis, „Sorgfalt und Gewissenhaftigkeit" im Interesse ihrer Kunden erbringen (§ 31 Abs. 1 Nr. 1 WpHG). Bei dieser Norm dürfte es sich angesichts ihrer Anwendungshäufigkeit und der Bedeutung für das Effektengeschäft auch um eine spezielle kapitalmarktrechtliche Regelung handeln.

IV. Abgrenzung der privatrechtlichen von den öffentlich-rechtlichen Normen

8.231 Die Rechtsordnung knüpft in vielfältiger Weise an die Unterscheidung von Privatrecht und öffentlichem Recht an. So stellen die **öffentlich-rechtlichen Bestimmungen,** wie sie auch die aufsichtsrechtlichen Verhaltensregeln der §§ 31 ff. WpHG darstellen, **grundsätzlich zwingendes Recht** dar, das rechtsgeschäftlich nicht abdingbar ist[198]. Dagegen ist das Gesellschaftsrecht als ein Beispiel privatrechtlichen Organisationsrechts weitgehend in die rechtsgeschäftliche Disposition der Beteiligten gestellt. Die Abgrenzung der privatrechtlichen von den öffentlich-rechtlichen Normen ist auch erforderlich für die Bestimmung des Rechtsweges zu den ordentlichen Gerichten oder den Verwaltungsgerichten. Gebühren und Beiträge dürfen nur bei öffentlich-rechtlichen Leistungen festgesetzt werden, wie sie die Wertpapierbörsen als Teil der mittelbaren Staatsver-

---

197 *Grimm,* WiB 1995, 56, 57.
198 *Koller* in Assmann/Schneider, WpHG, § 31 Rn 37.

9. Abschnitt: Rechtsquellen des Kapitalmarktrechts

waltung an die Emittenten und die Teilnehmer am Börsenhandel erbringen. Auch können die Wertpapierbörsen ihre Entscheidungen in Gestalt von belastenden Verwaltungsakten treffen und diese sodann ohne Einschaltung eines erkennenden Gerichts und besonderer Vollstreckungsorgane selbst vollstrecken, wenn sich die handelnden Börsenorgane auf öffentlich-rechtliche Ermächtigungsnormen zu stützen vermögen. Dabei können erforderlichenfalls sogar die drei Zwangsmittel des Verwaltungsvollstreckungsgesetzes in Gestalt der Ersatzvornahme, des Zwangsgeldes mit subsidiärer Zwangshaft und des unmittelbaren Zwanges eingesetzt werden. Deshalb kann die rechtssystematische Zuordnung der kapitalmarktrechtlichen Normen zum Privatrecht oder dem öffentlichen Recht weitreichende praktische Konsequenzen haben.

Diese rechtssystematische Zuordnung kann jedoch im Einzelfall zweifelhaft sein. Die **Abgrenzung** zwischen dem **Privatrecht und dem öffentlichen Recht** kann sich je nach Fallgestaltung als schwierig gestalten[199]. Rechtsprechung und Schrifttum haben hierzu eine Vielzahl von Abgrenzungstheorien entwickelt[200]. Dabei haben die Gerichte es jedoch bis heute vermieden, sich generell auf eine dieser Theorien festzulegen und bedienen sich vielmehr eines der jeweiligen Sachverhaltsgestaltung adäquaten theoretischen Ansatzes[201]. Auch das Schrifttum ist überwiegend der Meinung, daß im Einzelfall die sich am ehesten anbietende Abgrenzungstheorie anzuwenden sei[202], weil jede der drei vorherrschenden Abgrenzungstheorien einen zutreffenden Kern enthalte[203]. 8.232

Aus der Sicht des Kapitalmarktrechts bietet sich für die Abgrenzung zwischen öffentlich-rechtlichen und privaten Normen als grobe Orientierung die sog. **Interessentheorie** als eine der drei wichtigsten Abgrenzungstheorien an. Die kapitalmarktrechtlichen Normen sollen das öffentliche Interesse an der Funktionsfähigkeit der Märkte und in bestimmten Fallkonstellationen vorrangig auch die Individualinteressen der Anleger schützen. An eine solche interessenbezogene Ausrichtung des Gesetzeszweckes knüpft die Interessentheorie an. 8.233

---

199 *Maurer*, Allgemeines Verwaltungsrecht, 12. Aufl., 1999, § 3 Rn 14.
200 Im Jahre 1904 wurden bereits 17 solcher Theorien gezählt; zwischenzeitlich sind weitere hinzugekommen; *Ehlers* in Erichsen, Allgemeines Verwaltungsrecht, 11. Aufl., 1998, § 2 Rn 14.
201 *Ehlers* in Erichsen, Allgemeines Verwaltungsrecht, 11. Aufl., 1998, § 2 Rn 14.
202 *Maurer*, Allgemeines Verwaltungsrecht, 12. Aufl., 1999, § 3 Rn 19.
203 *Maurer*, Allgemeines Verwaltungsrecht, 12. Aufl., 1999, § 3 Rn 19.

1. Interessenrichtung der Norm nur als Indiz für die rechtssystematische Einordnung

8.234 Die Interessentheorie unterscheidet das öffentliche Recht und das Privatrecht nach der Art der Interessen, die durch den jeweiligen Rechtssatz geschützt werden sollen[204]. Öffentliches Recht sind danach die dem öffentlichen Interesse, Privatrecht die dem Individual(Privat)interesse dienenden Rechtssätze[205]. Bei diesem öffentlichen Interesse handelt es sich regelmäßig um die Interessen einer unbestimmten Allgemeinheit von Personen **(Gemeininteresse)**[206]. Aus kapitalmarktrechtlicher Perspektive ist unter dieser unbestimmten Personengesamtheit das Anlegerpublikum (Anlegerschaft) zu verstehen.

8.235 Die Interessentheorie zeigt zwar einen wesentlichen Aspekt der Abgrenzung von öffentlichem und privatem Recht[207]. Sie ermöglicht aber schon deshalb keine scharfe Abgrenzung in allen Fallgestaltungen, weil öffentliche und private Interessen keine unbedingten Gegensätze sind. Denn Rechtssätze können sowohl öffentliche als auch private Interessen berücksichtigen. Der **Schutz der Individualinteressen** kann durchaus auch im **öffentlichen Interesse** liegen[208]. So dient der Individualschutz der Anleger indirekt auch dem Schutz der im öffentlichen Interesse liegenden Funktionsfähigkeit des Kapitalmarktes. Umgekehrt kann eine das öffentliche Interesse schützende Norm zugleich auch dem Schutz von Individualinteressen dienen. Ein anschauliches Beispiel bieten die zweifellos dem öffentlichen Recht zuzuordnenden Normen, die zugleich Schutzgesetze im Sinne des § 823 Abs. 2 BGB darstellen, weil sie auch den Schutz von Individualinteressen bezwecken. Dies gilt z.B. für die den Kapitalanlagebetrug regelnde Strafnorm des § 264a StGB. Danach werden bestimmte unrichtige vorteilhafte Angaben oder das Verschweigen nachteiliger Tatsachen im Zusammenhang mit dem Vertrieb von Wertpapieren mit Freiheits- oder Geldstrafe bestraft[209]. Weitere Beispiele für öffentlich-rechtliche Normen, die auch einen haftungsbegründenden Individualschutz bezwecken, enthält der weite Bereich der gewerbeaufsichtsrechtli-

---

204 *Maurer*, Allgemeines Verwaltungsrecht, 12. Aufl., 1999, § 3 Rn 15.
205 *Ehlers* in Erichsen, Allgemeines Verwaltungsrecht, 11. Aufl., 1998, § 2 Rn 15.
206 *Wolff/Bachof/Stober*, Verwaltungsrecht I, 10. Aufl., 1994, § 29 Rn 10 unter Bezugnahme auf den Bayerischen Verwaltungsgerichtshof in München, BayVGHE Bd. 1, 5.
207 *Maurer*, Allgemeines Verwaltungsrecht, 12. Aufl., 1999, § 3 Rn 15.
208 *Ehlers* in Erichsen, Allgemeines Verwaltungsrecht, 11. Aufl., 1998, § 2 Rn 15; *Maurer*, Allgemeines Verwaltungsrecht, 12. Aufl., 1999, § 3 Rn 15.
209 BGH WM 1991, 2090 ff.

chen Schutzbestimmungen[210], wie sie insbesondere auch die Verhaltenspflichten im Sinne der §§ 31 ff. WpHG darstellen.

Gerade diese kapitalmarktrechtlichen Verhaltensnormen zeigen, daß die Interessenrichtung einer Norm keine zweifelsfreie Antwort auf ihre rechtssystematische Zugehörigkeit geben kann, sondern nur eine grobe Orientierung bietet. Die Feststellung, daß eine Gesetzesbestimmung ein bestimmtes öffentliches Interesse, wie es auch an der Funktionsfähigkeit des Kapitalmarktes besteht, schützen soll, ist also nicht gleichbedeutend mit der Zuordnung dieser Norm zum öffentlichen Recht. Wie bei der in § 31 WpHG normierten Interessenwahrungspflicht der Kreditinstitute kann sich vielmehr aus dem größeren Zusammenhang der Rechtsordnung, in den die betreffende Norm gestellt ist, ergeben, daß diese im öffentlichen Interesse liegende Gesetzesbestimmung auch dem Privatrecht zuzuordnen ist[211]. 8.236

2. Normen mit ambivalenter Rechtsnatur

Dieses Zwischenergebnis läßt sich anhand der Verhaltensregeln des Wertpapierhandelsgesetzes (§§ 31 bis 34) weiter veranschaulichen. 8.237

Nach den allgemeinen Verhaltensregeln des § 31 Abs. 1 Nr. 1, Abs. 2 Nr. 2 WpHG sind die Kreditinstitute unter anderem verpflichtet, ihre Wertpapierdienstleistungen mit der erforderlichen Sachkenntnis, Sorgfalt und Gewissenhaftigkeit im Interesse ihrer Kunden zu erbringen und alle zweckdienlichen Informationen ihren Kunden mitzuteilen. Diesen Gesetzesbestimmungen wird allgemein Schutzgesetzcharakter im Sinne des § 823 Abs. 2 BGB zugemessen. Die Verhaltensregeln des Wertpapierhandelsgesetzes und damit auch § 31 WpHG sind zwar überwiegend aufsichtsrechtlicher Natur. Denn sie regeln das (verwaltungsrechtliche) Verhältnis zwischen dem Bundesaufsichtsamt für den Wertpapierhandel als Marktaufsichtsbehörde und den Kreditinstituten als Marktintermediäre. Sie strahlen aber nach allgemeiner Meinung auch auf die privatrechtlichen Rechtsbeziehungen der Kreditinstitute zu ihren Effektenkunden aus. §§ 31, 32 WpHG konkretisieren deshalb die den kommissions- und auftragsrechtlichen Normen zugrundeliegenden Rechtsgedanken, insbesondere das privatrechtliche Gebot der angemessenen Wahrung des Kun- 8.238

---

210 *Palandt/Thomas*, § 823 Rn 146.
211 *Maurer*, Allgemeines Verwaltungsrecht, 12. Aufl., 1999, § 3 Rn 21; vgl. weiter die Entscheidung BGHZ 40, 306, 307 zu der ähnlichen Problematik der Einordnung der Norm als Schutzgesetz im Sinne des § 823 Abs. 2 BGB; *Staudinger/Schäfer*, § 823 Rn 588.

deninteresses. Diese starke Ausrichtung der in den §§ 31, 32 WpHG geregelten Verhaltenspflichten der Kreditinstitute ist ein gewichtiges Indiz für das Vorliegen privatrechtlicher Normen des Kapitalmarktrechts.

8.239 Für den privatrechtlichen Charakter des § 31 WpHG spricht zudem der Zusammenhang dieser Normen mit der Rechtsordnung. Dieser Standort im größeren Zusammenhang der Rechtsordnung ist aber bei der Zuordnung eines Rechtssatzes zum Privatrecht oder zum öffentlichen Recht als weiteres Abgrenzungskriterium mit zu berücksichtigen[212].

8.240 Bei der rechtssystematischen Einordnung der allgemeinen Verhaltensregeln des § 31 WpHG ist also zu berücksichtigen, daß sie den Pflichtenrahmen konkretisieren, innerhalb dessen sich die Kreditinstitute im Effektenkommissionsgeschäft zu bewegen haben[213]. Nach den Gesetzesmaterialien zum Zweiten Finanzmarktförderungsgesetz legt die in § 31 Abs. 1 Nr. 1 WpHG normierte Verpflichtung der Kreditinstitute, mit der erforderlichen Sachkenntnis, Sorgfalt und Gewissenhaftigkeit im Interesse der Effektenkunden tätig zu werden, die „grundsätzlichen Elemente einer Wertpapierdienstleistung" fest[214]. Mit dieser **Verhaltensregel** werden also zugleich die privatrechtlichen Normen weiter ausgestaltet, welche die dienstvertrags-, auftrags- und kommissionsrechtliche Vertragsbeziehung zwischen Bank- und Effektenkunde regeln (§§ 611, 663 ff. i.V.m. § 675 BGB; §§ 383 ff. HGB).

8.241 Dabei kommt es zu **inhaltlichen Überschneidungen** der einzelnen Normen. So verpflichtet schon § 384 Abs. 1 HGB die Effektenkommissionäre, das übernommene Geschäft mit der Sorgfalt eines ordentlichen Kaufmannes auszuführen und hierbei das Interesse des Effektenkunden wahrzunehmen. Die vorerwähnten BGB- und HGB-Bestimmungen gehören aber zweifellos zum Privatrecht. Privatrechtliche Normen sollen Regelungen für den rechtsgeschäftlichen Verkehr und für die Bereinigung potentieller Interessenkonflikte zwischen Privatpersonen bereitstellen[215].

8.242 Die allgemeinen Verhaltensregeln des § 31 Abs. 1 Nr. 1 und Abs. 2 Nr. 2 WpHG dürften also infolge der Verzahnung mit den sachlich eng verwandten Normen des BGB und HGB ebenfalls privatrechtliche Normen

---

212 *Maurer*, Allgemeines Verwaltungsrecht, 12. Aufl., 1999, § 3 Rn 21; vgl. weiter BGHZ 40, 306, 307 für die vergleichbare Problematik der Feststellung des Schutzgesetzcharakters einer Gesetzesbestimmung.
213 *Hopt*, ZHR 141 (1977) 389, 393; *Grimm*, WiB 1995, 56, 57.
214 Beschlußempfehlung und Bericht des Finanzausschusses des Deutschen Bundestages, BT-Drucksache 12/7918, S. 103.
215 *Maurer*, Allgemeines Verwaltungsrecht, 12. Aufl., 1999, § 3 Rn 13.

sein. Unbeachtlich ist also, daß sie im engen räumlichen Kontext mit den rein gewerbeaufsichtsrechtlichen Organisations-, Aufzeichnungs- und Aufbewahrungspflichten des Wertpapierhandelsgesetzes (§§ 33, 34) stehen. Die Verhaltenspflichten in den §§ 31, 32 WpHG erweisen sich also bei der systematischen Erfassung des Kapitalmarktrechts als ambivalent. Sie haben zugleich **Merkmale einer öffentlich-rechtlichen und privatrechtlichen Norm.**

Diese **Ambivalenz** ist aber für die staatliche Marktaufsicht **unerheblich.** Das Bundesaufsichtsamt für den Wertpapierhandel hat auch die Einhaltung dieser privatrechtlichen Normen zu überwachen, wie dies insbesondere für die Beachtung der Bestimmungen des BGB und HGB und der AGB-Klauseln für das bankmäßige Effektengeschäft gilt. Denn Aufgabe der staatlichen Marktaufsicht ist es, das kapitalmarktbezogene Verhalten der Marktteilnehmer auf Gesetzes- und Ordnungsmäßigkeit im weitesten Sinne zu überprüfen.

8.243

Dagegen sind die aufsichtsrechtlichen Verhaltensregeln der **§§ 33, 34 WpHG** zweifellos nur dem öffentlichen Recht zuzuordnen. Ein Indiz hierfür ist, daß diese Gesetzesbestimmungen nach allgemeiner Auffassung **keinen Schutzgesetzcharakter** im Sinne des § 823 Abs. 2 BGB haben und deshalb nicht den Schutz der Individualinteressen der Effektenkunden bezwecken. Der **Normzweck** beschränkt sich vielmehr auf die aufsichtsrechtliche Zielsetzung der gesetzlichen Regelung, durch Statuierung gewerbeaufsichtsrechtlicher Verhaltensregeln und deren Überwachung den aus dem Wertpapierhandel für die Anleger resultierenden Risiken entgegenzuwirken. Die weitestmögliche Vermeidung solcher Risiken, die sich zu Lasten der Anleger als Effektenkunden der Marktintermediäre realisieren könnten, hat einen hohen Stellenwert für die Funktionsfähigkeit der Kapitalmärkte und damit für die Gesamtwirtschaft. Nach den Gesetzesmaterialien zum Zweiten Finanzmarktförderungsgesetz besteht deshalb ein öffentliches Interesse an der Schaffung und Durchsetzung der Verhaltensregeln des Wertpapierhandelsgesetzes[216].

8.244

Diese rechtssystematische Einordnung der kapitalmarktrechtlichen Organisationspflicht sowie der Aufzeichnungs- und Aufbewahrungspflicht hat eine **Parallele** zu den gewerberechtlichen Normen des Kreditwesengesetzes, welche die mit dem Geschäftsbetrieb eines Kreditinstituts verbundenen Gefahren möglichst abwenden sollen[217]. Auch diese gewerbeaufsichtsrechtlichen Regelungen als Teil des umfassenderen Wirtschaftsverwaltungsrechts[218] sind dem öffentlichen Recht zu-

8.245

---

216 Beschlußempfehlung und Bericht des Finanzausschusses des Deutschen Bundestages, BT-Drucksache 12/7918, S. 97.
217 BGH WM 1979, 482, 484.
218 *Stober*, Handbuch des Wirtschaftsverwaltungsrechts, 1989, S. 1185.

zuordnen. Dasselbe hat für die Organisationspflichten sowie Aufzeichnungs- und Aufbewahrungspflichten des Wertpapierhandelsgesetzes zu gelten. Auch diese Gesetzesbestimmungen sind auf das öffentliche Interesse an einer angemessenen organisatorischen Ausgestaltung des kapitalmarktbezogenen Geschäftsbetriebes der Kreditinstitute gerichtet, um möglichen Gefahren für die Effektenkunden als Anleger entgegenzuwirken.

V. Kategorisierung der öffentlich-rechtlichen Normen

8.246 Die **Funktionsfähigkeit des Kapitalmarktes** als vorrangiges **Regelungsziel** hat dazu geführt, daß das Kapitalmarktrecht in starkem Maße durch öffentlich-rechtliche Normen geprägt ist. Dies erklärt sich aus dem großen öffentlichen Interesse an dem Schutz dieser Funktionsfähigkeit, der den Gesetzgeber zunehmend zum Eingreifen in die rechtlichen Rahmenbedingungen der Kapitalmärkte veranlaßt.

8.247 Dieser Schutzgedanke ist ein tragendes Prinzip des **Wirtschaftsverwaltungsrechts,** das seinerseits zu einem starken Vordringen des öffentlichen Rechts im Wirtschaftsverkehr beigetragen hat[219]. Das Wirtschaftsverwaltungsrecht, dem auch der überwiegende Teil der öffentlich-rechtlichen Normen des Kapitalmarktrechts zuzuordnen ist, umfaßt insbesondere **die Rechtssätze,** durch die der Staat mit den Zielen der Gefahrenabwehr auf das Wirtschaftsleben und seine Prozesse ordnend und gestaltend einwirkt. Hierzu werden der Verwaltung bestimmte Aufgaben und Befugnisse zugewiesen. Im übrigen werden für die am wirtschaftlichen Prozeß Beteiligten **öffentlich-rechtlichen Rechte und insbesondere Pflichten** begründet[220]. Solche Pflichten sind vor allem für das Gewerbeaufsichtsrecht als Teil des Wirtschaftsverwaltungsrechts typisch. Sie sind deshalb auch im Bereich der Wertpapierdienstleistungen anzutreffen, die die deutschen Kreditinstitute als Universalbanken ihren Effektenkunden anbieten. Diese öffentlich-rechtlichen Normen des Kapitalmarktrechts können in vier verschiedene Kategorien eingeteilt werden: 1. Regelungen der staatlichen Beaufsichtigung des Marktgeschehens und der Marktteilnehmer, 2. Organisationsnormen für die marktveranstaltenden Börsen als Anstalten des öffentlichen Rechts und 3. Strafrechts- und Bußgeldvorschriften.

---

219 *Badura* in Schmidt-Aßmann, Besonderes Verwaltungsrecht, 11. Aufl., 1999, Rn 2.
220 *Badura* in Schmidt-Aßmann, Besonderes Verwaltungsrecht, 11. Aufl., 1999, Rn 2, 28.

9. Abschnitt: Rechtsquellen des Kapitalmarktrechts

1. Regelungen der staatlichen Beaufsichtigung des Marktgeschehens und der Marktteilnehmer

Ein wesentlicher Teil des Wirtschaftsverwaltungsrechts sind die **aufsichtsrechtlichen Normen** für bestimmte Zweige wirtschaftlicher Betätigung. Diese Normenbereiche sind gekennzeichnet durch ein Instrumentarium von **Kontrollaufgaben** und **entsprechenden Befugnissen** der mit der staatlichen Aufsicht betrauten Verwaltungsträger[221]. Ein wichtiger Zweig dieser Wirtschaftsaufsicht ist die **Bankenaufsicht,** wie sie im Kreditwesengesetz geregelt ist[222].

8.248

Auch das Kapitalmarktrecht kennt eine Vielzahl solcher aufsichtsrechtlicher Normen. Sie betreffen den Wertpapierhandel an den Märkten, insbesondere den Börsenmärkten und die gewerbliche Tätigkeit der Kreditinstitute als Marktintermediäre ihrer Effektenkundschaft. Aufsichtsrechtliche Bestimmungen können aber als Normadressat auch die Emittenten und die Anleger als Marktteilnehmer haben. So hat das Bundesaufsichtsamt für den Wertpapierhandel die Emittenten, deren Wertpapiere im Amtlichen oder Geregelten Markt notiert werden, daraufhin zu überwachen, ob sie ihren Pflichten zur unverzüglichen Ad hoc-Publizität von kursrelevanten Insidertatsachen nachkommen (§ 15 Abs. 5 WpHG).

8.249

Dem **Bundesaufsichtsamt für den Wertpapierhandel** obliegt im übrigen die Überwachung der gesamten börslichen und außerbörslichen Geschäfte in Insiderpapieren, um Verstößen gegen die **Insiderverbote** entgegenzuwirken (§ 16 Abs. 1 WpHG). Diese aufsichtsrechtliche Norm richtet sich auch gegen Personen, die keine Marktteilnehmer sind, zu denen nur die Anleger, die Emittenten, die am Markt agierenden Kreditinstitute und die Börsenmakler gehören. Ein solcher Sachverhalt ist gegeben, wenn gegen das insiderrechtliche Verbot der unbefugten Weitergabe von Insiderwissen oder unzulässiger Kauf- oder Verkaufsempfehlung aufgrund dieses Insiderwissens durch eine Person verstoßen wird, die sich selbst am Kapitalmarkt nicht engagiert.

8.250

Diese personell weitgezogene Reichweite der Insiderregelung ist mit Rücksicht auf die Funktionsfähigkeit des Kapitalmarktes geboten. Diese Funktionsfähigkeit ist in hohem Maße auf das Vertrauen der Anleger angewiesen, daß sie gleichbehandelt werden und gegen die unrechtmäßige Verwendung von Insiderinformationen durch jedermann geschützt sind[223].

8.251

---

221 *Badura* in Schmidt-Aßmann, Besonderes Verwaltungsrecht, 11. Aufl., 1999, Rn 74.
222 *Badura* in Schmidt-Aßmann, Besonderes Verwaltungsrecht, 11. Aufl., 1999, Rn 75.
223 Begr. RegE 2. FFG, BT-Drucksache 12/6679, S. 33.

a) Regelungen der Marktveranstaltung

8.252 Die öffentlich-rechtlichen Normen für das Marktgeschehen an den Börsenmärkten betreffen vor allem das **manipulationsfreie Zustandekommen von Börsenpreisen**. Die ordnungsgemäße Preisbildung unterliegt deshalb der Kontrolle durch die staatliche Marktaufsichtsbehörde. Diese Kontrollfunktion ist durch die Legaldefinition des Börsenpreises (§ 11 Abs. 1 BörsG) erleichtert worden, die es ermöglicht, zugleich Qualitätsstandards für sein Zustandekommen festzulegen und hierdurch einen Anknüpfungspunkt für die staatliche Überwachung zu schaffen[224]. Diese staatliche Kontrollmöglichkeit ist ein unverzichtbares Qualitätsmerkmal für einen Kapitalmarkt, der international wettbewerbsfähig sein soll.

8.253 **Zuständig** für die Überwachung der Preisfindung ist vor allem die neu geschaffene **Handelsüberwachungsstelle**, die als Börsenorgan diese Funktion selbständig und eigenverantwortlich wahrzunehmen hat[225]. Dieses neue Börsenorgan hat bei der Wahrnehmung seiner hoheitlichen Funktionen eng mit der Börsenaufsichtsbehörde zusammenzuarbeiten, die der Handelsüberwachungsstelle auch jederzeit Weisungen erteilen und erforderlichenfalls die Ermittlungen übernehmen kann (vgl. § 1b Abs. 1 BörsG).

8.254 Zu den Regelungen des Marktgeschehens gehört aber auch die Ermächtigung der Börsengeschäftsführung zur vorübergehenden Unterbrechung des Börsenhandels. Das Börsengesetz (§ 43 Abs. 1 Nr. 1) enthält die hierfür erforderliche Vorschrift. Die Marktteilnehmer können erwarten, daß die Börse den Handel nur in den gesetzlich zugelassenen Fällen unterbindet. Die **Wertpapierbörse** als Anstalt des öffentlichen Rechts muß die ihr zugewiesenen öffentlichen Aufgaben wahrnehmen. Sie hat sich deshalb nach verwaltungsrechtlichen Grundsätzen an dem Anstaltszweck zu orientieren. Hiernach soll die Börse den Abschluß von Wertpapiergeschäften in ihren Räumlichkeiten und in dem von ihr betriebenen elektronischen Handelssystem ermöglichen. Mit der Kursaussetzung wird deshalb in das Benutzerverhältnis zwischen Börse und den Börsenbesuchern in einer Weise eingegriffen, die über eine „innerbetriebliche" Maßnahme hinausgeht[226]. Die Börsengeschäftsführung darf deshalb den Börsenhandel nur aufgrund einer gesetzlichen Ermächtigung unterbinden. Diese Ermächtigungsnorm enthält § 43 BörsG. Danach ist eine **Aussetzung der amtlichen Kursfeststellung** (Notierung) zulässig, wenn ein ordnungsge-

---

224 Begr. RegE 2. FFG, BT-Drucksache 12/6679, S. 69.
225 Begr. RegE 2. FFG, BT-Drucksache 12/6679, S. 60.
226 *Schwark*, § 43 Rn 11.

mäßer Börsenhandel zeitweilig gefährdet erscheint. Eine solche Aussetzung bedeutet eine vorübergehende Unterbrechung des Börsenhandels.

Von dieser gesetzlichen Ermächtigung der Kursaussetzung hat die Börsengeschäftsführung insbesondere im Rahmen der neugestalteten Ad hoc-Publizität Gebrauch zu machen. Danach müssen publizitätspflichtige Tatsachen, die im Tätigkeitsbereich eines im Amtlichen oder Geregelten Marktes notierten Emittenten eingetreten und im Falle ihres Bekanntwerdens zu einer erheblichen Kursbeeinflussung geeignet sind, den betreffenden Börsen mitgeteilt werden (§ 15 Abs. 2 WpHG). Die Geschäftsführung hat sodann schnellstmöglich zu prüfen, ob sie den Börsenhandel zu unterbrechen hat, bis diese Tatsachen über ein elektronisch betriebenes Informationsverbreitungssystem veröffentlicht worden sind und damit die sog. Bereichsöffentlichkeit hergestellt ist, so daß die Informationen in die Preisbildung des Börsenhandels einfließen und daher die Wertpapiergeschäfte auf einem adäquaten Kursniveau abgeschlossen werden. 8.255

Dagegen sind die **Handelsusancen,** wie sie in den „Bedingungen für Geschäfte an den deutschen Wertpapierbörsen"[227] festgeschrieben sind, **keine öffentlich-rechtlichen Normen.** Sie sind integraler Bestandteil der an den Börsen abgeschlossenen Wertpapiergeschäfte und damit rein privatrechtlicher Natur. 8.256

b) Gewerbeaufsichtsrechtliche Aufsichtsnormen

Die staatliche Kapitalmarktaufsicht erstreckt sich vor allem auf die Einhaltung von Verhaltenspflichten der Kreditinstitute als Marktintermediäre. So hat das Bundesaufsichtsamt für den Wertpapierhandel zu kontrollieren, ob die Kreditinstitute ihre **Pflicht zur Meldung** der am Markt getätigten Geschäfte an das Bundesaufsichtsamt für den Wertpapierhandel zwecks Verfolgung verbotener Insidergeschäfte erfüllt haben (vgl. §§ 9, 26 WpHG). Unter diese Meldepflichten fallen sowohl die für die Effektenkunden als auch die für eigene Rechnung getätigten (Nostro-)Geschäfte. 8.257

Zu der Kategorie der gewerberechtlichen Aufsichtsnormen gehören auch die **Aufzeichnungspflichten,** wie sie das Wertpapierhandelsgesetz (§ 34) als weitere Verhaltensregel für die Organisation des Effektengeschäfts statuiert hat. Danach haben die Kreditinstitute die Effektenorder und die hierzu erteilten Weisungen des Kunden sowie die Ausführung des Auftrages und den Namen des die Order entgegennehmenden Bankmitarbeiters sowie die Uhrzeit der Erteilung und Ausführung des Auftrages aufzuzeichnen. Die Dokumentationspflicht dient nach den Gesetzesmaterialien zum Zweiten Finanzmarktförderungsgesetz ausschließlich dazu, der 8.258

---

227 Abgedruckt in *Kümpel/Ott,* Kapitalmarktrecht, Kz 450.

staatlichen Marktaufsicht die Kontrolle der Einhaltung der Normen zu ermöglichen[228].

8.259 Die gewerbeaufsichtsrechtlichen Normen können sich schließlich auch unmittelbar auf die Vertragsbeziehungen zwischen den Kreditinstituten als Marktintermediäre und den Anlegern als ihre kommissionsrechtlichen Auftraggeber auswirken. Ein anschauliches Beispiel hierfür bieten die **Organisationspflichten** des Wertpapierhandelsgesetzes (§ 33). Danach sind die Kreditinstitute verpflichtet, die für eine ordnungsmäßige Durchführung der Wertpapierdienstleistung notwendigen Mittel und Verfahren vorzuhalten und wirksam einzusetzen. Dies bedeutet u.a., daß das **Unternehmen sachlich und personell in der Lage** sein muß, auf die innovativen Produkte der internationalen Wertpapier- und Terminmärkte zu reagieren, wenn dem Kunden derartige Finanzinnovationen angeboten werden[229].

8.260 Die Bank muß im übrigen so organisiert sein, daß bei der Erbringung der Wertpapierdienstleistung Interessenkonflikte zwischen ihr und dem Kunden oder Interessenkonflikte zwischen verschiedenen Kunden möglichst gering sind. Diese **Verhaltensregeln** betreffen sowohl die Aufbau- als auch die Ablauforganisation. Die organisatorische Struktur des Unternehmens wie auch der Ablauf der Arbeitsvorgänge innerhalb des Unternehmens sind so zu gestalten, daß Interessenkonflikte möglichst vermieden werden[230].

8.261 Schließlich sollen die Kreditinstitute über **angemessene interne Kontrollverfahren** verfügen, die geeignet sind, Verstößen gegen Verpflichtungen nach dem Wertpapierhandelsgesetz entgegenzuwirken. Die Einrichtungen entsprechender Verfahren und organisatorischer Maßnahmen lediglich für einzelne geschäftliche Transaktionen sind also nicht ausreichend. Nach den Gesetzesmaterialien sind **Compliance-Organisationen,** wie sie die Kreditinstitute entsprechend ihren Bedürfnissen einrichten, der richtige Ansatzpunkt, um das Konfliktpotential zwischen Bank und Kundeninteresse zu entschärfen und die notwendigen organisatorischen Instrumente zur Überwachung des Wertpapiergeschäfts zu schaffen[231].

---

228 Beschlußempfehlung und Bericht des Finanzausschusses des Deutschen Bundestages, BT-Drucksache 12/7918, S. 105.
229 Beschlußempfehlung und Bericht des Finanzausschusses des Deutschen Bundestages, BT-Drucksache 12/7918, S. 105.
230 Beschlußempfehlung und Bericht des Finanzausschusses des Deutschen Bundestages, BT-Drucksache 12/7918, S. 105.
231 Beschlußempfehlung und Bericht des Finanzausschusses des Deutschen Bundestages, BT-Drucksache 12/7918, S. 105; *Assmann,* AG 1994, 237, 255.

Diese gewerberechtlichen Normen mit ihrer Ordnungsfunktion für das 8.262
Effektengeschäft der Kreditinstitute haben eine Parallele zu vergleichbaren Regelungen des Kreditwesengesetzes für das Kreditgeschäft. Auch dort müssen bestimmte gesetzliche Vorgaben bei der Kreditgewährung und damit bei der bankgeschäftlichen Betätigung berücksichtigt werden. Dies gilt insbesondere bei der Einhaltung der Großkreditgrenzen oder der Meldepflichten bei Krediten von drei Millionen und mehr (§§ 13, 14 KWG). Das KWG als ein Spezialgesetz des Gewerberechts[232] soll die allgemeine Ordnung des Bankgewerbes gewährleisten und die damit verbundenen Gefahren möglichst abwenden[233]. Es enthält daher wirtschaftsverwaltungsrechtliche Normen[234], wie dies auch für das Wertpapierhandelsgesetz gilt, mit dessen gewerberechtlichen Regelungen den speziellen Risiken des Effektengeschäfts für die Bankkunden entgegengewirkt werden soll.

c) Ermittlungsbefugnisse der Aufsichtsbehörden

Der Gesetzgeber hat die Aufsichtsbehörden mit weitreichenden Befugnissen für eine **effiziente Überwachungstätigkeit** ausgestattet. So kann das Bundesaufsichtsamt für den Wertpapierhandel nicht nur die erforderlichen Auskünfte und die Vorlage von Unterlagen verlangen (§§ 16 Abs. 2, 3, 29 Abs. 1, 35 Abs. 1 WpHG). Die Kreditinstitute haben den Bediensteten des Bundesaufsichtsamtes und den von ihnen beauftragten Personen erforderlichenfalls auch das Betreten der Grundstücke und Geschäftsräume während der üblichen Arbeitszeit zu gestatten. Insoweit ergibt sich wiederum eine Parallele zu den Ermittlungsbefugnissen des Bundesaufsichtsamtes für das Kreditwesen (§ 44 KWG). 8.263

Vergleichbare Ermittlungsbefugnisse sind den **Börsenaufsichtsbehörden** 8.264
der Länder eingeräumt worden. So können sie ohne besonderen Anlaß von der Börse, den zugelassenen Kreditinstituten und Börsenhändlern sowie von den Kursmaklern Auskünfte und die Vorlage von Unterlagen verlangen und auch Prüfungen vornehmen.

Die Börsenaufsichtsbehörden können im übrigen gegenüber den Handels- 8.265
teilnehmern Anordnungen treffen, um Verstöße gegen börsenrechtliche Vorschriften zu unterbinden und sonstige Mißstände zu beseitigen oder zu verhindern, die die ordnungsmäßige Durchführung des Handels an der Börse beeinträchtigen können (§ 1a Abs. 2 BörsG). Die Börsenaufsichtsbehörde darf im Rahmen der Marktaufsicht auch bestimmte Verhaltenswei-

---
232 BVerfGE 14, 197, 205.
233 BGH WM 1979, 482, 484.
234 *Stober*, Handbuch des Wirtschaftsverwaltungsrechts, 1989, S. 1185.

sen und Geschäftspraktiken untersagen, Auflagen machen und **als letztes Mittel** auch den **Ausschluß vom Handel** anordnen.

8.266 Schließlich verfügen auch die Handelsüberwachungsstellen der Börsen über dasselbe Kontrollinstrumentarium wie das Bundesaufsichtsamt für den Wertpapierhandel und die Börsenaufsichtsbehörde der Länder (§ 1b Abs. 3 BörsG). Denn die Börsenaufsichtsbehörde kann die Handelsüberwachungsstelle mit der Wahrnehmung ihrer Aufsichtsbefugnisse betrauen[235].

2. Organisationsrechtliche Normen

8.267 Zum Kapitalmarktrecht gehören des weiteren eine Vielzahl von öffentlich-rechtlichen Normen für die Organisation der kapitalmarktbezogenen Verwaltungsbehörden in Gestalt des Bundesaufsichtsamtes für den Wertpapierhandel und die Börsenaufsichtsbehörden der Bundesländer. Auch die Wertpapierbörsen haben als Anstalten des öffentlichen Rechts eine öffentlich-rechtliche Grundstruktur. Diese für den Kapitalmarkt zuständigen Behörden wie auch die Wertpapierbörsen benötigen ein **Mindestmaß an rechtlichen Regelungen** als Mittel der Organisation[236]. Diese organisationsrechtlichen Normen regeln insbesondere die Errichtung und Einrichtung von Behörden und sonstigen Verwaltungsträgern durch die Bestimmung ihrer Zuständigkeiten und ihrer inneren Ordnung sowie durch ihre personelle und sachliche Ausstattung[237].

a) Bundesaufsichtsamt für den Wertpapierhandel

8.268 Das Wertpapierhandelsgesetz enthält die wesentlichen Organisationsnormen für das neu zu errichtende Bundesaufsichtsamt für den Wertpapierhandel. Diese oberste Aufsichtsbehörde stellt eine selbständige Bundesoberbehörde im Geschäftsbereich des Bundesministeriums der Finanzen dar. Diese „Selbständigkeit" bedeutet eine organisatorische und funktionelle Abhebung von dem ihm vorgeordneten Bundesministerium und von den bundeseigenen Mittel- und Unterbehörden[238].

---

235 Unklar erscheint, ob die Handelsüberwachungsstelle von diesen Kontrollinstrumenten auch in den Fällen Gebrauch machen kann, in denen sie von der Börsengeschäftsführung mit der Durchführung von Untersuchungen beauftragt worden ist (vgl. § 1 Abs. 1b S. 4 BörsG).
236 *Rudolf* in Erichsen, Allgemeines Verwaltungsrecht, 11. Aufl., 1998, Rn 1.
237 *Rudolf* in Erichsen, Allgemeines Verwaltungsrecht, 11. Aufl., 1998, § 52 Rn 2.
238 *Maunz/Dürig/Herzog*, Grundgesetz, 1994, Art. 87 Rn 184.

Eine solche **Bundesoberbehörde** bedarf zu ihrer Errichtung einer bundesgesetzlichen Regelung, wie sie mit § 3 Abs. 1 WpHG geschaffen worden ist (vgl. Art. 87 Abs. 3 S. 1 GG)[239]. Zur inneren Ordnung der Behörde regelt das Wertpapierhandelsgesetz die Ernennung seines Präsidenten und die Bestellung eines Wertpapierrates, der aus Vertretern der Bundesländer besteht, die bei der Aufsichtstätigkeit des Amtes beratend mitwirken (§§ 3 Abs. 2, 5 WpHG)[240]. Das Bundesaufsichtsamt übt die Aufsicht nach den Vorschriften des Wertpapierhandelsgesetzes aus. Es hat im Rahmen der ihm zugewiesenen Aufgaben **Mißständen entgegenzuwirken,** welche die ordnungsgemäße Durchführung des Wertpapierhandels beeinträchtigen oder erhebliche Nachteile für den Wertpapiermarkt bewirken können. Das Bundesaufsichtsamt kann **Anordnungen** treffen, die geeignet sind, diese Mißstände zu beseitigen oder zu verhindern (§ 4 Abs. 1 WpHG).

8.269

Bei der Durchführung von eilbedürftigen Maßnahmen für die Überwachung des Verbotes von Insidergeschäften werden die Börsenaufsichtsbehörden der Länder im Wege der **Organleihe** für das Bundesaufsichtsamt tätig (§ 6 Abs. 2 WpHG). Die Börsenaufsichtsbehörde eines Landes kann deshalb als Organ des Bundesaufsichtsamtes tätig werden. Hierdurch kommt es zu einer Verzahnung zwischen selbständigen Verwaltungsträgern, die im Rahmen des Weisungsrechts ein hierarchisches Verhältnis der Überordnung der Bundesaufsicht über die jeweilige Börsenaufsichtsbehörde begründet[241].

8.270

b) Wertpapierbörsen als Anstalten des öffentlichen Rechts

Öffentlich-rechtliche Organisationsnormen enthält auch das **Börsengesetz** als die neben dem Wertpapierhandelsgesetz **zweite Säule** des Kapitalmarktrechts. Die Börse gehört zwar zu den Anstalten des öffentlichen Rechts. Die Errichtung einer Börse bedarf deshalb der Genehmigung durch die zuständige oberste Landesbehörde als Börsenaufsichtsbehörde. Dies bestimmt die börsengesetzliche Organisationsnorm des § 1 Abs. 1 BörsG. Die Organisation der öffentlichen Anstalt ist weitgehend durch das Börsengesetz geregelt worden. Dort ist bestimmt, daß die Leitung der Börse deren Geschäftsführung obliegt. Diesem Leitungsorgan ist ein ehrenamtlicher Börsenrat zugeordnet, der insbesondere mit Kontrollaufgaben und dem Erlaß der Börsenordnung betraut worden ist.

8.271

---

239 Begr. RegE 2. FFG, BT-Drucksache 12/6679, S. 39.
240 Begr. RegE 2. FFG, BT-Drucksache 12/6679, S. 40.
241 *Rudolf* in Erichsen, Allgemeines Verwaltungsrecht, 11. Aufl., 1998, § 52 Rn 51.

8. Teil: Allgemeiner Teil des Kapitalmarktrechts

8.272 Das Börsengesetz enthält im übrigen eine Vielzahl von öffentlich-rechtlichen Organisationsnormen, die die Zulassung der Wertpapiere und der Marktteilnehmer sowie die Tätigkeit der Kursmakler betreffen. Zu diesen Normen gehören schließlich die Bestimmungen für die Handelsüberwachungsstelle, die als neugeschaffenes Börsenorgan den Handel an der Börse und die Börsengeschäftsabwicklung zu überwachen hat (§ 1b Abs. 1 BörsG).

3. Strafrechts- und Bußgeldvorschriften

8.273 Zu den öffentlich-rechtlichen Normen des Kapitalmarktrechts gehören schließlich die marktbezogenen Straf- und Bußgeldvorschriften. Die Gefahren, die von **Insiderverstößen** für die Funktionsfähigkeit der Börsenmärkte und den Vermögensinteressen der Anlegerschaft ausgehen, erfordern einen verstärkten strafrechtlichen Schutz. Strafrechtliche Vorschriften sind öffentlich-rechtliche Normen; das Strafrecht gehört insgesamt zum öffentlichen Recht.

8.274 Das Wertpapierhandelsgesetz enthält im übrigen eine Vielzahl von Bußgeldvorschriften. Sie sehen zum Teil die Festsetzung drastischer Geldbußen vor. So kann eine vorsätzliche Verletzung der Pflicht zur Ad hoc-Publizität durch das zuständige Vorstandsmitglied mit einer Geldbuße bis zu DM drei Mio geahndet werden (§ 39 Abs. 3 WpHG). Daneben kann eine Geldbuße gegen die Aktiengesellschaft in derselben Höhe festgesetzt werden (§ 30 Abs. 2 OWiG). Der Geldbuße fehlt zwar das mit einer Kriminalstrafe notwendigerweise verbundene Werturteil. Gleichwohl handelt es sich bei den Bußgeldvorschriften um öffentlich-rechtliche Normen. Auch die Geldbuße ist eine staatliche Unrechtsfolge und stellt deshalb eine strafähnliche Sanktion dar. Hierdurch soll eine bestimmte Ordnung, insbesondere Gebote und Verbote durchgesetzt werden, die zum Schutz von Rechtsgütern aufgestellt worden sind, wie dies auf die Bußgeldtatbestände zum Schutze der Funktionsfähigkeit des Kapitalmarktes zutrifft[242].

---

242 *Göhler*, Ordnungswidrigkeitengesetz, 12. Aufl., 1998, Vor § 1 Rn 9 ff.

9. Teil
Emissionsgeschäft[1]

1. Abschnitt
Allgemeines

Im Vordergrund des Wertpapiergeschäfts mit den Bankkunden steht das Effektengeschäft, bei dem die Bank beim Kauf oder Verkauf von Effekten im Sinne der am Kapitalmarkt gehandelten Aktien und Schuldverschreibungen mitwirkt. Diese **Beteiligungs- und Forderungsrechte** müssen jedoch zunächst geschaffen werden, damit sie am Kapitalmarkt gehandelt werden können. Hierzu bedarf es der Begründung dieser Rechte im Zuge ihrer Ausgabe durch die AG und den Emittenten der Schuldverschreibungen. Bei dieser **Wertpapierbegebung** wirken die Kreditinstitute im Rahmen ihres Emissionsgeschäftes mit. Die Empfänger dieser bankmäßigen Dienstleistungen sind vor allem die Emittenten. Aus systematischen Gründen soll zunächst das Emissionsgeschäft dargestellt werden, das dem Effektengeschäft mit seiner starken Ausrichtung auf die Sekundärmärkte des Kapitalmarktes zeitlich vorgelagert ist.

9.1

I. Begriff der Emission

Unter einer Emission wird die erste **Ausgabe und Plazierung einer bestimmten Anzahl von Wertpapieren durch einen Wertpapieraussteller** (Emittenten) verstanden[2]. Die ganz überwiegende Anzahl solcher Emissionen betrifft die Ausgabe von Wertpapieren des Kapitalmarktes (Effekten) – Rn 10.1 ff. Im Mittelpunkt des Emissionsgeschäftes steht daher die Mitwirkung der Kreditinstitute bei der Emission von Schuldverschreibungen **(Anleihen)** und **Aktien**.

9.2

---

1 *Delorme/Hoessrich*, Konsortial- und Emissionsgeschäft, 2. Aufl., 1971; *Scholze*, Das Konsortialgeschäft der deutschen Banken, 1973; *Pöhler*, Das internationale Konsortialgeschäft der Banken, 1988; *Bosch/Groß* in Bankrecht und Bankpraxis Rn 10/65 ff.; *Hopt*, Die Verantwortlichkeit der Banken bei Emissionen (nachfolgend Prospekthaftung), 1991; *Siebelt*, Rechtsfragen internationaler Anleihen, 1997; *Schwintowski/Schäfer*, Bankrecht, § 15; *Claussen*, Bank- und Börsenrecht, S. 432 ff.

2 *Hopt*, Prospekthaftung, 1991, S. 12, *Canaris*, Bankvertragsrecht[2], Rn 2236 ff.

9.3 Der **wirtschaftliche Zweck** der Emission von Effekten ist die Aufnahme mittel- oder langfristigen Kapitals. Das Emissionsgeschäft steht damit in engem wirtschaftlichen Zusammenhang mit der **Unternehmensfinanzierung**. Welche Art von Effekten ein Unternehmen für die Kapitalaufnahme wählt, folgt der grundlegenden Differenzierung zwischen Eigen- und Fremdkapital. Die Verbreiterung der Eigenkapitalbasis erfolgt bei Unternehmen in der Rechtsform einer AG durch die Ausgabe von Aktien, durch die eine Beteiligung am Unternehmen und dessen Gewinn eingeräumt wird. Merkmal des Eigenkapitals ist es, daß es unbefristet, unkündbar und zinsfrei zur Verfügung gestellt wird. Bei der Aufnahme von Fremdkapital durch die Begebung von Anleihen besteht hingegen ein Anspruch auf Verzinsung und auf Rückzahlung sowie eine Befristung nach Maßgabe der Laufzeit der Anleihe. Aus der Sicht des Unternehmens hängt die Wahl einer Finanzierungsform von vielfältigen Faktoren ab.

9.4 Einer der Faktoren liegt darin, daß **Anleiheemissionen** im breiten Publikum plaziert werden können, während bei einer **Aktienemission** die bisherigen Aktionäre ein vorrangiges Bezugsrecht haben (§ 186 Abs. 1 S. 1 AktG), soweit dieses nicht durch den Hauptversammlungsbeschluß über die Kapitalerhöhung (§ 186 Abs. 3 AktG) oder im Rahmen des genehmigten Kapitals (§ 203 Abs. 2 S. 1 AktG) in zulässiger Weise ausgeschlossen worden ist.

9.5 Im Rahmen der zunehmenden Aufnahme von kurzfristigen Geldmitteln im inländischen Geldmarkt und dem Euro-Geldmarkt, bei der die hieraus resultierenden Darlehensverbindlichkeiten ebenfalls wertpapiermäßig verbrieft werden können, wirken die Kreditinstitute auch bei der **Emission von Geldmarktpapieren** mit. Dies gilt insbesondere hinsichtlich der laufenden Ausgabe von **Commercial Papers**.

II. Bankaufsichtsrechtliche Regelungen

9.6 Eine grundlegende aufsichtsrechtliche **Neugestaltung** hat das Emissionsgeschäft durch das Gesetz zur Umsetzung von EG-Richtlinien zur Harmonisierung bank- und wertpapierrechtlicher Vorschriften vom 22. 10. 1997 (Bank-/Wertpapieraufsichtsgesetz) erfahren[3]. Die **Mitwirkung bei der Emission** ist Bankgeschäft im Sinne des gesetzlichen Kataloges der erlaubnispflichtigen Bankgeschäfte (§ 1 KWG), soweit das Risiko des Absatzes (Plazierung) der emittierten Wertpapiere bei den mitwirkenden Kreditinstituten liegt (§ 1 Abs. 1 S. 2 Nr. 10 KWG). Handeln die Kreditinstitute dagegen im eigenen Namen, aber für Rechnung des Emittenten, ist

---
3 BGBl. I 1997, S. 2518 ff.

die Mitwirkung ein Finanzkommissionsgeschäft im Sinne des § 1 Abs. 1 S. 2 Nr. 4 KWG. Wird die Emission in offener Stellvertretung des Emittenten plaziert, liegt eine Finanzdienstleistung in Gestalt einer Abschlußvermittlung gemäß § 1 Abs. 1a S. 2 Nr. 2 KWG vor.

Obgleich das Emissionsgeschäft bislang nicht in dem Katalog des § 1 Abs. 1 S. 2 KWG erwähnt worden ist, gehört es seit langem zu den traditionellen Bankgeschäften im weiteren Sinne des Wortes. Dies erklärt sich aus seiner **geschäftlichen Nähe zum Effektengeschäft**. Die an der Emission beteiligten Kreditinstitute sind vorrangig darum bemüht, die Wertpapiere bei der eigenen Depotkundschaft zu plazieren. Denn der **Emissionserfolg** hängt wesentlich davon ab, ob es gelingt, die Wertpapiere möglichst dauerhaft im Publikum zu plazieren. Werden die Wertpapiere von den Ersterwerbern im Primärmarkt sofort wieder im Sekundärmarkt verkauft, so können diese Verkäufe den Kurs der Wertpapiere unter den Emissionspreis „drücken" und dadurch das Emissionsstanding des Emittenten für spätere Emissionen beeinträchtigen.

9.7

1. „Fest"übernahme (Underwriting) als erlaubnispflichtiges Bankgeschäft (§ 1 Abs. 1 S. 2 Nr. 10 KWG)

Die Einbeziehung des Emissionsgeschäfts in den Katalog der erlaubnispflichtigen Bankgeschäfte beruht darauf, daß zu den Dienstleistungen im Sinne der EG-Wertpapierdienstleistungsrichtlinie auch das Underwriting und/oder Plazierung der Emissionen von Finanzinstrumenten im Sinne dieser Richtlinie gehören (vgl. Anhang A Nr. 4 dieser Richtlinie)[4]. Beim Underwriting trägt das **Bankenkonsortium** das **volle Absatzrisiko**. Die nicht plazierbaren Wertpapiere müssen gegebenenfalls auf längere Frist oder auf Dauer in den Eigenbestand übernommen werden. Solche **Verlustrisiken** können unter Umständen auch die Rückzahlungsansprüche der Bankkunden aus Einlagen gefährden und berühren deshalb den Einlegerschutz als eines der vorrangigen Ziele des KWG.

9.8

Zum Underwriting gehört aber nicht nur die feste „Übernahme" der emittierten Wertpapiere. Hierunter fallen auch die Übernahme „gleichwertiger Garantien" des Bankenkonsortiums (vgl. § 1 Abs. 1 S. 2 Nr. 10 KWG).

9.9

---

[4] Amtl. Begr. des Gesetzes zur Umsetzung von EG-Richtlinien zur Harmonisierung bank- und wertpapieraufsichtsrechtlicher Vorschriften vom 22. 10. 1997 (BT-Drucksache 13/7142).

2. Kommissionsweise Plazierung als Finanzkommissionsgeschäft (§ 1 Abs. 1 S. 2 Nr. 4 KWG)

9.10 **Kein Bankgeschäft** im Sinne des § 1 Abs. 1 S. 2 Nr. 10 KWG liegt vor, wenn das mitwirkende Bankenkonsortium die Wertpapiere im eigenen Namen, jedoch für Rechnung des Emittenten plaziert und für seine Dienstleistung eine sog. Bonifikation als Vergütung erhält. Eine solche Mitwirkung stellt wie die Ausführung von Effektenaufträgen ein Finanzkommissionsgeschäft im Sinne des § 1 Abs. 1 S. 2 Nr. 4 KWG dar. Wie beim kommissionsmäßigen Effektengeschäft haben die Konsortialbanken das Interesse ihres Auftraggebers (hier Emittent) zu wahren. Eine gewerbliche Tätigkeit mit einer solchen Interessenwahrungspflicht, wie sie für das bankmäßige Kommissionsgeschäft typisch ist, läßt eine staatliche Überwachung zweckmäßig erscheinen. Deshalb hat der Gesetzgeber schon seit langem das Effektengeschäft zum Bankgeschäft erklärt und damit den Ordnungs- und Kontrollbestimmungen des KWG unterworfen.

9.11 Sofern sich die Konsortialbanken verpflichtet haben, die nicht verkauften Wertpapiere in den Eigenbestand zu übernehmen, liegt unbeschadet ihres Handelns für Rechnung des Emittenten ein Emissionsgeschäft im Sinne des § 1 Abs. 1 S. 2 Nr. 10 KWG vor. Eine solche Verpflichtung bedeutet, daß die Konsortialbanken garantiemäßig für den Erfolg der Plazierung einzustehen haben. Damit liegt eine dem typischen Underwritingrisiko gleichwertige Garantie vor, wie sie die 2. Alternative der Legaldefinition des Emissionsgeschäfts ausdrücklich erwähnt[5].

3. Geschäftsbesorgungskonsortien als Finanzdienstleistung (§ 1 Abs. 1a S. 2 Nr. 2 KWG)

9.12 Handeln die mitwirkenden Kreditinstitute in offener Stellvertretung für die Emittenten (§ 164 BGB), so liegt weder ein Emissionsgeschäft mit seinem typischen Underwritingrisiko noch ein Finanzkommissionsgeschäft vor, bei dem die Konsortialbanken entsprechend dem Kommissionsbegriff (§ 383 HGB) im eigenen Namen handeln. Eine solche Mitwirkung stellt eine Finanzdienstleistung in Form einer Abschlußvermittlung dar (§ 1 Abs. 1 S. 2 Nr. 2 KWG). Haben die Konsortialbanken sich jedoch zur Übernahme der nicht verkauften Wertpapiere in den eigenen Bestand verpflichtet und damit für den Erfolg der Plazierung garantiemäßig einzu-

---

5 Amtl. Begr. des Gesetzes zur Umsetzung von EG-Richtlinien zur Harmonisierung bank- und wertpapieraufsichtsrechtlicher Vorschriften vom 22. 10. 1997 (BT-Drucksache 13/7142, S. 63).

stehen, liegt wegen des damit verknüpften typischen Underwritingrisikos ein **Emissionsgeschäft** im Sinne des § 1 Abs. 1 S. 2 Nr. 10 KWG vor[6].

III. Formen der Emission

Nach der Art ihrer Durchführung können **zwei Formen** von Emissionen unterschieden werden. Sie sind in der Weise möglich, daß sich der Emittent selbst unmittelbar an seine Aktionäre oder an den Kreis der anlagesuchenden Kapitalgeber wendet **(Selbstemission oder Direktplazierung)**. Der Emittent kann sich zur Ausgabe der Wertpapiere aber auch der Mitwirkung von Kreditinstituten bedienen **(Fremdemission)**. Dies ist der **Regelfall**. Die Wertpapiere werden dabei mittlerweile in nahezu allen Fällen von einem Bankenkonsortium zum Zwecke der Plazierung auf eigenes Risiko („fest") übernommen (sog. Underwriting).

9.13

1. Selbstemission

Die Selbstemission beschränkt sich auf diejenigen **Ausnahmefälle**, in denen es der Mitwirkung von Kreditinstituten bei der Plazierung der Wertpapiere nicht bedarf. Eine solche Ausnahmesituation liegt beispielsweise vor, wenn Konzerntöchter in der Rechtsform einer AG eine Kapitalerhöhung vornehmen und die Muttergesellschaft die neuen Aktien übernimmt. Auch verkaufen Kreditinstitute an ihre Kunden eigene Schuldverschreibungen, um mit dem Erlös ihre Aktivgeschäfte zu finanzieren. Dies gilt insbesondere für die Ausgabe von Pfandbriefen und Kommunalschuldverschreibungen durch Hypothekenbanken. Diese Wertpapiere werden laufend begeben. Hier spricht man daher auch von Daueremittenten. Die Emission erfolgt dabei entsprechend der Nachfrage interessierter Anleger. Für die Begebung dieser Wertpapiere ist somit eine besondere Situation gegeben, die die Einschaltung eines Emissionskonsortiums entbehrlich sein läßt.

9.14

Der Weg der **Selbstemission** ist dagegen **ungeeignet**, wenn der Emittent finanzielle Fremdmittel in einem bestimmten Umfang zu einem bestimmten Zeitpunkt benötigt. Hier muß ein Bankenkonsortium eingeschaltet werden, das die gesamte Emission zu dem gewünschten Zeitpunkt übernimmt **(Emissionskonsortium)**. Bei den Selbstemissionen be-

9.15

---

6 Amtl. Begr. des Gesetzes zur Umsetzung von EG-Richtlinien zur Harmonisierung bank- und wertpapieraufsichtsrechtlicher Vorschriften vom 22. 10. 1997 (BT-Drucksache 13/7142 vom 6. 3. 1997, S. 63).

auftragen dagegen die Anleger ihre Depotbank mit dem Kauf der neubegebenen Wertpapiere, die sich hierzu an die Emittenten oder deren Beauftragte wendet, wie dies auch auf die Ausgabe von wertpapiermäßig ausgestatteten Anteilscheinen durch Investmentgesellschaften im Sinne des Gesetzes über die Kaptialanlagegesellschaften (KAGG) zutrifft. Von diesen Ausnahmefällen abgesehen ist jedoch die Selbstemission heutzutage kein praktikabler Weg, um ein möglichst breites Publikum anzusprechen.

2. Fremdemission

9.16 Die Fremdemission unter Mitwirkung von Kreditinstituten hat eine Reihe von **Vorzügen,** sowohl wirtschaftlicher Art als auch im Hinblick auf die Emissionspraxis. Sie liegen zunächst in der besseren Vermittlung der Anlageinteressenten. Die Emittenten verfügen über kein eigenes Vertriebsnetz. Die Kreditinstitute dagegen stehen im Rahmen der Geschäftsverbindung mit ihren Kunden im engen Kontakt mit den Käuferschichten, die für die angestrebte dauerhafte Plazierung der Wertpapiere im Anlegerpublikum in Betracht kommen.

9.17 Das **Bankenkonsortium** kann zudem aufgrund Erfahrung und genauer Kenntnis der jeweiligen Verfassung des Kapitalmarktes den Emittenten hinsichtlich der marktgerechten Ausstattung der Wertpapiere beraten. Dies gilt vor allem bezüglich des plazierungsfähigen Volumens der Emission, des marktgerechten Ausgabepreises für die Aktien und des Zinssatzes bei Schuldverschreibungen. Auch bedarf es einer Beratung hinsichtlich des Zeitpunktes der Begebung. Das **richtige „Timing"** entscheidet häufig über den Erfolg einer Emission. Die Ermittlung des „richtigen" Emissionspreises **(Pricing)** ist oft der schwierigste Teil, weil dabei widerstreitende Interessen bestehen: Der Emittent ist bei Aktienemissionen an einem möglichst hohen, die Banken wegen einer leichteren Plazierung an einem möglichst niedrigen Preis interessiert[7].

9.18 Zudem enthält das **Pricing** ein **Risikoelement,** weil die an der Emission Beteiligten den Zeitpunkt der Festlegung des Emissionspreises bestimmen können. Insofern sind folgende Verfahren gebräuchlich: Beim sog. „Open Pricing" wird der Emissionskurs erst unmittelbar vor Beginn des Verkaufs der Effekten festgelegt. Bei dieser Variante verbleibt dem Emittenten die Chance einer Marktänderung wäh-

---

7 Zu den Methoden des Pricing bei Aktien und bei Obligationen vgl. näher *Reimnitz,* Das Primärgeschäft im Emissionsbereich, in Büschgen/Richolt (Hrsg.), Handbuch des internationalen Bankgeschäfts, 1989, S. 260 ff.; vgl. weiter *Bosch/Groß* in Bankrecht und Bankpraxis, Rn 10/92.

rend der Vorbereitungsphase der Emission; allerdings trägt er auch das entsprechende Risiko eines geringeren als des erwarteten Erlöses bei dem Verkauf der Effekten. Dieses Risiko übernehmen die Banken im Falle des sog. „Advanced Pricing". Hierbei wird der Emissionspreis bereits zu Beginn der Vorbereitung der Emission verbindlich festgelegt. Ein sich wegen einer Marktänderung ergebender höherer Emissionserlös gebührt in diesem Fall den Banken. Marktüblich sind auch Mischformen des Pricing, bei denen das Preisänderungsrisiko bzw. die entsprechende Chance zwischen Emittenten und Banken in näher zu bestimmender Weise geteilt wird. Eine besondere Methode der Preisfindung für die erstmalige Plazierung von Aktien im Anlegerpublikum (**Going Public**) stellt das sog. Bookbuilding-Verfahren dar.

Die Kreditinstitute verfügen schließlich über **geschultes Personal** für die Abfassung der erforderlichen Börseneinführungsprospekte, Verkaufsangebote und Bezugsaufforderungen bei Kapitalerhöhungen. Sie erbringen daher in der Regel diese Dienstleistung für den Emittenten. Die Veröffentlichungen unterrichten das anlagesuchende Publikum und die Aktionäre über die Einzelheiten der Emission. Soweit keine Börseneinführung vorgesehen ist, muß nach dem Wertpapierverkaufsprospektgesetz (§ 9 Abs. 1) – Rn 9.273 ff. – mindestens drei Werktage vor dem öffentlichen Angebot ein Verkaufsprospekt veröffentlicht werden. 9.19

a) Pflicht zur kommissionsweisen Plazierung

Fremdemissionen können weiter danach unterschieden werden, ob sich die Mitwirkung der Kreditinstitute bei der Emission auf die Übernahme oder lediglich auf die Begebung der Wertpapiere erstreckt. Sofern sich die mitwirkenden Kreditinstitute bei der Fremdemission nur zu einer kommissionsweisen Plazierung verpflichten, spricht man von einem **Begebungskonsortium oder „best-effort underwriting"**. Die Kreditinstitute sind hierbei gehalten, sich um dauerhafte Unterbringung der Wertpapiere zu bemühen, ohne jedoch diese Plazierung zu garantieren[8]. Praktisches Beispiel ist die Mitwirkung bei der Emission von Geldmarktpapieren im Rahmen der Commercial Paper-Programme großer in- und ausländischer Wirtschaftsunternehmen. 9.20

Der Geschäftsbeziehung zwischen den Emittenten und den Konsortialbanken liegt in diesen Fällen ein Kommissionsvertrag zugrunde[9]. Hierbei handelt es sich wie bei den Effektengeschäften an den Wertpapierbörsen und den sonstigen Sekundärmärkten um ein **Finanzkommissionsgeschäft** im Sinne des § 1 Abs. 1 S. 2 Nr. 4 KWG. Bei der kommissionsweisen 9.21

---

8 *Hopt*, Prospekthaftung, 1991, S. 13.
9 *Hopt*, Prospekthaftung, 1991, S. 19.

Mitwirkung verbleibt das Risiko des Plazierungserfolges beim Emittenten. Verpflichten sich dagegen die mitwirkenden Kreditinstitute, die nicht plazierten Wertpapiere in den Eigenbestand zu übernehmen und damit garantiemäßig für den Erfolg der Plazierung einzustehen, liegt ein Underwriting im Sinne des § 1 Abs. 1 S. 2 Nr. 10 KWG vor[10].

9.22 An einem Finanzkommissionsgeschäft fehlt es auch, wenn die Emission in offener Stellvertretung des Emittenten und damit im Namen und für Rechnung des Emittenten plaziert werden soll. Hier liegt eine reine Geschäftsbesorgung vor, die als Finanzdienstleistung in Gestalt der Abschlußvermittlung (§ 1a S. 2 Nr. 2 KWG) einzustufen ist[11].

b) Pflicht zur festen Übernahme der Emission

9.23 Bei der Emission von Kapitalmarktpapieren in Gestalt von Aktien und Anleihen ist dagegen die „feste" Übernahme der Wertpapiere durch die mitwirkenden Banken der Regelfall. Bei einer solchen festen Übernahme tragen die mitwirkenden Banken das Risiko, ob und in welchem Umfang die Emission im Markt untergebracht werden kann. Die Banken haben bei der Festübernahme dem Emittenten sofort den Gegenwert der Emission anzuschaffen und müssen die geschuldete dauerhafte Plazierung auf eigenes Risiko versuchen. Hier spricht man von einem **Übernahmekonsortium** oder (firm-commitment) Underwriting[12].

9.24 Bei dem **Underwriting** handelt es sich um ein Bankgeschäft im Sinne des gesetzlichen Kataloges der Bankgeschäfte (§ 1 KWG). Nach der gesetzlichen Definition ist Gegenstand des Emissionsgeschäfts die Übernahme von Finanzinstrumenten für eigenes Risiko zur Plazierung oder die Übernahme gleichwertiger Garantien (§ 1 Abs. 1 S. 2 Nr. 10 KWG). Von dieser Legaldefinition werden deshalb auch solche Fälle erfaßt, in denen die mitwirkenden Kreditinstitute sich verpflichten, die nicht verkauften Wertpapiere in den Eigen(Nostro)bestand zu übernehmen und damit garantiemäßig für den Erfolg der Plazierung einzustehen. Unerheblich ist hierbei, ob die Kreditinstitute als Kommissionäre für Rechnung der Emittenten oder als schlichte Geschäftsbesorger oder als offene Stellvertreter handeln. Denn auch in diesen Fällen haben die Kreditinstitute die nicht plazierbaren Wertpapiere gegebe-

---

10 Amtl. Begr. des Gesetzes zur Umsetzung von EG-Richtlinien zur Harmonisierung bank- und wertpapieraufsichtsrechtlicher Vorschriften vom 22. 10. 1997 (BT-Drucksache 13/7142 vom 6. 3. 1997, S. 63).

11 Amtl. Begr. des Gesetzes zur Umsetzung von EG-Richtlinien zur Harmonisierung bank- und wertpapieraufsichtsrechtlicher Vorschriften vom 22. 10. 1997 (BT-Drucksache 13/7142 vom 6. 3. 1997, S. 63).

12 *Hopt*, Prospekthaftung, 1991, S. 13; *Bosch/Groß* in Bankrecht und Bankpraxis, Rn 10/28.

nenfalls auf längere Frist oder auf Dauer in den Eigen(Nostro)bestand zu übernehmen und damit das für das Underwriting typische Absatzrisiko zu tragen[13].

In der anglo-amerikanischen Praxis, an der sich auch die Euro-Emissionen orientieren, wird zwischen dem Underwriting und der Mitwirkung bei der Plazierung („Selling") unterschieden[14]. Die Bildung einer besonderen „Verkaufsgruppe" (**Selling-Group**) hat sich dort als notwendig erwiesen. Den spezialisierten angelsächsischen Emissionshäusern, die als Underwriter der Wertpapiere auftreten, fehlt im Gegensatz zu den europäischen Universalbanken häufig das eigene Absatzsystem, um die Wertpapiere plazieren zu können. Dieses Verfahren wird jedoch bei Euro-Emissionen auch von den europäischen Universalbanken bevorzugt. Auch ihre Plazierungskraft ist für solche ausländischen Anleihen oftmals nicht ausreichend, um selbst Wertpapiere in Höhe ihrer Übernahmequote beim Anlagepublikum unterzubringen. Die Mitglieder der Selling-Group stehen in keiner Vertragsbeziehung zum Emittenten. Es besteht vielmehr ein entgeltliches Geschäftsbesorgungsverhältnis zu den sie einschaltenden Underwritern[15].

9.25

c) Absatzgarantie

Eine rechtskonstruktiv abgewandelte Form der Festübernahme ist die Übernahme einer Absatzgarantie. Hier **verpflichten** sich die mitwirkenden Banken, Zeichner der Emission beizubringen, und nur soweit dies fehlschlägt, die Wertpapiere selbst zu zeichnen. Diese Absatzgarantie ist typisch für die in London syndizierten Emissionen[16].

9.26

IV. Plazierungsmethoden

Die Emission kann auf das allgemeine Anlegerpublikum oder auf einen begrenzten, individuell bestimmten Personenkreis gerichtet sein. Als solcher können insbesondere Kapitalsammelstellen, Versicherungen, Investmentfonds, aber auch Wirtschaftsunternehmen und private Großanleger in Betracht kommen. Dementsprechend unterscheidet man zwischen **öffentlichen und privaten Plazierungen** (private placement). Der Begriff des **private placement** bezieht sich auf den Primärmarkt. Kommt es aller-

9.27

---

13 Amtl. Begr. des Gesetzes zur Umsetzung von EG-Richtlinien zur Harmonisierung bank- und wertpapieraufsichtsrechtlicher Vorschriften vom 22. 10. 1997 (BT-Drucksache 13/7142 vom 6. 3. 1997, S. 63).
14 *Hopt*, Prospekthaftung, 1991, S. 14.
15 *Hopt*, Prospekthaftung, 1991, S. 20.
16 *Bosch/Groß* in Bankrecht und Bankpraxis, Rn 10/81.

dings bei der Ausgabe der Wertpapiere zugleich zu einer Einführung an einer Wertpapierbörse (Sekundärmarkt), so kann von einer privaten Plazierung nicht mehr gesprochen werden[17].

9.28 Die Unterscheidung zwischen öffentlicher und privater Plazierung ist vor allem für die **Prospektpflichtigkeit** und die daran anknüpfende **Prospekthaftung** von Belang. Einer allgemeinen Prospektpublizität bedarf es bei privaten Plazierungen deshalb nicht, weil der Käufer der emittierten Wertpapiere sich regelmäßig die relevanten Informationen selbst beschaffen kann und zudem die allgemeinen vertragsrechtlichen Behelfe zum Schutz des Käufers ausreichen[18]. Dementsprechend besteht gemäß § 1 VerkProspG eine Pflicht zur Veröffentlichung eines Verkaufsprospekts nur für Wertpapiere, die öffentlich angeboten werden (vgl. auch § 2 Nr. 2, § 4 Abs. 1 Nr. 1 VerkProspG). Ein öffentlicher Vertrieb liegt vor, wenn er nicht mehr an einen individuell bestimmten Personenkreis gerichtet ist[19]. Die Abgrenzung kann im Einzelfall problematisch sein[20] – Rn 9.278.

9.29 Für die **öffentliche Plazierung** kommen zwei Verfahrensweisen in Betracht: die Auflegung zur öffentlichen Zeichnung (Subskription) und der freihändige Verkauf. Die Plazierung über die Börse ist seit langem nicht mehr üblich[21].

1. Subskription

9.30 Bei der Subskription wird das Publikum aufgefordert, eine Anleihe innerhalb einer bestimmten Frist bei den als Zeichnungsstellen benannten Konsortialbanken zu zeichnen. Mit der **Zeichnung** erwächst dem Kunden allerdings kein Anspruch auf eine entsprechende Zuteilung. Wird die Anleihe überzeichnet, so werden die Anleihebeträge nicht nach den Konsortialquoten, sondern im Verhältnis der gemeldeten Zeichnungsergebnisse auf die einzelnen Konsortialmitglieder verteilt.

2. Freihändiger Verkauf

9.31 Beim freihändigen Verkauf werden dagegen die Wertpapiere von vornherein den Konsorten fest **nach Maßgabe ihrer Quoten zugeteilt.** Das einzelne Konsortialmitglied kann sodann nach eigenem Ermessen über den auf ihn entfallenden Anleihebetrag verfügen. Seit Ende des Zweiten Weltkrie-

---

17 *Hopt*, Prospekthaftung, 1991, S. 17.
18 Vgl. *Hopt*, Prospekthaftung, 1991, S. 62.
19 *Hopt*, Prospekthaftung, 1991, S. 66.
20 Vgl. weiter *Hopt*, Prospekthaftung, 1991, S. 66 f.; *Waldeck/Süßmann*, WM 1993, 361, 363.
21 *Bosch/Groß* in Bankrecht und Bankpraxis, Rn 10/82.

ges werden die Obligationen der Industrieunternehmen fast durchweg und die Emissionen der öffentlichen Hand überwiegend im Wege eines solchen freihändigen Verkaufs begeben.

Eine weitere Plazierungsmethode stellt das sog. **Tenderverfahren** dar. Es wird von der Bundesbank bei ihren Offenmarktgeschäften, welche Teil ihres währungspolitischen Instrumentariums im Rahmen des Europäischen Systems der Zentralbanken sind – Rn 20.179 – sowie im Rahmen ihrer Mitwirkung bei der Emission von Anleihen, Schatzanweisungen und Schatzwechseln insbesondere der Bundesrepublik (vgl. § 20 Abs. 2 BBankG) verwandt. Bei dem Tenderverfahren handelt es sich um ein Bietungsverfahren in der Weise, daß die Bundesbank eine bestimmte Größe, entweder Zins oder Menge, vorgibt und die Kreditinstitute Gebote abgeben. Die Zuteilung kann sodann auf unterschiedliche Weise erfolgen[22]. 9.32

V. Börseneinführung

Die Emission wird ganz überwiegend mit einer Einführung der Wertpapiere in den Börsenhandel verknüpft. Die Börseneinführung wirkt sich im allgemeinen **günstig auf die Erfolgsaussichten** einer Emission aus. Die Anleger sind an der Kursentwicklung der von ihnen erworbenen Wertpapiere stark interessiert. Auch legen sie Wert darauf, die Wertpapiere jederzeit zu einem Börsenpreis veräußern zu können. Nach der Novellierung des Börsengesetzes durch das Zweite Finanzmarktförderungsgesetz müssen solche Börsenpreise ordnungsgemäß nach den näheren Bestimmungen der Börsenordnung zustandekommen (§ 11 Abs. 1 S. 1 BörsG); sie unterliegen auch der staatlichen Marktaufsicht. 9.33

1. Gesetzlich geregeltes Zulassungsverfahren

Für die Zulassung der Wertpapiere zum inländischen Börsenhandel gelten die einschlägigen Bestimmungen des Börsengesetzes (§§ 36–49) sowie die Bestimmungen der Verordnung über die Zulassung von Wertpapieren zur amtlichen Notierung an einer Wertpapierbörse (Börsenzulassungs-Verordnung-BörsZulV) vom 15. 4. 1987. Danach bedarf es eines Zulassungsantrages des Emittenten zusammen mit mindestens einem Kreditinstitut, das an einer inländischen Börse zum Handel zugelassen ist (§ 36 Abs. 2 BörsG). Die Zulassung wird in der heutigen Praxis regelmäßig von allen Mitgliedern des Börseneinführungskonsortiums beantragt. Dabei unterzeichnet die konsortialführende Bank den Antrag zugleich im Namen und in Voll- 9.34

---

22 Zum Tenderverfahren bei Offenmarktgeschäften vgl. näher Deutsche Bundesbank, Monatsbericht Mai 1994, S. 67 f.

macht aller Konsortialbanken. Diesem Antrag ist u.a. ein Prospekt beizufügen. Der Prospekt muß eine Reihe von Angaben über die zuzulassenden Wertpapiere enthalten, damit sich das Anlegerpublikum ein zutreffendes Urteil über den Emittenten und die Wertpapiere bilden kann – Rn 9.297 ff.

9.35 Soweit die Wertpapiere an keiner inländischen Börse eingeführt werden, bedarf es, bevor sie erstmals im Inland öffentlich angeboten werden, der rechtzeitigen Veröffentlichung eines **Verkaufsprospektes nach dem Wertpapierverkaufsprospektgesetz** – Rn 9.273 ff. Diese gesetzliche Regelung hat eine vielfach beklagte Lücke im Anlegerschutz geschlossen[23]. Hierdurch ist zugleich die EG-Richtlinie zur Koordinierung der Bedingungen für die Erstellung, Kontrolle und Verbreitung des Prospektes, der im Falle öffentlicher Angebote von Wertpapieren zu veröffentlichen ist, in deutsches Recht umgesetzt worden[24].

2. Kurspflege

9.36 Das Emissionskonsortium ist im Regelfall bemüht, durch „Kurspflege" zu verhindern, daß während der Unterbringung der Wertpapiere und kurz danach der Marktkurs zu stark abgleitet. Auch sollen hierdurch **unerwünschte künstliche Kurssteigerungen** verhindert werden[25]. Eine solche zeitlich begrenzte Kurspflege (Marktpflege) dient der Erhaltung des Vertrauens der Anleger und des Standing der beteiligten Banken. Diese hierzu betriebene Kurspflege wird in der Emissionspraxis als Stabilisierung bezeichnet, die innerhalb der Gesetze und der Börsenusancen durchgeführt wird, die in den jeweiligen Staaten gilt, in denen das übernommene Wertpapier plaziert wurde[26]. Die Dauer dieser Stabilitätsphase ist in den einzelnen Rechtsordnungen unterschiedlich geregelt. Ganz überwiegend beträgt dieser Zeitraum für diese Kurspflege dreißig Tage[27]. Sie ist grundsätzlich rechtlich unbedenklich. Diese Zulässigkeit wird auch in der Gesetzgebung unterstellt[28]. Die Kurspflege wird häufig auch als Marktpflege bezeichnet (vgl. z.B. § 10 Abs. 5, 2. Hs. KWG)[29].

---

23 *Assmann*, NJW 1991, 528, 529.
24 *Schäfer*, ZIP 1991, 1557.
25 *Scholze*, Das Konsortialgeschäft der deutschen Banken, 1973, S. 664.
26 *Bosch/Groß* in Bankrecht und Bankpraxis, Rn 10/340; vgl. weiter *Schäfer*, WM 1999, 1345.
27 *Bosch/Groß* in Bankrecht und Bankpraxis, Rn 10/272; *Schäfer*, WM 1999, 1345, 1347 ff.
28 *Bosch/Groß* in Bankrecht und Bankpraxis, Rn 10/342.
29 *Schäfer*, WM 1999, 1345.

Von der Kurspflege zu unterscheiden ist die **Kursstützung,** bei der ein Kurs um fast jeden Preis gehalten werden soll[30]. Rechtliche Grenzen für Kursstützungsmaßnahmen ergeben sich aus § 88 BörsG, der die verschiedenen Tatbestände des Kursbetruges regelt. 9.37

Der Kurspflege kommt eine besondere Bedeutung bei der Emission der Wertpapiere (Primärmarkt) zu. Die **Kurspflegekosten** waren bislang Kosten der Emission, die im Übernahmevertrag dem Emittenten zugeordnet bzw. beim richtigen Pricing berücksichtigt werden. Inzwischen ist es jedoch üblich, daß die Kosten der Kurspflege entweder allein die führende Bank treffen oder von dieser auf das Übernahmekonsortium umgelegt werden. Die Kurspflege bleibt aber regelmäßig **Aufgabe der federführenden Banken,** die gegebenenfalls geeignete Strategien entwickeln müssen, um die Konsorten einzubinden[31]. 9.38

3. Neuverbriefung ausländischer Wertpapiere durch Deutsche Börse Clearing AG

Bei der Börseneinführung ausländischer Namensaktien, deren urkundenmäßige Ausstattung nicht den Zulassungserfordernissen der inländischen Börsen entspricht, sind die Voraussetzungen für eine den Börsenusancen entsprechende Belieferung der an der Börse getätigten Geschäfte zu schaffen. Zu diesem Zweck emittiert die deutsche Wertpapiersammelbank-WSB (Deutsche Börse Clearing AG) ein **Inhaber-Sammelzertifikat** über die von ihr treuhänderisch erworbenen ausländischen Originalaktien, die Gegenstand der Börseneinführung sind (§ 57 Abs. 1 lit. b AGB-WSB). Dieses Sammelzertifikat kann in einem Girosammeldepot bei der Wertpapiersammelbank **hinterlegt** werden, so daß hiermit börsenmäßig lieferbare GS-Anteile geschaffen sind. Bei dieser Emissionstätigkeit der WSB handelt es sich also um eine aufgrund deutschen Börsenrechts bedingte Neuverbriefung von ausländischen Aktienrechten, die aus den verschiedensten Gesichtspunkten – wie z.B. die wertpapiermäßig unverbriefte spanische Aktie und das englische share certificate sowie die italienischen und japanischen Namensaktien – nicht Gegenstand des amtlichen deutschen Börsenhandels sein können. Denn dieser Handel setzt eine **wertpapiermäßige Verbriefung** voraus, um den Schutz des gutgläubigen Erwerbers gemäß den sachenrechtlichen Bestimmungen der 9.39

---

30 *Scholze,* Das Konsortialgeschäft der Banken, 1973, S. 668.
31 *Hopt,* Prospekthaftung, 1991, S. 16; *Bosch/Groß* in Bankrecht und Bankpraxis, Rn 10/340.

9. Teil: Emissionsgeschäft

§§ 932 ff. BGB sicherzustellen, die nur auf verkörperte Rechte anwendbar sind[32].

9.40 Das von der WSB emittierte Inhaber-Sammelzertifikat stellt eine **Dauer-Globalurkunde** im Sinne des § 9a Abs. 3 S. 2 DepG dar. Die Auslieferung von Einzelstücken ist in den auf der Rückseite der Sammelzertifikate abgedruckten Emissionsbedingungen ausgeschlossen. Die Inhaber der GS-Anteile an dem Sammelzertifikat können daher über ihre inländische Depotbank lediglich die Auslieferung der ausländischen Originalaktien an dem in den Emissionsbedingungen bestimmten – regelmäßigen ausländischen – Ort verlangen. Soweit die ausländischen Original-Aktienrechte wegen fehlender wertpapiermäßiger Verbriefung nicht lieferbar sind, kommt nur eine **Umschreibung im Aktienregister** der ausländischen Gesellschaft auf den die Auslieferung begehrenden Inhaber der GS-Anteile am Inhaber-Sammelzertifikat in Betracht.

9.41 Von dieser Emissionstätigkeit der WSB sind die Fälle zu unterscheiden, in denen die WSB anläßlich der Börseneinführung nur eine schlichte **Nomineefunktion** übernimmt. Sind die ausländischen Original-Namensaktien an den inländischen Börsen handelbar, so ist es für die ordnungsgemäße Belieferung der Börsengeschäfte nur erforderlich, daß sich die WSB für die ausländischen Namensaktien im Aktienregister eintragen läßt und die Aktienurkunden mit ihrer Blanko-Übertragungserklärung versieht (§ 57 lit. a AGB-WSB). Da diese auf die WSB lautenden Original-Namensaktien selbst girosammelverwahrfähig sind, bilden sie den **Girosammelbestand,** an dem der Käufer **GS-Anteile erwerben** kann[33].

9.42 Die WSB kann **Musterbedingungen** über die Ausgestaltung dieser Treuhandfunktionen bekanntmachen und die Übernahme dieser Funktionen von der Einhaltung der Musterbedingungen abhängig machen (Nr. 57 Abs. 6 AGB-WSB).

9.43 Zur Girosammelverwahrung der WSB können auch ausländische Namensschuldverschreibungen (sog. registered debt securities) zugelassen werden. Diese Verwahrtätigkeit ist in Nr. 58–63 AGB-WSB ausführlich geregelt.

---

32 *Kümpel,* Effektenhandel und Depotgeschäft mit Auslandsberührung – Grundsatzprobleme und Lösungsmodelle, Handbuch der Wertpapieranlage, 1974, S. 811; vgl. auch ZKW 1964, 664. Zu den Rechtsbeziehungen unter den Beteiligten bei solchen Zweitverbriefungen vgl. *Brink,* Rechtsbeziehungen und Rechtsübertragung im nationalen und internationalen Effektengiroverkehr, 1976, S. 117 ff.

33 Zu den Unterschieden zwischen Emissions- und Nomineefunktion des AKV, vgl. weiter *Kümpel,* Effektenhandel und Depotgeschäft mit Auslandsberührung – Grundsatzprobleme und Lösungsmodelle, Handbuch der Wertpapieranlage, 1974, S. 816 ff.

2. Abschnitt
Wertpapiere des Kapitalmarktrechts

Die im KWG enthaltenen Begriffsbestimmungen des Emissionsgeschäfts sowie des Effekten- und Depotgeschäfts verwenden den Begriff „Wertpapiere" (vgl. § 1 Abs. 1 S. 2 Nr. 4, 5 u. 10 KWG). Dabei verwenden die Legaldefinitionen des Effekten- und Emissionsgeschäfts den umfassenden Begriff **„Finanzinstrumente"**. Hierunter versteht das KWG „Wertpapiere, Geldmarktinstrumente, Devisen oder Rechnungseinheiten sowie Derivate" (§ 1 Abs. 11 S. 1 KWG). 9.44

Zu diesen Wertpapieren gehören Aktien oder diese vertretende Zertifikate, Schuldverschreibungen, Genußscheine, Optionsscheine und andere Wertpapiere, die mit Aktien oder Schuldverschreibungen vergleichbar sind sowie Anteilsscheine, die von einer Kapitalanlagegesellschaft im Sinne des KAGG oder einer ausländischen Investmentgesellschaft ausgegeben werden (§ 1 Abs. 11 S. 2 KWG). 9.45

Diese Legaldefinition der Wertpapiere deckt sich mit dem **Wertpapierbegriff im Sinne des Wertpapierhandelsgesetzes** (§ 1 Abs. 1). Dieser Wertpapierbegriff umschreibt zugleich die am Kapitalmarkt gehandelten Wertpapiere. Denn der Gesetzgeber hat bei der Umschreibung der Aufgaben des Bundesaufsichtsamtes für den Wertpapierhandel, dem die staatliche Aufsicht über den Kapitalmarkt zugewiesen worden ist, auf diesen Wertpapierbegriff abgestellt. So verwendet § 4 WpHG bei der Festlegung der Kompetenzen dieser Aufsichtsbehörde den Begriff „Wertpapier"markt, mit dem der Markt gemeint ist, an dem die in § 1 Abs. 1 WpHG aufgezählten Wertpapiere gehandelt werden. 9.46

Der **Wertpapierbegriff des Emissionsgeschäfts** wie auch des mit ihm verknüpften Effekten- und Depotgeschäfts ist also nicht identisch mit der wertpapierrechtlichen Definition des Wertpapiers. Hiernach ist ein Wertpapier „eine Urkunde, in der ein privates Recht in der Weise verbrieft ist, daß zur Geltendmachung des Rechts die Innehabung der Urkunde erforderlich ist". 9.47

Der Kreis der am Kapitalmarkt gehandelten Wertpapiere ist wesentlich enger als die Urkunden, die vom allgemeinen Wertpapierbegriff erfaßt werden. Denn Kapitalmarkttitel sind vor allem durch ihre **Austauschbarkeit (Fungibilität)** und **gesteigerte Umlauffähigkeit** gekennzeichnet. 9.48

9. Teil: Emissionsgeschäft

1. Austauschbarkeit (Fungibilität) der Kapitalmarkttitel

9.49 Für den Handel am Kapitalmarkt eignen sich nur solche Wertpapierarten, bei denen jedes einzelne Wertpapier aus einer durch eine individuelle Kennummer bestimmten Gattung die gleichen Rechte verkörpert. Nur unter diesen Voraussetzungen sind sie für den Handel in den Kapitalmärkten geeignet, weil dort eine Prüfung von Art und Inhalt des verkörperten Rechts vor jeder Transaktion gänzlich unpraktikabel wäre. Die Wertpapiere müssen daher austauschbar (fungibel) sein. Die englische und französische Rechtsprechung verwenden deshalb im internationalen Emissionsgeschäft die Ausdrücke „fungible" bzw. „fongible"[34].

9.50 Bei den Wertpapieren des Effektengeschäfts handelt es sich dementsprechend um **vertretbare Sachen** im Sinne von § 91 BGB, weil die Wertpapiere wegen der inhaltlich identischen Ausgestaltung des verkörperten Rechts im Verkehr nur nach ihrer Zahl bestimmt zu werden pflegen. Dagegen fallen unter den Wertpapierbegriff des HGB (§ 363) auch nicht vertretbare Sachen und Wechsel[35].

9.51 Die **Abgrenzung** des effektengeschäftlichen Begriffs des Wertpapiers gegenüber dem allgemeinen Wertpapierbegriff gilt vor allem Schecks und Wechseln, die unter den Wertpapierbegriff des HGB (§ 363) fallen[36]. Wegen ihrer jeweils individuellen Ausgestaltung stellen sie keine vertretbaren Wertpapiere im Sinne von § 91 BGB dar. Beiden Wertpapierarten fehlen auch ansonsten die Voraussetzungen, um Gegenstände des bankmäßigen Effektengeschäfts sein zu können. Im Hinblick auf ihre verhältnismäßig kurze Laufzeit scheiden sie deshalb für eine mittel- oder langfristige Anlage aus, wie sie Effekten als Kapitalmarktpapiere ermöglichen sollen.

9.52 Mangels Vertretbarkeit genügen ferner die handelsrechtlichen Wertpapiere des § 363 Abs. 2 HGB sowie Hypotheken- und Grundschuldbriefe nicht den Anforderungen des Wertpapierbegriffs des Effektengeschäfts.

9.53 Wegen des Erfordernisses der Vertretbarkeit ist die Bedeutung der Fungibilität im Sinne des Kapitalmarktrechts **nicht deckungsgleich** mit dem umgangssprachlichen Begriff der Handelbarkeit und freien Übertragbarkeit[37]. Denn handelbar im weiteren Wortsinne sind zum Beispiel auch die Unikate der Kunst- und Antiquitätsmärkte, denen die Vertretbarkeit (Austauschbarkeit) regelmäßig fehlt.

---

34 *Bosch/Groß* in Bankrecht und Bankpraxis, Rn 10/4.
35 *Schlegelberger/Hefermehl*, § 1 Rn 37.
36 *Bosch/Groß* in Bankrecht und Bankpraxis, Rn 10/4.
37 *Bosch/Groß* in Bankrecht und Bankpraxis, Rn 10/4.

Zu den **vertretbaren Wertpapieren** im Sinne des Emissionsgeschäfts sowie Effekten- und Depotgeschäfts gehören vor allem Aktien sowie Schuldverschreibungen im Sinne der §§ 793 ff. BGB. Diese beiden Wertpapierarten bilden auch den Kern des übereinstimmenden Wertpapierbegriffs des KWG (§ 1 Abs. 11) und des Wertpapierhandelsgesetzes (§ 2 Abs. 1). Dies zeigt die „**Öffnungs**"klausel der beiden Legaldefinitionen. Danach fallen hierunter auch „andere Wertpapiere, die mit Aktien und Schuldverschreibungen vergleichbar sind".

9.54

Zu diesen Schuldverschreibungen rechnen insbesondere die **mündelsicheren Pfandbriefe** und **Kommunalobligationen,** die von Hypothekenbanken zur Refinanzierung ihres Kreditgeschäfts ausgegeben werden (vgl. § 1 HypBankG), sowie die von großen Wirtschaftsunternehmen emittierten Schuldverschreibungen in Gestalt der **Industrieobligationen.**

9.55

Hingegen zählen die von Unternehmen im Rahmen von Commercial-Paper-Programmen begebenen Schuldverschreibungen nicht zu den Kapitalmarktpapieren des Effektengeschäfts. Wegen ihrer kurzen Laufzeit von höchstens zwei Jahren stehen sie für eine mittel- oder langfristige Anlage von Geldmitteln, wie sie dem Effektengeschäft zu eigen ist, nicht zur Verfügung.

9.56

2. Gesteigerte Umlauffähigkeit

Die Austauschbarkeit (Fungibilität) der Beteiligungs- und Forderungsrechte ist allein nicht ausreichend, um diese Rechte für den Kapitalmarkt geeignet sein zu lassen. Diese Rechtspositionen müssen vielmehr bei der Emission **so ausgestaltet** werden, daß sie sich für einen **marktmäßigen Handel eignen**. Dies setzt voraus, daß die Übertragbarkeit dieser Rechte in dem Maße erleichtert wird, daß sie am Kapitalmarkt „umlaufen" können.

9.57

Diese Umlauffähigkeit ist für die Funktionsfähigkeit des Kapitalmarktes unverzichtbar. Sie wird im Regelfall rechtstechnisch durch die wertpapiermäßige Verbriefung der Rechte erzielt.

9.58

Die Umlauffähigkeit eines Rechts besteht allerdings, wenngleich nur sehr eingeschränkt, auch ohne seine wertpapiermäßige Verbriefung. **Umlauffähig** im Sinne einer bloßen Übertragbarkeit des Rechts sind auch die unverbrieften Forderungen und Rechte. Denn das BGB kennt die freie Übertragbarkeit von Forderungen und veräußerlichen Rechten (§ 137 S. 1 BGB). **Bei Forderungen** kann allerdings die Abtretbarkeit durch Vereinbarung mit dem Schuldner ausgeschlossen werden (§ 399 BGB). Diese Be-

9.59

stimmung gilt nicht nur für die Abtretung von Forderungen, sondern auch für die Übertragung sonstiger Rechte (§ 413 BGB).

9.60 Ungeachtet eines vertraglichen Abtretungsausschlusses ist jedoch die **Abtretung** nach § 354a S. 1 HGB[38] **wirksam,** wenn das die Forderung begründende Rechtsgeschäft für beide Vertragspartner ein Handelsgeschäft (§ 343 Abs. 1 HGB) ist oder der Schuldner eine juristische Person des öffentlichen Rechts oder ein öffentlich-rechtliches Sondervermögen ist. Gleichwohl kann der Schuldner in allen Fällen mit befreiender Wirkung an den bisherigen Gläubiger leisten (§ 354a S. 2 HGB). Mit Rücksicht auf diese **Befreiungsmöglichkeit für den Schuldner** dürfte die durch § 354a S. 1 HGB angeordnete Wirksamkeit der Abtretung nicht ausreichen, um einer Forderung die für den Kapitalmarkt erforderliche Umlauffähigkeit zu verleihen.

9.61 Die **Übertragungsmöglichkeit für Forderungen** hat eine lange Vorgeschichte. So war dem römischen Recht die Forderungsabtretung noch fremd. Das wachsende Verkehrsbedürfnis an einer Veräußerbarkeit von Forderungsrechten wurde zunächst auf Umwegen befriedigt[39]. Vollendet wurde diese Entwicklung durch das deutsche Recht. Gegen Ausgang des Mittelalters wurde das Forderungsrecht mehr und mehr als ein verkehrsfähiges Rechtsgut anerkannt, das ohne Verlust seiner Identität und Mitwirkung des Schuldners übertragen werden konnte.

a) Ersatzlösungen für die wertpapiermäßige Verbriefung

9.62 In **Ausnahmefällen** sind Beteiligungs- und Forderungsrechte zum Umlauf am Kapitalmarkt auch dann geeignet, wenn es an einer wertpapiermäßigen Verbriefung mangelt. Dies gilt insbesondere bei Anleihen der öffentlichen Hand, die im Schuldbuch der Bundesrepublik Deutschland und der Bundesländer eingetragen sind (sog. Wertrechte). Diese Emissionen erfolgen seit 1972 nur noch als Wertrechtsanleihen.

9.63 Auch fehlt **bei ausländischen Aktien** z.B. englischer Gesellschaften die wertpapiermäßige Verbriefung. In diesen Fällen haben der Gesetzgeber oder die Praxis im einzelnen Regelungen getroffen, um den Schutz des gutgläubigen Erwerbers sicherzustellen. Dieser Schutz des gutgläubigen Erwerbers ist für die Funktionsfähigkeit der Kapitalmärkte als Umsatzstelle für die Geschäfte der anonym bleibenden Anleger unverzichtbar.

---

38 Art. 2 Nr. 11 des Gesetzes zur Änderung des DM-Bilanzgesetzes und anderer handelsrechtlicher Bestimmungen vom 25. 7. 1994 (BGBl. I, S. 1685); vgl. dazu *Wagner*, WM 1994, S. 47 und *K. Schmidt*, FS Schimansky, 1999, S. 503 ff.
39 Vgl. *Enneccerus/Lehmann*, Schuldrecht, 15. Bearb., 1958, S. 308 f.

Für den **US-amerikanischen Kapitalmarkt** werden über deutsche Aktien „Hinterlegungsscheine" über eine Vielzahl oder einen Bruchteil von Aktien von einer US-Depotbank (Depositary Bank) ausgegeben – American Depositary Receipts (ADR) –. Der Wert eines ADR entspricht dem in US-Dollar umgerechneten Marktwert der verkörperten Aktien an der Heimatbörse. Solche ADR werden auch zur Ausgabe und zum Handel von Schuldverschreibungen verwendet[40]. 9.64

b) Umlauffähigkeit vinkulierter Namensaktien

Umlauffähig sind auch **vinkulierte Namensaktien** (vgl. § 68 Abs. 2 AktG), die vor allem von Versicherungsunternehmen ausgegeben werden. Diese Wertpapiere können nur mit Zustimmung der Gesellschaft übertragen werden (§ 68 Abs. 2 S. 1 AktG), die mit der Eintragung des Erwerbers im Aktienbuch (§ 67 Abs. 2 AktG) konkludent erteilt wird. Bis zu dieser Zustimmung ist der Übereignungsvertrag schwebend unwirksam. Die Entscheidung des Vorstandes über die Zustimmung (§ 68 Abs. 2 S. 2 AktG) steht in seinem pflichtgemäßen Ermessen. Dabei muß sich die Ermessensausübung in erster Linie am Wohle der Gesellschaft orientieren, darf aber auch die berechtigten Interessen des übertragungswilligen Aktionärs nicht außer acht lassen. Die Interessen des Käufers der vinkulierten Namensaktien spielen bei der Entscheidung dagegen keine Rolle[41]. Dies gilt auch, wenn die Zulassung zum Börsenhandel davon abhängig gemacht wird, daß die Aktiengesellschaft gegenüber der Zulassungsstelle die Verpflichtung übernimmt, von der Möglichkeit, die Zustimmung zur Übertragung zu verweigern, nur unter engen Voraussetzungen Gebrauch zu machen. In dieser Verpflichtung liegt auch kein Vertrag zugunsten Dritter, der einem Erwerber einen Anspruch auf Zustimmung gewährt. Als Sanktion kommt daher nur ein Widerruf der Börsenzulassung in Betracht[42]. 9.65

c) Verstärkung des zessionsrechtlichen Erwerberschutzes durch wertpapiermäßige Verbriefung

Die gesteigerte Umlauffähigkeit infolge der wertpapiermäßigen Verbriefung liegt im Ergebnis darin begründet, daß der **Schutz späterer Erwerber** wesentlich verstärkt wird. Diese Verstärkung geschieht unter Abweichung von den zessionsrechtlichen Bestimmungen des BGB (§§ 398 ff., 413). Die wertpapiermäßige Verbriefung verschiebt dabei die Gewichte des zessionsrechtlichen Ausgleichs der Interessen der drei Beteiligten (Wertpapiereigentümer, Erwerber und Schuldner) zugunsten des Erwer- 9.66

---
40 *Böckenhoff/Ross*, WM 1993, 1781, 1825.
41 LG Aachen AG 1992, 410, 411; vgl. weiter BGH WM 1987, 174, 175.
42 *Lutter*, AG 1992, 369, 372 m.w.Nachw.

bers und damit des Rechtsverkehrs. Dieser wertpapierrechtliche Erwerberschutz geht somit bei Verfügungen und der Geltendmachung des verbrieften Rechts durch den Nichtberechtigten zu Lasten des Wertpapiereigentümers als Inhaber (Gläubiger) des verbrieften Rechts und bei etwaigen Einwendungen und Einreden gegen das verbriefte Recht zu Lasten des Schuldners. Die Verstärkung des zessionsrechtlichen Erwerberschutzes besteht in dreierlei Hinsicht.

aa) Gutgläubiger Erwerb

9.67 Zwar kennt auch das Zessionsrecht – wenngleich nur ansatzweise – den Schutz gutgläubiger Erwerber. Ist **über eine unverbriefte Forderung eine Beweisurkunde ausgestellt** worden, so kann der Aussteller dem neuen Gläubiger, wenn die Übertragung der neuen Forderung gegen Vorlage dieser Urkunde erfolgte, zweierlei nicht einwenden: die Eingehung oder Anerkennung des Schuldverhältnisses sei nur zum Schein erfolgt und die Abtretung sei durch Vereinbarung mit dem ursprünglichen Gläubiger ausgeschlossen worden (§ 405 BGB). Mit Rücksicht auf die Ausstellung einer unrichtigen oder zumindest irreführenden Schuldurkunde und den hierdurch geschaffenen Vertrauenstatbestand soll also der Urkundenaussteller gegenüber gutgläubigen Erwerbern nicht den Einwand des Scheingeschäfts (§ 117 Abs. 1 BGB) oder eines Abtretungsverbots (§ 399 BGB) geltend machen können. Durch den **Ausschluß des Einwandes des Scheingeschäfts** wird der gutgläubige Erwerber praktisch gegenüber dem Schuldner so gestellt, als ob er eine Forderung erworben hätte. In diesem Fall wirkt § 405 BGB sogar rechtsbegründend[43].

9.68 Im **Regelfall** besteht jedoch **kein zessionsrechtlicher Gutglaubensschutz**, so daß der Erwerber einer Forderung normalerweise keine Gewißheit über deren Bestand hat. Im Vergleich zu dieser Regelung erfährt der Schutz des Erwerbers von Wertpapieren eine wesentliche Verstärkung. Dies gilt insbesondere für den **Erwerb von einem Nichtberechtigten**. Durch die wertpapiermäßige Verbriefung in einer Urkunde kommt es zu einer Verkörperung des verbrieften Rechts, das hierdurch Sacheigenschaft erhält.

9.69 Die „Versachlichung" des verbrieften Rechts fußt auf dem Gemeinen Recht des frühen 19. Jahrhunderts, dem eine Forderungsabtretung unbekannt war, so daß auf die Regeln für die Eigentumsübertragung zurückgegriffen werden mußte, um dieses Recht umlauffähig zu machen[44]. Durch die Verbriefung wird das Recht aber nicht zur Nebensache des Papiers. Die Urkunde erfüllt vielmehr eine dem ver-

---

43 *Soergel/Zeiss*, § 405 Rn 4.
44 *Bezzenberger*, WM 1992, 2081, 2083.

brieften Recht gegenüber dienende Funktion, so daß das verbriefte Recht gleichwohl im Vordergrund steht[45].

Diese **Verkörperung des verbrieften Rechts** ermöglicht die Anwendbarkeit der sachenrechtlichen Schutzbestimmungen (§§ 932 ff. BGB). Danach wird der gutgläubige Erwerber von Inhaberpapieren, wie Inhaberaktien und Schuldverschreibungen auch dann Eigentümer, wenn die Sache nicht dem Veräußerer gehört oder die Sache dem Eigentümer abhanden gekommen ist (§§ 932 Abs. 1 S. 1, 935 Abs. 2 BGB). Auf diesen Schutz können insbesondere die Wertpapierbörsen als Umschlagstellen der Kapitalmarkttitel nicht verzichten. Im **Interesse der Rechtssicherheit** muß gewährleistet sein, daß die an den Börsen durch das breite Publikum verkauften Wertpapiere gutgläubig erworben werden können. Eine vorherige Überprüfung der Verfügungsberechtigung des Veräußerers wäre nicht praktikabel. Der Veräußerer bleibt wegen der Zwischenschaltung der Kreditinstitute als Kommissionäre (Marktintermediäre) regelmäßig anonym.

9.70

bb) Nachweis der Verfügungsberechtigung

Das Zessionsrecht fordert für den Nachweis der Verfügungsberechtigung die Aushändigung einer Abtretungsurkunde (§ 410 Abs. 1 S. 1 BGB), soweit nicht der bisherige Gläubiger dem Schuldner die Abtretung schriftlich angezeigt hat (§ 410 Abs. 2 BGB). Dieses Erfordernis stellt ein wesentliches Hindernis für die Umlauffähigkeit des wertpapiermäßig nicht verbrieften Forderungsrechts dar. Die Legitimationsfunktion der Abtretungsurkunde oder der schriftlichen Abtretungsanzeige kann bei einem Wertpapier die Urkunde übernehmen, die für die wertpapiermäßige Verbriefung ohnehin erforderlich ist. Dabei wird die **Legitimationswirkung** zugunsten des Papierinhabers durch die wertpapiermäßige Verbriefung gegenüber einer Abtretungsurkunde wesentlich verstärkt. Der Inhaber der Wertpapierurkunde gilt als ihr materiell Verfügungsberechtigter, so daß er im Regelfall das verbriefte Recht mit Erfolg geltend machen kann[46].

9.71

cc) Einwendungen gegenüber dem Erwerber

Schließlich gestattet das Zessionsrecht dem Schuldner, alle Einwendungen aus dem Rechtsverhältnis zum bisherigen Inhaber der Forderung auch gegenüber dem Erwerber geltend zu machen (§ 404 BGB). Auch dieser **weitgehende Schutz des Schuldners** steht der Handelbarkeit von Forderungsrechten am Kapitalmarkt wegen der fehlenden Rechtssicherheit hin-

9.72

---

45 *Baumbach/Hefermehl*, WPR, Rn 10.
46 *Staudinger/Marburger*, § 793 Rn 22.

sichtlich ihres Bestandes entgegen. Mit der wertpapiermäßigen Verbriefung wird dieser Schuldnerschutz stark eingeschränkt (vgl. § 796 BGB).

9.73 Insgesamt bedeuten wertpapiermäßige Verbriefung und die hieraus resultierende gesteigerte Umlauffähigkeit erhöhten Erwerberschutz im Vergleich zu den zessionsrechtlichen Bestimmungen.

3. Umfang des Erwerberschutzes bei den einzelnen Wertpapierarten

9.74 Die durch die wertpapiermäßige Verbriefung eintretende Verstärkung der Rechtsposition späterer Erwerber ist bei den einzelnen Wertpapierarten unterschiedlich. Sie ist am größten bei den **Inhaberpapieren** und den indossablen Namenspapieren (**Orderpapieren**). Auch bei den nichtindossablen Namenspapieren (**Rektapapieren**) erfährt der spätere Erwerber einen gegenüber dem Zessionsrecht erhöhten Schutz, obwohl auf die Übertragung der Rektapapiere grundsätzlich die zessionsrechtlichen Bestimmungen anwendbar sind. Deshalb ist der Erwerberschutz dort nicht auf den ersten Blick erkennbar.

a) Weitestmöglicher Erwerberschutz bei Inhaber- und indossierten Namenspapieren

9.75 Bei den Inhaber- und den Orderpapieren wird der gute Glaube potentieller Erwerber am stärksten geschützt. Bei den Orderpapieren setzt dies freilich voraus, daß das Namenspapier bei der Übertragung ordnungsgemäß indossiert gewesen ist. Nur dann liegt keine bloße zessionsrechtliche, sondern eine **wertpapierrechtliche Übertragung** vor.

9.76 Inhaberpapiere und indossierte Orderpapiere werden daher als Wertpapiere im engeren Sinne oder als Wertpapiere des öffentlichen Glaubens bezeichnet. Der **Gutglaubensschutz** geht hier nicht nur zu Lasten des Schuldners, sondern auch des wirklichen Rechtsinhabers, wenn ein Nichtberechtigter das verbriefte Recht an einen gutgläubigen Erwerber wirksam weiter überträgt.

aa) Schutz des gutgläubigen Erwerbers (§§ 932 Abs. 1, 935 Abs. 2 BGB)

9.77 Inhaberpapiere und indossierte Namenspapiere können von einem Nichtberechtigten gutgläubig erworben werden. Denn **Inhaberpapiere** werden nicht nach Zessionsrecht, sondern nach Sachenrecht übertragen, das den guten Glauben des Erwerbers schützt. Für Verfügungen über diese Wertpapiere, insbesondere bei Veräußerung oder Verpfändung gelten daher die den guten Glauben schützenden Bestimmungen der §§ 932 bis 934 BGB und vor allem des § 935 Abs. 2 BGB, der einen gutgläubigen Erwerb auch an abhanden gekommenen, verloren gegangenen und gestohlenen Wertpapieren ermöglicht. Richtet sich der gute Glaube nicht auf das Eigentum, sondern nur auf die Verfügungsbefugnis des Veräußerers, so folgt der Gutglaubensschutz aus § 366 HGB.

Der **gutgläubige Erwerb** ist im Interesse der Funktionsfähigkeit des Kapitalmarktes auch an **indossierten Namenspapieren** möglich. Dies gilt wie bei den auf den Inhaber lautenden Wertpapieren auch dann, wenn es sich um abhanden gekommene und gestohlene Namenspapiere handelt. Dieser Schutz beruht bei indossierten Namenspapieren auf Art. 16 Abs. 2 WG, der für Namensaktien und für Schuldverschreibungen gilt (§ 68 Abs. 1 S. 2 AktG, § 365 Abs. 1 HGB). Solche indossablen Schuldverschreibungen gehören zu den kaufmännischen Verpflichtungsscheinen im Sinne des § 363 Abs. 1 S. 2 HGB[47]. 9.78

Für die indossierten Namenspapiere bedurfte es einer speziellen gesetzlichen Regelung über den Schutz des gutgläubigen Erwerbers. Denn der gutgläubige Erwerb knüpft an den **Rechtsschein des Besitzes** an, dem damit eine Legitimationskraft zukommt. Nach § 1006 Abs. 1 S. 1 BGB wird zugunsten des Besitzers einer beweglichen Sache vermutet, daß er Eigentümer der Sache sei. Bei Geld und Inhaberpapieren gilt dies selbst dann, wenn diese gestohlen worden, verloren gegangen oder sonst abhanden gekommen sind (§ 1006 Abs. 1 S. 2 BGB). Diese Sonderbehandlung von Geld und Inhaberpapieren entspricht dem § 935 Abs. 2 BGB, wonach auch abhanden gekommene Banknoten und Inhaberpapiere gutgläubig erworben werden können. Für diese gesetzliche Vermutung, daß ein dem Sachbesitz entsprechendes dingliches Recht in Gestalt des Eigentums besteht, fehlt es bei Orderpapieren an den erforderlichen tatsächlichen Voraussetzungen. Denn diese Papiere lauten auf einen Namen und weisen damit auf eine bestimmte Person als Eigentümer der Urkunde hin. Diesen Wertpapieren fehlt daher eine ausreichende Legitimationskraft für andere Personen als Eigentümer. 9.79

Ihren gutgläubigen Erwerb ermöglicht **Art. 16 Abs. 2 WG**. Voraussetzung dieser Vorschrift ist, daß die Wechsel oder die sonstigen Orderpapiere vom Veräußerer **indossiert** worden sind. Die Wirkungen des Indossaments bestehen also – neben der **Legitimationsfunktion** (vgl. Art. 16 Abs. 1 S. 1 WG) – in der **Transportfunktion.** 9.80

Das **Indossament** führt zur Übertragung des Wechsels, wenn neben der Indossierung ein Übereignungsvertrag zwischen Veräußerer und Erwerber geschlossen 9.81

---
47 *Baumbach/Hopt*, § 363 Rn 4.

wird. Auch bei der Wechselübertragung gilt die Vertragstheorie, wonach für die Änderung der Rechtszuständigkeit entsprechende Willenserklärungen erforderlich sind[48]. Dabei ist die Formulierung des Art. 16 Abs. 2 WG ungenau. Denn diese Bestimmung schützt den gutgläubigen Erwerber nicht nur vor der Verpflichtung zur Herausgabe des Wechsels, sondern verschafft ihm Wertpapiereigentum und damit zugleich die Rechte aus dem Wertpapier[49].

9.82 Der gutgläubige Erwerb ist auch bei **Abhandenkommen** entsprechend § 935 Abs. 2 BGB möglich und erklärt sich aus dem gesteigerten Verkehrsschutzinteresse bei den für den Umlauf bestimmten Wertpapieren[50]. Schließlich ist eine weitere Folge dieser Transportfunktion der Ausschluß von Einwendungen (Art. 17 WG)[51]. Bei Orderschuldverschreibungen folgt der Einwendungsausschluß aus einer analogen Anwendung des für Inhaberschuldverschreibungen geltenden § 796 BGB.

bb) Erleichterter Legitimationsnachweis (§ 793 Abs. 1 BGB)

9.83 Eine **weitere Steigerung der Umlauffähigkeit** der Inhaberpapiere und indossierten Orderpapiere gegenüber dem Zessionsrecht liegt darin, daß bei diesen Wertpapieren der erforderliche Nachweis der Legitimation zur Geltendmachung des verbrieften Rechts wesentlich erleichtert worden ist.

9.84 Bei Inhaberpapieren und indossierten Namenspapieren verschafft bereits der Besitz der Wertpapierurkunde dem Zahlungsbegehrenden den Legitimationsnachweis, um das verbriefte Recht gegenüber dem Schuldner geltend zu machen. Der Schuldner ist gegenüber dem Inhaber der Wertpapierurkunde im Regelfall verpflichtet, den verbrieften Zahlungsanspruch bei Fälligkeit zu erfüllen. Diese **zugunsten des Papierinhabers wirkende Legitimationskraft** folgt aus § 793 Abs. 1 BGB, der nach allgemeiner Meinung für alle Inhaberpapiere gilt. Hiernach kann der Inhaber des Wertpapiers von dessen Aussteller die **Leistung** nach Maßgabe des Urkundeninhabers **verlangen, es sei denn,** daß er zur Verfügung über die Urkunde nicht berechtigt ist. Der Besitz der Urkunde verschafft also dem Inhaber eine formelle Legitimation, aufgrund deren das verbriefte Recht geltend gemacht werden kann, ohne daß die sachliche Berechtigung weiter dargelegt oder nachgewiesen werden muß. Die **Darlegungs- und Beweislast** für die fehlende materielle Berechtigung des Inhabers liegt vielmehr beim Urkundenaussteller, wenn dieser die Leistung verweigern will[52]. Ange-

---

48 *Hueck/Canaris*, S. 88.
49 *Hueck/Canaris*, S. 89.
50 *Hueck/Canaris*, S. 88.
51 *Hueck/Canaris*, S. 91.
52 *Palandt/Thomas*, § 793 Rn 12.

sichts dieser Beweislastverteilung kann der Urkundeninhaber das verbriefte Recht regelmäßig mit Erfolg geltend machen. Denn der Urkundenaussteller kann diesen Beweis insbesondere bei Aktienurkunden und Schuldverschreibungsurkunden, die als Kapitalmarktpapiere massenhaft emittiert werden, im Regelfall nicht erbringen, weil er hierzu faktisch außerstande ist[53].

Dieselbe Legitimationswirkung hat der Besitz an einer **Wechselurkunde**, wenn der Wechselinhaber seine förmliche Berechtigung durch eine unterbrochene Reihe von Indossamenten nachweisen kann (Art. 16 Abs. 1 WG)[54]. Diese zugunsten des Wechselinhabers bestehende (widerlegbare) Rechtsvermutung, Eigentümer und Wechselgläubiger zu sein, gilt auch für indossable Namensaktien und Orderschuldverschreibungen (Art. 16 Abs. 1 WG i.V.m. § 68 Abs. 1 AktG, § 365 Abs. 1 HGB). Diese Legitimationswirkung der Inhaberpapiere und indossablen Namens- (Order-)Papiere fehlt dagegen den durch Indossament nicht übertragbaren Namens- (Rekta-)Papieren. Im Unterschied zu § 793 Abs. 1 BGB, Art. 16 Abs. 1 WG gilt für Rektapapiere, daß deren Inhaber nicht berechtigt ist, die in der Urkunde versprochene Leistung zu verlangen (§ 808 Abs. 1 S. 2 BGB).

9.85

Diese **wertpapierrechtliche Legitimationsfunktion fehlt der zessionsrechtlichen Urkunde** über die Abtretung einer Forderung oder eines sonstigen übertragbaren Rechts. Legt der Zessionar eine (wirksame) Abtretungsurkunde dem Schuldner vor, so kann dieser zwar mit befreiender Wirkung leisten (§ 409 Abs. 1 S. 2 BGB). Der Zessionar kann jedoch durch Vorlegung der Abtretungsurkunde seine materielle Berechtigung an dem darin erwähnten Forderungsrecht nicht ausreichend nachweisen, um wie bei einer wertpapiermäßigen Verbriefung die zugrundeliegende Leistung vom Schuldner verlangen zu können. Denn solange der Schuldner nicht die Sicherheit hat, mit befreiender Wirkung zur Vermeidung einer doppelten Inanspruchnahme zu leisten, soll ihm im Unterschied zu § 793 Abs. 1 BGB keine Leistungspflicht zugemutet werden[55]. So würde der Schuldner bei Vorlage einer gefälschten Abtretungsurkunde nicht an den wirklichen Gläubiger leisten, wie es die Grundnorm für eine schuldbefreiende Leistung vorschreibt (vgl. § 362 Abs. 1 BGB). Die spezielle zessionsrechtliche Regelung über eine schuldbefreiende Leistung (§ 409 Abs. 1 BGB) erfordert eine vom bisherigen Gläubiger ausgestellte Urkunde, sofern dieser die Abtretung dem Schuldner nicht angezeigt hat[56]. Ebensowenig

9.86

---

53 *Staudinger/Marburger*, § 793 Rn 25.
54 *Baumbach/Hefermehl*, Art. 16 WG Rn 1; *Staudinger/Marburger*, § 793 Rn 22.
55 *Baumbach/Hefermehl*, WPR, Rn 43.
56 Der neue Gläubiger (Zessionar) kann deshalb zu einem stärkeren Nachweis der materiellen Berechtigung auf seine Kosten eine öffentlich beglaubigte Abtretungsurkunde vom Zedenten verlangen (§ 403 BGB).

leistet der Schuldner mit befreiender Wirkung, wenn die Abtretungsurkunde zwar echt ist, aber der die Urkunde Vorlegende nicht identisch mit dem in der Urkunde bezeichneten Zessionar ist und diesem deshalb die für die Schuldbefreiung erforderliche Empfangszuständigkeit im Sinne der Befreiungsnorm fehlt.

9.87 Dem Besitz an der Abtretungsurkunde fehlt also die zugunsten des Inhabers einer Wertpapierurkunde bestehende Legitimationswirkung. Wenn § 410 Abs. 1 S. 1 BGB die Leistungspflicht des Schuldners an die Aushändigung der Abtretungsurkunde knüpft, so soll dieser Urkunde hierdurch keinerlei Legitimationswirkung zugemessen werden. Vielmehr soll dem Schuldner nur die Möglichkeit verschafft werden, die Voraussetzung der Befreiungsnorm des § 409 Abs. 1 S. 2 BGB nachzuweisen, der eine schuldbefreiende Wirkung an die Vorlegung einer (wirksamen) Abtretungsurkunde durch den Zessionar knüpft. Die **Abtretungsurkunde** erhält damit eine **quittungsähnliche Eigenschaft**[57].

9.88 Die gegenüber einem Wertpapierinhaber wesentlich schwächere Rechtsposition des Zessionars bei der Geltendmachung des in der Abtretungsurkunde bezeichneten Forderungsrechts zeigt sich vor allem darin, daß ein Schuldner, der wegen einer tatsächlichen Ungewißheit insbesondere über die Echtheit der Urkunde oder über die Person des Gläubigers Bedenken hat, den geschuldeten Betrag unter Verzicht auf die Rücknahme und damit schuldbefreiend hinterlegen darf (§ 378 BGB). Die **Hinterlegungsstelle** kann aber den empfangenen Betrag an den Inhaber der Abtretungsurkunde erst auszahlen, wenn der bisherige Gläubiger als Hinterlegungsbeteiligter zustimmt oder die Berechtigung des Zedenten durch rechtskräftige Entscheidung festgestellt worden ist (§ 13 Abs. 2 HinterlO). Dagegen hat der Aussteller von Wertpapierurkunden aufgrund deren Legitimationswirkung regelmäßig bei Vorlage der Urkunden die fälligen Leistungen zu bewirken. Die **Legitimationskraft der wertpapiermäßigen Verbriefung verstärkt** also wesentlich die Rechtsposition der späteren Erwerber und erhöht damit die Umlauffähigkeit der Wertpapiere.

9.89 Die verstärkte Legitimationswirkung einer wertpapiermäßigen Verbriefung zugunsten des Urkundeninhabers entspricht im übrigen der zugunsten des Wertpapierausstellers bestehenden Legitimationswirkung. Der Aussteller wird anders als bei einer Zessionsurkunde auch durch Leistung an einen nicht zur Verfügung berechtigten Inhaber frei (§ 793 Abs. 1 S. 2 BGB) – sog. **Liberationswirkung**. Umstritten ist, **unter welchen Umständen** dem Wertpapieraussteller die Berufung auf diese Befreiungsnorm versagt ist, weil ihm eine Zahlungsverweigerung im Interesse des wirklichen Wertpapiereigentümers billigerweise nach Treu und Glauben zugemutet

---
57 BGH NJW 1993, 1468, 1469; *Palandt/Heinrichs*, § 410 Rn 2.

werden kann. Nach allgemeiner Meinung wird der Wertpapieraussteller von seiner Leistungspflicht nicht befreit, wenn er die fehlende Berechtigung kennt und dies auch unschwer durch liquide Beweise nachweisen kann[58]. Dagegen wird es unterschiedlich beurteilt, ob die schuldbefreiende Wirkung auch schon bei grober Fahrlässigkeit entfällt. Bei massenhaft begebenen Wertpapieren, wie dies auf die im Kapitalmarkt gehandelten Schuldverschreibungen zutrifft, soll dem gutgläubigen Wertpapieraussteller allenfalls ein besonders leichtfertiges Verhalten schaden können[59].

Eine solche Abtretungsurkunde oder Abtretungsanzeige ist bei wertpapiermäßiger Verbriefung entbehrlich. Hier ist die Legitimationsfunktion dieser Urkunden schon mit der Wertpapierurkunde verknüpft. Die Konsequenz dieser Legitimationsfunktion ist, daß der Schuldner an den Inhaber der Wertpapierurkunde mit befreiender Wirkung leistet. Diese sog. Liberationswirkung ist jedoch keine Besonderheit der wertpapiermäßigen Verbriefung. Denn solche **schuldbefreienden Leistungen** können auch bei den einfachen Legitimationspapieren ohne Wertpapiercharakter (§ 808 Abs. 1 S. 1 BGB) erfolgen, wie dies z.B. für die Gepäckscheine der Bundesbahn gilt. 9.90

cc) Ausschluß der zessionsrechtlichen Einwendungsbefugnis (§ 404 BGB)

Bei Inhaberpapieren und indossierten Namenspapieren ist der Erwerber im übrigen dadurch geschützt, daß Einwendungen und Einreden gegen das verbriefte Recht im Unterschied zum Zessionsrecht weitestgehend abgeschnitten sind. Hier ist also die zessionsrechtliche Bestimmung des § 404 BGB unanwendbar. Der Begriff der **Einwendung** ist **im weitesten Sinne** zu verstehen. Er umfaßt alle rechtshindernden Einwendungen, wie beispielsweise Geschäftsunfähigkeit, Form- und Gesetzesverstoß und Sittenwidrigkeit. Ebenso fallen hierunter alle rechtsvernichtenden Einwendungen wie z.B. Anfechtung, Widerruf, Rücktritt, Erfüllung und die Erfüllungssurrogate, wie insbesondere die Aufrechnung. Auch gehören hierher alle sonstigen Einreden, wie der Verjährung, des Zurückbehaltungsrechts und des nicht erfüllten Vertrages (§§ 222 Abs. 1, 273, 320 BGB). 9.91

Bei Inhaberpapieren und indossierten Namenspapieren ist schließlich für Inhalt und Umfang des verbrieften Rechts allein der Urkundeninhalt maßgeblich **(Grundsatz der skripturalen Haftung)**. Diesen Grundsatz hat der Gesetzgeber für die Inhaberschuldverschreibung ausdrücklich in § 796 BGB festgeschrieben. 9.92

---

58 *Palandt/Sprau*, § 793 Rn 13.
59 *Staudinger/Marburger*, § 793 Rn 27.

9.93 Diese Vorschrift gilt nach allgemeiner Meinung auch für sonstige Inhaberpapiere, also insbesondere auch für die Inhaberaktien. Den gleichen weitreichenden Gutglaubensschutz gewähren die Orderpapiere, sofern diese nicht durch bürgerlich-rechtliche Zession, sondern wertpapierrechtlich durch Indossament übertragen werden (Art. 17 WG). Dieser Einwendungsausschluß ist eine weitere Folge der **Transportfunktion** eines Indossaments[60].

9.94 Der Grundsatz der skripturalen Haftung läßt jedoch die nicht ausschließbaren Einwendungen unberührt. Diese **absoluten Gültigkeitseinwendungen** dienen einem unverzichtbaren Mindestmaß an Schuldnerschutz. Diese Einwendungen sind gegeben bei Fehlen der Geschäftsfähigkeit oder der Vertretungsmacht des Wertpapierausstellers und bei Anwendung unmittelbaren Zwangs (vis absoluta) bei der Ausstellung des Wertpapiers. Im übrigen kann der Wertpapierschuldner grundsätzlich auch die Fälschung der Unterschrift oder Verfälschung des Urkundeninhalts geltend machen[61]. Diese gegenüber jedermann zulässigen und damit absoluten Gültigkeitseinwendungen beruhen auf dem Gedanken, daß in diesen Sondertatbeständen der durch die Wertpapierurkunde veranlaßte Rechtsschein eines existenten Rechts dem Wertpapierschuldner billigerweise nicht zugerechnet werden kann.

b) Geringerer Erwerberschutz bei Rektapapieren

9.95 Bei den Rektapapieren ist der Erwerberschutz gegenüber den Inhaberpapieren und indossablen Orderpapieren wesentlich geringer. Er ist jedoch noch stärker als nach der zessionsrechtlichen Regelung. Dies rechtfertigt, auch die Rektapapiere zu den Wertpapieren im weiteren Wortsinne zu rechnen. Mit Rücksicht auf diesen Wertpapiercharakter genießen diese Urkunden auch den Schutz des Depotgesetzes (§ 34).

aa) Praktische Beispiele für Rektapapiere

9.96 Zu den Rektapapieren des Effektengeschäfts gehören insbesondere die auf den Namen lautenden nicht indossablen Schuldverschreibungen (§ 808 BGB). Diese Effekten werden vor allem von Hypothekenbanken als sog. Daueremittenten in Gestalt von **Hypothekenpfandbriefen** und **Kommunalobligationen** in großem Umfange emittiert. Auch die von den Kreditinstituten ausgegebenen **Sparbriefe** sind Rektapapiere, wenn sie nicht auf den Inhaber, sondern auf den Namen lauten[62].

---

60 *Hueck/Canaris*, S. 91.
61 *Hueck/Canaris*, S. 111.
62 BGH WM 1992, 1522, 1523.

Zu den Effekten in Gestalt von Rektapapieren gehören insbesondere die bergrechtlichen **Kuxe**. Hierbei handelt es sich um Kuxe neuen Rechts. Bei den Kuxen alten Rechts – sie verbrieften Miteigentumsanteile an Bergwerkseigentum – waren die Papierinhaber als Miteigentümer im Grundbuch eingetragen. Da jede Weiterveräußerung einer Änderung des Grundbuchs bedurfte, konnten diese Kuxe wegen fehlender Umlauffähigkeit marktmäßig nicht gehandelt werden. Die bergrechtlichen Kuxe neueren Rechts sind dagegen umlauffähige Rektapapiere. Sie können durch schriftliche Abtretungserklärung und Übergabe des Kuxscheins abgetreten werden. Diese Kuxe wurden früher insbesondere an der Rheinisch-Westfälischen Wertpapierbörse in Düsseldorf gehandelt. Heute werden die Kuxe wegen fehlenden Bedürfnisses an der Börse nicht mehr zum Handel zugelassen. Die Effekteneigenschaft dieser Kuxe zeigt sich auch darin, daß diese Papiere in der Legaldefinition des Wertpapiers in § 1 Abs. 1 DepG ausdrücklich erwähnt werden.

9.97

bb) Wertpapierrechtlicher Vorlegungszwang als Erwerberschutz

Auch beim Rektapapier ist der gutgläubige Erwerber im Unterschied zum Zessionsrecht stärker geschützt. Zwar werden Rektapapiere nach zessionsrechtlichen Grundsätzen übertragen. Im Unterschied zu den Inhaberpapieren und den indossierten Namenspapieren, die nach sachenrechtlichen Vorschriften mit ihrem Gutglaubensschutz übereignet werden, kann der Käufer das Rektapapier daher von keinem nichtberechtigten Verkäufer erwerben; das Zessionsrecht kennt im Grundsatz keinen solchen Gutglaubensschutz. Auch muß sich der Erwerber eines Rektapapiers nach zessionsrechtlichen Grundsätzen alle Einreden und Einwendungen entgegenhalten lassen (§ 404 BGB).

9.98

Eine **Verstärkung der Rechtsposition des Erwerbers eines Rektapapiers** ergibt sich jedoch aus dem **Vorlegungszwang,** wie er aus dem allgemeinen Wertpapierbegriff folgt[63]. Denn hiernach braucht der Schuldner nur bei Vorlage des Rektapapiers zu leisten. Handelt es sich bei dem Namenspapier nicht nur um ein Legitimationspapier, das dem Schuldner eine schuldbefreiende Leistung ermöglichen soll (vgl. § 808 Abs. 1 S. 1 BGB), sondern um ein Wertpapier, so läuft der Schuldner Gefahr, an eine die Urkunde nicht vorlegende Person ohne befreiende Wirkung zu leisten[64]. Nach zessionsrechtlichen Grundsätzen kann zwar der Schuldner auf eine unverbriefte Forderung an den ursprünglichen Gläubiger leisten, wenn er von der zwischenzeitlichen Weiterveräußerung keine Kenntnis erlangt hat (407 Abs. 1 BGB). Diese Schutzvorschrift zugunsten des Schuldners ist aber dann unanwendbar, wenn die Forderung wertpapiermäßig verbrieft ist. Denn in diesem Fall braucht der Schuldner nach wertpapier-

9.99

---

63 *Baumbach/Hefermehl*, WPR, Rn 17.
64 *Baumbach/Hefermehl*, WPR, Rn 16.

rechtlichen Grundsätzen nur an den Vorleger des Wertpapiers zu zahlen. Zahlt der Schuldner gleichwohl ohne Vorlage des Wertpapiers, so handelt er leichtsinnig oder zumindest ohne dazu gezwungen zu sein. Der Schuldner verdient hier keinen besonderen Schutz. Im Interesse des typischen Erwerberschutzes bei wertpapiermäßiger Verbriefung ist hier der Erwerber schutzwürdiger, wenn er sich wie regelmäßig die Wertpapierurkunde hat aushändigen lassen und dem Schuldner hierdurch ermöglicht, eine Zahlung an den ursprünglichen Gläubiger wegen des fehlenden Urkundenbesitzes ablehnen zu können.

9.100 Dieser Schutz des Erwerbers folgt aus einer wertpapierrechtlich gebotenen teleologischen Reduktion des § 407 BGB. Auf die **schuldbefreiende Wirkung** des § 407 BGB kann sich der Schuldner bei einer wertpapiermäßigen Verbriefung also **nur berufen,** wenn er die Abtretung nicht kennt und der ursprüngliche Gläubiger ausnahmsweise noch im Besitz des Namenspapiers ist[65]. In diesem Ausnahmefall ist nicht der Erwerber, sondern der Schuldner schutzwürdiger. Denn der Erwerber hat es unterlassen, sich die Wertpapierurkunde aushändigen zu lassen, deren Besitz er nach wertpapierrechtlichen Grundsätzen ohnehin zur Geltendmachung des erworbenen Rechts benötigt. Läßt sich dagegen der Erwerber wie im Regelfall die Wertpapierurkunde aushändigen, so kann er eine schuldbefreiende Leistung an den ursprünglichen Gläubiger vermeiden. Durch die Inbesitznahme einer solchen Urkunde kann sich der Erwerber die umständliche und häufig auch unerwünschte Offenlegung des Erwerbs ersparen, um eine schuldbefreiende Zahlung des Schuldners an den ursprünglichen Gläubiger zu vermeiden. Hierin liegt eine Verstärkung der Rechtsposition des Erwerbers und damit eine Steigerung der Umlauffähigkeit, wie sie die wertpapiermäßige Verbriefung bezweckt[66].

9.101 Rektapapiere mit Vorlegungszwang sollen nach einem Teil des Schrifttums selbst dann noch Wertpapiercharakter haben, wenn sich der Schuldner den Schutz nach § 407 BGB in der Urkunde vorbehalten hat und er daher mit befreiender Wirkung auch an den bisherigen Gläubiger leisten kann, der die Urkunde ohne Offenlegung der Abtretung an den Zessionar ausgehändigt hat[67]. Ausreichend für die Wertpapiereigenschaft sei, daß der Schuldner nur gegen Vorlage der Wertpapierurkunde zu leisten brau-

---

65 *Hueck/Canaris,* S. 10 f.; *Zöllner,* Wertpapierrecht, S. 20.
66 Vgl. *Bülow* (EWiR § 407 BGB 1/92), wonach die Ausschaltung des § 407 BGB ein konstitutives Merkmal des Wertpapierbegriffs ist.
67 *Baumbach/Hefermehl,* WPR, Rn 17, 71 unter Bezugnahme auf *Hueck/Canaris,* S. 11; *Koller,* WM 1981, 474, 480; *Zöllner,* Wertpapierrecht, S. 20 f.; vgl. weiter *Kümpel,* WM 1983, Sonderbeil. 6, 12 ff.

che. Dieser Vorlegungszwang sei ein Kontrollmittel für den Schuldner. Die wertpapierrechtliche Verbriefung bezwecke nicht nur den Erwerberschutz und damit die Steigerung der Umlauffähigkeit, sondern auch solche Kontrollzwecke[68]. Besteht ein solcher Vorlegungszwang und kann daher das verbriefte Recht entsprechend der allgemeinen Definition des Wertpapierbegriffs nur vom Inhaber der Urkunde geltend gemacht werden, so läge ein Wertpapier in Gestalt eines Namenspapiers vor.

Umstritten ist weiter, ob eine wertpapiermäßige Verbriefung auch dann gegeben ist, wenn wegen **praktischer Bedürfnisse** auf den nach dem herkömmlichen Wertpapierbegriff erforderlichen Vorlegungszwang verzichtet wird, aber der für Inhaber- und indossierte Orderpapiere typische Einwendungsausschluß vereinbart wird[69]. Die herrschende Meinung hat sich gegen eine solche Kombination von Einwendungsausschluß und Verzicht auf den Vorlegungszwang ausgesprochen[70]. In diesen Fällen läge daher kein Wertpapier vor. 9.102

cc) Rechtsgeschäftlicher Ausschluß von Einwendungen

Auch bei den Rektapapieren kommt der Rechtsverkehr nicht ganz ohne einen zusätzlichen Schutz des Erwerbers aus. Dies gilt insbesondere für die zessionsrechtliche Möglichkeit, späteren Erwerbern in großem Umfang rechtshindernde und rechtsvernichtende Einwendungen sowie Einreden aus dem Rechtsverhältnis mit dem Ersterwerber und den anderen Vormännern entgegensetzen zu können (§ 404 BGB). **In der Praxis** ist es daher **üblich,** daß insoweit die Anleihebedingungen einen Verzicht enthalten. Die Emittenten verzichten hierdurch auf jede Aufrechnung sowie auf die Ausübung von Pfandrechten, Zurückbehaltungsrechten und sonstigen Gegenrechten, durch welche die Forderungen aus dem Rektapapier beeinträchtigt werden könnten. 9.103

Dieser **Verzicht** gilt im übrigen auch für den Fall eines Insolvenzverfahrens des späteren Inhabers des Rektapapiers. Hier könnte die Emittentin an einer Aufrechnung zur Vermeidung eines Ausfalles mit Gegenforderungen gegen den später insolventen Papierinhaber interessiert sein. Dieser Ausschluß von Einwendungen der Emittentin wird insbesondere praktiziert, wenn die Rektapapiere in den Deckungsstock der Versicherungsunternehmungen eingefügt werden. Dieser Deckungsstock dient als Si- 9.104

---

68 *Baumbach/Hefermehl,* WPR, Rn 17.
69 Vgl. hierzu *Kümpel,* WM 1983, Sonderbeil. 6, 12 ff.
70 *Koller,* WM 1981, 474, 480; *Baumbach/Hefermehl,* WPR Rn 71; *Hueck/Canaris,* S. 214. Nach *Zöllner* (Wertpapierrecht, S. 20 f.) handelt es sich hierbei nur um eine Frage der Zweckmäßigkeit, denn der Wertpapierbegriff habe nur die Aufgabe, eine Rechtsmaterie systematisch abzugrenzen.

cherheit für die Versicherungsnehmer im Falle der Insolvenz ihres Versicherungsunternehmens (§ 54a VAG).

9.105 Keine Möglichkeit besteht freilich, durch rechtsgeschäftliche Gestaltungen den gutgläubigen Erwerb zu gewährleisten, wenn das Rektapapier von einem Nichtberechtigten übertragen wird. Diese Variante des Gutglaubensschutzes kennt nur das Sachenrecht[71]. Die Anwendung sachenrechtlicher Bestimmungen setzt jedoch eine wertpapiermäßige Verbriefung voraus. Insoweit besteht jedoch bei den Rektapapieren ein wesentlich geringeres Bedürfnis als bei den Inhaberpapieren und den indossierten Orderpapieren. Die Pfandbriefe und Kommunalobligationen lauten über verhältnismäßig große Nennbeträge. Sie werden daher regelmäßig nur von **institutionellen Anlegern** erworben, die sodann auch als Veräußerer auftreten. Hier ist wegen der Vertrauenswürdigkeit des Veräußerers das Risiko der Verfügung eines Nichtberechtigten wesentlich geringer als bei den Kapitalmarkttiteln, bei denen aus dem breiten Publikum anonyme Veräußerer auftreten.

9.106 Will die Emittentin mit schuldbefreiender Wirkung an den Inhaber eines Rektapapiers leisten, so muß sie sich eine Abtretungserklärung vorlegen lassen. Den Rektapapieren fehlt die schon erörterte Legitimationskraft der Inhaberpapiere oder der indossierten Namenspapiere. Insoweit muß die Emittentin bei einer schuldbefreienden Leistung die zessionsrechtliche Vorschrift des § 409 BGB beachten.

4. Beginn und Beendigung der wertpapiermäßigen Verbriefung

a) Entstehung des verbrieften Rechts

9.107 Neben der Ausstellung des Wertpapiers („Skripturakt") ist nach der herrschenden Vertragstheorie eine **Begebung des Papiers** erforderlich[72]. Hierzu bedarf es eines Vertrages zwischen Geber und Nehmer. Dies erfordert der unser Rechtssystem beherrschende Grundsatz, daß zur rechtsgeschäftlichen Begründung eines Rechts ein Vertrag erforderlich ist (vgl. § 305 BGB). **Inhalt dieses Begebungsvertrages** ist im Kern das Einverständnis der Vertragspartner, daß dem Nehmer des Papiers die daran verbrieften Rechte zustehen sollen[73]. Der Inhalt und die Rechtsnatur des Begebungs-

---

71 *Zöllner*, Wertpapierrecht, S. 21.
72 *Hueck/Canaris*, S. 31; *Baumbach/Hefermehl*, WPR Rn 28; zur Frage der Wirksamkeit von Emissionen von Wertpapierurkunden mit Unterschriften pensionierter oder verstorbener Vorstandsmitglieder vgl. *Kümpel*, FS Werner, S. 250 ff.
73 *Zöllner*, Wertpapierrecht, S. 41.

vertrages sind von der Art des verbrieften Rechts abhängig und lassen sich daher nicht generell bestimmen[74]. Der Begebungsvertrag z.B. bei der Ausgabe einer Inhaberschuldverschreibung enthält sowohl ein schuldrechtliches als auch ein sachenrechtliches Element. Denn er ist gleichzeitig auf die Begründung der Forderung und auf die Übereignung der sie verbriefenden Urkunde gerichtet (§ 793 BGB).

Diese verfügungsrechtliche (dingliche) und schuldrechtliche Seite des Begebungsvertrages reflektiert die für Wertpapiere typische Verknüpfung von Eigentum und verbrieftem Recht[75]. Der Begebungvertrag stellt aber nicht stets eine solche Kombination von Verfügungs- und Verpflichtungsvertrag dar. So stellt die Akzeptierung eines Wechsels regelmäßig nur einen Verpflichtungsvertrag ohne jedes Verfügungselement dar. Denn der Wechselgläubiger wird im Regelfall schon vor der Erteilung seines Akzepts Eigentümer der Wechselurkunde sein.   9.108

Fehlt es an einem wirksamen Begebungsvertrag, so kann sich der Wertpapierhersteller hierauf nicht gegenüber dem gutgläubigen rechtsgeschäftlichen Zweiterwerber berufen, wenn der Aussteller den Rechtsschein einer gültigen Verpflichtung in zurechenbarer Weise hervorgerufen hat. Diese **Rechtsscheintheorie,** die die Vertragstheorie modifiziert, basiert darauf, daß durch die Ausstellung eines umlauffähigen Wertpapiers ein Tatbestand geschaffen wird, auf den der gutgläubige Erwerber vertrauen darf. Bei dieser **Vertrauenshaftung** handelt es sich aber um **keine Kausalhaftung;** der Wertpapieraussteller muß diesen Rechtsschein in zurechenbarer Weise veranlaßt haben[76]. Hieran fehlt es z.B. bei der Ausgabe von Wertpapierurkunden durch einen Geschäftsunfähigen.   9.109

Ein **Begebungsvertrag** wird **auch in den Fällen** für **erforderlich** gehalten, in denen das verbriefte Recht schon vor der Ausgabe der Urkunde besteht und es sich daher im Unterschied zur Schuldverschreibung um kein konstitutives, sondern nur um ein deklaratorisches Wertpapier handelt[77]. Solche deklaratorischen Wertpapiere sind die Aktienurkunden. Das Aktienrecht entsteht mit der Eintragung der AG in das Handelsregister bzw. mit der Eintragung der Durchführung einer Kapitalerhöhung im Falle einer Barkapitalerhöhung oder einer Kapitalerhöhung aus Gesellschaftsmitteln. Deklaratorische Wertpapiere sind auch die Investmentanteilscheine im Sinne des Gesetzes über die Kapitalanlagegesellschaften (§ 18   9.110

---

74 *Hueck/Canaris*, S. 31.
75 *Baumbach/Hefermehl*, WPR, Rn 28.
76 *Hueck/Canaris*, S. 33; *Baumbach/Hefermehl*, WPR, Rn 29; *Zöllner*, Wertpapierrecht, S. 41.
77 *Hueck/Canaris*, S. 26.

KAGG). Die darin mitverbriefte Mitberechtigung am Fondsvermögen entsteht schon, wenn der vom Anleger gezahlte Betrag in das Sondervermögen des Fonds gelangt ist[78].

9.111 **Keines Begebungsvertrages** für die wertpapiermäßige Verbriefung bedarf es, wenn diese Verbriefung durch den Gesetzgeber angeordnet wird. Ein anschauliches Beispiel bietet hierfür die Eingliederung einer inländischen AG, an der eine andere inländische AG (Hauptgesellschaft) mit mindestens 95% des Grundkapitals beteiligt ist (§ 320 Abs. 1 S. 1 AktG). Hier scheiden die anderen („außenstehenden") Gesellschafter mit der handelsregisterlichen Eintragung der Eingliederung aus der eingegliederten Gesellschaft aus. Dementsprechend gehen kraft gesetzlicher Anordnung alle Aktienrechte der außenstehenden Aktionäre an der eingegliederten, rechtlich aber fortbestehenden Gesellschaft auf die Hauptgesellschaft über (§ 320a, S. 1 AktG). Die Hauptgesellschaft erwirbt aber nur die in den Aktienurkunden verbrieften Aktienrechte im zunächst unverbrieften Zustand. Das Eigentum an den Aktienurkunden („Alturkunden") verbleibt dagegen bei den ausgeschiedenen Aktionären[79]. Denn diese Alturkunden verbriefen bis zu ihrer Aushändigung an die Hauptgesellschaft den Anspruch auf angemessene Abfindung (§ 320a, S. 2 AktG). Diese Verbriefung hat der Gesetzgeber in § 10 Abs. 5 AktG neu geregelt. Im Ergebnis wird daher das verbriefte Recht vorübergehend ausgewechselt.

9.112 Auch in diesem Zwischenstadium bis zur Aushändigung an die Hauptgesellschaft handelt es sich bei den Alturkunden um Wertpapiere. Denn die vom Aktiengesetz angeordnete Verbriefung der Abfindungsansprüche der ausgeschiedenen Aktionäre ist wertpapiermäßiger Art und läßt daher den Wertpapiercharakter der Alturkunden unberührt[80]. Geändert hat sich nur der Gegenstand der wertpapiermäßigen Verbriefung (Abfindungsanspruch statt aktienrechtliches Mitgliedschaftsrecht).

9.113 Die Verbriefung der Abfindungsansprüche ist freilich nur von vorübergehender Dauer. Die Alturkunden verbriefen nach ihrer Aushändigung an die Hauptgesellschaft wie zuvor die Mitgliedschaft, nunmehr aber der Hauptgesellschaft[81]. Für dieses Zwischenstadium rückt die Hauptgesellschaft notwendigerweise in die Rolle des Emittenten der Alturkunden,

---

78 *Hueck/Canaris*, S. 225.
79 *Geßler/Hefermehl/Eckardt/Kropff*, § 320 Rn 15; Kölner Komm. zum AktG/ *Koppensteiner*, § 320 Rn 17.
80 Großkomm. AktG/*Würdinger*, § 320 Anm. 11; Kölner Komm. zum AktG/*Koppensteiner*, § 320 Rn 17.
81 Großkomm. AktG/*Würdinger*, § 320 Anm. 11; Kölner Komm. zum AktG/*Koppensteiner*, § 320 Rn 17.

die zu einem früheren Zeitpunkt von der eingegliederten Gesellschaft emittiert worden sind. Dementsprechend ordnet das Aktiengesetz an, daß die Alturkunden bei Geltendmachung des darin verbrieften Abfindungsanspruchs nicht der eingegliederten Gesellschaft als eigentlicher Emittentin, sondern der Hauptgesellschaft als Schuldnerin des nunmehr darin verbrieften Abfindungsanspruches auszuhändigen sind (§ 320a S. 2 AktG). Der Gesetzgeber hat hierdurch auf die Rechtslage zwischen Ausscheiden der Aktionäre aus der eingegliederten Gesellschaft und der Entgegennahme der Abfindung reagiert und die typische „Emittenten"position der Hauptgesellschaft zugewiesen. Denn typisch für die wertpapiermäßige Verbriefung ist, daß der Schuldner der verbrieften Rechtsansprüche auch die sie verbriefenden Urkunden emittiert, die später bei „Einlösung" wieder dem Emittenten auszuhändigen sind (§ 797 S. 1 BGB).

Die durch die Eingliederung unrichtig gewordenen Aktienurkunden sind regelmäßig kein geeigneter Legitimationsnachweis für die Beantragung des Spruchstellenverfahrens über die Angemessenheit der Abfindung (§§ 320b Abs. 2 S. 2 AktG). Antragsberechtigt sind nur die „ausgeschiedenen" Aktionäre (§ 320 Abs. 2 S. 1 AktG). Zu diesem Personenkreis gehören nur solche Aktionäre, die am Tage der handelsregisterlichen Eintragung der Eingliederung Aktionäre waren. Denn dies ist der Stichtag des „Ausscheidens" (§ 320a S. 1 AktG). Der Legitimationsnachweis kann daher mit einer entsprechenden Bestätigung der Depotbank geführt werden, daß in dem Depot des Antragstellers eine entsprechende Anzahl von Aktien der eingegliederten Gesellschaften verbrieft gewesen sind[82]. Zu einer solchen Bestätigung ist die Depotbank aufgrund der depotgeschäftlichen Rechtsbeziehung verpflichtet[83]. Insoweit ist bei der Eingliederung ein wesentlich anderer Sachverhalt als bei Abfindungen aufgrund eines Beherrschungs- oder Gewinnabführungsvertrages gegeben. Hier ist nur antragsberechtigt, wer noch Aktionär ist.   9.114

b) Beendigung der Wertpapierwirkung

Die Wertpapiereigenschaft einer Urkunde fällt weg, wenn das **verbriefte Recht erlischt**. Mit dem Erlöschen des Rechts ist seiner Verbriefung die Grundlage entzogen; das Papier ist „ohne Wert"[84]. Die Vernichtung oder die „Entwertung" des Papiers durch Lochung, Stempelung oder ähnliche Handlungen führt dagegen nicht zum Untergang des Rechts, das sodann in unverbrieftem Zustand fortbesteht[85].   9.115

Kein Erlöschen des Rechts liegt ferner vor, wenn bei Schuldverschreibungen die Emittentin sie aus den unterschiedlichsten Gründen nicht end-   9.116

---

82 *Timm/Schick*, WM 1994, 185, 192.
83 Großkomm. zum AktG/*Würdinger*, § 305 Rn 21; *Flume*, DB 1969, 1047.
84 *Pleyer*, WM 1979, 850; *Zöllner*, Wertpapierrecht, S. 42; *Hueck/Canaris*, S. 7.
85 *Zöllner*, Wertpapierrecht, S. 42.

gültig aus dem Verkehr ziehen will. Bei solchen sog. Rückflußstücken ruht das verbriefte Recht und kann jederzeit durch Veräußerung des Papiers wieder aufleben[86].

9.117 **Auch bei Fortbestehen des verbrieften Rechts** kann jedoch ausnahmsweise die **Verbriefungsfunktion entfallen.** Beispiele hierfür bieten die **Kraftloserklärungen durch ein Gericht** (§ 1017 Abs. 1 ZPO, § 799 BGB, § 72 AktG, § 24 Abs. 2 KAGG), durch die Emittentin (§ 73 AktG) oder die gesetzliche Kraftloserklärung durch das Wertpapierbereinigungsgesetz. Die Verbriefungsfunktionen sollen auch bei auf Reichsmark lautenden Wertpapieren entfallen sein, die vor 1945 von privatrechtlichen Ausstellern mit Sitz auf dem Gebiet der heutigen neuen Bundesländer emittiert worden sind. Diese Wertpapiere sind ganz überwiegend den Berechtigten abhanden gekommen. Die fortbestehenden Rechte von Aktionären und Anleihegläubigern an den zufälligen Besitz solcher Wertpapiere zu knüpfen, würde auf Willkür hinauslaufen, die dem Gesetzgeber nicht unterstellt werden könnte[87].

9.118 **Erlischt** das verbriefte Recht **durch Erfüllung,** so erwirbt die Emittentin das Eigentum an der Urkunde. Dieser Eigentumserwerb kann aus § 797 S. 2 BGB abgeleitet werden. Hiernach erwirbt die Emittentin, die den verbrieften Anspruch mit schuldbefreiender Wirkung getilgt hat, das Eigentum an den ihr ausgehändigten Wertpapierurkunden. Nach dem Wortlaut des § 797 S. 2, 2. Hs. BGB tritt dieser Eigentumserwerb in allen Fällen ein, also auch dann, wenn die Emittentin an eine nicht ausreichend zur Verfügung über die Urkunde legitimierte Person leistet. Diese Gesetzesbestimmung ist aber nach allgemeiner Meinung einschränkend dahingehend auszulegen, daß der Eigentumsübergang nur bei einer „Einlösung" der Wertpapiere mit schuldbefreiender Wirkung eintritt[88]. § 797 S. 2 BGB ist auf andere Inhaber- und Orderpapiere analog anzuwenden[89].

9.119 Nach herrschender Meinung erwirbt der mit schuldbefreiender Wirkung leistende Emittent das Eigentum an den Urkunden auch dann, wenn sie ihm nicht ausgehändigt wurden. Der Emittent hat ein schützenswertes Interesse an diesem Eigentumserwerb. Denn er muß die wertlos gewordene Urkunde nach § 985 BGB von jedem Inhaber herausverlangen können. Erst nach deren Rückgabe kann der Emittent einer Veräußerung der Urkunde an einen gutgläubigen Dritten entgegenwirken, mit der das Risiko einer doppelten Inanspruchnahme infolge „Wiederauflebens" des ursprünglich verbrieften Rechts durch einen späteren gutgläubigen Erwerb verbunden ist[90].

---
86 *Pleyer,* WM 1979, 850, 853.
87 *Bezzenberger,* WM 1992, 2081, 2085.
88 *Staudinger/Marburger,* § 797 Rn 7; *Palandt/Sprau,* § 797 Rn 2.
89 *Hueck/Canaris,* S. 7.
90 *Hueck/Canaris,* S. 7; *Staudinger/Marburger,* § 797 Rn 6.

Diesen **Eigentumserwerb ohne Aushändigung** der Urkunden stützt die 9.120
ganz herrschende Meinung auf eine entsprechende Anwendung des § 952
Abs. 2 BGB[91]. § 952 Abs. 1 S. 1 BGB, wonach das Eigentum an dem über
eine Forderung ausgestellten Schuldschein oder andere Urkunden dem
Gläubiger zusteht, statuiert die sachenrechtliche Verbindung von Papier-
eigentum und Gläubigerposition, die beim Erlöschen der verbrieften Forderung durch schuldbefreiende Tilgung wegfällt. Für eine analoge Anwendbarkeit des § 952 Abs. 2 BGB spricht der nach wertpapierrechtlichen
Grundsätzen gebotene Schutz des Emittenten vor einer doppelten Inanspruchnahme. Dieses Risiko besteht aber nur bei Wertpapieren mit Gutglaubensschutz (Inhaber- und indossiertes Namenspapier) und nicht bei
Rektapapieren und Schuldscheinen. Nach einer Mindermeinung erwirbt
daher der Schuldner das Eigentum an einem Schuldschein nicht analog
§ 952 Abs. 2 BGB, wenn er die darin bezeichnete Forderung mit befreiender Wirkung tilgt. Er kann nur die Rückgabe des Schuldscheines gemäß
§ 371 S. 1 BGB verlangen[92].

---

91 *Zöllner*, Wertpapierrecht, S. 42; *Hueck/Canaris*, S. 7; *Baumbach/Hefermehl*,
    WPR, Rn 44.
92 Vgl. *Staudinger/Gursky*, § 952 Rn 18 m.w.Nachw.

3. Abschnitt
Grundsätzliches der Anleihe-/Aktienemissionen

I. Rechtsnatur des Emissionsgeschäft

9.121 Das Emissionsgeschäft hat keine einheitliche Rechtsnatur, weil sinnvollerweise nur nach der Rechtsnatur der Vertragsbeziehungen zwischen den einzelnen Beteiligten gefragt werden kann[93].

9.122 Dies erklärt sich schon daraus, daß sich der Emissionsvorgang in mehreren Schritten mit unterschiedlichen Beteiligten vollzieht. Hinzu kommt, daß bei einer Aktienemission Mitgliedschaftsrechte plaziert werden, während bei Anleiheemissionen Forderungsrechte in wertpapiermäßiger Form begründet werden. Daher bietet sich eine getrennte Darstellung der Rechtsbeziehungen jeweils für Anleiheemissionen und Aktienemissionen an.

9.123 Allgemein können im Rahmen des Emissionsgeschäfts folgende Rechtsbeziehungen unterschieden werden: 1. Die Rechtsbeziehungen zwischen Emittent und den an der Emission beteiligten Banken. Ihr Inhalt wird hauptsächlich im sog. **Übernahmevertrag** näher bestimmt, der die Pflicht der Banken zur Übernahme der neu begebenen Wertpapiere begründet. Daneben bestehen weitere Pflichten der Banken, etwa zur Kurspflege und zur Beratung des Emittenten. 2. Die Rechtsbeziehungen zwischen Emittent und Anleger/Aktionär. Sie wird im Falle von Anleiheemissionen durch die Anleihebedingungen, bei Aktienemissionen durch die Satzung der betreffenden Aktiengesellschaft näher bestimmt. 3. Die Rechtsbeziehungen zwischen den beteiligten Banken. Die an der Emission beteiligten Banken bilden ein sog. Konsortium, bei dem es sich um eine Gesellschaft bürgerlichen Rechts (§§ 705 ff. BGB) handelt. Ihre Rechtsverhältnisse werden zusammenfassend dargestellt – Rn 9.230 ff. 4. Die Rechtsbeziehungen zwischen den Banken und den Anlegern. Sie erschöpfen sich nicht in der Plazierung der Wertpapiere und den dazu geschlossenen Kaufverträgen. Wirken Banken, wie regelmäßig, an einem Emissionsprospekt mit, kann dies ihre Haftung gegenüber den Anlegern begründen. Inhalt und Rechtsfolgen dieser Prospekthaftung werden ebenfalls zusammenfassend dargestellt – Rn 9.285 ff.

---

93 *Canaris*, Bankvertragsrecht[2], Rn 2242.

II. Anleiheemissionen

1. Grundlagen

Unter einer Anleihe ist die **Aufnahme von Kapital gegen die Ausgabe von Inhaberschuldverschreibungen** im Sinne von § 793 Abs. 1 S. 1 BGB zu verstehen. Die Inhaberschuldverschreibungen verbriefen ein Forderungsrecht des jeweiligen Inhabers des Papiers gegen den Aussteller auf Rückzahlung und Verzinsung des zur Verfügung gestellten Kapitals.

9.124

Die **Rechtsbeziehungen** zwischen den an einer Anleiheemission beteiligten Personen sind nur zu einem kleinen Teil gesetzlich geregelt. Die Ausgestaltung des Übernahmevertrages, der die Rechtsbeziehung zwischen dem Emittenten und den beteiligten Banken prägt, und der Anleihebedingungen, die das Rechtsverhältnis zwischen Emittent und Erwerbern der Schuldverschreibung im einzelnen regeln, ist in hohem Maße der Vertragspraxis anheimgegeben, die sich jedoch weitgehend an marktüblichen und damit einheitlichen Gestaltungen orientiert[94].

9.125

Gleichwohl sind für die Emissionspraxis von Anleihen bestimmte Rechtsgrundlagen von Bedeutung. Zunächst gelten die §§ 793 ff. BGB, die die Schuldverschreibung auf den Inhaber regeln. Die Vorschriften betreffen das Verhältnis zwischen den Emittenten und den Gläubigern der Schuldverschreibung. Das Verhältnis der Gläubiger untereinander ist in einem speziellen Gesetz, dem Schuldverschreibungsgesetz – Rn 9.172, näher geregelt[95].

9.126

Neben anderen Vorschriften[96] sind für Anleihen insbesondere die börsenrechtlichen Vorschriften von Belang, die u.a. die Zulassung zum Börsenhandel und die dazu zu erfüllenden Voraussetzungen, die Prospektpflicht und die Prospekthaftung regeln.

9.127

Für **DM-Auslandsemissionen** war bis zur **Einführung des Euro** die „Erklärung der Deutschen Bundesbank zu DM-Emissionen" vom 3. 7. 1992[97] von erheblicher praktischer Bedeutung. Unter DM-Auslandsemissionen sind die Ausgabe von Schuldverschreibungen, die Forderungen in Deutscher Mark verbriefen, durch

9.128

---

94 Mustertexte für Übernahmeverträge, insbesondere für DM-Auslandsanleihen sowie die Versionen 1 und 3 der Standardkonsortialverträge der International Primary Market Association (IPMA) sind abgedruckt bei *Bosch/Groß* in Bankrecht und Bankpraxis, Teil 10, S. 98 ff., 124 ff.
95 Schuldverschreibungsgesetz (SchVG) vom 4. 12. 1899, BGBl. III 4134-1.
96 Vgl. weiter *Staudinger/Marburger*, Vorbem. zu §§ 793–808a Rn 20 ff.
97 Abgedruckt in WM 1992, 1211 und in Deutsche Bundesbank, Kreditpolitische Regelungen, 1994, 24 f.

ausländische Emittenten zu verstehen. Hierunter fallen auch die Finanztochtergesellschaften in Deutschland ansässiger Unternehmen. Nach dieser Erklärung der Bundesbank sollten Schuldverschreibungen ausländischer Kreditinstitute eine Laufzeit von mindestens zwei Jahren haben. Mit dieser Mindestlaufzeit sollte verhindert werden, daß auf DM lautende Schuldverschreibungen im Ausland mindestreservefrei emittiert werden konnten. Nach Einführung des Euro können die auf DM lautenden Schuldverschreibungen nicht-staatlicher Emittenten bereits nach Beginn der Stufe 3 der Europäischen Währungsunion auf die neue Währungsbezeichnung umgestellt werden. Die Einzelheiten dieser Umstellung sind in dem „Gesetz zur Umstellung von Schuldverschreibungen auf Euro (Schuldverschreibungs-Umstellungs-Gesetz) geregelt worden, das Teil des als Artikelgesetz konzipierten Gesetzes zur Einführung des Euro – Euro EG (Art. 6) vom 9. 6. 1998 – ist[98]. Für diese Umstellung sowie der entsprechenden Änderung der Anleihebedingungen bedarf es der einseitigen Erklärung des Emittenten (§§ 5, 6 Schuldverschreibungs-Umstellungs-Gesetz)[99]. Dagegen erfolgt die Umstellung der auf DM lautenden und als Bundesanleihen, Bundesobligationen und Bundesschatzanweisungen gehandelten Buchschulden des Bundes, die nach dem 20. 1. 1999 zur Rückzahlung fällig werden, kraft Gesetzes mit Wirkung vom 1. 1. 1999 (§ 1 Schuldverschreibungs-Umstellungs-Gesetz). Die Umrechnung des Nennbetrages führte zwangsläufig zu krummen Euro-Beträgen, die nach Maßgabe des Art. 5 der Euro-Ergänzungs-Verordnung vom 17. 6. 1997 auf Cent zu runden sind. Diese Ein-Cent-Methode brauchte deshalb nicht in dem Schuldverschreibungs-Umstellungs-Gesetz geregelt zu werden[100]. Diese centgenaue Umstellung der Schuldverschreibungen stellt den geringsten Eingriff in die Rechtsposition des Gläubigers dar[101]. Eine besondere Schwierigkeit bereitet die korrespondierende Umstellung der auf D-Mark lautenden (Mit-)Eigentumsrechte an den Wertpapierurkunden, soweit diese Wertpapiere wie im Regelfall bankmäßig verwahrt werden. Die an dieser depotgeschäftlichen Girosammelverwahrung Beteiligten in Deutschland haben dafür votiert, dieses Eigentumsrecht an den verwahrten Wertpapieren auf Basis des Depotbestandes „von unten nach oben" umzustellen (sog. Bottom-up-Methode"[102]).

9.129 Hauptinhalt der Erklärung der Bundesbank ist, daß der Markt für DM-Emissionen im Inland verankert bleibt und DM-Wertpapiere dazu nur unter der **Konsortialführung eines deutschen Kreditinstitutes** (worunter auch die in der Bundesrepublik ansässigen Zweigstellen ausländischer Kreditinstitute fallen, sofern sie über eine ausgebaute Konsortialabteilung verfügen) begeben werden sollen. Ferner sollen DM-Schuldverschreibungen ausländischer Kreditinstitute eine Laufzeit von mindestens zwei Jahren haben.

---

98 BGBl. 1998 I, S. 1242, 1250 ff.
99 *Hartenfels*, WM 1999, Sonderbeil. Nr. 1, S. 31 ff.
100 Begr. des RegE des EuroEG, BT-Drucksache 13/9347, S. 49.
101 *Hartenfels*, WM 1999, Sonderbeil. Nr. 1, S. 33.
102 *Hartenfels*, WM 1999, Sonderbeil. Nr. 1, S. 34.

Der Zweck dieser Einschränkungen lag in der Sicherung der Mindestreservepolitik, für die die Bundesbank bis zur Schaffung des Europäischen Systems der Zentralbanken zuständig war (§ 16 BBankG). Die Bundesbank wollte verhindern, daß DM-Schuldverschreibungen im Ausland mindestreservefrei begeben werden konnten. Hieraus erklärte sich auch die Mindestlaufzeit von zwei Jahren (vgl. § 2 Abs. 1b der früheren AMR). 9.130

2. Rechtsbeziehung zwischen Emittent und den an der Emission beteiligten Banken

Das Rechtsverhältnis zwischen den beteiligten Kreditinstituten und dem Emittenten, also das Emissionsgeschäft im engeren rechtlichen Sinne[103], wird durch den „Übernahmevertrag" geprägt. 9.131

Die Übernahmeverträge sind unter dem Einfluß der anglo-amerikanischen Vertragspraxis weitestgehend standardisiert. Diese Vertragspraxis ist gekennzeichnet durch das Bestreben nach umfassenden und aus sich selbst heraus verständlichen Regelungen. Bei den internationalen (grenzüberschreitenden) Emissionen sind zudem die Besonderheiten grenzüberschreitender Geschäfte und die hiermit verbundenen speziellen Risiken zu berücksichtigen. 9.132

Insbesondere in diesen Fällen kommt es zu sehr umfangreichen Vertragstexten. 9.133

a) Rechtsnatur des Übernahmevertrages

Bei der Übernahme der im Zuge der Anleiheemission neu begebenen Wertpapiere wird zwischen Emittenten und Konsortium im Falle der Festübernahme ein Kaufvertrag oder treffender ein **kaufähnlicher Vertrag mit geschäftsbesorgungsvertraglichen Elementen** geschlossen[104]. Bei der Ausgabe von Schuldverschreibungen wird zwar dem Emittenten wirtschaftlich gesehen ein Kredit durch die Anleger gewährt. Es wird daher auch von einer „Anleihe" des Emittenten gesprochen. Rechtlich wird aber der Erwerb der diese Anleihe verkörpernden Wertpapiere als Kauf qualifiziert[105]. 9.134

Sieht man in der festen Übernahme eine **Kreditgewährung**[106], so muß in der Begründung der Forderung aus den emittierten Schuldverschreibungen eine Lei- 9.135

---

103 *Hopt*, Prospekthaftung, 1991, S. 18.
104 *Hopt*, Prospekthaftung, 1991, S. 20.
105 *Palandt/Putzo*, Einf. v. § 607 Rn 23.
106 *Canaris*, Bankvertragsrecht², Rn 2243.

stung an Erfüllungs Statt nach § 364 Abs. 1 BGB erblickt werden, die die Kreditforderung aus dem Übernahmevertrag erlöschen läßt[107].

b) Wesentliche Regelungen im Übernahmevertrag

9.136 Der Übernahmevertrag bei inländischen Anleiheemissionen kommt üblicherweise im Korrespondenzwege durch Übersendung eines Angebotsschreibens der Konsortialführerin an den Emittenten zustande. Bei den Anleiheemissionen ist der Übernahmevertrag weitgehend standardisiert. Näherer Bestimmung bedürfen jedoch insbesondere der Wortlaut der für die Wertpapiere geltenden Anleihebedingungen und die Fälligkeit des Kaufpreises (Valutierungstag). Die **Emittentin** hat zu versichern und zu gewährleisten, daß alle für die Emission erforderlichen gesellschaftsrechtlichen, behördlichen und gesetzlichen Zustimmungen erteilt sind. Üblicherweise wird zumindest allen inländischen Konsortialbanken die Besorgung der mit den emittierten Wertpapieren zusammenhängenden Dienstleistungen übertragen (**Zahlstellendienst**). Hier handelt es sich vor allem um die spätere Einlösung der Zins- und Dividendenbogen, Erneuerungsscheine (Talons) sowie die Tilgung ausgeloster, gekündigter oder fälliger Ansprüche.

9.137 Soweit eine **Börseneinführung beabsichtigt** ist, verpflichtet sich der Emittent, alle Informationen und Unterlagen zur Verfügung zu stellen, die für das Börsenzulassungsverfahren erforderlich sind. Üblicherweise verpflichtet sich der Emittent zur Schadloshaltung, wenn wegen Unrichtigkeit oder Unvollständigkeit des Börseneinführungsprospekts von den Konsortialbanken Schadensersatz zu leisten ist. Wesentlicher Regelungspunkt ist auch die Erstattung bestimmter Emissionskosten. Das Konsortium erwirbt die Wertpapiere im übrigen zu einem Kurs, der unter dem für die anschließende Plazierung vorgesehenen Verkaufskurs liegt. Der Differenzbetrag ist die Vergütung der beteiligten Kreditinstitute für die Mitwirkung bei der Emission.

9.138 Mit Rücksicht auf das **Plazierungsrisiko,** das mit einer festen Übernahme der Wertpapiere verbunden ist, sehen die Übernahmeverträge üblicherweise ein Rücktrittsrecht vor, wenn sich die Marktverhältnisse bis zur Übernahme der Wertpapiere am Valutierungstage wesentlich geändert haben oder politische oder wirtschaftliche Krisen zwischenzeitlich eingetreten sind, so daß der Erfolg des Emissionsvorhabens gefährdet ist. Hier können Emittent oder das Bankenkonsortium vom Vertrag zurücktreten, ohne daß hierdurch irgendwelche Ansprüche entstehen. In einem solchen Fall haben die Emittenten und die Banken die ihnen im Zusammenhang mit dieser Anleihe erwachsenen Kosten selbst zu tragen.

---

107 *Hopt*, Prospekthaftung, 1991, S. 20.

Wesentlich umfangreichere Regelungen sind zu treffen, wenn es sich um 9.139
eine **internationale Anleihe** und damit um ein grenzüberschreitendes
Geschäft mit den hieraus resultierenden Risiken handelt. Hier geht es vor
allem um die Wahl des anwendbaren Rechts und die Vereinbarung eines
Gerichtsstandes außerhalb des Heimatlandes des Emittenten. Beizubringen sind die für die Zahlungen benötigten Devisen- und Transfergenehmigungen und Rechtsgutachten (legal opinions) über verschiedene rechtliche Aspekte des Emissionsvorhabens. Solche **Übernahmeverträge** enthalten gewöhnlich einen umfangreichen Katalog von Kündigungsgründen, insbesondere die **sog. cross-default-Klausel.** Danach können die Anleihegläubiger vorzeitige Rückzahlung verlangen, wenn andere Anleihen des Emittenten gekündigt oder fällige Zahlungsverbindlichkeiten nicht erfüllt worden sind. Soweit keine dingliche Besicherung der Anleiheforderungen vorgesehen ist, ist eine sog. Negativklausel üblich. Danach verpflichtet sich der Emittent, während der Laufzeit der Anleihe für andere Anleihen keine Sicherheiten zu bestellen, ohne die Gläubiger der Anleihe mit der Negativklausel zur gleichen Zeit und gleichermaßen an solchen Sicherheiten zu beteiligen. Schließlich regeln die Übernahmeverträge bestimmte Steuerfragen, die sich aus der Besonderheit solcher grenzüberschreitender Geschäfte ergeben.

3. Rechtsverhältnis zwischen Emittent und Anlegern

Der Erwerber einer Inhaberteilschuldverschreibung steht regelmäßig mit 9.140
dem Emittenten in keiner vertraglichen Beziehung. Gleichwohl begründet die Innehabung der Urkunde ein Rechtsverhältnis zwischen dem jeweiligen Anleger und dem Emittenten. Dieses Rechtsverhältnis wird in erster Linie in den **Anleihebedingungen** näher geregelt. Ferner kann im Einzelfall auch der Übernahmevertrag zwischen Emittent und Konsortialbank das Rechtsverhältnis zu den Anlegern mitbestimmen.

Allgemein gilt, daß der Erfolg einer Emission von der marktgerechten 9.141
Ausstattung der zu plazierenden Anleiheforderungen abhängt. Vornehmliche Aufgabe der Konsortialführerin ist es daher, mit den Emittenten der jeweiligen Kapitalmarktsituation angepaßte Anleihebedingungen auszuhandeln, um die Wertpapiere als eine möglichst attraktive Kapitalanlage erscheinen zu lassen.

a) Anleihebedingungen

Die Anleihebedingungen regeln das Rechtsverhältnis zwischen dem 9.142
Emittenten als Schuldner und den Inhabern der Schuldverschreibung als Gläubigern des in der Schuldverschreibung verbrieften Forderungsrechts.

Welche Leistung geschuldet wird und welche Einwendungen durch den Emittenten erhoben werden können, muß sich dabei aus der Urkunde ergeben (§§ 793 Abs. 1 S. 1, 796 BGB)[108].

9.143 Der **Inhalt der Urkunde** ist auch dann für den Inhalt und den Umfang des Leistungsversprechens der Aussteller maßgeblich, wenn – wie häufig – lediglich eine Globalurkunde ausgestellt wird, die der Anleger regelmäßig nicht zu Gesicht bekommt. Diese urkundlichen Anforderungen werfen in der Praxis erhebliche Probleme auf, wenn umfangreiche Anleihebedingungen auf der Urkunde nur bei übermäßigem Kleindruck Platz finden können.

aa) Wesentlicher Inhalt der Anleihebedingungen

9.144 Die Anleihebedingungen enthalten zunächst die nähere Ausgestaltung des Leistungsversprechens und regeln dazu Verzinsung und Rückzahlung der Anleihe sowie ihre Laufzeit. Die Anleihebedingungen legen im einzelnen fest, in welcher Weise und unter welchen Voraussetzungen Zahlungen auf Kapital und Zinsen auf Inhaberteilschuldverschreibungen erfolgen.

9.145 Ferner enthalten die Anleihebedingungen Klauseln, die dem Schutz der Gläubiger dienen sollen und dazu die Anleihegläubiger zur Kündigung der Teilschuldverschreibung bei Eintritt bestimmter Ereignisse, wie Zahlungsverzug oder Insolvenz der Emittenten, berechtigen.

9.146 Insbesondere bei den bisherigen DM-Auslandsanleihen enthalten die Anleihebedingungen Regelungen im Hinblick auf das anwendbare Recht und eine Gerichtsstandsklausel. Zudem wird in der Regel die Möglichkeit einer Schuldnerersetzung vorgesehen, wenn sich die steuerlichen Rahmenbedingungen im Land des Emittenten ändern, um so Nachteile zu Lasten der Anleihegläubiger während der Laufzeit der Anleihe zu vermeiden.

bb) AGB-Charakter der Anleihebedingungen

9.147 Die Anleihebedingungen, die das Leistungsversprechen von Inhaberschuldverschreibungen näher ausgestalten, stellen nach herrschender, mittlerweile aber in der Literatur bestrittenen Auffassung Allgemeine Geschäftsbedingungen im Sinne des AGB-Gesetzes dar und unterliegen dementsprechend einer gerichtlichen Inhaltskontrolle[109].

---

108 Zu den skripturrechtlichen Anforderungen vgl. *Hopt*, FS Heinsius, 1991, S. 341, 355 ff.
109 Begr. zum RegE des AGB-Gesetzes, BT-Drucksache 7/3919, S. 18; *Than*, FS Coing, Bd. 2, 521, 537; *Hopt*, FS Heinsius, 1991, S. 341, 364; *Ulmer/Brand-*

Die hiermit verbundenen Probleme sind in der Vergangenheit nicht immer ausreichend berücksichtigt worden. In neuerer Zeit haben sie jedoch stärkere Beachtung gefunden, insbesondere nachdem der BGH[110] in der „Klöckner"-Entscheidung ausgeführt hat, Genußscheinbedingungen seien als Allgemeine Geschäftsbedingungen anzusehen und einer Inhaltskontrolle nach dem AGB-Gesetz zu unterziehen.

9.148

Die **Anwendung des AGB-Gesetzes** wirft abgesehen von der Problematik bei DM-Auslandsanleihen im wesentlichen zwei Rechtsfragen auf, die ihren Grund in dem gestuften Emissionsverfahren haben: 1. In welcher Weise bedürfen Anleihebedingungen von Inhaberschuldverschreibungen der Einbeziehung gemäß § 2 AGBG gegenüber den Anlegern? 2. Ist Maßstab der Inhaltskontrolle lediglich § 9 AGBG, weil wegen des Ersterwerbs durch die Emissionsbanken § 24 S. 1 Nr. 1 AGBG eingreift?

9.149

Nach ganz herrschender Auffassung ist eine **Einbeziehung** der Anleihebedingungen gemäß § 2 AGBG gegenüber den Anlegern nicht erforderlich. Ihrzufolge sind die Anleihebedingungen Bestandteil des Begebungsvertrages zwischen Emittent und Konsortialbanken, durch den die Leistungsverpflichtung des Emittenten begründet wird. Demzufolge soll die Einbeziehung der Anleihebedingungen bereits im Verhältnis zwischen Emittent und Konsortialbanken stattfinden. Einer erneuten Einbeziehung gegenüber den Anlegern bedarf es sodann nicht. Im Verhältnis zwischen der Konsortialbank, die die Teilschuldverschreibungen verkauft, und den Anlegern seien die Anleihebedingungen bereits Bestandteil des übertragenen Rechts und müssen daher nicht erneut zum Vertragsinhalt gemacht werden[111].

9.150

Im neueren Schrifttum[112] ist im Ansatz zutreffend darauf aufmerksam gemacht worden, daß sich diese Sichtweise nur insoweit aufrechterhalten

9.151

---

ner/Hensen, § 2 Rn 13; *von Randow*, ZBB 1994, 23, 24; *Köndgen*, NJW 1996, 558, 563; *Bosch/Groß* in Bankrecht und Bankpraxis, Rn 10/159; a.A. *Kallrath*, Die Inhaltskontrolle der Wertpapierbedingungen von Wandel- und Optionsanleihen, Gewinnschuldverschreibungen und Genußscheinen, 1994, S. 37 ff., der statt dessen eine Inhaltskontrolle nach Maßgabe von § 242 BGB vornehmen will; zustimmend *Joussen*, WM 1995, 1861, 1869; vgl. weiter *Ekkenga*, ZHR 160 (1996), 59 ff.

110 WM 1992, 1902, 1904; vgl. weiter OLG Frankfurt, WM 1993, 2089.
111 *Ulmer/Brandner/Hensen*, § 2 Rn 14; *Hopt*, FS Heinsius, 1991, S. 341, 365 f.; vgl. auch Amtl. Begr. des Gesetzesentwurfs des AGB-Gesetzes, BT-Drucksache 7/3919, S. 18.
112 *von Randow*, ZBB 1994, 23; *Kallrath*, Die Inhaltskontrolle der Wertpapierbedingungen von Wandel- und Optionsanleihen, Gewinnschuldverschreibungen und Genußscheinen, 1994, S. 37 ff.; *ders.*, WuB IV B. § 10 Nr. 6 AGBG 1.94.

läßt, wie die **Anleihebedingungen nicht** im Verhältnis zwischen Emittent und Konsortialbanken **ausgehandelt** werden (§ 1 Abs. 2 AGBG). Dies ist jedoch hinsichtlich einzelner Klauseln in der Emissionspraxis üblich[113]. Derartige Klauseln wären daher weder als Allgemeine Geschäftsbedingungen gegenüber den Konsortialbanken noch gegenüber späteren Erwerbern der Schuldverschreibung anzusehen.

9.152 Diese Ausgangslage wirft erhebliche Rechtsprobleme auf. Im Ergebnis kann nicht zweifelhaft sein, daß den Anlegern der Schutz des AGB-Gesetzes nicht deshalb entzogen werden kann, weil einzelne Klauseln der Anleihebedingungen ausgehandelt werden. Hierfür spricht in erster Linie der Vergleich mit einer Selbstemission des Emittenten, bei der der **Emittent die Plazierung der Wertpapiere selbst vornimmt.** Bei Anwendung dieser Plazierungsmethode besäßen die Anleihebedingungen ohne weiteres AGB-Charakter. Aus der Sicht der Anleger und der Schutzrichtung des AGB-Gesetzes ist es aber ohne Belang, welcher Emissionstechnik sich der Emittent bedient. Daher sind die im Verhältnis zwischen Emittent und Konsortialbanken ausgehandelten Anleihebedingungen im Verhältnis zwischen Emittent und Anleger als Allgemeine Geschäftsbedingungen anzusehen.

9.153 Dem **Schutzbedürfnis der Anleger** kann nach einem Teil des Schrifttums auch über § 7 AGBG Rechnung getragen werden. Das in dieser Vorschrift enthaltene Umgehungsverbot soll den Schutzzweck des AGB-Gesetzes bei den Sachverhalten zum Tragen bringen, in denen der Wortlaut dieses Gesetzes der Anwendung solcher Normen Grenzen setzt, in denen aber das AGB-Gesetz nach seinem Sinn und Zweck die Anwendung gebietet. Das Umgehungsverbot enthält danach zugleich die Weisung zur analogen Anwendung der Schutznormen des AGB-Gesetzes[114].

9.154 Hält man jedoch die im Verhältnis zwischen Emittent und Konsortialbanken ausgehandelten Anleihebedingungen im Verhältnis zwischen Emittent und Anlegern für Allgemeine Geschäftsbedingungen, müssen sie auch in diesem Verhältnis Bestandteil des verbrieften Rechts werden. Für die Emissionspraxis erscheint es jedoch ausgeschlossen, dabei den strengen Anforderungen des § 2 AGBG Rechnung tragen zu können[115].

---

113 Nach *Bosch/Groß* verhandeln die bedeutenden Emittenten, deren Emissionen an Zahl und Volumen den Markt beherrschen, mittlerweile ihre Emissionsbedingungen immer seltener (Bankrecht und Bankpraxis, Rn 10/161).

114 *von Randow*, ZBB 1994, 23, 27 ff.; vgl. *Hopt*, FS Heinsius, 1991, S. 341, 365 f.; *Wolf*, FS Zöllner, S. 651, 660.

115 Vgl. *Hopt*, FS Heinsius, 1991, S. 341, 367; *Bosch/Groß* in Bankrecht und Bankpraxis, Rn 10/166.

Kommt den Anlegern der Schutz der Inhaltskontrolle nach dem AGB-Gesetz schon über § 7 AGBG zugute, bedürfen sie auch nicht mehr des Schutzes durch das Erfordernis der Einbeziehung gemäß § 2 AGBG. Dabei vollzieht sich diese Einbeziehung im Begebungsvertrag zwischen Emittenten und Konsortialbanken[116].

9.155

Überdies hätte eine Anwendung von § 2 AGBG kaum tragbare Konsequenzen. Spätere Erwerber einer Teilschuldverschreibung besäßen keine Gewißheit über den Inhalt des erworbenen Rechts, weil es hinsichtlich der ausgehandelten Klauseln darauf ankäme, ob in der Vergangenheit in jedem Einzelfall ihre wirksame Einbeziehung gemäß § 2 AGBG stattgefunden hat. Im Ergebnis wären die Teilschuldverschreibungen keine fungiblen Wertpapiere mehr, weil der Inhalt des Rechts von den Umständen des Erwerbsvorganges in der Person der Rechtsvorgänger abhängen würde.

9.156

Diese **Konsequenzen der Anwendung von § 2 AGBG** auf Anleihebedingungen sind jedoch mit der auch vom Gesetzgeber ausweislich §§ 793 Abs. 1 S. 1, 796 BGB zugrunde gelegten Ausgestaltung von Inhaberschuldverschreibungen als fungiblen Wertpapieren unvereinbar. Daher wird man § 2 AGBG insoweit für unanwendbar halten müssen. Hierfür spricht auch der von der Rechtsprechung im Hinblick auf Wertpapiere entwickelte Grundsatz, daß bei der Auslegung von Bedingungen, die das Rechtsverhältnis zwischen Emittent und Inhaber des verbrieften Rechts bestimmen, die Auslegung für alle Schuldverschreibungen einheitlich erfolgen muß und Besonderheiten, die sich aus der Person eines einzelnen Inhabers ergeben, außer Betracht bleiben müssen[117]. Dieser Grundsatz, der die Verkehrsfähigkeit der jeweiligen Wertpapiere sichern soll, kann auf die Frage der Einbeziehung von Anleihebedingungen übertragen werden. Auch hier würde die Ausgestaltung der Inhaberschuldverschreibungen als fungible Wertpapiere gefährdet, würde man nach Maßgabe von § 2 AGBG auf die Umstände der Einbeziehung der Anleihebedingungen im Einzelfall abstellen[118].

9.157

Gegen diese Lösung spricht auch nicht die **zwingende Schutzfunktion des § 2 AGBG**. Der Schutz, den die Einbeziehungskontrolle gemäß § 2 AGBG gewährt, ist bei Inhaberschuldverschreibungen und anderen Wertpapieren dadurch erheblich relativiert, daß dieser Schutz ohnehin nur dem ersten Erwerber des Papiers zuteil werden kann, während späteren Erwerbern gegenüber die Anleihebedingungen als Teil des verbrieften Rechts ohne Einbeziehung wirksam sind. Auch dem Gesetzgeber erschien es unproblematisch, daß gegenüber dem Erwerber einer Inhaber-

9.158

---

116 *Wolf*, FS Zöllner, S. 651, 660 m.w.Nachw.
117 BGHZ 28, 259, 265 im Anschluß an RGZ 117, 379, 382.
118 *Wolf*, FS Zöllner, S. 651, 662.

schuldverschreibung die in § 2 AGBG genannten Voraussetzungen nicht gewahrt werden müssen.

9.159 Ferner könnte gegen die Lösung eingewendet werden, die Anwendung von § 2 AGBG biete eine Gewähr dafür, daß dem Anleger die Anleihebedingungen zur Kenntnis gelangen, was für die Geltendmachung seiner Rechte unerläßlich ist. Indessen ist auch insoweit zu bedenken, daß die Kenntnisnahmemöglichkeit auf der Grundlage von § 2 AGBG nur dem ersten Erwerber der Inhaberschuldverschreibung zugute kommen kann. Zudem dürfte die Problematik, wie der Erwerber einer Anleihe von den zugrundeliegenden Anleihebedingungen Kenntnis erlangen kann, weniger als eine solche des AGB-Gesetzes, sondern als **Regelungsgegenstand der kapitalmarktbezogenen Publizitätspflichten** (Prospektpflichten nach der Börsenzulassungsverordnung und dem Wertpapierverkaufsprospektgesetz) anzusehen sein. Im Rahmen dieser Vorschriften hat der Gesetzgeber Sorge dafür getragen, daß Anleger mittels der Möglichkeit, Kenntnis vom Inhalt des zu veröffentlichenden Prospekts zu erlangen, auch Kenntnis vom Inhalt der Anleihebedingungen erhalten können. Der durch das Zweite Finanzmarktförderungsgesetz eingefügte § 8 VerkProspG sieht vor, daß Verkaufsprospekte für öffentlich angebotene Wertpapiere dem Bundesaufsichtsamt für den Wertpapierhandel als Hinterlegungsstelle zu übermitteln sind. Nach der Gesetzesbegründung[119] sollte mit dieser Neuregelung eine „Evidenzzentrale" für Verkaufsprospekte auch zugunsten der betroffenen Anleger geschaffen werden.

9.160 Die genannten wertpapierrechtlichen Gesichtspunkte, die für die Unanwendbarkeit von § 2 AGBG sprechen, bilden auch die Grundlage für die Beantwortung der Frage, ob die Inhaltskontrolle von Anleihebedingungen lediglich nach Maßgabe von § 9 AGBG zu erfolgen hat, sofern derjenige, dem gegenüber die Anleihebedingungen einbezogen wurden, Unternehmereigenschaft besaß (§ 24 S. 1 Nr. 1 AGBG)[120]. Hierfür könnte zwar der allgemeine Grundsatz sprechen, daß ein späterer Erwerber der Wertpapiere niemals mehr Rechte (also die Unwirksamkeit bestimmter Klauseln) geltend machen kann als ein Ersterwerber. Allerdings muß auch insoweit der Grundsatz der Rechtsprechung Anwendung finden, daß Besonderheiten, die sich aus der Person eines der Inhaber des Wertpapiers ergeben, außer Betracht bleiben müssen. Ansonsten käme es im Hinblick auf Klauseln, die nur gegenüber einem Unternehmer wirksam sind, auf die Unternehmereigenschaft des Ersterwerbers der Wertpapiere an. Auch hinsichtlich solcher Klauseln wäre die Fungibilität der Wertpapiere daher gefährdet[121].

9.161 Allerdings ist diese Problematik geringer zu bewerten als hinsichtlich der Einbeziehung von Anleihebedingungen, weil insofern der Emittent durch die Ausgestal-

---

119 BT-Drucksache 12/6679, S. 89 ff.
120 So *Than*, FS Coing, Bd. 2, S. 521, 537; kritisch *Hopt*, FS Heinsius, 1991, S. 341, 371.
121 Ebenso im Ergebnis OLG Frankfurt WM 1993, 2089.

tung der Anleihebedingungen selbst dafür Sorge tragen kann, daß sie auch gegenüber nichtkaufmännischen Anlegern wirksam sind[122]. In diesem Falle bliebe die einheitliche Ausgestaltung des Rechtsverhältnisses zwischen Emittent und allen Anlegern gewahrt.

cc) Anwendung des AGB-Gesetzes auf Anleihebedingungen

Die Gestaltung des Inhalts von Anleihebedingungen in einer Weise, die den rechtlichen Anforderungen des AGB-Gesetzes Rechnung trägt, kann in der Emissionspraxis Schwierigkeiten bereiten. Die Anleihebedingungen müssen vor allem den **Erfordernissen des Transparenzgebotes** genügen. Dies ist wegen der Komplexität der zu regelnden Sachverhalte und der Vielzahl der am Emissionsvorgang beteiligten Personen, deren Funktionen – soweit sie den Anleger betreffen – in den Anleihebedingungen darzulegen sind, nur mit Mühe zu bewältigen.

9.162

Für die Praxis ist allerdings zu berücksichtigen, daß es für die Beurteilung der „Intransparenz" auf die Verständnismöglichkeiten des angesprochenen Anlegerkreises ankommt. Für Anleger, die häufig Anlageentscheidungen treffen, die zudem mit ihrer beruflichen oder gewerblichen Tätigkeit in Zusammenhang stehen, ist ein hohes Maß an Marktkenntnissen und Verständnismöglichkeiten anzunehmen, so daß ihnen die Berufung auf das AGB-rechtliche Transparenzgebot regelmäßig zu versagen sein wird.

9.163

Noch nicht abschließend geklärt ist, ob dieser **Anlegerkreis** durch objektive Merkmale bestimmt werden kann. Dies würde die Rechtssicherheit im Hinblick auf die Folgen der Anwendung des AGB-Gesetzes erhöhen. Zu erwägen ist, ob nicht an die jeweilige Stückelung der Teilschuldverschreibungen angeknüpft werden kann. Die in § 2 Nr. 4 VerkProspG gezogene Grenze von DM 80 000 mag insoweit als Anhaltspunkt dienen.

9.164

Schwierige Rechtsfragen wirft die Anwendung des AGB-Gesetzes im Hinblick auf Auslandsanleihen auf, wenn die im Inland vertriebenen Schuldverschreibungen ausländischem Recht unterliegen und dieses Recht kein dem AGB-Gesetz vergleichbaren Schutz gewährt[123].

9.165

b) Drittschutzwirkungen des Übernahmevertrages

Das Rechtsverhältnis zwischen Emittent und Anleger kann im Einzelfall auch durch den Übernahmevertrag mitbestimmt werden. Zwar wird der Übernahmevertrag zwischen Emittent und den an der Emission beteilig-

9.166

---

122 Vgl. *von Randow*, ZBB 1994, 23, 29 (Fn 51).
123 *Bosch/Groß* in Bankrecht und Bankpraxis, Rn 10/165, 167; *Gruson/Harrer*, ZBB 1996, 37, 42.

9. Teil: Emissionsgeschäft

ten Banken geschlossen, doch wirken sich eine Reihe von Regelungen dieses Vertrages auch zugunsten der Anleihegläubiger aus.

9.167 Hier stellt sich die Frage, ob den **Anleihegläubigern** aus diesen Regelungen **eigene vertragliche Ansprüche** gegen den Emittenten erwachsen, obwohl sie an dem Übernahmevertrag nicht als Vertragspartner beteiligt sind. Diese Frage wäre zu bejahen, wenn der Übernahmevertrag ein echter Vertrag zugunsten Dritter (§ 328 BGB) oder zumindest ein Vertrag mit Schutzwirkung zugunsten der Anleihegläubiger wäre.

9.168 Ein **echter Vertrag zugunsten Dritter** liegt regelmäßig vor, wenn z.B. bei einer Auslandsanleihe die alleinige Gesellschafterin („Muttergesellschaft") des Emittenten gegenüber der konsortialführenden Bank „als Treuhänderin zugunsten der jeweiligen Inhaber der Teilschuldverschreibungen" eine unbedingte und unwiderrufliche Rückzahlungsgarantie übernimmt[124]. Dabei wird die Geltendmachung des Garantieanspruches regelmäßig den Treuhändern vorbehalten[125].

9.169 Für die **Sicherheitenbestellung** werden die nicht akzessorischen Sicherheiten, wie sie die Garantie darstellt, bevorzugt. So könnte eine Bürgschaft nur gegenüber allen Anteilgläubigern übernommen werden. Denn das BGB (§ 765) erfordert, daß Gläubiger der verbürgten Forderung und der Bürgschaftsforderung identisch sind[126].

9.170 Auch kann die **Negativklausel,** durch die sich der Emittent verpflichtet, gleichartige Verbindlichkeiten nicht zu besichern oder besichern zu lassen, als ein solcher echter Vertrag zugunsten Dritter ausgestaltet werden, wenn die das Emissionskonsortium führende Bank diese Erklärung des Emittenten als Treuhänder entgegennimmt und dem Anleihegläubiger ein Erfüllungsanspruch eingeräumt wird. Auch hier wird die **Geltendmachung des Erfüllungsanspruches** jedoch üblicherweise den Treuhändern vorbehalten[127].

9.171 Zwar handelt es sich bei dieser **Treuhandabrede** um einen **Vertrag zugunsten Dritter.** Regelmäßig ist bei dieser Gestaltung jedoch nur gewollt, daß die Ansprüche auf ein bestimmtes Verhalten des Emittenten während der Laufzeit der Anleihe, wie z.B. auf Gleichbehandlung aller Gläubiger und Einhaltung bestimmter vereinbarter Liquiditätskoeffizienten oder Fremdfinanzierungshöchstquoten nur von den Konsortialbanken im eigenen

---

124 *Hopt,* Prospekthaftung, 1991, S. 23 f.; *Than,* FS Coing, Bd. 2, S. 521, 525; *Bosch/Groß* in Bankrecht und Bankpraxis, Rn 10/30.
125 *Than,* FS Coing, Bd. 2, 521, 525 Fn 12.
126 *Bosch/Groß* in Bankrecht und Bankpraxis, Rn 10/197.
127 *Hopt,* Prospekthaftung, 1991, S. 22 f.

Interesse und nach eigenem Ermessen geltend gemacht werden können, ohne daß den Anleihegläubigern ein entsprechender Schadensersatzanspruch oder gar Erfüllungsanspruch zustehen soll. Dies sollte in dem Übernahmevertrag klargestellt werden, um so keinerlei Anhaltspunkte für eine auf Drittschutz gehende Vertragsauslegung zu bieten und einem entsprechenden Vertrauenstatbestand von vornherein die tatsächliche Grundlage zu entziehen[128].

c) Schuldverschreibungsgesetz[129]

Eine nachträgliche Veränderung des Rechtsverhältnisses zwischen Emittent und Anlegern kann auf der Grundlage des Schuldverschreibungsgesetzes erfolgen, welches **in der Vergangenheit** allerdings nur **geringe praktische Bedeutung** erlangt hat.

9.172

Das Schuldverschreibungsgesetz dient dem Zweck, die parallel gerichteten Interessen der Inhaber von Schuldverschreibungen zu bündeln und die Inhaber dazu als Interessengemeinschaft zu organisieren[130]. Das Gesetz sieht vor, daß die Inhaber als Anleihegläubiger in einer Gläubigerversammlung zusammenkommen und dort mit Mehrheit Beschlüsse fassen, die für alle Gläubiger verbindlich sein können (§§ 1 Abs. 1, 3 Abs. 1, 10 Abs. 1 SchVG). Das hauptsächliche Regelungsproblem besteht darin, unter welchen Voraussetzungen ein Beschluß in die Rechte der Gläubiger eingreifen darf. Außer durch das Erfordernis einer Dreiviertelmehrheit (§ 11 Abs. 2–4 SchVG) und dem festgeschriebenen Gleichbehandlungsgrundsatz (§ 12 SchVG) wird der gebotene Minderheitenschutz bereits dadurch zu verwirklichen versucht, daß ein derartiger Beschluß, insbesondere, wenn er eine Stundung oder die Ermäßigung des Zinssatzes vorsieht, nur zur Abwendung der Zahlungseinstellung oder des Insolvenzverfahrens des Emittenten gefaßt werden darf (§ 11 Abs. 1 SchVG)[131]. Falls diese Anforderungen gewahrt sind, stellt das Schuldverschreibungsgesetz die Grundlage für eine Änderung von Anleihebedingungen dar.

9.173

Gemäß § 1 Abs. 1 findet dieses **Gesetz nur Anwendung,** wenn sich sowohl der Sitz des Ausstellers als auch der Ort der Ausstellung im Inland befinden. Das Schuldverschreibungsgesetz ist daher auf Auslandsanleihen

9.174

---

128 *Hopt*, Prospekthaftung, 1991, S. 24; *Bosch/Groß* in Bankrecht und Bankpraxis, Rn 10/233 ff.
129 Gesetz betreffend die gemeinsamen Rechte der Besitzer von Schuldverschreibungen vom 4. 12. 1899, BGBl. III 4134-1.
130 Münchener Komm. zum BGB/*Hüffer*, § 793 Rn 35.
131 Vgl. zu weiteren Regelungen des SchVG die Darstellung bei *Hopt*, FS Steindorff, 1990, S. 341, 342 ff.

nicht anwendbar[132]. Ungeklärt ist, ob die Regelungen des Schuldverschreibungsgesetzes zum Inhalt der Anleihebedingungen von Auslandsanleihen gemacht werden können[133]. Angesichts der praktischen Bedürfnisse wäre eine Änderung des Schuldverschreibungsgesetzes erwünscht[134].

III. Aktienemissionen

9.175 Im Rahmen ihres Emissionsgeschäfts wirken die Kreditinstitute neben der Emission von Anleihen auch bei Aktienemissionen mit. Diese erfolgen in der Praxis außer in den Fällen der **Umwandlung** einer Gesellschaft in eine AG in erster Linie bei **Kapitalerhöhungen.**

9.176 Früher übernahmen Banken Aktien auch bei der Gründung einer Gesellschaft. Heute werden die Aktien bei den insgesamt seltenen Neugründungen aber fast ausnahmslos von den Gründungsgesellschaftern gezeichnet. Dagegen bildet die Mitwirkung von Banken bei Emissionen von Aktien im Wege der Kapitalerhöhung den Regelfall[135].

9.177 Eine **Kapitalerhöhung** liegt vor, wenn eine AG im Rahmen einer Satzungsänderung ihr Grundkapital heraufsetzt und neue Mitgliedschaftsrechte begründet.

9.178 Keine Mitgliedschaftsrechte, sondern bloße Forderungsrechte werden begründet, wenn eine AG die weiteren im Aktiengesetz geregelten Finanzierungsmittel zur Kapitalbeschaffung nutzt. Bei **Wandelschuldverschreibungen** (§ 221 Abs. 1 S. 1, 1. Fall AktG), **Optionsanleihen** (§ 221 Abs. 1 S. 1, 2. Fall AktG) und **Gewinnschuldverschreibungen** (§ 221 Abs. 1 S. 1, 3. Fall AktG) handelt es sich nach ihrer Rechtsnatur, bei **Genußrechten** (§ 221 Abs. 3 AktG) nach ihrer regelmäßigen Ausgestaltung in der Praxis[136] um Inhaberschuldverschreibungen im Sinne von § 793 Abs. 1 S. 1 BGB. Wandelschuldverschreibungen und Optionsanleihen beziehen sich nach dem Inhalt ihres Rechts auf eine mitgliedschaftliche Beteiligung. Während die in den letzten Jahren praktisch bedeutungslose Wandelschuldverschreibung das Recht des Inhabers begründet, die Schuldver-

---

132 *Hopt,* FS Steindorff, 1990, S. 341, 349.
133 Zustimmend *Than,* FS Coing, Bd. 2, 521; mit Einschränkungen *Hopt,* FS Steindorff, 1990, S. 341.
134 Zu den Einzelheiten vgl. *Bosch/Groß* in Bankrecht und Bankpraxis, Rn 10/235.
135 *Bosch/Groß* in Bankrecht und Bankpraxis, Rn 10/294.
136 Kölner Komm. zum AktG/*Lutter,* § 221 Rn 248.

schreibungen gegen Aktien der emittierenden AG umzutauschen, verbriefen die neuerdings häufiger genutzten Optionsanleihen das Recht, Aktien gegen Hingabe der Schuldverschreibungen oder zu einem festgelegten Preis zu erwerben[137]. Gleichwohl sind diese Rechte ausschließlich schuldrechtlicher Natur und begründen weder eine Mitgliedschaft in der AG noch eine Anwartschaft darauf. Die Mitgliedschaft entsteht erst im Zeitpunkt der späteren Ausübung des Wandlungs- bzw. Optionsrechts[138].

Die **aktienrechtliche Regelung dieser Finanzierungsmittel** erklärt sich daraus, daß ihre Emission anders als die Begebung von Anleihen durch eine AG (sog. Industrieobligationen) die mitgliedschaftliche Rechtsstellung der Aktionäre beeinträchtigen kann. Soweit die Schuldverschreibungen zum Erwerb der Mitgliedschaft berechtigen, wird damit die künftige Beteiligungsstruktur der Gesellschaft verändert und das Bezugsrecht der Aktionäre beschränkt. Zudem können die Vermögensrechte der Aktionäre in Gefahr geraten[139]. § 221 AktG macht deshalb die Emission dieser Finanzierungsmittel von der Zustimmung der Hauptversammlung abhängig, wobei eine qualifizierte Mehrheit erforderlich ist (§ 221 Abs. 1 AktG). Zudem haben die Aktionäre ein Bezugsrecht auf die auszugebenden Wertpapiere (§ 221 Abs. 4 AktG). Aus der Sicht des Emissionsgeschäfts bestehen jedoch Besonderheiten, so daß auf die Darstellung der Anleiheemissionen Bezug genommen werden kann.

9.179

1. Praktisches Bedürfnis für die Mitwirkung von Kreditinstituten

Das Gesetz sieht verschiedene Formen der Kapitalerhöhung vor. Ein praktisches Bedürfnis für die Mitwirkung von Kreditinstituten besteht dabei in unterschiedlichem Maße. Allgemein ist für die rechtliche Einordnung danach zu unterscheiden, ob das Bankenkonsortium die Aktien wenn auch nur vorübergehend übernimmt oder lediglich bei der Ausgabe an die Aktionäre mitwirkt.

9.180

a) Barkapitalerhöhung

Die **feste Übernahme der Aktien** durch ein Bankenkonsortium hat für die Gesellschaft den wesentlichen Vorteil, frühzeitig ihrer Finanzplanung der

9.181

---

137 Kölner Komm. zum AktG/*Lutter*, § 221 Rn 12.
138 Vgl. weiter *Geßler/Hefermehl/Karollus*, § 221 Rn 11 f. Zur Emission selbständiger Optionsscheine (naked warrants) als Finanzierungsinstrument der Aktiengesellschaft vgl. *Fuchs*, AG 1995, 433.
139 Vgl. näher Kölner Komm. zum AktG/*Lutter*, § 221 Rn 3; *Geßler/Hefermehl/Karollus*, § 221 Rn 4.

Höhe und dem Zeitpunkt nach fest bestimmte Kapitalzuflüsse zugrunde legen zu können.

9.182 Mit der Einschaltung von Kreditinstituten wird im übrigen die **technische Durchführung der Kapitalerhöhung** wesentlich vereinfacht. Bei einer solchen Kapitalerhöhung stellt das konsortialführende Kreditinstitut den erforderlichen **Zeichnungsschein** (§ 185 Abs. 1 S. 1 AktG) aus, mit dem es die jungen Aktien im Namen des Konsortiums zeichnet. Gleichzeitig werden der **Zeichnungspreis** oder der gesetzlich (§§ 188 Abs. 2 S. 1, 36a Abs. 1 AktG) geforderte **Mindestbetrag** von 25% des Nennbetrages der jungen Aktien und ein etwaiges Aufgeld dem auf die Emittentin lautenden Sonderkonto „Kapitalerhöhung" gutgeschrieben. Die Konsortialführerin bestätigt der Emittentin, daß diese in der Verfügung über die eingezahlten Mittel nicht beschränkt ist (§§ 188 Abs. 2 S. 1, 37 Abs. 1 S. 3 AktG).

9.183 § 37 Abs. 1 S. 4 AktG erlegt dem **Kreditinstitut,** bei dem das Konto geführt wird, die **Verantwortlichkeit** gegenüber der Aktiengesellschaft für die Richtigkeit der von ihm abgegebenen Bestätigung auf. Dies hat zur Folge, daß das Kreditinstitut einen fehlenden Betrag nach Maßgabe seiner Bestätigung selbst zu leisten hat, wenn die geschuldete Einlage entgegen seiner Erklärung ganz oder teilweise nicht zur freien Verfügung des Vorstandes aufgebracht worden ist. Im Ergebnis handelt es sich daher um eine Gewährleistungshaftung der Bank für die Richtigkeit ihrer Erklärung[140]. Grundsätzlich unschädlich ist die Einzahlung auf einem debitorisch geführten Girokonto der Emittenten. Eine solche Leistung der Einlage verstößt nur dann gegen das Gebot, die Einlagemittel zur freien Verfügung des Vorstandes zu leisten, wenn die Emittenten in diesem Fall, insbesondere wegen gleichzeitiger Kündigung der Kontoverbindung keine Möglichkeit erhalten, über Mittel in entsprechender Form zu verfügen[141].

9.184 Diese Schriftstücke sind der Anmeldung der Durchführung der Kapitalerhöhung zur handelsregisterlichen Eintragung beizufügen (§ 188 Abs. 3 AktG).

9.185 Ein weiterer Vorteil aus der Mitwirkung eines Bankenkonsortiums folgt daraus, daß die erforderliche Zeichnung der neuen Aktien **innerhalb** der jeweils vorzusehenden **Zeichnungsfrist gewährleistet** ist. Die Kapitalerhöhung und damit die neuen Aktien werden erst wirksam, wenn die Kapitalerhöhung durch Zeichnung der neuen Aktien durchgeführt und diese Durchführung im Handelsregister eingetragen worden ist (§ 189 AktG). Bei der hierzu erforderlichen handelsregisterlichen Anmeldung

---

140 BGH WM 1992, 1775, 1777 f.; vgl. dazu weiter *Ulmer,* GmbHR 1993, 189; *Butzke,* ZGR 1994, 94.
141 BGH WM 1991, 454, 455; OLG Frankfurt WM 1996, 395, 397.

sind **sämtliche Zweitschriften** der Zeichnungsscheine einzureichen, mit denen sich die Zeichner zur Übernahme der gezeichneten neuen Aktien verpflichten (§ 188 Abs. 3 Nr. 1 AktG). Würde bei einem weit gestreuten Aktienkapital jeder Aktionär sein gesetzliches Bezugsrecht unmittelbar ausüben, so wäre eine Unzahl von Zeichnungsscheinen beizubringen. Hierdurch könnte sich eine erhebliche Verzögerung ergeben, die die Durchführung der Emission vereiteln könnte. Denn die handelsregisterliche Eintragung setzt voraus, daß **sämtliche Aktien** innerhalb der hierfür bestimmten Frist gezeichnet worden sind (§§ 188 Abs. 2 S. 1, 36 Abs. 2 AktG). Verzögert sich die vollständige Zeichnung über diese Frist hinaus, so könnte hieran die Kapitalerhöhung letztlich scheitern. Nach dem Aktiengesetz ist in jedem einzelnen Zeichnungsschein ein Zeitpunkt zu bestimmen, an dem die Zeichnung unverbindlich wird, wenn nicht bis dahin die handelsregisterliche Eintragung erfolgt ist (§ 185 Abs. 1 S. 3 Nr. 4 AktG). Diese Eintragung setzt wiederum eine vollständige Zeichnung aller neuen Aktien voraus. Die von der Hauptversammlung beschlossene Kapitalerhöhung ist daher zum Mißerfolg verurteilt, wenn auch nur einige wenige Aktien innerhalb dieser Frist nicht plaziert werden können. Auch dieser rechtstechnische Gesichtspunkt spricht für die feste Übernahme der neu ausgegebenen Wertpapiere durch ein Bankenkonsortium. Auf diese Weise können alle neuen Aktien durch die Konsortialbanken fristgemäß gezeichnet werden und die Kapitalerhöhung rechtzeitig in das Handelsregister eingetragen werden.

b) Bedingte Kapitalerhöhung

Die bedingte Kapitalerhöhung kann nach dem Aktiengesetz nur in der Weise beschlossen werden, daß einem **bestimmten Personenkreis** ein Umtausch- oder Bezugsrecht auf die einzelnen Aktien eingeräumt wird (§ 192 Abs. 1 AktG). Der Kreis der Berechtigten wird durch den im einzelnen verfolgten Zweck der bedingten Kapitalerhöhung näher bestimmt. Zu anderen als den in § 192 Abs. 2 AktG bestimmten Zwecken ist eine bedingte Kapitalerhöhung nicht zulässig. 9.186

Dies ergibt sich nach ganz überwiegender Auffassung daraus, daß das fehlende gesetzliche Bezugsrecht der Aktionäre nur durch die Bindung an die genannten Zwecke zu rechtfertigen ist[142]. 9.187

Anders als bei einer Barkapitalerhöhung wird die bedingte Kapitalerhöhung nicht erst mit der Eintragung im Handelsregister (vgl. § 189 AktG), sondern bereits durch die Ausgabe der Bezugs- bzw. Umtauschaktien wirksam (§§ 200, 192 Abs. 5 AktG). Die Eintragung der Ausgabe, die 9.188

---
142 *Hüffer*, Aktiengesetz, 3. Aufl., 1993, § 192 Rn 8.

allerdings gleichwohl erfolgen muß (§ 201 AktG), hat daher nur deklaratorische Bedeutung. Bei der bedingten Kapitalerhöhung besteht daher kein wirtschaftliches Interesse an einem Zwischenerwerb der jungen Aktien durch ein Bankenkonsortium, wie dies beim mittelbaren Bezugsrecht im Rahmen einer Barkapitalerhöhung geschieht. Im Unterschied zur Barkapitalerhöhung bedarf es **keiner Zeichnungsscheine** eines Bankenkonsortiums, um die rechtstechnische Durchführung der Kapitalerhöhung zu erleichtern.

9.189 Die Emittenten bedienen sich gleichwohl auch in diesen Fällen der Mitwirkung eines Konsortiums zur technischen Abwicklung der Kapitalerhöhung. Die Tätigkeit der beteiligten Kreditinstitute beschränkt sich hier aber auf die Vermittlung der Ausgabe der Aktienurkunden an den zum Umtausch und Bezug berechtigten Personenkreis. Mit der Aushändigung der Aktienurkunden erwerben die Umtausch-(Bezugs-)Berechtigten das Eigentum an diesen Wertpapieren unmittelbar, ohne daß es zu einem Zwischenerwerb durch die Konsortialbanken kommt.

c) Kapitalerhöhung aus Gesellschaftsmitteln

9.190 Auch bei einer Kapitalerhöhung aus Gesellschaftsmitteln kommt es zu **keinem Zwischenerwerb** der neuen Aktien **durch das mitwirkende Bankenkonsortium.** Bei einer solchen Kapitalerhöhung wird das Grundkapital durch Umwandlung offener Rücklagen aufgestockt, ohne daß der Gesellschaft neue Mittel zugeführt werden. In diesen Fällen handelt es sich also um eine bloße Kapitalberichtigung. Die Kapitalerhöhung wird in diesem Fall schon mit der **Eintragung des Erhöhungsbeschlusses** in das Handelsregister wirksam (§ 211 Abs. 1 AktG). Die neuen Anteilsrechte (Gratisaktien) fallen den Aktionären automatisch zu, ohne daß es auf ihren Willen ankommt und eine Ausstellung von Aktienurkunden erforderlich ist (§ 212 S. 1 AktG). Für eine Zeichnung und Übernahme der neuen Aktien durch ein Bankenkonsortium ist daher ebensowenig Raum wie bei einer bedingten Kapitalerhöhung. Die Konsortialbanken werden daher lediglich als Ausgabestelle für die Aktienurkunden und im Rahmen der Zusammenführung der bei der Kapitalberichtigung entstehenden Teilrechte tätig. Diese Teilrechte sind veräußerlich (§ 213 Abs. 1 AktG).

2. Rechtsverhältnis zwischen Emittent und Konsortialbanken

a) Rechtsnatur des Übernahmevertrages

9.191 Die **rechtliche Einordnung** des Übernahmevertrages **hängt davon ab,** ob schon bestehende Aktien vor allem von Großaktionären übernommen werden sollen oder die zu übernehmenden Aktien noch geschaffen werden müssen. Solche Aktienemissionen erfolgen im Rahmen von Kapitalerhöhungen, wenn es sich nicht um den Ausnahmefall der Neugründung der Emittenten handelt. Der Übernahme bereits existierender Aktien liegt wie bei Anleiheemissionen ein Kaufvertrag oder besser ein kaufähnlicher Vertrag mit geschäftsbesorgungsvertraglichen Elementen zugrunde, weil auch hier regelmäßig eine Börseneinführung vorgesehen ist und den Konsortialbanken der übliche Zahlstellendienst übertragen wird[143].

Die **feste Übernahme** der Aktien hat zur Folge, daß die Emission der Aktien aus rechtlicher Sicht im Verhältnis der Gesellschaft zum Konsortium stattfindet[144]. Bei diesem Konsortium handelt es sich um eine Gesellschaft des bürgerlichen Rechts in Form einer Außengesellschaft[145]. Eine solche Gesellschaft kann auch Gesellschafterin einer Aktiengesellschaft sein. Die Mitglieder des Übernahmekonsortiums werden daher nicht einzeln, sondern als Gesamthandsgemeinschaft (§ 719 BGB) Aktionär der Gesellschaft[146]. 9.192

Die **Übernahme neu emittierter Aktienrechte** durch das Bankenkonsortium erfolgt durch die aktienrechtlich geregelte Zeichnung (§ 185 AktG) und damit auf der rechtlichen Grundlage eines „Zeichnungsvertrages". Hierbei handelt es sich um einen korporationsrechtlichen Vertrag, der einen **Vertrag sui generis** darstellt[147]. Dieser Zeichnungsvertrag ist zu unterscheiden von dem schuldrechtlichen Übernahmevertrag, der die Konsortialbanken zum Abschluß eines solchen korporationsrechtlichen Vertrages verpflichtet[148]. Der Übernahmevertrag enthält deshalb nach allgemeiner Meinung geschäftsbesorgungsrechtliche Elemente im Sinne des § 675 BGB[149]. Dagegen ist der Zeichnungsvertrag vergleichbar dem Beitrittsvertrag im Sinne des Rechts der Personengesellschaften gerichtet 9.193

---

143 *Hopt*, Die Verantwortlichkeit der Banken bei Emissionen, 1991, S. 20; *Bosch/Groß* in Bankrecht und Bankpraxis, Rn 10/290.
144 BGH WM 1992, 1225, 1229 m.w.Nachw.
145 BGH WM 1992, 1225, 1230; Münchener Komm. zum BGB/*Ulmer*, vor § 705 Rn 38 f.
146 BGH WM 1992, 1225, 1230.
147 Kölner Komm. zum AktG/*Lutter*, § 185 Rn 5; Großkomm. AktG/*Wiedemann*, § 186 Rn 201 ff.; *Geßler/Hefermehl/Bungeroth*, § 185 Rn 47; *Hopt*, Prospekthaftung, 1991, Rn 37.
148 *Canaris*, Bankvertragsrecht², Rn 2244 m.w.Nachw.; *Hopt*, Prospekthaftung, 1991, Rn 37.
149 *Hopt*, Prospekthaftung, 1991, Rn 37 m.w.Nachw.; *Canaris*, Bankvertragsrecht², Rn 2244 m.w.Nachw.; *Bosch/Groß* in Bankrecht und Bankpraxis, Rn 10/308 m.w.Nachw.

auf die Aufnahme des Zeichners in die Gesellschaft oder auf die Verstärkung seiner mitgliedschaftlichen Stellung, wenn er bereits Aktionär ist.

9.194 Der Zeichnungsvertrag begründet aber für den Zeichner keinen Anspruch gegen die Gesellschaft auf Durchführung der Kapitalerhöhung und auf deren Anmeldung im Handelsregister. Mit Rücksicht auf den satzungsändernden Charakter der Kapitalerhöhung verbietet es die Satzungsautonomie, daß sich die Gesellschaft mit dem Abschluß von Zeichnungsverträgen verpflichtet, die in Aussicht genommene Kapitalerhöhung auch durchzuführen[150]. Durch den Zeichnungsvertrag entsteht daher auch **kein Anwartschaftsrecht des Zeichners** auf künftige Mitgliedschaft[151]. Ist die Kapitalerhöhung im Handelsregister eingetragen und sind die neuen Aktienrechte entstanden, ist die Gesellschaft regelmäßig verpflichtet, den Aktionären die zur wertpapiermäßigen Verkörperung der Mitgliedschaftsrechte erforderlichen Aktienurkunden auszugeben[152].

b) Inhaltliche Ausgestaltung des Übernahmevertrages

9.195 Wie bei der Anleiheemission ist der Übernahmevertrag auch bei Aktienemissionen **weitestgehend standardisiert**[153]. Der Emittent verpflichtet sich insbesondere die Aktienurkunden in der vereinbarten Form zur Verfügung zu stellen. Des weiteren sind von der Emittentin die Dokumente und Urkunden auszuhändigen, die zur Ausarbeitung des Prospektes für die übliche Börseneinführung erforderlich sind.

9.196 Einer speziellen Regelung bedarf die **Verwertung nicht bezogener Aktien.** Hierzu wird vorgesehen werden, daß das Übernahmekonsortium nicht bezogene Wertpapiere auf der Grundlage des jeweiligen Börsenkurses, aber mindestens zum Bezugspreis bestmöglich und interessewahrend verwerten darf. Der Vertragserlös ist nach Abzug der Kosten als Mehrerlös an die Gesellschaft abzuführen[154].

9.197 Das Bankenkonsortium behält sich in dem Übernahmevertrag wie bei den Anleiheemissionen üblicherweise bis zur handelsregisterlichen Ein-

---

150 *Geßler/Hefermehl/Bungeroth*, § 185 Rn 49 m.w.Nachw.
151 BFH AG 1986, 291; Kölner Komm. zum AktG/*Lutter*, § 185 Rn 34.
152 *Geßler/Hefermehl/Bungeroth*, § 185 Rn 48.
153 Mustertexte für den Übernahmevertrag bei Kapitalerhöhungen mit Bezugsrecht und Bezugsrechtsausschluß sowie erstmaliger öffentlicher Plazierung im Anlegerpublikum (Initial Public Offering – IPO / Going Public) sind abgedruckt bei *Bosch/Groß* in Bankrecht und Bankpraxis, Teil 10, S. 195 ff.
154 Kölner Komm. zum AktG/*Lutter*, § 186 Rn 115; *Geßler/Hefermehl/Bungeroth*, § 186 Rn 178.

tragung der durchgeführten Kapitalerhöhung vor, von dem Vertrag zurückzutreten, wenn nach seiner Ansicht durch außergewöhnliche, unabwendbare Ereignisse wirtschaftlicher und/oder politischer Art oder infolge staatlicher Maßnahmen grundlegende Änderungen der Verhältnisse am Kapitalmarkt eintreten und dadurch die Durchführung der Geschäfte gefährdet und für das Bankenkonsortium nicht mehr zumutbar erscheint.

c) Preisfindungsmechanismen

Der Erfolg einer Emission hängt entscheidend von einem marktgerechten Preis der angebotenen Aktie ab. Es besteht ein natürlicher Zielkonflikt zwischen Emittenten und Anleger (Investor) hinsichtlich der **Höhe des Emissionspreises**[155]. Die Emittentin ist an einen möglichst hohen, der Investor an einem möglichst niedrigen Erwerbspreis interessiert. Die mitwirkenden Konsortialbanken, vor allem die Konsortialführung (Lead Manager) hat deshalb für ein Plazierungskonzept Sorge zu tragen, das die berechtigten Interessen von Emittenten und Anleger im Rahmen einer marktorientierten Preisfindung gleichermaßen berücksichtigt und eine faire Verteilung des Emissionsrisikos auf die an der Emission Beteiligten ermöglicht. Der Findung des Preises der zu plazierenden Aktien kommt infolgedessen überragende Bedeutung für die Plazierung zu. Dabei sind die aktienrechtlichen Vorschriften zu beachten. Die Praxis kennt deshalb das Festpreisverfahren und das sog. Bookbuilding-Verfahren, das in Deutschland erst seit wenigen Jahren praktiziert wird.

9.198

aa) Festpreisverfahren

Im inländischen Aktienemissionsgeschäft dominierte in der Vergangenheit das Festpreisverfahren. Hier **garantiert ein Bankenkonsortium** der Emittentin die Übernahme der gesamten Emission zu einem oftmals bereits lange Zeit vor der Veröffentlichung des Verkaufsangebots **festgelegten Plazierungspreis**. Das Pricing basiert auf einer fundamentalen Unternehmensanalyse und -bewertung unter gleichzeitiger Berücksichtigung der Börsenbewertung vergleichbarer Unternehmen sowie der allgemeinen Marktverfassung. Die Preisfestlegung erfolgt letztlich in einer Abstimmung zwischen der Emittentin und der konsortialführenden Bank, die hierbei die Interessen der Investoren zu berücksichtigen hat.

9.199

Die Nachfrage, die zu dem festgelegten Plazierungspreis tatsächlich vorhanden ist, kann jedoch bestenfalls erst zeitverzögert während der Verkaufsfrist ermittelt werden. Dies hat in Einzelfällen zu Fehleinschätzun-

9.200

---

[155] *Voigt*, Die Bank 1995, 339; *Schwintowski/Schäfer*, Bankrecht, § 15 Rn 71; *Grundmann*, ZGesKredW 1995, 916.

gen beim Pricing geführt, die bis Mitte der 80er Jahre tendenziell zu Lasten der Emittenten und seit dieser Zeit – bedingt durch den verschärften Wettbewerb um Emissions-Mandate sowie die zunehmende Volatilität der Kapitalmärkte – überwiegend zu Lasten der Investoren und Emissionsbanken gingen.

9.201 Jede einzelne Konsortialbank hat für die Plazierung der auf ihre Konsortialquote entfallenden Aktien Sorge zu tragen. Für die Konsortialführerin ist es hierbei aber nicht ersichtlich, inwieweit die von den einzelnen Mitgliedern des Bankenkonsortiums übernommenen Quoten durch Zeichnungswünsche von Effektenkunden tatsächlich unterlegt sind. **Nicht plazierte Aktien** können aber die Entwicklung des Aktienkurses im Börsenhandel oder einem außerbörslichen Sekundärmarkt belasten und dem Interesse des Emittenten an einer möglichst stabilen Plazierung zuwiderlaufen. **Stabilität** ist in dem Sinne zu verstehen, daß mit der Notierungsaufnahme im Anschluß an die Plazierung das freie Spiel der Marktkräfte nicht durch unverhältnismäßig hohe Aktienumschichtungen im Sekundärmarkt gestört wird.

9.202 Das Festpreisverfahren ist auch künftig bei Emissionen unverzichtbar, in denen den (Alt-)Aktionären ein Bezugsrecht auf die neuen Aktien zusteht. Hier ist nach zwingenden aktienrechtlichen Vorschriften sowohl beim unmittelbaren als auch beim mittelbaren Bezugsrecht ein Bezugsangebot mit dem Ausgabebetrag (Bezugspreis) anzugeben und damit ein genau bezifferbarer Preis erforderlich[156]. Bei diesen Bezugsrechtsemissionen wird für den Emittenten der zu beziffernde Bezugspreis vom aktuellen Börsenpreis der bereits notierten Aktien derselben Gattung ein gewisser Abschlag vorgenommen, der je nach Aktionärsstruktur und Volatilität der Aktie zwischen 15% und 25% liegt[157].

bb) Bookbuilding-Verfahren

9.203 Einen neuen Ansatz für die Preisfindung stellt das international seit mehreren Jahren etablierte Bookbuilding dar. Bei diesem Verfahren werden die **Investoren direkt in die Preisfindung eingebunden.** Anders als beim Festpreisverfahren wird der Preis nicht zwischen der Emittentin und der Konsortialführerin festgelegt. Vielmehr wird in einer Pre-Marketing-Phase und einer Marketing-Phase die Bewertung der zu plazierenden

---

156 Kölner Komm. zum AktG/*Lutter*, § 186 Rn 46; Großkomm. AktG/*Wiedemann*, § 186 Rn 99, § 182 Rn 61 ff.; *Bosch/Groß* in Bankrecht und Bankpraxis, Rn 10/260.
157 *Bosch/Groß* in Bankrecht und Bankpraxis, Rn 10/260; nach *Schwintowski/Schäfer* liegt die Bandbreite bei 5% bis 25% (Bankrecht, § 15 Rn 73).

Aktien mit überwiegend institutionellen Investoren erörtert und indikativ eine Preisspanne von 10 bis 15% um den prospektiven Emissionskurs bestimmt[158]. Ziel dieses Verfahrens ist es, einen möglichst marktnahen Preis zu ermitteln, um entsprechende Korrekturen des Marktes nach der Plazierung zu vermeiden[159].

Die gesamten Zeichnungswünsche einschließlich der Preisvorstellungen der Investoren werden zentral beim **Lead Manager,** dem die Funktion des Bookrunners zukommt, quantitativ und qualitativ in einem „Buch" EDV-mäßig erfaßt. Die aus diesem „Bookbuilding"-Vorgang gewonnenen Erkenntnisse fließen zeitnah in die Preisfestlegung und Zuteilung der Aktien ein. Die mit dem Verfahren einhergehende Transparenz ermöglicht es, langfristig orientierte Anleger bei der Zuteilung zu bevorzugen. Hierdurch wird eine stabile Kursentwicklung der Aktie begünstigt. 9.204

Das Bookbuilding ist mittlerweile ein auch in Deutschland weithin akzeptiertes Verfahren, das insbesondere darauf ausgerichtet ist, einen **fairen Interessenausgleich** zwischen Emittent und Investor in bezug auf die Höhe des Emissionspreises herbeizuführen[160]. Durch die **Einbindung der Anleger** in die Preisfindung ergeben sich für alle an der Plazierung Beteiligten Vorteile. Für die Anleger verringert sich das Risiko des Kaufes zu völlig überhöhten Kursen. Die Emittenten müssen weder um ihr Emissionsstanding wegen einer überteuerten Plazierung fürchten, noch riskieren sie einen Aktienverkauf zu Schleuderpreisen. Die Emissionsbanken tragen insgesamt geringere Emissionsrisiken, weil sich ihre potentielle Inanspruchnahme aus der Übernahmegarantie sowie aus Kurspflegemaßnahmen reduziert[161]. 9.205

Das Bookbuilding-Verfahren eignet sich nicht für Emissionen mit Bezugsrecht der Altaktionäre. Denn in diesen Fällen muß gemäß dem Aktiengesetz (§§ 186 Abs. 2, 5 S. 2) in dem Bezugsangebot der Ausgabebetrag (Bezugspreis) genau beziffert sein. Dagegen ist beim Bookbuilding-Verfahren die Bestimmung einer Preisspanne ein wesentliches Merkmal[162]. Deshalb sind auch die Einzelheiten und der Zeitplan für die Festsetzung des Emissionskurses in dem Börsenzulassungsprospekt anzugeben (§ 16 9.206

---

158 Insoweit besteht eine gewisse Ähnlichkeit zu dem Tenderverfahren, das von der Deutschen Bundesbank beim Abschluß der geldpolitischen Refinanzierungsgeschäfte praktiziert wird (*Schwintowski/Schäfer/Behrendt*, § 15 Rn 74 Fn 108; *Bosch/Groß* in Bankrecht und Bankpraxis, Rn 10/85).
159 Begr. RegE 3. FFG, BT-Drucksache 13/8933, S. 154.
160 *Grundmann*, ZGesKredW 1995, 915; *Voigt*, Die Bank 1995, 339, 341.
161 *Kaserer/Kempf*, Die Bank 1996, 184, 186; *ders.*, ZBB 1995, 45 ff.
162 *Bosch/Groß* in Bankrecht und Bankpraxis, Rn 10/260.

Abs. 1 Nr. 5 BörsZulVO). Dasselbe gilt für den Verkaufsprospekt (§ 4 Nr. 12 Verkaufsprospekt-Verordnung)[163].

9.207 Besonders geeignet ist dagegen das Bookbuilding-Verfahren bei dem erstmaligen öffentlichen Verkaufsangebot von Aktien (Initial Public Offering-IPO). Bei diesen häufig auch Going Public[164] oder „Gang an die Börse" genannten Plazierungen fehlt es regelmäßig an zu bedienenden Bezugsrechten. Hier handelt es sich um Privatisierung von Staatseigentum oder die Veräußerung von Aktien in der Hand von Familienmitgliedern oder von Großaktionären.

9.208 Das Bookbuilding-Verfahren wirft aus der Sicht des deutschen Rechts einge Rechtsfragen auf, die vor allem das Zustandekommen des Kaufvertrages über die zu plazierenden Aktien betreffen[165]. Das von der Emittentin veröffentlichte „Verkaufsangebot" ist nur die Aufforderung zur Abgabe von Angeboten (invitatio ad offerendum)[166]. Damit stellt sich die Frage, wie das Emissionskonsortium die eingehenden Offerten der Anleger wirksam annehmen kann, wenn sich das Emissionsvolumen verändert oder die Verkaufsfrist verlängert oder verkürzt wird. Problematisch ist insbesondere die Veränderung der Preisspanne[167].

d) Greenshoe-Option

9.209 Eine weitere Innovation im Aktienemissionsgeschäft ist die Greenshoe-Option[168]. Diese Option **beinhaltet das Recht** des Emissionskonsortiums auf eine darlehensweise Überlassung von Wertpapieren mit gleicher Ausstattung wie die zu plazierenden Aktien. Diese Wertpapierleihe in Höhe von 10% bis 15% des Emissionsvolumens soll der Stabilisierung des Börsenpreises unmittelbar nach der Publizierung dienen. Die Dauer dieses Stabilisierungsplans beträgt üblicherweise dreißig Tage[169]. Geben die Kurse in diesem Zeitraum nach, so können zur Kursstabilisierung Aktien gekauft werden, die zur Erfüllung der Rückgewährsverpflichtung aus den

---

163 *Hein*, WM 1996, 1, 2.
164 Vgl. *Ziegenhain/Helens*, Der rechtliche Rahmen für das Going Public mittelständischer Unternehmen, WM 1998, 1417 ff.
165 *Bosch/Groß* in Bankrecht und Bankpraxis, Rn 10/265; *Hein*, WM 1996, 1, 2 ff.
166 *Hein*, WM 1996, 1, 4; *Bosch/Groß* in Bankrecht und Bankpraxis, Rn 10/266.
167 Wegen der Einzelheiten vgl. *Hein*, WM 1996, 1, 2; *Bosch/Groß* in Bankrecht und Bankpraxis, Rn 10/267.
168 Der Name ist der Greenshoe-Manufacturing & Co. Boston entlehnt, bei deren Emission dieses Verfahren erstmals praktiziert worden ist (*Hein*, WM 1996, 1, 6 ff.; *Bosch/Groß* in Bankrecht und Bankpraxis, Rn 10/271 Fn 3).
169 *Bosch/Groß* in Bankrecht und Bankpraxis, Rn 10/272; *Hein*, WM 1996, 1, 6.

durch Optionsausübung zustande gekommenen Wertpapierdarlehen verwendet werden können. Sind solche Stabilisierungskäufe wegen steigender Kurse nicht erforderlich und die darlehensweise erhaltenen Aktien verkauft worden, so kann sich das Emissionskonsortium von seiner Rückgewährspflicht dadurch befreien, daß der aus dem Verkauf erzielte Plazierungserlös an den Emittenten abgeführt wird. Entsprechende Regelungen enthält der standardisierte Wortlaut des Übernahmevertrages[170]. Die Greenshoe-Option trägt wesentlich zur **Stabilisierung der Emissionspraxis** bei. Insbesondere die institutionellen Investoren sind deshalb auch eher bereit, den Preisvorstellungen der Emittenten Rechnung zu tragen[171].

Die rechtliche Ausgestaltung der Greenshoe-Option hängt in starkem Maße davon ab, ob die darlehensweise zu überlassenden Aktien aus dem Altbesitz von Großaktionären zur Verfügung gestellt werden können oder es hierfür einer zusätzlichen Kapitalerhöhung bedarf[172]. Bei der Kapitalerhöhung einer Publikums-AG ist dieses Modell der Kursstabilisierung nur in den Fällen praktikabel, in denen das Bezugsrecht ausgeschlossen ist[173]. 9.210

3. Rechtsverhältnis zwischen Emittentin und Aktionären

a) Mitgliedschaftliche Rechtsstellung der Aktienerwerber

Anders als bei dem Erwerb einer Teilschuldverschreibung **erwirbt der Anleger** bei dem Erwerb von Aktien **kein Forderungsrecht, sondern** die **Mitgliedschaft** in der betreffenden AG. Die Rechtsbeziehungen zwischen der emittierenden Gesellschaft und dem Aktienerwerber sind dementsprechend in der Satzung der Gesellschaft näher geregelt. 9.211

Der Inhalt der Satzung der AG ist dabei anders als bei Anleihebedingungen einer Schuldverschreibung gesetzlich weitestgehend vorgegeben. § 23 Abs. 5 AktG läßt Abweichungen der Satzungsbestimmungen von den Vorschriften des Aktiengesetzes nur insoweit zu, wie es dort ausdrücklich gestattet ist. Neben dem Schutz der Gläubiger der Gesellschaft hat diese Vorschrift in erster Linie die Funktion, die Rechtsstellung der Aktionäre in hohem Maße einheitlich auszugestalten, um die Fungibilität und damit die Verkehrsfähigkeit der Aktien zu gewährleisten. 9.212

---

170 Vgl. wegen des Wortlautes den Mustertext einer solchen Greenshoe-Klausel in *Bosch/Groß* in Bankrecht und Bankpraxis, Teil 10, S. 197.
171 *Bosch/Groß* in Bankrecht und Bankpraxis, Rn 10/271.
172 Wegen der Einzelheiten vgl. *Bosch/Groß* in Bankrecht und Bankpraxis, Rn 10/273; *Hein*, WM 1996, 1, 6 ff.; vgl. weiter *Oltmanns*, DB 1996, 2319 ff.
173 *Bosch/Groß* in Bankrecht und Bankpraxis, Rn 10/276.

9.213 Bereits aus diesem Grunde kann der auch für den Erwerb von Aktien gebotene Anlegerschutz nicht wie bei Schuldverschreibungen durch die Kontrolle der Satzungsbestimmungen verwirklicht werden (vgl. überdies § 23 Abs. 1 AGBG). Nach dem gesetzlichen Leitbild, wie es sich dem Aktiengesetz entnehmen läßt, soll der Anlegerschutz nicht an die Aktie anknüpfen, sondern durch zwingende gesetzliche Vorgaben hinsichtlich der AG (System der Normativbestimmungen) und den Minderheitenschutz der Aktionäre gewährleistet werden[174].

9.214 Indessen ist nicht zu verkennen, daß insbesondere bei börsennotierten Gesellschaften für den Aktienerwerber nicht der Erwerb einer Gesellschafterstellung im Vordergrund steht, sondern es sich bei der Aktie oftmals nur um ein Kapitalanlageinstrument handelt, und die aktienrechtlichen Vorschriften über den Minderheitenschutz nicht ohne weiteres auf den Schutz des Anlegerpublikums zugeschnitten sind. Dieses Spannungsverhältnis zwischen aktienrechtlichem Minderheitenschutz und dem Anlegerschutz, wie er vom Kapitalmarktrecht bezweckt wird, ist bislang erst wenig behandelt worden[175]. Allgemein läßt sich sagen, daß der Schutz von Minderheitsaktionären – von schlechterdings unverzichtbaren Rechten abgesehen – in einer Publikumsgesellschaft um so weniger geboten erscheint, als die Funktionsfähigkeit des Kapitalmarktes durch entsprechende Vorschriften gesichert wird[176].

b) Rechtsstellung der bisherigen Aktionäre

9.215 Eine Aktienemission im Rahmen einer Barkapitalerhöhung berührt auch die Rechte der bisherigen Aktionäre. Ihre Berücksichtigung wirft für das Emissionsverfahren praktisch bedeutsame Fragen auf.

9.216 Die Gefahr einer Beeinträchtigung der mitgliedschaftlichen Rechtsstellung der bisherigen Aktionäre besteht unter zwei Gesichtspunkten: Zum einen verringert sich durch eine Kapitalerhöhung das relative Gewicht der Beteiligung jedes Aktionärs und damit seine Stimmkraft in der Hauptversammlung (**Einflußverlust**). Zum anderen kann eine Kapitalerhöhung zum Wertverlust der Aktien führen, soweit die neuen Aktien – wie häufig – zu einem niedrigeren Ausgabekurs emittiert werden, als es dem Börsenkurs der alten Aktien entspräche (Wertverwässerung)[177].

9.217 Zum Schutz des einzelnen Aktionärs vor einer derartigen Beeinträchtigung seiner mitgliedschaftlichen Rechtsstellung steht gemäß § 186 Abs. 1 S. 1 AktG jedem Aktionär ein Bezugsrecht hinsichtlich der im Zuge der Kapitalerhöhung neu ausgegebenen Aktien zu.

---

174 Vgl. *Hopt*, ZHR 141 (1977), 389, 390 f.
175 Vgl. Großkomm. AktG/*Assmann*, Einl. Rn 452; *Mertens*, AG 1990, 49, 52.
176 Vgl. *Mertens*, AG 1990, 49, 52.
177 Kölner Komm. zum AktG/*Lutter*, § 186 Rn 7.

aa) Mittelbares Bezugsrecht der bisherigen Aktionäre

Die gesetzliche Regelung des Bezugsrechts geht dabei von einem heute aus praktischen Gesichtspunkten – Rn 9.15 – nicht mehr gebräuchlichen Ablauf aus, daß die Gesellschaft die Emission neuer Aktien selbst vornimmt und dementsprechend die Bezugsberechtigung der bisherigen Aktionäre auch gegenüber der Gesellschaft geltend gemacht werden kann. Letzteres scheidet aus, wenn, wie mittlerweile üblich, das Emissionskonsortium die Aktien übernimmt. Daher läge in dieser Praxis ein Ausschluß des Bezugsrechts der bisherigen Aktionäre, welcher nur nach Maßgabe von § 186 Abs. 3, 4 AktG zulässig wäre. **§ 186 Abs. 5 AktG** sieht jedoch vor, daß es nicht als Bezugsrechtsausschluß anzusehen ist, wenn das Bankenkonsortium die neuen Aktien mit der Verpflichtung übernimmt, sie den Aktionären zum Bezug anzubieten.

9.218

Sinn dieser **gesetzlichen Fiktion** ist es allein, das mittelbare Bezugsrecht von den für den Bezugsrechtsausschluß geltenden Erschwernissen (§ 186 Abs. 3 und 4 AktG) freizustellen[178]. **Formalrechtlich** liegt also auch beim mittelbaren Bezugsrecht ein Ausschluß des originären Bezugsrechts der Aktionäre vor. Übernehmer der neuen Aktien und in der Zwischenzeit Aktionäre der Gesellschaft sind allein die Mitglieder des Emissionskonsortiums. Es bestehen daher keine unmittelbaren Beziehungen zwischen der Gesellschaft und den ihr mittelbares Bezugsrecht ausübenden Aktionären[179]. **Wirtschaftlich** gesehen wird hier aber die Aktienemission im Verhältnis der Gesellschaft zu den Aktionären durchgeführt, wobei das Übernahmekonsortium als Abwicklungsstelle eingeschaltet wird[180]. Die Konsortialbanken haben daher nur die Stellung eines fremdnützigen Treuhänders[181].

9.219

Die für das mittelbare Bezugsrecht typische Verpflichtung, die übernommenen Aktien den Aktionären zum Bezug anzubieten, begründet für die Aktionäre ein selbständiges (Bezugs-)Recht gegen das Übernahmekonsortium[182]. Diese Vereinbarung ist daher als ein berechtigender Vertrag zugunsten Dritter im Sinne des § 328 Abs. 2 BGB anzusehen[183]. Soweit die Aktionäre oder die Nichtaktionäre, die solche „Bezugsrechte" im Bezugsrechtshandel erworben haben, das Vertrags-(Bezugs-)Angebot der Banken

9.220

---

178 BGH WM 1992, 1225, 1229 m.w.Nachw.
179 BGH WM 1993, 948.
180 *Wiedemann*, WM 1979, 991.
181 BGH WM 1992, 1225, 1229 m.w.Nachw.
182 Kölner Komm. zum AktG/*Lutter*, § 186 Rn 114.
183 BGH WM 1992, 1225, 1229.

annehmen, kommt mit der anbietenden Bank ein **Kaufvertrag** zustande, der sodann nach den allgemeinen Regeln zu erfüllen ist, also bis zur Verbriefung des neuen Aktienrechts durch Abtretung (§§ 398, 413 BGB), nach der Verbriefung durch Verschaffung von Wertpapiereigentum[184]. Denn in diesem Stadium sind die neuen Aktienrechte durch die vorausgegangene handelsregisterliche Eintragung der Durchführung der Erhöhung des Grundkapitals schon entstanden (vgl. § 189 AktG). Vor dieser Eintragung können die noch nicht entstandenen Mitgliedschaftsrechte nicht übertragen werden (§ 191 S. 1 AktG). Unwirksam ist auch eine unter der aufschiebenden Bedingung der späteren Eintragung erfolgende Übertragung oder die Übertragung einer Anwartschaft auf die künftigen Mitgliedschaftsrechte[185].

bb) Bezugsrechtsausschluß

9.221 In bestimmten Situationen kann die Gesellschaft, die die Durchführung einer Kapitalerhöhung beabsichtigt, ein Interesse daran haben, die Bezugsberechtigung der bisherigen Aktionäre auszuschließen. Mit einer solchen Maßnahme ist notwendigerweise eine **Beeinträchtigung** der mitgliedschaftlichen Rechtsstellung **der bisherigen Aktionäre** verbunden; gleichwohl läßt das Aktiengesetz den Bezugsrechtsausschluß grundsätzlich zu.

9.222 Als **berechtigtes Interesse** für eine bezugsrechtsfreie Kapitalerhöhung kommt beispielsweise das gesetzlich nunmehr (§ 186 Abs. 3 S. 4 AktG) anerkannte Interesse in Betracht, von den sich am Kapitalmarkt infolge günstiger Kursentwicklung bietenden Möglichkeiten schnell und flexibel Gebrauch machen zu können[186]. Ein weiteres Interesse kann in der Einführung der Aktien an einer ausländischen Börse liegen[187]. Eine Börseneinführung kann den Bezugsrechtsausschluß auch dann rechtfertigen, wenn nur auf diese Weise die nach § 9 BörsZulV erforderliche Streuung der Aktien zu erzielen ist.

9.223 Nach der gesetzlichen Regelung ist der Bezugsrechtsausschluß nur unter bestimmten engen Voraussetzungen zulässig. So bedarf dieser Ausschluß der Zustimmung von mindestens drei Vierteln des bei der Beschlußfassung vertretenen Grundkapitals (§ 186 Abs. 3 S. 2 AktG). Ein solcher Beschluß kann im übrigen nur gefaßt werden, wenn die vollständige oder teilweise Ausschließung des Bezugsrechts zuvor ausdrücklich bekanntgemacht worden ist und der Vorstand den Grund für diesen Ausschluß schriftlich erläutert hat (§ 186 Abs. 4 AktG).

---

184 BGH WM 1993, 945, 948.
185 BGH WM 1993, 945, 948.
186 BT-Drucksache 12/6721, S. 10.
187 BGH WM 1994, 635, 636 ff.; Kölner Komm. zum AktG/*Lutter*, § 186 Rn 72.

Durch die Neueinführung von § 186 Abs. 3 S. 4 AktG hat der Gesetzgeber mittlerweile die Möglichkeit zu einem **erleichterten Bezugsrechtsausschluß** geschaffen[188]. Ein solcher Ausschluß ist nunmehr zulässig, sofern die Barkapitalerhöhung 10% des Grundkapitals nicht übersteigt und der Ausgabepreis der neuen Aktien den Börsenpreis nicht wesentlich unterschreitet.

9.224

Die Neuregelung soll einen erleichterten Bezugsrechtsausschluß für die Fälle schaffen, bei denen die Gründe, die zur Einführung des gesetzlichen Bezugsrechts geführt haben, nicht vorliegen. Ein Schutzbedürfnis der bisherigen Aktionäre soll nach der Gesetzesbegründung dann nicht gegeben sein, wenn weder ein Einflußverlust noch eine Wertverwässerung drohen[189]. Ein Einflußverlust stehe dann nicht zu befürchten, wenn die Altaktionäre die Möglichkeit hätten, ihren relativen Anteil am Grundkapital durch freien Zukauf über die Börse zu erhalten[190].

9.225

Daher ist die in § 186 Abs. 3 S. 4 AktG enthaltene Neuregelung auf börsennotierte Aktiengesellschaften beschränkt.

9.226

Die Gefahr einer Wertverwässerung bestehe dann nicht, wenn die Ausgabe der neuen Aktien zumindest zum Börsenpreis erfolge[191]. § 186 Abs. 3 S. 4 AktG sieht insoweit eine Erleicherung vor, als daß es ausreicht, daß der Ausgabepreis den Börsenpreis nicht wesentlich unterschreitet. Als Abweichung ist ein Betrag von 3 bis 5% des aktuellen Börsenkurses anzusetzen[192].

9.227

Sofern eine AG eine Kapitalerhöhung beabsichtigt, die 10% ihres Grundkapitals übersteigt, verbleibt es bei der bis zur Einführung der Neuregelung in § 186 Abs. 3 S. 4 AktG geltenden Rechtslage.

9.228

Sie war davon geprägt, daß Rechtsprechung und ein Teil des Schrifttums hohe Anforderungen an einen Bezugsrechtsausschluß insbesondere bei Schaffung von genehmigtem Kapital stellten. Hiernach gehört zu den materiellen Voraussetzungen für einen solchen Ausschluß ein spezifisches Interesse der Gesellschaft, die Eignung und Erforderlichkeit dieses Mittels zum angestrebten Zweck und die Wahrung der Verhältnismäßigkeit[193]. Nach dem **BGH** ist ein **Bezugsrechtsaus-**

9.229

---

188 Gesetz für kleine Aktiengesellschaften und zur Deregulierung des Aktienrechts vom 2. 8. 1994, BGBl. I, S. 1961.
189 Amtl. Begr., BT-Drucksache 12/6721, S. 10.
190 Amtl. Begr., BT-Drucksache 12/6721, S. 10.
191 Amtl. Begr., BT-Drucksache 12/6721, S. 10.
192 Beschlußempfehlung und Bericht des Rechtsausschusses des Deutschen Bundestages, BT-Drucksache 12/7848, S. 9; vgl. *Hahn*, DB 1994, 1659, 1664.
193 Kölner Komm. zum AktG/*Lutter*, § 186 Rn 61 ff.; *Geßler/Hefermehl/Bungeroth*, § 186 Rn 113; OLG Frankfurt WM 1993, 373; vgl. weiter *Schockenhoff*, AG 1994, 45.

schluß nur zulässig, wenn nach Lage der Gesellschaft und dem Stand der Pläne für ihre Zukunft konkrete Anhaltspunkte dafür gegeben sind, es könnte sich innerhalb der dem Vorstand eingeräumten Frist als notwendig und auch im Hinblick auf die Interessen der betroffenen Aktionäre als vertretbar erweisen, bei der Ausgabe der neuen Aktien das Bezugsrecht auszuschließen[194].

---

194 WM 1982, 660, 661; 1992, 2098, 2100.

4. Abschnitt
Rechtsverhältnisse des Emissionskonsortiums

Für das Emissionsgeschäft ist es typisch, daß an dem einzelnen Emissionsvorhaben jeweils mehrere Kreditinstitute beteiligt sind. Das Emissionsgeschäft ist daher zugleich wesentlicher Teil des Konsortialgeschäfts. Von einem **Konsortialgeschäft** im banktechnischen Sinne spricht man, wenn bestimmte Einzelgeschäfte nicht von einem, sondern von mehreren Kreditinstituten auf gemeinsame Rechnung durchgeführt werden. Der Anlaß für ein gemeinschaftliches Handeln kann unterschiedlicher Natur sein. So kann die Größenordnung des Geschäfts es angezeigt sein lassen, weitere Kreditinstitute wegen des damit verbundenen Kapitaleinsatzes und Plazierungs- und Preisrisikos einzuschalten.

9.230

Eine solche Einschaltung mehrerer Kreditinstitute kann aber auch auf Wunsch des Geschäftspartners geschehen, wie dies insbesondere bei Emissionen von Aktien und Schuldverschreibungen häufig der Fall ist. Bei internationalen Emissionen – hier werden die Wertpapiere ganz oder teilweise in ausländischen Primärmärkten plaziert – steht dagegen die Zusammensetzung des Konsortiums ganz überwiegend im Ermessen der konsortialführenden Bank. Diese von der inländischen Praxis abweichende Handhabung erklärt sich daraus, daß bei internationalen Emissionen auf die sich wandelnden Kapitalmarktverhältnisse der einzelnen Länder Rücksicht genommen werden muß, wenn die Emission erfolgreich plaziert werden soll. Bei internationalen Emissionsvorhaben steht es daher den führenden Kreditinstituten weitgehend frei, aus dem Kreis der auf diesem Gebiete tätigen Banken die im Einzelfall geeigneten Konsortialmitglieder auszuwählen. Insbesondere in der internationalen Praxis kommen aber zunehmend auch andere Formen vor, in denen eine führende Bank andere Banken an der Emission nur unterbeteiligt, während sie den Übernahmevertrag mit der Emittentin abschließt[195].

9.231

---

195 *Schücking*, WM 1996, 281 ff.

I. Abgrenzung zu anderen Beteiligungsformen

1. Verdecktes Konsortium

9.232 Soweit die führende Bank den Übernahmevertrag im Namen der anderen mitwirkenden Banken abschließt und damit als offener Stellvertreter (§ 164 BGB) tätig wird, tritt jedes Konsortialmitglied in unmittelbare vertragliche Beziehung zu dem Emittenten. Hier liegt ein **Außenkonsortium** vor; die mitwirkenden Kreditinstitute treten nach außen als Vertragspartner des Kontrahenten in Erscheinung.

9.233 An einem solchen Außenkonsortium fehlt es, wenn die führende Bank den Übernahmevertrag mit den Emittenten allein abschließt, dies aber für Rechnung der übrigen mitwirkenden Banken geschieht. In diesen Fällen spricht man von primary underwriting und sub-underwriting. Hier erwachsen allein dem führenden Kreditinstitut bzw. der Führungsgruppe Rechte und Pflichten aus dem Übernahmevertrag mit den Emittenten. Zwischen dem oder den mit dem Emittenten unmittelbar kontrahierenden Kreditinstituten und den übrigen mitwirkenden Konsortialmitgliedern wird ein Gesellschaftsverhältnis begründet[196]. Diese gesellschaftsrechtliche Vertragsbeziehung wird in der Praxis wie beim Außenkonsortium dadurch herbeigeführt, daß das führende Kreditinstitut bzw. die Führungsgruppe mit den anderen Konsortialmitgliedern im Wege des Briefwechsels die erforderlichen Vereinbarungen trifft. Diese Organisationsform wird als **Innenkonsortium** bezeichnet, weil die beteiligten Kreditinstitute beim Vertragsabschluß mit dem Kontrahenten nicht nach außen auftreten. Der Grund für die Bildung von Innenkonsortien ist häufig in dem Interesse des führenden Instituts bzw. der Führungsgruppe zu erblicken, unmittelbar vor oder nach Abschluß des Außenvertrages ohne Mitwirkung des Kontrahenten kurzfristig den Kreis der Konsorten ergänzen oder ändern zu können.

9.234 Von diesen Innenkonsortien ist der **Sonderfall** zu unterscheiden, daß die führende Bank als Underwriter mit den anderen mitwirkenden Banken keinerlei konsortialgeschäftliche Vertragsbeziehung eingeht, sondern die allein übernommenen Wertpapiere sofort an die anderen Banken zwecks Plazierung weiterveräußert. Hier besteht keine Innengesellschaft, sondern eine reine kaufvertragliche Rechtsbeziehung[197].

---

196 *Hopt*, Prospekthaftung, 1991, S. 26.
197 *Hopt*, Prospekthaftung, 1991, S. 26.

2. Metaverhältnis

Ein Metaverhältnis liegt nach der Rechtsprechung des Reichsfinanzhofs 9.235
vor, wenn sich mehrere Unternehmen (Metisten) zur Ausführung einer unbestimmten Anzahl von Geschäften auf gemeinschaftliche Rechnung für längere Zeit miteinander zusammenschließen, die Geschäfte jedoch von jedem Metisten nach außen im eigenen Namen abgeschlossen werden[198]. Das Metaverhältnis läßt sich als die Zusammenfassung und gleichmäßige Teilung des Geschäftsergebnisses unter gleichberechtigten Partnern definieren, wobei die Kooperation in einen bestimmten Tätigkeitsbereich der Metisten erfolgt[199]. Ein **praktischer Anwendungsfall** sind die auf gemeinschaftliche Rechnung durchgeführten Effekten- und Devisenarbitragegeschäfte zweier Banken mit Sitz an verschiedenen Börsenplätzen.

Das **Metaverhältnis** stellt wie das Innenverhältnis einen **Sonderfall der** 9.236
Innengesellschaft dar, weil das Ergebnis aller hiervon erfaßten Geschäfte, die von den Metisten jeweils im eigenen Namen abgeschlossen werden, im Innenverhältnis aufgeteilt werden. Der Unterschied zu einem Innenkonsortium besteht vor allem darin, daß jeder Metist als Käufer oder als Verkäufer für die Metaverbindung tätig werden kann. Beim Innenkonsortium tritt dagegen nur die führende Bank gegenüber dem Emittenten als Kontrahent auf.

3. Unterbeteiligung

Von dem Innenkonsortium ist die in der Konsortialpraxis anzutreffende 9.237
Unterbeteiligung zu unterscheiden[200]. Bei der Abgabe einer Unterbeteiligung entsteht zwischen dem abgebenden und abnehmenden Kreditinstitut ein Vertragsverhältnis, das allgemein als eine Gesellschaft des bürgerlichen Rechts angesehen wird. Da der Unterbeteiligte in keinerlei Rechtsbeziehungen zu dem Geschäftspartner tritt, stellt sich die Unterbeteiligung als ein Sonderfall der Innengesellschaft dar. Solche Unterbeteiligungen können auch von den Mitgliedern des Übernahmekonsortiums zusätzlich übernommen werden.

Von dem **Innenkonsortium unterscheidet sich die Unterbeteiligung** vor 9.238
allem dadurch, daß zwischen dem Unterbeteiligten und den übrigen mit-

---

198 Zur Abgrenzung des Metageschäts vom partiarischen Darlehen vgl. BGH WM 1989, 1850, 1851; zu dem Wesen des Metageschäfts vgl. weiter BGH BB 1964, 12; WM 1982, 1403.
199 *Szantyr* in Bankrecht und Bankpraxis, Rn 10/29.
200 *Szantyr* in Bankrecht und Bankpraxis, Rn 10/27.

wirkenden Kreditinstituten keinerlei rechtliche Beziehungen, also auch keine gesellschaftsrechtlichen Bindungen begründet werden. Rechtsbeziehungen bestehen vielmehr nur zwischen dem unterbeteiligenden Kreditinstitut und dem Unterbeteiligten. Ein weiteres Unterscheidungsmerkmal ergibt sich insofern, als der Unterbeteiligte nach außen weitgehend verborgen bleibt. Das Innenkonsortium kann dagegen ungeachtet dessen, daß die Konsortiumsmitglieder nicht an dem Übernahmevertrag mit den Emittenten beteiligt sind, in sonstiger Weise nach außen in Erscheinung treten. So erscheinen bei internationalen Emissionen die dem Innenkonsortium angehörenden Kreditinstitute in den Anzeigen über den erfolgreichen Verkauf der Anleihestücke (sog. Tombstone Advertisements).

9.239 Die **Beweggründe,** die zur Abgabe von Unterbeteiligungen führen, können verschieden sein. Im Emissionsbereich kann es zu einer Unterbeteiligung kommen, wenn das Plazierungsrisiko des unterbeteiligenden Kreditinstituts begrenzt werden soll. Mitunter ist für die Abgabe einer Unterbeteiligung auch nur der Gesichtspunkt der Reziprozität oder der bloßen Gefälligkeit gegenüber einem befreundeten Kreditinstitut ausschlaggebend.

II. Rechtsverhältnisse des Bankenkonsortiums

9.240 Das **Übernahmekonsortium** ist nach allgemeiner Meinung eine **Gesellschaft bürgerlichen Rechts in Form einer Außengesellschaft**[201].

9.241 Dies ist freilich **in den Fällen zweifelhaft,** in denen es an einem gemeinsam verfolgten Zweck im Sinne des § 705 BGB fehlt, weil die Plazierung der emittierten Wertpapiere nicht als gemeinschaftlich zu förderndes Ziel vereinbart wird, vielmehr sich die Verpflichtung der einzelnen Konsortialbank jeweils auf den Kauf der Wertpapiere in Höhe der übernommenen Konsortialquote erschöpft. So wird in dem „Standard Agreement" der International Primary Market Association (IPMA) ausdrücklich das Vorliegen eines „Partnership" und damit gesellschaftsrechtliche Beziehungen ausgeschlossen. Hier werden nur parallele Kaufverpflichtungen der Konsortialbanken begründet. Dieser Mustervertrag der IPMA wird mittlerweile häufig auch bei Inlandsemissionen verwendet[202].

9.242 Die wesentlichen Elemente der bürgerlich-rechtlichen Gesellschaft nach dem gesetzlichen Leitbild (§§ 705 ff. BGB) wie die Bildung eines Gesamt-

---

201 BGH WM 1992, 1225, 1230; *Hopt,* Prospekthaftung, 1991, S. 24; Münchener Komm. zum BGB/*Ulmer,* vor § 705 Rn 38 f.
202 Vgl. hierzu ausführlich *Bosch/Groß* in Bankrecht und Bankpraxis, Rn 10/32 ff.

handsvermögen und die Art der Haftung der Konsortialbanken sind jedoch weitgehend abbedungen oder entsprechend den praktischen Bedürfnissen anders geregelt (gesellschaftsrechtliche Typendehnung)[203]. Die hierdurch eingeschränkte Transparenz der rechtlichen Verhältnisse zwischen den Konsortialbanken hat zur Folge, daß die in Deutschland übliche Konstruktion als BGB-Gesellschaft bei internationalen Emissionen häufig nicht akzeptiert wird[204].

1. Konsortialvertragliche Regelungen

Die **Vertragsbeziehungen der Konsortialbanken untereinander** werden wesentlich durch den Konsortialvertrag unter Abweichung der dispositiven Gesetzesbestimmungen für die BGB-Gesellschaft gestaltet. Dieser Konsortialvertrag ist zu unterscheiden von dem Übernahmevertrag, der zwischen dem Konsortium und der Emittentin geschlossen wird und das Emissionsgeschäft im engeren rechtlichen Sinne beinhaltet. Die Praxis pflegt die wichtigsten Konsortialvereinbarungen in schriftlicher Form festzulegen. Dies geschieht regelmäßig im Wege eines Briefwechsels zwischen der Konsortialführerin und den Konsortialmitgliedern. Durch den Briefwechsel kommt zwischen den Konsortialmitgliedern ein einheitlicher Gesellschaftsvertrag zustande, auf Grund dessen alle Beteiligten rechtlich in unmittelbaren Beziehungen zueinander stehen und als Gesellschafter miteinander verbunden sind.

9.243

a) Fehlendes Konsortialvermögen

Die von der Konsortialführerin für das Konsortium übernommenen Wertpapiere würden nach der gesetzlichen Regelung im ganzen ungeteilt als gebundenes Sondervermögen allen Konsortialbanken gemeinschaftlich zustehen (§ 718 Abs. 1 BGB). Dieses **Gesamthandseigentum** der BGB-Gesellschaft ist jedoch **für die Konsortialpraxis ungeeignet.** Bei Vorhandensein von Gesamthandseigentum könnten Verfügungen über die erworbenen Wertpapiere ganz oder teilweise nur gemeinschaftlich von allen Konsortialmitgliedern getroffen werden (§ 719 Abs. 1 BGB). Zur Vermeidung einer solchen störenden gesamthänderischen Bindung enthalten der Vertrag mit der Emittentin und korrespondierend die Vereinbarungen zwischen den Konsortialbanken fast ausnahmslos eine Klausel, mit der die Bildung von gesamthänderischem Eigentum ausgeschlossen wird. Ein sol-

9.244

---

203 *Hopt,* Prospekthaftung, 1991, S. 27; *Westermann,* AG 1967, 285; *Immenga,* Die Stellung der Emissionskonsortien in der Rechts- und Wirtschaftsordnung, 1981, S. 10.
204 *Bosch/Groß* in Bankrecht und Bankpraxis, Rn 10/36.

cher Ausschluß ist zulässig; eine Gesellschaft des bürgerlichen Rechts kann auch ohne Begründung von Gesellschaftsvermögen bestehen.

9.245 Darüber hinaus wird regelmäßig auch **Miteigentum nach Bruchteilen** ausgeschlossen. Auch die Begründung gemeinschaftlichen Eigentums ist für die Konsortialpraxis ungeeignet. Im Unterschied zum Gesamthandseigentum könnte hier zwar jede Konsortialbank über ihren an den einzelnen Wertpapieren bestehenden Bruchteil frei verfügen. Zu Verfügungen über jedes einzelne Wertpapier im ganzen wären aber wie beim gesamthänderischen Eigentum wiederum nur alle Konsorten gemeinschaftlich berechtigt (§ 747 S. 2 BGB).

9.246 Mit Rücksicht auf den Ausschluß von Gesamthandseigentum und Bruchteilseigentum ist **jede Konsortialbank** über die Wertpapiere **allein verfügungsberechtigt,** die ihr üblicherweise im Effektengiroverkehr auf dem bei der Deutsche Börse Clearing AG unterhaltenen Konto von der Konsortialführerin angeschafft werden. Ungeachtet der Vereinbarung von Alleineigentum kann aber Gesamthandsvermögen in Gestalt von Ansprüchen des Konsortiums gegen den Emittenten und Ansprüche der Gesamthand gegen die einzelne Konsortialbank gebildet werden[205].

b) Konsortialführung

9.247 Die Geschäftsführung wird regelmäßig einer Konsortialbank als Konsortialführerin (**„Lead Manager"**) übertragen. Die Konsortialführerin kann daher in allen Fragen, die der gewöhnliche Geschäftsablauf mit sich bringt, allein nach eigenem Ermessen entscheiden. Dabei bestimmen sich die Rechte und Pflichten der Konsortialführerin grundsätzlich nach den auftragsrechtlichen Bestimmungen der §§ 664 bis 670 BGB (§ 713 BGB). Aus der alleinigen Geschäftsführung folgt zugleich die Befugnis der Konsortialführerin, das Konsortium gegenüber dem Geschäftspartner zu vertreten (§ 714 BGB). Auch wenn ausnahmsweise keine **Alleingeschäftsführungsbefugnis** besteht, kann sich aber aus dem Konsortialvertrag oder den Umständen des Einzelfalles eine **Alleinvertretungsmacht** der Konsortialführerin ergeben[206]. Den Konsortialbanken verbleiben aber das individuelle Kontrollrecht und das Weisungsrecht nach Maßgabe eines Gesellschafterbeschlusses[207].

9.248 Bei der Bildung eines Konsortiums spielt die Frage der Führung des Konsortiums eine erhebliche Rolle. Die Übertragung der geschäftlich bedeut-

---
205 *Hopt*, Prospekthaftung, 1991, S. 27.
206 *Hopt*, Prospekthaftung, 1991, S. 27.
207 *Hopt*, Prospekthaftung, 1991, S. 27.

samen Konsortialführung ist ein Präjudiz für alle nachfolgenden Konsortialgeschäfte mit der jeweiligen Emittentin. Haben mehrere Kreditinstitute im gleichen Umfang Anlaß, die Konsortialführung für sich zu beanspruchen, so wird die Führungsfrage mitunter dadurch gelöst, daß diesen Kreditinstituten die gemeinschaftliche (Mit-)Führung übertragen wird. Aus praktischen Gesichtspunkten liegt jedoch auch in diesem Falle die Geschäftsführung bei einem mitführenden Konsorten, dem sog. „federführenden" Institut. Dabei kann auch von vornherein eine wechselnde (alternierende) Federführung vereinbart werden. Dagegen wird die **Vertretung nach außen** regelmäßig von dem federführenden Kreditinstitut gemeinschaftlich mit den mitführenden Kreditinstituten wahrgenommen. Diese Führungsverhältnisse treten nach außen dadurch in Erscheinung, daß bei den Veröffentlichungen in der Tagespresse und den Börseneinführungsprospekten, bei denen sämtliche Konsorten namentlich erwähnt werden, die konsortialführenden Kreditinstitute an der Spitze stehen. Bei einer Mitführung stehen die führenden Kreditinstitute entweder nebeneinander oder untereinander, und zwar das federführende links oder an der obersten Stelle. Die übrigen Konsortialmitglieder schließen sich in alphabetischer Reihenfolge an. Diese einheitliche Handhabung unterstreicht die geschäftliche Bedeutung, die der Frage der Konsortialführung zukommt.

Zu den **Aufgaben der Konsortialführerin** gehören vor allem die Führung der Verhandlungen mit den Emittenten, die Erledigung der gesamten Korrespondenz und die Abwicklung der Emission. Im übrigen hat die Konsortialführung die Konsortialmitglieder von bedeutsamen Vorfällen zu unterrichten und gegebenenfalls deren Zustimmung einzuholen. Dies folgt aus der gesetzlichen Benachrichtigungspflicht der Konsortialführerin als geschäftsführender Gesellschafterin (§§ 666, 713 BGB).

9.249

Wenngleich die Konsortialführerin im Rahmen ihrer Geschäftsführungsbefugnis die Konsortialbanken rechtsgeschäftlich verpflichten kann, so bedeutet dies aber nicht, daß die Konsortialbanken für Vertragsverletzungen der Konsortialführerin oder anderer Konsortialbanken selbst rechtlich einzustehen haben[208]. Dies würde voraussetzen, daß sich die Konsortialbanken der Konsortialführerin oder anderer Konsortialbanken zur Erfüllung eigener Verpflichtungen gegenüber dem Emittenten bedienen würden (§ 278 BGB). Dies kann jedenfalls für vertragliche Nebenpflichten und Schutzpflichten, wie z.B. auf Aufklärung und Beratung des Emittenten verneint werden. Diese **Pflichten** treffen **nur die Konsortialführerin.**

9.250

---

208 *Hopt,* Prospekthaftung, 1991, S. 29; kritisch *Bosch/Groß* in Bankrecht und Bankpraxis, Rn 10/149.

Für die Richtigkeit und Vollständigkeit des Prospektes ist daher im Innenverhältnis der Konsortialbanken allein die Konsortialführerin verantwortlich, die üblicherweise den Prospekt zu erstellen hat. Die eigenen Pflichten der Konsortialbanken beschränken sich auf die Bezahlung des Übernahmepreises in Höhe der eigenen Quote und etwaige damit zusammenhängende Nebenpflichten[209].

c) Pflichten der Konsortialbanken

9.251 Die Konsortialbanken sind aufgrund der zwischen ihnen bestehenden gesellschaftsrechtlichen Bindungen gegenseitig verpflichtet, die Durchführung des Konsortialgeschäfts nach Kräften zu fördern (§ 705 BGB). Insbesondere sind die beteiligten Konsortialbanken zur Bereitstellung der Geldbeträge verpflichtet, die zu der gemeinschaftlichen Übernahme der neu emittierten Wertpapiere erforderlich sind. Die Höhe der **Beitragspflicht** bestimmt sich nach der Quote, mit der das einzelne Kreditinstitut am Konsortium beteiligt ist. Die Konsortialquoten werden im Konsortialvertrag angegeben. Die Konsortialquote bildet die Berechnungsgrundlage für die Gewinn- und Verlustbeteiligung der einzelnen Konsorten.

2. „Außen"haftung der Konsorten

9.252 In der Konsortialpraxis wird regelmäßig die **Haftung** der Konsortialbanken **auf die Höhe der Konsortialquote** beschränkt. Jede Konsortialbank schuldet die Übernahme von neu emittierten Wertpapieren gemäß ihrer Quote. Der Emittent hat daher gegenüber jeder Konsortialbank einen selbständigen Anspruch auf die jeweils von ihr zu erbringende Teilleistung. Es liegt daher eine **Teilschuld** im Sinne des § 420 BGB vor.

9.253 Ohne eine solche Vereinbarung würde für die Konsortialbanken eine gesamtschuldnerische Haftung begründet, wie dies bei Geschäftsabschlüssen für BGB-Gesellschaften die Regel ist (§ 427 BGB).

9.254 Von dieser Gesamtschuld der BGB-Gesellschafter sind die **sog. Gesamthandsschulden** zu unterscheiden, die insbesondere dann gegeben sind, wenn die Haftung nach dem Gesellschaftsvertrag auf das Gesellschaftsvermögen in einer gegenüber Dritten wirksamen Weise beschränkt worden ist, weil sie nach außen erkennbar ist[210].

---

209 *Hopt*, Prospekthaftung, 1991, S. 29.
210 BGH WM 1985, 56, 57; 1990, 1113, 1114. Solche Gesamthandsschulden werden dagegen regelmäßig begründet, wenn entsprechend einem Teil des Schrifttums in der BGB-Gesellschaft als Gesamthandsgesellschaft ein gegenüber den Gesellschaftern verselbständigtes Rechtssubjekt erblickt wird (*Hadding/Häuser*, WM 1988, 1585, 1586; zur umstrittenen Rechtsfähigkeit der

Bei einer solchen Gesamthandsschuld sind alle Schuldner nur in ihrer gesamthänderischen Verbundenheit zu der geschuldeten Gesamtleistung verpflichtet. Die Leistungspflicht des einzelnen Schuldners beschränkt sich hier nicht auf eine selbständige Teilleistung im Sinne des § 420 BGB, erstreckt sich aber auch nicht wie bei der Gesamtschuld im Sinne des § 427 BGB auf die gesamte Leistung. Die Gesamthandsschuld geht vielmehr dahin, im Zusammenwirken mit den anderen Schuldnern den Leistungserfolg herbeizuführen[211]. Solche echten Gesamthandsschulden können also nur durch eine gemeinsame Verfügung aller Gesellschafter erfüllt werden[212].

Nach dem **BGH** soll diese **gesamtschuldnerische Haftung nicht abbedungen werden können,** wenn das Bankenkonsortium im Rahmen eines mittelbaren Bezugsrechts (§ 186 Abs. 5 AktG) die Aktien nach handelsregisterlicher Eintragung der Durchführung der Kapitalerhöhung entgegengenommen hat[213]. Hier würden die Konsortialbanken nicht als Einzelpersonen, sondern als Gesamthandsgemeinschaft Mitglied der Gesellschaft. Dies habe unabdingbar ihre gesamtschuldnerische Haftung entsprechend § 427 BGB zur Folge. Denn es würde dem Zweck der aktienrechtlichen Kapitalschutzvorschriften, die Aufbringung und Erhaltung des Grundkapitals in der AG zu sichern, widersprechen, wenn die Mitglieder einer an der AG beteiligten BGB-Gesellschaft ihre Haftung für die von ihnen zu leistende Einlage auf das Gesamthandsvermögen beschränken oder ihre persönliche Haftung auf einen ihrer prozentualen Beteiligung entsprechenden Betrag begrenzen dürften[214]. Diesen Erfordernissen kann aber auch bei der seit langem üblichen und sachgemäßen quotalen Haftung Rechnung getragen werden, wenn sich diese Außenhaftung bei Ausfall einer Konsortialbank entsprechend der im Innenverhältnis bestehenden Ausfallhaftung (§ 735 S. 2 BGB) erhöht.

9.255

Die BGH-Rechtsprechung läßt im übrigen unberücksichtigt, daß die Haftung aus der „Zeichnung" des neuen Mitgliedschaftsrechts nicht aus dem Übernahmevertrag zwischen Gesellschaft und Bankenkonsortium folgt, sondern auf dem rechtlich selbständigen kooperationsrechtlichen Zeich-

9.256

BGB-Gesellschaft vgl. BGH WM 1997, 1666, 1667). Nach dieser Literaturmeinung sei aber aus § 714 BGB zu entnehmen, daß der geschäftsführende Gesellschafter grundsätzlich ermächtigt ist, die anderen BGB-Gesellschafter zu vertreten mit der Folge, daß hierbei inhaltsgleiche Gesellschaftsverbindlichkeiten als Gesamthandsschulden und persönliche Gesellschafterverbindlichkeiten als Gesamtschulden i.S. des § 427 BGB begründet werden (*Hadding/Häuser*, WM 1988, 1585, 1587).
211 *Palandt/Heinrichs*, Überbl. v. § 420 Rn 7.
212 BGH WM 1990, 1113, 1114.
213 BGH WM 1992, 1225, 1231; *Timm/Schöne*, ZGR 1994, 113.
214 BGH WM 1992, 1225, 1231.

nungsvertrag beruht[215]. Hierdurch wird der Praxis die Möglichkeit eröffnet, durch eine entsprechende rechtliche Ausgestaltung des Zeichnungsvorgangs von vornherein die Begründung einer gesamtschuldnerischen Haftung zu vermeiden, die nach Auffassung des BGH nicht abdingbar sein soll. So könnte jede Konsortialbank einen Zeichnungsschein in Höhe ihrer Quote ausstellen. Hier handeln die Konsortialbanken nicht als Mitglieder des Konsortiums und daher auch nicht als gesamtschuldnerische BGB-Gesellschafter. In diesem Fall wird jede Bank (Allein)Aktionär in Höhe der auf sie entfallenden Quote[216]. Jede Konsortialbank kann die Konsortialführerin aber auch bevollmächtigen (§ 164 Abs. 1 BGB), den sie betreffenden Zeichnungsschein in ihrem Namen auszustellen[217]. Dies kann zwecks technischer Vereinfachung auch in dem von der konsortialführenden Bank über das gesamte Emissionsvolumen ausgestellten Zeichnungsschein geschehen[218].

a) Unabweisbares Bedürfnis für Haftungsbegrenzung

9.257 Eine gesamtschuldnerische Haftung der Konsortialbanken würde jedoch den Absichten der beteiligten Kreditinstitute zuwiderlaufen, die ihr Risiko grundsätzlich auf die Höhe ihrer Quote begrenzen wollen. Dies leuchtet ohne weiteres ein, wenn man bedenkt, daß die Quoten der einzelnen Konsortialbanken häufig sehr gering sind und insbesondere bei internationalen Emissionen nicht selten zwischen 0,1% und 1% schwanken[219]. Es macht im übrigen keinen Sinn, wenn eine kleine Konsortialbank über die

---

215 *Groß*, AG 1993, 117.
216 *Priester*, FS Brandner, 1996, S. 97, 108 f.; Großkomm. AktG/*Wiedemann*, § 186 Rn 205; *Schücking*, Münchener Handbuch des Gesellschaftsrechts, § 26 Rn 109; *Bosch/Groß* in Bankrecht und Bankpraxis, Rn 10/316; vgl. weiter *Singhof*, der darüber hinaus eine Klarstellung im Übernahmevertrag für erforderlich hält, wonach jede Konsortialbank von der Emittentin verlangen kann, ihr isoliertes Zeichnungsangebot in Höhe ihrer Quote anzunehmen. (Die Außenhaftung von Emissionskonsorten für Aktienanleger. Schriften des Instituts für deutsches und internationales Recht des Spar- Giro- und Kreditwesens an der Johannes Gutenberg-Universität Mainz – Außenhaftung von Emissionskonsorten, 1998, S. 235 ff.).
217 Großkomm. AktG/*Wiedemann*, § 186 Rn 205; *Henze*, Höchstrichterliche Rechtsprechung zum Aktienrecht, S. 81: „unter Klarstellung im Zeichnungsschein"; *Bosch/Groß* in Bankrecht und Bankpraxis, Rn 237.
218 Der bei *Bosch/Groß* in Bankrecht und Bankpraxis, Rn 10/328 abgedruckte Musterwortlaut enthält den ausdrücklichen Hinweis, daß die Zeichnung der Konsortialführerin „jeweils auch in Vertretung" der anderen Konsortialbanken „gemäß ihren in dem Zeichnungsschein genannten Quoten" erfolgt.
219 *Hopt*, Prospekthaftung, 1991, S. 28.

gesamtschuldnerische Haftung auch für die Quoten von bonitätsmäßig völlig zweifelsfreien Konsortialbanken mithaftet. Die Gesamthaftung wird daher üblicherweise in dem Übernahmevertrag ausdrücklich ausgeschlossen[220]. Jede Konsortialbank schuldet daher dem Emittenten die Übernahme der neuen Wertpapiere nur in Höhe seiner Konsortialquote. In Höhe dieser quotalen Haftung hat die einzelne Konsortialbank mit ihrem gesamten Vermögen einzustehen.

b) Quotale Mithaftung bei Insolvenz einer Konsortialbank

Ist eine Konsortialbank nicht zur Übernahme der auf sie entfallenden Quote in der Lage, so kommt die Regelung des § 735 S. 2 BGB nach herrschender Auffassung sinngemäß zur Anwendung[221]. Danach haben, wenn von einem Gesellschafter der auf ihn entfallende Betrag nicht erlangt werden kann, die übrigen Gesellschafter den Ausfall nach dem gleichen Verhältnis zu tragen. Kann also eine Konsortialbank die auf sie entfallende Quote nicht aufbringen, so haben die übrigen Konsortialbanken den Ausfall nach dem für ihre Verlustbeteiligung geltenden Konsortialquote zu tragen. Sollte daher bei einem Emissionsgeschäft eine Konsortialbank zur Übernahme der auf sie entfallenden Wertpapiere außerstande sein, so wären die übrigen Konsortialbanken mangels abweichender Regelungen zur Übernahme der übernommenen Wertpapiere im Verhältnis ihrer Quote verpflichtet. Die in der Praxis verwendeten **Standard-Übernahmeverträge** sehen mittlerweile ausdrücklich vor, daß jede Konsortialbank bis zu 10% ihrer Quote weitere Aktien zu übernehmen hat, wenn eine andere Konsortialbank ihre Übernahmepflicht nicht ordnungsgemäß erfüllt oder eine solche nicht ordnungsgemäße Erfüllung nach Ansicht der konsortialführenden Bank droht[222]. Diese Haftungsbegrenzung für die Konsortialbanken erfolgt in den Fällen, in denen das Bezugsrecht der (Alt)Aktionäre ausgeschlossen ist oder es sich um die erstmalige Plazierung im Anlegerpublikum (sog. Initial Public Offering – IPO's/Going Public) handelt.

9.258

---

220 *Delorme/Hoessrich*, Konsortial- und Emissionsgeschäft, 2. Aufl., 1971, S. 17; *Scholze*, Das Konsortialgeschäft der deutschen Banken, 1973, S. 21; *Hopt*, Prospekthaftung, 1991, S. 28.
221 *Grundmann* in Bankrechts-Handbuch, § 112 Rn 91 m.w.Nachw. Nach *Singhof* ist der Konsortialvertrag für das Innenverhältnis dahingehend auszulegen, daß die Konsortialbanken von vornherein verpflichtet sind, im Bedarfsfalle quotenmäßig in das Gesellschaftsvermögen „nachzuschießen", um Fehlbeträge auszugleichen und Quoten einer insolventen Konsortialbank zu übernehmen (Die Außenhaftung von Emissionskonsorten, S. 169, 250).
222 Vgl. die in Bankrecht und Bankpraxis, Rn 10/203 und 10/216 abgedruckten Mustertexte.

9.259 **Umstritten** ist, ob auch der Emittent als Gläubiger die quotale Ausfallhaftung des § 735 S. 2 BGB beanspruchen kann. Dies wird in der Literatur für den Fall verneint, daß die Gesellschafter dem Gläubiger als Gesamtschuldner haften; hier sei der Gläubiger schon durch diese persönliche Haftung aller Gesellschafter gedeckt[223]. Etwas anderes dürfte gelten, wenn diese gesamtschuldnerische Haftung wie in der Emissionspraxis auf eine quotale Haftung begrenzt ist, andererseits Emittent und Konsortium aber offensichtlich von einer vollständigen Übernahme der Emission ausgehen. Hier dürfte der Übernahmevertrag dahingehend ausgelegt werden können (§§ 133, 157 BGB), daß auch der Emittent die quotale Ausfallhaftung im Sinne des § 735 S. 2 BGB soll beanspruchen dürfen[224]. Bei Ausfall einer insolventen Konsortialbank haftet also jede Konsortialbank entsprechend der im Innenverhältnis bestehenden Ausfallhaftung auch im Außenverhältnis gegenüber dem Emittenten. Die im Übernahmevertrag vereinbarte quotale Haftung der Konsortialbanken gegenüber den Emittenten erhöht sich daher entsprechend, wenn eine Konsortialbank zur Übernahme ihrer Quote außerstande ist.

3. Auflösung des Konsortiums

9.260 Nach § 726 BGB erlischt die Gesellschaft, wenn der **vereinbarte Zweck** erreicht ist. Dies ist im Emissionsgeschäft der Fall, wenn die Plazierungsphase abgeschlossen ist. Das **Emissionskonsortium** wird daher als **typische Gelegenheitsgesellschaft** angesehen. Diese zeichnet sich dadurch aus, daß der Zusammenschluß der Gesellschaft nicht auf längere Zeit, sondern nur für die Durchführung eines bestimmten vorübergehenden Geschäfts vorgesehen ist.

9.261 Die Beendigung des Emissionskonsortiums nach Abwicklung eines konkreten Emissionsvorhabens bedeutet indessen nicht, daß hiermit sämtliche vertraglichen Konsortialbindungen erlöschen. Wie die inländische Konsortialpraxis zeigt, tritt für die laufend wiederkehrenden Transaktionen eines Industrieunternehmens, eines Staates, eines Landes, einer Gemeinde oder einer sonstigen Körperschaft über viele Jahre und Jahrzehnte hinweg regelmäßig die gleiche Gruppe von Kreditinstituten in Tätigkeit. Bei jedem Emissionsvorhaben eines bestimmten inländischen Emittenten werden daher die bisher beteiligten Kreditinstitute zur Bildung des neuen

---

223 *Palandt/Sprau*, § 735 Rn 3; *Staudinger/Keßler*, § 735 Rn 4; Münchener Komm. zum BGB/*Ulmer*, § 735 Rn 2.
224 *Grundmann* in Bankrechts-Handbuch, § 112 Rn 91; *Singhof*, Die Außenhaftung von Emissionskonsortien, S. 250.

Konsortiums „begrüßt". Auch entspricht es den **deutschen Konsortialgepflogenheiten,** die einmal festgelegten Quoten – von Aufnahmen neuer Konsorten einmal abgesehen – regelmäßig auf Jahre hinaus nicht zu ändern. Es wird daher auch von einem dauernden, wenn auch nur latenten Vorhandensein des jeweiligen Konsortiums gesprochen. Dieses wird zwar rechtlich bei jedem Geschäft neu gebildet, faktisch lebt aber das alte Konsortium wieder auf.

Diese Praxis legt den Schluß nahe, daß sich zwischen den verschiedenen Transaktionen für einen bestimmten Emittenten unter den bisherigen Konsorten Rechtsbeziehungen vertraglicher Natur fortsetzen. Auf Grund dieser sich fortsetzenden Rechtsbeziehungen sind die beteiligten Kreditinstitute berechtigt und verpflichtet, im Falle einer **späteren Emission** bei der Neukonstituierung des Konsortiums mitzuwirken. Dieses zwischen den einzelnen Emissionsgeschäften bestehende Rechtsverhältnis kann als ein **gesellschaftsrechtlicher Vorvertrag** qualifiziert werden[225]. Dieser Vorvertrag stellt die rechtliche Basis für die spätere Bildung der neuen Konsortien dar. Bei dieser rechtlichen Beurteilung hat daher jedes einzelne Konsortialmitglied unabhängig von seiner Quote bei einem konkreten Emissionsgeschäft eine „abstrakte" Konsortialquote im Rahmen des Konsortiums, das der jeweiligen Emittentin bei Bedarf zur Verfügung steht. Dieses Ergebnis rechtfertigt auch die in der Konsortialpraxis anzutreffende Gepflogenheit, bei der Neukonstituierung eines Konsortiums jeweils die alten Konsorten mit den bisherigen Quoten zu „begrüßen" – Rn 9.261. Aus diesem Vorvertrag ergibt sich, daß die auf jedes Konsortialmitglied entfallende „abstrakte" Konsortialquote nicht ohne Zustimmung der Mitkonsorten übertragen werden kann. Denn nach allgemeiner Meinung ist ein Anspruch aus einem Vorvertrag auf Vertragsabschluß, wie er der „abstrakten" Konsortitalquote zugrunde liegt, nicht abtretbar (§ 399, 1. Alt. BGB)[226].

9.262

---

225 Vgl. RGZ 106, 174, 175 zum Vorvertrag zur Eingehung einer Gesellschaft.
226 *Palandt/Heinrichs,* § 399 Rn 4.

5. Abschnitt
Rechtsbeziehungen zwischen den Emissionsbanken und den Anlegern

9.263 Rechtsbeziehungen zwischen den an einer Emission beteiligten Kreditinstituten und den Anlegern können vielfältige Entstehungsgründe haben. Aus der Sicht des Emissionsgeschäfts sind derartige Rechtsbeziehungen nur insoweit von Interesse, wie sie aus der Rolle des betreffenden Kreditinstituts als Emissionsbank erwachsen.

9.264 Veräußert eine Emissionsbank die Wertpapiere, die Gegenstand der Emission sind, nicht an andere Kreditinstitute, sondern unmittelbar an anlagesuchende Kunden, entsteht zwar ebenfalls eine Rechtsbeziehung. Bei ihr handelt es sich – im Regelfall der festen Übernahme – um einen Kaufvertrag. Das so entstehende Rechtsverhältnis weist aber keine Besonderheiten gegenüber anderen Rechtsgeschäften auf, die die Kreditinstitute allgemein im Rahmen ihres Effektengeschäfts tätigen[227].

I. Rechtsbeziehung zur konsortialführenden Bank als Sicherheitentreuhänderin

9.265 Einen **Bezug zum Emissionsgeschäft** weist dagegen die Rechtsbeziehung zwischen der konsortialführenden Bank und den Anlegern auf, die entstehen kann, wenn die Bank im Rahmen von Anleiheemissionen zur Sicherheitentreuhänderin der Anleger bestellt wird, etwa wenn bei einer DM-Auslandsanleihe die Muttergesellschaft des Emittenten gegenüber der konsortialführenden Bank als Treuhänderin zugunsten der jeweiligen Inhaber der Teilschuldverschreibungen eine Rückzahlungsgarantie übernimmt. Bei der zugrundeliegenden **Treuhandabrede** handelt es sich regelmäßig um einen Vertrag zwischen Emittentin und der das Emissionskonsortium führenden Bank zugunsten der Anleihegläubiger (§ 328 BGB)[228]. Die Rechte und Pflichten aus diesem Rechtsverhältnis zwischen Konsortialführerin und Anleihegläubigern sind zumeist in den Anleihebedingungen näher festgelegt.

---

227 Vgl. *Canaris*, Bankvertragsrecht², Rn 2271.
228 *Hopt*, Prospekthaftung, 1991, S. 22.

II. Rechtsbeziehung aufgrund Prospektverantwortlichkeit

Die bedeutsamste Rechtsbeziehung zwischen den Emissionsbanken und den Anlegern entsteht durch die Veröffentlichung eines Emissionsprospektes, weil die Banken regelmäßig an der Erstellung des Prospektes mitwirken. Stellen sich die Prospektangaben als unrichtig oder unvollständig heraus, kann in diesem Rechtsverhältnis eine sog. **Prospekthaftung** der an der Emission beteiligten Kreditinstitute gegenüber den Anlegern entstehen.

9.266

1. Mitwirkung der Kreditinstitute bei der Veröffentlichung von Emissionsprospekten

Die Mitwirkung von Kreditinstituten bei der Veröffentlichung von Emissionsprospekten bietet sich vor allem an, weil regelmäßig nur die Kreditinstitute und nicht die Emittenten über geschultes Personal für die Abfassung der Emissionsprospekte verfügen, die nach den gesetzlichen Vorgaben, insbesondere der umfangreichen Verordnung über die Zulassung von Wertpapieren zur amtlichen Notierung an einer Wertpapierbörse (BörsZulV)[229], eine Vielzahl von Angaben enthalten müssen. Zudem besteht aus der Sicht der Marktteilnehmer nur bei einer solchen professionellen Mitwirkung hinreichende Gewähr für die Richtigkeit und Vollständigkeit der Prospektangaben. Im übrigen erscheinen mögliche Schadensersatzforderungen infolge Prospekthaftung bei fehlerhaften Prospektangaben wegen der hohen Bonität der Kreditinstute als gesichert.

9.267

Die Prospektveröffentlichung ist dabei vielfältigen rechtlichen Vorgaben unterworfen, die sich danach unterscheiden lassen, **welche Art von Wertpapieren** in welchem Marktsegment plaziert werden sollen.

9.268

a) Prospektpflichtige Emissionen

Prospektpflichtig sind zunächst alle Aktien- und Anleiheemissionen, sofern die emittierten Papiere mit amtlicher Notierung an der Börse gehandelt werden sollen (§ 36 Abs. 2 Nr. 3 BörsG). In §§ 45–47 BörsZulV ist jedoch ein umfangreicher Katalog von Befreiungstatbeständen im Hinblick auf bestimmte Wertpapiere (§ 45)[230], bestimmte Anleger (§ 46) und

9.269

---

229 Die Neufassung datiert vom 17. 7. 1996 (BGBl. I, S. 1052), abgedruckt in *Kümpel/Ott*, Kapitalmarktrecht, Kz 433.
230 Zur Frage der Prospekthaftung in diesen Befreiungsfällen vgl. *Assmann*, AG 1996, 508 f.

auf einzelne Angaben (§ 47) normiert, die im Einzelfall eine Emission von der Prospektveröffentlichungspflicht freistellen. Der Geltungsgrund dieser **Befreiungstatbestände** läßt sich § 38 Abs. 2 BörsG entnehmen.

9.270 Von besonderer Bedeutung sind die Fälle, in denen einer anderweitigen Unterrichtung des Publikums ausreichend Rechnung getragen ist (§ 38 Abs. 2 Nr. 1 BörsG).

9.271 Dies ist etwa bei Aktienemissionen im Rahmen von Kapitalerhöhungen der Fall, sofern der Wert der neu emittierten Aktien lediglich zehn Prozent derjenigen Aktien beträgt, die an derselben Börse amtlich notiert werden, und der Emittent die mit der Zulassung verbundenen Veröffentlichungspflichten erfüllt (§ 45 Nr. 3b BörsZulV). In der Praxis spielte diese Vorschrift bislang eine untergeordnete Rolle, weil bei Kapitalerhöhungen in der Regel ein höherer Anteil von Aktien neu emittiert wurde. Dies mag sich wegen des erleichterten Bezugsrechtsausschlusses infolge der eingefügten Vorschrift des § 186 Abs. 3 S. 4 AktG ändern, weil dort die Grenze für die Erleichterung bei einer Kapitalerhöhung in Höhe von zehn Prozent des Grundkapitals liegt.

9.272 Sofern die Wertpapiere zum Handel mit nicht amtlicher Notierung (Geregelter Markt) zugelassen werden sollen, sind die entsprechenden Aktien- und Anleiheemissionen ebenfalls prospektpflichtig. Die Pflicht besteht hier in der **Veröffentlichung eines Unternehmensberichtes (73 Abs. 1 Nr. 2 BörsG)**. Ähnlich wie bei Wertpapieren, die im Amtlichen Markt gehandelt werden, sieht § 73 Abs. 3 BörsG vor, daß die Börsenordnung regeln kann, unter welchen Voraussetzungen von dem Unternehmensbericht abgesehen werden kann, wenn das Publikum auf andere Weise ausreichend unterrichtet wird[231].

9.273 Für den **Handel im Freiverkehr (§ 78 BörsG)** oder im außerbörslichen Handel besteht eine Prospektpflicht lediglich nach Maßgabe des **Wertpapier-Verkaufsprospektgesetzes** (VerkProspG)[232].

9.274 Das Bundesaufsichtsamt für den Wertpapierhandel hat am 15. 4. 1996 eine Bekanntmachung zu diesem Gesetz erlassen, die am 30. 4. 1996 im Bundesanzeiger veröffentlicht worden ist[233]. Schwerpunkt dieser Verlautbarung ist, ob überhaupt ein Prospekt veröffentlicht werden muß.

---

231 Vgl. § 52 der Börsenordnung für die Frankfurter Wertpapierbörse.
232 Schrifttum: *Carl/Machunsky*, Der Wertpapier-Verkaufsprospekt, Göttingen, 1992; *Hamann* in Schäfer (Hrsg.), Wertpapierhandelsgesetz/Börsengesetz/Verkaufsprospektgesetz, 1999, S. 951 ff.; *Süßmann*, EuZW 1991, 210 ff.; *Schäfer*, ZIP 1991, 1557 ff.; *Hüffer*, Das Wertpapierverkaufsprospektgesetz, 1996, S. 30; hiergegen ausführlich *Schwark*, FS Schimansky, 1999, S. 739, 743, 755.
233 Zur Bekanntmachung vgl. *Kullmann/Müller-Deku*, WM 1996, 1989 ff.

5. Abschnitt: Rechtsbeziehungen zwischen Emissionsbanken und Anlegern

Nach dem Verkaufsprospektgesetz muß jeder Anbieter von Wertpapieren, die erstmals im Inland öffentlich angeboten werden, einen Verkaufsprospekt veröffentlichen (§ 1 VerkProspG)[234]. 9.275

Die Novellierung des Verkaufsprospektgesetzes und der Verkaufsprospekt-Verordnung durch das Dritte Finanzmarktförderungsgesetz hat zu einer Erweiterung der Aufsichtsbefugnisse des Bundesaufsichtsamtes für den Wertpapierhandel geführt[235]. 9.276

Damit ist der Zugang zum Kapitalmarkt aus der Sicht der Emittenten im Interesse des Anlegerschutzes erschwert worden, auch wenn mit diesem Gesetz die bis dahin für Schuldverschreibungen erforderliche Emissionsgenehmigung weggefallen ist[236]. Dieser Prospekt ist nach der Novellierung des Wertpapierverkaufsprospektgesetzes durch das Zweite Finanzmarktförderungsgesetz nicht mehr bei den Hinterlegungsstellen der Börsen, sondern **beim neuen Bundesaufsichtsamt für den Wertpapierhandel zu hinterlegen** (§ 8 VerkProspG). Hierdurch soll die **Markttransparenz** erhöht werden. 9.277

Unter „**öffentlichem Anbieten**" im Sinne des Wertpapierverkaufsprospektgesetzes sind neben Medienwerbung, Haustürgeschäften und bestimmten anderen Vertriebsmethoden auch Aushänge und allgemein zugängliche Auslagen von Informationsmaterial zu verstehen. Darüber hinaus können hierunter auch **Rundbriefaktionen** sowie das Angebot im Internet fallen[237]. Briefe oder Telefonanrufe an ausgewählte Kunden oder Empfehlungen auf Anfragen des Kunden hin sind dagegen nicht als öffentliches Angebot anzusehen[238]. Voraussetzung eines solchen Angebots ist jedoch, daß für den Interessenten eine konkrete Möglichkeit zum Erwerb der beworbenen Wertpapiere besteht[239]. 9.278

Der Gesetzgeber hat durch zahlreiche Ausnahmen den Anwendungsbereich des Gesetzes stark eingeschränkt. Diese Ausnahmeregelungen unterscheiden nach der Art des Angebots, bestimmten Emittenten und nach Wertpapieren (§§ 2–4 VerkProspG). Zu diesen Ausnahmen gehören insbesondere 9.279

---

234 Abgedruckt in *Kümpel/Ott*, Kapitalmarkt, Kz 113.
235 *Grimme/Ritz*, WM 1998, 2091 ff.
236 *Waldeck/Süßmann*, WM 1993, 361.
237 *Ellenberger*, FS Schimansky, 1999, S. 591, 609.
238 *Ellenberger*, FS Schimansky, 1999, S. 591, 610.
239 Vgl. die „Bekanntmachung des Bundesaufsichtsamtes für den Wertpapierhandel zum Verkaufsprospektgesetz vom 15. April 1996", abgedruckt in *Kümpel/Ott*, Kapitalmarkt, Kz 660; *Grimme/Ritz*, WM 1998, 2091, 2095.

- Wertpapiere, die nur Personen angeboten werden, die beruflich oder gewerblich für eigene oder fremde Rechnung Wertpapiere erwerben oder veräußern, wie dies insbesondere auf Kreditinstitute zutrifft (§ 2 Nr. 1 VerksProspG);
- bereits im Inland amtlich notierte oder zum Geregelten Markt zugelassene Wertpapiere (§ 2 Nr. 5 VerkProspG);
- Wertpapiere eines Staates oder einer seiner Gebietskörperschaften (einschließlich Sondervermögen wie Bundesbahn und Bundespost) (§ 3 Nr. 1 VerkProspG);
- Wertpapiere einer internationalen Organisation des öffentlichen Rechts, der mindestens ein EG-Staat als Mitglied angehört (z.B. Weltbank, EWG, Asiatische und Interamerikanische Entwicklungsbank) (§ 3 Nr. 1 VerkProspG);
- Schuldverschreibungen inländischer Kreditinstitute oder der Kreditanstalt für Wiederaufbau, die in den zwölf Monaten vor dem Angebot während einer längeren Dauer oder wiederholt (durch mindestens drei verschiedene Emissionen) Schuldverschreibungen öffentlich angeboten haben, sowie Schuldverschreibungen bestimmter vergleichbarer ausländischer Kreditinstitute; unter diese Daueremittenten-Ausnahme fallen u.a. die inländischen Schuldverschreibungen von Hypothekenbanken (§ 3 Nr. 2VerkProspG)[240];
- Anteilscheine (Investmentzertifikate) einer inländischen Kapitalanlagegesellschaft oder ausländischer Investmentgesellschaften, bei denen die Anleger ein Rückgaberecht haben (§ 3 Nr. 3 VerkProspG);
- sog. Euro-Wertpapiere im Sinne von § 4 Abs. 2 VerkProspG, für die nicht öffentlich geworben wird (§ 4 Abs. 1 Nr. 1 VerkProspG).

b) Prospektinhalt

9.280 Der Prospektinhalt ist für Börsenzulassungsprospekte und Verkaufsprospekte gesetzlich in identischer Weise festgelegt. Es gilt der **allgemeine Grundsatz**, daß der Prospekt über die tatsächlichen und rechtlichen Verhältnisse, die für die Beurteilung der betreffenden Wertpapiere wesentlich sind, Auskunft geben und richtig und vollständig sein muß (§ 13 Abs. 1 S. 1 BörsZulV, § 2 Abs. 1 S. 1 VerkProspVO).

---

240 Nach dem VG Frankfurt (Main) sind Optionsscheine keine Schuldverschreibungen eines Daueremittenten im Sinne von § 3 Nr. 2a VerkProspG (WM 1998, 762, 763). Zum Begriff der Schuldverschreibung in § 3 Nr. 2a VerkProspG und des begrenzten Personenkreises in § 2 Nr. 2 Verkaufsprospektgesetz vgl. Schreiben des Bundesaufsichtsamtes für den Wertpapierhandel vom 25. 6. 1998 abgedruckt in *Kümpel/Ott*, Kapitalmarkt, Kz 660/1.

Der Prospekt muß in deutscher Sprache und in einer Form abgefaßt sein, 9.281
die sein Verständnis und seine Auswertung erleichtert (§ 13 Abs. 1 S. 2
BörsZulV, § 2 Abs. 1 S. 3 VerkProspVO). § 13 Abs. 2 S. 1 BörsZulV, § 2
Abs. 1 S. 2 VerkProspVO schreiben im einzelnen Angaben vor über

– die Personen oder Gesellschaften, die für den Inhalt des Prospektes die
  Verantwortung übernehmen (§ 14 BörsZulV, § 3 VerkProspVO);
– die Wertpapiere (§§ 15–17 BörsZulV, § 4 VerkProspVO);
– den Emittenten der Wertpapiere (§§ 18–29 BörsZulV, §§ 5–8, 10, 11
  VerkProspVO);
– die Prüfung der Jahresabschlüsse des Emittenten der Wertpapiere und
  anderer Angaben im Prospekt (§ 30 BörsZulV, § 9 VerkProspVO).

c) Prospektverantwortlichkeit der Emissionsbanken

Der Prospekt wird regelmäßig von allen Emissionsbanken unterzeichnet. 9.282
Diese Banken übernehmen hierdurch die Verantwortung für den Pro-
spektinhalt. Zwingend erforderlich ist eine derartige Unterzeichnung nur
bei Börsenzulassungsprospekten, sofern die Zulassung zum Amtlichen
Markt angestrebt wird (§ 13 Abs. 1 S. 3 BörsZulV i.V.m. § 36 Abs. 3
BörsG).

Nach § 14 BörsZulV muß der Prospekt Firma und Sitz der Konsortialban- 9.283
ken aufführen, die für den Inhalt des Prospekts die Verantwortung übernehmen. Der Prospekt muß im übrigen eine Erklärung der Emissionsbanken enthalten, daß ihres Wissens die Prospektangaben richtig und keine
wesentlichen Umstände ausgelassen sind (§ 14, 2. Hs. BörsZulV). Eine
identische Regelung ist in § 3 VerkProspVO enthalten.

2. Schuldverhältnis aufgrund der Prospektveröffentlichung

Infolge der Übernahme der Verantwortung für den Prospektinhalt durch 9.284
die Emissionsbanken entsteht durch die Veröffentlichung eines Prospektes zwischen ihnen und den Anlegern ein Schuldverhältnis. Sofern die
Prospektverantwortlichkeit eine gesetzliche Grundlage hat, handelt es
sich um ein gesetzliches Schuldverhältnis. Wird die Prospektverantwortlichkeit nicht aufgrund Gesetzes begründet, wie in den Fällen der von der
Rechtsprechung entwickelten **allgemeinen zivilrechtlichen Prospekthaftung**, entsteht ein Schuldverhältnis kraft (typisierten) Vertrauens.

III. Übersicht über die Rechtsgrundlage der Prospekthaftung

9.285 Die gesetzlich vorgeschriebenen Emissionsprospekte dienen dazu, dem Anlegerpublikum über die realen Grundlagen der angebotenen Wertpapiere ein möglichst genaues Bild zu vermitteln, insbesondere ein Urteil über die wirtschaftliche Entwicklungsfähigkeit des Emittenten und mittelbar über die Qualität der Papiere zu ermöglichen[241]. Sind die hierzu erforderlichen Angaben in dem Prospekt unrichtig oder unvollständig, so kann dies eine Haftung der hierfür Verantwortlichen begründen.

9.286 Für eine derartige Haftung kommen **verschiedene Anspruchsgrundlagen** in Betracht. Grundlegend ist die Differenzierung zwischen der spezialgesetzlichen Prospekthaftung und der allgemeinen zivilrechtlichen Prospekthaftung, wie sie von der Rechtsprechung entwickelt wurde. Welcher Tatbestand der spezialgesetzlichen Prospekthaftung heranzuziehen ist, richtet sich danach, aufgrund welcher Norm die Prospektveröffentlichung erfolgte.

9.287 Eine **spezielle Prospekthaftung** besteht gemäß §§ 45, 46 BörsG. Sie betrifft Prospekte, die nach § 36 Abs. 3 Nr. 2, Abs. 4 BörsG vor der Einführung von Wertpapieren auf dem Amtlichen Markt veröffentlicht werden. Bei der Veröffentlichung eines Unternehmensberichtes, die Voraussetzung für die Zulassung von Wertpapieren zum nichtamtlichen Markt (Geregelter Markt) ist, kommt eine Haftung nach §§ 45, 46 BörsG für unrichtige oder unvollständige Unternehmensberichte in Betracht (§ 77 BörsG).

9.288 Auf die §§ 45, 46 BörsG nimmt auch die Haftung für unrichtige oder unvollständige Angaben in einem Verkaufsprospekt Bezug (§ 13 VerkProspG). Diese weitere spezielle Prospekthaftung kommt auch zum Tragen, wenn die Wertpapiere in den privatrechtlich organisierten Freiverkehr als drittes Marktsegment der Wertpapierbörse einbezogen werden sollen[242].

9.289 Ergänzend zu dieser gesetzlich normierten Prospekthaftung hat die Rechtsprechung im Wege der Rechtsfortbildung eine allgemeine zivilrechtliche Prospekthaftung entwickelt. Anlaß hierfür war insbesondere die Begündung einer Haftung für die Richtigkeit und Vollständigkeit von Prospekten zur Werbung von Kapitalanlagen auf dem nicht organisierten („grauen") Kapitalmarkt. Haftungsgrundlage ist nach der Rechtsprechung Verschul-

---
241 *Schwark*, § 36 Rn 3.
242 *Waldeck/Süßmann*, WM 1993, 361, 362; *Schäfer*, ZIP 1991, 1557, 1563; *Assmann*, NJW 1991, 528, 530.

den bei Vertragsverhandlungen (culpa in contrahendo). Diese Haftung knüpft an die tatsächliche Veröffentlichung eines Prospektes an, weil insoweit gesetzliche Veröffentlichungspflichten nicht bestehen.

Zur allgemeinen bürgerlich-rechtlichen Prospekthaftung gehören im weiteren Sinne auch deliktische Tatbestände, welche die Haftung der Prospektverantwortlichen begründen können. In erster Linie kommt dabei eine Haftung gemäß § 823 Abs. 2 BGB i.V.m. § 264a StGB (Kapitalanlagebetrug) und eine sittenwidrige vorsätzliche Schädigung (§ 826 BGB) in Betracht. 9.290

Die Schutzgesetzeigenschaft des § 264 StGB ergibt sich daraus, daß der Gesetzgeber mit der Einführung dieser Vorschrift nicht lediglich die Funktionsfähigkeit des Kapitalmarkts, sondern auch individuelle Vermögensinteressen potentieller Kapitalanleger schützen wollte[243]. 9.291

---

243 BGH WM 1991, 2090, 2091 f.

6. Abschnitt
Prospekthaftung

I. Börsengesetzliche Prospekthaftung

9.292 Zentraler Haftungstatbestand der börsengesetzlichen Prospekthaftung, auf den auch in § 77 BörsG, § 13 VerkProspG Bezug genommen wird, ist § 45 BörsG. Diese Vorschrift ist mit den sie ergänzenden Bestimmungen der §§ 46 bis 49 BörsG tiefgreifend durch das Dritte Finanzmarktförderungsgesetz geändert worden[244]. Die bisherige gesetzgeberische Konzeption berücksichtigte nicht mehr ausreichend die Gegebenheiten des modernen Börsenhandels und hatte zahlreiche Schwachstellen, die sich insbesondere nachteilig für die Anleger auswirken konnten[245]. Rechtliche Unklarheiten und komplizierte oder veraltete Regelungen können den Kapitaltransfer zwischen Emittenten und Anlegern durch hieraus resultierende erhöhte Transaktionskosten erheblich behindern. Mit der Modernisierung der börsengesetzlichen Prospekthaftung sollte nach den Gesetzesmaterialien die Rechtssicherheit und damit die Berechenbarkeit von Haftungsansprüchen wesentlich verbessert werden. Hierdurch sollte der Börsengang (Going Public) insbesondere für junge Unternehmen attraktiver und auch die Dienstleistung „Emissionsbegleitung" für Kreditinstitute und Finanzdienstleistungsinstitute wirtschaftlich günstiger werden[246].

1. Haftungsbegründender Tatbestand

9.293 Nach der Grundnorm des § 45 Abs. 1 S. 1 BörsG knüpft die Prospekthaftung an die Unrichtigkeit oder Unvollständigkeit der im Prospekt enthaltenen Angaben an. Die hiernach begründeten Haftungsansprüche können

---

244 Zur Neufassung vgl. *Pötzsch*, WM 1998, 949, 950 ff.; *ders.*, AG 1997, 193, 194; *Sittmann*, NJW 1998, 3761 ff.; *ders.*, NZG, 1998, 525, 528 ff.; *Hopt*, Das Dritte Finanzmarktförderungsgesetz, FS Drobnig, 1998, S. 525, 528 ff.; *Kort*, AG 1999, 9 ff.; *Meixner*, NJW 1998, 1896; *Weisgerber*, Die Bank 1998, 200; *Ellenberger*, FS Schimansky, 1999, S. 591 ff.; *Groß*, AG 1999, 199 ff.
245 *Schwark*, §§ 45, 46 m.w.Nachw.; *Grundmann/Selbherr*, WM 1996, 985 ff. Die Reformbedürftigkeit der bisherigen Prospekthaftung hatte auch der Finanzausschuß des Deutschen Bundestages bereits 1990 bei den Beratungen zum Verkaufsprospektgesetz betont (BT-Drucksache 11/8323, 16).
246 Begr. des RegE des 3. FFG, BT-Drucksache 13/8993, S. 55, 56.

nicht im voraus wirksam ermäßigt oder erlassen werden (§ 48 Abs. 1 BörsG).

Haftungsbegründender Tatbestand ist also die **Fehlerhaftigkeit der Angaben im Prospekt**. Der Börsenzulassungsprospekt muß gemäß § 36 Abs. 3 Nr. 2 BörsG dem Publikum ein zutreffendes Urteil über den Emittenten und die Wertpapiere ermöglichen. Gleiches gilt für den Unternehmensbericht (§ 73 Abs. 1 Nr. 2 BörsG) sowie für den Verkaufsprospekt (§ 7 Abs. 1 VerkProspG)[247].

9.294

Bei dem Tatbestandsmerkmal „**unvollständig**" handelt es sich nach den Gesetzesmaterialien um einen **Unterfall der Unrichtigkeit**. Ein unvollständiger Prospekt ist stets auch unrichtig. Gleichwohl sollte dieser Unterfall wegen seiner praktischen Bedeutung ausdrücklich angesprochen werden, zumal er auch in den entsprechenden Regelungen der § 20 Abs. 1 KAGG und § 12 Abs. 1 AuslInvestmG ausformuliert worden ist[248].

9.295

Die Unrichtigkeit der Prospektangaben kann z.B. die Folge eines Verstoßes gegen zwingendes Bilanzrecht oder gegen das Aktualitätsgebot sein[249]. Im übrigen gehören zu den „Angaben" im Sinne des § 45 BörsG nicht nur Angaben tatsächlicher Art. Auch **Werturteile** oder **Prognosen** können eine Prospekthaftung begründen[250].

9.296

Der **Begriff „Angaben"** deckt auch wertende Aussagen über die wirtschaftliche Lage eines Unternehmens oder seine voraussichtliche künftige Entwicklung. Bei solchen Aussagen lassen sich die bloße Wiedergabe festgestellter Tatsachen und deren wertende Beurteilung nicht scharf voneinander trennen. Das gilt zumal dann, wenn Grundlage der Beurteilung eine nach dem „going concern-Prinzip" (§ 252 Abs. 1 Nr. 2 HGB) aufgestellte Bilanz ist, deren Zahlen von der Überlebensfähigkeit des Unternehmens ausgehen, und damit schon auf einer Prognose beruhen. Stellt ein Emissionsprospekt in Verbindung mit einer solchen Bilanz und deren Auswertung die Aussichten eines Unternehmens günstig dar, so kann sich ein Leser darauf verlassen, daß es sich um keine bloßen Mutmaßungen handelt, sondern um Schlußfolgerungen aus nachgeprüften Tatsachen oder Wertfeststellungen, die auf einer sorgfältigen Analyse aller hierfür maßgebenden Voraussetzungen beruhen. Für diese zumutba-

9.297

---

247 Zur Aktualisierungspflicht des Emittenten gemäß § 52 Abs. 2 BörsZulVO vgl. *Ellenberger*, FS Schimansky, 1999, S. 591, 596; *Groß*, AG 1999, 199, 203.
248 Begr. des RegE des 3. FFG, BT-Drucksache 13/8933, S. 76.
249 Begr. des RegE des 3. FFG, BT-Drucksache 13/8933, S. 76; *Sittmann*, NZG 1998, 490, 491 m.w.Nachw.
250 Begr. des RegE des 3. FFG, BT-Drucksache 13/8933, S. 76; LG Frankfurt WM 1992, 1768, 1770.

re und im Rechtsverkehr zu erwartende Sorgfalt muß im Rahmen der § 45, 46 BörsG gehaftet werden[251]. Denn das Gesetz will das Vertrauen des Publikums schützen, das sich aufgrund des Prospektes oder der durch seine Veröffentlichung ausgelösten Anlagestimmung dazu entschließt, die mit ihm eingeführten Papiere zu erwerben[252]. Hierfür sind aber gerade auch solche Angaben von Bedeutung, die sich allgemein auf die gegenwärtige und künftige Lage des Unternehmens und damit auf Umstände beziehen, die den inneren Wert einer Beteiligung wesentlich mitbestimmen. Da an solche Hinweise nicht zuletzt entsprechende Gewinnerwartungen geknüpft sind, pflegt sich ein Anleger bei seiner Entscheidung auch oder sogar in erster Linie von ihnen leiten zu lassen[253].

9.298 Die Prospekthaftung setzt weiter voraus, daß die unvollständigen und unrichtigen Angaben **für die Beurteilung der Wertpapiere von wesentlicher Bedeutung** sind. Dabei ist **entscheidend,** ob sich im Einzelfall bei einer ordnungsgemäßen Angabe die für diese Beurteilung relevanten, maßgeblichen tatsächlichen oder rechtlichen Verhältnisse ändern würden. Dies gilt nach den Gesetzesmaterialien im Regelfall nicht für eine fehlerhafte Bezeichnung der mit dem Zahlstellendienst betrauten Kreditinstitute, dagegen aber regelmäßig für eine unzutreffende Darstellung der Geschäftsaussichten, wenn die hierzu gemachten Angaben nicht nur in unerheblicher Weise von der wahren Sachlage abweichen[254].

a) Unerheblichkeit der Prospektbilligung durch Börsenzulassungsstelle

9.299 Für die Beurteilung der Unrichtigkeit oder Unvollständigkeit des Prospektes ist es auch nach den Gesetzesmaterialien unerheblich, wenn dieser zuvor von der Zulassungsstelle einer Wertpapierbörse gebilligt worden ist. Unregelmäßigkeiten im Rahmen dieser Prüfung, die zu einer unzutreffenden Billigung des Prospektes geführt haben, sollen nicht den Anlegern angelastet werden[255].

9.300 Die **börsenrechtliche Zulassungspublizität bezweckt** allein, die richtige und vollständige Information des Anlegerpublikums zu gewährleisten[256]. Die Zulassungsstelle der Börse prüft daher nur die Vollständigkeit und Übersichtlichkeit des Prospektentwurfs, ohne aber mit der Zulassung eine Verantwortlichkeit für die Güte, Sicherheit und Preiswürdigkeit der

---

251 BGH WM 1982, 862, 865.
252 Vgl. *Canaris,* Bankvertragsrecht², Rn 2277.
253 BGH WM 1982, 862, 865.
254 Begr. des RegE des 3. FFG, BT-Drucksache 13/8933, S. 76.
255 Begr. des RegE des 3. FFG, BT-Drucksache 13/8933, S. 76.
256 *Schwark,* ZGR 1983, 162, 165; *Zahn,* ZGR 1981, 101, 109 f.

zugelassenen Wertpapiere zu übernehmen. Nach dieser Prospekttheorie wird nicht die Bonität, sondern nur die Publizität der Emittenten überprüft[257]. Die im Rahmen des Zulassungsverfahrens vorgenommene Prüfung ist daher keine Bonitätsprüfung[258]. Eine begrenzte Bonitätsprüfung ist nur mit der Ablehnung des Zulassungsantrages verknüpft, wenn die Zulassung der Wertpapiere zu einer erheblichen Übervorteilung des Publikums oder einer Schädigung erheblicher allgemeiner Interessen führen würde (§ 36 Abs. 3 Nr. 3 BörsG).

Durch die Zulassung der Wertpapiere zum Börsenhandel hat der Prospekt auch nicht die Vermutung der Vollständigkeit für sich[259]. Die zulassungsrechtlichen Voraussetzungen enthalten nur **Mindestanforderungen an den Prospektinhalt,** deren Erfüllung den Prospekt gleichwohl unrichtig machen kann[260]. Die Pflicht zur Vollständigkeit bedeutet vielmehr, daß den potentiellen Anlegern alle für die Anlageentscheidung wesentlichen Umstände mitzuteilen sind[261]. Zulassungsrechtliche und haftungsrechtliche Voraussetzungen decken sich also nicht in vollem Umfang, und letztere können weiter gehen als erstere[262].

9.301

Im Ergebnis bedeutet die Prospekthaftung keineswegs, daß dem Anleger das wirtschaftliche Risiko seiner Anlageentscheidung abgenommen werden soll und den Mitgliedern des Börseneinführungskonsortiums (nachfolgend Konsortialbanken) daher eine Gewährleistungshaftung hinsichtlich der wertpapiermäßig verbrieften Rechte aufgebürdet wird. Eine solche strenge Haftung wird den Konsortialbanken auch nicht als Verkäufer der Wertpapiere zugemutet. Nach allgemeinen Grundsätzen hat der Verkäufer eines Wertpapiers nur für die rechtliche Existenz **(Verität)** und nicht für die Zahlungsfähigkeit **(Bonität)** der Emittenten einzustehen (§ 438 BGB). Die Erfüllungspflicht des Verkäufers eines Wertpapiers garantiert die rechtliche Existenz und Möglichkeit der Geltendmachung des verbrieften Rechts, nicht jedoch seine effektive Durchsetzbarkeit[263].

9.302

---

257 *Meyer-Bremer,* Börsengesetz, 4. Aufl., 1957, § 36 Anm. 6; nach *Samm,* Börsenrecht, 1978, S. 96 Fn 290 geht daher *Bruns* zu weit mit seiner Meinung, wonach die Bonität der Emittentin in gleicher Weise zu beachten sei wie die Publizität (*Bruns,* Effektenhandel an deutschen und ausländischen Börsen, 1961, S. 73).
258 BGH WM 1993, 1455, 1456; *von Rosen* in Assmann/Schütze, Handbuch des Kapitalanlagerechts, § 2 Rn 176.
259 LG Frankfurt WM 1992, 1768, 1770.
260 *Assmann* in Assmann/Schütze, Handbuch des Kapitalanlagerechts, § 7 Rn 77.
261 LG Frankfurt WM 1992, 1768, 1770 m.w.Nachw.
262 LG Frankfurt WM 1992, 1768, 1770 f.
263 Vgl. Münchener Komm. zum BGB/*Westermann,* § 437 Rn 2.

b) Haftungsausschließende Prospektberichtigung

9.303 Die Prospekthaftung **entfällt**, wenn vor dem Abschluß des Erwerbsgeschäftes eine Berichtigung der unrichtigen oder unvollständigen Angaben im Inland veröffentlicht worden ist (§ 46 Abs. 2 Nr. 4 BörsG). Zum Zeitpunkt der Berichtigung schon entstandene Haftungsansprüche bleiben hiervon unberührt[264].

9.304 Für diese **Haftungsbegrenzung** ist es nicht erforderlich, daß die Prospektverantwortlichen die Kenntnis des Erwerbers von dieser Berichtigung nachweisen. Diese **Haftungserleichterung** ist nach den Gesetzesmaterialien schon deshalb gerechtfertigt, weil die Berichtigung, wenn sie für die Beurteilung des Wertpapiers wesentlich und damit von wirtschaftlichem Belang ist, zu einer Anpassung der Börsenpreise durch die Marktteilnehmer führt[265].

9.305 Die Berichtigung kann im Rahmen des Jahresabschlusses oder Zwischenberichtes des Emittenten oder einer Ad hoc-Veröffentlichung gemäß § 15 WpHG erfolgen. Es genügt aber auch eine vergleichbare Bekanntmachung wie z.B. durch Beifügung eines Einlageblattes im Börsenprospekt[266]. § 46 Abs. 2 Nr. 4 BörsG erfordert eine „deutliche Gestaltung" der Berichtigung. Hierzu braucht freilich nicht ausdrücklich auf die Fehlerhaftigkeit des Prospektes hingewiesen zu werden. Dem verständigen Leser muß es sich aber ohne aufwendige Nachforschung erschließen, daß die Berichtigung von dem Prospekt abweichende Angaben enthält[267].

c) Verschuldensmaßstab

9.306 Die **Prospekthaftung entfällt**, wenn die Prospektverantwortlichen nachweisen, daß sie die Unrichtigkeit oder Unvollständigkeit der Angaben des Prospektes nicht gekannt haben und die Unkenntnis auch nicht auf grober Fahrlässigkeit beruht (§ 46 Abs. 1 BörsG)[268]. Entsprechende Regelungen enthalten die investmentrechtlichen Parallelvorschriften des § 20 KAGG und §12 AuslInvestmG.

---

264 Begr. des RegE des 3. FFG, BT-Drucksache 13/8933, S. 80; zur Aktualisierungspflicht des Emittenten vgl. *Ellenberger*, FS Schimansky, 1999, S. 591, 602.
265 Begr. des RegE des 3. FFG, BT-Drucksache 13/8933, S. 80.
266 Begr. des RegE des 3. FFG, BT-Drucksache 13/8933, S. 81.
267 Begr. des RegE des 3. FFG, BT-Drucksache 13/8933, S. 81.
268 Die Prospektverantwortlichen haben deshalb die Beweislast für fehlendes Verschulden (*Ellenberger*, FS Schimansky, 1999, S. 591, 603).

Die Haftung für leicht fahrlässiges Verhalten war schon bisher ausgeschlossen. Eine solche weitgehende Haftung wurde im damaligen Gesetzgebungsverfahren „als geradezu prohibitiv" bezeichnet[269]. Das Haftungsrisiko sollte für die börseneinführenden Banken berechenbar bleiben, um nicht gerade seriöse Banken vom Emissionsgeschäft zurückzuhalten[270]. Diese Milderung des Haftungsmaßstabes soll auch nach Einschätzung des heutigen Gesetzgebers den Umstand ausgleichen, daß im Bereich der Prospekthaftung auf das Erfordernis eines rechtsgeschäftlichen Kontaktes verzichtet wird. Eine Verschärfung des Haftungsmaßstabes würde zudem das mit der Modernisierung der Prospekthaftung verfolgte Ziel der Förderung der Bereitstellung von Risikokapital gefährden[271].

9.307

Die **Sorgfaltsmaßstäbe** bei der Prospekthaftung sind für die Emittenten strenger als diejenigen, die für die Emissionstätigkeiten gelten. Denn den prospekterstellenden Kreditinstituten sind nur die ihnen vom Emittenten und von dritter Seite zur Verfügung gestellten Informationen zugänglich. Die Sorgfaltspflichten dieser Prospektverantwortlichen beschränken sich deshalb primär auf die Überprüfung der vorliegenden Daten auf ihre Richtigkeit und Vollständigkeit[272]. Eine dem Emittenten vergleichbare Prüfungspflicht wird sich nach den Gesetzesmaterialien im Einzelfall allenfalls ergeben, wenn konkrete Anhaltspunkte für die Unrichtigkeit oder Unvollständigkeit vorliegen[273].

9.308

Schließlich ist die Kenntnis der Unrichtigkeit oder Unvollständigkeit der Prospektangaben oder deren Unkenntnis infolge grober Fahrlässigkeit unschädlich, wenn auch der Erwerber diese Fehlerhaftigkeit kannte (§ 46 Abs. 2 Nr. 3 BörsG). Dagegen entfällt der Prospekthaftungsanspruch nicht bereits in den Fällen, in denen sich die Unkenntnis der Fehlerhaftigkeit aus einer groben Fahrlässigkeit des Erwerbers erklärt. Entsprechende Regelungen enthalten § 20 KAGG und § 12 AuslInvestmG. Nach den Gesetzesmaterialien handelt es sich bei dem § 46 Abs. 2 Nr. 3 BörsG um eine Sonderregelung des Mitverschuldens des Erwerbers im Sinne des § 254 BGB[274].

9.309

---

269 *Köndgen*, AG 1983, 86.
270 *Erman*, AG 1969, 327, 330. Für die Haftungsbeschränkung auch *Kort*, AG 1999, 9, 20.
271 Begr. des RegE des 3. FFG, BT-Drucksache 13/8933, S. 80; kritisch *Grundmann/Selbstherr*, WM 1996, 985 ff.
272 *Kort*, AG 1999, 9, 18.
273 Begr. des RegE des 3. FFG, BT-Drucksache 13/8933, S. 80.
274 Begr. des RegE des 3. FFG, BT-Drucksache 13/8933, S. 80. Zur Problematik des Mitverschuldens vgl. *Sittmann*, NJW 1998, 3761, 3763; *ders.*, NZG 1998, 490, 495.

9.310 Ein **mitwirkendes Verschulden des Geschädigten** kann nach der Rechtsprechung des Reichsgerichts auch daran liegen, daß er die Geltendmachung seines Schadensersatzanspruches ungebührlich verzögert hat. Dabei wird aber ein angemessener Zeitraum zugebilligt, um sich näher über die Sachlage zu unterrichten und über das weitere Vorgehen schlüssig zu werden[275].

2. Adressatenkreis der Prospekthaftung

9.311 Schuldner der Ansprüche aus der Prospekthaftung sind alle für den Prospekt verantwortlichen Personen. Hierzu gehören vor allem diejenigen, die für den Prospekt die Verantwortung übernommen haben und diejenigen, von denen der Erlaß des Prospektes ausgeht (§ 45 Abs. 1 S. 1 BörsG). Diesen haftenden Personenkreis bilden die Unterzeichner des Prospektes (§ 36 Abs. 2 BörsG i.V.m. § 13 Abs. 1 S. 3 BörsZulV) und diejenigen, die im Prospekt ausdrücklich die Haftung für seine Richtigkeit und Vollständigkeit übernommen haben (§ 14 BörsZulV). Mit der Haftung derjenigen, von denen der Prospekt ausgeht, werden nach den Gesetzesmaterialien die tatsächlichen Urheber des Prospektes erfaßt[276]. Hierbei handelt es sich typischerweise um Personen, die ein **eigenes wirtschaftliches Interesse an der Emission** haben. So ist die Konzernmuttergesellschaft verantwortlich, wenn auf ihre Veranlassung eine Tochtergesellschaft die Wertpapiere emittiert. Auch kann unter Umständen ein Großaktionär verantwortlich sein, der seine Beteiligung anläßlich der Emissionen veräußern will und hierzu maßgeblich auf den Inhalt des Prospektes Einfluß genommen hat. Dagegen führt nach den Gesetzesmaterialien das bloße Bereitstellen unrichtigen Materials für die Erstellung des Prospektes allein noch nicht zur Haftung, solange kein eigenes wirtschaftliches Interesse an der Emission besteht[277]. Nicht zum haftenden Personenkreis gehören z.B. die Wirtschaftsprüfer, obwohl sie im Prospekt erwähnt werden. Die §§ 45, 46 BörsG kennen nur eine Verantwortlichkeit für den gesamten Prospekt[278].

9.312 Eine **Sonderregelung** besteht für Emittenten mit Sitz im Ausland, deren Wertpapiere nicht nur an inländischen Börsen, sondern auch an der Börse ihres Heimatstaates gehandelt werden. In solchen Fällen erschien es dem Gesetzgeber unangemessen, Prospekthaftungsansprüche nach deutschem

---

275 RGZ 46, 83, 89; *Schwark*, §§ 45, 46 Rn 40.
276 Begr. des RegE des 3. FFG, BT-Drucksache 13/8933, S. 78; vgl. weiter OLG Frankfurt WM 1997, 361, 362; *Assmann* in Assmann/Schütze, Handbuch des Kapitalanlagerechts, § 7 Rn 100, 119.
277 Begr. des RegE des 3. FFG, BT-Drucksache 13/8933, S. 78.
278 *Assmann* in Assmann/Schütze, Handbuch des Kapitalanlagerechts, § 7 Rn 205 m.w.Nachw.; *Sittmann*, NZG 1998, 490, 493.

Recht für Erwerbsvorgänge zu gewähren, bei denen keinerlei Bezug zum Inland und somit zu dem fehlerhaften inländischen Börsenzulassungsprospekt besteht[279]. Der erforderliche Inlandsbezug ist gegeben, wenn die Wertpapiere aufgrund eines im Inland abgeschlossenen Geschäfts oder einer ganz oder teilweise im Inland erbrachten Wertpapierdienstleistung erworben wurden (§ 45 Abs. 3 BörsG). Durch diese begrenzte Haftung sollte die Attraktivität des Finanzplatzes Deutschland im internationalen Wettbewerb gefördert werden[280].

3. Zeitlich befristeter Anspruchserwerb

Ansprüche aufgrund der gesetzlichen Prospekthaftung können nur erworben werden, wenn das Erwerbsgeschäft **nach Veröffentlichung des Prospektes**[281] **und innerhalb von sechs Monaten nach erstmaliger Einführung der Wertpapiere** abgeschlossen wurde (§ 45 Abs. 1 S. 1 BörsG). 9.313

Erfaßt werden lediglich **entgeltliche Erwerbsvorgänge**. Bei einem unentgeltlichen Erwerb fehlt es an einem Erwerbspreis, an dem sowohl die Rückabwicklung (§ 45 Abs. 1 S. 1 BörsG) als auch die Erstattung des Unterschiedsbetrages zwischen Erwerbs- und Veräußerungspreis gemäß § 45 Abs. 2 BörsG anknüpft[282]. 9.314

a) Beginn der Sechsmonatsfrist

Mit der „**Einführung**" der Wertpapiere ist die **erste Preisfeststellung (Notierung)** der zum Amtlichen oder Geregelten Markt zugelassenen Wertpapiere gemeint (§ 42 Abs. 1 BörsG)[283]. Eine **Sonderregelung** gilt für die Wertpapiere, die im privatrechtlich organisierten Freiverkehr als drittem Marktsegment der Börse gehandelt werden. Hier erfolgt keine „Zulassung" der Wertpapiere, an die der gesetzliche Tatbestand des § 45 Abs. 1 S. 2 BörsG anknüpft, sondern eine „Einbeziehung" in den Freiverkehrshandel[284]. Gleichwohl kommt auch bei den Freiverkehrswerten eine Prospekthaftung gemäß §§ 45 bis 48 BörsG zum Tragen. Denn die Einbeziehung in den 9.315

---

279 Begr. des RegE des 3. FFG, BT-Drucksache 13/8933, S. 79; vgl. weiter *Bosch* in Bankrecht und Bankpraxis, Rn 10/143.
280 Begr. des RegE des 3. FFG, BT-Drucksache 13/8933, S. 79.
281 Nach dem BGH soll die Prospekthaftung nur solche Anleger schützen, die durch den Prospekt oder die durch seine Veröffentlichung hervorgerufene „Anlagestimmung" irregeführt und dadurch zum Kauf veranlaßt worden sind (WM 1982, 862, 867).
282 Begr. des RegE des 3. FFG, BT-Drucksache 13/8933, S. 76.
283 *Pötzsch*, WM 1998, 949, 951 Fn 24.
284 Vgl. z.B. § 1 der Richtlinien von Wertpapieren in den Freiverkehr an der Frankfurter Wertpapierbörse (FWB) – Freiverkehrsrichtlinie.

Freiverkehr ermöglicht einen Erwerb für jedermann und ist deshalb als öffentliches Angebot im Sinne des Verkaufsprospektgesetzes (§ 1) anzusehen. Sie erfordert deshalb mit Beginn des Handels die Veröffentlichung eines Verkaufsprospektes[285]. Enthält dieser Verkaufsprospekt für die Beurteilung der Wertpapiere wesentliche Angaben, die unrichtig oder unvollständig sind, so sind die §§ 45 bis 48 BörsG entsprechend anwendbar (§ 13 Abs. 1 VerkProspG). Die gesetzliche Prospekthaftung gilt deshalb auch für die Einbeziehung von Wertpapieren in den Freiverkehr[286]. Dabei ist für die Bemessung des Zeitraumes von sechs Monaten in § 45 Abs. 1 S. 1 BörsG „an Stelle der Einführung der Wertpapiere der Zeitpunkt des ersten öffentlichen Angebotes im Inland maßgeblich" (§ 13 Abs. 1 Nr. 1 Verkaufsprospektgesetz). Denn dieses öffentliche Angebot ist Anknüpfungspunkt für eine Prospektpflicht und damit für eine Haftung aufgrund fehlerhafter Prospekte. Nach den Gesetzesmaterialien ist es deshalb sachgerecht, bei der Bestimmung des **Beginns der Sechsmonatsfrist** darauf abzustellen, **wann erstmals im Inland ein öffentliches Angebot erfolgt ist**[287].

9.316 Dagegen dürfte bei den im Neuen Markt gehandelten Wertpapieren **im Regelfall** die Sechsmonatsfrist mit der ersten Notierung beginnen, wie dies für die zum Amtlichen Markt oder Geregelten Markt zugelassenen Wertpapiere gemäß § 45 Abs. 1 S. 1 BörsG gilt. Bei diesem neuen Markt handelt es sich zwar um eine Handelsplattform des Freiverkehrs. Der Handel in diesen Wertpapieren beginnt aber erst, wenn ihre Zulassung zum Geregelten Markt erfolgt ist[288] – Rn 17.419.

9.317 Auch die Wertpapiere des Neuen Marktes werden also „aufgrund eines Prospektes zum Wertpapierhandel zugelassen", wie es der gesetzliche Tatbestand des § 45 Abs. 1 S. 1 BörsG erfordert. Ist aber diese börsengesetzliche Haftungsnorm unmittelbar anwendbar, so ist deren Tatbestandsmerkmal „Einführung" für die Prospekthaftung bei den Wertpapieren des Neuen Marktes wie bei den im Amtlichen und Geregelten Markt gehandelten Wertpapieren als „erste Notierung an der Börse" (§ 42 BörsG) zu verstehen[289].

---

285 *Waldeck/Süßmann*, WM 1993, 361, 362; *Schäfer*, ZIP 1991, 1557, 1563; *Assmann*, NJW 1991, 528, 530.
286 *Waldeck/Süßmann*, WM 1993, 361, 367.
287 Begr. des RegE des 3. FFG, BT-Drucksache 13/8933, S. 89.
288 Vgl. Regelwerk des Neuen Marktes, Abschnitt II, Nr. 1 ff., abgedruckt in WM 1997, Sonderbeil. Nr. 3, 13.
289 Dies steht auch im Einklang mit dem Regelwerk des Neuen Marktes, wonach für den Handel und die Preisfeststellung einschließlich deren Beaufsichtigung die Regelungen des amtlichen Handels sinngemäß gelten (Abschnitt III, Nr. 1).

Für die **Fristbestimmung** ist im übrigen auf den Zeitpunkt des Abschlusses des schuldrechtlichen Verpflichtungsgeschäfts abzustellen. Nach den Gesetzesmaterialien manifestiert sich zu diesem Zeitpunkt die durch den fehlerhaften Prospekt beeinflußte Kaufentscheidung nach außen[290]. Unschädlich ist also, wenn sich der sachenrechtliche Vollzug des innerhalb von sechs Monaten abgeschlossenen Erwerbsgeschäfts erst nach Ablauf dieser Frist vollzieht[291].

9.318

Soweit schon an einer inländischen Börse im Amtlichen Markt notierte Wertpapiere innerhalb von sechs Monaten unter Verwendung des ursprünglichen Prospektes gemäß § 39 Abs. 4 S. 1 BörsG an einer anderen inländischen Börse eingeführt werden, führt dies nach den Gesetzesmaterialien **nicht zu einer Verlängerung der Sechsmonatsfrist**. § 45 Abs. 1 S. 1 BörsG knüpft ausdrücklich an die erstmalige Einführung der Wertpapiere an[292].

9.319

b) Angemessenheit der zeitlichen Befristung

Die zeitliche Befristung der Prospekthaftung auf sechs Monate war nach den Gesetzesmaterialien aus mehreren Gründen geboten[293]. Hierdurch wird für alle Beteiligten die erwünschte Rechtssicherheit geschaffen. Erfahrungsgemäß wird der Börsenzulassungsprospekt in der Praxis nur innerhalb einer verhältnismäßig kurzen Zeitspanne als Grundlage für Geschäfte über diese Wertpapiere genutzt.

9.320

Die **zeitliche Befristung** trägt im übrigen dazu bei, daß für die Prospektverantwortlichen die **Haftung** für fehlerhafte Angaben noch **überschaubar** bleibt. Hierdurch wird die Bereitschaft von Existenzgründern und mittelständischen Unternehmen in Deutschland gefördert, sich das notwendige Eigenkapital durch einen Gang an die Börse zu verschaffen. Auch wird die „Emissionsbegleitung" für Kreditinstitute und Finanzdienstleistungsinstitute wirtschaftlich attraktiver[294].

9.321

Die zeitliche Begrenzung der Prospekthaftung erscheint nach den Gesetzesmaterialien auch **angemessen**[295]. So ist nach dem Gesetzgeber bei einer sukzessiven Einführung an mehreren inländischen Börsen der von einer Zulassungsstelle gebilligte Prospekt auch von den nachfolgenden Börsen anzuerkennen, wenn die späteren Börsenzulassungen innerhalb der Sechsmonatsfrist beantragt werden (§ 39 Abs. 4 S. 1 BörsG). Im übri-

9.322

---

290 Begr. des RegE des 3. FFG, BT-Drucksache 13/8933, S. 77.
291 *Sittmann*, NZG 1998, 490, 492.
292 Begr. des RegE des 3. FFG, BT-Drucksache 13/8933, S. 77.
293 Begr. des RegE des 3. FFG, BT-Drucksache 13/8933, S. 77.
294 Begr. des RegE des 3. FFG, BT-Drucksache 13/8933, S. 56.
295 Begr. des RegE des 3. FFG, BT-Drucksache 13/8933, S. 77.

gen hat die Rechtsprechung bei Erwerbsvorgängen innerhalb von sechs Monaten nach der Veröffentlichung des Prospektes eine sog. Anlagestimmung bejaht, die nach herrschender Meinung den haftungsbegründenden Kausalzusammenhang zwischen einem fehlerhaften Prospekt und dem Erwerb der hiervon erfaßten Wertpapiere vermuten läßt[296].

9.323 Die Sechsmonatsfrist stellt schließlich nach den Gesetzesmaterialien auch einen gewissen Ausgleich dafür dar, daß eine strikte Begrenzung der Prospekthaftung auf den Gesamtbetrag der Emission nicht mehr gewährleistet ist (vgl. § 45 Abs. 1 S. 3 BörsG)[297]. Im Unterschied zu der bisherigen Regelung, bei der die Prospekthaftungsansprüche den Besitz der Wertpapiere voraussetzte, können auch frühere Inhaber der Wertpapiere anspruchsberechtigt sein (vgl. § 45 Abs. 2 BörsG). **Bis zum Ablauf der Sechsmonatsfrist** kann aber über einzelne Wertpapierpositionen eine Vielzahl prospektgeschützter Erwerbsgeschäfte getätigt worden sein mit der Folge, daß unter bestimmten Voraussetzungen Kursverluste doppelt oder sogar mehrfach ersetzt werden müssen[298]. Dies ist z.B. der Fall, wenn der Ersterwerber die Wertpapiere mit einem Kursverlust von 20% gegenüber dem gezahlten Ausgabepreis veräußert und der Zweiterwerber nach einem Anstieg des Börsenkurses auf den Ausgabekurs weiterverkauft. Kommt es sodann wiederum zu einem Kursverfall von 20% gegenüber dem Ausgabepreis, so erleidet auch der Dritterwerber wie der Ersterwerber einen unter die Prospekthaftung fallenden Kursschaden. Bei extremen Kursschwankungen und einer Vielzahl von Weiterveräußerungen innerhalb der Sechsmonatsfrist kann deshalb das Haftungsrisiko den Gesamtbetrag der Emission übersteigen.

4. Wertpapierbesitz keine Anspruchsvoraussetzung

9.324 Nach früherem Recht war Voraussetzung für einen Schadensersatzanspruch, daß der Geschädigte noch im Besitz der Wertpapiere war[299]. Hierdurch wurde die Prospekthaftung stark eingeschränkt, weil sich viele Anleger mit dem Absinken des Kurses infolge Durchsickerns von Unre-

---

296 OLG Frankfurt WM 1996, 1216, 1219.
297 Begr. des RegE des 3. FFG, BT-Drucksache 13/8933, S. 77. Die Darlegungs- und Beweislast dafür, daß es sich um „junge" und damit prospektgeschützte Wertpapiere handelt, trägt der Anleger. Der Emittent muß aber zur Haftungsbegrenzung die jeweilige Emission mit abgrenzenden Ausstattungsmerkmalen (z.B. eine eigene Wertpapierkennnummer) versehen (*Ellenberger*, FS Schimansky, 1999, S. 591, 605 – Rn 9.328).
298 Vgl. hierzu *Bosch/Groß* in Bankrecht und Bankpraxis, Rn 10/142.
299 OLG Frankfurt WM 1997, 361, 362 m.w.Nachw.

gelmäßigkeiten des Prospektes des für den Regreßanspruch erforderlichen Wertpapierbesitzes entledigten. Das Besitzerfordernis als Anspruchsvoraussetzung ist deshalb vom Schrifttum kritisiert worden[300].

Nach der Neuregelung der Prospekthaftung braucht der **Prospektgeschädigte nicht mehr Inhaber der Wertpapiere** zu sein. Dies entspricht den Regelungen in der Schweiz und den USA und steht auch im Einklang mit der Dogmatik des allgemeinen Schadensersatzrechtes[301]. Kann der Prospekthaftungsanspruch auch ohne Besitz der Wertpapiere geltend gemacht werden, stellt sich die Frage eines Mitverschuldens, wenn der Anleger bei stark fallenden Kursen zur Schadensminderung die Wertpapiere nicht verkauft[302]. 9.325

5. Beweislastumkehr zugunsten der Anleger

Die bisherige Verteilung der Beweislast führte nicht selten dazu, daß der Haftungsanspruch des Anlegers aufgrund von Beweisschwierigkeiten nicht durchgesetzt werden konnte. Denn die von der Rechtsprechung entwickelten Grundsätze beseitigten diese Schwäche der alten Prospekthaftung nur ansatzweise und führten in Teilbereichen zu einer für alle Beteiligten unzumutbaren Rechtsunsicherheit[303]. 9.326

Nach altem Recht traf den Anleger die Beweislast für den Nachweis, daß der Erwerb der Wertpapiere aufgrund des fehlerhaften Prospektes erfolgte. Die Härten dieser gesetzlich vorgegebenen Verteilung der Beweislast versuchte die Rechtsprechung seit langem mit der tatsächlichen Vermutung abzumildern, daß sich der Anleger bei einem Erwerb innerhalb eines bestimmten Zeitraumes nach der Prospektveröffentlichung auf eine am 9.327

---

300 *Schwark*, §§ 45, 46 Rn 30; *Nußbaum*, Komm. z. Börsengesetz, 1910, S. 198.
301 *Schwark*, WuB I, G.8 – 2/97; *Sittmann*, DB 1997, 1701; *ders.*, NGZ 1998, 490, 493.
302 Vgl. hierzu *Ellenberger*, FS Schimansky, 1999, S. 591, 606 und *Sittmann*, NJW 1998, 3761, 3763. Nach den Gesetzesmaterialien ist die Anrechnung von Mitverschulden zweifelhaft. So soll das Mitverschulden des Erwerbers nur in Form der Kenntnis der Unrichtigkeit oder Unvollständigkeit gemäß § 46 Abs. 2 Nr. 3 BörsG berücksichtigt werden können. Außerhalb des Anwendungsbereichs dieser Bestimmung sei der Einwand des Mitverschuldens ausgeschlossen (Begr. des RegE des 3. FFG, BT-Drucksache 13/8933, S. 80). Andererseits träfe den Geschädigten regelmäßig eine Schadensminderungspflicht (§ 254 Abs. 2 BGB), wenn er die Wertpapiere unterhalb des üblicherweise erzielbaren Börsenpreises weiterveräußert hat (Begr. des RegE des 3. FFG, BT-Drucksache 13/8933, S. 79).
303 Begr. des RegE des 3. FFG, BT-Drucksache 13/8933, S. 55, 56.

Markt herrschende „Anlagestimmung" berufen konnte[304]. An diese Rechtsprechung knüpft § 45 Abs. 1 S. 1 BörsG an, indem die **Beweislast für die Kausalität** zwischen Veröffentlichung des Prospektes und Erwerb der Wertpapiere zugunsten des Anlegers **umgekehrt** wird. Den Prospektverantwortlichen wird allerdings der Nachweis einer fehlenden Kausalität zwischen dieser Prospektveröffentlichung und dem Erwerb ermöglicht[305].

9.328 Der Haftungsanspruch setzt auch weiterhin voraus, daß Wertpapiere erworben werden, die aufgrund fehlerhaften Prospekterwerbes emittiert worden sind. Die Prospekthaftung erstreckt sich also nicht auf gleichartige Wertpapiere aus früheren Emissionen. Dem Anleger war aber vielfach der Nachweis unmöglich, daß die von ihm erworbenen Wertpapiere dem fehlerhaften Prospekt zuzurechnen waren. Denn regelmäßig werden die bereits umlaufenden Wertpapiere und die neu emittierten Wertpapiere unter derselben Wertpapier-Kennummer gehandelt und auch ungetrennt in dem von der Wertpapiersammelbank gebildeten Girosammelbestand aufbewahrt, der die wertpapiermäßige Grundlage für eine Belieferung im stückelosen Effektengiroverkehr darstellt. Dieser Beweisschwierigkeit trägt nunmehr § 45 Abs. 1 S. 3 BörsG Rechnung. Danach erstreckt sich die Prospekthaftung auch auf bereits umlaufende Wertpapiere, soweit sich diese nicht nach Ausstattungsmerkmalen oder in sonstiger Weise von den aufgrund des fehlerhaften Prospekts emittierten Wertpapieren unterscheiden. Der Emittent kann diese erweiterte Haftung also dadurch vermeiden, daß er die neubegebenen Wertpapiere für den Zeitraum von sechs Monaten nach Veröffentlichung des Prospekts mit einer eigenen Wertpapier-Kennummer ausstatten läßt[306].

9.329 Schließlich braucht der **Anleger nicht nachzuweisen,** daß der Sachverhalt, über den unrichtige oder unvollständige Angaben im Prospekt enthalten sind, **zu einer Minderung des Börsenpreises beigetragen** hat. Die Prospektverantwortlichen können diese entsprechende gesetzliche Vermutung allerdings widerlegen (§ 46 Abs. 2 Nr. 2 BörsG)[307]. Ein solcher Nachweis dürfte in der Praxis nur selten gelingen[308]. Die Beweislast für das Vorliegen dieser rechtsvernichtenden Einwendung trifft also den Emittenten und die sonstigen Prospektverantwortlichen, weil diese Personen nach den Gesetzesmaterialien am ehesten über Informationen verfügen,

---

304 OLG Düsseldorf WM 1981, 969, 971; *Schwark*, §§ 45, 46 Rn 34 m.w.Nachw. FN 137; vgl. weiter BGH WM 1993, 1787, 1789.
305 *Pötzsch*, WM 1998, 949, 950; *Meixner*, NJW 1998, 1896, 1900.
306 Begr. des RegE des 3. FFG, BT-Drucksache 13/8933, S. 77; *Pötzsch*, WM 1998, 949, 950.
307 *Pötzsch*, WM 1998, 949, 950.
308 *Sittmann*, NZG 1998, 490, 492.

aufgrund derer die Auswirkungen des fehlerhaften Prospektes auf die Börsenpreise beurteilt werden können[309]. Ein solcher Sachverhalt im Sinne des § 46 Abs. 2 Nr. 2 BörsG kann z.B. gegeben sein, wenn der Emittent nach der Prospektveröffentlichung insolvent wird und der Anleger die Wertpapiere nach Bekanntwerden der Insolvenz zu einem erheblichen Börsenpreis erworben hat[310].

6. Inhalt und Umfang der Schadensersatzpflicht

Inhalt und Umfang der Schadensersatzpflicht richtet sich danach, ob der Geschädigte noch Inhaber der Wertpapiere ist.

9.330

a) Zahlung gegen Rückgabe der Wertpapiere

Ist der Geschädigte noch Inhaber der Wertpapiere, ist sein Haftungsanspruch auf Erstattung des Erwerbspreises gerichtet. Dabei ist es unerheblich, ob die Wertpapiere über die Börse oder durch ein außerbörsliches Geschäft erworben worden sind. Maßgeblich ist stets der tatsächlich gezahlte Preis[311].

9.331

Dieser **Erstattungsanspruch** ist der Höhe nach **begrenzt** auf den ersten Ausgabepreis (§ 46 Abs. 1 BörsG). Bei der Emission neuer Wertpapiere ist der Ausgabepreis regelmäßig der Preis, der als Zeichnungs-, Verkaufs- oder Ausgabepreis im Prospekt angegeben wird (§§ 16 Abs. 1 Nr. 5, 17 Nr. 2 BörsZulV). Bei Fehlen einer solchen Angabe ist der Preis maßgeblich, zu dem der Emittent die Wertpapiere veräußert. **Bei einer Sekundärmarktplazierung** ist Ausgabepreis der im Prospekt angegebene Preis, ohne eine solche Angabe der Preis, zu dem die Wertpapiere vom Veräußerer im Rahmen der Plazierung angeboten werden[312].

9.332

Ist ein **Ausgabepreis nicht festgestellt,** gilt als Ausgabepreis der erste nach Einführung der Wertpapiere festgestellte oder gebildete Börsenpreis, im Falle gleichzeitiger Feststellung oder Bildung an mehreren inländischen Börsen der höchste erste Börsenpreis (§ 45 Abs. 1 S. 2 BörsG).

9.333

Im übrigen sind die mit dem Erwerb verbundenen üblichen Kosten zu erstatten (vgl. § 45 Abs. 2 BörsG). Hierzu gehören die Maklercourtage und

9.334

---

309 Begr. des RegE des 3. FFG, BT-Drucksache 13/8933, S. 80; vgl. weiter *Ellenberger*, FS Schimansky, 1999, S. 591, 602.
310 Begr. des RegE des 3. FFG, BT-Drucksache 13/8933, S. 80.
311 Begr. des RegE des 3. FFG, BT-Drucksache 13/8933, S. 78.
312 Wegen der Einzelheiten vgl. Begr. des RegE des 3. FFG, BT-Drucksache 13/8933, S. 78.

die Effektenprovisionen. Erstattungspflichtig sind auch Aufwendungen für den gesonderten Erwerb von Bezugsrechten, sofern die Wertpapiere mit ihnen erworben wurden[313].

9.335 Die von den Prospektverantwortlichen geschuldeten Zahlungen brauchen nur **Zug um Zug gegen Rückgabe der erworbenen Wertpapiere** zu erfolgen. Dabei sind in den Gesetzesmaterialien bestimmte Fallkonstellationen angesprochen, in denen die Rückgabepflicht wie z.B. beim Erwerb von isoliert begebenen Optionsscheinen oder Schuldverschreibungen mit trennbaren Optionsscheinen den Gegebenheiten anzupassen ist[314]. Im übrigen kann sich der Emittent gegenüber dem Prospektgeschädigten nicht auf das aktienrechtliche Verbot der Einlagenrückgewähr (§ 57 Abs. 1 S. 1 AktG) und das Verbot des Erwerbs eigener Aktien gemäß §§ 71 ff. AktG berufen. Die in § 45 BörsG getroffenen Bestimmungen enthalten insoweit abschließende Spezialregelungen, die diese allgemeinen Vorschriften verdrängen[315].

b) Erstattung des Unterschiedsbetrages zwischen Erwerbs- und Ausgabepreis

9.336 Ist der **Erwerber nicht mehr Inhaber** der Wertpapiere, so kann er die Zahlung des Unterschiedsbetrages zwischen dem Erwerbspreis, soweit dieser den ersten Ausgabepreis nicht überschreitet (vgl. § 45 Abs. 1 S. 1 BörsG), und dem Veräußerungspreis der Wertpapiere verlangen (§ 45 Abs. 2 S. 1 BörsG). Des weiteren sind dem Anspruchsberechtigten die mit dem Erwerb und der Veräußerung verbundenen üblichen Kosten zu erstatten (§ 45 Abs. 2 S. 1 BörsG).

9.337 Bei diesem **Zahlungsanspruch des Erwerbers** handelt es sich nach den Gesetzesmaterialien um einen **modifizierten Schadensersatzanspruch**, der eine Konkretisierung und Begrenzung des ersatzfähigen Schadens beinhaltet[316]. Soweit diese gesetzliche Sonderregelung nicht zum Tragen kommt, gelten die allgemeinen Grundsätze des Schadensersatzrechts. Veräußert der Erwerber die Wertpapiere zu einem Preis, der unterhalb des üblicherweise erzielbaren Börsenpreises liegt, so verstößt er gegen seine ihm obliegende Schadensminderungspflicht (§ 254 Abs. 2 BGB). Für die Bestimmung des Veräußerungspreises zur Errechnung des erstattungspflichtigen Unterschiedsbetrages ist deshalb nach den Gesetzesmaterialien der an der Börse erzielbare Veräußerungspreis zugrunde zu legen.

---

313 Begr. des RegE des 3. FFG, BT-Drucksache 13/8933, S. 78.
314 Begr. des RegE des 3. FFG, BT-Drucksache 13/8933, S. 78.
315 Begr. des RegE des 3. FFG, BT-Drucksache 13/8933, S. 78.
316 Begr. des RegE des 3. FFG, BT-Drucksache 13/8933, S. 79.

7. Verjährung

In Anlehnung an die vergleichbaren Regelungen in § 20 KAGG und § 12 AuslInvestmG verjähren die Ansprüche aus der Prospekthaftung in sechs Monaten seit dem Zeitpunkt, zu dem der Erwerber von der Unrichtigkeit oder Unvollständigkeit der Ausgabe des Prospektes Kenntnis erlangt hat, spätestens jedoch in fünf Jahren seit der Veröffentlichung des Prospekts (§ 47 BörsG).

9.338

Die **Anknüpfung an den Zeitpunkt der Prospektveröffentlichung** ermöglicht es, die maximale Verjährungsfrist einheitlich für alle Erwerber zu bestimmen. Auch diese Haftungsbegrenzung soll das mit der Modernisierung der Prospekthaftung verfolgte Ziel der Förderung von Risikokapital unterstützen. Hierdurch wird die Bereitschaft von Existenzgründern und mittelständischen Unternehmen zum Gang an die Börse gefördert und die hierzu erforderliche „Emissionsbegleitung" durch Kreditinstitute und Finanzdienstleistungsunternehmen wirtschaftlich attraktiver[317].

9.339

II. Allgemeine zivilrechtliche Prospekthaftung[318]

Die allgemeine bürgerlich-rechtliche Prospekthaftung wurde von der Rechtsprechung in erster Linie **zum Schutz der Anleger in einer sog. Publikums-KG** entwickelt. Sie kann zwar grundsätzlich auch den Vertrieb von Wertpapieren betreffen, setzt aber voraus, daß es sich um Wertpapiere handelt, die außerhalb des organisierten Kapitalmarktes vertrieben werden[319].

9.340

Ihre wesentlichen **Abweichungen** vom Normaltyp der KG bestehen vor allem darin, daß sie **darauf angelegt** ist, zum Zwecke der Kapitalsammlung eine unbestimmte Zahl von Kommanditisten zu von den Gründern und Initiatoren der Gesellschaft festgelegten Bedingungen zu beteiligen. Charakteristisch ist ferner, daß die Gesellschafter weder untereinander noch zu den Gründergesellschaftern in persönlichen Beziehungen stehen[320]. Bei derartigen Publikums-KG, die als sog. Abschreibungsgesellschaften vor allem in den 70er Jahren entstanden, besteht

9.341

---

317 Begr. des RegE des 3. FFG, BT-Drucksache 13/8933, S. 56, 81.
318 *Hopt*, Prospekthaftung, 1991, S. 62 ff.; *Thode* in Reithmann/Meichssner/ v. Heymann (Hrsg.), Kauf vom Bauträger, 7. Aufl., 1995, S. 491 ff.; *Assmann* in Assmann/Schütze, Handbuch des Kapitalanlagerechts, § 7; *Canaris*, FS Geiger, 1991, 108 ff.
319 *Assmann*, Die AG 1996, 508, 515.
320 BGH WM 1988, 939, 940; *Baumbach/Hopt*, Anh. § 177a Rn 52; Großkomm. HGB/*Schilling*, Anh. § 161 Rn 2.

ohne die Haftung für unrichtige oder unvollständige Prospekte kein ausreichender Schutz der Anlegergesellschafter. Eine Inanspruchnahme der Anlagegesellschaft scheidet aus, weil Vertragspartner nicht sie, sondern wegen des Gesellschaftsbeitritts die übrigen Gesellschafter sind. Wollte man ausnahmsweise die Gesellschaft selbst als Vertragspartnerin betrachten, würden Schadensersatzansprüche gleichwohl aus gesellschaftsrechtlichen Gründen ausscheiden, weil dies dem Grundsatz der Gleichbehandlung zuwiderliefe. Unter der Geltung des Prioritätsprinzips wäre nicht gewährleistet, daß alle Gesellschafter, die Schadensersatzansprüche gegen die Gesellschaft erheben können, gleichmäßig befriedigt werden. Aus diesen Gründen würden Schadensersatzansprüche der Anlegergesellschaft regelmäßig ohne Erfolg bleiben.

1. Richterliche Rechtsfortbildung

9.342 Die bürgerlich-rechtliche Ausprägung der Prospekthaftung hat der BGH in richterlicher Rechtsfortbildung entwickelt. Als **Anknüpfungspunkt** dieser Haftung diente das gesetzliche Schuldverhältnis der Vertragsverhandlungen **(culpa in contrahendo)**[321]. Dabei nimmt die allgemeine zivilrechtliche Prospekthaftung die im Rahmen des Verschuldens bei Vertragsverhandlungen angenommene Haftung von Vertretern oder Sachwaltern zur Grundlage, die diese bei Inanspruchnahme von Vertrauen in die eigene Person trifft. Für die Prospekthaftung wird diese Haftung durch die Rechtsprechung jedoch erheblich erweitert, weil über die Fälle konkreten Verhandlungsvertrauens hinaus auch eine kraft Amtes, Berufes, Sachkunde oder anerkannter wirtschaftlicher Stellung begründete Garantenstellung Anknüpfungspunkt von Vertrauen sein und entsprechende Haftungsfolgen auslösen könne.

9.343 Das **Vertrauen der Anlegergesellschafter** einer Publikums-KG gelte in diesem Sinne den hinter der Gesellschaft stehenden Personen, die als wirtschaftliche Vertragspartner und Verantwortliche erscheinen. Inhaltlich sei dieses **Vertrauen** auf die Richtigkeit und Vollständigkeit der Prospektverlautbarungen gerichtet sowie darauf, daß die Verantwortlichen sie sorgfältig geprüft hätten. Dieses Vetrauen werde typischerweise gewährt, so daß im Ergebnis unerheblich sei, ob die genannten Personen dem Anleger gegenüber jemals in Erscheinung getreten seien. Zudem bedürfe das Vertrauen keiner Feststellung im Einzelfall. Vor allem in diesen Abweichungen liegen die entscheidenden Unterschiede zu den hergebrachten Grundsätzen der Haftung wegen Verschuldens bei Ver-

---

[321] BGH WM 1978, 705 f.; 1979, 141, 142; 1981, 483, 484 f.; OLG Düsseldorf DB 1997, 1705, 1706; *Siol* in Bankrechts-Handbuch, § 45 Rn 25 ff.; *Assmann* in Assmann/Schütze, Handbuch des Kapitalanlagerechts, § 7 Rn 94 ff.

tragsverhandlungen. Die von der Rechtsprechung entwickelte allgemeine zivilrechtliche Prospekthaftung läßt sich somit als kapitalmarktrechtliche Vertrauenshaftung bezeichnen[322].

Den **Personenkreis,** auf den sich das Vertrauen berechtigterweise richten darf, hat die Rechtsprechung in Anlehnung an § 45 BörsG dahingehend bestimmt, daß diejenigen Personen haftbar gemacht werden können, die entweder den Prospekt herausgeben und für die Prospekterstellung verantwortlich sind oder hinter der Gesellschaft stehen, in ihr besonderen Einfluß ausübten und daher für die Prospektherausgabe mitverantwortlich seien. Andere als die genannten Personen hafteten nur in engeren Grenzen, nämlich wenn sie in den Prospektinhalt einbezogen wurden und darüber hinaus nach außen in Erscheinung träten und dadurch einen Vertrauenstatbestand begründeten[323]. 9.344

Sowohl die **Festlegung** des Kreises **der haftenden Personen** als auch die **Verjährungsfrist** bestimmt die Rechtsprechung in Anlehnung an die börsengesetzliche Prospekthaftung[324]. 9.345

In bezug auf die im Rahmen des Emissionsgeschäfts plazierten Wertpapiere kommt die allgemeine zivilrechtliche Prospekthaftung für Wertpapiere in Betracht, die im Freiverkehr gehandelt werden und bei denen eine Prospektpflicht nach dem Wertpapier-Verkaufsprospektgesetz ausnahmsweise nicht besteht. 9.346

Möglicherweise ist jedoch für derartige Fälle § 13 VerkProspG entsprechend heranzuziehen, weil ansonsten eine **Benachteiligung derjenigen Emittenten** einträte, die freiwillig einen Verkaufsprospekt veröffentlichen. Indes ist zu berücksichtigen, daß eine analoge Anwendung der gesetzlichen Prospekthaftungsnormen von der überwiegenden Auffassung im Schrifttum abgelehnt wird[325]. 9.347

2. Verhältnis der Prospekthaftungsansprüche zueinander[326]

Wie schon bisher stellt § 48 Abs. 2 BörsG klar, daß von der gesetzlichen Prospekthaftung weitergehende Ansprüche, die nach den Vorschriften des bürgerlichen Rechts aufgrund von Verträgen oder vorsätzlich unerlaubten 9.348

---

322 Vgl. *Schwark*, §§ 45, 46 Rn 43.
323 BGH WM 1986, 904, 906; 1989, 1925; 1990, 145, 1458.
324 BGH WM 1984, 890; 1975, 1077; 1985, 534, 536; vgl. weiter *Assmann* in Assmann/Schütze, Handbuch des Kapitalanlagerechts, § 7 Rn 48 ff., 90 ff. m.w.Nachw.
325 *Canaris*, Bankvertragsrecht², Rn 2294, 2277; *Assmann* in Assmann/Schütze, Handbuch des Kapitalanlagerechts, § 7 Rn 22; *Soergel/Wiedemann*, Vor § 275 Rn 338.
326 *Kort*, AG 1999, 9, 18.

Handlungen erhoben werden, unberührt bleiben. Hier kommen insbesondere Ansprüche wegen fehlerhafter Anlageberatung durch die Depotbank und deliktsrechtliche Ansprüche aus §§ 826 BGB i.V.m. § 264a oder § 266 StGB sowie wegen sittenwidriger Schädigung (§ 826 BGB) in Betracht[327].

9.349 Bis zur Neugestaltung der Prospekthaftung war umstritten, ob neben der börsengesetzlichen Prospekthaftung noch Ansprüche aus der allgemeinen zivilrechtlichen Prospekthaftung in Betracht kommen[328]. Nach den Gesetzesmaterialien zum Dritten Finanzmarktförderungsgesetz sind jedoch Ansprüche aufgrund zugleich bestehender schuldrechtlicher Sonderbedingungen, insbesondere solcher aus der allgemeinen zivilrechtlichen Prospekthaftung im Anwendungsbereich der Haftung für fehlerhafte Börsenzulassungsprospekte ausgeschlossen. Insoweit sind die Vorschriften der **§§ 45 ff. BörsG als abschließend** anzusehen. Anderenfalls würde die mit der Neuregelung beabsichtigte Begrenzung des Haftungsrisikos unterlaufen[329].

---

327 Nach *Kort* kann in Ausnahmefällen eine Haftung aus culpa in contrahendo analog § 48 Abs. 2 BörsG gegeben sein (AG 1999, 8, 18).
328 Gegen ein Nebeneinander OLG Frankfurt WM 1997, 361, 364 = BB 1997, 333; LG Frankfurt WM 1996, 525, 526; vgl. weiter *Schwark*, §§ 45, 46 Rn 43; *Altmeppen*, DB 1993, 84, 85 f. m.w.Nachw.; a.A. *Canaris*, Bankvertragsrecht², Rn 2289; *von Westphalen*, BB 1994, 85, 88 m.w.Nachw.
329 Begr. des RegE des 3. FFG, BT-Drucksache 13/8933, S. 81; OLG Frankfurt NJW-RR 1997, 749, 750; vgl. weiter *Sittmann*, NJW 1998, 3761, 3762; *Kort*, AG 1999, 9, 18; *Groß*, AG 1999, 199, 209.

10. Teil
Effektengeschäft

1. Abschnitt
Allgemeines

Das Effektengeschäft der Kreditinstitute dient der **Anschaffung und Veräußerung von Wertpapieren für die Bankkunden.**   10.1

Die Kreditinstitute tätigen im Rahmen des Effektengeschäfts in den Kapitalmärkten Kauf- und Verkaufsgeschäfte, soweit die Bank die Wertpapiere nicht selbst als Käuferin vom Kunden übernimmt oder an ihn als Verkäuferin liefert. Für die Auftragsausführung kommen nicht nur die börsenmäßig organisierten Märkte im In- und Ausland in Betracht. Häufig werden die Kundenaufträge auch in den außerbörslichen Kapitalmärkten ausgeführt, in denen die Geschäftsabschlüsse telefonisch oder unter Inanspruchnahme der sonst üblichen Kommunikationsmittel erfolgen.   10.2

Dies entsprach der **früheren Legaldefinition** des Effektengeschäfts in § 1 Abs. 1 S. 2 Nr. 4 KWG. Das Gesetz zur Umsetzung von EG-Richtlinien zur Harmonisierung bank- und wertpapieraufsichtsrechtlicher Vorschriften vom 22. 10. 1997[1] hat diese Definition auf weitere kommissionsgeschäftliche Tätigkeiten der Bank erstreckt. Diese Geschäftsart wird nunmehr als „Finanzkommissionsgeschäft" bezeichnet. Dabei wurde die Definition entsprechend den EG-Vorgaben auf alle Finanzinstrumente im Sinne des § 1 Abs. 11 KWG erweitert[2]. Zu diesen Instrumenten gehören nicht nur Wertpapiere, sondern auch Geldmarktinstrumente, Devisen oder Rechnungseinheiten sowie die Derivate. Ungeachtet dessen ist unter dem Effektengeschäft der Kreditinstitute weiterhin nur die Anschaffung und Veräußerung von Wertpapieren zu verstehen.   10.3

I. Abgrenzung zum Eigen-(Nostro-)Geschäft der Kreditinstitute

Zum bankmäßigen Effektengeschäft gehören **keine Wertpapiergeschäfte**, die ein Kreditinstitut **für eigene Rechnung** tätigt, **ohne** hierzu durch den Effektenauftrag eines Kunden veranlaßt worden zu sein – sog. **Eigen-(No-**   10.4

---
1 BGBl. I 1997, S. 2518 ff.
2 RegBegr. des Gesetzesentwurfs, BT-Drucksache 13/7142, S. 63.

stro-)Geschäfte[3]. Denn ohne einen solchen Kundenauftrag wird die Bank nicht „für andere" tätig, wie es die Legaldefinition des bankmäßigen Effektengeschäfts fordert. Das Wertpapiergeschäft der Kreditinstitute soll nur insoweit als Bankgeschäft im rechtlichen Sinne gelten und damit den Struktur- und Ordnungsvorschriften des KWG sowie der Bankenaufsicht unterworfen sein, als es im Auftrage von Kunden betrieben wird. Allein dann besteht Anlaß zur staatlichen Kontrolle der pflichtgemäßen Wahrnehmung des Kundeninteresses.

10.5 Eigengeschäfte tätigen die Kreditinstitute vor allem außerhalb der Wertpapierbörsen im sog. **Telefonhandel** mit anderen Kreditinstituten. Die Eigengeschäfte sollen einen wesentlichen Beitrag zu dem jährlichen Geschäftsergebnis der Kreditinstitute leisten.

II. Kreditinstitute als Marktintermediäre

10.6 Die **Bankkunden** als Anleger haben aus markttechnischen Gründen regelmäßig **keinen unmittelbaren Zugang** zu den Kapitalmärkten. Dies gilt insbesondere für die börsenmäßig organisierten Märkte, bei denen auch das deutsche Börsengesetz eine besondere Zulassung erfordert. Die Funktionsfähigkeit des Marktes ist auf die Mitwirkung solcher Marktintermediäre angewiesen[4]. Die unmittelbar am Markt operierenden Kreditinstitute müssen sich auf eine ordnungsgemäße Abwicklung der Geschäfte durch die Kontrahenten verlassen können. Denn sie müssen ihrerseits Lieferverpflichtungen gegenüber den Effektenkunden oder anderen Marktteilnehmern pünktlich nachkommen, wenn der der Gesamtwirtschaft dienende Wertpapierhandel in geordneten Bahnen verlaufen soll[5]. Beim Börsenhandel muß zudem jeder vom Makler vermittelte Kontrahent ungeachtet seiner Bonität akzeptiert werden. Dieser Kontrahierungszwang bedingt entsprechende Zulassungserfordernisse für den Börsenhandel, um das Bonitätsrisiko des Kontrahenten weitestmöglich auszuschließen.

10.7 Auch bei der (Erst-)**Plazierung neu emittierter Kapitalmarktpapiere** kommt es regelmäßig zu keinem unmittelbaren rechtsgeschäftlichen Kontakt zwischen den Emittenten als Kapitalnachfragern und den Anlegern als Kapitalanbietern. Aus vielerlei Gründen wird ein Bankenkonsor-

---

3 *Szagunn/Haug/Ergenzinger*, § 1 Rn 47.
4 *Assmann* in Assmann/Schütze, Handbuch des Kapitalanlagerechts, § 1 Rn 44 ff.
5 *Kümpel*, WM 1993, 2026.

tium für die Plazierung zwischengeschaltet. So verfügen die Emittenten ganz überwiegend über kein eigenes Vertriebsnetz. Die bei der Emission mitwirkenden Kreditinstitute dagegen stehen über ihr Depotgeschäft im engen Kontakt zu den potentiellen Käuferschichten, die im Interesse einer möglichst dauerhaften Plazierung der Wertpapiere vor allem anzusprechen sind. Die Emittenten legen zudem Wert auf eine professionelle Beratung durch Banken, die aus Erfahrung und genauer Kenntnis der Marktsituation am ehesten einzuschätzen vermögen, wie die Wertpapiere marktgerecht auszustatten sind und wann der Zeitpunkt für die Emission günstig erscheint (vgl. näher Rn 9.14 ff.).

III. Abgrenzung zur Vermögensverwaltung[6]

Zum Effektengeschäft gehören nicht solche Wertpapiergeschäfte, die die Bank im Rahmen der üblichen Vermögensverwaltung für Rechnung ihrer Kunden im Markt vornimmt. **Wesentliches Merkmal der Vermögensverwaltung** ist, daß die Bank bei ihren Anlagedispositionen einen Entscheidungsspielraum hat[7]. Die EG-Wertpapierdienstleistungsrichtlinie (Anhang Abschnitt A) definiert diese Dienstleistung als individuelle Verwaltung einzelner Portefeuilles mit einem Ermessensspielraum im Rahmen eines Mandats des Anlegers[8]. Dementsprechend definiert das Wertpapierhandelsgesetz (§ 2 Abs. 3 Nr. 6 WpHG) die von ihr erfaßte Vermögensverwaltung als „die Verwaltung einzelner in Wertpapieren, Geldmarktinstrumenten oder Derivaten angelegter Vermögen für andere mit Entscheidungsspielraum"[9].

10.8

Ein solches **Ermessen** ist nach den Gesetzesmaterialien gegeben, wenn die konkrete Anlageentscheidung letztlich auf dem eigenen Ermessen des Verwalters beruht. Erteilt dagegen der Bankkunde aufgrund einer Anlageberatung eine dem Ergebnis der Beratung entsprechende, bestimmte Weisung, ohne daß dabei der Verwalter ein eigenes Ermessen hat, handelt es sich um eine Anlageberatung[10].

10.9

---

6 *Schäfer* in Bankrecht und Bankpraxis, Kap. 11 (Stand: 3/96); *ders.* in Assmann/Schütze, Handbuch des Kapitalanlagerechts, § 28; *Schwintowski/Schäfer*, Bankrecht, 1997, § 12.
7 *Schwintowski/Schäfer*, Bankrecht, 1997, § 12 Rn 22.
8 Abgedruckt in: *Kümpel/Ott*, Kapitalmarktrecht, Kz 925.
9 Die Einbeziehung der Vermögensverwaltung in das Wertpapierhandelsgesetz erfolgte durch das Gesetz zur Umsetzung von EG-Richtlinien zur Harmonisierung bank- und wertpapieraufsichtsrechtlicher Vorschriften vom 22. 10. 1997.
10 RegBegr. zum Richtlinienumsetzungsgesetz, BT-Drucksache 13/7142, S. 101.

10.10 Das wesentliche Begriffsmerkmal **„Entscheidungsspielraum"** kommt auch in den üblichen Formularen zum Ausdruck, mit denen der Bank der Vermögensverwaltungsauftrag erteilt wird. So kann der Inhalt dieses Auftrages etwa wie folgt formuliert werden:

10.11 „Die von der Bank verwahrten Vermögenswerte sind gemäß den vereinbarten Anlagerichtlinien nach dem Ermessen der Bank ohne vorherige Einholung einer Weisung des Kunden zu verwalten. Dabei ist die Bank berechtigt, in jeder Weise über die Vermögenswerte zu verfügen, An- und Verkäufe vorzunehmen, Wertpapiere zu konvertieren oder umzutauschen, Bezugsrechte auszuüben, zu kaufen oder zu verkaufen, Devisen anzuschaffen oder zu veräußern sowie alle übrigen Maßnahmen zu treffen, die der Bank bei der Verwaltung der Vermögenswerte als zweckmäßig erscheinen."

10.12 Die Vermögensverwaltung der Bank **bei Wertpapierdepots** ist von der „Verwaltung" der Wertpapiere im Rahmen einer depotgeschäftlichen Vertragsbeziehung zu unterscheiden. Das KWG definiert das Depotgeschäft in seinem Katalog der erlaubnispflichtigen Bankgeschäfte als die „Verwahrung und die Verwaltung von Wertpapieren für andere" (§ 1 Abs. 1 Nr. 5). Im Rahmen dieser **schlichten Depotverwaltung** kann die Bank aber keine Anlageentscheidungen für den Kunden treffen, wie es für die Betreuung von Wertpapierdepots im Rahmen einer Vermögensverwaltung typisch ist. Zur Verdeutlichung dieses wesentlich abgesenkten Pflichtenniveaus vermeiden die das Depotgeschäft mitregelnden AGB Wertpapiergeschäfte den schillernden Begriff „Verwaltung". Der depotgeschäftliche Abschnitt dieser AGB (Nr. 14–20) trägt vielmehr im Interesse größerer Transparenz die Überschrift: „Die Dienstleistungen im Rahmen der Verwahrung".

10.13 Die Vermögensverwaltung ist auch von der **Anlageberatung** zu unterscheiden. Bei Abschluß eines Beratungsvertrages bleibt die Entscheidungsbefugnis beim Inhaber des Wertpapierdepots, während diese Befugnis begriffswesentlich für die Vermögensverwaltung ist. Die Gesetzesmaterialien zum „Gesetz zur Umsetzung von EG-Richtlinien zur Harmonisierung bank- und wertpapieraufsichtsrechtlicher Vorschriften" stellen ausdrücklich klar, daß lediglich eine Anlageberatung vorliegt, wenn der Anleger eine dem Beratungsergebnis entsprechende Weisung erteilt, ohne daß der Berater dabei ein eigenes Ermessen trifft[11].

10.14 Die Vermögensverwaltung ist schließlich von der **Verwaltung der Wertpapierfonds** durch die Investmentgesellschaften im Sinne des Gesetzes über die Kapitalanlagegesellschaften (KAGG) zu unterscheiden. Diese Gesellschaften, die zum Kreis der institutionellen Anleger gehören, legen

---

11 BT-Drucksache 13/7142, S. 101.

das ihnen anvertraute Geldvermögen für „gemeinschaftliche" Rechnung der Anleger an. Es handelt sich also um eine kollektive statt individuelle Vermögensverwaltung[12]. Dagegen gehört zu dem Bereich der Vermögensverwaltung die **Fonds-Vermögensverwaltung**[13]. Bei dieser Variante der Vermögensverwaltung beschränkt sich die Geldanlage ausschließlich auf die Anschaffung von Anteilsrechten an Investmentfonds im Sinne des Gesetzes über die Kapitalanlagegesellschaften. In der Fonds-Vermögenverwaltung wird eine größere Standardisierung und Rationalisierung der Vermögensverwaltung unter gleichzeitiger Risikostreuung erreicht. Dabei kann der Depotkunde je nach Anlagepräferenz und Risikobereitschaft zwischen Grundmodellen wählen. Die beauftragte Bank wählt sodann je nach Marktlage die chancenreichsten Fonds aus. Für den Kauf und Verkauf der zum Fonds gehörenden Wertpapiere im Markt ist dagegen die jeweilige Kapitalanlagegesellschaft zuständig (§§ 9, 10 KAGG).

Die Vermögensverwaltung kann heute als banktypische Dienstleistung bezeichnet werden[14], obwohl sie im Unterschied zum Ausland bis zum Beginn der 60er Jahre keine nennenswerte Bedeutung in Deutschland erlebt hat[15]. Die **Vermögensverwaltung** stellt aber **kein Bankgeschäft** im Sinne des Bankgeschäfts-Kataloges des § 1 KWG dar. Die von der Bank geschuldeten Verwaltungstätigkeiten gehören jedoch zu den ebenfalls unter das Kreditwesengesetz fallenden „Finanzdienstleistungen" (§ 1 Abs. 1a Nr. 3 KWG)[16]. 10.15

Das KWG spricht von Finanzportfolioverwaltung. Hierzu gehören solche Finanzdienstleistungen, die die Verwaltung einzelner in Finanzinstrumenten angelegter Vermögen für andere mit Entscheidungsspielraum zum Gegenstand haben. 10.16

Das Betreiben der Vermögensverwaltung in einem Umfang, der einen in kaufmännischer Weise eingerichteten Geschäftsbetrieb erfordert, bedarf der Erlaubnis des Bundesaufsichtsamtes für das Kreditwesen (§ 32 Abs. 1 S. 1 KWG). Der Vermögensverwalter ohne Bankstatus muß nach den Gesetzesmaterialien die Wertpapiere bei einem Kreditinstitut verwahren lassen. Bei einer eigenen Verwahrung bedarf der Verwalter einer Erlaubnis zum Betreiben des Depotgeschäfts und ist sodann als Kreditinstitut zu qualifizieren[17]. 10.17

---

12 *Schwintowski/Schäfer*, Bankrecht, 1997, § 12 Rn 11.
13 *Broschinsky*, Die Bank 1995, 556 ff.
14 *Brunner*, Die Vermögensverwaltung deutscher Kreditinstitute im Privatkundengeschäft, 1987, S. 83.
15 *Roll*, Vermögensverwaltung durch Kreditinstitute, 1983, 18 ff.
16 In der Fassung des Gesetzes zur Umsetzung von EG-Richtlinien zur Harmonisierung bank- und wertpapieraufsichtsrechtlicher Vorschriften vom Juli 1996.
17 BT-Drucksache 13/7142.

10.18 Der **Vermögensverwaltungsvertrag** stellt einen auf Dauer angelegten Dienstvertrag dar, der eine Geschäftsbesorgung zum Gegenstand hat (§ 675 BGB). Denn der Verwalter schuldet nur eine Tätigkeit, aber keinen Erfolg, wie es für den Werkvertrag begriffswesentlich ist (vgl. § 631 BGB)[18].

10.19 Vor Erteilung des Vermögensverwaltungsvertrages wird regelmäßig die zu verfolgende **Verwaltungsstrategie** mit dem Kunden in schriftlich festgehaltenen **Anlagerichtlinien** vereinbart. Für die Umsetzung dieser Richtlinien gilt die allgemeine Verhaltensregel des § 31 Abs. 1 WpHG; die Vermögensverwaltung beinhaltet Wertpapierdienstleistungen im Sinne des Wertpapierhandelsgesetzes (§ 2 Abs. 3 Nr. 6). Die Vermögensverwaltung ist also „mit der erforderlichen Sachkenntnis, Sorgfalt und Gewissenhaftigkeit" im Interesse des Kunden zu erbringen. Mittlerweile haben sich einige **allgemeine Grundsätze** für die geschuldete Verwaltungstätigkeit herausgebildet. Ähnlich den Pflichten einer Kapitalanlagegesellschaft bei Verwaltung der Investmentfonds hat die Bank eine **„produktive" Vermögensverwaltung** zu betreiben. Die Bank hat sich um eine optimale Umsetzung der durch die Anlagerichtlinien vorgegebenen Ziele zu bemühen; sie muß sich bei ihren Entscheidungen im Rahmen der Richtlinien halten[19]. Auch muß sich die Bank bemühen, im Rahmen der Anlagerichtlinien die mit den Anlageentscheidungen verbundenen Risiken durch Diversifikation in größtmöglichem Umfang zu reduzieren[20]. Schließlich sind der Bank grundsätzlich Spekulationsgeschäfte verboten, soweit diese nicht ausdrücklich durch die Anlagerichtlinien zulässig sind[21].

10.20 Die Bank trifft im übrigen grundsätzlich auch die Erkundigungspflicht im Sinne des § 31 Abs. 2 Nr. 1 WpHG[22]. Entsprechend dem US-amerikanischen Grundsatz „Know your customer" muß sich die Bank über den Wissensstand des Kunden hinsichtlich der Wertpapiergeschäfte sowie über seine finanzielle Situation informieren[23]. Auch muß sich die Bank über die Fähigkeit des Kunden zur Risikotragung und dessen Risikobereitschaft informieren[24]. Im Vergleich zu den Erkundigungs- und Aufklärungspflichten der Bank im Effektengeschäft bestehen jedoch bei der Vermögensverwaltung **verhältnismäßig geringe Aufklärungs- und Bera-**

---

18 BGH WM 1994, 834, 836; *Schwintowski/Schäfer*, Bankrecht, 1997, § 12 Rn 19, 33 m.w.Nachw.
19 BGH WM 1998, 21, 22.
20 *Schwintowski/Schäfer*, Bankrecht, 1997, § 12 Rn 46.
21 BGH WM 1994, 834.
22 *Schödermeier*, WM 1995, 2053, 2056.
23 *Schwintowski/Schäfer*, Bankrecht, 1997, § 12 Rn 35.
24 *Horn*, ZBB 1997, 139, 147.

tungspflichten. Denn die vertragstypische Leistung der Bank besteht gerade darin, daß sie die **Anlagedispositionen anstelle ihres Kunden** trifft[25].

Wichtigste Verpflichtung des Kunden ist die Zahlung des vereinbarten Entgelts. In den meisten Fällen ist ein an die Höhe des verwalteten Wertpapierdepots anknüpfendes prozentuales Entgelt zu leisten[26].

10.21

IV. Sonderbedingungen für Wertpapiergeschäfte

Mit Beginn des Jahres **1995** gelten die Sonderbedingungen für Wertpapiergeschäfte, die einheitlich für alle inländischen Kreditinstitute gelten. Diese Sonderbedingungen – nachfolgend AGB Wertpapiergeschäfte – ersetzen die bisherigen Klauseln für das Effekten- und Depotgeschäft (vgl. Nr. 29–39 AGB-Banken a.F.) und die Sonderbedingungen für Auslandsgeschäfte in Wertpapieren. Im Interesse größtmöglicher Transparenz gilt nunmehr ein **einheitliches AGB-mäßiges Bedingungswerk** für das gesamte In- und Auslandsgeschäft der Kreditinstitute.

10.22

Bei der Schaffung der AGB Wertpapiergeschäfte wurde auch das Zweite Finanzmarktförderungsgesetz berücksichtigt, das im Rahmen der Novellierung des Börsengesetzes eine weitgehende Ausführung der Effektenorder über den Börsenhandel vorschreibt – sog. **Börsenzwang** (§ 10 BörsG). Insbesondere wurde auch der Kritik an dem bisherigen kommissionsrechtlichen Selbsteintrittsrecht und dem Eigenhändlergeschäft mit seinem einseitigen Preisbestimmungsrecht der Bank Rechnung getragen. Während das **Selbsteintrittsrecht vollständig entfallen ist,** ist das Eigenhändlergeschäft auf das sog. **Festpreisgeschäft** reduziert worden, bei dem der abgerechnete Preis jeweils mit dem Kunden selbst vereinbart wird.

10.23

Die **Grundstruktur** der AGB Wertpapiergeschäfte ist durch die drei Abwicklungs-Phasen des Wertpapiergeschäfts vorgezeichnet gewesen: (1) Ausführung des Kommissionsauftrages, (2) Erfüllung der Wertpapiergeschäfte und (3) die Dienstleistungen im Rahmen der sich regelmäßig anschließenden depotmäßigen Verwahrung der für den Kunden angeschafften Wertpapiere. Dagegen sind die gesetzlichen Aufklärungspflichten und die vertraglichen Beratungspflichten beim Effektengeschäft, die regelmäßig der depotmäßigen Verwahrung vorausgehen, wie bisher ungeregelt geblieben. Hier sind vor allem die gesetzliche Regelung der Aufklärungspflicht gemäß § 31 Abs. 2 WpHG und die Grundsätze anwendbar, die der BGH für die Fälle entwickelt hat, in denen sich die Bank gegenüber den Effektenkunden vertraglich zu einer Anlageberatung verpflichtet hat[27].

10.24

---
25 *Horn*, ZBB 1997, 139, 147.
26 *Schwintowski/Schäfer*, Bankrecht, 1997, § 12, Rn 69.
27 BGH WM 1993, 1455; *Kümpel*, WM 1995, 137, 144.

V. Verhaltensregeln des Wertpapierhandelsgesetzes

10.25 Das Wertpapierhandelsgesetz enthält in seinen §§ 31 bis 34 Verhaltensregeln für Wertpapierdienstleistungsunternehmen, die insbesondere für das Effektengeschäft der Kreditinstitute gelten (vgl. Rn 10.1 ff.). Das **Bundesaufsichtsamt** für den Wertpapierhandel hat hierzu eine **Richtlinie** vom 26. 5. 1997 zur Konkretisierung der §§ 31 und 32 WpHG für das Kommissionsgeschäft-, Festpreis- und Vermittlungsgeschäft der Kreditinstitute veröffentlicht[28]. Kernstück dieser Richtlinie sind Regelungen der gebotenen Information und Risikoaufklärung des Effektenkunden (§ 31 Abs. 2 WpHG). Hierdurch sollen die generalklauselhaft weitgefaßten Verhaltensregeln des Wertpapierhandelsgesetzes zu subsumtionsfähigen und aufsichtsbehördlich sanktionierbaren Tatbeständen konkretisiert werden (vgl. Rn 16.533).

10.26 Die **gesetzlichen Aufklärungspflichten** gemäß § 31 Abs. 2 WpHG haben sachliche Berührungspunkte mit den Beratungspflichten der Bank, wenn zwischen ihr und Effektenkunden ein Beratungsvertrag im Sinne der BGH-Rechtsprechung zustande gekommen ist[29]. Diese rechtsgeschäftlich begründeten Beratungspflichten werden deshalb in tatsächlichem Zusammenhang mit der Erörterung der gesetzlichen Aufklärungspflichten im Rahmen der Darstellung des Wertpapierhandelsgesetzes behandelt.

---

28 Abgedruckt in *Kümpel/Ott*, Kapitalmarktrecht, Kz 631/1.
29 BGH WM 1999, 1455 ff. (sog. Bond-Urteil).

2. Abschnitt
Ausführung von Kommissionsaufträgen

Für das Effektengeschäft ist die **Erteilung von kommissionsrechtlichen Kauf- und Verkaufsaufträgen** typisch. An solchen Effektenordern fehlt es nur in den Fällen, in denen die Bank und der Kunde für das einzelne Geschäft einen festen Preis vereinbaren. Bei diesen sog. Festpreisgeschäften kommt mit dem Kunden ohne einen zeitlich vorgeschalteten Kommissionsvertrag sofort ein Kaufvertrag über die Lieferung oder Abnahme von Wertpapieren zustande – Rn 10.189.   10.27

Erteilt der Kunde seiner Bank eine **Effektenorder,** so kommt zwischen beiden ein **Kommissionsvertrag** im Sinne des § 383 HGB zustande. Danach ist Kommissionär, wer es wie die Kreditinstitute gewerbsmäßig übernimmt, Waren oder Wertpapiere für Rechnung eines anderen (Kommittenten) im eigenen Namen zu kaufen oder zu verkaufen.   10.28

Die Bank braucht den Auftrag des Kunden nicht ausdrücklich anzunehmen. Bietet sich ein Kaufmann zur Besorgung von Geschäften an, so muß er unverzüglich reagieren, anderenfalls gilt sein Schweigen als Genehmigung (§ 362 Abs. 1 HGB).   10.29

I. Abschluß eines Ausführungsgeschäfts im Markt

Die Bank hat zur Ausführung des Kommissionsauftrages stets ein Wertpapiergeschäft im – börslichen oder außerbörslichen – Markt mit einem anderen Marktteilnehmer abzuschließen (Nr. 1 Abs. 1 S. 2 AGB Wertpapiergeschäfte). Beim (weggefallenen) kommissionsrechtlichen Selbsteintritt steht es dagegen im Belieben der Bank, ob sie ein Marktgeschäft tätigt oder statt dessen die Wertpapiere aus dem eigenen Bestand selbst als Verkäuferin liefert oder dorthin als Käuferin übernimmt.   10.30

Die **Bank handelt** beim Abschluß des Ausführungsgeschäfts regelmäßig **im eigenen Namen** und nicht als offene Stellvertreterin ihres Kunden. Dies erfordert die Funktionsfähigkeit der Kapitalmärkte. Das reibungslose Funktionieren des Marktes hängt wesentlich davon ab, daß die Marktteilnehmer leistungsfähig und abwicklungsmäßig zuverlässig sind. Die Kreditinstitute entsprechen diesem wirtschaftlichen und effektentechnischen Anforderungsprofil.   10.31

10.32 Die Kreditinstitute legen zudem aus geschäftlichen Gründen Wert darauf, daß es bei der Ausführung von Kundenaufträgen zu keinem rechtsgeschäftlichen Kontakt ihrer Kunden mit anderen Kreditinstituten kommt, wie dies die zwangsläufige Folge des Handelns als offener Stellvertreter wäre (§ 164 BGB). Aus einem solchen rechtsgeschäftlichen Kontakt könnte sich eine wettbewerbsmäßig unerwünschte Geschäftsverbindung zu dem anderen Kreditinstitut entwickeln.

10.33 Ein **Handeln in offener Stellvertretung** wurde in der Vergangenheit ausnahmsweise praktiziert, wenn hierdurch die kostenverursachende Börsenumsatzsteuer vermieden werden sollte. Von diesem steuerlichen Nachteil waren früher Wertpapiergeschäfte ausgenommen, die die Zuteilung von Wertpapieren anläßlich ihrer Emission an den ersten Erwerber zum Gegenstand hatten (§ 22 Kapitalverkehrssteuergesetz a.F.). Der Ersterwerb durch den Depotkunden wurde dadurch erreicht, daß die Kreditinstitute gegenüber dem Verkäufer als offener Stellvertreter ihrer Depotkunden auftraten (§ 164 BGB). Mit dem Wegfall der Börsenumsatzsteuer entfiel das Bedürfnis für ein solches geschäftspolitisch höchst unerwünschtes Handeln als offener Stellvertreter.

II. Ausführungsgeschäft für Rechnung des Kunden

10.34 Der Kommissionär tätigt das Geschäft, das er im Markt zur Ausführung des Kommissionsauftrages abschließt, zwar im eigenen Namen, aber für Rechnung seines Kunden als Auftraggeber. Dies bedeutet, daß dem **Kunden alle Vorteile** und der **Gewinn** aus dem Ausführungsgeschäft zugute kommen; ihm fallen aber auch die **Verluste** und **sonstigen Nachteile** dieses Geschäfts zur Last[30].

10.35 Dementsprechend bestimmen die AGB Wertpapiergeschäfte (Nr. 1 Abs. 2), daß das Ausführungsgeschäft den für den Wertpapierhandel am Ausführungsplatz geltenden Rechtsvorschriften und Geschäftsbedingungen (Usancen) sowie den Geschäftsbedingungen des Vertragspartners der Bank unterliegt.

10.36 Nach kommissionsrechtlichen Grundsätzen hätte daher der **Kunde** auch das **Risiko der Insolvenz** des Kontrahenten seiner Bank zu tragen. Bei der Neugestaltung der AGB Wertpapiergeschäfte ist jedoch bestimmt worden, daß die Bank für die ordnungsgemäße Erfüllung des Ausführungsgeschäft durch ihren Vertragspartner oder den Vertragspartner ihres Zwischenkommissionärs haftet (Nr. 8 S. 1 AGB Wertpapiergeschäfte). Dies entspricht der bisherigen Rechtslage. Sobald der Bank von ihrem (ausländi-

---

30 *Schlegelberger/Hefermehl*, § 383 Rn 21, 32; Großkomm. HGB/*Koller*, § 383 Rn 6, 15.

schen) Zwischenkommissionär die Ausführung der Kundenorder mitgeteilt wird, erteilt sie ihrem Kunden eine entsprechende Abrechnung. Hierin liegt nach einhelliger Meinung eine **konkludente Erklärung des Selbsteintrittsrechts** durch die inländische Bank. Damit wird zwischen der Bank und ihrem Kunden ein entsprechender Kaufvertrag zustandegebracht, der dem Kunden einen Liefer- bzw. Kaufpreisanspruch gegen seine Bank verschafft und damit eine volle Haftung der Bank für die vom Kunden gewünschte Transaktion begründet.

Bis zum Abschluß eines Ausführungsgeschäfts im ausländischen Markt haftet jedoch die Bank bei der Beauftragung eines **Zwischenkommissionärs** nur für dessen sorgfältige Auswahl und Unterweisung (Nr. 8 S. 2 AGB Wertpapiergeschäfte). 10.37

Das kommissionsrechtliche Ausführungsgeschäft ist ein anschauliches Beispiel der mittelbaren Stellvertretung[31]. 10.38

Bei der mittelbaren Stellvertretung schließt zwar der Vertreter das Geschäft im eigenen Namen mit dem Dritten ab, aus dem er selbst berechtigt und verpflichtet wird. Der wirtschaftliche Erfolg des Geschäfts soll aber demjenigen zugute kommen, dessen Interessen der mittelbare Vertreter wahrgenommen hat[32]. Der Kunde als eigentlicher „Geschäftsherr" tritt also nur rechtlich in den Hintergrund; wirtschaftlich gesehen steht sein Geschäftsinteresse ganz im Vordergrund. Die Annäherung der Rechtswirkungen des Handelns in mittelbarer Stellvertretung an die der direkten Stellvertretung (§ 164 BGB) liegt daher nahe[33]. 10.39

Ein praktisch bedeutsames Beispiel der mittelbaren Stellvertretung ist der Kommissionär als Mittler zwischen Angebot und Nachfrage[34], wie es auf das Effektenkommissionsgeschäft der Kreditinstitute zutrifft. 10.40

III. Entgeltliches Geschäftsbesorgungsverhältnis im Innenverhältnis zum Kunden

Der **Kommissionsvertrag** zwischen Bank und Kunden ist als **Dienstvertrag** zu qualifizieren, der eine entgeltliche Geschäftsbesorgung zum Gegenstand hat (§ 675 BGB). Der Geschäftsbesorgungsvertrag ist ein besonderer Dienst- oder Werkvertragstyp[35]. Das gemeinsame Element dieser 10.41

---

31 *Palandt/Heinrichs*, Einf. v. § 164 Rn 6.
32 *Larenz/Wolf*, Allgemeiner Teil des Deutschen Bürgerlichen Rechts, 8. Aufl., 1997, S. 865.
33 *Larenz*, ebd., S. 864 m.w.Nachw.
34 Großkomm.HGB/*Koller*, § 383 Rn 2, 15.
35 *Staudinger/Richardi*, Vorbem. zu § 611 ff. Rn 68; *Staudinger/Martinek*, § 675 A 23 ff.

beiden Vertragstypen ist die Verpflichtung zu einer Tätigkeit gegen Entgelt[36]. Die Geschäftsbesorgung im Sinne des § 675 BGB ist eine selbständige Tätigkeit wirtschaftlicher Art, die nicht in einer bloßen Leistung an einen anderen besteht, sondern in der **Wahrnehmung von Vermögensinteressen** des Gläubigers[37]. Bei einer solchen Geschäftsbesorgung ist Raum für eigenverantwortliche Überlegungen und Willensbildung des Geschäftsbesorgers[38].

10.42   Eine entgeltliche Geschäftsbesorgung im Sinne des BGB kann zugleich die Begriffsmerkmale eines speziellen Vertragstypus erfüllen. Dies gilt insbesondere für den Kommissionsvertrag (§ 383 HGB)[39], wie er bei Erteilung einer Effektenorder begründet wird.

10.43   Das **von der Bank zu besorgende Geschäft** ist die Anschaffung oder Veräußerung von Wertpapieren. Die bei einer entgeltlichen Geschäftsbesorgung geschuldete **Vergütung** berechnet die Bank in Gestalt der **üblichen Effektenprovision** (§ 403 HGB).

10.44   Das mit der Bank zustande kommende Geschäftsbesorgungsverhältnis ist **auf eine Dienstleistung** und auf keine Werkleistung gerichtet[40]. Denn die Bank verspricht nicht schlechthin den Abschluß eines der Anschaffung oder der Veräußerung von Wertpapieren dienenden Ausführungsgeschäfts im Markt, sondern nur ein **sorgfältiges Bemühen um Ausführung des Kundenauftrages**[41]. Vertragsgegenstand ist daher kein durch Dienstleistung herbeizuführender Erfolg im Sinne eines Werkvertrages (vgl. § 631 Abs. 2 BGB), sondern nur eine Pflicht zum zweckdienlichen Tätigwerden.

10.45   Unter einen **Dienstvertrag im gesetzlichen Sinne** fallen nicht nur Dienste in einer abhängigen, weisungsgebundenen Stellung, wie es für das Arbeitsverhältnis als eine fremdbestimmte Tätigkeit typisch ist. Der Dienstvertrag erfaßt alle Tätigkeiten zum Nutzen des Dienstberechtigten, auch wenn diese Dienste durch einen selbständig Tätigen wie die Bank als Effektenkommissionärin geleistet werden.

10.46   Auf eine entgeltliche Geschäftsbesorgung kommen neben den dienstvertraglichen Vorschriften auch die Bestimmungen des unentgeltlichen Auftrages zur Anwendung (§§ 662 ff. i.V.m. § 675 BGB).

---

36 *Staudinger/Richardi*, Vorbem. zu § 611 Rn 23.
37 *Staudinger/Richardi*, Vorbem. zu § 611 ff. Rn 68; *Staudinger/Martinek*, § 675 A 31.
38 *Palandt/Sprau*, § 675 Rn 3.
39 *Larenz*, Lehrbuch des Schuldrechts Bd. II., 1. Halbb., Besonderer Teil, 13. Aufl., S. 409.
40 *Canaris*, Bankvertragsrecht², Rn 1822.
41 Großkomm. HGB/*Koller*, § 383 Rn 2, 15.

Der **Gegenstand eines Auftrages** kann jede Tätigkeit sein, wie sie auch Gegenstand eines Dienst- und Werkvertrages und damit auch eines Geschäftsbesorgungsvertrages im Sinne des § 675 BGB sein kann. Der Auftrag hat jedoch stets eine unentgeltliche Geschäftsbesorgnis zum Gegenstand (§ 662 BGB), während der Geschäftsbesorgungsvertrag im Sinne des § 675 BGB immer eine entgeltliche Tätigkeit voraussetzt[42]. 10.47

Die Bank hat deshalb dasjenige, was sie aus ihrem Ausführungsgeschäft von ihrem Marktkontrahenten erhalten hat, nach auftragsrechtlichen Grundsätzen herauszugeben (§ 667 BGB; vgl. auch § 384 Abs. 2, 2. Hs. HGB). So hat sie bei einem Kaufvertrag die von ihrem Marktkontrahenten zu liefernden Wertpapiere an ihren Kunden zu übereignen. Soweit die Bank für ihren Kunden Wertpapiere zu veräußern hat, muß sie den von ihrem Marktkontrahenten empfangenen Kaufpreis herausgeben. 10.48

Soweit die Bank mit dem jeweiligen Marktgeschäft Aufträge von mehreren Kunden ausgeführt hat, kann der Kunde den Herausgabeanspruch nur entsprechend dem Volumen seines Auftrages verlangen. 10.49

Die Bank kann im übrigen für ihre Dienstleistung die vereinbarte Vergütung in Gestalt der Effektenprovision in Rechnung stellen und die **Erstattung ihrer Aufwendungen** verlangen (§ 670 BGB; vgl. auch § 396 Abs. 1, 2 HGB). 10.50

1. Zuordnung der Ausführungsgeschäfte zu den betreffenden Kunden

Der **auftragsrechtliche Herausgabeanspruch des Effektenkunden** bezieht sich auf ein konkretes, im Markt getätigtes Wertpapiergeschäft, mit dem seine Effektenorder ausgeführt worden ist. Dieser Herausgabeanspruch knüpft daran an, daß das Ausführungsgeschäft der Bank für Rechnung ihres Kunden am Markt getätigt worden ist[43]. Diese auftragsrechtliche Herausgabepflicht der Bank erfordert es, daß sie jeweils dieses Ausführungsgeschäft auf eine später nachprüfbare Weise dem Kunden zuordnet, für dessen Rechnung es getätigt worden ist[44]. 10.51

Diese Zuordnung wird im inländischen Kommissionsgeschäft durch das bundesweit eingeführte automatische Übermittlungssystem für Kundenaufträge wesentlich erleichtert (**Börsen-Order-Service-System-BOSS**)[45]. 10.52

---

42 *Staudinger/Richardi*, Vorbem. zu § 611 ff. BGB, Rn 68.
43 Münchener Komm. zum BGB/*Seiler*, § 667 Rn 1.
44 Großkomm. HGB/*Koller*, § 383 Rn 74.
45 *Breuer*, ZGeskredW 1993, 10, 11.

10. Teil: Effektengeschäft

Bei diesem „Order-Routing" werden die Kundenaufträge EDV-mäßig in das elektronische Orderbuch der Börsenmakler eingestellt.

10.53 Die Kundenaufträge werden freilich durch entsprechende technische Vorkehrungen auf dem „Transportweg" zum Börsenmakler zu Aufträgen der mit der Auftragsausführung betrauten Bank, weil nur diese und nicht ihr Effektenkunde zur Teilnahme am Börsenhandel zugelassen ist. Diese „Auftragsvorgänge" werden später vom Makler mit dem Kurs des an der Börse getätigten Ausführungsgeschäfts versehen und bilden sodann die maßgebliche Grundlage für die Erstellung der Kundenabrechnung durch die Bank.

10.54 Die **jederzeit nachvollziehbare Zuordnung** des im Markt getätigten Ausführungsgeschäfts zu dem betreffenden Effektenkunden ist unverzichtbar. Denn die Bank hat nach allgemeinen Grundsätzen über die Auftragsausführung vollständig Rechenschaft abzulegen (§§ 259, 666, 675 BGB; vgl. auch § 384 Abs. 2, 2. Hs. HGB). Diese **Rechenschaftspflicht** erfaßt auch das Ausführungsgeschäft, das die Bank im Markt abgeschlossen hat.

2. Aufzeichnungspflichten nach dem Wertpapierhandelsgesetz

10.55 Die Zuordnung eines konkreten im Markt getätigten Ausführungsgeschäfts zu dem betreffenden Effektenkunden ist im übrigen nicht nur wegen des auftragsrechtlichen Herausgabeanspruchs erforderlich. Das Wertpapierhandelsgesetz enthält zum Schutz der Anleger bestimmte Verhaltensregeln, zu denen auch die **Aufzeichnungspflicht** gehört (§ 34 WpHG). Hiernach ist u.a. der Zeitpunkt der Ausführung des Auftrages zu dokumentieren. Diese Aufzeichnungspflicht gilt auch für Geschäfte, die eine Bank an einer Börse als Kommissionärin abschließt (§ 37 Abs. 2 S. 2 WpHG). Die **Wohlverhaltensrichtlinie** des Bundesaufsichtsamtes für den Wertpapierhandel vom 26. 5. 1997[46] (Pkt. 4.6) enthält detaillierte Regelungen zu diesen Aufzeichnungspflichten (Rn 16.567 ff.).

10.56 Davon unabhängig unterliegen diese am Markt getätigten Ausführungsgeschäfte auch der **allgemeinen Meldepflicht des § 9 WpHG,** die vor allem der Verfolgung von Insiderverstößen dient. Danach ist dem Bundesaufsichtsamt für den Wertpapierhandel jedes Geschäft in Wertpapieren oder Derivaten, die zum Handel an einem organisierten Markt in einem Mitgliedstaat der EU oder in einem anderen Vertragsstaat des Abkommens über den Europäischen Wirtschaftsraum zugelassen oder in den Freiverkehr einer inländischen Börse einbezogen sind, unverzüglich mitzuteilen, wenn die Kreditinstitute das Geschäft als Eigengeschäft oder im Zusammenhang mit einer Wertpapierdienstleistung abschließen, wie dies auf das kommissionsrechtliche Ausführungsgeschäft zutrifft (§ 9 Abs. 1 S. 1 WpHG).

---

46 Abgedruckt in *Kümpel/Ott*, Kapitalmarktrecht, Kz 631/1.

IV. Wahl des Ausführungsplatzes

Die Bank hat den „Ort" auszuwählen, an dem die Effektenorder auszuführen ist (**Ausführungsplatz**), sofern der Kunde keine Weisung erteilt hat. Um die vorrangige Wahlmöglichkeit des Anlegers gesetzlich zu verankern, bestimmt das Börsengesetz (§ 10 Abs. 1 S. 2), daß der Effektenkunde den Ausführungsplatz bestimmt[47]. Wird das betreffende Wertpapier nur an einem Ausführungsplatz gehandelt, so ist das Ausführungsgeschäft dort zu tätigen[48]. Hieran knüpft Nr. 2 AGB Wertpapiergeschäfte an.

10.57

Ist eine **Ausführung an mehreren Orten möglich,** so kann die Bank bei der von ihr zu treffenden Auswahl grundsätzlich vor fünf Alternativen stehen. Aus der Sicht der geographisch weitesten und engsten Alternative ergeben sich dabei bestimmte Abstufungen für die **Ermessensentscheidung** der Bank.

10.58

– Ausführung im In- oder Ausland,
– bei inländischer Ausführung börsliche oder außerbörsliche Orderabwicklung,
– bei börslicher Ausführung Auswahl zwischen verschiedenen inländischen Börsen,
– Ausführung im Präsenzhandel (Handel im Börsensaal) oder im elektronischen Handel der ausgewählten Inlandbörse,
– bei Abwicklung im Präsenzhandel Ausführung zum Einheitskurs oder zur fortlaufenden Notierung.

10.59

Bei der pflichtgemäßen Auswahl des Ausführungsplatzes sind die gesetzlichen Vorgaben zu beachten, wie sie mit der Novellierung des Börsengesetzes durch das Zweite Finanzmarktförderungsgesetz geschaffen worden sind. Danach besteht insbesondere die Verpflichtung, bei an einer inländischen Börse gehandelten Wertpapieren die Effektenorder – bis auf eine Ausnahme im Bereich der festverzinslichen Schuldverschreibungen – über den Börsenhandel auszuführen (§ 10 Abs. 1 S. 1 BörsG). Dieser sog. **gesetzliche Börsenzwang** beläßt den Kreditinstituten bei der Alternative börsliche oder außerbörsliche Auftragsausführung nur einen geringen Handlungsspielraum.

10.60

---

47 Begr.RegE 2. FFG, BT-Drucksache 12/6679, S. 69; vgl. weiter *Geibel* in Schäfer (Hrsg.), Wertpapierhandelsgesetz, Börsengesetz, Verkaufsprospektgesetz, 1999, S. 554 ff.
48 *Roth* in Assmann/Schütze, Handbuch des Kapitalanlagerechts, § 12 Rn 72.

10.61 Die Bank wird den Kunden unverzüglich über den Ausführungsplatz und die Ausführungsart unterrichten (Nr. 2 Abs. 7 AGB Wertpapiergeschäfte).

1. Ausführung im In- oder Ausland

10.62 Die **AGB Wertpapiergeschäfte** enthalten eine **generelle Regelung** für die Ausführungsalternative „Inland oder Ausland".

a) Inländische Wertpapiere

10.63 Kundenaufträge in **Wertpapieren inländischer Emittenten** (inländische Wertpapiere) werden im Inland ausgeführt. Soweit inländische Wertpapiere an keiner inländischen Börse gehandelt werden, bestimmt die Bank, ob der Auftrag im In- oder Ausland ausgeführt wird (Nr. 2 Abs. 2, 1. Alt. AGB Wertpapiergeschäfte).

b) Ausländische Wertpapiere

10.64 Kundenaufträge in **Wertpapieren ausländischer Emittenten** (ausländische Wertpapiere), die **im Inland** zum amtlichen Handel oder zum geregelten Markt **zugelassen** sind, führt die Bank im Inland aus (Nr. 2 Abs. 2, 2. Alt. AGB Wertpapiergeschäfte). Sind die ausländischen Wertpapiere in den Freiverkehr einer inländischen Börse einbezogen, werden die Effektenorder im Inland ausgeführt, sofern nicht das Interesse des Kunden eine Ausführung im Ausland gebietet (Nr. 2 Abs. 2, 2. Alt. AGB Wertpapiergeschäfte).

10.65 Soweit ausländische Wertpapiere **an keiner inländischen Börse** gehandelt werden, bestimmt die Bank nach pflichtgemäßem Ermessen, ob der Auftrag im In- oder Ausland ausgeführt wird (Nr. 2 Abs. 2, 2. Alt., S. 3 AGB Wertpapiergeschäfte). Die Bank hat dabei im Regelfall die Ausführung des Kundenauftrages an derjenigen Börse zu versuchen, an der solche Aufträge üblicherweise ausgeführt werden[49]. Dies ist bei ausländischen Börsen regelmäßig die größte Börse des betreffenden Landes[50].

---

49 *Canaris*, Bankvertragsrecht[2], Rn 1920; *Roth* in Assmann/Schütze, Handbuch des Kapitalanlagerechts, § 12 Rn 73.
50 KG Berlin WM 1989, 1276, 1277, wonach bei einer Auftragsausführung in Spanien die Börse in Madrid und nicht etwa die in Bilbao als Ausführungsplatz in Betracht kommt.

2. Börsliche oder außerbörsliche Auftragsausführung

Für die Alternative börsliche oder außerbörsliche Auftragsausführung läßt der durch das Zweite Finanzmarktförderungsgesetz geschaffene Börsenzwang den Kreditinstituten nur einen **geringen Handlungsspielraum.** Danach sind Aufträge zum Kauf und Verkauf von Wertpapieren, die an einer inländischen Börse zum Amtlichen oder Geregelten Markt zugelassen oder in den Freiverkehr einbezogen sind, mit einer Ausnahme für festverzinsliche Schuldverschreibungen über den Handel an der Börse auszuführen, sofern der Kunde nicht im Einzelfall oder global ausdrücklich eine andere Weisung erteilt hat (§ 10 Abs. 1 S. 1 BörsG). Nach den Gesetzesmaterialien kann die Effektenorder interessewahrend aber auch über eine Börse eines anderen Staates abgewickelt werden[51].

10.66

Sinn und Zweck des **gesetzlichen Börsenzwanges** sei es, daß der Anleger aufgrund der an einer Börse bestehenden Marktregelungen und staatlichen Aufsicht die Gewähr für eine ordnungsgemäße Ausführung seines Auftrages habe. Dies sei auch bei der Ausführung über eine ausländische Börse gegeben. Eine andere Sichtweise sei auch aus europarechtlicher Sicht äußerst problematisch; sie würde zu einer Diskriminierung der Börsen anderer EU-Mitgliedstaaten führen[52].

10.67

Dieser **Börsenzwang gilt nur dann nicht,** wenn festverzinsliche Schuldverschreibungen erworben oder veräußert werden sollen, die Gegenstand einer Emission sind, deren Gesamtnennbetrag weniger als zwei Milliarden Deutsche Mark beträgt (§ 10 Abs. 3 BörsG).

10.68

Zu diesen festverzinslichen Schuldverschreibungen gehören nach den Gesetzesmaterialien auch Floater (Rn 14.5, 14.18) und Zerobonds (Rn 14.20), nicht aber Genuß- oder Optionsscheine[53].

10.69

Bei einem **Emissionsvolumen von mindestens zwei Milliarden Deutsche Mark** könne davon ausgegangen werden, daß ein fortlaufender Handel mit regelmäßigen Umsätzen stattfindet und damit eine entsprechende Liquidität und eine ordnungsgemäße Preisbildung gewährleistet erscheint[54]. Dieses Mindestemissionsvolumen sei z.B. auch Voraussetzung für die Zulassung zum variablen Handel an der Frankfurter Börse und zum IBIS-

10.70

---

51 Beschlußempfehlung und Bericht des Finanzausschusses des Deutschen Bundestages, BT-Drucksache 12/7918, S. 97.
52 Beschlußempfehlung und Bericht des Finanzausschusses des Deutschen Bundestages, BT-Drucksache 12/7918, S. 97.
53 Begr. des RegE 2. FFG, BT-Drucksache 12/6679, S. 69.
54 Beschlußempfehlung und Bericht des Finanzausschusses des Deutschen Bundestages, BT-Drucksache 12/7918, S. 111.

Handel, bei denen grundsätzlich eine ausreichende Liquidität unterstellt werden kann.

3. Auswahl zwischen verschiedenen Inlandsbörsen

10.71 Auch bei der Auswahl zwischen verschiedenen Börsen des Inlandes ist die gesetzliche Vorgabe des **§ 10 Abs. 1 S. 2 BörsG** zu beachten. Danach bestimmt der Effektenkunde den Ausführungsplatz. Nur bei unterbliebener Kundenweisung trifft die Bank nach pflichtgemäßem Ermessen die Entscheidung, an welche Börse die Effektenorder zur Ausführung weitergeleitet werden soll.

a) Uneinheitliche Literaturmeinung

10.72 Nach einer Mindermeinung in der Literatur muß **diejenige Börse** ausgewählt werden, an der der **günstigste Preis** erzielt werden kann. Erst im Zweifelsfalle komme die Börse am Sitz der orderausführenden Filiale der Bank oder die geographisch nächstgelegene Böse in Betracht[55]. Hiergegen spricht jedoch, daß sich im voraus häufig nicht zuverlässig abschätzen läßt, welches der günstigste Börsenplatz ist[56]. Dies gilt insbesondere für den Handel mit fortlaufender Notierung, bei dem sich sogar während eines Börsentages der jeweils günstigste variable Kurs abwechselnd an den bei der Auswahl in Betracht zu ziehenden Börsen bilden kann.

10.73 Hinzu kommt, daß den Kreditinstituten zur größtmöglichen Rationalisierung eine Standardisierung der Erbringung ihrer Dienstleistungen möglich sein muß. Der Kommissionär schuldet nur den zumutbaren Arbeits- und Organisationsaufwand für die Vertragserfüllung[57]. Die Kreditinstitute brauchen daher beim täglichen Massengeschäft den Ausführungsplatz nicht individuell zu bestimmen, um ihrer kommissionsrechtlichen Interessewahrungspflicht zu genügen[58].

b) Die „zuständige" Börse

10.74 Nach *Canaris*[59] ist die Bank verpflichtet, das Ausführungsgeschäft an derjenigen Börse auszuführen, die hierfür bei einer ordnungsgemäßen

---

55 Großkomm. HGB/*Koller*, § 400 Rn 13; *Schlegelberger/Hefermehl*, § 406 Anh. Rn 84.
56 *Roth* in Assmann/Schütze, Handbuch des Kapitalanlagerechts, § 12 Rn 73.
57 Großkomm. HGB/*Koller*, § 384 Rn 18.
58 *von Dalwigk zu Lichtenfels*, Das Effektenkommissionsgeschäft, 1975, S. 30.
59 Bankvertragsrecht², Rn 1920.

Bankorganisation zuständig ist und daher üblicherweise als Ausführungsplatz dient. Dies ist regelmäßig die geographisch nächstgelegene oder die in dem betreffenden Wertpapier erfahrungsgemäß umsatzstärkste Börse. Die Beachtung dieser Grundsätze ist durch das EDV-mäßige Börsen-Order-Service-System (BOSS) erleichtert worden, in dem jede angeschlossene deutsche Börse als Ausführungsplatz bestimmt werden kann.

Eine **besondere Situation** aus abwicklungstechnischer Sicht besteht beim elektronischen Wertpapierhandel. Erreicht das Geschäftsvolumen die Mindestabschlußmenge, so wird die beiderseitige Interessenlage es regelmäßig nahelegen, daß sich die Bank keinen kommissionsrechtlichen Kauf- oder Verkaufsauftrag erteilen läßt, sondern mit dem Kunden ein Festpreisgeschäft tätigt[60]. Hier kommt mit dem Kunden lediglich eine rein kaufvertragliche Rechtsbeziehung zustande, so daß sich mangels Vorliegen eines Auftrages die Frage nach dem richtigen Ausführungsplatz nicht stellt. Soweit ausnahmsweise eine kommissionsrechtliche Effektenorder erteilt wird, kann auch hier die Order an die zuständige Börse weitergeleitet werden[61].

10.75

4. Freiverkehr der Börse als Ausführungsalternative

Mit Rücksicht auf die **Interessewahrungspflicht** ist der Bank auch in den Fällen ein Wahlrecht zuzubilligen, in denen ein Wertpapier zum amtlichen Handel einer Wertpapierbörse zugelassen und zugleich im Freiverkehr an einer anderen Börse gehandelt wird. Dies gilt insbesondere, wenn der Freiverkehr wesentlich größere Umsätze (Liquidität) hat und überdies für die orderausführende Filiale der beauftragten Bank geographisch näher liegt.

10.76

a) Angemessene rechtliche Rahmenbedingungen

Die rechtlichen Rahmenbedingungen des heutigen Freiverkehrs sind mittlerweile denen des Amtlichen und Geregelten Marktes weitestgehend angenähert worden. So ist der Freiverkehr durch die Börsenordnung im Wege autonomer Rechtsetzung näher ausgestaltet worden[62].

10.77

Hinzu kommen die **neu geschaffenen „Freiverkehrs-Richtlinien"** der einzelnen Börsenplätze, die dieses Marktsegment einer umfassenden Rege-

10.78

---

60 *Kümpel*, WM 1991, Sonderbeil. 4, 22.
61 Für die Ausführung im früheren elektronischen IBIS-Handel vgl. *Kümpel*, WM 1992, 249 ff.
62 Die Börsenordnung schafft als öffentlich-rechtliche Satzung autonomes Recht in Gestalt materieller Gesetze (*Kümpel*, WM 1988, 1623 m.w.Nachw.).

lung unterworfen haben. So hat der Börsenvorstand bzw. der Freiverkehrsausschuß die für den Ausruf und die Preisfeststellungen zuständigen Makler zu bestimmen. Die festgestellten Preise sind täglich zu veröffentlichen[63]. Schließlich sind auch die Überwachungsbestimmungen der Börsenordnung für den amtlichen Handel aufgrund der Freiverkehrsrichtlinien[64] sinngemäß anwendbar. Hiernach kann die im Börsensaal aufsichtsführende Person bei Zweifeln an der ordnungsgemäßen Feststellung von Börsenpreisen eine schriftliche Erklärung des Maklers über bestimmte Tatsachen fordern und durch Einsicht in die Tage- und Handbücher der Makler oder in anderer Weise den Sachverhalt ermitteln[65]. Diese Befugnisse für den Freiverkehr lassen sich auch auf § 78 BörsG stützen[66].

b) Gewährleistung einer fairen Preisbildung

10.79 Das Zweite Finanzmarktförderungsgesetz hat den Anlegerschutz im Freiverkehr weiter verstärkt. Nach der Neufassung des § 78 BörsG darf der Börsenvorstand den Freiverkehr in einer bestimmten Wertpapiergattung nur zulassen, „wenn durch Handelsrichtlinien eine ordnungsgemäße Durchführung des Handels und der Geschäftsabwicklung gewährleistet erscheint" (§ 78 Abs. 1 BörsG).

10.80 Schließlich bestimmt § 78 Abs. 1 S. 1 BörsG, daß es sich bei den **Preisen des Freiverkehrs um Börsenpreise** handelt und diese daher ordnungsgemäß zustande kommen müssen. Zu diesem Zweck gilt die für den Amtlichen und Geregelten Markt geltende Bestimmung des ordnungsgemäßen Zustandekommens der Börsenpreise auch für den Freiverkehr (§ 78 Abs. 2 S. 3 BörsG). Nach der Begründung des Regierungsentwurfs des Zweiten Finanzmarktförderungsgesetzes muß auch im Freiverkehr eine **faire Preisbildung** als Gütesiegel eines funktionsfähigen Finanzplatzes im Interesse der Anleger und der Handelsteilnehmer gewährleistet sein[67].

---

63 Diese Regelung ist in der Börsenordnung verankert worden (vgl. § 59 Frankfurter BörsO, WM 1991, 972).
64 Vgl. z.B. §§ 9 bis 11 Frankfurter Freiverkehrs-Richtlinien (WM 1988, 1183, 1184) und die Richtlinien für den Freiverkehr an der Bayerischen Börse (WM 1988, 1247).
65 Vgl. z.B. § 31 Börsenordnung der Frankfurter Wertpapierbörse (WM 1991, 968).
66 Mit Rücksicht auf diese Eingriffskompetenzen des Börsenvorstandes ist nach *Schwark* der Freiverkehr nicht nur faktisch, sondern auch rechtlich in die Börse integriert (NJW 1987, 2041, 2043).
67 BT-Drucksache 12/6679, S. 76.

c) Gleichwertigkeit der drei Marktsegmente

Angesichts der gleichwertigen rechtlichen Ausgestaltung des heutigen Freiverkehrs handeln die Kreditinstitute daher im Rahmen ihres **pflichtgemäßen Ermessens,** wenn sie Kundenaufträge im umsatzstarken Freiverkehr an einer inländischen Wertpapierbörse ausführen lassen, obwohl diese Wertpapiere im (umsatzschwachen) amtlichen Markt einer anderen deutschen Börse notiert werden. Denn auch der durch das Zweite Finanzmarktförderungsgesetz eingeführte Börsenzwang schafft keine Rangordnung für die drei Marktsegmente Amtlicher Markt, Geregelter Markt und (börseninterner) Freiverkehr, sondern bestimmt nur, daß bei in diese drei Segmente einbezogenen Wertpapieren Aufträge über den Handel an der Börse auszuführen sind (§ 10 Abs. 1 S. 1 BörsG). Zu diesem Börsenhandel gehört auch der Freiverkehr an der Börse.

10.81

Die Qualifizierung des Freiverkehrs als ein Börsenhandel, der dem Amtlichen und Geregelten Markt für die Ausführung von Effektenordern als gleichwertig zu erachten ist, entspricht schließlich der börsenpolitischen Zielsetzung, die das Zweite Finanzmarkförderungsgesetz mit der Neufassung des § 78 BörsG verfolgt hat. Hierdurch soll es den anderen **Regionalbörsen** erleichtert werden, durch Ausbau des Freiverkehrs neue Betätigungsfelder zu eröffnen und sich damit im Wettbewerb mit dem Frankfurter Börsenplatz zu behaupten[68].

10.82

5. Ausführung im Präsenzhandel oder im elektronischen Börsenhandel

Um die **vorrangige Wahlfreiheit des Anlegers** auch bei dieser Ausführungsalternative gesetzlich zu verankern, schreibt das Börsengesetz (§ 10 Abs. 1 S. 2) ausdrücklich vor, daß der Effektenkunde bestimmt, ob sein Auftrag im Präsenzhandel, der im Börsensaal („auf dem Börsenparkett") stattfindet, oder im elektronischen Handel auszuführen ist. Trifft der Kunde keine Bestimmung, so muß die Effektenorder im Präsenzhandel ausgeführt werden, es sei denn, daß das Interesse des Kunden eine Ausführung im elektronischen Börsenhandel gebietet (vgl. § 10 Abs. 2 BörsG). Eine solche Abwicklung der Effektenorder kann in Betracht kommen, wenn während des Präsenzhandels eine Ausführung im XETRA-Handel (Rn 14.338) schneller möglich ist.

10.83

Soweit die Effektenorder zeitlich vor oder nach dem Präsenzhandel bei der Bank eingeht und ihr Volumen eine Ausführung im XETRA-Handel zuläßt, wird sich die Alternative Präsenzhandel oder elektronischer Bör-

10.84

---

68 Begr. RegE 2. FFG, BT-Drucksache 12/6679, 76.

senhandel regelmäßig nicht stellen. Ist auf dem XETRA-Bildschirm ein entsprechendes Angebot eines anderen Marktteilnehmers vorhanden, wird die Bank regelmäßig keinen Kommissionsauftrag entgegennehmen, sondern mit dem Kunden ein Festgeschäft abschließen und das korrespondierende Marktgeschäft im XETRA-Handel für eigene Rechnung tätigen[69].

6. Ausführung zum Einheitskurs oder im Handel mit fortlaufender Notierung

10.85 Der **Präsenzhandel** – auch **Kassahandel** genannt – kennt die Ausführung zum sog. **Einheitskurs** und **im Handel mit fortlaufender Notierung** (variabler Handel); dies regelt § 7 Abs. 1 der vereinheitlichten Bedingungen für Geschäfte an den deutschen Wertpapierbörsen (nachfolgend Börsenusancen)[70]. Die Ausführung der Effektenorder zum Einheitskurs oder variablen Kurs ist weitestgehend durch die Gegebenheiten des Börsenhandels und der hierfür geltenden Usancen vorprogrammiert.

a) Begriff des Einheitskurses

10.86 Bei dem Einheitskurs (§ 7 Abs. 1 Börsenusancen) handelt es sich um den Kurs, zu dem die meisten Aufträge erledigt werden können (sog. **Meistausführungsprinzip**)[71]. Dieser Kurs wird deshalb in den Börsenusancen auch als „Einheits"kurs bezeichnet (§ 7 Börsenusancen). Die **Errechnung und Festsetzung des Einheitskurses** erfolgt an jedem Börsentag gegen Mitte der Börsenversammlung.

10.87 Zu diesem Einheitskurs werden alle außerhalb des variablen Handels abgeschlossenen Wertpapiergeschäfte desselben Tages ausgeführt, soweit nicht wegen Fehlens eines ausreichenden Auftragsvolumens nur eine beschränkte Ausführung möglich ist[72].

10.88 Bei nur **beschränkter Ausführung** müssen die Einheitskurse den Zusatz „**ratG**" bzw. „**ratB**" erhalten. Der Zusatz ratG = rationiert Geld bedeutet, daß die zum Kurs und darüber limitierten sowie die unlimitierten Kaufaufträge nur beschränkt ausgeführt werden konnten. Mit dem Zusatz ratB = rationiert Brief ist gemeint,

---

69 *Kümpel*, WM 1991, Sonderbeil. 4, 22 für den früheren IBIS-Handel.
70 Abgedruckt in WM 1984, 76 ff.
71 *Tilly*, S. 54 f.; *Kümpel*, WM 1988, S. 1623.
72 *Kümpel*, WM 1988, 1623; ders., WM 1992, 250; *Schwark*, BörsG, § 29 Rn 4; *Tilly*, S. 72.

daß die zum Kurs und niedriger limitierten sowie die unlimitierten Verkaufsaufträge nur beschränkt ausgeführt werden konnten[73].

Der Einheitskurs wird in der Praxis auch als Kassakurs bezeichnet. Diese Bezeichnung ist jedoch mißverständlich, weil es im Präsenzhandel („Kassahandel") auch zu fortlaufenden Notierungen (variablen Kursen) kommt[74]. Bis zum 1. Weltkrieg war die fortlaufende Notierung an den deutschen Börsen dem Terminhandel vorbehalten. Dagegen wurde im Präsenzhandel mit seiner kurzen zweitägigen Abwicklungsfrist nur zu Einheitskursen gehandelt. Der Einheitskurs war also zugleich auch der einzige Kurs des Präsenzhandels. Zwischenzeitlich werden jedoch umsatzstarke Wertpapiergattungen auch im Präsenzhandel fortlaufend notiert, so daß dieser neben dem mittäglichen Einheitskurs und dem Eröffnungs- und Schlußkurs auch variable Kurse kennt.

10.89

b) Handel zum Einheitskurs

Sämtliche dem Makler erteilten **Aufträge** bleiben bis zur **Feststellung des Einheitskurses in der Schwebe**[75]. Bis zu diesem Zeitpunkt werden die Aufträge **im Orderbuch (Skontro) des Maklers gesammelt**. Die Marktteilnehmer handeln hier also zum Einheitskurs[76].

10.90

Soweit der einzelne Kundenauftrag das variabel handelbare Volumen nicht erreicht, wird er zur Ausführung zum Einheitskurs an den Makler weitergeleitet. Die Praxis sieht aus guten Gründen davon ab, mehrere zum variablen Kurs nicht ausführbare Kundenaufträge so zu „bündeln", daß sie sich volumenmäßig für eine Ausführung im Handel mit fortlaufender Notierung eignen würden. Solche Aufträge sind mit Rücksicht auf die für den variablen Handel nicht ausreichende Größenordnung dahingehend auszulegen, daß der Kunde eine Ausführung zum Einheitskurs wünscht. Denn das für den Einheitskurs geltende Meistausführungsprinzip ermöglicht eine vollständige Abwägung des gesamten Angebotes mit der gesamten Nachfrage. Hierzu werden alle dem Kursmakler erteilten Vermittlungsaufträge gesammelt und zu einem einzigen Zeitpunkt ausgeführt. Das „**Einheits**"**kursverfahren** stellt also das **Optimum eines zeitlich konzentrierten Marktes** dar[77]. Der Einheitskurs ist daher nach dem Schrifttum eine institutionelle Form der Bildung eines „Gleichge-

10.91

---

73 Vgl. § 30 Börsenordnung der Frankfurter Wertpapierbörse.
74 *Bruns*, Effektenhandel an deutschen und ausländischen Börsen, 1961, S. 90.
75 *Rehm/Trumpler/Dove/Neukamp/Schmidt-Ernsthausen/Breit* (sog. Verbandskommentar), BörsG, Vorbem. 1 zu §§ 29 ff.; *Kümpel*, WM 1988, 1623.
76 *Göppert*, Das Recht der Börsen, 1932, S. 198; *Tilly*, S. 128.
77 *Tilly*, S. 72; *Kümpel*, WM 1991, Sonderbeil. 4, 15.

wichts"preises und der Idealfall der Verwirklichung eines Traumes vom gerechten Preis[78].

10.92 Bei Aufträgen zur Ausführung zum Einheitskurs haben die Kreditinstitute gegenüber dem von ihm beauftragten Börsenmakler einen Ausführungsanspruch nur insoweit, als es zur Feststellung des Einheitskurses kommt. Nach der Börsenordnung sind zu den festgestellten Kursen regelmäßig alle unlimitierten Kauf- und Verkaufsaufträge sowie alle über dem festgestellten Kurs limitierten Kaufaufträge und alle unter dem festgestellten Kurs limitierten Verkaufsaufträge auszuführen. Ein solcher Ausführungsanspruch der Marktteilnehmer ist eine unverzichtbare Voraussetzung für die Funktionsfähigkeit des von den Maklern vermittelten Präsenzhandels[79].

c) Handel zu variablen Kursen

10.93 Auch für den Handel mit fortlaufender Notierung enthalten die Börsenusancen bestimmte Ausführungsregeln. Danach sind Aufträge in solchen Wertpapieren zum fortlaufenden Kurs auszuführen, soweit sich der im Auftrag angegebene Betrag (Stückzahl oder Nennbetrag) mit dem Ein- oder Mehrfachen des für die fortlaufende Notierung festgesetzten Mindestbetrages deckt (§ 7 Abs. 2 S. 1 Börsenusancen). Ein zum fortlaufenden Kurs nicht „ausführbarer Rest" wird zum Einheitskurs ausgeführt (§ 7 Abs. 2 S. 2 Börsenusancen). Ist **bis zur Feststellung des Einheitskurses eine fortlaufende Notierung nicht zustandegekommen,** zu der der Auftrag hätte ausgeführt werden können, ist der Auftrag zum Einheitskurs auszuführen (§ 7 Abs. 2 S. 3 Börsenusancen).

10.94 **Nicht limitierte Aufträge** werden zum nächsten nach ihrem Eingang festgestellten Kurs ausgeführt, der ihre Berücksichtigung zuläßt. **Limitierte Aufträge** sind zum nächsten Kurs auszuführen, mit dem das Limit erreicht wird oder zugunsten des Auftraggebers über- bzw. unterschritten wird[80].

10.95 Soweit sich die Kundenaufträge zur Ausführung im variablen Börsenhandel eignen, sind sie von den beauftragten Kreditinstituten unverzüglich an den zuständigen Börsenmakler weiterzuleiten. Denn **Effektenaufträge** sind mit Rücksicht auf das Risiko einer für den Kunden nachteiligen Kursentwicklung schnell auszuführen[81]. Gehen solche Kundenaufträge

---
78 *Tilly*, S. 72 m.w.Nachw.
79 *Kümpel*, WM 1991, Sonderbeilage Nr. 4, S. 11.
80 Vgl. z.B. § 7 Abs. 4 Börsenusancen (abgedruckt WM 1984, 77).
81 *Canaris*, Bankvertragsrecht², Rn 1922; *Schlegelberger/Hefermehl*, § 406 Anh. Rn 62; *Roth* in Assmann/Schütze, Handbuch des Kapitalanlagerechts, § 12 Rn 77.

rechtzeitig vor Börsenbeginn bei der Bank ein, so werden sie weitestmöglich schon bei der Festsetzung des **sog. Eröffnungskurses** berücksichtigt, der wie der **tägliche Schlußkurs** und der **mittägliche Einheitskurs** aufgrund der vorliegenden Aufträge errechnet[82] wird und der daher materiell ebenfalls einen „Einheits"kurs darstellt[83].

Bei der Weiterleitung der Aufträge an die Börse verfährt die Bank nach dem maßgeblichen **Prioritätsprinzip**[84]. Die Orderzettel erhalten aus bearbeitungstechnischen Gründen eine fortlaufende Notierung; dem Prioritätsprinzip kann daher auch bei dicht aufeinanderfolgenden Auftragserteilungen Rechnung getragen werden. 10.96

V. Pflicht zur interessewahrenden Auftragsausführung

Die Bank hat als Kommissionärin die Pflicht, das übernommene Geschäft mit der Sorgfalt eines ordentlichen Kaufmanns auszuführen. Sie hat hierbei das Interesse des Effektenkunden wahrzunehmen und dessen Weisungen zu befolgen (§ 384 Abs. 2 HGB). 10.97

Die **Bank** ist nach der Rechtsprechung **verpflichtet,** von den Weisungen des Kunden abzuweichen, wenn deren Befolgung zu Nachteilen des Kunden führen würde. Dies gilt insbesondere, wenn unvorhergesehene Umstände, etwa ein politischer Putschversuch im Sitzstaat der Emittentin, bekannt werden, die dem Kunden bei Auftragserteilung unbekannt waren[85]. 10.98

Die **Wohlverhaltensrichtlinie** des Bundesaufsichtsamtes für den Wertpapierhandel vom 26. 5. 1997 enthält **detaillierte Regelungen für eine interessewahrende Auftragsausführung.** Aufträge sind im bestmöglichen Interesse des Kunden auszuführen. Entscheidend sind die der Bank erkennbaren Interessen des Kunden. Aufträge, die erkennbar nicht mit dem Interesse des Kunden übereinstimmen, darf die Bank nur dann ausführen, wenn sie dem Kunden vorher die Risiken verdeutlicht hat (Nr. 4.3. der Wohlverhaltensrichtlinien). Soweit **keine besondere Weisung des Kunden** vorliegt, hat sich die Bank mit verkehrsüblicher Sorgfalt darum zu bemühen, auf dem nach § 10 BörsG maßgeblichen Markt unter Berücksichtigung der anfallenden Kosten den günstigsten Preis zu erzielen. Gegebenenfalls hat sich die Bank über die Liquidität der Märkte insbesondere bei 10.99

---

82 *Kümpel*, WM 1992, S. 250.
83 Vgl. § 26 Börsenordnung der Frankfurter Wertpapierbörse (WM 1991, 968).
84 *Hopt*, Der Kapitalanlegerschutz im Recht der Banken, 1975, S. 485; *Canaris*, Bankvertragsrecht², Rn 1940.
85 Vgl. LG Düsseldorf WM 1993, 1244.

den „emerging markets" zu erkundigen. Die Aufteilung eines einheitlich erteilten Auftrags in mehrere Teilaufträge ist grundsätzlich nur statthaft, wenn sie unter Berücksichtigung der dadurch anfallenden Kosten wirtschaftlich sinnvoll ist und im Interesse des Kunden liegt.

10.100 Bei **Ausführung durch Dritte** hat die Bank diese im Interesse der bestmöglichen Ausführung sorgfältig auszuwählen.

10.101 Zur Wahrung des Interesses gehört vor allem eine **möglichst schnelle (**„**zeitnahe") Ausführung** der Aufträge im Markt (Nr. 4.2 der Wohlverhaltensrichtlinie)[86]. Denn die Kurssituation am Markt kann sich schnell zuungunsten des Kunden entwickeln. Dies gilt insbesondere für Märkte mit großen Kursausschlägen (volatile Märkte). Sämtliche Aufträge sind grundsätzlich in der Reihenfolge ihres Einganges auszuführen (Prioritätsgrundsatz)[87]. Soweit Aufträge an der Börse auszuführen sind, hat die Bank für eine unverzügliche Weiterleitung Sorge zu tragen. Durch die Ausführung von interessewahrenden Aufträgen (IW-Orders) darf es nicht zu einer Benachteiligung bei der Ausführung der Aufträge anderer Kunden kommen. Treffen IW-Orders mit gleichgerichteten Einzelaufträgen von Kunden zusammen, so hat sich die Ausführung nach dem Zeitpunkt der Auftragseingänge zu richten. Bei weiteren Teilausführungen ist sicherzustellen, daß inzwischen eingegangene Einzelaufträge gleichermaßen an den Markt gelangen.

10.102 Nach Nr. 4.5 der Wohlverhaltensrichtlinie dürfen Kundenaufträge untereinander und mit Eigengeschäften der Bank zu einem Auftrag an den Börsenmakler zusammengefaßt werden, wenn kein Grund zu der Annahme besteht, daß dadurch das Kundeninteresse verletzt wird[88]. **Etwaige Kostenvorteile** sind anteilig an die Kunden weiterzugeben. Dabei muß die Zuordnung des Kundenauftrages zum jeweiligen Ausführungsgeschäft stets gewährleistet sein. Ausführungsgeschäfte aus zusammengefaßten Aufträgen sind unverzüglich nach der Ausführung grundsätzlich noch am Handelstag den Kunden zuzuordnen. Soweit nicht alle Aufträge ausgeführt werden können, haben **Kundenaufträge Vorrang** (Nr. 4.5. der Wohlverhaltensrichtlinie). Dies gilt ausnahmsweise **nur dann nicht,** wenn nach den Umständen anzunehmen ist, daß ohne die Zusammenfassung

---

[86] *Canaris,* Bankvertragsrecht², Rn 1922; *Schlegelberger/Hefermehl,* § 406 Anh. Rn 562; *Roth* in Assmann/Schütze, Handbuch des Kapitalanlagerechts, § 12 Rn 77.

[87] *Hopt,* Der Kapitalanlegerschutz im Recht der Banken, 1975, S. 485; *Canaris,* Rn 1940.

[88] Nach Großkomm. HGB/*Koller,* §§ 84 Rn 21 dürfen Kundenaufträge im Massengeschäft grundsätzlich gemeinsam erledigt werden.

mit Eigengeschäften der Bank eine Zuteilung an den betreffenden Kunden überhaupt nicht oder nur zu schlechteren Bedingungen möglich gewesen wäre.

Bietet eine Bank ihren Privatkunden den **Erwerb von Wertpapieren durch Zeichnung** an, so ist sie nach der Wohlverhaltensrichtlinie (Nr. 4.4.) verpflichtet, die Kunden über das Zuteilungsverfahren, insbesondere über die Zuteilung bei Überzeichnung, zu informieren. Dabei sind Vorkehrungen zu treffen, daß die Mitarbeiter der Bank nicht günstiger gestellt werden als ihre Kunden.

10.103

Die Bank hat wegen der gebotenen schnellstmöglichen Ausführung von der Entgegennahme des Auftrages bis zur Übermittlung an die Börse oder in die außerbörslichen Märkte schnelle Kommunikationswege und -techniken zu benutzen[89]. Börsenaufträge sind, wenn diese zur Ausführung an andere Wertpapierdienstleistungsunternehmen weitergeleitet werden, unmittelbar an den Kommissionär zu richten (Nr. 4.2. Wohlverhaltensrichtlinie).

10.104

Ist der Auftrag z.B. im **Präsenzhandel** an einer Wertpapierbörse auszuführen, so kann der Börsenhändler der Bank den Auftrag für das Ausführungsgeschäft dem zuständigen Börsenmakler im Börsensaal erteilen. Eine besonders schnelle EDV-mäßige Auftragserteilung an den Börsenmakler ist möglich, wenn für die betreffende Wertpapiergattung das an den deutschen Wertpapierbörsen eingeführte neue Order-Routing-System von BOSS genutzt werden kann. Nach der Wohlverhaltensrichtlinie (Nr. 4.3.) ist dafür Sorge zu tragen, daß **keine Verzögerungen** bei einer solchen Übermittlung entstehen. Anderenfalls sind die Aufträge auf anderem Wege, insbesondere per Telefon oder Telefax weiterzuleiten.

10.105

Das Börsen-Order-Service-System (BOSS) ist eine elektronische Unterstützung der Präsenzbörse[90]. **BOSS** überspielt die Aufträge elektronisch vom Kreditinstitut zu den Börsen und führt dort das elektronische Orderbuch für alle Makler. Vom Makler im BOSS-System ausgeführte Aufträge werden sofort an die Bank bestätigt. Aufgrund dieser Bestätigung kann die Bank die Abrechnung des mit dem Kunden getätigten Geschäfts unmittelbar nach der Kursfeststellung erstellen. Die abgeschlossenen Geschäfte werden im übrigen automatisch in das Abwicklungssystem der Börsen weitergeleitet, mit dessen Hilfe die an der Börse zwischen den Marktteilnehmern getätigten Geschäfte abgewickelt werden können.

10.106

---

89 *Roth* in Assmann/Schütze, Handbuch des Kapitalanlagerechts, § 12 Rn 78.
90 *Breuer*, ZGeskredW 1993, 10, 11.

10.107 Mit BOSS entsteht ein **elektronisch unterstützter Parketthandel,** der nicht mehr auf den Börsensaal beschränkt ist. Jedes Börsenmitglied kann ohne Präsenz im Börsensaal bis unmittelbar vor der Kursfeststellung Aufträge direkt in das elektronische Orderbuch des Kursmaklers senden. BOSS schafft auch die Voraussetzung dafür, daß die Information über die laufende Marktentwicklung vor der Kursfeststellung überall verfügbar ist. Mit BOSS fließen die elektronisch übermittelten Aufträge automatisch in das elektronische Orderbuch des zuständigen Kursmaklers.

10.108 **Im Orderbuch** wird laufend aus dem aktuellen Stand von Angebot und Nachfrage ein Kursvorschlag in Form einer Spanne ermittelt. Diese Spanne gibt der Kursmakler im Parkett bekannt, nachdem er zuvor die elektronische Orderannahme gesperrt hat. Die darauf mündlich erteilten Aufträge übernimmt er in das elektronische Skontro und ermittelt sodann den endgültigen Einheitskurs.

VI. Vorschußpflicht des Kunden bei Kauforder

10.109 Nr. 7 S. 1 AGB Wertpapiergeschäfte stellt klar, daß die Bank zur Ausführung einer Kauforder nur **bei ausreichendem Kontoguthaben** verpflichtet ist. Dies entspricht der auftragsrechtlichen **Vorschußpflicht.** Nach § 669 BGB hat der Auftraggeber dem Beauftragten für die zur Ausführung des Auftrages erforderlichen Aufwendungen Vorschuß zu leisten. Diese Vorschrift ist auch auf einen entgeltlichen Geschäftsbesorgungsvertrag anwendbar, wie er dem Kommissionsvertrag zugrunde liegt (§ 675 BGB).

10.110 Der Beauftragte kann die Ausführung des Auftrages verweigern, solange ihm der geschuldete Vorschuß nicht geleistet wird[91]. Dieses **Leistungsverweigerungsrecht** setzt jedoch nach allgemeiner Meinung voraus, daß der Beauftragte diesen Vorschuß auch verlangt (vgl. § 669 BGB). Dieses Verlangen ist eine empfangsbedürftige Willenserklärung des Beauftragten gegenüber seinem Auftraggeber[92]. Hieran knüpft die Vorschußklausel von Nr. 7 S. 1 AGB Wertpapiergeschäfte an. Mit dieser Klausel wird vereinbart, daß der auftragsrechtliche Vorschuß generell in Gestalt eines entsprechenden Kontoguthabens zu leisten ist.

10.111 Insoweit besteht ein **wesentlicher Unterschied** zwischen der Erteilung einer Effektenorder und einer Verfügung über das Giroguthaben im Rahmen des bargeldlosen Zahlungsverkehrs. Der dem Girokonto zugrundeliegende entgeltliche Geschäfts-

---

91 Großkomm. HGB/*Koller*, § 396 Rn 38; *Schlegelberger/Hefermehl*, § 396 Rn 49; *Palandt/Sprau*, § 669 Rn 1.
92 *Staudinger/Wittemann*, § 669 Rn 5; Münchener Komm. zum BGB/*Seiler*, § 669 Rn 4.

besorgungsvertrag verpflichtet die Bank nur zur Ausführung solcher Verfügungen, die durch das vorhandene Kontoguthaben gedeckt sind. So setzt z.B. die Ausführung eines Überweisungsauftrages voraus, daß das Girokonto ein entsprechendes Guthaben aufweist, sofern dem Kunden kein Kredit oder eine Überziehungsmöglichkeit eingeräumt worden ist. Denn nur insoweit hat der Kontoinhaber disponibles Buchgeld als Grundlage des bargeldlosen Zahlungsverkehrs. Bei Erteilung einer Effekten-Kauforder schuldet dagegen die Bank nach Auftragsausführung die Anschaffung von Wertpapieren. Dabei kann sie den an ihren Marktkontrahenten zu zahlenden Gegenwert im Rahmen ihres auftragsrechtlichen Aufwendungserstattungsanspruchs geltend machen, ohne daß sie die Auftragsausführung von einem ausreichenden Guthaben auf dem Girokonto als Deckung abhängig zu machen braucht.

10.112　Die Bank braucht freilich zu ihrer Absicherung keine Vereinbarung einer „Vorschußleistung". Beim Kontoguthaben, das die Ausführung des Kaufauftrages voraussetzt, liegt ein Auszahlungsanspruch des Effektenkunden zugrunde. An diesem gegen sie selbst gerichteten Zahlungsanspruch steht der **Bank das AGB-Pfandrecht** zu. Hierdurch wird auch der auftragsrechtliche Aufwendungserstattungsanspruch der Bank aus der späteren Ausführung der Effektenorder abgesichert. Diese Sicherheitsleistung tritt in der Praxis üblicherweise an die Stelle des Vorschusses im Sinne des § 669 BGB[93].

VII. Verkaufsaufträge ohne ausreichende Depotguthaben

10.113　Auch für Verkaufsaufträge ist in den AGB Wertpapiergeschäfte (§ 7 S. 1) klargestellt worden, daß der Kunde ein entsprechendes Guthaben vor Auftragsausführung bei der Bank unterhalten muß. Im Unterschied zu den Kaufordern ist in dieser Fallkonstellation umstritten, ob sich die Bank hierbei auf die auftragsrechtliche Vorschußpflicht berufen kann. Der **Vorschuß** im Sinne des § 669 BGB kann nach der überwiegenden Meinung der BGB-Kommentare **nur in Geld** geleistet werden. Dies gelte auch in den Fällen, in denen, wie bei einer Verkaufsorder im Effektengeschäft, die erforderlichen Aufwendungen der beauftragten Bank in anderen Gegenständen als Geld besteht[94].

10.114　Dagegen braucht nach den Kommentaren zum HGB die Vorschußleistung nicht stets eine Geldleistung zu sein. Wenn § 669 BGB von Vorschuß

---
93 *Schlegelberger/Hefermehl*, § 396 Rn 50.
94 *Staudinger/Wittemann*, § 669 Rn 6, wonach unter „Vorschuß" nach allgemeinem Sprachgebrauch eine Geldzahlung zu verstehen ist; Münchener Komm. zum BGB/*Seiler*, § 669 Rn 6; *Palandt/Sprau*, § 669 Rn 1.

sprache, so sei damit eine „Vordeckung" gemeint[95]. Je nach Art der in Betracht kommenden Aufwendungen könne es sich auch um Waren und Wertpapiere handeln, wie dies auf die Verkaufskommission zutrifft. Denn der Vorschuß solle den Kommissionär von vornherein von eigenen Vermögensopfern befreien[96].

1. Wahrung des Kundeninteresses

10.115 Kann sich die Bank bei einem Verkaufsauftrag nicht auf die auftragsrechtliche Vorschußpflicht berufen, so kann sie die Nichtausführung einer wertpapiermäßig ungedeckten Effektenorder jedenfalls mit dem Gebot der Wahrung des Kundeninteresses rechtfertigen. Die **Verkaufsaufträge** werden dadurch ausgeführt, daß die Bank in eigenem Namen ein Ausführungsgeschäft für Rechnung des Kunden tätigt. Die Bank muß daher die notwendigen Vorkehrungen für eine termingerechte Belieferung des Ausführungsgeschäfts treffen. Anderenfalls droht eine usancemäßige Zwangsregulierung durch ihren Marktkontrahenten, die zu erheblichen Nachteilen für den Effektenkunden führen kann, für dessen Rechnung das Ausführungsgeschäft getätigt worden ist.

10.116 Die Ausführung eines wertpapiermäßig ungedeckten Verkaufsauftrages steht daher regelmäßig nicht im Einklang mit der kommissionsrechtlichen Interessewahrungspflicht der Bank. Die knappen zeitlichen und abwicklungstechnischen Vorgaben der Belieferung des Ausführungsgeschäfts erfordern vielmehr, daß sich die zu verkaufenden Wertpapiere regelmäßig schon vor Abschluß des Ausführungsgeschäfts in der Verfügungssphäre der Bank befinden, wie dies bei der Unterhaltung eines entsprechenden Depotguthabens der Fall ist.

10.117 Für alle Wertpapiergeschäfte, die im Inland zur Ausführung der Effektenorder abgeschlossen werden, gilt eine zweitägige Lieferfrist. Nach den vereinheitlichten Usancen der deutschen Wertpapierbörsen sind die an ihnen getätigten Geschäfte am zweiten Börsentag nach dem Tage des Geschäftsabschlusses zu beliefern[97].

---

95 *Schlegelberger/Hefermehl*, § 396 Rn 47 m.w.Nachw.; vgl. weiter Münchener Komm. zum BGB/*Seiler*, § 669 Rn 6, wonach die Vorschußleistung bei entsprechender Vereinbarung auch in einer Naturalleistung bestehen kann.
96 Großkomm. HGB/*Koller*, § 396 Rn 38; *Schlegelberger/Hefermehl*, § 396 Rn 47; vgl. weiter *Staudinger/Wittmann*, § 669 Rn 1, wonach der Beauftragte die erforderlichen Aufwendungen nicht aus seinem Vermögen zu erbringen braucht.
97 Vgl. § 15 Abs. 1 Börsenusancen (WM 1984, S. 78). Dabei gilt als Abschlußtag erst der nächste Börsentag, wenn das Börsengeschäft erst nach dem vom Börsenvorstand festgesetzten Eingabeschluß für die EDV-Anlage zustande kommt.

a) Vermeidung des Risikos einer Zwangsregulierung

Bei **nicht rechtzeitiger Belieferung** des Ausführungsgeschäfts kann der nicht-säumige Kontrahent der Bank unter Androhung der Zwangsregulierung eine äußerst knapp bemessene Nachfrist für die Erfüllung setzen (§ 16 Abs. 1 S. 1 Börsenusancen). 10.118

Diese Frist kann schon anderthalb Stunden vor Börsenbeginn des nächsten Börsentages ablaufen, wenn die Androhung dieser Nachfrist dem säumigen Kontrahenten am Vortage bis eine halbe Stunde vor Börsenbeginn in seinen Geschäftsräumen oder bis eine halbe Stunde nach Börsenbeginn an der Börse zugegangen ist. Bei Zugang zu einem späteren Zeitpunkt läuft die Nachfrist frühestens anderthalb Stunden vor Börsenbeginn des übernächsten Börsentages ab (§ 16 Abs. 1 S. 2 Börsenusancen). 10.119

Nach **fruchtlosem Ablauf der Frist** ist der nicht-säumige Marktkontrahent verpflichtet, an dem Börsentag, an dem die Nachfrist endet, die Zwangsregulierung vorzunehmen (§ 16 Abs. 1 S. 3 Börsenusancen). 10.120

Die Zwangsregulierung ist zu dem am Zwangsregulierungstag notierten Einheitskurs unter Vermittlung des Kursmaklers durch Kauf oder Verkauf zu bewirken. Bei Wertpapieren mit fortlaufender Notierung geschieht die Zwangsregulierung zum erstmöglichen fortlaufend notierten Kurs. Der Unterschiedsbetrag zwischen dem Zwangsregulierungskurs und dem Vertragskurs ist dem Kontrahenten, zu dessen Gunsten er sich ergibt, sofort zu erstatten. Außerdem hat der säumige Kontrahent die übliche Maklergebühr, Portoauslagen und sonstige Spesen sowie von dem Tage ab, der auf den Erfüllungstag folgt, den zum jeweiligen Lombardsatz[98] der Deutschen Bundesbank berechneten Zinsverlust zu ersetzen (vgl. § 17 Abs. 1, 2 Börsenusancen). 10.121

b) Rechtzeitige Bereitstellung der zu verkaufenden Wertpapiere

Diese **kurzen Fristen** für die Erfüllung von Wertpapiergeschäften an den inländischen Kapitalmärkten erfordern bestimmte abwicklungstechnische Vorkehrungen, die eine rechtzeitige Bereitstellung der zu verkaufenden Wertpapiere durch den Effektenkunden verlangen – dies um so mehr, 10.122

Die Usancen des Amtlichen Marktes sind für Geschäfte im Geregelten Markt durch den Börsenvorstand für entsprechend anwendbar erklärt worden. Dasselbe gilt für den Freiverkehr an den Wertpapierbörsen durch die jeweiligen „Freiverkehrs-Richtlinien". (Vgl. § 13 der Richtlinien für den Freiverkehr an der Frankfurter Wertpapierbörse vom 28. 4. 1998, abgedruckt in *Kümpel/Ott*, Kapitalmarktrecht, Kz 455).

98 An die Stelle des Lombardsatzes ist der von der Europäischen Zentralbank festgesetzte „Zinssatz der Spitzenrefinanzierungsfazilität" (SRF-Satz) getreten – Rn 20.76 ff.

10. Teil: Effektengeschäft

als solche Wertpapiergeschäfte im Interesse einer möglichst rationellen und kostensparenden Abwicklung nicht mit der körperlichen Übereignung von Wertpapierurkunden, sondern regelmäßig im Wege des stückelosen Effektengiroverkehrs abgewickelt zu werden pflegen.

10.123 Die Börsenusancen (§ 19 Abs. 1 S. 1) gestatten zwar auch eine Erfüllung in börsenmäßig lieferbaren Stücken. Eine solche „effektive" Belieferung ist aber angesichts des hiermit verbundenen zeitlichen und kostenmäßigen Aufwandes die seltene Ausnahme.

10.124 Bei der Belieferung eines Marktgeschäfts im Effektengiroverkehr hat die lieferpflichtige Bank die Deutsche Börse Clearing AG am zweiten Börsentag nach Geschäftsabschluß (Valutierungstag) zu beauftragen, eine entsprechende Anzahl von Wertpapieren aus dem bei ihr unterhaltenen Depotguthaben auszubuchen und der Käuferbank gutzuschreiben. Die zu verkaufenden Kundenpapiere müssen sich bis zu diesem Zeitpunkt im Depot der lieferpflichtigen Bank bei der Deutsche Börse Clearing AG befinden. Denn die Bank darf auch nicht vorübergehend auf Wertpapierguthaben anderer Kunden zurückgreifen[99]. Die Bank wird zudem im Regelfall keine eigenen disponierbaren Bestände in der betreffenden Wertpapiergattung unterhalten, auf die bei fehlendem Depotguthaben des verkaufenden Effektenkunden notfalls zur termingerechten Belieferung des Ausführungsgeschäfts zurückgegriffen werden könnte.

c) Zusätzliche Anforderungen bei Auslandsverkäufen

10.125 Ein **ausreichendes Depotguthaben** schon vor Auftragsausführung erfordern insbesondere solche Verkaufsaufträge, die an einem ausländischen Börsenplatz auszuführen sind. Hier ist eine zeitraubende Versendung der Wertpapiere an den ausländischen Ausführungsort notwendig, sofern nicht die Wertpapiere für den verkaufenden Kunden an dem betreffenden ausländischen Ort aufbewahrt werden und ihm hierüber eine entsprechende Gutschrift in Wertpapierrechnung (WR-Gutschrift) erteilt worden ist. Das Vorhandensein eines ausreichenden Depotguthabens ist hier

---

99 Vgl. Nr. 9 der Bekanntmachung des Bundesaufsichtsamtes für das Kreditwesen über die Anforderungen an die Ordnungsmäßigkeit der Depotgeschäfte und der Erfüllung von Wertpapierlieferungsverpflichtungen vom 21. 12. 1998, abgedruckt in *Kümpel/Ott*, Kapitalmarktrecht, Kz 320:
„Will ein Kreditinstitut seiner Lieferverpflichtung aus einem Verkaufsgeschäft durch Übertragung eines Miteigentumsanteils an einem Sammelbestand einer Wertpapiersammelbank nachkommen, so darf es nur auf solche Anteile zurückgreifen, die ihm selbst oder dem Hinterleger, für den es den Verkauf ausführt, gehören".

auch deshalb erforderlich, weil die zu verkaufenden Wertpapiere im Regelfall zunächst auf Echtheit, Vollständigkeit und etwaige Opposition zu überprüfen sind.

Die Usancen der in- und ausländischen Kapitalmärkte schließen üblicherweise in bestimmten Fällen die Eignung von Wertpapierurkunden zur Belieferung von Börsengeschäften aus. So sind z.B. nach den deutschen Börsenusancen Wertpapiere nicht lieferbar, die gefälscht oder verfälscht sind, unvollständig sind, wesentliche Beschädigungen aufweisen oder aufgeboten oder mit Opposition belegt sind (§ 23 Abs. 1 Börsenusancen). 10.126

d) Bankinteresse an einem ausreichenden Depotguthaben

Angesichts der verhältnismäßig knappen Erfüllungsfristen und der zusätzlichen Prüfungsanforderungen bei Auslandsverkäufen kann die Bank zur Ausführung der Verkaufsaufträge grundsätzlich nur verpflichtet sein, wenn der Effektenkunde bei ihr ein entsprechendes Depotguthaben unterhält. Hieran hat die **Bank** auch ein **anerkennenswertes Interesse,** weil sie die verkauften Wertpapiere für eine termingerechte Belieferung ihres Ausführungsgeschäfts benötigt. Die Bank tätigt das Ausführungsgeschäft mit einem anderen Marktteilnehmer im eigenen Namen. Bei nicht termingerechter Lieferung infolge der Säumnis des Effektenkunden gefährdet daher die Bank ihren Ruf als zuverlässige Marktkontrahentin. 10.127

2. Prüfungs- und Benachrichtigungspflicht der Bank

Mit Verkaufsaufträgen **ohne ausreichendes Guthaben** ist die Frage verknüpft, ob die Bank verpflichtet ist, vor Ausführung einer Verkaufsorder das Kundendepot auf ausreichendes Guthaben zu überprüfen und bei Fehlen des erforderlichen Guthabens vor Auftragsausführung beim Kunden Rückfrage zu halten. 10.128

a) Überprüfung des Depotbestandes

Die Bank ist nach dem Schrifttum nicht verpflichtet, das Depot ihres Kunden vor Auftragsausführung auf einen ausreichenden Wertpapierbestand zu überprüfen[100]. Eine solche **Prüfungspflicht** wäre grundsätzlich **unvereinbar** mit der Pflicht der Bank, die Effektenorder angesichts der Volatilität des Kapitalmarktes schnellstmöglich zu erledigen. Diese Rechtsfrage hat mittlerweile stark an praktischer Bedeutung verloren. Die Kreditinstitute sind zunehmend dazu übergegangen, den Depotbe- 10.129

---
100 BGH LM § 384 HGB Nr. 2, Bl. 5; Großkomm. HGB/*Koller*, § 384 Rn 28; *Schlegelberger/Hefermehl*, § 384 Rn 13.

stand ihres Kunden schon aus eigenem Interesse zu überprüfen. Diese Überprüfung wird zudem dort erleichtert, wo die Kundendepots EDV-mäßig abgefragt werden können.

10.130 Ist eine solche Überprüfung im Einzelfall schuldhaft unterblieben und kommt es deshalb zur Ausführung eines ungedeckten Verkaufsauftrages, so trifft den **Kunden** ein **erhebliches Mitverschulden** (§ 254 BGB). Denn der Kunde ist aufgrund der beiderseitigen allgemeinen Schutzpflicht aus der bankmäßigen Geschäftsverbindung gehalten, vor Erteilung einer Verkaufsorder sich über einen ausreichenden Depotbestand zu vergewissern. Im Zweifelsfall hat der Kunde die Bank aufzufordern, sein Depot auf ausreichendes Guthaben vor Auftragsausführung zu überprüfen.

b) Benachrichtigung des Kunden

10.131 Stellt die Bank vor Ausführung der Verkaufsorder fest, daß der Kunde über **kein ausreichendes Depotguthaben** verfügt, so ist es der Bank wegen ihrer kommissionsrechtlichen Interessewahrungspflicht regelmäßig verwehrt, die Effektenorder mit Rücksicht auf die Vertrauenswürdigkeit des Kunden gleichwohl auszuführen. Vielmehr ist die Bank verpflichtet, den Kunden über das Fehlen des Depotguthabens vor Ausführung seines Auftrages zu unterrichten (Nr. 7 S. 2 AGB Wertpapiergeschäfte) und seine Weisung abzuwarten. Denn der Kommissionär hat vor Ausführung des Auftrages dem Kommittenten die erforderlichen Nachrichten zu geben (§ 384 Abs. 2 HGB).

10.132 Zu diesen Mitteilungen gehört die Unterrichtung über alle Umstände, die für den Kommittenten in Ansehung des Geschäfts von Wichtigkeit sind. Dies gilt insbesondere bei Umständen, die für ihn bestimmend sein können, um hinsichtlich des Geschäfts Anordnungen zu treffen[101]. Eine Rückfrage beim Kunden vor Auftragsausführung ist bei solchen wertpapiermäßig ungedeckten Effektenordern schon wegen des Risikos einer zu seinen Lasten gehenden Zwangsregulierung geboten.

10.133 In **bestimmten Fallkonstellationen** darf die Bank Verkaufsorder auch ohne ausreichendes Depotguthaben ausführen, selbst wenn ihr dies vor Abschluß des Ausführungsgeschäfts bekannt ist. Ein anschauliches Beispiel hierfür sind solche Verkaufsaufträge von ausländischen Banken, die ihre Wertpapiere aus vielerlei Gründen von einer inländischen Depotbank zentral verwahren lassen. Hier kann die mit der Verkaufsorder beauftragte andere Bank ohne Verschulden davon ausgehen, daß ihr die zu verkaufenden Wertpapiere rechtzeitig zur Belieferung ihres Ausführungs-

---

101 BGH LM § 384 HGB Nr. 2, Bl. 5; Großkomm. HGB/*Koller*, § 384 Rn 28; *Schlegelberger/Hefermehl*, § 384 Rn 13.

geschäfts angeschafft werden. Dies gilt insbesondere in den Fällen, in denen der Bank schon zuvor solche Verkaufsaufträge erteilt worden sind, ohne daß bei ihr im Zeitpunkt der Auftragserteilung ausreichendes Depotguthaben unterhalten worden war.

VIII. Gültigkeitsdauer der Kundenaufträge

Die Effektenorder können **zeitlich befristet** werden. 10.134

Außer einer zeitlichen Befristung der Effektenorder werden häufig auch **Preislimite** in Gestalt einer Preisobergrenze bei Kaufaufträgen oder eine Preisuntergrenze bei Verkaufsaufträgen gesetzt. Die AGB Wertpapiergeschäfte (Nr. 3) weisen ausdrücklich darauf hin, daß der Kunde bei der Erteilung von Aufträgen zum Kauf oder Verkauf von Wertpapieren Preisgrenzen für das Ausführungsgeschäft vorgeben kann und bezeichnen diese Effektenorder entsprechend dem Sprachgebrauch der Praxis als „limitierte" Aufträge. Zeitlich begrenze Effektenorder werden zur terminologischen Unterscheidung dagegen als „befristete" Aufträge bezeichnet (vgl. § 163 BGB). 10.135

Befristete Aufträge **erlöschen** mit Ablauf der vom Kunden bestimmten Gültigkeitsdauer (§ 163 BGB). Bis zu diesem Zeitpunkt ist der Auftrag jederzeit **widerruflich** (§ 671 BGB). Das Widerrufsrecht endet nach herrschender Meinung in dem Zeitpunkt, in dem die Bank den Auftrag durch Abschluß des Ausführungsgeschäfts für Rechnung des Kunden getätigt hat[102]. 10.136

Die Gültigkeitsdauer von **unbefristeten Effektenordern** richtet sich danach, ob der Auftrag mit oder ohne einem Preislimit erteilt worden ist. Ein preislich unlimitierter Auftrag gilt nur für ein Börsentag. Ist jedoch der Auftrag für eine gleichtägige Ausführung nicht so rechtzeitig eingegangen, daß seine Berücksichtigung im Rahmen des ordnungsgemäßen Arbeitsablaufs möglich ist, so wird er für den nächsten Börsentag vorgemerkt[103]. Wird der Auftrag nicht ausgeführt, so wird die Bank den Kunden hiervon unverzüglich benachrichtigen (Nr. 4 Abs. 1 AGB Wertpapiergeschäfte)[104]. 10.137

---

102 Großkomm. HGB/*Koller*, § 383 Rn 82; *Schlegelberger/Hefermehl*, § 383 Rn 53. Nach dem Reichsgericht (RGZ 107, 136, 139) ist der Widerruf bereits ausgeschlossen, wenn schon solche Handlungen vorgenommen worden sind, die zur Ausführung gehören.
103 OLG Karlsruhe ZIP 1999, 1125, 1126.
104 Nach dem OLG Karlsruhe besteht diese Benachrichtigungspflicht erst, wenn der Auftrag auch an dem auf die Auftragserteilung folgenden Börsentag nicht ausgeführt werden kann (ZIP 1999, 1125, 1126).

10.138 Angesichts der volatileren Märkte war bei der Neufassung der AGB Wertpapiergeschäfte davon auszugehen, daß sich der Kunde bei der Auftragserteilung ganz überwiegend vom aktuellen Kurs leiten läßt und daher ein nicht rechtzeitig erteilter Auftrag bei unterbliebener Ausführung nicht auf den nächsten Börsentag vorgemerkt werden kann. Will der Kunde eine längere Gültigkeitsdauer, so kann er einen entsprechend befristeten Auftrag erteilen.

10.139 Eine **preislich limitierte Effektenorder** ist dagegen bis zum letzten Börsentag des laufenden Monats gültig (Monats-Ultimo). Ein am letzten Börsentag eines Monats eingehender Auftrag wird jedoch, sofern er nicht am selben Tag ausgeführt wird, für den nächsten Monat vorgemerkt. Die Bank wird den Kunden über die Gültigkeitsdauer seines Auftrags unverzüglich unterrichten (Nr. 4 Abs. 2 AGB Wertpapiergeschäfte).

10.140 Für die Ausführung der Kundenaufträge im elektronischen Handelssystem sehen die Börsenusancen (§ 33) besondere Ausführungs- und Gültigkeitsbestimmungen vor. So bedeutet die Klausel „Fill-or-kill" sofortige Gesamtausführung oder Löschung des Auftrages, während mit „Immediate-or-cancel" sofortige Ausführung des Auftrages soweit wie möglich und Löschung des unausgeführten Teils gemeint ist.

10.141 Die **Neufassung der AGB** zum Jahresbeginn 1995 differenziert nicht mehr nach der Ursache der unterbliebenen Ausführung. Die Vormerkung für den nächsten Börsentag erfolgt daher auch in den Fällen, in denen das gesetzte Preislimit einer Ausführung entgegenstand oder ein Kurs nicht festgestellt worden ist. Nach der früheren AGB-Regelung kam eine Vormerkung für den nächsten Börsentag nur in Betracht, wenn die Effektenorder wegen verspäteten Eingangs bei der Bank nicht mehr gleichtägig ausgeführt werden konnte[105].

1. Gültigkeitsdauer von Aufträgen zum Kauf oder Verkauf von Bezugsrechten

10.142 Mit Rücksicht auf die Besonderheiten des Bezugsrechtshandels gilt für die Gültigkeitsdauer solcher Kundenaufträge eine abweichende Regelung (Nr. 5 AGB Wertpapiergeschäfte). **Preislich unlimitierte Aufträge** zum Kauf oder Verkauf von Bezugsrechten sind für die Dauer des Bezugsrechtshandels gültig. Preislich limitierte Aufträge zum Kauf oder Verkauf von Bezugsrechten erlöschen mit Ablauf des vorletzten Tages des Bezugsrechtshandels. Diese Differenzierung nach Aufträgen mit oder ohne Preislimit erfolgt bei der Neufassung der AGB Wertpapiergeschäfte zum Jahresbeginn 1995, um den praktischen Bedürfnissen besser zu entsprechen.

---

105 *Schlegelberger/Hefermehl*, § 406 Anh. Rn 67.

2. Erlöschen der Kundenaufträge wegen Kursfestsetzung

Auch **ohne Widerruf** erlischt ein noch nicht ausgeführter Auftrag, wenn die Kursnotierung an der Wertpapierbörse ausgesetzt wird[106]. Dies ist in den neugeschaffenen AGB Wertpapiergeschäfte (Nr. 6 S. 1, 1. Hs.) ausdrücklich klargestellt worden. Solche Umstände werden sich regelmäßig positiv oder negativ auf die weitere Kursentwicklung auswirken und verändern damit wesentlich die Grundlage der Auftragserteilung. Bei der Ausführung von Kundenaufträgen an ausländischen Börsen gelten jedoch die Usancen der ausländischen Börse (Nr. 6 S. 2 AGB Wertpapiergeschäfte).

10.143

Die inländische Bank hat sich bei der Einschaltung einer ausländischen Bank zwecks Auftragsausführung üblicherweise den Usancen des ausländischen Ausführungsplatzes zu unterwerfen. Dementsprechend gelten die ausländischen Usancen auch gegenüber den Effektenkunden, weil das Geschäft zwischen der inländischen Bank und ihrem ausländischen Vertragspartner nach kommissionsrechtlichen Grundsätzen für Rechnung des Kunden getätigt wird (§ 383 HGB).

10.144

Die Bank wird ihren Kunden von dem Erlöschen des Auftrages infolge der Kursaussetzung unterrichten (Nr. 6 S. 1, 2. Hs. AGB Wertpapiergeschäfte).

10.145

IX. Reklamationspflicht des Kunden bei fehlerhafter oder ausgebliebener Effektenabrechnung

Die Kreditinstitute übermitteln dem Kunden unverzüglich nach Ausführung der Effektenorder eine **formularmäßige Abrechnung** über das Ausführungsgeschäft **(Kundenabrechnung)**. Diese Handhabung vermeidet, daß dem Kunden eine gesonderte Anzeige über die Auftragsausführung vorab zu übermitteln ist; eine solche unverzügliche Anzeige sieht das Gesetz ausdrücklich vor (§ 384 Abs. 2, 1. Hs. HGB).

10.146

Eine solche formularmäßige Abrechnung erhält der Kunde auch in den Fällen, in denen er keine Effektenorder erteilt, sondern mit der Bank ein Festgeschäft (Rn 10.189) abschließt.

10.147

Der Kunde hat die ihm übermittelte Abrechnung **unverzüglich** auf Richtigkeit und Vollständigkeit zu überprüfen und etwaige Einwendungen

10.148

---

[106] Bei einer solchen Kursaussetzung erlöschen auch die den Börsenmaklern von den Kreditinstituten erteilten Aufträge (§ 6 Abs. 5 Börsenusancen, WM 1984, S. 77).

unverzüglich zu erheben. Dies sehen die AGB der Kreditinstitute vor, die die AGB Wertpapiergeschäfte insoweit ergänzen (vgl. Nr. 11 Abs. 4 AGB Banken). Soweit der Effektenkunde Abrechnungen über Wertpapiergeschäfte von seiner Bank erwartet, muß er bei deren Ausbleiben die Bank benachrichtigen (Nr. 11 Abs. 5 S. 2 AGB Banken).

10.149 Mit Rücksicht auf die **täglichen Kursschwankungen** muß die Bank die Möglichkeit haben, eine fehlerhafte Auftragsausführung möglichst noch am **nächsten Börsentag** zu korrigieren oder die unterlassene Ausführung nachzuholen. Der Kunde soll im übrigen nicht zu Lasten der Bank auf die weitere Kursentwicklung spekulieren können[107].

10.150 Wie bisher ist bewußt darauf verzichtet worden, die Modalitäten und den Zeitraum für diese Reklamation zu konkretisieren. Hierzu kann auf den in § 121 BGB definierten Begriff der **„Unverzüglichkeit"** als ein schuldhaftes Zögern sowie auf die einschlägige Rechtsprechung und das Schrifttum zurückgegriffen werden.

10.151 Die Frage, wie lange sich der Kunde mit seiner Reklamation Zeit lassen kann, läßt sich nur nach Würdigung der besonderen Verhältnisse des Einzelfalles unter Abwägung der Belange beider Vertragsparteien entscheiden[108]. Dabei ist die Besonderheit des Effektengeschäfts zu berücksichtigen, das durch das Risiko täglicher Kursschwankungen gekennzeichnet ist[109].

10.152 Die **Reklamationspflicht soll gewährleisten,** daß die Bank auf schnellstmögliche Weise Kenntnis von einer nicht weisungsgemäßen oder ausgebliebenen Effektenabrechnung erhält[110]. Das Gebot der Unverzüglichkeit erfordert zwar nach allgemeiner Meinung kein sofortiges Handeln[111]. Der Effektenkunde braucht also regelmäßig nicht schon am gleichen Tag des Zugangs einer fehlerhaften Effektenabrechnung zu reagieren. Dem Vertragspartner ist vielmehr ein billig zu bemessender Zeitraum zuzugestehen[112]. Das **Zögern** ist aber dann **schuldhaft,** wenn das Zuwarten nicht durch die Umstände des Falles geboten ist[113].

---

107 *Canaris*, Bankvertragsrecht², Rn 1932.
108 *Staudinger/Dilcher*, § 121 Rn 4; *Enneccerus/Nipperdey*, BGB-Allg. Teil, 14. Bearbeitung, S. 731.
109 *Baumbach/Hopt*, Nr. 32 AGB-Banken a.F.
110 *Hefermehl*, Allgemeine Geschäftsbedingungen der Banken, 1984, S. 132.
111 Münchener Komm. zum BGB/*Kramer*, § 121 Rn 7.
112 *Staudinger/Dilcher*, § 121 Rn 4.
113 Münchener Komm. zum BGB/*Kramer*, § 121 Rn 7 m.w.Nachw.

Das Gebot, die Bank auf schnellstmögliche Weise zu benachrichtigen, schränkt die Verwendung der Briefform für die Reklamation wesentlich ein. Nach dem Schrifttum ist ein einfacher Brief nur ausreichend, wenn er gegenüber dem Telex nachweislich keinen Zeitverlust bringt[114].

10.153

X. Ausführung von Kommissionsaufträgen aufgrund einer kaufvertraglichen Rechtsbeziehung zum Kunden

Die **kommissionsrechtliche Interessewahrungspflicht** kann es im Einzelfall gebieten, daß die Bank von einem Ausführungsgeschäft im Markt absieht. Hier kann es dem Kundeninteresse weit mehr entsprechen, wenn die Bank die anzuschaffenden Wertpapiere aus dem eigenen Handelsbestand als Verkäuferin liefert oder dorthin als Käuferin übernimmt.

10.154

Solche **Ausnahmesituationen** sind z.B. gegeben, wenn es für die betreffenden Wertpapiere an einem ausreichenden Angebot bzw. an einer genügenden Nachfrage im Markt fehlt. Die Effektenorder kann auch wegen ihres Umfangs ungünstige Kursausschläge in einem engen Markt befürchten lassen. Der Erwerb aus dem Eigenbestand der Bank kann im übrigen preisgünstiger sein, wenn sie „Market Maker" in der betreffenden Wertpapiergattung ist.

10.155

Steht die kommissionsrechtliche Interessewahrungspflicht einem Ausführungsgeschäft im Markt entgegen, so entspricht es in diesen Ausnahmefällen regelmäßig dem Willen des Kunden, daß die Bank die Wertpapiere ohne vorherige Rückfrage beim Kunden als Verkäuferin aus dem eigenen Handelsbestand liefert oder dorthin als Käuferin übernimmt. Auch hier gilt der **kommissionsrechtliche Grundsatz,** daß Effektenorder wegen des Risikos einer negativen Kursentwicklung schnellstmöglich auszuführen sind. Hinzu kommt, daß der Kunde aus den unterschiedlichsten Gründen zumindest nicht kurzfristig erreichbar sein kann.

10.156

Läßt es die kommissionsrechtliche Interessewahrungspflicht erforderlich erscheinen, daß die Bank selbst die Wertpapiere liefert oder übernimmt, so bedarf es der Begründung einer kaufvertraglichen Rechtsbeziehung zwischen Bank und Kunde. Dies konnte bislang im Wege des **kommissionsrechtlichen Selbsteintrittsrechts** (§ 400 HGB) erreicht werden, das bei der Schaffung der AGB Wertpapiergeschäfte entfallen ist. Beim Selbsteintritt führt die Bank den Kommissionsauftrag dadurch aus, daß sie die anzuschaffenden Wertpapiere als Verkäuferin liefert oder die zu veräußernden Wertpapiere als Käuferin übernimmt (§ 400 Abs. 1 HGB).

10.157

---

114 *Wolf/Horn/Lindacher,* § 23 Rn 624.

10.158 Infolge des Selbsteintritts kommt zwischen Bank und Kunden eine den Regeln des Kaufrechts unterliegende Vertragsbeziehung zustande. Diese kaufvertragliche Rechtsbeziehung tritt jedoch nur ergänzend **neben** die schon bei Auftragserteilung begründete kommissionsrechtliche Vertragsbeziehung. Die kommissionsrechtlichen Rechte und Pflichten der Vertragsparteien bleiben also bestehen, soweit sie nicht mit dem fortan dominierenden Kaufrecht unvereinbar sind. Bank und Kunde befinden sich mithin in einer rechtlichen Doppelstellung, auf die **teils Kaufrecht** und **teils Kommissionsrecht** anwendbar ist[115].

10.159 Die Ausführung einer Kundenorder durch Selbsteintritt ist deshalb durch eine **Zweistufigkeit** gekennzeichnet. Zunächst wird durch die Annahme der Kundenorder ein Kommissionsvertrag im Sinne des § 383 HGB geschlossen, der später infolge des Selbsteintritts durch eine zusätzliche kaufvertragliche Rechtsbeziehung überlagert wird. Der Selbsteintritt vollzieht sich also nicht schon mit dem Abschluß des Kommissionsvertrages[116].

1. Abschaffung des kommissionsrechtlichen Selbsteintrittsrechts

10.160 Beim Selbsteintritt steht es der Bank frei, ob sie ein Geschäft am Kapitalmarkt mit einem anderen Marktteilnehmer tätigt oder die Wertpapiere aus dem eigenen Handelsbestand liefert bzw. dorthin übernimmt. Soweit die selbsteintretende Bank aus Anlaß der ihr erteilten Effektenorder im Markt ein Wertpapiergeschäft abschließt, geschieht dies jedoch im Unterschied zu der kommissionsmäßigen Auftragsausführung für eigene Rechnung. Dieses Geschäft wird daher als **„Deckungs"geschäft** bezeichnet, um es sprachlich vom **„Ausführungs"geschäft** des nicht selbsteintretenden Kommissionärs zu unterscheiden, das stets für Rechnung des Kommittenten abgeschlossen wird (§ 383 HGB).

10.161 Tätigt die Bank im Falle des Selbsteintritts im Markt ein Deckungsgeschäft, so ist die Rechtsposition des Effektenkunden hinsichtlich dieses Geschäfts wesentlich schwächer. Verkauft z.B. die selbsteintretende Bank die zu veräußernden Kundenpapiere für eigene Rechnung im Markt, so übernimmt die Bank gegenüber ihrem Kunden die Rechtsposition einer Käuferin der Wertpapiere und schuldet daher dem Kunden einen Kaufpreis, der nicht mit dem Kaufpreis identisch zu sein braucht, den die Bank an ihren Kontrahenten aus dem Deckungsgeschäft zu leisten hat.

---

115 BGH WM 1988, 404; *Schlegelberger/Hefermehl*, § 400 Rn 32; *Baumbach/Hopt*, HGB, § 400 Anm. 5; Großkomm. HGB/*Koller*, § 400 Rn 20, § 403 Rn 1; *Canaris*, Bankvertragsrecht², Rn 1908.
116 BGH WM 1988, 404.

Führt die Bank dagegen den **Kundenauftrag ohne Selbsteintritt** aus, so tätigt sie das Wertpapiergeschäft im Markt für Rechnung ihres Kunden. Hier kommt zwischen Bank und Kunde ein entgeltliches Geschäftsbesorgungsverhältnis (§ 675 BGB) zustande, aufgrund dessen die Bank dem Kunden den konkreten Verkaufserlös aus dem Ausführungsgeschäft herauszugeben hat (§ 667 BGB; vgl. auch § 384 Abs. 2, 2. Hs. HGB). Die Bank ist im übrigen hinsichtlich dieser Herausgabepflicht nach allgemeinen Grundsätzen rechenschaftspflichtig (§§ 259 ff. BGB; vgl. auch § 384 Abs. 2, 2. Hs. HGB). Der **auftragsrechtliche Herausgabeanspruch** steht dem Kunden dagegen grundsätzlich nicht zu, wenn die Bank aufgrund ihres Selbsteintrittsrechts im Markt ein Deckungsgeschäft für eigene Rechnung abschließt.

10.162

a) Kritik des Schrifttums

Das Fehlen eines auftragsrechtlichen Herausgabeanspruchs des Kunden beim Selbsteintritt begründet nach weit verbreiteter Meinung die **Gefahr von Kursmanipulationen** der Bank zu Lasten ihres Kunden. Das Selbsteintrittsrecht wird daher seit langem im Schrifttum kritisiert[117], obwohl der Bankkunde bei strikter Gesetzesanwendung durch den Selbsteintritt nicht schlechter gestellt werden darf als bei der Auftragsausführung ohne Selbsteintritt. So darf die Bank, wenn sie z.B. vor Absendung der Ausführungsanzeige an ihren Kunden aus Anlaß seiner Verkaufsorder am Markt ein Deckungsgeschäft geschlossen hat, ihrem Kunden keinen ungünstigeren als den hierbei vereinbarten Kurs berechnen (§ 401 Abs. 2 HGB). Hat die Bank also nach Eingang der Verkaufsorder entsprechend dem Gebot zur schnellstmöglichen Auftragsausführung ein Deckungsgeschäft im Handel mit fortlaufender Notierung getätigt und verkauft sie dort kurze Zeit später dieselbe Anzahl Wertpapiere aus ihrem Handelsbestand, so darf sie dem Kunden nicht den niedrigeren Kurs aus dem zweiten Verkauf berechnen, wenn ihre Spekulation auf steigende Kurse und damit einen höheren Verkaufserlös fehlgeschlagen ist. Bei strikter Beachtung der gesetzlichen **Preisberechnungsbestimmungen** wären daher „Kursschnitte" zu Lasten des Kunden nicht möglich.

10.163

Die gesetzliche Regelung hat jedoch den Nachteil, daß die **Beweislast beim Kunden** liegt. Der beweispflichtige Kunde vermag aber regelmäßig die Marktverhältnisse und die Interna seiner Bank nicht zu überschauen[118]. Der Nachweis, daß in dem vorerwähnten Beispiel die Bank aus

10.164

---

117 *von Dalwigk zu Lichtenfels*, Das Effektenkommissionsgeschäft, 1975, S. 133/134; *Schneiders*, Anlegerschutz im Recht der Effektenkommission, 1977, S. 82/83; Großkomm. HGB/*Koller*, § 400 Rn 10.
118 Großkomm. HGB/*Koller*, § 401 Rn 2.

ihrem Handelsbestand Wertpapiere zu einem günstigeren Kurs verkauft hat, als sie der für den Kunden bestimmten Verkaufsabrechnung zugrunde gelegt hat, dürfte kaum zu führen sein[119].

b) Mißglückter Anlegerschutz beim Selbsteintrittsrecht

10.165 Die **Abschaffung des Selbsteintritts** war nicht nur wegen der Kritik des Schrifttums geboten. Der Gesetzgeber hat der Gefahr von „Kursschnitten" zu Lasten des Kunden beim Selbsteintritt mit anlegerschützenden Preisbestimmungen vorbeugen wollen, die die Bank bei dem ihrem Kunden abzurechnenden Preis (Kurs) zu beachten hat (§§ 400, 401 HGB)[120]. Diese gesetzliche Regelung der Preisbestimmung ist aber nach allgemeiner Meinung mißglückt[121].

10.166 Bei der Auftragsausführung durch Selbsteintritt braucht die Bank über das im Markt getätigte Deckungsgeschäft keinerlei Rechenschaft abzulegen[122]. Hier beschränkt sich die **Rechenschaftspflicht der Bank** auf den Nachweis, daß bei dem berechneten Preis (Kurs) der zur Zeit der Ausführung der Kommission bestehende Börsen- oder Marktpreis eingehalten worden ist (§ 400 Abs. 2 HGB). Diese als ausreichender Schutz des Kunden gedachte Regelung ist aber mißglückt. Das Gesetz definiert die hiernach für die Kursberechnung maßgebliche „Zeit der Ausführung" als den Zeitpunkt, in welchem der Kommissionär die Anzeige von der Ausführung zur Absendung an den Kommittenten abgegeben hat (§ 400 Abs. 2 S. 2 HGB). Dabei unterstellt der Gesetzgeber in völliger Verkennung der tatsächlichen Gegebenheiten, daß die Ausführungsanzeige regelmäßig unmittelbar nach Abschluß des an der Börse getätigten Deckungsgeschäfts abgesandt wird.

10.167 Die bei den **Vorarbeiten zum Börsengesetz** 1896 mitwirkende Börsenenquêtekommission als Initiatorin dieser Gesetzesbestimmung hatte die Schaffung entsprechender Einrichtungen an den Wertpapierbörsen empfohlen, um sofort nach Abschluß des Deckungsgeschäfts an der Börse die Ausführungsanzeige versenden zu können. Dieser Vorschlag ließ sich aber nicht verwirklichen[123].

10.168 Die **heutige Praxis** hat sich von der Vorstellung des historischen Gesetzgebers noch weiter entfernt. Denn die Ausführungsanzeige wird aus Ko-

---

119 *Hopt*, Der Kapitalanlegerschutz im Recht der Banken, 1975, S. 133/134.
120 Großkomm. *HGB/Koller*, § 400 Rn 23.
121 Großkomm. *HGB/Koller*, § 400 Rn 7.
122 Großkomm. *HGB/Koller*, § 400 Rn 23.
123 *Schneiders*, Anlegerschutz im Recht der Effektenkommission, 1977, S. 47 FN 102; vgl. weiter *Schlegelberger/Hefermehl*, § 406 Anh. Anm. 77; *von Dalwigk zu Lichtenfels*, Das Effektenkommissionsgeschäft, 1975, S. 82.

sten- und Rationalisierungsgründen in die Abrechnung des Kundengeschäfts integriert, die aus bearbeitungstechnischen Gründen regelmäßig erst einige Stunden nach Börsenschluß an den Kunden abgesendet werden kann. Bei einem solchen Geschehensablauf ist nach herrschender Auffassung im Schrifttum § 400 Abs. 2 HGB unanwendbar; es fehle hier an den rechtstatsächlichen Voraussetzungen, an die die gesetzliche Regelung offensichtlich anknüpfen wollte[124]. Bei wörtlicher Interpretation führt diese Gesetzesbestimmung überdies zu unbilligen Ergebnissen. Dies gilt insbesondere, wenn es während der Börsenversammlung zu mehreren Preisnotierungen kommt.

Die **mißglückte Preisberechnungsregelung des § 400 Abs. 2 HGB** wird auch nicht dadurch praktikabel, daß man entsprechend dem Vorschlag von *Koller* den darin vorgeschriebenen Nachweis der Bank, daß sie den zur Zeit der Auftragsausführung bestehenden Börsenpreis eingehalten hat, anders als bisher interpretiert. Danach solle es nicht auf die Absendung der Kundenabrechnung durch die Bank, sondern darauf ankommen, wann die für den Selbsteintritt erforderliche konkludente Willensäußerung der Bank den Organisationsbereich des für die Orderausführung zuständigen Händlers verlassen hat, um in die hausinterne Geschäftsabwicklung einfließen zu können[125]. Bei dieser Gesetzesinterpretation wäre wenigstens die vom Gesetzgeber unterstellte enge zeitliche Verknüpfung zwischen Ausübung des Selbsteintritts und aktueller Marktsituation gegeben.

10.169

Auch bei einer solchen Gesetzesinterpretation ergäben sich jedoch häufig unüberwindbare Schwierigkeiten für die Anwendung der als Anlegerschutz konzipierten Preisberechnungsvorschrift des § 400 Abs. 2 HGB, der die Beschränkung der auftragsrechtlichen Rechenschaftspflicht der Bank von dem Nachweis abhängig macht, daß der zur Zeit der Auftragsausführung bestehende Börsenpreis eingehalten worden ist. Dieser Nachweis eines marktkonformen Börsenpreises ist jedoch nur in den Fällen möglich, in denen ein zeitlich hinreichend fixierter Börsenpreis im Zeitpunkt der Weiterleitung der Händlermitteilung über die Auftragsausführung in die hausinterne Geschäftsabwicklung notiert gewesen ist. Auch nach *Koller* kann **im Interesse des Anlegerschutzes** nur in diesen Fällen die Rechenschaftspflicht der Bank eingeschränkt sein[126]. An diesen zeitlich hinreichend fixierten Börsenpreisen fehlt es jedoch regelmäßig beim

10.170

---

124 *Schlegelberger/Hefermehl,* § 406 Anh. Rn 77; *von Dalwigk zu Lichtenfels,* Das Effektenkommissionsgeschäft, 1975, S. 82, 89.
125 Großkomm. HGB/*Koller,* § 400 Rn 23.
126 Großkomm. HGB/*Koller,* § 400 Rn 24.

10. Teil: Effektengeschäft

fortlaufenden variablen Handel. Dort erfolgen die Notierungen des zuständigen Kursmaklers nur in Ausnahmefällen mit einer Zeitangabe.

c) Aufzeichnungspflichten nach dem Wertpapierhandelsgesetz

10.171 Der **kommissionsrechtliche Selbsteintritt** im Effektengeschäft erweist sich auch aus der Sicht der neuen Aufzeichnungspflichten des Wertpapierhandelsgesetzes (§ 34 WpHG) als **entbehrlich.** Danach ist u.a. der Zeitpunkt der Ausführung des Kundenauftrages zu dokumentieren. Diese Aufzeichnungspflicht gilt auch für Geschäfte, die die Bank an einer Börse als Kommissionär abschließt (§ 37 Abs. 2 S. 2 WpHG). Nach den Gesetzesmaterialien greift diese Dokumentationspflicht unabhängig davon, ob die Bank ein kommissionsrechtliches Ausführungsgeschäft oder ein Deckungsgeschäft aus Anlaß der ihr erteilten Kommissionsaufträge tätigt. In beiden Fällen besteht ein Interesse des Kunden an der ordnungsgemäßen Abwicklung des Auftrages[127].

10.172 Diese **neue Aufzeichnungspflicht als gesetzliche Verhaltenspflicht** steht nicht im Einklang mit dem Zweck des kommissionsrechtlichen Selbsteintrittsrechts, dem Kommissionär die auftragsrechtliche Rechenschaftspflicht dadurch wesentlich zu erleichtern, daß er seinem Kunden bei Reklamationen lediglich nachzuweisen braucht, den zur Zeit der Auftragsausführung bestehenden Kurs zugrunde gelegt zu haben. Angesichts der ausführlichen Aufzeichnungspflicht des Wertpapierhandelsgesetzes auch für Deckungsgeschäfte aus Anlaß eines Kommissionsauftrages stellt sich die Bank nicht wesentlich schlechter, wenn sie den Kommissionsauftrag ohne Selbsteintritt ausführt und es sodann hinsichtlich des am Markt getätigten Ausführungsgeschäfts bei der auftragsrechtlichen Rechenschaftspflicht verbleibt.

2. Ermächtigung der Bank zur Begründung einer kaufvertraglichen Beziehung

10.173 Mit Rücksicht darauf, daß die kommissionsrechtliche Interessewahrungspflicht es im Einzelfall erfordern kann, die Effektenorder nicht durch Abschluß eines entsprechenden Wertpapiergeschäfts im Markt auszuführen, erscheint eine Ermächtigung der Bank zweckdienlich, die Wertpapiere aus dem eigenen Bestand zu einem angemessenen Preis liefern bzw. dorthin übernehmen zu dürfen, wenn dies das Kundeninteresse gebietet. Diese Ermächtigung wäre daher so auszugestalten, daß die Bank befugt

---

[127] Beschlußempfehlung und Bericht des Finanzausschusses des Deutschen Bundestages, BT-Drucksache 12/7918, S. 215.

ist, eine entsprechende kaufvertragliche Rechtsbeziehung zum Effektenkunden zu begründen, so daß von einer „**Vertragsabschluß**"ermächtigung gesprochen werden kann.

Eine solche Ermächtigung hat AGB-Charakter, wenn sie für eine Vielzahl von Verträgen konzipiert wird. Nach der BGH-Rechtsprechung genügt hierfür bereits eine Mindestzahl von drei bis fünf Vertragsabschlüssen[128]. Eine solche Ermächtigung würde der Angemessenheitskontrolle nach dem AGB-Gesetz (§ 9) standhalten. Denn die Klausel würde nur in den Fällen anwendbar sein, in denen das Kundeninteresse es erfordert, die Wertpapiere zu einem angemessenen Preis aus dem eigenen Bestand der Bank zu liefern bzw. dorthin zu übernehmen. 10.174

Diese Klausel könnte freilich nur in den Fällen zum Tragen kommen, in denen für die Ausführung des Kundenauftrages kein gesetzlicher Börsenzwang besteht. Dies gilt insbesondere bei festverzinslichen Schuldverschreibungen, die Gegenstand einer Emission sind, deren Gesamtnennbetrag weniger als zwei Milliarden Deutsche Mark beträgt (§ 10 Abs. 3 BörsG). 10.175

a) Rechtsnatur der Vertragsabschlußermächtigung

Bei einer solchen Ermächtigung der Bank handelt es sich um ein **Gestaltungsrecht** der Bank, durch einseitiges konkludentes Handeln einen Kaufvertrag mit dem Kunden zustandezubringen. Ein solches Gestaltungsrecht, dessen Ausübung einen Kaufvertrag zustandekommen läßt, liegt auch den Optionsrechten des Börsenterminhandels zugrunde[129]. Nach herrschender Meinung verbirgt sich ein solches Gestaltungsrecht auch hinter dem kommissionsrechtlichen Selbsteintrittsrecht. 10.176

Nach einer **Mindermeinung** gibt dagegen der Effektenkunde zugleich mit seinem Angebot über den Abschluß eines Kommissionsgeschäfts konkludent ein zweites Angebot über den späteren Abschluß eines Kaufvertrages ab[130]. Diese Kaufofferte nimmt die Bank mit der Erklärung des Selbsteintritts an[131]. Diese Angebotstheorie erscheint jedoch rein fiktiv und unterstellt dem Kunden eine Willenserklärung, an deren Abgabe er regelmäßig überhaupt nicht denkt[132]. Eine Mitwirkung des Bankkunden kann daher bei dem späteren Zustandekommen der kaufvertraglichen 10.177

---

128 BGH WM 1984, 1610, 1611.
129 *Kümpel*, WM 1991, Sonderbeil. 1, 23, 24; *Larenz/Canaris*, Schuldrecht, Bd. II, 13. Aufl., 1994, S. 157 ff.
130 Vgl. hierzu Großkomm. HGB/*Koller*, § 400 Rn 19; *Klein* in Bankrecht und Bankpraxis, Rn 7/71.
131 *Modest*, NJW 1950, 52, 53.
132 *Canaris*, Bankvertragsrecht², Rn 1909 m.w.Nachw.; *Baumbach/Hopt*, § 405 Anm. 1.

Beziehung nicht unterstellt werden. Sodann bleibt nur die Möglichkeit, in der Vornahme des Selbsteintritts ein einseitiges Rechtsgeschäft der Bank zu sehen, das seine Grundlage in einem entsprechenden Gestaltungsrecht der Bank findet. Diese Konstruktion trägt auch dem Grundsatz Rechnung, daß zur rechtsgeschäftlichen Begründung eines Schuldverhältnisses ein Vertrag erforderlich ist (vgl. § 305 BGB). Denn das Gestaltungsrecht der Bank basiert auf einer entsprechenden Regelung in den rechtsgeschäftlich vereinbarten AGB.

10.178 Die AGB-mäßig vereinbarte Vertragsabschlußermächtigung kann wie das kommissonsrechtliche Selbsteintrittsrecht **konkludent** ausgeübt werden. Sie wird spätestens mit dem **Zugang** der über das Wertpapiergeschäft erstellten Abrechnung beim Kunden wirksam, die heute die kommissionsrechtliche Ausführungsanzeige im Sinne des § 384 Abs. 2, 1. Hs. HGB enthält[133].

10.179 Im bankmäßigen Effektengeschäft wird die konkludente Erklärung des Selbsteintritts auch in dem Abschluß eines Deckungsgeschäfts der Bank[134] oder einem Buchungsvorgang anläßlich dieses Deckungsgeschäfts erblickt[135]. Bei einer Vertragsabschlußermächtigung könnte dagegen nicht auf solche Deckungsgeschäfte abgestellt werden. Für diese Ermächtigung ist es begriffswesentlich, daß die Bank mit Rücksicht auf ihre kommissionsrechtliche Interessewahrungspflicht ein solches Geschäft am Markt nicht tätigen darf.

10.180 Bei Ausübung der Vertragsabschlußermächtigung hat die Bank zugleich einen **angemessenen Preis** zu bestimmen. Diese Ermächtigung ist daher notwendigerweise mit einem Leistungsbestimmungsrecht gemäß § 315 BGB verknüpft, wie es auch für das bisherige Eigenhändlergeschäft (Rn 10.195) allgemein bejaht worden ist[136]. Bei den Eigenhändlergeschäften hat die Bank den gegenüber den Kunden abzurechnenden Preis nach billigem Ermessen im Sinne des § 315 BGB zu bestimmen[137].

10.181 Die Ausübung eines solchen einseitigen Preisbestimmungsrechts ist aus heutiger anlegerschutzrechtlicher Sicht noch unbedenklicher, weil sie der Kontrolle der staatlichen Marktaufsicht unterworfen ist. Zu den Aufga-

---

133 BGH WM 1988, 402, 404; *Schlegelberger/Hefermehl*, § 405 Rn 15.
134 KG WM 1989, 1276, 1277; OLG Oldenburg WM 1993, 1879, 1880.
135 BGH WM 1988, 404; *Canaris*, Bankvertragsrecht², Rn 1913; Großkomm. HGB/*Koller*, § 400 Rn 19; vgl. weiter KG WM 1989, 1276, 1277 für den Fall, daß die Bank den Auftrag ohne Deckungsgeschäft aus eigenen Beständen oder durch Ausgleichung von korrespondierenden Kommissionsaufträgen (Kompensation) von Kauf- und Verkaufsaufträgen ausführt.
136 *Canaris*, Bankvertragsrecht², Rn 1947.
137 *Schneiders*, Anlegerschutz im Recht der Effenktenkommission, 1977, S. 100, 113.

ben des Bundesaufsichtsamtes für den Wertpapierhandel gehört insbesondere die Überwachung der Einhaltung der Verhaltensregeln des Wertpapierhandelsgesetzes (§§ 4 Abs. 1 S. 1, 35 Abs. 1 WpHG), wobei regelmäßig eine jährliche Prüfung des Effektengeschäfts vorgeschrieben ist (§ 36 Abs. 1 WpHG). Nach der allgemeinen Verhaltensregel des § 31 Abs. 1 Nr. 1 WpHG haben die Kreditinstitute Wertpapierdienstleistungen mit Sorgfalt und Gewissenhaftigkeit im Interesse ihrer Kunden zu erbringen. Diese Verhaltensregel verdient besondere Aufmerksamkeit in den Fällen, in denen die Bank zur Wahrung des Kundeninteresses aus dem eigenen Bestand Wertpapiere liefern oder dorthin übernehmen darf und hierbei auch einen angemessenen Preis bestimmen darf.

b) Abgrenzung zum kommissionsrechtlichen Selbsteintrittsrecht (§ 400 HGB)

Eine solche Vertragsabschlußermächtigung beinhaltet zwar ein Gestaltungsrecht wie das kommissionsrechtliche Selbsteintrittsrecht. Diese rechtskonstruktive Gemeinsamkeit bedeutet aber nicht, daß es sich bei der in Ausnahmesituationen zweckdienlichen Vertragsabschlußermächtigung der Bank um eine Variante des Selbsteintrittsrechts handelt. Denn für das **Selbsteintrittsrecht ist es typisch,** daß der Kommissionär aus Anlaß des Kundenauftrages ein Deckungsgeschäft am Markt tätigt. Der Gesetzgeber hat den Abschluß eines solchen Deckungsgeschäfts sogar als den Regelfall angesehen[138]. 10.182

Der Gesetzgeber hat deshalb dem selbsteintretenden Kommissionär ausdrücklich das Recht eingeräumt, seinem Kommittenten neben der gewöhnlichen Provision die bei Kommissionsgeschäften sonst regelmäßig vorkommenden Kosten zu berechnen (§ 403 HGB). Ohne einen solchen Anspruch auf Provision und Aufwendungsersatz könnte der selbsteintretende Kommissionär bei stabilen Marktpreisen keine Handelsgewinne machen, sondern müßte Verluste erleiden[139]. 10.183

Für die **Vertragsabschlußermächtigung** ist es dagegen **begriffswesentlich,** daß es im Unterschied zum Selbsteintrittsrecht in keinem Fall aus Anlaß des Kundenauftrages zu einem korrespondierenden Deckungsgeschäft am Markt kommen kann. Denn die Bank darf von dieser Ermächtigung nur Gebrauch machen, wenn ein Ausführungsgeschäft am Markt nicht möglich ist oder die kommissionsrechtliche Pflicht zur Interessewahrung den Abschluß eines solchen Geschäfts verbietet. Die Vertragsabschlußermächtigung setzt vielmehr voraus, daß eine interessewahrende Ausfüh- 10.184

---
138 *Schlegelberger/Hefermehl,* § 403 Rn 5.
139 Großkomm. HGB/*Koller,* § 403 Rn 1 unter Bezugnahme auf die Gesetzesmaterialien und das Schrifttum.

rung nur dadurch möglich ist, daß die Wertpapiere aus dem eigenen Handelstatbestand geliefert oder dorthin übernommen werden.

c) Kein Erfordernis eines amtlich festgestellten Marktpreises

10.185 Für eine solche AGB-mäßige Vertragsabschlußermächtigung besteht schließlich ein praktisches Bedürfnis in den Fallkonstellationen, in denen das Selbsteintrittsrecht wegen Fehlens der hierfür erforderlichen börslichen Preisfestsetzung nicht ausgeübt werden könnte. Das gesetzliche Selbsteintrittsrecht im Sinne des § 400 HGB setzt bei Kommissionsaufträgen in Wertpapieren voraus, daß für die Wertpapiere ein Börsenpreis amtlich im Sinne des § 29 Abs. 3 BörsG festgestellt wird.

10.186 Nach dieser Bestimmung ist als **Börsenpreis derjenige Preis** festzusetzen, welcher der wirklichen Geschäftslage des Handels an der Börse entspricht. Kommt eine Kursfeststellung an einer ausländischen Börse der inländischen amtlichen Feststellung gleich, so ist sie wie eine amtliche Kursfeststellung im Sinne des § 400 HGB zu behandeln[140].

10.187 Bei dem Erfordernis einer **amtlichen Preisfeststellung** für den kommissionsrechtlichen Selbsteintritt handelt es sich zwar um keine zwingende gesetzliche Regelung, die einer abweichenden rechtsgeschäftlichen Vereinbarung entgegenstünde[141]. Ein rechtsgeschäftlich mit dem Effektenkunden vereinbarter kommissionsrechtlicher Selbsteintritt ist deshalb grundsätzlich auch bei einem nicht-amtlichen Börsen- oder Marktpreis zulässig[142]. Dies setzt nach dem Schrifttum jedoch voraus, daß die nicht-amtliche Preisfeststellung „sonstwie zuverlässig beobachtet und notiert wird"[143]. Hieran wird es gerade in den Fällen fehlen, in denen eine Vertragsabschlußermächtigung zum Nutzen des Kunden ausgeübt werden könnte. Mit Rücksicht auf den gesetzlichen Börsenzwang (§ 10 Abs. 1 S. 1 BörsG) kann von einer solchen Ermächtigung ohnehin im Regelfall nur bei außerbörslich gehandelten Wertpapieren Gebrauch gemacht werden. Hier wird es nicht selten bei der Preisfeststellung an einer Verfah-

---

140 Großkomm. HGB/*Koller,* § 400 Rn 15.
141 Dies folgt aus einem Umkehrschluß aus § 402 HGB, der bei der Aufzählung der zwingenden kommissionsrechtlichen Bestimmungen den das gesetzliche Selbsteintrittsrecht begründenden Abs. 1 des § 400 HGB nicht erwähnt (*Canaris,* Bankvertragsrecht², Rn 1910).
142 Großkomm. HGB/*Koller,* § 400 Rn 68 m.w.Nachw.
143 *Baumbach/Hopt,* § 400 Anm. 2. Nach *Schlegelberger/Hefermehl,* § 406 Anh. Rn 51 bestanden gegen die bisherige generelle AGB-mäßige Vereinbarung eines Selbsteintrittsrechts der Kreditinstitute für zum amtlichen Handel zugelassene Wertpapiere Bedenken, während die Rechtsprechung und der überwiegende Teil des Schrifttums diese AGB-Regelung für unbedenklich ansah.

rensweise fehlen, die den Anforderungen des kommissionsrechtlichen Selbsteintrittsrechts entspricht.

Die **Vertragsabschlußermächtigung muß daher,** wenn sie den berechtigten Interessen der Effektenkunden weitestmöglich entsprechen soll, **auch bei Fehlen einer amtlichen Preisfeststellung** ausgeübt werden können. Der gebotene Schutz des Kunden vor einer mißbräuchlichen Ausübung dieser Ermächtigung liegt zum einen darin, daß die Bank die Beweislast dafür trägt, daß die Lieferung der Wertpapiere aus dem eigenen Bestand bzw. die Übernahme in diesen Eigenbestand zu dem von ihr bestimmten Preis dem zu wahrenden Kundeninteresse entspricht. Auch muß die Bank damit rechnen, daß die staatliche Marktaufsicht bei der jährlichen Prüfung ihres Effektengeschäfts insbesondere solche Geschäfte genauer kontrollieren wird. Dies gilt um so mehr, als die Bank die Vertragsabschlußermächtigung nur in Ausnahmesituationen unter bestimmten engen Voraussetzungen ausüben kann.

10.188

3. Abschnitt
Festpreisgeschäfte

10.189 Häufig wird zwischen Bank und Kunden schon im Verlauf des Anlagegesprächs ein Kaufvertrag über die Lieferung oder Abnahme von Wertpapieren abgeschlossen. Hier ist also kein Raum für Erteilung eines kommissionsrechtlichen Kauf- oder Verkaufsauftrages, aufgrund dessen sich die Bank um die Anschaffung oder Veräußerung von Wertpapieren (nur) zu bemühen hätte.

10.190 Solche **rein kaufvertraglichen Rechtsbeziehungen** sind streng zu unterscheiden von den Ausnahmefällen, in denen die Bank von einer Vertragsabschlußermächtigung (Rn 10.173 ff.) Gebrauch macht und hierdurch mit dem Kunden ebenfalls eine kaufvertragliche Rechtsbeziehung begründet. Für solche Ermächtigungen ist es typisch, daß sie mit der Erteilung einer Effektenorder kombiniert werden können. Hieran fehlt es jedoch, wenn Bank und Kunde wie bei den Festpreisgeschäften schon im Verlauf des Anlagegesprächs einen Kaufvertrag ohne vorgeschalteten Kommissionsauftrag abschließen.

10.191 Die **Praxis** spricht auch bei solchen Festpreisgeschäften häufig von **Effekten„aufträgen"**. Dies entspricht dem allgemeinen Sprachgebrauch, der den Begriff „Auftrag" in einem viel weiteren Sinne als die auftragsrechtlichen Bestimmungen des BGB (§§ 662 ff.) verwendet. So wird auch die Bestellung im Rahmen eines Kaufvertrages häufig als „Auftrag" bezeichnet[144].

10.192 Nach den AGB Wertpapiergeschäfte (Nr. 9 S. 1) kommen solche Kaufverträge zustande, wenn Bank und Kunde einen „festen" Preis vereinbaren, wie dies für den Kaufvertrag typisch ist. Nach der **Wohlverhaltensrichtlinie des Bundesaufsichtsamtes** für den Wertpapierhandel vom 26. 7. 1994 (Pkt. 4.3)[145] hat die Bank den Kunden über dieses Zustandekommen zu informieren. Der vereinbarte Preis hat sich regelmäßig am Marktpreis zu orientieren. Festpreisgeschäfte werden häufig beim Erwerb von Schuldverschreibungen (Rentenwerten) im sog. Tafelgeschäft der Banken abgeschlossen. Regelmäßig kommen solche **Festpreisgeschäfte** bei den im elektronischen Handelssystem XETRA einbezogenen Wertpapieren zustande, wenn das jeweilige Geschäftsvolumen die Mindestabschlußmenge des XETRA-Handels erreicht[146].

---

144 *Palandt/Sprau,* Einf. vor § 662 Rn 1.
145 Abgedruckt in *Kümpel/Ott,* Kapitalmarktrecht Kz 631/1.
146 *Kümpel,* WM 1991, Sonderbeil. 4, 22.

Mit Rücksicht auf die **Anlegerbedürfnisse** sollen Festpreisgeschäfte nach der Begründung des Regierungsentwurfs des Zweiten Finanzmarktförderungsgesetzes auch künftig zulässig bleiben[147]. Bei solchen Festpreisgeschäften ist der Kunde nicht daran interessiert, daß sich die Bank wie ein Kommissionär um die Anschaffung oder Veräußerung der Wertpapiere nur zu bemühen braucht. Denn bei der Erteilung einer Effektenorder bleibt die Unsicherheit, ob es letztlich zu dem vom Kunden gewollten Erwerb oder zu der beabsichtigten Veräußerung überhaupt kommt. In der für das Festpreisgeschäft typischen Ausgangssituation ist der Kunde vielmehr daran interessiert, daß die Bank ihm gegenüber eine feste Liefer- oder Abnahmepflicht unabhängig von einem etwaigen späteren Ausführungs- oder Deckungsgeschäft am Markt eingeht.

10.193

I. Abgrenzung zum kommissionsrechtlichen Preislimit

Diese „Festpreis"absprache ist zu unterscheiden von dem „Preislimit" bei Erteilung eines Kommissionsauftrages. Durch das Preislimit setzt der Kunde beim Kaufauftrag eine Preisobergrenze und beim Verkaufsauftrag eine Preisuntergrenze. Die Bank muß sich bei einem solchen Preislimit wegen ihrer kommissionsrechtlichen Interessewahrungspflicht um einen entsprechend günstigen Kurs bemühen. Diese Bemühungspflicht entfällt dagegen, wenn der Kunde mit der Bank einen „Festpreis" aushandelt und damit sofort einen Kaufvertrag abschließt, ohne daß ein kommissionsrechtliches Vertragsverhältnis vorgeschaltet wird. Das Festpreisgeschäft im Effektengeschäft unterscheidet sich also insoweit nicht von den Kaufverträgen außerhalb des Bankgeschäfts.

10.194

II. Abschaffung der Eigenhändlergeschäfte

Die Festpreisgeschäfte im Sinne der AGB für Wertpapiergeschäfte weichen wesentlich von den Eigenhändlergeschäften ab, wie sie in den bisherigen AGB-Klauseln für das Effektengeschäft und im Depotgesetz (§ 31) erwähnt werden. Nach Nr. 29 Abs. 2 AGB Banken a.F. war die Bank bei der Abwicklung einer Effektenorder stets als Eigenhändlerin tätig, wenn die zugrundeliegenden Wertpapiere nicht zum amtlichen Handel oder zum Geregelten Markt einer inländischen Wertpapierbörse zugelassen waren.

10.195

---

147 BT-Drucksache 12/6679, S. 69.

10.196 Auch bei den Eigenhändlergeschäften werden wie bei den Festpreisgeschäften **keine kommissionsrechtlichen**, sondern **allein kaufvertragliche Rechtsbeziehungen** zum Kunden begründet. Denn beim Abschluß des Eigenhändlergeschäfts ist nach allgemeiner Meinung das Angebot des Kunden unmittelbar auf Abschluß eines Kaufvertrages gerichtet[148]. Dementsprechend sprach die bisherige Nr. 34 AGB Banken von „Kauf- und Verkaufsangeboten" im Eigenhandel. Bei den Eigenhändlergeschäften fehlt es also an der Zweistufigkeit, wie es für das kommissionsrechtliche Selbsteintrittsrecht typisch ist. Beim Selbsteintritt kommt durch die Annahme des Kundenauftrages zunächst ein Kommissionsverhältnis im Sinne des § 383 HGB zustande, das mit der Ausübung des Selbsteintrittsrechts durch eine kaufvertragliche Beziehung überlagert wird[149].

1. Preisbestimmungsrecht der Bank

10.197 Im Unterschied zu den Festpreisgeschäften als einer neuen Geschäftsart kann jedoch die Bank beim Eigenhändlergeschäft den **Preis einseitig bestimmen**. Das Eigenhändlergeschäft ist deshalb von einem Teil des Schrifttums noch stärker als das kommissionsrechtliche Selbsteintrittsrecht kritisiert worden[150]. Dabei ist aber zu wenig berücksichtigt worden, daß dieses Preisbestimmungsrecht an die Schranken des § 315 BGB gebunden gewesen ist. Die Bank hat hiernach ein ihr zustehendes Leistungsbestimmungsrecht nach billigem Ermessen auszuüben. Im Rahmen dieser **Billigkeitsprüfung** können sodann im Einzelfall auch der Kurs des von der Bank am Markt getätigten Deckungsgeschäfts und die Durchschnittskurse des Abschlußtages des Eigenhändlergeschäfts berücksichtigt werden[151].

2. Ungewisser Vertragsabschluß

10.198 Das Eigenhändlergeschäft kommt nicht schon dadurch zustande, daß die Bank auf die das Kauf- oder Verkaufsangebot des Kunden enthaltene „Effektenorder" schweigt. Diesem Schweigen kann regelmäßig nicht die

---

148 *Canaris*, Bankvertragsrecht², Rn 1842; *Roth* in Assmann/Schütze, Handbuch des Kapitalanlagerechts, § 11 Rn 37.
149 BGH WM 1988, S. 402, 404, wonach bei einer Kommission mit Selbsteintritt grundsätzlich Kaufvertragsrecht anzuwenden ist; *Baumbach/Hopt*, § 400 Anm. 5; Großkomm.zum HGB/*Koller*, § 400 Rn 20; *Canaris*, Bankvertragsrecht², Rn 1908.
150 *von Dalwigk zu Lichtenfels*, Das Effektenkommissionsgeschäft, 1975, S. 134; *Schneiders*, Anlegerschutz im Recht der Effektenkommission, 1977, S. 111.
151 *Canaris*, Bankvertragsrecht², Rn 1945.

Bedeutung der Annahme des Angebotes des Kunden beigemessen werden. In diesem Zeitpunkt ist es häufig noch ungewiß, ob die Bank ein von ihr etwa benötigtes Deckungsgeschäft am Markt abzuschließen vermag[152]. Auch beim Eigenhändlergeschäft bleibt es daher für den Kunden wie bei Erteilung einer kommissionsrechtlichen Effektenorder zunächst ungewiß, ob es letztlich zur Durchführung des Wertpapiergeschäfts kommt.

Trifft dagegen die Bank wie bei den Festpreisgeschäften mit dem Kunden eine Preisabsprache, so liegt hierin regelmäßig auch der konkludente Abschluß eines Kaufvertrages. Denn einer solchen Preisabsprache wird im Regelfall eine Einigung über die Art und Menge der zu liefernden bzw. zu übernehmenden Wertpapiere vorausgegangen sein. Die **typische Interessenlage** bei solchen Geschäften spricht zudem dafür, daß dem Kunden an einem frühestmöglichen Zeitpunkt des Entstehens einer festen Liefer- bzw. Übernahmepflicht der Bank gelegen ist, um Gewißheit hinsichtlich der Realisierung seiner Kauf- oder Verkaufsabsicht zu erlangen.

10.199

Will dagegen die Bank bei den Festpreisgeschäften ausnahmsweise ihre Liefer- oder Übernahmepflicht von der Möglichkeit eines anschließenden Deckungsgeschäfts am Markt abhängig machen, so muß eine solche aufschiebende Bedingung (§ 158 Abs. 1 BGB) ausdrücklich vereinbart werden.

10.200

III. Aufklärungs- und Schutzpflichten der Bank beim Festpreisgeschäft

Tätigt die Bank mit dem Kunden ein Festpreisgeschäft, so beurteilt sich die Rechtsposition des Kunden nicht allein nach kaufvertraglichen Grundsätzen. Schon zu dem insoweit vergleichbaren Eigenhändlergeschäft ist ganz überwiegend die Auffassung vertreten worden, daß die Bank nicht nur ihre eigenen Interessen im Auge haben darf. Denn der dem Eigenhändlergeschäft zugrundeliegende Kaufvertrag ist **kein normaler Kaufvertrag.** Er ist vielmehr in die bankmäßige Geschäftsverbindung eingebettet und daher wesentlich durch seine bankrechtliche Komponente beeinflußt. Zwischen Bank und Kunde besteht ein Vertrauensverhältnis, das durch eine bankmäßige Geschäftsverbindung begründet wird. Schon beim bisherigen Eigenhändlergeschäft oblagen daher der Bank wesentlich stärkere Nebenpflichten und Schutzpflichten als bei einem gewöhnlichen Kaufvertrag[153].

10.201

---

152 *Canaris*, Bankvertragsrecht², Rn 1843.
153 *Canaris*, Bankvertragsrecht², Rn 1896; *Roth* in Assmann/Schütze, Handbuch des Kapitalanlagerechts, § 12 Rn 4. Nach BGH WM 1959, 999, 1001 darf die Bank bei einem Eigenhändlergeschäft grundsätzlich ihre eigenen Interessen wahrnehmen.

10.202 Diese rechtliche Beurteilung entspricht auch der gesetzlichen Regelung des Eigenhändlergeschäfts im Depotgesetz. Hiernach sind die für die Kommissionstätigkeit der Kreditinstitute geltenden Schutzbestimmungen zugunsten der Depotkunden gleichermaßen auch bei der Ausführung des Kundenauftrages im Wege eines Eigenhändlergeschäfts anwendbar (§ 31 DepG).

10.203 Das bisherige Eigenhändlergeschäft wird daher nach herrschender Meinung dem Kommissionsgeschäft auch hinsichtlich der Beratungs- und Aufklärungspflichten der Kreditinstitute gleichgestellt[154, 155]. Die **besondere Vertrauens- und Mittlerstellung der Bank** bei den Effektengeschäften ihrer Kundschaft führen also bei Abschlüssen solcher Kaufverträge zu einer Modifikation der für den normalen Kaufvertrag geltenden Regeln. Hinsichtlich der allgemeinen Verhaltens- und Schutzpflichten der Bank kommt es zu einer Annäherung an das Kommissionsgeschäft[156].

10.204 Dieselbe Beurteilung hat insoweit für die Festgeschäfte zu gelten. Auch diese sind in die bankmäßige Geschäftsverbindung eingebettet. Die Bank trifft deshalb bei den Festpreisgeschäften vergleichbare **Aufklärungs- und Schutzpflichten,** wie sie das Schrifttum schon für die Eigenhändlergeschäfte bejaht hat. Dies gilt um so mehr, als die Bank nach den allgemeinen Verhaltensregeln des Wertpapierhandelsgesetzes (§ 31 Abs. 2 Nr. 2) verpflichtet ist, ihren Kunden alle zweckdienlichen Informationen mitzuteilen. Dabei differenziert das Gesetz nicht danach, ob dem Kundenverlangen durch ein Kommissionsgeschäft oder ein Festpreisgeschäft entsprochen worden ist.

IV. Gutglaubensschutz der Bank

10.205 Kauft die Bank die Wertpapiere von einem Nichtberechtigten, so gilt ihr guter Glaube als ausgeschlossen, wenn zur Zeit der Veräußerung der Verlust des Papiers im Bundesanzeiger bekanntgemacht und seit dem Ablauf des Jahres, in dem die Veröffentlichung erfolgt ist, **nicht mehr als ein Jahr verstrichen war** (§ 367 Abs. 1 S. 1 HGB). Bei Tafelgeschäften muß die Bank, die Wertpapiere von einer ihr unbekannten Person ankauft, nach der Rechtsprechung bei verdachterregenden Umständen weitere

---

154 *Canaris*, Bankvertragsrecht[2], Rn 1896; *Roth* in Assmann/Schütze, Handbuch des Kapitalanlagerechts, § 11 Rn 37.
155 Diese Gesichtspunkte rechtfertigen es, das Eigenhändlergeschäft wie auch das an seine Stelle getretene Festpreisgeschäft dem Effektengeschäft und nicht dem Eigengeschäft (Nostrogeschäft) der Kreditinstitute zuzuordnen (*Szagunn/Haug/Ergenzinger*, KWG, 6. Aufl., 1997, § 1 Anm. 43).
156 *Canaris*, Bankvertragsrecht[2], Rn 1947.

Prüfungen der Veräußerungsbefugnis anstellen oder zumindest bis zur Veröffentlichung der nächsten Oppositionsliste im Bundesanzeiger oder in den „Wertpapier-Mitteilungen" abwarten (vgl. Nr. 17 S. 1 AGB Wertpapiergeschäfte). Zwischen dem Verlust der Wertpapiere und der Veröffentlichung der Opposition liegt nach der Rechtsprechung, selbst wenn der Verlust sofort bemerkt und die Veröffentlichung der Opposition unverzüglich veranlaßt wird, eine zeitliche Lücke, in der der wahre Eigentümer der Wertpapiere nicht völlig schutzlos sein dürfe[157].

---

157 KG WM 1994, 18, 20.

4. Abschnitt
Abwicklung von Effektengeschäften

I. Allgemeines

10.206 Gegenstand des Effektengeschäfts ist die **Anschaffung und Veräußerung** von Wertpapieren für die Effektenkunden (§ 1 Abs. 1 Nr. 4 KWG). Bei der Abwicklung der zugrundeliegenden Wertpapiergeschäfte der Kreditinstitute ist streng zu unterscheiden zwischen der Vertragsbeziehung zu ihren Effektenkunden und den Geschäften, die die Kreditinstitute zur Ausführung der Effektenorder ihrer Kunden an der Börse (Börsenhandel) oder im außerbörslichen Interbankenhandel (sog. Telefonverkehr) tätigen.

10.207 Die zwischen den Kreditinstituten im Börsenhandel getätigten Wertpapiergeschäfte werden regelmäßig von der Deutsche Börse Clearing AG als mittlerweile einziger inländischer Wertpapiersammelbank (WSB) im Sinne des Depotgesetzes (§ 1 Abs. 2) abgewickelt. Die Wertpapiersammelbank belastet für die wertpapiermäßige Belieferung das bei ihr unterhaltene Depotkonto der verkaufenden Bank und erteilt deren Kontrahenten eine entsprechende Girosammeldepotgutschrift (GS-Gutschrift) Rn 11.128.

10.208 Die **geldmäßige Regulierung** veranlaßt die Wertpapiersammelbank über Konten, die die Käufer- und Verkäuferbank bei der Landeszentralbank Hessen unterhalten. Hierzu wird der Wertpapiersammelbank von ihren Kontoinhabern eine entsprechende Verfügungsbefugnis eingeräumt, damit bei der Abwicklung der Wertpapiergeschäfte das Zug-um-Zug-Prinzip (§ 320 BGB) beachtet und so für die beteiligten Kreditinstitute das Bonitätsrisiko vermieden werden kann.

10.209 Die Abwicklung des Wertpapiergeschäfts im Verhältnis zum Effektenkunden obliegt dagegen seiner Bank. Soweit der Effektenkunde einen Kaufauftrag erteilt hat, sind hierbei die strengen Bestimmungen des Depotgesetzes (§§ 18 bis 31) für die Einkaufskommission einzuhalten. Die Anschaffung von Wertpapieren ist aus **Anlegerschutzgründen** einer ausführlichen gesetzlichen Regelung unterworfen worden. So ist auch im Interesse der Depotkunden für die Verschaffung des Eigentums an den gekauften Wertpapieren ein enger zeitlicher Rahmen vorgegeben worden.

1. Gesetzliche Lieferfrist

Die Verpflichtung der mit dem Kaufauftrag betrauten Bank (nachfolgend Depotbank), ihren Effektenkunden (nachfolgend Depotkunden) das Wertpapiereigentum innerhalb einer bestimmten Frist zu verschaffen, ist in § 18 Abs. 2 DepG geregelt. Diese Leistungspflicht kann wie auch die anderen gesetzlichen Pflichten der Kreditinstitute als Einkaufskommissionäre durch Rechtsgeschäft weder ausgeschlossen noch eingeschränkt werden (§ 28 DepG). Hat die Depotbank wie üblich ihren Verkaufskontrahenten des am Markt getätigten Wertpapiergeschäftes nicht benannt, ist dem Depotkunden nach Ausführung seiner Kauforder unverzüglich, spätestens binnen einer Woche ein Verzeichnis der gekauften Wertpapiere zu übersenden. Spätestens mit der Absendung dieses sog. Stückeverzeichnisses geht das Alleineigentum an den Wertpapieren kraft Gesetzes auf den Kunden über (§ 18 Abs. 3 DepG). Zum Schutz des Kunden soll hierdurch eine möglichst kurzfristige Verschaffung des Eigentums an den gekauften Wertpapieren gewährleistet sein und somit der Schwebezustand zwischen der Auftragsausführung und der Eigentumsübertragung verkürzt werden[158].

10.210

Diese **Wochenfrist** beginnt mit dem Ablauf des Zeitraums, innerhalb dessen sich die Depotbank nach ihrer Ausführungsanzeige die Wertpapiere „bei ordnungsgemäßem Geschäftsgang" ohne schuldhafte Verzögerung hätte beschaffen können (§ 18 Abs. 2 DepG). Die Frist beginnt also ohne Rücksicht darauf zu laufen, ob die Depotbank ihrerseits die Wertpapiere bereits erworben hat. In der Praxis hat die Depotbank ohnehin für die Lieferung selbst einzustehen, weil sie üblicherweise ihren Verkaufskontrahenten aus dem Marktgeschäft in der Ausführungsanzeige nicht namhaft gemacht hat – sog. Selbsthaftung des Kommissionärs (§ 384 Abs. 3 HGB). Dementsprechend ist in den AGB Wertpapiergeschäfte (Nr. 8) ausdrücklich klargestellt worden, daß die Bank für die ordnungsgemäße Erfüllung des Ausführungsgeschäfts durch ihren Vertragspartner haftet.

10.211

Die **gesetzliche Lieferfrist** für die Abwicklung der Wertpapiergeschäfte gilt gleichermaßen für alle Varianten der Ausführung von Effektenordern, ungeachtet dessen, welche Rechtsnatur die Geschäftsbeziehung zwischen Bank und Depotkunden im konkreten Fall hat. So schuldet die Bank bei einer Auftragsausführung als schlichter Kommissionär ohne Selbsteintritt die Lieferung der angeschafften Wertpapiere allein nach auftragsrechtlichen Grundsätzen (§ 667 BGB); hier liegt der Geschäftsbeziehung

10.212

---

158 Amtl. Begr., abgedruckt bei *Opitz*, DepG, 2. Aufl., 1955, S. 259; RGZ 104, 119, 120.

ein **gewöhnlicher Geschäftsbesorgungsvertrag** im Sinne des § 675 BGB zugrunde. Beim kommissionsrechtlichen Selbsteintritt wird dagegen die zunächst **rein kommissionsrechtliche Vertragsbeziehung** durch eine zusätzliche kaufvertragliche Rechtsbeziehung überlagert. Mit diesem Selbsteintritt wird für die Bank eine kaufrechtliche Lieferpflicht im Sinne des § 433 BGB begründet, die die auftragsrechtliche Herausgabepflicht aus dem zugrundeliegenden Geschäftsbesorgungsvertrag im Sinne des § 667 BGB verdrängt.

10.213 Diese **kaufrechtliche Lieferpflicht** besteht auch beim Abschluß des bisherigen Eigenhändlergeschäfts, bei dem zwischen Bank und Kunde ein Kaufvertrag zustande kommt, ohne daß der Kunde zunächst einen kommissionsrechtlichen Kauf- oder Verkaufsauftrag erteilt hat.

10.214 § 31 DepG bestimmt ausdrücklich, daß die Vorschriften für die Einkaufskommission (§§ 18 bis 30 DepG) sinngemäß gelten, wenn die Bank die Wertpapiere als Eigenhändler verkauft oder einen Auftrag zum Kauf von Wertpapieren im Wege des Selbsteintritts ausführt.

10.215 Eine solche kaufvertragliche Vertragsbeziehung wird schließlich auch bei den Festgeschäften im Sinne der Nr. 9 AGB-Wertpapiergeschäfte begründet. Hier übernimmt die Bank vom Kunden unmittelbar die Wertpapiere als Käuferin oder liefert die Wertpapiere als Verkäuferin an ihn. Bei der Anwendung der depotgesetzlichen Vorschriften der Einkaufskommission sind daher die Festpreisgeschäfte wie die bisherigen Eigenhändlergeschäfte zu behandeln.

2. Usancemäßiger Erfüllungszeitpunkt

10.216 Die gesetzliche Lieferfrist im Sinne des § 18 Abs. 2 DepG wird durch den usancemäßigen Erfüllungs-(Valutierungs-)Zeitpunkt wesentlich abgekürzt.

a) Zweitägige Lieferfrist als Usance des inländischen Kassahandels

10.217 Nach § 15 Abs. 2 der vereinheitlichten „Bedingungen für Geschäfte an den deutschen Wertpapierbörsen" (**Börsenusancen**) sind die im Amtlichen Markt getätigten Wertpapiergeschäfte – in der Praxis auch als Kassageschäfte bezeichnet – am zweiten Börsentag nach dem Tage des Geschäftsabschlusses abzuwickeln[159]. Die Börsenusancen gelten auch für den Geregelten Markt als zweites öffentlich-rechtlich strukturiertem Marktsegment der Wertpapierbörse. Dieser zweitägige Zeitraum wird regelmäßig

---
159 Abgedruckt in WM 1984, 76, 78.

zur technischen Vorbereitung der ordnungsgemäßen Belieferung der Wertpapiergeschäfte benötigt.

Mit dieser **kurzfristigen Geschäftsabwicklung** kann bei den Kassageschäften das **Bonitätsrisiko** des Vertragspartners weitgehend vermieden werden. Insoweit besteht ein wesentlicher Unterschied zu den Geschäften mit hinausgeschobener Valutierung und den Börsentermingeschäften, die im Unterschied zu den Kassageschäften erst zu einem späteren Zeitpunkt zu erfüllen sind.

10.218

Die Börsenusancen und damit die zweitägige Lieferfrist gelten auch für den an den Wertpapierbörsen stattfindenden **Freiverkehr**, der zwar nicht börsenrechtlich, aber faktisch in die Wertpapierbörsen integriert ist. Die Geltung der Börsenusancen ist daher auf rechtsgeschäftlichem Weg durch die sog. Richtlinien für den Freiverkehr herbeigeführt worden, wie sie von dem hierfür verantwortlichen (privatrechtlich organisierten) Gremium an der jeweiligen Wertpapierbörse aufgestellt worden sind[160]. Diese Richtlinien bestimmen, daß für den Handel in Freiverkehrswerten und für die Preisfeststellung einschließlich deren Beaufsichtigung die Regelungen des Amtlichen Marktes gelten, soweit nicht Besonderheiten zu beachten sind.

10.219

Die usancemäßige zweitägige Lieferfrist gilt schließlich auch für Wertpapiergeschäfte, die zwischen den Kreditinstituten außerhalb der Börse abgeschlossen werden. Dies bestimmt auch die frühere für den außerbörslichen Interbankenhandel geltenden „Freiverkehrsusancen" (§ 11 Abs. 1)[161]. Bei dieser Lieferfrist handelt es sich im übrigen um einen Handelsbrauch im Sinne des § 346 HGB. Danach ist bei der Interpretation eines Vertrages zwischen Kaufleuten und den sich hieraus ergebenden Leistungspflichten auf die im Handelsverkehr geltenden Gewohnheiten und Gebräuche Rücksicht zu nehmen. Hierbei handelt es sich um eine die Vertragspartner verpflichtende Regel, die wie die zweitägige Lieferfrist bei Kassageschäften auf einer gleichmäßigen, einheitlichen und freiwilligen Übung der beteiligten Kreise über einen angemessenen Zeitraum hinweg beruht[162].

10.220

---

160 Vgl. z.B. die Richtlinien für den Freiverkehr an der Frankfurter Wertpapierbörse (abgedruckt in *Kümpel/Ott*, Kapitalmarktrecht, Kz 455) und die Richtlinien für den Freiverkehr an der Bayerischen Börse (abgedruckt in WM 1988, 1247).
161 Abgedruckt in WM 1973, 1034, 1036.
162 *Baumbach/Hopt*, § 346 Anm. 1.

b) Geltung der usancemäßigen Lieferfrist im Bank-/Kundenverhältnis

10.221 Die **zweitägige Erfüllungsfrist,** wie sie die Börsenusancen ausdrücklich vorsehen und wie es dem Handelsbrauch im Wertpapierhandel zwischen den Kreditinstituten entspricht, gilt auch für die **Abwicklung der Vertragsbeziehung zwischen der Bank und ihren Effektenkunden.** Dies folgt zum einen aus den AGB-Wertpapiergeschäfte (Nr. 1 Abs. 2), die für die Kommissionsgeschäfte ausdrücklich auf die Handelsusancen hinweisen. Danach unterliegen die Ausführungsgeschäfte, die die Bank am Markt zur Ausführung von Effektenordern tätigt, den für den Wertpapierhandel am Ausführungsplatz geltenden Rechtsvorschriften und „Geschäftsbedingungen (Usancen)".

10.222 Dieselbe **Lieferfrist gilt aber auch,** wenn der Bank keine Effektenorder erteilt wird, sondern zwischen Bank und Kunde sofort ein Festpreisgeschäft im Sinne der AGB-Wertpapiergeschäfte (Nr. 9) abgeschlossen wird. Soweit sich die Bank die Wertpapiere, die sie dem Kunden im Wege eines Festpreisgeschäfts verkauft hat, noch am Markt zu beschaffen hat, muß sie auch ihrerseits die usancemäßige Lieferfrist von zwei Börsentagen akzeptieren. Im übrigen handelt es sich bei den seit Jahrzehnten auch gegenüber der Effektenkundschaft praktizierten zweitägigen Lieferfrist um eine den Verkehr beherrschende Übung und damit um eine Verkehrssitte, die bei der Auslegung von Verträgen zu berücksichtigen ist[163].

3. Lieferung gegen Zahlung

10.223 Zum **Schutz des Vertragspartners** sehen die Börsenusancen im übrigen vor, daß die Kassageschäfte Zug-um-Zug zu erfüllen sind. Nach § 15 Abs. 2 der Börsenusancen ist der Käufer bei Lieferung der Wertpapiere zur Zahlung des Gegenwertes der Wertpapiere verpflichtet, frühestens jedoch am zweiten Börsentag nach Geschäftsabschluß. Dies entspricht dem gesetzlichen Leitbild für den Leistungsaustausch bei gegenseitigen Verträgen (§ 320 BGB)[164], zu dem auch die Effektengeschäfte gehören.

10.224 Auch diese Lieferusance gilt wie die usancemäßige Lieferfrist von zwei Börsentagen in der Vertragsbeziehung der Bank zu ihren Depotkunden. Sie entspricht dem **Grundgedanken des § 320 BGB.**

---

163 Vgl. Münchener Komm. zum BGB/*Mayer-Maly,* § 157 Rn 15.
164 BGH WM 1987, 652, 654.

II. Verschaffung von Wertpapiereigentum

Soweit die Bank für den Kunden Wertpapiere anzuschaffen hat, muß sie ihm nach Maßgabe der depotgesetzlichen Bestimmungen regelmäßig Eigentum verschaffen. Hierdurch soll gewährleistet werden, daß dem Kunden eine Rechtsposition verschafft wird, die ihn gegen die Insolvenz seiner Depotbank oder gegen Vollstreckungsmaßnahmen ihrer Gläubiger sichert. Die Einhaltung dieser Gesetzesbestimmung wird im Rahmen der jährlichen Überprüfung des Effektengeschäfts überwacht; hierfür zuständig ist das Bundesaufsichtsamt für das Kreditwesen – Rn 11.375 ff. 10.225

1. Depotgesetzliche Vorgaben

Nach der Grundkonzeption des Depotgesetzes hat die Bank dem Depotkunden **Alleineigentum** an den für ihn angeschafften Wertpapieren zu verschaffen (§ 18 DepG). 10.226

a) Verschaffung von Alleineigentum

Nach der depotgesetzlichen Grundkonzeption ist es der **Regelfall,** daß dem **Kunden Alleineigentum** an bestimmten Wertpapierurkunden verschafft wird. Hierzu hat die Bank dem Kunden ein Verzeichnis der für ihn angeschafften Wertpapiere („Stücke") zu übersenden. In diesem sog. Stückeverzeichnis sind die Wertpapiere nach Gattung, Nennbetrag, Nummern oder sonstigen Bezeichnungsmerkmalen zu bezeichnen (§ 18 Abs. 1 S. 2 DepG). 10.227

Das Depotgesetz gestattet, unter bestimmten im Gesetz geregelten Voraussetzungen die Übersendung des Stückeverzeichnisses auszusetzen. Diese **Aussetzung** kommt beispielsweise in Betracht, wenn das Kreditinstitut wegen der Forderungen, die ihm aus der Auftragsausführung erwachsen sind, nicht befriedigt ist und auch keine Stundung bewilligt hat (§ 19 DepG). 10.228

Die besondere rechtliche Bedeutung des **Stückeverzeichnisses** liegt darin, daß spätestens mit seiner Absendung das Eigentum an den darin genannten Papieren kraft Gesetzes auf den Kunden übergeht (§ 18 Abs. 3 DepG). Ein zeitlich früherer Rechtserwerb ist jedoch aufgrund der bürgerlich-rechtlichen Vorschriften über den Eigentumserwerb durch Rechtsgeschäft möglich. Ein solcher Sachverhalt ist z.B. gegeben, wenn das Kreditinstitut die Wertpapiere vor Absendung des Stückeverzeichnisses zugunsten des Kunden verbucht und ihm hiervon eine Mitteilung gemacht hat, die inhaltlich nicht den Anforderungen eines Stückeverzeichnisses entspricht. 10.229

b) Verschaffung von Miteigentum

10.230 Die Bank kann sich von ihrer Verpflichtung, dem Depotkunden Alleineigentum an bestimmten Wertpapierurkunden zu verschaffen, dadurch befreien, daß sie ihm **Miteigentum** an den zum Sammelbestand gehörenden Wertpapieren verschafft – **Girosammeldepot(GS)anteile** (§ 24 Abs. 1 S. 1 DepG). Bei dieser Wertpapiersammelbank handelt es sich heute um die Deutsche Börse Clearing AG (vormals Deutsche Kassenverein AG), in die alle früheren rechtlich selbständigen deutschen Wertpapiersammelbanken verschmolzen worden sind.

10.231 Soweit dem **Depotkunden nur Miteigentum** an einem von einem Kreditinstitut gebildeten Sammelbestand (sog. Haussammeldepotanteile) verschafft wird, tritt diese Befreiung von der Pflicht zur Verschaffung von Alleineigentum nur ein, wenn der Depotkunde in jedem einzelnen Fall ausdrücklich und schriftlich zugestimmt hat (§ 24 Abs. 1 S. 2 DepG). Dieses Formerfordernis hält die Praxis regelmäßig davon ab, ihre Lieferpflicht durch eine Gutschrift von solchen Haussammeldepotanteilen zu erfüllen.

10.232 Das Recht der Bank, sich von ihrer Eigentumsverschaffungspflicht durch die Gutschrift von Girosammeldepotanteilen an den Sammelbeständen der inländischen Wertpapiersammelbank (GS-Gutschrift) zu befreien, ist nach allgemeiner Meinung als Ersetzungsbefugnis (facultas alternativa) zu qualifizieren[165]. Damit stellt die Erteilung einer GS-Gutschrift eine Leistung an Erfüllung Statt dar[166], die auch bei einer solchen im voraus eingeräumten Ersetzungsbefugnis gegeben ist[167].

10.233 Die **Qualifzierung der GS-Gutschrift** als Leistung an Erfüllung Statt entspricht nicht der Praxis, für die diese Gutschrift wegen ihrer Kosten- und Zeitersparnis der Regelfall ist, während die Verschaffung von Alleineigentum wegen der damit regelmäßig verbundenen effektiven Lieferung der Wertpapierurkunden möglichst die seltene Ausnahme bleiben soll. Deshalb erscheint die depotgesetzliche Regelung der Eigentumsverschaffung überholt.

c) Sonderregelung für Auslandsgeschäfte

10.234 Für die Auslandsgeschäfte in Wertpapieren enthält § 22 DepG eine Sonderregelung für die Eigentumsverschaffung. Danach braucht die mit der

---

165 *Canaris*, Bankvertragsrecht², Rn 1991; *Heinsius/Horn/Than*, DepG, § 24 Rn 7; *Schlegelberger/Hefermehl*, § 406 Anh. Rn 146.
166 *Heinsius/Horn/Than*, DepG, § 24 Rn 7.
167 *Palandt/Heinrichs*, § 364 Rn 1.

Anschaffung betraute Bank das Eigentum erst auf Verlangen zu verschaffen.

§ 22 DepG spricht zwar nur von der Aussetzung der Übersendung des Stückeverzeichnisses, wodurch dem Depotkunden Alleineigentum an den ihm zu liefernden Wertpapieren im Inland verschafft wird (vgl. § 18 Abs. 3 DepG). Diese Gesetzesbestimmung ist aber dahingehend auszulegen, daß eine Pflicht zur Übereignung an den Depotkunden (Kommittenten) auch nicht nach den bürgerlich- oder handelsrechtlichen Bestimmungen besteht[168]. Mit dieser gesetzlichen **Sonderregelung** sollte den Besonderheiten des für die Geschäftsabwicklung maßgeblichen ausländischen Rechts (lex cartae sitae) Rechnung getragen werden. Erfahrungsgemäß ist dem Depotkunden beim Auslandsgeschäft an einem sofortigen formalen Rechtserwerb häufig nicht gelegen[169]. Andererseits ist die Auslandsaufbewahrung mit Rücksicht auf eine etwaige spätere Veräußerung in den Fällen zweckmäßig, in denen die Wertpapiere in räumlicher Nähe zu der Heimatbörse aufbewahrt werden, damit sie usancegemäß und vor allem kostengünstiger an den Käufer geliefert werden können.

10.235

Voraussetzung für die **Anwendbarkeit** des § 22 DepG ist, daß die Wertpapiere aufgrund der Vereinbarung mit dem Kunden im Ausland angeschafft und aufbewahrt werden sollen (vgl. § 22 Abs. 1 S. 1 DepG). Diese Vereinbarung über die Anschaffung und Aufbewahrung der Wertpapiere für bestimmte Fallkonstellationen enthalten die AGB-Wertpapiergeschäfte (Nr. 12 Abs. 1, Abs. 2 S. 1).

10.236

Anstelle der bei Inlandsgeschäften erfolgenden Eigentumsverschaffung erwirbt die **inländische Depotbank** bei den Auslandsgeschäften zugunsten ihrer Depotkunden **Treuhandeigentum** an den angeschafften Wertpapieren. Im übrigen erteilt die Depotbank ihrem Kunden über den auftragsrechtlichen Herausgabeanspruch, der ihm aus diesem Treuhandverhältnis zuwächst, eine Gutschrift in Wertpapierrechnung (WR-Gutschrift).

10.237

d) Insolvenzvorrecht

Das Depotgesetz enthält im übrigen eine Schutzbestimmung für den Fall der Insolvenz der Depotbank. Hat der Kunde seine Verpflichtungen erfüllt, die Bank ihm jedoch das Eigentum noch nicht vor Insolvenzeröffnung verschafft, so kann der Kunde seine Forderungen als Bevorrechtigter aus einer Sondermasse befriedigen. Diese Sondermasse wird aus den in

10.238

---

168 *Räbel*, ZGesKredW 1960, 186, 188; *Schindelwick*, WM 1960, Sonderbeil. 10, 24.
169 *Opitz*, DepotG, 2. Aufl., 1955, S. 304; *Ziganke*, WM 1961, 227.

der Insolvenzmasse vorhandenen Wertpapieren derselben Art und aus den Ansprüchen der insolventen Bank gegen ihre Handelskontrahenten auf Lieferung solcher Wertpapiere gebildet (§ 32 DepG). Im Effektengeschäft sind daher die Depotkunden insolvenzrechtlich besser gestellt als die sonstigen Gläubiger der insolventen Bank.

10.239 Dieses insolvenzrechtliche Vorrecht gilt auch, wenn die Bank mit dem Depotkunden ein Festgeschäft getätigt oder einen Kommissionsauftrag im Wege des Selbsteintritts ausgeführt hat (§ 32 Abs. 2 DepG).

2. AGB-mäßige Erfüllungsklausel

10.240 Die AGB Wertpapiergeschäfte differenzieren entsprechend den praktischen Bedürfnissen zwischen einer **Erfüllung im Inland oder im Ausland**.

a) Anschaffung im Inland

10.241 Die Bank erfüllt Wertpapiergeschäfte stets im Inland, soweit nicht in den AGB oder aufgrund einer anderweitigen Vereinbarung mit dem Kunden die Anschaffung im Ausland vorgesehen ist (Nr. 10 AGB Wertpapiergeschäfte).

10.242 Bei einer Erfüllung im Inland erteilt die Bank dem Kunden eine GS-Gutschrift, sofern die Wertpapiere zur Girosammelverwahrung bei der inländischen Wertpapiersammelbank zugelassen sind (Nr. 11 S. 1 AGB Wertpapiergeschäfte). Nur in den Fällen, in denen die Wertpapiere nicht GS-fähig sind, wird dem Kunden Alleineigentum verschafft (Nr. 11 S. 2 AGB Wertpapiergeschäfte). Dieses von der depotgesetzlichen Regelung abweichende Regel- und Ausnahmeprinzip für die GS-Gutschrift und die Verschaffung von Alleineigentum entspricht der heutigen Lieferpraxis, die zu vermeiden sucht, daß Wertpapierurkunden zur Belieferung von Effektengeschäften körperlich bewegt werden müssen. Die weitestmögliche Inanspruchnahme des Effektengiroverkehrs wird dadurch ermöglicht, daß heute über 90% der GS-fähigen Wertpapierurkunden in den Tresoren der inländischen Wertpapiersammelbank ruhen.

b) Anschaffung im Ausland

10.243 Die AGB Wertpapiergeschäfte enthalten eine ausdrückliche Regelung über die **Anschaffung** und die sich anschließende **Verwahrung** der Wertpapiere **im Ausland.** Dies ist erforderlich, weil die Bank in den Fällen der Anschaffung im Ausland den Depotkunden kein (Mit-)Eigentum verschafft, sondern statt dessen eine WR-Gutschrift erteilt. Nach dem Depotgesetz sind die Banken von der Pflicht zur Eigentumsverschaffung aber nur befreit, wenn die tatbestandsmäßigen Voraussetzungen der für das Auslandsgeschäft geschaffenen Sonderregelungen des § 22 DepG vorliegen. Danach ist eine Vereinbarung mit dem Depotkunden erforderlich, daß die Wertpapiere im Ausland angeschafft und aufbewahrt werden sollen.

Diese Vereinbarung über die Anschaffung und Aufbewahrung im Ausland ist in Nr. 12 Abs. 1 AGB Wertpapiergeschäfte enthalten. Danach schafft die Bank die Wertpapiere im Ausland an, wenn sie einen Kaufauftrag als Kommissionärin im Ausland ausführt oder ihrem Kunden im Wege eines Festgeschäfts Wertpapiere verkauft, die im Inland weder an einer Börse noch außerbörslich gehandelt werden. 10.244

Dasselbe gilt, wenn die Wertpapiere in den Freiverkehr einer inländischen Börse einbezogen sind oder im Inland außerbörslich gehandelt, usancemäßig aber im Ausland angeschafft werden. Ein praktisches Beispiel hierfür sind ausländische Aktien, die im Freiverkehr einer inländischen Börse gehandelt, aber nach den Lieferusancen mit einer WR-Gutschrift erfüllt werden. Typisch für diese WR-Gutschriften ist, daß die zugrundeliegenden Wertpapierurkunden regelmäßig zu einem Deckungsbestand im Ausland gehören. Für die Frage, ob die Wertpapiere vereinbarungsgemäß im Ausland angeschafft werden, ist weder der Sitz der Vertragspartner des Wertpapiergeschäfts noch der Ort des Vertragsabschlusses maßgeblich. Entscheidend ist vielmehr, an welchem Ort die Wertpapiere usancemäßig dem Käufer zur Verfügung gestellt werden sollen[170]. Dies ist bei der Erteilung von WR-Gutschriften, wie sie in dem obigen Beispiel usancemäßig zur Belieferung des Wertpapiergeschäfts erteilt werden, stets der in dieser Gutschrift zu bezeichnende ausländische Staat. 10.245

Für die Frage, ob eine Erfüllung im Inland oder Ausland vorliegt, kann also nicht auf den Ort des Abschlusses des Wertpapiergeschäfts abgestellt werden. Entsprechend den Bedürfnissen der Praxis kann daher in bestimmten Fällen durchaus ein börslicher oder außerbörslicher Handel im Inland stattfinden und gleichwohl die Erfüllung der daraus resultierenden Lieferpflicht im Ausland erfolgen. 10.246

Ebensowenig ist für die Abgrenzung, ob eine Erfüllung im Inland oder im Ausland erfolgt, stets der Ort der Aufbewahrung der Wertpapierurkunden maßgeblich. So kann aufgrund der Internationalisierung der deutschen Girosammelverwahrung die deutsche Wertpapiersammelbank AG zur Abwicklung grenzüberschreitender Geschäfte Wertpapiere ihrer Girosam- 10.247

---

170 *Heinsius/Horn/Than*, DepG, § 22 Rn 9.

melbestände ausländischen Girosammelverwahrern unter bestimmten Voraussetzungen anvertrauen (vgl. § 5 Abs. 4 DepG). Den GS-Gutschriften, wie sie zur Erfüllung von Wertpapiergeschäften im Inland regelmäßig erteilt werden, können also durchaus auch Wertpapiere zugrunde liegen, die sich im Ausland befinden. Ein solcher ausländischer Aufbewahrungsort ist andererseits typisch für die WR-Gutschriften, bei denen sich die zugrundeliegenden Wertpapiere in einem von einem ausländischen Girosammelverwahrer gebildeten Sammelbestand befinden. Die generelle Zuordnung der GS-Gutschrift zu der Inlandserfüllung, wie sie in der Nr. 11 AGB Wertpapiergeschäfte unabhängig von dem Verwahrungsort der zugrundeliegenden Wertpapiere geregelt ist, ist jedoch dadurch gerechtfertigt, daß der Sammelbestand, an dem die gutgeschriebenen GS-Anteile bestehen, von der deutschen Wertpapiersammelbank und damit von einem inländischen Girosammelverwahrer gebildet wird.

10.248 Der **WR-Gutschrift** liegt dagegen ein **Sammelbestand** zugrunde, der von einem ausländischen Girosammelverwahrer gebildet worden ist. Auch in solchen ausländischen GS-Beständen können sich freilich Wertpapiere befinden, die über eine inländische Bank als Zwischenverwahrerin von der Deutsche Börse Clearing AG verwahrt werden und daher wertpapiermäßig zu deren Sammelbestand gehören.

10.249 Ein praktisches Beispiel hierfür sind die von **Euroclear, Brüssel** (Rn 11.284) und **Cedel**, Luxemburg (Rn 11.286), gebildeten Girosammelbestände gewesen, bei denen sich die auf Deutsche Mark lautenden Wertpapiere über eine inländische Bank als Zwischenverwahrerin in einem GS-Bestand der deutschen Wertpapiersammelbank befanden.

10.250 Diese **grenzüberschreitenden Girosammelbestände** der deutschen Wertpapiersammelbank wie die von ausländischen Clearingsystemen gebildeten Sammelbestände sind die unvermeidbare Konsequenz der Globalisierung der internationalen Kapitalmärkte, die zunehmend auf zeit- und kostensparende Kooperation der nationalen Girosammelverwahrer für die wertpapiermäßige Abwicklung grenzüberschreitender Wertpapiergeschäfte angewiesen sind.

3. Berührungspunkte der Geschäftsabwicklung mit dem Depotgeschäft

10.251 Verschafft die Bank ihrem Kunden zur Erfüllung ihrer Lieferverpflichtung Anteilsrechte an einem von der Wertpapiersammelbank gebildeten Girosammelbestand, so ist sie depotgeschäftliche **Zwischenverwahrerin** der diesem GS-Anteil zugrunde liegenden Wertpapiere. Mit Rücksicht auf dieses Verwahrverhältnis erteilt die Bank ihrem Kunden eine **depotmäßi-**

ge GS-Gutschrift. Diese den Regelfall bildende (Mit-)Eigentumsverschaffung wird deshalb bei der Darstellung des Depotgeschäfts erläutert. Dort wird auch die rechtliche Struktur der Girosammelverwahrung als wertpapiermäßiger Grundlage der GS-Anteile sowie des Effektengiroverkehrs dargestellt, der die stückelose Erfüllung von Lieferverpflichtungen mittels GS-Gutschriften ermöglicht.

Werden die für den Kunden im Ausland gekauften Wertpapiere wie im Regelfall auch dort verwahrt, wird dem **Kunden kein (Mit-)Eigentumsrecht** verschafft. Vielmehr erwirbt die Bank dieses (Mit-)Eigentum als Treuhänder. Hierüber erteilt die Bank ihrem Kunden depotmäßige Gutschrift in Wertpapierrechnung. Deshalb wird auch die Struktur solcher WR-Gutschriften bei der Darstellung des Depotgeschäfts im Abschnitt „Auslandsverwahrung" näher erläutert. 10.252

Mit dieser Darstellungssystematik soll der engen **Verknüpfung von Effektengeschäft und Depotgeschäft** Rechnung getragen werden. Soweit die Bank bei dem Kauf von Wertpapieren durch ihren Kunden mitwirkt, geht das in der Anschaffungsphase mit dem Kunden getätigte Kommissionsgeschäft bzw. Festpreisgeschäft im Zuge seiner Abwicklung nahtlos in eine depotgeschäftliche Vertragsbeziehung über. Dementsprechend bestimmt die für die Einkaufskommission und das Festpreisgeschäft geltende Bestimmung des Depotgesetzes (§ 29), daß die Bank bezüglich der in ihrem Besitz befindlichen, in das Eigentum oder Miteigentum des Kunden übergegangene Wertpapiere die Pflichten und Befugnisse eines Verwahrers hat. 10.253

5. Abschnitt
Weggefallene AGB-Klauseln für das Effektengeschäft

10.254 Die zu Beginn des Jahres 1995 in Kraft getretenen AGB Wertpapiergeschäfte haben die bisherigen für das Effektengeschäft geltenden AGB-Klauseln **tiefgreifend neugestaltet.** Dabei sind auch drei Regelungskomplexe entfallen, für die aus der Sicht der gesetzlichen Bestimmungen kein praktisches Bedürfnis bestand. Hierbei handelte es sich um die stillschweigende Genehmigung einer fehlerhaften Effektenabrechnung, wenn der Kunde die AGB-mäßig vorgeschriebene rechtzeitige Reklamation unterließ und sein Schweigen als heilende Genehmigung galt (I.), um den Ausschluß der Haftung der Bank bei Verkaufsaufträgen über nicht voll eingezahlte Aktien (II.) und um verbotswidrige Aufträge von Tochtergesellschaften zum Kauf von Aktien der Muttergesellschaft (III.). Mit solchen Sachverhalten können die Kreditinstitute auch künftig konfrontiert werden. Die Erwägungen, die zum Wegfall der bisherigen AGB-Klauseln führten, haben deshalb weiterhin praktische Bedeutung.

I. Wegfall der Genehmigungsfiktion bei fehlerhafter Effektenabrechnung

10.255 Die für das Effektengeschäft geltenden AGB-Klauseln stipulierten bislang nicht nur die Pflicht des Kunden, die ihm übersandten Abrechnungen über mit ihm getätigte Wertpapiergeschäfte auf ihre Richtigkeit und Vollständigkeit unverzüglich zu überprüfen und etwaige Einwendungen unverzüglich geltend zu machen. Bei nicht rechtzeitiger Beanstandung des Kunden sollte die fehlerhafte Effektenabrechnung auch als genehmigt gelten.

10.256 Dagegen galt diese **Genehmigungsfiktion** nicht für das Schweigen beim Ausbleiben einer zu erwartenden Kundenabrechnung[171]. Hiermit wurde auf das AGB-Gesetz (§ 10 Nr. 5) Rücksicht genommen, wonach der Kunde jeweils im Einzelfall auf die vorgesehene Bedeutung seines Schweigens besonders hinzuweisen ist. Ein solcher Hinweis ist technisch nur bei Erteilung einer Kundenabrechnung, nicht aber bei deren Ausbleiben möglich.

---

171 *Canaris,* Bankvertragsrecht², Rn 1933; *Kümpel,* WM 1977, 695, 703.

Diese **bisherige Genehmigungsklausel** enthielt eine fingierte Erklärung des Effektenkunden. 10.257

Im Einzelfall können aber auch die tatsächlichen Voraussetzungen für eine rechtsgeschäftliche (konkludente) Genehmigung des Kunden vorliegen[172]. 10.258

Auf diese AGB-mäßige Genehmigungsfiktion verzichten die AGB Wertpapiergeschäfte. Hierfür sprach schon, daß die Reichweite dieser AGB-Klausel höchst unklar war. Denn der Genehmigungsfiktion konnte eine unterschiedliche rechtliche Tragweite zugemessen werden. Dementsprechend hat auch die rechtliche Bewertung dieser Klausel auf Angemessenheit durch Rechtsprechung und Schrifttum zu recht unterschiedlichen Ergebnissen geführt. Insbesondere bei krassen Fehlern der Bank ist die Berufung auf die Genehmigungsfiktion nach allgemeiner Meinung unzulässig gewesen[173]. 10.259

Ein Bedürfnis für die AGB-mäßige Genehmigungsfiktion entfällt im übrigen in den Fallkonstellationen, in denen eine gesetzliche Genehmigungsfiktion zum Tragen kommt. 10.260

1. Gesetzliche Genehmigungsfiktionen

Das Schweigen des Kunden bei der Nichteinhaltung des von ihm bestimmten Preislimits gilt bereits nach § 386 Abs. 1 HGB als Genehmigung. Hier fingiert schon das Gesetz eine zustimmende Willenserklärung des Kunden. Bei Nichteinhaltung des Preislimits wiederholte die AGB-mäßige Genehmigung also nur die gesetzliche Regelung; insoweit stellte die AGB-Regelung eine rein deklaratorische Klausel dar. 10.261

Eine **AGB-mäßige Genehmigungsfiktion** ist auch bei bestimmten Fallkonstellationen entbehrlich, wenn der Wertpapierkauf für den Effektenkunden ein Handelsgeschäft darstellt. Hier kommt die gesetzliche Genehmigungsfiktion der §§ 377, 378, 381 HGB zum Tragen. Danach gelten die gelieferten Wertpapiere auch dann als genehmigt, wenn eine andere als die geordnete Wertpapiergattung oder eine andere Stückzahl geliefert worden ist. Diese gesetzliche Genehmigungsfiktion kommt freilich dann nicht zum Tragen, wenn die gelieferten Wertpapiere offensichtlich von der Effektenorder so erheblich abweichen, daß die Bank eine Genehmigung des Kunden als ausgeschlossen betrachten muß[174]. 10.262

---

172 *Canaris*, Bankvertragsrecht², Rn 1935.
173 *Canaris*, Bankvertragsrecht², Rn 1932; *Baumbach/Hopt*, (8) AGB-Banken 7 Rn 4; LG Hamburg WM 1996, 999, 1003.
174 Großkomm. HGB/*Koller*, § 386 Rn 10.

2. Konstitutive Bedeutung der Genehmigungsklausel

10.263 Die Genehmigungsklausel ist dagegen rechtskonstitutiv, wenn sie auch auf sonstige Abweichungen von der erteilten Effektenorder der Privatkunden, insbesondere hinsichtlich der Stückzahl oder der von ihnen bezeichneten Wertpapiergattung anzuwenden ist, etwa wenn die Bank X Aktien statt Y Aktien angeschafft hat. In diesen Fällen ist eine rechtsgeschäftliche Willenserklärung des Kunden erforderlich, damit das weisungswidrige Verhalten der Bank nachträglich zu einem weisungsgemäßen wird und hierdurch der Verstoß gegen die „Weisung" des Kunden nachträglich geheilt wird[175]. Rechtsprechung und Schrifttum haben daher den Anwendungsbereich der **Genehmigungsklausel** entsprechend **eingeschränkt.**

10.264 Der **BGH** hat die Klausel für unanwendbar erklärt, wenn der Kunde den Fehler aus der Effektenabrechnung nicht hat erkennen können[176]. So sei es bei ausländischen Wertpapieren, die an keiner deutschen Börse gehandelt werden, nicht Aufgabe des Kunden, nach jedem Zugang der Effektenabrechnung den aktuellen Börsenkurs selbst zu erforschen und die Abrechnung daraufhin zu überprüfen, ob der richtige Kurs berechnet worden ist. Nach Koller konnte die Genehmigungsfiktion nicht zum Tragen kommen, wenn die Bank angesichts des Ausmaßes der Abweichung von den ihr erteilten Weisungen nicht mit einer „Genehmigung" hat rechnen können[177]. Hier könne auf die dem § 378 HGB zugrundeliegende Wertungsentscheidung zurückgegriffen werden, wonach selbst einem Kaufmann bei krassen Abweichungen der Lieferung aus dem Schweigen keine rechtlichen Nachteile erwüchsen.

3. Generelle Genehmigungsfiktion als unangemessene AGB-Klausel

10.265 Bei einer den Rahmen der gesetzlichen Genehmigungsfiktion des § 386 HGB überschreitenden AGB-Klausel erscheint es unsicher, ob die darin liegende Genehmigungsfiktion unangemessen im Sinne der Generalklausel des AGB-Gesetzes (§ 9) ist. Denn für die Wirksamkeit einer AGB-mäßigen Genehmigungsfiktion ist es nach allgemeiner Meinung nicht schon ausreichend, daß eine solche AGB-Klausel entsprechend den gesetzlichen Anforderungen ausformuliert wird, wie sie § 10 Nr. 5 AGBG für **fingierte Willenserklärungen** vorschreibt und die weggefallene Nr. 32 AGB-Banken auch berücksichtigt hatte. Durch diese Gesetzesbestimmung sind vielmehr nur die Mindestvoraussetzungen für die Wirksamkeit von AGB-mäßigen Erklärungsfiktionen normiert worden.

---

175 Großkomm. HGB/*Koller*, § 385 Rn 7 m.w.Nachw.; *Schlegelberger/Hefermehl*, § 385 Rn 11.
176 WM 1990, S. 343, 344.
177 Großkomm. HGB/*Koller*, § 386 Rn 10.

5. Abschnitt: Weggefallene AGB-Klausel für das Effektengeschäft

Solche AGB-Klauseln unterliegen darüber hinaus einer **zusätzlichen Inhaltskontrolle** nach der Generalklausel des AGB-Gesetzes. Danach darf eine AGB-Klausel den Kunden nicht unangemessen benachteiligen. Dies liegt bei einer die Grenzen der gesetzlichen Genehmigungsfiktion überschreitenden Genehmigungsfiktion im Effektengeschäft nahe. Denn eine nicht weisungsgemäße Auftragsausführung begründet ein gesetzliches Zurückweisungsrecht für den Kunden, das mit Hilfe einer solchen AGB-mäßigen Genehmigungsfiktion abbedungen werden soll.

10.266

a) Genehmigung als nachträgliche Änderung des Kommissionsvertrages

Nach § 385 HGB braucht der Kunde bei einer nicht weisungsgemäßen Auftragsausführung durch die Bank das Ausführungsgeschäft „nicht für seine Rechnung gelten zu lassen". Er kann deshalb das Ausführungsgeschäft „zurückweisen". Dieses Recht zur „Zurückweisung" des Ausführungsgeschäfts ist ein eigenständiger kommissionsrechtlicher Rechtsbehelf[178]. Dieses **Zurückweisungsrecht** des Kunden entfällt, wenn er sich nachträglich mit dem weisungswidrigen Geschäft einverstanden erklärt hat.

10.267

Für diese **Einverständniserklärung** hat sich in Übereinstimmung mit der Gesetzessprache die Bezeichnung „Genehmigung" eingebürgert (vgl. § 386 Abs. 1 HGB). Die Genehmigung kann ausdrücklich oder konkludent erteilt werden[179].

10.268

Soll das gesetzliche Zurückweisungsrecht durch eine Genehmigung des Kunden ausgeschlossen werden, so bedarf es einer entsprechenden Willenserklärung des Kunden. Die Bank macht hierzu nach allgemeiner Meinung mit ihrer Ausführungsanzeige als integraler Bestandteil der Effektenabrechnung ein **Vertragsangebot,** das weisungswidrige Geschäft als weisungsgemäß abgeschlossen anzusehen. Nimmt der Bankkunde dieses Angebot an, so ist der dem Ausführungsgeschäft zugrundeliegende Kommissionsvertrag mit der Bank entsprechend geändert. Das Geschäft gilt sodann nachträglich als weisungsgemäß abgeschlossen. Nach dieser allgemein anerkannten Rechtskonstruktion liegt also der „heilenden" Genehmigung eines weisungswidrigen Ausführungsgeschäfts eine Vertragsänderung zugrunde, die nach allgemeinen Grundsätzen eines Vertrages bedarf (§ 305 BGB).

10.269

---

178 Großkomm. HGB/*Koller*, § 385 Rn 2.
179 *Schlegelberger/Hefermehl*, § 385 Rn 11; Großkomm. HGB/*Koller*, § 385 Rn 7.

b) Schutzbedürfnis des Bankkunden

10.270 Mit Rücksicht auf das Schutzbedürfnis des Kunden dürfte eine AGB-mäßige Genehmigungsfiktion, die das gesetzliche Zurückweisungsrecht als kommissionsrechtlichen Rechtsbehelf beseitigt, der Inhaltskontrolle nach dem AGB-Gesetz nicht standhalten. Dies um so mehr, als das Zurückweisungsrecht nicht nur einem wesentlichen Schutzbedürfnis des Kunden dient, sondern zugleich eine ordnungspolitische Grundentscheidung des geltenden Rechts beinhaltet. Hiernach sollen Rechtsfolgen einer Stellvertretung den Vertretenen (Kunden) nur treffen, wenn der Vertreter (Bank) im Rahmen der erteilten Weisungen tätig geworden ist. Dies gilt auch dann, wenn der Vertreter wie der Effektenkommissionär das Ausführungsgeschäft im eigenen Namen abgeschlossen und daher keine offene, sondern nur eine indirekte Stellvertretung vorgelegen hat.

10.271 Eine **zu weitgehende Genehmigungsfiktion** in den AGB dürfte also vom wesentlichen Grundgedanken der gesetzlichen Regelung abweichen und daher den Kunden im Sinne der Generalklausel des AGB-Gesetzes (§ 9 Abs. 2 Nr. 1) benachteiligen. Bei der Schaffung der AGB Wertpapiergeschäfte ist deshalb auch mit Rücksicht auf die gesetzlichen Genehmigungsfiktionen von der Fortgeltung der bisherigen Genehmigungsfiktion abgesehen worden.

II. Haftung der Bank bei Effektengeschäften in nicht voll eingezahlten Aktien

10.272 Bei nicht voll eingezahlten Aktien besteht eine **besondere Haftungssituation** für die früheren Inhaber solcher Wertpapiere. Die Gesellschaft kann später die Zahlung des ausstehenden Betrages aufgrund der mit den Aktien verknüpften Einlagepflicht verlangen. Sodann besteht das Risiko, daß die Gesellschaft den rückständigen Einlagebetrag unter bestimmten Voraussetzungen von Kunden der Bank als frühere Inhaber dieser Aktien einfordert (§ 65 AktG). Diese Rückgriffsmöglichkeit der Gesellschaft wirft eine Vielzahl von Rechtsfragen auf, wenn ein früherer Aktienerwerber solche nicht voll eingezahlten Aktien wie im Regelfall durch seine Depotbank hat veräußern lassen. Bei dieser üblichen Zwischenschaltung von Kreditinstituten stellt sich insbesondere die Frage, ob und inwieweit der frühere Aktieninhaber Zahlungsansprüche gegen seine Depotbank erwirbt, wenn er später durch die Gesellschaft auf Zahlung des rückständigen Einlagebetrages in Anspruch genommen wird.

10.273 Die für das Wertpapiergeschäft geltenden AGB-Klauseln enthielten bis zum Inkrafttreten der AGB Wertpapiergeschäfte zugunsten der Bank Haftungsregelungen, für die kein Bedürfnis mehr gesehen wurde. Für solche Verkaufsaufträge über nicht voll eingezahlte Aktien bestimmte die weggefallene Nr. 33 Abs. 1 AGB-Banken, daß die Bank keinerlei Haftung traf, wenn ihr Kunde später durch die Gesellschaft oder von einem Vormann in der Erwerberkette in Anspruch genommen wurde. Der Kunde konnte nur die Abtretung der Ansprüche aus dem Geschäft verlangen, das die Bank zur Ausführung des Kundenauftrages mit einem Dritten im Markt tätigte.

1. Schadensersatzanspruch des Effektenkunden wegen unterbliebener oder verzögerter Umschreibung der Aktien auf den Erwerber

Die weggefallene Nr. 33 Abs. 1 AGB-Banken regelte zwei rechtlich unterschiedlich zu beurteilende Sachverhalte der späteren Inanspruchnahme des Effektenkunden. In der einen Fallkategorie war die Anmeldung zur Umschreibung des Aktienbuches unterblieben. In der anderen war diese Anmeldung zwar erfolgt, aber hinausgezögert worden. Infolge dieser Verzögerung dauert die zeitlich begrenzte **Rückgriffshaftung des Effektenkunden** fort und ermöglicht so dessen spätere Inanspruchnahme.

10.274

a) Unterbliebene Registerumschreibung nach Aktienveräußerung

Nicht voll eingezahlte Aktien müssen als **Namensaktien** ausgegeben werden und sind daher im Aktienbuch der Gesellschaft einzutragen (§§ 10 Abs. 2, 67 AktG). Mit der Veräußerung der nicht voll eingezahlten Aktien wird der Erwerber Schuldner des rückständigen Einlagenbetrages (Resteinlage). Die „Einlage"pflicht ist Bestandteil des Mitgliedschaftsrechts, das infolge der Übereignung der Aktien auf den Erwerber übergegangen ist.

10.275

Schuldner der Einlagepflicht ist grundsätzlich der jeweilige Aktionär aufgrund seiner Mitgliedschaft (§§ 54 Abs. 2, 65 Abs. 1, 66 Abs. 1 AktG)[180]. Solange aber der Effektenkunde nach der Veräußerung der Wertpapiere weiterhin im Aktienbuch eingetragen bleibt, gilt er gegenüber der Gesellschaft als Aktionär und damit als Schuldner der Resteinlage (§ 67 Abs. 2 AktG). Die Gesellschaft hat daher die Resteinlage von dem Effektenkunden einzufordern, solange das Aktienbuch nicht auf den Erwerber umgeschrieben worden ist.

10.276

Diese **unterbliebene Umschreibung** des Aktienbuches (nachfolgend Registerumschreibung) ist eine der beiden Sachverhaltsvarianten, auf die sich

10.277

---
180 Kölner Komm. zum AktG/*Lutter*, § 54 Rn 6.

die weggefallene Nr. 33 Abs. 1 AGB-Banken bezog. Zur Vermeidung dieser Haftung aufgrund Registereintragung hat der Effektenkunde ein berechtigtes Interesse an der Umschreibung des Registers. Aus der Sicht der Angemessenheitskontrolle von AGB-Klauseln (§ 9 AGBG) stellte sich daher die Frage, ob sich die Depotbank von jeglicher Haftung für diese Registerumschreibung freizeichnen kann, weil dem Kundeninteresse auf anderem Weg angemessener Rechnung getragen werden kann.

b) Zeitlich verlängerte Regreßhaftung des Effektenkunden infolge verzögerter Registerumschreibung

10.278 Selbst wenn das Aktienbuch auf den Erwerber umgeschrieben wird, kann es zu einer nachrangigen Haftung des Effektenkunden kommen, wenn der eingetragene Aktionär infolge nicht rechtzeitiger Zahlung der eingeforderten Resteinlage ausgeschlossen wird (§ 64 Abs. 1 AktG). Dieser Ausschluß des säumigen Aktionärs eröffnet der Gesellschaft sodann die Möglichkeit, die Resteinlage unter bestimmten Voraussetzungen von jedem zuvor eingetragenen Aktionär (nachfolgend Vormann) im Wege des Rückgriffs einzufordern[181] (§ 65 Abs. 1 AktG). Hierdurch besteht für jeden Effektenkunden, der nicht voll eingezahlte Aktien erwirbt, grundsätzlich das Risiko, nach Veräußerung der Wertpapiere von der Gesellschaft auf Zahlung des rückständigen Einlagebetrages in Anspruch genommen zu werden.

10.279 An diese **potentielle Regreßhaftung der Vormänner** nach Ausschluß des säumigen Aktionärs knüpfte die zweite Tatbestandsvariante der Nr. 33 Abs. 1 AGB-Banken an. Dabei sollte jedoch nur die besondere Fallkonstellation geregelt werden, daß die Gesellschaft nicht den – aus dem Register ausgetragenen – Effektenkunden, sondern einen seiner Vormänner auf die Resteinlage in Anspruch nimmt und sich dieser Vormann anschließend bei den Effektenkunden schadlos hält. Denn aus der Sicht des von der Gesellschaft in Anspruch genommenen Vormannes haftet der Effekten-

---

181 Diese Rückgriffshaftung trifft nur „im Aktienbuch verzeichnete Vormänner" (vgl. § 65 Abs. 1 Satz 1 AktG). Im Aktienbuch nicht eingetragene Zwischenerwerber der Aktien haften also nicht (*Geßler/Hefermehl/Bungeroth*, § 65 Rn 12; Kölner Komm. zum AktG/*Lutter*, § 65 Rn 9, § 67 Rn 27). Mit dieser Gesetzesbestimmung wird ein gesetzliches Schuldverhältnis zwischen AG und den haftenden Vormännern statuiert (Kölner Komm. zum AktG/*Lutter*, § 65 Rn 6). Dieses tritt neben die Einlagenforderung aus § 54 AktG, deren Schuldner nur der als Aktionär im Aktienbuch Eingetragene ist – §§ 54 Abs. 2, 65 Abs. 1, 66 Abs. 1, 67 Abs. 2 AktG (Kölner Komm. zum AktG/*Lutter*, § 54 Rn 6).

kunde als späterer Erwerber der nicht voll eingezahlten Aktien und damit als Nachmann vorrangig.

aa) Grundsätze der zeitlichen Rangfolge der Regreßhaftung

Diese zeitliche Abfolge der Inanspruchnahme, bei der der Effektenkunde von einem seiner Vormänner, nicht aber von der Gesellschaft in Anspruch genommen wird, erscheint auf den ersten Blick schwer nachvollziehbar. Denn für die aktienrechtliche Rückgriffshaftung gilt grundsätzlich eine zeitliche Rangfolge; der „jüngere" Vormann (Effektenkunde) haftet der Gesellschaft vor dem „älteren" Vormann. Die Gesellschaft kann sich also nicht etwa den potentesten Schuldner aus dem Kreis der Vormänner auswählen. Im Regelfall kann die Gesellschaft deshalb regelmäßig nur den unmittelbaren Vormann des ausgeschlossenen Aktionärs in Anspruch nehmen. Die Rückgriffsforderungen der Gesellschaft gegen die Vormänner des ausgeschlossenen Aktionärs sind also „stufenweise hintereinandergeschaltet"[182].

10.280

Dieser sog. **Stufenregreß**[183] unterscheidet sich vom sog. **Sprungregreß** beim nicht eingelösten Wechsel oder Scheck, dessen Inhaber jeden beliebigen Vormann oder mehrere oder auch alle gemeinsam als Gesamtschuldner in Anspruch nehmen kann (Art. 47 Abs. 2 WG, 44 Abs. 2 SchG)[184]. Der aktienrechtliche Stufenregreß begründet dagegen „vorrangige" Schuldnerstellungen in der zeitlichen Reihenfolge der Eintragungen im Aktienbuch[185], die die AG grundsätzlich zu beachten hat.

10.281

bb) Abweichende Inanspruchnahme bei Zahlungsunfähigkeit eines Vormannes

Ausnahmsweise ist die Gesellschaft jedoch befugt, nicht nur den unmittelbaren Vormann des ausgeschlossenen Aktionärs, sondern jeden weite-

10.282

---

182 *Geßler/Hefermehl/Bungeroth*, § 65 Rn 39. Ist die AG selbst der nächste Vormann, so schließt sie die weiteren Vormänner von jeder Haftung durch Konfusion aus, weil hier Gläubiger und Schuldner der Rückgriffsforderung in Gestalt der AG identisch sind (Kölner Komm. zum AktG/*Lutter*, § 65 Rn 12 m.w.Nachw.).
183 Kölner Komm. zum AktG/*Lutter*, § 65 Rn 12; *Baumbach/Hueck*, AktG, 13. Aufl., 1968, § 65 Rn 4. Diese gesetzliche Regelung der Rückgriffnahme wird auch als „Staffelregreß" bezeichnet (Großkomm. AktG/*Barz*, § 65 Anm. 5).
184 Vgl. die gleichlautende Fassung dieser beiden Gesetzesbestimmungen: „Der Inhaber kann jeden (d.h. Wechselschuldner/Scheckverpflichteten) einzeln oder mehrere oder alle zusammen in Anspruch nehmen, ohne an die Reihenfolge gebunden zu sein, in der sie sich verpflichtet haben".
185 *Geßler/Hefermehl/Bungeroth*, § 65 Rn 56; Kölner Komm. zum AktG/*Lutter*, § 65 Rn 31.

ren Vormann in Anspruch zu nehmen. Diese **Ausnahme** von dem gesetzlich vorgeschriebenen **Stufenregreß** ist gegeben, wenn die an sich vorrangig haftenden Vormänner des ausgeschlossenen Aktionärs zahlungsunfähig sind (vgl. § 65 Abs. 1 AktG)[186]. Diese Zahlungsunfähigkeit wird kraft Gesetzes bereits vermutet, wenn die gemäß dem Stufenregreß zunächst in Anspruch genommenen Vormänner die Resteinlage nicht innerhalb eines Monats seit der Zahlungsaufforderung durch die Gesellschaft gezahlt haben (vgl. § 65 Abs. 1 S. 3 AktG).

10.283   Hat also der Effektenkunde als vorrangig haftender Vormann die von der Gesellschaft eingeforderte Resteinlage nicht rechtzeitig gezahlt und wird daher seine Zahlungsunfähigkeit vermutet, so kann die Gesellschaft bei dessen Vormann Rückgriff nehmen. Dieser Vormann kann sodann seinerseits wiederum den Effektenkunden als seinen ihm gegenüber vorrangig haftenden Nachmann in Anspruch nehmen. Bei dieser Fallkonstellation handelte es sich um die zweite Tatbestandsvariante der weggefallenen Nr. 33 Abs. 1 AGB Banken, die auch die Inanspruchnahme des Effektenkunden durch einen solchen Vormann regelte, der den rückständigen Einlagenbetrag an die Gesellschaft zahlen mußte, obwohl aus seiner Sicht der Effektenkunde hierfür vorrangig haftete.

10.284   Über diesen gesetzlich angeordneten Stufenregreß darf sich zwar die Gesellschaft bei Zahlungsunfähigkeit eines ihr vorrangig haftenden Vormannes hinwegsetzen. Im Innenverhältnis zwischen zahlendem Vormann und seinen Nachmännern bleibt aber diese Rangordnung unangetastet. Denn die wirkliche oder nur vermutete Zahlungsunfähigkeit der Nachmänner beseitigt nicht deren Zahlungspflicht gegenüber der Gesellschaft[187]. Ungeachtet der zeitlichen Rangordnung der Rückgriffsforderungen können daher der Gesellschaft gleichzeitig gegen mehrere Vormänner eine Rückgriffsforderungen zustehen[188]. Mit Rücksicht auf die gesetzlich bestimmte Rangordnung der Rückgriffsverbindlichkeiten ist aber bei einer solchen Mehrheit von Rückgriffsschuldnern im Innenverhältnis Alleinschuldner jeweils der Nachmann gegenüber allen seinen Vormännern[189]. Jeder in Anspruch genommene Vormann kann daher seinerseits wieder voll von seinen Nachmännern, nicht aber von einem Vormann Erstattung der gezahlten Resteinlage verlangen[190].

---

186 *Geßler/Hefermehl/Bungeroth,* § 65 Rn 39.
187 *Geßler/Hefermehl/Bungeroth,* § 65 Rn 39; Kölner Komm. zum AktG/*Lutter,* § 65 Rn 31.
188 *Geßler/Hefermehl/Bungeroth,* § 65 Rn 39.
189 Kölner Komm. zum AktG/*Lutter,* § 65 Rn 31.
190 Kölner Komm. zum AktG/*Lutter,* § 65 Rn 31.

cc) Zeitlich begrenzte Regreßhaftung des Effektenkunden

Die Rückgriffshaftung des Effektenkunden ist jedoch zeitlich begrenzt. 10.285
Die Zahlungspflicht jedes Vormannes besteht nur für solche Beträge, die
binnen zweier Jahre seit Anmeldung der Aktienübertragung zur Registerumschreibung von der Gesellschaft eingefordert werden (§§ 65 Abs. 2, 63
Abs. 1 AktG).

Dabei ist für den **Fristbeginn** nicht erst die Registerumschreibung, sondern schon 10.286
der Tag der Anmeldung des Eigentumüberganges bei der Gesellschaft maßgeblich
(§ 65 Abs. 2 AktG). Der ausgeschiedene Aktionär soll vor zeitlichen Risiken aus
dem Gefahrenbereich der Gesellschaft insbesondere wegen großen Arbeitsanfalls
oder Verschleppung der Umschreibungsanträge geschützt werden[191].

Erfolgt die **Einforderung der Resteinlage** erst nach Ablauf der Zweijahresfrist, kann der ausgeschiedene Aktionär nicht mehr zum Regreßschuldner 10.287
werden[192].

Mit Rücksicht auf diesen **haftungsbefreienden Fristablauf** muß der Effektenkunde daran interessiert sein, daß der Aktienverkauf zwecks Register- 10.288
umschreibung unverzüglich bei der Gesellschaft angemeldet wird[193]. Eine
verzögerte Anmeldung schädigt den Effektenkunden, wenn hierdurch die
Zweijahresfrist erst so spät zu laufen begonnen hatte, daß die Einforderung der Resteinlage durch die Gesellschaft noch vor Fristablauf und
damit vor Wegfall der Rückgriffshaftung des Effektenkunden erfolgt ist.
Der Effektenkunde ist also nicht nur an der Registerumschreibung als
solcher interessiert. Diese Umschreibung des Aktienbuches sollte auch
schnellstmöglich erfolgen, damit seine auf zwei Jahre befristete potentielle Rückgriffshaftung zum frühestmöglichen Zeitpunkt erlischt.

c) Berücksichtigung des Interesses des Effektenkunden durch die Usancen des Wertpapierhandels

Das Interesse des Effektenkunden an einer **schnellstmöglichen Register-** 10.289
umschreibung wird jedoch bereits durch die Usancen des inländischen
börslichen und außerbörslichen Wertpapierhandels angemessen berück-

---

191 Kölner Komm. zum AktG/*Lutter*, § 65 Rn 27.
192 Kölner Komm. zum AktG/*Lutter*, § 65 Rn 26. Von diesem haftungseliminierenden Fristablauf ist die Verjährung einer Rückgriffsforderung zu unterscheiden. Sie richtet sich nach den allgemeinen Verjährungsfristen und beträgt daher 30 Jahre (*Geßler/Hefermehl/Bungeroth*, § 65 Rn 23; Kölner Komm. zum AktG/*Lutter*, § 65 Rn 25).
193 Großkomm. AktG/*Barz*, § 68 Anm. 18; Kölner Komm. zum AktG/*Lutter*, § 68 Rn 54; *Geßler/Hefermehl/Bungeroth*, § 68 Rn 172.

sichtigt. Erleidet der Kunde durch die Inanspruchnahme seitens der Gesellschaft einen Schaden, weil die Registerumschreibung unterblieb oder nur mit einer schuldhaften Verzögerung erfolgte, so erwächst ihm ein entsprechender Schadensersatzanspruch gegen den Käufer der Aktien. Nach den einheitlichen Bedingungen für Geschäfte an den deutschen Wertpapierbörsen (Börsenusancen)[194] wie auch den Freiverkehrsusancen für den außerbörslichen Handel[195] ist die Bank, die bei dem im börslichen oder außerbörslichen Handel getätigten Wertpapiergeschäft als Käufer aufgetreten ist (nachfolgend Käuferbank), zur kurzfristigen Anmeldung des Veräußerungsvorganges bei der Gesellschaft verpflichtet, damit das Aktienbuch auf den Erwerber baldestmöglich umgeschrieben werden kann.

10.290 Dieser Erwerber ist die Käuferbank selbst, wenn sie Aktien für eigene Rechnung erworben hat. Anderenfalls ist Erwerber ihr Depotkunde, für den sie die noch nicht voll eingezahlten Aktien anzuschaffen hatte.

10.291 § 27 Abs. 1 und 4 der Börsenusancen hat diese **Anmeldepflicht der Käuferbank** wie folgt ausgestaltet:

10.292 „Betrifft ein Geschäft nicht voll eingezahlte Aktien, hat der Käufer (Käuferbank) innerhalb von zehn Börsentagen nach Lieferung dem Verkäufer nachzuweisen, daß er die Umschreibung auf den neuen Aktionär bei der Gesellschaft beantragt hat. Kommt der Käufer dieser Pflicht nicht nach, kann der Verkäufer von ihm Sicherheitsleistung in Höhe der noch nicht geleisteten Einzahlung verlangen. Auch bei rechtzeitiger Antragstellung hat der Käufer dem Verkäufer auf dessen Verlangen Sicherheit zu leisten, wenn die Aktien nicht innerhalb von acht Wochen nach Lieferung auf den neuen Aktionär umgeschrieben worden sind. Die Kosten der Umschreibung hat der Käufer zu tragen."

10.293 Mit dieser Verknüpfung eines engen Zeitrahmens für die Anmeldung zur Registerumschreibung und Sicherheitsleistung soll dem Interesse des

---

194 Abgedruckt in WM 1984, S. 76 ff. Diese Handelsusancen gelten auch für die Geschäfte im Geregelten Markt und im Freiverkehr an den Börsen. Vgl. z.B. § 13 Abs. 1 der Richtlinie für den Freiverkehr an der Frankfurter Wertpapierbörse vom 28. 4. 1998, abgedruckt in *Kümpel/Ott*, Kapitalmarktrecht, Kz 455.

195 Eine den Börsenusancen vergleichbare Regelung enthielten die Freiverkehrsusancen, die auf alle Wertpapiergeschäfte anwendbar sind, für die die Handelsusancen der Wertpapierbörsen nicht gelten (vgl. § 1 Freiverkehrsusancen, abgedruckt in WM 1973, S. 1034 ff.). Der Verkäufer konnte hiernach sogar Sicherheitsleistung vom Käufer verlangen, wenn die Registerumschreibung nicht innerhalb von sechs Wochen nach Lieferung der Aktien erfolgt ist (§ 13 Abs. 6 Freiverkehrsusancen).

Verkäufers an einer unverzüglichen Anmeldung zur Registerumschreibung Rechnung getragen werden, damit die zweijährige Ausschlußfrist für die (potentielle) Rückgriffshaftung des Verkäufers zum frühestmöglichen Zeitpunkt zu laufen beginnt[196].

Neben dieser usancemäßigen Anmeldepflicht der Käuferbank ist auch deren **Depotkunde als Erwerber** zur Veranlassung der Registerumschreibung verpflichtet[197]. Diese Anmeldepflicht des Erwerbers folgt aus dem offensichtlichen Interesse des Veräußerers, seine potentielle Rückgriffshaftung für die restliche Einlage durch eine unverzügliche Anmeldung, mit der die zweijährige haftungseliminierende Ausschlußfrist zu laufen beginnt, möglichst zu beschränken[198].

10.294

Die Rechtsposition des Effektenkunden als Verkäufer wird im übrigen noch dadurch verstärkt, daß er nicht auf die Anmeldung durch die Käuferbank angewiesen ist, sondern die Registerumschreibung notfalls **selbst initiieren** kann. Auch dieses eigenständige Anmelderecht des Effektenkunden läßt sich aus seinem Risiko ableiten, bis zur Registerumschreibung wegen der Resteinlage von der Gesellschaft in Anspruch genommen werden zu können[199]. Bei der Anmeldung durch den Verkäufer hat der Erwerber mitzuwirken[200]. Denn nach dem Aktiengesetz (§ 68 Abs. 3) sind für die Registerumschreibung die Aktienurkunden vorzulegen, die wegen der usancemäßigen kurzfristigen Abwicklung der marktmäßigen Wertpapiergeschäfte kurzfristig in den Besitz des Erwerbers gelangen[201].

10.295

Eine solche **Mitwirkung des Erwerbers** erfordert regelmäßig, daß dieser zunächst von seiner Bank (Käuferbank) benannt wird. Hierdurch dürfte die Käuferbank aber nicht gegen das Bankgeheimnis verstoßen. Denn der Erwerber ist ohnehin gegenüber dem Veräußerer zur Mitwirkung bei der Registerumschreibung verpflichtet. Die Käuferbank hat zudem ein überwiegendes Eigeninteresse an der Benennung des Erwerbers, um sich nicht wegen Verletzung ihrer unsancemäßigen Anmeldepflicht schadensersatzpflichtig zu machen. Bei einem solchen überwiegenden Ei-

10.296

---

196 Großkomm. AktG/*Barz*, § 68 Rn 18; *Geßler/Hefermehl/Bungeroth*, § 68 Rn 172; Kölner Komm. zum AktG/*Lutter*, § 68 Rn 54.
197 *Geßler/Hefermehl/Bungeroth*, § 68 Rn 177; Großkomm. AktG/*Barz*, § 68 Anm. 18.
198 Großkomm. AktG/*Barz*, § 68 Anm. 18.
199 Kölner Komm. zum AktG/*Lutter*, § 68 Rn 54; *Geßler/Hefermehl/Bungeroth*, § 68 Rn 172; Großkomm. AktG/*Barz*, § 68 Anm. 18.
200 Kölner Komm. zum AktG/*Lutter*, § 68 Rn 54. Diese Mitwirkungspflicht folgt als ein Minus aus der umfassenderen Anmeldepflicht des Erwerbers.
201 Großkomm. AktG/*Barz*, § 68 Anm. 18; *Geßler/Hefermehl/Bungeroth*, § 68 Rn 177.

geninteresse darf die Bank nach allgemeiner Meinung unter das Bankgeheimnis fallende Tatsachen (hier Kundennamen) offenlegen[202].

d) Drittschadensliquidation durch die Verkäuferbank

10.297 Wird der **Effektenkunde** infolge der verzögerten Veranlassung der Registerumschreibung später auf die Resteinlage **in Anspruch genommen,** so kann er diesen Schaden **nicht** bei der Verkäuferbank als seiner Depotbank geltend machen. Denn nach den Börsenusancen, die nach den AGB Wertpapiergeschäfte (Nr. 1 Abs. 2) auch im Verhältnis der Verkäuferbank zu ihrem Effektenkunden gelten, obliegt die Pflicht zur Veranlassung der Registerumschreibung der Käuferbank als ihrem Vertragspartner des am Markt getätigten Wertpapiergeschäfts. Handelt die Verkäuferbank entsprechend den AGB Wertpapiergeschäfte (Nr. 1 Abs. 1) als Kommissionär, so hat sie nur die Stellung eines Beauftragten und nicht die eines Käufers.

10.298 Dagegen hat die Verkäuferbank wegen Verletzung einer eigenen Anmeldepflicht ihrem Effektenkunden Schadensersatz zu leisten, wenn sie ausnahmsweise gegenüber ihrem Kunden als Käufer aufgetreten ist, wie dies beim Festpreisgeschäft – Rn 10.189 ff. – der Fall ist. Hier kann sich aber die Verkäuferbank wiederum bei der Käuferbank als ihrem Vertragspartner des am Markt getätigten Wertpapiergeschäfts schadlos halten. Denn die Käuferbank ist als Kaufkontrahent des Marktgeschäfts usancemäßig zu einer unverzüglichen Anmeldung der Registerumschreibung gegenüber der Verkäuferbank verpflichtet.

10.299 Es ist auch **sachgemäß,** daß die Verkäuferbank als Kommissionärin ihrer Effektenkunden nicht selbst zur Anmeldung der Registerumschreibung verpflichtet ist. Denn eine Anmeldung durch die Verkäuferbank wäre unpraktisch. Der Verkäuferbank ist regelmäßig der Name des Erwerbers unbekannt. Sie kann nicht erkennen, ob ihr Kaufkontrahent die Aktien für den Eigenbestand gekauft hat oder als Einkaufskommissionär eines Depotkunden gehandelt hat. Hinzu kommt, daß die Verkäuferbank auch den für die Anmeldung erforderlichen Besitz an den Aktienurkunden verliert, der am zweiten Börsentag nach Geschäftsabschluß auf die Käuferbank zu übertragen ist.

10.300 Hat die Käuferbank ihre usancemäßige Pflicht zur unverzüglichen Veranlassung der Registerumschreibung verletzt, so kann die Verkäuferbank den Schaden ihres Effektenkunden im Wege der Drittschadensliquidation geltend machen.

---

202 *Canaris,* Bankvertragsrecht[3], Rn 62; *Sichtermann/Feuerborn/Kirchherr,* Bankgeheimnis und Bankauskunft in der Bundesrepublik Deutschland sowie in wichtigen ausländischen Staaten, 3. Aufl., 1984, S. 180; *Baumbach/Hopt,* (7) BankGesch. Rn A/10.

Rechtsprechung und Lehre lassen beim **Auseinanderfallen von Gläubigerstellung** (Vertragsposition der Verkäuferbank) **und geschütztem Interesse** (Interesse des Effektenkunden) eine solche Schadensliquidation zu[203].

10.301

Ein **häufiger Anwendungsfall** für diese Schadensliquidation ist gegeben, wenn ein mittelbarer Stellvertreter für fremde Rechnung einen Vertrag schließt, wie dies insbesondere für Kommissionäre gilt[204].

10.302

e) Nichtübertragbarkeit des Schadensersatzanspruches wegen verspäteter Registerumschreibung

Sofern die Verkäuferbank den Schaden ihres Effektenkunden nicht selbst im Wege der Drittschadensliquidation geltend machen will, müßte sie diesen Schadensanspruch aus dem kommissionsrechtlichen Ausführungsgeschäft ihrem Effektenkunden nach **auftragsrechtlichen Grundsätzen abtreten** (§ 667 BGB). Einer solchen Abtretung stehen hier jedoch die Börsenusancen entgegen. Danach sind Forderungen und Rechte aus Börsengeschäften nur an solche Unternehmen abtretbar, die zum Börsenhandel zugelassen sind[205].

10.303

Der verkaufende Effektenkunde hat jedoch **regelmäßig kein Interesse** an einer solchen Abtretung des Schadensersatzanspruches seiner Depotbank gegen die Käuferbank. Denn der Effektenkunde kann darauf vertrauen, daß die Käuferbank ihrer usancemäßigen Anmeldepflicht nachkommt. Hierfür spricht nicht nur das Risiko der Käuferbank, bei einer unterlassenen oder verzögerten Registerumschreibung Schadensersatz leisten zu müssen. Zudem müßte eine säumige Käuferbank beim Ableben des Erwerbers den Erben für die von ihr verzögerte Registerumschreibung ermitteln. Schließlich muß die Käuferbank mit einer Beanstandung des Bundesaufsichtsamtes für den Wertpapierhandel rechnen, wenn sie ihrer usancemäßigen Anmeldepflicht nicht entspricht.

10.304

Ein Schaden der Effektenkunden aus einer unterlassenen oder verzögerten Registerumschreibung dürfte daher die seltene Ausnahme sein. Damit

10.305

---

203 Vgl. BGHZ 40, 91, 100; 51, 91, 93, wonach eine Vertragspartei unter bestimmten Voraussetzungen berechtigt ist, den Schaden eines Dritten als eigenen Schaden geltend zu machen. Hierher gehören insbesondere die Fälle, in denen der aus dem Vertrage Berechtigte und der Träger des durch den Vertrag geschützten Interesses verschiedene Personen sind, wie dies vor allem für die Fälle der mittelbaren Stellvertretung gilt. Aus dieser Interessenverlagerung soll der Schädiger keinen Vorteil ziehen dürfen (*Palandt/Heinrichs*, Vorbem. v. § 249 Rn 112).
204 *Palandt/Heinrichs*, Vorbem. v. § 249 Rn 115.
205 Abgedruckt in WM 1984, 79.

fehlte es an einem praktischen Bedürfnis für die weggefallene AGB-Klausel.

2. Kein Haftungsrisiko der Bank bei unverzüglicher Registerumschreibung

10.306 Ist das Aktienbuch usancemäßig auf den Erwerber umgeschrieben worden und entfällt damit ein Schadensersatzanspruch des Effektenkunden wegen Verletzung der vertraglichen Pflicht zur unverzüglichen Veranlassung der Registerumschreibung, so stellt sich wegen der Mitwirkung der Bank bei einer späteren Veräußerung der Aktien gleichwohl die Frage, ob der Effektenkunde von seiner Bank die Erstattung der gezahlten rückständigen Einlagenbeträge verlangen kann, wenn er nach Veräußerung der Aktien von der Gesellschaft in Anspruch genommen worden ist, weil seine Nachmänner diese rückständigen Einlagebeträge nicht gezahlt haben und damit die gesetzlichen Voraussetzungen seiner Inanspruchnahme durch die Gesellschaft gegeben waren. Bei dieser zweiten Tatbestandsvariante der weggefallenen Nr. 33 Abs. 1 AGB Banken wird der Effektenkunde also von der Gesellschaft und nicht wie in der ersten Tatbestandsvariante von einem Vormann in Anspruch genommen.

10.307 Ein solcher **Erstattungsanspruch des Effektenkunden** gegen seine Bank könnte sich wiederum aus der gesetzlichen **Rangordnung** der Rückgriffsforderungen gegen die Vormänner des säumigen Aktionärs ergeben. Nimmt die Gesellschaft einen „älteren" Vormann (hier der Effektenkunde) wegen wirklicher oder gesetzlich vermuteter Zahlungsunfähigkeit der „jüngeren" Vormänner in Anspruch, so kann der Effektenkunde mit Rücksicht auf die Rangfolge der Rückgriffsverbindlichkeiten die volle Erstattung von seinen Nachmännern verlangen, zu denen auch seine Depotbank gehören könnte, weil sie mit der späteren Veräußerung der noch nicht voll eingezahlten Aktien beauftragt war.

10.308 Aus der Sicht der Rechtsprechung und des Schrifttums könnten für einen etwaigen Erstattungsanspruch des nur nachrangig haftenden Effektenkunden gegen seine Bank **vier Anspruchsgrundlagen** in Betracht kommen: (1) Erstattungsanspruch aus der Vertragsbeziehung zwischen Effektenkunde und seiner Bank, (2) Aufwendungserstattungsanspruch aus Geschäftsführung ohne Auftrag (§§ 687, 670 BGB), (3) Bereicherungsanspruch (§ 812 BGB) und (4) die Ausgleichspflicht von Gesamtschuldnern (§ 426 Abs. 1 BGB). Bei jeder dieser Anspruchsgrundlagen stellt sich die Frage, ob deren rechtstatsächliche Voraussetzungen im Verhältnis des Effektenkunden zu seiner Bank gegeben sind.

a) Kein Erstattungsanspruch der Depotkunden aus der Vertragsbeziehung zur Bank

Nach dem Schrifttum hat der Vormann (Effektenkunde) regelmäßig einen Erstattungsanspruch gegen seinen Nachmann (Depotbank) schon aufgrund der zu ihm bestehenden Vertragsbeziehung[206]. Nachmann im Sinne einer solchen **vertraglichen Erstattungspflicht** kann aber nur derjenige sein, der zumindest die Aktien erworben und damit früher einmal Schuldner der rückständigen Einlage gewesen ist, auch wenn seine Eintragung als Zwischenerwerber im Aktienbuch unterblieben ist, wie dies auf die Einschaltung der Depotbank als Verkaufskommissionärin zutrifft. So verwendet das Aktiengesetz den Begriff „Nachmann" nur im Sinne eines solchen Zwischenerwerbers, der (vorübergehend) zum Schuldner der noch ausstehenden Resteinlage geworden ist. Dementsprechend hat die Rechtsprechung diesen vertraglichen Erstattungsanspruch damit begründet, daß mangels auf einen abweichenden Parteiwillen deutender Umstände davon auszugehen ist, daß der Erwerber dem Veräußerer nur für die Erfüllung der auf ihn infolge des Eigentumerwerbs übergegangenen Einlagepflicht einzustehen hat[207]. Die Bank erwirbt jedoch regelmäßig kein Eigentum an den im Kundenauftrag zu verkaufenden Aktien. Aufgrund des erteilten Verkaufsauftrages ist die Bank nach allgemeiner Meinung ermächtigt, im eigenen Namen das Eigentum des Kunden ohne Durchgangserwerb unmittelbar auf den Erwerber zu übertragen (§ 185 BGB) – Rn 11.324[208]. Ohne diesen Durchgangserwerb kann die Depotbank aber nicht zum Schuldner der rückständigen Einlage werden.

10.309

b) Kein Aufwendungserstattungsanspruch des Effektenkunden aus Geschäftsführung ohne Auftrag

Der Erstattungsanspruch des in Anspruch genommenen Effektenkunden als älterer Vormann gegen seine Bank als Nachmann könnte sich grundsätzlich auch aus Geschäftsführung ohne Auftrag ergeben[209], wie sie die Erfüllung einer Verbindlichkeit des Geschäftsherrn (hier: die Verkäuferbank als vorrangig haftender Vormann) darstellen kann. Entspricht die Übernahme der Geschäftsführung den Interessen und dem wirklichen oder mutmaßlichen Willen des Geschäftsherrn, so kann der Geschäfts-

10.310

---

206 Großkomm. zum AktG/*Barz*, § 65 Rn 12; Kölner Komm. zum AktG/*Lutter*, § 65 Rn 31.
207 *Geßler/Hefermehl/Bungeroth*, § 65 Rn 52.
208 *Canaris*, Bankvertragsrecht², Rn 1979; *Heinsius/Horn/Than*, DepG, § 6 Rn 84; *Kümpel* in Bankrecht und Bankpraxis Rn 8/343.
209 Kölner Komm. zum AktG/*Lutter*, § 65 Rn 31.

führer den Ersatz seiner Aufwendungen wie ein Beauftragter verlangen (§§ 683, 670 BGB).

10.311 Eine solche **Geschäftsführung des älteren Vormannes** (Effektenkunde) ohne Auftrag setzt aber voraus, daß der jüngere Vormann (Depotbank) durch die Zahlung seines Vormannes von einer eigenen Zahlungsverbindlichkeit gegenüber der AG befreit worden ist.

10.312 Hierfür kommen die aktienrechtliche Rückgriffsverbindlichkeit und gegebenenfalls auch die mitgliedschaftliche Einlagepflicht in Betracht. Die **Rückgriffsschuld** entspringt dem durch § 65 Abs. 1 AktG begründeten gesetzlichen Schuldverhältnis, das die (zumindest vorübergehende) Eintragung der Bank im Aktienbuch voraussetzen würde[210]. Dagegen ist die **Einlagepflicht** mit der Mitgliedschaft verknüpft, die durch Übereignung der Aktienrechte auf den Erwerber übergeht, ohne daß es einer Eintragung im Aktienbuch bedarf.

10.313 An solchen eigenen Zahlungsverbindlichkeiten der Depotbank fehlt es jedoch, wenn sie von ihrem Effektenkunden mit dem Verkauf nicht voll eingezahlter Aktien beauftragt wird. Die Bank erwirbt hier bei Ausführung des Kundenauftrages kein (Durchgangs-)Eigentum; das Eigentum geht vielmehr vom verkaufenden Effektenkunden unmittelbar auf den Erwerber über. Ohne einen solchen Eigentumserwerb kann aber für die Bank weder eine Einlageverbindlichkeit noch eine aktienrechtliche Rückgriffsverbindlichkeit begründet werden, die Gegenstand einer Geschäftsführung ohne Auftrag sein könnte.

c) Kein Bereicherungsanspruch des Effektenkunden

10.314 Ein in Anspruch genommener Vormann erwirbt auch **Bereicherungsansprüche gegen alle Nachmänner**[211]. Mit Zahlung der Resteinlagen werden zugleich die Rückgriffsverbindlichkeiten seiner Nachmänner getilgt[212]. Denn die wirkliche oder nur gesetzlich vermutete Zahlungsunfähigkeit eines Nachmannes läßt seine Zahlungspflicht gegenüber der Gesellschaft unberührt und beseitigt daher nicht die aktienrechtliche Rückgriffshaftung[213]. Die Zahlung des älteren Vormannes führt auch zu einer Bereicherung des jüngeren Nachmannes; mit dieser Zahlung wird zugleich auch seine Rückgriffsschuld getilgt. Diese Bereicherung ist ungerechtfertigt,

---

210 *Geßler/Hefermehl/Bungeroth*, § 65 Rn 12; Kölner Komm. zum AktG/*Lutter*, § 65 Rn 9, § 67 Rn 27.
211 *Geßler/Hefermehl/Bungeroth*, § 65 Rn 54; Kölner Komm. zum AktG/*Lutter*, § 65 Rn 31.
212 *Geßler/Hefermehl/Bungeroth*, § 65 Rn 45; Kölner Komm. zum AktG/*Lutter*, § 65 Rn 31.
213 *Geßler/Hefermehl/Bungeroth*, § 65 Rn 39; Kölner Komm. zum AktG/*Lutter*, § 65 Rn 31.

weil der jüngere Nachmann beim aktienrechtlichen Stufenregreß gegenüber seinem Vormann vorrangig haftet[214].

Einen solchen Bereicherungsanspruch kann jedoch der in Anspruch genommene Effektenkunde **nicht gegen seine Bank erwerben**[215]. Denn die Bank erwirbt kein (Durchgangs-)Eigentum an den Aktien und kann daher auch nicht im Aktienbuch eingetragen werden. Ohne diese Eintragung kann aber eine Rückgriffshaftung nicht begründet werden (§ 65 Abs. 1 S. 1 AktG). Der Bank obliegt also gegenüber der Gesellschaft weder eine Rückgriffsverbindlichkeit noch die mitgliedschaftliche Einlagepflicht, von der sie durch die Zahlung des Effektenkunden auf dessen Kosten befreit werden könnte.

10.315

d) Keine Erstattungspflicht der Bank aufgrund der Ausgleichspflicht der Gesamtschuldner

Ungeachtet der zeitlichen Reihenfolge der Rückgriffsverbindlichkeiten kann die Gesellschaft gleichzeitig gegen mehrere Vormänner des ausgeschlossenen Aktionärs **Rückgriffsforderungen** geltend machen, wenn Vormänner wirklich oder aufgrund gesetzlicher Vermutung zahlungsunfähig sind. Diese Vormänner könnten hinsichtlich ihrer Rückgriffsverbindlichkeiten Gesamtschuldner sein, die kraft Gesetzes im Innenverhältnis zum Ausgleich verpflichtet sind (§ 426 Abs. 1 BGB). Zwischen dem in Anspruch genommenen Vormann und seinen Nachmännern liegt jedoch kein echtes Gesamtschuldverhältnis vor[216]. Gleichwohl ist § 426 Abs. 1 BGB nach überwiegender Meinung anwendbar[217]. Dieser Ausgleichsanspruch des Gesamtschuldners kann je nach Lage des Einzelfalles sogar auf den vollen Ersatz der geleisteten Zahlung gerichtet sein[218], wie dies auf die aktienrechtliche Rückgriffshaftung mit Rücksicht auf die zeitliche Rangfolge der Zahlungsverbindlichkeiten der haftenden Vormänner zutrifft. Für die gesamtschuldnerische Ausgleichspflicht der Vormänner ist daher von der Alleinschuld jeweils des Nachmannes gegenüber allen Vormännern auszugehen[219]. Der in Anspruch genommene Vormann kann sich also auch unter Berufung auf die gesamtschuldnerische Ausgleichspflicht voll bei seinen Nachmännern schadlos halten[220].

10.316

---

214 *Geßler/Hefermehl/Bungeroth*, § 65 Rn 34.
215 *Canaris*, Bankvertragsrecht[2], Rn 2730.
216 *Geßler/Hefermehl/Bungeroth*, § 65 Rn 39.
217 Kölner Komm. zum AktG/*Lutter*, § 65 Rn 31; *Canaris*, Bankvertragsrecht[2], Rn 2730.
218 *Palandt/Heinrichs*, § 426 Rn 7.
219 Kölner Komm. zum AktG/*Lutter*, § 65 Rn 31.
220 Kölner Komm. zum AktG/*Lutter*, § 65 Rn 31.

10.317 Auch eine solche gesamtschuldnerische Ausgleichspflicht kann für die Bank nicht begründet werden, weil sie nicht zu dem Kreis der ausgleichspflichtigen Rückgriffsschuldner gehört[221]. Denn die Bank erwirbt kein Durchgangseigentum und kann daher nicht im Aktienbuch eingetragen werden. Ohne diese Eintragung kann aber die aktienrechtliche Rückgriffshaftung nicht begründet werden.

3. Zusammenfassung

10.318 Wird der Effektenkunde auf Zahlung der rückständigen Einlage in Anspruch genommen, so begründet dies bei unterlassener oder verzögerter Veranlassung der Registerumschreibung **keine Schadensersatzpflicht der Bank.** Die Bank kann aber den Schaden ihres Kunden im Wege der Schadensliquidation im Drittinteresse gegen ihren Kaufkontrahenten aus dem am Markt getätigten Geschäft geltend machen.

10.319 Etwas anderes gilt nur in den **Ausnahmefällen**, in denen die Bank den Kundenauftrag nicht als Kommissionärin ausgeführt hat, sondern dem Kunden gegenüber als Käuferin aufgetreten ist, wie dies auf Festpreisgeschäfte – Rn 10.189 ff. – zutrifft. Die Bank kann jedoch in dieser Fallkonstellation den Schaden ihres Kunden gegenüber ihrem Kaufkontrahenten aus dem marktmäßigen Ausführungsgeschäft geltend machen.

10.320 Ist die **Registerumschreibung rechtzeitig** erfolgt, so erwirbt der Effektenkunde gegen die Bank weder einen Schadensersatzanspruch noch irgendwelche Erstattungsansprüche aufgrund der aktienrechtlichen Rückgriffshaftung. Etwas anderes könnte nur gelten, wenn die Bank ausnahmsweise Durchgangseigentum an den Aktien erwirbt[222].

III. Verbotswidrige Anschaffung von Aktien der Muttergesellschaft für eine Tochtergesellschaft durch die Bank

10.321 Bis zur Neufassung im Jahre 1995 enthielten die AGB-Klauseln für das Effektengeschäft eine Haftungsregelung für den Fall, daß die Bank aufgrund einer **Kauforder Aktien der Muttergesellschaft für deren Tochterge-

---

221 *Canaris*, Bankvertragsrecht[2], Rn 2730.
222 Auch *Canaris*, Bankvertragsrecht[2], Rn 2730, verneint solche Erstattungsansprüche, ohne jedoch hierbei auf die Frage einer etwaigen Schadensersatzforderung des Effektenkunden gegen seine Bank wegen Verletzung ihrer usancemäßigen Pflicht zur unverzüglichen Veranlassung der Registerumschreibung einzugehen.

sellschaft anzuschaffen hatte. Danach hatte die Tochtergesellschaft den Schaden daraus zu tragen, daß das hierbei zwischen Tochtergesellschaft und Bank zustandekommende Vertragsverhältnis gegen das Verbot des Erwerbs von Aktien der Muttergesellschaft verstößt und daher nichtig ist (§ 71d S. 2 AktG). Bei diesem Vertragsverhältnis handelt es sich im Regelfall um einen Kommissionsvertrag. Eine kaufvertragliche Rechtsbeziehung wird ausnahmsweise begründet, wenn die Bank mit der Tochtergesellschaft ein Festpreisgeschäft – Rn 10.189 ff. – tätigt. Diese Haftungsregelung ist entfallen, weil solche Effektenorder äußerst selten sind und überdies die Tochtergesellschaft im Regelfall schon kraft Gesetzes haftet (§§ 307 Abs. 1 S. 1, 309 BGB).

1. Nichtigkeit des Vertragsverhältnisses Bank/Tochtergesellschaft

Das zwischen Bank und Tochtergesellschaft zustandekommende Vertragsverhältnis ist nichtig. Dies folgt nach allgemeiner Meinung aus **§ 71 Abs. 4 S. 2 AktG**. Beauftragt eine Tochtergesellschaft die Bank mit der Anschaffung von Aktien der Muttergesellschaft, so ist das zwischen Tochtergesellschaft und der Bank zustandekommende schuldrechtliche Geschäft auf den Erwerb der Aktien der Muttergesellschaft durch die Tochtergesellschaft gerichtet. Damit ist ein schuldrechtliches Geschäft über den verbotenen Erwerb von Aktien im Sinne des Satzes 2 des § 71 Abs. 4 AktG gegeben, der solche verbotenen Geschäfte für nichtig erklärt. Diese Gesetzesbestimmung regelt zwar unmittelbar nur Rechtsgeschäfte über den Erwerb eigener Aktien durch die Muttergesellschaft. Sie ist aber gemäß § 71d S. 4 AktG auch auf den Erwerb von Aktien der Muttergesellschaft durch eine Tochtergesellschaft sinngemäß anwendbar[223]. Dabei richtet sich dieses Erwerbsverbot an jedes abhängige Unternehmen, also nicht nur an Tochtergesellschaften, sondern auch an Enkel- und Urenkelgesellschaften[224]. Satz 2 des § 71 Abs. 4 AktG gilt daher mittelbar auch für den Erwerb von Aktien der Muttergesellschaft durch deren abhängige Gesellschaften.

10.322

Solche **Anschaffungsgeschäfte** fallen dagegen **nicht** unter die Verbotsnorm des § 71a Abs. 2 AktG, weil diese einen Durchgangserwerb der mit der Anschaffung beauftragten Bank voraussetzt, der jedoch im Effektengeschäft grundsätzlich vermieden wird. Nach dieser Verbotsnorm ist auch ein zwischen der AG und einem anderen getätigtes Rechtsgeschäft nichtig, aufgrund dessen dieser berechtigt oder verpflichtet sein soll, Aktien der Gesellschaft für Rechnung der Gesellschaft oder

10.323

---

223 *Geßler/Hefermehl/Bungeroth*, § 71d Rn 39; Kölner Komm. zum AktG/*Lutter*, § 71d Rn 26 ff.
224 Kölner Komm. zum AktG/*Lutter*, § 71d Rn 12.

eines abhängigen oder eines in ihrem Mehrheitsbesitz stehenden Unternehmens zu erwerben, soweit der Erwerb durch die Gesellschaft gegen § 71 Abs. 1 oder 2 AktG verstoßen würde. Auch der § 71a Abs. 2 AktG gilt zwar unmittelbar nur für den Aktienerwerb durch die Muttergesellschaft oder durch einen für diese handelnden Dritten. Diese Gesetzesbestimmung ist aber auch für vergleichbare Effektengeschäfte der Tochtergesellschaften mit Dritten anwendbar; denn § 71d S. 4 AktG erklärt auch den § 71a Abs. 2 AktG auf solche Geschäfte der Tochtergesellschaften für sinngemäß anwendbar. Voraussetzung für die Anwendbarkeit des § 71a Abs. 2 AktG ist jedoch, daß ein Durchgangserwerb der Bank als Einkaufskommissionärin gewollt ist. Denn diese Gesetzesbestimmung spricht vom Erwerb des Dritten für Rechnung der Muttergesellschaft bzw. der Tochtergesellschaft bei einer gemäß § 71d S. 4 AktG vorgeschriebenen analogen Anwendung. Ein solcher Durchgangserwerb der Bank scheidet bei der Einkaufskommission regelmäßig aus – Rn 11.324.

2. Gesetzliche Haftung der Tochtergesellschaft

10.324 Die Haftung der Tochtergesellschaft für den Schaden aus einem Verstoß gegen das aktiengesetzliche Erwerbsverbot bestimmt sich im Regelfall schon nach den §§ 307 Abs. 1, 309 BGB. Danach ist, wer bei der Schließung eines auf eine unmögliche Leistung gerichteten Vertrages die Unmöglichkeit der Leistung kannte oder kennen mußte, zum Ersatz des Schadens verpflichtet, den der andere Teil dadurch erleidet, daß er auf die Gültigkeit des Vertrages vertraut. Diese Regelung findet entsprechende Anwendung, wenn ein Vertrag gegen ein gesetzliches Verbot verstößt (§ 309 BGB).

10.325 Zu den **gesetzlichen Verboten** im Sinne des § 309 BGB gehören auch die Regelungen der §§ 71–71d AktG, soweit sie Rechtsgeschäfte über den Erwerb von Aktien der Muttergesellschaft für nichtig erklären. Mit dem gesetzlichen Verbot meint der § 309 BGB das gesetzliche Verbot im Sinne des § 134 BGB[225], das gesetzlich nicht definiert worden ist. Nach allgemeiner Meinung stellen nur solche Normen Verbotsgesetze im Sinne des § 134 BGB dar, bei denen ein Rechtsgeschäft seines Inhalts wegen unterbunden werden soll[226]. Das gesetzliche Verbot muß sich also gerade gegen die Vornahme des Rechtsgeschäfts richten[227]. Die in den §§ 71–71d AktG enthaltenen Regelungen bestimmter Rechtsgeschäfte über den Aktienerwerb stellen solche Verbotsgesetze dar. Der Abschluß solcher Geschäfte soll unterbunden werden. Der Erwerb eigener Aktien in den gesetzlich geregelten Fällen bedeutet eine Gefahr für die Gläubiger der Gesellschaft wie für die Aktionäre[228].

---

225 *Soergel/Wolf*, § 309 Rn 1.
226 *Staudinger/Dilcher*, § 134 Rn 2.
227 BGH WM 1983, 841, 842; *Palandt/Heinrichs*, § 134 Rn 1.
228 Von *Godin/Wilhelmi*, AktG, 4. Aufl., 1971, § 71 Anm. 2; Kölner Komm. zum AktG/*Lutter*, § 405 Rn 42.

Ein solcher Aktienerwerb vergrößert zudem das Unternehmensrisiko, weil das Gesellschaftskapital ausgehöhlt und die Gesellschaft daher besonders in Krisenzeiten anfälliger wird. Die §§ 71–71d AktG bilden daher nach allgemeiner Meinung einen Normenkomplex, der ein grundsätzliches Verbot des Erwerbs eigener Aktien durch die Muttergesellschaft und ihnen gleichzustellender Rechtsgeschäfte zum Gegenstand hat[229]. Dieser Verbotscharakter kommt auch darin zum Ausdruck, daß die betreffenden Gesetzesbestimmungen die Nichtigkeit der verbotenen Rechtsgeschäfte anordnen (§§ 71 Abs. 4 S. 2, 71a Abs. 2 AktG). Diese Nichtigkeit ist die typische Rechtsfolge für ein gesetzliches Verbot im Sinne des § 134 BGB. Nach dem BGH ist daher das entscheidende Abgrenzungskriterium für die gesetzlichen Verbote im Sinne des § 134 BGB, „ob Sinn und Zweck der Verbotsnorm im Einzelfall die Nichtigkeit erfordern"[230], wie dies der § 71 Abs. 4 S. 2 AktG generell anordnet.

Im Regelfall werden die Voraussetzungen für eine gesetzliche **Vertrauenshaftung** der Tochtergesellschaft im Sinne des § 307 Abs. 1 S. 1 BGB gegeben sein. Denn eine Tochtergesellschaft wird solche Aktien regelmäßig nur in Abstimmung mit der Muttergesellschaft erwerben. Bei den Aktiengesellschaften dürfte aber das aktienrechtliche Verbot des Erwerbs eigener Aktien – auch indirekt über Tochtergesellschaften – bekannt sein. Denn aus solchen erworbenen Aktien stehen den Tochtergesellschaften keine Rechte zu (§§ 71b i.V.m. 74d S. 4 AktG). Hierauf muß insbesondere bei der Durchführung von Hauptversammlungen und Dividendenzahlungen geachtet werden.

10.326

3. Wegfall der Ersatzpflicht der Tochtergesellschaft bei fahrlässiger Nichtkenntnis der Bank von dem Mutter/Tochter-Verhältnis?

Die Ersatzpflicht der Tochtergesellschaft entfällt jedoch nach § 307 Abs. 1 S. 2 BGB, wenn die mit der Anschaffung der Aktien der Muttergesellschaft beauftragte Bank das Mutter/Tochter-Verhältnis kannte oder zumindest kennen mußte. Hierbei ist schon leichte Fahrlässigkeit schädlich[231].

10.327

Dieses **„Alles-oder-Nichts-Prinzip"** des § 307 Abs. 1 S. 2 BGB läßt die Ersatzpflicht sogar auch dann entfallen, wenn die Bank nur leicht fahrlässig, die Tochtergesellschaft aber vorsätzlich gehandelt hat[232]. Eine Ausnahme von diesem „Alles-oder-

10.328

---

229 *Geßler/Hefermehl/Bungeroth*, § 71 Rn 1; Kölner Komm. zum AktG/*Lutter*, § 71 Rn 3; *Baumbach/Hueck*, Aktiengesetz, 13. Aufl., § 71 Rn 5.
230 BGH WM 1983, S. 841, 842.
231 *Staudinger/Löwisch*, § 307 Rn 6; *Soergel/Wolf*, § 307 Rn 4.
232 *Soergel/Wolf*, BGB, § 307 Rn 5; *Palandt/Heinrichs*, § 307 Rn 4; *Staudinger/Löwisch*, § 307 Rn 9.

Nichts-Prinzip" soll nur gelten, wenn dem Verhandlungspartner über die bloße Kenntnis des Verbotes hinaus arglistiges Verhalten vorgeworfen werden kann[233].

a) Grundsätzliche Unanwendbarkeit der Schadensteilungsnorm des § 254 BGB

10.329 § 307 Abs. 1 S. 2 BGB schließt nach ganz herrschender Meinung auch eine Anwendung des § 254 BGB aus, der zumindest eine Schadensaufteilung bei beiderseitigem Verschulden ermöglichen würde[234]. Diese Schadensaufteilung erscheint vor allem in den Fällen sachgemäß, in denen die Bank infolge leichter Fahrlässigkeit das Mutter/Tochter-Verhältnis nicht erkannt hat, während der Tochtergesellschaft grobe Fahrlässigkeit vorgeworfen werden kann.

10.330 Ein solches Mitverschulden der Tochtergesellschaft könnte auch nicht nach den Grundsätzen der **Haftung für Verschulden bei Vertragsschluß** (culpa in contrahendo – c.i.c.) berücksichtigt werden.

10.331 Die tatbestandsmäßigen Voraussetzungen für eine solche c.i.c.-Haftung sind bei solchen Effektenordern von Tochtergesellschaften gegeben. Jeder Verhandlungspartner ist zur Aufklärung über etwaige Wirksamkeitshindernisse für den Vertragsabschluß verpflichtet. Nach allgemeiner Meinung ist daher der Effektenkunde zur Aufklärung verpflichtet, wenn das Anschaffungsgeschäft gegen das Erwerbsverbot der § 71 ff. AktG verstößt[235].

10.332 § 254 BGB ist zwar grundsätzlich im Rahmen der c.i.c. Haftung anwendbar[236]. Der § 307 BGB verdrängt aber nach allgemeiner Meinung in seinem Anwendungsbereich auch die allgemeinen Grundsätze der c.i.c.-Haftung[237]. Denn der § 307 BGB betrifft der Sache nach eine Schadensersatzhaftung wegen eines solchen Verschuldens bei Vertragsschluß und geht

---

233 *Staudinger/Löwisch*, § 307 Rn 9.
234 BGH, WM 1980, 114, 116; *Palandt/Heinrichs*, § 307 Rn 4; *Staudinger/Löwisch*, § 307 Rn 10 unter Hinweis auf die Mindermeinung, nach der auch im Bereich des § 307 Abs. 1 BGB Mitverschulden zu berücksichtigen ist, weil in den nach Inkrafttreten des BGB entwickelten anderen Fällen des Verschuldens bei Vertragsschluß der § 254 inzwischen allgemein angewendet werde. Dieser Mindermeinung steht aber nach Auffassung von *Staudinger/Löwisch*, (§ 307 Rn 10) entgegen, daß der Rechtsgrund der Haftung aus § 307 BGB ein besonderer ist und es deshalb de lege lata bei dem eindeutigen Wortlaut des § 307 bleiben muß, möge auch seine Veränderung de lege ferenda angebracht sein.
235 *Werhahn/Schebesta*, AGB und Sonderbedingungen der Banken, 1995, Rn 491.
236 BGH WM 1980, 114, 116; *Palandt/Heinrichs*, § 254 Rn 5.
237 BGH WM 1980, 114, 116; *Soergel/Wolf*, § 307 Rn 1.

daher als Spezialnorm den allgemeinen Grundsätzen der c.i.c.-Haftung vor[238].

b) Anwendbarkeit des § 254 BGB aufgrund der bankmäßigen Geschäftsverbindung als eines Schutzpflichten begründenden Vertrauensverhältnisses

Mit Rücksicht auf die **besondere Rechtsnatur** einer bankmäßigen Geschäftsverbindung stellt sich jedoch die weitere Frage, ob ein Mitverschulden der Tochtergesellschaft wegen schuldhafter Verletzung ihrer allgemeinen Verhaltens- und Schutzpflichten aus der bankmäßigen Geschäftsverbindung gleichwohl berücksichtigt werden darf, um eine angemessene Schadensaufteilung zu erreichen. Denn Rechtsprechung und Schrifttum haben sich bislang nur zu der Frage geäußert, ob das „Alles-oder-Nichts-Prinzip" des § 307 Abs. 1 S. 2 BGB den § 254 BGB auch im Rahmen der Haftung für Verschulden bei Vertragsschluß verdrängt. Kann jedoch die Haftung auf andere Anspruchsgrundlagen gestützt werden, so könnte § 307 Abs. 1 S. 2 BGB unanwendbar und damit der Weg frei sein für die Berücksichtigung eines Mitverschuldens der Tochtergesellschaft (§ 254 BGB).

10.333

So findet die den § 254 BGB verdrängende Sonderregelung des § 307 Abs. 1 S. 2 BGB z.B. keine Anwendung, wenn der Schadensersatzanspruch auf eine unerlaubte Handlung wegen Betruges (§ 823 Abs. 2 BGB, § 263 StGB) oder einer sittenwidrigen Schädigung (§ 826 BGB) gestützt wird[239] oder ein Schadensersatzanspruch aus Amtshaftung (§ 839 BGB, Art. 34 GG) geltend gemacht wird[240].

10.334

Die bankmäßige Geschäftsverbindung könnte eine solche **anderweitige Rechtsgrundlage** für Schadensersatzansprüche der Bank wegen eines mitwirkenden Verschuldens der Tochtergesellschaft bilden, weil diese hier aufgrund der besonderen Rechtsnatur dieser Geschäftsverbindung eine Aufklärungspflicht hat. Die **bankmäßige Geschäftsverbindung als** ein **Vertrauensverhältnis** ist nach herrschender Meinung ein gesetzliches Schuldverhältnis „ohne primäre Leistungspflicht", das allgemeine Verhaltens- und Schutzpflichten begründet, zu denen im Einzelfall auch Aufklärungspflichten gehören können – Rn 2.788 ff. Eine solche Aufklärungs-

10.335

---

238 BGH WM 1980, 114, 116. Der § 307 BGB war daher neben den §§ 122, 179 Abs. 2 BGB für Rechtsprechung und Dogmatik eine gesetzliche Stütze bei der Entwicklung der Grundsätze für die c.i.c.-Haftung, die inzwischen gewohnheitsrechtlich anerkannt ist (*Palandt/Heinrichs*, § 307 Rn 1; *Soergel/Wolf*, § 307 Rn 1).
239 *Soergel/Wolf*, § 307 Rn 5; *Palandt/Heinrichs*, § 307 Rn 4.
240 BGH WM 1980, 114, 118; *Palandt/Heinrichs*, § 307 Rn 4.

pflicht trifft nach allgemeiner Meinung auch eine Tochtergesellschaft, die die Bank mit der Anschaffung von Aktien der Muttergesellschaft beauftragt[241].

10.336 Läßt die Tochtergesellschaft bei Erteilung der Kauforder für Aktien der Muttergesellschaft die Bank über dieses Mutter/Tochter-Verhältnis pflichtwidrig und damit schuldhaft im unklaren, so verstößt die Effektenkundin gegen ihre **Aufklärungspflicht** aus der bankmäßigen Geschäftsverbindung als einem besonderen gesetzlichen Schuldverhältnis. Damit stellt sich die Frage, ob auch im Rahmen dieser eigenständigen gesetzlichen Vertrauenshaftung der den § 254 BGB verdrängende § 307 Abs. 1 S. 2 BGB anwendbar ist. Für die Unanwendbarkeit des § 307 Abs. 1 S. 2 BGB auf die Vertrauenshaftung aus der bankmäßigen Geschäftsverbindung spricht die Argumentation des BGH, mit der die Unanwendbarkeit dieser Spezialnorm in dem Fall begründet worden ist, in dem ein Schadensersatzanspruch aus Amtspflichtverletzung (§ 839 BGB) geltend gemacht wird. Hier ist nach dem BGH ein Ausschluß des § 254 BGB durch § 307 Abs. 1 S. 2 BGB für die Amtshaftung unangemessen, weil die verletzte Amtspflicht in die generelle Verantwortung des Beamten fällt und nicht nur wie die entsprechende Pflicht im Sinne der culpa in contrahendo einem individuellen Rechtsverhältnis entspringt. Ein genereller Ausschluß des § 254 BGB zu Lasten des Bürgers würde daher der behördlichen Verantwortung für ein im Einklang mit dem Gesetz stehendes Verhalten nicht gerecht[242].

10.337 Auch bei Inanspruchnahme der Vertrauenshaftung aus bankmäßiger Geschäftsverbindung ergibt sich die schuldhaft verletzte Aufklärungspflicht der Tochtergesellschaft nicht nur aus der Anbahnung eines konkreten Effektengeschäfts (Erteilung der Kauforder für Aktien der Muttergesellschaft). Diese Aufklärungspflicht entspringt vielmehr der auf Dauer angelegten Geschäftsverbindung als einem umfassenden gesetzlichen Schuldverhältnis. Vor dem Hintergrund dieser BGH-Rechtsprechung könnte es daher für die Frage der Haftung der Tochtergesellschaft wegen Mitverschuldens (§ 254 BGB) einen qualitativen Unterschied machen, ob sich das zu schützende Vertrauen auf eine auf Dauer angelegte bankmäßige Geschäftsverbindung oder nur auf einen flüchtigen einmaligen Kontakt anläßlich des Abschlusses eines konkreten Geschäftes gründet. Muß jedoch wertungsmäßig zwischen diesen beiden Vertrauenstatbeständen differenziert werden, wäre § 307 Abs. 1 S. 2 BGB auf Schadensersatzansprüche unanwendbar, die sich auf die Vertrauenshaftung aus bankmäßiger

---
241 *Werhahn/Schebesta*, AGB und Sonderbedingungen der Banken, 1995, Rn 491.
242 BGH WM 1980, 114, 118.

Geschäftsverbindung stützen können. Damit wäre der Weg frei für die Anwendbarkeit des § 254 BGB.

Für die Berücksichtigung eines Mitverschuldens der Tochtergesellschaft spricht zudem, daß es sich bei den hiervon betroffenen Tochtergesellschaften nicht um Privatpersonen, sondern bei diesen Effektenkunden stets um Vollkaufleute handelt.

10.338

4. Fehlendes Regelungsbedürfnis bei seltenen Sachverhalten

Bei der Schaffung der AGB Wertpapiergeschäfte wurde auf solche Klauseln verzichtet, die nur in exzeptionellen Fällen zum Tragen kommen. Die **AGB** sollen den rechtlichen Rahmen für das **typische Bankgeschäft** schaffen, nicht aber in völlig ungewöhnlichen Fällen zur Lösung einer Einzelfallproblematik dienen. Zu diesen Sachverhalten gehört auch die bisherige AGB-mäßige Schadensregulierung für solche Anschaffungsgeschäfte zugunsten Tochtergesellschaften. Insbesondere erscheint eine AGB-mäßige Schadensabwälzung auf die Tochtergesellschaft daher nur in den Fällen völlig zweifelsfrei möglich, in denen die Tochtergesellschaft infolge eines unverschuldeten Irrtums an eine Befugnis zum Erwerb der Aktien der Muttergesellschaft geglaubt hat und auch der Bank kein Verschulden vorgeworfen werden kann. Wird der Schaden bei einem solchen beiderseitig fehlendem Verschulden der Tochtergesellschaft aufgebürdet, so entspricht dies der **Haftungsregelung** im Sinne der **Sphärentheorie.** Eine solche Fallkonstellation kommt in der Bankpraxis aber so selten vor, daß es keiner AGB-Regelung bedarf und daher auf die bisherige Haftungsklausel verzichtet werden konnte.

10.339

Die Berufung auf die Nichtigkeit eines solchen Anschaffungsgeschäfts dürfte zudem sehr selten sein. Nach Lutter ist die gesamte Regelung der §§ 71 ff. AktG in der großen Mehrzahl aller Fälle ein Schlag ins Wasser: Bei einem Verstoß gegen Abs. 1 oder 2 des § 71 AktG wird sich kein „Kläger" finden, weil alle Beteiligten mit dem Geschäft zufrieden sind oder zumindest den Verstoß nicht offenbaren wollen[243].

10.340

Das Regelungsbedürfnis ist im übrigen durch die **Meldepflichten des neuen Wertpapierhandelsgesetzes** noch weiter reduziert worden. Danach muß der Erwerb bestimmter Stimmrechtsanteile an dem Grundkapital von Aktiengesellschaften mitgeteilt werden, die ihren Sitz im Inland haben und deren Aktien zum amtlichen Handel an einer Börse im Inland oder in einem Mitgliedstaat der Europäischen Gemeinschaften oder in

10.341

---

243 Kölner Komm. zum AktG/*Lutter*, § 71 Rn 75.

einem anderen Vertragsstaat des Abkommens über den Europäischen Wirtschaftsraum zugelassen sind. Hierzu gehört auch der Erwerb von 50% der Stimmrechte (§ 21 Abs. 1 S. 1 WpHG). Die Einhaltung dieser Meldepflichten wird vom Bundesaufsichtsamt für den Wertpapierhandel überwacht (§ 29 WpHG). Die Verletzung dieser Meldepflicht stellt zudem eine bußgeldbewehrte Ordnungswidrigkeit dar (§ 39 Abs. 1 Nr. 1 lit. c WpHG). Damit ist sichergestellt, daß die Tochtergesellschaft von der Existenz einer Muttergesellschaft Kenntnis erlangt. Bei einer solchen Kenntnis wird die Tochtergesellschaft mit Rücksicht auf das aktienrechtliche Verbot des Erwerbs von Aktien der Muttergesellschaft regelmäßig keine Bank mit dem Kauf solcher Aktien beauftragen.

11. Teil
Depotgeschäft

1. Abschnitt
Grundstrukturen

Das Depotgeschäft gehört zu den Bankgeschäften im Sinne des Kataloges der erlaubnispflichtigen Bankgeschäfte (§ 1 KWG)[1]. Nach der **Legaldefinition** beinhaltet das Depotgeschäft „die Verwahrung und Verwaltung von Wertpapieren für andere" (§ 1 Abs. 1 S. 2 Nr. 5 KWG).

11.1

I. Der depotgeschäftliche Wertpapierbegriff

Wie beim Emissions- und Effektengeschäft bedarf auch der Wertpapierbegriff der Legaldefinition des Depotgeschäfts einer **Auslegung**. Dabei kann es nicht überraschen, daß der Wertpapierbegriff des Depotgeschäfts und des Effektengeschäfts im wesentlichen deckungsgleich sind. Denn beide Geschäftsbereiche sind eng miteinander verzahnt. So führt die Bank Verkaufsaufträge ihrer Kunden grundsätzlich nur aus, wenn sich die Wertpapiere im Depot des Kunden befinden. Anderenfalls besteht das Risiko, daß die Bank das von ihr im Markt getätigte Ausführungsgeschäft nicht innerhalb der usancemäßigen zweitägigen Erfüllungsfrist beliefern kann und daher eine den Depotkunden schädigende Zwangsregulierung nach den Börsenusancen droht. Auch die **Kaufaufträge der Kunden** sind regelmäßig eng mit dem Depotgeschäft verknüpft. Die angeschafften Wertpapiere sollen im Regelfall von der Bank für ihren Kunden verwahrt werden. Dementsprechend bestimmt § 29 DepG, daß die Bank bezüglich der in ihrem Besitz befindlichen, in das Eigentum oder Miteigentum des Kunden übergegangenen Wertpapiere die Pflichten und Befugnisse eines Verwahrers hat.

11.2

Zur **depotgeschäftlichen Verwahrung gehören** aber auch Wertpapiere, die nicht am Kapitalmarkt gehandelt werden, an denen die Kundenaufträge ausgeführt werden. Nach der Legaldefinition des Depotgesetzes als dem Spezialgesetz für das bankmäßige Depotgeschäft sind **Wertpapiere im**

11.3

---
1 *Miletzki*, WM 1996, 1849 ff.

Sinne dieser gesetzlichen Regelung Aktien, Kuxe, Zwischenscheine, Zins-, Gewinnanteil- und Erneuerungsscheine, auf den Inhaber lautende oder durch Indossament übertragbare Schuldverschreibungen, ferner andere Wertpapiere, wenn diese vertretbar sind, mit Ausnahme von Banknoten und Papiergeld.

11.4 **Keine Wertpapiere** im Sinne dieser Definition sind dagegen Hypothekenbriefe, Versicherungsscheine, Sparbücher und die Schuldscheine der Schuldscheindarlehen. Diese Urkunden werden zwar aus Sicherheitsgründen technisch ähnlich wie die in Sonderverwahrung befindlichen Wertpapiere aufbewahrt. Die Verwahrung dieser Urkunden wird auch im Depotbuch vermerkt. Wegen des fehlenden Wertpapiercharakters wird aber in diesen Fällen kein depotgeschäftliches Rechtsverhältnis begründet. Vielmehr handelt es sich in diesen Fällen um schlichte Verwahrungsverhältnisse im Sinne des § 688 BGB, auf die die depotgesetzlichen Bestimmungen nicht anwendbar sind.

1. Erstreckung der staatlichen Depotprüfung auf unverbriefte Effekten

11.5 Zum Depotgeschäft gehören in großem Umfange auch **Forderungsrechte, die unverbrieft sind.** Hierzu gehören vor allem die Schuldbuchforderungen und die Gutschriften in Wertpapierrechnung bei auslandsverwahrten Wertpapieren. Die staatlich überwachte Prüfung des Depotgeschäfts (sog. Depotprüfung), wie sie in der Verordnung über die Prüfung der Jahresabschlüsse und der Zwischenabschlüsse der Kreditinstitute und Finanzdienstleistungen sowie die darüber zu erstellenden Berichte und über die Prüfung nach § 12 Abs. 1 S. 3 KAGG (PrüfbV) erlassen worden ist (Rn 11.357), erstreckt sich deshalb auch auf Kundenwerte, die von dem engeren Wertpapierbegriff des § 1 DepG nicht erfasst werden. Der Depotprüfung unterliegen danach auch die Anteile an sammelverwahrten Schuldbuchforderungen an den Bund, die Bundesländer oder ein Sondervermögen des Bundes sowie Rechte aus schwebenden Anmeldungen und die in Wertpapierrechnung verbuchten Rechte einschließlich der Forderungen. Bei den auch unter die Depotprüfung fallenden „wertpapierbezogenen Derivaten" handelt es sich um börslich und außerbörslich getätigte Optionsgeschäfte, Pensionsgeschäfte, sonstige Termingeschäfte und ähnliche Geschäfte, die direkt oder indirekt auf Wertpapiere bezogen sind (§ 70 Abs. 2 S. 2 PrüfbV).

2. Erfordernis der Besitzübergabe

Eine depotmäßige Verwahrung setzt im übrigen voraus, daß die **Bank Zugriff** auf die zu verwahrenden Wertpapierurkunden hat. Die Wertpapiere dürfen deshalb nicht in verschlossenen Umschlägen der Bank eingeliefert werden. Hier wäre die Bank daran gehindert, die üblichen Verwaltungsmaßnahmen durchzuführen, wie sie der gesetzliche Tatbestand des Depotgeschäfts im Sinne des § 1 Abs. 1 KWG voraussetzt. Auf solche sog. „verschlossenen" Depots sind die depotgesetzlichen Bestimmungen unanwendbar. Hier kommen nur die verwahrungsrechtlichen Bestimmungen des BGB (§§ 688 ff.) zur Anwendung. 11.6

Wie die verschlossenen Depots begründet auch die Überlassung eines Schrankfaches (Safe), das der sicheren Aufbewahrung von Wertpapieren des Kunden dienen soll, keine bankmäßige Verwahrung. Auch hier erlangt die Bank an den Wertpapierurkunden keinen Besitz, der für das verwahrungsrechtliche Vertragsverhältnis typisch ist. Denn der Inhalt des Schrankfaches bleibt im alleinigen Besitz des Kunden. 11.7

Das **Vertragsverhältnis zwischen Kunde und Bank** ist deshalb als ein Mietvertrag (§ 535 BGB) zu qualifizieren. Dies hat zur Konsequenz, daß die Bank an den im Schrankfach befindlichen Wertpapieren kein AGB-Pfandrecht erwerben kann. Denn der Bank fehlt als Vermieter der für den Pfandrechtserwerb erforderliche Besitz, wie er bei den depotmäßig und damit „unverschlossen" verwahrten Wertpapieren gegeben ist. 11.8

II. Geschäftsbeziehung als gemischt-typischer Vertrag

Der depotgeschäftlichen Vertragsbeziehung liegt kein typischer Verwahrungsvertrag im Sinne der §§ 688 ff. BGB zugrunde. Diese Geschäftsbeziehung ist vielmehr dadurch gekennzeichnet, daß sie durch **verwahrungs- und dienstvertragliche Elemente** geprägt ist[2]. Die depotgeschäftlichen Dienstleistungen beinhalten entgeltliche Geschäftsbesorgungen, wie sie Gegenstand eines Dienstvertrages sein können (§§ 675, 611 BGB). Hierbei handelt es sich keineswegs um unselbständige Nebenpflichten zu der Verwahrungspflicht[3]. Dies zeigen vor allem die in die Girosammelverwahrung einbezogenen Schuldbuchforderungen, bei denen wegen ihrer fehlenden Verbriefung und damit Unkörperlichkeit eine Verwahrung im 11.9

---

2 BGH WM 1991, 317, 318 m.w.Nachw.
3 *Canaris*, Bankvertragsrecht[2], Rn 2089; *Gößmann* in Bankrechts-Handbuch, § 72 Rn 4.

Sinne der §§ 688 BGB unmöglich ist. Hier beschränkt sich der Pflichtenkreis der Bank von vornherein auf die depotgeschäftlichen Dienstleistungen. Der Geschäftsbeziehung mit dem Depotkunden liegt deswegen ein gemischttypischer Vertrag zugrunde, auf den wegen seiner geschäftsbesorgungsrechtlichen Elemente auch die auftragsrechtlichen Bestimmungen anwendbar sind (§ 675 BGB).

11.10 Diese **Vertragsbeziehung** kommt bereits mit **der Eröffnung des Depots** zustande, bei dem ein weitgehend standardisiertes Antragsformular verwendet wird. Dies gilt auch insoweit, als der Depotvertrag verwahrungsrechtliche Elemente enthält. Der Verwahrvertrag ist nach heute herrschender Meinung ein Konsensualvertrag, der bei der Depoteröffnung abgeschlossen und mit der Einlieferung der Wertpapiere zur depotmäßigen Aufbewahrung in Vollzug gesetzt wird[4].

11.11 Die frühere Einordnung des Verwahrvertrages als sog. Realvertrag[5] ist mit der dogmatischen Anerkennung der schuldrechtlichen Inhaltsfreiheit (§§ 305, 241 BGB) überholt. Danach erkennt die Rechtsordnung die Verbindlichkeit jeder mit Rechtsbindungswillen getroffenen Vereinbarung an. Es bedarf deshalb keines zusätzlichen „realen" Umstandes wie der Hinterlegung von Wertpapieren, um eine depotgeschäftliche Verwahrungspflicht zu begründen[6].

III. Verwahrungsrechtliche Erfordernisse des depotgeschäftlichen Vertragsverhältnisses

11.12 Die depotgeschäftliche Vertragsbeziehung ist als gemischttypischer Vertrag auch durch das verwahrungsrechtliche Element geprägt. Soweit die Depotwerte infolge ihrer wertpapiermäßigen Verbriefung verwahrfähige Sachen darstellen und auch im Inland verwahrt werden, muß die Vertragsbeziehung die gesetzlichen Merkmale eines Verwahrungsvertrages im Sinne des Depotgesetzes aufweisen[7]. Diese Vertragsbeziehung im engeren verwahrungsrechtlichen Sinne setzt bei einer Inlandsverwahrung des weiteren voraus, daß der Kunde Eigentümer oder zumindest Miteigentümer der der Bank anvertrauten Wertpapiere bleibt.

---

4 Münchener Komm. zum BGB/*Hüffer*, § 688 Rn 4; *Palandt/Sprau*, Einf. v. § 688 Rn 1; *Gößmann* in Bankrechts-Handbuch, § 72 Rn 5.
5 Vgl. *Heinsius/Horn/Than*, DepG, § 15 Rn 5.
6 *Staudinger/Reuter*, Vorbem. zu §§ 688 Rn 2.
7 *Canaris*, Bankvertragsrecht[2], Rn 2089.

1. Obhutspflicht als verwahrungsrechtliche Hauptpflicht

Eine verwahrungsrechtliche Vertragsbeziehung im engeren Wortsinne setzt regelmäßig voraus, daß die tatbestandsmäßigen Voraussetzungen des § 688 BGB gegeben sind[8]. Denn der depotgeschäftliche Verwahrungsvertrag hat nach dem Schrifttum mit dem gewöhnlichen Verwahrungsvertrag über bewegliche Sachen (§§ 688 ff. BGB) das gemeinsame Tatbestandsmerkmal, daß die Aufbewahrungspflicht lediglich Ausfluß eines solchen BGB-mäßigen Verwahrvertrages, nicht aber nur die Folge eines anderen Rechtsverhältnisses ist[9].

11.13

Es fehlt deshalb nach einhelliger Meinung an einem Verwahrvertrag im Sinne des Depotgesetzes, wenn die **Aufbewahrungspflicht** der Bank nicht die Hauptleistung, sondern nur eine Nebenleistung zu der geschuldeten Hauptleistung darstellt[10]. Dies gilt insbesondere bei entgeltlichen Geschäftsbesorgungsverträgen, wie sie auch dem Kommissionsgeschäft zugrunde liegen[11]. So regelt das Kommissionsrecht ausdrücklich die Verantwortlichkeit des Kommissionärs „für den Verlust und die Beschädigung des in seiner Verwahrung befindlichen Gutes" (§ 390 HGB). Eine solche Aufbewahrung begründet aber keine verwahrungsrechtliche Vertragsbeziehung im Sinne des bankmäßigen Depotgeschäfts, wie sie durch das Depotgesetz eine spezialgesetzliche Regelung erfahren hat. Hier besteht vielmehr ein Kommissionsverhältnis, bei dem die Ausführung des Kommissionsauftrages die dominierende und damit die Vertragsbeziehung prägende Hauptleistung darstellt, während die Aufbewahrungspflicht nur eine für dieses Vertragsverhältnis **unwesentliche Nebenpflicht** beinhaltet[12].

11.14

Solche **kommissionsgeschäftlichen Vertragsbeziehungen** werden insbesondere begründet, wenn der Kunde die Bank mit dem Verkauf oder dem Verleihen von ihr depotmäßig verwahrter Wertpapiere beauftragt[13]. Mit

11.15

---

8 *Heinsius/Horn/Than*, DepG, § 2 Rn 12; *Kümpel* in Bankrecht und Bankpraxis, Rn 8/10; *Schönle*, Bank- und Börsenrecht, 2. Aufl., S. 283.
9 *Palandt/Thomas*, Einf. v. § 688 Rn 3; *Staub's* Komm. zum HGB, 12. u. 13. Aufl., 1927, Anhang zu § 424 Anm. 1.
10 *Soergel/Mühl*, vor § 688 Rn 2; *Krohn* in RGRK-BGB vor § 688 Rn 6; *Staudinger/Reuter*, Vorbem. zu § 688 Rn 4; *Palandt/Thomas*, Einf.v. § 688 Rn 3.
11 *Staub's* Kommentar zum HGB, 12. u. 13. Aufl., 1927, Anhang zu § 424 Anm. 1; RGZ 71, 248, 252 (Haftung eines Handelsvertreters für ihm anvertraute Sachen); *Palandt/Thomas*, Einf.v. § 688 Rn 3; *Krohn* in RGRK-BGB vor § 688 Rn 12.
12 *Krohn* in RGRK-BGB vor § 688 Rn 12.
13 *Kümpel*, WM 1990, 909, 913.

der Erteilung eines solchen Verkaufs- oder Verleihauftrages verwandelt sich die bisherige verwahrungsrechtliche und damit den depotgesetzlichen Bestimmungen unterworfene Vertragsbeziehung der Bank zum Kunden in ein kommissionsrechtliches Vertragsverhältnis. Die bisherige Pflicht zur Verwahrung der zu verkaufenden bzw. zu verleihenden Wertpapiere als eine die depotgeschäftliche Vertragsbeziehung prägende Hauptpflicht wird zu der Nebenpflicht herabgestuft, die Wertpapiere noch so lange sorgfältig aufzubewahren, bis sie auftragsgemäß verkauft oder verliehen worden sind. Denn nach Erteilung des Verkaufs/Verleihauftrages wird die kommissionsrechtliche Ausführungspflicht statt der Aufbewahrungspflicht zur geschuldeten Hauptleistung. Für diese Ausführung muß die Bank schnell und ohne Umstände auf die Wertpapiere zurückgreifen können.

11.16 Die die Vertragsbeziehung zum Kunden fortan prägende kommissionsrechtliche Ausführungspflicht hat zur rechtlichen Konsequenz, daß die bisherige verwahrungsrechtliche Aufbewahrungspflicht zu einer kommissionsrechtlichen Nebenpflicht der Bank herabgestuft wird. Es fehlt sodann an einer verwahrungsrechtlichen Vertragsbeziehung, wie sie die Anwendbarkeit des Depotgesetzes und damit die strengen depotgesetzlichen Formvorschriften der §§ 13, 15 DepG voraussetzen.

11.17 So ist in der Amtlichen Begründung des Depotgesetzes ausdrücklich klargestellt worden, daß auf einen Verkaufsauftrag nicht die Formvorschrift des § 13 DepG anwendbar ist, wonach sich die Bank die Ermächtigung zur Verfügung über das Kundeneigentum an den zu verkaufenden Wertpapieren in der gesetzlich vorgeschriebenen Form erteilen lassen muß.

2. (Mit-)Eigentümerposition des Depotkunden

11.18 Bei einer **inländischen Verwahrung** der Wertpapiere erfordert die zugrundeliegende verwahrungsrechtliche Vertragsbeziehung, daß das Eigentum an den der Bank anvertrauten Wertpapieren beim Depotkunden verbleibt[14].

11.19 Soll dagegen das Eigentum an den Wertpapieren sofort auf die Bank übergehen und die Bank nur verpflichtet sein, Wertpapiere derselben Art zurückzugewähren, so liegt eine sog. unregelmäßige Verwahrung im Sinne des § 700 BGB, § 15 Abs. 1 DepG vor. Dieses Vertragsverhältnis ist weder ein Verwahrvertrag im Sinne des § 688 BGB noch ein Darlehensvertrag (§ 607 BGB), sondern begründet ein Schuldverhältnis besonderer

---

14 *Staudinger/Reuter*, § 700 Rn. 2.

Art. Es unterscheidet sich vom Verwahrvertrag durch den Übergang des Eigentums auf den Verwahrer[15].

a) Alleineigentum (Sonderverwahrung)

Der Depotkunde bleibt Alleineigentümer der von ihm zur Verwahrung eingelieferten Wertpapierurkunden, wenn diese Urkunden gesondert von den Wertpapieren der Depotbank oder von deren anderen Depotkunden aufbewahrt werden. Nach § 2 S. 1 DepG ist die Depotbank zu dieser „Sonderverwahrung" verpflichtet, wenn es sich um Wertpapiere handelt, die nicht zur Sammelverwahrung der Deutsche Börse Clearing AG (vormals Deutscher Kassenverein AG) als mittlerweile einziger deutschen Wertpapiersammelbank zugelassen sind oder wenn der Depotkunde die Sonderverwahrung verlangt hat.

11.20

Die **Aufbewahrung erfolgt** in Streifbändern, Mappen, Umschlägen oder anderen geeigneten Hüllen. Die Sonderverwahrung wird daher in der Praxis auch als Streifbandverwahrung bezeichnet. Auf der Hülle ist entweder die Depotnummer des Kunden oder sein Name anzugeben. Aus Sicherheitsgründen sind die Urkunden über das Stammrecht, z.B. die Aktienurkunden und über die Nebenrechte (Dividendenkupons) getrennt voneinander zu verwahren.

11.21

b) Miteigentum (Sammelverwahrung)

Der Depotkunde verliert sein Alleineigentum kraft Gesetzes, wenn die Wertpapiere in Sammelverwahrung genommen werden (§ 6 Abs. 1 DepG). Bei der Sammelverwahrung verwahrt die Depotbank die ihr eingelieferten Wertpapierurkunden ungetrennt von ihren eigenen Beständen derselben Art oder von solchen anderer Depotkunden oder vertraut die Wertpapiere einem Dritten zur Sammelverwahrung an (§ 5 Abs. 1 S. 2 DepG).

11.22

Das Depotgesetz unterscheidet die in vielerlei Hinsicht privilegierte Sammelverwahrung durch eine Wertpapiersammelbank im Sinne des § 1 Abs. 3 DepG **(Girosammelverwahrung)** von der Sammelverwahrung durch Kreditinstitute **(Haussammelverwahrung)**. In der Praxis kommt die Haussammelverwahrung nur vereinzelt vor. Hierzu ist erforderlich, daß der Depotkunde seiner Bank für jedes einzelne Verwahrgeschäft eine ausdrückliche und schriftliche Ermächtigung erteilt. Diese Ermächtigung darf weder in Geschäftsbedingungen enthalten sein, noch auf andere Urkunden verweisen (§ 5 Abs. 1 S. 2 DepG).

11.23

---

15 *Palandt/Sprau,* § 700 Rn 1.

c) Aneignungsermächtigung zugunsten der Depotbank

11.24 Zu einer **unregelmäßigen Verwahrung** im Sinne des § 700 BGB, § 15 Abs. 1 DepG kann es auch kommen, wenn der Kunde die Bank ermächtigt hat, sich später die ihr zur Verwahrung anvertrauten Wertpapiere anzueignen oder das Eigentum an ihnen auf Dritte zu übertragen – sog. Aneignungsermächtigung (§ 13 Abs. 1 DepG). Mit der Ausübung dieser Aneignungsermächtigung verwandelt sich die bisherige verwahrungsrechtliche Vertragsbeziehung in eine unregelmäßige Verwahrung. Nach dem Eigentumsverlust sind die depotgesetzlichen Bestimmungen über die depotgeschäftliche Verwahrung (§§ 2 bis 17 DepG) nicht mehr anwendbar (§§ 13 Abs. 2, 15 Abs. 1 DepG).

11.25 Dasselbe gilt, wenn der Kunde seiner Depotbank Wertpapiere als Darlehen gewährt und er die Wertpapiere zur Erfüllung seiner Lieferverpflichtung bei der Bank einliefert (vgl. § 15 Abs. 3 DepG). Dieser Sachverhalt ist streng von den Fällen zu unterscheiden, in denen der Kunde seine Depotbank mit dem Verleihen von Wertpapieren beauftragt, die er hierzu effektiv einliefert oder die sich schon in seinem Depot befinden. Hier wird ein kommissionsrechtliches Vertragsverhältnis begründet, auf das § 15 Abs. 3 DepG unanwendbar ist (vgl. Rn 11.15 ff.).

11.26 Für die Aneignungsermächtigung gelten **strenge Formvorschriften** (§§ 13 Abs. 1, 15 Abs. 2 DepG). Der Kunde soll hierdurch vor dem Verlust seines insolvenz- und vollstreckungsrechtlich geschützten Eigentums an den Wertpapieren gewarnt werden. Diese Formerfordernisse brauchen seit jeher nicht beachtet zu werden, soweit die Depotkunden selbst Kreditinstitute sind, wie dies insbesondere auf ausländische Banken zutrifft, die bei einem inländischen Kreditinstitut ein Depot unterhalten (§ 16 DepG).

11.27 Die Formvorschriften sollen vor allem dem **Schutz der Depotkunden** dienen, die mit dem Bankgeschäft nicht in ausreichendem Umfange vertraut sind. Ist aber davon auszugehen, daß der Depotkunde selbst die Bedeutung der einzelnen Ermächtigungen der Bank und die mit dieser getroffenen Vereinbarungen übersieht, so bedarf es eines solchen Schutzes nicht[16].

11.28 Die **Befreiung von dieser Formstrenge** ist mit der Novellierung des Depotgesetzes durch das Zweite Finanzmarktförderungsgesetz wesentlich ausgedehnt worden. Nach dem neugefaßten § 16 DepG ist diese Bestimmung unanwendbar, wenn der Depotkunde ein Kaufmann ist, der (1) in das Handelsregister oder Genossenschaftsregister eingetragen ist oder (2) im Falle einer juristischen Person des öffentlichen Rechts nach der für sie

---

16 Amtl.Begr. zu § 16 DepG, abgedruckt bei *Opitz*, DepG, 2. Aufl., 1955, S. 251.

maßgebenden gesetzlichen Regelung nicht eingetragen zu werden braucht oder (3) nicht eingetragen wird, weil er seinen Sitz oder seine Hauptniederlassung im Ausland hat.

Aktueller Anlaß für diese Erweiterung des Anwendungsbereiches des § 16 DepG war die expansive Entwicklung des inländischen Wertpapierleihgeschäfts[17]. 11.29

Es war umstritten, ob auch auf die Erteilung von Verleihaufträgen der Nichtbanken-Kundschaft die strengen gesetzlichen Formvorschriften anwendbar sind. Eine solche Anwendbarkeit ist mit einer praxisgerechten Ausführung solcher Verleihaufträge unvereinbar. Dabei wollte der Gesetzgeber auch der bevorstehenden Umsetzung der EG-Wertpapierdienstleistungs-Richtlinie Rechnung tragen, als deren Folge professionelle Marktteilnehmer auch ohne Bankeigenschaft an den deutschen Wertpapierleihsystemen teilnehmen werden und daher von den für sie ungewohnten Formvorschriften hätten abgeschreckt werden können. 11.30

d) Fehlendes Kundeneigentum im Auslandsgeschäft

Das verwahrungsrechtliche Erfordernis einer dem Depotkunden verbleibenden (Mit)Eigentümerposition besteht aber nur bei der **Aufbewahrung im Inland.** Werden dagegen die Wertpapiere vereinbarungsgemäß im Ausland angeschafft und dort aufbewahrt, so erwirbt die Depotbank für ihre Depotkunden treuhänderisches Eigentum und erteilt ihnen eine Gutschrift in Wertpapierrechnung – WR-Gutschrift – (Rn 11.128). Hier fehlt es an einer verwahrungsrechtlichen Vertragsbeziehung, wie sie die depotgeschäftliche Rechtsbeziehung bei einer Inlandsverwahrung voraussetzt[18]. Die **WR-Gutschrift** dokumentiert, da ihr ein Treuhandverhältnis und damit ein Geschäftsbesorgungsverhältnis (§ 675 BGB) zugrunde liegt, den auftragsrechtlichen Herausgabeanspruch des Depotkunden im Sinne des § 667 BGB. Auch diese Depotgutschriften gehören jedoch ungeachtet der fehlenden verwahrungsrechtlichen Vertragsbeziehung zum bankmäßigen Depotgeschäft. 11.31

IV. Depotgeschäftliche Regelungen als Teil des Kapitalmarktrechts

Die gesetzlichen und AGB-mäßigen Regelungen des Depotgeschäfts gehören rechtssystematisch zum Kapitalmarktrecht, das sich mittlerweile als eigenständiges Rechtsgebiet neben dem Bankrecht etabliert hat, mit dem es freilich vielfältige Berührungspunkte hat. Während beim Bank-(privat-) 11.32

---

17 Begr.RegE 2. FFG, BT-Drucksache 12/6679, S. 88.
18 *Heinsius/Horn/Than,* DepG, § 22 Rn 9.

recht die bankgeschäftliche, von privatrechtlichen Interessen geprägte Vertragsbeziehung zwischen Bank und Kunde im Mittelpunkt steht, ist vorrangiges Regelungsziel des Kapitalmarktrechtes die Funktionsfähigkeit des Kapitalmarktes, der die Befriedigung des Finanzierungsbedarfes der Wirtschaft und der öffentlichen Hände sicherstellen soll und wegen des öffentlichen Interesses an dieser Markteffizienz eine staatliche Aufgabe ist.

11.33 Die rechtssystematische Zugehörigkeit der depotgeschäftlichen Regelungen zum Kapitalmarktrecht folgt aus der Definition dieses Rechtsgebietes. Danach kann das Kapitalmarktrecht umschrieben werden als „die Gesamtheit der Normen, Geschäftsbedingungen und Standards, mit denen die Organisation der Kapitalmärkte und die auf sie bezogenen Tätigkeiten sowie das marktbezogene Verhalten der Marktteilnehmer geregelt werden sollen". Diese **Marktbezogenheit** der geschäftlichen Aktivitäten der Kreditinstitute ist offensichtlich beim Effektengeschäft vorhanden, das mit dem Depotgeschäft eng verknüpft ist. Denn die Anleger als die Träger des am Kapitalmarkt auszugleichenden Nachfrage- und Angebotspotentials haben aus markttechnischen Gründen keinen unmittelbaren Marktzugang. Die Anschaffung und Veräußerung von Kapitalmarktpapieren kann deshalb regelmäßig nur durch Marktintermediäre geschehen. Diese Funktion übernehmen die Kreditinstitute im Rahmen ihres kundenbezogenen Effektengeschäfts.

11.34 Zu den marktbezogenen Tätigkeiten der Kreditinstitute gehört aber auch das Depotgeschäft, wenngleich dies nicht so offensichtlich ist wie beim Effektengeschäft. So sind die Anleger im Regelfall daran interessiert, daß die Bank die für sie angeschafften Wertpapiere auch verwahrt und die üblichen Dienstleistungen erbringt, insbesondere das Inkasso fällig werdender Wertpapiere übernimmt. Deshalb betonen auch die Gesetzesmaterialien zum Depotgesetz 1937, daß es einer das Vertrauen stärkenden Regelung der Wertpapierverwahrung für die Bankkunden bedarf[19]. Im übrigen ist der Anleger auf die depotgeschäftliche Verwahrung angewiesen, damit er sich einen günstigen Marktkurs durch schnellstmöglichen Abschluß eines für seine Rechnung am Markt getätigten Wertpapiergeschäfts sichern kann. Denn nach den Sonderbedingungen für das Wertpapiergeschäft (Nr. 7) ist die Bank zur Ausführung von Aufträgen zum Verkauf von Wertpapieren nur insoweit verpflichtet, als der Depotbestand des Kunden hierfür ausreicht. Die kurzen Lieferpflichten und die abwicklungstechnischen Vorgaben der Belieferung des für den Kunden

---

[19] Vgl. Begr.RegE DepG von 1937, abgedruckt bei *Opitz*, DepG, 2. Aufl., 1955, S. 16.

am Markt getätigten Ausführungsgeschäfts erfordern, daß sich die zu verkaufenden Wertpapiere regelmäßig schon vor Abschluß des Ausführungsgeschäfts in der Verfügungssphäre der Bank, insbesondere in Gestalt eines bei ihr unterhaltenen Depotguthabens befinden. Sämtliche am Kapitalmarkt, insbesondere an den Börsen getätigten Wertpapiergeschäfte sind entsprechend den vereinheitlichten Usancen der deutschen Wertpapierbörsen (Börsenusancen) am zweiten Börsentag nach dem Tage des Geschäftsabschlusses zu beliefern[20]. Die Bank muß deshalb die notwendigen Vorkehrungen für eine termingerechte Belieferung des Ausführungsgeschäfts treffen. Anderenfalls droht eine Zwangsregulierung nach Maßgabe der Börsenusancen durch den Marktkontrahenten, die zu erheblichen Nachteilen für den Effektenkunden als Auftraggeber führen kann.

Diese **rechtssystematische Zuordnung** der depotgeschäftlichen Regelungen zum Kapitalmarktrecht steht auch im Einklang mit den Wertungsentscheidungen des Gesetzgebers bei der Ausgestaltung des Wertpapierhandelsgesetzes, das neben dem Börsengesetz einen weiteren Schwerpunkt des Kapitalmarktrechts bildet. Nach der vollständigen Umsetzung der EG-Wertpapierdienstleistungsrichtlinie werden bei der Definition der „Wertpapiernebendienstleistungen" im Sinne des Wertpapierhandelsgesetzes die „Verwahrung und Verwaltung von Wertpapieren für andere" an erster Stelle erwähnt (§ 2 Abs. 3a WpHG). Diese Begriffsbestimmung deckt sich mit der Legaldefinition des bankmäßigen Depotgeschäfts in § 1 Abs. 1 Nr. 5 KWG. Auch nach den Gesetzesmaterialien zum Wertpapierhandelsgesetz stellen die für das bankmäßige Depotgeschäft typischen Dienstleistungen Nebendienstleistungen dar, „die typischerweise zusammen mit einer Wertpapierdienstleistung erbracht werden"[21]. 11.35

Gleichwohl hat der Gesetzgeber diese **depotgeschäftlichen Dienstleistungen** der Kreditinstitute aus dem Anwendungsbereich des Wertpapierhandelsgesetzes ausgeklammert. Nach § 2 Abs. 3a WpHG gelten als Wertpapiernebendienstleistungen 11.36

---

20 Vgl. § 15 Abs. 1 Börsenusancen (abgedruckt in *Kümpel/Ott*, Kapitalmarktrecht, Kz 450). Die Usancen des Amtlichen Marktes sind für Geschäfte im Geregelten Markt durch den Börsenvorstand für entsprechend anwendbar erklärt worden. Dasselbe gilt für den Freiverkehr an den Wertpapierbörsen durch die jeweiligen „Freiverkehrs-Richtlinien". Die Richtlinien für den Freiverkehr an der Frankfurter Wertpapierbörse, die mit den Freiverkehrsrichtlinien der anderen Börsen weitgehend übereinstimmen, sind abgedruckt in *Kümpel/Ott*, Kapitalmarktrecht, Kz 455.
21 Regierungsbegründung des Entwurfs eines Gesetzes zur Umsetzung von EG-Richtlinien zur Harmonisierung bank- und wertpapieraufsichtsrechtlicher Vorschriften – Richtlinien–Umsetzungsgesetz – (BT-Drucksache 13/7142, S. 101).

im Sinne dieses Gesetzes die wertpapierbezogenen Verwahr- und Verwaltungstätigkeiten für andere nur insoweit, als das Depotgesetz nicht anwendbar ist. Das bankmäßige Depotgeschäft ist also aus dem Anwendungsbereich des Wertpapierhandelsgesetzes ausgegrenzt worden. Hierdurch sollte erreicht werden, daß die Depotprüfung in der bisherigen Zuständigkeit des Bundesaufsichtsamtes für das Kreditwesen (BAKred) verbleiben kann, ohne daß es zu einer Doppelaufsicht durch die Bankenaufsicht und das Bundesaufsichtsamt für den Wertpapierhandel kommt[22]. Die staatliche Aufsicht über den Kapitalmarkt durch das Bundesaufsichtsamt für den Wertpapierhandel und die Börsenaufsicht erstreckt sich nur auf den Abschluß der Wertpapiergeschäfte und erfaßt deshalb nicht einmal die Erfüllung der hieraus resultierenden Lieferansprüche geschweige denn die anschließende bankmäßige Verwahrung der an den Effektenkunden gelieferten Wertpapiere. Dies erklärt sich schon daraus, daß die Eigentumsverschaffungspflicht der Bank als Einkaufskommissionärin in den §§ 18 ff. des Depotgesetzes geregelt ist. Die Beachtung der depotgesetzlichen Bestimmungen soll aber durch die dem Bundesaufsichtsamt für das Kreditwesen verbliebene Depotprüfung kontrolliert werden.

---

[22] Begr.RegE des Richtlinien-Umsetzungsgesetzes (BT-Drucksache 13/7142, S. 101); *Caspari*, ZGR 1994, 530, 534.

2. Abschnitt
Depotsonderformen

Die depotgeschäftliche Verwahrung beschränkt sich häufig nicht nur auf die Verwahrung und die übliche Verwaltung der Wertpapiere. So wird nicht selten gewünscht, daß die Wertpapiere mit einem Sperrvermerk zugunsten eines Dritten versehen werden oder verpfändet werden sollen. Hier kommt es zur Eröffnung von **Sonderdepots** mit unterschiedlicher Rechtsnatur. 11.37

I. Sperrdepot

Anlaß für ein Sperrdepot können z.B. gesetzliche Bestimmungen sein. Dies gilt insbesondere für die Depots der inländischen Versicherungsunternehmen, in denen Wertpapiere des Deckungsstocks liegen. Bei diesem Deckungsstock handelt es sich um einen aus den Versicherungsprämien gespeisten Reservefonds, der die Ansprüche der Versicherungsnehmer konkurswirksam absichern soll. 11.38

Solche Depots sind mit folgendem **Sperrvermerk** zu versehen: „Über dieses Deckungsstockdepot kann nur mit vorheriger schriftlicher Zustimmung des Treuhänders oder seines Stellvertreters verfügt werden" (§ 70 VAG). 11.39

Des weiteren sind die Depots der Kapitalanlagegesellschaften mit den zum Fonds gehörenden Wertpapieren zugunsten der Depotbank zu sperren (§ 12 Abs. 1 S. 1 KAGG). 11.40

Solche **echten Sperrdepots** sind dadurch gekennzeichnet, daß der Sperrbegünstigte keine dinglichen Rechte an den im Depot befindlichen Wertpapieren erwirbt. Auch wird er kein Vertragspartner des zwischen Depotinhaber und der Bank geschlossenen Verwahrungsvertrages. Durch diese Depotsperre wird lediglich die mit der Depotinhaberschaft verbundene Verfügungsbefugnis eingeschränkt. Solche Depotsperren wirken also nur schuldrechtlich. Sie gewähren daher in der Insolvenz des Depotinhabers keine Aus- oder Absonderungsrechte im Sinne der §§ 47, 165 ff. InsO. Es besteht eine vergleichbare Rechtsposition, wie sie der Begünstigte erwirbt, wenn zu seinen Gunsten ein Geldkonto gesperrt wird[23]. 11.41

---

23 Vgl. hierzu BGH WM 1986, 749.

II. Depot zugunsten Dritter auf den Todesfall

11.42 Nicht selten wünschen die Bankkunden, bestimmte von der Bank(zwischen)verwahrte Wertpapiere mit ihrem Ableben nicht den Erben, sondern einem Dritten zuzuwenden. Wie die Erfahrungen der Praxis zeigen, sind hierfür die erbrechtlichen Rechtsinstitute in Gestalt des Vermächtnisses (§ 1939 BGB) oder eines Schenkungsversprechens von Todes wegen (§ 2301 BGB) regelmäßig ungeeignet. Bei einer solchen **rechtsgeschäftlichen Gestaltung der Zuwendung** fallen die Wertpapiere beim Ableben des Bankkunden zunächst in dessen Nachlaß. Sodann müssen diese Wertpapiere von den Erben auf den begünstigten Dritten übereignet werden. Eine solche Mitwirkung der Erben wird vom Bankkunden aus den unterschiedlichsten Gründen regelmäßig nicht gewünscht.

11.43 Ebensowenig eignen sich für solche unentgeltlichen Zuwendungen die hierfür üblichen Rechtsgeschäfte unter Lebenden in Gestalt von auf den Tod befristeten „Hand"schenkungen oder Schuldversprechen (§§ 516, 518, 163 BGB). Denn regelmäßig sollen solche Zuwendungen davon abhängig gemacht werden, daß der Begünstigte den schenkenden Bankkunden überlebt. Werden aber **unentgeltliche Zuwendungen auf den Todesfall** mit einer solchen Überlebensbedingung verknüpft, so handelt es sich nicht mehr um Rechtsgeschäfte unter Lebenden, sondern um Verfügungen von Todes wegen (vgl. § 2301 Abs. 1 BGB); sie unterliegen damit dem Erbrecht und dessen Formvorschriften (Rn 3/130).

11.44 Hinzu kommt, daß solche auf den Tod befristeten „Hand"schenkungen und Schenkungsversprechen eines Vertrages des Bankkunden mit dem Begünstigten bedürfen. Erfahrungsgemäß scheuen jedoch die Bankkunden aus recht unterschiedlichen Motiven davor zurück, die erst für das Ableben gewollte Zuwendung schon zu ihren Lebzeiten mit dem Begünstigten zu besprechen. Gewünscht wird vielmehr, daß allein durch entsprechende Absprachen mit der depotführenden Bank sämtliche Vorkehrungen für eine von den Erben unangreifbare Zuwendung geschaffen werden.

1. Vertrag zugunsten Dritter auf den Todesfall

11.45 Für solche geschäftlichen Intentionen des Bankkunden bietet sich der Vertrag zugunsten Dritter auf den Todesfall an (§§ 328, 331 BGB). Hierdurch erwirbt der Begünstigte mit dem Ableben des Bankkunden einen eigenständigen Anspruch gegen die depotführende Bank auf das ihm zugewendete Depotguthaben (Depot zugunsten Dritter auf den Todesfall). Bei **späteren Verfügungen** über das Depotguthaben bedarf es daher keiner

Mitwirkung der Erben. Denn die Zuwendung des Depotguthabens vollzieht sich außerhalb des Nachlasses.

Solche Verträge zugunsten Dritter auf den Todesfall gehören wie die auf den Tod befristeten Schenkungen und Schenkungsversprechen zu den Rechtsgeschäften unter Lebenden. Dies gilt selbst in dem Regelfall, daß der Bankkunde die Zuwendung davon abhängig macht, daß ihn der **Begünstigte überlebt**[24]. Denn nach der gesetzlichen Regelung kann der Rechtserwerb des Begünstigten von „bestimmten Voraussetzungen" (vgl. § 328 Abs. 2 BGB) und damit auch von Bedingungen und Befristungen (§§ 158, 163 BGB) abhängig gemacht werden. 11.46

Insoweit ergibt sich ein wesentlicher Unterschied zu den auf den Tod befristeten Schenkungen und Schenkungsversprechen, die den dem Erbrecht unterworfenen Verfügungen von Todes wegen zugeordnet werden, wenn sie mit einer solchen Überlebensbedingung verknüpft sind (vgl. § 2301 BGB). Der Vertrag zugunsten Dritter auf den Todesfall bleibt dagegen auch mit einer solchen Überlebensbedingung ein **Rechtsgeschäft unter Lebenden.** 11.47

Die Rechtsbeziehung des Bankkunden zur depotführenden Bank (Deckungsverhältnis) und der dadurch begründete Anspruch des Begünstigten gegen die Bank unterliegen daher grundsätzlich nicht dem Erbrecht, sondern dem **Schuldrecht**[25]. Die höchstrichterliche Rechtsprechung des Reichsgerichts wie auch des BGH haben es daher ständig abgelehnt, solche Verträge zugunsten Dritter in Anlehnung an § 2301 BGB den erbrechtlichen Formvorschriften für Verfügungen von Todes wegen zu unterwerfen, auch wenn es sich im Verhältnis des zuwendenden Bankkunden zum Begünstigten um eine unentgeltliche Zuwendung handelt[26]. Ebensowenig bedürfen solche Verträge zugunsten Dritter über eine unentgeltliche Zuwendung der notariellen Form des Schenkungsversprechens (§ 518 Abs. 1 BGB)[27]. Die Verträge zugunsten Dritter werden in die Vordrucke für die Eröffnung solcher **Depots zugunsten Dritter auf den Todesfall** integriert, die der Bankkunde mit seiner rechtsgültigen Unterschrift zu versehen hat. 11.48

Bei einem solchen Depot zugunsten Dritter auf den Todesfall bleibt der Kontoinhaber wirtschaftlicher Inhaber des Depotguthabens. Der Begünstigte hat zu Lebzeiten des Bankkunden keinerlei Rechte, auch nicht eine 11.49

---

24 BGH WM 1983, 1355, 1356.
25 BGH WM 1983, 1355, 1356.
26 RGZ 106, 1, 2; BGH WM 1983, 1355, 1356.
27 BGH WM 1983, 1355, 1356.

betagte oder aufschiebend bedingte Forderung gegen die Bank oder den Depotinhaber, sondern nur eine Hoffnung auf einen künftigen Rechtserwerb mit dem Tode des Kontoinhabers[28].

11.50 Die höchstrichterliche Rechtsprechung hat diese Depots zugunsten Dritter auf den Todesfall als wirksame lebzeitige Verfügungen anerkannt, zumal die Beteiligten durchweg auf diese Anerkennung vertrauten und deshalb die Formen letztwilliger Verfügungen nicht einhielten[29]. Ein Teil des Schrifttums hat gegen diese Rechtsprechung Bedenken geäußert, weil hierdurch ein Funktionsverlust des Erbrechts bewirkt wird (Rn 3.313).

2. Treuhänderische Übereignung der Wertpapiere auf die Depotbank

11.51 Bei solchen Zuwendungen von Depotguthaben erwirbt der Begünstigte gegen die depotführende Bank den **Anspruch auf Rückübereignung der ihr übertragenen Wertpapiere.** Hierzu überträgt der Bankkunde sein Wertpapiereigentum treuhänderisch auf die depotführende Bank. Er erwirbt hierdurch einen auftragsrechtlichen Herausgabeanspruch (§ 667 BGB) in Gestalt eines Rückübereignungsanspruchs, der sodann dem Begünstigten durch Vertrag zugunsten Dritter auf den Todesfall zugewendet werden kann.

11.52 Eine **unmittelbare Zuwendung** des Wertpapiereigentums an den Begünstigten ist nicht möglich. Verträge zugunsten Dritter mit dinglicher Wirkung sind nach allgemeiner Meinung unzulässig. Auf diesem Wege können daher dem Begünstigten nur **Forderungsrechte** zugewendet werden[30], wie sie der Rückübereignungsanspruch bei solchen Treuhanddepots darstellt.

11.53 Insoweit besteht ein Unterschied zu der Zuwendung von Kontoguthaben. Soll ein bestimmtes Sparguthaben zugewendet werden, so kann der zugrundeliegende darlehensrechtliche Rückgewährsanspruch sofort im Wege eines Vertrages zugunsten Dritter auf den Todesfall dem Begünstigten verschafft werden.

11.54 Beim Depot zugunsten Dritter auf den Todesfall ist also dieses zuwendbare Forderungsrecht zunächst durch Begründung eines **schuldrechtlichen Treuhandverhältnisses** zu schaffen, damit für den Bankkunden ein auftragsrechtlicher Herausgabeanspruch in Gestalt des aus dem Treuhandverhältnis fließenden Rückübereignungsanspruches begründet wird, der

---

28 *Soergel/Hadding*, § 331 Rn 7.
29 BGH WM 1983, 1355, 1356; 1976, 320, 321.
30 OLG Zweibrücken WM 1998, 1776, 1777; *Palandt/Heinrichs*, Einf. v. § 328 Rn 9.

sodann dem Begünstigten im Wege eines Vertrages zugunsten Dritter zugewendet werden kann.

3. Erfordernis einer Schenkungsabrede

Der Erwerb eines solchen Guthabens im Verhältnis zur depotführenden Bank ist unproblematisch. Hierzu bestimmt § 331 BGB, daß der Begünstigte mit dem Tode des Bankkunden das Recht aus diesem Guthaben erwirbt. Die rechtliche Problematik dieser Depots liegt vielmehr in dem Verhältnis zwischen Begünstigten und Erben. Wie beim Konto zugunsten Dritter auf den Todesfall (Rn 3.317) stellt sich auch hier die Kernfrage, ob die Erben von dem Begünstigten die Herausgabe der erworbenen Depotguthaben nach bereicherungsrechtlichen Grundsätzen entgegen dem ausdrücklich erklärten Willen des Erblassers wieder herausverlangen können, m.a.W. ob die vom Bankkunden beabsichtigte unentgeltliche Zuwendung noch von seinen Erben vereitelt werden kann und daher nicht „bereicherungs"fest ist.

11.55

Solche **Bereicherungsansprüche** entfallen nach herrschender Meinung nur dann, wenn eine **Schenkungsabrede** zwischen dem Bankkunden und dem Begünstigten zustandegekommen ist, die als Rechtfertigungsgrund (causa) für die unentgeltliche Zuwendung des Guthabens auf solchen Depots dienen kann und daher einen Bereicherungsanspruch der Erben ausschließt. Denn eine „bereicherungsfeste" Schenkung erfordert nach allgemeiner Meinung die Einigung des Schenkers (Bankkunde) und des Beschenkten (Begünstigter), daß die Zuwendung **unentgeltlich** erfolgen soll (Schenkungsabrede gemäß § 516 BGB)[31].

11.56

Mit Rücksicht auf diese Anforderungen an den Bestand solcher Zuwendungen enthalten die Bankformulare eine ausdrückliche Schenkungsofferte des Bankkunden. Zugleich verzichtet der Bankkunde auf den Widerruf seiner Schenkungsofferte und beauftragt die Bank, diese Offerte nach seinem Ableben an den Begünstigten zur Annahme weiterzuleiten („**postmortaler Übermittlungsauftrag**"). Mit dieser Vertragsgestaltung soll sichergestellt werden, daß die Schenkungsabrede nach dem Ableben des Bankkunden tatsächlich zustandekommen kann, ohne daß die Erben die Realisierung des Zuwendungswillens des dann verstorbenen Bankkunden vereiteln können. Hierzu verzichtet der Bankkunde auf sein Recht zum Widerruf der Schenkungsofferte, die infolge ihrer ausdrücklichen Integration in das Depoteröffnungsformular zwar schon abgegeben, aber dem

11.57

---
31 Vgl. im einzelnen *Soergel/Hadding*, § 331 Rn 14 ff.

Begünstigten als Adressaten noch nicht zugegangen ist. Denn zugangsbedürftige Willenserklärungen wie solche Schenkungsofferten werden grundsätzlich erst mit dem Zugang beim Adressaten wirksam, sofern diesem nicht vorher oder gleichzeitig ein Widerruf zugeht (§ 130 Abs. 1 BGB).

11.58 Dieses Vertragsmodell eines Widerrufsverzichts mit einem postmortalen Übermittlungsauftrages an das depotführende Kreditinstitut kann sich auf eine einschlägige Entscheidung des BGH vom 14. 7. 1976 stützen[32]. Dort heißt es: „Konnte der Erblasser etwa infolge eines Widerrufsverzichts nicht mehr widerrufen, so können es auch die Erben grundsätzlich nicht." Diese rechtsgeschäftliche Bindung an die unwiderrufliche Schenkungsofferte geht auf die Erben nach dem Grundsatz der Universalsukzession über (§ 1922 BGB)[33].

11.59 Beim Depot zugunsten Dritter auf den Todesfall liegt also im wesentlichen die gleiche Rechtskonstruktion wie dem Konto zugunsten Dritter auf den Todesfall zugrunde.

III. Verpfändungen durch den Depotkunden

11.60 Eine konkursfeste (dingliche) Rechtsstellung erwirbt dagegen der begünstigte Dritte, wenn ihm die depotmäßig verwahrten Wertpapiere vom Depotinhaber verpfändet werden. Hier wird das Depot zu einem **Pfanddepot**.

11.61 Solche Pfanddepots sind zu unterscheiden von den regulären Kundendepots, die dem AGB-Pfandrecht der Depotbank unterworfen sind. Dieses Pfandrecht beruht auf den AGB Banken (Nr. 14 Abs. 1) und besteht für alle Kundendepots.

11.62 Die Kreditinstitute pflegen bei solchen Pfanddepots zugunsten Dritter mit dem verpfändenden Depotinhaber und dem Pfandgläubiger eine schriftliche Verpfändungsvereinbarung zu treffen, um die mit einer solchen Verpfändung regelmäßig verknüpften Fragen zu regeln.

11.63 So steht dem Aktionär und damit dem Depotinhaber die Ausübung von Bezugsrechten auf neue Aktien zu. Er ist jedoch schuldrechtlich verpflichtet, das Pfandrecht insoweit auf die jungen Aktien auszudehnen, als hierin der Wert des Bezugsrechts enthalten ist.

---

32 WM 1976, 1130, 1131, 1132.
33 BGH WM 1976, 1131, 1132; Kümpel, WM 1977, 1186, 1193.

Dagegen erstreckt sich das Pfandrecht automatisch auf **Berichtigungsaktien** (Gratisaktien). Denn hier sind keine zusätzlichen Zahlungen der Aktionäre zum Bezug der neuen Aktienrechte erforderlich. Die Erträgnisse aus den Wertpapieren, insbesondere die Dividenden und Zinsen stehen ebenfalls dem Pfandgläubiger zu. Das Pfandrecht erfaßt kraft Gesetzes auch die Zins- und Dividendenanteilscheine. Mangels abweichender Vereinbarung kann jedoch der Verpfänder vor Pfandreife die Herausgabe der Kupons verlangen, die zwischenzeitlich fällig geworden sind (§ 1296 S. 2 BGB).

11.64

Das **Stimmrecht** verbleibt dagegen **beim Depotkunden,** weil dieser bei einer Verpfändung im Unterschied zur Sicherungsübereignung Aktionär bleibt und ihm daher in dieser Eigenschaft auch die Stimmrechte zustehen. Im Interesse klarer Regelungen empfiehlt sich, über diesen gesamten Fragenkomplex schriftliche Vereinbarungen zu treffen, damit sich die Depotbank entsprechend verhalten kann.

11.65

IV. Verpfändungsermächtigungen zugunsten der Depotbank

In der Praxis besteht ein anerkennenswertes Interesse für die Depotbank, die ihr zur Verwahrung anvertrauten Wertpapiere für die Refinanzierung eines ihrem Depotkunden eingeräumten Kredites der refinanzierenden Bank verpfänden zu dürfen. Würde der Depotbank eine solche Verpfändung schlechthin verboten werden, so wäre diese Refinanzierung durch Aufnahme eines sog. Rückkredites (vgl. § 12 Abs. 2 DepG) in vielen Fällen unmöglich. Mit dieser Verpfändung wird andererseits in das Eigentum des Depotkunden an den verpfändeten Wertpapieren eingegriffen. Der Gesetzgeber hat daher mit § 12 DepG versucht, die Bedürfnisse des Kundenschutzes mit den berechtigten geschäftlichen Interessen der Depotbank in Einklang zu bringen[34].

11.66

Vor der Verpfändung der Kundenpapiere benötigt die Depotbank eine Verpfändungsermächtigung ihres kreditsuchenden Depotkunden. Diese Ermächtigung muß für jedes Verwahrgeschäft ausdrücklich und schriftlich erteilt werden; sie darf weder in Geschäftsbedingungen der Depotbank enthalten sein noch auf andere Urkunden verweisen.

11.67

Zum **Schutz des Depotkunden** ist die Ausübung der Verpfändungsermächtigung von weiteren Voraussetzungen abhängig. So darf die Depotbank die ihr anvertrauten Wertpapiere nur im Zusammenhang mit einer Kreditzusage an den Depotkunden verpfänden.

11.68

---

34 Amtl.Begr. zum DepG abgedruckt bei *Opitz*, DepG, 2. Aufl., 1955, S. 193.

11.69 Die Kreditzusage muß aus den Kreditunterlagen ersichtlich sein. Eine Inanspruchnahme des Kredites durch den Depotkunden ist freilich nicht erforderlich[35].

11.70 Schließlich muß es sich bei dem kreditgewährenden Gläubiger um einen Verwahrer im Sinne des § 1 Abs. 2 DepG handeln, dem die verpfändeten Wertpapiere des Depotkunden zur Verwahrung anvertraut worden sind. Der Pfandgläubiger wird also aus der Sicht des Depotkunden zum Drittverwahrer (§ 3 DepG).

11.71 Das Depotgesetz unterscheidet **vier Verpfändungsarten.**

1. Depot C

11.72 Die regelmäßige Ermächtigung zur Verpfändung (§ 12 Abs. 2 DepG) gestattet es der Depotbank, mit sämtlichen Wertpapieren der sie ermächtigenden Depotkunden alle Refinanzierungskredite (Rückkredite) abzusichern, die sie zur Gewährung von Krediten an diese Kunden beim Drittverwahrer aufgenommen hat[36].

11.73 Macht die zwischenverwahrende Depotbank von dieser Verpfändungsermächtigung Gebrauch, so entsteht zwischen den mehreren Depotkunden, die entsprechende Ermächtigungen erteilt haben, eine Gefahrengemeinschaft. Dem trägt das Gesetz dadurch Rechnung, daß es den betroffenen Depotkunden ein insolvenzrechtliches Vorrecht eingeräumt und ein Ausgleichsverfahren mit dem Ziele der gleichmäßigen Befriedigung vorgesehen hat (§ 33 DepG).

11.74 Der kreditgewährende Drittverwahrer hat die ihm verpfändeten Wertpapiere nach den Depotprüfungsrichtlinien in ein als Depot C zu bezeichnendes Pfanddepot einzubuchen[37].

2. Depot D

11.75 Bei der beschränkten Verpfändung (§ 12 Abs. 3 DepG) entspricht der Rückkredit, den die Depotbank bei dem refinanzierenden Drittverwahrer

---

[35] Nr. 6 Abs. 1 S. 2 Amtliche Prüfungshinweise für die Depotprüfung, abgedruckt in *Kümpel/Ott,* Kapitalmarktrecht, Kz 320.
[36] *Heinsius/Horn/Than,* DepG, § 12 Rn 23.
[37] Nr. 10 Abs. 4 Amtliche Prüfungshinweise für die Depotprüfung, abgedruckt in *Kümpel/Ott,* Kapitalmarktrecht, Kz 320; *Spieth/Krumb,* Die Depotprüfung, 1975, S. 98.

aufgenommen hat, dem Kredit ihres Depotkunden. Die verpfändeten Wertpapiere haften daher nur für diesen Betrag.

Da diese Verpfändungsermächtigung für den Depotkunden verhältnismäßig risikofrei ist, entfallen hier die strengen Formvorschriften des § 12 Abs. 1 S. 2 DepG. Die schriftliche Verpfändungsermächtigung kann hierbei auch für alle künftig anvertrauten Wertpapiere erteilt werden und daher in den Allgemeinen Geschäftsbedingungen enthalten sein. 11.76

Die verpfändeten Wertpapiere sind vom kreditgewährenden Drittverwahrer in ein als Depot D zu bezeichnendes Sonderpfanddepot einzubuchen[38]. 11.77

3. Depot A

Die unbeschränkte Ermächtigung zur Verpfändung (§ 12 Abs. 4 DepG) gestattet der Depotbank, die ihr von dem betreffenden Depotkunden anvertrauten Wertpapiere für alle ihre Verbindlichkeiten gegenüber dem Drittverwahrer und ohne Rücksicht auf die Höhe der dem Depotkunden eingeräumten Kredite zu verpfänden. 11.78

Der kreditgewährende Drittverwahrer hat die ihm mit diesem weiten Sicherungszweck verpfändeten Wertpapiere dem als Depot A zu bezeichnenden Eigendepot einzubuchen[39], zu dessen Bestand vor allem die im Eigentum der Depotbank stehenden Wertpapiere gehören, die diese dem Drittverwahrer zur Verwahrung anvertraut hat. 11.79

4. Depot E

Mit der Novellierung des Depotgesetzes durch das Zweite Finanzmarktförderungsgesetz hat der Gesetzgeber die Möglichkeiten dieser Verpfändungsermächtigung erweitert, um der Depotbank die Ausführung von Kundenaufträgen an einer der gesetzlichen Aufsicht unterliegenden Terminbörse zu ermöglichen, die von den Kreditinstituten als Marktteilnehmer Sicherheitsleistungen verlangt. Nach dem neueingefügten § 12a DepG kann diese Sicherheitsleistung mit der Verpfändung solcher Wertpapiere bewirkt werden, die der Kunde seiner Depotbank nach den Regularien der Terminbörse ohnehin zu verpfänden hat. 11.80

---

38 Nr. 10 Abs. 4 Amtliche Prüfungshinweise für die Depotprüfung.
39 Nr. 10 Abs. 4 Amtliche Prüfungshinweise für die Depotprüfung. Dagegen werden in das Depot B sämtliche Wertpapiere eingebucht, die dem Drittverwahrer von einer anderen Bank eingeliefert oder für sie angeschafft und unbelastet für deren Depotkunden vom Drittverwahrer aufbewahrt werden sollen.

11.81 Für den **Rückgriff** auf diese der Depotbank verpfändeten Sicherheiten zwecks Durchleitung an die Terminbörse besteht ein wertungsmäßig gleich zu beurteilendes Interesse der Depotbank, das den Gesetzgeber zur Einführung des § 12 DepG veranlaßt hat. Während diese Gesetzesbestimmung der Depotbank die Refinanzierung eines dem Depotkunden eingeräumten Kredites ermöglicht, soll der neugeschaffene § 12a DepG die Depotbank in die Lage versetzen, als Kommissionärin Börsentermingeschäfte an Terminbörsen für Rechnung des Depotkunden zu tätigen und daher für die vorgeschriebene Sicherheitsleistung auch Wertpapiere ihres Kunden verpfänden zu können.

3. Abschnitt
Depotgeschäftliche Dienstleistungen

Die gesetzliche Definition des Depotgeschäfts (§ 1 Abs. 1 S. 2 Nr. 5 KWG) spricht mißverständlich von der Verwahrung und Verwaltung der Wertpapiere ohne jegliche Einschränkungen. Eine Verwaltungstätigkeit wird auch bei der bankmäßigen Vermögensverwaltung entfaltet, in die bankverwahrte Wertpapiere einbezogen werden. Im Rahmen des Depotgeschäfts wird jedoch eine wesentlich engere Wertpapierverwaltung betrieben. Wesentliches Merkmal der Vermögensverwaltung ist, daß die Bank bei ihren Anlagedispositionen einen Entscheidungsspielraum hat[40]. Die EG-Wertpapierdienstleistungsrichtlinie (Anhang Abschnitt A) definiert diese Dienstleistung als individuelle Verwaltung einzelner Portefeuilles mit einem Ermessensspielraum im Rahmen eines Verwaltungsauftrages des Anlegers[41]. Dementsprechend definiert das Wertpapierhandelsgesetz (§ 2 Abs. 3 Nr. 6 WpHG n.F.) die von ihr erfaßte Vermögensverwaltung als „die Verwaltung einzelner in Wertpapieren, Geldmarktinstrumenten oder Derivaten angelegter Vermögen für andere mit Entscheidungsspielraum"[42].

11.82

Ein solches **Ermessen** ist nach den Gesetzesmaterialien gegeben, wenn die konkrete Anlageentscheidung letztlich auf dem eigenen Ermessen des Verwalters beruht. Erteilt dagegen der Bankkunde aufgrund einer Anlageberatung eine dem Ergebnis der Beratung entsprechende, bestimmte Weisung, ohne daß dabei der Verwalter ein eigenes Ermessen hat, handelt es sich um eine Anlageberatung.

11.83

Das wesentliche Begriffsmerkmal „Entscheidungsspielraum" kommt auch in den üblichen Formularen zum Ausdruck, mit denen der Kunde seiner Bank den Vermögensverwaltungsauftrag erteilt.

11.84

Bei der Wertpapier„verwaltung" im Rahmen des Depotgeschäfts fehlt es dagegen an einem solchen Ermessensspielraum der Bank. Die geschuldeten Dienstleistungen sind im übrigen in den Sonderbedingungen für Wertpapiergeschäfte (Nr. 13 ff.) aufgezählt. Diese eingrenzende Umschreibung der Verwaltungspflichten in den AGB der Kreditinstitute wird

11.85

---
40 *Schwintowski/Schäfer*, Bankrecht, 1997, § 12 Rn 22.
41 Abgedruckt in *Kümpel/Ott*, Kapitalmarktrecht, Kz 925.
42 Die Einbeziehung der Vermögensverwaltung in das Wertpapierhandelsgesetz erfolgte durch das Gesetz zur Umsetzung von EG-Richtlinien zur Harmonisierung bank- und wertpapieraufsichtsrechtlicher Vorschriften vom 22. 10. 1997.

auch in der Rechtsprechung für wirksam angesehen[43]. Es gilt der **Grundsatz, daß die Bank nur solche Dienstleistungen anbietet, denen der Charakter von Anlageentscheidungen fehlt.**

11.86 Zu den **geschuldeten Dienstleistungen** gehören bestimmte Inkassotätigkeiten und Prüfungsmaßnahmen, der Umtausch der verwahrten Wertpapierurkunden sowie deren Ausbuchung und Vernichtung in bestimmten Ausnahmefällen. Hinzu kommen bestimmte Informationspflichten, wie sie weitgehend schon die auftragsrechtliche Informationspflicht im Sinne des § 666 BGB vorschreibt. Diesen Dienstleistungen liegen entgeltliche Geschäftsbesorgungen im Sinne des § 675 BGB zugrunde, weil die Bank bei den geschuldeten Tätigkeiten Vermögensinteressen ihrer Depotkunden wahrzunehmen hat.

I. Inkassopflichten

11.87 Soweit die Wertpapierurkunden im Inland aufbewahrt werden, hat die Bank für die Einlösung von Zins- und Ertragsscheinen sowie von rückzahlbaren Wertpapieren bei deren Fälligkeit zu sorgen (Nr. 14 Abs. 1 S. 1 AGB Wertpapiergeschäfte). Die Bank besorgt auch neue Zins-, Gewinnanteil- und Ertragsscheinbogen – sog. Bogenerneuerung (Nr. 14 Abs. 1 S. 3 AGB Wertpapiergeschäfte).

11.88 Befinden sich die Wertpapiere in der Girosammelverwahrung, so ist die Wertpapiersammelbank (WSB) gegenüber den zwischenverwahrenden Depotbanken verpflichtet, dieses Inkasso und die Bogenerneuerung vorzunehmen (Nr. 30 AGB-WSB)[44].

11.89 Soweit die Wertpapiere im Ausland aufbewahrt werden, obliegt dieses Inkasso und die Bogenerneuerung dem ausländischen Aufbewahrer (Nr. 14 Abs. 2 AGB Wertpapiergeschäfte).

11.90 Werden Zins-, Gewinnanteil- und Ertragsscheine sowie fällige Wertpapiere in ausländischer Währung oder Rechnungseinheiten (z.B. ECU) eingelöst, wird die Bank den Einlösungsbetrag auf dem Konto des Kunden in dieser Währung gutschreiben, sofern der Kunde ein Konto in dieser Währung unterhält. Anderenfalls wird sie dem Kunden hierüber eine Gutschrift in Deutsche Mark erteilen, soweit nicht etwas anderes vereinbart ist (Nr. 14 Abs. 4 AGB Wertpapiergeschäfte).

---

43 OLG Karlsruhe WM 1992, 577; OLG Celle WM 1997, 1801, 1802; OLG München WM 1997, 1802, 1804.
44 Abgedruckt in WM 1994, 129, 132.

Die AGB Wertpapiergeschäfte (Nr. 14 Abs. 3) regeln im Rahmen der von der Depotbank geschuldeten Inkassopflicht auch die Auslosung und Kündigung von Schuldverschreibungen. Danach überwacht die Bank bei im Inland verwahrten Schuldverschreibungen den Zeitpunkt der Rückzahlung infolge Auslosung und Kündigung anhand der Veröffentlichungen in den „Wertpapier-Mitteilungen". 11.91

Bei den „Wertpapier-Mitteilungen" handelt es sich um ein Veröffentlichungsorgan, dessen sich die Kreditwirtschaft zwecks Rationalisierung ihres Depotgeschäfts und der damit zusammenhängenden Dienstleistungen bedient. 11.92

Bei einer **Auslosung** von im Ausland verwahrten rückzahlbaren Schuldverschreibungen, die anhand deren Urkundennummern erfolgt (sog. Nummernauslosung), wird die Bank nach ihrer Wahl den Kunden für die ihm gutgeschriebenen Wertpapiere entweder Urkundennummern für die Auslosungszwecke zuordnen oder in einer internen Auslosung die Aufteilung des auf den Deckungsbestand entfallenden Betrages auf die Kunden vornehmen. Diese interne Auslosung wird unter Aufsicht einer neutralen Prüfungsstelle vorgenommen; sie kann statt dessen unter Einsatz einer elektronischen Datenverarbeitungsanlage durchgeführt werden, sofern eine neutrale Auslosung gewährleistet ist. 11.93

1. Gutschriften unter dem Vorbehalt des Eingangs

Die Gutschriften des Gegenwertes von Zins- und Gewinnanteilscheinen sowie von zur Rückzahlung fälliger Wertpapiere jeder Art erfolgen vorbehaltlich deren Eingangs-(E.v.-)Gutschriften – Nr. 14 Abs. 1 S. 2 AGB Wertpapiergeschäfte. Dieser Vorbehalt des Eingangs des Gegenwertes gilt auch in den Fällen, in denen die Depotbank zugleich Zahlstelle oder Hauptzahlstelle der Emittentin ist, solange der Depotbank nicht der Gegenwert zur Weiterleitung an den Depotkunden als Anleihegläubiger zur Verfügung gestellt worden ist. Für diese Regelung besteht insbesondere ein **praktisches Bedürfnis,** wenn die depotführende Stelle der Depotbank und die Zahlstelle der Emittentin als Zahlungsschuldner verschiedene Niederlassungen einer Filialbank sind. Hier besteht ein Interesse an der E.v.-Gutschrift durch die depotführende Filiale, bis die mit der Zahlstellenfunktion betraute Filiale oder Zentrale die ihr übersandten Kupons zu Lasten der bei ihr vorhandenen Einlösungsmittel (Dotationsmittel) des Emittenten eingelöst hat. 11.94

Bei **Identität** der depotführenden Stelle und der mit der Zahlstellenfunktion betrauten Stelle der Depotbank gilt dagegen nach der Rechtsprechung der abgetrennte Zins- oder Gewinnanteilschein schon mit der Bela- 11.95

stung des Dotationskontos als eingelöst. Hier ist für die Einlösung eine entsprechende Gutschrift auf dem Konto des Depotkunden nicht erforderlich. Denn Depotbank des Anleihegläubigers und Zahlstelle der Emittentin sind in dieser Fallkonstellation nicht als Teilnehmer des bargeldlosen Zahlungsverkehrs tätig. Deshalb kann auch nicht der dort geltende Grundsatz zum Tragen kommen, daß erst die Gutschrift auf dem Konto des Überweisungsbegünstigten die Vermögensverschiebung herbeiführt[45]. Vielmehr erlischt der verbriefte Zahlungsanspruch durch Einlösung im Wege eines gestatteten Insichgeschäfts (§ 181 BGB), wenn die Depotbank in ihrer Eigenschaft als Zahlstelle zum Ausdruck bringt, daß die Zahlungsverbindlichkeit auf diesem Wege getilgt werden soll[46]. Da die Bank als Vertreterin der Emittentin (Zahlstellenfunktion) und des Inhabers der Kupons (Depotbankfunktion) tätig wird, kann sie die Einlösung durch Insichgeschäft nur wirksam vollziehen, wenn sie auch deutlich erkennen läßt, daß sie den abgebuchten Betrag ihrem Depotkunden verschaffen möchte.

11.96 Eine solche **Einlösung durch konkludentes Verhalten** ist freilich nicht schon darin zu erblicken, daß die depotführende Bank zur üblichen Vorbereitung des Inkassos die fälligen Zins- und Gewinnanteilscheine schon einige Zeit vor dem Fälligkeitszeitpunkt von den Bögen trennt und sie zwecks rechtzeitiger Vorlage einer Zahlstelle übermittelt. Hierin liegt nur die übliche Tätigkeit der mit dem Inkasso beauftragten Depotbank.

11.97 Mit Rücksicht auf diese Rechtsprechung ist in den AGB Wertpapiergeschäfte (Nr. 14 Abs. 1 S. 2) ausdrücklich klargestellt worden, daß im Rahmen des geschuldeten Inkassos eine E.v.-Gutschrift auch dann erteilt wird, wenn die Depotbank zugleich Zahlstelle der Emittentin ist.

2. Leistungsgefahr der Emittentin bei Insolvenz der Hauptzahlstelle

11.98 Strittig ist, ob den Depotkunden als Anleihegläubiger schon vor Gutschrift des Gegenwertes auf seinem Konto die Leistungsgefahr trifft, wenn wie üblich die Emittentin als Anleiheschuldnerin die zur Einlösung benötigten Dotationsmittel bei einer inländischen Bank als Hauptzahlstelle angeschafft hat, diese aber vor dieser Gutschrift insolvent wird.

11.99 **Übereinstimmung** besteht lediglich darüber, daß die verbrieften Zahlungsansprüche mit dieser Anschaffung noch nicht erfüllt sind[47]. Denn die Zahlstellen sind

---

45 BGH WM 1958, 104; RGZ 109, 32; 111, 349; a.A. *Winden/Seipp*, WM 1956, 976.
46 BGH WM 1958, 104; *Canaris*, Bankvertragsrecht[2], Rn 2186.
47 KG WM 1953, 153; LG Augsburg WM 1950, 451; OLG Düsseldorf WM 1950, 512.

Beauftragte der Emittentin[48] und nicht etwa Vertreter der Anleihegläubiger in der Entgegennahme der geschuldeten Beträge[49].

Die **Leistungsgefahr** würde mit dieser Anschaffung der Dotationsmittel auf die Depotkunden übergehen, wenn hierdurch die Zahlungsverbindlichkeit der Emittentin als Gattungsschuld durch Konkretisierung zur sog. Stückschuld würde (§§ 279, 243 BGB)[50]. Nach *von Caemmerer* enthält jedoch die Anschaffung der Dotationsmittel bei der inländischen Hauptzahlstelle keine solche Konkretisierung. Die Emittentin habe hierdurch ihre Leistung nur vorbereitet und keineswegs alles ihr Obliegende getan. Denn nötig und geschuldet sei auch nach der Anschaffung der Tilgungsmittel immer noch die Zahlung der fälligen Beträge durch die Banken, die als Zahlstellen und damit als Erfüllungsgehilfen der Emittentin tätig werden[51].

11.100

Diese **Leistungsgefahr** würde im übrigen auch dann auf die Depotkunden **übergehen,** wenn diese nach der Anschaffung der Dotationsmittel bei der inländischen Hauptzahlstelle in Annahmeverzug geraten (§ 300 Abs. 2 BGB). Hierzu wäre jedoch bei der Zahlungsverpflichtung der Emittentin als Holschuld[52] neben der Aussonderung der geschuldeten Beträge auf dem Dotationskonto ein **wörtliches Angebot** der Emittenten erforderlich (§ 295 BGB). Dieses Angebot muß jedoch für den Anleihegläubiger erkennen lassen, bei welcher Zahlstelle die Einlösungsmittel angeschafft sind, und ihm deutlich machen, daß diese Beträge dort auf seine Gefahr stehen[53]. Hieran fehlt es jedoch im Regelfall.

11.101

Ohne ein solches Angebot hat deshalb die Emittentin das Risiko zu tragen, daß die Hauptzahlstelle nach Erhalt der Dotationsmittel insolvent wird. Denn die verbrieften Zahlungsverbindlichkeiten der Emittentin bleiben solange bestehen, bis die fälligen Beträge der Bank des Anleihegläubigers zur Gutschrift auf dessen Girokonto angeschafft worden sind. Die Emittentin trägt daher auch das Kursrisiko auf ausländische Währung lautender Wertpapiere, wenn die Anleihegläubiger von ihrem in den Anleihebedingungen vorgesehenen Recht auf „Auszahlung der geschuldeten Fremdwährungsbeiträge in Deutsche Mark, umgerechnet zum jeweiligen Tages-Geldkurs" Gebrauch machen (vgl. § 244 Abs. 2 BGB).

11.102

---

48 *Horn,* Das Recht der internationalen Anleihen, 1972, S. 355.
49 *von Caemmerer,* JZ 1951, 742 m.w.Nachw.
50 *Kulemann,* MDR 1951, S. 398.
51 JZ 1951, 744.
52 *von Caemmerer,* JZ 1951, 740.
53 *von Caemmerer,* JZ 1951, 740.

II. Behandlung von Bezugsrechten sowie Options- und Wandlungsrechten

11.103 Die Bank wird ihre Depotkunden über die Einräumung von Bezugsrechten benachrichtigen, wenn hierüber eine Bekanntmachung in den „Wertpapier-Mitteilungen (WM)" erschienen ist. Die Bank wird den Depotkunden auch über den Verfall von Rechten aus Optionsscheinen oder Wandlungsrechten aus Wandelschuldverschreibungen mit der Bitte um Weisung benachrichtigen, wenn auf den Verfalltag in den „Wertpapier-Mitteilungen" hingewiesen worden ist.

III. Benachrichtigungspflichten

11.104 Die **AGB Wertpapiergeschäfte** (Nr. 16) konkretisieren im übrigen die auftragsrechtlichen Benachrichtigungspflichten (§ 666 BGB), wie sie der Depotbank aufgrund der depotgeschäftlichen Vertragsbeziehung obliegen. Aufgrund dieses Vertragsverhältnisses ist die Depotbank auch zu Dienstleistungen verpflichtet, so daß die auftragsrechtlichen Bestimmungen anwendbar sind (§ 675 BGB). Diese AGB-mäßige Einschränkung der vertraglichen Überwachungs- und Benachrichtigungspflichten der Bank im Rahmen der depotgeschäftlichen Vertragsbeziehung ist nach der Rechtsprechung wirksam[54]. So ist die **Depotbank** insbesondere **nicht verpflichtet**, den Depotkunden fortlaufend über die Situation am Kapitalmarkt zu unterrichten, die zu einer Änderung der Anlageentscheidung des Kunden führen könnte[55]. Auch gehört es nicht zu den Verwaltungspflichten der Bank, nach Wegfall der Kursnotierung von aufbewahrten Optionsscheinen die Entwicklung der Devisenkurse zu beobachten, um eine gewinnbringende Ausübung des verbrieften Optionsrechts zu ermöglichen[56].

11.105 Werden in den „Wertpapier-Mitteilungen" Informationen veröffentlicht, die die Wertpapiere des Kunden betreffen und die geeignet sind, die Rechtsposition des Kunden aus den Wertpapieren erheblich zu beeinflussen, so wird die Bank dem Kunden diese Informationen zur Kenntnis geben. Dasselbe gilt, wenn die Bank diese Information von der Emittentin oder ihrem ausländischen Verwahrer erhält, der die Wertpapiere selbst verwahrt oder einem anderen Verwahrer anvertraut hat.

---

54 OLG Karlsruhe WM 1991, 276, 278; 1992, 577; OLG München WM 1997, 1802, 1804; OLG Hamm BB 1999, 1679.
55 OLG Karlsruhe WM 1991, 276, 278; 1992, 577; 1997, 1804; OLG Hamm BB 1999, 1679.
56 OLG Celle WM 1997, 1801, 1802.

Die Bank wird die Depotkunden insbesondere über gesetzliche Abfindungs- und Umtauschangebote, freiwillige Kauf- und Umtauschangebote sowie Sanierungsverfahren unterrichten. Eine solche **Benachrichtigung kann** jedoch **unterbleiben**, wenn die Information bei der Bank nicht rechtzeitig eingegangen ist oder die vom Kunden zu ergreifenden Maßnahmen wirtschaftlich nicht zu vertreten sind, weil die anfallenden Kosten in einem Mißverhältnis zu den möglichen Ansprüchen des Kunden stehen. Ein solcher Sachverhalt ist häufig bei den US-amerikanischen class actions gegeben, bei dem es sich um eine Art Musterprozeß handelt, dessen rechtskräftige Entscheidung gegen die Emittentin oder deren leitenden Angestellten auch den anderen Aktionären oder Anleihegläubigern mit vergleichbaren Rechten und Ansprüchen zugute kommt[57].

11.106

1. Fehlende Konkretisierbarkeit der Informationspflicht

Die auftragsrechtliche Benachrichtigungspflicht ist hinsichtlich ihres Inhalts und Umfanges auf die Erfüllung der geschuldeten Dienstleistungen und etwaigen dabei auftretenden Hindernisse beschränkt. Diese Pflicht zur Benachrichtigung des Depotkunden kann nicht allgemein oder zumindest nach Fallgruppen konkretisiert werden. Denn welche Nachrichten erforderlich sind, läßt sich nicht allgemein sagen[58], weil sich dies nach den Umständen des Einzelfalles richtet[59].

11.107

Inhalt und Umfang der Benachrichtigungspflicht wird von der Hilfsfunktion dieser Informationspflicht bestimmt[60]. Die Benachrichtigungspflicht wie auch die auftragsrechtliche Auskunfts- und Rechenschaftspflicht im Sinne des § 666 BGB bezweckt, dem Auftraggeber die ihm regelmäßig fehlenden Informationen zu verschaffen, die er braucht, um seine im Zuge der Auftragserteilung sich ändernde Rechtsstellung beurteilen und Folgerungen daraus ziehen und dem Beauftragten die notwendigen Weisungen erteilen zu können[61]. Hiernach beschränkt sich die Benachrichtigungspflicht der Bank auf die Ausführung und etwaige Ausführungshindernisse für die ordnungsgemäße Abwicklung der ihr übertragenen Geschäftsbesorgung[62].

11.108

---

57 *Kümpel* in Bankrecht und Bankpraxis, Rn 8/255.
58 *Schlegelberger/Hefermehl*, § 384 Rn 23.
59 *Palandt/Sprau*, § 666 Rn 2; zu den Grenzen dieser Benachrichtigungspflicht vgl. *Kümpel* in Bankrecht und Bankpraxis, Rn 8/255 ff.
60 Münchener Komm. zum BGB/*Seiler*, § 666 Rn 1.
61 Münchener Komm. zum BGB/*Seiler*, § 666 Rn 1 unter Bezugnahme auf die Gesetzesmaterialien; *Staudinger/Wittmann*, § 666 Rn 1.
62 *Palandt/Sprau*, § 666 Rn 2; *Soergel/Mühl*, § 666 Rn 4.

2. Benachrichtigungspflicht als Schutzpflicht der Bank

11.109 Im Einzelfall kann sich eine Benachrichtigungspflicht der Bank auch aus den allgemeinen Verhaltens- und Schutzpflichten ergeben, wie sie Rechtsprechung und Schrifttum aus der bankmäßigen Geschäftsverbindung als einem beiderseitigen Vertrauensverhältnis abgeleitet haben. Bei jedem Schuldverhältnis können neben den Hauptleistungs- und Nebenpflichten, die der Durchführung und Sicherung der geschuldeten Hauptleistung dienen, sog. allgemeine Verhaltens- und Schutzpflichten bestehen, die mit dem konkreten Vertragsinhalt nichts zu tun haben[63]. Nach den Regeln des allgemeinen Schuldrechts hat sich jeder Vertragspartner so zu verhalten, daß Person, Eigentümer und sonstige Rechtsgüter einschließlich des Vermögens des anderen Teils nicht verletzt werden[64]. **Schutzobjekt** dieser Kategorie vertraglicher Nebenpflichten ist das sog. Integritätsinteresse, also das Interesse des Partners an der Erhaltung seines personen- und vermögensrechtlichen Status quo (Rechtsgütersphäre)[65]. Für die Begründung und inhaltliche Bestimmung dieser vertraglichen Schutzpflichten sind die jeweiligen Parteivereinbarungen regelmäßig unergiebig. Diese Pflichten sind vielmehr aus einer Beurteilung der Interessenlage heraus nach den Grundsätzen von Treu und Glauben zu entwickeln.

11.110 So ist die Bank nicht verpflichtet, den Depotkunden laufend über den **Kurswert der Depotwerte** zu informieren. Jeder Kunde weiß, daß ihm die Kurswerte nur mit den Depotauszügen zum Jahresende mitgeteilt werden[66].

11.111 Mit Rücksicht auf diese allgemeinen Verhaltens- und Schutzpflichten ist bei der Schaffung der AGB Wertpapiergeschäfte die Benachrichtigungspflicht der Bank ausdrücklich auf die Fälle erweitert worden, in denen die an den Depotkunden weiterzugebenden Informationen nicht in den „Wertpapier-Mitteilungen" veröffentlicht, aber von der Emittentin oder von dem ausländischen Verwahrer bzw. Zwischenverwahrer übermittelt worden sind. Bislang war für die AGB-mäßig geregelte Benachrichtigungspflicht nur die Veröffentlichung der jeweiligen Information in den „Wertpapier-Mitteilungen" maßgeblich (vgl. Nr. 39 AGB Banken a.F.).

---

63 Münchener Komm. zum BGB/*Roth*, § 242 Rn 183.
64 BGH WM 1979, 726, 727; 1983, 798; *Palandt/Heinrichs*, § 242 Rn 35.
65 Münchener Komm. zum BGB/*Roth*, § 242 Rn 183; Münchener Komm. zum BGB/*Kramer*, Einl. vor § 241 BGB Rn 72.
66 LG München WM 1996, 2113, 2114; OLG München WM 1997, 1802.

IV. Prüfungspflichten

Im Rahmen ihrer depotgeschäftlichen Verwaltungspflichten sind die Depotbanken gehalten, die bei ihnen eingelieferten Wertpapiere daraufhin zu überprüfen, ob sie von **Verlustmeldungen (Oppositionen), Zahlungssperren oder vergleichbaren Maßnahmen** betroffen sind, die einen Mangel der Wertpapiere begründen. Die **Überprüfung auf Aufgebotsverfahren** (§§ 946 ff. ZPO) zur Kraftloserklärung von Wertpapierurkunden erfolgt dagegen auch noch nach der Einlieferung der Wertpapierurkunden zur Aufbewahrung (Nr. 17 AGB Wertpapiergeschäfte). Die Deutsche Börse Clearing AG überprüft jedoch die ihr zur Girosammelverwahrung anvertrauten Wertpapiere gemäß ihren AGB (Nr. 30 Abs. 4) fortlaufend auch auf Verlustmeldungen (Opposition) und Zahlungssperren.

11.112

Diese Überprüfung geschieht anhand des laufenden und des vorangegangenen Jahrganges der „Wertpapier-Mitteilungen", in denen die Verlustanzeige in Oppositionslisten bekanntgemacht wird[67].

11.113

Bei solchen Mängeln können die Wertpapiere im Rahmen des bankmäßigen Effektengeschäfts nicht wieder veräußert werden. Nach den auch im Verhältnis zwischen Kunde und seiner Depotbank geltenden Börsenusancen für an den inländischen Börsen getätigte Geschäfte sind aufgebotene oder mit Opposition belegte Wertpapiere für die ordnungsgemäße Erfüllung einer Lieferverpflichtung ungeeignet[68]. Auf diese Unveräußerlichkeit soll der Kunde frühzeitig hingewiesen werden, um etwaige Regreßansprüche gegen Dritte wahrzunehmen und gegen die Opposition die geeigneten Schritte einzuleiten[69].

11.114

Dagegen ist eine Bank, die ihr am Schalter eingereichte Zinsscheine einlöst, nicht verpflichtet zu überprüfen, ob die dazugehörenden Schuldverschreibungen vorzeitig gekündigt worden sind[70].

11.115

V. Umtausch sowie Ausbuchung und Vernichtung von Urkunden

Die Bank darf ohne vorherige Benachrichtigung des Depotkunden einer in den „Wertpapier-Mitteilungen" bekanntgemachten Aufforderung zur Einreichung von Wertpapierurkunden Folge leisten, wenn diese Einreichung offensichtlich im Kundeninteresse liegt und damit auch keine Anlageentscheidung verbunden ist. Solche Sachverhalte sind z.B. nach der Fusion

11.116

---

67 KG WM 1994, 18, 20.
68 Abgedruckt in WM 1984, 76, 79.
69 Zu den Prüfungspflichten bei Einlieferung von Wertpapieren zur depotmäßigen Aufbewahrung vgl. *Kümpel* in Bankrecht und Bankpraxis, Rn 8/263 ff.
70 AG Hamm WM 1988, 528, 530; AG München WM 1993, 1035, 1036.

der Emittentin mit einer anderen Gesellschaft oder bei inhaltlicher Unrichtigkeit der Wertpapierurkunden (§ 73 AktG) gegeben. Der Depotkunde wird über diesen Umtausch unterrichtet (Nr. 18 Abs. 1 AGB-Wertpapiergeschäfte).

11.117 Verlieren die für den Depotkunden verwahrten Wertpapierurkunden ihre Wertpapiereigenschaft durch Erlöschen der darin verbrieften Rechte, so können sie zum Zwecke der Vernichtung aus dem Depot des Kunden ausgebucht werden. Soweit die Urkunden im Inland verwahrt werden, werden sie soweit möglich dem Kunden auf Verlangen zur Verfügung gestellt (Nr. 18 Abs. 2 AGB Wertpapiergeschäfte). Der Depotkunde wird über die Ausbuchung, die Möglichkeit der Auslieferung und die mögliche Vernichtung unterrichtet. Erteilt der Kunde keine Weisung, so kann die Bank die Urkunden nach Ablauf einer Frist von zwei Monaten nach Absendung der Mitteilung an den Kunden vernichten.

VI. Auftragsstimmrecht

11.118 Es ist seit langem üblich, daß Kreditinstitute die Stimmrechte aus den bankverwahrten Aktien ausüben, sofern die Depotkunden dies wünschen (§ 135 AktG)[71]. Diese Praxis soll eine möglichst **hohe Präsenz der Stimmrechte** auf der Hauptversammlung gewährleisten, damit schädliche Zufallsmehrheiten möglichst vermieden werden können. Dies gilt insbesondere für Aktiengesellschaften, die über einen hohen Anteil ausländischer Aktionäre verfügen, die die Aktienurkunden von ausländischen Depotbanken verwahren lassen. Üblicherweise unterbleibt eine Stimmrechtsvertretung für im Ausland aufbewahrte Wertpapiere wegen des damit verbundenen Aufwandes. Hierauf dürfte der beachtliche Rückgang der Hauptversammlungspräsenzen großer Publikumsgesellschaften seit Mitte der 80er Jahre zurückzuführen sein.

1. Erfordernis einer Stimmrechtsvollmacht

11.119 Die Depotbank darf das Stimmrecht für die dem Depotkunden gehörenden Aktien nur ausüben oder ausüben lassen, wenn sie **schriftlich bevollmächtigt** ist. Die Vollmachten können für jede einzelne Hauptversammlung oder generell für eine Zeitspanne von höchstens 15 Monaten erteilt werden. Sie sind jederzeit widerruflich. Weitere Voraussetzung für die Stimmrechtsvertretung ist, daß die Depotbank dem Aktionär eigene Vor-

---

71 *Seibert*, BB 1998, 2536 ff.; *Noack*, BB 1998, 2533 ff.

schläge für die Ausübung des Stimmrechts unterbreitet und ihn dabei unter Übersendung bestimmter Unterlagen vor jeder Hauptversammlung um Weisungen bittet (§ 128 Abs. 2 AktG). Bei den Vorschlägen hat sich die Depotbank vom Interesse des Aktionärs leiten zu lassen und darauf hinzuweisen, daß bei nicht rechtzeitiger Erteilung anderer Weisungen das Stimmrecht entsprechend seinen Vorschlägen ausgeübt wird.

Die Depotbank ist also grundsätzlich an ihre eigenen Vorschläge für die Stimmrechtsausübung gebunden. Eine Abweichung hiervon ist nur gestattet, wenn die Depotbank den Umständen nach annehmen darf, daß der Depotkunde bei Kenntnis der Sachlage die abweichende Ausübung seines Stimmrechts billigen würde (§ 135 Abs. 5 AktG). Diese Voraussetzung wird insbesondere erfüllt sein, wenn sich nachträglich neue Umstände ergeben, die im Interesse des Depotkunden eine abweichende Stimmrechtsausübung erforderlich erscheinen lassen. Dies ist z.B. der Fall, wenn in der Hauptversammlung nicht angekündigte Anträge gestellt oder angekündigte Anträge zurückgenommen werden oder eine angemeldete Opposition ganz oder teilweise unterbleibt. Das gleiche hat zu gelten, wenn der Kunde zwar spezielle Weisungen erteilt hat, eine Abweichung von diesen Weisungen aber durch zwischenzeitlich veränderte Umstände in seinem objektiven Interesse liegt und eine sachliche Entscheidung von ihm nicht mehr zu erwarten ist.

11.120

Bei **unsachgemäßer Ausübung der Stimmrechte** haftet die Bank nach den Grundsätzen über die positive Forderungsverletzung. Dagegen scheidet eine Haftung der Bank gegenüber den nicht vertretenen Aktionären aus. In besonders gelagerten Fällen kommt allenfalls eine Haftung in Betracht, wenn die Voraussetzungen der sittenwidrigen Schädigung im Sinne des § 826 BGB gegeben sind[72].

11.121

2. Neuregelungen durch das Gesetz zur Kontrolle und Transparenz im Unternehmensbereich

Im Rahmen des Gesetzes zur Kontrolle und Transparenz im Unternehmensbereich (KonTraG) vom 27. 4. 1998[73] sind die §§ 125, 128, 135 AktG geändert worden. Danach ist der Kunde darauf hinzuweisen, daß ein Vorstandsmitglied oder ein Mitarbeiter der Gesellschaft dem Aufsichtsrat der Bank angehört (§ 128 Abs. 2 S. 5 AktG). Des weiteren muß die Bank

11.122

---

72 *Hammen*, ZBB 1993, 239, 247; vgl. weiter *Seibert*, BB 1998, 2536 ff.; *Noack*, BB 1998, 2533 ff.
73 BGBl. I 1998, S. 786 ff. Die Begründung enthält der Gesetzesentwurf der Bundesregierung (BT-Drucksache 13/9712).

die gemäß § 21 WpHG meldepflichtige Beteiligung am Grundkapital der Gesellschaft bekanntgeben (§ 128 Abs. 2 S. 6 AktG). Auch ist der Depotkunde darauf hinzuweisen, daß die Bank in den letzten fünf Jahren als Mitglied eines Bankenkonsortiums an der Emission von Wertpapieren der Gesellschaft teilgenommen hat.

11.123 Hat der Kunde eine 15-Monats-Vollmacht gemäß § 135 Abs. 2 S. 1 AktG erteilt, und ist die Bank mit mehr als fünf vom Hundert des Grundkapitals unmittelbar oder über eine Mehrheitsbeteiligung mittelbar an der Gesellschaft beteiligt und beabsichtigt sie, die eigenen Stimmrechte auszuüben oder ausüben zu lassen, ist der Kunde darauf hinzuweisen, daß die Bank ihr Stimmrecht nur ausüben kann, wenn zu den einzelnen Gegenständen der Tagesordnung eine ausdrückliche Weisung erteilt wird (§ 135 Abs. 1 S. 3 AktG).

11.124 Schließlich ist der Kunde darüber aufzuklären, daß er mit der Ausübung seiner Stimmrechte auch eine Aktionärsvereinigung beauftragen kann (§ 135 Abs. 2 S. 6 AktG).

3. Fehlende Alternative zur Stimmrechtsvollmacht

11.125 Das Vollmachtsstimmrecht ist rechtspolitisch umstritten. Bislang ist jedoch keine praktikable Alternative entwickelt worden, um vor allem bei großen Publikumsgesellschaften und verhältnismäßig niedrigen Hauptversammlungspräsenzen das Interesse der Mehrheit der Aktionäre zu wahren[74]. Das Vollmachtsstimmrecht ist 1965 vom Aktiengesetzgeber mit dem Ziel geschaffen worden, das Veröden der Hauptversammlungen und ein Absinken der Präsenzen auf den Hauptversammlungen im Interesse einer funktionierenden Aktionärsdemokratie zu verhindern. Das Geschick der Gesellschaften sollte im übrigen nicht von Zufallsmehrheiten abhängig sein. Denn viele Entscheidungen der Hauptversammlung bedürfen nur der Mehrheit der abgegebenen Stimmen (§ 133 AktG)[75].

---

[74] Großkomm. AktG/*Barz*, § 135 Anm. 1.
[75] Wegen der Zusammenstellung der Hauptversammlungsbeschlüsse, für die vorbehaltlich abweichender Satzungsbestimmungen die einfache Stimmenmehrheit ausreicht, vgl. *Obermüller/Werner/Winden*, Die Hauptversammlung der Aktiengesellschaft, 3. Aufl, 1967, S. 143 ff.; vgl. weiter *Geßler/Hefermehl/Ekkardt*, § 133 Rn 35.

4. Abschnitt
Girosammelverwahrung

Mit dem Begriff „Girosammelverwahrung" wird die Sammelverwahrung der bankmäßig verwahrten Wertpapiere durch eine Wertpapiersammelbank im Sinne der **Legaldefinition** des § 1 Abs. 3 DepG bezeichnet. Diese auch vom Gesetzgeber privilegierte Verwahrart ist von der sog. Haussammelverwahrung zu unterscheiden, bei der die Depotbank die vom Kunden eingelieferten Wertpapiere ungetrennt von ihren Beständen derselben Art oder von solchen anderer Depotkunden verwahrt oder einer anderen Bank zur Sammelverwahrung anvertraut (§ 5 Abs. 1 S. 2 DepG).

11.126

Die Girosammelverwahrung ist in der Praxis seit langem die **regelmäßige Form der bankmäßigen Aufbewahrung** von Wertpapieren. Sie ist wegen der damit verbundenen Rationalisierungseffekte wesentlich kostengünstiger als die Sonderverwahrung. Bei der Girosammelverwahrung braucht der Depotkunde im Vergleich zur zeit- und kostenintensiven Sonderverwahrung (§ 2 DepG) deutlich niedrigere Entgelte für die Verwahrung zu zahlen. Hinzu kommt, daß die von der Wertpapiersammelbank gebildeten Girosammelbestände zugleich die wertpapiermäßige Grundlage für den stückelosen Effekten-„Giro"verkehr in Wertpapieren bilden. Diese doppelte Funktion dieser Verwahrart kommt in der Bezeichnung Girosammelverwahrung (GS-Verwahrung) zum Ausdruck.

11.127

Die praktische Bedeutung der GS-Verwahrung erklärt sich insbesondere aus ihrer Funktion bei der wertpapiermäßigen Abwicklung von Wertpapiergeschäften. Dies gilt insbesondere für das Effektengeschäft mit der Bankkundschaft. Denn die Bank kann ihre Eigentumsverschaffungspflicht nach Ausführung eines Kaufauftrages dadurch erfüllen, daß sie ihren Kunden entsprechende Anteile an dem jeweiligen Girosammelbestand gutschreiben darf – GS-Gutschrift – (§ 24 Abs. 1 DepG). Solche GS-Guthaben sind Gegenstand des rationellen Effektengiroverkehrs, wie er von der Wertpapiersammelbank auf der wertpapiermäßigen Grundlage der von ihr gebildeten GS-Bestände vermittelt wird. Dieser Giroverkehr in Anteilen an Girosammelbeständen kann von den Kreditinstituten genutzt werden, um die zwischen ihnen getätigten börslichen und außerbörslichen Wertpapiergeschäfte wertpapier- und geldmäßig abzuwickeln. Im Rahmen dieses Effektengiroverkehrs werden zur Wahrung des Zug-um-Zug-Prinzips (§ 320 BB) auch die Zahlungsverpflichtungen aus diesen Wertpapiergeschäften beglichen (sog. Geldclearing der Wertpapiersammelbank).

11.128

I. Allgemeines

1. Gesetzliche Privilegierung der GS-Verwahrung

11.129   Entsprechend den praktischen Bedürfnissen hat das Zweite Finanzmarktförderungsgesetz bei der Novellierung des Depotgesetzes die Voraussetzungen für die Inanspruchnahme der GS-Verwahrung erleichtert. Bislang durften die Depotbanken die ihnen anvertrauten Wertpapiere in die GS-Verwahrung nur geben, wenn sie von ihren Kunden eine globale schriftliche GS-Ermächtigung eingeholt hatten.

11.130   **Gesetzgeberischer Anlaß** für dieses Ermächtigungserfordernis war, daß bei der Einlieferung der Wertpapierurkunden in eine Sammelverwahrung, wie sie auch der GS-Verwahrung zugrunde liegt, das bisherige Alleineigentum des Kunden kraft Gesetzes in Miteigentum umstrukturiert wird (§ 6 Abs. 1 DepG)[76].

11.131   Mit der Novellierung des Depotgesetzes ist dieses Ermächtigungserfordernis für die GS-Verwahrung entfallen, weil eine Gefährdung der materiellen Rechte der Depotkunden praktisch ausgeschlossen erscheint. Die Erfahrung hat zudem gezeigt, daß bei der GS-Verwahrung insbesondere aufgrund der Spezialisierung der Wertpapiersammelbanken auf das Depotgeschäft ein hoher Sicherheitsstandard geleistet ist[77].

11.132   Einer **Kundenermächtigung** zur Sammelverwahrung bedarf es auch nicht in den Fällen, in denen die inländische Depotbank vereinbarungsgemäß die Wertpapiere im Ausland anschafft und aufbewahren läßt. Auch im Ausland ist mittlerweile die Sammelverwahrung die regelmäßige Verwahrform. Im Unterschied zur Einlieferung in eine inländische Sammelverwahrung kommt es bei der Auslandsverwahrung nicht zu der aus der Sicht des deutschen Depotgesetzes kritischen Umwandlung von Alleineigentum in Miteigentum des Kunden. Denn bei einer Verwahrung im Ausland erwirbt der Bankkunde kein Eigentum. Nach dem Depotgesetz (§ 22) braucht die mit der Anschaffung beauftragte inländische Bank in diesen Fällen das Eigentum nur auf Verlangen ihres Kunden zu verschaffen. Hier wird dem Kunden vielmehr eine WR-Gutschrift – Rn 11.128 – erteilt, bei der es zu keiner Umstrukturierung von Kundeneigentum kommt, an die die Sammelverwahrermächtigung des § 5 DepG anknüpft.

2. Deutsche Börse Clearing AG als Wertpapiersammelbank

11.133   Die **Funktionen** einer Wertpapiersammelbank werden im Inland mittlerweile nur noch von einem Kreditinstitut wahrgenommen.

---

76 Amtl.Begr. zum DepG, abgedruckt bei *Opitz*, DepG, 2. Aufl., 1955, S. 119.
77 Begr.RegE 2. FFG, BT-Drucksache 12/6679, S. 86.

11.134 Bis Ende 1989 bestanden sieben Wertpapiersammelbanken an den inländischen Börsenplätzen mit Ausnahme von Bremen. Aus historischen Gründen nannten sich einige dieser auf die Girosammelverwahrung spezialisierten Wertpapiersammelbanken „Kassenvereine". Sämtliche Wertpapiersammelbanken wurden zum 1. Januar 1990 auf die Frankfurter Kassenverein AG verschmolzen, die entsprechend ihrer erweiterten Aufgabenstellung in Deutsche Kassenverein AG umfirmierte[78]. Zum 1. Oktober 1997 erfolgte eine erneute Umfirmierung in Deutsche Börse Clearing AG, die eine hundertprozentige Tochtergesellschaft der Deutsche Börse AG ist. Die Deutsche Börse Clearing AG ist nunmehr einzige deutsche Wertpapiersammelbank im Sinne des § 1 Abs. 3 DepG – nachfolgend auch Wertpapiersammelbank (WSB).

11.135 Die **Geschäftstätigkeit der Wertpapiersammelbank** beschränkt sich nicht nur auf die Sammelverwahrung. Sie umfaßt auch die üblichen Geschäftsbesorgungen für die verwahrten Wertpapiere, wie sie die Kreditinstitute im Rahmen ihres Depotgeschäfts schulden. Hierzu gehört vor allem das Inkasso fälliger Dividenden und Zinsscheine (Kupons). Dies ist in den AGB-WSB (Nr. 30 ff.) ausführlich geregelt[79].

11.136 Die andere wesentliche Funktion der Wertpapiersammelbank besteht darin, auf der Basis der von ihr gebildeten GS-Bestände die Belieferung der von den Depotbanken getätigten **Effektengeschäfte** im Effektengiroverkehr – Rn 11.298 – zu vermitteln. Hier werden die Lieferverpflichtungen aus Wertpapiergeschäften erfüllt, die die Kreditinstitute am Kapitalmarkt für eigene Rechnung oder die ihrer Kunden tätigen. Dies geschieht ohne körperliche (effektive) Bewegung von Wertpapierurkunden durch bloße Umbuchungen auf den bei der Wertpapiersammelbank unterhaltenen Depotkonten der Kreditinstitute. Die Wertpapiersammelbank bedient sich hierbei eines Rechenzentrums der Deutsche Börse Systems AG (vormals DWZ – Deutsche Wertpapierdaten-Zentrale GmbH), die wie die Wertpapiersammelbank eine hundertprozentige Tochter der Deutsche Börse AG ist.

11.137 Wenngleich der Schwerpunkt der Verwahrtätigkeit der Wertpapiersammelbank in der Bildung von Girosammelbeständen liegt, wird diese auch bei der **Auslandsverwahrung** von Wertpapieren tätig. So dürfen die inländischen Depotbanken nach den Sonderbedingungen für Wertpapiergeschäfte (Nr. 12 Abs. 2) auch die deutsche Wertpapiersammelbank als **Zwischenverwahrer** der auslandsverwahrten Wertpapiere einschalten. Hier unterhalten die Depotbanken bei der Wertpapiersammelbank kein

---

[78] *Jeck*, Die Bank 1990, 437 ff.
[79] Abgedruckt in WM 1994, 129, 135. Wegen der Erläuterung der AGB der Deutsche Kassenverein AG vgl. *Stuhlfauth*, WM 1994, 96 ff.

GS-Guthaben, sondern Guthaben in Wertpapierrechnung (WR). Mit diesem WR-Guthaben können sie ihre Lieferverpflichtungen aus Wertpapiergeschäften erfüllen, die sie in der betreffenden ausländischen Wertpapiergattung mit einem anderen Kontoinhaber der WSB abgeschlossen haben. Dieser von der WSB durch entsprechende Depotüberträge vermittelte Giroverkehr wird als Treuhandgiroverkehr bezeichnet (Rn 11.350).

11.138 Die Aufgaben der Wertpapiersammelbank beschränken sich schließlich nicht nur auf die Verwahrtätigkeit und die Vermittlung des Effekten- und Treuhandgiroverkehrs. Die WSB wirkt auch als Treuhänder bei der Zulassung von ausländischen Wertpapieren zum Amtlichen Handel oder Geregelten Markt sowie bei der Einziehung in den Freiverkehr an inländischen Wertpapierbörsen mit (Nr. 25 Abs. 3 AGB-WSB). Diese Funktion wurde bislang von der Deutsche Auslandskassenverein AG wahrgenommen, die zum 1. 1. 1996 auf die Wertpapiersammelbank verschmolzen worden ist.

11.139 **Kontoinhaber** der Wertpapiersammelbank können nur Kredit- und Finanzdienstleistungsinstitute mit Sitz im In- und Ausland sein. Unternehmen in diesem Sinne sind auch juristische Personen des öffentlichen Rechts mit Sitz im Inland, die vergleichbare Dienstleistungen erbringen (Nr. 2 Abs. 1 AGB-WSB). Konten bei der WSB können ferner unterhalten ausländische, ihr vergleichbare Verwahrer im Sinne des § 5 Abs. 4 DepG (ausländische Zentralverwahrer), internationale Wertpapier-Clearinginstitute sowie internationale und supranationale Organisationen, die Finanzdienstleistungen erbringen (Nr. 2 Abs. 2 AGB-WSB). Soweit die Kunden nicht der gesetzlichen Depotprüfung unterliegen, müssen sie sich einer gleichartigen Prüfung unterwerfen oder notfalls durch einen unabhängigen Wirtschaftsprüfer prüfen lassen (Nr. 3 AGB-WSB). Im übrigen gelten für Kunden mit Sitz im Ausland die Eigenkapitalanforderungen gemäß § 33 KWG (Nr. 4 AGB-WSB).

II. Erfordernis der Sammelverwahrfähigkeit

11.140 Wertpapiere können zur (Giro-)Sammelverwahrung nur zugelassen werden, wenn sie „vertretbar" sind (§ 5 Abs. 1 DepG). Diese **Vertretbarkeit** ist gegeben, wenn die Wertpapiere im Rechtsverkehr nach Stückzahl oder Nennbetrag bestimmt zu werden pflegen (§ 91 BGB). Die Wertpapiere müssen also innerhalb derselben Wertpapiergattung „austauschbar" sein. Diese Fungibilität ist auch erforderlich, damit die Wertpapiere am Kapitalmarkt gehandelt werden können[80].

---
80 *Bosch/Groß* in Bankrecht und Bankpraxis, Rn 10/4.

Wertpapiere sind **austauschbar** (fungibel), wenn sie das gleiche Recht verbriefen[81]. **Nicht sammelverwahrfähig** sind deshalb Aktien verschiedener Gattungen derselben Emittentin (vgl. § 11 AktG) oder Anleihen derselben Emittentin mit unterschiedlicher Laufzeit, selbst wenn der Zinssatz identisch ist. 11.141

Sammelverwahrfähig sind auch Namensaktien, deren Übertragung gemäß § 68 Abs. 2 S. 1 AktG an die Zustimmung der Gesellschaft gebunden ist (vinkulierte Aktien)[82]. Auch vinkulierte Namensaktien sind indossierungsfähig[83] und können mit einer Blankoindossierung versehen werden (§ 68 Abs. 1 AktG i.V.m. Art. 13 Abs. 2 S. 2 WG). Hierdurch können die urkundenmäßigen Voraussetzungen für die Sammelverwahrung geschaffen werden, weil sie infolge des Blankoindossaments austauschbar sind und damit vertretbare Sachen im Sinne des § 91 BGB darstellen[84]. 11.142

Die Vinkulierung ist auch kein Hindernis für die eigentumsmäßige Umstrukturierung der Wertpapierurkunden bei Einlieferung in die Sammelverwahrung und bei einer späteren Auslieferung (Umwandlung von Allein- in Miteigentum bei der Einlieferung und umgekehrt von Miteigentum in Alleineigentum bei der Auslieferung). Solche Eigentumsveränderungen werden von der Vinkulation nicht erfaßt, weil diese sich auf rechtsgeschäftliche Übertragungen beschränkt[85]. Die eigentumsmäßige Umstrukturierung bei den Ein- und Auslieferungen beruht dagegen auf der gesetzlichen Regelung des § 6 DepG. 11.143

Nach den Amtlichen Prüfungshinweisen für die Depotprüfung (Nr. 1 Abs. 1)[86] dürfen aber vinkulierte, nicht voll eingezahlte Namensaktien in Girosammelverwahrung nur genommen werden, soweit die WSB nicht im Aktienbuch als Treuhänder eingetragen und eine zügige und ordnungsgemäße Umschreibung im Aktienbuch sichergestellt ist. 11.144

---

81 *Heinsius/Horn/Than,* DepG, § 5 Rn 25.
82 Nach den Amtlichen Prüfungshinweisen für die Depotprüfung (Nr. 1 Abs. 1) – abgedruckt in *Kümpel/Ott,* Kapitalmarktrecht, Kz 320 – muß aber eine zügige und ordnungsgemäße Umschreibung im Aktienbuch möglich sein. Vinkulierte Namensaktien der Handels-Union AG wurden im Jahre 1954 anläßlich der Börseneinführung zur GS-Verwahrung mit der Begründung zugelassen, daß hierdurch die Kosten und die zeitraubende Versendung der effektiven Stücke im Interesse der Aktionäre vermieden und die Abwicklung der Börsengeschäfte vereinfacht werden sollte (WM 1954, 678 ff).
83 RG JW 1932, 2599; *Hueck/Canaris,* S. 216.
84 *Kümpel,* WM 1983, Sonderb. 8, 6, 7; *Heinsius/Horn/Than,* DepG, § 5 Anm. 30; *Opitz,* DepG, 2. Aufl., 1955, S. 143; *Zöllner,* WPR, S. 183.
85 Kölner Komm.zum AktG/*Lutter,* § 68 Rn 28.
86 Abgedruckt in *Kümpel/Ott,* Kapitalmarktrecht, Kz 320.

11.145 Die Wertpapiersammelbank hat im März 1997 das neue Cargosystem eingeführt, um die Lieferung vinkulierter Namensaktien wesentlich zu vereinfachen und zu beschleunigen[87]. Insbesondere können Umschreibungen im Aktienbuch im Wege eines elektronischen Datentausches zwischen Depotbank, WSB und Emittenten vollzogen werden[88]. Die AGB der Wertpapiersammelbank (Nr. 47 ff.) enthalten detaillierte Regelungen für die Sammelverwahrung der vinkulierten Namensaktien. Erforderlich ist die Ausstellung einer **Globalurkunde**, die aus technischen Gründen auf die Wertpapiersammelbank als Treuhänder aller Aktionäre lautet, deren GS-Anteile sie verbrieft (Nr. 48 Abs. 2 AGB-WSB). Diese Globalurkunde bedarf wie auch die nicht vinkulierten Namensaktien einer Blankoindossierung. Damit sind die Voraussetzungen für eine wertpapiermäßige Übertragung durch formlose Einigung und Besitzverschaffung gegeben. Auch die vinkulierten Namensaktien können somit wie girosammelverwahrte Wertpapiere in Form von Miteigentumsanteilen an dem jeweiligen Girosammelbestand (GS-Anteile) im Effektengiroverkehr geliefert werden.

III. GS-Verwahrung als Drittverwahrung

11.146 Bei der GS-Verwahrung handelt es sich notwendigerweise um eine Drittverwahrung, die gegeben ist, wenn die Depotbank die Wertpapiere ihres Depotkunden üblicherweise unter eigenem Namen einem anderen Verwahrer, insbesondere der Wertpapiersammelbank anvertraut (§ 3 DepG).

11.147 Die Depotbank ist zu dieser Drittverwahrung auch ohne Ermächtigung ihrer Depotkunden befugt (vgl. § 3 DepG); für die spezielle Drittverwahrung in Gestalt der GS-Verwahrung ergibt sich diese Ermächtigung auch aus § 5 Abs. 1 S. 1 DepG. Insoweit ergibt sich eine Erleichterung gegenüber der verwahrungsrechtlichen Bestimmung, wonach der Verwahrer im Zweifel zu einer solchen Drittverwahrung nicht berechtigt ist (§ 691 BGB). § 3 Abs. 2 S. 1 DepG sieht jedoch als **Ausgleich** für diese Erleichterung vor, daß die **zwischenverwahrende Depotbank** für ein Verschulden des Drittverwahrers wie für eigenes Verschulden haftet. Dementsprechend haben die zwischenverwahrenden Kreditinstitute schon bislang für die Erfüllung der Verwahr- und Verwaltungspflichten der deutschen Wertpapiersammelbanken gehaftet.

11.148 Etwas anderes galt nur, wenn die Depotbank ausnahmsweise ein anderes Kreditinstitut mit der Drittverwahrung betraute (Nr. 36 Abs. 1 S. 2 AGB

---

87 *Jütten*, Die Bank 1997, 112 ff.
88 *Heißel/Kienle*, WM 1993, 1909, 1913.

Banken a.F.). Auf diesen bisherigen Haftungsausschluß verzichten die AGB Wertpapiergeschäfte. Es erscheint unsicher, ob der bisherige Ausschluß der Haftung der Inhaltskontrolle nach dem AGB-Gesetz (§ 9) standhält. Denn aus dem **„Aushöhlungsverbot"** des § 9 AGBG folgt, daß sich der AGB-Verwender bei der Erfüllung vertragswesentlicher Pflichten zur Vermeidung der Rechtlosstellung des Vertragspartners sogar von der Haftung für leichte Fahrlässigkeit nicht freizeichnen kann. Dies gilt auch gegenüber der kaufmännischen Kundschaft[89].

1. Mehrstufiger Besitz

Die GS-Verwahrung begründet einen mehrstufigen mittelbaren Besitz des Depotkunden im Sinne des § 871 BGB. Die WSB als Drittverwahrer ist unmittelbarer Besitzer der bei ihr ruhenden Wertpapiere, während die Depotbank als Zwischenverwahrer mittelbarer Besitzer der **ersten Stufe** und ihr Depotkunde mittelbarer Besitzer der **zweiten Stufe** ist. Es entsteht eine Besitzleiter, die weitere Stufen hat, wenn der Verwahrkette weitere Zwischenverwahrer angehören.   11.149

Ein solcher mehrstufiger Besitz ist in der depotgeschäftlichen Praxis nicht ungewöhnlich. Werden Wertpapiere bei einem Kreditinstitut eingeliefert, das kein eigenes Konto bei der WSB unterhält, werden die Kundenpapiere über ein anderes befreundetes, der WSB angeschlossenes Kreditinstitut in die GS-Verwahrung eingeliefert. Der Depotkunde ist hier mittelbarer Besitzer der dritten Stufe. Zwischen der WSB als unmittelbarem Besitzer der Wertpapiere und dem Kunden stehen zwei Kreditinstitute als Zwischenverwahrer der ersten und der zweiten Stufe.   11.150

2. Bankfilialen als Verwahrer

Ein solcher mehrstufiger Besitz wird auch begründet, wenn die Wertpapiere bei der **Zweigstelle oder Filiale einer Filialbank** eingeliefert werden und die Papiere von der Zweigstelle oder der Filiale im eigenen Namen der Hauptfiliale zur Verwahrung gegeben werden. Solche Zweigstellen und Filialen gelten depotrechtlich sowohl untereinander als auch in ihrem Verhältnis zur Hauptfiliale als verschiedene Verwahrer, wenn sie die Wertpapiere im eigenen Namen zur Verwahrung weitergeben. Dies gilt selbst dann, wenn sich Zweigstelle und Hauptfiliale am selben Ort befinden (§ 3 Abs. 1 S. 2 DepG).   11.151

---

89 *Ulmer/Brandner/Hensen*, § 11 Nr. 7 Rn 26; *Wolf/Horn/Lindacher*, § 11 Nr. 7 Rn 29; BGH WM 1984, 1224, 1227; 1985, 522, 523.

3. Herausgabeanspruch des Depotkunden gegenüber der Wertpapiersammelbank

11.152 Bei der GS-Verwahrung bestehen vertragliche Beziehungen nur zwischen der Depotbank und ihrem Kunden einerseits und andererseits zwischen der Depotbank und der WSB als Drittverwahrer. Gleichwohl kann auch der Depotkunde als mittelbarer Besitzer der zweiten Stufe unter bestimmten Voraussetzungen aus eigenem Recht die Herausgabe der Wertpapiere von der WSB als Drittverwahrerin und damit unter Umgehung seiner Depotbank als Zwischenverwahrer verlangen.

11.153 Dem Depotkunden stehen hierbei zwei Anspruchsgrundlagen zur Verfügung. Es handelt sich um den dinglichen Herausgabeanspruch als Miteigentümer der sammelverwahrten Wertpapiere (§ 985 BGB i.V.m. §§ 7 Abs. 1, 8 DepG). Solche dinglichen Ansprüche richten sich gegen jeden Besitzer einer Sache. Daneben hat der Depotkunde den schuldrechtlichen Rückforderungsanspruch analog §§ 556 Abs. 3, 604 Abs. 4 BGB[90]. Dieser schuldrechtliche Anspruch gewinnt für den **Hinterleger** praktische Bedeutung, wenn der Depotkunde nicht zugleich auch Eigentümer der von ihm eingelieferten Wertpapiere ist und ihm daher der dingliche Herausgabeanspruch gegen die drittverwahrende WSB fehlt.

11.154 Dem dinglichen und schuldrechtlichen Herausgabeanspruch des Depotkunden gegen die WSB kommt freilich keine große praktische Bedeutung zu. Denn beide Herausgabeansprüche setzen voraus, daß die Depotbank als Zwischenverwahrerin gegenüber ihrem Depotkunden nicht mehr zum Besitz der von ihr zwischenverwahrten Wertpapiere befugt ist.

11.155 §§ 556 Abs. 3 und 604 Abs. 4 BGB gewähren dem Vermieter bzw. Verleiher den Rückforderungsanspruch erst nach Beendigung der Miete bzw. der Leihe. Solange das verwahrungsrechtliche Rechtsverhältnis zwischen Depotkunden und seiner (zwischenverwahrenden) Depotbank besteht, kann deshalb der Depotkunde seinen Rückforderungsanspruch analog §§ 556 Abs. 3 und 604 Abs. 4 BGB gegen die WSB als Drittverwahrer nicht geltend machen. Der unmittelbare Besitzer kann auch gegenüber dem Herausgabeanspruch des Eigentümers die Herausgabe der Sache verweigern, solange der mittelbare Besitzer (hier Depotbank) gegenüber dem Eigentümer (Depotkunde) zum Besitz berechtigt ist (vgl. § 986 Abs. 1 S. 1 BGB).

a) Geltendmachung des Herausgabeanspruchs bei Vollstreckungen gegen die Depotbank

11.156 Praktisch bedeutsam können die eigenen Herausgabeansprüche des Depotkunden gegen die WSB werden, wenn die Gläubiger der Depotbank in

---

90 *Canaris*, Bankvertragsrecht[2], Rn 2119.

deren Depot bei der WSB vollstrecken, in das die von den Depotkunden hinterlegten Wertpapiere eingebucht sind. Gegenstand solcher Vollstreckungsmaßnahmen können nur solche Rechte sein, die der Depotbank selbst hinsichtlich des von ihr bei der WSB unterhaltenen Depots zustehen. Dies sind Miteigentumsrechte, soweit in diesem Depot auch eigene Wertpapiere der Depotbank verbucht sind. Im übrigen hat die Depotbank aus ihrer verwahrungsvertraglichen Beziehung zur WSB eigene schuldrechtliche Auslieferungsansprüche. Von solchen Vollstreckungsmaßnahmen werden jedoch der dem Depotkunden zustehende dingliche Herausgabeanspruch und der schuldrechtliche Rückforderungsanspruch analog den §§ 556 Abs. 3, 604 Abs. 4 BGB nicht erfaßt.

Gegenüber diesen dinglichen und schuldrechtlichen Ansprüchen des Depotkunden kann die WSB die Einrede des Rechtes zum Besitz nicht mehr geltend machen, sobald der Depotkunde seine **verwahrungsrechtliche Beziehung zur Depotbank aufgekündigt** hat, weil er die Rückgabe der Wertpapiere von seiner Depotbank verlangt hat. Kann sich der Depotkunde mit Hilfe einer entsprechenden Bestätigung seiner Depotbank gegenüber der WSB als Berechtigter legitimieren, so muß die WSB die Wertpapiere unmittelbar an den Depotkunden der zwischenverwahrenden Depotbank ausliefern[91].

11.157

Auf die Ausstellung eines solchen urkundlichen Legitimationsnachweises hat der Depotkunde einen (neben-)vertraglichen Anspruch, wenn seine Depotbank an der eigenen Auslieferung der Wertpapiere infolge der gegen sie gerichteten Vollstreckungsmaßnahmen gehindert ist.

11.158

Mit dieser **unmittelbaren Auslieferung** der Wertpapiere an den Depotkunden leistet der Kassenverein zugleich mit befreiender Wirkung gegenüber der zwischenverwahrenden Depotbank als ihrem Vertragspartner des zugrundeliegenden Verwahrungsvertrages. Die Depotbank und ihre Depotkunden können jeder für sich die entsprechende Anzahl von Wertpapieren von der WSB verlangen. Diese ist zugleich Schuldnerin des verwahrungsrechtlichen Rückforderungsanspruches der zwischenverwahrenden Depotbank einerseits und andererseits des dinglichen bzw. schuldrechtlichen Herausgabeanspruches der Depotkunden der zwischenverwahrenden Depotbank. Die Wertpapiersammelbank braucht jedoch die von ihr

11.159

---

91 Zur Schadensersatzpflicht des gegen den Zwischenverwahrer vollstreckenden Gläubigers wegen Eigentumsverletzung (§ 823 Abs. 1 BGB), wenn dem Drittverwahrer durch die Vollstreckung eine Herausgabe an den Hinterleger als (Mit-)Eigentümer unmöglich gemacht wird, vgl. BGH WM 1977, 78; *Schütz*, JR 1957, 433.

geschuldete Rückgabe nur einmal zu bewirken. Es liegt ein Gesamtgläubigerverhältnis im Sinne des § 428 BGB vor[92].

b) Vermeidung von Vollstreckungen durch Maßnahmen der Bankenaufsicht

11.160 Das **Risiko** solcher Vollstreckungsmaßnahmen ist durch den Maßnahmenkatalog geringer geworden, den die KWG-Novelle vom 24. 3. 1976 für das Bundesaufsichtsamt für das Kreditwesen geschaffen hat (§ 46a KWG). Hiernach kann die Aufsichtsbehörde bei drohender Insolvenz eines Kreditinstitutes ein Veräußerungs- und Zahlungsverbot erlassen und die vorübergehende Schließung des Kreditinstitutes für den Verkehr mit der Kundschaft anordnen. Für die Dauer der Anordnung solcher Maßnahmen sind sodann Zwangsvollstreckungen, Arreste und einstweilige Verfügungen in das Vermögen des hiervon betroffenen Kreditinstituts nicht zulässig (§ 46a Abs. 1 S. 4 KWG).

IV. Struktur der Rechtsposition des Depotkunden

11.161 Die zum Sammelbestand gehörenden Wertpapiere stehen im **Miteigentum** der hieran beteiligten Depotkunden, die untereinander eine Gemeinschaft nach Bruchteilen bilden (§§ 1008, 741 BGB)[93]. Das gemeinschaftliche Eigentum ist daher Bruchteilsmiteigentum und kein Gesamthandseigentum, wie es z.B. bei der BGB-Gesellschaft gebildet wird. Dabei besteht das Miteigentumsrecht in Gestalt einer bestimmten einheitlichen Bruchteilsquote an jedem einzelnen Wertpapier des Sammelbestandes (vgl. § 6 Abs. 1 S. 1 DepG).

11.162 Das Miteigentumsrecht, das dem Depotkunden gleichmässig an jeder sammelverwahrten Wertpapierurkunde zusteht, kann **ziffernmäßig genau bestimmt** werden[94]. Der Bruchteil errechnet sich aus dem Verhältnis der vom Depotkunden eingelieferten Menge zur Gesamtzahl der in dem betreffenden Sammeldepot vereinigten Wertpapiermengen. Der Bruchteilsnenner bestimmt sich also aus der Anzahl der im Sammelbestand vorhandenen Wertpapiere und der Bruchteilszähler aus der Anzahl der vom Depotkunden eingelieferten Wertpapiere.

---

92 Vgl. *Canaris*, Bankvertragsrecht[2], Rn 2120.
93 *Opitz*, DepG, 2. Aufl., 1955, S. 151; *Canaris*, Bankvertragsrecht[2], Rn 2022, 2115; *Heinsius/Horn/Than*, DepG, § 6 Rn 16; *Kümpel*, WM 1980, 422 ff m. weit. Nachw.
94 *Opitz*, Der Effekten-Ferngiroverkehr, Sammelband S. 86/87.

4. Abschnitt: Girosammelverwahrung

Sind z.B. von den 100 Wertpapieren eines Sammelbestandes 10 Stück vom Depotkunden A zur GS-Verwahrung eingeliefert worden, so steht A an jeder der im Sammelbestand vereinigten 100 Wertpapierurkunden ein Miteigentumsbruchteilsrecht in Höhe von 10/100 = 1/10 zu. Diese Bruchteilsrechte wechseln ihre Größe bei jeder Veränderung des Gesamtbestandes durch Ein- und Auslieferungen für andere Depotkunden im Wege der **sog. An- und Abwachsung**[95].

11.163

Wenn die Praxis jedoch von Sammeldepotanteilen spricht, so sind hiermit häufig nicht konkrete Miteigentumsrechte an den einzelnen sammelverwahrten Wertpapierurkunden, sondern die Summe der einem Depotkunden zustehenden Miteigentumsrechte an allen Wertpapieren des GS-Bestandes gemeint. Der Sammeldepotanteil wird hier also im Sinne eines Sammeldepotguthabens verstanden. Dieser Sprachgebrauch steht auch im Einklang mit der Rechtswirklichkeit. Die Miteigentumsrechte an den einzelnen Wertpapierurkunden spielen keine eigenständige rechtliche Rolle. Zur Vermeidung einer heillosen Zersplitterung und einer unerträglichen Rechtsunsicherheit kann nach übereinstimmender Literaturmeinung der Depotkunde nicht über die einzelnen Miteigentumsrechte, sondern nur über deren Summe verfügen. Dabei kann er über sein Depotguthaben insgesamt oder in Teilbeträgen verfügen[96].

11.164

Der Depotkunde kann insbesondere die Auslieferung von Wertpapieren entsprechend seinem Sammeldepotguthaben an sich selbst verlangen. Bei der gewöhnlichen Bruchteilsgemeinschaft kann dagegen der einzelne Gemeinschafter die Herausgabe des gemeinschaftlichen Eigentums nur an alle Gemeinschafter fordern (§§ 432, 741, 1011 BGB)[97].

11.165

Der **Sammelverwahrer** ist kraft Gesetzes **ermächtigt,** dem einzelnen Depotkunden eine seinem Sammeldepotguthaben entsprechende Anzahl von Wertpapieren auszuliefern (§ 6 Abs. 2 S. 1 DepG). Mit dieser Bestimmung wird der für die Bruchteilsgemeinschaft geltende § 747 BGB abgeändert; hiernach können die einzelnen Gemeinschafter über die im Miteigentum stehenden Sachen nur gemeinschaftlich verfügen. Diese gesetzliche Ermächtigung gestattet es dem Sammelverwahrer, Auslieferungsansprüche der Depotkunden in einer den praktischen Bedürfnissen der Sammelverwahrung gerecht werdenden Weise zu erfüllen[98].

11.166

---

95 *Canaris*, Bankvertragsrecht², Rn 2117; *Schulze-Osterloh*, Das Prinzip der gesamthänderischen Bindung, 1972, S. 147, 150.
96 *Canaris*, Bankvertragsrecht², Rn 2115, 2117.
97 *Palandt/Sprau*, § 741 Rn 10.
98 Amtl.Begr., abgedruckt bei *Opitz*, DepG, 2. Aufl. 1955, S. 150.

1. Schuldrechtlicher Rückforderungsanspruch

11.167 Dem Depotkunden ist es im übrigen verwehrt, die Aufhebung der Bruchteilsgemeinschaft zu verlangen, wie dies § 749 BGB bei der gewöhnlichen Bruchteilsgemeinschaft gestattet. Eine solche Aufhebung wäre unvereinbar mit der Funktion der Sammelverwahrung als einer auf Dauer angelegten Einrichtung des bankmäßigen Depotgeschäfts[99]. Stattdessen kann der Depotkunde die ihm aus der Hinterlegung „gebührende Menge" insgesamt oder in Teilbeträgen fordern (§§ 7 Abs. 1, 6 Abs. 2 DepG). Hierdurch wird der mit der Sonderverwahrung verknüpfte Anspruch des § 695 BGB auf Herausgabe der hinterlegten Sache abgewandelt[100]. Zugleich wird mit der Regelung des § 7 Abs. 1 DepG der Anspruch auf Aufhebung der Sammeldepotgemeinschaft (§§ 749 ff. BGB) ausgeschlossen[101].

2. Dinglicher Herausgabeanspruch

11.168 Dem Depotkunden steht im übrigen als Miteigentümer der dingliche Herausgabeanspruch zur Verfügung, dessen gesetzliche Grundlage die allgemeine Vorschrift des **§ 985 BGB** ist. Die für die Bruchteilsgemeinschaft sonst geltende Vorschrift des § 1011 BGB, die den § 985 BGB für die Bruchteilsgemeinschaft abwandelt und dem einzelnen Gemeinschafter nur den Anspruch auf Herausgabe an alle Gemeinschafter gewährt (§ 432 BGB), ist auf Bruchteilsgemeinschaften bei der Wertpapiersammelverwahrung nicht anwendbar[102].

11.169 Der dingliche Herausgabeanspruch des § 985 BGB ist wie der schuldrechtliche Rückforderungsanspruch im Interesse der Funktionsfähigkeit der Sammelverwahrung nicht auf bestimmte Wertpapierurkunden gerichtet. Vielmehr ist dieser dingliche Herausgabeanspruch zu einem **Anspruch auf Auslieferung** einer bestimmten Menge aus einem Sammelbestand **modifiziert** worden. Es gilt daher der Grundsatz der gelockerten Identität, weil der Herausgabeanspruch nicht nur die dem Depotkunden ausgelieferten, sondern alle zum Sammelbestand gehörenden Wertpapiere erfaßt.

---

99 *Canaris*, Bankvertragsrecht², Rn 2119.
100 *Opitz*, DepG, 2. Aufl., 1955, S. 166; *Canaris*, Bankvertragsrecht², 1981, Rn 2119.
101 *Canaris*, Bankvertragsrecht², Rn 2119.
102 Vgl. hierzu *Kümpel* in Bankrecht und Bankpraxis, Rn 8/49.

3. Übertragung von GS-Guthaben

Girosammeldepotanteile (GS-Anteile) können nach denselben Vorschriften übertragen werden, wie sie für die Veräußerung der im Alleineigentum stehenden Wertpapiere gelten (§§ 929 ff. BGB)[103]. Es gilt daher auch der **sachenrechtliche Bestimmtheitsgrundsatz**, der für die Wirksamkeit der Veräußerung eine ausreichende Individualisierung der zu übereignenden Sachen fordert. Hierzu kann bei sammelverwahrten Wertpapieren nicht auf die sammelverwahrfeindliche Wertpapier-Stückenummer zurückgegriffen werden, wie sie bei einer Veräußerung von gesondert verwahrten und damit im Alleineigentum stehenden Wertpapierurkunden zur Verfügung steht. Bei der GS-Verwahrung kann der Hinterleger nur die ihm gebührende Menge an Wertpapieren herausverlangen (§ 7 Abs. 1 S. 1 DepG). Hierdurch kann auf die nicht praktikable nummernmäßige Zuordnung der Wertpapierurkunden zu bestimmten Hinterlegern verzichtet werden.

11.170

a) Wahrung des Bestimmtheitsgrundsatzes

Dem Bestimmtheitsgrundsatz wird bei Verfügungen über Sammeldepotanteile aber schon dadurch Rechnung getragen, daß unter Bezeichnung der Wertpapiergattung und der Depotbank der Nennbetrag der veräußerten GS-Anteile beziffert wird. In diesem Fall ist eine depotmäßige Separierung der von der Verfügung erfaßten Sammeldepotanteile selbst dann nicht erforderlich, wenn nur über einen Teil des insgesamt unterhaltenen Sammeldepotguthabens verfügt wird.

11.171

Insoweit besteht ein wesentlicher Unterschied zur Sicherungsübereignung von Warenlagern, bei der eine nur „mengen- oder wertmäßige Bezeichnung" häufig gegen den Bestimmtheitsgrundsatz verstößt. Nach *Canaris* ist daher in der Praxis der Bestimmtheitsgrundsatz durch den für Verfügungen über Rechte geltende Bestimmbarkeitsgrundsatz verdrängt worden[104].

11.172

b) Die drei möglichen Übereignungsformen

Will der Depotkunde seine GS-Anteile ohne Einschaltung seiner Depotbank veräußern, so stehen ihm alle drei sachenrechtlichen Übereignungsformen zur Verfügung. Der Depotkunde hat an den sammelverwahrten Wertpapieren Besitz in Gestalt des mittelbaren Mitbesitzes und verfügt daher auch über einen abtretbaren Herausgabeanspruch gegen seine De-

11.173

---

103 *Heinsius/Horn/Than*, DepG, § 6 Rn 35; *Canaris*, Bankvertragsrecht², Rn 2125.
104 *Canaris*, Bankvertragsrecht², Rn 2022; *Kümpel*, WM 1980, 423, 426.

potbank. Die GS-Anteile können daher vom Depotkunden übertragen werden

11.174 – durch **Einigung über den Übergang** des Miteigentums **und Anweisung** an die Depotbank als unmittelbaren Besitzer, mit dem Erwerber ein neues Besitzmittlungsverhältnis zu vereinbaren (§ 929 Satz 1 BGB). Die für die Übereignung erforderliche Übergabe kann, wenn sich die zu übereignenden Sachen im Besitz eines Dritten (Depotbank) befinden, auch dadurch erfolgen, daß der Dritte auf Anweisung des Veräußerers den Besitz nicht mehr diesem, sondern dem Erwerber vermittelt (sog. **Geheißerwerb**)[105].

11.175 – **Vereinbarung eines Besitzkonstituts** (§§ 930, 868, 688 BGB), sofern der veräußernde Depotkunde weiterhin als zwischenverwahrender Besitzmittler fungieren will, wie etwa bei einer Sicherungsübereignung an seinen Gläubiger.

11.176 – **Abtretung des** gegen die Depotbank gerichteten **Herausgabeanspruchs** (§§ 931 BGB i.V.m. § 7 Abs. 1 DepG). Auch bei der Übertragung von Miteigentumsrechten an einer drittverwahrten Sache ist nach allgemeiner Meinung die Abtretung eines entsprechenden Herausgabeanspruchs möglich, aufgrund dessen dem Zessionar mittelbarer Mitbesitz verschafft wird[106].

11.177 Diese drei Übereignungsformen stehen auch bei der Übertragung von Sammeldepotanteilen an nicht auflösbaren (Dauer-)Globalurkunden zur Verfügung. Auch hier sind die Inhaber der Sammeldepotanteile mittelbare (Mit-)Besitzer der vom Kassenverein aufbewahrten Dauerglobalurkunden und können daher ein Besitzmittlungsverhältnis zum Erwerber begründen (§ 930 BGB) oder diesem einen entsprechenden Herausgabeanspruch abtreten (§ 931 BGB).

11.178 Soweit das Schrifttum[107] den (mittelbaren Mit-)Besitz der Depotkunden bei Dauerglobalurkunden wegen des gesetzlichen Ausschlusses des depotgesetzlichen Herausgabeanspruchs verneint (§§ 7 Abs. 1, 9a Abs. 3 S. 2 DepG), wird eine Übereignung durch schlichte Einigung über den Eigentumsübergang nach den Grundsätzen der Übertragung „besitzloser" Sachen bejaht. Nach heute herrschender Meinung genügt die bloße Einigung bei besitzlosen Sachen, weil hier keine besitzrechtliche Beziehung des Veräußerers zum übereigneten Gegenstand mehr besteht[108].

11.179 In der Praxis wird GS-Guthaben regelmäßig im Effektengiroverkehr übertragen. Denn **bankverwahrte Wertpapiere** werden im Regelfall unter Mit-

---

105 *Canaris*, Bankvertragsrecht², Rn 2021a; *Palandt/Bassenge*, § 929 Rn 17 ff.
106 RGZ 139, 114, 117; *Staudinger/Wiegand*, § 931 Rn 34.
107 *Canaris*, Bankvertragsrecht², Rn 2124/2125.
108 *Staudinger/Wiegand*, § 931 Rn 17; *Palandt/Bassenge*, § 931 Rn 2; vgl. weiter *Kümpel* in Bankrecht und Bankpraxis, Rn 8/100 a.E.

wirkung der Depotbank als Verkaufskommissionärin veräußert, die ihrerseits an der Börse oder außerbörslich korrespondierte Ausführungsgeschäfte abschließt. Zur Belieferung dieser im Markt getätigten Wertpapiergeschäfte sollen weitestmöglich GS-Anteile im hierfür geschaffenen Effektengiroverkehr verschafft werden[109]. Die Übertragung dieser GS-Anteile im Effektengiroverkehr vollzieht sich nach herrschender Meinung nach dem gesetzlichen Grundtatbestand der Übereignung in Form des sog. Geheißerwerbs (§ 929 S. 1 BGB). Dabei erfolgt die für diesen Erwerbsvorgang erforderliche Besitzverschaffung dadurch, daß die Wertpapiersammelbank als unmittelbarer Besitzer das bei ihr geführte Depotkonto des lieferungspflichtigen Kreditinstitutes belastet und dem Depotkonto des lieferungsberechtigten Kreditinstitutes eine entsprechende GS-Gutschrift erteilt (sog. Besitzumstellung – Rn 11.302).

V. Rationalisierung der GS-Verwahrung

Auch die Wertpapiersammelbanken waren zur Bewältigung der Papierflut gezwungen, die Verwahrung und Verwaltung der ihr anvertrauten Wertpapiere laufend zu rationalisieren. So werden seit langem die fälligen Zins- und Dividendenscheine von GS-verwahrten Wertpapieren nicht mehr den Emittenten vorgelegt, um hierdurch die darin verbrieften Zahlungsansprüche geltend zu machen. Die Emittenten geben sich vielmehr mit einer schriftlichen Bestätigung der Wertpapiersammelbank (Deutsche Börse Clearing AG) über den Bestand der jeweils von ihnen verwahrten Papiere zufrieden[110]. In vielen Fällen wird die körperliche Vorlage von Kupons schon dadurch vermieden, daß die Zinsansprüche nicht wie bisher in abtrennbaren Zinsscheinen verbrieft, sondern in den Sammelurkunden mit verbrieft werden, die die Kapitalforderung wertpapiermäßig verkörpern[111].

11.180

Auch diese Handhabung zeigt, daß die GS-verwahrten Wertpapierurkunden ihre wichtigste Funktion, durch körperliche Vorlage den Urkundeninhaber als Berechtigten zu legitimieren, weitgehend verloren haben. Denn die Legitimation des Zahlungsberechtigten gegenüber der Emittentin erfolgt nicht mehr durch die körperliche Vorlage der Urkunden, wie es der traditionelle Wertpapierbegriff erfordert. Danach ist ein Wertpapier eine

11.181

---

109 Vgl. Nr. 15 Abs. 1 der vereinheitlichten Bedingungen für Geschäfte an den inländischen Wertpapierbörsen (WM 1984, 76, 78).
110 *Delorme*, ZGesKredW 1980, 604, 610.
111 *Kümpel*, WM 1982, 730, 737.

Urkunde, in der ein privates Recht in der Weise verbrieft ist, daß zur Geltendmachung des Rechts die Innehabung der Urkunde erforderlich ist.

11.182 Die deutsche Girosammelverwahrung zeigt, daß sich die Wertpapiere zumindest in Gestalt der Effekten des bankmäßigen Effektengeschäfts immer mehr vom faktischen Umlauf und von der tatsächlichen Vorlegung entfernen, wie sie dem historisch gewachsenen Bild des Wertpapiers entsprechen. Die urkundliche Verkörperung tritt daher bei den Kapitalmarktpapieren stark zurück. Nach *Zöllner* verblassen die Wertpapierurkunden zu einem in der Realität kaum noch beachteten Hintergrund reiner Buchungsvorgänge[112].

11.183 Diese Entwicklung ist keineswegs auf das Inland beschränkt. Auch das Ausland hat die Vorteile einer Sammelverwahrung der Inhaberpapiere und indossierten Namenspapiere für eine äußerst rationelle Aufbewahrung und Belieferung der bankmässigen Effektengeschäfte erkannt. So sind in den letzten 20 Jahren in vielen Ländern mit entwickelten Kapitalmärkten solche Sammelverwahrsysteme nach dem deutschen Vorbild geschaffen worden.

1. Sammelverwahrfähigkeit von Sammelurkunden

11.184 Zur weiteren Rationalisierung des Depotgeschäfts hat der Gesetzgeber die Sammelurkunde für die GS-Verwahrung zugelassen. Unter einer Sammelurkunde ist ein Wertpapier zu verstehen, das mehrere Rechte verbrieft, die jedes für sich in vertretbaren Wertpapieren einer und derselben Art verbrieft sein könnten (§ 9a Abs. 1 S. 1 DepG).

11.185 Von der Sammelurkunde zu unterscheiden ist das Großstück, das eine Einzelurkunde über einen hohen Nennbetrag darstellt.

11.186 Durch die **globale Verbriefung** in einer einzigen Urkunde verlieren die davon erfaßten Einzelrechte nicht ihre rechtliche Selbständigkeit; sie werden nur in einer einheitlichen Urkunde zusammengefaßt. Abgesehen von der globalen Verbriefung unterscheidet sich die Sammelurkunde somit nicht von den Wertpapieren, die gleichartige Einzelrechte verbriefen.

11.187 In der Praxis werden für die Sammelurkunden unterschiedliche Bezeichnungen verwendet wie Sammelzertifikat, Globalaktie, Sammelaktie, Sammelschuldverschreibung, Globalschuldverschreibung. Dabei fallen unter die **Sammelurkunde des § 9a DepG** nur solche Urkunden, in denen

---

112 *Zöllner*, FS Raiser, 1974, S. 249, 260; *Baumbach/Hefermehl*, WPR, Rn 90.

wertpapiermäßig verbriefbare Einzelrechte zusammengefaßt sind, nicht jedoch Beweisurkunden wie etwa ein Global-GmbH-Anteilschein[113].

a) Einlieferung von Sammelurkunden

Die girosammelverwahrte Sammelurkunde braucht in ihrer äußeren Gestaltung nicht den Druck-Richtlinien der Wertpapierbörsen zu entsprechen, weil sie börsenmäßig nicht lieferbar ist[114]. Wegen der **fehlenden Lieferbarkeit** wird die girosammelverwahrfähige Sammelurkunde als eine technische Globalurkunde bezeichnet, an deren Ausstellung wegen des geringeren Fälschungsrisikos schwächere Anforderungen gestellt werden können[115]. Das Publikum gelangt – abgesehen von Großaktionären oder Großanlegern – nicht in den Besitz solcher technischen Urkunden.

11.188

Die Sammelurkunde braucht daher nur auf **fälschungssicherem Papier** unter Verwendung einer Schreibmaschine hergestellt zu werden. Gleichwohl stellen die technischen Globalurkunden Wertpapiere im Sinne des Depotgesetzes dar. Dies war schon vor der Depotgesetznovelle vom 27. 5. 1972 unbestritten[116]. Mit dieser Novellierung des Depotgesetzes ist jedoch die bisherige Verwendung technischer Sammelurkunden zur Rationalisierung der GS-Verwahrung legalisiert worden[117].

11.189

Nach der Novellierung des Depotgesetzes durch das Zweite Finanzmarktförderungsgesetz können Sammelurkunden zweifelsfrei auch in **Streifbandverwahrung** eines Kreditinstitutes genommen werden. Bislang war es unklar, ob eine solche Aufbewahrung als eine Umgehung des Verbotes der Haussammelverwahrung angesehen werden konnte[118].

11.190

b) Nachträgliche Herstellung von Sammelurkunden

§ 9a DepG gestattet auch die nachträgliche Herstellung von Sammelurkunden über die bei der Wertpapiersammelbank (WSB) verwahrten Einzelstücke. Hierdurch kann Tresorraum eingespart und die Bearbeitung der Kupons (Trennen, Entwerten, Zählen, Versenden, Prüfen, Vernichten) durch die WSB im Rahmen ihrer Verwaltung der verwahrten Wertpapiere vermieden werden. Von dieser Globalverbriefung kann jederzeit und ohne Zustimmung der übrigen Beteiligten Gebrauch gemacht werden. Hierzu

11.191

---
113 *Heinsius/Horn/Than*, DepG, § 9a Rn 9.
114 *Pleyer/Schleiffer*, DB 1972, 77; *Heinsius/Horn/Than*, DepG, § 9a Rn 16.
115 *Delorme*, Die Wertpapiersammelbanken, 1970, S. 47.
116 *Scholtz*, Die Verwahrung von Globalurkunden, Hamburger Diss., 1967, S. 28.
117 *Heinsius/Horn/Than*, DepG, § 9a Rn 16.
118 *Heinsius/Horn/Than*, DepG, § 9a Rn 18.

ersetzt der Aussteller (Emittent) die einzelnen Wertpapiere des Sammelbestandes durch eine Sammelurkunde.

c) Rechtsstellung des Depotkunden

11.192 Mit der Einverleibung der Globalurkunde in den Sammelbestand erwerben die Sammeldepot-Beteiligten kraft Gesetzes entsprechende Miteigentumsrechte an der Globalurkunde (§ 9a Abs. 2 DepG).

11.193 Die ersetzten Einzelurkunden verlieren zur Vermeidung einer Doppelverbriefung ihre Wertpapiereigenschaft, selbst wenn sie nicht vernichtet werden, sondern von der Emittentin oder von deren Beauftragten zur späteren Wiederverwendung in sichere Obhut genommen werden[119].

11.194 Für die Verwahrung der Sammelurkunde sind, auch wenn sie allein den Sammelbestand verkörpert, die Grundsätze sinngemäß anwendbar, die für die Sammelverwahrung von Einzelurkunden gelten[120].

11.195 Eine **Sonderregelung** besteht jedoch insofern, als die WSB die von einem Hinterleger gewünschte Auslieferung von Wertpapierurkunden bis zum Ausdruck der hierfür benötigten Einzelstücke verweigern darf (befristetes gesetzliches Leistungsverweigerungsrecht)[121]. Der Aussteller ist der WSB gegenüber verpflichtet, bei der Geltendmachung von Auslieferungsansprüchen die Sammelurkunde insoweit durch einzelne Wertpapiere zu ersetzen, als dies für die Auslieferung erforderlich ist (§ 9a Abs. 3 S. 1 DepG). Das gesetzliche Leistungsverweigerungsrecht der WSB wirkt auch zugunsten der zwischenverwahrenden Kreditinstitute. Eine hierdurch verzögerte Erfüllung ist infolge der gesetzlichen Regelung rechtmäßig, so daß kein Verzug vorliegt (§ 285 BGB). Auch entfällt insoweit die in den AGB übernommene Haftung der zwischenverwahrenden Kreditinstitute für die WSB.

2. Dauer-Globalurkunden

11.196 Von der technischen und interimistischen Sammelurkunde ist die Sammelurkunde zu unterscheiden, bei der die Auslieferung von Einzelstücken ausgeschlossen ist – **Dauer-Globalurkunde** (vgl. § 9a Abs. 3 S. 2 DepG)[122].

---

119 *Pleyer*, WM 1979, 850, 852.
120 *Pleyer/Schleiffer*, DB 1972, 77, 78; *Canaris*, Bankvertragsrecht², Rn 2159. Zur Rechtsnatur der Ersetzungsbefugnis des Ausstellers vgl. im übrigen *Heinsius/Horn/Than*, DepG, § 9a Rn 30.
121 *Pleyer/Schleiffer*, DB 1972, 77, 78; *Heinsius/Horn/Than*, DepG, § 9a Rn 53.
122 *Delorme*, Die Wertpapiersammelbanken, 1970, S. 45; *Pleyer/Schleiffer*, DB 1972, 77, 78; *Heinisus/Horn/Than*, DepG, § 9a Rn 17.

Praktische Beispiele aus der Vergangenheit sind die Kassenobligationen der öffent- 11.197
lichen Hand, die Bundesschatzbriefe und die Dauer-Globalurkunden zwecks Einführung wertpapiermäßig nicht verbriefter ausländischer Werte an inländischen Wertpapierbörsen. Im letzteren Falle emittiert die Wertpapiersammelbank (vormals der Deutsche Auslandskassenverein) jeweils über die von ihr als Deckung gehaltenen ausländischen Rechte ein GS-fähiges Sammelzertifikat, in dessen Bedingungen die Auslieferung von Einzelstücken ausgeschlossen ist. Statt dessen kann nur die Auslieferung der ausländischen Originalrechte verlangt werden.

Auch die **Dauer-Globalurkunde** ist GS-fähig. Hierzu bestimmt § 9a 11.198
Abs. 3 DepG ausdrücklich, daß der Inhaber von GS-Anteilen gegen die WSB keinen Lieferungsanspruch auf Einzelstücke geltend machen kann, wenn die Emittentin nach dem zugrunde liegenden Rechtsverhältnis zum Ausdruck solcher Einzelurkunden nicht verpflichtet ist. Der Gesetzgeber hat hierdurch die Dauer-Globalurkunde legalisiert.

a) Wertpapiercharakter der Dauerglobalurkunde

Aus der Sicht des Depotkunden ähneln die Dauer-Globalurkunden den 11.199
unverbrieften Bucheffekten. Auch bei diesen Wertpapierurkunden ist wie bei den unverbrieften Bucheffekten eine Eigenverwahrung durch die Depotkunden ausgeschlossen. Der Erwerb von Miteigentumsrechten an diesen Wertpapieren ist daher nur im Wege des Effektengiroverkehrs durch Gutschriften von GS-Anteilen auf dem Depotkonto der Anleger möglich.

Die Praxis verwendet deshalb den Begriff „Zwangsgiro"[123], während das Schrift- 11.200
tum zum Teil von „de facto" Bucheffekten spricht[124]. Dieses Zwangsgiro ist mittlerweile auch für deutsche Aktien zulässig. Das Aktiengesetz (§ 10 Abs. 5) ist hierzu durch das Gesetz zur Kontrolle und Transparenz im Unternehmensbereich (KonTraG) vom 27. 4. 1998 geändert worden[125].

Im Unterschied zu den unverbrieften Bucheffekten haben jedoch die **Dau-** 11.201
er-Globalurkunden Wertpapiercharakter[126]. Sie können daher sämtliche wertpapierrechtliche Funktionen wahrnehmen: die Inkassolegitimation der sie verwahrenden Wertpapiersammelbank gegenüber der Emittentin als Schuldner der verbrieften Rechte (§ 793 Abs. 1 S. 1 BGB), die Liberationswirkung zugunsten der Emittentin (§ 793 Abs. 1 S. 2 BGB), die skripturale Haftung entsprechend dem Wortlaut der Dauer-Globalurkunde und den weitgehenden Ausschluß von Einwendungen der Emittentin (§ 796 BGB)[127].

---

123 *Baumbach/Hefermehl*, WPR, Rn 92.
124 *Heinsius/Horn/Than*, DepG, § 9a Rn 55; *Kümpel* in Bankrecht und Bankpraxis Rn 8/99.
125 BGBl. I 1998, S. 786 ff.; zur Praxis vgl. *Seibert*, DB 1999, 267.
126 *Delorme*, Die Bank 1981, 433.
127 *Kümpel*, WM 1982, 730; *Baumbach/Hefermehl*, WPR, Rn 92.

b) Entmaterialisierung der Effekten ohne Rationalisierungseffekte

11.202 Die teilweise geforderte Umstellung des auf wertpapiermäßiger Verbriefung ruhenden deutschen Effektenwesens auf unverbriefte Bucheffekten (Entmaterialisierung) würde keine nennenswerten Rationalisierungseffekte bewirken[128]. Räumliche Anforderungen und die Kosten einer sicheren Verwahrung für die Dauer-Globalurkunden durch die Wertpapiersammelbank sind minimal.

11.203 Die **Registrierung der Bucheffekten** verursacht im übrigen wegen des damit verbundenen personellen und sachlichen Aufwandes der Registerführung nicht unbeträchtliche Kosten, wie insbesondere die ausländischen Beispiele der Namensaktien-Register zeigen.

11.204 Die Entmaterialisierung würde zudem die Änderung einer Vielzahl von gesetzlichen Bestimmungen erfordern, wenn die unverbrieften Bucheffekten denselben Rechtsschutz wie wertpapiermäßig verbriefte Rechte genießen sollen[129].

11.205 *Koller* hat sich daher gegen die Einführung der Wertrechte ausgesprochen und eine Ablösung der unverbrieften Schuldbuchforderungen durch nicht auflösbare Dauer-Globalurkunden befürwortet[130]. In der Praxis zeigt sich im übrigen ein Bedürfnis nach zumindest teilweiser Verbriefung in umlauffähigen Wertpapierurkunden. Es besteht nach wie vor ein beträchtliches Interesse eines Teiles der Anleger an eigener Verwahrung[131].

VI. Unverbriefte Schuldbuchforderungen (Wertrechte)[132]

11.206 Für die GS-Verwahrung eignen sich auch die Wertrechte im engeren Sinne des Wortes. Wertrechte sind unverbriefte, sammelverwaltete Rech-

---

[128] In diesem Sinne auch *Seibert*, DB 1999, 267, 269; vgl. weiter *Than*, FS Schimansky, 1999, S. 821, 835, 836.

[129] *Peters*, Wertpapierfreies Effektensystem, 1978, S. 136, 156; ders., WM 1976, 896; *Than*, FS Schimansky, 1999, S. 821, 836; vgl. weiter *Zahn/Koek*, WM 1999, 1955.

[130] AaO., Gutachten und Vorschläge zur Überarbeitung des Schuldrechts, herausgegeben vom Bundesminister der Justiz, 1981, Bundesanzeiger Köln, S. 1431, 1491 ff. Nach *Baumbach/Hefermehl*, WPR, Rn 93 ist daher die Zukunft der unverbrieften Bucheffekten ungewiß. Vgl. weiter Münchener Komm. zum BGB/*Hüffer*, vor § 793 Rn 34 ff.

[131] *Keßler*, ZGesKredW 1990, 126 ff.; ders., ZGesKredW 1978, 104; *Delorme*, Die Bank 1981, S. 437; *Kümpel*, WM 1982, 738.

[132] *Büchner*, Die treuhandrechtliche Organisation des Effektengiroverkehrs, 1956; *Fabricius*, AcP 162 (1963), S. 456 ff.; *Meder-Ernst*, Schuldbuchrecht des

te, die kraft gesetzlicher Anordnung sammelverwahrten Wertpapieren gleichgestellt sind[133]. Nach *Canaris* könne statt des Begriffs Wertrechte der Begriff Bucheffekten als Gegensatz zu den Briefeffekten (Wertpapiere) verwendet werden[134].

Hierzu gehören nach geltendem Recht nur die Sammelschuldbuchforderungen, die auf die Wertpapiersammelbank im Bundes- oder in einem Landesschuldenbuch gemäß den einschlägigen Gesetzesvorschriften eingetragen worden sind.   11.207

Dabei handelt es sich um die „Verordnung über die Verwaltung und Anschaffung von Reichsschuldbuchforderungen" vom 5. 1. 1940[135] und die Verordnungen über die „Behandlung von Anleihen des Deutschen Reichs im Bank- und Börsenrecht" vom 31. 12. 1940[136] und vom 18. 4. 1942[137].   11.208

Aufgrund dieser Verordnungen dürfen Wertpapiersammelbanken Schuldbuchforderungen und Schuldverschreibungen zu einem einheitlichen Sammelbestand vereinigen. Zugleich wurde angeordnet, daß die in den Sammelbestand eingegliederten Schuldbuchforderungen den zu diesem Sammelbestand gehörenden Schuldverschreibungen „gleichstehen" (§ 2 der Verordnung vom 31. 12. 1940). Im Wege der gesetzlichen Fiktion wurde auch die für den Effektengiroverkehr unverzichtbare Möglichkeit eines gutgläubigen Erwerbs geschaffen[138].   11.209

Praktische Beispiele bilden die seit 1969 aufgelegten Bundesschatzbriefe[139] und sämtliche seit 1970 begebenen Kassenobligationen der öffentlichen Hand. Dieser Begriff hat sich für Schuldverschreibungen mit einer Laufzeit von nicht länger als   11.210

Bundes und der Länder, Frankfurt 1970; *Müncks*, Die Bundesanleihe als Wertrecht – das Bundesschuldbuch, ZGesKredW 1971, 944 ff.; *Peters*, WM 1976, 890 ff.; *Muski*, Die Stellung des Hinterlegers am Sammelbestand von Wertrechten nach deutschem und französischem Recht, Europäische Hochschulschriften, Reihe 2, Rechtswissenschaft, Bd. 2308, 1997; vgl. weiter *Wagner*, WM 1999, 1949 ff.
133 *Heinsius/Horn/Than*, DepG, § 42 Rn 29.
134 Bankvertragsrecht[2], Rn 2045.
135 RGBl. I, S. 30, abgedruckt bei *Heinsius/Horn/Than*, DepG, S. 682.
136 BGBl. III. Folge 65, S. 17, abgedruckt bei *Heinsius/Horn/Than*, DepG, S. 684 ff.
137 BGBl. III. Folge 65, S. 18, abgedruckt bei *Heinsius/Horn/Than*, DepG, S. 685 ff. Die Fortgeltung dieser drei Verordnungen ist vorsorglich in dem Anleihe-Gesetz von 1950 vom 29. 3. 1951, BGBl. I, S. 218, ausgesprochen worden (abgedruckt bei *Heinsius/Horn/Than*, S. 681 ff.).
138 *Canaris*, Bankvertragsrecht[2], Rn 2052.
139 LG Konstanz WM 1988, 818 u. Anmerkung von *Welter*, EWiR 1988 (Bundesschatzbriefe, § 1280 BGB); *Wessely*, WM 1969, 1094.

vier Jahren eingebürgert[140]. Seit Mitte 1972 sind die Emissionen der Bundesrepublik Deutschland, der Bundesbahn und der Bundespost als solche Wertrechtsanleihen begeben worden[141]. Mit Auslaufen der 6,5 %igen Postanleihe 1968 im Juni 1988 ist keine wertpapiermäßig verbriefte Anleiheforderung der Bundesrepublik mehr im Umlauf.

11.211 Mit der Depotgesetznovelle von 1972 können Wertrechtsanleihen auch von den Bundesländern begeben werden. Die drei vorerwähnten Verordnungen gelten sinngemäß für Anleiheforderungen, die in Schuldbüchern der Länder eingetragen sind. Für jede Emission wird ein **eigenes Schuldbuch** angelegt, wobei für jeden einzelnen Gäubiger ein besonderes Konto (Schuldbuchblatt) eingerichtet wird, auf dem der Nennbetrag sowie weitere Merkmale der Anleihe vermerkt werden[142].

1. Rechtsstellung der Anteilsinhaber

11.212 Der Schuldbuchverkehr ist **treuhandrechtlich organisiert.** Die Treuhandstellung der Wertpapiersammelbank beruht auf keiner Vollrechtstreuhand (fiduziarische Treuhand), bei der der Treuhänder Inhaber des Rechts ist und nur im Innenverhältnis zum Treugeber schuldrechtlichen Bindungen unterworfen ist[143]. Die Wertpapiersammelbank ist vielmehr nur ermächtigter Treuhänder. Sie ist also lediglich zu Verfügungen über das Treuhandgut im eigenen Namen ermächtigt (§ 185 BGB), während die Anleger als Treugeber Vollrechtsinhaber sind[144] (§ 2 Abs. 1 der Verordnung vom 5. 1. 1940).

11.213 Die Wertpapiersammelbank ist mithin wie der im Aktionärsbuch eingetragene Nichtaktionär nur formell legitimierter (Buch)Gläubiger[145]. Die Anteilsgläubiger bilden eine Bruchteilsgemeinschaft im Sinne der §§ 741 ff. BGB[146].

---

140 BVerwG WM 1997, 1138, 1140; *Rieger,* ZGesKredW 1959, 775.
141 *Peters,* WM 1976, 890, 893.
142 *Peters,* WM 1976, 892; zur Emission von unverbrieften Schuldtiteln durch die Europäische Zentralbank vgl. *Zahn/Koek,* WM 1999, 1955 ff.
143 *Palandt/Bassenge,* § 903 Rn 43.
144 *Heinsius/Horn/Than,* DepG, § 42 Rn 25; *Canaris,* Bankvertragsrecht², Rn 2036. Insolvenzrechtlich kann die Frage nach der Art der Treuhandstellung der Wertpapiersammelbank dahingestellt bleiben (vgl. *Peters,* WM 1976, 890, 895).
145 Kölner Komm. zum AktG/*Lutter,* § 67 Rn 18.
146 *Heinsius/Horn/Than,* DepG, § 42 Rn 23; *Canaris,* Bankvertragsrecht², Rn 2056.

2. Analoge Anwendung der sachen- und depotrechtlichen Vorschriften

Die Rechtsnatur der Anteilsrechte an Sammelschuldbuchforderungen (Wertrechte) ist umstritten. Überwiegend wird dem Wertrecht sachenrechtlicher Charakter beigemessen[147]. Nach *Canaris* verfolgt die gesetzliche Fiktion der beiden Verordnungen vom 31. 12. 1940 und vom 18. 4. 1942 nicht den Zweck, für die Anteilsrechte an **Sammelschuldbuchforderungen** im Verhältnis zu Miteigentumsrechten an girosammelverwahrten Wertpapieren eine Gleichheit vor dem Gesetz herbeizuführen. Bei dieser Fiktion handele es sich um nicht mehr als um eine verdeckte Verweisung auf einen bestimmten Normenkomplex bzw. um die Anordnung der analogen Anwendung dieser Vorschriften[148].

11.214

Dieser Theorienstreit hat indessen keine nennenswerten praktischen Auswirkungen. Die Depotkunden verfügen insbesondere über ein Aussonderungsrecht (§ 47 InsO)[149] und die Drittwiderspruchsklage (§ 771 ZPO). Die Gleichstellung der Anteilsrechte (Wertrechte) mit Sammeldepotanteilen an GS-Sammelbeständen aus Wertpapierurkunden gilt auch für die Börsenzulassung, die Mündelsicherheit, die Lombardfähigkeit und die Verwendung als Deckung durch Versicherungen und Realkreditinstitute[150].

11.215

Die Reichweite dieser **Gleichstellungsfiktion** ist im Hinblick auf die fragliche Norm im Einzelfall zu überprüfen und zu bestimmen, wobei im Zweifel die Anwendbarkeit der Vorschriften über bewegliche Sachen zu bejahen ist[151]. Insbesondere richtet sich die Übertragung, Verpfändung und die Pfändung der Anteilsrechte an Sammelschuldbuchforderungen nach den einschlägigen Vorschriften für Girosammelanteile an Sammelbeständen aus Wertpapierurkunden (§§ 929 ff., 1205 ff. BGB; §§ 857, 829, 835 ZPO)[152]. Sammelschuldbuchforderungen können daher auch **gutgläubig erworben werden**[153].

11.216

---

147 *Opitz*, DepG, 2. Aufl., 1955, S. 448; vgl. weiter BGHZ 5, 27 ff., wonach die Anteilsrechte im Wege der Fiktion zur beweglichen Sache geworden sind, und zwar mindestens soweit es sich um ihre verwahrungsrechtliche Behandlung handelt. Nach *Schönle*, Bank- und Börsenrecht, 2. Aufl., 1976, S. 303, ist das Anteilsrecht durch die Sammelverwahrung „verdinglicht". Ähnlich *Fabricius*, AcP 162 (1963), S. 475.
148 Bankvertragsrecht, 2. Aufl., Rn 2053.
149 *Heinsius/Than/Horn*, DepG, § 42 Rn 40.
150 *Müncks*, ZGesKredW 1971, 945; *Heinsius/Horn/Than*, DepG, § 42 Rn 34.
151 *Canaris*, Bankvertragsrecht², Rn 2057; *Heinsius/Horn/Than*, § 42 Rn 30.
152 *Canaris*, Bankvertragsrecht², Rn 2055. Wegen weiterer Einzelheiten, insbesondere der Pfandrechtverwertung, vgl. *Büchner*, S. 189, 203.
153 *Canaris*, Bankvertragsrecht², Rn 2055; *Dechamps*, Wertrechte im Effektengiroverkehr – Zum redlichen Erwerb stückeloser Effekten, 1989, S. 150.

11.217 Sammelschuldbuchforderungen sind daher wie bewegliche Sachen zu verpfänden und unterliegen mithin dem AGB-Pfandrecht der Kreditinstitute[154]. An die Stelle des an solchen Buchrechten nicht möglichen Besitzes tritt die depotmäßige Gutschrift, die die im Schuldbuch eingetragene Wertpapiersammelbank dem zwischen„verwahrenden" Kreditinstitut als Pfandgläubiger erteilt hat. Das depotführende Kreditinstitut ist aufgrund dieses bei der Wertpapiersammelbank unterhaltenen Guthabens schon vor der Verpfändung „Besitzer" des Bundesschatzbriefes; es bedarf deshalb in entsprechender Anwendung des § 1205 Abs. 1 S. 2 BGB keines weiteren Publizitätsaktes für die Entstehung des Pfandrechts[155]. Demzufolge können die Anteilsrechte an Sammelschuldbuchforderungen auch gutgläubig erworben werden.

11.218 Haben die Kreditinstitute für ihre Depotkunden Wertrechte anzuschaffen, so sind wie bei den wertpapiermäßig verbrieften Rechten die kommissionsrechtlichen Bestimmungen der §§ 18 bis 31 DepG anwendbar; es ist daher auch die Möglichkeit eines gesetzlichen Erwerbs durch Depotgutschriften gegeben (vgl. § 24 Abs. 2 DepG)[156].

3. Einzelschuldbuchforderungen

11.219 **Keine Wertrechte** sind die Forderungen, die im Bundes-(Landes-)Schuldbuch auf den Namen des Anlegers eingetragen werden. Solchen Schuldbuchforderungen fehlt das für Wertrechte wesentliche Begriffsmerkmal der Sammelverwaltung durch die Wertpapiersammelbank. Es ist daher irreführend, wenn für diese auf den einzelnen Anleger eingetragenen Forderungen der Ausdruck „Einzel"-Wertrechte verwendet wird[157]. Mit Rücksicht darauf, daß auf diese Forderungen die Fiktion der Gleichstellung mit den Sammelschuldbuchforderungen nicht anwendbar ist, sollte hier der schuldbuchrechtliche Begriff „Einzelschuldbuchforderungen" verwendet werden[158].

11.220 Einzelschuldbuchforderungen werden wie die Sammelschuldbuchforderungen durch die **Eintragung im Bundes-(Landes-)**Schuldbuch begründet. Die Eintragung erfolgt hier jedoch auf den Namen der Anleger, während

---

154 LG Konstanz WM 1988, 818.
155 *Welter*, EWiR 1988 Bundesschatzbriefe § 1280 BGB.
156 *Canaris*, Bankvertragsrecht[2], Rn 2055. Dem Anteilsgläubiger steht im übrigen der Schadensersatzanspruch wie einem Eigentümer gemäß § 823 Abs. 1 BGB zu (*Canaris*, Bankvertragsrecht[2], Rn 2057; *Heinsius/Horn/Than*, DepG, § 42 Rn 34).
157 *Müncks*, ZGesKredW 1971, 945; *Schmidtgall*, Die Bank 1973, 426.
158 *Heinsius/Horn/Than*, DepG, § 42 Rn 29; *Kümpel* in Bankrecht und Bankpraxis, Rn 8/117 ff.

die Sammelschuldbuchforderungen (Wertrechte) auf den Namen der sie verwaltenden Wertpapiersammelbank im Schuldbuch registriert werden[159]. Als **einfache Buchforderungen** sind die Einzelschuldbuchforderungen für die Belieferung von Börsengeschäften ungeeignet. Nach den Börsenusancen sind nur GS-Anteile lieferbar. Bei Veräußerungen über die Börse bedarf es daher zuvor der Umwandlung der Einzelschuldbuchforderungen in solche GS-Anteile[160]. Hierzu wird in Höhe des Forderungsbetrages eine entsprechende GS-Gutschrift durch eine hierfür eingeschaltete Bank erteilt. Fehlt eine solche Weisung, so erfolgt die Gutschrift zugunsten der Deutschen Bundesbank. Nach der Gutschrift kann die eingeschaltete Bank bzw. die Bundesbank die mit der Umwandlung entstandenen GS-Anteile börsenmäßig verkaufen.

Außerhalb der Börse kann die Einzelschuldbuchforderung jederzeit ohne Umwandlung nach zessionsrechtlichen Grundsätzen veräußert oder verpfändet werden (§§ 398 ff., 1273 ff., BGB)[161]. Für Rechtsveränderungen sind anders als im Grundbuchrecht entsprechende Eintragungen in dem Bundesschuldbuch nicht erforderlich; sie haben nur deklaratorische Wirkung[162]. Gleichwohl empfiehlt sich die Umschreibung auf den Erwerber. Eingetragener und damit formell legitimierter (Buch-)Gläubiger sowie materieller Forderungsinhaber können auseinanderfallen[163]. Bei Verfügungen, insbesondere bei Veräußerungen oder Verpfändungen durch einen Buchgläubiger, wird der gutgläubige Erwerber geschützt, wenn eine entsprechende Eintragung im Schuldbuch vorgenommen wird[164]. Das Schuldbuch als öffentliches Register genießt öffentlichen Glauben[165] (§ 11a Reichsschuldbuchgesetz).

11.221

Die Regelung des § 11 a Reichsschuldbuchgesetz ist auf Eintragungen im Landesschuldbuch analog anzuwenden. Der Depotgesetznovelle 1972 ist der gesetzgeberische Wille zu entnehmen, im Interesse des Rechtsverkehrs eine weitgehende rechtliche Gleichbehandlung von Bundes- und Landesschuldbuchforderungen zu erreichen.

11.222

---

159 Die Ablehnung der Eröffnung eines Schuldbuchkontos ist ein Verwaltungsakt, gegen den die verwaltungsrechtlichen Rechtsmittel eingelegt werden können (VG Frankfurt WM 1999, 1320, 1321).
160 *Müncks*, ZGesKredW 1971, 946.
161 *Heinsius/Horn/Than*, DepG, § 42 Rn 4; *Kümpel* in Bankrecht und Bankpraxis Rn 8/120.
162 *Heinsius/Horn/Than*, DepG, § 42 Rn 4.
163 *Heinsius/Horn/Than*, DepG, § 42 Rn 4.
164 *Heinsius/Horn/Than*, DepG, § 42 Rn 4.
165 *Kümpel* in Bankrecht und Bankpraxis, Rn 8/120.

VII. Internationalisierung der deutschen Girosammelverwahrung

11.223 Seit der Depotgesetznovelle 1985 konnten die deutschen Wertpapiersammelbanken gegenseitige Kontoverbindungen auch mit vergleichbaren Sammelverwahrinstituten des Auslandes unterhalten. Infolgedessen unterhält die Deutsche Börse Clearing AG als mittlerweile einzige Wertpapiersammelbank (WSB) Teile ihrer Sammelbestände im Ausland und bildet hierdurch **grenzüberschreitende Sammelbestände** (Internationalisierung der deutschen Girosammelverwahrung)[166]. Diese grenzüberschreitenden Kontoverbindungen zwischen der WSB und vergleichbaren nationalen Girosammelverwahrern haben eine Parallele zu dem bisherigen deutschen „Kassenvereins"system, das bis zur Fusionierung der 6 deutschen Wertpapiersammelbanken zur Deutsche Kassenverein AG im Jahre 1990 bestand.

11.224 Alle **Wertpapiersammelbanken** unterhielten untereinander **Kontoverbindungen.** Das z.B. vom Frankfurter Kassenverein bei der Düsseldorfer Wertpapiersammelbank unterhaltene Kontoguthaben war auch rechtlich gesehen Teil des vom Frankfurter Kassenverein gebildeten Sammelbestandes in den jeweiligen Wertpapiergattungen. Es bestanden daher schon im früheren deutschen Kassenvereinssystem überregionale Girosammelbestände, die einen platzübergreifenden Effektengiroverkehr ermöglichten. Hierdurch konnten z.B. Wertpapiergeschäfte zwischen Kontoinhabern des Frankfurter Kassenvereins und der Düsseldorfer Wertpapiersammelbank giromäßig abgewickelt werden. Diese überregionalen Girosammelbestände setzten sich aus den z.B. vom Frankfurter Kassenverein selbst aufbewahrten Wertpapierurkunden und den von ihm bei den anderen fünf deutschen Wertpapiersammelbanken unterhaltenen Girosammeldepotguthaben (GS-Guthaben) zusammen.

11.225 Hinter diesem auswärtigen GS-Guthaben verbargen sich keine Wertpapierurkunden, sondern Miteigentumsrechte an Wertpapieren, die wiederum bei anderen Wertpapiersammelbanken ruhen konnten[167]. Zutreffend hieß es deshalb in den AGB der Kassenvereine (Nr. 15 S. 2 a.F.), daß die Miteigentümer an den Sammelbestands„anteilen" bei anderen Kassenvereinen zu gleichen Bruchteilen beteiligt sind wie an den von ihrem eigenen Kassenverein selbst verwahrten Wertpapieren. Soweit es sich also um auswärtige Bestände des Frankfurter Kassenvereins handelte, erfaßte die Beteiligungsquote jedes Kontoinhabers des Frankfurter Kassenvereins

---

166 *Kümpel*, WM 1976, 942 ff.; *ders.*, WM 1985, 1381 ff.; *Keßler*, Die Bank 1985, 443 ff.
167 *Kümpel*, WM 1976, 942, 948.

nicht die im Sammelbestand der Düsseldorfer Wertpapiersammelbank ruhenden Wertpapiere selbst, sondern bezog sich nur auf Bruchteilsrechte an diesen in Düsseldorf liegenden Wertpapieren – Bruchteilsrechte an Bruchteilsrechten (doppelstöckige Bruchteilsgemeinschaften)[168]. Eine vergleichbare Rechtslage besteht bei den grenzüberschreitenden GS-Beständen, wenn z.B. die Deutsche Börse Clearing AG ein (auswärtiges) GS-Guthaben auf ihrem Konto bei dem niederländischen Girosammelverwahrer NECIGEV unterhält.

1. Kreis der einbeziehungsfähigen Wertpapiere

Im Interesse eines **ausreichenden Hinterlegerschutzes** hat der in das Depotgesetz neu eingefügte Abs. 4 des § 5 DepG **Rahmenbedingungen** für die Internationalisierung der deutschen Girosammelverwahrung aufgestellt. Die den ausländischen GS-Guthaben der deutschen Wertpapiersammelbank (WSB) zugrundeliegenden Wertpapiere sind der ausländischen Gesetzgebung unterworfen. Zum Schutz der inländischen Hinterleger war daher die Unterhaltung von GS-Guthaben durch die WSB im Ausland zunächst nur insoweit gestattet worden, als hierfür ein zwingendes Bedürfnis wie beim grenzüberschreitenden Arbitragehandel besteht, um praktische Erfahrungen mit der Internationalisierung der deutschen GS-Verwahrung zu sammeln.

11.226

Ausländischen Sammelverwahrinstituten konnten daher in der Anfangsphase zur Drittverwahrung nur solche Wertpapiere anvertraut werden, die sowohl im Inland als auch im Sitzstaat des ausländischen Verwahrers zum amtlichen Handel an einer Börse zugelassen oder in den geregelten Freiverkehr oder einen vergleichbaren geregelten Markt einbezogen sind.

11.227

Mit der Novellierung des Depotgesetzes durch das Zweite Finanzmarktförderungsgesetz ist der Kreis der in den internationalen Effektengiroverkehr einbezogenen Wertpapiere wesentlich erweitert worden. Hierfür sprach, daß sich der bisherige grenzüberschreitende Effektengiroverkehr bewährt hat. Zudem hat die **Globalisierung** der nationalen Kapitalmärkte zugenommen. Es liegt daher auch im Interesse der Anleger, daß bei der Abwicklung grenzüberschreitender Wertpapiergeschäfte der schnelle, sichere und kostengünstigere Effektengiroverkehr weitestmöglich genutzt wird. Nach der Neufassung des § 5 Abs. 4 Nr. 4 DepG konnten von der

11.228

---

168 Ob eine Bruchteilsgemeinschaft an einem Miteigentumsanteil bestehen kann, ist umstritten; bejahend das überwiegende Schrifttum; *Westermann*, Sachenrecht, 7. Aufl., 1998, S. 339; *Riedel*, JZ 1951, 625, 626; *Weitnauer*, NJW 1953, 335.

Wertpapiersammelbank grenzüberschreitende Girosammelbestände aus Wertpapieren gebildet werden, wenn sie

11.229 – im Inland zum amtlichen Handel oder zum geregelten Markt zugelassen oder in den Freiverkehr einbezogen sind oder

11.230 – im Sitzstaat des ausländischen Verwahrers zum amtlichen Handel oder zum Handel an einem anderen Markt zugelassen sind, der von staatlich anerkannten Stellen geregelt und überwacht wird, regelmäßig stattfindet und für das Publikum unmittelbar oder mittelbar zugänglich ist[169], oder

11.231 – Anteilscheine sind, die nach den Vorschriften des Gesetzes über Kapitalanlagegesellschaften oder von einer Investmentgesellschaft mit Sitz in einem anderen Mitgliedstaat der Europäischen Gemeinschaften oder in einem anderen Vertragsstaat des Abkommens über den Europäischen Wirtschaftsraum nach den Bestimmungen der Richtlinie 85/611/EWG des Rates vom 20. 12. 1985 zur Koordinierung der Rechts- und Verwaltungsvorschriften betreffend bestimmte Organismen für gemeinsame Anlagen in Wertpapieren ausgegeben werden.

11.232 Eine weitere **wesentliche Erleichterung** für den grenzüberschreitenden Effektengiroverkehr brachte das Gesetz zur Neuregelung des Kaufmanns- und Firmenrechts und zur Änderung anderer handels- und gesellschaftsrechtlicher Vorschriften (Handelsrechtsreformgesetz – HRefG) vom 22. 6. 1998[170]. Die praktischen Erfahrungen haben ergeben, daß der bisherige Rahmen für eine optimale Abwicklung grenzüberschreitender Wertpapiergeschäfte nicht ausreicht. Mit den bisherigen Einbeziehungsvoraussetzungen würden außerbörslich gehandelte Wertpapiere – „Over The Counter"(OTC)-Handel – ausgegrenzt, so daß diese Geschäfte mit höherem Kostenaufwand abgewickelt werden müssen. Diese Ausgrenzung von Wertpapieren, die nicht auf einem Markt im Sinne des § 5 Abs. 4 Nr. 4 DepG a.F. gehandelt werden, erscheint sachlich nicht geboten. Der **depotrechtliche Schutz** wird nicht dadurch beeinträchtigt, daß auf die Anknüpfung an einen bestimmten Wertpapiermarkt verzichtet wird[171]. Der für den grenzüberschreitenden Effektengiroverkehr notwendige Schutz der Anleger wird bereits durch seine sonstigen Voraussetzungen (§ 5 Abs. 4 S. 1 Nr. 1 DepG) hinreichend sichergestellt. Künftig erfordert die Einbeziehung eines Wertpapiers in den grenzüberschreitenden Effektengiroverkehr lediglich, daß es sich um ein vertretbares und damit sammelver-

---

169 Dasselbe Anforderungsprofil für die in Betracht kommenden Märkte gilt für die Legaldefinition des Wertpapierbegriffs im Wertpapierhandelsgesetz (§ 1 Abs. 1).
170 BGBl. I 1998, S. 1474 ff.
171 RegBegr. des HRefG, BT-Drucksache 340/97, S. 82.

wahrfähiges Wertpapier handelt, das von der WSB und ihrem ausländischen Kooperationspartner im Rahmen ihrer gegenseitigen Kontoverbindung zum Effektengiroverkehr zugelassen ist (vgl. § 5 Abs. 4 S. 1 Nr. 4 DepG n.F.). Denn es kann auch nach Meinung des Gesetzgebers davon ausgegangen werden, daß die WSB im Hinblick auf ihre Haftung nach § 5 Abs. 4 S. 2 DepG im Rahmen der gegenseitigen Kontoverbindung die Einhaltung des der gegenwärtigen Praxis entsprechenden Standards bezüglich Zulassung und Lieferbarkeit weiterhin sicherstellt[172].

2. Schutz der Depotkunden

Die Internationalisierung der deutschen GS-Verwahrung darf auch nicht die Rechtsposition der Depotkunden gefährden. Die Wertpapiersammelbank darf deswegen GS-Guthaben bei **ausländischen Sammelverwahrern** nur unterhalten, wenn die Rechtsstellung der deutschen Hinterleger hinsichtlich der im Ausland unterhaltenen Guthaben derjenigen funktional gleichwertig ist, die sich bei inländischer Verwahrung aus dem Depotgesetz ergibt. Dieses Erfordernis bedeutet nach den Gesetzesmaterialien[173], daß nach der Rechtsordnung des Staates, auf den sich der Effektengiroverkehr der Wertpapiersammelbanken erstrecken soll, dem Depotkunden ein insolvenz- und vollstreckungssicheres Miteigentum oder eine gleichwertige Rechtsstellung an den sammelverwahrten Beständen eingeräumt werden muß. Hierdurch kann bei der Aufnahme einer grenzüberschreitenden Kontoverbindung auf die Besonderheiten der ausländischen Rechtsordnung Rücksicht genommen werden[174]. 11.233

Die **ausländischen Kooperationspartner** der deutschen Wertpapiersammelbank müssen in ihrem Sitzstaat die Aufgaben einer Wertpapiersammelbank wahrnehmen und einer öffentlichen Aufsicht oder einer anderen für den Hinterlegerschutz gleichwertigen Aufsicht unterliegen (§ 5 Abs. 4 S. 1 Nr. 1 DepG). Auch insoweit kann den ausländischen Verhältnissen Rechnung getragen werden, wenn dort anstelle einer öffentlich-rechtlich organisierten Aufsicht effiziente privatrechtliche Kontrollmaßnahmen vorgesehen sind, wie dies in der Schweiz der Fall ist[175]. 11.234

Des weiteren muß gewährleistet sein, daß eine Auslieferung der bei dem ausländischen Verwahrinstitut verwahrten Wertpapiere in das Inland kei- 11.235

---

172 RegBegr. des HRefG, BT-Drucksache 340/97, S. 82.
173 Amtl.Begr. RegE, BT-Drucksache 10/1904, S. 7.
174 *Kümpel* in Bankrecht und Bankpraxis, Rn 8/61c.
175 *Kümpel*, WM 1985, 1386 unter Hinweis auf die Einschaltung privater Wirtschaftsprüfer bei der deutschen Depotprüfung.

ne devisenrechtlichen oder sonstigen öffentlich-rechtlichen Beschränkungen entgegenstehen[176].

11.236 Die deutsche Wertpapiersammelbank haftet schließlich für ein Verschulden des ausländischen Kooperationspartners ohne die Möglichkeit einer Haftungsbeschränkung (§ 5 Abs. 4 S. 2 DepG).

3. Ausländische Kooperationspartner

11.237 Unmittelbar nach Inkrafttreten der Depotgesetznovelle 1985 hatte die frühere Düsseldorfer Wertpapiersammelbank den für eine gegenseitige Kontoverbindung erforderlichen Kooperationsvertrag mit dem niederländischen Girosammelverwahrer NECIGEV (Amsterdam) abgeschlossen. Inzwischen besteht auch eine Kontoverbindung der Deutsche Börse Clearing AG (WSB) mit den vergleichbaren Girosammelverwahrinstituten in Frankreich (Sicovam), Österreich (Österreichische Kontrollbank) und den USA (New York Depository Trust Company – DTC)[177].

11.238 Die Kontoverbindung der WSB zur DTC beschränkt sich derzeit darauf, daß die WSB in Deutschland gehandelte US-amerikanische Aktien von der DTC verwahren läßt. Sobald die DTC einen Teil ihrer Girosammelbestände bei der WSB verwahren lassen kann, wären die wesentlichen Voraussetzungen für eine Belieferung der in New York getätigten Geschäfte über diese sammelverwahrten Wertpapiere im Effektengiroverkehr der DTC geschaffen. Sodann könnten deutsche Aktien auf dem US-amerikanischen Kapitalmarkt geliefert werden, ohne daß sie wie bislang in Form von Hinterlegungsscheinen gehandelt werden, die jeweils eine bestimmte Anzahl von Aktien oder den Bruchteil einer Aktie repräsentieren[178].

11.239 Auch ausländische Girosammelverwahrinstitute unterhalten zunehmend grenzüberschreitende Kontoverbindungen, wie dies seit geraumer Zeit für die nationalen Girosammelverwahrer in Frankreich, Belgien und in den Niederlanden gilt. Das kanadische Girosammelverwahrinstitut (The Canadian Depository for Securities Ltd) unterhält eine Kontoverbindung zu dem US-amerikanischen Girosammelverwahrer (New York Depository Trust Company).

11.240 Die Aufnahme **eines die Kontinente verbindenden Effektengiroverkehrs** ist als nächster Schritt zu erwarten. So bestehen bereits Verbindungen zwischen dem japanischen und dem französischen Girosammelverwahrer, der auch eine Zusammenarbeit mit dem kanadischen Girosammel-

---

176 Amtl.Begr. RegE, BT-Drucksache 10/1904, S. 7.
177 Vgl. hierzu *Kümpel* in Bankrecht und Bankpraxis, Rn 8/154 ff.
178 *Meyer-Sparrenberg*, WM 1996, 1117, 1118.

verwahrer anstrebt. Angesichts dieser Entwicklung und den unbestreitbaren Vorteilen des grenzüberschreitenden Effektengiroverkehrs steht zu erwarten, daß sich das Netz gegenseitiger Kontoverbindungen der nationalen Girosammelverwahrer weltweit verdichten wird.

5. Abschnitt
Auslandsaufbewahrung

11.241 Soweit die Wertpapiere im Ausland aufbewahrt werden, steht den Depotkunden hieran kein (Mit-)Eigentum zu. Insoweit besteht eine andere rechtliche Grundstruktur des Depotgeschäfts als bei der Verwahrung von Wertpapieren im Inland, die nach dem maßgeblichen deutschen Recht (Mit-)Eigentum des Hinterlegers voraussetzt. Diese **unterschiedliche Rechtskonstruktion des Verwahrverhältnisses** erklärt sich vor allem daraus, daß die Depotbank von ihrer kommissionsrechtlichen Verpflichtung zur Eigentumsverschaffung (§ 18 DepG) entbunden ist, wenn die Wertpapiere nach den mit den Depotkunden getroffenen Vereinbarungen im Ausland anzuschaffen und aufzubewahren sind. In diesen Fällen braucht die Depotbank dem Depotkunden Wertpapiereigentum erst auf dessen Verlangen zu verschaffen (§ 22 DepG).

11.242 Diese Gesetzesbestimmung spricht zwar nur von der Aussetzung der Übersendung des Stückeverzeichnisses, wodurch dem Depotkunden Alleineigentum an den ihm zu liefernden Wertpapieren im Inland verschafft wird (vgl. § 18 Abs. 3 DepG). Die Depotbank ist aber nach einhelliger Meinung auch nach den bürgerlich- oder handelsrechtlichen Bestimmungen nicht zur Eigentumsverschaffung verpflichtet[179]. Mit der gesetzlichen Sonderregelung des § 22 DepG sollte den Besonderheiten des maßgeblichen ausländischen Rechts (lex cartae sitae) und dem Umstand Rechnung getragen werden, daß der Depotkunde beim Auslandsgeschäft an einem sofortigen Eigentumserwerb nicht interessiert ist[180].

I. Treuhandeigentum der inländischen Depotbank

11.243 Schon die im Jahre 1960 geschaffenen „Sonderbedingungen für Auslandsgeschäfte in Wertpapieren"[181], die zu Beginn des Jahres 1995 in die AGB Wertpapiergeschäfte integriert worden sind, enthielten detaillierte Bestimmungen für die Vertragsbeziehung zwischen Bank und Depotkunden,

---
179 *Räbel*, ZGesKredW 1960, 186, 188; *Schindelwick*, WM 1960, Sonderbeil. 10, 24.
180 *Opitz*, DepG, 2. Aufl., 1955, S. 304; *Ziganke*, WM 1961, 227.
181 Vgl. hierzu *Heinsius/Horn/Than*, DepG, § 22 Rn 26; *Kümpel* in Bankrecht und Bankpraxis, Rn 8/124 ff.

wie sie bei der Anschaffung und Aufbewahrung von Wertpapieren im Ausland begründet werden. Eine solche **AGB-mäßige Regelung des Auslandsgeschäfts** war wegen der fehlenden gesetzlichen Bestimmungen notwendig, um die vertragliche Rechtsposition von Kunde und Bank transparent zu machen und die bei einer Auslandsaufbewahrung spezifischen Risiken angemessen aufzuteilen.

Ausgangspunkt für diese Regelung war, daß es der Gesetzgeber offen gelassen hat, ob die inländische Depotbank im Kundeninteresse zumindest (Mit-)Eigentum an den auslandsaufbewahrten Wertpapieren zu erwerben hat[182]. Diese Regelungslücke ist zum Schutz der Depotkunden durch die Verpflichtung der Depotbank geschlossen worden, sich nach pflichtgemäßem Ermessen unter Wahrung der Interessen des Kunden das Eigentum oder Miteigentum an den Wertpapieren oder eine andere am Lagerort übliche, gleichwertige Rechtsstellung zu verschaffen (Nr. 12 Abs. 3 S. 1 AGB Wertpapiergeschäfte). Dabei richtet sich die Gleichwertigkeit der zu erwerbenden Rechtsstellung nach den Möglichkeiten des jeweiligen ausländischen Rechts und den im Ausland geltenden Usancen[183]. Dieses (Mit-)Eigentum hält die Depotbank treuhänderisch zugunsten ihrer Depotkunden in uneigennütziger (fiduziarischer) Treuhand[184]. Der Depotkunde erwirbt aufgrund dieses Treuhandeigentums seiner Depotbank wirtschaftliches Eigentum an den für ihn im Ausland aufbewahrten Wertpapieren[185].

11.244

1. Einlieferung in den ausländischen Deckungsbestand

Die Depotbank hält dieses Treuhandeigentum auch in den Ausnahmefällen, in denen sie die Wertpapiere im Ausland nicht angeschafft hat, sondern sie vom Depotkunden zur Auslandsaufbewahrung effektiv eingeliefert worden sind (Nr. 20 Abs. 2 AGB Wertpapiergeschäfte). Hier hat der Depotkunde die formstrenge Aneignungsermächtigung im Sinne des § 13 DepG zu unterschreiben. Danach muß eine Ermächtigung der Depotbank, sich die ihr anvertrauten Wertpapiere anzueignen, für das einzelne Verwahrgeschäft ausdrücklich und schriftlich abgegeben werden.

11.245

Zu dieser Einlieferung in den ausländischen Deckungsbestand gehört auch der Fall, daß der Kunde die Wertpapierurkunden nicht effektiv

11.246

---
182 *Paul*, WM 1975, 2.
183 *Coing*, WM 1977, 468.
184 Anders als bei der Ermächtigungstreuhand (§ 185 BGB) ist hier formaler (Mit-)Eigentümer die Depotbank als Treuhänder und nicht der Depotkunde als Treugeber; *Palandt/Bassenge*, § 903 Rn 34.
185 *Heinsius/Horn/Than*, DepG, § 22 Rn 44; *Coing*, WM 1977, 466, 469.

einliefert, sondern aus einem Depot bei einem anderen Kreditinstitut in den ausländischen Deckungsbestand seiner Depotbank übertragen läßt (Nr. 20 Abs. 2 AGB Wertpapiergeschäfte).

2. Vorteile der WR-Gutschrift

11.247 Der mit einer WR-Gutschrift verknüpfte treuhänderische Erwerb des Eigentums durch die inländische Depotbank hat mehrere Vorteile für den Depotkunden. So werden insbesondere bei den im Ausland weitverbreiteten Namensaktien **Umschreibungskosten** und **Übertragungssteuern** beim Erwerb **vermieden**. Bei einer solchen Umschreibung auf den Depotkunden müßte im Falle des späteren Verkaufes wiederum eine Umschreibung erfolgen, damit die Aktien börsenmäßig lieferbar sind. Hierdurch können Zeitverluste eintreten, die das schnelle Ausnutzen einer günstigen Kurssituation verhindern könnten[186].

11.248 Die WR-Gutschrift ist zudem im Falle des **Ablebens des Depotinhabers** günstiger, als wenn dem Depotkunden Eigentum an den im Ausland aufbewahrten Wertpapieren verschafft worden wäre. Mit Rücksicht auf das Treuhandeigentum der inländischen Depotbank fällt **keine ausländische Erbschaftsteuer** an. Für die Nachlaßabwicklung brauchen zudem keine zusätzlichen Legitimationsurkunden beigebracht zu werden, die überdies in eine Fremdsprache übersetzt und legalisiert werden müßten. In Betracht kämen insbesondere letztwillige Verfügungen, Sterbeurkunden und sonstige vom Transfer Agent geforderte Unterlagen, wie z.B. eine Wohnsitzbestätigung[187].

11.249 Die WR-Gutschrift ist schließlich im Inland **leichter verpfändbar** als im Eigentum des Depotkunden stehende auslandsaufbewahrte Wertpapiere und steht daher sofort als Sicherheit für einen Bankkredit oder eine Kontoüberziehung zur Verfügung. Statt der Bestellung eines Pfandrechts an Wertpapieren kann der kreditsuchende Depotkunde die der WR-Gutschrift zurundeliegenden auftragsrechtlichen Herausgabeansprüche (§ 667 BGB) verpfänden. Hierfür ist allein deutsches Recht maßgeblich, weil der Depotkunde und seine Bank als Gläubiger bzw. Schuldner dieses Herausgabeanspruches im Inland ansässig sind. Bei der Verpfändung im Ausland aufbewahrter Wertpapiere wären dagegen nach der lex cartae sitae die häufig nur schwer zugänglichen Bestimmungen der ausländischen Rechtsordnung zu beachten[188].

---

[186] *Räbel*, ZGesKredW 1968, 817; *Ziganke*, WM 1961, 227; *Heinsius/Horn/Than*, DepG, § 22 Rn 30.
[187] *Ziganke*, WM 1961, 227; *Kümpel*, ZGesKredW 1973, 214.
[188] *Maier*, WM 1961, 621.

II. Treuhandverhältnis zwischen Depotkunde und Bank

Rechtsgeschäftliche Grundlage der Treuhandfunktion der inländischen Depotbank ist das zum Depotkunden bestehende Treuhandverhältnis. Dieses stellt einen **Geschäftsbesorgungsvertrag** im Sinne des § 675 BGB dar[189]. Dieses Geschäftsbesorgungsverhältnis hat durch die AGB Wertpapiergeschäfte seine weitere vertragliche Ausgestaltung erfahren[190]. Danach hat die Bank ihren Depotkunden eine Gutschrift in Wertpapierrechnung (WR-Gutschrift) zu erteilen (Nr. 12 Abs. 3 S. 2 AGB Wertpapiergeschäfte). Dieser WR-Gutschrift liegt der auftragsrechtliche Herausgabeanspruch des Depotkunden (§§ 667, 675 BGB) zugrunde.

11.250

1. Unanwendbarkeit des Unmittelbarkeitsprinzips

Für die Begründung eines insolvenz- und vollstreckungssicheren Treuhandeigentums ist zwar grundsätzlich erforderlich, daß der **Treuhänder** das Eigentum **unmittelbar** von seinem Treugeber **erwirbt**. Hiernach müßte die inländische Depotbank das Eigentum an den auslandsaufbewahrten Wertpapieren unmittelbar von ihrem Depotkunden als ihrem Treugeber erwerben. Diesem Unmittelbarkeitsprinzip kann jedoch bei den auslandsaufbewahrten Wertpapieren nicht Rechnung getragen werden. Der **Auslandsaufbewahrung** geht im Regelfall ein kommissionsrechtliches Ausführungsgeschäft der inländischen Depotbank voraus. Hierbei erwirbt die inländische Depotbank das Eigentum von ihrem ausländischen Verkaufskontrahenten.

11.251

Nach der Rechtsprechung des BGH kann jedoch ein insolvenz- und vollstreckungssicheres Kontoguthaben auch dadurch entstehen, daß Geldbeträge von Dritten auf ein Treuhandkonto eingezahlt werden. Hier verdrängt das Offenkundigkeitsprinzip das sonst geltende Unmittelbarkeitsprinzip[191]. Nichts anderes kann für solche offenen Treuhanddepots gelten[192].

11.252

Für die Existenz eines Treuhandkontos kommt es nach dem BGH nicht darauf an, ob die treuhänderische Bindung nach außen offengelegt worden ist[193]. Deshalb ist die **Publizität des Treuhandkontos** für die Drittwider-

11.253

---

189 *Coing*, WM 1977, 468.
190 *Heinsius/Horn/Than*, DepG, § 22 Rn 25 ff.; *Coing*, WM 1977, 466, 468.
191 BGH WM 1993, 83, 84 für offenes Treuhandkonto; *Canaris*, Bankvertragsrecht[2], Rn 280.
192 *Canaris*, Bankvertragsrecht[2], Rn 2099; *Paul*, WM 1975, 2, 4; *Heinsius/Horn/Than*, DepG, § 22 Rn 44.
193 BGH WM 1996, 662.

spruchsklage des Treugebers (§ 771 ZPO) und das insolvenzrechtliche Aussonderungsrecht (§ 47 InsO) keine notwendige Voraussetzung[194]. Der hiernach entscheidende Wille zur Errichtung eines echten Treuhanddepots ist in der Nr. 12 Abs. 3 S. 1 der Sonderbedingungen für Wertpapiergeschäfte zum Ausdruck gebracht worden. Danach wird die Bank die an den auslandsverwahrten Wertpapieren erworbene Rechtsstellung treuhänderisch für ihren Depotkunden halten. Den Treuhandcharakter der Deckungsbestände für WR-Gutschriften respektiert auch das Ausland[195].

2. Insolvenz- und vollstreckungsrechtlicher Schutz

11.254 Mit der Ausgestaltung der Vertragsbeziehung als ein Treuhandverhältnis ist der WR-Kunde vor einem etwaigen Insolvenz- oder Vollstreckungsrisiko seiner Depotbank so geschützt, als ob er rechtsformales (Mit)Eigentum erworben hätte[196]. Die Depotkunden könnten daher Zwangsvollstreckungen von Gläubigern ihrer Bank in die auslandsaufbewahrten Wertpapiere mit der **Drittwiderspruchsklage** (§ 771 ZPO) abwehren und bei einer etwaigen Insolvenz ihrer Bank **Aussonderungsrechte** (§ 47 InsO) bzw. die entsprechenden ausländischen Rechtsbehelfe geltend machen. Aus der Sicht des Kundenschutzes kann die WR-Gutschrift daher der inländischen GS-Verwahrung gleichgestellt werden.

3. Fehlen einer verwahrungsrechtlichen Vertragsbeziehung

11.255 Das Treuhandverhältnis im Sinne eines entgeltlichen Geschäftsbesorgungsvertrages (§ 675 BGB) bei der Auslandsaufbewahrung tritt an die Stelle des Verwahrungsvertrages (§§ 688 ff. BGB), der bei einer im Inland ausgeführten Effektenkommission kraft Gesetzes mit der Übertragung des Wertpapiereigentums auf den Kunden entsteht (§ 29 DepG). Bei der **Auslandsaufbewahrung** scheidet eine eigene verwahrungsmäßige Tätigkeit der inländischen Depotbank von vornherein aus. Die typischen Leistungen eines Verwahrers in Gestalt der Raumgewährung und Obhut sollen von der ausländischen Depotbank (Lagerstelle) erbracht werden. Es fehlt daher an einer verwahrungsvertraglichen Rechtsbeziehung[197]. Die vertraglichen Pflichten der inländischen Depotbank beschränken sich daher auf die sorgfältige Auswahl eines geeigneten ausländischen Ver-

---

194 BGH WM 1993, 1524; 1996, 662.
195 *Coing*, WM 1977, 466, 469 Rn 17.
196 *Heinsius/Horn/Than*, DepG, § 22 Rn 44; *Kümpel* in Bankrecht und Bankpraxis, Rn 8/128.
197 *Coing*, WM 1977, 460, 472.

wahrers oder eines geeigneten Zwischenverwahrers und die Überwachung seiner Eignung während der (Zwischen)Verwahrdauer sowie auf die in den AGB Wertpapiergeschäfte (Nr. 16) erwähnten oder nach dem Gesetz (§ 666 BGB) bestehenden Benachrichtigungspflichten[198].

Bei den WR-Gutschriften liegt auch kein Fall der unregelmäßigen Verwahrung vor (vgl. § 700 BGB, § 15 DepG). Dieser besondere Vertragstyp erfordert, daß der Depotkunde seiner Bank Wertpapiere in der Art anvertraut, daß sein Eigentum auf die Bank übergehen soll und diese verpflichtet sein soll, Wertpapiere der gleichen Art und Menge zurückzugewähren. Bei der WR-Gutschrift erwirbt der Depotkunde aber regelmäßig kein (übertragbares) Eigentum. Vielmehr erlangt die Bank das (Treuhand-)Eigentum, wenn sie die Wertpapiere für den Depotkunden anschafft.

11.256

Ebensowenig liegt der WR-Gutschrift ein Wertpapierdarlehen des Depotkunden an seine Depotbank zugrunde. Auf solche Wertpapierdarlehen finden die depotgesetzlichen Bestimmungen für die unregelmäßige Verwahrung sinngemäß Anwendung (§ 15 Abs. 3 DepG). Dient wie bei der WR-Gutschrift die Banktätigkeit überwiegend dem Interesse des Kunden, fehlt es an den Voraussetzungen für ein Wertpapierdarlehen[199].

11.257

III. Rechtsstellung des Depotkunden

Die Rechtsstellung der Depotkunden bei WR-Gutschriften ist dadurch gekennzeichnet, daß sie untereinander keine Rechtsgemeinschaft bilden, sondern **schlichte Teilgläubiger** im Sinne des § 420 BGB sind. Im übrigen besteht eine Gefahrengemeinschaft aller Depotkunden hinsichtlich der im Ausland aufbewahrten Deckungsbestände für die in derselben Wertpapiergattung erteilten WR-Gutschriften.

11.258

1. Teilgläubigerschaft

Die für den Kunden im Ausland angeschafften Wertpapiere befinden sich regelmäßig in **Sammelverwahrung,** die zwischenzeitlich auch weitgehend im Ausland praktiziert wird[200]. Die inländische Depotbank hält daher die in ihrem Treuhandeigentum stehenden auslandsaufbewahrten Wertpapiere für alle Depotkunden mit gattungsmäßig gleichartigem WR-Guthaben,

11.259

---

198 *Kümpel* in Bankrecht und Bankpraxis, Rn 8/171.
199 *Palandt/Sprau*, § 700 Rn 1.
200 Zu den ausländischen Girosammelverwahrsystemen vgl. *Kümpel* in Bankrecht und Bankpraxis, Rn 8/153 ff.

ohne daß einzelne Wertpapiere und das hieran bestehende Treuhandeigentum einem bestimmten Depotkunden zugeordnet sind. Ungeachtet dieser ungetrennten Aufbewahrung im Ausland besteht kein einheitlicher Geschäftsbesorgungsvertrag zwischen der inländischen Depotbank und ihren an dem ausländischen Deckungsbestand wirtschaftlich beteiligten Kunden. Das Treuhandverhältnis des Kunden zu seiner Depotbank basiert auf seinem auftragsrechtlichen Herausgabeanspruch im Sinne des § 667 BGB.

11.260 Dieser **Anspruch** geht **auf Herausgabe** einer entsprechenden Anzahl von Wertpapieren sowie der hierauf entfallenden Erträgnisse und Bezugsrechte. Der Herausgabeanspruch ist deshalb auf teilbare Leistungen gerichtet. In diesen Fällen bilden die Gläubiger untereinander **regelmäßig keine Bruchteilsgemeinschaft** (§§ 741 ff. BGB). Nach der gesetzlichen Vermutung (§ 420 BGB) besteht vielmehr eine schlichte Teilgläubigerschaft (Gläubigermehrheit)[201]. Bei solchen teilbaren Forderungen wird zudem eine Bruchteilsgemeinschaft nur anerkannt, wenn sie entweder gesetzlich vorgesehen ist oder zwischen den Gläubigern zumindest eine echte Interessengemeinschaft besteht[202]. Hieran fehlt es jedoch bei den an einem bestimmten ausländischen Deckungsbestand wirtschaftlich beteiligten Depotkunden. Die Verwahrung in einem einheitlichen Deckungsbestand im Ausland beruht ganz überwiegend auf Rationalisierungserwägungen.

11.261 Die Depotkunden sind daher bei Treuhand-WR Gutschriften schlichte Teilgläubiger (§ 420 BGB)[203]. Es liegt vielmehr eine Vielzahl von parallelen Treuhandaufträgen zur inländischen Depotbank im Sinne des § 675 BGB vor. Jeder Depotkunde kann deswegen über seinen der WR-Gutschrift zugrundeliegenden auftragsrechtlichen Anspruch auf Herausgabe einer entsprechenden Anzahl von Wertpapieren selbständig verfügen[204].

2. Gefahrengemeinschaft der Depotkunden

11.262 Der Depotkunde trägt bei einer WR Gutschrift anteilig[205] alle wirtschaftlichen und rechtlichen Nachteile und Schäden, die den ausländischen WR-Deckungsbestand als Folge von höherer Gewalt, Aufruhr, Kriegs- und

---

201 *Enneccerus/Lehmann*, Schuldrecht, 14. Bearb., 1954, S. 738.
202 *Enneccerus/Lehmann*, Schuldrecht, 14. Bearb., 1954, S. 343.
203 *Paul*, WM 1975, 4; vgl. weiter *Kindermann*, WM 1975, 786 ff.
204 *Palandt/Heinrichs*, Überbl. v. § 420 Rn 1.
205 *Coing*, WM 1977, 470. Nach allgemeiner Auffassung ist im Falle einer begrenzten Gattungsschuld bei Teilverlusten der Anspruch jedes Gläubigers entsprechend seiner Beteiligung zu kürzen (*Palandt/Heinrichs*, § 243 Rn 3; RGZ 84, 125, 128; *Heinsius/Horn/Than*, DepG, § 22 Rn 37).

Naturereignissen oder durch sonstige von der Bank nicht zu vertretende Zugriffe Dritter im Ausland oder im Zusammenhang mit Verfügungen von hoher Hand des In- oder Auslandes treffen sollten (Nr. 12 Abs 4 S. 3 AGB Wertpapiergeschäfte). Dieser Deckungsbestand besteht aus den für die Kunden und für die Bank verwahrten Wertpapieren derselben Gattung, die sich in dem jeweiligen ausländischen Staat (Lagerland) befinden, das dem Kunden bei Erteilung der WR-Gutschrift bezeichnet worden ist (Nr. 12 Abs. 4 S. 2 AGB Wertpapiergeschäfte).

Bei dieser **AGB-mäßigen Haftungsbegrenzung** handelt es sich rechtlich um eine Klarstellung. Die in dieser AGB-Klausel erwähnten Sachverhalte führen schon kraft Gesetzes (§ 275 BGB) zu einem Erlöschen des auftragsrechtlichen Herausgabeanspruchs. Denn dieser Anspruch erfaßt nur solche Wertpapiere, über die die Bank als Geschäftsbesorger verfügen kann (§ 667 BGB). Auf diesen auftragsrechtlichen Herausgabeanspruch des Depotkunden ist nach allgemeiner Meinung der das Unvermögen des Leistungspflichtigen aus einer Gattungsschuld regelnde § 279 BGB unanwendbar[206]. Danach hat bei einem nur der Gattung nach bestimmten Leistungsgegenstand der Schuldner, solange die Leistung aus der Gattung möglich ist, sein Unvermögen zur Leistung auch dann zu vertreten, wenn ihm ein Verschulden nicht zur Last fällt. Denn Gegenstand eines Geschäftsbesorgungsvertrages ist die geschuldete Tätigkeit des Geschäftsbesorgers, nicht die Leistung von Gattungssachen[207]. Der Anwendungsbereich des § 279 BGB beschränkt sich im übrigen grundsätzlich auf Hauptleistungspflichten. Bei der Verletzung von Nebenpflichten, wie sie die auftragsrechtliche Herausgabepflicht des § 667 BGB darstellt, sollen die allgemeinen Regeln und damit der leistungsbefreiende § 275 BGB bei unverschuldetem Unvermögen zur Leistung anwendbar sein[208].

11.263

Diese **Haftungsbegrenzung** galt schon nach den „Sonderbedingungen für das Auslandsgeschäft in Wertpapieren". Diese Sonderbedingungen sind zu Beginn des Jahres 1995 von den AGB Wertpapiergeschäfte abgelöst worden, die auch das Auslandsgeschäft in Wertpapieren regeln. Nach den früheren Sonderbedingungen (Nr. 1 Abs. 2 S. 4) blieb zwar der kaufvertragliche Lieferanspruch des Kunden von der ihm erteilten WR-Gutschrift unberührt; durch diese Gutschrift wurde die Lieferpflicht der Bank bis zur Erfüllung suspendiert[209]. Mit der Beschränkung der Lieferpflicht der inländischen Depotbank auf den Deckungsbestand wurde aber

11.264

---

206 BGHZ 28, 123, 128; OGHZ 3, 280, 285; *Palandt/Heinrichs*, § 279 Rn 2; *Staudinger/Löwisch*, § 279 Rn 11.
207 *Staudinger/Löwisch*, § 279 Rn 11.
208 Münchener Komm. zum BGB/*Emmerich*, § 279 Rn 8; vgl. auch BGHZ 28, 123, 128.
209 BGH WM 1988, 402, 404.

klargestellt, daß die Lieferpflicht der Bank keine Gattungsschuld im Sinne des § 279 BGB, sondern nur eine auf den Deckungsbestand begrenzte (beschränkte) Vorratsschuld darstellte[210]. Damit entfiel für die Bank die für die Gattungsschuld typische Beschaffungspflicht, bei der der Schuldner von seiner Leistungspflicht erst frei wird, wenn Sachen der geschuldeten Art nicht mehr im Markt erhältlich sind (sog. marktbezogene Gattungsschuld)[211].

11.265 Die durch die AGB Wertpapiergeschäfte begründete Gefahrengemeinschaft der Depotkunden steht im Einklang mit der Generalklausel des AGB-Gesetzes (§ 9). Denn die inländischen Kreditinstitute könnten an die Stelle dieser vertraglichen Risikoverteilung die gleichartige gesetzliche Regelung (§ 7 Abs. 2 S. 1 DepG) dadurch treten lassen, daß sie dem Kunden (Mit)Eigentum nach Verbringung der Wertpapiere in das Inland verschaffen. Sodann würden diese Depotkunden aber die Vorteile der WR-Gutschrift verlieren. Der Depotkunde ist im übrigen bei einer WR-Gutschrift wirtschaftlicher (Mit-)Eigentümer[212]. Es ist daher auch angemessen im Sinne der Generalklausel des AGB-Gesetzes (§ 9), wenn er das Eigentümerrisiko zu tragen hat.

3. Eingeschränkte Erfüllungsgehilfenhaftung (§ 278 BGB)

11.266 Die inländische Depotbank übernimmt im übrigen nach allgemeiner Meinung anders als bei der inländischen Aufbewahrung keine eigenen verwahrungs- und verwaltungsmäßigen Pflichten. Sie schuldet nur die sorgfältige Auswahl eines geeigneten ausländischen Verwahrers oder Zwischenverwahrers und die Überwachung seiner Eignung während der Dauer der Verwahrung. Dies ist in den AGB Wertpapiergeschäfte (Nr. 19 Abs. 1) ausdrücklich klargestellt worden.

11.267 Bei einer **Zwischenverwahrung** durch die Deutsche Börse AG oder einen anderen inländischen Zwischenverwahrer sowie einer Verwahrung durch eine eigene ausländische Geschäftsstelle haftet jedoch die inländische Depotbank für deren Verschulden (Nr. 19 Abs. 2 S. 2 AGB Wertpapiergeschäfte). Diese Haftungsregelung entspricht der Haftung bei einer inländischen Verwahrung der Wertpapiere (Nr. 19 Abs. 1 AGB Wertpapiergeschäfte).

---

210 *Heinsius/Horn/Than*, DepG, § 22 Rn 37 m.w.N.; *Räbel*, ZGesKredW 1968, 816, 818; *Kümpel*, ZGesKredW 1973, 170, 172. Der Umwandlung in eine begrenzte Gattungsschuld bedarf es nicht, wenn in der WR-Gutschrift bereits eine Erfüllung der Lieferungsverbindlichkeit der Bank erblickt wird (vgl. hierzu *Coing*, WM 1977, 466, 470).
211 *Palandt/Heinrichs*, § 243 Rn 3; *Ziganke*, WM 1961, 234, 235; *Heinsius/Horn/Than*, DepG, § 22 Rn 37.
212 *Coing*, WM 1977, 466, 469.

Mit Rücksicht auf diese **Begrenzung des Pflichtenkreises** der inländischen Depotbank scheidet von vornherein die Möglichkeit aus, daß der ausländische Verwahrer bei seiner Verwahr- und Verwaltertätigkeit als Erfüllungsgehilfe (§ 278 BGB) oder Substitut (§ 664 Abs. 1 BGB) der inländischen Depotbank tätig wird. Eine AGB-mäßige Haftungsbeschränkung bei der Auslandsaufbewahrung auf sorgfältige Auswahl kann daher nach allgemeiner Meinung auch nicht gegen den § 11 Nr. 7 AGBG mit seinem Ausschluß der Freizeichnung von grobem Verschulden der Erfüllungsgehilfen verstoßen[213]. Es sind vielmehr weitere praktische Beispiele für die sog. **weitergeleiteten Aufträge** gegeben, die ihrem Inhalt nach typischerweise in der Form ausgeführt werden, daß die Bank einen Dritten mit der weiteren Erledigung betraut (Nr. 3 Abs. 2 AGB Banken). Solche Aufträge erledigt die Bank dadurch, daß sie diese im eigenen Namen an den Dritten weiterleitet, so daß sich die Haftung der Bank auf die sorgfältige Auswahl und Überweisung des Dritten beschränkt. Mit Rücksicht auf den eingeschränkten Pflichtenkreis der Bank kann eine solche Haftungsregelung im übrigen keine unangemessene Regelung im Sinne der Generalklausel (§ 9 AGBG) darstellen[214].

11.268

Insoweit besteht eine wesentliche Abweichung von der Rechtslage bei inländischer Drittverwahrung. Die Bank ist zu einer solchen Drittverwahrung kraft Gesetzes (§ 3 Abs. 1 DepG) in Abweichung vom § 691 S. 1 BGB befugt. § 3 Abs. 2 S. 1 DepG hat jedoch die zwischenverwahrende Bank für das Verschulden des Drittverwahrers wie für eigenes Verschulden zu haften. Es erscheint zweifelhaft, ob ein Ausschluß dieser Haftung, wie er bislang in den Banken-AGB vorgesehen war, der Inhaltskontrolle nach dem AGBG (§ 9) standhalten würde. Diesen Ausschluß der Haftung für das Verschulden eines inländischen Drittverwahrers sehen daher die AGB Wertpapiergeschäfte nicht mehr vor.

11.269

4. Einholung der Drei-Punkte-Erklärung

Die im Ausland aufbewahrten Wertpapiere unterliegen den für den ausländischen Verwahrer geltenden Geschäftsbedingungen, Usancen und Rechtsvorschriften (Nr. 12 Abs. 2 S. 3 AGB Wertpapiergeschäfte).

11.270

Zum Wirksamwerden der Geschäftsbedingungen des ausländischen Verwahrers bedarf es **keiner Einbeziehung** nach dem AGB-Gesetz (§ 2), weil die Bank bei der Auslandsaufbewahrung im eigenen Namen für Rechnung ihrer Depotkunden handelt (§§ 383, 406 HGB). Das Verwahrverhältnis mit dem ausländischen Verwahrer

11.271

---

213 *Canaris,* Bankvertragsrecht[2], Rn 2155; *von Gablenz,* Die Haftung der Banken bei Einschaltung Dritter, 1983, 305.
214 *Ulmer/Brandner/Hensen,* Anh. §§ 9 – 11, Rn 160; *Canaris,* Bankvertragsrecht[2], Rn 2155; *Kümpel* in Bankrecht und Bankpraxis, Rn 8/171.

gilt daher mit dem Inhalt, wie es unter Einbeziehung der ausländischen AGB begründet worden ist, auch für die Depotkunden der inländischen Depotbank.

11.272 Die inländische Depotbank hat zum Schutze ihrer Depotkunden vertraglich sicherzustellen, daß dem ausländischen Drittverwahrer an den von ihm verwahrten Wertpapieren Pfand- und Zurückbehaltungsrechte nur wie einem inländischen Drittverwahrer zustehen. Sie hat sich deshalb von dem ausländischen Verwahrer bestätigen zu lassen, davon Kenntnis genommen zu haben, daß es sich bei den von ihm aufbewahrten Deckungsbeständen um Kundenbestände der inländischen Depotbank handelt (sog. **Drei-Punkte-Erklärung**). Hierdurch soll Vorsorge für den Fall getroffen werden, daß in dem jeweiligen Land des ausländischen Verwahrers keine der inländischen Fremdvermutung vergleichbare Regelung besteht (vgl. § 4 Abs. 1 S. 1 DepG). Der ausländische Verwahrer verpflichtet sich deshalb in der Drei-Punkte-Erklärung, daß er Pfand-, Zurückbehaltungs- und ähnliche Rechte an den Deckungsbeständen nur wegen solcher Forderungen geltend machen wird, die sich aus der Anschaffung, Verwaltung und Verwahrung der Bestände ergeben.

5. Auskunftsersuchen ausländischer Aktiengesellschaften

11.273 Mit zunehmender Tendenz führt das Ausland besondere Auskunftspflichten für die Eigentümer von Wertpapieren ein. So sind die Aktiengesellschaften in einigen ausländischen Staaten wie z.B. in Großbritannien, Australien und Malaysia berechtigt, von den Depotbanken die Bekanntgabe der Namen und Anschrift ihrer Kunden als Aktionäre sowie den Umfang des Anteilbesitzes verlangen zu können. Auskunftsersuchen können auch der Überprüfung dienen, ob den inländischen Depotkunden der günstigere Steuersatz für die Quellensteuer nach dem **jeweiligen Doppelbesteuerungsabkommen** zusteht. Schließlich kennen einige ausländische Staaten Auskunftspflichten bei Straftaten und dem Mißbrauch von Insider-Informationen, wie dies insbesondere für die USA und für die Befugnisse der dortigen Securities and Exchange Commission (SEC) gilt[215].

11.274 Auf diese nach den ausländischen Rechtsordnungen bestehenden Auskunftspflichten braucht die inländische Depotbank im Regelfall nicht besonders hinzuweisen. Der Depotkunde wird anläßlich der Anschaffung der Wertpapiere in der ihm übermittelten Geschäftsabrechnung auf den ausländischen Aufbewahrungsort hingewiesen. Die Auskunftsersuchen

---

215 OLG München RIW/AWD 1981, 554; OLG München RIW/AWD 1981, 556; vgl. weiter *Kümpel* in Bankrecht und Bankpraxis, Rn 8/127b m.w.Nachw.

werden von den ausländischen Lagerstellen an die inländische Depotbank weitergeleitet.

Bei der Beantwortung dieser Auskunftsersuchen sind die deutschen Kreditinstitute an das **Bankgeheimnis** gebunden. Danach sind grundsätzlich alle Tatsachen geheimzuhalten, die der inländischen Depotbank im Zusammenhang mit der Geschäftsverbindung zu ihren Kunden bekanntgeworden sind. Von dieser Geheimhaltungspflicht sind die Kreditinstitute nach allgemeiner Meinung nur insoweit befreit, als sie an der Offenlegung der geheimhaltungspflichtigen Tatsachen ein überwiegendes Interesse haben[216]. Ein solches **Offenbarungsrecht** kann in Betracht kommen, wenn die inländische Bank im Ausland zur Mitteilung einer geheimhaltungspflichtigen Tatsache verurteilt wird und ihr bei Mißachtung des Urteils eine Bestrafung oder sonstige Nachteile für eine ausländische Niederlassung oder Tochtergesellschaft drohen[217].

11.275

Der US-amerikanische Court of Appeals hat sich bei seiner Entscheidung vom 26. Juni 1968 mit der Frage zu befassen gehabt, inwieweit sich die US-amerikanische Filiale eines deutschen Kreditinstituts gegenüber einem Auskunftsersuchen nach amerikanischem Recht auf das deutsche Bankgeheimnis stützen kann. Für die hiernach erforderliche **Interessenabwägung** kommt es vor allem darauf an, ob die Auskunftserteilung strafrechtliche oder strafrechtsähnliche Konsequenzen hat. Die Gefahr einer Schadensersatzpflicht der Bank sei, wenn dieses Risiko „ganz gering" und „theoretisch" erscheint, allein nicht ausreichend, der Bank ein Recht zur Auskunftsverweigerung zuzubilligen[218].

11.276

Nr. 20 Abs. 1 S. 3 AGB Wertpapiergeschäfte sehen ausdrücklich vor, daß die Banken bei ausländischen Aktien, Wandel- und Optionsanleihen diejenigen Informationen geben dürfen, die die Gesellschaft nach dem für sie maßgeblichen Recht verlangen kann. Soweit die Bank hierbei im Einzelfall auch zur Offenlegung des Namens ihres Depotkunden verpflichtet ist, wird sie ihn benachrichtigen (Nr. 20 Abs. 1 S. 4 AGB Wertpapiergeschäfte).

11.277

---

216 OLG Köln WM 1993, 289, 291; *Canaris*, Bankvertragsrecht[2], Rn 62; *Sichtermann/Feuerborn/Kirchherr/Terdenge*, Bankgeheimnis und Bankauskunft in der Bundesrepublik Deutschland sowie in wichtigen ausländischen Staaten, 3. Aufl., 1984, S. 180.
217 *Canaris*, Bankvertragsrecht[2], Rn 62.
218 Vgl. den auszugsweisen Abdruck der Entscheidungsgründe bei *Eisner*, WM 1969, 198, 201 ff.; *Kleiner*, FS Bärmann, 1975, S. 523 ff.

6. Rechtsgeschäftliche Verfügungen und Zwangsvollstreckungen

11.278 Mit der **WR-Gutschrift** ist keine sachen-, sondern nur eine **schuldrechtliche Gläubigerposition** verbunden (Rn 11.250). Mit Rücksicht auf die schuldrechtliche Rechtsnatur der WR-Gutschrift sind bei rechtsgeschäftlichen Verfügungen die für Forderungsrechte geltenden Vorschriften anwendbar (§§ 398 ff., 1274, 1280 BGB). Infolgedessen ist hier auch ein gutgläubiger Erwerb durch Dritte ausgeschlossen. Wegen des Forderungscharakters der WR-Gutschrift sind schließlich Zwangsversteigerungen von Gläubigern des Depotkunden in diese Gutschriften nach den für Forderungen geltenden Bestimmungen durchzuführen (vgl. §§ 829 ff. ZPO).

IV. Deutsche Börse Clearing AG als treuhänderische Zwischenverwahrerin

11.279 Die inländischen Depotbanken brauchen die Deckungsbestände für ihre WR-Gutschriften nicht unmittelbar bei ihren ausländischen Korrespondenzbanken zu unterhalten. Sie können hierzu insbesondere die Deutsche Börse Clearing AG als Wertpapiersammelbank (WSB) zwischenschalten. In diesen Fällen erwirbt die WSB nach ihren AGB (Nr. 8 Abs. 2) Treuhandeigentum. Sodann kommt es zu einem **zweistufigen Treuhandverhältnis**, wobei die Bank als Kontoinhaber der WSB Treugeber der ersten Stufe und ihr Depotkunde Treugeber der zweiten Stufe ist. Insoweit ergibt sich die Parallele zu einem mehrfach abgestuften Besitz (§ 871 BGB) bei der Girosammelverwahrung.

11.280 Das von den Kreditinstituten bei der WSB unterhaltene **WR-Guthaben** bildet die **wertpapierbezogene Grundlage für einen Giroverkehr,** der wie der Giroverkehr in Anteilsrechten an Girosammelbeständen (GS-Guthaben) zur Erfüllung von Lieferverpflichtungen genutzt werden kann. Hierdurch kann auch solches WR-Guthaben ohne körperliche Bewegung der zugrundeliegenden auslandsverwahrten Wertpapiere zur Belieferung von Wertpapiergeschäften verwendet werden, die zwischen zwei inländischen Kontoinhabern der WSB für eigene Rechnung oder die ihrer Depotkunden getätigt worden sind.

11.281 Bei der wertpapiermäßigen Abwicklung eines für den Depotkunden getätigten Wertpapiergeschäfts ist Gegenstand des Treuhandgiroverkehrs streng rechtlich gesehen nicht die Rechtsstellung des Depotkunden, wie sie ihm durch die WR-Gutschrift in Gestalt des auftragsrechtlichen Herausgabeanspruchs (§ 667 BGB) aus dem Treuhandverhältnis zu seiner

Bank verschafft wird. Die angeschlossenen Banken verfügen als Kontoinhaber der WSB vielmehr über rechtlich ihnen zugeordnete Depotguthaben aus den WR-Gutschriften, die ihnen die WSB als nachgeordneter Zwischenverwahrer in der zur ausländischen Lagerstelle reichenden Verwahrkette gemäß ihren AGB (Nr. 8 Abs. 2) erteilt hat.

Gegenstand des Treuhandgiroverkehrs sind also Herausgabeansprüche (§ 667 BGB) der Kontoinhaber gegen die WSB als ihren Treuhänder und damit Forderungsrechte. Insoweit ergibt sich eine Parallele zum bargeldlosen (Geld)Giroverkehr, bei dem der Kontoinhaber zu Lasten seines Guthabens Überweisungsaufträge erteilt. Dagegen sind Gegenstand des Effektengiroverkehrs bei einem Verkaufsauftrag eines Depotkunden dessen dingliche Miteigentumsrechte an dem zugrundeliegenden inländischen Girosammelbestand an Wertpapieren.

11.282

V. Internationale Clearingsysteme als ausländische Drittverwahrer

Die **zu den ausländischen Deckungsbeständen gehörenden Wertpapiere** werden ganz überwiegend und mit zunehmender Tendenz auch von internationalen Clearingsystemen wie insbesondere Euro-Clear und Cedel aufbewahrt. Mit diesen beiden Institutionen sind auf dem europäischen Kapitalmarkt für festverzinsliche Werte (Euro-Bond-Handel) zwei grenzüberschreitende Buchungs- und Clearingsysteme geschaffen worden[219]. Sie ermöglichen die liefer- und geldmäßige Abwicklung grenzüberschreitender Wertpapiergeschäfte im Effekten- und Geldgiroverkehr[220].

11.283

1. Euro-Clear

Euro-Clear wurde **1968** von der New Yorker Bank „Morgan Guaranty Trust Company" als eine Abteilung ihrer Brüsseler Niederlassung gegründet. **Rechtsträger** ist heute die in Großbritannien registrierte Tochtergesellschaft „Euro-Clear Clearance System Public Limited Company" mit Sitz in Zürich. Das Clearing-System wird weiterhin von der Brüsseler Niederlassung der Morgan Guaranty Trust Company aufgrund eines Geschäftsbesorgungsvertrages betrieben. Euro-Clear läßt die Wertpapiere bei verschiedenen Depotbanken in den für den Effektenhandel wichtigsten

11.284

---

219 *Kümpel* in Bankrecht und Bankpraxis, Rn 8/161; *Scholze*, Das Konsortialgeschäft der deutschen Banken, 2. Halbb., 1973, S. 866, 867.
220 *Breuer*, ZGesKredW 1986, 348 ff.; *Israel*, ZGesKredW 1980, 172 ff.; *Heinsius*, ZGesKredW 1971, 21, 25.

europäischen Ländern (Amsterdam, Basel, Brüssel, Frankfurt, Genf, London, Luxemburg, Mailand, Paris, Zürich) sowie in New York verwahren. Dies entspricht dem bewährten Grundsatz der Bankpraxis, Wertpapiere möglichst im Land des Emittenten und der Hauptzahlstelle aufbewahren zu lassen. Die inländischen Depotkunden erhalten auch bei den in Euro-Clear einbezogenen Wertpapieren die übliche WR-Gutschrift.

11.285 Soweit die im Euro-Clear-System befindlichen Wertpapiere nicht im Ausland, sondern von der Deutsche Börse Clearing AG als Wertpapiersammelbank über eine dort als Kontoinhaberin zugelassene inländische Bank als deutsche Lagerstelle sammelverwahrt werden, kann Euro-Clear als Zwischenverwahrer seinen Kontoinhabern die im Inland üblichen GS-Anteile gutschreiben. Denn maßgeblich für die Rechtsposition an einem Wertpapiersammelbestand ist nach dem Grundsatz der Belegenheit der Sache die am Aufbewahrungsort geltende Rechtsordnung und daher bei im Inland ruhenden Beständen das deutsche Depotgesetz (§ 6). Dieser Grundsatz (lex cartae sitae) ist auch vom deutschen Internationalen Privatrecht anerkannt. Dementsprechend können die deutschen Kreditinstitute als Kontoinhaber von Euro-Clear ihren Depotkunden ungeachtet der Zwischenschaltung dieses ausländischen Clearingsystems reguläre GS-Gutschriften erteilen. Diese Gutschriften unterscheiden sich jedoch von den regulären GS-Gutschriften dadurch, daß sich in der Verwahrkette zur deutschen Wertpapiersammelbank eine ausländische Zwischenverwahrerin in Gestalt von Euro-Clear befindet, für die belgisches Recht maßgeblich ist.

2. Cedel

11.286 Die Centrale de Livraison de Valeurs Mobilières (Cedel) wurde im Jahre 1970 mit ähnlicher Zielsetzung wie Euro-Clear in Luxemburg gegründet; dort ist der größte Teil der Eurobond-Anleihen börsennotiert. Auch Cedel verwahrt als internationale Buchungs- und Clearingzentrale die einbezogenen Wertpapiere nicht selbst, sondern konzentriert die Eurobond-Anleihen bei einer einheitlichen Lagerstelle in dem jeweiligen Lande, auf dessen Währung die Stücke lauten[221].

11.287 Soweit die Wertpapiere im Ausland verwahrt werden, erhalten die Kontoinhaber von Cedel **kein (Mit-)Eigentum** an den gutgeschriebenen Werten, sondern lediglich eine **WR-Gutschrift.**

11.288 Cedel unterhält zu Euro-Clear eine gegenseitige Geschäftsverbindung, um Wertpapierlieferungen von dem einen System in das andere zu ermöglichen (sog. bridging).

---

221 *Israel*, ZGesKredW 1980, 172.

VI. WR-Gutschrift als Erfüllungssurrogat (§ 364 Abs. 1 BGB)

Im Schrifttum ist umstritten, ob mit der depotmäßigen Gutschrift des auftragsrechtlichen Herausgabeanspruchs aus dem Treuhandverhältnis im Zuge der Abwicklung eines Effektenkaufs des Depotkunden zugleich der **„Lieferungs"anspruch des Depotkunden** gegen die Bank aus dem zeitlich vorausgegangenen Kauf der Wertpapiere erlischt.

11.289

Soweit die Depotbank bei der Anschaffung als Kommissionärin ohne Selbsteintritt handelte, ist dieser „Lieferungs"anspruch als Herausgabeanspruch im Sinne der §§ 667 BGB, 384 Abs. 2 HGB zu qualifizieren. Hat dagegen die Bank über die im Ausland anzuschaffenden Wertpapiere mit dem Depotkunden ein Festgeschäft getätigt, so handelt es sich bei dem hierdurch begründeten „Lieferungs"anspruch des Kunden um den kaufrechtlichen Übereignungsanspruch im Sinne des § 433 Abs. 1 S. 1 BGB.

11.290

1. Wesentlich verstärkte Gläubigerposition des Depotkunden

Der auftragsrechtliche Herausgabeanspruch (§ 667 BGB), wie er dem Depotkunden aus dem im Zuge der Geschäftsabwicklung begründeten Treuhandverhältnis gegen seine Depotbank erwächst, hat eine andere Rechtsnatur als der „Lieferungs"-Anspruch des Kunden aus dem Vertragsverhältnis, das der Anschaffungsphase zugrunde liegt. Der Herausgabeanspruch aus diesem Treuhandverhältnis ist rechtlich selbständig. Denn dieser Anspruch schützt den Depotkunden vor dem Insolvenz- und Vollstreckungsrisiko seiner Bank und verstärkt deshalb seine Gläubigerposition aus der Anschaffungsphase.

11.291

In der **Gutschrift** über diesen auftragsrechtlichen Herausgabeanspruch kann mithin eine **Leistung an Erfüllungs Statt** (§ 364 Abs. 1 BGB) erblickt werden, mit der die Depotbank ihre Lieferpflicht aus der Anschaffungsphase tilgt. Denn es widerspricht auch nach dem Schrifttum einer natürlichen Betrachtungsweise, die Lieferungsansprüche des Depotkunden aus der Anschaffungsphase rein rechtlich über Jahre hinaus als unerfüllt zu betrachten[222].

11.292

Die **konkludente Vereinbarung einer solchen Leistung** an Erfüllungs Statt ist auch mit dem Grundsatz der Unabdingbarkeit der Eigentumsverschaffungspflicht des Einkaufskommissionärs (§ 28 DepG) vereinbar. Nur den Depotkunden benachteiligende Vereinbarungen sind durch diese Geset-

11.293

---

222 *Brink*, Rechtsbeziehungen und Rechtsübertragung im nationalen und internationalen Effektengiroverkehr, 1976, S. 310.

zesbestimmung untersagt. Zulässig sind dagegen vertragliche Regelungen, die die Rechtsstellung des Depotkunden günstiger gestalten[223], wie dies auf den depotmäßig gutgeschriebenen auftragsrechtlichen Herausgabeanspruch aus dem Treuhandverhältnis zwischen Bank und Kunde zutrifft. Während diese dem Depotkunden erteilte WR-Gutschrift insolvenz- und vollstreckungssicher ist – Rn 11.254, gewährt der kommissions- und kaufvertragliche Anspruch aus der Anschaffungsphase nur ein Insolvenzvorrecht (§ 32 DepG). Mit Rücksicht auf den Treuhandcharakter eignet sich deswegen die WR-Gutschrift als Erfüllungssurrogat. Wird daher mit der WR-Gutschrift der Anspruch des Depotkunden aus der Anschaffungsphase getilgt, so liegt darin auch keine Umgehung des § 28 DepG, der eine rechtsgeschäftliche Abbedingung der Pflicht der Depotbank zur Eigentumsverschaffung ausschließt[224]. Dies um so weniger, als der Depotkunde aufgrund seines auftragsrechtlichen Herausgabeanspruches, wie dieser durch die WR-Gutschrift dokumentiert wird, die insolvenz- und vollstreckungsgeschützte Übereignung der zugrundeliegenden Wertpapiere von seiner Depotbank verlangen kann.

11.294 Die durch die AGB Wertpapiergeschäfte ersetzten „Sonderbedingungen für das Auslandsgeschäft in Wertpapieren" sahen noch das Fortbestehen dieser „Liefer"ansprüche aus der Anschaffungsphase vor. Danach war die Verschaffung des auftragsrechtlichen Herausgabeanspruchs aus dem Treuhandverhältnis nur eine **Leistung erfüllungshalber** mit der Folge, daß der kommissions- bzw. kaufvertragliche „Liefer"anspruch des Depotkunden aus der Anschaffungsphase bestehen blieb. Auf diesen „Liefer"anspruch konnte der Depotkunde aber solange nicht zurückgreifen, als er sich aus dem ihm als Treugeber zustehenden auftragsrechtlichen Herausgabeanspruch hätte befriedigen können[225].

2. Keine Rückerstattung des Kaufpreises bei Verlusten am Deckungsbestand

11.295 Der Depotkunde trägt bei einer WR-Gutschrift anteilig alle wirtschaftlichen und rechtlichen Nachteile und Schäden, die den von auslandsaufbewahrten Wertpapieren gebildeten Deckungsbestand als Folge von höherer Gewalt, Aufruhr, Kriegs- und Naturereignissen oder durch sonstige von der Bank nicht zu vertretende Zugriffe Dritter im Ausland oder im Zusammenhang mit Verfügungen von hoher Hand des In- oder Auslandes treffen sollten (Nr. 12 Abs. 4 S. 2 AGB Wertpapiergeschäfte).

---

223 *Heinsius/Horn/Than*, DepG, § 28 Rn 6.
224 *Coing*, WM 1977, 466, 470.
225 *Köhler*, WM 1977, 242, 247 ff.

Für den Fall des Eintritts eines solchen Verlustes am Deckungsbestand bestimmen die AGB Wertpapiergeschäfte (Nr. 12 Abs. 5) des weiteren, daß die inländische Depotbank nicht verpflichtet ist, dem Depotkunden den von ihm gezahlten Kaufpreis zurückzuerstatten. Eine solche **Rückerstattungspflicht** sieht § 323 BGB bei gegenseitigen Verträgen vor, bei denen die Verpflichtungen der Vertragspartner wie bei einem Kommissions- oder Kaufvertrag in einer wechselseitigen Abhängigkeit (Synallagma) stehen. Danach soll der Lieferschuldner (Depotbank) im Falle seiner Befreiung von der Lieferschuld infolge nicht zu vertretenden Unmöglichwerdens (Verluste am Deckungsbestand) auch seinen Anspruch auf den Kaufpreis als vereinbarte Gegenleistung verlieren. Diese sog. Vergütungs-(Preis-)gefahr im Sinne des § 323 BGB haben die Depotkunden als wirtschaftliche Eigentümer der zum ausländischen Deckungsbestand gehörenden Wertpapiere zu tragen (Nr. 12 Abs. 4 S. 3 AGB Wertpapiergeschäfte).

11.296

Dieser Ausschluß der Preisgefahr steht im Einklang mit der Generalklausel des AGB-Gesetzes (§ 9). Denn die inländischen Depotbanken könnten an die Stelle dieser vertraglichen Risikoverteilung die gleichartige gesetzliche Regelung (§ 7 Abs. 2 Satz 1 DepG) dadurch treten lassen, daß sie ihren Kunden nach Verbringung der Wertpapiere in das Inland (Mit-)Eigentum verschaffen. Sodann würden diese Depotkunden jedoch die Vorteile der WR-Gutschrift verlieren. Der Depotkunde ist im übrigen bei einer WR-Gutschrift wirtschaftlicher (Mit-)Eigentümer. Es ist daher auch angemessen im Sinne der Generalklausel des AGB-Gesetzes (§ 9), wenn er bei einem von der inländischen Depotbank nicht zu vertretenden Verlust am Deckungsbestand das Eigentümerrisiko und damit die Preisgefahr im Sinne des § 323 BGB trägt.

11.297

6. Abschnitt
Giroverkehr der Deutsche Börse Clearing AG

I. Allgemeines

11.298 Werden die Lieferansprüche aus Wertpapiergeschäften durch Verschaffung von Miteigentum an den zum Sammelbestand der Deutsche Börse Clearing AG als Wertpapiersammelbank (WSB) gehörenden Wertpapiere entsprechend § 24 Abs. 1 DepG erfüllt, so geschieht dies ohne körperliche Bewegung von Wertpapierurkunden im Effektengiroverkehr. Diese **„stückelose" Belieferung der Wertpapiergeschäfte** vermittelt die WSB auf der wertpapiermäßigen Grundlage der von ihr verwahrten Girosammelbestände. Hierzu belastet die WSB das bei ihr unterhaltene Konto der lieferungspflichtigen Bank (Verkäuferbank) und erteilt der lieferungsberechtigten Bank (Käuferbank) eine entsprechende Gutschrift auf dem bei ihr unterhaltenen Depotkonto. Hinzu kommt eine Veränderung des Besitzvermittlungswillens der WSB zugunsten der Käuferbank – **sog. Besitzumstellung.**

11.299 Durch die Vermeidung körperlicher Bewegungen von Wertpapierurkunden ist es möglich, die Wertpapiergeschäfte nach dem Vorbild des bargeldlosen Zahlungsverkehrs buchungsmäßig abzuwickeln[226]. Die rechtliche Beurteilung des Effektengiroverkehrs kann sich deshalb weitgehend an den vertragsrechtlichen Grundsätzen des bargeldlosen Zahlungsverkehrs orientieren. Dabei ist freilich der Besonderheit Rechnung zu tragen, daß beim Effektengiroverkehr keine schuldrechtlichen Gläubigerrechte, sondern dingliche Rechte in Gestalt von Bruchteilseigentumsrechten an den girosammelverwahrten Wertpapierurkunden geliefert werden – Girosammeldepotanteile (GS-Anteile)[227].

11.300 Für die Übertragung dieser GS-Anteile im Effektengiroverkehr sind nach einhelliger Meinung die sachenrechtlichen Übereignungsvorschriften (§§ 929 ff. BGB) anwendbar. Denn es ist unerheblich, daß den GS-Anteilen kein Volleigentum, sondern nur Miteigentum an den sammelverwahrten Wertpapieren zugrunde liegt. Die Übertragung eines Miteigentumrechts erfolgt nach denselben Regeln wie die Übertragung des Vollrechts. Für die Übertragung der GS-Anteile sind also erforderlich die

---
226 *Koller*, DB 1972, 1857; *Delorme*, Die Wertpapiersammelbanken, 1910, S. 29.
227 *Canaris*, Bankvertragsrecht², Rn 2009.

Einigung über den Übergang des Miteigentums und eine Übergabe zur Verschaffung des für den Eigentumserwerb benötigten Besitzes.

II. Verschaffung des erforderlichen Besitzes gemäß § 929 BGB

Nach ganz herrschender Meinung vollzieht sich die Übertragung der GS-Anteile im Effektengiroverkehr gemäß dem Regeltatbestand für die Übertragung von Eigentum der beweglichen Sachen. Hierzu ist neben der **Einigung** über diese Eigentumsübertragung die **Übergabe** der zugrundeliegenden Wertpapiere erforderlich (§ 929 S. 1 BGB). Die Verkäuferbank als WSB-Kontoinhaberin weist hierzu im Rahmen der Geschäftsabwicklung die WSB als unmittelbaren Besitzer an, mit der Käuferbank als WSB-Kontoinhaberin ein **neues Besitzmittlungsverhältnis** zu vereinbaren (sog. „Geheiß"erwerb)[228]. Die WSB belastet hierzu das Konto der Verkäuferbank und erteilt der Käuferbank eine entsprechende Kontogutschrift. Mit dieser Gutschrift ist nach den AGB-WSB eine notwendige Voraussetzung dafür geschaffen, daß die Käuferbank an den der GS-Gutschrift zugrundeliegenden Wertpapieren mittelbaren Besitz (§ 870 BGB) erlangt, den sie wiederum ihrem Depotkunden als Käufer vermitteln kann, der hierdurch mittelbarer Besitzer der 2. Stufe wird (§ 871 BGB).

11.301

1. Besitzumstellung der WSB

In der Erteilung dieser Gutschrift auf dem Depotkonto der Käuferbank manifestiert sich notwendigerweise zugleich der Wille der WSB, insoweit das bisherige Besitzmittlungsverhältnis zur Verkäuferbank bezüglich der zu liefernden GS-Anteile zu beenden[229]. Denn die Übergabe im Sinne des § 929 S. 1 BGB erfordert, daß der Veräußerer nicht mehr den geringsten Rest eines Besitzes in der Hand behalten darf[230].

11.302

Mit der GS-Gutschrift begründet die WSB zugleich konkludent ein neues Besitzmittlungsverhältnis zur Käuferbank, damit diese den für die Übereignung erforderlichen mittelbaren Besitz erhält (§ 868 BGB). Hierbei

11.303

---

228 BGH WM 1959, 813, 815; *Palandt/Bassenge*, § 929 Rn 17; *Canaris*, Bankvertragsrecht[2], Rn 2020.
229 *Canaris*, Bankvertragsrecht[2], Rn 2020; *Kümpel* in Bankrecht und Bankpraxis, Rn 8/336; *ders.* in Assmann/Schütze, Handbuch des Kapitalanlagerechts, § 13 Rn 60.
230 RGZ 137, 23, 25; *Palandt/Bassenge*, § 929 Rn 9.

tätigt die WSB ein Insichgeschäft, das ihr aufgrund der Kontoverbindung gestattet ist (§§ 688, 164, 181 BGB)[231].

11.304 Für die gemäß § 929 S. 1 BGB erforderliche Übergabe ist also nicht allein eine Belastungsbuchung auf dem Depotkonto der Verkäuferbank und eine entsprechende Gutschriftsbuchung zugunsten der Käuferbank erforderlich. Hinzu kommen muß eine Änderung des tatsächlichen Besitzvermittlungswillens der WSB zugunsten der Käuferbank (sog. **Besitzumstellung**).

11.305 Bei der Neufassung der AGB der WSB zu Beginn des Jahres 1998 ist die für den Effektengiroverkehr wesentliche Besitzumstellung ausdrücklich geregelt worden. Danach erfordert die Umstellung des Besitzmittlungsverhältnisses, daß die WSB das Depotkonto der Verkäuferbank belastet und dem Depotkonto der Käuferbank einen entsprechenden GS-Anteil gutschreibt. Hinzu kommen muß die Umstellung des Besitzmittlungsverhältnisses von der Verkäuferbank auf die Käuferbank (Nr. 8 AGB-WSB). Dies erfordert einen entsprechend modifizierten Besitzwillen der Wertpapiersammelbank. Danach will die WSB den (Mit-)Besitz an den umgebuchten GS-Anteilen künftig nicht mehr der Verkäuferbank sondern der Käuferbank vermitteln. Hierzu stellen die AGB-WSB (Nr. 8 Abs. 1) ausdrücklich klar, daß diese Besitzumstellung eine Übergabe im Sinne des Grundtatbestandes der Übereignung beweglicher Sachen (§ 929 BGB) beinhaltet.

2. Zeitpunkt des Besitzüberganges

11.306 Der Zeitpunkt dieses durch die Besitzumstellung bewirkten Übergangs des (Mit-)Besitzes an den umgebuchten GS-Anteilen hängt davon ab, ob die **Umbuchung im Rahmen oder außerhalb des Geldverrechnungsverkehrs** der WSB erfolgt. Dieses Geldclearing dient der Zug um Zug-Abwicklung vor allem von Wertpapiergeschäften, die an den Börsen getätigt worden sind. Einbezogen in den Geldverrechnungsverkehr sind aber auch solche Wertpapiergeschäfte, die die Kontoinhaber der WSB in das Clearingsystem eingegeben haben. Für die Inanspruchnahme dieser Dienstleistungen gelten die „Sonderdingungen für die Teilnahme am Geldeinzugs- und Effekten-Durchlieferungsverkehr der Deutsche Börse Clearing

---

231 *Opitz*, Effektengiroverkehr und Sammeldepots, Sammelband, S. 59; *Canaris*, Bankvertragsrecht[2], Rn 2020, läßt es dahingestellt, ob als Rechtsgrundlage des Besitzmittlungsverhältnisses nicht bereits die Kontoverbindung in Verbindung mit der sich in der Umbuchung manifestierenden Willensänderung der Wertpapiersammelbank in Betracht kommt und es daher der Annahme eines konkludenten Insichgeschäfts nicht bedarf.

AG"[232]. Bei diesem Verrechnungsverfahren sammelt die WSB und saldiert die sich aus den Forderungen und Verbindlichkeiten ergebenden DM-Gegenwerte der Verkäufer- und Käuferbanken (vgl. Nr. 9 Abs. 3 AGB-WSB). Die WSB übermittelt sodann die festgestellten Sollsalden ihrer beteiligten Kunden an die Landeszentralbank (LZB). Die LZB verarbeitet die Sollsalden durch die Belastung der jeweiligen LZB-Konten der Käuferbanken und entsprechenden Habensalden auf dem bei ihr als Zwischenkonto unterhaltenen Konto der WSB. Das dabei entstehende Guthaben verwaltet die WSB als Kontoinhaberin treuhänderisch bis zu dem Zeitpunkt, in dem die Habensalden auf den jeweiligen Konten der Verkäuferbanken gutgeschrieben sind. Sobald alle an die LZB übermittelten Sollsalden ausgeglichen sind, übermittelt die WSB die festgestellten Habensalden der Verkäuferbanken an die LZB. Die LZB verarbeitet wiederum die Habensalden durch Gutschrift auf den jeweiligen LZB-Konten der Verkäuferbanken und entsprechende Belastung des LZB-Zwischenkontos der WSB. Dieses Geldverrechnungsverfahren kann ein- oder mehrmals täglich durchgeführt werden. Die AGB-WSB (Nr. 9 Abs. 4) enthalten im übrigen Regelungen für den Fall, daß ein Teilnehmer an diesem Geldclearing über kein ausreichendes Guthaben auf seinem LZB-Konto unterhält.

Soweit sich die Lieferung der GS-Anteile aufgrund eines Wertpapiergeschäfts vollzieht, dessen geldmäßige Regulierung im Rahmen der WSB-Verrechnung vorgesehen ist, erfolgt die für den Besitzübergang erforderliche Besitzumstellung mit Abschluß des jeweiligen Clearing dieses Geldverrechnungsverfahrens (Nr. 8 Abs. 1 AGB-WSB). Diese Umstellung des Besitzes stellt nicht nur einen Realakt dar, auf den die für Rechtsgeschäfte geltenden Bestimmungen grundsätzlich unanwendbar sind[233]. Vielmehr wird zwischen der besitzumstellenden WSB und der Käuferbank ein Besitzmittlungsverhältnis in Form eines Verwahrungsverhältnisses begründet (§§ 868, 688 BGB). Das **Entstehen dieses Besitzmittlungsverhältnisses** kann deshalb an die Bedingung des Abschlusses des jeweiligen Geldclearing geknüpft werden (§ 158 BGB). Mit dieser Konstruktion der Übertragung der zu liefernden GS-Anteile ist das von allen Beteiligten gewünschte Zug-um-Zug-Prinzip optimal sichergestellt. Denn die Käuferbank erwirbt die ihr zu liefernden GS-Anteile genau zu dem Zeitpunkt, in dem die Verkäuferbank durch Gutschrift auf ihrem LZB-Konto den vereinbarten Kaufpreis für die im Giroverkehr gelieferten Wertpapiere erhält.

11.307

Erfolgt die Lieferung der GS-Anteile außerhalb des WSB Geldverrechnungsverkehrs, wird dagegen die Besitzumstellung schon mit der Umbu-

11.308

---

232 Abgedruckt in *Kümpel/Ott*, Kapitalmarktrecht, Kz 384.
233 *Palandt/Heinrichs*, Überbl. v. § 104 Rn 10.

chung der GS-Anteile auf den Depotkonten der beiden beteiligten WSB-Kunden wirksam (Nr. 8 Nr. 1 AGB-WSB). Hier soll die WSB nur eine Wertpapierlieferung sicherstellen. Ein praktisches Bedürfnis besteht hierfür vor allem in den Fällen, in denen ein Bankkunde seine Bankverbindung wechselt und hierzu die girosammelverwahrten Wertpapiere an die neue Bank als Zwischenverwahrer weitergeleitet werden soll.

3. Fehlende Praktikabilität der anderen gesetzlichen Übereignungsformen

11.309 Das Schrifttum erörtert bei der Darstellung des Effektengiroverkehrs auch die Möglichkeit, die für die Übereignung erforderliche Besitzverschaffung durch Abtretung des verwahrungsrechtlichen Rückforderungsanspruchs (§ 931 BGB) oder durch Vereinbarung eines Besitzmittlungsverhältnisses (§ 930 BGB) zu konstruieren.

a) Abtretung des verwahrungsrechtlichen Rückforderungsanspruchs (§ 931 BGB)

11.310 Bei der Übereignung GS-verwahrter Wertpapiere in Gestalt eines entsprechenden GS-Guthabens bietet sich angesichts der besitzrechtlichen Verhältnisse der GS-Verwahrung an, die erforderliche **Besitzübertragung durch Abtretung des verwahrungsrechtlichen Rückforderungsanspruchs,** der der Verkäuferbank gegen die WSB aus dem zugrundeliegenden Verwahrverhältnis zusteht, an die Käuferbank vorzunehmen (§§ 931, 398, 695 BGB).

11.311 Diese Abtretung des verwahrungsrechtlichen Rückforderungsanspruchs müßte jedoch gegenüber der WSB als Schuldner offengelegt werden, damit die Verkäuferbank über dieses GS-Guthaben kurzfristig disponieren kann, wenn der Depotkunde die zugrundeliegenden Wertpapiere wieder veräußern will. Hierzu hätte die Verkäuferbank die Abtretung ihres Rückforderungsanspruches der WSB anzuzeigen, wenn die umständliche Übergabe einer Abtretungsurkunde an die Käuferbank zum Zwecke der Weiterleitung an die WSB vermieden werden soll (vgl. § 409 BGB). Nach dieser Zessionsanzeige würde jedoch die WSB aus buchungstechnischen Gründen ein entsprechendes GS-Guthaben vom Konto der Verkäuferbank auf das Konto der Käuferbank umbuchen. Die Käuferbank könnte sodann bei einem späteren Verkauf dieses GS-Guthabens durch ihren Depotkunden hierüber kurzfristig disponieren.

11.312 Aus Gründen der **Praktikabilität des Effektengiroverkehrs** bedarf es also auch bei einer Übertragung des GS-Guthabens durch Abtretung des Rückforderungsanspruchs einer Mitteilung der Verkäuferbank an die WSB.

Deshalb ist es wesentlich rationeller, wenn die Verkäuferbank die WSB wie bei einer Übereignung im Wege des „Geheiß"erwerbs – Rn 11.301 – anweist, ein entsprechendes GS-Guthaben zu Lasten ihres Kontos auf das Konto der Käuferbank umzubuchen, damit die Besitzverschaffung durch Besitzübergabe im Sinne des Regeltatbestandes des § 929 S. 1 BGB erfolgen kann.

Die **Besitzverschaffung** durch Abtretung des Rückforderungsanspruches kann auch aus der Sicht des Gutglaubensschutzes nicht zufrieden stellen, der für den Effektengiroverkehr unverzichtbar ist[234]. Denn soweit der abgetretene Rückforderungsanspruch im Einzelfall nicht besteht und der Veräußerer auch nicht (Mit-)Eigentümer der zugrundeliegenden Wertpapiere ist, kann es zu einem gutgläubigen Erwerb erst kommen, wenn die Käuferbank von der WSB als Schuldner des ihr abgetretenen Rückforderungsanspruchs Besitz erlangt (§ 934 BGB)[235]. Dies geschieht aus buchungstechnischen Gründen durch eine Umbuchung des GS-Guthabens vom Konto der Verkäuferbank auf das Konto der Käuferbank, wie sie aber auch erfolgt, wenn die Verkäuferbank die WSB zu einer solchen Umbuchung anweist und damit eine Besitzverschaffung im Sinne des Regeltatbestandes des § 929 S. 1 BGB vornimmt.

11.313

b) Vereinbarung eines Besitzmittlungsverhältnisses (§ 930 BGB)

Ebenso unpraktikabel wie die Abtretung des verwahrungsrechtlichen Rückforderungsanspruches ist der Weg der Besitzverschaffung durch die Vereinbarung eines Besitzmittlungsverhältnisses zwischen der Verkäuferbank und der Käuferbank (§§ 930, 868, 688 BGB). Denn hierbei bliebe das GS-Guthaben auf dem Konto der Verkäuferbank verbucht, die hierüber wie bisher gegenüber der WSB allein zu Verfügungen legitimiert wäre. Bei einem späteren Verkauf der zugrundeliegenden Wertpapiere durch den Depotkunden müßte die Käuferbank daher die Verkäuferbank für ihre Dispositionen über das GS-Guthaben ihres Depotkunden einschalten. Dies ist im Regelfall geschäftspolitisch höchst unerwünscht. Die Banken sind deshalb daran interessiert, daß die GS-Guthaben ihrer Depotkunden weitestmöglich auf ihrem eigenen Konto bei der WSB verbucht sind.

11.314

Die Vereinbarung eines solchen Besitzmittlungsverhältnisses ist zudem aus der Sicht des erforderlichen Gutglaubensschutzes wesentlich ungünstiger als eine Besitzübergabe im Sinne des Regeltatbestandes des § 929 S. 1 BGB. Denn gehört das (Mit-)Eigentum an den zugrundeliegenden

11.315

---
234 *Canaris*, Bankvertragsrecht², Rn 2020.
235 BGH WM 1959, 813, 815; *Palandt/Bassenge*, § 934 Rn 3, 4.

Wertpapieren nicht dem Veräußerer, so geht das Eigentum an den gutgläubigen Erwerber erst über, wenn der Besitz an den zugrundeliegenden Wertpapieren erlangt ist (§ 933 BGB). Auch hierzu hätte die WSB das GS-Guthaben vom Konto der Verkäuferbank auf das Konto der Käuferbank umzubuchen, damit diese ihrem Depotkunden als gutgläubigem Erwerber den hierzu erforderlichen Besitz durch Begründung eines Besitzmittlungsverhältnisses (§§ 868, 871 BGB) im Rahmen der depotgeschäftlichen Beziehung verschaffen kann.

11.316 Aus praktischer und rechtlicher Sicht erfolgt nach alledem die erforderliche Besitzverschaffung in optimaler Form dadurch, daß die Verkäuferbank die WSB entsprechend der Praxis beauftragt, GS-Guthaben zu Lasten ihres Kontos dem Konto der Käuferbank gutzuschreiben.

4. Depotumbuchung als neuer Übertragungstatbestand

11.317 Wie sich gezeigt hat, ist die Konstruktion der erforderlichen Besitzverschaffung im Effektengiroverkehr rechtlich in den Griff zu bekommen. Dies darf aber nach *Canaris*[236] nicht darüber hinwegtäuschen, daß eine solche Rechtskonstruktion lebensfremd erscheint, wenn sie nicht sogar sachwidrig ist. Die für das BGB charakteristische weitgehende Gleichstellung zwischen dem unmittelbaren und dem mittelbaren Besitz und die Verdünnung des letzteren beim mehrfach gestuften mittelbaren Besitz seien rechtspolitisch höchst fragwürdig. Beim Effektengiroverkehr erscheinen sie vollends sinnentleert. Die erforderliche Rechtskonstruktion für die Übereignung ist von einer hochgradigen Künstlichkeit und hat keine Absicherung im realen Parteiwillen. Hinzu kommt, daß der Besitz hier seine ursprüngliche Funktion als Mittel für die Publizität und der Verlautbarung des Eigentums nach außen angesichts seiner Verdünnung zu einem mehrfach gestuften mittelbaren Besitz nicht mehr erfüllen kann, zumal er keinen Alleinbesitz, sondern nur einen **entfernten Mitbesitz** darstellt. In Wahrheit erfolgt daher schon heute die Übertragung der GS-Anteile im Effektengiroverkehr nicht durch Einigung und Übergabe. Vielmehr wird diese Übergabe faktisch durch die Umbuchungen der Wertpapiersammelbank ersetzt. Die Besitzverschaffung durch Erlangung der tatsächlichen Sachherrschaft wird also durch depotmäßige Buchungsvorgänge abgelöst. Dies zeigt, wie weit sich der Effektengiroverkehr sowohl von den Grundprinzipien des Sachenrechts wie des Wertpapierrechts entfernt hat.

---

236 Bankvertragsrecht², Rn 2022.

III. Einigung über den Eigentumsübergang

Zu der Besitzverschaffung an den Wertpapieren, die den gelieferten GS-Anteilen zugrunde liegen, muß die **Einigung** zwischen Veräußerer und Erwerber bezüglich des Überganges des (Mit-)Eigentums hinzukommen (§ 929 S. 1 BGB).

11.318

Bei einem Verkaufsauftrag eines Depotkunden wird die hierzu erforderliche Übereignungsofferte nicht von dem Veräußerer selbst, sondern von seiner beauftragten Depotbank (Verkäuferbank) konkludent erklärt. Hierbei macht die Verkäuferbank von einer Ermächtigung im Sinne des § 185 BGB Gebrauch, die ihr konkludent mit der Verkaufsorder ihres Depotkunden erteilt wird[237]. Zur ordnungsgemäßen Ausführung dieser Verkaufsorder gehört auch die Übereignung der verkauften GS-Anteile. Denn nach Kommissionsrecht ist die Bank als Verkaufskommissionärin „zur Ausführung des übernommenen Geschäfts verpflichtet" (§ 384 Abs. 1 HGB). Mit Rücksicht auf diese Ausführungspflicht wird der Kommissionär als verpflichtet angesehen, auch das im Markt getätigte Ausführungsgeschäft mit dem Kontrahenten (hier Käuferbank) abzuwickeln und damit die hierfür notwendigen Erfüllungshandlungen vorzunehmen[238].

11.319

Die **erforderliche Übereignungsofferte** wird beim Effektengiroverkehr konkludent durch die – schon für die Besitzverschaffung erforderliche – Anweisung der Verkäuferbank an die WSB zur Umbuchung der GS-Anteile auf das Konto der Käuferbank abgegeben.

11.320

Diese Übereignungsofferte wird bereits mit Eingang des Umbuchungsauftrages bei der WSB wirksam und damit für die Verkäuferbank verbindlich (vgl. § 145 BGB). In diesem Vorgang liegt zugleich der für das Wirksamwerden dieser Willenserklärung erforderliche Zugang bei der Käuferbank als Vertragspartner der erforderlichen Einigung über den Eigentumsübergang (vgl. § 130 Abs. 1 S. 1 BGB). Denn die WSB ist aufgrund ihrer Vermittlungstätigkeit beim Effektengiroverkehr zur Entgegennahme dieser Übereignungsofferte bevollmächtigt. Sie ist also nicht nur Empfangsbote, sondern **Empfangsvertreter**[239]. Der Zugang bei einem solchen Empfangsvertreter wird dem Vertretenen (Käuferbank) zugerechnet (§ 164 Abs. 2 BGB)[240].

11.321

---

237 *Canaris*, Bankvertragsrecht², Rn 1998.
238 Großkomm.HGB/*Koller*, § 384 Rn 35; *Schlegelberger/Hefermehl*, § 384 Rn 4.
239 *Canaris*, Bankvertragsrecht², 2019 m.w.Nachw.
240 *Staudinger/Schilken*, § 164 Rn 22.

11.322 Liegt dagegen nur eine **Empfangsbotenschaft** vor und befindet sich der Bote bei der Entgegennahme der Willenserklärung außerhalb des Bereichs des Adressaten, wie dies auf die WSB zuträfe, so muß für den Zeitpunkt des Zugangs noch die Zeitspanne berücksichtigt werden, die der Bote bei ordnungsgemäßer Ausübung seiner Botenfunktion normalerweise benötigt, um die Erklärung dem Adressaten tatsächlich zu übermitteln[241].

11.323 Die erforderliche **Annahme dieser Übereignungsofferte** (§ 147 BGB) bedarf zu ihrer Wirksamkeit keiner Übermittlung an die Verkäuferbank. Hiermit ist nach den Gepflogenheiten des Effektengiroverkehrs nicht zu rechnen (§ 151 BGB).

1. Kein Durchgangserwerb der Käuferbank

11.324 Soweit die Käuferbank die übereigneten GS-Anteil für ihren Kunden anzuschaffen hat, stellt sich die Frage, auf welchem Wege sich der Eigentumserwerb des Kunden vollzieht. Nach ganz herrschender Meinung findet **im Effektengiroverkehr kein Durchgangserwerb der Käuferbank** statt[242]. Denn der bankmässige Effektenhändler hat im Regelfall kein Interesse an einem Durchgangseigentum[243].

11.325 Dem **widerspricht auch nicht**, daß die Käuferbank gegenüber ihrem kaufenden Depotkunden eine eigene kommissions- oder kaufvertragliche Pflicht zur Eigentumsverschaffung hat. Diese schuldrechtliche Beziehung besagt nichts über die Willensrichtung der Käuferbank in dinglicher Hinsicht. Hierdurch werden allein schuldrechtliche Fragen, wie z. B. der Umfang der Rechenschaftspflichten und die Preisgestaltung geregelt[244].

11.326 Soweit die Käuferbank die Wertpapiere für einen Depotkunden anzuschaffen hat, erwirbt dieser also das (Mit-)Eigentum direkt vom Veräußerer. Im Effektenkommissionsgeschäft sind die Voraussetzungen einer **Übereignung für den, den es angeht**, gegeben[245]. Der Verkäuferbank ist bei konkludenter Abgabe der Übereignungsofferte die Person des Erwerbers gleichgültig. Auch der rechtsgeschäftliche Wille der Käuferbank ist auf

---

241 BGH NJW-RR 1989, 757; Münchner Komm. zum BGB/*Förschler*, § 130 Rn 17b.
242 *Heinsius/Horn/Than*, DepG, § 24, Rn 36; *Canaris*, Bankvertragsrecht², Rn 2025; *Kümpel* in Bankrecht und Bankpraxis, Rn 8/343 m.w.Nachw.
243 *Opitz*, DepG, 2. Aufl. 1955, S. 268.
244 Vgl. hierzu *Canaris*, Bankvertragsrecht², Rn 1979.
245 *Canaris*, Bankvertragsrecht², Rn 1979; *Heinsius/Horn/Than*, DepG, § 6 Rn 84; *Ingelmann*, WM 1997, 745, 748.

Eigentumserwerb nicht für sich selbst, sondern für den Depotkunden gerichtet, den es angeht.

Dies hat zur Folge, daß der **Zeitpunkt des Eigentumerwerbs** durch den kaufenden Depotkunden mit dem Zeitpunkt zusammenfällt, in dem die Umstellung des Besitzvermittlungswillens der WSB zugunsten der Käuferbank nach ihren AGB wirksam wird.   11.327

Anders als bei einem **Insichgeschäft** oder einer **antizipierten Übereignung** durch Besitzkonstitut bedarf es hier keiner zusätzlichen Handlung der Käuferbank, um ihren Übertragungswillen zugunsten ihres Depotkunden nach außen in Erscheinung treten zu lassen[246].   11.328

Aufgrund des rechtsgeschäftlichen Willens der Verkäuferbank und der Käuferbank gelten die Grundsätze der Übereignung für den, den es angeht, auch in den Fällen, in denen sich zwischen der Käuferbank und dem kaufenden Depotkunden als dem eigentlichen Erwerber ein oder gar mehrere Einkaufskommissionäre dazwischenschieben. Diese Fallgestaltungen sind gegeben, wenn die Bank den Kaufauftrag ihres Kunden zur Ausführung am Kapitalmarkt weiterzuleiten hat. Dies gilt insbesondere bei Effektenaufträgen für im Ausland gelegene Wertpapierbörsen.   11.329

Alle in der Kommissionärskette stehenden Kreditinstitute wollen den ihnen vom jeweiligen Vormann verschafften Mitbesitz auch nicht als Eigen-, sondern als Fremdbesitz ausüben. Damit sind auch die besitzmäßigen Voraussetzungen der Übereignung für den, den es angeht, gegeben.   11.330

2. Wahrung des sachenrechtlichen Bestimmtheitsgrundsatzes

Diesem Direkterwerb des Depotkunden im Effektengiroverkehr steht auch nicht der sachenrechtliche Bestimmtheitsgrundsatz entgegen. Dabei erscheint es bereits fraglich, ob der strenge Bestimmtheitsgrundsatz auf Verfügungen über GS-Anteile überhaupt uneingeschränkt Anwendung finden kann. Wenn dem **GS-Anteil** auch von einem Teil des Schrifttums **Sacheigenschaft** zugebilligt wird[247], so weist das Bruchteilseigentum gegenüber dem Volleigentum doch eine besondere Struktur auf. Die für das Volleigentum geltenden Grundsätze können daher nicht ohne weiteres angewendet werden[248].   11.331

---

246 *Canaris*, Bankvertragsrecht[2], Rn 1979.
247 *Opitz*, DepG, 2. Aufl., 1955, S. 171; vgl. auch BGHZ 5, 27, 35.
248 *Koller*, JZ 1972, 647.

11.332 So gilt der GS-Anteil z.B. für das Vollstreckungsrecht nicht als bewegliche Sache, sondern als Vermögensrecht im Sinne des § 857 ZPO[249]. Ganz überwiegend wird daher für die Übertragung der GS-Anteile nur die für das Zessionsrecht geltende Bestimmbarkeit gefordert[250]. Sodann ist ein Rückgriff auf die Buchungsunterlagen zur erforderlichen Individualisierung der GS-Anteile zulässig[251].

11.333 Abgesehen davon dürfte bei der Übereignung von GS-Anteilen anläßlich der Belieferung von Wertpapiergeschäften sogar dem Bestimmtheitsgrundsatz Rechnung getragen werden können[252]. Die den GS-Anteilen zugrundeliegenden Wertpapiere sind durch die Zugehörigkeit zum jeweiligen Sammelbestand der WSB präzise bestimmt, selbst wenn die Käuferbank zur gleichen Zeit für mehrere Kunden und möglicherweise auch für sich selbst kauft[253]. Die im Effektengiroverkehr gelieferten Miteigentumsrechte lassen sich ohnehin nicht weiter individualisieren, da sie abstrakte Bruchteile darstellen.

IV. Schutz des gutgläubigen Erwerbers

11.334 Der unverzichtbare Schutz des gutgläubigen Erwerbers von GS-Anteilen ist rechtlich nicht völlig unproblematisch. Der Grund liegt darin, daß diesen GS-Anteilen Miteigentum zugrunde liegt und daher der Veräußerer keinen Allein-, sondern nur Mitbesitz erwerben kann. **Mitbesitz,** selbst wenn es sich hierbei nicht nur um einen mittelbaren Besitz wie bei GS-Anteilen, sondern um unmittelbaren Besitz handelt, ist jedoch nach verbreiteter Ansicht im Schrifttum keine ausreichende Rechtsscheingrundlage für einen gutgläubigen Erwerb[254]. Denn Mitbesitz begründet keine Vermutung über die Höhe der Quote des Miteigentümers und ist wegen dieser Vieldeutigkeit als schutzwürdiger Vertrauenstatbestand ungeeignet.

---

249 *Opitz,* DepG, 2. Aufl., 1955, S. 175.
250 BGHZ 5, 27, 35.
251 *Koller,* DB 1972, 1857 ff.; 1905; *Heinsius/Horn/Than,* DepG, § 6, Rn 37, 87; § 24, Rn 37.
252 Vgl. *Opitz,* Der Effekten-Ferngiroverkehr, Sammelband 1954, S. 91.
253 Vgl. *Heinsius/Horn/Than,* DepG, § 24 Anm. 37; vgl. weiter *Kümpel,* WM 1980, 422, 437.
254 *Canaris,* Bankvertragsrecht[2], Rn 2026; *Palandt/Bassenge,* § 932, Rn 1.

1. Bedürfnis für Gutglaubensschutz

Es besteht jedoch Einvernehmen, daß zumindest im Rahmen des Effektengiroverkehrs ein unabweisbares Bedürfnis für einen Gutglaubensschutz besteht. Die **Funktionsfähigkeit des stückelosen Wertpapierverkehrs** wäre sonst in Frage gestellt[255]. Die deutschen Wertpapierbörsen verlangen deshalb im Interesse der Rechtssicherheit der Wertpapiermärkte, daß der Erwerber in seinem guten Glauben geschützt werden muß.

11.335

Das Schrifttum erkennt den gutgläubigen Erwerb im Rahmen des Effektengiroverkehrs grundsätzlich an[256]. Es rechtfertigt den Gutglaubensschutz dadurch, daß dieser beim Erwerb von Miteigentumsrechten dort bejaht werden könnte, wo neben dem Mitbesitz ein weiteres Vertrauenselement vorhanden ist[257]. Dieses zusätzliche Rechtsscheinelement wird in den Buchungen der zwischenverwahrenden Käuferbank in den Depotbüchern zugunsten ihrer Kundschaft gesehen[258].

11.336

2. Gutglaubensschutz beim Erwerb von Schuldbuchforderungen

Auch die Anteilsrechte an Sammelschuldbuchforderungen (sog. Wertrechten) können gutgläubig erworben werden. Der Gutglaubensschutz beruht in der Praxis regelmäßig nicht auf der einschlägigen Regelung des Reichsschuldbuchgesetzes (§ 11a)[259]. Hiernach wird der gutgläubige Erwerber bei einer Umbuchung im Bundesschuldbuch auch insoweit geschützt, als die Reichsschuldbuchforderung dem bisher eingetragenen Gläubiger nicht zustand. In dem von der WSB vermittelten „Wertrechts"giroverkehr bleiben jedoch die Schuldbücher des Bundes und der Länder unberührt; die Umbuchung für die Lieferung der Anteilsrechte

11.337

---

255 *Canaris*, Bankvertragsrecht², Rn 2026; *Hueck/Canaris*, S. 16; *Brink*, Rechtsbeziehungen und Rechtsübertragung im nationalen und internationalen Effektengiroverkehr, 1976, S. 100/101.
256 *Koller*, DB 1972, 1857, 1859; *Canaris*, Bankvertragsrecht² Rn 2026; *Heinsius/Horn/Than*, DepG, § 6 Rn 91.
257 *Koller*, JZ 1972, 649; *Brink*, Rechtsbeziehungen und Rechtsübertragung im nationalen und internationalen Effektengiroverkehr, 1976, S. 103.
258 *Koller*, DB 1972, 1857 ff.; 1905; nach *Heinsius/Horn/Than*, DepG, § 6 Rn 91, gilt der Gutglaubensschutz im Giroverkehr schlechthin, also auch bei Lieferung von Haussammeldepotanteilen; ebenso *Canaris*, Bankvertragsrecht Rn 2027, der die Buchung in einem Verwahrungsbuch schlechthin als Rechtsscheinelement ansieht; vgl. weiter *Pleyer/Schleiffer*, DB 1972, 80.
259 *Meder/Ernst*, Schuldbuchrecht des Bundes und der Länder, 1970, S. 40; *Heinsius/Horn/Than*, DepG, § 42 Rn 32; *Brink*, Rechtsbeziehung und Rechtsübertragung im nationalen und internationalen Effektengiroverkehr, 1976, S. 31.

erfolgt nur in den Büchern der WSB, die als (Treuhand-)Gläubiger im Schuldbuch eingetragen ist.

11.338 Der Schutz des gutgläubigen Erwerbers bei Übertragung von Wertrechten im Effektengiroverkehr beruht vielmehr wie bei der Übertragung von Miteigentumsrechten an girosammelverwahrten Wertpapieren auf § 932 BGB. Diese Vorschrift findet auch bei der Veräußerung von Wertrechten Anwendung, weil diese unverbrieften Forderungsrechte für die rechtliche Behandlung den sammelverwahrten Wertpapieren gesetzlich gleichgestellt worden sind[260].

V. Kein gesetzlicher Eigentumsübergang

11.339 § 24 Abs. 2 DepG sieht zum Schutz des Depotkunden einen gesetzlichen Übergang der GS-Anteile vor. Danach geht das Miteigentum auf den Depotkunden über, wenn die Käuferbank seinem Konto eine GS-Gutschrift erteilt und die WSB auch der Käuferbank eine korrespondierende GS-Gutschrift in seinen Büchern erteilt hat. In der Praxis ist jedoch diese gesetzliche Eigentumsverschaffung regelmäßig nicht gewollt. Im Interesse der Sicherheit der Transaktionen des Kapitalmarktes muß der gutgläubige Erwerber geschützt sein. Die Verfügungsberechtigung des anonymen Veräußerers kann von der Käuferbank im Einzelfall nicht überprüft werden. Diesem unverzichtbaren Bedürfnis nach Gutglaubensschutz kann jedoch nur bei einer rechtsgeschäftlichen Übereignung, nicht jedoch bei einem gesetzlichen Eigentumserwerb Rechnung getragen werden[261].

11.340 Die **rechtsgeschäftliche Übertragung der GS-Anteile** hat auch nicht zur Konsequenz, daß sie sich später als die gesetzliche Eigentumsverschaffung vollzieht. Nach der allgemein anerkannten Rechtskonstruktion für die Übertragung der GS-Anteile im Effektengiroverkehr geht das Miteigentum auf den kaufenden Depotkunden über, sobald die WSB im Rahmen des Effektengiroverkehrs der Käuferbank eine entsprechende Gutschrift auf das bei ihr unterhaltene Depotkonto erteilt hat. Vor Erteilung dieser „besitzumstellenden" Depotgutschrift der WSB kann sich jedoch auch der gesetzliche Eigentumserwerb nach § 24 Abs. 2 DepG nicht vollziehen. Denn diese Vorschrift verknüpft den gesetzlichen Eigentumsüber-

---

260 Vgl. § 2 Abs. 1 der Verordnung über die Behandlung von Anleihen des Deutschen Reiches im Bank- und Börsenverkehr vom 31. 12. 1940, abgedruckt bei *Heinsius/Horn/Than*, DepG, S. 685; *Heinsius/Horn/Than*, DepG, § 42 Rn 32; *Canaris*, Bankvertragsrecht², Rn 2055.
261 *Heinsius/Horn/Than*, DepG, § 24 Rn 39.

gang auf den Depotkunden mit einer entsprechenden GS-Gutschrift auf dem Konto der Käuferbank bei der WSB, wie sie diese bei der Umbuchung der GS-Anteile vom Konto der Verkäuferbank auf das Konto der Käuferbank erteilt. Mit dieser besitzumstellenden GS-Gutschrift geht aber das (Mit-)Eigentum auch bei der rechtsgeschäftlichen Übertragung über. Der Zeitpunkt eines gesetzlichen Erwerbs des Eigentums ist also identisch mit dem Zeitpunkt für den rechtsgeschäftlichen Eigentumserwerb, der anders als der gesetzliche Eigentumserwerb den Gutglaubensschutz ermöglicht und daher von der Praxis bevorzugt wird.

VI. Grenzüberschreitender Effektengiroverkehr

Die Möglichkeit der Belieferung von Wertpapiergeschäften im Effektengiroverkehr kann zwischenzeitlich auch für die Abwicklung grenzüberschreitender Wertpapiergeschäfte mit im Ausland ansässigen Banken genutzt werden. Seit der Depotgesetznovelle vom 17. 7. 1985 konnten die deutschen Wertpapiersammelbanken gegenseitige Kontoverbindungen auch mit vergleichbaren Girosammelverwahrinstituten des Auslandes unterhalten. Nach den Gesetzesmaterialien sollen den Anlegern die Vorteile des internationalen Effektengiroverkehrs verschafft werden, der den Erwerb des Wertpapiereigentums auf sichere und kostengünstige Weise innerhalb kurzer Zeit gewährleistet[262].

11.341

Ein weiterer Vorteil für den Anleger liegt in der Ermöglichung einer **effizienten Arbitrage**, um etwaige Kursdifferenzen zwischen den einzelnen Börsenplätzen durch Käufe und Verkäufe auszugleichen. Diese Arbitrage erfordert einen grenzüberschreitenden Effektengiroverkehr. Hierdurch kann den berechtigten Interessen der inländischen Anleger Rechnung getragen werden, eine an einer deutschen Börse notierte ausländische Aktie zu einem Kurs zu erwerben oder zu veräußern, der von dem der ausländischen Heimatbörse nicht unwesentlich abweicht[263].

11.342

Infolge der Kontoverbindungen mit ausländischen Sammelverwahrinstituten unterhält heute die WSB Teile ihrer GS-Bestände im Ausland und bildet hierdurch grenzüberschreitende Girosammelbestände (Rn 11.223). Hierzu schließt die WSB mit dem betreffenden ausländischen Koopera-

11.343

---

262 Amtl.Begr. RegE, BT-Drucksache 10/1904, S. 6 sowie Empfehlungen des Rechtsausschusses des Bundestages, BT-Drucksache 10/3443, S. 9.
263 BT-Drucksache 10/1904, S. 7; hierbei ist auch auf die Empfehlung der EG-Kommission vom 25.7.1977 betreffend europäische Wohlverhaltensregeln für Wertpapiere hingewiesen worden, nach denen unterschiedliche Preise auf den verschiedenen nationalen Wertpapiermärkten möglichst vermieden werden sollen.

tionspartner einen Vertrag ab, der die Modalitäten der Aufnahme und Abwicklung des gegenseitigen Effektengiroverkehrs regelt. Der Vertrag sieht regelmäßig vor, daß inländische Wertpapiere nur insoweit bei dem ausländischen Verwahrer verwahrt werden, als dieser effektive Stücke benötigt, um Lieferverpflichtungen im Ausland erfüllen zu können.

11.344 Mit dieser **Internationalisierung** der deutschen Girosammelverwahrung werden zugleich die wertpapiermäßigen Voraussetzungen dafür geschaffen, daß die WSB ausländische Girosammelverwahrer mit einbeziehen und damit einen grenzüberschreitenden Giroverkehr vermitteln kann[264]. Bei diesem Giroverkehr können auch im Ausland aufbewahrte Wertpapierurkunden in Gestalt von GS-Anteilen und damit in einer Rechtsform geliefert werden, die sich für eine usancemäßige Belieferung von inländischen Wertpapiergeschäften eignet. Erst damit sind die Voraussetzungen geschaffen, daß die erwünschten Arbitragegeschäfte in Gestalt eines Wertpapierkaufs im Ausland und eines gleichtägigen Verkaufs im Inland innerhalb der hier geltenden kurzen Lieferfrist von zwei Börsentagen ordnungsgemäß durchgeführt werden können. Denn diese Lieferfrist läßt sich bei einer körperlichen Verbringung der durchgehandelten Wertpapiere vom Ausland ins Inland nicht einhalten.

1. Rechtskonstruktion der Belieferung

11.345 Für die Übertragung des mittels des grenzüberschreitenden Effektengiroverkehrs ins Inland gelieferten Sammeldepotguthabens ergibt sich eine Parallele zu dem platzüberschreitenden Giroverkehr, wie er in dem früheren deutschen Kassenvereinssystem als **sog. Ferngiroverkehr** praktiziert worden ist (Rn 11.345). Zwischen den sechs deutschen Wertpapiersammelbanken bestanden bis zu ihrer Fusionierung zur Deutsche Kassenverein AG zum 1. 1. 1990 gegenseitige Kontoverbindungen, über die Wertpapiergeschäfte zwischen Kontoinhabern verschiedener Wertpapiersammelbanken im Giroverkehr „platzüberschreitend" abgewickelt werden konnten. War z.B. die Verkäuferbank Kontoinhaber der Düsseldorfer Wertpapiersammelbank (WSB) und hatte die Käuferbank ihr Konto beim Frankfurter Kassenverein (FKV), so konnte das GS-Guthaben der Verkäuferbank bei der Düsseldorfer WSB zwecks Erfüllung der Lieferverbindlichkeit zur Gutschrift auf dem Konto der Käuferbank beim FKV verwendet werden. Hierzu hatte die Düsseldorfer WSB dem FKV auf dem bei ihr geführten Konto eine entsprechende GS-Gutschrift zu erteilen. Damit waren die

---

264 *Kümpel*, WM 1976, 942 ff.; *ders.*, WM 1985, 1381 ff.; *Keßler*, Die Bank 1985, 443 ff.

gutgeschriebenen GS-Anteile in den vom FKV gebildeten GS-Bestand „eingeschleust".

Diese **Einschleusung** in den GS-Bestand des FKV führte zwangsläufig zu einer Umstrukturierung der Rechtsposition des Verkäufers hinsichtlich der umgebuchten GS-Anteile. Die Einschleusung der bisher an dem Düsseldorfer Sammelbestand bestehenden GS-Anteile in den Sammelbestand des FKV durch die Gutschrift auf dessen Konto bei der WSB war rechtlich als eine Einlieferung beim FKV im Sinne des § 6 Abs. 1 DepG zu qualifizieren. Die sich kraft Gesetzes vollziehende Umgestaltung („Umstrukturierung") der bisherigen Eigentumsverhältnisse erfaßte daher die dem FKV von der WSB gutgeschriebenen GS-Anteile[265]. Die Miteigentumsrechte der anderen Kontoinhaber der WSB an dem von dieser unterhaltenen Sammelbestand blieben dagegen hiervon unberührt[266].

11.346

Die mit dieser Gutschrift verbundene Einschleusung in den Sammelbestand des FKV hatte kraft Gesetzes (§ 6 Abs. 1 DepG) zur Folge, daß die Kontoinhaber des FKV bzw. deren Depotkunden auch an diesen gutgeschriebenen Sammeldepotanteilen am Düsseldorfer Sammelbestand beteiligt wurden, während der Verkäufer zum Ausgleich – wie bei einer unmittelbaren Einlieferung beim FKV – an dessen bereits vorhandenem einheitlichen Sammelbestand beteiligt wurde[267].

11.347

Durch diese **Umstrukturierung** der dem Konto des FKV gutgeschriebenen GS-Anteile war auch die im Schrifttum umstrittene Frage nach der Identität der im Ferngiroverkehr gelieferten GS-Anteile mit dem vom Käufer erworbenen GS-Anteil gegenstandslos. Der Eigentumserwerb vollzieht sich erst, wenn in unserem Beispiel der FKV den (mittelbaren) Besitz an den zugrundeliegenden Wertpapieren auf seinen Kontoinhaber (Käuferbank) umgestellt hat – erst hierdurch erlangt die Käuferbank den erforderlichen (mittelbaren) Mitbesitz an den im FKV-Sammelbestand vereinigten Wertpapieren und auswärtigen GS-Guthaben. Schon vor diesem Erwerbszeitpunkt wurde jedoch der Verkäufer durch die WSB-Gutschrift auf dem Konto des FKV am Sammelbestand des FKV vorübergehend beteiligt (§ 6 Abs. 1 DepG). Die hieraus resultierenden „umstrukturierten" GS-Anteile gingen sodann durch die Besitzumstellung des FKV auf die Käuferbank über. Gelieferte und erworbene GS-Anteile waren daher rechtlich

11.348

---

265 Die gesetzlich angeordnete Umstrukturierung gilt unabhängig davon, ob der Empfänger Alleineigentum, Miteigentum oder Gesamthandseigentum inne hat; *Kümpel*, WM 1976, 942, 949; vgl. *Canaris*, Bankvertragsrecht², Rn 2104.
266 *Canaris*, Bankvertragsrecht², Rn 2104.
267 *Canaris*, Bankvertragsrecht², Rn 2023.

identisch[268]. Der Eigentumsübergang konnte sich also im Ferngiroverkehr nach den gleichen Grundsätzen vollziehen wie in den Fällen, in denen Verkäuferbank und Käuferbank ihr Konto bei derselben Wertpapiersammelbank unterhielten[269].

2. Maßgebliches Recht für die Eigentumsverschaffung

11.349 Für die Übertragung der im grenzüberschreitenden Ferngiro in das Inland gelieferten GS-Anteile könnte neben dem deutschen Recht auch das für den ausländischen Sammelverwahrer **maßgebliche ausländische Recht** anzuwenden sein[270]. Hiermit dürfte jedoch keine Ungewißheit über den Eigentumserwerb durch den deutschen Käufer verknüpft sein. Die im Giroverkehr gelieferten Miteigentumsrechte gehen im Regelfall zumindest kraft Gesetzes (§ 24 Abs. 2 S. 1 DepG) spätestens auf den Käufer über, wenn ihm seine inländische (zwischenverwahrende) Depotbank eine entsprechende GS-Gutschrift erteilt hat. Erfahrungsgemäß steht diese eigentumverschaffende Wirkung der GS-Gutschrift im Einklang mit der Rechtsordnung der für einen grenzüberschreitenden Effektengiroverkehr in Betracht kommenden Kapitalmarktländer[271].

Noch größere Rechtsklarheit wird nach der Umsetzung der Richtlinie 98/26/EG des Europäischen Parlaments und des Rates über die Wirksamkeit von Abrechnungen in Zahlungs- sowie Wertpapierliefer- und -abrechnungssystemen vom 19. 5. 1998 bestehen, die bis zum 10. 12. 1999 in

---

268 *Kümpel* in Bankrecht und Bankpraxis, Rn 8/60, 8/340; *ders.* in Assmann/Schütze, Handbuch des Kapitalanlagerechts, § 13 Rn 71.
269 *Heinsius/Horn/Than*, DepG, § 6 Rn 93.
270 Nach deutschem Internationalen Privatrecht galt schon bislang für sachenrechtliche Verfügungen, also insbesondere für die Veräußerung kraft Gewohnheitsrechts, das Recht des Lageortes – sog. Statut der Belegenheit – (lex rei sitae). Maßgebend für den bei Abwicklung eines Kaufvertrages eintretenden Eigentumswechsel ist daher dasjenige Recht, in dessen Geltungsbereich sich die Kaufsache in dem in Betracht kommenden Zeitpunkt körperlich befindet (BGH WM 1980, 410, 411; *Palandt/Heldrich*, IPR Anh. II zu Art. 38 EGBGB Rn 2). Dieses Belegenheitsstatut ist durch das Gesetz zum Internationalen Privatrecht für außervertragliche Schuldverhältnisse und für Sachen (BGBl. I 1999, S. 1026 ff.) normiert worden. Nach der sachenrechtlichen Grundanknüpfung des Art. 43 Abs. 1 EGBGB unterliegen Rechte an einer beweglichen oder unbeweglichen Sache der Rechtsordnung des Staates, in dem sich diese Sache befindet. Dabei gilt die Rechtsordnung am Lagerort für die Entstehung, Änderung, den Übergang, Untergang und Inhalt dinglicher Rechte.
271 *Kümpel*, WM 1985, 1381, 1385.

deutsches Recht umzusetzen war. Dieser Umsetzung dient das Gesetz zur Änderung insolvenzrechtlicher und kreditwesenrechtlicher Vorschriften, dessen Entwurf in der BR-Drucksache 456/99 vom 13. 8. 1999 veröffentlicht worden ist. Diese EG-Richtlinie soll die Systemrisiken in nationalen und internationalen Zahlungsverkehrs- und Wertpapierabrechnungssystemen reduzieren. Vorrangig geht es dabei um die Verringerung der Gefahr, daß die Insolvenz eines einzelnen Kreditinstituts aufgrund seiner Zugehörigkeit zu solchen Abrechnungs-(Clearing-)Systemen auch auf andere Kreditinstitute ausstrahlt mit dem Risiko, daß über einen „Dominoeffekt" eine Krise des internationalen Bankensystems entsteht. Nach Auffassung des deutschen Gesetzgebers muß bei dieser Umsetzung entsprechend der Vorgaben des Art. 9 Abs. 2 der Richtlinie im Interesse der Rechtssicherheit auch außerhalb eines Insolvenzverfahrens Klarheit bestehen, nach welchem Recht sich die Wirksamkeit von Verfügungen über die zu liefernden Wertpapiere bestimmt[272]. Dies gilt insbesondere bei Lieferung von GS-Anteilen an einen Girosammelbestand, zu dem auch GS-Anteile aus im Ausland gebildeten Wertpapiersammelbeständen gehören. Im Zuge der Internationalisierung der deutschen Girosammelverwahrung unterhält auch die Deutsche Börse Clearing AG als Wertpapiersammelbank Depotguthaben bei ihren ausländischen Kooperationspartnern, die ihrerseits Kontoverbindungen zu Girosammelverwahrern in Drittstaaten unterhalten. Mit Rücksicht darauf, daß in diesen Fällen die von den gelieferten GS-Anteilen erfaßten Wertpapiere in mehreren Ländern verwahrt werden (lageortsmäßig heterogene GS-Bestände), ist die lex rei sitae kein sachgerechter Anknüpfungspunkt für die Bestimmung der maßgeblichen Rechtsordnung. Nach dem Entwurf des Umsetzungsgesetzes (Art. 4) soll deshalb in dem Depotgesetz ein § 17a mit folgendem Wortlaut eingefügt werden:

„Verfügungen über Wertpapiere oder Sammelbestandanteile, die mit rechtsbegründender Wirkung in ein Register eingetragen oder auf einem Konto verbucht werden, unterliegen dem Recht des Staates, unter dessen Aufsicht das Register geführt wird, in dem unmittelbar zugunsten des Verfügungsempfängers die rechtsbegründende Eintragung vorgenommen wird oder in dem sich die kontoführende Haupt- oder Zweigstelle des Verwahrers befindet, die dem Verfügungsempfänger die rechtsbegründende Gutschrift erteilt."

Danach richtet sich die Wirksamkeit der von inländischen Banken erteilten GS-Gutschriften an einen lageortmäßig heterogenen GS-Bestand nach deutschem Recht, wie es schon nach bisherigem Recht gilt. Diese Gesetzesbestimmung ist jedoch nicht auf Gutschriften über gesondert aufbe-

---

272 BR-Drucksache 456/99, S. 34.

wahrte Wertpapiere (§ 2 S. 1 DepG) anwendbar. Für solche „streifbandverwahrten" Wertpapiere bleibt also die lex rei sitae weiterhin Anknüpfungspunkt für Verfügungen[273]. Die kollisionsrechtliche Anknüpfung an den Ort der eigentumsverschaffenden GS-Gutschrift hat im übrigen nicht nur den Vorzug, daß das maßgebliche Recht für Dritte leicht ermittelbar ist. Diese zukunftsgerichtete Anknüpfung an das „Recht der empfangenen Partei" hat auch eine gewisse Parallele im internationalen Sachenrecht. Für Verfügungen über Sachen auf dem Transportwege (res in transitu) wird überwiegend auf das Recht des Bestimmungsortes und nicht auf das des Absenderortes abgestellt[274].

VII. Treuhandgiroverkehr in WR-Guthaben

11.350 Soweit die deutsche Wertpapiersammelbank (Deutsche Börse Clearing AG) bei der Auslandsaufbewahrung als Zwischenverwahrer eingeschaltet ist, unterhalten die inländischen Kreditinstitute bei ihr entsprechende Guthaben in Wertpapierrechnung (WR). Mit diesem WR-Guthaben können sie Lieferverpflichtungen aus Geschäften erfüllen, die sie in der betreffenden ausländischen Wertpapiergattung mit einem anderen Kontoinhaber der WSB außerhalb des amtlichen Börsenhandels abgeschlossen haben[275]. Dieser von der WSB durch entsprechende Depotüberträge vermittelte Giroverkehr wird als Treuhandgiroverkehr bezeichnet. Die Geschäftsbedingungen der WSB sehen für den Treuhandgiroverkehr ein **formalisiertes Verfahren** vor (Nr. 67 Abs. 1 AGB-WSB). Im übrigen enthalten die AGB-WSB (Nr. 64 ff.) weitere Regelungen für den Treuhandgiroverkehr.

11.351 Die im Treuhandgiroverkehr erteilte WR-Gutschrift der WSB hat den gleichen rechtlichen Treuhandcharakter wie die Treuhand-WR-Gutschrift, die die WSB aufgrund einer entsprechenden Einlieferung in ihren ausländischen Deckungsbestand erteilt. Nach dem Bundesgerichtshof liegt ein – insolvenz- und vollstreckungssichere Forderungsrechte begründendes – **offenes Treuhandkonto** vor, wenn durch die Kontobezeichnung der Bank gegenüber deutlich gemacht wird, daß auf dieses Konto ausschließlich Werte gelangen sollen, die dem Kontoinhaber nur als Treuhänder zustehen[276]. Diese Voraussetzung ist beim Treuhandgiroverkehr gegeben. Die dem Treuhandgiroverkehr zugrundeliegenden Depotkonten

---

273 BR-Drucksache 456/99, S. 35.
274 BR-Drucksache 456/99, S. 34, 35.
275 *Heinsius/Horn/Than*, DepG, § 22 Rn 48.
276 WM 1973, 895; s. auch *Coing*, WM 1977, 468.

werden in den AGB-WSB (Nr. 64 Abs. 1) ausdrücklich als „Treuhand"girokonten bezeichnet. Im übrigen ist es nach der BGH-Rechtsprechung für das insolvenzrechtliche Aussonderungsrecht (§ 47 InsO) und das Widerspruchsrecht des Treugebers gegenüber Vollstreckungen in das Treugut gemäß § 771 ZPO nicht einmal erforderlich, daß der Treuhandcharakter gegenüber Dritten offengelegt worden ist[277].

1. Parallelen zum Geldgiro

Für den Treuhandgiroverkehr gelten die gleichen Rechtsgrundsätze wie für das Geldgiro[278]. Da der WR-Gutschrift keine (Mit)Eigentumsrechte, sondern wie beim Geldguthaben **nur Forderungsrechte** zugrunde liegen, bedarf es für die Übertragung der Treuhand-WR-Gutschrift keiner rechtsgeschäftlichen Mitwirkung des lieferungspflichtigen Kreditinstituts. Vielmehr erwirbt das kaufende Institut ein entsprechendes Guthaben, sobald ihm die WSB in seinen Büchern eine korrespondierende Treuhand-WR-Gutschrift erteilt; wie im Geldgiro ist die Gutschriftserteilung rechtserzeugend (konstitutiv)[279]. Mit dieser Gutschriftserteilung erbringt die WSB an ihren lieferungspflichtigen Kontoinhaber eine Leistung an Erfüllungs Statt (§ 364 Abs. 1 BGB), so daß sie dessen Konto entsprechend belasten darf[280]. Diese Belastungsbuchung kann nicht mit einer Aufrechnung gegen das dem lieferungspflichtigen Kontoinhaber zustehende Treuhand-WR-Guthaben erklärt werden. Denn die WSB kann aus der Depotgutschrift zugunsten des kaufenden Kontoinhabers keinen gleichartigen, mithin aufrechenbaren Gegenanspruch gegen den lieferungspflichtigen Kontoinhaber erwerben. Ein etwaiger auftragsrechtlicher Erstattungsanspruch der WSB (§ 670 BGB) wäre auf Wertersatz, also auf Geld gerichtet. Dieselben Grundsätze gelten bei schlichter Depotübertragung[281].

11.352

2. Behandlung fehlerhafter WR-Gutschriften

Fehlerhafte Buchungen der WSB sind nach den gleichen Grundsätzen wie versehentliche Gutschriftserteilungen oder Fehlüberweisungen im Geld-

11.353

---
277 BGH WM 1993, 1524; 1996, 662.
278 *Brink*, Rechtsbeziehungen und Rechtsübertragung im nationalen und internationalen Effektengiroverkehr, 1976, S. 135.
279 *Brink*, Rechtsbeziehungen und Rechtsübertragung im nationalen und internationalen Effektengiroverkehr, 1976, S. 138.
280 *Staudinger/Wittmann*, § 670 Anm. 1; *Steffen* in RGRK-BGB, § 670 Rn 24.
281 Insoweit mißverständlich *Coing*, WM 1977, 468, wonach die neue Bankverbindung „das Treugut regelmäßig von dem bisherigen Treuhänder des Kunden erhält".

giro zu behandeln[282]. Geht die WSB bei der Erteilung der Gutschrift irrtümlich davon aus, daß sie ein anderer Kontoinhaber hiermit beauftragt hat, so kann sie die Gutschriftenerteilung wegen Irrtums anfechten (§ 119 BGB) und einen Bereicherungsanspruch (§ 812 BGB) geltend machen[283]. Ein **vertragliches Stornorecht** für die WR-Gutschriften, wie es die Nr. 8 Abs. 1 AGB Banken (= Nr. 8 Abs. 1 AGB Sparkassen) für Gutschriften auf Girokonten enthält, sehen die Geschäftsbedingungen der WSB ebensowenig vor wie bei fehlerhaften GS-Gutschriften. Denn diesen Gutschriften liegen im Unterschied zu den Gutschriften auf Geldgirokonten keine Geldschulden zugrunde.

---

282 *Brink*, Rechtsbeziehungen und Rechtsübertragungen im nationalen und internationalen Effektengiroverkehr, 1976, S. 136 ff.
283 *Canaris*, Bankvertragsrecht³, Rn 433; *Schönle*, Bank- und Börsenrecht, 2. Aufl., 1976, S. 367 ff.; *Schlegelberger/Hefermehl*, Anhang § 365 Rn 80 ff.

7. Abschnitt
Staatliche Depotprüfung

Das Bundesaufsichtsamt für das Kreditwesen hat mit seiner „Bekanntmachung über Art, Umfang und Zeitpunkt der Depotprüfung" vom 16. 12. 1970 Bestimmungen für die staatliche Depotprüfung getroffen, die am 1. 1. 1971 in Kraft getreten sind (sog. **Depotprüfungsrichtlinien**). Rechtsgrundlage dieser Rechtsverordnung war § 30 KWG. Diese Ermächtigungsnorm ist durch das Gesetz zur Umsetzung von EG-Richtlinien zur Harmonisierung bank- und wertpapieraufsichtsrechtlicher Vorschriften (Richtlinien-Umsetzungsgesetz) vom 22. 10. 1997[284] aufgehoben worden ist. Die weggefallene Gesetzesbestimmung hatte neben der Prüfung des Jahresabschlusses eine gesonderte Pflichtprüfung vorgeschrieben, von der die Kreditinstitute entlastet werden sollten. Bei Kreditinstituten mit depotgeschäftlichen Dienstleistungen sollen künftig die Jahresabschlussprüfer diese Geschäfte mit einbeziehen können[285]. Hierzu ist in § 29 KWG, der die besonderen Pflichten des Abschlussprüfers normiert, eine Pflicht zur gesonderten Prüfung des Depotgeschäfts aufgenommen worden (Abs. 2 S. 2 KWG).

11.354

Im übrigen ist die bisherige Rechtsverordnungsermächtigung (§ 30 Abs. 2 KWG a.F.) in Absatz 4 des § 29 KWG integriert worden, der eine Verordnungsermächtigung für die Prüfung der Jahresabschlüsse enthält[286]. Hiernach kann das Bundesaufsichtsamt für das Kreditwesen nach Anhörung der Deutschen Bundesbank durch Rechtsverordnung nähere Bestimmungen über den Gegenstand der Prüfung, den Zeitpunkt ihrer Durchführung und den Inhalt der Prüfungsberichte erlassen, soweit dies zur Erfüllung seiner Aufgaben erforderlich ist, insbesondere um Mißstände, die die Sicherheit der dem Institut anvertrauten Vermögenswerte gefährden oder die ordnungsgemäße Durchführung der Bankgeschäfte oder Finanzdienstleistungen beeinträchtigen können, zu erkennen sowie einheitliche Unterlagen zur Beurteilung der von den Instituten durchgeführten Geschäfte zu erhalten. Diese **Ermächtigungsgrundlage** ermöglicht im übrigen, die

11.355

---

284 BGBl. I 1997, S. 2518, 2545.
285 RegBegr. des Entwurfs des Richtlinienumsetzungsgesetzes, BT-Drucksache 13/7142, S. 59, 60, 88.
286 RegBegr. des Entwurfs des Richtlinienumsetzungsgesetzes, BT-Drucksache 13/7142, S. 58.

Prüfung des Depotgeschäfts wie bislang während des Jahres durchzuführen und damit die Belastung durch Prüfungen zeitlich zu entzerren[287].

11.356 Die staatliche Aufsicht über das Depotgeschäft ist somit wie bislang beim Bundesaufsichtsamt für das Kreditwesen angesiedelt, obwohl das Depotgeschäft kapitalmarktbezogene Tätigkeiten beinhaltet (Rn 1.8). Denn auch nach den Gesetzesmaterialien handelt es sich bei den depotgeschäftlichen Dienstleistungen um Nebendienstleistungen, die typischerweise zusammen mit einer Wertpapierdienstleistung erbracht werden. Für die Überwachung dieser Wertpapiernebendienstleistungen ist aber grundsätzlich das Bundesaufsichtsamt für den Wertpapierhandel (BAWe) zuständig[288]. Zur Vermeidung einer doppelten Zuständigkeit der Bundesaufsichtsämter sind deshalb die Wertpapierverwahrung und -verwaltung für andere nur insoweit zu einer dem BAWe zugeordneten Wertpapiernebendienstleistung erklärt worden, „als das Depotgesetz nicht anwendbar ist" (§ 2 Abs. 3a Nr. 1 WpHG) und es damit an einer konkurrierenden Zuständigkeit des BAKred fehlt[289].

I. Aktualisierung der „Depotprüfungsrichtlinien" durch die Prüfungsberichtsverordnung

11.357 Im Zuge der Umsetzung der 6. KWG-Novelle hat das Bundesaufsichtsamt für Kreditwesen inzwischen neue Bestimmungen für die Depotprüfung erlassen. Dies ist im Rahmen der auf § 29 Abs. 4 KWG gestützten Verordnung über die Prüfung der Jahresabschlüsse und Zwischenabschlüsse der Kreditinstitute und Finanzdienstleistungsinstitute und über die Prüfung nach § 12 Abs. 1 S. 3 KAGG sowie die darüber zu erstellenden Berichte (Prüfungsberichtsverordnung – PrüfbV) vom 17. 12. 1998[290] erlassen worden (vgl. §§ 70 ff. PrüfbV).

11.358 Die an sich prüfungspflichtigen Kreditinstitute können wegen des geringen Umfanges des von ihnen betriebenen Depotgeschäfts durch das Bundesaufsichtsamt für das Kreditwesen von der jährlichen gesonderten De-

---

287 RegBegr. des Entwurfs des Richtlinienumsetzungsgesetzes, BT-Drucksache 13/7142, S. 59, 88.
288 RegBegr. des Entwurfs des Richtlinienumsetzungsgesetzes, BT-Drucksache 13/7142, S. 101.
289 RegBegr. des Entwurfes des Richtlinienumsetzungsgesetzes, BT-Drucksache 13/7142, S. 101; *Caspari*, ZGR 1994, 530, 534.
290 BGBl. I 1998, S. 3690, 3709 ff.; abgedruckt in *Kümpel/Ott*, Kapitalmarktrecht, Kz 743.

potprüfung widerruflich freigestellt werden (§ 71 Abs. 1 S. 1 PrüfbV). Rechtsgrundlage für eine Entscheidung ist die allgemeine Befreiungsermächtigung des § 31 KWG.

1. Gegenstand der Depotprüfung

Im Unterschied zu den bisherigen Depotprüfungsrichtlinien erstrecken sich diese nicht mehr auf das Effektengeschäft (vgl. § 70 Abs. 1 PrüfbV). Für die **staatliche Beaufsichtigung** dieses Geschäftsfeldes der Kreditinstitute ist das Bundesaufsichtsamt für den Wertpapierhandel zuständig (§ 35 WpHG). Dementsprechend erstrecken sich die materiellen Prüfungshinweise für die Depotprüfer (Nr. 8) nicht mehr auf das Effektengeschäft (Rn 10.1 ff.). Die Depotprüfung umfaßt nach § 70 Abs. 1 PrüfbV das Depotgeschäft und die Verbuchung von Lieferansprüchen aus wertpapierbezogenen Derivaten sowie die depotrechtlichen Anforderungen an die Eigentumsübertragung bei Wertpapiergeschäften. Des weiteren sind die unregelmäßige Verwahrung und Wertpapierdarlehen (§ 15 DepG), die Organisation und Ordnungsmäßigkeit der Geschäfte in Wertpapieren und wertpapierbezogenen Derivaten und des Handels in Schuldscheinen und Namensschuldverschreibungen sowie die Einhaltung der für eigene Geschäfte der Mitarbeiter in Wertpapieren und wertpapierbezogenen Derivaten geltenden Anforderungen zu prüfen.

11.359

Im übrigen umfaßt die **Prüfung bei Depotbanken** im Sinne des Gesetzes über die Kapitalanlagegesellschaften (KAGG) oder des Gesetzes über den Vertrieb ausländischer Investmentanteile und über die Besteuerung der Erträge aus ausländischen Investmentanteilen (AuslInvestmG) die Verwahrung und Verwaltung der Sondervermögen sowie die das Sondervermögen betreffenden Geschäfte und die Einhaltung der Pflichten im Hinblick auf die emittierten Anteilscheine. Diese „Depotbank"prüfung ist gegenüber der bisherigen Prüfung weiter konkretisiert worden und den zwischenzeitlich eingetretenen investmentrechtlichen Änderungen angepaßt worden. Durch das Dritte Finanzmarktförderungsgesetz wurde in § 2 Abs. 1 KAAG klargestellt, daß die Depotbankfähigkeit einer besonderen Aufsicht unterliegt.

11.360

Bei der **Prüfung von Zweigniederlassungen inländischer Kreditinstitute im Ausland** (§ 75 Abs. 3 S. 3 PrüfbV) ist unter sinngemäßer Anwendung der depotrechtlichen Bestimmungen und Anforderungen, soweit diese nicht den am jeweiligen Ort der Niederlassung geltenden Regeln widersprechen, zu untersuchen, ob das zu prüfende Depotgeschäft ordnungsgemäß betrieben worden ist. Die Einbeziehung dieser ausländischen Nie-

11.361

derlassungen in die Depotprüfung entspricht dem Herkunftslandprinzip der harmonisierten Bankenaufsicht.

11.362 Zu den Kundenwerten (Effekten), die der Depotprüfung unterliegen, gehören außer den in § 1 DepG bezeichneten Wertpapieren die Anteile an sammelverwahrten Schuldbuchforderungen an den Bund, die Bundesländer oder ein Sondervermögen des Bundes sowie Rechte aus schwebenden Anmeldungen und die in Wertpapierrechnung verbuchten Rechte einschließlich der Forderungen. Bei den unter die Depotprüfung fallenden „wertpapierbezogenen Derivaten" handelt es sich um börslich und außerbörslich getätigte Optionsgeschäfte, Pensionsgeschäfte, sonstige Termingeschäfte und ähnliche Geschäfte, die direkt oder indirekt auf Wertpapiere bezogen sind (§ 70 Abs. 2 S. 2 PrüfbV).

2. Umfang und Zeitpunkt der Prüfung

11.363 Die **Prüfung** hat sich auf **alle Teilgebiete** der zu prüfenden Geschäfte sowie auf die Einhaltung der Bestimmungen über die Weiterleitung der Geschäftsmitteilungen an die Depotkunden und die Ausübung des Vollmachtsstimmrechts (§§ 128 und 135 AktG) zu erstrecken. Der Depotprüfer kann sich nach pflichtgemäßem Ermessen auf Systemprüfungen mit Funktionstests und auf stichprobenweise Einzelfallprüfungen beschränken, sofern nicht in Einzelfällen eine lückenlose Prüfung erforderlich ist (§ 75 Abs. 1 PrüfbV).

11.364 Ergeben sich bei einer Prüfung **Mängel oder sonstige Zweifel** hinsichtlich der ordnungsgemäßen Handhabung der Geschäfte, so ist die Prüfung auszudehnen, bis der Prüfer die Überzeugung gewonnen hat, daß es sich nur um vereinzelte und unwesentliche Mängel handelt. Anderenfalls hat er nach Abstimmung mit dem BAKred eine Gesamtprüfung vorzunehmen. Die Depotprüfung findet nach § 74 PrüfbV einmal im Geschäftsjahr statt. Der Zeitpunkt der Prüfung ist von dem Depotprüfer unregelmäßig zu bestimmen. Der Depotprüfer soll die Prüfung, insbesondere die Bestandsprüfung nach pflichtgemäßem Ermessen unangemeldet durchführen.

3. Rechte und Pflichten des Depotprüfers

11.365 Die Depotprüfer sind **berechtigt**, im Rahmen ihres Auftrages **Einsicht** in sämtliche Bücher und Schriften des Kreditinstitutes zu nehmen und von diesem und den Mitgliedern seiner Organe Auskünfte über alle Geschäftsangelegenheiten zu verlangen, die für eine ordnungsgemäße Depotprüfung erforderlich sind. Die Depotprüfer sind auch berechtigt, zum Zwecke der Depotprüfung auf die außerhalb des eigentlich zu prüfenden Geschäfts liegenden **Geschäftsvorgänge** zurückzugreifen, Einsicht in die internen Revisionsberichte zu nehmen und erforderlichenfalls das Kreditinstitut zu veranlassen, von dritten Personen Auskünfte und Erklärungen einzuholen (§ 73 Abs. 1 PrüfbV).

4. Depotprüfungsbericht

Der Bericht über die Depotprüfung und die Depotbankprüfung ist gesondert vom Bericht über die Jahresabschlußprüfung und unverzüglich nach Abschluß der Prüfung zu erstatten. Dies kann gemeinsam mit der Prüfung der Einhaltung der Verhaltensregeln und der Meldepflichten nach dem Wertpapierhandelsgesetz gemäß § 36 WpHG geschehen. Je eine Ausfertigung des Prüfungsberichtes ist dem Bundesaufsichtsamt für das Kreditwesen sowie dem Bundesaufsichtsamt für den Wertpapierhandel sowie der Hauptverwaltung der zuständigen Landeszentralbank zuzuleiten, sofern nicht auf seine Einreichung verzichtet wird.

11.366

Der Depotprüfer hat über den Umfang der von ihm durchgeführten Prüfungshandlungen zu berichten. Der Prüfungsbericht muß stets darüber Aufschluß geben, ob das zu prüfende Geschäft von dem Institut ordnungsgemäß betrieben worden ist, insbesondere den gesetzlichen Vorschriften und den vom Bundesaufsichtsamt für das Kreditwesen aufgestellten Anforderungen an die Ordnungsmäßigkeit des Depotgeschäfts entsprochen hat. Wegen der weiteren Einzelheiten vgl. § 76 Abs. 2 PrüfbV.

11.367

II. Amtliche Hinweise über die materiellen Prüfungserfordernisse

Aufgrund der Ermächtigung durch § 29 Abs. 4 KWG kann das Bundesaufsichtsamt für das Kreditwesen im Verordnungswege nähere Bestimmungen auch über den Inhalt des Prüfungsberichts erlassen. Dementsprechend bestimmt § 76 Abs. 2 PrüfbV, daß der Prüfungsbericht in jedem Falle darüber Aufschluß geben muß, ob das zu prüfende Depotgeschäft von der Bank ordnungsgemäß betrieben worden ist, insbesondere den gesetzlichen Vorschriften und den vom Bundesaufsichtsamt aufgestellten „Anforderungen an die Ordnungsmäßigkeit des Depotgeschäfts" entsprochen hat. Hierzu hat das Bundesaufsichtsamt für das Kreditwesen die „Bekanntmachung vom 21. 12. 1998 über die Anforderungen an die Ordnungsmäßigkeit des Depotgeschäfts und der Erfüllung von Wertpapierlieferverpflichtungen" veröffentlicht[291]. Diese **„Amtlichen Prüfungshinwei-**

11.368

---
291 Abgedruckt in Bundesanzeiger vom 31. 12. 1998, S. 1 ff. und in *Kümpel/Ott*, Kapitalmarktrecht Kz 320 mit Erläuterungen von *Miletzki*, S. 16 ff.; *ders.*, WM 1999, 1451 ff.

se" beziehen sich auf die wesentlichen Rechtsvorschriften, deren strikte Beachtung durch die Bank zu überprüfen ist. Nicht selten wird der Wortlaut der maßgeblichen Gesetzesbestimmungen wörtlich wiedergegeben. Zu diesen Normen gehören vor allem die Bestimmungen des Depotgesetzes. Hinzu kommen Vorschriften aus dem Kommissionsrecht (§§ 383 HGB), dem Aktiengesetz (§§ 128, 135) sowie dem Gesetz über Kapitalanlagegesellschaften bzw. das Auslandsinvestmentgesetz. Mit berücksichtigt werden auch die einschlägigen Regelungen der kreditwirtschaftlichen AGB insbesondere der „Sonderbedingungen für Wertpapiergeschäfte". Bei der Darstellung der Rechtslage fließt nicht selten auch das Gesetz- und Rechtsverständnis des Bundesaufsichtsamtes in die jeweilige Regelung mit ein.

11.369 Die neuen Amtlichen Prüfungshinweise lehnen sich weitestmöglich an die bisherigen Prüfungshinweise zu den Depotprüfungsrichtlinien vom 16. 12. 1970 an. Die Überarbeitung bezweckt vor allem eine Anpassung an den derzeitigen technischen Stand der Depotgeschäfte. Der Titel dieses Prüfungskompendiums lautet freilich nicht mehr „Hinweise über die materiellen Prüfungserfordernisse", sondern „Bekanntmachung des Bundesaufsichtsamtes für das Kreditwesen über die Anforderungen an die Ordnungsmäßigkeit des Depotgeschäfts und der Erfüllung von Wertpapierlieferverpflichtungen". Diese Neubezeichnung erscheint **mißverständlich,** weil sich die „Amtlichen Prüfungshinweise" in erster Linie an die Depotprüfer und nur indirekt an die zu prüfenden Kreditinstitute wenden. Dies war herrschende Meinung zu den bisherigen materiellen Prüfungshinweisen der Depotprüfungsrichtlinien aus 1970[292].

1. Rechtliche Bedeutung der Amtlichen Prüfungshinweise

11.370 Für die rechtliche Bedeutung der Amtlichen Prüfungshinweise kann auf die Beurteilung der bisherigen Prüfungshinweise des Bundesaufsichtsamtes vom 16. 12. 1970 zurückgegriffen werden. Danach enthalten die **Prüfungshinweise** für die Kreditinstitute **keine verbindlichen Regelungen** des Depotgeschäfts in Form eines Verwaltungsaktes (§ 35 S. 1 VwVfG) oder einer Allgemeinverfügung (§ 35 S. 2 VwVfG). Denn hierfür bot auch § 30 Abs. 2 S. 1 KWG, aufgrund dessen die Depotprüfungs-Richtlinien und die Prüfungshinweise erlassen worden sind, keine ausreichende Rechtsgrund-

---

292 *Schneider,* AG 1971, 184; *Reischauer/Kleinhans,* KWG, Stand 1997, Kz 115, § 30 Anm. 3; *Heinsius/Horn/Than,* DepG, 1975, § 14 Rn 37; *Paul,* WM 1971, 1167; a.A. *Spieth/Krumb,* WpHG, 1971, 294; *dies.,* Die Depotprüfung, 1975, S. 1.

lage²⁹³. Die Prüfungshinweise enthalten zum Teil Meinungen des Bundesaufsichtsamtes über die Bedeutung der gesetzlichen Bestimmungen sowie der zu beachtenden Grundsätze über die Ordnungsmäßigkeit des Depotgeschäfts²⁹⁴. Dieses Rechtsverständnis unterliegt dem Wandel der Rechtsprechung, des Schrifttums oder der Verwaltungspraxis.

a) Rechtsbehelfe der Kreditinstitute

Andererseits wirken die Prüfungshinweise **mittelbar** auf das **Depotgeschäft der Banken** ein²⁹⁵. Nennenswerte Abweichungen von den Prüfungshinweisen müssen die hieran gebundenen Depotprüfer beanstanden. An der Vermeidung solcher Beanstandungen sind die Kreditinstitute aber interessiert²⁹⁶. Die Prüfungshinweise gehören deshalb zu der Kategorie von Verlautbarungen, Mitteilungen und Erklärungen der Aufsichtsbehörde, die zwar keinen Regelungscharakter wie der Verwaltungsakt und die Allgemeinverfügung haben, aber gleichwohl für die Betroffenen rechtlich nicht folgenlos bleiben können²⁹⁷. Solche Maßnahmen gehören verwaltungsrechtlich zum schlicht-hoheitlichen Verwaltungshandeln, mit dem der Verwaltungsträger ein bestimmtes Verhalten der Adressaten oder ein verändertes Verhalten bewirken möchte, ohne gleich zu dem zwingenden Instrumentarium des Verwaltungsaktes greifen zu müssen²⁹⁸. Das schlicht-hoheitliche Verwaltungshandeln kann im Einzelfall seiner Wirkung nach sogar vielfach einem Verwaltungsakt annähernd gleichen²⁹⁹. Es besteht deshalb Einvernehmen, daß den Betroffenen Rechtsbehelfe zur Verfügung stehen müssen, wenn diese Verlautbarungen, Mitteilungen und Erklärungen Rechtsverletzungen beinhalten. Dies folgt bereits aus Art. 19 Abs. 4 S. 1 GG, wonach jedem der Rechtsweg offen steht, wenn er

11.371

---

293 *Reischauer/Kleinhans*, KWG, Stand 1997, Kz 115, § 30 Anm. 3.
294 *Reischauer/Kleinhans*, KWG, Stand 1997, Kz 125, § 30 Anm. 3; *Doerk*, Bankbetriebliche Information 1971, 13; *Heinsius/Horn/Than*, DepG, 1975, § 14 Anm. 37; *Fett*, WM 1999, 613 ff.
295 *Szagunn/Haug/Ergenzinger*, KWG, 6. Aufl., 1997, § 6 Rn 7; *Beck*, Komm.z. KWG, Loseblatt, 68. Lieferung 1998, § 6 Rn 43, 44.
296 *Doerk*, Bankbetriebliche Information 1971, 13; *Reischauer/Kleinhans*, KWG, Kz 115, § 30 Anm. 3; *Hopt*, Der Kapitalanlegerschutz im Recht der Banken, 1975, S. 538; *Fett*, WM 1999, 613.
297 *Schulte*, Schlichtes Verwaltungshandeln, 1995, S. 29 ff.
298 *Krause*, Die Rechtsformen des Verwaltungshandelns, 1974, S. 56 ff.; *Bullinger* spricht von einem „Appell an den Rechtsgehorsam" der Wirtschaftsunternehmen, VVstRL (1965), S. 264, 299 ff.; *Fett*, WM 1999, 613 FN 8.
299 *Krause*, Die Rechtsformen des Verwaltungshandelns, 1974, S. 376 ff.; *Maurer*, Allgemeines Verwaltungsrecht, 12. Aufl., 1999, § 15 Rn 5.

durch die öffentliche Gewalt in seinen Rechten verletzt ist[300]. Rechtsgrundlage für den Anspruch der Betroffenen auf Widerruf rechtsverletzender Äußerungen in Form schlicht-hoheitlichen Verwaltungshandeln ist der allgemeine Folgenbeseitigungsanspruch[301]. Auch dürfte die Aufsichtsbehörde analog den Bestimmungen des Verwaltungsverfahrensgesetzes (§ 28 VwVfG) verpflichtet sein, den Betroffenen vorab Gelegenheit zur Äußerung zu geben und dem Gebot der Unbefangenheit (§§ 20, 21 VwVfG) Rechnung zu tragen[302]. Nach dem Schrifttum kommen grundsätzlich auch Ersatzansprüche gegen den Staat aus Amtspflichtverletzung (§ 839 Abs. 1 BGB i.V.m. Art. 34 S. 1 GG) und enteignendem oder enteignungsgleichem Eingriff in Betracht[303].

b) Parallele zu den Verhaltensrichtlinien gemäß § 35 Abs. 6 WpHG

11.372 Bei der Rechtsnatur der Amtlichen Prüfungshinweise ergibt sich eine Parallele zu den vom Bundesaufsichtsamt für den Wertpapierhandel aufgestellten Richtlinien, nach denen dieses für den Regelfall beurteilt, ob die Anforderungen nach den Verhaltensregeln der §§ 31 bis 33 WpHG erfüllt worden sind (vgl. § 35 Abs. 6 WpHG). Auch bei diesen Richtlinien handelt es sich **weder um Rechtsnormen noch um Verwaltungsakte**[304]. An ihre **Nichtbeachtung** sind deshalb keine unmittelbaren Rechtsfolgen geknüpft. Die Richtlinien sollen vielmehr die sich aus den §§ 31 ff. WpHG ergebenden Verpflichtungen erläutern[305] und zugleich den zu prüfenden Kreditinstituten Auskunft darüber geben, wie das Bundesaufsichtsamt für den Wertpapierhandel seinen Beurteilungsspielraum bei der Bewertung der Frage einer gesetzmäßigen Befolgung dieser Verhaltensregeln ausüben wird. Die Richtlinie konkretisiert die generellen, klauselhaft weitgefaßten Wohlverhaltensregeln zu aufsichtsbehördlich subsumierbaren Tatbeständen[306]. Sie soll zugleich den **Beurteilungsspielraum eingrenzen** und eine **gleichförmige Aufsichtspraxis** herstellen[307].

---

300 *Hufen*, Verwaltungsprozeßrecht, 3. Aufl., 1998, § 13, Rn 1.
301 *Fett*, WM 1999, 613, 618 m.w.Nachw.
302 *Fett*, WM 1999, 613, 616 m.w.Nachw.
303 *Fett*, WM 1999, 613, 619.
304 *Köndgen*, ZBB 1996, 361; *Reich*, WM 1997, 1601, 1608.
305 Vgl. Pkt. 1 Abs. 1 der Richtlinie des Bundesaufsichtsamtes für den Wertpapierhandel vom 26. Mai 1997 zur Konkretisierung der §§ 31 und 32 WpHG für das Kommissions-, Festpreis- und Vermittlungsgeschäft der Kreditinstitute, abgedruckt in *Kümpel/Ott*, Kapitalmarktrecht, Kz 631/1.
306 *Köndgen*, ZBB 1996, 361.
307 *Köndgen*, ZBB 1996, 361.

Bei einem Verstoß gegen die Richtlinien wird nach einem Teil des Schrifttums vermutet, daß die einschlägige Verhaltensregel verletzt wurde und damit ein Mißstand im Sinne des Wertpapierhandelsgesetzes (§ 4 Abs. 1) vorliegt[308]. Eine abweichende Handhabung kann jedoch in Ausnahmefällen gerechtfertigt sein, wenn ein konkretes Verhalten noch im Einklang mit der durch diese Richtlinie interpretierten Norm steht[309]. Auch bleibt es der Rechtsprechung unbenommen, die §§ 31 bis 33 WpHG selbständig zu interpretieren und im Einzelfall zu konkretisieren[310].

11.373

2. Einzelne Aspekte der Prüfungshinweise

Die Amtlichen Prüfungshinweise sind bereits weitgehend in diese Darstellung des Depotgeschäfts eingeflossen. Die nachfolgenden Ausführungen können sich deshalb auf einzelne wesentliche Aspekte beschränken.

11.374

a) Ausklammerung des Effektengeschäfts von der Depotprüfung

Bei der Aktualisierung der materiellen Prüfungshinweise für die Depotprüfung ist der gesetzlich vorgeschriebenen Arbeitsteilung zwischen der **Marktaufsicht** durch das Bundesaufsichtsamt für den Wertpapierhandel (BAWe) und der Börsenaufsichtsbehörden der Länder einerseits und andererseits der in die Zuständigkeit des Bundesaufsichtsamtes für das Kreditwesen fallenden Depotprüfung Rechnung getragen worden. Deshalb soll wie bisher die ordnungsgemäße Erfüllung der kundenbezogenen Lieferverpflichtungen der Bank aus ihren „Verkaufs"geschäften über Wertpapiere und wertpapierbezogene Derivate zur staatlichen Depotprüfung gehören (Nr. 8 Abs. 1, 2, 5 der Amtlichen Prüfungshinweise). Dagegen ist die Überprüfung der am Markt getätigten Abschlüsse der Wertpapier- und Derivatgeschäfte, aus denen solche Lieferverpflichtungen resultieren, Angelegenheit der staatlichen Marktaufsicht. Bei Börsengeschäften ist hierfür die Börsenaufsichtsbehörde zuständig, soweit sie nicht vor Ort durch die Handelsüberwachungsstelle im Rahmen der Börsenselbstverwaltung erfolgt.

11.375

Über diese – aus praktischer Sicht sicherlich problematische – **Grenzziehung zwischen Marktaufsicht und Depotprüfung** ist im Rahmen des Gesetzgebungsverfahrens über das 2. Finanzmarktförderungsgesetz mit den

11.376

---

308 *Birnbaum* in Kümpel/Ott, Kapitalmarktrecht, Kz 631/1, S. 15; hiergegen *Koller* in Assmann/Schneider, WpHG, § 35 Rn 6; *Köndgen*, ZBB 1996, 361; vgl. weiter Rn 16.508.
309 *Baur*, Die Bank 1997, 845, 847.
310 *Köndgen*, ZBB 1996, 361.

Bundesländern als Träger der Börsenaufsicht lange gerungen worden. Der erzielte Kompromiß ist in das Börsengesetz und die Regierungsbegründung des Gesetzesentwurfs eingeflossen. Danach erstreckt sich die Marktaufsicht auf die Einhaltung der börsenrechtlichen Vorschriften und Anordnungen sowie die ordnungsgemäße Durchführung des Handels an der Börse und die **Börsengeschäftsabwicklung** (§ 1 Abs. 2 Satz 2 BörsG). Mit dem Begriff der Börsengeschäftsabwicklung sollte klargestellt werden, daß die elektronischen Hilfseinrichtungen der Börse nur insoweit der staatlichen Überwachung unterliegen, als sie das Verfahren bis zur Schlußnote eines Auftrages regeln. Die elektronische Börsengeschäftsabwicklung (BOEGA) und das Clearing der Deutschen Terminbörse (nunmehr Eurex Deutschland) unterliegen damit der staatlichen Marktaufsicht. Dagegen sollte „das dingliche Geschäft (Abwicklung im Deutscher Kassenverein – nunmehr Deutsche Börse Clearing AG)" nicht erfaßt werden[311].

11.377 Vor dem Hintergrund dieser gesetzgeberischen Entscheidung erscheint es verständlich, daß sich die staatliche Marktaufsicht nicht auf die ordnungsgemäße Erfüllung der kundenbezogenen Lieferverpflichtungen der Bank aus den am Markt getätigten Geschäften erstreckt, sondern die Kontrolle über diese Abwicklungstätigkeit wie bisher zur **Depotprüfung** gehört, die dem Bundesaufsichtsamt für das Kreditwesen im Rahmen der Aufgabenteilung zugewiesen worden ist.

11.378 Diese Beurteilung dürfte auch für die **Einbeziehung der Lieferverbindlichkeiten** aus Derivatgeschäften gelten, obwohl das Depotgesetz auf den termingeschäftlichen Bereich grundsätzlich unanwendbar ist. Nach Nr. 8 Abs. 5 der materiellen Prüfungshinweise sollen aber ausdrücklich nur Lieferansprüche aus „wertpapierbezogenen" Derivatgeschäften vom Depotprüfer kontrolliert werden. Insoweit dürfte der Schutzgedanke der für die Wertpapier-Einkaufskommission geltenden Bestimmungen des Depotgesetzes (§§ 18 ff.) als analogiefähig angesehen werden, deren Einhaltung das Bundesaufsichtsamt zu überwachen hat.

11.379 Diese **Aufteilung der Zuständigkeiten** ist im Rahmen des Richtlinien-Umsetzungsgesetzes vom 22. 10. 1997 erfolgt. Danach obliegt dem BAKred auch die Überwachung der Einhaltung der Bestimmungen des Depotgesetzes, soweit sie die Erfüllung von kundenbezogenen Lieferverpflichtungen der Bank regeln (vgl. §§ 18 ff. DepG). Dementsprechend ist der depotgesetzliche Bereich ausdrücklich aus dem Anwendungsbereich des Wertpapierhandelsgesetzes herausgenommen worden. Dies ist geset-

---

311 BT-Drucksache 12/6679, S. 59.

zestechnisch dadurch geschehen, daß die dem BAWe zugewiesenen Kompetenzen auf solche Aufgaben begrenzt worden sind, „die im Wertpapierhandelsgesetz aufgelistet sind"[312]. In diesem Gesetz ist das bankmäßige Depotgeschäft aber ausdrücklich ausgegrenzt worden. Dies ist bei der Legaldefinition der Wertpapiernebendienstleistungen geschehen. Zu diesen **Nebendienstleistungen** gehören zwar auch nach Meinung des Gesetzgebers prinzipiell die Verwahrung und Verwaltung von Wertpapieren für andere, wie sie Gegenstand des Depotgeschäfts nach seiner Legaldefinition in § 1 Abs. 1 S. 2 Nr. 5 KWG sind. Denn solche Nebendienstleistungen werden typischerweise zusammen mit einer Wertpapierdienstleistung erbracht[313]. Deshalb gehören nach der Legaldefinition der Wertpapiernebendienstleistungen hierzu grundsätzlich auch „die Verwahrung und Verwaltung von Wertpapieren für andere". Zur **Vermeidung einer doppelten Staatsaufsicht** klammert aber diese Legaldefinition die depotgeschäftlichen Dienstleistungen aus dem Anwendungsbereich des Wertpapierhandelsgesetzes aus, soweit hierauf das Depotgesetz anwendbar ist (vgl. § 2 Abs. 3a Nr. 1 WpHG). Auch diese Regelung läßt die Einbeziehung der kundenbezogenen Lieferverpflichtungen der Bank in die Depotprüfung vertretbar erscheinen. Denn das Depotgesetz (§§ 18 ff.) regelt auch die ordnungsgemäße Erfüllung von Lieferverpflichtungen der Bank aus kundenbezogenen Wertpapiergeschäften.

b) Buchführung

Mit Rücksicht auf den verstärkten Einsatz von Datenverarbeitungsanlagen waren die bisherigen materiellen Prüfungshinweise für die Depotbuchführung in besonderem Maße zu aktualisieren (vgl. Nr. 10 der Amtlichen Prüfungshinweise).   11.380

Die **Geschäftsvorfälle** und die **Depotvertragsverhältnisse** müssen innerhalb angemessener Frist nachvollziehbar und prüfbar sein. Der aktuelle Stand dieser Vertragsverhältnisse und deren Entwicklung müssen jederzeit innerhalb angemessener Frist ausgedruckt bzw. lesbar abgerufen werden können. Unabhängig vom technischen Stand des Verarbeitungssystems sind die Depotbücher nach den Grundsätzen ordnungsgemäßer Buchführung (GoB) zu führen. Die Vollständigkeit, Richtigkeit, Aussagefähigkeit und Prüfbarkeit der Depotbuchführung muß jederzeit gewährleistet sein. Bei der Speicherbuchführung müssen die Handelsbücher nach den Grundsätzen ordnungsgemäßer DV-gestützter Buchführungssysteme   11.381

---

312 BT-Drucksache 12/6679, S. 59.
313 BT-Drucksache 13/7142, S. 101.

(GoBS)[314] auf Anforderung ausgedruckt bzw. lesbar abgerufen werden können.

11.382 Aus Sicherheitsgründen ist eine „strikte Gewaltenteilung" zwischen Führung des Depotbuches und den für die Verwahrung der Wertpapiere verantwortlichen bzw. – bei Drittverwahrung – verfügungsberechtigten Sachbearbeitern erforderlich[315]. Zu dem vorgeschriebenen internen Kontrollsystem gehört insbesondere die Kontrolle beim Einsatz von Datenverarbeitungsanlagen und Ergebniskontrollen.

11.383 Die **Verbuchung von reinen Lieferungsansprüchen** ist mit Rücksicht auf deren unterschiedliche Entstehung und die damit zum Teil verbundene Verfügungsgewalt des Verwahrers durch Zusätze klar zu erläutern. Bei einer Aussetzung der Übersendung des Stückeverzeichnisses sind die Lieferungsansprüche auf dem Konto „Wertpapierrechnung" möglichst mit dem Zusatz „aus Kommissionsgeschäft" zu verbuchen. Bei der unechten Verwahrung ist die Verpflichtung zur Lieferung von Wertpapieren derselben Art auf einem unter der Bezeichnung „Wertpapierrechnung nach § 15 DepG" einzurichtenden Konto zu verbuchen. Lieferungsansprüche aufgrund von Aufträgen zum Kauf von Wertpapieren bei noch nicht ausgedruckten Neuemissionen sind mit dem Zusatz „per Erscheinen" oder mit einem anderen kennzeichnenden Zusatz zu verbuchen. Im Falle eines Jungscheingiroverkehrs sind die Lieferungsansprüche auf einem Jungscheinkonto zu verbuchen.

c) Abstimmung von Depotkonten

11.384 Die Depots sind **mindestens einmal jährlich** mit den Depotkunden durch Übersendung von **Depotauszügen** abzustimmen. Depotauszüge, deren Versendung im Interesse der Depotinhaber unterlassen worden ist, können, sofern der Depotbestand unverändert geblieben ist, bei der folgenden Depotabstimmung durch einen entsprechenden Vermerk als für diesen Abstimmungstag ebenfalls gültig ergänzt werden.

11.385 Die Erstellung und der Versand der Depotauszüge muß durch die Innenrevision oder andere neutrale Mitarbeiter überwacht werden. Die Zustellung der Depotauszüge ist prüfbar nachzuweisen. Nicht zustellbare Depotauszüge und Depotauszüge, die im Interesse des Depotinhabers wegen des damit verbundenen Risikos tunlichst nicht zu versenden sind, müssen unter besonderem Verschluß gehalten werden. Schriftliche Reklamationen der Depotinhaber und als unzustellbar zurückkommende Depot-

---

314 Abgedruckt in BStBl. I 1995, S. 738 ff.
315 *Paul*, WM 1971, 1179.

auszüge müssen den für ihre Kontrolle und Aufbewahrung verantwortlichen Mitarbeitern unmittelbar nach Eingang übergeben werden. Die zur Benachrichtigung der Depotinhaber bestimmten Vordrucke müssen einen Hinweis enthalten, an welche neutrale Kontrollstelle schriftliche Reklamationen zu richten sind.

Bei der **Depotabstimmung** kann auf ein Depotanerkenntnis nur unter den weitgehenden Schutzvorkehrungen verzichtet werden, wie sie in der Nr. 11 der Amtlichen Prüfungshinweise beschrieben sind. 11.386

Der Kunde hat die Depotaufstellungen gemäß Nr. 11 Abs. 4 AGB Banken (= Nr. 20 Abs. 1 lit. g AGB Sparkassen) unverzüglich auf Richtigkeit und Vollständigkeit zu prüfen und etwaige Beanstandungen unverzüglich zu erheben. 11.387

d) Mitteilungspflicht nach § 128 AktG und Ausübung des Stimmrechts

Wie schon bisher enthalten die Amtlichen Prüfungshinweise detaillierte Kontrollbestimmungen für die Beachtung der Pflicht der Depotbank zur **Weiterleitung der Geschäftsmitteilungen** an die Depotkunden gemäß § 128 AktG. Dasselbe gilt für die Ausübung der Stimmrechtsvollmacht im Interesse der Depotkunden. 11.388

12. Teil
Investmentgeschäft nach dem Gesetz über Kapitalanlagegesellschaften (KAGG)

1. Abschnitt
Allgemeines[1]

Zu den in § 1 KWG erwähnten Bankgeschäften, die Wertpapiergeschäfte zum Gegenstand haben, gehört auch das Investmentgeschäft im Sinne des Gesetzes über Kapitalanlagegesellschaften (KAGG) – nachfolgend als Investmentgeschäft bezeichnet. 12.1

Ziel des KAGG ist es, breiten Bevölkerungskreisen die Möglichkeit zu eröffnen, vor allem beim Erwerb von Wertpapieren die Vorteile zu nutzen, die sonst nur große Vermögen bieten. Die Anleger verfügen häufig nicht über genügend Kapital, um ihre Anlagen so breit zu streuen, daß aus der Sicht des Risikos und der Gewinnchancen einerseits und andererseits der Renditeerwartungen ein ausgewogenes, wirtschaftlich vernünftiges Verhältnis besteht. Das **Investmentgeschäft** zielt daher **traditionell** auf die Zusammenlegung der anlagesuchenden Gelder von Kleinanlegern ab. Hierzu werden von den Investmentgesellschaften Fonds gebildet. Erst ab einer gewissen Größenordnung läßt sich eine Anlagepolitik nach dem **Grundsatz der Risikomischung** effizient betreiben. 12.2

Den **Kleinanlegern** fehlt es zudem häufig an Kenntnissen und ausreichender Erfahrung. **Die Risikostreuung** erfordert schließlich einen erheblichen zeitlichen Aufwand. Die Entwicklung der in Betracht kommenden Märkte ist laufend zu beobachten, um die nötigen Umschichtungen der Anlagen rechtzeitig vornehmen zu können. 12.3

Diese Risikostreuung besorgt die Kapitalanlagegesellschaft, die entsprechend dem Sprachgebrauch der Praxis nachfolgend auch als Investmentgesellschaft bezeichnet wird. Der Gesetzgeber hat der **Investmentgesellschaft** die Aufgaben einer **professionellen Vermögensverwaltung** zugewie- 12.4

---
1 *Baur*, Investmentgesetze, 2. Aufl., 1997; *ders.* in Assmann/Schütze, Handbuch des Kapitalanlagerechts, § 18; *Köndgen* in Bankrechts-Handbuch, § 113; *Päsler*, Handbuch des Investmentsparens, 1991; Zur strukturellen Neugestaltung des deutschen Investmentrechts vgl. *Gerke/Rapp*, ZBB 1992, S. 85 ff.

sen. Die Investmentgesellschaft hat daher die Möglichkeit, die Vermögensanlagen des jeweiligen Fonds entsprechend den Verhältnissen des Kapitalmarktes und der Gesamtwirtschaft umzuschichten. Sie kann im Rahmen ihrer Anlagepolitik alle Änderungen im Fondsvermögen vornehmen, die der wechselnde Konjunkturverlauf, die Veränderungen auf dem Kapitalmarkt sowie die Entwicklungen der einzelnen Beteiligungsunternehmen im Fondsvermögen wünschenswert erscheinen lassen.

12.5 Das Investmentsparen hat eine lange Tradition, die in England bis in die 60er Jahre des vorigen Jahrhunderts zurückgeht. So findet sich die klassische Definition des Geschäftszweckes der Investmentgesellschaften schon in dem Gründungsprospekt einer im Jahr 1868 ins Leben gerufenen englischen Investmentgesellschaft („Foreign and Colonial Trust"). Dort heißt es:

12.6 „Das Ziel der Gesellschaft ist es, den kleinen Sparern dieselben Vorteile zu verschaffen wie den Vermögenden, indem das Risiko durch Streuung der Kapitalanlage auf eine Anzahl verschiedener Aktien vermindert wird."

I. Abgrenzung von verwandten Geschäften

12.7 Das im KAGG geregelte Investmentgeschäft ist von verwandten Geschäften zu unterscheiden. Hierbei geht es zugleich um die Frage des **Geltungsbereiches des KAGG**. Diese erforderliche Abgrenzung des Investmentgeschäfts zu verwandten Geschäften hat nicht nur aufsichtsrechtliche und steuerrechtliche Konsequenzen[2]. So dürfen auch die Bezeichnungen „Kapitalanlagegesellschaft", „Investmentgesellschaft", „Investmentaktiengesellschaft" oder Bezeichnungen, in denen das Wort „Kapitalanlage" oder „Investment" vorkommt, nur von den dem KAGG unterliegenden Investmentgesellschaften verwendet werden (§§ 7, 54 KaGG).

12.8 Insbesondere hängt es von der Anwendbarkeit des KAGG ab, welche **Rechtsfolgen** für das zwischen der Investmentgesellschaft und dem Anleger bestehende Rechtsverhältnis zum Tragen kommen. Dies ist schon deswegen von großer praktischer Bedeutung, weil die Regelungen des KAGG ganz überwiegend zwingendes Recht darstellen und daher nicht zur rechtsgeschäftlichen Disposition der Beteiligten stehen.

12.9 Bei der **Abgrenzung** des Geltungsbereichs des KAGG sind die maßgeblichen Kriterien der Legaldefinition der Investmentgesellschaft zu entnehmen. Nach **§ 1 Abs. 1 KAGG** sind Kapitalanlagegesellschaften Kreditinstitute,

---
2 *Canaris*, Bankvertragsrecht[2], Rn 2339.

„deren Geschäftsbereich darauf gerichtet ist, bei ihnen angelegtes Geld im eigenen Namen für gemeinschaftliche Rechnung der Einleger (Anteilinhaber) nach dem Grundsatz der Risikomischung in den nach diesem Gesetz zugelassenen Vermögensgegenständen gesondert vom eigenen Vermögen in Form von Geldmarkt-, Wertpapier-, Beteiligungs-, Investmentfondsanteil-, Grundstücks-, Gemischten Wertpapier- und Grundstücks- oder Pensions-Sondervermögen anzulegen und über die hieraus sich ergebenden Rechte der Anteilinhaberurkunden (Anteilscheine) auszustellen".

12.10

1. Investmentclubs

Nach dem KAGG muß es sich bei der Investmentgesellschaft um ein **Unternehmen** handeln. Dies erfordert einen in kaufmännischer Weise eingerichteten Geschäftsbetrieb, wie er in der Praxis regelmäßig fehlt. Schon aus diesem Grunde sind die Investmentclubs keine Investmentgesellschaften. Die Praxis organisiert die Investmentclubs regelmäßig als Gesellschaften des bürgerlichen Rechts – GbR – im Sinne der §§ 705 ff. BGB – GbR–Investmentclubs –. Hierzu hat die Deutsche Schutzvereinigung für Wertpapierbesitz e.V. (DSW) einen Mustervertrag für die Gründung entwickelt (DSW-Mustervertrag).

12.11

In der Praxis haben diese GbR-Investmentclubs häufig „Geschäftsführungen". Diese können nach Auffassung des Bundesaufsichtsamtes für das Kreditwesen unter bestimmten Voraussetzungen Finanzdienstleistungen im Sinne der Finanzportfolioverwaltung (§ 1 Abs. 1a Nr. 3 KWG) oder zumindest der Anschaffung und Veräußerung von Finanzinstrumenten in fremdem Namen für fremde Rechnung (Abschlußvermittlung gemäß § 1 Abs. 1a Nr. 2 KWG) erbringen[3]. Denn die **Geschäftsführung verwaltet das Fondsvermögen,** das im gesamthänderischen Eigentum aller Clubmitglieder steht, so daß die Tatbestandsmerkmale handeln „für andere" und „in fremdem Namen für fremde Rechnung" erfüllt sind.

12.12

Soweit die Geschäftsführung die gesetzlichen Tatbestände der Portfolioverwaltung oder Abschlußvermittlung erfüllt und damit eine nach dem KWG erlaubnispflichtige Tätigkeit vorliegt, würden Finanzdienstleistungen erbracht werden. Sodann ist die Geschäftsführung auch als Wertpapierdienstleistungsunternehmen im Sinne des § 2 Abs. 4 WpHG anzusehen. Damit würde die Geschäftsführung den Vorschriften des Wertpapierhandelsgesetzes und auch der Aufsicht des Bundesaufsichtsamtes für den Wertpapierhandel unterworfen.

12.13

Diese rechtliche Einordnung der Geschäftsführung eines GbR-Investmentclubs läßt sich nach dem Schreiben des Bundesaufsichtsamtes für

12.14

---
3 Schreiben des BAKred an den Zentralen Kreditausschuß (ZKA) vom 28. 4. 1998 (Az.: VII 4–71.51 – 142/98).

das Kreditwesen durch eine Reihe von Vorkehrungen vermeiden. So müssen die **Konten** auf den **Namen aller Clubmitglieder** lauten und dementsprechend die Geschäftsführung nur als Kontobevollmächtigte tätig werden. Die **Anschaffung und Veräußerung von Wertpapieren** darf nur auf Weisung eines weiteren Organs, etwa des Anlageausschusses gemäß § 19 des DSW-Mustervertrages geschehen. Dieses Organ muß aus mindestens 10% ehrenamtlich tätigen Mitgliedern der Gesellschaft, jedoch nicht weniger als drei Mitgliedern bestehen, die nicht der Geschäftsführung angehören. Für die Entscheidungen dieses weisungsbefugten Organs hat das Einstimmigkeitsprinzip zu gelten. Zur Sicherstellung einer Rotationsregelung muß nach dem Gesellschaftsvertrag jedes der Geschäftsführung nicht angehörige Clubmitglied jedes Jahr über einen angemessenen Zeitraum Mitglied des Anlageausschusses sein.

12.15   Ein erlaubnispflichtiges Betreiben der Abschlußvermittlung (§ 1 Abs. 1a Nr. 2 KWG) läßt sich vermeiden, wenn die Geschäftsführung nicht gewerbsmäßig oder nicht in einem Umfang tätig wird, der einen in kaufmännischer Weise eingerichteten Geschäftsbetrieb erfordert. Die **Gewerbsmäßigkeit** ist zumindest bei einer Vergütung der Geschäftsführung gegeben. Eine Aufwandsentschädigung für tatsächlich entstandene Kosten ist aber unschädlich. Einen in kaufmännischer Weise eingerichteten Geschäftsbetrieb hält das Bundesaufsichtsamt für nicht erforderlich, wenn die Geschäftsführung regelmäßig nicht mehr als 25 Einzeltransaktionen pro Monatsdurchschnitt – bezogen auf einen Zeitraum von sechs Monaten – durchführt.

2. Geschlossene Fonds

12.16   Unter das KAGG fallen auch **keine Fonds,** bei denen das Prinzip der Risikomischung nicht beachtet wurde. Das gilt insbesondere für die geschlossenen Fonds. Sie konzentrieren sich auf ein bestimmtes Projekt, etwa den Erwerb eines einzelnen Geschäfts- und Mietshauses. Zum Anwendungsbereich des KAGG gehören dagegen die geschlossenen Fonds in Form von Aktiengesellschaften. Bei diesen **sog. Investmentaktiengesellschaften** muß die Anlage und Verwaltung ihrer Mittel nach dem Grundsatz der Risikomischung in Wertpapieren oder in Wertpapieren und stillen Beteiligungen (§ 230 HGB) erfolgen (§ 51 Abs. 3 KAGG).

3. Beteiligungsfonds

12.17   **Grundsätzlich** sind auch Beteiligungsgesellschaften **keine** Investmentgesellschaften, wenn sie Beteiligungen an Unternehmen erwerben, über die keine Wertpapiere ausgestellt werden. Nach der Legaldefinition des

KAGG müssen die für das Fondsvermögen erworbenen Rechte regelmäßig wertpapiermäßig verbrieft sein.

Eine **Ausnahme** gilt nur für stille Beteiligungen an einem deutschen Unternehmen, wenn dieses keine wertpapiermäßig verbrieften Beteiligungsrechte ausgegeben hat (§§ 25a ff. KAGG). Diese Ausnahme ist durch das zweite Vermögensbeteiligungsgesetz vom 19. 12. 1986[4] in das KAGG eingefügt worden. Den Anlegern sollte hierdurch die Möglichkeit eröffnet werden, sich mittelbar auch an nicht börsennotierten Unternehmen unter Nutzung der Vorteile der professionellen Vermögensverwaltung durch eine Investmentgesellschaft und der Risikostreuung im Sondervermögen beteiligen zu können. Gleichzeitig sollen die Möglichkeiten dieser Unternehmen verbessert werden, sich am Kapitalmarkt Risikokapital zu beschaffen[5].

12.18

Bis zum 3. Finanzmarktförderungsgesetz vom 24. 3. 1998 waren aus vielfältigen Gründen noch keine Beteiligungs-Sondervermögen aufgelegt worden. Bei nicht börsennotierten Unternehmen bestehen häufig Vorbehalte gegen die Aufnahme eines externen Kapitalgebers. Auch erfordert ein solches Beteiligungsgeschäft ein spezielles Know-how, das sich von den für eine erfolgreiche Wertpapieranlage erforderlichen Kenntnissen und Erfahrungen unterscheidet. Das Dritte Finanzmarktförderungsgesetz versucht neue Impulse für die Auflegung solcher Beteiligungsfonds vor allem durch Aufhebung des bisherigen § 25e KAGG zu geben[6]. Danach mußten sich spätestens acht Jahre nach Bildung dieser Sondervermögen darin stille Beteiligungen von mindestens zehn Beteiligungsunternehmen befinden.

12.19

4. Warenfonds

Fonds in Waren und Rohstoffen fallen **nicht in den Anwendungsbereich** des KAGG[7]. Investmentgesellschaften des KAGG können nur in Geldmarktinstrumenten und Bankguthaben, Wertpapieren sowie in stillen Beteiligungen, Grundstücken und in Erbbaurechten investieren.

12.20

5. Mischfonds

Schwierigkeiten bereitet häufig die rechtliche Behandlung von sog. Mischfonds, die nur zum Teil in Anlagen investieren, auf die sich das

12.21

---
4 BGBl. I 1986, S. 2595, 2596.
5 Begr. des RegE des 3. FFG, BT-Drucksache 13/8933, S. 64.
6 Begr. des RegE des 3. FFG, BT-Drucksache 13/8933, S. 64, 116.
7 Baur, Investmentgesetz, 2. Aufl., 1997, Einl. I Rn 7.

KAGG erstreckt. Hier geht es vor allem um die Frage einer Umgehung des KAGG und damit um den Schutz der Interessen der Anleger. Für die rechtliche Beurteilung wird hier von Bedeutung sein, ob der unter das KAGG fallende Zweck oder ein anderer Zweck dem Mischfonds das Gepräge gibt[8].

6. Vermögensverwaltung für ein Gemeinschaftsdepot

12.22 Eine Verwaltung von Wertpapieren einer Personengemeinschaft, die auch die Fondsinhaber beim Investmentgeschäft im Sinne des KAGG bilden, erfolgt auch im Rahmen der traditionellen Vermögensverwaltung der Kreditinstitute, wenn die Wertpapiere in einem Gemeinschaftsdepot verbucht sind. Solche Depots können insbesondere bei Erbengemeinschaften einer Vielzahl von Effektenkunden gehören. Bei solchen Vermögensverwaltungen erteilen die **Effektenkunden** ihrer Bank einen **formularisierten Verwaltungsauftrag**. Der Umfang dieses Auftrages wird üblicherweise wie folgt umschrieben: Die von der Bank verwahrten Vermögenswerte sind gemäß den vereinbarten Anlagerichtlinien nach dem Ermessen der Bank ohne vorherige Einholung von Weisungen des Kunden zu verwalten. Dabei ist die Bank berechtigt, in jeder Weise über die Vermögenswerte zu verfügen, An- und Verkäufe vorzunehmen, Wertpapiere zu konvertieren oder umzutauschen, Bezugsrechte auszuüben, zu kaufen oder zu verkaufen, Devisen und Gold anzuschaffen oder zu veräußern sowie alle übrigen Maßnahmen zu treffen, die der Bank bei der Verwaltung der Vermögenswerte als zweckmäßig erscheinen.

12.23 Ein **wesentlicher Unterschied** zwischen der traditionellen Vermögensverwaltung der Geschäftsbanken und dem von den Investmentgesellschaften betriebenen Fondsgeschäft besteht bereits in dem rechtsformalen Aspekt, daß die Investmentgesellschaften dem Anleger über seine ihm aus den Anteilsrechten zustehenden Rechte Urkunden (Investmentzertifikate) auszustellen haben (§ 1 Abs. 1 KAGG). Das (Mit-)Eigentum eines Effektenkunden an den seinem Depot gutgeschriebenen Wertpapieren im Sinne seiner Eigentümerstellung ist dagegen unverbrieft; wertpapiermäßig verbrieft sind nur die in den Wertpapierurkunden verkörperten (Forderungs- oder Aktien-)Rechte.

12.24 Für Depots mit mittleren und kleineren Wertpapierbeständen werden zwischenzeitlich auch **Fonds-Vermögensverwaltungen** angeboten. Hierbei handelt es sich um eine standardisierte Vermögensverwaltung auf der Basis von Anteilen an Investmentfonds. Dabei kann der Depotkunde je

---

8 *Canaris*, Bankvertragsrecht[2], Rn 2346.

nach **Anlagepräferenz und Risikobereitschaft** zwischen Grundmodellen wählen wie insbesondere einkommensorientiert mit dem Schwerpunkt Rentenfonds und wachstumsorientiert mit dem Schwerpunkt Aktienfonds oder Mischungen dieser beiden Schwerpunkte. Die beauftragte Bank wählt sodann nach ihrer Einschätzung je nach Marktlage die chancenreichsten Fonds aus und verschafft ihrem Vermögensverwaltungskunden (Mit-)Eigentum an den für ihn gekauften Fondsanteilen.

II. Harmonisierung des europäischen Investmentrechts

Die Umsetzung der **EG-Richtlinie zur Harmonisierung des europäischen Investmentrechts** hat zu wesentlichen Änderungen des KAGG geführt. Ziel dieser Richtlinie ist es gewesen, im gesamten EG-Bereich die Wettbewerbsbedingungen der Investment-Unternehmen anzugleichen, einen einheitlichen Mindeststandard für den Anlegerschutz einzuführen und die grenzüberschreitenden Dienstleistungen von Wertpapier-Publikumsfonds zu erleichtern. Diese Umsetzung erfolgte in dem deutschen Investment-Richtlinien-Gesetz[9], das als Bestandteil des Ersten Finanzmarktförderungsgesetzes am 1. 3. 1990 in Kraft getreten ist[10]. Dabei hat der deutsche Gesetzgeber den in der EG-Richtlinie enthaltenen erweiterten Katalog der zulässigen Anlage von Fondsgeldern nahezu vollständig übernommen.

12.25

Den **Investment-Sparern** ist damit der Zugang zu allen wesentlichen in- und ausländischen Wertpapiermärkten eröffnet worden[11]. Bislang konnten nur Wertpapiere erworben werden, die an einer in- oder ausländischen Börse gehandelt wurden. Nunmehr genügt die Einbeziehung der Wertpapiere in einen „organisierten Markt", der anerkannt und für das Publikum offen ist und dessen Funktionsweise ordnungsgemäß ist (Vgl. § 8 Abs. 1 Nr. 1 KAGG).

12.26

III. Tiefgreifende Novellierungen des KAGG durch 2. und 3. Finanzmarktförderungsgesetz

Oberstes Ziel der Finanzmarktförderungsgesetze ist, die **Attraktivität und die internationale Wettbewerbsfähigkeit** unseres Finanzplatzes zu verbessern. Hierzu gehört auch die Fortentwicklung des Investmentstandorts

12.27

---
9 BT-Drucksache 11/6262 vom 18. 1. 1990.
10 *Laux*, WM 1990, 1093.
11 *Laux*, WM 1990, 1093, 1099.

Deutschland durch **umfangreiche Deregulierungen und Liberalisierungen**[12]. Die deutschen Investmentfonds sind wichtige Anbieter von Kapital, indem sie die Gelder vieler Privatanleger und Unternehmen bündeln. Zur Stärkung der im globalen Wettbewerb stehenden Investmentbranche bedarf es deshalb gesetzgeberischer Maßnahmen der Deregulierung und Liberalisierung, die geeignet sind, dem Bedürfnis der stetig wachsenden Investmentfonds und den sich mehr und mehr differenzierenden Anlegerwünschen Rechnung zu tragen[13]. Schon das **Zweite Finanzmarktförderungsgesetz** hat deshalb die Geschäftsmöglichkeiten erweitert. Den Investmentgesellschaften sollte damit die Möglichkeit geschaffen werden, neue Anlageformen zur Verbesserung der von ihnen verwalteten Portfolios einzusetzen und ein effizientes Risikomanagement zu betreiben. So wurden insbesondere Geldmarktfonds zugelassen. Auch wurde das Verleihen von Fondspapieren gestattet, um zusätzlich Erträge für die Anteilinhaber zu erwirtschaften. Schließlich wurde den Investmentgesellschaften ein starkes Engagement im Bereich der Terminmärkte erlaubt[14].

12.28 Einen Schwerpunkt des Dritten Finanzmarktförderungsgesetzes bildet wiederum eine umfassende Novellierung des Investmentrechts. Auch diese legislativen Maßnahmen zielen vor allem darauf ab, die private Ersparnisbildung im Wege einer mittelbaren Anlage in Risikokapital vermehrt in die Wirtschaft zu lenken und damit zusätzliche Impulse für die Aktien- und sonstigen Risikokapitalmärkte sowie die Derivatemärkte zu schaffen[15]. Hierzu sollen dem **Sparer neue Anlagemöglichkeiten** geboten werden. Gleichzeitig sollen den Investmentgesellschaften neue Geschäftsfelder erschlossen und bestehende Handlungsspielräume erweitert werden. Dabei war darauf zu achten, das Vertrauen der Investmentsparer in die Sicherheit und Solidität der deutschen Fonds zu schützen und den hohen Sicherheitsstandard des deutschen Investmentwesens zu bewahren[16]. Diese Ziele sollen durch **drei Maßnahmen** erreicht werden. So werden neue Fonds zugelassen in Form von Pensions-Sondervermögen, Gemischten Wertpapier- und Grundstücks-Sondervermögen, Dachfonds als Instrumente einer standardisierten Vermögensverwaltung für private Anleger und geschlossene Fonds in der Rechtsform der Aktiengesellschaft (sog. Investmentfondsaktiengesellschaften). Im übrigen werden die Ge-

---

12 Begr. des RegE des 3. FFG, BT-Drucksache 13/8933, S. 2, 61; *Pötzsch*, WM 1998, 949, 958.
13 Begr. des RegE des 3. FFG, BT-Drucksache 13/8933, S. 60, 61.
14 Begr. des RegE des 3. FFG, BT-Drucksache 12/6679, S. 37.
15 Begr. des RegE des 3. FFG, BT-Drucksache 13/8933, S. 2, 60; *Pötzsch*, WM 1998, 949, 958.
16 Begr. des RegE des 3. FFG, BT-Drucksache 13/8933, S. 2, 61.

schäftsmöglichkeiten für schon zugelassene Fondstypen wesentlich erweitert. Insbesondere werden Aktienfonds mit begrenzter Laufzeit und Aktien-Indexfonds zugelassen. Auch ist der Einsatz derivativer Finanzinstrumente vollkommen neu gestaltet und der Abschluß von Wertpapier-Pensionsgeschäften gestattet worden[17].

Schließlich sind der Anlegerschutz und das aufsichtsrechtliche Instrumentarium weiter verbessert worden. Die **Akzeptanz des Fondsangebotes** der Investmentgesellschaften ist in hohem Maße von dem **Vertrauen** abhängig, das die Anleger den Fonds entgegenbringen[18]. So ist nunmehr das Bundesaufsichtsamt für das Kreditwesen befugt, im Rahmen seiner Aufsicht alle Anordnungen zu treffen, die erforderlich und geeignet sind, um den Geschäftsbetrieb einer Investmentgesellschaft und die Tätigkeit einer Depotbank mit dem KAGG, den aufgrund dieses Gesetzes erlassenen Bestimmungen und den Vertragsbedingungen des jeweiligen Fonds in Einklang zu erhalten (§ 2 Abs. 1 S. 2 KAGG). Vergleichbare Eingriffsbefugnisse hat das Bundesaufsichtsamt bei der Aufsicht über Hypothekenbanken und Bausparkassen (§ 4 HypBG, § 3 Abs. 1 S. 2 BausparkG), bei denen es sich wie bei den Investmentgesellschaften um Spezialkreditinstitute handelt. Die speziell auf das KAGG zugeschnittenen Befugnisse erleichtern es dem Bundesaufsichtsamt, auch bei einer dynamischen Markt- und Produktentwicklung den KAGG-Zielen angemessen Rechnung zu tragen[19]. Im übrigen haben die Investmentgesellschaften auf Anfordern des Bundesaufsichtsamtes die ihm und der Deutschen Bundesbank laufend einzureichenden Vermögensaufstellungen zusätzlich auf Datenträger oder durch elektronische Datenfernübertragung zu übermitteln (§ 24a Abs. 3 S. 4 KAGG). Nach den praktischen Erfahrungen lassen sich aktuelle Fragestellungen anhand des ausgedruckten Materials angesichts des stetig wachsenden Umfanges der anfallenden Daten nur unter enormem Arbeits- und Zeitaufwand zuverlässig beantworten. Andererseits ist es im Interesse des Anlegerschutzes und des Ansehens des Investmentplatzes Deutschland unerläßlich, daß das Bundesaufsichtsamt auf aktuelle Probleme und Fragestellungen reagieren und etwaige Mißstände aufdecken und beseitigen kann[20].

12.29

---

17 *Pötzsch*, WM 1998, 949, 962.
18 Begr. des RegE des 3. FFG, BT-Drucksache 13/8933, S. 64.
19 Begr. des RegE des 3. FFG, BT-Drucksache 13/8933, S. 98; *Pötzsch*, WM 1998, 949, 963.
20 Begr. des RegE des 3. FFG, BT-Drucksache 13/8933, S. 115.

2. Abschnitt
Grundstrukturen des Investmentgeschäfts

12.30 Das von deutschen Kapitalanlagegesellschaften betriebene Investmentgeschäft weist eine rechtliche Grundstruktur auf, die sich wesentlich von der Konzeption unterscheidet, wie sie insbesondere in den angelsächsischen Kapitalmarktländern praktiziert wird. Dies gilt vor allem für die **organisationsrechtliche Ausgestaltung der Verwaltung des Anlagevermögens**.

I. Organisationsrechtliche Ausgestaltung der Fondsverwaltung

12.31 Für die rechtliche Organisation der Fondsverwaltung hat die ausländische Praxis als Grundform den Gesellschaftstyp und den Vertragstyp entwickelt. Der deutsche Gesetzgeber hat sich bei den **sog. Kapitalanlagegesellschaften** zunächst nur für den Vertragstyp entschieden (vgl. § 1 Abs. 1 KAGG). Bei der tiefgreifenden Novellierung des KAGG durch das 3. Finanzmarktförderungsgesetz sind auch geschlossene Fonds in Form von börsennotierten Aktiengesellschaften zugelassen worden – **sog. Investmentaktiengesellschaften** (§ 51 KAGG), wie sie dem insbesondere in Großbritannien und den USA praktizierten Gesellschaftstyp entsprechen[21].

1. Vertragstyp (Kapitalanlagegesellschaften)

12.32 Beim Vertragstyp werden die Anleger im Unterschied zum Gesellschaftstyp keine Gesellschafter der Investmentgesellschaft. Die Beziehungen zur Investmentgesellschaft beruhen vielmehr auf einem **schuldrechtlichen Vertrag**. Hierbei handelt es sich um eine entgeltliche Geschäftsbesorgung im Sinne des § 675 BGB.

12.33 Diese Investmentgesellschaften sind stets **Kreditinstitute** (§ 2 Abs. 1 KAGG). Sie unterliegen damit den für Kreditinstitute geltenden gesetzlichen Vorschriften. Ungeachtet ihrer Eigenschaft als Kreditinstitute dürfen die Investmentgesellschaften jedoch keine anderen Bankgeschäfte betreiben (§ 2 Abs. 2 KAGG).

---

21 Begr. des RegE des 3. FFG, BT-Drucksache 13/8933, S. 62.

Die Investmentgesellschaft kann jedoch **neben dieser Haupttätigkeit** die damit unmittelbar verbundenen Nebentätigkeiten ausüben (§ 2 Abs. 2 lit. c KAGG). Hierzu gehört insbesondere die Vermietung überschüssiger Computer-Kapazitäten, Gründung von Vertriebsgesellschaften und die Verwaltung von Anlagekonten[22]. Nach der Novellierung des KAGG durch das 3. Finanzmarktförderungsgesetz kann die Kapitalanlagegesellschaft, sofern sie zur Auflegung eines Grundstücks-Sondervermögens befugt ist, auch einzelne in Grundstücken angelegte Vermögen für andere verwalten (§ 1 Abs. 6 Nr. 2a KAGG). Hierdurch soll das bei der Kapitalanlagegesellschaft vorhandene fachliche und organisatorische Know-how für diese Tätigkeit sinnvoll genutzt werden[23].

12.34

Die **Investmentgesellschaften** gehören daher zu den **Kreditinstituten mit Sonderaufgaben** wie die Wertpapiersammelbank (Deutsche Börse Clearing AG) oder Teilzahlungsbanken (Spezialinstitute). Diese Beschränkung auf das Investmentgeschäft soll verhindern, daß die Verwaltung von Investmentfonds durch rechtlich unselbständige Abteilungen von Banken vorgenommen wird. Der Gesetzgeber hat in diesen Fällen Interessenkonflikte befürchtet.

12.35

Die **Erlaubnis zum Betreiben** von Investmentgeschäften wird einer Gesellschaft im übrigen nur erteilt, wenn sie in der Rechtsform der AG oder der GmbH organisiert ist (§ 1 Abs. 3 KAGG). Sie muß ein Grund- bzw. Stammkapital von mindestens DM 5 Mio haben, die voll einzuzahlen sind (§ 2 Abs. 2 lit. a KAGG). Auch muß die Übertragung der Aktien oder der GmbH-Anteile in der Gesellschaftssatzung an die Zustimmung der Gesellschaft gebunden werden (§ 1 Abs. 5 KAGG). Mit dieser **Vinkulierung** soll ein Übergang von Gesellschaftsrechten in unseriöse Hände erschwert werden. Die Anleger wählen häufig ihre Kapitalanlage gerade mit Rücksicht auf die Personen der Gesellschafter der Investmentgesellschaft.

12.36

2. Gesellschaftstyp (Investmentaktiengesellschaften)

Beim Gesellschaftstyp ist die rechtsgeschäftliche Verbindung zwischen den Anlegern und dem Verwalter des Anlagevermögens als **gesellschaftsrechtliche Beziehung** ausgestaltet, wie dies insbesondere für die US-amerikanischen Investmentgesellschaften in der Rechtsform der Diversified Closed-end Companies, der Non-diversified Closed-end Companies und der Unit Investment Trusts gilt[24]. Die **Funktionen** des Investmentgeschäfts werden hier durch eine Gesellschaft wahrgenommen, die gewöhn-

12.37

---

22 *Laux*, WM 1990, 1093, 1094.
23 Begr. des RegE des 3. FFG, BT-Drucksache 13/8933, S. 98.
24 *Baur*, Investmentgesetze, 2. Aufl., 1997, Einl. I, Rn 76.

lich in Gestalt einer AG gegründet wird. Den **Anlegern** werden **Mitgliedschaftsrechte** an dieser Gesellschaft durch Ausgabe von Aktien verschafft. Bei den Investmentfonds des Vertragstypus besteht dagegen zwischen der Kapitalanlagegesellschaft als Fondsverwalter und dem Anleger ein **Geschäftsbesorgungsverhältnis** (§ 675 BGB). Die Rechtsposition der Anleger ist deshalb rein schuldrechtlicher Natur.

12.38 Die Gesellschaft verwendet die ihr als Gesellschaftereinlage zugeflossenen Gelder der Anleger, um damit Wertpapiere im eigenen Namen und auf eigene Rechnung zu kaufen. Hier fehlt es an einem Handeln „für gemeinschaftliche Rechnung" der Anleger, wie es die Legaldefinition der Kapitalanlagegesellschaft im Sinne des § 1 Abs. 2 KAGG erfordert. Auch unterbleibt bei dem gesellschaftsrechtlichen Modell die nach dem KAGG (§ 6 Abs. 1) vorgeschriebene Bildung eines Sondervermögens. Schließlich werden den Anlegern keine Anteilscheine über die sich aus dem Anlagevermögen ergebenden Rechte ausgestellt, wie es die Legaldefinition des § 1 Abs. 1 KAGG vorschreibt. Bei der organisatorischen Ausgestaltung der Investmentgsellschaft als AG erhalten die Anleger nur Aktienurkunden über ihre gesellschaftsrechtliche Beteiligung.

12.39 Bei der Novellierung des KAGG durch das Dritte Finanzmarktförderungsgesetz wurden geschlossene Fonds in Form von börsennotierten Aktiengesellschaften zugelassen, die die gesetzlich geschützte Bezeichnung „Investmentaktiengesellschaften" führen müssen (§§ 51 Abs. 1 54 KAGG). Die **Bezeichnung „Investmentaktiengesellschaft"** darf in der Firma, als Zusatz zur Firma, zur Bezeichnung des Geschäftszwecks oder zu Werbezwecken nur von Investmentaktiengesellschaften, denen die Erlaubnis zum Geschäftsbetrieb erteilt worden ist, sowie von Kapitalanlagegesellschaften und ausländischen Investmentgesellschaften, Verwaltungsgesellschaften und Vertriebsgesellschaften im Sinne der §§ 2 Nr. 3 Abs. 2 Nr. 1 und 15 Auslandsinvestmentgesetz geführt werden (§ 54 KAGG). Der **Bezeichnungsschutz** ist also über § 7 Abs. 1 KAGG hinaus auf geschlossene Fonds ausgedehnt worden[25].

12.40 Bei diesen Gesellschaften müssen die Anleger ihre Anteile erforderlichenfalls über die Börse veräußern. Im Unterschied zu den Anteilen an den von den Kapitalanlagegesellschaften aufgelegten Sondervermögen (vgl. § 11 Abs. 2 KAGG) kann der Anleger bei einer Beteiligung an den Investmentaktiengesellschaften **nicht die Rücknahme seiner Anteile** verlangen. Hierdurch wird dem Fonds verstärkt die Möglichkeit zu **antizyklischem Verhalten** eröffnet. In Zeiten sinkender Börsenkurse, in denen die An-

---

25 Begr. des RegE des 3. FFG, BT-Drucksache 13/8933, S. 127.

teilsinhaber offener Fonds häufig ihre Anteile zurückgeben und damit dem Fonds Liquidität entziehen, können solche geschlossenen Fonds ihre Liquidität oder aufgenommenen Kredite dazu nutzen, zusätzliche Wertpapiere zu niedrigeren Kursen zu erwerben, um bei einer anschließenden Kurserhöhung Gewinne zu realisieren[26]. Auch sollten zur Belebung des Produktangebotes professionellen Vermögensverwaltern Betätigungsfelder eröffnet werden, die ihnen insbesondere in den angelsächsischen Kapitalmärkten bei den dort vorherrschenden geschlossenen Fonds seit langem offen stehen[27].

Ein **wesentliches Merkmal** dieser geschlossenen Fonds in Form von Aktiengesellschaften ist, daß die **Fondsanteile als Aktienrechte** an den Börsen **gehandelt** werden. Hierdurch ist ein verstärkter Wettbewerb unter den institutionellen Vermögensverwaltern zu erwarten, weil dieser Börsenhandel den Marktzugang für solche Anteile erleichtert, die über keine umfängliche Organisation zum Vertrieb ihrer Anteile verfügen. Auch könnte die Verpflichtung der geschlossenen Fonds zur Zulassung der Aktien zum Amtlichen oder Geregelten Markt (§ 61 Abs. 3 KAGG) zu einer Belebung der Handelstätigkeit an den deutschen Börsen führen[28].

12.41

a) Erfordernis einer Erlaubnis durch Bankenaufsicht

Der Betrieb von Investmentaktiengesellschaften bedarf der Erlaubnis des Bundesaufsichtsamtes für das Kreditwesen. Dies ist in **§ 51 Abs. 1 KAGG** ausdrücklich normiert worden. Diese Regelung war erforderlich, weil die Tätigkeit der geschlossenen Fonds kein Investmentgeschäft im Sinne des Kataloges der Bankgeschäfte (§ 1 Abs. 1 Nr. 6 KWG) darstellt. Unter den Begriff des Investmentgeschäfts im Sinne dieser Bestimmung fällt nur die Fondsverwaltung der Kapitalanlagegesellschaften im Sinne des § 1 KAGG[29]. Auch stellen die Aktivitäten der Investmentaktiengesellschaften keine Finanzdienstleistung gemäß § 1 Abs. 1a S. 2 KWG dar. Denn die Tätigkeit der Investmentaktiengesellschaften beschränkt sich auf die Anlage und Verwaltung eigenen Vermögens[30]. Andererseits unterscheiden sich die offenen Fonds und die geschlossenen Fonds nicht in ihrer volkswirtschaftlichen Funktion als Kapitalsammelstellen. Die Anteilsinhaber eines geschlossenen Fonds sind deshalb nicht weniger schutzbedürftig als

12.42

---

26 Begr. des RegE des 3. FFG, BT-Drucksache 13/8933, S. 62, 128; *Pötzsch*, WM 1998, 949, 961.
27 Begr. des RegE des 3. FFG, BT-Drucksache 13/8933, S. 62.
28 Begr. des RegE des 3. FFG, BT-Drucksache 13/8933, S. 62.
29 Begr. des RegE des 3. FFG, BT-Drucksache 13/8933, S. 126.
30 Begr. des RegE des 3. FFG, BT-Drucksache 13/8933, S. 126.

die eines offenen Fonds[31]. Hinzu kommt, daß auch die Investmentaktiengesellschaften die Anlage und Verwaltung ihrer Mittel nach dem Grundsatz der Risikostreuung mit dem einzigen Ziel betreiben, ihre Anteilseigner an dem Gewinn aus dieser Vermögensverwaltung zu beteiligen (§ 51 Abs. 3 KAGG).

b) Ausführliche Sonderregelung

12.43 Die Konzeption des KAGG ist auf offene Investmentfonds in Form des Vertragstyps ausgerichtet. Die für diesen Fondstyp geschaffenen Regelungen sind nunmehr in einem neuen ersten Teil des KAGG (§§ 1 bis 50) unter der Bezeichnung „Kapitalanlagegesellschaften" zusammengefaßt. Der zweite Teil mit der Überschrift „Investmentgesellschaften" enthält dagegen die rechtlichen Rahmenbedingungen für diese geschlossenen Fonds (§§ 51 bis 67).

12.44 Die ausgegebenen **Aktien** müssen **auf den Inhaber lauten**. Die Ausgabe von **Aktien ohne Stimmrechte** ist **unzulässig** (§ 51 Abs. 2 KAGG). Das nach dem Prinzip der Risikostreuung gebildete Gesellschaftsvermögen ist entweder ausschließlich in Wertpapieren oder in einer Mischung aus Wertpapieren und stillen Beteiligungen anzulegen (§ 51 Abs. 3 KAGG).

12.45 Der **Geschäftskreis** der Investmentaktiengesellschaften deckt sich weitgehend mit dem der von Kapitalanlagegesellschaften verwalteten Wertpapier-Sondervermögen. Deshalb sind zahlreiche für diesen offenen Fonds geltenden Vorschriften auf die Investmentaktiengesellschaften sinngemäß anwendbar (§ 55 KAGG). Dies gilt insbesondere für die zulässigen Anlagewerte und Anlagegrenzen sowie den Aufgabenkreis der Depotbank. Auf für die Sorgfaltspflichten des Vorstandes der Investmentaktiengesellschaft ist dagegen § 10 KAGG nicht anwendbar, der die Verhaltenspflichten der Kapitalanlagegesellschaft normiert. Vielmehr ist hier die aktienrechtliche Vorschrift des § 93 Abs. 1 S. 1 AktG anwendbar (vgl. § 55 KAGG)[32].

12.46 Der Gesetzgeber hat schließlich der **Gefahr von Börsenkursschwankungen** der Aktien der Investmentgesellschaften Rechnung getragen. Auch der Kurs dieser Aktien bildet sich nach Angebot und Nachfrage an der Börse. Es soll deshalb einem allzu großen Auseinanderfallen zwischen dem Inventarwert des Gesellschaftsvermögens und dem Börsenkurs zu Ungunsten der Aktionäre entgegengewirkt werden können. Unterschreitet der Börsenpreis der Aktien der Investmentaktiengesellschaften an

---
31 Begr. des RegE des 3. FFG, BT-Drucksache 13/8933, S. 126.
32 Begr. des RegE des 3. FFG, BT-Drucksache 13/8933, S. 127.

einem Börsengeschäftstag 90 vom Hundert des anteiligen Inventarwertes der Aktien, kann die Gesellschaft eigene Aktien erwerben, um einer Vergrößerung der Differenz zwischen Börsenpreis und Inventarwert entgegenzuwirken. Der Rücknahmepreis darf den anteiligen Inventarwert abzüglich der Transaktionskosten nicht übersteigen (§ 64 Abs. 1 S. 2 KAGG).

II. Aufgabenteilung zwischen Kapitalanlagegesellschaft und Depotbank

Ein weiteres tragendes **Grundprinzip** des Investmentgeschäfts ist die Aufgabenteilung zwischen Investmentgesellschaft und Depotbank. Der Schwerpunkt der Tätigkeit der Investmentgesellschaft liegt in einer fachmännischen Anlage der von den Anteilinhabern eingezahlten Geldmittel. Die Depotbank ist dagegen mit der technischen Abwicklung der laufenden Geschäftsvorfälle betraut. Diese Funktionen ermöglichen zugleich eine **Überwachung** der Investmentgesellschaft. Mit dieser Aufgabenteilung soll ein zusätzlicher Schutz der Anleger erreicht werden.

12.47

III. Bildung von Sondervermögen

Das bei der Investmentgesellschaft in Form einer Kapitalanlagegesellschaft (§ 1 Abs. 1 KAGG) angelegte Geld und die damit angeschafften Vermögensgegenstände bilden ein Sondervermögen und sind daher vom eigenen Vermögen der Investmentgesellschaft getrennt zu halten. Es können wie üblich mehrere **Sondervermögen** gebildet werden. Diese verschiedenen Fonds haben sich durch ihre Bezeichnung zu unterscheiden und sind getrennt voneinander zu halten.

12.48

1. Treuhand- oder Miteigentumslösung

Das KAGG (§ 6 Abs. 1 S. 2) hat es bei der Ausgestaltung der Vertragsbedingungen für den jeweiligen Fonds in das Ermessen der Investmentgesellschaft gestellt, ob die zum Fondsvermögen gehörenden Vermögensgegenstände im treuhänderischen Eigentum der Investmentgesellschaft stehen (Treuhandlösung) oder den Anlegern selbst Miteigentum an den Fondswerten zustehen soll (Miteigentumskonstruktion). Die **Praxis** verwendet fast ausschließlich die Miteigentumskonstruktion. Dies erklärt sich aus den **Musterbedingungen des Bundesaufsichtsamtes für das Kre-**

12.49

ditwesen, wie sie für die vertragliche Ausgestaltung des Rechtsverhältnisses zwischen Investmentgesellschaft und Anlegern empfohlen worden sind. Hierbei ist die Miteigentumskonstruktion für die Beteiligung der Anleger zugrunde gelegt worden.

12.50 Die nach § 6 Abs. 1 KAGG zulässige Verschaffung von Miteigentum entfällt bei den geschlossenen Fonds in Form der Investmentaktiengesellschaften. Diese Miteigentumskonstruktion erfordert die Bildung eines vom Vermögen der Kapitalanlagegesellschaft abgetrennten Sondervermögens. Die Investmentaktiengesellschaften können jedoch kein vom Geschäftsvermögen getrenntes Sondervermögen bilden[33].

12.51 Bei dieser Miteigentumslösung verfügt die Investmentgesellschaft über das Fondsvermögen im eigenen Namen aufgrund einer Ermächtigung im Sinne des § 185 BGB. Diese Ermächtigung ist den Investmentgesellschaften ausdrücklich durch das KAGG (§ 9) eingeräumt worden. Danach ist die Investmentgesellschaft berechtigt, im eigenen Namen über die zum Sondervermögen gehörenden Gegenstände zu verfügen und alle Rechte aus ihnen auszuüben.

2. Schutzbestimmungen zugunsten des Sondervermögens

12.52 **Gläubiger** der Investmentgesellschaft können gegen Forderungen, die der Investmentgesellschaft für Rechnung der Anleger zustehen, nicht mit eigenen Forderungen gegen die Investmentgesellschaft aufrechnen (§ 9 Abs. 4 KAGG).

12.53 Ein besonderer Schutz besteht, wenn gegen die Investmentgesellschaft vollstreckt wird oder diese in Insolvenz gerät. In diesen Fällen ist die Depotbank berechtigt und verpflichtet, **Drittwiderspruchsklage** (§ 771 ZPO) zu erheben und die Aussonderung des Fondsvermögens aus der Insolvenzmasse der Investmentgesellschaft zu verlangen (§§ 12c Abs. 2, 14 KAGG).

IV. Open-End-Prinzip

12.54 Der deutsche Gesetzgeber hat sich bei der **Ausgestaltung der Investmentfonds** der Kapitalanlagegesellschaften für das Open-End-Prinzip entschieden. Solche Investmentfonds bleiben stets offen für den **Zugang neuer Einlagen** von Anlegern. Dementsprechend können laufend neue Investmentanteile ausgegeben werden.

---

[33] Begr. des RegE des 3. FFG, BT-Drucksache 13/8933, S. 127.

Jeder Anleger kann im übrigen verlangen, daß ihm sein Anteil an dem Sondervermögen gegen Rückgabe des Anteilscheins ausgezahlt wird (§ 11 Abs. 2 KAGG). Hierbei wird der Wert des Anteils an dem Sondervermögen in der Weise errechnet, daß der Gesamtwert des Fondsvermögens durch die Zahl der ausgegebenen Anteile geteilt wird (§ 21 Abs. 2 KAGG). Das Fondsvermögen ist also keine statische Größe. Es vergrößert oder verringert sich durch Zukäufe oder Verkäufe entsprechend dem Zu- oder Abfluß von Einlagen.

12.55

Der **Gegensatz** zum Open-End-Fonds sind die nach dem **Closed-End-Prinzip** gegründeten Investmentgesellschaften des Gesellschaftstyps, wie sie die durch das Dritte Finanzmarktförderungsgesetz zugelassenen Investmentaktiengesellschaften darstellen. Hier wird der für das vorgesehene Anlagevermögen bestimmte Kapitalbetrag im voraus festgelegt, der der Investmentgesellschaft als Grundkapital zur Verfügung gestellt wird. Die hierüber ausgegebenen Aktien können von den Anlegern erworben werden. Die Investmentgesellschaft kauft jedoch ihre Aktien nicht mehr zurück. Der Anleger muß also diese Aktien zur Liquidisierung seiner Anlagen an der Börse verkaufen, wie dies auch beim Erwerb von Aktienrechten an sonstige Aktiengesellschaften zu geschehen hat.

12.56

Hinter dem Open-End-Prinzip der deutschen Investmentfonds steht der Gedanke, die **Mobilität** der angelegten Geldbeträge für den Anleger zu gewährleisten, ohne ihn zu einem Verkauf an einer Börse zu zwingen. Die deutschen Investmentgesellschaften müssen daher die ausgegebenen Anteile auf Verlangen der Anleger zurückerwerben.

12.57

V. Publikumsfonds und Spezialfonds

Der Kreis der an einem Fondsvermögen **Beteiligten** ist unterschiedlich zusammengesetzt. Insoweit unterscheidet man zwischen **Publikumsfonds** und Spezialfonds. Unter **Publikumsfonds** werden Fonds verstanden, deren Anteilscheine von jedermann erworben werden können. Bei den Publikumsfonds bleiben die Anleger regelmäßig gegenüber der Investmentgesellschaft anonym. Die anzulegenden Geldmittel erhalten die Investmentgesellschaften durch Absatz der Fondsanteile über die zwischengeschalteten Depotbanken der Anleger.

12.58

Spezialfonds sind Fonds, deren Anteilscheine einem bestimmten Erwerberkreis vorbehalten sind. Nach dem KAGG (§ 1 Abs. 2) sind Spezialfonds Sondervermögen, deren Anteilscheine aufgrund schriftlicher Vereinbarungen mit der Investmentgesellschaft jeweils von nicht mehr als

12.59

zehn Anteilinhabern, die keine natürlichen Personen sind, gehalten werden. Nach der Gesetzesbegründung soll die Investmentgesellschaft in die Lage versetzt werden, in erheblich größerem Umfang als bisher für in- und ausländische Großanleger, insbesondere institutionelle Anleger, Dienstleistungen auf dem Gebiet der Vermögensanlagen und Vermögensverwaltung anzubieten[34].

12.60 **Spezialfonds** sind ein **Unterfall des Publikums-Investmentfonds.** Auch künftig gelten für sie die gleichen steuerlichen Regelungen und die gleichen Anlagemöglichkeiten und Anlagegrenzen. Die wenigen abweichenden Regelungen für Spezialfonds sind mehr technischer Natur oder dienen der Entlastung der Aufsichtsbehörde. Danach dürfen Anteilscheine an einem Spezialfonds nur mit Zustimmung der Investmentgesellschaft übertragen werden (§ 1 Abs. 2 S. 2 KAGG).

12.61 Bei Spezialfonds besteht keine gesetzliche Verpflichtung zur Veröffentlichung eines Verkaufsprospekts oder zur Veröffentlichung von Ausgabe- und Rücknahmepreisen. Im übrigen werden die Vertragsbedingungen von Spezialfonds nicht vor ihrer Auflegung durch die Bankenaufsicht geprüft. Die Prüfung und Bestätigung erfolgt vielmehr nach Auflegung durch einen Wirtschaftsprüfer (§ 15 Abs. 2 KAGG).

VI. Verbriefung der Rechtsposition der Anleger

12.62 Die von den Kapitalanlagegesellschaften über die Fondsanteile ausgegebenen Anteilscheine (Investmentzertifikate) sind **Wertpapiere.** Die Anteilscheine können als Inhaber- oder indossable Orderpapiere ausgestellt werden. Sie verbriefen nach § 18 Abs. 1 KAGG die Ansprüche des Anteilinhabers gegenüber der Investmentgesellschaft. Die wertpapiermäßige Verbriefung dürfte sich aber auch auf die Ansprüche der Anteilinhaber gegen die Depotbank erstrecken.

12.63 Die **Investmentzertifikate** sind keine rein schuldrechtlichen Wertpapiere, wie sie die Schuldverschreibungen der Anleiheemissionen darstellen. Denn **Gegenstand der Verbriefung** ist die gesamte Rechtstellung des Anlegers. Hierzu gehört bei der im Inland praktizierten Miteigentumslösung auch die eigentumsmäßige Beteiligung am Fondsvermögen. Nur diese umfassende Verbriefung wird der wirtschaftlichen Funktion des Investmentgeschäfts gerecht. Denn der wirtschaftliche Wert der Anteilsrechte erschöpft sich nicht in schuldrechtlichen Ansprüchen der Anleger gegen

---

34 *Laux*, WM 1990, 1093, 1097.

den Fonds auf eine ordnungsgemäße Geschäftsbesorgung. Dieser Wert ergibt sich vor allem aus der eigentumsmäßigen Beteiligung am Fondsvermögen.

Bei der **Errichtung eines geschlossenen Fonds** als Investmentaktiengesellschaft erwirbt dagegen der Anleger an dieser Gesellschaft Aktienrechte, für die das Aktiengesetz gilt. 12.64

Umstritten ist, ob die Anleger Miteigentumsrechte am Fondsvermögen erst durch den Erwerb der Investmentzertifikate oder schon vorher aufgrund der Zahlung des Ausgabepreises an die Investmentgesellschaft erlangen. Hier geht es also um die Frage, ob das Investmentzertifikat ein rechtsbegründendes (konstitutives) oder nur deklaratorisches Wertpapier ist. Nach herrschender Meinung entsteht die eigentumsmäßige Rechtsposition am Fondsvermögen bereits mit der Zahlung des Ausgabepreises. Denn das der Investmentgesellschaft angeschaffte Geld fällt kraft Gesetzes bereits in dem Augenblick in das Fondsvermögen, in dem diese Beträge dem Fondsvermögen zugeflossen sind. 12.65

Für diesen Zufluß genügt es, daß der Betrag bei der Depotbank eingegangen ist, selbst wenn dieser Betrag dem Konto des betreffenden Fonds noch nicht gutgebracht worden ist. Mit diesem Eingang erwirbt die Investmentgesellschaft einen Anspruch auf Gutschrift auf dem **Fondskonto.** Dieser Anspruch (§§ 675, 667 BGB) ist bereits Bestandteil des Fondsvermögens[35]. Mit dem Eingang des Ausgabepreises bei der Depotbank erwirbt also der Anleger kraft Gesetzes einen entsprechenden Anteil am Fondsvermögen. Anderenfalls entstünde eine unerwünschte Inkongruenz zwischen der Zusammensetzung des Fondsvermögens und dem Kreis der daran beteiligten Personen. 12.66

Die spätere Ausgabe des Investmentzertifikates bewirkt daher nur, daß die schon in der Person des Anlegers entstandenen Anteilsrechte wertpapiermäßig verbrieft werden. Die Investmentzertifikate sind daher wie die Aktienurkunden keine konstitutiven, sondern deklaratorische Wertpapiere. 12.67

---

35 *Canaris,* Bankvertragsrecht[2], Rn 2400.

3. Abschnitt
Die zulässigen Geschäftsarten

12.68 Das KAGG normiert einen bestimmten Rahmen für die geschäftlichen Aktivitäten der Investmentgesellschaft. Insbesondere sind die Vermögensgegenstände gesetzlich vorgeschrieben, in denen die Gelder der Anteilsinhaber angelegt werden dürfen. Danach können die Kapitalanlagegesellschaften nur Geldmarkt-, Wertpapier-, Beteiligungs-, Grundstücks-, Gemischte Wertpapier- und Grundstücks- oder Pensions-Sondervermögen bilden (§ 1 Abs. 1 KAGG).

12.69 Das Dritte Finanzmarktförderungsgesetz hat auch den Erwerb von Anteilen an anderen Fonds gestattet – **sog. Investmentfondsanteil-Sondervermögen** (§ 25k KAGG). Mit diesen sog. Dachfonds kann den privaten Anlegern eine standardisierte Vermögensverwaltung angeboten werden, weil hier das Fachwissen anderer Fonds genutzt werden kann. Dachfonds dürfen jedoch grundsätzlich keine Anteile anderer Dachfonds erwerben, um das Entstehen sog. Kaskadenfonds zu verhindern, die für die Anleger wegen mangelnder Transparenz der Kostenbelastung und der kaum überschaubaren Vermögensverhältnisse erhebliche Probleme aufwerfen würden[36]. Die für die Dachfonds geltenden Vorschriften sind in einem neuen Fünften Abschnitt (§§ 25k bis 25m KAGG) zusammengefasst worden.

I. Geldmarktfonds

12.70 Mit der KAGG-Novellierung durch das Zweite Finanzmarktförderungsgesetz sind auch Geldmarktfonds zugelassen worden, die es mittlerweile in fast allen europäischen Staaten gibt. In naher Zukunft soll auch der EU-Binnenmarkt für Geldmarktfonds realisiert werden. Zur Zeit wird auf der Ebene der Europäischen Union der Vorschlag einer **Richtlinie zur Änderung der OGAW-Richtlinie**[37] erörtert, die die Einbeziehung von Geldmarktfonds in den Kreis der harmonisierten Fonds vorsieht. Die übrigen Mitgliedstaaten befürworten eine solche Ergänzung der Richtli-

---

36 Begr. des RegE des 3. FFG, BT-Drucksache 13/8933, S. 61, 116; *Pötzsch*, WM 1998, 949, 958.
37 Richtlinie vom 20. 12. 1985 zur Koordinierung der Rechts- und Verwaltungsvorschriften betreffend bestimmte Organismen für gemeinsame Anlagen in Wertpapieren (OGAW-Richtlinie).

nie, mit deren Inkrafttreten Investmentgesellschaften ihre Fonds in allen Mitgliedstaaten frei vertreiben dürfen.

Schon im Zuge der Umsetzung der EG-Investment-Harmonisierungsrichtlinie im Jahre 1990 sind die Voraussetzungen für Sondervermögen mit geldmarktfondsähnlichem Charakter geschaffen worden. Nach § 8 Abs. 3 KAGG sind Anlagen in Bankguthaben und Geldmarkttitel wie Einlagenzertifikate von Kreditinstituten, unverzinsliche Schatzanweisungen und Schatzwechsel des Bundes oder der Bundesländer sowie vergleichbare Papiere anderer OECD-Staaten mit einer Restlaufzeit von maximal 12 Monaten zulässig. Solche Bankguthaben und Geldmarkttitel dürfen jedoch höchstens 49% des Fondsvermögens ausmachen.

12.71

Mit der Zulassung reiner Geldmarktfonds soll die **Wettbewerbsfähigkeit** des Finanzplatzes Deutschland gestärkt werden[38]. Solche Fonds können bestimmte Vorteile für die Anleger haben. Hierdurch wird der Zugang zum Geldmarkt Anlegern eröffnet, die die Mindestbeträge für eine Direktanlage nicht aufbringen können. Durch den Erwerb solcher Fondsanteile kann der Anleger bei geringem Kapitalrisiko und unter Aufrechterhaltung einer hohen Liquidität seine Zinseinnahmen maximieren. Auch wird dem Anteilinhaber die laufende Überwachung abgenommen, wie sie Direktanlagen am Geldmarkt erfordern. Andererseits werden den Emittenten solcher Geldmarktpapiere neue Finanzierungsquellen im kurzfristigen Bereich erschlossen.

12.72

1. Geeignete Geldmarktinstrumente

Während Bankguthaben bei Wertpapierfonds grundsätzlich nur zur vorübergehenden Anlage liquider Mittel gehalten werden dürfen, stellen diese bei Geldmarkt-Sondervermögen eine eigene Anlagekategorie dar[39]. Dies erforderte eine Ergänzung des KAGG. Hierzu ist ein besonderer (zweiter) Abschnitt in das KAGG (§§ 7a bis 7d) eingefügt worden. Soweit in diesem Abschnitt keine besonderen Regelungen getroffen worden sind, gelten für die Geldmarktfonds die Vorschriften für die Wertpapierfonds sinngemäß[40].

12.73

---

38 Beschlußempfehlung und Bericht des Finanzausschusses des Deutschen Bundestages, BT-Drucksache 12/7918, S. 186.
39 Beschlußempfehlung und Bericht des Finanzausschusses des Deutschen Bundestages, BT-Drucksache 12/7918, S. 234.
40 Beschlußempfehlung und Bericht des Finanzausschusses des Deutschen Bundestages, BT-Drucksache 12/7918, S. 230.

12.74 Geldmarktfonds können **außer in Bankguthaben** in Geldmarktinstrumenten investieren. Bei diesen Instrumenten handelt es sich um verzinsliche Wertpapiere und Schuldscheindarlehen, die im Zeitpunkt ihres Erwerbs für das Sondervermögen eine restliche Laufzeit von höchstens zwölf Monaten haben oder deren Verzinsung nach den Ausgabebedingungen während ihrer gesamten Laufzeit regelmäßig, mindestens aber einmal in zwölf Monaten, marktgerecht angepaßt wird (§ 7a Abs. 2 KAGG). Das gemeinsame Merkmal dieser Anlagetitel ist ihre Kurzfristigkeit und damit ihre Nähe zum Geldmarkt. Hierzu gehören auch sog. „**Floating Rate Notes**" mit längeren Restlaufzeiten, bei denen der Zins variabel ausgestaltet ist und regelmäßig an Referenz-Zinssätze, wie beispielsweise den EURIBOR, angepaßt wird. Auch abgezinste Wertpapiere gelten, wenn sie die genannten Voraussetzungen erfüllen, als verzinsliche Wertpapiere im Sinne dieses Abschnitts. Wertpapiere und Schuldscheindarlehen, die keine Geldmarktinstrumente im Sinne dieser Definition sind, dürfen grundsätzlich nicht erworben werden[41].

12.75 Schuldscheindarlehen dürfen nur erworben werden, wenn sie nach dem Erwerb für das Sondervermögen mindestens zweimal abgetreten werden können (§ 7b Abs.1 KAGG).

12.76 **Wechsel** dürfen wegen der damit verknüpften wechselrechtlichen Rückgriffshaftung **nicht erworben werden**. Dagegen darf in Schatzwechsel und vergleichbaren Wertpapieren staatlicher Emittenten investiert werden; hier entfällt dieses Regreßrisiko (§ 7b Abs. 2 KAGG).

2. Ausreichende Bonität der Emittenten

12.77 Im Unterschied zu den für Wertpapierfonds geeigneten Wertpapieren brauchen die Geldmarktfonds-Wertpapiere nicht an einer Börse zum amtlichen Handel zugelassen oder in einem organisierten Markt einbezogen sein[42]. Statt dessen ist der **Kreis der geeigneten Aussteller** solcher Wertpapiere so festgelegt worden, daß bei typisierender Betrachtungsweise eine ausreichende Bonität grundsätzlich gewährleistet erscheint. Unbeschadet hiervon hat die Investmentgesellschaft bei jeder konkreten Anlageentscheidung die Bonität des Emittenten zu prüfen (vgl. § 10 Abs. 1 KAGG)[43].

---

41 Beschlußempfehlung und Bericht des Finanzausschusses des Deutschen Bundestages, BT-Drucksache 12/7918, S. 230.
42 Beschlußempfehlung und Bericht des Finanzausschusses des Deutschen Bundestages, BT-Drucksache 12/7918, S. 231.
43 Beschlußempfehlung und Bericht des Finanzausschusses des Deutschen Bundestages, BT-Drucksache 12/7118, S. 231.

Zu dem Kreis der geeigneten Emittenten gehören insbesondere staatliche 12.78
Emittenten, Kreditinstitute, Unternehmen, die an einer inländischen
oder ausländischen Börse zum amtlichen Handel zugelassene Wertpapiere
emittiert haben, sowie Unternehmen, deren Eigenkapital mindestens 10
Millionen Deutsche Mark beträgt (§ 7b Abs. 1 KAGG).

II. Wertpapierfonds

Für die Wertpapierfonds enthält das KAGG (§§ 8, 8a) einen Katalog der 12.79
zulässigen Anlagewerte und der hierbei zu beachtenden Anlagegrenzen.

1. Anlagekatalog

Wesentliches Kriterium für die Zulassung der Anlagewerte ist, daß die 12.80
Wertpapiere zum amtlichen Handel an einer in- oder ausländischen Börse
zugelassen oder zumindest in einem „organisierten" Markt einbezogen
sind. Dabei genügt schon ein Antrag, wenn diese Zulassung oder Einbeziehung dieser Wertpapiere innerhalb eines Jahres nach ihrer Ausgabe
erfolgt (§ 8 Abs. 1 KAGG).

a) Merkmale des organisierten Marktes

Ein organisierter Markt liegt vor, wenn er **anerkannt und für das Publi-** 12.81
kum offen ist und seine **Funktionsweise ordnungsgemäß** ist (vgl. § 8
Abs. 1 Nr. 1 KAGG). Erforderlichenfalls hat die Investmentgesellschaft
die ordnungsgemäße Funktionsfähigkeit des anvisierten Marktes nachzuweisen[44]. Zu diesen Märkten gehören der Geregelte Markt und der Freiverkehr an den inländischen Börsen, der französische seconde marché
sowie die Vorbörsen in Genf und Zürich und der von der Association of
International Bond Dealers (AIBD) betreute Markt[45]. Dasselbe dürfte auch
für den sich unter der Aufsicht der International Securities Market Association (ISMA) vollziehenden Eurobondhandel gelten. Als organisierte
Märkte außerhalb der EG-Staaten kommen in Betracht die „Over the
Counter (OTC)" Märkte in Tokio und Kanada sowie der von der National
Association of Securities Dealers Automated Quotation (NASDAQ) organisierte Markt[46].

---

44 *Beckmann/Scholtz*, Investment-Handbuch, Kz 425 § 8 Rn 7.
45 *Laux*, WM 1990, 1093, 1094; *Beckmann/Scholtz*, Investment-Handbuch,
   Kz 425 § 8 Rn 7, 14.
46 *Beckmann/Scholtz*, Investment-Handbuch, Kz 425 § 8 Rn 14.

12.82 Auch diese organisierten Märkte kennen **regelmäßige Kursveröffentlichungen.** Diese Kurse werden benötigt, um die börsentägliche Ermittlung des Wertes der Fondsvermögen, wie sie das KAGG (§ 21 Abs. 2 S. 2) vorschreibt, ohne Umstände zu ermöglichen. Auf dieser Basis können die Ausgabe- und Rücknahmepreise für die Investmentzertifikate errechnet werden. Das KAGG schreibt zwar keine laufende Veröffentlichung dieser Preise vor. In der Praxis hat sich jedoch wegen des werbemäßigen Effektes eine mindestens wöchentliche Preisveröffentlichung bei Wertpapierfonds eingebürgert.

b) Erweiterung der Geschäftsmöglichkeiten durch die beiden Finanzmarktförderungsgesetze

12.83 Die bisherigen drei Finanzmarktförderungsgesetze haben die Handlungsspielräume und die Geschäftsmöglichkeiten der Investmentgesellschaften wesentlich erweitert. So wurde der Anlagekatalog schon im Zuge der Umsetzung der EG-Investmentharmonisierungsrichtlinie durch das Erste Finanzmarktförderungsgesetz verbreitet.

2. Zweites Finanzmarktförderungsgesetz

12.84 Mit der Novellierung des KAGG durch das Zweite Finanzmarktförderungsgesetz sind die Anlagemöglichkeiten weiter ausgedehnt worden. Dieses erweiterte Instrumentarium soll es den Investmentgesellschaften ermöglichen, ihre Anlagestrategien im Interesse der Fondsinhaber zu verbessern. Der Verkaufsprospekt muß über die damit verbundenen Risiken ausreichend informieren, damit der Anleger eine seinen Vorstellungen entsprechende Auswahl unter den verschiedenen Fonds treffen kann.

12.85 Bis zu 10% des Sondervermögens können mittlerweile auch Schuldscheindarlehen und Wertpapiere erworben werden, die weder zum amtlichen Handel an einer Börse zugelassen noch in einem organisierten Markt einbezogen sind.

12.86 Eine neue Anlagemöglichkeit bieten die erstmals zugelassenen Rentenfonds mit begrenzter Laufzeit (§ 19 Abs. 2 Nr. 11 KAGG). Solche Fonds sind dadurch gekennzeichnet, daß der Verkauf der Anteile etwa in Hochzinsphasen nach einer Zeichnungsfrist eingestellt wird und die Laufzeit des Fonds auf beispielsweise fünf Jahre begrenzt wird. Solche Fondstypen können im Prinzip eine bestimmte nominale Ausschüttung über die gesamte Laufzeit bieten.

12.87 Die Investmentgesellschaften dürfen nunmehr auch bis zu 5 vom Hundert des Wertes des Sondervermögens in Anteilen eines anderen Wertpapier-Sondervermögens oder in ausländischen Investmentanteilen an einem Vermögen aus Wertpapieren erwerben, sofern diese Anteile dem Publikum ohne Begrenzung der Zahl der Anteile angeboten werden und die Anteilinhaber das Recht zu Rückgabe der Anteile haben (§ 8b Abs. 1 S. 2 KAGG). Dieses **grundsätzliche Verbot** für ein Sondervermögen, Anteile eines anderen Sondervermögens zu erwerben, ist für die Investmentfondsanteil-Sondervermögen (Dachfonds) ausgeschlossen worden, weil solche Erwerbe für diesen neuen Fondstyp charakteristisch sind (§ 25l Abs. 4 KAGG)[47].

3. Drittes Finanzmarktförderungsgesetz

Auch das Dritte Finanzmarktförderungsgesetz hat die Geschäftsmöglichkeiten für die schon bisher zugelassenen Fondstypen wesentlich erweitert. Dies gilt insbesondere für die Wertpapier-Sondervermögen. Hierdurch sollte die **internationale Wettbewerbsfähigkeit** der Kapitalanlagegesellschaften verbessert und zugleich den Anlegern neue interessante und professionell gemanagte Anlageformen angeboten werden können[48]. Die aus Gründen der **Risikostreuung** eingeführten Anlagegrenzen (§ 8a Abs. 1 KAGG) erschweren es, mit einem Wertpapier-Sondervermögen einen anerkannten Aktienindex abzubilden. Die Praxis kennt eine Vielzahl anerkannter Börsenindices, in denen einzelne Aktien ein Gewicht haben, das die gesetzliche Vorgabe für die Risikostreuung deutlich übersteigt. Eine Vielzahl ausländischer Investmentfonds legt aber das Fondsvermögen in einem Wertpapierportfolio an, dessen prozentuale Zusammensetzung dem Aktienkorb eines führenden Index entspricht. Deshalb können diese Kapitalanlagegesellschaften auf hochqualifizierte Spezialisten für den Research-Bereich verzichten und hierdurch wesentlich kostengünstiger arbeiten als die nach eigenen Vorgaben aktiv verwalteten Fonds[49]. Die Überschreitung der Risikostreuungsgrenzen erschien deshalb dem Gesetzgeber auch unter dem Aspekt des Anlegerschutzes vertretbar, zumal durch die Neubildung eines Aktienindex-Fonds ein Mindestmaß an Risikostreuung erreicht wird (vgl. § 8a Abs. 3 KAGG).

12.88

Nach der Neufassung des § 15 Abs. 3 lit. k KAGG können nunmehr auch **Aktienfonds mit begrenzter Laufzeit** aufgelegt werden. Bei der Auflegung solcher Laufzeitfonds hat jedoch nach den Gesetzesmaterialien die Kapi-

12.89

---

47 Begr. des RegE des 3. FFG, BT-Drucksache 13/8933, S. 117.
48 Begr. des RegE des 3. FFG, BT-Drucksache 13/8933, S. 62.
49 Begr. des RegE des 3. FFG, BT-Drucksache 13/8933, S. 62; *Pötzsch*, WM 1998, 949, 962.

talanlagegesellschaft ihre Pflicht zur Wahrung der Interessen der Anteilsinhaber (§ 10 Abs. 1 KAGG) zu beachten. Zur Vermeidung von Verlusten aus der Auflösung des Fonds bei ungünstiger Kursentwicklung müssen erforderlichenfalls die Aktienpositionen durch Termingeschäfte abgesichert werden[50].

12.90 Die Kapitalanlagegesellschaften dürfen nunmehr für Rechnung des Sondervermögens unter bestimmten Voraussetzungen **echte Wertpapierpensionsgeschäfte** (§ 340b Abs. 2 HGB) als Pensionsgeber oder als Pensionsnehmer mit Kreditinstituten oder Finanzdienstleistungsunternehmen abschließen (§ 9e Abs. 1 KAGG). Diese Pensionsgeschäfte können zur Beschaffung vorübergehend benötigter oder zur Anlage zeitweise nicht benötigter Geldmittel getätigt werden[51].

12.91 Auch hat das 3. Finanzmarktförderungsgesetz weitere Erleichterungen für die Anlage der Fondsmittel geschaffen. So können flüssige Mittel unter bestimmten Voraussetzungen im Geldmarktfonds angelegt werden (§ 8 Abs. 3a KAGG). Auch dürfen Bankguthaben bei einem anderen Kreditinstitut als der Depotbank unterhalten werden (§ 12a Abs. 3a KAGG). Diese Neuregelung verspricht eine Intensivierung des Wettbewerbs und damit auch höhere Erträge für den Anleger[52].

4. Anlagegrenzen

12.92 Entsprechend dem Grundprinzip der Risikostreuung hat der Gesetzgeber Grenzen für den Erwerb von **Wertpapieren desselben Ausstellers** (Emittenten) eingeführt. Dabei gelten Wertpapiere von Konzernunternehmen im Sinne des § 18 AktG als Wertpapiere desselben Ausstellers (§ 8a Abs. 1 S. 4 KAGG). Solche Wertpapiere können grundsätzlich nur insoweit erworben werden, als ihr Wert zusammen mit dem Wert der bereits im Fondsvermögen befindlichen Wertpapiere desselben Ausstellers nicht 5% des Wertes des Fondsvermögen übersteigt.

12.93 Darüber hinaus dürfen weitere Wertpapiere desselben Ausstellers bis zur Grenze von 10% des Fondsvermögens erworben werden, wenn dies in den Vertragsbedingungen vorgesehen ist und der Gesamtwert der Wertpapiere aller dieser stärker im Fondsvermögen vertretenen Aussteller 40% des Wertes des Fondsvermögens nicht übersteigt.

---

50 Begr. des RegE des 3. FFG, BT-Drucksache 13/8933, S. 113; *Pötzsch*, WM 1998, 949, 962.
51 Begr. des RegE des 3. FFG, BT-Drucksache 13/8933, S. 111.
52 Begr. des RegE des 3. FFG, BT-Drucksache 13/8933, S. 112; *Pötzsch*, WM 1998, 949, 962.

Hierdurch wird **sichergestellt,** daß sich ein Fondsvermögen im Interesse einer 12.94
Risikostreuung mindestens aus Wertpapiergattungen von 16 verschiedenen Ausstellern zusammensetzen muß. So können von höchstens vier Ausstellern Wertpapiere in Höhe von 10% des Fondsvermögens (= 40%) erworben werden. Die verbleibenden 60% des Fondsvermögens müssen sich auf mindestens 12 Wertpapieraussteller verteilen, weil in diesen Fällen die Regelgrenze von 5% einzuhalten ist.

Die vorbezeichneten **Höchstgrenzen** können bei bestimmten, bonitäts- 12.95
mäßig besonders hoch zu bewertenden Schuldverschreibungen überschritten werden, wie dies z.B. für Pfandbriefe und Kommunalschuldverschreibungen nach der Neufassung des KAGG anläßlich der Umsetzung der EG-Investment-Harmonisierungsrichtlinie gilt. Der Wert dieser Wertpapiere ist bei der Berechnung der Höchstgrenze nur zur Hälfte anzusetzen (§ 8a Abs. 1 S. 2 KAGG). Hier liegt also die Höchstgrenze bei 20% des Fondsvermögens.

Nach der Novellierung des KAGG durch das 2. Finanzmarktförderungsge- 12.96
setz kann sogar das Fondsvermögen zu 100% angelegt werden in Schuldverschreibungen des Bundes, eines Bundeslandes, der Europäischen Gemeinschaften, eines anderen Mitgliedstaates der Europäischen Union, eines anderen Vertragsstaates des Abkommens über den Europäischen Wirtschaftsraum oder eines anderen Staates, der Mitglied der Organisation für wirtschaftliche Zusammenarbeit und Entwicklung ist (§ 8a Abs. 1a KAGG). Diese **erweiterte Anlagemöglichkeit für Schuldverschreibungen** der vorbezeichneten staatlichen Emittenten ermöglicht den Einsatz derivativer Instrumente zur Kursabsicherung. Dies gilt z.B. für den Kauf von Bond-Futures an der Deutschen Terminbörse als Sicherung gegen einen fallenden Marktzins, der zu entsprechenden Kursverlusten bei den zum Fondsvermögen gehörenden Schuldverschreibungen führt.

Bei Aktien kennt das KAGG eine 10%-Grenze noch mit einer anderen 12.97
Zielrichtung. So darf die Investmentgesellschaft Aktien nur in Höhe von maximal 10% des Grundkapitals einer Gesellschaft erwerben (§ 8 Abs. 4 KAGG). Diese Erwerbsgrenze orientiert sich also nicht am Wert des Fondsvermögens, sondern am Grundkapital der im Fondsvermögen vertretenen Wertpapieraussteller. Hierdurch sollen bei Investmentgesellschaften Machtzusammenballungen und Einflußmöglichkeiten auf die Geschäftsführung anderer Unternehmen vermieden werden.

5. Einsatz derivativer Finanzinstrumente

Bei der Novellierung des KAGG zur Umsetzung der EG-Investment-Har- 12.98
monisierungsrichtlinie ist den **Investmentgesellschaften** in bestimmten

Grenzen erstmals der Abschluß von Börsentermingeschäften gestattet worden. Das Zweite Finanzmarktförderungsgesetz erlaubt den Investmentgesellschaften ein noch stärkeres Engagement im Bereich der Terminmärkte[53].

12.99 Das Dritte Finanzmarktförderungsgesetz hat die Verwendung derivativer Finanzinstrumente vollkommen neu gestaltet[54]. Hierzu sind die bisherigen Regelungen der §§ 8d bis g KAGG durch die neuen Vorschriften der §§ 8d bis m KAGG ersetzt worden. Die **Wertpapierfonds** können nunmehr Fondsmittel in einem wesentlich erweiterten Umfang in Derivaten anlegen. Derivative Finanzinstrumente sind mittlerweile unentbehrlich zur genauen, flexiblen und kostengünstigen Anpassung von Risiko- und Ertragsprofilen. Ohne Verwendung dieser Instrumente können Wertpapierfonds nicht optimal im Interesse der Anteilsinhaber verwaltet werden. Auch werden die Investmentgesellschaften im internationalen Wettbewerb zunehmend benachteiligt[55]. Durch diese Neuregelung wird zudem das Kapitalangebot auf den Terminmärkten vergrößert[56]. Mit der neuen Grundkonzeption soll das Spannungsverhältnis zwischen der Forderung nach möglichst großen Ermessensspielräumen bei der Nutzung der vielfältigen Terminmarktprodukte zur Ergebnisoptimierung und den Anforderungen des Anlegerschutzes weitgehend aufgelöst werden[57].

12.100 Gegenüber der bisherigen Regelung können insbesondere auch **Zins- und Währungsswaps** eingesetzt werden (§ 8d KAGG). In wesentlich größerem Umfang als bisher können die Geschäfte in derivativen Finanzinstrumenten am außerbörslichen (OTC-)Derivatemarkt getätigt werden[58]. Reine Differenzgeschäfte können nunmehr selbst in den Fällen getätigt werden, in denen eine effektive Lieferung des zugrundeliegenden Basiswertes möglich wäre[59]. Marktgegenläufige Positionen konnten bislang über den Absicherungszweck hinaus nur sehr eingeschränkt eingegangen werden. Künftig können auch fallende Kurse zur aktiven Ergebnisoptimierung genutzt werden[60].

---

53 Beschlußempfehlung und Bericht des Finanzausschusses des Deutschen Bundestages, BT-Drucksache 12/7918, S. 172.
54 Begr. des RegE des 3. FFG, BT-Drucksache 13/8933, S. 63; *Pötzsch*, WM 1998, 949, 962; *Straus*, WM 1998, 2221 ff.
55 Begr. des RegE des 3. FFG, BT-Drucksache 13/8933, S. 63.
56 Begr. des RegE des 3. FFG, BT-Drucksache 13/8933, S. 54.
57 *Pötzsch*, WM 1998, 949, 962.
58 Begr. des RegE des 3. FFG, BT-Drucksache 13/8933, S. 102.
59 Begr. des RegE des 3. FFG, BT-Drucksache 13/8933, S. 102.
60 Begr. des RegE des 3. FFG, BT-Drucksache 13/8933, S. 102.

Nach den Gesetzesmaterialien ist die **Anwendung des Delta-Faktors** das 12.101
Herzstück der Neuregelung des Einsatzes derivativer Finanzinstrumente[61]. Mit Delta wird das Verhältnis einer Veränderung des Optionspreises zu einer als nur geringfügig angenommenen Veränderung des Preises des Basiswertes bezeichnet[62]. Infolge der börsentäglichen deltagenauen Berechnung der zum Fondsvermögen gehörenden Optionsrechte wird vermieden, daß Anlagegrenzen durch Überschätzung der Risiken vorzeitig ausgeschöpft werden und so Effizienzverluste beim Einsatz dieser Derivate zu Lasten des Fondsvermögens eintreten. Mit der Methode der Delta-Gewichtung bei der Errechnung der einschlägigen Anlagegrenzen wird dem KAGG ein neues, fortschrittliches Konzept der Vermögensverwaltung zugrunde gelegt. Die bisherige statische Betrachtungsweise, die stets nur auf den Ausübungszeitpunkt für die Optionsrechte und etwaige daraus eintretende negative Ausübungsfolgen gerichtet war, ist durch diesen dynamischen Ansatz ersetzt worden.

Die Liberalisierung des Derivategeschäftes reicht freilich nur soweit, wie 12.102
sich die Investmentgesellschaft im Rahmen einer ordnungsgemäßen Fondsverwaltung bewegt. Deshalb müssen auch die notwendigen organisatorischen Voraussetzungen für die Geschäfte mit derivativen Finanzinstrumenten vorhanden sein[63].

6. Wertpapierleihgeschäfte mit Fondspapieren

Mit der KAGG-Novelle des 2. Finanzmarktförderungsgesetzes ist den **In-** 12.103
vestmentgesellschaften ausdrücklich gestattet worden, für Rechnung des Sondervermögens Wertpapiere gegen ein marktgerechtes Entgelt auf unbestimmte oder bestimmte Zeit einem Dritten darlehensweise zu überlassen (Wertpapierleihe) – § 9a Abs. 1 S. 1 KAGG.

7. Beseitigung einer unklaren Rechtslage

Vor der Novellierung des KAGG durch das Zweite Finanzmarktförde- 12.104
rungsgesetz war es umstritten, ob die Wertpapiere des Fondsvermögens gegen Entgelt verliehen werden durften[64]. Für die Zulässigkeit sprachen mehrere Gründe.

---

61 Begr. des RegE des 3. FFG, BT-Drucksache 13/8933, S. 103.
62 Zum Begriff des Delta-Faktors vgl. *Lipfert*, Devisenhandel und Devisenoptionshandel, 4. Aufl., 1992, S. 164.
63 Begr. des RegE des 3. FFG, BT-Drucksache 13/8933, S. 102.
64 Zur Zulässigkeit der Wertpapierleihe nach dem KAAG vgl. *Kümpel*, WM-Festgabe für Heinsius, 1991, S. 31 ff.

12.105 Der **Wertpapierleihe** liegt zwar ein **Darlehensvertrag** zugrunde. Der Investmentgesellschaft ist aber nur die Gewährung von Gelddarlehen untersagt (§ 9 Abs. 2 KAGG); der Rückgewähranspruch aus der Wertpapierleihe ist aber nicht auf Geld, sondern auf Wertpapiere gerichtet.

12.106 Das Verleihen von Fondspapieren steht auch im Einklang mit den **Anlagegrundsätzen des § 8 KAGG**. Denn die Anlagegeschäfte, die der Gesetzgeber regeln wollte, erfordern begriffsnotwendig die Verwendung von Fondsgeldern. Hieran fehlt es bei den Leihgeschäften. Werden Fondsgelder in Wertpapieren angelegt, so kommt es zum Abschluß von Kaufverträgen mit einer entsprechenden Zahlungspflicht der Investmentgesellschaft, die mit Hilfe der anzulegenden Fondsgelder erfüllt wird. Beim Verleihen von Fondspapieren werden dagegen Fondsgelder nicht benötigt. Wertpapier-Leihgeschäfte sind also keine „Anlage"geschäfte, sondern Rechtsgeschäfte über eine bereits getätigte Anlage zur Verbesserung der Rendite.

12.107 Die **Pflicht der Investmentgesellschaft** zur Wahrung des Anlegerinteresses gebietet es auch, die Möglichkeit einer Zusatzrendite zu nutzen. Die Aufgabe der Investmentgesellschaft ist nicht nur die Erhaltung des Sondervermögens, sondern die Erzielung eines Wertzuwachses und/oder möglichst hoher Erträge nach Maßgabe der Vertragsbedingungen[65]. Mit der Wertpapierleihe ist zwar das Risiko verbunden, daß der Entleiher seine Rückgewährspflicht wegen Insolvenz nicht erfüllen kann. Dieses Risiko ist jedoch mit Rücksicht auf die verhältnismäßig kurzen Laufzeiten der Wertpapierleihe regelmäßig überschaubar. Im übrigen ist es üblich, daß der Entleiher ausreichende liquide Sicherheiten zu stellen hat.

8. Gesetzlicher Rahmen für das Verleihen

12.108 Die gesetzliche Regelung des Verleihens von Wertpapieren enthält eine Reihe von **Schutzvorschriften zugunsten der Anteilinhaber.**

a) Zeitliche und betragsmäßige Grenzen

12.109 Um der Gefahr einer übermäßigen Bindung der Investmentgesellschaft in ihren Dispositionsmöglichkeiten angemessen zu begegnen, sind die Modalitäten befristeter und unbefristeter Wertpapierdarlehen unterschiedlich geregelt worden.

12.110 Bei **befristeten Wertpapierdarlehen** muß die Rückerstattung spätestens nach 30 Tagen fällig sein. Mit Rücksicht auf das Liquiditätsrisiko sind

---
65 *Beckmann*, Investment-Handbuch, Kz 425, § 10 Rn 13.

jedoch solche Geschäfte auf höchstens 15 Prozent des Wertes des Sondervermögens begrenzt worden[66]. Auf eine Begrenzung des Wertpapierdarlehens pro Wertpapier-Gattung ist verzichtet worden. Die Streuungsvorschriften des Gesetzes (§§ 8 f.) lassen auch eine ausreichende Streuung der Wertpapier-Darlehensgeschäfte erwarten[67].

Bei **unbefristeten Wertpapierdarlehen** muß die Kapitalanlagegesellschaft jederzeit zur Kündigung berechtigt sein; dem Wertpapier-Darlehensnehmer darf in diesen Fällen nur eine Rückerstattungsfrist von höchstens fünf Börsentagen eingeräumt werden. 12.111

Mit Rücksicht auf diese **kurzfristige Rückgabe** können bei unbefristeten Wertpapierdarlehen grundsätzlich die gesamten zum Fondsvermögen gehörenden Wertpapiere verliehen werden. Der vollen Ausschöpfung dieser Möglichkeit kann aber im Einzelfall die Pflicht der Investmentgesellschaft entgegenstehen, das Fondsvermögen mit der Sorgfalt eines ordentlichen Kaufmannes im Interesse der Anteilinhaber zu verwalten (§ 10 Abs. 1 KAGG). Im übrigen dürfen einem bestimmten Darlehensnehmer Wertpapiere nur insoweit überlassen werden, als der Kurswert der ihm bereits überlassenen Wertpapiere 10% des Fondsvermögens nicht übersteigt. Wertpapierdarlehen an ein Konzernunternehmen im Sinne des § 18 AktG gelten als Wertpapierdarlehen an dasselbe Unternehmen (§ 9a Abs. 1 S. 2 KAGG). 12.112

Die **verliehenen Aktien** müssen schließlich **so rechtzeitig zurückgewährt** werden, daß die Investmentgesellschaft die verbrieften Rechte, insbesondere die Stimmrechte ausüben kann. Nach dem KAGG (§ 10 Abs. 1 S. 3) muß die Investmentgesellschaft die Stimmrechte ausüben, soweit dies nach dem Gebot einer sorgfältigen Fondsverwaltung erforderlich erscheint[68]. 12.113

b) Erfordernis der Sicherheitsleistung

Die Investmentgesellschaft darf Wertpapiere nur übertragen, wenn sie sich ausreichende Sicherheiten durch Verpfändung oder Abtretung von Kontoguthaben oder Verpfändung von Wertpapieren hat gewähren lassen (§ 9b Abs. 1 S. 1 KAGG). Diese Wertpapiere müssen hinsichtlich der **Bonität der Emittenten** und ihrer **Verwertbarkeit** bestimmten Anforderungen genügen. Der Umfang der Sicherheitsleistung ist insbesondere unter Berücksichtigung der wirtschaftlichen Verhältnisse des Wertpapier-Darlehensnehmers zu bestimmen. Diese Sicherheitsleistung darf den Si- 12.114

---

66 Begr. des RegE des 2. FFG, BT-Drucksache 12/6679, S. 80.
67 Begr. des RegE des 2. FFG, BT-Drucksache 12/6679, S. 80.
68 *Beckmann*, Investment-Handbuch, Kz 425 § 10 Rn 16.

cherungswert zuzüglich eines marktüblichen Aufschlages nicht unterschreiten (§ 9b Abs. 2 S. 3 KAGG).

c) Teilnahme an institutsübergreifenden Wertpapierleihsystemen

12.115 Die Investmentgesellschaft kann sich eines Wertpapierleihsystems, das von einer Wertpapiersammelbank oder von einem anderen Unternehmen, dessen Unternehmensgegenstand die Abwicklung von grenzüberschreitenden Effektengeschäften für andere ist, betrieben wird, zur **Vermittlung von Wertpapierdarlehen** bedienen. Voraussetzung ist, daß durch die Bedingungen dieses Leihsystems die Wahrung der Interessen der Anteilinhaber gewährleistet ist (§ 9d KAGG). Dies gilt insbesondere für das Verleihsystem der Deutsche Börse Clearing AG oder von Euroclear, Brüssel oder Cedel, Luxemburg. Nach der Neufassung des § 9d KAGG durch das Dritte Finanzmarktförderungsgesetz braucht bei der Teilnahme an diesem organisierten Leihsystem die 10 vom Hundert-Grenze des § 9a Abs. 1 S. 2 KWG nicht mehr eingehalten zu werden, die aus Gründen der Risikostreuung sonst zu beachten ist[69]. Danach dürfen Wertpapierdarlehen an einen bestimmten Darlehensnehmer 10 vom Hundert des Wertes des Sondervermögens nicht überschreiten.

12.116 Zulässig ist aber auch die **Teilnahme am Verleihsystem der Depotbank**, sofern die gesetzlich vorgeschriebenen Sicherheiten bestellt werden. Dies folgt schon aus § 9a Abs. 1 S. 1 KAGG, wonach die Investmentgesellschaft Wertpapierleihgeschäfte mit einem „Dritten" als Darlehensnehmer tätigen darf. Eine **besondere Regelung** für solche institutsübergreifenden Wertpapier-Leihsysteme, etwa das von der Deutsche Börse Clearing AG, ist erforderlich gewesen, weil die Deutsche Börse Clearing AG nicht Darlehensnehmer der Investmentgesellschaft wird, sondern solche Wertpapierleihgeschäfte nur zwischen ihren Kontoinhabern vermittelt.

III. Gemischte Wertpapier- und Grundstücks-Sondervermögen

12.117 Als neuen Fondstyp hat das Dritte Finanzmarktförderungsgesetz das Gemischte Wertpapier- und Grundstücks-Sondervermögen zugelassen (§§ 37a ff. KAGG). Der Erwerb von Anteilsrechten an solchen Mischfonds kann für Anleger, die ihre Geldanlagen in Wertpapieren und Grundstücken diversifizieren wollen, gegenüber der Streuung ihrer Anlagen in Wertpapierfonds und Grundstücksfonds (§§ 26 ff. KAGG) vorteilhafter sein.

---

[69] Begr. des RegE des 3. FFG, BT-Drucksache 13/8933, S. 64, 111; *Pötzsch*, WM 1998, 949, 962.

Infolge eines größeren Anlagevolumens und der vielfältigeren Geschäftsmöglichkeiten kann eine bessere Anlagestrategie verfolgt werden. Zudem kann die Wettbewerbsposition der Kapitalanlagegesellschaft auf dem Felde der professionellen Vermögensverwaltung weiter gestärkt werden[70]. Auch bei diesem Fondstyp gelten grundsätzlich die Vorschriften für Wertpapier-Sondervermögen sinngemäß (§ 37a KAGG). Die Fondswerte müssen jedoch im (Treuhand)Eigentum der Kapitalanlagegesellschaft stehen (§ 37c KAGG). Anders als bei den reinen Wertpapier-Sondervermögen besteht also kein Wahlrecht zwischen dieser Treuhandlösung und dem Modell des Miteigentums der Anleger (vgl. § 6 Abs. 1 S. 2 KAGG). Im Interesse ausreichender Liquidität des Fonds besteht für grundstücksbezogene Vermögenswerte eine Obergrenze in Höhe von 30% des Wertes des Sondervermögens (§ 37b Abs. 3, 4 KAGG).

IV. Pensions-Sondervermögen

Für das Sparen zur **Altersvorsorge** stehen dem Anleger das Wertpapiersparen, die Kapitallebensversicherung und Immobilien zur Verfügung. Das Dritte Finanzmarktförderungsgesetz hat als weitere Alternative das Pensions-Sondervermögen zugelassen. Im Unterschied zu den bisherigen Fondstypen, die jeweils auf einen bestimmten Anlagemarkt ausgerichtet sind, bietet dieser neue Fondstyp ein zusätzliches Instrument für das **langfristige Ziel** der Altersvorsorge an[71]. Primäres Ziel dieser Fonds ist der Aufbau eines Kapitalstocks zur individuellen Ergänzung der gesetzlichen und privaten Alterssicherung[72]. Entsprechend dieser Zielsetzung werden die Gelder überwiegend in Substanzwerten angelegt. Derivate-Geschäfte dürfen nur zur Absicherung, insbesondere bei Währungsrisiken getätigt werden (§ 37 Abs. 9 KAGG). **Spekulationsgeschäfte** würden dem mit diesem Fonds verfolgten Zweck einer möglichst sicheren und langfristigen Vermögensanlage entgegenstehen[73]. Die Kapitalanlagegesellschaften werden im übrigen verpflichtet, den Anlegern Pensions-Sparpläne und Auszahlungspläne anzubieten (§ 37m Abs. 5 KAGG). Dies soll die Realisierung dieses langfristigen Zieles der Altersvorsorge fördern[74].

12.118

---

70 Begr. des RegE des 3. FFG, BT-Drucksache 13/8933. S. 121.
71 Begr. des RegE des 3. FFG, BT-Drucksache 13/8933, S. 122.
72 Begr. des RegE des 3. FFG, BT-Drucksache 13/8933, S. 61.
73 Begr. des RegE des 3. FFG, BT-Drucksache 13/8933, S. 123.
74 Begr. des RegE des 3. FFG, BT-Drucksache 13/8933, 123; *Pötzsch*, WM 1998, 949, 960.

4. Abschnitt
Rechtsverhältnisse zwischen den Beteiligten

12.119 Infolge der gesetzlich vorgeschriebenen Aufgabenteilung zwischen der Kapitalanlagegesellschaft und der Depotbank liegen dem Investmentgeschäft Rechtsbeziehungen **zwischen drei Parteien** zugrunde. Es wird daher von einem Investmentdreiecks-Verhältnis gesprochen[75]. Die Investmentgesellschaft tritt in eine vertragliche Beziehung zu den Anteilinhabern und zur Depotbank. Eine weitere Rechtsbeziehung besteht zwischen den Anteilinhabern und der Depotbank; die Einordnung dieses Rechtsverhältnisses ist umstritten.

I. Rechtsbeziehung der Investmentgesellschaft zu den Anteilinhabern

12.120 Der Schwerpunkt dieser Rechtsbeziehung liegt in der **Verpflichtung der Investmentgesellschaft,** das Fondsvermögen mit der Sorgfalt eines ordentlichen Kaufmannes für gemeinschaftliche Rechnung der Anteilinhaber zu verwalten (§ 10 Abs. 1 S. 1 KAGG).

1. Geschäftsbesorgungsverhältnis

12.121 Das Rechtsverhältnis der Investmentgesellschaft zu den Anlegern ist ein auf eine entgeltliche Geschäftsbesorgung gerichteter **Dienstvertrag** im Sinne des § 675 BGB. Die Investmentgesellschaft kann für ihre Tätigkeit eine Vergütung verlangen (§ 10 Abs. 3 KAGG).

12.122 Bei den **Verwaltungspflichten** der Investmentgesellschaft handelt es sich um eine besondere Ausprägung der allgemeinen Interessewahrungspflicht, wie sie auch für andere fremdnützige Verwaltungstätigkeiten, etwa die eines Beauftragten oder Kommissionärs, charakteristisch ist[76]. Die Investmentgesellschaft verletzt ihre Pflicht, wenn sie die ihr zur Verfügung stehenden Informationsmittel nicht in vollem Umfang einsetzt oder nicht die Verwaltungsmaßnahmen ergreift, die nach dem sachkundigen Urteil eines wirtschaftlich denkenden Vermögensverwalters zu erwarten sind.

---

75 *Baur,* Investementgesetze, 2. Aufl., 1977, S. 179.
76 *Canaris,* Bankvertragsrecht[2], Rn 2423.

Das Geschäftsbesorgungsverhältnis zwischen Investmentgesellschaft und 12.123
Anteilinhaber ist durch das KAGG ausgeformt worden. Insoweit ergibt
sich eine Parallele zu den kommissionsrechtlichen Bestimmungen des
HGB (§§ 383 ff.), die das Geschäftsbesorgungsverhältnis zwischen Kommissionär und Kommittent näher ausgestalten. Soweit die Investmentgesellschaft im Rahmen ihrer Verwaltungsaufgaben Wertpapiere zur Anlage
der ihr anvertrauten Gelder wie ein Einkaufskommissionär im eigenen
Namen kauft, kommen jedoch die depotgesetzlichen Bestimmungen für
die Einkaufskommission (§§ 18 ff.) nicht zum Tragen. Das Depotgesetz
ist auf das Rechtsverhältnis zwischen den Anteilinhabern und der Investmentgesellschaft nicht anzuwenden (§ 9 Abs. 7 KAGG).

Das Geschäftsbesorgungsverhältnis zwischen Investmentgesellschaft und 12.124
Anteilinhaber wird im übrigen durch AGB-mäßige Vertragsbedingungen
geregelt, die einen gesetzlich vorgeschriebenen Mindestinhalt aufweisen
müssen und der Genehmigung des Bundesaufsichtsamtes für das Kreditwesen bedürfen (§ 15 Abs. 2 KAGG).

2. Hauptpflichten der Investmentgesellschaft

Die übernommene Geschäftsbesorgung verpflichtet die Investmentgesell- 12.125
schaft, das **Fondsvermögen** nach allgemeinen Grundsätzen der Wirtschaftlichkeit **zu verwalten**[77]. Die Investmentgesellschaft kann sich daher
nicht nur auf die Erhaltung des Sondervermögens beschränken. Sie muß
sich vielmehr nach Maßgabe der Vertragsbedingungen um die Erzielung
eines Wertzuwachses und/oder möglichst hoher Erträge bemühen. Sie hat
entsprechend einem umsichtigen und soliden Geschäftsführer zu handeln, der die Risiken und Chancen kalkuliert, um alle Möglichkeiten zur
Erreichung eines optimalen Anlageerfolges auszuschöpfen[78]. Dabei müssen die fachlich anerkannten Regeln für die Verwaltung von Investmentfonds beachtet und insbesondere die inzwischen gewonnenen Erfahrungen im verantwortungsvollen Umfang mit Derivaten berücksichtigt werden[79]. Auch müssen die Erkenntnisse der modernen Portfolio-Theorie
über eine optimale Risikomischung eingesetzt werden[80]. Dem umfangreichen Schrifttum zur Wertpapieranalyse wie auch zur optimalen Anlage-

---

77 *Beckmann*, Investment-Handbuch, § 10 Rn 13.
78 *Beckmann*, Investment-Handbuch, § 10 Rn 13; zu den insoweit vergleichbaren
   Verwaltungspflichten eines Testamentsvollstreckers vgl. BGH WM 1987, 239.
79 *Baur*, Investmentgesetze, 2. Aufl., 1997, § 10 Rn 24; *Köndgen* in Bankrechts-Handbuch, § 113 Rn 114.
80 *Köndgen* in Bankrechts-Handbuch, § 113 Rn 114.

12. Teil: Investmentgeschäft nach dem Gesetz über Kapitalanlagegesellschaften

politik kann aber entnommen werden, daß es keine allgemein gültigen Verhaltensmaßstäbe gibt[81].

12.126 Zu den Verwaltungspflichten der Investmentgesellschaft gehört **insbesondere die Pflicht,** die ihr zufließenden Einlagen entsprechend den Vertragsbedingungen und unter Beachtung der gesetzlichen Anlagevorschriften anzulegen. Hierbei muß insbesondere das Prinzip der Risikostreuung und das Verbot des Erwerbs beherrschender Beteiligungen an anderen Unternehmen beachtet werden.

12.127 Bei den Anlageentscheidungen lassen sich die Investmentgesellschaften häufig von einem Anlageausschuß beraten, wie es in den Vertragsbedingungen ausdrücklich vorgesehen ist. Soweit die Mitglieder dieses Ausschusses bei anderen Kreditinstituten oder der Depotbank beschäftigt sind, sind diese aufgrund ihrer persönlichen Sachkompetenz tätig. Ein Verschulden dieser Personen bei der Wahrnehmung ihrer Pflichten kann deshalb weder diesen Instituten noch der Depotbank zugerechnet werden[82].

12.128 Die **Folgen eines Verstoßes** gegen diese Anlagevorschriften sind nicht nur aufsichtsrechtlicher Natur. Soweit der Verstoß eine schuldhafte Verletzung der Geschäftsbesorgungspflicht darstellt, kann er Schadensersatzansprüche der Anleger begründen (§§ 325, 326 BGB). Die Wirksamkeit des Erwerbs der Wertpapiere bleibt hiervon aber unberührt. Werden die Anlagegrenzen unbeabsichtigt von der Investmentgesellschaft überschritten, so hat die Investmentgesellschaft bei ihren Verkäufen für Rechnung des Sondervermögens unter Wahrung der Interessen der Anteilinhaber die Wiedereinhaltung dieser Grenzen als vorrangiges Ziel anzustreben (§ 8c Abs. 1 KAGG).

12.129 **Umstritten** ist, ob die Investmentgesellschaft für ein Verschulden der Depotbank einzustehen hat, weil diese als Erfüllungsgehilfin anzusehen ist[83]. Dies wird jedoch regelmäßig zu verneinen sein. Die Depotbank erfüllt mit ihrer Tätigkeit eigene Verpflichtungen. Erfüllungsgehilfin der Investmentgesellschaft kann die Depotbank aber nur sein, wenn sie bei der Erfüllung einer der Investmentgesellschaft obliegenden Verpflichtung als deren Hilfsperson tätig würde (vgl. § 278 BGB).

---

81 *Baur,* Investmentgesetze, 2. Aufl., 1997, § 10 Rn 24.
82 OLG Frankfurt WM 1997, 364, 366.
83 Wegen der Literaturübersicht vgl. *Ohl,* Die Rechtsbeziehungen innerhalb des Investment-Dreiecks, Untersuchungen über das Spar-, Giro- und Kreditwesen, Abteilung B. Rechtswissenschaft Bd. 57, 1989, S. 66, 67.

Bei diesen **eigenen Pflichten** der Depotbank kann es sich um gesetzliche oder vertragliche Pflichten handeln (vgl. § 12 Abs. 4 KAGG). Zu den vertraglichen Pflichten gehören insbesondere die Verwahrung von Sondervermögen sowie die Ausgabe und Rücknahme von Anteilscheinen. Bei der Wahrnehmung dieser Aufgaben handelt die Depotbank unabhängig von der Investmentgesellschaft und ausschließlich im Interesse der Anteilinhaber (§ 12 Abs. 2 S. 1 KAGG). Einen pflichtwidrig verursachten Schaden kann die Investmentgesellschaft daher im Wege der Schadensliquidation im Drittinteresse zugunsten der Anteilinhaber geltend machen.

12.130

II. Rechtsbeziehung der Investmentgesellschaft zur Depotbank

Der Rechtsbeziehung zwischen Investmentgesellschaft und Depotbank liegt nach allgemeiner Ansicht ein **dienstvertragliches Verhältnis** zugrunde, das auf eine **entgeltliche Geschäftsbesorgung** gerichtet ist (§ 675 BGB) und außerdem Elemente eines Verwahrungsvertrages enthält, soweit es um die Pflicht zur ordnungsgemäßen Aufbewahrung der zum Fonds gehörenden Wertpapiere geht[84]. Die Investmentgesellschaft hat ein anderes Kreditinstitut als Depotbank mit der Verwahrung des Sondervermögens sowie mit der Ausgabe und Rücknahme von Anteilscheinen zu beauftragen (§ 12 Abs. 1 S. 1 KAGG). Die Auswahl sowie jeder Wechsel der Depotbank bedürfen der Genehmigung des Bundesaufsichtsamtes für das Kreditwesen (§ 12 Abs. 3 S. 1 KAGG).

12.131

In jüngster Zeit ist bezweifelt worden, ob mit dieser rechtlichen Qualifizierung die Aufgabenteilung zwischen Investmentgesellschaft und Depotbank gebührend ausgeschöpft worden ist[85]. Denn die **Depotbank hat originäre Pflichten** gegenüber den Anteilinhabern zu erfüllen. Das KAGG hat daher für das Investmentgeschäft nicht nur einen Rechtsträger in Gestalt der Investmentgesellschaft vorgesehen. Die Rolle, die der Gesetzgeber der Investmentgesellschaft und der Depotbank zugewiesen hat, sei nach dieser Literaturmeinung vielmehr die von zwei gleichgewichtigen Leistungsträgern, die die Dienstleistung „Investmentsparen" gemeinsam gegenüber den Anteilnehmern erbringen. Gegenüber der Investmentgesellschaft sei die Stellung der Depotbank dadurch gekennzeichnet, daß sie einerseits die Investmentgesellschaft zu überwachen hat, andererseits aber mit ihr zusammenzuarbeiten hat. Die Überwachung der Investmentgesellschaft stellte im übrigen eine gesetzliche Aufgabe dar und bedürfe daher keiner

12.132

---

84 *Ohl,* Die Rechtsbeziehungen innerhalb des Investment-Dreiecks, 1989, S. 64 m.w.Nachw.
85 *Ohl,* Die Rechtsbeziehungen innerhalb des Investment-Dreiecks, 1989, S. 66, 67.

rechtsgeschäftlichen Verankerung in der Rechtsbeziehung der Investmentgesellschaft zur Depotbank[86]. Nach *Ohl* vollzieht sich daher die Zusammenarbeit der Depotbank mit der Investmentgesellschaft zwar auf einer vertraglichen Grundlage. Hierbei handele es sich aber um kein gegenseitiges Schuldverhältnis, wie es der entgeltliche Geschäftsbesorgungsvertrag darstellt, sondern um eine Gesellschaft des bürgerlichen Rechts in Gestalt einer Innengesellschaft, weil die Vertretungsbefugnis im Außenverhältnis allein der Investmentgesellschaft zugewiesen ist[87].

III. Rechtsbeziehung der Depotbank zu den Anteilinhabern

12.133 Die Depotbank hat im Rahmen der Aufgabenteilung eine Vielzahl von Kontrollfunktionen wahrzunehmen, die allein dem Schutz der Anteilinhaber dienen[88]. So ist die **Depotbank verpflichtet,** die gesamte laufende Geschäftstätigkeit der Investmentgesellschaft in Bezug auf die Einhaltung der gesetzlichen und vertraglichen Vorschriften zu überwachen[89]. In besonderem Maße ist zu kontrollieren, ob die in den Vertragsbedingungen bestimmten Anlagegrundsätze eingehalten worden sind[90]. Diese Kontrolle beschränkt sich jedoch auf die Rechts- und Pflichtmäßigkeit, erstreckt sich also nicht auf die Zweckmäßigkeit des Handelns der Investmentgesellschaft[91]. Insbesondere ist eine Anlageentscheidung nicht dahingehend zu überprüfen, ob sie wirtschaftlich sinnvoll ist[92].

12.134 Soweit eine Anlageentscheidung nach Meinung der Depotbank gesetzes- oder vertragswidrig ist, kann sie die Ausführung verweigern[93], etwa wenn gegen das Gebot verstoßen wird, daß der Erwerb von Wertpapieren für das Sondervermögen höchstens zum Tageskurs und die Veräußerung minde-

---

86 *Ohl*, Die Rechtsbeziehungen innerhalb des Investment-Dreiecks, 1989, S. 94.
87 *Ohl*, Die Rechtsbeziehungen innerhalb des Investment-Dreiecks, 1989, S. 94.
88 *Canaris*, Bankvertragsrecht², Rn 2462.
89 OLG Frankfurt WM 1997, 364, 367.
90 *Baur*, Investmentgesetze, 2. Aufl., 1997, § 12 Rn 33; *Müller*, DB 1975, 485, 486; OLG Frankfurt WM 1997, 364, 367.
91 *Baur* in Assmann/Schütze, Handbuch des Kapitalanlagerechts, § 18 Rn 127.
92 Nach dem OLG Frankfurt ist auch die Meinung von *Müller* (DB 1975, 485) abzulehnen, daß die einzelne Anlageentscheidung auf wirtschaftliche Angemessenheit zu überprüfen ist. Die Kriterien „wirtschaftlich sinnvoll" und „wirtschaftlich angemessen" ließen sich in der Praxis kaum überzeugend abgrenzen (WM 1997, 364, 367).
93 OLG Frankfurt WM 1997, 364, 367; *Baur*, Investmentgesetze, 2. Aufl., 1997, § 12 Rn 33; *ders.* in Assmann/Schütze, Handbuch des Kapitalanlagerechts, § 18 Rn 127.

stens zum Tageskurs erfolgen muß (§ 12 Abs. 5 KAGG)[94]. Nach allgemeiner Meinung wäre es widersinnig, wenn die Depotbank sehenden Auges ein pflichtwidriges Geschäft ausführen müßte und darauf angewiesen wäre, nachträglich Schadensersatzanspruch der Anteilinhaber gemäß § 12e Abs. 2 S. 1 Nr. 1 KAGG geltend zu machen[95]. Die Depotbank kann andererseits der Investmentgesellschaft nicht die Weisung erteilen, bestimmte Wertpapiere zu veräußern, weil ein unterlassener Verkauf eindeutig eine Pflichtverletzung darstellen würde. Hier kann die Depotbank die Investmentgesellschaft nur darauf hinweisen, daß eine solche Unterlassung wegen positiver Vertragsverletzung schadensersatzpflichtig machen kann[96].

Nach der **Rechtsprechung** ist die Depotbank aber nicht verpflichtet, die Anteilinhaber über das gesetzes- oder vertragswidrige Verhalten der Investmentgesellschaft aufzuklären[97]. 12.135

Diese **originären Kontrollpflichten** der Depotbank, die dem Schutz der Interessen der Anteilinhaber dienen[98], begründen nach herrschender Meinung ein Rechtsverhältnis zwischen der Depotbank und den Anteilinhabern. Diese Pflichten sind Ausdruck der treuhänderischen Stellung der Depotbank[99]. Hierbei handelt es sich um eine gesetzliche Treuhandschaft, die sich aus ihrer Funktion als Depotbank ergibt. Der sich hieraus ergebende Pflichtenkreis ist gesetzlich ausgestaltet. Deshalb lassen sich die Grundsätze einer vertraglich begründeten Treuhänderschaft nicht ohne weiteres auf das Rechtsverhältnis zwischen Depotbank und Anteilinhaber übertragen[100]. 12.136

Umstritten ist, welche Rechtsnatur dieses Rechtsverhältnis hat[101]. Einvernehmen besteht dagegen, daß die Depotbank den Anteilinhabern für 12.137

---

94 Zu diesen Tageskursen gehören auch die im elektronischen Handel zustande gekommenen Kurse, weil auch diese Börsenpreise sind (§ 11 Abs. 1 BörsG); vgl. *Baur*, Investmentgesetze, 2. Aufl., 1997, § 12a Rn 21, § 8 Rn 31.
95 OLG Frankfurt, WM 1997, 364, 367; *Canaris*, Bankvertragsrecht[2], Rn 2475; *Müller*, BB 1975, 485, 488.
96 *Müller*, DB 1975, 485, 488; *Baur*, Investmentgesetze, 2. Aufl., 1997, § 12 Rn 34.
97 OLG Frankfurt WM 1997, 364, 367.
98 *Ohl*, Die Rechtsbeziehungen innerhalb des Investment-Dreiecks, 1989, S. 67 ff.
99 *Canaris*, Bankvertragsrecht[2], Rn 2465; *Baur*, Investmentgesetzes, 2. Aufl., 1997, § 12c Rn 6.
100 OLG Frankfurt WM 1997, 364, 366.
101 *Baur*, Investmentgesetze, 2. Aufl., 1997, § 12 Rn 15; *ders.* in Assmann/Schütze, Handbuch des Kapitalanlagerechts, § 18 Rn 88.

12. Teil: Investmentgeschäft nach dem Gesetz über Kapitalanlagegesellschaften

die Erfüllung ihrer Schutzpflichten auch bei Fehlen eines Vertragsverhältnisses nach vertraglichen Haftungsgrundsätzen haftet und daher für den verursachten Schaden nicht nur nach der wesentlich schwächeren deliktsrechtlichen Haftung einzustehen hat. Die verschärfte Haftung der Depotbank nach vertraglichen Grundsätzen könnte aus verschiedenen Rechtsgründen eintreten. Dementsprechend breit ist auch das Spektrum für die rechtliche Einordnung der Beziehungen zwischen der Depotbank und den Anteilinhabern. In Betracht gezogen werden ein (1) selbständiger Vertrag zwischen Depotbank und Anteilinhaber, (2) ein echter Vertrag zugunsten Dritter im Sinne des § 328 BGB, (3) ein Vertrag mit Schutzwirkung zugunsten Dritter und (4) ein gesetzliches Schuldverhältnis mit einer sich nach Vertragsgrundsätzen bestimmenden Vertrauenshaftung. Während im letzteren Falle die Einstandspflicht der Depotbank aus dem Gesetz folgt, hat diese Pflicht bei den drei anderen rechtlichen Ansatzpunkten für die Haftung eine vertragliche Grundlage.

1. Kein selbständiger Vertrag zwischen Depotbank und Anteilinhaber

12.138 Eine **Mindermeinung** konstruiert das Rechtsverhältnis der Anteilinhaber zu der Depotbank als selbständigen Vertrag, der neben deren Vertragsverhältnis zur Investmentgesellschaft besteht[102]. Es muß jedoch bezweifelt werden, ob die Anteilinhaber regelmäßig den rechtsgeschäftlichen Willen haben, außer mit der Investmentgesellschaft einen zweiten Vertrag mit der Depotbank abzuschließen. Auch erscheint es höchst fragwürdig, ob die Depotbank, wie die Mindermeinung unterstellt, mit ihrer vorgeschriebenen Unterschrift auf den Anteilscheinen (§ 19 Abs. 1 S. 4 KAGG) stets eine Verpflichtungserklärung gegenüber den Anteilinhabern abgeben will.

12.139 Nach dem **erkennbaren Willen des Gesetzgebers** sollen andererseits die Kontroll- und Schutzpflichten der Depotbank generell für alle Anteilinhaber gelten. Soweit diese Pflichten in einem vertraglichen Verhältnis zwischen Depotbank und Anteilinhaber wurzeln sollen, müßte daher der Abschluß eines entsprechenden selbständigen Vertrages mit der Depotbank unabhängig davon bejaht werden, ob die objektiven und subjektiven Voraussetzungen für die hierfür erforderlichen Willenserklärungen vorhanden gewesen sind. Dies würde auf Willensfiktionen hinauslaufen[103].

---

102 *Klenk*, Die rechtliche Behandlung der Investmentanteile unter Berücksichtigung der Anteilsberechtigung des Investmentsparers, 1967, S. 15.
103 *Canaris*, Bankvertragsrecht², Rn 2463.

Solche problematischen Willensfiktionen können hier vermieden werden, weil dem gesetzgeberischen Anliegen des Schutzes der Anteilinhaber auf anderem Wege überzeugender Rechnung getragen werden kann.

12.140

2. Vertragsverhältnis zwischen Kapitalanlagegesellschaft und Depotbank kein echter Vertrag zugunsten Dritter

Die **Anteilinhaber** sollen nach herrschender Meinung in das zwischen der Investmentgesellschaft und der Depotbank bestehende Vertragsverhältnis im Wege eines echten Vertrages zugunsten Dritter (§ 328 BGB) **einbezogen** werden[104]. Hiernach könnten die Anteilinhaber die von der Depotbank geschuldeten Leistungen aufgrund eigenen Forderungsrechtes verlangen.

12.141

Mit einem solchen Vertrag zugunsten der Anteilinhaber dürfte der gesetzgeberisch gewollte Schutz der Anteilinhaber jedoch nur sehr unvollkommen erreicht werden können[105]. Sodann stünde es im Belieben der Investmentgesellschaft und der Depotbank, ob sie den zwischen ihnen abzuschließenden Vertrag als einen echten Vertrag zugunsten der Anteilinhaber ausgestalten. Auch würden Mängel des Vertragsschlusses zwischen der Investmentgesellschaft und der Depotbank die Rechtsposition der Anteilinhaber unmittelbar beeinträchtigen[106]. Hinzu kommt, daß die Depotbank alle Einwendungen aus ihrem Vertragsverhältnis mit der Investmentgesellschaft auch gegenüber den Anteilinhabern geltend machen könnte (§ 334 BGB)[107]. Dabei ist der Begriff **Einwendung im weitesten Sinne** zu verstehen (vgl. § 404 BGB). Er würde daher auch Zurückbehaltungsrechte der Depotbank wegen von der Investmentgesellschaft nicht erbrachter Leistungen umfassen (§ 273 BGB).

12.142

3. Verträge mit Schutzwirkung zugunsten der Anteilinhaber?

Die **Rechtsprechung** hat neben dem berechtigenden Vertrag zugunsten Dritter als eine besondere Art der Drittberechtigung den Vertrag mit Schutzwirkung zugunsten Dritter herausgebildet[108]. Der Anspruch auf die geschuldete Hauptleistung steht hier zwar nur dem Gläubiger zu. Der

12.143

---

[104] Wegen der Literaturhinweise vgl. *Canaris*, Bankvertragsrecht[2], Rn 2462; *Ohl*, Die Rechtsbeziehungen innerhalb des Investment-Dreiecks, 1989, S. 64, 94.
[105] *Canaris*, Bankvertragsrecht[2], Rn 2462; vgl. weiter *Köndgen* in Bankrechts-Handbuch, § 113 Rn 122.
[106] *Müller*, DB 1975, 485, 487.
[107] *Köndgen* in Bankrechts-Handbuch, § 113 Rn 122.
[108] *Palandt/Heinrichs*, § 328 Rn 13.

Dritte ist aber in die vertragliche Sorgfalts- und Obhutspflicht dadurch einbezogen, daß er bei deren Verletzung einen vertraglichen Schadensersatzanspruch geltend machen kann.

12.144 Eine solche Einbeziehung von Dritten in den Schutzbereich von Verträgen kann nach dem BGH geboten sein, wenn wie etwa beim Lastschrift- und Scheckeinzugsverfahren diesen Verträgen **Massengeschäfte** eines bestimmten Typs mit einem **einheitlich praktizierten Verfahren** zugrunde liegen, die dem Rechtsverkehr in großem Stile unter Inanspruchnahme des Vertrauens auf sach- und interessengerechte Abwicklung angeboten werden. Nach *Larenz*[109] kann die Einbeziehung insbesondere dann geboten sein, wenn der Dritte an der Erfüllung der verletzten, primär dem Gläubiger gegenüber bestehenden Verpflichtungen des Schuldners erkennbar ein eigenständiges Interesse hat, weil die verletzte Pflicht gerade auch sein Interesse schützen soll.

12.145 Diese Voraussetzung eines Vertrages mit Schutzwirkung zugunsten Dritter dürfte nur bei einigen Pflichten der Depotbank aus ihrem Geschäftsbesorgungsverhältnis zu der Investmentgesellschaft zu bejahen sein. Dies gilt insbesondere für die Pflicht zur Verwahrung des Fondsvermögens und zur Ausgabe und Rücknahme von Anteilscheinen (§ 12b KAGG). Beauftragt die Investmentgesellschaft ein anderes Kreditinstitut mit diesen Depotbankfunktionen, so geschieht dies nicht im Interesse der Investmentgesellschaft, sondern zum Schutz der Anteilinhaber[110]. So stellt auch § 12 Abs. 2 S. 1 KAGG ausdrücklich klar, daß die **Depotbank** bei der Wahrnehmung dieser Aufgaben unabhängig von der Investmentgesellschaft ausschließlich **im Interesse der Anteilinhaber** handelt.

12.146 **Problematisch** ist dagegen, ob ein solcher Vertrag mit Schutzwirkung zugunsten der Anteilinhaber auch insoweit unterstellt werden kann, als sich die Pflichten der Depotbank schon aus den Bestimmungen des KAGG ergeben und daher mit Hilfe des zwischen Investmentgesellschaft und Depotbank geschlossenen Geschäftsbesorgungsvertrags nicht mehr begründet zu werden brauchen. Dies gilt vor allem für die **vielfältigen Pflichten** zur Überwachung der Investmentgesellschaft, etwa ob die Fondspapiere zum ordnungsgemäßen Tageskurs gekauft oder verkauft worden sind.

12.147 Die Schutzwirkung eines Vertrages zugunsten Dritter dürfte voraussetzen, daß die Schuldnerpflichten, deren nicht ordnungsgemäße Erfüllung

---
109 Lehrbuch des Schuldrechts, Bd. I, Allg. Teil, 14. Aufl., 1987, S. 228.
110 *Canaris*, Bankvertragsrecht², Rn 2462; *Ohl*, Die Rechtbeziehungen innerhalb des Investment-Dreiecks, 1989, S. 58.

Schadensersatzanspruch auslöst, durch diesen Vertrag erst begründet worden sind. Soweit also die Depotbank die ihr schon gesetzlich auferlegten Kontrollpflichten verletzt, kann der zwischen Investmentgesellschaft und Depotbank abgeschlossene Geschäftsbesorgungsvertrag den Anteilinhabern keine vertraglichen Schadensersatzansprüche verschaffen. Dieser Geschäftsbesorgungsvertrag könnte daher als ein Vertrag mit Schutzwirkung zugunsten der Anteilinhaber allenfalls für solche Pflichten qualifiziert werden, die wie etwa die sorgfältige Aufbewahrung der zum Fondsvermögen gehörenden Wertpapiere nicht gesetzlich vorgeschrieben, sondern vertraglich übernommen werden. Denn an die **Einbeziehung von Dritten** in den vertraglichen Schutz müssen **strenge Anforderungen** gestellt werden, um die Haftung des Schuldners nicht uferlos auszudehnen[111]. Hinzu kommt, daß eine überzeugende dogmatische Begründung der Rechtsfigur des Vertrages mit Schutzwirkung für Dritte bis heute nicht gelungen ist[112]. Auch der für das Bankrecht nunmehr zuständige XI. Senat des BGH dürfte in Abkehr von der bisherigen Rechtsprechung zum Lastschrift- und Scheckeinzugsverfahren den girovertraglichen Beziehungen der Banken im Überweisungsverkehr keine Schutzwirkungen zugunsten des Überweisenden billigen. So besteht nach *Schimansky* für eine Ausdehnung von Schutzpflichten umso weniger Anlass, als auch mit der Drittschadensliquidation vernünftige Ergebnisse erzielt werden können[113] – Rn 4.449 ff.

4. Gesetzliches Schuldverhältnis mit einer Haftung nach Vertragsgrundsätzen

Sind vertragliche Ansprüche der Anteilinhaber gegen die Depotbank zu verneinen, stellt sich die Frage, ob die Depotbank ähnlich wie der Deckungsstocktreuhänder bei einer Hypothekenbank lediglich für die Einhaltung gesetzlicher Schutzpflichten im Sinne des § 823 Abs. 2 BGB zu haften hat. Der bei jeder Hypothekenbank zu bestellende Treuhänder hat kraft Gesetzes darauf zu achten, daß die vorschriftsmäßige Deckung für die Hypothekenpfandbriefe im Interesse der Briefinhaber jederzeit vorhanden ist (§ 30 HypBankG). Hierbei handelt es sich nach allgemeiner Meinung um eine gegenüber den Pfandbriefgläubigern bestehende Schutz-

12.148

---
111 *Palandt/Heinrichs*, § 328 Rn 16; BGH WM 1976, 1119, 1120.
112 *van Gelder* in Bankrechts-Handbuch, § 58 Rn 201; *ders.*, WM 1995, 1253, 1254; *Hadding*, FS Werner, S. 165, 194; *Schimansky* in Bankrechts-Handbuch, § 49 Rn 36 ff.
113 *Schimansky* in Bankrechts-Handbuch, § 49 Rn 36 ff.; *Jung*, ZEuP 1996, 659, 670 ff.

pflicht. Diese **Kontrollpflicht** soll den einzelnen Pfandbriefgläubiger davor schützen, daß seine verbriefte Rechtsposition verletzt wird[114]. Diese Kontrollpflicht dient daher wie die gesetzlich angeordnete Überwachungspflicht der Depotbanken den Individualinteressen bestimmter Personen, wie er für die Schutzgesetze im Sinne des § 823 Abs. 2 BGB begriffswesentlich ist[115]. Die Vorschriften des KAGG, mit denen der Depotbank bestimmte Pflichten im Interesse des individuellen Anteilinhabers auferlegt werden, dürften daher solche Schutzgesetze darstellen.

12.149 Würde jedoch eine Haftung der Depotbank allein aus dem Gesichtspunkt der schuldhaften Verletzung eines Schutzgesetzes gemäß § 823 Abs. 2 BGB in Betracht kommen[116], so hätte die Depotbank für den pflichtwidrig verursachten Schaden lediglich nach der wesentlich schwächeren deliktrechtlichen Haftung einzustehen, bei der die Depotbank nicht für ein Verschulden ihrer Mitarbeiter zu haften bräuchte, die sie mit der gebotenen Sorgfalt ausgewählt und in ihrer dienstlichen Tätigkeit geleitet hat (§ 831 ABs. 1 BGB). Dies wäre aber mit den **Anlegerschutzzielen des KAGG** unvereinbar[117]. Es muß daher zwischen Anteilinhaber und Depotbank ein gesetzliches Schuldverhältnis angenommen werden, aufgrund dessen die Depotbank für die Erfüllung ihrer gesetzlichen Pflichten aus der übernommenen Depotbankfunktion entsprechend der **strengeren vertraglichen Haftung** einzustehen hat[118]. Die Vielzahl der Leistungspflichten der Depotbank im Interesse der Anteilinhaber und der Kontrollpflichten zu deren Schutz begründen einen innerlich zusammenhängenden Komplex von Pflichten. Angesichts dessen stehen sich Depotbank und Anteilinhaber nicht als „unverbundene Rechtsgenossen" gegenüber, wie es für eine rein deliktrechtliche Beziehung im Sinne der unerlaubten Handlung (§§ 823 ff. BGB) charakteristisch ist. Vielmehr besteht zwischen ihnen ein rechtsgeschäftlicher Kontakt, der auf bestimmten, von der Depotbank gegenüber den Anteilinhabern vorzunehmenden Handlungen beruht. Hierbei handelt es sich vor allem um die Ausgabe der Anteilscheine und deren Mitunterzeichnung, die Entgegennahme des Ausgabepreises für die Anteilscheine und die laufende Ausschüttung der Erträgnisse. Ein solcher rechtsgeschäftlicher Kontakt und die durch ihn begründete gesteigerte Einwirkungsmöglichkeit auf die zum Fondsvermögen

---

114 *Fleischmann/Bellinger/Kerl*, HypBankG, 3. Aufl., 1979, § 29 Anm. 3; *Hofmann*, HypBankG, 1964, § 29 Anm. 8.
115 *Palandt/Heinrichs*, § 823 Rn 141.
116 Im Einzelfall kann sich auch eine Haftung der Depotbank aus § 823 Abs. 2 BGB ergeben (OLG Frankfurt WM 1997, 364, 367)
117 *Ohl*, Die Rechtbeziehungen innerhalb des Investment-Dreiecks, 1989, S. 97.
118 *Canaris*, Bankvertragsrecht², Rn 246; *Ohl*, S. 97.

gehörenden Vermögenswerte der Anteilinhaber ist für die Anerkennung eines gesetzlichen Schuldverhältnisses mit einer sich nach Vertragsgrundsätzen bestimmenden Vertrauenshaftung ausreichend.

Nach *Ohl*[119] beruht das Schuldverhältnis zwischen Anteilinhaber und Depotbank nicht auf diesem rechtsgeschäftlichen Kontakt, sondern darauf, daß in dem Verkaufsprospekt nicht nur das Haftungskapital der Investmentgesellschaft, sondern auch das der Depotbank anzugeben ist. Hierdurch bringe der Gesetzgeber zum Ausdruck, daß für die Investmentgesellschaft und die Depotbank gleiche Haftungsmaßstäbe gelten. Dies bedeute für die Depotbank, daß sie den Anteilinhabern im Rahmen eines gesetzlichen Schuldverhältnisses nach Vertragsgrundsätzen für die Erfüllung ihrer Depotbankpflichten einzustehen hat. 12.150

Nach **neuerer Auffassung** handelt es sich um ein **gesetzliches Schuldverhältnis**, aufgrund dessen die Depotbank gegenüber dem Anteilinhaber nach Vertragsgrundsätzen haftet[120]. Das Rechtsverhältnis zwischen Depotbank und Anteilinhabern hat daher dieselbe Rechtsnatur wie die bankmäßige Geschäftsverbindung zwischen einer Bank und ihren Kunden, sofern darin mit der herrschenden Meinung kein Bankvertrag, sondern nur ein solches gesetzliches Schuldverhältnis mit einer Haftung nach Vertragsgrundsätzen erblickt wird – Rn 2.782 ff. 12.151

Verletzt die Depotbank die sich aus diesem Schuldverhältnis ergebenden Verpflichtungen, so steht der Schadensersatzanspruch nicht dem einzelnen Anteilsinhaber als Individualanspruch zu, sondern nur der Gemeinschaft aller am Fonds Beteiligten. Deshalb kann der einzelne Anteilinhaber lediglich im Wege der actio pro socio die Schadensersatzansprüche der Gesamtheit der Anteilinhaber gegen die Depotbank geltend machen[121]. 12.152

IV. Innenverhältnis der Anteilinhaber

Die Anteilinhaber stehen untereinander in einer **Bruchteilsgemeinschaft** im Sinne der §§ 741 ff. BGB. Bei den Fonds mit der üblichen Miteigentumskonstruktion sind die Anteilinhaber daher Bruchteilseigentümer. 12.153

Der **Anspruch auf Aufhebung** dieser Gemeinschaft, wie er bei solchen Bruchteilsgemeinschaften besteht (§ 749 BGB), ist ausgeschlossen worden 12.154

---

119 Die Rechtbeziehungen innerhalb des Investment-Dreiecks, 1989, S. 99.
120 OLG Frankfurt WM 1997, 364, 367; *Canaris*, Bankvertragsrecht³, Rn 2464; *Köndgen* in Bankrechts-Handbuch, § 113 Rn 122; *Baur*, Investmentgesetze, 2. Aufl., 1997, § 12 Rn 15; *ders.* in Assmann/Schütze, Handbuch des Kapitalmarktrechts, § 18 Rn 88; ähnlich *Müller*, DB 1975, 485, 487.
121 OLG Frankfurt WM 1997, 364, 367; *Canaris*, Bankvertragsrecht², Rn 2482.

(§ 11 Abs. 1 KAGG). Hierfür besteht kein Bedürfnis. Die Anteilinhaber können gegen Rückgabe ihrer Investmentzertifikate die Auszahlung ihres Anteiles am Fondsvermögen verlangen (§ 11 Abs. 2 KAGG). Dies geschieht zu Bedingungen, die in den Vertragsbedingungen des Fonds anzugeben sind.

12.155 Soweit Gläubiger eines Anteilinhabers dessen Investmentzertifikate pfänden lassen, können auch diese nicht die Auflösung des Fonds verlangen (§ 11 Abs. 1 KAGG). Es gilt auch hier der **Grundsatz**, daß der Vollstreckungsgläubiger nur die Rechte des Vollstreckungsschuldners erwirbt. Der Vollstreckungsgläubiger kann Investmentzertifikate nach allgemeinen Grundsätzen verwerten lassen (§§ 821, 825 ZPO).

5. Abschnitt
Auslandsinvestment-Gesetz

Das Gesetz über den Vertrieb ausländischer Investmentanteile vom 28.7.1969 (Auslandsinvestment-Gesetz – AuslInvestmG) hat den Absatz von Anteilen dieser Gesellschaften im Inland zum Schutz der inländischen Anleger geregelt. Die **Anbieter** ausländischer Investmentanteile werden hierdurch zu einer **umfassenden Publizität** verpflichtet. Die Rechtsstellung des Anlegers ist im übrigen in mehrerer Hinsicht verstärkt worden. So besteht ein **Widerrufsrecht** bei unerbetenen Vertreterbesuchen. Des weiteren ist ein inländischer Gerichtsstand und eine Haftung für fehlerhafte Prospektangaben zwingend vorgesehen.

12.156

Die Änderungen des KAGG durch das Dritte Finanzmarktförderungsgesetz haben eine entsprechende Anpassung des Auslandsinvestmentgesetzes im Interesse einer weitgehenden Gleichbehandlung in- und ausländischer Investmentgesellschaften erfordert. Dies gilt insbesondere für die Aufhebung des absoluten Dachfondsverbotes, die größeren Einsatzmöglichkeiten für Derivate und die Zulassung des öffentlichen Vertreibens von Anteilen an geschlossenen Investmentfonds[122].

12.157

I. Prinzip der behördlichen Registrierung

Alle ausländischen Fonds, die ihre Anteile in der Bundesrepublik vertreiben, müssen sich beim Bundesaufsichtsamt für das Kreditwesen registrieren lassen (§ 7 Abs. 1 AuslInvestmG).

12.158

Das Auslandsinvestment-Gesetz erstreckt sich nach seiner **Novellierung** duch das Zweite Finanzmarktförderungsgesetz auch auf sog. Cash-Fonds, die seit Anfang 1994 zunehmend im Inland vertrieben werden. Diese Cash-Fonds investieren in Bankguthaben und anderen wertpapiermäßig nicht verbrieften Forderungen aus Gelddarlehen. Aus Gründen des Anlegerschutzes wie auch zur Wahrung der Wettbewerbsgleichheit zwischen in- und ausländischen Anbietern von Fondsprodukten sind daher auch die Cash-Fonds dem Auslandsinvestment-Gesetz unterworfen worden.

12.159

Im Rahmen dieses Registrierungsverfahrens muß die ausländische Investmentgesellschaft detaillierte Angaben machen. Des weiteren sind die

12.160

---
122 Begr. des RegE des 3. FFG, BT-Drucksache 13/8933, S. 65; *Pötzsch*, WM 1998, 949, 963.

Vertragsbedingungen, Werbeschriften, Rechenschaftsberichte sowie Jahresabschlüsse beizufügen (§ 7 Abs. 2 AuslInvestmG).

12.161 Das Bundesaufsichtsamt für das Kreditwesen hat die Möglichkeit, den weiteren Vertrieb unter bestimmten Voraussetzungen zu untersagen, insbesondere wenn eine ausländische Gesellschaft einen rechtskräftig festgestellten Anspruch eines Anlegers nicht erfüllt (§ 8 Abs. 3 Nr. 5 AuslInvestmG).

12.162 Zum **Schutz der Anleger** bedarf im übrigen die gewerbsmäßige Vermittlung von Investmentanteilen ausländischer Investmentgesellschaften wie auch inländischer Investmentzertifikate einer besonderen Erlaubnis nach der Gewerbeordnung (§ 34c). Hierdurch sollen unseriöse Investmentvermittler von der Betätigung auf dem Anlagemarkt ferngehalten werden. Von der Einholung einer solchen Gewerbeerlaubnis sind nur Kreditinstitute freigestellt.

II. Sonderregelung für EG-Investmentanteile

12.163 Im Zuge der Umsetzung der **EG-Investmentharmonisierungsrichtlinie** in das deutsche Investmentrecht ist auch das Auslandsinvestment-Gesetz angepaßt werden. Eine Investmentgesellschaft mit Sitz in einem anderen Mitgliedstaat der Europäischen Union, die ihre Anteile in der Bundesrepublik zu vertreiben beabsichtigt, hat dies dem Bundesaufsichtsamt für das Kreditwesen vorher anzuzeigen. Hierbei ist eine Bescheinigung der zuständigen Stellen des Mitgliedstaates der Europäischen Union vorzulegen, in denen die Investmentgesellschaft ihren Sitz hat. In dieser Bescheinigung ist zu bestätigen, daß die Bestimmungen der einschlägigen Richtlinie 85/611/EWG erfüllt sind. Des weiteren sind die Vertragsbedingungen und der gültige Verkaufsprospekt beizufügen (§ 15c AuslInvestmG).

12.164 Zum **Schutze der Investmentsparer** muß für den Vertrieb mindestens ein inländisches Kreditinstitut benannt werden, über das die für die Anteilinhaber bestimmten Zahlungen geleitet werden und die Rücknahmen von Anteilen durch die Investmentgesellschaft abgewickelt werden (§ 15a AuslInvestmG). Die Investmentgesellschaft hat des weiteren die erforderlichen Maßnahmen zu treffen, um sicher zu stellen, daß die Anteilinhaber die vorgeschriebenen Informationen erhalten (§ 15b AuslInvestmG).

12.165 Das Bundesaufsichtsamt für das Kreditwesen wacht im übrigen darüber, daß die EG-Investmentanteile beim Vertrieb in der Bundesrepublik die für deutsche Investmentgesellschaften geltenden Vertriebsregeln und die Vorschriften des Gesetzes gegen den unlauteren Wettbewerb beachten (§ 15d AuslInvestmG).

13. Teil
Wertpapierleihe/Repogeschäft[1]

1. Abschnitt
Grundsätzliches

Die Wertpapierleihe wird erst seit 1990 von den inländischen Banken aktiv betrieben. Anlaß für diese Erweiterung des Angebotsspektrums war der weitere **Ausbau des Finanzplatzes Deutschland** durch Eröffnung der Deutschen Terminbörse[2].

13.1

I. Abschluß von Darlehensverträgen

Der **Begriff Wertpapier"leihe"** ist aus rechtlicher Sicht **irreführend**. Wie bei den Geldkrediten des traditionellen Kreditgeschäfts liegt der Wertpapierleihe ein Darlehensvertrag (§ 607 BGB) und kein Leihvertrag (§ 598 BGB) zugrunde. Denn der Entleiher im rechtlichen Sinne muß die entliehene Sache an den Verleiher zurückgeben, wie dies z.B. der Fall ist, wenn ein Fahrzeug einem anderen vorübergehend zur unentgeltlichen Benutzung überlassen wird. Diese zeitweilige Überlassung einer beweglichen Sache mit der Verpflichtung zur späteren Rückgewähr derselben Sache stellt ein wesentliches Unterscheidungsmerkmal zum Darlehen dar[3]. Der Verleiher im engeren rechtlichen Sinne bleibt daher während der Verleihdauer Eigentümer.

13.2

Müßte aber bei der Wertpapierleihe der Entleiher die entliehenen Wertpapiere zurückgewähren, weil das Eigentum beim Verleiher verblieben ist, so würde dies dem wirtschaftlichen Zweck der Wertpapier-Leihgeschäfte dia-

13.3

---

[1] *Dörge*, Rechtliche Aspekte der Wertpapierleihe, 1992; *Beer/Schäfer*, Die Wertpapierleihe, 1992; *Weissmann*, Die Wertpapierleihe in der Bundesrepublik Deutschland, 1991; *Grimm*, Das Vertragsrecht des Wertpapierdarlehens, Verlag Peter Lang; *Gesell*, Wertpapierleihe und Repurchase Agreement im deutschen Recht, Bankrechtliche Sonderveröffentlichungen des Instituts für Bankwirtschaft und Bankrecht an der Universität zu Köln, 49. Band, 1995.
[2] *Kümpel*, WM 1990, 909.
[3] Münchener Komm. zum BGB/*Westermann*, § 607 Rn 89 i.V.m. Münchener Komm. zum BGB/*Kollhosser*, § 598 Rn 23.

metral entgegen stehen. Denn die **entliehenen Wertpapiere** werden regelmäßig zur **Erfüllung einer eigenen Lieferverpflichtung des Entleihers** benötigt. Die Wertpapiere werden dazu weiterveräußert und können daher nicht mehr zurückgewährt werden. Der Entleiher soll also nur verpflichtet sein, Wertpapiere von gleicher Art und Menge zurückzugeben, wie es dem gesetzlichen Tatbestand des Darlehens entspricht (§ 607 Abs. 1 BGB).

13.4 Der Ausdruck Leihe entspricht aber seit langem der **Sprachgewohnheit** des Effektenterminhandels[4]. Für die Verwendung des Ausdrucks „Wertpapierleihe" spricht zudem, daß der Verleiher üblicherweise durch entsprechende vertragliche Absprachen so gestellt wird, als ob er über die Wertpapiere keinen Darlehensvertrag, sondern einen Leihvertrag abgeschlossen hat und daher Eigentümer der entliehenen Wertpapiere geblieben ist. Zu diesem Zweck sehen die von der Praxis verwendeten **Sonderbedingungen für Wertpapier-Leihgeschäfte** vor, daß der Entleiher der Wertpapiere wie ein Entleiher im rechtlichen Sinne dem Verleiher die während der Verleihdauer fällig werdenden Zinsen, Dividenden und Bezugsrechte zur Verfügung zu stellen hat[5].

13.5 Der Entleiher im rechtlichen Sinne hat bei Rückgabe der entliehenen Sachen dem Verleiher auch deren Früchte zurückzugewähren. Mit dem Gebrauch durch den Entleiher ist kein Fruchtgenuß an den geliehenen Sachen verbunden[6]. **Früchte eines Rechts,** wie es in der Aktien- und Schuldverschreibungsurkunde verbrieft wird, sind die Erträge, welche das Recht seiner Bestimmung gemäß gewährt (§ 99 Abs. 2 BGB). Zu diesen Früchten gehören Dividenden und Zinsen[7]. Solche Früchte eines Rechts fallen seinem Inhaber zu[8]. Denn bei Früchten, die wie Dividenden und Zinsen keine Sacheigenschaft haben, bestimmt sich die Berechtigung zur Fruchtziehung „nach der Quelle, aus der diese Früchte entspringen"[9].

13.6 Mit Rücksicht auf diesen vertraglich vereinbarten Zufluß der Dividenden, Zinsen und etwaiger Bezugsrechte[10] steht sich der Wertpapierverlei-

---

4 RGZ 153, 384, 386.
5 Vgl. Nr. 4 der „Bedingungen für Wertpapier-Leihgeschäfte der Deutsche Börse Clearing AG".
6 *Staudinger/Reuter,* § 598 Rn 9; *Soergel/Kummer,* § 598 Rn 9.
7 *Staudinger/Dilcher,* § 99 Rn 13; *Kregel* in RGRK-BGB, § 99 Rn 12; *Palandt/Heinrichs,* § 99 Rn 3; OLG Bremen DB 1970, 1436.
8 *Kregel* in RGRK-BGB, § 99 Rn 5.
9 *Baur/Stürner,* Lehrbuch des Sachenrechts, 17. Aufl., 1999, S. 646. § 953 BGB, wonach Erzeugnisse und sonstige Bestandteile einer Sache auch nach der Trennung grundsätzlich dem Eigentümer der Sache gehören, ist nur auf solche Früchte anwendbar, die selbst Sachen sind (*Soergel/Mühl,* vor § 953 Rn 3).
10 Das Bezugsrecht ist nach einhelliger Meinung weder eine Frucht der Aktie im Sinne des § 99 BGB noch eine Nutzung im Sinne des § 100 BGB, sondern ein

her wirtschaftlich wie beim Abschluß eines Leihvertrages im rechtlichen Sinne. Hier scheidet der überlassene Gegenstand nicht aus dem Vermögen des Verleihers aus. Die **Zuwendung des Gebrauchsvorteiles** erfolgt damit nicht aus der Vermögenssubstanz[11]. Auch das **Kursänderungsrisiko** verbleibt beim Verleiher[12]. Der Wertpapier-Verleiher wird mithin zivilrechtlich so gestellt, als wäre er wie ein Verleiher im rechtlichen Sinne Eigentümer der Wertpapiere geblieben[13]. Diese **Verkauf/Rückkaufs-Vereinbarungen** werden aus der Sicht der Terminologie des deutschen Rechts als (echte) Pensionsgeschäfte bezeichnet, während insbesondere im angelsächsischen Bereich die Bezeichnung Repurchase Agreement (Repo-Geschäfte) geläufig ist. Ein wesentlicher Unterschied zwischen der Wertpapierleihe und diesen Verkauf/Rückkaufs-Vereinbarungen besteht darin, daß der Verleiher für die zeitweise Überlassung nur ein Nutzungsentgelt erhält, während für die Pensions- und Repogeschäfte regelmäßig vom Käufer ein Betrag in Höhe des Kurswertes zu zahlen ist und sich diese beiden Geschäftsarten deshalb als zeitlich befristetes Refinanzierungsinstrument und überdies als geldpolitisches Steuerungsinstrument der Europäischen Zentralbank eignen.

1. Abgrenzung des Wertpapierleihgeschäfts vom echten Pensionsgeschäft und Repo-Geschäft

Der Begriff „Wertpapierleihe" wird häufig als **Sammelbegriff** für verschiedene Rechtsformen der zeitweisen Übertragung von Wertpapieren auf einen anderen verstanden, welche die Übereignung im Rahmen eines Darlehensvertrages oder eines verknüpften (Kassa-)Verkaufes und (Termin-)Verkaufes (Verkauf/Rückkauf-Vereinbarung) umfaßt[14].

13.7

Ausgleich für die Minderung des Herrschafts- und Substanzwertes der alten Aktien infolge der Kapitalerhöhung (Kölner Komm. zum AktG/*Lutter*, § 186 Rn 20; *Geßler/Hefermehl/Bungeroth*, § 186 Rn 18 m.w.Hinw.).
11 Vgl. *Larenz*, Schuldrecht, Bd. II, 1. Halbbd., 13. Aufl., 1986, S. 293.
12 Schreiben des Bundesaufsichtsamts für das Kreditwesen vom 25. 8. 1987 (*Consbruch/Möller/Bähre/Schneider*, KWG, Tz. 17.49).
13 Angesichts dieser zivilrechtlichen Rechtslage besteht das nach § 20 EStG steuerbare Kapitalnutzungsverhältnis allein zwischen dem Verleiher der Wertpapiere und dem Emittenten als Schuldner; denn diese Kapitalnutzungsmöglichkeit bleibt von der Wertpapierleihe unberührt.
14 Frankfurter Finanzmarkt-Bericht, 1991, Nr. 5 (Hrsg. Landeszentralbank in Hessen).

2. Echtes Pensionsgeschäft

13.8 Beim echten Pensionsgeschäft überträgt der Pensionsgeber Wertpapiere auf den Pensionsnehmer mit der gleichzeitigen Verpflichtung des Pensionsnehmers, diese Wertpapiere zu einem bestimmten oder vom Pensionsgeber noch zu bestimmenden Zeitpunkt wieder zurückzuübertragen. Dies bestimmt § 340b Abs. 2 HGB, der im Zuge der Umsetzung der EG-Richtlinie über den Jahresabschluß und den konsolidierten Abschluß von Banken und anderen Finanzinstituten vom 8. 12. 1986 durch das Bankbilanzrichtlinien-Gesetz vom 30. 11. 1990[15] neu in das HGB eingefügt worden ist.

13.9 Das **echte Pensionsgeschäft** und das **Wertpapier-Leihgeschäft ähneln** sich insoweit, als in beiden Fällen Wertpapiere mit der Verpflichtung einer späteren Rückgewähr übertragen werden. Die **Wertpapier-Leihgeschäfte sind aber keine Pensionsgeschäfte**[16]. Denn beim Pensionsgeschäft hat der Pensionsnehmer (Wertpapier„entleiher") den **Gegenwert der Wertpapiere** an den **Pensionsgeber** (Wertpapier„verleiher") zu zahlen und verschafft damit dem Pensionsgeber **Liquidität.** Bei der Wertpapierleihe erhält dagegen der Verleiher für die Überlassung der Wertpapiere nur eine Leihprovision, die insoweit dem vereinbarten Zins beim Gelddarlehen entspricht. Dabei kann es dahingestellt bleiben, ob in dem echten Pensionsgeschäft mit der herrschenden Meinung zwei Kaufverträge in Gestalt eines Kassaverkaufes und Terminrückkaufes oder mit der Mindermeinung ein Darlehen in Höhe des Gegenwertes der Pensionspapiere erblickt wird[17]. Bei Vorliegen eines kombinierten Kassa- und Terminkaufes kann der Gegenwert der verpensionierten Wertpapiere als Kaufpreis verlangt werden. Sieht man in dem echten Pensionsgeschäft ein Gelddarlehen, so ist Gegenstand des Darlehensvertrages das Überlassen von Geld an den Pensionsgeber in Höhe des vom Pensionsnehmer zu zahlenden Gegenwertes der verpensionierten Wertpapiere. Die **Übereignung der Wertpapiere** an den Pensionsnehmer erfolgt hier **als Sicherheit** für seinen späteren Rückzahlungsanspruch gegen den Pensionsgeber.

---

15 BGBl. I 1990, S. 2571. Das Gesetz trat am 1. 1. 1991 in Kraft und war erstmals für das Geschäftsjahr nach dem 31. 12. 1992 anzuwenden.
16 *Hartung,* BB 1993, 1176; *Kienle* in Bankrechts-Handbuch, § 105 Rn 13.
17 Nach überwiegender Meinung handelt es sich beim echten Pensionsgeschäft um zwei Kaufverträge (*Palandt/Putzo,* Einf. v. § 607 Rn 23; *Staudinger/Hopt/Mülbert,* Vorbem. zu §§ 607 ff. Rn 709; Münchener Komm. zum BGB/*Westermann,* § 607 Rn 88. Die Darlehensvertragstheorie vertreten dagegen *Canaris,* Bankvertragsrecht[2], Rn 1595 hinsichtlich des Wechselpensionsgeschäfts; *Wittkämper,* DB 1966, 1957, 1960; *Baumbach/Hefermehl,* Anh. Art. 11 WG Rn 13).

Auch wenn das Pensionsgeschäft als Verkauf/Rückkauf-Vereinbarung konstruiert wird, besteht sein wirtschaftlicher Zweck regelmäßig in der Überlassung von Finanzierungsmitteln[18]. Bei der Wertpapierleihe werden dagegen nicht Finanzmittel, sondern Wertpapiere darlehensweise überlassen.

13.10

3. Repo-Geschäft (Repo's)[19]

In verschiedenen ausländischen Kapitalmärkten, insbesondere im angelsächsischen Bereich, werden die zeitweise benötigten Wertpapiere nicht wie bei der Wertpapierleihe durch Abschluß eines Darlehensvertrages, sondern durch einen **Kassa-Verkauf** und **Termin-Rückkauf** zur Verfügung gestellt[20]. Diese Repurchase Agreements, kurz Repo-Geschäfte (Repo's) genannt, sind in ihrer rechtlichen Grundstruktur den echten Pensionsgeschäften vergleichbar.

13.11

Der **Kassa-Verkäufer** befindet sich in der Rolle des Pensionsgebers (Wertpapier„verleiher"), während der **Kassa-Käufer** die Position des Pensions„gebers" (Wertpapier„entleiher") innehat. Bei der Abwicklung des später mitvereinbarten Rückkaufs ist sodann der Pensionsgeber in der Rolle des (Termin-)Käufers und der Pensionsnehmer in der Position des (Termin-)Verkäufers. Die Bezeichnung „Repurchase Agreement" ist damit vor dem Hintergrund der Abwicklung der Verkauf/Rückkaufs-Vereinbarung streng genommen nur aus der Sicht des Kassaverkäufers (Pensionsgeber, Wertpapierverleiher) gerechtfertigt. In der Praxis wird deshalb aus der Sicht des Kassakäufers (Pensionsnehmer, Wertpapier„entleiher") auch vom „Reverse Repo-Geschäft" gesprochen[21].

13.12

Die Begriffe Repurchase Agreement und Wertpapierpensionsgeschäfte werden häufig für die Bezeichnung gleicher Sachverhalte verwendet. So trägt auch der **Mustervertrag,** der für Geschäftsabschlüsse zwischen deutschen Marktteilnehmern entwickelt worden ist, die Überschrift „Rahmenvertrag für echte Pensionsgeschäfte (Repo's)"[22]. (Echte) Pensionsgeschäfte und Repo-Geschäfte sind aber begrifflich nicht völlig deckungs-

13.13

---

18 *Soergel/Huber,* vor § 433 Rn 305, 307; *Staudinger/Köhler,* Vorbem. zu §§ 433 ff. R 52.
19 *Gesell,* Wertpapierleihe und Repurchase Agreement im deutschen Recht, Bankrechtliche Sonderveröffentlichungen des Instituts für Bankwirtschaft und Bankrecht an der Universität zu Köln, 49. Bd., 1995.
20 *Kümpel,* FS Heinsius, 1991, S. 31; *Gesell,* Wertpapierleihe und Repurchase Agreement im deutschen Recht, 1995, S. 159 ff.
21 *Ebenroth/Bader,* ZBB 1990, 75 Fn 1; *Stein/Noltsch,* Die Bank 1996, 78.
22 Vgl. *Kienle* in Bankrechts-Handbuch, § 105 Rn 25.

gleich. Denn bei Pensionsgeschäften kann im Einzelfall durchaus vereinbart werden, daß der Pensionsnehmer zur Rückübereignung derselben (identischen) Wertpapiere verpflichtet ist, die er in Pension genommen hat[23]. Mit einer solchen Vereinbarung könnte aber nicht das wirtschaftliche Bedürfnis befriedigt werden, wie es der Wertpapierleihe zugrunde liegt. Der Entleiher benötigt die Wertpapiere regelmäßig zur Erfüllung einer eigenen Lieferverbindlichkeit und will diese seinem Lieferungsgläubiger übereignen. Er kann sich deshalb nur zur Rückgewähr von Wertpapieren der gleichen Art (Gattung) verpflichten, wie es der Rückgewährspflicht des Darlehensnehmers bei der Wertpapierleihe (§ 607 BGB) und der Lieferverpflichtung des Terminverkäufers beim Repogeschäft (§ 243 Abs. 1 BGB) entspricht. Ein echtes Pensionsgeschäft kann deshalb einem Repo-Geschäft nur zugrunde liegen, wenn der Pensionsnehmer wie im Regelfall nicht die in Pension genommenen, sondern nur gleichartige Wertpapiere zum vereinbarten Termin zu übereignen braucht. In diesem Regelfall ist es auch möglich, daß die Repo-Geschäfte im Wege des stükkelosen Effektengiroverkehrs abgewickelt werden, der sich auf der Grundlage eines Girosammelbestandes vollzieht, an dem der (Kassa-)Verkäufer (Pensionsgeber/Wertpapierverleiher) mit einem der verliehenen Stückzahl entsprechenden Girosammeldepotguthaben beteiligt ist[24].

II. Besonderheiten der Wertpapierleihe

13.14 Der Wertpapierleihe liegen zwar wie den Geldkrediten Darlehensverträge im Sinne des § 607 BGB zugrunde. Diese **Wertpapierdarlehensverträge** weisen aber gegenüber den Gelddarlehen **praktisch bedeutsame Besonderheiten** auf.

13.15 So sind bei der Wertpapierleihe Gegenstand der Rückgewährspflicht Wertpapiere, die einem Kursrisiko ausgesetzt sind. Der **Rückgabeanspruch** ist daher geldwertmäßig nicht begrenzt. Hinzu kommt, daß Wertpapiere neben dem Substanzwert auch Nebenrechte verbriefen, für deren Zuordnung ein weiteres Regelungsbedürfnis besteht. Hierbei geht es vor allem um die Zinsen, Dividenden und Bezugsrechte, die während der Verleihdauer anfallen.

---

23 Zu den unterschiedlichen Auffassungen im Schrifttum, ob die Rückübertragungspflicht des Pensionsnehmers eine Stückschuld (Spezialschuld) oder Gattungsschuld ist vgl. *Kienle* in Bankrechts-Handbuch, § 105 Rn 15.
24 Zu diesem „Repo-Service" der Deutschen Börse Clearing AG als Wertpapiersammelbank vgl. *Stein/Noltsch*, Die Bank 1996, 78 ff.

1. Abschnitt: Grundsätzliches

Die Wertpapiere, die die Banken an Dritte verleihen, werden ihnen regelmäßig von ihren Kunden zur Verfügung gestellt. Hier ergibt sich eine Parallele z.B. zu den Spar- und Termineinlagen als Refinanzierungsmittel für die Gelddarlehen im traditionellen Kreditgeschäft. Ein wesentlicher Unterschied zwischen diesen beiden Arten von Darlehensgeschäften besteht aber insoweit, als das Verleihen der zur Verfügung gestellten Wertpapiere für Rechnung des betreffenden Bankkunden erfolgt. Denn die Kunden erteilen ihrer Bank einen kommissionsrechtlichen Auftrag zum Verleihen der hierzu überlassenen Wertpapiere. Ein solches Handeln für fremde Rechnung hat zur Folge, daß alle materiellen Vorteile (Gewinne) und Nachteile (Verluste) des Ausführungsgeschäfts mit dem Dritten dem Bankkunden als Auftraggeber (Kommittenten) zugute kommen bzw. zur Last fallen[25].

13.16

Dagegen gewährt die Bank regelmäßig Geldkredite auch dann für eigene Rechnung, wenn sie die Kredite wie üblich aus hereingenommenen Geldern ihrer Kunden (Einleger) refinanziert. Dies gilt selbst dann, wenn die Bank zweckgebundene öffentliche Mittel an die Kreditnehmer „durchleitet", sofern sie, wie im Regelfall, die Darlehensverträge im eigenen Namen abschließt. Beim Wertpapier-Leihgeschäft der Kreditinstitute besteht also, wenn die zu verleihenden Wertpapiere von interessierten Kunden zur Verfügung gestellt werden, neben dem Darlehensvertrag mit dem Darlehensnehmer ein **kommissionsrechtliches Geschäftsbesorgungsverhältnis** zum verleihenden Kunden.

13.17

An dieser kommissionsrechtlichen Vertragsbeziehung fehlt es aber bei Wertpapier-Leihgeschäften zwischen Kreditinstituten, wenn die verleihende Bank auf eigene Wertpapierbestände zurückgreifen kann. Hier werden unmittelbare Darlehensverträge zwischen den beteiligten Kreditinstituten geschlossen. Dieses sog. Interbankengeschäft hat eine Parallele im Wertpapierhandel, wenn die beteiligten Kreditinstitute aus eigenen Wertpapierbeständen liefern oder Wertpapiere in den Eigenbestand übernehmen (sog. Nostrohandel). Für den **Interbankenhandel** im Wertpapier-Leihgeschäft ist mittlerweile ein einheitlicher Standard-Rahmenvertrag entwickelt worden, der vom Bundeskartellamt genehmigt worden ist[26].

13.18

---

25 *Schlegelberger/Hefermehl*, § 383 Rn 21, 32; Großkomm.HGB/*Koller*, § 383 Rn 6, 15.
26 *Sonnenberg*, Die Bank 1994, 357.

III. Wirtschaftliche Bedürfnisse für die Wertpapierleihe

13.19 Die Wertpapier-Leihgeschäfte stehen in einem engen wirtschaftlichen Zusammenhang mit dem Wertpapiergeschäft der Kreditinstitute und dem Börsenterminhandel. Dies spricht auch dafür, die Wertpapierleihe nicht bei den kommerziellen Bankgeschäften (Commercial Banking), sondern im Rahmen des Wertpapiergeschäfts darzustellen.

13.20 Ein wirtschaftliches Bedürfnis für Wertpapier-Leihgeschäfte kann sich vor allem bei der **Abwicklung von Kassageschäften** ergeben. Dies gilt insbesondere in den Fällen, in denen die verkaufende Bank die Wertpapiere von ihrem Auftraggeber bzw. Verkaufskontrahenten eines vorgeschalteten Durchhandelsgeschäfts nicht rechtzeitig innerhalb der zweitägigen Lieferfrist erhalten hat. Durch Inanspruchnahme des Wertpapier-Leihsystems können die Nachteile eines Lieferungsverzuges vermieden werden.

13.21 Mit Hilfe der Wertpapierleihe kann auch ein **typisches Risiko der Börsentermingeschäfte begrenzt** werden. Ein Terminkontrahent, der die zugrundeliegenden Wertpapiere bei Fälligkeit des Kontraktes abnehmen muß, kann sich mit Hilfe der Wertpapiere gegen fallende Kurse schützen. Die erst später abzunehmenden Wertpapiere können schon vor der Fälligkeit des Terminkontraktes im Kassamarkt verkauft werden, um einen noch größeren Verlust durch weiter fallende Kurse zu vermeiden. Hierzu wird für die sofortige Belieferung des Kassaverkaufs eine dem Terminkontrakt entsprechende Anzahl von Wertpapieren entliehen. Die Verpflichtung zur Rückgewähr der entliehenen Wertpapiere kann später mit den Wertpapieren erfüllt werden, die der Entleiher bei Fälligkeit des Terminkontraktes abzunehmen hat.

13.22 Das Wertpapier-Leihsystem ermöglicht auch Arbitragegeschäfte zwischen Termin- und Kassamarkt zwecks Ausnutzens von Kursdifferenzen. Hier besteht ein Leihbedürfnis, wenn Wertpapiere per Termin gekauft und noch am selben Tage im Kassamarkt weiterverkauft werden sollen. Die für die sofortige Belieferung des Kassaverkaufs benötigten Wertpapiere werden bis zur späteren Lieferung durch den Terminverkäufer entliehen. Das Wertpapier-Leihsystem hilft also die unterschiedlichen Lieferfristen des Termin- und Kassamarktes zu überbrücken.

13.23 Die Wertpapierleihe wird in zunehmendem Maße auch **bei Aktienemissionen** genutzt, wenn dem Emissionskonsortium in dem Übernahmevertrag eine sog. Greenshoe-Option eingeräumt wird, bei deren Ausübung den Konsortialbanken zusätzliche Aktien in gleicher Ausstattung wie die übernommenen Aktien darlehensweise zu überlassen sind. Die hieraus resultierende Rückgewährspflicht (§ 607 BGB) können die Konsortialbanken mit Aktien erfüllen, die zur Kurspflege in der sog. Stabilisierungsphase am Kapitalmarkt gekauft worden sind[27].

Das wirtschaftliche Interesse des Verleihers liegt in dem von dem Entleiher zu entrichtenden Entgelt für die Überlassung der Wertpapiere[28]. Mit seiner Vereinnahmung kann der Verleiher die Rendite seines Depots verbessern.

13.24

IV. Ausführung von Verleihaufträgen

Beauftragt ein Kunde seine Bank mit dem Verleihen seiner Wertpapiere, so kommt zwischen ihm und der Bank ein **Kommissionsvertrag** zustande[29]. Solche kommissionsrechtlichen Vertragsverhältnisse werden begründet, wenn die Bank im Rahmen ihres Betriebes Geschäfte für Rechnung ihrer Kunden im eigenen Namen zu schließen übernimmt (§§ 383, 406 HGB). Diese Kundenaufträge können in dem 1990 eigens hierfür geschaffenen Wertpapier-Leihsystem der Deutsche Börse Clearing AG als mittlerweile einziger deutscher Wertpapiersammelbank ausgeführt werden. Eine Ausführung kommt auch in dem institutseigenen Leihsystem in Betracht.

13.25

Umstritten ist, ob bei der Erteilung solcher Verleihaufträge die förmliche Aneignungsermächtigung im Sinne des § 13 DepG einzuholen ist, wenn die zu verleihenden Wertpapiere von der beauftragten Bank depotmäßig aufbewahrt werden. Nach dieser Gesetzesbestimmung muß eine Kundenklausel, durch die die Depotbank ermächtigt wird, sich die anvertrauten Wertpapiere anzueignen oder das Eigentum an ihnen auf Dritte zu übertragen, bestimmten Formerfordernissen entsprechen (§ 13 Abs. 1 DepG). Auf solche „Verleih"kommissionen ist jedoch das Depotgesetz und damit auch der § 13 DepG unanwendbar. Denn die dem Depotgesetz unterworfene Vertragsbeziehung zwischen dem Depotkunden und der Bank erfordert die Tatbestandsmerkmale eines Verwahrvertrages im Sinne des BGB (§ 688)[30]. Hieran fehlt es, wenn die **Aufbewahrungspflicht** der Bank **keine**

13.26

---

27 *Bosch/Groß* in Bankrecht und Bankpraxis, Rn 10/271; *Hein*, WM 1996, 1, 6 ff.
28 Vgl. Nr. 11 der „Bedingungen für Wertpapiere der Deutsche Börse Clearing AG (bislang: „Deutscher Kassenverein AG").
29 Vgl. Nr. 1 Abs. 1 S. 1 der „Sonderbedingungen für Wertpapiergeschäfte im Wertpapier-Leihsystem der Deutsche Kassenverein Aktiengesellschaft" (Deutsche Börse Clearing AG), Frankfurt.
30 *Heinsius/Horn/Than*, DepG, § 2 Rn 12; *Kümpel* in Bankrecht und Bankpraxis Rn 8/10; *Schönle*, Bank- und Börsenrecht, 2. Aufl., 1976, S. 283.

Hauptleistung, sondern nur eine **Nebenleistung** zu der geschuldeten Hauptleistung darstellt, wie dies mit der Erteilung einer solchen Verleihkommission der Fall ist. Durch die Veränderung der Rechtsnatur der Vertragsbeziehung in ein Kommissionsverhältnis wird die bisherige Pflicht zur Aufbewahrung der verleihbaren Wertpapiere als eine die depotgeschäftliche Vertragsbeziehung prägende Hauptpflicht zu der Nebenpflicht herabgestuft, die Wertpapiere noch so lange sorgfältig aufzubewahren, bis sie auftragsgemäß verliehen worden sind.

13.27 **Nach Erteilung des Verleihauftrages** wird also die kommissionsrechtliche Ausführungspflicht zur geschuldeten Hauptleistung und der Depotkunde insoweit zum Kommittenten wie bei der Erteilung einer Verkaufsorder. Diese gesetzliche Umwandlung („Mutation") der depotgeschäftlichen Obhutspflicht in eine schlichte Nebenpflicht zur sorgfältigen Aufbewahrung bis zur Auftragsausführung hat zur Folge, daß es an einem Verwahrungsverhältnis im Sinne des Depotgesetzes fehlt[31] und damit § 13 DepG nicht mehr anwendbar ist. Denn die Rechtsnatur der Aufbewahrungspflicht der Bank bestimmt sich nach einhelliger Meinung allein danach, ob sie eine Haupt- oder Nebenleistung darstellt. Unwesentlich ist dagegen, ob der Bank die zu verleihenden Wertpapierurkunden erst bei Übertragung der Verleihkommission zur Verfügung gestellt worden sind oder sie den Besitz schon aufgrund vorausgegangener depotgeschäftlicher Vertragsbeziehung erlangt hat.

13.28 Das Bundesaufsichtsamt für das Kreditwesen bejaht jedoch die Anwendbarkeit des § 13 DepG auf Verleihkommissionen. Mit Rücksicht auf die expansive Entwicklung des inländischen Verleihgeschäfts hat daher das 2. Finanzmarktförderungsgesetz die strengen Formvorschriften des Depotgesetzes abgemildert. Diese Vorschriften sollen vor allem dem Schutz der Depotkunden dienen, die mit dem Bankgeschäft nicht in ausreichendem Umfange vertraut sind. Ist aber davon auszugehen, daß der Depotkunde selbst die Bedeutung der einzelnen Ermächtigungen der Bank und der mit dieser getroffenen Vereinbarungen übersieht, so bedarf es eines solchen Schutzes nicht[32]. Nach der Neufassung des **§ 16 DepG** durch das 2. Finanzmarktförderungsgesetz gilt daher eine Befreiung von Formvorschriften, u.a. auch von § 13 DepG, wenn der Depotkunde ein Kaufmann ist, der in das Handelsregister oder Genossenschaftsregister eingetragen ist (Nr. 1) oder im Falle einer juristischen Person des öffentlichen Rechts

---

31 *Soergel/Mühl,* vor § 688 Rn 2; *Staudinger/Reuter,* Vorbem. zu § 688 Rn 4; *Palandt/Sprau,* Einf. v. § 688 Rn 3.
32 Amtliche Begr. zu § 16 DepG, abgedruckt bei *Opitz,* DepG, 2. Aufl., 1955, S. 251.

nach der für sie maßgebenden gesetzlichen Regelung, nicht eingetragen zu werden braucht (Nr. 2) oder nicht eingetragen wird, weil er seinen Sitz oder seine Hauptniederlassung im Ausland hat (Nr. 3).

Mit dieser Neuregelung sollte auch der bevorstehenden Umsetzung der EG-Wertpapierdienstleistungs-Richtlinie Rechnung getragen werden, als deren Folge professionelle Marktteilnehmer ohne Bankeigenschaft an den deutschen Wertpapierleihsystemen teilnehmen werden. Die strengen depotgesetzlichen Formvorschriften sind jedoch im internationalen Vergleich einer praxisgerechten Auftragsausführung sehr hinderlich[33]. 13.29

V. Unzulässigkeit der Stimmrechtsausübung durch den Entleiher[34]

Für die Praxis stellt sich die Frage, ob der Entleiher nach dem Darlehensvertrag berechtigt ist, die Stimmrechte aus den entliehenen Wertpapieren auszuüben. Hierzu ist der Entleiher nur in der Lage, wenn er die betreffenden Wertpapiere nicht, wie im Regelfall, zur Erfüllung einer Lieferverbindlichkeit gegenüber einem Dritten verwendet, sondern das Eigentum an den Aktienurkunden behält, um mittels des Stimmrechts eigene Zwecke zu verfolgen. Als solche Zwecke erlangen insbesondere der Abschluß von Unternehmensverträgen, die Eingliederung oder Verschmelzung sowie sonstige konzernrechtlich relevante Maßnahmen praktische Bedeutung. 13.30

Könnte der Entleiher die dazu erforderlichen Hauptversammlungsbeschlüsse mittels des Stimmrechts aus den entliehenen Aktien herbeiführen, wäre die Erlangung der Kontrolle über ein Unternehmen künftig mit geringerem Mitteleinsatz möglich. Dies wäre als ordnungspolitisch unerwünscht anzusehen. Die entsprechende Gefahr wächst angesichts der stark sinkenden Präsenzen auf den Hauptversammlungen der deutschen Publikumsgesellschaften. Solange der Entleiher die Wertpapiere noch nicht veräußert hat und damit als deren Eigentümer Aktionär ist, hat er die ihm zustehenden Stammrechte der Gesellschaft zu melden, wenn er die in § 21 WpHG bestimmten Schwellenwerte von 5, 10, 25, 50 oder 75 Prozent erreicht oder überschritten hat[35]. 13.31

Unter **Berücksichtigung des Zwecks der Wertpapierleihe** und der berechtigten Interessen des Verleihers ist die Ausübung der Stimmrechte aus 13.32

---

33 Begr. des RegE des 2. FFG, BT-Drucksache 12/6679, S. 88.
34 *Kümpel/Peters*, AG 1994, 525 ff.
35 *Schneider* in Assmann/Schneider, WpHG, § 22 Rn 44, 45; *Burgard*, BB 1995, 2069, 2073 ff.

den entliehenen Wertpapieren als vertragswidrig und daher als unzulässig anzusehen.

13.33 Eine solche **Stimmrechtsausübung** stellt zudem eine **Ordnungswidrigkeit** dar, die mit einer Geldbuße bis zu DM 50 000 geahndet werden kann (§ 405 Abs. 4 AktG). Ordnungswidrig handelt, wer zur Ausübung von Rechten in der Hauptversammlung Aktien eines anderen benutzt, die er sich zu diesem Zweck durch Gewähren besonderer Vorteile verschafft (§ 405 Abs. 3 Nr. 2 AktG). Diese Bestimmung zielt auf die entgeltliche Aktienleihe[36], um Umgehungsmöglichkeiten für den ebenfalls unzulässigen Stimmenkauf (§ 405 Abs. 3 Nr. 6, 7 AktG) auszuschließen[37]. Die Ordnungswidrigkeit setzt voraus, daß der Täter Eigentum an den Wertpapieren erwirbt, wie dies auf die Wertpapierleihe als Wertpapierdarlehen im rechtlichen Sinne zutrifft (vgl. § 607 BGB)[38]. Das **erforderliche Tatbestandsmerkmal** „Verschaffung der Aktien durch Gewähren besonderer Vorteile" ist bei der Wertpapierleihe **erfüllt**. Der Entleiher hat für die Überlassung der Aktien ein Entgelt zu bezahlen. Als ein solcher „besonderer Vorteil" kommt insbesondere eine Geldzahlung in Betracht[39].

13.34 **Nicht erforderlich** ist, daß der Verleiher die Aktien dem Entleiher zur Stimmrechtsausübung gegen Entgelt überläßt, um hierdurch die Rendite aus den Aktien zu erhöhen. Dies würde ebenfalls eine bußgeldbewehrte Ordnungswidrigkeit darstellen (§ 405 Abs. 3 Nr. 3 AktG). In dieser Fallkonstellation dürfte der Darlehensvertrag wegen Verstoßes gegen ein gesetzliches Verbot unwirksam sein (§ 134 BGB). Ein solches Verbotsgesetz liegt stets dann vor, wenn das Rechtsgeschäft wegen seines Inhaltes unterbunden werden soll[40]. Solche Rechtsgeschäfte sind aus übergeordneten Gesichtspunkten unerwünscht. Geschütztes Rechtsgut bei diesen Ordnungswidrigkeiten ist die Abschirmung der Hauptversammlung von einer illegitimen Beeinflussung durch die unbefugte Benutzung von Aktien. Durch die Abstimmung in der Hauptversammlung soll eine Meinungs- und Willensbildung zustandekommen, die von einem solchen Stimmrechtsmißbrauch unverfälscht ist[41].

---

36 Großkomm. zum AktG/*Klug*, § 405 Anm. 27.
37 Kölner Komm. zum AktG/*Geilen*, § 405 Rn 96.
38 Erwirbt der Täter kein Eigentum an den Aktienurkunden und benutzt er damit Aktien „eines anderen", liegt eine Ordnungswidrigkeit im Sinne des § 405 Abs. 1 Nr. 1 AktG vor (Kölner Komm. zum AktG/*Geilen*, § 405 Rn 81).
39 Großkomm. zum AktG/*Klug*, § 405 Anm. 27; vgl. weiter Kölner Komm. zum AktG/*Geilen*, § 405 Rn 143 ff.
40 *Staudinger/Dilcher*, § 134 Rn 1.
41 Kölner Komm. zum AktG/*Geilen*, § 405 Rn 77.

1. Beeinträchtigung des wirtschaftlichen Eigentums des Verleihers

Für die **Vertragswidrigkeit der Stimmrechtsausübung** spricht, daß hierdurch in die Rechtsstellung des Verleihers eingegriffen werden kann. Nach der Ausgestaltung der Wertpapierleihe durch die Bedingungen für Wertpapier-Leihgeschäfte der Deutsche Börse Clearing AG hat der Verleiher eine wirtschaftlich vergleichbare Rechtsstellung wie beim Abschluß eines Leihvertrages im rechtlichen Sinne, bei dem der überlassene Gegenstand nicht aus dem Vermögen des Verleihers ausscheidet. Der Verleiher kann daher ungeachtet des Verlustes seines Eigentums als wirtschaftlicher Eigentümer der Wertpapiere angesehen werden[42].

13.35

Wirtschaftlicher Eigentümer ist nach allgemeiner Ansicht derjenige, der, ohne Eigentümer im Sinne von § 903 BGB zu sein, vor allem den alleinigen Nutzen aus der Sache zieht und dem Wertsteigerungen der Sache zugute kommen[43]. Die Vermögenszuordnung nach wirtschaftlichen Gesichtspunkten ist zivilrechtlich[44] von Rechtsprechung und Lehre anhand der Treuhandverhältnisse entwickelt worden[45].

13.36

Obwohl die konzernrechtlichen Maßnahmen, die hier von besonderem Interesse sind, regelmäßig Vorkehrungen zum Schutz der Belange der außenstehenden Aktionäre auslösen, wird man eine Beeinträchtigung ihrer Mitgliedschaft durch solche Maßnahmen nicht ausschließen können, so daß das wirtschaftliche Eigentum des Verleihers in Gefahr geraten könnte. Bereits diese **Gefährdung** läuft seinen berechtigten Interessen zuwider, der sie deshalb nicht hinzunehmen braucht.

13.37

2. Vertragliche Nebenpflicht des Entleihers zur Nichtausübung der Stimmrechte

Die Stimmrechtsausübung durch den Entleiher ist auch deshalb unzulässig, weil er hierdurch das Instrument der Wertpapierleihe zweckwidrig einsetzen würde. Die Wertpapierleihe soll den Entleiher nur in die Lage versetzen, mit Hilfe der entliehenen Wertpapiere eine eigene Lieferverbindlichkeit zu erfüllen. Dieser wirtschaftliche Zweck des Wertpapier-Leihgeschäfts bestimmt den Inhalt der Auslegung des über die Wertpapiere geschlossenen Darlehensvertrages.

13.38

---

42 *Prahl/Naumann*, WM 1992, 1173, 1178.
43 *Junker*, AcP 193 (1993), S. 348, 354.
44 Zum steuerrechtlichen Begriff des wirtschaftlichen Eigentümers vgl. § 39 Abs. 2 Nr. 1 AO.
45 Vgl. BGH WM 1955, 372, 376; 1959, 686, 687; *Soergel/Mühl*, Einl. Sachenrecht Rn 47 f.; *Baur/Stürner*, Lehrbuch des Sachenrechts, 17. Aufl., 1999, S. 22.

13.39 Sie wird regelmäßig zu dem Ergebnis gelangen, daß der Entleiher zur Nichtausübung der Stimmrechte verpflichtet ist, um nicht die dem Verleiher verbliebene Rechtsstellung zu schmälern. Für den Entleiher der Wertpapiere besteht insoweit eine vertragliche Nebenpflicht. Bei ihr handelt es sich um die allgemeine Leistungstreuepflicht, derzufolge die Parteien alles zu unterlassen haben, was den Vertragszweck und den Leistungserfolg beeinträchtigen oder gefährden kann[46].

13.40 Obgleich die Ausübung des Stimmrechts aus den entliehenen Wertpapieren eine **Vertragsverletzung** darstellt, ist der Entleiher rechtlich in der Lage, das Stimmrecht auszuüben. Aktienrechtlich setzt die Befugnis zur Stimmrechtsausübung lediglich das Eigentum an den Wertpapierurkunden voraus, in denen das Mitgliedschaftsrecht verbrieft ist. Ein interner Pflichtverstoß, etwa im Verhältnis von Treugeber und Treuhänder, macht die Stimmrechtsausübung und durch sie bewirkte Beschlüsse nicht unwirksam.

3. Einzelfälle

13.41 Besonders gefährdet erscheint auf den ersten Blick die Rechtsstellung des Verleihers im Falle der **Eingliederung.** Sie ist bereits möglich, wenn sich 95% der Aktien der einzugliedernden Untergesellschaft „in der Hand" der zukünftigen Hauptgesellschaft befinden (§ 320 Abs. 1 S. 1 AktG).

13.42 Diese gesetzliche Formulierung ist aus dem Umwandlungsgesetz übernommen worden und soll – wie dort – nur zum Ausdruck bringen, daß die zukünftige Hauptgesellschaft formale Eigentümerin der Aktien sein muß[47]. Während dies bei der Eingliederung nach § 319 Abs. 1 S. 1 AktG umstritten ist, besteht bei der **Mehrheitseingliederung** Übereinstimmung, daß eine schuldrechtliche Pflicht der Hauptgesellschaft, die von ihr gehaltenen Aktien ganz oder teilweise einem Dritten zu übereignen, die Eingliederung nicht hindert[48].

13.43 Wird daher die Eingliederung mit Hilfe von entliehenen Aktien der Untergesellschaft beschlossen, könnte der Verleiher seine Rechtsstellung als wirtschaftlicher Eigentümer verlieren, weil nunmehr alle Aktienrechte der eingegliederten Gesellschaft kraft Gesetzes der Hauptgesellschaft zugewiesen sind (§ 320 Abs. 4 S. 1 AktG). Allerdings verliert der Verleiher infolge der Eingliederung nicht den Rückgewähranspruch aus dem Darlehensvertrag. Denn durch die Eingliederung gehen die Aktien der einge-

---

46 *Palandt/Heinrichs,* § 242 Rn 27.
47 Begr. des RegE bei *Kropff,* Aktiengesetz, 1965, 422.
48 Kölner Komm. zum AktG/*Koppensteiner,* Vorbem. § 319 Rn 9 f. m.w.Nachw.

gliederten Gesellschaft nicht unter, so daß dem Entleiher die Erfüllung des Rückgewährsanspruchs weiterhin möglich bleibt. Mit einer solchen **Erfüllung endet die Eingliederung** kraft Gesetzes. § 327 Abs. 1 Nr. 3 AktG sieht die Beendigung der Eingliederung vor, wenn sich nicht mehr alle Aktien der eingegliederten Gesellschaft in der Hand der Hauptgesellschaft befinden.

Andere Rechtsprobleme werden aufgeworfen, wenn der Entleiher mit Hilfe des Stimmrechts aus den entliehenen Wertpapieren den Abschluß eines **Unternehmensvertrages** (§ 291 Abs. 1 S. 1 AktG) mit der Untergesellschaft herbeiführt. In dieser Situation dürfte die **Beeinträchtigung** des wirtschaftlichen Eigentums des Verleihers bereits in der Ungewißheit über die Angemessenheit der den außenstehenden Aktionären und damit auch ihm nach Rückgabe der entliehenen Wertpapiere zu gewährenden Abfindung (§ 305 AktG) oder des Ausgleichs (§ 304 AktG) liegen. Selbst wenn seine vermögensrechtliche Sicherung nach Abschluß des Unternehmensvertrages im Einzelfall nicht in Frage stehen sollte, bleibt die mitgliedschaftliche Rechtsstellung der außenstehenden Aktionäre doch geschmälert, so daß eine Beeinträchtigung der Rechtsstellung des Verleihers wohl regelmäßig bejaht werden kann. 13.44

Dem Grunde nach besteht daher ein **Schadensersatzanspruch des Verleihers** gegen den Entleiher, der neben den fortbestehenden Rückgewährsanspruch aus dem Darlehen tritt. 13.45

Als **weitere Rechtsgrundlage** kommt eine unerlaubte Handlung durch Verletzung eines Schutzgesetzes in Betracht. Nach wohl herrschender Meinung sind die Ordnungswidrigkeitstatbestände in Gestalt der Ausübung der Stimmrechte aus entliehenen Aktien Schutzgesetze im Sinne des § 823 Abs. 2 BGB[49]. 13.46

Fraglich ist indes, worin die Rechtsfolge des Schadensersatzanspruchs liegt. Anders als bei der Eingliederung wird in vielen Fällen eine Aufhebung des Unternehmensvertrages ausscheiden; hier ist die Wiederherstellung des früheren Zustandes (§ 249 Abs. 1 BGB) ausgeschlossen. 13.47

Dem Verleiher stünde demnach lediglich ein Schadensersatzanspruch zu, der auf Geld gerichtet ist (§ 251 Abs. 1 BGB). Seiner Geltendmachung steht jedoch praktisch entgegen, daß der Verleiher kaum in der Lage sein wird, die Höhe des bei ihm eingetretenen Schadens in ausreichender Weise darzulegen und zu beweisen. Um den damit verbundenen, möglicherweise endgültigen Rechtsverlust des Verleihers der Wertpapiere zu 13.48

---

49 Großkomm. zum AktG/*Klug*, § 405 Anm. 23; *Baumbach/Hueck*, AktG, 13. Aufl., 1968, Rn 11; a.A. Kölner Komm. zum AktG/*Geilen*, § 405 Rn 77.

verhindern, könnte de lege ferenda erwogen werden, das Stimmrecht des Wertpapierentleihers gesetzlich auszuschließen.

13.49 Für einen solchen gesetzlichen Ausschluß spricht zudem, daß es die zwischenzeitlich errichteten Wertpapierleihsysteme wesentlich erleichtern, sich Aktien zur unzulässigen Stimmrechtsausübung in Hauptversammlungen zu beschaffen. Eine Geldbuße von höchstens DM 50 000 (§ 405 Abs. 4 AktG) dürfte keine adäquate Abschreckung darstellen.

VI. Wertpapierleihgeschäfte keine Bankgeschäfte

13.50 Sowohl aus der Sicht des verleihenden als auch aus der des entleihenden Kreditinstituts erfüllen die Wertpapiergeschäfte nicht die tatbestandsmäßigen Voraussetzungen von Bankgeschäften im Sinne des § 1 Abs. 1 KWG.

1. Kein bankmäßiges Kreditgeschäft

13.51 Das Wertpapierleihgeschäft gehört aus der Sicht der verleihenden Kreditinstitute nicht zu den Kreditgeschäften, wie sie der im § 1 Abs. 1 S. 2 KWG enthaltene Katalog der Bankgeschäfte abschließend definiert[50]. Hierzu rechnen das Gelddarlehen im Sinne des § 607 BGB und solche Kreditgeschäfte im wirtschaftlichen Sinne, die wie der Akzeptkredit, das Diskont- und das Garantiegeschäft ausdrücklich in § 19 KWG genannt sind[51]. Die verleihende Bank erwirbt dagegen einen Anspruch auf Wertpapiere der überlassenen Art und Menge. Das Wertpapierleihgeschäft bedarf daher **keiner Genehmigung** der Bankaufsichtsbehörde. Vielmehr genügt die **übliche Anzeige** an die Aufsichtsbehörde. Sie ist zu erstatten, wenn Kreditinstitute Geschäfte betreiben, die keine Bankgeschäfte sind (§ 24 Abs. 1 Nr. 9 KWG).

13.52 Der Anspruch auf Rückgewähr von Wertpapieren gleicher Art und Menge erfüllt auch nicht den **Kreditbegriff** im Sinne des § 19 KWG[52]. Dieser Kreditbegriff erfaßt auch Forderungen aus Geschäften der Kreditinstitute, die außerhalb des bankmäßigen Kreditgeschäfts im engeren Sinne des

---

50 Dies hat der Gesetzgeber bei der Neufassung des § 1 Abs. 1 Nr. 1 KWG durch das Gesetz zur Umsetzung von EG-Richtlinien zur Harmonisierung bank- und wertpapieraufsichtsrechtlicher Vorschriften vom Juli 1997 bestätigt (BT-Drucksache 13/7142, S. 63)
51 *Bähre/Schneider*, § 1 Rn 8.
52 Vgl. Schreiben des Bundesaufsichtsamtes für das Kreditwesen vom 25. 8. 1987 (*Consbruch/Möller/Bähre/Schneider*, KWG, Tz. 17.49).

Kataloges des § 1 KWG getätigt werden. Unter diesen erweiterten Begriff fallen z.B. auch das Finanzierungsleasing der Kreditinstitute und der Ankauf von Geldforderungen im Rahmen von Factoring-Geschäften. Der erweiterte Kreditbegriff des KWG erfaßt jedoch nur Forderungen, die auf Geld gerichtet sind. Bei der Wertpapierleihe als einem Sachdarlehen sind aber Wertpapiere zurückzugewähren[53]. Damit entfallen auch die Anzeigen und Begrenzungen des KWG für das Kreditgeschäft, wie sie bei Großkrediten, Millionenkrediten und Organkrediten zu beachten sind (§§ 13 bis 18 KWG).

2. Kein bankmäßiges Einlagengeschäft

Die Wertpapier-Leihgeschäfte gehören aus der Sicht der entleihenden Kreditinstitute auch nicht zum bankmäßigen Einlagengeschäft des Katalogs der Bankgeschäfte im Sinne des § 1 KWG[54]. Die **Rückgewährsverpflichtung** der entleihenden Bank erfüllt nicht die begrifflichen Voraussetzungen einer bankmäßigen Einlage. Nach den von der Bankenaufsicht entwickelten Begriffsmerkmalen liegen **Einlagen** nur vor, „wenn jemand von mehreren Geldgebern, die keine Kreditinstitute im Sinne des § 1 Abs. 1 KWG sind, fremde Gelder aufgrund typisierter Verträge als Darlehen (§ 607 BGB) oder zur unregelmäßigen Verwahrung (§ 700 BGB) ohne Bestellung banküblicher Sicherheiten und ohne schriftliche Vereinbarung im Einzelfall laufend annimmt"[55]. Soweit die entleihende Bank dem Verleiher banktübliche Sicherheiten bestellt, kann schon aus diesem Grunde keine bankmäßige Einlage gegeben sein. Denn der Begriff der bankgeschäftlichen Einlage erfaßt nach einhelliger Meinung keine Rückgewährsansprüche, für die banktübliche Sicherheiten bestellt worden sind[56]. Auch die Bankenaufsicht vertritt seit langem die Auffassung, daß solche Einlagen regelmäßig nur dann vorliegen, wenn fremde Gelder ohne Bestellung banküblicher Sicherheiten hereingenommen worden sind[57]. Nach Auffassung der Bankenaufsicht handelt es sich hierbei um Sicherheiten, die dem einzelnen Gläubiger bestellt worden sind und aus denen er sich ohne rechtsgeschäftliche Mitwirkung Dritter befriedigen könnte, wie dies nach

13.53

---

53 *Consbruch/Möller/Bähre/Schneider*, KWG, § 1 Rn 11.
54 Dies hat der Gesetzgeber bei der Neufassung des § 1 Abs. 1 Nr. 1 KWG durch das Gesetz zur Umsetzung von EG-Richtlinien zur Harmonisierung bank- und wertpapieraufsichtsrechtlicher Vorschriften vom Jahre 1997 bestätigt (BT-Drucksache 13/7142, S. 63).
55 Vgl. BVerwG WM 1984, 1364, 1367; VG Berlin WM 1986, 879, 882.
56 BVerwG WM 1984, 1364, 1367; VG Berlin WM 1986, 879, 882; *Consbruch/ Möller/Bähre/Schneider*, KWG, § 1 Rn 7; *Szagunn/Haug/Ergenzinger*, KWG, § 1 Rn 17.
57 VG Berlin WM 1986, 879, 882.

dem Besicherungskonzept des Leihsystems der Deutsche Börse Clearing AG möglich ist[58].

a) Keine Mindestreservepflicht

13.54 Diese Verbindlichkeiten können nach Auffassung der Bundesbank auch nicht als aufgenommene Gelder im Sinne des früheren § 16 Abs. 1 BBankG angesehen werden. Damit unterliegen sie auch nicht der Mindestreservepflicht.

b) Rückgewährsverpflichtung des Entleihers in der Einlagensicherung

13.55 Der Rückgewährsanspruch des Verleihers ist nicht durch die Einlagensicherung der privaten Banken geschützt. Denn es **fehlt** an einem echten **Schutzbedürfnis,** das das Eingreifen der Einlagensicherung rechtfertigen könnte. Das Kreditwesengesetz mit seinen Sicherungsmechanismen soll bei der Hereinnahme von Vermögenswerten nur in solchen Fällen zum Tragen kommen, in denen das Vertrauen des Publikums auf die Sicherheit ihrer Einlagen als schutzwürdig erscheint. Hieran fehlt es jedoch, wenn die Rückgewährsansprüche der Bankkunden durch die Bestellung banküblicher Sicherheiten geschützt werden, wie dies beim Sicherungskonzept des Leihsystems der Deutsche Börse Clearing AG der Fall ist. Fehlt es aber an einem ausreichenden Schutzbedürfnis für die Inanspruchnahme der Sicherungs- und Aufsichtsvorkehrungen des KWG, so verbietet sich erst recht ein Schutz durch die Einlagensicherung als einer nur flankierenden Schutzmaßnahme für das Einlagengeschäft. Andererseits knüpft die Einlagensicherung formal an den Bilanzausweis der Bankverbindlichkeiten an. Danach sind alle Verbindlichkeiten gegenüber Nicht-Kreditinstituten geschützt, die in der Bilanzposition II (Verbindlichkeiten aus dem Bankgeschäft gegenüber anderen Gläubigern) auszuweisen sind. Vorsorglich ist von einem solchen Bilanzausweis für die Rückgewährsverbindlichkeiten aus den Wertpapierleihgeschäften auszugehen. Denn nach Auffassung der Bundesbank hat ein solcher bilanzmäßiger Ausweis immer dann zu erfolgen, solange die Wertpapierdarlehensgeber und -nehmer einander nicht bekannt sind, wie dies im Wertpapierleihsystem der Deutsche Börse Clearing AG der Fall ist. Wegen dieser Anonymität müßten die Darlehensgeber dem Nicht-Bankenbereich zugeordnet werden; anderenfalls würde ein „zu guter" Bilanzausweis erfolgen[59]. In dem Statut der Einlagensicherung des privaten Bankgewerbes ist daher die Rückgewährs-

---

58 Vgl. *Szagunn/Haug/Ergenzinger,* KWG, § 1 Rn 17.
59 Schreiben des Bundesaufsichtsamtes für das Kreditwesen vom 25. 8. 1987 (*Consbruch/Möller/Bähre/Schneider,* KWG, Tz. 17.49).

verbindlichkeit ausdrücklich aus dem Kreis der geschützten Verbindlichkeiten ausgeschlossen worden.

VII. Behandlung von Wertpapierdarlehen in der Jahresbilanz der Kreditinstitute sowie im Rahmen der KWG-Normen[60]

Sowohl handels- als auch steuerrechtlich fehlt es an besonderen Bilanzierungsregeln für Wertpapierleihgeschäfte, so daß nach der überwiegenden Meinung diejenigen Rechnungslegungsgrundsätze Anwendung finden, welche für Sachdarlehen gelten[61]. Nach Inkrafttreten des § 340b HGB stellt sich die Frage, ob die für echte Pensionsgeschäfte geltenden Grundsätze[62], wonach die verpensionierten Wertpapiere weiterhin in der Bilanz des Pensionsgebers auszuweisen sind, auch auf die Wertpapier-Leihe übertragbar sind. Ein solcher Ausweis erscheint sachgemäß, wenn man mit der Mindermeinung in dem echten Pensionsgeschäft ein Gelddarlehen an den Pensionsgeber erblickt. Bei dieser Betrachtungsweise stellt sich die Übertragung der Pensionspapiere an den Pensionsnehmer als eine Sicherungsübereignung dar, die eine weitere **bilanzielle Erfassung der Papiere beim Pensionsgeber** als Sicherheitenbesteller rechtfertigt. Für eine Bilanzierung der verliehenen Wertpapiere beim Verleiher spricht, daß dieser aufgrund der vertraglichen Ausgestaltung der Wertpapierleihe so gestellt wird, als wäre er wie ein Verleiher im rechtlichen Sinne Eigentümer der Wertpapiere geblieben. Der Verleiher verfügt also auch während der Verleihdauer über die Substanz und Ertrag der verliehenen Wertpapiere[63].

13.56

Nach der derzeitigen Formulierung des § 340b Abs. 1 HGB dürfte sich diese Norm aber nicht auf die Wertpapierleihe erstrecken, weil nach der Gesetzesfassung ein (Kassa)Verkauf der verpensionierten Wertpapiere erforderlich erscheint. Dagegen ist Art. 12 Abs. 1 der EG-Bilanzrichtlinie, der durch § 340b HGB umgesetzt werden sollte, nicht nur auf das echte Pensionsgeschäft, sondern auch auf die Wertpapierleihe anwendbar. Insoweit besteht also ein Bedürfnis nach Harmonisierung des deutschen Rechts mit dem Gemeinschaftsrecht durch richtlinienkonforme Änderung des § 340b Abs. 1 HGB[64].

13.57

---

60 Ebd.
61 *Häuselmann/Wiesenbart*, DB 1990, 2129, 2130; *Prahl/Naumann*, WM 1992, 1173.
62 Vgl. hierzu *Waschbusch*, BB 1993, 172.
63 *Prahl/Naumann*, WM 1992, 1173, 1178, 1179.
64 *Hartung*, BB 1993, 1175.

13.58 Die herrschende Meinung und die ihr folgende Bankenaufsicht unterwerfen jedoch die Wertpapierleihgeschäfte wegen des zivilrechtlichen Eigentumsübergangs auf den Entleiher den Grundsätzen für Sachdarlehen. Die verliehenen Wertpapiere sind daher **beim Entleiher zu bilanzieren** (§ 39 Abs. 1 AO)[65]. Die aus den Wertpapierleihgeschäften resultierenden Wertpapierlieferungsansprüche bzw. -verpflichtungen sind in der Jahresbilanz der Kreditinstitute unter den nicht in Wertpapieren verbrieften Forderungen bzw. Verbindlichkeiten auszuweisen. Entsprechend dem jeweiligen Darlehensgeber/nehmer sind sie als Forderungen bzw. Verbindlichkeiten an bzw. gegenüber Kreditinstituten oder Kunden zu bilanzieren, wobei sich die fristgemäße Zuordnung nach der Vertragsdauer richten soll. Dieser Ausweis entspricht auch der vorgesehenen Bilanzierung von Lieferansprüchen und -verpflichtungen aus Golddarlehen, bei denen es sich wie bei den Wertpapierdarlehen um Sachdarlehen handelt[66]. Bei der Bewertung der Forderungen und Verbindlichkeiten aus Wertpapierdarlehen ist zu beachten, daß Gegenstand der Wertpapierdarlehen Effekten sind. Die Höhe der aus ihnen resultierenden Forderungen und Verbindlichkeiten haben sich daher grundsätzlich an deren Kurswert zu orientieren. Beim Darlehensgeber sind zunächst die betreffenden Wertpapiere bei Darlehenshingabe mit dem Buchwert auszubuchen und eine gleich hohe Forderung (Lieferungsanspruch) einzubuchen.

13.59 Die **Bewertung der Wertpapierlieferansprüche** beim Darlehensgeber hängt im übrigen davon ab, ob die überlassenen Wertpapiere in seiner Bilanz bewertungsmäßig dem Umlaufvermögen oder dem Anlagevermögen zuzurechnen sind.

13.60 Sind die Wertpapiere dem Umlaufvermögen zuzurechnen und liegt der Börsenkurs am Bilanzstichtag über dem Buchwert bei Darlehenshingabe, so darf der niedrigere Wert beibehalten werden (§ 340f Abs. 1 S. 1 HGB). Fällt der Börsenkurs dagegen unter diesen Wert, dann ist der Wertpapierlieferanspruch auf den niedrigeren Wert abzuschreiben. Dies erscheint auch insoweit sachgerecht, als der Schuldner bei Fälligkeit des Darlehens die Wertpapiere in gleicher Art und Menge zurückzugeben hat, das Kursänderungsrisiko also beim Darlehensgeber verbleibt. Die Bonität des Darlehensnehmers sowie des mit dem Wertpapierdarlehen zusammenhängenden Anspruches auf Garantieleistung sind bei der Bewertung zu berücksichtigen.

13.61 Das **Verleihen der Wertpapiere** führt nach Auffassung des Bundesfinanzministeriums und der Bankenaufsicht zu **keiner Gewinnrealisierung**[67].

---

65 *Häuselmann/Wiesenbart*, DB 1990, 2129, 2130.
66 Schreiben des Bundesaufsichtsamtes für das Kreditwesen vom 25. 8. 1987 (*Consbruch/Möller/Bähre/Schneider*, KWG, Tz. 17.49).
67 BMF-Schreiben vom 13. 4. 1990, abgedruckt in DB 1990, 863; Schreiben des Bundesaufsichtsamtes für das Kreditwesen vom 25. 8. 1987 (*Consbruch/Möller/Bähre/Schneider*, KWG, Tz 17.49).

Der von den Börsen und den Kapitalmärkten benötigte funktionsfähige Wertpapierleihmarkt könnte nicht etabliert werden, wenn die Verleiher, die regelmäßig Daueranleger sind, die in ihren Wertpapierbeständen enthaltenen stillen Reserven auflösen müßten[68].

Beim Darlehensnehmer sind die übernommenen Wertpapiere mit dem Kurswert der Papiere zum Zeitpunkt des Geschäftsabschlusses einzubuchen[69]. Soweit die Wertpapiere am Bilanzstichtag noch im Bestand sind, ist eine Kursänderung für die Bewertung der Wertpapierlieferverpflichtung und der Wertpapiere ohne Bedeutung. Befinden sich die darlehensweise überlassenen Wertpapiere zum Bilanzstichtag nicht mehr im Bestand des Darlehensnehmers, so hat er die auszuweisende Verbindlichkeit bei inzwischen gestiegenen Kursen entsprechend zu erhöhen. Bei gefallenen Kursen ist dagegen weiterhin der höhere Wert der Verbindlichkeiten anzusetzen, da sich die für den Schuldner positive Kursdifferenz erst bei der Eindeckung mit den Wertpapieren zum günstigeren Börsenkurs realisieren würde[70].

13.62

---

68 *Häuselmann/Wiesenbart*, DB 1990, 2129, 2131.
69 Schreiben des Bundesaufsichtsamtes für das Kreditwesen vom 25. 8. 1987 (*Consbruch/Möller/Bähre/Schneider*, KWG, Tz. 17.49).
70 Zu der steuerlichen Behandlung der Wertpapierleihe vgl. *Hamacher*, WM 1990, 1441, 1447 ff.

2. Abschnitt
Verleihsystem der Deutsche Börse Clearing AG

13.63 Wird der Kundenauftrag nicht in einem hausinternen Verleihsystem, sondern im Wertpapier-Leihsystem der Deutsche Börse Clearing AG (Wertpapiersammelbank-WSB) ausgeführt, so wird bei jeder Transaktion zwangsläufig eine Vielzahl korrespondierender Vertragsbeziehungen begründet.

I. Vertragsbeziehung des verleihenden Depotkunden zu seiner Depotbank

13.64 Bei dieser Art der Ausführung des Kundenauftrages liegt der Vertragsbeziehung des verleihenden Depotkunden zu seiner Depotbank stets ein Kommissionsverhältnis zugrunde (§§ 383, 406 HGB), während das eigentliche Wertpapier-Leihgeschäft in der rechtlichen Gestalt eines Wertpapierdarlehens zwischen der Depotbank und einem anderen Kontoinhaber der Wertpapiersammelbank als Entleiher zustandekommt. Die Depotbank übernimmt also gegenüber ihren verleihenden Kunden nicht die Rolle eines Entleihers, sondern die Funktion eines interessewahrenden Beauftragten in Gestalt eines Kommissionärs.

13.65 Solche Kommissionsaufträge können nicht nur zum Kauf und Verkauf von Waren und Wertpapieren erteilt werden, wie es der kommissionsrechtliche Grundtatbestand des § 383 HGB formuliert. Für das **Vorliegen eines Kommissionsgeschäfts** genügt es vielmehr, wenn ein Kaufmann im Betrieb seines Handelsgewerbes „ein Geschäft für Rechnung eines anderen im eigenen Namen zu schließen übernimmt" (sog. Leistungskommission). Dies bestimmt die etwas versteckte Vorschrift des § 406 Abs. 1 S. 1 HGB, die damit die wesentlichen Konturen des Typus „Kommissionsgeschäft" normiert[71]. Für diese Kommissionsgeschäfte kommen alle Vertragstypen in Betracht[72]. Auch ist kein Austauschvertrag erforderlich; es genügt unter Umständen die Vermittlung von Krediten[73]. Der Auftrag des Kunden an seine Bank, im eigenen Namen Wertpapier-Leihgeschäfte auf seine Rechnung abzuschließen, ist daher ein Kommissionsgeschäft.

---

71 Großkomm. HGB/*Koller*, § 383 Rn 3.
72 Großkomm. HGB/*Koller*, § 406 Rn 2.
73 Großkomm. HGB/*Koller*, § 406 Rn 2; OLG Celle WM 1974, 735, 736.

Das Vertragsverhältnis der Depotbank zu den verleihenden Kunden ist in den „Bedingungen für Wertpapier-Leihgeschäfte im Wertpapier-Leihsystem der Deutsche Börse Clearing AG" rechtlich näher ausgestaltet[74].

13.66

Diese **Kunden-AGB** werden ergänzt durch die von der Deutsche Börse Clearing AG (Wertpapiersammelbank-WSB) verwendeten „Bedingungen für Wertpapier-Leihgeschäfte"[75]. Die **WSB-Bedingungen** regeln die Leihgeschäfte, die die Depotbank zur Ausführung der Kundenaufträge mit anderen Kontoinhabern der Wertpapiersammelbank abschließt.

13.67

Diese Bedingungen präjudizieren daher notwendigerweise die Geschäftsbeziehungen der Depotbank zu ihren auftragserteilenden Kunden. Dies gilt insbesondere für die Fälligkeit der vom Kunden geschuldeten Leistungen. Die **Fälligkeitsregelungen** der Kunden-AGB müssen auf die diesbezüglichen WSB-Leihbedingungen Rücksicht nehmen, damit die im eigenen Namen handelnde Depotbank ihre korrespondierenden Leistungspflichten termingerecht gegenüber ihrem Kontrahenten erfüllen kann. Es liegt ein insoweit vergleichbarer Sachverhalt wie bei Kundenaufträgen vor, die im **Kassamarkt** einer Wertpapierbörse oder an der Eurex Deutschland auszuführen sind. Auch hier haben die zwischen den Kreditinstituten als Marktteilnehmern geltenden Handelsusancen der Börsen eine unmittelbare Rechtswirkung auf die Geschäftsbeziehung der Depotbank zu ihrem auftragserteilenden Kunden.

13.68

Die rechtliche Qualifizierung der Vertragsbeziehung des Depotkunden zu seiner Bank hat weitreichende Konsequenzen. Dies gilt vor allem im Hinblick auf die Frage, ob der Depotkunde das Insolvenz- und Vollstreckungsrisiko der entleihenden Bank und auch das seiner eigenen Depotbank zu tragen hat.

13.69

1. Keine Haftung der Depotbank für die Bonität des Entleihers

Das **Insolvenzrisiko der entleihenden Bank** trägt der verleihende Depotkunde und nicht seine Depotbank. Hierbei handelt es sich freilich um ein mehr theoretisches Risiko. Denn die entleihende Bank hat reichlich bemessene Sicherheiten zu bestellen und ein etwaiger Ausfall bei der Sicherheitenverwertung erscheint durch die Ausfallgarantie des Bankenkonsortiums in Höhe von DM 50 Mio als abgedeckt[76].

13.70

---

74 Abgedruckt in WM 1990, 951.
75 Abgedruckt in WM 1990, 949.
76 Vgl. Nr. 9 der WSB-Bedingungen für Wertpapier-Leihgeschäfte.

13.71 Das **Bonitätsrisiko der entleihenden Bank** liegt beim verleihenden Depotkunden; seine Depotbank fungiert bei der Vermittlung nur als Beauftragter. Bei dem Anspruch des Verleihers gegen seine Depotbank auf Rückgewähr der entliehenen Papiere handelt es sich daher um den allgemeinen auftragsrechtlichen Herausgabeanspruch des § 667 BGB. Denn das Innenverhältnis vom Kommissionär (Depotbank) zum Kommittenten ist eine entgeltliche Geschäftsbesorgung, auf die die auftragsrechtlichen Bestimmungen anwendbar sind (§ 675 BGB). Dieser Herausgabeanspruch entsteht jedoch erst, wenn die Depotbank als Beauftragte ihrerseits die Wertpapiere von der entleihenden Bank zurückerhalten hat. Denn die Herausgabepflicht des Beauftragten setzt voraus, daß dieser selbst etwas aus der Geschäftsbesorgung erlangt hat (§ 667 BGB).

13.72 Die **Rechtsposition des verleihenden Kunden** ist daher vergleichbar den Fällen, in denen der Kunde seiner Bank einen Auftrag zum Kauf oder Verkauf von Wertpapieren oder zum Abschluß von Börsentermingeschäften erteilt hat, wenn die Bank diesen Auftrag als Kommissionär ausführt. Wie bei solchen Kassa- und Terminaufträgen wird auch bei den Aufträgen zum Abschluß von Wertpapier-Leihgeschäften das Ausführungsgeschäft im eigenen Namen abgeschlossen; dies entspricht dem gesetzlichen Leitbild des Kommissionärs. Bei wirtschaftlicher Betrachtungsweise handelt es sich hierbei aber um ein Geschäft des Bankkunden. Denn der Kommissionär tätigt das Ausführungsgeschäft mit dem Dritten „für Rechnung" des Kunden als seines Auftraggebers (§ 383 HGB). Ein solches Handeln für fremde Rechnung hat zur Folge, daß alle materiellen Vorteile (Gewinne) und Nachteile (Verluste) des Ausführungsgeschäfts dem Bankkunden zugute kommen bzw. zur Last fallen sollen[77]. Der Kommissionär ist im wirtschaftlichen Sinne nur Mittler zwischen Angebot und Nachfrage[78]. Er darf daher alle Risiken und Aufwendungen auf seinen Kunden abwälzen (§ 670 BGB, vgl. § 396 Abs. 2 HGB)[79].

13.73 Die **kommissionsrechtliche Ausführung** solcher Kundenaufträge ist ein anschauliches Beispiel der mittelbaren (indirekten) Stellvertretung[80]. Hier schließt der Vertreter im eigenen Namen ein Geschäft mit einem Dritten ab, aus dem er selbst berechtigt und verpflichtet wird, dessen wirtschaftlicher Erfolg aber demjenigen zugute kommen soll, dessen Interesse er als mittelbarer Vertreter wahrgenommen

---

77 *Schlegelberger/Hefermehl*, § 383 Rn 21, 32; Großkomm. HGB/*Koller*, § 383 Rn 6, 15.
78 Großkomm. HGB/*Koller*, § 383 Rn 3.
79 Großkomm. HGB/*Koller*, § 383 Rn 15.
80 *Palandt/Heinrichs*, Einf.v. § 164 Rn 6.

hat[81]. Der Kunde als eigentlicher „Geschäftsherr" tritt zwar bei einer solchen mittelbaren Stellvertretung rechtlich in den Hintergrund; wirtschaftlich gesehen steht aber sein Geschäftsinteresse ganz im Vordergrund. Die Rechtswirkungen des Handels in mittelbarer Stellvertretung sollten daher nach dem Schrifttum denen der direkten Stellvertretung (§ 164 Abs. 1 BGB) angenähert werden[82].

Die Depotbank trifft auch nicht die Haftung des Kommissionärs für die Erfüllung des im Zuge der Auftragsausführung mit einem Dritten geschlossenen Geschäfts. Diese sog. **Eigenhaftung** des Kommissionärs – sie ist von der Delkrederehaftung (§ 394 Abs. 1 HGB) zu unterscheiden – greift, wenn der Kommissionär den Dritten nicht zugleich mit der Anzeige der Auftragsausführung benennt (§ 384 Abs. 3 HGB). Diese Eigenhaftung gilt für Kommissionsgeschäfte jeder Art, wie sie von § 406 HGB erfaßt werden[83]. Diese Selbsthaftung kann jedoch durch Handelsbrauch ausgeschlossen sein[84]. Der Pflicht zur Namhaftmachung nach § 384 Abs. 3 HGB dürfte im übrigen schon Genüge getan sein, wenn dem Kommittenten die Identifizierung des Dritten ohne große Schwierigkeiten möglich ist[85].

13.74

Diese Identifizierung ist beim Wertpapier-Leihsystem dadurch gewährleistet, daß die Wertpapiersammelbank jedem Leihgeschäft bis zur Rückgewähr der Wertpapiere eine Geschäftsnummer zuordnet, mit deren Hilfe der Verleiher und der Entleiher jederzeit festgestellt und benannt werden können. Hierdurch ist auch der ratio der Selbsthaftung in vollem Umfang Rechnung getragen. Mit ihr soll der Gefahr begegnet werden, daß dem Kommittenten später ein weniger leistungsfähiger Dritter untergeschoben wird und der Kommissionär das Geschäft mit einem leistungsfähigen Partner für sich oder für einen anderen Kommittenten in Anspruch nimmt[86].

13.75

Die **fehlende Haftung der Depotbank des Verleihers** hat auch Auswirkungen auf die Behandlung der Wertpapier-Leihgeschäfte innerhalb des Grundsatzes I des § 10 KWG; die Einhaltung dieses Grundsatzes soll ein angemessenes Eigenkapital der Kreditinstitute als Risikopuffer sicherstellen. Trifft das Insolvenzrisiko der darlehensnehmenden Bank den verleihenden Kunden und nicht seine Depotbank, so

13.76

---

81 *Larenz/Wolf*, Allgemeiner Teil des Deutschen Bürgerlichen Rechts, 8. Aufl., 1997, S. 864 f.
82 Ebd., S. 588 m.w.Nachw.
83 *Schlegelberger/Hefermehl*, § 384 Rn 58; Großkomm. HGB/*Koller*, § 384 Rn 69.
84 Großkomm. HGB/*Koller*, § 384 Rn 69; *Schlegelberger/Hefermehl*, § 384 Rn 58.
85 Großkomm. HGB/*Koller*, § 384 Rn 71.
86 Großkomm. HGB/*Koller*, § 384 Anm. 69; *Schlegelberger/Hefermehl*, § 384 Rn 57.

braucht die Verleiherbank den Rückgewährsanspruch, den sie aufgrund Handelns im eigenen Namen rechtsformal erwirbt, beim Grundsatz I nicht zu berücksichtigen. Dagegen kommt es zu einer solchen Anrechnung, wenn die Bank aus eigenen (Nostro-)Beständen Wertpapiere verleiht. Hier müssen die Rückgewährsansprüche an die entleihenden Kreditinstitute wie die anderen gegen Kreditinstitute gerichteten Forderungen angerechnet werden. Soweit die entleihenden Banken die entliehenen Wertpapiere an ihre Nichtbanken-Kunden (weiter)verleihen, sind die aus der Weiterleitung der entliehenen Wertpapiere resultierenden Rückgewährsansprüche mit dem allgemeinen Satz von 100 % anzurechen. Denn die von den Entleihern bestellten Sicherheiten bleiben im Rahmen des Grundsatzes I generell unberücksichtigt (vgl. § 19 Abs. 1 S. 2 KWG).

2. Schutz vor dem Insolvenzrisiko der Depotbank

13.77 Der **Depotkunde** verliert durch das Verleihen sein Eigentum an den Wertpapieren. Statt dessen erwirbt er einen **schuldrechtlichen Anspruch gegen seine Depotbank** auf Herausgabe der Wertpapiere, die die Depotbank bei Fälligkeit des Wertpapierdarlehens von der entleihenden Bank zurück erhält (§ 667 BGB). Ungeachtet dieses Eigentumsverlustes bleibt aber der verleihende Depotkunde gegen das Bonitätsrisiko seiner Depotbank geschützt. Denn der darlehensrechtliche Rückgewährsanspruch, den die Depotbank gegen die entleihende Bank als ihren Kontrahenten erwirbt, ist gegen das Insolvenz- und Vollstreckungsrisiko der Depotbank geschützt. Dieser Schutz folgt aus der kommissionsrechtlichen Bestimmung des § 392 Abs. 2 HGB. Danach gelten Forderungen des Kommissionärs aus dem Ausführungsgeschäft, auch wenn sie nicht abgetreten sind, im Verhältnis zwischen dem Kommittenten und dem Kommissionär oder dessen Gläubiger als Forderungen des Kommittenten. Die Rechtsstellung des verleihenden Depotkunden ist also quasi verdinglicht.

3. Kündigungen und Fälligwerden der Rückgewährspflicht

13.78 Werden die Wertpapiere **auf unbestimmte Zeit verliehen,** so kann der Verleiher das Leihgeschäft insgesamt oder teilweise kündigen. Der Entleiher hat die Wertpapiere spätestens am fünften Börsentag nach Bearbeitung der Kündigung durch die WSB an den Verleiher zurückzugeben. Der Entleiher kann dagegen das Leihgeschäft insgesamt oder teilweise jederzeit ohne Einhaltung einer Frist kündigen. Die Kündigungserklärung wird wirksam mit Zugang bei der WSB. Bei Rückgabe der Wertpapiere an die WSB bis zu den von ihr bekanntgemachten Annahmeschlußzeiten erfolgt die Rückübertragung mit Buchungsvaluta gleicher Tag (Nr. 6 der WSB-Bedingungen).

Die WSB kann Leihgeschäfte für die Verleiher ohne Einhaltung einer Frist insbesondere dann kündigen, wenn der Entleiher zahlungsunfähig wird oder seine Zahlungen eingestellt hat (Nr. 7 der WSB-Bedingungen). 13.79

II. Vertragsbeziehung des entleihenden Kunden zu seiner Depotbank

Diese Vertragsbeziehung ist im Gegensatz zu der Vertragsbeziehung zwischen verleihendem Depotkunden und seiner Depotbank nicht als Kommissionsverhältnis, sondern als **Darlehensverhältnis** konzipiert worden[87]. Dem widerspricht auch nicht, daß der entleihende Depotkunde das Wertpapiereigentum regelmäßig nicht selber erwerben will, sondern zugleich seine Depotbank damit beauftragt, die entliehenen Wertpapiere unmittelbar zur Erfüllung seiner entsprechenden Lieferverpflichtung gegenüber einem Dritten zu verwenden. Auch bei den traditionellen Geldkrediten kann der Darlehensnehmer seine kreditgebende Bank anweisen, die Darlehensvaluta unmittelbar seinem Gläubiger auszuzahlen. 13.80

Die Geschäftsbeziehung zwischen entleihendem Kunden zu seiner Depotbank ist in den Kunden-AGB für das Wertpapier-Leihgeschäft näher ausgestaltet worden. Diese werden wiederum durch die von der WSB verwendeten Leihbedingungen ergänzt. 13.81

Durch die darlehensrechtliche Ausgestaltung der Vertragsbeziehung zwischen Entleiher und seiner Depotbank wird aus der Sicht des Depotgesetzes eine wesentliche Voraussetzung für die **Weiterverpfändung** der vom Depotkunden seiner Depotbank verpfändeten Wertpapiere an die WSB als Sicherheiten-Treuhänder geschaffen. Für diese „Weiterleitung" der vom Kunden bestellten Sicherheiten benötigt seine Depotbank eine Ermächtigung. Eine solche Verpfändungsermächtigung darf aber nach dem Wortlaut des § 12 Abs. 1 S. 1 DepG „nur im Zusammenhang mit einer Krediteinräumung" für den Depotkunden erteilt werden, wie sie bei der Ausgestaltung der Vertragsbeziehung als Wertpapierdarlehen zweifelsfrei gegeben ist. 13.82

Mit der Zuordnung einer individuellen Geschäftsnummer zu jeder Verleihtransaktion ist auch sichergestellt, daß die Weiterverpfändung **nur für solche Rückgewährsverbindlichkeiten** der Depotbank erfolgt, die aus der 13.83

---

[87] Nr. 6 der Sonderbedingungen für Wertpapier-Leihgeschäfte im Wertpapier-Leihsystem der Deutsche Kassenverein AG (nunmehr Deutsche Börse Clearing AG), abgedruckt in WM 1990, 951, 952.

Ausführung von Entleihaufträgen des betroffenen Depotkunden resultieren. Hierzu richtet die WSB für jeden Entleiher auf dessen Namen ein Pfanddepot ein[88]. Diese Verpfändung mit eingeschränktem Sicherungszweck ermöglicht es der WSB, die zugrundeliegenden Wertpapiere aus der Pfandhaftung freizugeben, sobald die hierdurch abgesicherten Entleihgeschäfte ordnungsgemäß abgewickelt worden sind.

III. Vertragsbeziehung der Depotbank zur Wertpapiersammelbank

13.84 Die Vertragsbeziehung der WSB zu ihren Kontoinhabern als Verleiher oder Entleiher ist ein entgeltliches Geschäftsbesorgungsverhältnis im Sinne des § 675 BGB.

1. Vermittlung und Abwicklung der Leihgeschäfte

13.85 Zu dieser Geschäftsbesorgung gehören vor allem die Vermittlung von Geschäftsabschlüssen zwischen Verleiher und Entleiher und die depot- und geldmäßige Abwicklung der Leihgeschäfte. Die WSB ermittelt hierzu regelmäßig für jede Wertpapiergattung die Gesamtnachfrage der Entleiher und das Gesamtangebot der Verleiher und bringt die Wertpapier-Leihgeschäfte nach einem die Neutralität gewährleistenden Verfahren im Wege der Zuteilung zustande. Die WSB bestimmt im übrigen einen nennbetragsmäßigen Höchstbetrag für das Gesamtengagement des Entleihers in der jeweiligen Wertpapiergattung[89].

13.86 Die WSB setzt im übrigen bezogen auf die jeweilige Wertpapiergattung einen nennbetragsmäßigen Höchstbetrag für das **Gesamtvolumen der Ausleihungen** fest. Dieses Gesamtvolumen soll in einem ausgewogenen Verhältnis zu den im Markt umlaufenden Wertpapieren derselben Gattung stehen. Es soll möglichst vermieden werden, daß durch die Leihgeschäfte die Kurse negativ beeinflußt werden, weil eventuell erforderlich werdende Eindeckungen für die spätere Rückgabe der entliehenen Wertpapiere den Markt belasten. Die WSB setzt schließlich den Mindestbetrag für Nennbetrag und Stückzahl einer Wertpapiergattung fest, ab dem Aufträge für ein Wertpapier-Leihgeschäft ausgeführt werden.

13.87 Die WSB kann für den Verleiher und den Entleiher alle zur Vermittlung, Durchführung und Rückabwicklung der Leihgeschäfte erforderlichen Er-

---

88 Abgedruckt in WM 1971, Sonderbeil. 1, 8, 18 f.
89 Vgl. Nr. 2 Abs. 3 der WSB-Bedingungen.

klärungen abgeben und entgegennehmen sowie Maßnahmen vornehmen. Er kann daher auch das Eigentum an den verliehenen Wertpapieren übertragen. Die WSB ist daher vom Verbot des Selbstkontrahierens (§ 181 BGB) befreit (Nr. 8 Abs. 4, 1, 2 der WSB-Bedingungen).

2. Treuhandfunktionen bei der Sicherheitsleistung

Die WSB übernimmt im übrigen die Treuhänderfunktionen für die Sicherheiten (Nr. 9 der WSB-Bedingungen). Die Entleiher haben Sicherheiten durch Verpfändung von Konto- oder Wertpapierguthaben zu bestellen. Die besitzrechtlichen Voraussetzungen für die Bestellung eines wirksamen Pfandrechts (§§ 1205, 1204 BGB) können hier technisch einfach geschaffen werden; die **WSB** ist **unmittelbarer Besitzer** der von ihr girosammelverwahrten Wertpapiere.   13.88

Das Pfandrecht an den als Sicherheit dienenden Wertpapieren wird jeweils der WSB als Treuhänder für den Verleiher bestellt. Mit Rücksicht auf die Akzessorietät des Pfandrechts – sie erfordert Personenidentität von Forderungsgläubiger und Pfandnehmer (vgl. § 1205 BGB) – werden der WSB auch die abzusichernden darlehensrechtlichen Rückgewährsansprüche der verleihenden Kreditinstitute treuhänderisch abgetreten.   13.89

Soweit der Verleiher wegen dieser Rückgabe- und Vergütungsansprüche befriedigt worden ist, werden die hierfür bestellten Sicherheiten und die gegen den säumigen Entleiher bestehenden Ansprüche von der WSB als Treuhänder des Bankenkonsortiums gehalten und geltend gemacht, das gegenüber der WSB eine unwiderrufliche Ausfallgarantie in Höhe von DM 50 Mio als zusätzliche Sicherheit zugunsten der Verleiher übernommen hat (Nr. 9 Abs. 5 der WSB-Bedingungen).   13.90

Diese **Ausfallgarantie** deckt die Rückgewährspflicht der entleihenden Kreditinstitute ab. Die Konsortialmitglieder brauchen daher ihre Garantieverbindlichkeiten beim Grundsatz I, der gemäß § 10 KWG eine angemessene Eigenkapitalausstattung der Kreditinstitute gewährleisten soll, nur mit 20 % anzurechnen[90].   13.91

3. Rechtsfolgen einer nicht fristgemäßen Rückgabe der entliehenen Wertpapiere

Werden die entliehenen Wertpapiere nicht am Fälligkeitstag zurückgegeben, wird die WSB eine entsprechende Anzahl von Wertpapieren am ersten Börsentag nach dem Fälligkeitstag für Rechnung des Entleihers   13.92

---

90 *Kümpel*, WM 1990, 909, 913 Fn 27.

kaufen und dessen Konto bei der Landeszentralbank mit dem Kaufpreis einschließlich der Nebenkosten belasten lassen. Ist diese Eindeckung nicht möglich, wird die WSB den Gegenwert der Wertpapiere auf dem Landeszentralbank-Konto des Verleihers unter gleichzeitiger Belastung des Landeszentralbank-Kontos des Entleihers anschaffen. Der Entleiher hat das Nutzungsentgelt bis zu dem Kalendertag einschließlich zu zahlen, an dem die WSB dem Verleiher die Wertpapiere oder den entsprechenden Gegenwert gutschreibt. Die Geltendmachung eines weiteren Schadens ist nicht ausgeschlossen (Nr. 10 Abs. 1 der WSB-Bedingungen).

13.93 **Unterläßt der Entleiher den gleichtägigen Ausgleich** der Belastungen seines Kontos bei der Landeszentralbank wegen nicht fristgemäßer Rückgabe, wird die WSB die als Sicherheit verpfändeten Wertpapiere am nächsten Börsentag verwerten. Wegen eines etwaigen Fehlbetrages kann die WSB die Garantie des Bankenkonsortiums in Anspruch nehmen (Nr. 10 Abs. 2 der WSB-Bedingungen).

3. Abschnitt
Bankeigene Verleihsysteme

Einige deutsche Banken betreiben neben der WSB ein eigenes Wertpapierleihsystem. Auch dort erteilen die Verleiher der vermittelnden Bank einen **kommissionsrechtlichen Verleihauftrag**. Diese Verleihkommissionen werden dadurch ausgeführt, daß die Bank im eigenen Namen Darlehensverträge mit den Entleihern abschließt oder die zu verleihenden Wertpapiere – vergleichbar dem kommissionsrechtlichen Selbsteintritt im Effektengeschäft – selbst entleiht. Im Unterschied zum WSB-Leihsystem beschränkt sich die Mitwirkung der Bank hier nicht auf eine „Vermittler"funktion. Die Bank übernimmt vielmehr die Rolle als Darlehensnehmer gegenüber dem Verleiher und als Darlehensgeber gegenüber dem Entleiher. Als Darlehensnehmer haftet die Bank ihrem verleihenden Kunden für die Rückgewähr der verliehenen Wertpapiere. Mit Rücksicht auf diese Haftung kann bei diesem institutseigenen Leihsystem auf die Bestellung von Sicherheiten verzichtet werden. Dieser Verzicht wird dadurch erleichtert, daß der Verleiher bei Verleihgeschäften mit unbestimmter Dauer wegen der kurzen Kündigungsfristen die Rückgabe der Wertpapiere innerhalb von 5 bis 6 Börsentagen verlangen kann. Das Bonitätsrisiko der Bank braucht daher nur für einen verhältnismäßig kurzen Zeitraum beurteilt zu werden.

13.94

Bei solchen institutseigenen Leihsystemen kann aus **abwicklungstechnischen Gründen** auch vorgesehen werden, daß das Eigentum an den zu verleihenden Wertpapieren im Zuge der Auftragsausführung auf die Bank als Verleihkommissionär übergeht.

13.95

Soweit die **Bank als AG organisiert** ist, darf sie dieses abwicklungstechnisch bedingte Eigentum auch an eigenen Aktien erwerben. Der Erwerb eigener Aktien ist zwar nur in Ausnahmefällen zulässig (§ 71 Abs. 1 AktG). Hierzu gehört aber auch der unentgeltliche Erwerb (§ 71 Abs. 1 Nr. 4 AktG), als welcher der abwicklungstechnisch bedingte Eigentumserwerb bei der Ausführung von Verleihaufträgen anzusehen ist. Als unentgeltlich gilt jeder Erwerb, bei dem die Gesellschaft eine Gegenleistung nicht zu erbringen hat. Hier ist eine Schädigung der Gesellschaft nicht denkbar; die Unentgeltlichkeit des Erwerbs bewahrt die AG vor der sonst mit dem Erwerb eigener Aktien verbundenen Einlagenrückge-

13.96

währ[91]. An einer solchen schädlichen Gegenleistung fehlt es bei der Vermittlung von Wertpapierleihgeschäften durch eine Bank in der Rechtsform einer AG. Der Verleiher erhält zwar ein Leihentgelt. Hierbei handelt es sich aber um Entgelte, die die vermittelnde Bank aus der Ausführung des Verleihauftrages vereinnahmt. Der Entleiher der Aktien hat seinerseits ein Entgelt zu zahlen, das etwas höher ist, als das, welches die Bank an den Verleiher zu zahlen hat.

13.97 Das Zweite Finanzmarktförderungsgesetz hat im übrigen durch die Einführung einer neuen Nr. 7 in § 71 Abs. 1 AktG den Spielraum für den Erwerb eigener Aktien wesentlich erweitert. Die Gesellschaft kann danach durch einen Beschluß der Hauptversammlung **zum Erwerb eigener Aktien** ermächtigt werden. Diese Ermächtigung darf nur zum Zwecke des Wertpapierhandels und nicht zur Kurspflege erteilt werden. Der Hauptversammlungsbeschluß muß bestimmen, daß der Handelsbestand fünf vom Hundert des Grundkapitals am Ende eines jeden Tages nicht übersteigen darf. Er muß den niedrigsten und höchsten Gegenwert festlegen. Die Ermächtigung darf höchstens 18 Monate gelten und kann anschließend oder während dieser Frist erneuert werden. Der neue gesetzliche Ausnahmetatbestand für den Erwerb eigener Aktien soll es nach der Begründung des Regierungsentwurfs auch ermöglichen, eigene Aktien im Rahmen eines Wertpapierdarlehens zu erwerben[92].

13.98 Als **Zeitpunkt dieses Eigentumsüberganges** wird die Einbuchung der zu verleihenden Wertpapiere in das abwicklungstechnisch erwünschte (hausinterne) Sammeldepot bestimmt. Gleichzeitig werden diese Wertpapiere aus den Depots der Verleiher ausgebucht. Diese Umbuchung als erster Schritt der Auftragsausführung dient der Gleichbehandlung der Verleihkunden. Alle Verleiher von Wertpapieren derselben Gattung werden hier anteilsmäßig an allen Verleihgeschäften in derselben Gattung beteiligt, ohne daß jeweils eine Vielzahl von aufwendigen Buchungen in den Depots der beteiligten Kunden vorgenommen werden müssen. Jeder Verleihvorgang und jede Rückgewähr der entliehenen Wertpapiere erfordert vielmehr nur eine einzige Verbuchung auf dem Sammeldepot und vermeidet daher eine Vielzahl korrespondierender Buchungen auf den Depotkunden der beteiligten Verleiher.

13.99 Für die **inhaltliche Ausgestaltung der Wertpapierdarlehen** im Rahmen solcher institutseigenen Leihsysteme gelten weitestgehend AGB-mäßige Regelungen, wie sie auch für die Geschäfte im Leihsystem der Deutsche Börse Clearing AG gelten.

---

[91] *Geßler/Hefermehl/Bungeroth*, § 71 Rn 105; *Baumbach/Hueck*, AktG, 13. Aufl., 1968, § 71 Rn 11.
[92] Amtl. Begr. des 2. FFG, BT-Drucksache 12/6679, S. 84.

14. Teil
Derivate und sonstige Finanzinnovationen

1. Abschnitt
Begriff und wirtschaftliche Grundlagen

I. Begriff

Während sich die bereits dargestellten Bankgeschäfte jeweils einem Oberbegriff zuordnen lassen, der ihren wirtschaftlichen Zweck kennzeichnet (beispielsweise Einlagen-, Kredit-, Effektengeschäft usw.), trifft dies auf den Begriff der „Finanzinnovationen" im Verhältnis zu den ihm zugrundeliegenden Geschäften nicht zu. Wenngleich sich diese Geschäfte auch durch wenige Basiselemente kennzeichnen lassen, deren Kombination jeweils variiert, beschreibt der Begriff der Finanzinnovationen jedoch **keinen festen Kreis neuartiger Bankgeschäfte**. Bei diesem Begriff handelt es sich vielmehr um einen schillernden Fachausdruck von geringer begrifflicher Schärfe[1].

14.1

Da die juristische Bewältigung der Finanzinnovationen jedenfalls in Teilen noch unvollkommen ist, wäre es der bankwirtschaftlichen Literatur aufgegeben, eine praktikable Definition aufzustellen. Sie faßt indes den Begriff häufig sehr weit. Er umfaßt hiernach auch „Prozeß"innovationen in der Ordnung der nationalen Finanzsysteme und einzelner Finanzmärkte. Hierbei kommt es zur Anwendung anderweitig entwickelter und erprobter Technologien vor allem der Datenverarbeitung und -übertragung. Anschauliche Beispiele hierfür sind die Einführung eines elektronischen Wertpapierhandels an den inländischen Börsen und die kartengestützten elektronischen Zahlungsverkehrssysteme sowie das elektronische Netzgeld (cyber coins).

14.2

Ein daneben vertretener engerer Innovationsbegriff erfaßt dagegen nur die eigentlichen „Produkt"innovationen. Als „**Finanzinnovation**" sollten nach *Krümmel* nur diejenigen Finanzprodukte bezeichnet werden, die **bestimmmte Elemente von Finanzinstrumenten so trennen und wieder neu bündeln, daß dadurch eine bisher nicht praktizierte Kombination von**

14.3

---
1 *Seipp*, Finanzinnovationen – Neue Instrumente zur Unternehmensfinanzierung, in Christians, Finanzierungshandbuch, 2. Aufl., 1988, S. 301, 303 ff.

Leistungsmerkmalen der Finanzintermediation durch die Banken entsteht[2]. Dieser Begriff der Finanzinnovation kann nachfolgend zugrunde gelegt werden, weil er die Finanzinnovationen als einzelne Bankgeschäfte erfaßt, was ihre rechtliche Einordnung erleichtert.

14.4 **Typisch** für die Finanzinnovation ist das analytische Auseinanderbrechen von Finanzprodukten in ihre einzelnen (Basis-)Elemente und das Zusammensetzen und Verbinden von Elementen der bekannten Finanzinstrumente und Wertpapierausstattungen zu einer neuen Einheit, die bisher in dieser komplexen Form nicht existierte[3].

14.5 Die meisten der Finanzinnovationen lassen sich auf gemeinsame und teilweise bekannte Grundstrukturen zurückführen[4]. Dies gilt vor allem für die **neueren Anleiheformen** wie den Floating Rate Notes (FRNs), Nullkupon-Anleihen (Zerobonds), Commercial Papers oder den Euro-Notes-Fazilitäten. Auch die modernen Instrumente des börsenmäßigen **Terminhandels** lassen Grundstrukturen des Terminhandels vor dem 1. Weltkrieg erkennen, der durch das „Festgeschäft" geprägt war, das beide Kontrahenten verpflichtet. Der erst 1981 entstandene internationale **Swapmarkt** hat dagegen neue Vertragstypen geschaffen, bei denen einige rechtliche Aspekte noch ungeklärt sind.

14.6 Der Vormarsch der Finanzinnovationen scheint ungebrochen, wie die neue Generation derivativer Finanzinstrumente zeigt[5]. Dies gilt in besonderem Maße für die neuen Kreditderivate, die die nächste Revolution im Bankgeschäft auslösen könnten[6].

II. Auslösende Faktoren der Innovationen

14.7 Eine wesentliche Ursache für die Finanzinnovationen war die Beendigung des Bretton-Woods-Abkommens im März 1973. Hierdurch wurden die festen Wechselkurse durch ein Weltwährungssystem mit schwankenden Wechselkursen ersetzt. Hinzu kamen eine Reihe von OPEC-Ölpreis-

---

2 Finanzinnovationen und Wandel der Beschäftigungsstruktur im Kreditgewerbe von 1948 bis zur Gegenwart, in Mitteilungen aus dem Institut für das Spar-, Giro- und Kreditwesen an der Universität Bonn, Nr. 19, 1986, S. 4.
3 *Niemann*, WM 1993, 777, 778.
4 *Seipp*, Finanzinnovationen – Neue Instrumente zur Unternehmensfinanzierung, in Christians, Finanzierungshandbuch, 2. Aufl., 1988, S. 301, 303.
5 *Pohl*, WM 1995, 957 ff., *ders.*, DWir 1998, S. 309 ff.; vgl. weiter *Kamlah* zu den strukturierten Anleihen, WM 1998, 1429 ff.
6 *Bräuer/Arlt*, Handelsblatt vom 25. 9. 1997, Beilage, Finanzinnovationen S. B6.

schocks, die zu erhöhten Schwankungen (Volatilitäten) auch im Bereich der Marktzinsen führten.

Dieser tiefgreifende Strukturwandel der Finanzmärkte ließ das Bedürfnis nach größerer Flexibilität und Absicherung (Hedging) gegen die Zins- und Wechselkursänderungen weltweit wachsen. Er hat insbesondere bei den Hedginginstrumenten zu einer fast explosionsartigen Innovationstätigkeit geführt. Dabei galt es Techniken zu entwickeln, die ein aktives Management von Risiken (Asset-/Liability-Management) ermöglichen. 14.8

Die Entwicklung der Finanzinnovationen wurde im übrigen durch verschiedene Faktoren begünstigt und zum Teil überhaupt erst ermöglicht. Dies gilt vor allem für den weltweiten Trend zur Verbriefung von Forderungsrechten („Securitization"), die Globalisierung der Märkte, die Entwicklung des internationalen Devisenhandels sowie für die hoch entwickelten Kommunikationstechniken, die den schnellen Informationsaustausch ermöglichen. 14.9

Unverzichtbar war auch die Liberalisierung und Deregulierung der Märkte. Bis zu der restlichen Liberalisierung des deutschen Kapitalmarktes durch die Deutsche Bundesbank Anfang 1985 war es fast unmöglich, Finanzinnovationen in Gestalt der derivativen Instrumente auf dem deutschen Kapitalmarkt einzusetzen. Erst nach dieser Restliberalisierung wurde eine Reihe von neuen Finanzinstrumenten im DM-Sektor einsetzbar, wie die variabel verzinslichen Wertpapiere, Doppelwährungsemissionen, Zerobonds (Nullkupon-Anleihen) und Swapgeschäfte in Verbindung mit Anleihen. 14.10

III. Grundstruktur der Finanzinnovationen

Die meisten der in den letzten Jahren entwickelten Finanzprodukte, so komplex sie auch erscheinen mögen, stellen nur eine Kombination einiger weniger einfacher Basiselemente dar. 14.11

Dabei können **drei Gruppen von Basiselementen** unterschieden werden: **kreditgewährende** Elemente in Gestalt von Darlehen oder Anleihen in festverzinslicher, variabel verzinslicher, Nullkupon- oder Annuitäten-Form; **preisfixierende** Elemente (Forwards, Futures und Swaps) und **preisabsichernde** Elemente in Gestalt von Optionen. 14.12

Diese Basiselemente lassen sich in fast unbegrenzten Kombinationsmöglichkeiten zusammenstellen und auf die Bedürfnisse der Emittenten und Investoren ausrichten. Infolge der vielfältigen Kombinationsmöglichkei- 14.13

ten der Basiselemente zeichnen sich die Finanzinnovationen durch große Flexibilität aus.

14.14 So kann zwischenzeitlich fast jede Wertpapier- und Risikoposition in dem vom Marktteilnehmer gewünschten Umfang „adjustiert" oder völlig verändert werden[7]. Dies gilt insbesondere für Anleiheemissionen, die häufig mit Swapgeschäften verbunden werden. Die Swaptechnik ermöglicht es, eine Anleihe für die Anleger „maßzuschneidern" und dabei den Finanzierungsbedarf des Emittenten völlig losgelöst von den Interessen der Anleger zu betrachten. So kann eine Anleihe mit einem hochstrukturierten Risikoprofil für den Anleger ausgestattet sein, während sie für den Emittenten mit Hilfe von Swaps nur eine festverzinsliche risikofreie Verbindlichkeit beinhaltet[8].

IV. Bessere Nutzung von Marktchancen

14.15 Vor diesem Strukturwandel der Finanzmärkte standen den Anlegern lediglich eine verhältnismäßig begrenzte Anzahl von Anlageinstrumenten zur Verfügung. Die Angebotspalette beschränkte sich im wesentlichen auf Spar- und Festgeldkonten bei Kreditinstituten, festverzinsliche Wertpapiere, Aktien, wenige Wandel- und Optionsanleihen sowie auf die Anteile an Investmentfonds, wie sie im Rahmen des 1957 in Kraft getretenen Gesetzes über die Kapitalanlagegesellschaften geschaffen wurden. Die Finanzinnovationen bieten den Investoren bessere Möglichkeiten, interessante Marktchancen zu nutzen oder eine höhere Rendite unter Eingehung vertretbarer Risiken zu erzielen.

14.16 Wie für die Investoren verbreiterte sich das „Produkt"angebot auch für die kapitalsuchenden Unternehmen. So haben die Möglichkeiten für kostengünstigere Finanzierungen und Finanzierungen mit geringerem Risiko stark zugenommen. Eine Vielzahl von Finanzinnovationen ist neben die herkömmlichen Instrumente der Unternehmensfinanzierung getreten; zu diesen bisherigen Finanzierungsinstrumenten gehören vor allem die Bankkredite, Schuldscheindarlehen, Anleihe- und Aktienemissionen, sowie Leasing und Factoring. Mittlerweile haben sich einige Finanzinnovationen so etabliert, daß standardisierte Handelstechniken und Vertragsdokumente entstanden sind („Commoditisation" von Finanzprodukten).

---

7 *Niemann*, WM 1993, 777, 778.
8 *Niemann*, WM 1993, 777, 778.

2. Abschnitt
Neue Finanzierungsformen und -techniken

Bei der Emission von Anleihen – Rn 9.124 – sind neben die traditionellen Schuldverschreibungen (straight bonds) **weitere Anleihetypen** getreten. Hierbei handelt es sich vor allem um Floating Rate Notes (FRNs) und Zerobonds („Nullkupon"-Anleihen), die in verschiedenartigen Varianten begeben werden. Diese beiden Anleihetypen haben zwar nicht die Bedeutung der traditionellen Anleihen mit ihren festen Zinssätzen. Diese Finanzierungsinstrumente nehmen aber mittlerweile an den internationalen Finanzmärkten einen festen Platz ein. Emittenten sind Kreditinstitute, staatliche Institutionen und auch größere Wirtschaftsunternehmen.   14.17

I. Floating Rate Notes

Bei den Floating Rate Notes (FRNs) handelt es sich um Schuldverschreibungen, deren laufende Verzinsung regelmäßig, meist im Drei- oder Sechsmonatsrhythmus, der Entwicklung der Zinsen für kurzfristige Geldgeschäfte angepaßt wird. Als Referenz-Zinssatz dienen üblicherweise Geldmarktsätze, die im Interbankenhandel für Termineinlagen üblich sind. FRNs können in ihren Ursprüngen am Euromarkt bis in das Jahr 1970 zurückverfolgt werden.   14.18

Diese Wertpapiere ermöglichen es den Emittenten, sich **kostengünstiger** als mit Festzinssätzen zu finanzieren, solange die Zinsen am Geldmarkt niedriger als am Kapitalmarkt sind. Die Schuldner müssen dafür das **Zinsänderungsrisiko** tragen. Dieses Risiko kann jedoch wieder durch Zins-Caps oder Swaps auf andere Marktteilnehmer verlagert werden. FRNs können in Phasen steigender Zinsen oder großer Zinsunsicherheit die Plazierung von Anleihen erleichtern. Mit den FRNs können die Emittenten, insbesondere die Kreditinstitute ihre kurzfristigen Forderungen und Wertpapiere aus ihrem Aktivgeschäft durch kurzfristig orientierte Fremdkapitalinstrumente refinanzieren.   14.19

II. Zerobonds (Nullkupon-Anleihen)

Bei diesen Anleihen unterbleiben die periodischen Zinszahlungen, wie sie für die traditionellen Anleiheemissionen typisch sind. Die Verzinsung   14.20

erfolgt vielmehr durch einen entsprechend höheren Rückzahlungskurs. Die Emittenten sichern sich hierdurch eine **feste Kalkulationsbasis,** insbesondere zur Finanzierung langfristiger Investitionen, ohne daß Liquidität für Zins- und Tilgungsleistungen bis zur Fälligkeit der Papiere zur Verfügung gestellt werden muß.

14.21 Mit „Zerobonds" lassen sich zudem in bestimmten Marktsituationen Anlegerkreise erschließen, die für eine traditionelle Anleihe mit ihrem typischen Festzinssatz nicht zu interessieren gewesen wären. Die Zerobonds versprechen bei sinkenden Zinsen überdurchschnittliche Kursgewinne, da sie stärkeren Kursschwankungen als herkömmliche Anleihen unterliegen.

III. DM-Commercial Papers

14.22 Commercial Papers (CPs) sind kurzfristige Inhaberschuldverschreibungen, die von Nicht-Banken mit überdurchschnittlicher Bonität im Rahmen eines zeitlich nicht begrenzten Programms revolvierend emittiert werden können (Daueremissionen)[9]. Die CPs wurden als kurzfristige Schuldtitel in Form ungesicherter „Promissory Notes" im US-amerikanischen Markt entwickelt. Im Jahr 1984 etablierte sich in London ein funktionsfähiger Euro-Markt für CPs.

14.23 Die Laufzeit dieser Wertpapiere bewegt sich zwischen sieben Tagen und maximal zwei Jahren minus einen Tag, um die CPs laufzeitmäßig von den sog. Euro-Medium-Term-Note-Programmen abzugrenzen[10]. Die CP-Programme dienen der Deckung eines wiederkehrenden nachhaltigen Finanzierungsbedarfs im kurzfristigen Laufzeitenbereich. Die emittierten Schuldverschreibungen gehören mit Rücksicht auf ihre kurze Laufzeit zu den Geldmarktpapieren.

1. Plazierung

14.24 Die **CP-Programme** stellen eine **Rahmenvereinbarung** zwischen der arrangierenden Bank und der Emittentin dar. Sie begründet für die Emittentin das Recht, nicht aber die Verpflichtung, Teilschuldverschreibungen zu

---

9 *Rohleder/Schäfer*, Die Bank 1991, 204.
10 Das Laufzeitspektrum der CP-Programme schließt damit die Lücke zu den seit Mitte 1989 angebotenen DM-Euro-Medium-Term-Note-Programmen, unter denen flexiblere Inanspruchnahmen des Kapitalmarktes mit einer Laufzeit ab zwei Jahren erfolgen können (*Rohleder/Schäfer*, Die Bank 1991, 204).

emittieren. In dieser Vereinbarung werden alle Einzelheiten über die Emission, inbesondere das Gesamtvolumen, die Laufzeit, Mindestgrößen, Konditionen etc. festgelegt. Die Emission der CPs erfolgt sodann in einzelnen Tranchen je nach der tatsächlichen Plazierbarkeit und den Bedürfnissen der Emittentin.

Weder die arrangierende Bank noch die eingeschalteten weiteren Kreditinstitute (Plazeure) übernehmen gegenüber der Emittentin eine Plazierungsverpflichtung. Ähnlich dem Kommissionär werden sie nur auf der sog. „best effort"-Basis tätig. 14.25

Bei der Vereinbarung des CP-Programms wird ein „Informationsmemorandum" erstellt, das Angaben über den Emittenten sowie über die Einzelheiten des Programms enthält. Zusammen mit dem jüngsten Geschäftsbericht oder etwaigen Zwischenberichten dient dieses Memorandum als Information für die potentiellen Investoren[11]. Die Veröffentlichung eines Verkaufsprospektes nach Maßgabe des Wertpapier-Verkaufsprospektgesetzes ist entbehrlich, wenn die Laufzeit der Schuldverschreibungen wie üblich weniger als ein Jahr beträgt (§ 4 Abs. 1 Nr. 8 VerkProspG). 14.26

Soweit es sich nicht um international bekannte Emittenten handelt, wird die Akzeptanz dieser Papiere durch die zunehmend an Bedeutung gewinnenden „Ratings" erleichtert, wie sie insbesondere von den amerikanischen Agenturen „Standards and Poor's" und „Moody's" erstellt werden[12]. Unter einem **Rating** ist eine Bonitätsbeurteilung mittels Ratingsymbolen zu verstehen, die die Einschätzung der Ratingagentur über die wirtschaftliche Fähigkeit und die rechtliche Bindung eines Emittenten, seine Zahlungsverpflichtungen zu erfüllen, wiedergeben[13]. Institutionelle Anleger, wie insbesondere Wirtschaftsunternehmen fällen häufig ihre Anlageentscheidung ausschließlich auf der Basis solcher Ratings, weil ihnen die erforderlichen Informationen für eine eigene Bonitätsprüfung fehlen. 14.27

Die Emission von DM-Commercial Papers wurde dadurch begünstigt, daß zum 1. 1. 1991 das Erfordernis einer staatlichen Genehmigung für inländische Inhaber- oder Orderschuldverschreibungen (§§ 795, 808a BGB) entfallen[14] und die kosten- 14.28

---

11 *Rohleder/Schäfer*, Die Bank 1991, 204, 205.
12 *Rohleder/Schäfer*, Die Bank 1991, 204, 207.
13 *Ebenroth/Daum*, Die rechtlichen Aspekte des Ratings von Emittenten und Emissionen, WM 1992, Sonderbeilage Nr. 5, S. 3, 4.
14 Gesetz zur Vereinfachung der Ausgabe von Schuldverschreibungen vom 17.12.1990, BGBl. I, S. 2839.

verursachende Börsenumsatzsteuer weggefallen ist. Seit dem 1. 8. 1992 können DM-Commercial Papers auch von ausländischen Nicht-Banken begeben werden[15].

14.29 Die CP-Programme haben den Charakter von Daueremissionen, die im Wege der Privatplazierung nur bei bestimmten Anlegern dauerhaft untergebracht werden. Ein Sekundärmarkt für CPs besteht nicht. Mit Rücksicht auf die verhältnismäßig großen Stückelungsbeträge (DM 50 oder mehr) kommen als Anleger vornehmlich in- und ausländische Kapitalsammelstellen und Investmentfonds in Betracht. Auch treten Wirtschaftsunternehmen als Käufer solcher Papiere auf, wenn sie für die Anlage ihrer Geldmittel Geldmarktpapiere suchen. Die CP-Programme stehen daher im Wettbewerb zu den Festgeldern des Einlagengeschäfts der Kreditinstitute sowie auch zu deren kurzfristigen Kreditgeschäften und berühren daher die traditionelle Rolle der Kreditinstitute als Finanzintermediäre.

2. Certificates of Deposit (CDs)

14.30 Den CPs der Wirtschaftsunternehmen vergleichbar sind die sog. Certificates of Deposit (CDs) der Banken. Bei diesen seit 1986 auch in Deutschland zugelassenen und emittierten Geldmarktpapieren handelt es sich um verbriefte und damit handelbare Sicht- und Termineinlagen bei Banken.

14.31 Solche CDs können jede Laufzeit ab 14 Tagen haben. In Einzelfällen werden sie sogar über eine Laufzeit von fünf bis sieben Jahren angeboten. Der größte Teil der CDs wird freilich auf Laufzeiten zwischen ein und sechs Monaten befristet. Die Attraktivität solcher CDs ist dadurch eingeschränkt, daß sie aufgrund ihrer kurzen Laufzeit grundsätzlich der Mindestreserve unterliegen. Dies kann die Ausgabe solcher Wertpapiere verteuern[16].

IV. Euro-Note-Fazilitäten[17]

14.32 Hierbei handelt es sich um Finanzierungsinstrumente, die bestimmte Vorteile der Euro-Kapitalmärkte und -Geldmärkte sowie der Euro-Kredit-

---

15 Vgl. Erklärung der Deutschen Bundesbank zu DM-Emissionen abgedruckt in WM 1992, 1211 und in Deutsche Bundesbank, Kreditpolitische Regelungen, 1994, 24 f.
16 Vgl. aus der Sicht der Bundesbank, Deutsche Bundesbank, Geldpolitische Aufgaben und Instrumente, 6. Aufl., 1993, S. 65.
17 *Brand/Meinecke*, RIW 1987, Beil. 4; *Dombret*, ZGesKredW 1987, 342; *Reszat*, RIW 1987, Beil. 4, 1.

märkte kombinieren. Die wesentlichen Impulse gingen dabei vom Eurogeldmarkt aus. Die Investmentbanken (Broker) versuchten dabei, Bereiche des klassischen kurz- und mittelfristigen Kreditgeschäfts für sie „handelbar" zu machen. Dies erforderte eine wertpapiermäßige Verbriefung der Rückzahlungsforderungen aus der Geldaufnahme (Securitization).

Die Euro-Fazilitäten kommen in **verschiedenen Varianten** vor. Das Grundmodell ist die Beschaffung von mittel- oder längerfristigen Finanzierungsmitteln zu geldmarktnahen Konditionen. Hierzu werden Schuldverschreibungen (Notes) emittiert, die sodann im Eurokapitalmarkt handelbar sind. Mit diesen Finanzierungsinstrumenten kann mittel- bis langfristiger Finanzierungsbedarf über den Kapitalmarkt anstelle der Inanspruchnahme von Bankkrediten befriedigt werden. 14.33

1. Back-up-Linien

Die Verknüpfung dieser Finanzinnovationen mit dem Kreditgeschäft der Banken erfolgt durch die **Absicherungsfazilitäten** in Gestalt von mittel- oder langfristigen „Back-up"-Fazilitäten („Linien") gegen das Risiko des Plazierungserfolges. Aufgrund dieser „underwriting"-Verpflichtungen hat das beteiligte Kreditinstitut oder ein Bankenkonsortium die Euro-Notes selbst zu übernehmen, wenn sie im Markt nicht plaziert werden können oder vor ihrer Fälligkeit zur Rücknahme angeboten werden. Statt einer solchen Übernahme kann der Emittentin auch ein entsprechender Geldkredit zur Verfügung gestellt werden. 14.34

Die Euro-Note-Fazilitäten ähneln der vertraglichen Konstruktion einer **Verkaufsoption.** Den Emittenten wird hierdurch das zeitlich befristete Recht eingeräumt, nicht (mehr) im Primärmarkt plazierbare Notes zu festgelegten Konditionen an die Underwriter zu verkaufen. 14.35

2. Underwriting der Kreditinstitute als Kreditgeschäft

Diese Absicherungsfazilitäten sind wegen ihres **Gewährleistungscharakters** dem Kreditgeschäft der Kreditinstitute zuzuordnen[18]. Dementsprechend sieht das Bundesaufsichtsamt für das Kreditwesen solche „underwriting"-Verpflichtungen wegen ihres garantieähnlichen Charakters als „sonstige Gewährleistungen" im Sinne des Kreditbegriffs des KWG 14.36

---

18 *Jährig/Schuck/Rösler/Woite,* Handbuch des Kreditgeschäfts, 5. Aufl., 1990, S. 268.

(§ 19 Abs. 3 Nr. 4) an. Diese Kreditlinien sind daher auch beim Grundsatz I in § 10 KWG zu berücksichtigen[19].

14.37 Mit einer solchen Gewährleistungspflicht hat die Bank den Eintritt eines bestimmten Erfolges (Plazierung der Euro-Notes) garantiert[20]. Typisch für Gewährleistungen im Sinne des § 19 Abs. 3 Nr. 4 KWG ist, daß wie bei den Bürgschaften und Bankgarantien drei Personen vorhanden sind[21]. Die Back-up-Linie wird dagegen mit der Emittentin vereinbart, die zugleich Begünstigte hieraus ist. Das Bundesaufsichtsamt für das Kreditwesen hat daher diesen Absicherungsfazilitäten nur einen **garantieähnlichen Charakter** zuerkannt[22].

a) Revolving Underwriting Facilities (RUFs)

14.38 Eine Form der Mitwirkung der Kreditinstitute bei der Emission von Euro-Notes sind die Revolving Underwriting Facilities (RUFs)[23]. Hierbei ist zu unterscheiden zwischen dem Plazierungsgeschäft, das dem Bereich des Investmentbanking zuzuordnen ist, und der Bereitstellung einer Kreditlinie in Gestalt einer Back-up-Linie, die zum Commercial Banking gehört. Die Bereitstellung einer solchen Kreditlinie beinhaltet das „Underwriting". Die Bezeichnung „**Revolving** Underwriting Facilities" leitet sich von der revolvierenden Begebung der Euro-Notes her. Die Underwriting-Verpflichtung selbst „revolviert" nicht, sondern erstreckt sich auf die gesamte vereinbarte Laufzeit.

14.39 Das Plazierungsgeschäft besteht darin, daß die beteiligten Kreditinstitute mit dem Emittenten eine Vereinbarung über die Plazierung von Euro-Notes mit einer regelmäßigen Laufzeit von ein bis sechs Monaten trifft. Die Gesamtlaufzeit einer solchen Vereinbarung liegt meist zwischen fünf und zehn Jahren.

---

19 Vgl. *Jährig/Schuck/Rösler/Woite*, Handbuch des Kreditgeschäfts, 5. Aufl., 1990, S. 254 unter Bezugnahme auf ein Schreiben des Bundesaufsichtsamtes für das Kreditwesen vom 2.6.1986.
20 *Szagunn/Haug/Ergenzinger*, KWG, § 1 Rn 59; *Consbruch/Möller/Bähre/Schneider*, KWG, § 19 Anm. 6.
21 *Szagunn/Haug/Ergenzinger*, KWG, § 1 Rn 59.
22 *Jährig/Schuck/Rösler/Woite*, Handbuch des Kreditgeschäfts, 5. Aufl., 1990, S. 254. Die bisherigen Worte „für andere" in § 19 Abs. 1 S. 1 Nr. 4 KWG, die auf das Vorhandensein von mindestens 3 Personen (Garantiebegünstigter/Garantieauftraggeber/garantierende Bank) hinweisen, sind durch das Dritte KWG-Änderungsgesetz gestrichen worden (*Consbruch/Möller/Bähre/Schneider*, KWG, § 19 Anm. 6).
23 *Jährig/Schuck/Rösler/Woite*, Handbuch des Kreditgeschäfts, 5. Aufl., 1990, S. 270 ff.

b) Note Issuance Facilities (NIFs)

Eine häufige Form der Euro-Note-Fazilitäten sind die Note Issuance Facilities (NIFs)[24]. Der Unterschied dieser Finanzierungsform von den RUFs beschränkt sich auf einige wenige Kriterien. So bestimmt bei den NIFs die Emittentin den Zinssatz, zu dem die Notes plaziert werden sollen. Die als Underwriter beteiligten Kreditinstitute behalten sich das Recht vor, aus jeder Emission der Euro-Notes einen vorher bestimmten Anteil zu übernehmen.

14.40

Sind die Notes zu den vom Emittenten festgelegten Preiskonditionen nicht plazierbar, werden sie von den als Underwriter beteiligten Banken mit den festgelegten Quoten und der vereinbarten Marge über den Zinssatz übernommen. Auch können sich die Underwriter wie bei den RUFs vorbehalten, an Stelle der Übernahme der Notes dem Emittenten einen Barkredit für die Laufzeit der nicht plazierbaren Notes zu gewähren.

14.41

c) Euro-Commercial-Paper-Programme

Das dynamische Wachstum der Euro-Note-Fazilitäten hat sich deutlich abgeschwächt, nachdem sich ihre Beurteilung durch die Bankenaufsicht geändert hat. Die nicht ausgenutzten Fazilitäten müssen wegen ihrer garantieähnlichen Rechtsnatur in die Berechnung der Risikogrundsätze nach § 10 KWG einbezogen und zum jeweiligen Anrechnungssatz mit Eigenkapital unterlegt werden.

14.42

Anstelle der abgesicherten Euro-Note-Fazilitäten sind **ungesicherte** und daher **eigenkapitalschonende Fazilitäten** getreten, die häufig als Euro-Commercial-Paper-Programme ausgestaltet sind. Hier gehen die beteiligten Banken keine bindenden Übernahmeverpflichtungen mehr ein, sondern verpflichten sich ähnlich dem Kommissionär zu einem „größtmöglichen Bemühen" („best effort"), die Notes bei Anlegern zu plazieren.

14.43

V. Emission von Asset-Backed-Securities (ABS)[25]

Bei der Emission von sog. Asset-Backed-Securities (ABS) handelt es sich um keine neue Anleiheform, sondern um eine **neuartige Finanzierungs-**

14.44

---

24 *Jährig/Schuck/Rösler/Woite*, Handbuch des Kreditgeschäfts, 5. Aufl., 1990, S. 271 ff.
25 *Willburger*, Asset Backed Securities im Zivil- und Steuerrecht, Köln, 1997; *Ohl*, Asset-Backed Securities. Ein innovatives Instrument zur Finanzierung deutscher Unternehmen, Wiesbaden, 1994; *Paul*, Bankintermediation und Ver-

technik für die Inanspruchnahme des Kapitalmarktes[26]. Sie beinhaltet die Umwandlung von Forderungen in handelbare Wertpapiere, die für den Emittenten vor allem den Vorteil einer günstigeren Finanzierung als die herkömmliche Unternehmensfinanzierung mit sich bringt.

14.45 In ihrer Struktur ist diese Finanzierungstechnik mit der Refinanzierung von Hypothekenbanken durch die Emission von Pfandbriefen vergleichbar. Die Hypothekenbanken verschaffen sich die Mittel für die Vergabe von Immobiliarkrediten durch die Ausgabe von Schuldverschreibungen (Hypothekenpfandbriefen), die durch Grundpfandrechte, die sich die Hypothekenbank als Sicherheit für die ausgeliehenen Kredite bestellen läßt, gedeckt sind (§ 6 HypBankG). Im **wirtschaftlichen Ergebnis** werden daher auch hier die hypothekarisch gesicherten Forderungen in Wertpapiere umgewandelt, die im Kapitalmarkt veräußert werden können.

14.46 Der Vergleich von Asset-Backed-Securities mit Hypothekenpfandbriefen ist auch deshalb von Interesse, weil etliche der Regelungsprobleme, denen sich der Gesetzgeber des Hypothekenbankgesetzes ausgesetzt sah, bei der rechtlichen Gestaltung einer ABS-Emission in ähnlicher Form auftreten. Kernproblem ist, daß die den Wertpapieren zugrundeliegenden Forderungen nicht lediglich eine wirtschaftliche Deckung der verbrieften Forderung darstellen dürfen, sondern der Befriedigung durch die Gläubiger der verbrieften Forderung zur Verfügung stehen müssen. Das Hypothekenbankgesetz sieht insoweit vor allem das Deckungsprinzip (§ 6 HypBankG) sowie ein Befriedigungsvorrecht der Pfandbriefgläubiger (§ 35 HypBankG) vor.

1. Ursprung und Entwicklung

14.47 Diese Finanzinnovation wurde in den USA entwickelt[27]. Dort wurde der Markt für ABS Anfang der 70er Jahre mit Finanzierungen von Hypothekendarlehen (Mortgage-Backed-Securities) eröffnet, als Hypothekenportfolios zur Beschaffung von Finanzierungsmitteln nutzbar gemacht worden sind. Diese Portfolios wurden durch staatliche oder konzessionierte Agenturen, wie z.B. die staatliche Goverment National Mortgage Association (GNMA) besichert. Mitte der 80er Jahre haben in den USA Automobilhersteller, Kreditkarten- und Leasingunternehmen ihre Kundenkreditforderungen aus den von ihnen finanzierten Automobilverkäufen auf

---

briefung. Neue Chancen und Risiken für Kreditinstitute durch Asset-Backed-Securities? Wiesbaden, 1994; *Engellandt/Lütje*, WTg 1996, 517; *Früh*, BB 1995, 105; *Wiegand*, FS Schimansky, 1999, S. 837 ff.

26 *Baums*, WM 1993, 1, 2.

27 *Lerbinger*, Die Bank 1987, 310; Asset-Backed-Securities – ein neues Finanzierungsinstrument für deutsche Unternehmen?, Bericht des Arbeitskreises Finanzierungen, Schmalenbachs Zeitschrift für betriebswirtschaftliche Forschung (ZfbF), 1992, 495.

einen „Pool" übertragen, der Wertpapiere mit einer Laufzeit zwischen drei und fünf Jahren emittierte, deren Verzinsung und Rückzahlung im wesentlichen durch die übertragenen Forderungen gesichert war[28].

Während die ABS-Technik zunehmend auch in Europa Verbreitung findet, ist über die ABS-Finanzierung eines deutschen Unternehmens bisher nur vereinzelt berichtet worden[29]. 14.48

Die ABS-Emissionen sind dem Bereich der **strukturierten Anleihen** zuzuordnen, zu denen auch die sog. Repackagings und die Synthetic Repackagings zählen. Bei einem Repackaging werden bestimmte Wertpapiere, z. B. Staatsanleihen erworben und gleichsam „neu verpackt" dem Markt wieder zugeführt[30]. Zu den Synthetic Repackaging-Anleihen gehören vor allem die verbrieften Kreditderivate (Credit Linked Notes). Diese derivativen Finanzinstrumente sollen gegen Risiken aus einer Verschlechterung der Bonität eines Kreditnehmers oder Emittenten absichern[31]. Die Dokumentation solcher Anleihen ist im Regelfall sehr umfangreich. Auch muß bei dem Abfassen von Prospekten die Rechtsprechung zur Prospekthaftung in besonderer Weise berücksichtigt werden[32]. 14.49

2. Wirtschaftliche Vorteile

Die ABS-Technik führt bei dem Forderungsverkäufer dazu, daß seine nicht-liquiden Vermögenswerte (Finanzaktiva) durch liquide Mittel in Gestalt des vom Pool gezahlten Kaufpreises umgewandelt werden. Mit diesen Geldmitteln kann aufgenommenes Fremdkapital zurückbezahlt werden; hierdurch kommt es zu einer Bilanzentlastung. 14.50

Mit der ABS-Technik kann aber auch nur eine **Umschichtung** beabsichtigt sein, um den erhöhten Eigenkapitalanforderungen nach Umsetzung der EG-Eigenmittelrichtlinie für Kreditinstitute zum 3. 12. 1992 entsprechen zu können. Mit der ABS-Technik kann den Eigenkapitalanforderungen in der Weise Rechnung getragen werden, daß Kreditforderungen und sonstige Vermögenswerte (Finanzaktiva) durch einen Verkauf in wieder ausleihfähige Geldmittel umgewandelt werden[33]. 14.51

---

28 *Baums*, WM 1993, 1.
29 *Eichholz/Nelgen*, DB 1992, 7914. Hierbei handelt es sich um die Verbriefung von Kreditforderungen der Citibank Privatkunden AG.
30 *Kamlah*, WM 1998, 1429.
31 *Pohl*, DWir 1998, 309, 310; *Jahn* in Bankrechts-Handbuch, § 114, Rn. 19.
32 *Kamlah*, WM 1998, 1429, 1439.
33 *Baums*, WM 1993, 1, 3.

14.52 Ein weiterer wesentlicher Vorteil der ABS-Technik besteht schließlich darin, daß durch die Übertragung von Finanzaktiva auf eine rechtlich selbständige und sich am Kapitalmarkt refinanzierende Gesellschaft die Kosten der **Refinanzierung**, z.B. im Vergleich zum Factoring gesenkt werden können. Denn solche Finanzierungs-Gesellschaften haben im Vergleich zu der Verkäuferin der gepoolten Forderungen häufig ein besseres Rating, wenn durch eine entsprechende Auswahl der zu übertragenden Forderungen das Ausfallrisiko möglichst reduziert und der Diversifikation und Fälligkeit der übertragenen Finanzaktiva im Interesse einer größtmöglichen Liquidität der Pool-Gesellschaft Rechnung getragen wird[34].

14.53 Ein weiterer Vorteil der ABS-Technik gegenüber dem Factoring liegt darin, daß die Poolgesellschaft zur Refinanzierung den Kapitalmarkt in Anspruch nehmen kann und daher **keinen Finanzierungskredit** bei einer Bank aufzunehmen braucht, die bei der Kreditgewährung die entsprechenden Eigenkapitalkosten einkalkulieren muß.

3. Die ABS-Technik

14.54 Die als ABS bezeichneten Wertpapiere (Securities) sind Schuldverschreibungen, die Zahlungsansprüche gegen eine ausschließlich zu diesem Zweck gegründete Poolgesellschaft („special purpose vehicle") verbriefen. Mit dem Erlös aus der ABS-Emission finanziert die Poolgesellschaft den Ankauf der von ihr im Pool zusammengeführten Finanzaktiva. Dem Veräußerer fließt also der Gegenwert aus seinem Forderungsverkauf abzüglich der entstehenden Kosten sofort zu und damit vor Fälligkeit der verkauften Forderungen.

14.55 Die „gepoolten" Forderungen stehen als **Haftungsmasse** ausschließlich den Inhabern der ABS zu, die die einzigen Gläubiger der Pool-Gesellschaft (Emittenten) sind. Die ABS, die auch als Commercial Papers oder Genußscheine ausgestaltet sein können[35], werden durch einen „Pool" gleichartiger Finanzaktiva (**A**ssets) besichert[36]. Der ABS-Emission liegt mithin die Begebung von mit Finanzaktiva (**A**ssets) besicherten (**B**acked) Wertpapieren (**S**ecurities) zugrunde[37].

14.56 Die ABS lassen sich dem Bereich der **objektgestützten Finanzierungen** zuordnen. Auch hier hängt die Bewertung der von der Poolgesellschaft

---

34 *Baums*, WM 1993, 1, 4.
35 *Eichholz/Nelgen*, DB 1992, 793, 796.
36 *Eichholz/Nelgen*, DB 1992, 793.
37 *Schneider/Eichholz/Ohl*, ZIP 1992, 1452, 1453.

emittierten Wertpapiere von den im Pool befindlichen „Deckungs"werten ab. Die ABS-Emissionen nehmen aber innerhalb der objektgestützten Finanzierungen eine **Sonderstellung** ein. Sie ermöglichen eine Inanspruchnahme des Geld- oder Kapitalmarktes in der Weise, daß sie ursprünglich nicht handelbare Vermögenswerte in mehr oder weniger fungible Wertpapiere kleiden („Auftauen von Assets"). Hieran fehlt es z.B. beim Factoring und bei der Forfaitierung, die auch zum Bereich der objektgestützten Finanzierungen gehören.

4. Einzelne Rechtsfragen

Mit der ABS-Technik ist eine Vielzahl von Rechtsfragen verknüpft[38]. Aus der Sicht des deutschen Handelsrechts dürfte für die ABS-Finanzierung als geeignete Rechsform am ehesten eine **Kapitalgesellschaft** in Gestalt einer GmbH in Betracht kommen. Aus steuerlichen Gründen wird jedoch in der Praxis häufig eine Gesellschaft mit Sitz in einem Niedrigsteuerland gewählt. 14.57

Werden die „gepoolten" Forderungen auf eine GmbH übertragen, würde diese zu keiner Kapitalanlagegesellschaft im Sinne des Gesetzes über die Kapitalanlagegesellschaften (§ 1 KAGG) werden. Nach dem KAGG ist ein Forderungsbestand aus Warenlieferungen oder Dienstleistungen als Anlageobjekt eines Investmentfonds nicht zugelassen. 14.58

Der Ankauf der Forderungen für den Pool stellt auch kein Bankgeschäft dar. Ein gewerbsmäßiger Forderungskauf erfüllt nur dann die Kriterien eines Bankgeschäfts im Sinne des § 1 Abs. 1 S. 2 KWG, wenn dem Ankauf Wechsel und Schecks zugrunde liegen (§ 1 Abs. 1 S. 2 Nr. 3 KWG)[39]. 14.59

---

38 Vgl. hierzu *Baums*, WM 1992, 1, 5.
39 *Baums*, WM 1992, 1, 9.

3. Abschnitt
Finanzderivate

I. Allgemeines

14.60 Unter Finanzderivaten werden Finanzinstrumente verstanden, die aus anderen Finanzprodukten, den sog. Basiswerten (Underlyings) abgeleitet sind. Hierzu zählen als Produktarten vor allem Financial Futures und Optionen, Devisentermingeschäfte, Swaps und Forward Rate Agreements. Zu den Basiswerten der Finanzderivate gehören insbesondere festverzinsliche Wertpapiere, Aktien, Devisen oder Indizes. Der Basiswert selbst kann sogar ein derivatives Finanzinstrument etwa in Form eines Financial Futures oder einer Option sein. Infolge der Innovationskraft der Praxis kann sich ein Derivat auch auf mehrere Basiswerte beziehen oder sogar eine Kombination aus Elementen der verschiedenen Produktarten sein. Diese zusammengesetzten Derivate, auch als Exoten oder strukturierte Derivate bezeichnet, können auf die individuellen Bedürfnisse des Kunden zugeschnitten werden[40].

14.61 Inzwischen verwendet auch der Gesetzgeber den Derivatbegriff. Nach den gleichlautenden Begriffsbestimmungen des Kreditwesengesetzes (§ 1 Abs. 11) und des Wertpapierhandelsgesetzes (§ 2 Absatz 2) sind Derivate als Festgeschäfte oder Optionsgeschäfte ausgestaltete Termingeschäfte, deren Preis unmittelbar oder mittelbar abhängt von dem Börsen- oder Marktpreis von Wertpapieren, Geldmarktinstrumenten, Waren oder Edelmetallen sowie Zinssätzen oder anderen Erträgen[41].

1. Einsatzmöglichkeiten

14.62 Derivate können **verschiedenen Zwecken** dienen. Von Hedging spricht man, wenn Risiken abgesichert werden sollen. Diese Absicherung kann einzelgeschäftsbezogen (Micro-Hedge) oder auf der Grundlage einer Vielzahl von Finanzinstrumenten (Macro-Hedge) erfolgen.

14.63 Mit den Derivaten können deshalb vor allem Marktpreisrisiken gesteuert werden, denen die Wirtschaftsgüter unterworfen sind. Dabei zählen zu

---

[40] Basisinformation über Finanzderivate, Bank-Verlag Köln, 1998, 10.
[41] Zu der Entwicklung und Kontrolle der Finanzderivate unter dem Recht der Europäischen Union vergleiche *Pohl*, FS Hahn, 1997, S. 65 ff.

diesen Wirtschaftsgütern auch Zahlungsverbindlichkeiten aus einer Refinanzierung oder den Kauf von Gütern, Lieferverpflichtungen aus einem Verkauf sowie Forderungen aus einer Geldanlage oder einem Verkauf von Gütern. Die Derivate ermöglichen es, einzelne Marktpreisrisiken von dem zugrundeliegenden Wirtschaftsgut (Basiswert) abzuspalten und zwecks Risikosteuerung getrennt zu handeln[42].

Derivate eignen sich insbesondere auch zu Kurs-(Preis-)Spekulationen. Dabei werden Marktrisiken eingegangen, ohne über eine entsprechende Position in einem Basiswert zu verfügen. Hierin liegt eine wesentliche Ursache für die besondere **Gefährlichkeit der Derivate für Geschäftsunerfahrene**, die deshalb durch den sogenannten Termineinwand (§§ 52, 53 BörsG) geschützt werden sollen. 14.64

Schließlich können Derivate dazu eingesetzt werden, um Preisunterschiede eines Wirtschaftsgutes an verschiedenen Märkten zu nutzen (sog. Arbitragegeschäfte). 14.65

2. Systematisierung der Derivate

Die **Einteilung** der Derivate kann nach den zugrundeliegenden Marktrisiken und dem daraus resultierenden Verwendungszweck erfolgen. 14.66

Aus der **Sicht der Bankpraxis** geht es um Währungsrisiken sowie den Risiken aus einer Änderung aus Zinssätzen oder Aktienkursen. Zur Gestaltung von Währungsrisiken eignen sich vor allem Devisentermingeschäfte, börsenmäßige oder außerbörslich gehandelte Devisenoptionen, Devisenfutures sowie Zins- und Währungsswaps als Mischprodukt. 14.67

Gegen Zinsänderungsrisiken können unter anderem eingesetzt werden: Forward Rate Agreements, Zinsswaps, Zins-/Währungsswaps, Zinsfutures, außerbörsliche Optionen auf Zinssätze (Zinsoptionen), börsengehandelte Optionen auf Zinsfutures, nicht börsengehandelte Caps, Floors, Interest Rate Guarantees, Optionen auf Zinsswaps (Swaptions) sowie Optionen auf Anleihen (Bondoptionen). 14.68

Das Risiko von Änderungen des Aktienkurses kann gestaltet werden durch Optionen auf Einzelaktien, Optionen auf Aktienindizes sowie Indexfutures. 14.69

Derivate werden an Börsen gehandelt, die einen Terminmarkt veranstalten. Soweit Derivate wie die Optionsscheine oder Warrants verbrieft sind, 14.70

---

42 Basisinformation über Finanzderivate, Bank-Verlag Köln, 1998, S. 9.

werden sie üblicherweise an Kassamärkten mit verhältnismäßig kurzen Erfüllungsfristen gehandelt. Zunehmend findet aber der Handel in Derivaten außerhalb von Börsen statt – sogenannte „Over-the-Counter" (OTC)-Märkte. Gemeinsames Merkmal dieser OTC-Geschäfte ist, daß den zugrundeliegenden Instrumenten die für den Börsenhandel erforderliche Standardisierung fehlt.

3. Abgrenzung der Finanzderivate von den Kreditderivaten

14.71 Kreditderivate sind wirtschaftlich betrachtet Instrumente zum notierten Handel von **Kreditrisiken,** die aus anderen Geschäften herrühren[43]. Im Vordergrund stehen Risiken aus einer Verschlechterung der Bonität eines Kreditnehmers oder Emittenten[44]. Diese Kreditrisiken werden durch die Derivate abgesondert erfaßt und auf andere Marktteilnehmer übertragen. Hierzu können die Derivate wertpapiermäßig verbrieft werden. Die Emission solcher verbrieften Kreditderivate (Credit Linked Notes) ist eine Variante der sog. strukturierten Anleihen[45].

14.72 Der Begriff Kreditrisiko ist mehrschichtig[46]. Er umfaßt vor allem das sog. **Adressenausfallrisiko** im Sinne der von der Bonität eines Schuldners abhängigen Gefahr des Verlustes einer Forderung. Die Praxis kennt aber eine Vielzahl von Risiken geringeren Grades, etwa einen Tilgungsverzug als Folge einer Umschuldung.

14.73 Die Kreditderivate werden regelmäßig wie eine besondere Form von Swapgeschäften gestaltet und in bestehende Rahmenverträge, insbesondere den ISDA Master Agreement 1992 einbezogen[47].

Nach dem **Rundschreiben** des Bundesaufsichtsamtes für das Kreditwesen Nr. 10/99 vom 16. 6. 1999 (Az: I 5 – A 233 – 2/98) zur Behandlung von Kreditderivaten sind hierunter die seit einiger Zeit an den Finanzmärkten gehandelten Instrumente zu verstehen, mit denen die Kreditrisiken aus Darlehen, Anleihen oder anderen Risikoaktiva bzw. Marktrisikopositionen auf als sog. Sicherungsgeber auftretende Parteien übertragen wer-

---

43 *Pohl,* DWir 1998, 309, 310; *Savelberg,* Die Bank, 1996, 328.
44 *Jahn* in Bankrechts-Handbuch, § 114 Rn. 19; *Schinkel,* Credit Derivatives-Kreditrisiko als Underlying von Derivaten, Diplomarbeit, vorgelegt an der Hochschule für Bankwirtschaft Frankfurt am Main im Wintersemester 1994/95, 2; *Winter,* Derivative Finanzinstrumente der 14. Generation, in Rudolph (Hrsg.), Derivative Finanzinstrumente 1995, 211, 232.
45 *Kamlah,* WM 1998, 1429; *Jahn* in Bankrechts-Handbuch, § 114 Rn. 22.
46 *Pohl,* DWir 1998, 309, 310.
47 *Jahn* in Bankrechts-Handbuch, 114 Rn. 19.

den[48]. Die ursprünglichen Kreditbeziehungen der die Kreditrisiken veräußernden Parteien (sog. Sicherungsnehmer) werden dabei weder verändert noch neu begründet. Solche Kreditderivate unterscheiden sich von anderen, traditionellen Formen der Übertragung von Kreditrisiken, wie insbesondere die Gewährleistungen oder dingliche Besicherung. Denn diese Derivate werden üblicherweise unter standardisierten Rahmenverträgen abgeschlossen. Im übrigen unterliegen sie einer laufenden Marktbewertung und sind einem besonderen Risikocontrolling und -management unterworfen.

II. Hedginggeschäfte der Kreditinstitute

Anlaß für die Entwicklung leistungsstarker Instrumente zur Begrenzung der Kurs- und Zinsrisiken aus den Marktschwankungen (Hedginginstrumente) waren der Übergang zu flexiblen Wechselkursen im Jahre 1972 und die seit Mitte der 70er Jahre erhöhten Preisschwankungen (Volatilitäten) der Zins- und Aktienmärkte. Neben den Hedginginstrumenten zur Begrenzung der Devisenkursrisiken suchte der Markt verstärkt auch nach Absicherungsmöglichkeiten gegen Zinsänderungs- und Aktienkursrisiken durch **börsenmäßige** Financial Futures und Optionen. In den 80er Jahren wurden die außerbörslich abgeschlossenen Swaps das wichtigste und flexibelste Instrument zur Steuerung dieser Zins- und Kursänderungsrisiken. Diese **Sicherungsinstrumente** sind an keine bestimmten Finanzierungsformen gebunden und können daher sowohl bei Kredit- als auch bei Geld- oder Kapitalmarktfinanzierungen eingesetzt werden. Hedgingobjekt kann daher prinzipiell jede „zinsreagible" Position der Aktiv- und Passivseite der Bilanz sein.

14.74

1. Absicherung passivischer Bilanzpositionen

So kann die Bank A ein Sicherungsbedürfnis wegen des befürchteten Sinkens des Marktzinses haben, weil sie zur Refinanzierung ihres Kreditgeschäfts Festgelder hereingenommen und für die hieraus resultierenden Darlehensverbindlichkeiten mit den Geldgebern einen Festzinssatz von 8 % vereinbart hat. Kommt es zu der von der Bank A erwarteten Zinssenkung, so kann sie die zur Refinanzierung ihres Kreditgeschäfts hereingenommenen Festgelder nur noch zu einem entsprechend niedrigeren Zins ausleihen. Die Bank A erleidet also aus dieser Marktzinsänderung Zinsnachteile, weil sie für die hereingenommenen Festgelder einen zwischenzeitlich zu hohen – weil nicht mehr marktgerechten – Festzinssatz zu

14.75

---
48 *Henke/Burghof*, ZGesKredW 1999, 726 ff.

bedienen hat. Zur Vermeidung dieses Zinsänderungsrisikos tauscht die Bank A ihre Festzinsverbindlichkeit durch einen Swap gegen eine variable Zinssatzverbindlichkeit der Bank B aus deren Passivgeschäft.

Dieser variable Zinssatz ist an einen Referenzzinssatz gebunden, der üblicherweise halbjährlich oder vierteljährlich neu festgelegt wird.

14.76 Kommt es zu der von der Bank A erwarteten Zinssenkung, so kann sie von der Bank B einen dem Festzinssatz von 8% entsprechenden Geldbetrag verlangen, schuldet aber ihrerseits der Bank B nur einen dem niedrigeren variablen Referenzzinssatz entsprechenden geringeren Geldbetrag.

14.77 Berechnungsgrundlage für diese gegenseitige Zahlungsverbindlichkeiten ist der vereinbarte Nominal(Kapital)betrag, der bei den Zinssatz-Swaps zwischen den Swappartnern nicht ausgetauscht wird. Die aus dem Swapgeschäft gegenseitig geschuldeten „Zinszahlungen" werden miteinander verrechnet und die sich ergebende Differenz dem Swappartner gezahlt, für den sich die Marktzinsänderung nachteilig ausgewirkt hätte (in unserem Beispiel die Bank A).

a) Gegenläufige Markteinschätzung des Vertragspartners

14.78 Die Bank B war dagegen an dem Tausch ihrer zinsvariablen Verbindlichkeiten aus ihrem Passivgeschäft gegen die zinsfixen Verbindlichkeiten der Bank A interessiert, weil sie entgegen der Markteinschätzung der Bank A einen **Zinsanstieg** erwartete. Durch den Zinssatzswap hat die Bank B ihre Zinsbelastung aus der Refinanzierung auf 8% begrenzt. Entwickelt sich nun der Marktzins über den Festzinssatz von 8%, so hat die Bank A der Bank B die sich hieraus errechnende Differenz zum Ausgleich der sich aus dieser Marktzinsänderung ergebenden Zinsnachteile zu zahlen. Die Bank A kann diese Ausgleichszahlungen dadurch kompensieren, daß sie die zum Festzinssatz von 8% hereingenommenen Festgelder zu einem – nach ihrer Markteinschätzung unerwarteten – günstigeren Zinssatz in ihrem Aktivgeschäft einsetzen kann.

b) Typische Merkmale eines Hedginggeschäfts

14.79 Dieses Beispiel eines Zinssatzswaps zeigt das typische Bild, wie es auch bei den anderen Hedginginstrumenten zur Absicherung gegen das Zins- und Kursänderungsrisiko gegeben ist:

14.80 – die Vertragsparteien gehen von gegenläufigen Entwicklungen des Marktes aus

14.81 – eine Ausgleichszahlung erhält stets der Vertragspartner, der aus der Zins- oder Kursänderung einen Nachteil erleiden würde. Entwickelt sich dagegen der Marktzins aus der Sicht des einen Vertragspartners wider Erwarten für ihn günstig, so kann er freilich die hieraus resultierenden Gewinne nicht vereinnahmen. Diese sind vielmehr an den Vertragspartner abzuführen, der sich mit dieser Ausgleichszahlung gegen die aus seiner Sicht ungünstige Marktentwicklung schützen wollte. Hier zeigt sich ein wesentlicher Unterschied zu der reinen Terminspekulation, mit der aus den Schwankungen des Marktes Gewinne erzielt werden sollen. Solche Gewinne lassen sich nicht erzielen, wenn die Finanzterminkontrakte als Hedginginstrumente genutzt werden. Die hier anfallenden Gewinne dienen jeweils als Kompensation für die Verluste des Vertragspartners.

– mit den Sicherungsinstrumenten werden keine Finanzierungsmittel (Liquidität) beschafft.   14.82

2. Absicherung von Vermögenswerten der Aktivseite der Bilanz

Mit den Hedginginstrumenten gegen das Zins- und Kursänderungsrisiko werden aber nicht nur gegenüber Dritten eingegangene Verbindlichkeiten (passivische Bilanzpositionen) abgesichert. Auch Aktiva der Bilanz in Gestalt verbriefter oder unverbriefter Forderungen sind dem Zins- und Kursänderungsrisiko ausgesetzt („zinsreagible" Bilanzpositionen). Hat die Bank A in ihrer Bilanz eine wertpapiermäßig verbriefte Forderung mit dem Festzinssatz in Höhe von 8% aktiviert und erwartet sie einen Zinsanstieg, so läuft sie aus ihrer Einschätzung des Marktes das Risiko einer der Marktzinsveränderung entsprechenden Kursverlustes. Denn eine aus marktmäßiger Sicht zu geringe Nominalverzinsung würde beim Weiterverkauf durch einen entsprechenden Kursabschlag (Disagio) kompensiert. Gegen diesen befürchteten Kursverlust kann sich die Bank A durch einen Terminverkauf von ebenfalls mit 8% verzinslichen Wertpapieren an die Bank B sichern. Nach dem befürchteten Anstieg des Marktzinses kann sich die Bank A, wenn sie die aus dem Terminverkauf geschuldeten 8%igen Wertpapiere effektiv zu liefern hat, diese Wertpapiere durch ein rechtzeitiges Eindeckungsgeschäft zu einem entsprechend niedrigeren Kurs im Kassamarkt beschaffen und hiermit ihre Lieferverpflichtung aus ihrem Terminverkauf erfüllen. Denn der am Liefertermin nicht mehr marktgerechte Festzinssatz von 8% führt zu einem entsprechenden Kursabschlag und damit für die Bank A zu einem entsprechend niedrigeren Eindeckungskurs für die von ihr zu liefernden Wertpapiere. Der infolge des Zinsanstiegs ermäßigte Eindeckungskurs für die an die Bank B zu liefernden 8%igen Wertpapiere führt also zu einem Kursgewinn der Bank A aus dem Terminkontrakt mit der Bank B. Mit diesem Kursgewinn kann die Bank A ihren Kursverlust bei den von ihr bilanzierten 8%igen Wertpapieren kompensieren.   14.83

14.84 Der angestrebte Sicherungszweck wird in der Praxis üblicherweise auf einem anderen Weg erreicht. Hier kommt es zu keiner Belieferung des Terminkontraktes, so daß sich auch das Glattstellungsgeschäft im Kassamarkt erübrigt. Stattdessen zahlt die Bank B nur den (Differenz-)Gewinn, der sich für die Bank A ergeben hätte, wenn der Terminkontrakt mit Hilfe eines von ihr getätigten kursgünstigen Glattstellungsgeschäftes beliefert worden wäre (sog. offene Differenzgeschäfte).

a) Keine Gewinnerzielung durch Hedginggeschäfte

14.85 Wie bei der Absicherung von Kursverlusten bei passivischen Bilanzpositionen kann auch beim Hedging von Vermögenswerten der Aktivseite der Bilanz kein Gewinn erzielt werden, wie es bei reinen Terminspekulationen möglich ist. Denn bei einer von der Bank A nicht erwarteten Zinssenkung kann sie sich die der Bank B zu liefernden 8%igen Wertpapiere nur zu einem entsprechend höheren Kurs im Kassamarkt beschaffen, weil der am Liefertermin nicht mehr marktgerechte (zu hohe) Festzinssatz zu einem entsprechend höheren Einstandskurs führt. Dieser Kursverlust der Bank A aus der späteren Glattstellung des Terminkontraktes wird aber dadurch kompensiert, daß sich der Kurs ihrer aktivierten 8%igen Wertpapiere infolge der unerwarteten Zinssenkung entsprechend erhöht hat.

b) Gegenläufige Markteinschätzung des Vertragspartners

14.86 Die Bank B war dagegen an diesem Terminkontrakt interessiert, weil sie entgegen der Markteinschätzung der Bank A keinen Zinsanstieg, sondern einen sinkenden Marktzins erwartete. Mit dem Terminkauf wollte sich die Bank B eine Rendite auf der Basis des von ihr per Termin gekauften 8%igen Wertpapiers sichern. Kommt es zu der von der Bank B befürchteten Zinssenkung bei Fälligkeit des Terminkontraktes, kann die Bank B die per Termin von der Bank A gekauften 8%igen Wertpapiere in ihren Bestand nehmen und so die von ihr angestrebte Rendite in dieser Höhe erzielen.

14.87 Dasselbe wirtschaftliche Ergebnis läßt sich auch dadurch erreichen, daß der zwischen der Bank A und der Bank B abgeschlossene Terminkontrakt durch Verkauf der zugrundeliegenden 8%igen Wertpapiere im Kassamarkt zu einem – infolge des gesunkenen Marktzinses nunmehr höheren – Kurses glattgestellt wird. Die sich hieraus errechnende (positive) Kursdifferenz dient der Bank B sodann als Ausgleich für die geringere Rendite einer am vereinbarten Termin anderweitig im Markt getätigten Anlage, weil diese infolge des zwischenzeitlich gesunkenen Marktzinses nur eine entsprechend niedrigere Rendite erbringt.

14.88 Kommt es dagegen zu einem von der Bank B nicht erwarteten Zinsanstieg, so kann sie nunmehr eine entsprechend höhere Rendite aus ihren Anlagen im Aktiengeschäft erzielen. Mit dem sich hieraus ergebenden Mehrbetrag kann die Bank B ihren Kursverlust kompensieren, der ihr dadurch erwächst, daß sie bei Fälligkeit des Terminkontraktes von der Bank A die 8%igen Wertpapiere zu einem überhöhten Kurs übernehmen muß, weil der mit der Bank A vereinbarte Kaufpreis für die zu übernehmenden Wertpapiere infolge des zwischenzeitlichen Zinsanstieges zu hoch ist.

3. Risikosteuerung als „Treasury"-Funktion

Die weitestmögliche Sicherung des Aktiv- und Passivgeschäfts der Kreditinstitute gegen Verlustrisiken aus Marktschwankungen wird heute zunehmend dem Geschäftsbereich „Treasury" zugeordnet[49], der auch für die Sicherstellung ausreichender Liquidität zuständig ist[50]. Bei konstanten Marktzinsen und festen Wechselkursen erschöpft sich die Treasury-Funktion im wesentlichen auf die **Sicherstellung ausreichender Liquidität**[51]. Dem Management der Risiken auf der Aktiv- und Passivseite der Bankbilanz hat die Praxis mehr und mehr Beachtung geschenkt, nachdem die Finanzmärkte starken Zins- und Kursschwankungen ausgesetzt sind und der Umfang der derivativen Finanzinstrumente stark gewachsen ist[52].

14.89

Diese organisatorische Zusammenführung der Gelddisposition und des Aktiv- und Passivmanagements in dem Geschäftsbereich Treasury ist zuerst durch US-amerikanische Großbanken praktiziert worden[53]. Handelsinstrumente für die Treasury-Funktionen sind der Geldhandel und die verschiedenen Wertpapiere des Geld- und Kapitalmarktes, sowie die neuen Instrumente zur Neutralisierung oder Verringerung der Zins- und Kursänderungsrisiken[54]. Dabei werden diese Instrumente zur Absicherung einzelner Bilanzpositionen einschließlich der derivativen Finanzinstrumente – Micro-Hedge – oder einer Vielzahl von zins- oder kursreagiblen Positionen (Macro-Hedge) eingesetzt[55].

14.90

---

49 Der Geschäftsbereich Treasury wird heute nicht nur als Service-Center für die sonstigen bankgeschäftlichen Aktivitäten, sondern als eigenes Profit-Center betrieben (*Hofmann/Werther*, ZGesKredW 1989, 804, 810; *Graebner*, ZGesKredW 1989, 815, 818; *ders.*, Die Bank 1991, 191 ff.).
50 Zu diesem „Aktiv-/Passivmanagement" gehört neben der Sicherstellung der Liquidität eine ausgewogene Fristentransformation, die Aussteuerung der KWG-Grundsätze I bis III, die Beschaffung von Refinanzierungsmitteln und die Mitwirkung bei dem ertragsoptimalen Einsatz der Eigen- und Fremdmittel der Bank.
51 *Gräbner*, ZGesKredW 1989, 815, 818.
52 *Buschmann*, WPg 1992, 709.
53 *Hofmann/Werther*, ZGesKredW 1989, 804, 805.
54 *Gräbner*, ZGesKredW 1989, 815, 818.
55 Das Aktiv- und Passivgeschäft ist daher stets gemeinsam auszusteuern (*Hofmann/Werther*, ZGesKredW 1989, 804).

4. Abschnitt
Börsen-Terminmärkte

14.91   Soweit die Hedginginstrumente an börsenmäßig organisierten Märkten gehandelt werden, sind sie weitestmöglich standardisiert. Diese Vereinheitlichung ist eine wesentliche Voraussetzung für einen liquiden Börsenhandel; eine unzureichende Liquidität beeinträchtigt die Funktionsfähigkeit des Börsenhandels. Die börsenmäßig gehandelten Termingeschäfte und Optionen sind daher hinsichtlich Basiswert, Kontraktgröße, Laufzeit sowie Ort des Abschlusses und der Geschäftsabwicklung standardisiert. Die hierdurch geschaffene **Austauschbarkeit (Fungibilität) der zu handelnden Werte** ist eine wesentliche Voraussetzung für einen liquiden Börsenhandel. Ohne eine ausreichende Liquidität ist die Funktionsfähigkeit des Börsenhandels beeinträchtigt. Variable Elemente eines börsenmäßigen Derivatgeschäftes sind der sich am Börsenmarkt bildende Preis oder Kurs und die Anzahl der Kontrakte, die gekauft oder verkauft werden sollen.

I. Börsenmäßig organisierte Terminmärkte

14.92   In den bedeutenden Kapitalmarktländern haben sich umsatzstarke Terminmärkte etabliert, die als Börsen organisiert sind. Die maßgeblichen Entwicklungen im Bereich der (standardisierten) Financial Futures und dem börsenmäßigen Optionsgeschäft vollzogen sich zunächst in den USA. So nahm im Jahre 1972 die Chicago Mercantile Exchange (CME) den Handel mit **Währungsterminkontrakten** auf, die die ältesten Financial Futures darstellen. 1973 wurde am Chicago Board of Options Exchange (CBOE) mit dem Handel in **Aktienoptionen** begonnen. Der Handel mit Zinsterminkontrakten (**Zinsfutures**) wurde vom Chicago Board of Trade (CBOT) eingeführt. An der Chicago Mercantile Exchange wurden erstmalig 1982 auch Futures auf einen **Aktienindex** angeboten.

14.93   Den ersten börsenmäßig organisierten Terminmarkt in Europa eröffnete 1978 die European Options Exchange (EOE) in Amsterdam. Es folgte 1982 die London International Financial Futures Exchange (LIFFE) mit dem Handel in Financial Futures und Optionen. 1986 nahm der Marché à Terme d'Instruments Financiers (MATIF) in Paris den Handel mit Financial Futures auf. Die Swiss Options and Financial Futures Exchange (SOF-

FEX) begann mit dem Geschäftsbetrieb als erste vollcomputerisierte Terminbörse im Jahre 1988. Die neu gegründete Deutsche Terminbörse (DTB), die nach Zusammenschluß mit der Swiss Options and Future Exchange (SOFFEX), Zürich als Eurex Deutschland firmiert, eröffnete 1990 den Terminhandel in standardisierten Aktienoptionen.

Die Financial Futures und die börsenmäßig gehandelten Optionen haben eine rechtliche Grundstruktur, wie sie auch beim sog. „Fest"geschäft des früheren Terminhandels und bei den bisherigen Vertragstypen des Optionshandels anzutreffen sind[56]. Dabei werden insbesondere die neuartigen Optionsformen in immer ausgeklügelteren Differenzierungen angeboten.   14.94

Das traditionelle „Fest"geschäft begründet für beide Kontrahenten unbedingte („feste") Zahlungs- und „Liefer"verbindlichkeiten bzw. bei den „Differenz"geschäften Zahlungsverbindlichkeiten. Dagegen besteht diese Bindung beim Optionsgeschäft lediglich für einen der beiden Kontrahenten, der daher anschaulich auch als „Stillhalter" bezeichnet wird. Der Kaufpreis des Terminkontraktes ist abhängig vom Kursniveau des Terminmarktes bei Geschäftsabschluß. Im übrigen ist die Erfüllung der Vertragspflichten auf einen standardisierten späteren Termin hinausgeschoben[57].   14.95

Gemeinsamkeiten des modernen Terminhandels mit dem früheren Terminhandel bestehen auch insoweit, als die Financial Futures und die börsenmäßigen Optionen nicht nur zur Sicherung gegen die Risiken aus den Marktschwankungen (Hedging) eingesetzt, sondern auch für die bloße Erzielung von Differenzgewinnen aus den Schwankungen des Marktes („reine" Spekulation) genutzt werden können.   14.96

Die Vielfalt der Erscheinungsformen des modernen Terminhandels darf aber nicht darüber hinwegtäuschen, daß sich hinter diesem Handel rechtlich gesehen nur zwei Grundtypen in Gestalt des „Fest"geschäfts – nachfolgend auch als Termingeschäft bezeichnet – und des Optionsgeschäfts verbergen.   14.97

---

56 *Kümpel*, ZGesKredW 1981, 352.
57 Die vor dem 1. Weltkrieg führende Berliner Börse unterschied nach per ultimo oder medio geschlossenen Geschäften, wobei die Vereinbarung eines individuell vereinbarten Fälligkeitstermins möglich war (§ 17 der Geschäftsbedingungen der Berliner Börse, abgedruckt bei *Nußbaum*, Kommentar zum Börsengesetz, 1910, S. 410).

II. Börsenmäßige Optionsgeschäfte

14.98 Bei den Geschäften in Optionen ist zwischen **Kauf- und Verkaufsoptionen zu unterscheiden**. Soweit diese Optionen an Terminbörsen gehandelt werden sollen, benötigen sie hierzu eine standardisierte Ausstattung.

14.99 Der Käufer einer Option kann bei einer Kaufoption die Lieferung und bei einer Verkaufsoption die Abnahme der zugrundeliegenden Basiswerte (Underlying) verlangen, soweit nicht die Erfüllung ausgeschlossen oder wie bei den Indexkontrakten schon wegen der Natur des Basiswertes unmöglich ist. Unter Basiswert ist das Wirtschaftsgut zu verstehen, auf das sich das erworbene Optionsrecht bezieht. Dabei kann es sich um Aktien oder Schuldverschreibungen, Devisen sowie Indizes oder Terminkontrakte, insbesondere Financial Futures handeln. Je nach dem Underlying spricht die Praxis von Aktienoptionen, Zinsoptionen, Devisenoptionen, Indexoptionen oder Optionen auf Zins Futures oder Aktienindex Futures.

14.100 Zur Entstehung dieser Verpflichtungen des Verkäufers der Optionen bedarf es zunächst der fristgemäßen Ausübung der Option. Optionen werden deshalb auch als bedingte Termingeschäfte bezeichnet. Mit dieser **Optionsausübung** kommt ein gewöhnlicher Kaufvertrag mit einer entsprechenden Liefer- und Kaufpreisverbindlichkeit zustande (§ 433 BGB), die innerhalb der für Kassageschäfte geltenden zweitägigen Frist zu erfüllen sind.

14.101 Hinsichtlich des **Termins für die Ausübung** des Optionsrechts unterscheidet man europäische und amerikanische Optionen sowie Bermuda-Optionen. Die Optionen europäischen Typs (European Style) können nur am Ende ihrer Laufzeit ausgeübt werden. Dagegen ist die Option amerikanischen Typs an jedem Handelstag während ihrer Laufzeit ausübbar. Beide Optionsarten werden sowohl in Europa als auch in Amerika gehandelt. Die nur außerbörslich gehandelten Bermuda-Optionen können dagegen nur an einem von mehreren zuvor festgelegten Terminen ausgeübt werden.

14.102 Soweit Gegenstand der Optionen ein **Financial Future** ist, führt die Optionsausübung dazu, daß die Kontrahenten des Optionsgeschäfts zu Partnern dieses Financial Futures mit dem vereinbarten späteren Fälligkeitszeitpunkt werden. Ein anschauliches Beispiel hierfür bieten die an der Eurex Deutschland gehandelten Optionen auf den „Bund" Future.

14.103 Der Optionskäufer ist zur Ausübung des erworbenen Optionsrechts nicht verpflichtet. Die vertragliche Bindung besteht also nur für den Verkäufer der Option als sog. Stillhalter. Insoweit ist das Optionsgeschäft dem früheren Prämiengeschäft mit seinem Rücktrittsrecht für einen der beiden Kontrahenten vergleichbar[58].

1. Optionen als Gestaltungsrechte

Für das Optionsrecht sind **drei Rechtskonstruktionen** denkbar. Welche Gestaltung im Einzelfall vorliegt, ist mit Hilfe der Vertragsauslegung zu ermitteln[59]. So kann sich das Optionsrecht aus einem aufschiebend bedingten Vertrag ergeben, der durch die Optionserklärung unbedingt wird[60]. Mit dem Optionsrecht kann aber auch die rechtlich abgesicherte Möglichkeit eingeräumt werden, während der Optionsfrist die den (stillhaltenden) Kontrahenten bindende Vertragsofferte anzunehmen[61]. Das Optionsrecht kann schließlich wie im heutigen Terminhandel als eigenständiges Gestaltungsrecht gewollt sein. Bei dieser rechtlichen Ausgestaltung des Optionsrechts kann der Optionskäufer nach seinem Belieben ein inhaltlich bereits vollständig fixiertes Geschäft einseitig in Kraft setzen[62].

14.104

2. Vor- und Nachteile des Optionsgeschäfts

Vergleicht man das Optionsrecht mit dem „Fest"geschäft, so ergeben sich Vor- und Nachteile für die beiden Vertragspartner.

14.105

a) Begrenztes Risiko des Optionskäufers

So wird das **„Wahlrecht" des Optionskäufers,** die Option auszuüben oder verfallen zu lassen, als ein wesentlicher Vorteil des Optionsgeschäfts gegenüber dem beide Kontrahenten bindenden Festgeschäft angesehen. Der Optionskäufer kann sein Kursrisiko auf den gezahlten Optionspreis begrenzen, weil er die Option nicht auszuüben braucht. So kann der Optionskäufer das erworbene Optionsrecht verfallen lassen, wenn etwa bei einer (Aktien-)Kaufoption der vereinbarte (Basis-)Preis **über** dem Börsenkurs und bei einer Verkaufsoption **unter** dem Börsenkurs liegt.

14.106

---

58 *Kümpel*, ZGesKredW 1981, 352, 354.
59 *Palandt/Heinrichs*, Einf. v. § 145 Rn 23 m.w.Nachw.
60 *Palandt/Heinrichs*, Einf. v. § 145 Rn 23; OLG Bamberg WM 1989, 745, 747.
61 Münchener Komm. zum BGB/*Kramer*, Vor § 145 Rn 41 ff.
62 *Kümpel*, ZGesKredW 1981, 352, 354.

b) Nachteile für den Optionsverkäufer

14.107 Das **Kursrisiko des Stillhalters** beim Optionsgeschäft ist ebenso unbegrenzt wie beim Festgeschäft, wenn sich der Kurs entsprechend den Erwartungen des Optionsberechtigten entwickelt.

14.108 Der Stillhalter hat zudem im Unterschied zum Festgeschäft keine unbegrenzte Gewinnchance. Entwickelt sich der Marktpreis entgegen den Erwartungen des Optionskäufers, so wird die Option nicht ausgeübt. Der „Gewinn" des Optionsverkäufers beschränkt sich sodann auf die (betragsmäßig begrenzte) Prämie für die übernommene Stillhalterposition.

14.109 Für den Stillhalter ist schließlich ein Optionsgeschäft mit der Ungewißheit belastet, ob der Optionskäufer später sein Gestaltungsrecht ausübt oder es verfallen läßt. Er kann sich also nicht auf die Notwendigkeit einer späteren Lieferung bzw. Abnahme der zugrundeliegenden Wertpapiere einstellen.

3. Verbriefte Optionen (Optionsscheine)

14.110 Die Praxis ist dazu übergegangen, zunehmend Optionsrechte wertpapiermäßig zu verbriefen. Diese Optionsscheine (Warrants) werden nicht im Terminmarkt, sondern im Kassamarkt mit seiner zweitägigen Lieferfrist gehandelt. Vorläufer dieser Wertpapiere waren die Optionsscheine, die zusammen mit den klassischen Optionsanleihen im Sinne des Aktiengesetzes (§ 221 Abs. 1 S. 1, 2. Fall) begeben werden. Die Optionsscheine werden nach einer gewissen Zeit von den Schuldverschreibungsurkunden getrennt und können sodann im Kassamarkt gehandelt werden.

14.111 Während die traditionellen Optionsscheine nur zum Bezug junger Aktien berechtigen, werden heute auch Optionsscheine auf Anleihen, Währungen und Indices emittiert. Diese wertpapiermäßig verbrieften Optionsrechte werden regelmäßig ohne Schuldverschreibungsurkunde und ohne Zusammenhang mit einer Kapitalbeschaffungsmaßnahme ermittelt, die vom BGH als **selbständige Optionsscheine** bezeichnet werden. Geschäfte in diesen Optionsscheinen sind nach ständiger Rechtsprechung des BGH Börsentermingeschäfte, ungeachtet dessen, daß sie im Kassamarkt abgeschlossen werden[63].

---

63 BGH WM 1994, 2231; 1996, 545; 1620, 1621; 1998, 2331, 2332.

III. Festgeschäfte (Financial Futures)[64]

Bei den Festgeschäften handelt es sich um **standardisierte „Terminkontrakte"**, die an den börsenmäßig organisierten Terminmärkten gehandelt werden (sog. Financial Futures). Die außerbörslich geschlossenen Festgeschäfte werden zur terminologischen Abgrenzung als „Forwards" bezeichnet.

14.112

Der **Begriff** Financial Futures umfaßt unterschiedliche Arten von Terminkontrakten. Im Vordergrund stehen heute die Zinsterminkontrakte (1). Von großer praktischer Bedeutung sind mittlerweile aber auch die Index-Terminkontrakte (2). Financial Futures in Gestalt der Währungstermin-Kontrakte werden dagegen im Vergleich zu den außerbörslichen Termingeschäften in Fremdwährungen in geringerem Umfange abgeschlossen (3).

14.113

1. Zinsterminkontrakte (Zinsfutures)

Die Zinsterminkontrakte werden **im Ausland vor allem an den Future-Börsen** in Chicago, London und Singapur gehandelt. Sie können über verschiedene Handelsobjekte lauten, wie etwa 3-Monats-Euro-Dollar-Deposits (Termingeldguthaben) oder wertpapiermäßig verbriefte US-Treasury-Bills, -Notes und -Bonds, die auch an den Kassamärkten gehandelt werden[65].

14.114

a) „Bund"-Future

Ein praktisches Beispiel für Zinsfutures sind die sog. Bund-Futures, wie sie auch an der Eurex Deutschland gehandelt werden. Sie beinhalten Termingeschäfte, die auf Lieferung von synthetischen (fiktiven) Wertpapieren gerichtet sind. Dem Bund-Future liegt ein Zinsterminkontrakt über eine im Regelfall nicht emittierte (idealtypische) Bundesanleihe zugrunde[66]. Mit diesen Bund-Futures kann sich der Bankkunde gegen Zinsrisiken von Euro-Anleihen absichern.

14.115

---

64 Zu den einzelnen Varianten der Börsentermingeschäfte vgl. *Schulte/Mattler*, WM 1990, 2061; *Menninger*, RIW 1994, 43.
65 *Fischer-Erlach*, Handel und Kursbildung am Devisenmarkt, 2. Aufl., 1986, S. 99.
66 Zu der Grundstruktur eines solchen Hedging-Instrumentes aus rechtlicher Sicht vgl. *Kümpel*, WM 1986, 661, 664.

14. Teil: Derivate und sonstige Finanzinnovationen

aa) Belieferbarkeit der Terminkontrakte

14.116 Der Käufer kann Lieferung ungeachtet dessen verlangen, daß dem Bund-Future eine im Regelfall nicht emittierte (fiktive) Bundesanleihe zugrunde liegt. Diese effektive Belieferung ist jedoch wegen des mit solchen Terminkontrakten verfolgten wirtschaftlichen Zweckes die Ausnahme. Verlangt der Käufer im Einzelfall effektive Lieferung, so können ihm anstelle der zugrunde gelegten fiktiven Bundesanleihen andere vom Bund emittierte Anleihetitel mit entsprechenden Restlaufzeiten geliefert werden. Hierbei handelt es sich um eine Wahlschuld (§ 262 BGB), bei der das Wahlrecht dem Verkäufer als (Lieferungs-)Schuldner zusteht. Diese Abwicklung geschieht im inländischen Effektengiroverkehr durch Erteilung der üblichen Girosammeldepotgutschrift[67].

bb) Ausschluß des Differenzeinwandes

14.117 Mit der Börsengesetznovelle 1989 sind die rechtlichen Rahmenbedingungen dafür geschaffen worden, daß auch die modernen Vertragstypen des Terminhandels wie die Financial Futures über synthetische Wertpapiere an der inländischen Terminbörse zugelassen werden können. Auch in Deutschland sollte sich ein leistungsfähiger und international wettbewerbsfähiger Terminmarkt entwickeln können. Der Gesetzgeber hat hierzu klargestellt, daß zu den Börsentermingeschäften auch Geschäfte gehören, die wirtschaftlich gleichen Zwecken dienen, auch wenn sie nicht auf Erfüllung ausgerichtet sind (§ 50 Abs. 1 S. 2 BörsG)[68].

14.118 Nach dieser Neufassung sind die für den Terminhandel entwickelten Kontraktarten Börsentermingeschäfte, auch wenn sie von den traditionellen Vertragstypen nicht erfaßt sind.

14.119 Nach der Begründung des Gesetzesentwurfs gehören zu den Börsentermingeschäften neben den Bund-Futures daher auch Index-Kontrakte[69] wie der DAX-Future und die traditionellen Devisentermingeschäfte. Bei der Erweiterung des Begriffs „Börsentermingeschäfte" in § 50 Abs. 1 BörsG ist auch die dort bisher enthaltene Beschränkung auf Waren und Wertpapiere entfallen. Die terminrechtlichen Be-

---

67 Wegen der Einzelheiten des börsenmäßigen Handels in den Bund-Futures vgl. *Kümpel*, WM 1989, 1313, 1318.
68 Dieser Gesetzeswortlaut lehnt sich eng an die Formulierung an, die der BGH bei der Qualifizierung des Kaufes einer Aktienoption als Börsentermingeschäft verwendet hat, wo es heißt: „Die Rechtsprechung hat von jeher abweichende Geschäftsgestaltungen dann als Börsentermingeschäfte angesehen, wenn sie wirtschaftlich dem gleichen Zweck dienten" (WM 1984, 1598, 1599).
69 BT-Drucksache 11/4177, S. 18.

stimmungen des Börsengesetzes sind damit unmittelbar auf Devisentermingeschäfte anwendbar[70].

Sind die Zinsfutures wie auch die Index- und Währungsfutures nach dem geänderten § 50 Abs. 1 BörsG zweifelsfrei Börsentermingeschäfte, so kann der **Differenzeinwand** gemäß § 764 BGB **nicht geltend** gemacht werden. Denn die Börsengesetznovelle 1989 hat den gesetzlichen Ausschluß des Differenzeinwandes auf alle börslichen oder außerbörslichen Börsentermingeschäfte ausgedehnt (§ 58 S. 1 BörsG). Hierdurch ist die notwendige Rechtssicherheit für den börsenmäßig organisierten wie außerbörslichen Terminmarkt herbeigeführt worden. Denn solche Financial Futures eignen sich auch für die Terminspekulation ohne Hedgingabsicht; hier würde der Differenzeinwand ohne den gesetzlichen Ausschluß greifen. 14.120

2. Index-Futures

Eine zunehmende praktische Bedeutung erlangen auch die Index-Terminkontrakte. So wird an der Eurex Deutschland ein Index-Terminkontrakt in Gestalt des DAX-Future gehandelt. Diesem Index liegen 30 deutsche Standardwerte mit unterschiedlicher Gewichtung zugrunde. Der DAX repräsentiert den Markt für deutsche Standardwerte. 14.121

a) Geschäftsstruktur

Der für den DAX-Future maßgebliche Index errechnet sich nach einer bestimmten Formel aus den Kursen der nach bestimmten Kriterien gewichteten Aktiengattungen (**„DAX-Werte"**). Der Basiswert eines Kontraktes ist DM 100 pro Punkt des DAX, der im Frankfurter Kurs-Informations-Service-System (KISS) minütlich berechnet und über einen Ticker bekanntgemacht wird. Die Notierung erfolgt beim DAX auf eine Dezimalstelle (z.B. 1205,5). 14.122

Der DAX kann daher als „synthetische" deutsche Aktie mit fortlaufender Notierung verstanden werden. Die Basis des Index-Konzeptes ist der 31. Dezember 1987 = 1000. Die kleinstmögliche Kursveränderung (sog. „Tick-Größe") ist 0,5. Die Lieferungsmonate sind März, Juni, September, Dezember. Die einzelnen Kontrakte können eine Laufzeit von bis zu 14.123

---

[70] Es bestand daher kein Bedürfnis mehr dafür, daß die für Wechsel und ausländische Zahlungsmittel geschaffene Spezialvorschrift des § 96 BörsG die terminrechtlichen Bestimmungen auf Devisentermingeschäfte ausdrücklich für anwendbar erklärt (BT-Drucksache 11/4177, S. 21).

neun Monaten haben. Die Abwicklung des Kontraktes durch Zahlung des sich ergebenden Differenzbetrages erfolgt am ersten Börsentag nach dem letzten Handelstag (letzter Börsentag vor dem dritten Samstag im Liefermonat). Die beiden maßgeblichen Abrechnungspreise sind der dem Kontrakt zugrunde gelegte Wert des DAX-Index und der Wert des DAX-Index um 13 Uhr am letzten Handelstag.

b) Rechtsnatur des Kontraktes

14.124 Wie bei den belieferbaren Börsentermingeschäften bezeichnet die Praxis auch bei den Index-Futures die beiden Vertragskontrahenten als Käufer und Verkäufer und spricht in den hierbei verwendeten Bankvordrucken von „kaufen" und „verkaufen". Beim **Index-Future** kann jedoch wegen der fehlenden Möglichkeit einer effektiven Lieferung oder von zumindest unverbrieften Rechten kein Lieferanspruch im kaufrechtlichen Sinne begründet werden. Dem **DAX-Future** liegt vielmehr ein abstrakter Wert zugrunde, der auf einem hypothetischen Portefeuille basiert und dessen Kursbewegung sich anhand einer einzigen Zahl abbildet. Solche Index-Terminkontrakte stellen daher untypische Kaufverträge dar.

14.125 Der Käufer erwirbt daher bei steigenden Aktienkursen einen Zahlungsanspruch in Höhe der Differenz zwischen dem vereinbarten (Termin-)Kurs und dem tatsächlichen Marktkurs im Zeitpunkt der Fälligkeit des Kontraktes. Der „kaufende" Kontrahent befindet sich also in der vergleichbaren Position des Käufers aus einem belieferbaren Börsentermingeschäft. Der Käufer kann hier bei gestiegenen Marktkursen die ihm später gelieferten Wertpapiere durch ein korrespondierendes Glattstellungsgeschäft zum Fälligkeitszeitpunkt des Terminkontraktes kursgünstiger verkaufen und hierdurch einen Kursgewinn erzielen.

14.126 Umgekehrt erwirbt der Verkäufer des DAX-Index einen Zahlungsanspruch bei fallendem Marktkurs[71]. Er befindet sich daher in derselben Situation wie ein „Leer"verkäufer, der sich bis zum Erfüllungszeitpunkt die zu liefernden Wertpapiere zu einem niedrigeren Marktkurs beschaffen will, um mit Hilfe dieses kursgünstigeren Glattstellungsgeschäfts einen entsprechenden Gewinn zu erzielen.

14.127 Die Position des sich erst später eindeckenden Verkäufers wird daher auch als „short"position („Leer"verkauf) bezeichnet. Die „Gegen"position des Käufers heißt „long"position. Denn der Käufer hat die zugrundeliegenden Wertpapiere erst zu dem späteren, hinausgeschobenen Zeitpunkt abzunehmen.

---

71 *Kümpel*, WM 1989, 1313, 1318.

c) Untypischer Kaufvertrag

Die Bezeichnung der Terminkontrahenten als Käufer und Verkäufer sollte nicht den Blick davor verstellen, daß die Index-Terminkontrakte keine typischen Kaufverträge im Sinne des § 433 BGB darstellen. Nach dem Gesetzeswortlaut ist der Verkäufer verpflichtet, dem Käufer den verkauften Gegenstand in Gestalt einer (körperlichen) Sache oder eines (unkörperlichen) Rechts zu übertragen. Eine solche Pflicht zur Verschaffung des Kaufgegenstandes durch Übereignung bzw. Abtretung ist dem Index-Terminkontrakt fremd. Hier erwächst dem Käufer bei steigenden Kursen unmittelbar aus dem geschlossenen Kontrakt ein entsprechender Zahlungsanspruch, ohne daß für den Verkäufer die typische kaufrechtliche Lieferungspflicht begründet wird.

14.128

aa) Kein Differenzgeschäft im Sinne des § 764 BGB

Beim Index-Future ist wie beim Differenzgeschäft des BGB (§ 764) keine effektive Belieferung, sondern nur eine Differenzzahlung gewollt. So tritt beim DAX-Future an die Stelle der beiden gesetzlichen Tatbestandsmerkmale „vereinbarter Preis" und „Börsen- und Marktpreis der Lieferungszeit" der dem konkreten Terminkontrakt zugrunde gelegte „Wert des DAX-Index" und der „Wert des DAX-Index um 13 Uhr am letzten Handelstag".

14.129

Auch aus der Sicht des Entstehens des Zahlungsanspruches ist der Index-Future auf den ersten Blick dem Differenzgeschäft im Sinne des § 764 BGB vergleichbar. Dieser Anspruch wächst dem Käufer ohne Zutun des Verkäufers allein durch den Kursanstieg zu. Die Index-Terminkontrakte erfüllen aber gleichwohl nicht den gesetzlichen Tatbestand solcher Differenzgeschäfte. Nach der gesetzlichen Regelung in § 764 S. 1 BGB liegt ein Differenzgeschäft vor, wenn „ein auf Lieferung von **Waren** oder **Wertpapieren** lautender Vertrag in der Absicht geschlossen wird, daß der Unterschied zwischen dem vereinbarten Preis und dem Börsen- und Marktpreis der Lieferungszeit von dem verlierenden Teil an den gewinnenden gezahlt werden soll". Der Index ist dagegen ein unkörperlicher (abstrakter) Wert.

14.130

Die sich ergebende Differenz reflektiert zugleich die Wertentwicklung der dem DAX-Index zugrundeliegenden 30 Standardwerte, die für den deutschen Kapitalmarkt repräsentativ sind. Mit dem DAX-Future kann also in der Händlersprache kursmäßig „der deutsche Aktienmarkt" gekauft werden.

14.131

bb) Index-Future als adäquater Vertragstyp

14.132 Diese rechtsgeschäftliche Ausgestaltung der Index-Terminkontrakte durch Begründung eines Zahlungsanspruches entspricht in optimaler Weise dem wirtschaftlichen Zweck dieser Finanzinstrumente. Beim Abschluß von Börsentermingeschäften geht es ganz überwiegend um die Erzielung von Kursgewinnen aus den Marktschwankungen. Der Erwerb von Wertpapieren, wie er mit den traditionellen Effektengeschäften im Rahmen der Vermögensanlage bezweckt wird, ist nicht beabsichtigt. Mit dieser wirtschaftlichen Zielrichtung steht eine vertragliche Begründung von Liefer- und Abnahmepflichten, wie sie für den Kaufvertrag typisch sind, nicht im Einklang.

14.133 Aus funktionaler Betrachtungsweise erweisen sich daher die bisherigen Vertragskonstruktionen des Börsenterminhandels als nicht adäquat. So wird bei dem verdeckten Differenzgeschäft des früheren Terminhandels zunächst ein die Terminspekulation eröffnendes Grundgeschäft in Gestalt eines Kaufvertrages mit hinausgeschobener Erfüllung (Valutierung) getätigt und später ein zweiter Kaufvertrag geschlossen, mit dem das vorausgegangene Grundgeschäft glattgestellt wird. Hierdurch erzielt der Kontrahent, dessen Kurserwartung eingetreten ist, einen Gewinn in Gestalt einer Kursdifferenz. Die Erzielung dieses Kursgewinnes ist der eigentliche wirtschaftliche Zweck des Termingeschäfts, wie er auch von der vertraglichen Ausgestaltung des Index-Future klar ersichtlich reflektiert wird.

14.134 Der Index-Terminkontrakt verzichtet konsequenterweise auch auf die rechtliche Ausgestaltung als offenes Differenzgeschäft im Sinne des gesetzlichen Tatbestandes (§ 764 S. 1 BGB), bei dem zumindest dem äußeren Anschein nach eine Verpflichtung zur Lieferung von Wertpapieren oder Waren eingegangen wird, obwohl beide Kontrahenten diese Lieferung von vornherein nicht wollen, sondern auch hier nur die Zahlung eines Differenzgewinnes beabsichtigen, wie es dem Wesen des Börsentermingeschäfts als Instrument zur Erzielung von Kursdifferenzen entspricht[72].

14.135 Diesen äußeren Anschein des Vorliegens eines typischen Kaufvertrages vermeidet der Index-Terminkontrakt. Aus der Sicht der wirtschaftlichen Funktion des Börsenterminhandels ist daher der Index-Terminkontrakt eine konsequente Weiterentwicklung der hierbei bisher praktizierten Vertragstypen, die – bei den verdeckten Differenzgeschäften – Kaufverträge im engeren rechtlichen Sinne darstellen oder – bei den offenen Differenz-

---

72 *Häuser*, ZBB 1992, 249, 259; *Kümpel*, WM 1991, Sonderbeil. 1, 3.

geschäften – zumindest den äußeren Anschein solcher Kaufverträge vermitteln.

cc) Erwerb einer Gewinnaussicht

Vor dem Hintergrund dieser Entwicklungsgeschichte des Börsenterminhandels wird auch die Verwendung der Rechtsbegriffe „Käufer" und „Verkäufer" zur Bezeichnung der Terminkontrahenten auch bei nicht erfüllbaren Kontrakten verständlich. Denn wirtschaftlich und funktional gesehen haben die Partner auch eines Index-Terminkontraktes eine durchaus vergleichbare Vertragsposition wie der Käufer und Verkäufer bei den traditionellen Vertragstypen des Börsenterminhandels, bei denen eine effektive Erfüllung möglich gewesen ist.

14.136

Die Bezeichnung der Kontrahenten als Käufer und Verkäufer ist auch aus der Sicht der gesetzlichen Terminologie des Kaufrechts vertretbar. Gegenstand eines Kaufvertrages können nicht nur Sachen in Gestalt körperlicher Gegenstände oder unkörperlicher Rechte sein. Der Gesetzgeber hat von einer näheren rechtlichen Ausgestaltung des Kauftatbestandes abgesehen, „weil dasjenige, was in dem Vertrag dem Verkäufer obliege, sich aus dem Inhalt des Vertrages unter Berücksichtigung von Treu und Glauben ergebe"[73]. Nach allgemeiner Meinung kann daher auch die Aussicht (Chance) auf einen Gewinn Gegenstand eines Kaufvertrages sein[74]. Bei einem solchen „Hoffnungs"kauf (emptio spei) ist also Kaufgegenstand keine Sache oder Recht, sondern eine Gewinnaussicht wie z.B. die Gewinnchance bei einer Spiel- oder Losgemeinschaft[75]. Bei solchen Kaufverträgen im weiteren Sinne besteht die Leistung des Verkäufers in der Einräumung einer bei Vertragsschluß bestehenden Erwerbs- oder Gewinnaussicht[76].

14.137

Auch beim Index-Terminkontrakt hat der Käufer Aussicht auf einen Gewinn, wenn sich die Kurse der der Indexformel zugrundeliegenden Wertpapiere während der Laufzeit des Kontraktes entsprechend seinen Erwartungen entwickeln. Auf die Auskehrung dieses Kursgewinnes ist der Zahlungsanspruch des „kaufenden" Kontrahenten gerichtet, den ihm sein Verkaufskontrahent schon mit Abschluß des Index-Terminkontraktes einräumt.

14.138

---

73 Protokolle II, S. 51.
74 *Palandt/Putzo*, § 433 Rn 5; *Staudinger/Köhler*, Vorbem. zu §§ 433 ff. Rn 57; Münchener Komm. zum BGB/*Westermann*, § 433 Rn 5; *Huber* in RGRK-BGB, vor § 433 Rn 75.
75 Zur Einräumung einer solchen „Hoffnung" auf einen künftigen Vermögensvorteil beim Lotterievertrag vgl. RGZ 77, 342, 344.
76 Münchener Komm. zum BGB/*Westermann*, § 433 Rn 5.

14.139 Andererseits erwächst auch dem Verkäufer aus dem Kontrakt ein Anspruch auf den Differenzgewinn, wenn die Kurse der zugrundeliegenden Wertpapiere fallen. Der Index-Future begründet also für beide Kontrahenten „Gewinnaussichten", deren Realisierung von der tatsächlichen Kursentwicklung abhängt. Sind dagegen der vereinbarte Preis und der aktuelle Marktpreis in dem Zeitpunkt der Fälligkeit des Index-Futures ausnahmsweise identisch, so erwirbt keiner der Kontrahenten einen Zahlungsanspruch.

3. Währungs-Futures

14.140 Bei den Währungs-Futures handelt es sich um börsenmäßig gehandelte und daher standardisierte Kontrakte über die Lieferung von Fremdwährungsbeträgen zu bestimmten hinausgeschobenen Fälligkeitszeitpunkten. Der Kurs der Fremdwährung wird bei Vertragsschluß vereinbart. Wie bei den anderen Terminkontrakten können sich daher Gewinne oder Verluste aus späteren Wechselkursschwankungen ergeben. Der Unterschied zu den herkömmlichen Devisentermingeschäften besteht darin, daß die Kontrakte an speziellen Börsen gehandelt werden. Hierbei sind die Beträge (Kontrakte) und die Fälligkeiten (delivery month) standardisiert. Die Abwicklung erfolgt ausschließlich oder zumindest ganz überwiegend in der Weise, daß der kontrahierte Preis in Bezug zum aktuellen Marktkurs gesetzt und lediglich die Differenz ausgezahlt wird.

14.141 Die Währungs-Futures sind allerdings für die Bankkundschaft nur von **untergeordneter Bedeutung.** Die herkömmlichen Devisentermingeschäfte in Gestalt der OTC-Geschäfte mit ihren liquiden Märkten sind hinsichtlich ihrer Flexibilität und einfachen Handhabung den börsenmäßig gehandelten Währungs-Futures regelmäßig deutlich überlegen. Deshalb werden die meisten Devisentermingeschäfte außerbörslich getätigt[77].

14.142 Der Währungs-Future ist zu unterscheiden von der auch börsenmäßig gehandelten **Währungsoption.** Diese Option kann auf Lieferung eines bestimmten Devisenbetrages per Kasse oder auf die „Lieferung" oder „Abnahme" eines Financial Future in fremder Währung gerichtet sein[78]. Die Währungsoptionen sind eine Variante des Börsenterminhandels wie die inländischen Aktienoptionen gegenüber dem Aktien-Festgeschäft als der Grundform des Terminhandels.

---

77 66. Jahresbericht der Bank für internationalen Zahlungsausgleich – BIZ – (1969,) S. 177, zitiert bei *Jahn* in Bankrechts-Handbuch, S. 114 Rn 13.
78 *Fischer-Erlach,* Handel und Kursbildung am Devisenmarkt, 2. Aufl., 1985, S. 106.

Auch bei der Währungsoption liegt also der **Vorzug** gegenüber dem Terminkontrakt darin, daß der Käufer der Option ein Wahlrecht hat, ob er durch Ausübung der Option ein Liefer- oder Abnahmegeschäft zustande bringen will. Bei einem fallenden Wechselkurs wird der Optionskäufer die gekaufte Option nicht ausüben, sondern die Devisen zum billigeren Kurs im Kassamarkt kaufen und die der Kurssicherung dienende Option verfallen lassen. Der Abschluß eines Optionsgeschäfts ist z.B. für Exporteure erwägenswert, wenn sie zunächst nur ein Angebot abzugeben haben, ihr hieraus resultierendes Wechselkursrisiko jedoch schon abgesichert werden soll.

14.143

Bei der über eine Börse erworbenen Währungsoption sind Betrag, Laufzeit und Basispreis standardisiert. Dagegen offerieren die Kreditinstitute hauptsächlich nicht börsenmäßig gehandelte Währungsoptionen. Diese OTC-Optionen (Rn 14.146) sind exakt auf die Bedürfnisse der Exporteure und Importeure zugeschnitten[79].

14.144

---

79 *Fischer-Erlach*, Handel und Kursbildung am Devisenmarkt, 2. Aufl., 1985, S. 106.

5. Abschnitt
Außerbörsliche Finanztermingeschäfte (OTC-Geschäfte)

I. Allgemeines

14.145 Soweit die Derivate nicht standardisiert sind, werden sie außerhalb von Börsen – Over The Counter – gehandelt (**OTC-Geschäfte**).

1. Merkmale der OTC-Geschäfte

14.146 Infolge der fehlenden Standardisierung können die OTC-Derivate auf die individuellen Bedürfnisse der beiden Vertragspartner abgestimmt werden. Dies gilt insbesondere für das Volumen des Kontraktes und seine Laufzeit, die Währung, den Referenzzinssatz und den Basispreis. Mit diesen außerbörslichen Finanztermingeschäften ist auch eine Risikoabsicherung über längere Zeiträume möglich. Diese Geschäfte können zudem über andere als die marktgängigen Währungen abgeschlossen werden. Schließlich können die Transaktionskosten vermieden werden, die bei einer börsenmäßigen Ausführung des Kundenauftrages anfallen würden.

14.147 Angesichts dieser vielfältigen Vorteile der OTC-Geschäfte spielen für die Bankenkundschaft z.B. Financial Futures in Form börsenmäßig gehandelter Währungsterminkontrakte nur eine untergeordnete Rolle. Im Vordergrund stehen vielmehr die individuell ausgehandelten OTC-Geschäfte mit den Banken, die freilich häufig ihre Verpflichtungen aus diesen Geschäften mit Hilfe von Financial Futures absichern. Diese traditionellen Devisentermingeschäfte in Gestalt der OTC-Geschäfte sind hinsichtlich Flexibilität und Einfachheit der Handhabung den börsenmäßig gehandelten Währungsterminkontrakten deutlich überlegen. Ganz generell ist ein starkes Wachstum dieser außerbörslichen (Off-the-Exchange-)Märkte auch bei Derivaten festzustellen[80].

14.148 Neben diesen außerbörslichen Währungsterminkontrakten haben sich in der Praxis eine Reihe weiterer Finanzprodukte herausgebildet, über die OTC-Geschäfte abgeschlossen werden[81]. Hierzu gehören insbesondere die

---

80 *Breuer*, ZGesKredW 1993, 10, 12; *Häuser*, ZBB 1992, 249, 250 m.w. Hinw. auf die Wirtschaftspresse.
81 *Jahn* in Bankrechts-Handbuch, § 114 Rn 1.

Forward Rate Agreements (II) sowie die verschiedenen Varianten der Zinsoptionen (III) und die Swaps (IV).

2. Rahmenvertrag für Finanztermingeschäfte

Die OTC-Derivate werden regelmäßig unter dem „Rahmenvertrag für Finanztermingeschäfte" abgeschlossen, der in Zusammenarbeit mit den Spitzenverbänden des Kreditgewerbes entwickelt worden ist[82]. In dem eigentlichen Rahmenvertrag finden sich auch allgemeine Regelungen für zinssatzbezogene Geschäfte. Im übrigen sind allgemeine Regelungen für Optionsgeschäfte auf Börsenindices und Aktien sowie für Devisengeschäfte und Optionen auf Devisengeschäfte in zwei Anhänge aufgenommen worden. Der dritte Anhang enthält allgemeine Regelungen über die Berechnung des Marktwertes eines Einzelabschlusses, für den die Kontrahenten das Recht zur vorzeitigen Erfüllung vereinbart haben.

14.149

Dieser Rahmenvertrag **erleichtert die Dokumentation** der einzelnen Geschäfte, weil auf die Begriffsbestimmungen des Rahmenvertrages verwiesen werden kann. Im übrigen werden alle unter einem Rahmenvertrag abgeschlossenen Geschäfte rechtlich zu einem einheitlichen Vertrag zusammengefaßt, der nur einheitlich dadurch beendet werden kann, daß der saldierte Marktwert aller Einzelgeschäfte zwischen den Parteien ausgeglichen wird (Liquidationsnetting). Dies gilt auch für die Insolvenz eines Vertragskontrahenten.

14.150

Zweck und Gegenstand des Rahmenvertrages ist, zur Gestaltung von Zinsänderungs-, Währungskurs- und sonstigen Kursrisiken Finanztermingeschäfte abzuschließen, die folgendes zum Gegenstand haben: Den Austausch von Geldbeträgen in verschiedenen Währungen oder von Geldbeträgen, die auf der Grundlage von variablen oder festen Zinssätzen, Kursen, Preisen oder sonstigen Wertmessern, einschließlich diesbezüglicher Durchschnittswerte (Indices) ermittelt werden, oder die Lieferung oder Übertragung von Wertpapieren, anderen Finanzinstrumenten oder Edelmetallen oder ähnliche Leistungen. Zu den erfaßten Finanztermingeschäften gehören auch Options-, Zinsbegrenzungs- und ähnliche Geschäfte, die vorsehen, daß eine Partei ihre Leistung im voraus erbringt, ohne daß Leistungen von einer Bedingung abhängig sind. Nach dem Wortlaut des Rahmenvertrages (Nr. 1 Abs. 2) bilden die Einzelabschlüsse unterein-

14.151

---

[82] *Jahn* in Bankrechts-Handbuch, § 114 Rn 28. Der Musterwortlaut ist abgedruckt in Bankrechts-Handbuch, Anhang zu § 114 und in der Basisinformation über Finanzderivate des Bank-Verlages Köln.

ander und zusammen mit diesem Rahmenvertrag einen einheitlichen Vertrag. Sie werden im Sinne einer einheitlichen Risikobetrachtung auf dieser Grundlage und im Vertrauen darauf getätigt.

II. Forward Rate Agreements (FRA)

14.152 Bei einem Forward Rate Agreement (FRA) handelt es sich um ein außerbörsliches Zinstermingeschäft. Wirtschaftlich hat es dieselbe Funktion wie der Zinsfuture[83]. Die Kontrahenten des FRA vereinbaren, an einem in der Zukunft liegenden Zeitpunkt einen Betrag zu zahlen. Dieser Betrag ergibt sich aus der Differenz zweier Zinssätze, dem bei Geschäftsabschluß vereinbarten Vertragszinssatz (FRA-Satz) und dem zukünftigen Marktzinssatz (Referenzzinssatz). Dabei liegt der Berechnung der vereinbarte Nominalbetrag und Zeitraum (Abrechnungsperiode) zugrunde[84]. Als ein solcher Referenzzinssatz dient regelmäßig der EURIBOR-Satz. Mit Rücksicht auf diesen geschuldeten Betrag wird ein solches derivatives Geschäft auch als Zinsausgleichsvereinbarung bezeichnet[85].

14.153 Eine **Zahlungsverpflichtung** haben **beide Kontrahenten** zu übernehmen. Denn am Abschlußtag des FRA steht noch nicht fest, ob die Bank oder ihr Kunde eine Zahlung zu leisten hat. Liegt der Referenzzinssatz zum späteren Zeitpunkt der Vertragsabwicklung **über** dem im FRA vereinbarten Zinssatz, erhält der Käufer des FRA die Ausgleichszahlung. Liegt der Referenzzinssatz dagegen **unter** dem festgeschriebenen Zinsniveau, erfolgt die Zahlung an den Verkäufer des Kontraktes. Die Ausgleichszahlung erhält also immer derjenige, der aus der Zinsänderung zwischen Abschlußtag und Referenztag einen Nachteil hätte, wie dies für Hedging-Instrumente typisch ist.

14.154 Die FRA werden eingesetzt zur **Zinssicherung** eines laufenden oder beabsichtigten Geldkredites oder einer Geldanlage. Auch kann mit diesen Zinstermingeschäften der Zinsaufwand verringert oder der Zinsertrag erhöht werden.

14.155 Ein FRA wird **individuell ausgehandelt.** Er kann daher nicht börsenmäßig gehandelt werden, weil hierfür ein Mindestmaß an Standardisierung wie bei den Zins-Futures erforderlich ist.

---

83 *Jahn* in Bankrechts-Handbuch § 114 Rn 12.
84 *Pohl*, Innovative Finanzinstrumente im gemeinsamen europäischen Bankenmarkt, 1994, S. 54.
85 *Berger*, BB 1989, 1017, 1018.

Umstritten ist, ob FRAs Börsentermingeschäfte darstellen. Bei marktüblichem Inhalt ergeben sich jederzeit Möglichkeiten zum Abschluß glattstellender Gegengeschäfte auf dem FRA-Markt oder anderen Terminmärkten. Dies spricht für die Qualifizierung als Börsentermingeschäft[86].

14.156

III. Zinsoptionen[87]

Einen großen Anteil an den außerbörslichen Finanztermingeschäften haben die Optionsgeschäfte. Diese OTC-Geschäfte weisen sehr unterschiedliche Strukturen auf. Dies gilt insbesondere für die Zinsbegrenzungsgeschäfte in Form der Caps, Floors und Collars (1) sowie der exotischen Optionen (2) und der strukturierten Optionen (3).

14.157

1. Zinsbegrenzungsverträge

Optionsgeschäfte werden auch zur Begrenzung des Zinsänderungsrisikos abgeschlossen. Bei diesen Caps und Floors wird ein Maximal- oder Minimalzinssatz gegen Zahlung einer Prämie festgeschrieben. Dabei sichert ein Cap den Käufer gegen steigende Zinssätze und ein Floor gegen sinkende Zinssätze. Eine Kombination dieser beiden Instrumente wird als Collar bezeichnet. Dagegen heißt die Kombination zweier Caps oder zweier Floors „Corridor"[88].

14.158

Umstritten ist, ob solche Geschäfte Börsentermingeschäfte sind. Für eine solche Einordnung spricht, daß die vertragliche Standardisierung und die vorhandene Markttiefe es ermöglichen, glattstellende Gegengeschäfte auch auf anderen Terminmärkten, insbesondere Optionsgeschäfte abzuschließen[89].

14.159

a) Caps

Der Käufer eines Caps will sich vor steigenden Zinsen schützen. Der Cap ist daher eine vertragliche Vereinbarung, in der sich der Verkäufer gegen Zahlung einer Prämie verpflichtet, über eine vereinbarte Laufzeit immer dann Ausgleichszahlungen an den Käufer zu leisten, wenn der Referenzzinssatz an bestimmten Terminen die vertraglich vereinbarte Zinsober-

14.160

---
86 *Jahn* in Bankrechts-Handbuch § 114 Rn 78.
87 *Jahn*, Die Bank 1989, S. 196; *ders.* in Bankrechts-Handbuch, § 114 Rn 6 ff.; *Winter*, WM 1994, 2143.
88 *Jahn* in Bankrechts-Handbuch, § 114 Rn 5.
89 *Winter*, WM 1994, 2143, 2148; *Jahn* in Bankrechts-Handbuch, § 114 Rn 77.

grenze (Cap-Satz) überschreitet. Der Cap-Verkäufer „garantiert" also dem Cap-Käufer diese Zinsobergrenze[90].

14.161 Die übliche Bezeichnung der Vertragskontrahenten als Cap-Käufer und Cap-Verkäufer (Stillhalter) sind von dem wirtschaftlich vergleichbaren Optionsgeschäft übernommen.

b) Floors

14.162 Der Floor ist das Spiegelbild eines Caps[91]. Hierbei handelt es sich um eine vertragliche Vereinbarung, in der sich der Verkäufer des Floors gegen Zahlung einer Prämie verpflichtet, über eine vereinbarte Laufzeit immer dann Ausgleichszahlungen an seinen Kaufkontrahenten zu leisten, wenn der Referenzzinssatz an bestimmten Terminen die vertraglich vereinbarte Zinsuntergrenze (Floor-Satz) unterschreitet. Der Käufer kann sich also hinsichtlich seiner variablen Zinseinkünfte z.B. aus Floating Rate Notes gegen fallende Zinsen durch den vereinbarten Floor-Satz sichern, ohne auf die Chance eines Zinsgewinnes aus steigenden Marktzinsen verzichten zu müssen.

c) Collars[92]

14.163 Die Kombination eines Cap mit einem Floor wird im angelsächsischen Raum bildhaft als „Collar" („Kragen") bezeichnet. Hier wird eine Zinssatzgrenze sowohl mit einer Obergrenze als auch einer Untergrenze vereinbart. Üblicherweise „garantiert" ein Kontrahent die Obergrenze (Cap-Satz) und der andere Kontrahent die Untergrenze (Floor-Satz).

14.164 Durch den Kauf eines Collars werden Finanzierungskosten in einer Bandbreite zwischen Cap-Obergrenze und Floor-Untergrenze festgeschrieben. Dies bietet sich insbesondere bei der Erwartung einer Zinsentwicklung mit begrenztem Zinssenkungspotential an.

2. Exotische Optionen[93]

14.165 Verschiedene innovative Optionsprodukte werden unter dem Oberbegriff „Exotische Optionen" zusammengefaßt. Diese vielfach auch als **Optio-**

---

90 Es wird daher gelegentlich auch von einer Zinssatzversicherung gesprochen (*Zugehör*, Die Bank 1989, 323, 324).
91 *Jahn* in Bankrechts-Handbuch, § 114 Rn 8.
92 *Jahn*, Die Bank 1989, 196; *ders.* in Bankrechts-Handbuch, § 114 Rn 10.
93 Vgl. Basisinformationen über Finanzderivate, Bank-Verlag, S. 111 ff.

nen der zweiten Generation bezeichneten Optionen unterscheiden sich von den herkömmlichen Standard-Optionen (Plain Vanilla-Optionen) durch die Art des Optionsrechts und/oder die Verknüpfung mit zusätzlichen, den Inhalt des Optionsrechts verändernden Bedingungen. Eine einheitliche Terminologie für die exotischen Optionen hat sich aber noch nicht durchgesetzt.

Die Besonderheiten solcher Optionen schränken das Optionsrecht ein. Andererseits eröffnen sie aber neue, sehr präzise Positionierungsmöglichkeiten in bezug auf denkbare bzw. erwartete Marktentwicklungen. Aus der inhaltlichen Ausgestaltung des Optionsrechts oder den zusätzlichen Bedingungen ergibt sich eine veränderte Chancen- und Risikostruktur im Vergleich zu Standard-Optionen. Damit entstehen produktspezifische Chancen, aber auch Verlustrisiken. Die exotischen Optionen sind durch eine große Vielfalt von Ausgestaltungs- und Kombinationsvarianten gekennzeichnet. Dies sollen die nachfolgenden Beispiele verdeutlichen.

14.166

a) Barrier-Optionen

Barrier-, Barrieren- oder Schwellen-Optionen werden Optionen genannt, die erlöschen („Knock Out") oder entstehen („Knock In"), wenn der Basiswert einen im voraus bestimmten Kurs („Barrier") erreicht. Die Knock Out- und Knock In-Barrieren können wie die Standard-Optionen „europäisch" oder „amerikanisch" ausgestaltet sein. Im erstgenannten Fall sind sie lediglich am Laufzeitende, im letztgenannten Fall über die gesamte Laufzeit der Optionen ausübbar.

14.167

Knock Out- und Knock In-Barrieren sind zusätzliche Ausstattungsmerkmale, die jeder Art von Optionsrecht hinzugefügt werden können. Ein Beispiel hierfür ist die Standard-Devisenoption, die zusätzlich mit Knock Out- oder Knock In-Barrieren verknüpft wird. Bei Barrier-Caps und Barrier-Floors ist aus Käufersicht im Vergleich zu Standardoptionen die Gewinnchance dieser Optionen eingeschränkt und das Verlustrisiko erhöht. Dementsprechend wird ein niedriger Preis für diese Optionen vereinbart. Die Optionen werden häufig dann genutzt, wenn eine sehr präzise Vorstellung über die mögliche Kursentwicklung des Basiswertes besteht. Eine wesentliche Rolle spielen sie aber auch als Bausteine komplex strukturierter Derivatprodukte, die aus einer Vielzahl von Optionselementen bestehen können.

14.168

b) Digital-Optionen

14.169 Die Digital-Optionen führen zur Auszahlung eines im voraus bestimmten Festbetrags, wenn der Kurs des Basiswerts den vereinbarten Basispreis am Ende der Laufzeit (europäische Option) oder zu irgendeinem Zeitpunkt während der Laufzeit der Option (amerikanische Option) überschreitet (Call) bzw. unterschreitet (Put). Dabei ist es unwesentlich, wie weit der Kurs des Basiswerts über bzw. unter dem Basispreis liegt. Hierdurch wird die Höhe der Auszahlung nicht beeinflußt.

14.170 Die Bezeichnung „Digital" entspricht dem typischen „Alles-oder-Nichts"-Auszahlungsmuster der Option: Am Ende ihrer Laufzeit gibt es nur die Alternativen „0" und „1"; es kommt zu gar keiner Auszahlung oder es wird ein bestimmter voller Betrag gezahlt.

14.171 Digital-Optionen werden vielfach eingesetzt, wenn eine Prognose über den Kurs des Basiswerts bei Fälligkeit nicht sehr verläßlich erscheint und die Kosten für eine Standardoption als zu hoch eingeschätzt werden. Zugleich wird auch das Ertragspotential auf einen festen Betrag begrenzt. Die Digital-Optionen dienen im Rahmen von Kombinationsprodukten auch als Bausteine zur Erzeugung spezifischer Auszahlungs- und Risikoprofile.

c) Range-Optionen

14.172 Bei Bandbreiten („Range-")Optionen erhält der Käufer am Ende der Laufzeit einen Betrag, dessen Höhe davon abhängt, ob der Kurs eines oder mehrerer Basiswerte während der Laufzeit der Option über bzw. unter einer bestimmten Grenze oder zwischen mehreren vereinbarten Grenzwerten verläuft. Range-Optionen werden erworben, wenn für den Kurs des Basiswerts ein Seitwärtstrend und eine sinkende Volatilität erwartet werden.

14.173 Bei den Range-Optionen gibt es verschiedene Typen, die je nach Ausgestaltung unterschiedliche Chance-Risiko-Profile ausweisen. So wird dem Bankkunden bei der Variante „Bottom Up/Top Down" für den Tag, an dem der Kurs des Basiswerts über („Bottom Up") bzw. unter („Top Down") dem festgelegten Grenzwert festgelegt wird, ein fester Betrag gutgeschrieben. Die Auszahlung der angesammelten Gutschriften erfolgt in einem Gesamtbetrag am Ende der Laufzeit.

14.174 Bei der Vereinbarung einer Knock Out-Range sind zwei Alternativen üblich. Bei der Variante I hat der Käufer am Ende der Laufzeit einen Anspruch auf Auszahlung eines Geldbetrages, wenn der Kurs des Basiswerts während der gesamten Laufzeit der Option zwischen den vereinbarten Grenzwerten verläuft. Das Optionsrecht erlischt jedoch, wenn der Kurs des Basiswerts während der Laufzeit einen der Grenzwerte erreicht. Der Anleger erhält in diesem Fall keinerlei Zahlungen, auch nicht für den Zeitraum, in dem die Grenzwerte eingehalten wurden.

Bei der Variante II erhält der Optionskäufer einen festen Betrag für jeden Tag, an dem der Kurs des Basiswerts über dem unteren Grenzwert und unter dem oberen Grenzwert festgestellt wird. Das Optionsrecht erlischt jedoch, wenn der Kurs des Basiswerts einen der Grenzwerte erreicht. Im Unterschied zur Variante I wird dem Bankkunden am Laufzeitende der Gesamtbetrag der bis zum Erreichen des Grenzwerts angesammelten „Tagesbeträge" ausgezahlt. 14.175

d) Sonstige Varianten

Die Anzahl wie auch die Komplexität der derivativen Finanzinstrumente nehmen an den in- und ausländischen Terminmärkten stetig zu. Weitere Beispiele hierfür sind die Interest Rate Guarantees (IRG) und die Swaptions als Instrumente mit Optionscharakter. 14.176

Eine IRG ist eine Option auf ein Forward Rate Agreement. Der Käufer dieser IRG hat das Recht, am Ende der Laufzeit der Option einen vorher festgelegten Zinssatz zu kaufen (borrower-IRG) bzw. zu verkaufen (lender-IRG). Die Ausübungsmöglichkeiten bestehen allein am Ende der Optionslaufzeit, wie dies für die Optionen europäischen Stils üblich ist. Die IRG können insbesondere für die Zinssicherung von Geschäften eingesetzt werden, deren Zustandekommen noch ungewiß ist. Wirtschaftlich betrachtet handelt es sich um eine Option auf ein Forward Rate Agreement (FRA). 14.177

Eine Swaption ist eine Option auf ein Swap-Geschäft. Der Käufer dieser Optionsvariante erwirbt gegen Zahlung einer Prämie das Recht, bei Ausübung der Option mit dem Verkäufer ein Swap-Geschäft zu zuvor bestimmten Konditionen abzuschließen. Bei vereinbartem Barausgleich erhält der Käufer den Wert der Swaption in bar. Dafür zahlt der Käufer eine Optionsprämie. Laufzeit und Basispreis der Swaption werden entsprechend den Bedürfnissen des Kunden gewählt. 14.178

3. Strukturierte Derivate[94]

14.179 Strukturierte Derivate sind **zusammengesetzte Produkte**. Sie entstehen entweder aus der Kombination von Standard-Optionen und exotischen Optionen, aus der Kombination verschiedener exotischer Optionen oder aus der Kombination eines sonstigen Termingeschäfts mit einer oder mehreren exotischen Optionen. Standard-Optionen, insbesondere Optionen im besonderen, eignen sich gut als Bausteine für Kombinationsprodukte mit spezifischen Auszahlungs- und Risikoprofilen.

14.180 Charakteristisch für strukturierte Derivate ist das zugrundeliegende Baukastenprinzip. Prinzipiell können aus allen Grundformen der Derivate durch Kombination mit exotischen Optionen strukturierte Produkte entwickelt werden. Konkrete Aussagen über Produktspezifika und Funktionsweise der auf diese Weise neu geschaffenen Finanzinstrumente können jeweils nur im Einzelfall auf der Grundlage einer detaillierten Beschreibung des Geschäfts gemacht werden[95].

---

[94] Basisinformation über Finanzderivate, Bank-Verlag Köln, S. 114.
[95] Basisinformation über Finanzderivate, Bank-Verlag Köln, S. 114.

6. Abschnitt
Swapgeschäfte[96]

I. Allgemeines

Die **wichtigste Finanzinnovation der 80er** Jahre ist der Swap. Der Swap-Markt ist während der letzten 10 Jahre mit Jahresraten von mehr als 40% gewachsen. Der Einsatz von Zins- und Währungsswaps ermöglicht eine zuvor nicht gekannte Optimierung und Flexibilisierung des Finanzmanagements eines Unternehmens.   14.181

Mit den Swapgeschäften im Sinne des Risikomanagements können die Zinsänderungs- und Währungskursrisiken möglichst vermieden oder zumindest wesentlich verringert werden (Hedginggeschäfte). Dabei dominiert das Zinsänderungsrisiko. Gegenüber den standardisierten Hedginginstrumenten der Terminmärkte haben die Swaps den Vorzug einer flexiblen, auf die individuellen Kundenwünsche ausgerichteten Gestaltungsmöglichkeit. Hinzu kommt, daß ihre Laufzeiten über die üblichen Fristen der Terminkontrakte hinausgehen.   14.182

Der **Begriff** „Swaps" wird auch im Bereich des Handels mit Forderungen gegen Schuldner aus Ländern mit Zahlungsproblemen gebraucht. Dort steht dieser Begriff insbesondere für den Tausch von Kreditforderungen aus Problemländern in Kreditforderungen aus anderen Problemländern (debt-(assets-)swaps). Mit Swaps wird auch die Umwandlung von Darlehensforderungen eines Problemlandes in Beteiligungen an Unternehmen in diesem Lande bezeichnet (debt-equity-swaps).   14.183

Die Swaps können danach eingeteilt werden, ob sie eine **Aktiv- oder Passivposition der Bilanz** betreffen[97]. Man unterscheidet daher Swaps mit Vermögenspositionen und Swaps mit Verbindlichkeiten, wobei Swaps mit Verbindlichkeiten im Vordergrund stehen[98].   14.184

1. Zinssatzswaps

Hedgingfunktionen haben in der Praxis vor allem Swapgeschäfte, mit denen sich die beiden Kontrahenten des Swapgeschäfts (Swappartner) vor   14.185

---

96 *Erne,* Die Swapgeschäfte der Banken, 1992; *Lassak,* Zins- und Währungsswaps, 1988.
97 *Lassak,* Zins- und Währungsswaps, 1988, S. 11.
98 *Lassak,* Zins- und Währungsswaps, 1988, S. 12.

dem Risiko schützen wollen, aus der Erfüllung einer Zinsverbindlichkeit gegenüber einem Dritten marktzinsbedingte Nachteile zu erleiden. Solche Zinssatzswaps haben daher häufig einen konkreten Bezug zu Finanzierungsgeschäften, die die Swappartner mit Dritten abgeschlossen haben (Liability-Swaps).

14.186 Swapgeschäfte können freilich auch ohne solche mit Dritten abgeschlossenen Finanzierungsgeschäften zu **reinen Spekulationszwecken** abgeschlossen werden, um aus der Marktzinsveränderung einen Differenzgewinn zu erzielen, wie dies auch mit den rein spekulativen Börsentermingeschäften in Gestalt von Zinsterminkontrakten bezweckt wird. Im Unterschied zu diesen Zinsterminkontrakten sind aber die Swapgeschäfte wegen ihrer Langfristigkeit (üblicher Laufzeitenbereich zwischen zwei und zehn Jahren) und des Fehlens der Standardisierung des Kontraktvolumens und des Abschlußortes zu einer reinen Spekulation auf Schwankungen des Marktzinses wenig geeignet[99].

14.187 Häufiger Anlaß für Zinsswapgeschäfte zu Hedgingzwecken ist, daß der eine Swappartner im Rahmen seines Geschäftsbetriebs eine Darlehensverbindlichkeit mit einem festen Zinssatz (zinsfixe Verbindlichkeit) eingegangen ist, während der andere Swappartner mit seinem Darlehensgeber einen variablen Zinssatz z.B. LIBOR[100] oder FIBOR (Rn 20.78) vereinbart hat (zinsvariable Verbindlichkeit). Durch das Swapgeschäft sucht sich der Swappartner mit der zinsfixen Verbindlichkeit gegen Verluste aus einem befürchteten niedrigeren Marktzinssatz und der Swappartner mit der zinsvariablen Verbindlichkeit gegen einen von ihm erwarteten höheren Marktzins zu schützen.

14.188 Swaps dienen aber nicht nur der Verringerung des Risikos einer ungünstigen Änderung des Marktzinses. **Anlaß eines Swapgeschäftes** kann für die beiden Kontrahenten auch sein, daß sie als Emittenten aus den verschiedenen Gründen zu spezifischen Märkten einen kostengünstigeren Zugang im Vergleich zu ihren Zugangsmöglichkeiten in anderen Märkten haben. Gründe für solche komparativen Finanzierungsvorteile sind insbesondere die Vertrautheit der Anleger mit dem Emittenten, die unterschiedliche Risikobeurteilung eines Emittenten durch die verschiedenen Märkte sowie die „Sättigung" der potentiellen Anlegerportfolios mit bestimmten Emittenten bzw. deren Aufnahmebereitschaft für andere Emittenten.

---

99 *Lassak*, Zins- und Währungsswaps, 1988, S. 62 ff; *Decker*, WM 1990, 1001, 1004; *Vögele*, DB 1987, 1060; *Pohl*, AG 1992, 425, 429.
100 Der LIBOR (London Interbank Offered Rate) ist der Referenzzinssatz, zu dem führenden Banken im Londoner Interbankenmarkt Einlagen in der betreffenden Währung für die gewünschte Laufzeit angeboten werden (*Bosch/Groß* in Bankrecht und Bankpraxis, Rn 10/180; *Bruchner* in Bankrechts-Handbuch, § 78 Rn 60, § 86 Rn 40; *Welter* in Bankrechts-Handbuch, § 118 Rn 75, 76).

Ein solcher komparativer Kostenvorteil bestand im August 1981 für IBM im SFr.-Anleihemarkt mit seiner damals starken Nachfrage nach erstklassigen US-amerikanischen Gesellschaften, nachdem dieser Markt bereits mit SFr.-Emissionen der Weltbank „gesättigt" war, die aufgrund ihrer triple „A" Ratings wiederum einen kostengünstigen Zugang zum US-amerikanischen Anleihemarkt hatte. IBM benötigte US-Dollar, während die Weltbank Sfr.-Währung suchte. Beide Emittenten vereinbarten, Anleihen mit derselben Laufzeit zu begeben – IBM in Sfr. und die Weltbank in US-Dollar – und den aufgenommen Währungsbetrag zu ihrem beiderseitigen kostenmäßigen Vorteil durch einen Währungsswap untereinander zu tauschen. Die große Publizitität dieser Transaktion und der Ruf der beiden Kontrahenten haben dem Swapgeschäft zum internationalen Durchbruch verholfen[101].

14.189

2. Kombinierte Zins- und Währungsswaps[102]

Die Swapgeschäfte können auch den Austausch unterschiedlicher Währungen einbeziehen. So können sich z.B. die Swappartner verpflichten, neben den jährlich auszugleichenden **Zinsverbindlichkeiten** auch die **Kapitalbeträge** zu Beginn des Finanzierungszeitraumes zum dann gültigen Währungskurs zu tauschen und am Ende der Laufzeit der Finanzierung die empfangenen Währungsbeträge zum gleichen Kurs zurückzutauschen.

14.190

Der **Währungsswap** ist vom traditionellen **Devisenswap** zu unterscheiden, bei dem es sich um eine Kombination von Devisenkassageschäft und Devisentermingeschäft handelt[103]. Beim Devisenswap wird der Austausch von Währungsbeträgen zum Devisenkassakurs mit dem zu einem späteren Zeitpunkt durchzuführenden Rücktausch der Währungsbeträge zum Devisenterminkurs verknüpft[104]. Dies führt zu einem Nutzungsaustausch der Währungen. Dabei besteht für die Kontrahenten eine unterschiedliche Nutzungsmöglichkeit, wenn die Währungen ein unterschiedliches Zinsniveau haben. Die Zinsdifferenz zwischen den beiden Währungen wird über einen Aufschlag (Report) oder Abschlag (Deport) im vereinbarten Wechselkurs berücksichtigt. Dieser Re- oder Deport kann bei Abschluß des Devisenswaps aus der in diesem Zeitpunkt bestehenden Zinsdifferenz errechnet werden und bestimmt den Devisenterminkurs.

14.191

Beim **Währungsswap** wird dagegen die Zinsdifferenz zwischen den beiden Währungen dadurch ausgeglichen, daß zu den vereinbarten Stichtagen Zinszahlungen erfolgen. Der Rücktausch der beiden Währungen kann

14.192

---
101 *Niemann*, WM 1993, 777, 778; *Erne*, Die Swapgeschäfte der Banken, 1992, S. 17.
102 *Storck*, Die Bank 1983, 459.
103 *Lipfert*, Devisenhandel und Devisenoptionshandel, 4. Aufl., 1992, S. 19.
104 *Groh*, DB 1986, 869, 875 f.

sodann zu dem Kassakurs erfolgen, der beim Abschluß des Swapgeschäftes für den Währungstausch vereinbart worden ist.

14.193 **Devisenswaps** werden von der Deutschen Bundesbank im Rahmen des Europäischen Systems der Zentralbanken auch als währungspolitisches Instrument zur Geldmengensteuerung eingesetzt – Rn 20.192. Soll die umlaufende Geldmenge mit Hilfe der Devisenswaps vergrößert werden, so tätigt die Deutsche Bundesbank mit den Kreditinstituten einen Devisen-Kassakauf und zugleich einen Terminverkauf. Durch die Zahlung der Kaufpreise, die die Deutsche Bundesbank ihren Kontrahenten schuldet, fließen entsprechende DM-Beträge in den Geldkreislauf. Die Deutsche Bundesbank erhält sodann bei der Abwicklung ihrer Terminverkäufe die gezahlten Kaufpreise wieder zurück; hierdurch verringert sich die umlaufende Geldmenge.

3. Banken als Vermittler von Swapgeschäften

14.194 In der Praxis werden die Swaps üblicherweise durch Banken vermittelt, die die Swap-Bedürfnisse weltweit sammeln und daher den Swappartner ausfindig machen können, dessen Finanzierungsinteresse mit dem Interesse der Kunden korrespondiert. Die Bank wird dabei regelmäßig nicht nur als Makler tätig. Sie wird vielmehr selbst Vertragspartner von mindestens zwei Swapgeschäften. Die an einer Swaptransaktion interessierten Unternehmen können daher bei der bonitätsmäßigen Beurteilung ihres Partners allein auf die Kreditwürdigkeit der vermittelnden Bank abstellen. Die Bank erhält sodann von ihren Swappartnern die Zahlungen, die sie selbst an ihre Swappartner zu entrichten hat[105].

14.195 Der Swapmarkt ist stark dadurch gefördert worden, daß sich Banken und Wertpapierhäuser nicht mehr auf eine reine Vermittlungstätigkeit beschränken, sondern auch wirtschaftlich eigene Swap-Positionen eingehen. In der Anfangsphase mußten dagegen erst zwei Swap-Partner gefunden werden, die zum gleichen Zeitpunkt entgegengesetzte Interessen hatten. Mit der Entwicklung der neuen Hedgingtechniken und vor allem der neuen Hedgingprodukte im Future- und Optionsbereich war es für die vermittelnden Banken als Intermediäre nicht mehr unbedingt nötig, die Gegenseite zu jedem Swap direkt zu finden. Sie konnten den Swap in ihr sog. Swap-Buch aufnehmen und die resultierenden Risiken durch andere Instrumente sichern. Dieses Phänomen („warehousing") hat große Liquidität in den Swapmarkt gebracht. Der Zins-Swap ist daher mittlerweile ein echtes „commodity"-Produkt geworden[106].

---

105 *Decker*, WM 1990, 1001, 1002.
106 *Niemann*, WM 1993, 777, 778.

Die Kreditinstitute können schließlich Swapgeschäfte auch zur Befriedigung ihres eigenen Hedgingbedürfnisses im Rahmen ihres sonstigen Geschäfts abschließen (eigenes Asset/Liability-Management).

14.196

II. Zivilrechtliche Einordnung der Swapgeschäfte

1. Abgrenzungen

Der erst 1981 entstandene internationale Swapmarkt hat neue Vertragstypen geschaffen, bei denen einige rechtliche Aspekte noch ungeklärt sind. Die Praxis spricht bei Swapgeschäften vom „Tausch" etwa einer zinsfixen Verbindlichkeit gegen eine zinsvariable Verbindlichkeit.

14.197

Bei der Novellierung des Gesetzes über die Kapitalanlagegesellschaften (KAGG) durch das 3. Finanzmarktförderungsgesetz sind in den Katalog der für die Verwaltung von Wertpapier-Sondervermögen zugelassenen Finanzinstrumente auch Swaps aufgenommen worden. Dabei sind diese Swaps definiert worden als Vereinbarungen „über den Austausch von Zahlungsverpflichtungen, die auf verschiedene Währungen lauten, auf der Grundlage von verschiedenen Zinssätzen ermittelt werden oder auf verschiedene Währungen lauten und auf der Grundlage von verschiedenen Zinssätzen ermittelt werden" (§ 8d Abs. 1 Nr. 5 KAGG).

14.198

Bei den Swapgeschäften handelt es sich aber um **keinen Tausch im rechtlichen Sinne,** auf den die kaufrechtlichen Bestimmungen entsprechend Anwendung finden (§ 515 BGB)[107]. Ein Tausch im rechtlichen Sinne ist ein Vertrag, durch den sich jeder Vertragspartner verpflichtet, dem anderen Sachen und Rechte **gegen** andere Sachen oder Rechte zu verschaffen[108]. Tauschfähig in diesem Sinne sind daher nur solche Gegenstände, über die auch ein Kaufvertrag abgeschlossen werden könnte. An solchen tauschfähigen Vermögenswerten fehlt es offensichtlich bei Swapgeschäften. Die den Swapgeschäften zugrundeliegenden Verbindlichkeiten sind keine tauschfähigen Rechte.

14.199

Swapgeschäfte beinhalten nach einhelliger Meinung auch keine Schuldübernahme im rechtlichen Sinne (§ 414 BGB)[109]. Denn keiner der Swap-

14.200

---

107 *Kümpel,* WM 1986, 666, 668; *Pohl,* AG 1992, 425; *Schäfer,* ZIP 1986, 1304, 1305; *Decker,* WM 1990, 1001, 1004; *Erne,* Die Swapgeschäfte der Banken, 1992, S. 47; a.A. *Fülbier,* ZIP 1990, 544, 545, der bei einem Swapgeschäft von einem Tauschvertrag ausgeht, weil sich die Partner über die Einordnung jeweils eines Währungsbetrages als Kaufpreis nicht einig seien.
108 *Mezger* in RGRK-BGB, § 515 Rn 1.
109 *Decker,* WM 1990, 1001, 1004; Pohl, AG 1992, 425, 426 m.w.Hinw.; *Fülbier,* ZIP 1990, 544, 545.

partner soll an die Stelle seines Partners als bisheriger Schuldner in dessen Zinsverbindlichkeit eintreten, wie es der § 414 BGB erfordert. Auch will keiner der Swappartner eine Zahlungsverpflichtung gegenüber dem Gläubiger seines Kontrahenten eingehen. Durch das Swapgeschäft wollen sich die Swappartner nur so stellen, als ob hinsichtlich der Zinsverbindlichkeit eine befreiende Schuldübernahme stattgefunden hätte.

14.201 Swapgeschäfte sind auch keine Erfüllungsübernahme im Sinne des BGB (§ 329). Denn bei einer solchen Erfüllungsübernahme verpflichtet sich der Schuldner zu einer Tilgungsleistung **unmittelbar an den Gläubiger** seines Vertragspartners. Dagegen hat z.B. beim Zinssatzswap jeder Partner die fälligen Zinsen seinem Gläubiger anzuschaffen und damit die von ihm eingegangene Zinsverbindlichkeit selbst zu erfüllen. Die aufgrund des Swapgeschäfts geschuldeten Geldbeträge dienen daher letztlich der Erfüllung von Zinsverbindlichkeiten, die der empfangende Swappartner gegenüber einem Dritten eingegangen ist. Aus dieser wirtschaftlichen Sicht ähneln die Swapgeschäfte der Erfüllungsübernahme im rechtlichen Sinne.

14.202 Die Swapzahlungen haben schließlich nicht den Charakter von Zinszahlungen. Zinsen im Rechtssinne sind das Entgelt für die Überlassung eines Geldbetrages. Hieran fehlt es bei den Swaps. Die Swapzahlungen werden vielmehr nur in Form einer Zinsberechnung ermittelt, um so die gewünschte Modifizierung der Zinshöhe einer Verbindlichkeit zu erreichen, auf die sich das Swapgeschäft bezieht[110].

2. Atypische Verträge

14.203 Somit lassen sich Swapgeschäfte nicht in gesetzliche Typen des allgemeinen und besonderen Schuldrechts einordnen. Swapgeschäfte, wie z.B. die Zinsswaps sind aus der Sicht des Schuldrechts des BGB auch keine Beispiele für eine Typenmischung. Sie sind vielmehr atypische Verträge, die wegen der Bedürfnisse der Praxis von den Verkehrsteilnehmern herausgebildet worden sind (**„verkehrstypische" Verträge**)[111] und deren Inhalt die wechselseitige Begründung von Geldschulden ist.

14.204 Das starke Wachstum des Swapvolumens hat zur Einführung von standardisierten Verträgen geführt, um den Arbeitsaufwand für die Erstellung und Prüfung der recht umfangreichen Dokumentation der Swapgeschäfte

---

110 *Erne*, Die Swapgeschäfte der Banken, 1992, S. 48, 49.
111 *Palandt/Heinrichs*, Einf. v. § 305 Rn 12; *Kewenig/Schneider*, WM 1992, Sonderbeil. 2, 3; *Pohl*, AG 1992, 425, 426; *Decker*, WM 1990, 1001, 1015; *Erne*, Die Swapgeschäfte der Banken, 1992, S. 50.

möglichst gering zu halten[112]. Im Rahmen der Zusammenarbeit der Spitzenverbände der Kreditwirtschaft ist zwischenzeitlich ein Rahmenvertrag für Swapgeschäfte entwickelt worden[113], den die deutschen Kreditinstitute bei Swapgeschäften zwischen ihnen oder mit ihren inländischen Kunden zugrunde legen[114].

Bei den Swapgeschäften handelt es sich um gegenseitige Verträge im Sinne der §§ 320 ff. BGB. Die Leistungspflichten stehen in einem Abhängigkeitsverhältnis zueinander (**synallagmatische Verknüpfung**). Die Swapgeschäfte beinhalten den Austausch von Beträgen, die auf der Grundlage von variablen oder festen Zinssätzen ermittelt werden und/oder von Beträgen in verschiedenen Währungen oder eine Kombination von beidem zum Inhalt haben[115]. So vereinbaren z.B. die Parteien bei einem Zinssatzswap, während der vertraglich vereinbarten Laufzeit Geldeingänge auszuzahlen, die aus in ihrem sonstigen Geschäft begründeten Zinsverbindlichkeiten oder -forderungen resultieren, wobei die Zahlungen auf dieselbe Währung lauten, aber auf einer unterschiedlichen Zinsbasis beruhen[116].

14.205

Die Ansprüche aus diesen Zinssatzswaps sind Zahlungsansprüche, die im Rahmen eines Dauerschuldverhältnisses als wiederkehrende Einzelleistungen ratenähnlich zu erfüllen sind. Dabei sind aber die geschuldeten Beträge bei einem unterschiedlichen Marktzins an den einzelnen Fälligkeitsterminen nicht von vornherein fest bestimmt (sog. unechter Sukzessivlieferungsvertrag)[117].

14.206

Umstritten ist, ob die Swapgeschäfte relative Fixgeschäfte im Sinne der §§ 361 BGB, 376 HGB darstellen, weil das Swapgeschäft mit der Einhaltung oder Nichteinhaltung der Leistungszeit „stehen oder fallen" soll[118].

14.207

Swapgeschäfte gehören nicht zu den Bankgeschäften im Sinne des § 1 Abs. 1 S. 2 KWG. Sie fallen auch nicht unter den erweiterten Kreditbegriff

14.208

---

112 *Jahn*, Die Bank 1987, 197 ff. Den internationalen Swapgeschäften wird regelmäßig der von der International-Swap-Dealer-Association (ISDA), einer internationalen Vereinigung von Swaphändlern entworfener Mustervertrag für Zinssatz- und Währungsswaps (Interest Rate and Currency Exchange Agreement) zugrunde gelegt (vgl. *Jahn*, Die Bank 1988, 100; 1992, 349).
113 Abgedruckt in WM 1990, 1047.
114 Vgl. *Decker*, WM 1990, 1001.
115 Vgl. Muster-Rahmenvertrag für Swapgeschäfte, abgedruckt in WM 1990, 1047.
116 *Decker*, WM 1990, 1001, 1003; *Pohl*, AG 1992, 425, 426.
117 *Pohl*, AG 1992, 425, 426.
118 Verneinend *Decker*, WM 1990, 1001, 1008; *Erne*, Die Swapgeschäfte der Banken, 1992, S. 52; *Pohl*, AG 1992, 425, 426.

des § 19 Abs. 1 KWG. Es handelt sich vielmehr um anzeigepflichtige „sonstige Geschäfte" im Sinne des § 24 Abs. 1 Nr. 9 KWG[119].

3. Swapgeschäfte als Börsentermingeschäfte

14.209 Umstritten ist, inwieweit die einzelnen Varianten der Swapgeschäfte Börsentermingeschäfte sind und daher dem Termineinwand (§§ 52, 53 BörsG) ausgesetzt sein können.

14.210 Der Termineinwand ist freilich ohne große Bedeutung in der Bankpraxis. Denn die Swappartner sind fast stets Kaufleute, für die Börsentermingeschäfte verbindlich sind (§ 53 Abs. 1 BörsG). Soweit ausnahmsweise der Swappartner der Bank nicht termingeschäftsfähig ist, kann er mit Hilfe einer schriftlichen Risikoaufklärung im Sinne des neugeschaffenen Informationsmodells (§ 53 Abs. 2 BörsG) termingeschäftsfähig gemacht werden.

14.211 Die rechtliche Einordnung der Swapgeschäfte als Börsentermingeschäfte hätte den praktischen Vorteil, daß der Differenzeinwand, soweit er auf Swapgeschäfte überhaupt anwendbar ist, kraft Gesetzes (§ 58 BörsG) ausgeschlossen wäre. Denn die Börsengesetznovelle 1989 hat diesen Ausschluß auf alle Börsentermingeschäfte erstreckt, auch soweit sie außerhalb einer Börse oder an einer ausländischen Börse getätigt werden[120].

14.212 Nach überwiegender Meinung wird der Börsentermingeschäftscharakter der Swapgeschäfte verneint, weil diese Geschäfte nicht in Beziehung zu einem Terminmarkt stehen, an dem jederzeit ein glattstellendes Gegengeschäft getätigt werden kann[121], wie es bislang die vom BGH[122] entwickelte Definition der Börsentermingeschäfte fordert.

a) Erweiterter Börsentermingeschäftsbegriff

14.213 Diese Definition kann aber für die Frage, ob ein Geschäft Börsentermincharakter hat, nicht mehr allein maßgeblich sein, nachdem die Börsengesetznovelle 1989 den termingeschäftlichen Bereich erweitert hat. Danach gehören zu den Börsentermingeschäften „auch Geschäfte, die wirtschaftlich gleichen Zwecken dienen" (§ 50 Abs. 1 S. 2 BörsG). Hierdurch sollte

---

119 *Kewenig/Schneider*, WM 1992, Sonderbeil. 2, 3 unter Bezugnahme auf das Schreiben des Bundesaufsichtsamtes für das Kreditwesen vom 19.9.1986 (I 3 – 271 – 2/86).
120 *Kümpel*, WM 1989, 1485, 1495.
121 *Pohl*, AG 1992, 425, 429; *ders.*, Innovative Finanzinstrumente im gemeinsamen Europäischen Markt, 1994, S. 45, 46; *Schäfer*, ZIP 1986, 1304, 1306; *Fülbier*, ZIP 1990, 544, 546.
122 BGH WM 1984, 1598, 1599.

klargestellt werden, daß Börsentermingeschäfte nicht nur solche Terminengagements sind, die durch ein späteres Gegengeschäft glattgestellt werden können, wie es dem sog. verdeckten Differenzgeschäft entspricht, an das die Begriffsdefinition des BGH anknüpft. Vielmehr sollten alle Varianten des modernen Terminhandels erfaßt werden. Dieser wird aber zunehmend von den sog. offenen Differenzgeschäften geprägt, bei denen die effektive Erfüllung usancemäßig oder wie bei den Index-Terminkontrakten wegen der Art des Basiswertes ausgeschlossen ist. Diese Termingeschäfte sind von vornherein auf Zahlung eines Differenzbetrages angelegt und haben daher entgegen der Begriffsdefinition des BGH keine Beziehung zu einem Terminmarkt.

Diese Termingeschäfte benötigen, wie die OTC-Geschäfte zeigen, auch keine standardisierten Kontrakte, damit sie sich für die Terminspekulation eignen. Es bedarf daher einer neuen Abgrenzung der Börsentermingeschäfte, für die vor allem der Schutzzweck des Termineinwandes maßgeblich sein muß. Börsentermingeschäfte lassen sich daher als **Geschäfte mit hinausgeschobenem Fälligkeitszeitpunkt (Zeitgeschäfte)** umschreiben, die sich zur Erzielung von Differenzgewinnen aus den Preis-(Kurs-)Schwankungen des Marktes während der Laufzeit des Terminkontraktes eignen, sofern bei ihnen der Schutzzweck des Termineinwandes zum Tragen kommt. Dies ist der Fall, wenn von dem Termingeschäft die verführerische Anziehungskraft ausgeht, solche Differenzgewinne mit verhältnismäßig geringem Kapitaleinsatz erzielen zu können, und zumindest ein Kontrahent ein betragsmäßig unbegrenztes und daher unüberschaubares Verlustrisiko eingeht, das zu einer unbeabsichtigten (planwidrigen) Aufwendung zusätzlicher Geldmittel zur Erfüllung der eingegangenen Terminverbindlichkeit führen kann – Rn 15.72 ff.

14.214

Diese Voraussetzungen können auch bei Swapgeschäften gegeben sein. In der Literatur wird bereits vereinzelt der Börsentermingeschäftscharakter der Swapgeschäfte bejaht. Denn Zinssatzswaps wie Währungsswaps würden die Möglichkeit einer für Börsentermingeschäfte typischen Spekulation eröffnen, weil die Swapposition veräußert werden kann und daher eine allein aus den Marktschwankungen resultierende Differenz als Gewinn realisiert werden kann, wie dies für Börsentermingeschäfte typisch ist[123]. Soweit hierfür glattstellende Gegengeschäfte erforderlich sind, brauchen diese keine Swapgeschäfte zu sein[124]. Es bedarf daher jeweils

14.215

---

123 *Decker*, WM 1990, 1001, 1005; *Erne*, Die Swapgeschäfte der Banken, 1992, S. 82; *Jahn* in Bankrechts-Handbuch, § 114 Rn 76 für Zinssatz-, Währungs- und Index-Swaps.
124 *Jahn* in Bankrechts-Handbuch, § 114 Rn 76.

einer sorgfältigen Überprüfung, ob ein Swapgeschäft die Voraussetzungen eines Börsentermingeschäfts im erweiterten Sinne des § 50 Abs. 1 BörsG erfüllt.

b) Fehlender Börsentermingeschäftscharakter in bestimmten Fallkonstellationen

14.216 Verneint werden kann der Börsentermingeschäftscharakter, wenn die Swapgeschäfte nicht der Erzielung von Differenzgewinnen aus den Marktschwankungen dienen, sondern die Kosten einer Kapitalaufnahme reduzieren soll, bei dem z.B. ein japanisches Unternehmen eine Yen-Anleihe im heimischen Kapitalmarkt aufnimmt und den Anleiheerlös gegen eine Euro-Emission eines deutschen Unternehmens tauscht und beide Unternehmen aufgrund der Swaptransaktion nur eine günstigere (niedrigere) Verzinsung der aufgenommenen Kapitalbeträge erreichen wollen.

14.217 Auch dürfte der Börsentermingeschäftscharakter bei solchen Swapgeschäften verneint werden können, bei dem keiner der beiden Swappartner das Risiko einer betragsmäßig unbegrenzten Zahlungspflicht eingeht.

4. Differenzeinwand bei Swapgeschäften

14.218 Bei Swapgeschäften kommt es üblicherweise zu Zahlungen von Differenzbeträgen, wenn beide Swappartner am selben Tag aufgrund des Vertrages Zahlung in gleicher Währung zu leisten haben. Hier hat der Swappartner, der den höheren Betrag schuldet, die Differenz zwischen den geschuldeten Beträgen zu zahlen (sog. Netting)[125]. Die Höhe dieser Differenzbeträge kann infolge Änderungen des Marktzinssatzes wechseln, wenn wie beim Zinssatzswap zinsfixe Verbindlichkeiten gegen zinsvariable Verbindlichkeiten getauscht werden. Bei unterschiedlichem Marktzins an den einzelnen Zinsterminen kommt es sodann zur Zahlung unterschiedlicher Differenzbeträge. Diese Abhängigkeit der geschuldeten Differenzbeträge von der Marktentwicklung legt die Frage nahe, ob gegenüber Zins-Swapgeschäften der Differenzeinwand im Sinne des § 764 BGB geltend gemacht werden kann.

14.219 Aus der bloßen Zahlung von „Differenz"beträgen allein kann nicht schon auf das Vorliegen unwirksamer Differenzgeschäfte gefolgert werden. Hierdurch ist nur eine vereinfachte Erfüllung der gegenseitigen Geldforderungen gewollt, wie es die Aufrechnung als gesetzliches Erfüllungssurrogat

---

125 Diese Verrechnungsklausel sieht der Muster-Rahmenvertrag für Swapgeschäfte in Deutschland vor (abgedruckt in WM 1990, 1047, 1048).

ermöglicht (§ 387 BGB) und dies z.B. auch beim bankmäßigen Kontokorrentkonto praktiziert wird. Hierbei handelt es sich um eine reine Abwicklungsmodalität, die für die rechtliche Einordnung der Swaps bedeutungslos ist[126]. Bei den Swapgeschäften wie insbesondere bei den Zinssatzswaps besteht aber die Besonderheit, daß die Höhe des Differenzbetrages durch die Veränderungen des Marktzinses und damit durch die Schwankungen des Marktes mitbestimmt wird. Die Differenzgeschäfte im Sinne des § 764 BGB bezwecken aber gerade die Erzielung solcher Differenzgewinne aus den Marktschwankungen[127].

a) Kein Differenzeinwand bei Hedginggeschäften

Eine zur Unwirksamkeit führende Differenzabsicht setzt jedoch voraus, daß sich der Zweck des Geschäfts darin erschöpft, aus den Schwankungen des Marktpreises Differenzgewinne zwecks Vermehrung des Vermögens zu erzielen[128]. Hieran fehlt es bei den Swapgeschäften, die wie im Regelfall vor dem Risiko von Zins- und Wechselkursänderungen schützen sollen (Hedginggeschäfte). So dient z.B. beim Austausch zinsfixer gegen zinsvariable Verbindlichkeiten der geschuldete Differenzbetrag nicht der Vermehrung des Vermögens, sondern der Vermeidung von Verlusten. Mit solchen Zinsatzswaps können sich z.B. die Kreditinstitute gegen eine nicht marktgerechte Zinsbelastung durch ihre Verbindlichkeiten aus den hereingenommenen Refinanzierungsgeldern sichern. Soweit mit Differenzgeschäften die Absicherung anderer Geschäfte gegen Marktschwankungen bezweckt ist, handelt es sich um wirtschaftlich berechtigte Geschäfte, auf die § 764 BGB infolge einer teleologischen Reduktion unanwendbar ist. Dies gilt nach allgemeiner Meinung auch für Swapgeschäfte zur Sicherung gegen Zins- und Kursänderungsrisiken[129]. Bei Swapgeschäften mit Hedgingabsicht ist daher der Differenzeinwand von vornherein ausgeschlossen.

14.220

b) Swapgeschäfte zur Erzielung von Differenzgewinnen

Etwas anderes kann jedoch gelten, wenn das Swapgeschäft ausnahmsweise keinen konkreten Bezug zu anderen Geschäften der Swappartner hat und ausschließlich der Erzielung eines Differenzgewinnes aus den Marktschwankungen dient. Hier stellt sich sodann die umstrittene Frage, ob für

14.221

---

126 *Kümpel*, WM 1986, 661, 669.
127 Vgl. hierzu *Schäfer*, ZIP 1986, 1304, 1306; *Pohl*, AG 1992, 425, 427.
128 *Soergel/Häuser*, § 764 Rn 2 m.w.Nachw.
129 *Pohl*, AG 1992, 425, 428; *Schäfer*, ZIP 1986, 1306; *Decker*, WM 1990, 1001, 1006; *Kewenig/Schneider*, WM 1992, Sonderbeil. 2, 3; *Kümpel*, WM 1986, 661, 669; *Erne*, Die Swapgeschäfte der Banken, 1992, S. 144.

die Charakterisierung als Differenzgeschäft allein die Absicht der Erzielung eines Differenzgeschäfts genügt oder, wie es der gesetzliche Tatbestand des Differenzgeschäfts erfordert, ein „auf Lieferung von **Waren** oder **Wertpapieren** lautender Vertrag" vorhanden sein muß. Nach überwiegender Auffassung kommt es zwar für den Gesetzeszweck wesentlich auf das subjektive Tatbestandsmerkmal der beabsichtigten Nichterfüllung des abgeschlossenen Geschäfts an. Gleichwohl erscheint der äußere Tatbestand des Abschlusses eines „auf Lieferung von Waren oder Wertpapieren gerichteten Vertrages" für die Geltendmachung des Differenzeinwandes unverzichtbar[130]. Diese äußeren Tatbestandsmerkmale fehlen den Swapgeschäften. So können Zinssatzswaps zwar einen konkreten Bezug zu wertpapiermäßig verbrieften Verbindlichkeiten oder Forderungen haben. Gegenstand der Zinssatzswaps sind aber nicht die hierdurch gesicherten Passiv- oder Aktivpositionen der Bilanz, sondern auf Zahlung einzelner Zinssatzbeträge gerichtete **Geldschulden.** Der gesetzliche Tatbestand des § 764 BGB setzt dagegen auf Lieferung von Waren oder Wertpapieren gerichtete **Sachschulden** voraus[131].

14.222 An solchen „Sach"schulden fehlt es auch bei den **Währungsswaps.** Denn bei einer Währungsverbindlichkeit wird ein bestimmter **Devisenbetrag** geschuldet. Devisen sind Ansprüche auf Zahlungen in fremder Währung gegen Schuldner an einem ausländischen Platz[132]. Hierzu gehören vor allem die Kontoguthaben bei der Zentralbank oder den Geschäftsbanken im Heimatland der Währung, also z.B. US-Dollar-Guthaben bei der Federal Reserve Bank oder den Geschäftsbanken in den USA. Die aus den Swapgeschäften resultierenden Währungsverbindlichkeiten werden nur durch entsprechende Kontogutschriften aus solchen Währungsguthaben erfüllt. Infolge dieser wertpapiermäßig unverbrieften Kontogutschriften (Währungsguthaben) fehlt es auch bei Währungsswaps an einer Sachschuld, wie es der äußere Tatbestand des § 764 BGB voraussetzt.

14.223 Selbst wenn es für die Charakterisierung eines Differenzgeschäfts allein auf die Absicht der Erzielung eines Differenzgewinnes ankommen sollte und daher der Differenzeinwand grundsätzlich auch gegeben sein kann, wenn Gegenstand des Vertrages keine Sachschuld, sondern wie bei den Swapgeschäften eine **Geldschuld ist,** setzt der Differenzeinwand voraus, daß der Vertragspartner die Differenzabsicht seines Partners kannte oder zumindest hätte kennen müssen (§ 764 S. 2 BGB). Hieran dürfte es regel-

---

130 *Pohl*, AG 1992, 425, 428; *Kümpel*, WM 1986, 661, 669; a.A. *Schäfer*, ZIP 1986, 1304, 1305.
131 *Pohl*, AG 1992, 425, 428; *Kümpel*, WM 1986, 661, 669.
132 *Lipfert*, Devisenhandel und Devisenoptionshandel, 4. Aufl., 1992, S. 17; *Schönle*, Bank- und Börsenrecht, 2. Aufl., 1976, S. 403; *Kümpel*, WM 1986, 661, 666; *Kleiner*, WM 1988, 1459, 1960.

mäßig fehlen, wenn die Bank das Swapgeschäft mit ihrer kaufmännischen Kundschaft tätigt[133].

Zu dem Erfordernis der für den Vertragspartner erkennbaren Absicht der reinen Differenzspekulation hat die Rechtsprechung eine „Indizienlehre" entwickelt[134]. Danach kommt es darauf an, ob zwischen der dem Termingeschäft zugrundeliegenden Warengattung und dem Berufs- oder Geschäftskreis des Partners eine Beziehung besteht, ob ein auffälliges Mißverhältnis zwischen der Höhe des eingegangenen Engagements und den Vermögensverhältnissen des Spekulanten besteht und ob in der Geschäftsverbindung effektive Erfüllungen der Geschäfte unterblieben sind und stattdessen ausnahmslos oder zumindest regelmäßig nur Differenzen verbucht worden sind.

14.224

III. Vertragliche Risikobegrenzungen im Insolvenzfalle

Das Insolvenzrisiko aus Swapgeschäften wird dadurch stark eingeschränkt, daß die Leistungspflicht jedes Swappartners von der Bewirkung der vom anderen Partner geschuldeten Zahlung abhängt.

14.225

1. Vertragsbeendigungs- und Nettingklausel

Zur weiteren Risikobegrenzung enthält der von den deutschen Kreditinstituten verwendete Muster-Rahmenvertrag für Finanztermingeschäfte Klauseln für den häufigen Sachverhalt, daß zwischen den beiden Swapkontrahenten nicht nur ein, sondern mehrere Swapgeschäfte schweben (Nr. 7 bis 9 des Rahmenvertrages). Hierdurch soll vermieden werden, daß bei der Insolvenz eines Kontrahenten der Insolvenzverwalter auf die Erfüllung der für die Masse günstigen Verträge besteht, die Erfüllung der anderen Verträge aber ablehnt mit der Folge, daß der solvente Kontrahent aus diesen nicht erfüllten Verträgen eine Schadensersatzforderung erwirbt, die als gewöhnliche Insolvenzforderung nur mit der Insolvenzquote zu bedienen ist („cherry picking")[135].

14.226

---

133 *Schäfer*, ZIP 1986, 1304, 1306, wonach das Vorliegen eines dem Differenzeinwand nicht unterworfenen Swapgeschäfts erforderlichenfalls anhand der Indizien des Einzelfalles ermittelt werden muß. In dem Muster-Rahmenvertrag für inländische Swap-Geschäfte bestätigen die Swappartner, daß die hierunter fallenden Swapgeschäfte „Zur Gestaltung von Zinsänderungs- und Währungsrisiken im Rahmen ihrer Geschäftstätigkeit" abgeschlossen werden und daher wirtschaftlich berechtigten Zwecken dienen.

134 Vgl. hierzu *Häuser/Welter* in Assmann/Schütze, Handbuch des Kapitalanlagerechts, § 16 Rn 172.

135 *Ebenroth/Messer*, ZVglRWiss. 1988, 16; *Jahn*, Die Bank, 1987, 197, 199; 1988, 100, 102.

14.227 Zur Vermeidung dieses insbesondere aus internationaler Sicht als unbillig empfundenen Ergebnisses enthält der Muster-Rahmenvertrag zwei Regelungen. So wird in dem Muster-Rahmenvertrag ausdrücklich klargestellt, daß alle „Einzelabschlüsse" untereinander und zusammen mit dem Rahmenvertrag einen **einheitlichen Vertrag** bilden und im Sinne einer einheitlichen Risikobetrachtung auf dieser Grundlage und im Vertrauen darauf getätigt werden. Bei einem einheitlichen Schuldverhältnis kann der Insolvenzverwalter nach allgemeiner Meinung das Wahlrecht nur einheitlich und nicht unterschiedlich hinsichtlich seiner einzelnen Teile ausüben[136].

14.228 Der Muster-Rahmenvertrag bestimmt weiter, daß dieser Vertrag und damit auch die mit ihm verknüpften, noch nicht vollständig abgewickelten Einzelabschlüsse ohne Kündigung mit der **Insolvenz** des Kontrahenten **beendet** werden. Infolge dieser „Vertragsbeendigungsklausel" steht dem solventen Kontrahenten ein Anspruch auf Schadensersatz zu. Nach dem Muster-Rahmenvertrag wird dieser Schaden auf der Grundlage von unverzüglich abzuschließenden **Ersatzgeschäften** ermittelt, die dazu führen, daß der ersatzberechtigte Kontrahent alle Zahlungen erhält, die ihm bei ordnungsgemäßer Vertragsabwicklung zugestanden hätten.

14.229 Sofern vom Abschluß solcher Ersatzgeschäfte abgesehen wird, kann der ersatzpflichtige Kontrahent denjenigen Betrag der Schadensberechnung zugrunde legen, den er für solche Ersatzgeschäfte auf der Grundlage von Wechselkursen, Zinssätzen, Terminsätzen und anderen Kosten und Auslagen zum Zeitpunkt der Kenntniserlangung von der Insolvenz hätte aufwenden müssen. Dabei erfolgt die Schadensberechnung unter Berücksichtigung aller Einzelabschlüsse. Ein finanzieller Vorteil, der sich aus der Beendigung von Einzelabschlüssen ergibt, wird als Minderung des im übrigen ermittelten Schadens berücksichtigt.

14.230 Der Schaden aus einem durch Insolvenz vorzeitig beendeten Swapgeschäftes bemißt sich also nach den Kosten für den Abschluß inhalts-(dekkungs-)gleicher Ersatzgeschäfte. Diese Kosten resultieren aus den nach dem ursprünglichen Vertragsabschluß eingetretenen Marktveränderungen. Wenn z.B. der solvente Kontrahent US-$-Zahlungen zu empfangen und Euro-Zahlungen zu leisten hat und der Kurs des US-$ im Verhältnis zum Euro zwischenzeitlich gestiegen ist, so wird ein Dritter zum Abschluß eines inhaltsgleichen Geschäfts nur bereit sein, wenn er eine

---

[136] *Jaeger/Henckel*, KO, 9. Aufl., 1980, § 17 Anm. 84; *Kilger/K.Schmidt*, KO, 16. Aufl., 1993, § 17 Anm. 4a; *Kuhn/Uhlenbruck*, KO, 11. Aufl., 1980, § 17 Rn 19 b; BGH NJW 1977, S. 146, 147.

zusätzliche Leistung z.B. in Höhe einer vorab zu leistenden einmaligen Zahlung erhält. Der Betrag, der auf diese Weise für ein Ersatzgeschäft aufzuwenden ist, entspricht dem „Marktwert" des betreffenden Swaps. Umgekehrt kann ein zwischenzeitliches Sinken des US-$-Kurses dazu führen, daß für den solventen Kontrahenten bei der mit der Insolvenz eintretenden Beendigung des Vertrages ein Vorteil entsteht, weil das inhaltsgleiche Ersatzgeschäft mit dem Dritten unter Empfang einer von diesem vorab zu leistenden Pauschalzahlung abgeschlossen werden kann. Hier spricht man vom „negativen Marktwert" des betreffenden Swapgeschäftes.

Die auch international übliche Vertragsbeendigungsklausel des deutschen Muster-Rahmenvertrages soll vermeiden, daß der Insolvenzverwalter die für den insolventen Kontrahenten nachteiligen Geschäfte (d.h. diejenigen mit negativem Marktwert) aufrechterhält und die für ihn vorteilhaften Geschäfte (d.h. diejenigen mit positivem Marktwert) beendet. Es soll also mit anderen Worten erreicht werden, daß es zu einer Saldierung („Netting") der positiven und negativen Marktwerte kommt. 14.231

Der BGH hält Klauseln, die die Vertragsbeendigung für den Insolvenzfall vorsieht, für wirksam[137]. 14.232

Auch nach der neuen Insolvenzordnung sollen vertragliche Vereinbarungen über die Auflösung eines gegenseitigen Vertrages im Falle der Eröffnung eines Insolvenzverfahrens oder der Verschlechterung der Vermögensverhältnisse einer Vertragspartei durch die Insolvenzordnung nicht in ihrer Wirksamkeit eingeschränkt werden. Die Bestimmung des § 137 Abs. 2 des Regierungsentwurfs der Insolvenzordnung, die eine gegenteilige Regelung vorsah, ist im Gesetzgebungsverfahren gestrichen worden[138]. 14.233

Nicht alle für die Masse nachteiligen Vereinbarungen des Gemeinschuldners mit seinen Gläubigern sind jedoch ohne weiteres unwirksam, wie schon die auf bestimmte Sachverhalte begrenzten Anfechtungsregelungen der §§ 129 ff. InsO zeigen. Der Insolvenzverwalter muß daher nach dem BGH den Bestand der Masse und damit auch die beiderseitig nicht voll erfüllten Verträge in dem Zustand hinnehmen, in dem sie sich zur Zeit der Insolvenzeröffnung befinden. Etwas anderes gilt nur, wenn Rechtshandlungen bezüglich solcher Verträge vorgenommen worden sind, die nach den §§ 129 ff. InsO anfechtbar sind oder nach allgemeinen Grundsätzen etwa wegen Sittenwidrigkeit (§ 138 BGB) nichtig sind[139]. 14.234

---
137 BGH WM 1994, 171, 173; vgl. dazu *Berger*, ZIP 1994, 173.
138 BT-Drucksache 12/7302, S. 170.
139 BGH WM 1985, 1479, 1480.

14. Teil: Derivate und sonstige Finanzinnovationen

Streng genommen wird mit der üblichen **Vertragsbeendigungsklausel** das Wahlrecht des Insolvenzverwalters nicht ausgeschlossen. Denn infolge der vereinbarten Beendigung der Swapverträge durch die Insolvenz kann dieses Wahlrecht gar nicht erst entstehen[140]. Einzuräumen ist aber, daß die Vertragsbeendigungsklausel auf eine mittelbare Beseitigung des Wahlrechts des Insolvenzverwalters hinausläuft.

14.235 Bei der rechtlichen Bewertung der Vertragsbeendigungsklausel ist jedoch zu berücksichtigen, daß diese Klausel ausschließlich **Sicherungsfunktion** hat und daher die Stellung bankmäßiger Sicherheiten entbehrlich machen soll. Die Hereinnahme von Sicherheiten ist aber aus insolvenzrechtlicher Sicht grundsätzlich zulässig[141].

2. Insolvenzrechtliche Anerkennung von Netting-Vereinbarungen

14.236 Im Rahmen der neuen Insolvenzordnung sind zwischenzeitlich die rechtlichen Voraussetzungen dafür geschaffen worden, daß die im Mustervertrag für Swapgeschäfte enthaltenen Netting-Vereinbarungen unter bestimmten Voraussetzungen im Insolvenzverfahren wirksam sind. Hierzu ist in das Einführungsgesetz zur Insolvenzordnung (EGInsO) Art. 105 für Finanztermingeschäfte eingefügt worden[142].

14.237 Dieser Artikel ist wie andere Bestimmungen des Einführungsgesetzes am Tage nach der Verkündung dieses Gesetzes in Kraft getreten (Art. 111 Abs. 3 EGInsO)[143].

14.238 Nach dem bereits am 19. 10. 1994 in Kraft getretenen Art. 105 Abs. 1 S. 1 EGInsO kann, wenn für Finanzleistungen, die einen Markt- oder Börsenpreis haben, eine bestimmte Zeit oder eine bestimmte Frist vereinbart war und die Zeit oder der Ablauf der Frist erst nach der Eröffnung eines Insolvenz-, Vergleichs- oder Gesamtvollstreckungsverfahrens eintritt, die Erfüllung nicht verlangt werden. Statt dessen kann nur eine Forderung wegen der Nichterfüllung geltend gemacht werden.

---

140 *Erne*, Die Swapgeschäfte der Banken, 1992, S. 117.
141 *Erne*, Die Swapgeschäfte der Banken, 1992, S. 120.
142 BR-Drucksache 337/94, S. 54. Eine deckungsgleiche Nettingregelung ist als Art. 15 in das 2. Finanzmarktförderungsgesetz aufgenommen worden. Hierdurch sollte sichergestellt werden, daß die Nettingregelung auch dann kurzfristig hätte in Kraft treten können, wenn durch die Anrufung des Vermittlungsausschusses seitens des Bundesrates das Inkrafttreten des EGInsO verzögert worden wäre (Beschlußempfehlung und Bericht des Finanzausschusses des Deutschen Bundestages, BT-Drucksache 12/7918, S. 273, 274).
143 BR-Drucksache 337/94, S. 56.

Diese Forderung richtet sich auf den Unterschied zwischen dem vereinbarten Preis und dem Markt- oder Börsenpreis, der am zweiten Werktag nach der Eröffnung des Verfahrens am Erfüllungsort für einen Vertrag mit der vereinbarten Erfüllungszeit maßgeblich ist. Der andere Teil kann eine solche Forderung nur als Insolvenzgläubiger geltend machen (Art. 105 Abs. 2 EGInsO).

14.239

Sind Geschäfte über solche Finanzleistungen wie üblich in einem Rahmenvertrag zusammengefaßt, für den vereinbart ist, daß er bei Vertragsverletzungen nur einheitlich beendet werden kann, so gilt die Gesamtheit dieser Geschäfte als ein gegenseitiger Vertrag (Art. 105 Abs. 1 S. 3 EGInsO).

14.240

a) Kreis der privilegierten Finanzdienstleistungen

Die gesetzliche Regelung (Art. 105 Abs. 1 S. 2 EGInsO) enthält einen Katalog der insolvenzrechtlich privilegierten Finanzleistungen. Hierzu gehören:

14.241

(1) Lieferung von Edelmetallen,

(2) Lieferung von Wertpapieren oder vergleichbaren Rechten, soweit nicht der Erwerb einer Beteiligung an einem Unternehmen zur Herstellung einer dauernden Verbindung zu diesem Unternehmen beabsichtigt ist.

(3) Geldleistungen, die in ausländischer Währung oder in einer Rechnungseinheit zu erbringen sind,

(4) Geldleistungen, deren Höhe unmittelbar oder mittelbar durch den Kurs einer ausländischen Währung oder einer Rechnungseinheit, durch den Zinssatz von Forderungen oder durch den Preis anderer Güter oder Leistungen bestimmt wird,

(5) Optionen und andere Rechte auf Lieferungen oder Geldleistungen im Sinne der Nummern 1 bis 4.

b) Erfordernis eines Markt- oder Börsenpreises

Voraussetzung für die Anwendung des Artikels 105 EGInsO ist, daß die Finanzleistungen einen „Markt- oder Börsenpreis" haben. Solche Marktpreise sind auch dann gegeben, wenn die Verträge über die Finanzleistungen nicht an einer Börse, sondern außerbörslich – **Over The Counter** – (OTC) zustande kommen[144]. Bei solchen OTC-Geschäften können spezielle Kundenwünsche insbesondere hinsichtlich Laufzeit, Volumen und Basispreis optimal berücksichtigt werden.

14.242

---

144 *Jahn* in Bankrechts-Handbuch, § 114 Rn 119.

14.243 Dementsprechend unterscheiden sich die Marktpreise solcher OTC-Geschäfte von den Börsen- oder Marktpreisen im Handel von Wertpapieren und Waren, wie sie im § 400 Abs. 1 HGB als Voraussetzung für das kommissionsrechtliche Selbsteintrittsrecht erwähnt sind. Für die börslichen und außerbörslichen Wertpapiermärkte ist es typisch, daß es sich bei den dort gehandelten Wertpapieren um vertretbare Sachen im Sinne des § 91 BGB handelt[145].

14.244 Diese „Vertretbarkeit" fehlt den OTC-Geschäften, wenn sie nach den individuellen Wünschen des Kunden ausgestattet worden sind. Insoweit ist der Markt solcher individuell ausgestatteten OTC-Geschäfte wesentlich anders strukturiert als die Wertpapiermärkte.

14.245 Ungeachtet dessen handelt es sich aber bei den OTC-Geschäften über Finanzdienstleistungen um einen Markt im Sinne des Art. 108 EGInsO. Denn auch Märkte, auf denen nicht vertretbare Sachen gehandelt werden, wie der insoweit vergleichbare Kunst- und Antiquitätenhandel, sind marktmäßige Veranstaltungen. Die dort vereinbarten Preise haben daher die Rechtsnatur von „Markt"preisen. In der Begründung der Insolvenzordnung ist daher ausdrücklich klargestellt worden, daß der Begriff „Markt-" oder „Börsenpreis" im Sinne des Art. 108 mit Rücksicht auf die häufige individuelle Ausgestaltung der hiervon erfaßten Finanzgeschäfte weit zu verstehen ist. Entscheidend ist, daß die Möglichkeit besteht, sich anderweitig einzudecken. Unschädlich ist dagegen, daß nicht alle Angebote im Preise übereinstimmen[146].

14.246 Diese Regelung erscheint auch deshalb sachgerecht, weil die bei OTC-Geschäften vereinbarten Preise durch marktübliche Berechnungsmethoden, insbesondere durch Abzinsung oder rechnerische Ableitung von anderen Marktpreisen ermittelt werden, die ihrerseits in börslichen oder außerbörslichen Märkten mit vertretbaren Handelsobjekten wie z.B. den Wertpapiermärkten erzielt werden.

---

145 Vgl. *Schwark*, BörsG, § 1 Rn 4 ff. zum Begriff des börsenmäßigen Marktes.
146 BT-Drucksache 12/7302, S. 215.

15. Teil
Das Recht der Börsentermingeschäfte

1. Abschnitt
Grundsätzliches

Das Börsengesetz (§§ 52 bis 70) enthält spezielle Vorschriften über die Börsentermingeschäfte. Soweit Börsentermingeschäfte mit Nichttermingeschäftsfähigen abgeschlossen werden, sind sie unverbindlich (§§ 52, 53 BörsG). Bei einer gerichtlichen Inanspruchnahme kann deshalb die **fehlende Termingeschäftsfähigkeit** eingewendet werden (sog. **Termineinwand**). Die gegenseitigen Ansprüche aus diesen Geschäften können somit nicht durchgesetzt werden. Sie können aber freiwillig mit verbindlicher Wirkung erfüllt werden, so daß die erfolgten Erfüllungsleistungen nicht nach bereicherungsrechtlichen Grundsätzen zurückgefordert werden können (§ 55 BörsG). Die nicht durchsetzbaren Ansprüche aus unverbindlichen Börsentermingeschäften bilden mithin einen bereicherungsrechtlichen „Behaltens"grund[1]. Diese **sog. unvollkommenen Verbindlichkeiten** („Naturalobligationen") lassen also ein Schuldverhältnis minderer Wirkung entstehen[2].

15.1

Ein solches unverbindliches Börsentermingeschäft kann jedoch durch Bestätigung gemäß § 141 BGB wirksam werden. Nach dem BGH steht einer analogen Anwendung dieser Vorschrift auf unverbindliche Geschäfte der Schutzzweck des § 53 Abs. 2 BörsG nicht entgegen[3].

15.2

Unwirksam ist auch eine Vereinbarung, durch die der eine Vertragspartner zum Zwecke der Erfüllung einer Schuld aus einem nicht verbotenen Börsentermingeschäft dem anderen Vertragsteil gegenüber eine Verbindlichkeit eingeht. Dies gilt insbesondere für ein Schuldanerkenntnis (§ 59 BörsG). Diese Vorschrift ist auch auf Schuldanerkenntnisse termingeschäftsfähiger Personen anzuwenden. Anderenfalls könnten die Kreditinstitute mit periodischen Rechnungsabschlüssen bei Girokonten alle For-

15.3

---

1 *Schwark*, BörsG, § 55 Rn 1; *Palandt/Heinrichs*, Einl. v. § 241 Rn 15; *Häuser/Welter* in Assmann/Schütze, Handbuch des Kapitalanlagerechts, § 16 Rn 316; *Ellenberger*, WM 1999, Sonderbeil. Nr. 2, 9.
2 *Häuser/Welter* in Assmann/Schütze, Handbuch des Kapitalanlagerechts, § 16 Rn 316; *Ellenberger*, WM 1999, Sonderbeil. Nr. 2, 9.
3 BGH WM 1998, 1279.

derungen aus zurückliegenden unverbindlichen Börsentermingeschäften durch Nachholung der Risikoaufklärung gemäß § 53 Abs. 2 BörsG durchsetzbar machen[4].

15.4 Diese **börsentermingeschäftliche Unverbindlichkeit** kann vor allem Derivate erfassen, weil sie ebenfalls einen Termincharakter haben.

15.5 **Derivate** sind nach der Legaldefinition des § 1 Abs. 11 KWG und des § 2 Abs. 2 WpHG als Festgeschäfte oder Optionsgeschäfte ausgestaltete Termingeschäfte, deren Preis unmittelbar oder mittelbar von dem Börsen- oder Marktpreis von Wertpapieren, Geldmarktinstrumenten, Waren, Edelmetallen oder Währungen sowie von Zinssätzen oder anderen Erträgen abhängen.

15.6 Mit der Einordnung der Derivate als Börsentermingeschäfte sind aber hinsichtlich ihrer Verbindlichkeit nicht nur Nachteile verknüpft. Sind Börsentermingeschäfte zwischen Termingeschäftsfähigen abgeschlossen und damit verbindlich, sind sie gegen den **Spiel- und Differenzeinwand des BGB** (§§ 762, 764) geschützt (§ 58 BörsG). Wie der börsengesetzliche Termineinwand läßt auch der Spiel- und Differenzeinwand das Börsentermingeschäft unverbindlich sein. Erfüllen Derivate den gesetzlichen Tatbestand eines Spiel-, Wett- oder Differenzgeschäftes, so begründen sie nach § 58 BörsG gleichwohl durchsetzbare Ansprüche, wenn die Geschäfte zwischen Termingeschäftsfähigen abgeschlossen worden sind und damit auch der Termineinwand ausgeschlossen ist (§ 58 BörsG). Mit dieser börsengesetzlichen Vorschrift sollte die Funktionsfähigkeit des aus volkswirtschaftlicher Sicht schutzwürdigen Terminhandels abgesichert werden. Die Börsentermingeschäfte sind einerseits von den Kassageschäften und andererseits von den Geschäften mit hinausgeschobener Erfüllung abzugrenzen.

15.7 Für die Kassageschäfte und die Wertpapiergeschäfte mit hinausgeschobener Valutierung gelten bei der Ausführung von Kundenaufträgen die Sonderbedingungen für Wertpapiergeschäfte. Werden dagegen der Bank Aufträge zum Abschluß von in- und ausländischen Börsentermingeschäften erteilt, so sind auf die Auftragsausführung die im Kreditgewerbe einheitlichen Sonderbedingungen für Börsentermingeschäfte anwendbar[5].

15.8 Nach der Neufassung des Kataloges der Bankgeschäfte in § 1 Abs. 1 KWG ist die Anschaffung und Veräußerung von Finanzinstrumenten im eigenen Namen für fremde Rechnung ein erlaubnispflichtiges Finanzkommis-

---

4 BGH WM 1999, 539, 540.
5 Diese Sonderbedingungen sind abgedruckt in *Kümpel/Ott*, Kapitalmarktrecht, Kz 230. Wegen der Erläuterung dieser Sonderbedingungen vgl. *Kümpel*, WM 1990, 449; ders., WM 1991, Sonderbeil. Nr. 1.

sionsgeschäft (§ 1 Abs. 1 Nr. 4 KWG). Zu diesen Finanzinstrumenten gehören auch die als Festgeschäfte oder Optionsgeschäfte ausgestalteten Termingeschäfte – Derivate – (§ 1 Abs. 11 Nr. 2 KWG).

I. Abgrenzung zum Kassa-Geschäft

Beim Kassa-Geschäft als Handelskauf im Sinne der §§ 373, 381 HGB sind die beiderseitigen Leistungen nach kaufrechtlichen Grundsätzen Zug um Zug im sofortigen Austausch zu erbringen (§§ 271, 320 BGB). Nach den vereinheitlichten Bedingungen für Geschäfte an den deutschen Wertpapierbörsen (Börsenusancen)[6] sind Wertpapiere innerhalb von zwei Börsentagen nach Abschluß des Geschäfts gegen Zahlung des Kaufpreises zu liefern. Diese zweitägige Frist ist aus technischen Gründen für eine ordnungsgemäße Belieferung der Wertpapiergeschäfte erforderlich[7]. Sie unterliegt also nicht der vertraglichen Gestaltungsfreiheit der Geschäftskontrahenten und gebietet deshalb nicht, auch die verhältnismäßig kurzfristig zu erfüllenden Kassageschäfte als Termingeschäfte einzuordnen. 15.9

Diese Börsenusancen gelten auch für das Effektengeschäft, das zwischen dem Kunden und seiner Bank im Zuge der Ausführung seines Auftrages zustande kommt (Nr. 1 Abs. 2 AGB Wertpapiergeschäfte). Deshalb sind auch die aus diesem Effektengeschäft resultierenden gegenseitigen Ansprüche innerhalb der usancemäßigen Frist von zwei Börsentagen zu erfüllen. 15.10

Bei **nicht rechtzeitiger Erfüllung ist** nach den Börsenusancen (§ 16 Abs. 1 S. 1, 2) dem säumigen Vertragspartner eine Nachfrist zu setzen. Nach fruchtlosem Ablauf der Frist ist der nicht säumige Vertragspartner mangels anderweitiger Vereinbarung verpflichtet, an dem Börsentag, an dem die Frist endet, die **Zwangsregulierung** vorzunehmen (§ 16 Abs. 1 S. 3). 15.11

Die Zwangsregulierung erfolgt unter Vermittlung eines **Kursmaklers** der jeweiligen Wertpapierbörse durch Kauf bzw. Verkauf der zugrundeliegenden Wertpapiere (§ 17 Abs. 1 S. 1 Börsenusancen). 15.12

Der **Differenzbetrag** zwischen dem Zwangsregulierungskurs und dem Kurs aus dem nicht erfüllten Vertrag ist dem Vertragspartner zu erstatten, zu dessen Gunsten er sich ergibt. Der säumige Vertragspartner hat außerdem die Kosten der Zwangsregulierung zu tragen (§ 17 Abs. 2 S. 1, 2 Börsenusancen). Diese Zwangsregulierung stellt einen Fall der sog. konkreten Schadensberechnung dar, bei welcher der zu ersetzende Schaden durch einen Deckungskauf bzw. -verkauf ermittelt werden kann. Weitere 15.13

---
6 Abgedruckt in *Kümpel/Ott*, Kapitalmarktrecht, Kz 450.
7 *Schmidt*, Wertpapierbörsen, 1988, S. 48.

Einzelheiten des Verfahrens der Zwangsregulierung sind in den Börsenusancen (§§ 17, 18) näher geregelt.

15.14 Diese Kassageschäfte können grundsätzlich keine Börsentermingeschäfte darstellen, weil sie einen wesentlich anderen wirtschaftlichen Zweck verfolgen. Die maßgebliche Rechtsprechung des BGH stellt entscheidend auf diesen wirtschaftlichen Zweck des Geschäftes ab[8].

15.15 Mit den am Kapitalmarkt getätigten Kassageschäften sind regelmäßig Umsatzgeschäfte in Wertpapieren gewollt[9]. Denn bei einem Kassakauf will der Effektenkunde zumindest vorübergehend die Wertpapiere in sein Depot nehmen. Der Kassaverkauf dient der Veräußerung der im Depot verbuchten Wertpapiere. In den beiden möglichen Fallgestaltungen des Kassamarktes kommt es also zu Wertpapierumsätzen.

15.16 Dagegen **verfolgen die Börsentermingeschäfte** einen gegenüber diesen Umsatzgeschäften wesentlich **anderen wirtschaftlichen Zweck.** So können Börsentermingeschäfte abgeschlossen werden, um sich vor Verlusten aus den Schwankungen der Marktkurse zu schützen, wie sie auch die Kapitalmärkte kennen **(Hedginggeschäfte).** Ganz überwiegend sollen aber mit Börsentermingeschäften Differenzgewinne aus den Kursschwankungen der Märkte erzielt werden **(sog. reine Terminspekulation)**[10]. Dieser spezielle Geschäftszweck der Terminspekulation wie auch der Sicherungszweck eines Hedginggeschäfts erfordern eine gegenüber den Kassageschäften des Kapitalmarktes wesentlich längere Laufzeit. So werden Hedginggeschäfte durch die ihnen innewohnende Zeitraumbezogenheit geprägt. Bei reinen Spekulationsgeschäften sollen sich in dem vereinbarten Zeitraum die Kurse möglichst stark in der von Vertragsparteien erwarteten Richtung entwickeln können, damit ein möglichst großer Differenzgewinn erzielt werden kann.

II. Wertpapiergeschäfte mit hinausgeschobener Erfüllung ohne Börsentermingeschäftscharakter

15.17 Bei den Wertpapiergeschäften mit hinausgeschobener Valutierung sollen wie bei den Kassageschäften die gekauften Wertpapiere gegen Zahlung des vereinbarten Kaufpreises geliefert werden.

---

8 BGH WM 1998, 274, 275; *Ellenberger,* WM 1999, Sonderbeil. Nr. 2 5.
9 BGH WM 1984, 1598, 1599; *Kümpel,* WM 1991, Sondebeil. Nr. 1, 2.
10 BGH WM 1984, 1598, 1599; *Häuser,* ZBB 1992, 249, 259; *Kümpel,* WM 1991, Sonderbeil. Nr. 1, 3; *ders.,* WM 1997, 49, 52.

Die Abwicklung des Wertpapiergeschäfts soll jedoch nicht schon innerhalb der zweitägigen Kassafrist erfolgen. Vielmehr ist die Geschäftsabwicklung erst zum späteren Zeitpunkt vorzunehmen. Im Unterschied zum Kassageschäft mit seiner einheitlichen Erfüllungsfrist von zwei Börsentagen kann der **Erfüllungszeitpunkt** bei den Wertpapiergeschäften mit hinausgeschobener Valutierung **individuell** vereinbart werden.

15.18

Das Hinausschieben der Fälligkeit wird als **Stundung** bezeichnet, die von der sog. Befristung (§ 163 BGB) zu unterscheiden ist. Bei einer Befristung ist für die Wirksamkeit des Vertrages ein Anfangs- oder Endtermin bestimmt. Ein solcher Anfangstermin hat zur Folge, daß die Entstehung des Vertragsverhältnisses und der daraus erwachsenden Forderungen vom Eintritt des Anfangstermins abhängt. Die Befristung hat daher dieselbe aufschiebende Wirkung wie eine aufschiebende Bedingung im Sinne des § 158 Abs. 1 BGB. Dagegen ist eine gestundete Forderung schon entstanden; sie ist nur noch nicht fällig. Die Stundung verdrängt die gesetzliche Regelung der Fälligkeit eines Anspruches. Nach § 271 Abs. 1 BGB kann ein Gläubiger, wenn eine Zeit für die Leistung weder bestimmt noch aus den Umständen zu entnehmen ist, die Leistung sofort verlangen, der Schuldner sie sofort bewirken.

15.19

Wertpapiergeschäfte mit hinausgeschobener Valutierung werden typischerweise dann abgeschlossen, wenn der Bankkunde zu einem späteren Zeitpunkt den Eingang von zur Anlage geeigneten Geldern erwartet. Mit dem Abschluß solcher Zeitgeschäfte soll der **aktuelle Tageskurs** für die Wertpapieranlage genutzt werden. Dies gilt insbesondere für **Versicherungsgesellschaften,** die mit dem Eingang von Prämienzahlungen ihrer Versicherten zu einem späteren (Prämien-)Termin fest rechnen können.

15.20

Wertpapiergeschäfte mit hinausgeschobener Erfüllung liegen auch vor, wenn Verkaufsaufträge für ausländische Börsenplätze nur deshalb zu Zeitgeschäften werden, weil wegen der dortigen auch im Verhältnis zwischen Kunde und seiner Bank maßgeblichen Usancen ein hinausgeschobener Erfüllungs-(Valutierungs-)Zeitpunkt vereinbart wird. Hier will der Kunde wie bei den inländischen Kassageschäften Wertpapiere kaufen oder verkaufen. Es sind also echte Umsatzgeschäfte beabsichtigt.

15.21

Mit Rücksicht auf den wirtschaftlichen Zweck der Wertpapiergeschäfte mit hinausgeschobener Valutierung können diese Geschäfte trotz ihrer gegenüber den Kassageschäften längeren Laufzeiten **keine Börsentermingeschäfte** darstellen. Diesen Geschäften liegen wie bei den Kassageschäften echte Wertpapierumsätze zugrunde. Der wirtschaftliche Zweck ist aber nach der neueren Rechtsprechung des BGH ein Kriterium, das für die Qualifizierung als Börsentermingeschäft von maßgeblicher Bedeutung

15.22

ist[11]. So hat der BGH Geschäfte in Optionsscheinen nicht als Börsentermingeschäfte, sondern als Kassageschäfte eingeordnet, wenn sie zur Beschaffung von Kapital zu Zinssätzen unter dem Marktzinssatz dienen[12].

15.23 Diese Qualifizierung als Kassageschäft erfolgte zuerst für aktienbezogene Optionsscheine, die zusammen mit Optionsanleihen oder Wandelschuldverschreibungen als Kapitalbeschaffungsmaßnahme im Sinne des § 221 AktG emittiert worden sind[13]. Sie wurde erweitert auf Optionsscheine aus Anleihen ausländischer Tochtergesellschaften[14] und aus Anleihen ausländischer Aktiengesellschaften selbst dann, wenn das maßgebliche ausländische Recht die Ausgabe von Optionsanleihen anders als das deutsche Recht nicht gesetzlich geregelt hat[15]. Schließlich hat der BGH die Qualifizierung als Kassageschäfte auch auf Geschäfte in Währungsoptionsscheinen ausgedehnt, die von einer DM-Auslandsanleihe abgetrennt worden sind. Wie die Aktienoptionsscheine können auch Währungsoptionsscheine wirtschaftlich ein legitimes Instrument zur Beschaffung von Kapital zu Zinssätzen unter dem Marktzins sein und damit die hierüber getätigten Geschäfte zu Kassageschäften machen[16].

15.24 Auch soweit Termingeschäfte im Einzelfall zu Anlagezwecken abgeschlossen werden, wollte nach dem BGH der Gesetzgeber solche wirtschaftlich dem Kassageschäft nahestehenden Geschäfte rechtswirksam zulassen[17].

15.25 Dagegen reicht es nach dem BGH für die **Einordnung eines Termingeschäfts** als verbindlichem Kassageschäft nicht schon aus, daß ein bestimmtes Börsentermingeschäft zur Kurssicherung eines Exportgeschäftes und damit wirtschaftlich berechtigten Zwecken dient. Eine solche Subjektivierung des Begriffs der Börsentermingeschäfte widerspräche dem Zweck des Börsengesetzes, mit der besonderen Börsentermingeschäftsfähigkeit für den damit angesprochenen Personenkreis eine „Börsenrechtssphäre" zu schaffen, die dem Börsenterminhandel volle Freiheit einräumt[18].

---

11 BGH WM 1998, 274, 275; *Ellenberger*, WM 1999, Sonderbeil. Nr. 2, 5; *Pfeifer*, WuB I G 7 – 4.98.
12 BGH WM 1998, 2524.
13 BGH WM 1991, 982, 983.
14 BGH WM 1991, 982, 983.
15 BGH WM 1996, 1620, 1622.
16 BGH WM 1998, 274, 275; nach *Pfeifer* hat der BGH mit dieser Entscheidung das allgemeine Prinzip der Prävalenz der Kapitalaufnahme gegenüber den §§ 52 ff. BörsG ausgebaut (WuB I G7. – 4.98).
17 BGH WM 1988, 1717, 1719; 1998, 2331, 2332.
18 BGH WM 1988, 1717, 1719 m.w.Nachw.; *Ellenberger*, WM 1999, Sonderbeil. Nr. 2, 6.

2. Abschnitt
Begriff des Börsentermingeschäfts

Trotz reichhaltiger Rechtsprechung und einem umfangreichen Schrifttum ist der Begriff des Börsentermingeschäftes umstritten. 15.26

I. Fehlen einer Legaldefinition

Der Gesetzgeber hatte die Börsentermingeschäfte zunächst bei Schaffung des Börsengesetzes im Jahre 1896 selbst definiert. Diese Begriffsbestimmung wurde aber bei der Börsengesetznovelle von 1908 wegen der vielen zwischenzeitlichen Umgehungen in der termingeschäftlichen Praxis wieder fallen gelassen. 15.27

Nach den Gesetzesmaterialien würde es die Durchführung des Börsengesetzes gefährden, wenn nicht der Rechtsprechung die Beantwortung der Frage überlassen bliebe, ob ein Börsentermingeschäft vorliegt. Nur so könne die Rechtsprechung mit den wechselnden Formen des Börsenterminhandels Schritt halten. Erfahrungsgemäß seien den Börsentermingeschäften keine bestimmten Geschäftsformen eigentümlich. Es sei deshalb eine nicht ganz leichte Aufgabe, das Wesen des Börsenterminhandels sowie des einzelnen Termingeschäfts klarzumachen. Denn das einzelne Termingeschäft brauche sich von dem gewöhnlichen Zeitgeschäft nach seinem Vertragsinhalt und nach seiner Abwicklung und Erfüllung gar nicht zu unterscheiden[19]. 15.28

Im **Schrifttum** ist hierzu die Ansicht vertreten worden, der Versuch einer begrifflich eindeutigen Definition gleiche der „Quadratur des Zirkels". Was gegeben werden könnte, sei im besten Falle eine Beschreibung des Wesens und nicht des Begriffs des Börsentermingeschäfts[20]. 15.29

Diese Ausgangssituation des damaligen Gesetzgebers hat sich grundlegend geändert. Angesichts der kaum noch überschaubaren Konstruktionen der heutigen Termingeschäfte – die Innovationskraft der Praxis erscheint schier unerschöpflich – fällt selbst dem erfahrenen Praktiker die 15.30

---
19 Zitiert bei *Göppert,* Bank-Archiv 1912/13, 272.
20 *Göppert,* Bank-Archiv, 1912/13, 273; Zustimmend *Düringer/Hachenburg/Breit,* HGB, 15. Aufl., 1932, Anh. II, § 382 Anm. 8 a.E.

Einordnung der neuen „Produkte" als Börsentermingeschäfte zunehmend schwerer. Diese **Marktentwicklungen** stellen die Rechtsprechung bei der Präzisierung des Begriffes der Börsentermingeschäfte vor noch erheblich größere Probleme bei der Rechtsanwendung, als dies in der Vergangenheit bei den aus heutiger Sicht einfach konstruierten Terminkontrakten schon der Fall gewesen ist.

II. Unzulänglichkeit der herkömmlichen Begriffsdefinition

15.31 Der BGH hat vor dem früheren Hintergrund der verhältnismäßig leicht durchschaubaren Erscheinungsformen des traditionellen Börsenterminhandels den Begriff der Börsentermingeschäfte zu definieren versucht. Danach sind Börsentermingeschäfte Verträge über Wertpapiere, vertretbare Sachen oder Devisen nach gleichartigen (standardisierten) Bedingungen, die von beiden Seiten erst zu einem bestimmten späteren Zeitpunkt zu erfüllen sind und die einen Bezug zu einem Terminmarkt haben, der es ermöglicht, jederzeit ein Gegengeschäft abzuschließen[21].

15.32 Diese Definition knüpft offensichtlich an eine fast nicht mehr praktizierte Technik des klassischen sog. Termindirektgeschäfts mit effektiver Liefer- und Abnahmeverpflichtung an[22], wie sie zur Zeit der Schaffung des Börsengesetzes (1986) und seiner ersten Novellierung (1908) vorherrschte[23].

15.33 So sollten in dem früheren Terminhandel z.B. die per Termin gekauften Wertpapiere später durch das sog. Glattstellungsgeschäft zu einem gestiegenen Kurs zum (Liquidations)Termin verkauft werden. Mit dem höheren Verkaufserlös aus dem Glattstellungsgeschäft sollte sodann der niedrigere Kaufpreis aus dem die Terminspekulation eröffnenden Terminkauf bezahlt und die sich ergebende Differenz als Kurs(Spekulations)gewinn vereinnahmt werden. Dieser Handelsform des Terminhandels liegen verdeckte Differenzgeschäfte im Sinne des § 764 BGB zugrunde.

---

21 BGH WM 1984, 1598, 1599 m.w.Nachw.; *Ellenberger*, WM 1999, Sonderbeil. Nr. 2, 4.

22 BGH WM 1998, 2331; *Ellenberger*, WM 1999, Sonderbeil. Nr. 2, 5.

23 Nach der Regierungsbegründung zur Börsengesetznovelle 1908 ist das Börsentermingeschäft nicht durch eine bestimmte Geschäftsform im Sinne eines bestimmten Vertragstypus gekennzeichnet, sondern es liege eine spezielle Handelsform vor, die von vornherein darauf angelegt sei, durch Benutzung eines Gegengeschäfts für das eingegangene Engagement Deckung zu suchen. Der Geschäftsinhalt habe zu diesem Zweck alles Individuelle abgestreift und sei auf typische Bedingungen zurückgeführt (Verhandlungen des Reichtages 1907/1908, Aktenstück Nr. 483, Gesetzesentwurf betr. die Änderung des Börsengesetzes), S. 2597, 2606 (zitiert bei *Häuser*, ZBB 1992, 249, 259).

Die dynamischen Entwicklungen an den in- und ausländischen Terminmärkten lassen die von der Rechtsprechung wie auch vom Schrifttum entwickelten Kriterien für die Abgrenzung der rechtlich problematischen Börsentermingeschäfte zumindest teilweise als überholt erscheinen. Die termingeschäftlichen Engagements sind mittlerweile durch eine zunehmende Vielzahl komplizierter Vertragskonstruktionen geprägt. 15.34

So ist bei den sog. Bandbreiten-Optionsscheinen die Höhe des an den Optionskäufer auszuzahlenden Betrages davon abhängig, ob ein oder mehrere Marktpreise oder Devisenkurse sich während der Laufzeit des Optionsrechtes (Bewertungszeitraum) innerhalb einer bestimmten Bandbreite bewegen. Dabei kann nach den Vertragsbedingungen dieser Zahlungsanspruch auch für den Fall erlöschen, daß der Marktpreis oder Devisenkurs innerhalb der Laufzeit die vereinbarte Bandbreite („range") verläßt – sog. Knock-out-Variante[24]. 15.35

1. Glattstellungsgeschäfte im Kassa- statt Terminmarkt

So trifft das in der bisherigen Begriffsdefinition des BGH verwendete Merkmal „Beziehung zum Terminmarkt" bei solchen Börsentermingeschäften nicht zu, die in Kassamärkten glattgestellt werden, wie dies beim bisherigen Handel in unverbrieften Aktienoptionen an den inländischen Wertpapierbörsen geschieht. Hier kommt für die Glattstellung der aus der Optionsausübung resultierenden Verbindlichkeiten des Optionskäufers nur der Kassamarkt und nicht der Terminmarkt in Betracht[25]. 15.36

Bei einer Kaufoption sind die zugrundeliegenden Wertpapiere termingerecht im Kassamarkt zu verkaufen, um bei einer erfolgreichen Terminspekulation aus dem höheren und damit gewinnbringenden Verkaufserlös den mit dem Stillhalter der Option vereinbarten niedrigeren Kaufpreis zu zahlen. Bei einer Verkaufsoption hofft der Optionsberechtigte die dem Stillhalter geschuldeten Wertpapiere termingerecht zu einem niedrigeren und damit gewinnbringenden Kaufpreis im Kassamarkt beschaffen zu können. 15.37

An einer Beziehung zum Terminmarkt fehlt es auch bei den sog. Leerverkäufen (short sales), die die Begründung der Börsengesetznovelle 1989 ausdrücklich den Börsentermingeschäften zuordnet[26]. 15.38

Hier verkauft die Bank in eigenem Namen für Rechnung ihres Kunden Wertpapiere am Kassamarkt und gewährt den Kunden ein entsprechendes Wertpapierdarle- 15.39

---

24 OLG München WM 1998, 2367, 2370.
25 *Kümpel*, WM 1982, Sonderbeil. Nr. 6, S. 16; *Häuser*, ZBB 1992, 249, 257.
26 BT-Drucksache 11/4177, S. 18.

hen. Nach dem vom Kunden erwarteten Kursvorteil kann er sich die ihm überlassenen Wertpapiere billiger und damit gewinnbringend am Kassamarkt beschaffen und hiermit das Wertpapierdarlehen wieder zurückführen.

2. „Offene" Differenzgeschäfte ohne Glattstellungsgeschäfte

15.40 Der moderne Terminhandel verzichtet im übrigen mit steigender Tendenz auf solche umständlichen Glattstellungsgeschäfte des früheren Terminhandels. Statt dessen wird nur ein einziges Termingeschäft getätigt, das durch Zahlung der sich ergebenden Preis-(Kurs-)Differenz „glattgestellt" werden soll. Die sog. „offenen" Differenzgeschäfte im Sinne des § 764 BGB werden mittlerweile nicht nur in solchen Fällen abgeschlossen, in denen der Basiswert wie bei den Index-Terminkontrakten – etwa dem DAX-Future – nicht lieferbar ist. Der Terminhandel bevorzugt schon aus Rationalisierungsgründen zunehmend eine Geschäftsabwicklung durch Zahlung von Differenzgewinnen.

15.41 Die Börsengesetznovelle 1989 hat deshalb durch die Neufassung des § 50 Abs. 1 BörsG klargestellt, daß auch solche offenen Differenzgeschäfte Börsentermingeschäfte sein können. Nach dem neu eingefügten Satz 2 des § 50 Abs. 1 BörsG gehören „zu den Börsentermingeschäften auch Geschäfte, die wirtschaftlich gleichen Zwecken dienen, auch wenn sie nicht auf Erfüllung gerichtet sind". Damit hat der Gesetzgeber die bisherige von der Rechtsprechung entwickelte Definition des Börsentermingeschäfts wesentlich ausgeweitet[27].

3. Nicht standardisierte außerbörsliche Geschäfte als Börsentermingeschäfte

15.42 Zunehmend werden Börsentermingeschäfte auch außerhalb börsenmäßig organisierter Terminmärkte abgeschlossen.

15.43 Der Wortbestandteil „Börsen" beim Börsentermingeschäft erklärt sich aus der historischen Entwicklung des Börsenterminhandels. Solche Terminmärkte organisierten sich zuerst an den Wertpapierbörsen. Die Bezeichnung „Börsen"termingeschäft bedeutet also nicht, daß Börsentermingeschäfte nur an börsenmäßig organisierten Märkten getätigt werden können. Hierdurch kommt nur die besondere Gefährlichkeit dieser Geschäfte zum Ausdruck, wie sie für die ursprünglich nur an den Börsen getätigten Börsenermingeschäften typisch ist.

15.44 Das Börsengesetz beschränkt deshalb ausdrücklich die Anwendbarkeit seiner Zulassungsbestimmungen auf Börsentermingeschäfte, „soweit sie an der Börse abgeschlossen werden" (vgl. § 50 Abs. 1 BörsG). Auch hat die Börsengesetznovelle 1989

---

27 *Häuser*, ZBB 1992, 249, 258.

die frühere Überschrift des IV. Abschnittes des Börsengesetzes (§§ 50 ff.), die „Börsenterminhandel" lautete, durch den geographisch umfassenderen Ausdruck „Terminhandel" ersetzt. Hierdurch sollte klargestellt werden, daß die terminrechtlichen Bestimmungen des Börsengesetzes nicht nur auf den börsenmäßig organisierten Terminhandel, sondern auch auf die außerbörslich getätigten Börsentermingeschäfte anwendbar sind[28].

Die außerbörslich zustandekommenden Börsentermingeschäfte werden regelmäßig nicht zu „gleichartigen Bedingungen" abgeschlossen, wie sie der börsenmäßige Terminhandel mit seinen standardisierten Kontraktarten erfordert. An diese Standardisierung knüpft die bisherige Begriffsdefinition des Börsentermingeschäfts an. 15.45

Der gleiche wirtschaftliche Zweck, der mit Abschluß der hinsichtlich Vertragsvolumen, Basiswert, Laufzeit und Preis standardisierten Festgeschäften der Terminbörsen (Financial Futures) verfolgt wird, kann grundsätzlich auch mit nicht standardisierten Festgeschäften erreicht werden, die außerbörslich (Over The Counter = OTC) abgeschlossen werden. Solche OTC-Geschäfte werden zur sprachlichen Abgrenzung zu den börsenmäßig gehandelten Financial Futures als „Forwards" bezeichnet. 15.46

Dies gilt insbesondere für die regelmäßig als Hedginginstrumente eingesetzten Forward Rate Agreement (FRA), die die beiderseitige Verpflichtung enthalten, eine Zinsausgleichszahlung zwischen dem vereinbarten FRA-Zinssatz und dem am Referenztag aktuellen Marktzinssatz für ein Geldgeschäft vorzunehmen, das der Laufzeit und dem Betrag des FRA entspricht. Die Ausgleichs-(Differenz-)Zahlung erhält immer derjenige, der aus der Zinsänderung zwischen Abschlußtag und Referenztag einen Nachteil hätte. Solche FRAs sind im Unterschied zu den Financial Futures keine standardisierten Terminkontrakte, sondern enthalten individuelle Vereinbarungen über die wesentlichen Vertragsbedingungen, wie insbesondere Abschlußvolumen und Laufzeit. „Maßgeschneidert" und daher nicht standardisiert können auch OTC-Optionsgeschäfte sein. 15.47

Bei diesen OTC-Geschäften hat das Merkmal „standardisierte Kontrakte" seine Bedeutung für die Einordnung als Börsentermingeschäft verloren[29]. 15.48

Bei den OTC-Geschäften in Form von FRAs handelt es sich im übrigen um offene Differenzgeschäfte, für deren Abwicklung die für den früheren Terminhandel typischen Glattstellungsgeschäfte entbehrlich sind. Außer dem Begriffsmerkmal „standardisierte Kontrakte" fehlt diesen Geschäften auch das weitere Merkmal „Beziehung zu einem Terminmarkt", an den die bisherige Begriffsdefinition des Börsentermingeschäfts anknüpft. 15.49

---

28 Begr. RegE 2. FFG, BT-Drucksache 11/4177, S. 18.
29 Hierzu eingehend *Häuser*, ZBB 1992, 249, 250 ff.

15.50 Diese individuellen OTC-Geschäfte können aber grundsätzlich Börsentermingeschäfte darstellen. Denn sie können wie die standardisierten Financial Futures nicht nur der Absicherung gegen Zins- und Preisänderungsrisiken, sondern auch der reinen Terminspekulation dienen[30]. Aus der Sichtweise des vom BGH entwickelten Begriffs der Börsentermingeschäfte können solche OTC-Geschäfte die Rechtsnatur eines Börsentermingeschäfts freilich nur dann haben, wenn der Bankkunde das einzelne Geschäft gegenüber seiner Bank jederzeit glattstellen kann, um die für die Terminspekulation typischen Differenzgewinne zu erzielen.

15.51 Wie die Praxis zeigt, ist diese Glattstellungsmöglichkeit in den ganz überwiegenden Fällen gegeben. Bei solchen jederzeit liquidisierbaren OTC-Geschäften ist der Vertragspartner des Kunden regelmäßig seine Bank, die sich ihrerseits durch standardisierte Terminkontrakte und Optionen gegen Kursverluste zu sichern sucht.

III. Anpassung der Begriffsdefinition an den modernen Terminhandel

15.52 Wie der BGH in seiner Entscheidung vom 13. 10. 1988 klargestellt hat, ist die „Sichtweise", wie sie der bisherigen Begriffsdefinition zugrunde gelegen hat, spätestens seit der Börsengesetznovelle 1989 überholt[31]. Mit dieser Novelle sollten insbesondere die rechtlichen Rahmenbedingungen für die Einführung einer deutschen Terminbörse geschaffen werden. Außer der sachgerechten Anpassung des Termineinwandes war hierfür auch der Kreis der Börsentermingeschäfte zu erweitern, wie er bis dahin auf der Grundlage der Definition der Rechtsprechung unter weitgehender Billigung der Literatur bestimmt wurde[32].

15.53 Die Stärkung des Finanzplatzes Deutschland als dem Grundanliegen der Börsengesetznovelle 1989 erforderte zeitgemäße rechtliche Rahmenbedingungen für eine leistungsstarke, international wettbewerbsfähige Terminbörse. Die früheren gesetzlichen Regelungen benachteiligten den Börsenterminhandel im internationalen Wettbewerb. An den großen ausländischen Finanzplätzen werden Börsentermingeschäfte seit langem in großem Umfang getätigt. Eine moderne Volkswirtschaft kann auf einen breit fundierten Terminhandel nicht verzichten. Denn mit den Börsentermingeschäften können sich die Marktteilnehmer gegen die Risiken aus Kurs- und Zinsschwankungen sowie gegen Währungsrisiken absichern[33].

---

30 *Decker*, WM 1990, 1001, 1005 zu den insoweit vergleichbaren Zinssatzswaps. Vgl. weiter *Erne*, Die Swapgeschäfte der Banken, 1992, S. 82.
31 WM 1998, 2331, 2332, 2333; *Ellenberger*, WM 1999, Sonderbeil. Nr. 2, 4, 5.
32 Begr. RegE 2. FFG, BT-Drucksache 11/4177, S. 9.
33 Begr. RegE 2. FFG, BT-Drucksache 11/4177, S. 9.

Der Gesetzgeber hat im Rahmen der Börsengesetznovelle 1989 bewußt davon abgesehen, den Begriff des Börsentermingeschäfts abschließend zu definieren. Vielmehr sollte auch in Zukunft die Ausfüllung dieses Begriffs unter Berücksichtigung neuer Geschäftsformen und -arten Rechtsprechung und Literatur überlassen bleiben[34].

15.54

Gleichwohl erschien es dem Gesetzgeber erforderlich, durch eine sog. Öffnungsklausel klarzustellen, daß zu den Börsentermingeschäften auch der moderne Terminhandel zählt. Hierzu wurde in § 50 Abs. 1 BörsG der Satz 2 eingefügt, wonach zu den Börsentermingeschäften „auch Geschäfte gehören, die wirtschaftlich gleichen Zwecken dienen, auch wenn sie nicht auf Erfüllung ausgerichtet sind".

15.55

Diese Formulierung lehnt sich eng an die Erkenntnisse des BGH[35] an, die Rechtsprechung habe von jeher abweichende Geschäftsgestaltungen dann als Börsentermingeschäfte angesehen, wenn sie wirtschaftlich dem gleichen Zweck dienten. Diese Erweiterung war jedoch in der Rechtsprechung des BGH bislang in keinem Fall entscheidungserheblich[36].

15.56

Der Gesetzesbegründung zufolge gehören zu den Geschäften, die wirtschaftlich den gleichen Zwecken dienen, „nach dem jetzigen Stand der Entwicklung der Finanzgeschäfte insbesondere Indexoptionen, Futures-Geschäfte und sog. ‚Leer-Verkäufe' (short-sales)"[37].

15.57

Die gesetzliche Regelung in § 50 Abs. 1 S. 2 BörsG kann sinnvollerweise nur so verstanden werden, daß sie nicht auf einen erst noch zu bestimmenden Begriff des Börsentermingeschäfts Bezug nimmt[38], sondern auf denjenigen Begriff, wie er im Zeitpunkt des Gesetzgebungsverfahrens ganz überwiegend in Rechtsprechung und Literatur vertreten wurde. Aus der Sicht der gesetzlichen Regelung ist es daher nicht ausgeschlossen, daß der Begriff des Börsentermingeschäfts in § 50 Abs. 1 S. 2 BörsG in Zukunft einen anderen Inhalt erlangen kann als der Begriff des Börsentermingeschäfts in § 50 Abs. 1 S. 1 BörsG.

15.58

Der Begriff des Börsentermingeschäfts in § 50 Abs. 1 S. 1 BGB soll nach dem Willen des Gesetzgebers einen komplexen wirtschaftlichen Tatbestand abbilden, der einer fortlaufenden Entwicklung unterworfen sei[39], so

15.59

---

34 Begr. RegE 2. FFG, BT-Drucksache 11/4177, S. 18.
35 WM 1984, 1598, 1599.
36 Vgl. die Entscheidungen BGH WM 1984, 1598, 1599; 1991, 982, 983.
37 BT-Drucksache 11/4177, S. 18.
38 So aber wohl *Horn*, ZIP 1990, 2, 9.
39 BT-Drucksache 11/4177, 18.

daß auch der Börsentermingeschäftsbegriff entsprechend wandelbar sein muß.

15.60 Die **Öffnungsklausel des § 50 Abs. 1 S. 2 BörsG** hat also den „historischen" Börsentermingeschäfsbegriff zum Bezugspunkt, der sich in der von der Rechtsprechung bis zur Börsengesetznovelle 1989 entwickelt hatte. Dieser Begriff wurde mit Hilfe der Neufassung des § 50 Abs. 1 BörsG erweitert, um die rechtlichen Rahmenbedingungen für die Aufnahme des Handels in bestimmten Kontrakttypen an der damaligen Deutschen Terminbörse zu schaffen. Unabhängig davon kann der von der Rechtsprechung gebildete Börsentermingeschäftsbegriff auf der Grundlage von § 50 Abs. 1 S. 1 BörsG fortentwickelt oder durch eine neue Begriffsbildung ersetzt werden. Für eine solche veränderte Begriffsbestimmung hat der Gesetzgeber ausdrücklich Raum gelassen.

IV. Die modifizierten Merkmale des Börsentermingeschäfts

15.61 Die durch die Öffnungsklausel des § 50 Abs. 1 S. 2 BörsG gebotene **Änderung der Begriffsmerkmale** für die Börsentermingeschäfte betreffen insbesondere das bisherige Erfordernis, zur Glattstellung des Termingeschäfts jederzeit ein Gegengeschäft abschließen zu können. Hieran hält der BGH für den modernen Terminhandel nicht mehr fest, der das Termingeschäft vielfach als offenes Differenzgeschäft ausgestaltet und deshalb eine Glattstellungsmöglichkeit durch ein Gegengeschäft nicht erfordert[40]. Denn der Gesetzgeber bezweckte mit der Öffnungsklausel vor allem Geschäfte, die wie z.B. die Indexoptionen nicht auf Erfüllung ausgerichtet sind, ebenfalls zu den Börsentermingeschäften zu zählen, um den sonst nach § 58 BörsG zulässigen Differenzeinwand nach § 764 BGB auszuschließen[41].

15.62 Abweichend von der bisherigen Begriffsdefinition ist auch eine standardisierte Ausstattung der Termingeschäfte, wie sie für die börsenmäßig gehandelten Optionen und Financial Futures typisch ist, nicht mehr länger ein unverzichtbares Begriffsmerkmal. Wie die OTC-Geschäfte als individuelle ausgestaltete Terminschäfte zeigen, lassen sich diese wie die offenen Differenzgeschäfte an den börsenmäßig organisierten Terminmärkten regelmäßig glattstellen und damit auch zur reinen Terminspekulation nutzen (Rn 15.16).

15.63 Mit Rücksicht auf die durch § 50 Abs. 1 S. 2 BörsG geänderte Rechtslage stellt der BGH nunmehr für die Qualifizierung eines Geschäfts als Börsentermingeschäft entscheidend auf den mit ihm verfolgten wirtschaftlichen

---

40 *Ellenberger*, WM 1999, Sonderbeil. Nr. 2, 5.
41 BGH WM 1998, 2331, 2333.

Zweck und dem Schutz des Anlegers ab[42]. Ein **spezifisches Merkmal** der Börsentermingeschäfte ist nach allgemeiner Meinung ihre **besondere Gefährlichkeit für unerfahrene Anleger.** Aus diesem sog. terminspezifischen Risiko erwächst ein Schutzbedürfnis für geschäftsunerfahrene Personen.

Angesichts dieser geänderten Rechtsprechung dürfte auch die im Schrifttum diskutierte Frage, ob das Börsentermingeschäft im Sinne eines klassifikatorischen Rechtsbegriffes überhaupt definiert werden kann oder nicht sachgemäßer auf die vielfältigen Formen des Börsentermingeschäfts die Denkform des Typus anzuwenden ist, zumindest an praktischer Relevanz verloren haben[43]. 15.64

Für die Einstufung des **Börsentermingeschäfts als Typus** könnte sprechen, daß typologisches Denken besonders offen für die Berücksichtigung tatsächlicher Veränderungen und fließende Übergänge ist, wie sie insbesondere die Börsentermingeschäfte infolge der Innovationskraft des modernen Terminhandels prägen[44]. Denn beim Typus brauchen für die Einordnung nicht sämtliche, sondern nur einige der Umschreibung dienenden Merkmale im konkreten Sachverhalt vorhanden zu sein. Die „typischen" Merkmale können vielmehr in unterschiedlicher Anzahl und Stücke sowie in verschiedenen Abwandlungen und Mischungen gegeben sein. Für die Zuordnung eines konkreten Sachverhalts zu dem betreffenden Typus kommt es also nur noch darauf an, daß die als „typisch" angesehenen Merkmale in solcher Anzahl und Stücke vorhanden sind, daß der Sachverhalt dem Erscheinungsbild des Typus entspricht[45]. 15.65

Die Einstufung des Börsentermingeschäfts als Typus bedeutet freilich nicht, daß dieser Vertragstypus nicht zumindest ein oder mehrere typische Merkmale aufweist, die stets vorhanden sein müssen[46]. „Typus" und „Begriff" sind keine starren Gegensätze, sondern lassen Übergänge zu. Sind diesem Typus bestimmte unverzichtbare Kernmerkmale neben anderen nur symptomatischen Merkmalen eigen, so nähert sich der Typus dem Begriff. Solche Kernmerkmale des Börsentermingeschäfts entspre- 15.66

---

42 *Ellenberger,* WM 1999, Sonderbeil. Nr. 2, 5.
43 *Koller,* WM 1985, 593; *Rössner/Lachmair,* BB 1989, 1990, 1991; *Jaskulla,* Die einführung derivativer Finanzinstrumente an den deutschen Wertpapierbörsen als Regelungsproblem in Europäische Hochschulschriften, Reihe II, Rechtswissenschaft, Bd. 1677, Frankfurt 1995, S. 147; *ders.,* ZBB, 1997, 171, 175.
44 *Jaskulla,* ZBB 1997, 171, 177.
45 *Larenz,* Methodenlehre der Rechtswissenschaft, 6. Aufl., 1991, S. 221, 462; *Jaskulla,* ZBB 1997, 171, 173 m.w.Nachw.
46 *Canaris,* WM 1988, Sonderbeil. Nr. 10, 6.

chen dem Bedürfnis der Praxis nach größtmöglicher Rechtssicherheit, damit der Anwendungsbereich des Termineinwandes zuverlässig abgesteckt werden kann[47]. Eine solche Abgrenzung ist im Hinblick auf die Rechtsfolgen unverzichtbar[48]. Es erscheint auch zweifelhaft, welcher Fortschritt die Einordnung des Börsentermingeschäfts als Typus gegenüber einer teleologischen Gesetzesanwendung bringt, die zu bestimmten unverzichtbaren Begriffsmerkmalen im Sinne eines klassifikatorischen Rechtsbegriffs führt[49]. Hinzu kommt, daß die Einordnung als Börsentermingeschäft allein anhand von solchen unverzichtbaren Kernmerkmalen im Widerspruch zur Denkform des Typus steht[50].

15.67 Aus der Sicht der Praxis hat sich die rechtliche Beurteilung jedenfalls an der neueren BGH-Rechtsprechung zu orientieren. Danach ist die Qualifizierung eines Geschäfts als Börsentermingeschäft entscheidend auf den mit ihm verfolgten wirtschaftlichen Zweck und dem Schutz des Anlegers abzustellen[51].

1. Wirtschaftlicher Zweck als Abgrenzungsmerkmal

15.68 Wie insbesondere die Rechtsprechung zu den verschiedenen Arten von Geschäften in Optionsscheinen veranschaulicht, kann ein legitimer wirtschaftlicher Zweck, der mit dem Geschäft verfolgt wird, zur Verneinung des Termingeschäftscharakters führen. Dies gilt für alle Fälle, in denen mit der Ausgabe von Optionsscheinen die Beschaffung von Kapital zu Zinssätzen unter dem Marktzins bezweckt ist[52]. Sodann ist es unerheblich, ob die Optionsscheine zusammen mit Optionsanleihen im Sinne des § 221 AktG[53] oder von ausländischen Tochtergesellschaften deutscher Aktiengesellschaften[54] oder von ausländischen Aktiengesellschaften[55] emittiert worden sind oder es sich um Währungsoptionsscheine handelt, die von einer DM-(Euro-)Auslandsanleihe getrennt worden sind[56].

---

47 *Canaris*, WM 1988, Sonderbeil. Nr. 10, 6.
48 *Häuser*, ZBB 1992, 249, 259.
49 *Häuser*, ZBB 1992, 249, 259.
50 *Jaskulla*, ZBB 1997, 171, 175.
51 BGH WM 1998, 274, 275; 1991, 982, 983; 1984, 1598, 1599; *Ellenberger*, WM 1999, Sonderbeil. Nr. 2, 5; *Pfeifer*, WuB I G.7 – 4.98.
52 *Pfeifer*, WuB I G.7 – 4.98.
53 BGH WM 1991, 982, 983.
54 BGH WM 1991, 982, 983.
55 BGH WM 1996, 1620, 1622.
56 BGH WM 1998, 274, 275.

Mit Rücksicht auf den maßgeblichen Geschäftszweck können auch die Geschäfte mit hinausgeschobener Valutierung (Rn 15.17) nicht als Börsentermingeschäfte qualifiziert werden. Denn soweit Termingeschäfte im Einzelfall zu Anlagezwecken getätigt werden, wollte der Gesetzgeber solche wirtschaftlich dem Kassageschäft nahestehenden Geschäfte rechtswirksam zulassen[57].

15.69

Dieser vom BGH für maßgeblich gehaltenen Geschäftszweck ist schließlich auch entscheidend für die Zulässigkeit des Differenzeinwandes, der wie der Termineinwand das Geschäft unverbindlich sein läßt. So ist der Differenzeinwand nach einhelliger Meinung auf die wirtschaftlich nützlichen oder sogar unentbehrlichen Geschäfte nicht anwendbar[58].

15.70

Dies ist insbesondere für Differenz-(Termin-)Geschäfte anerkannt, denen nur ein Sicherungszweck für die Fälle von Preis- und Kursschwankungen zukommt (Hedgegeschäfte)[59].

15.71

2. Das Kriterium „Anlegerschutz"

Die Börsentermingeschäfte sind durch eine **besondere Gefährlichkeit** gekennzeichnet, die bei geschäftlich Unerfahrenen ein Schutzbedürfnis entstehen läßt[60]. Bei als Festgeschäften ausgestalteten Termingeschäften übernehmen häufig die Kontrahenten ein unkalkulierbares hohes Verlustrisiko (a).

15.72

Dieselbe Gefahr besteht regelmäßig bei der Übernahme der Stillhalterposition bei den Börsentermingeschäften in Form der Optionsgeschäfte. Dem Kontrahenten des Stillhalters droht der Totalverlust seines in Form der Optionsprämie gezahlten Einsatzes (b).

15.73

Die aus diesen Verlustrisiken resultierende Gefährlichkeit wird überdies noch durch die Hebelwirkung der Börsentermingeschäfte gesteigert. Denn von diesem sog. Leverage-Effekt geht zugleich die Verlockung aus, mit verhältnismäßig geringem Kapitaleinsatz hohe Gewinne erzielen zu können (c).

15.74

---

57 BGH WM 1998, 2331, 2333.
58 *Staudinger/Engel*, § 764 Rn 18.
59 Münchener Komm. z. BGB/*Habersack*, § 764 Rn 18.
60 BGH WM 1984, 1598, 1599; 1988, 323, 324; 1994, 2231, 2232; *Kümpel* in Kümpel/Häuser (Hrsg.), Börsenterminrecht – Termin- und Differenzeinwand, WM-Skript Nr. 104, 1986, S. 44, 45; *Ellenberger*, WM 1999, Sonderbeil. Nr. 2, 4.

a) Unkalkulierbares Risiko bei Festgeschäften und Stillhaltepositionen aus Optionsgeschäften

15.75 Bei dem Festgeschäft als dem Grundtyp des Börsentermingeschäfts gehen beide Kontrahenten ein betragsmäßig unbegrenztes und für sie nicht überschaubares Risiko ein, entgegen den ursprünglichen Intentionen zusätzliche Geldmittel zur Erfüllung der eingegangenen Terminverbindlichkeiten aufbringen zu müssen, wenn sich die Marktpreise (Kurse) nicht entsprechend den Erwartungen des Bankkunden, sondern gegenläufig entwickelt haben.

15.76 So geht der Terminspekulant bei einem offenen Differenzgeschäft davon aus, daß sich für ihn aus der erwarteten Preis-(Kurs-)Entwicklung ein positiver Differenzbetrag errechnet, der einen entsprechenden Zahlungsanspruch für ihn und nicht für seinen Kontrahenten entstehen läßt, so daß er nicht auf eigenes Vermögen zurückzugreifen braucht. Bei einer Terminspekulation in Form eines spekulationseröffnenden Geschäfts und eines späteren Glattstellungsgeschäfts soll die eingegangene Terminverbindlichkeit mit Hilfe eines kursgünstigen Gegengeschäfts glattgestellt werden. Auch bei solchen „verdeckten" Differenzgeschäften soll im Unterschied zu den Kassageschäften ein Einsatz von Geldmitteln außer der Sicherheitsleistung vermieden werden.

15.77 Die geschäftliche Intention, bei der späteren Abwicklung der Terminverbindlichkeiten ohne zusätzliche Geldmittel auskommen zu können, birgt jedoch das Risiko, bei unerwarteter Preis-(Kurs-)Entwicklung in finanzielle Schwierigkeiten oder sogar in eine Notsituation zu geraten. Denn Börsentermingeschäfte können abgeschlossen werden, ohne daß die Kontrahenten schon bei Geschäftsabschluß über ausreichendes liquides Vermögen verfügen[61]. Hiervor soll der geschäftlich Unerfahrene durch den Termineinwand geschützt werden, der die eingegangene Terminverbindlichkeit nicht einklagbar sein läßt[62].

b) Risiko eines Totalverlustes des Optionskäufers

15.78 Im Unterschied zu den Kontrahenten des Festgeschäftes und dem Stillhalter bei Optionsgeschäften geht der Käufer einer Option nur ein begrenztes Risiko ein. Der Optionskäufer kann sein Risiko auf den gezahlten Optionspreis begrenzen. Denn er braucht die **Option nicht auszuüben,** wenn bei einer Kaufoption der vereinbarte (Basis-)Preis über den Marktpreis

---

61 *Kümpel* in Kümpel/Ott, Kapitalmarktrecht, Kz 060, S. 92; vgl. weiter *Hartung,* Das Wertpapieroptionsgeschäft in der Bundesrepublik Deutschland, 1989, S. 188; ders., ZIP 1991, 1185, 1187; *Jaskulla,* ZBB 1997, 171, 176.
62 *Canaris,* WM 1988, Sonderbeil. Nr. 10, S. 11; *Winter,* WM 1994, 2143, 2148; *Drygala,* ZHR 159 (1995), 686, 701; *Jaskulla,* ZBB 1997, 171, 176.

oder bei einer Verkaufsoption unter dem Marktpreis liegt. Gleichwohl gibt es nach der Rechtsprechung mit Rücksicht auf den Schutzzweck des Termineinwandes keinen sachlichen Grund, Geschäfte in selbständigen Optionsscheinen (naked warrants) nur wegen der Begrenzung des Verlustrisikos des Optionskäufers auf den für das Optionsrecht gezahlten Preis (Prämie) aus dem Schutzbereich des Börsengesetzes herauszunehmen. So wolle das Börsengesetz den Käufer einer Option schon vor dem Risiko des (Total-)Verlustes der von ihm gezahlten Prämie schützen. Auch diese Verluste können für den einzelnen gefahrvoll sein. Deshalb unterscheide das Börsengesetz nicht zwischen Börsentermingeschäfte mit unbegrenztem und solchen mit eingeschränktem Risiko[63].

Aus der Sicht des vom BGH betonten Schutzzweckes des Termineinwandes ist die Einstufung des Optionsgeschäfts als Börsentermingeschäft konsequent. Denn mit den Optionsgeschäften soll dem Terminhandel ein Geschäftstyp zur Verfügung gestellt werden, bei dem der (insoweit schon geschützte) Käufer der Option nur das begrenzte Risiko des Verlustes seiner Prämie tragen soll[64]. Auch das Optionsgeschäft als einer termingeschäftlichen Vertragsart gehört deshalb zweifellos zum Börsenterminhandel.

15.79

Der BGH hat jedoch bei der Qualifizierung des Geschäftes in selbständigen Optionsscheinen als Börsentermingeschäft als ergänzendes Argument auch auf das **unbegrenzte Verlustrisiko des Stillhalters** des Optionsgeschäfts hingewiesen. Für den Stillhalter unterscheide sich das Optionsgeschäft nur ganz unwesentlich von der Gefährlichkeit des (beiderseitig) verpflichtenden Festgeschäfts[65]. Damit erblickt auch der BGH in der nicht kalkulierbaren Verlustgefahr ein typisches termingeschäftliches Risiko.

15.80

Ein Börsentermingeschäft liegt nach dem BGH auch vor, wenn das Optionsrecht nicht vom Stillhalter, sondern von dem bisherigen Rechtsinhaber erworben wird[66]. Dabei ist es unerheblich, ob es sich bei diesem Sekundärmarkt um einen Kassa- oder Terminmarkt handelt. Der vom Termineinwand bezweckte Schutz Nichttermingeschäftsfähiger mache

15.81

---

63 WM 1984, 1598, 1599; 1998, 2331, 2332; *Ellenberger,* WM 1999, Sonderbeil. Nr. 2, 5.
64 *Häuser,* ZBB 1992, 249, 261.
65 WM 1984, 1598, 1599; 1991, 982, 983; 1996, 1620, 1622; siehe auch WM 1994, 2231, 2232.
66 BGH WM 1992, 479, 480; 1994, 2231, 2232; *Ellenberger,* WM 1999, Sonderbeil. Nr. 2, 6; *Häuser/Welter,* Handbuch des Kapitalanlagerechts, 2. Aufl., § 16 Rn 128.

es erforderlich, sowohl Verträge über die prämienpflichtige Einräumung von Optionen (Primärgeschäfte) als auch Verträge über die Veräußerung solcher Optionen (Sekundärgeschäfte) als Börsentermingeschäfte anzusehen. Auch der Zweiterwerber der Option läuft ähnlich wie der Ersterwerber Gefahr, den für die Option gezahlten Preis ganz oder teilweise zu verlieren.

15.82 Auch der **Verkäufer** solcher Optionen im Sekundärmarkt kann nach dem BGH, obwohl er nicht die typische Stillhalterposition aus einem Primärgeschäft innehat, den Schutz des Termineinwandes verdienen. Denn soweit der Verkäufer nicht termingeschäftsfähig ist und deshalb das von ihm verkaufte Optionsrecht durch das von ihm getätigte Primärgeschäft nicht hat erwerben können, muß er dem Zweiterwerber Schadensersatz wegen Nichterfüllung leisten. Bei Wirksamkeit des Sekundärgeschäfts hätte deshalb der nicht termingeschäftsfähige Verkäufer im Ergebnis das unbegrenzte Risiko des Stillhalters zu tragen[67].

c) Zeitraumbezogenheit des Börsentermingeschäfts als Element des terminspezifischen Risikos

15.83 Vergleicht man die Terminspekulation mit einem ebenfalls auf Kursgewinn spekulierenden Kauf von Aktien und Schuldverschreibungen am Kassamarkt, so zeigt sich, daß aus der Sicht der Gefahr eines Totalverlustes der Erwerb einer Rechtsposition im Terminmarkt ungleich risikoreicher ist. Denn beim Erwerb solcher Wertpapiere am Kapitalmarkt tritt ein Totalverlust erst ein, wenn der Emittent in Insolvenz gerät und es zu keinerlei Zahlungen an den Wertpapierinhaber kommt. Dieses „**Insolvenz**"**risiko** ist nach der Lebenserfahrung als äußerst gering zu bewerten, wenn man einmal von dem nicht schutzwürdigen Kauf von Wertpapieren eines erkennbar insolvenzbedrohten Emittenten absieht.

15.84 Dieses zum Totalverlust führende „**Bonitäts**"**risiko** beim Erwerb von Kapitalmarktpapieren ist überdies wesentlich sicherer zu quantifizieren. Denn das Risiko eines Totalverlustes einer termingeschäftlichen Rechtsposition ist von der weiteren Marktentwicklung bis zum vereinbarten Termin abhängig. Die Prognose dieses „**Markt**"**risikos** für die Laufzeit des Börsentermingeschäfts ist aber erfahrungsgemäß mit viel größeren Unsicherheitsfaktoren belastet als die Einschätzung des „Bonitäts"risikos des Emittenten von Kapitalmarktpapieren. Denn die Beurteilung dieser Bonität wird durch die verschiedenen kapitalmarktrechtlichen Informationspflichten erleichtert.

---

67 BGH WM 1992, 479, 480.

Hierzu gehört vor allem die jährliche Rechnungslegung. Bei den im Amtlichen Markt der inländischen Börse gehandelten Wertpapieren sind im übrigen Zwischenberichte zu veröffentlichen. Die Ad hoc-Publizität von kursrelevanten Sachverhalten ist für die Emittenten des Amtlichen und Geregelten Marktes vorgeschrieben.

15.85

Während der **Totalverlust** also bei der Kassaspekulation eine äußerst seltene Ausnahme darstellt, muß dieses bei einem termingeschäftlichen Engagement regelmäßig ins Kalkül gezogen werden. Denn der wirtschaftliche Wert der mittels des Börsentermingeschäfts erworbenen Rechtsposition hängt von der nicht verläßlich prognostizierbaren Entwicklung des maßgeblichen Marktpreises innerhalb des Zeitraumes bis zum vereinbarten Termin ab. Dieses dem Börsentermingeschäft innewohnende Zeitmoment ist deshalb ein wesentliches Element des termingeschäftlichen Risikos[68]. Denn bis zum vereinbarten Termin kann eine gegenläufige Marktentwicklung die erworbene Rechtsposition völlig wertlos werden lassen.

15.86

Angesichts dieses termingeschäftlichen Risikos ist es für die Einstufung als Börsentermingeschäft unerheblich, wenn z.B. Optionsrechte in Optionsscheinen wertpapiermäßig verbrieft worden sind. Denn diese Verbriefung, die vor allem der Umlauffähigkeit und Fungibilität des verbrieften Rechts dient, ändert nichts an der Schutzbedürftigkeit des nichttermingeschäftsfähigen Publikums vor dem Totalverlust[69].

15.87

Dieses gegenüber Kassageschäften wesentlich größere Verlustrisiko kann sich aus rechtlicher Sicht sehr unterschiedlich darstellen. So erlischt das nicht ausgenutzte Optionsrecht am vereinbarten Fälligkeitstermin, wenn seine Ausübung wegen ungünstiger Marktentwicklung unterbleibt. Beim Festgeschäft in Gestalt des heute dominierenden Differenzgeschäfts kann es infolge gegenläufiger Marktentwicklung am vereinbarten Termin an einem Differenzbetrag zugunsten des Terminspekulanten fehlen.

15.88

Soweit die Terminspekulation ausnahmsweise in traditioneller Form eines spekulationseröffnenden Termingeschäfts und einem **späteren Glattstellungsgeschäft** erfolgt, kann sich am Termin ergeben, daß die beabsichtigte Erfüllung der eingegangenen Terminverbindlichkeit mit Hilfe eines späteren kursgünstigeren Gegengeschäfts infolge der gegenläufigen Kursentwicklung nicht möglich ist. Die erworbene termingeschäftliche Rechtsposition hat hier ihren wirtschaftlichen Wert verloren, wenn sie nicht sogar zu zusätzlichen Geldzahlungen zwingt. So kann

15.89

---

68 BGH WM 1984, 1598, 1599; *Paus*, Börsentermingeschäfte, 1995, S. 107, 258, 259.
69 BGH WM 1991, 982, 983; 1994, 2231, 2232; *Ellenberger*, WM 1999, Sonderbeil. Nr. 2, 5.

sich z.B. zeigen, daß der Lieferanspruch, den der Terminkäufer aus dem spekulationseröffnenden Termingeschäft erworben hat, wirtschaftlich wertlos ist, weil er die am Fälligkeitstermin abzunehmenden Wertpapiere, mit deren rechtzeitigem Verkauf er seine termingeschäftliche Kaufpreisschuld zu bezahlen gedachte, lediglich zu einem niedrigeren Kurs am Kassamarkt veräußern und damit nur einen unzureichenden Verkaufserlös erzielen konnte.

d) Verführerischer Anreiz des Leverage-Effektes

15.90 Dieses ungleich größere Risiko eines Totalverlustes bei Börsentermingeschäften läßt den Nichttermingeschäftsfähigen besonders schutzbedürftig erscheinen. Dieses Schutzbedürfnis wird noch durch die von den Börsentermingeschäften ausgehende Verlockung gesteigert, mit verhältnismäßig geringem Kapitaleinsatz hohe Gewinne erzielen zu können[70]. Schon durch Einzahlung eines Bruchteils des Kontraktwertes kann an den Kursveränderungen des Basiswertes partizipiert werden. Infolge dieser sog. Hebelwirkung („Leverage-Effekt") können schon geringe Kursbewegungen bei diesen Basiswerten im Verhältnis zum eingesetzten Kapital beachtliche Gewinne entstehen lassen, aber auch zu hohen Verlusten führen.

15.91 Dieses überproportionale Risiko erklärt sich daraus, daß bei Termingeschäften ein Preisrisiko in Höhe des Kontraktwertes bewegt wird. So ist z.B. beim kurzfristigen Euro-DM-Zinskontrakt mit einem Wert von DM 1 Mio ein Einschuß (Initial Margin) in Höhe von DM 1.500,- zu leisten. Sinkt der Wert dieser Zinskontrakte von DM 1 Mio um 0,1 %, so ergibt sich ein Verlust von DM 1.000,-. Dies entspricht 66,7 % des geleisteten Einschusses in Höhe von DM 1.500,-.

15.92 Bei der **Kursspekulation** durch Abschluß von Kassageschäften muß dagegen der Bankkunde bei einem Kaufauftrag wegen der kurzen zweitägigen Erfüllungsfrist den vollen Gegenwert der anzuschaffenden Wertpapiere sofort bezahlen. Diese Kassaspekulation erfordert daher in Höhe des Kurswertes der gekauften Wertpapiere den Einsatz von Barvermögen oder die Inanspruchnahme eines förmlichen Bankkredites, für den überdies regelmäßig Sicherheiten zu bestellen sind, die wegen der üblichen Beleihungsgrenzen weit über den Kurswert der gekauften Wertpapiere hinausgehen. Bei der Kassaspekulation bestehen also schon wegen dieser Zahlung des vollen Gegenwertes der Wertpapiere faktische und psychologische Hürden für den Nicht-Termingeschäftsfähigen, die besondere gesetzliche Schutzvorkehrungen in Gestalt des Termineinwandes entbehrlich

---

[70] RGZ 44, 103, 109; BGH WM 1988, 323, 324; *Koller*, WM 1985, 593, 594; *Wach*, Der Terminhandel in Recht und Praxis, 1986, S. 28; *Kümpel*, WM 1990, 449, 451.

machen[71]. Bei einem Börsentermingeschäft erfolgt dagegen bei Geschäftsabschluß ein verhältnismäßig geringer Kapitaleinsatz[72].

Schon im Jahre 1896 ist im Schrifttum darauf hingewiesen worden, daß die Börsentermingeschäfte die technisch höchste entwickelte Form der Terminspekulation sind. Denn auch mit Kassageschäften kann auf Kursgewinne spekuliert werden. Die besondere Attraktivität des Terminhandels ist jedoch, daß hier die Spekulation auf künftige Preisänderungen ohne Festlegung erheblichen eigenen Kapitals erfolgt[73]. Das Gefährliche an der Terminspekulation ist aber, daß den Geschäftsunerfahrenen hierbei der wahre Umfang seiner eingegangenen Verpflichtungen nicht deutlich genug vor Augen geführt wird. 15.93

Auch das Reichsgericht hat darauf hingewiesen, daß die Börsentermingeschäfte die Möglichkeit der Beteiligung weiter Bevölkerungskreise an der Kursspekulation eröffnen, ohne daß entsprechende Mittel zu einem Erwerb der zugrundeliegenden Wertpapiere zur Verfügung stehen[74]. Dieser geringe und überdies noch nicht als endgültig verloren erscheinende Kapitaleinsatz erweckt bei geschäftlich Unerfahrenen den oft trügerischen Anschein eines leichten Gewinnes. Bei **gegenläufiger Entwicklung der Marktpreise** (Kurse) droht jedoch den Kunden ein nicht überschaubarer Schaden. Vor dieser verführerischen Anziehungskraft der Börsentermingeschäfte soll der Nicht-Termingeschäftsfähige durch den Termineinwand geschützt werden, der das Börsentermingeschäft unverbindlich sein läßt[75]. 15.94

V. Terminspekulation mittels Kassageschäft

Im Unterschied zum Kassageschäft handelt es sich beim **Börsentermingeschäft** nach allgemeiner Meinung stets um ein **Zeitgeschäft**[76]. Deshalb ist die zeitliche Komponente ein notwendiges Merkmal des Börsentermingeschäfts. Der wirtschaftliche Wert der mittels des Börsentermingeschäfts erlangten Rechtsposition hängt von der weiteren Entwicklung des maß- 15.95

---

71 BGH WM 1988, 323, 324 unter Bezugnahme auf *Kümpel* in Kümpel/Häuser, Börsentermingeschäfte/Termin- und Differenzeinwand, WM-Skript Nr. 104, 1986, S. 44; *Canaris,* WM 1988, Sonderbeil. 10, 8; *Häuser,* ZBB 1992, 249, 260; *Ellenberger,* WM 1999, Sonderbeil. Nr. 2, 5.
72 BGH WM 1988, 323, 324; *Kümpel,* WM 1990, 449, 451; *ders.,* WM 1991, Sonderbeil. 1, 5 f.
73 *Weber,* Deutsche Juristen-Zeitung, 1896, 207.
74 RGZ 44, 103, 109.
75 RGZ 44, 103, 109; BGH WM 1988, 323, 324; unter Bezugnahme auf *Kümpel* in Kümpel/Häuser, Börsentermingeschäfte/Termin- und Differenzeinwand, WM-Skript, 1986, S. 4, 5; *Ellenberger,* WM 1999, Sonderbeil. Nr. 2, S. 4, 5.
76 *Canaris,* WM 1988, Sonderbeil. 10, 6; *Horn,* ZIP 1990, 2, 9.

geblichen Marktpreises innerhalb der „Laufzeit" dieser Rechtsposition ab. Eine unerwartete (gegenläufige) Marktentwicklung kann die erworbene Rechtsposition bis zum Ende ihrer „Laufzeit" völlig wertlos werden lassen. Dieses dem Börsentermingeschäft innewohnende Zeitmoment ist deshalb ein wesentliches Element des termingeschäftlichen Risikos[77].

15.96 Das Vorliegen eines solchen Zeitgeschäfts ist offensichtlich beim Abschluß eines als Festgeschäft ausgestalteten Termingeschäfts. Hier ist die Erfüllung der aus dem Festgeschäft erwachsenden gegenseitigen Verbindlichkeiten über die für Kassageschäfte geltenden kurzen Abwicklungsfristen auf einen späteren Termin hinausgeschoben. Die Terminspekulation kann jedoch auch auf der vertraglichen Grundlage von Kassageschäften erfolgen. Anschauliche Beispiele aus der Praxis sind die am Kassamarkt getätigten Geschäfte in (unverbrieften oder verbrieften) Optionsrechten (1) und die dort abgeschlossenen Leerverkäufe (2).

1. Kassamäßige Geschäfte in Optionsrechten

15.97 Im heutigen Terminhandel werden Optionsgeschäfte sowohl über unverbriefte Optionsrechte als auch über wertpapiermäßig verbriefte Optionsrechte (Optionsscheine) abgeschlossen.

a) Unverbriefte Optionen

15.98 Die Wiederaufnahme des Terminhandels an den deutschen Wertpapierbörsen im Jahre 1970 geschah in unverbrieften Optionsrechten auf Aktien. Inzwischen konzentriert sich dieses Segment des inländischen Terminhandels auf die variabel gehandelten Aktien des Amtlichen Marktes, soweit solche Optionen nicht an der Eurex Deutschland als einziger deutschen Terminbörse gehandelt werden. Für diese Geschäfte in Aktienoptionen gilt die zweitägige Abwicklungsfrist des (Wertpapier-)Kassamarktes. Ungeachtet dieser kurzfristigen Erfüllung der aus diesen Optionsgeschäften resultierenden Liefer- und Kaufpreisverbindlichkeit handelt es sich nach dem BGH um Börsentermingeschäfte. Denn auch diese Geschäfte enthalten wegen des dem Optionsrecht innewohnenden Zeitmomentes und des damit verbundenen spekulativen Elementes für die Beteiligten ein besonderes wirtschaftliches Risiko, wie es für die Börsentermingeschäfte typisch ist[78].

---

[77] BGH WM 1984, 1598, 1599; *Paus*, Börsentermingeschäft, 1995, S. 107, 258, 259.
[78] BGH WM 1984, 1598, 1599; 1990, 94, 95; *Ellenberger*, WM 1999, Sonderbeil. Nr. 2, 5.

b) Optionsscheine (Warrants)

Soweit die Optionsrechte in Urkunden verbrieft sind, werden über diese Optionsscheine wie bei den Wertpapieren des Kapitalmarktes (Aktien und Schuldverschreibungen) reguläre Kassageschäfte getätigt und abgewickelt.   15.99

Auf diese Geschäfte in Optionsscheinen sind die für den Kassamarkt konzipierten Sonderbedingungen für Wertpapiergeschäfte anwendbar. Dies wird eingangs der Sonderbedingungen für die Kassageschäfte durch den ausdrücklichen Hinweis klargestellt, daß die für Börsentermingeschäfte von den Spitzenverbänden des Kreditgewerbes entwickelten Sonderbedingungen nur für Börsentermingeschäfte gelten, bei denen die Rechte nicht in Urkunden verbrieft sind.   15.100

Zu diesen nach Kassa-Usancen getätigten Börsentermingeschäften gehören nach der BGH-Rechtsprechung Optionsscheine, die unabhängig von Maßnahmen der Kapitalbeschaffung emittiert worden sind[79]. Denn diese Optionsscheingeschäfte dienen ähnlich wie unverbriefte Aktienoptionen wirtschaftlich auch der Kursspekulation. Das **termingeschäftsfähige Risiko** ist bei Optionsscheinen und unverbrieften Aktienoptionen im wesentlichen gleich[80].   15.101

Börsentermingeschäfte sind auch die Geschäfte über sog. gedeckte selbständige Optionsscheine (covered warrants). Rechtlich unerheblich ist, daß der Emittent solcher Scheine die Wertpapiere, die Gegenstand der Option sind, schon hält, ihn also kein Eindeckungsrisiko trifft[81]. Es fehlt auch ein sachlicher Grund, Geschäfte mit gedeckten Optonsscheinen aus dem Schutzbereich des Börsengesetzes herauszunehmen. Das auf den Kaufpreis beschränkte Verlustrisiko des Käufers ist bei Geschäften mit gedeckten Optionsscheinen nicht kleiner als bei solchen mit ungedeckten.   15.102

c) Selbständige Indexoptionen

Nach den Gesetzesmaterialien zu der Börsengesetznovelle 1989[82] sind selbständige Aktienindexoptionen (z.B. Dax-Optionsscheine) als Börsentermingeschäfte einzustufen. Dieselbe rechtliche Qualifizierung hat der   15.103

---

79 BGH WM 1994, 2231 f.; 1996, 545, 546; 1996, 1620, 1621; 1998, 2331, 2332.
80 BGH WM 1995, 2026 für DAX-Optionsscheine; *Ellenberger*, WM 1999, Sonderbeil. Nr. 2, 5.
81 BGH WM 1998, 2524, 2525.
82 BT-Drucksache 11/4177, S. 18.

BGH vorgenommen[83]. Indexoptionen, die auf Barausgleich des Differenzbetrages zwischen dem festgelegten Basisindex und dem aktuellen Indexwert am Tag der Optionsausübung gerichtet sind, können effektiv nicht erfüllt werden. Denn Optionen dienen wirtschaftlich gleichen Zwecken wie Börsentermingeschäfte, bei denen eine Liefer- und Abnahmemöglichkeit gegeben ist[84]. Der BGH hat auch selbständige Basketoptionsscheine als Börsentermingeschäfte eingestuft. Diese Optionsart ist nach ihrem wirtschaftlichen Zweck mit Aktienindexoptionen vergleichbar. Auch ist das Risiko für die schutzwürdigen Nichttermingeschäftsfähigen im wesentlichen gleich gelagert[85].

15.104 Zu den Börsentermingeschäften gehören schließlich auch die sog. Bandbreiten-(Range-)Optionsscheine[86]. Bei diesen Optionsrechten ist die Höhe des an den Optionskäufer zu zahlenden Betrages davon abhängig, ob ein oder mehrere Marktpreise etwa Devisenkurse sich während der Laufzeit (Bewertungszeitraum) innerhalb bestimmter Bandbreiten bewegen. Auch kann in den Vertragsbedingungen vereinbart werden, daß dieser Zahlungsanspruch für den Fall erlischt, daß der Devisenkurs innerhalb der Laufzeit des Optionsrechts die vereinbarte Bandbreite verläßt – sog. „Knock-out"-Variante.

d) Abgetrennte Optionsscheine

15.105 Werden Optionsscheine als Bestandteil von Kapitalbeschaffungsmaßnahmen emittiert und später nach Trennung von dem Hauptinstrument der Finanzierung am Markt gehandelt, sind Kassageschäfte gegeben, die nicht unter das Börsengesetz fallen[87]. Nach dem wirtschaftlichen Zweck, der nach der BGH-Rechtsprechung für die Qualifizierung als Börsentermingeschäft von maßgeblicher Bedeutung ist, bestehen zwischen selbständigen und abgetrennten Optionsscheinen entscheidende Unterschiede. Solche abgetrennten Optionsscheine dienen als Instrument zur Beschaffung von Fremdmitteln zu Zinssätzen deutlich unter dem Marktzins. Auch ist die Stellung eines Emittenten von Optionsanleihen mit der eines Stillhalters wirtschaftlich und rechtlich nicht vergleichbar. Im Unterschied zum Stillhalter trägt der Emittent kein Kursrisiko und erhält keine Risikoprämie[88].

---

83 BGH WM 1994, 834, 837; 1995, 2026; 1998, 545, 546.
84 BGH WM 1998, 2331, 2333.
85 BGH WM 1998, 1281, 1283; 2331, 2332; OLG München WM 1998, 2367, 2370.
86 OLG München WM 1998, 2367, 2370.
87 BGH WM 1991, 982 ff. = WuB I G 5. – 8.91 *Schwark*.
88 BGH WM 1991, 982, 983; 1994, 2231, 2232.

Dasselbe gilt für Geschäfte über Optionsscheine aus Anleihen ausländischer Aktiengesellschaften selbst dann, wenn das maßgebliche ausländische Recht die Ausgabe von Optionsanleihen anders als das deutsche Aktiengesetz (§ 221) nicht gesetzlich regelt[89].

15.106

Auch Geschäfte über Währungsoptionsscheine, die von einer DM-Auslandsanleihe abgetrennt wurden, sind Kassageschäfte. Nach dem für die rechtliche Einordnung maßgeblichen wirtschaftlichen Zweck und dem Schutzbedürfnis der Anleger sind abgetrennte Währungsoptionsscheine den abgetrennten Aktienoptionsscheinen gleichzustellen[90].

15.107

2. Leerverkäufe (short sales)

Nach den Gesetzesmaterialien zur Börsengesetznovelle 1989 sind Leerverkäufe (short sales) als Börsentermingeschäfte einzustufen[91]. Solche Leerverkäufe mit Börsentermingeschäftscharakter liegen aber nicht in allen Fällen vor, in denen der verkaufende Kunde über kein entsprechendes Depotguthaben bei seiner Bank verfügt. So wird kein Leerverkauf mit terminspezifischem Risiko getätigt, wenn der Bankkunde die Lieferung der im Kassamarkt verkauften Wertpapiere aufgrund eines anderweitig getätigten Termingeschäfts verlangen kann und sich die Wertpapiere zur Belieferung des vorgezogenen Kassaverkaufs leiht. Denn der Kunde (Entleiher) erhält diese Wertpapiere von seinem Terminverkäufer bei der späteren wertpapier- und geldmäßigen Abwicklung des Termingeschäfts und kann diese Wertpapiere sodann zur Erfüllung seiner Rückgewährsverpflichtung gegenüber dem Entleiher verwenden. Der Entleiher läuft bei dieser Fallkonstellation also nicht das Risiko, sich die entliehenen Wertpapiere später entgegen seinen Erwartungen zu einem höheren Kurs als dem beim vorausgegangenen Kassaverkauf erzielten Kurs im Markt beschaffen zu müssen und hierdurch in eine finanzielle Notsituation zu geraten, wie dies auch beim Abschluß von als Festgeschäften ausgestalteten Termingeschäften der Fall sein kann.

15.108

Dieses **typische Kursrisiko** des Börsentermingeschäfts läuft der **Entleiher** dagegen in den Fällen, in denen er im Kassamarkt einen Verkauf vornimmt, ohne daß ihm ein solcher korrespondierender Lieferanspruch zumindest aus einem Terminkauf zusteht. Hier tätigt der Entleiher einen Leerverkauf, wie er den short sales der US-amerikanischen Praxis des Terminhandels entspricht. Bei diesen short sales verkauft die hiermit

15.109

---
89 BGH WM 1996, 1620, 1622.
90 BGH WM 1998, 274, 275.
91 BT-Drucksache 11/4177, 18.

beauftragte Bank im eigenen Namen für Rechnung ihres Kunden Wertpapiere im Kassamarkt und gewährt dem Kunden ein entsprechendes Wertpapierdarlehen[92]. Nach erwartungsgemäßer Kursentwicklung kann der Kunde die ihm überlassenen Wertpapiere billiger im Kassamarkt durch seine Bank beschaffen lassen und hiermit das Wertpapierdarlehen wieder zurückführen. Bei unerwartet steigenden (gegenläufigen) Kursen kann dagegen der Leerverkäufer in finanzielle Schwierigkeiten oder in eine Notsituation geraten, wie es für das terminspezifische Risiko bei Festgeschäften typisch ist. Es besteht jedoch im Schrifttum keine einhellige Meinung, ob die short sales als Börsentermingeschäfte eingestuft werden können[93].

15.110 **Gegen den Termingeschäftscharakter** der im Kassamarkt getätigten Leerverkäufe spricht auf den ersten Blick, daß nach einhelliger Meinung ein Kernmerkmal des Börsentermingeschäfts die hinausgeschobene Fälligkeit der termingeschäftlichen Verbindlichkeiten ist – Rn 15.83. Insoweit läßt sich das Börsentermingeschäft zweifelsfrei vom Kassageschäft mit seiner kurzen zweitägigen Erfüllungsfrist abgrenzen[94].

15.111 Diese für das Börsentermingeschäft typische hinausgeschobene Fälligkeit der Lieferverpflichtung des Kunden kann aber auch bei einem im Kassamarkt getätigten Leerverkauf gegeben sein. Dies ist dann der Fall, wenn dieser Leerverkauf mit Wertpapieren beliefert werden soll, die sich der Verkäufer durch ein Wertpapierdarlehen beschafft hat, das er erst zu einem späteren Zeitpunkt zurückzuführen hat. Diese darlehensweise Beschaffung der für den Kassaverkauf benötigten Wertpapiere ermöglicht es dem Kassaverkäufer, die Wertpapiere, die er für die spätere Rückführung des Wertpapierdarlehens benötigt, später im Kassamarkt entsprechend seiner Einschätzung der Kursentwicklung billiger zu kaufen. In diesen Fällen spekuliert der Kassaverkäufer wie ein Terminspekulant auf fallende Kurse. Der im Kassamarkt getätigte Leerverkauf, der isoliert betrachtet wegen der zweitägigen Lieferfrist regelmäßig kein Börsentermingeschäft sein kann, wird also infolge dieser Verknüpfung mit einem zeitlich länger laufenden Wertpapierdarlehen zum Börsentermingeschäft. Denn auch bei

---

92 *Bley*, Börsen der Welt, 1977, S. 758; *Franke*, AWD/BB 1972, 508, 512; *Kümpel*, ZGesKredW 1981, 466; *ders.*, WM 1982, Sonderbeil. 6, 17 f.
93 Zum Meinungsstand in der Literatur vgl. *Häuser*, ZIP 1981, 936. Das Vorliegen von Börsentermingeschäften bejahen *Horn*, ZIP 1990, 2, 4; *Wach*, Der Terminhandel in Recht und Praxis, 1986, S. 292 m.w.Nachw. Nach *Baumbach/Hopt* sind short sales keine Börsentermingeschäfte, sondern Differenzgeschäfte (vor § 50 BörsG Rn 3). Der BGH (WM 1978, 1204) hat die Rechtsnatur der short sales offengelassen.
94 *Kümpel*, WM 1991, Sonderbeil. 1, 4 Fn 3; *Häuser*, ZBB 1992, 249, 260.

einer solchen Kombination von kassamäßigem Leerverkauf und längerlaufender Wertpapierleihe geht der Bankkunde hinsichtlich der späteren Beschaffung der entliehenen Wertpapiere im Kassamarkt ein betragsmäßiges unbegrenztes und daher unüberschaubares Verlustrisiko ein, wie es für die als Festgeschäfte ausgestalteten Börsentermingeschäfte typisch ist. Der Termineinwand soll gerade vor der Eingehung solcher risikomäßig unbegrenzter und unüberschaubarer Verbindlichkeiten schützen[95].

Bei Leerverkäufen, die mit entliehenen Wertpapieren beliefert werden, handelt es sich daher um Börsentermingeschäfte. Hierauf weist auch die Begründung der Börsengesetznovelle 1989 ausdrücklich hin, mit der die rechtlichen Rahmenbedingungen für den inländischen Terminhandel geschaffen worden sind[96]. Dabei wurde in § 50 Abs. 1 S. 2 BörsG ausdrücklich klargestellt, daß zu den Börsentermingeschäften auch Geschäfte gehören, die wirtschaftlich gleichen Zwecken dienen, wie es auf die Leerverkäufe zutrifft[97].

15.112

Dabei ist es **unerheblich,** ob die mit dem Leerverkauf beauftragte Bank über die entliehenen Wertpapiere mit ihrem Kunden einen gesonderten Darlehensvertrag abschließt oder die Lieferverpflichtung ihres Kunden aus dem Leerverkauf stundet und sodann die gestundete Lieferverpflichtung des Kunden in ein Darlehen umgewandelt wird (sog. Vereinbarungsdarlehen gemäß § 607 Abs. 2 BGB). Eine solche Umwandlung der Lieferverbindlichkeit in ein Vereinbarungsdarlehen würde den prolongierten Kassageschäften des früheren deutschen Börsenhandels ähneln.

15.113

Bei einer solchen Kombination von Leerverkauf und längerlaufenden Wertpapierdarlehen kann also der nicht-termingeschäftsfähige Kunde den Termineinwand gegenüber dem Anspruch der Bank auf Lieferung einer entsprechenden Anzahl von Wertpapieren geltend machen.

15.114

3. Schutz der gutgläubigen Bank vor dem Termineinwand

Der Termineinwand dürfte dagegen ausgeschlossen sein, wenn sich der Kunde die zur Belieferung des Leerverkaufes benötigten Wertpapiere bei der Bank A ausleiht und diese beauftragt, sie in sein Depot einzuliefern, das er bei der Bank B unterhält, die den spekulativen Leerverkauf ausführen soll. Infolge dieser Depoteinlieferung ist für die Bank B nicht erkennbar, daß es sich bei diesem Kassaverkauf um einen Leerverkauf mit einem für die Terminspekulation typischen Risiko handelt. Der Termineinwand kann bei Gutgläubigkeit der mit dem Kassaverkauf beauftragten Bank

15.115

---
95 *Canaris,* WM 1988, Sonderbeil. 10, 10; *Kümpel,* WM 1991, Sonderbeil. 1, 5.
96 BT-Drucksache 11/4177, S. 18; vgl. *Kümpel,* WM 1989, 1495.
97 Vgl. *Horn,* ZIP 1990, 2, 4; *Häuser* ZBB 1992, 249, 259.

15. Teil: Das Recht der Börsentermingeschäfte

nicht zum Tragen kommen; hier ist die Bank schutzwürdiger als ihr nicht-termingeschäftsfähiger Kunde.

15.116 Dieses Ergebnis läßt sich aus § 764 S. 2 BGB ableiten, der bei Differenzgeschäften, wie sie Börsentermingeschäfte regelmäßig darstellen, die Berufung auf den Differenzeinwand ausschließt, wenn die Bank die Differenzabsicht weder kannte noch kennen mußte. Denselben Schutz verdient die gutgläubige Bank gegenüber dem Termineinwand des Börsengesetzes. Wie der Bundesgerichtshof erkannt hat, dient der Differenzeinwand wie der Termineinwand dem Schutz des einzelnen vor den wirtschaftlichen Gefahren dieser Geschäfte[98]. Wenn aber der Gesetzgeber beim Differenzeinwand das Schutzbedürfnis des gutgläubigen Kontrahenten als vorrangig anerkannt hat, so muß diese Wertung des Gesetzgebers auch für den aus der Sicht des Normzweckes gleichartigen Termineinwand gelten. In unserem Beispiel braucht sich daher die gutgläubige Bank B die fehlende Termingeschäftsfähigkeit ihres auf fallende Kurse spekulierenden Kunden nicht entgegenhalten zu lassen. Denn auch beim Differenzeinwand wird die gutgläubige Bank geschützt, selbst wenn ihr Kunde zu dem Kreis der nichttermingeschäftsfähigen Personen zählt. Das Schutzbedürfnis des gutgläubigen Kontrahenten soll nach dem Gesetzgeber gegenüber allen Bankkunden offensichtlich Vorrang haben.

---

98 BGH WM 1981, 758; vgl. weiter Münchener Komm. zum BGB/*Habersack*, § 764 Rn 1, 3; *Nußbaum*, Börsengesetz, 1910, Vorbem. §§ 50 ff. Anm. 18.

3. Abschnitt
Termineinwand

Das Börsentermingeschäft bereitet nicht nur bei seiner begrifflichen Abgrenzung insbesondere vom Zeitgeschäft mit hinausgeschobener Valutierung erhebliche Schwierigkeiten. Eine Vielzahl von Rechtsfragen ergeben sich auch aus dem Termineinwand. Zum Schutze vor der besonderen Gefährlichkeit der Börsentermingeschäfte läßt das Börsengesetz solche Geschäfte unverbindlich sein, wenn sie von nichttermingeschäftsfähigen Personen abgeschlossen werden. Die **Nichttermingeschäftsfähigen** können bei einer Inanspruchnahme wegen Ansprüchen aus Börsentermingeschäften ihre fehlende Termingeschäftsfähigkeit einwenden (§§ 52, 53 BörsG). Hierfür hat sich der Begriff Termineinwand eingebürgert[99].

15.117

In besonderen **Ausnahmefällen** kann jedoch die Geltendmachung des Termineinwandes gegen Treu und Glauben (§ 242 BGB) verstoßen und damit rechtsmißbräuchlich sein[100]. Dies kann der Fall sein, wenn sich der Bankmitarbeiter dem Ansinnen des Bankkunden faktisch kaum entziehen kann, weil dieser etwa als Aufsichtsratsmitglied der Bank eine besondere Autoritäts- oder Vertrauensperson einnimmt[101].

15.118

Bei Unverbindlichkeit des Börsentermingeschäfts ist die Bank zur Herausgabe von Nutzungen nur insoweit verpflichtet, als ihr im Zusammenhang mit diesen Geschäften ein Vermögenswert zugeflossen ist, den sie wirtschaftlich nutzen kann. Hieran fehlt es, soweit die Bank den von ihrem Kunden empfangenen Betrag zum Kauf der georderten Optionsscheine am Markt verwendet hat[102].

15.119

I. Neugestaltung des Termineinwandes durch die Börsengesetznovelle 1989

Der Termineinwand ist durch die Börsengesetznovelle 1989 tiefgreifend neu geregelt worden. Bei der Neugestaltung der rechtlichen Rahmenbedingungen für den Terminhandel konnte sich der Gesetzgeber nicht darauf beschränken, die marktüblichen Kontraktarten zum Terminhandel an

15.120

---
99 *Nußbaum*, Börsengesetz, 1910, S. 273.
100 BGH WM 1991, 1367, 1368.
101 OLG Köln WM 1996, 2110, 2111; *Schwark*, BörsG, § 53 Rn 27.
102 BGH WM 1998, 1325, 1326.

den Börsen zuzulassen. Erforderlich war auch die Neugestaltung des Termineinwandes und des Differenzeinwandes. Ein **international wettbewerbsfähiger Terminmarkt** benötigt eine entsprechende Markttiefe und -breite und muß daher auch dem privaten Publikum offenstehen. Auch die Privatkundschaft der Kreditinstitute verfügt in großem Umfang über disponibles Vermögen, das neue Anlageformen sucht und dabei spekulative Geschäfte nicht scheut. Diesem Personenkreis sollte daher auch der Abschluß von Börsentermingeschäften ermöglicht werden[103]. Hierzu war der Termin- und Differenzeinwand praktikabler zu gestalten.

15.121 Die Neugestaltung des Termin- und Differenzeinwandes war schließlich auch wegen der angestrebten Liberalisierung des Kapitalverkehrs und der Vollendung des Binnenmarktes erforderlich. Das in Art. 49–55 EG-Vertrag (früher Art. 59–66 EG-Vertrag) verankerte Prinzip der Dienstleistungsfreiheit wird dahingehend verstanden, daß es für Angehörige aller Mitgliedstaaten möglich sein muß, (Finanz-)Terminkontrakte an allen Börsen in der Gemeinschaft ohne rechtliche Beschränkungen und Hindernisse abzuschließen[104].

1. Berücksichtigung des Schutzbedürfnisses

15.122 Bei der Neugestaltung des Termineinwandes hat der Gesetzgeber eine gewisse Lockerung des Anlegerschutzes bewußt in Kauf genommen. Allerdings enthält das neugeschaffene Informationsmodell, bei dem die Termingeschäftsfähigkeit durch eine schriftliche Aufklärung über die typischen Risiken von Börsentermingeschäften herbeigeführt werden kann (§ 53 Abs. 2 BörsG), zum Zwecke des Anlegerschutzes eine wesentliche Einschränkung. Dieses Informationsmodell kann nur von solchen Kaufleuten praktiziert werden, die einer gesetzlichen Banken- oder Börsenaufsicht unterstehen (§ 53 Abs. 2 S. 1 BörsG).

15.123 Nach dem Inkrafttreten des Begleitgesetzes zur KWG-Novelle vom 22. 10. 1997[105] zum 1. 1. 1998 gehören hierzu auch Kaufleute, die den Abschluß von Börsentermingeschäften vermitteln. Durch diese Novelle wurden solche Tätigkeiten zu Finanzdienstleistungen (§ 1 Abs. 1a Nr. 2 i.V.m. Abs. 11 Nr. 2 KWG) und Wertpapierdienstleistungen (§ 2 Abs. 3 WpHG) erklärt und damit der Aufsicht durch das Bundesaufsichtsamt für das Kreditwesen (Zulassung und Solvenzaufsicht) und der Marktaufsicht durch das Bundesaufsichtsamt für den Wertpapierhandel unterstellt[106].

---
103 BT-Drucksache 11/4177, S. 9.
104 BT-Drucksache 11/4177, S. 10.
105 BGBl. I 1997, S. 2567.
106 *Ellenberger*, WM 1999, Sonderbeil. Nr. 2, 8.

2. Einbeziehung von Warenterminkontrakten

Die Börsengesetznovelle 1989 hatte es zunächst für notwendig erachtet, die neugeschaffene Termingeschäftsfähigkeit kraft Information auf Finanzterminkontrakte zu beschränken. Für die Börsentermingeschäfte in Waren mit Ausnahme von Edelmetallen konnten also zunächst die praktischen Erleichterungen des neuen Informationsmodelles zur Herbeiführung der Termingeschäftsfähigkeit nicht genutzt werden.

15.124

Infolge der Aufhebung des bisherigen Absatzes 3 des § 53 BörsG, der das Informationsmodell für Börsentermingeschäfte in Waren mit Ausnahme von Edelmetallen ausdrücklich ausschloß, durch das zweite Finanzmarktförderungsgesetz kann das Informationsmodell nunmehr auch bei Warentermingeschäften praktiziert werden. Damit sind die gesetzlichen Rahmenbedingungen dafür geschaffen worden, daß sich in Deutschland eine leistungsfähige Warenterminbörse für landwirtschaftliche Produkte etablieren kann[107].

15.125

Gegen den Wegfall des bisherigen § 53 Abs. 3 BörsG sprechen keine zwingenden Gründe des Anlegerschutzes. Die Börsentermingeschäftsfähigkeit des privaten Anlegers kann auch für Warentermingeschäfte durch die **allgemeine Risikoinformation** nur dann herbeigeführt werden, wenn der Vertragspartner des Anlegers Kaufmann ist und einer Banken- oder Börsenaufsicht unterliegt. Dies bietet nach der Begründung des Regierungsentwurfes des zweiten Finanzmarktförderungsgesetzes grundsätzlich ausreichende Gewähr für eine ordnungsgemäße Geschäftsabwicklung. Das Bundesministerium der Finanzen kann im übrigen nach § 63 BörsG mit Zustimmung des Bundesrates durch Rechtsverordnung Warentermingeschäfte verbieten oder beschränken oder von Bedingungen abhängig machen, wenn dies zum Schutz des Publikums geboten ist.

15.126

Ein **zusätzliches Anlegerschutzelement** enthält schließlich die vorgeschriebene Ergänzung der allgemeinen Informationen über die Risiken von Börsentermingeschäften, mit der die Termingeschäftsfähigkeit herbeigeführt wird. Nach dem neu eingefügten § 53 Abs. 2 S. 2 BörsG muß die Informationsschrift über die speziellen Risiken von Warentermingeschäften informieren. In der **Informationsschrift** ist daher insbesondere darauf hinzuweisen, daß sich die zukünftige Preisentwicklung von Waren wegen zahlreicher Einflußfaktoren besonders schwer abschätzen läßt. Dies um so mehr, als unvorhersehbare Einflüsse auf das Preisniveau, wie beispielsweise Naturkatastrophen, die Vorhersage des künftigen Ange-

15.127

---

107 Begr. des RegE des 2. FFG, BT-Drucksache 12/6679, S. 74; *Dannhoff*, WM 1994, 485.

botsvolumens erschweren und die Nachfrage starken Schwankungen unterliegen kann. Des weiteren ist darüber aufzuklären, wie der Anleger die Produkte, die einem Warenterminkontrakt zugrundeliegen, vermarkten kann, wenn der Terminkontrakt nicht glattgestellt, sondern effektiv erfüllt wird.

II. Börsentermingeschäftsfähige Personen

15.128 Die Börsengesetznovelle hat den bisherigen Kreis nicht schutzbedürftiger und daher termingeschäftsfähiger Personen modifiziert und klarer umschrieben.

15.129 Der **BGH** hatte die bisherige Abgrenzung zwischen termingeschäftsfähigen und nichttermingeschäftsfähigen Personen kritisiert. Sie entspräche nicht mehr den veränderten tatsächlichen Verhältnissen und den Anforderungen an einen angemessenen Rechtsschutz.

15.130 Grundlegend für die Regelung der Börsentermingeschäftsfähigkeit ist die Unterscheidung zwischen Kaufleuten und Nicht-Kaufleuten. Sofern beide Vertragsparteien im Handels- oder Genossenschaftsregister eingetragene Kaufleute sind, ist ein zwischen ihnen geschlossenes Börsentermingeschäft gemäß § 53 Abs. 1 S. 1 Nr. 1 BörsG verbindlich.

15.131 Gleiches gilt für Unternehmen öffentlicher Körperschaften und für juristische Personen des öffentlichen Rechts, die nach der für sie jeweils maßgebenden gesetzlichen Regelung nicht eingetragen zu werden brauchen (§ 53 Abs. 1 S. 1 Nr. 2 BörsG). Den eingetragenen Kaufleuten werden ferner diejenigen gleichgestellt, die nicht eingetragen werden, weil sie ihren Sitz oder ihre Hauptniederlassung im Ausland haben (§ 53 Abs. 1 S. 1 Nr. 3 BörsG). Dabei beurteilt sich die erforderliche Kaufmannseigenschaft nach deutschem Recht[108].

15.132 Bei Kaufleuten ist nach der gesetzlichen Wertung ein Schutzbedürfnis mit Rücksicht auf ihre besonderen Erfahrungen im Geschäftsleben grundsätzlich zu verneinen.

15.133 Die Anknüpfung der Börsentermingeschäftsfähigkeit an die leicht erkennbare Abgrenzung zwischen Kaufleuten und Nicht-Kaufleuten entspricht jedoch vor allem dem **Gebot der Rechtsklarheit**. Im Interesse der **Rechtssicherheit** begründet daher die Eintragung als Kaufmann im Handelsregister oder Genossenschaftsregister stets die Termingeschäftsfähigkeit.

---

108 *Ellenberger*, WM 1999, Sonderbeil. Nr. 2, 7; *Kienle* in Bankrechts-Handbuch, § 106 Rn 85.

Zu dem Kreis der börsentermingeschäftsfähigen Kaufleute gehört auch der persönlich haftende Gesellschafter einer KG. Der Gesetzgeber hat bei der Neufassung des Börsengesetzes an den Kaufmannsbegriff des HGB angeknüpft[109].

15.134

Die Termingeschäftsfähigkeit erstreckt sich im übrigen auf Personen, die zur Zeit des Geschäftsabschlusses oder früher „gewerbsmäßig" Börsentermingeschäfte betrieben haben oder zur Teilnahme am Börsenhandel dauern zugelassen waren (§ 53 Abs. 1 S. 2 BörsG)[110]. Wie schon bisher wird die Termingeschäftsfähigkeit auch durch ein „berufsmäßiges" Betreiben begründet. Mit diesem Merkmal wird jedoch, wie die Praxis gezeigt hat, keine sachgerechte Abgrenzung erreicht. Nach dem BGH sollte daher im Interesse der Rechtssicherheit und der Rechtsklarheit auch auf einen **„planmäßigen Geschäftsbetrieb"** abgestellt werden. Hierzu ist ein Büro oder eine Organisation zur Durchführung von Börsentermingeschäften erforderlich[111]. Für das Begriffsmerkmal „gewerbsmäßig" im Sinne des § 53 BörsG genügt es im übrigen, wenn die Börsentermingeschäfte als Organ oder Angestellter für ein Unternehmen abgeschlossen worden sind, wie dies auch beim Merkmal „berufsmäßig" für ausreichend gehalten wird[112]. Unerheblich ist, daß diese Personen daneben einen Hauptberuf haben, der sie wie bei einem Richter zum Abschluß von Börsentermingeschäften nicht berechtigt[113].

15.135

Die **Börsengesetznovelle** hat schließlich entsprechenden Bedenken des BGH insoweit Rechnung getragen, als nunmehr Personen nicht schon allein deshalb termingeschäftsfähig sind, weil sie im Inland weder ihren Wohnsitz noch eine gewerbliche Niederlassung haben (§ 53 Abs. 2 Nr. 2 BörsG a.F.). Auch der im Ausland wohnhafte Privatkunde der deutschen Kreditinstitute ist daher nicht termingeschäftsfähig, wenn für die termingeschäftliche Rechtsbeziehung deutsches Recht vereinbart worden ist.

15.136

---

109 OLG Frankfurt WM 1997, 2164, 2168; *Schwark*, BörsG, § 53 Rn 4.
110 Vgl. hierzu *Wach*, AG 1992, 384, 388 f.; *Lang*, ZBB 1999, 218, 219.
111 BGH WM 1988, 857, 858; *Kümpel*, WuB I G 5 – 11.88; vgl. weiter OLG Nürnberg WM 1999, 426, 427.
112 *Kümpel*, ZGesKredW 1986, 558, 560; *Kümpel/Häuser*, Börsentermingeschäfte/Termin- und Differenzeinwand, 1986, S. 91; *Ellenberger*, WM 1999, Sonderbeil. Nr. 2, 7.
113 BGH WM 1988, 857, 859.

III. Termingeschäftsfähigkeit kraft Information (sog. Informationsmodell)[114]

1. Grundlagen

15.137 Wie bisher sind Börsentermingeschäfte mit nichttermingeschäftsfähigen Bankkunden **unverbindlich** (§ 52 BörsG). Diese gesetzlich angeordnete Unverbindlichkeit können die Kreditinstitute mit Hilfe des **sog. Informationsmodells** vermeiden. Diese Kunden werden termingeschäftsfähig, wenn sie von ihrem Kreditinstitut vor Geschäftsabschluß über die typischen Verlustrisiken der Börsentermingeschäfte schriftlich informiert worden sind und sie diese Informationsschrift unterschrieben haben (§ 53 Abs. 2 S. 1, 2 BörsG). Mit dieser **schriftlichen Unterrichtung** ist keine Schriftform im Sinne von § 126 BörsG gemeint. Hierdurch sollte lediglich eine mündliche Information ausgeschlossen werden. Es genügt deshalb die vorgeschriebene Unterschrift des Nichttermingeschäftsfähigen[115]. Die Termingeschäftsfähigkeit kraft Information ist eine neue gesetzliche Rechtsfigur, die in der deutschen Privatrechtsgeschichte ohne Vorbild ist[116].

15.138 Das Informationsmodell geht nach den Gesetzesmaterialien zur Börsengesetznovelle von dem Grundprinzip aus, daß derjenige keines zusätzlichen Schutzes bedarf, der sich in klarer Erkenntnis der Konsequenz seines Handelns auf ein Rechtsgeschäft einläßt. Der mündige Bürger werde damit in die Lage versetzt, seine wirtschaftlichen Dispositionen uneingeschränkt in eigener Verantwortung zu tätigen, wenn ihm bei seinen Dispositionen ausreichende Erkenntnismöglichkeiten und Entscheidungsgrundlagen an die Hand gegeben werden[117]. Diese Wertungsentscheidung beruht auf einem grundlegenden Wandel der Ziele und der Ansichten des Gesetzgebers über die Schutzbedürftigkeit privater Anleger bei Börsentermingeschäften[118].

---

114 *Kleinschmitt*, Das Informationsmodell bei Börsentermingeschäften, 1992; *Wolter*, Termingeschäftsfähigkeit kraft Information, 1991.
115 BGH WM 1999, 15.
116 *Häuser*, ZBB 1992, 249, 264. Vgl. zur Kritik an dieser Lösung des Gesetzgebers *Assmann*, FS Heinsius, 1991, S. 17; *Koller*, BB 1990, 2202, 2203; *Grunewald*, AcP 190 (1990), S. 609, 621; *Horn*, ZIP 1990, 2, 9; *Henssler*, ZHR 153 (1989), 611, 621 ff.; vgl. *Schwark*, FS Steindorff, 1990, S. 473, 484, wonach das Informationsmodell nur eine Termingeschäftsfähigkeit „kraft Informationsblatt", nicht aber „kraft Information" schafft; vgl. weiter *Brandner*, FS Schimansky, 1999, S. 581, 587; zur Anwendbarkeit des § 242 BGB vgl. *Lang*, ZBB 1999, 218, 221.
117 BT-Drucksache 11/4177, S. 10.
118 BGH WM 1991, 576, 577; 1998, 1176, 1177.

15.139 Bei ausländischen Kaufleuten kommt auch eine ausländische Banken- oder Börsenaufsicht in Betracht, sofern sie mit der im Inland praktizierten Aufsicht funktional vergleichbar ist[119]. Sofern diese Anforderungen erfüllt sind, kann die die Termingeschäftsfähigkeit herbeiführende Risikoaufklärung auch von einer ausländischen Bank vorgenommen werden[120].

15.140 Durch die zusätzliche Voraussetzung, der Kaufmann, der Vertragspartner eines Nichtkaufmannes ist, müsse einer gesetzlichen Banken- oder Börsenaufsicht unterliegen, sollte sichergestellt werden, daß das Informationsmodell nur im Rahmen einer qualifizierten Beratung zur Anwendung kommt[121]. Eine die Informationsschrift nach § 53 Abs. 2 BörsG ergänzende Beratung im Einzelfall ist jedoch keine Voraussetzung für die Termingeschäftsfähigkeit kraft Information[122].

15.141 Diese Informationsschrift als Instrument einer **standardisierten Kundenaufklärung** wird auch mit Rücksicht auf die Strafnorm des § 89 BörsG benötigt. Danach ist die gewerbsmäßige Verleitung anderer zu Börsenspekulationsgeschäften unter Ausnutzung ihrer Unerfahrenheit in solchen Geschäften strafbar (§ 89 Abs. 1 BörsG). Diese bislang weitgehend unbekannte Strafnorm hat für die Kreditinstitute an Bedeutung gewonnen, nachdem eine inländische Terminbörse eröffnet worden ist. Denn für das Tatbestandsmerkmal Verleitung genügt jede erfolgreiche Willensbeeinflussung[123]. Es werden auch Geschäfte außerhalb einer inländischen Börse erfaßt[124]. Dabei genügt aber nicht der bloße Hinweis auf die Möglichkeit des Abschlusses eines unerlaubten Börsentermingeschäfts[125].

15.142 Die Beeinflussung des Kunden beim Abschluß von Börsentermingeschäften ist jedoch nur strafbar, wenn der Kunde unerfahren ist und das Kreditinstitut dies ausgenutzt hat. Die Strafnorm ist also nicht verwirklicht, wenn der Verleitete das Börsentermingeschäft im Einzelfall überblicken kann. Dieser Überblick kann dem Bankkunden durch die Vermittlung von termingeschäftlichen Grundkenntnissen verschafft werden, wie sie ohnehin die vertragliche Aufklärungspflicht erfordert.

---

119 *Schwark*, BörsG, § 53 Rn 19.
120 *Sieburg*, ZIP 1992, 600, 601.
121 Beschlußempfehlung und Bericht des Finanzausschusses des Deutschen Bundestages, BT-Drucksache 11/4721, S. 21; *Wach*, AG 1992, 384, 391.
122 Amtl. Begr., BT-Drucksache 11/4177, S. 19.
123 *Schwark*, BörsG, § 89 Rn 5; *Rössner/Worms*, wistra 1987, 320.
124 *Ellenberger*, WM 1999, Sonderbeil. Nr. 2, 19.
125 BGH WM 1992, 682, 683.

2. Ausgestaltung des Informationsblattes

15.143 Die Anforderungen an die Ausgestaltung des Informationsblattes – das Gesetz spricht von „Unterrichtungsschrift" – sind gesetzlich festgelegt worden (§ 53 Abs. 2 BörsG)[126]. Hierdurch sollte die Praktikabilität des Informationsmodelles und zugleich ein ausreichender Anlegerschutz gewährleistet werden. Das Informationsblatt muß daher die gesetzlich vorgegebenen informationsbedürftigen Merkmale enthalten, kann sich aber auch darauf beschränken. Die gesetzliche Aufzählung der Verlustrisiken (§ 53 Abs. 2 S. 1 BörsG) hat also einen abschließenden (enumerativen) Charakter. Der **Wortlaut** des von den deutschen Kreditinstituten einheitlich verwendeten Informationsblattes ist von den Spitzenverbänden der Kreditwirtschaft entwickelt worden[127]. Nach der gefestigten Rechtsprechung des BGH entspricht dieses Informationsblatt den Anforderungen des § 53 Abs. 2 BörsG. Das Merkblatt enthalte in ausreichender Form die erforderliche Grundaufklärung über Funktionsweise und Risiken der verschiedenen Arten von Börsentermingeschäften[128].

15.144 Es bedarf nach dem OLG München auch keines speziellen Hinweises auf die Besonderheiten der sog. Bandbreiten-Optionsscheine[129]. Bei diesen Optionsrechten kann das Recht des Optionskäufers auf Zahlung für den Fall erlöschen, daß der Marktpreis oder der Devisenkurs innerhalb der Laufzeit des Optionsrechts die vereinbarte Bandbreite („range") verläßt (sog. „Knockout"-Variante). Die in § 53 Abs. 2 BörsG aufgeführten Risiken würden nach Auffassung des Gerichtes zwar nicht alle typischen Risiken sämtlicher vom Anleger getätigten Börsentermingeschäfte umfassend decken. Die Aufnahme aller denkbaren Geschäftsarten würde aber dazu führen, daß wegen **Informationsüberfrachtung** die Gefahr besteht, daß der Anleger das spezifische Risiko von Optionsscheinen generell nicht mehr wahrnehmen kann.

15.145 Bei neuen Termingeschäftsarten ist das Merkblatt zu aktualisieren[130]. Soweit Kunden schon vorher Termingeschäfte getätigt haben und damit Erfahrungen haben sammeln können, sollte die hierdurch begründete Termingeschäftsfähigkeit auch für die neuen Termingeschäftsarten gegeben sein[131].

---

126 Auch der BGH (WM 1998, 1176, 1281, 1284) verwendet die Bezeichnung „Informationsblatt" als Synonym für den gesetzlichen Begriff Unterrichtungsschrift.
127 Abgedruckt in WM 1989, 1192.
128 BGH WM 1994, 834, 835; 1995, 658; 1996, 1260, 1261; 1998, 1391, 1442.
129 WM 1998, 2367, 2370.
130 BT-Drucksache 11/4177, S. 20.
131 *Schäfer*, ZIP 1989, 1103, 1105.

3. Reichweite und Grenzen der Termingeschäftsfähigkeit kraft Information

Mit der Termingeschäftsfähigkeit kraft Information hat der Gesetzgeber Neuland betreten. Es stellt sich daher insbesondere die Frage nach Reichweite und Grenzen dieser eigenständigen Rechtsfigur der Termingeschäftsfähigkeit.

15.146

Unterhält der Kunde eine Geschäftsverbindung nicht nur zu einem Kreditinstitut, stellt sich die Frage, ob die schriftliche Unterrichtung des Kunden und die Einholung seiner Unterschrift von allen Kreditinstituten vorgenommen werden muß, um die Termingeschäftsfähigkeit auch für die Geschäftsbeziehung zu den anderen Kreditinstituten zu begründen.

15.147

Aus der Sicht des Schutzgedankens erscheint dies nicht erforderlich[132]. Die Termingeschäftsfähigkeit kraft Information beruht auf einer ausreichenden Aufklärung über die Verlustrisiken von Börsentermingeschäften. Das aus dieser Wissensvermittlung gewonnene Beurteilungsvermögen besteht jedoch unabhängig davon, mit welchen anderen Kreditinstituten der Kunde später Börsentermingeschäfte tätigt. Andererseits spricht der Gesetzeswortlaut und die Gesetzesmaterialien dafür, daß die geforderte Unterrichtung des Nicht-Termingeschäftsfähigen von seinem Vertragspartner geleistet wird[133]. Nach der Entscheidung des BGH vom 12. 5. 1998 wirkt die Unterzeichnung des Informationsblattes nur zwischen den Vertragsparteien[134].

15.148

Die Praxis ist seit Einführung des Informationsblattes vorsorglich davon ausgegangen, daß sich die Termingeschäftsfähigkeit jeweils auf die Geschäftsbeziehung zu dem Kreditinstitut beschränkt, das den Kunden in der gesetzlich vorgeschriebenen Form über die Verlustrisiken informiert hat. Die Kreditinstitute müssen ohnehin Wert darauf legen, daß ihnen der Kunde ein unterschriebenes Informationsmerkblatt aushändigt. Denn sie trifft die Beweislast, „ob und zu welchem Zeitpunkt" der Kunde über die Verlustrisiken informiert worden ist (§ 53 Abs. 2 S. 5 BörsG). Diese Beweislast wiegt um so schwerer, als die Kundeninformation nach einem Jahr und sodann im 3-Jahres-Turnus zu wiederholen ist, wenn die Termingeschäftsfähigkeit des Kunden fortdauern soll (§ 53 Abs. 2 S. 4 BörsG).

15.149

---

132 *Schäfer*, ZIP 1989, 1103, 1105.
133 *Horn*, ZIP 1990, 2, 8; *Wach*, AG 1992, 384, 396; *Schwark*, BörsG, § 53 Rn 20.
134 BGH WM 1998, 1281, 1284; *Ellenberger*, WM 1999, Sonderbeil. Nr. 2, 9.

15.150 Die Termingeschäftsfähigkeit kraft Information entfaltet somit jedenfalls aus der Sicht der Praxis keine Wirksamkeit gegenüber allen Marktteilnehmern, wie dies auf die Termingeschäftsfähigkeit des Kaufmannes zutrifft[135]. Es kann daher von einer relativen Termingeschäftsfähigkeit der durch das Informationsmerkblatt aufgeklärten Kunden gesprochen werden[136].

a) Herbeiführung der Börsentermingeschäftsfähigkeit

15.151 Börsentermingeschäfte eines Nichttermingeschäftsfähigen können nach übereinstimmender Meinung von Rechtsprechung und Schrifttum nur verbindlich werden, wenn dieser das **Informationsblatt vor Erteilung** seines Auftrages **unterzeichnet** hat[137]. Mit Rücksicht auf den zwingenden Wortlaut des § 53 Abs. 2 S. 1 BörsG kommt deshalb einer Bemerkung in den Gesetzesmaterialien zur Börsengesetznovelle von 1989[138], wonach das Informationsblatt „vor oder bei" Abschluß des ersten Geschäfts vom Kunden zu unterzeichnen ist, keine Bedeutung zu. Nicht ausreichend ist die Unterzeichnung des Informationsblattes nach Erteilung des Kundenauftrages, aber noch vor dessen Annahme durch die beauftragte Bank. Eine solche Gesetzesinterpretation steht nach dem BGH im Widerspruch zum Sinn und Zweck der gesetzlichen Regelung, die den Nichttermingeschäftsfähigen schützen soll[139].

15.152 Börsentermingeschäfte, die ein Nichttermingeschäftsfähiger nach Unterzeichnung des Informationsblattes tätigt, sind auch dann verbindlich, wenn er schon (unverbindliche) Börsentermingeschäfte abgeschlossen hat. Eine andere Gesetzesauslegung wäre mit dem Gebot der Rechtssicherheit unvereinbar[140].

15.153 Die Risikoinformation hat **durch die Bank als Vertragspartner** und nicht durch einen Dritten zu erfolgen[141]. Die Vorlage des Informationsblattes zur Unterschrift kann aber auch per Telefax, Bundespost oder durch oder an einen Vertreter erfolgen[142]. Eine Aushändigung kann auch an einen

---

135 *Schäfer*, ZIP 1989, 1104, 1105.
136 BGH WM 1998, 1281, 1284; *Ellenberger*, WM 1999, Sonderbeil. Nr. 2, 9.
137 BGH WM 1998, 1441, 1443; *Häuser*, ZBB 1992, 249, 265; *Horn*, ZIP 1990, 2, 7; *Schwark*, BörsG, § 53 Rn 22.
138 BT-Drucksache 11/4177, S. 19.
139 BGH WM 1998, 1441, 1443.
140 BGH WM 1996, 1260, 1262.
141 BGH WM 1994, 834, 838.
142 BGH WM 1999, 15; 1995, 658, 659; 1996, 1260, 1262; OLG Hamm WM 1997, 566, 567.

Empfangsboten des Bankkunden erfolgen[143]. Auch dürfte sich die Bank eines selbständigen Boten zur Information ihrer Kunden bedienen können[144].

b) Unterzeichnung des Informationsblattes

Das Informationsblatt ist dem nichttermingeschäftsfähigen Kunden auszuhändigen und von ihm selbst zu unterzeichnen (vgl. § 52 Abs. 2 S. 3 BörsG). Eine **Stellvertretung** ist hier **nicht möglich**, weil die Termingeschäftsfähigkeit wie die Kaufmannseigenschaft zu den persönlichen Verhältnissen des Bankkunden gehört[145].

15.154

Für die Herbeiführung der Börsentermingeschäftsfähigkeit kommt es allein auf den Akt der Unterzeichnung an[146]. Deshalb ist es auch unerheblich, ob der Nichttermingeschäftsfähige das Informationsblatt vor der Unterzeichnung gelesen oder ob er es verstanden hat[147]. Mit der Leistung der Unterschrift ist der Gesetzeszweck erreicht, die erhöhte Aufmerksamkeit hervorzurufen, um das Übersehen der Information zu verhindern[148].

15.155

Auch wenn es sich bei der Unterschriftsleistung nicht um eine geschäftsähnliche Handlung, sondern nur um einen Realakt handelt und daher eine rechtsgeschäftliche Vertretung durch einen Bevollmächtigten nicht möglich ist, können die Eltern als gesetzliche Vertreter nach allgemeiner Auffassung die Unterschrift für ihre minderjährigen Kinder leisten[149].

15.156

Eine solche Unterschriftsleistung kann sich empfehlen, weil je nach der Fallkonstellation für solche Realakte nicht schon die Betätigung des natürlichen Willens genügt, vielmehr eine gewisse natürliche Erkenntnisfähigkeit verlangt wird, die dem Minderjährigen fehlen kann. Dies dürfte insbesondere für die Unterschriftsleistung auf dem Informationsblatt über die terminspezifischen Risiken gelten.

15.157

Die **Eltern** werden allgemein **als befugt** angesehen, solche Realakte mit Wirkung für ihre minderjährigen Kinder vorzunehmen, wie dies z.B. für

15.158

---

143 BGH WM 1995, 658, 659.
144 *Ellenberger*, WM 1999, Sonderbeil Nr. 2, 8; *Kienle* in Bankrechts-Handbuch, § 106 Rn 102; *Wiehe*, WiB 1995, 480, 481.
145 BGH WM 1996, 1260, 1262; *Ellenberger*, WM 1999, Sonderbeil. Nr. 2, 8.
146 *Ellenberger*, WM 1996, 1260, 1261.
147 BGH WM 1996, 1260, 1261; *Ellenberger*, WM 1999, Sonderbeil. Nr. 2, 8; *Drygala*, ZIP 1995, 1255.
148 BGH WM 1996, 1260, 1261, 1262; *Ellenberger*, WM 1999, Sonderbeil. Nr. 2, 8.
149 *Kümpel*, WM 1989, 1485, 1488; *Wach*, AG 1992, 384, 397.

die Begründung eines Wohnsitzes an einem auswärtigen Ort anerkannt ist. Für eine solche wirksame Unterschriftsleistung der Eltern in ihrer Eigenschaft als gesetzliche Vertreter ihrer minderjährigen Kinder auf dem Informationsblatt kann in bestimmten Fällen auch ein anerkennenswertes Interesse bestehen, insbesondere wenn durch die Börsentermingeschäfte die Depotwerte der minderjährigen Kinder gegen Verluste gesichert werden sollen. Bei dem Abschluß von Börsentermingeschäften werden die Eltern jedoch zu bedenken haben, daß das Vormundschaftsgericht einschreiten kann, wenn hiermit eine pflichtwidrige Gefährdung des Kindesvermögens verknüpft ist (§ 1667 Abs. 1 BGB).

c) Dauer der Termingeschäftsfähigkeit

15.159 Die Termingeschäftsfähigkeit kraft Information besteht nur für einen **befristeten Zeitraum.** Im Interesse des Anlegerschutzes soll dem Gewöhnungseffekt entgegengewirkt werden. Die schriftliche Unterrichtung muß daher in bestimmten Zeitabständen wiederholt werden. Der Zeitpunkt dieser Risikoinformation darf nicht länger als drei Jahre zurückliegen. Nach der ersten Unterrichtung ist sie jedoch bereits vor Ablauf von zwölf Monaten, frühestens aber nach Ablauf von zehn Monaten zu wiederholen (§ 53 Abs. 2 S. 4, 2 Hs. BörsG), um den Kunden erneut auf die mit Börsentermingeschäften verbundenen Risiken aufmerksam zu machen[150].

15.160 Diese Fristenregelung beruht auf der Novellierung des Börsengesetzes durch das zweite Finanzmarktförderungsgesetz. Die bislang in § 53 Abs. 2 S. 3 BörsG enthaltene Formulierung, wonach die erste Wiederholung der Kundeninformation über die mit Börsentermingeschäften verbundenen Risiken „nach Ablauf eines Jahres" zu erfolgen hat, hatte in der Praxis zu Rechtsunsicherheiten geführt. Es wird ein gewisser Zeitkorridor für die Einholung der Unterschrift benötigt. Für die Praxis war es nicht möglich, die Unterschrift des Kunden exakt ein Jahr nach der Erstunterzeichnung zu erhalten. Der geltende Gesetzestext konnte jedoch in diesem Sinne mißverstanden werden.

15.161 Der BGH hat bislang noch nicht die Frage entschieden, wann die **turnusmäßig erforderliche dreijährige Unterrichtung** vorzunehmen ist. Der Wortlaut des § 53 Abs. 2 S. 3 BörsG spricht auch insoweit für eine Maximalfrist. Deshalb erscheint es geboten, den aus Gründen der Praktikabilität auch hier benötigten Zeitkorridor entsprechend der Neuregelung zur

---

150 Vgl. auch BGH WM 1998, 25; 2330; 1999, 1874 zu § 53 Abs. 2 S. 4 BörsG a.F.

einjährigen Information auf die Zeit von zwei Monaten vor Ablauf der Frist zu bestimmen[151].

Eine verfrühte oder verspätete Wiederholung der Information ist als erneute erstmalige Unterrichtung zu bewerten. Sodann beginnen die Fristen des § 53 Abs. 2 S. 4 BörsG erneut zu laufen[152]. Wird eine rechtzeitige Wiederholung der Risikoaufklärung versäumt, so bleibt gleichwohl die Wirksamkeit der zuvor getätigten Börsentermingeschäfte von dem Wegfall der Termingeschäftsfähigkeit unberührt.

15.162

4. Geschäftsabschlüsse durch offene Stellvertretung

Werden die Börsentermingeschäfte durch einen Bevollmächtigten (§ 164 BGB) abgeschlossen, so ist für die Verbindlichkeit allein darauf abzustellen, ob der vertretene Bankkunde termingeschäftsfähig ist. § 53 BörsG bezweckt lediglich den Schutz des Vertragspartners, aber nicht seines Vertreters[153]. Deshalb kann ein termingeschäftsfähiger Kunde durch einen nicht termingeschäftsfähigen Bevollmächtigten verbindlich Börsentermingeschäfte abschließen lassen[154]. Dies gilt auch, wenn die Termingeschäftsfähigkeit durch das Informationsblatt im Sinne des § 53 Abs. 2 BörsG herbeigeführt worden ist[155]. Dagegen ist ein Börsentermingeschäft unverbindlich, wenn zwar der Bevollmächtigte, aber nicht der vertretene Bankkunde termingeschäftsfähig ist[156].

15.163

Der Wirksamkeit des Handelns eines Bevollmächtigten des Bankkunden steht auch nicht **§ 60 BörsG** entgegen. Nach dieser Vorschrift kann der Termineinwand auch im Hinblick auf die Aufträge zum Abschluß von Börsentermingeschäften erhoben werden, wie sie die terminspekulierenden Kunden ihrer Bank erteilen. Diese Vorschrift soll verhindern, daß §§ 52 ff. BörsG durch die Zwischenschaltung weiterer Personen bei Terminspekulationen umgangen werden. Zu einer derartigen Umgehung kann es aber kommen, wenn ein Nichttermingeschäftsfähiger einen Dritten in der Weise beauftragt, daß der Dritte aus der Abwicklung des Termingeschäfts eigene Ansprüche gegen seinen Auftraggeber ableiten kann, gegen die der Schutz des Termineinwandes nicht greift. Unter § 60

15.164

---

151 *Ellenberger*, WM 1999, Sonderbeil. Nr. 2, 9.
152 *Ellenberger*, WM 1999, Sonderbeil. Nr. 2, 9; *Häuser*, ZBB 1992, 249, 265; *Schäfer*, ZIP 1989, 1103, 1104.
153 BGH WM 1996, 1260, 1262.
154 *Ellenberger*, WM 1999, Sonderbeil. Nr. 2, 9.
155 BGH WM 1996, 1260, 1262.
156 *Ellenberger*, WM Sonderbeil. Nr. 2, 9.

BörsG fallen daher Kommissionsgeschäfte sowie andere Aufträge, die auf Abschluß eines Börsentermingeschäfts mit einem Dritten gerichtet sind und bei denen dem Beauftragten aus der Abwicklung des Geschäfts eigene Ansprüche gegen den Auftraggeber zustehen sollen[157].

15.165 Aufträge, bei denen der Beauftragte wie der Kontobevollmächtigte nur in offener Stellvertretung für den Kontoinhaber handeln soll, fallen hingegen nicht in den Anwendungsbereich des § 60 BörsG. Dasselbe gilt für die erteilten Vollmachten. Denn der vertretene Nichttermingeschäftsfähige ist schon dadurch hinreichend geschützt, daß die gegen ihn gerichteten Ansprüche seiner Vertragspartner dem Termineinwand unterliegen[158]. Ein nichttermingeschäftsfähiger Bankkunde, der durch die Unterzeichnung des Informationsblattes im Sinne des § 53 Abs. 2 BörsG (nur) gegenüber der Bank termingeschäftsfähig geworden ist, kann deshalb gegenüber der Bank eine wirksame Vollmacht zum Abschluß von Börsentermingeschäften in seinem Namen erteilen.

15.166 Schließlich ist § 60 BörsG auch nicht auf die Erteilung von Vollmachten durch Bankkunden anwendbar, die von ihrer Bank mit Hilfe des Informationsmodells termingeschäftsfähig gemacht worden sind. Denn diese Gesetzesbestimmung will einem Termingeschäftsfähigen nicht die Möglichkeit nehmen, sich beim Abschluß eines Börsentermingeschäfts durch einen Bevollmächtigten wirksam vertreten zu lassen. Mit Rücksicht darauf, daß die Termingeschäftsfähigkeit kraft Information nur gegenüber der risikoaufklärenden Bank besteht – Rn 15.146 ff., dürfte aber auch diese Vollmacht nur gegenüber dieser Bank wirksam erteilt werden können.

IV. Nachträgliche Verbindlichkeit (§ 57 BörsG)

15.167 Nicht verbotene Börsentermingeschäfte gelten als von Anfang an verbindlich, wenn ein Vertragskontrahent bei oder nach dem Eintritt der Fälligkeit sich seinem Partner gegenüber mit der Bewirkung der vereinbarten Leistung einverstanden erklärt und der andere Teile diese Leistung an ihn bewirkt (§ 57 BörsG). Eine solche, die ursprüngliche Unverbindlichkeit heilende Leistungsbewirkung kann bei Börsentermingeschäften über selb-

---

[157] BGH WM 1994, 834, 837; 1996, 1260, 1262; zur Frage der Anwendbarkeit des § 60 BörsG bei Einschaltung eines termingeschäftsfähigen Strohmannes vgl. BGH WM 1995, 189.
[158] BGH WM 1994, 834, 837; 1996, 1260, 1262; *Ellenberger*, WM Sonderbeil. Nr. 2, 9.

ständige Optionsscheine nicht schon darin erblickt werden, daß die Bank die von ihrem Kunden gekauften Optionsscheine in dessen Depot einbucht und der Kunde sich damit einverstanden erklärt hat[159]. Dies würde dem Sinn und Zweck des § 57 BörsG nicht gerecht. Hierdurch wollte der Gesetzgeber den Bedürfnissen der Praxis Rechnung tragen, die Börsentermingeschäfte vereinzelt zu Anlagezwecken oder zur tatsächlichen Verwendung der zugrundeliegenden Ware abschließt. Diese wirtschaftlich den Kassageschäften nahestehenden Geschäfte sollten rechtswirksam zugelassen werden[160]. Bei Geschäften in selbständigen Optionsscheinen wie auch in unverbrieften Optionen ist aber eine Leistungsbewirkung im Sinne des § 57 BörsG erst gegeben, wenn der den Optionen zugrundeliegende Gegenstand effektiv geliefert oder die Gegenleistung in Geld erfolgt ist[161]. Wenn schon mit dieser Einlieferung der Optionsscheine in das Kundendepot eine Verbindlichkeit des Börsentermingeschäfts gemäß § 57 BörsG herbeigeführt werden könnte, wäre nicht nur der Zweck dieser Vorschrift verfehlt. Dem Nichttermingeschäftsfähigen würde nach dem BGH in den ganz überwiegenden Fällen auch der Schutz genommen, den der Gesetzgeber durch § 53 BörsG gewährleisten wollte. Denn mit dieser Handhabung wäre die Unterzeichnung des Informationsblattes für die Verbindlichkeit solcher Geschäfte in der Praxis weitgehend ohne Bedeutung[162].

Dagegen ist eine **effektive Leistungsbewirkung** gegeben, wenn die Bank nach Optionsausübung dem Kunden eine Girosammeldepotgutschrift über die zugrundeliegenden Aktien erteilt. Dem steht auch nicht entgegen, wenn der Kunde die ihm hierdurch übereigneten Wertpapiere am Tag der Lieferung wieder veräußert[163]. Auch macht die Gutschrift des auf Termin gekauften Dollarbetrages auf dem Konto des Kunden die zunächst gemäß § 60 BörsG unverbindlichen Kommissionsaufträge rückwirkend verbindlich[164].

15.168

V. Ausschluß des Rückforderungsrechts (§ 55 BörsG)

Soweit aufgrund eines unverbindlichen Börsentermingeschäfts etwas geleistet wird, ohne daß hierin eine die Verbindlichkeit herbeiführende

15.169

---
159 WM 1998, 2331, 2333; m.w.Nachw.
160 BGH WM 1998, 2331, 1333.
161 BGH WM 1984, 1598; 1989, 807; 1992, 479; 1998, 545, 2331, 2333.
162 BGH WM 1998, 2331, 2333.
163 BGH WM 1990, 94, 96.
164 BGH WM 1995, 189, 190; *Ellenberger*, WM 1999, Sonderbeil. Nr. 2, 13.

Leistungsbewirkung im Sinne des § 57 BörsG liegt, kann das Geleistete nicht zurückgefordert werden. Denn nach § 55 BörsG kann das aufgrund eines unverbindlichen Geschäfts Geleistete nicht deshalb zurückgefordert werden, weil für den Leistenden eine Verbindlichkeit nicht bestanden hat. Werden also z.B. die vom Kunden gekauften selbständigen Optionsscheine am zweiten Börsentag in sein Depot eingebucht, ohne daß hierin eine Leistungsbewirkung im Sinne des § 57 BörsG liegt, so kann die Bank die Rückübertragung der Optionsscheine nicht verlangen, wenn der Kunde den hierfür vereinbarten Kaufpreis nicht zahlt. Im Unterschied zu § 57 BörsG bewirkt also § 55 BörsG **keine rückwirkende Verbindlichkeit** und verpflichtet damit den Kunden als Leistungsempfänger auch nicht zur Erbringung seiner Gegenleistung. Der § 55 BörsG schließt vielmehr nur die Rückforderung des vom anderen Kontrahenten Geleisteten aus[165].

15.170 Im übrigen erfordert der § 55 BörsG nach ständiger Rechtsprechung eine **Leistung auf ein bestimmtes Börsentermingeschäft**[166]. An dieser Voraussetzung fehlt es häufig auf Seiten des nichttermingeschäftsfähigen Kunden. So sind insbesondere Belastungsbuchungen auf dem Girokonto keine Leistungen des Kontoinhabers[167].

15.171 Bei Kontokorrentkonten genügt auch nicht die automatische Verrechnung des Saldos aufgrund einer antizipierten kontokorrentrechtlichen Aufrechnungsvereinbarung für die regelmäßigen Kontoabschlüsse zur Annahme einer Leistung im Sinne des § 55 BörsG. Dasselbe gilt für die aufgrund des Unterlassens rechtzeitiger Einwendungen fingierte Genehmigung des Abschlußsaldos[168]. Vielmehr kann bei einem kreditorischen Konto nur das ausdrückliche Anerkenntnis des übermittelten Abschlußsaldos in dem Bewußtsein, daß in der zugrundeliegenden Abrechnung Verbindlichkeiten aus Termingeschäften enthalten sind, eine Rückforderung gemäß § 55 BörsG ausschließen[169]. Auch genügt die Einzahlung auf das Konto, wenn diese sich offensichtlich auf ein bestimmtes Börsentermingeschäft bezieht[170]. Dasselbe gilt für eine zugunsten des Girokontos erfolgende Überweisung des pfenniggenauen Betrages, der dem Kontoinhaber wegen des Börsentermingeschäfts auf diesem Konto belastet wor-

---

165 BGH WM 1998, 2331, 2333; *Ellenberger,* WM 1999, Sonderbeil. Nr. 2, 11.
166 BGH WM 1998, 2331, 2333.
167 BGH WM 1989, 807, 809; 1999, 539, 540.
168 BGH, WM 1989, 807, 809; 1998, 2331, 2333 m.w.Nachw.
169 BGH, WM 1998, 2331, 2333 m.w.Nachw.; OLG Bamberg MDR 1998, 611; *Ellenberger,* WM 1999, Sonderbeil. Nr. 2, 12.
170 BGH WM 1983, 82; 1987, 1153, 1155.

den ist[171]. Als ausreichend wird auch angesehen, wenn das Konto durch den Kunden aufgelöst wird und dieser die Abrechnung vorbehaltlos entgegennimmt[172] oder wenn der Kunde nach Auflösung des Kontos den Schuldsaldo durch Barzahlung ausgleicht[173]. Dabei ist es unerheblich, ob der Kunde wußte, daß er auf eine unverbindliche Forderung leistete[174].

Schließlich sind Zahlungen auf noch nicht fällige Optionsprämien grundsätzlich als eine nach § 55 BörsG zulässige **Vorauserfüllung** zulässig. Es spricht allerdings eine tatsächliche Vermutung dafür, daß diese Zahlungen nicht zur Tilgung künftiger Verbindlichkeiten, sondern nur als **Sicherheitsleistungen** bestimmt gewesen sind[175]. 15.172

§ 56 BörsG erweitert im übrigen die Möglichkeit der **Aufrechnung** mit unverbindlichen Terminansprüchen. Danach ist gegen Forderungen aus Börsentermingeschäften eine Aufrechnung aus anderen Börsentermingeschäften auch dann zulässig, wenn diese Geschäfte nach §§ 52, 53 BörsG für den Aufrechnenden keine wirksame Forderung begründen. 15.173

---

171 OLG Bamberg MDR 1998, 611.
172 BGH WM 1998, 545, 547; LG Düsseldorf WM 1991, 404; OLG Hamm WM 1996, 2274, 2276; *Schwark*, BörsG, § 55 Rn 17; vgl. auch OLG Saarbrücken WM 1997, 1750.
173 OLG Hamm WM 1996, 2274.
174 *Joeres*, FS Schimansky, 1999, S. 667, 682.
175 BGH WM 1987, 1156, 1159; 1989, 807, 809.

4. Abschnitt
Aufklärungspflichten der Kreditinstitute

15.174 Bei den Aufklärungspflichten im Zusammenhang mit Börsentermingeschäften hat der BGH das **sog. Zweistufenmodell** entwickelt[176]. Zur Herbeiführung der Verbindlichkeit von Termingeschäften von nichttermingeschäftsfähigen Kunden ist auf der ersten Stufe eine standardisierte schriftliche Information über die Risiken von Börsentermingeschäften erforderlich. Dieses Informationsblatt soll lediglich die zur Herbeiführung der Börsentermingeschäftsfähigkeit erforderliche Grundaufklärung über Funktionsweise und Risiken der verschiedenen Arten von Börsentermingeschäften leisten[177]. Diese **Grundaufklärung** stellt die **erste Stufe** der Aufklärungspflicht dar[178] und genügt allenfalls bei erfahrenen Anlegern nach Lage des Einzelfalles[179].

15.175 In der **zweiten Stufe** hat eine **anleger- und objektgerechte Aufklärung** zu erfolgen, die die individuellen Verhältnisse des Anlegers und die Besonderheiten des konkreten Geschäfts berücksichtigen muß. Diese weitergehende Information des Anlegers wird durch eine vorvertragliche oder vertragliche Aufklärungspflicht sichergestellt[180]. Die Verletzung dieser zusätzlichen Pflicht begründet eine Schadensersatzpflicht der Bank aus Verschulden bei Vertragsschluß oder wegen positiver Forderungsverletzung[181].

15.176 § 53 Abs. 2 BörsG gewährt deshalb nur noch einen Mindestschutz uninformierter privater Kunden. Sachkundige Anleger, die bei Börsentermingeschäften eine eigenverantwortliche Entscheidung treffen können, werden dagegen vom Gesetzgeber nicht mehr als schutzbedürftig angesehen. Bei diesen ist die gesetzlich vorgeschriebene schriftliche Information eine bloße Formalität im Interesse von Rechtssicherheit und Rechtsklarheit. Die Einhaltung dieser Formalität, von der der Termin- und der Differenz-

---

176 BGH WM 1996, 1260, 1261; *Ellenberger,* WM 1999, Sonderbeil. Nr. 2, 15.
177 BGH WM 1994, 834, 835.
178 *Ellenberger,* WM 1999, Sonderbeil. Nr. 2, 15.
179 BGH WM 1994, 834, 835.
180 WM 1996, 1260; *Ellenberger,* WM 1999, Sonderbeil. Nr. 2, 15.
181 BGH WM 1996, 1260, 1261; 1998, 1391; *Schäfer,* ZIP 1989, 1103, 1105; *Schäfer/Müller,* Haftung für fehlerhafte Wertpapierdienstleistungen, 1998, S. 153 ff.

einwand abhängen, kann deshalb bei ausreichend vorinformierten Anlegern nicht mehr zu den elementaren Grundlagen der deutschen Rechtsordnung (ordre public international) gezählt werden[182]. Der Termineinwand wie auch der Differenzeinwand schließt also bei nicht aufklärungsbedürftigen (nichttermingeschäftsfähigen) Inländern nicht die Anerkennung und Vollstreckbarkeit eines ausländischen Urteils im Inland aus (vgl. § 61 BörsG)[183].

Diese von der Rechtsprechung entwickelte Aufklärungspflicht als vorvertragliche oder vertragliche Nebenpflicht ist zu unterscheiden von der gesetzlichen Informationspflicht des § 31 Abs. 2 Nr. 2 WpHG und der wesentlich weitergehenden „Beratungs"pflicht, wenn zwischen Kunde und Bank ein Beratungsvertrag im Sinne der BGH-Rechtsprechung zustandekommt[184]. Auch ohne eine solche Beratungspflicht kann die Bank aufgrund der besonderen Umstände des Einzelfalles zur Aufklärung des Kunden insbesondere über ein erkennbares Risiko verpflichtet sein[185].

15.177

Dies gilt insbesondere bei Geschäften in Optionsscheinen[186]. Hier ist der **geschäftsunerfahrene Kunde** vor allem auf die begrenzte Laufzeit und auf das Risiko des Totalverlustes schon während der Laufzeit der verbrieften Optionsrechte hinzuweisen[187]. Die Bank braucht dagegen über Wesen und Risiken von Optionsscheingeschäften nicht aufzuklären, wenn dem Kunden die mit dem Erwerb eines Optionsscheines generell verbundenen Probleme nach eigenen Angaben bekannt gewesen sind[188]. Dasselbe gilt, wenn der Kunde an sie mit gezielten Aufträgen zum Erwerb bestimmter Optionsscheine herantritt[189].

15.178

Den Kreditinstituten obliegt daher die Aufgabe, entsprechende hausinterne Vorkehrungen für eine ordnungsgemäße Erfüllung dieser Aufklärungspflicht zu treffen. Dies ist mit einer erheblichen rechtlichen Unsicherheit verbunden. Denn aus der BGH-Rechtsprechung lassen sich keine allgemein geltenden Grundsätze über den Inhalt und Intensität der geschuldeten Aufklärung ableiten. Hiernach sollen die Umstände des Einzelfalles

15.179

---

182 BGH WM 1998, 1177, 1178; *Seeberg*, ZIP 1992, 600, 632 f.; *de Lousanoff*, FS Nirk, 1992, S. 607, 632; a.A. *Baumbach/Hopt*, § 61 BörsG, Rn. 5; *Henssler*, ZHR 153 (1989), 611, 638 f.
183 BGH WM 1998, 1176, 1178.
184 BGH WM 1993, 1455, 1456; *Ellenberger*, WM 1999, Sonderbeil. Nr. 2, 13.
185 OLG Frankfurt WM 1994, 236.
186 OLG Frankfurt WM 1993, 684, 686.
187 *Potthoff*, WM 1993, 1319.
188 BGH WM 1997, 309; 1996, 1214; LG München WM 1996, 1907, 2113, 2114.
189 BGH WM 1997, 811.

entscheidend sein. So haben nach ständiger Rechtsprechung des BGH Vermittler von Terminoptionen optionsunerfahrene Kunden unmißverständlich schriftlich darauf hinzuweisen, daß jeder Aufschlag auf die Börsenoptionsprämie die Gewinnerwartung verschlechtert, weil ein höherer Kursausschlag als der vom Börsenfachhandel als realistisch angesehene notwendig ist, um in die Gewinnzone zu kommen, ein Aufschlag also nicht zu einem höheren Preis für dasselbe Objekt führt, sondern das Verhältnis von Chancen und Risiken aus dem Gleichgewicht bringt[190].

15.180 Bei **Verletzung dieser Aufklärungspflicht** ist die Bank dafür beweispflichtig, daß der Schaden auch eingetreten wäre, wenn sie sich pflichtgemäß verhalten hätte, der geschädigte Kunde also den Rat oder Hinweis nicht befolgt hätte[191].

15.181 Diese Einzelfallbetrachtung bei der allgemeinen Aufklärungspflicht ist bei der gesetzlich vorgeschriebenen Grundaufklärung über die Funktionsweise und Risiken der Börsentermingeschäfte zur Herbeiführung der Termingeschäftsfähigkeit gemäß § 53 Abs. 2 BörsG nicht erforderlich. In dieser Unabhängigkeit von den individuellen Umständen des Einzelfalles liegt für die Praxis ein wesentlicher Vorteil des neuen Informationsmodells. Die Rechtssicherheit gebietet es, daß die Börsentermingeschäfte verbindlich sind, wenn dem Kunden die gesetzlich vorgeschriebene Grundaufklärung über die Funktionsweise und Risiken der Börsentermingeschäfte geleistet worden ist. Dagegen verhindert das Versäumnis der zusätzlichen Aufklärung, zu der die Bank aufgrund der besonderen Umstände des Einzelfalles verpflichtet sein kann, nicht das Wirksamwerden des abgeschlossenen Börsentermingeschäftes[192]. Hier kann sich die Bank nur schadensersatzpflichtig machen.

I. Praktisches Bedürfnis nach standardisierter Aufklärung

15.182 Wie die Erfahrungen der Praxis zeigen, erfordern die organisatorischen Vorkehrungen für die geschuldete Aufklärung der in Börsentermingeschäften unerfahrenen Kunden, insbesondere die Ausbildung der Bankmitarbeiter, eine weitestmögliche einheitliche Handhabung. Diese Standardisierung empfiehlt sich zudem wegen des Gebotes der Gleichbehandlung der Kunden. Hier ergibt sich eine **Parallele zur Produktinformation** in anderen Wirtschaftsbereichen. In dem termingeschäftlichen Bereich sind diese „Produkte" die einzelnen Varianten der Börsentermingeschäf-

---

190 BGH WM 1994, 149, 150; 453, 454, 834, 835; OLG Frankfurt ZIP 1993, 1860, 1861 für den Abschluß von Devisenoptionsgeschäften.
191 BGH WM 1993, 1458; 1994, 149; 492.
192 *Wach*, AG 1992, 384, 395.

te; hierbei handelt es sich um Vertragsverhältnisse mit typischer (standardisierter) Ausgestaltung.

Eine solche standardisierte Aufklärung unerfahrener Kunden kann sich auch auf die Rechtsprechung[193] und das Schrifttum stützen[194]. Trotz kritischer Einstellung gegenüber einer Einschränkung der vertraglichen Beratungspflicht wird mit Rücksicht auf die Praktikabilität nur die Vermittlung von Grundkenntnissen gefordert. Eine solche Wissensvermittlung kann aber in einer vom Einzelfall losgelösten generalisierenden Weise geschehen. Die Richtlinie des Bundesaufsichtsamtes für den Wertpapierhandel vom 26. 5. 1997 zur Konkretisierung der §§ 31 und 32 WpHG für das Kommissions-, Festpreis- und Vermittlungsgeschäft der Kreditinstitute (**Wohlverhaltensrichtlinie**)[195] gestattet deshalb den Wertpapierdienstleistungsunternehmen, ihren Kunden die nach § 31 Abs. 2 WpHG zweckdienlichen Informationen mittels standardisierter Informationsbroschüren mitzuteilen (Pkt. 3.2).

15.183

Eine solche sachgerechte Standardisierung der Kundenberatung wird schließlich dadurch wesentlich erleichtert, daß die gebräuchlichen Kontraktarten der in- und ausländischen Terminmärkte in ihren Grundstrukturen übereinstimmen. Ohne diese strukturelle Gleichartigkeit wäre es auch nicht möglich gewesen, die Privatkunden über die terminspezifischen Grundrisiken zur Herbeiführung der Termingeschäftsfähigkeit gemäß § 53 Abs. 2 BörsG in standardisierter Form aufzuklären.

15.184

II. Vorgaben des Bundesaufsichtsamtes für den Wertpapierhandel

Die Wohlverhaltensrichtlinie des Bundesaufsichtsamtes für den Wertpapierhandel vom 26. 5. 1997 enthält detaillierte Regelungen für die nach § 31 Abs. 2 WpHG geschuldeten Informationen der Kunden bei Abschluß von Derivatgeschäften (Nr. 4). So müssen Risikohinweise zu Derivaten insbesondere Informationen über den Basiswert, die wirtschaftlichen Zusammenhänge und Funktionsweise der Produkte (insbesondere die Bedeutung der Laufzeit für das Aufgeld, der Ausübungsart, des Hebeleffektes,

15.185

---

193 OLG München zu den sog. Bandbreiten-Optionsscheinen mit „Knock-out"-Variante (WM 1998, 2367, 2371).
194 *Imo*, Börsentermin- und Optionsgeschäfte, Bd. 1, 1988, S. 1056; vgl. weiter LG Düsseldorf WM 1988, 1557, 1558; *Rollinger*, Aufklärungspflichten bei Börsentermingeschäften, Diss. Göttingen, 1990, S. 117 ff.; *Ellenberger*, WM 1999, Sonderbeil. Nr. 2, 15.
195 Abgedruckt in *Kümpel/Ott*, Kapitalmarktrecht, Kz 631/1.

der **Liquidität und Volatilität** des Marktes und ggf. des Stillhalterisikos), den Ertrag, das Kursrisiko, das Währungsrisiko und das Bonitätsrisiko enthalten.

15.186 Bei der erforderlichen Hinterlegung von Sicherheiten („margin") ist der Kunde darüber schriftlich zu unterrichten. Dabei muß offengelegt werden, welcher Beteiligte die Sicherheit verlangt, in welcher Form die Sicherheitsleistung erfolgen kann (z.B. in Geld, Wertpapieren) und ob die Bank dem Kunden gegenüber höhere Sicherheiten verlangt als die Börse. Der Kunde muß auch über seine Pflicht informiert werden, ggf. zusätzliche Sicherheiten (Nachschüsse) zu leisten. Darüber hinaus ist gegebenenfalls auf die Möglichkeit der Durchreichung der Sicherheiten an die betreffende Börse oder Clearing Organisation hinzuweisen.

15.187 Desweiteren hat die Bank den Kunden darüber aufzuklären, unter welchen Voraussetzungen er die Positionen glattzustellen bzw. liquidieren kann. Dabei muß der Kunde insbesondere darauf hingewiesen werden, in welchen Abständen die Einhaltung der Sicherheitsanforderungen von der Bank überprüft wird und welche Frist zur Erfüllung der Nachschußpflicht dem Kunden vor der Liquidierung seiner Position eingeräumt wird.

15.188 Ferner muß die Bank den Kunden darüber unterrichten, in welcher Weise die geleisteten Sicherheiten verwaltet werden und ob der Kunde bei entsprechender Marktlage etwaige überschüssige Sicherheiten herausverlangen darf.

III. Erfüllung der zusätzlichen Aufklärungspflicht gegenüber dem Kontobevollmächtigten

15.189 Eine im Einzelfall geschuldete zusätzliche Aufklärung hat gegenüber dem Bevollmächtigten zu erfolgen, wenn dieser das Börsentermingeschäft im Namen seines Vollmachtgebers mit der Bank abschließt. Dies folgt aus § 166 Abs. 1 BGB, wonach nicht die Person des Vertretenen, sondern die des Vertreters in Betracht kommt, soweit die rechtlichen Folgen einer Willenserklärung durch die Kenntnis oder das Kennenmüssen gewisser Umstände beeinflußt werden. So wendet die Rechtsprechung § 166 Abs. 1 BGB z.B. auch auf die Kenntnis oder grob fahrlässige Unkenntnis eines Vertreters von dem Mangel der gekauften Sache (§ 460 BGB) an, wenn der Vertreter den Kaufvertrag abgeschlossen hat[196]. Es stünde mit dem Grundgedanken des § 166 Abs. 1 BGB nicht im Einklang, wenn ein

---

196 RGZ 131, 343, 357; Münchener Komm. zum BGB/*Schramm*, § 166 Rn 27.

über die terminspezifischen Risiken nicht aufgeklärter Bevollmächtigter verbindliche Börsentermingeschäfte für seine Vollmachtgeber abschließen könnte, selbst wenn der Vollmachtgeber mit Hilfe des Informationsmodells zuvor die Termingeschäftsfähigkeit erlangt hat. Denn der zum Geschäftsabschluß führende rechtsgeschäftliche Wille wird hier nicht vom Vollmachtgeber, sondern von seinem Bevollmächtigten erklärt.

Anders als bei der Risikoaufklärung zur Herbeiführung der Börsentermingeschäftsfähigkeit ist es **ausreichend,** daß die geschuldete Aufklärung lediglich gegenüber den auftragserteilenden Bevollmächtigten und nicht zusätzlich gegenüber seinem Vollmachtgeber erfolgt. Dementsprechend bestimmt die Wohlverhaltensrichtlinie des Bundesaufsichtsamtes für den Wertpapierhandel, daß bei einer rechtsgeschäftlichen Vertretung des Kunden hinsichtlich der Einholung von Angaben zu Kenntnissen oder Erfahrungen sowie für die Erforderlichkeit der Mitteilung zweckdienlicher Informationen auf den Vertreter abzustellen ist (Nr. 3.3 der Wohlverhaltensrichtlinie).

15.190

5. Abschnitt
Differenzeinwand

15.191 Die Börsengesetznovelle von 1989 hat nicht nur den Termineinwand, sondern auch den **Differenzeinwand** des BGB für den Bereich der Börsentermingeschäfte **neu geregelt**. Ähnlich dem Termineinwand soll auch der Differenzeinwand geschäftsungewandte Personen vor den oft nicht überschaubaren Risiken von Differenzgeschäften schützen[197]. Nach § 764 BGB liegt ein diesem Einwand unterworfenes **Differenzgeschäft** vor, **wenn ein auf Lieferung von Waren oder Wertpapieren lautender Vertrag in der Absicht geschlossen wird, daß der Unterschied zwischen dem vereinbarten Preis und dem Börsen- oder Marktpreis der Lieferungszeit von dem Verlierenden an den Gewinnenden gezahlt werden soll.** Diese Gesetzesvorschrift ist aber nach einhelliger Meinung auf Geschäfte unanwendbar, die wirtschaftlich berechtigten Zwecken dienen, insbesondere der Sicherung gegen Preis- und Kursrisiken für die Import- und Exportwirtschaft **(sog. Hedgegeschäfte)**[198].

15.192 Ein **klassisches Beispiel** eines Hedgegeschäftes liegt vor, wenn ein Importeur von Rohstoffen, der sich gegen den Wertverfall seiner Vorratslager schützen will, die er für seinen Geschäftsbetrieb unterhält. Beispiel: Ein deutscher Importeur kauft zur Vorratshaltung 100 000 Kilo Kaffeebohnen zum Preis von DM 10,– pro Kilo und hat daher bei der kurzfristig erfolgenden Lieferung an seinen Verkäufer DM 1 Mio zu zahlen. Er befürchtet jedoch einen starken Verlust infolge eines späteren drastischen Preisverfalles und verkauft daher noch am selben Tag dieselbe Menge Kaffeebohnen durch ein Termingeschäft mit dem Recht, diese Menge innerhalb der nächsten 6 Monate ebenfalls zum Preise von DM 10,– pro Kilo liefern zu können. Sinkt nun der Preis auf DM 5,– pro Kilo, so kann sich der Importeur die an seinen Terminkontrahenten zum Gesamtpreise von DM 1 Mio verkauften Kaffeebohnen im Kassamarkt zum niedrigeren Gesamtpreise von nur DM 500 000,– beschaffen. Bei anschließender Lieferung dieser Position an seinen Terminkäufer erhält der Importeur den vereinbarten Kaufpreis von DM 1 Mio und erzielt damit aus seinem Terminverkauf einen Kursgewinn von DM 500 000,–. Mit diesem Kursgewinn aus dem Termingeschäft verschafft sich der Importeur einen Ausgleich dafür, daß der Wert seines angelegten Vorrats an Rohkaffee durch den Preisverfall lediglich DM 500 000,– und damit nur noch die Hälfte des hierfür gezahlten Kaufpreises beträgt. Der Importeur hat sich also mit Hilfe eines Börsen-

---

197 *Soergel/Häuser*, § 764 Rn 10; *Kümpel*, WM 1997, 49, 54.
198 *Staudinger/Engel*, § 764 Rn 18; Münchener Komm. z. BGB/*Habersack*, § 764 Rn 18.

termingeschäfts in Gestalt eines Terminverkaufs gegen einen sinkenden Marktpreis seines Vorratslagers abgesichert.

I. Erweiterter Ausschluß des Differenzeinwandes durch Börsengesetznovelle 1989

§ 58 BörsG hatte bislang den Differenzeinwand für die Börsentermingeschäfte nur sehr beschränkt ausgeschlossen. Privilegiert waren bislang lediglich Börsentermingeschäfte in solchen Waren oder Wertpapieren, die zum Terminhandel an einer deutschen Börse zugelassen waren („offizielle" Börsentermingeschäfte). Diese Verknüpfung des gesetzlichen Ausschlusses des Differenzeinwandes mit der Zulassung zum inländischen Börsenterminhandel ist entfallen.

15.193

Durch die Neufassung ist § 58 BörsG auch auf Börsentermingeschäfte anwendbar, die **außerhalb einer Börse** oder an einer **ausländischen Börse** getätigt werden. Der Differenzeinwand hat damit für die Börsentermingeschäfte der Kreditinstitute keine praktische Bedeutung mehr. Denn bei Börsentermingeschäften, die die Bank mit kraft Gesetzes oder durch das Informationsmodell termingeschäftsfähiger Kunden tätigt und die daher verbindlich sind, ist der Differenzeinwand durch § 58 S. 1 BörsG nunmehr umfassend ausgeschlossen worden. Der Differenzeinwand greift also nur noch in den Ausnahmefällen, in denen das Börsentermingeschäft wegen unterbliebener Risikoaufklärung unwirksam ist oder das Differenzgeschäft nicht zugleich ein Börsentermingeschäft ist[199].

15.194

Der Differenzeinwand ist durch § 58 BörsG nur insoweit ausgeschlossen, als das **Börsentermingeschäft wirksam abgeschlossen** worden ist. Fehlt es jedoch an dieser Wirksamkeit, so kann der Kunde die Unwirksamkeit schon unter Berufung auf den Termineinwand geltend machen, ohne sich noch auf den Differenzeinwand berufen zu müssen (§ 58 S. 1 BörsG).

15.195

Nach der Neufassung durch die Börsengesetznovelle erstreckt sich § 58 BörsG unmittelbar auch auf **Devisentermingeschäfte.** Denn diese Geschäfte fallen nunmehr unter den erweiterten Begriff der Börsentermingeschäfte im Sinne des § 50 BörsG[200].

15.196

Wegen der Neufassung des § 58 BörsG ist im übrigen die Verordnung vom 7. 3. 1925 aufgehoben worden, mit dem § 58 BörsG auf Börsentermingeschäfte in ausländischen Zahlungsmitteln und Wechseln für anwendbar erklärt worden war[201].

15.197

---
199 *Ellenberger*, WM 1999, Sonderbeil. Nr. 2, 11.
200 BT-Drucksache 11/4177, S. 21.
201 Art. 2 der Börsengesetznovelle 1989; vgl. BT-Drucksache 11/4721, S. 14.

1. Größere Rechtssicherheit für die Praxis

15.198 Für die Praxis hat der erweiterte Ausschluß des Differenzeinwandes die Rechtssicherheit wesentlich erhöht. So dürfte mit der Neufassung des § 58 BörsG der Differenzeinwand auch für die **US-amerikanischen short sales** ausgeschlossen sein. Die short sales sind nach ihrer Funktion ein Ersatz für die in den USA nicht zugelassenen herkömmlichen Wertpapiertermingeschäfte[202]. Die Begründung des Gesetzentwurfs rechnet daher ausdrücklich auch diese Geschäfte zu den Börsentermingeschäften[203].

15.199 Die praktische Bedeutung des erweiterten Ausschlusses des Differenzeinwandes für Börsentermingeschäfte zeigt sich auch bei den außerbörslichen Börsentermingeschäften in Gestalt des Handels per Erscheinen, wie sie die Praxis auch bei Anleihen mit Zins-Warrants tätigt[204]. Mit Rücksicht auf den bislang zulässigen Differenzeinwand konnten diese Geschäfte im Regelfall selbst mit der termingeschäftsfähigen Kundschaft nicht getätigt werden, wenn bis zum Zeitpunkt der hinausgeschobenen Valutierung ein glattstellendes Gegengeschäft und damit ein Differenzgeschäft beabsichtigt war. Denn die Kreditinstitute konnten sich gegen die Unverbindlichkeit der Geschäfte auch nicht durch formgerechte Sicherheitsleistung schützen, wie dies bislang gegen den Termineinwand möglich war (vgl. §§ 762 Abs. 2, 764 BGB)[205].

2. Differenzeinwand kein Teil des ordre public

15.200 Der stark erweiterte Ausschluß des Differenzeinwandes durch den neu gefaßten § 58 BörsG hat auch der BGH-Rechtsprechung die Grundlage entzogen, wonach sich der Differenzeinwand bei Sachverhalten mit einer Verbindung zum Recht eines ausländischen Staates (Art. 3 Abs. 1 S. 1 EGBGB) aufgrund der ordre public (Art. 6 EGBGB) stets gegenüber dem vereinbarten ausländischen Recht durchzusetzen vermag, wenn dieses wie regelmäßig keinen Differenzeinwand kennt. Für die Unvereinbarkeit mit der öffentlichen Ordnung (ordre public) kommt es nach der von der Rechtsprechung entwickelten Formel darauf an, „ob das Ergebnis der Anwendung des ausländischen Rechts im konkreten Fall zu den Grundgedanken der deutschen Regelung und den in ihnen liegenden Gerechtig-

---

202 *Samtleben*, RabelsZ 45 (1981), 235 unter Bezugnahme auf die ältere Literatur.
203 BT-Drucksache 11/4177, S. 18.
204 *Kümpel* in Kümpel/Häuser, Börsentermingeschäfte, Termin- und Differenzeinwand, 1986, S. 56 ff.
205 *Kümpel* in Kümpel/Häuser, Börsentermingeschäfte, Termin- und Differenzeinwand, 1986, S. 65.

keitsvorstellungen in so starkem Widerspruch steht, daß es nach deutscher Vorstellung untragbar erscheint"[206]. Der BGH hat diese Unerträglichkeit bei ausländischem Recht unterworfenen Differenzgeschäften in Gestalt von Börsentermingeschäften bejaht. Beim Spiel- und Differenzeinwand (§§ 762, 764 BGB) handele es sich um Schutzgesetze, die gleichzeitig der Ordnung des innerstaatlichen Soziallebens dienten und sich daher gegenüber einem vereinbarten abweichenden ausländischen Recht durchsetzen müßten, selbst wenn der Kunde als Vollkaufmann termingeschäftsfähig sei[207].

Diese Bewertung bedurfte nach dem Inkrafttreten der Börsengesetznovelle einer Überprüfung. Der Differenzeinwand kann mit Rücksicht auf seinen gesetzlichen Ausschluß nach Maßgabe von § 58 S. 1 BörsG für den Bereich der Börsentermingeschäfte nicht mehr als eine Regelung angesehen werden, die sich mit Rücksicht auf die ordre public gegenüber abweichendem ausländischem Recht durchsetzen muß[208]. Nach dem BGH gehört der Differenzeinwand nunmehr gegenüber Börsentermingeschäften zwischen börsentermingeschäftsfähigen Vertragspartnern im Hinblick auf den erweiterten Ausschluß dieses Einwandes durch § 58 BörsG nicht mehr zum deutschen ordre public[209]. Auch kann in besonderen Ausnahmefällen die Geltendmachung des Differenzeinwandes eine unzulässige Rechtsausübung darstellen[210].

15.201

II. Eingeschränkte Reichweite des Börsengesetzes bei Auslandsgeschäften

Bei Börsentermingeschäften mit Auslandsberührung[211] stellt sich die Frage, ob der Termin- und Differenzeinwand auch dann gelten soll, wenn aufgrund einer Vereinbarung oder des „Schwerpunktes" des Geschäftes ausländisches Recht anzuwenden wäre, das diese beiden Einwendungsrechte nicht kennt. § 61 BörsG enthält hierzu eine spezielle Regelung des deutschen internationalen Privatrechts (Kollisionsrecht). Sie bestimmt, in welchem Umfang sich der Termin- und Differenzeinwand gegenüber

15.202

---

206 BGH WM 1992, 1451; 1998, 1176, 1177.
207 BGH WM 1978, 1203, 1204; 1981, 758.
208 LG Wuppertal, WM 1993, 103, 108.
209 BGH WM 1993, 2121, 2122; 1998, 1176, 1177; OLG Frankfurt WM 1996, 2107, 2109 m.w.Nachw.
210 BGH WM 1991, 1367, 1368; OLG Köln WM 1996, 2110, 2111.
211 *de Lousanoff*, FS Nirk, 1992, S. 607; vgl. weiter *Gundlich*, FS Schimansky, 1999, S. 613 ff.

dem anwendbaren ausländischen Recht durchzusetzen vermag und damit das deutsche Börsengesetz insoweit auch Geltung für Auslandsgeschäfte beansprucht.

15.203 Mit Rücksicht auf die internationale Verflechtung der Märkte ist die Kollisionsnorm des § 61 BörsG **liberaler gefaßt** worden. Dem deutschen Börsengesetz kommt nunmehr gegenüber abweichendem ausländischen Recht lediglich eine abwehrende (defensive) Funktion zu. Der Termineinwand kann sich gegenüber dem ausländischen Recht nur noch durchsetzen, wenn der nicht-termingeschäftsfähige Kunde zur Zeit des Geschäftsabschlusses seinen gewöhnlichen Aufenthalt im Inland hat (§ 61 Nr. 2 BörsG) und auch die für den Abschluß des Geschäfts erforderlichen Willenserklärungen im Inland abgegeben worden sind (§ 61 Nr. 3 BörsG). Fehlt eines dieser Tatbestandsmerkmale, so kann sich der ausländische Kunde nicht auf den Termineinwand nach deutschem Recht berufen. Insbesondere gilt § 61 BörsG nicht in den Fällen, in denen der Nichttermingeschäftsfähige zur Abgabe seiner Willenserklärungen ins Ausland fährt[212].

15.204 Wie der Differenzeinwand gehört auch der Termineinwand bei im Ausland geschlossenen Börsentermingeschäften, soweit der Nichttermingeschäftsfähige nicht aufklärungsbedürftig ist, nicht mehr zum deutschen ordre public international, der eine Anerkennung und Vollstreckbarkeit eines ausländischen Urteils im Inland ausschließt. Dies gilt auch dann, wenn das Termingeschäft nicht Devisen oder Edelmetalle, sondern andere Waren zum Gegenstand hat[213].

15.205 Soweit sich der Kunde auf den Termineinwand berufen kann, wird die Vereinbarung eines ausländischen Gerichtsstandes von den deutschen Gerichten nicht anerkannt, wenn sie in Verbindung mit der Rechtswahlklausel zur Folge hätte, daß das Gericht den Termineinwand nicht beachtet[214].

15.206 Etwas anderes gilt dagegen, wenn mit einem im Ausland wohnhaften Kunden z.B. anläßlich der Eröffnung eines Kontos bei einer inländischen Niederlassung die **Geltung deutschen Rechts vereinbart** worden ist und sich daher die kollisionsrechtliche Frage der Anwendbarkeit des abweichenden ausländischen Rechts von vorneherein gar nicht stellen kann. Hier kann sich der Kunde auf den Termineinwand berufen, wenn er nicht das Informationsblatt zur Herbeiführung seiner Termingeschäftsfähigkeit unterschrieben hat. Durch die Neufassung des § 53 Abs. 1 BörsG ist die

---

212 BGH WM 1998, 1176, 1178.
213 BGH WM 1998, 1176, 1177.
214 BGH WM 1987, 1153, 1154; OLG Frankfurt WM 1993, 1670, 1671.

Frage der Termingeschäftsfähigkeit bei einer Vereinbarung deutschen Rechts losgelöst vom Wohnsitz oder vom gewöhnlichen Aufenthalt zu beantworten.

III. Differenzeinwand bei Kassageschäften

Ernstgemeinte Kassageschäfte sind nach dem BGH weder dem Differenzeinwand noch dem Spieleinwand (§ 762 BGB) ausgesetzt[215]. Verdeckt das Kassageschäft ausnahmsweise ein Zeitgeschäft, kann der Differenzeinwand gegeben sein, wenn das Börsentermingeschäft unverbindlich ist (§ 58 BörsG)[216]. 15.207

Auch bei einem Kassageschäft kann nach dem BGH der Differenzeinwand gegeben sein, wenn sich die Vertragskontrahenten darüber einig sind, daß weder die gekaufte Ware geliefert noch ein Preis gezahlt wird, sondern irgendein Umstand darüber entscheiden soll, was und wann zu zahlen ist[217]. 15.208

---

215 BGH WM 1998, 323, 325; 1989, 675, 676; 1991, 982, 983.
216 *Ellenberger*, WM 1999, Sonderbeil. Nr. 2, 11.
217 BGH WM 1988, 323, 325.

6. Abschnitt
Reform der terminrechtlichen Regelungen[218]

15.209　Im Rahmen des für diese Legislaturperiode vorgesehenen Vierten Finanzmarktförderungsgesetzes sollen auch die Vorschriften für die Börsentermingeschäfte tiefgreifend neugestaltet werden, um die Rechtsunsicherheit bei diesen Geschäften zu beseitigen[219].

15.210　So ist es unbefriedigend, daß sich das im Jahre 1989 eingeführte Informationsmodell (§ 53 Abs. 2 BörsG) zur Herbeiführung der Termingeschäftsfähigkeit der Privatkundschaft der Kreditinstitute in seinen Kernbereichen mit der gesetzlichen Informationspflicht überschneidet, wie sie im Jahre 1994 als Verhaltenspflicht in das neue Wertpapierhandelsgesetz (§ 31 Abs. 2 Nr. 2) geschaffen worden ist. Verletzungen der börsengesetzlichen Informationspflicht und dieser Verhaltenspflicht des Wertpapierhandelsgesetzes haben jedoch wesentlich voneinander abweichende Rechtsfolgen. Eine Nichtbeachtung des § 53 Abs. 2 BörsG läßt das **Börsentermingeschäft unverbindlich** sein, während ein Verstoß gegen § 31 Abs. 2 Nr. 2 WpHG nicht zu dieser Unverbindlichkeit führt, sondern die gesetzeswidrig handelnde Bank schadensersatzpflichtig macht.

15.211　Aus der Sicht der Praxis noch wesentlich unbefriedigender ist, daß der gesetzliche Ausschluß des Differenz- und Spieleinwandes (§§ 762, 764 BGB) an den unscharfen und heftig umstrittenen Begriff des Börsentermingeschäfts anknüpft[220]. Die hieraus resultierende Rechtsunsicherheit steht in einem krassen Widerspruch zu dem mit § 58 BörsG bezweckten Ausschluß des Spiel- und Differenzeinwandes. Hierdurch sollten nach den Gesetzesmaterialien Geschäftsfelder geschaffen werden, innerhalb derer sich der Börsenterminhandel frei entfalten kann. Der legitime Terminhandel sollte nicht durch Begünstigung unzuverlässiger Schuldner gefährdet werden, weil auch das reine Differenzgeschäft wirtschaftlich berechtigt sein kann[221]. Im modernen Terminhandel sind aber Börsentermingeschäfte regelmäßig solche Differenzgeschäfte[222]. Dies erforderte den

---

218　*Samtleben* in Hopt/Rudolph/Baum, Börsenreform, 1997, S. 488 ff.; *Kümpel*, WM 1997, 49 ff.; *Rosset*, WM 1999, 574 ff.
219　Bericht der Börsen-Zeitung vom 18. 6. 1998, S. 3 zum verabschiedeten Konzept „Globale Kapitalmarktpolitik für mehr Beschäftigung".
220　*Schwark*, BörsG, § 58 Rn 12; *Häuser*, ZBB 1992, 249, 252.
221　*Soergel/Häuser*, § 764 Rn 11.
222　*Ellenberger*, WM 1999, Sonderbeil. Nr. 2, 11.

Ausschluß des Spiel- und Differenzeinwandes unter bestimmten Voraussetzungen, um eine rechtssichere „Börsenrechtssphäre" zu schaffen[223]. Denn ohne diesen Ausschluß kann sich die Bank vor dem Differenzeinwand selbst dann nicht schützen, wenn sie das Differenzgeschäft mit einem Vollkaufmann abgeschlossen hat. Auch eine Sicherheitsleistung wäre dem Spiel- und Differenzeinwand ausgesetzt (§§ 762 Abs. 2, 764 BGB).

Dieses **Bedürfnis nach einem zuverlässigen Ausschluß** des Differenzeinwandes wird noch dadurch verstärkt, daß bereits die einseitige Differenzabsicht des Kunden ausreicht, sofern sie die Bank infolge leichter Fahrlässigkeit nicht erkannt hat (§ 764 S. 2 BGB). Hierzu hat die Rechtsprechung eine umfangreiche Indizienlehre hinsichtlich der für die Bank erkennbaren Absicht der reinen Differenzspekulation ihres Kunden entwickelt[224]. Von Bedeutung sind hiernach fehlende sachliche Beziehung zwischen dem zugrundeliegenden Basiswert und dem Berufskreis des Kunden, auffälliges Mißverhältnis zwischen Kundenvermögen und der Höhe seines Engagements, bisheriges Unterbleiben effektiver Erfüllungshandlungen und ausnahmslose Verbuchung von Differenzbeträgen[225]. 15.212

Der Terminhandel ist, wie auch der BGH im Blick auf den termingeschäftlichen Handel mit Optionsscheinen betont hat, „auf Rechtsklarheit und Rechtssicherheit angewiesen". Es müsse sich **„möglichst zweifelsfrei feststellen lassen, ob ein Börsentermingeschäft vorliegt"**[226]. Diesem Erfordernis läßt sich noch weniger Rechnung tragen, nachdem sich der BGH von seiner bisherigen Definition des Börsentermingeschäfts ausdrücklich distanziert hat. Beim modernen Terminhandel, der das Termingeschäft häufig als offenes Differenzgeschäft ausgestaltet, könne insbesondere nicht mehr an dem bisherigen Kriterium einer jederzeitigen Glattstellungsmöglichkeit durch ein Gegengeschäft festgehalten werden[227]. Der BGH stellt nunmehr für die Qualifizierung eines Geschäfts als Börsentermingeschäft entscheidend auf den mit ihm verfolgten wirtschaftlichen Zweck und dem Schutz des Anlegers ab[228]. Angesichts dieser Kriterien von hohem Abtraktionsgrad ist eine verläßliche Einordnung eines konkreten Geschäfts als Börsentermingeschäft für die Praxis noch wesentlich schwieriger geworden. 15.213

---

223 *Soergel/Häuser*, § 764 Rn 11.
224 Vgl. *Häuser/Welter* in Assmann/Schütze, Handbuch des Kapitalanlagerechts, § 16 Rn 172.
225 Zu den problematischen Möglichkeiten eines Ausschlusses dieses Risikos durch eine Kundenerklärung vgl. *Kümpel/Häuser*, Börsentermingeschäfte, Termin- und Differenzeinwand, 1986, S. 65, 66.
226 WM 1996, 1620, 1622.
227 BGH WM 1998, 2331, 2332.
228 BGH WM 1998, 274, 275; *Ellenberger*, WM 1999, Sonderbeil. Nr. 2, 5.

I. Wachsendes Bedürfnis nach Ausschluß des Differenzeinwandes

15.214 Die Rechtsunsicherheit, die aus der Verknüpfung des Ausschlusses des Differenzeinwands mit dem Vorliegen eines Börsentermingeschäfts folgt, wächst mit den dynamischen Entwicklungen an den in- und ausländischen Terminmärkten wie auch im Bereich der außerbörslichen Finanzdienstleistungen. Die termingeschäftlichen Engagements sind mittlerweile durch eine zunehmende Vielzahl komplizierter Vertragskonstruktionen geprägt, die sich hinter den Schlagwörtern „exotische Optionen" oder „Derivate der zweiten und dritten Generation" verbergen[229]. Die Kreativität der Marktanbieter hat zu nicht mehr überschaubaren Varianten der derivativen Finanzinstrumenten geführt[230]. Diese innovativen Prozesse lassen die von Rechtsprechung und Schrifttum entwickelten Kriterien für die Abgrenzung der rechtlich problematischen Börsentermingeschäfte als überholt oder ungeeignet erscheinen.

15.215 Wie die jüngsten Innovationen an den Terminmärkten zeigen, fehlen einigen Varianten des Termingeschäfts auch sonstige Merkmale, die nach Rechtsprechung und Schrifttum das Erscheinungsbild der Börsentermingeschäfte prägen. So sei es für den Terminspekulanten typisch, daß er aus den Schwankungen des Marktes Kursgewinne erzielen wolle[231]. Bestimmte neue Kontraktarten, insbesondere einige innovative Optionsvarianten stellen hingegen darauf ab, daß sich der Kurs möglichst nicht oder nur in einer sehr engen Bandbreite bewegt. Dies gilt z.B. für sog. Bandbreiten-Optionsscheine, mit denen z.B. auf Devisen im Rahmen einer sog. Seitwärtsbewegung und damit auf nicht aufsteigende oder fallende Kurse spekuliert werden kann, wie es für die bisherige Kursspekulation typisch gewesen ist[232].

15.216 Bei anderen Kontrakten fehlt es an einer von der Marktentwicklung abhängigen (variablen) Differenzzahlung. Statt dessen wird die Zahlung eines festen Betrages vereinbart. So gewähren die sog. Digital-Optionen einen Anspruch auf Auszahlung eines im voraus bestimmten unveränderlichen Betrages für den Fall, daß der Kurs des Basiswertes am Fälligkeitstag den vereinbarten Basispreis über- oder unterschreitet bzw. sich innerhalb einer gewissen Bandbreite bewegt. Die auf Zahlung eines Geldbetrages gerichteten klassischen Börsentermingeschäfte in Gestalt der Diffe-

---

229 *Rodt/Schäfer*, Die Bank 1996, S. 602 ff.; vgl. weiter *Schulz*, Die Bank 1993, 476 ff.
230 *Pohl*, WM 1995, 957 ff.
231 BGH WM 1984, 1598, 1599.
232 OLG München WM 1998, 2367, 2370.

renzgeschäfte sind aber gerade durch eine Differenzzahlung geprägt, die von den (möglichst großen) Schwankungen des Marktes abhängig sein soll und deshalb eine entsprechend variable Größe darstellt.

Schließlich erfaßt der Derivatbegriff auch Termingeschäfte, bei denen die Möglichkeit zur Risikobefreiung während der Laufzeit des Kontraktes fehlt. Dies kann auf einen vertraglichen Ausschluß oder wie bei den nicht standardisierten Termingeschäften im OTC-Bereich auf das (ausnahmsweise) Fehlen einer jederzeitigen Veräußerungs- oder sonstigen Glattstellungsmöglichkeit beruhen. Aus der Sicht der vom BGH entwickelten Definition der Börsentermingeschäfte ist aber gerade die Möglichkeit, durch jederzeitige Glattstellung des Kontraktes einen Gewinn zu erzielen oder weitere Kursverluste zu vermeiden, ein weiteres typisches Begriffsmerkmal[233]. 15.217

Diese Situation erscheint noch unbefriedigender im Lichte der Novellierung des Wertpapierhandels- und Kreditwesengesetzes, mit der die Wertpapierdienstleistungs- und die Kapitaladäquanzrichtlinie umgesetzt werden. Hierbei wurde ein umfassender Begriff der Derivatgeschäfte in das Wertpapierhandelsgesetz (§ 2 Abs. 2 n.F.) und das KWG (§ 1 Abs. 11 Satz 4 n.F.) eingefügt, der sämtliche Börsentermingeschäfte erfassen dürfte. 15.218

Derivate sind hiernach als Festgeschäfte oder Optionsgeschäfte ausgestaltete **Termingeschäfte**, deren Preis unmittelbar oder mittelbar abhängt von 15.219
1. dem Börsen- oder Marktpreis von Wertpapieren,
2. dem Börsen- oder Marktpreis von Geldmarktinstrumenten,
3. dem Kurs von Devisen oder von Rechnungseinheiten,
4. Zinssätzen oder anderen Erträgen oder
5. dem Börsen- und Marktpreis von Waren oder Edelmetallen.

Der Handel der Kreditinstitute in solchen Derivaten als Eigenhändler, Kommissionär oder offener Stellvertreter der Kunden sowie im Rahmen von Portfolioverwaltungen stellen nunmehr Wertpapierdienstleistungen im Sinne des Wertpapierhandelsgesetzes und Finanzdienstleistungen im Sinne des KWG dar[234]. Eine solche Regelung unterstellt, daß die hiervon erfaßten Rechtsgeschäfte regelmäßig für die Vertragspartner verbindlich 15.220

---

233 In diesem Sinne auch *Canaris*, WM 1988, Sonderbeil. Nr. 10, S. 6; *Wach*, WuB IG 7–15.96.
234 Werden diese Finanzdienstleistungen von Unternehmen, die keine Kreditinstitute sind, erbracht, so werden sie als Finanzdienstleistungsunternehmen bezeichnet, auf die das Kreditwesengesetz ebenfalls anwendbar ist (§ 1 Abs. 1a KWG).

abgeschlossen werden können. Dies setzt jedoch einen ausreichenden Ausschluß des Differenz- und Spieleinwandes durch § 58 BörsG voraus. Diese Vorschrift bietet aber in ihrer gegenwärtigen Fassung wegen der Verknüpfung mit dem umstrittenen und damit verschwommenen Begriff des Börsentermingeschäfts keine ausreichende Rechtsklarheit und Rechtssicherheit. Denn nach wohl herrschender Meinung können Swapgeschäfte als ein wesentlicher Teil der Derivatgeschäfte nicht als Börsentermingeschäfte eingestuft werden, wie es der den Differenz- und Spieleinwand ausschließende § 58 BörsG voraussetzt.

II. Ersetzung des Begriffs „Börsentermingeschäfte" durch „Derivate"

15.221 Schon mit Rücksicht auf die Novellierung des Wertpapierhandels- und Kreditwesengesetzes dürfte es sich deshalb anbieten, den Begriff der Börsentermingeschäfte durch den umfassenderen Begriff der Derivate zu ersetzen, wie sie § 2 Abs. 2 WpHG und § 1 Abs. 11 KWG übereinstimmend definieren[235]. Die Konturen des Derivatbegriffs sind klarer und griffiger als das verschwommene Erscheinungsbild der Börsentermingeschäfte. Überdies erscheint die praxisbezogene Definition der Derivate wesentlich geeigneter, um bei den gesetzlichen Rahmenbedingungen mit der Innovationskraft des Derivatbereiches Schritt halten zu können.

15.222 Mit der **Ersetzung des Begriffs der Börsentermingeschäfte durch die Derivatgeschäfte** wird auch die Kritik des Schrifttums gegenstandslos, wonach die Gesetzesnovellierung 1989 den Begriff der Börsentermingeschäfte erweitert habe, ohne daß der Gesetzgeber diesen Begriff selbst definiert hat[236]. Nach der Gesetzesnovellierung würde künftig ein im Wertpapierhandels- und Kreditwesengesetz definierter Begriff zum Eckpfeiler des termingeschäftlichen Regelungskomplexes.

1. Umfassender Derivatbegriff

15.223 Kernpunkt und Wesensmerkmal der Derivate ist die starke **Abhängigkeit ihres Preises** von der Preisentwicklung der Basiswerte (underlying assets).

15.224 Als „**underlying**" der Derivatgeschäfte, wie sie das Wertpapierhandelsgesetz und das Kreditwesengesetz definieren, kommen Wertpapiere, Geldmarktinstrumente,

---

235 A.A. *Schröter/Bader*, FS Schimansky, 1999, S. 715, 738; vgl. weiter Wohlfahrt/Brause, WM 1998, 1859, 1863.
236 *Horn*, ZIP 1990, 2, 9; *Häuser*, ZBB 1992, 249, 254; *Walter*, Die Rechtsnatur der Börsenoptionsgeschäfte, 1990, S. 196.

Devisen, Rechnungseinheiten, Zinssätze oder andere Erträge sowie Waren oder Edelmetalle in Betracht.

Im Unterschied zu den Kassageschäften des Kapitalmarktes sollen bei den Derivatgeschäften die Basiswerte nicht auf den Vertragspartner übertragen werden. Für den Geschäftszweck der Derivate ist regelmäßig nur der Marktpreis des Basiswertes und seine weitere Entwicklung von Interesse. 15.225

Die gesetzliche Definition des Derivatbegriffs erfaßt die beiden **Grundformen des Termingeschäfts** in Gestalt des Festgeschäfts und des Optionsgeschäfts. Auch künftig braucht also bei der Definition nicht auf den vertrauten Begriff Termingeschäft verzichtet zu werden. 15.226

Nach den Gesetzesmaterialien zum Gesetz zur Umsetzung von EG-Richtlinien zur Harmonisierung bank- und wertpaieraufsichtsrechtlicher Vorschriften vom 22. 10. 1997 können alle derivativen Geschäfte letztlich auf die beiden Elemente „Recht" (Option) und korrespondierende Stillhalterverpflichtung oder „Festgeschäft" zurückgeführt oder als Kombination beider begriffen werden[237]. Das gelte auch für die Geschäfte über den periodischen Austausch von Geldzahlungen, die auf unterschiedliche Währung lauten (Währungs-Swaps) oder durch die Verwendung mindestens einer variablen Bezugsgröße jeweils unterschiedlich bemessen werden (Zinssatz- oder Index-Swaps). Diese „Austausch"geschäfte würden zwar im Schrifttum unter der Kategorie „Finanz-Swaps" oft als **dritter Grundtypus** neben Festgeschäft und Option eingestuft. Bei genauer Analyse ließen sich aber auch der Swap und die von ihm abgeleiteten Geschäfte, wie Cap, Floor und Collar, auf die Grundformen „Festgeschäft" und „Option" zurückführen[238]. 15.227

Unter die **derivativen Geschäfte** fallen nach den Gesetzesmaterialien insbesondere Aktienindex-Futures, Aktienindex-Optionen, Aktienoptionen, Caps, Collars, Edelmetall-Futures, Edelmetall-Optionen, Floors, Forward Rate Agreements (Terminsatz-Vereinbarungen), Swap-Geschäfte, namentlich Währungsswaps (Currency Swaps), Warenpreisindexswaps sowie Optionen, die dem Inhaber das Recht geben, 15.228

---

237 BT-Drucksache 13/7142, 69, S. 70.
238 So stelle der Währungs-Swap lediglich eine Sonderform des Devisentermingeschäfts dar. Seine Besonderheit gegenüber dem einfachen Devisentermingeschäft bestünde darin, daß nicht nur ein einziger, sondern ein mehrfacher Zahlungsaustausch vorgesehen ist. Alle Finanz-Swaps, die nicht Währungs-Swaps sind, seien dadurch gekennzeichnet, daß die Zahlungen mindestens einer Partei nach einer variablen Bezugsgröße bemessen werden, sozusagen indexabhängig sind, wie z.B. die Zinssatz-Swaps als ihr häufigster Unterfall, bei denen der Index ein variabler Zinssatz ist (BT-Drucksache 13/7142, S. 69).

zu einem bestimmten Zeitpunkt oder innerhalb einer bestimmten Frist in einen hinsichtlich der Konditionen genau spezifizierten Swap einzutreten (Swaptionen), Warentermingeschäfte, Zinsoptionen, Zinstermingeschäfte einschließlich hereingenommener Forward Deposits und die börsenmäßigen Zinsfutures und zinsbezogene Indexfutures[239].

2. Verläßlicher Ausschluß des Differenzeinwandes

15.229 Mit der Ersetzung des Begriffs der „Börsentermingeschäfte" durch „Derivatgeschäfte" würde auch die rechtliche Unsicherheit beseitigt, ob bei den **Swapgeschäften** der Differenz- und Spieleinwand verläßlich ausgeschlossen ist. Denn der neue Derivatbegriff umfaßt nach den Gesetzesmaterialien auch die Swapgeschäfte.

15.230 Dieser verläßliche Ausschluß des Differenz- und Spieleinwandes ist von erheblicher Bedeutung, weil dieser Einwand auch durch die **Firmenkunden** geltend gemacht werden kann. Denn das äußere Erscheinungsbild der Swapgeschäfte könnte durchaus auf das Vorliegen von Differenzgeschäften im Sinne des Differenz- und Spieleinwandes hindeuten. So wird z.B. bei den Zinssatzswaps die Höhe des zu zahlenden Differenzbetrages aus dem Austausch zinsfixer gegen zinsvariabler Verbindlichkeiten durch die Veränderungen des Marktzinses und damit durch die Schwankungen des Marktes zumindest mitbestimmt. Die Differenzgeschäfte im Sinne des § 764 BGB bezwecken aber gerade die Erzielung solcher Differenzzahlungen aus Marktschwankungen[240].

15.231 Soweit diese **Swapgeschäfte Hedgingzwecken** dienen, handelt es sich freilich um wirtschaftlich berechtigte Geschäfte. Bei solchen Swapgeschäften kommt der Differenzeinwand schon deshalb nicht zum Tragen, weil § 764 BGB wegen seines Gesetzeszweckes nur die wirtschaftlich nicht berechtigten Differenzgeschäfte unverbindlich sein läßt. Diese gebotene teleologische Reduktion des gesetzlichen Tatbestandes des Differenzgeschäftes gilt nach allgemeiner Meinung auch für Swapgeschäfte zur Sicherung gegen Zins- und Kursänderungsrisiken[241].

15.232 Besonders problematisch sind die Fälle, in denen der (Firmen- oder Privat-) Kunde in einseitiger Differenzabsicht im Sinne der reinen Terminspekulation handelt. Hier würde der Differenzeinwand greifen, wenn die Bank die Differenzabsicht ihres Kunden leicht fahrlässig nicht erkannt hat.

---

239 BT-Drucksache 13/7142, S. 70.
240 Vgl. hierzu *Schäfer*, ZIP 1986, 1304, 1306; *Pohl*, AG 1992, 425, 427.
241 *Pohl*, AG 1992, 425, 428; *Schäfer*, ZIP 1986, 1306; *Decker*, WM 1990, 1001, 1006; *Kewenig/Schneider*, WM 1992, Sonderbeil. Nr. 2, 3; *Kümpel*, WM 1986, 661, 669; *Erne*, Die Swapgeschäfte der Banken, 1992, S. 144.

Dieses Risiko der Unverbindlichkeit der Swapgeschäfte ist nur dann verläßlich ausgeschlossen, wenn auch diese Geschäfte als Börsentermingeschäfte eingestuft werden können. Nach dem heutigen Stand der Literaturmeinungen erscheint dies aber zweifelhaft[242].

3. Einbeziehung nicht standardisierter außerbörslicher Termingeschäfte

Der Derivatbegriff unterscheidet nicht zwischen den Termingeschäften mit standardisierter Ausstattung, wie sie ein marktmäßiger Handel wegen der hierfür erforderlichen Fungibilität der Handelsobjekte voraussetzt, und den nicht standardisierten Termingeschäften. Orientiert sich deshalb der gesetzliche Ausschluß des Differenz- und Spieleinwandes künftig am Begriff des Derivatgeschäfts, so entfällt dieses Einwendungsrecht auch bei nicht standardisierten Termingeschäften im außerbörslichen (OTC) Bereich.

15.233

Insoweit ergibt sich eine gewisse Parallele zum geltenden Recht. Auch bei solchen nicht standardisierten OTC-Terminkontrakten ist der Differenz- und Spieleinwand ausgeschlossen, wenn sie jederzeit glattgestellt und damit als Börsentermingeschäfte eingestuft werden können. Werden diese OTC-Geschäfte mit termingeschäftsfähigen Bankkunden abgeschlossen und sind sie deshalb für Kunde und Bank verbindlich, so kann der Differenz- und Spieleinwand nicht geltend gemacht werden[243].

15.234

4. Ausschluß des Differenzeinwandes bei Termingeschäften in Waren und Edelmetallen

Der **künftige Derivatbegriff** des Wertpapierhandels- und Kreditwesengesetzes erfaßt ausdrücklich auch Termingeschäfte, deren Preis unmittelbar oder mittelbar von dem Börsen- oder Marktpreis von Waren oder Edelmetallen abhängt. Dies entspricht der geltenden termingeschäftlichen Regelung, die auch die Warentermingeschäfte ausdrücklich in das Informationsmodell zur Herbeiführung der Termingeschäftsfähigkeit mit einbezieht (§ 53 Abs. 2 Satz 2 BörsG). Der Differenz- und Spieleinwand ist also schon heute bei verbindlich abgeschlossenen Warentermingeschäften gesetzlich ausgeschlossen.

15.235

---

242 *Decker*, WM 1990, 1001, 1005; *Erne*, Die Swapgeschäfte der Banken, 1992, S. 82. Gegen das Vorliegen von Börsentermingeschäften *Schäfer*, ZIP 1986, 1304, 1306; *Fülbier*, ZIP 1990, 544, 546.
243 *Häuser*, ZIP 1992, 249, 252.

15.236 Der neue Derivatbegriff ist also wesentlich umfassender als der Begriff der „Finanztermingeschäfte" im Sinne des Einführungsgesetzes zur Insolvenzordnung (Art. 105). Als Finanzleistungen im Sinne dieser Begriffsdefinition gelten zwar Optionen und andere Rechte auf Lieferung von Edelmetallen, nicht aber auf Lieferung von Waren. Dagegen erfaßt der Begriff der Finanzdienstleistungen nach der Novellierung des KWG die Derivate im umfassenden Sinne und schließt damit auch „waren"bezogene Termingeschäfte mit ein.

5. Ausgrenzung von Derivaten als Finanzierungsinstrumente?

15.237 **Bestimmte Geschäfte** in abgetrennten Optionsscheinen hat der **BGH als Kassageschäfte** eingestuft und damit dem zur Unverbindlichkeit führenden Termineinwand entzogen. Hierzu zählen die Optionsscheine, die zur Beschaffung von Kapital zu Zinssätzen unter dem Marktzins dienen[244]. Zu diesen privilegierten Geschäften gehören Geschäfte in aktienbezogenen Optionsscheinen, die zusammen mit Optionsanleihen emittiert werden (§ 221 AktG). Dies gilt auch für Optionsscheine aus Anleihen ausländischer Tochtergesellschaften[245] und aus Anleihen ausländischer Aktiengesellschaften selbst dann, wenn das maßgebliche ausländische Recht die Ausgabe von Optionsanleihen anders als das deutsche Recht gesetzlich nicht geregelt hat[246]. Auch Währungsoptionsscheine, die von einer DM-Auslandsanleihe abtrennbar sind, können wirtschaftlich ein legitimes Instrument zur Beschaffung von Kapital zu Zinssätzen unter dem Marktzins sein[247].

15.238 Andererseits hat der BGH **Devisentermingeschäfte** selbst dann **als Börsentermingeschäfte** eingestuft, wenn sie dem wirtschaftlich berechtigten Zweck der Kurssicherung eines Exportgeschäftes dienen[248].

15.239 Der BGH räumt zwar ein, daß es im Ergebnis unbefriedigend erscheine, solche Hedgegeschäfte dem Termineinwand zu unterwerfen und damit dem nicht im Handelsregister eingetragenen Bankkunden die Möglichkeit von vornherein verbindliche Kurssicherungsgeschäfte an der Börse zu nehmen. Eine solche Subjektivierung des Begriffs der Börsentermingeschäfte widerspräche aber dem Zweck des Börsengesetzes, mit der beson-

---

244 BGH WM 1998, 274, 275; *Ellenberger*, WM 1999, Sonderbeil Nr. 2, 5; *Pfeifer*, WuB I G 7 – 4.8.
245 BGH WM 1991, 982, 983.
246 BGH WM 1996, 1620, 1622.
247 BGH WM 1998, 274, 275.
248 WM 1988, 1717, 1719; *Ellenberger*, WM 1999, Sonderbeil. Nr. 2, 6.

deren Börsentermingeschäftsfähigkeit für den damit angesprochenen Personenkreis eine „Börsenrechtssphäre" zu schaffen, die dem Börsenterminhandel volle Freiheit einräumt[249].

Im Interesse eines zuverlässigen Ausschlusses des Differenzeinwandes verbietet sich die Ausgrenzung von bestimmten Derivatgeschäften, auch wenn sie zur Beschaffung von Fremdkapital zu Zinssätzen unter dem Marktzinssatz oder der Kurssicherung dienen. Die bisherige Differenzierung zwischen den der Kapitalbeschaffung dienenden Optionsscheinen und Hedgegeschäften hat im übrigen praktische Bedeutung nur so lange, als es beim Termineinwand verbleibt. Wird dagegen das Informationsmodell in die Informationspflicht des Wertpapierhandelsgesetzes (§ 31 Abs. 2 Nr. 2) integriert und entfällt damit der Termineinwand, so dürfte es keiner weiteren Privilegierung bestimmter Geschäfte in Optionsscheinen bedürfen.

15.240

III. Integration des Informationsmodells in die Informationspflicht des Wertpapierhandelsgesetzes

Das mit der Börsengesetznovelle 1989 eingeführte Informationsmodell zur Herbeiführung der Börsentermingeschäftsfähigkeit (§ 53 Abs. 2 BörsG) überschneidet sich in Kernbereichen mit der Informationspflicht im Sinne der gesetzlichen Verhaltenspflichten, wie sie durch das zweite Finanzmarktförderungsgesetz von 1994 als 5. Abschnitt in das Wertpapierhandelsgesetz (§§ 31 ff.) eingefügt worden sind. Das vom Kunden zu unterzeichnende Informationsblatt enthält nach dem BGH die „erforderliche Grundaufklärung über Funktionsweise und Risiken der verschiedenen Arten von Börsentermingeschäften"[250].

15.241

Nach dem **gesetzlichen Katalog des § 53 Abs. 2 S. 1 BörsG,** der die aufklärungsbedürftigen Risiken abschließend (enumerativ) aufzählt, sind die nichttermingeschäftsfähigen Kunden darüber zu informieren, daß (1) die aus Börsentermingeschäften erworbenen befristeten Rechte verfallen oder eine Wertminderung erleiden können; (2) das Verlustrisiko nicht bestimmbar sein und auch über etwaige geleistete Sicherheiten hinausgehen kann; (3) Geschäfte, mit denen die Risiken aus eingegangenen Börsentermingeschäften ausgeschlossen oder eingeschränkt werden sollen, möglicherweise nicht oder nur zu einem verlustbringenden Marktpreis getätigt werden können; (4) sich das Verlustrisiko erhöht, wenn zur Erfüllung von Verpflichtungen aus Börsentermingeschäften Kredit in Anspruch genommen wird oder die Verpflichtung aus Börsentermingeschäften oder die hieraus zu bean-

15.242

---
249 BGH WM 1988, 1717, 1719.
250 BGH WM 1994, 834, 835.

spruchende Gegenleistung auf ausländische Währung oder eine Rechnungseinheit lautet.

15.243 Zu dieser Grundaufklärung sind die Kreditinstitute auch aufgrund der **Informationspflicht des Wertpapierhandelsgesetzes** (§ 31 Abs. 2 Nr. 2 WpHG) verpflichtet. Danach sind die Kreditinstitute als Wertpapierdienstleistungsunternehmen gehalten, ihren Kunden „alle zweckdienlichen Informationen mitzuteilen, soweit dies zur Wahrung der Interessen der Kunden und im Hinblick auf Art und Umfang der beabsichtigten Geschäfte erforderlich ist". Diese Informationspflicht umfaßt auch die nach dem BGH erforderliche Grundaufklärung über Funktionsweise und Risiken der verschiedenen Arten von Börsentermingeschäften, um die Termingeschäftsfähigkeit mittels des Informationsmodells herbeiführen zu können.

15.244 So hat sich das Bundesaufsichtsamt für den Wertpapierhandel im Rahmen seiner Richtlinie zur Konkretisierung der §§ 31 und 32 WpHG für das Kommissions-, Festpreis- und Vermittlungsgeschäft vom 26. 5. 1997 (Verhaltensrichtlinie)[251] auch zur Aufklärung bei Derivaten und Optionsscheinen geäußert. Danach müssen die erforderlichen Risikohinweise insbesondere Informationen über den Basiswert und die wirtschaftlichen Zusammenhänge und Funktionsweise der Produkte vermitteln. Dies gilt insbesondere für die Bedeutung der Laufzeit für das Aufgeld sowie die Ausübungsart, den Hebeleffekt, der Liquidität und Volatilität des Marktes und für das Stillhalterisiko. Auch muß diese Aufklärung Hinweise auf das Kursrisiko, das Währungsrisiko und das Bonitätsrisiko umfassen (Nr. 4. Verhaltensrichtlinie).

15.245 Ebenso umfassend interpretieren Rechtsprechung und Schrifttum die Informationspflicht des § 31 Abs. 2 Nr. 2 WpHG. Danach sind die Kunden insbesondere über die **generellen Risiken** wie auch **Währungsrisiken** von Derivaten und Optionsscheinen sowie das **Kursrisiko** bei Liquidation der erworbenen Rechtsposition wie auch über das **Risiko kreditfinanzierter Geschäfte** aufzuklären[252].

1. Intransparenz und Rechtsunsicherheit des Informationsmodells

15.246 Die derzeitigen Überschneidungen des Informationsmodells mit der gesetzlichen Informationspflicht als spezielle Verhaltenspflichten der Kreditinstitute kann nicht zufriedenstellen. Irritierend sind schon die unter-

---

251 Abgedruckt in *Kümpel/Ott*, Kapitalmarktrecht, Kz 631/1.
252 *Koller* in Assmann/Schneider, WpHG, § 31 Rn 106 m.w.Nachw.

schiedlichen Rechtsfolgen einer Verletzung der Informationspflicht nach § 53 Abs. 2 BörsG und nach § 31 Abs. 2 Nr. 2 WpHG. Während die unterlassene Unterzeichnung des Informationsblattes im Sinne des börsengesetzlichen Informationsmodells zur Unverbindlichkeit des Börsentermingeschäfts wegen fehlender Termingeschäftsfähigkeit führt, begründet eine Verletzung der Informationspflicht des Wertpapierhandelsgesetzes eine Schadensersatzpflicht der Bank aus Verschulden bei Vertragsschluß oder positiver Forderungsverletzung[253]. In der Praxis wird es häufig als eine überraschende und damit intransparente Regelung empfunden, wenn die Bank mit Hilfe des mittlerweile vom BGH gebilligten Informationsmodells das Börsentermingeschäft verbindlich werden läßt, sie aber über eine Schadensersatzpflicht wegen Verletzung der Informationspflicht des Wertpapierhandelsgesetzes im Ergebnis im Einzelfall so gestellt wird, als ob das Geschäft unverbindlich geblieben ist.

Vor dem Hintergrund des geltenden Rechts kann sich im übrigen im Einzelfall die Frage stellen, ob mit der unterlassenen Aufklärung über einen spezifischen Risikoaspekt nicht nur gegen die Informationspflicht des Wertpapierhandelsgesetzes, sondern auch gegen das Informationsmodell des Börsengesetzes verstoßen worden ist. Auch dies trägt nicht zur erwünschten Rechtssicherheit bei. Diese Problematik läßt sich z.B. an den Geschäften in Bandbreiten-Optionsscheinen mit der sog. Knock-out-Variante veranschaulichen. Hier kann schon während der Laufzeit das Optionsrecht erlöschen, wenn der Preis oder Devisenkurs die vereinbarte Bandbreite verläßt. Bei dieser Knock-out-Gefahr handelt es sich nach Auffassung des OLG München zwar um einen risikoerhöhenden Umstand[254]. Diese Bewertung bedeutet aber nicht, daß in dem Informationsblatt zur Herbeiführung der Börsenterminggeschäftsfähigkeit auch auf dieses Verlustrisiko hingewiesen werden müßte. Die Aufnahme aller denkbaren Geschäftsgattungen in diese Risikoaufklärung würde vielmehr dazu führen, daß wegen Informationsüberfrachtung die Gefahr besteht, daß der Nichttermingeschäftsfähige das spezifische Risiko von Optionsscheinen generell nicht mehr wahrnehmen kann[255]. In der Praxis besteht aber große Unsicherheit darüber, ob in dem vom BGH gebilligten Informationsblatt auf diese Knock-out-Gefahr der Bandbreiten-Optionsscheine hingewiesen werden muß, um die Verbindlichkeit dieser Geschäfte auch gegenüber nichttermingeschäftsfähigen Kunden zuverlässig zu gewährleisten.

15.247

---

253 BGH WM 1996, 1260, 1261.
254 WM 1998, 2367, 2371.
255 OLG München WM 1998, 2367, 2371.

2. Ersetzung des Informationsmodells durch Konkretisierung der Informationspflicht des Wertpapierhandelsgesetzes

15.248 Wird der geltende Termineinwand durch eine spezielle Informationspflicht für Börsentermingeschäfte als eine Verhaltenspflicht im Sinne des Wertpapierhandelsgesetzes ersetzt, könnte die Aufklärung über diese Variante der Bandbreiten-Optionsscheine problemlos in die standardisierte umfangreiche Informationsbroschüre für Derivate erfolgen. Für eine solche Neugestaltung der terminrechtlichen Regelung sprechen viele Gründe. Bei Einführung des Informationsmodells im Jahre 1989 fehlte es an einer speziellen gesetzlichen Regelung für die Aufklärungspflicht im Wertpapiergeschäft und börsentermingeschäftlichen Bereich. Soweit Rechtsprechung und Schrifttum die Aufklärung des Kunden durch die Bank aus den allgemeinen Verhaltens- und Schutzpflichten bejahen, wurden diese aus § 242 BGB als ungeschriebene Nebenpflichten aus dem der Rechtsordnung zugrundeliegenden Vertrauensprinzip abgeleitet und deshalb auch für die bankmäßige Geschäftsverbindung als einem Vertrauensverhältnis bejaht[256].

15.249 Mit der **Informationspflicht** des § 31 Abs. 2 Nr. 2 WpHG hat die gebotene Aufklärung nicht nur eine gesetzliche Grundlage erfahren. Hierbei handelt es sich zugleich um eine **Verhaltenspflicht**, deren Einhaltung das Bundesaufsichtsamt für den Wertpapierhandel (§ 35 WpHG) zu überwachen hat. Eine weitere Kontrollinstanz ist der Prüfer, der die Einhaltung der Verhaltensregeln des Wertpapierhandelsgesetzes zu kontrollieren hat (§ 36 Abs. 1 WpHG). Hierzu hat das Bundesaufsichtsamt für den Wertpapierhandel die Verordnung über die Prüfung der Wertpapierdienstleistungsunternehmen nach § 36 des Wertpapierhandelsgesetzes – WpDPV vom 6. 1. 1999 – erlassen[257]. Danach gehören zu den Prüfungsgebieten auch Mängel bei der anleger- und anlagegerechten Aufklärung der Kunden, insbesondere über Produktrisiken[258]. Im übrigen kann das Bundesaufsichtsamt für den Wertpapierhandel Richtlinien aufstellen, nach denen es für den Regelfall beurteilt, ob die Anforderungen nach den §§ 31 bis 33 erfüllt sind (§ 35 Abs. 6 WpHG). Hiervon hat das Bundesaufsichtsamt mit seinen Richtlinien zur Konkretisierung der §§ 31 und 32 WpHG für das Kommissions-, Festpreis- und Vermittlungsgeschäft der Kreditinstitute vom 26. 5. 1998 bereits Gebrauch gemacht[259].

---

256 *Kümpel*, WM 1995, 689, 694 m.w.Nach.; *Balzer*, DB 1997, 2311, 2313.
257 BGBl. I 1999, S. 4 ff.; abgedruckt in *Kümpel/Ott*, Kapitalmarktrecht, Kz 636/1.
258 Vgl. Nr. 4 des Fragebogens gemäß § 4 Abs. 6 WpDPV.
259 Abgedruckt in *Kümpel/Ott*, Kapitalmarktrecht, Kz 631/1.

Schließlich spricht ein **kapitalmarktpolitisches Argument** dafür, den gebotenen Anlegerschutz nicht mittels der aus dem Termineinwand folgenden Unverbindlichkeit des Börsentermingeschäfts zu gewährleisten, sondern hierfür eine spezielle Informationspflicht als Verhaltenspflicht im Wertpapierhandelsgesetz zu schaffen, deren Verletzung die gesetzeswidrig handelnde Bank schadensersatzpflichtig macht. Wie die internationalen Erfahrungen, etwa die Crash-Situation im Oktober 1987 gelehrt haben, sind die Kassamärkte des Kapitalmarktes und des Terminmarktes keine voneinander getrennten, eigenständigen Märkte, sondern eng miteinander verknüpft. Ein Finanzplatz, der nicht die von international operierenden Marktteilnehmern nachgefragten Absicherungsmöglichkeit in Gestalt eines leistungsfähigen Terminmarktes anbieten kann, wird wesentliche Teile seines Kassageschäftes an zunehmend konkurrierende Kapitalmärkte verlieren[260]. Ein solcher Terminmarkt benötigt eine entsprechende Markttiefe und -breite, die auf das Engagement der Privatkundschaft angewiesen ist. Das kräftig wachsende disponible Vermögen der Privatkundschaft wird zunehmend auch in den spekulativen Geschäften des Terminmarktes investiert. Diesem Personenkreis sollte schon nach den Gesetzesmaterialien zur Börsengesetznovelle 1989 der Weg zum Abschluß von Termingeschäften erleichtert werden[261]. Hierzu wurden der Termin- und Differenzeinwand neu gestaltet und das Informationsmodell eingeführt. Nach Schaffung des Wertpapierhandelsgesetzes mit seinen staatlichen kontrollierbaren Verhaltenspflichten ist eine grundlegend neue Situation geschaffen worden, um den gebotenen Anlegerschutz nicht mehr über die Unverbindlichkeit der Börsentermingeschäfte zu gewährleisten. Vielmehr erscheint eine spezielle Informationspflicht als Teil der Verhaltensregeln des Wertpapierhandelsgesetzes als angemessen und ausreichend.

15.250

---

260 *Kümpel* in Kümpel/Ott, Kapitalmarktrecht, Kz 050, S. 30.
261 BT-Drucksache 11/4177, S. 9.

16. Teil
Wertpapierhandelsgesetz

1. Abschnitt
Allgemeiner Teil

Das Wertpapierhandelsgesetz (im folgenden: WpHG) ist Teil des Finanzmarktförderungsgesetzes vom 26. 7 1994 (2. FFG)[1]. Es kann als das **wichtigste börsen- und kapitalmarktrechtliche Gesetz** in Deutschland seit 100 Jahren eingestuft werden[2]. Dieser als Artikelgesetz konzipierte Gesetzgebungsakt verfolgt als vorrangiges Ziel, die Attraktivität und internationale Wettbewerbsfähigkeit des Finanzplatzes Deutschland durch eine ordnungspolitische Absicherung der Funktionsfähigkeit der deutschen Kapitalmärkte, insbesondere der Wertpapierbörsen zu verbessern[3]. 16.1

Das breitgefächerte Zweite Finanzmarktförderungsgesetz enthält neben dem WpHG wesentliche Reformen zum Börsen-, Depot-, Investment- und Aktienrecht und weiteren Gesetzen. Es beschränkt sich nicht nur auf den Kapitalmarkt im engeren Sinne eines Wertpapiermarktes, sondern berührt auch in Teilaspekten den Terminmarkt sowie den Geldmarkt und den Devisenmarkt und damit den umfassenderen Finanzmarkt. 16.2

Im Vordergrund des Zweiten „Finanz"marktförderungsgesetzes steht aber das WpHG, das am 1. 1. 1995 vollständig in Kraft getreten ist (Art. 20 des 2. FFG). Das WpHG dient zugleich der Umsetzung der kapitalmarktbezogenen EG-Insider-Richtlinie und der Transparenz-Richtlinie in nationales Recht[4]. Dementsprechend bilden **Schwerpunkte** dieses Gesetzes die **Insiderhandelsverbote** und die sie flankierende **Ad-hoc-Publizität** sowie die **Offenlegung** bedeutender Beteiligungen an börsennotierten Aktiengesellschaften. Ein weiterer Abschnitt des Gesetzes normiert die **Verhaltenspflichten** für Wertpapierdienstleistungsunternehmen. Sie gelten insbesondere für das Effekten- und Depotgeschäft der Kreditinstitute, wie sie die EG-Wertpapierdienstleistungsrichtlinie vorgeschrieben hat[5]. Das 16.3

---

1 BGBl. I 1994, S. 1749 ff.
2 *Hopt*, ZHR 159 (1995), S. 135, 136.
3 Begr. des RegE des 2. FFG, BT-Drucksache 12/6679, S. 1.
4 Begr. des RegE des 2. FFG, BT-Drucksache 12/6679, S. 4 Fn 1.
5 Abgedruckt in *Kümpel/Ott*, Kapitalmarktrecht, Kz 925.

WpHG enthält schließlich die rechtlichen Grundlagen für die neueingeführte staatliche Marktaufsicht durch das Bundesaufsichtsamt für den Wertpapierhandel und die für seine Errichtung erforderlichen Organisationsnormen.

16.4 Angesichts dieser Zusammenfassung wesentlicher kapitalmarktbezogener Regelungsmaterien wird in dem WpHG die Keimzelle und das Kernstück eines sich zum eigenständigen Rechtsgebiet entwickelnden Kapitalmarktrechts erblickt[6]. Diese grundlegende Kodifikation wird auch als „Grundgesetz" des deutschen Kapitalmarktrechts bezeichnet[7]. Denn zu den kapitalmarktrechtlichen Bestimmungen gehören nicht nur die im Börsengesetz enthaltenen Organisationsnormen für die börsenmäßig organisierten Kapitalmärkte. Kapitalmarktrechtliche Qualität haben nicht zuletzt auch solche gesetzlichen Regelungen, die dem Schutz des Vertrauens der Anleger dienen. Die Anleger sind Träger des Nachfrage- und Angebotspotentials, von dessen Ausmaß die Liquidität und damit die Effizienz der Kapitalmärkte abhängen. Deshalb hängt die Funktionsfähigkeit dieser Märkte als des vorrangigen Schutzgutes des Kapitalmarktrechts in besonderem Maße von einem angemessenen Schutz des Vertrauens der Anleger in die Ordnungsmäßigkeit, Fairneß und Integrität der Kapitalmärkte ab. Das Kapitalmarktrecht umfaßt deswegen neben dem Organisationsrecht des Kapitalmarktes eine **Vielzahl anlegerschützender Regelungen**[8].

I. Neue Regelungsperspektive für das Kapitalmarktrecht

16.5 Im Unterschied zu dem wesentlich älteren Börsengesetz liegt dem WpHG mit seiner ausschließlich kapitalmarktrechtlichen Ausrichtung im Sinne der Funktionsfähigkeit der Kapitalmärkte eine neue Regelungsperspektive zugrunde, die bislang in Deutschland unterentwickelt war. Es bedarf deshalb in besonderem Maße der Herstellung systematischer Zusammenhänge mit den angrenzenden Regelungsbereichen unserer Rechtsordnung[9]. Dies gilt insbesondere für das Börsengesetz, zu dem viele Berührungspunkte bestehen. So enthält das Börsengesetz insbesondere eine Vielzahl anlegerschützender Normen für den Kapitalmarkt in Gestalt des börsenmäßig organisierten Wertpapierhandels (Sekundärmärkte).

---

6 Vorwort zu *Assmann/Schneider*, WpHG.
7 *Hopt*, ZHR 159 (1995), 135.
8 Begr. des RegE des 2. FFG, BT-Drucksache 12/6679, S. 33.
9 Vorwort zu *Assmann/Schneider*, WpHG, S. VI.

Während sich der Anwendungsbereich des WpHG auch auf die Erstplazie- 16.6
rung von Aktien und Schuldverschreibungen in der Emissionsphase (Primärmarkt) erstreckt, beschränkt sich das **Börsengesetz** auf die börsenmäßig organisierten Sekundärmärkte des inländischen Kapitalmarktes. Dabei liegen seine Schwerpunkte in der **Schaffung eines geeigneten Organisationsrahmens** für den börsenmäßigen Wertpapierhandel, an dem auch die Anleger als indirekte Marktteilnehmer ein starkes Interesse haben. Das Börsengesetz enthält deshalb Organisationsnormen für die Errichtung der öffentlich-rechtlich organisierten Börse als Veranstalter des Börsenhandels.

Mit diesen **Organisationsnormen** werden den verschiedenen Organen der Börse als 16.7
Träger öffentlicher Verwaltung Zuständigkeiten und Befugnisse zugewiesen und Bestimmungen für das ordnungsmäßige Zustandekommen von Börsenpreisen getroffen. Einen weiteren Schwerpunkt bilden die Regelungen des öffentlich-rechtlichen Benutzungsverhältnisses der Börse zu ihren Benutzern in Gestalt der Handelsteilnehmer und der Emittenten der börsennotierten Wertpapiere.

Dem Börsengesetz fehlt jedoch eine ausschließliche kapitalmarktrechtli- 16.8
che Ausrichtung, wie sie das WpHG kennzeichnet. Dieser Unterschied erklärt sich schon damit, daß sich das **Börsengesetz** nicht auf die Wertpapiermärkte beschränkt, sondern auch **Teilaspekte der Devisen- und Warenmärkte** regelt. Hinzu kommt, daß die Börsengesetzgebung im Unterschied zum 2. Finanzmarktförderungsgesetz weniger den Kapitalmarkt und den Schutz der ihn in Anspruch nehmenden Anleger im Blickfeld hatte. Wie die Entstehungsgeschichte des Börsengesetzes zeigt, ist seine ursprüngliche Fassung durch eine zum Teil heftige Reaktion der Öffentlichkeit auf verschiedenartige Mißstände an den Börsen außerhalb des Handels in Kapitalmarktpapieren geprägt worden[10].

II. Schutzgüter des Wertpapierhandelsgesetzes

Der spezifische Regelungsansatz des WpHG ist der **Schutz und die Stär-** 16.9
kung des Vertrauens der Anleger in die Ordnungsmäßigkeit, Fairneß und Integrität der Kapitalmärkte[11]. Ohne einen solchen ausreichenden Vertrauensschutz ist die Funktionsfähigkeit der Wertpapiermärkte gefährdet. Bei einer spürbaren Erschütterung dieses Vertrauens besteht die Gefahr,

---

10 *Göppert,* Das Recht der Börsen, 1932, S. 33, 34.
11 Begr. des RegE des 2. FFG, BT-Drucksache 12/6679, S. 33; Beschlußempfehlung und Bericht des Finanzausschusses des Deutschen Bundestages, BT-Drucksache 12/7918, S. 92, 107.

daß sich die enttäuschten Anleger von den betroffenen Märkten abkehren und diesen hierdurch die für ihre Funktionsfähigkeit erwünschte Liquidität entziehen. Die vertrauensbildenden Maßnahmen des WpHG in Gestalt bestimmter Informations-und Verhaltenspflichten der Normadressaten dienen damit indirekt auch dem Schutz der Funktionsfähigkeit des Kapitalmarktes, der das vorrangige Schutzgut des Kapitalmarktrechts ist[12].

16.10 Der Funktionsschutz der Kapitalmärkte schließt auch einen angemessenen Schutz der Anleger ein. Dieser **Anlegerschutz** hat aber lediglich das breite Anlegerpublikum („Anlegerschaft") als Träger des Angebots- und Nachfragepotentials im Auge. Nur ein verhältnismäßig kleiner Teil der kapitalmarktrechtlichen Normen dient neben diesem überindividuellen Anlegerschutz auch dem Schutz der Individualinteressen der Anleger[13]. Bislang hat das Schrifttum den Individualschutz der Anleger als Schutzgut des Kapitalmarktrechts betont[14]. Inzwischen wird jedoch ganz überwiegend dem Schutz der Funktionsfähigkeit der Märkte der Vorrang vor dem Schutz der Individualinteressen der Anleger gegeben[15].

16.11 Bei diesen Gesetzesbestimmungen handelt es sich um Schutzgesetze im deliktsrechtlichen Sinne (§ 823 Abs. 2 BGB), die typischerweise gerade dazu dienen sollen, den einzelnen gegen die Verletzung seiner Rechtsgüter, insbesondere seines Vermögens durch die Gewährung von Schadensersatzansprüchen zu schützen[16]. Einen solchen **Individualschutz** bezwecken die Verhaltensregeln der §§ 31, 32 WpHG. Dies gilt insbesondere für die Pflicht der Kreditinstitute, ihren Effektenkunden alle zweckdienlichen Informationen mitzuteilen, soweit dies zur Wahrung der Interessen der Kunden und im Hinblick auf Art und Umfang des beabsichtigten Geschäfts erforderlich ist (§ 31 Abs. 2 Nr. 2 WpHG)[17].

III. Kriterien für den Anwendungsbereich des Gesetzes

16.12 Das WpHG ist anwendbar auf die Erbringung von Wertpapierdienstleistungen und Wertpapiernebendienstleistungen, den börslichen und außerbörslichen Handel mit Wertpapieren, Geldmarktinstrumenten und Derivaten sowie auf Veränderungen der Stimmrechtsanteile von Aktionären

---

12 *Kübler*, Gesellschaftsrecht, 5. Aufl., 1998, S. 525.
13 *Hopt*, FS Heinsius, 1991, S. 289, 303, 304.
14 *Hopt*, ZHR 141 (1977), 429, 431.
15 *Hopt*, FS Heinsius, 1991, S. 289, 303, 304; für die Insiderregelung vgl. *Tippach*, WM 1993, 1269, 1272.
16 *Palandt/Heinrichs*, § 823 Rn 141.
17 *Koller* in Assmann/Schneider, WpHG, Vor § 31 Rn 17.

an börsennotierten Gesellschaften (§ 1 WpHG). Das Gesetz definiert im übrigen die von ihm verwendeten Begriffe „Wertpapiere", „Geldmarktinstrumente" und „Derivate" sowie „Wertpapierdienstleistungen" und „Wertpapiernebendienstleistungen" (§ 2 Abs. 1 bis 3a WpHG).

1. Wertpapierbegriff

Wertpapiere sind Aktien, Zertifikate, die Aktien vertreten, Schuldverschreibungen, Genußscheine, Optionsscheine sowie andere Wertpapiere, die mit Aktien oder Schuldverschreibungen vergleichbar sind, wenn sie an einem Markt gehandelt werden können (§ 2 Abs. 1 S. 1 WpHG). **Unerheblich** ist, ob für diese Anlagetitel Urkunden ausgestellt sind. Zu den Wertpapieren gehören auch die Anteilscheine, die von einer Kapitalanlagegesellschaft im Sinne des Gesetzes über die Kapitalanlagegesellschaften oder einer ausländischen Investmentgesellschaft ausgegeben werden (§ 2 Abs. 1 S. 2 WpHG). 16.13

Nach der Neufassung dieser Definition in § 2 Abs. 1 WpHG durch das „Gesetz zur Umsetzung von EG-Richtlinien zur Harmonisierung bank- und wertpapieraufsichtsrechtlicher Vorschriften vom 22. 10. 1997" ist dieses Erfordernis der „Marktgängigkeit" auch erfüllt, wenn die Wertpapiere an einem nicht organisierten Markt gehandelt werden[18]. 16.14

Ein **organisierter Markt** im Sinne des WpHG ist ein Markt, der von staatlich anerkannten Stellen geregelt und überwacht wird, regelmäßig stattfindet und für das Publikum unmittelbar oder mittelbar zugänglich ist (§ 2 Abs. 5 WpHG). Wesentliches Merkmal des „organisierten Marktes" ist die Reglementierung durch eine staatlich anerkannte Stelle, wie sie z.B. die Wertpapierbörse als hierfür bestimmter Marktveranstalter in Form einer Anstalt des öffentlichen Rechts darstellt. An dieser Voraussetzung fehlt es z.B. beim privatrechtlich organisierten Freiverkehr an den deutschen Wertpapierbörsen[19]. 16.15

Durch diese **Erweiterung des Marktbegriffes** fallen nach den Gesetzesmaterialien nunmehr in den Anwendungsbereich des WpHG auch die sog. **OTC-Geschäfte**, die außerhalb des organisierten Marktes abgeschlossen werden[20]. Bei diesen „Over-The-Counter"-(OTC)-Geschäften fehlt es häufig an der Standardisierung der Finanztitel. Denn bei ihrer Ausgestaltung 16.16

---

18 BT-Drucksache 13/7142, S. 100.
19 Begr. des RegE des 2. FFG, BT-Drucksache 12/6679, 76; *Caspari*, ZGR 1994, S. 530, 534.
20 RegBegr. zum Entwurf des „Gesetzes zur Umsetzung von EG-Richtlinien zur Harmonisierung bank- und wertpapieraufsichtsrechtlicher Vorschriften" vom 22. 10. 1997, BT-Drucksache 13/7142, 100.

können spezielle Kundenwünsche, insbesondere hinsichtlich Laufzeit, Volumen und Basispreis optimal berücksichtigt werden[21]. Es erscheint jedoch fraglich, ob solche nicht standardisierten OTC-Geschäfte das Erfordernis der Marktgängigkeit im Sinne des § 2 Abs. 1 WpHG erfüllen. Denn nach den Gesetzesmaterialien ist auch nach Einbeziehung der nicht organisierten Märkte weiterhin Voraussetzung, „daß **die Wertpapiere fungibel sind**". An dieser Fungibilität **fehlt** es nach Gesetzesmaterialien, wenn die Forderungsrechte wie z.B. die Termingelder und die Sparbriefe „nicht handelbar" sind[22].

16.17 Unter Fungibilität wird im internationalen Emissionsgeschäft entsprechend der Bedeutung des Wortes „fungible" bzw. „fongible" in der englischen und französischen Rechtssprache nur die Vertretbarkeit (Austauschbarkeit) der Wertpapiere verstanden[23]. Nach dem BGB ist eine solche Vertretbarkeit nur gegeben, wenn die Handelsobjekte im Geschäftsverkehr nach Zahl, Maß oder Gewicht bestimmt zu werden pflegen. Hieran mangelt es, wenn das gehandelte Wirtschaftsgut wegen seiner individuellen Ausgestaltung nicht ohne weiteres durch ein anderes ersetzt werden kann[24].

16.18 Bei den Dienstleistungen für solche nicht ausreichend homogenen OTC-Geschäfte soll es sich aber um einen Markt im Sinne des Art. 105 EGInsO handeln. Denn auch Märkte, auf denen nicht vertretbare Sachen gehandelt werden, wie der insoweit vergleichbare Kunst- und Antiquitätenhandel, sind marktmäßige Veranstaltungen. Die dort vereinbarten Preise haben die Rechtsnatur von „Markt"preisen. In der Begründung der Insolvenzordnung ist daher ausdrücklich klargestellt worden, daß der Begriff „Markt-" oder „Börsenpreis" im Sinne des Art. 105 mit Rücksicht auf die häufig individuelle Ausgestaltung der hiervon erfaßten Finanzgeschäfte weit zu verstehen ist. Entscheidend ist, daß die Möglichkeit besteht, sich anderweitig einzudecken. Unschädlich ist dagegen, daß nicht alle Angebote im Preis übereinstimmen[25]. Diese Regelung erscheint auch deshalb sachgerecht, weil die bei OTC-Geschäften vereinbarten Preise durch marktübliche Berechnungsmethoden, insbesondere durch Abzinsung oder rechnerische Ableitung von anderen Marktpreisen ermittelt werden, die ihrerseits in börslichen oder außerbörslichen Märkten mit vertretbaren Handelsobjekten wie z.B. den Wertpapiermärkten erzielt werden.

---

21 Vgl. *Häuser/Walter* in Assmann/Schütze, Handbuch des Kapitalanlagerechts, § 16 Rn 145 ff. für die OTC-Optionen.
22 RegBegr. des Entwurfs des Gesetzes zur Umsetzung von EG-Richtlinien zur Harmonisierung bank- und wertpapieraufsichtsrechtlicher Vorschriften vom 22. 10. 1997, BT-Drucksache 13/7142, S. 100.
23 *Bosch/Groß* in Bankrecht und Bankpraxis, Rn 10/4.
24 *Palandt/Heinrichs*, § 91 Rn 1, 3.
25 BT-Drucksache 12/7302, S. 215.

2. Geldmarktinstrumente

Zur Umsetzung der Wertpapierdienstleistungsrichtlinie sind auch die Geldmarktinstrumente in den Anwendungsbereich des WpHG einbezogen worden[26]. Somit sind auch die Verhaltensregeln für Wertpapierdienstleistungsunternehmen (§§ 31 ff. WpHG) auf Rechtsgeschäfte über diese Instrumente des Geldmarktes anwendbar. Nach der Legaldefinition des § 2 Abs. 1a WpHG sind Geldmarktinstrumente also Forderungen, die nicht schon vom Wertpapierbegriff des § 2 Abs. 1 WpHG erfaßt werden und üblicherweise auf dem Geldmarkt gehandelt werden. Vom Absatz 1a des § 2 wird z.B. ein kurzfristiges Schuldscheindarlehen erfaßt[27]. Bei den schon vom Wertpapierbegriff des § 2 Abs. 1 S. 1 WpHG erfaßten Geldmarktinstrumenten handelt es sich insbesondere um Schatzanweisungen, Einlagenzertifikate (CDs) und Commercial Papers, die regelmäßig Schuldverschreibungen darstellen. Dagegen fallen nach den Gesetzesmaterialien unter den Begriff der Geldmarktinstrumente nicht die Termingelder und Sparbriefe, weil letztere nicht fungibel und damit auch nicht an einem Markt handelbar sind[28].

16.19

3. Derivate

Unter Derivaten **im weitesten Sinne** sind Finanzinstrumente zu verstehen, deren Bewertung von der Preisbewegung oder Wertentwicklung eines oder mehrerer anderer Finanztitel abhängig ist (Derivativ = durch Ableitung entstanden). Derivative im Sinne des WpHG sind dagegen nur die von der Legaldefinition des **§ 2 Abs. 2 WpHG** erfaßten Finanzprodukte. Unwesentlich ist, ob die Derivate verbrieft oder unverbrieft sind (vgl. § 2 Abs. 1 S. 1, 1. Hs. WpHG).

16.20

Nach der **Legaldefinition** sind Derivate im Sinne dieses Gesetzes als Festgeschäfte oder Optionsgeschäfte ausgestaltete Termingeschäfte, deren Preis unmittelbar oder mittelbar abhängt von dem Börsen- oder Marktpreis von Wertpapieren, dem Börsen- oder Marktpreis von Geldmarktinstrumenten, Zinssätzen oder anderen Erträgen oder dem Börsen- oder Marktpreis von Waren oder Edelmetallen. Zum Begriff der Derivate

16.21

---

26 Reg.Begr. des Entwurfs zum „Gesetz zur Umsetzung von EG-Richtlinien zur Harmonisierung bank- und wertpapieraufsichtsrechtlicher Vorschriften vom 22. 10. 1997" (Richtlinienumsetzungsgesetz), BT-Drucksache 13/7142, S. 100.
27 RegBegr. des Entwurfs zum Richtlinienumsetzungsgesetz (BT-Drucksache 13/7142, S. 100).
28 RegBegr. des Entwurfs zum Richtlinienumsetzungsgesetz (BT-Drucksache 13/7142, S. 100.

gehören weiter Devisentermingeschäfte, die an einem organisierten Markt gehandelt werden (Devisenfuturegeschäfte), Devisenoptionsgeschäfte, Währungsswapgeschäfte, Devisenswapoptionsgeschäfte und Devisenfutureoptionsgeschäfte. Die Einbeziehung dieser von Devisen abhängigen Derivate ist wegen der Umsetzung der Wertpapierdienstleistungsrichtlinie erforderlich gewesen[29].

16.22 Zu den Derivaten, deren Börsen- oder Marktpreis mittelbar von der Entwicklung des Börsenpreises von Wertpapieren oder der Veränderung von Zinssätzen abhängt, gehören z.B. Optionen auf einen Aktienindex oder die Bund-Futures als synthetische Anleihe.

16.23 Unter diesen Derivatbegriff fallen aber nicht nur Handelsinstrumente, die einer Vertragspartei wie bei den Optionen lediglich ein Recht gewähren. Hiervon werden **auch Derivatgeschäfte** erfaßt, bei denen dem Erwerber des Rechts aus dem Derivatgeschäft auch eine Verpflichtung erwächst. Zu diesen Geschäften gehören im wesentlichen die gegenseitig verpflichtenden Terminkontrakte (Financial Futures)[30].

16.24 Die **Einbeziehung der Derivate** in den Anwendungsbereich des WpHG, das die Funktionsfähigkeit der Kapitalmärkte durch verstärkten Anlegerschutz schützen soll, war nicht nur wegen der Umsetzung der Wertpapierdienstleistungsrichtlinie geboten.

16.25 Derivate im Sinne dieser EG-Richtlinie sind Finanzterminkontrakte (Futures) einschließlich gleichwertiger Instrumente mit Barzahlung, Zinsterminkontrakte (FRA), Zins- und Devisenswaps sowie Swaps auf Aktien oder Aktienindexbasis („Equity swaps"). Des weiteren gehören hierzu Kauf- oder Verkaufsoptionen auf alle unter die EG-Richtlinie fallenden Instrumente, also außer den vorbezeichneten Derivaten auch Optionen auf Wertpapiere, Investmentanteile und auf Geldmarktinstrumente. Als Beispiele hierfür erwähnt die EG-Richtlinie Devisen- und Zinsoptionen[31].

16.26 Die Einbeziehung von wertpapierbezogenen Derivaten war auch wegen der **Insiderregelung** des WpHG geboten. So erwähnt die hierdurch umgesetzte EG-Insiderrichtlinie bei der Definition der von ihr erfaßten Wertpapiere die Terminkontrakte, Optionen und sonstigen Finan-

---

29 RegBegr. des Entwurfs zum Richtlinienumsetzungsgesetz vom 22. 10. 1997, BT-Drucksache 13/7142, S. 100.
30 Begr. des RegE des 2. FFG, BT-Drucksache 12/6679, S. 39; *Caspari*, ZGR 1994, 530, 535.
31 Abgedruckt ABlEG Nr. L 141/27 vom 11. 6. 1993 und in *Kümpel/Ott*, Kapitalmarktrecht, Kz 925, S. 34.

zierungsinstrumente mit fester Laufzeit sowie Verträge mit Indexklauseln[32].

Entsprechend der EG-Insiderrichtlinie hat aber auch der deutsche Gesetzgeber nur solche Derivate im Wege einer gesetzlichen Definition zu Insiderpapieren erklärt, die sich auf die vom WpHG erfaßten börsennotierten Wertpapiere beziehen. Bei der speziellen Definition der Derivate für die Insiderregelung in § 12 Abs. 2 WpHG handelt es sich also um eine eigenständige Regelung, die sich wesentlich von der generellen umfassenderen Begriffsbestimmung für Derivate in § 2 Abs. 2 WpHG unterscheidet. Dort sind auch solche abgeleiteten Instrumente erfaßt, deren Börsen- oder Marktpreis unmittelbar oder mittelbar von der Entwicklung des Börsen- oder Marktpreises von inländischen Zahlungsmitteln oder der Veränderung von Zinssätzen abhängt, wie dies z.B. auf unverbriefte Devisenoptionen oder Zins-Futures zutrifft, deren Börsenpreis von der Entwicklung eines Referenzzinssatzes abhängt[33].

16.27

Durch die **Einbeziehung solcher wertpapierbezogener Derivate** wird gewährleistet, daß das Verbot von Insidergeschäften durch den Erwerb von Finanzinstrumenten umgangen werden kann, deren Wertentwicklung von der Kursentwicklung von Insiderpapieren abhängt oder zumindest mit abhängt[34]. Solche Derivate sind wegen ihrer Hebelwirkung (**Leverage-Effekt**) für verbotene Insidergeschäfte besonders geeignet.

16.28

Diese Hebelwirkung ergibt sich daraus, daß der Terminkunde durch Einzahlung eines Bruchteiles des Wertes des Börsentermingeschäfts (Kontraktwert) an den Kursveränderungen der Basiswerte (Aktien, festverzinsliche Wertpapiere, Indices etc.) teilnimmt. Geringe Kursbewegungen bei diesen Basiswerten können daher im Verhältnis zum eingesetzten Kapital zu beachtlichen Gewinnen führen.

16.29

Für die Einbeziehung der Derivatgeschäfte spricht schließlich, daß nach den internationalen Erfahrungen Kassa- und Terminmärkte, an denen standardisierte Derivate gehandelt werden, keine voneinander getrennten, eigenständigen Märkte sind. Der **Terminmarkt** ist vielmehr aus vielerlei Gründen wie der (Kassa-)Wertpapiermarkt **integrierter Bestandteil des Kapitalmarkts**. Die im Zuge der Globalisierung zunehmende Volatilität der Wertpapiermärkte hat ein stärkeres Bedürfnis nach Absicherung (Hedging) gegen Kursrisiken auch aus dem Kapitalmarktbereich entstehen lassen. Kassa- und Terminmärkte sind im übrigen durch die **Arbitrage** verbunden, die das Auseinanderdriften der Preise zu verhindern helfen

16.30

---

32 Art. 1 Nr. 2 der EG-Insiderrichtlinien vom 16. 11. 1989 (89/592/EWG, abgedruckt in ABlEG Nr. L 334/30 vom 18. 11. 1989) und in *Kümpel/Ott*, Kapitalmarktrecht, Kz 930, S. 2.
33 *Caspari*, ZGR 1994, 530, 535.
34 Begr. des RegE des 2. FFG, BT-Drucksache 12/6679, S. 45.

kann. Die Arbitrage wirkt auch im Kassamarkt kursstabilisierend und ist deshalb für die Funktionsfähigkeit der Kapitalmärkte nützlich. Schließlich fördert die Möglichkeit, sich gegen unerwünschte Kursrisiken am Kassamarkt durch entsprechende Hedginggeschäfte im Terminmarkt schützen zu können, die Bereitschaft zum Engagement im (Kassa-)Wertpapiergeschäft. Dies führt zusammen mit den Arbitragegeschäften zwischen Kassa- und Terminmarkt zu Umsatzsteigerungen auch im Kapitalmarkt und erhöht dessen Liquidität, die für seine Akzeptanz eine wichtige Voraussetzung ist. Nur ein liquider Kapitalmarkt gewährleistet, daß Anleger jederzeit Transaktionen in jeder Größenordnung durchführen können[35].

4. Wertpapierdienstleistungen

16.31 Das WpHG definiert auch die verschiedenen Kategorien von Wertpapierdienstleistungen, bei deren Erbringung die Verhaltensregeln der §§ 31 ff. WpHG zu beachten sind. Im Vordergrund steht die Anschaffung und Veräußerung von Wertpapieren und Derivaten im eigenen Namen für fremde Rechnung (§ 2 Abs. 3 Nr. 1 WpHG). Hiervon wird vor allem das Effektengeschäft erfaßt, soweit das beauftragte Kreditinstitut wie regelmäßig als Kommissionär tätig wird (vgl. § 383 HGB). Des weiteren wird die Anschaffung und Veräußerung von Wertpapieren, Geldmarktinstrumenten und Derivaten erfaßt, soweit dies im Wege des Eigenhandels für andere (§ 2 Abs. 3 Nr. 2 WpHG) oder in fremdem Namen für fremde Rechnung (§ 2 Abs. 3 Nr. 3 WpHG) geschieht. In der letzteren Fallgestaltung handelt das eingeschaltete Kreditinstitut als offene Stellvertretung gemäß § 164 Abs. 1 S. 1 BGB[36]. Unter die vorerwähnten **Eigenhändlergeschäfte** dürften die sog. **Festpreisgeschäfte** im Sinne der Sonderbedingungen für Wertpapiergeschäfte (Nr. 9) fallen. Bei diesen Geschäften vereinbaren Bank und Kunde für das einzelne Geschäft einen festen Preis. Dementsprechend übernimmt die Bank vom Kunden die Wertpapiere als Käuferin oder sie liefert die Wertpapiere an ihn als Verkäuferin. Zu diesen Eigenhändlergeschäften gehört nach den Gesetzesmaterialien aber auch die Übernahme der Verpflichtung gegenüber Dritten zur jederzeitigen Anschaffung und Veräußerung von Finanzinstrumenten (sog. **Market Making**)[37].

---

35 Vgl. hierzu *Kümpel* in Kümpel/Ott, Kapitalmarktrecht, Kz 050, S. 29.
36 RegBegr. des Entwurfs zum Richtlinienumsetzungsgesetz, BT-Drucksache 13/7142, S. 101.
37 RegBegr. des Entwurfs zum Richtlinienumsetzungsgesetz, BT-Drucksache 13/7142, S. 101.

Eine Wertpapierdienstleistung bei Geschäften über die Anschaffung und Veräußerung von Wertpapieren, Geldmarktinstrumenten oder Derivaten ist schließlich auch die Vermittlung oder der Nachweis solcher Geschäfte (§ 2 Abs. 3 Nr. 4 WpHG). Damit ist klargestellt, daß auch für die sog. Nachweismakler die Verhaltenspflichten des Wertpapierhandels gelten[38].

16.32

Bei der Neufassung des WpHG anläßlich der vollständigen Umsetzung der Wertpapierdienstleistungsrichtlinie ist die Legaldefinition der Wertpapierdienstleistungen um zwei Geschäftsbereiche erweitert worden. Hierbei handelt es sich um die Dienstleistungen im Rahmen des Emissionsgeschäftes, soweit das mitwirkende Kreditinstitut die Plazierung garantiert und dadurch das Absatzrisiko trägt. Dies gilt nicht nur für die Teilnahme an den üblichen Übernahmekonsortien. Hierunter fallen auch die sog. **Geschäftsbesorgungskonsortien**, bei denen die Konsortien die Emission zwar im Namen und für Rechnung des Emittenten verkaufen, sich gleichzeitig aber zur Übernahme des nicht plazierten Teils der Emission in den eigenen Bestand verpflichten[39]. Schließlich gehört zu den Wertpapierdienstleistungen die Verwaltung einzelner in Wertpapieren, Geldmarktinstrumenten oder Derivaten angelegten Vermögen für andere mit Entscheidungsspielraum (§ 2 Abs. 3 Nr. 6 WpHG). Ein solcher Spielraum ist gegeben, wenn die konkrete Anlageentscheidung letztlich auf dem eigenen Ermessen des Vermögensverwalters beruht. Erteilt dagegen der Anleger aufgrund einer Anlageberatung eine dem Beratungsergebnis entsprechende, bestimmte Weisung, ohne daß der Verwalter dabei ein eigenes Ermessen hat, ist lediglich eine Anlageberatung gegeben[40].

16.33

5. Wertpapiernebendienstleistungen

Die Verhaltenspflichten der §§ 31 ff. WpHG gelten schließlich auch für die sog. Wertpapiernebendienstleistungen. Hierbei handelt es sich um Nebendienstleistungen, die typischerweise zusammen mit einer Wertpapierdienstleistung erbracht werden. Nach den Gesetzesmaterialien ist aber ein einzelgeschäftsbezogener innerer Zusammenhang zwischen einer solchen Nebendienstleistung und einer Wertpapierdienstleistung im Sinne des § 2 Abs. 3 WpHG für die Anwendbarkeit der Verhaltensregeln

16.34

---

38 RegBegr. des Entwurfs zum Richtlinienumsetzungsgesetz, BT-Drucksache 13/7142, S. 101.
39 RegBegr. des Entwurfs zum Richtlinienumsetzungsgesetz, BT-Drucksache 13/7142, S. 101.
40 RegBegr. des Entwurfs zum Richtlinienumsetzungsgesetz, BT-Drucksache 13/7142, S. 101.

nicht erforderlich[41]. Diese Nebendienstleistungen betreffen die Verwahrung und Verwaltung von Wertpapieren für andere, sofern nicht das Depotgesetz anwendbar ist (§ 2 Abs. 3a Nr. 1 WpHG). Die Aufsicht über das von den Kreditinstituten betriebene Depotgeschäft verbleibt also wie bisher beim Bundesaufsichtsamt für das Kreditwesen, um eine Doppelaufsicht zu vermeiden[42].

16.35 Eine solche Nebendienstleistung ist auch die Kreditgewährung zur Durchführung von Wertpapierdienstleistungen, wenn das kredit- oder darlehensgebende Unternehmen selbst auch die Wertpapierdienstleistung durchführt (§ 2 Abs. 3a Nr. 2 WpHG). Erfaßt wird auch die Beratung bei der Anlage in Wertpapieren, Geldmarktinstrumenten oder Derivaten (§ 2 Abs. 3a Nr. 3 WpHG).

16.36 Schließlich werden als solche Wertpapiernebendienstleistungen auch Devisentermingeschäfte, die nicht an einem organisierten Markt gehandelt werden und deshalb keine Devisenfuturegeschäfte sind – sog. Over-The-Counter (OTC)-Geschäfte –, sowie Devisenkassageschäfte erfaßt. Auch bei solchen außerhalb eines organisierten Marktes getätigten Devisentermingeschäften bestehen wegen des hinausgeschobenen Erfüllungszeitpunktes das Bonitätsrisiko des Vertragskontrahenten und das Währungsrisiko. Devisenkassageschäfte bringen durch das Halten der Devisenposition Währungsrisiken mit sich. Über diese Risiken sind die Bankkunden im Rahmen der Verhaltensregeln der §§ 31 ff. WpHG aufzuklären[43].

6. Marktmäßige Differenzierungen bei den verschiedenen Schutzbereichen

16.37 Wenngleich die Marktbezogenheit ein durchgängiges Merkmal des WpHG darstellt, ist deren Reichweite für die einzelnen Regelungsbereiche wegen der verschiedenartigen Schutzzwecke unterschiedlich bemessen.

a) Einbeziehung der Börsen in den EU- und EFTA-Mitgliedstaaten

16.38 Bei der Insiderregelung (§§ 12 ff. WpHG) sowie den Mitteilungs- und Veröffentlichungspflichten (§§ 21 ff. WpHG), mit denen die EG-Transparenz-

---

41 RegBegr. des Entwurfs zum Richtlinienumsetzungsgesetz, BT-Drucksache 13/7142, S. 101.
42 RegBegr. des Entwurfs zum Richtlinienumsetzungsgesetz, BT-Drucksache 13/7142, S. 101.
43 RegBegr. des Entwurfs zum Richtlinienumsetzungsgesetz, BT-Drucksache 13/7142, S. 102; *Baur*, Die Bank, 1997, 343.

richtlinie umgesetzt worden ist (nachfolgend auch Transparenznormen), hat der Gesetzgeber den Schutzbereich auf Börsenmärkte in bestimmten europäischen Kapitalmarktländern ausgedehnt. So ist es z.B. für einen französischen Anleger, der Aktien einer an der Pariser Wertpapierbörse notierten französischen AG am Markt kaufen will, aus der Sicht des **Schutzzweckes des Insiderverbots und der Transparenznormen** unwesentlich, ob der im Markt agierende Insider oder Aufkäufer einer relevanten Beteiligungsquote in Frankreich oder in der Bundesrepublik und damit in einem vom WpHG beherrschten Staatsgebiet domiziliert.

Die **Insiderregelung stellt deshalb darauf ab**, ob die Wertpapiere zum Handel an einem organisierten Markt in einem Mitgliedstaat der Europäischen Union oder in einem anderen Vertragsstaat des Abkommens über den Europäischen Wirtschaftsraum (EWR) zugelassen sind.   16.39

Die Anwendbarkeit der Transparenznormen setzt voraus, daß die von einer inländischen Aktiengesellschaft emittierten Wertpapiere an einer Börse im Inland, in anderen Ländern der Europäischen Union oder in einem EFTA-Mitgliedstaat notiert werden (§ 21 Abs. 2 WpHG). Im Unterschied zur Insiderregelung sind die Transparenznormen jedoch erst dann anwendbar, wenn die Aktien an den geschützten Börsen bereits zugelassen sind. Hier genügt es also nicht, daß der Antrag auf Börsenzulassung schon gestellt oder öffentlich angekündigt worden ist.   16.40

Durch die Erstreckung der Insiderregelung und der Transparenznormen auf die organisierten Märkte bzw. Börsenmärkte in den EU- und EFTA-Mitgliedstaaten sollen auch die Anleger in diesen europäischen Kapitalmarktländern geschützt und ihr Vertrauen in die Funktionsfähigkeit dieser Märkte gestärkt werden[44]. Insoweit hat der **Anlegerschutz** des WpHG entsprechend den Zielen der europäischen Integration auch eine **europäische Dimension**.   16.41

b) Auf inländische Börsenmärkte begrenzter Anwendungsbereich

Die gesetzliche Regelung der **Ad-hoc-Publizität (§ 15 WpHG)** schützt dagegen **nur inländische Börsenmärkte**. Dieser Regelungsbereich hat einen starken Inlandsbezug. Denn der erforderlichen Veröffentlichung der kursbeeinflussenden Tatsachen ist eine Mitteilung an das Bundesaufsichtsamt für den Wertpapierhandel sowie die Geschäftsführung der betreffenden Börsen vorgeschaltet (vgl. § 15 Abs. 2 WpHG).   16.42

---

44 Begr. des RegE des 2. FFG, BT-Drucksache 12/6679, S. 45, 52; *Caspari*, ZGR 1994, 531, 534.

c) Differenzierung nach den Marktsegmenten der Börse

16.43 Der Wertpapierhandel an den inländischen Börsen vollzieht sich am Amtlichen und Geregelten Markt als dem öffentlich-rechtlich geregelten Börsenhandel sowie im privatrechtlich organisierten Freiverkehr. Zwischen diesen Marktsegmenten differenzieren auch die einzelnen Regelungsbereiche des WpHGes.

16.44 Am **weitesten gehend** ist die **Insiderregelung**, die neben dem Amtlichen und Geregelten Markt **auch den Freiverkehr** in ihren Schutzbereich einbezieht. Hierdurch hat der deutsche Gesetzgeber die europäische Regelung bei der Umsetzung der EG-Insiderrichtlinie verschärft. Nach Art. 1 der Insiderrichtlinie fallen unter die **Insiderpapiere nur Wertpapiere**, die zum Handel auf einem Markt zugelassen sind, „der von staatlich anerkannten Stellen reglementiert und überwacht wird, regelmäßig stattfindet und der Öffentlichkeit direkt oder indirekt zugänglich ist". Von dieser Marktdefinition wird der Freiverkehr an den inländischen Wertpapierbörsen nicht erfaßt. Denn dieses Marktsegment ist nicht im rechtlichen Sinne, sondern nur faktisch in die Wertpapierbörse integriert. Der **Freiverkehr** ist daher auch keinen „Reglementierungs"befugnissen des Börsenvorstandes unterworfen, der zu den „staatlich anerkannten Stellen" im Sinne der EG-Insiderrichtlinie gehört[45].

16.45 Dagegen kommt die gesetzliche Regelung der Ad-hoc-Publizität nur zum Tragen, wenn die Wertpapiere im Amtlichen und Geregelten Markt notiert werden. Die in den Freiverkehr der inländischen Börsen einbezogenen Wertpapiere sind bewußt ausgegrenzt worden. Die Emittenten solcher Wertpapiere sind regelmäßig nicht zur Übernahme der Ad-hoc-Publizität mit ihrer weitreichenden Konsequenz bereit. Hinzu kommt, daß die Einbeziehung in den Freiverkehr an einer inländischen Börse keiner Zustimmung der Emittenten bedarf und häufig nur im Interesse einer erleichterten Handelsmöglichkeit erfolgt. Im Interesse der internationalen Wettbewerbsfähigkeit der inländischen Kapitalmärkte sollte mit der Freistellung der Freiverkehrswerte der Gefahr Rechnung getragen werden, daß der Freiverkehr „austrocknet", weil insbesondere die ausländischen Emittenten wegen der sie beschwerenden Ad-hoc-Publizität dem Handel ihrer Wertpapiere im Freiverkehr künftig widersprechen könnten[46].

16.46 Die **Nichtberücksichtigung der Freiverkehrswerte** war möglich, weil die Regelung der Ad-hoc-Publizität im Art. 7 der EG-Insiderrichtlinie nur solche Wertpapiere erfaßt, die in einem Markt gehandelt werden, der von einer staatlich anerkannten

---

45 Begr. des RegE des 2. FFG, BT-Drucksache 12/6679, S. 76.
46 Begr. des RegE des 2. FFG, BT-Drucksache 12/6679, S. 76.

Stelle reglementiert wird[47]. Hieran fehlt es bei den Wertpapieren, die im Freiverkehr an den Börsen einbezogen sind[48].

Die geringste Reichweite hinsichtlich der drei Marktsegmente der inländischen Börsen haben die **Transparenznormen**. Diese setzen voraus, daß die Wertpapiere zum Amtlichen Handel an einer inländischen Börse notiert werden (vgl. § 21 Abs. 2 WpHG). 16.47

d) Erstreckung der Verhaltensregeln auf alle kapitalmarktbezogenen Wertpapiere

Die marktmäßige Reichweite des WpHG ist am größten bei den Verhaltensregeln (§§ 31 ff. WpHG). Sie erfassen auch Wertpapiere, die an keiner Börse notiert sind. Es genügt vielmehr, daß die Wertpapiere aufgrund ihrer Ausstattung für den Handel an einem Markt geeignet sind. Denn die Verhaltensregeln knüpfen an den Begriff der Wertpapierdienstleistungen an, wie er in § 2 Abs. 3 WpHG definiert worden ist (vgl. § 31 Abs. 1 WpHG)[49]. Die Definition der Wertpapierdienstleistung verwendet wiederum den Begriff Wertpapiere, wie ihn der Gesetzgeber definiert hat (§ 2 Abs. 1 S. 2 WpHG). Hierzu gehören auch solche Wertpapiere, die zum Handel an einem börslichen oder außerbörslichen Markt geeignet sind (vgl. § 2 Abs. 1 letzter Hs. WpHG). 16.48

---

[47] Begr. des RegE des 2. FFG, BT-Drucksache 12/6679, S. 48.
[48] *Caspari*, ZGR 1994, 530, 534.
[49] *Assmann* in Assmann/Schneider, WpHG, Einl. Rn 4 f., 9; § 2 Rn 15; Begr. des RegE des 2. FFG, BG-Drucks. 12/6679, S. 39; Beschlußempfehlung und Bericht des Finanzausschusses, BT-Drucksache 12/7918, S. 97.

2. Abschnitt
Insiderrecht

I. Grundsätzliches

16.49 Ein **Schwerpunkt** des neuen WpHG ist das Insiderrecht. Hierdurch sind Insider-Straftatbestände und staatliche Eingriffsbefugnisse zur konsequenten Verfolgung von Insiderverstößen geschaffen worden. **Verbotene Insidergeschäfte** können nunmehr mit einer **Freiheitsstrafe** bis zu fünf Jahren oder mit einer **Geldstrafe** geahndet werden. Eine solche gesetzliche Regelung entspricht internationalem Standard und ist für die Vertrauenswürdigkeit des Finanzplatzes Deutschland von herausragender Bedeutung[50].

1. Historischer Rückblick

16.50 Im Vordergrund jeder Insiderregelung steht das **verbotene Ausnutzen von Insidertatsachen**. Das unzulässige Ausnutzen von Insiderwissen gilt heute allgemein als verpönt. Es wird als verwerfliches Handeln gegen selbstverständliche Gebote honoriger kaufmännischen Verhaltens angesehen[51].

16.51 In der Bundesrepublik war ein Regelungsbedürfnis für das Insiderproblem Ende der 60er Jahre weitgehend anerkannt[52]. Die Börsensachverständigenkommission beim Bundesfinanzministerium beschloß daher am 13. 11 1970 „Empfehlungen zur Lösung der Insider-Probleme"[53]. Diese Empfehlungen bestanden aus den Insiderhandels-Richtlinien und den Händler- und Beraterregeln. Im Rahmen der Selbstverwaltung der Wirtschaft wurden hierdurch Regelungen auf freiwilliger Basis geschaffen, durch die der Mißbrauch von Insider-Informationen unterbunden werden sollte[54]. Die Arbeitsgemeinschaft der deutschen Wertpapierbörsen und die beteiligten

---

50 Begr. des RegE des 2. FFG, BT-Drucksache 12/6679, S. 33.
51 zur Megende in Assmann/Schütze, Handbuch des Kapitalanlagerechts, 1990, § 14 Rn 3.
52 zur Megende in Assmann/Schütze, Handbuch des Kapitalanlagerechts, 1990, § 14 Rn 12; Assmann, AG 1994, 196, 197.
53 Dieses Datum wird im Schrifttum häufig als „Geburtsstunde des deutschen Insiderrechts" bezeichnet (vgl. Hoeren, ZBB 1993, 112).
54 zur Megende in Assmann/Schütze, Handbuch des Kapitalanlagerechts, 1990, § 14 Rn 12; Assmann, AG 1994, 196, 197.

Spitzenorganisationen der Wirtschaft⁵⁵ verfaßten hierzu Erläuterungen. Die praktischen Erfahrungen und die öffentlichen Diskussionen führten zu einer Überarbeitung der Insiderregeln in den Jahren 1976 und 1988⁵⁶.

Die **Verbindlichkeit dieser Insiderregeln** erfolgte durch rechtsgeschäftliche Anerkennung. Diese Anerkennung läßt sich als zivilrechtliche Unterwerfung unter ein Selbstregulierungsverfahren der Wirtschaft qualifizieren⁵⁷. Eine solche rechtsgeschäftliche Unterwerfung war erforderlich. Denn diese Insiderregeln waren weder Rechtsnormen noch Handelsbrauch⁵⁸. Auch fehlte es an Rechtsprechung, wonach die Insiderregeln allgemeine Grundsätze für die Ausfüllung des Begriffs der guten Sitten oder der Sittenwidrigkeit im Sinne der §§ 138, 826 BGB enthalten. Die Verbindlichkeit der Insiderregeln mußte daher auf rechtsgeschäftlichem Wege einer Anerkennung herbeigeführt werden⁵⁹.

16.52

2. Grundkonzeption der gesetzlichen Insiderregelung

Der deutsche Gesetzgeber hat sich wie die EG-Insiderregelung für eine **marktbezogene Regelungsperspektive** entschieden⁶⁰. Die Insiderregelungen werden daher nicht aus einem unternehmensorientierten oder gesellschaftsrechtlichen Ansatz gestaltet. Bei einem solchen Ansatz wäre die Reichweite der verschiedenen Tatbestände verbotenen Insiderhandelns zu stark eingeschränkt worden. Mit Rücksicht auf den Schutzzweck dieser Verbotstatbestände können auch gesellschaftsferne Dritte zu Insidern werden.

16.53

a) Verletzung von Treuepflichten durch Insiderhandeln

Mit **Insiderverstößen** können freilich nicht nur strafbewehrte Verbotstatbestände, sondern zugleich auch gesellschaftsrechtliche Treuepflichten

16.54

---

55 Bundesverband der Deutschen Industrie, Bundesverband des Deutschen Groß- und Außenhandels, Bundesverband der Deutschen Volksbanken- und Raiffeisenbanken, Bundesverband deutscher Banken, Deutscher Sparkassen- und Giroverband, Gesamtverband der Deutschen Versicherungswirtschaft, Hauptgemeinschaft des Deutschen Einzelhandels, Verband öffentlich-rechtlicher Kreditanstalten.
56 Die letzte Fassung der Insiderregeln ist abgedruckt in WM 1988, 1105 ff.
57 *zur Megende* in Assmann/Schütze, Handbuch des Kapitalanlagerechts, § 14 Rn 20.
58 *Baumbach/Hopt*, Insiderhandel-Ri, Einl. Rn 4; Händlerregeln, Einl. Rn 1.
59 *zur Megende* in Assmann/Schütze, Handbuch des Kapitalanlagerechts, 1990, § 14 Rn 14; *Assmann*, AG 1994, 196, 198.
60 *Assmann*, AG 1994, 196, 202; ders., ZGR 1994, 494, 500.

der Gesellschaft gegenüber ihren Aktionären verletzt werden[61]. Zwischen Gesellschaft und den einzelnen Gesellschaftern besteht ein mitgliedschaftliches Rechtsverhältnis, das nach einhelliger Meinung von den Grundsätzen von Treu und Glauben (§ 242 BGB) beherrscht wird, wie dies für jedes andere Schuldverhältnis gilt[62]. Auch die Rechtsprechung des BGH ist seit jeher davon ausgegangen, daß zwischen AG und Gesellschaftern eine solche Treuepflicht besteht[63].

16.55 Diese **Treuepflicht** läßt nach heute ganz herrschender Meinung Nebenpflichten entstehen, die als allgemeine Verhaltens- und Schutzpflichten bezeichnet werden. Mit Rücksicht auf die aus dem Grundsatz von Treu und Glauben folgende Treuepflicht hat sich jeder Partner in zumutbarem Ausmaß so zu verhalten, daß Person, Eigentum und sonstige Rechtsgüter einschließlich des Vermögens des anderen Partners nicht verletzt werden[64]. Eine Verletzung dieser Schutzpflichten kann Schadensersatzpflichten begründen, wobei die Verantwortlichkeit nicht den milderen Haftungsmaßstäben des Rechts der unerlaubten Handlung (§§ 823 ff. BGB), sondern den strengeren vertraglichen Haftungsregeln nachgebildet ist[65].

16.56 Diese **Treuepflicht** kann freilich **kein Allheilmittel** gegen Insider-Probleme sein[66]. Dies scheitert schon daran, daß die zum Schadensersatz verpflichtende Treuepflicht eine Mitgliedschaft des Geschädigten bei der Gesellschaft voraussetzt[67]. Aus dieser Treuepflicht könnten sich jedoch z.B. Grenzen für die gesprächsweise Offenbarung kurssensitiver Tatsachen an Journalisten und Finanzanalysten ergeben, wie sie bei Tatsachen mit insiderrelevantem Kursbeeinflussungspotential durch das insiderrechtliche Weitergabeverbot (§ 14 Abs. 1 Nr. 2 WpHG) gezogen sind.

b) Marktbezogenheit der Insidernormen

16.57 Die Marktbezogenheit der gesetzlichen Regelung zeigt sich vor allem darin, daß **zu den Insidern auch Personen gehören können**, die nicht zum Unternehmensbereich der Gesellschaft gehören und auch in keinerlei Vertragsverhältnis oder wie auch immer gearteten Verhältnis zu stehen brauchen[68]. So ist **(Sekundär)Insider** jeder Dritte, der Kenntnis von einer Insidertatsache erlangt hat, ohne selbst unmittelbaren Zugang zu dieser Insiderinformation gehabt zu haben (§ 14 Abs. 2 WpHG).

---

61 *Assmann*, AG 1994, 196, 203; vgl. weiter *Lutter*, ZHR 153 (1989), 459.
62 *Lutter*, ZHR 153 (1989) 452.
63 *Brandes*, WM 1992, S. 465, 468.
64 BGH NJW 1983, 2814; *Palandt/Heinrichs*, § 242 Rn 35.
65 Münchener Komm. zum BGB/*Roth* § 242 Rn 139.
66 *Lutter*, ZHR 153 (1989), 459.
67 *Lutter*, ZHR 153 (1989), 458.
68 *Assmann*, AG 1994, 237, 239; ders., ZGR 1994, 494, 506.

Diese Marktbezogenheit der gesetzlichen Regelung zeigt sich auch darin, wie das Regelungsbedürfnis in der rechtspolitischen und öffentlichen Diskussion letztlich begründet worden ist. Das Insiderhandelsverbot solle dazu dienen, das Vertrauen der Anleger in die Gleichbehandlung der Marktteilnehmer beim Zugang zu Insiderinformationen zu stärken und damit zugleich die Funktionsfähigkeit der Kapitalmärkte zu verbessern[69]. Solche Handelsverbote sind als Bestandteil und Indikator einer guten Ordnung der Kapitalmärkte erforderlich, weil sie den diesbezüglichen Erwartungen des Anlegerpublikums und dessen Vorstellung von Fairneß entsprechen[70]. Insbesondere die großen ausländischen institutionellen Anleger erwarten von einem Finanzplatz mit internationalem Geltungsanspruch ein staatlich geregeltes und überwachtes Insiderhandelsverbot. Ausschlaggebendes Argument für die gesetzliche Insiderregelung war daher die **Erwartung des Anlegerpublikums**[71].

16.58

Damit hat sich der Gesetzgeber gegen die Kritik der ökonomischen Theorie entschieden. Hiernach sei Insiderhandel im Interesse effizienter Kapitalmärkte und effektiver Unternehmensführung sogar wünschenswert[72].

16.59

c) Grundelemente der Insiderregelung

Jede kapitalmarktbezogene Regelung des verbotenen Insiderhandels wird durch **vier Begriffsmerkmale** geprägt: die **Insiderpapiere**, die **Insidertatsache**, die **einzelnen Tatbestände verbotenen Insiderhandelns** und die **potentiellen Insider**[73]. Dabei entscheiden diese Begriffsmerkmale erst in ihrem **Zusammenspiel** über die Art und Umfang der einzelnen Insiderbestimmung[74]. So kann z.B. ein weiter Insiderbegriff durch einen engen Begriff der Insidertatsachen oder ein enges Tatbestandsmerkmal der einzelnen Verbotstatbestände eingeschränkt und so die Reichweite des zunächst als sehr weitgehend angesehenen Insiderbegriffs wesentlich begrenzt werden.

16.60

---

69 Erwägungsgründe 5 f. der EG-Insiderhandelsrichtlinie; Begr. des RegE des 2. FFG, BT-Drucksache 12/6679, S. 33.
70 *Assmann*, AG 1994, 196, 202.
71 *Assmann*, AG 1994, 196, 201; *ders.*, ZGR 1994, 494, 498.
72 Vgl. z.B. *Ott/Schäfer*, ZBB 1991, 226; *Schneider*, DB 1993, 1429; *Pellens/Fülbier*, DB 1994, 1381.
73 Zur Dogmatik der Insiderregelung der §§ 12 ff. WpHG vgl. *Hopt* in Bankrechts-Handbuch, § 107 Rn 8 ff.
74 *Assmann*, AG 1994, 204.

3. Schutzzweck der Insiderhandelsverbote

16.61 Im Schrifttum wird die Frage kontrovers diskutiert, **welche Interessen** durch die Insiderhandelsverbote **geschützt** werden sollen[75]. Dabei werden als Schutzgut der Individualschutz der Anleger, Schutz der von Insidergeschäften betroffenen Gesellschaft, Schutz des Unternehmens vor Treuepflichtverletzungen durch Insider oder der Funktionsschutz der organisierten Kapitalmärkte genannt.

16.62 Die neuen insiderrechtlichen Vorschriften des WpHG bezwecken den Schutz des Vertrauens des Anlegerpublikums in eine ordnungsgemäße Abwicklung der Wertpapiergeschäfte[76]. Das schutzwürdige Vertrauen der Anleger beruht insbesondere auf der Zusicherung, daß sie gleichbehandelt und deshalb gegen die unrechtmäßige Verwendung einer Insiderinformation geschützt sind[77]. Insidergeschäfte werden von den Anlegern als Verstoß gegen das Gebot einer weitestmöglichen Chancengleichheit der Investoren am Markt angesehen. Die erforderliche Gleichbehandlung der Anleger gebietet es, daß kurserhebliche Tatsachen vor ihrer Veröffentlichung einem Verwertungsverbot unterworfen sind[78]. Ausschlaggebend für die gesetzliche Insiderregelung war also die schutzwürdige Erwartung des Anlegerpublikums[79].

16.63 Die Notwendigkeit einer Regelung des Insiderhandels als Voraussetzung funktionierender Kapitalmärkte wird bis heute unterschiedlich beurteilt[80]. Der Gesetzgeber hat sich jedenfalls mit den §§ 12 ff. WpHG von der wirtschaftswissenschaftlichen Lehre distanziert, wonach der Insiderhandel nicht nur die Effizienz der Märkte verbessere, sondern auch keine Anleger schädige[81].

---

75 *Grunewald*, ZBB 1990, 128, 130 m.w.Nachw.; *Hopt* ZGR 1991, 17, 22.
76 Beschlußempfehlung und Bericht des Finanzausschusses des Deutschen Bundestages, BT-Drucksache 12/7918, S. 95.
77 Vgl. 5. Erwägungsgrund der EG-Insiderrichtlinie, abgedruckt in *Kümpel/Ott*, Kapitalmarktrecht, Kz. 930, S. 1; Begr. des RegE des 2. FFG, BT-Drucksache 12/6679, S. 33; *Caspari*, ZGR 1994, 530, 533; *Assmann/Cramer* sprechen sogar von einem „Anspruch" der Marktteilnehmer „auf Chancengleichheit" *(Assmann/Cramer* in Assmann/Schneider, WpHG, § 14 Rn 52).
78 *Assmann*, AG 1994, 196, 202.
79 *Assmann*, AG 1994, 196, 201.
80 *Assmann*, ZGR 1994, 494, 499; *Tippach*, Das Insider-Handelsverbot und die besonderen Rechtspflichten der Banken, 1995, S. 16 m.w.Nachw.
81 Vgl. z.B. *Ott/Schäfer*, ZBB 1991, 226; *Dieter Schneider*, DB 1993, 1429; *Pellens/Fülbier*, DB 1994, 1381.

a) Funktionsschutz des Kapitalmarktes

Anleger, die sich in einem Markt unfair behandelt fühlen, werden sich von diesem Markt abwenden und ihre Kapitalanlagen an anderen Märkten tätigen[82]. Die Durchsetzung der Chancengleichheit der Anleger hinsichtlich bislang unveröffentlichter kurssensibler Tatsachen dient also zugleich dem Schutz der Kapitalmärkte[83].

16.64

Diese **Marktbezogenheit der Insiderregelung** zeigt sich im übrigen darin, daß zu den Insidern auch Personen gehören können, die nicht zum Unternehmensbereich der Gesellschaft gehören und zu ihr auch in keinerlei Vertragsverhältnis oder wie auch immer geartetem Verhältnis zu stehen brauchen[84]. So ist Insider auch jeder gesellschaftsferne Dritte, der Kenntnis von einer Insidertatsache erlangt hat, ohne selbst Zugang zu dieser Insiderinformation gehabt zu haben (§ 14 Abs. 2 WpHG).

16.65

Die Insiderregelung gehört zu den erforderlichen rechtlichen Rahmenbedingungen, die das **Vertrauen der Anleger** in die Integrität der Märkte erhalten und möglichst festigen sollen[85]. Das Vertrauen des Anlegerpublikums ist von entscheidender Bedeutung für die Funktionsfähigkeit der Kapitalmärkte[86]. Diese institutionelle Effizienz der organisierten Kapitalmärkte innerhalb der Mitgliedstaaten der EU und der anderen Vertragsstaaten des Europäischen Wirtschaftsraumes (EWR) stellt deshalb das von der Insiderregelung geschützte Rechtsgut dar[87]. Auch die Erwägungsgründe der EG-Insiderrichtlinie begründen die Notwendigkeit zur Harmonisierung der Vorschriften über Insidergeschäfte mit dem Schutz des reibungslosen Funktionierens des Marktes[88].

16.66

b) Individualinteressen der Anleger kein Schutzgut

Nach weit verbreiteter Meinung dient das Insiderrecht neben dem Funktionsschutz des Kapitalmarktes auch dem Schutz der Individualinteres-

16.67

---

82 *Caspari*, ZGR 1994, 530, 533.
83 5. und 6. Erwägungsgrund der EG-Insiderrichtlinie abgedruckt in *Kümpel/Ott*, Kapitalmarktrecht, Kz 930, S. 1.
84 *Assmann*, AG 1994, 237, 239; *ders.*, ZGR 1994, 494, 506; *Hopt*, FS Beusch, 1993, S. 393, 398.
85 Großkomm. AktG/*Assmann*, Einl. Rn 360; *ders.* in Assmann/ Schütze, Handbuch des Kapitalanlagerechts, § 1 Rn 26.
86 4. Erwägungsgrund der EG-Insiderrichtlinie; Begr. des RegE des 2. FFG, BT-Drucksache 12/6679, S. 33.
87 Begr. des RegE des 2. FFG, BT-Drucksache 12/6679, 47, 57; Beschlußempfehlung und Bericht des Finanzausschusses des Deutschen Bundestages, BT-Drucksache 12/7918, S. 95; *Caspari*, ZGR 1994, 530, 532.
88 6. Erwägungsgrund der EG-Insiderrichtlinie.

sen der Anleger[89]. Dieser Individualschutz ist naheliegend. Denn mit Insidergeschäften sind regelmäßig nicht nur Vorteile für die Insider verbunden. Hierdurch erhöht sich auch das Verlustrisiko der nicht informierten Anleger[90]. Der vom Insider infolge des Informationsvorsprunges erzielte Gewinn benachteiligt zwangsläufig andere Marktteilnehmer. Sind einem Marktteilnehmer oder einem Anleger die Insidertatsachen unbekannt, so besteht die Gefahr, daß er die Wertpapiere bei einer schlechten Information zu teuer kauft bzw. bei einer positiven Nachricht zu billig verkauft.

16.68 Das **Schutzbedürfnis der Anleger** wird nach Meinung des Schrifttums freilich dadurch **stark relativiert**, daß der Nachweis eines Anlegers, durch eine Insidertransaktion einen Schaden im Sinne der §§ 249 ff. BGB erlitten zu haben, regelmäßig nicht zu führen sei[91]. An der Börse würden Wertpapiergeschäfte grundsätzlich anonym getätigt, weil ein direkter Kontakt der Anleger als Käufer oder Verkäufer unterbleibt mit der Folge, daß ein verbotenes Insidergeschäft nur in Ausnahmefällen für den einzelnen Anleger unmittelbar zu einem Nachteil führen könne[92].

16.69 Diese Argumentation war zutreffend, solange die Kreditinstitute Effektenaufträge durch den kommissionsrechtlichen Selbsteintritt ausführten. Hier wird das im Markt getätigte Wertpapiergeschäft nicht für Rechnung des Effektenkunden, sondern für eigene Rechnung der Bank ausgeführt. Nach den neuen AGB Wertpapiergeschäfte werden jedoch die Kreditinstitute die Effektenaufträge ausnahmslos ohne Selbsteintritt ausführen. Damit tätigen die Kreditinstitute als Kommissionäre alle am Markt abgeschlossenen Wertpapiergeschäfte für Rechnung ihrer Effektenkunden (vgl. § 383 HGB). Mit Rücksicht auf ihre Rechenschaftspflicht (§ 384 Abs. 2 HGB, § 666 BGB) muß daher das Ausführungsgeschäft dem betreffenden Effektenkunden zugeordnet werden. Für diese kommissionsrechtlichen Ausführungsgeschäfte gelten zudem die Aufzeichnungspflichten, wie sie den Kreditinstituten für die zwischen ihnen und ihren Kunden zustandekommenden Vertragsbeziehungen obliegen (§§ 34 i.V.m. 37 Abs. 2 S. 2 WpHG). Diese Aufzeichnungen über das an der Börse für die Effektenkunden getätigte Ausführungsgeschäft werden in die jährliche Prüfung des Effektengeschäfts durch das Bundesaufsichtsamt für den Wertpapierhandel einbezogen (§ 36 Abs. 1 WpHG). Künftig ließen sich damit grundsätz-

---

89 *Grunewald*, ZBB 1990, 128, 130; *Assmann*, AG 1994, 196, 204; *Tippach*, WM 1993, 1269, 1272.
90 *Grunewald*, ZBB 1990, 130.
91 *Assmann*, AG 1994, 196, 203.
92 *Caspari*, ZGR 1994, 530, 533.

lich die abwicklungstechnischen Voraussetzungen dafür schaffen, den durch das verbotene Insiderhandeln Geschädigten zu identifizieren.

c) Individualschutz als Rechtsreflex

Nach dem erkennbaren Willen des Gesetzgebers dienen die **Insidernormen ausschließlich dem Schutz der Funktionsfähigkeit des Kapitalmarktes**[93]. Hierfür spricht auch, daß Wertpapiere, die nur an Börsen in Staaten außerhalb des Europäischen Wirtschaftsraums (EWR) zugelassen sind oder an keiner Börse gehandelt werden, keine durch die Insidernormen geschützten Insiderpapiere sind. Wenn mit der Insiderregelung auch ein Individualschutz der Anleger bezweckt gewesen wäre, hätten auch solche Wertpapiere einbezogen werden müssen[94]. Gegen einen Individualschutz der Anleger als weiteres Schutzgut der Insidernormen spricht schließlich, daß auch die Pflicht zur Ad-hoc-Publizität, die als effizientes Instrument zur präventiven Bekämpfung des verbotenen Insiderhandelns konzipiert worden ist, ausschließlich der Sicherung der Funktionsfähigkeit des Kapitalmarktes und nicht dem Schutz der Individualinteressen der Anleger dient[95].

16.70

Auch wenn der Individualschutz der Anleger kein Schutzgut der Insidernormen darstellt, so bedeutet dies keineswegs, daß die Insiderregeln keine Schutzwirkungen zugunsten der Anleger entfalten. Der Funktionsschutz des Kapitalmarktes als ausschließliches Schutzgut der Insidernormen schützt zumindest mittelbar auch den einzelnen Anleger. Eine **wesentliche Funktion des Marktes** ist die Zusammenführung und ein möglichst effizientes Ausgleichen von Kapitalangebot und -nachfrage des Anlegerpublikums. Dieser Marktfunktion dient die strafbewehrte Unterbindung von Insidergeschäften als einer vertrauensbildenden Maßnahme für das Funktionieren des Marktes, der von Angebot und Nachfrage abhängt. Damit wird aber zugleich das Individualinteresse des einzelnen Anlegers an einem integren und liquiden Markt geschützt, um dort Wertpapiere zu fairen Bedingungen kaufen und verkaufen zu können. Funktionsschutz und Anlegerschutz im weiten Sinne des Schutzes des Anlegerpublikums sind daher nur zwei Seiten derselben Medaille. Die Insiderregelung hat daher auch einen individualschützenden Charakter[96]. Daran ändert auch

16.71

---

93 Begr. des RegE des 2. FFG, BT-Drucksache 12/6679, S. 57; Beschlußempfehlung und Bericht des Finanzausschusses des Deutschen Bundestages, BT-Drucksache 12/7918, S. 102; *Caspari*, ZGR 1994, S. 530, 532.
94 *Caspari*, ZGR 1994, S. 530, 534.
95 Beschlußempfehlung und Bericht des Finanzausschusses des Deutschen Bundestages, BT-Drucksache 12/7918, S. 102.
96 *Assmann*, AG 1994, 196, 204.

nichts, daß der Anleger aus einem verbotenen Insidergeschäft keinen Schadensersatzanspruch wegen Verletzung eines ihn begünstigenden Schutzgesetzes im Sinne des § 823 Abs. 2 BGB geltend machen kann. Es liegt vielmehr ein nur das Anlegerpublikum als Gesamtheit aller potentiellen Anleger schützendes Gesetz vor, das als Rechtsreflex auch die Individualinteressen der einzelnen Anleger schützt[97].

4. Richtlinienkonforme Auslegung der Insidernormen

16.72 Die Anwendung der neuen gesetzlichen Regelung wird dadurch erschwert, daß sie mit **zahlreichen ausfüllungsbedürftigen Rechtsbegriffen** durchsetzt ist. Die starke Auslegungsbedürftigkeit der Insidernormen belastet deren Anwendung auch dadurch, daß hierdurch die EG-Insider-Richtlinie umgesetzt worden ist und daher die deutschen Gesetzesbestimmungen nach der ständigen Rechtsprechung des Europäischen Gerichtshofes richtlinienkonform auszulegen sind[98]. Bei Auslegungszweifeln sind daher letztinstanzliche nationale Gerichte verpflichtet, die Frage dem EuGH vorzulegen (Art. 234, früher Art. 177 EG-Vertrag). Dem **EuGH** kommt daher als eine Art **Superrevisionsinstanz** der Letztentscheid zu[99].

16.73 Ist eine einzelne Richtlinienbestimmung nicht oder nur unvollständig umgesetzt worden und eine richtlinienkonforme Interpretation der deutschen Bestimmung nicht durch deren Wortlaut gedeckt, so ist auf jeden Fall dem Gemeinschaftszweck der Vorrang einzuräumen und die Realisierung seines Regelungsziels zu gewährleisten. Hier verdrängt die Richtlinienbestimmung das nationale Recht oder füllt eine Lücke[100].

II. Insiderpapiere

16.74 Insiderpapiere sind Wertpapiere, die an einer inländischen Börse zum Amtlichen Handel oder zum Geregelten Markt zugelassen oder in den Freiverkehr einbezogen sind oder in einem anderen Mitgliedstaat der EU

---

97 Beschlußempfehlung und Bericht des Finanzausschusses des Deutschen Bundestages, BT-Drucksache 12/7918, S. 102; *Kübler,* Gesellschaftsrecht, 5. Aufl., 1998, § 31, II, 4.
98 *Assmann,* AG 1994, 196, 200 m.w.Nachw.
99 *Tippach,* WM 1993, 1269. Für die möglichst restriktive Handhabung dieser Prüfungskompetenz durch Anwendung der sog. acte-claire-Doktrin des EuGH vgl. *Canaris,* EuZW 1994, Heft 14 (Editorial).
100 *Lutter,* JZ 1992, 593, 597 f. und 607 m.w.Nachw.; *Assmann,* AG 1994, 196, 200; *Everling,* ZGR 1992, 376, 386.

oder einem anderen Vertragsstaat des Abkommens über den EWR zum Handel an einem organisierten Markt zugelassen sind (§ 12 Abs. 1 WpHG). Dieser für das Insiderrecht relevante Markt entspricht der Definition des insiderrelevanten Marktes in der EG-Insiderrichtlinie, mit der der Kreis der von der Richtlinie erfaßten Insiderpapiere bestimmt wird.

1. Einbeziehung von Derivaten

Erfahrungsgemäß eignen sich auch Derivate für **Insidertransaktionen**. Bestimmte Derivate sind daher in die Insiderregelung einbezogen worden, um eine Umgehung der Insiderverbote zu verhindern[101]. Solche Derivate sind wegen ihrer Hebelwirkung (sog. Leverage Effekt) für verbotene Insidergeschäfte besonders geeignet[102].

16.75

Als **Insiderpapiere** gelten deshalb **auch Rechte auf Zeichnung, Erwerb oder Veräußerung von Wertpapieren** (§ 12 Abs. 2 Nr. 1 WpHG). Hierbei handelt es sich um gesetzliche Bezugsrechte (§ 186 AktG) oder um vertraglich eingeräumte Bezugsrechte wie Call- oder Put-Optionen[103]. Ebenso erfaßt werden Rechte auf Zahlung eines Differenzbetrages, der sich wie insbesondere die Optionsscheine an der Wertentwicklung von Wertpapieren bemißt (§ 12 Abs. 2 Nr. 2 WpHG). Des weiteren erstreckt sich die Insiderregelung auf Terminkontrakte auf einen Aktien- oder Rentenindex oder Zinsterminkontrakte (Finanzterminkontrakte) sowie Rechte auf Zeichnung, Erwerb oder Veräußerung von Finanzterminkontrakten, sofern die Finanzterminkontrakte Wertpapiere zum Gegenstand haben oder sich wie die an der Deutschen Terminbörse gehandelten DAX-Futures auf einen Index beziehen, in den Wertpapiere einbezogen sind (§ 12 Abs. 1 Nr. 3 WpHG). Schließlich gelten als Insiderpapiere auch sonstige Terminkontrakte, die zum Erwerb oder zur Veräußerung von Wertpapieren verpflichten (§ 12 Abs. 1 Nr. 4 WpHG). Hierbei handelt es sich um unbedingte Geschäfte („Festgeschäfte"), die im Gegensatz zu den Optionsrechten nicht nur ein Recht, sondern auch eine Verpflichtung zur Abnahme oder Lieferung von Wertpapieren enthalten[104].

16.76

Weitere Voraussetzung der Anwendbarkeit der Insiderregelung ist, daß diese Rechte oder Terminkontrakte in einem Mitgliedstaat der EU oder einem anderen Vertragsstaat des Abkommens über den EWR zum Handel an einem insiderrelevanten Markt zugelassen oder in den Freiverkehr

16.77

---

101 *Caspari*, ZGR 1994, 530, 535.
102 Begr. des RegE des 2. FFG, BT-Drucksache 12/6679, S. 45.
103 *Caspari*, ZGR 1994, 530, 535.
104 *Caspari*, ZGR 1994, 530, 535.

16. Teil: Wertpapierhandelsgesetz

einbezogen sind und die diesen Derivaten zugrundeliegenden Wertpapieren in einem Mitgliedstaat des Abkommens über den EWR zum Handel an einem insiderrelevanten Markt zugelassen oder in den Freiverkehr einbezogen sind.

16.78   Das EWR-Abkommen ist im Mai 1992 von den Europäischen Gemeinschaften, ihren Mitgliedstaaten und den anderen Mitgliedstaaten der Europäischen Freihandelszone (EFTA) geschlossen worden und am 1. 1. 1994 in Kraft getreten[105]. Zu diesen EFTA-Ländern gehören heute nur noch Island, Liechtenstein und Norwegen, nachdem die früheren EFTA-Mitglieder Finnland, Österreich, Schweden mittlerweile EU-Mitglieder geworden sind und die Mitgliedschaft der Schweiz durch einen ablehnenden Volksentscheid nicht wirksam geworden ist.

16.79   Zu den Insiderpapieren gehören also auch solche Wertpapiere, die an Börsen in Belgien, Dänemark, Finnland, Frankreich, Griechenland, Großbritannien, Irland, Italien, Luxemburg, Niederlande, Norwegen, Österreich, Portugal, Schweden und Spanien notiert werden (vgl. § 12 Abs. 1 Nr. 2 WpHG)[106].

16.80   Der **Zulassung zum Börsenhandel steht es gleich**, wenn der Antrag auf Zulassung gestellt oder öffentlich angekündigt worden ist (§ 12 Abs. 1 S. 2 WpHG). Dieser erweiterte Schutz erschien dem Gesetzgeber erforderlich, weil das schutzwürdige Vertrauen der Anleger in die Chancengleichheit und die Fairneß an den Wertpapiermärkten schon durch Insidergeschäfte im Vorfeld einer beabsichtigten Börsennotierung gefährdet erscheint[107].

16.81   Für das Insiderhandelsverbot kommt es im übrigen nicht darauf an, ob das Geschäft an der Börse oder außerbörslich getätigt worden ist. **Schutzobjekt** ist also auch der außerbörsliche Kapitalmarkt, sofern dort Wertpapiere oder Derivate gehandelt werden, die zum Kreis der Insiderpapiere gehören[108]. Dieselbe Rechtslage war schon unter der Geltung der freiwilligen Insiderregeln gegeben[109].

2. Erstreckung auf den Handel per Erscheinen

16.82   Der Zulassung zum Handel an einem insiderrelevanten Markt oder der Einbeziehung in den Freiverkehr an einer inländischen Wertpapierbörse steht es gleich, wenn der Antrag auf Zulassung oder Einbeziehung gestellt

---

105 Abgedruckt ABlEG Nr. L 1/94 vom 16.1.1994, S. 1 ff.
106 In den beiden EFTA-Mitgliedstaaten Island und Liechtenstein existiert kein börsenmäßig organisierter Wertpapierhandel.
107 *Caspari*, ZGR, 1994, S. 530, 534, 535.
108 *Hopt*, ZGR 1991, 18, 40.
109 Abgedruckt in WM 1988, 1106.

oder öffentlich angekündigt ist (§ 12 Abs. 2 S. 2 WpHG). Hierdurch soll auch der Handel per Erscheinen in die Insiderregelung einbezogen werden, wie dies schon die bisher geltenden freiwilligen Insiderhandels-Richtlinien (§ 2 Nr. 2) vorsahen[110].

3. Einbeziehung der Freiverkehrswerte

Der deutsche Gesetzgeber hat bei der Umsetzung der EG-Insiderrichtlinie auch solche Wertpapiere der Insiderregelung unterworfen, die im Freiverkehr an einer inländischen Börse einbezogen sind. Mit dieser Einbeziehung der Freiverkehrswerte in das Insiderhandelsverbot hat der deutsche Gesetzgeber insoweit eine strengere Regelung getroffen, wie es Art. 6 der EG-Insiderrichtlinie ausdrücklich gestattet.

16.83

Nach der Definition der Insiderpapiere in der Richtlinie (Art. 1) fallen hierunter nur Wertpapiere, die zum Handel auf einem Markt zugelassen sind, „der von staatlich anerkannten Stellen reglementiert und überwacht wird, regelmäßig stattfindet und der Öffentlichkeit direkt oder indirekt zugänglich ist"[111] – sog. **organisierter Markt im Sinne des § 2 Abs. 5 WpHG**. Der Freiverkehr an den inländischen Wertpapierbörsen wird von dieser Definition nicht erfaßt. Denn dieses Marktsegment ist nicht im rechtlichen Sinne, sondern nur faktisch in die Wertpapierbörsen integriert. Der Freiverkehr ist daher auch keinen „Reglementierungs"befugnissen des Börsenvorstandes unterworfen, der zu den „staatlich anerkannten Stellen" im Sinne der EG-Insiderrichtlinie gehört[112]. Die **Aufstellung der sog. Freiverkehrsrichtlinien** erfolgt vielmehr auf privatrechtlicher Grundlage. Durch die Neufassung des § 78 BörsG ist klargestellt worden, daß der Freiverkehr kein staatlich reglementiertes Marktsegment ist.

16.84

Die Einbeziehung der Freiverkehrswerte in die Insiderregelung ist sachgerecht[113]. Die Anleger können häufig nicht zwischen dem öffentlich-rechtlich strukturierten Amtlichen und Geregelten Markt und dem privatrechtlich organisierten Freiverkehr unterscheiden und sehen daher auch in den Freiverkehrswerten „Börsenwerte". Insiderhandel im Freiverkehr könnte daher die Integrität der Börse insgesamt in Zweifel ziehen und

16.85

---

110 Begr. des RegE des 2. FFG, BT-Drucksache 12/6679, S. 45.
111 Hierzu gehört auch ein vollelektronisches Handelssystem (Computerbörse), wenn dieses wie z.B. der XETRA-Handel an den deutschen Wertpapierbörsen staatlich reglementiert ist – Begr. des RegE des 2. FFG, BT-Drucksache 12/6679, S. 45 – (*Hopt*, FS Beusch, 1993, S. 393, 396).
112 Begr. des RegE des 2. FFG, BT-Drucksache 12/6679, S. 76.
113 *Claussen*, ZBB 1992, 267, 280.

damit auch die Funktionsfähigkeit der beiden öffentlich-rechtlich strukturierten übrigen Marktsegmente beeinträchtigen[114].

III. Insidertatsachen

16.86 Der Gesetzgeber hat den Begriff der Tatsache nicht definiert. Einvernehmen besteht, daß auf den Tatsachenbegriff zurückgegriffen werden kann, wie dieser insbesondere vom Strafgesetzbuch (§§ 186, 263 Abs. 1) und dem HGB (§ 321 Abs. 2) verwendet wird[115]. **Tatsachen sind** hiernach konkrete vergangene oder gegenwärtige Geschehnisse oder Zustände, die sinnlich wahrnehmbar in die Wirklichkeit getreten und damit dem Beweis zugänglich gemacht sind[116]. Unter den Tatsachenbegriff fallen aber auch Vorgänge und Zustände des menschlichen Innenlebens, wie insbesondere Absichten und Motive[117]. Der Begriff der **Tatsache** kann also **auch durch subjektive Bewertungen** der Marktteilnehmer verwirklicht werden. Insoweit erscheinen die Gesetzesmaterialien mißverständlich, wenn es dort lapidar heißt, daß „Werturteile wie Meinungsäußerungen, Rechtsauffassungen, Auffassungen persönlicher Art und andere subjektive Wertungen, die subjektive Meinungen ausdrücken, keine Tatsachen sein können"[118]. Auch solche Wertungen können den Tatsachenbegriff erfüllen, wenn sie auf einer überzeugenden Beurteilung wirtschaftlicher Fakten und auf ausreichender Berufs- und Lebenserfahrung basieren[119]. Dies gilt z.B. für die kursrelevante Einschätzung der Chancen und Risiken der Ertragsentwicklung durch den Vorstand oder dessen Erwarten einer unmittelbar bevorstehenden Insolvenz des Emittenten. Entscheidend ist, daß diese Wertungen von den die Kursbildung beeinflussenden Marktteilnehmern als Tatsachen behandelt werden[120]. Dies gilt insbesondere für

---

114 Begr. des RegE des 2. FFG, BT-Drucksache 12/6679, S. 45; *Assmann*, AG 1994, 237, 245; *Caspari*, ZGR 1994, 530, 534.
115 *Fürhoff/Wölk*, WM 1997, 449, 450.
116 VG Frankfurt NJW-RR 1998, 625.
117 *Cramer* in Schönke/Schröder, Strafgesetzbuch, 25. Aufl., 1997, § 263 Rn 8, 10 m.w.Nachw.; *Tröndle/Fischer*, Strafgesetzbuch, 49. Aufl., 1999, § 186 Rn 1; *Pananis*, WM 1997, 460, 462; *Schander/Lucas*, DB 1997, 2109, 2110.
118 BT-Drucksache 12/6679, S. 46; in diesem Sinne VG Frankfurt NJW-RR 1998, 625 und Hess. VGH, BB 1999, 75; vgl. weiter *Volk*, BB 1999, 66 ff.
119 Eingehend hierzu *Cramer*, FS Triffterer, S. 323, 333; *Pananis*, WM 1997, 460, 462.
120 *Caspari* in Baetge, Insiderrecht und Ad-hoc-Publizität, 1995, 65, 68; WM 1997, 460, 462; *Kümpel* in Kümpel/Ott, Kapitalmarktrecht, Kz 065, 70; *Fürhoff/Wölk*, WM 1997, 449, 450; *Assmann*, WM 1997, 1337, 1340; *Happ*, JZ 1994, 240, 242.

Werturteile von Funktionsträgern wie den Vorstandsmitgliedern, denen der Verkehr ein nicht öffentlich bekanntes Sachwissen zutraut[121].

Unerheblich ist für das Vorliegen einer Insidertatsache, ob sich der Sachverhalt verifizieren läßt oder noch vage und unsubstantiiert ist. Deshalb kommt es nicht darauf an, ob es sich nach der Einschätzung des Täters nur um ein bloßes Gerücht gehandelt hat[122]. 16.87

1. Emittenten- oder Wertpapierbezogenheit der Insidertatsache

Nach der gesetzlichen Definition der Insidertatsache muß sich der kurssensible Sachverhalt auf einen oder mehrere Emittenten von Insiderpapieren oder auf Insiderpapiere beziehen. Eine solche Emittentenbezogenheit haben insbesondere Tatsachen, die für die Vermögens- und Ertragslage des Emittenten erheblich sind[123]. Diese Tatsachen brauchen nicht in den Tätigkeitsbereich eines Emittenten eingetreten zu sein, wie es die Pflicht zur Ad-hoc-Publizität voraussetzt (§ 15 Abs. 1 WpHG). Insidertatsachen können auch vorliegen, wenn die Kursrelevanz der Sachverhalte unmittelbar aus ihren Auswirkungen auf die Wertpapiere selbst resultiert[124], wie z.B. die vorzeitige Kündigung einer Anleiheemission[125] oder die Umwandlung vinkulierter Namensaktien in Inhaberaktien. 16.88

Insiderinformationen brauchen nicht einmal aus der Unternehmenssphäre des Emittenten herzurühren. Solche **Marktdaten** sind z.B. gegeben, wenn ein anderes Unternehmen eine kurserhebliche Offerte zum Erwerb eines Aktienpaketes vertraulich abgegeben hat oder ein öffentliches Übernahmeangebot für Aktien einer börsennotierten Gesellschaft beabsichtigt[126]. 16.89

Ein weiteres anschauliches Beispiel für eine marktbezogene Insidertatsache sind die einer Bank vorliegenden Effektenaufträge ihrer Kunden, deren Volumen eine erhebliche Kurssteigerung im Zuge der Orderausführung erwarten läßt. Nutzt eine Bank dieses marktbezogene Insiderwissen aus, indem sie die Wertpapiere vor Ausführung der Kundenaufträge kauft (sog. front running), so liegt hierin nicht nur ein Verstoß gegen eine besondere Verhaltensregel des § 32 Abs. 1 Nr. 3 WpHG, sondern zugleich 16.90

---

121 *Schneider/Burgard*, ZIP 1999, 381, 390.
122 VG Frankfurt NJW-RR 1998, 625.
123 Begr. des RegE des 2. FFG, BT-Drucksache 12/6679, S. 46.
124 Begr. des RegE des 2. FFG, BT-Drucksache 12/6679, S. 46.
125 Begr. des RegE des 2. FFG, BT-Drucksache 12/6679, S. 46.
126 *Hopt*, ZHR 159 (1995), 135, 153 Fn 75; VG Frankfurt NJW-RR 1998, 625.

ein verbotenes Insidergeschäft im Sinne des unzulässigen Ausnutzens einer Insidertatsache[127].

16.91 Das Spektrum solcher Marktdaten, die sich mittelbar auch auf die Verhältnisse der Emittenten und/oder deren Wertpapiere auswirken können, ist breit gefächert[128]. Hierzu gehören vergleichsweise unternehmens- und marktnahe Sachverhalte, etwa branchenspezifisch statistische Daten wie die Veröffentlichung der Neuzulassung von Kraftfahrzeugen bis hin zu unternehmens- und marktfernen politischen Ereignissen und Naturkatastrophen. Häufig betreffen solche Informationen auch den gesamten Markt und damit eine Vielzahl von Insiderpapieren. Dies gilt insbesondere für gesamtwirtschaftliche statistische Daten wie die Entwicklung der Preise, des Bruttosozialproduktes oder der Arbeitslosenzahl sowie politischer Daten, etwa eine die Gesamtwirtschaft belastende Steuergesetzgebung oder eine Regierungsumbildung.

16.92 Es ist deshalb vorgeschlagen worden, nur solche kurssensiblen Marktdaten als Insidertatsache zu qualifizieren, deren Kursrelevanz sich auf einen fest umrissenen Kreis von Wertpapieren bezieht[129]. Ein praktisches Beispiel sind die neuesten Produktionsziffern der Automobilbranche, die mit nur verhältnismäßig wenigen Emittenten im Börsenhandel vertreten ist. Die zur selben Branche gehörenden Emittenten werden häufig auch bei der täglichen Berichterstattung über den Börsenhandel als Einheit betrachtet. Auch mit dem Kriterium „fest umrissener Kreis von Wertpapieren" läßt sich aber eine genaue Abgrenzung der insiderrechtlich relevanten Sachverhalte nicht präzise erreichen. Versuche zur Konkretisierung des Tatbestandsmerkmals des Emittenten- oder Insiderpapier-Bezugs mit dem Ziele, die als Insidertatsache von vornherein nicht in Betracht kommenden Marktdaten ausgrenzen zu können, erscheinen deshalb wenig erfolgversprechend. Die Ausgrenzung solcher insiderrechtlich irrelevanten Marktdaten sollte deshalb besser mit dem Tatbestandsmerkmal der **Eignung zur erheblichen Kursbeeinflussung** vorgenommen werden[130]. Insbesondere die sehr unternehmens- und marktfernen Daten können regelmäßig schon wegen Fehlens eines erheblichen Kursbeeinflussungspotentials keine Insidertatsachen darstellen.

---

127 Beschlußempfehlung und Bericht des Finanzausschusses des Deutschen Bundestages, BT-Drucksache 12/7918, S. 104.
128 Vgl. hierzu *Caspari*, ZGR 1994, 530, 540; *Tippach*, WM 1993, 1270, 1271.
129 *Tippach*, WM 1993, 1269, 1271.
130 *Assmann* in Assmann/Schneider, WpHG, § 13 Rn 55; *ders.*, ZGR 1994, 494, 514.

2. Insiderrechtliche Relevanz einzelner Stadien eines mehrstufigen Vorhabens

Das Tatbestandsmerkmal „Tatsache" wird im Schrifttum insbesondere bei mehrstufigen betrieblichen Vorhaben und Entscheidungsprozessen erörtert, bei denen das Endstadium noch nicht erreicht ist und es deshalb an einem schon eingetretenen kursrelevanten Sachverhalt fehlen könnte[131]. Dies gilt insbesondere in den häufigen Fällen, in denen es einer Entscheidung des Vorstandes und des Aufsichtsrates des Emittenten bedarf. Unternehmensbezogene Sachverhalte mit insiderrechtlichem Kursbeeinflussungspotential beruhen selten auf einem einzigen Ereignis wie etwa der Eintritt eines Schadens durch ein Großfeuer oder die Aufdeckung einer kursrelevanten Bilanzfälschung. Ebenso tritt ein kurserheblicher Umsatzrückgang mit entsprechenden Verlusten von Marktanteilen regelmäßig nicht in einem bestimmten Zeitpunkt ein, sondern vollzieht sich etappenweise über einen längeren Zeitraum.

16.93

Auch bei solchen mehrstufigen betrieblichen Vorhaben stellen die einzelnen Stadien seiner Umsetzung eine neue Tatsache dar. Auch das jeweils erreichte Stadium ist geschehen im Sinne des umgangsprachlichen Tatsachenbegriffs als etwas bereits „Eingetretenes". So stellt insbesondere ein Vorstandsbeschluß ein Faktum dar[132]. Aus der Sicht des Schutzzweckes des Insiderrechts sind jedoch von den unzähligen Sachverhalten, wie sie bei der Durchführung mehrstufiger betrieblicher Vorhaben eintreten können, lediglich solche Tatsachen von Interesse, die das erforderliche Kursbeeinflussungspotential aufweisen. Deshalb kommt es letztlich auf die Kursrelevanz eines bestimmten Stadiums des Vorhabens an[133].

16.94

Bei solchen **mehrstufigen, zeitlich gestreckten Vorhaben** stellt sich häufig die Frage, in welcher Phase das kurssensible Stadium erreicht ist, das aus insiderrechtlicher Sicht der endgültigen Realisierung des Vorhabens gleichgesetzt werden kann[134].

16.95

Diesen problematischen Aspekt der Insidertatsache erörtert das Schrifttum insbesondere anhand der Kapitalerhöhung durch Ausnutzung genehmigten Kapitals, die regelmäßig zur erheblichen Kursbeeinflussung geeig-

16.96

---

131 Vgl. hierzu *Assmann* in Assmann/Schneider, WpHG, § 13 Rn 35, 36; *Kümpel*, WM 1996, 653.
132 *Pananis*, WM 1997, 460, 462.
133 *Schander/Lucas*, DB 1997, 2109, 2110.
134 *Caspari*, Die Problematik der wesentlichen Kursbeeinflussung einer publizitätspflichtigen Tatsache in Baetge, Insiderrecht und Ad-hoc-Publizität, 1995, S. 65, 77; *Kiem/Kotthoff*, DB 1995, 1999, 2002 ff.

net ist. Hier hat die Kapitalbeschaffungsmaßnahme ein kursrelevantes Stadium erreicht, wenn der Vorstand die Ausnutzung des genehmigten Kapitals beschlossen hat und nur noch die erforderliche Zustimmung des Aufsichtsrats aussteht. Der Kapitalmarkt bewertet die beabsichtigte Kapitalerhöhung in diesem Stadium regelmäßig als eine schon vollzogene Kapitalbeschaffungsmaßnahme. Ein solcher Vorstandsbeschluß über die Kapitalerhöhung in Verbindung mit einer hinreichend sicheren Erwartung seiner Umsetzung wird deshalb regelmäßig schon eine Insidertatsache darstellen[135]. Denn auch eine solche realistische, auf Lebenserfahrung beruhende Erwartung der Durchführung der beschlossenen Kapitalerhöhung als psychischer Sachverhalt erfüllt den insiderrechtlichen Tatsachenbegriff. Für diese erforderliche Umsetzungserwartung kommt es entscheidend auf den Grad der Wahrscheinlichkeit der noch ausstehenden Zustimmung des Aufsichtsrats an. Nach der wohl herrschenden Auffassung wird nicht eine an Sicherheit grenzende Wahrscheinlichkeit gefordert. Vielmehr ist es ausreichend, daß der Zustimmungsbeschluß des Aufsichtsrats mit hoher Wahrscheinlichkeit erwartet werden kann[136].

16.97 Auf eine solche hohe Wahrscheinlichkeit kommt es deshalb auch bei einer **drohenden Insolvenz** an. Tatsachenqualität im Sinne der Insiderverbotstatbestände hat deshalb nicht nur die schon eingetretene Zahlungsunfähigkeit, sondern auch eine drohende Insolvenz, wenn diese Prognose auf der Einschätzung durch kompetente Personen, vor allem durch den Vorstand der Gesellschaft beruht. Solche Wertungen von geschäftlichen Entwicklungen können, obwohl sie mit den körperlichen Sinnen nicht wahrnehmbare, gedankliche Vorgänge darstellen, vom Kapitalmarkt als (kurssensible) Tatsachen angesehen werden, wenn sie auf einer überzeugenden Beurteilung wirtschaftlicher Fakten basieren.

16.98 Ist der Eintritt einer nicht mehr auszuschließenden Zahlungsunfähigkeit eher ungewiß, etwa weil der Emittent mit einem potentiellen Investor über den Eintritt als Mehrheitsaktionär verhandelt und eine realistische Chance für einen erfolgreichen Abschluß dieser Verhandlungen besteht, so hat die negative Geschäftsentwicklung noch nicht den erforderlichen Grad an Wahrscheinlichkeit einer Insolvenz erreicht. In diesem Stadium hat sich die negative Entwicklung noch zu keiner Insidertatsache verdichtet[137].

---

135 *Caspari* in Baetge, Insiderrecht und Ad-hoc-Publizität, 1995, S. 65, 77, 78; *Kümpel* in Assmann/Schneider, WpHG, § 15 Rn 54; *Assmann* in Assmann/Schneider, WpHG, § 13 Rn 36.
136 Vgl. hierzu *Caspari* in Baetge, Insiderrecht und Ad-hoc-Publizität, 1995, S. 65, 77; *Assmann* in Assmann/Schneider, WpHG, § 13 Rn 36.
137 Vgl. hierzu *Caspari* in Baetge, Insiderrecht und Ad-hoc-Publizität, 1995, S. 78.

3. Fehlende öffentliche Bekanntgabe

Wesentliche Voraussetzung einer Insidertatsache ist, daß die **kurssensitive Tatsache noch „nicht öffentlich bekannt"** ist (vgl. § 13 Abs. 1 WpHG). Unerheblich ist, ob die unveröffentlichte Tatsache den Charakter eines Geheimnisses hat oder als vertraulich betrachtet wird[138].

16.99

a) Zulässige Ausnutzung eines Informationsvorsprungs aufgrund veröffentlichter Tatsachen

Nicht jeder Informationsvorsprung bei kursrelevanten Tatsachen begründet Insiderwissen, das im Interesse der Sicherung der Chancengleichheit aller Anleger nicht ausgenutzt werden darf. So sind insbesondere Finanzanalysten oder Kreditinstitute nicht daran gehindert, aus ihrem Wissensvorsprung aufgrund eigener Recherchen anhand öffentlich zugänglicher Tatsachen oder Marktkenntnisse Kapital zu schlagen.

16.100

Das WpHG stellt daher klar, daß eine „Bewertung, die ausschließlich aufgrund öffentlich bekannter Tatsachen" erstellt wird, keine Insidertatsache darstellt, selbst wenn sie den Kurs von Insiderpapieren erheblich beeinflussen kann (**§ 13 Abs. 2 WpHG**). Hierzu gehören insbesondere die Überprüfungen und Bewertungen durch Finanzanalysten wie z.B. den Research-Bereich einer Bank. Werden aufgrund einer solchen Analyse vor ihrem Bekanntwerden Wertpapiergeschäfte getätigt, so kann hierdurch nicht gegen das Insiderhandelsverbot verstoßen werden, weil es **an der Ausnutzung von Insidertatsachen fehlt**. Denn es soll nicht für alle Anleger der gleiche Informationsstand herbeigeführt werden, sondern nur Chancengleichheit bei der Ausnutzung von unveröffentlichten kurssensitiven Tatsachen gewährleistet sein[139]. Die vom Gesetzgeber gewollte Gleichbehandlung beschränkt sich deshalb nur auf solche Insiderinformationen, die rechtmäßig allen Marktteilnehmern zustehen, deshalb zu veröffentlichen sind und daher vor der Veröffentlichung einem Verwertungsverbot unterliegen[140].

16.101

b) Herstellung der Öffentlichkeit

Von einer Insiderinformation kann also nur solange gesprochen werden, als die Insidertatsachen noch nicht öffentlich bekanntgegeben oder be-

16.102

---

138 Begr. des RegE des 2. FFG, BT-Drucksache 12/6679, S. 47.
139 *Hopt*, FS Heinsius, 1991, S. 289, 290 m.w.Nachw.; Begr. des RegE des 2. FFG, BT-Drucksache 12/6679, S. 47.
140 *Assmann*, AG 1994, 196, 202.

kanntgeworden sind[141]. Im Einzelfall kann es zweifelhaft sein, ob eine Information bereits als öffentlich bekannt zu gelten hat.

16.103 Diese Frage ist schon im Zusammenhang mit der EG-Insiderrichtlinie höchst unterschiedlich beantwortet worden[142]. Das Meinungsspektrum reichte von der breiten Streuung über Massenmedien[143] bis zur formalen Herstellung einer breiteren Öffentlichkeit durch eine über den Börsentikker gelaufene Meldung[144]. In Anlehnung an die US-amerikanische Praxis ist auch erwogen worden, die Insidertatsache erst in einer bestimmten Frist (etwa 24 Stunden) nach erfolgter Bekanntgabe als öffentlich bekannt anzusehen[145].

16.104 Nach der Begründung des Regierungsentwurfs des 2. Finanzmarktförderungsgesetzes ist **öffentlich bekannt eine Tatsache, wenn** es einer unbestimmten Anzahl von Personen möglich ist, von ihr Kenntnis zu nehmen[146]. Kursrelevante Sachverhalte aus der Unternehmenssphäre des Emittenten sind deshalb grundsätzlich erst nach ihrer Veröffentlichung öffentlich bekannt[147]. Eine Ausnahme gilt z.B. für die Explosion in einem Chemieunternehmen, über die in den öffentlichen Medien berichtet worden ist[148].

aa) Begriff der Öffentlichkeit

16.105 An dem Tatbestandsmerkmal „öffentlich bekannt" fehlt es auch, wenn ein Gericht in einer öffentlichen Sitzung ein kursrelevantes Urteil in einem den Emittenten betreffenden Verwaltungs- und Gerichtsverfahren verkündet. Die **Gerichtsöffentlichkeit** kann nicht mit der **Bereichsöffentlichkeit** im Sinne des WpHG gleichgesetzt werden. Von der Ad-hoc-Publizität kann nur abgesehen werden, wenn bei der Verkündung des Urteils Medienvertreter anwesend sind, die eine breite Öffentlichkeit hierüber informieren[149]. An dieser breiten Öffentlichkeit fehlt es auch, wenn der Vorstand des Emittenten Journalisten oder Finanzanalysten zu einem Gespräch einlädt, selbst wenn diese Veranstaltung allen Interessenten

---

141 zur *Megende* in Assmann/Schütze, Handbuch des Kapitalanlagerechts, § 14 Rn 35.
142 *Assmann*, AG 1994, 196, 241.
143 *Schödermeier/Wallach*, EuZW 1990, 122, 123.
144 *Hopt*, ZGR 1991, 17, 30.
145 Vgl. *Claussen*, ZBB 1992, 267, 276; *Hopt* ZGR 1991, 17, 30.
146 BT-Drucksache 12/6679, S. 46; *Wittich*, AG 1997, 1, 3.
147 *Assmann*, AG 1994, 196, 237, 251.
148 *Fürhoff/Wölk*, WM 1997, 449, 451.
149 Leitfaden des Bundesaufsichtsamtes für den Wertpapierhandel und der Deutsche Börse AG zu den Insiderhandelsverboten und der Ad-hoc-Publizität.

offensteht[150]. Dasselbe gilt für **Hauptversammlungen**, selbst wenn wie bei großen Publikumsgesellschaften mehrere tausend Personen versammelt sind[151]. Bei einer anderen rechtlichen Beurteilung könnten die Teilnehmer unmittelbar nach der veranstaltungsinternen Bekanntgabe einer noch nicht öffentlich bekannten Insiderinformation aus der Unternehmenssphäre des Emittenten straflos telefonische Effektenaufträge erteilen[152]. Der Vorstand des Emittenten dürfte jedoch nur äußerst selten vor der Frage stehen, publizitätspflichtige Insidertatsachen im Sinne des § 15 Abs. 1 S. 1 WpHG auf einer Hauptversammlung oder gegenüber Journalisten oder Finanzanalysten bekannt zu geben, weil diese unverzüglich nach ihrem Eintritt zu veröffentlichen und deshalb schon vor solchen Veranstaltungen zu publizieren sind[153].

Abgesehen davon käme eine Bekanntgabe etwa in einer Hauptversammlung erst in Betracht, wenn das hierfür vorgeschriebene Procedere gemäß § 15 Abs. 2, 3 WpHG eingehalten worden ist, also eine Vorabunterrichtung des Bundesaufsichtsamtes für den Wertpapierhandel und der betreffenden Börsen sowie eine anschließende Veröffentlichung über ein elektronisch betriebenes Informationsverbreitungssystem bereits erfolgt ist[154].   16.106

bb) Herstellung der sog. Bereichsöffentlichkeit

Öffentlich bekannt ist nach der Begründung des Regierungsentwurfs des 2. Finanzmarktförderungsgesetzes aber schon eine Tatsache, wenn die sog. Bereichsöffentlichkeit hergestellt ist[155]. Diese liegt dann vor, wenn die Marktteilnehmer von dieser Tatsache Kenntnis nehmen können. Die Möglichkeit der Kenntnisnahme ist insbesondere bei der Verbreitung der Information über elektronisch betriebene Informationssysteme gegeben, sofern diese Nachrichtenübermittlungssysteme in Finanzkreisen weit verbreitet sind. Diesen praxisgerechten Veröffentlichungsweg hat der Gesetzgeber für die erforderliche Ad-hoc-Publizität eröffnet (§ 15 Abs. 3   16.107

---

150 *Assmann* in Assmann/Schneider, WpHG, § 13 Rn 46; *ders.*, AG 1994, 1996, 242; *Caspari*, ZGR 1994, 530, 538; *Cramer*, FS Triffterer, S. 323, 330.
151 *Kümpel* in Kümpel/Ott, Kapitalmarktrecht, Kz 065, 37; *ders.*, WM 1994, 2137, 2198.
152 *Hopt*, ZGR 1991, 18, 30; *Cramer*, FS Triffterer, S. 323, 330.
153 *Benner-Heinacher*, DB 1995, 765, 766; *Kümpel*, WM 1994, 2137, 2138; *Hirte* in Hadding/Hopt/Schimansky, Das Zweite Finanzmarktförderungsgesetz in der praktischen Umsetzung, Bankrechtstag 1995, Schriftenreihe der Bankrechtlichen Vereinigung, Bd. 7, 1996, 58.
154 *Hopt*, ZHR 159, 135, 157; *Hirte* in Hadding/Hopt/Schimansky, Das Zweite Finanzmarktförderungsgesetz in der praktischen Umsetzung, Bankrechtstag 1995, Schriftenreihe der bankrechtlichen Vereinigung, Bd, 7, 1996, 47, 57, 91.
155 Begr. des RegE des 2. FFG, BT-Drucksache 12/6679, S. 46.

Nr. 2 WpHG). **Mit der Herstellung dieser Bereichsöffentlichkeit** gilt der **kurssensitive Sachverhalt nicht mehr als Insidertatsache**[156].

16.108 Für die Herstellung der Öffentlichkeit kommt es also nach der Begründung des Regierungsentwurfs des 2. Finanzmarktförderungsgesetzes nicht darauf an, ob das Anlegerpublikum im konkreten Fall von der veröffentlichten Information tatsächlich Gebrauch gemacht hat. Entscheidend für diese Auslegung ist die Zielrichtung des Insiderhandelsverbotes, die Funktionsfähigkeit der Wertpapiermärkte im EWR zu schützen. Haben daher die Marktteilnehmer von der kurssensitiven Tatsache Kenntnis genommen, werden sie die Information in ihre Dispositionen einfließen lassen mit der Folge, daß sich die Information in den Börsen- oder Marktpreisen niederschlägt. Es ist daher im Hinblick auf diese Schutzrichtung des Insiderhandelsverbots nicht erforderlich, daß das breite Anlegerpublikum ebenfalls Gelegenheit hatte, die Information zur Kenntnis zu nehmen[157].

4. Erfordernis einer ausreichenden Kursrelevanz

16.109 Wesentliches Begriffsmerkmal der Insidertatsache ist, daß der kurssensible Sachverhalt geeignet ist, im Falle seines Bekanntwerdens den Börsenpreis der Wertpapiere erheblich zu beeinflussen (nachfolgend auch Kursrelevanz). Hierdurch soll vermieden werden, daß schon jede Information über den Emittenten oder das Wertpapier, nur weil sie zu geringfügigen Kursbewegungen führen kann, zu einer Insidertatsache wird[158].

a) Erfordernis der Erheblichkeit des Kursbeeinflussungspotentials

16.110 Mangelt dem kurssensiblen Sachverhalt die insiderrechtlich erforderliche Kursrelevanz, so ist auch das für den Begriff der Insidertatsache wesentliche Tatbestandsmerkmal der **erheblichen** Kursbeeinflussung nicht verwirklicht, sofern die Bekanntgabe des Sachverhaltes nur eine **geringfügige** Kursbewegung auslösen kann, selbst wenn eine solche nicht erhebliche Kursveränderung mit einer an Sicherheit grenzenden Wahrscheinlichkeit erwartet werden kann. Deshalb enthebt der Wahrscheinlichkeitsgrad der Erzielung eines Kursvorteiles den Gesetzesanwender nicht von dem

---

156 *Assmann* in Assmann/Schneider, WpHG, § 13 Rn 44; *Kümpel*, WM 1994, 2137, 2138; *Hopt*, ZGR 1991, 18, 30; *Caspari*, ZGR 1994, 530, 533; *zur Megede*, Handbuch des Kapitalanlagerechts, 1990, § 14 Rn 35; vgl. weiter die Erläuterungen der freiwilligen Insider-Regelung, WM 1988, 1105, 1107.
157 Begr. des RegE des 2. FFG, BT-Drucksache 12/6679, S. 46.
158 Begr. des RegE des 2. FFG, BT-Drucksache 12/6679, S. 47.

Nachweis, daß das für die Legaldefinition der Insidertatsache so wesentliche Tatbestandsmerkmal „Geeignetheit zu einer **erheblichen** Kursbeeinflussung" verwirklicht worden ist.

Nach den Gesetzesmaterialien sollte **vermieden werden**, daß jede Information über den Emittenten oder das Wertpapier, auch wenn sie allenfalls zur geringfügigen Kursbewegungen führen kann, zu einer Insidertatsache wird[159]. Anderenfalls würde der Wertpapierhandel zu stark beeinträchtigt werden. Die in diesem Handel tätigen Börsenhändler und -makler verfügen regelmäßig über Marktinformationen hinsichtlich der Insiderpapiere. Diesen Personen wäre deshalb häufig nicht mehr die Teilnahme am Wertpapierhandel möglich[160].

16.111

Andererseits kann dieser **Wahrscheinlichkeitsgrad,** wenn aufgrund der besonderen Umstände des zu beurteilenden Sachverhaltes ein nicht nur geringfügiger Kursgewinn mit an Sicherheit grenzender Wahrscheinlichkeit zu erwarten ist, bei der Frage des Vorliegens dieses Tatbestandsmerkmals der Insidertatsache nicht unberücksichtigt bleiben. Denn das Ausnutzen von Insiderwissen hängt wesentlich davon ab, wie der Insider das Kursrisiko einschätzt, das mit dem Abschluß des Insidergeschäfts verknüpft ist. Ein gegen Null tendierendes Risiko wird deshalb die tatbestandsmäßig erforderliche „Erheblichkeitsschwelle" entsprechend erniedrigen[161].

16.112

Bei dem Tatbestandsmerkmal Kursrelevanz handelt es sich im übrigen um einen Rechtsbegriff, der sich einer rein wirtschaftswissenschaftlichen Erfassung versagt[162]. Die tatbestandsmäßig erforderliche Kursrelevanz wirft erhebliche Auslegungsprobleme auf[163]. Dies erschwert auch eine einigermaßen verläßliche Prognose der Anwendung der insiderrechtlichen Verbotsnormen durch die Rechtsprechung[164].

16.113

---

159 Begr. des RegE des 2. FFG, BT-Drucksache 12/6679, S. 46, 47.
160 Begr. des Richtlinienvorschlages der EG-Kommission, BT-Drucksache 11/2358, S. 3; *Caspari,* ZGR 1994, 530, 540.
161 Diese Frage einer zutreffenden Auslegung der insiderrechtlichen Straftatbestände stellt sich bei den auch in der Tagespresse behandelten sog. „Ansage"geschäften der Börsenmakler, bei denen der Makler mit einem anderen Marktteilnehmer ein Wertpapiergeschäft im Namen und Vollmacht einer zum Börsenhandel zugelassenen Bank tätigt, die das Wertpapiergeschäft für seine Rechnung geld- und wertpapiermäßig abzuwickeln hat. Bei diesen Börsengeschäften ist der Makler zugleich Abschlußbevollmächtigter der geschäftsabwickelnden Bank und deren Auftraggeber.
162 *Hopt,* ZHR 159 (1995), 135, 154; vgl. weiter *Loesche/Stute,* AG 1999, 308 ff.
163 *Claussen,* DB 1994, 27, 30 m.w.Nachw.; *Hopt,* ZGR 1991, 18, 32.
164 *Kübler,* ZHR 159 (1995), 550, 564.

b) Wahrung des verfassungsrechtlichen Bestimmtheitsgebotes

16.114 Einvernehmen besteht, daß für diese Kursrelevanz nicht erforderlich ist, daß der Kurs durch das spätere Bekanntwerden der Insidertatsache tatsächlich beeinflußt worden ist[165]. Schon die Gefahr, daß Insider einen Informationsvorsprung mißbräuchlich ausnutzen, gefährdet das Vertrauen der Anleger auf die Zusicherung, daß sie gleichbehandelt und deshalb auch gegen die unrechtmäßige Verwendung einer Insiderinformation geschützt werden. Dieses Vertrauen ist auch nach den Gesetzesmaterialien von entscheidender Bedeutung für die Funktionsfähigkeit des Kapitalmarktes, der durch die Insiderregelung geschützt werden soll[166].

16.115 Das gesetzliche Verbot des Insiderhandelns ist also ein Gefährdungsdelikt wie die strafbare Kreditgefährdung durch Verleumdung (§ 187 StGB). Auch dort braucht die (unwahre) Tatsache nur „geeignet" gewesen zu sein, das Vertrauen in die Leistungsfähigkeit und -willigkeit des Verleumdeten zu beeinträchtigen. Eine tatsächliche Erschütterung dieses Vertrauens ist dagegen nicht erforderlich[167].

16.116 Würde im übrigen eine Insidertatsache nur verwirklicht werden, sofern es bei Bekanntwerden des kurssensiblen Sachverhaltes zu einer erheblichen Kursbewegung kommt, selbst wenn hierfür andere Faktoren ausschlaggebend gewesen sind, dürfte die Insiderregelung mit dem bei der Gesetzesregelung zu beachtenden **Bestimmtheitsgebot** (Art. 103 Abs. GG) unvereinbar sein. Denn die Kursbildung hängt von einer Vielzahl unterschiedlicher Motive der Marktteilnehmer und Umstände ab. Die tatsächliche Kursentwicklung läßt sich deshalb im Regelfall nicht anhand einer konkreten Tatsache zuverlässig ex-ante prognostizieren. Dem verfassungsrechtlich geschützten Bestimmtheitsgebot kann mithin nur durch eine isolierte Betrachtungsweise des jeweiligen kurssensiblen Sachverhaltes Rechnung getragen werden[168].

c) Isolierte Überprüfung der jeweiligen Tatsache auf insiderrelevantes Kursbeeinflussungspotential

16.117 Eine **Tatsache** ist deshalb zu einer erheblichen Kursbeeinflussung **geeignet**, wenn sie allein betrachtet **nach der Lebenserfahrung** ein solches **Kursbeeinflussungspotential birgt**. Dabei ist wegen der gebotenen ex-ante

---

165 Vgl. *Caspari*, ZGR 1994, 530, 540.
166 Begr. des RegE des 2. FFG, BT-Drucksache 12/6679, S. 33.
167 *Kümpel*, WM 1994, 2137, 2140.
168 Art. 103, Art. 2 GG; vgl. weiter *Kümpel*, WM 1994, 2137, 2140.

Betrachtung auf den Zeitpunkt der Vornahme des jeweiligen Insidergeschäfts abzustellen[169].

Dabei wird regelmäßig auch der voraussichtliche Zeitraum bis zum öffentlichen Bekanntwerden der Insidertatsache zu berücksichtigen sein. Mit Rücksicht auf das Kursrisiko, das der Insider bei seinem Insidergeschäft stets einzukalkulieren hat, bemißt sich die Gefahr verbotenen Insiderhandelns auch nach dem voraussichtlichen Zeitraum dieser zeitlichen Komponente. Insbesondere bei Aktien mit engen (volatilen) Märkten besteht bei einem längeren Abwartenmüssen für den Insider das ihn abschreckende Risiko, daß die für die erhofften Kursvorteile erforderliche Kursentwicklung infolge anderer kursrelevanter Umstände in die entgegengesetzte Richtung verläuft und statt des erhofften Kursgewinnes sogar ein Verlust eintritt. Der voraussichtliche Zeitraum bis zum öffentlichen Bekanntwerden kann zudem den Gewinn aus dem Insidergeschäft auch aus Renditegesichtspunkten stark beeinträchtigen. Mit dem Kauf von Insiderpapieren im Kassamarkt wird in Höhe des Gegenwertes Liquidität gebunden, die anderweitig verzinslich hätte angelegt werden können. Auch aus Renditegesichtspunkten ist es für den Insider wesentlich, ob er mit der Veröffentlichung der Insidertatsache schon innerhalb von 24 Stunden oder wenigen Tagen rechnen kann oder er einen längeren Zeitraum bis zur marktmäßigen Realisierung des erhofften Kursvorteils einkalkulieren muß.

16.118

Bei der Bewertung des Kursbeeinflussungspotentials soll nach den Gesetzesmaterialien der **konkrete Sachverhalt unter Zugrundelegung der Lebenserfahrung** entscheidend sein[170]. Deshalb sollten sich die Emittenten für die gebotene Ad-hoc-Publizität, die nur Tatsachen mit einem solchen erheblichen Kursbeeinflussungspotential erfaßt, erforderlichenfalls des Rates des emissionsbegleitenden Kreditinstitutes oder einer mit den Verhältnissen am Kapitalmarkt vertrauten Person bedienen[171]. Kursbewegungen werden vor allem durch die Einschätzung der jeweiligen Wertpapiere seitens der Marktteilnehmer ausgelöst. Diese Markteinschätzung muß deshalb auch für das Kursbeeinflussungspotential eines kurssensiblen Sachverhalts maßgeblich sein.

16.119

d) Maßgeblichkeit der Höhe des Kursausschlages

Primärer Ansatzpunkt für die Bemessung der Erheblichkeit des Kursbeeinflussungspotentials ist die Höhe des zu erwartenden Kursausschlages[172]. Kein Einvernehmen besteht, ob die Höhe des zu erwartenden Kursausschlages als maßgebliches Bewertungskriterium näher bestimmt

16.120

---

169 *Assmann*, AG 1994, 196, 244; *ders.*, ZGR 1994, 494, 514; *Caspari*, ZGR 1994, 530, 540.
170 Begr. des RegE des 2. FFG, BT-Drucksache 12/6679, S. 48.
171 Begr. des RegE des 2. FFG, BT-Drucksache 12/6679, S. 48.
172 *Claussen*, ZBB 1992, 267, 278.

werden kann. Ein Teil des Schrifttums befürwortet die Verwendung fixer Prozentsätze für die Bestimmung der Erheblichkeitsschwelle bei der Überprüfung kurssensibler Sachverhalte[173]. Nach den Gesetzesmaterialien kann als Orientierungshilfe für die Bestimmung der Erheblichkeitsschwelle bei Aktien eine zu erwartende Veränderung des Kurswertes in Höhe von 5% dienen[174]. In diesen Fällen sehen die Handelsusancen der deutschen Wertpapierbörsen eine sog. Plus- oder Minusankündigung des mit der Preisfeststellung betrauten Börsenmaklers vor. Nach dieser Usance hat der Makler Kursveränderungen von mehr als 5% des Kurswertes der Aktien und von mehr als 1,5% des Nennwertes von Schuldverschreibungen mit einfacher Plus/Minusankündigung anzuzeigen. Diese Handelsusance verdeutlicht nach Meinung des Gesetzgebers, daß auch die Marktteilnehmer bei bestimmten Marktkonstellationen von „erheblichen" Kursbewegungen ausgehen, die nicht mehr als übliche Marktschwankungen angesehen werden können[175]. Unter den Marktteilnehmern bestehe vielmehr Einvernehmen, zur Wahrung der Chancengleichheit bei solchen Kursausschlägen für die erforderliche Transparenz zu sorgen, damit sich alle Marktteilnehmer auf die veränderte Marktsituation einstellen können. Eine vergleichbare Zielsetzung wird auch mit den insiderrechtlichen Verbotstatbeständen verfolgt[176].

16.121 Die **Erheblichkeit einer Kursveränderung von 5%** wird auch durch die Wertungsentscheidung des Gesetzgebers bei dem erleichterten Bezugsrechtsausschluß durch § 186 Abs. 3 AktG gestützt, der durch das Gesetz für kleine AG und zur Deregulierung des Aktienrechts eingefügt worden ist. Nach den Gesetzesmaterialien sei dem Erfordernis, daß der Ausgabepreis für die neuen Aktien den Börsenpreis nicht wesentlich unterschreitet, Rechnung getragen, wenn der Kursabschlag 5% nicht überschreitet, wobei als Regelabweichung 3% genannt werden[177].

16.122 Im Schrifttum werden zur Bestimmung des erforderlichen Kursbeeinflussungspotentials sehr unterschiedliche Auffassungen vertreten[178]. So muß insbesondere auch nach Meinung des Bundesaufsichtsamtes bei der Bewertung der Kursrelevanz die Marktbreite des Wertpapiers und sein übli-

---

173 *Claussen*, ZBB 1992, 267, 278; DB 1994, 27, 30.
174 BT-Drucksache 12/6679, S. 47; *Caspari* ZGR 1994, 530, 541; so auch *Assmann*, ZGR 1994, 494, 515. Nach *Hopt* kann eine erhebliche Kursbeeinflussung jedenfalls bei einem zu erwartenden Kursausschlag von 5 % und mehr angenommen werden – ZHR 159 (1995), 135, 154.
175 Begr. des RegE des 2. FFG, BT-Drucksache 12/6679, S. 47.
176 *Caspari*, ZGR 1994, 530, 541; vgl. weiter *Assmann* ZGR 1994, 494, 515.
177 *Caspari* in Baetge, Insiderrecht und Ad-hoc-Publizität, 1995, S. 65, 74.
178 Vgl. z.B. *Vaupel*, WM 1999, 521 ff.

cher Kursschwankungsbereich (**Volatilität**) berücksichtigt werden[179]. **Bei stark gehandelten DAX-Aktien** können bereits Kursausschläge von 2 bis 3% erheblich sein, während bei Wertpapieren mit geringerer Liquidität Schwankungen von 5% und mehr nichts Ungewöhnliches sein können. Von einer **erheblichen Kursrelevanz** ist auszugehen, wenn eine das übliche Maß der Schwankungen deutlich übersteigende Kursänderung zu erwarten ist. Diese **Erheblichkeitsschwelle** wird bei kursstabilen Wertpapieren eher erreicht sein, als bei solchen mit hoher Volatilität[180]. Angesichts der Vielzahl der möglichen kursbeeinflussenden Kriterien erscheint es naheliegend, nicht auf eine absolute Kursänderung abzustellen, sondern auf die relative Veränderung zu vergleichbaren Wertpapieren oder einem Marktindex[181]. Letztlich dürfte es jedoch darauf ankommen, ob sich für einen rational handelnden Anleger ein Kauf bzw. Verkauf aufgrund der kursrelevanten Tatsache unter Berücksichtigung der üblichen Volatilität der Wertpapiere lohnt, die Kenntnis der Insidertatsache also einen Kauf- oder Verkaufsanreiz darstellen würde[182].

Bei der **Abschätzung des Kursbeeinflussungspotentials** müssen im übrigen die bereits durch den Markt verwerteten Informationen, insbesondere über den Geschäftsverlauf, mit berücksichtigt werden, wenn der Vorstand die Öffentlichkeit kontinuierlich über das erwartete Ergebnis während des Jahres unterrichtet und der Markt hierauf bereits reagiert hat[183].

16.123

Eine solche **kontinuierliche freiwillige Information der Öffentlichkeit**, insbesondere über die geschäftliche Entwicklung kann im übrigen den Eintritt von Tatsachen vermeiden helfen, die eine Pflicht zur Ad-hoc-Meldung auslösen würden. Durch eine regelmäßige Berichterstattung läßt sich also die Zahl der Ad-hoc-Veröffentlichungen auf ein Minimum beschränken[184]. Deshalb wird auch die Ad-hoc-Publizität zu einem veränderten Kommunikationsverhalten der Emittenten führen und damit die Transparenz des deutschen Kapitalmarktes erhöhen. Wie die Erfahrungen in den USA und anderen Ländern zeigen, kann eine häufigere Publizität zudem das Insiderproblem entspannen, dessen Eingrenzung auch die Ad-hoc-Publizität dient[185].

16.124

---

179 Leitfaden des Bundesaufsichtsamtes für den Wertpapierhandel und der Deutsche Börse AG zu den Insiderhandelsverboten und der Ad-hoc-Publizität, S. 38.
180 Leitfaden, S. 38; *Wittich*, AG 1997, 1, 3.
181 Leitfaden, S. 38.
182 Leitfaden, S. 38; *Fürhoff/Wölk*, WM 1997, 449, 455; *Hopt*, ZHR 1995, 135, 155; *Kümpel*, WM 1996, 653, 656; *Burgard*, ZHR 162 (1998), 51, 69; *Cahn*, ZHR 162 (1998), 1, 17; vgl. weiter *Loesche* mit einem Lösungsvorschlag unter Rückgriff auf Erkenntnisse der Finanzmathematik, WM 1998, S. 1849 ff.
183 *Fürhoff/Wölk*, WM 1997, 449, 455.
184 *Wölk*, AG 1997, 73, 80.
185 Vgl. *Hopt*, ZGR 1997, 1, 25.

5. Vereinbarkeit mit dem verfassungsrechtlichen Bestimmtheitsgebot

16.125 Angesichts der Unschärfe der Legaldefinition der Insidertatsache ist im Schrifttum die Frage aufgeworfen worden, ob mit den insiderrechtlichen Handelsverboten dem Bestimmtheitsgebot des Art. 103 Abs. 2 GG (nulla poena sine lege) Genüge getan worden ist[186]. Schon der Bundesrat hat bei Schaffung des § 44 a BörsG bemängelt, daß die gesetzliche Pflicht zur Ad-hoc-Publizität, die wie die Legaldefinition der Insidertatsache auf diese „erhebliche" Kursänderung abstellt, nicht in dem Maße konkretisiert ist, daß der Normadressat seine Handlungspflicht in jedem Fall erkennen kann[187].

16.126 Auch das Schrifttum hat nachdrücklich auf die **Rechtsunsicherheit** bei den Emittenten und Börsenvorständen über die Reichweite der gesetzlichen Regelung und die daraus resultierende Zurückhaltung der Praxis bei der Ad-hoc-Publizität hingewiesen[188]. Die quantitative Unschärfe des Kriteriums „erhebliche Kursbeeinflussung" muß jedoch nach *Hopt* zunächst hingenommen werden. Erforderlichenfalls könnte die Regelung durch den Gesetzgeber oder die Gerichte durch bestimmte Prozentsätze konkretisiert werden[189].

16.127 Angesichts der Unschärfe des Insidertatbestandes drängt sich die Frage auf, ob die Insiderregelung dem verfassungsrechtlichen Gebot der ausreichenden Bestimmtheit von Strafnormen entspricht[190]. Nach Art. 103 Abs. 2 GG kann eine Tat nur bestraft werden, „wenn die Strafbarkeit gesetzlich bestimmt war, bevor die Tat begangen wurde" (nulla poena sine lege). Dieses verfassungsrechtliche Bestimmtheitsgebot ist grundsätzlich strenger als das allgemeine rechtsstaatliche Bestimmtheitsgebot, wie es z.B. bei der Formulierung wirtschaftsrechtlicher Vorschriften zu beachten ist[191].

a) Rechtsprechung des Bundesverfassungsgerichts

16.128 Das Bundesverfassungsgericht hat in einer umfangreichen Rechtsprechung allgemeine Formeln entwickelt, die in ihrer Elastizität dem Gesetzgeber praktisch keine wirklichen Schranken errichten[192]. Strafnormen

---

186 *Peltzer*, ZIP-Report 1994, 749.
187 *Heidmeier*, AG 1992, 110, 111.
188 *Pellens*, AG 1991, 62, 63; *Heidmeier*, AG 1992, 110.
189 ZGR 1991, 18, 32.
190 *Tippach*, WM 1994, 1269.
191 *von Münch/Kunig*, Grundgesetz-Kommentar, 3. Aufl., 1996, Art. 103 Rn 27.
192 *von Münch/Kunig*, Grundgesetz-Kommentar, 3. Aufl., 1996, Art. 103 Rn 29.

müssen hiernach so konkret sein, daß Tragweite und Anwendungsbereich des Tatbestandes zu erkennen sind und sich durch Auslegung ermitteln lassen[193]. Dabei kann auf den Adressatenkreis einer Norm, insbesondere auf dessen besonderes Fachwissen abgestellt werden[194].

Das **Bestimmtheitsgebot dürfe aber nicht übersteigert werden.** Die Gesetze würden sonst zu starr und kasuistisch und könnten dem Wandel der Verhältnisse oder der Besonderheit des Einzelfalles nicht mehr gerecht werden[195]. Der Gesetzgeber ist also keineswegs gezwungen, sämtliche Straftatbestände ausschließlich mit deskriptiven, exakt erfaßbaren Tatbestandsmerkmalen zu umschreiben[196]. Es können auch solche allgemeinen Begriffe verwendet werden, die nicht eindeutig allgemeingültig umschrieben werden können und die im besonderen Maße der Auslegung durch den Richter bedürfen[197].

16.129

Auch bei den gesetzlichen Straftatbeständen sind daher „unbestimmte, wertausfüllungsbedürftige" Begriffe nicht von vornherein verfassungsrechtlich zu beanstanden[198]. Gegen die Verwendung solcher Begriffe bestehen keine Bedenken, wenn sich mit Hilfe der herkömmlichen juristischen Auslegungsmethoden[199], insbesondere unter Berücksichtigung des Normzusammenhanges eine zuverlässige Grundlage für die Auslegung und die Anwendung der Norm gewinnen läßt, so daß der Einzelne die Möglichkeit hat, den durch die Strafnorm geschützten Wert sowie das Verbot bestimmter Verhaltensweisen zu erkennen und die staatlichen Reaktionen vorauszusehen[200].

16.130

Das Bundesverfassungsgericht zieht im übrigen bei der Anwendung des Bestimmtheitsgebotes häufig andere Strafnormen zum Vergleich heran[201]. Für den Insidertatbestand böte sich z.B. der Verleumdungstatbestand (§ 187 StGB) an, der darauf abstellt, **ob die behauptete oder verbreitete (unwahre) Tatsache geeignet ist,** den Kredit des hiervon Betroffenen zu gefährden, also geeignet ist, das Vertrauen in die Leistungsfähigkeit und -willigkeit zu beeinträchtigen, das der Betroffene hinsichtlich der

16.131

---

193 BVerfGE 78, 374, 381.
194 BVerfGE 48, 48, 57.
195 BVerfGE 14, 245, 251; *Leibholz/Rinck/Hesselberger*, Grundgesetz, Art. 103 Rn 1316 m.w.Nachw.
196 *Leibholz/Rinck/Hesselberger*, Grundgesetz, Art. 103 Rn 1317.
197 BVerfGE 55, 144, 152 m.weit.Nachw.
198 *Leibholz/Rinck/Hesselberger*, Grundgesetz, Art. 103 Rn 1317.
199 BVerfGE 83, 130, 145.
200 BVerfGE 48, 48, 56.
201 *von Münch/Kunig*, Grundgesetz-Kommentar, 3. Aufl., 1996, Art. 103 Rn 29.

Erfüllung seiner vermögensrechtlichen Verbindlichkeiten genießt[202]. Dieser Begriff der „Kreditgefährdung" ist wie die „erhebliche Kursbeeinflussung" stark interpretationsbedürftig.

16.132 Ähnliches gilt für die Drohung mit einem „empfindlichen Übel", wie es der Straftatbestand der Nötigung und der Erpressung voraussetzt (vgl. §§ 240, 253 StGB). Ein solches Übel ist dann „empfindlich", wenn der drohende Verlust oder der zu befürchtende Nachteil geeignet ist, einen besonnenen Menschen zu dem mit der Drohung erstrebten Verhalten zu bestimmen[203]. Auch dies eröffnet einen weiten Beurteilungsspielraum.

b) Ausreichende Bestimmtheit

16.133 Angesichts der Rechtsprechung des Bundesverfassungsgerichts trägt die Begriffsdefinition der Insidertatsache dem verfassungsrechtlichen Bestimmtheitsgebot ausreichend Rechnung. Dies um so mehr, als für die erforderliche Eignung zur Kursbeeinflussung nicht schon jede, sondern nur eine „erhebliche" Beeinflussungsmöglichkeit schädlich ist, die ihrerseits interpretationsbedürftig ist[204]. Dies ist nur auf den ersten Blick paradox. Denn mit diesem „erheblich" wird die Reichweite der Strafnorm stark eingeschränkt. Hierdurch wird ein „Zerfließen" des gesetzlichen Straftatbestandes verhindert und damit dem Bestimmtheitsgebot Rechnung getragen.

16.134 Das Bundesverfassungsgericht hat bislang nur eine Strafnorm für unvereinbar mit dem Bestimmtheitsgebot erklärt. Hierbei handelte es sich um das im Personenbeförderungsgesetz enthaltene Verbot, Beförderungen mit Personenkraftwagen gegen ein die Betriebskosten der Fahrt nicht übersteigendes Gesamtentgelt durchzuführen, wenn Fahrer und Mitfahrer durch öffentliche Vermittlung oder durch Werbung zusammengeführt worden waren. Das Gericht hat die mangelnde Bestimmtheit damit begründet, daß die gesetzliche Regelung des Verbotes und der hierzu normierten Ausnahmegenehmigungen so unklar gewesen sei, daß die Rechtslage nicht erkennbar gewesen ist[205].

IV. Insiderbegriff

16.135 Das Schrifttum unterscheidet **zwei Kategorien von Insidern**. Im Vordergrund stehen die sog. **Primärinsider**. Diese Personen haben einen unmittelbaren Zugang zu Insiderinformationen oder können hierüber verfü-

---

202 *Schönke/Schröder/Lenckner*, StGB, 25. Aufl., 1997, § 187 Rn 4.
203 *Schönke/Schröder/Eser*, StGB, 25. Aufl., 1997, § 240 Rn 9.
204 *Hopt*, ZGR 1991, 18, 32.
205 BVerfGE 17, 306, 314.

gen[206]. Sekundärinsider ist dagegen jede Person, die Kenntnis von einer Insidertatsache hat, ohne Primärinsider zu sein[207].

Das WpHG verzichtet auf die terminologische Unterscheidung zwischen Primär- und Sekundärinsider. Das Gesetz verwendet vielmehr den Insiderbegriff nur für solche Personen, die Primärinsider im beschriebenen Sinne sind. Dagegen spricht der die Sekundärinsider betreffende Verbotstatbestand (§ 14 Abs. 2 WpHG) von „Dritten, die Kenntnis von einer Insidertatsache haben". Eine terminologische Differenzierung zwischen Primär- und Sekundärinsider empfiehlt sich vor allem deshalb, weil für die Sekundärinsider von den drei Verbotstatbeständen nur das Verbot des Ausnutzens von Insidertatsachen gilt, während der Primärinsider auch das Verbot der Weitergabe von Insiderinformationen und das Empfehlungsverbot zu beachten hat. 16.136

1. Primärinsider

Der Kreis der Primärinsider wird zum Teil statusbezogen oder tätigkeitsbezogen definiert. 16.137

a) Statusbezogene Primärinsider

Zu diesen Insidern gehören die **Mitglieder des Geschäftsführungs- und Aufsichtsorgans** sowie die **persönlich haftenden Gesellschafter des Emittenten oder eines mit diesem verbundenen Unternehmens** (§ 13 Abs. 1 Nr. 1 WpHG). Für den Begriff des verbundenen Unternehmens ist auf die rechtsformunabhängige Legaldefinition des § 15 AktG zurückzugreifen. Zu diesen Primärinsidern gehören auch diejenigen, die z.B. dem Geschäftsführungsorgan eines mit dem Emittenten verbundenen Unternehmens angehören, selbst wenn dessen Aktien nicht zu den Insiderpapieren gehören oder das Unternehmen nicht als AG organisiert ist[208]. 16.138

Statusbezogener Primärinsider ist im übrigen ein Anleger, der die Insiderinformation als Aktionär „aufgrund seiner Beteiligung am Kapital der Emittenten erlangt hat" (§ 13 Abs. 1 Nr. 2 WpHG). Eine bestimmte Beteiligungshöhe wird zwar nicht verlangt. Die nach dem Regelungszweck des Verbotstatbestandes erforderliche Einschränkung erfolgt aber dadurch, 16.139

---

206 Begr. des RegE des 2. FFG, BT-Drucksache 12/6679, S. 46.
207 *Assmann* in Assmann/Schneider, WpHG, § 13 Rn 76, § 14 Rn 74.
208 Das deutsche Insiderrecht geht insoweit über die Vorgaben der EG-Insiderrichtlinie hinaus *(Assmann,* AG 1994, 237, 238; *ders.,* ZGR 1994, 494, 505).

daß die Beteiligung für die Erlangung der Insidertatsache ursächlich sein muß[209].

b) Tätigkeitsbezogene Primärinsider

16.140 Primärinsider sind schließlich Personen, die **aufgrund ihres Berufes oder ihrer Tätigkeit oder ihrer Aufgabe** bestimmungsgemäß Kenntnis von den Insidertatsachen erlangt haben (§ 13 Abs. 1 Nr. 3 WpHG). Es muß also ein Ursachenzusammenhang zwischen Beruf, Tätigkeit und Aufgabe und der Erlangung der Insiderinformation bestehen[210].

aa) Unternehmensinterne Personen

16.141 Zu diesen Primärinsidern im Sinne des **§ 13 Abs. 1 Nr. 3 WpHG** gehören diejenigen Mitglieder des Geschäftsführungs- oder Aufsichtsorgans sowie persönlich haftende Gesellschafter der Emittenten oder eines mit dem Emittenten verbundenen Unternehmens, soweit sie an der Schaffung der Insidertatsache selbst beteiligt waren. Hierzu zählen aber auch alle Mitglieder von Beiräten und ähnlichen Beratungsgremien, die nicht zu den Gesellschaftsorganen der Emittenten gehören und daher den Status eines Primärinsiders nicht schon nach der Nr. 1 des § 13 Abs. 1 WpHG haben, wenn sie die Insiderinformationen aufgrund ihrer Zugehörigkeit zu diesen Beiräten und Gremien erlangt haben.

16.142 Zu diesen berufs-, tätigkeits- und aufgabenbedingten Primärinsidern gehören im übrigen die Mitarbeiter der Emittenten, die bestimmungsgemäß von der Insidertatsache erfahren haben. Dabei ist es unerheblich, ob der betreffende Angestellte ständig mit den ihm übertragenen Aufgaben betraut ist oder typischerweise oder regelmäßig mit Insiderinformationen in Kontakt kommt[211]. Primärinsider kann auch eine nur vorübergehend beschäftigte Aushilfskraft oder ein Volontär sein[212]. **Nicht hierunter fallen** aber Mitarbeiter, die nur zufällig und ohne daß es ihrem Arbeitsplatz oder ihren Befugnissen entspricht zu Insiderinformationen gelangen[213], wie dies z.B. auf die Mitarbeiter in einer Registratur bei der Ablage von Schriftsätzen in den Aktenbestand der Emittenten zutreffen kann. Im Einzelfall kann es zweifelhaft werden, ob ein Betriebsangehöriger eine Insiderinformation „bestimmungsgemäß" oder nur anläßlich der Erfüllung seiner dienstlichen Pflicht erlangt hat.

---

209 Begr. des RegE des 2. FFG BT-Drucksache 12/6679, S. 46.
210 *Assmann*, AG 1994, 237, 239; *Caspari*, ZGR 1994, 530, 538.
211 *Hopt*, ZGR 1991, 17, 38.
212 *Assmann*, ZGR 1994, 494, 507.
213 Begr. des RegE des 2. FFG BT-Drucksache 12/6679, S. 46.

bb) Unternehmensexterne Dritte

Unternehmensexterne Primärinsider können vor allem Personen sein, die mit einer Tätigkeit oder Aufgabe betraut sind, die ihnen **Zugang zu Insiderinformationen verschafft**. Hierzu rechnen vor allem Wirtschaftsprüfer, Steuerberater, Anwälte, Notare, Unternehmensberater, aber auch Kreditinstitute, die mit der Emittentin eine Geschäftsbeziehung unterhalten. Dies gilt gleichermaßen für die Angestellten solcher Primärinsider[214]. 16.143

Nicht erforderlich ist, daß der unternehmensexterne Primärinsider in einem vertraglichen oder anderen wie auch immer gearteten Verhältnis zum Emittenten steht[215]. Es genügt vielmehr, daß die Insiderinformation in die berufliche Tätigkeit einfließt[216]. Der über die Insiderinformation Verfügende braucht daher auch kein Geschäft des Emittenten zu besorgen oder diesem auf andere Weise durch die Erbringung einer Leistung verbunden zu sein. Wenn eine Person mit einer Aufgabe betraut wird, die den Zugang zu Insiderinformationen verschafft, muß sie sich die insiderrechtlichen Anforderungen an den Umgang mit solchen Informationen gefallen lassen[217]. 16.144

Aus diesem Grunde sind Primärinsider daher auch Journalisten oder Analysten, die im Rahmen von Gesprächen, Betriebsbesichtigungen oder anderen beruflichen Recherchen Insiderinformationen erhalten[218]. Eine andere rechtliche Beurteilung würde auch zu unbefriedigenden Ergebnissen führen. Finanzanalysten dürften sodann als Sekundärinsider straflos jedem Dritten Insiderinformationen mitteilen oder Anlageempfehlungen geben. Diese Personen würden sich aber strafbar machen, wenn sie diese Information oder den Tip in Kenntnis des Insidercharakters zum Anlaß eines Wertpapiergeschäfts nehmen würden[219]. 16.145

Eine ganz andere Frage ist, ob die Verantwortlichen des Emittenten den Journalisten und Analysten solche Insidertatsachen zugänglich machen dürfen oder hierin eine unbefugte Weitergabe im Sinne des **Weitergabeverbotes** des § 14 Abs. 1 Nr. 2 WpHG darstellt[220]. 16.146

---

214 *Assmann*, AG 1994, 237, 239.
215 *Assmann*, AG 1994, 237, 239; ders., ZGR 1994, 494, 506; *Hopt*, FS Beusch, S. 393, 398, 399; ders., ZGR 1991, 17, 38; *Caspari*, ZGR 1994, 530, 538; a.A. *Claussen*, ZBB 1992, 267, 271.
216 *Hopt*, ZGR 1991, 18, 38.
217 *Assmann*, AG 1994, 237, 239.
218 *Assmann*, AG 1994, 237, 239; ders., ZGR 1994, 494, 507; *Caspari*, ZGR 1994, 530, 538; *Eichele*, WM 1997, 501, 509; a.A. *Claussen*, AG 1997, 306, 312.
219 *Caspari*, ZGR 1994, 530, 538.
220 *Assmann*, AG 1994, 273, 239 Fn 119.

16.147 Die Quelle einer Insiderinformation braucht im übrigen nicht bei dem von der Insidertatsache betroffenen Emittenten zu liegen. Dies gilt insbesondere, wenn kurssensitive Marktdaten ausgenutzt werden. Primärinsider ist daher der Redakteur eines weit verbreiteten und anerkannten Branchendienstes[221] oder der Mitarbeiter eines bekannten Researchunternehmens, der sich in Kenntnis einer bevorstehenden Veröffentlichung einer Kaufempfehlung mit Aktien der betreffenden Gesellschaft eindeckt. Des weiteren ist der Börsenhändler einer Bank ein unternehmensexterner Primärinsider, der in Kenntnis des Vorliegens eines Ordervolumens mit erheblichem Kursbeeinflussungspotential vor Ausführung des Kundenauftrages die betreffenden Wertpapiere für die Bank oder für sich kauft[222].

16.148 Mit einem solchen **front running** wird zugleich die Pflicht der Bank zur interessewahrenden Auftragsausführung verletzt[223]. Solche Pflichtverletzungen soll die zwischenzeitlich für das Effektengeschäft geschaffene Compliance-Organisation verhindern. Die Insiderhandelsverbote dürften daher zu einem Schwerpunkt der Compliance-Maßnahmen werden.

2. Sekundärinsider

16.149 Sekundärinsider sind Personen mit Insiderwissen, die nicht die tatbestandsmäßigen Voraussetzungen des Primärinsiders erfüllen. Die **Art und Weise der Kenntniserlangung oder die Herkunft der Insiderinformation** ist für die Qualifizierung als Sekundärinsider **unerheblich**. Es bedarf auch keines unmittelbaren Kontaktes zwischen Primär- und Sekundärinsider. Es ist nicht einmal erforderlich, daß die Information von einem Primärinsider stammt. So ist Sekundärinsider der Werkspion oder die Raumpflegerin, die eine Insiderinformation durch das Leeren eines Papierkorbes erlangt. Der Sekundärinsider muß lediglich wissen, daß es sich bei der Information um eine Insidertatsache handelt[224].

16.150 Dieser **weitreichende Begriff** des Sekundärinsiders wird jedoch praxisgerecht dadurch wesentlich **eingeschränkt,** daß der auf den Sekundärinsider allein anwendbare Verbotstatbestand eine „Ausnutzung" der Insiderinformation im Sinne des § 14 Abs. 1 Nr. 1 WpHG erfordert. Der deutsche Gesetzgeber hat davon abgesehen, die Beschränkung der EG-Insiderrichtlinie auf Insiderinformationen zu übernehmen, die unmittelbar oder mit-

---

221 *Assmann,* AG 1994, 273, 240.
222 *Assmann,* AG 237, 240.
223 *Kümpel,* WM 1993, 2025, 2026 m.w.Nachw.
224 *Assmann* in Assmann/Schneider, WpHG, § 12 Rn 76, § 14 Rn 74.

telbar von einem Primärinsider stammen können. Diese Einschränkung erschien für eine sachgerechte Abgrenzung der sanktionswürdigen Insiderverstöße ungeeignet[225].

Als Sekundärinsider kann sich aber nur strafbar machen, wer die Eigenschaft der Information als Insiderinformation gekannt hat. Wer infolge Fahrlässigkeit oder Leichtfertigkeit nicht erkannt hat, daß es sich um eine Insidertatsache handelt, nutzt diese Insiderinformation im Sinne der Verbotstatbestände nicht aus[226]. Dagegen genügt es, wenn die objektiven Umstände darauf schließen lassen, daß jemand mit bedingtem Vorsatz handelt und daher billigend in Kauf genommen hat, Insiderpapiere aufgrund einer Insidertatsache zu erwerben oder zu veräußern[227].

16.151

Im Unterschied zu den Primärinsidern dürfen **Sekundärinsider grundsätzlich Insiderinformationen weitergeben oder aufgrund von Insidertatsachen Empfehlungen abgeben.** Der Sekundärinsider läuft aber Gefahr, als Anstifter oder Gehilfe für die Insidergeschäfte desjenigen bestraft zu werden, dem er die Insiderinformation weitergegeben hat[228]. Der Gesetzgeber hat deshalb einen weitergehenden Regelungsbedarf verneint[229].

16.152

Die Bestrafung als **Anstifter oder Gehilfe** setzt freilich voraus, daß der Informant den Verbotstatbestand eines Sekundärinsiders verwirklicht hat. Denn Anstiftung und Beihilfe erfordern eine strafbare Handlung desjenigen, der angestiftet oder dem Beihilfe geleistet worden ist (§§ 26, 27 StGB). Der durch den Sekundärinsider Informierte muß also die Eigenschaft der Information als Insiderinformation gekannt haben, um in „Ausnutzung" dieser Tatsache gehandelt zu haben[230].

16.153

Bei der **Festlegung des Strafrahmens** hat der Gesetzgeber davon abgesehen, zwischen Primär- und Sekundärinsider zu unterscheiden. Auch ein Sekundärinsider kann durch gezieltes Handeln die gleichen Gefahren für die Funktionsfähigkeit der geschützten Kapitalmärkte bewirken wie ein Primärinsider[231].

16.154

---

225 Begr. des RegE des 2. FFG, BT-Drucksache 12/6679, S. 48.
226 *Assmann*, AG 1994, 237, 246, 248.
227 *Assmann*, AG 1994, 237, 248.
228 *Assmann*, AG 1994, 237, 248.
229 Beschlußempfehlung und Bericht des Finanzausschusses des Deutschen Bundestages, BT-Drucksache 12/7918, S. 95.
230 *Assmann*, AG 1994, 237, 248.
231 Begr. des RegE des 2. FFG, BT-Drucksache 12/6679, S. 57.

V. Verbotenes Insiderhandeln (§ 14 WpHG)

16.155 Das WpHG (§ 14 Abs.1) unterscheidet zwischen der verbotenen Ausnutzung von Insidertatsachen (**Ausnutzungsverbot**) sowie dem Verbot der unbefugten Weitergabe von Insidertatsachen (**Weitergabeverbot**) und von Kauf- und Verkaufsempfehlungen aufgrund von Insidertatsachen (**Empfehlungsverbot**).

1. Erwerb und Veräußerung aufgrund von Insiderwissen (Ausnutzungsverbot)

16.156 Nach dem Ausnutzungsverbot macht sich strafbar, wer unter Ausnutzung seines Insiderwissens Wertpapiere für eigene oder fremde Rechnung oder für einen anderen erwirbt oder veräußert (§ 14 Abs. 1 Nr. 1 WpHG)[232]. Diesem im WpHG geregelten Ausnutzungsverbot steht ein entsprechendes ausländisches Verbot gleich (§ 38 Abs. 2).

16.157 Die **Ausdehnung der Strafbarkeit** auf die versuchte Ausnutzung von Insiderinformationen hat der Gesetzgeber für nicht zwingend notwendig gehalten. Dem Bundesaufsichtsamt für den Wertpapierhandel wäre eine effiziente Überwachung mangels entsprechender Anhaltspunkte kaum möglich[233].

16.158 Dieser Straftatbestand erfaßt auch Wertpapiergeschäfte, die der Insider im eigenen Namen für fremde Rechnung und damit in mittelbarer verdeckter Stellvertretung für Dritte ausführt. Dabei ist es unerheblich, in welcher Weise dem Vertretenen das Eigentum an den fraglichen Wertpapieren verschafft oder vermittelt wird[234].

16.159 Zu dieser mittelbaren Stellvertretung gehört deshalb auch der Regelfall der Praxis, daß die Bank im Falle eines Wertpapierkaufes bei der geschuldeten Eigentumsverschaffung den Übereignungsvertrag mit dem Veräußerer im eigenen Namen abschließt, das Wertpapiereigentum aber ohne Durchgangseigentum nach den Grundsätzen der Übereignung an den, den es angeht, unmittelbar vom Veräußerer auf den Effektenkunden als Einkaufskommissionär übergeht. Im Unterschied zur regelmäßigen mittelbaren Stellvertretung kommt es hier jedoch zu keinem Durchgangserwerb des Vertreters, vielmehr erwirbt der Vertretene wie bei der unmittelbaren

---

232 Zu Insiderverstößen bei Aktienoptionsprogrammen für Führungskräfte des Emittenten vgl. *Casper*, WM 1999, S. 363 ff.
233 Beschlußempfehlung und Bericht des Finanzausschusses des Deutschen Bundestages, BT-Drucksache 12/7918, S. 95, 96.
234 *Assmann/Cramer* in Assmann/Schneider, WpHG, § 14 Rn 14.

(offenen) Stellvertretung das Wertpapiereigentum unmittelbar[235]. Auch bei der Einkaufskommission im bankmäßigen Effektengeschäft geht nach einhelliger Meinung das Wertpapiereigentum ohne Durchgangserwerb der als Marktintermediärin tätigen Bank unmittelbar auf den hierdurch geschützten Effektenkunden über – Rn 11.324. Ungeachtet dieses fehlenden Durchgangserwerbs erfüllt die als Einkaufskommissionärin tätige Bank, die hierbei Insiderwissen zugunsten ihres Kunden ausnutzt, die Tatbestandsvariante „Erwerb für einen anderen" im Sinne des § 14 Abs. 1 Nr. 1 WpHG.

a) Abschluß eines Wertpapiergeschäfts

Das Verbot zur Ausnutzung von Insidertatsachen erfordert den Erwerb oder die Veräußerung von Insiderpapieren und damit den Abschluß eines Wertpapiergeschäfts. Dieses **Ausnutzungsverbot** kann deshalb nicht dadurch verletzt werden, daß eine Bank Insiderinformationen aus der Kundensphäre außerhalb ihres Wertpapiergeschäfts zur Vermeidung von Verlusten ausnutzt. Hierdurch könnten allenfalls die vertraglichen Pflichten der Bank aus ihrer Geschäftsverbindung mit dem Kunden berührt werden. 16.160

An einem strafbaren Insiderhandeln durch Abschluß eines Wertpapiergeschäfts fehlt es im übrigen, wenn der Insider aufgrund seines Insiderwissens den Erwerb oder die Veräußerung von Insiderpapieren unterläßt[236]. Dies gilt selbst dann, wenn der Insider seinen schon erteilten Verkaufsauftrag aufgrund zwischenzeitlicher negativer Insiderinformationen widerruft[237]. Für diese Gesetzesauslegung spricht das verfassungsrechtliche Bestimmtheitsgebot für Straf- und Bußgeldvorschriften (Art. 103 Abs. 2 GG). Die Erkennbarkeit und Vorhersehbarkeit der Straf- und Bußgeldandrohung für den Normadressaten, wie sie das Bestimmtheitsgebot verlangt, zieht der Auslegung von Straf- und Bußgeldvorschriften nach dem Bundesverfassungsgericht eine verfassungsrechtliche Schranke. Gesetzesbestimmungen dürfen deshalb nicht über den aus der Sicht des Bürgers möglichen Wortsinn des gesetzlichen Tatbestandes hinaus ausgelegt werden[238]. 16.161

Der Verzicht auf die Strafbarkeit dieses Untätigbleibens ist gerechtfertigt. Die Kausalität einer Insiderinformation für das Unterlassen einer Transaktion wäre in der Praxis nur unter außergewöhnlichen Umständen nachweisbar und dürfte auch selten nach außen in Erscheinung treten[239]. 16.162

---

235 *Palandt/Bassenge*, § 929 Rn 25.
236 *Assmann/Cramer* in Assmann/Schneider, WpHG, § 14 Rn 9; *Hopt*, ZGR 1991, 17, 45; a.A. *Claussen*, ZBB 1992, 281.
237 *Schröder*, NJW 1994, 2879, 2880.
238 BVerfGE 71, 108, 114, 115.
239 *Assmann*, AG 1994, 237, 247.

b) Erwerbs- und Veräußerungsbegriff als Tatbestandsmerkmale

16.163 Weitere Merkmale des objektiven Tatbestandes des Ausnutzungsverbots sind der Erwerb oder die Veräußerung von Insiderpapieren. Daraus wird gefolgert, daß der **bloße Abschluß eines obligatorischen Vertrages nicht ausreicht**. Es müsse zumindest eine Verschiebung der Verfügungsmacht mit der Wertpapiertransaktion einhergehen[240].

16.164 Insiderwissen kann jedoch auch ausgenutzt werden, wenn der Insider weder Wertpapiereigentum noch eine solche Verfügungsmacht über Wertpapiere erlangt. So braucht der Insider beispielsweise bei einer positiven Information in bestimmten durch die Insiderregelung mitgeschützten ausländischen Börsenmärkten nur einen Kaufvertrag über die Insiderpapiere abzuschließen und diese Papiere rechtzeitig zum (hinausgeschobenen) Zeitpunkt der Fälligkeit seines Lieferanspruches zwecks Realisierung des Kursgewinnes wieder zu verkaufen. Hier erwirbt der Insider auch nicht kurzfristig Wertpapiereigentum oder Verfügungsmacht im engeren Wortsinne über eine entsprechende Anzahl von Aktienrechten. Vielmehr werden am Erfüllungstermin zur Abwicklung dieser beiden Wertpapiertransaktionen der Lieferanspruch des Insiders gegen dessen korrespondierende Lieferverbindlichkeit aus dem späteren Verkauf verrechnet. Eine solche Fallkonstellation kann insbesondere bei (Kassa-)Aufträgen der Effektenkunden für ausländische Märkte gegeben sein, die wie z.B. die Pariser Wertpapierbörse den Monatsultimo als Valutierungszeitpunkt vorsieht (sog. Geschäfte mit hinausgeschobener Fälligkeit).

16.165 Andererseits stellt **nicht jeder Erwerb** zwecks Ausnutzens einer Insiderinformation einen Verstoß gegen das Ausnutzungsverbot dar. Dies läßt sich anhand der Wertpapierleihe veranschaulichen, die zivilrechtlich ein Sachdarlehen im Sinne des § 607 BGB darstellt[241]. Der Entleiher kann in der kurzen Zwischenphase bis zur beabsichtigten Verwendung der entliehenen Wertpapiere daran Eigentum erlangen. Die Wertpapierleihe dient aber anders als die Insidergeschäfte nicht der unmittelbaren Erzielung von Kursvorteilen[242]. Soll jedoch mit Hilfe der Wertpapierleihe ein Leerverkauf (short sale) im Kassamarkt zur Erzielung eines Kursvorteils aufgrund von Insiderwissen usancemäßig beliefert werden, wird mit dem Abschluß des Leerverkaufes gegen das Insiderhandelsverbot verstoßen.

---

240 *Assmann/Cramer* in Assmann/Schneider, WpHG, § 14 Rn 7, 8.
241 A.A. *Assmann/Cramer* in Assmann/Schneider, WpHG, § 14 Rn 7; *Dörge*, Rechtliche Aspekte der Wertpapierleihe, 1992, S. 37.
242 Zu den geschäftlichen Zwecken der Wertpapierleihe vgl. *Kümpel*, WM 1990, 909.

Denn der Kaufpreis, der dem Verkäufer einen wirtschaftlichen Vorteil unter Ausnutzen seiner Insiderinformationen verschafft, wird beim Leerverkauf verbindlich vereinbart.

2. Subjektive Tatbestandsvoraussetzungen

Der Erwerb oder die Veräußerung der Wertpapiere muß unter Ausnutzung der Kenntnis des Täters von einer Insidertatsache erfolgen. Auch hinsichtlich der sonstigen Merkmale des objektiven Tatbestandes des Ausnutzungsverbotes ist **vorsätzliches Handeln** erforderlich. 16.166

Insidertatsachen werden ausgenutzt, wenn sich der Insider seinen Wissensvorsprung in der Hoffnung und mit dem Ziele zunutze macht, für sich oder einen anderen einen wirtschaftlichen Vorteil zu erlangen, der als Verstoß gegen den Grundsatz der Chancengleichheit der Anleger am Wertpapiermarkt angesehen und mißbilligt wird[243]. Mit dem verbotenen Ausnutzen des Insiderwissens soll also ein wirtschaftlicher Vorteil erzielt werden, der nicht erlangt werden könnte, wenn die Insidertatsache öffentlich bekannt gewesen wäre[244]. Nur dieses die Chancengleichheit verletzende Insiderhandeln ist geeignet, das Vertrauen der Anleger in die Integrität des Marktes als Voraussetzung für dessen Funktionsfähigkeit zu beeinträchtigen und hierdurch das Schutzgut der insiderrechtlichen Verbotstatbestände zu gefährden[245]. Der Insider will also durch sein strafwürdiges Verhalten einen wirtschaftlichen Vorteil für sich oder andere erlangen, den er so nicht erzielen könnte, wenn diese Information öffentlich bekannt wäre. An dieser Voraussetzung fehlt es deshalb, wenn beide Geschäftspartner Kenntnis von der Insidertatsache haben (**sog. Face-to-face-Geschäft**)[246]. Eine Insiderstraftat liegt dagegen vor, wenn durch den Kauf oder Verkauf der Wertpapiere die bevorstehende Abgabe einer sie betreffenden kursrelevanten Bewertung oder Empfehlung ausgenutzt werden soll (sog. Scalping). Ein solches Verhalten ist rechtlich zu mißbilligen, weil es nicht kapitalmarktadäquat ist[247]. 16.167

a) Teleologische Reduktion des Ausnutzungsverbotes

Kein Ausnutzen von Insiderwissen liegt deshalb nach den Gesetzesmaterialien vor, wenn beim Erwerb oder der Veräußerung von Insiderpapieren 16.168

---

243 Begr. des RegE des 2. FFG, BT-Drucksache 12/6679, S. 47.
244 *Assmann*, AG 1994, 237, 246.
245 *Caspari*, ZGR 1994, 530, 542.
246 *Assmann*, AG 1994, 237, 246.
247 *Schneider/Burgard*, ZIP 1999, 381, 388.

eine eigene unternehmerische Entscheidung umgesetzt werden soll, sofern nicht die Entscheidung durch anderweitig erlangtes Insiderwissen beeinflußt worden ist[248]. Wer eine solche unternehmerische Entscheidung realisiert, handelt nicht unter „Ausnutzen" seiner Kenntnis von den beabsichtigten Wertpapiertransaktionen, sondern in „Ausführung" der von ihm getroffenen Entscheidung[249]. Wäre das insiderrechtliche Ausnutzungsverbot auch auf diese Fallkonstellationen anwendbar, wären geschäftspolitisch erwünschte, ja sogar gebotene Beteiligungsstrategien unmöglich, sofern deren Realisierung zu einer erheblichen Kursbeeinflussung geeignet wäre. Die insiderrechtlichen Strafvorschriften sollen jedoch nach ihrem Sinn und Zweck den Vorstand des Emittenten nicht zu einer das Gesellschaftsinteresse verletzenden Geschäftsführung zwingen. Der Anwendungsbereich dieser Strafnormen ist deshalb im Wege der teleologischen Reduktion entsprechend einzugrenzen[250].

16.169 So fällt insbesondere der **Pakethandel** – hierbei wird eine größere geschlossene Stückzahl von Wertpapieren (Blockposten) im Interbankenhandel außerhalb der organisierten Märkte und des außerbörslichen Wertpapierhandels erworben – grundsätzlich nicht unter das insiderrechtliche Ausnutzungsverbot. Bei solchen Wertpapiertransaktionen handelt es sich vielmehr um selbstgeschaffene Insidertatsachen, deren Kenntnis nicht derjenige ausnutzt, der seinen Plan des Erwerbs oder der Veräußerung der Wertpapiere ausführt[251].

16.170 Nach einem Teil des Schrifttums fällt der Pakethandel auch deshalb nicht unter das Ausnutzungsverbot, weil die insiderrechtlichen Strafvorschriften die Seriosität und Integrität der Kapitalmärkte in Gestalt des der Emission dienenden Primärmarktes und der den Sekundärmarkt ermöglichenden börslichen und außerbörslichen Märkte sicherstellen sollen. Dagegen ist nach anderer Ansicht der Pakethandel grundsätzlich nicht vom Insiderhandelsverbot freigestellt, weil das deutsche Insiderrecht nicht nur den anonymen Marktteilnehmer schütze, dessen Transaktionen über die Börse oder über Kreditinstitute als Marktintermediäre laufe[252].

16.171 Eine andere rechtliche Beurteilung des Pakethandels ist freilich geboten, wenn die Entscheidung zu dieser Transaktion durch eine Insiderinforma-

---

248 Begr. des RegE des 2. FFG, BT-Drucksache 12/6679, S. 47.
249 *Assmann/Cramer* in Assmann/Schneider, WpHG, § 14 Rn 31; Begr. des RegE des 2. FFG, BT-Drucksache 12/6679, S. 47 für den hierfür typischen Fall des Erwerbs eines Aktienpakets.
250 *Schröder*, NJW 1994, 2879, 2880.
251 Begr. des RegE des 2. FFG, BT-Drucksache 12/6679, S. 47.
252 *Assmann*, AG 1994, 237, 246; einschränkend *Hopt*, ZGR 1991, 18, 44, 45, wonach das Insiderhandelsverbot nur den Pakethandel zwischen Unternehmen unter Einschaltung von Banken erfaßt.

tion entscheidend beeinflußt worden ist[253]. Erlangt dagegen der Kaufinteressent erst **nach Eintritt in die Vertragsverhandlungen solche Insiderinformationen,** so werden auch diese nicht verbotswidrig ausgenutzt, sofern die Transaktionen in Ausführung der ursprünglich von Insiderwissen unbeeinflußten Entscheidung ausgeführt werden[254]. Mit der Durchführung der Transaktionen braucht deshalb nicht bis zur Veröffentlichung der Insidertatsachen abgewartet zu werden[255]. Dagegen ist der nachträglich zum Insider gewordene Kaufinteressent durch das Ausnutzungsverbot gehindert, weitere Aktien im börslichen oder außerbörslichen Handel zu erwerben[256]. Das Ausnutzungsverbot wird jedoch wegen fehlender Kausalität des Insiderwissens nicht verletzt, wenn diese Zukäufe nur bezwecken, die Beteiligungsquote zu erreichen, deren Erwerb der Paketkauf dienen soll.

Wie beim Pakethandel wird auch der sukzessive Aufbau einer Beteiligung an einen Emittenten nicht als Ausnutzen einer Insiderinformation, sondern als Ausführung einer unternehmerischen Entscheidung eingestuft, sofern nicht die Entscheidung durch eine Insiderinformation entscheidend beeinflußt worden ist[257]. 16.172

Dagegen wird nach einem Teil des Schrifttums gegen das Ausnutzungsverbot verstoßen, wenn der Kaufinteressent im Zuge des Beteiligungsaufbaues die vorgeschriebene Meldung der hierbei überschrittenen Meldeschwelle (§ 21 WpHG) unterläßt und hierdurch kursmäßige Vorteile unter Verletzung des Grundsatzes der Chancengleichheit erzielt[258]. Das nach dieser Literaturmeinung auch hier anwendbare Ausnutzungsverbot setzt freilich voraus, daß die verschwiegene Überschreitung jeweils zu einer erheblichen Kursbeeinflussung geeignet gewesen ist, damit eine vom Kaufinteressenten ausnutzbare Insidertatsache überhaupt vorliegen kann. 16.173

b) Kausalitätserfordernis

An einem Ausnutzen von Insiderwissen fehlt es schließlich, wenn die Wertpapiergeschäfte **auch ohne Kenntnis der Insidertatsachen abgeschlossen worden wären.** Die Initiative des Insiders zum Abschluß des Geschäfts muß also von dem Insiderwissen ausgelöst werden, die Insider- 16.174

---

253 *Assmann/Cramer* in Assmann/Schneider, WpHG, § 14 Rn 33.
254 Begr. des RegE des 2. FFG, BT-Drucksache 12/6679, S. 47.
255 *Assmann/Cramer* in Assmann/Schneider, WpHG, § 14 Rn 33.
256 Begr. des RegE des 2. FFG, BT-Drucksache 12/6679, S. 47.
257 *Assmann/Cramer* in Assmann/Schneider, WpHG, § 14 Rn 33.
258 *Caspari,* ZGR 1994, 530, 543; *Assmann/Cramer* in Assmann/Schneider, WpHG, § 14 Rn 32.

tatsache mithin ursächlich geworden sein[259]. Bei einer anderen geschäftlichen Motivation, insbesondere wenn mit dem Wertpapiergeschäft eine vertragliche Pflicht oder eine berufliche Aufgabe erfüllt werden soll, fehlt es an der „Ausnutzung" einer Insidertatsache. Insiderwissen schließt also keineswegs automatisch aus, daß der Insider in dem betreffenden Insiderpapier weiterhin Geschäfte tätigen darf[260].

16.175 Infolge fehlenden Kausalzusammenhanges wird kein verbotenes Insidergeschäft getätigt, wenn der skontroführende Kurs- oder Freimakler Wertpapiergeschäfte tätigt, um seine gesetzliche Pflicht zum Markt- oder Spitzenausgleich zu erfüllen[261]. Ebensowenig wird Insiderwissen ausgenutzt, wenn die am Markt getätigten Geschäfte von Marktmachern (Market Makers) getätigt werden[262]. Der Market Maker ist aufgrund seiner Funktion gehalten, Kauf- und Verkaufsangebote gegenüber den interessierten Marktteilnehmern abzugeben[263]. Solche Geschäftsabschlüsse dienen der Liquidität des Marktes und damit dem auch im Anlegerinteresse liegenden Funktionsschutz des Kapitalmarktes.

16.176 Auch bei der **Markt-(Kurs-)Pflege** wird die Kenntnis von Insidertatsachen nicht ausgenutzt, solange diese Maßnahmen unabhängig von einem Insiderwissen vorgenommen werden[264]. Die Marktpflege dient einer stetigen und stabilen Kursentwicklung. Durch marktausgleichende An- und Verkäufe, insbesondere in der Emissionsphase soll ein Abgleiten der Kurse wie auch unerwünschte künstliche Kurssteigerungen vermieden werden[265]. Die Marktpflege dient deshalb der Erhaltung des Emissionsstanding des Emittenten und der beteiligten Konsortialbanken sowie letztlich auch dem Anlegerinteresse. Eine ganz andere Frage ist die gesellschafts- und aktienrechtliche Zulässigkeit der Kurspflege. Hierfür sind andere als insiderrechtliche Gesichtspunkte maßgeblich[266].

16.177 Das insiderrechtliche Ausnutzungsverbot hindert auch nicht die normalen geschäftlichen Aktivitäten der Kreditinstitute. Insbesondere dürfen

---

259 zur *Megende* in Assmann/Schütze, Handbuch des Kapitalanlagerechts, § 14 Rn 36; *Assmann/Cramer* in Assmann/Schneider, WpHG, § 14 Rn 27.
260 *Hopt*, FS Heinsius, 1991, S. 289, 290.
261 Vgl. 12. Erwägungsgrund der EG-Insiderrichtlinie; Begr. des RegE des 2. FFG, BT-Drucksache 12/6679, S. 47; *Hopt*, ZGR 1991, 17, 46; *ders.*, FS Heinsius, 1991, S. 289, 290/291.
262 Erwägungsgründe der EG-Insiderrichtlinie, abgedruckt in *Kümpel/Ott*, Kapitalmarktrecht, Kz. 930, S. 2.
263 *Koller* in Assmann/Schneider, WpHG, § 31 Rn 63.
264 12. Erwägungsgrund der EG-Insiderrichtlinie; Begr. RegE 2. FFG, BT-Drucksache 12/679, S. 47; *Assmann/Cramer* in Assmann/Schneider, WpHG, § 14 Rn 35.
265 *Scholze*, Das Konsortialgeschäft der deutschen Banken, 1973, S. 664.
266 *Scholze*, Das Konsortialgeschäft der deutschen Banken, 1973, S. 668.

Kreditinstitute weisungsgemäß Kauf- und Verkaufsaufträge in Insiderpapieren ausführen, solange sie nicht in die Auftragsausführung ihr Insiderwissen einfließen lassen[267].

Erteilt dagegen der Kunde die Effektenorder „interessewahrend", so sollte das über Insiderinformationen verfügende Kreditinstitut den Auftrag vorsorglich an einen Nicht-Insider weiterleiten[268]. Bei einem Auftrag zur interessewahrenden Ausführung läuft die Bank Gefahr, entweder gegen die kommissionsrechtliche Interessewahrungspflicht oder das insiderrechtliche Ausnutzungsverbot zu verstoßen. Verfügt der Börsenhändler der Bank über eine positive Insiderinformation, müßte er den Kundenauftrag ohne Rücksicht auf einen hierdurch verursachten Kursanstieg schnellstmöglich ausführen. Dabei setzt er sich jedoch der Gefahr aus, Insiderwissen zum Vorteil seines Effektenkunden auszunutzen. Hier sollte sich der Börsenhändler dieser Situation am besten dadurch entziehen, daß er z.B. einen Börsenmakler mit der Auftragsausführung beauftragt[269].

16.178

Den Kreditinstituten muß im übrigen gestattet sein, mit Insiderwissen Hedginggeschäfte zur Sicherung gegen Preisschwankungen zu tätigen. In diesen Fällen werden keine Insiderinformationen ausgenutzt, sondern marktgerechte Instrumente zur Vermeidung von Kursverlusten eingesetzt[270].

16.179

Schließlich **fehlt es an dem erforderlichen Kausalitätszusammenhang** zwischen Wertpapiertransaktion und Insiderwissen, wenn Beteiligungsgesellschaften im Sinne des Gesetzes über Unternehmensbeteiligungsgesellschaften (UBGG)[271] im Rahmen des gesetzlichen Ausnahmetatbestandes entsprechend der ihnen gesetzlich zugewiesenen Aufgabe mittel- oder langfristig Aktien an börsennotierten Gesellschaften erwerben, um hierdurch ihren Beitrag zur erwünschten Verbesserung der Eigenkapitalausstattung der deutschen Wirtschaft zu leisten (vgl. § 3 Abs. 1 UBGG). Haben solche Gesellschaften anläßlich der hierfür erforderlichen Bonitätsprüfung der Beteiligungsunternehmen Kenntnis über positive Insidertatsachen erlangt, so kann dieses Insiderwissen kein Hinderungsgrund für den Erwerb der volkswirtschaftlich erwünschten Beteiligung sein, die dem Unternehmen das auch aus der Sicht des Kapitalmarktes erwünschte

16.180

---

267 Begr. des RegE des 2. FFG, BT-Drucksache 12/6679, S. 47. Ist jedoch der Bank bekannt, daß ihr Effektenkunde den Kauf- oder Verkaufsauftrag unter Ausnutzen einer Insidertatsache erteilt hat, so kann die Auftragsausführung eine strafbare Beihilfe darstellen *(Assmann/Cramer* in Assmann/Schneider, WpHG, § 14 Rn 38).
268 Begr. des RegE des 2. FFG, BT-Drucksache 12/6679, S. 47.
269 *Caspari,* ZGR 1994, 530, 543; *Assmann/Cramer* in Assmann/Schneider, WpHG, § 14 Rn 37.
270 *Assmann/Cramer* in Assmann/Schneider, WpHG, § 14 Rn 27.
271 Abgedruckt in *Kümpel/Ott,* Kapitalmarktrecht, Kz. 109.

Eigenkapital zuführt. Das Insiderhandelsverbot kann nach *Hopt* dann nicht greifen, wenn das Handeln des Insiders als eine für den Anleger oder den Kapitalmarkt grundsätzlich nützliche Sache anzusehen ist[272].

c) Erfordernis vorsätzlichen Handelns

16.181 Das für die Strafbarkeit erforderliche vorsätzliche Handeln verlangt vor allem die **Kenntnis des Täters, daß er eine Insidertatsache ausnutzt**. Wer infolge fahrlässigen Verhaltens nicht erkannt hat, daß es sich bei seinem Wissen um Insiderinformationen handelt, nutzt keine Insidertatsache aus[273]. So muß der Täter wissen, daß die kurssensiblen Informationen noch nicht öffentlich bekannt sind. Glaubt der Täter, daß für die Tatsache zumindest die Bereichsöffentlichkeit im Sinne des § 15 Abs. 3 Nr. 2 WpHG hergestellt worden ist, so handelt er nicht vorsätzlich. Auch muß der Täter wissen, daß die Tatsache zu einer erheblichen Kursbeeinflussung geeignet ist. Dies dürfte in der Praxis zu erheblichen Nachweisschwierigkeiten führen, wenn das Kursbeeinflussungspotential nicht auf der Hand liegt[274].

16.182 **Umstritten** ist, ob hinsichtlich des Vorliegens einer Insidertatsache **dolus eventualis ausreichend** ist. Nach *Assmann/Cramer* genügt es, wenn der Täter durch das Ausnutzen seines Insiderwissens einen wirtschaftlichen Vorteil erzielen will, während die Umstände, mit deren Hilfe dieses Ziel angestrebt wird, durchaus nicht sicher feststehen müssen. So nutzt seine Kenntnis von einem Fusionsvorhaben aus, wer im Vertrauen auf dessen ungewisse Realisierung Wertpapiere des Zielunternehmens erwirbt[275]. Vorsätzlich handelt auch, wer angesichts einer unmittelbar bevorstehenden Insolvenz der Gesellschaft deren emittierte Wertpapiere verkauft, obwohl er sich nicht sicher ist, ob diese Tatsache bereits veröffentlicht ist[276].

3. Weitergabeverbot

16.183 Dem Primärinsider ist weiter verboten, **einem anderen eine Insidertatsache unbefugt mitzuteilen oder zugänglich zu machen**[277]. Mit der letzteren

---

272 *Hopt*, FS Heinsius, 1991, S. 289, 290, 291.
273 *Assmann/Cramer* in Assmann/Schneider, WpHG, § 14 Rn 22.
274 *Assmann/Cramer* in Assmann/Schneider, WpHG, § 14 Rn 20; *Kümpel*, WM 1994, 2137, 2142.
275 *Assmann/Cramer* in Assmann/Schneider, WpHG, § 14 Rn 18; anderer Ansicht *Schröder*, NJW 1994, 2879, 2880.
276 *Assmann/Cramer* in Assmann/Schneider, WpHG, § 14 Rn 18.
277 Zur Frage der Anwendung deutschen Insiderstrafrechts, wenn die Insidertatsachen im Ausland an einen sich ebenfalls im Ausland aufhaltenden Empfänger weitergegeben werden, vgl. *Kondring*, WM 1998, 1369 ff.

Begehungsform werden auch solche Vorgänge erfaßt, in denen jemand bewußt die Voraussetzungen schafft, die einem anderen den Zugang zu den Insiderinformationen erst ermöglichen. Ein solcher Sachverhalt ist z.B. gegeben, wenn dem Insider ein Kennwort bekannt gegeben wird, das den Zutritt zu einer Datenverarbeitungsanlage und den darin gespeicherten Insiderinformationen ermöglicht[278]. Der Insider muß freilich auch hierbei vorsätzlich handeln. Daran fehlt es, wenn ein leitender Angestellter ein Schriftstück mit Insiderinformationen auf seinem Schreibtisch liegen läßt, ohne daran zu denken, daß die Putzfrau vom Inhalt des Dokumentes Kenntnis nehmen könnte[279].

Dieses Weitergabeverbot bezweckt die Zahl der potentiellen Insider möglichst gering zu halten[280]. 16.184

Diesem Zweck dient auch die Pflicht zur Ad-hoc-Publizität[281]. Die Emittenten müssen daher, wenn sie sich von der Ad-hoc-Publizität befreien lassen, um eine weitestmögliche Einhaltung dieses Weitergabeverbots bemühen. Denn das Interesse des Emittenten an einer Nichtveröffentlichung der publizitätspflichtigen Insidertatsache ist nur dann schutzwürdiger als das Interesse des Anlegerpublikums und der professionellen Marktteilnehmer, die Wertpapiere auf einem diese Tatsache berücksichtigenden Kursniveau zu kaufen und zu verkaufen, wenn der Emittent diese Geheimhaltung so abgesichert hat, daß Insider nicht zu Lasten des uninformierten Dritten ihr Insiderwissen ausnutzen können[282]. 16.185

Je mehr Personen Insiderwissen haben, um so mehr besteht das Risiko, daß dieser Informationsvorsprung in verbotener Weise ausgenutzt wird oder die Insiderinformationen wiederum an Dritte weitergegeben werden, die ihrerseits das ihnen vermittelte Insiderwissen ausnutzen[283]. 16.186

Soweit aber eine Insidertatsache auf rechtskonforme Weise veröffentlicht wird, handelt es sich um Sachverhalte, die außerhalb des Anwendungsbereiches des Weitergabeverbotes liegen. Mit dieser Veröffentlichung verliert der kurssensible Sachverhalt seine Rechtsqualität als Insidertatsache, zu deren Begriffsmerkmal auch die fehlende Veröffentlichung gehört. Eine solche Veröffentlichung trägt dem gesetzgeberischen Anliegen in optimaler Form Rechnung, weil sie dem Insiderhandel den Boden entzieht. Die öffentliche Bekanntgabe der Insidertatsache ist mit Rücksicht 16.187

---

278 Begr. des RegE des 2. FFG, BT-Drucksache 12/6679, S. 47.
279 *Assmann* in Assmann/Schneider, WpHG, 2. Aufl., § 14 Rn 67.
280 *Assmann*, ZGR 1994, 494, 520.
281 Beschlußempfehlung und Bericht des Finanzausschusses des Deutschen Bundestages, BT-Drucksache 12/7918, S. 198.
282 *Kümpel* in Assmann/Schneider, WpHG, § 15 Rn 54.
283 *Caspari*, ZGR 1994, 530, 545; *Assmann*, AG 1994, 237, 256.

auf die Chancengleichheit aller Anleger sogar höchst erwünscht[284]. Ohne eine solche Veröffentlichung bleibt dagegen bei einer befugten Weitergabe einer Insidertatsache dieser Sachverhalt auch weiterhin eine Insiderinformation.

16.188 Das gesetzliche Weitergabeverbot wird freilich nur dann nicht tangiert, wenn die Öffentlichkeit in einer Weise hergestellt wird, die dem Gebot der Chancengleichheit des Anlegerpublikums als oberstes Ziel der insiderrechtlichen Regelung Rechnung trägt[285]. Dies erfordert entsprechend der für die Ad-hoc-Publizität vorgeschriebenen Veröffentlichungsform (§ 15 Abs. 3 WpHG) eine bundesweite Berichterstattung durch die überregionale Presse oder die elektronischen Medien oder die Herstellung der Bereichsöffentlichkeit im Sinne des § 15 Abs. 3 Nr. 2 WpHG, damit diese neuen Tatsachen in die Börsenkurse einfließen können.

16.189 Zur **Herstellung der Bereichsöffentlichkeit** ist es deshalb nicht ausreichend, wenn der Vorstand über die kursrelevanten Sachverhalte in der Hauptversammlung berichtet, selbst wenn wie bei großen Publikumsgesellschaften mehrere tausend Personen versammelt sind[286]. Anderenfalls könnten die HV-Teilnehmer unmittelbar nach der Bekanntgabe dieser neuen Tatsachen straflos telefonisch Effektenaufträge erteilen[287]. Der Vorstand darf deshalb mit Rücksicht auf das insiderrechtliche Weitergabeverbot darauf zielende Fragen der Aktionäre unbeantwortet lassen[288]. Ein solches **Verweigerungsrecht** besteht, wenn sich der Vorstand durch die Erteilung der Auskunft strafbar machen würde (§ 131 Abs. 3 Nr. 5 AktG).

16.190 An einer öffentlichen Bekanntgabe fehlt es auch, wenn der Vorstand des Emittenten Journalisten und Finanzanalysten zu einem Gespräch einlädt[289]. Dies gilt selbst dann, wenn die Veranstaltung allen Interessenten offensteht und deshalb das in den Gesetzesmaterialien erwähnte Kriterium, daß für eine unbestimmte Anzahl von Personen die Möglichkeit zur Kenntnisnahme bestanden hat, schon erfüllt sein könnte[290].

---

284 *Caspari*, ZGR 1994, 530, 538.
285 *Caspari* in Baetge, Insiderrecht und Ad-hoc-Publizität, 1995, S. 69.
286 *Kümpel*, WM 1994, 2138; vgl. weiter *Schneider/Singhof*, FS Kraft, S. 585 ff.
287 *Hopt*, ZGR 1991, 18, 30.
288 *Assmann/Cramer* in Assmann/Schneider, WpHG, § 14 Rn 51.
289 *Assmann/Cramer* in Assmann/Schneider, WpHG, § 14 Rn 57 ff.; *Caspari*, ZGR 1994, 530, 538.
290 Begr. des RegE des 2. FFG, BT-Drucksache 12/6679, S. 46.

a) Befugte Weitergabe

Die unternehmerischen und betrieblichen Erfordernisse gebieten es, daß **Insiderwissen in bestimmten Grenzen weitergegeben werden muß.** Diesem praktischen Bedürfnis trägt das Weitergabeverbot dadurch Rechnung, daß hiergegen nur verstoßen wird, wenn die Weitergabe unbefugt erfolgt ist[291].

16.191

Bei dem Kriterium „unbefugt" handelt es sich wie z.B. bei der Amtsanmaßung (§ 132 StGB) um ein Tatbestandsmerkmal des gesetzlichen Verbotstatbestandes und nicht lediglich um ein allgemeines Verbrechensmerkmal, das die Rechtswidrigkeit der Weitergabe nur entfallen lassen würde, wenn das Handeln des Täters gerechtfertigt ist[292]. Soweit die Weitergabe befugterweise geschieht, verkörpert dieses Verhalten daher keinen Unrechtsakt.

16.192

Mit Rücksicht auf diesen **Zweck des Weitergabeverbotes,** den Kreis potentieller Insider möglichst gering zu halten, dürfte dieses Verbot extensiv auszulegen sein. Es bedarf daher jeweils einer vorsichtigen Bewertung, ob eine Insidertatsache „befugt" an einen Nicht-Insider weitergegeben worden ist. Nach der Vorgabe der EG-Insider-Richtlinie (Art. 3 lit. a) darf eine Insiderinformation an einen Dritten nur weitergegeben werden, „soweit dies in einem normalen Rahmen in Ausübung seiner Arbeit oder seines Berufes oder in Erfüllung seiner Aufgaben geschieht"[293]. Dabei werden an die Befugnis zur Weitergabe unterschiedliche Anforderungen zu stellen sein, je nachdem, ob es sich bei dem Dritten um einen Betriebsangehörigen oder einen externen Dritten handelt.

16.193

b) Betriebsinterner Informationsfluß

Für den internen Informationsfluß im Unternehmen des Emittenten bedeutet dies, daß eine Weitergabe von Insiderinformationen nur in dem Umfang zulässig ist, als dies gesetzlich vorgesehen ist oder den allgemein üblichen Unternehmensabläufen entspricht. Dabei dürfte eine betriebsinterne Weitergabe aus der Sicht des Zweckes des gesetzlichen Verbotes, den Kreis potentieller Insider möglichst gering zu halten, nur insoweit als zweifelsfrei unbedenklich angesehen werden können, als die Vermittlung der Insiderinformationen an einen Nicht-Insider aus betrieblichen Anfor-

16.194

---

291 *Süßmann*, AG 1999, 162.
292 *Caspari*, ZGR 1994, 530, 545; *Süßmann*, AG 1999, 162, 163.
293 Abgedruckt in ABlEG vom 18.11.1989 Nr. L 334/30 S. 5; auf diese Richtlinienvorgabe bezieht sich die Begründung des Regierungsentwurfs des zweiten Finanzmarktförderungsgesetzes ausdrücklich (BT-Drucksache 12/6679, S. 47).

derungen erforderlich ist[294]. Im Rahmen der **üblichen Betriebsabläufe** sollten daher nicht mehr Personen als notwendig mit Insiderinformationen in Berührung kommen[295].

16.195 Dabei sollte aber ein praxisgerechter Maßstab angelegt werden. Anderenfalls würde der Arbeitsablauf im Unternehmen übermäßig gehemmt und reguliert werden[296]. Denn die Frage, ob die Kenntnis einer Insiderinformation für die Arbeit oder Aufgabenstellung eines Mitarbeiters erforderlich ist, läßt sich im Einzelfall häufig nicht zweifelsfrei feststellen. Hinzu kommt, daß betriebliche Vorgänge oftmals schnellstmöglich zu bearbeiten sind und es insbesondere in solchen Fallkonstellationen an der nötigen Zeit für eine ausgewogene Beurteilung fehlt, ob die Weitergabe der Insiderinformation an einen Mitarbeiter erforderlich war.

16.196 Angesichts des Zweckes des Weitergabeverbotes, den Kreis der potentiellen Insider möglichst gering zu halten, dürfte sich auch insoweit ein Mindestmaß an vorbeugenden organisatorischen Maßnahmen empfehlen, wie sie das Compliancewesen schon mit Rücksicht auf die Wohlverhaltensregeln der EG-Wertpapierdienstleistungsrichtlinie und die kommissionsrechtliche Interessewahrungspflicht gebietet. Hier ist vor allem an die **Schaffung von Vertraulichkeitsbereichen** (chinese walls) zu denken, wie sie sich auch zur weitestmöglichen Vermeidung von Interessenkonflikten zu Lasten der Bankkunden empfehlen[297]. Nach dem Schrifttum ist noch ungeklärt, ob betriebliche Organisationspflichten zur Vermeidung von Insiderverstößen zu bejahen sind, deren Nichterfüllung zur Folge hat, daß sogar die sodann betriebsübliche (normale) Weitergabe von Insidertatsachen als unbefugt im Sinne des Verbotstatbestandes einzustufen ist[298].

c) Weitergabe an unternehmensexterne Dritte

16.197 Für die Weitergabe von Insidertatsachen an Dritte, die nicht dem Unternehmen des Emittenten angehören, gelten grundsätzlich enge Grenzen. Eine **befugte Weitergabe** ist insbesondere gegeben, wenn eine Aktiengesellschaft ihrem Abschluß- oder Sonderprüfer die von diesem geforderten Informationen gibt; hierzu besteht eine gesetzliche Verpflichtung (§ 320 Abs. 2 HGB, § 145 Abs. 2 AktG).

16.198 Dasselbe gilt, wenn die Insidertatsachen aus der Emittentensphäre einem Dritten mitgeteilt oder zugänglich gemacht werden, damit dieser seine gegenüber der Emittentin rechtsgeschäftlich begründeten Verpflichtun-

---

294 *Assmann*, AG 1994, 237, 247; *ders.*, ZGR 1994, 494, 520.
295 *Assmann*, AG 1994, 237, 247; *ders.*, ZGR 1994, 494, 520.
296 *Süßmann*, AG 1999, 162, 163.
297 *Eisele*, WM 1993, 1021, 1024.
298 *Assmann/Cramer* in Assmann/Schneider, WpHG, § 14 Rn 54.

gen, insbesondere aus einem Geschäftsbesorgungsverhältnis (§ 675 BGB) erfüllen kann. Hier ist z.B. an den **unverzichtbaren Informationsfluß** zwischen dem Vorstand der Emittentin und externen Beratern wie Rechtsanwälten und Notaren zu denken, die ihren Auftrag nur in Kenntnis von Insidertatsachen ausführen können[299].

Nach dem Schrifttum ist besonders problematisch die Weitergabe, wenn Journalisten oder Analysten im Rahmen von Werksbesichtigungen, Gesprächsrunden oder Interviews Insiderinformationen erhalten, ohne daß diese Mitteilungen mit dem Ziel und der Maßgabe ihrer unmittelbaren Veröffentlichung erfolgen. Auch hier darf nicht der Gesetzeszweck aus dem Auge verloren werden, daß der Kreis potentieller Insider möglichst gering gehalten werden soll. 16.199

Nach *Assmann* ist deshalb die Weitergabe von Insiderinformationen an Analysten im Rahmen solcher Gesprächsrunden regelmäßig als unbefugt anzusehen[300]. Die Berufstätigkeit der Journalisten und Analysten werde dadurch nicht in unzumutbarer Weise beeinträchtigt, zumal die Insiderinformationen veröffentlicht werden können. Dies wird durch das Weitergabeverbot nicht untersagt und ist mit Rücksicht auf die Chancengleichheit aller Anleger sogar höchst erwünscht[301]. 16.200

Unbedenklich ist dagegen nach *Assmann* die unmittelbar auf die Veröffentlichung einer Insidertatsache gerichtete Weitergabe von Informationen an Journalisten. Hier ist vor allem an einen ausführlichen Pressebericht am folgenden Tag zu denken, der zum besseren Verständnis der Öffentlichkeit die Insiderinformationen in den erforderlichen Kontext stellt und erläutert. 16.201

Dabei ist jedoch die gesetzliche Regelung der Ad-hoc-Publizität (§ 15 WpHG) zu beachten, die eine **unkontrollierte Verbreitung von Informationen,** die verbotenes Insiderhandeln fördern, verhindern soll[302]. Danach hat die Veröffentlichung einer Insidertatsache in mindestens einem überregionalen Börsenpflichtblatt oder über ein elektronisch betriebenes Informationsverbreitungssystem zu erfolgen, das wie z.B. dpa oder Reuters bei Kreditinstituten, Versicherungsunternehmen und sonstigen zum Börsenhandel zugelassenen Unternehmen weit verbreitet ist. Eine andere 16.202

---

299 *Assmann/Cramer* in Assmann/Schneider, WpHG, § 14 Rn 56.
300 AG 1994, 237, 247; ders., ZGR 1994, S. 494, 520; *Süßmann,* AG 1999, 161, 165.
301 Vgl. hierzu *Caspari,* ZGR 1994, S. 530, 538.
302 Beschlußempfehlung und Bericht des Finanzausschusses des Deutschen Bundestages, BT-Drucksache 12/7918, S. 196/197.

Veröffentlichung etwa durch Auslieferung einer Tageszeitung mit einem Bericht über Insiderinformationen darf erst geschehen, wenn dieser vorgeschriebene Weg der Veröffentlichung beschritten worden ist (§ 15 Abs. 3 S. 2 WpHG).

d) Weitergabeverbot für Aufsichtsratsmitglieder

16.203 Zu den **Primärinsidern** gehören insbesondere auch die Mitglieder des Aufsichtsrates des Emittenten (Nr. 13 Abs. 1 Nr. 1 WpHG). Jedes Aufsichtsratsmitglied (AR-Mitglied) darf daher sein Insiderwissen bezüglich der Mandatsgesellschaft nicht unbefugt an Dritte weitergeben. Dabei ist das Tatbestandsmerkmal „unbefugt" im Lichte des aktienrechtlichen Verbots der Offenbarung von Betriebs- und Geschäftsgeheimnissen zu interpretieren. Danach wird der Mandatsträger mit einer **Freiheitsstrafe** bis zu einem Jahr oder mit **Geldstrafe** bestraft, wenn er Betriebs- oder Geschäftsgeheimnisse, die ihm in seiner Eigenschaft als Aufsichtsratsmitglied bekannt geworden sind, unbefugt offenbart (§ 404 Abs. 1 AktG).

16.204 Dieses **aktienrechtliche Verbot** der unbefugten Verwertung und Offenbarung solcher Gesellschaftsgeheimnisse ist umfassender als das insiderrechtliche Weitergabeverbot. Es kommt hier nicht auf eine Kursrelevanz an, weil hierdurch alle Vermögensinteressen der Gesellschaft wie auch sonst anzuerkennende Gesellschaftsbelange vor Indiskretion geschützt werden sollen[303]. Die Verletzung dieses aktienrechtlichen Verbotes wird freilich nur auf Antrag der Mandatsgesellschaft verfolgt (§ 404 Abs. 3 AktG).

16.205 Das Offenbaren besteht darin, daß der Täter die geheimzuhaltende Information mitteilt, weitergibt oder sonst zugänglich macht, so daß sich der bisherige Kreis der Mitwisser, sei es auch nur um eine Person, erweitert oder doch wenigstens in einer vom Täter nicht mehr zu kontrollierenden Weise erweitern kann[304].

16.206 An einem strafbaren „Offenbaren" eines Betriebs- oder Geschäftsgeheimnisses fehlt es jedoch, wenn dies **im konkreten Fall gerechtfertigt** erscheint. Hier ist vor allem an die Fälle zu denken, in denen sich der Mandatsträger zur sorgfältigen und rechtzeitigen Wahrnehmung seiner Mandatspflichten von Fachherren seines Hauses beraten läßt oder sich der Mitarbeit seines Assistenten und Sekretariats bedient.

16.207 Darüber hinausgehend kann selbst der Vorstand des Emittenten den Mandatsträger nicht von seiner Geheimhaltungspflicht bezüglich der Insider-

---

303 Kölner Komm. zum AktG/*Geilen*, § 404 Rn 10.
304 Kölner Komm. zum AktG/*Geilen*, § 404 Rn 52.

tatsachen wirksam entbinden. Das insiderrechtliche „Weitergabe"verbot soll die Funktionsfähigkeit des Kapitalmarktes und damit auch das noch nicht zum Aktionärskreis gehörende Anlegerpublikum schützen. Aus der Sicht des insiderrechtlichen Schutzgedankens erscheint es daher geboten, bei der Weitergabe von Betriebs- und Geschäftsgeheimnissen mit erheblichem Kursbeeinflussungspotential an andere Personen größtmögliche Zurückhaltung zu üben.

Das insiderrechtliche Weitergabeverbot gilt im übrigen auch dann, wenn das Vorstandsmitglied die Insiderinformation aus der Emittentensphäre nicht als Mandatsträger, sondern in seiner Eigenschaft als Vorstandsmitglied seines Hauses erhalten hat. Primärinsider ist auch derjenige, der aufgrund seines Berufes oder seiner Tätigkeit oder seiner Aufgaben **bestimmungsgemäß Kenntnis** von der Insidertatsache hat. Sodann wird das Vorstandsmitglied wie jeder andere Bankmitarbeiter Primärinsider, wenn er z.B. vom Emittenten wegen der Beratungskompetenz seines Hauses oder mit Rücksicht auf eine zu diesem bestehende Geschäftsbeziehung angesprochen wird und hierbei eine Insiderinformation erhält. 16.208

Für die insiderrechtliche Beurteilung kann es jedoch nicht dahingestellt bleiben, ob die Insiderinformation als Mandatsträger oder als Vorstandsmitglied seines Hauses erlangt worden ist. Denn das Weitergabeverbot hat in diesen beiden Fallkonstellationen einen unterschiedlichen Inhalt. Verboten ist nur die „unbefugte" Weitergabe. Soweit das Vorstandsmitglied Kenntnis von dem Betriebs- und Geschäftsgeheimnis mit erheblichem Kursbeeinflussungspotential als Mandatsträger erlangt, hat er bei dessen Weitergabe an andere Personen größtmögliche Zurückhaltung zu üben. Erlangt dagegen der Mandatsträger solche Insidertatsachen außerhalb seines AR-Mandats, aber als Vorstandsmitglied seines Hauses, so gelten dieselben Grundsätze wie für alle Bankmitarbeiter. Danach kann die Insiderinformation **im Rahmen der üblichen betrieblichen Geschäftsabläufe weitergegeben werden**[305]. In Zweifelsfällen sollte sich der Mandatsträger deshalb möglichst von seinem Informanten darüber aufklären lassen, ob ihm die Information nicht im Rahmen seines AR-Mandats, sondern als Vorstandsmitglied gegeben worden ist. 16.209

4. Empfehlungsverbot

Verboten ist dem Primärinsider schließlich, einem anderen auf der Grundlage seiner Kenntnis von der Insidertatsache den Erwerb oder die 16.210

---

[305] *Assmann*, AG 1994, 237, 247.

Veräußerung von Insiderpapieren zu empfehlen. Mit diesem Empfehlungsverbot soll nach der Begründung des Regierungsentwurfs des 2. Finanzmarktförderungsgesetzes insbesondere ausgeschlossen werden, daß der Insider sich **eines Dritten bedient** oder **mit diesem kollusiv zusammenarbeitet,** indem er nicht selbst unmittelbar tätig wird, sondern dem Dritten den Erwerb oder die Veräußerung der Wertpapiere empfiehlt[306]. Dieses Verbot verhindert also, daß eine Insidertatsache ausgenutzt wird, ohne daß gegen das Ausnutzungs- und Weitergabeverbot verstoßen und der Dritte zum Sekundärinsider gemacht wird.

16.211 Unter das Empfehlungsverbot fällt vor allem, was der insiderrechtliche Sprachgebrauch als „Tip" bezeichnet. Zur Konkretisierung des Empfehlungsbegriffs kann nach *Assmann* auf das kartellrechtliche Empfehlungsverbot zurückgegriffen werden (vgl. § 38 Abs. 1 Nr. 10 GWB a.F.; aufgehoben durch 6. GWB Novelle, da die Beteiligung an Ordnungswidrigkeiten bereits im OWiG geregelt ist)[307]. Danach gilt als Empfehlung jede einseitige, rechtlich unverbindliche Erklärung, durch die jemand in der Absicht, den Willen des Adressaten zu beeinflussen, ein Verhalten als für den Adressaten vorteilhaft bezeichnet und die Verwirklichung dieses Verhaltens anrät[308].

16.212 Angesichts des eindeutigen Wortlauts des gesetzlichen Verbotstatbestandes fällt hierunter nicht die Empfehlung, von einem beabsichtigten Kauf oder Verkauf von Insiderpapieren Abstand zu nehmen[309]. Ein solches passives Verhalten ist also für das Empfehlungsverbot ebensowenig ausreichend wie für das Ausnutzungsverbot.

---

306 Begr. des RegE des 2. FFG, BT-Drucksache 12/6679, S. 48.
307 *Assmann/Cramer* in Assmann/Schneider, WpHG, § 14 Rn 70.
308 *Tiedemann* in Immenga/Mestmäcker, GWB, 2. Aufl., 1992, § 38 Rn 124 m.w.Nachw.
309 *Assmann/Cramer* in Assmann/Schneider, WpHG, § 14 Rn 72.

3. Abschnitt
Ad-hoc-Publizität (§ 15 Abs. 1 WpHG)

I. Allgemeines

Der Mißbrauch von Insiderinformationen soll nicht nur mit restriktiven strafrechtlichen Sanktionen bekämpft werden. Insidergeschäften soll vielmehr auch präventiv entgegengewirkt werden[310]. Eine solche Maßnahme zur Prävention von Insiderverstößen stellt nach der gesetzgeberischen Konzeption des 2. Finanzmarktförderungsgesetzes die Pflicht zur Ad-hoc-Publizität dar. Danach haben die hiervon erfaßten Emittenten **unverzüglich eine kurssensitive Tatsache zu veröffentlichen,** die in ihren Tätigkeitsbereich eingetreten ist, wenn sie wegen der Auswirkungen auf die Vermögens- oder Finanzlage oder auf den allgemeinen Geschäftsverlauf des Emittenten geeignet ist, den Börsenpreis erheblich zu beeinflussen (§ 15 Abs. 1 S. 1 WpHG). Diese Gesetzesbestimmung entspricht im wesentlichen der bisherigen Regelung der Ad-hoc-Publizität in § 44a Abs. 1 S. 1 BörsG[311], die die allgemeine Kapitalmarktpublizität im Sinne der jährlichen Rechnungslegung und der obligatorischen Zwischenberichterstattung (§ 44 b BörsG) ergänzen soll[312]. Dabei übernimmt der § 15 WpHG auch die Funktion der durch sie ersetzten börsengesetzlichen Norm als kapitalmarktrechtliche Informationspflicht.

16.213

1. Ad-hoc-Publizität als kapitalmarktrechtliche Informationspflicht

Die Pflicht zur Ad-hoc-Publizität gehört zu den kapitalmarktrechtlichen Informationspflichten, wie sie im Zuge der Umsetzung der EG-Börsenzulassungs-Richtlinie vom (ABlEG Nr. L 66 vom 16. 3. 1979, S. 21) durch die Börsengesetznovelle 1986 in den §§ 44 bis 44d BörsG näher ausgestaltet worden sind.

16.214

Die Ad-hoc-Publizität soll die laufende Publizität in Gestalt der jährlichen aktienrechtlichen Rechnungslegung und der obligatorischen Zwischenberichterstattung (**sog. Regelpublizität**) ergänzen[313] und ist damit

16.215

---
310 *Assmann*, ZGR 1994, 494, 527.
311 Begr. des RegE des 2. FFG, BT-Drucksache 12/6679, S. 48; *Assmann*, ZGR 1994, 494, 528.
312 *Kümpel* in Assmann/Schneider, WpHG, § 15 Rn 10.
313 Begr. RegE BT-Drucksache 10/4296, S. 16.

eine **tragende Säule** der kapitalmarktrechtlichen Publizität im Sinne eines kapitalmarktrechtlichen Informationssystems[314].

16.216 Von **zentraler Bedeutung** für die Funktionsfähigkeit des Kapitalmarktes ist seine **Transparenz,** die eine weitestmögliche Vermeidung von Informationsdefiziten und Informationsasymmetrien bei den Marktteilnehmern voraussetzt. Die kapitalmarktrechtliche Publizität bezweckt deshalb im Unterschied zur aktienrechtlichen Rechnungslegung nicht nur die Unterrichtung der Gesellschafter und Gläubiger der AG (Emittenten). Sie soll vielmehr neben den Aktionären dem sonstigen Anlegerpublikum solche Informationen vermitteln, die für eine fundierte Kauf- oder Verkaufsentscheidung erforderlich erscheinen[315]. Diese **kapitalmarktbezogene Informationsvermittlung** erspart den Marktteilnehmern Zeit und Kosten für die Beschaffung der benötigten Informationen und fördert dadurch die Effizienz des Marktes[316].

16.217 Die kapitalmarktrechtliche Publizität hat bei den beiden öffentlich-rechtlich strukturierten Marktsegmenten des Börsenhandels unterschiedlichen Inhalt und Reichweite. Die Emittenten der im Amtlichen Markt gehandelten Wertpapiere haben sämtliche der in §§ 44 bis 44d BörsG normierten Informationspflichten zu erfüllen. Es gilt der Grundsatz, daß das Publikum und die Zulassungsstelle der Börse über den Emittenten und die zugelassenen Wertpapiere angemessen zu unterrichten sind (§ 44 I Nr. 3 BörsG)[317]. Hiermit ist im wesentlichen die jährliche Rechnungslegung gemeint. Eine weitere wesentliche Informationspflicht der Regelpublizität ist die Pflicht zur Erstellung mindestens halbjährlicher, inhaltlich präzisierter Zwischenberichte (§ 44b BörsG).

16.218 **Beim Geregelten Markt** als dem zweiten öffentlich-rechtlich organisierten Marktsegment sind die Publizitätspflichten im Interesse des erleichterten Zugangs für kleinere und mittlere Aktiengesellschaften eingeschränkt worden, um die Rahmenbedingungen für die dringend notwendige Verstärkung der Eigenkapitalausstattung der deutschen Wirtschaft zu verbessern. Bis zum Inkrafttreten des 3. Finanzmarktförderungsgesetzes galt die Zwischenberichtspflicht für Emittenten des Amtlichen Marktes (§ 44b BörsG) nicht für den Geregelten Markt (vgl. § 76 BörsG a.F.). Nach der Neufassung des § 72 BörsG durch das 3. Finanzmarktförderungsgesetz kann die Börsenordnung nunmehr für einen Teilbereich verbindlich anordnen, daß der Emittent von Aktien oder Aktien vertretenden Zertifika-

---

314 *Baumbach/Hopt*, HGB, § 44a BörsG Rn 1.
315 *Schwark*, ZGR 1976, 294; *Wiedemann*, BB 1975, 1591, 1593.
316 *Kübler*, Gesellschaftsrecht, 5. Aufl., 1998, § 31 II 2; *Wittich*, AG 1997, 1.
317 *Hopt*, WM 1985, 793, 801; *ders.*, ZGR 1980, 225, 242.

ten des Geregelten Marktes Zwischenberichte entsprechend § 44b Abs. 1 BörsG zu veröffentlichen hat. Die **Wertpapierbörsen** verfügen nunmehr über den erforderlichen Gestaltungsspielraum, um durch eine größere Transparenz die Attraktivität ihres zweiten öffentlich-rechtlich organisierten Marktsegmentes für die Anleger zu verbessern[318].

Die Ad-hoc-Publizität gilt dagegen gleichermaßen für den Amtlichen und den Geregelten Markt der inländischen Wertpapierbörsen und soll die unterschiedlich gestaltete Regelpublizität ergänzen. Sie soll als kapitalmarktrechtliche Informationspflicht verhindern, daß das Anlegerpublikum die Wertpapiere nicht zu die publizitätspflichtigen Sachverhalte unberücksichtigt lassenden Kursen zu teuer kauft oder zu billig verkauft und dadurch wesentliche Kursnachteile erleidet. 16.219

2. Ad-hoc-Publizität als insiderrechtliche Präventivmaßnahme

Die Bedeutung einer kurzfristigen Veröffentlichung kursrelevanter Sachverhalte für die Eindämmung verbotenen Insiderhandelns wird seit langem in der Insiderdiskussion betont[319]. Wie die langjährigen Erfahrungen in den USA gezeigt haben, ist eine vernünftig praktizierte und durchgesetzte Ad-hoc-Publizität das beste präventive Korrelat jeder Insidervorschrift[320]. Die Veröffentlichung einer Insidertatsache nimmt ihr die Rechtsqualität einer Insiderinformation und entzieht damit dem verbotenen Insiderhandel den Boden[321]. Denn wesentliche Voraussetzung eines Insiderverstoßes ist gerade, daß Insider bislang unveröffentlichte kursrelevante Tatsachen ausnutzen und hierdurch die für die Funktionsfähigkeit des Kapitalmarktes unverzichtbare Chancengleichheit aller Anleger verletzen. Der Gesetzgeber hat deshalb die Ad-hoc-Publizität auch als **Instrument zur Bekämpfung des Mißbrauchs von Insiderwissen** konzipiert[322]. 16.220

Die Bestimmungen für die Ad-hoc-Publizität sind deshalb aus dem Börsengesetz (§ 44a) herausgenommen und den insiderrechtlichen Bestimmungen des WpHG zugeordnet worden. Hierdurch wird verdeutlicht, daß 16.221

---
318 Begr. des RegE des 2. FFG, BT-Drucksache 605/97, S. 81, 82.
319 *Hopt*, ZHR 159 (1995), 135, 147.
320 *Hopt*, ZGR 1991, 17, 50; *Hopt/Will*, Europäisches Insiderrecht, 1973, S. 175.
321 Beschlußempfehlung und Bericht des Finanzausschusses des Deutschen Bundestages, BT-Drucksache 12/7918, 96; *Assmann*, ZGR 1994, 494, 528.
322 Begr. des RegE des 2. FFG, BT-Drucksache 12/6679, S. 48. Für eine stärkere Anpassung der Ad-hoc-Publizität an die Insiderhandelsvorschriften unter gleichzeitiger Modifikation des Befreiungstatbestandes (§ 15 Abs. 1 S. 2 WpHG) vgl. *Fürhoff*, Diss. Bayreuth, 1999.

16. Teil: Wertpapierhandelsgesetz

die Ad-hoc-Publizität auch für die Bekämpfung des Mißbrauchs von Insiderinformationen aktiviert werden sollte[323]. Mit Rücksicht auf diese Intentionen des Gesetzgebers kann sich die Auslegung des § 15 Abs. 1 WpHG nicht nur an der Funktion der Ad-hoc-Publizität als eine die kapitalmarktrechtliche Regelpublizität ergänzende Informationspflicht orientieren. Gleichgewichtig ist auch die Funktion der Ad-hoc-Publizität als insiderrechtliche Präventivmaßnahme zu berücksichtigen.

16.222 Im Interesse der **Effizienz dieser Präventivmaßnahmen** sind dem Bundesaufsichtsamt für den Wertpapierhandel zur Überwachung der Einhaltung der Ad-hoc-Publizität weitreichende Kontrollbefugnisse eingeräumt worden. So kann die neue Marktaufsichtsbehörde von den Emittenten Auskunft und die Vorlage von Unterlagen verlangen und die Geschäftsräume betreten (§ 15 Abs. 4 WpHG). **Widerspruch und Anfechtungsklage** haben keine aufschiebende Bedeutung. Angesichts der großen Bedeutung der Ad-hoc-Publizität für die Funktionsfähigkeit des inländischen Wertpapiermarktes muß es der staatlichen Marktaufsicht möglich sein, unklare Sachverhalte schnellstmöglich aufzuhellen[324].

II. Schutzzweck der Ad-hoc-Publizität

16.223 Der Normzweck des § 15 WpHG dient nach den Gesetzesmaterialien nicht dem Schutz der Individualinteressen der Anleger, sondern ausschließlich der **Sicherung der Funktionsfähigkeit des Kapitalmarktes** und damit nur dem Anlegerpublikum als Gesamtheit der potentiellen Anleger (Anlegerschaft)[325]. Die Ad-hoc-Publizität als **kapitalmarktrechtliche Informationspflicht** soll die Bildung unangemessener Börsenpreise infolge Informationsdefizite der Marktteilnehmer vermeiden helfen. Bis zur Publizierung der kursrelevanten Sachverhalte werden die am Kapitalmarkt getätigten Wertpapiergeschäfte zu nicht angemessenen Kursen abgeschlossen. Anleger wie Berufshandel kaufen deshalb die betreffenden Wertpapiere im Falle einer negativen Nachricht zu teuer oder verkaufen sie bei einer guten Nachricht zu billig. Die Ad-hoc-Publizität als kapitalmarktrechtliche Informationspflicht soll deswegen verhindern, daß sich infolge mangelhafter oder fehlender kursrelevanter Informationen inadäquate Marktpreise bilden[326].

---

323 Begr. des RegE des 2. FFG, BT-Drucksache 12/6679, S. 35, 48.
324 Beschlußempfehlung und Bericht des Finanzausschusses des Deutschen Bundestages BT-Drucksache 12/7918, S. 102.
325 Beschlußempfehlung und Bericht des Finanzausschusses des Deutschen Bundestages, BT-Drucksache 12/7918, S. 102.
326 Beschlußempfehlung und Bericht des Finanzausschusses des Deutschen Bundestages, BT-Drucksache 12/7918, S. 96, 102.

3. Abschnitt: Ad-hoc-Publizität (§ 15 Abs. 1 WpHG)

Soweit die Ad-hoc-Publizität als Präventivmaßnahme gegen Insiderverstöße konzipiert ist, soll durch die unverzügliche Veröffentlichung der Kreis der potentiellen Insider möglichst klein gehalten und der Zeitraum für das mißbräuchliche Ausnutzen von Insiderwissen weitestmöglich verkürzt werden. Die Ad-hoc-Publizität begrenzt also die Möglichkeiten zur Vornahme von Insidergeschäften[327].

16.224

Die Funktionsfähigkeit des Kapitalmarktes, wie sie auch durch die Ad-hoc-Publizität geschützt werden soll, ist nach den Gesetzesmaterialien ein Schutzgut, das „ausschließlich dem öffentlichen Interesse" dienen soll. Deshalb hat der die Ad-hoc-Publizität regelnde § 15 Abs. 1, Satz 1 WpHG keinen drittschützenden Charakter und kann schon deshalb kein Schutzgesetz im Sinne des § 823 Abs. 2 BGB sein, bei dessen pflichtwidriger Verletzung der geschädigte Anleger Schadensersatzansprüche gegen den Emittenten geltend machen könnte[328]. Würde dieser Norm Schutzgesetzcharakter zukommen, so hätte dies eine erforderlich werdende Sanierung der Emittenten gefährdet, die jedoch regelmäßig im Interesse des weitaus größten Teils der Anleger liegt. Denn es war zu befürchten, daß die Kreditwirtschaft einer in Not geratenen Gesellschaft keine neuen Kreditmittel zur Verfügung stellen wird, wenn diese Gelder nicht zur Sanierung der Unternehmen, sondern zur Befriedigung von Schadensersatzansprüchen wegen einer Verletzung der Publizitätspflicht verwendet werden, zumal kaum abzuschätzen wäre, in welchem Umfange Anleger solche Schadensersatzforderungen geltend machen werden[329].

16.225

Angesichts der Bedeutung der Frage des Bestehens von Schadensersatzansprüchen hat jedoch der Gesetzgeber eine klarstellende Regelung für geboten erachtet. Deshalb ist ausdrücklich klargestellt worden, daß der **Emittent** bei der Verletzung seiner Pflichten hinsichtlich der Ad-hoc-Publizität **nicht zum Ersatze des daraus entstehenden Schadens verpflichtet ist (§ 15 Abs. 6 S. 1 WpHG)**. Schadensersatzansprüche, die auf anderen Rechtsgrundlagen beruhen, bleiben hiervon unberührt (§ 15 Abs. 1 S. 2 WpHG)[330]. Verletzt deshalb ein Emittent die Pflicht zur Ad-hoc-Publizität und zugleich eine andere Rechtsvorschrift, die ein Schutzgesetz darstellt, etwa den Betrugstatbestand (§ 263 StGB i.V.m. § 823 Abs. 2 BGB), so sind

16.226

---

327 Beschlußempfehlung und Bericht des Finanzausschusses des Deutschen Bundestages, BT-Drucksache 12/7918, S. 93, 96.
328 Beschlußempfehlung und Bericht des Finanzausschusses des Deutschen Bundestages, BT-Drucksache 12/7918, S. 99.
329 Beschlußempfehlung und Bericht des Finanzausschusses des Deutschen Bundestages, BT-Drucksache 12/7918, S. 96.
330 *Kümpel* in Assmann/Schneider, WpHG, § 15 Rn 189.

16. Teil: Wertpapierhandelsgesetz

hieraus resultierende Schadensersatzansprüche nicht ausgeschlossen. Dasselbe gilt, wenn durch die unterlassene Ad-hoc-Publizität ein sonstiger zivilrechtlicher Haftungstatbestand, insbesondere der einer sittenwidrigen vorsätzlichen Schädigung (§ 826 BGB) verwirklicht wird. Der Haftungsausschluß in solchen Fällen wäre mit den Grundsätzen unserer Rechtsordnung nicht vereinbar und hätte eine sachlich nicht vertretbare Bevorzugung des Emittenten gegenüber anderen Unternehmen dargestellt[331].

16.227 Auch eine **Versäumnis des Bundesaufsichtsamtes für den Wertpapierhandel** bei der Überwachung der Einhaltung der Ad-hoc-Publizität stellt **keine** zum Schadensersatz verpflichtende **Amtspflichtverletzung** im Sinne des § 839 BGB dar, die eine Staatshaftung begründen könnte (Art. 34 GG). Das Bundesaufsichtsamt nimmt die ihm nach dem WpHG zugewiesenen Aufgaben und Befugnisse nur im öffentlichen Interesse wahr (§ 4 Abs. 2 WpHG), wie dies auch auf das Bundesaufsichtsamt für das Kreditwesen, die Börsenaufsichtsbehörde der Länder und auf die Aufsichtsbehörde im Sinne des Versicherungsaufsichtsgesetzes (VAG) zutrifft (§ 6 Abs. 3 KWG; § 1 Abs. 4 BörsG; § 81 Abs. 1 S. 3 VAG).

16.228 Auch wenn die gesetzliche Regelung der Ad-hoc-Publizität keine die Individualinteressen der Anleger schützende Norm darstellt, so bedeutet dies nicht, daß die Regelung überhaupt keine anlegerschützende Wirkung zu entfalten vermag. Wesentliche Funktion des börsenmäßig organisierten Marktes neben der staatlich kontrollierten Preisfeststellung ist es, Kapitalangebot und -nachfrage des Anlegerpublikums zusammenzuführen und möglichst effizient auszugleichen. Dieser Marktfunktion dient auch die Ad-hoc-Publizität als kapitalmarktrechtliche Informationspflicht und als insiderrechtliche Präventivmaßnahme. Die Ad-hoc-Publizität trägt deshalb mit ihrer vertrauensbildenden Wirkung zum Funktionieren des Marktes bei, der auf ein ausreichendes Angebots- und Nachfragepotential angewiesen ist. Hierzu ist das **Vertrauen des Anlegers in die Ordnungsmäßigkeit des Marktes unerläßlich.** Die Ad-hoc-Publizität schützt also im Sinne eines **Rechtsreflexes** auch das Individualinteresse der Anleger an einem integren und liquiden Markt, um dort Wertpapiere zu fairen Preisen kaufen und verkaufen zu können.

---

331 Beschlußempfehlung und Bericht des Finanzausschusses des Deutschen Bundestages, BT-Drucksache 12/7918, S. 102.

III. Kreis der publizitätspflichtigen Wertpapiere

Die von § 15 Abs. 1 WpHG erfaßten Wertpapiere sind nicht völlig deckungsgleich mit den Wertpapieren, auf die sich § 44 BörsG erstreckt. Entsprechend der Vorgaben des Art. 7 der EG-Insiderrichtlinie erstreckt sich die Ad-hoc-Publizität abweichend vom bisherigen § 44a BörsG auf **alle Arten von Wertpapieren, die zum Amtlichen und Geregelten Markt einer inländischen Börse zugelassen sind**[332].

16.229

1. Einbeziehung von Derivaten

Die gesetzliche Regelung der Ad-hoc-Publizität knüpft an den **Begriff der Wertpapiere** an, wie er in **§ 2 Abs. 1 WpHG** definiert worden ist. Die Veröffentlichungspflicht erstreckt sich deshalb auch auf die solche Wertpapiere betreffenden Derivate (vgl. § 15 Abs. 2 Nr. 2 WpHG). Hierzu gehören z.B. an der inländischen Terminbörse gehandelte unverbriefte Optionsrechte zum Erwerb oder zur Veräußerung von Aktien sowie Wertpapier-Indexoptionen oder Futures auf einen Wertpapierindex, wenn die publizitätspflichtigen Wertpapiere in dem Index berücksichtigt sind. Mit dieser Erfassung von Derivaten ist sichergestellt, daß auch die Deutsche Terminbörse rechtzeitig über kursrelevante Tatsachen informiert wird[333].

16.230

2. Ausklammerung der Freiverkehrswerte

Von der Ad-hoc-Publizität werden die im Freiverkehr der inländischen Börsen einbezogenen Wertpapiere nicht erfaßt. Die Emittenten solcher Wertpapiere sind regelmäßig nicht zur Übernahme der Ad-hoc-Publizität mit ihren weitreichenden Konsequenzen bereit. Hinzu kommt, daß die Einbeziehung in den Freiverkehr an einer inländischen Börse keiner Zustimmung der Emittenten bedarf und häufig nur im Interesse einer erleichterten Handelsmöglichkeit erfolgt. Im Interesse der internationalen Wettbewerbsfähigkeit der inländischen Kapitalmärkte sollte mit dieser Freistellung der Gefahr Rechnung getragen werden, daß der Freiverkehr „austrocknet", weil insbesondere die ausländischen Emittenten wegen der sie beschwerenden Ad-hoc-Publizität einem Handel ihrer Wertpapiere im Freiverkehr künftig widersprechen könnten[334].

16.231

---

332 Begr. des RegE des 2. FFG, BT-Drucksache 12/6679, S. 48; *Potthoff/Stuhlfauth*, WM 1997, Sonderbeil. Nr. 3, 7.
333 Beschlußempfehlung und Bericht des Finanzausschusses des Deutschen Bundestages BT-Drucksache 12/7918, S. 101.
334 Begr. des RegE des 2. FFG, BT-Drucksache 12/6679, S. 76.

16.232 Diese **Sonderbehandlung der Freiverkehrswerte** beschränkt sich freilich auf die Ad-hoc-Publizität. Auch bei diesen Wertpapieren handelt es sich um Insiderpapiere, auf die die insiderrechtlichen Bestimmungen (§§ 13 ff. WpHG) zur Anwendung kommen. Deshalb sind die Freiverkehrswerte ausdrücklich in der gesetzlichen Definition der Insiderpapiere erwähnt worden (§ 12 Abs. 1 WpHG).

16.233 Diese Ausklammerung der Freiverkehrswerte war möglich, weil die Regelung der Ad-hoc-Publizität in Art. 7 der EG-Insider-Richtlinie nur solche Wertpapiere erfaßt, die in einem Markt gehandelt und von einer staatlich anerkannten Stelle reglementiert werden[335]. Hieran fehlt es bei den Wertpapieren, die in den Freiverkehr an den Börsen einbezogen sind[336]. Dies ist durch die Neufassung des § 78 BörsG ausdrücklich klargestellt worden[337].

3. Einbeziehung des „Neuen Marktes"

16.234 Zu den publizitätspflichtigen Wertpapieren gehören auch die **Wertpapiere des sog. Neuen Marktes,** der am 10. 3. 1997 an der Frankfurter Wertpapierbörse für innovative und wachstumsorientierte Emittenten des In- und Auslandes eröffnet worden ist[338]. Aus der Sicht des Börsenorganisationsrechts ist der Neue Markt eine Handelsplattform des privatrechtlich organisierten Freiverkehrs als eines der drei Marktsegmente der Börse[339]. Eine börsenrechtliche Besonderheit dieses neuen Handelssegmentes des Freiverkehrs besteht darin, daß die Aufnahme der Notierung im Neuen Markt aus Gründen des Anlegerschutzes voraussetzt, daß die Wertpapiere das öffentlich-rechtliche Zulassungsverfahren zum Geregelten Markt durchlaufen haben, der neben dem Amtlichen Markt zu den beiden öffentlich-rechtlich organisierten Marktsegmenten der Börse gehört[340]. Auf diese Zulassung und nicht auf die sich anschließende Notierung stellt der gesetzliche Tatbestand des § 15 Abs. 1 S. 1 für seinen Anwendungsbereich ab. Das umfangreiche Regelwerk des Neuen Marktes (Pkt. II, 7.) weist auf die Anwendbarkeit des § 15 WpHG ausdrücklich hin. Hierbei handelt es sich aber nur um einen **deklaratorischen Hinweis**[341]. Mit Rücksicht auf das Verbot der Doppelnotierung in zweien der drei Marktseg-

---

335 Begr. des RegE des 2. FFG, BT-Drucksache 12/6679, S. 48.
336 *Caspari,* ZGR 1994, 530, 534.
337 Begr. des RegE des 2. FFG, BT-Drucksache 12/6679, S. 76.
338 *Potthoff/Stuhlfauth,* WM 1997, Sonderbeil. Nr. 3; Leitfaden S. 30.
339 Vgl. hierzu *Kümpel* in Kümpel/Ott, Handbuch des Kapitalmarktrechts, Kz 060, S. 73 ff.
340 *Kümpel* in Kümpel/Ott, Handbuch des Kapitalmarktrechts, Kz 060, S. 71 ff.
341 *Potthoff/Stuhlfauth,* WM 1997, Sonderbeil. Nr. 3, S. 7.

mente der Börse verzichtet der Emittent nach der Zulassung zum Geregelten Markt auf die Aufnahme der Notierung in diesem Marktsegment und beantragt vielmehr die Notierung im Neuen Markt. Der Emittent kann jedoch später auf die Notierung im Neuen Markt verzichten und sodann die Notierung im Geregelten Markt beantragen[342].

IV. Publizitätspflichtige Tatsachen

Die Konzeption des Gesetzgebers, die Ad-hoc-Publizität als kapitalmarktrechtliche Informationspflicht und zugleich als Präventivmaßnahme gegen Insiderhandel auszugestalten, bedeutet allerdings **nicht, daß jede emittentenbezogene Insidertatsache auch von der Ad-hoc-Publizität erfaßt wird**[343]. Es ist also zwischen einer schlichten und einer ad-hoc-publizitätspflichtigen (qualifizierten) Insidertatsache zu differenzieren. Das **Verbot von Insidergeschäften und das Ad-hoc-Publizitätsgebot unterscheiden sich** bei aller grundsätzlichen Zusammengehörigkeit wesentlich in einzelnen Tatbestandsmerkmalen[344]. Inhalt und Reichweite dieser Informationspflicht richten sich vielmehr allein nach dem gesetzlichen Tatbestand der Ad-hoc-Publizität und deren Funktion als einer Ergänzung der umfassenderen sonstigen kapitalmarktrechtlichen Informationspflichten im Sinne der Regelpublizität. Der Begriff der **publizitätspflichtigen Tatsache ist deshalb enger gefaßt als der Begriff der Insidertatsache**[345]. Die Emittenten sollen nicht gezwungen werden, selbst erarbeitete Wettbewerbsvorsprünge durch vorzeitige Bekanntgabe preiszugeben. Noch nicht abgeschlossene unternehmensinterne Entwicklungs-, Planungs- und Entscheidungsprozesse können bereits Insidertatsachen darstellen, aber noch nicht publizitätspflichtig sein, weil sie noch keine hinreichend abschätzbaren Auswirkungen auf die Vermögens- oder Finanzlage oder auf den allgemeinen Geschäftsverlauf des Emittenten haben[346].

16.235

Andererseits ist der Tatsachenbegriff, wie er in der Legaldefinition der Insidertatsache (§ 13 Abs. 1 WpHG) und im gesetzlichen Tatbestand der Ad-hoc-Publizität verwendet wird, eng verwandt[347]. Wie bei der Insidertat-

16.236

---

342 *Potthoff/Stuhlfauth*, WM 1997, Sonderbeil. Nr. 3, S. 4, 5.
343 *Benner-Heinacher*, DB 1995, 765, 766.
344 *Hopt*, ZHR 159 (1995), 135, 149.
345 *Pananis*, WM 1997, 460.
346 „Insiderhandelsverbote und Ad-hoc-Publizität nach dem Wertpapierhandelsgesetz", 2. Aufl., Hrsg. Bundesaufsichtsamt für den Wertpapierhandel und Deutsche Börse AG, S. 31.
347 *Caspari* in Baetge, Insiderrecht und Ad-hoc-Publizität, 1995, S. 67.

sache handelt es sich auch bei den ad hoc-publizitätspflichtigen Sachverhalten um konkrete Vorgänge, die sich in der Vergangenheit oder der Gegenwart ereignet haben. Auch dürfen diese Tatsachen noch nicht öffentlich bekannt sein (vgl. §§ 15 Abs. 1 S. 1 und 13 Abs. 1 WpHG). Wegen der Erläuterungen der für die Ad-hoc-Publizität und den Begriff der Insidertatsache gemeinsamen Tatbestandsmerkmale „nicht öffentlich bekannte Tatsachen" kann deshalb auf die diesbezüglichen Ausführungen zu den insiderrechtlichen Bestimmungen verwiesen werden (Rn 16.99 ff.).

16.237 Im übrigen erfordern der gesetzliche Tatbestand der Ad-hoc-Publizität wie auch die Legaldefinition der Insidertatsache, daß der **kurssensible Sachverhalt geeignet** ist, im Falle seines Bekanntwerdens den Börsenpreis der Wertpapiere erheblich zu beeinflussen. Bei der erforderlichen Konkretisierung dieses gesetzlichen Tatbestandsmerkmals kann daher auf die Legaldefinition der Insidertatsache zurückgegriffen werden, in welcher das Merkmal „Eignung zur erheblichen Kursbeeinflussung" dieselben Auslegungsprobleme aufwirft[348] – Rn 16.109 ff. Dieser Rückgriff ist um so mehr geboten, als die Ad-hoc-Publizität neben ihrer Hauptfunktion als kapitalmarktrechtliche Informationspflicht auch der Bekämpfung des mißbräuchlichen Ausnutzens von Insidertatsachen dienen soll.

16.238 Die gegenüber der Insidertatsache engeren Merkmale einer ad-hoc-publizitätspflichtigen Tatsache sind in § 15 Abs. 1 S. 1 WpHG umschrieben. Es handelt sich um bislang nicht öffentlich bekannte neue Tatsachen, die wegen ihrer Auswirkungen auf die Vermögens- und Finanzlage oder auf den allgemeinen Geschäftsverlauf des Emittenten geeignet sind, den Börsenpreis der ad-hoc-publizitätspflichtigen Wertpapiere erheblich zu beeinflussen.

1. Ausklammerung von Marktdaten

16.239 Für die Ad-hoc-Publizität ist es jedoch nicht schon ausreichend, daß der kurssensible Sachverhalt im Falle seines Bekanntwerdens den Kurs der Wertpapiere erheblich zu beeinflussen geeignet ist, wie es die Legaldefinition der Insidertatsache für das Vorliegen eines insiderrechtlichen Sachverhaltes genügen läßt.

16.240 **Erforderlich für eine publizitätspflichtige Tatsache** ist vielmehr, daß die Insidertatsache „in dem Tätigkeitsbereich des Emittenten" eingetreten ist (§ 15 Abs. 1 WpHG). Dabei ist es unerheblich, ob der in- oder ausländische Tätigkeitsbereich des Emittenten betroffen ist[349]. **Dem Tätigkeits-**

---

348 *Hopt*, ZHR 159 (1995), 135, 154.
349 *Fürhoff/Wölk*, WM 1997, 449, 451.

bereich des Emittenten sind auch solche kursrelevanten Tatsachen zuzuordnen, die bei einem mit ihm verbundenen Konzernunternehmen eingetreten sind und im Konzernabschluß oder -lagebericht (§ 290 HGB) zu berücksichtigen sind. Ohne Einordnung des Emittenten in den Konzernzusammenhang ist eine zutreffende Beurteilung seiner wirtschaftlichen Lage kaum möglich[350].

An den tatbestandsmäßigen Voraussetzungen der Ad-hoc-Publizität fehlt es dagegen bei den sog. Marktdaten, denen zwar ein insiderrechtlich relevantes Kurspotential innewohnt, die aber keine Beziehung zur unternehmerischen Sphäre des Emittenten haben, wie es die publizitätspflichtige Tatsache kennzeichnet, die daher eine qualifizierte Insidertatsache darstellt[351]. Um solche Marktdaten handelt es sich z.B., wenn ein anderes Unternehmen (sog. Bietergesellschaft) eine kurserhebliche Offerte zum Erwerb eines Aktienpaketes vertraulich abgegeben hat oder ein öffentliches Übernahmeangebot beabsichtigt[352]. Keine einhellige Meinung besteht dagegen für den Fall, daß es sich um ein Übernahmeangebot handelt, bei dem die Bietergesellschaft mit der Zielgesellschaft Gespräche geführt hat – sog. **friendly takeover**[353].

16.241

An dem Tatbestandsmerkmal „im Tätigkeitsbereich des Emittenten eingetreten" fehlt es auch in den Fällen, in denen z.B. Rating-Agenturen das Rating des Emittenten wegen dessen veränderter Bonität in kursrelevanter Höhe herauf- oder herabsetzen. Ein weiteres anschauliches Beispiel für eine solche rein marktbezogene Insidertatsache ist schließlich das bei einem Kreditinstitut vorliegende Ordervolumen aus dem Kommissionsgeschäft, dessen marktmäßige Ausführung einen erheblichen Kursausschlag erwarten läßt. Nutzt die Bank dieses marktbezogene Insiderwissen aus, indem sie im Wege des „front running" (vgl. § 32 Abs. 1 Nr. 3

16.242

---

350 *Fürhoff/Wölk*, WM 1997, 449, 451; *Kümpel* in Assmann/Schneider, WpHG, § 15 Rn 40.
351 *Caspari* in Baetge, Insiderrecht und Ad-hoc-Publizität, 1995, S. 65, 71; *Tippach*, WM 1993, 1269; *Kümpel* in Kümpel/Ott, Kapitalmarktrecht, Kz 065, 34.
352 *Hopt*, ZHR 159 (1995), 135, 153 Fn 75; *Fürhoff/Wölk*, WM 1997, 449, 452; *Happ/Semler*, ZGR 1/1998, S. 116, 140. Zum Übernahmekodex der Börsensachverständigenkommission vgl. *Assmann*, AG 1995, 563 ff.; *Thoma*, ZIP 1996, 1725 ff.; *Kallmeyer*, ZHR 161 (1997), 435 ff.; *Wirth/Weiler*, DB 1998, 117 ff. Zum neuen Vorschlag der EG-Kommission für eine 116. Richtlinie über Übernahmeangebote, DB 1996, 1121; *Roos*, WM 1996, 2177 ff. Vgl. weiter *Weber*, Vormitgliedschaftliche Treubindungen, Schriften des Instituts für Arbeits- und Wirtschaftsrecht der Universität zu Köln, Bd. 79, 1999.
353 *Kümpel* in Assmann/Schneider, WpHG, § 15 Rn 40a.

WpHG) solche Wertpapiere vor Ausführung der Kundenaufträge für eigene Rechnung kauft, so liegt hierin ein Insidergeschäft in Gestalt des verbotenen Ausnutzens einer Insidertatsache[354]. Dieses Ordervolumen als eine rein marktbezogene Insidertatsache kann jedoch nicht dem Tätigkeitsbereich des Emittenten zugerechnet werden. Bei diesem Sachverhalt handelt es sich also um eine wertpapierbezogene Insidertatsache, die vom gesetzlichen Tatbestand der Ad-hoc-Publizität nicht erfaßt wird.

2. Sonderregelung für Schuldverschreibungen

16.243 Für Schuldverschreibungen enthält § 15 Abs. 1 S. 1 letzter Halbsatz WpHG eine Sonderregelung. Danach sind auch solche Tatsachen zu veröffentlichen, welche „die Fähigkeit des Emittenten, seinen Verpflichtungen nachzukommen, beeinträchtigen können".

16.244 Die Frage einer **abgesicherten ordnungsgemäßen Erfüllung solcher Zahlungspflichten** ist nach anderen Kriterien zu beurteilen als die erforderliche Kursrelevanz von kurssensiblen Sachverhalten aus der Emittentensphäre. Hierbei kommen im übrigen nur negative Ereignisse im Unternehmensbereich der Emittenten in Betracht[355].

16.245 Angesichts dieser Sonderregelung für Schuldverschreibungen stellt sich deshalb die Frage, ob bei diesen Wertpapieren auch andere kursrelevante Sachverhalte als solche wesentlichen Bonitätsverschlechterungen unter die Ad-hoc-Publizität fallen, wie dies für die durch § 15 Abs. 1 S. 1 WpHG erfaßten Wertpapiere, insbesondere für Aktien gilt. Nach der EG-Börsenzulassungs-Richtlinie (Nr. 7) ist die Ad-hoc-Publizität bei Schuldverschreibungen im Unterschied zu den Aktien ausschließlich auf solche Bonitätsverschlechterungen beschränkt worden[356]. Damit stellt sich die Frage, ob der deutsche Gesetzgeber die Ad-hoc-Publizitätspflicht bei Schuldverschreibungen auch auf andere kursrelevante Sachverhalte erweitert hat.

16.246 Für eine **extensive Gesetzesinterpretation** sprechen schon die Gesetzesmaterialien. Dort heißt es, daß bei Schuldverschreibungen „auch" solche Tatsachen zu veröffentlichen sind, welche die Fähigkeit des Emittenten beeinträchtigen können, seinen Verpflichtungen nachzukommen[357]. Hin-

---

354 Bericht des Finanzausschusses des Deutschen Bundestages, BT-Drucksache 12/7918, S. 104.
355 *Schwark*, BörsG, § 44a Rn 7.
356 Abgedruckt ABlEG Nr. L/66/21 vom 16.16.1979.
357 Begr. des RegE des 2. FFG, BT-Drucksache 12/6679, S. 48.

zu kommt, daß auch bei Schuldverschreibungen positive Ereignisse im Unternehmensbereich des Emittenten eintreten können, die Insidergeschäfte ermöglichen, deren Unterbindung die Ad-hoc-Publizität dienen soll. So können sich beim Emittenten kursrelevante Tatsachen verwirklichen, die die Rückzahlung einer Anleihe wieder gewährleisten, deren Kurs wegen erheblicher Bonitätsverschlechterung auf einen Bruchteil des Nennwertes gesunken war. Nach einhelliger Meinung des Schrifttums gilt die **Ad-hoc-Publizität nicht nur für wesentliche Bonitätsverschlechterungen, sondern** nach Sinn und Zweck dieser Publizitätspflicht **auch für sonstige kursrelevante Sachverhalte im Sinne des § 15 Abs. 1 S. 1 WpHG**[358]. Einer solchen extensiven Auslegung dürfte auch nicht der verfassungsrechtlich geschützte Grundsatz „nulla poena sine lege" entgegenstehen[359].

V. Entstehungszeitpunkt der Veröffentlichungspflicht

Ein weiteres wesentliches Abgrenzungsmerkmal des engeren Begriffs der publizitätspflichtigen Insidertatsache von dem umfassenderen Begriff der schlichten Insidertatsache ist, daß kursrelevante unternehmerische Vorhaben oder Maßnahmen des Emittenten **ein bestimmtes Stadium erreicht haben müssen**, um den Börsenkurs wegen seiner „Auswirkungen auf die Vermögens- und Finanzlage oder auf den allgemeinen Geschäftsverlauf des Emittenten" erheblich beeinflussen zu können. Solche kursrelevanten unternehmensbezogenen Sachverhalte beruhen in den seltensten Fällen auf einem einzigen Ereignis wie z.B. dem Eintritt eines kursrelevanten Schadens durch ein Großfeuer oder der Aufdeckung von wesentlichen Bilanzfälschungen. Auch ein kursrelevanter Umsatzrückgang mit entsprechenden Verlusten an Marktanteilen tritt nicht zu einem bestimmten Zeitpunkt ein, sondern vollzieht sich **etappenweise über einen längeren Zeitraum**[360].

16.247

Viele betriebliche Vorhaben in der Unternehmenssphäre des Emittenten sind mehrstufigen Untersuchungen, Prüfungen und Entscheidungsprozessen unterworfen und müssen Entwicklungsstadien durchlaufen, bis sie sich zu publizitätspflichtigen Insidertatsachen herauskristallisieren. Häufig werden zu den hausinternen auch externe Untersuchungen und Prü-

16.248

---

358 *Hopt*, ZHR 159 (1995), 135, 156 Fn 90; *Hirte* in Hadding/Hopt/Schimansky, Das Zweite Finanzmarktförderungsgesetz in der praktischen Umsetzung, 1996, 47, 49; *Fürhoff/Wölk*, WM 1997, 449, 456.
359 *Kümpel* in Assmann/Schneider, WpHG, § 15, Rn 38.
360 *Wittich*, AG 1997, 1, 2; *Fürhoff/Wölk*, WM 1997, 449, 450.

fungen durch Wirtschaftsprüfer, Rechtsanwälte, börsenbegleitende Banken und Behörden hinzukommen.

16.249 So handelt es sich z.B. bei einem kurserheblichen Erwerb einer bedeutenden Beteiligung oder bei einem öffentlichen Übernahmeangebot an die Aktionäre einer größeren Gesellschaft um Vorhaben, bei deren Planung und endgültiger Realisierung eine Vielzahl von Unternehmensabteilungen und hausinterne Gremien sowie externe Dritte über einen längeren Zeitraum hinweg beteiligt sein können. Hier kann das Vorhaben häufig schon vor seiner endgültigen Realisierung ein Stadium erreicht haben, in dem nicht nur eine Insidertatsache vorliegt, sondern es wegen der Auswirkungen auf die Vermögens-, Ertrags- und Finanzlage oder auf den allgemeinen Geschäftsverlauf ein Kursbeeinflussungspotential entwickelt haben kann, das eine Ad-hoc-Meldung gemäß § 15 Abs. 1 WpHG gebietet.

16.250 Für eine solche zeitliche Vorverlagerung der Ad-hoc-Publizität kommt es nach dem Schrifttum entscheidend auf den **Grad der Wahrscheinlichkeit der Realisierung des Vorhabens** an[361]. Diese Realisierungswahrscheinlichkeit hängt häufig von den gesetzlich vorgeschriebenen Beschlüssen des Vorstandes und des Aufsichtsrates ab.

1. Erfordernis eines Zustimmungsbeschlusses des Aufsichtsrates des Emittenten

16.251 Solche kursrelevanten unternehmensinternen Entscheidungen, die eine Ad-hoc-Publizität schon vor der Realisierung des Vorhabens erfordern können, stellen vor allem die gesetzlich vorgeschriebenen Beschlüsse der Gesellschaftsorgane in Gestalt des Vorstandes und des Aufsichtsrates dar. Ein anschauliches Beispiel für den zu fordernden Realisierungsgrad des kursrelevanten Sachverhaltes bieten bestimmte Fallkonstellationen, in denen bereits der Vorstand einen Beschluß gefaßt hat, die erforderliche Zustimmung des Aufsichtsrates aber noch nicht erteilt ist.

a) Ausnutzung genehmigten Kapitals

16.252 Ein praktisch bedeutsames Beispiel bietet der Beschluß des Vorstandes zur Ausnutzung des genehmigten Kapitals, wenn die erforderliche Zustimmung des Aufsichtsrates zwar zu erwarten ist, aber noch aussteht. Denn nach den maßgeblichen aktienrechtlichen Bestimmungen ist der ausstehende Zustimmungsbeschluß des Aufsichtsrates als hierfür verantwortliches Gesellschaftsorgan unverzichtbar. Ohne diesen Beschluß kann

---

361 *Kümpel*, WM 1996, 653, 654.

sich die Kapitalerhöhung auf die Vermögens- und Finanzlage nicht auswirken, wie es der gesetzliche Tatbestand der Ad-hoc-Publizität erfordert. Bei solchen **zustimmungspflichtigen Sachverhalten** liegt deshalb nach *Hopt*[362] eine publizitätspflichtige Tatsache grundsätzlich erst vor, wenn der Aufsichtsrat seine Zustimmung beschlossen hat. Dagegen wird die Entscheidung des Vorstandes über die Ausnutzung des genehmigten Kapitals regelmäßig eine Insidertatsache darstellen, weil der Kapitalmarkt eine solche Kapitalerhöhung im Regelfall schon nach dieser Entscheidung als eine „beschlossene Sache" ansieht.

Der Schutzzweck der Ad-hoc-Publizität und das aktiengesetzliche Erfordernis der Zustimmung des Aufsichtsrates stehen offensichtlich in einem Spannungsverhältnis. Nach dem vom Bundesaufsichtsamt für den Wertpapierhandel und der Deutsche Börse AG herausgegebenen Leitfaden **„Insiderhandelsverbot und Ad-hoc-Publizität nach dem WpHG – Leitfaden –"**[363], gilt als Regel, daß die Ad-hoc-Publizität erst mit dem Zustimmungsbeschluß des Aufsichtsrates entsteht. Ausnahmsweise könne schon vor dieser Zustimmung zu publizieren sein, wenn zum Zeitpunkt der Beschlußfassung durch den Vorstand kein eigener Ermessensspielraum des Aufsichtsrates mehr gegeben ist, etwa weil nur die außerordentlichen Erträge aus dem Verkauf einer Tochtergesellschaft den akut drohenden Insolvenzantrag verhindern und den Fortbestand des Emittenten sichern können. Für die Praxis empfiehlt es sich, den zeitlichen Abstand zwischen den Entscheidungen der einzelnen Entscheidungsträger, insbesondere zwischen Vorstandsbeschluß und Zustimmung des Aufsichtsrates, weitestmöglich zu verkürzen. In Zweifelsfällen sollte mit dem Bundesaufsichtsamt für den Wertpapierhandel über die Vorgehensweise abgestimmt werden.

16.253

Das Schrifttum bezweifelt, ob der Konflikt zwischen den aktienrechtlichen Bestimmungen und dem Schutzzweck der Ad-hoc-Publizität einseitig zugunsten des Gesellschaftsrechts gelöst werden kann[364]. Nach dem

16.254

---

362 ZHR 159 (1995), 135, 152; vgl. weiter *Burgard*, ZHR 162 (1998), 51, 83; *Cahn*, ZHR 162 (1998), 1, 22, 25.

363 S. 32 In diesem Sinne auch das Schreiben des Bundesaufsichtsamtes für den Wertpapierhandel vom 28.6.1999 für einen zustimmungsbedürftigen Beschluß des Vorstandes zum Rückkauf von Aktien gemäß § 71 Abs. 1 S. 1 Nr. 8 AktG (abgedruckt in *Kümpel/Ott*, Kapitalmarktrecht); vgl. weiter *Schäfer*, WM 1999, 1345, 1349.

364 *Pananis*, WM 1997, 460, 463; *Burgard*, ZHR 1962 (1998), 51, 57; *Hirte* in Hadding/Hopt/Schimansky, Das Zweite Finanzmarktförderungsgesetz in der praktischen Umsetzung, Bankrechtstag 1995, Schriftenreihe der Bankrechtlichen Vereinigung, Bd. 7, S. 91.

überwiegenden Schrifttum kommt bereits der das kursrelevante Vorhaben billigenden Entscheidung des Vorstandes des Emittenten eine gegenüber dem noch ausstehenden Aufsichtsratsbeschluß überragende Bedeutung zu. Ein solcher Vorstandsbeschluß stellt im Regelfall bereits eine publizitätspflichtige Tatsache dar, wenn für die Umsetzung der geplanten Maßnahme eine ausreichende Wahrscheinlichkeit spricht. Bei einem solchen Realisierungsgrad habe sich der unternehmensinterne Entscheidungsprozeß soweit konkretisiert, daß das dadurch erhöhte Risiko von Insiderverstößen eine unverzügliche Veröffentlichung erfordere[365]. Eine Vorstandsentscheidung löst auch nach *Caspari* regelmäßig die Ad-hoc-Publizität aus, weil es hierfür ausreiche, daß der zu beurteilende Sachverhalt ein bestimmtes Stadium erreicht hat, in dem die Möglichkeit seines Eintritts in eine hohe Wahrscheinlichkeit des Eintritts umschlägt[366].

16.255 Für den „Tatsachen"begriff der Ad-hoc-Publizität, wie er insbesondere bei Vorhaben mit mehrstufigen Entscheidungsprozessen im Rahmen der Gesetzesanwendung problematisch werden kann, ist also der Wahrscheinlichkeitsgrad der künftigen Auswirkungen auf die Vermögens- oder Finanzlage oder auf den allgemeinen Geschäftsverlauf des Emittenten begriffswesentlich. Denn hierauf muß das nach § 15 Abs. 1 S. 1 WpHG **erforderliche Kursbeeinflussungspotential eines bestimmten Stadiums des Vorhabens,** etwa eines Vorstandsbeschlusses, beruhen. Dagegen sind die einzelnen Prozeßstadien stets Tatsachen im Sinne des allgemeinen Sprachgebrauchs. Auch solche einzelnen Stadien der Umsetzung eines mehrstufigen Vorhabens sind „geschehen" im Sinne des umgangssprachlichen Tatsachenbegriffs als etwas bereits „Eingetretenes". So stellt insbesondere ein Vorstandsbeschluß ein Faktum dar[367]. Der Wahrscheinlichkeitsgrad seiner Umsetzung begründet sodann die erforderliche Eignung zur erheblichen Kursbeeinflussung[368]. Letztlich kommt es also auf die Kursrelevanz eines bestimmten Stadiums des Vorhabens an[369].

16.256 Für eine zeitliche Vorverlagerung der Ad-hoc-Publizität bei Vorhaben mit mehrstufigen Entscheidungsprozessen ist somit entscheidend der Grad der Wahrscheinlichkeit der Realisierung und damit der künftigen Auswirkungen auf die Vermögens- oder Finanzlage oder auf den allgemeinen Geschäftsverlauf des Emittenten. Dabei erstreckt sich das **Spektrum die-**

---

365 *Kiem/Kotthoff*, DB 1999, 2002, 2003; vgl. auch *Schander/Lucas*, DB 1997, 2109, 2110.
366 In *Baetge*, Insiderrecht und Ad-hoc-Publizität, 1995, S. 65, 77; ähnlich *Wittich*, AG 1997, 1, 3.
367 *Pananis*, WM 1997, 460, 462.
368 *Schander/Lucas*, DB 1997, 2109, 2110.
369 Zu den Einzelheiten vgl. *Kümpel* in Assmann/Schneider, WpHG, § 15 Rn 50a.

ses erforderlichen **Wahrscheinlichkeitsgrades** von einer an Sicherheit grenzenden Wahrscheinlichkeit[370] über eine „hohe" Wahrscheinlichkeit[371] und „ganz überwiegende" Wahrscheinlichkeit[372] bis hin zur „überwiegenden" Wahrscheinlichkeit[373].

Dabei kommt es für die Bewertung der Realisierungswahrscheinlichkeit eines vom Vorstand beschlossenen Vorhabens primär auf die **Wertungen der Marktteilnehmer** an. Kursbewegungen werden vor allem durch die Einschätzung der kurssensiblen Sachverhalte durch den „Markt" ausgelöst. Diese Einschätzungen der Marktteilnehmer müssen deshalb auch für die Beurteilung des Wahrscheinlichkeitsgrades der Umsetzung eines auf Vorstandsebene beschlossenen Vorhabens oder Maßnahme gebührend berücksichtigt werden. So könnten nach *Fürhoff/Wölk* die Kapitalmarktteilnehmer beispielsweise grundsätzlich davon ausgehen, daß bei einer vom Vorstand verabschiedeten Aufstellung des Jahresabschlusses schon vor seiner Billigung durch den Aufsichtsrat „Auswirkungen auf die Vermögens- oder Finanzlage im Sinne des § 15 Abs. 1 S. 1 WpHG mit überwiegender Wahrscheinlichkeit gegeben sind"[374].

16.257

In besonders gelagerten Sachverhalten wird es aber nicht allein auf die Einschätzung der Marktteilnehmer ankommen können, ob ein bestimmtes Stadium eines mehrstufigen Entscheidungsprozesses wie etwa die Aufstellung des Jahresabschlusses bereits zur Ad-hoc-Publizität verpflichtet. Denn letztlich kann **nur aus der Sicht der konkreten unternehmerischen Situation** des Emittenten zuverlässig beurteilt werden, ob die endgültige Realisierung eines kursrelevanten Vorhabens schon einen solchen Wahrscheinlichkeitsgrad erreicht hat, daß sich dieses Vorhaben auf die Vermögens- und Finanzlage oder den allgemeinen Geschäftsverlauf auswirken kann[375].

16.258

b) Veröffentlichungszeitpunkt für kursrelevante Ergebnisabweichungen des Jahresabschlusses

Sehr umstritten ist die Frage, in welchem Zeitpunkt eine **kursrelevante Ergebnisabweichung des Jahresabschlusses** als publizitätspflichtige Tatsa-

16.259

---

370 *Kümpel* in Kümpel/Ott, Kapitalmarktrecht, Kz 065, S. 68.
371 *Caspari* in Baetge, Insiderrecht und Ad-hoc-Publizität, 1995, 77.
372 *Pananis*, WM 1997, 460, 464.
373 *Fürhoff/Wölk*, WM 1997, 449, 453; a.A. *Burgard*, ZHR 162 (1998), 51, 68; *Cahn*, ZHR 162 (1998), S. 1, 26; *Happ/Semler*, ZGR 1998, 116, 130.
374 WM 1997, 449, 464.
375 *Kiem/Kotthoff*, DB 1995, 1999, 2003, 2004; *Pananis*, WM 1997, 460, 464; vgl. weiter *Wölk*, AG 1997, 73, 78.

che eingetreten ist. Die Feststellung des Jahresabschlusses, die für die nach § 15 Abs. 1 S. 1 WpHG notwendige Auswirkung auf die Vermögens- oder Finanzlage unverzichtbar ist, bedarf nach § 172 AktG auch der Billigung des Abschlusses durch den Aufsichtsrat. Diese Mitwirkungserfordernis entfällt dagegen bei der Konzernrechnungslegung. Nach einer Verlautbarung des Bundesaufsichtsamtes für den Wertpapierhandel ist dieses kursrelevante Ergebnis „spätestens mit der Aufstellung des Jahresabschlusses durch den Vorstand eingetreten"[376].

16.260 Auch nach dem vom Bundesaufsichtsamt für den Wertpapierhandel und der Deutsche Börse AG herausgegebenen Leitfaden zu den Insiderhandelsverboten und der Ad-hoc-Publizität[377] sind ad-hoc-publizitätspflichtige Tatsachen in einem Jahresabschluß spätestens zu veröffentlichen, sobald der Vorstand den Jahresabschluß aufgestellt hat. Ein solcher Sachverhalt werde regelmäßig vorliegen, wenn das wirtschaftliche Gesamtergebnis des abgelaufenen Geschäftsjahres von dem Vorjahr und von den bisherigen Prognosen der Geschäftsleitung in erheblichem Umfang abweicht. Der Aufsichtsrat könne das wirtschaftliche Gesamtergebnis des abgelaufenen Geschäftsjahres nicht ändern, sondern lediglich die bilanzielle Darstellung beeinflussen. Sollte(n) der Abschlußprüfer und/oder der Aufsichtsrat bei der Prüfung des Jahresabschlusses schwerwiegende Mängel feststellen, so seien die sodann erforderlichen Korrekturen als neue Tatsachen zu werten[378].

16.261 Im Einzelfall kann es aber durchaus an dem erforderlichen Wahrscheinlichkeitsgrad für die erwartete Zustimmung des Aufsichtsrats fehlen mit der Folge, daß die kursrelevante Ergebnisabweichung als publizitätspflichtige Tatsache noch nicht eingetreten ist[379]. So kann der Aufsichtsrat angesichts einer sich rapide verschlechternden Konjunktur darauf beharren, daß von dem Gewinn weniger in die Rücklage gestellt, sondern mehr für die Risikovorsorge getan wird[380].

16.262 Ein **Abwarten mit der Veröffentlichung** der kursrelevanten Ergebnisabweichung bis zur Entscheidung des Aufsichtsrates dürfte allerdings nur in besonders gelagerten Sachverhalten zulässig sein. Hierbei wird es vor allem darauf ankommen, ob dem Emittenten Alternativen für andere Bilanzierungsmaßnahmen offenstehen und zudem der Vorstand hinsichtlich der Billigung des aufgestellten Jahresab-

---

376 Bekanntmachung des Bundesaufsichtsamtes vom 9. 7. 1996 in *Kümpel/Ott*, Kapitalmarktrecht, Kz 615/3; vgl. weiter Wittich, AG 1997, 1, 3.
377 S. 33.
378 *Fürhoff/Wölk*, WM 1997, 449, 454.
379 *Kümpel*, AG 1997, 66, 70.
380 *Kümpel* in Kümpel/Ott, Kapitalmarktrecht, Kz 615/3, S. 5.

schlusses durch den Aufsichtsrat selbst unsicher ist. Der Emittent hat im übrigen nachvollziehbar und überprüfbar darzulegen, daß er im konkreten Fall nicht von der für die Ad-hoc-Publizität erforderlichen Wahrscheinlichkeit dieser Zustimmung ausgegangen ist.

Nach einem Teil des Schrifttums kann dagegen die kapitalmarktrechtliche Pflicht zur Ad-hoc-Publizität nicht die gesellschaftsrechtliche Entscheidungsfreiheit des Aufsichtsrates einschränken, der ein gegenüber dem Vorstand gleichberechtigtes Mitwirkungs- und Mitentscheidungsorgan der Emittenten ist[381]. Der Aufsichtsrat könne die vom Vorstand vorgesehenen Wertberichtigungen und Rückstellungen verwerfen und eine andere Aufteilung des Jahresüberschusses auf Bilanzgewinn und Rücklagenzuführung für geboten halten. Die **Pflicht zur Veröffentlichung** einer kursrelevanten Ergebnisabweichung **setze deshalb eine Billigung des Jahresabschlusses durch den Aufsichtsrat voraus**[382]. 16.263

2. „Einzel"tatsachen als ad-hoc-publizitätspflichtige Sachverhalte

Problematisch erweist sich der Tatsachenbegriff des § 15 Abs. 1 S. 1 WpHG auch bei der Frage, ob die Ad-hoc-Publizität nur an einem bestimmten abgrenzbaren Sachverhalt oder ob und bejahendenfalls inwieweit auch das Ergebnis der Summierung von Verlusten oder Erträgen aus verschiedenen Geschäftsbereichen die Veröffentlichungspflicht auslöst. So kann es sich im Rahmen der Regelpublizität, etwa eines obligatorischen Zwischenberichtes (§ 44b BörsG), ergeben, einen kursrelevanten „Ertragseinbruch" oder „Ertragssprung" auszuweisen, der nicht nur eine Ursache hat, sondern aus einer Vielzahl von Quellen herrührt, wobei keine der verschiedenen Verlust- und Ertragsquellen einzeln betrachtet zu einer erheblichen Kursbeeinflussung geeignet ist, wie es der gesetzliche Tatbestand der Ad-hoc-Publizität erfordert. Hier kommt es darauf an, ob für die Ad-hoc-Publizität lediglich der einzelne abgrenzbare Sachverhalt („Einzel"tatsache) maßgeblich ist oder aber auch auf die „Summierung" der einzelnen Verluste oder Erträge aus den verschiedenen Geschäftsvorfällen abgestellt werden kann. 16.264

Nach den Gesetzesmaterialien zum 2. Finanzmarktförderungsgesetz dürfte die Ad-hoc-Publizitätspflicht auf (kursrelevante) „Einzel"tatsachen abstellen. Denn bei der Auslegung der gesetzlichen Tatbestandsmerkmale „Vermögens- oder Finanzlage" ist auf die einschlägigen handelsrechtli- 16.265

---
381 *Happ/Semler*, ZGR 1998, 116, 126; vgl. weiter *Cahn*, ZHR 162 (1998), 1, 25; *Burgard*, ZHR 162 (1998), 1, 78.
382 *Happ/Semler*, ZGR 1998, 116, 134; *Cahn*, ZHR 162 (1998), 1, 24, 25.

chen Bilanzierungsvorschriften zurückzugreifen (§ 264 HGB). Der Veröffentlichungspflicht unterliegen deshalb grundsätzlich nur Tatsachen, die nach den Grundsätzen ordnungsgemäßer Buchführung einen „Buchungsvorgang" für den handelsrechtlichen Jahresabschluß verursachen[383]. „Verbucht" wird aber nicht der „Ertragseinbruch" oder „Ertragssprung", sondern die ihn verursachenden zugrundeliegenden einzelnen Geschäftsvorfälle. Es fehlt deshalb z.B. bei einer kontinuierlichen Verschlechterung der Ergebnisentwicklung regelmäßig an einer neuen Tatsache, wie es der Gesetzeswortlaut des § 15 Abs. 1, Satz 1 WpHG erfordert[384]. Dagegen liegt eine publizitätspflichtige Insidertatsache bei einem akuten Ergebniseinbruch vor, der z.B. durch ein bestimmtes unternehmensexternes Ereignis verursacht oder ohne ein solches Ereignis durch unternehmensinterne Kontrollmaßnahmen aufgedeckt wird[385]. Die Ad-hoc-Publizität dürfte deshalb regelmäßig nur solche Einzeltatsachen erfassen, deren kursrelevante Brisanz zudem häufig aus einer kurzfristigen Entwicklung folgen wird[386].

16.266 Haben die eingetretenen Verluste zwar vielfältige Ursachen, wird aber mit ihrer Summierung ein neuer eigenständiger Sachverhalt realisiert, so ist eine andere Beurteilung geboten. Anschauliche Beispiele hierfür bieten die insolvenzrechtliche Zahlungsunfähigkeit (§§ 17, 18, 19 InsO) und der Verlust der Hälfte des Grundkapitals (§ 92 Abs. 1 AktG)[387]. Bei diesen kursrelevanten Sachverhalten handelt es sich um „Einzel"tatsachen im Sinne der Ad-hoc-Publizität. Denn der Gesetzgeber behandelt die Zahlungsunfähigkeit und den Verlust der Hälfte des Grundkapitals, wie die insolvenz- und aktienrechtliche Regelung zeigen, als gesondert regelungsbedürftige Sachverhalte und damit als „Einzel"tatsachen, selbst wenn beide Sachverhalte wie im Regelfall auf einer Vielzahl von Verlustquellen und sonstigen Umständen beruhen. Diese gesetzliche Regelung deckt sich im übrigen mit der Betrachtungsweise der Marktteilnehmer bei der kursmäßigen Bewertung der betroffenen Aktien.

---

383 Beschlußempfehlung und Bericht des Finanzausschusses des Deutschen Bundestages, BT-Drucksache 12/7918, S. 96.
384 Vgl. hierzu *Hopt*, ZHR 159 (1995), 135, 153; *Kümpel* in Assmann/Schneider, WpHG, § 15 Rn 53 b.
385 *Hopt*, ZHR 159 (1995), 135, 153.
386 *Heidmeier*, AG 1992, 110, 113.
387 Vgl. hierzu *Burgard*, ZHR 162 (1998), 1, 74; *Wolf*, Rechtsanwendungsprobleme des neuen Insiderstraftatbestandes mit Vergleichen zu US-amerikanischen und Schweizer Lösungsansätzen, Diss., Konstanz, 1998 in Konstanzer Schriften zur Rechtswissenschaft, Bd. 143, 1999, S. 56.

Beide kursrelevanten Sachverhalte erfüllen deshalb den Tatsachenbegriff 16.267
des gesetzlichen Tatbestandes der Ad-hoc-Publizität. Eine solche Bewertung ist um so mehr geboten, als die Ad-hoc-Publizität nicht nur eine
kapitalmarktrechtliche Informationspflicht begründet, sondern als **insiderrechtliche Präventivmaßnahme** auch der Unterbindung des Insiderhandels dienen soll. Aus der Sicht des Kapitalmarktes sind aber Zahlungsunfähigkeit und Verlust der Hälfte des Grundkapitals insiderrechtlich
relevante „Einzel"tatsachen.

Dasselbe dürfte für den Fall zu gelten haben, daß die Summierung der 16.268
Verluste zu einem Geschäftsergebnis führt, das in kursrelevanter Weise
vom Ergebnis des entsprechenden Zeitraumes des Vorjahres abweicht.
Solche Geschäftsergebnisse sind mit den Vergleichszahlen für das Vorjahr
im obligatorischen Zwischenbericht zu veröffentlichen (§ 54 BörsZulVO).
Gesetzgeber wie Marktteilnehmer behandeln also auch diese Geschäfts-
(Zwischen-)Ergebnisse als kursrelevante „Einzel"tatsachen. **Erhebliche
Ergebnisabweichungen** sind deshalb unverzüglich nach ihrer Feststellung
durch den Vorstand und damit erforderlichenfalls noch vor der Veröffentlichung des Zwischenberichtes bekanntzugeben[388].

Dagegen erfüllt z.B. ein „**Ertragseinbruch**" grundsätzlich noch nicht die 16.269
begrifflichen Voraussetzungen einer „**Einzel"tatsache** im Sinne der Ad-
hoc-Publizität. So kann ein „Ertragseinbruch" in mehreren Unternehmensbereichen durch Erträge aus anderen Bereichen neutralisiert werden.
Eine solche Kompensation kann auch durch Abstandnahme oder Verschieben großvolumiger Investitionen oder sonstige drastische Kostensenkungen zumindest in einer Größenordnung erreicht werden, daß das
im obligatorischen Zwischenbericht auszuweisende Ergebnis keine kursrelevante Abweichung zum entsprechenden Zeitraum des Vorjahres ergibt.

3. Berücksichtigung möglicher Gegenmaßnahmen

Bei den sich über einen gewissen Zeitraum erstreckenden Geschäftsvorgängen ist also jeweils anhand der gesetzlichen Vorgaben zu entscheiden, 16.270
in welchem Stadium einer Insidertatsache auch die Rechtsqualität einer
publizitätspflichtigen Tatsache zuzumessen ist. Nach den Gesetzesmaterialien zum 2. Finanzmarktförderungsgesetz[389] stellen Ereignisse, deren
Konsequenzen noch nicht feststehen, weil die Wirksamkeit noch durch

---

[388] Bekanntmachung des Bundesaufsichtsamtes für den Wertpapierhandel vom 9. 7. 1996 in *Kümpel/Ott*, Kapitalmarktrecht, Kz 615/3.
[389] Begr. des RegE des 2. FFG, BT-Drucksache 12/6679, S. 48.

andere Umstände aufgehoben werden kann oder noch wirksame Gegenmaßnahmen möglich sind, keine Tatsachen dar, die Auswirkungen auf die Vermögens-, Finanz- und Ertragslage oder den allgemeinen Geschäftsverlauf haben, wie es der gesetzliche Tatbestand (§ 15 Abs. 1 S. 1 WpHG) fordert. Die **Ad-hoc-Publizität soll nicht dazu führen,** daß Unternehmen gezwungen werden, selbst erarbeitete Wettbewerbsvorsprünge der Konkurrenz preiszugeben oder für alle Entwicklungen im Unternehmen um eine Befreiung von der Veröffentlichungspflicht beim Bundesaufsichtsamt für den Wertpapierhandel nachzusuchen.

16.271 Planungen, Konzepte, Strategien und vorbereitende Maßnahmen fallen deshalb selbst dann nicht unter den Tatsachenbegriff, wenn sie bereits beschlossen sind[390]. Ihre **Auswirkungen** müssen entweder definitiven Charakter haben oder sich soweit manifestieren, daß sie ohne weitere Bedingungen alsbald zum Tragen kommen[391].

16.272 Ein anschauliches Beispiel für das Bewertungskriterium „mögliche Gegenmaßnahmen" bietet die drohende Insolvenz als eine publizitätspflichtige Insidertatsache. Hier ist z.B. an eine kurz bevorstehende Zahlungsunfähigkeit zu denken, wenn mit einem finanzstarken Investor verhandelt wird und eine realistische Chance für den rechtzeitigen Eintritt als Großaktionär mit der Bereitstellung der für die Zahlungsfähigkeit erforderlichen Finanzierungsmittel besteht.

16.273 Eine solche **Gegenmaßnahme zur Abwendung einer drohenden Insolvenz** könnte auch in der kurzfristigen Einberufung der hauptsächlichen Gläubiger erblickt werden, um einem realistisch erscheinenden Sanierungskonzept zuzustimmen. Ob solche erfolgversprechenden „Gegenmaßnahmen" die Pflicht zur Ad-hoc-Publizität entfallen lassen, hängt davon ab, ob solche insolvenzvermeidenden Maßnahmen kurzfristig durchführbar sind. Weitere Voraussetzung ist, daß der Emittent die Realisierung der Gegenmaßnahmen ausreichend muß beeinflussen können. Der Begriff „Gegenmaßnahmen" ist also eng auszulegen. Deshalb müssen sie in einem engen Zusammenhang mit der kursrelevanten Tatsache stehen[392].

---

390 *Heidmeier,* AG 1992, 110, 111; *Wittich,* AG 1997, 1, 2; vgl. weiter *Fürhoff/Wölk,* WM 1997, 449, 451 ff.; *Hopt,* ZHR 159 (1995), 135, 152.
391 *Heidmeier,* AG 1992, 110, 111; vgl. weiter *Kümpel* in Assmann/Schneider, WpHG, § 15 Rn 51 ff.
392 *Wittich,* AG 1997, 1, 2.

4. Vermeidung einer Irreführung des Publikums

Bei der Prüfung, ob ein mehrstufiges Vorhaben oder eine bestimmte Entwicklung ein publizitätspflichtiges Stadium erreicht haben könnte, darf schließlich nicht unberücksichtigt bleiben, daß mit Rücksicht auf die Funktion der Ad-hoc-Publizität eine Irreführung des Anlegerpublikums durch eine zu frühzeitige Veröffentlichung eines Sachverhaltes weitestmöglich vermieden werden muß. Dies gilt z.B. für den Fall, daß mehrere insiderrechtliche Sachverhalte eng miteinander verknüpft sind, aber nur einer davon schon eingetreten ist, während sich die restlichen Sachverhalte erst in Kürze zu Insidertatsachen verdichten könnten, dann aber z.B. zum Verlust der Hälfte des Grundkapitals führen und damit eine neue publizitätspflichtige Insidertatsache schaffen würden. Ein solcher Fall ist etwa dann gegeben, wenn das Geschäftsergebnis einen kursrelevanten Verlust zeigt, der aber noch nicht den Verlust der Hälfte des Grundkapitals herbeiführt. Dieser nach § 92 AktG anzeigepflichtige Sachverhalt wäre jedoch gegeben, wenn sich die Verluste aus einem innerhalb weniger Tage beabsichtigten, aber noch nicht sicheren Verkauf eines wesentlichen Unternehmensbereichs und den dadurch erforderlichen bilanziellen Veränderungen realisieren würden.

16.274

Bei einer solchen Fallkonstellation stünde die isolierte Vorausveröffentlichung des insiderrechtlich relevanten Geschäftsverlustes im offensichtlichen Widerspruch zu dem Informationszweck der Ad-hoc-Publizität. Als kapitalmarktrechtliche Informationspflicht soll die Ad-hoc-Publizität dem Anlegerpublikum einen verläßlichen Einblick in die Vermögens- und Ertragslage des Emittenten vermitteln[393] und nicht kontraproduktiv sein[394]. Die veröffentlichten Tatsachen dürfen also nicht geeignet sein, das Anlegerpublikum bei der Bewertung der finanziellen und wirtschaftlichen Situation des Emittenten irrezuführen[395]. Müßte jedoch der Geschäftsverlust einige Tage im voraus veröffentlicht werden, während die Verluste aus dem beabsichtigten Verkauf des Unternehmensbereichs und die daraus resultierenden bilanziellen Neubewertungen noch ungewiß und daher erst später zu publizieren sind, so könnte das Anlegerpublikum den falschen Schluß ziehen, daß nach dem vorab veröffentlichten Ertragseinbruch – zumindest in absehbarer Zukunft – keine insiderrechtlich relevanten Verluste mehr zu erwarten sind. Bei einer späteren Veröffentlichung der Verluste aus dem Verkauf und den erforderlichen Bilanzmaßnahmen könnte sich deshalb der Emittent dem Vorwurf ausgesetzt sehen,

16.275

---
393 *Hopt*, WM 1985, 793, 801; *ders.*, ZGR 1980, 225, 242.
394 *Hopt*, WM 1985, 793, 801; vgl. auch *Pananis*, WM 1997, 460, 464.
395 *Happ/Semler*, ZGR 1998, 116, 123, 141; *Cahn*, ZHR 162 (1998), 1, 25.

daß durch die vorgezogene Veröffentlichung des Geschäftsverlustes eine Täuschung oder zumindest Irreführung bewirkt worden sei.

5. Ad-hoc-Veröffentlichung wegen insiderrechtlichen Weitergabeverbots

16.276 Fehlt einem Sachverhalt der für die Ad-hoc-Publizität erforderliche Realisierungsgrad, so kann gleichwohl schon eine Insidertatsache vorliegen. In solchen Ausnahmesituationen könnte sich eine unverzügliche Veröffentlichung auch einer solchen noch nicht publizitätspflichtigen Insidertatsache empfehlen, wenn die gebotene vertrauliche Behandlung angesichts des Personenkreises der hierüber informierten Insider nicht gewährleistet erscheint. Hierdurch kann die Insiderproblematik entschärft werden[396]. Denn beim Absehen von einer sofortigen Veröffentlichung kann gegen das insiderrechtliche Weitergabeverbot (§ 14 Abs. 1 Nr. 2 WpHG) verstoßen werden. Hiernach ist es auch **untersagt,** einem anderen eine **Insidertatsache „zugänglich zu machen".** Dafür genügt schon ein Unterlassen **(passives Weitergabeverbot).** Für die Verwirklichung der insiderrechtlichen Verbotstatbestände als Straftatbestände ist bereits bedingter Vorsatz (dolus eventualis) ausreichend[397].

16.277 Auch bei einer solchen insiderrechtlich veranlaßten vorzeitigen Veröffentlichung sind die Mitteilungspflichten analog § 15 Abs. 2 WpHG zu erfüllen, wie sie die Emittenten auch hätten erfüllen müssen, wenn die Veröffentlichung erst zu einem späteren Zeitpunkt erforderlich gewesen wäre, nachdem sich der bekanntzugebende Sachverhalt zu einer publizitätspflichtigen Insidertatsache entwickelt hätte[398]. Denn die mit diesen gesetzlichen Mitteilungspflichten verfolgten Regelungszwecke kommen auch bei einer solchen vorzeitigen Bekanntgabe zum Tragen, die nicht durch die Pflicht zur Ad-hoc-Publizität, sondern durch das insiderrechtliche Weitergabeverbot veranlaßt worden ist[399].

---

396 *Hopt,* ZGR 1997, 1, 23; *Fürhoff/Wölk,* WM 1997, 449, 457; *Burgard,* ZHR 162 (1998), 51, 80; *Happ/Semler,* ZGR 1998, 116, 128, 132.
397 Wenn sich aus dem Gesetz nichts anderes ergibt, reicht jede Form des Vorsatzes aus, *Tröndle/Fischer,* Strafgesetzbuch, 49. Aufl., 1999, § 15 Rn 5.
398 *Fürhoff/Wölk,* WM 1997, 449, 457; *Hopt,* ZGR 1997, 1, 23; *Götz,* DB 1995, 1949, 1953.
399 Vgl. hierzu *Kümpel* in Assmann/Schneider, WpHG, Rn 57.

VI. Erforderliche Auswirkung auf Vermögens- oder Finanzlage oder auf allgemeinen Geschäftsverlauf

Die **Kursrelevanz eines Sachverhaltes,** der zu einer Ad-hoc-Meldung verpflichtet, muß aus seinen „Auswirkungen auf die Vermögens- oder Finanzlage oder auf den allgemeinen Geschäftsverlauf des Emittenten" resultieren. Ergibt sich diese Kursrelevanz aus anderen Ursachen, so entfällt die Pflicht zur Veröffentlichung. Beispiele aus der Praxis sind bei Anleiheemissionen vorzeitige Sonderkündigungen oder Auslosungen sowie ein freiwilliges Rückkaufsangebot der Emittenten, wenn die Schuldverschreibungen mit einem hohen Nominalzinssatz wegen eines niedrigen Kapitalmarktzinssatzes deutlich über pari an der Börse notiert werden. Hier verändert sich der Börsenpreis nicht infolge der „Auswirkungen auf die Vermögens- oder Finanzlage" des Emittenten, sondern allein wegen der bevorstehenden Rückzahlung bzw. des Rückkaufs zum Nennwert[400]. In solchen Fällen kann es sich aber wegen des Kursbeeinflussungspotentials um Insidertatsachen handeln, so daß sich zur Vermeidung eines Verstoßes gegen das insiderrechtliche Weitergabeverbot eine vorsorgliche Veröffentlichung nach § 15 WpHG empfehlen könnte.

16.278

Wie auch die Verknüpfung der Kursrelevanz mit den Auswirkungen auf die Vermögens- oder Finanzlage oder auf den allgemeinen Geschäftsverlauf zeigt, verwendet der gesetzliche Tatbestand der Ad-hoc-Publizität stark auslegungsbedürftige Rechtsbegriffe, die aber im Hinblick auf die Umschreibung der zu veröffentlichenden Tatsachen kaum hätten vermieden werden können[401]. Nach den Gesetzesmaterialien kann bei der Auslegung der Begriffe „Vermögens- oder Finanzlage sowie des allgemeinen Geschäftsverlaufs" auf die aus dem Bilanzrecht bekannten Vorschriften zurückgegriffen werden. Die Vorschrift des § 15 Abs. 1 WpHG sei deshalb tatbestandlich hinreichend bestimmt[402].

16.279

1. Anwendung handelsrechtlicher Vorschriften und Grundsätze

Für diesen Rückgriff kommt vor allem § 264 Abs. 2 S. 1 HGB in Betracht, wonach der Jahresabschluß ein den tatsächlichen Verhältnissen entsprechendes Bild der Vermögens-, Finanz- und Ertragslage vermitteln muß.

16.280

---

400 *Fürhoff/Wölk,* WM 1997, 449, 456.
401 *Assmann,* AG 1994, 237, 251.
402 Beschlußempfehlung und Bericht des Finanzausschusses des Deutschen Bundestages, BT-Drucksache 12/7918, S. 96; vgl. weiter *Hopt,* ZHR 159 (1995), 135, 150; *Pellens/Fülbier,* DB 1994, 1381, 1384.

16.281 Der Gesetzeswortlaut erwähnt zwar als Tatbestandsmerkmal nur die Vermögens- und Finanzlage. Mit Rücksicht auf den Normzweck bestand aber schon zu dem durch § 15 Abs. 1 WpHG ersetzten § 44a BörsG Einvernehmen, daß auch auf die Auswirkungen auf die Ertragslage abzustellen ist[403]. Der Ausdruck Ertragslage wird im übrigen im § 264 Abs. 2, S. 1 HGB erwähnt, an dem sich die Auslegung des § 15 Abs. 1 S. 1 WpHG u.a. orientieren soll.

16.282 Als weitere Orientierung könne nach den Gesetzesmaterialien § 289 Abs. 1 HGB dienen[404]. Danach hat der den Jahresabschluß ergänzende Lagebericht den Geschäftsverlauf und die Lage der Gesellschaft so darzustellen, daß ein den tatsächlichen Verhältnissen entsprechendes Bild entsteht.

16.283 Nach den Gesetzesmaterialien kann auch auf die Grundsätze, die im Rahmen der §§ 264 Abs. 1, 289 Abs. 1 HGB entwickelt worden sind, bei der Auslegung des § 15 Abs. 1 WpHG zurückgegriffen werden. Der Ad-hoc-Publizität unterliegen deshalb Tatsachen, die nach den Grundsätzen ordnungsgemäßer Buchführung einen Buchungsvorgang für den handelsrechtlichen Jahresabschluß verursachen, soweit es sich um Tatsachen mit insiderrechtlich relevantem Kursbeeinflussungspotential handelt[405].

2. Zeitliche Vorverlagerung der Ad-hoc-Publizität

16.284 Das Gebot der Ad-hoc-Publizität setzt aber nicht voraus, daß die Insidertatsache schon Eingang in das Zahlenwerk der Emittenten gefunden hat. Denn die kursbeeinflussende Bewertung des Emittenten durch die Marktteilnehmer berücksichtigt auch solche Tatsachen, die sich erst **künftig auf die vermögensmäßige, finanzielle und geschäftliche Situation des Emittenten auswirken können**[406]. Der gesetzliche Tatbestand der Ad-hoc-Publizität ist also in starkem Maße durch prospektive Elemente geprägt[407], wie dies auch für das Tatbestandsmerkmal „Eignung zur erheblichen Kursbeeinflussung" gilt, bei dem die Prüfung ebenfalls auf eine solche vorausschauende Weise zu erfolgen hat[408].

16.285 So werden z.B. bei der Anmeldung eines kursrelevanten Patentes die hieraus resultierenden Umsatzsteigerungen erst in künftigen Geschäftsjahren eintreten

---

403 *Pellens*, AG 1991, 62, 64.
404 Beschlußempfehlung und Bericht des Finanzausschusses des Deutschen Bundestages, BT-Drucksache 12/7918, S. 96.
405 Beschlußempfehlung und Bericht des Finanzausschusses des Deutschen Bundestages, BT-Drucksache 12/7918, S. 96.
406 Leitfaden des Bundesaufsichtsamtes für den Wertpapierhandel und der Deutsche Börse AG, 2. Aufl., S. 36.
407 *Fürhoff/Wölk*, WM 1997, 449, 453.
408 *Schander/Lucas*, DB 1997, 2109, 2110.

und sich erst zu diesem Zeitpunkt in Geschäftsvorfällen manifestieren können, die dann zu entsprechenden Buchungen in der Bilanz und der Gewinn- und Verlustrechnung des Emittenten führen. Unabhängig davon verändern sich jedoch die Erwartungen der Marktteilnehmer hinsichtlich der künftigen Ausschüttungen, wenn ernsthaft mit künftig höheren Erträgen aus der Nutzung des Patentes gerechnet wird[409]. Diese veränderte Bewertung führt zu entsprechenden Kurssteigerungen schon bei Bekanntwerden der Patentanmeldung, ohne daß die künftigen positiven Auswirkungen auf die Vermögens- und Finanzlage oder auf den allgemeinen Geschäftsverlauf in diesem Zeitpunkt bereits definitiv feststehen.

Für eine zeitliche Vorverlagerung der Ad-hoc-Publizität kommt es nach dem Schrifttum entscheidend auf den **Grad der Wahrscheinlichkeit dieser Auswirkungen** auf die künftige vermögensmäßige, finanzielle oder geschäftliche Situation des Emittenten an. Das Spektrum dieses erforderlichen Wahrscheinlichkeitsgrades erstreckt sich von einer an Sicherheit grenzenden Wahrscheinlichkeit über eine „hohe" Wahrscheinlichkeit bis hin zur „überwiegenden" Wahrscheinlichkeit[410].

16.286

3. Differenzierung bei den Angaben des Lageberichtes

Soweit es sich um Tatsachen im Sinne der Lageberichte handelt, genügt es für die Anwendbarkeit der Publizitätspflicht nicht schon, daß sich der betreffende Sachverhalt für den Lagebericht eignet oder darin üblicherweise erwähnt wird. Beim Lagebericht ist zwischen den Pflichtangaben und den freiwilligen Angaben zu unterscheiden[411]. Der Ad-hoc-Publizitätspflicht sind aber nach den Gesetzesmaterialien nur die Pflichtangaben unterworfen[412].

16.287

a) Publizitätspflichtige „Vorgänge von besonderer Bedeutung"

Zu diesen Pflichtangaben gehört, daß der Geschäftsverlauf und die Lage der Gesellschaft so dargestellt werden, daß ein den tatsächlichen Verhältnissen entsprechendes Bild vermittelt wird (§ 289 Abs. 1 HGB). Der Lagebericht soll im übrigen auch auf „Vorgänge von besonderer Bedeutung" eingehen, die nach dem Schluß des Geschäftsjahres eingetreten sind (§ 289 Abs. 2 Nr. 1 HGB).

16.288

---

409 *Moxter*, FS Goerdeler, 1987, S. 361, 371.
410 Vgl. hierzu *Kümpel* in Assmann/Schneider, WpHG, § 15 Rn 57 b.
411 *Adler/Düring/Schmaltz*, Rechnungslegung und Prüfung der Unternehmen, 6. Aufl., 1995, § 289 HGB Rn 17.
412 Beschlußempfehlung und Bericht des Finanzausschusses des Deutschen Bundestages BT-Drucksache 12/7918, S. 96.

16.289 Diese Regelung entspricht der früheren aktienrechtlichen Regelung, wonach ein Geschäftsbericht aufzustellen war (§ 148 AktG 1965)[413]. In diesem Geschäftsbericht waren wie beim Lagebericht „der Geschäftsverlauf und die Lage der Gesellschaft" darzulegen und über „Vorgänge von besonderer Bedeutung" zu berichten, die nach dem Schluß eines Geschäftsjahres eingetreten waren (§ 160 Abs. 1 AktG 1965).

16.290 Mit dem vorgeschriebenen Bericht über die nach dem Bilanzstichtag eingetretenen „Vorgänge von besonderer Bedeutung" sollen die Bilanzadressaten unterrichtet werden und die Geschäftsleitung Rechenschaft über den weiteren Geschäftsablauf ablegen, um damit die Grundlage für die Entscheidung der Hauptversammlung, insbesondere über die Gewinnverwendung und die Entlastung der Gesellschaftsorgane zu schaffen[414].

16.291 Auch nach dem aktienrechtlichen Schrifttum zum Inhalt des insoweit vergleichbaren Geschäftsberichts war Maßstab für die Berichtspflicht, ob der betreffende Sachverhalt wesentlichen Einfluß auf die Stimmrechtsausübung in der Hauptversammlung haben kann[415].

16.292 Soweit in der Emittentensphäre eingetretene Tatsachen diese Anforderungen als angabepflichtige „Vorgänge von besonderer Bedeutung" erfüllen, würden sie nach den Gesetzesmaterialien zu § 15 Abs. 1 WpHG der Ad-hoc-Publizität unterworfen sein, wenn ihnen im Einzelfall ein erhebliches Kursbeeinflussungspotential im insiderrechtlichen Sinne beizumessen ist[416].

b) Freiwillige Angaben des Lageberichtes

16.293 Zu den freiwilligen Angaben im Lagebericht, die der Ad-hoc-Publizität nicht unterworfen sind, gehören alle zusätzlichen Informationen, die in diesen Bericht nicht aufgenommen zu werden brauchen. Hierzu rechnen insbesondere solche Sachverhalte, die der **informativen Selbstdarstellung der Gesellschaft dienen.** So können nach dem Schrifttum gesellschafts-

---

413 *Heymann/Jung*, HGB, 1989, § 289 Rn 1; *Adler/Düring/Schmaltz*, Rechnungslegung und Prüfung der Unternehmen, 6. Aufl., 1995, § 289 HGB Rn 2; *Clemm/Ellrott*, Beck'scher Bilanz-Kommentar, 2. Aufl., 1990, § 289 Rn 30; *Küting/Weber/Lück*, Handbuch der Rechnungslegung, 1986, § 289 Rn 20.

414 *Adler/Düring/Schmaltz*, Rechnungslegung und Prüfung der Unternehmen, 6. Aufl., 1995, § 289 HGB Rn 109 m.w.Nachw.; *Clemm/Ellrott*, Beck'scher Bilanz-Kommentar, 2. Aufl., 1990, § 289 Rn 30.

415 *Geßler/Hefermehl/Kropff*, AktG, 1. Aufl., Rn 12 ff. § 160; Kölner Komm. zum AktG/*Claussen*, § 160 1. Aufl., Rn 9; Großkomm. AktG § 160, *Mellerowicz*, 3. Aufl., Anm. 7.

416 Wegen angabepflichtiger Vorgänge von besonderer Bedeutung vgl. *Kümpel* in Assmann/Schneider, WpHG, § 15 Rn 66.

spezifisch interessante Angaben zu den Aktien, etwa zu deren Wertentwicklung gemacht werden[417]. Ein insoweit vergleichbarer Sachverhalt ist die Umwandlung vinkulierter Namens- in Inhaberaktien. Eine solche Veränderung der wertpapiermäßigen Ausstattung der Aktien kann durchaus geeignet sein, im Falle ihres Bekanntwerdens den Kurs erheblich zu beeinflussen. Sodann läge eine Insidertatsache vor, die jedoch von der Pflicht zur Veröffentlichung im Sinne der Ad-hoc-Publizität nicht erfaßt würde, weil der Lagebericht diesen Sachverhalt nicht zu erwähnen braucht.

4. Bedürfnis der Praxis nach Beurteilungsmaßstäben

Angesichts der unvermeidbaren Intransparenz des gesetzlichen Tatbestandes der Ad-hoc-Publizität bedarf die Praxis einer Orientierungshilfe für die Gesetzesanwendung. Hierzu hat die Deutsche Börse AG in Zusammenarbeit mit Spitzenverbänden der deutschen Wirtschaft im Jahre 1994 eine Publikation mit dem Titel „Insiderhandelsverbote und Ad-hoc-Publizität nach dem WpHG" zur Verfügung gestellt[418]. Die Publikation enthält Erläuterungen und Empfehlungen zur Behandlung publizitätspflichtiger Tatsachen und praxisnahe Beispiele, die geeignet sein können, im Falle ihres Bekanntwerdens den Kurs des betreffenden Wertpapiers erheblich zu beeinflussen. Im Jahre 1998 ist eine überarbeitete zweite Auflage dieser Publikation erschienen, die gemeinschaftlich vom Bundesaufsichtsamt für den Wertpapierhandel und der Deutsche Börse AG herausgegeben worden ist.

16.294

Die Aussagekraft dieses **Kataloges typischer Fallbeispiele** muß zwangsläufig beschränkt bleiben. Denn bei der Beurteilung eines konkreten Sachverhaltes auf seine publizitätspflichtige und insiderrechtliche Relevanz sind nach den Gesetzesmaterialien stets die Umstände des Einzelfalles zu berücksichtigen[419]. Die aufgeführten Beispiele können daher nur als Empfehlung an die Emittenten verstanden werden, bei Vorliegen der genannten Sachverhalte zu prüfen, ob unter Berücksichtigung der konkreten Verhältnisse eine zu veröffentlichende Tatsache gegeben ist. Die Beispiele sind also nicht dahingehend zu verstehen, daß bei ihrem Vorliegen automatisch die Eignung zur erheblichen Kursbeeinflussung besteht. Vielmehr kommt es auch bei diesen Tatbeständen stets auf die Umstände

16.295

---

417 *Adler/Düring/Schmaltz*, Rechnungslegung und Prüfung der Unternehmen, 6. Aufl., 1995, § 289 HGB Rn 102.
418 Abgedruckt in WM 1994, 2038 ff.
419 Begr. des RegE des 2. FFG, BT-Drucksache 12/6679, S. 47; vgl. weiter wegen praktischer Beispiele *Schwark*, BörsG, § 44a Rz 6.

des Einzelfalles an. So scheidet eine erhebliche Kursrelevanz aus, wenn eines der genannten Beispiele in der konkreten Situation ohne besondere Bedeutung für das Gesamtunternehmen ist wie z.B. bei einer (aufnehmenden) Fusion des Emittenten mit einer verhältnismäßig unbedeutenden anderen Gesellschaft. Auch ist zu beachten, daß die kursrelevante Beurteilung des einzelnen Unternehmens von Faktoren wie insbesondere der Größe und Struktur des Unternehmens, Branche und der Wettbewerbssituation wesentlich bestimmt wird.

16.296 Die in der vorerwähnten Publikation erwähnten Beispiele sind im übrigen nicht abschließend. Aufgrund der stets maßgeblichen konkreten Umstände können von der Ad-hoc-Publizität auch Sachverhalte erfaßt sein, die in diesem Katalog der nachfolgenden Beispiele nicht enthalten sind:

(1) Veränderungen der Vermögens- und Finanzlage
– Veräußerung satzungsmäßiger Kernbereiche
– Verschmelzungsverträge
– Eingliederungen, Ausgliederungen, Umwandlungen, Spaltungen sowie andere wesentliche Strukturmaßnahmen
– Beherrschungs- und/oder Gewinnabführungsverträge
– Erwerb oder Veräußerung von wesentlichen Beteiligungen
– Übernahme- und Abfindungs-/Kaufangebote
– Kapitalmaßnahmen einschließlich Kapitalberichtigungen
– wesentliche Änderung der Ergebnisse der Jahresabschlüsse oder Zwischenberichte gegenüber früheren Ergebnissen oder Marktprognosen
– Änderung des Dividendensatzes, bevorstehende Zahlungseinstellung/ Überschuldung, Verlustanzeige nach § 92 AktG
– Erhebliche außerordentliche Aufwendungen (z.B. nach Großschäden oder Aufdecken krimineller Machenschaften) oder erhebliche außerordentliche Erträge

(2) Veränderungen im allgemeinen Geschäftsverlauf
– Rückzug aus oder Aufnahme von neuen Kerngeschäftsfeldern
– Abschluß, Änderung oder Kündigung besonders bedeutender Vertragsverhältnisse (einschließlich Kooperationsabkommen)
– Bedeutende Erfindungen, Erteilung bedeutender Patente und Gewährung wichtiger (aktiver/passiver) Lizenzen
– Maßgebliche Produkthaftungs- oder Umweltschadensfälle
– Rechtsstreitigkeiten und Kartellverfahren von besonderer Bedeutung
– Veränderungen in Schlüsselpositionen des Unternehmens.

VII. Befreiung von der Ad-hoc-Publizität

Das Bundesaufsichtsamt für den Wertpapierhandel kann den Emittenten auf Antrag von der Veröffentlichung einer publizitätspflichtigen Tatsache befreien, wenn die **Ad-hoc-Publizität geeignet ist, „den berechtigten Interessen des Emittenten zu schaden" (§ 15 Abs. 1 S. 2 WpHG)**. Bei einer unverzüglichen Antragstellung kann der Emittent mit der Veröffentlichung so lange warten, bis das Bundesaufsichtsamt für den Wertpapierhandel seinen Antrag abgelehnt hat[420]. Der Antrag darf aber nicht rechtsmißbräuchlich sein[421]. Nach zivilrechtlichen Grundsätzen ist die Ausnutzung einer formalen Rechtsstellung mißbräuchlich, wenn ihr kein schutzwürdiges Eigeninteresse zugrunde liegt[422]. Wird die Befreiung abgelehnt, hat die Veröffentlichung unverzüglich zu erfolgen[423]. Die Publizitätspflicht wird durch den Befreiungsantrag also nur vorübergehend aufgeschoben und nicht aufgehoben (Suspension)[424].

16.297

1. Interessenabwägung durch die Aufsichtsbehörde

Das Bundesaufsichtsamt für den Wertpapierhandel hat bei seiner Entscheidung über den Befreiungsantrag eine Bewertung der Umstände des Einzelfalles vorzunehmen.

16.298

Für die Befreiung ist es nicht schon ausreichend, daß die Interessen des Emittenten durch eine unverzügliche Veröffentlichung geschädigt werden könnten. Der Gesetzeswortlaut erfordert vielmehr, daß es sich um **„berechtigte" Interessen** handelt. Diese wesentliche Einschränkung des Antragsrechts des Emittenten entspricht der hierdurch umgesetzten Regelung der EG-Börsenzulassungs-Richtlinie vom 5. 3. 1979, 79/279 EWG[425]. Sie ist aber auch durch das berechtigte Interesse des Anlegerpublikums und des Berufshandels an einer unverzüglichen Publizierung geboten. Solange der Emittent von der Veröffentlichung des publizitätspflichtigen Sachverhaltes befreit ist, werden die im Markt getätigten Geschäfte infolge des Informationsdefizites der Marktteilnehmer auf einem diesem kurs-

16.299

---

420 *Hopt*, ZHR 159 (1995), 135, 158.
421 Begr. des RegE des 2. FFG, BT-Drucksache 12/6679, S. 49; *Hopt*, ZHR 159 (1995), 135, 157; *Fürhoff/Wölk*, WM 1997, 449, 457.
422 *Palandt/Heinrichs*, § 242 Rz 50.
423 Begr. des RegE des 2. FFG, BT-Drucksache 12/6679, S. 49.
424 Zum Begriff der Suspension bei nur vorübergehendem Außer-Kraft-Treten einer Rechtsnorm vgl. *Wolff/Bachof/Stober*, Verwaltungsrecht I, 10. Aufl., 1994, § 27 Rz 3.
425 Begr. des RegE des 2. FFG, BT-Drucksache 12/6679, S. 49.

relevanten Sachverhalt nicht angemessenen Kursniveau abgeschlossen. Anleger wie Berufshandel kaufen deshalb die betreffenden Wertpapiere im Falle einer negativen Nachricht zu teuer oder verkaufen sie bei einer guten Nachricht zu billig. Die Ad-hoc-Publizität als kapitalmarktrechtliche Informationspflicht soll aber gerade verhindern, daß sich infolge mangelhafter oder fehlender kursrelevanter Informationen inadäquate Marktpreise bilden[426]. Eine Befreiung von der Ad-hoc-Publizität kann deshalb nur Ausnahmecharakter haben und muß auf kurze Zeit befristet sein[427].

16.300 Ein **berechtigtes Interesse des Emittenten,** das eine Befreiung von der Veröffentlichungspflicht rechtfertigt, kann deshalb grundsätzlich nur bejaht werden, wenn das Interesse des Emittenten an der vorübergehenden Geheimhaltung der Insidertatsachen schutzwürdiger erscheint. Die dem Emittenten durch die Ad-hoc-Publizität drohenden Nachteile müssen deshalb schwerwiegender als das Informationsinteresse der schutzbedürftigen Marktteilnehmer und Anleger sein[428]. Das **Bundesaufsichtsamt für den Wertpapierhandel** hat also eine **Interessenabwägung** vorzunehmen[429].

16.301 Ein berechtigtes Emittenteninteresse wird z.B. regelmäßig zu bejahen sein, wenn Sanierungspläne für eine drohende Zahlungsunfähigkeit durch eine vorzeitige Ad-hoc-Publizität gefährdet erscheinen, etwa weil erfahrungsgemäß mit Kreditkündigungen der Banken und Vollstreckungsmaßnahmen sonstiger Gläubiger zu rechnen ist. Hier besteht ein berechtigtes Interesse der Gesellschaft sowie der Mitarbeiter, der Gläubiger und der Aktionäre, Sanierungsmöglichkeiten ohne sofortige Bekanntgabe der drohenden Zahlungsunfähigkeit sondieren zu können, wenn sich die Hausbank oder die hauptsächlichen Kreditgeber in dieser Sondierungsphase zur Prüfung der Erfolgsaussichten einer Unternehmenssanierung bereit finden. Zu denken ist aber auch an erhebliche Wettbewerbsnachteile bei sofortiger Veröffentlichung oder unverhältnismäßigen Kostensteigerungen für den Emittenten, etwa die Veröffentlichung der Entdeckung einer Rohstoffquelle, wenn die zum Abbau notwendigen Grundstücke noch zu erwerben sind[430].

---

426 Beschlußempfehlung und Bericht des Finanzausschusses des Deutschen Bundestages, BT-Drucksache 12/7918, S. 96, 102.
427 *Wittich,* AG 1997, 1, 4; *Wölk,* AG 1997, 73, 79.
428 *Schwark,* BörsG, § 44a Rz 9.
429 *Hopt,* ZHR 159 (1995), 135, 157; wegen der Einzelheiten vgl. *Kümpel* in Assmann/Schneider, WpHG, § 18, Rn 80, 81.
430 *Schwark,* BörsG, § 44a Rz 9.

2. Kein Informationsanspruch der Börsengeschäftsführung

Der Emittent braucht bei einer Befreiung von der Ad-hoc-Publizität den zugrundeliegenden Sachverhalt der Börsengeschäftsführung auch nicht vertraulich bekanntzugeben. Nach dem Wortlaut des § 15 Abs. 2 S. 1 WpHG sind der Börsengeschäftsführung und dem Bundesaufsichtsamt für den Wertpapierhandel nur solche kursrelevanten Tatsachen mitzuteilen, die nach dem Absatz 1 des § 15 WpHG zu veröffentlichen sind. Von einer solchen Veröffentlichung kann abgesehen werden, wenn der Emittent von der Ad-hoc-Publizität gemäß § 15 Abs. 1 S. 2 WpHG befreit worden ist. Obliegt deshalb dem Emittenten infolge dieser Befreiung keine Veröffentlichungspflicht, so trifft ihn nach § 15 Abs. 2 S. 1 WpHG auch keine Mitteilungspflicht an die Börsengeschäftsführung[431].

16.302

Erlangt die **Börsengeschäftsführung zufällig Kenntnis von der Befreiung**, so darf sie dies nicht zum Anlaß für eine vorübergehende Kursaussetzung im Sinne des § 43 BörsG nehmen. Ohne eine solche Befreiung von der Ad-hoc-Publizität wäre eine solche Unterbrechung des Börsenhandels geboten, weil die zugrundeliegende kursrelevante Tatsache den professionellen Marktteilnehmern noch nicht bekannt wäre. In diesen Fällen ist ein ordnungsgemäßer Börsenhandel zeitweilig gefährdet; denn das Kursniveau hat sich nicht der ad-hoc-publizitätspflichtigen Tatsache anpassen können[432]. Von dieser Aussetzungsbefugnis darf die Börsengeschäftsführung aber bei einer Befreiung des Emittenten regelmäßig keinen Gebrauch machen, weil der damit bezweckte Schutz des Geheimhaltungsinteresses des Emittenten konterkariert würde.

16.303

3. Veröffentlichung trotz Befreiung bei Verdacht auf Insiderverstöße

Auch nach Befreiung von der Ad-hoc-Publizität kann sich ein **Bedürfnis für eine unverzügliche Veröffentlichung** ergeben. Dies gilt vor allem für die Fälle, in denen nach der Befreiung ausreichend konkrete Verdachtsmomente für verbotenes Insiderhandeln, insbesondere auffällige Kursausschläge eintreten.

16.304

Die Ad-hoc-Publizität als kapitalmarktrechtliche Informationspflicht soll nach der gesetzgeberischen Konzeption die Bekämpfung des Insiderhandels unterstützen und nicht erschweren. Die gesetzliche Regelung der

16.305

---

431 Beschlußempfehlung und Bericht des Finanzausschusses des Deutschen Bundestages, BT-Drucksache 12/7918, S. 101; *Fürhoff/Wölk*, WM 1997, 449, 457.
432 Zur Frage der Kursaussetzung vgl. die ausführliche Darstellung bei *Kümpel* in Assmann/Schneider, WpHG, § 15 Rn 108 ff.

Ad-hoc-Publizität würde jedoch die Gefahr verbotener Insidergeschäfte vergrößern, wenn die Befreiungsnorm des § 15 Abs. 1 S. 2 WpHG dahingehend zu interpretieren wäre, daß die Kursaussetzung durch die Börsengeschäftsführung bei einer Befreiung von der Ad-hoc-Publizität selbst bei Vorliegen ausreichend konkreter Verdachtsmomente für Insiderhandeln unzulässig ist. Bei einer Befreiung von der Ad-hoc-Publizität soll wegen des hier vorrangigen Geheimhaltungsinteresses der Emittenten lediglich in Kauf genommen werden, daß sich aufgrund der Informationsdefizite des Marktes inadäquate Preise bilden. Das Interesse der Emittenten an einer Geheimhaltung von publizitätspflichtigen Insidertatsachen ist deshalb nur dann schutzwürdiger als das Interesse des Anlegerpublikums und der professionellen Marktteilnehmer, die Wertpapiere auf einem diese Tatsachen berücksichtigenden Kursniveau zu kaufen und zu verkaufen, wenn der Emittent diese Geheimhaltung so abgesichert hat, daß Insider nicht zu Lasten desinformierter Dritter aus ihrem Informationsvorsprung Vorteile erlangen können.

a) Widerrufsvorbehalt des Bundesaufsichtsamtes

16.306 Angesichts dieses Risikos eines unerwünschten Insiderhandels während der Dauer der Befreiung von der Ad-hoc-Publizität behält sich das Bundesaufsichtsamt den Widerruf der Befreiung vor (§ 36 Abs. 2 Nr. 3 VwVfG). Hierdurch kann, insbesondere wenn kursrelevante Insiderinformationen „durchsickern", eine geordnete Informationsverbreitung gemäß § 15 WpHG sichergestellt werden[433]. In dem Befreiungsbescheid wird der Emittent zur absoluten Vertraulichkeit und zur Beobachtung der Marktentwicklung verpflichtet, um zu verhindern, daß Gerüchte bereits die Kurse in unkontrollierbarer Weise beeinflussen.

b) Unterrichtung der Börsengeschäftsführung

16.307 Das Bundesaufsichtsamt gibt dem Emittenten in seinem Befreiungsbescheid auf, sich gegebenenfalls mit den zuständigen Wertpapierbörsen in Verbindung zu setzen und erforderlichenfalls die Kursaussetzung gemäß § 43 Abs. 1 Nr. 1 BörsG anzuregen[434]. Mit Rücksicht auf die ihm auferlegte Verschwiegenheitspflicht (§ 8 Abs. 1 WpHG) darf das Bundesaufsichtsamt seine Informationen nicht an die Börse weitergeben[435]. Diese Information der Börse hat unabhängig davon zu geschehen, ob die Befreiung von der Ad-hoc-Publizität bereits widerrufen worden ist und deshalb der

---

433 *Fürhoff/Wölk*, WM 1997, 449, 459.
434 *Wittich*, AG 1997, 1, 4, 5; *Fürhoff/Wölk*, WM 1997, 449.
435 *Wittich*, AG 1997, 1, 5.

Emittent die publizitätspflichtige Insidertatsache schon gemäß § 15 Abs. 2 WpHG der Börsengeschäftsführung mitzuteilen hat. Denn ein solcher Widerruf stellt die ultima ratio dar, weil er die durch die Befreiung geschützten Sanierungsbemühungen scheitern lassen muß[436].

4. Kein Beurteilungsspielraum des Bundesaufsichtsamtes

Der gesetzliche Befreiungstatbestand enthält mit seinem **Kriterium „Schädigung berechtigter Interessen"** der Emittenten einen unbestimmten Rechtsbegriff, der vor dem Hintergrund der besonderen Umstände des Einzelfalles zu konkretisieren ist[437]. Mit solchen unbestimmten Rechtsbegriffen kann ein sog. Beurteilungsspielraum verknüpft sein.

16.308

Die Rechtsprechung hat jedoch einen Beurteilungsspielraum bei der Ausfüllung unbestimmter Rechtsbegriffe nur ausnahmsweise bzw. bei Vorliegen ganz besonderer Voraussetzungen anerkannt[438]. Angesichts dieser Rechtsprechung ist ein Beurteilungsspielraum zu verneinen[439]. Die Anwendung der gesetzlichen Befreiungstatbestände auf den konkreten Befreiungsantrag ist daher gerichtlich voll überprüfbar[440].

16.309

VIII. Mitteilungspflichten

Sind die tatbestandsmäßigen Voraussetzungen für die Ad-hoc-Publizität erfüllt, so hat der Emittent die publizitätspflichtigen Sachverhalte noch vor ihrer Veröffentlichung dem Bundesaufsichtsamt für den Wertpapierhandel und den zuständigen inländischen Börsen mitzuteilen. Diese Mitteilungspflicht ist von dem Bestehen einer Verpflichtung zur Ad-hoc-Veröffentlichung im Einzelfall abhängig. Entfällt eine Veröffentlichungspflicht nach § 15 Abs. 1 WpHG, weil es an einer publizitätspflichtigen Tatsache fehlt (Satz 1) oder das Bundesaufsichtsamt für den Wertpapierhandel von der Veröffentlichung befreit hat (Satz 2), so ist auch keine Mitteilung nach § 15 Abs. 2 WpHG geboten[441].

16.310

---

436 *Fürhoff/Wölk*, WM 1997, 449, 459.
437 *Fürhoff/Wölk*, WM 1997, 449, 457.
438 BVerfGE 64, 279; *Wolff/Bachof/Stober*, Verwaltungsrecht I, 10. Aufl., 1994, § 31 Rz. 16, S. 367.
439 *Fürhoff/Wölk*, WM 1997, 449, 458; *Cahn*, WM 1998, 272, 273.
440 *Maurer*, Allgemeines Verwaltungsrecht, 12. Aufl., 1999, § 7 Rz 35; *Wolff/Bachof/Stober*, Verwaltungsrecht I, 10. Aufl., 1994, § 31 Rn 14 ff.
441 Beschlußempfehlung und Bericht des Finanzausschusses des Deutschen Bundestages, BT-Drucksache 12/7918, S. 101.

1. Unverzügliche Mitteilung an das Bundesaufsichtsamt für den Wertpapierhandel

16.311 Die Mitteilung an das Bundesaufsichtsamt für den Wertpapierhandel ist erforderlich, damit dieses seiner Pflicht zur Überwachung der Ad-hoc-Publizität nachkommen kann (§ 15 Abs. 5 S. 1 WpHG)[442].

2. Unverzügliche Unterrichtung der Börsen

16.312 Der Emittent hat die publizitätspflichtigen Sachverhalte noch **vor ihrer Veröffentlichung** auch der Geschäftsführung der inländischen Börsen mitzuteilen, an denen die Wertpapiere und die auf sie bezogenen Derivate zum Handel zugelassen sind (§ 15 Abs. 2 S. 1 WpHG). Auch die Deutsche Terminbörse wird also rechtzeitig über kursrelevante Tatsachen informiert[443].

16.313 Durch die Unterrichtung der Geschäftsführung der Börse wird sichergestellt, daß **soweit erforderlich eine Kursaussetzung** herbeigeführt werden kann[444]. Diese Aussetzung hat zu erfolgen, wenn ein ordnungsgemäßer Börsenhandel zeitweilig gefährdet oder wenn dies zum Schutze des Publikums geboten erscheint (§ 43 Abs. 1 BörsG). Mit der Aussetzung des Kurses („Notierung") ist die vorläufige Unterbrechung des Börsenhandels gemeint[445].

16.314 Anschauliche Beispiele für die Gefährdung der Ordnungsmäßigkeit des Börsenhandels bieten die publizitätspflichtigen Sachverhalte, die im Falle ihres öffentlichen Bekanntwerdens zu einem erheblichen Kursausschlag geeignet sind. Solange diese Sachverhalte infolge fehlender Veröffentlichung bei den Preisabsprachen unberücksichtigt bleiben, werden die Wertpapiergeschäfte an den Börsen auf einem diesen Insidertatsachen nicht angemessenen Kursniveau abgeschlossen. Ist der Börsengeschäftsführung aufgrund der Mitteilung der Emittenten erkennbar, daß die von den Marktteilnehmern vereinbarten Preise infolge ihrer Informationsdefizite nicht dem wirklichen Marktwert entsprechen, so ist die Ordnungsmäßigkeit des Börsenhandels im Sinne des § 43 Abs. 1 BörsG nicht mehr gewährleistet[446].

---

442 Begr. des RegE des 2. FFG, BT-Drucksache 12/6679, S. 49; Beschlußempfehlung und Bericht des Finanzausschusses des Deutschen Bundestages, BT-Drucksache 12/7918, S. 101.
443 Beschlußempfehlung und Bericht des Finanzauschusses des Deutschen Bundestages, BT-Drucksache 12/7918, S. 101.
444 Begr. des RegE des 2. FFG, BT-Drucksache 12/6679, S. 48.
445 *Kümpel* in Assmann/Schneider, WpHG, § 15 Rn 113.
446 LG Hamburg WM 1989, 336, 338; *Schwark*, BörsG, § 43 Rn 6.

3. Schutz des Anlegerpublikums

Wie es dem gesetzlichen Tatbestand des § 43 Abs. 1 BörsG entspricht, ist bei einem solchen nicht ordnungsgemäßen Börsenhandel die Kursaussetzung auch zum Schutze des Anlegerpublikums geboten[447]. Soweit die Börsenbesucher die Wertpapiergeschäfte im Rahmen ihres Kommissionsgeschäfts tätigen, sind die bei diesen kommissionsrechtlichen Ausführungsgeschäften vereinbarten Preise dem betreffenden Effektenkunden in Rechnung zu stellen. Nach den Anfang 1995 in Kraft getretenen Sonderbedingungen für Wertpapiergeschäfte (Nr. 1 Abs. 1) führen die Kreditinstitute die ihnen erteilten Effektenorder stets ohne den kommissionsrechtlichen Selbsteintritt für Rechnung der Effektenkunden aus (§ 383 HGB). Deshalb hat die Bank den mit dem Börsenkontrahenten vereinbarten Börsenpreis zu berechnen (§§ 667, 670, 675 BGB)[448]. Die Preise, die in einem Börsenhandel auf einem den Insidertatsachen nicht angepaßten Kursniveau vereinbart werden, führen deshalb zu einem unmittelbaren Schaden der Anleger als Kommittenten.

16.315

Die **Unterbrechung des Börsenhandels** ist eine **Ermessensentscheidung der Börsengeschäftsführung**[449]. Bei der Entscheidung über die Kursaussetzung wird die Börsengeschäftsführung deshalb unterschiedliche Fallkonstellationen und die durchaus nicht deckungsgleichen Schutzbedürfnisse der professionellen Marktteilnehmer sowie des Anlegerpublikums, insbesondere der Kleinanleger und der für ihre Rechnung tätigen Kreditinstitute in ausgewogener Weise zu berücksichtigen haben[450].

16.316

Aus der Sicht der Börsenbesucher als unmittelbare Marktteilnehmer besteht für die Kursaussetzung kein Bedürfnis mehr, wenn die publizitätspflichtigen Sachverhalte über ein im professionellen Wertpapierhandel weitverbreitetes elektronisch betriebenes Informationsverbreitungssystem veröffentlicht worden sind („Tickermeldung"), wie es das WpHG (§ 15 Abs. 2 S. 2) für die Herstellung der sog. **Bereichsöffentlichkeit** genügen läßt. Haben die professionellen Marktteilnehmer von den Insidertatsachen Kenntnis genommen, werden sie diese in ihre geschäftliche Disposition einfließen lassen, so daß sich diese Informationen in den Börsenpreisen niederschlagen[451]. Sodann bewegen sich die Geschäftsabschlüsse

16.317

---

447 *Rosen* in Assmann/Schütze, Handbuch des Kapitalanlagerechts, § 2 Rn 183.
448 *Kümpel*, WM 1995, 137, 138.
449 *Schwark*, BörsG, § 43 Rn 4.
450 Wegen der Einzelheiten vgl. *Kümpel* in Assmann/Schneider, WpHG, § 15 Rn 108 f.
451 Begr. des RegE des 2. FFG, BT-Drucksache 12/6679, S. 46.

auf einem den publizitätspflichtigen Sachverhalten adäquaten Kursniveau und können daher die zu gewährleistende Ordnungsmäßigkeit des Börsenhandels nicht mehr gefährden.

16.318 Aus der Sicht der Anleger ist dagegen dem Schutzbedürfnis nicht schon dadurch voll Genüge getan, daß die Preisbildung am Kapitalmarkt nach Herstellung der Bereichsöffentlichkeit unter Berücksichtigung der nunmehr bekannten publizitätspflichtigen Tatsachen erfolgt. Damit allein ist aber dem Schutzbedürfnis des Anlegerpublikums noch nicht ausreichend Rechnung getragen. Es muß vielmehr damit gerechnet werden, daß eine **nicht quantifizierbare Vielzahl von Anlegern** angesichts der zwischenzeitlich bekanntgewordenen Sachverhalte selbst an einer solchen kursmäßig adäquaten Orderausführung kein Interesse mehr haben.

16.319 Bei einer **negativen Nachricht** kann der ursprünglich gewünschte Kauf selbst zu einem deutlich niedrigeren Kurs nicht mehr gewollt sein, wenn die Wertpapiere als Anlage angesichts der bekanntgewordenen Umstände insbesondere bei großen wirtschaftlichen oder finanziellen Schwierigkeiten des Emittenten nicht mehr geeignet erscheinen. Umgekehrt können Effektenkunden angesichts der positiven Informationen von dem ursprünglich gewollten Verkauf absehen wollen, weil diese Wertpapiere als Anlageobjekte in einem wesentlich günstigeren Licht erscheinen. In dieser Fallkonstellation würde eine Veräußerung der Wertpapiere selbst zu einem unerwartet hohen Verkaufserlös nicht mehr dem Anlegerinteresse entsprechen. Ein Interesse der Anleger an dem Erlöschen ihrer noch nicht ausgeführten Effektenaufträge kann unterstellt werden, wenn die Insiderinformation wie bei den ad-hoc-publizitätspflichtigen Sachverhalten nach ihrem öffentlichen Bekanntwerden zu einer erheblichen Kursbeeinflussung geeignet ist.

16.320 Dem gebotenen Schutz der Anleger kann mit Hilfe der zum Beginn des Jahres 1995 in Kraft getretenen **Sonderbedingungen für Wertpapiergeschäfte** Rechnung getragen werden. Nach Nr. 6 dieser Sonderbedingungen läßt eine Kursaussetzung wegen besonderer Umstände im Bereich der Emittentin, wie sie die publizitätspflichtigen Insidertatsachen darstellen, sämtliche an der Börse auszuführenden Effektenorder im Kommissionsgeschäft der Kreditinstitute erlöschen. Dieses Erlöschen steht in vollem Einklang mit der Interessenlage der Anleger, die aufgrund der Veröffentlichung der kursrelevanten Sachverhalte nicht mehr an der Ausführung ihrer Kauf- oder Verkaufsaufträge interessiert sind[452].

16.321 Dieses **Schutzbedürfnis der Privatanleger** hat auch der Gesetzgeber bei der zwischenzeitlichen Neufassung des § 15 Abs. 3 S. 1 WpHG betont, die den Emitten-

---

452 Wegen der bei dieser Ermessensentscheidung zu beachtenden Gesichtspunkte vgl. *Kümpel* in Assmann/Schneider, WpHG, § 15 Rn 130 ff.

ten mit ausländischem Sitz im Interesse einer schnellstmöglichen Bekanntgabe die Veröffentlichung der Ad-hoc-Meldungen in englischer Sprache ermöglicht. Die hierdurch wesentlich beschleunigte Veröffentlichung über weltweit betriebene elektronische Informationsverbreitungssysteme ermöglicht der Geschäftsführung der betroffenen deutschen Wertpapierbörsen eine Kursaussetzung, sofern diese zum Schutz des Publikums geboten erscheint (§ 43 Abs. 1 Nr. 1 BörsG). Durch das Erlöschen der noch nicht ausgeführten Kauf- und Verkaufsaufträge infolge der Kursaussetzung wird der Privatanleger auch nach Meinung des Gesetzgebers „vor einer Ausführung seiner auf einer unzutreffenden Informationslage beruhenden Order geschützt"[453].

IX. Veröffentlichungsform

Das Veröffentlichungsverfahren, das sich den Mitteilungen an das Bundesaufsichtsamt für den Wertpapierhandel und an die betroffenen inländischen Börsen anzuschließen hat, ist in **§ 15 Abs. 3 WpHG** detailliert geregelt. Bei einer Veröffentlichung in den Printmedien muß es sich um ein überregionales Börsenpflichtblatt handeln. Hierdurch soll sichergestellt werden, daß die zu veröffentlichende Insidertatsache eine weite Verbreitung erfährt.

16.322

Die Praxis nutzt jedoch regelmäßig die Zulässigkeit einer effizienteren Veröffentlichung in einem **elektronisch betriebenen Informationsverbreitungssystem,** das bei Kreditinstituten, anderen börsenzugelassenen Unternehmen wie insbesondere den Börsenmaklern und Versicherungsunternehmen weit verbreitet ist. Diesen gesetzlichen Anforderungen genügen beispielsweise das elektronische Verbreitungssystem der Nachrichtenagenturen Reuters und der Vereinigten Wirtschaftsdienste (VWD) sowie der Deutschen Gesellschaft für die Ad-hoc-Publizität mbH (DGAP). Mit dieser **Veröffentlichungsalternative** sollte eine Veröffentlichungsform zugelassen werden, die eine schnelle Information der Marktteilnehmer ermöglicht. Ziel der Ad-hoc-Publizität ist die Herstellung der sog. Bereichsöffentlichkeit. Hierunter ist die Information der professionellen Handelsteilnehmer in ihrer Gesamtheit zu verstehen[454]. Hat dieser Marktbereich von den Insidertatsachen Kenntnis genommen, werden die Informationen in die geschäftlichen Dispositionen einfließen mit der Folge, daß sich die kursrelevanten Sachverhalte in den Börsenpreisen

16.323

---

453 BT-Drucksache 13/3084 vom 22.11.1995, S. 28.
454 Begr. des RegE des 2. FFG, BT-Drucksache 12/6679, S. 48; Beschlußempfehlung und Bericht des Finanzausschusses des Deutschen Bundestages, BT-Drucksache 12/7918, S. 101.

niederschlagen. **Mit der Herstellung der Bereichsöffentlichkeit entfällt also die Publizitätspflicht**[455].

1. Ausreichender Schutz der Kleinanleger

16.324 Die Herstellung der Bereichsöffentlichkeit als gesetzlich zugelassener Alternative für die Ad-hoc-Meldung wird mitunter problematisiert, weil sie die Privatanleger benachteilige, solange die hierfür geeigneten elektronischen Informationsverbreitungssysteme noch nicht weiter verbreitet sind[456]. Der schnelle und kostengünstige Zugang zu den auf elektronischem Weg veröffentlichten Ad-hoc-Meldungen dürfte sich jedoch zunehmend auch für Privatanleger öffnen[457]. So stellt seit November 1996 die News Aktuell GmbH die über die Deutsche Gesellschaft für die Ad-hoc-Publizität mbH (DGAP) elektronisch verbreiteten Veröffentlichungen in das Internet ein[458]. Die Privatanleger können im übrigen ihre Informationsmöglichkeiten als Depotkunden der Kreditinstitute nutzen. Die Depotbanken gehören als Marktintermediäre zu der gemäß § 15 Abs. 3 S. 1 Nr. 2 WpHG informierten Bereichsöffentlichkeit. Solche Marktintermediäre müssen ohnehin eingeschaltet werden; aus markttechnischen Gründen haben die Anleger selbst keinen unmittelbaren Zugang zum Kapitalmarkt.

2. Sonderregelung für ausländische Emittenten

16.325 Das Bundesaufsichtsamt für den Wertpapierhandel kann im übrigen gestatten, daß Emittenten mit Sitz im Ausland die Veröffentlichung in einer anderen als der deutschen Sprache vornehmen, wenn dadurch eine ausreichende Unterrichtung der Veröffentlichung nicht gefährdet erscheint (§ 15 Abs. 3 S. 1 WpHG). Mit der Bekanntmachung vom 29. 1. 1996 hat das Bundesaufsichtsamt den Emittenten mit Sitz im Ausland

---

455 *Fürhoff/Wölk*, WM 1997, 449, 451; *Immenga*, ZBB 1995, 197 202; *Hirte* in Hadding/Hopt/Schimansky, Das Zweite Finanzmarktförderungsgesetz in der praktischen Umsetzung, Bankrechtstag 1995, Schriftenreihe der Bankrechtlichen Vereinigung, Bd. 7, 1996, S. 65, 74; *Tippach*, Das Insider-Handelsverbot und die besonderen Rechtspflichten der Banken, 1995, S. 81; a.A. *Assmann*, AG 1994, 237, 252; *Hopt*, ZHR 159 (1995), 135, 154; *ders.*, ZGR 1997, 1, 24.
456 *Hopt*, ZGR 1997, 1, 25.
457 *Wittich*, AG 1997, 1, 5.
458 *Wölk*, AG 1997, 73, 76.

generell Veröffentlichungen in englischer Sprache gestattet[459]. Hierdurch entfällt die Notwendigkeit, innerhalb kurzer Zeit eine verläßliche Übersetzung der Ad-hoc-Meldung in die deutsche Sprache zu erstellen, um den Zeitraum für potentielle Insidergeschäfte zu verkürzen und den Kreis der Insider einzuschränken[460].

X. Verletzung der Publizitätspflicht

Nach den **Bußgeldvorschriften** des WpHG handelt ordnungswidrig, wer vorsätzlich oder leichtfertig entgegen der Pflicht zur Ad-hoc-Publizität eine Veröffentlichung nicht, nicht richtig, nicht vollständig, nicht in der vorgeschriebenen Form oder nicht rechtzeitig vornimmt (§ 39 Abs. 1 Nr. 2 WpHG).

16.326

1. Geldbußen gegen Emittenten und seinen Verantwortlichen

Die Ordnungswidrigkeit wegen Verletzung einer der Gesellschaft obliegenden Pflicht kann nicht von der Gesellschaft selbst begangen werden. Diese ist als juristische Person nicht handlungsfähig und daher auch nicht schuldfähig. Die Ordnungswidrigkeit kann daher nur von den Vorstandsmitgliedern der gesetzlich verpflichteten Gesellschaft begangen werden[461]. Das Gesetz über die Ordnungswidrigkeiten – OWiG – (§ 30) ermöglicht es aber auch, gegen die Gesellschaft eine Geldbuße festzusetzen, wenn das verantwortliche Vorstandsmitglied eine Ordnungswidrigkeit begangen hat. Die gegenüber der Gesellschaft verhängte Geldbuße ist also eine Nebenfolge der Ordnungswidrigkeit des Vorstandsmitgliedes[462].

16.327

Nach dem Gesetz über Ordnungswidrigkeiten kann unter anderem gegen Vorstandsmitglieder einer Aktiengesellschaft wegen deren Verletzung von Aufsichtspflichten eine Geldbuße verhängt werden. Nach § 130 OWiG handelt ordnungswidrig, wer als Vorstandsmitglied vorsätzlich oder fahrlässig die Aufsichtsmaßnahmen unterläßt, die erforderlich sind, um in dem Unternehmen Zuwiderhandlungen gegen Pflichten zu verhin-

16.328

---

459 Diese gesetzliche Regelung ist durch Art. 22 des als Artikelgesetz konzipierten „Jahressteuer-Ergänzungsgesetz 1996" vom 18. Dezember 1995 eingefügt worden (BGBl. I 1995, S. 1959). Die Bekanntmachung des Bundesaufsichtsamtes ist in *Kümpel/Ott*, Kapitalmarktrecht, Kennz. 615/2 abgedruckt.
460 BT-Drucksache 13/3084 vom 22.11.1995, S. 27.
461 *Meier*, Gesetz über die Ordnungswidrigkeiten, 1994, § 30 Rn 3; *Rotberg*, Gesetz über Ordnungswidrigkeiten, 4. Aufl., 1969, § 26 Rn 3.
462 *Meier*, Gesetz über die Ordnungswidrigkeiten, 1994, § 30 Rn 3.

16. Teil: Wertpapierhandelsgesetz

dern, die den Vorstand als solchen treffen und deren Verletzung mit Geldbuße bedroht ist. Zu diesem Pflichtenkreis dürfte auch die Ad-hoc-Publizität gehören[463].

16.329 Die **Obergrenze der Geldbuße** bei einem Verstoß gegen die Ad-hoc-Publizität ist auf DM 3 Mio festgesetzt worden (§ 39 Abs. 3 WpHG). Hierdurch sollte ein **Sanktionsausgleich** dafür geschaffen werden, daß ein solcher Gesetzesverstoß keinen Schadensersatzanspruch gegen die Gesellschaft auslösen kann, weil der Gesetzgeber der Ad-hoc-Publizität den Charakter eines Schutzgesetzes im Sinne des § 823 Abs. 2 BGB genommen hat[464].

16.330 Ob solche Aufsichtsmaßnahmen gemäß § 130 OWiG erforderlich sind, hängt von den besonderen Umständen des Einzelfalles ab. Hierbei kann auch die Größe des Betriebes und das Gewicht der in Rede stehenden Pflicht besondere Bedeutung erlangen[465]. Für die ordnungsgemäße Erfüllung der gesetzlichen Verpflichtung zur Ad-hoc-Publizität bedarf es deshalb entsprechender organisatorischer Vorkehrungen mit ausreichenden Kontrollen, wie sie sich auch für die Vermeidung von Insiderverstößen empfehlen[466]. Eine vergleichbare Organisationspflicht muß für die ordnungsgemäße Erfüllung der Pflicht zur Ad-hoc-Publizität bejaht werden[467].

2. Geldbußen gegen unternehmensexterne Emittentenberater

16.331 Nach den Gesetzesmaterialien hat sich der Emittent, wenn ihm die erforderliche Sachkunde zur Beurteilung des Gebotes zur Ad-hoc-Publizität fehlt, des Rates des emissionsbegleitenden Kreditinstitutes oder einer mit den Verhältnissen am Kapitalmarkt vertrauten Person zu bedienen[468]. Bei dieser Beratung kann z.B. der Gesprächspartner der emissionsbegleitenden Bank eine Ordnungswidrigkeit begehen, wenn er an einem pflichtwidrigen Unterlassen der Ad-hoc-Publizität vorsätzlich mitwirkt[469].

---

463 *Kümpel* in Assmann/Schneider, WpHG, § 15 Rn 171 f.
464 Beschlußempfehlung und Bericht des Finanzausschusses des deutschen Bundestages, BT-Drucksache 12/7918, S. 102.
465 *Rotberg*, Gesetz über Ordnungswidrigkeiten, 4. Aufl., 1969, § 33 Rn 3.
466 *Assmann*, AG 1994, 237, 257.
467 Wegen der Einzelheiten vgl. *Kümpel* in Assmann/Schneider, WpHG, § 15 Rn 173 f.
468 Begr. des RegE des 2. FFG, BT-Drucksache 12/6679, S. 48.
469 *Kümpel* in Assmann/Schneider, WpHG, § 15 Rn 182 ff.

4. Abschnitt
Mitteilungs- und Veröffentlichungspflichten bei Veränderungen des Stimmrechtsanteils an börsennotierten Gesellschaften (Transparenzgebot)

I. Allgemeines

Eine weitere vertrauensbildende Maßnahme zugunsten des Anlegerpublikums und damit letztlich der Funktionsfähigkeit des Kapitalmarktes erfolgte durch die **Umsetzung der EG-Transparenz-Richtlinie** 88/627/EWG vom 12. 12. 1988[470]. Wer durch Erwerb, Veräußerung oder auf sonstige Weise 5, 10, 25, 50 oder 75 Prozent der Stimmrechte an einer börsennotierten Gesellschaft erreicht, überschreitet oder unterschreitet (Meldepflichtiger), hat dies der Gesellschaft und dem Bundesaufsichtsamt für den Wertpapierhandel unverzüglich, spätestens innerhalb von sieben Kalendertagen unter Angabe der Höhe seines Stimmrechtsanteils schriftlich mitzuteilen – nachfolgend auch Transparenzgebot (§ 21 Abs. 1 WpHG).

16.332

Die Meldepflicht setzt abweichend von den Mindestvorschriften der EG-Richtlinie bereits bei der 5-Prozent-Schwelle ein. Dies entspricht dem internationalen Standard[471]. Andere wichtige Kapitalmarktländer sehen im Interesse einer möglichst optimalen Transparenz an ihren Kapitalmärkten ebenfalls Meldeschwellen vor, die deutlich unter der 10-Prozent-Schwelle liegen. So muß die erste Meldung bei 5 Prozent auch in den Vereinigten Staaten von Amerika, Frankreich, den Niederlanden, Österreich, Belgien und Japan erfolgen. In Großbritannien müssen dagegen Beteiligungen bereits bei 3 Prozent und in Italien bei 2 Prozent offengelegt werden.

16.333

Die **vom Meldepflichtigen informierte Gesellschaft** hat solche Mitteilungen unverzüglich, spätestens neun Kalendertage nach Zugang der Mitteilung in einem überregionalen Börsenblatt zu veröffentlichen (§ 25 Abs. 1 WpHG). Die Einhaltung dieser Mitteilungs- und Veröffentlichungspflichten wird durch das Bundesaufsichtsamt für den Wertpapierhandel über-

16.334

---

470 Die vollständige Bezeichnung der Richtlinie lautet: Richtlinie über die bei Erwerb und Veröffentlichung einer bedeutenden Beteiligung an einer börsennotierten Gesellschaft zu veröffentlichenden Informationen, abgedruckt in ABlEG Nr. L 348/62 und in *Kümpel/Ott*, Kapitalmarktrecht, Kz 935.
471 Begr. des RegE des 2. FFG, BT-Drucksache 12/6679, S. 52.

wacht (§ 29 Abs. 1 WpHG). Schuldhafte Verstöße gegen diese Pflichten können mit Geldbußen bis zu DM 500 000 geahndet werden (§ 39 WpHG).

16.335 Zu den börsennotierten Gesellschaften im Sinne des Transparenzgebotes gehören auch die Emittenten, deren Aktien zum amtlichen Börsenhandel in einem Mitgliedstaat der Europäischen Union oder in einem anderen Vertragsstaat des Abkommens über den europäischen Wirtschaftsraum (EWR) zugelassen sind (§ 21 Abs. 2 WpHG).

1. Maßgeblichkeit des Stimmrechtsanteiles

16.336 Das Transparenzgebot erfaßt auch die Fälle, in denen die kritischen Schwellen nicht durch Erwerb oder Veräußerung, sondern „auf sonstige Weise" berührt werden. Hiermit sind insbesondere die Sachverhalte gemeint, in denen eine Meldepflicht durch Hinzurechnung von Stimmrechten gemäß § 22 WpHG begründet wird[472]. **Anknüpfungskriterium der Transparenznormen** ist nicht die Beteiligung am Grundkapital der börsennotierten Gesellschaft, sondern ausschließlich der Anteil an den Stimmrechten (vgl. Wortlaut der §§ 21 Abs. 1 22 WpHG)[473]. Denn für den Regelungszweck kommt es entscheidend auf die Möglichkeit eines wesentlichen Einflusses auf die Ausübung von Stimmrechten an[474]. Diese Anknüpfung darf bei der Auslegung insbesondere der gesetzlichen Tatbestände, die die Stimmrechte dem Meldepflichtigen ungeachtet seines fehlenden Eigentums an den Aktien zurechnen, nicht aus dem Auge verloren werden.

16.337 In der Meldung ist die **Höhe des Stimmrechtsanteils** anzugeben (§ 21 Abs. 1 S. 1 WpHG). Diese erfordert sowohl die Angabe des prozentualen Stimmrechtsanteils als auch die Angabe der Zahl der Stimmrechte[475].

2. Schutzzweck des Transparenzgebotes

16.338 Die **Zusammensetzung des Aktionärskreises** und die **Veränderungen bedeutender Beteiligungen** an den Emittenten sind wichtige Aspekte für Anlagedispositionen der Anleger. Dies gilt insbesondere für die institutionellen Investoren des In- und Auslandes. Die Aktionärsstruktur hat des-

---

472 Begr. des RegE des 2. FFG, BT-Drucksache 12/6679, S. 53.
473 Beschlußempfehlung und Bericht des Finanzausschusses des Deutschen Bundestages, BT-Drucksache 12/7918, S. 96.
474 *Hüffer,* AktG, 3. Aufl., 1997, Anh. zu § 22, § 21 Rn 1.
475 *Schneider* in Assmann/Schneider, WpHG, § 21 Rn 78.

halb wesentlichen Einfluß auf die Kursentwicklung einer Aktie[476]. Denn sie läßt Rückschlüsse auf die weitere Entwicklung des Emittenten zu und ist deshalb ein Faktor im Anlagekalkül[477].

Aktuelle und möglichst umfassende Informationen der Handelsteilnehmer und der Anleger schaffen zudem am Markt eine Transparenz, die auch dem **Mißbrauch von Insiderinformationen entgegenwirkt.** Sind das Volumen der frei handelbaren Titel und die Existenz von Großaktionären bekannt, so werden mißbräuchlich nutzbare Informationsvorsprünge verringert[478]. 16.339

Die Transparenz bedeutender Beteiligungsquoten liegt schließlich im Interesse der Gesellschaft. Sie verschafft den Verwaltungsorganen einen besseren Überblick über die Aktionärsstruktur und die Beherrschungsverhältnisse[479]. 16.340

Vorrangiges Ziel des Transparenzgebotes ist die Verbesserung der Funktionsfähigkeit der Kapitalmärkte durch einen stärkeren Schutz der Anleger und deren Vertrauen in die Fairneß und Chancengleichheit der Märkte. Auch diesem Normenkomplex liegt wiederum der Funktionsschutz durch Vertrauensschutz als Regelungsansatz zugrunde, der das WpHG als eine Keimzelle und ein Kernstück des Kapitalmarktrechts erscheinen läßt. 16.341

Dieser **indirekte Schutz der Funktionsfähigkeit** der Kapitalmärkte entspricht den Erwägungsgründen der EG-Transparenzrichtlinie als europarechtlicher Vorgabe. Danach verbessert eine Politik der angemessenen Unterrichtung der Investoren den Schutz der Anleger, stärkt deren Vertrauen in die Wertpapiermärkte und trägt hierdurch zum reibungslosen Funktionieren der Märkte bei. Eine solche Koordinierung auf Gemeinschaftsebene begünstige zudem die Vernetzung der Wertpapiermärkte der EG-Mitgliedstaaten und trage auf diese Weise zum Entstehen eines europäischen Kapitalmarktes bei[480]. 16.342

Die dem Transparenzgebot zugrundeliegenden Mitteilungspflichten gehören zu einer auf Fairneß und Chancengleichheit aufbauenden „Finanzmarktkultur". Im Vergleich zum anglo-amerikanischen Rechtsraum hat sich diese Erkenntnis in Deutschland nur langsam entwickelt[481]. Adressaten dieser Mitteilungspflicht sind im Unterschied zu den sonstigen kapi- 16.343

---

476 Begr. des RegE des 2. FFG, BT-Drucksache 12/6679, S. 52.
477 Begr. des RegE des 2. FFG, BT-Drucksache 12/6679, S. 33.
478 Begr. des RegE des 2. FFG, BT-Drucksache 12/6679, S. 52.
479 Begr. des RegE des 2. FFG, BT-Drucksache 12/6679, S. 52.
480 Vgl. auch Begr. des RegE des 2. FFG, BT-Drucksache 12/6679, S. 52.
481 *Otto*, AG 1994, 169, 170; *Schneider* in Assmann/Schneider, WpHG, Vor § 21 Rn 2.

talmarktrechtlichen Informationspflichten nicht die börsennotierten Gesellschaften, sondern deren Aktionäre. Die Meldepflichtigen gehören also selbst zu dem Kreis der Anleger, die durch das Transparenzgebot geschützt werden sollen.

16.344 **Auskunftspflichtig** gegenüber dem Bundesaufsichtsamt für den Wertpapierhandel sind **auch ehemalige Aktionäre.** Wie sich gezeigt hat, ist deren Einbeziehung notwendig, um eine effektive Überwachung der Meldepflichten zu gewährleisten. Wird die Beteiligungsveränderung nur vom Veräußerer gemeldet, so ist regelmäßig der Verbleib des Paketes nicht aufzuklären, wenn der Käufer den Erwerb nicht mitteilt[482].

16.345 Mit Rücksicht auf den Funktionsschutz des Kapitalmarktrechts als Schutzgut der Transparenznormen sind diese Bestimmungen ganz überwiegend dem öffentlichen Recht zuzuordnen. Dies gilt vor allem für die Pflichten gegenüber dem Bundesaufsichtsamt für den Wertpapierhandel[483].

16.346 **Umstritten** ist, ob die **Meldepflicht ein Schutzgesetz** im Sinne des § 823 Abs. 2 BGB darstellt. Dies würde voraussetzen, daß das Transparenzgebot auch dem Schutz der Individualinteressen der Anleger dient. Hiergegen spricht, daß Schutzgut der Transparenznormen die Funktionsfähigkeit des Kapitalmarktes und damit nur die überindividuellen Interessen des Anlegerpublikums sind[484].

II. Einzelfragen der Meldepflichten

16.347 Die Meldepflicht wirft eine Reihe von Fragen in verschiedener Hinsicht auf[485].

1. Verhältnis der kapitalmarkt- zu den aktienrechtlichen Meldepflichten

16.348 Meldepflichten enthält auch das Aktiengesetz (§§ 20, 21 ff.). Die aktienrechtlichen Meldepflichten sind jedoch mit den kapitalmarktrechtlichen Pflichten des WpHG nicht deckungsgleich. Die aktienrechtliche Regelung knüpft an die Kapitalbeteiligung und nicht an die Stimmrechte an,

---

482 RegBegr. des 3. FFG, BT-Drucksache 13/8933, S. 96; *Pötzsch,* WM 1998, 949, 958.
483 Vgl. hierzu *Schneider* in Assmann/Schneider, WpHG, Vor § 21 Rn 6 ff.
484 *Hüffer,* AktG, 3. Aufl., 1997, Anh. § 22, § 21 Rn 1; a.A. *Schneider* in Assmann/Schneider, WpHG, § 28 Rn 26.
485 Vgl. hierzu *Cahn,* AG 1997, 502 ff.

bestimmt andere Schwellenwerte (mehr als 25 Prozent oder Mehrheit) und setzt Unternehmenseigenschaft des Meldepflichtigen voraus[486]. Unterschiede bestehen auch hinsichtlich der den Meldepflichtigen zuzurechnenden Stimmen[487].

Die Bundesregierung ist deshalb im Gesetzgebungsverfahren für das 2. Finanzmarktförderungsgesetz aufgefordert worden, baldmöglichst entsprechende Gesetzesvorschläge zur Anpassung der aktienrechtlichen und sonstigen vergleichbaren Mitteilungspflichten vorzulegen[488]. Diese **Harmonisierung** ist durch das 3. Finanzmarktförderungsgesetz vom 24. 5. 1998 erfolgt[489]. Auf inländische Aktiengesellschaften, deren Aktien zum Amtlichen Handel an einer Börse innerhalb der Europäischen Union oder einem anderen EWR-Staat zugelassen sind (börsennotierte Gesellschaften im Sinne des § 21 Abs. 2 WpHG), finden die aktienrechtlichen Mitteilungspflichten (§§ 20, 21 AktG) keine Anwendung (vgl. §§ 20 Abs. 8, 21 Abs. 5 AktG)[490].

16.349

Dabei sind auch die **Rechtsfolgen eines Verstoßes** gegen diese Mitteilungspflichten nach dem AktG und WpHG angeglichen worden. Solange die Mitteilungspflicht nicht erfüllt wird, können Rechte aus den erworbenen Aktien nicht geltend gemacht werden (§ 28 WpHG, §§ 20 Abs. 7, 21 Abs. 4 AktG). Eine **Ausnahme** gilt für die Ansprüche auf Dividende nach § 58 Abs. 4 AktG und auf den Liquiditätserlös (§ 271 AktG), sofern die Mitteilung nicht vorsätzlich unterlassen und nachgeholt worden ist (§ 28 S. 2 WpHG). Die Sanktion gilt auch für Aktien, die nicht dem Meldepflichtigen, sondern einem Dritten gehören und von diesem für Rechnung des Meldepflichtigen oder eines von diesem kontrollierten Unternehmen gehalten werden (§ 28 S. 1 WpHG)[491].

16.350

2. Mitteilungen durch Konzernunternehmen

Zur Vermeidung von Mehrfachmeldungen befreit das WpHG (§ 24) Tochterunternehmen von ihren Mitteilungspflichten, wenn ein in der Konzernhierarchie übergeordnetes Mutterunternehmen im eigenen Namen die Mitteilungspflicht ordnungsgemäß erfüllt. Entgegen dem gesetzlichen

16.351

---
486 *Hüffer*, AktG, 3. Aufl., 1997, Anh. § 22, § 21 Rn 13.
487 Beschlußempfehlung und Bericht des Finanzausschusses des Deutschen Bundestages, BT-Drucksache 12/7918, S. 96.
488 Beschlußempfehlung und Bericht des Finanzausschusses des Deutschen Bundestages, BT-Drucksache 12/7918, S. 16, 97; *Hopt*, Festgabe Hellner, WM-Sonderheft 1994, 29, 34; *Witt*, AG 1998, 171 ff.
489 Begr. des RegE des 3. FFG, BR-Drucksache 605/97, S. 59, 94; *Witt*, WM 1998, 1153 ff.
490 *Pötzsch*, WM 1998, 949, 957.
491 *Pötzsch*, WM 1998, 949, 957.

Wortlaut ist diese Befreiungsnorm auch auf einen mehr als nur dreistufigen Konzern anwendbar[492]. **Anzugeben sind in der Mitteilung** der Name des meldepflichtigen Tochterunternehmens, ob und welcher Schwellenwert durch das Tochterunternehmen erreicht, über- oder unterschritten wurde und die exakte Höhe des nunmehr von der Tochtergesellschaft gehaltenen Stimmrechtsanteils[493].

3. Vorübergehende Stimmrechte aus „stimmrechtslosen" Vorzugsaktien

16.352 Praktische Schwierigkeiten bei der Erfüllung der Mitteilungspflichten bereiten die stimmrechtslosen Vorzugsaktien. Sie verfügen über ein latentes Stimmrecht, das auflebt, sobald und solange der Vorzugsbetrag zwei Jahre rückständig und nicht vollständig nachgezahlt ist (§ 140 Abs. 2 AktG). Dieses Aufleben wird vom Tatbestandsmerkmal „Erwerb auf sonstige Weise" des § 21 Abs. 1 S. 1 WpHG erfaßt[494].

16.353 Die **Berücksichtigung solcher Vorzugsaktien** bei den Meldepflichten erfordert erheblichen organisatorischen Aufwand, ohne das Anfechtungsrisiko für Hauptversammlungsbeschlüsse, die mit den Stimmen mitteilungspflichtiger Aktionäre gefaßt worden sind, zweifelsfrei auszuschließen. Es ist deshalb vorgeschlagen worden, das Aufleben der Stimmrechte gemäß § 140 Abs. 2 AktG aus dem Anwendungsbereich des § 21 Abs. 1 WpHG auszugrenzen[495]. Das Bundesaufsichtsamt für den Wertpapierhandel berücksichtigt Vorzugsaktien, deren Stimmrechte seit geraumer Zeit wegen der noch ausstehenden Zahlung der rückständigen Vorzugsbeträge aufgelebt sind (§ 140 Abs. 2 AktG).

4. Wertpapierleihe

16.354 Wie das praktische Beispiel der Wertpapierleihe zeigt, bedeutet die Anknüpfung der Transparenznormen an bestimmte Stimmrechtsanteile, daß mit dem Eigentum an Aktienurkunden, die die aktienrechtlichen Mitgliedschaften einschließlich der dazugehörenden Stimmrechte verbriefen, nicht stets eine Meldepflicht verknüpft ist. Denn soweit der Entleiher an den entliehenen Wertpapieren überhaupt Eigentum erlangt, beschränkt sich dieser Durchgangserwerb in der Praxis regelmäßig auf ein bis zwei

---
492 *Schneider* in Assmann/Schneider, WpHG, § 24 Rn 8.
493 *Nottmeier/Schäfer*, WM 1996, 513, 516; *Schneider* in Assmann/Schneider, WpHG, § 24 Rn 16.
494 *Burgard*, BB 1995, 2069, 2070.
495 *Wilsing*, BB 1995, 2277, 2280.

Tage. Dieser Zeitraum wird lieferungstechnisch benötigt, damit der mit solchen Wertpapierleihgeschäften verfolgte Zweck erreicht werden kann. Denn der reguläre geschäftliche Hintergrund eines Leihgeschäfts ist, daß der Entleiher die entliehenen Wertpapiere zur Erfüllung einer eigenen Lieferverbindlichkeit benötigt und deshalb das Eigentum an den entliehenen Wertpapieren seinem Liefergläubiger zu übertragen hat[496].

Insoweit kommt es deshalb nicht darauf an, ob das Wertpapierleihgeschäft als Darlehensvertrag (§ 607 BGB) oder entsprechend dem echten Pensionsgeschäft als kombinierter Kassaverkauf und Terminrückkauf (§ 340 b HGB) vertragstechnisch ausgestaltet wird, wie es dem international üblichen Repo-Geschäft entspricht[497]. 16.355

Die entliehenen Wertpapiere, bei denen es sich zur Vermeidung eines unangemessenen Kosten- und Zeitaufwandes regelmäßig um girosammelverwahrte Wertpapiere handelt, werden vom Verleiher im Rahmen des Effektengiroverkehrs unter Vermittlung der Deutschen Börse Clearing AG als Girosammelverwahrer geliefert und nach Weisung des Entleihers an dessen Lieferungsgläubiger regelmäßig unverzüglich weitergeleitet. Würde schon ein solcher zeitlich eng begrenzter Durchgangserwerb eine Mitteilungspflicht nach § 21 Abs. 1 WpHG auslösen, so müßte in der sich anschließenden Veröffentlichung durch die Gesellschaft zugleich darauf hingewiesen werden, daß die erworbenen Stimmrechte infolge zwischenzeitlicher Weiterübereignung der entliehenen Wertpapiere nicht mehr ausgeübt werden können. Angesichts des Zwecks der Mitteilungs- und Veröffentlichungspflichten, bedeutende Stimmrechtsanteile transparent werden zu lassen, hätte eine solche Veröffentlichung keinerlei Informationswert. Im Gegenteil könnte die Veröffentlichung eines solchen kurz bemessenen Durchgangserwerbs zu falschen Rückschlüssen und Irritationen des Anlegerpublikums führen. Soweit der Entleiher also im Zuge der Abwicklung von Wertpapierleihgeschäften Durchgangseigentum erlangt, wird dieser Erwerb wegen der gebotenen teleologischen Reduktion nicht vom Grundtatbestand des § 21 Abs. 1 WpHG erfaßt. 16.356

Für dieses Auslegungsergebnis spricht im übrigen, daß ein solcher **Durchgangserwerb vermieden werden kann.** Hierzu muß der Entleiher nur die Weisung erteilen, daß die entliehenen Wertpapiere ohne Verbuchung auf seinem bei der Deutsche Börse Clearing AG geführten Girosammeldepotkonto unmittelbar seinem Lieferungsgläubiger gutgeschrieben werden sollen. Sodann fehlt es an den erforderli- 16.357

---

496 *Kümpel*, WM 1990, 909.
497 Vgl. zum Repo-Geschäft *Gesell*, Wertpapierleihe und Repurchase Agreement im deutschen Recht, Bankrechtliche Sonderveröffentlichungen des Instituts für Bankwirtschaft und Bankrecht an der Universität Köln, 49. Bd. 1995, S. 135 ff.

chen besitzrechtlichen Voraussetzungen für einen Durchgangserwerb des Entleihers. Denn Verleiher wie der Lieferungsgläubiger wollen dem Entleiher in keiner Phase der Eigentumsübertragung den für den Erwerb erforderlichen (mittelbaren) Besitz vermitteln.

a) Zurechnung zum Entleiher in Ausnahmefällen

16.358 Eine Zurechnung der entliehenen Wertpapiere zum Entleiher würde also – wenn überhaupt – nur in den seltenen Fällen möglich sein, in denen der Entleiher entgegen dem regulären Zweck der Wertpapierleihe Eigentümer der entliehenen Wertpapiere für die Laufzeit des Leihgeschäfts bleibt. Selbst in diesem äußerst seltenen Fall dürfte jedoch die Zurechnung zum Entleiher regelmäßig nicht in Betracht kommen. Denn mit Rücksicht auf die dem **Verleiher** verbliebene Rechtsstellung **als wirtschaftlicher Eigentümer** hat der Entleiher die vertragliche Nebenpflicht, die Stimmrechte nicht auszuüben, um die berechtigten Interessen des Verleihers hinsichtlich der verliehenen Wertpapiere nicht zu beeinträchtigen[498].

16.359 Etwas anderes hätte nur zu gelten, wenn der Entleiher mit dem Verleiher vereinbaren würde, die Stimmrechte im eigenen Interesse auszuüben und auch die Absicht zu einer solchen Stimmrechtsausübung bekundet. Hier käme die dem § 22 Abs. 1 Nr. 4 WpHG zugrundeliegende Wertungsentscheidung zum Tragen, wonach die dem Sicherungsgeber als wirtschaftlicher Eigentümer grundsätzlich zuzurechnenden Stimmrechte ausnahmsweise dem Sicherungsnehmer zuzurechnen sind, wenn dieser aufgrund Absprache mit dem Sicherungsgeber die Stimmrechte selbst ausüben will[499]. Dasselbe muß gelten, wenn der Entleiher die Stimmrechtsausübung beabsichtigt und dies mit dem Verleiher vereinbart.

b) Zurechnung zum Verleiher

16.360 Soweit der **Entleiher** entgegen dem Zweck der Wertpapierleihe **ausnahmsweise Eigentümer** der entliehenen Wertpapiere während der Laufzeit des Leihgeschäfts bleibt, andererseits aber die Stimmrechte soll nicht ausüben dürfen, kommt eine Zurechnung der Stimmrechte zum Verleiher aufgrund der Zurechnungsnorm des § 22 Abs. 1 Nr. 1 WpHG in Betracht[500]. Danach erfolgt eine Zurechnung, wenn die Aktienurkunden im Eigentum eines Dritten stehen, der jedoch hierbei für Rechnung des Meldepflichtigen handelt. Denn der Verleiher bleibt ungeachtet seines

---

498 Vgl. hierzu *Kümpel/Peters*, AG 1994, 525, 529; *Kümpel*, Bank- und Kapitalmarktrecht, Rn 5/357 ff.; a.A. *Burgard*, BB 1995, 2069, 2073.
499 *Schneider* in Assmann/Schneider, WpHG, § 22 Rn 90.
500 *Steuer/Baur*, WM 1996, 1477, 1483.

Eigentumsverlustes wirtschaftlicher Eigentümer der verliehenen Wertpapiere[501].

Mit Rücksicht auf die üblichen Standardverträge der Praxis hat der Verleiher eine wirtschaftlich vergleichbare Rechtsstellung wie beim Abschluß eines Leihvertrages im rechtlichen Sinne, bei dem der überlassene Gegenstand nicht aus dem Vermögen des Verleihers ausscheidet[502]. Aufgrund dieses wirtschaftlichen Eigentums würde in unserem Beispiel der Entleiher die Wertpapiere für Rechnung des Verleihers halten, wie es die Zurechnungsnorm des § 22 Abs. 1 Nr. 1 WpHG tatbestandsmäßig voraussetzt.

16.361

Soweit dagegen der Entleiher wie im Regelfall die entliehenen Wertpapiere zur Erfüllung einer eigenen Lieferverbindlichkeit an seinen Lieferungsgläubiger weiterleitet, kommt eine Zurechnung an den Verleiher nicht in Betracht. Der Verleiher hat zwar aufgrund des Verleihgeschäfts einen Anspruch auf Rückübereignung einer entsprechenden Anzahl von Wertpapieren. Diese schuldrechtliche Rechtsposition reicht aber nicht aus, eine Zurechnung der entliehenen Wertpapiere aufgrund der Zurechnungsnorm des § 22 Abs. 1 Nr. 6 WpHG vorzunehmen. Danach **genügt es für die Zurechnung,** wenn der Meldepflichtige die Aktienurkunde mit den darin verbrieften Mitgliedschaftsrechten „durch einseitige Willenserklärung" erwerben kann. Dies erfordert nach der bei Straf- und Bußgeldtatbeständen gebotenen restriktiven Gesetzesauslegung, daß dem **Meldepflichtigen ein jederzeitiger (Rück-)Erwerb** durch einseitige Willenserklärung ohne Mitwirkung des Eigentümers möglich sein muß. Der Verleiher ist jedoch beim Rückerwerb der verliehenen Wertpapiere darauf angewiesen, daß ihm der Entleiher als Darlehensschuldner in derselben Anzahl Wertpapiere derselben Gattung übereignet[503]. Hierzu muß der Entleiher bei der Schaffung der erforderlichen rechtsgeschäftlichen und besitzrechtlichen Voraussetzungen mitwirken, wenn er sich die rückzugewährenden Wertpapiere nicht sogar am Markt oder durch ein weiteres Leihgeschäft noch beschaffen muß.

16.362

III. Zurechnung von Stimmrechten

§ 22 WpHG enthält verschiedene Sachverhalte, bei denen dem Meldepflichtigen Stimmrechte zuzurechnen sind, ohne daß er rechtsformaler

16.363

---
501 *Prahl/Naumann,* WM 1992, 1173, 1178.
502 Vgl. hierzu die Ausführungen zur Wertpapierleihe im 1. Abschnitt des 13. Teils.
503 A.A. *Schneider* in Assmann/Schneider, WpHG, § 22 Rn 50; *Burgard,* BB 1995, 2069, 2074.

Eigentümer der Aktienurkunden und damit Inhaber der darin verbrieften Aktienrechte mit den dazugehörigen Stimmrechten ist. Hierdurch sollen auch sonstige Stimmrechtseinflüsse transparent werden.

16.364 Die Meldepflicht wird im übrigen auch dann begründet, wenn die Schwellenzahlen allein durch solche zuzurechnenden Stimmen erreicht wird[504]. Denn nach der Grundnorm des § 21 Abs. 1 S. 1 WpHG ist es für die Meldepflicht ausreichend, daß durch Erwerb oder „auf sonstige Weise" die relevanten Prozentzahlen erreicht werden. Hierunter fallen auch die Zurechnungstatbestände des § 22 WpHG[505]. Dem **Meldepflichtigen brauchen also keine Aktien selbst zu gehören**[506].

1. Kontrollierte Unternehmen

16.365 Zugerechnet werden die Stimmrechte aus Aktien, die einem Unternehmen gehören, die der Meldepflichtige kontrolliert. Erfaßt wird sowohl der Fall der unmittelbaren Kontrolle, die eine Muttergesellschaft über die Tochtergesellschaft ausübt, als auch die mittelbare Einflußnahme durch die Muttergesellschaft mittels ihrer Tochtergesellschaft auf ein abhängiges drittes Unternehmen.

16.366 Soweit der Meldepflichtige zu einem Konzern gehört, können die Mitteilungspflichten auch von der Muttergesellschaft oder bei einem mehrgliedrigen Konzern von der Konzern„spitze" erfüllt werden (§ 4 WpHG). Dabei muß für den gesamten Konzernbesitz auch Name und Anschrift der Tochterunternehmen sowie der Prozentsatz der gehaltenen Stimmrechtsanteile mitgeteilt werden[507].

a) Begriff des kontrollierten Unternehmens

16.367 Ein **kontrolliertes Unternehmen ist ein Unternehmen,** (1) bei dem dem Meldepflichtigen unmittelbar oder mittelbar die Mehrheit der Stimmrechte der Aktionäre oder Gesellschafter zusteht, (2) als Aktionär oder Gesellschafter das Recht zusteht, die Mehrheit der Mitglieder des Verwaltungs-, Leitungs- oder Aufsichtsorgans zu bestellen oder abzuberufen, oder (3) als Aktionär oder Gesellschafter aufgrund einer mit anderen Aktionären oder Gesellschaftern dieses Unternehmens getroffenen Vereinbarung die Mehrheit der Stimmrechte allein zusteht (§ 22 Abs. 3 WpHG). Dieser Konzernbegriff orientiert sich an dem auch § 290 Abs. 2 HGB zugrundeliegenden englischen „Control-Konzept", dessen Reichwei-

---
504 *Hüffer*, AktG, 3. Aufl., 1997, Anh. § 22, § 22 Rn 2.
505 Begr. des RegE des 2. FFG, BT-Drucksache 12/6679, S. 53.
506 *Schneider* in Assmann/Schneider, WpHG, § 21 Rn 61.
507 *Nottmeier/Schäfer*, WM 1996, 513, 516.

te von der Wahl der Rechtsform unabhängig ist[508]. Es ist also unerheblich, ob eine Abhängigkeit im Sinne des § 17 AktG oder ein Konzern gemäß § 18 AktG gegeben ist.

Fraglich ist, ob die Mehrheit der Stimmrechte entsprechend § 290 Abs. 2 Nr. 1 HGB rechtlich abgesichert sein muß oder ob eine bestehende faktische Mehrheit („Präsenzmehrheit") ausreicht[509]. Einvernehmen besteht, daß eine nur einmalige Stimmenmehrheit nicht genügt. Die **Präsenzmehrheit muß,** wenn sie schon für ausreichend gehalten wird, **zumindest regelmäßig gegeben sein**[510]. 16.368

Unklar ist, ob dem Meldepflichtigen auch die Stimmrechte aus Aktien zuzurechnen sind, an denen ein Nießbrauch zwar nicht zu seinen Gunsten, wohl aber zugunsten eines Unternehmens bestellt ist, das der Meldepflichtige kontrolliert. Sinn und Zweck der Zurechnungstatbestände dürften für eine solche Zurechnung sprechen[511]. 16.369

b) Investmentgesellschaften des KAGG keine kontrollierten Unternehmen

Die Investmentgesellschaften im Sinne des Gesetzes über Kapitalanlagegesellschaften (KAGG) sind hinsichtlich der von ihnen verwalteten Sondervermögen keine kontrollierten Unternehmen (§ 10 Abs. 1a S. 1 KAGG). Hierdurch wird erreicht, daß die Fondspapiere melderechtlich nicht den die Investmentgesellschaften beherrschenden Unternehmen zugerechnet werden[512]. 16.370

Bei der Novellierung des KAGG durch das 2. Finanzmarktförderungsgesetz ist zugleich klargestellt worden, daß die Stimmrechte aus den Aktien des Fondsvermögens auch den Anteilinhabern nicht zugerechnet werden unabhängig davon, ob das Fondsvermögen nach den Vertragsbedingungen im Eigentum der Anteilinhaber oder im Treuhandeigentum der Investmentgesellschaft steht (§ 10 Abs. 1a S. 2 KAGG). Eine solche Zurechnung wäre nicht sachgerecht, weil die Anteilinhaber keinen Einfluß auf die Stimmrechtsausübung durch die Investmentgesellschaft haben[513]. 16.371

---

508 Begr. des RegE des 2. FFG, BT-Drucksache 12/6679, S. 54.
509 *Burgard,* BB 1995, 2069, 2074.
510 *Burgard,* BB 1995, 2069, 2074; *Schneider* spricht von einer dauerhaften Präsenzmehrheit (in Assmann/Schneider, WpHG, § 22 Rn 56).
511 *Schneider* in Assmann/Schneider, WpHG, § 22 Rn 9.
512 Begr. des RegE des 2. FFG, BT-Drucksache 12/6679, S. 81.
513 Beschlußempfehlung und Bericht des Finanzausschusses des Deutschen Bundestages, BT-Drucksache 12/7918, S. 116.

2. Poolvereinbarungen

16.372 Zugerechnet werden ferner Stimmrechte aus Aktien, die einem Dritten gehören, mit denen der Meldepflichtige oder ein von ihm kontrolliertes Unternehmen eine Vereinbarung getroffen hat, die beide verpflichtet, langfristig gemeinschaftliche Ziele bezüglich der Geschäftsführung der börsennotierten Gesellschaft zu verfolgen, indem sie ihre Stimmrechte einvernehmlich ausüben. Bei diesen Vereinbarungen handelt es sich um **Stimmrechtsbindungs-, Stimmrechtsüberlassungs- und Poolverträge**[514]. Es genügt, wenn die gemeinschaftlichen Ziele durch eine entsprechende Mitwirkung an der Bestellung der Aufsichtsratsmitglieder sowie durch sonstige Einflußnahmen verfolgt werden. „Langfristig" erfordert, daß die Verabredung auf eine Periode von mindestens zwei Hauptversammlungen angelegt ist[515].

a) Wechselseitige Zurechnung

16.373 Die Stimmrechte werden wechselseitig zugerechnet. Bündeln z.B. zwei Vertragspartner jeweils fünf Prozent, so müssen **beide** das Erreichen der Meldeschwelle von 10 Prozent mitteilen. Die Zurechnung der Stimmrechte zum Meldepflichtigen absorbiert also nicht die Stimmrechte des Dritten mit der Folge, daß nur der Meldepflichtige und nicht auch der Dritte mitteilungspflichtig ist[516].

16.374 Umstritten ist, ob diese **doppelte Meldepflicht** auch bei den anderen Zurechnungstatbeständen gilt mit der Folge, daß sowohl die Person, die als Eigentümer der Aktienurkunde Aktionär ist, wie auch die Person meldepflichtig ist, der die Stimmrechte aus diesen Aktien gemäß § 22 WpHG zugerechnet werden[517].

16.375 Damit jeweils das Zustandekommen des Gesamtprozentsatzes der Stimmrechte transparent wird, sind in den Mitteilungen an das Bundesaufsichtsamt für den Wertpapierhandel und der börsennotierten Gesellschaft die Stimmrechte getrennt nach den einzelnen Zurechnungstatbeständen anzugeben (§ 22 Abs. 2 WpHG).

---

514 Begr. des RegE des 2. FFG, BT-Drucksache 12/6679, 53; *Schneider* in Assmann/Schneider, WpHG, § 22 Rn 71; vgl. weiter *Happ*, JZ 1994, 240, 244.
515 *Schneider* in Assmann/Schneider, WpHG, § 22 Rn 78.
516 *Hüffer*, AktG, 3. Aufl., 1997, Anh. § 22 Rn 6.
517 Diese Absorption bejaht *Hüffer*, AktG, 3. Aufl., 1997, Anh. § 22, § 22 Rn 6; verneinend *Schneider* in Assmann/Schneider, WpHG, § 21 Rn 61.

b) Familien-Pools

Diese **wechselseitige Zurechnung** erfolgt auch bei Familien-Pools, wenn die Familienmitglieder ihre Aktien selbst halten und einen Stimmrechtsbindungsvertrag abgeschlossen haben[518]. Zur Vermeidung eines kostenträchtigen Arbeitsaufwandes kann die Mitteilung durch die Poolleitung erfolgen, die sich hierzu von allen Poolmitgliedern bevollmächtigen lassen muß. Die Veröffentlichung von Kleinstaktionären, wie sie häufig bei großen Familienpools aufgrund Erbganges und Heirat anzutreffen sind, haben regelmäßig nur geringen Informationswert. Hier kommt eine Befreiung von der Veröffentlichungspflicht gemäß § 25 Abs. 4 WpHG in Betracht[519].

16.376

3. Halten für Rechnung des Meldepflichtigen

Eine **weitere Zurechnungsnorm** betrifft die Fälle, in denen rechtsformaler Eigentümer der Aktienurkunden zwar ein Dritter ist, dieser aber die in den Wertpapieren verbrieften Aktienrechte für Rechnung des Meldepflichtigen oder eines von dem Meldepflichtigen kontrollierten Unternehmens hält. Dieser gesetzliche Tatbestand ist erfüllt, wenn der Meldepflichtige im Innenverhältnis zum Dritten die wirtschaftlichen Chancen und Risiken trägt[520]. Zu den Risiken der Aktie gehören insbesondere das Bestandsrisiko, das Markt-(Kurs-)Risiko und das Dividendenrisiko[521].

16.377

Ein solches Halten der Aktienrechte für Rechnung des Meldepflichtigen begründet regelmäßig ein **Treuhandverhältnis**[522]. Bei einem solchen Auseinanderfallen von rechtsformaler Mitgliedschaft und Zuordnung der wirtschaftlichen Chancen und Risiken hat der Mitteilungspflichtige typischerweise auch die rechtliche Möglichkeit, den formalen Rechtsinhaber anzuweisen, wie dieser die Stimmrechte auszuüben hat[523]. Denn dem Treugeber steht bei solchen Treuhandverhältnissen regelmäßig das auftragsrechtliche Weisungsrecht im Sinne des § 665 BGB zu. Die Rechtsbeziehungen zwischen Treugeber und Treuhänder sind bei Entgeltlichkeit als entgeltlicher Geschäftsbesorgungsvertrag und bei Unentgeltlichkeit als Auftrag zu qualifizieren[524]. Auch auf solche Geschäftsbesorgungsver-

16.378

---

518 *Jäger*, WM 1996, 1356; *Hopt*, ZGR 1997, 1, 26 ff.
519 *Schneider* in Assmann/Schneider, WpHG, § 22 Rn 87; vgl. weiter *Jäger*, WM 1996, 1356, 1358.
520 LG Hannover WM 1992, 1239, 1243.
521 *Schneider* in Assmann/Schneider, WpHG, § 22 Rn 24.
522 Begr. des RegE des 2. FFG, BT-Drucksache 12/6679, S. 53.
523 *Schneider* in Assmann/Schneider, WpHG, § 22 Rn 25.
524 *Palandt/Sprau*, § 675 Rn 6.

träge ist Auftragsrecht anwendbar (§ 675 BGB), das dem Meldepflichtigen als Auftraggeber ein umfassendes Weisungsrecht verschafft.

16.379 Umstritten ist die Anwendbarkeit dieser Zurechnungsnorm auf **Vermögensverwaltungsgesellschaften und sog. Vorschalt-GmbHs**, die häufig von mehreren Unternehmen zur Ausnutzung des steuerlichen Schachtelprivilegs betrieben werden. Sind diese Gemeinschaftsunternehmen auch anderweitig unternehmerisch tätig, so erfolgt regelmäßig keine Zurechnung. Hier fehlt es an einem „Halten für fremde Rechnung". Ist dagegen die Beteiligung an einer börsennotierten Gesellschaft ausschließlicher Zweck, kommt eine Zurechnung in Betracht. Diese ist aber nur geboten, soweit der Meldepflichtige einen ausreichenden Einfluß auf das Stimmrechtsverhältnis des Gemeinschaftsunternehmens hat. Sodann dürfte das Gemeinschaftsunternehmen zugleich ein kontrolliertes Unternehmen im Sinne des § 22 Abs. 1 Nr. 2 WpHG sein[525].

4. Sicherungsübereignete Aktien

16.380 Die Meldepflicht entfällt grundsätzlich nicht dadurch, daß die Aktien einem Dritten als Sicherheit übertragen werden. Etwas anderes gilt nur, wenn der Sicherungsnehmer ausnahmsweise zur Ausübung der Stimmrechte befugt sein soll und auch die Absicht der Stimmrechtsausübung bekundet. Dabei ist es gleichgültig, ob der Aktionär die Aktien dem Sicherungsnehmer verpfändet oder als Sicherheit übereignet hat[526].

16.381 Der Pfandgläubiger kann mangels Eigentum an den Wertpapierurkunden ohnehin nicht über die Stimmrechte aus den darin verbrieften Aktien verfügen. Der Sicherungsübertragung, die dem Sicherungsnehmer rechtsformales Wertpapiereigentum verschafft, liegt dagegen ein Treuhandverhältnis zugrunde. Dieses Treuhandverhältnis dient zwar im Unterschied zu den von § 22 Abs. 1 Nr. 1 WpHG erfaßten Treuhandverhältnissen nicht allein den Interessen des Meldepflichten. Das einer Sicherungsübereignung zugrundeliegende Treuhandverhältnis ist also „eigennützig". Diese „Eigennützigkeit" schließt jedoch nicht aus, daß der Sicherungsnehmer verpflichtet ist, **auch die Interessen des Treugebers zu wahren,** soweit dies mit dem Sicherungszweck vereinbar ist. Denn der Sicherungsgeber hat aufgrund des Sicherungsvertrages einen durch die Tilgung der

---

525 Vgl. hierzu *Falkenhagen,* WM 1995, 1005, 1006; *Burgard,* BB 1995, 2069, 2072, 2073; *Schneider* in Assmann/Schneider, WpHG, § 22 Rn 37 ff.
526 Begr. des RegE des 2. FFG, BT-Drucksache 12/6679, S. 53.

Forderung aufschiebend bedingten Anspruch auf Rückgewähr des Sicherungsgutes[527].

Diese treuhänderische Gebundenheit des Sicherungsnehmers gebietet es, die Stimmrechte grundsätzlich dem Sicherungsgeber ohne Rücksicht auf die Rechtskonstruktion der Sicherheitsleistung zuzurechnen. Dies um so mehr, als die Sicherungsübereignung das nach unserer Rechtsordnung nicht zugelassene besitzlose Pfandrecht ersetzt, bei dem die Stimmrechte zweifelsfrei dem Verpfänder als Sicherungsgeber zustehen.

16.382

Dem Sicherungsgeber kann die Ausübung der Stimmrechte durch eine **Stimmrechtsvollmacht** ermöglicht werden. Eine andere Alternative ist die **Stimmrechtsermächtigung**. Hier kann der Meldepflichtige als Ermächtigter im eigenen Namen das Stimmrecht ausüben (Legitimationszession) – vgl. § 129 Abs. 3 AktG[528].

16.383

5. Nießbrauchbestellung

Bei der Bestellung eines Nießbrauches an Aktien ist es umstritten, wem das Stimmrecht zusteht[529]. Entsprechend den Vorgaben **des Art. 7 der EG-Transparenzrichtlinie** ist eine Zurechnung zur Person des meldepflichtigen Nießbrauches erfolgt. Die aktienrechtliche Streitfrage soll aber durch diese Zurechnungsnorm nicht präjudiziert werden[530].

16.384

6. Erwerbsmöglichkeit aufgrund einseitiger Willenserklärung des Meldepflichtigen

Die Reichweite dieser Zurechnungsnorm ist umstritten. Einvernehmen besteht, daß es für die Meldepflicht ausreichend ist, wenn die für den Eigentumserwerb erforderlichen sachenrechtlichen Voraussetzungen (§§ 929 ff. BGB) soweit geschaffen sind, daß der Eigentumsübergang nur noch von einer einseitigen Willenserklärung des Meldepflichtigen abhängt.

16.385

Der Meldepflichtige muß also den hierfür benötigten unmittelbaren Besitz oder zumindest ein Besitzsurrogat (§§ 930, 931 BGB) erlangt haben. Im übrigen muß der Eigentümer seine Willenserklärung für die gemäß § 929 Satz 1 BGB erforderliche

16.386

---

527 BGH WM 1989, 210, 211 für die Sicherungsgrundschuld; vgl. weiter *Kümpel*, Bank- und Kapitalmarktrecht Rn 6/218, 296.
528 *Lwowski*, Das Recht der Kreditsicherung, 7. Aufl., 1994, Rn 639 für die Sicherungsübertragung eines GmbH-Anteils.
529 Vgl. die Übersicht bei Kölner Komm. zum AktG/*Zöllner*, § 134 Rn 15.
530 Begr. des RegE des 2. FFG, BT-Drucksache 12/6676, S. 53, 54.

Einigung über den Eigentumsübergang bindend abgegeben haben. Sodann ist es unerheblich, ob die von § 22 Abs. 1 Nr. 6 WpHG erfaßte Rechtsposition des Meldepflichtigen durch eine von ihm jederzeit annehmbare bindende Übereignungsofferte des Veräußerers geschaffen[531] oder ein aufschiebend bedingter Eigentumserwerb mit der Maßgabe vereinbart worden ist, daß der Eigentumsübergang durch eine einseitige Willenserklärung des Meldepflichtigen herbeigeführt werden kann. In beiden Fällen bedarf es keiner Willenserklärung des Veräußerers mehr, damit der Meldepflichtige das Eigentum an den Aktienurkunden und hierdurch die mit den verbrieften Aktienrechten verknüpften Stimmrechte erwerben kann.

16.387 Nach einem Teil des Schrifttums erfaßt jedoch der Tatbestand des § 22 Abs. 1 Nr. 6 WpHG auch die Fälle, in denen es nicht mehr von dem Willen des Eigentümers abhängt, ob der **Meldepflichtige die Übertragung nur verlangen kann**[532]. Der gesetzliche Tatbestand sei deshalb wie folgt zu lesen: „die der Meldepflichtige oder ein von ihm kontrolliertes Unternehmen durch einseitige Willenserklärung beanspruchen kann zu erwerben"[533]. Bei dieser extensiven Interpretation würde die Zurechnungsnorm bereits auf den Abschluß schuldrechtlicher Verträge anwendbar sein und damit vor allem Kaufverträge erfassen, aufgrund deren der Käufer die Übereignung der zugrundeliegenden Aktien beanspruchen kann (§ 433 Abs. 1 BGB). Darüber hinaus wären aber auch **Optionsrechte** einschließlich der an den Terminmärkten gehandelten standardisierten Optionen erfaßt[534]. Denn mit der Ausübung einer Option wird, soweit die effektive Erfüllung nicht ausgeschlossen worden ist, ein Kaufvertrag zustande gebracht, der dem Optionsberechtigten einen schuldrechtlichen Anspruch auf Übereignung überhaupt erst verschafft.

16.388 Eine solche **rein schuldrechtliche Rechtsposition** soll aber nach dem erkennbaren Willen des Gesetzgebers **nicht erfaßt sein**[535]. Der Gläubiger eines kaufrechtlichen Übereignungsanspruches wie auch der Inhaber einer Kaufoption kann nach der sachenrechtlichen Grundnorm für die Eigentumsübereignung nur erwerben, wenn der Veräußerer die für die erforderliche Einigung über den Eigentumsübergang benötigte Willenserklärung abgibt (§ 929 S. 1 BGB). Ohne diese Willenserklärung wäre eine einseitige Willenserklärung des Erwerbers, die eine Zurechnung nach § 22 Abs. 1 Nr. 6 WpHG rechtfertigt, für den Erwerb keineswegs ausreichend. Verweigert der Verkäufer die erforderliche rechtsgeschäftliche

---
531 *Hüffer*, AktG, 3. Aufl., 1997, Anh. § 22, § 22 Rn 5.
532 Vgl. *Schneider* in Assmann/Schneider, WpHG, § 22 Rn 105.
533 *Burgard*, BB 1995, 2069, 2076.
534 *Schneider* in Assmann/Schneider, WpHG, § 22 Rn 100, 104; *Burgard*, BB 1995, 2069, 2076.
535 *Steuer/Bauer*, WM 1996, 1477, 1484.

Mitwirkung bei der zunächst nur schuldrechtlich abgesicherten Übereignung, so muß der Käufer die hierzu benötigte Willenserklärung notfalls über mehrere Gerichtsinstanzen einklagen, damit diese durch ein rechtskräftiges Urteil ersetzt werden kann (§ 894 Abs. 1 S. 1 ZPO).

Die Zurechnung nach § 22 Abs. 1 Nr. 6 WpHG soll nach den Gesetzesmaterialien zum 2. Finanzmarktförderungsgesetz jedoch nur verhindern, daß Aktienbestände zur Umgehung der Meldepflicht einem Dritten derart übertragen werden, daß dem bisherigen Aktionär der **„einseitige Rückerwerb" jederzeit möglich ist**[536]. Nur ein solcher Handlungsspielraum verschafft dem Meldepflichtigen eine ausreichende Zugriffsmöglichkeit auf Wertpapierurkunden, die eine Zurechnung der darin mitverbrieften Stimmrechte zur Vermeidung von Umgehungen, wie sie § 22 Abs. 1 Nr. 6 WpHG im Auge hat, rechtfertigen kann. Ein solcher kurzfristiger Erwerb ohne rechtsgeschäftliche Mitwirkung des Dritten ist aber nur möglich, wenn der Dritte bereits eine ihn bindende Übereignungsofferte erklärt hat oder eine aufschiebend bedingte Übereignung vorgenommen worden ist, wobei es für den Eintritt der vereinbarten Bedingung keinerlei Mitwirkung des Dritten mehr bedarf.

16.389

Gegen eine extensive Auslegung des § 22 Abs. 1 Nr. 6 WpHG spricht im übrigen, daß es sich bei der Nichterfüllung der Mitteilungspflicht um eine Ordnungswidrigkeit handelt, die mit einer Geldbuße bis zu DM 500 000 geahndet werden kann (§§ 39 Abs. 1 Nr. 1c, Abs. 3 WpHG). Auch für solche bußgeldbewehrten Ordnungswidrigkeiten gilt das verfassungsrechtlich geschützte Bestimmtheitsgebot (§ 3 OWiG), wonach die Bußgeldandrohung für die Normadressaten erkennbar und vorhersehbar sein muß[537]. Würde § 22 Abs. 1 Nr. 6 WpHG bereits auf schuldrechtliche Übereignungsansprüche und Kaufoptionen anwendbar sein, um Vermeidungsstrategien im Interesse einer weitestmöglichen Transparenz begegnen zu können, so ergäben sich auch verfassungsrechtliche Bedenken gegen die Wirksamkeit dieser Zurechnungsnorm. Denn die erforderliche Erkennbarkeit und Vorhersehbarkeit der Bußgeldandrohung schließt eine Gesetzesauslegung aus, die über den aus der Sicht des Bürgers möglichen Wortsinn des gesetzlichen Tatbestandes einer Ordnungswidrigkeit hinausgeht[538].

16.390

a) Richtlinienkonforme Auslegung

Diese restriktive Auslegung der Zurechnungsnorm steht auch nicht im Widerspruch zu der hierdurch umgesetzten Regelung der EG-Transparenzrichtlinie (Art. 7, 7. Spiegelstrich), wonach Stimmrechte zuzurech-

16.391

---
536 Begr. des RegE des 2. FFG, BT-Drucksache 12/6679, S. 54; *Weber*, NJW 1994, 2849, 2855; *Hüffer*, AktG, 3. Aufl., 1997, Anh. § 22, § 22 Rn 5.
537 BVerfGE 71, 114, 115.
538 BVerfGE 71, 114, 115.

nen sind, die der Meldepflichtige „aufgrund einer förmlichen Vereinbarung durch einseitige Willenserklärung erwerben kann". In Art. 2 dieser EG-Richtlinie heißt es zwar, der Erwerb einer Beteiligung sei „nicht nur der Kauf einer solchen Beteiligung, sondern auch jeder sonstige Erwerb ungeachtet seines Rechtsgrundes oder des angewandten Verfahrens". Daraus kann aber nicht geschlossen werden, daß auch nach deutschem Recht schon der Abschluß eines schuldrechtlichen Rechtsgeschäfts in Gestalt eines Kaufvertrages für einen Erwerb ausreicht. Denn verschiedene ausländische Rechtsordnungen wie z.B. in Frankreich differenzieren im Unterschied zum deutschen Recht nicht zwischen dem (kausalen) schuldrechtlichen Kaufvertrag und der (abstrakten) dinglichen Übereignung zur Erfüllung der aus dem Kaufvertrag resultierenden Übereignungsverpflichtung[539]. Wenn deshalb Art. 2 EG-Transparenzrichtlinie von „Kauf und auch jedem sonstigen Erwerb ungeachtet seines Rechtsgrundes" spricht, so ergibt sich aus dieser **Gleichsetzung von „Kauf" und „Erwerb"**, daß der **Begriff Kauf** nicht im Sinne eines schuldrechtlichen Kaufvertrages, sondern **nur als „Rechtsgrund"** des zurechenbaren Erwerbs gemeint ist[540].

16.392 **Für diese Auslegung spricht** im übrigen auch die englische Fassung dieser Zurechnungsnorm: „is entitled to acquire on his own initiative alone". Solange nur eine Kaufoption oder ein Übereignungsanspruch aus einem schuldrechtlichen Kaufvertrag besteht, kann der Erwerb der Aktien und damit die Einflußmöglichkeit auf die damit verknüpften Stimmrechte nicht schon durch einseitige „Eigeninitiative" des Optionskäufers oder Lieferungsgläubigers herbeigeführt werden. Bei einer Verweigerung des Verkäufers bedarf es vielmehr unter Umständen eines langwierigen Erstreitens eines die erforderliche Übereignungserklärung ersetzenden rechtskräftigen Gerichtsurteils[541].

b) Gesetzesanwendung auf Vermeidungsstrategien

16.393 Schließlich werden Umgehungen des Transparenzgebotes, denen auch mit der Zurechnungsnorm des § 22 Abs. 1 Nr. 6 WpHG entgegengewirkt werden soll[542], häufig an anderen Zurechnungsnormen scheitern. Dies gilt vor allem für den Fall, daß dem Optionskäufer oder dem Lieferungsgläubiger aufgrund einer Sonderabsprache schon vor der Eigentumsübertragung die Möglichkeit der Ausübung der mit den zu übereignenden Aktien verknüpften Stimmrechte verschafft wird. Wie der Wertungsentscheidung für die weisungsfreie Stimmrechtsausübung durch Wertpapierverwahrer (§ 22 Abs. 1 Nr. 7 WpHG) entnommen werden kann, soll es für

---

539 *Schneider* in Assmann/Schneider, WpHG, § 21 Rn 43 m.w.Nachw.
540 *Burgard*, BB 1995, 2069.
541 A.A. *Burgard*, BB 1995, 2075, 2076 Fn 97.
542 Begr. des RegE des 2. FFG, BT-Drucksache 12/6679, S. 54.

die Zurechnung nicht entscheidend auf den Erwerb des Wertpapiereigentums ankommen. Ausschlaggebend soll vielmehr die Möglichkeit der Ausübung von Stimmrechten sein, wie es dem Grundgedanken des Transparenzgebotes entspricht. Schließlich werden, wie die praktischen Erfahrungen zeigen, die Begleitumstände solcher Umgehungen von Zurechnungsnormen regelmäßig ausreichen, daß in diesen Fällen die Aktien für Rechnung des Meldepflichtigen gehalten werden sollen und damit die Zurechnungsnorm des § 22 Abs. 1 Nr. 1 WpHG erfüllt ist.

7. Stimmrechte aus verwahrten Aktienurkunden

Schließlich sind auch die Stimmrechte aus Aktien hinzuzurechnen, die dem Meldepflichtigen zur Verwahrung anvertraut sind. Entscheidende Voraussetzung hierfür ist aber, daß der Meldepflichtige die Stimmrechte aus diesen Aktien nach eigenem Ermessen ausüben kann, wenn keine besonderen Weisungen des Aktionärs vorliegen. 16.394

Diese Voraussetzung ist nicht erfüllt, wenn eine Bank zur Ausübung der von ihr verwahrten Aktien bevollmächtigt ist[543]. Denn soweit der Depotkunde keine Weisungen erteilt hat, muß die Depotbank das Stimmrecht entsprechend ihren eigenen, dem Depotkunden mitzuteilenden Vorschlägen ausüben (§ 135 Abs. 5 AktG). 16.395

Die Depotbank kann zwar von ihren Vorschlägen ausnahmsweise abweichen, wenn sie annehmen durfte, daß der Depotkunde bei Kenntnis der Sachlage die abweichende Ausübung des Stimmrechts billigen würde (vgl. § 135 Abs. 5 letzter Halbsatz AktG). Diese Sachverhalte sind aber in der Praxis verhältnismäßig selten. Hierzu rechnen z.B. die Fälle, in denen in der Hauptversammlung nicht angekündigte Anträge gestellt oder angekündigte Anträge der Opposition wieder zurückgenommen werden. Eine solche Abweichung von der Kundenweisung ist auch dann zulässig, wenn dies durch die zwischenzeitlich veränderten Umstände im Kundeninteresse liegt und eine sachliche Entscheidung vom Depotkunden nicht mehr erreicht werden kann[544]. 16.396

In allen diesen **Ausnahmefällen** hat die Bank aber im Interesse des Depotkunden abzustimmen. Die gesetzliche Ausgestaltung des Vollmachtsstimmrechts der Kreditinstitute dient vor allem dem Ziel, die Banken von 16.397

---

543 Dies stellt die Begründung des RegE des 2. FFG ausdrücklich klar (BT-Drucksache 12/6679, S. 54).
544 *Obermüller/Werner/Winden*, Die Hauptversammlung der Aktiengesellschaften, 16. Aufl., 1967, S. 108.

dem Verdacht zu befreien, daß sie das Stimmrecht im eigenen Interesse ausübten[545].

IV. Nichtberücksichtigung von Stimmrechten

16.398 Das Bundesaufsichtsamt für den Wertpapierhandel kann auf schriftlichen Antrag einem zur Teilnahme am Handel an einer Börse im Europäischen Wirtschaftsraum (EWIR) zugelassenen Wertpapierdienstleistungsunternehmen gestatten, Stimmrechte aus Aktien der börsennotierten Gesellschaft bei der Berechnung des Stimmrechtsanteils unberücksichtigt zu lassen, wenn der Antragsteller die betreffenden Aktien im Handelsbestand hält oder zu halten beabsichtigt, und darlegt, daß mit dem Erwerb der Aktien keine Einflußnahme auf die Geschäftsführung der Gesellschaft beabsichtigt ist (§ 23 Abs. 1 WpHG). Diese Nichtberücksichtigung der Stimmrechte ist geboten, weil regelmäßig ein ständiger Wechsel im Handelsbestand folgt und hiermit auch keine Dauerlage verfolgt wird. Die Ausnahmegenehmigung kann daher vom Bundesaufsichtsamt für den Wertpapierhandel nicht nur für den Einzelfall, sondern auch global erteilt werden[546].

16.399 Eine Ausnahmeregelung kann auch von anderen Unternehmen beantragt werden, wenn sie wie insbesondere die Versicherungsunternehmen solche Handelsbestände unterhalten. Im Unterschied zu den zum Börsenhandel zugelassenen Unternehmen können jedoch die anderen Unternehmen nur eine Befreiung für die Meldeschwelle von 5% der Stimmrechte beantragen.

16.400 Hierdurch wird **dem Umstand Rechnung getragen,** daß die EG-Transparenz-Richtlinie nur Ausnahmen für den Handelsbestand von Kreditinstituten und Wertpapierfirmen vorsieht, dafür aber – im Unterschied zum WpHG – die Meldepflicht erst bei 10% der Stimmrechte beginnen läßt. Der deutsche Gesetzgeber war daher bei der Zuerkennung eines Handelsbestandes bis zu der Meldeschwelle von 10% frei und konnte ihn auch Nichtbanken zubilligen.

16.401 **Voraussetzung für die Befreiung ist,** daß der Antragsteller die betreffenden Aktien hält oder zu halten beabsichtigt, um bestehende oder erwartete Unterschiede zwischen dem Erwerbspreis und dem Veräußerungspreis kurzfristig zu nutzen (§ 23 Abs. 2 Nr. 1 WpHG). In dem Befreiungsantrag sind die Abgrenzungskriterien und organisatorischen Maßnahmen zur

---

545 *Geßler/Hefermehl/Eckardt,* § 135 Rn 2 unter Bezugnahme auf die Gesetzesmaterialien.
546 Begr. des RegE des 2. FFG, BT-Drucksache 12/6679, S. 54.

Identifikation dieses Aktienbestandes darzulegen. Im übrigen ist zu bestätigen, daß mit dem Erwerb der Aktien nicht beabsichtigt ist, auf die Geschäftsführung der Gesellschaft Einfluß zu nehmen (§ 23 Abs. 2 Nr. 2 WpHG).

Die **Abgrenzung des Handelsbestandes vom Anlagebestand** kann in Anlehnung an die einschlägigen Gesetzesbestimmungen und die Handhabung bei Banken erfolgen. Es kann deshalb nach der Zweckbestimmung eine Trennung in Wertpapiere des „Dauerbestandes" und Wertpapiere des „Handelsbestandes" vorgenommen werden. Voraussetzung hierfür dürfte ein aktenkundiger Beschluß des zuständigen Organs über die jeweilige Zweckbestimmung der Wertpapiere und eine entsprechende eindeutig nachprüfbare Kontierung in zwei Kategorien sein. 16.402

Es braucht mit den Wertpapieren des Handelsbestandes zwar nicht ständig gehandelt zu werden. Notwendig ist es aber, die Aktien mit der Absicht zu halten, im Rahmen der bestehenden Kurserwartungen auf Preisänderungen auch kurzfristig zu reagieren. Findet deshalb über lange Zeiträume trotz größerer Kursänderung kein Trading in Aktien des Handelsbestandes statt, so sollte der Antragsteller in der Lage sein darzustellen, daß er die Zuordnung der Aktien zum Handelsbestand gleichwohl mit der Absicht vorgenommen hat, bestehende oder erwartete Unterschiede zwischen dem Erwerbspreis und dem Veräußerungspreis kurzfristig zu nutzen. Dies ist schon wegen der Kontrolle durch den Abschlußprüfer erforderlich, der das Ergebnis seiner Prüfung in einem Vermerk festzustellen hat, der von dem Versicherungsunternehmen unverzüglich dem Bundesaufsichtsamt vorzulegen ist (§ 23 Abs. 3 WpHG). 16.403

5. Abschnitt
Verhaltensregeln des Wertpapierhandelsgesetzes

16.404 Das WpHG enthält in einem besonderen Abschnitt (4) „Verhaltensregeln" für Wertpapierdienstleistungsunternehmen, zu denen insbesondere die Kreditinstitute mit ihrem Effektengeschäft gehören. Diese Verhaltensregeln gelten nicht nur, wenn die Bank einen Kommissionsauftrag für ihren Kunden auszuführen hat, sondern auch bei Festgeschäften mit dem Kunden. Der Begriff der **Wertpapierdienstleistung** umfaßt das Kommissionsgeschäft und das Eigenhändlergeschäft[547]; die Festgeschäfte sind an die Stelle der bisherigen Eigenhändlergeschäfte getreten – Rn 10.189.

16.405 Die Wertpapierdienstleistungen im Effektengeschäft beinhalten die Anschaffung und Veräußerung von Wertpapieren und sind deshalb aus der Sicht des Anlegerschutzes weitestmöglich unabhängig davon zu regeln, ob das zugrundeliegende Vertragsverhältnis zwischen Bank und Kunde ein Kommissionsverhältnis oder einen Kaufvertrag darstellt. Auch das Depotgesetz (§ 31) erklärt daher die anlegerschützenden Bestimmungen der Einkaufskommission auf die Eigenhändlergeschäfte der Bank mit ihren Effektenkunden für sinngemäß anwendbar. Der **Schutzzweck** der Verhaltensregeln des WpHG spricht ebenso dafür, diese anlegerschützenden Bestimmungen weitestmöglich auch auf die Festgeschäfte des Effektengeschäfts anzuwenden.

I. Grundsätzliches

16.406 Die Verhaltensregeln umfassen „allgemeine" und „besondere" Verhaltensregeln sowie Organisations- und Aufzeichnungspflichten (§§ 31 bis 34 WpHG)[548]. Hierdurch sind Art. 10 und 11 der EG-Wertpapierdienstleistungs-Richtlinie, die die staatlich zu überwachenden Aufsichtsregeln und die Wohlverhaltensregeln für das Kundengeschäft beinhalten, in nationales Recht umgesetzt worden[549]. Die übrigen Bestimmungen der

---

547 Begr. des RegE des 2. FFG, BT-Drucksache 12/6679, S. 39.
548 *Bliesener*, Aufsichtsrechtliche Verhaltenspflichten beim Wertpapierhandel, 1998. Zum Verhältnis der §§ 31, 32 WpHG zu den Sorgfaltspflichten des Vorstandes gemäß § 91 Abs. 2 AktG vgl. *Schwintowski*, FS Schimansky, 1999, S. 761, 769.
549 Begr. des RegE des 2. FFG, BT-Drucksache 12/7918, S. 97.

5. Abschnitt: Verhaltensregeln des Wertpapierhandelsgesetzes

Wertpapierdienstleistungs-Richtlinie sind zusammen mit der Kapitaladäquanz-Richtlinie umgesetzt worden. Dies ist durch das Gesetz zur Umsetzung von EG-Richtlinien zur Harmonisierung bank- und wertpapieraufsichtsrechtlicher Vorschriften erfolgt, das zum 1. 8. 1997 in Kraft getreten ist.

Das Bundesaufsichtsamt für den Wertpapierhandel hat zwischenzeitlich eine Richtlinie vom 26. 5. 1997 zur Konkretisierung der §§ 31 und 32 WpHG für das Kommissions-, Festpreis- und Vermittlungsgeschäft der Kreditinstitute veröffentlicht (nachfolgend **Wohlverhaltensrichtlinie**)[550]. Des weiteren hat das Bundesaufsichtsamt eine Richtlinie zur Konkretisierung der Organisationspflichten des § 33 WpHG, insbesondere zur Vermeidung von Interessenkonflikten im Sinne des § 33 Abs. 2 Nr. 2 WpHG (sog. **Compliance-Richtlinie**) vom 2. 12. 1998 erlassen[551]. 16.407

1. Anlegerschutz

Diese Verhaltensregeln und ihre staatliche Überwachung sollen gewährleisten, daß die gewerbsmäßigen Erbringer von Wertpapierdienstleistungen ihre Pflicht zur Wahrung des Kundeninteresses ordnungsgemäß erfüllen. Die Verhaltensregeln dienen daher dem Anlegerschutz als einem vorrangigen Ziel der Wertpapierdienstleistungs-Richtlinie. 16.408

Die pflichtgemäße Wahrung der Interessen der Effektenkunden ist nach *Hopt* eine der fünf Schutzrichtungen des Anlegerschutzes[552]. Der Kunde muß sein Interesse an einer ordnungsgemäßen Ausführung seiner Effektenorder durch seine Bank wahrnehmen lassen; er selbst hat aus markttechnischen Gründen keinen unmittelbaren Zugang zu den Kapitalmärkten. Mit Rücksicht auf das Risiko einer unzureichenden Interessenvertretung[553] muß daher durch angemessene Verhaltensregeln gewährleistet sein, daß Kreditinstitute als Marktintermediäre weitestmöglich im Kundeninteresse handeln. Dem Interesse des Kunden als Anleger gebührt grundsätzlich der Vorrang vor dem Eigeninteresse der Bank[554]. 16.409

Die Verhaltensregeln und ihre Überwachung haben zudem eine große Bedeutung für das **Vertrauen der Anleger in das ordnungsgemäße Funktionieren der Wertpapiermärkte**[555]. Den Effektenkunden sind regelmäßig die 16.410

---
550 Abgedruckt in *Kümpel/Ott*, Kapitalmarktrecht, Kz 631/1.
551 Abgedruckt in *Kümpel/Ott*, Kapitalmarktrecht, Kz 633/2.
552 Der Kapitalanlegerschutz im Recht der Banken, 1975, S. 337.
553 *Hopt*, Der Kapitalanlegerschutz im Recht der Banken, 1975, S. 338, 479.
554 *Canaris*, Bankvertragsrecht², Rn 1188; *Schlegelberger/Hefermehl*, § 384 Rn 14; Großkomm. zum HGB/*Koller*, § 384 Anm. 7.
555 Beschlußempfehlung und Bericht des Finanzausschusses des Deutschen Bundestages, BT-Drucksache 12/7918, S. 97.

einzelnen geschäftlichen Abläufe bei der Ausführung und Abwicklung ihrer Aufträge unbekannt. Sie haben auch keinen Einblick in die jeweilige Marktsituation, der ihnen eine Überprüfung ermöglichen könnte, ob ihre Effektenorder ordnungsgemäß abgewickelt wurden.

2. Funktionsschutz der Kapitalmärkte

16.411 Die Verhaltensregeln dienen aber nicht nur dem Anlegerschutz, sondern zugleich dem Funktionsschutz des Kapitalmarktes. Zur **Marktorganisation** gehört auch die markttechnisch bedingte Zwischenschaltung der Kreditinstitute als Intermediäre. Wird das Vertrauen der Effektenkunden in die Ordnungsmäßigkeit der Auftragsausführung durch die Kreditinstitute ernstlich erschüttert, so kann dies das reibungslose Funktionieren des Marktes beeinträchtigen. Funktionierende Kapitalmärkte sind aber für die gesamte Volkswirtschaft von größter Bedeutung. Es besteht daher ein öffentliches Interesse an den gesetzlich verankerten Verwaltungsregeln und ihrer Durchsetzung[556].

16.412 Auch hier zeigt sich, daß Anlegerschutz und Funktionsschutz des Marktes häufig miteinander verwoben sind und begrifflich nicht immer scharf auseinandergehalten werden können. Was die Anleger schützt, kann auch für das Funktionieren des Kapitalmarktes unerläßlich sein und umgekehrt[557].

3. Eingeschränkte Anwendbarkeit der Verhaltensregeln auf Börsengeschäfte

16.413 Die allgemeinen und besonderen Verhaltensregeln und die Aufzeichnungspflichten (§§ 31, 32, 34 WpHG) gelten, weil sie für die Geschäftsbeziehung zwischen Bank und Kunde bestimmt sind, grundsätzlich nicht für die an einer Börse zwischen zwei Kreditinstituten abgeschlossenen Geschäfte (§ 37 Abs. 2 WpHG). Für diese Geschäfte sollen vor allem die jeweilige Börsenordnung, die betreffenden Börsengeschäftsbedingungen und Usancen maßgeblich sein[558]. Die Überwachung der Einhaltung dieser Vorschriften und Regeln obliegt der Börsenaufsichtsbehörde[559], während

---

556 Beschlußempfehlung und Bericht des Finanzausschusses des Deutschen Bundestages, BT-Drucksache 12/7918, S. 97.
557 *Kümpel*, WM 1993, 2025.
558 Beschlußempfehlung und Bericht des Finanzausschusses des Deutschen Bundestages, BT-Drucksache 12/7918, S. 107.
559 Beschlußempfehlung und Bericht des Finanzausschusses des Deutschen Bundestages, BT-Drucksache 12/7918, S. 107.

die Kontrolle der Einhaltung der für die Geschäftsbeziehung Bank/Kunde konzipierten Verhaltensregeln dem Bundesaufsichtsamt für den Wertpapierhandel obliegt (§§ 4 Abs. 1, 35 WpHG).

a) Kommissionsrechtliche Ausführungsgeschäfte

Soweit die Kreditinstitute die Börsengeschäfte in Ausführung eines Kommissionsauftrages tätigen, finden jedoch auch auf diese Geschäfte die Aufzeichnungspflichten des § 34 WpHG Anwendung (§ 37 Abs. 2 S. 2 WpHG). Dabei ist es nach den Gesetzesmaterialien unerheblich, ob es sich um ein Deckungsgeschäft im Zusammenhang mit der Ausübung des kommissionsrechtlichen Selbsteintrittsrechts (§ 400 HGB) oder nur um ein schlichtes Ausführungsgeschäft im Sinne des § 383 HGB ohne Selbsteintritt handelt[560]. 16.414

Mit dem Inkrafttreten der AGB Wertpapiergeschäfte zu Beginn des Jahres 1995 ist das bisherige Selbsteintrittsrecht bei Effektenordern in Wertpapieren, die zum amtlichen Handel oder dem Geregelten Markt einer Wertpapierbörse zugelassen sind (vgl. Nr. 29 Abs. 1 AGB Banken a. F.), vollständig abgeschafft worden. Soweit die Kreditinstitute als Kommissionäre ihrer Effektenkunden handeln, tätigen sie im Zuge der Auftragsausführung im eigenen Namen für Rechnung der Kunden ein Ausführungsgeschäft mit einem anderen Marktteilnehmer. 16.415

Die **Dokumentations- und Aufbewahrungspflichten im Sinne des § 34 WpHG** gelten daher sowohl für das im Markt getätigte kommissionsrechtliche Ausführungsgeschäft als auch für die zwischen der Bank und dem Kunden bestehende Geschäftsbeziehung, die zuvor durch die Erteilung der Effektenorder begründet wird[561]. 16.416

b) Meldepflichten für börsliche Marktgeschäfte

Unabhängig von diesen Aufzeichnungspflichten im Sinne des § 34 WpHG haben die Kreditinstitute die Ausführungsgeschäfte an den Börsen dem Bundesaufsichtsamt für den Wertpapierhandel unverzüglich zu melden. Diese Meldepflicht, mit der zugleich Art. 20 Wertpapierdienstleistungs-Richtlinie umgesetzt wird[562], erfaßt im übrigen auch die außerbörslichen Ausführungsgeschäfte und alle Eigengeschäfte der Kreditinstitute. Nach dem WpHG (§ 9) ist dem Bundesaufsichtsamt für den Wertpapierhandel jedes Geschäft in Wertpapieren oder Derivaten, die zum Handel an einem 16.417

---

560 Beschlußempfehlung und Bericht des Finanzausschusses des Deutschen Bundestages, BT-Drucksache 12/7918, S. 107.
561 Beschlußempfehlung und Bericht des Finanzausschusses des Deutschen Bundestages, BT-Drucksache 12/7918, S. 107.
562 Begr. des RegE des 2. FFG, BT-Drucksache 12/6679, S. 43.

organisierten Markt in einem Mitgliedstaat der Europäischen Gemeinschaften oder in einem anderen Vertragsstaat des Abkommens über den Europäischen Wirtschaftsraum (EWR) zugelassen oder in den Freiverkehr einer inländischen Börse einbezogen sind, unverzüglich mitzuteilen, wenn die Kreditinstitute das Geschäft als Eigengeschäft oder im Zusammenhang mit einer Wertpapierdienstleistung abschließen, wie dies auf das kommissionsrechtliche Ausführungsgeschäft zutrifft.

16.418 Diese **Mitteilung hat auf Datenträgern oder im Wege der elektronischen Datenfernübertragung zu erfolgen.** Sie muß für jedes Geschäft die **folgenden Angaben** enthalten:

(1) Bezeichnung des Wertpapiers oder Derivats und Wertpapierkennummer,

(2) Datum und Uhrzeit des Abschlusses oder der maßgeblichen Kursfeststellung,

(3) Kurs, Stückzahl, Nennbetrag der Wertpapiere oder Derivate,

(4) die an dem Geschäft beteiligten Marktteilnehmer,

(5) die Börse oder das elektronische Handelssystem der Börse, sofern es sich um ein Börsengeschäft handelt und ein

(6) Kennzeichen zur Identifikation des Geschäfts.

16.419 Eine Beaufsichtigung des Wertpapierhandels insbesondere zur Verhinderung von Insidergeschäften gebietet es, daß das Bundesaufsichtsamt für den Wertpapierhandel laufend die notwendigen Informationen über abgeschlossene Wertpapiergeschäfte erhält und auswerten kann[563]. Die Wertpapieraufsicht müßte sich anderenfalls bei ihren Ermittlungen nur auf zufällige Informationen stützen. Eine auf bloße Zufallsfunde angewiesene Marktaufsicht wäre allenfalls punktuell und damit in nicht ausreichendem Maße in der Lage, ihre gesetzlichen Aufgaben zu erfüllen. Die Marktaufsichtsbehörde könnte nicht aus eigener Erkenntnis Sachverhalten nachgehen und würde somit nicht den Kriterien genügen, die international als Gütesiegel einer effizienten Wertpapieraufsicht gelten.

II. Allgemeine Verhaltensregeln (§ 31 WpHG)

16.420 § 31 WpHG enthält bestimmte „allgemeine" Verhaltensregeln für die Wertpapiergeschäfte der Kreditinstitute mit den Effektenkunden. Hierbei geht es um eine Konkretisierung der kommissionsrechtlichen Interessewahrungspflicht (1), die weitestmögliche Vermeidung von Interessenkonflikten (2) sowie um Informations-, Aufklärungs- und Beratungspflichten (3). Die Wohlverhaltensrichtlinie des Bundesaufsichtsamtes für den Wert-

---

[563] Begr. des RegE des 2. FFG, BT-Drucksache 12/6679, S. 43.

papierhandel vom 26. 5. 1997 enthält weitere Konkretisierungen dieser Pflichten[564]. Dies gilt insbesondere für Informations-, Beratungs- und Erkundigungspflichten.

1. Konkretisierung der kommissionsrechtlichen Interessewahrungspflicht

Als vorrangige Pflicht der Bank bestimmt § 31 Abs. 1 Nr. 1 WpHG, die Wertpapierdienstleistungen mit der erforderlichen Sachkenntnis, Sorgfalt und Gewissenhaftigkeit im Interesse ihrer Kunden zu erbringen. Diese Regelung deckt sich weitgehend mit der Pflicht des Kommissionärs, das übernommene Geschäft mit der Sorgfalt eines ordentlichen Kaufmannes auszuführen und dabei die Interessen des Kommittenten wahrzunehmen (§ 383 Abs. 1 HGB). Nach den Gesetzesmaterialien werden mit dieser Regelung die grundsätzlichen Elemente einer Wertpapierdienstleistung festgelegt[565]. Aus dieser Sicht erscheinen die §§ 31, 32 WpHG als Konkretisierung bereits bestehender privatrechtlicher Pflichten[566]. Diese Verhaltenspflichten sind nach h.M. als Schutzgesetze im Sinne des § 823 Abs. 2 BGB zu qualifizieren[567].

16.421

2. Weitestmögliche Vermeidung von Interessenkonflikten

Die Bank hat sich weiter um die Vermeidung von Interessenkonflikten zu bemühen. Bei unvermeidbaren Interessenkonflikten hat die Bank dafür zu sorgen, daß die Effektenordern unter der gebotenen Wahrung des Kundeninteresses ausgeführt werden (§ 31 Abs. 1 Nr. 2 WpHG). Schon die kommissionsrechtliche **Pflicht zur interessewahrenden Auftragsausführung** gebietet es, bereits im Vorfeld möglichen Beeinträchtigungen des Kundeninteresses durch Interessenkonflikte entgegenzuwirken. Diese Kon-

16.422

---

564 Abgedruckt in *Kümpel/Ott*, Kapitalmarktrecht, Kz 631/1.
565 Beschlußempfehlung und Bericht des Finanzausschusses des Deutschen Bundestages, BT-Drucksache 12/7918, S. 103.
566 *Horn*, ZBB 1997, 139, 150. Nach *Köndgen* gehen die Pflichten der §§ 31, 32 WpHG in das Pflichtenprogramm des mit dem Wertpapierdienstleistungsunternehmen geschlossenen Geschäftsbesorgungsvertrages ein (ZBB 1996, 361); *Schwark*, Schriftenreihe der Bankrechtlichen Vereinigung, Bd. 7, 1996, 109, 120 ff; *Balzer*, ZBB 1997, 260, 262.
567 *Koller* in Assmann/Schneider, WpHG, Vor § 31 Rn 17; *Schwark*, Das Zweite Finanzmarktförderungsgesetz in der praktischen Umsetzung, Schriftenreihe der Bankrechtlichen Vereinigung, Bd. 7, 1996, 109, 123; *Köndgen*, ZBB 1996, 361; *Horn*, ZBB 1997, 139, 149; *Balzer*, ZBB 1997, 260, 263; *Reich*, WM 1997, 1601, 1604.

flikte können sich aus gegenläufigen Interessen anderer Effektenkunden oder der Bank selbst ergeben. Unvermeidbare Interessenkonflikte zwischen verschiedenen Kunden ergeben sich z.B. bei überzeichneten Emissionen oder ganz allgemein, wenn Großkunden oder institutionelle Anleger eine bevorzugte Behandlung verlangen.

16.423 Zur Bewältigung dieses Interessenkonfliktes darf die Bank grundsätzlich nicht vom normalen Geschäftsgang abweichen, um einen bestimmten Kunden zu bevorzugen. Bei gleichartigen Aufträgen ist daher grundsätzlich die zeitliche Reihenfolge ihrer Erteilung einzuhalten[568].

a) Vorzüge des Universalbankensystems für das Effektengeschäft

16.424 Die potentiellen Konflikte zwischen Kunden- und Bankinteresse werden seit langem ausführlich im Schrifttum analysiert und kritisiert[569]. Hier geht es vor allem um das **Spannungsverhältnis Effektengeschäft und Emissionsgeschäft,** bei dem die Universalbank als Effektenkommissionär das Kundeninteresse und das Interesse der Emittenten im Rahmen der Emission zu wahren hat.

16.425 Einige dieser Interessenkonflikte sind im Universalbankensystem angelegt und daher für dieses System typisch[570]. Die Konsequenz hieraus kann aber nicht sein, zur Vermeidung dieser Interessenkonflikte das Universalbankensystem durch das angelsächsische Trennbankensystem zu ersetzen. Ökonomische Überlegungen und die deutschen Erfahrungen sprechen aus mehreren Gründen eindeutig zugunsten dieses Systems[571].

16.426 Die **Universalbank** ist zur gleichmäßigeren Ausnutzung ihrer Ressourcen in der Lage. Die Aktivitäten in den verschiedenen Geschäftssparten ermöglichen die Risikostreuung und führen daher zu einer Minderung von Verlustrisiken. Die Universalbank kann sich bei der Preiskalkulation für die verschiedenen Geschäftssparten damit begnügen, ihre Unkosten insgesamt zu decken, ohne in jedem Geschäftsbereich kostendeckende Preise fordern zu müssen[572]. Schließlich verläuft die Gewinnentwicklung einer Universalbank insgesamt kontinuierlicher. Gewinnfluktuationen können in den verschiedenen Geschäftsbereichen besser ausgeglichen werden. Dieser Aspekt ist von großer Bedeutung für die Kreditinstitute, deren wichtigstes Kapital das Vertrauen in ihre Stabilität ist.

---

568 *Hopt,* Der Kapitalanlegerschutz im Recht der Banken, 1975, S. 485.
569 Vgl. die Übersicht über potentielle Interessenkonflikte bei *Hopt,* Der Kapitalanlegerschutz im Recht der Banken, 1975, 478 ff; *ders.,* FS Heinsius, 1991, 315 ff.
570 *Hopt,* FS Heinsius, 1991, 289, 314.
571 *Hopt,* FS Heinsius, 1991, 289, 319.
572 *von Dalwigk zu Lichtenfels,* Das Effektenkommissionsgeschäft, 1975, S 137.

b) Kundeninteresse am Eigenhandel der Kreditinstitute

Mit dem Universalbankensystem sind gegenüber dem angelsächsischen Trennbanksystem auch wesentliche Vorteile für die Bankkunden und die Allgemeinheit im Effektengeschäft verbunden[573]. So ist insbesondere eine **Kursbeeinflussung** durch das Eigengeschäft der Kreditinstitute für die Kunden von Vorteil, die mit ihren Effektenaufträgen auf der Marktgegenseite stehen. Trägt das Eigengeschäft z.B. zu einer Kurssteigerung bei, so ist das für die Effektenkunden vorteilhaft, die Verkaufsordern erteilt haben und infolge der gestiegenen Kurse einen höheren Verkaufskurs erzielen[574].

16.427

Wesentliche Voraussetzung für die Funktionsfähigkeit des Marktes ist im übrigen, daß er über die erwünschte Breite und Tiefe (**Liquidität**) verfügt. Eine ausreichende Liquidität der Märkte trägt zur Glättung der – oft nur markttechnisch bedingten – Kursausschläge bei. Die Vermeidung solcher unerwünschten Volatilitäten liegt daher nicht zuletzt auch im Interesse der Anleger und trägt zur „institutionellen" Funktionsfähigkeit des Marktes bei, die eine weitere Facette des Funktionsschutzes des Kapitalmarktes darstellt. Der Eigenhandel der Kreditinstitute für eigene Rechnung ist daher im wohlverstandenen Interesse der Effektenkunden unverzichtbar. Konflikte mit den Interessen der Effektenkunden an einer vollständigen und kursgünstigsten Ausführung ihrer Aufträge sind nach alledem unvermeidbar.

16.428

Auch die **EG-Wertpapierdienstleistungs-Richtlinie** berücksichtigt daher, daß Interessenkonflikte im Effektengeschäft unvermeidbar sind. Es könne daher nur darum gehen, diese Konfliktsituationen weitestmöglich abzumildern. Nach dem Katalog der Wohlverhaltensregeln (Art. 11 EG-Richtlinie) muß die Bank, wenn sich solche Interessenkonflikte „nicht vermeiden lassen", dafür sorgen, daß ihre Kunden „nach Recht und Billigkeit" behandelt werden.

16.429

3. Aufklärungs- und Beratungspflichten im Effektengeschäft

Der praktisch bedeutsame Bereich der Aufklärungs- und Beratungspflichten im Effektengeschäft hat durch die jüngere Rechtsprechung und die Regelungen des WpHG an Konturen gewonnen[575]. Hierzu hat auch die Wohlverhaltensrichtlinie des Bundesaufsichtsamtes für den Wertpapierhandel wesentlich beigetragen.

16.430

---

573 *Hopt*, Der Kapitalanlegerschutz im Recht der Banken, 1975, S. 198.
574 Zum Problem der Konkurrenz mehrerer Effektenkunden vgl. *Hopt*, Der Kapitalanlegerschutz im Recht der Banken, 1975, S 484; *von Dalwigk zu Lichtenfels*, Das Effektenkommissionsgeschäft, 1975, S. 32 ff.
575 *Schäfer/Müller*, Haftung für fehlerhafte Wertpapierdienstleistungen, Diss. Köln 1998.

16.431 Aufklärungspflicht und Beratungspflicht haben sachliche Berührungspunkte. In der Praxis gehen bloße Aufklärung im Sinne von Information und Beratung oftmals ineinander über und werden deshalb nicht selten synonym verwendet[576]. Deshalb hat auch das 3. Finanzmarktförderungsgesetz die Abkürzung der regelmäßigen Verjährungsfrist von 30 Jahren auf drei Jahre nach Entstehung der Schadensersatzansprüche für ein Verschulden bei der gebotenen Aufklärung oder einer geschuldeten Anlageberatung einheitlich bestimmt[577]. Gleichwohl ist eine solche Abgrenzung aber zur Ordnung der Rechtsmaterie und Präzisierung der Rechtsprobleme zweckmäßig[578]. Auch nach der neueren Rechtsprechung des BGH sind Aufklärungs- und Beratungspflichten streng zu trennen. Deshalb prüft der BGH zunächst, ob eine Beratungspflicht gegeben war. Erst bei einem Ergebnis der Überprüfung werden Aufklärungspflichten erörtert[579]. Auch die Wohlverhaltensrichtlinie differenziert zwischen Aufklärung und Anlageberatung (vgl.Pkt. 3.6)[580].

16.432 Die Aufklärungspflicht ist eine **Informationspflicht und betrifft Tatsachen.** Bei der Beratung treten zu dieser Information noch Bewertungen dieser Tatsachen und darauf basierende Empfehlungen der Bank hinzu[581]. Bei einer Empfehlung teilt die Bank dem Kunden mit, wie sie selbst handeln würde, wenn sie sich in der Situation ihres Kunden befände[582]. Bei einer Anlageberatung erwartet also der Kunde Tatsacheninformationen und Empfehlungen, ohne stets den genauen Inhalt von vornherein durch präzise Fragen bestimmen zu können[583].

16.433 Diese Aufklärungs- und Beratungspflicht ist terminologisch von der Pflicht zur Erteilung von Auskünften zu unterscheiden[584]. Der **Auskunftsanspruch** zielt auf die Erlangung von Informationen. Bei der **Aufklärungs- und Beratungspflicht** geht es dagegen vor allem um ausgebliebene Informationen und Bewertungen, an denen der Effektenkunde sein Verhalten ausgerichtet hätte und durch deren Ausbleiben ihm Nachteile entstanden sind. Die unterbliebene Information ist zwischenzeitlich nicht mehr ak-

---

576 *Ellenberger*, WM Sonderbeil. Nr. 2, S. 13; vgl. weiter *Hadding*, FS Schimansky, 1999, S. 67 ff.
577 *Horn*, ZBB 1997, 139, 140; *Balzer*, DB 1997, 2311, 2313.
578 Begr. des RegE des 16. FFG, BT-Drucksache 13/8933, S. 96.
579 BGH WM 1992, 479, 481; *Ellenberger*, WM 1999, Sonderbeil. Nr. 2, S. 13.
580 *Horn*, ZBB 1997, 139, 149; *Reich*, WM 1997, 1601, 1609.
581 *Horn*, ZBB 1997, 139, 141; *ders.*, WM 1999, 1, 4.
582 *Koller* in Assmann/Schneider, WpHG, § 32 Rn 3.
583 *Horn*, ZBB 1997, 139, 141.
584 Münchener Komm. zum BGB/*Roth*, § 242 Rn 210; *Horn*, ZBB 1997, 139, 140.

tuell, gewährt wird nur der Ausgleich des Schadens[585]. Im Unterschied zum einklagbaren Auskunftsanspruch kann die Aufklärungs- und Beratungspflicht deshalb nur als Rechtsgrundlage für die Geltendmachung von Schadensersatzansprüchen dienen[586].

a) Kundeninformation als gesetzliche Verhaltenspflicht

Nach § 31 Abs. 2 Nr. 2 WpHG hat die Bank ihren Kunden alle zweckdienlichen Informationen zu erteilen. Mit dieser **Informationspflicht** wird kein juristisches Neuland beschritten. Schon bisher oblag der Bank nach allgemeiner Meinung insbesondere im Effektengeschäft eine solche Informationspflicht im Rahmen ihrer gesetzlichen Aufklärungspflicht oder ihrer vertraglichen Beratungspflicht. Mit der Regelung des § 31 Abs. 2 WpHG sind jedoch die Konturen der gesetzlichen Informationspflicht schärfer geworden.

16.434

aa) Informationspflicht als allgemeine Verhaltens- und Schutzpflicht (§ 242 BGB)

Die Rechtsprechung hat bislang pragmatisch je nach den Umständen des Einzelfalles eine Auskunfts-, Aufklärungs- oder Beratungspflicht angenommen. Dabei wurde die Haftung auf Auskunftsvertrag, culpa in contrahendo oder unerlaubte Handlung gestützt[587]. Rechtsprechung und Schrifttum haben mittlerweile aber auch für das Wertpapiergeschäft Aufklärungspflichten aufgrund der allgemeinen Verhaltens- und Schutzpflichten angenommen, wie sie aus § 242 BGB als ungeschriebene Nebenpflichten aus dem der Rechtsordnung zugrundeliegenden Vertrauensprinzip abgeleitet und deshalb auch für die bankmäßige Geschäftsverbindung als ein Vertrauensverhältnis bejaht werden[588]. **Schutzobjekt** dieser vertraglichen Nebenpflichten ist das sog. **Integritätsinteresse,** also das Interesse des Partners an der Erhaltung seines personen- und vermögensrechtlichen Status quo (Rechtsgütersphäre)[589]. Jeder Vertragspartner hat sich hiernach in zumutbarer Weise so zu verhalten, daß insbesondere das Vermögen des anderen Teils nicht beeinträchtigt wird[590]. **Inhalt und Umfang dieser Schutzpflichten** sind aus der jeweiligen Beurteilung der Interessenlage heraus nach den Grundsätzen von Treu und Glauben zu entwickeln.

16.435

---

585 *Roth* in Assmann/Schütze, Handbuch des Kapitalanlagerechts, Rn 15.
586 *Horn,* ZBB 1997, S. 139, 141.
587 *Baumbach/Hopt,* § 347 Rn 9.
588 *Kümpel,* WM 1995, 689, 694 m.w.Nachw.; *Balzer,* DB 1997, 2311, 2312.
589 Münchener Komm. zum BGB/*Roth,* § 242 Rn 183; Münchener Komm. zum BGB/*Kramer,* Einl. vor § 241 Rn 72.
590 BGH WM 1979, 726, 727; *Palandt/Heinrichs,* § 242 Rn 35.

Nach dieser Rechtsprechung braucht z.B. die Bank ihre Kunden nicht generell über allgemein erkennbare Tatsachen wie insbesondere die politische Entwicklung oder den Börsentrend aufzuklären, die in irgendeiner Weise die Kursentwicklung beeinflussen könnten[591]. Auch können die mit einem Spekulationsgeschäft verbundenen Risiken nicht auf die Bank abgewälzt werden[592]. Die Abwicklung der massenhaft erteilten Aufträge schließt es im übrigen aus, daß die Bank alle noch nicht erledigten Kundenaufträge ständig darauf überprüft, ob sie aufgrund der aktuellen Börsenentwicklung zu einem bestimmten Zeitpunkt noch gewinnversprechend sind[593].

16.436 Dagegen kann sich eine Aufklärungspflicht der Bank aus den Besonderheiten einer Wertpapiergattung oder des Marktes ergeben, über die die Bank spezielle Kenntnisse hat. Dies gilt insbesondere, wenn die Anlageentscheidung spezielle Risiken mit sich bringt, die außerhalb des Erfahrungsbereichs des Kunden liegen[594]. Bei unerfahrenen Kunden bestehen gesteigerte Anforderungen an eine solche Aufklärung[595]. Nach dem BGH muß die Bank, wenn sie von der Empfehlung einer bestimmten Auslandsanleihe absehen will, eine entsprechende Frage eines Privatkunden nach dieser Anleihe mit dem Hinweis auf das Risiko der von ihr nicht einzuschätzenden Bonität des Emittenten beantworten[596].

16.437 Die von Rechtsprechung und Schrifttum bejahte Aufklärungspflicht für das Effektengeschäft hat denselben Schutzzweck wie die Aufklärungspflicht im Sinne der Informationspflicht des WpHG, die auch dem Schutzbedürfnis der Anleger als Effektenkunden Rechnung tragen soll[597]. Diese gesetzliche Informationspflicht ist aber die speziellere Schutznorm gegenüber der gesetzlichen Aufklärungspflicht, die aus dem der gesamten Rechtsordnung zugrundeliegenden Vertrauensprinzip abgeleitet wird. Mit Rücksicht auf denselben Schutzzweck kann jedoch für die Interpretation der neuen gesetzlichen Informationspflicht des § 31 Abs. 2 WpHG auch auf die Rechtsprechung zur Aufklärungspflicht aufgrund der allgemeinen Verhaltens- und Schutzpflichten aus § 242 BGB zurückgegriffen werden.

---

591 OLG Frankfurt a.M. WM 1994, 234, 235; OLG München WM 1994, 236, 237.
592 OLG Frankfurt a.M. WM 1994, 234, 235.
593 OLG Frankfurt a.M. WM 1994, 234, 235.
594 OLG Frankfurt a.M. WM 1994, 236, 237.
595 OLG Braunschweig WM 1994, 59, 61; OLG München WM 1994, 236, 237.
596 WM 1993, 1455, 1457; OLG Braunschweig WM 1994, 59, 61.
597 Beschlußempfehlung und Bericht des Finanzausschusses des Deutschen Bundestages, BT-Drucksache 12/7918, S. 104.

bb) Inhalt und Umfang der gesetzlichen Informationspflicht des § 31 Abs. 2 WpHG

§ 31 Abs. 2 Nr. 2 WpHG verpflichtet die Bank, ihren Kunden „alle zweckdienlichen Informationen" mitzuteilen. Das Gesetz statuiert also eine **Informations-, aber keine Beratungspflicht**[598]. Nach den Gesetzesmaterialien zum 2. Finanzmarktförderungsgesetz erstreckt sich diese Informationspflicht auf alle für die jeweilige Anlageentscheidung wesentlichen Einzelheiten, zu denen sowohl die allgemeinen als auch die mit der Anlage speziell verbundenen Risiken rechnen[599].

16.438

Nach der **Wohlverhaltensrichtlinie** (Pkt. 3.2) des Bundesaufsichtsamtes für den Wertpapierhandel muß die Aufklärung „zutreffend, vollständig, unmißverständlich sowie gedanklich geordnet und in geeigneter Weise gestaltet sein". Die Bedeutung und Tragweite der Information muß leicht erfaßt werden können[600]. Die Wohlverhaltensrichtlinie enthält detaillierte Regelungen zum Inhalt der Aufklärung. Der Anleger soll in die Lage versetzt werden, eine selbständige und eigenverantwortliche Anlageentscheidung zu treffen[601].

16.439

Nach der Wohlverhaltensrichtlinie muß dem Kunden vor der Erbringung der Wertpapierdienstleistung in geeigneter Weise ermöglicht werden, Informationen über Berechnung, Höhe und Art der Kosten, ggf. zu erbringende Sicherheitsleistungen („margin") und etwaige andere Entgelte, insbesondere die Kosten für Konto- bzw. Depotauszüge zur Kenntnis zu nehmen, und diese sind auf Nachfrage zu erläutern (Pkt. 2.2). Auf **Mindestentgelte** ist besonders hinzuweisen. Diese Informationen können schon bei der Aufnahme der Geschäftsbeziehung erteilt werden. Auf Änderungen der Preisgestaltung ist der Kunde in geeigneter Weise hinzuweisen. Die Konditionen für das Privatkundengeschäft sind üblicherweise im Preisaushang und dem ausführlicheren Preisverzeichnis enthalten. Vereinbart die Bank mit Maklern oder anderen eingeschalteten Unternehmen die teilweise Rückzahlung von dem Kunden als Aufwendungsersatz in Rechnung gestellten fremden Kosten an sich (**„Kick-back-Vereinbarungen"**), so hat die Bank den Kunden über die kommissionsrechtliche Verpflichtung zur Rückzahlung dieser Beträge aufzuklären.

16.440

---

598 *Reich*, WM 1997, 1601, 1605.
599 Beschlußempfehlung und Bericht des Finanzausschusses des Deutschen Bundestages, BT-Drucksache 12/7918, S. 103.
600 *Koller* in Assmann/Schneider, WpHG, § 31 Rn 115.
601 Pressemitteilung des Bundesaufsichtsamtes für den Wertpapierhandel, 8/1997 vom 16. 6. 1997.

16.441   Die Wohlverhaltensrichtlinie differenziert im übrigen bei der Aufklärung nach den verschiedenen Anlageformen. So sollen Risikohinweise zu Schuldverschreibungen über den Ertrag, das Bonitätsrisiko, ein etwaiges Länderrisiko, das Kurs- und Zinsrisiko, das Liquiditätsrisiko, das Währungsrisiko sowie über das Kündigungs- und Auslosungsrisiko informieren (Pkt. 1.). Bei Aktien sollen die Risikohinweise insbesondere Informationen über Ertrag (Dividende), das Kursrisiko, das Bonitätsrisiko, das Liquiditätsrisiko, das Konjunkturrisiko und Währungsrisiko umfassen. **Zusätzliche Risikohinweise** sind bei Aktien erforderlich, die wie z.B. US-amerikanische „penny stocks" nicht an einer in- oder ausländischen Börse gehandelt werden (Pkt 2). Risikohinweise zu Investmentanteilscheinen sollen Informationen über die Zusammensetzung des Fondsvermögens, die Anlagestrategie, die Verwendung der Erträge, die Ausgabekosten, das Kursrisiko und das Bewertungsverfahren enthalten (Pkt. 16.).

16.442   An die Aufklärung beim bankmäßigen Effektengeschäft sind nach dem BGH nicht die gesteigerten Anforderungen zu stellen wie bei der gewerblichen Vermittlung von Termin- und Optionsgeschäften. Diese sind auf Geschäfte zugeschnitten, bei denen durch hohe Aufschläge auf die Börsenpreise jede Gewinnchance des durch Telefonverkäufer angeworbenen typischerweise unerfahrenen Kunden von vornherein praktisch ausgeschlossen ist. An diesen Voraussetzungen fehlt es beim bankmäßigen Wertpapierhandel. Banken können deshalb die ihnen obliegenden Aufklärungspflichten grundsätzlich auch mündlich erfüllen[602].

16.443   Der **Informationsfluß in der Bank ist so zu organisieren,** daß die erforderlichen Informationen schnell und zuverlässig an die Anlageberater gelangen, damit die gebotene Aufklärung des Kunden auf aktueller Basis erfolgen kann[603]. Dabei dürfen sich die Kreditinstitute auf ihre Informationsquellen verlassen, wenn sie erfahrungsgemäß vertrauenswürdig sind oder eine Überprüfung mit unzumutbar hohen Kosten verbunden ist[604]. Der Kunde soll aufgrund einer solchen Information in die Lage versetzt werden, die Tragweite und die Risiken seiner Anlageentscheidung einzuschätzen und somit die wirtschaftlichen Folgen seiner Entscheidung tragen zu können[605].

16.444   Damit die Bank ihrer Informationspflicht ordnungsgemäß entsprechen kann, muß sie schließlich selbst über die hierfür notwendigen Informatio-

---

602 BGH WM 1998, 1391.
603 *Koller* in Assmann/Schneider, WpHG, § 31 Rn 102; *Raeschke-Kessler*, WM 1993, 1830, 1835.
604 *Koller* in Assmann/Schneider, WpHG, § 31 Rn 100.
605 Beschlußempfehlung und Bericht des Finanzausschusses des Deutschen Bundestages, BT-Drucksache 12/7918, S. 103.

5. Abschnitt: Verhaltensregeln des Wertpapierhandelsgesetzes

nen über das betreffende Wertpapier verfügen[606]. Dies entspricht auch der anderen allgemeinen Verhaltensregel, wonach die **Bank verpflichtet** ist, ihre Dienstleistungen im Wertpapiergeschäft mit der erforderlichen Sachkenntnis, Sorgfalt und Gewissenhaftigkeit zu erbringen (§ 31 Abs. 1 Nr. 1 WpHG). **Fehlen der Bank ausreichende Kenntnisse** bezüglich der dem Anlagegespräch zugrundeliegenden Wertpapiere, so hat sie dies dem Kunden mitzuteilen[607]. Umstritten ist, ob mit dieser Mitteilung die Pflicht zur zweckdienlichen Information stets oder nur in den Fällen erfüllt werden kann, in denen die Wertpapiere nicht zum Anlageprogramm gehören, auf das sich die Bank spezialisiert hat[608].

Für die gesetzliche Informationspflicht der Bank enthält das WpHG eine wesentliche Einschränkung. Die Bank braucht ihrer Informationspflicht nur insoweit nachzukommen, wie dies zur Wahrung der Interessen des Kunden und im Hinblick auf Art und Umfang des beabsichtigten Geschäfts erforderlich ist (§ 31 Abs. 2 letzter Halbsatz WpHG). Dies bedeutet vor allem, daß die Bank den Grad der Professionalität des Kunden berücksichtigen darf, wie dies auch die Wohlverhaltensregeln der EG-Wertpapierdienstleistungsrichtlinie (Art. 11 Abs. 1 S. 1) vorsehen[609]. Die Bank darf deshalb auch nach den Gesetzesmaterialien des 2. Finanzmarktförderungsgesetzes die unterschiedlichen Schutzbedürfnisse der Kunden berücksichtigen, die sich aus deren unterschiedlichem Erfahrungs- und Kenntnisniveau über die Aspekte und Risiken der jeweils beabsichtigten Anlageentscheidung ergeben[610]. Maßgeblich für den **Inhalt der Informationspflicht** sind damit die Umstände des Einzelfalles[611]. Die Maßgeblichkeit der Einzelfallbetrachtung schließt jedoch nicht aus, daß die organisatorischen Vorkehrungen für die geschuldete Aufklärung der Kunden weitestmöglich standardisiert werden können. Die Wohlverhal-

16.445

---

606 Beschlußempfehlung und Bericht des Finanzausschusses des Deutschen Bundestages, BT-Drucksache 12/7918, S. 103.
607 Beschlußempfehlung und Bericht des Finanzausschusses des Deutschen Bundestages, BT-Drucksache 12/7918, S. 103.
608 *Koller* in Assmann/Schneider, WpHG, § 31 Rn 111 m.w.Nachw.
609 *Schwark*, Das Zweite Finanzmarktförderungsgesetz in der praktischen Umsetzung, Schriftenreihe der Bankrechtlichen Vereinigung, Bd. 7, 1996, 109, 112; *Köndgen*, ZBB 1996, 361, 363.
610 Beschlußempfehlung und Bericht des Finanzausschusses des Deutschen Bundestages, BT-Drucksache 12/7918, S. 104; vgl. weiter *Koller* zur Einschränkung der Informationspflichten wegen Fehlens eines Schutzbedürfnisses in Assmann/Schneider, WpHG, § 31 Rn 120 ff.; *Köndgen*, ZBB 1996, 361, 363.
611 Beschlußempfehlung und Bericht des Finanzausschusses des Deutschen Bundestages, BT-Drucksache 12/7918, S. 104.

tensrichtlinie des Bundesaufsichtsamtes für den Wertpapierhandel läßt eine solche standardisierte Information ausdrücklich zu (Pkt. 3.2)[612].

16.446 Insoweit ergibt sich eine **Parallele zu den Aufklärungspflichten bei Börsentermingeschäften**. Unabhängig von der standardisierten Risikoaufklärung zur Herbeiführung der Termingeschäftsfähigkeit (vgl. § 53 Abs. 2 BörsG) kann die Bank zu einer zusätzlichen Aufklärung über die Besonderheiten von Börsentermingeschäften verpflichtet sein. Zur Erfüllung dieser Aufklärungspflichten kann sich die Bank einer standardisierten Beschreibung der verschiedenen Arten der Börsentermingeschäfte z.B. in Gestalt einer Broschüre bedienen[613].

16.447 Ist der Kunde für die erforderliche Aufklärung nicht zu erreichen, liegt aber die unverzügliche Ausführung des Auftrages erkennbar im Interesse des Kunden, so reicht es aus, wenn die nach § 31 Abs. 2 Nr. 2 WpHG erforderlichen zweckdienlichen Informationen unverzüglich nach der Auftragsausführung mitgeteilt werden (Pkt. 3.5 Wohlverhaltensrichtlinie).

16.448 Die **gesetzliche Informationspflicht entfällt** nach h.M., wenn der Kunde generell oder im Einzelfall auf Informationen verzichtet[614]. Auch entfällt die Pflicht zur zweckdienlichen Information, wenn der Kunde bei der Auftragserteilung zu erkennen gibt, daß er sich eine Beratung verbittet, sondern nur die Ausführung seines Auftrages wünscht[615]. Nach der Wohlverhaltensrichtlinie des Bundesaufsichtsamtes für den Wertpapierhandel (Pkt. 3.4) kann der Effektenauftrag eines Kunden auch ohne Einholung der nach § 31 Abs. 2 WpHG erforderlichen Angaben ausgeführt werden, wenn sichergestellt ist, daß dem Kunden vor Annahme seines Auftrages eine Aufklärung über Eigenschaften und Risiken der Anlageformen angeboten worden ist.

b) Vertragliche Verpflichtung zur Anlageberatung

16.449 Die Rechtsprechung hat seit langem unter bestimmten Voraussetzungen einen **besonderen zur Anlageberatung verpflichtenden Beratungsvertrag angenommen**[616]. Eine besondere praktische Bedeutung für diesen eigenständigen Vertragstyp hat die BGH-Rechtsprechung zu den Empfehlungen

---

612 Vgl. weiter OLG München für eine standardisierte Kundeninformation durch Discount-Broker bei Bandbreiten-Optionsscheinen mit der „Knock-out"-Variante (WM 1998, 2367, 2371); *Horn*, ZBB 1977, 139, 149 m.w.Nachw.
613 *Imo*, Börsentermin- und Optionsgeschäft, Bd. 1, 1988, S. 1056; *Rollinger*, Aufklärungspflichten bei Börsentermingeschäften, 1990, S. 117.
614 *Horn*, ZBB 1997, 139, 151.
615 *Koller* in Assmann/Schneider, WpHG, § 31 Rn 133.
616 *Horn*, WM 1998, 1, 4.

der DM-Anleihe der australischen Bond-Finanzgruppe (nachfolgend **Bond-Urteil**)[617]. Die Bank schuldet hiernach eine sorgfältige Anlageberatung unter Berücksichtigung der hierzu von der Rechtsprechung entwickelten Grundsätze, wenn zwischen ihr und dem Kunden ein Beratungsvertrag zustandegekommen ist. Nach dem BGH liegt ein konkludentes Angebot zum Abschluß eines solchen Beratungsvertrages vor, wenn ein Kunde an eine Bank oder der Anlageberater einer Bank an einen Kunden herantritt, um über die Anlage eines Geldbetrages beraten zu werden bzw. zu beraten. Dieses Angebot wird durch die Aufnahme des Beratungsgespräches angenommen[618].

aa) Inhalt und Umfang der Beratungspflicht

Wie das Bond-Urteil zeigt, hat sich der BGH bei der Urteilsbegründung an Art. 11 der EG-Wertpapierdienstleistungs-Richtlinie orientiert. Die Entscheidungsgründe stehen daher weitgehend auch im Einklang mit der Aufklärungspflicht im Sinne des § 31 Abs. 2 WpHG, mit dem die diesbezügliche Bestimmung des Art. 11 EG-Richtlinie in nationales Recht umgesetzt worden ist. Bei der Begründung des § 31 Abs. 2 WpHG hat sich der deutsche Gesetzgeber wiederum an dem Bond-Urteil orientiert[619]. 16.450

Inhalt und Umfang der Beratungspflicht sind nach der BGH-Rechtsprechung von einer Reihe von Faktoren abhängig, die sich auf die Person des Effektenkunden und auf das Anlageobjekt beziehen[620]. Die **Beratung** muß daher „anleger"gerecht und „objekt"gerecht sein. 16.451

Zu diesen Faktoren gehören vor allem der Wissensstand des Kunden über das beabsichtigte Geschäft und seine Risikobereitschaft, die verschiedene Stufen haben kann[621]. Insbesondere ist zu berücksichtigen, ob es sich bei dem Kunden um einen erfahrenen Anleger mit einschlägigem Fachwissen handelt und welches Anlageziel er verfolgt. **Bei unerfahrenen Kunden** bestehen nach der Rechtsprechung gesteigerte Anforderungen an die Beratung[622]. 16.452

Die Bank muß erforderlichenfalls den Wissensstand und das Anlageziel des Kunden erfragen und zwar insbesondere, ob das beabsichtigte Effek- 16.453

---
617 WM 1993, 1455, ff.
618 BGH WM 1993, 1455, 1456; vgl. weiter *Horn*, ZBB 1997, 139, 143 ff.
619 Beschlußempfehlung des Finanzausschusse des Deutschen Bundestages, BT-Drucksache 12/7918, S. 103, 104.
620 WM 1993, 1455, 1456; 1982, 90.
621 OLG Braunschweig WM 1994, 59, 61.
622 OLG Braunschweig WM 1994, 59, 61; OLG München WM 1994, 236, 237.

tengeschäft einer sicheren Geldanlage dienen soll oder spekulativen Charakter hat (vgl. § 31 Abs. 2 Nr. 1 WpHG)[623]. Das empfohlene Wertpapier muß auf die persönlichen Verhältnisse des Kunden zugeschnitten und damit „anlegergerecht" sein[624]. Die konkrete Ausgestaltung der Beratungspflicht hängt jedoch entscheidend von den Umständen des Einzelfalles ab[625].

16.454 Die Bank hat sich mit Rücksicht auf ihre Beratungspflicht aktuelle Informationen über die Qualität des empfohlenen Wertpapiers zu verschaffen. Es genügt nicht, daß das empfohlene Wertpapier zum amtlichen Handel an einer deutschen Börse zugelassen ist; die Prüfung durch die Börsenzulassungsstelle ist keine Bonitätsprüfung. So hat sich die Bank bei Anleihen nicht-staatlicher Emittenten ein eigenes Urteil über deren Bonität zu bilden und hierzu auch die Veröffentlichungen in der Wirtschaftspresse auszuwerten.

16.455 Die **Anforderungen an diese Prüfungspflicht** sind nach dem BGH selbst dann nicht geringer, wenn es sich um die **Anleihe eines ausländischen Emittenten** handelt. Hier sei das Beratungsbedürfnis des Kunden sogar höher zu veranschlagen, weil ihm der Zugang zu den ausländischen Informationsquellen regelmäßig erschwert ist. Die Bank muß daher auf eine Empfehlung verzichten und den Kunden auf das Risiko der von ihr nicht einzuschätzenden Bonität des Emittenten hinweisen, wenn sie den mit der Informationsbeschaffung verbundenen Aufwand und das Risiko einer nur lückenhaften Unterrichtung des Kunden scheut[626]. Vorsorglich ist dem Bankkunden zu verdeutlichen, daß die Rückzahlung der betreffenden Schuldverschreibungen davon abhängig ist, daß die Emittentin am Fälligkeitstermin zahlungsfähig ist[627].

---

623 *Heinsius*, ZHR 145 (1981), 177, 189; zu spekulativen Wertpapieren vgl. BGH WM 1991, 315.
624 Beschlußempfehlung und Bericht des Finanzausschusses des Deutschen Bundestages, BT-Drucksache 12/7918, S. 104.
625 BGH WM 1993, 1455, 1456; *Canaris*, Bankvertragsrecht² Rn 1881; *Roth* in Assmann/Schütze, Handbuch des Kapitalanlagerechts, § 12 Rn 15; Beschlußempfehlung und Bericht des Finanzausschusses des Deutschen Bundestages, BT-Drucksache 12/7918, S. 104.
626 Vgl. auch Beschlußempfehlung und Bericht des Finanzausschusses des Deutschen Bundestages, BT-Drucksache 12/7918, S. 103.
627 OLG Braunschweig WM 1994, 59, 61; OLG Nürnberg BB 1996, 498 m.w.Nachw.

bb) Schriftformerfordernis in Ausnahmefällen

Die Beratung kann entsprechend dem Grundsatz der Formfreiheit[628] **grundsätzlich mündlich** erfolgen[629]. Sofern ein Teil der Literatur Schriftform fordert, soll dies auf freiwilliger Grundlage geschehen, um die Einheitlichkeit der Beratung sicherzustellen und die Beweislage zu verbessern[630]. Nach der BGH-Rechtsprechung muß dagegen die Beratung des Anlegers in bestimmten Fällen schriftlich erfolgen[631].

16.456

cc) Verzicht auf AGB-mäßige Freizeichnung

Die AGB der Kreditinstitute enthalten keine Haftungsbeschränkung zugunsten der Bank. Schon nach Nr. 10 Abs. 3 AGB Banken a.F. haftete die Bank bereits für leichte Fahrlässigkeit in den Fällen, in denen sie eine vertragswesentliche Pflicht zu Auskünften, Raterteilungen und Hinweisen zu erfüllen hat, der im Einzelfall besondere Bedeutung zukommt. Mit der uneingeschränkten Haftung wird der Rechtsprechung Rechnung getragen, wonach eine Haftungsbeschränkung auch für leichte Fahrlässigkeit nicht ausgeschlossen werden kann, wenn eine Nebenpflicht wie die Beratungspflicht im Effektengeschäft als eine **eigenständige vertragswesentliche Leistungspflicht** zu gewichten ist. Bei solchen Kardinalpflichten würde die Begrenzung der Haftung auf grobe Fahrlässigkeit und Vorsatz den Vertragszweck gefährden[632]. Auch die Aushöhlung der dem AGB-Verwender obliegenden Neben- und Schutzpflichten kann daher nach allgemeiner Meinung gegen die Generalklausel des AGBG (§ 9) verstoßen. Eine solche Kardinalpflicht sieht das überwiegende Schrifttum auch in der Beratungspflicht der Kreditinstitute im Effektengeschäft[633].

16.457

Soweit sich die Bank schadensersatzpflichtig gemacht hat, kann sie sich auf ein **Mitverschulden** des fehlerhaft beratenen Kunden berufen, wenn dieser z.B. Warnungen von dritter Seite oder differenzierende Hinweise der Bank nicht genügend berücksichtigt hat[634].

16.458

---

628 *Palandt/Heinrichs* § 125 Rn 1.
629 *Drygala*, WM 1992, S. 1213 ff.
630 *Kümpel*, WM 1989, S. 1485, 1493.
631 Vgl. BGH WM 1994, 453 (Geschäfte in Terminoptionen).
632 *Wolf/Horn/Lindacher*, § 11 Nr. 7 Rn 29.
633 *Canaris*, Rn 2613; ähnlich *Kübler*, ZHR 145 (1981), 204, 221; *Wolf/Horn/Lindacher*, § 23 Rn 652.
634 BGH WM 1993, 1238, 1240; *Raeschke-Kessler*, WM 1993, 1830, 1837.

dd) Kürzere Verjährungsfristen für Schadensersatzansprüche aufgrund fehlerhafter Information und Beratung

16.459 Das 3. Finanzmarktförderungsgesetz hat die gesetzlichen Verjährungsfristen für Ersatzansprüche der Effektenkunden wegen Verletzung von Informationspflichten oder der vertraglichen Beratungspflichten bei einer Wertpapierdienstleistung oder Wertpapiernebendienstleistung wesentlich verkürzt[635]. Statt der regelmäßigen Frist von 30 Jahren (§ 195 BGB) gilt eine Frist von drei Jahren seit Entstehung des Anspruches (§ 37a WpHG). Diese verkürzte Frist ist aber nicht auf Schadensersatzansprüche anwendbar, die vor dem 1. 4. 1998 entstanden sind (§ 43 WpHG).

16.460 Diese Verjährungsfrist orientiert sich an den Regelungen für fehlerhafte Börsenzulassungsprospekte und Unternehmensberichte (§§ 47, 77 BörsG) und Verkaufsprospekte (§ 13 Verkaufsprospektgesetz), die sich ihrerseits an die Regelungen des § 20 KAGG, f 12 AuslInvestmG anlehnen. Für den Anleger ist es letztlich unerheblich, ob ihm fehlerhafte Informationen in einem individuellen Gespräch oder durch einen Prospekt vermittelt wurden[636].

16.461 Angesichts der Schnelligkeit des heutigen Geschäftsverkehrs gerade im Wertpapierbereich ist nach den Gesetzesmaterialien die regelmäßige Verjährungsfrist von 30 Jahren überholt. Sie ist auch unangemessen lang im Vergleich zu den für andere beratende Berufe geltenden Regelungen[637] und zudem unüblich im internationalen Vergleich[638]. Im übrigen hat auch die Kommission zur Überarbeitung des Schuldrechts in ihrem Abschlußbericht eine generelle Verjährungsfrist von drei Jahren für vertragliche Ansprüche vorgeschlagen[639].

16.462 Die **kurze Verjährungsfrist** erfaßt zum einen die schuldhafte Nichterfüllung von Informationspflichten. Dabei ist es unerheblich, ob sich diese Pflichten unmittelbar aus dem Vertragsverhältnis zwischen Bank und Kunde ergeben oder wie etwa durch § 31 Abs. 2 WpHG gesetzlich vorgeschrieben sind. Zum anderen gilt die kurze Verjährungsfrist auch für die Verletzung einer Beratungspflicht im Rahmen einer vertraglich geschuldeten Anlageberatung. Die bloße Information und eine darüber hinausgehende Anlageberatung gehen in der Praxis oftmals ineinander über[640].

---

635 *Schäfer*, FS Schimansky, 1999, S. 699 ff.
636 Begr. des RegE des 3. FFG, BR-Drucksache 605/97, S. 97.
637 Vgl. § 51b Bundesrechtsanwaltsordnung, § 51a Wirtschaftsprüferordnung und § 68 Steuerberatungsgesetz.
638 Begr. des RegE des 3. FFG, BR-Drucksache 605/97, S. 96.
639 Vgl. *Pötzsch*, WM 1998, 949, 957.
640 Begr. des RegE des 3. FFG, BR-Drucksache 605/97, S. 96.

Die **Verjährung beginnt mit der Entstehung des Schadensersatzanspru-** 16.463
ches. Dies entspricht der allgemeinen Verjährungsregelung (§ 198 BGB)
und der für Rechtsanwälte, Wirtschaftsprüfer und Steuerberater geltenden
Bestimmungen (§ 51b BRAO, § 51a WPO, § 68 StBerG). Dieser maßgebliche Entstehungszeitpunkt hat bereits bei Schadensersatzansprüchen gegen Steuerberater und steuerberatende Rechtsanwälte zu einer unübersichtlichen Rechtsprechung geführt[641]. Einvernehmen besteht, daß eine
bloße Gefährdung, eine bloße risikobehaftete Lage ohne rechtliche Verfestigung nicht ausreicht. Der Eintritt von Kursverlusten dürfte deshalb als
Anknüpfungsmöglichkeit für das Tatbestandsmerkmal „Entstehung" ausscheiden. Dies umso mehr, als diese Verluste durch die weitere Kursentwicklung vorübergehend völlig ausgeglichen worden sein können. Würde
ein späterer Kursverlust wiederum eine Verjährungsfrist zu laufen beginnen lassen, so würde der Zweck der gesetzlichen Regelung, das Haftungsrisiko für die Kreditinstitute kalkulierbarer zu machen, verfehlt werden.

Mit Rücksicht auf den Gesetzeszweck und das Gebot der Rechtssicher- 16.464
heit ist **§ 37a WpHG dahingehend auszulegen,** daß die Verjährungsfrist
für die Schadensersatzansprüche mit der Begründung einer vertraglichen
Verpflichtung des Kunden zum Erwerb der zugrundeliegenden Wertpapiere (Effektenkauf) oder zur Veräußerung (Effektenverkauf) beginnt[642].

Bei Erteilung eines Kommissionsauftrages entsteht also der Schadensersatzan- 16.465
spruch mit der Ausführung des Kommissionsauftrages am Kapitalmarkt durch die
beauftragte Bank. Aufgrund des Geschäftsbesorgungsverhältnisses (§ 675 BGB),
wie es jedem Kommissionsvertrag zugrunde liegt, ist der Kunde zum Aufwendungsersatz verpflichtet (§ 670 BGB). Er muß deshalb bei einem Kaufauftrag der
Bank den von ihr gezahlten Anschaffungspreis anschaffen. Bei einem Verkauf hat
der Kunde nach auftragsrechtlichen Grundsätzen die zugrundeliegenden Wertpapiere der Bank zur Belieferung ihres Marktkontrahenten zur Verfügung zu stellen.
Eine entsprechende vertragliche Verpflichtung wird für den Kunden beim Abschluß eines Festpreisgeschäftes begründet, bei dem zwischen ihm und seiner
Bank ein Kaufvertrag (§ 433 BGB) über die zugrundeliegenden Wertpapiere zustande kommt.

Eine solche Gesetzesinterpretation entspricht der Rechtsprechung zum 16.466
Verjährungsbeginn bei Schadensersatzansprüchen wegen fehlerhafter Beratung durch Steuerberater und steuerberatende Rechtsanwälte. Danach
wird ein Schadenseintritt bereits im Zeitpunkt der rechtlichen Bindung
des Beratenen an das Vermögensobjekt für möglich erachtet[643]. Für das
Entstehen eines Schadensersatzanspruches reicht also eine Vermögensge-

---
641 *Palandt/Heinrichs*, § 198 Rn 10 ff.
642 *Schäfer*, FS Schimansky, 1999, S. 699, 710, 711.
643 BGH WM 1991, 1303, 1305; *Palandt/Heinrichs*, § 198 Rn 10.

fährdung aus, wenn sie denn intensiv genug ist. Hierzu genügt die Begründung einer nachteiligen Vertragspflicht[644].

16.467 Inwieweit sich die kurze Verjährungsfrist auch auf konkurrierende Anspruchsnormen erstreckt, richtet sich nach den allgemeinen Grundsätzen. So verbleibt es für vorsätzliche fehlerhafte Anlageberatung bei der allgemeinen Verjährungsfrist für unerlaubte Handlungen (§ 852 Abs. 3 BGB)[645]. Danach verjährt der Schadensersatzanspruch in drei Jahren von dem Zeitpunkt an, in welchem der Verletzte von dem Schaden und der Person der Ersatzpflicht Kenntnis erlangt, ohne Rücksicht auf diese Kenntnis in 30 Jahren von der Begehung der Handlung an. Diese allgemeine Regelung wird dagegen bei einer nur fahrlässigen Pflichtverletzung der Bank durch die spezielle Vorschrift des § 37a WpHG verdrängt, soweit durch den Verstoß gegen die gesetzliche Informationspflicht des § 31 Abs. 2 Nr. 1 WpHG zugleich ein haftungsbegründender Tatbestand des § 823 Abs. 2 BGB verwirklicht wird, weil diese Gesetzesberatung als Schutzvorschrift im Sinne des § 823 Abs. 2 BGB eingestuft wird. Ohne eine solche auf vorsätzliche Pflichtverletzungen der Kreditinstitute beschränkte Anwendbarkeit des § 852 Abs. 3 BGB würde der mit § 37a WpHG verfolgte Zweck vereitelt, die Haftung der Bank für die Verletzung von Informationspflichten oder der vertraglichen Beratungspflichten bei einer Wertpapierdienstleistung oder Wertpapiernebendienstleistung zumutbar zu gestalten.

c) Einholung von wesentlichen Angaben des Kunden

16.468 Eine ausreichende Information des Kunden im Rahmen der gesetzlichen Aufklärungspflicht (§ 31 Abs. 2 Nr. 2 WpHG) wie auch der vertraglichen Beratungspflicht wird nicht schon dadurch erreicht, daß der Kunde über die allgemeinen und speziellen Risiken seiner Anlageentscheidung unterrichtet wird. Die Bank kann ihren Aufklärungs- und Beratungspflichten nur dann angemessen nachkommen, wenn sie sich zuvor ein Bild über die vom Kunden verfolgten Anlageziele, seine Kenntnisse oder Erfahrungen in den einzelnen Anlageformen und über seine finanziellen Verhältnisse gemacht hat. Handelt für einen Kunden ein Bevollmächtigter oder mittelbarer Stellvertreter, so ist hinsichtlich der Kenntnisse und Erfahrungen auf die des Vertreters abzustellen – § 166 BGB – (Pkt. 3.3 Wohlverhaltensrichtlinie)[646].

---

644 *Staudinger/Peters*, § 198 Rn 25.
645 Begr. des RegE des 3. FFG, BT-Drucksache 13/8933, S. 96; *Pötzsch*, WM 1998, 949, 957.
646 *Koller* in Assmann/Schneider, WpHG, § 31 Rn 86.

5. Abschnitt: Verhaltensregeln des Wertpapierhandelsgesetzes

Die Kreditinstitute müssen sich deshalb vom Kunden Angaben über seine Erfahrungen oder Kenntnisse hinsichtlich der in Anspruch genommenen Wertpapierdienstleistungen sowie über die mit den Geschäften verfolgten Ziele und über seine finanziellen Verhältnisse informieren lassen (§ 31 Abs. 2 Nr. 1 WpHG). Die Bank soll nach den Gesetzesmaterialien aufgrund dieser gesetzlichen Erkundigungspflicht[647] in der Lage sein, dem Kunden eine auf seine persönlichen Verhältnisse zugeschnittene Anlage zu empfehlen[648]. Bei dem Erfragen der persönlichen Verhältnisse des Kunden darf die Bank den Grad der Professionalität des Kunden berücksichtigen[649]. Die einschränkende Verknüpfung der Verhaltenspflicht der Bank mit der gebotenen Wahrung des Kundeninteresses und der Art des beabsichtigten Geschäfts gilt auch für die vom Kunden einzuholenden Angaben (vgl. § 31 Abs. 2 letzter Halbs. WpHG).

16.469

Diese erforderliche Erkundigung der persönlichen Verhältnisse des Effektenkunden kann angesichts der Massenhaftigkeit der Effektengeschäfte nur in standardisierter Form erfolgen. Die **Kreditinstitute** verwenden deshalb eine **Check-Liste,** die als Formular in den Spitzenverbänden der Kreditinstitute entwickelt worden ist. Sie dient dem einzelnen Bankmitarbeiter als Grundlage für das Informationsgespräch mit dem Kunden und soll zugleich den wesentlichen Gesprächsinhalt dokumentieren[650]. Im Interesse der Effektenkunden kann die Bank bei der Erfragung der persönlichen Verhältnisse des Kunden aus Rationalisierungsgründen mehr Angaben erbitten, als dies für die Ausführung der Kauf- oder Verkaufsaufträge zunächst erforderlich erscheint. Hierdurch können später erteilte risikoreichere Effektenorders ohne erneute Befragung ausgeführt werden, damit jederzeit eine günstige Marktsituation ausgenutzt werden kann. Die Bank hat den Kunden ausdrücklich hierauf hinzuweisen (Pkt. 3.1 Wohlverhaltensrichtlinie).

16.470

Die Wohlverhaltensrichtlinie des Bundesaufsichtsamtes für den Wertpapierhandel enthält **detaillierte Regelungen über die vom Kunden einzuholenden Angaben** (Pkt. 3.1). So ist der Kunde hinsichtlich seiner Anlageziele, insbesondere über sein Interesse an lang- oder kurzfristigen Anlagen

16.471

---
647 *Horn,* ZBB 1997, 139, 141.
648 Beschlußempfehlung und Bericht des Finanzausschusses des Deutschen Bundestages, BT-Drucksache 12/7918, S. 103.
649 Beschlußempfehlung und Bericht des Finanzausschusses des Deutschen Bundestages, BT-Drucksache 12/7918, S. 104; *Köndgen,* ZBB 1996, 361, 362.
650 *Scharrenberg,* Sparkasse 1995, 108; *Than,* Das Zweite Finanzmarktförderungsgesetz in der praktischen Umsetzung, Schriftenreihe der Bankrechtlichen Vereinigung, Bd. 7, 1996, 135, 143.

(z.B. für Zwecke der Altersversorgung, Ausbildung), einmalige oder wiederkehrende Ausschüttungen (Erträge) und über den Umfang seiner Risikobereitschaft zu befragen. Die Erkundigungen haben sich auch darauf zu erstrecken, in welchen Anlageformen der Kunde über Kenntnisse verfügt und welche Anlageformen in der Vergangenheit bereits genutzt worden sind (Umfang und Häufigkeit der Geschäfte).

16.472 Hinsichtlich der **finanziellen Verhältnisse** ist der Kunde insoweit zu befragen, als dies im Hinblick auf die beabsichtigten Geschäfte und unter Berücksichtigung seiner Anlageziele sowie seiner Kenntnisse oder Erfahrungen erforderlich ist. Dabei ist auch zu berücksichtigen, ob die beabsichtigten Geschäfte aus Eigenmitteln bezahlt oder durch Kredit finanziert werden und welche Verlust-, Nachschuß- oder andere Risiken bei den Geschäften entstehen.

16.473 Bei der Einholung von Angaben zu Kenntnissen oder Erfahrungen wie auch für die Erforderlichkeit der Mitteilung zweckdienlicher Informationen ist jeweils auf den Kontobevollmächtigten abzustellen, wenn sich der Kontoinhaber von diesem bei Abschluß der Wertpapiergeschäfte vertreten läßt (Pkt. 3.3). Bei einer rechtsgeschäftlichen Vertretung kommt es auf die Kenntnisse des Bevollmächtigten an (§ 166 BGB).

16.474 Der Kunde ist nicht verpflichtet, die nach § 31 Abs. 1 Nr. 1 WpHG erforderlichen Angaben zu machen. Die Bank hat sich aber ernsthaft um die Erlangung der erforderlichen Kundenangaben zu bemühen[651]. Der Kunde kann jedoch die erbetenen Angaben verweigern. Dies muß die Bank dokumentieren. Die Bank kann ungeachtet dieser Verweigerung Aufträge des Kunden ausführen, wenn sichergestellt ist, daß dem Kunden zuvor eine Aufklärung über Eigenschaften und Risiken der Anlageformen angeboten worden ist (Pkt. 3.4 Wohlverhaltensrichtlinie).

d) Beratungsfreie Wertpapiergeschäfte (Execution-Only-Aufträge)

16.475 Seit Anfang der 90er Jahre bieten Direktbanken und andere Unternehmen **Wertpapierdienstleistungen ohne jegliche Anlageberatung** an (**Discount-Broker**)[652]. Der Verzicht auf die kostenintensive Anlageberatung, die auch den erheblich gestiegenen Anforderungen durch die höchstrichterliche Rechtsprechung Rechnung tragen muß, ermöglicht es, die Wertpapier-

---

651 *Koller* in Assmann/Schneider, WpHG, § 31 Rn 92.
652 *Lasch/Röder*, ZBB 1955, S. 342 f; *Than*, Das Zweite Finanzmarktförderungsgesetz in der praktischen Umsetzung, Schriftenreihe der Bankrechtlichen Vereinigung, Bd. 7, 1996, S. 135, 149; *Reich*, WM 1997, 1601, 1605; *Balzer*, DB 1997, 2311 ff.

dienstleistungen besonders preiswert anzubieten. Der Markteintritt der Discount-Broker ist auch nach dem Schrifttum uneingeschränkt zu begrüßen. Dies hat zu einer weiteren Differenzierung der Angebotspalette im Effektengeschäft beigetragen und auf breiter Front einen kreditwirtschaftlichen Konditionenwettbewerb angestoßen[653].

Das Angebot des Discount-Brokers gehört zum sog. Direktbanking (Rn 4.646). Als Teil des Telebanking gilt für dieses Leistungsangebot das „Gesetz zur Regelung der Rahmenbedingungen für Informations- und Kommunikationsdienste vom 22. 7. 1997 (Rn 4.646)[654]. 16.476

Bei diesen beratungsfreien Wertpapiergeschäften[655] braucht den Verhaltenspflichten des § 31 Abs. 2 WpHG mit Rücksicht auf den Geschäftszweck dieser Dienstleistungen nur eingeschränkt Rechnung getragen zu werden[656]. Diese **Absenkung des Pflichtenniveaus** beim Discount-Banking ist mit dem Anlegerschutzprinzip vereinbar[657]. Entsprechend der Vertragsfreiheit im Privatrecht gilt der **Grundsatz, daß der Kunde auf vertragliche Beratungspflichten verzichten kann**[658]. Dies hat grundsätzlich auch für bloße Informationen zu gelten[659]. Bei Wertpapierdienstleistungen können die Kunden zudem ohne Schwierigkeiten auf die Wertpapierdienstleistungen mit ausreichender Anlageberatung ausweichen[660]. 16.477

Die Wohlverhaltensrichtlinie des Bundesaufsichtsamtes vom 26. 5. 1997 hat die Verhaltenspflichten gemäß § 31 Abs. 2 WpHG der Discount-Broker präzisiert (Pkt. 3.6). Dabei wird im Unterschied zum Schrifttum[661] und den Gesetzesmaterialien[662] auf die Bezeichnung „Discount-Broker" verzichtet und statt dessen von **„Execution-Only"-Aufträgen** gesprochen. 16.478

---

653 *Köndgen*, ZBB 1996, S. 361, 364.
654 BGBl. I 1997, S. 1870 ff.
655 OLG Düsseldorf WM 1998, 2189; *Titz*, WM 1998, 2179 ff.
656 Zu den Informationspflichten bei sog. Bandbreiten-Optionsscheinen mit einer „Knock-out-Variante" vgl. OLG München WM 1998, 2367, 2370. Vgl. weiter *Siol*, FS Schimansky, 1999, S. 781 ff.; *Steuer*, FS Schimansky, 1999, S. 793, 811; *Horn*, FS Schimansky, 1999, S. 653, 662 ff.
657 *Schwark*, Das Zweite Finanzmarktförderungsgesetz in der praktischen Umsetzung, Schriftenreihe der Bankrechtlichen Vereinigung, Bd. 7, 1996, S. 109, 128; *Balzer*, ZBB 1997, 260, 266; *ders.*, DB 1997, 2311, 2316.
658 OLG Nürnberg EWiR § 31 WpHG, 1966, 685.
659 *Horn*, ZBB 1997, 139, 151.
660 *Schwark*, Das Zweite Finanzmarktförderungsgesetz in der praktischen Umsetzung, Schriftenreihe der Bankrechtlichen Vereinigung, Bd. 7, S. 109, 128.
661 *Köndgen*, ZBB 1996, 361, 364; *Schwark*, aaO., S. 109, 127; *Horn*, ZBB 1997, S. 139, 151.
662 BT-Drucksache 12/7918, S. 104; vgl. hierzu *Reich*, WM 1997, 1601, 1609.

16.479 Nach der Wohlverhaltensrichtlinie hat die Bank den Kunden spätestens vor der Erteilung eines Auftrages grundsätzlich nur zu seinen Kenntnissen oder Erfahrungen zu befragen (Pkt. 4)[663]. Dagegen braucht die Bank grundsätzlich keine Angaben zu den Anlagezielen und den finanziellen Verhältnissen einzuholen. Solche Angaben sind nur als Grundlage für eine spätere Anlageberatung erforderlich, die hier unterbleibt[664]. Dagegen ist der Kunde zu den Anlagezwecken und seinen finanziellen Verhältnissen in den Fällen zu befragen, in denen die Bank dem Kunden zur Durchführung des Wertpapiergeschäfts Kredit einräumt oder Sicherheitsleistung verlangt.

16.480 Soweit eine Bank **Effektenaufträge ohne Anlageberatung** ausführen will, hat sie den Kunden hierauf spätestens vor der Annahme des Auftrages hinzuweisen. Dabei ist es unerheblich, ob diese Execution-Only-Aufträge über einen gesonderten Vertriebsweg, im Einzelfall oder generell ausgeführt werden. Für den Kunden muß klar erkennbar sein, daß er bei den konkreten Effektenaufträgen keine Anlageberatung erwarten darf. Die Bank sollte deshalb auch bei der Entgegennahme der Effektenaufträge darauf achten, daß sich kein Beratungsgespräch mit dem Kunden entwickelt.

16.481 Die **Aufklärung bei solchen beratungsfreien Effektenaufträgen** soll unter Zugrundelegung der Kenntnisse oder Erfahrungen und der vom Kunden beabsichtigten Geschäftsarten erfolgen (Pkt. 3.6 Wohlverhaltensrichtlinie). Übermittelt die Bank dem Kunden Informationen, die über die gesetzliche Aufklärung hinausgehen, etwa durch Marktkommentare, Charts oder Analysen, so muß sie gegenüber dem Kunden klarstellen, daß diese Informationen keine Anlageberatung darstellen, sondern nur die selbständige Anlageentscheidung des Kunden erleichtern sollen.

16.482 Mit Rücksicht auf die gesetzliche Informationspflicht des § 31 Abs. 2 WpHG dürfte es sich empfehlen, die Auswahl der für die Discount-Geschäfte bestimmten Wertpapiere möglichst an der Schutzbedürftigkeit der Kunden zu orientieren. So können Anleger mit vergleichbarer Professionalität, Risikobereitschaft und wirtschaftlicher Leistungsfähigkeit für das Discount-Geschäft in bestimmte Risikoklassen zusammengefaßt werden, denen ausgewählte Wertpapiere beratungsfrei oder allenfalls mit standardisierten Informationen angeboten werden können. In Wertpapiergeschäften unerfahrenen Kunden, die bislang ausschließlich eine konservative Anlagepolitik verfolgt haben, können ausschließlich risikoarme

---

663 *Balzer*, DB 1997, 2311, 2315.
664 *Köndgen*, ZBB 1996, 361, 364.

Wertpapiere wie insbesondere verzinsliche Schuldverschreibungen bonitätsmäßig einwandfreier Emittenten und Investmentzertifikate konservativ anlegender Fonds angeboten werden. Mittlerweile hat sich bei den Kreditinstituten die Praxis eingebürgert, die Kundschaft typisierend in einzelne Risikogruppen einzustufen[665].

Wird dem **Kunden seine Einstufung in solche Risikokategorien mitgeteilt,** so ist nach der Wohlverhaltensrichtlinie des Bundesaufsichtsamtes für den Wertpapierhandel diese Einstufung bei der Auftragsausführung zu beachten und dem Kunden die Kriterien der Einstufung offenzulegen. Wünscht der Kunde nach Rücksprache der Bank die Ausführung einer Effektenorder, die nicht in der ihm mitgeteilten Risikokategorie liegt, kann der Auftrag erst ausgeführt werden, wenn sichergestellt ist, daß der Kunde die erforderliche Aufklärung vor Auftragsausführung erhalten hat (Wohlverhaltensrichtlinie Pkt. 3.2 Abs. 4)[666]. 16.483

Nach *Horn* kann die **Bank ausnahmsweise eine spontane Warnpflicht treffen,** wenn sie wichtige Informationen erlangt, die der typische Kunde mit großer Wahrscheinlichkeit noch nicht kennen kann[667]. Mit Rücksicht auf den Zweck dieser Risikoklassen, bei den beratungsfreien Effektenaufträgen den Anforderungen der gebotenen Kundeninformation auf abgesenktem Pflichtenniveau zu entsprechen, setzt eine solche Warnpflicht besondere Umstände voraus, etwa die drohende Insolvenz der Emittenten. Hier kann dem Anlegerschutz aber bereits dadurch Rechnung getragen werden, daß Aufträge in solchen Wertpapieren erst nach Rücksprache mit dem Kunden ausgeführt werden. 16.484

Entsprechend der US-amerikanischen Handhabung kann bei Geschäften mit professionellen Marktteilnehmern von der Einholung der Kundenangaben und der Aufklärung abgesehen werden[668]. Insoweit kommt der sich aus der Privatautonomie ergebende Grundsatz voll zum Tragen, daß auf vertragliche Beratungspflichten und die gesetzliche Informationspflicht unter bestimmten Voraussetzungen verzichtet werden kann[669]. Nach der Wohlverhaltensrichtlinie (Pkt. 3.8) kann bei Geschäften mit anderen Wertpapierdienstleistungsunternehmen oder sonstigen Marktteilnehmern, die im Zusammenhang mit ihrer gewerblichen Tätigkeit regelmäßig Geschäfte in Wertpapieren und/oder Derivaten in einem Umfang abschließen, der wegen der wirtschaftlichen Bedeutung für die vorgenannten Unternehmen insoweit vertiefte Fachkenntnisse voraussetzt, von einer Einholung von 16.485

---

665 *Köndgen*, ZBB 1996, 361, 363; vgl. weiter *Balzer*, DB 1997, 2311, 2316.
666 *Horn*, ZBB 1997, 139, 151.
667 *Horn*, ZBB 1997, 139, 152; *Reich*, WM 1997, 1601, 1603.
668 *Baur*, Die Bank 1997, 485, 486.
669 *Horn*, ZBB 1997, 139, 151.

Kundenangaben sowie einer Aufklärung unter drei Voraussetzungen abgesehen werden: Wenn (1) diesen Kunden schriftlich vor der Erbringung der Wertpapierdienstleistung mitgeteilt wird, daß im Hinblick auf deren Fachkenntnisse sowohl von der Einholung von Kundenangaben als auch von der Aufklärung abgesehen wird; (2) der Kunde dieser Vermutung nicht unverzüglich widerspricht und (3) die Gründe für die diesbezügliche Einstufung der Kunden schriftlich dokumentiert worden sind.

III. Besondere Verhaltensregeln (§ 32 WpHG)

16.486 Die allgemeinen Verhaltensregeln werden durch „besondere" Verhaltensregeln ergänzt, die an die Händler- und Beraterregeln der bisherigen freiwilligen Insiderregelung[670] anknüpfen[671]. Schon bisher waren **bestimmte Anlageempfehlungen** gegenüber der Kundschaft **und das sog. front running unzulässig.** Adressat sind auch künftig die Geschäftsleiter der Kreditinstitute sowie die im Börsenhandel und in der Anlageberatung tätigen Angestellten.

1. Empfehlungsverbote

16.487 Die Empfehlung ist von der nach § 31 Abs. 2 Nr. 2 WpHG gebotenen zweckdienlichen Information zu unterscheiden. Die empfehlende Bank teilt ihrem Kunden mit, wie sie selbst handeln würde, wenn sie sich in der Situation des Kunden befände[672]. Bei solchen Empfehlungen darf stets ein vernünftiger Ermessensspielraum in Anspruch genommen werden[673].

16.488 Verboten ist die Empfehlung zum An- oder Verkauf von Wertpapieren, wenn und soweit die Empfehlung nicht mit den Interessen der Kunden übereinstimmt (§ 32 Abs. 1 Nr. 1 WpHG). Hierunter fallen insbesondere Empfehlungen, um die eigenen Bestände in diesen Wertpapieren zu erhöhen oder zu verringern **(sog. scalping)**[674]. Dagegen fehlt es an einem sol-

---

670 Abgedruckt in WM 1988, 1108, 1109.
671 Beschlußempfehlung und Bericht des Finanzausschusses des Deutschen Bundestages, BT-Drucksache 12/7918, S. 104.
672 *Koller* in Assmann/Schneider, WpHG, § 32 Rn 3.
673 *Kübler*, ZHR 145 (1981), 204, 208.
674 Beschlußempfehlung des Finanzausschusses des Deutschen Bundestages, BT-Drucksache 12/7918, S. 104. Scalping als Kauf oder Verkauf von Wertpapieren in Kenntnis der bevorstehenden Abgabe einer sie betreffenden Bewertung oder Empfehlung kann eine Insiderstraftat gemäß § 14 Abs. 1 Nr. 1 Wertpapierhandelsgesetz darstellen *(Schneider/Burgard*, ZIP 1999, 381, 390).

chen verbotenen Sachverhalt bei einer Kaufempfehlung, wenn die Bank oder ihr Anlageberater von der Ertragskraft des Unternehmens oder dem Kurssteigungspotential des betreffenden Wertpapiers überzeugt ist. Auch wird die Kaufempfehlung im Rahmen der Emissionstätigkeit regelmäßig dem Kundeninteresse entsprechen, soweit sie auf einer anlage- und anlegergerechten Bewertung beruht[675].

Nach der Wohlverhaltensrichtlinie wird gegen das Interesse des Kunden verstoßen, wenn in seinem Depot durch Empfehlungen eine unverhältnismäßig hohe Anzahl von Geschäften veranlaßt wird und die dadurch entstehenden Kosten im Verhältnis zum eingesetzten Kapital und dem erzielbaren Gewinn unangemessen hoch ist – sog. **Churning** (Pkt. 5.1)[676].

16.489

Dieses **Empfehlungsverbot gilt auch dann,** wenn die Eigenbestände der vom Verbot erfaßten Personen oder eines sonstigen Dritten verringert oder erhöht werden sollen. Etwas anderes gilt nur in den Fällen, wenn auch insoweit die Kaufempfehlung im Kundeninteresse liegt[677].

16.490

Verboten sind im übrigen Empfehlungen mit dem Zweck, für Eigengeschäfte der Bank oder eines mit ihr verbundenen Unternehmens Preise in eine bestimmte Richtung zu lenken (§ 32 Abs. 1 Nr. 2 WpHG), etwa um einen Abschreibungsbedarf am Ende des Geschäftsjahres zu vermeiden. Dasselbe gilt für Eigengeschäfte der vom Verbot erfaßten Personen oder Dritter. Solche Empfehlungen sind ohne Ausnahme verboten[678]. Nach der Wohlverhaltensrichtlinie sind insbesondere irreführende Einwirkungen auf die Meinungsbildung der Kunden oder eine Täuschung der Kunden wie beispielsweise durch Scheingeschäfte oder arrangierte Geschäfte zu unterlassen (Pkt. 5.1)

16.491

2. Verbotene Eigengeschäfte zum Nachteil der Kunden

Die Bank verletzt ihre Pflicht zu einer interessewahrenden Ausführung von Kundenaufträgen, wenn sie sich im Wege des sog. Vorlaufens (front running)[679] vor einer Ausführung einer größeren Anzahl ihr erteilter Kauf-

16.492

---

675 Beschlußempfehlung des Finanzausschusses des Deutschen Bundestages, BT-Drucksache 12/7918, S. 104.
676 *Rössner*, WM 1996, 1517.
677 Beschlußempfehlung des Finanzausschusses des Deutschen Bundestages, BT-Drucksache, 12/7918, S. 104.
678 Beschlußempfehlung des Finanzausschusses des Deutschen Bundestages, BT-Drucksache 12/7918, S. 105.
679 *Hopt*, Der Kapitalanlegerschutz im Recht der Banken, 1975, 486 f.

order, die steigende Kurse erwarten lassen, rasch vorher eindeckt (§ 32 Abs. 1 Nr. 3 WpHG)[680]. **Unter das verbotene front running fällt auch der Fall,** in dem die Bank vor Ausführung einer größeren Anzahl ihr erteilter Verkaufsorder, die aller Voraussicht nach zu niedrigeren Kursen führen, noch schnell eigene Wertpapierbestände im Markt verkauft. Dies gilt insbesondere bei den „marktengen" Wertpapieren[681]. Nach der Wohlverhaltensrichtlinie des Bundesaufsichtsamtes für den Wertpapierhandel ist **auch das sog. Mit- oder Gegenlaufen** verboten, wenn dies für die Ausführung der Kundenaufträge nachteilig sein könnte (Pkt. 5.2). Beim Gegenlaufen werden die von den Kunden unterschiedlich vorgegebenen Preisgrenzen (Limits) gezielt durch Gegenorder abgeschöpft. Dabei muß aber die konkrete Gefahr eines Kursnachteils für den Kunden nahegelegen haben[682].

16.493   Soweit die vorliegenden Kundenaufträge ein Volumen erreichen, das geeignet ist, im Falle ihres öffentlichen Bekanntwerdens den Kurs erheblich zu beeinflussen, erfüllt das front running sogar den Insidertatbestand des verbotenen Ausnutzens einer Insidertatsache (§ 14 Abs. 1 Nr. 1 WpHG)[683].

16.494   Nach der Wohlverhaltensrichtlinie ist es auch verboten, sich im Hinblick auf eine künftig zu veröffentlichende Empfehlung mit Wertpapieren oder Derivaten einzudecken, um diese nach Veröffentlichung der Empfehlung gewinnbringend zu veräußern. Für Verkäufe gilt entsprechendes (Pkt. 5.2). Wenn die Veröffentlichung schriftlicher Kundenempfehlungen oder bestimmter Research-Ergebnisse durch die Bank oder ein mit ihr verbundenes Unternehmen bevorsteht, dürfen Eigengeschäfte in den betreffenden Wertpapieren nicht getätigt werden, bevor der Kunde eine ausreichende Reaktionsmöglichkeit hatte. Dies ist bei der Herstellung der sog. Bereichsöffentlichkeit im Sinne des § 15 Abs. 3 WpHG der Fall. Die Wohlverhaltensrichtlinie enthält aber eine Reihe von Ausnahmen zu diesem Verbot, etwa wenn es sich um Geschäfte im Rahmen einer Market-Maker-Tätigkeit oder um die Ausführung eines Kundenauftrages handelt.

---

680 *Canaris,* Bankvertragsrecht[2], Rn 1938; *Hopt,* Der Kapitalanlegerschutz im Recht der Banken, 1979, S. 487; *Koller,* BB 1978, 1733, 1734; *Kümpel,* WM 1993, 2025, 2027.
681 Beschlußempfehlung und Bericht des Finanzausschusses des Deutschen Bundestages, BT-Drucksache 12/7918, S. 105.
682 *Koller* in Assmann/Schneider, WpHG, § 32 Rn 14.
683 Beschlußempfehlung und Bericht des Finanzausschusses des Deutschen Bundestages, BT-Drucksache 12/7918, S. 104.

IV. Organisationspflichten (§ 33 WpHG)

Die Kreditinstitute sind verpflichtet, die für eine ordnungsmäßige Durchführung der Wertpapierdienstleistung notwendigen Mittel und Verfahren vorzuhalten und wirksam einzusetzen (§ 33 Nr. 1 WpHG). Hierdurch wird die entsprechende Bestimmung der Wertpapierdienstleistungs-Richtlinie (Art. 11, 5. Spiegelstrich) umgesetzt. Nach den Gesetzesmaterialien bedeutet dies mit Rücksicht auf die Vielzahl von Finanzinnovationen, daß das Unternehmen sachlich und personell in der Lage sein muß, an den internationalen Wertpapier- und Terminmärkten auf das schnellebige Geschäft zu reagieren, wenn dem Kunden derartige Instrumente angeboten werden. Dagegen sind für Wertpapiergeschäfte, die weniger beratungsintensiv und komplex sind, wie insbesondere der Verkauf von Bundesanleihen, Pfandbriefen oder Kommunalobligationen geringere Anforderungen an den Organisationsaufwand zu stellen[684].

16.495

Die Bank muß im übrigen so organisiert sein, daß bei der Erbringung der Wertpapierdienstleistung Interessenkonflikte zwischen ihr und dem Kunden oder Interessenkonflikte zwischen verschiedenen Kunden möglichst gering sind (§ 31 Nr. 2 WpHG). Hierdurch wird die entsprechende Bestimmung der Wertpapierdienstleistungs-Richtlinie (Art. 10, 5. Spiegelstrich) umgesetzt[685]. Diese Verhaltensregeln betreffen sowohl die Aufbau- als auch die Ablauforganisation. Die organisatorische Struktur des Unternehmens wie auch der Ablauf der Arbeitsvorgänge innerhalb des Unternehmens müssen so gestaltet sein, daß Interessenkonflikte möglichst vermieden werden[686].

16.496

Schließlich sollen die Kreditinstitute über **angemessene interne Kontrollverfahren** verfügen, die geeignet sind, Verstößen gegen Verpflichtungen nach dem WpHG entgegenzuwirken (§ 33c Nr. 3 WpHG). Damit wird die einschlägige Bestimmung der Wertpapierdienstleistungs-Richtlinie (Art. 10, 5. Spiegelstrich) umgesetzt. Hiernach sind nur einmalige Einrichtungen entsprechender Verfahren und organisatorischer Maßnahmen nicht ausreichend. Nach den Gesetzesmaterialien sind Compliance-Organisa-

16.497

---

684 Beschlußempfehlung und Bericht des Finanzausschusses des Deutschen Bundestages, BT-Drucksache 12/7918, S. 105.
685 Bei der Errichtung von ausländischen Zweigniederlassungen darf deren organisatorische Ausgestaltung nicht den von dem Aufnahmemitgliedstaat erlassenen Verhaltensregeln zuwiderlaufen (Art. 10, 5. Spiegelstrich Wertpapierdienstleistungs-Richtlinie).
686 Beschlußempfehlung und Bericht des Finanzausschusses des Deutschen Bundestages, BT-Drucksache 12/7918, S. 105.

tionen der richtige Ansatzpunkt zur Entschärfung des Konfliktpotentials zwischen Bank und Kundeninteresse und zur Verschaffung notwendiger organisatorischer Instrumente zur Überwachung des Wertpapiergeschäfts[687]. Hierzu hat das Bundesaufsichtsamt für den Wertpapierhandel die Richtlinie zur Konkretisierung der Organisationspflichten von Wertpapierdienstleistungsunternehmen gemäß § 35 Abs. 6 WpHG vom 2. 12. 1998 (sog. Compliance-Richtlinie) erlassen. Die Einzelheiten sind im 6. Abschnitt „Compliancewesen" eingearbeitet worden.

16.498 Die Organisationspflichten des § 33 Nr. 1-3 WpHG stellen keine Schutzgesetze im Sinne des § 823 Abs. 2 BGB dar. Insbesondere ihre inhaltliche Unbestimmtheit verbietet es, Rechte jedes einzelnen Anlegers auf Erfüllung und Schadensersatz zu begründen[688].

V. Aufzeichnungs- und Aufbewahrungspflichten (§ 34 WpHG)

16.499 Die Kreditinstitute sind verpflichtet, bei der Erbringung von Wertpapierdienstleistungen den Auftrag und die hierzu erteilten Anweisungen des Kunden, die Ausführung des Auftrags sowie den Namen des Angestellten, der den Auftrag des Kunden angenommen hat, und die Uhrzeit der Erteilung und Ausführung des Auftrages aufzuzeichnen (§ 34 WpHG). Die Wohlverhaltensrichtlinie des Bundesaufsichtsamtes für den Wertpapierhandel vom 26. 5. 1997[689] enthält detaillierte Regelungen zu dieser Aufzeichnungspflicht (Pkt. 4.6) und der Pflicht zur Dokumentation über die **vorgeschriebene Befragung und Aufklärung des Kunden** gemäß § 31 Abs. 2 WpHG. Die Einholung der Angaben des Kunden und seine Informationen sind hiernach so durchzuführen, daß sie bei der Prüfung durch die Aufsichtsbehörden nachvollziehbar sind. Bei einer Aufzeichnung können standardisierte Fragebögen verwendet werden (Pkt. 3.7). Im übrigen ist keine lückenlose Dokumentation und Prüfung von Einzelvorgängen erforderlich. Auch organisatorische Maßnahmen wie insbesondere Mitarbeiterschulungen, Organisationsvorgaben und -handbücher und andere Kontrollen können ausreichend sein, wenn sie in ihrer Gesamtheit geeignet sind, die Einhaltung der Vorschriften herbeizuführen.

---

687 Beschlußempfehlung und Bericht des Finanzausschusses des Deutschen Bundestages, BT-Drucksache 12/7918, S. 105; *Assmann*, AG 1994, 237, 255; vgl. weiter *Schneider* zu Compliance im Konzern, ZGR 1996, 225 ff.
688 *Balzer*, ZBB 1997, 260, 264.
689 Abgedruckt in *Kümpel/Ott*, Kapitalmarktrecht, Kz 631/1 mit Anmerkungen von *Birnbaum*.

16.500 Die Annahme aller Aufträge ist nach der Wohlverhaltensrichtlinie grundsätzlich schriftlich oder durch eine gleichwertige Aufzeichnung (z.B. elektronisch) zu dokumentieren. Bei Kommissionsgeschäften ist der Zeitpunkt der Auftragsannahme, der Weitergabe an ein ausführendes Wertpapierdienstleistungsunternehmen (insbesondere einen Makler) und dessen Auftragsausführung regelmäßig durch elektronische oder vergleichbare Mittel festzuhalten. In **Ausnahmefällen** ist die **manuelle Dokumentation** ausreichend. Die Aufzeichnung hat in unmittelbarem zeitlichen Zusammenhang mit der Annahme bzw. Weitergabe des Auftrags zu erfolgen. Jedes Geschäft ist sofort nach Geschäftsabschluß mit allen maßgebenden Abschlußdaten zu erfassen und anschließend unverzüglich mit allen Unterlagen an die Abwicklung weiterzuleiten. Geschäfte, die nach Erfassungsschluß der Abwicklung geschlossen werden (Spätgeschäfte), sind als solche zu kennzeichnen und bei den Positionen des Abschlußtages (einschließlich der Nacherfassung) zu berücksichtigen. Händlerzettel über Spätgeschäfte sind unverzüglich einer Stelle außerhalb des Handels zuzuleiten. Für Geschäfte, die über ein Abwicklungssystem einer Börse oder ein anderes Abwicklungssystem abgerechnet werden, ist eine andere Form der Dokumentation zulässig.

16.501 Die Wohlverhaltensrichtlinie (Pkt. 4.6.2) enthält im übrigen detaillierte Regelungen für die **Bestätigung der Auftragserteilung und der Auftragsausführung sowie den Inhalt der Geschäftsabrechnung.** Jeder Auftrag, der nicht tagesgültig erteilt wird, ist mit den besonderen Weisungen des Kunden (etwa Limitierungen) spätestens an dem der Erteilung folgenden Tag schriftlich oder in gleichwertiger Form zu bestätigen (Auftragsbestätigung), sofern er nicht unverzüglich, spätestens an dem der Erteilung folgenden Tag, abgerechnet wird (Geschäftsabrechnung). Bei einer **Teilausführung** gilt die für den ausgeführten Teil erstellte Teilgeschäftsabrechnung zugleich als Auftragsbestätigung für den nicht ausgeführten Teil. Jedes Geschäft muß einzeln gebucht und aufgezeichnet werden.

16.502 **Grundsätzlich** ist jedes Geschäft nach Ausführung **unverzüglich schriftlich oder in gleichwertiger Form dem Kunden anzuzeigen** (Geschäftsbestätigung), sofern es nicht unverzüglich abgerechnet wird (Geschäftsabrechnung). Für Geschäfte, die über ein Abwicklungssystem einer Börse oder ein anderes Abwicklungssystem abgerechnet werden, ist eine andere als die vorgenannte Form der Geschäftsbestätigung bzw. -abrechnung zulässig. Die Geschäftsabrechnung muß alle für das Geschäft wesentlichen Angaben enthalten, hinsichtlich der in Rechnung gestellten Kosten transparent und auch für den durchschnittlichen Kunden verständlich sein. Dazu gehören insbesondere der Preis, das Abschlußdatum und der Börsenplatz. Bei Termingeschäften ist dem Kunden für die Eröffnung und

16. Teil: Wertpapierhandelsgesetz

Schließung jeder Position eine entsprechende Geschäftsbestätigung bzw. -abrechnung zu erteilen.

16.503 Die **Aufzeichnungspflicht** im Sinne des § 34 WpHG zielt auf die Dokumentation des Geschäftsabschlusses, nicht jedoch auf die Aufzeichnung innerbetrieblicher organisatorischer Vorgänge, die nur die Vorstufe des eigentlichen Geschäftsabschlusses bilden[690]. Dabei sind die Aufzeichnungen derart vorzunehmen, daß die Auftragsausführung kontrolliert werden kann. Diese Aufzeichnungen sind mindestens sechs Jahre aufzubewahren (§ 34 Abs. 3 WpHG). Die Dokumentations- und Aufbewahrungspflichten des § 34 WpHG dienen ausschließlich der Kontrolle durch die Aufsichtsbehörde und nicht den individuellen Interessen der Anleger. Deshalb stellen sie **keine Schutzgesetze** im Sinne des § 823 Abs. 2 BGB dar[691].

16.504 Diese Dokumentations- und Aufbewahrungspflichten erstrecken sich im übrigen auch auf die Geschäfte, die die Kreditinstitute im Zuge der Ausführung eines Kommissionsauftrages an der Börse tätigen (§ 37 Abs. 2 WpHG). Diese Börsengeschäfte unterliegen einer zusätzlichen Meldepflicht (§ 9 WpHG), die es dem Bundesaufsichtsamt für den Wertpapierhandel ermöglichen soll, insbesondere zur Verhinderung von verbotenen Insidergeschäften die hierfür erforderlichen Informationen laufend zu sammeln.

VI. Richtlinien der Marktaufsicht für die Überwachung der Verhaltensregeln

16.505 Das Bundesaufsichtsamt für den Wertpapierhandel kann Richtlinien aufstellen, nach denen es für den Regelfall beurteilt, ob die Verhaltensregeln nach den § 31 bis 33 WpHG eingehalten worden sind. Vor Erlaß dieser Richtlinien sind die Deutsche Bundesbank, das Bundesaufsichtsamt für das Kreditwesen und die Spitzenverbände der Kreditwirtschaft anzuhören (§ 35 Abs. 2 S. 2 WpHG). Im übrigen wird das „Forum of European Securities Commissions" (FESCO) – Rn 18.106 – einheitliche Standards für diese Verhaltensregeln entwickeln[692].

16.506 Bei den Richtlinien handelt es sich nicht um Gesetze im materiellen Sinne (Normen) und Verwaltungsakte[693]; an ihre Nichtbeachtung sind

---

690 Beschlußempfehlung und Bericht des Finanzausschusses des Deutschen Bundestages, BT-Drucksache 12/7918, S. 106.
691 *Balzer*, ZBB 1997, 260, 264.
692 *Wittich*, WM 1999, 1613.
693 *Koller* in Assmann/Schneider, WpHG, § 35 Rn 6; *Köndgen*, ZBB 1996, 361; *Reich*, WM 1997, 1601, 1608.

daher keine unmittelbaren Rechtsfolgen geknüpft. Die Richtlinien sollen vielmehr die sich aus den §§ 31 ff. WpHG ergebenden Verpflichtungen erläutern[694] und den zu prüfenden Kreditinstituten Auskunft darüber geben, wie das Bundesaufsichtsamt für den Wertpapierhandel seinen **Beurteilungsspielraum** bei der Bewertung der Frage einer gesetzmäßigen Befolgung dieser Verhaltensregeln ausüben wird. Die Richtlinie konkretisiert die generell klauselhaft weitgefaßten Wohlverhaltensregeln zu aufsichtsbehördlich subsumierbaren Tatbeständen[695]. Damit wird zugleich eine einheitliche Anwendung der gesetzlichen Regelung durch die Kreditinstitute sichergestellt. Die Richtlinien verkörpern die Erfahrung der Verwaltungspraxis und können daher bei Bedarf abgeändert werden.

Die Rechtsnatur der Richtlinien als eine Maßnahme der Aufsichtsbehörde ohne Regelungscharakter, wie sie einem Verwaltungsakt eigen ist, ähnelt den Amtlichen Prüfungshinweisen für die Depotprüfung. Auch diese Verlautbarungen des Bundesaufsichtsamtes für das Kreditwesen stellen ein schlicht-hoheitliches Verwaltungshandeln dar, gegen die den Betroffenen bei Rechtsverletzungen die üblichen verwaltungsrechtlichen Rechtsbehelfe zur Verfügung stehen[696].

16.507

Bei einem **Verstoß gegen die Richtlinien** besteht keine Vermutung, daß die betreffende Verhaltensregel verletzt wurde und damit ein Mißstand im Sinne des WpHG (§ 4 Abs. 1) vorliegt. Denn Vermutungen können nur durch Rechtsnormen begründet werden[697]. Eine abweichende Handhabung kann in Ausnahmefällen gerechtfertigt sein, wenn ein konkretes Verhalten noch im Einklang mit der durch diese Richtlinie interpretierten Norm steht[698]. Den Gerichten bleibt es unbenommen, die Generalklauseln der §§ 31–33 WpHG selbständig zu interpretieren und im Einzelfall zu konkretisieren[699]. Die Rechtsprechung wird sich aber dieser Richtlinien als Erkenntnisquelle für den Mindeststandard bedienen[700].

16.508

---

694 Vgl. Pkt. 1 Abs. 1 der Richtlinie des Bundesaufsichtsamtes für den Wertpapierhandel vom 26. 5. 1997 zur Konkretisierung der §§ 31 und 32 Wertpapierhandelsgesetz für das Kommissions-, Festpreis- und Vermittlungsgeschäft der Kreditinstitute, abgedruckt in *Kümpel/Ott*, Kapitalmarktrecht, Kz 631/1. Vgl. weiter *Köndgen*, wonach die Richtlinie keine Rechtsverordnung ist, sondern eine Verwaltungsvorschrift zur Eingrenzung des Beurteilungsspielraumes und zur Herstellung einer gleichförmigen Aufsichtspraxis, ZBB 1996, 361.
695 *Köndgen*, ZBB 1996, 361.
696 *Fett*, WM 1999, 613, 620.
697 *Koller* in Assmann/Schneider, WpHG, § 35 Rn 6; a.A. *Balzer*, ZBB 1997, 260, 268.
698 *Baur*, Die Bank 1997, 845, 847.
699 *Koller* in Assmann/Schneider, WpHG, § 35 Rn 6; *Köndgen*, ZBB 1996, 361.
700 *Köndgen*, ZBB 1996, 361; *Koller* in Assmann/Schneider, WpHG, § 35 Rn 6.

16.509 Das Bundesaufsichtsamt für den Wertpapierhandel hat zwischenzeitlich eine Richtlinie vom 26. 5. 1997 zur Konkretisierung der §§ 31 und 32 WpHG für das Kommissions-, Festpreis- und Vermittlungsgeschäft der Kreditinstitute veröffentlicht[701]. Von dieser sog. Wohlverhaltensrichtlinie werden auch solche Kundenaufträge erfaßt, die die Bank zur Ausführung an andere Wertpapierdienstleistungsunternehmen weiterleitet. Dagegen ist die Wohlverhaltensrichtlinie unanwendbar, wenn sich die von der Bank geschuldete Dienstleistung auf eine solche Weiterleitung beschränkt (**sog. weitergeleitete Aufträge**).

16.510 Vorrangiges Ziel der Wohlverhaltensrichtlinie ist es, die Anleger in die Lage zu versetzen, eine selbständige und eigenverantwortliche Anlageentscheidung zu treffen. Im übrigen soll eine faire Behandlung der Kunden durch die Wertpapierdienstleistungsunternehmen sichergestellt werden[702]. Die Richtlinie regelt u.a. den Umfang der Information und die Risikoaufklärung des Kunden, die Zulässigkeit der beratungsfreien Geschäfte (sog. Execution-Only-Geschäfte) sowie die Transparenz der Kosten der Dienstleistungen. Auch enthält die Richtlinie Bestimmungen über die zeitliche und örtliche Abwicklung der Kundenaufträge und über das Zuteilungsverfahren bei Wertpapieremissionen[703].

16.511 Des weiteren hat das Bundesaufsichtsamt für den Wertpapierhandel die Richtlinie zur Konkretisierung der Organisationspflichten von Wertpapierdienstleistungsunternehmen gemäß § 33 Abs. 1 WpHG vom 2. 12. 1998 (Compliance-Richtlinie) erlassen[704]. Die Einzelheiten sind in dem nachfolgenden 6. Abschnitt „Compliancewesen" eingearbeitet worden.

VII. Prüfungsrichtlinien des Bundesaufsichtsamtes für den Wertpapierhandel

16.512 Unbeschadet der Überwachungstätigkeit des Bundesaufsichtsamtes für den Wertpapierhandel ist die Einhaltung der Verhaltensregeln des 5. Abschnittes des WpHG einmal jährlich durch einen geeigneten Prüfer zu prüfen (§ 36 Abs. 1 S. 1 WpHG). Diese **Prüfung des Wertpapierdienstleistungsgeschäfts** hat aufsichtsrechtlich eine vergleichbare Funktion wie die Prüfung des Depotgeschäfts, die wie bisher im Zuständigkeitsbereich

---

701 Abgedruckt in *Kümpel/Ott*, Kapitalmarktrecht, Kz 631/1.
702 Pressemitteilung des Bundesaufsichtsamtes für den Wertpapierhandel Nr. 8/292 vom 16. 6. 1997.
703 *Baur*, Die Bank 1997, 485 ff.
704 Abgedruckt in *Kümpel/Ott*, Kapitalmarktrecht, Kz 631/1.

des Bundesaufsichtsamtes für das Kreditwesen angesiedelt ist (§ 29 Abs. 2 S. 2 KWG). Insoweit besteht eine Aufgabenteilung zwischen diesen beiden Aufsichtsbehörden[705].

Die Prüfung des Wertpapierdienstleistungsgeschäfts kann wie die Depotprüfung im Rahmen der Jahresabschlußprüfung erfolgen. Über Art, Umfang und Zeitpunkt dieser Prüfung kann das Bundesaufsichtsamt für den Wertpapierhandel eine Rechtsverordnung erlassen, soweit diese zur Erfüllung seiner Aufgaben erforderlich ist, insbesondere um Mißständen im Handel mit Wertpapieren, Geldmarktinstrumenten und Derivaten entgegenzuwirken und um auf die Einhaltung der Meldepflichten nach § 9 WpHG und der Verhaltensregeln der §§ 31 ff. WpHG hinzuwirken (§ 36 Abs. 5 WpHG). Von dieser Ermächtigung ist mit der „Verordnung über die Prüfung der Wertpapierdienstleistungsunternehmen nach § 36 des WpHGes" (**Wertpapierdienstleistungs-Prüfungsverordnung WpDPV**) vom 6. 1. 1999 Gebrauch gemacht worden[706].

16.513

Die Rechtsverordnung regelt das **Verhältnis zwischen Prüfer und geprüftem Unternehmen** und **umschreibt Berichtspflichten für den Prüfer gegenüber der Aufsicht**. Die Verordnung ist bewußt knapp gehalten und beschränkt sich auf die unbedingt notwendigen Vorgaben. Dies gilt auch für den Umfang der Prüfungshandlungen. Grundsätzlich kann sich der Prüfer nach pflichtgemäßem Ermessen auf Systemprüfungen mit Funktionstests und stichprobenweise Einzelprüfungen beschränken. Im übrigen beschränken sich die Berichtspflichten des Prüfers auf das Notwendige. Der Prüfer muß jedoch die Prüfungsergebnisse nach Maßgabe des als Anlage zur Verordnung beigefügten Fragebogens dokumentieren. Die ausgefüllten Fragebögen sollen es der Aufsicht ermöglichen, das wesentliche Prüfungsergebnis nahezu auf einen Blick zu erfassen und sichern somit eine effiziente Berichtsauswertung und die zeitnahe Behandlung von Problemfällen.

16.514

Der Fragenkatalog unterteilt sich in verschiedene Bereiche des Wertpapierdienstleistungsgeschäfts, vor allem auf die Einholung von Kundenangaben und die Kundeninformationen gemäß § 31 WpHG sowie auf die Einhaltung der Organisationspflichten (§ 33 WpHG). Letzteres betrifft insbesondere die Qualität der Auftragsbearbeitung, die Organisation des Unternehmens, die Ordnungsmäßigkeit der Mitarbeitergeschäfte und die Wahrung des Kundeninteresses sowie interne Kontrollverfahren und Aufzeichnungspflichten.

16.515

---

705 Begründung des Entwurfs eines Gesetzes zur Umsetzung von EG-Richtlinien zur Harmonisierung bank- und wertpapieraufsichtsrechtlicher Vorschriften, BT-Drucksache 13/7142, S. 60.
706 Abgedruckt in BGBl. I 1999, S. 4 ff. und in *Kümpel/Ott,* Kapitalmarktrecht, Kz 743; vgl. weiter *Birnbaum,* WPg 1999, 110 ff.

6. Abschnitt
Compliance-Organisationen

I. Grundsätzliches

16.516 Das deutsche Kreditgewerbe hat seit Mitte 1992 begonnen, in Anlehnung an angelsächsische Erfahrungen Compliance-Organisationen einzurichten[707]. Compliance, ein Begriff aus der englischen Banksprache, bedeutet ein Verhalten in Übereinstimmung mit geltendem Recht und sonstigen Regelungen sowie den diesbezüglichen organisatorischen Vorkehrungen. **Für Compliance-Organisationen** besteht insbesondere bei den deutschen Kreditinstituten ein **Bedürfnis**, die als Universalbanken in unvermeidbare Interessenkonflikte geraten und auf vielfältige Weise mit Insiderinformationen in Berührung kommen können.

16.517 Aus rechtlicher Sicht beschränkt sich Compliance in der heutigen Praxis auf die durch kapitalmarktrechtliche Normen geregelten Geschäftsbereiche. Grundsätzlich kann aber eine Unternehmensorganisation unter Compliance-Aspekten für sämtliche Verhaltensanforderungen an ein Unternehmen in Betracht gezogen werden[708].

16.518 Im Vordergrund der gegenwärtigen Compliance-Organisationen steht das **Wertpapiergeschäft mit dem Schwerpunkt der Geschäftsbeziehung zu den Effektenkunden.** Hier geht es vor allem um die ordnungsgemäße Erfüllung der Pflicht zur interessewahrenden Ausführung der Kundenaufträge im Effektengeschäft.

16.519 Seit Inkrafttreten des neuen WpHG sind Compliance weitere Aufgabenfelder zugewachsen. Dies gilt vor allem für die gesetzliche Insiderregelung,[709] die nicht nur das Ausnutzen von Insiderwissen verbietet, sondern auch die unbefugte Weitergabe von Insiderinformationen unter Strafandrohung gestellt hat. Bei der Überwachung der Einhaltung der Insiderverbote dient Compliance entsprechend dem Schutzzweck der Insiderregelung auch der Funktionsfähigkeit des Kapitalmarktes. Dieser Funktionsschutz bedeutet zugleich Schutz des breiten Anlegerpublikums und er-

---

707 *Eisele,* WM 1993, S. 1021; vgl. weiter *Schneider* zu Compliance in Konzern; ZGR 1996, 225, 227.
708 *Assmann,* AG 1994, S. 237, 256.
709 *Assmann,* AG 1994, S. 237, 256.

faßt damit auch sämtliche anderen Anleger, die nicht zum Kundenkreis des eigenen Hauses gehören.

Die **Schutzwirkungen von Compliance** kommen aber **nicht nur dem breiten Anlegerpublikum zugute**. Mit der strikten Einhaltung der kapitalmarktrechtlichen Normen werden zugleich Schadensersatzansprüche von der Bank abgewehrt und oftmals auch Imageverluste des eigenen Hauses wegen rufschädigenden Verhaltens der Mitarbeiter vermieden. Nicht zuletzt trägt Compliance auch dazu bei, die Mitarbeiter der Bank vor Schadensersatzrisiken und dem Risiko strafrechtlicher Verfahren zu schützen[710].

16.520

1. Überwachungstätigkeit

Eine weitere wesentliche Funktion von Compliance ist die zeitnahe Kontrolle, ob die einschlägigen Gesetze und die hausinternen Richtlinien beachtet und die kurssensitiven Informationen nicht mißbräuchlich verwendet worden sind. Bei dieser Tätigkeit handelt es sich um eine betriebsinterne Aufsicht, die eine gewisse Parallele zur staatlichen Marktaufsicht aufweist. Diese Aufsichtstätigkeit erfolgt vorrangig im Interesse der Bank und ihrer Mitarbeiter, die sich durch die Verhaltensregeln der §§ 31, 32 WpHG und das neue Insiderrecht (§ 14 WpHG) einem zunehmenden Risiko der zivilrechtlichen Haftung oder einer strafrechtlichen Verfolgung ausgesetzt sehen.

16.521

Eine effiziente Compliance-Organisation erleichtert es im übrigen der Bank und ihren Mitarbeitern, sich gegen unberechtigte Vorwürfe und Anschuldigungen seitens der Kundschaft und der Öffentlichkeit zu verwahren[711].

16.522

2. Beratung der Geschäftsabteilungen

Compliance hat auch eine **geschäftsbegleitende und unterstützende Funktion** für die Geschäftsbereiche Wertpapierhandel, Emissionsgeschäft und Anlageberatung. So berät Compliance die Geschäftsbereiche und deren Mitarbeiter insbesondere bei Zweifelsfragen. Hierfür besteht ein echtes Bedürfnis insbesondere bei Interessenkonflikten, die häufig nicht abstrakt, sondern nur unter Berücksichtigung der konkreten Interessenlage bewältigt werden können. So können die Mitarbeiter durch Complian-

16.523

---

710 *Assmann*, AG 1994, 237, 256.
711 *Eisele*, WM 1993, 1021, 1022.

ce von mitunter schwierigen Auslegungsfragen entlastet werden, um für das Geschäft „den Rücken frei zu haben".

16.524 Beratungen kommen aber auch bei der Steuerung des innerbetrieblichen Informationsflusses und der Strukturierung von Transaktionen in Betracht.

3. Personalausbildung

16.525 Neben der geschäftsbegleitenden Beratung kann sich Compliance um die Ausbildung der Mitarbeiter kümmern. Compliance soll vor allem vorbeugend wirken und nicht nur abgeschlossene Geschäftsvorfälle auf etwaige Verstöße überprüfen, wie es typisch für die Revisionstätigkeit ist. Es gilt, das Bewußtsein der Mitarbeiter für den gesetzmäßigen Umgang mit Interessenkonflikten und Insiderinformationen sowie die laufende präventive Überwachung der Geschäfte durch Compliance zu schärfen. Diese Ausbildung ist um so erforderlicher, als die gesetzliche Insiderregelung unvermeidbar unscharfe Tatbestandsmerkmale verwendet und daher stark interpretationsbedürftig ist.

II. Kommissionsgeschäft

16.526 Schwerpunktmäßig geht es bei Compliance um ein geschäftliches Verhalten der Kreditinstitute, das das Kundeninteresse bei der Ausführung von Effektenaufträgen auch bei Interessenkonflikten weitestmöglich wahren soll. Die kommissionsrechtliche Verpflichtung zur interessewahrenden Ausführung (§ 384 Abs. 1 HGB) gebietet es, dem Kundeninteresse Vorrang vor dem Interesse der Bank und ihren Mitarbeitern einzuräumen[712]. Hier geht es vor allem um das **Spannungsverhältnis Effektengeschäft und Emissionsgeschäft,** bei dem die Universalbank als Effektenkommissionär das Kundeninteresse und das Emittenteninteresse im Rahmen der Emission zu wahren hat.

16.527 Ein anderer Schwerpunkt sind die Eigengeschäfte der Bank, die in zeitlicher Nähe zu der Ausführung von Kundenaufträgen getätigt werden. Aus Eigengeschäften können sich für die Kunden Kursnachteile ergeben. Andererseits können solche Eigengeschäfte auch zu günstigeren Kursen für den Effektenkunden führen. Hinzu kommt, daß die Eigengeschäfte der

---

[712] *Canaris,* Bankvertragsrecht², Rn 1888; *Schlegelberger/Hefermehl,* § 384 Rn 14; Großkomm. HGB/*Koller,* § 384 Anm. 7.

Kreditinstitute zur Liquidität des Marktes beitragen und daher in wohlverstandenem Interesse der Effektenkunden liegen. Gleichwohl kann nicht geleugnet werden, daß die Eigengeschäfte der Bank mit den Interessen der Effektenkunden an einer kursmäßig optimalen Ausführung kollidieren können. Die Problemlösung kann daher nur darin bestehen, das Risiko solcher unvermeidbarer Interessenkonflikte möglichst gering zu halten.

1. Konfliktsteuerung

Die deutschen Universalbanken haben sich seit langem um ein interessengerechtes Konfliktmanagement bemüht. Bislang erfolgte die Erfolgskontrolle jedoch ganz überwiegend erst nachträglich, wie es für die hausinterne Revisionstätigkeit üblich ist. 16.528

Insbesondere die Investmentbanken des angelsächsischen Raumes verfügen dagegen über organisatorische Einrichtungen, die vorbeugend weitestmöglichst sicherstellen sollen, daß die geschäftlichen Aktivitäten in Übereinstimmung mit den einschlägigen Gesetzen und sonstigen Regelungen stehen. Die angelsächsischen Compliance-Organisationen beinhalten daher auch eine zeitnahe Überwachung der geschäftlichen Aktivitäten als vorbeugende Maßnahme gegen eine Verletzung des Kundeninteresses. Im Zuge der Globalisierung der Kapitalmärkte stehen daher die international agierenden deutschen Banken aus Wettbewerbsgründen vor der Notwendigkeit, ebenfalls eine Compliance-Organisation einzurichten. 16.529

Diese Entwicklung wurde durch das Zweite Finanzmarktförderungsgesetz beschleunigt, mit dem die Wohlverhaltensregeln der EG-Wertpapierdienstleistungs-Richtlinie (Art. 11) umgesetzt worden sind. Die Richtlinie erkennt grundsätzlich an, daß Interessenkonflikte im Effektengeschäft unvermeidbar sind und es daher nur darum gehen kann, diese Konfliktsituationen weitestmöglich abzumildern. Nach der EG-Richtlinie muß die Bank, wenn sich solche Interessenkonflikte „nicht vermeiden lassen", dafür sorgen, daß ihre Kunden „nach Recht und Billigkeit" behandelt werden. 16.530

Bei der Umsetzung dieser EG-Bestimmung hat der deutsche Gesetzgeber als eine der Allgemeinen Verhaltensregeln für das Wertpapiergeschäft bestimmt, daß sich die Bank um die Vermeidung von Interessenkonflikten zu bemühen hat. Auch hat die Bank dafür Sorge zu tragen, daß bei unvermeidbaren Interessenkonflikten der Kundenauftrag „unter der gebo- 16.531

16. Teil: Wertpapierhandelsgesetz

tenen Wahrung des Kundeninteresses" ausgeführt wird (§ 31 Abs. 1 Nr. 2 WpHG).

2. Organisationspflichten der Banken

16.532 Entsprechend Art. 10 EG-Wertpapierdienstleistungsrichtlinie verlangt § 33 WpHG eine **angemessene betriebliche Organisation für das Effektengeschäft**. Der Geschäftsbetrieb der Kreditinstitute muß hiernach insbesondere so organisiert sein, daß bei der Erbringung von Wertpapierdienstleistungen Interessenkonflikte zwischen den Instituten und ihren Kunden oder Interessenkonflikte zwischen verschiedenen Kunden möglichst gering sind (§ 33 Nr. 2 WpHG).

16.533 Nach den Gesetzesmaterialien ist die Schaffung und der Ausbau von Compliance-Organisationen der richtige Ansatzpunkt zur Entschärfung des grundsätzlich bestehenden Konfliktpotentials zwischen Unternehmens- und Kundeninteresse. Dies gelte auch für die Schaffung der notwendigen organisatorischen Instrumente zur Überwachung des Wertpapiergeschäfts[713]. Das Bundesaufsichtsamt für den Wertpapierhandel hat, gestützt auf § 35 Abs. 6 WpHG, eine Richtlinie zur Konkretisierung der Organisationspflichten von Wertpapierdienstleistungsunternehmen gemäß § 33 Nr. 2 WpHG vom 2. 12. 1998 (Compliance-Richtlinie)[714] erlassen. Diese **Compliance-Richtlinien** (2. Abschnitt) erläutern die Anforderungen an die Erfüllung der Organisationspflichten.

16.534 Danach versteht das Bundesaufsichtsamt unter Compliance die Pflicht der Wertpapierdienstleistungsunternehmen (Wertpapierfirmen), eine ihrer Struktur und Geschäftstätigkeit entsprechende Aufbau- und Ablauforganisation sowie laufende Überwachung zur ordnungsgemäßen Durchführung der Wertpapierdienstleistungen und Wertpapiernebendienstleistungen zu gewährleisten. Ob die Wertpapierfirmen die sich aus der Compliance-Richtlinie ergebenden Organisationspflichten angemessen umgesetzt haben, soll sich aus einer Gesamtbetrachtung der getroffenen Maßnahmen unter Berücksichtigung von Größe, Geschäftstätigkeit und Struktur des Unternehmens beurteilen.

16.535 Die Wertpapierfirmen haben des weiteren sicherzustellen, daß sämtliche Anforderungen an die Mitarbeitergeschäfte entsprechend den Verhaltensregeln für Mitarbeiter eingehalten werden. Auswahl und Ausgestaltung geeigneter organisatorischer und technischer Maßnahmen haben die

---

713 Beschlußempfehlung und Bericht des Finanzausschusses des Deutschen Bundestages, BT-Drucksache 12/7918, S. 209.
714 Abgedruckt in *Kümpel/Ott*, Kapitalmarktrecht, Kz 633/2; *Jütten*, Die Bank 1999, 126 ff.

Wertpapierfirmen in ihren betriebsinternen Regelungen zu dokumentieren. Im übrigen obliegt es der Verantwortlichkeit des Unternehmens, welche konkreten Vorkehrungen es tatsächlich trifft, um die Anforderungen des § 33 Abs. 1 Nr. 1 WpHG einzuhalten, und welche Stelle des Unternehmens zuständig ist.

Nach der Compliance-Richtlinie haben die Wertpapierfirmen die für eine ordnungsgemäße Durchführung der Wertpapierdienstleistungen und Wertpapiernebendienstleistungen notwendigen Mittel und Verfahren vorzuhalten und wirksam einzusetzen. Zu den notwendigen Mitteln und Verfahren zählen insbesondere Vorkehrungen, um bei Systemausfällen und Störungen Verzögerungen bei der Auftragsausführung oder Weiterleitung möglichst gering zu halten. Auch sind die Mitarbeiter der Wertpapierfirmen in die Lage zu versetzen, die angebotenen Wertpapierdienstleistungen und Wertpapiernebendienstleistungen mit der erforderlichen Sachkenntnis, Sorgfalt und Gewissenhaftigkeit im Interesse des Kunden zu erbringen. Nach der Richtlinie gehört zum Compliancewesen auch der angemessene Umgang mit Beschwerden der Kunden. 16.536

III. Insiderregeln

Das neue Insiderrecht hat Auswirkungen auf die Organisation des Unternehmens[715]. Dies gilt nicht nur für das Verbot des Ausnutzens von Insiderwissen (§ 14 Abs. 1 Nr. 1 WpHG), sondern vor allem für das Weitergabeverbot (§ 14 Abs. 1 Nr. 2 WpHG). Mit Rücksicht auf den Schutzzweck des Weitergabeverbotes, die Zahl der potentiellen Insider möglichst gering zu halten, dürfen Insiderinformationen an Nicht-Insider nur weitergegeben werden, wenn dies wegen betrieblicher Anforderungen notwendig ist[716]. 16.537

Die **Frage der Notwendigkeit einer Weitergabe von Insiderinformationen** läßt sich im Einzelfall häufig nicht zweifelsfrei beantworten. Auch müssen betriebliche Vorgänge häufig schnellstmöglich bearbeitet werden; hier fehlt es an einer ausreichenden Zeit für eine ausgewogene Beurteilung. Schon wegen dieser praktischen Schwierigkeiten empfehlen sich geeignete organisatorische Vorkehrungen für die Identifizierung von Insiderinformationen und die Vermeidung einer betrieblich nicht gebotenen Weitergabe solcher Insidertatsachen[717]. 16.538

---

715 *Assmann*, AG 1994, 237, 255.
716 *Assmann*, AG 1994, 237, 247; *ders.*, ZGR 1994, 494, 520.
717 *Assmann*, AG 1994, 237, 258.

16. Teil: Wertpapierhandelsgesetz

16.539 Schon unter der Geltung der freiwilligen Insiderregeln wurde im aktienrechtlichen Schrifttum die Meinung vertreten, daß Vorstandsmitglieder von Banken und Gesellschaften, die am Wertpapierhandel teilnehmen, durch Organisations- und Kontrollvorkehrungen sowie durch geeignete Sanktionsandrohungen für kapitalmarktrechtliches Wohlverhalten der Gesellschaft Sorge zu tragen haben. Insbesondere muß verhindert werden, daß sich die Bank oder deren Mitarbeiter unzulässige Vorteile aus Insiderinformationen verschaffen[718]. Diese Literaturauffassung kann sich nunmehr auch auf die gesetzliche Insiderregelung und die Rechtsprechung stützen, die kapitalmarktbezogene Verhaltenspflichten der Unternehmen und der für sie Verantwortlichen zunehmend bejaht[719].

16.540 Für die Organisationspflichten des Vorstandes spricht schließlich, daß Insiderverstöße das Unternehmen in Verruf bringen[720] und diesem Schaden zufügen können. Die Abwendung solcher Schäden gehört aber zu den Sorgfaltspflichten des Vorstandes einer Aktiengesellschaft (§ 93 Abs. 1 AktG)[721].

16.541 Organisations- und Kontrollpflichten bestehen im übrigen auch im Hinblick auf die Verpflichtung zur Ad-hoc-Publizität, die der Gesetzgeber als eine Präventivmaßnahme gegen Insiderverstöße konzipiert hat. Eine vorsätzliche oder leichtfertige Verletzung dieser Publizitätspflicht stellt eine Ordnungswidrigkeit dar (§ 39 Abs. 1 Nr. 2 lit. a WpHG), auf die das Gesetz über Ordnungswidrigkeiten (OWiG) anwendbar ist. Nach § 130 OWiG handelt ordnungswidrig, wer als Vorstandsmitglied vorsätzlich oder fahrlässig die Aufsichtsmaßnahmen unterläßt, die erforderlich sind, um in den Unternehmen Zuwiderhandlungen gegen Pflichten zu verhindern, die den Vorstand als solchen treffen und deren Verletzung mit Geldbuße bedroht ist. Hier droht den verantwortlichen Vorstandsmitgliedern eine Geldbuße bis zur Höhe von 3 Mio DM (§ 39 Abs. 3 WpHG). Zusätzlich kann eine gleich hohe Geldbuße gegen die Gesellschaft festgesetzt werden (§ 30 Abs. 2 OWiG).

IV. Elemente der Compliance-Organisation

16.542 Compliance umfaßt ein breites Spektrum von Maßnahmen und Vorkehrungen. Die Compliance-Richtlinie beschränkt sich insoweit im wesentlichen auf Wertpapierfirmen, die in der Regel über Informationen verfügen, die sich auf compliancerelevante Tatsachen beziehen. Hierunter versteht die Richtlinie insbesondere Insi-

---

718 Kölner Komm. zum AktG/*Mertens*, § 93 Rn 42 m.w.Nachw.
719 *Assmann*, AG 1994, 237, 257.
720 *Assmann*, AG 1994, 237, 257.
721 Kölner Komm. zum AktG/*Mertens*, § 93 Rn 29.

dertatsachen (§ 13 WpHG) und publizitätspflichtige Tatsachen (§ 15 WpHG) sowie die Kenntnis von Kundenaufträgen, die durch den Abschluß von Eigengeschäften (§ 32 Abs. 1 Nr. 3 WpHG) oder Geschäften im Sinne des § 32 Abs. 2 Nr. 2 WpHG zum Nachteil der Kunden ausgenutzt werden können (Vor-, Mit- oder Gegenlaufen).

Andere Wertpapierdienstleistungsunternehmen, die in der Regel nicht über compliance-relevante Tatsachen betreffende Informationen verfügen, haben im Rahmen ihrer allgemeinen Organisationspflichten geeignete Maßnahmen für den Fall vorzusehen, daß sie in Einzelfällen solche Informationen erlangen. Dabei kann eine geeignete Maßnahme insbesondere eine zeitnahe ex post-Kontrolle sein. 16.543

Die **Verhaltensrichtlinie** nennt beispielhaft auch die Kriterien solcher Wertpapierfirmen, die in der Regel über solche compliance-relevante Informationen verfügen. Hiernach gehören zu dieser Unternehmenskategorie Wertpapierfirmen, die Organmitglieder und/oder Mitarbeiter haben, die Mandatsträger von Emittenten von Insiderpapieren sind, selbst an der Börse handeln oder wiederholt selbst oder als Mitglied eines Emissionskonsortiums Insiderpapiere am Kapitalmarkt plazieren. Weiteres Merkmal ist eine Geschäftstätigkeit in den Bereichen Kommissionsgeschäfte, Eigenhandelsgeschäfte, Vermögensverwaltungsgeschäfte oder sonstigen Geschäftsfeldern, in denen (z.B. Kreditgeschäfte, Investmentbanking, M & A Geschäfte) hieraus wiederkehrende compliance-relevante Tatsachen eintreten können. Zu diesem compliance-relevanten Kreis gehören auch Wertpapierfirmen mit eigenem oder von ihnen ausgelagertem Analyse- und Researchbereich. 16.544

Diese Wertpapierdienstleistungsunternehmen haben neben den allgemeinen Organisationspflichten weitere Maßnahmen zu treffen und Instrumente vorzuhalten, um die Überwachung der notwendigen vertraulichen Behandlung von Informationen, die sich auf compliance-relevante Tatsachen beziehen, sicherzustellen. 16.545

Die wichtigsten Elemente der Compliance-Organisation der vorbezeichneten Wertpapierfirmen sind „chinese walls", die zentrale Überwachung der Bank- und Mitarbeitergeschäfte über die Beobachtungsliste (**Watch-List**) sowie Beschränkungen für den Wertpapierhandel und die Anlageberatung über die Sperr- oder Stopliste (**Restricted-List**). Hinzu kommt die Aufstellung und die Entwicklung von Regeln und Richtlinien, insbesondere sog. Mitarbeiter-Leitsätze, die für die Mitarbeiter einen Handlungs- und Orientierungsrahmen bilden. 16.546

1. Schaffung von Vertraulichkeitsbereichen („chinese walls")

16.547 Insbesondere mit Rücksicht auf die gesetzliche Insiderregelung gilt es, im Rahmen der Compliance-Organisation Vertraulichkeitsbereiche (chinese walls) zu schaffen, um den Informationsfluß so zu steuern, daß der Mißbrauch von kurssensitiven oder sogar insiderrelevanten Tatsachen weitestmöglich vermieden wird. Je weniger Personen mit Insiderinformationen in Berührung kommen, desto mehr verringert sich die Möglichkeit von Insidergeschäften.

16.548 Die **Schaffung von Vertraulichkeitsbereichen** bedeutet in der Praxis, daß unveröffentlichte kurssensitive Informationen, die in einem bestimmten Geschäftsbereich, einer Stabsabteilung sowie ad-hoc-gebildeten oder ständigen Produkt- oder Projekteinheiten anfallen, diese Bereiche grundsätzlich nicht verlassen sollen. Der jeweilige Vertraulichkeitsbereich hat eigenverantwortlich im Einvernehmen mit dem zuständigen Compliance-Mitarbeiter alle Vorkehrungen zu treffen, um die Vertraulichkeit der Informationen sicherzustellen. Nach der Compliance-Richtlinie (Pkt. 3.3.1) kommen als organisatorische Maßnahmen in Frage die funktionale oder die räumliche Trennung von Vertraulichkeitsbereichen z.B. zwischen Kunden- und Eigenhandel, die Schaffung von Zutrittsbeschränkungen und die Regelung von Zugriffsberechtigungen auf Daten. Soweit diese Maßnahmen nicht getroffen werden können, sind andere vergleichbare organisatorische Maßnahmen zu treffen, um Interessenkonflikte möglichst gering zu halten (Pkt. 3.3.1 Compliance-Richtlinie).

16.549 Mit der Schaffung von Vertraulichkeitsbereichen wird zugleich erreicht, daß die anderen Geschäftsbereiche ihre ununterbrochene und uneingeschränkte interessenkonfliktfreie Handlungsfähigkeit behalten (Nr. 3.3.1 Compliance-Richtlinie). So kann die Bank ungeachtet einer von ihr beabsichtigten Kauf- oder Verkaufsempfehlung Eigengeschäfte ohne Unterbrechung fortsetzen, wenn durch geeignete organisatorische Maßnahmen sichergestellt ist, daß die für Eigengeschäfte verantwortlichen Personen über die kurssensitive Veröffentlichung der Empfehlung keine Kenntnis erlangen.

16.550 Die Bank kann auch weiterhin Eigengeschäfte ungeachtet der aus ihrem Kommissionsgeschäft herrührenden Effektenorder tätigen, wenn durch geeignete organisatorische Maßnahmen sichergestellt ist, daß den für die Eigengeschäfte zuständigen Mitarbeitern im Zeitpunkt des Abschlusses dieser Geschäfte das vorliegende Ordervolumen nicht bekannt ist. Anderenfalls besteht die Gefahr, daß die Bank gegen das Verbot des front running im Sinne der besonderen Verhaltensregel des § 32 Abs. 1 Nr. 3

WpHG verstößt. Sofern das Ordervolumen zu einer erheblichen Kursbeeinflussung im insiderrechtlichen Sinne geeignet ist, kann sogar gegen das Verbot des Ausnutzens einer Insidertatsache verstoßen werden (§ 14 Abs. 1 Nr. 1 WpHG)[722].

Soweit die Kundenaufträge elektronisch von der entgegennehmenden Bankstelle an den Kursmakler mit Hilfe von BOSS-Cube weitergeleitet werden, wird die erforderliche Vertraulichkeit schon durch dieses Order-Routing-System geschaffen, ohne daß es der Schaffung zusätzlicher chinese walls bedarf.

16.551

Mit Vertraulichkeitsbereichen kann auch die **Beweissituation der Bankmitarbeiter** in einem Strafverfahren wesentlich zugunsten des Beschuldigten verbessert werden. Kauft z.B. ein Börsenhändler Wertpapiere für die Bank oder für sich, ohne zu dem betreffenden betrieblichen Insiderkreis zu gehören, so kann bei der Beweiswürdigung zu seinen Gunsten gebührend berücksichtigt werden, daß die Schaffung der chinese walls schon für sich gegen die Kenntnis des Handelnden von der Insidertatsache spricht[723].

16.552

Diese **Beweiserleichterung kommt auch der Bank zugute,** wenn die Wertpapiere für sie gekauft worden sind. Auch soweit einem Unternehmen das gesetzeswidrige Verhalten von Mitarbeitern haftungsrechtlich zugerechnet werden kann, kommt es für die insiderrechtliche Beurteilung allein auf die Gutgläubigkeit des kaufenden Börsenhändlers an[724].

16.553

Bei einer **bereichsüberschreitenden Zusammenarbeit** müssen die chinese walls durchlässig sein („wall-crossing"). In einer Universalbank, die auf vielen Geschäftsfeldern tätig und arbeitsteilig organisiert ist, kommt es häufig vor, daß ein Projekt nur unter Hinzuziehung des Sachverstandes aus anderen Bereichen zu bewältigen ist. Vor allem bei komplexen Transaktionen mit hohem Schwierigkeits- oder Risikograd kann die Mitarbeit anderer Bereiche unerläßlich sein (Pkt. 3.3.2 Compliance-Richtlinie). Es wird auch nicht immer möglich sein, fehlendes Know-how so anonymisiert einzuholen, daß die Angesprochenen daraus nicht den geheimzuhaltenden Tatbestand ablesen könnten.

16.554

Hier ist die Weitergabe von compliance-relevanten Informationen „over the wall" und die vorübergehende Einschaltung von Mitarbeitern aus anderen Bereichen zulässig, sofern auch hier die Vertraulichkeit gesichert ist und sich die Informationsweitergabe auf das Erforderliche beschränkt

16.555

---

722 Beschlußempfehlung und Bericht des Finanzausschusses des Deutschen Bundestages BT-Drucksache 12/7918, S. 207.
723 *Assmann,* AG 1994, 237, 256.
724 *Assmann,* AG 1994, 237, 256.

(**Prinzip des „Need to know"**)[725]. Im übrigen sind die Entscheidungen in einem bestimmten Vertraulichkeitsbereich im Interesse dieses Geschäftsbereichs zu treffen, selbst wenn sie im Konflikt mit Interessen anderer Geschäftsbereiche stehen (Prinzip geschäftspolitischer Unabhängigkeit).

16.556 Die **Durchlässigkeit der chinese walls** steht in diesem Fall auch im Einklang mit dem insiderrechtlichen Weitergabeverbot (Nr. 14 Abs. 1 Nr. 2 WpHG). Dieses Verbot erfaßt nur die unbefugte Weitergabe von Insiderinformationen. Hieran fehlt es aber, wenn die Weitergabe an einen Nicht-Insider aus betrieblichen Anforderungen unvermeidbar ist[726].

2. Beobachtungs-Liste (Watch-List)

16.557 Die Funktionsfähigkeit der chinese walls zwischen den verschiedenen compliance-relevanten Bereichen bedarf einer **laufenden Kontrolle.** Die bloße Existenz solcher „Schutzwälle" gegen einen unerwünschten Informationsfluß gibt noch keinen rechtlichen Freibrief ab, sondern kann lediglich Beweisvorteile bringen, deren Tragweite im Einzelfall beurteilt werden muß[727]. Wenngleich die praktische Notwendigkeit der chinese walls unbestritten ist, erscheint ihre rechtliche Anerkennung und Bedeutung noch unklar[728]. Chinese walls sollten daher vom Compliance-System flankiert werden.

16.558 Das Instrument für diese Kontrolle ist die Beobachtungs-Liste oder Watch-List. Sie ist eine interne Zusammenstellung vertraulicher kurssensitiver Informationen über bestimmte Wertpapiere und Derivate unter gleichzeitiger Erfassung der zum jeweiligen Vertraulichkeitsbereich gehörenden Mitarbeiter. Sie ist streng vertraulich und nur dem zuständigen Compliance-Mitarbeiter bekannt (Pkt. 3.3.3.1 Compliance-Richtlinie).

16.559 In die Watch-List werden solche Wertpapiere aufgenommen, zu denen compliance-relevante Informationen in der Bank vorliegen. Zu diesen Informationen gehören insbesondere die Insidertatsachen. Zur Aufnahme in die Watch-List können aber auch kurssensitive Informationen führen, bei denen es zweifelhaft erscheint, ob sie eine Insidertatsache darstellen, z.B. Researchergebnisse, die die bisherigen Bewertungen der Wertpapiere in Frage stellen, oder eine Veränderung des für die Bonitätsbeurteilung wesentlichen Rating der Emittentin. Mitarbeiter der Wertpapierfirmen,

---

725 Nr. 16.16.2 Compliance-Richtlinie; *Eisele,* WM 1993, 1021, 1025.
726 *Assmann,* AG 1994, 237, 247; *ders.,* ZGR 1994, 494, 520.
727 *Hopt,* FS Heinsius, 1991, S. 289, 320.
728 *Assmann,* AG 1994, 237, 256; *Hopt,* FS Heinsius, 1991, S. 298, 320.

bei denen in Ausübung ihrer Tätigkeit compliance-relevante Informationen anfallen, sind verpflichtet, unverzüglich eine entsprechende Meldung zur watch-list zu veranlassen (Pkt. 3.3.3.1 Compliance-Richtlinie).

Die Watch-List ermöglicht die Kontrolle, ob in den darin aufgenommenen Wertpapieren Geschäfte getätigt werden, die den Verdacht der unlauteren Ausnutzung noch nicht öffentlicher Informationen nahelegen. Bestätigt sich der Verdacht, so kann der Compliance-Officer das Geschäft untersagen oder nachträglich stornieren. 16.560

3. Sperr- oder Stop-Liste (Restricted-List)

Während Eigengeschäfte der Bank und Mitarbeitergeschäfte in den Wertpapieren der Watch-List grundsätzlich erlaubt bleiben und nur im Einzelfall untersagt werden können (Erlaubnis mit Verbotsvorbehalt), können diese Geschäfte grundsätzlich untersagt werden, wenn die Wertpapiere in die Sperr/Stop-Liste (Restricted-List) aufgenommen worden sind (vgl. Pkt. 3.3.3.2 Compliance-Richtlinie). 16.561

Die Aufnahme erfolgt, wenn die vorhandenen compliance-relevanten Informationen eine Qualität erlangt haben, daß deren Veröffentlichung zu sofortigen wesentlichen Kursveränderungen bei den betreffenden Wertpapieren führen könnte. Ebenso werden die Wertpapiere in die Restricted-List aufgenommen, die externen oder internen Handelsbeschränkungen oder -verboten unterliegen. Eigengeschäfte der Bank wie Mitarbeitergeschäfte in diesen Wertpapieren können grundsätzlich verboten oder zumindest weitgehend eingeschränkt werden. Ebenso sind aktive Beratungen und Empfehlungen im Rahmen der Anlageberatung für solche Wertpapiere grundsätzlich zu unterlassen. Zulässig bleiben aber Käufe und Verkäufe auf Initiative des Kunden, die Aktivitäten der Market-Maker und Dispositionen im Rahmen der Vermögensverwaltung. 16.562

4. Wahrnehmung der Organisationspflichten

Die Geschäftsleitungen der Wertpapierfirmen haben nach der Compliance-Richtlinie (Pkt. 4) dafür Sorge zu tragen, daß die Wertpapierfirmen über angemessene interne Verfahren verfügen, die geeignet sind, die nach der Compliance-Richtlinie erforderlichen Maßnahmen zu treffen, um Verstößen gegen Verpflichtungen nach dem WpHG und den konkretisierenden Richtlinien des Bundesaufsichtsamtes für den Wertpapierhandel einschließlich der Anforderungen an die Mitarbeitergeschäfte entsprechend den Verhaltensregeln für Mitarbeiter entgegenzuwirken. 16.563

16.564 Die **Geschäftsleitung kann** einzelne oder alle diese Funktionen unbeschadet ihrer Gesamtverantwortung auf geeignete Mitarbeiter der Wertpapierfirmen **delegieren**. Sie kann im übrigen insbesondere zur Überwachung der Organisationspflichten eine Compliance-Stelle einrichten. Diese Funktionen können insgesamt oder teilweise unter den Voraussetzungen des § 33 Abs. 2 WpHG auf andere Unternehmen ausgelagert werden (Pkt. 4.1 Compliance-Richtlinie).

16.565 Die Compliance-Richtlinie (Pkt. 4.2) erläutert auch die Anforderungen an eine solche Compliance-Stelle. Diese muß ihre Überwachungstätigkeit unabhängig von Geschäfts-, Handels- und Abwicklungsabteilungen wahrnehmen. Die Compliance-Stelle ist unmittelbar der Geschäftsleitung verantwortlich und im übrigen im Rahmen ihrer Aufgabenerfüllung weisungsunabhängig. Sie hat in diesem Zuasmmenhang ein uneingeschränktes Auskunfts-, Zugangs- und Einsichtsrecht hinsichtlich aller einschlägigen Unterlagen, Bücher und Aufzeichnungen einschließlich etwaiger vorliegender Tonbandaufzeichnungen. Auf Anforderung sind diese der Compliance-Stelle jederzeit zur Verfügung zu stellen (vgl. Pkt. 4.2 Compliance-Richtlinie).

16.566 Die Geschäftsleitung oder die von ihr betrauten Führungskräfte sind jedoch unbeschadet der Aufgaben der Compliance-Stelle für die regelgerechte Gestaltung und Abwicklung der von ihnen betreuten Geschäfte verantwortlich. Auch bleiben die Befugnisse der Revision unberührt. Feststellungen der Revision zu compliance-relevanten Sachverhalten sind der Compliance-Stelle mitzuteilen (Pkt. 4.2 Compliance-Richtlinie).

V. Compliance-Richtlinien

16.567 Mit Rücksicht auf die Compliance-Richtlinie und der zunehmenden Komplexität des Wertpapiergeschäfts empfiehlt sich die Aufstellung von Compliance-Richtlinien, mit denen praktische Verhaltens- und Organisationsregeln für die Tagesarbeit der Mitarbeiter geschaffen werden[729]. Compliance-relevante Regelungen waren bisher verstreut in Gesetzen, Verlautbarungen der Bankenaufsicht und betriebsinternen Richtlinien der einzelnen Geschäftsbereiche sowie in Ergänzungsbestimmungen zum Anstellungsvertrag enthalten.

---

[729] *Eisele*, WM 1993, 1021, 1023. Zur Zeit wird eine Neufassung der Mitarbeiterleitsätze durch das Bundesaufsichtsamt für das Kreditwesen und das Bundesaufsichtsamt für den Wertpapierhandel vorbereitet.

Einen **Schwerpunkt der Compliance-Richtlinie bilden die sog. Leitsätze für Mitarbeitergeschäfte**[730]. Sie drücken insbesondere die Erwartungen aus, daß alle Mitarbeiter ihre eigengeschäftlichen Aktivitäten im Einklang mit den Gesetzen und den internen Richtlinien gestalten.

16.568

Ein **Bedürfnis für verbindliche Leitsätze** bestand schon um die Jahrhundertwende. So ist in einer Mitteilung des Centralverbandes des Deutschen Bank- und Bankiergewerbes vom 12. 10. 1908 von der Unsitte der Beteiligung von Bankangestellten an Börsenspekulations-Geschäften die Rede[731]. Die angeschlossenen Banken sollten sich daher zur Schaffung eines allgemeinen Handelsbrauchs verpflichten, Effektenaufträge von Mitarbeitern anderer Mitgliedsinstitute nur auszuführen, wenn eine schriftliche Erlaubnis der jeweiligen Anstellungsfirma vorgelegt werde. Solche Effektengeschäfte sollten nur im Hause der Anstellungsfirma durchgeführt werden.

16.569

1981 haben die **Spitzenverbände der Kreditwirtschaft „Leitsätze für eigene Wertpapiergeschäfte der Bankmitarbeiter" bei ihren Mitgliedsinstituten eingeführt**[732]. Diese Leitsätze enthalten zusätzliche Regelungen speziell für die im Wertpapierhandel tätigen Mitarbeiter. Sie werden von den Mitarbeitern als Ergänzung zum Anstellungsvertrag rechtsgeschäftlich anerkannt[733] und sollen bestimmte Verhaltensstandards schaffen, um zu vermeiden, daß Mitarbeitergeschäfte gegen das Interesse der Effektenkunden oder der Bank verstoßen.

16.570

Diese Leitsätze sind im Jahre 1993 neu gefaßt worden, um sie an die zeitliche Entwicklung, insbesondere an die neugeschaffene Compliance-Organisation anzupassen. Auf Wunsch des Bundesaufsichtsamtes für das Kreditwesen sind sie Ende 1993 in Form einer Verlautbarung des Amtes veröffentlicht worden. Diese Handhabung entspricht den Bestrebungen, Verhaltensnormen im Wertpapiergeschäft nicht nur Empfehlungen der Spitzenverbände der Kreditwirtschaft und damit der freiwilligen Selbstkontrolle zu überlassen. Nur mit einer solchen Verlautbarung kann nach Auffassung der Bankenaufsicht sichergestellt werden, daß die **Mindestanforderungen an die Regelung der Mitarbeitergeschäfte einem bestimmten Standard entsprechen,** der nach Auffassung des Kreditgewerbes für erforderlich gehalten wird. Diese Verlautbarung erfolgte daher im Einverneh-

16.571

---

730 *Jerusalem*, Die Regelung der Mitarbeitergeschäfte im Bankgewerbe durch Compliance, 1996.
731 *Hoeren*, ZBB 1993, 1012.
732 Abgedruckt bei *Reischauer/Kleinhans*, KWG, Kz 486 Nr. 5a. Die von den Spitzenverbänden verabschiedeten Leitsätze stimmen im wesentlichen überein *(Reischauer/Kleinhans*, KWG, Kz 115, § 30, S. 7).
733 *Hoeren*, ZBB 1993, 112 ff; *Seelmann*, Arbeits- und Betriebsordnungen privater Banken, 1992, S. 28 ff, 213.

men mit den Spitzenverbänden der Kreditwirtschaft. Für eine alleinige Verlautbarung durch die Bankenaufsicht fehlt es an der erforderlichen Rechtsgrundlage. Mit Rücksicht auf dieses Procedere kann die Verletzung der Verlautbarung als Verstoß gegen allseits anerkannte Grundsätze ordnungsgemäßer Geschäftsführung gewertet werden[734].

1. Regelungsbedürftige Sachverhalte

16.572 Die Leitsätze enthalten allgemeine Grundsätze über das korrekte Mitarbeiterverhalten, die Ausführung von Effektenordern der Mitarbeiter, die Unterhaltung von Konten und Depots der Mitarbeiter bei anderen Kreditinstituten, Konto- und Depotvollmachten für Mitarbeiter, Geschäfte zu nicht marktgerechten Bedingungen und Beteiligung der Mitarbeiter an von Dritten getätigten Geschäften.

16.573 Zentraler Begriff der Leitsätze ist der Begriff des „Mitarbeitergeschäfts". Hierunter fallen sämtliche Geschäfte, die ein Mitarbeiter außerhalb seiner dienstlichen Aufgabenstellung für eigene Rechnung oder für Rechnung Dritter (insbesondere seines Ehegatten, seiner Eltern oder seiner voll- oder minderjährigen Kinder) in Wertpapieren, Devisen, Edelmetallen oder Derivaten tätigt. Des weiteren werden auch solche Geschäfte erfaßt, die ein Dritter für Rechnung oder im Interesse eines Mitarbeiters durchführt, da sie wirtschaftlich dem Mitarbeiter zuzurechnen sind.

a) Allgemeine Grundsätze

16.574 Mitarbeitergeschäfte dürfen nicht gegen Kundeninteressen oder gegen Eigeninteressen der Bank gerichtet sein. In Anlehnung an die Wohlverhaltensregel der EG-Wertpapierdienstleistungsrichtlinie, der § 31 Abs. 1 WpHG entspricht, soll verdeutlicht werden, daß die eigenen Interessen der Angestellten den Kundeninteressen sowie den Interessen der Bank bei Interessenkollision nachgeordnet sind.

16.575 So soll es dem Mitarbeiter insbesondere verwehrt sein, Informationen über die Ordersituation im Eigen- oder Kundengeschäft der Bank im Wege des Front- oder Parallelrunning zum eigenen wirtschaftlichen Vorteil zu nutzen (vgl. § 32 Abs. 2 WpHG). Geschäfte, die den Anschein der Unlauterkeit erwecken oder geeignet sind, die Glaubwürdigkeit der Bank oder ihrer Mitarbeiter in Frage zu stellen, sind zu unterlassen. Mitarbeiter

---

734 Das Bundesaufsichtsamt für das Kreditwesen und das Bundesaufsichtsamt für den Wertpapierhandel beabsichtigen eine gemeinsame Bekanntmachung zu den Verhaltensregeln für Mitarbeiter (Mitarbeiterleitsätze).

dürfen im Zusammenhang mit ihrer Tätigkeit Zuwendungen oder sonstige Vorteile weder für sich noch für Dritte fordern oder annehmen, soweit dadurch Interessen der Bank oder der Kunden beeinträchtigt werden können.

Mitarbeiter sollen Transaktionen unterlassen, die dazu dienen, durch häufigen Abschluß von Geschäften und Gegengeschäften Vorteile aus sich sehr kurzfristig ergebenden Kurs-/Preisunterschieden zu erzielen. Dieser Leitsatz spricht reine „Trading"positionen an, die ausschließlich hochspekulativen Zwecken dienen. Sie sollen ferner Geschäfte unterlassen, die betragsmäßig in einem Mißverhältnis zu ihrem Einkommen und Vermögen stehen. Mitarbeitergeschäfte dürfen nur auf Guthabenbasis oder im Rahmen vorher eingeräumter Kreditlinien getätigt werden. 16.576

b) Ausführung von Effektenordern

Mitarbeitergeschäfte sind uhrzeitgerecht zu erfassen und vor Ausführung über die zuständige konto-/depotführende Stelle zu leiten. Insbesondere sind direkte Ordererteilungen, etwa unmittelbar beim Händler, nicht zulässig. Ebenso ist es untersagt, daß bereits im Zeitpunkt der Orderaufgabe Kursabsprachen zwischen dem aufgebenden Mitarbeiter und dem ausführenden Händler getroffen werden. Soweit die Ordererfassung elektronisch erfolgen kann, sind Mitarbeitergeschäfte vor Ausführung mit allen relevanten Daten in das für die Ordererfassung bestimmte EDV-System sofort einzugeben. 16.577

Außerbörsliche Geschäfte in börsengehandelten Wertpapieren sowie in Werten, für die ein Marktpreis nicht festgestellt wird, bedürfen der vorherigen Zustimmung der Geschäftsleitung. Mit diesem Leitsatz sollen jedoch keine Effektenaufträge von Mitarbeitern erfaßt werden, die von der Bank im Wege eines Festpreisgeschäfts mit dem Mitarbeiter ausgeführt werden und bei denen die Bank gegebenenfalls ein außerbörsliches Dekkungsgeschäft abschließt. Insoweit könnte aber daran gedacht werden, den Abschluß solcher Geschäfte mit Mitarbeitern mittels einer Pauschalgenehmigung durch die Geschäftsleitung der Bank zu gestatten und die Mitarbeiter damit wieder den Kunden gleichzustellen. 16.578

Geschäfte des Mitarbeiters gegen den von ihm disponierbaren Bestand der Bank oder gegen von ihm auszuführende Aufträge von Kunden sind nicht zulässig. Dies gilt nicht beim Kauf aus dem Bestand der Bank zu den von ihr zuvor festgelegten Konditionen. Vor- oder Parallelgeschäfte (**Front-, Parallelrunning**) sind bei Kenntnis größerer Kundenorder und beabsichtigter Eigengeschäfte untersagt. 16.579

16.580 Unter diese Regelung fallen auch Sachverhalte, bei denen der Mitarbeiter eines Kreditinstituts in einer für seinen Arbeitgeber nicht erkennbaren Weise – etwa mittelbar durch Einschaltung von Mitarbeitern anderer Institute oder über Konten/Depots bei Drittinstituten – Geschäfte abwickelt, mit deren Hilfe er gegen Bestände seiner Bank oder gegen Kundenaufträge disponiert.

16.581 **Zeichnungen von Wertpapieremissionen** sind zur Ausführung über die zuständige konto-/depotführende Stelle zu leiten. Mehrfachzeichnungen über verschiedene Konten, Stellen bzw. Abteilungen der Bank sind nicht statthaft. Kommt es bei Wertpapieremissionen zu Repartierungen, so entscheidet die Geschäftsleitung über die Art und Weise der Zuteilung an Mitarbeiter oder Dritte, für deren Rechnung der Mitarbeiter handelt. Bei der Zuteilung werden Mitarbeiter nicht günstiger gestellt als die Kunden der Bank.

16.582 Das Bundesaufsichtsamt für das Kreditwesen legt Wert darauf, daß diese Grundsätze auch dann Beachtung finden sollen, wenn die Zuteilung zugunsten von Mitarbeitern anderer Kreditinstitute und deren Angehörigen erfolgt, sofern das zuteilende Kreditinstitut Kenntnis davon hat, daß es sich beim Zuteilungsempfänger um den Mitarbeiter eines anderen Kreditinstituts oder dessen Angehörige handelt.

16.583 **Mitarbeiter dürfen Kauf und Verkauf** in derselben Wertpapiergattung oder desselben Geschäftsgegenstandes nicht am selben Tag vornehmen. Soweit in begründeten Ausnahmefällen der gleichtägige Verkauf erforderlich ist, bedarf es der vorherigen Zustimmung der Geschäftsleitung oder der von ihr benannten Stelle. Wertpapiere, die aufgrund von Bezugsrechten bei Kapitalerhöhungen bzw. im Rahmen von Wandel- oder Optionsrechten erworben werden, können tagesgleich veräußert werden. Bei allen Arten von aus Neuemissionen zugeteilten Wertpapieren ist ein Verkauf frühestens am ersten Tag nach der Abrechnung bzw. nach Erteilung der Ausführungsanzeige zulässig.

c) Konten/Depots bei Drittinstituten

16.584 Mitarbeiter sollten **grundsätzlich eigene Konten und Depots** bei der Bank oder deren Konzerngesellschaften unterhalten und Mitarbeitergeschäfte ausschließlich über die Bank oder deren Konzerngesellschaften tätigen. **Sie sind verpflichtet,** auf Verlangen der Bank vollständige Auskunft über Mitarbeitergeschäfte zu erteilen, und zwar auch dann, wenn die Geschäfte nicht über die Bank selbst abgewickelt werden. Die Auskunftspflicht bezieht sich insbesondere auch auf Mitarbeitergeschäfte, die der Mitarbeiter als Bevollmächtigter, als Testamentsvollstrecker oder in Ausübung einer ähnlichen, an die Person des Mitarbeiters geknüpften Verfügungsvollmacht (z.B. Betreuungsverhältnisse, Vormundschaften) über Konten oder Depots ausführen läßt, und zwar auch dann, wenn die Geschäfte nicht über die Bank selbst abgewickelt werden.

Die Bank darf von diesem Auskunftsrecht nur bei berechtigtem Interesse Gebrauch machen. Dies kann z.B. der Fall sein, wenn begründete Anhaltspunkte dafür vorliegen, daß die Leitsätze bei Geschäften über Drittinstitute nicht eingehalten worden sind. 16.585

Diese Regelung geht deutlich **über die bisher maßgeblichen Leitsätze hinaus.** Sie erscheint aber zum Schutz des Vertrauens in die ordnungsgemäße Abwicklung von Wertpapiergeschäften am Finanzplatz Deutschland unverzichtbar, zumal keine Verpflichtung besteht, Konten im eigenen Haus zu führen. Die Bank wird die ihr erteilten Auskünfte ausschließlich zum Zweck der Kontrolle der Mitarbeitergeschäfte verwenden und sie weder anderen Bankmitarbeitern noch Dritten zugänglich machen, es sei denn, die Bank ist hierzu aufgrund gesetzlicher Bestimmungen verpflichtet. 16.586

Zusätzliche Verpflichtungen enthalten die Leitsätze für Mitarbeiter, die im Rahmen ihrer dienstlichen Aufgaben regelmäßig Informationen erhalten, die geeignet sind, die Marktverhältnisse im Wertpapier-, Devisen- und Edelmetallhandel sowie im Handel in Derivaten zu beeinflussen. Hierzu zählen insbesondere Mitarbeiter mit eigenverantwortlichen Funktionen in den Bereichen Wertpapierkonsortialgeschäft, Wertpapierhandel und -abwicklung, Firmenkundenabteilung, Anlageabteilung für Privatkunden, Merger and Acquisition, Research sowie Mitarbeiter in Funktionen, die diesen Bereichen zuarbeiten. Diese Mitarbeiter tragen besondere Verantwortung und unterliegen daher besonderen Verpflichtungen. 16.587

Sofern diese Mitarbeiter in besonders zu begründenden Ausnahmefällen ein Konto, über das Devisen-, Edelmetallgeschäft oder Geschäfte in Derivaten abgewickelt werden, oder ein Depot bei einem anderen Kreditinstitut (Drittinstitut) eröffnen wollen, haben sie hierfür die vorherige Zustimmung der Geschäftsleitung einzuholen. Zudem ist die Eröffnung von Konten dieser Art oder Depots bei Konzerngesellschaften der Bank der Geschäftsleitung unverzüglich anzuzeigen. 16.588

Vollmachten für bei Drittinstituten geführte Konten dieser Art oder Depots, die auf den Namen eines Dritten lauten, bedürfen der vorherigen Zustimmung der Geschäftsleitung oder der von ihr benannten Stelle. Entsprechendes gilt für die Übernahme von Testamentsvollstreckungen und Einräumung vergleichbarer Verfügungsbefugnisse. 16.589

Dieser Kreis von Mitarbeitern hat unaufgefordert jedes über ein Drittinstitut abgewickelte Mitarbeitergeschäft unter Angabe aller Details und des Namens des Instituts unverzüglich der Geschäftsleitung anzuzeigen. Entsprechendes gilt für Mitarbeitergeschäfte, die über Konzerngesell- 16.590

schaften der Bank abgewickelt werden, und für Mitarbeitergeschäfte bei Konzerngesellschaften sowie Drittinstituten, die der Mitarbeiter als Bevollmächtigter, als Testamentsvollstrecker oder sonst Verfügungsbefugter über ein Konto oder Depot durchgeführt hat.

d) Bevollmächtigung von Mitarbeitern

16.591 Vollmachten für bei der Bank oder bei Konzerngesellschaften geführte Konten oder Depots Dritter dürfen nur mit vorheriger Zustimmung der Bank übernommen werden. Dagegen genügt eine Anzeige, wenn Konten und Depots für den Ehegatten, die Eltern oder voll- oder minderjährige Kinder des Mitarbeiters geführt werden.

16.592 Die Bank wird von den Depot- und Kontoinhabern, die einem Mitarbeiter Vollmacht über bei der Bank geführte Depots und Konten erteilt haben, einmal im Jahr ein Depot- und Kontoanerkenntnis einholen und anhand der Unterschriftenproben prüfen, ob das Anerkenntnis von der hierzu berechtigten Person abgegeben worden ist. Dies gilt auch dann, wenn eine ausdrückliche Postzustellungsvollmacht für den Mitarbeiter erteilt worden ist. Die Depot- und Kontoanerkenntnisse dürfen nicht von dem Mitarbeiter als Bevollmächtigten des Depot- oder Kontoinhabers unterschrieben werden. Auch darf der bevollmächtigte Mitarbeiter nicht beim Versand der Anerkenntnisse und der Prüfung der Unterschriften mitwirken.

16.593 Der Mitarbeiter muß vom Vollmachtgeber bei der Übernahme der Vollmacht das Einverständnis für die Offenlegung von Mitarbeitergeschäften einholen. Wird das Einverständnis widerrufen, hat er von der Vollmacht nicht mehr Gebrauch zu machen.

e) Geschäfte zu nicht marktgerechten Bedingungen

16.594 Mitarbeiter dürfen insbesondere Angestellten anderer Kreditinstitute, Maklerfirmen, Vermögensverwaltungsgesellschaften und anderer Unternehmen keine Geschäfte zu nicht marktgerechten Konditionen über Konten oder Depots bei der Bank ermöglichen. Zudem dürfen sie nicht an Geschäften mitwirken, bei denen das Abwicklungssystem der Bank dazu benutzt wird, einem anderem Marktteilnehmer einen für den Mitarbeiter erkennbaren rechtswidrigen Vermögensnachteil zuzufügen.

f) Beteiligung an Geschäften von Dritten

16.595 **Mitarbeiter dürfen sich nicht an Eigengeschäften Dritter,** vor allem von Kunden der Bank, **beteiligen.** Insbesondere dürfen Geschäfte für Rechnung Dritter nicht in eigenem Namen oder über eigene Konten oder

Depots von Mitarbeitern, deren Ehegatten, Eltern oder Kindern abgewikkelt werden.

Die **Beteiligung an Investmentclubs oder vergleichbaren Vereinigungen,** 16.596
die Geschäfte in Wertpapieren, Devisen und Edelmetallen sowie vergleichbaren Anlagen tätigen, ferner der Erwerb von Ertragsrechten aus Stiftungen, Trusts, Treuhandvermögen und ähnlichen Institutionen bedürfen der **Zustimmung der Geschäftsleitung.** Dabei wird eine solche „Beteiligung" dann anzunehmen sein, wenn die geplante gesellschaftsrechtliche Stellung des Mitarbeiters eine nicht unmaßgebliche Einflußnahme auf die Leitung der Gesellschaft ermöglichen würde. Der Erwerb eigener Bankaktien bleibt ohne Beschränkungen möglich.

2. Vereinbarkeit mit dem Arbeitsrecht

Die Verlautbarung dieser „Leitsätze" weist ausdrücklich darauf hin, daß 16.597
ein Verstoß gegen die Verhaltensregeln arbeitsrechtliche Konsequenzen nach sich ziehen kann, die bis zur Kündigung des Dienstverhältnisses reichen können.

a) Direktionsrecht der Bank

Bei der rechtlichen Ausgestaltung des Arbeitsverhältnisses hat der Arbeitgeber das verfassungsrechtlich geschützte Persönlichkeitsrecht des Mitarbeiters zu achten und daher auf dessen **Persönlichkeitssphäre und eigenbestimmte Persönlichkeitsentfaltung** weitestmöglich Rücksicht zu nehmen. Das Persönlichkeitsrecht erfährt aber schon dadurch eine wesentliche Einschränkung, daß der Mitarbeiter in die arbeitsteilige Organisation des Arbeitsgebers eingegliedert wird und daher den Weisungen des Arbeitgebers hinsichtlich Ort, Zeit und Modalitäten der geschuldeten Arbeitsleistung unterworfen ist. Rechtsprechung und Lehre stimmen daher überein, daß der Persönlichkeitsschutz des Arbeitnehmers im Arbeitsverhältnis durch die legitimen und legalen unternehmerischen Ziele und Arbeitsvorgaben des Arbeitgebers begrenzt ist. So kann der Arbeitgeber Mitarbeitergeschäfte während der Arbeitszeit und am Arbeitsplatz zumindest im Organisationsbereich des Unternehmens ganz verbieten. Auch kann der Arbeitgeber die Ausnutzung von Informationen, die der Mitarbeiter im Rahmen seines Arbeitsverhältnisses erhält, untersagen, um diese Informationen nur für sich zu nutzen. **Dem Arbeitgeber steht insoweit ein umfassendes Direktionsrecht zu.** 16.598

Gewisse Begrenzungen können sich sogar **für die private Sphäre** des Arbeitnehmers außerhalb des Arbeitsverhältnisses ergeben. Die Rechtspre- 16.599

chung bejaht eine **verstärkte Pflichtenbindung des Arbeitnehmers** auch im Rahmen seiner Privatsphäre, je stärker das vom Arbeitnehmer unternehmerisch verfolgte Ziel vorrangig der Wahrnehmung von Interessen Dritter dient, wie dies insbesondere auf das Effektengeschäft der Kreditinstitute zutrifft. Die in diesem Unternehmensbereich unmittelbar oder mittelbar tätigen Mitarbeiter haben bei der Erbringung von Dienstleistungen mitzuwirken, deren Inanspruchnahme im starken Maße vom Vertrauen der Effektenkunden in eine interessewahrende Pflichterfüllung abhängig ist. Das reibungslose Funktionieren des Kapitalmarktes ist wesentlich von diesem Vertrauensschutz abhängig. Denn die Anleger müssen sich der Kreditinstitute als Marktintermediäre bedienen und daher auf eine interessewahrende Auftragsausführung vertrauen dürfen. Wie das zweite Finanzmarktförderungsgesetz zeigt, müssen ausreichende Vorkehrungen zum Schutze dieses Vertrauens getroffen werden.

16.600 Dieser Gesichtspunkt rechtfertigt es, solchen Mitarbeitern, die im Rahmen ihrer dienstlichen Aufgaben regelmäßig compliance-relevante Informationen erhalten und daher insoweit eine besondere Verantwortung tragen, weitergehende Verpflichtungen als den übrigen Mitarbeitern aufzuerlegen. Dies gilt insbesondere für die Verpflichtung, nur nach vorheriger Zustimmung des Arbeitgebers Konten und Depots bei anderen Kreditinstituten auf eigenen Namen zu eröffnen oder sich Vollmachten bei der Eröffnung von Konten und Depots auf den Namen eines Dritten erteilen zu lassen. „Vollmachtsgeschäfte" sind erfahrungsgemäß der Hauptanwendungsfall für treuwidrige oder strafbare Umgehungsgeschäfte von Mitarbeitern. Über diese Konten und Depots durchgeführte Geschäfte sind daher unaufgefordert und unverzüglich dem Arbeitgeber anzuzeigen, während die sonstigen Mitarbeiter in diesen Fällen nur auf Verlangen ihres Arbeitgebers vollständige Auskünfte zu erteilen haben. Dem Grundsatz der Verhältnismäßigkeit wird dadurch Rechnung getragen, daß jeweils nur das einzelne Mitarbeitergeschäft offenzulegen ist. Hierdurch wird vermieden, daß die Vermögensverhältnisse des Mitarbeiters oder gar Dritter durchleuchtet werden und damit ungerechtfertigt in fremde Persönlichkeitsrechte eingegriffen wird.

b) Vermeidung von Schäden und Haftungsrisiken

16.601 Bei der arbeitsrechtlichen Gesamtabwägung fallen schließlich zwei weitere Gesichtspunkte stark ins Gewicht. Wie die Erfahrung gezeigt hat, sind die Universalbanken häufig auch bei noch so unbegründeten Verdächtigungen seitens der Kunden nicht in der Lage, unverzüglich den Gegenbeweis für ein das Kundeninteresse wahrendes und faires Verhalten anzutreten. Das Ansehen einer Bank kann hierdurch stark in Mitleidenschaft gezogen und damit auch ihre internationale Wettbewerbsfähigkeit spürbar beeinträchtigt werden.

Zum anderen schützt die Einhaltung der Leitsätze die Mitarbeiter vor unbewußtem Fehlverhalten und vermindert so das Haftungsrisiko[735]. Soweit Mitarbeiter nicht vorsätzlich handeln, können sie sich auf die Compliance-Organisation und die Leitsätze für Mitarbeitergeschäfte im Sinne eines Rechtfertigungs- oder Entschuldigungsgrundes berufen. Diese Haftungserleichterung kommt insbesondere den Mitarbeitern mit compliance-relevanten Aufgaben zugute, die aufgrund ihrer besonderen Verantwortung einer gesteigerten zivil- und strafrechtlichen Haftung ausgesetzt sind.

16.602

3. Überwachung der Einhaltung der Leitsätze

Die Verlautbarung des Bundesaufsichtsamtes für das Kreditwesen sieht vor, daß die Einhaltung der Leitsätze durch die Mitarbeiter von einer „neutralen Stelle" zu kontrollieren sein soll. Darüber hinaus enthält sie Vorgaben, wonach Mitarbeitergeschäfte „laufend" zu kontrollieren sind. Das **Erfordernis der „laufenden Kontrolle"** soll eine regelmäßige und zeitnah zum Geschäftsabschluß erfolgende Überprüfung der Mitarbeitergeschäfte sicherstellen. Unter Praktikabilitätsgesichtspunkten ist vorgesehen, daß die „laufende Kontrolle" in Stichproben erfolgen kann. Dabei müssen die Stichproben in einem „angemessenen Verhältnis zum Umfang – d.h. zum Volumen und zur Anzahl – der Geschäfte stehen". Die Ordnungsmäßigkeit der „laufenden Kontrolle" von Mitarbeitergeschäften ist im Rahmen der internen Revision zu überprüfen.

16.603

Kreditinstitute, die für ihre Mitarbeiter keine Konten oder Depots führen, können die Konto- und Depotführung durch andere Banken ausführen lassen. Dabei ist mittels einer zwischen den Kreditinstituten und den betroffenen Mitarbeitern abzuschließenden Vereinbarung sicherzustellen, daß die Mitarbeiter-Leitsätze laufend kontrolliert werden und die Kontrolle der Mitarbeitergeschäfte in Stichproben gewährleistet ist. Auch in diesem Fall müssen die **Stichproben** in einem angemessenen Verhältnis zum Umfang der Geschäfte stehen.

16.604

---

735 *Weiss,* Die Bank 1993, 136 ff.

17. Teil
Börsenrecht

1. Abschnitt
Grundlagen

Im Mittelpunkt des inländischen Kapitalmarktes stehen die Wertpapierbörsen. Die börsenmäßig organisierten Märkte dienen in Deutschland nicht mehr der Emission von Wertpapieren, sondern dem Handel von bereits emittierten Kapitalmarkttiteln vor allem in Form von Aktien und Schuldverschreibungen. Die Börsenmärkte werden deshalb auch als Sekundärmärkte bezeichnet, während bei der (Erst-)Plazierung der emittierten Kapitalmarktitel vom Primärmarkt gesprochen wird.   17.1

Der Wertpapierhandel zwischen den Kreditinstituten (Interbankenhandel) vollzieht sich zu einem großen Teil auch außerhalb der Börsen (Telefonverkehr). Dies gilt vor allem für den Handel für eigene Rechnung (Nostro- oder Eigengeschäft). Der mit dem zweiten Finanzmarktförderungsgesetz eingeführte Börsenzwang für Wertpapiergeschäfte (§ 10 BörsG) gilt nur für die Ausführung der erteilten Kommissionsaufträge, die den Kreditinstituten von ihren Effektenkunden erteilt werden.   17.2

Der Sekundärhandel an den Wertpapierbörsen ist in dem Börsengesetz geregelt. Diese Ende des 19. Jahrhunderts geschaffene Kodifikation präsentiert sich heute neben dem Wertpapierhandelsgesetz als die zweite Säule des Kapitalmarktrechts. Dem Börsengesetz fehlt jedoch eine ausschließliche kapitalmarktrechtliche Ausrichtung, wie sie das Wertpapierhandelsgesetz kennzeichnet. Dieser Unterschied erklärt sich schon damit, daß sich das **Börsengesetz nicht auf die Wertpapiermärkte beschränkt,** sondern auch Teilaspekte der Devisen- und Warenmärkte regelt. Hinzu kommt, daß die Börsengesetzgebung im Unterschied zum 2. Finanzmarktförderungsgesetz weniger den Kapitalmarkt und den Schutz der Anleger im Blickfeld hatte. Wie die Entstehungsgeschichte des Börsengesetzes zeigt, ist seine ursprüngliche Regelungsmaterie durch eine zum Teil heftige Reaktion der Öffentlichkeit auf verschiedene Mißstände an den Börsen außerhalb des Handels in Kapitalmarktpapieren geprägt worden[1].   17.3

---
1 *Göppert,* Das Recht der Börsen, 1932, S. 33, 34.

I. Nicht-kapitalmarktbezogene Anlässe der Börsengesetzgebung

17.4 Anlaß für das am 1. 1. 1897 in Kraft getretene Börsengesetz waren vor allem **Mißstände an den Produktenbörsen und im Terminhandel der Börsen.** Das Börsengesetz gilt auch für die Warenbörsen als Marktveranstaltungen für Rohstoffe, insbesondere für Metalle. Hinzu kommen die sog. Produktenbörsen, an denen agrarische Erzeugnisse vor allem Getreide, Kaffee und Baumwolle gehandelt werden[2].

1. Mißstände im Börsenterminhandel

17.5 Der abrupte Zusammenbruch einer überhitzten Hausse-Bewegung gegen Ende des 19. Jahrhunderts im Hamburger Kaffeeterminhandel, die zu großen Verlusten des Publikums führte und auch die Kaffeepreise negativ beeinflußte, verstärkte den Ruf nach gesetzlichen Schutzmaßnahmen[3]. Hinzu kam eine künstlich geschaffene Hausse an der Berliner Produktenbörse, die den gesamten Getreidemarkt stark erschütterte[4].

17.6 Dies führte schließlich zu der Aufnahme eines generellen Verbotes von Börsentermingeschäften in Getreide und Erzeugnissen der Getreidemüllerei in § 65 BörsG a.F., das erst durch das Zweite Finanzmarktförderungsgesetz wieder aufgehoben worden ist[5].

2. Mißbrauch des kommissionsrechtlichen Selbsteintrittsrechts

17.7 Die zutage getretenen Mißstände im Börsenwesen beschränkten sich aber nicht nur auf die Produktenbörsen und den Börsenterminhandel. Betroffen waren, wenn auch in geringerem Umfang, die Kapitalmärkte durch betrügerische Handlungen von Banken, bei denen das Vertrauen ihrer Kunden gröblich mißbraucht worden war[6]. Auch diese Vorgänge sollten

---

2 *Kümpel* in Kümpel/Ott, Kapitalmarktrecht, Kz 065, S. 10.
3 *Schulz*, Das deutsche Börsengesetz, 1994, S. 68; *Göppert*, Das Recht der Börsen, 1932, S. 33, 34; *Nußbaum*, Börsengesetz, 1910, Einl. S. XVII.
4 *Nußbaum*, Börsengesetz, 1910, Einl. S. XVIII; *Bremer*, Grundzüge des deutschen und ausländischen Börsenrechts, 1969, S. 27.
5 Die Aufhebung erfolgte, weil das bisherige Verbot von Börsentermingeschäften die Errichtung einer Warenterminbörse in Deutschland behindert und dies auch von der Agrarindustrie und der Landwirtschaft gefordert worden ist (Begr. des RegE des 2. FFG, BT-Drucksache 12/6679, S. 75).
6 *Nußbaum*, Börsengesetz, 1910, Einl. S. XVIII.; *von Dalwigk zu Lichtenfels*, Das Effektenkommissionsgeschäft, 1975, S. 66.

von der im Jahre 1892 einberufenen Börsen-Enquête-Kommission untersucht werden, die entsprechende Vorschläge zu einer gesetzlichen Reform des Börsenwesens zu formulieren hatte.

Die Kommission befaßte sich deshalb auch mit den bekanntgewordenen Veruntreuungen von Kundendepots. Entsprechend ihrem Vorschlag wurde jedoch die bankmäßige Aufbewahrung von Wertpapieren in einem eigenen Gesetz geregelt. Das „Reichsgesetz betreffend die Pflichten der Kaufleute bei der Aufbewahrung fremder Wertpapiere" vom 5. 6. 1896 trat zeitgleich mit dem Börsengesetz am 1. 1. 1897 in Kraft[7]. 17.8

Die **Mißstände** im börsenmäßigen Wertpapierhandel beruhten im wesentlichen auf dem **Mißbrauch des kommissionsrechtlichen Selbsteintrittsrechts**, wie es durch das Allgemeine Deutsche Handelsgesetzbuch (ADHGB) gestaltet worden und in den AGB der Banken als Regelfall der Ausführung der Kundenaufträge vorgesehen war[8]. Dieses Selbsteintrittsrecht, bei dessen Ausübung die beauftragte Bank das Deckungsgeschäft für die Kundenaufträge am Kapitalmarkt für eigene Rechnung tätigt, ermöglichte nicht erkennbare „Kursschnitte" zu Lasten der Effektenkunden. Deshalb ist das Selbsteintrittsrecht entsprechend den Vorschlägen der Börsen-Enquête-Kommission im Börsengesetz von 1896 neu geregelt worden. Insbesondere wurde dem selbsteintretenden Kommissionär verboten, dem Kunden einen ungünstigeren Kurs als den mit dem Marktkontrahenten vereinbarten Kurs abzurechnen (vgl. § 401 Abs. 2 HGB)[9]. Diese Regelungen im Börsengesetz 1896 (§§ 70 bis 74) wurden sodann in das am 1. 1. 1900 in Kraft getretene HGB (§§ 400 ff. HGB) vollständig übernommen[10]. 17.9

Die Kritik an dem Selbsteintrittsrecht ist auch nach seiner gesetzlichen Neuregelung nicht verstummt, obwohl der Bankkunde hiernach nicht schlechter gestellt werden darf als bei Auftragsausführung ohne Selbsteintritt und damit „Kursschnitte" zu seinen Lasten ausgeschlossen sind. Bei der Neufassung der im Kreditgewerbe einheitlich verwendeten Sonderbedingungen für Wertpapiergeschäfte[11] ist deshalb im Jahre 1995 der Selbsteintritt abbedungen worden[12]. 17.10

---

7 *Schulz*, Das deutsche Börsengesetz, 1994, S. 69, 578; vgl. weiter Begr. des RegE zum Depotgesetz von 1937, abgedruckt bei *Opitz*, Depotgesetz, 2. Aufl., 1955, S. 16.
8 *von Dalwigk zu Lichtenfels*, Das Effektenkommissionsgeschäft, 1975, S. 66.
9 Großkomm. HGB/*Koller/Staub*, § 400 Rn 9.
10 Vgl. Art. 14 EG HGB; *von Dalwigk zu Lichtenfels*, Das Effektenkommissionsgeschäft, 1975, S. 66, 67; Schulz, Das deutsche Börsengesetz, 1993, S. 510.
11 Abgedruckt in *Kümpel/Ott*, Kapitalmarktrecht, Kz 220.
12 *Kümpel*, WM 1995, 137, 138.

II. Kapitalmarktrechtliche Ausrichtung durch Novellierungen des Börsengesetzes

17.11 Das Börsengesetz mit seiner starken Ausrichtung auf die organisationsrechtlichen Regelungen des Handelsgeschehens an Börsenmärkten ist insbesondere in jüngerer Zeit **wiederholt novelliert** worden. Hierbei ist das Börsengesetz mittlerweile um eine Vielzahl kapitalmarktrechtlicher Regelungsbereiche angereichert worden. Sie betreffen insbesondere den Schutz der Anleger als einem vorrangigen Regelungsziel des Kapitalmarktrechts. Im Jahre 1932 konnte *Göppert* dieses Gesetz in seiner grundlegenden Darstellung des Börsenrechts noch als eine der gedankenärmsten Kodifikationen der vom BGB und dem HGB dominierten Gesetzgebungsperiode bewerten[13]. Aus heutiger Sicht ist diese Einschätzung überholt.

1. Börsengesetznovelle 1986

17.12 Zum Schutz der Anleger sind zwischenzeitlich Informations- und Verhaltenspflichten der Emittenten in das Börsengesetz eingefügt worden. Anstöße hierzu kamen vor allem durch die europäische Rechtsangleichung. Den Anfang machte das Börsenzulassungsgesetz vom 16. 12. 1986[14], mit dem die drei börsenbezogenen EG-Richtlinien zur Koordinierung der Börsenzulassungsbedingungen, des Börsenzulassungsprospekts und der Zwischenberichterstattung börsennotierter Aktiengesellschaften in nationales Recht umgesetzt wurden[15]. Diese Börsengesetznovelle 1986 hat den Emittenten für die Dauer der Börsenzulassung entsprechend der Börsenzulassungsrichtlinie eine Reihe von Publizitäts- und Verhaltenspflichten auferlegt (vgl. §§ 44, 44b–d BörsG)[16].

17.13 Diese Pflichten sind mit dem Benutzungsverhältnis zwischen den Emittenten und der Börse verknüpft worden. Ein solches öffentlich-rechtlich ausgestaltetes Rechtsverhältnis wird mit der Zulassung der Wertpapiere zum Amtlichen oder Geregelten Markt zwischen der Börse und den Emittenten begründet und verpflichtet die Börse, das zur Herbeiführung des Börsenhandels und der Kursnotierung Erforderliche zu tun[17]. Bei einem

---

13 Vgl. Das Recht der Börsen, 1932, S. 38, wonach den Verfassern des Gesetzesentwurfs auch jede wirkliche Sachkenntnis gefehlt hat.
14 BGBl. I 1986, S. 2478 ff.
15 Begr. des RegE des 2. FFG, BT-Drucksache 10/4296, S. 1.
16 Begr. des RegE des 2. FFG, BT-Drucksache 10/4296, S. 16.
17 *Schwark*, BörsG, § 43 Rn 11, 12; *von Rosen* in Assmann/Schütze, Handbuch des Kapitalanlagerechts, § 2 Rn 206.

anhaltenden Pflichtversäumnis der Emittenten kann die Börsenzulassungsstelle die Zulassung der Wertpapiere zum Börsenhandel widerrufen (§ 44 d BörsG). Bei dieser Ermessensentscheidung sind freilich auch die Interessen der Inhaber der Wertpapiere an einer späteren Veräußerung zu einem marktgerechten, transparenten und staatlich kontrollierten Börsenpreis zu berücksichtigen[18].

a) Anlegerschützende Informations- und Verhaltenspflichten

Diese neuen Informations- und Verhaltenspflichten dienen vor allem dem Schutz der Anleger. So sind die Emittenten verpflichtet, aus ihrem Bereich alle Auskünfte zu erteilen, die für die Zulassungsstelle oder die Börsengeschäftsführung zur ordnungsgemäßen Erfüllung ihrer Aufgaben erforderlich sind (§ 44c Abs. 1 BörsG). Die Emittenten der zum Amtlichen Markt zugelassenen Aktien haben mindestens halbjährlich einen inhaltlich präzisierten Zwischenbericht zu erstatten, der neue Erkenntnisse über den unterjährigen Geschäftsverlauf vermitteln soll (§ 44b BörsG)[19].

17.14

Zu den **neu geschaffenen Verhaltenspflichten der Emittenten** gehört auch das Gebot, die Inhaber der zugelassenen Wertpapiere unter gleichen Voraussetzungen gleich zu behandeln (§ 44 Abs. 1 Nr. 1 BörsG). Eine weitere kapitalmarktbezogene Verhaltenspflicht soll die Geltendmachung des verbrieften Rechts im Interesse der Anleger erleichtern. Der Emittent ist zu diesem Zweck verpflichtet, für die gesamte Dauer der Zulassung der Wertpapiere mindestens eine Zahlstelle am Börsenplatz zu benennen, bei der alle erforderlichen Maßnahmen hinsichtlich der Wertpapiere bewirkt werden können. Der Emittent hat diese Maßnahmen kostenfrei vorzunehmen, wenn die Wertpapierurkunden bei dieser Zahlstelle vorgelegt werden (§ 44 Abs. 1 Nr. 2 BörsG).

17.15

b) Ad hoc-Publizität

Mit der Börsengesetznovelle 1986 ist auch die kapitalmarktrechtliche Ad hoc-Publizität umgesetzt worden, wie sie die EG-Zulassungsrichtlinie vorgegeben hat (§ 44a BörsG a.F.). Die gesetzliche Regelung der Ad hoc-Publizität steht zwischenzeitlich nicht mehr im engen Kontext der im Börsengesetz geregelten sonstigen kapitalmarktrechtlichen Informationspflichten der Emittenten. Der deutsche Gesetzgeber hat vielmehr die Ad hoc-Publizität im Zuge der Umsetzung der EG-Insiderrichtlinie zugleich als eine Präventivmaßnahme zur Bekämpfung des Insiderhandels ausge-

17.16

---

18 Begr. des RegE des 2. FFG, BT-Drucksache 12/6679, S. 16.
19 *Schwark*, BörsG, § 44b Rn 5.

staltet. Die Regelung der Ad hoc-Publizität ist deshalb im unmittelbaren Anschluß an die insiderrechtlichen Verbotstatbestände im Wertpapierhandelsgesetz angesiedelt worden (vgl. § 15 WpHG)[20].

2. Novellierung durch das Zweite Finanzmarktförderungsgesetz

17.17 Bei der Novellierung durch das 2. Finanzmarktförderungsgesetz sind eine Vielzahl weiterer Regelungskomplexe in das Börsengesetz eingefügt worden, die wie die Bestimmungen des Wertpapierhandelsgesetzes dem Schutz der Anleger dienen oder zumindest auch deren schutzwürdigen Interessen Rechnung tragen sollen.

a) Börsenzwang im Effektengeschäft

17.18 Das Börsengesetz (§ 10 Abs. 1) schreibt nunmehr vor, daß **mangels Kundenweisung** die Aufträge für den Kauf und Verkauf von Wertpapieren, die zum Handel an einer inländischen Wertpapierbörse zugelassen oder in den Freiverkehr einbezogen sind, **über den Handel an der Börse** auszuführen sind[21]. Mit diesem gesetzlichen Börsenzwang soll nicht nur die Liquidität der Börsenmärkte im Interesse ihrer Funktionsfähigkeit verbessert werden. Nach den Gesetzesmaterialien des Zweiten Finanzmarktförderungsgesetzes bieten die gesetzlichen Regelungen des börsenmäßig organisierten Wertpapierhandels und die staatliche Marktaufsicht Gewähr für eine ordnungsmäßige Ausführung der Effektenorder der Bankkundschaft[22]. Auch dieser Börsenzwang dient also dem Anlegerschutz, wie es der Zielrichtung des Wertpapierhandelsgesetzes entspricht.

b) Gesetzliche Regelung der Preisfeststellungen

17.19 Das Börsengesetz enthält nach seiner Novellierung durch das Zweite Finanzmarktförderungsgesetz auch eine **einheitliche Definition des Börsenpreises** für sämtliche Marktsegmente der Wertpapierbörse. Unter solchen Börsenpreisen sind Preise für Wertpapiere zu verstehen, die während der Börsenzeit an einer Wertpapierbörse im Amtlichen oder Geregelten Markt als den beiden öffentlichrechtlich organisierten Marktsegmenten oder im privatrechtlich organisierten Freiverkehr festgestellt werden (§§ 11 Abs. 1 S. 1, 78 Abs. 1 S. 1 BörsG). Dabei macht es keinen Unter-

---

20 Begr. des RegE des 2.FFG, BT-Drucksache 12/6679, S. 48.
21 Eine Ausnahme gilt für festverzinsliche Schuldverschreibungen, die Gegenstand einer Emission sind, deren Gesamtnennbetrag weniger als zwei Milliarden Deutsche Mark beträgt (§ 10 Abs. 3 BörsG).
22 Begr. des RegE des 2. FFG, BT-Drucksache 12/6679, S. 69.

schied, ob die Börsenpreise durch den skontroführenden Makler im Präsenzhandel festgestellt worden sind oder sie sich in einem börsenintegrierten elektronischen Handelssystem gebildet haben (§§ 11 Abs. 1 S. 2, 78 Abs. 1 S. 2 BörsG). Der Anleger muß auf ein manipulationsfreies Zustandekommen der Börsenpreise vertrauen können[23]. Eine **ordnungsgemäße Preisbildung** ist ein herausragendes Qualitätsmerkmal für einen Wertpapiermarkt, der sich auch im internationalen Wettbewerb behaupten will[24].

c) Staatliche Marktaufsicht

Ein weiterer Schwerpunkt des Zweiten Finanzmarktförderungsgesetzes ist schließlich die Schaffung der rechtlichen Grundlage für die staatliche Marktaufsicht. Sie bezweckt, das Verhalten der am Markt agierenden Kreditinstitute und Börsenmakler auf Recht- und Ordnungsmäßigkeit zu kontrollieren. 17.20

Diese aufsichtsrechtlichen Bestimmungen sind in das Börsengesetz integriert worden, soweit diese Regelungen die Überwachung des börsenmäßig organisierten Wertpapierhandels betreffen. Entsprechend unserem dezentralen Börsenwesen ist die staatliche Marktaufsicht föderal-dezentral organisiert und deshalb auf die drei Verwaltungsebenen Bund, Länder und Börsenselbstverwaltung verteilt worden. Neben dem Bundesaufsichtsamt für den Wertpapierhandel und den Länderaufsichtsbehörden bildet die dritte Säule der staatlichen Marktaufsicht die neugeschaffene Handelsüberwachungsstelle, die jede Börse nach Maßgabe der Börsenaufsichtsbehörde als eigenständiges Börsenorgan einzurichten hat (§ 1b BörsG). Dieses neue Börsenorgan, das die primäre Verantwortung der staatlichen Beaufsichtigung des Börsenhandels trägt,[25] hat in enger Kooperation mit der jeweiligen Länderaufsicht den Handel an der Börse und die Geschäftsabwicklung zu überwachen. 17.21

Mit der neugeschaffenen Marktaufsicht soll das Vertrauen der Anleger in das Geschehen auf den Wertpapiermärkten gestärkt werden. Eines der Hauptziele des Gesetzgebers war deshalb die Schaffung einer internationalen Anforderungen genügenden Wertpapieraufsicht als Gütesiegel für den Finanzplatz Deutschland[26]. Wesentliche Kernbereiche der Rechtsgrundlagen dieser vertrauensbildenden Marktaufsicht sind nicht im Wertpapierhandelsgesetz, sondern im Börsengesetz angesiedelt worden. 17.22

---

23 Begr. des RegE des 2. FFG, BT-Drucksache 12/6679, S. 69.
24 Begr. des RegE des 2. FFG, BT-Drucksache 12/6679, S. 69.
25 Begr. des RegE des 2. FFG, BT-Drucksache 12/6679, S. 59, 60.
26 Begr. des RegE des 2. FFG, BT-Drucksache 12/6679, S. 36.

17.23 Bei der nachfolgenden Darstellung des Börsengesetzes stehen zunächst im Mittelpunkt die **Begriffsmerkmale der Börse:** Zentralisierung von Angebot und Nachfrage zwecks schnellen Ausgleichs und Feststellung transparenter, staatlich geregelter und überwachter Börsenpreise. Sodann werden im 2. Abschnitt die Börse als Anstalt des öffentlichen Rechts und die Rechtsbeziehungen zu ihrem Träger dargestellt. Das Betreiben eines börsenmäßig organisierten Handels ist eine öffentliche und damit staatliche Aufgabe, die die Börse im Rahmen ihrer Selbstverwaltung wahrzunehmen hat. Der Börse fehlt im übrigen die Rechtsfähigkeit in zivilrechtlichem Sinne. Eigentümer der börsenzugehörigen Einrichtungsgegenstände und Gläubiger der Forderungen einschließlich der öffentlichrechtlichen Gebührenansprüche ist vielmehr der Träger der Börse, der für das wirtschaftliche Management der Börseneinrichtungen zuständig ist. Die Behandlung der öffentlichrechtlichen Organisationsstruktur schließt mit den Zuständigkeiten und den Befugnissen der Börsenorgane.

17.24 Der 3. Abschnitt behandelt die **Rechtsverhältnisse der Börse zu den Emittenten und den Handelsteilnehmern** als ihren Benutzern. Bei diesen Benutzungsverhältnissen handelt es sich um öffentlich-rechtlich ausgestaltete Leistungsverhältnisse. Die Börsenleistungen bestehen in den vielfältigen Vorkehrungen für einen möglichst effizienten Börsenhandel mit reglementierter Feststellung der Börsenpreise. Die Börsenbenutzer erbringen ihre Gegenleistung in Form von Gebührenzahlungen, denen zunehmend privatrechtliche Nutzungsentgelte gegenüberstehen.

17.25 Der 4. Abschnitt dient der **Darstellung der Marktorganisation.** Hierbei werden Amtlicher und Geregelter Markt sowie der Freiverkehr als Marktsegmente des Kassahandels gegenübergestellt und die wesentlichen Aspekte der Feststellung der Börsenpreise sowie der vorübergehenden Unterbrechung des Börsenhandels erörtert. In jüngster Zeit ist mit der öffentlichen Diskussion über die optimale Organisationsform für die Börse als Marktveranstalter begonnen worden. Diese Thematik wird ein Schwerpunkt des in Vorbereitung befindlichen Vierten Finanzmarktförderungsgesetzes sein. Die Darstellung schließt deshalb mit den wesentlichen Argumenten, die für die Beibehaltung der öffentlich-rechtlichen Organisationsstruktur der Börsen sprechen.

III. Genehmigungserfordernis der Börse

17.26 Nach der Grundkonzeption des Börsengesetzes sind börsenmäßige Marktveranstaltungen ohne staatliche Erlaubnis verboten (**Verbotsprinzip mit**

Erlaubnisvorbehalt)[27]. Dementsprechend bestimmt das Börsengesetz, daß die Errichtung einer Börse und ihr Betreiben der staatlichen Genehmigung durch die zuständige Landesbehörde als Börsenaufsichtsbehörde unterliegt (§ 1 Abs. 1 BörsG). Dabei hat der Gesetzgeber bewußt davon abgesehen, die Voraussetzungen zu bestimmen, unter denen eine solche genehmigungspflichtige Marktveranstaltung gegeben ist.

Eine praxisgerechte Definition des Börsenbegriffs erschien nicht möglich. Für die Genehmigungsfähigkeit ist deshalb entscheidend, ob ein bestimmter Wertpapierhandel nach den Intentionen des Gesetzgebers der Reglementierung durch das Börsengesetz unterworfen sein soll[28]. 17.27

In Deutschland bestehen derzeit Wertpapierbörsen in Berlin, Bremen, Düsseldorf, Frankfurt, Hamburg, Hannover, München und Stuttgart. Die weitaus größten Umsätze werden an der Frankfurter Wertpapierbörse getätigt. 17.28

IV. Begriffsmerkmal der Börse

Aus heutiger Sicht sind **zwei wesentliche Merkmale** der Börse die Zentralisierung der Geschäftsabschlüsse (1) und die Feststellung transparenter, staatlich geregelter und überwachter Preise (2). 17.29

1. Zentralisierung der Geschäftsabschlüsse

Wesentliches Merkmal eines genehmigungspflichtigen Wertpapierhandels ist nach ganz herrschender Meinung, daß das gesamte Angebots- und Nachfragepotential der Handelsteilnehmer zum Zwecke eines weitestmöglichen Ausgleichs zusammengeführt werden soll[29]. 17.30

Die Börseneigenschaft fehlt deshalb den reinen Informations- und Kommunikationssystemen, die mit ihren jederzeit abrufbaren Preisen und sonstigen Daten den Wertpapierhandel zwischen Kreditinstituten durch größere Markttransparenz fördern wollen, ohne daß durch sie Geschäftsabschlüsse zustande gebracht werden. Ein anschauliches Beispiel hierfür 17.31

---

27 Vgl. die Feenpalast-Entscheidung des Preußischen Oberverwaltungsgerichts vom 26. 11. 1898 (OVGE 34, 315 ff.); *Schwark*, BörsG, § 1 Rn 21.
28 *Göppert*, Das Recht der Börsen, 1932, S. 42; *Huber*, Wirtschaftsverwaltungsrecht, 2. Aufl., 1953, S. 610; *Kümpel*, WM 1985, Sonderbeil. Nr. 5, S. 7.
29 *Caspari*, ZGR 1994, 530, 532; *Schwark*, BörsG, § 1 Rn 5; *Kümpel*, WM 1990, 45, 47; *Kurth*, ZGesKredW 1998, 618, 622; *Franke* in Assmann/Schütze, Handbuch des Kapitalanlagerechts, § 2 Rn 12; *Beck*, WM 1998, S. 417, 418, 423.

bot das **IBIS-System** vor seiner Integration in die Frankfurter Wertpapierbörse[30]. Diesem Informationssystem fehlte die begriffsnotwendige Funktion eines börsenmäßigen Marktes als „Umsatzstelle" für Wertpapiergeschäfte, solange die auf der Basis dieser Informationen getätigten Geschäfte nicht in dem System zustande kam. Diese sich außerhalb des Systems vollziehenden Geschäftsabschlüsse beinhalten nur einen dezentralisierten Handel mit Computerunterstützung ohne Börseneigenschaft[31].

17.32 Das Phänomen Börse läßt sich nur sachgerecht definieren, wenn auf die hierdurch erreichte Zusammenführung von Angebot und Nachfrage und damit auf die **Zentralisierung der Geschäftsabschlüsse** abgestellt wird. Durch diese örtliche Konzentration von Angebot und Nachfrage soll der Wertpapierhandel rationeller gestaltet und die Transaktionsgeschwindigkeit der Wertpapierumsätze erhöht werden[32]. Die Zentralisierung von Angebot und Nachfrage an der Börse erhöht die Wahrscheinlichkeit von Geschäftsabschlüssen[33]. Ohne eine solche Konzentration bedarf es der umständlichen Suche eines geeigneten Interessenten als Geschäftspartner. Hiermit kann ein spürbar größerer Zeit- und Kostenaufwand verbunden sein.

17.33 Ein weiteres typisches Merkmal für die Wertpapierbörse ist, daß sie sich bei den an ihr getätigten Wertpapiergeschäften nicht in der Rolle der Marktgegenseite in Gestalt von Angebot (Verkauf) und Nachfrage (Kauf) befindet. Die Mitwirkung der Börse als Marktveranstalter beschränkt sich vielmehr auf die Erbringung von Dienstleistungen zur Ermöglichung solcher Geschäftsabschlüsse.

17.34 Die Mitwirkung der Börse als Marktveranstalter entspricht der Tätigkeit eines **sog. Nachweismaklers**, der nur die Gelegenheit zum Abschluß eines Geschäfts über Gegenstände des Handelsverkehrs nachweist (§ 652 BGB). Unerheblich ist insoweit, daß den Teilnehmern an diesem marktmäßigen Wertpapierhandel dessen Existenz bekannt ist. Entscheidend für die Tätigkeit des Nachweismaklers ist vielmehr, ob diese für den Geschäftsabschluß wesentlich gewesen ist[34].

17.35 In dieser Rolle der Marktgegenseite befindet sich die Börse selbst dann nicht, wenn wie bei der Eurex Deutschland eine für den Börsenhandel vorgesehene Clearingstelle jeweils Vertragspartner der zum Clearing zu-

---

30 *Kümpel*, WM 1990, 45, 46.
31 *Kümpel*, WM 1990, 45, 46.
32 *Kümpel*, WM 1990, 45, 46.
33 *Schmidt*, Wertpapierbörsen, 1988, S. 8.
34 BGH WM 1970, 856; NJW-RR 1990, 1269; 1996, 114, 115; *Palandt/Sprau*, § 652 Rn 11.

gelassenen Börsenmitglieder wird[35]. Dies geschieht nur aus markttechnischen Gründen zwecks Abwicklung der an der Börse getätigten Termingeschäfte, während Träger von Angebot und Nachfrage allein die am Börsenhandel teilnehmenden Unternehmen sind. Deshalb fehlt es auch an einem börsenmäßigen Wertpapierhandel, wenn z.B. eine Bank interessierten Marktteilnehmern ein Computer-Netzwerk zum Abschluß bestimmter Wertpapiergeschäfte, etwa über Optionsscheine zur Verfügung stellt, wobei sie aber stets selbst für eigene oder fremde Rechnung die in diesem System getätigten Geschäfte abschließt. Hier befindet sich der Systembetreiber nicht in der für eine Wertpapierbörse typischen Rolle eines bloßen Marktveranstalters, der lediglich Dienstleistungen zur Ermöglichung eines marktmäßig organisierten Wertpapierhandels erbringt.

a) Marktmäßige Veranstaltungen

Die Börsen stellen im Unterschied zu dem außerbörslichen Wertpapierhandel marktmäßige Veranstaltungen im Sinne der Gewerbeordnung dar. Abgrenzungsmerkmale für solche Marktveranstaltungen sind – neben der Zentralisierung der Geschäftsabschlüsse – gleicher Ort der Veranstaltungen, ihre Regelmäßigkeit, Beschränkung des Teilnahmerechts auf Kaufleute, Vertretbarkeit der Handelsobjekte sowie der überwiegende Abschluß von Geschäften mit großen Volumina. 17.36

Nach *Schwark* läßt sich deshalb die Börse umschreiben als eine organisierte, regelmäßig in verhältnismäßig kurzen Zeitabständen erfolgende Zusammenführung von Angebot und Nachfrage in vertretbaren, typischerweise nicht mitgebrachten Gegenständen nach grundsätzlich einheitlichen Geschäftsbedingungen mit dem Ziel, Vertragsabschlüsse zwischen regelmäßig allen zum Handel zugelassenen Kaufleuten zu ermöglichen[36]. 17.37

Die „Ortsgebundenheit", wie sie für den gewerberechtlichen Begriff der Marktveranstaltung typisch ist und auch noch für die traditionelle Präsenzbörse gilt, verliert freilich im Zuge der Computerisierung des Börsenhandels zunehmend an Bedeutung. 17.38

Ein typisches Merkmal der traditionellen Börse ist, daß die zum Börsenhandel zugelassenen Kreditinstitute durch ihre Börsenhändler im Börsensaal physisch präsent sind[37]. Dieser Börsenhandel wird deshalb auch als **Präsenzbörse oder Parketthandel** bezeichnet[38]. 17.39

---

35 *Kindermann*, WM 1989, Sonderbeil. Nr. 2, S. 19.
36 BörsG, § 1 Rn 5.
37 VG Frankfurt WM 1988, 1333, 1335.
38 Die Börsenordnung der Frankfurter Wertpapierbörse (§ 26) verwendet den Begriff Präsenzhandel (abgedruckt in WM 1995, 1650).

b) Elektronischer Wertpapierhandel als Börsenhandel

17.40 Beim elektronischen Wertpapierhandel geben die räumlich voneinander getrennten Handelsteilnehmer ihre verbindlichen Kauf- und Verkaufsangebote über Terminals in einen Computer, der deckungsgleiche Gebote zu Geschäftsabschlüssen zusammenführt (**Matching**)[39]. Die Versammlung der Händler im Börsensaal der Präsenzbörse wird beim elektronischen Wertpapierhandel durch ein **überregionales Börsenparkett** („Handelsplattform") ersetzt. Hier kommunizieren die Handelsteilnehmer mit dem Markt über ihre Computerterminals[40]. Beim elektronischen Wertpapierhandel vollzieht sich also das börsenmäßige Marktgeschehen in einem **Zentralrechner**. Die Standortunabhängigkeit der elektronischen Handelssysteme ermöglicht im Unterschied zur Präsenzbörse eine Konzentration des Nachfrage- und Angebotspotentials aus allen inländischen Marktregionen. Darüberhinaus eröffnet die Möglichkeit des elektronischen Zugangs auch die Teilnahme ausländischer Marktteilnehmer (remote membership); wie es der Tendenz zur Globalisierung der Kapitalmärkte entspricht.

17.41 Auch dieser vollautomatische Börsenhandel erfüllt das für den Börsenbegriff wesentliche Merkmal der „Zentralisierung" der Geschäftsabschlüsse im Sinne einer Zusammenführung von Angebot und Nachfrage zwecks größtmöglichen Ausgleichs. Denn für die Funktion der Börse als einer organisierten Konzentration von Wertpapierumsätzen ist es unwesentlich, ob die hierfür erforderlichen Willenserklärungen von Händlern auf dem Börsenparkett oder von räumlich getrennten Händlern On-Line mittels elektronischer Datenübertragung abgegeben werden[41]. Wesentlich ist vielmehr, daß es an dieser organisierten und reglementierten Umsatzstelle zu Geschäftsabschlüssen kommt. An die Stelle der „Orts"gebundenheit, wie sie für den Wertpapierhandel an der traditionellen Präsenzbörse typisch ist, tritt beim elektronischen Börsenhandel eine „System"gebundenheit[42]. Das Begriffsmerkmal „Zentralisierung der Geschäftsabschlüsse" ist zugleich ein bewährtes, sachlich einleuchtendes und praktikables Abgrenzungsmerkmal zwischen genehmigungspflichtigem Börsenhandel und genehmigungsfreiem außerbörslichen Wertpapierhandel der Kreditinstitute (Interbankenhandel)[43].

---

39 Auch die Börsenordnung (§ 42a Abs. 2) der Frankfurter Wertpapierbörse spricht von „Matching" im Sinne einer Zusammenführung der korrespondierenden Aufträge der Handelsteilnehmer, abgedruckt in WM 1998, 465.
40 Zum Wirksamwerden solcher Willenserklärungen durch elektronische Datenübertragung vgl. *Burgard*, AcP 195 (1995), S. 74 ff.
41 *Kümpel*, WM 1988, 1621.
42 *Schwark*, BörsG, § 1 Rn 6; *Beck*, WM 1998, 417, 418.
43 *Schwark*, in Institut der Wirtschaftsprüfer, Börsen und Börsenmaklerprüfer (Hrsg.), 1990, S. 15.

2. Feststellung staatlich geregelter und überwachter Preise

Die im öffentlichen Interesse liegende Aufgabe der Wertpapierbörsen erschöpft sich nach den Gesetzesmaterialien zum Zweiten Finanzmarktförderungsgesetz keineswegs in der Zusammenführung des Nachfrage- und Angebotspotentials zwecks eines weitestmöglichen Ausgleichs. Eine weitere wesentliche Funktion des börsenmäßig organisierten Wertpapierhandels ist vielmehr die Feststellung von Börsenpreisen auf der Grundlage **marktgerechter, transparenter Preisbildung, die staatlich überwacht wird.** Eine faire Preisbildung ist ein Gütesiegel für einen funktionsfähigen Finanzplatz[44]. Der Anleger muß auf ein manipulationsfreies Zustandekommen von Börsenpreisen vertrauen können[45]. Deshalb ist eine staatlich geregelte und kontrollierte Preisbildung ein herausragendes Qualitätsmerkmal für einen Börsenhandel, der sich auch im internationalen Wettbewerb behaupten will[46]. Nach dem älteren Schrifttum wäre dagegen die Preisfeststellung kein wesentliches Begriffsmerkmal der Börse[47].

17.42

An der vertrauenswürdigen Feststellung der Börsenpreise besteht ein starkes öffentliches Interesse. Die internationale Wettbewerbsfähigkeit der Volkswirtschaft hängt entscheidend von der Funktionsfähigkeit des Kapitalmarktes als tragende Säule des Finanzplatzes Deutschland ab. Hierzu müssen neben den heimischen Ersparnissen auch anlagesuchende ausländische Gelder als Finanzierungsquelle für die kapitalmarktfähigen inländischen Unternehmen erschlossen werden, die insbesondere auf eine solche staatlich geregelte und überwachte Preisfeststellung größten Wert legen[48].

17.43

Eine marktgerechte Preisfeststellung ist aber nicht nur aus der Sicht des Anlegerschutzes und damit letztlich der Funktionsfähigkeit der Börse unverzichtbar. Denn die Börsenpreise haben eine über die Börsengeschäfte weit hinausgehende Bedeutung. So knüpft eine Vielzahl von Gesetzesbestimmungen aus den unterschiedlichsten Rechtsgebieten an den Börsenpreis an[49], wie die nachfolgenden Beispiele zeigen:

17.44

Freihändiger Verkauf von Wertpapieren durch öffentlich ermächtigte Handelsmäkler, wenn diese hinterlegt, verpfändet oder gepfändet worden sind (§§ 385, 1221,

17.45

---

44 Begr. des RegE des 2. FFG, BT-Drucksache 12/6679, S. 76.
45 Begr. des RegE des 2. FFG, BT-Drucksache 12/6679, S. 69, 70.
46 Begr. des RegE des 2. FFG, BT-Drucksache 12/6679, S. 69.
47 *Nußbaum*, Börsengesetz, 1910, S. 99; *Meyer-Bremer*, Börsengesetz, 4. Aufl., 1957, § 1 Rn 1.
48 Begr. des RegE des 2. FFG, BT-Drucksache 12/6679, S. 33.
49 *Kümpel*, WM 1988, 1621.

1965

17. Teil: Börsenrecht

1235 BGB; § 821 ZPO); abstrakte Schadensersatzberechnung bei Nichterfüllung eines Fixhandelskaufs (§ 376 Abs. 2 HGB); Abwicklung von Fixgeschäften in der Insolvenz (§ 104 InsO); bilanzmäßige und steuermäßige Bewertung von Wertpapieren (§ 253 Abs. 3 HGB; § 11 Bewertungsgesetz); Preisgrenzen bei den Anlagegeschäften institutioneller Anleger (§ 8 KAGG; § 54a Abs. 1 VAG).

a) Gesetzliches Anforderungsprofil der Börsenpreise

17.46 Mit Rücksicht auf den hohen Stellenwert der Preisfeststellung für den Kapitalmarkt hat der Gesetzgeber bei der Novellierung des Börsengesetzes im Rahmen des 2. Finanzmarktförderungsgesetzes den Börsenpreis definiert. Im übrigen hat er die Rahmenbedingungen für die an sein ordnungsgemäßes Zustandekommen zu stellenden Anforderungen bestimmt (§ 11 Abs. 2 BörsG). Die Einzelheiten der Preisfeststellung sind in der Börsenordnung zu regeln (§ 11 Abs. 2 S. 5 BörsG). Überdies hat die **Frankfurter Wertpapierbörse** durch die „**Norminterpretierende Verwaltungsvorschrift der Regeln für die Börsenpreisfeststellung im Präsenzhandel**" vom 19. 12. 1995 die Regelungen in der Börsenordnung und den Börsenusancen betreffend die Feststellung des Börsenpreises ergänzt und präzisiert[50].

b) Preisbildung im elektronischen Handelssystem

17.47 Die auf den Präsenzhandel zugeschnittenen Regeln über die Feststellung des amtlichen Kurses passen nach Auffassung des Gesetzgebers nicht für die Preisfeststellung im elektronischen Börsenhandel[51]. Deshalb ist durch das 2. Finanzmarktförderungsgesetz mit § 2 BörsG eine eigenständige Vorschrift für den elektronischen Kassahandel geschaffen worden. Sie enthält jedoch **keine inhaltlichen Vorgaben für die Preisbildung** in einem elektronischen Handelssystem, wie sie die §§ 29 Abs. 3, 32 Abs. 2 BörsG für die amtlichen Preisfeststellung im Präsenzhandel bestimmt haben. Das Börsengesetz (§ 12 Abs. 2 S. 2) verweist vielmehr insoweit auf die Börsenordnung, die u.a. Bestimmungen wie die Bildung des Börsenpreises im elektronischen Handelssystems enthalten muß.

17.48 Mit dieser **Verweisungstechnik,** die die konkretisierende Regelung eines Sachverhaltes durch die Börsenordnung ermöglicht, hat der Gesetzgeber eine ähnliche Vorgehensweise gewählt, wie insbesondere bei der Einführung des Geregelten Marktes (§ 12 Abs. 1 BörsG)[52]. So entspricht der im Rahmen der untertägigen Auktion gegen 13.00 Uhr festgestellte Kurs in Xetra dem heutigen Kassakurs des Präsenzhandels.

---

50 Abgedruckt in *Kümpel/Ott,* Kapitalmarktrecht, Kz 443.
51 Begr. des RegE des 2. FFG, BT-Drucksache 12/6679, S. 69.
52 Begr. des RegE des 2. FFG, BT-Drucksache 12/6679, S. 70.

Der Börse wird damit ein Regelungsspielraum eingeräumt, der jedoch 17.49
durch die gesetzlichen Qualitätsanforderungen an den Börsenpreis beschränkt wird (§ 11 Abs. 1 S. 2, Abs. 2 BörsG). Auch im elektronischen Handelssystem muß also die **Chancengleichheit der Marktteilnehmer** im Börsenhandel sowie eine **hinreichende Transparenz und Überwachbarkeit der Preisbildung** gewährleistet sein. Die Preise im elektronischen Börsenhandel können deshalb den Preisen, die im Präsenzhandel von dem skontroführenden Kurs- oder Freimakler festgestellt werden, als gleichwertig angesehen werden[53]. Deshalb sind auch die durch die Kursmakler festgestellten Preise lediglich Unterfälle des Börsenpreises als umfassenden Oberbegriff[54]. Nach den Gesetzesmaterialien sollten alle Preise, die während der Börsenzeit in den gesetzlich vorgegebenen Marktsegmenten Amtlicher und Geregelter Markt nach den dort jeweils festgelegten Preisstellungsverfahren zustandekommen oder sich im elektronischen Börsenhandel bilden, die Qualifikation „Börsenpreis" erhalten[55]. Dasselbe gilt nach den Gesetzesmaterialien auch für die Preise des Freiverkehrs[56].

c) Transparenz der Preisbildung

Zum Anforderungsprofil eines ordnungsgemäßen Börsenpreises gehört 17.50
auch die Transparenz der Preisbildung[57], auf die die Anleger besonderen Wert legen[58]. Der börsenmäßige Wertpapierhandel soll deshalb insbesondere den Privatanlegern Gewähr für eine faire, transparente Preisbildung bieten[59].

Zu diesem Zweck hat der Gesetzgeber auch den Kreditinstituten als Marktintermediäre vorgeschrieben, die ihnen erteilten Effektenaufträge in börsennotierten Wertpapieren mangels anderweitiger Weisung der Effektenkunden nur über den Wertpapierhandel an der Börse auszuführen (§ 10 Abs. 1 BörsG). 17.51

Diese **besonders anlegerfreundlichen Börsenpreise** gelten für alle drei 17.52
Marktsegmente des Börsenhandels in Gestalt des öffentlich-rechtlich strukturierten Amtlichen und Geregelten Marktes sowie des privatrechtlich organisierten Freiverkehrs (§§ 29 Abs. 1, 72 Abs. 2 Nr. 4, 78 BörsG).

---

53 Begr. des RegE des 2. FFG, BT-Drucksache 12/6679, S. 70; *Schwark*, BörsG, Einl. 28.
54 *Beck*, WM 1998, 417, 425.
55 Begr. des RegE des 2. FFG, BT-Drucksache 12/6679, S. 70.
56 Begr. des RegE des 2. FFG, BT-Drucksache 12/6679, S. 70.
57 Begr. des RegE des 2. FFG, BT-Drucksache 12/6679, S. 70.
58 Begr. des RegE des 2. FFG, BT-Drucksache 12/6679, S. 33.
59 Begr. des RegE des 2. FFG, BT-Drucksache 12/6679, S. 69.

Im übrigen stellt § 12 BörsG klar, daß auch die Preise im elektronischen Handelssystem Börsenpreise sind.

17.53 Mit Rücksicht auf diese wesentlich stärkere Reglementierung und Überwachung der Feststellung von Börsenpreisen erscheint zumindest de lege ferenda die Preisfeststellung neben der Zentralisierung der Geschäftsabschlüsse als ein wesentliches, wenn nicht sogar als das entscheidende Begriffsmerkmal der Börse im eigentlichen Wortsinne. Damit wäre auch eine eindeutige Abgrenzung gegenüber börsenähnlichen Einrichtungen, insbesondere den sog. Proprietary trading systems (PTS) möglich, bei denen im Unterschied zu den deutschen Wertpapierbörsen der Eigentümer der Börseneinrichtungen sich nicht nur wie z.B. die Deutsche Börse AG in der Rolle eines Börsenträgers befindet, sondern auf die Ausgestaltung der zur Verfügung gestellten Handelssysteme Einfluß nimmt[60]. Diese „Eigentümer"börsen sind Handelssysteme, die von einem Wertpapierhändler oder einem anderen Initiator betrieben werden und die Voraussetzungen eines marktmäßigen Wertpapierhandels regelmäßig über ein Computer-Netzwerk gegen ein Entgelt zur Verfügung stellen, wie dies z.B. für Instinet gilt[61]. So befindet sich auch Instinet in der Rolle eines Marktveranstalters, wie es auf die Deutsche Börse zutrifft. Auch diese Eigentümerbörsen dienen der Zusammenführung von Angebot und Nachfrage, also der Zentralisierung von Geschäftsabschlüssen und erfüllen damit das bisherige wesentliche Begriffsmerkmal einer Wertpapierbörse.

V. Elektronischer Börsenhandel

17.54 Beim elektronischen Börsenhandel (**Computerbörse**) geben die Marktteilnehmer ihre verbindlichen Kauf- und Verkaufsangebote über Terminals in einen Zentralrechner, der deckungsgleiche Gebote zu Geschäftsabschlüssen zusammenführt (**sog. matchen**)[62]. Die Aufträge werden durch den Computer in erster Priorität nach dem Preisangebot zugeordnet. Bei Aufträgen mit gleichem Preis hat der zuerst eingegebene Auftrag Vorrang gegenüber später eingegebenen Aufträgen.

17.55 Das börsenmäßige Marktgeschehen in Gestalt der elektronischen Geschäftsabschlüsse vollzieht sich also in einem **Zentralcomputer**. Deshalb

---

60 In diesem Sinne auch *Beck*, WM 1998, 413, 419.
61 Zum Begriff der PTS vgl. *von Rosen*, ZGesKredW 1994, 1213 ff.; *Schwark*, WM 1997, 293, 299.
62 Der Ausdruck „Matching" findet sich auch in der Börsenordnung der Frankfurter Wertpapierbörse, abgedruckt in WM 1998, 465.

erfüllt auch der vollautomatische Börsenhandel das für den Börsenbegriff wesentliche Merkmal der „Zentralisierung" der Geschäftsabschlüsse. Denn für die Funktion der Börse als einer organisierten und geregelten Umsatzstelle ist es unwesentlich, ob die hierfür erforderlichen Willenserklärungen durch physisch anwesende Händler oder On-Line über die EDV in den Markt gegeben werden[63]. Wesentlich ist vielmehr, daß es dort zu Geschäftsabschlüssen kommt. An die Stelle der für die Präsenzbörse typischen „Orts"gebundenheit, tritt also beim elektronischen Börsenhandel eine „System"gebundenheit.

Im Ausland wurde das erste computergesteuerte Handelssystem im Jahr 1982 an der **Börse in Tokio** eingeführt[64]. Der Computer kann dort die Zuordnung von Kauf- und Verkaufsaufträgen, die auf dem Bildschirm in Gestalt eines elektronischen Orderbuches (Skontros) erscheinen, innerhalb bestimmter Grenzen vollständig übernehmen. Möglich ist auch die Zuordnung durch Knopfdruck der Saitori-Firmen; diese Wertpapierhandelsgesellschaften ermitteln Preise nach dem Meistausführungsprinzip des deutschen Einheitskurses. Die Saitoris dürfen jedoch weder Aufträge aus dem Publikum annehmen, noch wie die deutschen Kursmakler für eigene Rechnung handeln[65].   17.56

Im Inland ist die **Deutsche Terminbörse Anfang 1990** als eine **reine Computerbörse** eröffnet worden. Hier ist die Versammlung der Händler im Börsensaal, wie sie für die traditionelle Präsenzbörse typisch ist, durch ein überregionales „Börsenparkett" ersetzt. Die Marktteilnehmer kommunizieren aber mit dem Markt über Computerterminals. Aufträge werden automatisch vom System sortiert, gegenübergestellt und ausgeführt. Die Preise der abgeschlossenen Geschäfte werden im EDV-System der Terminbörse erfaßt. Diese Dokumentation erfolgt unter Aufsicht des Börsenvorstandes.   17.57

Die **Ausgestaltung** der Deutschen Terminbörse als Computerbörse wurde durch die Börsengesetznovelle 1989 ermöglicht. Das im Jahre 1896 in Kraft getretene Börsengesetz stellte entsprechend den damaligen Kommunikationsmöglichkeiten auf die physische Anwesenheit der Händler im Börsensaal ab. Bei der Novellierung des Börsengesetzes im Jahre 1984 wurde klargestellt, daß das Börsengesetz den neuen Kommunikationstechniken, die eine physische Präsenz der Händler nicht   17.58

---

63 *Kümpel*, WM 1988, 1621.
64 Das japanische Börsensystem, Schriftenreihe der Frankfurter Wertpapierbörse, Heft 10, Oktober 1982, S. 29; zu dem elektronischen Handelssystem an der Londoner Stock Exchange vgl. *Knabe*, Die Bank 1996, 140 ff.
65 *Bley*, Börsen der Welt, 1977, S. 364, 369; *Hopt/Rudolph/Baum*, Börsenreform, 1997, S. 347.

mehr erfordern, Rechnung tragen soll. Hierzu wurde eine Bestimmung eingefügt, wonach „zum Börsenhandel auch Geschäfte über zugelassene Gegenstände gehören, die durch Übermittlung von Willenserklärungen durch elektronische Datenübertragung börsenmäßig zustandekommen" (§ 7 Abs. 1 S. 2 BörsG).

1. IBIS-Handel

17.59 Gestützt auf die neugeschaffene Rechtslage konnte am 5. 4. 1991 der elektronische Wertpapierhandel an der Frankfurter Wertpapierbörse aufgenommen werden. Für diesen vollautomatisierten Handel wurde das seit 1989 bestehende IBIS-System in die Frankfurter Wertpapierbörse integriert und dabei von einem reinen Informationssystem zu einem Handelssystem fortentwickelt, das zwischen den angeschlossenen Marktteilnehmern automatisch Wertpapiergeschäfte zustandebringt[66]. Dieses IBIS-System wurde zwischenzeitlich als elektronisches Handelssystem auch an allen anderen Wertpapierbörsen integriert[67].

17.60 Im Zuge der Novellierung des Börsengesetzes durch das 2. Finanzmarktförderungsgesetz wurde der elektronische Wertpapierhandel auf eine ausgewogene rechtliche Grundlage gestellt[68] und damit rechtliche Unsicherheiten beseitigt.

17.61 Nach herrschender Auffassung konnte § 7 Abs. 1 S. 2 BörsG als ausreichende Rechtsgrundlage für den elektronischen IBIS-Handel angesehen werden. Andererseits erfolgt eine solche EDV-mäßige Übermittlung auch bei dem elektronischen **Order-Routing-System Boss-Cube** – Rn 10.52. Bei diesem System werden die Kundenaufträge auf EDV-mäßigem Wege an die Börsenmakler zwecks Ausführung weitergeleitet. Boss-Cube unterstützt also nur den Präsenzhandel, weil die Börsengeschäfte wie bisher durch Makler und nicht wie beim elektronischen Wertpapierhandel durch EDV-mäßiges Matching des Systems zustandegebracht werden. Es bestand deshalb die rechtliche Unsicherheit, ob § 7 Abs. 1 S. 2 BörsG dahingehend interpretiert werden konnte, daß diese Bestimmungen nicht nur den computerunterstützten Präsenzhandel, sondern auch den reinen elektronischen Wertpapierhandel (Computerhandel) ohne die traditionelle Maklertätigkeit gestatten sollte[69].

17.62 Das Börsengesetz enthält nunmehr Regelungen für den elektronischen Wertpapierhandel. Danach können Wertpapiere auch in einem elektronischen Handelssystem gehandelt werden, wenn eine der Börsen, an der

---

66 *Kümpel*, WM 1990, 45, 46; *ders.*, WM 1991, Sonderbeil. 4, 4.
67 *Kümpel*, WM 1992, 249 ff.; *Beck*, WM 1998, 417, 418.
68 Begr. des RegE des 2. FFG, BT-Drucksache 12/6679, S. 37.
69 Begr. des RegE des 2. FFG, BT-Drucksache 12/6679, 36; *Kümpel*, WM 1991, Sonderbeil. 4, 4; *Beck*, WM 1998, 417, 419.

diese Wertpapiere zum Handel zugelassen sind und in deren Börsenordnung das elektronische Handelssystem geregelt ist, dem elektronischen Handel zugestimmt hat (§ 12 Abs. 1 BörsG). In dieses Handelssystem können neben den Wertpapieren des Amtlichen und des Geregelten Marktes **auch die Wertpapiere des Freiverkehrs** gehandelt werden (§ 78 Abs. 2 S. 2 BörsG).

Die näheren Bestimmungen für den elektronischen Handel sind in der Börsenordnung zu treffen (§ 12 Abs. 2 S. 1 BörsG)[70]. Hierbei ist insbesondere die Bildung des Börsenpreises und die Einbeziehung von Wertpapieren in das elektronische Handelssystem zu regeln (§ 12 Abs. 1 S. 2 BörsG). 17.63

Mit der Regelung des elektronischen Handelssystems im Börsengesetz sollte auch klargestellt werden, daß solche Systeme zugleich an mehreren Börsen integriert werden können, wie dies auf den IBIS-Handel zutraf. 17.64

Für diese Integration ist nach der Novellierung des Börsengesetzes durch das 2. Finanzmarktförderungsgesetz die Zustimmung des Börsenrates erforderlich (§ 3 Abs. 2 S. 2 BörsG). Damit soll der Bedeutung der Einführung von technischen Handelssystemen Rechnung getragen werden. Ein solcher Zustimmungsbeschluß, der öffentlichrechtlichen Charakter hat, integriert das betreffende System, das entweder dem Träger der Börse oder einem Dritten gehört, in die öffentlich-rechtliche Börse[71]. 17.65

In der Begründung des Regierungsentwurfs des 2. Finanzmarktförderungsgesetzes ist ausdrücklich erwähnt worden, daß ein **elektronisches Handelssystem an mehreren Börsen zugelassen sein kann**[72]. Infolge dieser regionalen Verankerung kommt es zu einer Verknüpfung der Handelsaktivitäten der Mitglieder verschiedener Börsen[73]. Der Beschluß der Börsenfachminister vom 7. 10. 1991 über die Weiterentwicklung des Finanzplatzes Deutschland spricht daher von einer „Verknüpfung der Angebotspalette der einzelnen Regionalbörsen im Sinne eines Handelsverbundes"[74]. 17.66

Eine solche **regionale Verankerung** des elektronischen Handels bedeutet für die Praxis, daß dieser Handel rechtlich gesehen nicht nur in eine deutsche Wertpapierbörse, sondern in alle deutschen Wertpapierbörsen 17.67

---

70 Die den elektronischen Börsenhandel betreffenden Bestimmungen in der Börsenordnung der Frankfurter Wertpapierbörse sind anläßlich der Ablösung des IBIS-Handelssystems durch das neue XETRA-System überarbeitet worden. Der neue Wortlaut ist abgedruckt in WM 1994, 464 ff.
71 Begr. des RegE des 2. FFG, BT-Drucksache 12/6679, S. 63.
72 Begr. des RegE des 2. FFG, BT-Drucksache 12/6679, S. 69, 70.
73 Begr. des RegE des 2. FFG, BT-Drucksache 12/6679, S. 71.
74 *Kümpel*, WM 1992, 245, 249, 254.

integriert wird. Unvermeidbare Konsequenz dieser regionalen Verankerung ist, daß solche elektronisch getätigten Geschäfte im streng rechtlichen Sinne Börsengeschäfte nur insoweit sind, als sie zwischen **Mitgliedern derselben Börse** zustandekommen. Werden dagegen Geschäfte z.B. zwischen Mitgliedern der Frankfurter Wertpapierbörse und den Mitgliedern der Düsseldorfer Wertpapierbörse vom Zentralrechner des von allen Börsen gemeinsam genutzten Handelssystems zustandegebracht, so handelt es sich aus der Sicht des dezentralen Börsenwesens zwangsläufig um **außerbörsliche Geschäfte.** Im Interesse einer größtmöglichen Liquidität des elektronischen Wertpapierhandels und damit seiner Funktionsfähigkeit ist aber die Möglichkeit solcher platzüberschreitenden (überregionalen) Wertpapiergeschäfte erwünscht.

17.68 Eine rechtliche Problematik solcher überregionalen elektronischen Geschäfte liegt darin begründet, daß sich die staatliche Marktaufsicht über den Börsenhandel wesentlich auf die Mitwirkung der Börsenaufsichtsbehörden der Bundesländer stützt. Die „örtliche" Zuständigkeit der jeweiligen Börsenaufsichtsbehörde ist aber nach verwaltungsrechtlichen Grundsätzen auf die Geschäfte beschränkt, die „an" der Börse des jeweiligen Bundeslandes getätigt werden.

17.69 Mit der ausdrücklichen Erwähnung des früheren IBIS-Handels als einem an mehreren Börsen integrierten elektronischen Handelssystem in den Gesetzesmaterialien zum 2. Finanzmarktförderungsgesetz ist klargestellt worden, daß auch überregionale elektronische Geschäfte in vollem Umfang von der staatlichen Marktaufsicht erfaßt werden sollen. Entsprechend der heutigen Aufsichtspraxis ist es deshalb auch künftig möglich, daß die Aufsicht über den gesamten elektronischen Handel weitestmöglich bei der Börsenaufsichtsbehörde eines Bundeslandes konzentriert wird. Hierzu ist die nach Landesrecht zuständige Stelle ermächtigt worden, Aufgaben und Befugnisse der Börsenaufsichtsbehörde auf eine andere Behörde zu übertragen (§ 2 Abs. 1 BörsG).

2. Neues elektronisches Handelssystem XETRA

17.70 Im **November 1997** ist an der Frankfurter Wertpapierbörse das neue elektronische Handelssystem **XETRA** eingeführt worden. Zugleich wurde das **bisherige IBIS-System eingestellt,** um vor allem eine Zersplitterung der Liquidität im Börsenhandel mit ihren negativen Auswirkungen für die Ausführbarkeit vorliegender Aufträge und die Qualität der Börsenpreise zu vermeiden[75].

---
75 *Beck,* WM 1998, 417, 419; *Braue/Hille,* Die Bank 1997, 140 ff.

Im Vergleich zu dem IBIS-System ist XETRA eine wesentlich leistungsfähigere und komplexere Handelsplattform[76]. Dabei ist XETRA darauf ausgerichtet, die vielfältigen Handelsmöglichkeiten der Präsenzbörsen nachzubilden. Dieses neue Handelssystem verfolgt das Ziel, ein im europäischen Wettbewerb führendes elektronisches Handelssystem zu schaffen und damit die Wettbewerbsfähigkeit des Finanzplatzes Deutschland deutlich zu steigern. Durch die einheitliche Euro-Währung werden die traditionellen Heimatmärkte der Börsen in ihrer gegenwärtigen Form an Bedeutung verlieren[77]. In einer globalisierten Finanzwelt gehört die Zukunft entlokalisierten und entpersonalisierten elektronischen Handelssystemen, mit deren Hilfe die Marktteilnehmer schnell und preiswert rund um den Globus zu jeder Zeit Finanzprodukte handeln können. Sollen deshalb weitere in- und ausländische Anleger zu einer Marktteilnahme veranlaßt werden, erscheinen die Konzentrationen der gesamten Liquidität in einem zentralen Orderbuch und einem kostengünstigen dezentralen Marktzugang (remote membership) die entscheidenden Erfolgsfaktoren[78].

17.71

Bei Ablösung von IBIS durch XETRA gab es schon ca. 75 Handelsteilnehmer mit Sitz im Ausland[79]. Nach der Börsenordnung (BörsO) der Frankfurter Wertpapierbörse (§ 18 Abs. 3)[80] muß jeder Handelsteilnehmer, der unmittelbar über seinen Member Integration System Server (MISS) im Ausland am Handel an der Frankfurter Wertpapierbörse teilnimmt, soweit rechtlich zulässig, es ermöglichen, daß sämtliche im Ausland betriebenen Installationen (MISS, Eingabegeräte etc.) sowie die im Rahmen von deren Nutzung entfalteten Aktivitäten des Handelsteilnehmers einer Überprüfung nach Maßgabe der Börsenordnung und der Durchführungsbestimmungen[81] unterzogen werden können. Im übrigen hat der Handelsteilnehmer auf geeignete Weise dafür Sorge zu tragen, daß Zustellungsakte, soweit solche an sein Unternehmen oder an für das Unternehmen tätige Personen im Ausland zurichten sind, an einen Zustellungsbevollmächtigten in der Bundesrepublik Deutschland besorgt werden können (§ 18 Abs. 3 S. 2 BörsO).

17.72

---

76 Vgl. *Beck* WM 1998, 417, 418 Fn 4, wonach das abgelöste IBIS-System infolge seiner technischen Beschränkungen zuletzt nur ca. 120 Wertpapiergattungen ermöglichte.
77 *Braue/Hille,* Die Bank 1997, 146.
78 *Braue/Hille,* Die Bank 1997, 140, 141.
79 Deutsche Börse AG Reporter, Ausgabe November 1997.
80 Abgedruckt in WM 1998, 464.
81 „Durchführungsbestimmungen der Frankfurter Wertpapierbörse über technische Einrichtungen betreffend das elektronische Handelssystem XETRA" abgedruckt in WM 1998, 468 ff.

a) Frankfurt am Main als Börsensitz

17.73 Der Zentralrechner von XETRA, in dem die eingehenden Aufträge zu Geschäftsabschlüssen zusammengefügt (gematcht)[82] werden, befindet sich in Frankfurt am Main[83]. Der Ort dieses Matching ist nach herrschender Meinung auch maßgeblich für den Sitz der Börse und damit für die zuständige Börsenaufsichtsbehörde[84]. Ungeachtet der zunehmenden Elektronisierung des Wertpapierhandels läßt sich also die Zuständigkeit eines Bundeslandes begründen[85]. Dies dürfte wahrscheinlich auch dann gelten, wenn durch die Verlagerung des Wertpapierhandels auf neue, noch unbekannte Medien der Fall eintreten könnte, daß sich der Sitz einer Börse als Marktveranstalter nicht mehr lokalisieren läßt. Hier könnte an den Sitz des Börsenträgers angeknüpft werden. Eine solche Zuständigkeit dürfte aufgrund der Ortsnähe zu den Organen der Börsenträger und den sich hieraus ergebenden Synergieeffekten im Interesse einer effizienten Verwaltung liegen[86].

17.74 Von dem zuständigkeitsbegründenden Zentralrechner von Xetra ist das **börsliche Netzwerk** zu unterscheiden, das die Handelsteilnehmer mit der Börse als Marktveranstalter verbindet. Dieses Netzwerk des elektronischen Handelssystems erstreckt sich über das gesamte Bundesgebiet und reicht bis ins Ausland[87]. Es umfaßt die Gesamtheit aller im einzelnen Netz-Werk-Knoten zusammengefaßten Hardware-Elemente sowie alle für die Verbindung dieser Knoten notwendigen Komponenten (Übertragungsleitungen zur Telekommunikation etc.), die die technische Basis für die Durchführung des Handels im elektronischen Handelssystem schaffen. Dieses Netzwerk ist sternförmig aufgebaut und beinhaltet als Netzwerk-Knoten im einzelnen die zentralen Host-Rechner (Backends), die Access-Points sowie die Teilnahmehandelssysteme. Im übrigen umfaßt das EDV-System der Börse neben diesem Netzwerk auch die lauffähig installierte Börsenanwendung.

17.75 Diese Umschreibung des Netzwerkes enthält § 1 der „Durchführungsbestimmungen der Frankfurter Wertpapierbörse über technische Einrichtungen betreffend das elektronische Handelssystem"[88]. Diese Bestimmungen, durch die die technische

---

82 Vgl. § 42a Börsenordnung der Frankfurter Wertpapierbörse, abgedruckt in WM 1998, 465.
83 *Beck*, WM 1998, 417, 423.
84 *Kurth*, ZGesKredW 1998, 618, 622; *Dreyling*, WM 1990, 1529; *Beck*, WM 1998, 417, 423.
85 *Kurth*, ZGesKredW 1998, 618, 622.
86 *Kurth*, ZGesKredW 1998, 618, 622.
87 *Beck*, WM 1998, 417, 423.
88 Abgedruckt in WM 1998, 468 ff.

Anbindung der einzelnen Handelsteilnehmer an das XETRA-System geregelt wird, stellt eine Allgemeinverfügung nach § 35 S. 2, 1. Alt. HessVwVfG dar[89].

Im Unterschied zum IBIS-System endet der Verantwortungs- und Zuständigkeitsbereich der Börse also nicht am Netzausgang des Zentralrechners, sondern des umfassenden Netzwerks, damit die Handelsteilnehmer eine homogene Netzwerktechnologie nutzen können. Dagegen obliegt die Verantwortung für die Funktionsfähigkeit des Teilnehmerhandelssystems, wie es in § 1 Abs. 3 der Durchführungsbestimmung umschrieben ist, bei dem jeweiligen Handelsteilnehmer[90].

17.76

b) Keine Integration in die anderen Regionalbörsen

Im Unterschied zu IBIS ist Xetra lediglich in die Frankfurter Wertpapierbörse integriert. Für eine zumindest rechtliche Einbindung der anderen Börsen, wie es bei IBIS geschehen ist, wird kein zwingendes Bedürfnis gesehen[91]. Die Notwendigkeit einer solchen Regionalisierung von Xetra ist durch § 7a Abs. 1 BörsG entfallen, der durch das Zweite Finanzmarktförderungsgesetz eingefügt worden ist. Darin ist ausdrücklich bestimmt worden, daß für die Teilnahme eines Unternehmens am Börsenhandel in einem elektronischen Handelssystem an einer Wertpapierbörse die Zulassung dieses Unternehmens an einer anderen Wertpapierbörse genügt, wenn die Börsenordnung der Wertpapierbörse, an der dieses Unternehmen zur Teilnahme am Handel zugelassen ist, dies vorsieht und das Unternehmen das Regelwerk für das elektronische Handelssystem anerkennt[92]. Da die **Zulassungsbedingungen** für die Teilnahme am Börsenhandel **an allen deutschen Börsen gleich** sind, ist nach den Gesetzesmaterialien ein Standard gewährleistet, der ein weiteres Zulassungsverfahren bei der Teilnahme an einem elektronischen Handelssystem einer anderen inländischen Börse als nicht erforderlich erscheinen läßt[93]. Zur gesetzlich vorgeschriebenen Anerkennung des Regelwerks der systembetreibenden Börse gehört nach den Gesetzesmaterialien auch, daß der Handelsteilnehmer insbesondere erforderliche Anschlußverträge mit dem privatrechtlich tätigen Systembetreiber abschließt[94].

17.77

---

89 *Beck*, WM 1998, 417, 425.
90 *Beck*, WM 1998, 417, 425.
91 *Beck*, WM 1998, 417, 421 ff.
92 *Kurth*, ZGesKredW 1998, 553, 554; *Köndgen/Mues*, WM 1998, 53, 55; *Beck*, WM 1998, 417, 422.
93 Begr. des RegE des 2. FFG, BT-Drucksache 12/6679, 67.
94 Begr. des RegE des 2. FFG, BT-Drucksache 12/6679, 67.

17.78 Die Einzelheiten der Nutzung des Xetra-Systems insbesondere die Entgelte werden in einem mit der Deutsche Börse AG als Börsenträger zu schließendem Anschlußvertrag geregelt, der sich an den bisherigen IBIS-Anschlußvertrag anlehnt. Dagegen wird von den Mitgliedsunternehmen anderer deutscher Börsen keine zusätzliche Zulassung zur Frankfurter Wertpapierbörse verlangt, wenn sie deren Xetra-System nutzen möchten[95].

c) Kein rechtliches Bedürfnis für eine Regionalisierung

17.79 Für eine Integration von Xetra in die anderen Börsen fehlt es im Unterschied zum IBIS-System an einem rechtlichen Bedürfnis. Insbesondere brauchen die an den anderen Börsen bestellten Kursmakler die Xetra-Marktlage nicht als Teil der Geschäftslage an ihrer Börse zu berücksichtigen[96]. Verfügt eine Börse über kein elektronisches Handelssystem, kann maßgeblich für die gemäß § 29 Abs. 3 S. 1 BörsG zu berücksichtigende Geschäftslage nur ihr Präsenzhandel sein. Selbst bei einer parallelen Veranstaltung von Präsenzhandel und elektronischem Handel an einer Börse besteht für deren Kursmakler keine Verpflichtung, die Auftragslage im elektronischen Handel bei der Preisfeststellung zu berücksichtigen. Denn Präsenzhandel und elektronischer Handel bilden insoweit zwei selbständige Handelsplattformen, bei denen unabhängig voneinander Börsenpreise im Sinne des § 11 Abs. 1 BörsG zustandekommen[97].

17.80 Für eine Regionalisierung von XETRA besteht auch kein Bedürfnis unter aufsichtsrechtlicher Sicht[98]. Die hessische Börsenaufsichtsbehörde sowie die Geschäftsführung und Handelsüberwachungsstelle als Organe der Frankfurter Wertpapierbörse können ihre hoheitlichen Entscheidungsbefugnisse auch mit Wirksamkeit gegenüber Handelsteilnehmern im gesamten Bundesgebiet und damit außerhalb von Hessen ausüben.

17.81 Die hoheitlichen (aufsichtsrechtlichen) Anordnungen der hessischen Börsenaufsicht sowie der Börsenorgane gegen außerhalb Hessens ansässigen Handelsteilnehmer erfolgen auf der Grundlage des Börsengesetzes und damit im Vollzug von Bundesrecht. Nach dem Bundesverfassungsgericht beschränkt sich zwar die Ver-

---

95 *Beck*, WM 1998, 417, 422.
96 *Beck*, WM 1998, 417, 422; a.A. die Stellungnahme des Bundesrates im Gesetzgebungsverfahren zum dritten Finanzmarktförderungsgesetz (BR-Drucksache 605/97, S. 5 ff.).
97 *Beck*, WM 1998, 417, 422; *Schwark*, WM 1997, 293, 297.
98 *Beck*, WM 1998, 417, 423; a.A. die Stellungnahme des Bundesrates im Gesetzgebungsverfahren zum dritten Finanzmarktförderungsgesetz, BR-Drucksache 605/97, S. 6.

waltungshoheit eines Bundeslandes grundsätzlich auf sein eigenes Gebiet. Es liegt aber im Wesen des landeseigenen Vollzugs von Bundesgesetzen, daß der zum Vollzug eines Bundesgesetzes ergangene Verwaltungsakt eines Landes grundsätzlich im ganzen Bundesgebiet Geltung hat[99]. Hier liegen **überregional wirkende Verwaltungsakte** vor[100]. Dasselbe gilt, wenn der Geltungsbereich des Verwaltungsaktes aufgrund eines dem Börsengesetz nachgeordneten Rechts, etwa dem mit der Börsenordnung geschaffenen Satzungsrecht erlassen worden ist. Denn auch dieses nachgeordnete Recht dient allein der Durchführung des Börsengesetzes und damit dem Vollzug von Bundesrecht[101]. Diese bundesweite Geltungskraft börsenaufsichtsrechtlicher Anordnungen bedeutet freilich nicht, daß diese Verwaltungsakte von dem erlassenden Verwaltungsträger in einem anderen Bundesland nicht durchgesetzt werden können. So dürfte die hessische Börsenaufsichtsbehörde die Büroräume einer zum Börsenhandel an der Frankfurter Börse zugelassenen Bank mit Sitz in München nicht durchsuchen lassen, um z.B. Unregelmäßigkeiten im Wertpapierhandel aufzudecken[102]. Hier müßte von der hessischen Börsenaufsichtsbehörde eine Amtshilfe nach Art. 35 GG in Anspruch genommen werden, wonach sich alle Behörden des Bundes und der Länder gegenseitig Rechts- und Amtshilfe leisten[103].

d) Bereitstellung zusätzlicher Marktliquidität durch sog. Betreuer

Zur Steigerung der Liquidität des Marktes beauftragt die Frankfurter Wertpapierbörse sog. Betreuer. Bei diesen Handelsteilnehmern handelt es sich der Sache nach um sog. **Market Maker,** die sich zu Geschäftsabschlüssen auf Basis ihrer Geld- und Briefkurse verpflichten müssen[104]. Hierdurch sollen entsprechend dem Vorbild der Betreuer am Neuen Markt der Frankfurter Wertpapierbörse[105] vor allem die Liquidität in mittleren und kleineren Wertpapiergattungen gesteigert und die Preisqualität durch das Stellen möglichst enger Spannen für die **Kaufgebote (Geldkurse)** und **Verkaufsgebote (Briefkurse)** verbessert werden[106]. Die Betreuer haben im Rahmen der übernommenen Marktfunktion die von der Geschäftsführung der Wertpapierbörse festgelegten Qualitätsanforderungen zu beachten. Dies gilt insbesondere für die Einhaltung des Mindestquotierungsvo-

17.82

---

99 BVerfGE 11, 6, 19; *Kurth,* ZGesKredW 1998, 553, 555, 618, 622; *Dreyling,* WM 1990, 1529; a.A. *Samm,* WM 1990, 1265 ff.
100 *Kurth,* ZGesKredW 1998, 618, 620 m.w.Nachw.
101 *Kurth,* ZGesKredW 1998, 618, 620.
102 *Dreyling,* WM 1990, 1529.
103 *Kurth,* ZGesKredW 1998, 618, 623.
104 *Beck,* WM 1998, 417, 430. Zum Begriff des Market Maker vgl. *Franke* in Assmann/Schütze, Handbuch des Kapitalanlagerechts, § 2 Rn 120.
105 Vgl. hierzu *Potthoff/Stuhlfauth,* WM 1997, Sonderbeil. Nr. 3, 12; *Hansen,* AG 1997, R 166.
106 *Braue/Hille,* Die Bank 1997, 140, 145.

lumens auf der Nachfrage- und Angebotsseite, der maximalen Preisspanne (Spread) zwischen ihren Geld- und Briefkursen, der Mindesteinstelldauer ihrer Kurse (Quotes) im elektronischen Handelssystem und der maximalen Antwortzeit auf Anfragen nach Geld- und Briefkursen. Die Betreuer erhalten für ihre Handelsaktivitäten eine Vergütung von der Wertpapierbörse.

3. Preise im elektronischen Handelssystem als Börsenpreise

17.83 Die börsenmäßigen elektronischen Handelssysteme erfüllen nicht nur das für den Börsenbegriff wesentliche Merkmal „Zentralisierung der Geschäftsabschlüsse". Die dort vereinbarten Preise sind auch Börsenpreise im börsengesetzlichen Sinne, wie sie zumindest de lege ferenda das zweite wesentliche Begriffsmerkmal für den Börsenbegriff sein könnten. Dabei kommen die Börsenpreise im elektronischen Wertpapierhandel unabhängig von den im Präsenzhandel festgestellten Preisen zustande[107]. Denn das elektronische Handelssystem ist eine **eigenständige Handelsplattform neben dem Präsenzhandel.** In beiden Handelsplattformen bilden sich deshalb nach den vorgegebenen Regelungen eigenständige Börsenpreise[108]. Der im Präsenzhandel tätige Kursmakler braucht deshalb bei der Ermittlung des marktgerechten Kurses an der Börse gemäß § 29 Abs. 3 BörsG auch nicht die Auftragslage im elektronischen Handel zu berücksichtigen[109]. Dabei ähnelt die Art der Preisermittlung im sog. Auktionsverfahren des elektronischen Handels dem Verfahren der Feststellung des Einheitskurses durch den skontroführenden Makler im Präsenzhandel[110].

VI. Anwendbarkeit des Börsengesetzes auf den Börsenterminhandel

17.84 Das Börsengesetz, insbesondere seine organisationsrechtlichen Normen für die Börse als Träger der Marktveranstaltungen sind auch auf den Börsenterminhandel (§§ 50 ff. BörsG) anwendbar. Bei den **Börsentermingeschäften** handelt es sich um **besonders risikoreiche Zeitgeschäfte.** Die nicht-termingeschäftsfähigen Anleger sind deshalb durch den sog. Termineinwand geschützt, soweit sie nicht über die Risiken dieser Geschäfte gemäß den gesetzlichen Vorgaben schriftlich aufgeklärt worden sind.

---

107 *Schwark*, WM 1997, 293, 297; *Beck*, WM 1998, 417, 422.
108 *Beck*, WM 1998, 417, 426.
109 *Beck*, WM 1998, 417, 422, 425.
110 *Beck*, WM 1998, 417, 422, 427.

1. Abschnitt: Grundlagen

Dieser Börsenterminhandel ist mit Rücksicht auf seinen spezifischen Geschäftszweck und der besonderen Reglementierung vom Kassahandel zu unterscheiden, der der Anschaffung und Veräußerung von Kapitalmarktpapieren in Gestalt der Aktien und Schuldverschreibungen dient. Ungeachtet dessen besteht aber in der Praxis eine Wechselbeziehung zwischen Kassahandel und Börsenterminhandel.   17.85

Wie das Beispiel der Frankfurter Wertpapierbörse zeigt, können Kassahandel und Börsenterminhandel an derselben Börse stattfinden. Dabei steht der kassamäßige Wertpapierhandel ganz im Vordergrund. Aus der Bezeichnung „Wertpapier"börse, wie sie auch die Frankfurter Börse verwendet, darf also nicht der unzutreffende Schluß gezogen werden, daß an solchen schwerpunktmäßig zum Kapitalmarkt gehörenden Börsen keinerlei Börsenterminhandel stattfindet. So haben die deutschen Wertpapierbörsen im Jahre 1970 den Terminhandel in Wertpapieren nach fast 40jähriger Unterbrechung wieder aufgenommen. Dabei wurde mit dem weniger risikoreichen Optionshandel auf der Basis von Aktien begonnen, um praktische Erfahrungen für diesen Neuanfang zu sammeln.   17.86

Der Handel in diesen unverbrieften Optionen ist gegenüber dem herkömmlichen „Fest"geschäft (**Financial Future**) insoweit weniger risikoreich, als der Optionskäufer die erworbene Option bei einer für ihn ungünstigen Marktentwicklung nicht auszuüben braucht. Ein betragsmäßig unbegrenztes Risiko trifft nur den Verkäufer der Option als Stillhalter. Dieses Risiko wird dagegen beim Financial Futures stets von beiden Kontrahenten eingegangen.   17.87

Dieser Optionshandel beschränkt sich heute auf variabel gehandelte Aktien des Amtlichen Marktes, soweit dieser nicht Gegenstand des Terminhandels an der Eurex Deutschland ist. Diese Form des Terminhandels an den Wertpapierbörsen konzentriert sich mittlerweile auf die Frankfurter Wertpapierbörse.   17.88

Dagegen werden an der Eurex Deutschland, die Anfang 1990 unter der Bezeichnung „Deutsche Terminbörse (DTB)" errichtet worden ist, ausschließlich Börsentermingeschäfte getätigt. Hierbei handelt es sich um eine vom Land Hessen genehmigte Börse, die ihren Teilnehmern den dezentralen Zugang aus anderen Bundesländern und dem Ausland ermöglicht. Solche ausschließlich auf den Börsenterminhandel konzentrierten, börsenmäßig organisierten Marktveranstaltungen werden auch im Ausland zur sprachlichen Abgrenzung von den Wertpapierbörsen als „Termin"börsen bezeichnet.   17.89

2. Abschnitt
Rechtliche Organisationsstruktur der Börse als Marktveranstalter

17.90 Die Börse als Veranstalter des börsenmäßigen Wertpapierhandels hat nach herrschender Meinung eine **öffentlich-rechtliche Organisationsstruktur**[111]. Auch die Gesetzesmaterialien zum zweiten Finanzmarktförderungsgesetz sprechen von der „öffentlich-rechtlichen" Börse[112].

17.91 Mit dieser öffentlich-rechtlichen Struktur der Börsenorganisation ist durchaus vereinbar, daß die Wertpapiergeschäfte, welche die Handelsteilnehmer an der Börse tätigen, privatrechtlicher Natur sind. Auch die Vermittlung der Geschäftsabschlüsse durch die zuständigen (skontroführenden) Börsenmakler unterliegt den allgemeinen privatrechtlichen Maklerbestimmungen des HGB (§§ 93 ff.)[113]. Die Börse als organisierter und reglementierter Handelsplatz dient zwar vorrangig letztlich der im öffentlichen Interesse liegenden Funktionsfähigkeit des Kapitalmarktes. Dieser volkswirtschaftliche Zweck schließt aber die Ermöglichung privatrechtlicher Geschäftsabschlüsse zwischen den Marktteilnehmern mit ein. § 1 der Börsenordnung der Frankfurter Wertpapierbörse umschreibt diese Aufgabe der Börse wie folgt:

17.92 „Die Frankfurter Wertpapierbörse dient dem Abschluß von Handelsgeschäften in Wertpapieren und ihnen gleichstehenden Rechten im Sinne des § 2 Abs. 1 und 2 des Wertpapierhandelsgesetzes, Zahlungsmittel aller Art, Rechnungseinheiten und Edelmetallen. Dieser Abschluß kann auch über ein elektronisches Handelssystem der Börse erfolgen[114]."

17.93 Diese privatwirtschaftliche Funktion der Börse ist jedoch allein nicht ausreichend, auf eine privatrechtliche Rechtsnatur der Börse als Veranstalter des börsenmäßigen Wertpapierhandels zu schließen[115].

---

111 *Schwark*, BörsG, § 1 Rn 16; *Huber*, Wirtschaftsverwaltungsrecht, 2. Aufl., 1953, S. 618; *Peterhoff* in Schäfer (Hrsg.), Wertpapierhandelsgesetz, Börsengesetz, Verkaufsprospektgesetz, 1999, S. 452.
112 Beschlußempfehlung und Bericht des Finanzausschusses BT-Drucksache 12/7918, S. 101; Begr. des RegE des 2. FFG, BT-Drucksache 12/6679, S. 63.
113 *Schwark*, BörsG, § 1 Rn 16; *Huber*, Wirtschaftsverwaltungsrecht, 2. Aufl., 1953, S. 618.
114 Abgedruckt in WM 1995, S. 1645 und in *Kümpel/Ott*, Kapitalmarktrecht, Kz 438.
115 *Schwark*, BörsG, § 1 Rn 16; *Claussen/Hoffmann*, ZBB 1995, 68, 71.

2. Abschnitt: Rechtliche Organisationsstruktur der Börse als Marktveranstalter

Wenn die herrschende Meinung der Börse eine öffentlich-rechtliche Organisationsstruktur zumißt, so bezieht sich dies also auf den organisatorischen Rahmen für die privatrechtlichen Handels- und Vermittlungstätigkeiten[116]. Aber auch diese rechtliche Einstufung des öffentlich-rechtlichen Organisationsrahmens ist keineswegs selbstverständlich[117]. Denn der Staat betraut nicht selten natürliche oder juristische Personen des Privatrechts mit der Wahrnehmung öffentlicher Aufgaben[118]. Deshalb können Träger öffentlicher Verwaltung auch Privatrechtssubjekte sein, denen die Zuständigkeit eingeräumt ist, bestimmte einzelne hoheitliche Kompetenzen im eigenen Namen wahrzunehmen (Beliehene). 17.94

Es sprechen jedoch eine Vielzahl schwerwiegender Gründe **gegen eine privatrechtliche Organisationsstruktur** der Börse als Marktveranstalter. Zum einen ist das Betreiben eines börsenmäßig organisierten Wertpapierhandels eine staatliche Aufgabe mit überragender volkswirtschaftlicher Bedeutung. Zum anderen sind die Rechtsbeziehungen der Börse zu den Emittenten und den Handelsteilnehmern als ihren Benutzern nach geltendem Recht aus vielfältigen Gründen öffentlich-rechtlich ausgestaltet. 17.95

I. Börsenveranstaltungen als staatliche Aufgabe

Ein starkes Indiz für die öffentlich-rechtliche Organisationsstruktur der Börsen ist das überragende öffentliche Interesse an einem börsenmäßig organisierten Wertpapierhandel[119]. Ein solches öffentliches Interesse läßt diese Marktveranstaltungen zu einer staatlichen Aufgabe werden. Die **Wahrnehmung dieser Aufgaben** obliegt regelmäßig der **öffentlichen Verwaltung,** unter der die organisierte Verwaltung solcher öffentlicher Angelegenheiten zu verstehen ist[120]. Das öffentliche Interesse an börsenmäßig organisierten Börsen hat vielfältige Gründe. Sie decken sich weitgehend mit den Regelungszielen des Kapitalmarktrechts (Rn 8.173 ff.). Die Existenz eines börsenmäßig organisierten Wertpapierhandels ist unverzichtbar für die Funktionsfähigkeit des Kapitalmarktes, der wiederum zur Deckung der verschiedenen Finanzierungsbedürfnisse benötigt wird. So sind auf einen effizienten Kapitalmarkt, dessen Fundament insbesondere 17.96

---
116 *Olenhusen,* Börsen und Kartellrecht, 1983, S. 60.
117 *Olenhusen,* Börsen und Kartellrecht, 1983, S. 54.
118 *Olenhusen,* Börsen und Kartellrecht, 1983, S. 59.
119 Auch nach *Schwark* ist die Rechtsnatur der Börse von ihren Aufgaben und ihrer normativen Ausgestaltung abzuleiten (BörsG, § 1 Rn 15). Vgl. weiter *Göppert,* Das Recht der Börsen, 1932, S. 75, 89, 90.
120 *Wolff/Bachof/Stober,* Verwaltungsrecht I, 10. Aufl., 1994, § 2 Rn 13, 16.

vom börsenmäßig organisierten Wertpapierhandel gebildet wird, nicht nur die kapitalmarktgeeigneten Unternehmen angewiesen. Auch die öffentlichen Hände sind an effizienten Kapitalmärkten stark interessiert, um ihre Finanzierungsbedürfnisse durch breit gestreute Emissionen von Anleihen befriedigen zu können. Im übrigen dient zunehmend der Erwerb von Aktien und Schuldverschreibungen am Kapitalmarkt den verschiedenen Formen der privaten Altersversorgung als Alternative zur staatlichen Sozialversicherung. Schließlich gewährleistet der börsenmäßig organisierte Wertpapierhandel eine transparente, staatlich geregelte und überwachte Preisbildung, die ein herausragendes Qualitätsmerkmal für einen Wertpapiermarkt darstellt, der sich auch im internationalen Wettbewerb behaupten will[121].

17.97 Bei den **Börsen** handelt es sich nach alledem um **Einrichtungen von großer gesamtwirtschaftlicher Bedeutung**[122]. Angesichts dessen erschöpft sich das öffentliche Interesse an einem ordnungsmäßigen und funktionsfähigen Börsenwesen nicht nur in der Reglementierung und Beaufsichtigung des börsenmäßig organisierten Wertpapierhandels zwecks Verhütung von Mißbräuchen. Der Staat ist vielmehr auch an der Existenz eines solchen Wertpapierhandels interessiert. Insoweit ergibt sich ein deutlicher Unterschied zum Bankwesen. Hier beschränkt sich das öffentliche Interesse darauf, die Funktionsfähigkeit der Kreditwirtschaft und des einzelnen Kreditinstitutes durch die Struktur- und Ordnungsvorschriften des Kreditwesengesetzes und der dort mitgeregelten staatlichen Aufsicht zu gewährleisten[123]. Dagegen besteht beim Börsenwesen das Interesse des Staates darüberhinaus an der regelmäßigen Veranstaltung solcher börsenmäßig organisierten Wertpapiermärkte mit ordnungsmäßiger und transparenter Preisbildung[124]. Der Fortbestand des Börsenhandels als institutioneller Veranstaltung liegt also auch im öffentlichen Interesse[125].

17.98 Mit Rücksicht auf das öffentliche Interesse an der Existenz eines börsenmäßig organisierten Wertpapierhandels soll die Veranstaltung eines solchen Marktes mit ordnungsgemäßen, transparenten und staatlich über-

---

121 Begr. des RegE des 2. FFG, BT-Drucksache 12/6679, S. 69; vgl. weiter *Olenhusen* zur Feststellung der Börsenpreise als Indiz für die Wahrnehmung einer öffentlichen Aufgabe (Börsen und Kartellrecht, 1983, S. 58 ff.).
122 Begr. des RegE des 2. FFG, BT-Drucksache 12/6679, S. 63.
123 BGH WM 1979, S. 482, 483; *Bähre/Schneider*, KWG, S. 50/51; *Olenhusen*, Börsen und Kartellrecht, 1983, S. 59.
124 *Wiede*, Die Börse als verwaltungsrechtliches Problem und Rechtsinstitut, Kölner Diss. 1965, 136.
125 *Göppert*, Das Recht der Börsen, 1932, S. 75, 89; *Samm*, Börsenrecht, 1978, S. 49.

wachten Preisen nicht Privatunternehmen überlassen bleiben, sondern Institutionen übertragen werden, die in den Bereich öffentlich-rechtlicher Organisation eingegliedert sind[126].

II. Weitere Gründe für die öffentlich-rechtliche Organisationsstruktur

Die öffentlich-rechtliche Organisationsstruktur der Börse läßt sich nicht nur aus dem überragenden öffentlichen Interesse an ihrer Existenz ableiten. Hierfür spricht vielmehr auch die öffentlich-rechtliche Ausgestaltung der Rechtsbeziehungen der Börse zu den Handelsteilnehmern und Emittenten als ihren Benutzern, wie sie durch das Börsengesetz erfolgt ist[127]. Denn die zu beurteilenden Lebenssachverhalte haben öffentlich-rechtlichen Charakter, wenn die sie regelnden Rechtssätze zum öffentlichen Recht gehören[128]. Solche öffentlich-rechtlichen Rechtssätze sind nach der im Schrifttum vorherrschenden Subjekt- oder Zuordnungstheorie[129] solche Normen, die Rechte und Pflichten begründen, die nur dem Staat oder anderen Trägern hoheitliche Gewalt zugeordnet werden können[130].

17.99

Aus dieser verwaltungsrechtlichen Sicht hat die **Organisationsstruktur der Börse eine öffentlich-rechtliche Rechtsnatur.** Die Bestimmungen des Börsengesetzes, das die maßgeblichen Organisationsnormen für die Börse als Marktveranstalter enthält, haben einen öffentlich-rechtlichen Charakter. Dies gilt insbesondere für die Rechte und Pflichten der Börsenorgane gegenüber den Handelsteilnehmern und den Emittenten. Beispiele hierfür bieten insbesondere die Rechtsetzungsbefugnis der Börse zum Erlaß einer Börsen- und Gebührenordnung mit Satzungscharakter, die Befugnis zum Erlaß einseitiger Verwaltungsakte sowie die Amtspflichten der Börsenorgane, bei deren schuldhafter Verletzung eine Staatshaftung des Sitzlandes der Börse begründet wird.

17.100

---

126 *Olenhusen*, Börsen und Kartellrecht, 1983, S. 54 m.w.Nachw.
127 Auch nach *Schwark* ist die Rechtsnatur der Börse als Marktveranstalter aus ihrer normativen Ausgestaltung abgeleitet worden (BörsG, § 1 Rn 15).
128 Vgl. *Maurer*, Allgemeines Verwaltungsrecht, 12. Aufl., 1999, § 3 Rn 21.
129 *Maurer*, Allgemeines Verwaltungsrecht, 12. Aufl., 1999, § 3 Rn 17 ff.; *Badura/Ehlers*, Allgemeines Verwaltungsrecht, 11. Aufl., 1998, § 2 Rn 14.
130 Hierzu ausführlicher *Kümpel* in Kümpel/Ott, Kapitalmarktrecht, Kz 060, S. 16 ff.

1. Verleihung autonomer Rechtsetzungsbefugnis

17.101 Im Interesse größtmöglicher Flexibilität ist der Börse eine autonome Rechtsetzungsbefugnis verliehen worden, um die erforderliche Reglementierung an Stelle des schwerfälligeren staatlichen Gesetzgebungsverfahrens vornehmen zu können. Diese Rechtsetzungsbefugnis wird insbesondere durch Erlaß der Börsenordnung ausgeübt.

17.102 Die **Börsenordnung** ist nach h. M. als **öffentlich-rechtliche Satzung** zu qualifizieren, mit der Gesetze im materiellen Sinne geschaffen werden[131].

17.103 Das Bundesverfassungsgericht definiert solche Satzungen als Rechtsvorschriften, die von einer dem Staat eingeordneten Institution des öffentlichen Rechts im Rahmen der ihr gesetzlich verliehenen Autonomie mit Rechtswirkung für den vom Tätigkeitsbereich dieser Institution erfaßten Personenkreis erlassen werden[132].

17.104 Im Zuge der Novellierung des Börsengesetzes durch das zweite Finanzmarktförderungsgesetz hat der Gesetzgeber diesen Satzungscharakter der Börsenordnung klargestellt[133]. Hierzu bestimmt § 4 Abs. 1 S. 1 BörsG, daß der Börsenrat die Börsenordnung als „Satzung" erläßt. Die Börsenordnung bedarf der **Genehmigung der Aufsichtsbehörde** (§ 4 Abs. 4 BörsG). Durch diesen staatlichen Genehmigungsvorbehalt wird aber der Charakter der Satzungsbestimmungen als autonome Rechtsvorschriften nicht berührt. Die Genehmigung ist nur eine Wirksamkeitsvoraussetzung und Grenze für die Betätigung der Autonomie[134]. Der Erlaß der Börsenordnung ist wegen ihrer Rechtsnatur als öffentlich-rechtliche Satzung keine (Selbst-)Verwaltungsmaßnahme, sondern ein **Rechtsetzungsakt**[135]. Die Befugnis zu dieser Rechtssetzung muß daher der Börse durch förmliches Gesetz ausdrücklich verliehen werden[136]. Dies ist durch § 3 Abs. 2 Nr. 1 BörsG geschehen. Die Autonomie im Sinne einer Rechtsetzungsbefugnis ist weder originär noch im Selbstverwaltungsrecht enthalten.

17.105 Der **Autonomiebegriff** hat in der Rechtssprache eine doppelte **Bedeutung.** Im bürgerlichen Recht – hier genauer als Privatautonomie bezeichnet – versteht man

---

131 BVerfGE 10, 20, 50; 33, 125, 156.
132 NJW 1972, 1506 = BVerfGE 33, 125, 156; NJW 1959, 1533 = BVerfGE 10, 20, 50.
133 Begr. des RegE des 2. FFG BT-Drucksache 12/6679, S. 64.
134 *Erichsen/Martens/Ossenbühl*, Allgemeines Verwaltungsrecht, 11. Aufl., 1998, S. 109 m.w.Nachw.
135 *Kümpel*, WM 1988, 1621, 1623.
136 BVerwGE 6, 249, 259 m.w.N.; *Erichsen/Martens/Ossenbühl*, Allgemeines Verwaltungsrecht, 11. Aufl., 1998, S. 106.

2. Abschnitt: Rechtliche Organisationsstruktur der Börse als Marktveranstalter

hierunter die Fähigkeit zu rechtlich relevantem Handeln. Die Autonomie im öffentlich-rechtlichen Sinne ist dagegen die Fähigkeit, verbindliche Sätze objektiven Rechts zu schaffen[137].

Die Verleihung der Rechtsetzung an einen Autonomieträger wie die Wertpapierbörsen kann nach übereinstimmender Auffassung der Rechtsprechung und Literatur grundsätzlich generell erfolgen[138]. Es genügt „die pauschale Einräumung einer Rechtsetzungsmacht für alle eigenen Angelegenheiten des selbständigen Verwaltungsträgers". 17.106

Dem Erfordernis der „Bestimmtheit" der Autonomieermächtigung ist bereits Rechnung getragen, wenn die gesetzliche Ermächtigung erkennen läßt, „welchen Gegenstand die autonome Rechtsetzung betreffen darf"[139]. Hier ergeben sich die inhaltlichen Grenzen der autonomen Satzungsgewalt durch Wesen, Zweck und Aufgabenkreis der betreffenden öffentlich-rechtlichen Institution[140]. 17.107

Bei dieser Autonomieverleihung brauchen daher nicht die Grundsätze beachtet zu werden, die Art. 80 GG für die Übertragung rechtsetzender Gewalt an die Organe der staatlichen Verwaltung durch Ermächtigung zum Erlaß von staatlichen Rechtsverordnungen vorschreibt. Hiernach müssen Inhalt, Zweck und Ausmaß der erteilten Rechtsetzungsbefugnis in der gesetzlichen Ermächtigung bestimmt werden. Mit Rücksicht auf das Wesen und die Funktion der Autonomie ist Art. 80 GG nach einhelliger Meinung des Bundesverfassungsgerichts, des Bundesverwaltungsgerichts und der Literatur auf die Autonomieverleihung nicht anwendbar. 17.108

Von dieser Möglichkeit einer nur allgemein gehaltenen Einräumung der Rechtsetzungsbefugnis an die Börse als Selbstverwaltungsträger hat der Gesetzgeber auch bei der Schaffung des neuen Marktsegmentes in Gestalt des Geregelten Marktes Gebrauch gemacht. Hierdurch soll den Börsen im Interesse größtmöglicher Flexibilität genügend Gestaltungsspielraum bei der Etablierung dieses neuen Marktsegmentes eingeräumt werden[141]. 17.109

Der Erlaß der Börsenordnung, die aufgrund ihres öffentlich-rechtlichen Satzungscharakters materielle Gesetze schafft, ist deshalb ein Rechtsetzungsakt[142]. Mit einer solchen autonomen Rechtsetzungsbefugnis können 17.110

---

137 *Erichsen/Martens/Ossenbühl*, Allgemeines Verwaltungsrecht, 11. Aufl., 1998, S. 106.
138 BVerwGE Bd. 6, 250; *Wolff/Bachof/Stober*, Verwaltungsrecht I, 10. Aufl., 1994, § 25 Rn 50.
139 BVerwGE 6, S. 251, 52.
140 BVerfGE 12, S. 319, 325; *Erichsen/Martens/Ossenbühl*, Allgemeines Verwaltungsrecht, 11. Aufl., 1998, S. 108.
141 *Kümpel*, WM 1985, Sonderbeil. 5, 5.
142 *Kümpel*, WM 1988, 1621, 1623.

jedoch Personen des Privatrechts nicht beliehen werden. Das Grundgesetz hat diese Befugnis dem Staate und autonomen juristischen Personen des öffentlichen Rechts vorbehalten[143]. Zu den mit einer solchen Rechtsetzungsbefugnis ausgestatteten Verwaltungsträgern gehört nach h. M. auch die **Börse als Anstalt des öffentlichen Rechts.**

2. Öffentlich-rechtliche Ausgestaltung des Börsenzulassungsverfahrens

17.111 Ein weiterer Grund für die öffentlich-rechtliche Organisationsstruktur der Börse als Marktveranstalter ist die normative Ausgestaltung der erforderlichen Zulassung zur Teilnahme am Börsenhandel. Auch diese Zulassung ist öffentlich-rechtlich ausgestaltet worden. So hat insbesondere das Börsengesetz und die Börsenzulassungs-Verordnung vom 15. 4. 1987 mit ihren 73 Vorschriften die Zulassung von Wertpapieren zu einem bis ins einzelne reglementierten Verfahren ausgestaltet. Diese Börsenzulassung weist charakteristische Merkmale eines Verwaltungsverfahrens auf[144].

17.112 Auch die börsengesetzlichen Regelungen für die Börsenzulassung setzen also voraus, daß die Börse als Marktveranstalter in Form eines Trägers öffentlicher Verwaltung und damit öffentlich-rechtlich organisiert ist.

3. Hoheitliche Eingriffsbefugnisse der Börsenorgane

17.113 Ein weiteres gewichtiges Argument für die öffentlich-rechtliche Organisationsstruktur sind die vielfältigen Hoheitsbefugnisse der Börsenorgane zum Erlaß anfechtbarer Verwaltungsakte (Rn 17.275). Solche hoheitlichen Handlungsbefugnisse können zwar auch den mit der Wahrnehmung öffentlicher Aufgaben beliehenen Privatrechtssubjekten eingeräumt werden. Hierbei handelt es sich aber stets um bestimmte einzelne hoheitliche Kompetenzen.

17.114 Dagegen verfügen die verschiedenen Organe der Börse, insbesondere die Börsengeschäftsführung, die Zulassungsstelle, die neugeschaffene Handelsüberwachungsstelle und der Sanktionsausschuß über einen breitgefächerten Katalog öffentlich-rechtlicher Befugnisse zum Erlaß von Verwaltungsakten. Mit hoheitlichen Befugnissen dieser Reichweite und Breite können Privatrechtssubjekte nach verfassungsrechtlichen Grundsätzen nicht beliehen werden.

---

143 *Wolff/Bachof*, Verwaltungsrecht II, 5. Aufl., 1987, § 104 Rn 2 vgl. weiter BVerfG NJW 1981, 1087.
144 *Schwark*, BörsG, § 1 Rn 15.

4. Amtspflichten der Börsenorgane im Sinne der Staatshaftung

Für die öffentlich-rechtliche Organisationsstruktur der Börse spricht schließlich, daß die Pflichten der Börsenorgane in wesentlichen Bereichen als Amtspflichten im Sinne der Staatshaftung (Art. 34 GG, § 839 BGB) ausgestaltet worden sind. Hieran haben vor allem die Anleger ein erhebliches Interesse. Bei einer privatrechtlichen Organisation der Börse würden Pflichtverletzungen insbesondere der Zulassungsstelle oder der Börsengeschäftsführung keine die Staatshaftung auslösenden Amtspflichtverletzungen begründen. Solche Amtspflichten setzen aber voraus, daß die Börsenorgane Träger öffentlicher Verwaltung sind und damit die Organisationsstruktur der Börse öffentlich-rechtlich ausgestaltet ist.

17.115

5. Preußische Börsen als gesetzgeberisches Leitbild

Nach alledem ergibt eine Gesamtschau der für die öffentlich-rechtliche Einordnung der Börsen sprechenden Gründe, daß der herrschenden Auffassung[145] über die öffentlich-rechtliche Organisationsstruktur der Börsen zu folgen ist. Dies entspricht auch der organisatorischen Verfassung der im Jahre **1739 gegründeten Berliner Börse,** wie sie der Gesetzgeber des Börsengesetzes Ende des vergangenen Jahrhunderts vorfand. Träger der Berliner Börse war die als öffentliche Körperschaft organisierte Kooperation der Kaufmannschaft, die mit Einführung der konstitutionellen Monarchie wie eine dem Preußischen Handelsministerium nachgeordnete Behörde behandelt wurde, soweit es das Börsenwesen betraf. Die Berliner Börse war also einer bis ins einzelne gehenden öffentlich-rechtlichen Regelung unterworfen. Es kann unterstellt werden, daß sich der nicht auf Reformen des Börsenwesens bedachte Gesetzgeber eher an diesem öffentlich-rechtlichen Typ der Berliner Börse und den vergleichbar organisierten anderen preußischen Börsen als an den süddeutschen privatrechtlichen Vereinsbörsen orientierte, zumal diese überwiegend nur von lokaler Bedeutung waren[146].

17.116

III. Börsen als Anstalten des öffentlichen Rechts

Die öffentlich-rechtliche Organisationsstruktur der Börsen hat zur Folge, daß sie in den Bereich der öffentlich-rechtlichen Organisationen einge-

17.117

---

145 Vgl. *Olenhusen,* Börsen und Kartellrecht, 1983, S. 59, 60; *Schwark,* BörsG, § 1 Rn 15, 16.
146 *Elle,* ZHR 128 (1966), 273, 281.

gliedert sind¹⁴⁷. Eine solche Eingliederung bedeutet freilich nicht, daß die Börsen zur staatlichen Verwaltung im engeren Wortsinne gehören, bei der der Staat seine Verwaltungsaufgaben durch eigene Behörden selbst erfüllt. Der Staat kann vielmehr die Wahrnehmung öffentlicher Aufgaben rechtlich oder zumindest organisatorisch verselbständigten Verwaltungsträgern übertragen oder überlassen. Dabei ist der Kreis der **öffentlich-rechtlichen Organisationstypen** auf die Körperschaften, Anstalten und Stiftungen des öffentlichen Rechts beschränkt¹⁴⁸. Zu diesen Anstalten gehören nach ganz herrschender Meinung auch die Börsen¹⁴⁹. Das Schwergewicht der Börsen liegt, wie es für Anstalten des öffentlichen Rechts typisch ist, im technischen Apparat mit seiner personellen und sächlich-technischer Ausstattung sowie in den Leistungen an die Handelsteilnehmer und Emittenten als Anstaltsbenutzer.

1. Selbstverwaltungsrecht der Börse

17.118 Die organisatorische Verselbständigung der Börse als Marktveranstalter ermöglicht es zugleich, der Börse die Eigenverantwortung für die Ordnungsmäßigkeit des an ihr stattfindenden Handels zu übertragen (Börsenselbstverwaltung). Im Unterschied zur kommunalen Selbstverwaltung verfügt die Börse über keinen eigenen, schon seiner Natur nach nichtstaatlichen („verstaatlichten") Aufgaben- und Wirkungskreis¹⁵⁰.

17.119 Diese Selbstverwaltung gehört **als mittelbare Staatsverwaltung** zur öffentlichen Verwaltung. Bei der mittelbaren Staatsverwaltung verwalten Träger öffentlicher Verwaltung dezentralisiert öffentliche Angelegenheiten als eigene Aufgaben. Die Organisation der Börse nach Maßgabe des Börsengesetzes ist Teil der Börsenselbstverwaltung.

17.120 Das Börsengesetz hat den Börsen dementsprechend **weitreichende Rechte und Pflichten** zugewiesen, wie sie für solche Träger öffentlicher Verwaltung charakteristisch sind. Die Börsen können diese Rechte und Pflichten im Rahmen ihrer Selbstverwaltung wahrnehmen. Unter dieser Selbstverwaltung ist die selbständige und fachweisungsfreie Wahrnehmung öffentlicher Angelegenheiten zu verstehen, die enumerativ oder global innerstaatlichen Trägern öffentlicher Verwaltung zugewiesen oder überlassen

---

147 *Olenhusen*, Börsen und Kartellrecht, 1983, S. 54, 59.
148 *Maurer*, Allgemeines Verwaltungsrecht, 12. Aufl., 1999, § 21 Rn 8; § 23 Rn 1.
149 *Schwark*, BörsG, § 1 Rn 17, 19; *Kümpel*, Bank- und Kapitalmarktrecht, 1. Aufl., 1995, Rn 14/359.
150 *Samm*, Börsenrecht 1978, S. 51; *Schwark*, BörsG, Einl. Rn 56, § 1 Rn 33.

worden sind[151]. Mit einem solchen Selbstverwaltungsrecht können auch Anstalten des öffentlichen Rechts ausgestattet sein[152], wie dies auf die Börsen zutrifft[153].

Ein Wesensmerkmal der Selbstverwaltung im Rechtssinne ist vor allem die **Eigenverantwortlichkeit,** unter der die öffentlichen Aufgaben von einem freien Glied des öffentlich-rechtlich organisierten Bereichs im staatlichen Interesse erledigt werden. Mit Rücksicht auf diese Eigenverantwortlichkeit sind die mit dem Selbstverwaltungsrecht ausgestatteten Verwaltungsträger keiner staatlichen Leitungsgewalt unterworfen.

17.121

Die Selbstverwaltungsträger unterliegen deshalb keiner **Organ- oder Fachaufsicht,** sondern **nur einer Rechtsaufsicht,** die lediglich die Gesetzmäßigkeit der Verwaltung gewährleisten soll[154].

17.122

Diese herkömmliche Börsenselbstverwaltung soll nach den Gesetzesmaterialien zum 2. Finanzmarktförderungsgesetz auch in Zukunft eine tragende Säule des deutschen Börsenwesens bleiben[155].

17.123

2. Börsenselbstverwaltung als Teil der mittelbaren Staatsverwaltung

Die Börse ist infolge ihrer öffentlich-rechtlichen Organisationsstruktur zwar dem öffentlich-rechtlichen Organisationsbereich eingeordnet. Sie gehört aber nicht zur unmittelbaren Staatsverwaltung, bei der der Staat seine Verwaltungsaufgaben durch eigene Behörden selbst wahrnimmt. Die Börse ist deshalb wie auch die anderen juristischen Personen des öffentlichen Rechts nur **mittelbares Glied der staatlichen Organisation**[156]. Denn diese Institutionen der mittelbaren Staatsverwaltung leiten ihre Existenz und ihre Aufgaben vom Staat ab. Darüber hinaus unterliegen solche Verwaltungsträger der staatlichen (Rechts-)Aufsicht.

17.124

An dieser Eingliederung in den öffentlich-rechtlichen Organisationsbereich fehlt es dagegen bei dem Träger der Börse, soweit sie wie z.B. die Deutsche Börse AG als Trägerin der Frankfurter Wertpapierbörse privat-

17.125

---

151 *Wolff/Bachof,* Verwaltungsrecht II, 5. Aufl., 1987, § 84 Rn 34; *Badura/Ehlers,* Allgemeines Verwaltungsrecht, 11. Aufl., 1998, § 4 Rn 8.
152 *Wolff/Bachof,* Verwaltungsrecht II, 5. Aufl., 1987, § 84 Rn 37.
153 *Schwark,* BörsG, § 1 Rn 41 ff.
154 *Wolff/Bachof,* Verwaltungsrecht II, 5. Aufl., 1987, § 84 Rn 36, 39; *Schwark,* BörsG, § 1 Rn 44.
155 Begr. des RegE des 2. FFG, BT-Drucksache 12/6679, S. 36.
156 *Wolff/Bachof/Stober,* Verwaltungsrecht I, 10. Aufl., § 2 Rn 34; *Badura/Ehlers,* Allgemeines Verwaltungsrecht, 11. Aufl., 1998, § 1 Rn 15.

rechtlich organisiert sind. Denn für eine solche Einordnung ist es nicht bereits ausreichend, daß der Börsenträger durch die staatliche Genehmigung zur Errichtung einer Börse mit der hierfür erforderlichen staatlichen Organisationsgewalt „beliehen" wird. Mit der Wahrnehmung solcher öffentlich-rechtlicher Aufgaben beliehene Privatrechtssubjekte sind dem öffentlich-rechtlichen Organisationsbereich **nicht eingegliedert, sondern** diesem nur **angegliedert**[157]. Die Beliehenen sind deshalb kein Teil der staatlichen Verwaltung.

3. Teilrechtsfähigkeit der Börse

17.126 Die Börse gehört als Anstalt des öffentlichen Rechts zu den organisatorisch verselbständigten Verwaltungsträgern. Sie ist jedoch **keine juristische Person** des öffentlichen Rechts im Sinne des § 89 BGB, zu denen neben den Körperschaften und Stiftungen des öffentlichen Rechts auch die Anstalt des öffentlichen Rechts gehört. Denn unverzichtbares Merkmal dieser juristischen Personen ist die volle Rechtsfähigkeit im Sinne des § 1 BGB[158] und damit die Fähigkeit, Träger von Rechten und Pflichten zu sein (nachfolgend Vollrechtsfähigkeit)[159].

17.127 Diese **Vollrechtsfähigkeit fehlt der Börse.** Sie würde einen entsprechenden hoheitlichen Verleihungsakt voraussetzen[160]. Denn für die Vollrechtsfähigkeit ist nicht schon ausreichend, daß der Träger der Börse für die Errichtung einer staatlichen Genehmigung bedarf und die Börse als Marktveranstalter durch die Börsenaufsichtsbehörde aufgehoben werden kann mit der Folge, daß die Börse ihren Charakter als öffentlich-rechtliche Anstalt verliert[161]. Die Börse ist deshalb als Anstalt des öffentlichen Rechts **nur organisatorisch verselbständigt**[162]. Es fehlt ihr aber infolge der mangelnden Vollrechtsfähigkeit die rechtliche Selbständigkeit der juristischen Personen des öffentlichen Rechts[163].

---

157 *Wolff/Bachof*, Verwaltungsrecht II, 5. Aufl., 1987, § 104 Rn 3; Münchener Komm. zum BGB/*Reuter*, § 89 Rn 2.
158 *Palandt/Heinrichs*, Vorbem. v. § 89 Rn 1; *Soergel/Hadding*, § 89 Rn 10; *Staudinger/Weick*, Einl. zu §§ 21-89 Rn 19.
159 *Palandt/Heinrichs*, Überbl. v. § 1 Rn 1.
160 *Wolff/Bachof*, Verwaltungsrecht II, 5. Aufl., 1987, § 98, III, 1; AG Frankfurt AG 1963, 306; *Kümpel*, WM 1985, Sonderbeil. 5, 4.
161 *Schwark*, BörsG, § 1 Rn 19, 36; *Huber*, Wirtschaftsverwaltungsrecht, 2. Aufl., 1953, S. 620.
162 Vgl. BGH NJW 1978, S. 2548, 2549 zu den insoweit vergleichbaren Hochschulinstituten als anstaltlich organisierte, aber nicht rechtsfähige Einheiten.
163 *Soergel/Hadding*, § 89 Rn 29; *Schwark*, BörsG, § 1 Rn 34.

An Stelle der fehlenden Vollrechtsfähigkeit im privatrechtlichen Sinne verfügt die Börse aber über eine **weitgehende Teilrechtsfähigkeit,** wie sie auch den sonstigen teilrechtsfähigen Trägern öffentlicher Verwaltung eigen ist[164].

17.128

Das Fehlen der Vollrechtsfähigkeit braucht, wie das Börsenwesen zeigt, keineswegs zu Unzuträglichkeiten in der Praxis führen. Es besteht heute zudem Einvernehmen, daß alle Rechtsfähigkeit ohnehin relativ ist und es deshalb eine Teilrechtsfähigkeit als Zwischenstufe zur Vollrechtsfähigkeit sogar im Zivilrecht gibt[165]. So haben auch der nichtrechtsfähige Verein und die Personengesellschaft des Handelsrechts nur Teilrechtsfähigkeit[166]. Eine solche Teilrechtsfähigkeit liegt auch bei Trägern öffentlicher Verwaltung vor, wenn die Fähigkeit, Träger von Rechten und/oder Pflichten zu sein, nur für bestimmte Rechtsgebiete, Rechtsnormen oder öffentlichen Angelegenheiten zuerkannt worden ist[167].

17.129

Bei solchen teilrechtsfähigen Verwaltungsträgern handelt es sich um öffentlich-rechtlich strukturierte Organisationen, denen zwar der Status vollrechtsfähiger juristischer Personen des öffentlichen Rechts fehlt, die aber zur eigenverantwortlichen Wahrnehmung bestimmter Verwaltungsaufgaben berufen und insoweit mit eigenen Rechten und Pflichten ausgestattet sind[168]. Einen solchen organisatorisch verselbständigten Verwaltungsträger mit angemessener Teilrechtsfähigkeit stellt auch die Börse als Marktveranstalter dar. Der Gesetzgeber hat die Börse mit Rechten und Pflichten in einem Umfang ausgestattet, der für das Betreiben eines börsenmäßig organisierten Wertpapierhandels benötigt wird.

17.130

Das Fehlen der Vollrechtsfähigkeit ist auch nicht aus der Sicht der Praktikabilität zu bemängeln. So ist die Vollrechtsfähigkeit kein unverzichtbares Merkmal des Begriffes der öffentlich-rechtlichen Anstalt. Dieser Anstaltsbegriff verlangt keine rechtliche Selbständigkeit des Verwaltungsträgers. Erforderlich ist nur ein **bestimmtes Maß an organisationsrechtlicher Verselbständigung**[169], wie sie bei der Börse zweifelsfrei gegeben ist. Das öffentlich-rechtliche Anstaltsrecht gilt deshalb auch für Anstalten des öffentlichen Rechts ohne Vollrechtsfähigkeit[170]. Die Teil-

17.131

---

164 *Olenhusen,* Börsen und Kartellrecht, 1983, S. 78, 86.
165 *Palandt/Heinrichs,* Überbl. v. § 1 Rn 1 m.w.Nachw.; *Badura/Erichsen,* Allgemeines Verwaltungsrecht, 11. Aufl., 1998, § 11 Rn 11.
166 *Palandt/Heinrichs,* Überbl. v. § 1 Rn 1.
167 *Maurer,* Allgemeines Verwaltungsrecht, 12. Aufl., 1999, § 21 Rn 6; *Wolff/Bachoff/Stober,* Verwaltungsrecht Teil I, 10. Aufl., 1994, § 32 Rn 8.
168 *Maurer,* Allgemeines Verwaltungsrecht, 12. Aufl., 1999, § 21 Rn 10.
169 *Wolff/Bachof/Stober,* Verwaltungsrecht II, 5. Aufl., 1987, § 98 Rn 7.
170 *Peters,* Lehrbuch der Verwaltung, 1949, 113; *Samm,* Börsenrecht, 1978, S. 48.

rechtsfähigkeit führt deshalb auch nicht zu einer unerwünschten rechtlichen Intransparenz.

17.132 Die Börse kann ihre Aufgaben als Veranstalter des an ihr stattfindenden Wertpapierhandels auch ohne Vollrechtsfähigkeit uneingeschränkt wahrnehmen. Infolge der fehlenden privatrechtlichen Rechtsfähigkeit ist zwar Eigentümer bzw. Gläubiger der börsenzugehörigen Vermögensgegenstände und Schuldner der rechtsgeschäftlich begründeten Verbindlichkeiten aus den börsenbezogenen Rechtsgeschäften nicht die Börse, sondern ihr Träger. Gleichwohl kann die Börse die erforderlichen Vorkehrungen für den an ihr stattfindenden Handel treffen. Insbesondere braucht sie kein Eigentum an den börsenzugehörigen Vermögensgegenständen erwerben.

17.133 So ist für die rechtliche Integration des elektronischen IBIS-Handels in die Frankfurter Wertpapierbörse ein zwischen ihr und der Deutsche-Wertpapierdaten-Zentrale (DWZ) geschlossener „Betriebs"vertrag ausreichend gewesen, aufgrund dessen die Nutzung dieses der DWZ gehörenden Handelssystems durch die Handelsteilnehmer der Frankfurter Wertpapierbörse sichergestellt worden ist[171]. Die Gesetzesmaterialien zum 2. Finanzmarktförderungsgesetz haben im übrigen klargestellt, daß solche EDV-Systeme durch Beschluß des Börsenbeirates in die Börse auch dann integriert werden können, wenn sie nicht im Eigentum des Börsenträgers, sondern Dritter stehen[172].

17.134 Die Börsen haben im übrigen auch ohne Vollrechtsfähigkeit die **sog. Beteiligungsfähigkeit für Verwaltungsverfahren,** wie diese in den Verwaltungsverfahrensgesetzen des Bundes[173] und der Länder[174] definiert worden sind[175]. Schließlich hat der Gesetzgeber bei der Novellierung des Börsengesetzes durch das zweite Finanzmarktförderungsgesetz klargestellt, daß die Börse im verwaltungsgerichtlichen Verfahren unter ihrem Namen klagen und verklagt werden kann (§ 4 Abs. 5 BörsG)[176]. Auch insoweit ergeben sich für die Börse keine Nachteile aus ihrer fehlenden Vollrechtsfähigkeit. Die Börse als nichtrechtsfähige Anstalt des öffentlichen Rechts ist also auch Beklagte im Verwaltungsstreitverfahren, die Entscheidungen ihrer Organe betreffen[177].

---

171 *Kümpel,* WM 1992, 249, 251.
172 Begr. des RegE des 2. FFG, BT-Drucksache 12/6679, S. 63.
173 Vom 25. 5. 1976 (VwVfG), BGBl. I 1976, S. 1253 ff.
174 Vgl. das für die Frankfurter Wertpapierbörse maßgebliche hessische Verwaltungsverfahrensgesetz (Hess. VwVfG) vom 1. 12. 1976 (Hess. GVBl. I 1976, S. 454 ff.).
175 Vgl. hierzu *Kümpel* in Kümpel/Ott, Kapitalmarktrecht, Kz 060, S. 23.
176 Begr. des RegE des 2. FFG, BT-Drucksache 12/6679, S. 64.
177 VGH Kassel NJW-RR 1997, 110.

Mit Rücksicht auf die praktikable Teilrechtsfähigkeit der Börse erscheint es rechtspolitisch nicht mehr erforderlich, der Börse als Veranstalter des börsenmäßigen Wertpapierhandels im Interesse der Rechtssicherheit und Rechtsklarheit durch Gesetz Rechtsfähigkeit zu verleihen, wie dies vereinzelt vom Schrifttum gefordert worden ist[178]. Nach heutigem Erkenntnisstand stellt die Börse nicht mehr jenes rechtlich amorphe Gebilde dar, wie sie von *Göppert* im Jahre 1932 noch bezeichnet werden konnte[179]. Angesichts des verwaltungsrechtlichen Schrifttums und der darin eingeflossenen Rechtsprechung kann die Börse unschwer als teilrechtsfähige Anstalt des öffentlichen Rechts mit transparenten Rechten und Pflichten der Börsenorgane eingeordnet werden. Eine Ausstattung der Börsen mit der Vollrechtsfähigkeit würde zudem die heutigen Rechtsbeziehungen zum Börsenträger tiefgreifend verändern. So käme insbesondere die Börse als Eigentümerin der Börseneinrichtungen und Gebührengläubiger sowie als Vertragspartner der börsenbezogenen Verträge in Betracht.

17.135

Eine ganz andere Frage ist, ob es sich empfiehlt, die börsengesetzlichen Bestimmungen zur Organisationsstruktur im Lichte des mittlerweile erreichten Erkenntnisstandes der Verwaltungsrechtsdogmatik klarer zu fassen. Diese Organisationsnormen sind nach *Göppert* für die damalige an hervorragenden Gesetzeswerken reichen Zeit ungewöhnlich schlecht, stellenweise sogar nachlässig redigiert worden. Die unzureichende Mitwirkung der gesetzestechnisch geschulten Kräfte des Reichsjustizamtes, die mit dem vordringlicheren BGB und dessen Nebengesetze sowie dem Handelsgesetzbuch beschäftigt waren, mache sich überall bemerkbar[180]. Aus heutiger Sicht muß jedoch bei solchen Wertungen angemessen berücksichtigt werden, daß den rechtlichen Strukturen der Börse als Marktveranstalter die Transparenz mangelte, die Voraussetzung für eine sachgerechte Gesetzgebung ist.

17.136

IV. Rechtsstellung des Börsenträgers

Die **Genehmigung** der Börsenaufsichtsbehörde, die zum Betreiben einer Börse nach § 1 Abs. 1 Börsengesetz erforderlich ist, wird nicht der Börse als Marktveranstalter, sondern **deren Träger erteilt**. Nach dem Wortlaut des Börsengesetzes bedarf zwar nur die „Errichtung" der Börse der staatlichen Genehmigung. Der börsenmäßig organisierte Wertpapierhandel stellt aber eine **auf Dauer angelegte Marktveranstaltung** dar. Die staatliche Genehmigung erstreckt sich deshalb auch auf das sich anschließende

17.137

---
178 Vgl. *Wiede*, Die Börsen als verwaltungsrechtliches Problem und Rechtsinstitut, 1965, S. 168 ff.
179 *Göppert*, Das Recht der Börsen, 1932, S. 70, 87.
180 *Göppert*, Das Recht der Börsen, 1932, S. 37, 38.

Betreiben der als Anstalt des öffentlichen Rechts errichteten Börse[181]. Dementsprechend wird in der Praxis eine Genehmigung zur Errichtung und Betreiben einer Börse erteilt. An dem Fortbestand des Börsenhandels als institutioneller Veranstaltung besteht grundsätzlich ein **öffentliches Interesse**[182].

17.138 Soweit es zu einem **Wechsel in der Trägerschaft** kommt, wird die schon früher erteilte Genehmigung auf den neuen Börsenträger „übergeleitet". So ist der Deutsche Börse AG mit Bescheid der hessischen Börsenaufsichtsbehörde gestattet worden, ab dem 1. 1. 1991 die Trägerschaft der Frankfurter Wertpapierbörse an Stelle der Industrie- und Handelskammer Frankfurt zu „übernehmen". Die aufsichtsrechtliche Genehmigung zum Betreiben einer Börse für Börsentermingeschäfte, wie sie der Deutsche Terminbörse GmbH als ursprünglichen Trägerin erteilt worden ist, hat die hessische Börsenaufsichtsbehörde im Rahmen der Verschmelzung dieser Träger-GmbH mit der Deutsche Börse AG auf diese als neuer Trägerin der Terminbörse „übertragen".

17.139 Nach einer Grundsatzentscheidung des Preußischen Oberverwaltungsgerichts wird dem Börsenträger mit der Genehmigung der Börsenaufsichtsbehörde Befreiung von dem präventiven Verbot des Betreibens eines nicht genehmigten börsenmäßig organisierten Börsenhandels (Privatbörse) erteilt[183]. Der rechtliche Gehalt dieser Genehmigung erschöpft sich aber keineswegs in dieser Verbotsbefreiung. Diese Genehmigungsfunktion ist nur eine Nebenwirkung dessen, daß die Marktveranstaltungen durch die staatliche Erlaubnis den Status einer öffentlichrechtlichen Börse erlangen[184]. Damit hat die Genehmigung zugleich eine wichtige organisationsrechtliche Funktion. Sie verleiht dem Börsenträger die rechtliche Fähigkeit, einen Wertpapierhandel mit der öffentlich-rechtlichen Organisationsstruktur einer Börse zu veranstalten. Die Genehmigung enthält deshalb eine Delegation staatlicher Organisationsgewalt des Sitzlandes der Börse an den Börsenträger, um den organisatorischen Rahmen für den

---

181 Vgl. *Schwark*, BörsG, § 1 Rn 21, wonach die Genehmigung dem Börsenträger neben der Errichtung der Börse auch die weitere Durchführung der öffentlich-rechtlichen Einrichtung Börse erlaubt.

182 *Wiede*, Die Börse als verwaltungsrechtliches Problem und Rechtsinstitut; Kölner Diss., 1965, S. 136; *Samm*, Börsenrecht, 1978, S. 49.

183 Vgl. die berühmte Feenpalast-Entscheidung des Preußischen Oberverwaltungsgerichts vom 26. 11. 1898 (OVGE 34, 315 ff.), in deren sehr ausführlicher Begründung das Wesen der Börse im Mittelpunkt gestanden hat (vgl. *Göppert*, Das Recht der Börsen, 1932, S. 4, 73, 90; *Meyer/Bremer*, Börsengesetz, § 1 Anm. 3; *Schwark*, BörsG, § 1 Rn 21).

184 *Huber*, Wirtschaftsverwaltungsrecht, 2. Aufl., 1953, S. 617; *Wiede*, Die Börse als verwaltungsrechtliches Problem und Rechtsinstitut, Kölner Diss., 1965, S. 38, 50.

Börsenhandel in der Rechtsform einer öffentlich-rechtlichen Anstalt schaffen zu können[185].

Wird wie bei den Börsen eine öffentlich-rechtliche Anstalt ohne Vollrechtsfähigkeit errichtet, so bedarf es lediglich eines entsprechenden Aktes der staatlichen Verwaltung im Rahmen der ihr zuständigen Organisationsgewalt. 17.140

Unter dieser **Organisationsgewalt** ist ganz allgemein die Befugnis zur Errichtung, Änderung und Aufhebung von Verwaltungsträgern in Gestalt staatlicher Behörden sowie Körperschaften, Anstalten und Stiftungen des öffentlichen Rechts nach Maßgabe der gesetzlichen Bestimmungen zu verstehen. Dabei ist zwischen der Errichtung (Konstituierung) der Institution als Rechtsakt und deren faktische Einrichtung zu unterscheiden. Letztere bezweckt die tatsächliche Bildung des Verwaltungsträgers und seine Ausstattung mit dem erforderlichen Personal und den benötigten sächlich-technischen Mitteln[186]. 17.141

Diese Organisationsgewalt des Sitzlandes der Börse wird mit der Genehmigung der Börse auf deren Träger als Adressat der staatlichen Erlaubnis übertragen. Sodann kann der Börsenträger als Marktveranstalter die von ihm errichtete Wertpapierbörse mit einer entsprechenden Organisation versehen[187]. 17.142

1. Wirtschaftliches Management der Börseneinrichtungen durch Börsenträger

Die faktische Existenz der Börsen ist also weitgehend von ihrem Träger abhängig, der die Börse auszustatten hat, soweit ihm dies zugemutet werden kann[188]. Der Börsenträger kann aber nach einhelliger Meinung aus dieser wirtschaftlichen Abhängigkeit nicht das Recht ableiten, auf die inneren Börsenangelegenheiten, insbesondere auf den organisatorischen Rahmen für den Börsenhandel Einfluß zu nehmen[189]. Dies ist im **sog. Berliner Börsenstreit** der Jahre **1902 und 1903** klargestellt worden, der im Zuge der Übertragung der Börsenaufsicht von der Kooperation der Berli- 17.143

---

185 *Schwark*, BörsG, § 1 Rn 21; *Göppert*, Das Recht der Börsen, 1932, S. 72; *Wiede*, Die Börse als verwaltungsrechtliches Problem und Rechtsinstitut, Kölner Diss., 1965, S. 151.
186 *Maurer*, Allgemeines Verwaltungsrecht, 12. Aufl., 1999, § 21 Rn 57, 58.
187 *Wolff/Bachof*, Verwaltungsrecht II, 5. Aufl., 1987, § 98 Rn 38.
188 *Schwark*, BörsG, § 1 Rn 18; *Göppert*, Das Recht der Börsen, 1932, S. 91.
189 *Göppert*, Das Recht der Börsen, 1932, S. 91; *Wiede*, Die Börse als verwaltungsrechtliches Problem und Rechtsinstitut, Kölner Diss., 1965, S. 118; *Huber*, Wirtschaftsverwaltungsrecht, 2. Aufl., 1953, S. 627.

ner Kaufmannschaft als Börsenträger auf die neugegründete Handelskammer Berlin entstanden war. Die Kooperation reklamierte als Eigentümerin der Berliner Börse für sich das Recht, die Börse weiterhin zu verwalten, insbesondere die Börsenordnung zu erlassen und die Mitglieder des Börsenvorstandes und der Zulassungsstelle zu benennen. Das zuständige Preußische Ministerium für Handel und Gewerbe genehmigte gleichwohl die von der Handelskammer Berlin vorgelegte Börsenordnung, nachdem vier anerkannte Staatsrechtslehrer als Gutachter überwiegend zu dem Ergebnis gelangt waren, daß die Börse eine öffentlich-rechtliche Organisationsstruktur habe[190].

17.144 Die **fehlende Einflußmöglichkeit des Börsenträgers** auf die inneren Börsenangelegenheiten beruht darauf, daß die Veranstaltung eines börsenmäßig organisierten Wertpapierhandels im öffentlichen Interesse erfolgt[191]. Die Börsenorgane haben sich deshalb vorrangig am allgemeinen Interesse zu orientieren[192], weil sie in Wahrnehmung staatlicher Aufgaben tätig werden[193].

a) Erhaltung der Funktionsfähigkeit der Börse

17.145 Der Börsenträger ist im übrigen verpflichtet, die Börse in zumutbarem Umfang laufend **mit den sachlichen, personellen und finanziellen Mitteln auszustatten,** die für deren Funktionsfähigkeit als Marktveranstalter erforderlich erscheinen[194]. Dementsprechend bestimmt z.B. die Börsenordnung der Frankfurter Wertpapierbörse, daß die Deutsche Börse AG als Träger der Börse „auf Anforderung der Geschäftsführung oder des Börsenrates und im Einvernehmen mit diesen personelle und finanzielle Mittel sowie die erforderlichen Räume zur Verfügung stellt"[195].

17.146 Mit Rücksicht auf die Verpflichtung des Börsenträgers, die Funktionsfähigkeit der Marktveranstaltungen zu erhalten, obliegt ihm das wirtschaft-

---

190 Die öffentlich-rechtliche Organisationsstruktur bejahten *Otto Mayer, Loening, Rosin,* während sich Anschütz für die privatrechtliche Rechtsnatur der Börse aussprach *(Göppert,* Das Recht der Börsen, 1932, S. 4, 5). Der Ansicht von Anschütz hat sich *Nußbaum* ohne nähere Begründung angeschlossen (Kommentar zum Börsengesetz, 1910, § 1 IV, S. 8).
191 *Göppert,* Das Recht der Börsen, 1932, S. 75, 90.
192 *Göppert,* Das Recht der Börsen, 1932, S. 90.
193 *Wiede,* Die Börse als verwaltungsrechtliches Problem und Rechtsinstitut, Kölner Diss., 1965, S. 110.
194 *Göppert,* Das Recht der Börsen, 1932, S. 90; *Beck,* WM 1996, 2313, 2316; *Köndgen/Mues,* WM 1998, 53, 57.
195 Abgedruckt in WM 1995, S. 1645.

liche Management der Börse als Anstalt des öffentlichen Rechts. Das Schrifttum spricht in diesem Kontext von der finanziellen Verwaltung[196]. Zu diesem Management gehört heute auch die „Vermarktung" der Dienstleistungen der Börse, soweit sie nicht durch öffentlich-rechtliche Gebühren nach der Gebührenordnung abgegolten werden.

Eine **typische Aufgabe des Börsenträgers** ist auch der Abschluß von Miet- und Leasingverträgen sowie Wartungsverträge für die zur Verfügung gestellten EDV-Anlagen. Solche Vertragsabschlüsse des Börsenträgers zugunsten der Börse als Marktveranstalter sind praktische Beispiele für die zwischen Börsengeschäftsführung und Börsenträger aufgeteilten Vertretungsbefugnisse. Nach § 3c Abs. 2 BörsG wird die Börse durch ihre Geschäftsführung gerichtlich oder außergerichtlich vertreten, „soweit nicht der Träger der Börse zuständig ist". Diese Vertretungsnorm, mit der der Börsenträger erstmals im Börsengesetz erwähnt wird, berücksichtigt, daß der Börsenträger im Rahmen des ihm obliegenden wirtschaftlichen Managements der Börseneinrichtungen für den rechtsgeschäftlichen Abschluß diesbezüglicher zivilrechtlicher Verträge zuständig ist.

17.147

b) Keine Rechtsbeziehung zwischen Börsenträger und Börsenbenutzer

Die Börse kann nach alledem ohne ihren Träger faktisch nicht existieren. Gleichwohl ist der Börsenträger nicht in den Regelungsbereich des Börsengesetzes einbezogen worden. Der **Träger ist nur eine „Begleiterscheinung" der Börse. Betreiber der Börse und damit Veranstalter** des an ihr stattfindenden Börsenhandels ist die **vom Börsenträger errichtete Anstalt des öffentlichen Rechts**[197]. Der Börsenträger gehört deshalb auch nicht zu den Börseneinrichtungen, die der Überwachung durch die Börsenaufsichtsbehörde unterworfen sind (§ 1 Abs. 2 BörsG)[198].

17.148

Der Umstand, daß Veranstalter des Börsenhandels die Börse als Anstalt des öffentlichen Rechts und nicht ihr Träger ist, hat Konsequenzen für die rechtliche Struktur des Börsenwesens. Die den Börsenleistungen zugrundeliegenden Leistungsverhältnisse bestehen zwischen der Börse einerseits und den Handelsteilnehmern und den Emittenten als ihren Benutzern andererseits. Dagegen wird weder einer privat- noch ein öffentlich-rechtliches Verhältnis zwischen dem Börsenträger und den Börsenbenutzern begründet[199].

17.149

---

196 *Göppert*, Das Recht der Börsen, 1932, S. 88; *Schwark*, BörsG, § 5 Rn 5.
197 *Göppert*, Das Recht der Börsen, 1932, S. 93; *Wiede*, Die Börse als verwaltungsrechtliches Problem und Rechtsinstitut, Kölner Diss., 1965, S. 120.
198 *Göppert*, Das Recht der Börsen, 1932, S. 93.
199 *Olenhusen*, Börsen und Kartellrecht, 1983, S. 35.

c) Unzulässigkeit eines Verzichtes auf die Genehmigung zum Betreiben einer Börse

17.150 Der Börsenträger ist im übrigen verpflichtet, die genehmigte Börse in ihrem Bestand zu erhalten. Denn es kann nicht in sein Belieben gestellt sein, ob eine solche, im öffentlichen Interesse bestehende Einrichtung aufgelöst wird oder weiterbesteht[200]. Der Börsenträger kann deshalb auf die ihm erteilte Genehmigung zur Errichtung einer Börse nicht verzichten[201].

17.151 Die **Verpflichtung zum Betreiben der Börse** ist im übrigen öffentlich-rechtlicher Natur[202]. Denn diese Pflicht erwächst dem Börsenträger aus der an ihn adressierten Genehmigung zur Errichtung der Börse als einem staatlichen Verwaltungsakt. Dagegen bewegt sich der Börsenträger beim wirtschaftlichen Management im privatrechtlichen Bereich.

2. Status eines beliehenen Unternehmens

17.152 Ist wie im Falle der Frankfurter Wertpapierbörse der Börsenträger eine AG und damit ein Privatrechtssubjekt, erlangt diese Gesellschaft durch die öffentlich-rechtliche Genehmigung zur Errichtung einer Börse den Status eines beliehenen Unternehmens[203]. Mit einer solchen Beleihung werden natürlichen und juristischen Personen des Privatrechts bestimmte einzelne hoheitliche Verwaltungskompetenzen eingeräumt[204]. Solche Kompetenzen erwachsen dem Börsenträger, weil ihm durch die staatliche Genehmigung zur Errichtung und Einrichtung der Börse als öffentlich-rechtlicher Anstalt die hierfür erforderliche öffentlich-rechtliche Organisationsgewalt des Sitzlandes der Börse übertragen wird.

---

200 *Göppert*, Das Recht der Börsen, 1932, S. 89 ff.
201 *Göppert*, Das Recht der Börsen, 1932, S. 76. Nach *Schwark* erlischt die Verpflichtung, die einmal genehmigte Börse in ihrem Bestand zu erhalten, mit der Liquidation oder dem Konkurs des privatrechtlichen Börsenträgers (BörsG, § 1 Rn 22).
202 *Göppert*, Das Recht der Börsen, 1932, S. 91; *Huber*, Wirtschaftsverwaltungsrecht, 2. Aufl., 1953, S. 626; *Wiede*, Die Börse als verwaltungsrechtliches Problem und Rechtsinstitut, Kölner Diss., 1965, S. 61; *Huber*, Wirtschaftsverwaltungsrecht, 2. Aufl., 1953, S. 626.
203 *Schwark*, § 1 Rn 21; *Wolff/Bachof*, Verwaltungsrecht II, 5. Aufl., 1987, § 98, Rn 8; *Wiede*, Die Börse als verwaltungsrechtliches Problem und Rechtsinstitut, Kölner Diss. 1965, S. 152; *Huber*, Wirtschaftsverwaltungsrecht, 2. Aufl., 1953, S. 618.
204 *Wolff/Bachof*, Verwaltungsrecht II, 5. Aufl., 1987, § 104 Rn 2.

Der Börsenträger ist, soweit er den ihm infolge der Beleihung obliegenden Pflichten nachkommt, **Träger öffentlicher Verwaltung.** Bei allen geschäftlichen Aktivitäten, die außerhalb der Erfüllung dieser Betriebspflichten angesiedelt sind, ist der Börsenträger dagegen ein Privatrechtssubjekt ohne hoheitliche Befugnisse[205].

17.153

Mit Rücksicht auf diese Übertragung (Delegation) staatlicher Organisationsgewalt kann die Genehmigung zur Errichtung einer Börse auch keine Konzession im engeren Rechtssinne darstellen, wie sie Privatpersonen beispielsweise zum Betrieb von Eisenbahnen oder zur Energieversorgung erteilt werden[206]. Konzessionen verschaffen keine Kompetenzen zur Wahrnehmung öffentlicher Aufgaben, wie dies z.B. bei einer Beleihung mit staatlicher Organisationsgewalt zwecks Errichtung einer Anstalt des öffentlichen Rechts geschieht. Solche staatlichen Konzessionen verleihen nur Rechte und Pflichten, eine Tätigkeit auszuüben, für die sich der Staat ein Verleihungsrecht vorbehalten hat[207].

17.154

Eine solche Konzession im engeren Rechtssinne an den Börsenträger käme im übrigen auch deshalb nicht in Betracht, weil sie dem Börsenträger ein subjektiv-öffentliches Recht auf die Veranstaltungen eines börsenmäßig organisierten Wertpapierhandels verschaffen würde. Eine solche nach verfassungsrechtlichen Grundsätzen nur schwer entziehbare Rechtsposition soll den Börsenträgern aber erkennbar nicht gewährt werden. Denn die Börsenaufsichtsbehörde ist befugt, die Aufhebung der Börsen jederzeit im Rahmen ihres pflichtgemäßen Verwaltungsermessens anzuordnen (vgl. § 1 Abs. 1 S. 2 BörsG).

17.155

3. Börsenträger als vermögensrechtliches Zuordnungssubjekt

Mit Rücksicht auf die fehlende Vollrechtsfähigkeit der Börse können auf sie bezogene privatrechtliche Rechtspositionen nur ihrem rechtsfähigen Träger zugeordnet werden[208]. Dies gilt insbesondere für das **Eigentum an den Börseneinrichtungen und den Rechten an den EDV-Programmen,** deren Bedeutung wegen der zunehmenden Computerisierung des Börsenhandels wächst. Diese Zuordnung hat gleichermaßen bei den börsenbezogenen Verbindlichkeiten zu erfolgen, wie sie z.B. aus den Anstellungsverhältnissen mit den in den Diensten der Börse stehenden Personen resultieren. Der Posten „Personalaufwand" hat deshalb eine herausragende Position in der Gewinn- und Verlustrechnung der Deutsche Börse AG als

17.156

---
205 *Beck,* WM 1996, 2313, 2319.
206 *Schwark,* BörsG, § 1 Rn 22.
207 *Wolff/Bachof,* Verwaltungsrecht II, 5. Aufl., 1987, § 104 Rn 4.
208 *Schwark,* BörsG, § 1 Rn 19; *Köndgen/Mues,* WM 1998, 53, 57.

Börsenträger. Ein weiterer wesentlicher Passivposten der Bilanz der Deutsche Börse AG bilden die Verpflichtungen aus börsenbezogenen Miet- und Leasingverträgen sowie aus Wartungsverträgen für die Systemsoft- und Hardware.

17.157 Diese Zuordnung zum Börsenträger gilt im übrigen auch für die Ansprüche auf die verschiedenen Gebühren, die vor allem die Handelsteilnehmer und die Emittenten nach Maßgabe der Gebührenordnung zu zahlen haben (§ 5 BörsG). Diese Gebühren stellen die Gegenleistung der von den Börsen erbrachten öffentlich-rechtlichen Leistungen dar[209].

17.158 Diese öffentlich-rechtliche Rechtsnatur der Börsengebühren spricht freilich auf den ersten Blick dafür, diese Zahlungsansprüche der Börse als teilrechtsfähige Anstalt des öffentlichen Rechts und nicht ihrem Träger zuzuordnen. Dies umso mehr, als die Börse Veranstalter des an ihr stattfindenden Wertpapierhandels ist und deshalb das öffentlich-rechtliche Leistungsverhältnis aufgrund der Nutzung der Börseneinrichtungen zwischen ihr und den Handelsteilnehmern und den Emittenten zustandekommt. Überdies hat der Börsenträger auf Inhalt und Umfang der Börsenleistungen und die Höhe der Gebühren keinen Einfluß.

17.159 Mit Rücksicht auf den **Verwendungszweck der Gebühren** muß nach allgemeiner Meinung gleichwohl der **Börsenträger als Gebührengläubiger** angesehen werden. Dies wird z.B. in § 15 Gebührenordnung der Frankfurter Wertpapierbörse ausdrücklich klargestellt[210]. Denn auch mit diesen öffentlich-rechtlichen Gebühren soll wie mit den zu zahlenden privatrechtlichen Nutzungsentgelten die Inanspruchnahme der Börseneinrichtungen abgegolten werden, die der Börsenträger zur Verfügung zu stellen hat. Dieser wirtschaftliche Zusammenhang gebietet es, den Anspruch auf die öffentlich-rechtlichen Gebühren dem Börsenträger und nicht der Landesregierung des Sitzlandes der Börse zuzuordnen[211]. Dementsprechend werden die Gebühreneinnahmen z.B. der Frankfurter Wertpapierbörse in die Gewinn- und Verlustrechnung des Jahresabschlusses der Deutsche Börse AG als Träger dieser Börse einbezogen[212].

---

209 *Olenhusen*, Börsen und Kartellrecht, 1983, S. 42 ff.; *Schwark*, BörsG, § 5 Rn 5.
210 Abgedruckt in *Kümpel/Ott*, Kapitalmarktrecht, Kz 458. Vgl. weiter *Olenhusen*, Börsen und Kartellrecht, 1983, S. 88; *Schwark*, BörsG, § 5 Rn 5.
211 *Olenhusen*, Börsen und Kartellrecht, 1983, S. 88.
212 Soweit der Börsenträger kein Privatrechtssubjekt, sondern ein öffentlich-rechtlicher Verwaltungsträger ist, braucht er die vereinnahmten Gebühren im Rahmen seines Gesamthaushaltes auch nicht in einem gesonderten Etat ausweisen (*Schwark*, BörsG, § 5 Rn 5).

V. Sitzland der Börse als haftungsrechtliches Zurechnungssubjekt

Soweit für die Errichtung und das Betreiben der Börse privatrechtliche Verträge, insbesondere zur Anschaffung und Unterhaltung der Börseneinrichtungen abgeschlossen werden, haftet der Träger der Börse als Vertragspartner für die ordnungsgemäße Erfüllung der ihm hieraus erwachsenden Verpflichtungen. Eine solche Haftung des Börsenträgers wegen Pflichtverletzungen scheidet jedoch aus, wenn Handlungen oder Unterlassungen der Börsenorgane die Börsenbenutzer oder sonstige Dritte in pflichtwidriger Weise schädigen.

17.160

In solchen Schadensfällen kommt statt dessen eine Staatshaftung in Betracht, sofern die dem Funktionsschutz des Kapitalmarktes dienenden börsengesetzlichen Normen eine Amtspflicht des hoheitlich handelnden Schädigers im Sinne des deliktrechtlichen Haftungstatbestandes des § 839 BGB begründen. Die pflichtwidrige Verletzung einer solchen Amtspflicht führt zu einer Amts-(Staats-)Haftung der hierfür verantwortlichen staatlichen Stellen (Art. 34 GG i.V.m. § 839 BGB).

17.161

Denn für diese **Staatshaftung** ist es **unerheblich**, welcher Rechtsnatur die rechtlichen Beziehungen des handelnden Amtsträgers zu der Stelle sind, die ihn mit Aufgaben hoheitlicher Art betraut hat. Es ist deshalb ohne Bedeutung, ob der Amtsträger Beamter im staatsrechtlichen Sinne, Behördenangestellter oder eine sonst beruflich tätige Privatperson ist, der durch Dienstvertrag die Wahrnehmung einer hoheitlichen Verwaltungsaufgabe übertragen ist, wie dies auf die Mitglieder der Börsenorgane aufgrund des mit dem Börsenträger abgeschlossenen Anstellungsvertrages zutrifft[213].

17.162

Maßgebend für das Vorliegen solcher die Staatshaftung begründenden Normen ist der Zweck der Gesetzesbestimmung, welche die jeweilige öffentlich-rechtliche Amtspflicht für den Schädiger statuiert. Dies gilt insbesondere für den Schutzzweck der Gesetzesbestimmung[214]. Die Amtspflicht des hoheitlich Handelnden wird zu einer **haftungsbegründenden Amtspflicht** in den Fällen, in denen sie zumindest auch bezweckt, die Belange des Geschädigten zu schützen oder zu fördern und damit auch seine Interessen wahrzunehmen[215].

17.163

Diese Voraussetzung erfüllt z.B. die Pflicht der Zulassungsstelle als zuständigem Börsenorgan, bei der Zulassung der Wertpapiere das Vorliegen der dem Anlegerschutz dienenden Voraussetzungen sorgfältig zu prüfen (vgl. § 36 Abs. 3 BörsG)[216].

17.164

---

213 *Staudinger/Schäfer*, § 839 Rn 67.
214 BGHZ 106, 323, 331.
215 BGHZ 109, 163; 167, 168; *Palandt/Thomas*, § 839 Rn 47.
216 *Schwark*, BörsG, § 44 Rn 5.

Dasselbe gilt für die Pflicht der Börsengeschäftsführung, die gebotene Aussetzung der amtlichen Notierung zu veranlassen, um die Handelsteilnehmer und/oder das Anlegerpublikum möglichst vor den Schadensrisiken eines nicht ordnungsmäßigen Börsenhandels zu schützen – vgl. § 43 Abs. 1 Nr. 1 BörsG[217].

1. Rechtfertigung der haftungsrechtlichen Zurechnung

17.165 Soweit Börsenorgane in schuldhafter Weise eine Amtspflichtverletzung begehen, sind hieraus resultierende Schäden nach allgemeiner Meinung von dem Land zu übernehmen, dessen Börsenaufsichtsbehörde die Börse genehmigt hat (**Sitzland**)[218]. Im Regelfall trifft zwar die Staatshaftung gemäß Art. 34 GG den Staat oder die Körperschaft, in deren Dienst die Person steht, die ihre Amtspflicht verletzt hat. An einem solchen öffentlich-rechtlichen Dienstherrn fehlt es bei den Börsenorganen, die wie z.B. bei der Frankfurter Wertpapierbörse in einem Dienstverhältnis zur Deutsche Börse AG als Börsenträger und nicht zum Staat oder einer anderen juristischen Person des öffentlichen Rechts stehen.

17.166 In einer solchen Fallkonstellation **haftet** nach allgemeiner Meinung die **Körperschaft**, die dem Schädiger ein öffentliches Amt mit hoheitlichen Befugnissen anvertraut und ihm damit die Eigenschaft eines Beamten im haftungsrechtlichen Sinne verliehen hat[219]. Bei unserem dezentralen Börsenwesen ist diese Stelle das Sitzland der Wertpapierbörse. Denn die Börse verdankt ihre Errichtung als Anstalt des öffentlichen Rechts der hierfür erforderlichen Genehmigung durch die Börsenaufsichtsbehörde ihres Sitzlandes (§ 1 Abs. 1 BörsG). Diesen Verwaltungsakt erläßt die Börsenaufsichtsbehörde im Rahmen ihres pflichtgemäßen Ermessens vor allem aufgrund wirtschaftspolitischer Erwägungen und den regionalen Interessen ihres Landes[220]. Die Börsenaufsichtsbehörde nimmt also beim Erlaß des Genehmigungsaktes eine staatliche Verwaltungsaufgabe wahr[221].

17.167 Diese Genehmigung ist bei näherem Hinsehen auch der entscheidende Hoheitsakt, mit dem das öffentliche Amt geschaffen wird, an den der

---

217 *Schwark*, BörsG, § 36 Rn 28, § 43 Rn 12; *Elle*, ZHR 128 (1966), 292, 273.
218 *Schwark*, BörsG, § 3 Rn 3; *Bremer*, Grundzüge des deutschen und ausländischen Börsenrechts, S. 58, 111; *Elle*, ZHR 128 (1966), 273, 295; *Olenhusen*, Börsen und Kartellrecht, 1983, S. 87.
219 BGHZ 49, 108, 116; 87, 202, 204; *Staudinger/Schäfer*, § 839 Rn 200, 185, 186.
220 *Göppert*, Das Recht der Börsen, 1932, S. 73; *Wiede*, Die Börse als verwaltungsrechtliches Problem und Rechtsinstitut, 1965, S. 53, 55.
221 *Wiede*, Die Börse als verwaltungsrechtliches Problem und Rechtsinstitut, Kölner Diss., 1965, S. 48.

gesetzliche Tatbestand der Amtspflichtverletzung (§ 839 BGB) und die Staatshaftung (Art. 34 GG) anknüpfen. Denn dieser Hoheitsakt des Sitzlandes unterstellt die hierdurch genehmigte Marktveranstaltung dem Börsengesetz und erhebt sie damit zur Börse im Rechtssinne[222]. Die **Genehmigung der Börsenaufsichtsbehörde** des Sitzlandes der Börse ist also der **eigentliche konstitutive Rechtsakt für die öffentlichen Ämter der Börsenorgane**[223]. Es ist deshalb durchaus zutreffend, wenn das Schrifttum etwas verkürzt formuliert, die staatliche Genehmigung verleihe (übertrage) den präsumtiven Börsenorganen die im Börsengesetz geregelten Hoheitsbefugnisse[224]. Die spätere pflichtwidrige Ausübung dieser hoheitlichen Befugnisse kann sodann die Haftung des Sitzlandes der Börse auslösen. Für diese Staatshaftung ist es im übrigen nach allgemeiner Meinung unerheblich, wenn der Börsenträger bei der Auswahl der Mitglieder der Börsenorgane mitgewirkt hat[225].

2. Haftung des Sitzlandes bei von der Börse zu vertretenden Leistungsstörungen

Dieselbe haftungsrechtliche Situation ergibt sich auch, wenn der Schaden nicht durch ein hoheitliches Handeln der Börsenorgane durch Ausübung der ihnen eingeräumten Hoheitsbefugnisse verursacht worden ist. Solche Schäden können auch bei **einer von der Börse zu vertretenden Leistungsstörung** im Rahmen des Leistungsverhältnisses eintreten, wie es durch die Börsenzulassung zwischen der Wertpapierbörse als Anstalt des öffentlichen Rechts und den Handelsteilnehmern sowie den Emittenten als ihren Benutzern begründet wird[226].

17.168

Bei solchen (schlichthoheitlichen) Leistungsverhältnissen haftet die Anstalt des öffentlichen Rechts ihren Benutzern für schuldhafte Pflichtverletzungen in entsprechender Anwendung der Vorschriften des vertraglichen Schuldrechts. Dies gilt insbesondere für die gesetzliche Regelung des Haftungsmaßstabes und der Haftung für das Verschulden der Erfül-

17.169

---
222 *Göppert*, Das Recht der Börsen, 1932, S. 72, 73.
223 *Wiede*, Die Börse als verwaltungsrechtliches Problem und Rechtsinstitut, Kölner Diss., 1965, S. 53.
224 *Schwark*, BörsG, § 3 Rn 3; *Elle*, ZHR 128 (1966), 273, 295; *Bremer*, Grundzüge des deutschen und ausländischen Börsenrechts, 1969, S. 58.
225 Vgl. *Elle*, ZHR 128 (1966), 273, 295 für die Auswahl der Mitglieder der Zulassungsstelle. Wegen weiterer Gründe für die Haftung des Sitzlandes der Börse vgl. *Kümpel* in Kümpel/Ott, Kapitalmarktrecht, Kz 060, S. 31 ff.
226 *Olenhusen*, Börsen und Kartellrecht, 1983, S. 87; *Wolff/Bachof/Stober*, Verwaltungsrecht I, 10. Aufl., 1994, § 44 1b, IIIb, § 64 IVa.

lungsgehilfen (§§ 276, 278 BGB). Diese haftungsrechtlichen Bestimmungen sind Ausdruck eines allgemeinen Rechtsgedankens und deshalb auch auf öffentlich-rechtliche Rechtsverhältnisse anzuwenden, wenn wie bei der Benutzung einer öffentlichen Anstalt ein besonderes enges Sonderverhältnis zu ihren Benutzern besteht[227].

17.170 Auch solche Schadensersatzansprüche wegen verschuldeter Leistungsstörungen können gegenüber dem Sitzland der Börse geltend gemacht werden. Der Börsenträger kommt auch insoweit als Haftungssubjekt nicht in Betracht, weil er keinen Einfluß auf die Erfüllung der (schlicht-hoheitlichen) Börsenleistungen hat. Insoweit kommen also letztlich dieselben Argumente zum Tragen, die die Haftung des Sitzlandes der Börse für eine schuldhafte Verletzung der Amtspflicht eines Börsenorgans rechtfertigt. Dies schließt freilich nicht aus, daß der Börsenträger ohne Anerkennung einer Rechtspflicht bestimmte Schäden aus der Inanspruchnahme des von ihm zur Verfügung gestellten EDV-Systems übernimmt.

17.171 Eine **andere Rechtslage** kann sich **im Einzelfall** einstellen, wenn die Börsengeschäftsführung als Beauftragte des Trägers außerhalb der Börsenselbstverwaltung tätig wird. Insoweit können die Mitglieder der Börsengeschäftsführung als rechtsgeschäftliche Vertreter des Börsenträgers oder als dessen Erfüllungs- oder Verrichtungsgehilfe handeln (§§ 164, 278, 831 BGB)[228].

VI. Börsenorgane

17.172 Die **Börse** ist wie jeder andere Träger öffentlicher Verwaltung **nicht handlungsfähig**. Verwaltungsträger brauchen deshalb für sie tätige Menschen, die sie erst handlungsfähig machen. Rechtstechnisch geschieht dies durch Organe und Organwalter. Bei den Organen handelt es sich um rechtlich geschaffene Einrichtungen der Verwaltungsträger, die dessen Zuständigkeit wahrzunehmen haben. Als Organwalter werden diejenigen Personen bezeichnet, die den Organen zugeordnete Zuständigkeiten faktisch ausüben.

17.173 Unter den **Organen der Börsen** sind diejenigen Gremien oder Einzelpersonen zu verstehen, die nach dem Börsengesetz oder der Börsenordnung die börsenbezogenen Funktionen selbständig wahrnehmen. Hierzu zählen

---

227 *Wolff/Bachof*, Verwaltungsrecht II, 5. Aufl., 1987, § 99 Rn 33.
228 *Schwark*, BörsG, § 3 Rn 4.

insbesondere die Börsengeschäftsführung, der neugeschaffene Börsenrat, die Zulassungsstelle für den Amtlichen Markt bzw. der Zulassungsausschuß für den Geregelten Markt, die neugeschaffene Handelsüberwachungsstelle, der Sanktionsausschuß sowie die Kursmakler[229].

1. Börsengeschäftsführung

17.174 Organwalter bei den Börsen sind vor allem die Mitglieder der Börsengeschäftsführung, denen die Leitung der Börse obliegt (§ 3c BörsG). Ist wie bei der Frankfurter Wertpapierbörse eine AG in Gestalt der Deutsche Börse AG Börsenträger, so können dieselben Personen Mitglieder sowohl des Vorstandes der Gesellschaft als auch der Geschäftsführung der Börse als Marktveranstalter sein. Diese Personenidentität wird seit langem bei Wertpapierbörsen mit einem privatrechtlichen Verein als Träger (Vereinsbörsen) praktiziert[230]. Hier ist streng zu unterscheiden zwischen den Befugnissen der Vorstandsmitglieder der AG als Börsenträger, die sich nach §§ 76 ff. AktG bestimmen, und den hoheitlichen Befugnissen als Mitglied des Leitungsorgans der Börse, wie sie sich vor allem aus dem Börsengesetz und der Börsenordnung ergeben[231].

a) Behördeneigenschaft der Börsengeschäftsführung

17.175 Die Anordnungen der Börsengeschäftsführung im Rahmen der ihr zustehenden Befugnisse sind Verwaltungsakte[232].

17.176 Nach § 35 VwVfG ist ein Verwaltungsakt „jede Verfügung, Entscheidung oder andere hoheitliche Maßnahme, die eine Behörde zur Regelung eines Einzelfalles auf dem Gebiet des öffentlichen Rechts trifft und die auf unmittelbare Rechtswirkung nach außen gerichtet ist".

17.177 Sind wie bei der Börse die Organe eines Verwaltungsträgers zur eigenen Durchführung konkreter Verwaltungsmaßnahmen im Außenverhältnis berufen und können sie deshalb gerichtlich überprüfbare Verwaltungsakte erlassen, handelt es sich bei diesen Organen um Behörden im verwal-

---

229 *Schwark*, BörsG, § 2 Rn 4.
230 *Wiede*, Die Börse als verwaltungsrechtliches Problem und Rechtsinstitut, Kölner Diss., 1965, S. 63, 64.
231 Vgl. hierzu §§ 9, 10 Frankfurter Börsenordnung, abgedruckt WM 1995, S. 1646, 1647. Vgl. weiter *Wiede*, Die Börse als verwaltungsrechtliches Problem und Rechtsinstitut, Kölner Diss., 1965, S. 65 für die Fälle, in denen der Börsenträger ein privatrechtlicher Verein (§§ 21 ff. BGB) ist.
232 *Wolff/Bachof*, Verwaltungsrecht II, 5. Aufl., 1987, § 99 Rn 8.

tungsrechtlichen Sinne[233]. Die **Börsengeschäftsführung** besitzt deshalb auch die **Behördeneigenschaft**[234].

17.178 Die Börsengeschäftsführung kann deshalb bei der Wahrnehmung ihrer öffentlichen Aufgaben einseitig verbindlich handeln und in dieser Weise auf den Amtlichen Markt und den Geregelten Markt einwirken. Als Verwaltungsbehörde kann sie ihre Verwaltungsakte auch selbst durchsetzen.

17.179 Nach den Verwaltungsvollstreckungsgesetzen der für die Börsen zuständigen Länder werden Verwaltungsakte, mit denen eine Handlung, Duldung oder Unterlassung gefordert wird, von der Behörde vollstreckt, die den Verwaltungsakt erlassen hat. Die Börsengeschäftsführung kann also insbesondere die Börsenbesucher zur Beachtung ihrer Anordnungen durch Festsetzung eines Zwangsgeldes anhalten.

17.180 Das hoheitliche Handeln der Börsengeschäftsführung bedarf der hierfür erforderlichen Rechtsgrundlagen. Dies gilt insbesondere für Maßnahmen in Gestalt „belastender" Verwaltungsakte. Für Eingriffe in die Rechts- und Freiheitssphäre natürlicher oder juristischer Personen gilt das Gebot der Gesetzmäßigkeit der Verwaltung (sog. **Vorbehalt des Gesetzes**)[235]. Danach muß ein den Betroffenen verpflichtender Akt der Verwaltungsorgane durch ein Gesetz zugelassen werden. Hierzu bedarf es der tatbestandsmäßigen Normierung der Voraussetzungen für solche „belastende" Verwaltungsmaßnahmen. Dies braucht nicht durch ein förmliches Gesetz geschehen. Vielmehr genügt ein „materielles" Gesetz im Sinne eines abstrakten generellen Rechtssatzes. Zu diesen materiellen Gesetzen gehören auch die in der Börsenordnung getroffenen Bestimmungen, weil sie als Satzungsrecht für alle Börsenbesucher verbindliche Geltung haben[236].

b) Umfassender Zuständigkeitskatalog

17.181 Die Börsengeschäftsführung ist als Leitungsorgan der Börse zuständig für alle Aufgaben, die nicht ausdrücklich den anderen Börsenorganen zugewiesen sind[237]. Sie hat insbesondere hierfür geeignete Unternehmen und Personen zur Teilnahme am Börsenhandel zuzulassen oder davon auszu-

---

233 *Maurer*, Allgemeines Verwaltungsrecht, 12. Aufl., 1999, § 21 Rn 33.
234 Begr. des RegE des 2. FFG, BT-Drucksache 12/6679, S. 64; *Wiede*, Die Börse als verwaltungs rechtliches Problem und Rechtsinstitut, Kölner Diss., 1965, S. 139; *Schwark*, BörsG, § 3 Rn 2.
235 *Erichsen/Martens*, Allgemeines Verwaltungsrecht, 11. Aufl., 1998, S. 230; *Maurer*, Allgemeines Verwaltungsrecht, 12. Aufl., 1999, § 6 Rn 3 ff.
236 BVerfGE 10, 20, 50; 33, 125, 156. Mit solchem Satzungsrecht kann jedoch in die Grundrechte nur in beschränktem Umfange eingegriffen werden.
237 Vgl. z.B. § 9 Abs. 2 Frankfurter Börsenordnung, abgedruckt WM 1995, S. 1646.

schließen sowie die Organisation und den Geschäftsablauf der Börse zu regeln[238].

Zu den **organisatorischen Maßnahmen** gehört die Verteilung der Geschäfte unter den einzelnen Kursmakler. Diese Skontrobildung ist auch für die Feststellung des Börsenpreises im Geregelten Markt zu veranlassen. Die Börsengeschäftsführung hat hiermit einen oder mehrere Makler zu beauftragen und zu beaufsichtigen.

17.182

Die Börsengeschäftsführung hat unbeschadet der Zuständigkeit der Handelsüberwachungsstelle die Befolgung der börsenrelevanten Gesetze, Verordnungen, Geschäftsbedingungen und sonstigen Regelungen zu überwachen. Auch hat dieses Leitungsorgan die Ordnung in den Börsenräumen aufrechtzuerhalten und die ordnungsgemäße Benutzung der übrigen Börseneinrichtungen sowie den reibungslosen Ablauf des Börsenhandels sicherzustellen (vgl. § 8 Abs. 2 BörsG)[239].

17.183

c) Sicherstellung eines ordnungsgemäßen Börsenhandels

Eine weitere wesentliche Verantwortung der Börsengeschäftsführung liegt in der weitestmöglichen Sicherstellung eines ordnungsgemäßen Börsenhandels. Die Börsengeschäftsführung kann deshalb den **Börsenhandel einstellen,** wenn wie z.B. bei Insolvenz der Emittentin ein ordnungsgemäßer Börsenhandel für die Wertpapiere nicht mehr gewährleistet ist. Des weiteren kann die Börsengeschäftsführung eine **vorübergehende Unterbrechung** des Börsenhandels **anordnen,** wenn ein ordnungsgemäßer Wertpapierhandel zeitweilig gefährdet oder wenn dies zum Schutz des Publikums geboten erscheint (§ 43 Abs. 1 BörsG).

17.184

Mit einer solchen Kursaussetzung wird in das Benutzerverhältnis zwischen Börse und den Börsenbenutzern in einer Weise eingegriffen, die über eine „innerbetriebliche" Maßnahme hinausgeht[240]. Denn die Emittenten wie die Handelsteilnehmer haben nach heute herrschender Auffassung einen Anspruch auf Feststellung von Börsenpreisen. Die Einstellung oder vorübergehende Unterbrechung des Börsenhandels als einen die Börsenbenutzer belastenden Verwaltungsakt bedurfte deshalb einer gesetzlichen Ermächtigung, wie sie durch § 43 Abs. 1 BörsG geschaffen worden ist.

17.185

---

238 Vgl. § 10 Abs. 1 Nr. 1 der Frankfurter Wertpapierbörse, abgedruckt WM 1995, S. 1646.
239 Begr. des RegE des 2. FFG, BT-Drucksache 12/6679, S. 68.
240 *Schwark,* BörsG, § 43 Rn 11.

2. Börsenrat

17.186 Durch die Novellierung des Börsengesetzes im Rahmen des Zweiten Finanzmarktförderungsgesetzes ist auch die innere Organisationsstruktur der Wertpapierbörse tiefgreifend neugestaltet worden. Die Börse wurde bisher von einem Börsenvorstand als ehrenamtlichem Gremium geleitet, während der Börsengeschäftsführung nur unzureichend definierte Hilfsfunktionen verblieben. Dies entsprach nicht mehr dem Anforderungsprofil einer leistungsfähigen Börse, die sich insbesondere im internationalen Wettbewerb mit anderen Börsen behaupten muß. Mit der fortschreitenden Computerisierung hat der börsenmäßig organisierte Wertpapierhandel eine Dimension erreicht, die ein ständig präsentes und professionelles Management für die Wahrnehmung der Leitungsaufgaben erfordert[241]. Die **allgemeinen Leitungsfunktionen für den täglichen Börsenhandel** sind deshalb der Börsengeschäftsführung zugeordnet worden. Dagegen hat der Börsenrat als ehrenamtliches Gremium insbesondere die der Börse übertragene autonome Rechtssetzungsbefugnis und eine allgemeine Überwachungsfunktion wahrzunehmen. Der Börsenrat hat deshalb insbesondere die Aufgabe, die Börsenordnung und die Gebührenordnung nach Genehmigung durch die Börsenaufsichtsbehörde sowie die Schiedsgerichtsordnung zu erlassen.

17.187 Das neu geschaffene Börsenorgan hat des weiteren die Geschäftsführer im Benehmen mit der Börsenaufsichtsbehörde zu bestellen und abzuberufen. Ihm obliegt auch der Erlaß einer Geschäftsordnung für die Börsengeschäftsführung sowie deren Überwachung.

17.188 Der Börsenrat ist im übrigen zuständig für die Bestellung und Abberufung des Leiters der Handelsüberwachungsstelle und seines Stellvertreters. Hierbei ist den Vorschlägen der Börsengeschäftsführung zu entsprechen, über die zuvor Einvernehmen mit der Börsenaufsichtsbehörde herbeigeführt werden muß.

17.189 Eine weitere Zuständigkeit des Börsenrates ist schließlich der Erlaß der Bedingungen für die Geschäfte am Kassamarkt und für den Börsenterminhandel. Auch hat der Börsenrat bei der Einführung technischer Systeme für den Wertpapierhandel und seiner Abwicklungen einschließlich der hierfür getroffenen Geschäftsbedingungen und sonstigen Reglementierungen mitzuentscheiden.

3. Zulassungsstelle und Zulassungsausschuß

17.190 Wertpapiere, die mit amtlicher Feststellung des Börsenpreises gehandelt werden sollen, bedürfen grundsätzlich der Zulassung (vgl. § 36 Abs. 1

---
241 Begr. des RegE des 2. FFG, BT-Drucksache 12/6679, S. 62.

BörsG). Unter dieser Zulassung versteht das Börsengesetz eine besonders ausgestaltete Erlaubnis, für Geschäfte in den zugelassenen Wertpapieren die Börseneinrichtungen zu benutzen. Hierbei handelt es sich um einen Verwaltungsakt, dessen Erlaß jeder Emittent im Rahmen der gesetzlichen Bestimmungen verlangen kann. Die **Benutzung der Börse** als einer öffentlichen Einrichtung zum Wertpapierhandel steht **jedem Emittenten** in gleicher Weise offen[242].

Das Zulassungsverfahren dient vor allem dazu, dem Anlegerpublikum über die tatsächlichen Grundlagen der angebotenen Wertpapiere ein möglichst genaues Bild zu vermitteln und insbesondere ein Urteil über die wirtschaftliche Entwicklungsfähigkeit der Emittentin und damit mittelbar über die Qualität der Wertpapiere zu ermöglichen[243]. Die Grundlagen des Zulassungsverfahrens sind in den §§ 36 bis 49 BörsG geregelt. Diese Bestimmungen werden ergänzt durch die Börsenzulassungs-Verordnung vom 15. 4. 1987[244]. 17.191

Die **Zulassungsstelle** ist ein **selbständiges Börsenorgan.** Sie erfüllt ihre öffentliche Aufgabe in sachlicher und rechtlicher Unabhängigkeit[245]. Die Zulassungsstelle unterliegt deshalb auch keinen Weisungen der Börsengeschäftsführung als Leitungsorgan der Börse[246]. 17.192

Die Mitglieder der Zulassungsstelle sind als Träger hoheitlicher Verwaltung Beamte im haftungsrechtlichen Sinne. Sie sind deshalb verantwortlich für Vermögensnachteile der Anleger aus einer rechtswidrigen Zulassung von Wertpapieren. Dasselbe gilt, wenn die Emittenten und die börsenbegleitenden Kreditinstitute vermögensmäßige Nachteile aus einer ungerechtfertigte Nichtzulassung von Wertpapieren erleiden. Die Pflicht zur sorgfältigen Prüfung der Zulassungsanträge ist als eine Amtspflicht ausgestaltet, bei deren schuldhafter Verletzung das Sitzland der Börse haftet. 17.193

Die Funktion der Zulassungsstelle übernimmt beim Geregelten Markt der Zulassungsausschuß (vgl. § 72 Abs. 2 Nr. 2 BörsG). Haftungsrechtlich gelten dieselben Grundsätze wie für schuldhaft fehlerhafte Entscheidungen der Zulassungsstelle[247]. 17.194

---

242 *Schwark*, BörsG, § 36 Rn 26.
243 *Schwark*, BörsG, § 36 Rn 3.
244 BGBl. I 1987.
245 *Schwark*, BörsG, § 36 Rn 28.
246 *Schwark*, BörsG, § 36 Rn 26.
247 *Schwark*, BörsG, § 71 Rn 13.

4. Handelsüberwachungsstelle

17.195 Das Zweite Finanzmarktförderungsgesetz hat im Rahmen des neuen Wertpapierhandelsgesetzes auch die Rechtsgrundlage für die staatliche Marktaufsicht geschaffen. Diese Aufsicht beruht auf einer ausgewogenen Kooperation zwischen dem Bundesaufsichtsamt für den Wertpapierhandel, der Börsenaufsichtsbehörde der Länder und der Börsenselbstverwaltung. Hierzu ist ein neues Organ der Börse in Gestalt der Handelsüberwachungsstelle geschaffen worden (§ 1b BörsG).

17.196 Dieses Börsenorgan soll **eigenverantwortlich** das Tagesgeschäft an der Börse kontrollieren, Untersuchungen bis zur Entscheidungsreife durchführen und die Ergebnisse an die Börsenaufsichtsbehörde und Börsengeschäftsführung weiterleiten[248]. Die Handelsüberwachungsstelle hat zu diesem Zweck die Daten über den Börsenhandel und die Börsengeschäftsabwicklung systematisch und lückenlos zu erfassen und auszuwerten sowie die notwendigen Ermittlungen durchzuführen (§ 1b Abs. 1 BörsG).

17.197 Zu den **Kontrollfunktionen** gehören vor allem die Überwachung der Preisbildung und der Handelsvolumina, die ständige Kontrolle der Einhaltung der Handelsusancen sowie die Beobachtung der Eigen- und Aufgabegeschäfte der Kurs- und Freimakler. Des weiteren sind die an der Börse festgestellten Preise mit den anderer Börsenplätze und Handelssysteme zu überwachen. Dies ist insbesondere wegen den Wechselwirkungen zwischen den Aktien- und Terminmärkten erforderlich[249]. Die Handelsüberwachungsstelle hat im übrigen bei den Marktteilnehmern, die keine Kreditinstitute sind, die Einhaltung des Sicherheitsrahmens auf der Grundlage der geleisteten Sicherheiten zu überwachen (§ 8c Abs. 2 BörsG).

17.198 Im Rahmen ihrer Kontrolltätigkeit hat die Handelsüberwachungsstelle dieselben Befugnisse wie die Börsenaufsichtsbehörde[250]. Die Bediensteten dieses Börsenorgans können deshalb von den Handelsteilnehmern Auskünfte, insbesondere die Übermittlung aller handels- und abwicklungsbezogenen Daten aus der elektronischen Datenverarbeitung verlangen[251].

17.199 Stellt die Handelsüberwachungsstelle fest, daß Mißstände vorliegen, die die ordnungsgemäße Durchführung des Börsenhandels oder der Börsengeschäftsabwicklung beeinträchtigen könnten, so darf die **Börsengeschäfts-**

---

248 Begr. des RegE des 2. FFG, BT-Drucksache 12/6679, S. 36.
249 Begr. des RegE des 2. FFG, BT-Drucksache 12/6679, S. 60.
250 Begr. des RegE des 2. FFG, BT-Drucksache 12/6679, S. 61.
251 Vgl. § 12 Abs. 4 S. 2 Börsenordnung der Frankfurter Wertpapierbörse abgedruckt in WM 1995, S. 1647 und in *Kümpel/Ott*, Kapitalmarktrecht, Kz 438.

führung geeignete eilbedürftige Anordnungen treffen. Bei Überschreiten des Sicherheitsrahmens kann die Börsengeschäftsführung die unverzügliche Leistung weiterer Sicherheiten verlangen und notfalls den säumigen Börsenmakler mit sofortiger Wirkung ganz oder teilweise vom Börsenhandel vorläufig ausschließen. Der Handelsüberwachungsstelle sind also hoheitliche Eingriffsbefugnisse nur für die Erfüllung ihrer Kontrolltätigkeit eingeräumt worden. Eilbedürftige Anordnungen aufgrund der Prüfungsergebnisse der Handelsüberwachungsstelle sind dagegen von der Börsengeschäftsführung zu treffen. Die Geschäftsführung soll als Leitungsorgan der Börse nach der gesetzgeberischen Konzeption für die Sicherstellung eines ordnungsgemäßen Börsenhandels allein zuständig sein[252].

5. Sanktionsausschuß

Im Zuge der Novellierung des Börsengesetzes durch das Zweite Finanzmarktförderungsgesetz ist der bisherige Ehrenausschuß in Sanktionsausschuß umbenannt worden. Die Verletzung der Ehre eines Handelsteilnehmers steht in der heutigen Börsenpraxis nicht mehr im Vordergrund, zumal nach der Änderung der Zulassungsbestimmungen für den Börsenbesuch vor allem die Unternehmen selbst zur Teilnahme am Börsenhandel zugelassen werden. Der Gesetzgeber hat im übrigen das Sanktionsinstrumentarium dieses weiteren selbständigen Börsenorgans verschärft. 17.200

Diese Sanktionsmaßnahmen sind insbesondere zulässig, wenn der Handelsteilnehmer vorsätzlich oder leichtfertig gegen börsenrechtliche Vorschriften oder Anordnungen verstößt, die eine ordnungsgemäße Durchführung des Handels an der Börse oder der Börsengeschäftsabwicklung sicherstellen sollen. Bei den **Entscheidungen des Sanktionsausschusses** handelt es sich um **gerichtlich anfechtbare Verwaltungsakte**[253]. 17.201

Nach den Gesetzesmaterialien zum Zweite Finanzmarktförderungsgesetz hat der Sanktionsausschuß eine wichtige Aufgabe beim börsenmäßig organisierten Wertpapierhandel Transparenz, Fairness und Chancengleichheit sicherzustellen. Die Sanktionsmaßnahmen sollen deshalb mit dazu dienen, das Vertrauen der Anleger, Emittenten und der Handelsteilnehmer in die Funktionsfähigkeit der Wertpapierbörse zu schützen[254]. 17.202

---

252 Begr. des RegE des 2. FFG, BT-Drucksache 12/6679, S. 68.
253 *Schwark*, BörsG, § 9 Rn 2.
254 Begr. des RegE des 2. FFG, BT-Drucksache 12/6679, S. 68.

3. Abschnitt
Das Benutzungsverhältnis der Börse zu den Handelsteilnehmern und Emittenten

17.203 Die Grundstruktur der Rechtsverhältnisse der Börse mit den Handelsteilnehmern und den Emittenten als ihren Benutzern ist durch die Rechtsform der Börse als einer Anstalt des öffentlichen Rechts geprägt. Solche Anstalten stehen in einem rechtlichen Sonderverhältnis zu ihren Benutzern[255]. Dieses **Benutzungsverhältnis** ist als ein **Leistungsverhältnis** zu qualifizieren, weil die Benutzer das Leistungsangebot der jeweiligen Anstalt in Anspruch nehmen. Dieses Leistungsverhältnis kann öffentlich-rechtlich oder privatrechtlich ausgestaltet sein[256].

17.204 Bei einer öffentlich-rechtlichen Ausgestaltung dieses Leistungsverhältnisses liegt ein auf Dauer angelegtes Verwaltungsrechtsverhältnis vor[257]. Für solche Verwaltungsrechtsverhältnisse ist es typisch, daß es zu einer Verdichtung im Verhältnis von öffentlicher Verwaltung und Bürger kommt[258]. Solche Rechtsverhältnisse sind deshalb vor allem bei der Leistungsverwaltung anzutreffen[259], zu denen auch die Börse als Veranstalter eines börsenmäßig organisierten Marktes gehört.

17.205 Das Benutzungsverhältnis der Börse mit ihren Handelsteilnehmern ist offensichtlich, soweit diese Börsenbesucher die Einrichtungen der Börse zum Abschluß von Wertpapiergeschäften benutzen. Die Handelsteilnehmer sind Leistungsempfänger der Börse aber auch insoweit, als zum Börsenhandel die Feststellung der vereinbarten Börsenpreise gehört.

17.206 Weniger augenfällig ist dagegen die Benutzung der Börse durch die Emittenten. Die Dienstleistungen der Börse als Veranstalter eines börsenmäßig organisierten Wertpapierhandels mit transparenten, staatlich geregelten und überwachten Preisfeststellungen kommen aber auch dem Emittenten, wenn auch nur indirekt zugute. Denn die Wertpapiere der Emittenten sind Gegenstand der Geschäftsabschlüsse der Handelsteilnehmer

---

255 *Wolff/Bachof*, Verwaltungsrecht, II, 5. Aufl., 1987, § 99 Rn 25; *Maurer*, Allgemeines Verwaltungsrecht, 12. Aufl., 1999, § 23 Rn 52.
256 *Wolff/Bachof*, Verwaltungsrecht, 5. Aufl., 1987, § 99 Rn 34.
257 *Maurer*, Allgemeines Verwaltungsrecht, 12. Aufl., 1999, § 8 Rn 21.
258 *Badura/Erichsen*, Allgemeines Verwaltungsrecht, 11. Aufl., 1998, § 11 Rn 7.
259 *Badura/Erichsen*, Allgemeines Verwaltungsrecht, 11. Aufl., 1998, § 11, Rn 7; vgl. weiter *Wolff/Bachof/Stober*, Verwaltungsrecht I, 10. Aufl., 1994, § 32 Rn 35 ff.; *Maurer*, Allgemeines Verwaltungsrecht, 12. Aufl., 1999, § 8 Rn 16 ff.

und der Preisfeststellungen durch den skontroführenden Börsenmakler. Hieran haben die Emittenten ein starkes wirtschaftliches Eigeninteresse, obwohl sie nicht selbst als Vertragsschließende am Handelsgeschehen beteiligt sind. Dieses Benutzungsverhältnis zwischen der Börse und den Emittenten der dort gehandelten Wertpapiere hat der Gesetzgeber mittlerweile weiter ausgestaltet. So obliegen den Emittenten während der Dauer der Börsenzulassung bestimmte kapitalmarktrechtliche Informations- und Verhaltenspflichten (§§ 44 bis 44e BörsG), insbesondere die Pflicht zur Ad hoc-Publizität von kursrelevanten Sachverhalten aus ihrer Unternehmenssphäre (§ 15 WpHG).

I. Das Leistungsverhältnis zwischen Börse und ihren Benutzern

Das Leistungsverhältnis zwischen der Börse und den Emittenten und Handelsteilnehmern ist dadurch gekennzeichnet, daß diesen Benutzern ein Anspruch auf bestimmte Tätigkeiten der Börse als Marktveranstalter zusteht. Dieses Leistungsverhältnis entspricht auch bei einer öffentlich-rechtlichen Ausgestaltung insoweit dem zivilrechtlichen Schuldverhältnis, das den Gläubigern das Recht verschafft, von seinem Schuldner eine bestimmte Leistung zu fordern (§ 241 BGB).

17.207

Die von der Börse im Rahmen dieses Benutzungsverhältnisses erbrachten Leistungen haben auch einen wirtschaftlichen Charakter, soweit die Börsenbenutzer als Leistungsempfänger eine synallagmatische Gegenleistung in Gestalt einer öffentlich-rechtlichen Gebühr oder eines privatrechtlichen Nutzungsentgeltes zu zahlen haben. Die Börse erbringt also nicht nur „Leistungen" gegenüber der Allgemeinheit, wie es für die Träger öffentlicher Verwaltung typisch ist, zu der auch die Börsenselbstverwaltung gehört. Sie bewirkt insbesondere Leistungen an individuelle Unternehmen und Personen, wie es nicht nur für privatrechtliche Leistungsverhältnisse, sondern auch für Benutzungsverhältnisse mit Anstalten des öffentlichen Rechts aus dem Bereich der Leistungsverwaltung typisch ist[260].

17.208

Der **Inhalt des Leistungsverhältnisses** mit einer Anstalt des öffentlichen Rechts wird weitgehend von ihrem Zweck bestimmt. Der Anstaltszweck der Börse besteht im wesentlichen in der Ermöglichung schneller, kostengünstiger Geschäftsabschlüsse und der Feststellung transparenter, staatlich geregelter und überwachter Börsenpreise[261].

17.209

---

260 *Olenhusen,* Börsen und Kartellrecht, 1983, S. 29, 30.
261 *Schwark,* BörsG, § 29 Rn 9.

17. Teil: Börsenrecht

17.210 Der Börsenhandel erfordert deshalb **umfangreiche organisatorische Vorkehrungen technischer und rechtlicher Natur.** Nur so kann die Börse ihren Pflichten als Veranstalter des sich bei ihr vollziehenden Wertpapierhandels gerecht werden. Hierzu bedarf es weitreichender Reglementierungen. Dies geschieht insbesondere durch den Erlaß der Börsenordnung und der Geschäftsbedingungen für die an der Börse abgeschlossenen Geschäfte (Börsenusancen). Börsenordnung und Usancen schaffen die regulatorischen Voraussetzungen für einen möglichst reibungslosen und schnellen Börsengeschäftsverkehr. Diese beiden Regelwerke enthalten deshalb die Bedingungen, zu denen Handelsteilnehmer und Emittenten als Börsenbenutzer die Börsenleistungen in Anspruch nehmen können. Erst diese Homogenisierung von Angebot und Nachfrage durch Standardisierung der Börsengeschäfte wie auch die Sicherstellung der Bonität der Handelsteilnehmer durch die gesetzlichen Zulassungsvoraussetzungen schaffen die Grundlage für einen zügigen Börsenhandel[262].

17.211 Die Börse hat im übrigen **geeignete Räumlichkeiten mit der erforderlichen personellen und technischen Ausstattung bereitzustellen.** Beim **elektronischen Wertpapierhandel** werden den Handelsteilnehmern statt der Börsensäle ein geeignetes EDV-mäßiges betriebenes Handelssystem zur Nutzung überlassen. Hierzu sind auch Miet- und Leasingverträge sowie Wartungsverträge für die Soft- und Hardware der von der Börse zur Verfügung gestellten EDV-Systeme abzuschließen.

17.212 Zu den Hilfseinrichtungen für die Abwicklung der Börsengeschäfte gehören des weiteren die **elektronische Börsengeschäftsabwicklung,** bei der die Schlußnoten für die skontroführenden Börsenmakler erstellt werden. Die Börsenmakler haben hierzu alle zustandegebrachten Börsengeschäfte in die EDV-Anlage einzugeben[263]. Die Gesetzesmaterialien zum zweiten Finanzmarktförderungsgesetz bezeichnen dementsprechend die Börsengeschäftsabwicklung wie auch die Clearing-Einrichtung der Deutschen Terminbörse als Einrichtungen der Börse. Als solche unterliegen sie der Überwachung durch die staatliche Börsenaufsicht (vgl. § 1 Abs. 2 BörsG)[264].

17.213 Mit Rücksicht auf diese umfangreichen regulatorischen und organisatorischen Vorkehrungen der Börse für den von ihr veranstalteten Handel kann schon in der Zulassung zur Börsenbenutzung eine „Leistung" der

---
262 *Schmidt,* Wertpapierbörsen, 1988, S. 9.
263 Vgl. § 37 Frankfurter Börsenordnung, abgedruckt in *Kümpel/Ott,* Kapitalmarktrecht, Kz 438.
264 Begr. des RegE des 2. FFG, BT-Drucksache 12/6679, S. 59.

3. Abschnitt: Benutzungsverhältnis Börse zu Handelsteilnehmern und Emittenten

Börse im wirtschaftlichen Sinn erblickt werden. Denn mit dieser Zulassung erhalten die **Börsenbenutzer die Möglichkeit der Teilnahme** an einem möglichst optimal organisierten Wertpapierhandel.

Aus der Sicht des wirtschaftlichen Leistungsbegriffes ergibt sich eine Parallele zur Veranstaltung einer Messe, bei der der Veranstalter nach der Rechtsprechung des Bundesgerichtshofes mit der Überlassung von Messeständen gewerbliche Leistung an die Aussteller erbringt. Denn hierdurch erhalten die Aussteller „die Möglichkeit", ihr Warensortiment einem großen Interessentenkreis geschlossen darzubieten (Fremdinformation) und sich über die Konkurrenzangebote schnell und gründlich zu unterrichten (Eigeninformation) sowie an Ort und Stelle Verkaufsverträge mit Messebesuchern abzuschließen[265].

17.214

Schon die Zulassung zum Börsenhandel hat also für die Handelsteilnehmer wirtschaftliche Vorteile und ist deshalb mit der zu entrichtenden „Aufnahme"gebühr abzugelten[266]. Ebenso hat die Zulassung der Wertpapiere zum Börsenhandel wirtschaftliche Vorteile für die Emittenten[267].

17.215

1. Außerbörsliche Vertragsbeziehung der Börsenbenutzer zur Deutsche Börse Clearing AG als Clearingstelle für die Abwicklung der Börsengeschäfte

Bei den Dienstleistungen der Deutsche Börse Clearing AG handelt es sich dagegen um keine Börsenleistung. Diese Gesellschaft als mittlerweile einzige Wertpapiersammelbank betreibt auf der wertpapiermäßigen Basis der von ihr (giro)sammelverwahrten Wertpapiere den Effektengiroverkehr, der der wertpapier- und geldmäßigen Erfüllung (Valutierung) der Börsengeschäfte dient. Die Deutsche Börse Clearing AG ist zwar mittlerweile eine hundertprozentige Tochtergesellschaft der Deutsche Börse AG, die auch Trägerin der Frankfurter Wertpapierbörse ist. Diese Wertpapiersammelbank im Sinne des Depotgesetzes ist aber keine Einrichtung der Börse als Veranstalter des Börsenhandels[268]. Denn die Börse dient entsprechend ihrem durch die Börsenordnung bestimmten Anstaltszweck lediglich **dem Abschluß von Handelsgeschäften, nicht aber der Erfüllung** der hieraus resultierenden Liefer- und Zahlungspflichten[269].

17.216

---

265 BGHZ 52, 65, 67 für eine Sportartikelmesse.
266 *Olenhusen*, Börsen und Kartellrecht, 1983, S. 32.
267 *Olenhusen*, Börsen und Kartellrecht, 1983, S. 38, 51.
268 Begr. des RegE des 2. FFG, BT-Drucksache 12/6679, S. 59; *Olenhusen*, Börsen und Kartellrecht, 1983, S. 42.
269 Vgl. § 1 der Frankfurter Börsenordnung, WM 1995, S. 1645.

2. Außerbörsliche Mitwirkung der Deutsche Börse Systems AG

17.217 Auch die Deutsche Börse Systems AG (DBS) als hundertprozentige Tochtergesellschaft der Deutsche Börse AG erbringt insoweit keine Börsenleistungen, als sie die der wertpapier- und geldmäßigen Abwicklung der Börsengeschäfte dienenden „Lieferlisten" elektronisch erstellt[270]. Nach den Geschäftsbedingungen der Deutsche Börse Clearing AG[271] sind diese Lieferlisten zu verwenden, wenn dieses Clearinginstitut von einem Kontoinhaber als Wertpapierverkäufer beauftragt wird, die in der Liste bezeichneten Wertpapiergeschäfte unter gleichzeitiger Verrechnung des Gegenwertes zu regulieren. Hierzu erteilt die Deutsche Börse Clearing AG in ihren Büchern dem lieferungsberechtigten Kontoinhaber eine entsprechende Girosammeldepot-(GS-)Gutschrift und nimmt eine entsprechende Belastungsbuchung auf dem GS-Konto seines lieferungspflichtigen Auftraggebers vor[272]. Die Lieferlisten dienen also nicht mehr dem zeitlich vorgeschalteten Abschluß der Börsengeschäfte, denen die Börse als Marktveranstalter dient. Diese Listen bilden vielmehr die auftragsrechtliche Grundlage für die spätere Erfüllung der Börsengeschäfte.

17.218 Dagegen kann die elektronische Erstellung der Makler-Schlußnoten durch die DBS noch der Sphäre der an der Börse getätigten Geschäftsabschlüsse zugeordnet werden. Solche Schlußnoten gehören zu den Tätigkeiten der Börsenmakler, die die Börsengeschäfte durch Zuordnung der Kontrahenten zustandebringen. Dies sollen die Schlußnoten im Sinne des § 94 HGB dokumentieren.

II. Benutzungsverhältnis zwischen Börse und Emittentin

17.219 Der börsenmäßige Wertpapierhandel erfordert eine Zulassung der gehandelten Wertpapiere durch die Zulassungsstelle als weiteres selbständiges Börsenorgan[273]. Die Zulassung bedeutet, daß für die Geschäfte in zugelassenen Wertpapieren die Börseneinrichtungen benutzt werden und insbesondere Feststellungen von Börsenpreisen (Kursnotierungen) stattfinden dürfen[274]. Mit solchen Zulassungsverfahren wird vor allem bezweckt,

---

270 *Schwark*, BörsG, § 1 Rn 59.
271 Nr. 44 Abs. 1, abgedruckt in *Kümpel/Ott*, Kapitalmarktrecht, Kz 380, S. 28.
272 *Kümpel* in Bankrecht und Bankpraxis, Rn 8/331; *Obermann*, Bankbetrieb, 1970, S. 12 ff.
273 *Schwark*, BörsG, § 2 Rn 4; *Samm*, Börsenrecht 1978, S. 57; *Nußbaum*, Börsengesetz, 1910, § 36 Anm. III, S. 149.
274 *Nußbaum*, Börsengesetz, 1910, § 36 I, b, S. 147.

dem Publikum über die Grundlagen der angebotenen Wertpapiere ein möglichst klares Bild zu vermitteln und damit insbesondere ein Urteil über die wirtschaftliche Entwicklungsfähigkeit des Emittenten und über die Qualität der Wertpapiere zu ermöglichen[275].

Die **Emittenten** haben einen **Anspruch auf Zulassung ihrer Wertpapiere**, wenn die gesetzlichen Voraussetzungen für eine solche öffentlich-rechtliche Erlaubnis zur Benutzung der Börseneinrichtungen für Geschäfte in diesen Wertpapieren gegeben sind[276]. 17.220

Für einen solchen öffentlich-rechtlichen Anspruch spricht auch der Wortlaut der börsengesetzlichen Regelungen für die Zulassungsvoraussetzungen. Nach § 36 Abs. 3 BörsG „sind Wertpapiere zuzulassen", wenn sie die dort normierten Voraussetzungen erfüllen[277]. Dagegen können die Börsenbesucher, insbesondere die Handelsteilnehmer keinen Anspruch auf Zulassung von Wertpapieren oder auf Fortdauer einer bestehenden Zulassung geltend machen[278]. 17.221

Mit der Zulassung wird zwischen der Börse und der Emittentin ein Rechten und Pflichten begründendes (öffentlich-rechtliches) Benutzungsverhältnis geschaffen[279], wie es auch zwischen der Börse und den Handelsteilnehmern besteht. Die Börse ist hieraus verpflichtet, das zur Herbeiführung des Börsenhandels und für die Preisfeststellungen Erforderliche zu tun[280]. Die Emittenten könnten deshalb ihren Anspruch gegen die Börse auf die Herbeiführung und Feststellung von Börsenpreisen erforderlichenfalls mit einer verwaltungsrechtlichen Verpflichtungsklage geltend machen[281]. 17.222

1. Anspruch auf Einführung in den Börsenhandel

Von dieser Zulassung der Wertpapiere zum Börsenhandel ist deren Einführung in den Börsenhandel zu unterscheiden. Bei den im Amtlichen Markt gehandelten Wertpapieren ist hierunter die Aufnahme der ersten 17.223

---

275 *Schwark*, BörsG, § 36 Rn 3.
276 *Schwark*, BörsG, § 36 Rn 26.
277 *Schwark*, BörsG, § 36 Rn 26.
278 *Olenhusen*, Börsen und Kartellrecht, 1983, S. 46; *Fluck*, WM 1995, 553, 557, 558; *Klenke*, WM 1995, 1089, 1100.
279 *Schwark*, BörsG, § 43 Rn 11.
280 *Schwark*, BörsG, § 43 Rn 12; *von Rosen* in Assmann/Schütze, Handbuch des Kapitalanlagerechts, § 2 Rn 206; *Olenhusen*, Börsen und Kartellrecht, 1983, S. 51.
281 *Schwark*, BörsG, § 42 Rn 12.

amtlichen Feststellung des Börsenpreises zu verstehen. Mit dieser ersten Kursnotierung beginnt der Börsenhandel in den Wertpapieren (§ 42 BörsG).

17.224 Wie die Zulassung zum Börsenhandel durch die Zulassungsstelle erfordert auch die Einführung in den Börsenhandel einen Verwaltungsakt. Hierfür ist die Börsengeschäftsführung zuständig[282]. Bei dieser Einführung hat die Zulassungsstelle und der mit der amtlichen Notierung betraute Kursmakler mitzuwirken[283].

2. Öffentlich-rechtliche Ausgestaltung des Leistungsverhältnisses

17.225 Mit der Zulassung der Wertpapiere erbringt die **Börse eine Leistung an die Emittenten,** deren wirtschaftliche Bedeutung vor allem in der Kursnotierung liegt[284]. Regelmäßig wird eine Emission der Wertpapiere mit einer Börseneinführung verknüpft. Diese Börseneinführung wirkt sich im allgemeinen günstig auf die Erfolgsaussichten einer Emission aus. Die Anleger sind an der Kursentwicklung der von ihnen erworbenen Wertpapiere stark interessiert. Auch legen sie Wert darauf, die Wertpapiere jederzeit zu einem Börsenpreis veräußern zu können. Hinzu kommt, daß der Emittent durch die Kursnotierungen eine aktuelle Bewertungsgrundlage für seine weitere Geschäftspolitik, insbesondere für die Dividendenpolitik erhält[285].

17.226 Dieses Leistungsverhältnis ist wie das Benutzungsverhältnis zwischen Börse und Handelsteilnehmer **öffentlich-rechtlich strukturiert.** Auch hierfür sprechen mehrere Gesichtspunkte.

17.227 So enthält insbesondere die Börsenordnung, mit deren Bestimmungen die Rechtsbeziehungen zwischen Börse und ihren Benutzern geregelt werden, auch Regelungen für das Leistungsverhältnis zwischen Börsen und zugelassenen Emittenten. Dies gilt insbesondere für die Zulassung zum Geregelten Markt. Der Gesetzgeber hat im Interesse größtmöglicher Flexibilität für die Börsenselbstverwaltung angeordnet, daß die näheren Bestimmungen für dieses Marktsegment in der Börsenordnung zu treffen sind (§ 72 Abs. 1 BörsG).

---

282 *Schwark,* BörsG, § 42 Rn 12; *von Rosen* in Assmann/Schütze, Handbuch des Kapitalmarktrechts, § 2 Rn 206.
283 *Nußbaum,* Börsengesetz, 1910, § 36 Anm. I, b, S. 147, 148.
284 *Olenhusen,* Börsen und Kartellrecht, 1983, S. 38, 51.
285 *Gericke,* Die Börsenzulassung von Wertpapieren, 1961, S. 91; *Olenhusen,* Börsen und Kartellrecht, 1983, S. 47.

3. Abschnitt: Benutzungsverhältnis Börse zu Handelsteilnehmern und Emittenten

Ein weiteres Argument für die öffentlich-rechtliche Struktur dieses Benutzungsverhältnisses ist, daß die Börse hoheitliche Befugnisse gegenüber den Emittenten ausüben kann. Dies gilt insbesondere bei der Aussetzung der amtlichen Notierung oder bei der Preisfeststellung im Geregelten Markt.

17.228

Schließlich spricht für die öffentlich-rechtliche Ausgestaltung dieses Leistungsverhältnisses, daß die Emittenten für die Zulassung ihrer Wertpapiere eine Gebühr zu entrichten haben, mit der die Tätigkeit der Börsenorgane und die Inanspruchnahme der Börseneinrichtungen abgegolten werden[286]. Hierfür wird derzeit nur eine **einmalige Gebühr** erhoben. Der Gegenleistungscharakter der von der Emittentin zu zahlenden Gebühr als „Benutzungsgebühr" würde nach dem Schrifttum aber auch wiederkehrende Gebührenerhebungen rechtfertigen[287], soweit dies der Wettbewerb insbesondere mit den ausländischen Wertpapierbörsen zuläßt. Die organisatorischen Vorkehrungen für die Preisfeststellungen sind naturgemäß auf eine fortdauernde Tätigkeit angelegt. Die Leistungen der Börse an die Emittenten gehen also über die bloße Einführung der Wertpapiere in den Börsenhandel hinaus[288] und sind deshalb wie bei den Börsenleistungen an die Handelsteilnehmer auf Dauer angelegt.

17.229

3. Beendigung des Benutzungsverhältnisses

Die Zulassung von Wertpapieren zum Amtlichen oder Geregelten Markt kann unter bestimmten Voraussetzungen wie die Zulassung zur Teilnahme am Börsenhandel aufgehoben werden. Die Zulässigkeit einer solchen Aufhebung ist jedoch schwieriger zu bestimmen als bei der Zulassung zum Börsenhandel. Denn durch das Ausscheiden der Wertpapiere aus dem bisherigen Börsenhandel können schutzwürdige Interessen der Anleger auf die Fortdauer der Börsenzulassung beeinträchtigt werden.

17.230

a) Rücknahme und Widerruf der Zulassung

Wie bei der Zulassung der Börsenbesucher zum Börsenhandel gelten auch für die Aufhebung der Zulassung von Wertpapieren zum Amtlichen und Geregelten Markt die allgemeinen Regelungen für die Rücknahmen und den Widerruf eines Verwaltungsaktes (§§ 48, 49 VwVfG). Bei einem Wi-

17.231

---

286 Vgl. § 9 Frankfurter Gebührenordnung, abgedruckt in *Kümpel/Ott*, Kapitalmarktrecht Kz 458, S. 3.
287 *Olenhusen*, Börsen und Kartellrecht, 1983, S. 48, 52; *Kümpel/Ott*, Kapitalmarktrecht, Kz 405 zu § 5 Anm. 4, S. 69.
288 *Olenhusen*, Börsen und Kartellrecht, 1983, S. 48.

derruf sind insbesondere die einschränkenden Bestimmungen des § 49 Abs. 2 VwVfG zu beachten, die für den Widerruf von begünstigenden Verwaltungsakten gelten. Auch bei der Zulassung von Wertpapieren handelt es sich um einen **begünstigenden Verwaltungsakt**[289]. Der Emittent hat zudem einen Anspruch auf diese Zulassung, wenn die hierfür bestehenden Voraussetzungen erfüllt sind (vgl. § 36 Abs. 7 BörsG)[290].

17.232 Das Börsengesetz hat im übrigen das Widerrufsrecht der Wertpapierbörse in zweierlei Hinsicht erweitert. So kann die Zulassung zum Amtlichen oder Geregelten Markt widerrufen werden, wenn ein ordnungsgemäßer Börsenhandel auf Dauer nicht mehr gewährleistet ist und die Börsengeschäftsführung die Feststellung der Börsenpreise eingestellt hat (§§ 43 Abs. 2, 75 Abs. 3 BörsG). Des weiteren kann die Zulassung zum Amtlichen Markt widerrufen werden, wenn die Emittentin die aus dieser Zulassung resultierenden Veröffentlichungs- und Verhaltenspflichten des Börsengesetzes auch nach der ihr gesetzten Frist nicht erfüllt hat (§ 44d BörsG).

17.233 Bei der Entscheidung über die Rücknahme oder den Widerruf ist nach dem Schrifttum möglichst auch auf die Interessen der Anleger als Eigentümer der Wertpapiere Rücksicht zu nehmen. Insbesondere ist aber bei dieser Ermessensentscheidung zu berücksichtigen, ob aus einem Untätigbleiben der Zulassungsstelle gravierende Schäden für den potentiellen Erwerber entstehen können[291].

b) Beendigung des Benutzungsverhältnisses (Delisting)

17.234 Während die Handelsteilnehmer ihr Benutzungsverhältnis mit der Börse problemlos jederzeit beenden können, war es bis zum dritten Finanzmarktförderungsgesetz sehr umstritten, ob auch der Emittent auf sein Recht aus der Zulassung seiner Wertpapiere ohne weiteres einseitig verzichten kann (Delisting)[292]. Die Frage nach der **Zulässigkeit eines Verzichts** auf die Börsenzulassung hatte in der Praxis an Bedeutung gewonnen, nachdem sich ein Emittent, dessen Wertpapiere in die Berechnung des Deutschen Aktienindexes (DAX) einfließen, entschieden hat, die Börsennotierungen auf die Frankfurter Wertpapierbörse zu konzentrieren und sich damit von den anderen deutschen Regionalbörsen zurückzuziehen[293].

---

289 *Schwark*, BörsG, § 36 Rn 23.
290 *Schwark*, BörsG, § 36 Rn 20, 26.
291 *Schwark*, BörsG, § 36 Rn 24.
292 Wegen der Einzelheiten *Kümpel* in Kümpel/Ott, Kapitalmarktrecht, Kz 060, S. 56 ff.; vgl. weiter *Schwark/Geiser*, ZHR 161 (1997), 739 ff.; *Pötzsch*, WM 1998, 949, 952.
293 *Fluck*, WM 1995, 553 ff; *Klenke*, WM 1995, 1089 ff.

3. Abschnitt: Benutzungsverhältnis Börse zu Handelsteilnehmern und Emittenten

Einvernehmen besteht, daß auch auf eine öffentlich-rechtliche Rechtsposition, wie sie die Börsenzulassung als eine öffentlich-rechtliche Erlaubnis[294] darstellt, grundsätzlich verzichtet werden kann[295]. Diese **Dispositionsbefugnis fehlt** aber nach herrschender Meinung, wenn die Ausübung und der Bestand dieser Berechtigung zugleich im öffentlichen Interesse liegt[296]. Die Wirksamkeit des Verzichts könnte jedoch daran scheitern, daß das öffentliche Interesse an der Aufrechterhaltung der Börsenzulassung das Rückzugsinteresse des Emittenten überwiegt, weil durch das Delisting schutzwürdigere Interessen der Anleger beeinträchtigt werden. Besteht ein solches öffentliches Interesse an der Ausübung und dem Bestand einer öffentlich-rechtlichen Berechtigung, so fehlt dem Berechtigten die für den einseitigen Verzicht erforderliche Verfügungsbefugnis über diese Rechtsposition[297].

17.235

Bei der Börsenzulassung von Wertpapieren könnte wegen des gebotenen Anlegerschutzes das öffentliche Interesse an der Aufrechterhaltung des Börsenhandels schwerwiegender sein als das Rückzugsinteresse des Emittenten. Denn für die Anleger ist die Börseneinführung beim Erwerb der Wertpapiere regelmäßig von wesentlicher Bedeutung. Hierdurch ist insbesondere gewährleistet, daß die Wertpapiere später in einem börsenmäßig organisierten Markt zu marktgerechten, ordnungsgemäß zustandegekommenen und staatlich überwachten Preisen veräußert werden können. Die Emittenten legen deshalb auch Wert auf die Einführung ihrer Wertpapiere in den Amtlichen oder Geregelten Markt, um die Aussichten auf eine erfolgreiche Placierung wesentlich zu verbessern.

17.236

Soweit der Verzicht auf die Börsenzulassung die Interessen der Anleger an dem Fortbestand des börsenmäßigen Handels unzumutbar verletzt, könnte deshalb der kapitalmarktrechtlich gebotene Vertrauensschutz der Anleger und damit indirekt auch das öffentliche Interesse an der Funktionsfähigkeit der Kapitalmärkte berührt sein[298]. Denn für die Funktionsfähigkeit der Kapitalmärkte, deren wesentliche Säulen die Wertpapierbörsen bilden, ist dieser Vertrauensschutz nach den Gesetzesmaterialien zum zweiten Finanzmarktförderungsgesetz von entscheidender Bedeutung[299].

17.237

---

294 *Schwark*, BörsG, § 36 Rn 26.
295 In dieser Allgemeinheit BVerwGE 38, 160, 162; vgl. weiter *Eickhoff*, WM 1988, 1713, 1714; *Fluck*, WM 1995, 553.
296 *Wolff/Bachof/Stober*, Verwaltungsrecht I, 10. Aufl., 1994, § 43 Rn 81; *Badura/Erichsen*, Allgemeines Verwaltungsrecht 1, 11. Aufl., 1998, § 11 Rn 50.
297 *Wolff/Bachof/Stober*, Verwaltungsrecht I, 10. Aufl., 1994, § 43 Rn 81; *Badura/Erichsen*, Allgemeines Verwaltungsrecht 1, 11. Aufl., 1998, § 11 Rn 50.
298 *Klenke*, WM 1995, 1089, 1100; *Vollmer/Grupp*, ZGR 1995, 459, 472, 478.
299 Begr. des RegE des 2. FFG, BT-Drucksache 12/6679, S. 33.

aa) Gesetzliche Regelung des Delisting

17.238 Angesichts dieser Rechtsunsicherheit hat das dritte Finanzmarktförderungsgesetz für das Delisting eine rechtliche Grundlage durch einen neuen Absatz 4 des § 43 BörsG geschaffen. Danach kann die Zulassungsstelle die Zulassung zur amtlichen Notierung auf Antrag des Emittenten widerrufen. Der Widerruf darf aber nicht dem Schutz der Anleger widersprechen. Nähere Bestimmungen über den Widerruf sind in der Börsenordnung zu treffen. Diese Regelung gilt entsprechend für den Geregelten Markt (§ 75 Abs. 3 BörsG).

17.239 Bei dieser Regelung handelt es sich um einen **börsenpolitischen Kompromiß,** der den Bedenken des Bundesrates[300] und denjenigen Börsen Rechnung trägt, die im Falle einer großzügigen Delisting-Regelung verstärkt den Rückzug großer Emittenten befürchteten[301]. Die Entscheidung der Zulassungsentscheidung ist als Ermessensentscheidung ausgestaltet und nicht als eine gebundene Entscheidung, wie es der Diskussionsentwurf der Bundesregierung vorsah[302]. Der Widerruf darf aber in keinem Fall dem Schutz der Anleger widersprechen[303].

17.240 Die in der Börsenordnung zu treffenden Bestimmungen haben nach den Gesetzesmaterialien den Interessen der Anleger und der Emittenten als hiervon Betroffene Rechnung zu tragen[304]. Dagegen sollen entgegen der Auffassung des Bundesrates die Interessen der Börsen, ihrer Träger und der an der Börse zugelassenen Handelsteilnehmer für die Entscheidung über den Widerruf unerheblich sein[305]. Eine Bestimmung in der Börsenordnung, nach der bei der Beurteilung der Voraussetzungen eines Widerrufes auch andere Interessen als diejenigen des Emittenten und der Anleger zu berücksichtigen sind oder berücksichtigt werden können, dürfte nach den Gesetzesmaterialien wegen Verstoßes gegen höherrangiges Recht unwirksam sein[306].

17.241 Ist nach der gesetzlichen Regelung vor allem den Interessen der Anleger Rechnung zu tragen, so ist wegen der sehr unterschiedlichen Konsequenzen des Delisting für die schutzwürdigen Anlegerinteressen zu unterscheiden, ob ein vollständiger Rückzug vom Börsenhandel (Going Privat)

---

300 BT-Drucksache 13/8933.
301 *Pötzsch,* WM 1998, 949, 952.
302 *Pötzsch,* WM 1998, 949, 952.
303 *Pötzsch,* WM 1998, 949, 952; *Richard/Weinheimer,* BB 1999, 1613, 1618.
304 BT-Drucksache 13/9874, S. 131.
305 BT-Drucksache 13/9874, S. 131; *Richard/Weinheimer,* BB 1999, 1613, 1618.
306 *Pötzsch,* WM 1998, 949, 952.

oder nur eine Konzentration auf eine bestimmte in- oder ausländische Wertpapierbörse bezweckt ist[307].

Beim Going Privat ergeben sich eine Vielzahl von recht unterschiedlich zu gewichtenden Nachteilen für das Anlegerpublikum. Der schwerwiegendste Nachteil besteht darin, daß den Wertpapiereigentümern der Weg zur Veräußerung über einen börsenmäßig organisierten Wertpapierhandel versperrt ist. Dieser Börsenhandel soll nicht nur eine kurzfristige Veräußerung, sondern auch die Erzielung eines marktgerechten, transparenten und staatlich überwachten Börsenpreises gewährleisten. 17.242

Mit dem Going Privat sind regelmäßig weitere schwerwiegende Nachteile für das Anlegerpublikum verbunden. So knüpfen die vielfältigen Publizitäts- und Verhaltenspflichten des Börsen- und Wertpapierhandelsgesetzes daran an, daß die Wertpapiere an der Börse, insbesondere im Amtlichen oder Geregelten Markt gehandelt werden. Vor allem die kapitalmarktrechtlichen Informationspflichten (§§ 44 ff. BörsG) und die Ad-hoc-Publizität (§ 15 WpHG) setzen eine Zulassung zum Amtlichen oder Geregelten Markt voraus[308]. Auch knüpft die Pflicht zur Offenlegung wesentlicher Beteiligungen an die Zulassung der Emittentin zum Amtlichen Markt an (§ 21 Abs. 2 WpHG). Die hierdurch geschaffene **Transparenz der Aktionärsstruktur** sind wichtige Aspekte für Anlagedispositionen der Anleger, insbesondere der institutionellen Investoren des In- und Auslandes[309]. Schließlich erfordert die gesetzliche Insiderregelung der §§ 12 ff. WpHG, die eine Verletzung des Gebotes der Chancengleichheit aller Anleger durch die unrechtmäßige Verwendung von Insiderinformationen verhindern soll[310], eine Zulassung der Wertpapiere zum Börsenhandel einschließlich des Freiverkehrs. 17.243

Diese **gravierenden Nachteile eines „Going Privat"** treffen insbesondere die Aktionäre. Diese Anleger bedürfen deshalb nach einem Teil des Schrifttums nicht nur eines kapitalmarktrechtlichen, sondern auch eines gesellschaftsrechtlichen Schutzes. Beim vollständigen Rückzug von den Börsen müßte nach dieser Literaturmeinung die Hauptversammlung der Emittenten mitwirken[311]. 17.244

---

307 *Klenke*, WM 1995, 1089, 1098.
308 *Kümpel* in Assmann/Schneider, WpHG, § 15 Rn 28.
309 *Kümpel*, Bank- und Kapitalmarktrecht, 1995, Rn 14/40; ders. in Kümpel/Ott, Kapitalmarktrecht, Kz 050, S. 41.
310 Begr. des RegE des 2. FFG, BT-Drucksache 12/6679, S. 33.
311 *Vollmer/Grupp*, ZGR 1995, 459, 480; vgl. weiter *Grupp*, Der Börseneintritt und der Börsenaustritt im Spannungsfeld individueller und institutioneller Interessen, 1995; *Klenke*, WM 1995, 1089, 1099.

bb) Konzentration der Börsenzulassung auf eine inländische Wertpapierbörse

17.245 Diese schwerwiegenden Konsequenzen eines Going Privat aus der Sicht des gebotenen Vertrauensschutzes der Anleger entfallen jedoch bei der Konzentration der Börsenzulassung auf eine inländische Wertpapierbörse. Im Unterschied zum Going Privat ist den Aktionären bei einer solchen Konzentration auch weiterhin die Veräußerung ihrer Wertpapiere an einer inländischen Wertpapierbörse möglich. Mit dem **Order-Routing-System BOSS** ist zudem sichergestellt, daß die Effektenorder ohne Zeitverlust auch aus entfernter liegenden Regionen an die von dem Emittenten ausgewählten Wertpapierbörse weitergeleitet werden können.

17.246 Beim Abwägen des öffentlichen Interesses an der Aufrechterhaltung der Börsenzulassung und dem Rückzugsinteresse der Emittenten ist weiter zu berücksichtigen, daß die vorbezeichneten Informations- und Verhaltenspflichten der Emittenten nach dem Börsen- und Wertpapierhandelsgesetz an jede einzelne Zulassung der Wertpapiere zum Börsenhandel anknüpfen. Auch in dieser Hinsicht können sich deshalb keine spürbaren Nachteile für die Anleger ergeben, wenn der Börsenhandel auf eine inländische Börse beschränkt wird. Infolge der verbleibenden Börsenzulassung hat die Emittentin diese Verhaltens- und Publizitätspflichten im wesentlichen auch weiterhin zu erfüllen.

17.247 Die Konzentration des gesamten Angebots- und Nachfragepotentials an einer Börse dürfte sogar regelmäßig die Markttiefe und damit die Aufnahmefähigkeit (Liquidität) dieses Marktes vergrößern[312]. Hierdurch verbessern sich für den Anleger die Chancen, einen möglichst marktgerechten Börsenpreis zu erzielen und bei einer späteren Veräußerung schnell einen Käufer zu finden. Hinzu kommt, daß mit einer solchen Konzentration des gesamten Angebots- und Nachfragepotentials die marktmäßigen Voraussetzungen eines einheitlichen Einheits-(Kassa-)Kurses für das nur noch an einer Börse notierte Wertpapier geschaffen werden. Dagegen führt die Feststellung dieses Kurses an verschiedenen Regionalbörsen häufig zu – auch aus der Sicht der Anleger – unerwünschten abweichenden Preisen. Solche Abweichungen verunsichern den Anleger, der nur selten den für ihn günstigeren Kurs abgerechnet erhält[313].

17.248 Angesichts dessen dürfte es bei einer Konzentration des Börsenhandels an einer Börse an schwerwiegenden Nachteilen für die Anleger fehlen, die dieses Vorhaben als unvereinbar mit dem öffentlichen Interesse erschei-

---

312 *Klenke*, WM 1995, 1089, 1096 m.w.Nachw.
313 *Beyer*, AG 1995, AG-Report, R 382, 384.

nen lassen könnte. Ein mögliches Interesse des Anlegers, die Aktien auch weiterhin an seiner Regionalbörse veräußern zu können oder über den Emittenten auch aus der regionalen Wirtschaftspresse informiert zu werden, kann jedenfalls bei der gebotenen Interessenabwägung unberücksichtigt bleiben[314].

Schließlich dürften auch etwaige verhältnismäßig geringfügige zusätzliche Transaktionskosten bei einer späteren Veräußerung der Wertpapiere an der verbliebenen Regionalbörse regelmäßig nicht ausreichen, um ein überwiegendes öffentliches Interesse an der Aufrechterhaltung der Mehrfachnotierung zu begründen und damit den Verzicht des Emittenten auf die anderen Börsenzulassungen unwirksam sein zu lassen. Hierfür spricht, daß auch der Antrag auf Börsenzulassung nur abgelehnt werden kann, wenn ein „erhebliches" öffentliches Interesse gegen diese Zulassung spricht (§ 36 Abs. 3 Nr. 3 BörsG). Auch für den umgekehrten Fall des Verzichts auf die erteilte Börsenzulassung muß deshalb das öffentliche Interesse an der Aufrechterhaltung einer erteilten Börsenzulassung erheblich sein, um diesen einseitigen Rückzug von den hiervon betroffenen Börsen als unzulässig erscheinen zu lassen[315].   17.249

Mit Rücksicht auf den gebotenen Vertrauensschutz der Aktionäre dürfte die Zulässigkeit der Konzentration auf eine deutsche Wertpapierbörse freilich davon abhängen, daß das Marktsegment, in dem die Wertpapiere an der verbliebenen Wertpapierbörse weitergehandelt werden, für die Aktionäre aus der Sicht der kapitalmarktrechtlichen Publizitätspflichten nicht wesentlich ungünstiger ist. Dies wäre der Fall, wenn z.B. der Emittent auf die Zulassung zur amtlichen Notierung verzichtet und seine Wertpapiere an der verbliebenen Börse lediglich im Freiverkehr gehandelt werden, für den die anlegerschützende Ad-hoc-Publizität (§ 15 WpHG) nicht gilt.   17.250

cc) Vollständiger Rückzug ausländischer Emittenten von deutschen Wertpapierbörsen

Auch bei dem Sonderfall des Rückzuges ausländischer Emittenten von allen deutschen Börsen und der Konzentration auf die ausländischen Heimatbörsen werden die den Anleger belastenden Nachteile eines Going Privat vermieden. Für die rechtliche Beurteilung ergeben sich vielmehr   17.251

---

314 *Klenke*, WM 1995, 1089, 1098.
315 Vgl. *Vollmer/Grupp*, ZGR 1995, 459, 478, die einen einseitigen Verzicht auf die Bör senzulassung verneinen und statt dessen für den freiwilligen Rückzug ein „Entlassungsverfahren" als eine Art „umgekehrtes Zulassungsverfahren" in analoger Anwendung von § 36 BörsG befürworten.

parallele Wertungen zur Konzentration der Börsenzulassung auf eine inländische Börse.

17.252 Entscheidend für die generelle Zulässigkeit eines Verzichts dürfte sein, daß auch bei einem solchen Delisting die Wertpapiere weiterhin börsenmäßig gehandelt werden. Im Zuge der Globalisierung der Wertpapiermärkte dürften sich bei der späteren Veräußerung der Wertpapiere an einem ausländischen Markt regelmäßig auch keine gravierenden zeit- und kostenmäßigen Nachteile ergeben, die wegen des gebotenen Anlegerschutzes einen solchen vollständigen Rückzug von den inländischen Wertpapierbörsen unzulässig erscheinen lassen könnten.

17.253 Dies hat insbesondere in den Fällen zu gelten, in denen der für die Veräußerung in Betracht kommende ausländische Markt aus der Sicht des Anlegerschutzes dem inländischen Börsenmarkt vergleichbar organisiert ist. Die ausländische Marktveranstaltung muß deshalb regelmäßig stattfinden und dem Publikum zumindest mittelbar über Marktintermediäre zugänglich sein, wie dies dem vom Wertpapierhandelsgesetz verwendeten Begriff des organisierten Marktes entspricht (vgl. § 2 Abs. 5 WpHG). Nach den Gesetzesmaterialien sollte eine entsprechende Regelung in der Börsenordnung aufgenommen werden[316].

17.254 Beim **Abwägen des Rückzugsinteresses des Emittenten mit dem öffentlichen Interesse an der Aufrechterhaltung der Börsenzulassung** dürfte auch nicht ins Gewicht fallen, daß bei einem vollständigen Rückzug von den deutschen Börsen die börsengesetzlichen Verhaltens- und Publizitätspflichten der Emittentin entfallen und auch die an die Börsenzulassung anknüpfenden insider- und transparenzrechtlichen Bestimmungen der §§ 12 ff., 21 ff WpHG nicht mehr anwendbar wären. Denn auch bei einer Konzentration auf eine ausländische Börse dürfte regelmäßig gewährleistet werden können, daß der mit diesen deutschen Gesetzesbestimmungen verfolgte Anlegerschutz im wesentlichen erhalten bleibt.

17.255 Der Pflicht des Emittenten, für die gesamte Dauer der Zulassung der Wertpapiere mindestens eine Zahl- und Hinterlegungsstelle am Börsenplatz zu benennen (§ 44 Abs. 1 Nr. 2 BörsG), dürfte nach Rückzug des Emittenten Rechnung getragen werden können. Denn üblicherweise werden zumindest allen inländischen Konsortialbanken bei Einführung der Wertpapiere in den Amtlichen oder Geregelten Markt einer inländischen Börse die Besorgung der mit diesen Wertpapieren zusammenhängenden Dienstleistungen übertragen[317]. Dieser Zahlstellendienst könnte für einen

---

316 BT-Drucksache 13/9879; vgl. weiter *Pötzsch*, WM 1998, 949, 952.
317 *Scholze*, Das Konsortialgeschäft der deutschen Banken, Bd. II, 1973, S. 675.

angemessenen längeren Zeitraum nach dem Delisting aufrechterhalten bleiben.

17.256 Auch hinsichtlich der kapitalmarktrechtlichen Publizitätspflichten der Emittenten dürfte regelmäßig die angemessene Information des Anlegers gewährleistet bleiben. Dies gilt insbesondere für die Ad-hoc-Publizität und die Offenlegung bedeutender Beteiligungen an börsennotierten Gesellschaften, wie sie in §§ 15, 21 ff. WpHG geregelt worden sind. So wird insbesondere die Ad-hoc-Publizität auch in ausländischen Staaten mit vergleichbaren kapitalmarktrechtlichen Standards praktiziert. Die vorgeschriebene Offenlegung von bedeutenden Beteiligungen ist durch die EG-Transparenz-Richtlinie in der EU harmonisiert worden. Sie entspricht zudem den internationalen Standards, wie sie auch in den vergleichbaren außereuropäischen Kapitalmärkten praktiziert werden[318]. Die Globalisierung der Märkte und die Sicherstellung der internationalen Wettbewerbsfähigkeit des heimischen Marktes führen dazu, daß die für den Anlegerschutz wesentlichen **Standards weitestmöglich harmonisiert** werden. Dies gilt vor allem für den Bereich der EU und den vergleichbaren außereuropäischen Kapitalmärkten, insbesondere den USA und Japan[319].

17.257 Schließlich kennt auch das Ausland einen vergleichbaren Schutz der Anleger vor sie benachteiligenden Insidergeschäften.

17.258 Beim Abwägen des Rückzugsinteresses des Emittenten mit dem öffentlichen Interesse an der Aufrechterhaltung der Börsenzulassung können schließlich **verfassungsrechtliche Aspekte** nicht unberücksichtigt bleiben. So dürfte insbesondere die Berufsfreiheit (Art. 12 GG) nicht nur den Zugang zur Börse, sondern grundsätzlich auch den Rückzug als Ausübung unternehmerischer Freiheit schützen. Denn die verfassungsrechtlich abgesicherte Marktfreiheit ist ohne die Freiheit zum Rückzug vom Markt nicht denkbar. Auch mit dem Verzicht auf die Börsenzulassung wird deshalb ein Grundrecht ausgeübt[320]. Bei Einschränkungen des Verzichts auf die Börsenzulassung dürften deshalb die verfassungsrechtlichen Grundsätze für Eingriffe in Grundrechte zu beachten sein. Dies gilt insbesondere für das Verhältnismäßigkeitsprinzip und den sog. Gesetzesvorbehalt, der für solche Verwaltungseingriffe eine entsprechende gesetzliche Ermächtigung erfordert[321].

---

318 Begr. des RegE des 2. FFG, BT-Drucksache 12/6679, S. 35, 52.
319 Vgl. weiter *Kümpel* in Assmann/Schneider, WpHG, § 15 Rn 195 ff.
320 *Fluck*, WM 1995, 553, 556.
321 Wegen dieses verfassungsrechtlichen Aspektes vgl. *Fluck*, WM 1995, 553, 554, 556.

17.259 Für die **generelle Zulässigkeit eines vollständigen Rückzuges** von den deutschen Wertpapierbörsen spricht schließlich der kapitalmarktpolitische Aspekt, daß sich unangemessene Schranken für einen solchen späteren Marktaustritt als eine kapitalmarktpolitisch unerwünschte Marktzutrittsschranke für ausländische Emittenten auswirken könnten[322]. Dies um so mehr, als bedeutende ausländische Wertpapierbörsen wie z.B. die Börse in Tokio und die Zürcher Effektenbörse den Rückzug ausländischer Emittenten ermöglichen. Dort wird dem Antrag auf das Delisting stattgegeben, wenn schützenswerte Interessen der Anleger nicht beeinträchtigt werden[323].

17.260 Es entspricht im übrigen den Intentionen des deutschen Gesetzgebers, durch gesetzgeberische Maßnahmen nicht dazu beizutragen, daß ausländische Emittenten den deutschen Wertpapierbörsen fern bleiben. Aus diesem Grunde ist die Ad-hoc-Publizität (§ 15 WpHG) bewußt nicht auf den Freiverkehr an den deutschen Wertpapierbörsen ausgedehnt worden. Im Interesse der Wettbewerbsfähigkeit der inländischen Börsen sollte nach den Gesetzesmaterialien mit dieser Freistellung der Gefahr Rechnung getragen werden, daß der börseninterne Freiverkehr „austrocknet", weil insbesondere die ausländischen Emittenten wegen einer für sie nicht akzeptablen Ad-hoc-Publizität dem Handel ihrer Wertpapiere im Freiverkehr widersprechen könnten[324].

17.261 Soweit ein sofortiger Rückzug von den inländischen Börsen aufgrund der besonderen Umstände des Einzelfalles gleichwohl zu schwerwiegenden Nachteilen der Wertpapiereigentümer führen könnte und damit ein überwiegendes öffentliches Interesse an einem angemessenen Anlegerschutz bestünde, könnte die Zulässigkeit des Verzichtes davon abhängen, ob der ausländische Emittent die Konzentration des Börsenhandels auf die ausländische Heimatbörse mit einer angemessenen Frist angekündigt hat. Diesen Weg eines zeitlich versetzten Delisting hat die Börsenordnung der früheren Leipziger Börse beschritten, die für den Rückzug der Emittentin eine Ankündigungsfrist von 2 Jahren vorgeschrieben hatte[325]. Angesichts der fundamentalen Veränderungen in den Kapitalmärkten und ihrer Globalisierung sowie dem erreichten Stand der Kommunikationstechniken dürfte aber auch eine wesentlich kürzere Frist noch im Einklang mit einem angemessenen Anlegerschutz stehen.

---

322 Vgl. *Vollmer/Grupp*, ZGR 1995, 459, 479.
323 *Klenke*, WM 1995, 1089, 1094; *Schwark/Geiser*, ZHR 161 (1997), 739, 770.
324 Begr. des RegE des 2. FFG, BT-Drucksache 12/6679, S. 76.
325 *Klenke*, WM 1995, 1089, 1096; *Nußbaum*, Börsengesetz, 1910, § 36 VIII b, S. 164.

III. Benutzungsverhältnis der Börse mit den Handelsteilnehmern

Das Benutzungsverhältnis der Börse mit den Handelsteilnehmern wird durch Zulassung zum Börsenbesuch begründet (**§ 7 BörsG**). Diese Zulassung erstreckt sich zugleich auf den Geregelten Markt und den Freiverkehr.

17.262

Eine solche Zulassung der Börsenbesucher erfordern die unabweisbaren Bedürfnisse des Börsenhandels. Die Handelsteilnehmer müssen sich grundsätzlich auf eine ordnungsgemäße Abwicklung der Geschäfte durch ihre Kontrahenten verlassen können. Denn sie haben ihren eigenen Lieferverpflichtungen gegenüber den Effektenkunden oder anderen Marktakteuren ordnungsgemäß nachzukommen, wenn der Wertpapierhandel in geordneten Bahnen verlaufen soll[326]. Beim Börsenhandel muß überdies jeder vom Makler vermittelte Kontrahent akzeptiert werden. Dieser Kontrahierungszwang erfordert entsprechende Zulassungsvoraussetzungen für den Börsenhandel. Hierdurch soll das Bonitätsrisiko der Kontrahenten weitestmöglich ausgeschlossen werden.

17.263

Mit der Zulassung zur Teilnahme am Börsenhandel erwerben die zugelassenen Personen einen Anspruch auf tatsächliche Benutzung der Börseneinrichtungen[327]. Die Börse ist im übrigen zu entsprechenden Vorkehrungen für die Feststellung und Veröffentlichung der Börsenpreise im Amtlichen und Geregelten Markt verpflichtet[328].

17.264

Die Leistungspflichten der Börse gegenüber den Handelsteilnehmern erschöpfen sich also nicht allein darin, daß für die Handelsaktivitäten geeignete Einrichtungen bereitgestellt werden. Auch die Feststellung der Börsenpreise und deren Veröffentlichung haben einen beträchtlichen ökonomischen Nutzen für die Handelsteilnehmer. Die wirtschaftlichen Vorteile dieser Transparenz der Börsenpreise zeigen sich vor allem im Effektengeschäft der zum Börsenhandel zugelassenen Kreditinstitute. Anhand der Kursveröffentlichungen kann der Effektenkunde die Ordnungsmäßigkeit des ihm abgerechneten Kauf- oder Verkaufskurses selbst überprüfen. Die Feststellung von Börsenpreisen gehört deshalb nach herrschender Meinung zu den Leistungen der Börse, auf die die Handelsteilnehmer aufgrund des gegenüber der Börse bestehenden Leistungsverhältnisses einen Anspruch haben[329].

17.265

---

326 *Kümpel*, WM 1993, 2025, 2026.
327 *Olenhusen*, Börsen und Kartellrecht, 1983, S. 33.
328 *Schwark*, BörsG, § 29 Rn 15; § 72 Rn 5. Die privatrechtliche Vermittlungstätigkeit der Börsenmakler ist jedoch keine Leistung der Börse, sondern eine Leistung unter Börsenbesuchern (*Olenhusen*, Börsen und Kartellrecht, 1983, S. 40).
329 *Olenhusen*, Börsen und Kartellrecht, 1983, S. 40; *Schwark*, BörsG, § 29 Rn 15 m.w.Nachw.; § 72 Rn 5.

17.266 Ein weiterer wesentlicher Vorteil eines transparenten Börsenmarktes zeigt sich im übrigen beim elektronischen Wertpapierhandel im XETRA-System. Hier stellen die Börsenteilnehmer ihre verbindlichen Kauf- und/oder Verkaufsangebote (Quotes) durch EDV-mäßige Datenübertragung in das elektronische Handelssystem. Die Börsengeschäfte kommen sodann zustande, sobald die übereinstimmenden Willenserklärungen im XETRA-System nach Abschluß der Systemprüfung zusammengefügt worden sind (Matching)[330].

1. Öffentlich-rechtliches Leistungsverhältnis

17.267 Die Leistungsbeziehung zu den Handelsteilnehmern, wie sie durch deren Zulassung zum Börsenhandel begründet wird, ist öffentlich-rechtlich ausgestaltet. Dem Träger öffentlicher Verwaltung, wie sie die Wertpapierbörse als Anstalt des öffentlichen Rechts und Teil der mittelbaren Staatsverwaltung darstellt, steht es zwar grundsätzlich frei, ob er sich zur Erfüllung seiner Aufgaben der Rechtsform des öffentlichen Rechts oder des Privatrechts bedient[331]. Diese **Wahlfreiheit** bezieht sich sowohl auf die Organisation des Verwaltungstypus als auch auf die Ausgestaltung der Leistungsverhältnisse dieser Einrichtung zu ihren Benutzern[332]. So kann eine Gemeinde öffentliche Verkehrsbetriebe oder Wasser- und Elektrizitätswerke als Anstalten des öffentlichen Rechts oder in Gestalt privatrechtlicher Kapitalgesellschaften betreiben.

17.268 Bei der privatrechtlichen Errichtung z.B. in der Rechtsform einer AG ist die öffentliche Verwaltung Privatrechtssubjekt wie jeder Bürger. Eine solche Gesellschaft ist, obwohl sie mit der Wahrnehmung einer staatlichen Aufgabe betraut ist, den für sie geltenden privatrechtlichen Vorschriften unterworfen. Gleichwohl bleibt die geschäftliche Tätigkeit dieser Gesellschaft materiell öffentliche Verwaltung. Denn mit der Wahl einer privatrechtlichen Organisationsform kann sich der Staat der Erfüllung seiner öffentlichen Aufgaben nicht entziehen.

17.269 In der Praxis wird jedoch vielfach der Weg beschritten, die mit der Wahrnehmung öffentlicher Aufgaben betraute Einrichtung zwar als Anstalt des öffentlichen Rechts zu gründen, die Rechtsverhältnisse zu den Anstaltsbenutzern aber privatrechtlich auszugestalten.

---

330 § 42a der Börsenordnung der Frankfurter Wertpapierbörsen, abgedruckt in WM 1998, 465.
331 BVerwG NJW 1993, 2695, 2697; BGH NJW 1985, 197, 198; 1892, 1893; *Wolff/Bachof/Stober*, Verwaltungsrecht I, 10. Aufl., 1994, § 23 Rn 3 ff.
332 *Maurer*, Allgemeines Verwaltungsrecht, 12. Aufl., 1999, § 3 Rn 9.

3. Abschnitt: Benutzungsverhältnis Börse zu Handelsteilnehmern und Emittenten

Ein anschauliches Beispiel aus der Kreditwirtschaft sind die öffentlich-rechtlichen Banken und Sparkassen, die wie die Börsen als öffentlich-rechtliche Anstalten errichtet werden. Dagegen sind die Rechtsverhältnisse zu den Kunden, die Bankleistungen der öffentlich-rechtlichen Kreditinstitute in Anspruch nehmen, privatrechtlicher Natur wie die geschäftlichen Beziehungen der Bankkunden zu den Privatbanken[333].

17.270

Bei dem Bereitstellen der Börseneinrichtungen und den Vorkehrungen für die Feststellung und Veröffentlichung von Börsenpreisen erbringt die Börse öffentlich-rechtliche Leistungen, weil das Benutzungsverhältnis mit den Handelsteilnehmern wie auch mit den Emittenten öffentlich-rechtlich ausgestaltet ist. Dies folgt bereits daraus, daß die Börse über eine autonome Rechtsetzungsbefugnis verfügt und deshalb vor allem im Wege des Erlasses der von der Börsenaufsichtsbehörde zu genehmigenden Börsenordnung und Gebührenordnung einseitig generelle Regelungen mit Wirkung gegenüber den Börsenbenutzern treffen kann, ohne daß diese zustimmen müßten. Schon diese Unterwerfung der Börsenbenutzer unter die Geltungskraft der normativen Bestimmungen der Börsenordnung erfordert eine öffentlich-rechtliche Ausgestaltung des Benutzungsverhältnisses zu den Handelsteilnehmern[334].

17.271

Die hoheitlichen Befugnisse der Börse erschöpfen sich aber keineswegs in der normativen Gestaltungskraft als autonomer Gesetzgeber für den Börsenhandel. Solche Hoheitsbefugnisse stehen den Börsenorganen auch zur Regelung eines Einzelfalles durch Erlaß von Verwaltungsakten zur Verfügung, die durch die Verwaltungsgerichte überprüft werden können.

17.272

a) Hoheitliche Eingriffsbefugnisse der Börsenorgane gegenüber dem einzelnen Handelsteilnehmer

Die Börsenorgane, vor allem die Börsengeschäftsführung als Leitungsorgan und die neugeschaffene Handelsüberwachungsstelle, haben insbesondere für die Ordnungsmäßigkeit des Börsenhandels sowie der Preisbildung Sorge zu tragen. Diese **herausragenden Ordnungsfunktionen** der Wertpapierbörsen gehören zum Bereich der (obrigkeitlich) hoheitlich ausgestalteten „Ordnungs"verwaltung, die die Einhaltung der gesetzlich geregelten Ordnung zu überwachen hat[335]. Dagegen gehört das Bereitstellen der für das Handelsgeschehen erforderlichen Börseneinrichtungen zur (schlicht) hoheitlichen Leistungsverwaltung.

17.273

---

333 *Wolff/Bachof,* Verwaltungsrecht II, 5. Aufl., 1987, § 98 Rn 37.
334 *Huber,* Wirtschaftsverwaltungsrecht, 2. Aufl., 1953, S. 638.
335 *Badura/Ehlers,* Allgemeines Verwaltungsrecht, 11. Aufl., 1998, § 1 Rn 33.

17.274 *Göppert* spricht in seinem 1932 erschienenen „Recht der Börsen" noch von Börsen„polizei" und Verwaltungs„polizei"[336]. Dieser umfassende Polizeibegriff ist aber zwischenzeitlich auf die als Polizeibehörden bezeichneten Verwaltungsbehörden eingeschränkt worden (sog. Vollzugspolizei), während die sonstigen Verwaltungsträger, die wie die Börsenorgane mit Zwangsmitteln zur Gefahrenabwehr ausgestattet sind, als Ordnungsverwaltung bezeichnet werden[337].

17.275 Bei einem Verstoß gegen die gesetzliche Ordnung oder bei Gefahr einer Zuwiderhandlung gegen gesetzliche Regelungen darf die Ordnungsverwaltung reglementierend durch obrigkeitlichen Befehl und Zwang eingreifen und solche Verstöße unter bestimmten Voraussetzungen mit verwaltungsrechtlichen Geldbußen sanktionieren[338]. Die **Ordnungsverwaltung ist also Eingriffsverwaltung,** bei der die Verwaltung in die Freiheit oder die Vermögenssphäre des Bürgers dadurch eingreift, daß sie ihm Verpflichtungen und Belastungen auferlegt[339]. Eine solche Eingriffsverwaltung bedarf angemessener obrigkeitlicher Befugnisse, die es dem Verwaltungsträger ermöglichen, einseitig verbindliche Anordnungen zu treffen. Darüberhinaus können diese hoheitlichen Anordnungen mit dem Verwaltungszwang in Gestalt der Ersatzvornahme, des Zwangsgeldes oder des unmittelbaren Zwanges durchgesetzt werden[340].

17.276 Diese hoheitlichen Befugnisse sprechen wie die der Börse verliehenen autonomen Rechtssetzungsbefugnis dafür, daß das Benutzungsverhältnis der Börse zu ihren Handelsteilnehmern eine öffentlich-rechtliche Rechtsnatur hat.

b) Börsengebühren als öffentlich-rechtliches Entgelt

17.277 Ein weiterer gewichtiger Grund für die öffentlich-rechtliche Ausgestaltung dieses Benutzungsverhältnisses besteht darin, daß die Handelsteilnehmer für die Börsenleistungen als Gegenleistung öffentlich-rechtliche Gebühren zu zahlen haben, wie sie die gesetzlich vorgeschriebene und von der Börsenaufsichtsbehörde zu genehmigende Gebührenordnung festsetzt (§ 5 BörsG). Solche Geldleistungen stellen keine privaten Entgelte dar. Es handelt sich vielmehr um öffentlich-rechtliche Geldleistungen, die für eine besondere Inanspruchnahme der Wertpapierbörse als einem Träger öffentlicher Verwaltung gefordert werden[341]. Gebühren im verwal-

---

336 Das Recht der Börsen, 1932, S. 189, 190.
337 *Maurer,* Allgemeines Verwaltungsrecht, 12. Aufl., 1999, § 1 Rn 15.
338 *Badura/Ehlers,* Allgemeines Verwaltungsrecht, 11. Aufl., 1998, § 1 Rn 33; *Wolff/Bachof/Stober,* Verwaltungsrecht I, 10. Aufl., 1994, § 42 Rn 18.
339 *Maurer,* Allgemeines Verwaltungsrecht, 12. Aufl., 1999, § 1 Rn 20.
340 *Wolff/Bachof/Stober,* Verwaltungsrecht I, 10. Aufl., 1994, § 23 Rn 39.
341 *Schwark,* BörsG, § 5 Rn 1.

3. Abschnitt: Benutzungsverhältnis Börse zu Handelsteilnehmern und Emittenten

tungsrechtlichen Sinne sind Geldleistungen, die für eine Inanspruchnahme der öffentlichen Verwaltung von denjenigen erhoben werden, auf deren Veranlassung oder in deren Interesse die Inanspruchnahme erfolgt. Es besteht also eine unmittelbare Verknüpfung von öffentlich-rechtlicher Leistung und Gegenleistung[342]. Dieses **öffentlich-rechtliche Synallagma** bringt solche Geldzahlungen sehr nahe an die privatrechtlichen Entgelte heran[343], so daß auch von **Verwaltungs„preisen"** gesprochen wird[344]. Sind für die Benutzung einer Anstalt des öffentlichen Rechts solche Gebühren zu entrichten, so spricht dies für das Vorliegen eines öffentlich-rechtlichen Benutzungsverhältnisses[345].

Die Wertpapierbörsen können nach den Gesetzesmaterialien der Börsengesetznovelle 1975 wie auch nach der börsenrechtlichen Literatur eine umfassende Gebührenordnung zur Sicherstellung der Finanzierung der Börse erlassen[346]. Dabei können die Benutzungsgebühren der Anstalt des öffentlichen Rechts, wie sie auch die Wertpapierbörsen darstellen, am sog. Äquivalenzprinzip gemessen werden[347]. Bei diesem Prinzip handelt es sich nach dem BGH um die gebührenrechtliche Ausgestaltung des allgemeinen verfassungsrechtlichen Grundsatzes der Verhältnismäßigkeit[348]. Das Kostendeckungsprinzip in seiner früheren strengen Form ist also auf die öffentlich-rechtlichen Benutzungsgebühren nicht mehr anwendbar[349]. Nach dem Äquivalenzprinzip kann sich der Gebührenmaßstab und der Gebührensatz am Nutzenprinzip statt an der Kostendeckung orientieren[350].

17.278

Den **rechtlichen Gestaltungsmöglichkeiten** der Börse für ihre Gebührenpolitik sind freilich **faktische Grenzen gesetzt,** weil die Börsen insbeson-

17.279

---

342 *Wolff/Bachof/Stober,* Verwaltungsrecht I, 10. Aufl., 1994, § 42 Rn 22.
343 *Badura/Salzwedel,* Allgemeines Verwaltungsrecht, 11. Aufl., 1998, § 41 Rn 20.
344 *Wolff/Bachof/Stober,* Verwaltungsrecht I, 10. Aufl., 1994, § 42 Rn 22.
345 *Badura/Salzwedel,* Allgemeines Verwaltungsrecht, 11. Aufl., 1998, § 40 Rn 20.
346 *Degner,* WM 1975, Sonderbeil. Nr. 3, S. 16; *Olenhusen,* Börsen und Kartellrecht 1983, S. 43 m.w.Nachw.; *Kümpel/Ott,* Kapitalmarktrecht, Kz 405 zu § 5 BörsG, Anm. 4.
347 *Schwark,* BörsG, § 5 Rn 5; *Badura/Salzwedel,* Allgemeines Verwaltungsrecht, 11. Aufl., 1998, § 41 Rn 20.
348 *Badura/Salzwedel,* Allgemeines Verwaltungsrecht, 11. Aufl., 1998, § 41 Rn 21.
349 *Wolff/Bachof/Stober,* Verwaltungsrecht I, 10. Aufl., 1994, § 42 Rn 25; *Schwark,* BörsG, § 5 Rn 5.
350 *Badura/Salzwedel,* Allgemeines Verwaltungsrecht, 11. Aufl., 1998, § 41 Rn 22. Zu den einzelnen Kriterien für die Bemessung der Gebühren vgl. *Kümpel* in Kümpel/Ott, Kapitalmarktrecht, Kz 060, S. 49 ff.

dere mit ausländischen Börsen in einem starken Wettbewerb stehen. Die an die Börse zu zahlenden Gebühren wie auch die zusätzlich vereinbarten Nutzungsentgelte sind Teil der Kosten beim Kauf und Verkauf der Wertpapiere. Diese Transaktionskosten sind mitentscheidend für das vom Investor anvisierte Ergebnis seiner Anlage, das sich aus Kursveränderungen und den ausgeschütteten Zinsen bzw. Dividenden zusammensetzt (sog. Rendite)[351]. Das Interesse an möglichst geringen Transaktionskosten ist besonders stark bei kurzfristigen Engagements am Kapitalmarkt. Vergleichsweise niedrige Transaktionskosten steigern deshalb die Akzeptanz des Marktes, von der seine Liquidität entscheidend abhängt.

17.280 Die Gebührenermächtigung des § 5 BörsG verbietet es im übrigen nicht, daß die Börsen neben den öffentlich-rechtlichen Gebühren privatrechtliche Entgelte verlangen, mit denen sie die Kosten der laufenden Finanzierung des von ihr veranstalteten Börsenhandels decken. Diese **Entgelte** dürfen jedoch nicht für **Börsenleistungen** gefordert werden, die **öffentlich-rechtlicher Natur** sind und deshalb durch die Gebührenordnung erfaßt werden[352]. Der Börsenträger kann sich deshalb diejenigen Kosten, die er als durch die öffentlich-rechtlichen Gebühren nicht abgedeckt ansieht, in Form von anderen regelmäßigen Zahlungen vergüten lassen[353], soweit dies wettbewerbsverträglich ist. Dies kann im Rahmen eines privatrechtlichen Nutzungsvertrages geschehen[354]. Solche privatrechtlich vereinbarten Entgelte zur Finanzierung der Kosten der Börsen sind erforderlichenfalls bei den Zivilgerichten einzuklagen[355].

17.281 Bei der Benutzung einer Anstalt des öffentlichen Rechts können also im Verhältnis zu ihren Benutzern durchaus öffentlich-rechtliche Leistungsbeziehungen (**gebührenpflichtige Börsenleistungen**) und privatrechtliche Vertragsbeziehungen (**vergütungspflichtige Börsenleistungen**) nebeneinander bestehen[356], wie das Beispiel der Frankfurter Wertpapierbörse veranschaulicht. Nach deren Gebührenordnung haben die Handelsteilnehmer für die Zulassung zum Börsenhandel und die Emittenten für die Zulassung ihrer Wertpapiere zum Handel im Amtlichen und Geregelten Markt verschiedene Gebühren zu entrichten. Daneben haben aber die Handelsteilnehmer vertraglich vereinbarte und damit privatrechtliche Entgelte z.B. für die Nutzung separater Händlerbüros oder Funktelefone zu zahlen,

---

351 *Obst/Hintner*, Geld-, Bank- und Börsenwesen, 39. Aufl., 1993, S. 577.
352 *Schwark*, BörsG, § 5 Rn 7 m.w.Nachw.; *Olenhusen*, Börsen und Kartellrecht, 1983, S. 35.
353 *Schwark*, BörsG, § 5 Rn 7.
354 *Schwark*, BörsG, § 5 Rn 2.
355 *Schwark*, BörsG, § 5 Rn 7.
356 *Wolff/Bachof*, Verwaltungsrecht II, 5. Aufl., 1987, § 99 Rn 36.

2. Kursaussetzung (§ 43 Abs. 1 Nr. 1 BörsG)

Die Börsengeschäftsführung kann die Preisfeststellung (Notierung) der Wertpapiere im Amtlichen oder Geregelten Markt aussetzen, wenn ein **ordnungsgemäßer Börsenhandel zeitweilig gefährdet oder wenn dies zum Schutze des Publikums geboten erscheint** (§§ 43 Abs. 1 Nr. 1, 75 Abs. 3 BörsG). Diese sog. Kursaussetzung ist **von der Einstellung der Notierung** (§ 43 Abs. 1 Nr. 2 BörsG) **und der Kurs„streichung"** im Sinne der in der Börsenordnung geregelten „Hinweise bei der Kursfeststellung" **zu unterscheiden**.

17.282

Die Preisfeststellung kann vollständig oder zumindest nicht nur kurzfristig eingestellt werden, wenn ein ordnungsgemäßer Börsenhandel für die Wertpapiere nicht mehr gewährleistet erscheint (§§ 43 Abs. 1 Nr. 2, 75 Abs. 3 BörsG). Mit Rücksicht auf die negativen Auswirkungen für das Standing der Emittentin ist eine solche Einstellung der Notierung **nur sehr begrenzt zulässig**. Hierzu muß eine hohe Wahrscheinlichkeit dafür bestehen, daß ein ordnungsgemäßer Börsenhandel wie etwa bei Insolvenz der Emittentin für die Zukunft ausgeschlossen erscheint oder zumindest für einen längeren Zeitraum nicht mehr stattfinden kann, wie dies bei einer Weigerung der Emittentin zur Erfüllung ihrer Publizitätspflichten gemäß §§ 44 Abs. 1 Nr. 3, 44 b BörsG unterstellt werden kann. Sind die tatbestandsmäßigen Voraussetzungen für die Einstellung der Kursfeststellung gegeben, so kann die Zulassungsstelle der Börse statt der Kurseinstellung durch die Börsengeschäftsführung die Zulassung der Wertpapiere widerrufen (vgl. §§ 43 Abs. 3, 75 Abs. 3 BörsG) und damit das Benutzungsverhältnis mit der Emittentin als Voraussetzung für Preisfeststellungen beenden.

17.283

Die sog. „Streichung" des Kurses, die häufig als Synonym für die Kursaussetzung verwendet wird, **erfolgt durch den skontroführenden Makler**, wenn ein Kurs aufgrund der aktuellen Orderlage nicht festgestellt werden konnte (vgl. z.B. § 33 der Börsenordnung der Frankfurter Wertpapierbörsen – FWB-BörsO)[357].

17.284

---

[357] Nach § 33 der Frankfurter Börsenordnung hat der Kursmakler bei der Preisfeststellung vorgeschriebene Kurszusätze und Hinweise zu verwenden, zu denen auch die „Streichung" gehört, wenn ein Kurs nicht festgestellt werden konnte (abgedruckt in *Kümpel/Ott*, Kapitalmarktrecht, Kz 438). Vgl. weiter *Schwark*, BörsG, § 29 Rz 21.

17.285 Von dieser „Streichung" des Kurses als Schlußpunkt einer versuchten Preisfeststellung ist wiederum das Hinausschieben einer Notierung bei außergewöhnlichen Kursschwankungen zu unterscheiden. Eine solche Maßnahme wird z.B. getroffen, wenn der Kursmakler im Einvernehmen mit der aufsichtsführenden Person mit der Feststellung des Börsenpreises eine angemessene Zeit abwartet oder bei fortlaufend (variabel) gehandelten Werten mit der Notierung erst nach Feststellung des Einheits-(Kassa-)Kurses beginnt. Hierbei handelt es sich um sog. **Marktverfügungen.** So kann nach § 25 Abs. 2 Nr. 2 FWB-BörsO die Geschäftsführung die Preisfeststellung unterbrechen, wenn dies aus technischen Gründen oder sonstiger Gefährdungen der Funktionsfähigkeit des Börsenhandels erforderlich ist[358]. In diesen Fällen kann die Geschäftsführung auch den Börsenhandel insgesamt oder in Teilmärkten unterbrechen (§ 25 Abs. 2 Nr. 1 FWB-BörsO). Bei solchen Unterbrechungen sind sog. Direktgeschäfte der Handelsteilnehmer im Rahmen der Börse nicht mehr zulässig (§ 25 Abs. 3 FWB-BörsO).

17.286 Die Kursaussetzung im Sinne des § 43 Abs. 1 Nr. 1 BörsG beruht dagegen auf Umständen, die regelmäßig nicht auf eine technische Marktsituation wie insbesondere eines erheblichen Überhangs der Angebots- oder Nachfrageseite zurückzuführen sind, sondern in einem bestimmten Verhalten des Emittenten oder Dritter begründet sind[359]. Deshalb ist die Kursaussetzung auch das geeignete verwaltungsrechtliche Instrument, um im Interesse der Ordnungsmäßigkeit des Börsenhandels und des Schutzes des Anlegerpublikums insbesondere auf die Mitteilung von Insidertatsachen durch die Emittenten zu reagieren (vgl. § 15 Abs. 2 WpHG).

a) Vorübergehende Unterbrechung des Börsenhandels

17.287 Eine „Kurs"aussetzung bezweckt nach den Gesetzesmaterialien, daß der Börsenhandel und die Preisfeststellung in den betreffenden Wertpapieren vorübergehend mit sofortiger Wirkung ausgesetzt werden[360]. Deshalb ist es den Börsenmitgliedern wie auch den Kursmaklern nach *Schwark* untersagt, diesen Zweck der „Kursaussetzung" dadurch zu unterlaufen, daß sie im Börsensaal weiterhin Geschäftsabschlüsse ohne Vermittlung des skontroführenden Kurs- oder Freimaklers oder unter Vermittlung eines Freimaklers tätigen.

17.288 Gegen den Abschluß solcher sog. Parkett- oder Direktgeschäfte[361] müßten die zuständigen Börsenorgane erforderlichenfalls einschreiten[362].

---

358 Abgedruckt in *Kümpel/Ott*, Kapitalmarktrecht, Kz 438.
359 *Schwark*, BörsG, § 43 Rz 3, § 29 Rz 21.
360 Begr. des RegE des Börsenzulassungs-Gesetzes vom 16.12.1986, BT-Drucksache 10/4296, S. 15.
361 *Schwark*, BörsG, § 43 Rz 10.
362 *Schwark*, BörsG, § 43 Rz 10.

3. Abschnitt: Benutzungsverhältnis Börse zu Handelsteilnehmern und Emittenten

Die Börsenordnung der Frankfurter Wertpapierbörse (FWB-BörsO) hat die Zulässigkeit solcher Direktgeschäfte ausdrücklich geregelt[363]. Dabei ist zwischen den verschiedenen Anlässen differenziert worden. Bei einer Kursaussetzung im Sinne des § 43 Abs. 1 BörsG sind Direktgeschäfte unzulässig. Dasselbe gilt, wenn die Geschäftsführung von ihrer Befugnis zur Unterbrechung des Börsenhandels insgesamt oder in Teilmärkten Gebrauch gemacht hat, weil diese Unterbrechung aus technischen Gründen oder zur Vermeidung sonstiger Gefährdungen der Funktionsfähigkeit des Börsenhandels erforderlich ist (§ 25 Abs. 3 S. 1 FWB-BörsO). Dagegen sind solche Direktgeschäfte zulässig, wenn die Börsengeschäftsführung die Feststellung des Preises unterbrochen hat. An diesen Geschäften dürfen sich auch Kursmakler zur Sicherung bestehender Aufgabe- und Eigengeschäftspositionen betätigen (§ 25 Abs. 3 S. 2 FWB-BörsO).

17.289

Beim elektronischen Börsenhandel führt die Aussetzung dagegen aufgrund der systembedingten Besonderheiten dazu, daß der Handel in diesem Handelssystem stets vollständig zum Erliegen kommt.

17.290

Die Aussetzung der Preisfeststellung bedeutet praktisch eine **vorübergehende Unterbrechung des Börsenhandels**. Wenn der Gesetzeswortlaut des § 43 I BörsG statt dessen von der „Aussetzung der Notierung" spricht, so lehnt sich die Formulierung eng an die markttechnischen Vorgaben bei der vorübergehenden Handelsunterbrechung in der Präsenzbörse an, die bis zum zweiten Finanzmarktförderungsgesetz alleiniges Leitbild des Gesetzgebers gewesen ist. Dort werden die Handelsgeschäfte zwischen den Marktteilnehmern mittels deren Zuordnung durch den skontroführenden Makler abgeschlossen, der hierbei zugleich den für die Marktkontrahenten verbindlichen Preis feststellt. Wird diese Preisfestellung aber aufgrund einer Anordnung gemäß § 43 Abs. 1 BörsG vorübergehend untersagt, so muß der Börsenhandel zwangsläufig zum Erliegen kommen, weil die Vermittlertätigkeit des Maklers und die ihm untersagte Preisfeststellung untrennbar miteinander verknüpft sind.

17.291

Bei einer solchen Kursaussetzung bleibt es den Börsenmitgliedern aber nach einhelliger Meinung unbenommen, weiterhin **Geschäfte** in diesen Wertpapieren **außerhalb der Börse** zu tätigen. Mit der Aussetzung der Kursfeststellung ist also kein allgemeines Handelsverbot verknüpft[364].

17.292

b) Einbeziehung des elektronischen Börsenhandels

Die Befugnis der Börsengeschäftsführung zur vorübergehenden Handelsunterbrechung gilt auch für den elektronischen Börsenhandel, soweit das elektronische Handelssystem durch die Börsenordnung geregelt und da-

17.293

---
363 Abgedruckt in *Kümpel/Ott*, Kapitalmarktrecht, Kz 438.
364 *Schwark*, BörsG, § 43 Rz 10.

her Teil des öffentlich-rechtlichen Börsenhandels ist (vgl. § 11 Abs. 1, 2 BörsG). Diesem Anforderungsprofil entspricht das neue **XETRA-System**[365].

17.294 Der Anwendbarkeit des § 43 BörsG auf den XETRA-Handel steht auch nicht entgegen, daß es bei diesem elektronischen Börsenhandel nicht zu einer „Notierung" der EDV-mäßig festgestellten Preise kommt, wie dies in dem insoweit vergleichbaren fortlaufenden Wertpapierhandel der Präsenzbörse durch die Preisfeststellung des skontroführenden Kursmaklers geschieht. Im elektronischen Börsenhandel kommen die Wertpapiergeschäfte ohne Vermittlung eines Maklers zustande, sobald die übereinstimmenden Willenserklärungen im elektronischen Handelssystem nach Abschluß der Systemprüfungen zusammengeführt worden sind (Matching)[366].

17.295 Aus der Sicht des Normzwecks des § 43 Abs. 1 Nr. 1 BörsG ist es jedoch unerheblich, ob beim Abschluß der Wertpapiergeschäfte der vereinbarte Preis von einem Kursmakler festgestellt oder wie beim elektronischen Handel nur EDV-mäßig festgehalten und gespeichert wird. Die Handelsmöglichkeit soll unterbrochen werden, wenn ein ordnungsgemäßer Börsenhandel zeitweilig gefährdet ist, wie dies insbesondere bei Informationsdefiziten der Marktteilnehmer infolge unveröffentlichter kursrelevanter Sachverhalte der Fall ist. Dieser Normzweck kommt auch beim XETRA-Handel zum Tragen. Denn die elektronisch zustandekommenden Wertpapiergeschäfte sind integraler Teil des Börsenhandels, dessen Ordnungsmäßigkeit durch die gesetzliche Aussetzungsbefugnis der Börsengeschäftsführung soll geschützt werden können.

c) Voraussetzung der Kursaussetzung

17.296 Die Kursaussetzung setzt voraus, daß ein ordnungsgemäßer Börsenhandel zeitweilig gefährdet oder dies zum Schutz des Publikums geboten erscheint. Beide Tatbestandsmerkmale werden häufig zusammentreffen[367]. Denn der Börsenhandel dient nicht nur dem Berufshandel für den Abschluß von Eigengeschäften. An der Börse werden vor allem Kauf- und Verkaufsaufträge ausgeführt, die die Kunden den Kreditinstituten im Rahmen des Effektengeschäfts erteilen. Dies gilt verstärkt nach Inkrafttreten des zweiten Finanzmarktförderungsgesetzes. Hiernach müssen diese Kun-

---

365 Dieselbe Rechtslage bestand auch bei dem abgelösten IBIS-Handelssystem; *Kümpel*, WM 1992, 249 ff.
366 § 34 I der Bedingungen für Geschäfte an der Frankfurter Wertpapierbörse – Stand Mai 1992; vgl. weiter *Kümpel* WM 1991, Sonderbeil. 4, 5.
367 *Schwark*, BörsG, § 43 Rz 4.

3. Abschnitt: Benutzungsverhältnis Börse zu Handelsteilnehmern und Emittenten

denaufträge über den Handel an der Börse ausgeführt werden, wenn die Wertpapiere zum Amtlichen Handel oder Geregelten Markt einer inländischen Börse zugelassen oder in den Freiverkehr einbezogen sind (§ 10 Abs. 1 BörsG). Mit der Gefährdung der Ordnungsmäßigkeit des Börsenhandels wird deshalb im Regelfall zwangsläufig auch das Schutzbedürfnis des breiten Anlegerpublikums berührt.

Ein anschauliches Beispiel für die Gefährdung der Ordnungsmäßigkeit des Börsenhandels bilden die **ad-hoc-publizitätspflichtigen Sachverhalte**, die im Falle ihres öffentlichen Bekanntwerdens zu einem erheblichen Kursausschlag geeignet sind (vgl. § 15 Abs. 1 WpHG). Solange diese Sachverhalte infolge fehlender Veröffentlichung nicht in die Börsenpreise einfließen können, werden die Wertpapiergeschäfte an den Börsen auf einem diesen Insidertatsachen nicht adäquaten Kursniveau abgeschlossen. Ist der Börsengeschäftsführung aufgrund der Mitteilung der Emittenten erkennbar, daß die von den Marktteilnehmern vereinbarten Preise infolge ihrer Informationsdefizite nicht dem wirklichen Marktwert entsprechen, so ist die Ordnungsmäßigkeit des Börsenhandels im Sinne des § 43 Abs. 1 BörsG nicht mehr gewährleistet[368]. Dies gilt insbesondere für die unter die Ad-hoc-Publizität fallenden Sachverhalte. Die Hauptfunktion der Ad-hoc-Publizität besteht gerade darin, durch die Veröffentlichung zu vermeiden, daß sich infolge mangelhafter oder fehlender Publizierung inadäquate Marktpreise bilden[369] und dadurch der Börsenhandel nicht mehr als ordnungsgemäß angesehen werden kann[370].

17.297

Bei einem solchen nicht ordnungsgemäßen Börsenhandel ist die Kursaussetzung im übrigen auch zum Schutze des Anlegerpublikums geboten[371]. Denn soweit die Handelsteilnehmer die Wertpapiergeschäfte im Rahmen ihres Kommissionsgeschäfts tätigen, sind die bei diesen kommissionsrechtlichen Ausführungsgeschäften vereinbarten Preise dem betreffenden Effektenkunden in Rechnung zu stellen. Nach den Anfang 1995 in Kraft getretenen Sonderbedingungen für Wertpapiergeschäfte (Nr. 1 Abs. 1) führen die Kreditinstitute die ihnen erteilten Effektenordern stets ohne Selbsteintritt aus. Die Ausführungsgeschäfte im Börsenhandel werden also für Rechnung der Effektenkunden getätigt (§ 383 HGB).

17.298

---

368 LG Hamburg WM 1989, 336, 338; vgl. weiter *Rosen* in Assmann/Schütze, Handbuch des Kapitalanlegerrechts, § 2 Rz 183; *Bruns/Rodrian*, § 43 BörsG Anm. 6; *Schwark*, BörsG, § 43 Rz 6.
369 *Schwark*, BörsG, § 43 Rz 5.
370 Beschlußempfehlung und Bericht des Finanzausschusses zum Zweiten Finanzmarktförderungsgesetz, BT-Drucksache 12/7918, S. 96, 102.
371 *von Rosen* in Assmann/Schütze, Handbuch des Kapitalanlegerrechts, § 2 Rz 183, S. 59.

17.299 Die Bank hat deshalb nach auftragsrechtlichen Grundsätzen bei der Abwicklung des mit dem Kunden zustandegekommenen entgeltlichen Geschäftsbesorgungsverhältnisses den Börsenpreis zugrundezulegen, den sie mit ihrem Börsenkontrahenten vereinbart hat (§§ 667, 670, 675 BGB)[372]. Die Preise, die auf einem der Insidertatsache nicht angemessenen Kursniveau im Börsenhandel vereinbart werden, führen deshalb zu einem unmittelbaren Schaden der Anleger als Kommittenten. Solange die Insidertatsachen wegen fehlender Veröffentlichung nicht in die Preisbildung einfließen können, ist also nicht nur die Ordnungsmäßigkeit des Börsenhandels zeitweilig gefährdet. Die Kursaussetzung ist vielmehr auch zum Schutze des Anlegerpublikums geboten.

d) Ermessensentscheidung der Börsengeschäftsführung

17.300 Die Unterbrechung des Börsenhandels ist eine Ermessensentscheidung der Börsengeschäftsführung[373]. Der Geschäftsführung ist damit ein gewisser Spielraum zur eigenverantwortlichen Entscheidung eingeräumt. **Innerhalb dieser Ermessensbefugnis** können grundsätzlich mehrere unterschiedliche und auch gegensätzliche Maßnahmen in gleicher Weise rechtmäßig sein. Dabei ist wie bei jedem hoheitlichen Verwaltungshandeln der Grundsatz der Verhältnismäßigkeit zu beachten[374].

17.301 Dieser Grundsatz ist verletzt, wenn das Ermessen zu einer zwar abstrakt zulässigen Maßnahme geführt hat, diese aber im konkreten Fall nicht erforderlich oder unangemessen ist. Bei der Entscheidung über die Kursaussetzung wird die Börsengeschäftsführung deshalb unterschiedliche Fallkonstellationen und die durchaus nicht deckungsgleichen Schutzbedürfnisse der professionellen Marktteilnehmer sowie des Anlegerpublikums, insbesondere der Kleinanleger und der für ihre Rechnung tätigen Kreditinstitute, in ausgewogener Weise zu berücksichtigen haben.

17.302 Aus der Sicht der am Markt agierenden Handelsteilnehmer besteht für die Kursaussetzung insbesondere dann kein Bedürfnis mehr, wenn die publizitätspflichtigen Insidertatsachen über ein im professionellen Wertpapierhandel weitverbreitetes elektronisch betriebenes Informationsverbreitungssystem veröffentlicht worden sind. Eine solche **„Ticker"meldung** ist nach § 15 Abs. 2 S. 2 WpHG für die **Herstellung der sog. Bereichsöffentlichkeit** ausreichend. Haben die professionellen Marktteilnehmer von den Insidertatsachen Kenntnis genommen, werden sie diese in ihre geschäftli-

---
372 *Kümpel* WM 1995, 137, 138.
373 *Schwark*, BörsG, § 43 Rz 4.
374 *Erichsen/Martens*, Allgemeines Verwaltungsrecht, 11. Aufl., 1998, S. 208; *Wolff/Bachof/Stober*, Verwaltungsrecht I, 10. Aufl., 1994, § 31 Rz 50.

che Disposition einfließen lassen, so daß sich diese Informationen in den Börsenpreisen niederschlagen[375]. Die Geschäftsabschlüsse bewegen sich sodann auf einem den publizitätspflichtigen Sachverhalten adäquaten Kursniveau und können daher die zu gewährleistende Ordnungsmäßigkeit des Börsenhandels nicht mehr gefährden.

Aus der Sicht der Anleger ist hingegen dem Schutzbedürfnis nicht schon dadurch voll Genüge getan, daß die professionellen Marktteilnehmer nach Herstellung der Bereichsöffentlichkeit die Preise unter Berücksichtigung der ihnen nunmehr bekannten publizitätspflichtigen Tatsachen vereinbaren. Mit einer Tickermeldung ist zwar sichergestellt, daß die Kauf- und Verkaufsaufträge, die die Effektenkunden in Unkenntnis der zwischenzeitlich veröffentlichten kursrelevanten Sachverhalte erteilt haben, zu einem diesen Informationen adäquaten Kurs ausgeführt werden. Damit ist aber dem Schutzbedürfnis des Anlegerpublikums noch nicht ausreichend Rechnung getragen. Es muß vielmehr damit gerechnet werden, daß eine nicht quantifizierbare Vielzahl von Anlegern angesichts der zwischenzeitlich bekanntgewordenen Sachverhalte selbst an einer solchen kursmäßig adäquaten Orderausführung kein Interesse mehr haben.

17.303

So kann bei einer negativen Nachricht der ursprünglich gewünschte Kauf selbst zu einem deutlich niedrigeren Kurs nicht mehr gewollt sein, wenn die Wertpapiere als Anlage angesichts der bekanntgewordenen Umstände insbesondere bei großen wirtschaftlichen oder finanziellen Schwierigkeiten des Emittenten nicht mehr geeignet erscheinen. Umgekehrt können Effektenkunden angesichts der positiven Informationen von dem ursprünglich gewollten Verkauf absehen wollen, weil diese Wertpapiere als Anlageobjekte in einem wesentlich günstigeren Licht erscheinen. In dieser Fallkonstellation würde eine Veräußerung der Wertpapiere selbst zu einem unerwartet hohen Verkaufserlös nicht mehr dem Anlegerinteresse entsprechen. Bei diesem Kundenkreis kann ein Interesse am Erlöschen der noch nicht ausgeführten Effektenaufträge insbesondere unterstellt werden, wenn die Insiderinformation nach ihrem öffentlichen Bekanntwerden zu einer erheblichen Kursbeeinflussung geeignet ist. Soweit das Schutzbedürfnis dieses Kreises von Anlegern als vorrangig anzusehen ist, kann dem Anlegerschutz mit Hilfe der zu Beginn des Jahres 1995 in Kraft getretenen Sonderbedingungen für Wertpapiergeschäfte Rechnung getragen werden. Nach der Nr. 6 dieser Sonderbedingungen läßt eine Kursaussetzung wegen besonderer Umstände im Bereich der Emittenten, wie sie insbesondere die ad hoc-publizitätspflichtigen Insidertatsachen darstellen, sämtliche an der Börse auszuführenden Effektenordern im Kommis-

17.304

---

375 Begr. des RegE des 2. FFG, BT-Drucksache 12/6679, S. 46.

sionsgeschäft der Kreditinstitute erlöschen[376]. Diese zum Erlöschen der Effektenorder führende Kursaussetzung ist im übrigen streng **von der technischen Handelsunterbrechung ("trading hold") zu unterscheiden,** die die Börsengeschäftsführung im Marktinteresse veranlassen kann, um die nötige Zeit zu gewinnen, einen ihr mitgeteilten kurssensiblen Sachverhalt auf die für die Kursaussetzung erforderliche Kursrelevanz zu überprüfen.

e) Keine Kursaussetzung bei nicht-kursrelevanten Tatsachen

17.305 Die Börsengeschäftsführung kann bei ihrer Ermessensentscheidung das AGB-mäßig vereinbarte Erlöschen der Effektenorder infolge einer Kursaussetzung nicht unberücksichtigt lassen. Mit Rücksicht auf diese Konsequenzen für das Effektengeschäft kann die Kursaussetzung nur in den Fällen angeordnet werden, in denen die von den Emittenten nach § 15 Abs. 2 WpHG mitgeteilten Sachverhalte auch nach der Einschätzung der Börsengeschäftsführung offensichtlich geeignet sind, den **Börsenkurs erheblich zu beeinflussen.**

17.306 Bei der Ermessensentscheidung über die Kursaussetzung ist weiter zu berücksichtigen, daß die Wertpapierbörse eine Anstalt des öffentlichen Rechts ist und der ihr zugewiesenen öffentlichen Aufgabe gerecht werden muß. Die Ermessensentscheidung der Börsengeschäftsführung hat sich deshalb nach verwaltungsrechtlichen Grundsätzen an dem Anstaltszweck zu orientieren, wie ihn die Börsenordnung der Wertpapierbörse definiert. Danach dient die Börse als Marktveranstaltung dem Abschluß von Handelsgeschäften in Wertpapieren[377]. Infolgedessen wird mit der Kursaussetzung in das Benutzungsverhältnis zwischen Börse und Emittentin und den Börsenmitgliedern in einer Weise eingegriffen, die über eine inner„betriebliche" Maßnahme hinausgeht[378]. Nach verwaltungsrechtlichen Grundsätzen hat die Börse deshalb den Grundsatz der Verhältnismäßigkeit zu beachten. Dies verbietet eine aus der Sicht des Anstaltszwecks der Börse nicht erforderliche oder zumindest unangemessene Unterbrechung des Börsenhandels.

17.307 Mit Rücksicht auf die recht unterschiedlichen Interessen der Anleger an einer Ausführung der von ihnen erteilten Effektenorder ist bei solchen Sachverhalten ohne ausreichende Kursrelevanz regelmäßig von einer

---

376 Wegen der Maßstäbe für die Ermessensausübung der Börsengeschäftsführung vgl. *Kümpel* in Assmann/Schneider, WpHG, § 15 Rn 124 ff.
377 Vgl. § 1 Frankfurter Wertpapierbörse, abgedruckt in WM 1995, S. 1645.
378 *Schwark*, BörsG, § 43 Rz 11.

Kursaussetzung abzusehen, um das hier nicht zwingend gebotene Erlöschen sämtlicher Kauf- und Verkaufsaufträge gemäß den AGB für Wertpapiergeschäfte zu vermeiden. Denn angesichts der fehlenden oder geringen Kursrelevanz dieser Informationen könnte die Mehrzahl der Effektenkunden an der Ausführung ihrer Effektenorder interessiert bleiben. Eine solche Verfahrensweise empfiehlt sich auch wegen des verwaltungsrechtlichen Grundsatzes der Verhältnismäßigkeit. Mit Rücksicht auf den Anstaltszweck der Börse ist eine Handelsunterbrechung, die zwangsläufig die Dispositionen der professionellen Marktteilnehmer und der an einer zügigen Orderausführung interessierten Anleger beeinträchtigt, nur zulässig, wenn eine solche Maßnahme den bekanntgewordenen neuen Tatsachen auch wirklich angemessen ist.

Von einer solchen Kursaussetzung kann im übrigen regelmäßig abgesehen werden, wenn die wegen ihrer Kursrelevanz publizitätspflichtigen Sachverhalte nach Ende des Börsenhandels über ein elektronisches Informationsverbreitungssystem veröffentlicht werden und zugleich sichergestellt erscheint, daß die überregionale Wirtschaftspresse hierüber berichtet (Rn 16.323 ff.). 17.308

f) Dauer der Kursaussetzung

Der Ermessensspielraum der Börsengeschäftsführung bei der Kursaussetzung besteht nicht nur für die Anordnung der Aussetzung, sondern auch für die Bemessung ihrer Dauer. Auch insoweit sind verschiedene Fallkonstellationen zu unterscheiden, in denen die Dauer der Kursaussetzung mit Rücksicht auf den verwaltungsrechtlichen Grundsatz der Verhältnismäßigkeit unterschiedlich zu bestimmen ist. Eine solche zeitweilige Handelsunterbrechung, die die Interessen der Emittentin, Marktteilnehmer und der kauf- und verkaufsentschlossenen Anleger erheblich beeinträchtigen kann, darf hiernach nur so lange Wirksamkeit entfalten, als es aus der Sicht der sicherzustellenden Ordnungsmäßigkeit des Börsenhandels und des Schutzes des Anlegerpublikums erforderlich oder zumindest angemessen erscheint. Angesichts des Anstaltszwecks und der volkswirtschaftlichen Funktion der Börse als eines gesetzlich geregelten, staatlich kontrollierten „Handelsplatzes" für die dort zugelassenen Wertpapiere ist der Börsenhandel weitestmöglich aufrecht zu erhalten. Dementsprechend ist die Dauer der Handelsunterbrechungen **möglichst kurz zu bemessen.** 17.309

Bei der Ausschöpfung des Ermessensspielraums hat die Geschäftsführung der Börse zum Teil konträre Interessen zu berücksichtigen. So haben institutionelle Anleger, insbesondere die Investmentfonds nach dem Gesetz über die Kapitalanlagegesellschaften ein verständliches Interesse an möglichst kurzen Unterbrechungen des Börsenhandels. Auch ist der Terminhandel in starkem Maße von der Preisfeststellung im Kassahandel der Präsenzbörse abhängig. Unberücksichtigt 17.310

bleiben kann auch nicht die Aussetzungspraxis der ausländischen Börsen, an denen die betreffenden Wertpapiere ebenfalls notiert werden[379].

3. Beendigung des Benutzungsverhältnisses mit den Handelsteilnehmern

17.311 Für die Frage der Zulässigkeit einer Beendigung des Benutzungsverhältnisses ist zu unterscheiden, ob die **Initiative von der Börse oder den Handelsteilnehmern ausgeht**.

a) Rücknahme, Widerruf und Ruhen der Zulassung

17.312 Die Zulassung zum Börsenbesuch, insbesondere zur Teilnahme am Börsenhandel ist ein begünstigender Verwaltungsakt. Für die einseitige Aufhebung einer solchen subjektiven öffentlichen Berechtigung gelten die einschränkenden Regelungen des Verwaltungsverfahrensgesetzes des Sitzlandes der Börse über die Rücknahme und den Widerruf begünstigender Verwaltungsakte[380]. Diese gesetzliche Beschränkung für die Aufhebung der Börsenzulassung entspricht dem subjektiven Recht jedes Antragstellers auf Zulassung zum Börsenbesuch, wenn er die hierfür bestehenden gesetzlichen Voraussetzungen erfüllt. Diese Rechtsposition des Antragstellers ergibt sich aus dem verfassungsrechtlich garantierten Recht der freien Berufswahl und der freien Berufsausübung (Art. 12 GG)[381].

17.313 Für diese Aufhebung der Zulassung enthält die **Börsenordnung** konkretisierende Regelungen. Der Zulassungsakt ist zurückzunehmen, wenn die Zulassungsvoraussetzungen, wie sie die Börsenordnung statuiert, bei seinem Erlaß nicht vorgelegen haben. Sind diese Voraussetzungen erst nachträglich weggefallen, so ist die Zulassung zu widerrufen[382].

17.314 Von dieser Rücknahme oder Widerruf der Zulassung ist ihr Ruhen zu unterscheiden. Besteht der begründete Verdacht, daß die im Börsengesetz und der Börsenordnung geregelten Zulassungsvoraussetzungen nicht vorgelegen haben oder sie nachträglich weggefallen sind, so kann die Börsengeschäftsführung das Ruhen der Zulassung für die Dauer von längstens sechs Monaten anordnen. Das Ruhen der Zulassung kann auch für die Dauer des Zahlungsverzuges von festgesetzten Gebühren angeordnet wer-

---

379 Wegen der Einzelheiten vgl. *Kümpel* in Kümpel/Ott, Kapitalmarktrecht, Kz 060, S. 87 ff.
380 *Schwark*, BörsG, § 7 Rn 29.
381 *Walter*, WM 1986, 1489; *Schwark*, BörsG, § 7 Rn 8.
382 Vgl. z.B. § 23 Abs. 2 der Börsenordnung der Frankfurter Wertpapierbörse (WM 1995, S. 1649).

den. Für die Dauer des Ruhens der Zulassung eines zum Börsenhandel zugelassenen Unternehmens ruht auch die Zulassung seiner Börsenhändler (§ 7 Abs. 7 BörsG).

b) Erlöschen der Zulassung durch Verzicht des zugelassenen Unternehmens

Die Beendigung des Benutzungsverhältnisses kann auch vom zugelassenen Unternehmen herbeigeführt werden. Die Rechte aus einem Verwaltungsrechtsverhältnis, wie sie das Benutzungsverhältnis zwischen Börse und Handelsteilnehmer als öffentlich-rechtliches ausgestaltetes Rechtsverhältnis darstellt, können nach allgemeiner Meinung grundsätzlich durch Verzicht des Begünstigten erlöschen, auch wenn es sich wie bei einer solchen **Börsenzulassung um ein Dauerverwaltungsrechtsverhältnis** handelt[383]. 17.315

Die **einseitige Verzichtserklärung** kann zur Beendigung des Verwaltungsrechtsverhältnisses aber nur führen, wenn dem Begünstigten eine Dispositionsbefugnis über sein subjektives öffentliches Recht zusteht[384]. Dies ist offensichtlich der Fall, wenn dem Rechtsinhaber eine solche Dispositionsbefugnis gesetzlich eingeräumt worden ist[385], wie dies auch in der Börsenordnung als autonomen Rechtssetzungsakt geschehen kann. So bestimmt z.B. die Börsenordnung der Frankfurter Wertpapierbörse (§ 22 Abs. 1), daß die Zulassung eines Unternehmens zur Teilnahme am Börsenhandel durch schriftliche Erklärung gegenüber der Börsengeschäftsführung erlischt[386]. Die Zulassung des Börsenhändlers eines zugelassenen Unternehmens erlischt bei Ausscheiden aus diesem Unternehmen oder wenn das Unternehmen der Börsengeschäftsführung den Wegfall der Berechtigung des Börsenhändlers zur weiteren Teilnahme am Börsenhandel schriftlich mitgeteilt hat. 17.316

---

383 *Badura/Erichsen*, Allgemeines Verwaltungsrecht, 11. Aufl., 1998, § 11 Rn 50; OVG Münster NJW 1987, 1964, 1965; *Illian*, Der Verzicht Privater im Verwaltungsrecht, Bonner Diss., 1993, S. 125 ff.
384 *Maurer*, Allgemeines Verwaltungsrecht, 12. Aufl., 1999, § 14 Rn 34, *Badura/Erichsen*, Allgemeines Verwaltungsrecht, 11. Aufl., 1998, § 11 Rn 50.
385 *Badura/Erichsen*, Allgemeines Verwaltungsrecht, 11. Aufl., 1998, § 11 Rn 50.
386 Abgedruckt in *Kümpel/Ott*, Kapitalmarktrecht, Kz 438.

4. Abschnitt
Marktorganisation

17.317 Im Blickfeld der bisherigen Ausführungen stand der rechtliche Organisationsrahmen der Börse als Veranstalter des an ihr stattfindenden Börsenhandels. Davon zu unterscheiden ist die marktmäßige Organisation dieser Handelsaktivitäten. Hierbei ist vor allem zwischen dem Wertpapierhandel - in der Praxis auch als Kassahandel bezeichnet - und dem Börsenterminhandel zu differenzieren. Kassageschäfte und Börsentermingeschäfte weisen nach Geschäftszweck und Rechtsnatur sowie hinsichtlich ihrer Reglementierung starke Unterschiede auf. Eine weitere wesentliche Differenzierung ist zwischen dem Kassahandel der Präsenzbörse und im elektronischen Handelssystem XETRA geboten.

I. Kassahandel

17.318 Die Bezeichnung „Kassa"handel knüpft an den **sog. Kassakurs** an, wie er bis zum 1. Weltkrieg gegen Mitte der Börsenversammlung festgestellt wurde. Bis zu diesem Zeitpunkt war die fortlaufende (variable) Notierung dem Börsenterminhandel vorbehalten gewesen. Danach ging die Praxis dazu über, auch beim Kassahandel in umsatzstarken Wertpapiergattungen laufende Preisfeststellungen zuzulassen.

17.319 Der Kassakurs im ursprünglichen Sinne wird in den einheitlichen Bedingungen für Geschäfte an den deutschen Wertpapierbörsen (Börsenusancen) als Einheitskurs bezeichnet[387]. Beim Einheitskurs hat der für die Preisfeststellung zuständige Makler (Skontroführer im Sinne des § 8b Abs. 1 S. 1 BörsG) alle ihm erteilten Vermittlungsaufträge zu sammeln und bei der Errechnung und Feststellung der Einheitskurse gegen Mitte der Börsenversammlung zu berücksichtigen. Bei diesen Maklerauftragen handeln also die Marktakteure zum „Einheitskurs"[388].

17.320 Die **Feststellung des Börsenpreises** bezeichnet die Praxis auch als **Notierung**. Dies entspricht der Terminologie des Börsengesetzes, das die amtliche Notierung als amtliche Feststellung des Börsenpreises definiert (§ 36

---

[387] § 7 Abs. 1 Börsenusancen, abgedruckt WM 1984, 77.
[388] *Göppert,* Das Recht der Börsen, 1932, S. 198; *Kümpel,* Bank- und Kapitalmarktrecht, 1995, Rn 8/131.

Abs. 1 BörsG) und auch von der Aussetzung oder Einstellung der amtlichen Notierung spricht (§ 43 BörsG). Der Begriff Notierung knüpft an die anfängliche Praxis an, bei der der preisfeststellende Makler ein Kurs„protokoll" für den Kassakurs anzufertigen hatte. In der heutigen Praxis wird dagegen der ermittelte und festgestellte Einheits-(Kassa-)Kurs im Tagebuch des Maklers am Schluß des Skontros mit den börsentäglichen Kauf- und Verkaufsordern vermerkt und als solcher gekennzeichnet.

Die **Notierung** des amtlichen Kurses ist nach herrschender Meinung wegen ihres fehlenden Regelungscharakters **kein Verwaltungsakt**. Es handelt sich vielmehr um einen schlicht hoheitlichen Akt[389]. Dem amtlich festgestellten Börsenpreis kommt im Zivilprozeß lediglich die Wirkung eines prima facie-Beweises zu. Die Vermutung seiner Richtigkeit kann deshalb jederzeit widerlegt werden[390].

17.321

1. Meistausführungsprinzip beim Einheitskursverfahren

Als Einheitskurs wird **derjenige** Kurs festgestellt, **zu dem die meisten Aufträge erledigt werden können**[391]. Dieses **sog. Meistausführungsprinzip** besagt, daß als Börsenpreis derjenige Preis festzustellen ist, zu dem sich der größtmögliche Umsatz bei minimalem Überhang ergibt[392]. Unter Überhang ist die zu einem feststellbaren Börsenpreis bestehende Differenz der Volumina der ausführbaren Kauf- und Verkaufsaufträge zu verstehen[393]. Können unter Berücksichtigung des Meistausführungsprinzips mehrere Börsenpreise ermittelt werden, so ist von diesem derjenige festzustellen, der möglichst nahe zum zuletzt festgestellten Börsenpreis liegt. Darüber hinausgehende Abweichungen müssen begründbar sein[394]. Dieses **Prinzip der Wahrung der Preiskontinuität** ist in § 29 Abs. 3 S. 2 BörsG sowie den §§ 32 Abs. 2 und 34 Abs. 4 FWB-BörsO angesprochen[395]. Diese Feststellung des Einheitskurses beginnt zu einem von der Börsengeschäftsführung festgelegten Zeitpunkt[396].

17.322

---

389 *Schwark*, BörsG, § 29 Rn 29 m.w.Nachw.
390 *Schwark*, BörsG, § 29 Rn 29 m.w.Nachw.
391 *Tilly*, Die amtliche Kursnotierung an den Wertpapierbörsen, 1975, S. 56, 72; *Kümpel*, WM 1988, S. 1623; *Schwark*, BörsG, § 29 Rn 7.
392 Pkt 17.17.1.1 der „Norminterpretierenden Verwaltungsvorschrift der Regeln für die Börsenpreisfeststellung im Präsenzhandel an der Frankfurter Wertpapierbörse" (FWB) -FWB-Preisfeststellungsvorschrift, abgedruckt in *Kümpel/Ott*, Kapitalmarktrecht, Kz 443.
393 Pkt 1 der FWB-Preisfeststellungsvorschrift.
394 Pkt 17.17.1.2 FWB-Preisfeststellungsvorschrift.
395 Pkt 17.17.1.2 FWB-Preisfeststellungsvorschrift.
396 Vgl. § 32 Abs. 2 Nr. 2 Frankfurter Börsenordnung, abgedruckt in WM 1995, 1650.

17.323 Dieses Meistausführungsprinzip ermöglicht eine vollständige Abwägung des gesamten Angebots mit der gesamten Nachfrage, wie sie beim skontroführenden Börsenmakler jeweils zum Ausgleich zusammengeführt werden. Das Einheitskursverfahren wird als Optimum eines zeitlich konzentrierten Marktes angesehen und soll deshalb die Idealvorstellung eines marktgerechten Preises verwirklichen[397].

17.324 Zu dem festgestellten Einheitskurs sind nach der Börsenordnung alle unlimitierten Kauf- und Verkaufsaufträge sowie alle über den festgestellten Kurs limitierten Kaufaufträge und alle unter den festgestellten Kurs limitierten Verkaufsaufträge weitestmöglich auszuführen[398]. Einen solchen Ausführungsanspruch erlangen die Handelsteilnehmer gegen den skontroführenden Makler aufgrund des ihm erteilten Vermittlungsauftrages (§ 93 HGB). Hierdurch werden die Handelsteilnehmer in die Lage versetzt, ihre vertraglichen Pflichten als Marktintermediäre aus den übernommenen Kommissionsaufträgen ihrer Effektenkunden erfüllen zu können.

17.325 Der Handel zu diesem Einheitskurs wird häufig auch als **Auktionsbörse** bezeichnet, für die das Sammeln von Angebot und Nachfrage zwecks Ausgleichs zu einem bestimmten Zeitpunkt typisch ist[399]. Beim Auktionsverfahren im strengen Wortsinne ruft aber der Makler die einzelnen Wertpapiere zwecks Abgabe von Geboten auf. Dieses Verfahren findet an den deutschen Wertpapierbörsen grundsätzlich nicht statt, wenn man einmal vom „Kursmachen" vor endgültiger Feststellung des Einheitskurses absieht, der in vergleichbarer Weise verläuft[400].

17.326 Von diesem Einheitskursverfahren ist das **sog. Market Maker-Prinzip zu unterscheiden,** wie es auch an der Deutschen Terminbörse (DTB) praktiziert wird. Der Market Maker ist **anders als der Börsenmakler** nicht nur mit der neutralen Vermittlung von Angebot und Nachfrage betraut. Er ist vielmehr berechtigt, Börsengeschäfte auf eigene Rechnung abzuschließen und zugleich verpflichtet, jederzeit für die von ihm betreuten Wertpapiere verbindliche Geldkurse (Ankaufspreise) und Briefkurse (Verkaufspreise) bei vorgegebener Maximalspanne zwischen Geld und Brief zu stellen.

---

397 *Tilly,* Die amtliche Kursnotierung an den Wertpapierbörsen, 1975, S. 56, 72 m.w.Nachw.
398 Vgl. § 33 Frankfurter Börsenordnung, wonach der skontroführende Börsenmakler durch entsprechende Kurszusätze bekanntzumachen hat, in welchem Umfang die ihm erteilten Vermittlungsaufträge ausgeführt worden sind (abgedruckt WM 1995, S. 1650).
399 *Hielscher* in Obst/Hintner, Geld-, Bank- und Börsenwesen, 39. Aufl., 1993, S. 1138.
400 *Schwark,* BörsG, § 29 Rn 7; *Kümpel,* WM 1991, Sonderbeilage 4, S. 10.

Hierdurch sollen kontinuierliche Handelsmöglichkeiten für alle Marktteilnehmer geschaffen werden[401].

2. Kassahandel der Präsenzbörse mit fortlaufender (variabler) Notierung

Ein Nachteil des nur mittäglich festgesetzten Einheitskurses liegt darin, daß bis zu seiner Feststellung alle dem Börsenmakler erteilten Aufträge in der Schwebe bleiben. Auch sind nach dieser Preisfeststellung bis zum Ende der Börsenversammlung keine Geschäftsabschlüsse mehr möglich. Hierdurch werden insbesondere die für die Funktionsfähigkeit der Börse wichtigen Arbitragegeschäfte behindert[402]. Bei **umsatzstarken Wertpapieren** findet deshalb auch im Kassamarkt der Präsenzbörse ein Handel mit fortlaufender (variabler) Notierung statt. Der Kassahandel kennt deshalb anders als in seiner Anfangszeit mehr als nur eine Preisfeststellung in den Wertpapiergattungen, bei denen erfahrungsgemäß starke Umsätze getätigt werden und deshalb auch von „liquiden" Wertpapieren gesprochen wird.

17.327

Eine solche ausreichende Liquidität erscheint bei festverzinslichen Schuldverschreibungen erst bei Emissionen im Gesamtnennbetrag von DM 2 Mrd. gewährleistet. Die Kreditinstitute müssen deshalb die ihnen erteilten Kauf- und Verkaufsaufträge in festverzinslichen Wertpapieren nur bei solchen Emissionen mangels anderweitiger Kundenweisung über den Börsenhandel ausführen – sog. **Börsenzwang** (vgl. § 10 Abs. 3 BörsG). Bei **Emissionen mit geringerem Volumen** konnte der Gesetzgeber aufgrund seiner typisierenden Betrachtungsweise keine ausreichende Marktliquidität unterstellen, die einen Börsenzwang für diesbezügliche Kundenaufträge angesichts des kommissionsrechtlichen Gebotes aus der Sicht einer interessewahrenden Auftragsausführung hätte rechtfertigen können[403].

17.328

Beim Kassahandel mit variabler Notierung ermittelt der **skontroführende Makler** den „Eröffnungs"kurs zu Beginn des Präsenzhandels ebenfalls nach dem Einheitskursverfahren auf der Grundlage der ihm bis dahin vorliegenden variabel ausführbaren Aufträge[404]. Nach der Feststellung des

17.329

---

401 *Schwark*, BörsG, § 29 Rn 8; vgl. weiter *Hielscher* in Obst/Hintner, Geld-, Bank- und Börsenwesen, 39. Aufl., 1993, S. 1140, 1141 zu den Vor- und Nachteilen des Auktions- und Market Maker-Prinzip; *Schmidt*, Wertpapierbörsen, 1988, S. 24.
402 *Hielscher* in Obst/Hintner, Geld- Bank- und Börsenwesen, 39. Aufl., 1993, S. 1139; *Franke* in Assmann/Schütze, Handbuch des Kapitalanlagerechts, § 2 Rn 120.
403 Begr. des RegE des 2. FFG, BT-Drucksache 12/7918, S. 111.
404 Vgl. § 32 Abs. 2 Nr. 1 Frankfurter Börsenordnung (WM 1995, S. 1650).

Eröffnungskurses werden die für den variablen Handel geeigneten Aufträge nach Maßgabe der Börsenusancen (§ 7 Abs. 2) behandelt. Die Aufträge werden hiernach zu fortlaufenden Kursen ausgeführt, soweit sich der im Auftrag angegebene Betrag (Stückzahl oder Nennbetrag) mit dem Ein- oder Mehrfachen des für die fortlaufende Notierung festgesetzten Mindestbetrages deckt.

17.330 Beim Kassahandel mit fortlaufender Notierung werden im übrigen die nicht limitierten Aufträge zum nächsten nach ihrem Eingang festgestellten Kurs ausgeführt, der ihre Berücksichtigung zuläßt. Limitierte Aufträge sind zum nächsten Kurs auszuführen, mit dem das Limit erreicht wird oder zugunsten des Auftraggebers über- bzw. unterschritten wird[405]. Ein zum variablen Kurs nicht ausführbarer Rest wird zum Einheitskurs ausgeführt. Ist schließlich bis zur Feststellung des Einheitskurses eine fortlaufende Notierung nicht zustandegekommen, zu der der Auftrag hätte ausgeführt werden können, ist der Auftrag zum Einheitskurs auszuführen.

17.331 Der Kassahandel in der Präsenzbörse kennt also **unterschiedliche Preisfeststellungen**. So wird das Einheitskursverfahren mit seinen **„gerechneten" Kursen** bei den nur zum Einheitskurs gehandelten Wertpapieren sowie bei den **„Eröffnungs"kursen** wie auch am Ende des Präsenzhandels festgestellten **„Schluß"kursen** des variablen Handels praktiziert[406]. Im übrigen kommt es beim variablen Handel zu fortlaufenden Preisfeststellungen mit der Folge, daß bei regem Handel eine Reihe unterschiedlicher Notierungen gebildet werden, die die Markttendenzen während der gesamten Börsenzeit widerspiegeln.

3. Mitwirkung von Kursmaklern im Amtlichen Markt

17.332 Bei Wertpapieren, deren Börsenpreis amtlich festgestellt wird, erfolgt diese Feststellung durch Kursmakler (§ 29 Abs. 1 S. 1 BörsG). Der Kursmakler ist wie der Freimakler Handelsmakler (§ 93 HGB). Für die mit ihm geschlossenen Vermittlungsgeschäfte gelten daher die §§ 93 ff. HGB. Mit Rücksicht auf die Mitwirkung bei der amtlichen Kursnotierung hat jedoch die Rechtsstellung des Kursmaklers einen stark öffentlich-rechtlichen Einschlag[407]. Dabei stehen die Vermittlung von Börsengeschäften und die Kursfeststellung in einem engen Zusammenhang. Denn die Vermittlungstätigkeit bildet zugleich die Grundlage, auf der sich der Kurs-

---

405 Vgl. z.B. § 7 Abs. 4 Börsenusancen (abgedruckt WM 1984, 77).
406 *Kümpel*, WM 1992, S. 249, 250.
407 *Tilly*, Die amtliche Kursnotierung an den Wertpapierbörsen, 1975, S. 38.

makler die erforderliche Kenntnis der Marktlage verschafft, um der wirklichen Geschäftslage des Handels an der Börse entsprechende Börsenpreise zu ermitteln (§ 29 Abs. 3 BörsG)[408].

Werden Aufträge für Wertpapiere, die an mehreren Börsen gehandelt werden, zur Feststellung des Börsenpreises im Auftragsbuch eines Kursmaklers an einer dieser Börsen zusammengeführt, ist als Börsenpreis der Preis amtlich festzustellen, welcher der wirklichen Geschäftslage des Handels an den beteiligten Börsen entspricht (§ 29 Abs. 3 S. 3 BörsG). Dieses seit Mitte 1997 praktizierte „Dachskontro" für die Feststellung einheitlich gerechneter (Eröffnungs-, Kassa- und Schluß-)Kurse ist nunmehr auch gesetzlich geregelt[409]. Hierdurch wird im Ergebnis eine **platzübergreifende Preisfeststellung** ermöglicht. Damit wird auch dem Petitum des Bundesrates den Interessen von Anlegern und Emittenten an einheitlich gerechneten Kursen Rechnung getragen und hierdurch ein Beitrag zur Verbesserung der Marktintegrität sowie der Steigerung der Attraktivität des Finanzplatzes Deutschland geleistet[410].

17.333

Bei der Feststellung des amtlichen Kurses nimmt der Kursmakler eine bestimmte öffentliche Funktion wahr, die der öffentlichen Verwaltung des Börsenwesens zuzuordnen ist. Der Kursmakler ist daher ein **Organ der Börse**[411], das von der Börsenaufsichtsbehörde bestellt wird (§ 30 Abs. 1 S. 2 BörsG). Die Tätigkeit des Kursmaklers kann daher ähnlich wie die der Notare als Ausübung eines öffentlichen gebundenen Berufes angesehen werden[412].

17.334

a) Ordnungsmäßiges Zustandekommen von Börsenpreisen

§ 11 Abs. 2 S. 1 BörsG bestimmt ausdrücklich, daß Börsenpreise ordnungsgemäß zustande kommen müssen. Hierfür bestehen eine Reihe von gesetzlichen Bestimmungen im Börsengesetz (§§ 11, 29) und in den Börsenordnungen sowie Verlautbarungen der Wertpapierbörsen. So müssen insbesondere den Handelsteilnehmern die Angebote zugänglich und deren Annahme möglich sein (§ 11 Abs. 2 S. 3 BörsG). **Vor Feststellung eines Börsenpreises** ist den Handelsteilnehmern auch die aus Angebot und Nachfrage ermittelte Preisspanne (Geld- und Briefkurs) zur Kenntnis zu geben. Hierdurch soll die Möglichkeit einer Manipulation beim Zu-

17.335

---

408 *Bremer*, Grundzüge des deutschen und ausländischen Börsenrechts, S. 88.
409 *Pötzsch*, WM 1998, 949, 954.
410 BT-Drucksache 13/8933, S. 164; *Pötzsch*, WM 1998, 949, 954, FN 59.
411 *Schwark*, BörsG, § 30 Rn 3.
412 *Samm*, Börsenrecht, S. 78.

17. Teil: Börsenrecht

standekommen des Börsenpreises durch einen Informationsvorsprung des skontroführenden Maklers ausgeschlossen werden[413]. **Chancengleichheit** der Handelsteilnehmer und **Transparenz** sind die wichtigsten Anforderungen, die an einen ordnungsgemäß zustandegekommenen Börsenpreis gestellt werden müssen[414].

17.336 Als Börsenpreis ist **derjenige Preis amtlich festzustellen, welcher der wirklichen Geschäftslage des Handels an der Börse entspricht.** Der Kursmakler hat alle zum Zeitpunkt der Feststellung vorliegenden Aufträge bei ihrer Ausführung unter Beachtung der an der Börse bestehenden besonderen Regelungen gleichzubehandeln. Werden Aufträge für Wertpapiere, die an mehreren Börsen gehandelt werden, zur Feststellung des Börsenpreises im Auftragsbuch eines Kursmaklers an einer dieser Börsen zusammengeführt, ist als Börsenpreis der Preis amtlich festzustellen, welcher der wirklichen Geschäftslage des Handels an den beteiligten Börsen entspricht (§ 29 Abs. 3 BörsG).

17.337 Nach dem Börsengesetz sollen die Einzelheiten der Preisfeststellung in der Börsenordnung geregelt werden (§ 11 Abs. 2 S. 5 BörsG). Dies ist z.B. in §§ 26 bis 39 FWB-BörsO geschehen[415]. Die Geschäftsführung der Frankfurter Wertpapierbörse hat im übrigen mit einer „Norminterpretierenden Verwaltungsvorschrift der Regeln für die Börsenpreisfeststellung im Präsenzhandel" vom 19. 12. 1995 die Regelungen in der Börsenordnung und den „Geschäftsbedingungen für die Börsengeschäfte" (Börsenusancen) betreffend die Feststellung der Börsenpreise präzisiert und ergänzt[416]. Die nur globalen und teilweise unvollständigen Regelungen über die Feststellung der Börsenpreise des Präsenzhandels im Börsengesetz, der Börsenordnung und anderen börsenrelevanten Regelungen hatten in der Vergangenheit dazu geführt, daß im Einzelfall nicht eindeutig bestimmt werden konnte, welcher Börsenpreis in einer konkreten Situation festzustellen ist. Nach dieser Verwaltungsvorschrift hat der skontroführende Makler die zu seiner Zuständigkeit gehörenden Börsenpreise nach einem hierdurch festgelegten Ablauf einzelner Aktivitäten festzustellen. Für diese Verwaltungsvorschrift hat die Frankfurter Wertpapierbörse einen Arbeitskreis gebildet, um mit den Vertretern der Börsenaufsichtsbehörde des Landes Hessen, der Handelsüberwachungsstelle der Börse, der Kreditinstitute als Handelsteilnehmer sowie der Kurs- und Freimakler bereits allge-

---

413 Beschlußempfehlung und Bericht des Finanzausschusses des Deutschen Bundestages, BT-Drucksache 12/7918, S. 111.
414 Begr. des RegE des 2. FFG, BT-Drucksache 12/6679, S. 70.
415 Abgedruckt in *Kümpel/Ott*, Kapitalmarktrecht, Kz 438.
416 Abgedruckt in *Kümpel/Ott*, Kapitalmarktrecht, Kz 443.

mein anerkannte Handhabungen für die Preisfeststellung zu dokumentieren und neue Regeln für besondere Fälle zu entwickeln. Die neue Verwaltungsvorschrift weist in ihrer Präambel ausdrücklich daraufhin, daß alle darin enthaltenen Definitionen und Regeln ausschließlich im Kontext zur Preisfeststellung im Präsenzhandel zu verstehen und nicht auf andere Regelungsbereiche übertragbar sind.

b) Gesetzlich erweiterte Geschäftsmöglichkeiten

Der Kursmakler muß bei seiner Preisfeststellung **Neutralität** wahren und darf insbesondere **nicht tendenzverstärkend** auf den Kurs durch eigene Käufe oder Verkäufe **einwirken**, indem er sich mit eigenem Engagement auf eine ohnehin schon bestehende „Überhang"seite in seinem Orderbuch begibt. Unter „Überhang" ist die zu feststellbaren Börsenpreisen bestehende Differenz der Volumina der auszuführenden Kauf- und Verkaufsaufträge zu verstehen[417]. 17.338

Schon bislang durften die Kursmakler bei der Vermittlungstätigkeit im Präsenzhandel **sog. Spitzen („Überhänge")** übernehmen, die sich auf der Kauf- oder Verkaufseite der ihnen erteilten Vermittlungsaufträge infolge nicht deckungsgleichem Angebot und Nachfrage ergeben (§ 32 Abs. 2 Satz 1 BörsG). 17.339

Der Börsenpreis soll der **wirklichen Geschäftslage an der Börse** entsprechen und daher möglichst von Verzerrungen frei sein, die sich nur aus markttechnischen Gründen ergeben, weil kein ausreichendes Gegenangebot zu den den Maklern vorliegenden Aufträgen besteht. Dies gilt insbesondere für die im Einheitskursverfahren ermittelten Kurse, die nicht nur das Ergebnis einer bloßen Rechenoperation sind. 17.340

Zu solchen **Eigenengagements der Kursmakler** kann es aber auch im Rahmen der Vermittlungstätigkeit beim Handel zu fortlaufenden Kursen kommen, insbesondere wenn aus vorausgegangenen Eigengeschäften entstandene Plus- oder Minuspositionen glattgestellt werden sollen[418]. 17.341

Nach bisherigem Recht durften Kursmakler Eigengeschäfte oder selbst zu erfüllende Aufgabengeschäfte nur übernehmen, soweit dies zur Ausführung der ihnen erteilten Aufträge nötig ist. Der **Eigenhandel der Kursmakler** hat jedoch heute im Börsenhandel eine weit größere Bedeutung, als 17.342

---

417 Pkt. 1 der „Norminterpretierenden Verwaltungsvorschrift der Regeln für die Börsenpreisfeststellung im Präsenzhandel an der Frankfurter Wertpapierbörse", abgedruckt in *Kümpel/Ott*, Kapitalmarktrecht, Kz 443.
418 *Mülhausen*, WM 1983, 434, 437.

dies die bisherige gesetzliche Regelung erkennen ließ[419]. Die Beschränkung der Tätigkeit der Kursmakler im Bereich der Eigen- und Aufgabengeschäfte auf den reinen Spitzenausgleich würde die auch im Anlegerinteresse liegende Liquidität der deutschen Wertpapierbörsen beeinträchtigen. Nach *Schwark* dient es dem börsenrechtlichen Ziel ordnungsgemäßer Preisbildung, wenn der Kursmakler bei schleppendem Geschäft oder Vorliegen unlimitierter Aufträge, die nur zu nicht marktentsprechenden Bedingungen vermittelt werden können, Eigenverpflichtungen übernimmt[420]. Eine solche Preisbildung ist die Grundlage der marktgerechten Preisfeststellung, die ein wesentlicher Zweck der Börsen ist.

17.343 Der Kursmakler darf freilich **keine Eigengeschäfte schließen, um Kursgewinne zu erzielen, die sich aus der Börsentendenz ergeben.** Er darf also keine Eigengeschäfte schließen, die seiner neutralen Funktion widersprechen[421]. Deshalb ist es dem Kursmakler auch verwehrt, eine nach Marktlage mögliche Vermittlung der ihm erteilten Aufträge aus Eigeninteresse zu behindern, zu verzögern, für den Auftraggeber nicht hinreichend günstig vorzunehmen oder gar zu vereiteln. Im übrigen hat die dem Kursmakler obliegende Pflicht zur Vermittlung von Aufträgen zwischen den Handelsteilnehmern auch im fortlaufenden Handel stets Vorrang vor dem Eingehen von Eigen- und Aufgabegeschäften[422]. Die Börsenaufsichtsbehörde kann den Kursmakler bei einer groben Verletzung seiner Pflichten entlassen (§ 30 Abs. 4 Nr. 7 BörsG)[423].

17.344 Diesen gewandelten Verhältnissen ist bei der Novellierung des Börsengesetzes durch das zweite Finanzmarktförderungsgesetz Rechnung getragen worden. So ist ausdrücklich klargestellt worden, daß Kursmakler Eigen- und Aufgabegeschäfte auch tätigen dürfen, wenn marktnah limitierte Aufträge fehlen, die Marktlage nicht ausgeglichen ist oder vorliegende unlimitierte Aufträge nur zu nicht marktgerechten Kursen vermittelt werden könnten. Eigen- und Aufgabegeschäfte im fortlaufenden Handel dürfen jedoch nicht tendenzverstärkend wirken (§ 32 Abs. 2 S. 4 BörsG). Auch dürfen diese Geschäfte nicht gegen die vorrangige Vermittlungspflicht des Maklers verstoßen[424]. Soweit sich aus diesen Engagements Eigenbestände und offene Lieferverpflichtungen des Kursmaklers ergeben, dürfen diese jederzeit durch Gegengeschäfte ausgeglichen werden (§ 32 Abs. 3 BörsG).

---

419 *Kümpel*, WM 1991, Sonderbeil. 4, 9 m.w.Nachw.
420 BörsG, § 32 Rn 4.
421 *Schwark*, BörsG, § 32 Rn 9.
422 VG Frankfurt NJW-RR 1998, 408, 409.
423 VG Frankfurt WM 1996, 107, 108.
424 VG Frankfurt NJW-RR 1998, 408.

c) Kursmaklergesellschaften

Kursmakler dürfen nach der Novellierung des Börsengesetzes durch das zweite Finanzmarktförderungsgesetz ihre börslichen und außerbörslichen Wertpapiergeschäfte auch in der Rechtsform einer Aktiengesellschaft oder GmbH betreiben (§ 34a Abs. 1 BörsG). Dem Kursmakler soll hierdurch ermöglicht werden, insbesondere den steigenden Kapitalanforderungen durch die EG-Kapitaladäquanz-Richtlinie gerecht zu werden und sich besser auf die künftige Wettbewerbssituation nach der bis zum 31. 12. 1995 vorgesehenen Umsetzung der Wertpapierdienstleistungs-Richtlinie einzustellen[425].

17.345

Die Wahrung der Neutralitätspflicht der Kursmakler ist durch entsprechende Anforderungen an die Gesellschaftsstruktur sichergestellt. An der Kursmaklergesellschaft dürfen insbesondere keine Unternehmen beteiligt sein, die den Wertpapierhandel gewerbsmäßig betreiben, Finanzinstitute im Sinne des § 1 KWG oder Versicherungsunternehmen sind oder mit diesen Unternehmen verbunden sind (§ 34a Abs. 1 BörsG).

17.346

d) Erteilung eines Vermittlungsauftrages

Die Kreditinstitute als Marktteilnehmer erteilen dem für das betreffende Wertpapier zuständigen Kursmakler einen entsprechenden Vermittlungsauftrag, der in den Einheitlichen „Bedingungen für Geschäfte an den deutschen Wertpapierbörsen"(Börsenusancen)[426] eine ausführliche Regelung erfahren hat (§§ 2 ff.). Die Zuständigkeit der Kursmakler für die zur amtlichen Notierung zugelassenen Wertpapiere werden vom Vorstand der Kursmaklerkammer festgelegt (§ 32 Abs. 1 BörsG)[427].

17.347

Die Wertpapiergeschäfte kommen durch die Zuordnung der Kontrahenten durch den Kursmakler zustande[428]. Die Rechtskonstruktion dieses Geschäftsabschlusses wird nicht einheitlich beurteilt. Die herrschende Meinung erblickt in dem **Kursmakler einen Boten beider Vertragsparteien**[429]. Dabei handelt der Kursmakler als Empfangsbevollmächtigter. Er

17.348

---

425 Begr. des RegE des 2. FFG, BT-Drucksache 12/6679, 73.
426 Abgedruckt in WM 1984, S. 76 ff.
427 Vgl. § 9 der Maklerordnung für Kursmakler an der Frankfurter Wertpapierbörse vom 2. März 1962 - hess. Gesetz- und Verordnungsblatt, S. 139; abgedruckt in *Bruns/Rodrian*, Wertpapiere und Börse, Tz 540.
428 *Ledermann*, Die Rechtsstellung des Kursmaklers an den deutschen Wertpapierbörsen, 1990, S. 55.
429 *Schwark*, BörsG, § 30 Rn 8; *Schönle*, Bank- und Börsenrecht, 2. Aufl., 1976, S. 454; *Baumbach/Hopt*, § 32 BörsG Rn 1.

kann daher bereits durch seine Zuordnung deckungsgleicher Vermittlungsaufträge Geschäftsabschlüsse herbeiführen. An solchen sofortigen Geschäftsabschlüssen besteht ein starkes praktisches Bedürfnis[430].

17.349 Eine **Mindermeinung** unterstellt eine Bevollmächtigung des Kursmaklers; hier kommt das Wertpapiergeschäft im Wege des gestatteten Selbstkontrahierens zustande (§ 181 BGB)[431].

17.350 Diese unterschiedliche Beurteilung hat aber keine wesentlichen praktischen Auswirkungen. Die Differenzierung zwischen offener Stellvertretung durch einen Bevollmächtigten und Botenschaft ist zwar bedeutsam, wenn bei Abgabe oder Übermittlung der Willenserklärung Fehler auftreten und sich damit die Frage nach einem Anfechtungsrecht stellt[432]. Einwendungen gegen das ordnungsgemäße Zustandekommen eines Börsengeschäfts unterliegen aber einer speziellen Regelung. Hierdurch soll im Interesse der Funktionsfähigkeit des Börsenhandels die Ausübung von Anfechtungsrechten wegen der damit verbundenen Unsicherheit möglichst vermieden werden. Nach den Börsenusancen (§ 12 Abs. 4)[433] ist im Streitfalle die Anrufung eines Börsenschiedsgerichts vorgesehen.

e) Ausführungsanspruch der Marktteilnehmer

17.351 Die Marktteilnehmer können von dem vermittelnden Kursmakler eine weitestmögliche Ausführung ihrer Aufträge verlangen und zwar unabhängig davon, ob der Auftrag zum Kassakurs oder im Handel mit fortlaufender Notierung ausgeführt worden ist[434]. § 32 Abs. 1 BörsG hat den Kursmaklern ausdrücklich die Vermittlung von Wertpapiergeschäften in den ihnen zugewiesenen Wertpapieren auferlegt. Dem entspricht ein Ausführungsanspruch der Marktteilnehmer aus den erteilten Vermittlungsaufträgen. Hierdurch erlangen die Kreditinstitute auch die adäquate Rechtsposition, um der kommissionsrechtlichen Verpflichtung aus den Aufträgen ihrer Kundschaft zu genügen (§ 384 HGB). Dieser Ausführungsanspruch dient daher auch der Funktion des Amtlichen Marktes als Teil des Kapitalmarktes[435].

---

430 *Kümpel*, WM 1991, Sonderbeil. 4, 8.
431 *Kümpel*, WM 1991, Sonderbeil. 4, 8.
432 *Ledermann*, Die Rechtsstellung des Kursmaklers an den deutschen Wertpapierbörsen, 1990, S. 56.
433 Abgedruckt WM 1984, 76 ff.
434 *Kümpel*, WM 1985, Sonderbeil. 5, 6, 7; *Ledermann*, Die Rechtsstellung des Kursmaklers an den deutschen Wertpapierbörsen, 1990, S. 52, 53.
435 *Kümpel*, WM 1985, Sonderbeil. 5, 7; *Ledermann*, Die Rechtsstellung des Kursmaklers an den deutschen Wertpapierbörsen, 1990, S. 53.

Diese Ausführung der Vermittlungsaufträge ist im Handel zu gerechneten Kursen (Eröffnungs-, Kassa-, Schlußkurs) mit der Preisfeststellung erfolgt. **Sämtliche Aufträge**, die in diese Feststellung Eingang gefunden haben, gelten zu diesem Zeitpunkt **als gleichzeitig ausgeführt**[436]. Dagegen erfüllt der Kursmakler seine Ausführungspflicht im Handel zu fortlaufenden Notierungen mit der Zuordnung seiner Auftraggeber. Der Kursmakler bringt hierdurch Wertpapiergeschäfte zustande, soweit ihm ausgleichsfähige Kauf- und Verkaufsanträge vorliegen[437]. Hierzu bestimmt § 29 Abs. 1 S. 2 BörsG, daß der Kursmakler alle zum Zeitpunkt der Feststellung vorliegenden Aufträge unter Beachtung der an der Börse bestehenden besonderen Regelungen gleichzubehandeln hat.

17.352

Mit Rücksicht auf diese Ausführungspflicht nähert sich der Vermittlungsauftrag an den Kursmakler dem Maklerwerkvertrag[438]. Dabei hängt freilich der Umfang der Ausführungspflicht von der Marktsituation ab. Insbesondere muß eine amtliche Kursfeststellung stattgefunden haben und eine Ausführung nach den vorgegebenen Preislimiten möglich gewesen sein[439].

17.353

Besteht ein Ungleichgewicht zwischen Kauf- und Verkaufsorder, so sehen die Börsenordnung (vgl. z.B. § 30 FWB-BörsO) und die Börsenusancen (§ 9) eine bestimmte Verfahrensweise vor. Danach sind zu den amtlich festgestellten Kursen „außer den unlimitierten Kauf- und Verkaufsaufträgen alle über dem festgestellten Kurs limitierten Kaufaufträge und alle unter dem festgestellten Kurs limitierten Verkaufsaufträge auszuführen". Aus den vorgeschriebenen Zusätzen zu den festgestellten Kursen kann sodann abgelesen werden, inwieweit die zum festgestellten Kurs limitierten Kauf- und Verkaufsaufträge ausgeführt werden konnten (vgl. § 30 FWB-BörsO).

17.354

f) Aufgabengeschäfte

Makler, die nicht auf die Tätigkeit als Vermittlungsmakler beschränkt sind, dürfen nach den Börsenusancen zur Ausführung der ihnen erteilten

17.355

---

436 *Rehm/Trumpler/Dove/Neukamp/Schmidt-Ernsthausen/Breit*, Komm. zum Börsengesetz, 1909, Vorbem. 1 zu § 29 Anm.
437 *Ledermann*, Die Rechtsstellung des Kursmaklers an den deutschen Wertpapierbörsen, 1990, S. 53.
438 *Ledermann*, Die Rechtsstellung des Kursmaklers an den deutschen Wertpapierbörsen, 1990, S. 54.
439 *Rehm/Trumpler/Dove/Neukamp/Schmidt-Ernsthausen/Breit*, Komm. zum Börsengesetz, 1909, Vorbem. 1 zu § 29 Anm. 1; *Ledermann*, Die Rechtsstellung des Kursmaklers an den deutschen Wertpapierbörsen, 1990, S. 54.

Aufträge Geschäfte auch vorbehaltlich der Aufgabe vermitteln. Bei solchen Geschäften muß der Vertragspartner, wenn es sich um die Benennung des Verkäufers handelt, bis zum Schluß der nächsten Börsenversammlung aufgegeben werden. Wird die Bezeichnung des Käufers vorbehalten, so ist dessen Benennung spätestens am zweiten Börsentag nach dem Abschlußtag vor Börsenschluß vorzunehmen.

17.356 Aufgaben außerhalb des börsenmäßigen Handelsverbundes – Rn 17.420 ff. – können nur durch Benennung eines an der Börse mit der Befugnis zur Teilnahme am Börsenhandel zugelassenen Unternehmens, das gewerbsmäßig Bankgeschäfte betreibt, geschlossen werden. Soweit die Aufgabe zu einem anderen Kurs als dem ursprünglichen geschlossen wird, sind die sich aus der Kursdifferenz ergebenden Beträge sofort fällig (vgl. z.B. § 13 Frankfurter Usance).

17.357 Wird die **Aufgabe nicht rechtzeitig geschlossen,** kann der Auftraggeber den Makler auf Erfüllung in Anspruch nehmen. Bei dieser Haftung aus dem Aufgabegeschäft handelt es sich nach einhelliger Meinung um eine Haftung aus einer gesetzlichen Garantie[440] und nicht aus einer kaufrechtlichen Lieferverbindlichkeit, wie dies für das Börsengeschäft als einem Kaufvertrag im Sinne des § 433 BGB begriffsnotwendig ist. Der **haftende Makler** hat auch kein Selbsteintrittsrecht[441] wie der Kommissionär, der jederzeit durch Ausübung des Selbsteintrittsrechts eine solche kaufvertragliche Geschäftsbeziehung zustandebringen kann.

17.358 Der Auftraggeber ist berechtigt, ohne vorherige Ankündigung die Zwangsregulierung während der nächsten Börsenversammlung vorzunehmen. Auf Verlangen des Maklers ist er zur unverzüglichen Zwangsregulierung verpflichtet. Unberührt bleibt das Recht des Auftraggebers, dem Makler Zinsen zu berechnen und einen weitergehenden Schaden geltend zu machen.

4. Elektronischer Kassahandel (Computerhandel)

17.359 Die Ausführung der Kauf- und Verkaufsaufträge und die Preisfeststellung im elektronischen Börsenhandel sind der Handhabung im Präsenzhandel weitgehend nachgebildet[442]. Dies gilt gleichermaßen sowohl für das **sog. Auktionsverfahren** und den fortlaufenden Handel als den beiden Formen

---

440 Großkomm. HGB/*Brüggemann,* § 95 Rn 13; *Schlegelberger/Hefermehl/Schröder,* § 95 Rn 11.
441 Großkomm. HGB/*Brüggemann,* § 95 Rn 13.
442 *Beck,* WM 1998, 417, 427.

des Computerhandels. Die Preisermittlung im Auktionsverfahren ähnelt dem Verfahren der Feststellung des Einheitskurses durch den skontroführenden Makler im Präsenzhandel[443]. Auch der **fortlaufende (variable) Handel** in der Präsenzbörse und der elektronische Handel sind grundsätzlich vergleichbar[444].

Ein **Handelstag in XETRA** unterteilt sich in **drei aufeinanderfolgenden Phasen** auf: **Vorhandelsphase, Haupthandelsphase und Nachhandelsphase**[445]. Während der Vorhandelsphase können Aufträge in das elektronische Handelssystem eingegeben, geändert oder gelöscht werden; das Auftragsbuch bleibt geschlossen. An die Vorhandelsphase schließt sich die Haupthandelsphase an, während derer Wertpapiere nach Maßgabe des § 42 a der Börsenordnung in einer oder mehreren Auktionen sowie fortlaufend gehandelt werden können. Über die Art und Weise des Handels in den einzelnen Wertpapieren, insbesondere die Zahl der täglichen Auktionen und die Aufnahme in den fortlaufenden Handel, entscheidet die Geschäftsführung. Nach Abschluß der Haupthandelsphase steht das elektronische Handelssystem den Handelsteilnehmern in der Nachhandelsphase weiterhin zur Vornahme von Eingaben zur Verfügung.

17.360

a) Zulässige Auftragsarten

Im Unterschied zum IBIS-Handelssystem sind für den Handel in XETRA eine Vielzahl von Auftragsarten zugelassen (§ 32 Börsenusancen). Als Aufträge können in das elektronische Handelssystem unlimitierte Aufträge (Market Orders) und limitierte Aufträge (Limit Orders) eingegeben werden. Unlimitierte Aufträge sind Kauf- und Verkaufsaufträge, die ohne Angabe eines Preislimits eingegeben und zum nächsten vom System ermittelten Preis ausgeführt werden sollen. Limitierte Aufträge sind Kauf- und Verkaufsaufträge, die mit einem Preislimit eingegeben und zu diesem oder besser ausgeführt werden sollen.

17.361

Ein **Kauf-(Geld-)Limit** ist der Preis, den ein Käufer maximal für eine Einheit einer Wertpapiergattung zu zahlen bereit ist. **Verkauf-(Brief-)Limit** ist dagegen der Preis, den ein Verkäufer mindestens für eine Einheit einer Wertpapiergattung erhalten will[446]. Die Geschäftsführung setzt im

17.362

---

443 *Beck*, WM 1998, 417, 427.
444 *Beck*, WM 1998, 417, 427 Fn 102.
445 § 41 Börsenordnung (BörsO) der Frankfurter Wertpapierbörse, abgedruckt in WM 1998, 465.
446 Pkt. 1 der „Norminterpretierenden Verwaltungsvorschrift der Regeln für die Börsenpreisfeststellung im Präsenzhandel an der Frankfurter Wertpapierbörse" abgedruckt in *Kümpel/Ott*, Kapitalmarktrecht, Kz 443.

übrigen für jedes Wertpapier die **Mindestnennwerte/Mindeststückzahlen (Mindestschlußgrößen)** fest. Nur Aufträge über den Mindestschluß oder ein ganzzahliges Vielfaches davon **(Round Lots)** sind für den fortlaufenden Handel geeignet und können dort zur Ausführung kommen.

b) Sonderregelung für den fortlaufenden Handel

17.363 Im fortlaufenden Handel können die Aufträge mit einer Reihe von Ausführungsbedingungen verknüpft werden, die in § 33 Börsenusancen bestimmt sind[447]. Danach können **unlimitierte und limitierte Aufträge** mit einer der nachfolgenden Ausführungsbedingungen versehen werden:

– sofortige Gesamtausführung oder Löschung des Auftrages (Fill-or-kill),

– sofortige Ausführung des Auftrages soweit wie möglich und Löschung des unausgeführten Teils (Immediate-or-cancel).

17.364 Im übrigen können unlimitierte und limitierte Aufträge für den fortlaufenden Handel mit einer der folgenden Gültigkeitsbestimmungen versehen werden:

– gültig für den jeweiligen Börsentag (Good-for-day),

– gültig bis auf Widerruf, jedoch höchstens ein Jahr ab Eingabe (Good-till-cancelled),

– gültig bis Fristablauf (Good-till-date),

– gültig nur für die Eröffnungsauktion (Opening auction only),

– gültig nur für die Schlußauktion (Closing auction only),

– gültig nur für die Auktion (Auction only).

17.365 Unlimitierte und limitierte Aufträge, welche ohne Gültigkeitsbestimmung eingegeben wurden, sind nur bis zum Ende der Haupthandelsphase eines Börsentages gültig. Soweit sie nicht ausgeführt wurden, werden sie nach Beendigung der Haupthandelsphase im elektronischen Handelssystem gelöscht.

c) Preisermittlung

17.366 Die Börsenpreise werden durch das elektronische Handelssystem ermittelt. Die Geschäftsführung überwacht deren ordnungsgemäßes Zustandekommen im System. Als Grundlage verschiedener Berechnungen, insbesondere der Festlegung der Preiskorridore, innerhalb derer in der Auktion und im fortlaufenden Handel Aufträge zu Geschäftsabschlüssen zusammengeführt werden können, wird ein **Referenzpreis** bestimmt. Dieser ent-

---

447 Abgedruckt in WM 1998, 466.

spricht dem letzten Preis des gleichen Handelstags, anderenfalls dem an einem vorangegangenen Handelstag im System zuletzt ermittelten Preis.

Im fortlaufenden Handel wird ein **weiterer Referenzpreis** bestimmt, der regelmäßig dem Preis der Eröffnungsauktion oder einer nachfolgenden Auktion des gleichen Handelstags, anderenfalls dem an einem vorangegangenen Handelstag im System zuletzt ermittelten Preis entspricht. Ist die Bestimmung eines marktgerechten Referenzpreises nicht möglich, bestimmt die Geschäftsführung diesen nach Maßgabe einer von ihr zu erlassenden Ausführungsbestimmung[448]. 17.367

Mit der Bestimmung von Referenzpreisen wird dem **Prinzip der Preiskontinuität** Rechnung getragen, wie es z.B. in der Börsenordnung der Frankfurter Wertpapierbörse festgelegt ist[449]. 17.368

aa) Auktionsverfahren

In der Auktion wird auf Grundlage der bis zu einem bestimmten Zeitpunkt vorliegenden limitierten und unlimitierten Aufträge **derjenige Preis ermittelt,** zu dem das größte Auftragsvolumen bei minimalem Überhang ausgeführt werden kann. Unlimitierte Aufträge werden vorrangig ausgeführt. Unter Überhang ist die zu einem feststellbaren Börsenpreis bestehende Differenz der Volumina der ausführbaren Kauf- und Verkaufsaufträge zu verstehen. 17.369

Die **Auktion untergliedert sich in den Aufruf und die Preisermittlung.** Während der Aufrufphase können die Handelsteilnehmer Aufträge eingeben, ändern oder löschen. Stehen sich Aufträge ausführbar gegenüber, wird bei der Auktion mit geschlossenem Auftragsbuch ein potentieller Ausführungspreis angezeigt. Ist dies nicht der Fall, wird das beste Geld- und/oder Brief-Limit angezeigt. Bei der Auktion mit offenem Auftragsbuch werden zusätzlich die kumulierten Auftragsgrößen der jeweiligen Geld- und/oder Brief-Limite angezeigt. 17.370

bb) Fortlaufender Handel

Der fortlaufende Handel beginnt mit einer **Eröffnungsauktion.** Während des fortlaufenden Handels kommen die Preise durch das Zusammenführen (Matching) von Aufträgen zum jeweils besten im Auftragsbuch angezeigten Geld- oder Brieflimit, bei gleichem Preis in der Reihenfolge der Eingabe in das System (Preis-Zeit-Priorität), zustande. Unlimitierte Auf- 17.371

---

448 § 42 BörsO der Frankfurter Wertpapierbörse.
449 *Beck,* WM 1998, 417, 428.

träge werden vorrangig ausgeführt. Alle vorliegenden Aufträge werden kumuliert zum jeweiligen Limit angezeigt (offenes Auftragsbuch).

17.372 Der fortlaufende Handel wird zur Durchführung von untertägigen Auktionen für die Dauer der Preisermittlung angehalten. Die für die Auktion und den fortlaufenden Handel vorliegenden Aufträge werden im Aufruf zur Auktion zu einer einheitlichen Auftragslage zusammengeführt. Der fortlaufende Handel endet mit einer Schlußauktion[450].

cc) Volatilitätsunterbrechungen

17.373 Um die Marktteilnehmer auf kurzfristige, extreme Preissprünge hinzuweisen, sind sog. Volatilitätsunterbrechungen vorgesehen. Diese treten **am Ende der Aufrufphase** auf, falls der indikative Auktionspreis zu diesem Zeitpunkt außerhalb eines vordefinierten Preiskorridors um den Referenzpreis liegt. Der indikative Auktionspreis ist der Preis, zu dem eine Ausführung der vorliegenden Orders erfolgt, sofern die Aufrufphase zum Zeitpunkt der Ermittlung des indikativen Preises beendet wird. Dieser Schutzmechanismus führt zu einer Verlängerung der Aufrufphase, um den Handelsteilnehmern insbesondere bei limitierten Aufträgen die Überprüfung und Korrektur ihrer Aufträge im Orderbuch sowie die Einstellung von zusätzlichen Aufträgen zu ermöglichen. Mit diesen Maßnahmen sollen die bei dem früheren IBIS-Händler mitunter zu beobachtenden Kurssprünge verhindert werden[451].

5. Kassageschäfte als einheitlicher Geschäftstyp

17.374 Diese **verschiedenartigen Verfahrensweisen** bei der Feststellung der Börsenpreise haben aber **keinen Einfluß auf die Rechtsnatur dieser Geschäfte**. Es handelt sich stets um Kassageschäfte in Gestalt von Handelskaufgeschäften (§§ 373, 381 HGB) mit einheitlicher Reglementierung und damit homogener Ausgestaltung. Solche Wertpapiergeschäfte sind nach den Börsenusancen innerhalb von zwei Börsentagen nach Abschluß des Geschäfts Zug um Zug gegen Zahlung des Kaufpreises zu liefern. Diese zweitägige Frist ist aus technischen Gründen für eine ordnungsgemäße Belieferung der Wertpapiergeschäfte erforderlich. Die **Kassageschäfte** sind also im Unterschied zu den Börsentermingeschäften **sofort wertpapier- und geldmäßig abzuwickeln**. Die Börsenusancen gelten im übrigen auch für das Vertragsverhältnis, das zwischen dem Kunden und seiner Depot-

---

450 Vgl. § 42a BörsO der Frankfurter Wertpapierbörse.
451 *Braue/Hille*, Die Bank 1997, 140, 143; *Beck*, WM 1998, 417, 428.

bank im Zuge der Ausführung seiner Effektenorder zustande kommt (Nr. 1 Abs. 2 der „Sonderbedingungen für Wertpapiergeschäfte").

6. Zwangsregulierung der Börsengeschäfte

Bei nicht rechtzeitiger Erfüllung der Liefer- oder Zahlungsverpflichtung aus dem Börsengeschäft ist dem säumigen Vertragspartner gemäß den Börsenusancen eine Nachfrist zu setzen. Nach fruchtlosem Ablauf der Frist ist der nicht säumige Vertragspartner mangels anderweitiger Vereinbarung verpflichtet, an dem Börsentag, an dem die Frist endet, die Zwangsregulierung vorzunehmen (§ 16 Abs. 1 Börsenusancen)[452]. Die Zwangsregulierung erfolgt unter Vermittlung eines Kursmaklers der jeweiligen Wertpapierbörse durch Kauf bzw. Verkauf der zugrundeliegenden Wertpapiere (§ 17 Abs. 1 S. 1 Börsenusancen).

17.375

Der Differenzbetrag zwischen dem Zwangsregulierungskurs und dem Kurs aus dem nicht ordnungsgemäß erfüllten Börsengeschäft ist dem Vertragspartner zu erstatten, zu dessen Gunsten er sich ergibt. Der säumige Vertragspartner hat außerdem die Kosten der Zwangsregulierung zu tragen. Diese Zwangsregulierung stellt einen Fall der sog. konkreten Schadensberechnung dar; hierbei wird der zu ersetzende Schaden durch einen Deckungskauf bzw. -verkauf ermittelt. Weitere Einzelheiten der Zwangsregulierung sind in den Börsenusancen (§§ 17, 18) näher geregelt.

17.376

II. Marktsegmente des Kassahandels

Der Wertpapierhandel an den deutschen Wertpapierbörsen vollzieht sich in den drei Marktsegmenten: **Amtlicher Markt, Geregelter Markt** und **Freiverkehr**. Aus der Sicht des Handelsgeschehens lassen sich die drei Marktsegmente nicht auseinanderhalten. Der Handel in allen drei Marktsegmenten erfolgt häufig in demselben Börsensaal. Zwischen den einzelnen Marktbereichen besteht also keine räumliche Abgrenzung. Für diese erforderliche Abgrenzung der drei Marktsegmente ist vielmehr die Zulassung (Einbeziehung) der einzelnen Wertpapiergattungen in das jeweilige Segment entscheidend. Dagegen dürfen die Börsenhändler in allen drei Märkten tätig sein.

17.377

Die Zulassung (Einbeziehung) für diese drei Marktsegmente sind stark abgestuft. Die strengsten Anforderungen gelten für die Zulassung zum

17.378

---

452 Abgedruckt in *Kümpel/Ott*, Kapitalmarktrecht, Kz 450.

Amtlichen Markt (§§ 36 ff. BörsG). Bestimmte Erleichterungen gelten dagegen für die Zulassung zum Geregelten Markt (§§ 71 f. BörsG). Für die Einbeziehung in den Freiverkehr sind dagegen auf privatrechtlicher Basis geschaffene Freiverkehrsrichtlinien maßgeblich[453].

17.379 Soweit Wertpapiere weder in den Amtlichen und Geregelter Markt noch in den Freiverkehr einbezogen sind, dürfen sie im Börsensaal während der Börsenzeit nicht gehandelt werden. Auch darf ein Ausruf nicht erfolgen. Dies bestimmen die für den Freiverkehr geltenden „Richtlinien"[454].

17.380 Eine **weitere Gemeinsamkeit** der drei Marktsegmente besteht darin, daß sämtliche Geschäftsabschlüsse der Handelsteilnehmer eine privatrechtliche Rechtsnatur haben.

17.381 Wesentliche Unterschiede ergeben sich dagegen bei der rechtlichen Organisationsstruktur der verschiedenen Marktsegmente. Amtlicher Markt und Geregelter Markt werden durch ihre öffentlich-rechtliche Struktur geprägt. Der Freiverkehr an der Börse ist dagegen rein privatrechtlich organisiert. Für dieses Marktsegment gelten vor allem HGB und BGB.

17.382 Amtlicher und Geregelter Markt sind also rechtlich gesehen voll in die Börse integriert, während der Freiverkehr von der Börse nicht reglementiert wird[455]. Der Freiverkehr in den einzelnen Wertpapiergattungen bedarf nur jeweils einer Genehmigung durch die Börse, die davon abhängig ist, daß eine ordnungsgemäße Durchführung des Handels und der Geschäftsabwicklung gewährleistet ist (vgl. § 78 Abs. 1 BörsG). Mißstände im Freiverkehr könnten der Börse insgesamt angelastet werden und hierdurch die Funktionsfähigkeit des Amtlichen Marktes und des Geregelten Marktes gefährden.

1. Amtlicher Markt (§ 36 BörsG)

17.383 Mit Amtlicher Markt wird das Segment des Börsenhandels bezeichnet, in dem die **Börsenpreise der gehandelten Wertpapiere durch Kursmakler amtlich festgestellt werden.** Diese Feststellung wird auch als amtliche Notierung bezeichnet (vgl. §§ 36 Abs. 1, 43 BörsG). Als amtlicher Börsenpreis in Gestalt des Einheitskurses des Präsenzhandels ist derjenige Kurs festzustellen, zu dem sich der größtmögliche Umsatz bei minimalem

---

453 Vgl. „Richtlinien für den Freiverkehr an der Frankfurter Wertpapierbörse" (Freiverkehrsrichtlinien der FWB), abgedruckt in *Kümpel/Ott*, Kapitalmarktrecht, Kz 455.
454 § 15 Freiverkehrsrichtlinien der FWB.
455 Begr. des RegE des 2. FFG, BT-Drucksache 12/6679, S. 76.

Überhang ergibt. Dieses Meistausführungsprinzip findet sich in § 29 Abs. 3 S. 2 BörsG und den Regelungen der Börsenordung[456].

Der Kursmakler hat sich im übrigen stets um eine Notierung zu bemühen, die unter Berücksichtigung der zwischenzeitlich eingetretenen Tendenz die geringste Abweichung zum letzten notierten Kurs aufweist – sog. **Prinzip der Wahrung der Preiskontinuität**[457]. 17.384

Das öffentliche Interesse an der Funktionsfähigkeit des börsenmäßig organisierten Wertpapierhandels erfordert es, daß die hierzu vorgesehenen Wertpapiere zunächst förmlich zum Börsenhandel zugelassen werden. Dies geschieht für den Handel mit amtlicher Notierung durch die Zulassungsstelle als selbständiges Börsenorgan (§ 36 BörsG). Hauptsächlicher Zweck des Zulassungsverfahrens ist es, dem Publikum ein möglichst klares Bild über die angebotenen Wertpapiere zu vermitteln und damit insbesondere ein Urteil über das wirtschaftliche Entwicklungspotential des Emittenten und über die Qualität der Wertpapiere zu ermöglichen[458]. 17.385

Von dieser Zulassung der Wertpapiere ist deren Einführung in den Börsenhandel zu unterscheiden. Bei den im Amtlichen Markt gehandelten Wertpapieren ist hierunter die Aufnahme der ersten amtlichen Feststellung des Börsenpreises zu verstehen. Hiermit beginnt der Börsenhandel in diesen Wertpapieren (§§ 42, 36 Abs. 1 BörsG). Wie die „Zulassung" zum Börsenhandel durch die Zulassungsstelle erfordert auch die „Einführung" in den Börsenhandel einen Verwaltungsakt, für den die Börsengeschäftsführung zuständig ist. Bei dieser Einführung hat im übrigen die Zulassungsstelle und der mit der amtlichen Notierung betraute Kursmakler mitzuwirken[459]. 17.386

2. Geregelter Markt (§§ 71 ff. BörsG)

Mit dem Börsenzulassungsgesetz vom 16. 12. 1986[460] (Börsengesetznovelle 1986) wurde ein neues Marktsegment in Gestalt des Geregelten Mark- 17.387

---

456 Vgl. z.B. §§ 32 Abs. 1 Nr. 5, 34 Abs. 4 BörsO der Frankfurter Wertpapierbörse, abgedruckt in *Kümpel/Ott*, Kapitalmarktrecht, Kz 443.
457 Vgl. §§ 32 Abs. 1 Nr. 5, 34 Abs. 4 BörsO der Frankfurter Wertpapierbörse und Pkt. 17.17.1.2 der „Norminterpretierenden Verwaltungsvorschrift der Regeln für die Preisfeststellung im Präsenzhandel an der Frankfurter Wertpapierbörse", abgedruckt in *Kümpel/Ott*, Kapitalmarktrecht, Kz 443.
458 *Schwark*, BörsG, § 36 Rn 3.
459 *Nußbaum*, Börsengesetz, 1910, § 36 Anm. I, b, S. 147, 148.
460 BGBl. I 1986, S. 2478; *Schwark*, NJW 1987, 2041 ff; *Schäfer*, ZIP 1987, 953 ff.; *Mülhausen*, Die Bank 1988, 342; *Kümpel*, WM 1985, Sonderbeil. 5; *ders.*, WM 1988, 1621 ff.

tes geschaffen. Dieses Marktsegment soll vor allem kleineren und mittleren Aktiengesellschaften einen erleichterten Zugang zu einem börsenmäßigen Markt für die von ihnen emittierten Aktien eröffnen[461]. Hierdurch sollen die Rahmenbedingungen für die notwendige Verstärkung der Eigenkapitalausstattung der deutschen Wirtschaft verbessert werden[462]. Die Aussichten auf eine erfolgreiche Placierung der Aktien wird durch eine Börseneinführung der Wertpapiere verbessert, wie dies auch für die Emission von Anleihen gilt. Erfahrungsgemäß bevorzugt der Anleger börseneingeführte Wertpapiere. Die Zulassung zum Börsenhandel wird als eine Art Gütesiegel angesehen. Auch kann der Anleger die Kursentwicklung seiner Kapitalanlage täglich verfolgen und bei einer Weiterveräußerung erwarten, daß ihm ein marktgerechter und staatlich überwachter Kurs abgerechnet wird. Der Geregelte Markt ist nicht identisch mit dem „organisierten" Markt im Sinne des § 2 Abs. 5 WpHG, der dem Begriff des regulated market im Sinne der EG-Wertpapierdienstleitungsrichtlinie entspricht[463]. Dieser Markt erfüllt aber die Begriffsmerkmale eines organisierten Marktes[464].

17.388 Im Interesse größtmöglicher Flexibilität hat die Reglementierung dieses neuen Marktsegments weitestmöglich in der Börsenordnung zu erfolgen (§ 72 Abs. 2 BörsG)[465]. So bestimmt z.B. § 57 Abs. 1 FWB-BörsO, daß die Zulassung von Wertpapieren vom Emittenten zusammen mit einem Kreditinstitut zu beantragen ist, das an einer inländischen Börse mit dem Recht zur Teilnahme am Handel zugelassen ist[466]. Andere Unternehmen sind als Antragsteller nur geeignet, wenn sie die Voraussetzungen des § 57 Abs. 2 der Börsenordnung erfüllen. Hierzu gehören aber nicht Wirtschaftsprüfer[467].

---

461 *Kümpel*, FS Pleyer, 1986, S. 59, 60.
462 Begr. des RegE der Börsengesetznovelle 1986, BT-Drucksache 10/4296, S. 10 ff.
463 Bei der Umsetzung der Wertpapierdienstleistungsrichtlinie ist deshalb für den englischen Begriff regulated market die Bezeichnung „organisierter Markt" gewählt worden (Begr. RegE des Gesetzes zur Umsetzung von EG-Richtlinien zur Harmonisierung bank- und wertpapieraufsichtsrechtlicher Vorschriften, Bundesrat-Drucksache 963/96, S. 103. Vgl. weiter *Assmann* in Assmann/Schneider, WpHG, § 2 Rn 95; *Hopt*, FS Schimansky, 1999, S. 631, 632 Fn 2).
464 *Assmann* in Assmann/Schneider, WpHG, § 2 Rn 96.
465 *Kümpel*, FS Pleyer, 1986, 59, 60.
466 Abgedruckt in *Kümpel/Ott*, Kapitalmarktrecht, Kz 438, S. 24.
467 VGH Kassel NJW-RR 1997, 110.

a) Öffentlich-rechtlich organisiertes Marktsegment ohne amtliche Notierung

Wesentliches Abgrenzungskriterium des Geregelten Marktes ist das Fehlen einer amtlichen Feststellung des Börsenpreises, wie sie durch die Kursmakler erfolgt. Hierdurch sollte ein klares Abgrenzungsmerkmal zu dem Markt mit amtlicher Notierung geschaffen werden. Denn beim Amtlichen Markt gelten nach der Umsetzung der drei einschlägigen EG-Richtlinien durch die Börsengesetznovelle 1986 in innerstaatliches Recht strengere Anforderungen an den Zugang zum Börsenhandel. So sind insbesondere die Prospektpublizität für die Börseneinführung erweitert und neue Publizitäts- und Verhaltenspflichten für die Dauer der Börsenzulassung geschaffen worden[468]. 17.389

Der Unterschied zum Amtlichen Markt liegt also in der **Art der Preisfeststellung**. Dagegen gelten dieselben Qualitätsstandards für die notierten Preise wie beim Amtlichen Markt. Die Legaldefinition des Börsenpreises, wie sie durch das zweite Finanzmarktförderungsgesetz geschaffen worden ist, erfaßt ausdrücklich auch die Preise des Geregelten Marktes (§ 11 Abs. 1 BörsG). Diese müssen deshalb ebenso ordnungsgemäß zustandekommen wie die Preise des Amtlichen Marktes. Auch unterliegen die Preise des Geregelten Marktes derselben staatlichen Marktaufsicht. 17.390

b) Erleichterter Zugang für Emittenten

Mit Rücksicht auf die volkswirtschaftliche Zielsetzung des Geregelten Marktes sind vor allem die Voraussetzungen für den Marktzugang zugunsten der Emittenten erleichtert worden. Im Vergleich zur Zulassung zum Amtlichen Markt handelt es sich um folgende Erleichterungen: 17.391

(1) Börsenzugang schon unmittelbar nach Umwandlung des Unternehmens in eine Aktiengesellschaft
(2) Geringerer Mindestbetrag des einzuführenden Grundkapitals und Einbeziehung nur eines Teils des Grundkapitals
(3) Geringere Anforderungen an die Streuung der Aktienrechte im Publikum
(4) Geringere Zulassungsgebühren
(5) Grundsätzlich keine obligatorische Zwischenberichterstattung, wie sie gemäß § 44b Abs. 1 BörsG für die Emittenten des Amtlichen Marktes vorgeschrieben ist (vgl. § 76 BörsG). Die Börsenordnung kann jedoch für einen Teilbereich des Geregelten Marktes bestim-

---
468 *Kümpel*, WM 1988, 1621, 1622.

men, daß der Emittent zugelassene Aktien oder Aktien vertretender Zertifikate zur Veröffentlichung eines solchen Zwischenberichts verpflichtet ist (§ 72 Abs. 3 BörsG).

17.392 An die Stelle des für die amtliche Notierung erforderlichen Börseneinführungsprospekts (§ 36 Abs. 2 BörsG) tritt der „Unternehmensbericht", dessen Inhalt im Vergleich zu dem Börseneinführungsprospekt wesentlich eingeschränkt ist (vgl. 73 Abs. 2 Nr. 2 BörsG)[469]. Dieser Unternehmensbericht hat nach der Börsenordnung, die die näheren Bestimmungen für den Geregelten Markt zu treffen hat (§ 72 Abs. 1 BörsG), den letzten festgestellten oder veröffentlichten Jahresabschluß, Lagebericht und Bestätigungsvermerk eines Abschlußprüfers zu enthalten[470]. Dieser **geprüfte Jahresabschluß mit Lagebericht** braucht also nur festgestellt und nicht veröffentlicht zu sein[471]. Hierdurch wird vermieden, daß geeignete Antragsteller, denen aufgrund ihrer bisherigen Rechtsform keine solche Publizitätspflicht oblag, durch zeitliche Erschwernisse beim Going Public benachteiligt werden. Die Vorlage zumindest eines geprüften Jahresabschlusses bedeutet im übrigen, daß die Emittentin zumindest ein Jahr als Unternehmen bestanden haben muß[472].

17.393 Sind Angaben im Unternehmensbericht unrichtig oder unvollständig, so gelten die haftungsrechtlichen Bestimmungen für den Börsenzulassungsprospekt des Amtlichen Marktes (§§ 45 ff. i.V.m. § 77 BörsG). Dabei haftet grundsätzlich auch das Kreditinstitut, das gemeinsam mit dem Emittenten den Zulassungsantrag zum Geregelten Markt gestellt hat. Unerheblich ist, ob dieses börsenbegleitende Institut den Unternehmensbericht mitunterzeichnet hat[473].

c) Rechtliche Integrierung in die Börse (§ 78 BörsG)

17.394 Der Geregelte Markt ist als Marktsegment wie der Amtliche Markt in die Wertpapierbörse als Anstalt des öffentlichen Rechts integriert. Damit hat auch der Geregelte Markt eine öffentlich-rechtliche Organisationsstruktur erhalten. Hierdurch sollte seine Akzeptanz beim Anlegerpublikum gefördert werden. Der Gesetzgeber wollte sicherstellen, daß das „breite Anlegerpublikum" dem Geregelten Markt schon aufgrund seiner Organisationsstruktur Vertrauen entgegenbringen kann. Der Geregelte Markt

---

469 Begr. des RegE, BT-Drucksache 10/4296, S. 12.
470 Vgl. § 59 Abs. 2 Frankfurter Börsenordnung, abgedruckt in WM 1995, S. 1654.
471 Vgl. auch *Schwark*, NJW 1987, 2041, 2045.
472 *Schwark*, BörsG, § 73 Rn 6.
473 BGH WM 1998, 1772; LG Frankfurt WM 1998, 1181, 1183; vgl. weiter hierzu *Krämer/Bandisch*, WM 1998, 1161 ff.

wird daher wegen seiner Organisationsstruktur auch als „halbamtlicher" Markt bezeichnet[474].

Für den Wertpapierhandel im Geregelten Markt gelten die für den Amtlichen Markt geschaffenen einheitlichen „Bedingungen für Geschäfte an den deutschen Wertpapierbörsen" (Börsenusancen)[475]. Wie im Handel mit amtlicher Notierung haben die Handelsteilnehmer deshalb auch im Geregelten Markt einen Anspruch gegen den skontroführenden Makler auf weitestmögliche Ausführung der ihm erteilten Aufträge. Denn auch dieses öffentlich-rechtlich strukturierte Marktsegment soll einen vergleichbaren Anlegerschutz wie der Amtliche Markt bieten[476]. Hierzu ist ein Ausführungsanspruch der am Markt agierenden Kreditinstitute erforderlich, damit sie eine adäquate Rechtsposition innehaben, die es ihnen ermöglicht, ihre kommissionsrechtlichen Pflichten gegenüber den Effektenkunden bei Ausführung der ihnen erteilten Effektenorder ordnungsgemäß zu erfüllen.

17.395

3. Freiverkehr an der Wertpapierbörse (§ 78 BörsG)

Der Freiverkehr an der Wertpapierbörse ist aus rechtlicher Sicht dadurch gekennzeichnet, daß dieses Marktsegment nicht in die öffentlich-rechtliche Organisation der Börse als Anstalt des öffentlichen Rechts integriert ist. Der Handel in den Freiverkehrswerten vollzieht sich lediglich faktisch an den Wertpapierbörsen. Lediglich aus der Sicht des Handelsgeschehens kann deshalb von einem dritten Marktsegment der Börse gesprochen werden. Der Gesetzgeber wollte nicht jeden marktmäßig organisierten Wertpapierhandel von einer staatlichen Erlaubnis abhängig machen, selbst wenn dieser an einer der staatlichen Genehmigung bedürftigen Börse stattfindet. Der Freiverkehr ist deshalb seit jeher an den Wertpapierbörsen unter bestimmten Einschränkungen toleriert worden.

17.396

a) Neuordnung der Freiverkehrsmärkte durch Börsengesetznovelle 1986

Der börseninterne Freiverkehr hat durch das Börsenzulassungsgesetz vom 6. 12. 1986 eine wesentliche Neuordnung erfahren. Bislang bestanden der ungeregelte und der geregelte Freiverkehr nebeneinander.

17.397

---

474 *Schwark*, NJW 1987, 2041, 2045; *ders.*, BörsG, § 73 Rn 2; *Schäfer*, ZIP 1987, 953, 954.
475 Abgedruckt in WM 1984, 76 ff.
476 *Ledermann*, Die Rechtsstellung des Kursmaklers an den deutschen Wertpapierbörsen, 1990, S. 53.

17.398 Für diesen früheren geregelten Freiverkehr galten im Interesse einer ordnungsgemäßen Abwicklung seit 1912 einheitliche „Usancen für den Handel in amtlich nicht notierten Werten". Diese hatte die beim Centralverband des deutschen Bank- und Bankiergewerbes e.V. (Berlin) gebildete „Ständige Kommission für Angelegenheiten des Handels in amtlich nicht notierten Werten" geschaffen. Die „Ständige Kommission" war Dachorganisation der schon zuvor gebildeten örtlichen „Ausschüsse für den Handel in amtlich nicht notierten Werten", die von den zuständigen Bankenverbänden und Organisationen getragen wurden. Die Aufspaltung in einen geregelten und ungeregelten Freiverkehr geschah im Laufe der Zeit; der Begriff „geregelter Freiverkehr" setzte sich erst in der zweiten Hälfte der 30er Jahre durch.

17.399 Im Zuge der Einführung des Geregelten Marktes ist der frühere geregelte Freiverkehr eingestellt worden[477]. Dies führte auch zur Auflösung der für dieses Marktsegment zuständigen „Ständigen Kommission", die organisatorisch beim Bundesverband der deutschen Banken angesiedelt war.

17.400 Im **Interesse der erwünschten Transparenz** soll sich auch künftig der Wertpapierhandel an den deutschen Wertpapierbörsen auf drei Marktsegmente beschränken[478]. Dieses **Drei-Segmente-Prinzip** gilt auch für eine Reihe von ausländischen Börsen. Bei der Schaffung des Geregelten Marktes mußte daher einer der beiden bisherigen Freiverkehrsmärkte aufgelöst werden.

b) Erforderliche Zulassung des Freiverkehrs durch Wertpapierbörse

17.401 Zum Schutze des Amtlichen und Geregelten Marktes muß jedoch eine ordnungsgemäße Durchführung des Handels im Freiverkehr und der Geschäftsabwicklung gewährleistet sein. Denn das Anlegerpublikum würde Mißstände im Freiverkehr der Börse insgesamt anlasten. Hierdurch könnte auch die Funktionsfähigkeit des Handels im Amtlichen und Geregelten Markt gefährdet werden. Die Börsengeschäftsführung darf deshalb einen **Freiverkehr** an der Börse **nur zulassen,** wenn durch Handelsrichtlinien, wie sie die Praxis zwischenzeitlich eingeführt hat, eine ordnungsgemäße Durchführung des Handels und der Geschäftsabwicklung gewährleistet erscheint (§ 78 Abs. 1 BörsG)[479].

17.402 Der notwendige Schutz des Amtlichen und Geregelten Marktes erfordert es auch, daß die Börsengeschäftsführung den **Freiverkehr untersagen** kann, wenn Mißstände im Handel mit den darin einbezogenen Wertpapieren zu befürchten oder eingetreten sind. Die Börsenordnung hat daher

---
477 *Schäfer,* ZIP 1987, 953, 954; *Mühlhausen,* Die Bank 1988, 342.
478 *Schmidt,* Die Bank 1987, 288 ff.
479 Begr. des RegE des 2. FFG, BT-Drucksache 12/6679, S. 76.

eine entsprechende Eingriffsbefugnis vorzusehen. Die Eingriffsbefugnisse der Börsengeschäftsführung lassen jedoch den Freiverkehr noch zu keinem reglementierten Markt im Sinne der engeren Marktdefinition des § 2 Abs. 1 WpHG und des Art. 1 der EG-Insider-Richtlinie werden. Dieser Marktbegriff erfaßt alle Kapitalmärkte, die von staatlich anerkannten Stellen, wie sie auch die deutschen Wertpapierbörsen darstellen, geregelt und überwacht werden, regelmäßig stattfinden und für das Publikum unmittelbar und mittelbar zugänglich sind (§ 2 Abs. 1 WpHG). An einer solchen Reglementierung durch eine staatlich anerkannte Stelle fehlt es beim Freiverkehr[480].

Der Gesetzgeber brauchte deshalb die Emittenten der Freiverkehrswerte nicht der Ad hoc-Publizität im Sinne des Wertpapierhandelsgesetzes zu unterwerfen. Diese **Publizitätspflicht** hat Art. 7 der EG-Insider-Richtlinie nur für Märkte im Sinne der engeren Marktdefinition des Wertpapierhandelsgesetzes vorgeschrieben. Eine Verpflichtung zur Ad hoc-Publizität auch für die Freiverkehrswerte hätte zum „Austrocknen" dieses Marktsegmentes geführt[481]. Denn die Einbeziehung in den Freiverkehr bedarf keiner Zustimmung des Emittenten und erfolgt häufig nur im Interesse erleichterter Handelsmöglichkeiten[482].

17.403

Nach den Richtlinien für den Freiverkehr an der Frankfurter Wertpapierbörse (§ 5) – Freiverkehrsrichtlinie der FWB –[483] muß das an der Börse zugelassene Unternehmen, auf dessen Antrag die Wertpapiere in den Freiverkehr einbezogen werden sollen, den Emittenten hierüber unterrichten. Die Einbeziehung hat bei Widerspruch des Emittenten zu unterbleiben, es sei denn, es handelt sich bei dem Emittenten um ein Unternehmen der Europäischen Union oder des Europäischen Wirtschaftsraums (EWR). Die Deutsche Börse AG als Träger des Freiverkehrs kann weitere solche Staaten benennen, wie dies für die Schweiz geschehen ist.

17.404

Wegen der weitreichenden Konsequenzen der Ad hoc-Publizität wäre zu befürchten gewesen, daß sich insbesondere die ausländischen Emittenten aus dem Freiverkehr zurückgezogen hätten. Von einer Einbeziehung der Freiverkehrswerte in die Ad hoc-Publizität ist deshalb abgesehen worden, um die internationale Wettbewerbsfähigkeit der deutschen Börsen nicht zu beeinträchtigen.

17.405

---

480 *Caspari*, ZGR 1994, 530, 534.
481 Begr. des RegE des 2. FFG, BT-Drucksache 12/6679, S. 76.
482 Vgl. § 3 der Frankfurter Freiverkehrs-Richtlinien, wonach der Emittent von der beabsichtigten Einbeziehung zu unterrichten ist und diese bei einem etwaigen Widerspruch des Emittenten zu unterbleiben hat (abgedruckt in WM 1988, 1184).
483 Abgedruckt in *Kümpel/Ott*, Kapitalmarktrecht, Kz 455.

17.406 Dagegen hat der deutsche Gesetzgeber die in den Freiverkehr einbezogenen Wertpapiere zu Insiderpapieren erklärt (§ 12 Abs. 1 WpHG), obwohl sie von der EG-Insider-Richtlinie wegen ihres engeren Marktbegriffes nicht erfaßt werden. Die **Einbeziehung der Freiverkehrswerte in die Insiderregelung** des Wertpapierhandelsgesetzes erschien dem deutschen Gesetzgeber gleichwohl geboten. Denn die Anleger können häufig nicht zwischen dem Amtlichen und Geregelten Markt als den öffentlich-rechtlich strukturierten Marktsegmenten und dem privatrechtlich organisierten Freiverkehr unterscheiden und sehen daher auch in den Freiverkehrswerten „Börsenwerte". Der Insiderhandel im Freiverkehr kann deshalb den gesamten Börsenhandel in Mißkredit bringen und damit auch die Funktionsfähigkeit der beiden öffentlich-rechtlich strukturierten Marktsegmente beeinträchtigen[484].

c) Handelsrichtlinien für den Freiverkehr

17.407 Im Interesse der Ordnung des börseninternen Freiverkehrs haben die für dieses Marktsegment zuständigen Gremien an den einzelnen Wertpapierbörsen weitgehend übereinstimmende „Richtlinien für den Freiverkehr" veröffentlicht[485]. Für die Freiverkehrsrichtlinie der Frankfurter Wertpapierbörse ist zwischenzeitlich die Deutsche Börse AG zuständig, nachdem sie die Trägerschaft von der „Vereinigung Frankfurter Effektenhändler e.V." übernommen hat. Die Deutsche Börse AG bildet einen Freiverkehrsbeirat, der sie in allen Angelegenheiten des Freiverkehrs unterstützt und berät. Die weitreichenden und detaillierten Regelungen der Freiverkehrsrichtlinien zeigen eine starke Anlehnung dieses privatrechtlich organisierten Marktsegmentes an die Wertpapierbörse als Veranstalter der beiden öffentlich-rechtlich organisierten Marktsegmente in Gestalt des Amtlichen und Geregelten Marktes.

17.408 Die **Einbeziehung der Wertpapiere in den Freiverkehr** bedarf des schriftlichen Antrages eines an der Frankfurter Wertpapierbörse uneingeschränkt zum Börsenhandel zugelassenen Unternehmens. Soweit noch keine Preise an einem anderen in- oder ausländischen organisierten Markt festgestellt werden, muß der Antragsteller nähere Angaben über den Emittenten in Form eines Exposés vorlegen, das eine zutreffende Beurteilung des Emittenten ermöglicht. Der Antrag auf Einbeziehung kann abgelehnt werden, wenn nach Auffassung der Deutsche Börse AG die Voraussetzung

---

484 Begr. des RegE des 2. FFG, BT-Drucksache 12/6679, S. 45.
485 Vgl. z.B. die „Richtlinien des „Freiverkehrsausschusses der Bayerischen Börse", der vom Münchener Handelsverein e.V. gebildet worden ist (abgedruckt in WM 1988, 1247).

für die Bildung eines börsenmäßigen Marktes nicht gegeben sind, der Einbeziehung Interessen des Anlegerschutzes entgegenstehen oder die Einbeziehung zur Schädigung erheblicher allgemeiner Interessen führen kann. Die Deutsche Börse AG haftet gegenüber Dritten nicht für Schäden, die aus der Einbeziehung der Wertpapiere oder der Skontroverteilung entstehen, es sei denn, es liegt eine grob fahrlässige oder vorsätzliche Schädigung vor (§ 7 der Freiverkehrsrichtlinie)[486].

Das die Einbeziehung beantragende Unternehmen (Antragsteller) hat einen ordnungsgemäßen Börsenhandel zu gewährleisten (§ 6 Freiverkehrsrichtlinie). Der Antragsteller hat rechtzeitig über bevorstehende Hauptversammlungen, Dividendenzahlungen, Kapitalveränderungen und sonstige Umstände zu informieren, die für die Bewertung der Wertpapiere oder des Emittenten von wesentlicher Bedeutung sein können. Auch ist zugunsten der inländischen Anleger eine Zahl- und Hinterlegungsstelle im Inland zu benennen. Schließlich muß eine ordnungsgemäße Abwicklung der Wertpapiergeschäfte über die Börsengeschäftsabwicklung (BOEGA) gewährleistet sein. 17.409

Die Deutsche Börse AG bestimmt im Einvernehmen mit der Geschäftsführung der Frankfurter Wertpapierbörse die für die Preisfeststellung zuständige (skontroführende) Maklerfirma (§ 9 Freiverkehrsrichtlinie). Ist eine **ordnungsgemäße Preisfeststellung gefährdet oder nicht mehr gegeben**, kann die Deutsche Börse AG im Einvernehmen mit der Börsengeschäftsführung den Auftrag zur Skontroführung mit sofortiger Wirkung widerrufen (§ 12 Abs. 1 Freiverkehrsrichtlinie). Dieser **Handlungsspielraum der Deutsche Börse AG** als Trägerin des Freiverkehrs ist vergleichbar der Befugnis der Börsengeschäftsführung zur Kursaussetzung im Amtlichen und Geregelten Markt (vgl. § 43 Abs. 1 BörsG). Im übrigen kann das Ruhen der Zulassung als Börsenhändler von den Mitarbeitern des skontroführenden Maklers angeordnet werden, wenn ein begründeter Verdacht eines Verstoßes gegen die Bestimmungen über die ordnungsgemäße Preisfeststellung besteht[487]. 17.410

Im Interesse der Ordnungsmäßigkeit des Freiverkehrs gelten für den Handel und für die Preisfeststellung, einschließlich deren Beaufsichtigung, die für den Amtlichen Markt getroffenen Regelungen sinngemäß, soweit nicht Besonderheiten zu beachten sind (§ 13 Abs. 1 Freiverkehrsrichtlinie). Im übrigen sind auch für die Börsengeschäfte im Freiverkehr die Geschäftsbedingungen für den Amtlichen Markt (Börsenusancen) anwendbar. 17.411

---

486 Vgl. hierzu den für die Zulassung zum Amtlichen Handel geltenden § 36 Abs. 3 BörsG.
487 VGH Kassel NJW-RR, 1996, 1263.

17.412 Mit diesen Regelungen für den Freiverkehr ist entsprechend den Intentionen der Börsengesetznovelle „sichergestellt, daß ein den öffentlich-rechtlich geregelten Börsenhandel ergänzender privatrechtlicher Handel an der Börse nur unter der Voraussetzung ordnungsgemäßer Abwicklung stattfindet"[488].

d) Freiverkehrspreise als Börsenpreise

17.413 Im Zuge der Novellierung des Börsengesetzes durch das Zweite Finanzmarktförderungsgesetz ist schließlich klargestellt worden, daß auch die Preise für die im Freiverkehr gehandelten Wertpapiere Börsenpreise sind (§ 78 Abs. 2 S. 1 BörsG). Dasselbe gilt für die Preise, die sich für die im Freiverkehr gehandelten Wertpapiere in einem börsenintegrierten elektronischen Handelssystem oder an Börsen bilden, an denen nur ein elektronischer Handel stattfindet (§ 78 Abs. 2 BörsG). Die Preise des Freiverkehrs müssen deshalb dieselben Anforderungen wie die Preise des Amtlichen und des Geregelten Marktes erfüllen. Die Einzelheiten der Preisermittlung und ihre Überwachung sind in den Handelsrichtlinien für den Freiverkehr näher zu regeln[489]. Für das ordnungsgemäße Zustandekommen der Börsenpreise gelten daher im Amtlichen und Geregelten Markt wie auch im Freiverkehr dieselben Qualitätsstandards.

17.414 Eine **faire Preisbildung** ist ein **Gütesiegel für einen funktionsfähigen Finanzplatz**. Sie muß daher im Interesse der Anleger und der Handelsteilnehmer auch im Freiverkehr an der Börse gewährleistet sein[490]. Dies um so mehr, als die Anleger häufig nicht zwischen dem Amtlichen und Geregelten Markt als den beiden öffentlich-rechtlich strukturierten Marktsegmenten und dem privatrechtlich organisierten Freiverkehr zu differenzieren vermögen. Mißstände im Freiverkehr können deshalb auch die Funktionsfähigkeit der beiden anderen Marktsegmente des Börsenhandels beeinträchtigen[491].

17.415 Angesichts dieser rechtlichen Ausgestaltung des Freiverkehrs ist es grundsätzlich mit der kommissionsrechtlichen Interessewahrungspflicht vereinbar, wenn die Kreditinstitute im Rahmen ihres pflichtgemäßen Ermessens Kundenaufträge in einem Freiverkehr an einer inländischen Wertpapierbörse ausführen lassen, obwohl diese Wertpapiere im Amtlichen Markt einer anderen deutschen Börse notiert werden. Dies gilt insbesondere, wenn der Freiverkehr wesentlich größere Umsätze (Liquidität) hat und überdies für die orderausführende Filiale der beauftragten

---

488 BT-Drucksache 10/4296, S. 18.
489 Begr. des RegE des 2. FFG, BT-Drucksache 12/6679, S. 76.
490 Begr. des RegE des 2. FFG, BT-Drucksache 12/6679, S. 76.
491 Begr. des RegE des 2. FFG, BT-Drucksache 12/6679, S. 76.

Bank geographisch näher liegt. Denn auch der durch das zweite Finanzmarktförderungsgesetz eingeführte Börsenzwang schafft keine Rangordnung für die drei Marktsegmente in der Reihenfolge Amtlicher Markt, Geregelter Markt und (börseninterner) Freiverkehr, sondern bestimmt nur, daß bei börsengehandelten Wertpapieren Effektenordern der Bankkunden über den Handel an der Börse auszuführen sind. Zu diesem Börsenhandel gehört zweifelsfrei auch der Freiverkehr an der Börse, zumal auch dessen Preise Börsenpreise sind (§ 78 Abs. 2 BörsG).

Der Qualifizierung des Freiverkehrs als einen Börsenhandel, der den Amtlichen und Geregelten Markt für die Ausführung von Effektenordern grundsätzlich als gleichwertig zu erachten ist, entspricht schließlich die börsenpolitische Intention, die das zweite Finanzmarkförderungsgesetz mit der Neufassung des § 78 BörsG verfolgt hat. Hierdurch soll es den anderen Regionalbörsen erleichtert werden, durch Ausbau des Freiverkehrs neue Betätigungsfelder zu eröffnen und sich damit im Wettbewerb mit dem Frankfurter Börsenplatz zu behaupten[492].

17.416

e) Neuer Markt als Handelsplattform des Freiverkehrs

Im **März 1997** hat die Frankfurter Wertpapierbörse unter der Bezeichnung „Neuer Markt" eine **eigenständige Handelsplattform** im Rahmen des Freiverkehrs eröffnet[493]. Der Neue Markt ist ein Handelssegment für Aktien primär kleinerer und mittlerer in- und ausländischer Gesellschaften, die die Transparenz- und Publizitätskriterien nach internationalen Standards erfüllen. Emittenten sind insbesondere innovative Unternehmen, die neue Absatzmärkte erschließen, neue Verfahren etwa in der Beschaffung, Produktion oder beim Absatz verwenden, bzw. neue Produkte und/oder Dienstleistungen anbieten und ein überdurchschnittliches Umsatz- und Gewinnwachstum erwarten lassen. Der Handel findet im Börsensaal oder im elektronischen Handelssystem der Börse statt.

17.417

Das **Regelwerk** für die Einführung der Wertpapiere in den Neuen Markt und für die Durchführung des Handels erläßt die Deutsche Börse AG (§ 66a FWB-BörsO)[494].

17.418

---

492 Begr.des RegE des 2. FFG BT-Drucksache 12/6679, S. 76.
493 *Potthoff/Stuhlfauth*, WM 1997, Sonderbeil. 3; *Kersting*, AG 1997, 222 ff.; *Martin*, AG 1998, 221 ff.; *Harrer/Erwe*, RIW 1998, 661 ff. Zu den Aufklärungs-, Beratungs- und Verhaltenspflichten von Wertpapierdienstleistern nach §§ 31, 32 WpHG bei der Anlage in Aktien des Neuen Marktes vgl. *Helmschrott/Waßmer*, WM 1999, 1853.
494 Das Regelwerk ist abgedruckt in *Kümpel/Ott*, Kapitalmarktrecht, Kz 456; WM 1997, Sonderbeil. Nr. 3.

17.419 Eine **börsenrechtliche Besonderheit** dieses neuen Handelssegmentes des Freiverkehrs besteht darin, daß die Aufnahme der Notierung im Neuen Markt aus Gründen des Anlegerschutzes voraussetzt, daß die Wertpapiere das öffentlich-rechtliche Zulassungsverfahren zum Geregelten Markt durchlaufen haben, der neben dem Amtlichen Markt zu den beiden öffentlich-rechtlich organisierten Marktsegmenten der Börse gehört[495]. Mit Rücksicht auf das **Verbot der Doppelnotierung in zwei der drei Marktsegmente** der Börsen verzichtet der Emittent nach der Zulassung zum Geregelten Markt auf die Aufnahme der Notierung in diesem Marktsegment und beantragt vielmehr die Notierung im Neuen Markt. Der Emittent kann jedoch später auf die Notierung im Neuen Markt verzichten und sodann die Notierung im Geregelten Markt beantragen[496]. Mit Rücksicht auf die Zulassung zum Geregelten Markt unterliegen die im Neuen Markt gehandelten Wertpapiere der Ad-hoc-Publizität[497]. Die Emittenten solcher Wertpapiere gehören auch zu den börsennotierten Gesellschaften im Sinne des § 3 Abs. 2 AktG, weil diese Vorschrift auf die „Zulassung" zu einem Markt abstellt, wie sie beim Neuen Markt Zugangsvoraussetzung ist.

III. Platzüberschreitende Wertpapiergeschäfte unter Vermittlung skontroführender Börsenmakler (sog. Handelsverbund)

17.420 Bei der Novellierung des Börsengesetzes durch das zweite Finanzmarktförderungsgesetz ist auch ein sog. Handelsverbund zwischen inländischen Börsenmärkten ermöglicht worden (§ 13 BörsG). Hierdurch sollen die rechtlichen Voraussetzungen dafür geschaffen werden, daß die skontroführenden Makler auf das Orderaufkommen der anderen inländischen Börsen in Wertpapieren des Amtlichen und Geregelten Marktes zurückgreifen können, soweit sie ihnen vorliegende Aufträge nicht an ihrer Börse ausführen können. Dieser Handelsverbund im Präsenzhandel sollte das frühere elektronische Handelssystem **IBIS ergänzen,** das ebenfalls einen solchen platzüberschreitenden Wertpapierhandel ermöglichte[498].

17.421 Mit der Möglichkeit des Rückgriffs auf das Ordervolumen an den anderen Börsen soll sich die Liquidität des gesamten inländischen Börsenhandels erhöhen[499]. Durch diesen **Liquiditätstransfer** zwischen den einzelnen Bör-

---

495 *Kümpel* in Kümpel/Ott, Handbuch des Kapitalmarktrechts, Kz 060, S. 71 ff.
496 *Potthoff/Stuhlfauth*, WM 1997, Sonderbeil. 3, 4, 5.
497 Vgl. Pkt II, 7.2.12 des Regelwerkes des Neuen Marktes.
498 Begr. des RegE des 2. FFG, BT-Drucksache 12/6679, S. 71.
499 Begr. des RegE des 2. FFG, BT-Drucksache 12/6679, S. 71.

senplätzen soll zudem eine Angleichung der Kurse stattfinden; hierdurch werde eine faire Preisbildung gefördert[500]. Auch könne der Anleger davon ausgehen, daß sein Auftrag erfüllt werde, wenn es die Orderlage an einer Börse zuläßt[501].

Der Bundesrat geht aufgrund eines gesonderten Beschlusses anläßlich seiner Zustimmung zum zweiten Finanzmarktförderungsgesetz davon aus, daß jede Börse einen funktionierenden Handelsverbund einrichtet und alle skontroführenden Makler sich daran beteiligen. Der neugeschaffene Handelsverbund könne seine liquiditätsfördernde und wettbewerbsbelebende Wirkung in vollem Umfange nur entfalten, wenn alle Börsenplätze eingebunden sind[502]. 17.422

Auf Wunsch des Bundesrates soll sich der Handelsverbund nicht auf der Grundlage von Eigengeschäften der beteiligten skontroführenden Makler, sondern im Rahmen regulärer Aufgabegeschäfte vollziehen, damit die Makler der Vermittlung von Wertpapiergeschäften als ihrer eigentlichen Aufgabe gerecht werden können[503]. 17.423

1. Geschäftsablauf im Rahmen des Handelsverbundes

Der geschäftliche Ablauf des Handelsverbundes läßt sich an dem **nachfolgenden Beispiel** veranschaulichen: 17.424

Eine Düsseldorfer Bank erteilt dem zuständigen Kursmakler der Düsseldorfer Börse den Kaufauftrag über 100 Aktien zu 300 Euro. Infolge Fehlens eines Verkäufers an der Düsseldorfer Börse tätigt der Düsseldorfer Kursmakler nach angemessener Zeit zur Ausführung der Order ein Aufgabegeschäft mit der Düsseldorfer Bank und beauftragt den Frankfurter Kursmakler, ihm einen Verkaufskontrahenten zur Schließung des Düsseldorfer Aufgabegeschäfts zu benennen. Gelingt es dem Frankfurter Kursmakler, einen geeigneten Vertragspartner für die Düsseldorfer Bank an seiner Börse zu finden, so kommt auch zwischen ihm und der Frankfurter Bank ein Vertragsverhältnis zustande, das § 13 BörsG als Deckungsgeschäft bezeichnet. Benennt der Frankfurter Kursmakler die Frankfurter Bank gegenüber dem Düsseldorfer Kursmakler, so erfüllt er zugleich seine vertragliche Verpflich- 17.425

---

500 Beschlußempfehlung und Bericht des Finanzausschusses des Deutschen Bundestages, BT-Drucksache 12/7918, S. 111.
501 Begr. des RegE des 2. FFG, BT-Drucksache 12/6679, S. 71.
502 Vgl. den diesbezüglichen angenommenen Antrag des Landes Nordrhein-Westfalen, BT-Drucksache 585/2/94 vom 7. 7. 1994.
503 BT-Drucksache 793/93 vom 17. 12. 93, S. 18; Beschlußempfehlung und Bericht des Finanzausschusses des Deutschen Bundestages, BT-Drucksache 12/7918, S. 111.

tung gegenüber diesem Makler[504]. Der Düsseldorfer Makler ist sodann in der Lage, durch Benennung der Frankfurter Bank sein Aufgabengeschäft mit der Düsseldorfer Bank zu schließen. Mit dieser Benennung der Frankfurter Bank, kommt ein reguläres Wertpapiergeschäft zwischen der Frankfurter Bank als Verkaufskontrahent und der Düsseldorfer Bank als Kaufkontrahent zustande. Der Preis dieses Geschäfts wird vom Frankfurter Kursmakler aus der Sicht des Frankfurter Börsenhandels festgesetzt. Bei einer Abweichung von dem Preis des Düsseldorfer Aufgabegeschäfts von 300 Euro ist die Kursdifferenz gemäß den vereinheitlichten Usancen des amtlichen Handels zwischen dem Düsseldorfer Kursmakler und der Düsseldorfer Bank auszugleichen (vgl. z.B. § 13 Abs. 4 Frankfurter Usance).

2. Rechtliche Beurteilung der Handelsverbundsgeschäfte

17.426 Bei dem wirtschaftlich im Vordergrund stehenden Wertpapiergeschäft zwischen der Frankfurter und der Düsseldorf Bank handelt es sich notwendigerweise um ein „platz"überschreitendes und damit außerbörsliches Geschäft, weil die beiden Vertragspartner an unterschiedlichen Börsen zugelassen sind.

17.427 Ein solches außerbörsliches Wertpapiergeschäft zwischen den beiden beteiligten Banken im Rahmen des Handelsverbundes hätte sich nur vermeiden lassen, wenn der Düsseldorfer Kursmakler als Verkäufer der 100 Aktien ein Eigengeschäft mit der Düsseldorfer Bank einerseits und andererseits der Frankfurter Kursmakler als Käufer von 100 Aktien ein Eigengeschäft mit der Frankfurter Bank zur jeweiligen Orderausführung hätte tätigen müssen. Im übrigen hätten zur Herstellung des neuen Handelsverbundes die beiden eingeschalteten Kursmakler ein zusätzliches platzüberschreitendes Eigengeschäft abschließen müssen, wie es der Regierungsentwurf des zweiten Finanzmarktförderungsgesetzes ursprünglich vorgesehen hat[505]. Auf Wunsch des Bundesrates ist jedoch der Handelsverbund auf die rechtsgeschäftliche Grundlage von regulären Aufgabengeschäften gestellt worden.

17.428 Um die im Handelsverbund getätigten Geschäfte weitestmöglich in die vorhandenen aufsichts- und börsenrechtlichen Strukturen einzubetten, hat sich der Gesetzgeber entschlossen, das Aufgabegeschäft des beauftragenden Düsseldorfer Maklers seiner Börse und das Deckungsgeschäft der Börse des beauftragten Maklers zuzurechnen (§ 13 S. 2 BörsG). Damit kann auch eine börsenüberschreitende Marktaufsicht über das platzüberschreitende Wertpapiergeschäft zwischen der Düsseldorfer und Frankfurter Bank, wie

---

504 Beschlußempfehlung und Bericht des Finanzausschusses des Deutschen Bundestages, BT-Drucksache 12/7918, S. 111.
505 Vgl. § 13 BörsG in der Fassung der BT-Drucksache 12/6679, S. 20.

sie auch bei den insoweit vergleichbaren früheren platzüberschreitenden IBIS-Geschäften abgeschlossen werden, vermieden werden[506].

3. Aufgabengeschäft des beauftragenden Maklers

Das Börsengesetz enthält bestimmte Vorgaben für den Makler von Aufgabengeschäften im Handelsverbund. Im übrigen ist der Handelsverbund in der Börsenordnung näher zu regeln (§ 13 S. 4 BörsG). 17.429

a) Börsenrechtliche Vorgaben

Der Frankfurter Kursmakler darf in unserem Beispiel zur Schließung des Düsseldorfer Aufgabegeschäfts als Kaufkontrahenten keinen Frankfurter Kurs- oder Freimakler, sondern nur ein Frankfurter Kreditinstitut als Verkaufskontrahenten benennen. Diese Differenzierung zwischen Kreditinstituten und Börsenmakler im künftigen Handelsverbund ist im geltenden Recht angelegt. Danach werden Börsenmakler nur gegen Sicherheitsleistung zum Börsenhandel zugelassen (§ 7 Abs. 4 Nr. 3 BörsG). Der **für den Börsenhandel typische Kontrahierungszwang** beruht also darauf, daß die Kreditinstitute Makler als Vertragskontrahenten nur zu akzeptieren brauchen, wenn für deren Verbindlichkeiten aus Börsengeschäften ausreichende Sicherheiten vorhanden sind. 17.430

Diesem Erfordernis einer ausreichenden Sicherheitsleistung hätte aus vielerlei Gründen nicht zufriedenstellend Rechnung getragen werden können, wenn im künftigen Handelsverbund auch Makler einer anderen Börse hätten benannt werden können. So hätte in unserem Beispiel die Düsseldorfer Bank bei einem Leistungsverzug eines ihr benannten Frankfurter Frei- oder Kursmaklers auf die von diesem der Frankfurter Börse bestellten Sicherheiten zurückgreifen müssen. 17.431

Der Düsseldorfer Kursmakler darf im übrigen den Frankfurter Kursmakler nur am selben Börsentag mit der Benennung des Verkaufskontrahenten beauftragen. Der Frankfurter Kursmakler hat sodann den Verkaufskontrahenten innerhalb der für das Düsseldorfer Aufgabegeschäft geltenden Fristen zu benennen (§ 13 S. 1 BörsG). 17.432

Nach den vereinheitlichten Usancen der Wertpapierbörsen ist der Vertragskontrahent, wenn es sich um die Benennung des Verkäufers handelt, bis zum Schluß der nächsten Börsenversammlung aufzugeben. Wird die Bezeichnung des Käufers vorbehalten, so ist dessen Benennung spätestens am zweiten Börsentag nach dem Abschlußtag vor Börsenschluß vorzunehmen (vgl. § 13 Abs. 2 Frankfurter Usancen). 17.433

---
506 Beschlußempfehlung und Bericht des Finanzausschusses, BT-Drucksache 12/7918, S. 111.

17.434 Durch diese zeitlichen Vorgaben wird sichergestellt, daß durch die Einschaltung eines zweiten Maklers, der seinerseits ein Aufgabegeschäft tätigen kann, die an der Börse des beauftragenden (ersten) Maklers geltenden Fristen zur Schließung des Aufgabegeschäfts nicht verlängert werden.

b) Berücksichtigung aufsichtsrechtlicher Erfordernisse

17.435 Aus aufsichtsrechtlicher Sicht war bei der Schaffung des Handelsverbundes der Besonderheit Rechnung zu tragen, daß das wirtschaftlich im Vordergrund stehende Wertpapiergeschäft zwischen der Frankfurter Bank als Verkaufskontrahent und der Düsseldorfer Bank als Kaufkontrahent ein platzübergreifendes und damit außerbörsliches Geschäft ist. Die jeweilige Länderaufsichtsbehörde ist jedoch nur für die an ihrer Börse getätigten Geschäfte (örtlich) zuständig; auch die börsenrechtlichen Bestimmungen knüpfen an innerbörsliche Geschäfte an.

17.436 Dementsprechend mußte die jeweilige Vertragsbeziehung zwischen der Düsseldorfer Bank als Kaufkontrahent und dem von ihr beauftragten Düsseldorfer Kursmakler zu einem Düsseldorfer bzw. einem Frankfurter Börsengeschäft ausgestaltet werden. Dies bedurfte einer gesetzlichen Fiktion. Denn für ein Börsengeschäft ist es begriffsnotwendig, daß sowohl Verkaufs- wie Kaufkontrahent Handelsteilnehmer derselben Börsen sind.

17.437 An dieser Voraussetzung fehlt es, wenn wie in unserem Beispiel der Verkaufskontrahent der Düsseldorfer Käuferbank eine an der Frankfurter Börse zugelassene Bank ist. Diese Vertragsrolle als Verkaufskontrahent kann auch nicht der Düsseldorfer Kursmakler übernehmen. Dieser befindet sich bei seinem Aufgabegeschäft mit der Düsseldorfer Käuferbank nicht in der typischen „Verkäufer"rolle eines Börsengeschäfts.

17.438 Dies gilt selbst dann, wenn die Düsseldorfer Bank einen Verkaufskontrahenten nicht rechtzeitig benannt erhält und daher ihren Düsseldorfer Makler wegen des mit diesem getätigten Aufgabegeschäfts „auf Erfüllung" (Lieferung von 100 Aktien) in Anspruch nimmt (§ 95 HGB). Bei dieser Haftung des Düsseldorfer Maklers aus dem Aufgabegeschäft handelt es sich nach einhelliger Meinung um eine Haftung aus einer gesetzlichen Garantie[507] und nicht aus einer kaufrechtlichen Lieferverbindlichkeit, wie dies für das Börsengeschäft als einem Kaufvertrag im Sinne des § 433 BGB begriffsnotwendig ist. Der haftende (Düsseldorfer) Makler hat auch kein Selbsteintrittsrecht[508] wie der Kommissionär, der jederzeit durch Ausübung des Selbsteintrittsrechts eine solche kaufvertragliche Geschäftsbeziehung zustandebringen kann.

---

507 Großkomm. HGB/*Brüggemann*, § 95 Rn 13; *Schlegelberger/Hefermehl/Schröder*, § 95 Rn 11.
508 Großkomm. HGB/*Brüggemann*, § 95 Rn 13.

Der Gesetzgeber hat jedoch einen **weitgehenden Handlungsspielraum bei der Gestaltung der zu regelnden Sachverhalte.** Wird die Vertragsbeziehung zwischen der Düsseldorfer Bank und dem Düsseldorfer Kursmakler kraft gesetzlicher Fiktion zu einem Düsseldorfer Börsengeschäft, so liegt darin wegen der vielfältigen Berührungspunkte dieser Geschäftsbeziehung zum Düsseldorfer Börsenhandel auch keine (verfassungsrechtlich unzulässige) Willkür des Gesetzgebers. Der Düsseldorfer Kursmakler setzt bei dem Aufgabegeschäft einen Preis fest, der auf dem Düsseldorfer Marktgeschehen basiert und daher ein Düsseldorfer Börsenpreis ist[509]. Auch ist der Vermittlungsauftrag an den Düsseldorfer Makler von einem an dieser Börse zugelassenen Handelsteilnehmer erteilt. Dieser Auftrag wird sodann durch ein Aufgabegeschäft eines Düsseldorfer Kursmaklers ausgeführt. Auch haften für dieses Aufgabegeschäft die vom Makler der Düsseldorfer Börse bestellten Sicherheiten. Schließlich unterliegt der Düsseldorfer Makler der Marktaufsicht durch die nordrhein-westfälische Börsenaufsicht.

17.439

Der einzige wesentliche Unterschied der im Rahmen des Handelsverbundes getätigten Aufgabegeschäfte zu den sonstigen regulären Düsseldorfer Aufgabegeschäften besteht darin, daß der Düsseldorfer Bank unter Mitwirkung des Kursmaklers einer anderen Börse (Frankfurt) ein Handelsteilnehmer dieser anderen Börse zur Schließung des Düsseldorfer Aufgabegeschäfts als Kontrahent benannt werden darf. Diese Benennungsmöglichkeit ist das Wesensmerkmal der im Rahmen des Handelsverbundes getätigten Geschäfte.

17.440

4. Deckungsgeschäft des beauftragten Maklers

Um auch das Deckungsgeschäft des beauftragten Frankfurter Kursmaklers mit der Frankfurter Bank weitestmöglich in die bestehenden börsen- und aufsichtsrechtlichen Strukturen einzufügen, hat der Gesetzgeber dieses Deckungsgeschäft der Frankfurter Börse zugeordnet (§ 13 S. 2 BörsG). Die Vertragsbeziehung zwischen dem Frankfurter Kursmakler und der von ihm benannten Frankfurter Bank als Verkaufskontrahent gilt also im Wege einer gesetzlichen Fiktion als ein Frankfurter Börsengeschäft (§ 13 S. 2 BörsG). Der vom Frankfurter Kursmakler festgestellte (variable oder Kassa) Kurs ist daher ein Frankfurter Börsenpreis[510].

17.441

---

509 Beschlußempfehlung und Bericht des Finanzausschusses des Deutschen Bundestages, BT-Drucksache 12/7918, S. 111.
510 Beschlußempfehlung und Bericht des Finanzausschusses des Deutschen Bundestages, BT-Drucksache 12/7918, S. 111.

17.442 Dieser Preis wird häufig von dem Börsenpreis abweichen, den in unserem Beispiel der Düsseldorfer Kursmakler bei Ausführung der von der Düsseldorfer Bank erteilten Kauforder über 100 Aktien durch ein Aufgabegeschäft zunächst mit 300 Euro festgesetzt hat. Ist der Frankfurter Börsenpreis z.B. 301 Euro, so muß der Düsseldorfer Kursmakler die Differenz von 1 Euro pro Stück an die Düsseldorfer Bank zahlen. Bei einem Frankfurter Preis von 299 Euro erhält dagegen der Düsseldorfer Kursmakler von der Düsseldorfer Bank eine Vergütung von 1 Euro pro Stück.

17.443 Dies entspricht der Usance für die Abwicklung von Aufgabegeschäften (vgl. z.B. § 13 Abs. 4 Frankfurter Usance). Danach sind, soweit die Aufgabe zu einem anderen Kurs als dem ursprünglichen geschlossen wird, die sich aus der Kursdifferenz ergebenden Beträge sofort fällig und zwischen den Parteien des Aufgabegeschäfts auszugleichen.

IV. Terminmärkte der Börsen

17.444 Das Börsengesetz enthält auch Bestimmungen für den Terminhandel an den Börsen. Die an diesen Märkten getätigten Börsentermingeschäfte unterscheiden sich von den gewöhnlichen Wertpapiergeschäften mit zweitägiger Erfüllungsfrist (Kassageschäften) durch einen hinausgeschobenen Erfüllungszeitpunkt. Auch mit Geschäften im Terminmarkt können, wenn die effektive Erfüllung nicht usancemäßig ausgeschlossen worden ist, Wertpapiere gekauft oder verkauft werden.

17.445 Die Börsentermingeschäfte verfolgen jedoch im Regelfall einen wesentlich anderen Zweck. Diese Geschäfte sollen vor Verlusten aus den Schwankungen der Marktkurse schützen (Hedginggeschäfte) oder es sollen aus diesen Kursschwankungen Gewinne erzielt werden – Rn 15.16. Regelmäßig nicht gewollt sind echte Umsatzgeschäfte in Wertpapieren, wie sie den Kassageschäften zugrundeliegen[511]. Denn bei einem Kassakauf will der Effektenkunde zumindest vorübergehend die Wertpapiere in sein Depot nehmen. Der Kassaverkauf dient der Veräußerung der im Depot verbuchten Wertpapiere.

17.446 Börsentermingeschäfte können auch außerhalb von Börsen getätigt werden. Das Wortbestandteil „Börsen" im Begriff des Börsentermingeschäfts hat keine geographische Bedeutung, sondern weist nur auf das besondere Risiko solcher Geschäfte hin. Börsentermingeschäfte werden daher auch außerbörslich getätigt. § 50 Abs. 1 BörsG beschränkt daher ausdrücklich

---

511 BGH WM 1984, 1598, 1599; *Kümpel*, WM 1991, Sonderbeil. 1, 2.

die Anwendbarkeit der terminrechtlichen Bestimmungen auf Börsentermingeschäfte, „soweit sie an der Börse abgeschlossen werden".

Nach der von der Rechtsprechung entwickelten Begriffsdefinition für das Börsentermingeschäft genügt für das Vorliegen von Börsentermingeschäften, daß diese zu einem außerbörslichen Terminmarkt in Beziehung stehen[512]. Ein anschauliches Beispiel für einen funktionsfähigen (liquiden) außerbörslichen Terminmarkt bildet der Devisenterminhandel, der sich im Interbankenhandel vornehmlich im Telefonverkehr vollzieht.

17.447

V. Eigenständiger Börsenterminmarkt

Die deutschen Wertpapierbörsen haben im Jahre 1970 den Terminhandel in Wertpapieren nach fast 40jähriger Unterbrechung wieder aufgenommen. Begonnen wurde zunächst mit dem weniger risikoreichen Optionshandel auf der Basis von Aktien. Im Jahre 1986 wurden festverzinsliche Wertpapiere in den Optionshandel einbezogen. Der Optionshandel ist gegenüber dem herkömmlichen „Fest"geschäft (Rn 10.189 ff.) insoweit weniger risikoreich, als der Optionskäufer die erworbene Option bei einer für ihn ungünstiger Marktentwicklung nicht auszuüben braucht.

17.448

Ein **betragsmäßig unbegrenztes Risiko** trifft nur den Verkäufer der Option als Stillhalter, während beim Festgeschäft dieses Risiko stets von beiden Kontrahenten eingegangen wird. Der Optionshandel an den deutschen Wertpapierbörsen beschränkt sich zwischenzeitlich auf variabel gehandelte Aktien des Amtlichen Marktes, soweit diese nicht Gegenstand des Terminhandels an der Eurex sind.

17.449

1. Eurex Deutschland[513]

Anfang 1990 ist für den börsenmäßigen Terminhandel in Deutschland die Deutsche Terminbörse mit Sitz in Frankfurt (Main) errichtet worden. Teilnehmer am Handel konnten von seinem Beginn an auch Kreditinstitute außerhalb des Börsenplatzes Frankfurt sein. Es handelt sich also um eine vom Land Hessen genehmigte Börse, die ihren Teilnehmern den dezentralen Zugang aus anderen Bundesländern und dem Ausland ermöglicht. Diese Börse hat sich organisationsmäßig an keine der bestehenden inländischen Wertpapierbörsen angelehnt.

17.450

---
512 BGH WM 1984, 1598, 1599; 1979, 1381, 1382; *Kümpel*, WM 1991, Sonderbeil. 1, 8; *ders.*, WM 1989, 1316; *Häuser/Welter*, WM 1985, Sonderbeil. 8, 4.
513 Das Regelwerk für den Eurex-Terminhandel ist abgedruckt in *Kümpel/Ott*, Kapitalmarktrecht.

17.451 Im Jahre 1998 wurde der Terminmarkt der Deutschen Terminbörse und der Soffex (Swiss Options and Futures Exchange AG) in Zürich zu einer börsenmäßig organisierten Handelsplattform für die Abschlüsse von Termingeschäften, insbesondere von standardisierten Terminkontrakten (Options und Futures) zusammengeführt. Der **Eurex-Terminhandel** ermöglicht wie schon die Deutsche Terminbörse einen dezentralen Zugang der Marktteilnehmer auch aus dem sonstigen Ausland[514]. Dieses **vollelektronische System** soll mit seinem Handels- und Clearing-Netzwerk in den drei Zeitzonen des Weltfinanzmarktes Asien, Amerika und Europa ausgebaut werden mit dem Ziel, weltweit den liquidesten Computerhandel in Termingeschäften zu schaffen[515].

17.452 Zu diesem Zweck wurde die Deutsche Börse AG als Träger der Deutschen Terminbörse durch die Eurex Frankfurt AG mit Sitz in Frankfurt ersetzt. Hierbei handelt es sich um eine hundertprozentige Tochtergesellschaft der Eurex Zürich AG, deren Gesellschaften zu je 50% die Deutsche Börse AG und die Schweizerische Börse ist. Die Eurex Frankfurt AG hat aufgrund ihrer Trägerfunktion der Eurex Deutschland die für den Börsenbetrieb erforderlichen personellen, sachlichen und finanziellen Mittel zur Verfügung zu stellen. Im Zuge der neugestalteten Trägerschaft wurde die Deutsche Terminbörse in Eurex Deutschland umbenannt. Bei der Eurex Deutschland als Veranstalter des Terminhandels handelt es sich also wie bisher um eine nach dem deutschen Börsengesetz genehmigte Terminbörse mit Sitz in Frankfurt. Die Aufsicht über die Eurex Deutschland als Marktveranstalter in Form einer öffentlich-rechtlichen Anstalt wird deshalb durch die zuständige oberste Landesbehörde des Landes Hessen als Börsenaufsichtsbehörde ausgeübt.

17.453 Wenngleich beim Eurex-Handelssystem nur eine vollelektronische Handelsplattform besteht, ist Veranstalter dieses Computerhandels neben der Eurex Deutschland die Eurex Zürich als einer nach Schweizer Recht bewilligten Terminbörse mit Sitz in Zürich (Pkt. 1.1 der einheitlichen Börsenordnung für die Eurex Deutschland und die Eurex Zürich – nachfolgend Eurex-Börsenordnung)[516]. Die Eurex Zürich erhält die für ihren Betrieb erforderlichen personellen, sachlichen und finanziellen Mittel

---

514 Beim Terminhandel an der Eurex-Deutschland handelt es sich um einen organisierten Markt im Sinne des § 2 Abs. 5 WpHG und der Wertpapierdienstleistungsrichtlinie, die hierfür den englischen Begriff regulated market verwendet (*Hopt*, FS Schimansky, 1999, S. 631 ff.).
515 *Franke*, Börsen-Zeitung vom 5. 9. 1998, Sonderbeil. „Optionsscheine – Derivate", S. 1.
516 Abgedruckt in *Kümpel/Ott*, Kapitalmarktrecht, Kz 471.

von der Eurex Zürich AG (Pkt. 1.3 Eurex-Börsenordnung). Die Aufsicht über die Eurex Zürich wird durch die Eidgenössische Bankenkommission ausgeübt (Pkt. 1.3 Eurex-Börsenordnung).

Die Eurex Deutschland und die Eurex Zürich als die beiden Eurex-Börsen unterstehen also der Aufsicht der jeweiligen **Aufsichtsbehörde beider Länder.** Sofern aufsichtsrechtliche Maßnahmen der hessischen Börsenaufsichtsbehörde in der Schweiz oder umgekehrt der Eidgenössischen Bankenkommission in Deutschland erforderlich sind und zwischenstaatliche Vereinbarungen nichts anderes vorsehen, erfolgen diese regelmäßig im Wege der Amts- oder Rechtshilfe. Dabei sind die Maßnahmen der deutschen Börsenaufsichtsbehörde über das Bundesaufsichtsamt für den Wertpapierhandel zu leiten (Pkt. 1.3 Börsenordnung der Eurex-Deutschland). 17.454

Entsprechend der Grundkonzeption des Eurex-Systems und der hiernach ausgerichteten Organisationsstruktur des sich hierin vollziehenden Terminhandels sind alle Geschäfte, die über die gemeinsame Handelsplattform der beiden Eurex-Börsen zustande kommen, Geschäfte an der Eurex Deutschland und, sofern beide an einem solchen Geschäft beteiligte Börsenteilnehmer an der Eurex Zürich beteiligt sind, auch Geschäfte an der Eurex Zürich (Pkt. 1.1 Eurex-Börsenordnung). Diese Zurechnung der Transaktionen erfordert eine gleichzeitige Mitgliedschaft der Marktteilnehmer bei den beiden Eurex-Börsen. Hierzu bestimmt die Eurex-Börsenordnung (Pkt. 3), daß die Teilnahme von Unternehmen und Börsenhändlern am Terminhandel auf die gemeinsame Handelsplattform eine Zulassung an der Eurex Zürich und zugleich an der Eurex Deutschland voraussetzt (Pkt. 3 Eurex-Börsenordnung). Diese Zulassung an der Eurex Zürich erhalten die in Deutschland ansässigen Unternehmen ohne weiteres mit ihrer Zulassung an der Eurex Deutschland, nachdem ihnen von der Eidgenössischen Bankenkommission gemäß § 53 schweizerische BEHV eine Effektenhändler-Bewilligung erteilt worden ist, wie sie auch für die Zulassung zum Terminhandel an der Eurex Zürich erforderlich ist (Pkt. 3.1.2. Eurex-Börsenordnung). 17.455

Zur Eurex Deutschland können Unternehmen mit Sitz im Ausland nur zugelassen werden, soweit zwischen den zuständigen Börsenaufsichtsbehörden im In- und Ausland zwecks Überwachung der Börsenteilnehmer ein Informationsaustausch möglich ist und die antragstellenden Unternehmen in ihrem Heimatstaat einer Banken- oder Börsenaufsicht unterliegen (Pkt. 3.1.1 Eurex-Börsenordnung). 17.456

Die Eurex-Börsenordnung (Pkt 3.8.1) enthält auch **Regelungen für die Marktüberwachung im Ausland ansässiger Börsenteilnehmer.** So kann sich die Geschäftsführung der Eurex-Börsen zur Erfüllung ihrer Aufgabe, die Einhaltung der Eurex-Regelwerke zu überprüfen, bei diesen ausländi- 17.457

schen Teilnehmern auf privatrechtlichem Wege der Deutsche Börse AG oder der Eurex Zürich bedienen. Insbesondere beauftragt die Geschäftsführung die Eurex Deutschland beziehungsweise die Deutsche Börse AG die Eurex Zürich für die Überprüfung bestimmter oder aller Geschäftsaktivitäten eines in der Schweiz domizilierten, an der Eurex Zürich zugelassenen Börsenteilnehmer auf die Einhaltung des Eurex-Regelwerkes. Umgekehrt erteilt die Geschäftsführung der Eurex Zürich einen entsprechenden Auftrag der Eurex Deutschland bzw. der Deutsche Börse AG als ihren Träger.

a) Vollelektronische Börse

17.458 Der von den beiden Eurex-Börsen gemeinsam betriebene Terminhandel ist wie schon die Deutsche Terminbörse eine voll elektronische Börse. Die Handelsteilnehmer geben deshalb ihre verbindlichen Aufträge und Quotes über Terminals in einen Zentralrechner, der deckungsgleiche Angebote zu Geschäftsabschlüssen zusammenführt (**Matching** – Pkt. 4.4.1 Eurex-Börsenordnung). Eine physische Anwesenheit der Händler an der Börse wie beim traditionellen Präsenzhandel im Börsensaal ist deshalb nicht erforderlich.

17.459 Die Börsenpreise werden gemäß der Eurex-Börsenordnung (Pkt 4.5.1) durch das gemeinsame Handelssystem der Eurex-Börsen ermittelt. Die Handelsüberwachungsstelle der Eurex Deutschland beziehungsweise die Überwachungsstelle der Eurex Zürich überwacht das ordnungsgemäße Zustandekommen der Börsenpreise. Eine **amtliche Feststellung des Börsenpreises findet nicht statt.** Die Börsenpreise während der eigentlichen Handels-(Trading-)Periode kommen durch das Zusammenführen von Aufträgen und Quotes (Matching) zum jeweils besten Nachfrage- und Angebotspreis, bei gleichem Preis in der Reihenfolge der Eingabe in das Euro-Handelssystem zustande (Pkt. 4.5.3 Eurex-Börsenordnung).

b) Unterscheidung zwischen Börsen- und Clearingmitgliedern

17.460 Wie bei den ausländischen Terminbörsen ist auch bei der Eurex regelmäßig zwischen den nur zum Handel zugelassenen Börsenmitgliedern und solchen Mitgliedern zu unterscheiden, die auch zum Clearing der an der Terminbörse zustandegekommenen Terminkontrakte zugelassen sind (Clearingmitglieder).

17.461 Der Handel findet zwischen allen Börsenmitgliedern statt, die hierbei Aufträge ihrer Kunden ausführen oder für eigene Rechnung Geschäfte tätigen können. Die geldmäßige Regulierung, die spätere Erfüllung (Valutierung) und die Besicherung der Kontrakte erfolgen jedoch ausschließlich über solche Handelsmitglieder, die zugleich auch Clearing-Mitglieder der Börse sind[517]. Dementsprechend kommen die Terminkontrakte stets zwischen der Börsen-Clearingstelle und denjenigen Clearingmitgliedern zustande, die nach Maßgabe der privatrechtlichen Clearing-Bedingungen als solche zugelassen und von den Handelsteilnehmern bei der Ordereingabe als Abwicklungsbeauftragte für die von ihnen getätigten Vertragsabschlüsse benannt worden sind (Pkt. 1.2.2 der gleichlautenden Bedingungen für den Handel an der Eurex Deutschland und der Eurex Zürich). Diese Geschäfte, insbesondere deren Clearing und die aus einer Clearing-Lizenz folgenden Rechte und Pflichten unterliegen deutschem Recht (Präambel der Clearing-Bedingungen für den Handel an der Eurex-Deutschland und der Eurex Zürich – **Eurex-Clearingbedingungen**)[518].

Soweit die Clearingmitglieder als Abwicklungsbeauftragte für zum Clearing nicht zugelassene Handelsteilnehmer fungieren, werden die zwischen ihnen und der Börsen-Clearingstelle zustandekommenden Terminkontrakte für Rechnung ihrer Auftraggeber getätigt. Clearingstelle ist die Eurex Clearing AG, Frankfurt, die eine hundertprozentige Tochtergesellschaft der Eurex Frankfurt AG ist. 17.462

Die Eurex Clearing AG führt als Clearing-Stelle die Abwicklung, Besicherung und geld- und stückemäßige Regulierung (Clearing) der an der Eurex Deutschland und Eurex Zürich abgeschlossenen Geschäfte durch. Diese gemeinsame Clearingstelle der Eurex Deutschland und Eurex Zürich ermöglicht es, die an die zusammengeführten beiden Terminmärkten gestellten Sicherheiten (Margins) für alle Termingeschäfte zu nutzen (sog. Cross-Margening)[519]. 17.463

Zwischen den Clearing-Mitgliedern und den von ihnen beim Clearing vertretenen Handelsteilnehmern kommen gleichzeitig deckungsgleiche sog. Parallelkontrakte zustande. Infolge dieser vertragsmäßigen Zwischenschaltung der Eurex Clearing AG als Clearingstelle wird für die Handelsteilnehmer das Bonitätsrisiko des jeweiligen Handelsgeschäfts vermieden. Bei der sich an die Handelsphase anschließenden Abwicklung des Börsengeschäfts ist stets die Eurex Clearing AG Vertragspartner (Präambel der Eurex-Clearingbedingungen). 17.464

Diese Mitwirkung der Eurex Clearing AG als Vertragskontrahent im Rahmen ihrer Clearingfunktion hat nur markttechnische Gründe. Deshalb befindet sich die Eurex Clearing AG hierbei auch nicht in der typischen Rolle der Marktgegenseite, 17.465

---

517 *Kindermann*, WM 1989, Sonderbeil. 2, 24.
518 Abgedruckt in *Kümpel/Ott*, Kapitalmarktrecht, Kz 473.
519 *Franke*, Börsen-Zeitung vom 5.9.1998, Sonderbeilage „Optionsscheine – Derivate" S. 1.

die sich auf eigene Rechnung oder für Rechnung eines anderen im Terminmarkt engagiert.

17.466 Jedes Clearing-Mitglied hat zur Besicherung seiner gesamten Kontraktverpflichtungen börsentäglich in der von den Eurex-Börsen festgelegten Höhe Sicherheit in Geld oder in den von den Eurex-Börsen akzeptierten Wertpapieren zu leisten. Die Clearing-Mitglieder müssen wiederum von den Nicht-Clearing-Mitgliedern, für die sie als Abwicklungsbeauftragte beim Clearing tätig sind, Sicherheiten verlangen. Auch für die Mindesthöhe dieser Sicherheit ist die Berechnungsmethode der Eurex-Börsen maßgeblich. Entsprechendes gilt für das Vertragsverhältnis des Clearing-Mitglieds bzw. Nicht-Clearing-Mitglieds zu seinen Terminkunden (vgl. 1.3.1 Eurex-Clearingbedingungen).

c) Verpfändungsermächtigung der Terminkunden

17.467 Alle Börsenteilnehmer sind nach den Clearing-Bedingungen verpflichtet, von ihren Terminkunden Sicherheiten mindestens in der Höhe zu verlangen, die sich nach der Berechnungsmethode der Eurex Clearing AG ergibt[520]. Diese Kundensicherheiten kann der Börsenteilnehmer unter Beachtung der depotgesetzlichen Vorgaben an die Eurex Clearing AG weiterverpfänden. Hierzu bedarf es einer Ermächtigung zur Weiterverpfändung, die den depotgesetzlichen Anforderungen entsprechen muß. Mit der Novellierung des Depotgesetzes durch das zweite Finanzmarktförderungsgesetz hat der Gesetzgeber die Erteilung solcher Verpfändungsermächtigungen ermöglicht.

17.468 Nach dem neugeschaffenen § 12a DepG kann die von der Eurex Clearing AG geforderte Sicherheitsleistung mit der Verpfändung der Wertpapiere bewirkt werden, die der Terminkunde seiner Depotbank nach den Regularien der Eurex ohnehin zu verpfänden hat.

17.469 Für den **Rückgriff auf diese verpfändeten Sicherheiten** zwecks Durchleitung an die Eurex Clearing AG besteht ein wertungsmäßig gleich zu beurteilendes Interesse der Depotbank, das den Gesetzgeber zur Schaffung der Verpfändungsermächtigung nach § 12 DepG veranlaßt hat, um dem Depotkunden die Refinanzierung eines dem Depotkunden eingeräumten Kredites zu ermöglichen. Ein insoweit vergleichbarer Sachverhalt ist gegeben, wenn die Eurex Clearing AG von der Depotbank, die die Aufträge ihrer Kunden zum Abschluß von Börsentermingeschäften aus markttechnischen Gründen im eigenen Namen an der Eurex ausführt, für ihre daraus resultierenden Terminansprüche Sicherheiten verlangt.

17.470 Auf diese „Durchleitung" der Kundensicherheiten sind insbesondere die kleineren und mittleren Depotbanken angewiesen, weil diese für die der

---

520 *Kindermann*, WM 1991, Sonderbeil. 2, 26.

Eurex Clearing AG geschuldete Sicherheitsleistung nicht über genügend eigene Wertpapiere verfügen. Mit der Möglichkeit einer solchen Weiterverpfändung sollte der inländische Terminhandel an der Eurex weiter gefördert werden.

aa) Bedürfnis für eine gesetzliche Regelung

Eine solche erweiterte Möglichkeit für Verpfändungsermächtigungen war erforderlich, weil bei der erwünschten Durchleitung der Kundensicherheiten an die Eurex Clearing AG die tatbestandsmäßigen Voraussetzungen einer Verpfändung nach § 12 DepG nicht erfüllt werden können. So darf eine **Ermächtigung nach § 12 DepG** nur in Zusammenhang mit einer Krediteinräumung für den Depotkunden und nur an einen Verwahrer im Sinne des § 1 Abs. 2 DepG erfolgen. An beiden Voraussetzungen fehlt es bei der aus Kundenschutzgründen gebotenen restriktiven Gesetzesinterpretation, wenn sich eine Depotbank im Zusammenhang mit der Ausführung eines Auftrages zum Abschluß eines an der Eurex gehandelten Terminkontraktes Kundenwertpapiere verpfänden läßt, die sie im eigenen Namen an die Eurex Clearing AG verpfändet. 17.471

Diese rechtliche Lücke soll der neue § 12a DepG schließen. Danach darf die Depotbank die im Kundendepot verbuchten Wertpapiere aufgrund einer ausdrücklichen und schriftlichen Ermächtigung als Sicherheit für ihre Verbindlichkeiten aus Geschäften an einer Börse, die einer gesetzlichen Aufsicht untersteht, an diese Börse verpfänden, sofern eine inhaltsgleiche Verbindlichkeit des Depotkunden aus einem Termingeschäft seiner Depotbank besteht. 17.472

Diese Verpfändung kann auch zugunsten des Trägers der Börse oder einer von ihr mit der Abwicklung unter ihrer Aufsicht beauftragten rechtsfähigen Stelle erfolgen, deren Geschäftsbetrieb auf diese Tätigkeit beschränkt ist. Hiermit soll den unterschiedlichen Organisationsstrukturen der ausländischen Terminbörsen Rechnung getragen werden. 17.473

bb) Schutz der Terminkunden

Der Wert der verpfändeten Wertpapiere soll die Höhe der Verbindlichkeiten des Terminkunden gegenüber seiner Depotbank aus diesem Geschäft nicht unangemessen übersteigen. Die Ermächtigung des Terminkunden kann im voraus für eine unbestimmte Zahl derartiger Verpfändungen erteilt werden. 17.474

Die Depotbank muß jedoch nach § 12a Abs. 2 DepG gegenüber dem Pfandgläubiger sicherstellen, daß die verpfändeten Wertpapiere für ihre 17.475

Verbindlichkeiten nur insoweit in Anspruch genommen werden dürfen, als Verbindlichkeiten des Terminkunden gegenüber der Depotbank bestehen. Die Depotbank haftet für ein Verschulden des Pfandgläubigers wie für eigenes Verschulden. Diese Haftung kann durch Vereinbarung nicht beschränkt werden.

17.476 Kommt ein Clearing-Mitglied seiner Verpflichtung zur Verstärkung von Kunden-Sicherheiten für Risiken aus im Kundenauftrag eingegangenen Kontrakten nicht nach, so ist die Eurex Clearing AG zwar berechtigt, diese Kontrakte glattzustellen. Die Eurex Clearing AG darf hierzu aber nicht unmittelbar auf die ihr verpfändeten Kunden-Papiere zurückgreifen. Sie muß vielmehr zuvor die zunächst unterbliebene Zuordnung der einzelnen Kunden-Sicherheiten zum jeweiligen Kontrakt vornehmen. Diese Feststellung kann nur anhand der Geschäftsunterlagen des betroffenen Clearing-Mitgliedes vorgenommen werden. Die Inanspruchnahme der Kundenpapiere durch die Eurex Clearing AG kann daher erst nach erfolgter Zustimmung des jeweiligen Clearing-Mitgliedes geschehen. Damit ist aufgrund vertraglicher Absprache zwischen der Depotbank und der Eurex Clearing AG sichergestellt, daß entsprechend § 12a Abs. 2 DepG Kundenwertpapiere letztlich nur insoweit verwertet werden können, als Terminverbindlichkeiten des Terminkunden gegen seine Depotbank bestehen.

cc) „Give up"-Vereinbarungen beim Clearing

17.477 In der Praxis besteht ein **Bedürfnis,** den Abschluß eines Börsengeschäfts und dessen Clearing von verschiedenen Marktteilnehmern vornehmen zu lassen. Eine solche Konzentration von Clearing-Tätigkeiten auf wenige Clearing-Institute bietet sich unter Risikoaspekten an. Der Terminkunde braucht sodann risiko- und bonitätsmäßig nur diese eine Clearingbank zu beurteilen.

17.478 Dies gilt insbesondere für Terminkunden, die weltweit an verschiedenen Terminmärkten operieren[521]. Hierdurch können an den verschiedenen Terminbörsen örtliche Marktteilnehmer mit der Geschäftsausführung beauftragt werden. Nach Abschluß dieser Geschäfte können diese sodann auf eine Clearing-Bank zur weiteren Abwicklung übertragen werden, zu der eine dauerhafte Geschäftsverbindung unterhalten wird.

17.479 Diese **Give up-Vereinbarung** stellt einen **Vertrag sui generis** dar. Dabei handelt es sich regelmäßig um die rechtsgeschäftliche Übertragung eines Schuldverhältnisses im ganzen von einer Vertragspartei auf einen Drit-

---

521 *Kienle,* WM 1993, 1313.

ten[522]. Rechtsprechung und Lehre haben im Wege der Rechtsfortbildung den allgemeinen Grundsatz herausgebildet, daß solche rechtsgeschäftlichen Übertragungen eines ganzen Schuldverhältnisses zulässig sind[523].

2. Verknüpfung der Kassamärkte mit den Terminmärkten

Wie die internationalen Erfahrungen gezeigt haben, sind Kassamärkte und Terminmärkte keine voneinander getrennten, eigenständigen Märkte. Der Terminmarkt ist vielmehr aus vielerlei Gründen wie der Kassamarkt integrierter und anerkannter Bestandteil des Kapitalmarktes. 17.480

So hat die zunehmende Volatilität im Zuge der Globalisierung des Wertpapiergeschäfts ein **stärkeres Bedürfnis nach Absicherung (Hedging)** gegen Kursrisiken entstehen lassen. Terminmärkte stellen Instrumente zur Absicherung bereit und ermöglichen einen Risikotransfer zwischen verschiedenen Marktteilnehmern. Die Möglichkeit, sich gegen unerwünschte Kursentwicklungen am Kassamarkt durch entsprechende Engagements im Terminmarkt schützen zu können, fördert im übrigen die Bereitschaft zu Engagements im Kassageschäft. Dies führt zusammen mit der Arbitrage zwischen Kassa- und Terminmarkt zu Umsatzsteigerungen in diesem Marktsegment. Höhere Handelsvolumina durch Arbitrage- und Hedging-Geschäfte bedeuten aber Erhöhung der Liquidität, eine für die Akzeptanz eines Kassamarktes sehr wesentliche Voraussetzung. 17.481

Auch nach Zusammenführung der Deutschen Terminbörse mit der Swiss Option and Futures Exchange AG (Soffex) zur Eurex als europäischer Terminbörse ist dieser Terminmarkt weiterhin mit dem Kassamarkt der Frankfurter Wertpapierbörse eng verknüpft. Ein effizienter Terminmarkt ist im Hinblick auf die Wettbewerbsfähigkeit des Kassamarktes von entscheidender Bedeutung. Ein Finanzplatz, der nicht die von international operierenden Marktteilnehmern nachgefragten Hedgingmöglichkeiten in Form eines leistungsfähigen Terminmarktes anbieten kann, wird wesentliche Teile seines Kassageschäfts an konkurrierende ausländische Kapitalmärkte verlieren. 17.482

---

522 *Kienle*, WM 1993, 1313, 1315.
523 *Palandt/Heinrichs*, § 398 Rn 38 m.w.Nachw.

5. Abschnitt
Reform des Börsengesetzes

17.483 Im Vordergrund des vom Gesetzgeber bereits angekündigten Vierten Finanzmarktförderungsgesetzes wird die Novellierung des Börsengesetzes stehen. Mit der tiefgreifenden Neugestaltung des Börsenrechts soll nicht nur der Vorsprung des Auslandes bei den Reformen des Finanzmarktes aufgeholt, sondern auch eine Vorreiterrolle übernommen werden[524].

17.484 Für dieses Reformvorhaben ist im Auftrag des Bundesministeriums der Finanzen von *Hopt/Rudolph/Baum* eine umfassende Studie über die Rahmenbedingungen für ein modernes, marktorientiertes Börsengesetz erstellt worden[525]. Dieses Börsenreform-Gutachten kommt zu dem Ergebnis, daß der Organisationsrahmen der Börse weitestmöglich nicht gesetzlich festgeschrieben werden sollte. Die Börsenstruktur müsse vielmehr den künftigen Marktentwicklungen flexibel angepaßt werden können. Das Börsengesetz als staatlich gesetztes Recht sollte deshalb eine möglichst geringe Regelungsbreite und begrenzte Regelungstiefe haben[526]. Das befürwortete offene regulatorische System setze eine **weitgehende Selbstregulierung** durch die Beteiligten voraus. Hiermit wären verschiedene Vorteile verbunden[527]. Angesichts des raschen Wandels der technischen Entwicklung müsse zudem eine gesetzliche Regulierung, die sich naturgemäß nicht zeitnah an die Veränderungen anpassen läßt, unweigerlich zu einem Standortnachteil für den Börsenplatz werden. Vorrang habe deshalb eine weitreichende Selbstregulierung der Beteiligten, die nicht nur staatliche Vorgaben im Sinne von Ausführungsbestimmungen umsetzt[528]. Dies entspräche sowohl der ökonomischen Regulierungstheorie wie auch dem eindeutigen rechtsvergleichenden Befund aus den verschiedensten Kapitalmarktländern[529].

---

524 Börsen-Zeitung vom 17. 7. 1998, S. 3 und vom 30. 7. 1998, S. 4; vgl. weiter *Pötzsch*, AG 1997, 199, 206.
525 Dieses Gutachten ist in Buchform unter dem Titel „Börsenreform – ökonomische, rechtsvergleichende und rechtspolitische Untersuchung", Stuttgart 1997, erschienen. Im Anschluß hieran ist ein zusammenfassender Beitrag von *Hopt/Baum*, WM 1998, Sonderbeil. 4 veröffentlicht worden; vgl. weiter *Wastl*, WM 1999, 620 ff.; *Segna*, ZBB 1999, 144 ff.
526 Börsenreform-Gutachten, S. 331, 332.
527 Börsenreform-Gutachten, S. 332.
528 Börsenreform-Gutachten, S. 4, 5.
529 Börsenreform-Gutachten, S. 401, 402, 405.

Bei einer solchen Selbstregulierung wird die „Gesetzgebungs"befugnis des parlamentarischen Gesetzgebers weitestgehend an die Börsenselbstverwaltung der Börse delegiert. Das Börsengesetz formuliert als **Rahmengesetz** lediglich allgemeine Zielvorgaben und überläßt deren Umsetzung der autonomen Rechtsetzung in Form von Börsenordnungen und Geschäftsbedingungen.

17.485

Diese **autonome Selbstregulierung** zeichnet sich auch nach *Hopt/Rudolph/Baum* durch Sachnähe und Flexibilität aus[530]. Die unmittelbar am Börsengeschehen Beteiligten verfügten über große Sachkenntnis und Erfahrung bei der Aufstellung von Regeln für ihre Tätigkeit. Dies sei angesichts der durch die fortschreitende Technologisierung und Ausdifferenzierung der Produktpalette zunehmend komplexer werdenden Materie ein kaum zu unterschätzender Vorteil. Zudem erlaube eine Regulierung vor Ort eine wesentlich schnellere Anpassung an geänderte Umstände, als dies eine gesetzliche Regelung vermag. Auch entfalle bei dem Selbstregulierungsmodell das Problem einer übermäßigen Einmischung staatlicher Verwaltungsbehörden in das Marktgeschehen[531].

17.486

I. Die öffentlich-rechtliche Börsenorganisation im Lichte der Reformvorschläge

Für die vom Börsenreform-Gutachten befürwortete autonome Regulierung im Rahmen der Börsenselbstverwaltung eignet sich die geltende öffentlich-rechtliche Organisationsstruktur in besonderem Maße[532].

17.487

1. Autonome Rechtsetzungsbefugnis als effizientes normatives Regelungsinstrument

Der Gesetzgeber hat schon bisher die Reglementierung der Börsenorganisation weitgehend den Wertpapierbörsen überlassen. Als normatives Regelungsinstrument diente dabei die den Börsen verliehene autonome Rechtsetzungsbefugnis. Diese Befugnis wird ausgeübt durch den Erlaß der Börsenordnung, die zu den öffentlich-rechtlichen Satzungen gehört (vgl. § 4 Abs. 1 Satz 1 BörsG).

17.488

Öffentlich-rechtliche Satzungen sind nach der Definition des Bundesverfassungsgerichts „Rechtsvorschriften", die von einer dem Staat eingeordneten Institution des öffentlichen Rechts im Rahmen der ihr gesetzlich verliehenen Autonomie mit

17.489

---
530 Börsenreform-Gutachten, S. 332.
531 Börsenreform-Gutachten, S. 331.
532 *Kümpel*, WM 1997, 1917, 1918 ff.; vgl. *Segna*, ZBB 1999, 144, 152.

Rechtswirkung für den vom Tätigkeitsbereich dieser Institution erfaßten Personenkreis erlassen werden[533].

17.490 Die Börsenordnung hat als eine solche öffentlich-rechtliche Satzung Normcharakter im Sinne der vom parlamentarischen Gesetzgeber erlassenen (formellen) Gesetze. Die der Börse verliehene Rechtsetzungsbefugnis bedeutet also die Fähigkeit, wie der parlamentarische Gesetzgeber verbindliche Sätze objektiven Rechts zu schaffen[534]. Mit dieser autonomen Rechtsetzungsbefugnis sind drei wesentliche regulatorische Erleichterungen verknüpft.

a) Pauschale Verleihung der Rechtsetzungsbefugnis

17.491 Die Verleihung der Rechtsetzungsbefugnis an einen Autonomieträger, wie sie die Börse in ihrer gegenwärtigen Organisationsform darstellt, kann nach einhelliger Auffassung **grundsätzlich generell** erfolgen[535]. Es genügt die **pauschale Einräumung einer Rechtsetzungsmacht** für alle eigenen Angelegenheiten des selbständigen Verwaltungsträgers[536]. Sodann ergeben sich inhaltliche Grenzen der verliehenen autonomen Satzungsgewalt durch „Wesen, Zweck und Aufgabenkreis" der betreffenden öffentlich-rechtlichen Institution[537]. Deshalb brauchen bei der Autonomieverleihung nicht die Grundsätze beachtet zu werden, die das Art. 80 GG für die Übertragung rechtsetzender Gewalt durch den parlamentarischen Gesetzgeber an die Organe der staatlichen Verwaltung durch Ermächtigung zum Erlaß von staatlichen Rechtsverordnungen vorschreibt. Hiernach müssen Inhalt, Zweck und Ausmaß der erteilten Rechtsetzungsbefugnis in der gesetzlichen Ermächtigung möglichst konkret bestimmt werden (Art. 80 Abs. 1 S. 1 GG).

17.492 Mit Rücksicht auf das Wesen und die Funktion der autonomen Selbstverwaltung ist nach einhelliger Meinung Art. 80 GG auf die Verleihung autonomer Rechtsetzungsbefugnis nicht anwendbar[538]. Diese Rechtsetzungsbefugnis dient der Selbstverwaltung, die über weitestmögliche Selbstregulierungsbefugnisse verfügen soll. Das notwendige staatliche

---

533 BVerfGE 10, 20, 49, 50; 33, 125, 156.
534 *Erichsen/Ossenbühl*, Allgemeines Verwaltungsrecht, 11. Aufl., 1998, § 6 Rn 65.
535 BVerwGE 6, 249, 250.
536 *Wolff/Bachof/Stober*, Verwaltungsrecht I, 10 Aufl., 1994, § 25 Rn 49; *Erichsen/Ossenbühl*, Allgemeines Verwaltungsrecht, 11. Aufl., 1998, § 6 Rn 68.
537 BVerfGE 12, 319, 325 m.w.Nachw.; *Erichsen/Ossenbühl*, Allgemeines Verwaltungsrecht, 11. Aufl., 1998, § 6 Rn 68.
538 BVerfGE 12, 319, 325 m.w.Nachw.

Korrektiv für die autonome Rechtsetzungsbefugnis liegt darin, daß das autonom gesetzte Recht zu seinem Wirksamwerden der Genehmigung der staatlichen Aufsicht bedarf, wie dies insbesondere für die Börsen- und Gebührenordnung gilt (§§ 4 Abs. 4 S. 1, 5 Abs. 2 S. 1 BörsG).

b) Entbehrlichkeit der Zustimmung der Marktteilnehmer

Wie beim Erlaß formeller Gesetze durch den parlamentarischen Gesetzgeber bedarf es **keiner Zustimmung der Marktteilnehmer** zu den in der Börsenordnung geschaffenen normativen Regelungen, damit die Börsenordnung nach Genehmigung durch die Börsenaufsichtsbehörde wirksam werden kann. 17.493

Einer solchen **Zustimmung** jedes einzelnen Marktteilnehmers bedarf es dagegen, wenn die **Börse privatrechtlich organisiert** wird[539]. Hier ist das Benutzungsverhältnis zwischen der Börse als Marktveranstalter und den Marktteilnehmern privatrechtlich geregelt. Nach dem das Zivilrecht beherrschenden Grundsatz der Privatautonomie bedarf es bei pflichtenbegründenden Vertragsverhältnissen (Schuldverhältnissen), wie sie bei einer privatrechtlich geregelten Inanspruchnahme der Börsendienstleistungen begründet würden, für jede spätere inhaltliche Änderung wiederum eines Vertrages (§ 305 BGB). Dies gilt anerkanntermaßen auch für AGB. Deren Änderung stellt eine Vertragsänderung dar und unterliegt deshalb den gleichen Grundsätzen wie der Vertragsschluß selbst[540]. 17.494

So würden insbesondere Änderungen der Gebührenordnung, die wie die Börsenordnung Satzungscharakter hat[541], der Zustimmung aller Marktteilnehmer bedürfen. Denn die „Satzungen" der Börsen dürften bei einer privatrechtlichen Börsenorganisation[542] als Allgemeine Geschäftsbedingungen zu qualifizieren sein[543]. Dagegen übt der Börsenrat bei Erlaß der Gebührenordnung die der Börse verliehene autonome Rechtsetzungsbefugnis aus (vgl. § 3 Abs. 2 Nr. 1 BörsG). Die Gebührenordnung wird deshalb mit der Genehmigung durch die Börsenaufsichtsbehörde wirksam. Bei dieser Genehmigung sind auch **Zweckmäßigkeitgesichtspunkte** mit 17.495

---

539 *Nußbaum*, Kommentar zum Börsengesetz, 1910, § 4 Anm II, S. 26.
540 *Ulmer/Brandner/Hensen*, § 2 Rn 64; vgl. weiter *Kümpel* in Kümpel/Ott, Kapitalmarktrecht, Kz 060, S. 102.
541 *Samm*, Börsenrecht, 1978, S. 59; *Olenhusen*, Börsen und Kartellrecht, 1983, S. 44, 137.
542 Börsenreform, S. 402 Fn 482.
543 Den privatrechtlichen Charakter der Börsenordnung bejaht auch *Nußbaum*, Kommentar zum BörsG, 1910, § 4 Anm. II, S. 26.

zu berücksichtigen, die im recht verstandenen Eigeninteresse der Börse und ihres Trägers liegen[544].

17.496 Das Zustimmungserfordernis der Marktteilnehmer würde im übrigen für eine Vielzahl von Regelungsbereichen praktische Bedeutung erlangen, weil der Gesetzgeber in großem Umfang von der Möglichkeit der autonomen Regulierung im Rahmen der Börsenselbstverwaltung Gebrauch gemacht hat.

c) Börsenordnung als Rechtsgrundlage für die Marktteilnehmer belastende Verwaltungsmaßnahmen

17.497 Ein **weiterer praktischer Vorteil** der autonomen Rechtsetzungsbefugnis als normatives Regulierungsinstrument ist auch darin zu erblicken, daß hierdurch Regelungen im Sinne von „materiellen" Gesetzen geschaffen werden können. Solche gesetzlichen Regelungen sind eine ausreichende, aber auch erforderliche Rechtsgrundlage für ein einseitiges (hoheitliches) Handeln der Börsenorgane, insbesondere der Anordnungen der Börsengeschäftsführung, wenn die Börse eine öffentlich-rechtliche Organisationsform hat.

aa) Rechtsverhältnis der Börse zu ihren Benutzern als öffentlich-rechtlich geregeltes (Dienst-)Leistungsverhältnis

17.498 Die **Grundstruktur der rechtlichen Beziehung** der Börse als Marktveranstalter und den von ihr zugelassenen Marktteilnehmern ist durch die heutige Rechtsform der **Börse als einer Anstalt des öffentlichen Rechts** geprägt. Solche Anstalten stehen in einem rechtlichen **Sonderverhältnis** zu ihren Benutzern[545]. Dieses Benutzungsverhältnis stellt ein (Dienst-) Leistungsverhältnis dar. Die Marktteilnehmer nehmen das Leistungsangebot der Börse als Marktveranstalter in Anspruch. Ist dieses Benutzungsverhältnis wie derzeit bei der Inanspruchnahme der Dienstleistungen der Wertpapierbörsen öffentlich-rechtlich geregelt, so besteht zwischen Leistungsanbieter und Leistungsempfänger ein Über- und Unterordnungsverhältnis, das dem für gleichgeordnete natürliche oder juristische Personen geltende Privatrecht fremd ist. Insoweit ist das heute zwischen der Börse und ihren Marktteilnehmern jeweils bestehende Leistungsverhältnis vergleichbar den Rechtsverhältnissen zu den Behörden der staatlichen Verwaltung und zu den anderen juristischen Personen des öffentlichen Rechts als Träger mittelbarer Staatsverwaltung, zu denen die Börse nach geltendem Recht gehört. Im Rahmen solcher öffentlich-rechtlichen und

---
544 *Schwark*, BörsG, § 5 Rn 6.
545 *Wolff/Bachof*, Verwaltungsrecht II, 5. Aufl., 1987, § 99 Rn 25; *Maurer*, Allgemeines Verwaltungsrecht, 12. Aufl., 1999, § 23 Rn 53.

damit durch Über- und Unterordnung geprägten Leistungsverhältnisse kann der Träger öffentlicher Verwaltung die Rechte und Pflichten der ihm untergeordneten Personen durch einseitige (hoheitliche) Anordnungen regeln. Gegen solche Verwaltungsakte stehen sodann den Börsenbesuchern die praxiserprobten Schutzinstrumente des Verwaltungsverfahrensrechts bis hin zu der Inanspruchnahme der Verwaltungsgerichte zur Verfügung, um erforderlichenfalls die Maßnahmen eines Börsenorgans auf Rechtmäßigkeit überprüfen lassen zu können[546].

bb) Erfordernis materieller Gesetze für belastende Verwaltungsakte

Nach dem Gebot der Gesetzmäßigkeit der Verwaltung (sog. **Gesetzesvorbehalt**)[547] ist es für Eingriffe des Trägers öffentlicher Verwaltung in die Rechts- und Freiheitssphäre natürlicher oder juristischer Personen erforderlich, daß die tatbestandsmäßigen Voraussetzungen für solche „belastenden" Verwaltungsmaßnahmen gesetzlich geregelt sind. Dies gilt auch in den Fällen, in denen der Verwaltungsträger wie die Börse eine Anstalt des öffentlichen Rechts darstellt und das zwischen dieser Anstalt und ihren Benutzern bestehende Leistungsverhältnis öffentlich-rechtlich ausgestaltet ist.   17.499

Für solche Eingriffe in die Sphäre der Marktteilnehmer bedarf es aber keiner durch den parlamentarischen Gesetzgeber erlassenen (formellen) Gesetze, sofern es sich nicht um „grundrechtswesentliche" Eingriffe handelt[548]. Vielmehr genügen „materielle Gesetze" im Sinne abstrakter genereller Rechtssätze, zu denen auch die Bestimmungen der Börsenordnung als autonomes Satzungsrecht gehören.   17.500

Mit Hilfe der verliehenen autonomen Rechtsetzungsbefugnis kann also die Börse die erforderliche Rechtsgrundlage für solche – mit Verwaltungszwang durchsetzbaren – Anordnungen der Börsenorgane, insbesondere der Börsengeschäftsführung und der Handelsüberwachungsstelle selbst schaffen. Diese Möglichkeit entfällt dagegen bei einer privatrechtlichen Organisation der Börse. Das Grundgesetz hat die Gesetzgebungsbefugnis dem Staat und den autonomen juristischen Personen des öffentlichen Rechts vorbehalten[549].   17.501

---

546 *Brockhausen*, WM 1997, 1924, 1930.
547 *Erichsen/Ossenbühl*, Allg. Verwaltungsrecht, 11. Aufl., 1998, § 9 Rn 9; *Maurer*, Allgemeines Verwaltungsrecht, 12. Aufl., 1999, § 6 Rn 12.
548 Hierbei handelt es sich um wesentliche Eingriffe im Sinne der sog. Wesentlichkeitstheorie des Bundesverfassungsgerichts (BVerfGE 47, 46, 79 ff.; 58, 257, 258, 268).
549 *Wolff/Bachof*, Verwaltungsrecht II, 5. Aufl., 1987, § 104 Rn 2; vgl. weiter BVerfG NJW 1981, 1087; Börsenreform-Gutachten, S. 416.

17.502 Im Interesse der Funktionsfähigkeit der Börse, deren Gewährleistung auch nach den Reformvorschlägen – neben dem Anlegerschutz – vorrangiges Ziel des Börsengesetzes sein sollte, könnte sich die öffentlich-rechtliche Börsenstruktur auch aus diesem Gesichtspunkt als vorteilhaft erweisen.

d) Gesetzgebungspraxis

17.503 In der Vergangenheit hat der Gesetzgeber häufig davon abgesehen, selbst detaillierte Regelungen für die Organisation der Börse zu schaffen. Die Börsen sollten in der Lage sein, ihre Organisation jederzeit innovativen Entwicklungen anzupassen. Auch sollte eine kurzfristige Umsetzung praktischer Erfahrungen in normative Regelungen ermöglicht werden. Mit dieser Gesetzgebungspraxis ist eine größtmögliche Flexibilität der Selbstregulierung im Rahmen der Börsenselbstverwaltung bezweckt gewesen[550].

17.504 Von dieser Verleihung autonomer Rechtsetzungsbefugnis ist insbesondere bei der Einführung des Geregelten Marktes Gebrauch gemacht worden. Die näheren Bestimmungen für dieses zweite öffentlich-rechtlich strukturierte Marktsegment hat die Börsenordnung nach den gesetzlichen Vorgaben zu treffen (§ 72 Abs. 1 BörsG). Eine weitestmögliche Inanspruchnahme der autonomen Rechtsetzungsbefugnis ist auch für die Reglementierung des Handels in elektronischen Handelssystemen (§ 12 Abs. 2 BörsG) und die Feststellung der Börsenpreise (§ 11 Abs. 1 BörsG) vorgesehen.

17.505 Die **staatliche Ermächtigung** zu solchen normativen Regelungen mittels der Börsenordnung ermöglicht nach den Gesetzesmaterialien zum zweiten Finanzmarktförderungsgesetz schnelle regulative Anpassungen an notwendige Entwicklungen im Börsenwesen. Andererseits wird solchen Innovationen aber kein freier Lauf gelassen. Denn die staatliche Börsenaufsichtsbehörde hat die hierfür erforderlichen Änderungen der Börsenordnung vor dem Inkraftsetzen zu genehmigen[551].

17.506 Der Gesetzgeber hat auch in anderen Bereichen der Börsenorganisation von den regulatorischen Gestaltungsmöglichkeiten der autonomen Rechtsetzungsbefugnis vielfältig Gebrauch gemacht. So kann das Nähere über die Vertretungsbefugnisse der Geschäftsführer der Börse in der Börsenordnung geregelt werden (§ 3c Abs. 2 BörsG). Dasselbe gilt für den erforderlichen Nachweis, daß die gesetzlich normierten Voraussetzungen für die Zulassung zur Teilnahme am Börsenhandel erfüllt sind (§ 7 Abs. 6

---

550 BT-Drucksache 10/4296, S. 10; *Schwark*, BörsG, § 72 Rn 1.
551 Begr. des RegE des 2. FFG, BT-Drucksache 12/6679, S. 70.

BörsG). Die Börsenordnung kann im übrigen regeln, ob die Entscheidungen über die Zulassung von Wertpapieren zum Amtlichen Markt nicht von der Zulassungsstelle, sondern von aus ihrer Mitte gebildeten Ausschüssen getroffen werden können (§ 37 Abs. 3 BörsG). Die Börsenordnung kann schließlich den Handelsverbund mit anderen inländischen Börsen näher ausgestalten (§ 13 S. 4 BörsG)[552].

Auch das dritte Finanzmarktförderungsgesetz nutzt mehrfach die autonome Rechtssetzungsbefugnis als normatives Regelungsinstrument. So soll die Börsenordnung Näheres zum nunmehr zulässigen Widerruf der Börsenzulassung (Delisting) bestimmen dürfen (§ 43 Abs. 4 BörsG n.F.). Autonome Regelungsbefugnisse der Börse sind weiter vorgesehen für die Einführung eines vereinfachten Zulassungsverfahrens für Emittenten, deren Wertpapiere bereits an einer inländischen Börse im Amtlichen oder Geregelten Markt notiert sind (§§ 36 Abs. 6 BörsG n.F., 73 Abs. 4 BörsG n.F.). Im übrigen kann die Börsenordnung künftig für Aktien und Aktien vertretende Zertifikate, die im Geregelten Markt gehandelt werden, die Veröffentlichung von Zwischenberichten vorschreiben, wie es für die amtlich notierten Wertpapiere gilt (§§ 72 Abs. 3 BörsG n.F. i.V.m. 44 b Abs. 1 BörsG). Durch diesen **erweiterten Gestaltungsspielraum** soll es den Börsen freistehen, die Attraktivität ihres zweiten Marktsegmentes für den Anleger generell durch eine verstärkte Transparenz zu erhöhen[553].

17.507

e) Grenzen der Verleihung autonomer Rechtsetzungsbefugnis

Der autonomen Rechtsetzungsbefugnis sind als normatives Regulierungsinstrument freilich **verfassungsrechtliche Grenzen** gesetzt. Nach der vom Bundesverfassungsgericht entwickelten **sog. Wesentlichkeitstheorie** ist der parlamentarische Gesetzgeber verpflichtet, in grundlegend normativen Bereichen, zumal im Bereich der Grundrechtsausübung alle wesentlichen Entscheidungen selbst zu treffen[554]. Auch im Rahmen einer zulässigen Autonomieverleihung gilt der Grundsatz, daß sich der Gesetzgeber seiner Rechtsetzungsbefugnis nicht völlig entäußern und seinen Einfluß auf den Inhalt der von dem Autonomieträger zu erlassenden Normen nicht preisgeben darf[555].

17.508

Diese Regelungspflicht des parlamentarischen Gesetzgebers folgt aus dem Grundsatz des Vorbehalts des Gesetzes. Danach darf die Verwaltung und damit auch die

17.509

---

552 Begr. des RegE des 2. FFG, BT-Drucksache 12/7918, S. 112.
553 Begründung des Diskussionsentwurfs vom 17. 4. 1997, S. 194.
554 BVerfGE 47, 46, 82; 49, 89, 126; 82, 209, 224; BVerfG NJW 1993, 1379, 1380.
555 BVerfGE 33, 125, 158.

Wertpapierbörse als Träger mittelbarer Staatsverwaltung grundsätzlich nur tätig werden, wenn sie dazu durch formelles Gesetz ermächtigt worden ist[556].

17.510 Diese Wesentlichkeit der Betroffenheit der Normadressaten soll sich nach dem jeweiligen Sachbereich und der Intensität der geplanten Regelung richten[557]. Diese Kriterien können selbstverständlich nur grobe Anhaltspunkte liefern. Deshalb ist Art und Umfang dieses Gesetzesvorbehaltes weitgehend unbestimmt und offen[558]. Bei verwaltungsrechtlichen Sonderverhältnissen, wie sie die Benutzungsverhältnisse zwischen der Börse als Marktveranstalter und ihren Marktteilnehmern bilden, muß der Gesetzgeber jedenfalls die „status"bildenden Bestimmungen zumindest in den Grundzügen selbst treffen[559].

17.511 Zu diesen **statusbildenden Normen** gehören z.B. beim Facharztwesen Regeln, welche die Voraussetzungen der Anerkennung als Facharzt, die Mindestdauer der Ausbildung sowie das Verfahren der Anerkennung betreffen[560].

17.512 Dieser Grundsatz des Vorbehaltes des Gesetzes gilt auch für die autonome Rechtsetzungsbefugnis des Trägers mittelbarer Staatsverwaltung. Der formelle Gesetzgeber muß also auch hier die wesentlichen, insbesondere die grundrechtsbeschränkenden Regelungen selber treffen[561].

17.513 Den Wertpapierbörsen kann deshalb eine autonome Rechtsetzungsbefugnis nur unter Berücksichtigung der vom Bundesverfassungsgericht entwickelten Wesentlichkeitstheorie eingeräumt werden. Dieser normative Regulierungsrahmen des parlamentarischen Gesetzgebers dürfte aber ausreichen, um den Empfehlungen des Börsenreform-Gutachtens Rechnung tragen zu können. **Ziel der Börsenregelung** müsse hiernach sein, eine möglichst begrenzte, aber die notwendigen Mindeststandards garantierende Regelungsbreite im Börsengesetz anzustreben[562]. Der angemessene Anleger- und Funktionsschutz, wie er als Zweckbestimmung ausdrücklich in das Börsengesetz aufgenommen werden sollte, erfordere ein „Festschreiben von Mindeststandards" hinsichtlich der Organisation des Börsendienstleisters, der Preisfeststellung und der Handelsdurchführung im Gesetz[563]. Solche Mindeststandards beträfen insbesondere das Vertrauen

---

556 *Maurer*, Allgemeines Verwaltungsrecht, 12. Aufl., 1999, § 6 Rn 3.
557 *Wolff/Bachof/Stober*, Verwaltungsrecht I, 10. Aufl., 1994, § 18 Rn 12.
558 *Wolff/Bachof/Stober*, Verwaltungsrecht I, 10. Aufl., 1994, § 18 Rn 18; vgl. hierzu *Kümpel*, WM 1997, 1917, 1920.
559 *Wolff/Bachof/Stober*, Verwaltungsrecht I, 10. Aufl., 1994, § 30 Rn 20.
560 BVerfGE 33, 125, 163.
561 *Maurer*, Allgemeines Verwaltungsrecht, 12. Aufl., 1999, § 6 Rn 8, § 4 Rn 17.
562 Börsenreform-Gutachten, S. 363.
563 Börsenreform-Gutachten, S. 375.

der Marktteilnehmer in die Solidität der Börsen und des Finanzsystems. Dazu gehörten nicht nur die Bestimmung von Gläubigerrechten und die verlässliche Durchsetzung von Verträgen, sondern auch sachgerechte, nicht überzogene Publizitäts- und Informationspflichten und die Sorge für ihre Realisierung[564].

Bei den Privatanlegern, denen die Möglichkeit eines Wechsels zu einem börsenähnlichen (proprietären) Handelssystem nicht offen steht und die im übrigen weniger imstande sind, sich selbst zu schützen, als die institutionellen Anleger, bestünde ein zusätzlicher, regulatorisch zu leistender Schutzbedarf[565]. 17.514

Die autonome Rechtsetzungsbefugnis dürfte nach alledem als normatives Regulierungsinstrument ausreichen, um den von den Reformvorschlägen verlangten Anforderungen an ein modernes marktorientiertes Börsengesetz zu genügen, das als staatlich gesetztes Recht eine möglichst geringe Regelungsbreite und begrenzte Regelungstiefe haben sollte. 17.515

Dieses Regulierungsinstrument kann freilich nur genutzt werden, wenn die Börse wie bisher öffentlich-rechtlich organisiert ist. Denn mit einer solchen autonomen Rechtsetzungsbefugnis können natürliche oder juristische Personen des Privatrechts nicht beliehen werden[566]. Das Grundgesetz hat diese Befugnis dem Staate und den autonomen juristischen Personen des öffentlichen Rechts vorbehalten[567]. 17.516

Hierzu gehören auch die rechtsfähigen Anstalten des öffentlichen Rechts. Das öffentliche Anstaltsrecht gilt aber auch für nur teilrechtsfähige Anstalten des öffentlichen Rechts, wie sie die Börse darstellt[568]. 17.517

2. Autonome Aufsicht der Börsenselbstverwaltung

Nach dem Börsenreform-Gutachten ist dafür zu sorgen, daß in dem Maße, wie die Regelungsbreite und -tiefe des staatlich gesetzten Rechts verringert werden, eine **effiziente zweistufige Marktaufsicht** etabliert wird. Die autonome Aufsicht im Rahmen der Selbstverwaltung der Börse soll durch eine bei ihr integrierte Handelsüberwachungsstelle erfolgen. Darüber soll eine staatliche Letztaufsicht auf einer Ebene zentral organisiert werden. Die Qualität einer solchen dezentral organisierten (autonomen) 17.518

---
564 Börsenreform-Gutachten, S. 363.
565 Börsenreform-Gutachten, S. 375.
566 *Schwark*, WM 1997, 293, 302; Börsenreform-Gutachten, S. 416.
567 *Wolff/Bachof*, Verwaltungsrecht II, 5. Aufl., 1987, § 104 Rn 2; vgl. weiter BVerfG NJW 1981, S. 1087.
568 *Kümpel* in Kümpel/Ott, Handbuch des Kapitalmarktrechts, Kz 060, S. 23.

Marktaufsicht dürfe aber nicht hinter der zentralen staatlichen Marktaufsicht zurückstehen[569].

a) Öffentlich-rechtliche Organisation der Handelsüberwachungsstelle mit Rücksicht auf die internationale Wettbewerbsfähigkeit der Börsen?

17.519 Die internationale Wettbewerbsfähigkeit des Finanzplatzes Deutschland erfordert nach den Gesetzesmaterialien zum zweiten Finanzmarktförderungsgesetz eine effiziente Marktaufsicht über den börsenmäßig organisierten Wertpapierhandel, die staatlichen Charakter haben muß[570]. Eine solche den internationalen Anforderungen genügende staatliche Marktaufsicht ist ein Gütesiegel für den Finanzplatz Deutschland[571].

17.520 Mit Rücksicht auf das derzeitige dezentrale Börsenwesen wurde eine dreistufige staatliche Marktaufsicht geschaffen, bei der eine erweiterte Börsenaufsicht der Länder mit einer Bundesaufsicht zur Wahrnehmung zentraler Aufsichtsfunktionen verknüpft wurde[572]. Als dritte Säule dieser staatlichen Marktaufsicht soll die neugeschaffene Handelsüberwachungsstelle der Börse dienen. Bei diesem eigenständigen Börsenorgan liegt die primäre Verantwortung für eine effiziente staatliche Marktaufsicht bei den Wertpapierbörsen[573]. Deshalb ist die Handelsüberwachungsstelle zu einer kontinuierlichen und umfassenden Überwachung des Tagesgeschäfts verpflichtet worden[574].

17.521 Diese **börseneigenen Kontrollen** wie auch die sonstige Börsenselbstverwaltung sollen nach den Gesetzesmaterialien zum zweiten Finanzmarktförderungsgesetz weiterhin tragende Säulen im deutschen Börsenwesen bleiben. Nur bei einer solchen eigenverantwortlichen Kontrolle könne die Börse glaubwürdig und damit im nationalen und internationalen Wettbewerb erfolgreich sein[575].

17.522 Gegen diese öffentlich-rechtliche Organisation der autonomen Marktaufsicht der Börse wird eingewandt, daß das Ausland eine effiziente autonome Aufsicht durchaus auch mit Hilfe privatrechtlich organisierter Börsen sicherstelle[576]. Hierbei ist aber nicht erkennbar, ob bei dieser Argumenta-

---

569 Börsenreform-Gutachten, S. 449 ff.
570 Begr. des RegE des 2. FFG, BT-Drucksache 12/6679, S. 36, 59, 62.
571 Begr. des RegE des 2. FFG, BT-Drucksache 12/6679, S. 36.
572 Begr. des RegE des 2. FFG, BT-Drucksache 12/6679, S. 59.
573 Begr. des RegE des 2. FFG, BT-Drucksache 12/6679, S. 59, 60.
574 Begr. des RegE des 2. FFG, BT-Drucksache 12/6679, S. 60.
575 Begr. des RegE des 2. FFG, BT-Drucksache 12/6679, S. 36.
576 Nach *Klenke* zeige das Beispiel der New York Stock Exchange, daß auch ein privatrechtlich organisierter Börsenmarkt problemlos zu betreiben ist (WM 1995, 1089, 1092). Vgl. weiter *Claussen/Hoffmann*, ZBB 1995, 68 ff.; *Schwark*, WM 1997, 293, 302.

tion gebührend berücksichtigt worden ist, daß den ausländischen Rechtsordnungen häufig die strenge Unterscheidung zwischen öffentlich-rechtlicher und privatrechtlicher Organisationsform, die ein wesentliches Strukturmerkmal des deutschen Rechts bildet, fremd ist.

Es erscheint deshalb noch nicht vollständig abgeklärt, ob die Gestaltungsmöglichkeiten des deutschen Rechts für eine öffentlich-rechtliche Organisationsform der autonomen Marktaufsicht der Börse im Interesse der internationalen Akzeptanz unseres Börsenhandels weiter genutzt werden sollten. Diesem Gesichtspunkt dürfte umso mehr Gewicht zukommen, wenn nach der vom Börsenreform-Gutachten empfohlenen Börsenreform die staatliche Marktaufsicht durch die Börsenaufsichtsbehörden der Länder wegfällt und lediglich eine **zentrale staatliche „Letztaufsicht"** auf einer Ebene verbleibt. Bei einer solchen tiefgreifenden Umgestaltung unserer derzeitigen dreistufigen Marktaufsicht in ein nur noch zweistufiges Aufsichtssystem würden die Handelsüberwachungsstellen der Börsen zwangsläufig eine erhebliche Aufwertung erhalten. Hinzu kommt, daß die Anforderungen an die Marktaufsicht durch die staatliche Aufsichtsbehörde nach den Gesetzesmaterialien zum Zweiten Finanzmarktförderungsgesetz umso geringer ist, je effizienter die börseneigene Handelsüberwachungsstelle arbeitet[577]. Die auch von den Reformvorschlägen geforderte staatliche Marktaufsicht muß jedoch über so viel Kontrollsubstanz verfügen, daß die internationale Wettbewerbsfähigkeit der deutschen Börsen möglichst nicht beeinträchtigt wird.

17.523

b) Privatrechtlich organisierte Börse als beliehenes Unternehmen?

Infolge der bisherigen gesetzgeberischen Konzeption einer dreistufigen staatlichen Marktaufsicht hat die **Handelsüberwachungsstelle** gewichtige Funktionen bei der staatlichen Marktaufsicht wahrzunehmen. Dieses Börsenorgan hat im Rahmen seiner Marktaufsicht eigenverantwortlich das Tagesgeschäft an der Börse zu kontrollieren, Untersuchungen bis zur Entscheidungsreife durchzuführen und die Ergebnisse an die Börsenaufsichtsbehörde und Börsengeschäftsführung weiterzuleiten[578].

17.524

Im Rahmen dieser Kontrolltätigkeit stehen der Handelsüberwachungsstelle die gleichen weitreichenden hoheitlichen Befugnisse zur Verfügung, wie sie der Börsenaufsichtsbehörde eingeräumt worden sind[579]. Die Bediensteten dieses Börsenorgans können deshalb von den Handelsteilnehmern Auskünfte und die Vorlage von Unterlagen verlangen. Sie dür-

17.525

---

577 Begr. des RegE des 2. FFG, BT-Drucksache 12/6679, S. 62.
578 Begr. des RegE des 2. FFG, BT-Drucksache 12/6679, S. 36.
579 Begr. des RegE des 2. FFG, BT-Drucksache 12/6679, S. 61.

fen auch Prüfungen vornehmen und hierzu die Grundstücke und Geschäftsräume der Handelsteilnehmer während der üblichen Arbeitszeit betreten. Die Handelsüberwachungsstelle kann im übrigen von den Handelsteilnehmern die Übermittlung aller handels- und abwicklungsbezogenen Daten aus der elektronischen Datenverarbeitung verlangen[580].

17.526 Die Handelsüberwachungsstelle hat im übrigen auch bei der Überwachung der Einhaltung des Sicherheitenrahmens der Börsenmakler dieselben Ermittlungsbefugnisse wie die Börsenaufsichtsbehörde. Schon mit Rücksicht auf die häufige Eilbedürftigkeit solcher Kontrollmaßnahmen ist es unverzichtbar, daß auch die Handelsüberwachungsstelle der Börse über weitreichende hoheitliche Eingriffsbefugnisse verfügt.

17.527 Auch bei einer privatrechtlichen Organisation sollen der Börse die Informations-, Kontroll- und Durchsetzungsrechte eingeräumt werden, die denen der heutigen öffentlich-rechtlich organisierten Handelsüberwachungsstellen entsprechen[581]. Soweit diese Übertragung auf rein privatrechtlicher Basis nicht realisierbar sein sollte, müßte mit der Rechtsfigur des beliehenen Unternehmens gearbeitet werden[582].

aa) Grenzen der Beleihung mit hoheitlichen Befugnissen

17.528 Einvernehmen besteht, daß auch Privatrechtssubjekte grundsätzlich mit hoheitlichen Befugnissen beliehen werden können, wenn diese Eingriffsbefugnisse für die effiziente Wahrnehmung der ihnen übertragenen öffentlichen Aufgaben benötigt werden. Hierbei handelt es sich indessen stets um **eng begrenzte Eingriffsbefugnisse**[583]. Denn solche Eingriffsbefugnisse ermöglichen nicht nur weitgehende Eingriffe in die Freiheits- und Vermögenssphäre der hiervon Betroffenen. Im Unterschied zu einem Privatrechtssubjekt kann der Verwaltungsträger überdies seine Anordnungen ohne Inanspruchnahme der Gerichte unter Anwendung des Verwaltungszwanges selbst durchsetzen[584].

17.529 Es erscheint nach alledem zumindest offen, ob die für die Funktionsfähigkeit der Börse benötigten hoheitlichen Befugnisse durch Beleihung auf Privatpersonen übertragen werden können[585]. Dabei müßte auch ange-

---

580 Vgl. § 12 Abs. 4, S. 2 Börsenordnung der Frankfurter Wertpapierbörse abgedruckt in *Kümpel/Ott*, Kapitalmarktrecht, Kz 438.
581 Börsenreform-Gutachten, S. 446.
582 Börsenreform-Gutachten, S. 447.
583 *Wolff/Bachof*, Verwaltungsrecht II, 5. Aufl., 1987, § 104 Rn 2; Börsenreform-Gutachten, S. 414.
584 *Maurer*, Allgemeines Verwaltungsrecht, 12. Aufl., 1999, § 20 Rn 2.
585 Vgl. weiter *Kümpel* in Kümpel/Ott, Kapitalmarktrecht, Kz 060, S. 106 ff.

messen berücksichtigt werden, daß die Börsengeschäftsführung als Leitungsorgan der Börse die Ordnung in den Börsenräumen aufrecht zu erhalten und die ordnungsgemäße Benutzung der Börseneinrichtungen sowie den reibungslosen Ablauf des Börsenhandels sicherzustellen hat[586]. Diese Leitungsfunktion dürfte rechtlich unproblematischer mit hoheitlichen Befugnissen wahrgenommen werden können. Dies umso mehr, als das Eingreifen der Geschäftsführung häufig auch eilbedürftig ist, um die ordnungsgemäße Durchführung des Börsenhandels und die Abwicklung der abgeschlossenen Wertpapiergeschäfte zu gewährleisten. Hinzu kommt, daß die inhaltliche Ausgestaltung der in Ausübung dieser Hoheitsbefugnisse getroffenen Anordnungen vielfach in das **pflichtgemäße Ermessen der zuständigen Börsenorgane** gestellt ist, das im Rahmen der eigenverantwortlichen Selbstverwaltung der Börse ausgeübt werden kann.

Nach Art. 33 Abs. 4 GG ist die Ausübung solcher hoheitlicher Befugnisse als ständige Aufgabe regelmäßig Angehörigen des öffentlichen Dienstes zu übertragen[587]. Die **Kompetenzen der mit Hoheitsbefugnissen beliehenen Privatpersonen** sind deshalb stets auf bestimmte einzelne Eingriffsbefugnisse beschränkt. Dies veranschaulichen auch die vom Schrifttum häufig angeführten Beispiele. Als solche beliehenen Personen werden vor allem die Schiffs- und Flugzeugkapitäne sowie die Jagd- und Fischereiaufseher erwähnt[588]. Die hoheitlichen Befugnisse dieses Personenkreises lassen sich aber mit den weitreichenden hoheitlichen Befugnissen der Börsenorgane insbesondere der Handelsüberwachungsstelle nicht vergleichen. So ist es auch nach *Schwark* ausgeschlossen, Zulassungsstelle, Handelsüberwachungsstelle, Börsenrat und Börsengeschäftsführung als Privatpersonen zu betrachten, die als Beliehene öffentlich-rechtliche Funktionen erfüllen. Die auf Bezirksschornsteinfegermeister und technische Überwachungsvereine passende Figur würde damit überstrapaziert[589].

17.530

bb) Problematische Integration einer mit weitreichenden Befugnissen ausgestatteten Handelsüberwachungsstelle in privatrechtlich organisierten Börsen

Die Handelsüberwachungsstelle einer privatrechtlich organisierten Börse soll nach den Reformvorschlägen über dieselben Informations-, Kontroll- und Durchsetzungsrechte verfügen, wie sie dieser Aufsichtsinstanz als

17.531

---
586 Begr. des RegE des 2. FFG, BT-Drucksache 12/6679, S. 68.
587 *Wolff/Bachof*, Verwaltungsrecht II, 5. Aufl., 1987, § 104 Rn 6.
588 *Wolff/Bachof*, Verwaltungsrecht II, 5. Aufl., 1987, § 104 Rn 2.
589 WM 1997, 293, 302.

eigenverantwortliches Organ der öffentlich-rechtlich verfaßten Börse nach geltendem Recht eingeräumt worden sind[590]. Für eine privatrechtlich organisierte Börse wäre allerdings eine derartige in das privatwirtschaftliche Unternehmen „Börse" integrierte und doch zugleich von der Unternehmensleitung unabhängige Überwachungsstelle mit gesetzlichem Auftrag aus der Sicht der bisherigen Rechtspraxis in Deutschland ungewöhnlich[591].

17.532 Eine weitere Problematik dürfte sich aus einem angemessenen Schutz der Marktteilnehmer vor den Maßnahmen der in einer privatrechtlich organisierten Börse integrierten Handelsüberwachungsstelle ergeben. Dies hätte umso mehr zu gelten, wenn diese unternehmensinterne Stelle entsprechend den Empfehlungen des Börsenreform-Gutachtens mit denselben weitreichenden Informations-, Kontroll- und Durchsetzungsrechten der öffentlich-rechtlich organisierten Handelsüberwachungsstelle ausgestattet würde. Die Maßnahmen der Börsenorgane öffentlich-rechtlich organisierter Börsen sind dagegen Verwaltungshandlungen im verwaltungsrechtlichen Sinne. Die hiervon Betroffenen können deshalb zum Schutze ihrer berechtigten Interessen die vielfältigen Möglichkeiten der Verwaltungskontrolle in Anspruch nehmen, die das Verwaltungshandeln der Börsenorgane auf Rechtmäßigkeit überprüfen kann[592].

17.533 Solche **Kontrollmöglichkeiten** reichen von formlosen Rechtsbehelfen über die „Beschwerde"möglichkeit bis zur Inanspruchnahme der Verwaltungsgerichte. Auch wird bei einer öffentlich-rechtlichen Organisation der Börse ein vorläufiger Rechtsschutz durch die Möglichkeit eines formellen Widerspruchs gewährt, der regelmäßig aufschiebende Wirkung hat (§ 80 VwGO).

cc) Ausweitung der zentralen staatlichen Marktaufsicht als Problemlösung?

17.534 Sollten die für die Funktionsfähigkeit der Börse erforderlichen hoheitlichen Befugnisse nicht durch Beleihung auf eine privatrechtlich organisierte Börse übertragen werden können, so könnte der Gesetzgeber den US-amerikanischen oder japanischen Weg einer zentralen Aufsichtsbehörde wie die SEC oder das japanische Finanzministerium in Betracht ziehen[593].

---

590 Börsenreform-Gutachten, S. 446.
591 Börsenreform-Gutachten, S. 447/448. Nach *Brockhausen* ist deshalb eine öffentlichrechtliche Organisation der Börsenaufsicht notwendig, WM 1198, 1924, 1930.
592 Vgl. hierzu *Wolff/Bachof*, Verwaltungsrecht III, 4. Aufl., 1978, S. 397 ff.; *Brockhausen*, WM 1998, 1924, 1930.
593 Börsenreform-Gutachten, S. 331.

Dieses Aufsichtsmodell ist gekennzeichnet durch weitreichende Befugnisse einer Verwaltungsbehörde, das Börsenwesen durch Verordnungen, Erlasse, Rundschreiben und nicht zuletzt durch schlicht informelles Verwaltungshandeln zu regeln.

Ein solcher Einfluß der Verwaltung auf das Marktgeschehen ist jedoch auch nach dem Börsenreform-Gutachten schwer zu kontrollieren. Deshalb könnte sich am Ende der Entwicklung eine sehr große Verwaltungseinheit wie die SEC mit entsprechenden Folgekosten herausbilden[594]. 17.535

II. Nebeneinander von öffentlich-rechtlichen und privatrechtlichen Börsen

Nach dem Börsenreform-Gutachten muß die Börsenstruktur den künftigen Marktentwicklungen flexibel angepaßt werden können. Deshalb empfehle sich eine zumindest fakultative Öffnung in Richtung einer ausschließlich privatrechtlichen Börsenstruktur[595]. In allen anderen Kapitalmarktländern kämen die Börsen auch ohne hoheitliche Instrumente aus, wie sie bei einer öffentlich-rechtlichen Börsenorganisation zur Verfügung stehen[596]. Angesichts des eindeutigen rechtsvergleichenden Befundes drängt sich nach dem Börsenreform-Gutachten die Einschätzung auf, daß die deutsche öffentlich-rechtliche Struktur der Börsen im internationalen Vergleich eine nur historisch zu erklärende Besonderheit darstelle. 17.536

Zumindest sollte nach dem Börsenreform-Gutachten ein Nebeneinander von Börsen mit öffentlich-rechtlicher und privatrechtlicher Organisationsstruktur ermöglicht werden, wenn letztere Vorteile hat und den Anforderungen an ein modernes Börsenwesen zwangloser entspricht, damit sich die Wertpapierbörsen im internationalen Wettbewerb zu marktorientierten Dienstleistern entwickeln können[597]. Die ausreichende Finanzierung einer solchen Fortentwicklung erfordert freilich keine privatrechtliche Börsenstruktur. Wie insbesondere die Einführung des neuen elektronischen Handelssystems XETRA an der Frankfurter Wertpapierbörse gezeigt hat, lassen sich auch bei einer öffentlich-rechtlichen Organisationsstruktur die notwendigen Investitionen für eine international wettbewerbsfähige Börse finanzieren. Die verfügbaren Einnahmequellen 17.537

---

594 Börsenreform-Gutachten, S. 331.
595 Börsenreform-Gutachten, S. 400.
596 Börsenreform-Gutachten, S. 404; *Hopt/Baum*, WM 1997, Sonderbeil. 4, S. 12.
597 *Hopt/Baum*, WM 1997, Sonderbeil. 4, S. 12; Börsenreform-Gutachten, S. 404.

der Börse bilden heute nicht mehr allein die Börsen„gebühren", die die Emittenten und Handelsteilnehmer aufgrund des öffentlich-rechtlichen Benutzungsverhältnisses zur Börse zu zahlen haben. Zunehmend werden zwischen der Börse und ihren Benutzern eine Vielzahl privatrechtlicher Nutzungsverhältnisse abgeschlossen. Die hieraus geschuldeten Nutzungsentgelte dienen der Börse als zusätzliche Finanzierungsquelle[598].

17.538 Für die Bemessung der öffentlich-rechtlichen Gebühren gilt im übrigen nicht mehr das frühere strenge Kostendeckungsprinzip sondern das **sog. Äquivalenzprinzip.** Die Erhebung solcher Gebühren braucht sich also nicht nur am Verwaltungsaufwand und der Kostenverursachung auszurichten. Es kann vielmehr auf das Ausmaß des wirtschaftlichen Nutzens oder der Vorteile abgestellt werden, die auf Seiten des Benutzers mit der Inanspruchnahme der Börsendienstleistungen verbunden sind[599]. Auch die Begründung des Regierungsentwurfes des Dritten Finanzmarktförderungsgesetzes verweist ausdrücklich auf dieses Äquivalenzprinzip bei der Begründung der Änderung des § 5 Abs. 1 BörsG. Danach sollen die Börsen künftig im Rahmen der Gebührenordnung die Möglichkeit haben, die Emittenten laufend an den im Zusammenhang mit der Notierung ihrer Wertpapiere entstandenen Kosten zu beteiligen[600].

17.539 Ein solches Nebeneinander von Börsen mit öffentlich-rechtlicher und privatrechtlicher Organisationsstruktur ist auch nach dem Börsenreform-Gutachten im Ergebnis unproblematisch. Hiernach erscheint für das deutsche Börsenwesen ohnehin ein radikaler Neuanfang weder regulatorisch noch normativ angezeigt[601]. Die Untersuchungen haben vielmehr gezeigt, daß ökonomisch noch vieles ungeklärt bzw. im Fluß ist und deswegen bei der Regulierung Vorsicht am Platz ist. Dies umso mehr, als sich für die Organisation von Börse, Handel und Preisfeststellung kein einheitliches Modell durchgesetzt habe. Wie auch die Konferenz der Börsenfachminister der Bundesländer am 13. 3. 1996 bestätigt hat, ist für den Gesetzgeber nicht erkennbar, welches die optimale Lösung für eine Ordnung der Börse mit all ihren institutionellen Facetten ist[602].

17.540 Auch normativ sei nach dem Börsenreform-Gutachten eher eine Weiterentwicklung des bestehenden Regelwerks angemessen[603]. Dafür gäbe es vor allem zwei Gründe. In der Theorie von Institutionen und ihrer Regelung werde zu Recht hervorgehoben, daß soziale Institutionen in einem

---
598 Zu Einzelheiten *Kümpel* in Kümpel/Ott, Handbuch des Kapitalmarktrechts, Kz 060, S. 49 ff., S. 110 ff.
599 *Kümpel*, ebd. S. 49, 50.
600 Begr. des RegE des 3. FFG, BT-Drucksache 13/8933, S. 71.
601 Börsenreform-Gutachten, S. 370; vgl. weiter *Segna*, ZBB 1999, 144, 152.
602 Börsenreform-Gutachten, S. 360.
603 Börsenreform-Gutachten, S. 370.

geschichtlichen Zusammenhang stehen, der nationale Besonderheiten bedingt und den die staatliche Regulierung nicht ungestraft mißachten darf. Das deutsche Börsengesetz stehe in einer 100jährigen deutschen Regelungstradition und in vielfältigen Zusammenhängen mit anderen Verbands- und Marktgesetzen, ganz abgesehen davon, daß wesentliche Teile europarechtlich vorgegeben sind. Der zweite Grund hänge eng damit zusammen: Rechtliche Regeln sollen steuern. Der Normsetzer müsse deshalb den Grad der Akzeptanz durch die Betroffenen mitbedenken[604].

1. Börsen-Freiverkehr als privatrechtlich organisierter Wertpapiermarkt

Mit einem solchen Nebeneinander von öffentlich-rechtlich strukturiertem Börsenhandel und privatrechtlich organisiertem Wertpapierhandel würde der Gesetzgeber kein juristisches Neuland betreten. Seit langem wird an den deutschen Wertpapierbörsen ein Wertpapiermarkt in Gestalt des Freiverkehrs praktiziert, der im Unterschied zum Amtlichen und Geregelten Markt nicht in die öffentlich-rechtliche Selbstverwaltung der Börse integriert worden ist. Der Handel in den Freiverkehrswerten ist vielmehr privatrechtlich organisiert und vollzieht sich deshalb nur faktisch an den Wertpapierbörsen. Die unmittelbare Nachbarschaft dieses Marktsegmentes zum öffentlich-rechtlich strukturierten Börsenhandel gebietet allerdings ein Mindestmaß an regulatorischen Vorkehrungen, um in diesem Freiverkehr weitestmöglich Mißstände zu verhindern, die sich negativ auf das Standing der Börse als Institution auswirken könnten und damit auch die Funktionsfähigkeit des Amtlichen und Geregelten Marktes gefährden würden[605].

17.541

Dieses von den Wertpapierbörsen zunächst nur tolerierte Marktsegment ist durch die Börsengesetznovelle 1986 legalisiert worden[606]. Dabei sind auch die in dem früheren § 43 BörsG enthaltenen Verbote der Benutzung der Börseneinrichtungen und der Vermittlung von Geschäften durch Börsenmakler entfallen.

17.542

§ 78 BörsG gestattet nunmehr den Wertpapierbörsen ausdrücklich, einen privatrechtlich organisierten Freiverkehr unter der Voraussetzung zu tolerieren, daß „durch Handelsrichtlinien eine ordnungsgemäße Durchführung des Handels und der Geschäftsabwicklung gewährleistet erscheint". Im übrigen müssen die Preise des Freiverkehrs hinsichtlich ihres Zustandekommens den Anforderungen entsprechen, wie sie §§ 11 Abs. 2, 72 Abs. 2 BörsG auch an die Preise des Amtlichen und Geregelten Marktes

17.543

---
604 Börsenreform-Gutachten, S. 371.
605 Begr. des RegE des 2. FFG, BT-Drucksache 12/6679, S. 76.
606 Begr. des RegE des 2. FFG, BT-Drucksache 10/4286, S. 18.

stellt (§ 78 Abs. 2 S. 3 BörsG). Eine **faire Preisbildung** ist nach den Gesetzesmaterialien zum Zweiten Finanzmarktförderungsgesetz ein Gütesiegel für einen funktionsfähigen Finanzplatz. Sie muß deshalb im Interesse der Anleger und der Handelsteilnehmer auch im Freiverkehr gewährleistet sein[607].

17.544 Die **rechtlichen Rahmenbedingungen des Freiverkehrs** an der Börse sind also ungeachtet seiner privatrechtlichen Organisation stark an die eng angrenzenden öffentlich-rechtlich strukturierten Börsenmärkte ausgerichtet. Vor dem Hintergrund des geltenden Rechts stellt sich damit die Frage, inwieweit auf diese regulatorische Ausrichtung des Freiverkehrs verzichtet werden könnte, wenn infolge einer ausreichenden räumlichen Trennung die Gefahr der Verwechslung eines privatrechtlich organisierten Wertpapiermarktes mit den Börsenmärkten im rechtlichen Sinne ausgeschlossen erscheint.

17.545 Hierbei dürfte es sich nicht nur wegen der Kontinuität der Rechtsfortbildung empfehlen, sich zunächst die regulatorischen Kriterien des heutigen Freiverkehrs zu vergegenwärtigen. Sodann ist jeweils zu prüfen, inwieweit auf diese Kriterien verzichtet werden kann. Denn auch nach dem Börsenreform-Gutachten[608] müssen **Mindeststandards hinsichtlich der Organisation des Marktveranstalters („Börsendienstleister"), die Preisfeststellung** und die **Handelsdurchführung** gesetzlich festgeschrieben werden. Sie seien insbesondere für das Vertrauen der Marktteilnehmer in die Solidität der Börsenmärkte und des Finanzsystems unverzichtbar. Im übrigen bestünde bei den Privatanlegern, die sich weniger schützen können als institutionelle Anleger (Investmentfonds, Pensionsfonds etc) ein zusätzlicher regulatorisch zu leistender Schutzbedarf[609]. Die rechtlichen Rahmenbedingungen des Freiverkehrs können deshalb als Orientierungsmaßstab für die schon aus Gründen des Anlegerschutzes gebotene gesetzliche Mindestregelung der außerhalb der Wertpapierbörsen betriebenen börsenähnlichen Handelssysteme mit privatrechtlicher Organisationsstruktur dienen.

a) Erfordernis einer öffentlich-rechtlichen Genehmigung

17.546 Der Wertpapierhandel im Freiverkehr bedarf, obwohl er als privatrechtliches organisiertes Marktsegment nicht in die öffentlich-rechtliche Selbstverwaltung der Börse integriert ist, einer Genehmigung der Wertpapierbörse als verantwortlicher Veranstalter des Börsenhandels.

---

607 Begr. des RegE des 2. FFG, BT-Drucksache 12/6679, S. 76.
608 Börsenreform-Gutachten, S. 363, 375.
609 Börsenreform-Gutachten, S. 375.

5. Abschnitt: Reform des Börsengesetzes

Hierzu bestimmt z.B. § 66 FWB-BörsO in Anlehnung an § 78 BörsG, daß „in weder zum amtlichen noch zum geregelten Markt zugelassenen Wertpapieren während der Börsenzeit im Börsensaal ein Ausruf sowie eine Preisermittlung durch einen oder mehrere Makler erfolgen kann, wenn ein ordnungsgemäßer Handel an der Börse gewährleistet ist." 17.547

Diese Genehmigung des Freiverkehrs ist öffentlich-rechtlicher Natur. Sie beruht auf einer Bestimmung der Börsenordnung als öffentlich-rechtlicher Satzung (§ 4 Abs. 1 S. 1 BörsG). Auf dieses **Genehmigungserfordernis** dürfte künftig auch in den Fällen nicht verzichtet werden können, in denen börsenähnliche Marktveranstaltungen außerhalb der Wertpapierbörse auf privatrechtlicher Grundlage stattfinden sollen. Der heutige Genehmigungsvorbehalt zugunsten der Börse erklärt sich vor allem damit, daß sich ein nicht ordnungsgemäß durchgeführter Freiverkehr negativ auf das Standing der Wertpapierbörse auswirken könnte, weil die nicht genügend informierte Öffentlichkeit Mißstände in diesem Marktsegment der Börse anlasten würde[610]. Dieses Risiko dürfte zwar bei einem privatrechtlich organisierten Wertpapierhandel entfallen, der in ausreichender räumlicher Entfernung von der Börse stattfindet. Eine öffentlich-rechtliche Genehmigung dürfte aber aus Gründen des Anlegerschutzes geboten sein. 17.548

aa) Zuständigkeit des Bundesaufsichtsamtes für das Kreditwesen

Mit Rücksicht auf die derzeitigen staatlichen Aufsichtsstrukturen dürfte für die Erteilung einer solchen Genehmigung vor allem das Bundesaufsichtsamt für das Kreditwesen (BAKred) in Betracht kommen. Das BAKred ist nach der Aufgabenverteilung zwischen ihm und dem Bundesaufsichtsamt für den Wertpapierhandel (BAWe) für die Zulassung von Wertpapierdienstleistungsunternehmen zuständig[611]. Die Veranstaltungen außerbörslicher Märkte für den Wertpapierhandel dürften Wertpapierdienstleistungen in Form des Nachweises von Geschäften über die Anschaffung und die Veräußerung von Wertpapieren im Sinne des § 2 Abs. 3 Nr. 4 WpHG darstellen. Mit dieser „Nachweis"tätigkeit ist die Tätigkeit des Nachweismaklers im Sinne des § 1 Abs. 1a S. 2 Nr. 1 KWG gemeint, wie er auch von § 34c GewO erfaßt wird[612]. 17.549

Der **Nachweismakler**, der nur die Gelegenheit zum Abschluß eines Geschäftes über Gegenstände des Handelsverkehrs nachweist, ist Zivilmak- 17.550

---

610 Begr. des RegE des 2. FFG, BT-Drucksache 12/6679, S. 76.
611 Begr. des RegE des „Gesetzes zur Umsetzung von EG-Richtlinien zur Harmonisierung bank- und wertpapieraufsichtsrechtlicher Vorschriften" (Richtlinienumsetzungsgesetz) – BT-Drucksache 13/7142, S. 60.
612 Begr. des RegE des Richtlinienumsetzungsgesetzes, BT-Drucksache 13/7142, S. 65.

ler im Sinne des § 652 BGB[613]. Eine solche „Nachweis"tätigkeit würden auch die Veranstalter außerbörslicher Wertpapiermärkte leisten. Damit stünde nicht im Widerspruch, daß den meisten Teilnehmern an diesem marktmäßigen Wertpapierhandel dessen Existenz bekannt wäre. Denn selbst die Kenntnis von der Möglichkeit eines Vertragsabschlusses schließt eine vergütungspflichtige Nachweistätigkeit im Sinne des § 652 BGB nicht aus[614]. Entscheidend ist vielmehr, ob die entfaltete Tätigkeit für den Geschäftsabschluß wesentlich gewesen ist[615].

17.551 Die Leistung eines Nachweismaklers im Sinne des § 652 BGB dürfte schon in der Veranstaltung eines außerbörslichen marktmäßigen Wertpapierhandels zu erblicken sein. Denn auch eine solche Marktveranstaltung erfordert eine Vielzahl entsprechender Vorkehrungen. Zumindest liegt in der „Zulassung" zu diesem Wertpapierhandel durch den Marktveranstalter eine „Leistung", die für die Geschäftsabschlüsse in diesem Markt unerläßlich ist.

bb) Regelungen der Verhaltenspflichten des Marktveranstalters im Wertpapierhandelsgesetz

17.552 Erscheint es im Interesse der Attraktivität des inländischen Finanzplatzes und des Anlegerschutzes ratsam, den Veranstaltern außerbörslicher Wertpapiermärkte bestimmte Verhaltens- und Organisationspflichten sowie Aufzeichnungs- und Aufbewahrungspflichten aufzuerlegen, so könnte dies im 5. Abschnitt des Wertpapierhandelsgesetzes geschehen. Damit wäre zugleich aus kodifikatorischer Sicht die erwünschte Rechtsklarheit gegeben. Für die Börsenmärkte im Sinne eines neu zu definierenden Börsenbegriffes würde das Börsengesetz mit seiner öffentlich-rechtlichen Organisationsstruktur für den Börsenhandel gelten. Die daneben zulässigen privatrechtlichen Wertpapiermärkte wären dagegen den Bestimmungen des Wertpapierhandelsgesetzes unterworfen.

---

613 Münchener Komm. zum HGB/*von Hoyningen-Huene*, § 93 Rn 27; Großkomm. HGB/*Brüggemann*, Vor § 93 Rn 13.
614 BGH WM 1970, 856; NJW-RR 1990, 1269; 1996, 114, 115; *Palandt/Sprau*, § 652 Rn 11; Münchener Komm. zum BGB/*Roth*, § 652 Rn 94; *Staudinger/Reuter*, §§ 652, 653 Rn 105.
615 BGH WM 1970, 856; LM BGB § 652 Nr. 7; BB 1996, 664; vgl. weiter BGH NJW 1983, 1849; Münchener Komm. zum BGB, § 652 Rn 94; *Staudinger/Reuter*, §§ 652, 653 Rn 105; *Palandt/Sprau*, § 652 Rn 11.

b) „Handelsrichtlinien" als Genehmigungsvoraussetzung

Der Freiverkehr darf nach geltendem Recht an den Wertpapierbörsen nur zugelassen werden, wenn eine ordnungsgemäße Durchführung des Handels und der Geschäftsabwicklung durch „Handelsrichtlinien" gewährleistet erscheint (§ 78 Abs. 1 BörsG). Damit drängt sich die Frage auf, ob und inwieweit sich solche Handelsrichtlinien auch für einen privatrechtlich organisierten Wertpapiermarkt außerhalb der Börsensphäre empfehlen. Hierbei können die Handelsrichtlinien des Freiverkehrs an der Frankfurter Wertpapierbörse (HR-FWB) wiederum als Orientierungsmaßstab dienen[616]. 17.553

Diese Handelsrichtlinien sind nach § 66 FWB-BörsO von der Deutsche Börse AG zu erlassen, die die Rolle des „Veranstalters" des Freiverkehrs wahrnimmt. 17.554

Dagegen wird der Amtliche und Geregelte Markt von der Frankfurter Wertpapierbörse als hierzu errichtete Anstalt des öffentlichen Rechts veranstaltet, deren Träger die Deutsche Börse AG ist. Bei den marktbezogenen Aufgaben der Deutsche Börse AG ist also zwischen der Trägerschaft bei den öffentlich-rechtlich strukturierten Marktsegmenten als den beiden Börsenmärkten im engeren Wortsinne und der „Veranstalter"funktion bei dem privatrechtlich organisierten Freiverkehr zu unterscheiden. 17.555

Diese **Veranstalterfunktion der Deutsche Börse AG,** die in § 1 der Handelsrichtlinien mißverständlich als Trägerschaft bezeichnet wird, erfordert verschiedenartige Entscheidungen und Maßnahmen. Die Deutsche Börse AG bildet deshalb einen Freiverkehrsbeirat, der sie in allen Angelegenheiten im Zusammenhang mit dem Freiverkehr unterstützt und berät (§ 2 HR-FWB). 17.556

Die Deutsche Börse AG als Marktveranstalter hat insbesondere über die Einbeziehung von Wertpapieren in den Freiverkehr zu entscheiden (§ 1 HR-FWB). Desweiteren hat der Marktveranstalter die für Ausruf und Preisfeststellung zuständigen Maklerfirmen im Einvernehmen mit der Börsengeschäftsführung zu bestimmen und diese Skontroführung erforderlichenfalls zu widerrufen (§ 9, 12 HR-FWB). Auch ist die börsentägliche Veröffentlichung der festgestellten Preise vom Marktveranstalter zu veranlassen (§ 14 HR-FWB). 17.557

Die Geschäftsführung der Frankfurter Wertpapierbörse kann desweiteren verlangen, daß in den Handelsrichtlinien für den Freiverkehr Bestimmungen über die Voraussetzungen für die Einbeziehung von Wertpapieren in 17.558

---

616 Abgedruckt in *Kümpel/Ott*, Kapitalmarktrecht, Kz 455.

den Freiverkehr und die ordnungsgemäße Durchführung des Handels enthalten sind. Auch müssen die Handelsrichtlinien Regelungen über die ordnungsgemäße Feststellung von Börsenpreisen und deren Veröffentlichung sowie über die Geschäftsabwicklung treffen.

17.559 Die **geltenden Handelsrichtlinien** orientieren sich in starkem Maß an den Bestimmungen des Börsengesetzes und der Börsenordnung für den Amtlichen und Geregelten Markt. Insbesondere gelten für den Handel und für die Preisfeststellung einschließlich deren Beaufsichtigung die Regelungen des amtlichen Handels sinngemäß, soweit nicht Besonderheiten zu beachten sind (§ 13 Abs. 1 HR-FWB).

aa) Einbeziehung von Wertpapieren in den Freiverkehr

17.560 Die Einbeziehung der Wertpapiere kann schriftlich von einem an der Frankfurter Wertpapierbörse uneingeschränkt zum Börsenhandel zugelassenen Unternehmen beantragt werden. Hierbei muß der Antragsteller auch eine ausreichende Sicherheit für Haftungsfälle stellen (§ 3 HR-FWB). Denn der Antragsteller hat die Voraussetzungen für einen ordnungsgemäßen Börsenhandel zu gewährleisten (§ 6 HR-FWB). Hierzu gehört insbesondere die unverzügliche Unterrichtung der Deutsche Börse AG über Umstände, die für die Bewertung des Wertpapiers oder des Emittenten von wesentlicher Bedeutung sein könnten.

17.561 Bei Wertpapieren, die an keinem anderen organisierten Markt im In- oder Ausland gehandelt werden, muß der **Antragsteller** nähere Angaben über den Emittenten **in Form eine Exposés** vorlegen, das eine zutreffende Beurteilung des Emittenten ermöglicht (§ 4 Abs. 2 HR-FWB).

17.562 Dieses **Exposé tritt an die Stelle des Börsenzulassungsprospekts** für den Amtlichen Markt und den sog. Unternehmensbericht für den Geregelten Markt. Bei diesen Informationsmedien verlangt das Börsengesetz (§§ 36 Abs. 3, 73 Abs. 2) und die Börsenzulassungs-Verordnung Angaben für die Beurteilung des Emittenten und der Wertpapiere.

17.563 Der **Antrag kann abgelehnt werden,** wenn nach Auffassung der Deutsche Börse AG die Voraussetzungen für die Bildung eines börsenmäßigen Marktes nicht gegeben sind. Auch dürfen der Einbeziehung in den Freiverkehr keine Interessen des Anlegerschutzes entgegenstehen oder hierdurch erhebliche allgemeine Interessen geschädigt werden (§ 7 HR-FWB).

17.564 Auch dem Antrag auf Zulassung zum Amtlichen oder Geregelten Markt kann nur stattgegeben werden, wenn keine Umstände bekannt sind, die bei der Zulassung der Wertpapiere zu einer Übervorteilung des Publikums oder einer Schädigung erheblicher allgemeiner Interessen führen (§§ 36 Abs. 3 Nr. 3, 73 Abs. 1 Nr. 3 BörsG).

Die Einbeziehung in den Freiverkehr kann von der Deutsche Börse AG widerrufen werden, wenn die Voraussetzungen weggefallen sind, die der Einbeziehung zugrunde lag (§ 7 Abs. 2 HR-FWB).

17.565

bb) Gewährleistung des ordnungsgemäßen Freiverkehrshandels

Der Antragsteller hat die Voraussetzungen für einen ordnungsgemäßen Handel im Freiverkehr zu gewährleisten. Hierzu gehören insbesondere die unverzügliche Unterrichtung der Deutsche Börse AG über bevorstehende Hauptversammlungen, Dividendenzahlungen, Kapitalveränderungen und sonstige Umstände, die für die Bewertung der Wertpapiere oder des Emittenten von wesentlicher Bedeutung sein können (§ 6 HR-FWB).

17.566

Für den Amtlichen Markt bestimmt § 44 Abs. 1 Nr. 3 BörsG, daß das Publikum und die Zulassungsstelle über den Emittenten und die zugelassenen Wertpapiere angemessen zu unterrichten ist. Im übrigen verpflichtet § 15 WpHG zu einer weitgehenden Ad-hoc-Publizität, die für die Freiverkehrswerte nicht gilt.

17.567

Der Antragsteller hat im übrigen eine inländische Zahl- und Hinterlegungsstelle zu benennen, die sowohl über ein Konto bei der Landeszentralbank verfügt als auch über ein Depot bei der Deutsche Börse Clearing AG als Träger des Effektengiroverkehrs, mit dessen Hilfe die am Kapitalmarkt getätigten Wertpapiergeschäfte abgewickelt werden (§ 6 HR-FWB). Eine vergleichbare Regelung enthält für den Amtlichen Markt § 44 Abs. 1 Nr. 2 BörsG, der auch für den Geregelten Markt gilt (§ 76 BörsG).

17.568

Schließlich muß eine ordnungsgemäße Abwicklung der im Freiverkehr abgeschlossenen Wertpapiergeschäfte über die **EDV-mäßige Börsengeschäftsabwicklung (BOEGA)** gewährleistet werden (§ 6 HR-FWB). Nach § 37 FWB-BörsO sind alle dem skontroführenden Makler erteilten Aufträge sowie die abgeschlossenen Börsengeschäfte unverzüglich in die BOEGA einzugeben.

17.569

cc) Preisfeststellung

Auch die Feststellung der Preise im Freiverkehr hat eine detaillierte Regelung erfahren, die sich wiederum weitestmöglich am Amtlichen Markt orientiert hat. Dies ist nur konsequent. Denn die im Freiverkehr ermittelten Preise sind Börsenpreise im Sinne des § 11 BörsG und müssen deshalb dem gesetzlichen Anforderungsprofil entsprechen.

17.570

§ 66 Abs. 3 S. 3 FWB-BörsO bestimmt deshalb ausdrücklich, daß für die Preisfeststellung im Freiverkehr die für den Amtlichen Markt geltenden §§ 26-38, 40 sinngemäß gelten. Dies entspricht dem § 13 Abs. 1 der HR-FWB. Danach gelten für den Handel in Freiverkehrswerten und für

17.571

2115

17. Teil: Börsenrecht

die Preisfeststellung einschließlich deren Beaufsichtigung die Regelungen des amtlichen Handels sinngemäß, soweit nicht Besonderheiten zu beachten sind.

17.572 Im übrigen stellt § 66 Abs. 3 S. 2 FWB-BörsO klar, daß auch die Feststellung der Preise im Freiverkehr der Aufsicht der Börsenaufsichtsbehörde (§ 1 Abs. 2 BörsG) und der Handelsüberwachungsstelle (§ 1b BörsG) unterliegen.

17.573 Bei der Auslegung der Bestimmungen der Börsenordnung für die Preisfeststellung ist im übrigen die **„Norminterpretierende Verwaltungsvorschrift der Regeln für die Börsenpreisfeststellung im Präsenzhandel an der Frankfurter Wertpapierbörse"** vom 19. 12. 1998 zu beachten[617]. Diese Verwaltungsvorschrift enthält detaillierte Regelungen für den Ablauf der Feststellung des Börsenpreises. Dies gilt insbesondere für die Feststellung des Einheitskurses, bei dem der skontroführende Makler die einzelnen Wertpapiere zwecks Abgabe von Geboten aufruft. Dieses sog. Auktionsverfahren wird auch im elektronischen Handelssystem Xetra praktiziert[618].

17.574 Auch ist in dieser Verwaltungsvorschrift das Meistausführungsprinzip des Auktionsverfahrens präzisiert. Dasselbe gilt für das Prinzip der Wahrung der Preiskontinuität. Beide Grundsätze für eine ordnungsgemäße Feststellung der Börsenpreise haben in der Börsenordnung (§§ 32 Abs. 1 Nr. 5, 34 Abs. 4 BörsO) ihren Niederschlag gefunden.

17.575 Nach §§ 43 Abs.1, 75 Abs. 3 BörsG kann die Geschäftsführung der Wertpapierbörsen im Amtlichen und Geregelten Markt die **Preisfeststellung aussetzen,** wenn ein ordnungsgemäßer Börsenhandel zeitweilig gefährdet oder wenn dies zum Schutz des Publikums geboten erscheint. Dieselbe Regelung enthält die Börsenordnung (§ 25 Abs. 1). Nach den Handelsrichtlinien (§ 13 Abs. 1) sollen für den Handel in Freiverkehrswerten die Regelungen des amtlichen Handels sinngemäß gelten.

17.576 Für den Freiverkehr gilt schließlich auch der Maßnahmekatalog für die Fälle, in denen Zweifel an der ordnungsgemäßen Feststellung von Börsenpreisen bei erheblichen Preisschwankungen bestehen (§ 38 Abs. 1 FWB-BörsO). In diesen Fällen können die Börsenaufsichtsbehörde und die Handelsüberwachungsstelle eine schriftliche Erklärung des skontroführenden Maklers über bestimmte Tatsachen fordern. Beide Aufsichtsinstanzen können überdies durch Einsicht in die Tage- und Handbücher der Makler, in das EDV-System oder in anderer Weise den Sachverhalt ermitteln.

---

617 Abgedruckt in *Kümpel/Ott,* Kapitalmarktrecht, Kz 443.
618 § 42a Abs. 1 der BörsO-FWB; vgl. weiter *Beck,* WM 1998, 417, 427.

Schließlich ist durch § 38 Abs. 2 FWB-BörsO vorgeschrieben, daß bei erheblichen Preisschwankungen die Preisfeststellung unter Hinzuziehung der Handelsüberwachungsstelle und mit deren Zustimmung vorzunehmen ist. 17.577

c) Haftung der Deutsche Börse AG

Die Deutsche Börse AG hat als Veranstalter des Handels in Freiverkehrswerten wesentliche Funktionen wahrzunehmen. Wird sie dieser Verantwortung nicht gerecht, so kann dies zu Schäden der Handelsteilnehmer und der Anleger führen. Deshalb schließen die Handelsrichtlinien (§ 16) ausdrücklich eine Haftung gegenüber Dritten für Schäden aus, die aus der Einbeziehung von Wertpapieren oder der Beauftragung von Maklern zur Skontroführung entstehen. Dieser Haftungsausschluss gilt jedoch nicht bei einer grob fahrlässigen oder vorsätzlichen Schädigung. Dagegen haftet das zuständige Land für Schäden schon aus einer leicht fahrlässigen Amtspflichtverletzung der Organe der Börsen (Art. 34 GG i.V.m. § 839 BGB). 17.578

2. Problem der Marktzersplitterung

Der **Schutz der Anleger,** insbesondere vor nicht marktgerechten Preisen, könnte es gebieten, zumindest in den für das Anlegerpublikum besonders attraktiven Wertpapieren einen börsenmäßigen Markt mit entsprechender Preisqualität zu schaffen. Soweit in diesen Fällen auch privatrechtlich organisierte Wertpapiermärkte eröffnet werden, kommt es zwangsläufig zu einer Zersplitterung der Marktliquidität. Dies ist grundsätzlich unerwünscht. Denn je höher die Liquidität, um so eher entspricht der Preis der tatsächlichen Marktlage im Sinne einer korrekten Wiedergabe der Angebots- und Nachfragesituation[619]. 17.579

Kriterien dieser erwünschten Marktliquidität sind neben der „Breite" und „Tiefe" des Marktes der Grundsatz der „Sofortigkeit" im Sinne einer schnellen Auftragsausführung ohne große Preisschwankungen[620]. Die Marktbreite und -tiefe sind erst dann gegeben, wenn nah am Gleichgewichtspreis zwischen Angebot und Nachfrage eine signifikante Zahl weiterer Aufträge zur Ausführung anstehen und auch größere Aufträge zu marktgerechten Preisen ausgeführt werden können. 17.580

Eine solche erwünschte Liquidität des Marktes wird aber aus heutiger Sicht am ehesten durch einen nationalen Kassamarkt in einem zentralen 17.581

---

619 *Beck,* WM 1998, 419.
620 *Picot/Bortenlänger/Röhrl,* Börsen im Wandel, 1996, S. 25 ff.

Orderbuch und einem dezentralen Marktzugang (remote membership) erreicht. Dies ist auch das erklärte Ziel des elektronischen Handelssystems Xetra der Frankfurter Wertpapierbörse, mit dem in- und ausländische Anleger zu einer Marktteilnahme bewegt werden sollen[621].

17.582   Aus dieser grundsätzlichen Sicht erscheint es zumindest problematisch, wenn für die vor allem von den privaten Anlegern bevorzugten Wertpapiere der Publikumsgesellschaften nicht nur Börsen im engeren Wortsinne betrieben werden, sondern auch ein privatrechtlich organisierter Markt etabliert wird. Diese Problematik läßt sich auch nicht dadurch zufriedenstellend lösen, daß den schutzbedürftigen Privatanlegern ein börsenmäßig organisierter Markt mit staatlich geregelten und überwachten Preisfeststellungen vorenthalten wird.

III. Börsenpreis als Abgrenzungsmerkmal zu den börsenähnlichen Märkten

17.583   Aus heutiger Sicht kommt dem **ordnungsgemäßen Zustandekommen der festgestellten Preise** im Börsenhandel eine **überragende Bedeutung** zu. Deshalb müssen auch die Preise des Freiverkehrs an der Börse, obwohl er als privatrechtlich organisiertes Marktsegment aus rechtlicher Sicht kein Teil der öffentlich-rechtlich strukturierten Wertpapierbörse ist, dem gesetzlichen Anforderungsprofil des Börsenpreises entsprechen, wie er in dem öffentlich-rechtlich organisierten Amtlichen und Geregelten Markt festgestellt wird. Nach den Gesetzesmaterialien zum zweiten Finanzmarktförderungsgesetz muß eine ordnungsgemäße Preisfeststellung im Interesse der Anleger und der Handelsteilnehmer auch im Freiverkehr gewährleistet sein. Denn „eine faire Preisbildung ist ein Gütesiegel für einen funktionsfähigen Finanzmarkt"[622]. Diese Begründung stellt also nicht auf die Börsenmärkte als tragende Säulen des Kapitalmarktes ab, sondern auf den umfassenderen, auch die außerbörslichen Wertpapiermärkte miteinbeziehenden Finanzmarkt. Nach dieser Wertung kommt es also nicht entscheidend darauf an, ob der betreffende Markt öffentlich-rechtlich oder privatrechtlich organisiert ist. Hierfür spricht auch, daß die Gesetzesmaterialien ausdrücklich darauf hinweisen, daß „staatlich nicht geregelte Preise nicht hinreichend transparent sind"[623].

---

621 *Braue/Hille*, Die Bank 1997, 140, 141.
622 Begr. des RegE des 2. FFG, BT-Drucksache 12/6679, S. 76.
623 Begr. des RegE des 2. FFG, BT-Drucksache 12/6679, S. 70.

Dieser hohe Stellenwert einer ordnungsgemäßen Preisfeststellung für die Kapitalmarktgesetzgebung wird auch im Börsenreform-Gutachten betont. Danach sind im Interesse des Vertrauens der Marktteilnehmer in die Solidität der (Börsen-)Märkte und des Finanzsystems Mindeststandards nicht nur für die Organisation der Marktveranstaltung und der Handelsdurchführung, sondern auch der Feststellung der Preise gesetzlich vorzuschreiben. Überdies besteht auch nach dem Börsenreform-Gutachten für die schutzwürdigen Privatanleger ein „zusätzlicher regulatorisch zu leistender Schutzbedarf"[624].

17.584

Aus der Sicht der Wertungsentscheidung des Gesetzgebers erscheint es deshalb de lege ferenda geboten, den transparenten, staatlich geregelten und überwachten Börsenpreis als wesentliches Kriterium des Börsenbegriffs zu bestimmen.

17.585

1. Fehlen sonstiger Abgrenzungskriterien

Der Börsenhandel und der Wertpapierhandel in dem sog. Proprietary Trading System (PTS) stimmen in ihrer Grundstruktur weitgehend überein. Dies kann nicht überraschen, weil es sich in beiden Fällen um Marktveranstaltungen handelt. Hierzu bedarf es eines Veranstalters, der die erforderlichen Vorkehrungen für ein marktmäßiges Handelsgeschehen zu treffen hat, die bei den Direktgeschäften des außerbörslichen Interbankenhandels ohne Vermittlungspersonen entbehrlich sind.

17.586

Wesentliches Merkmal jeder Marktveranstaltung und damit der Wertpapierbörsen wie auch der PTS ist, daß sie den Abschluß von Wertpapiergeschäften zwischen den Marktteilnehmern zu ermöglichen haben. Hierzu erbringt der Marktveranstalter die erforderlichen „Dienstleistungen". In diesem Zusammenhang kann es dahingestellt bleiben, unter welche Vertragstypen des BGB oder HGB diese Veranstaltertätigkeit letztlich subsumiert werden kann. Aus der Sicht der Tätigkeit des Marktveranstalters erscheint es deshalb durchaus gerechtfertigt, die **PTS als „börsenähnliche" Märkte** zu bezeichnen.

17.587

Bei der Entwicklung eines Börsenbegriffs ist weiter zu berücksichtigen, daß durch solche Marktveranstaltungen eine „Zentralisierung der Geschäftsabschlüsse" bewirkt wird, wobei es unerheblich ist, ob die Veranstaltung eine Wertpapierbörse oder eine PTS ist. Dieses Kriterium ist zwar nach dem ganz überwiegenden Schrifttum ein typisches Merkmal für den Börsenhandel. Es gilt aber grundsätzlich auch für die PTS.

17.588

---

624 Börsenreform-Gutachten, S. 363, 375.

17.589 Dagegen könnte ein staatlich geregelter und staatlich überwachter Börsenpreis ein deutliches und praktikables Merkmal bilden, daß die Börsenmärkte im engeren Wortsinne von den PTS abgrenzt[625].

2. Namensschutz für die Bezeichnung „Wertpapierbörsen"

17.590 De lege ferenda könnte es sich deshalb empfehlen, die Bezeichnung als Börse auf solche Marktveranstaltungen zu beschränken, die eine transparente, staatlich geregelte und überwachte Preisfeststellung im Sinne des § 11 BörsG praktizieren.

17.591 Zugleich könnte auch ein Namensschutz vorgesehen werden, wie dieser für die Kapitalanlagegesellschaften im Sinne des Gesetzes über die Kapitalanlagegesellschaften (§ 7 KAGG) geschaffen worden ist. Sodann wäre es auch für den nicht-professionellen Anleger erkennbar, ob eine börsenmäßige Marktveranstaltung mit entsprechender Preisqualität gegeben ist. Die staatlich geregelte und überwachte Preisbildung ist ein wesentliches Kalkül für die Anlageentscheidung.

---

625 Zum Begriff der PTS vgl. *von Rosen*, ZGesKredW 1994, 1213 ff.; *Schwark*, WM 1997, 293, 299.

18. Teil:
Staatliche Marktaufsicht

1. Abschnitt
Grundsätzliches

Zu den wesentlichen **Regelungszielen des Zweiten Finanzmarktförderungsgesetzes** gehört die Einführung einer umfassenden staatlichen Marktaufsicht an den Wertpapierbörsen und für den außerbörslichen Wertpapierhandel.

18.1

Die staatliche Marktaufsicht beschränkt sich nicht nur auf die Wertpapiergeschäfte, die die Kreditinstitute und Börsenmakler als unmittelbare Marktteilnehmer an den Börsen oder außerbörslich tätigen. Einbezogen werden auch die **Geschäftsbeziehungen der Kreditinstitute** zu den Bankkunden im Rahmen des Effektengeschäfts. Die Anleger können sich regelmäßig nur über Kreditinstitute als Marktintermediäre Zugang zum Kapitalmarkt verschaffen. Sie sind daher in besonderem Maße auf eine interessewahrende Ausführung ihrer Effektenaufträge im Kapitalmarkt angewiesen. Auch diese Interessewahrung soll die staatliche Marktaufsicht im Interesse der **Funktionsfähigkeit des Kapitalmarktes** überwachen.

18.2

Die internationale Wettbewerbsfähigkeit eines Kapitalmarktes erfordert eine effiziente, ausländischen Standards genügende Marktaufsicht[1]. Angesichts der zunehmenden Öffnung der Kapitalmärkte können die nationalen Märkte nicht mehr isoliert betrachtet werden. Die weitgehende Liberalisierung des Kapitalverkehrs, die hohe Mobilität der Kapitalanleger und nicht zuletzt die modernen Kommunikationstechniken lassen die Finanzplätze immer enger zusammenrücken. Die bisherige Börsenaufsicht der Bundesländer wurde den inzwischen erreichten internationalen Standards nicht mehr gerecht[2].

18.3

---

1 Vgl. Verlautbarung des Bundesministers der Finanzen vom 16. 1. 1992, abgedruckt in WM 1992, S. 420 ff.; *Kümpel*, WM 1994, 229.
2 Begr. des RegE des 2. FFG, BT-Drucksache 12/6679, S. 33, 34.

I. Bisheriges Aufsichtsrecht

18.4 Die staatliche Überwachungstätigkeit beschränkte sich bislang im wesentlichen auf die Aufsicht über die **Selbstverwaltung der Börse**[3]. Die Börsenaufsichtsbehörden der Bundesländer hatten darauf zu achten, daß sich das Handeln der Organe der Börsen, insbesondere des Börsenvorstandes im Rahmen der Gesetze, der sie ergänzenden Verordnungen und behördlichen Anordnungen sowie der Bestimmungen der Börsenordnung bewegten. Diese staatliche Kontrolle beinhaltete fast nur eine **Rechtsaufsicht**, die lediglich die Rechtmäßigkeit des Verwaltungshandelns aber nicht auch die Zweckmäßigkeit des Handelns im Sinne der Fachaufsicht zu überwachen hat[4]. Ansätze einer Marktaufsicht wurden mit der Börsengesetznovelle 1989 geschaffen, mit der eine staatliche Aufsicht über die börslichen und außerbörslichen Wertpapiergeschäfte der Kurs- und Freimakler eingeführt worden ist (§ 8a Abs. 1 BörsG)[5].

18.5 Im Rahmen dieser **eingeschränkten Rechtsaufsicht** konnte die Börsenaufsicht Auskünfte verlangen und Prüfungen vornehmen, um Rechtsverstöße feststellen zu können. Auch konnte von den Börsenorganen die Vornahme bestimmter öffentlich-rechtlicher oder privatrechtlicher Maßnahmen verlangt werden, zu denen die Börse rechtlich verpflichtet ist. Die Börsenaufsichtsbehörde konnte schließlich Maßnahmen und Entscheidungen der Börsenorgane aufheben und Ersatzmaßnahmen vornehmen[6].

18.6 Im Unterschied zu dieser begrenzten Rechtsaufsicht bedeutet dagegen **Marktaufsicht,** daß das Verhalten der am Markt agierenden Kreditinstitute und Börsenmakler auf Rechts- und Ordnungsmäßigkeit kontrolliert wird. Zuständig für diese Marktaufsicht waren bislang nur die Börsen im Rahmen der Selbstverwaltung. Eine solche Marktkontrolle stellt jedoch keine **staatliche** Aufsicht im engeren Wortsinne dar. Die Selbstverwaltung ist zwar Teil der öffentlichen Verwaltung, aber nur in Gestalt der sog. mittelbaren Staatsverwaltung. Von mittelbarer Staatsverwaltung spricht man, wenn Träger der öffentlichen Verwaltung ein vom Staat ausgegliederter rechtsfähiger Verwaltungsträger des öffentlichen Rechts oder des Privatrechts ist. Handelt es sich bei dieser mittelbaren Staatsverwaltung wie bei der Börsenverwaltung um Selbstverwaltungsaufgaben, so

---

3 *Schwark*, BörsG, § 1 Rn 34; *Bremer*, Grundzüge des deutschen und ausländischen Börsenrechts, 1969, S. 59; *Schönle*, Bank- und Börsenrecht, 2. Aufl., 1976, S. 452.
4 *Bremer*, Grundzüge des deutschen und ausländischen Börsenrechts, 1969, S. 59; *Schwark*, BörsG, § 1 Rn 34.
5 *Kümpel*, WM 1992, 381, 382.
6 *Schwark*, BörsG, § 1 Rn 37; *Samm*, Börsenrecht, 1978, S. 69.

ist grundsätzlich nur Rechtsaufsicht und nicht Fachaufsicht des Staates möglich.

II. Gemeinschaftsrechtliche Vorgaben für die Grundstruktur der Marktaufsicht

Bei der organisationsrechtlichen Ausgestaltung der künftigen Marktaufsicht hat der nationale Gesetzgeber die Vorgaben der Europäischen Gemeinschaft zu berücksichtigen[7]. Dies ist zum einen durch die EG-Insider-Richtlinie und die EG-Transparenz-Richtlinie geschehen, die durch das zweite Finanzmarktförderungsgesetz umgesetzt worden sind.

18.7

1. EG-Wertpapierdienstleistungsrichtlinie

Die maßgeblichen aufsichtsrechtlichen EG-Bestimmungen für die staatliche Marktaufsicht enthält die Richtlinie 93/22/EWG des Rates vom 10. 5. 1993 über Wertpapierdienstleistungen (Wertpapierdienstleistungsrichtlinie)[8]. Diese Richtlinie basiert auf demselben Konzept, wie es auch der Richtlinie 89/646/EWG des Rates vom 15. 12. 1989 zur Koordinierung der Rechts- und Verwaltungsvorschriften über die Aufnahme und Tätigkeit der Kreditinstitute (Zweite Bankrechtskoordinierungsrichtlinie) mit ihrer Harmonisierung der nationalen Aufsichtsrechte zugrunde liegt[9].

18.8

Die unter die **Wertpapierdienstleistungsrichtlinie** fallenden Unternehmen, die sich auf das Wertpapiergeschäft beschränken (nachfolgend Wertpapierhäuser), werden von der 2. Bankrechtskoordinierungsrichtlinie nicht erfaßt. Nach der Definition des „Kreditinstitutes" in der Zweiten Bankrechtskoordinierungsrichtlinie sind hierunter entsprechend dem englischen Trennbankensystem nur Unternehmen mit Sitz in einem EG-Mitgliedstaat zu verstehen, die Einlagen oder andere rückzahlbare Gelder des Publikums entgegennehmen und das Kreditgeschäft betreiben – sog. **Eurokreditinstitute** (vgl. § 53 b Abs. 1 S. 1 KWG).

18.9

Nach der neuen Strategie der EG-Kommission, auf der Basis des 1985 veröffentlichten Weißbuches zur Vollendung des Binnenmarktes, soll statt einer umfassenden **Rechtsangleichung** eine minimale Harmonisierung als Grundlage für die gegenseitige Anerkennung der jeweiligen einzelstaatlichen Gesetzesvorschriften genügen[10]. Die Rechtsangleichung er-

18.10

---

7 *Kümpel*, WM 1994, 229.
8 ABlEG Nr. L 141, S. 27.
9 ABlEG Nr. L 386, S. 1–13.
10 *Jentsch*, WM 1993, 2189, 2190.

folgt also nur in dem unbedingt erforderlichen Maße, damit die behördliche Geschäftserlaubnis und das Aufsichtssystem des Heimatstaates von allen anderen Mitgliedstaaten anerkannt werden können.

18.11 Die Vorschriften über die Zulassung zum Wertpapiergeschäft und die laufende Beaufsichtigung werden daher nur in den Grundstrukturen harmonisiert, um die Voraussetzungen für eine Beaufsichtigung der zum Wertpapiergeschäft zugelassenen Unternehmen durch das Heimatland zu schaffen. Infolge der gegenseitigen Anerkennung können diese Wertpapierhäuser im gesamten Gebiet der Gemeinschaft rechtlich unselbständige Zweigniederlassungen gründen oder ihre Dienstleistungen grenzüberschreitend erbringen. Wie für die Eurokreditinstitute gibt es also auch für europäische Wertpapierhäuser einen „Europaß".

18.12 Die Wertpapierdienstleistungsrichtlinie ist zusammen mit der Richtlinie 93/6/EWG des Rates vom 15. 3. 1999 über die angemessene Eigenkapitalausstattung von Wertpapierfirmen und Kreditinstituten (Kapitaladäquanzrichtlinie)[11] durch das Gesetz zur Umsetzung von EG-Richtlinien zur Harmonisierung bank- und wertpapieraufsichtsrechtlicher Vorschriften vom 22. 10. 1997 transformiert worden – Rn 19.46 ff. Bei der Kapitaladäquanzrichtlinie handelt es sich um das gemeinschaftliche Pendant zu der EG-Eigenmittelrichtlinie und der EG-Solvabilitätskoeffizienten-Richtline[12], wie sie durch die (5.) KWG-Novelle 1994 für die Kreditinstitute umgesetzt worden, aber auf Wertpapierhäuser nicht anwendbar sind.

2. Aufsplitterung der Zuständigkeiten für die Marktaufsicht

18.13 Mit Rücksicht auf die neue Harmonisierungsstrategie enthalten die Wertpapierdienstleistungsrichtlinie und die anderen kapitalmarktbezogenen EG-Richtlinien nur **Minimalregelungen** für die organisationsrechtliche Grundstruktur der Marktaufsicht. Die Mitgliedstaaten müssen hiernach die für die Marktaufsicht zuständigen Stellen benennen und diese mit Befugnissen ausstatten, die zur Wahrnehmung ihrer Aufsichtsfunktionen erforderlich sind.

18.14 Diese minimalen Vorgaben lassen dem nationalen Gesetzgeber einen weiten Spielraum bei der Ausübung der staatlichen Organisationsgewalt, insbesondere bei der Errichtung neuer Verwaltungsträger. Diese **Errichtungsbefugnis** umfaßt vor allem die organisatorische Ausgestaltung des Ver-

---

11 AB1EG Nr. L 141, S. 1.
12 *Schulte-Mattler*, WM 1994, 1412, 1417.

waltungsträgers in den Grundzügen und die Festlegung seiner Zuständigkeit[13].

Ein fast unbegrenzter Gestaltungsspielraum besteht für die Mitgliedstaaten bei der Zuweisung von **Zuständigkeiten** für die staatliche Marktaufsicht. So ist es zulässig, daß für diese Marktaufsicht mehr als eine Verwaltungsbehörde zuständig sein kann. Auch können Stellen außerhalb der unmittelbaren Staatsverwaltung mit der Marktaufsicht betraut werden. Diese Stellen müssen lediglich im Recht des betreffenden Mitgliedstaates anerkannt sein.

18.15

Diesen Anforderungen genügen die inländischen Wertpapierbörsen. Die **Börsen** sind als Anstalten des öffentlichen Rechts Träger der mittelbaren Staatsverwaltung. Das Gemeinschaftsrecht ermöglichte es also, die künftige staatliche Marktaufsicht entsprechend der gewachsenen Strukturen unseres Börsenwesens föderal-dezentral zu organisieren.

18.16

III. Schaffung einer staatlichen Kapitalmarktaufsicht

Mit dem Zweiten Finanzmarktförderungsgesetz sind die rechtlichen Rahmenbedingungen für eine bundesweite, effiziente **staatliche** Marktaufsicht geschaffen worden. Das föderal-dezentral organisierte Aufsichtssystem wird sich auf die drei Verwaltungsebenen Bund, Länder und Selbstverwaltung verteilen[14]. Es ist so konzipiert, daß es zu keiner unterschiedlichen Aufsichtspraxis an den acht Börsen führen wird.

18.17

Dem **Bund** werden erstmalig zentrale Aufsichtsfunktionen auf dem Gebiet des börslichen und außerbörslichen Wertpapierhandels übertragen. Zu diesem Zweck wird ein eigenständiges Bundesaufsichtsamt für den Wertpapierhandel (im folgenden: BAWe) geschaffen, das als Bundesoberbehörde dem Geschäftsbereich des Bundesministeriums der Finanzen zugeordnet sein wird.

18.18

Den **Ländern** obliegt nicht nur wie bisher die Rechtsaufsicht über die Börsen. Die Überwachungsbefugnisse werden vielmehr zu einer umfassenden Marktaufsicht mit entsprechenden Kontrollmöglichkeiten ausgebaut. Dabei ist eine enge Zusammenarbeit zwischen Bund und Länder vorgezeichnet. Diese Kooperation vollzieht sich insbesondere im Wertpapierrat beim BAWe und bei eiligen Insiderfällen an der Börse. Als Rechts-

18.19

---

13 *Erichsen/Rudolf,* Allgemeines Verwaltungsrecht, 11. Aufl., 1998, § 52 Rn 1; *Maurer,* Allgemeines Verwaltungsrecht, 12. Aufl., 1999, § 21 Rn 58.
14 *Claussen,* DB 1994, 969.

grundlage der Zusammenarbeit dient die verwaltungsrechtliche Rechtsfigur der Organleihe, die einen Eckstein der dreistufigen staatlichen Marktaufsicht darstellt.

18.20 Nach dieser Grundkonzeption der staatlichen Marktaufsicht ist die Börsenaufsicht der Länder mit einer Bundesaufsicht zur Wahrnehmung zentraler Aufsichtsfunktionen verknüpft worden. Dieses Ineinandergreifen der Aufsichtsstrukturen ist bei der Umsetzung der Wertpapierdienstleistungsrichtlinie und der Kapitaladäquanzrichtlinie beibehalten worden[15]. Dagegen ist es zu einer **Aufgabenteilung** zwischen dem BAWe und dem Bundesaufsichtsamt für das Kreditwesen (im folgenden: BAKred) gekommen[16]. Danach fällt die Beaufsichtigung der Wertpapierfirmen und der Kreditinstitute, soweit sie Wertpapierdienstleistungen erbringen, in die Zuständigkeit beider Bundesaufsichtsämter. Der Arbeitsteilung zwischen den beiden Behörden liegt ein **funktionaler Ansatz** zugrunde[17]. Das BAKred ist für die Zulassung und die Solvenzaufsicht zuständig. Dagegen führt das BAWe die Marktaufsicht über die Wertpaperdienstleistungen durch. Die Solvenzaufsicht bedeutet hierbei die Überwachung der Fähigkeit von Unternehmen, ihr Bestehen und die ständige Erfüllbarkeit aller fälligen Verbindlichkeiten sowohl durch eine entsprechende Geschäftspolitik als auch durch ausreichendes Eigenkapital sicherzustellen. Dagegen zielt die Marktaufsicht auf die Sicherstellung des Anlegerschutzes sowie die Transparenz und Integrität des Kapitalmarktes[18].

18.21 Die **Aufsicht durch das BAKred** umfaßt insbesondere die Zulassung der Institute, die Überprüfung der persönlichen Zuverlässigkeit und fachlichen Eignung der Geschäftsleitung und ihre Abberufung sowie die laufende Überwachung der wirtschaftlichen Situation der Institute einschließlich der aktuellen Liquidität und Ertragslage.

18.22 Die **Marktaufsicht durch das BAWe** erstreckt sich vor allem auf die Überwachung der Einhaltung der Verhaltensregeln (§§ 31 ff. WpHG), die Bekämpfung von Insidergeschäften, die Kontrolle der Ad-hoc-Publizität

---

15 RegBegr. des Entwurfs des Gesetzes zur Umsetzung von EG-Richtlinien zur Harmonisierung bank- und aufsichtsrechtlicher Vorschriften vom 22. 10. 1997, BT-Drucksache 13/7142, S. 60.
16 Informationsblatt des BAWe für inländische Unternehmen im Finanzdienstleistungssektor, die am Januar 1998 unter die Aufsichtsvorschriften des Wertpapierhandelsgesetzes fallen (Informationsblatt des BAWe) abgedruckt in *Kümpel/Ott*, Kapitalmarktrecht, Kz 631/2.
17 BT-Drucksache 13/7142, S. 60; vgl. weiter *Meixner*, WM 1998, 431 ff.
18 Informationsblatt des BAWe abgedruckt in *Kümpel/Ott*, Kapitalmarktrecht, Kz 631/2.

sowie auf die Überwachung der Mitteilungs- und Veröffentlichungspflicht der Stimmrechtsanteile an börsennotierten Gesellschaften.

Entsprechend dieser funktionalen Aufgabenteilung zwischen den beiden Aufsichtsbehörden werden Regelungen, die in den Zuständigkeitsbereich des BAKred fallen, im KWG und Regelungen, die den Zuständigkeitsbereich des BAWe betreffen, im Wertpapierhandelsgesetz umgesetzt. 18.23

Die **Börsenmakler** unterfallen aufgrund des Betreibens des Vermittlungs- und Eigenhandelsgeschäfts der Wertpapierdienstleistungs- und Kapitaladäquanzrichtlinie. Sie unterliegen künftig als Finanzdienstleistungsinstitute aber auch der Solvenzaufsicht des BAKred. Diese Modifizierung der Aufsichtsstruktur ist angesichts der sehr komplexen Eigenmittelunterlegungsvorschriften der Kapitaladäquanzrichtlinie sowie im Interesse einer einheitlichen Rechtsanwendung geboten[19]. Dagegen bleibt die Zuständigkeit der Börsenaufsichtsbehörden für die Überwachung der wirtschaftlichen Leistungsfähigkeit für die skontroführenden Makler bestehen. Diese Kontrolle durch die Börsenaufsichtsbehörden ist im Hinblick auf die besondere Funktion der Skontroführer, insbesondere die neutrale Kurs- oder Preisfeststellung und die damit verbundene Vertrauensposition geboten. Die Aufsicht der **Börsenaufsichtsbehörden** bezieht sich somit auf die Befugnis der skontroführenden Makler, diese spezielle Funktion an der Börse auszuüben und dient anderen Zielen als die Aufsicht des BAKred. 18.24

Für die **Überwachung der Börsengeschäfte,** die zu einem Börsenpreis führen, sind die Börsenaufsichtsbehörden auf der Grundlage von Börsenordnung, Börsengeschäftsbedingungen und Usancen zuständig. Nur soweit es sich um Börsengeschäfte handelt, die nicht zu einem Börsenpreis führen, überwacht das BAWe auch das Marktverhalten der Börsenmakler nach §§ 31 ff. WpHG[20]. 18.25

Die dritte Säule der staatlichen Marktaufsicht sind die sog. **Handelsüberwachungsstellen,** die jede Börse nach Maßgabe der Börsenaufsichtsbehörde als eigenständiges Börsenorgan einzurichten hat. Dieses neue Börsenorgan hat in enger Kooperation mit der jeweiligen Länderaufsicht den Handel an der Börse und die Geschäftsabwicklung zu überwachen. 18.26

---

19 BT-Drucksache 13/7142, S. 60.
20 BT-Drucksache 13/7142, S. 60.

1. Dreistufige Aufsichtskompetenz als Kompromißlösung

18.27 Im Gesetzgebungsverfahren besonders umstritten war die **Zuständigkeitsverteilung** bei der Schaffung der staatlichen Marktaufsicht[21]. Der Bund und die Länder hatten unterschiedliche Vorstellungen über den institutionellen Aufbau und die Kompetenzverteilung der neuen Marktaufsicht.

18.28 Einvernehmen bestand freilich, daß eine **zentrale staatliche Stelle** mit den notwendigen Kontroll- und Sanktionsbefugnissen auch für die staatliche Aufsicht über den Börsenhandel erforderlich ist. Hierfür sprachen mehrere Gründe. So können vor allem die Aufsichtsfunktionen für den Insiderhandel nicht auf ein einzelnes Bundesland beschränkt werden. Auch bedarf es einer einheitlichen Verwaltungspraxis für die staatliche Marktaufsicht an allen deutschen Wertpapierbörsen. Die wachsende internationale Zusammenarbeit der nationalen Aufsichtsbehörden erfordert überdies einen zentralen Ansprechpartner in Deutschland. Schließlich entspricht nur eine zentrale Aufsicht den internationalen Standards[22].

2. Gemeinsame Ländereinrichtung als Zentralinstanz

18.29 Zwischen Bund und Länder gingen die Meinungen diametral auseinander, ob für die staatliche Beaufsichtigung des Börsenhandels eine neue Bundesoberbehörde errichtet oder eine Lösung auf Länderebene in Gestalt einer Gemeinschaftseinrichtung der Länder angestrebt werden sollte. Nach den Vorstellungen des Bundesfinanzministeriums sollte auch die Aufsicht über den Wertpapierhandel an den Börsen dem neuen BAWe übertragen werden, das ohnehin zur Überwachung des außerbörslichen Marktgeschehens und für die Aufsichtsfunktionen nach den drei marktbezogenen EG-Richtlinien in Gestalt der Insiderrichtlinie, der Transparenzrichtlinie und der Wertpapierdienstleistungsrichtlinie geschaffen werden mußte. Dort sollte ein Beirat die Interessen der Länder wahrnehmen.

18.30 Nach Auffassung der Länder sollte dagegen entsprechend unserem dezentral organisierten Börsenwesen die Marktaufsicht nur ihnen zugeordnet werden; dabei sollten die zentralen Aufgaben der staatlichen Marktaufsicht von einer gemeinsam getragenen Ländereinrichtung wahrgenommen werden. Diese Gemeinschaftseinrichtung hätte sodann auch die bundesweiten Aufsichtsfunktionen nach den drei kapitalmarktbezogenen EG-Richtlinien wahrzunehmen gehabt.

---

21 *Claussen*, DB 1994, 969.
22 Verlautbarung des Bundesministers der Finanzen vom 16. 1. 1992, WM 1992, 423; *von Rosen*, ZGesKredW 1992, 276.

a) Zeitliche Verzögerung bei Schaffung einer zentralen Ländereinrichtung

Für eine solche bundesweit operierende Ländereinrichtung im Rahmen unserer bundesstaatlichen Verfassung gibt es praktische Beispiele wie beispielsweise das Zweite Deutsche Fernsehen, das mit eigener Rechtsfähigkeit durch einen Staatsvertrag der Länder geschaffen worden ist. Ein solches institutionelles Zusammenwirken der Länder schafft „**innerbundesstaatliches**" **Kooperationsrecht**.

18.31

Hierdurch entsteht eine **dritte Verwaltungsebene** gegenüber der Bundes- und der Landesebene als den beiden traditionellen Verwaltungsebenen. Denn dieses Kooperationsrecht läßt sich weder dem Recht eines einzelnen Landes noch dem Bundesrecht zuordnen. Es steht vielmehr **zwischen** Bundesrecht und Landesrecht[23]. Bei solchen gemeinsamen Ländereinrichtungen stellt sich daher stets die Frage, auf welche Rechtsnormen die erforderlichen Maßnahmen gestützt werden können. Dies gilt insbesondere für die belastenden Verwaltungsakte, die nach dem Grundsatz der Gesetzmäßigkeit der Verwaltung gesetzliche Eingriffsnormen erfordern. Jeder Vertrag zwischen den Ländern über ihre Gemeinschaftseinrichtung muß insoweit unvermeidbar Regelungslücken aufweisen. Dieses bekannte Problem des fehlenden Normenreservoirs läßt sich dadurch vermeiden, daß in dem Vertrag eine subsidiäre Verweisung auf die Rechtsnormen eines Landes über die gemeinsame Ländereinrichtung oder, was für eine bundesweite Kapitalmarktaufsicht näher läge, auf Bundesrecht eingefügt wird[24].

18.32

Gegen eine solche von allen Bundesländern gemeinsam getragenen zentrale Aufsichtsinstanz sprach aber schon der Zeitfaktor. Eine solche Ländereinrichtung kann nicht durch ein **Verwaltungsabkommen** zwischen den kooperierenden Ländern geschaffen werden. Vielmehr hätte es der förmlichen Zustimmung der 16 Landesparlamente und damit eines zeitraubenden Staatsvertrages bedurft. Hierfür sprachen vor allem zwei rechtliche Aspekte.

18.33

Zu dem unverzichtbaren Instrumentarium einer staatlichen Marktaufsichtsbehörde gehört der Erlaß von Verwaltungsakten und damit die Ausübung hoheitlicher Tätigkeit auf der dritten Verwaltungsebene, wie sie durch ein Verwaltungsabkommen aller Bundesländer geschaffen worden wäre. Für den Bereich der staatlichen Marktaufsicht wäre es daher unvermeidbar zu einer teilweisen Ausgliederung von Hoheitsgewalt der Länder zugunsten der neuen Gemeinschaftseinrichtung gekommen. Eine solche Ausgliederung steht nach der Verfassung unter dem Gesetzesvorbehalt und hätte daher die Mitwirkung des Gesetzgebers und damit aller Landesparlamente erfordert.

18.34

---

23 *Kisker*, Kooperation im Bundesstaat, 1971, S. 236, 237.
24 *Kisker*, Kooperation im Bundesstaat, 1971, S. 236, 237.

18.35 Der Mitwirkung der 16 Länderparlamente hätte es im übrigen auch deshalb bedurft, weil die staatliche Marktaufsicht auf den Erlaß von belastenden Verwaltungsakten angewiesen ist, die nach allgemeinen Grundsätzen unter dem Vorbehalt des Gesetzes stehen. Dies bedeutet, daß solche den Betroffenen belastenden Anordnungen und sonstigen Maßnahmen auf eine gesetzliche Ermächtigungsgrundlage müssen zurückgeführt werden können[25]. Eine solche gesetzliche Grundlage hätte durch ein Verwaltungsabkommen der 16 Länder nicht geschaffen werden können. Vielmehr hätten aus diesem Grunde Staatsverträge abgeschlossen werden müssen, die formellen Gesetzen gleichstehen, wenn sie ordnungsgemäß ratifiziert und verkündet worden sind[26].

b) Börsenpolitische Kompromißlösung

18.36 Nach intensiven Vorarbeiten einer gemischten Arbeitsgruppe von Bundes- und Länderexperten sind die Börsenfachminister der Länder im Einvernehmen mit dem Bundesminister der Finanzen zu dem Ergebnis gelangt, daß durch ein enges Zusammenwirken von Bund und Ländern eine wirksame und internationalen Maßstäben entsprechende Marktaufsicht sichergestellt werden muß. Hierzu wurde für erforderlich gehalten, die **dezentrale Börsenaufsicht der Länder** auf der Grundlage des geltenden Börsengesetzes auszubauen und im Rahmen des verfassungsrechtlich Zulässigen mit einer Bundesaufsicht zur Wahrnehmung zentraler Marktaufsichtsfunktionen zu verknüpfen[27].

18.37 Mit dieser **Kompromißlösung** wurde eine wesentliche Voraussetzung dafür geschaffen, eine staatliche Marktaufsicht in einer zeitlich akzeptablen Perspektive zu errichten, wie es auch die Praxis aus Gründen der internationalen Wettbewerbsfähigkeit unseres Kapitalmarktes nachdrücklich gefordert hat. Hierdurch wurde vermieden, daß sich die Börsengesetznovelle als Teil des zweiten Finanzmarktförderungsgesetzes wegen des zu befürchtenden Vetos verzögerte, wenn nicht sogar scheiterte[28]. Die Bundesländer hatten sich mit einer Ausnahme nachdrücklich dafür ausgesprochen, daß die neuzugestaltende Börsenaufsicht im Rahmen der Kompetenzverteilung des Grundgesetzes **Länderangelegenheit** bleibt und daher einer auf Bundeszuständigkeit fußenden Regelung im Bundesrat die Zustimmung verweigert werden sollte.

---

25 *Erichsen/Rudolf*, Allgemeines Verwaltungsrecht, 11. Aufl., 1998, § 15 Rn 14.
26 *Palandt/Heinrichs*, Einl. Rn 21.
27 Begr. des RegE des 2. FFG, BT Drucksache 33, 34.
28 *Kümpel*, WM 1994, 229, 231.

Der Bundesrat hat bei echten „Zustimmungsgesetzen nicht nur ein durch den Bundestag ausräumbares „Einspruchs"recht, wie dies für die sog. „Einspruchsgesetze gilt[29]. Solche „zustimmungspflichtigen" Gesetze können daher ohne die erforderliche Zustimmung des Bundesrates nicht in Kraft treten[30]. Dabei braucht die Zustimmungsverweigerung nicht besonders gerechtfertigt zu werden. Der Bundesrat ist ein Verfassungsorgan und kein Verwaltungsorgan, dessen Akte näherer Begründung bedürfen[31]. 18.38

Für die Zustimmungsbedürftigkeit einer umfassenden Zentralisierung der staatlichen Marktaufsicht auf Bundesebene sprach, daß die Börsenaufsicht seit Erlaß des Börsengesetzes von 1896 ohne Unterbrechung eine Domäne der Länder ist. Der Gesetzgeber hat das Schwergewicht der staatlichen Hoheitsrechte im Börsenbereich bei den Landesregierungen belassen wollen, um „dem Recht der Märkte als lokale Einrichtungen mit den dadurch bedingten Eigentümlichkeiten Rechnung zu tragen"[32]. 18.39

Zustimmungsbedürftig wären nicht nur die Bestimmungen für die neue Aufsichtsbehörde, sondern die Börsengesetznovelle als Ganzes gewesen. Mit diesem **Zustimmungserfordernis** soll den Ländern über den Bundesrat eine verstärkte Einflußnahme auch auf den materiell-rechtlichen Teil des Gesetzes ermöglicht werden[33]. 18.40

Ein spezieller Ansatzpunkt für die Zustimmungsbedürftigkeit der Börsengesetznovelle wäre gegeben gewesen, wenn sich die Zentralisierung der Marktaufsicht bei einer Bundesbehörde auch auf die börslichen und außerbörslichen Aktivitäten der Börsenmakler erstreckt hätte. Diese Aufsicht hat die Börsengesetznovelle 1989 ausdrücklich den Ländern zugeordnet (vgl. § 8a Abs. 1 BörsG). Ein **zustimmungspflichtiges Gesetz** liegt insbesondere vor, wenn eine bislang der Landesverwaltung zugeordnete Verwaltungsaufgabe so umgestaltet oder erweitert wird, daß dies aus der Sicht des Verfassungsgrundsatzes der „Landesexekutive", wonach Bundesgesetze grundsätzlich durch die Länder als eigene Angelegenheit aus- 18.41

---

29 Die für das Gesetzgebungsverfahren wesentliche Unterscheidung zwischen „Zustimmungs"gesetz und „Einspruchs"gesetz wird im Grundgesetz nur in drei Nebensätzen des Art. 77 GG erwähnt.
30 Bei der Verweigerung der Zustimmung kann das vom Bundestag beschlossene Gesetz als gesetzgebungstechnische Einheit nicht gemäß Art. 78 GG zustandekommen (BVerfGE 48, 127, 178 m.w.Nachw.).
31 *Maunz/Düring/Herzog*, Komm. zum Grundgesetz, Stand: Nov. 1998, Art. 84 Rn 67.
32 *Göppert*, Das Recht der Börsen, 1932, S. 11, 236.
33 BVerfGE 55, 274, 319; *Leibholz/Rinck/Hesselberger*, Komm. zum Grundgesetz, Stand: Juni 1999, Art. 84 Rn 96.

geführt werden (Art. 83 GG), einer neuen Übertragung von Ausführungszuständigkeiten auf den Bund gleichkommt[34].

IV. Kooperation von Bund und Ländern im Wege der Organleihe

18.42 Nach § 1 Abs. 1 BörsG obliegt der Börsenaufsichtsbehörde die Aufsicht über die Börse einschließlich der ordnungsgemäßen Durchführung des Börsenhandels und die Abwicklung der Börsengeschäfte. Zu Kompetenzkonflikten mit dem BAWe kann es grundsätzlich nicht kommen; diese Bundesbehörde hat nur die im Wertpapierhandelsgesetz erwähnten Aufgaben zu erfüllen[35].

18.43 In einem Teilbereich werden jedoch die Börsenaufsichtsbehörden der Länder (nachfolgend Länderaufsicht) mit dem BAWe (nachfolgend Bundesaufsicht) zusammenarbeiten. Hierbei geht es um eilbedürftige Maßnahmen für die Überwachung der Verbote von Insidergeschäften (§ 6 Abs. 2 S. 1 WpHG). Bei diesen Maßnahmen wird die Länderaufsicht für die Bundesaufsicht tätig.

18.44 Eine effiziente staatliche Marktaufsicht hat vor allem den Handel im Börsensaal und den in die Wertpapierbörsen integrierten elektronischen Handel zu überwachen. Dies erfordert eine entsprechende räumliche Nähe der aufsichtsführenden Personen zum Handelsgeschehen an den verschiedenen Börsenplätzen und damit eine dezentrale Organisationsstruktur der staatlichen Marktaufsicht[36]. Andererseits empfahl sich, die Überwachung des Verbotes von Insidergeschäften der Bundesaufsicht als Zentralinstanz zu übertragen. Solche Insidergeschäfte können sich auf mehrere Bundesländer erstrecken. Sie brauchen den Börsenhandel nicht einmal zu berühren, wie dies insbesondere auf die mißbräuchliche Ausnutzung von Insiderwissen bei der heute üblichen außerbörslichen Placierung von Emissionen im Primärmarkt zutrifft.

18.45 Soweit jedoch das Verhalten der Marktteilnehmer im Börsenhandel einen Verdacht auf verbotenes Insiderhandeln begründet, kann es im Einzelfall zweckmäßig sein, erste Maßnahmen, insbesondere die Sicherstellung von Unterlagen oder die Vernehmung von verdächtigen Personen durch die Länderaufsicht einzuleiten, zumal diese jederzeit auf die Handelsüberwachungsstelle als neues Börsenorgan zurückgreifen kann, das im Rahmen

---

34 BVerfGE 48, 12, 177; *Schmidt/Bleibtreu/Klein*, Komm. zum Grundgesetz, 9. Aufl., 1999, Art. 84, Rn 4.
35 Begr. des RegE des 2. FFG, BT-Drucksache 12/6679, S. 59.
36 *Welteke*, ZGeskredW 1992, 228.

der dreistufigen Marktaufsicht mit der laufenden und umfassenden Kontrolle des Tagesgeschäfts betraut worden ist (§ 1 b Abs. 1 BörsG).

Bei den Vorarbeiten für das Zweite Finanzmarktförderungsgesetz war es zunächst umstritten, ob eine solche zweckmäßige Kooperation im insiderrechtlichen Bereich mit der Verfassung im Einklang steht. Nach dem zwischen den Ländern und dem Bund erzielten börsenpolitischen Kompromiß soll die dezentrale Länderaufsicht „im Rahmen des verfassungsrechtlich Zulässigen" mit der Bundesaufsicht zur Wahrnehmung zentraler Aufsichtsfunktionen verknüpft werden. Die Lösung dieses Problems wurde mit Hilfe der Organleihe gefunden[37]. Das Wertpapierhandelsgesetz (§ 6 Abs. 2 S. 1) bestimmt hierzu, daß die Länderaufsicht „im Wege der Organleihe" für die Bundesaufsicht bei der Durchführung eilbedürftiger Maßnahmen für die Überwachung der Verbote von Insidergeschäften an den ihrer Aufsicht unterliegenden Börsen tätig wird.

18.46

Über die **Zulässigkeit der Organleihe** besteht freilich im Schrifttum keine einhellige Meinung. Auch nach dem Bundesverfassungsgericht, das die Organleihe grundsätzlich für zulässig hält, bestehen für diesen im Grundgesetz nicht geregelten Verwaltungstypus verfassungsrechtliche Grenzen, die bei der Ausgestaltung der erwünschten Kooperation von Länder- und Bundesaufsicht zu beachten waren.

18.47

1. Rechtsnatur der Organleihe

Die Organleihe ist nach dem Bundesverfassungsgericht dadurch gekennzeichnet, daß das Organ eines unzuständigen Verwaltungsträgers ermächtigt und beauftragt wird, einen Aufgabenbereich des beauftragenden zuständigen Verwaltungsträgers wahrzunehmen[38]. Das entliehene Organ (Länderaufsicht) wird als Organ des Entleihers (Bundesaufsicht) tätig. Hierdurch kommt es zu einer Verzahnung zwischen selbständigen Verwaltungsträgern, die im Rahmen des Weisungsrechts ein hierarchisches Verhältnis der Überordnung der Bundesaufsicht über die jeweilige Börsenaufsichtsbehörde begründet[39].

18.48

Bei einem **Organ (Börsenaufsichtsbehörde)** handelt es sich um eine durch Organisationsnormen geschaffene Einrichtung eines Verwaltungsträgers, die bei der Börsenaufsicht gemäß Art. 83 GG die Bundesländer sind[40]. Der

18.49

---

37 Vgl. hierzu ausführlich *Kümpel*, WM Festgabe Hellner, S. 35 ff.
38 BVerfGE 63, 1, 31.
39 *Erichsen/Rudolf*, Allgemeines Verwaltungsrecht, 11. Aufl., 1998, § 52 Rn 51 f.
40 *Schwark*, BörsG, § 1 Rn 27 Fn 117.

Verwaltungsträger ist als juristische Person des öffentlichen Rechts Zuordnungssubjekt der verwaltungsrechtlichen Rechte und Pflichten. Die Funktion seiner Organe besteht darin, diese Rechte und Pflichten des Verwaltungsträgers nach außen hin wahrzunehmen.

18.50 Das Organ kann daher als innerorganisatorisches „Wahrnehmungs"subjekt betrachtet werden, das die Handlungsfähigkeit des Verwaltungsträgers durch verbindliches und rechtlich zurechenbares Handeln der jeweiligen Organwalter gewährleistet.

18.51 Die **Tätigkeit des Organs** im Rahmen der Organleihe ist dem Verwaltungsträger zuzurechnen, der diese personelle und sachliche Hilfe des Organs für die Erfüllung seiner ihm übertragenen Aufgaben in Anspruch nimmt[41].

18.52 **Diese Zurechnung** der vom Organ getroffenen Maßnahmen und Entscheidungen hat auch rechtliche Konsequenzen für die Geltendmachung von Amtshaftungsansprüchen[42]. Ist das Handeln der Länderaufsicht als entliehenes Organ der Bundesaufsicht „Bundesverwaltung" und nicht „Landesverwaltung", liegt die Verantwortlichkeit für dieses Organhandeln beim Bund. Aus der Sicht dieser haftungsbegründenden Verantwortlichkeit der Bundesaufsicht für das Handeln der Länderaufsicht als entliehenes Organ ergibt sich eine Parallele zur zivilrechtlichen Einstandspflicht für den Erfüllungsgehilfen (§ 278 BGB). Die Haftung für den Erfüllungsgehilfen beruht auf dem Gedanken, daß der leistungsverpflichtete Schuldner dem leistungsberechtigten Gläubiger für seinen Geschäfts- und Gefahrenkreis verantwortlich ist und zu diesem Gefahrenkreis auch die Hilfspersonen gehören, die er zur Erfüllung seiner Pflichten eingeschaltet hat[43]. Dagegen läßt sich aus der Sicht dieser Verantwortlichkeit bei der Bundesauftragsverwaltung (Art. 85 GG) eine Parallele zur auftragsrechtlichen Substitution im Sinne des § 664 BGB ziehen. Hier liegt die Verantwortung für eine ordnungsgemäße Pflichterfüllung nicht beim Erstbeauftragten, sondern bei dem von diesem eingeschalteten Substituten (§ 664 Abs. 1 Satz 2 BGB).

18.53 Mit dieser Verantwortlichkeit ist unvermeidbar ein Mindestmaß an Weisungsbefugnissen der Bundesaufsicht verknüpft. Nach Bundesverfassungs- und Bundesverwaltungsgericht ist ein **typisches Merkmal** der Organleihe, daß es den Weisungen des „entleihenden" Verwaltungsträgers unterworfen ist[44]. Die Ausgestaltung dieser Weisungsbefugnisse kann in dem Verwaltungsabkommen erfolgen, das Bund und börsenaufsichtsführende Länder abzuschließen haben, um die Einzelheiten der Organleihe zu regeln (§ 6 Abs. 2 S. 2 WpHG).

---

41 BVerfGE 63, 1, 31 m.w.Nachw.; BVerwG NJW 1976, 1468, 1469 m.w.Nachw.
42 *Palandt/Thomas*, § 839 Rn 18.
43 *Palandt/Heinrichs*, § 278 Rn 1.
44 BVerfGE 63, 1, 31 unter Bezugnahme auf BVerwG NJW 1976, 1468, 1469.

a) Abgrenzung zur Amtshilfe im engeren Wortsinne

Der Begriff der Organleihe hat nach dem Bundesverfassungsgericht keine festen Umrisse[45]. Hierunter werden verschiedenartige verwaltungsorganisatorische Erscheinungsformen eingeordnet. Ein gemeinsames Kriterium aller Organleihen ist aber die **Amtshilfe**[46].

18.54

Nach Art. 35 Abs. 1 GG leisten sich alle Behörden des Bundes und der Länder gegenseitig Rechts- und Amtshilfe. Unter dieser Hilfe ist die Tätigkeit einer Behörde zu verstehen, die diese auf Ersuchen einer anderen Behörde vornimmt, um die Durchführung der Aufgaben der ersuchenden Behörde zu ermöglichen oder zu erleichtern[47]. Bei der Amtshilfe hilft also ein unzuständiger Verwaltungsträger dem zuständigen Verwaltungsträger mit seinen personellen und sachlichen Mitteln aus, weil letzterer aus Zweckmäßigkeitsgründen entsprechende Einrichtungen nicht schaffen will[48].

18.55

Von der Amtshilfe im engeren Sinne des Art. 35 Abs. 1 GG unterscheidet sich die Amtshilfe in Gestalt der Organleihe insofern, als sie **nicht nur auf eine Aushilfe im Einzelfall beschränkt** ist, sondern die Übernahme eines ganzen Aufgabenbereiches aufgrund einer allgemeinen Regelung umfaßt[49]. Bei der Organleihe handelt es sich also um eine auf Dauer angelegte Amtshilfe im Rahmen eines bestimmten Aufgabenbereiches des entleihenden Verwaltungsträgers.

18.56

b) Abgrenzung von der Bundesauftragsverwaltung

Die Organleihe als eine auf Dauer angelegte Kooperation hat einen begrifflichen Berührungspunkt mit der Bundesauftragsverwaltung, bei der die Länder die Bundesgesetze nicht als eigene Angelegenheit, sondern im Auftrag des Bundes ausführen (Art. 85 Abs. 1 GG).

18.57

Die Bundesauftragsverwaltung ist aber ebenso „Landes"verwaltung wie die sog. landeseigene Verwaltung als dem Regeltyp der Landesverwaltung[50], bei der die Länder die Bundesgesetze als eigene Angelegenheiten ausführen (Art. 84 Abs. 1 GG).

18.58

---

45 BVerfGE 63, 1, 32.
46 BVerfGE 63, 1, 32.
47 *Maunz/Dürig/Papier*, Komm. zum Grundgesetz, Stand: Nov. 1998, Art. 35 Rn 1.
48 BVerfGE 63, 1, 32; BVerwG NJW 1976, 1468, 1469.
49 BVerfGE 63, 1, 32; *Schmidt-Bleibtreu/Klein*, Kommentar zum Grundgesetz, 9. Aufl. 1999 Art. 35 Rn 7a; *Stelkens/Bonk/Sachs*, Verwaltungsverfahrensgesetz, 5. Aufl., 1998, § 4 Rn 29.
50 *Maunz/Dürig/Lerche*, Komm. zum Grundgesetz, Stand: Nov. 1998, Art. 85 Anm. 4.

18.59 Auch beim besonderen Verwaltungstyp **„Bundesauftragsverwaltung"** nimmt jedoch die beauftragte Verwaltung die zugewiesenen Aufgaben als eigene Aufgaben wahr[51]. Die Landesbehörden handeln daher im Namen des Landes, nicht des sie beauftragenden Bundes[52]. Das Land übt damit reine Landesstaatsgewalt in Gestalt des Landesvollzuges von Bundesrecht aus.

18.60 Der Verwaltungstyp „Bundesauftragsverwaltung" kennt jedoch im Vergleich zur landeseigenen Verwaltung gesteigerte, umfassendere Einflußmöglichkeiten des Bundeswillen. Die Vielfalt dieser Einflußmöglichkeiten des Bundes (Weisungen, Fachaufsicht) kann unter der Vorstellung einer umspannenden Direktionsmacht des Bundes zusammengefaßt werden. Der Verwaltungstyp „Bundesauftragsverwaltung" läßt sich daher als eine Verwaltung charakterisieren, bei der sich die Wahrnehmungskompetenz des Landes mit einer umfassenden Weisungskompetenz des Bundes verbindet[53].

18.61 Wird dagegen die Länderaufsicht im Rahmen der Organleihe für die Bundesaufsicht tätig, so ist materiell ein Verwaltungshandeln auf Bundesebene gegeben. Denn das Tätigwerden der Länderaufsicht im Rahmen der Organleihe wird organisationsrechtlich der Bundesaufsicht zugerechnet.

18.62 Im übrigen besteht zwischen Bundesauftragsverwaltung und Organleihe ein weiterer wesentlicher Unterschied. Bei der Bundesauftragsverwaltung darf die zuständige oberste Bundesbehörde ihr Weisungsrecht grundsätzlich nur gegenüber der obersten Landesbehörde ausüben. Weisungen an nachgeordnete Landesbehörden, die die Bundesgesetze im Auftrag des Bundes ausführen, sind nur zulässig, wenn die Bundesregierung sie für dringlich erachtet (vgl. Art. 85 Abs. 3 S. 2 GG). Im Rahmen der Organleihe kann dagegen die Bundesaufsicht als „Entleiher" dem Organ Länderaufsicht unmittelbar Weisungen erteilen.

---

51 BVerfGE 63, 1, 42.
52 *Maunz/Dürig/Lerche*, Komm. zum Grundgesetz, Stand: Nov. 1998, Art. 85 Rn 5. Demgemäß betont schon BGHZ 16, 95, 99, daß die Auftragsverwaltung in den entscheidenden Merkmalen nicht mit den bürgerlich-rechtlichen Auftragsverhältnissen verglichen werden kann. „Auftrag" bedeutet vielmehr, die Übertragung von Zuständigkeiten zur selbständigen Erledigung bestimmter öffentlicher Aufgaben und gleichzeitig die Übertragung der Verantwortung auf den „Beauftragten".
53 *Maunz/Dürig/Lerche*, Komm. zum Grundgesetz, Stand: Nov. 1998, Art. 85 Anm. 4.

2. Verfassungsrechtliche Grenzen für die Organleihe

Die Organleihe ist nach dem Bundesverfassungsgericht[54] und dem Bundesverwaltungsgericht[55] ein auch „in der Theorie hergebrachtes Rechtsinstitut". Dabei wird die Organleihe auch zwischen der Bundes- und der Landesebene für zulässig erachtet[56]. 18.63

Das Grundgesetz enthält nach dem Bundesverfassungsgericht **keine allgemeinen Regelungen** über die Zulässigkeit der Organleihe als einer auf Dauer angelegten Amtshilfe. Auch bestehen insoweit keine ungeschriebenen verfassungsrechtlichen Regeln. Nicht jedes Zusammenwirken von Bund und Länder bedürfe daher einer besonderen verfassungsrechtlichen Ermächtigung[57]. Die dem Grundgesetz zugrundeliegenden Verwaltungstypen in Gestalt der landeseigenen Verwaltung (Art. 83 GG), Bundesauftragsverwaltung (Art. 85 GG) und der bundeseigenen Verwaltung (Art. 86 GG) schließen nicht von vornherein abweichende organisatorische Regelungen aus. Auch angesichts dieser normierten Verwaltungstypen verbleibt daher den zuständigen Organen ein weiter Spielraum bei ihrer organisatorischen Ausgestaltung allgemein und im Einzelfall[58]. Die Zuständigkeitsverteilung des Grundgesetzes darf freilich nicht durch eine zu großzügige Handhabung der Organleihe ausgehöhlt werden; der Einsatz dieses Instrumentes muß daher nach dem Schrifttum „dosiert bleiben"[59]. 18.64

Der „Amtshilfe" eines nicht zuständigen Verwaltungsträgers im Wege der Organleihe sind jedoch verfassungsrechtliche Grenzen gesetzt, die zu beachten sind. 18.65

---

54 BVerfGE 32, 145, 154; 63, 1, 33.
55 NJW 1976, 1469; vgl. hierzu weiter *Maunz/Dürig/Lerche,* wonach sich die Organleihe in der Praxis schon eingebürgert hat (Komm. zum Grundgesetz, Stand: Nov. 1998, Art. 83 Rn 26).
56 *Maunz/Dürig/Lerche,* Komm. zum Grundgesetz, Stand: Nov. 1998, Art. 83 Rn 26.
57 BVerfGE 63, 1, 40. Zur Kooperation von Bund und Ländern vgl. weiter *Kisker,* Kooperation im Bundesstaat, 1971; *Rudolf,* in Handbuch des Staatsrechts, herausgegeben von Isensee/Kirchhof, Bd. IV, 1990, S. 1091.
58 BVerfGE 63, 1, 40/4 Dagegen befürwortet ein Teil des Schrifttums einen numerus clausus der Verwaltungstypen *(Tiemann,* Gemeinschaftsaufgaben von Bund und Länder aus verfassungsrechtlicher Sicht, 1970, S. 74; *Gerner,* BayVBl. 1955, 193).
59 *Maunz/Dürig/Lerche,* Komm. zum Grundgesetz, Stand: Nov. 1998, Art. 83 Rn 26.

a) Verbot der Vermischung von Bundes- und Landesverwaltung

18.66 Bei der Gesetzesausführung darf es grundsätzlich zu keiner Vermischung von Bundes- und Landesverwaltung kommen[60]. Dieses **Verbot der sog. Mischverwaltung** wird aus der im Grundgesetz verankerten „Trennung der Verwaltungsräume" abgeleitet[61].

18.67 Mit Rücksicht auf die bundesstaatliche Verfassung sind die staatlichen Kompetenzen in der Bundesrepublik zwischen **Gesamtstaat** (Bund) und **Gliedstaaten** (Länder) aufgeteilt[62]. Dies gilt insbesondere für die Ausführung der Bundesgesetze, die die Länder als eigene Angelegenheit ausführen, soweit das Grundgesetz nicht die Bundesauftragsverwaltung (Art. 85 GG) und die bundeseigene Verwaltung (Art. 86 ff. GG) vorsieht oder zuläßt. Das Grundgesetz kennt daher regelmäßig nur die Verwaltung durch den Bund oder durch die Länder. Die Verwaltungskompetenzen von Bund und Länder sind daher grundsätzlich getrennt.

18.68 Auf dieses grundgesetzliche Verbot der Mischverwaltung hat auch das Bundesverfassungsgericht verschiedentlich zurückgegriffen[63]. In der Entscheidung vom 12. 1. 1983[64] hat jedoch das Gericht festgestellt, es bleibe unklar, was unter einer „Mischverwaltung" zu verstehen sei und wie sie von anderen verfassungsrechtlich zulässigen verwaltungsorganisatorischen Erscheinungsformen der Kooperation von Bund und Ländern abzugrenzen sei. Solche Erscheinungsformen seien daher nicht schon deshalb verfassungswidrig, „weil sie als Mischverwaltung einzuordnen sind, sondern nur, wenn ihr zwingende Kompetenz- oder Organisationsnormen oder sonstige Vorschriften des Verfassungsrechts entgegenstehen[65]".

18.69 Streng genommen fehlt es bei der Organleihe an den tatsächlichen Voraussetzungen, damit es zur Vermischung von Bundes- und Landesverwaltung kommen kann. Denn das Tätigwerden der Länderaufsicht im Rahmen der Organleihe ist organisationsrechtlich der Bundesaufsicht zuzurechnen. Es fehlt daher an einer verfassungsrechtlich problematischen Verlagerung von Kompetenzen auf die Börsenaufsichtsbehörde und damit auf die Länderebene. Das Organ Börsenaufsichtsbehörde führt die Verwaltungsmaßnahmen für den entleihenden Verwaltungsträger (Bundesaufsicht) aus. Dem Organ wachsen hierdurch keine neuen eigenen Zustän-

---

60 *Maunz/Dürig/Lerche*, Komm. zum Grundgesetz, Stand: Nov. 1998, Art. 83 Rn 90 ff.
61 BVerfGE 63, 1, 37; *Tiemann*, Gemeinschaftsaufgaben von Bund und Länder aus verfassungsrechtlicher Sicht, 1970, S. 74 ff.
62 *Wolff*, Allgemeines Verwaltungsrecht, 2. Aufl., 1991, S. 43.
63 BVerfGE 63, 1, 38 m.w.Nachw.
64 BVerfGE 63, 1, 37.
65 BVerfGE 63, 1, 38. Vgl. weiter *Loeser*, Theorie und Praxis der Mischverwaltung, 1976, S. 95 zu den Kooperationsformen außerhalb der Mischverwaltung.

digkeiten zu. Es werden lediglich personelle und sachliche Verwaltungsmittel vom Organ auf den entleihenden Verwaltungsträger „verlagert"[66], der sich hierdurch nur von der tatsächlichen Arbeit entlastet, die mit der Wahrnehmung der ihm übertragenen Aufgaben verbunden ist[67].

b) Vereinbarkeit der Organleihe mit dem Grundsatz der eigenverantwortlichen Aufgabenwahrnehmung

Bei der verfassungsrechtlichen Bewertung der Organleihe ist schließlich der Grundsatz zu beachten, daß jeder Verwaltungsträger die ihm zugewiesenen Verwaltungsaufgaben durch Verwaltungseinrichtungen mit eigenen personellen und sachlichen Mitteln wahrzunehmen hat. In diesem Sinne kann von einem „Grundsatz eigenverantwortlicher Aufgabenwahrnehmung" gesprochen werden[68]. 18.70

Soweit die Organleihe noch im Einklang mit dem Grundsatz der eigenverantwortlichen Aufgabenwahrnehmung steht, liegt sie daher unterhalb der Schwelle der von der Verfassung vorgenommenen Kompetenzverteilung[69]. Anderenfalls ist sie verfassungswidrig. Dies gilt auch dann, wenn hierdurch keine formelle Übertragung von Zuständigkeiten auf das Organ erfolgt. 18.71

Nach dem Bundesverfassungsgericht bedarf das Abgehen von eigenverantwortlicher Aufgabenwahrnehmung eines besonderen „sachlichen Grundes"[70]. Die Heranziehung unzuständiger Verwaltungseinrichtungen kann im übrigen nur hinsichtlich einer „eng umgrenzten Verwaltungsmaterie" in Betracht kommen[71]. Beide Voraussetzungen sind bei der Kooperation der Bundesaufsicht und der Länderaufsicht gegeben. 18.72

Verwaltungspraktische Erwägungen können es nach dem Bundesverfassungsgericht als sinnvoll erscheinen lassen, von der Schaffung eigener Verwaltungseinrichtungen auf Bundesebene abzusehen. Dies gilt insbesondere für Maßnahmen zur Überwachung des Verbotes des Insiderhandels im Börsenhandel. Die räumliche Nähe der Länderbörsenaufsicht ermöglicht in vielen Fällen eine schnelle Feststellung von aufsichtsrelevanten Tatbeständen[72]. 18.73

---

66 BVerfGE 63, 1, 32/33.
67 *Hempel*, Der demokratische Bundesstaat, 1969, S. 25.
68 BVerfGE 63, 1, 41; *Grawert*, Verwaltungsabkommen zwischen Bund und Ländern in der Bundesrepublik Deutschland, 1967, S. 195.
69 So auch die Stellungnahme des Bundeswirtschaftsministeriums in BVerfGE 63, 1, 15.
70 BVerfGE 63, 1, 41.
71 BVerfGE 63, 1, 41; *Maunz/Dürig/Lerche*, Komm. zum Grundgesetz, Stand: Nov. 1998, Art. 83 Rn 26.
72 *Kümpel*, WM 1994, 229, 231.

aa) Verwaltungsökonomischer Gesichtspunkt

18.74 Insbesondere können „verwaltungsökonomische" Gesichtspunkte bei der organisatorischen Ausgestaltung einer Verwaltungseinrichtung eine Rolle spielen und auch atypische Ausgestaltungsformen rechtfertigen[73]. Diesem Gesichtspunkt der Verwaltungsökonomie wird bei der vorgesehenen Kooperation von Bund und Ländern insbesondere Rechnung getragen, wenn wie in Hessen das Staatskommissariat im Sinne des § 1 Abs. 3 BörsG als Teil der Länderaufsicht personell und technisch so ausgestattet wird, daß es als „Auge" der Länderaufsicht Mißstände im Börsenhandel effizienter soll erkennen können. Schon unter verwaltungsökonomischen Gesichtspunkten bietet es sich hier an, daß die Bundesaufsicht diese Ressourcen der hessischen Börsenaufsicht im Rahmen der Organleihe nutzt, damit die ihm zugewiesene Überwachung des Insiderhandelsverbots an den Wertpapierbörsen („vor Ort") effizient wahrgenommen werden kann.

bb) Eng umgrenzte Kooperation

18.75 Ein weiteres Kriterium der Zulässigkeit der Organleihe ist schließlich nach dem Bundesverfassungsgericht, daß sich diese Kooperation „auf eng umgrenzte Verwaltungsmaterien" beschränken muß. Auch diese Voraussetzung ist bei der vorgesehenen Organleihe der Bundesaufsicht erfüllt. Diese Kooperation wird sich im wesentlichen darauf beschränken, daß die Länderaufsicht Maßnahmen für die der Bundesaufsicht obliegenden Überwachung der Verbote von Insidergeschäften durchführt. Hinzu kommt, daß sich die Ermittlungsbefugnisse auf eilbedürftige Maßnahmen beschränken. Die Bundesaufsicht bleibt also für die Verfolgung von Insiderstraftaten auch im Bereich des Börsenhandels zuständig.

18.76 Gegen die Zulässigkeit der Organleihe bestehen schließlich nach dem Schrifttum um so weniger Bedenken, wenn das Organ verwandte oder komplementäre Eigenaufgaben hat[74], wie dies auf den Aufgabenbereich der Länderaufsicht zutrifft. Die Länderaufsicht übt über den Börsenhandel Marktaufsicht aus. Bei der Überwachung des Kapitalmarktes, hat aber auch die Bundesaufsicht wesentliche Funktionen zu erfüllen.

18.77 Es bestehen daher gleichgerichtete Aktivitäten der Bundesaufsicht und der Länderaufsicht im Bereich der staatlichen Marktaufsicht.

---

73 BVerfGE 63, 1, 43.
74 *Grawert*, Verwaltungsabkommen zwischen Bund und Ländern in der Bundesrepublik Deutschland, 1967, S. 195.

2. Abschnitt
Bundesaufsichtsamt für den Wertpapierhandel

Als **zentrale Instanz** für die Aufsicht über den inländischen Kapitalmarkt ist das BAWe durch Erlaß des zuständigen Bundesministeriums der Finanzen mit Wirkung vom 1. 8. 1994 und Sitz in Frankfurt am Main errichtet worden. Die Rechtsgrundlage enthalten §§ 3 ff. WpHG. Das BAWe ist wie das BAKred eine selbständige Bundesoberbehörde im Sinne des Art. 87 Abs. 3 GG, die in den Geschäftsbereich des Bundesministeriums der Finanzen eingegliedert ist.

18.78

Eine Zuordnung der neuen zentralen Aufgaben im Bereich der Überwachung des Wertpapierhandels an das BAKred erschien wegen der unterschiedlichen Zielsetzungen der Banken- und der Wertpapieraufsicht nicht sinnvoll[75]. Während das BAKred die Funktionsfähigkeit des Bankwesens zu gewährleisten hat, hat das BAWe die allgemeine Marktaufsicht wahrzunehmen, um das Vertrauen der Anleger in das Handelsgeschehen auf den Wertpapiermärkten zu stärken. Diese Aufsicht geht weit über den Kreis der Kreditinstitute und Börsenmakler hinaus. Hinzu kam, daß die Schaffung einer internationalen Anforderungen genügenden Wertpapieraufsicht als Gütesiegel für den Finanzplatz Deutschland, wie es ein Hauptziel des zweiten Finanzmarktförderungsgesetzes darstellt, aus Sicht der internationalen Finanzwelt besser erkennbar wird, wenn die deutsche Wertpapieraufsicht auch organisatorisch selbständig in Erscheinung tritt. Von der Neugründung des BAWe sollte auf nationaler und internationaler Ebene eine stärkere Signalwirkung ausgehen. Schließlich war die Errichtung einer eigenständigen Marktaufsichtsbehörde ein besonderes Anliegen der Länder, das auch von der Deutsche Bundesbank unterstützt wurde.

18.79

Der Präsident des BAWe wird auf Vorschlag der Bundesregierung durch den Bundespräsidenten ernannt. Die Bundesregierung hat bei ihrem Vorschlag die für das Börsenwesen zuständigen Fachministerien der Länder anzuhören.

18.80

---
75 Begr. des RegE des 2. FFG, BT-Drucksache 12/6679, S. 35, 36.

I. Zuständigkeiten

18.81 Das BAWe hat im wesentlichen **vier Hauptaufgaben:** (1) staatliche Marktaufsicht, insbesondere die Überwachung der Einhaltung der Verhaltensregeln des Wertpapierhandelsgesetzes, (2) Aufdeckung und Verfolgung von Insiderverstößen, (3) Überwachung der Meldepflichten beim Erwerb bedeutender Beteiligungen an börsennotierten Gesellschaften sowie (4) die Zusammenarbeit mit den Wertpapieraufsichtsbehörden in- und außerhalb der Europäischen Gemeinschaft.

18.82 Das BAWe nimmt die ihm zugewiesenen Aufgaben und Befugnisse nur **im öffentlichen Interesse** wahr[76]; eine vergleichbare Regelung gilt für das BAKred (§ 6 Abs. 3 KWG). Die Aufsichtstätigkeit erfolgt ausschließlich zum Schutz der Funktionsfähigkeit der Wertpapiermärkte und damit nur zum Schutz des Anlegerpublikums. Der hieraus resultierende (mittelbare) Schutz des einzelnen Anlegers ist ein bloßer Rechtsreflex.

18.83 Das BAWe kann sich bei der Durchführung seiner Aufgaben anderer Personen und Einrichtungen bedienen (§ 6 Abs. 1 WpHG). Hierunter fällt neben der Inanspruchnahme anderer öffentlicher Stellen auch die Einschaltung privater Dritter wie z.B. Wirtschaftsprüfer. Diese Befugnis soll es dem BAWe ermöglichen, bei Bedarf Spezialisten hinzuzuziehen[77].

1. Allgemeine Marktaufsicht

18.84 Das BAWe hat die Aufsicht über den Wertpapierhandel und die Überwachung der Einhaltung der neugeschaffenen Verhaltensregeln durch die Kreditinstitute und sonstige Wertpapierdienstleistungsunternehmen wahrzunehmen (§§ 4 Abs. 1 S. 1 i.V.m. 31 ff. WpHG). Es hat insbesondere Mißständen im Wertpapierhandel entgegenzuwirken, die die ordnungsmäßige Durchführung des Wertpapierhandels beeinträchtigen oder erhebliche Nachteile für den Wertpapiermarkt bewirken können (§ 4 Abs. 1 S. 2 WpHG). Die Zuständigkeit ist auch für den Wertpapierhandel der Börsen gegeben, soweit nicht die jeweilige Börsenaufsichtsbehörde des Landes zuständig ist.

Das BAWe kann zur Vermeidung von Mißständen bestimmte Arten von Werbungen untersagen (§ 36b WpHG). Hierzu ist eine Allgemeinverfügung bezüglich der Werbung in Form des „cold calling" vom 27. Juli 1999 ergangen[78]. Unter „cold

---

76 Beschlußempfehlung und Bericht des Finanzausschusses des Deutschen Bundestages, BT-Drucksache 12/7918, S. 190, 191.
77 Begr. des RegE des 2. FFG, BT-Drucksache 12/6679, S. 41.
78 Bundesanzeiger Nr. 149 vom 12. 8. 1999, S. 13518 ff.

calling" wird allgemein eine telefonische Kontaktaufnahme mit Privatpersonen ohne deren vorherige Zustimmung verstanden.

Mit dem Gesetz zur Umsetzung von EG-Richtlinien zur Harmonisierung bank- und wertpapieraufsichtsrechtlicher Vorschriften vom 22. 10. 1997[79] ist das inländische Aufsichtssystem auf eine große Zahl von Finanzdienstleistungsunternehmen ausgedehnt worden, die bislang gar nicht oder nach den Vorschriften der Gewerbeordnung überwacht worden sind. Diese Institute durften ihre bisherige Tätigkeit weiter ausüben, wenn sie diese bis zum 1. 4. 1998 dem BAKred angezeigt haben. Bis Mitte 1998 lagen solche Anzeigen von rund 5000 Unternehmen vor, die auch Wertpapierdienstleistungen erbringen[80]. Mit dieser Erweiterung der staatlichen Aufsicht wird eine empfindliche Lücke des Anlegerschutzes geschlossen. So sind nach einer Umfrage bei den Strafverfolgungsbehörden deutsche Anleger seit 1990 durch den Vertrieb von Warentermin-, Finanztermin- und Devisentermingeschäfte sowie sog. Penny Stocks in Milliardenhöhe geschädigt worden[81].

18.85

a) Prüfungsgrundsätze

Das BAWe hat die **Einhaltung der Verhaltensnormen regelmäßig einmal jährlich** zu prüfen. Durch diese Regelung wird die erforderliche Kompetenzabgrenzung gegenüber der Aufsichtstätigkeit des BAKred vorgenommen, um eine doppelte Zuständigkeit zu vermeiden[82]. Bislang war die Bankenaufsicht zur Überwachung nicht nur des Depotgeschäfts, sondern auch für das Effektengeschäfts zuständig (§ 30 Abs. 1 KWG)[83]. Im Interesse einer möglichst geringen Belastung der Kreditinstitute soll die Prüfung regelmäßig zusammen mit der Depotprüfung nach § 30 Abs. 1 KWG durch den Depotprüfer erfolgen.

18.86

Die **Prüfung des Depotgeschäfts** verbleibt dagegen beim **BAKred**, das im übrigen eine Ausfertigung des Berichts über die Prüfung des Effektengeschäfts erhält (§ 36 Abs. 1 S. 5 WpHG)[84]. Das BAWe kann sich bei der Durchführung dieser Aufgaben

18.87

---

79 BGBl. I 1997, S. 2518 ff.
80 *Wittich*, WM 1998, 1526.
81 *Wittich*, WM 1998, 1526.
82 Beschlußempfehlung und Bericht des Finanzausschusses des Deutschen Bundestages, BT-Drucksache 12/7918, S. 213
83 Durch eine entsprechende Neufassung des Wortlautes des § 30 Abs. 1 KWG ist klargestellt worden, daß sich die Zuständigkeit der Bankenaufsicht künftig auf das Depotgeschäft beschränkt (Art. 7 b des zweiten Finanzmarktförderungsgesetzes).
84 RegBegr. des Entwurfs des Gesetzes zur Umsetzung von EG-Richtlinien zur Harmonisierung bank- und wertpapieraufsichtsrechtlicher Vorschriften, BT-Drucksache 13/7142, 101.

aber auch anderer Personen bedienen (§ 6 Abs. 2 WpHG). So erscheint es z.B. bei den Instituten des Sparkassen und Kreditgenossenschaftssektors, die selbst kein Depotgeschäft betreiben, zweckmäßig, die jeweiligen Prüfungsverbände mit der Durchführung der Prüfung des Effektengeschäfts zu beauftragen[85].

b) Aufstellung von Prüfungsrichtlinien

18.88 Das BAWe ist ermächtigt, Richtlinien zur einheitlichen Auslegung der Anwendung der Verhaltensregeln aufzustellen (§ 35 Abs. 6 WpHG). Im Interesse einer möglichst praxisgerechten Ausgestaltung dieser Richtlinien sind vor deren Erlaß die Deutsche Bundesbank, das BAKred und die Spitzenverbände der betreffenden Wirtschaftskreise, insbesondere der Kreditwirtschaft anzuhören (§ 35 Abs. 6 WpHG). Insoweit ergibt sich eine Parallele zu den Depotprüfungsrichtlinien, die von der Bankenaufsicht aufgrund §§ 6 Abs. 1 i.V.m. 30 Abs. 2 KWG erlassen worden sind.

18.89 Das BAWe beurteilt anhand dieser Richtlinien, ob die Verhaltensregeln nach §§ 31 bis 34 WpHG eingehalten worden sind. Bei den Richtlinien handelt es sich nicht um Rechtsnormen oder Verwaltungsakte; an ihre Nichtbeachtung können daher keine unmittelbaren Rechtsfolgen geknüpft werden. Die Richtlinien geben vielmehr den Adressaten Auskunft darüber, wie das BAWe seinen Beurteilungsspielraum bei der Bewertung der Frage, wie die Verhaltensregeln zu beachten sind, ausüben wird. Die Richtlinien verkörpern die Erfahrungen der Verwaltungspraxis, die sich im Laufe der Zeit herausbilden. Sie können vom BAWe abgeändert werden, wenn dies geboten erscheint. Wird gegen die Richtlinien verstoßen, so besteht die Vermutung, daß die betreffende Verhaltensregel verletzt wurde und damit ein Mißstand im Sinne dieses Gesetzes vorliegt[86] – Rn 11.370 ff.

2. Insider-Überwachung

18.90 Ein weiterer Schwerpunkt der Tätigkeit des BAWe ist die präventive Bekämpfung sowie die Aufdeckung von Insiderverstößen. Das BAWe wird zur Überwachung des Insiderverbots mit den dafür erforderlichen Kompetenzen ausgestattet sein.

---

85 Beschlußempfehlung und Bericht des Finanzausschusses des Deutschen Bundestages BT-Drucksache 12/7918, S. 213.
86 Beschlußempfehlung und Bericht des Finanzausschusses des Deutschen Bundestages, BT-Drucksache 12/7918, S. 212

a) Meldepflichten

§ 9 Abs. 2 WpHG enthält umfangreiche Meldepflichten für Geschäfte in börslichen und außerbörslichen Wertpapieren und Derivaten durch Kreditinstitute und sonstige an einer inländischen Börse zugelassene Unternehmen, wenn diese Transaktionen im Zusammenhang mit einer Wertpapierdienstleistung getätigt worden sind[87]. Denn eine Marktaufsicht kann nur effizient und erfolgreich arbeiten, wenn sie binnen kurzer Zeit feststellen kann, welcher Marktteilnehmer welches Wertpapier oder Derivat gehandelt hat. Die gemeldeten Daten ermöglichen es auch, ständig Preis- und Umsatzbewegungen von Insidertatsachen zu analysieren und andere Vergleiche durchzuführen, um Anhaltspunkte für eventuelle Insiderfälle feststellen zu können[88].

18.91

Diese Mitteilung hat auf Datenträger oder im Wege der elektronischen Datenfernübertragung zu erfolgen (§ 9 Abs. 2 WpHG). Das Bundesministerium der Finanzen kann aber durch Rechtsverordnung zulassen, daß diese Meldepflichten „über die Börse" erfolgen und die Einzelheiten hierzu festlegen. Die Meldungen können deshalb auch durch die Deutsche Börse Systems AG, einer 100%en Tochtergesellschaft der Deutsche Börse AG erfolgen, die ohnehin für die Abwicklung der Börsengeschäfte die notwendigen Belege und Buchungsunterlagen erstellt.

18.92

Das BAWe hat zur Durchführung der vorgeschriebenen Meldungen eine „Verordnung über die Meldepflichten beim Handel mit Wertpapieren und Derivaten" (Wertpapierhandel-Meldeverordnung) vom 2. 12. 1995 erlassen[89]. Dort ist auch der zu verwendende „Meldebogen" festgelegt worden.

18.93

b) Überwachungsbefugnisse

§ 16 WpHG normiert des weiteren die **Auskunftspflichten** der Kreditinstitute über Geschäfte in Insiderpapieren für eigene und fremde Rechnung. Das BAWe kann die Vorlage von Unterlagen verlangen und die Geschäftsräume der Kreditinstitute betreten. Auf Verlangen muß die Identität der Auftraggeber bei Anhaltspunkten für Insiderverstöße offengelegt werden. Diese müssen über ihre Geschäfte Auskunft geben.

18.94

Des weiteren sind auch Auskunftspflichten der Emittenten von Insiderpapieren und der Wertpapierdienstleistungsunternehmen eingeführt worden (§ 16 Abs. 2 S. 1 u.2 WpHG). Soweit von den Auskunftspflichtigen ihre

18.95

---

[87] *Süßmann*, WM 1996, 937 ff.
[88] *Süßmann*, WM 1996, 937, 938.
[89] Abgedruckt in *Kümpel/Ott*, Kapitalmarktrecht, Kz 552 mit Erläuterungen von Süßmann.

Auftraggeber benannt worden sind, kann das BAWe auch von diesen Personen Auskünfte über die betreffenden Geschäfte verlangen (§ 16 Abs. 4 WpHG). Auch kann das BAWe Auskünfte von einer Person verlangen, die eine andere Person kennt, die von einer Insidertatsache weiß (§ 16 Abs. 4 WpHG)[90]. Diese Auskunftspflicht entfällt nicht schon dadurch, daß derjenige, dem eine Insidertatsache mitgeteilt worden ist, seinem Gesprächspartner Vertraulichkeiten zugesagt hat. Anderenfalls könnten bloße Schutzbehauptungen, die das BAWe regelmäßig nicht widerlegen könnte, die Auskunftspflicht praktisch leerlaufen lassen[91].

18.96 Die Auskunftspflicht umfaßt auch die Veränderungen des Depotbestandes in solchen Insiderpapieren, für die Anhaltspunkte für einen Verstoß gegen ein verbotenes Insidergeschäft gegeben sind (§ 16 Abs. 2 S. 3 WpHG)[92]. Nach den Gesetzesmaterialien zum zweiten Finanzmarktförderungsgesetz stellen typischerweise abrupte Kurs- und Umsatzveränderungen vor einer öffentlichen Bekanntgabe von relevanten Unternehmensinformationen oder der Ad-hoc-Veröffentlichung nach § 15 WpHG Anhaltspunkte für Insidertransaktionen dar[93]. Nach dem Schrifttum sollen solche Anhaltspunkte nur angenommen werden dürfen, wenn die Staatsanwaltschaft einen Anfangsverdacht gemäß §§ 152 Abs. 2, 160 Abs. 1 StPO hatte[94].

18.97 Liegen weitere Anhaltspunkte für ein verbotenes Insidergeschäft vor, so kann das BAWe Auskunft über Bestandsveränderungen in sämtlichen Insiderpapieren des Depotkunden verlangen, soweit Wertpapierveränderungen innerhalb der letzten sechs Monate vor Abschluß des Geschäfts, für das Anhaltspunkte eines Verstoßes gegen das Insiderhandelsverbot vorliegen, erfolgt sind (§ 16 Abs. 2 S. 4 WpHG)[95]. Das BAWe kann deshalb schon im Vorfeld ohne Einschaltung der Strafverfolgungsbehörden klären, ob sich die durch die Auskünfte nach § 16 Abs. 2 S. 3 WpHG ergebenden Anhaltspunkte aufgrund der nach Satz 4 des § 16 Abs. 2 WpHG erfolgten Angaben zerstreuen oder zu einem **Verdacht** verdichten, die die Abgabe des Verfahrens nach § 18 Abs. 1 S. 1 WpHG an die Staatsanwaltschaft erforderlich machen. So kann z.B. eine Untersuchung ohne Einschaltung der Staatsanwaltschaft durch das BAWe eingestellt werden, wenn die Angaben nach § 16 Abs. 2 S. 4 WpHG ergeben, daß es sich bei den

---
90 VG Frankfurt NJW-RR 1998, 625, 626.
91 VG Frankfurt NJW-RR 1998, 625, 626.
92 Begr. des RegE des 3. FFG, BT-Drucksache 13/8933, S. 93.
93 Begr. des RegE des 2. FFG, BT-Drucksache 12/6679, S. 49.
94 *Habetha*, WM 1998, 2133, 2140.
95 *Pötzsch*, WM 1998, 949, 958; *Weisgerber*, Die Bank 1998, 206.

Geschäften des Depotkunden um Wertpapiergeschäfte handelt, die seinem gewöhnlichen Anlageverhalten entsprechen[96].

Das BAWe ist im übrigen zur **Sicherstellung und Beschlagnahme von Beweismitteln** bei Kreditinstituten und sonstigen an einer inländischen Börse zugelassenen Unternehmen befugt. Die Effektenkunden oder sonstigen Auftraggeber dürfen von ihrer Bank nicht über das Auskunftsverlangen oder einem darauf eingeleiteten Ermittlungsverfahren in Kenntnis gesetzt werden (§ 16 Abs. 8 WpHG)[97].

18.98

Bei Konkretisierung der Anhaltspunkte durch die Aufklärungsarbeit des BAWe wird es den Vorgang an die zuständige Staatsanwaltschaft abgeben. Nach dem Wertpapierhandelsgesetz (§ 18 Abs. 1) hat das BAWe Tatsachen, die den Verdacht eines strafbaren Insiderverstoßes begründen, der zuständigen Staatsanwaltschaft anzuzeigen, die dann über eine Anklageerhebung entscheidet.

18.99

c) Überwachung der Ad-hoc-Publizität

Der Mißbrauch von Insiderinformationen soll nicht nur mit dem Strafrecht bekämpft werden. Die Möglichkeiten für Insidergeschäfte sind vielmehr schon im Vorfeld soweit wie möglich einzuschränken. Hierzu ist die Ad hoc-Publizität zu einer insiderrechtlichen Präventivmaßnahme ausgestaltet worden (§ 15 Abs. 1 WpHG). Das BAWe hat auch die Einhaltung dieser Veröffentlichungspflicht zu überwachen. Hierzu ist dem BAWe die Befugnis eingeräumt worden, von den Emittenten Auskünfte und die Vorlage von Unterlagen zu verlangen und die Geschäftsräume des Emittenten zu betreten (§ 15 Abs. 5 WpHG).

18.100

d) Zusammenarbeit mit anderen inländischen Aufsichtsbehörden

Soweit Kreditinstitute oder Börsenmakler, die auch der Aufsicht durch das BAKred bzw. der Börsenaufsichtsbehörde der Länder unterliegen, gegen das Verbot des Insiderhandels und sonstige Bestimmungen des Wertpapierhandels verstoßen, kann dies auch entsprechende Aufsichtsmaßnahmen der Bankenaufsicht und der Börsenaufsicht der Länder zur Folge haben. Das BAWe hat daher eng mit diesen anderen Behörden zusammenzuarbeiten (§ 6 Abs. 3 WpHG).

18.101

---

96 Begr. des RegE des 3. FFG, BT-Druck. 13/8933, S. 93.
97 Diese Vorschrift ist mit dem Grundrecht auf informationelle Selbstbestimmung nach Art. 2 Abs. 1 GG i.V.m. Art. 19 Abs. 3 GG vereinbar (VG Frankfurt, Urt. v. 23. 3. 1999 – Az: 9 E 887/98 (V).

3. Überwachung der Publizität bei Transaktionen über bedeutende Beteiligungen an börsennotierten Unternehmen

18.102 Im Interesse einer verbesserten Transparenz der Eigentümerstruktur von börsennotierten Aktiengesellschaften sieht § 21 Abs. 1 WpHG **Mitteilungspflichten für Großaktionäre** vor, wenn durch Erwerb, Veräußerung oder auf sonstige Weise 5, 10, 25, 50 oder 75 Prozent der Stimmrechte an solchen Gesellschaften erreicht, überschritten oder unterschritten werden. Die börsennotierte Gesellschaft hat solche Mitteilungen unverzüglich zu veröffentlichen. Die Einhaltung der Mitteilungs- und Veröffentlichungspflichten wird durch das BAWe überwacht. Die Nichtbefolgung dieser Pflichten kann mit Geldbußen bis zu DM 500 000 geahndet werden.

4. Internationale Kooperation

18.103 Das BAWe arbeitet mit den Wertpapieraufsichtsbehörden anderer Länder im Rahmen der Überwachung des Verbots von Insidergeschäften und der Meldepflichten bei Transaktionen über wesentliche Beteiligungen an börsennotierten Unternehmen zusammen (§ 7 Abs. 2 WpHG).

18.104 Das BAWe übermittelt den zuständigen Stellen anderer Mitgliedstaaten der Europäischen Union oder anderer Vertragsstaaten des Abkommens über den Europäischen Wirtschaftsraum (EWR) die für die Überwachung der Verbote von Insidergeschäften erforderlichen Informationen (§ 19 Abs. 1 WpHG). Die an die ausländischen Aufsichtsbehörden übermittelten Daten dürfen nach Zustimmung des BAWe nicht nur zum Zwecke der Insiderverfolgung, sondern auch für andere aufsichtsrechtliche Zwecke verwendet werden (§ 19 Abs. 2 WpHG). Hierdurch wird die internationale Kooperation verbessert[98].

18.105 Das BAWe soll die Bundesrepublik Deutschland auch in anderen Fragen der Wertpapierhandelsaufsicht nach außen vertreten (§ 7 Abs. 1 WpHG). Hierzu gehört auch der Abschluß von Abkommen über die internationale Zusammenarbeit (Memoranda of Understanding) mit Aufsichtsbehörden anderer Staaten[99].

18.106 Die nationalen Aufsichtssysteme, deren Befugnisse an nationale Grenzen gebunden sind, können den Herausforderungen globalisierter Märkte nur

---

[98] Begr. des RegE des 3. FFG, BT-Drucksache 13/9874, S. 184; *Pötzsch*, WM 1998, 949, 958.
[99] Begr. des RegE des 2. FFG, BT-Drucksache 12/6679, S. 42.

gerecht werden, wenn sie die Voraussetzungen für ihre Zusammenarbeit in einer grundlegend neuen Dimension entwickeln[100]. Im Dezember 1997 haben deshalb 17 europäische Wertpapieraufsichtsbehörden, darunter auch das BAWe, das **„Forum of European Commissions" (FESCO)** gegründet. FESCO-Mitglieder sind die Aufsichtsbehörden aus den Mitgliedstaaten der Europäischen Union sowie Island und Norwegen als Vertragsstaaten des Abkommens über den Europäischen Wirtschaftsraum (EWR). Im Interesse der Vollendung des gemeinsamen Europäischen Marktes soll eng zusammengearbeitet und gemeinsame Aufsichtsstandards für die Finanzmärkte entwickelt werden. **Ziel der FESCO** ist insbesondere die Verbesserung des Anlegerschutzes sowie die Erhöhung der Integrität und Transparenz auf den Kapitalmärkten. Vordringliche Aufgabe ist die Ausübung einer multilateralen Vereinbarung über die Zusammenarbeit und den Informationsaustausch[101]. Hierzu ist ein ständiger Ausschuß aus hochrangigen Vertretern der beteiligten Aufsichtsbehörden mit der Bezeichnung FESCOPOL eingerichtet worden, der Fragen der Zusammenarbeit erörtern und Lösungen für technische und praktische Probleme bei der grenzüberschreitenden Kooperation erarbeiten soll[102].

II. Wertpapierrat

Das BAWe wird die Bundesrepublik Deutschland international auch auf Gebieten vertreten, für die die Länder zuständig sind. Deshalb ist eine enge und vertrauensvolle Zusammenarbeit mit den Ländern unerläßlich. Die Länder werden deshalb über die Einrichtung eines Wertpapierrates beim BAWe an allen wichtigen Angelegenheiten der zentralen Wertpapieraufsicht institutionell beteiligt (§ 5 WpHG). Sie haben hierbei beratende Funktion. 18.107

Dieser Wertpapierrat wird **aus Vertretern der Länder** gebildet. Jedes Land entsendet einen Vertreter (§ 5 Abs. 1 S. 2 WpHG). Die Bundesministerien der Finanzen, der Justiz und für Wirtschaft, die Deutsche Bundesbank und das BAKred sind berechtigt, an den Sitzungen des Wertpapierrates teilzunehmen. Der Wertpapierrat kann Sachverständige insbesondere aus dem Bereich der Börsen, der Marktteilnehmer, der Wirtschaft und der Wissenschaft anhören (§ 5 Abs. 1 S. 3 WpHG). 18.108

---

100 *Wittich*, WM 1998, 1526, 1527; *ders.*, WM 1999, 1613.
101 *Wittich*, WM 1998, 1526, 1527.
102 *Wittich*, WM 1999, 1613, 1614.

18.109 Der Wertpapierrat **berät** das BAWe, insbesondere bei der Aufstellung von Richtlinien für die Aufsichtstätigkeit, bei der Aufstellung von Verhaltensregeln für Wertpapierdienstleistungsunternehmen, hinsichtlich der Auswirkungen von Aufsichtsfragen auf die Börsen- und Marktstrukturen sowie den Wettbewerb im Wertpapierhandel sowie bei der Abgrenzung von Zuständigkeiten des BAWe und der Börsenaufsichtsbehörden der Länder.

18.110 Der Wertpapierrat kann beim BAWe Vorschläge zur allgemeinen Weiterentwicklung der Aufsichtspraxis einbringen (§ 5 Abs. 2 S. 2 WpHG). Das BAWe berichtet dem Wertpapierrat jährlich über die Aufsichtstätigkeit und die Weiterentwicklung der Aufsichtspraxis (§ 5 Abs. 2 S. 3 WpHG).

3. Abschnitt
Börsenaufsicht durch die Länder

Mit dem Zweiten Finanzmarktförderungsgesetz wird die bisherige Rechtsaufsicht der Länder zu einer Rechts- und Marktaufsicht ausgebaut. Hierbei werden die Befugnisse der Börsenaufsichtsbehörde wesentlich erweitert. 18.111

Wie schon bisher kann die Börsenaufsichtsbehörde im Wege der Rechtsaufsicht das Handeln der Börsenorgane, insbesondere der Geschäftsführung daraufhin überprüfen, ob die getroffenen Entscheidungen oder Maßnahmen rechts- und ordnungsmäßig sind. Ist dies nicht der Fall, so kann die Börsenaufsichtsbehörde die Entscheidungen und Maßnahmen beanstanden und erforderlichenfalls aufheben. Kommt die Börsengeschäftsführung einer gesetzlichen Handlungspflicht nicht nach, so kann die Aufsichtsbehörde diese Handlung im Wege der Ersatzvornahme vornehmen. 18.112

Im Börsengesetz (§ 1 Abs. 4) ist klargestellt worden, daß die Börsenaufsichtsbehörde wie das Bundesaufsichtsamt für den Wertpapierhandel (§ 4 Abs. 2 WpHG) die ihm zugewiesenen Aufgaben und Befugnisse nur im öffentlichen Interesse wahrnimmt. Bundesrat und Bundesregierung sind übereinstimmend der Auffassung gewesen, daß die Börsenaufsichtsbehörden bereits nach bestehender Rechtslage ihre Aufgaben nur im öffentlichen Interesse wahrnehmen[103]. Die Börsenaufsicht bezweckt den **Schutz des Vertrauens des Anlegerpublikums** in die Fairneß und Chancengleichheit an den Börsen und erfolgt somit im Interesse der Funktionsfähigkeit der Börsen. Durch die Aufsicht wird den Belangen der Anleger in ihrer Gesamtheit Rechnung getragen. Der Schutz des einzelnen Anlegers ist bloße Reflexwirkung. 18.113

Unberührt von dieser Klarstellung bleibt die **Pflicht der Börsenaufsichtsbehörde** zu rechtmäßigem Verhalten gegenüber den zu beaufsichtigenden Personen und Unternehmen. Soweit ihnen gegenüber schuldhaft Amtspflichten verletzt werden, gelten die allgemeinen Grundsätze[104]. 18.114

---

103 Beschlußempfehlung und Bericht des Finanzausschusses des Deutschen Bundestages, BT-Drucksache 12/7918, S. 220.
104 Beschlußempfehlung und Bericht des Finanzausschusses des Deutschen Bundestages, BT-Drucksache 12/7918, S. 220.

I. Marktaufsicht

18.115 Neben der Rechtsaufsicht durch die staatliche Verwaltung, wie sie üblicherweise gegenüber Selbstverwaltungsträgern wahrgenommen wird, hat die Börsenaufsichtsbehörde nunmehr auch das Verhalten der Marktteilnehmer auf Recht- und Ordnungsmäßigkeit zu überwachen. Damit kann die Börsenaufsichtsbehörde – ungeachtet der primären Verantwortung der Börsenselbstverwaltung – sämtliche Angelegenheiten der Handelsaufsicht an sich ziehen und eigene – auch parallele – Ermittlungen führen[105]. Die Börsenaufsichtsbehörde wird im übrigen für das BAWe im Wege der Organleihe tätig, wenn sie eilbedürftige Maßnahmen für die Überwachung des Verbots von Insidergeschäften durchführt (§ 2 Abs. 2 WpHG) – Rn 18.46 ff.

18.116 Die Marktaufsicht bezieht sich im wesentlichen auf die ordnungsgemäße Durchführung des Handels an der Börse und der Geschäftsabwicklung. Hierbei ist nach den Gesetzesmaterialien insbesondere die Einhaltung der jeweiligen Börsenordnung sowie der Geschäftsbedingungen und Usancen für den Börsenhandel zu überwachen[106]. Des weiteren hat die Marktaufsicht die Einhaltung der für die Börse getroffenen Anordnungen zu kontrollieren (§ 1 Abs. 2 BörsG).

18.117 Mit diesen Anordnungen sind vor allem Verwaltungsakte im engeren Wortsinne gemeint. Nach der geltenden Legaldefinition des § 35 Satz 1 VwVfG ist Verwaltungsakt „jede Verfügung, Entscheidung oder andere hoheitliche Maßnahme, die eine Behörde zur Regelung eines Einzelfalles auf dem Gebiet des öffentlichen Rechts trifft und die auf eine unmittelbare Rechtswirkung nach außen gerichtet ist". Der Oberbegriff „Maßnahme" erfaßt jedes zweckgerichtete Tätigwerden der Verwaltung auf öffentlich-rechtlichem Gebiet zur Regelung eines Einzelfalles mit unmittelbarer Außenwirkung und damit auch die rechtsverbindlichen „Anordnungen"[107]. Bei einer solchen Anordnung handelt es sich um eine Willenserklärung oder mehrere aufeinander abgestimmte Willenserklärungen, die auf die Setzung einer Rechtsfolge gerichtet ist. Dieser Regelungscharakter ist erforderlich, wenn die getroffene Anordnung das Begriffsmerkmal eines gerichtlich angreifbaren Verwaltungsaktes erfüllen soll[108].

18.118 Die Aufsicht erstreckt sich auch auf die Einrichtungen, die sich auf den **Börsenverkehr** und auf die **Börsengeschäftsabwicklung** beziehen (§ 1 Abs.

---

105 Begr. des RegE des 2. FFG, BT-Drucksache 12/6679, S. 59.
106 Beschlußempfehlung und Bericht des Finanzausschusses des Deutschen Bundestages, BT-Drucksache 12/7918, S. 215.
107 *Maurer*, Allgemeines Verwaltungsrecht, 12. Aufl., 1999, § 9 Rn 6 f.; *Wolff*, Allgemeines Verwaltungsrecht, 2. Aufl., 1991, S. 179.
108 *Maurer*, Allgemeines Verwaltungsrechts, 12. Aufl., 1999, § 9 Rn 6 f.

2 BörsG). Dies gilt insbesondere für die Clearingstelle der Deutschen Terminbörse und für die Deutsche Börse-Systems AG in Gestalt einer rechtlich selbständigen GmbH, die ihrerseits eine Tochtergesellschaft der Deutsche Börse AG als Träger der Frankfurter Wertpapierbörse ist. Die Deutsche Börse-Systems AG erstellt im Rahmen der EDV-mäßigen Abwicklung der an den Wertpapierbörsen getätigten Wertpapiergeschäfte die erforderlichen Belege und Buchungsunterlagen. Die wertpapiermäßige und geldliche Abwicklung der Geschäfte durch die Deutsche Börse Clearing AG wird von dieser Aufsicht nicht erfaßt[109]; hierfür ist die staatliche Depotprüfung zuständig.

Die Börsenaufsichtsbehörde kann sich bei der Durchführung ihrer Aufgaben anderer Personen und Einrichtungen bedienen (§ 2 Abs. 2 BörsG). Dies entspricht der für die Bankenaufsicht geltenden Regelung (§ 8 Abs. 1 KWG). Die Aufsichtsbehörde kann daher beispielsweise Wirtschaftsprüfer oder EDV-Fachleute mit speziellen Aufträgen betrauen[110]. Die Landesregierung ist zudem ermächtigt worden, Aufgaben und Befugnisse der Börsenaufsichtsbehörde auf eine andere Behörde zu übertragen (§ 2 Abs. 1 BörsG). Eine solche Übertragung ist z.B. erforderlich, wenn die Börsenaufsichtsbehörde eines bestimmten Bundeslandes den überregionalen elektronischen Wertpapierhandel für die anderen Börsenaufsichtsbehörden mit überwachen soll. Diese Kooperationsmöglichkeit war im übrigen mit Blick auf die Situation kleinerer regionaler Wertpapierbörsen geboten[111].

18.119

1. Beaufsichtigung der Börsenmakler

Spezielle Aufsichtsregeln enthalten §§ 8a–8c BörsG für die Kursmakler und die freien Makler, die zur Teilnahme am Börsenhandel zugelassen sind. Die Aufsicht umfaßt nicht nur die börslichen, sondern auch die außerbörslichen Geschäfte, die die Makler im Rahmen ihres Handelsgewerbes betreiben. Diese Aufsichtsbefugnisse sind schon mit der Börsengesetznovelle 1989 eingeführt worden. Hierbei handelt es sich um erste Ansätze für eine staatliche Marktaufsicht.

18.120

Die **Börsenaufsichtsbehörde** kann im übrigen ohne besonderen Anlaß jederzeit eine Wirtschaftsprüfungsgesellschaft damit beauftragen, die wirtschaftliche Leistungsfähigkeit der Börsenmakler zu überprüfen. Diese Zuständigkeit beschränkt sich jedoch auf die Kursmakler und die anderen

18.121

---

109 Begr. des RegE des 2. FFG, BT-Drucksache 12/6679, S. 59.
110 Begr. des RegE des 2. FFG, BT-Drucksache 12/6679, S. 61.
111 Begr. des RegE des 2. FFG, BT-Drucksache 12/6679, S. 61.

zur Feststellung oder Ermittlung des Börsenpreises bestimmten Personen Skontroführer gemäß § 8 b Abs. 1 S. 1 BörsG. Für die Aufsicht über die sonstigen Börsenmakler ist das Bundesaufsichtsamt für das Kreditwesen zuständig[112]. Der Gesetzgeber wollte hiermit an die Praxis der Beaufsichtigung des bankmäßigen Effekten- und Depotgeschäfts durch hierzu bestellte Wirtschaftsprüfer anknüpfen. Diese Praxis entspricht einem bewährten Organisationsprinzip, staatliche Aufgaben mangels Kompetenz und Ressourcen auf sachkundige Dritte zu übertragen.

2. Überwachung des überregionalen börsenmäßigen Wertpapierhandels

18.122 Das Zweite Finanzmarktförderungsgesetz hat rechtliche Unsicherheiten des früheren elektronischen Handelssystems IBIS als Vorläufer des XETRA Handelssystems ausgeräumt. So stellt § 12 Abs. 1 BörsG ausdrücklich klar, daß die zugelassenen Wertpapiere auch in einem elektronischen Handelssystem gehandelt werden können, wenn dieses System in der Börsenordnung geregelt ist. Dabei wird in der Begründung des Zweiten Finanzmarktförderungsgesetzes IBIS ausdrücklich erwähnt und auch darauf hingewiesen, daß ein solches elektronisches Handelssystem an mehreren Börsen zugelassen sein kann, wie dies auf das frühere IBIS zutrifft[113].

18.123 Mit dieser rechtlichen Integration des bisherigen IBIS-Handels an allen deutschen Wertpapierbörsen ist jedoch eine aufsichtsrechtliche Problematik verknüpft gewesen. Würden IBIS-Geschäfte zwischen Mitgliedern verschiedener Börsen vom Zentralrechner zustandegebracht, so handelte es sich aus der Sicht unseres dezentral konzipierten Börsengesetzes zwangsläufig um außerbörsliche Geschäfte. Die Einbeziehung auch dieser IBIS-Geschäfte in die staatliche Marktaufsicht der Börsen war aber nicht nur sachgemäß, sondern im Interesse der Wettbewerbsfähigkeit unseres Kapitalmarktes geboten.

18.124 Das Zweite Finanzmarktförderungsgesetz hat deshalb die rechtlichen Voraussetzungen dafür geschaffen, daß die Aufsicht über den gesamten IBIS-Handel wie bisher weitestmöglich konzentriert werden konnte. § 2 Abs. 1 BörsG ermächtigt die Landesregierung ausdrücklich, Aufgaben und Befugnisse der Börsenaufsichtsbehörde auf eine andere Behörde zu übertragen. Dies kann auch die Börsenaufsichtsbehörde eines anderen Bundes-

---

112 Begr. RegE des Gesetzes zur Umsetzung von EG-Richtlinien zur Harmonisierung bank- und wertpapieraufsichtsrechtlicher Bestimmungen, BT-Drucksache 13/7142, S. 60.
113 Begr. des RegE des 2. FFG, BT-Drucksache 12/6679, S. 69, 70.

landes sein, die zugleich für alle anderen mit der Marktaufsicht betrauten Länderaufsichtsbehörden tätig werden kann[114].

In der Begründung des Regierungsentwurfs des Zweiten Finanzmarktförderungsgesetzes ist im übrigen klargestellt worden, daß zu der Handelsaufsicht der Börsenaufsichtsbehörden auch die Aufsicht über die elektronischen Hilfseinrichtungen der Börse gehören[115].

18.125

II. Einsetzung eines Staatskommissars

Nach bisherigem Recht war ein Staatskommissar als Organ der Landesregierung zu bestellen (§ 2 Abs. 1 Satz 1 BörsG a.F.). Es handelte sich hierbei um eine selbständige Institution, die die staatliche Börsenaufsicht ergänzte. Der Staatskommissar sollte das Börsengeschehen „vor Ort" beobachten und der Börsenaufsichtsbehörde über Vorgänge an der Börse berichten. In der Praxis wurde regelmäßig der für die Börsenaufsicht zuständige Beamte der Landesregierung zugleich zum Staatskommissar bestellt.

18.126

Nach der Novellierung des Börsengesetzes durch das zweite Finanzmarktförderungsgesetz ist die Börsenaufsichtsbehörde zur Bestellung eines Staatskommissars nicht mehr verpflichtet, sondern nur noch berechtigt (§ 1 Abs. 3 BörsG). Auch hat der Staatskommissar den Status eines Organs der Landesregierung verloren. Hierzu wird ein beamteter Mitarbeiter der Börsenaufsichtsbehörde bestellt, der nur nominell durch den dienstlichen Titel „Staatskommissar" herausgehoben ist.

18.127

Von der Möglichkeit der Einsetzung eines Staatskommissars wird insbesondere das Land Hessen wegen der geschäftlichen Bedeutung der Frankfurter Wertpapierbörse Gebrauch machen. Eine effiziente Marktaufsicht erfordert die täglich laufende („marktbegleitende") Beobachtung des Marktgeschehens „vor Ort". Dies gilt insbesondere für die Börsenpreise, die sich ohne manipulative Einflüsse sollen bilden können. Der Staatskommissar kann daher das „Auge" der staatlichen Aufsicht an der Börse sein, um Mißstände im Börsenhandel zu erkennen und sie in eigener Kompetenz oder im Zusammenwirken mit der Börsenaufsichtsbehörde zu beseitigen.

18.128

Schon vor Inkrafttreten des Zweiten Finanzmarktförderungsgesetzes hat das Land Hessen und die Frankfurter Wertpapierbörse eine Vereinbarung

18.129

---
114 Begr. des RegE des 2. FFG, BT-Drucksache 12/6679, S. 61.
115 Begr. des RegE des 2. FFG, BT-Drucksache 12/6679, S. 59.

über die personelle Verstärkung des Staatskommissariats und seine sonstige Ausstattung getroffen, um für die neue Aufgabe einer effizienten staatlichen Marktaufsicht an der Börse besser gewappnet zu sein. Hierbei hat sich die **Frankfurter Wertpapierbörse** verpflichtet, dem Staatskommissariat eine bestimmte Anzahl von Mitarbeitern bereit zu stellen. Darüber hinaus stellt die Wertpapierbörse für diese Personen einen personellen Unterbau zur Verfügung und übernimmt die Sach- und Raumkosten. Diese Personen unterstehen dienstrechtlich nur den Weisungen des Staatskommissars und der Landesregierung; ihre Aufgabenbereiche werden vom Staatskommissar festgelegt.

III. Befugnisse der Börsenaufsichtsbehörde

18.130 Die Börsenaufsichtsbehörde kann, soweit dies zur Erfüllung ihrer Aufgaben erforderlich ist, jederzeit und ohne besonderen Anlaß von der Börse und den zum Börsenhandel zugelassenen Unternehmen und Börsenhändlern **Auskünfte und die Vorlage von Unterlagen** verlangen (§ 1 a Abs. 1 S. 1 BörsG). Die Bediensteten der Börsenaufsichtsbehörde können die Geschäftsräume der Börse und die der Handelsteilnehmer während der üblichen Geschäftszeiten betreten (§ 1 a Abs. 1 S. 1 BörsG).

18.131 Die Börsenaufsichtsbehörde verfügt daher über Auskunfts- und Untersuchungsbefugnisse, wie sie auch das Bundesaufsichtsamt für den Wertpapierhandel (§ 16 WpHG) und das Bundesaufsichtsamt für das Kreditwesen haben (§ 44 KWG).

18.132 Diese Befugnisse stehen auch den von der Börsenaufsichtsbehörde beauftragten Personen und Einrichtungen zu, soweit sie nach diesem Gesetz tätig werden (§ 1a Abs. 1 S. 6 WpHG). Widerspruch und Anfechtungsklage gegen solche Maßnahmen haben keine aufschiebende Wirkung (§ 1a Abs. 3 WpHG).

18.133 Die Börsenaufsichtsbehörde kann im übrigen gegenüber der Börse und den Handelsteilnehmern Anordnungen treffen, die geeignet sind, Verstöße gegen börsenrechtliche Vorschriften und Anordnungen zu unterbinden oder sonstige Mißstände zu beseitigen oder zu verhindern, welche die ordnungsmäßige Durchführung des Handels an der Börse und der Geschäftsabwicklung sowie deren Überwachung beeinträchtigen können (§ 10 Abs. 2 WpHG).

4. Abschnitt
Marktaufsicht im Rahmen der Börsenselbstverwaltung

Im Vorfeld des Gesetzgebungsverfahrens wurde lange darüber diskutiert, 18.134
ob künftig nur staatliche Behörden die Marktaufsicht über den Börsenhandel ausüben sollten oder ob hierfür auch die Börsen zuständig sein sollten. Nach dem erzielten Kompromiß hat die Börse ihren Handel und die Geschäftsabwicklung im Rahmen der Börsenselbstverwaltung eigenverantwortlich zu überwachen. Andererseits wird der staatlichen Marktaufsicht eine starke Einflußmöglichkeit auf die Handelsüberwachung der Börsen verschafft. Die Marktaufsicht im Rahmen der Börsenselbstverwaltung soll der staatlichen Aufsicht nicht nur als gleichwertig angesehen werden können[116]. Mit Rücksicht auf die internationale Akzeptanz des inländischen Kapitalmarktes liegt der neuen Marktaufsicht ein dreistufiges Konzept zugrunde, das auf der engen Kooperation zwischen dem Bundesaufsichtsamt für den Wertpapierhandel, der Länderbörsenaufsicht und der Handelsüberwachungsstelle als selbständiges Börsenorgan beruht. Dabei obliegt der Börsenselbstverwaltung die primäre Verantwortung für die Marktaufsicht über den Börsenhandel[117]. Hierdurch wird die Selbstverantwortung der Börsen für transparente und attraktive Marktplätze, auf denen faire Handelsbedingungen gesichert sind, betont[118].

I. Errichtung einer Handelsüberwachungsstelle als neues Börsenorgan

Die Überwachung des Börsenhandels ist der Handelsüberwachungsstelle 18.135
zugewiesen worden, die als eigenständiges Börsenorgan einzurichten und zu betreiben ist (§ 1 b Abs. 1 BörsG)[119]. Mit dem vom Gesetzgeber bewußt verwendeten Begriff „Börsenorgan" sollte verdeutlicht werden, daß die Handelsüberwachungsstelle Funktionen, die sich auf die Börse beziehen, selbständig wahrzunehmen hat[120]. Aufgabe dieses neuen Börsenorgans ist insbesondere die eigenverantwortliche Überwachung des Handels an der Börse.

---
116 *Kümpel*, WM 1994, 229, 231.
117 Begr. des RegE des 2. FFG, BT-Drucksache 12/6679, S. 59, 60.
118 Begr. des RegE des 2. FFG, BT-Drucksache 12/6679, S. 60.
119 *Brockhausen*, WM 1997, 1924 ff.
120 Begr. des RegE des 2. FFG, BT-Drucksache 12/6679, S. 60.

18. Teil: Staatliche Marktaufsicht

18.136 Die Marktaufsicht ist daher ein wesentlicher Teil der den Börsen zugewiesenen Aufgaben, die im Rahmen der Selbstverwaltung wahrzunehmen sind[121]. Selbstverwaltung wird heute allgemein als selbständige, fachweisungsfreie Wahrnehmung zugewiesener oder überlassener eigener öffentlicher Angelegenheiten durch Subjekte öffentlicher Verwaltung im eigenen Namen verstanden[122]. Hierzu gehören auch die Börsen als Anstalten des öffentlichen Rechts und Teil der mittelbaren Staatsverwaltung.

18.137 Die Handelsüberwachungsstelle ist nicht der Börsengeschäftsführung unterstellt. Der Leiter der Handelsüberwachungsstelle kann nur im Einvernehmen mit der Börsenaufsichtsbehörde bestellt und abberufen werden (§ 1b Abs. 2 S. 1 BörsG). Er hat der Börsenaufsichtsbehörde regelmäßig zu berichten. Die Börsenaufsichtsbehörde kann der Handelsüberwachungsstelle auch Weisungen erteilen und jederzeit deren Ermittlungen selbst übernehmen (vgl. hierzu § 1 b Abs. 2 BörsG)[123].

18.138 Dieses **Weisungsrecht** läßt aber das arbeitsrechtliche Direktionsrecht der Börsengeschäftsführung als Leitungsorgan der Börsen unberührt[124]. Die Börsengeschäftsführung kann zudem die Handelsüberwachungsstelle mit der Durchführung von Untersuchungen beauftragen. Diese sind durchzuführen, soweit sie nicht den Weisungen der Börsenaufsichtsbehörde widersprechen.

18.139 Aus der Sicht der Börsen sollte die laufende Überwachung des Marktgeschehens den Handelsüberwachungsstellen überlassen bleiben und die Übernahme der Ermittlungen durch die Börsenaufsichtsbehörde die Ausnahme bilden[125].

II. Rechtsnatur der Kooperation von Länderaufsicht und Handelsüberwachungsstelle

18.140 Zwischen dem Zusammenwirken der Länderbörsenaufsicht und Handelsüberwachungsstelle einerseits und der Organleihe andererseits, wie sie

---

121 Bei den Vorarbeiten zum Gesetzgebungsverfahren ist lange darüber diskutiert worden, ob künftig nur der Staat die Marktaufsicht über den Börsenhandel ausüben sollte oder ob hierfür die Börsen zuständig sein sollten *(Kümpel,* WM 1994, 229, 231).
122 *Wolff/Bachof/Stober,* Verwaltungsrecht II, 10. Aufl., 1994, S. 19, 20.
123 Zu den Befugnissen der Handelsüberwachungsstellen bei Beauftragung durch die Börsenaufsichtsbehörde vgl. Hess. VGH WM 1998, 1870, 1871.
124 Begr. des RegE des 2. FFG, BT-Drucksache 12/6679, S. 60.
125 *Kümpel,* WM 1994, 231.

zwischen dem Bundesaufsichtsamt für den Wertpapierhandel und der Länderbörsenaufsicht praktiziert wird, ergeben sich gewisse Parallelen. Aus rechtlicher Sicht besteht aber ein wesentlicher Unterschied zwischen der Organleihe als anerkanntem Rechtsinstitut und der Kooperation zwischen Länderebene und Börsen als Selbstverwaltungsträger[126]. Im Rahmen des künftigen dreistufigen Aufsichtssystems sind für die Marktaufsicht an den Wertpapierbörsen sowohl die Länderbörsenaufsicht als auch die Handelsüberwachungsstelle zuständig, wobei bei diesem neuen Börsenorgan die primäre Verantwortung liegt. Dagegen ist für die Überwachung der Verbote von Insidergeschäften allein das Bundesaufsichtsamt für den Wertpapierhandel zuständig, für das die Börsenaufsichtsbehörde eilbedürftige Maßnahmen im Wege der Organleihe durchführen darf (§ 6 Abs. 2 WpHG).

Wie das Weisungsrecht und die Befugnis der Länderaufsichtsbehörde zur Übernahme der Ermittlungen verdeutlichen, besteht zwischen Länderbörsenaufsicht und Handelsüberwachungsstelle kein anderes Verhältnis als das zwischen einer über- und untergeordneten Behörde. 18.141

III. Aufgaben der Handelsüberwachungsstelle

Die Handelsüberwachungsstelle hat im Rahmen der Marktaufsicht **Daten über den Börsenhandel und die Börsengeschäftsabwicklung** systematisch und lückenlos zu erfassen und auszuwerten sowie notwendige Ermittlungen durchzuführen (§ 1 b Abs. 1 BörsG). 18.142

Die Handelsüberwachung ist zu einer **laufenden und umfassenden Kontrolle des Tagesgeschäfts** verpflichtet[127]. Ein Schwerpunkt ist der komplexe Bereich der Preisbildung und Kursfeststellung. Die Festsetzung marktgerechter Kurse hat eine Bedeutung, die weit über die Interessen der an diesen Wertpapiergeschäften Beteiligten hinausragt. Eine Vielzahl von Gesetzesbestimmungen aus den verschiedensten Rechtsgebieten knüpfen an den Börsenpreis an. Die Handelsüberwachung wird daher ein besonderes Auge auf die Maßnahmen bei erheblichen Kursschwankungen, insbesondere auf die sog. Plus/Minus-Ankündigungen und auf Kursaussetzungen werfen. Bei solchen Aussetzungen erlöschen die Kundenaufträge, damit die Kunden ihre Dispositionen nochmals überdenken können (Nr. 6 AGB Wertpapiergeschäfte). 18.143

---

126 *Kümpel*, WM-Festgabe Hellner, S. 40.
127 Begr. des RegE des 2. FFG, BT-Drucksache 12/6679, S. 60.

18.144 Die Überwachung der Kursnotierungen ist angesichts zweier Neuregelungen durch das zweite Finanzmarktförderungsgesetz komplexer geworden.

1. Wahrung der Neutralität der Börsenmakler

18.145 Die Möglichkeiten der Kursmakler zur Eingehung von Eigen- und Aufgabengeschäften sind deutlich ausgeweitet worden. Hierdurch soll den gewandelten Marktverhältnissen Rechnung getragen werden. Die Handelsaktivitäten der Kursmakler insbesondere im variablen Handel tragen wesentlich zur Liquidität der Börse bei. Künftig sind Eigen- und Aufgabengeschäfte zulässig auch bei unausgeglichener Marktlage, beim Fehlen marktnah limitierter Aufträge oder beim Vorliegen unlimitierter Aufträge, die nur zu nicht marktgerechten Kursen zu vermitteln wären. Solche Eigen- und Aufgabegeschäfte dürfen freilich nicht tendenzverstärkend wirken (§ 32 Abs. 2 BörsG). Den Bedenken, daß durch diese Ausweitung der Geschäftsmöglichkeiten die Neutralitätsfunktion der Kursmakler berührt sein könnte, soll nach der Begründung des Regierungsentwurfs des zweiten Finanzmarktförderungsgesetzes[128] durch die Tätigkeit der Marktaufsicht Rechnung getragen werden. Es sei nunmehr Sache der Handelsüberwachungsstelle zu kontrollieren, ob die Kursmakler ihre Eigengeschäfte unter Beachtung des Neutralitätsgrundsatzes vorgenommen haben.

2. Maklergeschäfte im Rahmen des neuen Handelsverbundes

18.146 Eine weitere Neuerung betrifft die Einführung eines sog. Handelsverbundes unter denjenigen Maklern, denen bestimmte Wertpapiere zum amtlichen Handel oder zum Handel im geregelten Markt zugewiesen sind. Diese skontroführenden Makler dürfen, wenn sie während der Börsenzeit im Amtlichen oder im Geregelten Markt ihnen erteilte Vermittlungsaufträge an der eigenen Börse nicht in angemessener Zeit ganz oder teilweise ausführen können, mit dem hierfür zuständigen Makler einer anderen Börse Eigengeschäfte abschließen, soweit dies zur Ausführung der Aufträge notwendig ist.

18.147 Um die pflichtgemäße vorrangige Ausführung der Aufträge an der eigenen Börse zu gewährleisten, muß jedoch den Handelsteilnehmern dieser Börse in zeitlicher Hinsicht ausreichend Gelegenheit gegeben werden, auf die einzelnen vorliegenden Vermittlungsaufträge zu reagieren. Erst wenn kein Kontrahent an der eigenen Börse gefunden wird, kann der Makler im

---

128 Begr. des RegE des 2. FFG, BT-Drucksache 12/6679, S. 73.

neuen Handelsverbund den Auftrag ganz oder teilweise platzübergreifend ausführen, wenn dies zur Auftragsausführung notwendig ist. Nach den Gesetzesmaterialien wäre es daher mit dem Grundgedanken des Handelsverbundes unvereinbar, wenn sich die skontroführenden Makler dieser neuen Handelsmöglichkeit nur zur Ausnutzung von Kursdifferenzen bedienen, wie es die Arbitragegeschäfte der Marktteilnehmer bezwecken[129].

IV. Befugnisse der Handelsüberwachungsstelle

Die Handelsüberwachungsstelle kann wie die Börsenaufsichtsbehörde von den Handelsteilnehmern Auskünfte und die Vorlage von Unterlagen verlangen (§ 1 b Abs. 3 WpHG). Stellt die Handelsüberwachungsstelle Tatsachen fest, welche die Annahme rechtfertigen, daß börsenrechtliche Vorschriften oder Anordnungen verletzt werden oder sonstige Mißstände vorliegen, welche die ordnungsmäßige Durchführung des Handels an der Börse oder die Geschäftsabwicklung beeinträchtigen können, hat sie unbeschadet ihrer weiteren Ermittlungspflicht die Börsenaufsichtsbehörde und die Geschäftsführung unverzüglich zu unterrichten (§ 1 b Abs. 5 S. 1 WpHG). Die Börsenaufsichtsbehörde kann die weiteren Ermittlungen an sich ziehen oder auch die Handelsüberwachungsstelle damit beauftragen (§ 1 b Abs. 1 S. 3).

18.148

---

129 Begr. des RegE des 2. FFG, BT-Drucksache 12/6679, S. 71.

19. Teil
Kreditwesengesetz und Bankenaufsicht

1. Abschnitt
Grundsätzliches

Mit dem Kreditwesengesetz (KWG) hat der Gesetzgeber eine Grundordnung für die Kreditwirtschaft in Gestalt von Struktur- und Ordnungsvorschriften geschaffen[1]. Dieses Gesetz enthält zugleich die Rechtsgrundlage für die staatliche Aufsicht über die Kreditinstitute. Mit der Bankenaufsicht soll der Schutz des Vertrauens der Öffentlichkeit in die Funktionsfähigkeit der Kreditwirtschaft gewährleistet werden[2]. Der Vorläufer des heutigen KWG ist im Jahre 1934 als **Folge der sog. Bankenkrise** im Jahre 1931 geschaffen worden.

19.1

Die Bankenkrise wurde durch die **Insolvenz der Darmstädter Nationalbank (Danatbank)** infolge des Zusammenbruches ihres größten Schuldners ausgelöst. Dies führte zum Abzug ausländischer Gelder aus dem deutschen Bankensystem. Der Reichspräsident sah sich dadurch veranlaßt, der Danatbank durch Verordnung ein Moratorium zu gewähren und die Rückzahlung der bei ihr unterhaltenen Einlagen zu garantieren. Der Ansturm auf andere Kreditinstitute wurde dadurch aufgefangen, daß mehrere Bankfeiertage angeordnet wurden, die eine Schließung der Bankschalter ermöglichten.

19.2

Eine Untersuchung der Ursachen dieser Krise führte zu der Forderung nach einer staatlichen Überwachung der Banken.

19.3

I. Öffentliches Interesse an einem funktionsfähigen Bankensystem

Es besteht ein öffentliches Interesse an einem gesunden und funktionsfähigen Bankensystem. Die Bevölkerung ist auf die Inanspruchnahme bankmäßiger Dienstleistungen angewiesen. Dies gilt insbesondere für die Vermittlung des bargeldlosen Zahlungsverkehrs.

19.4

---

1 BGH WM 1979, 482, 483.
2 BGH WM 1979, 482, 483 m.w.Nachw.

19.5 Geldschulden werden, soweit sie nicht aus Geschäften des täglichen Bedarfs herrühren, ganz überwiegend ohne Verwendung von Bargeld durch Kontogutschriften im Rahmen des bargeldlosen Zahlungsverkehrs erfüllt.

19.6 Die bei den Kreditinstituten unterhaltenen Geldguthaben auf Giro-, Spar- und Termingeldkonten sollen vor dem Risiko der Insolvenz des kontoführenden Instituts weitestmöglich geschützt sein (Stichwort: Sicherheit der Bankeinlagen). Hinzu kommt das Bedürfnis der Wirtschaft und der privaten Verbraucher nach ausreichender Versorgung mit Bankkrediten.

19.7 Das **KWG** verfolgt daher vor allem **drei Ziele:** Gewährleistung einer Grundordnung im Bankwesen, Erhaltung der Funktionsfähigkeit des Kreditapparates und weitestmöglicher Schutz der Kunden vor Verlusten an den seiner Bank anvertrauten Vermögenswerten. Dieses gesetzgeberische Anliegen sucht das KWG mit marktwirtschaftlichen Grundsätzen in Einklang zu bringen.

19.8 Der erzielte Kompromiß beruht auf zwei Eckpfeilern: Einerseits grundsätzliche Freiheit in den geschäftspolitischen Entschlüssen der Kreditinstitute und beim Betreiben der einzelnen Bankgeschäfte und andererseits Einwirkungen auf diese Tätigkeit, wenn im Bankgewerbe oder bei einzelnen Kreditinstituten Mißstände oder Risikosituationen eingetreten oder zu befürchten sind. Nach § 6 Abs. 2 KWG hat das Bundesaufsichtsamt für das Kreditwesen (im folgenden BAKred) als Aufsichtsbehörde „Mißständen im Kreditwesen entgegenzuwirken, die die Sicherheit der den Kreditinstituten anvertrauten Vermögenswerte gefährden, die ordnungsgemäße Durchführung der Bankgeschäfte beeinträchtigen oder erhebliche Nachteile für die Gesamtwirtschaft herbeiführen können, soweit nicht das Bundesaufsichtsamt für den Wertpapierhandel nach dem Wertpapierhandelsgesetz zuständig ist".

II. Institutionelle Grundstruktur der deutschen Kreditwirtschaft

19.9 Die deutsche Kreditwirtschaft ist in verschiedene Bankengruppen unterteilt. In Anlehnung an die Statistik der Deutschen Bundesbank können folgende Gruppen von Kreditinstituten unterschieden werden:
(1) **Kreditbanken**
– hierzu gehören die Großbanken, Regionalbanken und sonstige Kreditbanken, Privatbankiers und Zweigstellen ausländischer Banken
(2) Sparkassen- und Girozentralen (**Sparkassenbereich**)
(3) Genossenschaftliche Zentralbanken (einschließlich Deutsche Genossenschaftsbank) und Kreditgenossenschaften (**Volksbankenbereich**)

(4) **Realkreditinstitute**
- private Hypothekenbanken –
- öffentlich-rechtliche Grundkreditanstalten –

(5) **Teilzahlungskreditinstitute**

(6) **Kreditinstitute mit Sonderaufgaben** wie z.B. die Wertpapiersammelbank und die Investmentgesellschaften nach dem Gesetz über die Kapitalanlagegesellschaften

(7) **Postbank** (vgl. § 64 KWG).

Die verschiedenen Gruppierungen der Kreditwirtschaft sind in den **Spitzenverbänden der Kreditinstitute** organisiert. Hierzu gehören: 19.10

(1) Bundesverband deutscher Banken

(2) Bundesverband deutscher Volksbanken und Raiffeisenbanken

(3) Deutscher Sparkassen- und Giroverband

(4) Verband deutscher Hypothekenbanken

(5) Verband öffentlicher Banken.

Diese Verbände, die im „Zentralen Kreditausschuß" (ZKA) organisiert sind, vertreten die Interessen ihrer Mitgliedsinstitute auch gegenüber der Bundesbank und dem BAKred. In bestimmten Fällen ist die Anhörung dieser Spitzenverbände sogar gesetzlich vorgeschrieben. Dies gilt z.B.bei der Aufstellung der für die Kreditinstitute verbindlichen „Grundsätze" für die Schaffung eines angemessenen haftenden Eigenkapitals und die Gewährleistung einer ausreichenden Zahlungsbereitschaft (Liquidität) – vgl. §§ 10, 11, 22 Abs. 4 KWG. Eine vergleichbare Mitwirkung des ZKA ist vorgesehen, wenn das Bundesaufsichtsamt für den Wertpapierhandel Richtlinien für die Überwachung der Meldepflichten und Verhaltensregeln nach dem Wertpapierhandelsgesetz aufstellt (§ 35 Abs. 6 WpHG). 19.11

2. Abschnitt
EG-Harmonisierung ab Januar 1993[3]

19.12 Die Errichtung des EG-Binnenmarktes als einen einheitlichen europäischen Wirtschaftsraum zum Januar 1993 sollte nach dem Zeitplan der EG-Kommission von der Schaffung eines **EG-einheitlichen Bankenmarktes** begleitet werden. Für einen solchen Binnenmarkt ist ein uneingeschränktes Angebot von Finanzdienstleistungen über die nationalen Grenzen hinweg unverzichtbar. Mit dieser endgültigen Liberalisierung der nationalen Bankenmärkte ist die volle Dienstleistungs- und Niederlassungsfreiheit auf dem Bankensektor verwirklicht, nachdem schon zuvor alle Beschränkungen des Kapitalverkehrs zwischen den EG-Mitgliedstaaten bis auf wenige Ausnahmen beseitigt worden waren[4].

19.13 Die Schaffung eines einheitlichen EG-Bankenmarktes erforderte eine ausreichende Harmonisierung des Bankrechts. Ein funktionierender Finanzbinnenmarkt bedarf insbesondere aufsichtsrechtlicher Mindeststandards für Finanzdienstleistungen[5]. Die ursprünglichen Bestrebungen, hierbei ein einheitliches Bankenaufsichtssystem mit einer zentralen Aufsichtsbehörde zu schaffen, erwiesen sich im Laufe der Zeit als undurchführbar[6]. Die EG-Kommission legte daher 1985 dem Europäischen Ministerrat ein „Weißbuch" zur Vollendung des Binnenmarktes vor, das einen radikal neuen, weitaus liberaleren Ansatz für eine schnelle Realisierung des Binnenmarktes befürwortete[7]. Die Kommission verfolgte nunmehr im Rahmen der Liberalisierung der Finanzdienstleistungen im Europäischen Binnenmarkt das Prinzip der gegenseitigen Anerkennung nationaler Regelungen auf der Grundlage des notwendigen Maßes an Harmonisierung. Die bankenaufsichtsrechtlichen Strukturnormen werden also nur in den Grundzügen harmonisiert.

19.14 Durch diese **minimale Rechtsangleichung** sollen die Voraussetzungen dafür geschaffen werden, daß die Überwachung der laufenden Geschäfts-

---

3 *Emmerich*, WM 1990, 1 ff.; *Kluge*, ZGesKredW 1990, 182 ff.; *Hoffmann*, ZGesKredW 1990, 178 ff.; *Horn*, ZBB 1989, S. 107 ff.; *Berger*, BB 1989, 1017; *Akmann*, ZGesKredW 1990, 187 ff.
4 *Emmerich*, WM 1990, 1, 3.
5 *Schulte-Mattler*, WM 1994, 1412.
6 *Horn*, ZBB 1989, 111.
7 *Kluge*, ZGesKredW 1990, 182.

tätigkeit eines Kreditinstituts von seiner zuständigen Heimatlandbehörde erfolgen kann[8]. Nach diesem Prinzip der „Heimatlandkontrolle" ist mit der Überwachung eines Kreditinstitutes in erster Linie die zuständige Behörde des Staates betraut worden, in denen das Kreditinstitut seinen Sitz hat.

Auf der Grundlage der harmonisierten Aufsichtsregeln sind die Mitgliedstaaten verpflichtet, Kreditinstituten aus anderen Mitgliedstaaten der Europäischen Union die Möglichkeit zu geben, **grenzüberschreitend** und **ohne zusätzliche Genehmigung** Dienstleistungen anzubieten sowie ohne ein besonderes Zulassungsverfahren Zweigstellen zu gründen. Mit diesen harmonisierten Zulassungsbedingungen wird ein **sog. Europäischer Paß für Einlagenkreditinstitute** geschaffen. Bei diesen Einlagenkreditinstituten handelt es sich entsprechend dem englischen Trennbanksystem um Unternehmen mit Sitz in einem Mitgliedstaat der Europäischen Gemeinschaft, die Einlagen oder andere rückzahlbare Gelder des Publikums entgegennehmen und das Kreditgeschäft betreiben (§ 1 Abs. 3d KWG). Die Bankaufsichtsbehörde des Heimatstaates überwacht die Tätigkeit des Einlagekreditinstituts auch in den jeweiligen Aufnahmestaaten der Europäischen Union und arbeitet hierbei mit der jeweiligen nationalen Aufsichtsbehörde zusammen.

19.15

Ein solcher Europäischer Paß ist durch die EG-Wertpapierdienstleistungsrichtlinie auch für die Wertpapierhandelsunternehmen geschaffen worden, die keine Einlagenkreditinstitute sind. Damit wurde eine Gleichstellung der vornehmlich angelsächsisch geprägten Wertpapierhäuser mit den kontinental europäischen Universalkreditinstituten im Bereich der Dienstleistungs- und Niederlassungsfreiheit herbeigeführt.

19.16

Zu der angestrebten Angleichung der nationalen Aufsichtsrechte sind inzwischen verschiedene EG-Harmonisierungsrichtlinien verabschiedet worden, die der deutsche Gesetzgeber in nationales Recht umgesetzt hat. Bei dieser Umsetzung dürfen die innerstaatlichen Vorschriften schärfer, aber nicht weicher formuliert werden[9].

19.17

Der **Umsetzung dieser Harmonisierungsrichtlinien** dienen die (4.) KWG-Novelle 1993, die (5.) KWG-Novelle 1994 und die (6.) KWG-Novelle vom 22. 10. 1997, mit der die Wertpapierdienstleistungsrichtlinie und die Kapitaladäquanzrichtlinie umgesetzt worden ist.

19.18

---

8 *Arnold*, DB 1990, 688, 669; *Horn*, ZBB 1989, 107, 111; *Emmerich*, WM 1990, 1, 3.
9 *Arnold*, DB 1990, 668, 669; *Arnold/Boos*, DB 1991, 364 ff.

I. (Vierte) KWG-Novelle 1993

19.19 Mit der (4.) KWG-Novelle vom 21. 12. 1992[10] – nachfolgend KWG-Novelle 1993 – sind **drei Harmonisierungsrichtlinien umgesetzt** worden: Zweite Richtlinie 89/646/EWG des Rates vom 15. 12. 1989 zur Koordinierung der Rechts- und Verwaltungsvorschriften über die Aufnahme und Tätigkeit der Kreditinstitute[11], nachfolgend als **II. Koordinierungsrichtlinie** bezeichnet, die Richtlinie 89/299/EWG des Rates vom 17. 4. 1989 über die Eigenmittel von Kreditinstituten (**Eigenmittelrichtlinie**)[12] und die Richtlinie 89/647/EWG des Rates vom 18. 12. 1989 für einen Solvabilitätskoeffizienten für Kreditinstitute (**Solvabilitätskoeffizienten-Richtlinie**)[13].

1. Zweite Bankrechtskoordinierungsrichtlinie

19.20 Im **Mittelpunkt der KWG-Novelle 1993** steht die Umsetzung der II. Koordinierungsrichtlinie[14].

19.21 Die I. Bankrechtskoordinierungsrichtlinie vom 12. 12. 1977[15] brachte noch keine wesentlichen Fortschritte auf dem Weg zur Öffnung der nationalen Bankenmärkte[16]. Mit dieser Richtlinie verfolgte die EG-Kommission ihr ursprüngliches Konzept der Schaffung eines EG-weiten einheitlichen Bankenaufsichtsrechts, das sich als undurchführbar erwies[17]. Der zentrale Rechtsakt zur Durchsetzung des einheitlichen europäischen Bankenbinnenmarktes ist daher die II. Koordinierungsrichtlinie[18].

19.22 Die II. Koordinierungsrichtlinie geht von dem Grundsatz der gegenseitigen Anerkennung der Aufsicht über die Kreditinstitute durch die einzelnen Mitgliedstaaten aus (vgl. § 53b Abs. 1 KWG). Darüber hinaus enthält sie weitere wichtige Regelungen. Kreditinstitute müssen ein Mindestanfangskapital von 5 Millionen EURO haben (§ 33 Abs. 1 Satz 1 Nr. 1 lit. d KWG). Dieses Anfangskapital darf auch später nicht unterschritten werden (§ 35 Abs. 2 Nr. 3 lit. b KWG). Bereits zugelassene Institute genießen Bestandsschutz (§ 64 b KWG).

---

10 BGBl. I 1992, S. 2211.
11 ABlEG Nr. L 386, S. 1–13.
12 ABlEG Nr. L 124, S. 16.
13 ABlEG Nr. L 386, S. 14–22.
14 *Lehnhoff*, WM 1993, 277 ff.; *Arnold/Boos*, DB 1993, 273 ff.; vgl. weiter EuGH, WM 1997, 1697 ff.
15 ABlEG 1989 Nr. L 386, S. 1–13. Vgl. hierzu *Horn*, ZBB 1989, 110, 111.
16 *Emmerich*, WM 1990, 1, 5.
17 *Horn*, ZBB 1989, 111.
18 *Emmerich*, WM 1990, 1, 3.

Die **Überwachungsbefugnisse** der Bankaufsichtsbehörde werden auf die Zuverlässigkeit von Anteilseignern ausgedehnt, die eine bedeutende Beteiligung an einem Kreditinstitut erwerben. 19.23

Hierbei handelt es sich gleichzeitig um einen wichtigen Schritt zur Bekämpfung der Geldwäsche (§ 261 StGB) in Ergänzung des Gewinnaufspürungsgesetzes (Rn 3.114). Mit dieser Vorschrift kann verhindert werden, daß z.B. Drogenhändler Kreditinstitute aufkaufen und für ihre Zwecke zu nutzen versuchen. 19.24

Die Beteiligung einer Bank an Unternehmen, die weder Kreditinstitute, Finanzdienstleistungsinstitute, Finanzunternehmen oder Versicherungsunternehmen sind, noch Hilfsgeschäfte für die Bank betreiben, werden beschränkt. An solchen Unternehmen darf eine Bank keine bedeutende Beteiligung halten, deren Nennbetrag 15% des haftenden Eigenkapitals des Kreditinstitutes übersteigt (§ 12 Abs. 1 S. 1 KWG). Der Gesamtbetrag der bedeutenden Beteiligungen an solchen Unternehmen darf im übrigen 60% des haftenden Eigenkapitals der Bank nicht überschreiten (§ 12 Abs. 1 S. 2 KWG). 19.25

2. Eigenmittelrichtlinie

Ein weiterer Schwerpunkt der KWG-Novelle 1993 ist die Umsetzung der Eigenmittelrichtlinie. Hierdurch wurde der für die Bankenaufsicht zentrale Begriff des angemessen haftenden Eigenkapitals im Sinne des § 10 KWG harmonisiert. Diese Richtlinie definiert die bankenaufsichtsrechtlichen Eigenkapitalkomponenten für die eigenkapitalabhängigen Normen, wie sie in der EG mit dem Beginn des Binnenmarktes nur noch zulässig sind. 19.26

Ausreichende Eigenmittel sind nicht nur der Garant für Stabilität eines Kreditinstituts, sondern auch Bezugsgröße für eine Reihe von Aufsichtsnormen. Die Eigenmittelrichtinie unterscheidet zwischen dem **sog. Kernkapital und dem Ergänzungskapital.** 19.27

Die Eigenmittelrichtlinie stimmt weitestgehend mit den Beschlüssen des von den Notenbankgouverneuren eingesetzten Baseler Ausschusses für Bankenbestimmungen und Überwachung überein, der bei der Bank für Internationalen Zahlungsausgleich (BIZ) in Basel angesiedelt ist. Dieser nach seinem Vorsitzenden Cooke benannte Ausschuß hat im Jahre 1987 ein Konsultationspapier für die Eigenmittelausstattung international tätiger Banken erarbeitet. Ziel dieses Cooke-Papiers ist es, die Stabilität des internationalen Bankensystems zu steigern, ohne dadurch Mitbewerbern aus anderen Ländern Wettbewerbsvorteile zu verschaffen. 19.28

Hierzu wurde eine Eigenmittelausstattung der Kreditinstitute von **mindestens 8 % der risikobehafteten Aktivpositionen** angestrebt. Dies bedeu- 19.29

tet, daß die risikobehafteten Aktiva höchstens das 12,5fache des haftenden Eigenkapitals ausmachen dürfen, während dieser Faktor beim bisherigen Grundsatz I zu § 10 KWG a.F. das 18fache betrug.

19.30 Das Cooke-Papier ist am 11. 7. 1988 durch die Zentralbank-Gouverneure der Zehnergruppe und der Schweiz gebilligt worden. Zur Zehnergruppe gehören zur Zeit Belgien, Deutschland, Frankreich, Großbritannien, Italien, Japan, Kanada, Niederlande, Schweden und die USA.

19.31 Bei dem Cooke-Papier mit seiner Eigenkapitalübereinkunft handelt es sich um unverbindliche Richtlinien, die von den zuständigen nationalen Gremien in heimisches Recht transformiert werden müssen[19], wie dies größtenteils bei der Neufassung des Grundsatzes I des § 10 KWG zum 1. 10. 1990 bereits geschehen ist. Diese Eigenkapitalübereinkunft soll nach einem Konsultationspapier des Baseler Ausschusses für Bankenaufsicht vom 3. 6. 1999 geändert und erweitert werden. Es soll ein flexibleres System zur Erfassung und Unterlegung von Kreditrisiken geschaffen werden, denen ein sehr stark qualitativ, angelsächsisch geprägtes Aufsichtskonzept zugrunde liegt. Die vorgesehene Regelung dürfte zu einer Änderung der Solvabilitätsrichtlinie und des Eigenkapitalgrundsatzes I führen[20].

3. Solvabilitätskoeffizienten-Richtlinie

19.32 **Wesentlicher Inhalt** der Solvabilitätskoeffizienten-Richtlinie ist die Entwicklung eines gemeinsamen Standards für eine Risikogewichtung der Eigenkapitalausstattung der Kreditinstitute, soweit diese das Kredit- und Einlagengeschäft betreiben. Diese Richtlinie enthält also die aufsichtsrechtlichen Mindeststandards für die Adressenausfallrisiken für Kreditinstitute und ist daher das europäische Pendant zum Grundsatz I des KWG[21].

19.33 Die Solvabilitätsrichtlinie stellt ein Verfahren zur Verfügung, anhand dessen die Solvenz von Kreditinstituten gemessen werden kann. Ausgehend von dem harmonisierten Eigenmittelbegriff stellt die Richtlinie gemeinschaftliche Definitionen und Techniken für einen Solvabilitätskoeffizienten auf, der die Eigenmittel eines jeden Kreditinstitutes in Beziehung zu den nach ihrem Risiko gewichteten Aktiva und außerbilanzmäßigen Geschäften setzt.

---

19 *Schulte-Mattler*, WM 1990, 2061 ff.; *Hillmann*, DB 1988, 534 ff.
20 *Schulte-Mattler*, Die Bank, 1999, 530, 535.
21 *Schulte-Mattler*, WM 1994, 1412; *ders.*, WM 1993, 977 ff.

Für die Umsetzung der Solvabilitätskoeffizienten-Richtlinie genügte es bereits, daß die Definition der Eigenmittel im Sinne der Eigenmittelrichtlinie in das KWG übernommen worden ist. Damit ist das Bundesaufsichtsamt für das Kreditwesen in die Lage versetzt worden, im Einvernehmen mit der Deutschen Bundesbank und nach Anhörung der kreditwirtschaftlichen Spitzenverbände die Grundsätze über das Eigenkapital nach § 10 Abs. 1 KWG an die Anforderungen der Solvabilitätskoeffizienten-Richtlinie anzupassen[22]. Dies ist durch Neufassung der Grundsätze zum 1. 1. 1993 geschehen[23].

19.34

II. (Fünfte) KWG-Novelle 1994

Mit der Fünften KWG-Novelle – nachfolgend KWG-Novelle 1994 – sind zwei Richtlinien umgesetzt worden, die ebenfalls der Bankrechtsharmonisierung dienen. Hierbei handelt es sich um die Richtlinie 92/30/EWG des Rates vom 6. 4. 1992 über die Beaufsichtigung von Kreditinstituten auf konsolidierter Basis (**Konsolidierungsrichtlinie**)[24] und der Richtlinie 92/121/EWG des Rates vom 21. 12. 1992 über die Überwachung und Kontrolle von Kreditinstituten (**Großkreditrichtlinie**)[25]. Mit der Umsetzung dieser beiden Richtlinien wird die Anpassung des deutschen Bankenaufsichtsrechts an ein harmonisiertes europäisches Bankaufsichtsrecht fortgeführt. Die KWG-Novelle 1994 trat erst zum 31. 12. 1995 in Kraft. Die zahlreichen Änderungen der Vorschriften über Großkredite und der Risikogewichte erfordern bei den Kreditinstituten und den Bankenaufsichtsbehörden erhebliche und zeitaufwendige Umstellungen der Datenverarbeitungsanlagen[26].

19.35

1. Konsolidierungsrichtlinie

Mit der Konsolidierungsrichtlinie wird der **Anwendungsbereich bankaufsichtsrechtlicher Konsolidierung** auf alle Institute ausgedehnt, zu dessen Bereich ein Finanzunternehmen im Sinne des § 1 Abs. 3 KWG gehört, auch wenn die Konzernspitze kein Kreditinstitut ist. Hierdurch werden

19.36

---

22 Begr. des RegE der KWG-Novelle 1993, BT-Drucksache 504/92, S. 23.
23 Vgl. Bekanntmachung über die Änderung und Ergänzung der Grundsätze über das Eigenkapital und der Liquidität der Kreditinstitute vom 29. 12. 1992, abgedruckt in WM 1993, 313 ff.
24 ABlEG Nr. L 110, S. 52.
25 ABlEG 1993, Nr. L 29, S. 1.
26 Begr. des RegE, BT-Drucksache 12/6957, S. 38.

auch Wertpapierhäuser in die aufsichtsrechtliche Konsolidierung einbezogen und damit eine wichtige Voraussetzung dafür geschaffen, daß zwischen dem deutschen Universalbanksystem und dem angelsächsischen Trennbanksystem kein Regelungsgefälle entsteht. Aus aufsichtsrechtlichen Gründen wie auch aus der Sicht eines fairen Wettbewerbs darf es keinen Unterschied machen, ob Wertpapiergeschäfte von einem Kreditinstitut selbst oder unter Einschaltung eines Wertpapierhauses als Tochtergesellschaft betrieben werden.

19.37 Die Beaufsichtigung auf konsolidierter Basis hat bei der Beurteilung des angemessenen Eigenkapitals (§ 10a Abs. 1 KWG), die Überwachung der Marktrisiken und der Kontrolle der Großkredite (§ 13a Abs. 1 KWG) zu erfolgen. Für die Überwachung der Marktrisiken auf konsolidierter Basis enthält die Kapitaladäquanzrichtlinie vom 15. 3. 1993 die erforderlichen einschlägigen Bestimmungen des Gemeinschaftsrechts[27].

19.38 Eine **Pflicht zur Konsolidierung** kann bei bestimmten qualifizierten Beteiligungen bereits bei einer unmittelbaren oder mittelbaren Beteiligung von 20% der Kapitalanteile oder der Stimmrechte bestehen (§ 10a Abs. 4 KWG n.F.). Mit der Konsolidierungsrichtlinie werden im übrigen die Methoden der Konsolidierung stärker vereinheitlicht.

19.39 Bei Mehrheitsbeteiligungen oder bei Vorliegen eines beherrschenden Einflusses ist eine volle Konsolidierung vorgeschrieben. Bei den Mehrheitsbeteiligungen steht es den Mitgliedstaaten frei, ob und in welcher Form die Konsolidierung durchzuführen ist.

19.40 Eine wesentliche Änderung ist schließlich für das Konsolidierungsverfahren bei Einbeziehung von Tochtergesellschaften erfolgt. Das Regelverfahren der Konsolidierung ist von der Quoten- auf die **Vollkonsolidierung** umgestellt worden. In diesem Zusammenhang wurde vor allem der Abzug des sog. aktivischen Unterschiedbetrages im Sinne des § 10 a Abs. 6 KWG eingehend diskutiert. Hierbei handelt es sich um die Differenz aus einem höheren Buchwert der Beteiligung bei der Muttergesellschaft im Vergleich zu dem anteiligen Eigengeschäft der Tochtergesellschaft. Die Neuregelung hält insoweit an der bisherigen Regelung fest, als der Abzug vom haftenden Eigenkapital grundsätzlich erst nach zehn Jahren in vollem Umfang zu erfolgen hat[28].

---

27 Begr. des RegE, BT-Drucksache 12/6957, S. 19.
28 *Boos/Klein*, DB 1994, 529, 533.

2. Großkreditrichtlinie

Diese Richtlinie harmonisiert die wichtigsten Aufsichtsregeln für Großkredite der Kreditinstitute[29]. Die Überwachung solcher Kredite ist ein zentraler Bestandteil der laufenden Bankenaufsicht. Die übermäßige Konzentration von Krediten auf einen einzigen Bankkunden oder auf eine Gruppe verbundener Bankkunden birgt ein beträchtliches Risiko[30].

19.41

Die Großkreditschwelle von bisher 15% (vgl. § 13 Abs. 1 KWG a.F.) ist auf 10% des haftenden Eigenkapitals des Kreditinstitutes herabgesetzt worden. Ein einzelner Großkredit darf unbeschadet der Wirksamkeit des Rechtsgeschäfts nicht mehr als 25% betragen. Für die Herabsetzung der bisherigen Höchstgrenze von 50% (§ 13 Abs. 4 KWG a.F.) sind aber großzügige Übergangsfristen geschaffen worden. Ab 1. 1. 1996 gilt zunächst eine Höchstgrenze von 40%. Erst ab 1. 1. 1999 gilt für Neukredite die neue Höchstgrenze von 25%. Bereits gewährte und kündbare Kredite müssen bis zum 31. 12. 2001 auf 25% zurückgeführt werden.

19.42

3. Sonstige Regelungen

Der **Kreditbegriff** des § 19 KWG wird **neu definiert.** Danach sind Kredite die näher bestimmten Bilanzaktiva, Finanzswaps sowie die dafür übernommenen Gewährleistungen, Finanztermingeschäfte und Optionsgeschäfte sowie die dafür übernommenen Gewährleistungen und anderen außerbilanziellen Geschäfte. Grundsätzlich gelten als Kredite alle Aktiva und außerbilanziellen Geschäfte, wie sie vom Grundsatz I des § 10 KWG erfaßt werden[31].

19.43

Beim **Kreditnehmerbegriff** im Sinne des § 19 Abs. 2 KWG ist hinzugekommen, daß mehrere Kreditnehmer als Risikoeinheit anzusehen sind, wenn die zwischen ihnen bestehende Abhängigkeit es wahrscheinlich erscheinen läßt, daß, wenn einer dieser Kreditnehmer in finanzielle Schwierigkeiten gerät, dies auch bei den anderen zu Zahlungsschwierigkeiten führt.

19.44

Schließlich ist die **Kreditgrenze,** von der ab sich ein Kreditinstitut die wirtschaftlichen Verhältnisse von dem Kreditnehmer offenlegen lassen muß, von derzeit DM 100.000 nunmehr auf DM 500.000 heraufgesetzt worden (vgl. § 18 KWG). Die bisherige Betragsgrenze entspricht nicht mehr den wirtschaftlichen Gegebenheiten[32].

19.45

---

29 *Barth/Kropp*, WM 1995, 1297 ff.
30 Begr. des RegE, BT-Drucksache 12/6957, S. 20.
31 *Boos/Klein*, DB 1994, 529, 534.
32 Begr. des RegE, BT-Drucksache 12/6957, S. 30.

III. Sechste KWG-Novelle als Teil des Gesetzes zur Umsetzung von EG-Richtlinien zur Harmonisierung bank- und wertpapieraufsichtsrechtlicher Vorschriften vom 22. 10. 1997[33]

19.46 Im Vordergrund des als Artikelgesetz konzipierten Gesetzes zur Umsetzung von EG-Richtlinien zur Harmonisierung bank- und wertpapieraufsichtsrechtlicher Vorschriften (Richtlinien-Umsetzungsgesetz) steht die 6. KWG-Novelle (vgl. Art. 1 Richtlinien-Umsetzungsgesetz). Mit diesem Umsetzungsgesetz sind vor allem die Richtlinie 93/22/EWG des Rates vom 10. 5. 1993 über Wertpapierdienstleistungen (**Wertpapierdienstleistungsrichtlinie**)[34], die Richtlinie 93/6/EWG des Rates vom 15. 3. 1993 über die angemessene Eigenkapitalausstattung von Wertpapierfirmen und Kreditinstituten (**Kapitaladäquanzrichtlinie**)[35] und die Richtlinie 85/611/EWG vom 29. 6. 1995 betreffend bestimmte Organismen für gemeinsame Anlagen in Wertpapieren (OGAW) zwecks verstärkter Beaufsichtigung dieser Finanzunternehmen (BCCI-Folgerichtlinie) in deutsches Recht transformiert worden[36].

19.47 Der Gesetzgeber hat diese Umsetzung der Richtlinienvorgaben auch zum Anlaß genommen, die Zuständigkeiten und Aufsichtsbefugnisse der Bankenaufsicht zu erweitern, damit eine effektivere Bekämpfung des sogenannten grauen Kapitalmarktes ermöglicht wird[37]. Im übrigen sind im Bereich des Bankenaufsichtsrechts deregulierende Maßnahmen zur Förderung des Finanzplatzes Deutschland getroffen worden.

1. Aufsichtsrechtliche Gleichstellung von Kreditinstituten und Wertpapierfirmen

19.48 Die Wertpapierdienstleistungsrichtlinie enthält **Mindestbedingungen für die Zulassung und Beaufsichtigung** von Unternehmen, die gewerbsmäßig Wertpapierdienstleistungen erbringen. Diese Dienstleistungen, wie auch die Wertpapiernebendienstleistungen sind in § 2 Abs. 3 und 3a WpHG im einzelnen definiert.

---

33 BGBl. I 1997, S. 2518 ff.
34 Abgedruckt ABlEG Nr. L 141 vom 1. 6. 1993, S. 27 ff. und in *Kümpel/Ott*, Kapitalmarktrecht, Kz 940.
35 ABlEG Nr. L 141 vom 1. 6. 1993, S. 1 f.; abgedruckt in *Kümpel/Ott*, Kapitalmarktrecht, Kz 925.
36 ABlEG Nr. L 168 vom 18. 7. 1995, S. 7; abgedruckt in *Kümpel/Ott*, Kapitalmarktrecht, Kz 960.
37 *Mielk*, WM 1997, 2200, 2201.

Mit dieser Harmonisierung der aufsichtsrechtlichen Grundstrukturen 19.49
sind die Voraussetzungen für eine aufsichtsrechtliche Gleichstellung von
Kreditinstituten und Wertpapierfirmen geschaffen worden. Auch für die
Wertpapierfirmen mit Sitz in einem Staat des Europäischen Wirtschaftsraumes (EWR) gilt nunmehr das **Prinzip einer einheitlichen Erlaubnis,** die
der Herkunftsstaat erteilt. Dieser sogenannte Europäische Paß berechtigt
die Wertpapierfirma, im europäischen Wirtschaftsraum Wertpapierdienstleistungen und Nebendienstleistungen über die Errichtung von Zweigniederlassungen oder im Wege des grenzüberschreitenden Dienstleistungsverkehrs zu erbringen[38].

Im übrigen ist auch die zuständige Behörde des Herkunftsstaates für die 19.50
Aufsicht über die grenzüberschreitende Tätigkeit zuständig **(sog. Prinzip
der gegenseitigen Anerkennung)**[39]. Die Zuständigkeit der Aufsichtsbehörde des Aufnahmestaates erschöpft sich im wesentlichen auf die Liquiditätskontrolle und die Überwachung der **Einhaltung der Wohlverhaltensregeln (§§ 31 ff. WpHG).** Aufsichtsrechtliche Spezialvorschriften haben nur
Bestand, wenn sie die ausländischen Wertpapierfirmen nicht diskriminieren und der Sachverhalt EG-rechtlich noch nicht abschließend geregelt ist
(sog. Vorrang des Europäischen Gesetzgebers), angemessene Kontrollen
durch den Herkunftsstaat nicht existieren oder wenn die Vorschriften im
Allgemeininteresse zwingend erforderlich sind[40].

a) Finanzdienstleistungsunternehmen

Die Erstreckung der Bankenaufsicht auf die Wertpapierfirmen machte es 19.51
erforderlich, im KWG einen neuen Typus von Unternehmen in Gestalt
der Finanzdienstleistungsunternehmen zu definieren (§ 1 Abs. 1a KWG).
Denn die umzusetzenden Wertpapierdienstleistungsrichtlinien (Anhang
A Nr. 1–4) erfassen Geschäftssparten, die EG-rechtlich Geschäftsgegenstand einer Wertpapierfirma sind, aber kein Bankgeschäft im Sinne des
gesetzlichen Kataloges des § 1 Abs. 1 S. 2 KWG darstellen. Zu dem
Katalog von Finanzdienstleistungen dieser Finanzdienstleistungsunternehmen gehören:

Nr. 1 die Vermittlung von Geschäften über die Anschaffung und die Veräußerung 19.52
von Finanzinstrumenten oder deren Nachweis (Anlagevermittlung),

Nr. 2 die Anschaffung und die Veräußerung von Finanzinstrumenten in fremdem 19.53
Namen für fremde Rechnung (Abschlußvermittlung),

---

38 Begr. des RegE Richtlinien-Umsetzungsgesetz, BT-Drucksache 13/7142, S. 55;
 Mielk, WM 1997, 2200, 2201; *Meixner,* WM 1998, 431, 432.
39 Begr. des RegE Richtlinien-Umsetzungsgesetz, BT-Drucksache 13/7142, S. 55.
40 Begr. des RegE Richtlinien-Umsetzungsgesetz, BT-Drucksache 13/7142, S. 56.

19.54 Nr. 3 die Verwaltung einzelner in Finanzinstrumenten angelegter Vermögen für andere mit Entscheidungsspielraum (Finanzportfoliovermittlung) und

19.55 Nr. 4 die Anschaffung und die Veräußerung von Finanzinstrumenten im Wege des Eigenhandels (Eigenhandel).

19.56 Dieser Katalog ist **abschließend**[41]. Er enthält mit der Drittstaateneinlagenvermittlung sowie dem Finanztransfergeschäft und dem Sortengeschäft (§ 1 a Nr. 5–7 KWG) drei weitere Geschäftsarten, die keinen EG-rechtlichen Hintergrund haben. Diese Geschäftsfelder sollen im Interesse der Bekämpfung unseriöser Praktiken des grauen Kapitalmarktes und von Geldwäscheaktivitäten der Bankenaufsicht unterstellt werden[42].

19.57 Die Einordnung eines Unternehmens als Finanzdienstleistungsunternehmen ist gegenüber seiner Qualifizierung als Kreditinstitut ausdrücklich subsidiär. Ein als Kreditinstitut im Sinne des § 1 Abs. 1 KWG einzustufendes Unternehmen kann nicht gleichzeitig auch ein Finanzdienstleistungsinstitut sein[43]. Durch die Umsetzung der Wertpapierdienstleistungsrichtlinie wird also das deutsche Universalbankensystem nicht beeinträchtigt[44].

19.58 Wie die Kreditinstitute brauchen auch die Finanzdienstleistungsunternehmen eine schriftliche Erlaubnis des BAKred (vgl. § 32 Abs. 1 KWG). Im Interesse der gesetzestechnischen Vereinfachung verwendet das KWG im übrigen für die Begriffe Kreditinstitute und Finanzdienstleistungsinstitute den **Oberbegriff „Institute"** (§ 1 b KWG)[45].

19.59 Infolge der Umsetzung der Wertpapierdienstleistungsrichtlinie werden in Deutschland Finanzdienstleistungsinstitute erstmalig einer speziellen staatlichen Aufsicht unterstellt. Es wird erwartet, daß bis zu 7500 Unternehmen aufgrund der gesetzlichen Änderung zusätzlich unter die staatliche Aufsicht fallen[46]. Angesichts der gegenwärtig ca. 3700 vorhandenen Kreditinstituten würden die künftig zu beaufsichtigenden Unternehmen ganz überwiegend dem grauen Kapitalmarkt zuzuordnen sein.

19.60 Von den Finanzdienstleistungsunternehmen sind die **Finanzunternehmen** (§ 1 Abs. 3 KWG) zu unterscheiden. Sie entsprechen in wesentlichen Bereichen den schon bisher im Absatz 3 des § 1 KWG geregelten „Finanzinstituten", soweit deren Tätigkeiten nicht den Bankgeschäften (§ 1 Abs.

---

41 Begr. des RegE Richtlinien-Umsetzungsgesetz, BT-Drucksache 13/7142, S. 65.
42 Begr. des RegE Richtlinien-Umsetzungsgesetz, BT-Drucksache 13/7142, S. 66, 67; *Mielk*, WM 1997, 2200, 2201.
43 Begr. des RegE Richtlinien-Umsetzungsgesetz, BT-Drucksache 13/7142, S. 65.
44 Begr. des RegE Richtlinien-Umsetzungsgesetz, BT-Drucksache 13/7142, S. 65.
45 Begr. des RegE Richtlinien-Umsetzungsgesetz, BT-Drucksache 13/7142, S. 67.
46 *Karg/Lindemann*, Die Sparkasse 1997, 123, 125; *Mielk*, WM 1997, 2200, 2203.

1 KWG) oder den Finanzdienstleistungen (§ 1 Abs. 1a KWG) zugeordnet worden sind[47]. Der bisherige Begriff Finanzinstitut ist durch die Bezeichnung Finanz„unternehmen" ersetzt worden, um diese Unternehmen deutlicher von den Kreditinstituten und den Finanzdienstleistungsunternehmen abzugrenzen. Das KWG bezeichnet mit dem Begriff Finanzunternehmen für den Finanzsektor eine Restgröße, die Anknüpfungspunkt für verschiedene aufsichtsrechtliche Tatbestände sind. Diese Unternehmen werden jedoch nicht der Insolvenzaufsicht der Bankenaufsicht unterstellt[48].

19.61 Eine weitere terminologische Besonderheit weist das KWG auch insoweit auf, als die deutsche Fassung der Wertpapierdienstleistungsrichtlinie von „Wertpapierfirmen" spricht, die in der Praxis oftmals auch als „Wertpapierhäuser" bezeichnet werden. Dagegen verwendet das KWG (§ 1 Abs. 3d) anstelle der Wertpapierfirma die Bezeichnung „Wertpapierhandelsunternehmen"[49].

b) Abgrenzung der Zuständigkeit von Bankenaufsicht und staatlicher Marktaufsicht

19.62 Mit Rücksicht auf die unterschiedlichen Aufgabenbereiche ist die Zuständigkeit für die Beaufsichtigung der Wertpapierhandelsunternehmen und der Kreditinstitute, soweit sie Wertpapierdienstleistungen erbringen, zwischen dem BAKred und dem Bundesaufsichtsamt für den Wertpapierhandel (BaWe) aufgeteilt worden. Der Aufteilung der Kompetenzen liegt ein funktionaler Ansatz zugrunde. Die Bankenaufsicht ist für die Zulassung und die Solvenzaufsicht zuständig, während dem BaWe die Aufsicht über die Kapitalmärkte obliegt[50]. Die Zuständigkeit erstreckt sich auf die Zulassung der Institute und deren Aufhebung, die Überprüfung der persönlichen Zuverlässigkeit und fachlichen Eignung der Geschäftsleiter und ihre Abberufung, die Kontrolle der Anteilseigner, die laufende Überwachung der wirtschaftlichen Situation der Institute einschließlich der aktuellen Liquiditäts- und Ertragslage sowie die Verfolgung unerlaubt betriebener Bankgeschäfte und Finanzdienstleistungen[51].

19.63 Die **staatliche Aufsicht über das Depotgeschäft** ist wie bisher bei der Bankenaufsicht angesiedelt worden ungeachtet dessen, daß es sich bei

---

47 Begr. des RegE Richtlinien-Umsetzungsgesetz, BT-Drucksache 13/7142, S. 67; *Mielk*, WM 1997, 2200, 2202.
48 Begr. des RegE Richtlinien-Umsetzungsgesetz, BT-Drucksache 13/7142, S. 67.
49 Begr. des RegE Richtlinien-Umsetzungsgesetz, BT-Drucksache 13/7142, S. 68.
50 Begr. des RegE Richtlinien-Umsetzungsgesetz, BT-Drucksache 13/7142, S. 60.
51 Begr. des RegE Richtlinien-Umsetzungsgesetz, BT-Drucksache 13/7142, S. 60.

den Dienstleistungen im Rahmen des Depotgeschäfts um Nebendienstleistungen handelt, die typischerweise zusammen mit einer Wertpapierdienstleistung erbracht werden. Zur **Vermeidung einer doppelten Zuständigkeit** von Bankenaufsicht und Marktaufsicht erklärt das Wertpapierhandelsgesetz die Wertpapierverwahrung und -verwaltung für andere nur insoweit zu einer der Marktaufsicht zugeordneten Wertpapiernebendienstleistung, „als das Depotgesetz nicht anwendbar ist" (vgl. § 2 Abs. 3a Nr. 1 WpHG)[52].

19.64 Entsprechend dieser funktionalen Kompetenzzuweisungen zwischen den beiden Aufsichtsbehörden sind die Regelungen, die den Aufgabenbereich der Bankenaufsicht berühren, im KWG geregelt worden. Die die Marktaufsicht betreffenden Regelungen der Wertpapierdienstleistungsrichtlinie sind im Wertpapierhandelsgesetz umgesetzt.

2. Umsetzung der Kapitaladäquanzrichtlinie

19.65 Ein weiterer Schwerpunkt der 6. KWG-Novelle ist die Umsetzung der Richtlinie 93/6/EWG des Rates vom 15. 3. 1993 über die angemessene Eigenkapitalausstattung von Wertpapierfirmen und Kreditinstituten (**Kapitaladäquanzrichtlinie**)[53]. Diese Richtlinie ist stark beeinflußt worden durch die Aktivitäten der **IOSCO** (International Organization of Securities Commissions)[54]. Diese Vereinigung internationaler „Wertpapieraufseher" versucht, weltweite Eigenkapitalregeln für das Wertpapiergeschäft der international operierenden Wertpapierhäuser aufzustellen.

19.66 Die Kapitaladäquanzrichtlinie enthält Regelungen zur Beaufsichtigung von Risiken, die bei Kreditinstituten und Finanzdienstleistungsunternehmen im Sinne der Wertpapierfirmen (Wertpapierhandelsunternehmen in der Terminologie des KWG) im Zusammenhang mit der Durchführung von Geschäften mit Finanzinstrumenten (§ 1 Abs. 11 KWG) entstehen. Diese Richtlinie stellt deshalb eine unverzichtbare Ergänzung der Wertpapierdienstleistungsrichtlinie dar[55].

19.67 Die von der Wertpapierdienstleistungsrichtlinie erfaßten Unternehmen betreiben mit ihren Wertpapiergeschäften in einem bedeutenden Marktsegment die gleichen Geschäfte wie die Universalbanken. Sie werden jedoch von den aufsichtsrechtlichen Vorschriften der von der KWG-Novelle 1993 umgesetzten II. Bankrechtskoordinierungsrichtlinie, Eigenmit-

---

52 Begr. des RegE Richtlinien-Umsetzungsgesetz, BT-Drucksache 13/7142, S. 101.
53 ABlEG Nr. L 141, S. 1 ff.
54 *Arnold*, DB 1990, 668, 671, 672.
55 Begr. des RegE Richtlinien-Umsetzungsgesetz, BT-Drucksache 13/7142, S. 56.

telrichtlinie und der Solvabilitätskoeffizienten-Richtlinie nicht erfaßt. Der Grund hierfür ist, daß die Definition des „Kreditinstituts" in der II. Bankrechtskoordinierungsrichtlinie die Wertpapierfirmen nicht erfaßt. Danach gehören zu den unter diese Richtlinie fallenden Einlagenkreditinstitute entsprechend dem angelsächsischen Trennbanksystem nur Unternehmen mit Sitz in einem EG-Mitgliedstaat, die Einlagen oder andere rückzahlbare Gelder des Publikums entgegennehmen und das Kreditgeschäft betreiben (§ 53b Ans. 1 S. 1 KWG). Im Rahmen der EG-Rechtsharmonisierung dient deshalb die Kapitaladäquanzrichtlinie als aufsichtsrechtliches Pendant zu der Eigenmittel- und Solvabilitätskoeffizienten-Richtlinie[56].

Die **Umsetzung der Kapitaladäquanzrichtlinie** erfolgt nur teilweise unmittelbar im KWG. Damit wird die bisherige bewährte Regelungspraxis fortgeführt, grundsätzliche und allgemeine Bestimmungen im Gesetz zu verankern, während die technischen Detailregelungen überwiegend in Verwaltungsvorschriften der Bankenaufsicht erfolgen[57]. Diese ergänzenden Regelungen haben ihre rechtliche Grundlage vor allem in der Rechtsverordnungsermächtigung für Kredite gemäß § 22 KWG. Diese sog. Kreditbestimmungsverordnung soll eine vollständige Umsetzung der Großkredit- und Kapitaladäquanzrichtlinie gewährleisten und dem Verordnungsgeber die Möglichkeit einräumen, innerhalb der Vorgaben der Richtlinien flexible Lösungen zu finden[58]. Die Eigenkapitalanforderungen für Markt-(Preis-)Risiken sind bei der Neufassung des Grundsatzes I zu §§ 10, 10a Abs. 1 KWG berücksichtigt worden[59].

19.68

Unter solchen Verwaltungsvorschriften sind solche Regelungen **ohne Normcharakter** zu verstehen, die innerhalb der Verwaltungsorganisation von übergeordneten Verwaltungsinstanzen an nachgeordnete Behörden oder Bedienstete ergehen. Sie dienen insbesondere dazu, das Handeln der Verwaltung, vor allem den Gesetzvollzug näher zu bestimmen. Die Bezeichnungen sind sehr unterschiedlich[60].

19.69

Soweit Wertpapierfirmen Kreditrisiken aus Großengagements außerhalb ihres Wertpapiergeschäfts eingegangen sind, gilt im übrigen auch für sie die für Einlagenkreditinstitute maßgebliche Großkreditrichtlinie, wie sie durch die fünfte KWG-Novelle 1994 umgesetzt worden ist[61].

19.70

---

56 *Schulte-Mattler*, WM 1994, S. 141.
57 Richtlinien-Umsetzungsgesetz, BT-Drucksache 13/7142, S. 56.
58 Richtlinien-Umsetzungsgesetz, BT-Drucksache 13/7142, S. 86; *Mielk*, WM 1997, 2200, 2201.
59 *Mielk*, WM 1997, 2200, 2201.
60 *Erichsen/Ossenbühl*, Allgemeines Verwaltungsrecht, 11. Aufl., 1998, § 6 Rn 31; *Wolff/Bachof/Stober*, Verwaltungsrecht I, 10. Aufl., 1994, § 24 Rn 24.
61 *Schulte-Mattler*, WM 1994, 1412, 1417.

a) Eigenkapitalunterlegung für Markt- und Preisrisiken

19.71 Vorrangiges Ziel der Kapitaladäquanzrichtlinie ist es, Eigenkapitalanforderungen für Risiken festzulegen, die sich aus Wertpapierhandels- und Fremdwährungsgeschäften ergeben. Offene Positionen aus diesen Geschäften, die mit Markt- oder Preisrisiken behaftet sind, müssen daher künftig mit Eigenkapital unterlegt werden. Solche Preisrisiken sind bislang nach deutschem Bankaufsichtsrecht nur für Währungsrisiken erfaßt gewesen. Es werden also künftig verstärkt Kapitalkosten anfallen, wenn die Wertpapierfirmen im Zins- , Aktien- und Fremdwährungsbereich „Positionen öffnen". Dies dürfte die Wertpapierfirmen und Universalbanken veranlassen, verstärkt Absicherungstechniken einzusetzen, um Preisrisiken zu begrenzen und damit die Belastung mit Kapitalkosten zu reduzieren[62].

19.72 Die Kapitaladäquanzrichtlinie bestimmt für die verschiedenen Risikobereiche unterschiedliche Eigenmittelerfordernisse. Im Mittelpunkt steht dabei das Positionsrisiko aus den Wertpapierhandelsgeschäften, bei dem nach dem „Baukastenprinzip" verfahren wird. Danach werden im Zinswie auch im Aktienbereich die Eigenmittelerfordernisse getrennt nach dem emittentenbezogenen spezifischen Risiko (**„Kreditrisiko"**) und dem allgemeinen Marktrisiko (**„Preisrisiko"**) der jeweiligen offenen Position ermittelt und zusammengefaßt[63].

19.73 **Im Zinsbereich** wird das Risiko erfaßt, das das Institut durch Kursverluste aus offenen Positionen mit festverzinslichen und zinsvariablen Finanzinstrumenten einschließlich der zinsbezogenen derivativen Produkte, wie insbesondere Zinsterminkontrakten und Zinsswaps, erleiden kann.

19.74 Einen weiteren Risikobereich bildet das Abwicklungsrisiko und das Risiko des Ausfallens der Gegenpartei (sog. **Adressenausfallrisiko**)[64]. Dabei unterliegen nur die möglichen Kursverlustrisiken aus bestimmten, noch nicht vollständig abgewickelten Geschäften den zusätzlichen Kapitalunterlegungspflichten. Ist ein Geschäft von beiden beteiligten Vertragspartnern noch nicht erfüllt, besteht das Risiko, daß dem Institut aus der verspäteten Abwicklung ein Verlust entsteht (sog. **Abwicklungs- und Lieferrisiko**). Hat dagegen ein Institut vorgeleistet, wird das mögliche Verlustrisiko aus der Insolvenz des Vertragspartners am Marktwert der gelieferten Wertpapiere oder des geschuldeten Geldbetrages gemessen.

---

62 *Schulte-Mattler*, WM 1994, 1412.
63 *Schulte-Mattler*, WM 1993, 977-981; ders., WM 1991, Sonderbeil. 3.
64 Begr. des RegE Richtlinien-Umsetzungsgesetz, BT-Drucksache 13/7142, S. 56.

b) Definition des Handelsbuches („Trading-book")

Das Handelsbuch ist in § 1 Abs. 12 KWG definiert. Nach den Gesetzesmaterialien ist das entscheidende Kriterium für die Zuordnung einer Position zum Handelsbuch der auf Erzielung eines Handelserfolges ausgerichtete Geschäftszweck[65]. Das Handelsbuch basiert deshalb auf **vier Teiltatbeständen:** (1) Finanzinstrumente, handelbare Forderungen und Anteile, die ein Institut zum Zwecke des Wiederverkaufes im eigenen Bestand hält oder von dem Institut übernommen werden, um bestehende Unterschiede zwischen dem Kauf- und dem Verkaufspreis oder Preis- oder Zinsschwankungen kurzfristig zu nutzen, damit ein Eigenhandelserfolg erzielt wird, (2) Bestände und Geschäfte zur Absicherung von Marktrisiken des Handelsbuches und damit in Zusammenhang stehende Refinanzierungsgeschäfte, (3) Aufgabengeschäfte sowie (4) Forderungen in Form von Gebühren, Provisionen, Zinsen, Dividenden und Einschüssen, die mit den Positionen des Handelsbuches unmittelbar verknüpft sind.

19.75

c) Trading-book – Alternative für Einlagenkreditinstitute

Die Kapitaladäquanzrichtlinie ist gleichermaßen auf Wertpapierfirmen und das Wertpapiergeschäft der Universalbanken anzuwenden. Die Einlagenkreditinstitute können daher nach eigenem Ermessen ihre Wertpapiergeschäfte der Kapitaladäquanzrichtlinie und nicht der Eigenmittel- und Solvabilitätskoeffizienten-Richtlinie unterwerfen (Trading-book-Alternative).

19.76

Dieses **Wahlrecht der Einlagenkreditinstitute** soll dem Grundsatz Rechnung tragen, daß gleiches Geschäft gleiches Risiko bedeutet und damit gleiche Aufsichtsregeln bedingt[66]. Hierdurch wird vermieden, daß für gleiche geschäftliche Aktivitäten unterschiedliche Regelungssysteme installiert werden, die den Wettbewerb zum Nachteil der Kreditinstitute verfälschen und damit das im Vordringen befindliche Universalbankprinzip zugunsten des Trennbanksystems benachteiligen. Die Trading-book-Alternative ermöglicht also, daß für die Universalbanken und die Wertpapierhäuser derselbe Eigenkapitalbegriff für die Risikounterlegung von Wertpapiergeschäften gilt.

19.77

3. BCCI-Folgerichtlinie

Mit Rücksicht auf den Zusammenbruch der Bank of Credit and Commerce International (BCCI) wurde die BCCI-Folgerichtlinie erlassen, die zu

19.78

---
65 *Schulte-Mattler*, WM 1994, 1412, 1417.
66 *Arnold*, DB 1990, 688, 671.

einer Änderung einer Reihe anderer Richtlinien führte, die im Interesse einer effizienteren Aufsicht der Struktur und der Beaufsichtigung von Finanzunternehmen regeln. Entsprechend den Vorgaben der BCCI-Folgerichtlinie wurden die Kriterien für die Zulassung verschärft (§§ 32, 33 KWG). Des weiteren wurden die Befugnisse zum Informationsaustausch zwischen Aufsichtsbehörden und anderen Stellen sowie zum Entzug der Erlaubnis erweitert[67].

IV. Harmonisierung der Rechnungslegung der Kreditinstitute

19.79 Mit dem Erlaß der Verordnung über die Rechnungslegung der Kreditinstitute (RechKredVO) vom 10. 2. 1992[68] ist die Umsetzung der Richtlinien des Rates der Europäischen Gemeinschaften vom 8. 12. 1986 über den Jahresabschluß und den konsolidierten Abschluß von Banken und anderen Finanzinstituten (EG-Bankbilanzrichtlinie)[69] und die Pflichten der in einem Mitgliedstaat eingerichteten Zweigniederlassungen von Kreditinstituten und Finanzinstituten mit Sitz außerhalb dieses Mitgliedstaates zur Offenlegung von Jahresabschlußunterlagen (EG-Bankzweigstellenrichtlinie vom 13. 2. 1989)[70] in deutsche Rechts- und Verwaltungsvorschriften abgeschlossen[71].

19.80 Die Verordnung ergänzt insoweit die Bestimmungen des Bankbilanzrichtlinie-Gesetzes vom 30. 11. 1990[72] und ersetzt die Verordnung über Formblätter für die Gliederung des Jahresabschlusses von Kreditinstituten vom 13. 9. 1987[73] sowie die Richtlinien des BAKred für die Aufstellung des Jahresabschlusses der Kreditinstitute vom 8. 2. 1988[74]. Die RechKredVO enthält auch eine Vielzahl von Definitionen der in der Bilanz sowie Gewinn- und Verlustrechnung verwendeten Begriffe.

---

67 Begr. des RegE Richtlinien-Umsetzungsgesetz, BT-Drucksache, 13/7142, S. 57.
68 BGBl. I 1992, S. 203-222; vgl. *Göttgens/Schmelzeisen*, Bankbilanzrichtlinie-Gesetz, 1991; *Rixen*, WM 1992, 1597 ff.
69 ABlEG Nr. L 372, S. 1.
70 ABlEG Nr. L 44, S. 40.
71 *Rixen*, WM 1992, 1597.
72 Gesetz zur Durchführung der Richtlinie des Rates der Europäischen Gemeinschaften über den Jahresabschluß und den konsolidierten Abschluß von Banken und anderen Finanzinstituten (Bankbilanzrichtlinie-Gesetz), BGBl. I 1990, S. 2570-2578). Vgl. hierzu *Rixen*, WM 1991, 841 ff.
73 BGBl. I 1990, S. 2169-2239.
74 Bundesanzeiger 41 vom 1. 3. 1988, S. 878; *Rixen*, WM 1992, 1597.

3. Abschnitt
KWG als gewerberechtliches Spezialgesetz

Das KWG will die allgemeine Ordnung des Bankgewerbes gewährleisten und die hiermit verbundenen Gefahren möglichst abwenden[75]. Das KWG ist deshalb ein Spezialgesetz des Gewerberechts[76] und damit des Rechts der Wirtschaftsüberwachung. Es beinhaltet aber teilweise auch ein Stück Wirtschaftsverwaltungsorganisation, mit dessen Hilfe Wirtschaftslenkung und Wirtschaftsförderung auf dem Sektor Geldwirtschaft betrieben werden können[77]. 19.81

Das Gewerberecht gehört zur **Ordnungs-(Eingriffs-)Verwaltung** im Unterschied zur Leistungsverwaltung. 19.82

Die **Leistungsverwaltung** sorgt für die Lebensmöglichkeit und Lebensverbesserung der Mitglieder des Gemeinwesens, indem sie deren Interessenverfolgung unmittelbar fördert[78]. Die „ordnende" Verwaltung sorgt dagegen für die gute Ordnung des Gemeinwesens in der Weise, daß sie die Interessenverfolgung der Gewaltunterworfenen reglementierend einschränkt. 19.83

Die Ordnungsverwaltung vollzieht sich insbesondere in Form der **Überwachung,** die die Gefahren für die öffentliche Sicherheit und Ordnung abwehren will[79]. Jede gewerbliche Tätigkeit unterliegt einer solchen Überwachung. Ein Gewerbe darf nicht so betrieben werden, daß hieraus Gefahren für die öffentliche Sicherheit oder Ordnung entstehen[80]. Die Überwachung des Bankgewerbes obliegt der Bankenaufsicht, deren Aufgaben und Befugnisse das KWG regelt. 19.84

I. Erlaubnispflicht für bankgeschäftliche Tätigkeiten (§ 32 KWG)

Die staatlichen Eingriffe in die bankgeschäftlichen Aktivitäten beginnen in einem frühen Stadium. So bedarf die Aufnahme eines bankmäßigen 19.85

---
75 BGH WM 1979, 482, 484.
76 BVerfGE 14, 197, 205.
77 *Stober*, Handbuch des Wirtschaftsverwaltungsrechts, 1989, S. 1185.
78 *Erichsen/Ehlers*, Allgemeines Verwaltungsrecht, 11. Aufl., 1998, § 1 Rn 38.
79 *Wolff*, Allgemeines Verwaltungsrecht, 2. Aufl., 1991, S. 48.
80 *Wolff/Bachof*, Verwaltungsrecht III, 4. Aufl., 1978, S. 143; *Huber*, Wirtschaftsverwaltungsrecht, 2. Aufl., Bd. I., 1953, S. 694, 696.

Geschäftsbetriebes der schriftlichen Erlaubnis des Bundesaufsichtsamtes als Aufsichtsbehörde.

19.86 Bei der Postbank, die auch nach der Neugliederung der Deutschen Bundespost ein Sondervermögen des Bundes darstellt, gilt diese Erlaubnis ab 1. 1. 1996 als erteilt (vgl. § 64 KWG). Sie unterliegt daher von diesem Zeitpunkt an der Aufsicht durch das BAKred.

19.87 Dieses **Erlaubnisverfahren** soll das Eindringen ungeeigneter Personen oder finanziell unzulänglich ausgestatteter Unternehmen in das Kreditgewerbe verhindern. Diese Erlaubnis kann allerdings nur bei unzureichendem Eigenkapital sowie bei Unzuverlässigkeit oder mangelnder fachlicher Eignung der für die Leitung des Instituts vorgesehenen Personen verweigert werden. Strengere Anforderungen könnten gegen das Grundrecht der Berufsfreiheit verstoßen (Art. 12 GG).

19.88 Die Bankenaufsicht kann im Einzelfall bestimmen, daß auf ein Institut die §§ 10 bis 18, 24 bis 38, 45, 46 bis 46c und 51 KWG nicht anzuwenden sind, solange das Unternehmen wegen der Art der von ihm betriebenen Geschäfte insoweit nicht der Aufsicht bedarf (§ 2 Abs. 4 KWG)[81].

19.89 Eine **Sonderregelung** gilt für Kreditinstitute aus den anderen EG-Mitgliedstaaten mit dem sog. Europaß, die im Inland eine rechtlich selbständige Zweigstelle errichten oder Bankdienstleistungen erbringen. Hierfür bedarf es im Zuge der Liberalisierung der Niederlassungs- und Dienstleistungsfreiheit im EG-Binnenmarkt keiner Genehmigung der deutschen Bankenaufsicht (vgl. § 53b Abs. 1 KWG).

19.90 Die KWG-Novelle 1993 hatte eine spezielle Regelung für den Erwerb einer „bedeutenden Beteiligung" an einem Kreditinstitut eingeführt. Sie besteht, wenn unmittelbar oder mittelbar über ein oder mehrere Tochterunternehmen mindestens 10% des Kapitals oder der Stimmrechte eines Kreditinstitutes gehalten werden oder wenn auf die Geschäftsführung eines Kreditinstitutes, an dem die Beteiligung gehalten wird, ein maßgeblicher Einfluß genommen wird (§ 1 Abs. 9 KWG). Wer beabsichtigt, eine solche bedeutende Beteiligung zu erwerben, hat dies dem BAKred und der Deutschen Bundesbank anzuzeigen. Es soll überwacht werden können, inwieweit sich aus der neuen Struktur der Eigentümer Gefahren für die Funktionsfähigkeit des betreffenden Kreditinstitutes und für den Gläubigerschutz ergeben können[82].

---

81 Zum Rechtsschutzinteresse für ein Negativattest gemäß § 4 KWG vgl. VG Berlin WM 1997, 218.
82 Begr. des RegE der (4.) KWG-Novelle vom 27. 11. 1992, BT-Drucksache 504/92, S. 27.

II. Gesetzlicher Katalog der Bankgeschäfte (§ 1 Abs. 1 KWG)

Die ganz überwiegende Anzahl der praktisch bedeutsamen Vertragstypen des Bankgeschäftes sind in dem Katalog der Bankgeschäfte enthalten, wie er im § 1 Abs. 1 KWG vom Gesetzgeber aufgestellt worden ist[83]. Dieser Katalog läßt jedoch eine Vielzahl geschäftlicher Aktivitäten der Kreditinstitute unerwähnt. Der Gesetzgeber wollte keine abschließenden Begriffsbestimmungen für alle gewerblichen Tätigkeiten der Kreditinstitute schaffen. Die Praxis kennt daher Bankgeschäfte im Sinne des umfassenderen Begriffs des Bankrechts, die aber keine Bankgeschäfte im Sinne des engeren bankgeschäftlichen Begriffs des KWG sind.

19.91

Die **Aufnahme von Geschäftszweigen in den gesetzlichen Katalog** hat zur Folge, daß solche Tätigkeiten als Bankgeschäfte zu qualifizieren sind. Hierdurch werden diese geschäftlichen Aktivitäten den staatlichen Struktur- und Ordnungsvorschriften des KWG sowie der Bankenaufsicht unterworfen. Diese Unterwerfung und insbesondere die Unterstellung unter die Bankenaufsicht sollen den Schutz des Vertrauens der Öffentlichkeit in die Funktionsfähigkeit der Kreditwirtschaft gewährleisten[84].

19.92

Die KWG-Novelle 1997 hat den **Katalog der Bankgeschäfte erweitert.** Hierzu gehören nunmehr auch das Emmissionsgeschäft sowie das Geld-Karten- und Netzgeldgeschäft (§ 1 Abs. 1 Nr. 10–12). Im übrigen ist die Definition des Effektengeschäftes durch eine Definition des Finanzkommissionsgeschäfts erweitert worden (vgl. § 1 Abs. 1 S. 2 Nr. 4 KWG). Dies ist erforderlich geworden, weil der umfassendere Begriff „Finanzinstrumente" neben den Wertpapieren auch die Geldmarktinstrumente, Devisen und Derivate erfaßt (§ 1 Abs. 11 KWG).

19.93

1. Ermächtigung zur Erweiterung des gesetzlichen Katalogs

Die Entwicklung der Wirtschaft und des mit ihm eng verflochtenen Bankwesens schreitet ständig fort. Das KWG gestattet deshalb in erleichterter Form eine jederzeitige Erweiterung des gesetzlichen Katalogs der

19.94

---

[83] Nach dem VG Berlin kann die Gewährung von Darlehen die gesetzlichen Merkmale des aufsichtspflichtigen Kreditgeschäfts auch dann erfüllen, wenn das Unternehmen nicht zugleich auch das Einlagengeschäft betreibt, sondern für die Kreditgewährung nur eigene Mittel einsetzt, das Unternehmen als gemeinnützige Einrichtung nicht mit Gewinnerzielungsabsicht handelt und auf die Darlehen bei vertragsgemäßer Tilgung keine Zinsen zu entrichten sind (WM 1997, 218).
[84] BGH WM 1979, 482, 483 m.w.Nachw.

Bankgeschäfte. Der Bundesminister der Finanzen kann nach Anhörung der Deutschen Bundesbank durch Rechtsverordnung weitere Geschäfte zu Bankgeschäften erklären (§ 1 Abs. 1 S. 3 KWG). Voraussetzung hierfür ist, daß eine solche Erweiterung des Katalogs nach der Verkehrsauffassung unter Berücksichtigung des mit diesem Gesetz verfolgten Aufsichtszwecks gerechtfertigt ist. Denn mit Aufnahme einer neuen Geschäftssparte in den gesetzlichen Katalog der Bankgeschäfte würden die betreffenden Unternehmen, soweit sie es nicht schon sind, automatisch Kreditinstitute mit allen gesetzlichen Konsequenzen werden und insbesondere den Struktur- und Ordnungsvorschriften des KWG und der Bankenaufsicht unterworfen sein. Von dieser Ermächtigung zur Erweiterung des Kataloges der Legaldefinition ist bislang noch kein Gebrauch gemacht worden.

2. Anzeigepflicht bei der Aufnahme des Betreibens von Nicht-Bankgeschäften

19.95 § 24 Abs. 1 KWG schreibt vor, daß die Aufnahme des Betreibens von Geschäften anzuzeigen ist, die nicht Bankgeschäfte im Sinne der Legaldefinition sind. Ausgenommen hiervon sind solche Bankgeschäfte, die durch Rechtsverordnung von dieser Anzeigepflicht ausdrücklich freigestellt worden sind. Eine solche Rechtsverordnung ist für solche Geschäftszweige erlassen worden, die traditionell dem Bereich der bankgeschäftlichen Betätigung zugerechnet werden oder deren Verbreitung im Kreditgewerbe bekannt ist[85].

19.96 Zu diesen **nicht anzeigepflichtigen Geschäften** gehören **insbesondere** der (1) Erwerb und Veräußerung von Wertpapieren und Beteiligungen für eigene Rechnung sowie die Teilnahme am inländischen Optionshandel an den Wertpapierbörsen, (2) die Einziehung von Wechseln, Schecks, Lastschriften, Anweisungen und ähnlichen Papieren sowie der Verkauf von Reiseschecks, (3) der An- und Verkauf von Münzen, Medaillen und unverarbeiteten Edelmetallen, (4) der Abschluß von Devisengeschäften sowie der An- und Verkauf von Sorten, (5) die Vermietung von Schließ- und Schrankfächern und die Verwahrung geschlossener Depots, (6) die Ausgabe von Schuldverschreibungen, (7) die Eingehung von Verbindlichkeiten aus Darlehen, soweit dadurch nicht das Einlagengeschäft nach § 1 KWG betrieben wird, und aus der Weitergabe von Wechseln und Schecks, (8) die Vermittlung von Bausparverträgen, Versicherungsverträgen und

---

[85] Verordnung über die Befreiung von bestimmten Pflichten nach dem Gesetz über das Kreditwesen vom 20.8.1985, BGBl. I, S. 1713.

Verträgen über Wertpapiere, Darlehen, Bürgschaften, Garantien und sonstige Gewährleistungen, die Verwaltung von Vermögen sowie die Beratung über Vermögensangelegenheiten, (9) die Verwaltung von Darlehen und Sicherheiten für andere Kreditinstitute.

Rechtspolitischer Anlaß für diese Anzeigepflicht ist, daß Verluste aus anderen Geschäftssparten, auf die die bankenaufsichtsrechtlichen Bestimmungen nicht zugeschnitten sind, die Existenz eines Kreditinstituts gefährden können. Diese Gefahr ist um so größer, je mehr die Kreditinstitute angesichts des verstärkten Wettbewerbs dazu neigen, sich Ertragsquellen in anderen Geschäftssparten zu erschließen, für die ihnen häufig die erforderlichen Vorkenntnisse fehlen. Durch die Anzeigepflicht soll sichergestellt werden, daß insoweit negative Entwicklungen bei einzelnen Kreditinstituten oder im Kreditgewerbe insgesamt rechtzeitig erkannt werden. 19.97

III. Angemessene Eigenkapitalausstattung und Liquidität

Wirtschaftsunternehmen haben dafür zu sorgen, daß sie im Interesse ihrer Solidität mit angemessenem Eigenkapital ausgestattet sind. Vorrangige **Funktion des Eigenkapitals** ist, das auf dem Unternehmen lastende Risiko insbesondere der Ertragslosigkeit und erheblicher Verlust zum Schutze der Gläubiger zu tragen. Dies gilt insbesondere für Kreditinstitute, die von einer Vielzahl von Einlegern Geldbeträge ohne Sicherheitsleistung entgegenehmen, um hiermit vor allem ihr Kreditgeschäft zu finanzieren. Mit solchen Kreditgewährungen werden die rückzahlungspflichtigen Kundeneinlagen in Darlehensforderungen umgeschichtet, die bei Insolvenz der Kreditnehmer zu entsprechenden Vermögensverlusten der Bank führen. Sollen solche Verluste nicht auf die Kunden durchschlagen, muß ein „Puffer" zwischen den Vermögenswerten der Bank (Aktiva) und ihren Zahlungsverbindlichkeiten (Passiva) geschaffen werden. Diese „Pufferfunktion" erfüllt das Eigenkapital der Bank. 19.98

Das Eigenkapital schafft also die **Voraussetzung** dafür, daß die Vermögenswerte einer Bank deren Verbindlichkeiten übersteigen. Den Passiva stehen daher hinreichend Aktiva nur solange gegenüber, als die Vermögensverluste durch das Eigenkapital abgedeckt werden. 19.99

Das Vorhandensein einer angemessenen Ausstattung mit Eigenkapital ist daher zum **Schutz der Einleger** unverzichtbar und gehört mithin zur staatlichen Ordnung des Bankwesens. Wesentlicher Anknüpfungspunkt und Eckstein aller bankenaufsichtsrechtlicher Bestimmungen ist deshalb 19.100

der Eigenmittelbegriff, aus dem sich die Anforderungen an eine angemessene Eigenkapitalausstattung der Kreditinstitute ergeben (§ 10 KWG).

19.101 Diese Anforderungen an eine angemessene Eigenkapitalausstattung eines Kreditinstitutes gelten auch für Kreditinstitutsgruppen (§ 10a KWG). Damit wird sichergestellt, daß die Vorschriften über die Angemessenheit des haftenden Eigenkapitals, insbesondere der Grundsatz I, nicht durch Gründung von Tochtergesellschaften dadurch umgangen werden können, daß auf dem den Töchtern zugewiesenen Geschäftskapital ein neues Kreditvolumen aufgebaut wird, ohne daß tatsächlich ein zusätzliches Risikokapital in die Institutsgruppe eingebracht wird[86].

19.102 Unabhängig von der Ausstattung mit einem angemessenen Eigenkapital haben die Kreditinstitute Sorge für **ausreichende liquide Mittel** zu tragen, damit jederzeit eine ausreichende Zahlungsbereitschaft gewährleistet ist (§ 11 S. 1 KWG). Die Kunden dürfen darauf vertrauen, daß sie über das bei der Bank unterhaltene Kontoguthaben bei Fälligkeit jederzeit verfügen können. Die Kunden müssen daher weitestmöglichst davor geschützt werden, daß ihre kontoführende Bank solche Kontoverfügungen wegen anderweitig gebundener Geldmittel nicht mehr ausführen kann.

1. Angemessenes Eigenkapital (§ 10 KWG)

19.103 Bei der Umsetzung der EG-Eigenmittelrichtlinie ist der Begriff „angemessene Eigenmittel" in § 10 Abs. 1 S. 1KWG neu definiert worden. Hierdurch sind die Anforderungen an die Eigenkapitalausstattung verschärft worden. Entsprechend den Vorgaben durch die Eigenmittelrichtlinie ist zwischen Kernkapital (§ 10 Abs. 2a KWG) und Ergänzungskapital (§ 10 Abs. 2b KWG) zu unterscheiden. Zum Kernkapital zählen im wesentlichen das eingezahlte Kapital und die offenen Rücklagen. Die KWG-Novelle von 1997 hat neben dem Kern- und Ergänzungskapital eine neue Eigenkapitalkategorie in Form der sog. Drittrangmittel geschaffen (§ 10 Abs. 2 KWG). Damit ist das haftende Eigenkapital im Rahmen des § 10 KWG nur noch eine von zwei Rechengrößen, die die haftenden Eigenmittel eines Institutes ausmachen[87].

a) Grundsatz I

19.104 Zur **Beurteilung der Angemessenheit des haftenden Eigenkapitals** im Sinne des § 10 KWG ist der sog. Grundsatz I aufgestellt worden. Dieser

---

86 *Dietz*, AG 1990, 269 ff.
87 Begr. des RegE Richtlinien- Umsetzungsgesetz, BT-Drucksache 13/7142, S. 75; *Mielk*, WM 1997, 2200, 2208.

Grundsatz begrenzt in mehr oder minder restriktiver Form die Geschäfts- oder die Risikoübernahmemöglichkeiten eines Kreditinstitutes[88].

Der Grundsatz I hat weder die Rechtsnatur einer Rechtsverordnung noch handelt es sich um einen Verwaltungsakt. Er ist vielmehr als Verwaltungsvorschrift zu qualifizieren. Der Grundsatz begrenzt das Ermessen der Bankenaufsicht in der Beurteilung der Angemessenheit des haftenden Eigenkapitals und gibt den Kreditinstituten einen Maßstab, ob ihre haftenden Eigenmittel den Erfahrungsgrundsätzen für eine gesunde Geschäftsstruktur entsprechen[89].

19.105

Der unterschiedlichen Bonität der Kontrahenten wird durch Bontitätsgewichtungsfaktoren Rechnung getragen. Die Bilanzaktiva werden also mit unterschiedlichen, in Prozentsätzen ausgedrückten Risikogewichten versehen und in ihrer gewichteten Summe dem haftenden Eigenkapital gegenübergestellt[90]. Bei dieser Gewichtung werden z.B. Forderungen gegen die Bundesrepublik und ihre Sondervermögen mit 0% und Forderungen an Nichtbanken-Kunden mit 100% angerechnet (vgl. § 13 Grundsatz I).

19.106

Die Umsetzung der Solvabilitätskoeffizienten-Richtlinie hat eine erneute Modifizierung des Grundsatzes I erfordert. Dies ist durch Neufassung des Grundsatzes I zum 1. 1. 1993 geschehen[91]. Dabei blieb dieser Grundsatz wie bisher eine generelle, auch das nicht bilanzwirksame Geschäft umfassende Norm für das Adressenausfallrisiko eines Kreditinstituts. Durch die Anpassung an das EG-Recht wird also die Grundstruktur des Grundsatzes nicht geändert. Das Risikopotential eines Instituts ist deshalb weiterhin an ausgewählten, charakteristischen Geschäftsarten gemessen und an die Höhe des Eigenkapitals gebunden[92]. Auch im neugefaßten Grundsatz I sind daher letztlich drei Größen relevant: die Definition der haftenden Eigenmittel, die Höhe der Eigenmittelunterlegung und die gewichteten Risikoaktiva (Abgrenzung der anrechnungspflichtigen Geschäfte sowie die damit verbundene Bonitätsgewichtung der Geschäftspartner).

19.107

---

88 *Schulte-Mattler*, WM 1994, 1412.
89 *Consbruch/Möller/Bähre/Schneider*, KWG, § 10 Anm. 9; VG Berlin, WM 1996, 1309, 1311 m.w.Nachw.
90 *Schulte-Mattler*, WM 1990, 2062, 2064; *ders.*, WM 1993, 977; *Arnold*, DB 1990, 669.
91 Vgl. Bekanntmachung über die Änderung und Ergänzung der Grundsätze über das Eigenkapital und der Liquidität der Kreditinstitute vom 29. 12. 1992, abgedruckt in WM 1993, 313 ff.
92 *Boos/Schulte-Mattler*, DB 1992, 639, 640.

19.108　Nach dem Grundsatz I ist ein „Solvabilitätskoeffizient" in Höhe von 8% einzuhalten[93]. Mit diesem Prozentsatz hat das Kreditinstitut seine gewichteten Risikoaktiva mit Eigenkaptial mindestens zu unterlegen. Die gewichteten Risikoaktiva dürfen daher das 12,5fache des haftenden Eigenkapitals nicht übersteigen (vgl. § 2 Grundsatz I).

b) Neufassung des Grundsatzes I nach Umsetzung der Kapitaladäquanzrichtlinie

19.109　Bei der Neufassung des Grundsatzes I im Rahmen der KWG-Novelle von 1997 sind nicht nur die einschlägigen Bestimmungen der Kapitaladäquanzrichtlinie, sondern auch die „Marktrisiko-Papiere" des Baseler Ausschusses für Bankenaufsicht in deutsches Aufsichtsrecht umgesetzt worden[94]. Künftig sind mit Eigenmitteln nicht nur Kreditrisiken, sondern **auch Fremdwährungsrisiken** aus allen Bankgeschäften sowie Zins- und Aktienkursrisiken aus dem Wertpapierhandel (Handelsbuch) zu unterlegen. Zusätzlich werden besondere Optionsrisiken sowie Abwicklungs- und Lieferrisiken aus den zum Handelsbuch gehörenden Positionen erfaßt. Damit müssen für offene Positionen mit Preisrisiken Eigenmittel vorgehalten werden. Die Institute werden deshalb bemüht sein, diese Kapitalkosten weitestmöglich durch Netting und Hedging zu reduzieren.

19.110　Eine wesentliche Neuerung des Grundsatzes I besteht darin, daß neben den standardisierten Risikoerfassungs- und Risikomeßmethoden alternativ auch die bankintern verwendeten Risikomodelle zugelassen werden können, um die aufsichtsrechtlich vorzuhaltenden Eigenmittel errechnen zu können[95].

2. Ausreichende Liquidität (§ 11 KWG)

19.111　Zwei weitere Grundsätze betreffen die ausreichende Zahlungsbereitschaft (Liquidität) der Kreditinstitute. Die Kreditinstitute müssen ihre **Mittel so anlegen,** daß jederzeit eine ausreichende Zahlungsbereitschaft gewährleistet ist (§ 11 KWG). Diese Liquidität ist vor allem erforderlich, um **Verfügungen der Kundschaft über fällige Kontoguthaben** jederzeit ausführen zu können.

93　*Schulte-Mattler,* WM 1998, 1953 ff.
94　*Schulte-Mattler,* WM 1998, 1953; CuL Deutsche Revision (Hrsg.), 6. KWG-Novelle und Grundsatz I, Moderne Wirtschaft, Frankfurt/Main.
95　*Schulte-Mattler,* WM 1998, 1953, 1960; *Boos/Schulte-Mattler,* DB 1997, 474 ff; *dies.,* Die Bank 1997, 684 ff.

a) Fristentransformation

Ausgangspunkt aller Liquiditätsüberlegungen ist die **„goldene Bankregel"**. Sie besagt, daß die hereingenommenen Gelder der Einleger möglichst nicht mit längeren Fristen angelegt werden sollen, als sie von den Kunden zur Verfügung gestellt werden. Bei einem Kreditinstitut, das nach dieser Regel verfahren würde, könnten Liquiditätsprobleme kaum auftreten. Die goldene Bankregel ist jedoch bei dem in Deutschland vorherrschenden **Universalbanksystem** in dieser reinen Form nicht praktikabel. Eine fristenmäßige kongruente Finanzierung, d.h. die Verwendung bestimmter hereingenommener Gelder zu bestimmten zeitlich konformen Kreditgewährungen ist nur in seltenen Fällen möglich. In der Regel stellt sich vielmehr das Problem der unterschiedlichen Fristen der Hereinnahme der Gelder (Passivgeschäft) und deren Ausleihung (Aktivgeschäft). Dabei werden die Gelder regelmäßig für kürzere Fristen hereingenommen, als sie im Aktivgeschäft wieder ausgeliehen werden können. Hier kommt es zur **Fristentransformation durch die Kreditinstitute.**

19.112

Diese Fristentransformation bedeutet, daß die Kreditinstitute Geldangebot und Kreditnachfrage unter Übernahme eines eigenen Haftungsrisikos ausgleichen. Hierin liegt eine wichtige Funktion des Universalbanksystems. Sie erfordert aber die Haltung ausreichender Liquidität. Denn die Einleger können ihr Geld zu einer Zeit zurückfordern, in der die von der Bank getätigte Anlage dieser Gelder noch nicht fällig sind, weil hiermit längerfristige Kredite gewährt oder länger laufende Wertpapiere erworben worden sind.

19.113

b) Liquiditätsgrundsätze II und III

Für die Beurteilung einer ausreichenden Liquidität der Kreditinstitute stehen die Grundsätze II und III zu § 11 KWG zur Verfügung. Diese „Liquiditätsgrundsätze" bezeichnen den **erforderlichen Umfang der liquiden Mittel** nur auf indirektem Wege. Hierzu werden Grenzen für die Verwendung der hereingenommenen Gelder gezogen. Diese Verwendung wird bei Anlageformen beschränkt, die als illiquide angesehen werden, wie dies insbesondere für nicht börsengängige Wertpapiere, Beteiligungen an anderen Unternehmen oder Kreditgewährungen mit Laufzeiten von vier Jahren oder länger gilt.

19.114

Die Liquiditätsgrundsätze stellen eine **Verknüpfung der goldenen Bankregel mit der sog. Bodensatztheorie** dar. Diese Theorie beruht auf dem Gedanken, daß nicht alle hereingenommenen Kundengelder zu den Fälligkeitszeitpunkten auch tatsächlich abgerufen werden. Mit den beiden Liquiditätsgrundsätzen soll den Kreditinstituten also die Fristentransfor-

19.115

mation grundsätzlich ermöglicht werden, ohne die das deutsche Universalbanksystem in seiner Funktion wesentlich eingeschränkt wäre.

c) Neufassung der Liquiditätsgrundsätze im November 1998

19.116 Im Anschluß an die Bekanntgabe der überarbeiteten Eigenkapitalgrundsätze (Grundsatz I) im Oktober 1997 hat die Bankenaufsicht die Neufassung des Liquiditätsgrundsatzes (Grundsatz II) am 25. 11. 1998 bekanntgegeben. Die Neufassung war insbesondere aus zwei Gründen erforderlich geworden. Seit der KWG-Novelle von 1997 sind neben den Kreditinstituten auch die Finanzdienstleistungsinstitute in den Geltungsbereich des § 11 KWG einbezogen worden. Auch entsprechen die deutschen Regelungen seit langem nicht mehr den internationalen Standards, die auf der Berücksichtigung von Restlaufzeiten und nicht der Ursprungslaufzeit basieren. Schließlich mußten die Liquiditätsgrundsätze an die Entwicklung der Kreditwirtschaft in den letzten Jahren angepaßt werden[96].

19.117 Bislang stand im Mittelpunkt der Grundsätze II und III das **sog. Refinanzierungsrisiko,** das aus der Fristentransformation entsteht. Bei der Neufassung des Liquiditätsgrundsatzes II wurde zusätzlich auch das sogenannte Abrufrisiko berücksichtigt. Hierunter ist das Risiko des unerwarteten Liquiditätsabflusses zu verstehen, wie es sich bei unerwarteten Inanspruchnahmen von Kreditlinien oder bei Verfügungen über Einlagen realisiert. Dagegen ist weiterhin das sogenannte Terminrisiko unberücksichtigt geblieben, mit dem die Möglichkeit des verspäteten Eingangs von erwarteten Zahlungen gemeint ist[97].

IV. Überwachung des Kreditgeschäfts

19.118 Die laufende bankenaufsichtsrechtliche Überwachung beschränkt sich nicht nur auf eine angemessene Eigenkapitalausstattung und ausreichende Liquidität, sondern erfaßt auch das Kreditgeschäft. Eine umfassende Einsicht in das Kreditgeschäft soll möglichst rechtzeitig die Gefahren erkennen lassen, damit die Aufsichtsbehörde einschreiten kann, wenn dies zum Schutze der dem Kreditinstitut anvertrauten Gelder notwendig ist.

19.119 Diese Überwachungstätigkeit ist nach dem Inkrafttreten der KWG-Novelle 1994 am 31. 12. 1995 intensiviert worden. Hierdurch ist der Kredit-

---

96 *Grelck/Rode,* ZGesKredW 1999, 68.
97 *Grelck/Rode,* ZGesKredW 1999, 68.

begriff des § 19 KWG auf alle Aktiva und außerbilanziellen Geschäfte mit Kreditrisiko, wie sie vom Grundsatz I des § 10 KWG erfaßt werden, ausgedehnt werden. Sodann sind unter anderem Finanzswaps, Finanztermingeschäfte und Optionsgeschäfte in die Kontrollen einbezogen.

1. Großkredite

Bei dieser Aufsichtstätigkeit erfahren bestimmte Kredite durch das Kreditwesengesetz eine Sonderbehandlung. Hierbei handelt es sich um die Großkredite (§ 13 KWG), die Millionenkredite (§ 14 KWG), die Organkredite (§ 15 KWG) und die Zusammenfassung mehrerer selbständiger Kreditnehmer mit einer engen rechtlichen und wirtschaftlichen Verflechtung zu einem einzigen Kredit (§ 19 Abs. 2 KWG). 19.120

Kredite, die allein schon wegen ihrer Größe Gefahren in sich bergen (Großkredite), sollen vor der Gewährung **besonders sorgfältig geprüft** werden. Hierbei handelt es sich um Kredite an einen Kreditnehmer, die insgesamt 10% des haftenden Eigenkapitals des Kreditinstitutes übersteigen. Die tiefgreifend überarbeiteten Regelungen zu den Großkrediten durch die KWG-Novelle 1994 bedurften bei der Umsetzung der Kapitaladäquanzrichtlinie einer erneuten Änderung, weil nunmehr bei der Ermittlung der Auslastung der Großkreditgrenzen auch die Marktrisiken zu berücksichtigen sind. Die erforderlichen Modifizierungen durch die KWG-Novelle 1997 haben zu einer nochmaligen Verkomplizierung der gesetzlichen Vorgaben geführt[98]. So hat der Gesetzgeber erstmalig für ein und denselben Regelungsbereich zwei Vorschriften im KWG (§§ 13, 13a) vorgesehen. Anlaß hierfür war, daß die nunmehr mit zu erfassenden Marktrisiken in weiten Teilen lediglich von sog. Handelsbuchinstituten zu berücksichtigen sind. 19.121

Zu den **Handelsbuchinstituten** gehören die Kreditinstitute und Finanzdienstleistungsinstitute (Institute), die nicht von den Vorschriften über das Handelsbuch freigestellt worden sind, wie es § 2 Abs. 11 KWG vorsieht (§ 13a Abs. 1 S. 1 KWG). Die hiervon freigestellten Institute bezeichnet das KWG (§ 13 Abs. 1 S. 1) als Nichthandelsbuchinstitute. Diese Freistellung ist für kleine Institute konzipiert, die lediglich in geringem Umfange mit Finanzinstrumenten handeln. Hier wäre nach den Gesetzesmaterialien die Verpflichtung unverhältnismäßig, sich im besonderen Maße Spezialwissen anzueignen und erhebliche Investitionen in die EDV-Organisation vorzunehmen, um den hohen Anforderungen der Kapitaladäquanzrichtlinie zu entsprechen. Die Bankenaufsicht soll deshalb die Institute von den Handelsbuch-Vorschriften freistellen, wenn neben den richtlinienkon- 19.122

---

98 *Mielk*, WM 1997, 2237, 2238.

formen Begrenzungen Geschäfte mit Finanzinstrumenten nur in einem Umfang betrieben werden, der eine Gefährdung für die Solvenz des Instituts nicht befürchten läßt[99].

19.123 Für die **Nichthandelsbuchinstitute**, die von den Vorgaben der Kapitaladäquanzrichtlinie unberührt blieben, bleibt der bisherige Regelungsbereich des § 13 KWG im wesentlichen bestehen. Dagegen enthalten die Großkreditvorschriften für Handelsbuchinstitute (§ 13a KWG) grundlegende Neuregelungen. So müssen diese Institute die Einhaltung von insgesamt sieben Grenzwerten überwachen. Für die Überprüfung dieser Einhaltung benötigen die Institute wiederum fünf Ausgangskennziffern[100]. Im übrigen ist das Bundesministerium der Finanzen zu einer Rechtsverordnung über Kredite ermächtigt worden (§ 22 KWG). Darin können für Großkredite und Millionenkredite innerhalb der Vorgaben der Großkreditrichtlinie, der Solvabilitätsrichtlinie und der Kapitaladäquanzrichtlinie für die Ermittlung insbesondere der Kreditbeträge, der Kreditäquivalenzbeträge von Derivaten und der Handelsbuchgesamtpositionen Bestimmungen getroffen werden.

19.124 Der Bankenaufsicht soll durch **unverzügliche Meldungen** Einblick in diese Großkredite verschafft werden. Diese Aufsicht über die Großkredite wird ergänzt durch eine **Evidenzzentrale für Kredite,** die drei Millionen oder mehr betragen (§ 14 Abs. 1 KWG). Die KWG-Novelle 1993 hat die frühere Meldegrenze ab DM 1 Mio auf DM 3 Mio heraufgesetzt. Hierdurch sollen die Kreditinstitute und die Deutsche Bundesbank hinsichtlich der Melde- und Benachrichtigungspflichten entlastet werden[101].

19.125 Die Evidenzzentrale soll eine Übersicht über die Struktur und die Verteilung der Kredite in der gesamten Wirtschaft herbeiführen[102]. Außerdem sollen hierdurch die beteiligten Kreditinstitute über die sonstige Verschuldung ihrer Kreditnehmer informiert werden. Schließlich ermöglicht die Kenntnis der Drei-Millionen-Kredite der Bankenaufsicht einen zusätzlichen Einblick in die Kreditpolitik der Kreditinstitute.

2. Kreditinstitutsgruppen

19.126 Mit der Zusammenfassung mehrerer untereinander verbundener Kreditnehmer zu einem Kreditnehmer (§ 19 Abs. 2 KWG) soll vermieden wer-

---

99 Begr. des RegE Richtlinien-Umsetzungsgesetz, BT-Drucksache 13/7142, S. 73.
100 *Mielk*, WM 1997, 2237, 2238.
101 Begr. des RegE (4.) KWG-Novelle 1993, BT-Drucksache 504/92, S. 35.
102 *Canaris*, ZIP 1987, 409, 417 ff.; ders., WM 1987, 1441 ff.; *Böhnel*, WM 1987, 1185 ff., 1445 ff.

den, daß die KWG-Bestimmungen über große Engagements dadurch umgangen werden, daß eine Summe auf mehrere zwar rechtlich selbständige, doch wirtschaftlich verbundene Kreditnehmer aufgeteilt wird. Auch hat bei untereinander verbundenen Unternehmen die Zahlungsschwierigkeit eines dieser Unternehmen leicht Auswirkung auf die anderen Unternehmen der Gruppe.

Bei den vom Gesetzgeber gebildeten Kreditnehmereinheiten wirft das Kriterium „**Konzernzugehörigkeit**" **Abgrenzungsprobleme** auf, wenn es sich um einen Verbund von Unternehmen ohne einheitliche Leitung handelt und es daher darauf ankommt, ob ein beherrschender Einfluß besteht. Nach Rechtsprechung und Schrifttum muß dieser Einfluß primär gesellschaftsrechtlich bedingt oder zumindest vermittelt sein[103]. 19.127

3. Offenlegung der wirtschaftlichen Verhältnisse (§ 18 KWG)

Die Kreditinstitute haben sich ferner von Kreditnehmern, denen sie Kredite von insgesamt mehr als DM 500.000 gewähren wollen, die wirtschaftlichen Verhältnisse offenlegen zu lassen (§ 18 KWG 2)[104]. Diese betragsmäßige Heraufsetzung der Grenze für die Offenlegung erfolgte durch die KWG-Novelle 1997. 19.128

Zu dieser Offenlegung gehören insbesondere die Vorlage der Jahresabschlüsse. Eine Ausnahme besteht nur dann, wenn der Kredit so gut abgesichert ist, daß sich eine Offenlegung erübrigt. Diese gesetzliche Regelung soll die Kreditinstitute zu einer sorgfältigen Püfung der Kreditwürdigkeit und einer laufenden Überwachung des Krediets anhalten. 19.129

Nach der Neufassung des § 18 KWG durch die KWG-Novelle 1997 braucht ein Grundpfandrecht nicht erstrangig eingetragen zu sein. Es genügt, wenn das Grundpfandrecht zusammen mit den vorrangigen Grundpfandrechten den vorgegebenen Rahmen von 80% des Beleihungswertes des Pfandobjektes im Sinne des § 12 Abs. 1 und 2 HypBankG nicht übersteigt. 19.130

V. Einlagensicherung durch spezielle Fonds der Institutsgruppen

Die Bankenaufsicht bedeutet keine Bestandsgarantie für die Kreditinstitute. Eine solche Garantie kann es in einer auf marktwirtschaftlichen 19.131

---

103 *Beckmann/Kuchenbecker*, WM 1990, 1099 ff.
104 Zur Bonitätsprüfung nach § 18 KWG vgl. *Früh*, WM 1995, 1701 ff. Nach dem LG Essen (WM 1997, 814, 816) ist § 18 KWG kein Schutzgesetz.

19. Teil: Kreditwesengesetz und Bankenaufsicht

Grundsätzen beruhende Wirtschaftsordnung nicht geben. Es muß daher eine weitestmögliche Vorsorge getroffen werden, daß Bankkunden, die ihrer Bank Gelder zur Verfügung gestellt haben, im Falle einer unvermeidlich gewordenen Insolvenz der Bank weitestmöglich vor Schaden bewahrt werden. Eine solche Einlagensicherung ist die konsequente marktwirtschaftliche Ergänzung einer **auf den Einlegerschutz hin ausgerichteten Bankenaufsicht**. Solche Sicherungseinrichtungen kennt auch das Ausland.

19.132 Die Sicherung der geschützten Einlagen kann auf zwei Wegen geschehen. So kann die Sicherungseinrichtung wie im Sparkassen- und Genossenschaftssektor die Aufrechterhaltung der Zahlungsfähigkeit der angeschlossenen Kreditinstitute bezwecken (**"institutssichernde" Einrichtung**). Bei einer solchen Institutssicherung werden die Einleger mittelbar geschützt[105]. Diese Institutssicherung bedeutet freilich nicht unbedingt Fortführung des Geschäftsbetriebes als selbständiges Kreditinstitut. Mit den Fondsmitteln kann auch eine Übernahme des insolventen Instituts oder eine Fusion gefördert werden[106]. Bei diesem Sicherungskonzept werden alle Gläubiger und damit auch Kreditinstitute mittelbar gegen Insolvenzschäden bewahrt[107].

19.133 Bei der Sicherungseinrichtung des privaten Banksektors werden dagegen die Forderungen einzelner Gläubiger bis zu einer bestimmten Höhe geschützt. Hier kommt es zu unmittelbaren Entschädigungszahlungen an den geschützten Kundenkreis – "Einleger"schutz im engeren Wortsinne.

19.134 Im Rahmen der Spitzenverbände der Kreditwirtschaft sind Sicherungseinrichtungen geschaffen worden, die die Institutssicherung oder die unmittelbare Befriedigung der geschützten Kunden bezwecken[108]. Hierbei handelt es sich um den

19.135 – Einlagensicherungsfonds beim Bundesverband deutscher Banken e.V.
 – Sicherungsverband beim Bundesverband deutscher Volksbanken und Raiffeisenbanken und den

19.136 – Stützungsfonds der regionalen Sparkassen- und Giroverbände sowie die beim Deutschen Sparkassen- und Giroverband e.V. gebildete Sicherungsreserve der Landesbanken/Girozentralen.

---

105 *Fischer* in Bankrechts-Handbuch, § 133 Rn 32; *Werhahn/Schebesta*, AGB und Sonderbedingungen der Banken, Rn 1.
106 *Fischer* in Bankrechts-Handbuch, § 133 Rn 32.
107 *Rümker* in Bankrechts-Handbuch, § 124 Rn 137.
108 *Nicklisch*, Rechtsfragen der Einlagensicherung im Kreditgewerbe, 1979; *Grundmann*, ZGesKredW 1992, 1134 ff.

Mit Rücksicht auf die **Anstaltslast und Gewährsträgerhaftung** wäre zwar bei den öffentlich-rechtlichen Kreditinstituten eine Sicherungseinrichtung entbehrlich. Die Funktion dieser Sicherungsfonds besteht aber darin, bereits im Vorfeld der Realisierung der Anstaltslast ein internes sofort umsetzbares System zur Aufrechterhaltung der Zahlungsbereitschaft eines in Schwierigkeiten geratenen Instituts zur Verfügung zu haben, das ohne negative Publizität in Anspruch genommen werden kann[109].

19.137

Diesen Einrichtungen sind fast alle Kreditinstitute angeschlossen. Soweit ein Kreditinstitut keiner inländischen Sicherungseinrichtung angehört, hat es seine Nichtbankenkunden auf diese fehlende Mitgliedschaft deutlich wahrnehmbar in den AGB und im Preisaushang noch vor Eröffnung eines Kontos hinzuweisen. Diese Informationspflicht ist § 2 Abs. 1 S. 2 HausTWG entlehnt[110]. Der Hinweis im Kontoeröffnungsantrag darf keine andere Erklärung enthalten und ist vom Kunden gesondert zu unterschreiben (§ 23a Abs. 1 S. 2 KWG). Scheidet das Kreditinstitut aus der Sicherungseinrichtung aus, hat es die geschützten Kunden sowie das BAKred hierüber unverzüglich zu unterrichten (§ 23a Abs. 1 S. 3 KWG).

19.138

Die **kreditwirtschaftlichen Verbände** führen bei den angeschlossenen Instituten **strenge Prüfungen über die Bonität** der ausgeliehenen Kredite durch[111]. Sie dienen dazu, die Krisensituation einzelner Banken im Interesse der Erhaltung des Fondsvermögens in einem frühen Stadium zu erkennen, um rechtzeitig noch mögliche Gegenmaßnahmen einleiten zu können und damit einer Inanspruchnahme des Einlagensicherungsfonds entgegen zu wirken.

19.139

1. Einlagensicherung der deutschen Banken

Der **Sicherungsfonds des privaten Bankgewerbes** ist ein rechtlich unselbständiges Sondervermögen des Bundesverbandes deutscher Banken e.V.[112] Diese Einlagensicherung ist satzungsmäßig beschränkt auf Rückzahlungsverbindlichkeiten, die in der Bilanzposition 2 („Verbindlichkeiten gegenüber Kunden") ausgewiesen sind. Hierzu gehören insbesondere die Einlagen oder andere rückzahlbare Gelder des Publikums, wie es der gesetzlichen Definition des Einlagengeschäfts in § 1 Abs. 1 Nr. 1 KWG

19.140

---

109 *Rümker* in Bankrechts-Handbuch, § 124 Rn 136.
110 Begr. des RegE (4.) KWG-Novelle 1994, BT-Drucksache 504/92, S. 36.
111 *Weber* in Bankrecht und Bankpraxis, Rn 1/615.
112 *Weber* in Bankrecht und Bankpraxis, Rn 1/614. Zu den Voraussetzungen und dem Verfahren des Ausschlusses eines Unternehmens von der Mitwirkung am Einlagensicherungsfonds vgl. OLG Köln WM 1996, 1294 ff.

entspricht. Der Schutz erstreckt sich auch auf Guthaben, die bei Filialen der angeschlossenen Banken im Ausland unterhalten werden.

19.141 Ausgenommen von diesem Schutz sind Verbindlichkeiten aus Wertpapier-Darlehensgeschäften und Inhaber-Schuldverschreibungen. Hier fehlt es an den begrifflichen Merkmalen der geschützten Einlagenforderungen (vgl. § 6 des Statuts des Einlagensicherungsfonds)[113]. Des weiteren ist die Einlagensicherung je Gläubiger begrenzt auf 30% des Eigenkapitals der Bank[114].

19.142 Der Sicherungsfonds der privaten Banken ist nicht unbegrenzt leistungsfähig. Die Nachschußpflicht der den Fonds finanzierenden Banken ist begrenzt. Das Fondsvermögen wird durch jährliche Umlagen in Höhe eines bestimmten Prozentsatzes der Bilanzposition 2 sowie durch Aufnahmegebühren und Zinseinkünfte aufgebracht. Hinzu kommen spätere Tilgungen der abgelösten Kundenforderungen im Rahmen eines Insolvenzverfahrens.

19.143 Bei der Gewährung von Leistungen an die Kunden der insolventen Bank besteht ein gewisser Ermessensspielraum für den Sicherungsfonds. Rechtsansprüche sowohl der notleidenden Bank als auch der Einlagengläubiger sind wie bei den Sicherungseinrichtungen des Sparkassen- und Genossenschaftssektors stets ausgeschlossen. Dieser Ausschluß hatte vor allem steuerliche und versicherungsrechtliche Gründe[115].

19.144 In der Praxis kann jedoch davon ausgegangen werden, daß das relativ hoch dotierte Sicherungssystem den sog. kleinen Sparern bei allen angeschlossenen Banken einen absoluten Schutz bietet, wie dies die Vergangenheit gezeigt hat[116]. Dieser Schutz der Einleger beruht auch ohne Bestehen eines rechtlichen Anspruches darauf, daß die Nichtrückzahlung von geschützten Kontoguthaben zu einem nicht wieder gut zu machenden Vertrauensverlust auch gegenüber den Großbanken führen würde[117].

2. EG-Harmonisierung

19.145 Die Richtlinie 94/19/EG des europäischen Parlamentes und des Rates vom 30. 5. 1998[118] sieht eine Harmonisierung der nationalen Einlagensi-

---

113 Vgl. *Weber* in Bankrecht und Bankpraxis, Rn 1/622; *Kümpel*, WM 1990, 909, 912.
114 § 6 des Statuts ist abgedruckt in Bankrecht und Bankpraxis, Rn 1/616.
115 *Weber* in Bankrecht und Bankpraxis, Rn 1/657.
116 *Habscheid*, BB 1988, 2428, 2434 Fn 69.
117 *Habscheid*, BB 1988, 2428, 2434; vgl. weiter *Canaris*, Bankvertragsrecht², Rn 2725.
118 ABlEG Nr. L 135, S. 5 f.

cherungssysteme vor. Die Sicherung der Kundeneinlage ist ein wichtiger Aspekt der Vollendung des Binnenmarktes. Sie schafft die erwünschte Solidarität unter den Kreditinstituten eines Finanzmarktes bei Zahlungsunfähigkeit eines Instituts und ist deshalb eine unentbehrliche Ergänzung des Systems der Bankenaufsicht.

Die **Einlagensicherungs-Richtlinie** ist zusammen mit der EG-Anlegerentschädigungs-Richtlinie 97/99/EG vom 3. 3. 1997[119] durch das „Gesetz zur Umsetzung der EG-Einlagensicherungsrichtlinie und der EG-Anlegerentschädigungs-Richtlinie" in innerdeutsches Recht umgesetzt worden[120]. Dieses Gesetz orientiert sich nach den Gesetzesmaterialien[121] streng an den Mindeststandards der EG-Richtlinie, um die Kostenbelastung für die beteiligten Banken möglichst gering zu halten[122]. Auch werden die in der Richtlinie vorgesehenen Ausnahmemöglichkeiten für bereits bestehende institutssichernde Systeme aufgenommen. Deshalb sind Kreditinstitute, die Mitglied der im Sparkassen- und Genossenschaftsbereich bestehenden institutssichernden Systeme sind, von der Pflicht zum Anschluß an die zuständige Entschädigungseinrichtung befreit.

19.146

Im übrigen werden die im Bereich der Einlagensicherung bereits bestehenden Strukturen und damit insbesondere die Einlagensicherungsfonds der Privatbanken weitestmöglich anerkannt.

19.147

Die Sicherung der Einleger und Anleger soll durch **Entschädigungseinrichtungen** erfolgen, die bei der Kreditanstalt für Wiederaufbau als nicht rechtsfähige Sondervermögen des Bundes errichtet werden und die den öffentlichen Auftrag erhalten, eine Einlagensicherung durchzuführen. Eine solche Entschädigungseinrichtung wird für jede einzelne Institutsgruppe der deutschen Kreditwirtschaft gebildet. Die Aufgaben und Befugnisse dieser Einrichtungen können jedoch auch juristischen Personen des Privatrechts als Beliehene zugewiesen werden (§ 7 Abs. 1 des Umsetzungsgesetzes). Dies hat den Vorteil, daß einerseits die öffentliche Verwaltung entlastet wird und andererseits private Initiative, Flexibilität, Verwaltungspotential, Finanzmittel und Sachkenntnis nutzbar gemacht werden. Deshalb können die bestehenden Strukturen im Bereich der Einlagensicherung zu einem großen Teil beibehalten und im Wege der öffent-

19.148

---

119 ABlEG Nr. 84 vom 26. 3. 1997, S. 22 ff.
120 BGBl. I 1998, S. 1842 ff.; vgl. weiter LG Bonn zum Entschädigungsanspruch wegen verspäteter Richtlinienumsetzung, WM 1999, 1972.
121 BR-Drucksache 257/98, S. 16.
122 *Weber*, DB 1998, 470, 471; kritisch hierzu *Dreher*, ZIP 1998, 1977 ff. Zur Vereinbarkeit des Umsetzungsgesetzes mit den beiden EG-Richtlinien und dem EG-Wettbewerbsrecht vgl. *Herdegen*, WM 1999, 1541 ff.

lich-rechtlichen Beleihung auch künftig weitgehend selbst verwaltet werden. Dabei wird aber die Gewährleistung des gesetzlich vorgeschriebenen Mindestschutzes der öffentlichen Aufsicht unterliegen.

19.149 Für den Bereich der privaten Banken ist eine „**Entschädigungseinrichtung deutscher Banken GmbH**" mit Sitz in Köln gegründet worden. Dieser Entschädigungseinrichtung gehören alle privatrechtlich organisierten Institute einschließlich der privaten Bausparkassen an. Mit Verordnung des Bundesministeriums für Finanzen vom 24. 8. 1998[123] sind dieser Gesellschaft die Aufgabenbefugnisse einer Entschädigungseinrichtung für die in § 6 Abs. 1 S. 2 Nr. 1 des Einlagensicherungs- und Anlegerentschädigungsgesetzes genannten privatrechtlichen Institute zugewiesen worden. Das Rechtsverhältnis zwischen dieser Einrichtung und den ihr zugehörigen Instituten ist öffentlich-rechtlich und nicht mitgliedschaftsrechtlich geprägt, wie dies beim Einlagensicherungsfonds des Bundesverbandes deutscher Banken der Fall ist. Dieser Fonds, der als privatrechtliche, staatlich nicht anerkannte und nicht beaufsichtigte freiwillige Einrichtung der privaten Banken besteht, unterliegt nicht den gesetzlichen Regelungen und Restriktionen des Einlagensicherungs- und Anlegerentschädigungsgesetzes. Der **privatrechtliche Einlagensicherungsfonds** und die **öffentlich-rechtliche Entschädigungseinrichtung** bestehen grundsätzlich **nebeneinander**[124]. Dabei übernimmt die Entschädigungseinrichtung die Funktion einer Basisdeckung nach Maßgabe der EG-Richtlinie. Der Einlagensicherungsfonds fungiert dagegen als Anschlußdeckung und schützt die Einlagen bis zur bisherigen Sicherungsgrenze, wenn und soweit die Entschädigungseinrichtung keine Zahlungen leistet (vgl. Nr. 20 AGB Banken – Rn 2.544 ff. Für die Kunden der Privatbanken, der öffentlichen Banken, der Sparkassen sowie der Volks- und Raiffeisenbanken hat sich an dem Schutzumfang ihrer Einlagen durch das Umsetzungsgesetz nichts geändert[125].

19.150 Entsprechend der EG-Vorgabe begründet das Einleger/Anlegerentschädigungsgesetz einen gesetzlichen Entschädigungsanspruch (§ 3 Abs. 1 EAG). Der Kreis der gesicherten Gläubiger entspricht im wesentlichen den Bankkunden, die durch den Einlagensicherungsfonds der privaten Banken geschützt sind (vg. § 3 Abs. 2 EAG). Der Entschädigungsanspruch ist nach Abzug eines Selbstbehaltes von 10% auf den Höchstbetrag von 20 000 Euro begrenzt (§ 4 Abs. 1 Nr. 1 EAG). Dem Gläubiger von Ansprüchen aus Wertpapiergeschäften steht zusätzlich ein Entschädigungsanspruch zu, der ebenfalls nach Abzug eines Selbstbehaltes von 10 % auf

---

123 BGBl. I 1998, S. 2391.
124 *Steuer*, WM 1998, 2449, 2455; *Weber*, DB 1998, 470, 474.
125 *Steuer*, WM 1998, 2449, 2455.

einen Betrag von 20 000 Euro begrenzt ist (§ 4 Abs. 1 Nr. 2 EAG). Da Geldforderungen aus Wertpapiergeschäften bereits durch den Einlageschutz abgesichert sind, kommt ein solcher Entschädigungsanspruch nur in dem wenig realistischen Fall der Veruntreuung von Wertpapieren bei gleichzeitiger Insolvenz der Bank in Betracht.

Die EG-Einlagensicherungs-Richtlinie soll hinsichtlich der Ausgestaltung des Einlegerschutzes **nur Mindeststandards** schaffen. Die bisherigen Unterschiede im Schutzniveau der Einlagensicherungssysteme hinsichtlich der Höhe dieser Entschädigung können also fortbestehen. Deshalb sollen, wenn Zweigstellen eines ausländischen Kreditinstituts dem Sicherungssystem ihres Herkunftslandes unterstellt bleiben, die daraus resultierenden Überschneidungen ausgeglichen werden. Besteht im Gastland ein System mit höherer Entschädigung, haben die unterhaltenen ausländischen Filialen das Recht, sich dem Gastlandsystem anzuschließen (**sog. Topping-up,** gem. § 13 EAG)[126]. Umgekehrt besteht ein „**Exportverbot**" (§ 14 EAG). Gewährt also das Gastlandsystem nur eine geringere Entschädigung als das System im Herkunftsland der Filiale, so muß die Entschädigung für Einleger bei diesen Filialen entsprechend herabgesetzt werden[127]. Dieses vorerst bis zum 31. 12. 1999 befristete Exportverbot soll gemäß den Erwägungsgründen der EG-Einlagensicherungs-Richtlinie verhindern, daß die Einlagensicherung zu einem Instrument des Wettbewerbs wird. Exportverbot und Topping-up sind also Regulative, um Filialen ausländischer Banken, die in einem anderen EG-Staat mit Filialen tätig sind, zwecks Wettbewerbsgleichheit auf das jeweils übliche Einlagensicherungsniveau anzuheben oder abzusenken[128].

19.151

---

126 *Troberg* in Bankrechts-Handbuch, § 137 Rn 5.
127 *Troberg* in Bankrechts-Handbuch, § 137 Rn 5; *Bunte* in Bankrechts-Handbuch, § 25 Rn 6.
128 Zur Rechtmäßigkeit dieses Exportverbotes vgl. EuGH WM 1997, 1839 ff.

4. Abschnitt
Bankenaufsicht

19.152 Das deutsche Bankensystem unterliegt einer staatlichen Aufsicht, die weitgehend im KWG geregelt ist.

I. Bundesaufsichtsamt für das Kreditwesen

19.153 Die Bankenaufsicht obliegt in Deutschland dem Bundesaufsichtsamt für das Kreditwesen (BAKred) mit Sitz in Bonn (§ 5 Abs. 1 KWG). Das Aufsichtsamt ist eine **organisatorisch selbständige Bundesoberbehörde** und gehört zum Geschäftsbereich des Bundesministers der Finanzen. Es unterliegt den Weisungen dieses Ministeriums.

19.154 Von der Bankenaufsicht zu unterscheiden ist die öffentlich-rechtliche Anstaltsaufsicht. Diese zusätzliche Sonderaufsicht hat besondere Bedeutung für öffentlich-rechtliche Kreditinstitute, vornehmlich also für Sparkassen und Landesbanken.

II. Zusammenarbeit mit der Deutschen Bundesbank

19.155 Die Aufsichtsbehörde arbeitet bei der Überwachung des Bankensystems eng mit der Deutschen Bundesbank zusammen (§ 7 Abs. 1 KWG). Diese Zusammenarbeit erstreckt sich in erster Linie auf die **Organisation** und die **faktische Durchführung der Aufsicht** über die einzelnen Kreditinstitute. Die materielle Bankenaufsicht im Sinne der routinemäßigen Beobachtung der inneren Struktur der Kreditinstitute ist also der Bundesbank zugeordnet worden.

19.156 Die Bundesbank kann hierbei auf die ihr einzureichenden Kreditmeldungen und sonstigen monatlichen Meldungen über wesentliche geschäftliche Kennziffern sowie auf die Bilanzen der Kreditinstitute zurückgreifen. Die Deutsche Bundesbank ist berechtigt, zur Erfüllung ihrer Aufgaben Statistiken auf dem Gebiet des Bank- und Geldwesens bei allen Kreditinstituten anzufordern (§ 18 BBankG). Von dieser gesetzlichen Befugnis macht die Bundesbank in großem Umfang Gebrauch. Die Sichtung und vorbereitende Bearbeitung des umfangreichen Materials, wie es routinemäßig bei der Bundesbank anfällt, ist äußerst zweckmäßig. Hierdurch kann dieses Material auch für die Zwecke der Bankenaufsicht nutzbar gemacht werden.

Werden bei einem Kreditinstitut Tatsachen oder Umstände festgestellt, die für die Erfüllung der aufsichtsrechtlichen Pflichten Bedeutung haben könnten, unterrichtet die Bundesbank das Bundesaufsichtsamt (§ 7 Abs. 1 S. 2 BBankG). Die Aufsichtsbehörde kann sodann die erforderlichen Maßnahmen treffen. Der Präsident des Bundesaufsichtsamtes für das Kreditwesen ist im übrigen berechtigt, an den Beratungen des Zentralbankrates der Deutschen Bundesbank teilzunehmen, soweit hierbei Gegenstände seines Aufgabenbereichs behandelt werden. Er hat kein Stimmrecht, kann aber Anträge stellen (§ 7 Abs. 3 KWG). 19.157

III. Grenzüberschreitende Aufsichtstätigkeit im europäischen Binnenmarkt

Mit der Umsetzung der 2. Bankrechtskoordinierungsrichtlinie durch die 4. KWG-Novelle 1993 sind auch die Regelungen der Bankbilanz und der staatlichen Bankenaufsicht für die Einlagenkreditinstitute neugeregelt worden. 19.158

Die Rechtsharmonisierung der 2. Bankrechtskoordinierungsrichtlinie betrifft die Einlagenkreditinstitute, die rechtlich unselbständige Zweigstellen in einem anderen EG-Mitgliedstaat unterhalten oder grenzüberschreitende Bankdienstleistungen im EG-Binnenmarkt erbringen. Im Zuge der Liberalisierung der Niederlassungs- und Dienstleistungsfreiheit brauchen Einlagenkreditinstitute weder für die Errichtung von Zweigstellen noch für die Erbringung von Dienstleistungen in Deutschland die Erlaubnis des BAKred, wenn sie aus einem anderen EG-Mitgliedstaat stammen (§ 53b Abs. 1 KWG). Für diese Zweigstellen braucht daher auch kein besonderes Dotationskapital gestellt werden. 19.159

Die EG-Mitgliedstaaten haben im übrigen unter gegenseitiger Anerkennung ihrer Aufsichtssysteme und Beibehaltung ihrer nationalen Aufsichtsbehörden weitgehend auf die Beaufsichtigung über die auf ihrem Hoheitsgebiet errichteten rechtlich unselbständigen Zweigstellen von Einlagenkreditinstituten aus anderen Mitgliedstaaten verzichtet. Zuständig für die staatliche Bankenaufsicht sind im wesentlichen die Behörden des Herkunftsmitgliedstaates (**Heimatlandkontrolle**). Die deutsche Bankenaufsicht kann daher z.B. Depotprüfungen bei ausländischen Zweigstellen deutscher Kreditinstute durchführen lassen[129]. 19.160

---
129 *Kuntze*, ZGesKredW 1993, 18, 21.

19.161 Dagegen bleibt es beim Erfordernis einer Banklizenz durch die deutsche Bankenaufsicht und deren bisherigen Aufsichtsbefugnisse, wenn das Einlagenkreditinstitut aus einem anderen Mitgliedstaat seine inländische Niederlassung als rechtlich selbständige Tochtergesellschaft nach deutschem Recht errichtet.

1. Voraussetzungen für den „Europäischen Paß"

19.162 Der „Europäische Paß" ist freilich an eine Reihe von Bedingungen geknüpft, die sicherstellen sollen, daß sich nur solche Einlagenkreditinstitute in der Bundesrepublik betätigen, die im Herkunftsmitgliedstaat hinreichend zugelassen und beaufsichtigt sind. Deshalb erhalten Einlagenkreditinstitute nur für solche Tätigkeiten den „Europäischen Paß", für die sie im eigenen Land zugelassen sind und dort auch einer Bankenaufsicht unterliegen. Darüber hinaus müssen diese Einlagenkreditinstitute bereits in ihrem Herkunftsland die durch die EG-Richtlinien harmonisierten Normen tatsächlich erfüllen. Anderenfalls hätte der deutsche Gesetzgeber auf bankaufsichtliche Befugnisse verzichtet, ohne daß sichergestellt wäre, daß nur von vornherein „gesunde" Einlagenkreditinstitute diesen vereinfachten Marktzutritt nutzen. Nur auf diese Weise kann auch die Wettbewerbsgleichheit der Einlagenkreditinstitute zu deutschen Kreditinstituten hergestellt werden[130].

2. Verbleibende Aufsichtskompetenzen des aufnehmenden Mitgliedstaates

19.163 Bis zu einer weiteren Harmonisierung bleiben jedoch den Aufsichtsbehörden in den aufnehmenden Mitgliedstaaten bestimmte **Zuständigkeiten und Eingriffsbefugnisse gegenüber Zweigstellen** von Einlagenkreditinstituten aus anderen EG-Mitgliedstaaten, weil noch nicht alle bankaufsichtlichen Normen innerhalb der EU harmonisiert worden sind oder weil Gründe des Allgemeininteresses dies erfordern (§ 53b Abs. 3 KWG). Die **deutsche Bankenaufsicht** bleibt daher mit der **Überwachung der Liquidität dieser Zweigstellen** beauftragt (§ 53b Abs. 4 KWG). Sie bleibt ebenso für die Überwachung der Vorschriften zuständig, die aus Gründen des Allgemeininteresses erlassen wurden (§ 53b Abs. 3 KWG)[131].

19.164 Die deutsche Bankenaufsicht kann daher im Rahmen der ihr obliegenden Aufgaben auch künftig inländische Zweigstellen von EG-Kreditinstituten prüfen. Hierbei ist aber ein bestimmtes Verfahren einzuhalten. Bleibt z.B.

---
130 Begr. des RegE (4.) KWG-Novelle 1994, BT-Drucksache 504/92, S. 43.
131 *Kuntze*, ZGesKredW 1993, 18, 21.

die Abmahnung wegen Verstoßes gegen die Liquiditätsgrundsätze des KWG erfolglos, kann die deutsche Bankenaufsicht im Regelfall nicht sofort selbst Maßnahmen ergreifen, sondern muß zuvor die zuständigen Behörden des Herkunftsmitgliedstaates (Heimatlandbehörde) über die erfolglose Abmahnung unterrichten und abwarten, ob und mit welcher Wirkung die Heimatlandbehörde Maßnahmen ergreift.

Den **Heimatlandbehörden** wird also auch für intensivere Eingriffe im Rahmen der **Liquiditätsüberwachung** Vorrang eingeräumt. Tritt keine Besserung oder gar eine Verschlechterung der Liquiditätslage ein, so stehen der deutschen Bankenaufsicht alle in diesen Fällen verfügbaren Maßnahmen der vorausschauenden oder unmittelbaren Gefahrenabwehr wie gegenüber deutschen Kreditinstituten uneingeschränkt zur Verfügung (§ 53b Abs. 4 S. 3 KWG). Sie können ergriffen werden, sobald die Heimatlandbehörde hiervon unterrichtet worden ist (§ 53b Abs. 4 S. 2 KWG). Die letzte Verantwortung für die Liquiditätsüberwachung und Liquiditätssicherung liegt also bei der deutschen Bankenaufsicht[132]. 19.165

In **dringenden Fällen** kann die deutsche Bankenaufsicht sogar ohne vorherige Unterrichtung der Heimatlandbehörde tätig werden. Sie hat die EG-Kommission und die Heimatlandbehörden hiervon unverzüglich zu unterrichten (§ 53b Abs. 5 KWG). 19.166

Im Rahmen einer wirkungsvollen Herkunftslandkontrolle müssen die Heimatlandbehörden die Zweigstellen der ihrer Aufsicht unterliegenden Kreditinstitute auch in den Aufnahmemitgliedstaaten vor Ort prüfen können. Hierzu reicht die vorherige Unterrichtung der deutschen Bankenaufsicht durch die Heimatlandbehörde der Einlagenkreditinstitute aus anderen Mitgliedstaaten aus, damit diese eigene Prüfungen in der Bundesrepublik vornehmen können. Die Heimatlandbehörden haben aber auch die Möglichkeit, mit Stellen in der Bundesrepublik in der Art und Weise zusammenzuarbeiten, wie dies § 44a Abs. 2 KWG vorsieht. 19.167

3. Kooperation der Bankenaufsichtsbehörden

Unerläßliche Voraussetzung für ein harmonisches Funktionieren des Binnenmarktes der Banken ist eine Zusammenarbeit und ein ausreichender Informationsaustausch zwischen den Aufsichtsbehörden der Herkunftsländer und dem aufnehmenden Mitgliedstaat. Die Aufsichtsbehörde des Herkunftsmitgliedstaates hat naturgemäß die bessere Kenntnis über die wirtschaftliche Situation der in ihrem Bereich ansässigen Kreditinstitute, 19.168

---
132 Begr. des RegE (4.) KWG-Novelle 1992, BT-Drucksache 504/92, S. 44.

die zusammen mit den ausländischen Zweigstellen ihrer Aufsicht unterliegen. Die Aufsichtsbehörde des aufnehmenden Mitgliedstaates ist andererseits näher am Ort des Geschehens und besser mit den Marktgegebenheiten als die Heimatlandbehörde vertraut[133].

19.169 Die deutsche Bankenaufsicht strebt daher **bilaterale Vereinbarungen** mit ihren Schwesterbehörden im EG-Bereich an. Hierdurch soll die Kooperation mit den anderen EG-Aufsichtsbehörden auf eine gemeinsame Grundlage gestellt werden.

19.170 Ein erstes Kooperationsabkommen hat das Bundesaufsichtsamt für das Kreditwesen mit der Commission bancaire und dem Comité des établissements de crédit aus Frankreich am 1. 10. 1992 abgeschlossen. Diese Vereinbarung stellt keinen Akt der Rechtsetzung dar, sondern regelt nach Maßgabe der EG-rechtlichen Vorgaben, wie die Aufsichtsbehörden beider Länder ihre Kooperation im einzelnen ausgestalten wollen[134].

19.171 Nach übereinstimmender Ansicht der französischen und deutschen Aufsicht wird die Tätigkeit der Aufsichtsbehörde des aufnehmenden Mitgliedstaates im Kern auf eine Art von Alarmbereitschaft mit dem Ziel hinauslaufen, die Heimatlandaufsicht rechtzeitig über Vorfälle in der Zweigstelle in Kenntnis zu setzen, die die Stabilität des Eurokreditinstitutes als Ganzes gefährden können. Maßnahmen zu treffen, ist jedoch zunächst Sache der Heimatlandaufsicht. Soweit hiernach die Bankenaufsicht des Aufnahmemitgliedsstaates nicht in dringenden Fällen Sicherungsmaßnahmen zum Schutz der Interessen der Einleger und Anleger sowie sonstiger Kunden für erforderlich hält, wird diese Aufsichtsbehörde regelmäßig den Erfolg von Maßnahmen der Heimatlandaufsicht abwarten, bevor sie selbst Abhilfemaßnahmen ergreift[135].

IV. Aufsicht über das Bankgewerbe als Wirtschaftssektor

19.172 Bei den Aufsichtsfunktionen ist zu unterscheiden zwischen **allgemeiner Aufsicht über das Bankgewerbe** und der **Aufsicht über das einzelne Kreditinstitut**. Im Rahmen der allgemeinen Aufsicht hat die Aufsichtsbehörde „Mißständen im Kredit- und Finanzleistungswesen entgegenzuwirken, die die Sicherheit der den Kreditinstituten anvertrauten Vermögenswerte gefährden, die ordnungsmäßige Durchführung der Bankgeschäfte oder Finanzdienstleistungen beeinträchtigen oder erhebliche Nachteile für die

---

133 *Kuntze*, ZGesKredW 1993, 18, 20.
134 *Kuntze*, ZGesKredW 1993, 18, 20.
135 *Kuntze*, ZGesKredW 1993, 18, 20.

Gesamtwirtschaft herbeiführen", soweit nicht das Bundesaufsichtsamt für den Wertpapierhandel zuständig ist (§ 6 Abs. 2 KWG).

Objekt dieser Beobachtung und Einwirkung der allgemeinen Bankenaufsicht ist das Bankgewerbe als Ganzes oder zumindest seiner regionalen oder geschäftlichen Teilbereiche. Die Bankenaufsicht erfüllt in diesem Bereich Aufgaben der Wirtschafts-, Kredit- und Bankpolitik[136]. 19.173

Der Aufsichtsbehörde stehen im Rahmen der allgemeinen Bankenaufsicht **keine unmittelbaren hoheitlichen Befugnisse** gegenüber den einzelnen Kreditinstituten zu. Der hierfür geschaffene § 6 Abs. 2 KWG ist keine ausreichende Rechtsgrundlage[137]. Verwaltungsakte, die den hiervon Betroffenen rechtliche Nachteile bringen, wie dies auf die aufsichtsbehördlichen Eingriffe in die Geschäftätigkeit eines Kreditinstitutes zutrifft, können nur aufgrund einer gesetzlichen Ermächtigungsgrundlage erlassen werden. § 6 Abs. 2 KWG stellt keine solche Ermächtigungsnorm für belastende Verwaltungsakte dar[138]. 19.174

Die Aufsichtsbehörde ist bei Mißständen im Sinne des § 6 Abs. 2 KWG auf Belehrung, formloses Ersuchen oder einverständliches Handeln beschränkt. Nur wenn ein Mißstand sich zugleich als solcher von Verstößen der beteiligten Kreditinstitute gegen KWG-Vorschriften herausstellt, kann die Aufsichtsbehörde mit einer förmlichen Anordnung (Allgemeinverfügung) und Verwaltungszwang oder gegebenenfalls Geldbußen einschreiten. Läßt ein Mißstand sich nicht auf diese Weise beseitigen, so wird die Bankenaufsicht dem Bundesminister der Finanzen als ihre Aufsichtsbehörde darüber zu berichten und rechtsetzende Maßnahmen anzuregen haben[139]. 19.175

V. Institutsbezogene Aufsicht

Neben der allgemeinen Aufsicht über das Kreditgewerbe besteht die **Bankenaufsicht im engeren Sinne**. Sie ist Aufsicht über die einzelnen Kreditinstitute. Diese institutsbezogene Aufsicht hat das Ziel, die Struktur- und Ordnungsvorschriften des Kreditwesengesetzes und seiner Durchfüh- 19.176

---

136 BGH WM 1979, 482, 483; *Consbruch/Möller/Bähre/Schneider*, KWG, § 6 Anm. 3.
137 BGH WM 1979, 482, 483; *Reischauer/Kleinhans*, KWG, § 6 Anm. 11.
138 *Consbruch/Möller/Bähre/Schneider*, KWG, § 6 Anm. 3; *Szagunn/Haug/Ergenzinger*, KWG, § 6 Rn 7.
139 *Consbruch/Möller/Bähre/Schneider*, KWG, § 6 Anm. 3 unter Bezugnahme auf die Gesetzesmaterialien.

rungsbestimmungen durchzusetzen und die Gläubiger des Kreditinstitutes vor Verlusten zu schützen[140]. Hierdurch soll zugleich der Schutz des Vertrauens der Öffentlichkeit in die Funktionsfähigkeit der Kreditwirtschaft gewährleistet werden[141].

19.177 Die KWG-Novelle 1997 hat die Anwendungskompetenzen der Bankenaufsicht für diese institutsbezogene Aufsicht wesentlich erweitert. Die Befugnis zum Erlaß belastender Verwaltungsakte beschränkte sich bislang auf besondere Maßnahmen der Gefahrenabwehr (§§ 45 ff. KWG) und im Rahmen der Kompetenzen zur Sachverhaltsermittlung (§§ 44 ff. KWG) sowie im Rahmen der laufenden Aufsicht über die Beachtung der gesetzlichen Verbote und Gebote der §§ 10 ff. KWG. Solche Kompetenzen fehlten jedoch in den aufsichtsrechtlich nicht weniger sensiblen Bereichen, die die interne Organisation der Bank, insbesondere die hausinternen Kontrollverfahren, die Ausgestaltung der Innenrevision sowie die Auslagerung von Geschäftsbereichen auf andere Unternehmen betreffen. Dasselbe galt für die Einhaltung der Grundsätze ordnungsmäßiger Geschäftsführung sowie der Sicherstellung der Gesamtverantwortung der Geschäftsleiter[142].

19.178 Nach früherem Recht konnte die Bankenaufsicht Mißstände in einem Institut nur zu Lasten der verantwortlichen Geschäftsleiter dadurch entgegenwirken, daß sie deren fachliche Eignung oder Zuverlässigkeit in Frage stellte. Mit der KWG-Novelle 1997 wurde ein neuer Absatz in § 6 KWG eingefügt, der den Einsatz des klassischen Eingriffsinstrumentariums des allgemeinen Verwaltungsrechts ermöglicht[143]. Die **Bankenaufsicht** kann nunmehr im Rahmen der ihr zugewiesenen Aufgaben **gegenüber dem Institut und seinen Geschäftsleitern Anordnungen treffen,** die geeignet und erforderlich sind, Mißstände in dem Institut zu verhindern oder zu beseitigen, die die Sicherheit die dem Institut anvertrauten Vermögenswerte oder die ordnungsgemäße Durchführung der Bankgeschäfte oder Dienstleistungen beeinträchtigen. Diese neugeschaffene Kompetenz setzt nach den Gesetzesmaterialien entweder eine konkrete Beeinträchtigung der ordnungsmäßigen Durchführung der Bankgeschäfte oder Finanzdienstleistungen oder einen Mißstand voraus, der die Sicherheit der einem Institut anvertrauten Vermögenswerte gefährdet[144].

19.179 Vergleichbare hoheitliche Eingriffsbefugnisse enthält das Hypothekenbankengesetz (§ 4) und das Gesetz über Bausparkassen (§ 3 Abs. 1 S. 2). Die Regelung des § 6

---

140 BGH WM 1979, 482, 483.
141 BGH WM 1979, 482, 483.
142 Begr. des RegE Richtlinien-Umsetzungsgesetz, BT-Drucksache 13/7142, S. 74.
143 Begr. des RegE Richtlinien-Umsetzungsgesetz, BT-Drucksache 13/7142, S. 74.
144 Begr. des RegE Richtlinien-Umsetzungsgesetz, BT-Drucksache 13/7142, S. 74.

Abs. 3 KWG orientiert sich im übrigen an vergleichbare Vorschriften für andere Aufsichtsbehörden (§ 4 Abs. 1 WpHG für das BAWe, § 1a Abs. 2 BörsG für die Börsenaufsichtsbehörde der Länder und § 81 VAG)[145].

1. Gefahrenabwehr zugunsten der Kunden (Einlegerschutz)

Die Bankenaufsicht, die dem Einlegerschutz dient, soll Gefahren abwehren, die den Kunden einzelner Kreditinstitute durch deren gesetzwidriges Verhalten drohen. Die Bankenaufsicht verfolgt daher das allgemeine Anliegen des Gesetzgebers, die durch eine gewerbliche Betätigung entstehenden Gefahren abzuwenden. Insoweit sind die **Funktionen der Bankenaufsicht** den Aufgaben der Polizei und der Ordnungsbehörden im Rahmen der allgemeinen Gefahrenabwehr vergleichbar[146]. 19.180

Für diese **Gefahrenabwehr** besteht eine **gesetzliche Generalermächtigung**. Als klassische Formulierung dieser Ermächtigung galt lange Zeit § 14 Abs. 1 des Preußischen Polizeiverwaltungsgesetz vom 1. 6. 1931, der mehr oder minder gleichlautend in die heute geltenden Landesgesetze übernommen worden ist[147]. Danach haben die Polizeibehörden im Rahmen der geltenden Gesetze die nach pflichtmäßigem Ermessen notwendigen Maßnahmen zu treffen, um von der Allgemeinheit oder dem einzelnen Gefahren abzuwenden, durch die die öffentliche Sicherheit oder Ordnung bedroht wird. 19.181

Nach dem BGH bedeutet diese Generalermächtigung einen umfassenden Auftrag, das Recht zu schützen. Dieser Auftrag umschließt sowohl den Schutz der Rechte und Rechtsgüter des einzelnen als auch den Schutz des Gemeinwesens, seiner Normen und Einrichtungen[148]. 19.182

Bei der auf den Einlegerschutz abzielende Bankenaufsicht entspricht das Instrumentarium auch heute noch den typischen polizeilichen (ordnungsrechtlichen) Befugnissen für die Gefahrenabwehr. 19.183

2. Rechtsgrundlage für belastende Verwaltungsakte

Verwaltungsakte, die den hiervon Betroffenen wie die aufsichtsbehördlichen Eingriffe in die Geschäftstätigkeit eines Kreditinstitutes rechtlich Nachteile bringen, können nur aufgrund einer gesetzlichen Ermächti- 19.184

---

145 Begr. des RegE Richtlinien-Umsetzungsgesetz, BT-Drucksache 13/7142, S. 74.
146 BGH WM 1979, 482, 484.
147 *Wolff/Bachof*, Verwaltungsrecht III, 4. Aufl., 1978, S. 47.
148 WM 1979, 482, 484.

gungsgrundlage erlassen werden. Dieser sog. Vorbehalt des Gesetzes erfordert, daß solche „belastende" Verwaltungsakte auf eine gesetzliche Eingriffsnorm zurückgeführt werden können[149]. Die Eingriffsbefugnisse der Verwaltung müssen deshalb gesetzlich nach Inhalt, Zweck und Ausmaß hinreichend bestimmt und begrenzt sein, so daß die Beschränkungen voraussehbar und berechenbar sind[150]. Diese Regelungsdichte erfordert das Gebot der Gesetzmäßigkeit der Verwaltung, wie es Art. 20 Abs. 3 GG postuliert.

19.185 Danach ist die Gesetzgebung an die verfassungsmäßige Ordnung, die vollziehende Gewalt und die Rechtsprechung an Gesetz und Recht gebunden.

19.186 Eine allgemeine Rechtsgrundlage für belastende Verwaltungsakte der Aufsichtsbehörde enthält § 6 Abs. 1 KWG. Der Gesetzgeber hat durch diese Generalklausel bestimmt, daß das BAKred die Aufsicht über die Kreditinstitute nach den Vorschriften des KWG ausübt[151].

19.187 Der Gesetzgeber hat es aber nicht bei der Generalklausel des § 6 Abs. 1 KWG belassen. Mit dem durch die KWG-Novelle 1997 neugeschaffenen Abs. 3 des § 6 KWG sind hoheitliche Eingriffsbefugnisse für Mißstände in einem bestimmten Institut geschaffen worden. Schon früher verfügte die Aufsichtsbehörde über spezielle Anordnungskompetenzen, um im Interesse der Bankkunden Gefahren für die unterhaltenen Geldguthaben abzuwehren.

a) Maßnahmen bei nicht angemessener Eigenkapitalausstattung oder unzureichender Liquidität

19.188 Fehlt einem Kreditinstitut ein angemessenes haftendes Eigenkapital oder erscheint eine ausreichende Zahlungsbereitschaft nicht gewährleistet, so kann die Aufsichtsbehörde Gegenmaßnahmen ergreifen. Die Aufsichtsbehörde kann hierzu die Ausschüttung von Gewinnen und die Gewährungen von Krediten ganz oder teilweise untersagen.

19.189 Bei unzureichender Liquidität kann dem Kreditinstitut auch verboten werden, verfügbare Gelder in Grundstücken, Gebäuden, Schiffen und Beteiligungen anzulegen (§ 45 KWG). Solche Anlagen können häufig nicht schnell genug versilbert werden und gelten daher als nur bedingt liquide.

---

149 *Erichsen/Erichsen*, Allgemeines Verwaltungsrecht, 12. Aufl., 1998, § 15 Rn 14.
150 *Maurer*, Allgemeines Verwaltungsrecht, 12. Aufl., 1999, § 6 Rn 12.
151 *Szagunn/Haug/Ergenzinger*, KWG, § 6 Anm. 7 unter Bezugnahme auf die Regierungsbegründung zum KWG 1961 m.w.Nachw.

b) Eingriffe bei konkreter Gefahr

Besteht eine konkrete Gefahr für die Sicherheit der dem Kreditinstitut anvertrauten Vermögenswerte, so kann die Aufsichtsbehörde zur Abwendung dieser Gefahr einstweilige Maßnahmen treffen. Hierzu kann sie der Geschäftsführung des Kreditinstitutes bestimmte Weisungen erteilen. Insbesondere kann die Annahme von Einlagen und die Gewährung von Krediten verboten oder begrenzt werden[152]. 19.190

§ 46 KWG selbst enthält kein Verbot bestimmter Geschäfte, sondern nur eine Ermächtigung an die Bankenaufsichtsbehörde, ein solches Verbot durch Verwaltungsakt auszusprechen. Ein Darlehensvertrag, der gegen ein nach § 46 KWG angeordnetes Kreditgewährungsverbot verstößt, ist daher auch nicht nach § 134 BGB nichtig[153]. 19.191

Auch besteht die Möglichkeit zur **Bestellung einer Aufsichtsperson.** Diese Aufsichtsperson kann freilich nur intern für die Ordnungsmäßigkeit der Geschäftsführung Sorge tragen und nicht als Vertreter im Außenverhältnis auftreten. Sind die Schwierigkeiten des Kreditinstitutes auf ein Versagen der Geschäftsführung zurückzuführen und erscheint die Kontrolle durch eine Aufsichtsperon als nicht ausreichend, so kann den Geschäftsleitern des Kreditinstitutes die Ausübung ihrer Tätigkeit einstweilen untersagt oder beschränkt werden. Diese Voraussetzungen sind bei Bekanntwerden von Tatsachen gegeben, aus denen auf die Unzuverlässigkeit oder mangelnde fachliche Eignung der Geschäftsleiter zu schließen ist. Die Abberufung kann des weiteren verlangt werden, wenn vorsätzlich oder leichtfertig gegen die Bestimmungen des Kreditwesengesetzes oder die Anordnungen der Aufsichtsbehörde verstoßen wird und trotz Verwarnung dieses Verhalten fortgesetzt wird. Als letzte Möglichkeit besteht die Rücknahme der Banklizenz, ohne die der Geschäftsbetrieb sofort einzustellen ist. 19.192

3. Besondere Maßnahmen zur Abwendung der gesetzlichen Konkursgefahr (Schalterschließung)

Zur Vermeidung einer drohenden Insolvenz kann die Aufsichtsbehörde vorübergehend das Kreditinstitut für den Verkehr mit der Kundschaft schließen – Schalterschließung – (§ 46a KWG). Dem Kreditinstitut kann darüber hinaus verboten werden, Vermögenswerte zu veräußern, Zahlun- 19.193

---

152 Zur Frage der Zulässigkeit von Aufrechnungen während eines Moratoriums nach §§ 46, 46a KWG vgl. *Zietsch*, WM 1997, 954.
153 BGH WM 1990, 54, 55.

gen zu leisten oder Zahlungen entgegenzunehmen, soweit mit ihnen nicht Verbindlichkeiten gegenüber dem vorübergehend geschlossenen Kreditinstitut getilgt werden sollen. Die **Anordnung eines solchen sog. Moratoriums** kann damit verknüpft werden, daß die bisherigen Geschäftsleiter durch gerichtlich bestellte Geschäftsleiter ersetzt werden.

19.194 Während des Moratoriums kann der Geschäftsbetrieb fortgesetzt werden und hierzu die zunächst geschlossenen Bankschalter wieder geöffnet werden. Dies setzt jedoch voraus, daß ein Einlagensicherungsfonds des für das insolvente Kreditinstitut zuständigen Verbandes für etwaige hieraus den Gläubigern entstehenden Nachteile eintritt. Mit dem Moratorium soll Zeit gewonnen werden, um mit den von der Einlagensicherung nicht geschützten Gläubigern einen außergerichtlichen Vergleich zu erzielen. Ferner sollen schwebende Geschäfte abgewickelt werden können. Hierdurch soll eine Erhöhung der Verbindlichkeiten der insolventen Kreditinstute durch Schadensersatzverpflichtungen möglichst vermieden werden.

19.195 Das Moratorium soll im übrigen nicht durch ein gerichtliches Insolvenzverfahren gefährdet werden können. Das KWG läßt daher einen Insolvenzantrag nur durch die Aufsichtsbehörde zu. Dabei kann die Bankenaufsicht im Rahmen ihrer pflichtgemäßen Ermessensausübung auch übergeordnete gesamtwirtschaftliche Interessen berücksichtigen[154].

VI. Verwaltungsgerichtlicher Rechtsschutz

19.196 Wird ein Kreditinstitut durch eine Maßnahme der Aufsichtsbehörde in seinen Rechten verletzt, steht ihm der Verwaltungsrechtsweg offen (Art. 19 Abs. 4 GG, § 40 Abs. 1 VwGO). Maßnahmen, die die Aufsichtsbehörde in Erfüllung ihrer Aufsichtsfunktionen treffen, sind Verwaltungsakte, wenn sie sich an ein oder mehrere Kreditinstitute richten und konkrete Einzelfälle regeln. § 35 VwVfG definiert den Verwaltungsakt als:

19.197 „jede Verfügung, Entscheidung oder andere hoheitliche Maßnahme, die eine Behörde zur Regelung eines Einzelfalles auf dem Gebiete des öffentlichen Rechts trifft und auf unmittelbare Rechtswirkung nach außen gerichtet ist. Allgemeinverfügung ist ein Verwaltungsakt, der sich an einem nach allgemeinen Merkmalen bestimmten oder bestimmbaren Personenkreis richtet oder die öffentlich-rechtliche Eigenschaft einer Sache oder ihrer Benutzung durch die Allgemeinheit betrifft."

---

154 VG Berlin WM 1996, 295, 299.

Dabei ist es **unerheblich, wie diese Maßnahme bezeichnet** worden ist. In 19.198
der Praxis der Aufsichtsbehörde finden sich Bezeichnungen wie Verfügung, Anordnung, Erlaubnis, Genehmigung, Zulassung, Untersagung, Verbot, Auflage, Entscheidung, Bescheid, Beschluß[155]. Auch kommt es für die Wirksamkeit nicht darauf an, ob die Maßnahme schriftlich, mündlich, fernmündlich oder gar durch konkludentes Verhalten getroffen worden ist[156].

1. Widerrufsanspruch bei unbegründeten Verwarnungen

Eine Verwarnung des Geschäftsleiters einer Bank durch die Aufsichtsbehörde etwa mit der Begründung, die Bank habe gegen die Pflicht zur Offenlegung der wirtschaftlichen Verhältnisse der Kreditnehmer gemäß § 18 KWG verstoßen, ist kein Verwaltungsakt. Es handelt sich vielmehr um schlicht-hoheitliches Verwaltungshandeln, das die außerhalb der rechtlich geprägten Formen (Verwaltungsakt, öffentlich-rechtlicher Vertrag, Normsetzung) liegenden Formen des hoheitlichen Verhaltens erfaßt. 19.199

Nach einer Entscheidung des VG Berlin[157] kann gegen solche bankaufsichtsrechtliche Verwarnungen mit der allgemeinen Leistungsklage vorgegangen werden, weil unbegründete Verwarnungen in die grundgesetzlich geschützte Rechtssphäre eingreifen. Solche Verwarnungen sind Voraussetzungen für die **Abberufung von Geschäftsleitern** (vgl. § 36 Abs. 2 KWG). Solche unbegründeten Verwarnungen begründen einen Widerrufsanspruch als Unterfall des Folgenbeseitigungsanspruches. 19.200

2. Anfechtungsklagen

Vor Erhebung einer Klage vor dem Verwaltungsgericht sind Rechtmäßigkeit und Zweckmäßigkeit des angegriffenen Verwaltungsaktes in einem Vorverfahren nachzuprüfen (sog. **Widerspruchsverfahren**). Zu diesem Zweck hat das beschwerte Kreditinstitut innerhalb eines Monats seit Bekanntgabe des Verwaltungsaktes schriftlich Widerspruch bei der Aufsichtsbehörde zu erheben (§§ 68 bis 70 VwGO). 19.201

Gibt die Aufsichtsbehörde dem Widerspruch nicht statt, kann vor dem Verwaltungsgericht auf Aufhebung des Verwaltungsaktes geklagt werden. Diese Anfechtungsklage ist zulässig, wenn das Kreditinstitut geltend 19.202

---

155 *Consbruch/Möller/Bähre/Schneider*, KWG, § 6 Anm. 4.
156 *Consbruch/Möller/Bähre/Schneider*, KWG, § 6 Anm. 4.
157 WM 1992, 1060, 1062; vgl. weiter *Fett*, WM 1999, 613, 618.

macht, durch den Verwaltungsakt in seinen Rechten verletzt zu sein (§ 42 VwGO). Eine solche Rechtsverletzung liegt vor, wenn ein belastender Verwaltungsakt ohne gesetzliche Eingriffsnorm erlassen worden ist.

19.203 Eine **Verwaltungsmaßnahme** ist ein belastender Verwaltungsakt, wenn ein Tun, Dulden oder Unterlassen verlangt wird[158]. Dabei gilt für belastende Verwaltungsakte der sog. Vorbehalt des Gesetzes, der ihre Rückführbarkeit auf eine gesetzliche Ermächtigungsgrundlage verlangt[159].

19.204 Eine Rechtsverletzung der Aufsichtsbehörde kann auch darin bestehen, daß die Behörde von ihrem Ermessen pflichtwidrig Gebrauch gemacht hat. Ein Ermessensspielraum steht der Aufsichtsbehörde insbesondere in den Fällen zu, in denen die Aufsichtsbehörde ihre Maßnahme nur auf die Generalklausel des § 6 Abs. 1 KWG stützen kann[160]. Wird als Rechtsverletzung eine fehlerhafte Ermessensausübung gerügt, so prüft das Gericht, ob der Verwaltungsakt oder die Ablehnung oder Unterlassung des Verwaltungsaktes rechtswidrig ist, weil die gesetzlichen Grenzen des Ermessens überschritten sind oder von dem Ermessen in einer dem Zweck der Ermächtigung nicht entsprechenden Weise Gebrauch gemacht ist. Eine Behörde hat das ihr eingeräumte Ermessen entsprechend dem Zweck der Ermächtigung auszuüben und die gesetzlichen Grenzen des Ermessens einzuhalten (§ 40 VwVfG).

VII. Haftung für Amtspflichtverletzung

19.205 Einen materiellen Rechtsschutz gegenüber fehlerhaften Maßnahmen der Aufsichtsbehörde bietet auch die Staatshaftung für schuldhafte Amtspflichtverletzung (Art. 34 GG i.V.m. § 839 BGB).

1. Rechtsprechung des Bundesgerichtshofes

19.206 Die staatliche Aufsicht über private Wirtschaftsunternehmen dient nach dem BGH[161] grundsätzlich nur dem allgemeinen staatlichen oder öffentlichen Interesse und begründet regelmäßig keine Amtspflichten gegenüber bestimmten Personen. Dieser Grundsatz schließe jedoch nicht aus, daß

---

158 *Maurer*, Allgemeines Verwaltungsrecht, 12. Aufl., 1999, § 9 Rn 44.
159 *Erichsen/Erichsen*, Allgemeines Verwaltungsrecht, 11. Aufl., 1998, § 15 Rn 14.
160 *Szagunn/Haug/Ergenzinger*, KWG, § 6 Anm. 9. Zur Ermessensausübung des Bundesaufsichtsamtes für das Kreditwesen vgl. auch BGH WM 1979, S. 482, 484.
161 NJW 1972, 577, 578.

die staatliche Aufsicht in einzelnen Bereichen der Wirtschaft neben der Wahrung allgemeiner Belange teilweise auch drittschützende Wirkung haben soll. Dies gilt vor allem, wenn die Aufsicht dazu dient, Gefahren abzuwehren, die den Gläubigern aufsichtsunterworfener Gewerbetreibender durch deren unlauteres Geschäftsgebaren drohen. Diese Auffassung hat der BGH in zwei Entscheidungen vertreten[162]. Sie betreffen Klagen von Personen, die Einlagen bei einem Unternehmen geleistet hatten, das im Zusammenhang mit dem Verkauf von Wohnungen Bankgeschäfte ohne Erlaubnis betrieb („Wetterstein"-Urteil). In dem anderen entschiedenen Fall hatten Einleger ihre Einlagen bei einer insolvent gewordenen Bank (Herstatt) teilweise verloren.

Vor diesen beiden Gerichtsentscheidungen war es übereinstimmende Meinung, daß die Aufgaben der Aufsichtsbehörde nicht dem Schutz der Individualinteressen von Einzelpersonen, sondern nur dem öffentlichen Interessen dienen. 19.207

2. Ausschluß von Amtspflichtverletzungen gegenüber Bankkunden

Mit der KWG-Novelle 1984 ist die vor der BGH-Rechtsprechung bestehende Rechtslage wieder hergestellt worden. Hierzu ist dem § 6 KWG ein neuer Absatz 3 angefügt worden. Nach der amtlichen Begründung zu der KWG-Novelle soll hierdurch dem Schutzzweck des KWG entsprechend das traditionelle Verständnis von der Zielsetzung der staatlichen Bankenaufsicht verdeutlicht werden. Die gesetzliche Klarstellung bedeutet, daß einzelne Personen, die in geschäftlichen Beziehungen zu Kreditinstituten oder sonstigen Unternehmen und Privatpersonen stehen, an die die Aufsichtsbehörde Maßnahmen richten kann, keine Schadensersatzansprüche gegen den Staat wegen eines bestimmten Handelns oder Unterlassens der Behörde erheben können[163]. 19.208

Es besteht also insoweit die gleiche Rechtslage wie bei der staatlichen Aufsichtstätigkeit des neuen BAWe (§ 4 Abs. 2 WpHG) und der Börsenaufsichtsbehörden der Länder (§ 1 Abs. 4 BörsG). 19.209

Unberührt von der gesetzlichen Klarstellung bleibt die bisherige Haftung der Aufsichtsbehörde gegenüber den beaufsichtigten Kreditinstituten und den sonstigen Unternehmen und Privatpersonen, denen gegenüber Eingriffsbefugnisse bestehen, sofern die Aufsichtsbehörde fehlerhafte Entscheidungen trifft oder die gebotenen Maßnahmen unterläßt. 19.210

---

162 WM 1979, 482, 483; WM 1979, 934; bestätigt durch BGH WM 1984, 957, 958; hiergegen *Starke*, WM 1979, 1402 ff.; *Hafke*, ZGesKredW 1982, 312 ff.
163 Zur Verfassungsmäßigkeit und Vereinbarkeit mit dem Gemeinschaftsrecht vgl. LG Bonn WM 1999, 1972 ff.

20. Teil
Der Euro und das Europäische System der Zentralbanken (ESZB)

1. Abschnitt
Allgemeines

Die Mitgliedstaaten der Europäischen Gemeinschaften haben am 7. 2. 1992 den Vertrag über die Europäische Wirtschafts- und Währungsunion im niederländischen Maastricht unterzeichnet (Maastricht-Vertrag), der am 1. 11. 1993 in Kraft getreten ist. Die Union hat die Aufgabe, die Beziehungen zwischen den Mitgliedstaaten sowie zwischen ihren Völkern kohärent und solidarisch zu gestalten (Art. A Abs. 1 Maastricht-Vertrag). Die Union setzt sich nach Maßgabe des Maastricht-Vertrages (Art. B) insbesondere das Ziel, einen Wirtschafts- und Sozialraum ohne Binnengrenzen zu schaffen sowie eine Wirtschafts- und Währungsunion mit einheitlicher Währung zu errichten. Der Maastricht-Vertrag begründet damit einen supranational organisierten Staatenverbund zur Verwirklichung einer immer engeren Union der staatlich organisierten Völker Europas und keinen sich auf ein europäisches Staatsvolk stützenden Staat[1].

20.1

Mit dem Unionsvertrag bezwecken die Mitgliedstaaten, einen Teil ihrer Aufgaben gemeinsam wahrzunehmen und insoweit ihre Souveränität gemeinsam auszuüben. Hierzu haben die im Europäischen Rat vereinigten Staats- und Regierungschefs klargestellt, daß im Rahmen des Maastricht-Vertrages unabhängige und souveräne Staaten aus freien Stücken beschlossen haben, einige ihrer hoheitlichen Befugnisse gemeinsam auszuüben. Entsprechend dem Prinzip der begrenzten Einzelzuständigkeit ist also die Union nur mit bestimmten Kompetenzen und Hoheitsbefugnissen ausgestattet[2].

20.2

I. Europäisches System der Zentralbanken (ESZB)

Die Vergemeinschaftung der Währungspolitik hat der Maastricht-Vertrag in die Hand eines Europäischen Systems der Zentralbanken (ESZB)

20.3

---
1 BVerfG zur Zulässigkeit der Mitgliedschaft der Bundesrepublik Deutschland, WM 1993, 2056 ff.; vgl. weiter BVerfG WM 1998, 807, 808.
2 BVerfG WM 1993, 2056, 2062.

gelegt[3]. Das ESZB besteht aus der Europäischen Zentralbank (EZB) und den nationalen Zentralbanken[4].

20.4 Die institutionelle und instrumentelle Ausgestaltung des ESZB orientiert sich stark an dem Bundesbankmodell[5]. Dies gilt nicht nur für die vertragliche Verankerung der Preisstabilität (Art. 4, früher Art. 3a Abs. 2, 105 Abs. 1 EG-Vertrag[6]; Art. 2 S. 1 ESZB/EZB-Satzung), sondern auch für die Unabhängigkeit der ESZB (Art. 108, früher Art. 107 EG-Vertrag, Art. 7 ESZB/EZB-Satzung). Das ESZB ist auch in seinen Entscheidungsstrukturen in ähnlicher Weise föderal strukturiert wie die Bundesbank. Auch sind die bewährten geldpolitischen Instrumente der Bundesbank in die ESZB/EZB-Satzung integriert worden, die dem Maastricht-Vertrag als Protokoll beigefügt worden ist (Art. 8, früher Art. 4a EG-Vertrag) und damit primäres Gemeinschaftsrecht darstellt[7].

II. Ziele und Aufgaben des ESZB

20.5 Vorrangiges Ziel des ESZB ist die Gewährleistung der Preisstabilität. Soweit es ohne Beeinträchtigung dieses Zieles möglich ist, unterstützt das ESZB die allgemeine Wirtschaftspolitik in der Gemeinschaft, um zur Verwirklichung der in Art. 2 EG-Vertrag festgelegten Ziele der Gemein-

---

3 BVerfG WM 1993, 2056, 2058.
4 Auch die nationalen Zentralbanken, die gemäß Art. 122, früher 109k Abs. 1 EG-Vertrag (Griechenland und Schweden) oder aufgrund ihres ausgeübten opting-out-Rechtes (Großbritannien und Dänemark) zunächst noch nicht an der Europäischen Währungsunion teilnehmen, sind Bestandteil des ESZB-Systems ungeachtet dessen, daß auf sie viele materiell gewichtige Regelungen unanwendbar sind *(Weber,* Die Kompetenzverteilung im Europäischen System der Zentralbanken bei der Festlegung und Durchführung der Geldpolitik, 1995, S. 49 ff. m.w.Nachw.; *ders.,* WM 1998, 1465 Fn 1).
5 *Zeitler,* WM 1995, 1609, 1612.
6 Die zitierten Artikel entsprechen der Umnumerierung des Vertrages über die Europäische Union und des Vertrages zur Gründung der Europäischen Gemeinschaft (EG-Vertrag) durch den „Vertrag von Amsterdam zur Änderung des Vertrages über die Europäische Union, den Vertrag zur Gründung der Europäischen Gemeinschaften sowie einige damit zusammenhängende Rechtsakte vom 2. 10. 1997" (Amsterdamer Vertrag) – BGBl. II, S. 387 ff. – (abgedruckt Satorius II Internationale Verträge/Europarecht, Kz 147). Für diese Umnumerierung ist dem Amsterdamer Vertrag eine sog. Übereinstimmungstabelle beigefügt worden, die das Auffinden der geltenden Numerierung erleichtern soll (Art. 12 Abs. 1 des Amsterdamer Vertrages).
7 *Zeitler,* WM 1995, 1609, 1612.

schaft beizutragen (Art. 105 Abs. 1 S. 2 EG-Vertrag; Art. 2 S. 2 ESZB/EZB-Satzung).

Nach Art. 2 EG-Vertrag ist es Aufgabe der Gemeinschaft, durch Errichtung eines Gemeinsamen Marktes und einer Wirtschafts- und Währungsunion sowie durch die Durchführung der in Artikel 3 und 3a EG-Vertrag genannten gemeinsamen Politiken oder Maßnahmen eine harmonische und ausgewogene Entwicklung des Wirtschaftslebens innerhalb der Gemeinschaft, ein beständiges, nicht inflationäres und umweltverträgliches Wachstum, einen hohen Grad an Konvergenz der Wirtschafstleistungen, ein hohes Beschäftigungsniveau, ein hohes Maß an sozialem Schutz, die Hebung der Lebenshaltung und der Lebensqualität, den wirtschaftlichen und sozialen Zusammenhalt und die Solidarität zwischen den Mitgliedstaaten zu fördern. 20.6

Entsprechend den Vorgaben des EG-Vertrages sind dem ESZB bestimmte Aufgaben zugeordnet worden (Art. 105 Abs. 2 EG-Vertrag, Art. 3 Abs. 1 ESZB/EZB-Satzung). Seine grundlegenden Aufgaben bestehen darin, die Geldpolitik der Gemeinschaft festzulegen und auszuführen, Devisengeschäfte im Einklang mit Art. 109 EG-Vertrag durchzuführen, die offiziellen Währungsreserven der Mitgliedstaaten zu halten und zu verwalten sowie das reibungslose Funktionieren der Zahlungssyteme zu fördern. Im übrigen hat das ESZB die allgemeine Wirtschaftspolitik in der Gemeinschaft zu unterstützen (Art. 105 Abs. 1 EG-Vertrag, Art. 2 ESZB/EZB-Satzung). 20.7

III. ESZB ohne eigene Rechtspersönlichkeit

Trotz dieser Zuordnung von Aufgaben und Pflichten besitzt das ESZB nach ganz herrschender Meinung keine eigene Rechtspersönlichkeit[8]. Der EG-Vertrag (Art. 107 Abs. 2, früher Art. 106 Abs. 2 EG-Vertrag) hat allein der EZB als wesentlichem Bestandteil des ESZB Rechtspersönlichkeit zuerkannt. Das ESZB wird im übrigen von den Beschlußorganen der EZB in Gestalt des EZB-Rates und des Direktoriums der EZB geleitet (Art. 107 Abs. 3, früher Art. 106 Abs. 3 EG-Vertrag; Art. 8 ESZB/EZB-Satzung). Dem ESZB fehlt also eine eigene organschaftliche Stellung[9]. Hierfür spricht auch, daß lediglich die Handlungen und Unterlassungen der Europäischen Zentralbank und der nationalen Zentralbanken einer gerichtlichen Kontrolle unterworfen sind (Art. 230, früher Art. 173 Abs. 1 EG-Vertrag; Art. 230, 232 Abs. 4, früher Art. 3, 175 Abs. 4; Art. 234, 237, 241, früher Art. 177, 180, 184 EG-Vertrag; Art. 35 ESZB/EZB-Satzung). 20.8

---

8 *Weber*, WM 1998, 1465 m.w.Nachw.
9 *Weber*, Die Kompetenzverteilung im Europäischen System der Zentralbanken bei der Festlegung und Durchführung der Geldpolitik, 1995, S. 50 ff.; *ders.*, WM 1998, 1465.

2. Abschnitt
Der Euro als europäische Währung

20.9 Mit der Einführung des Euro im Rahmen des ESZB ist eine **eigenständige Währung** geschaffen worden[10]. Infolge des Fehlens einer juristischen Definition wird der Begriff Währung funktional umschrieben. Danach ist unter Währung eine staatliche Geldordnung im Sinne eines staatlichen Geldsystems zu verstehen, das auf einer gesetzlich normierten Rechnungseinheit für ein Währungsgebiet aufbaut[11]. Eine Währungsverfassung erfordert also, daß der Träger der Währungshoheit eine bestimmte Währungseinheit festlegt und entsprechende Zahlungsmittel bereitstellt, für die ein Annahmezwang im Währungsgebiet besteht[12]. Diese gesetzlichen Zahlungsmittel (Banknoten und Münzen) stellen das Geld im engeren Wortsinne dar, das vom Buchgeld in Gestalt von Guthaben auf Girokonten bei Kreditinstituten zu unterscheiden ist. Nach deutschem Währungsrecht fällt das Buchgeld nicht unter den engeren Geldbegriff, weil der Gläubiger nur Bargeld zur Erfüllung seiner Geldforderung annehmen muß, wenn er einen Annahmeverzug (§ 293 BGB) vermeiden will – Rn 4.19 ff.

20.10 Die Ersetzung der D-Mark durch den Euro ist **keine Währungsreform** wie im Jahre 1948. Damals wurde die Reichsmark durch die D-Mark im Verhältnis von 10 : 1 ersetzt und hierdurch gleichzeitig abgewertet. Die Einführung des Euro bedeutet dagegen nur eine **Währungsumstellung,** die die bestehenden Wertrelationen unverändert läßt: Die Zahlen ändern sich, der Wert bleibt gleich[13].

I. Supranationale Währung

20.11 Aus der Sicht des herkömmlichen Währungsbegriffs bereitet die rechtliche Einordnung der Euro-Währung eine gewisse Schwierigkeit. Denn die-

---

10 Zu den Auswirkungen der Einführung des Euro in der Schweiz und den USA vgl. *Roquette,* RIW 1998, 926, ff.
11 *Staudinger/K. Schmidt,* Vorbem. z. §§ 244 ff. Rn A 21; *Fögen,* Geld- und Währungsrecht, 1969, S. 35; *Siebelt,* Der juristische Verhaltensspielraum der Zentralbank, 1988, S. 219 ff.; *Claussen,* Bank- und Börsenrecht, 1996, § 1 Rn 13.
12 *Schefold* in Bankrechts-Handbuch, § 115 Rn 186.
13 *Waigel,* WM 1997, 1322; *Rehbein,* WM 1998, 997, 999.

se neue Währung ersetzt nach dem Maastricht-Vertrag vom 7. 2. 1992 die nationalen Währungen durch eine eigenständige Währung, die in den an der Währungsunion teilnehmenden Mitgliedstaaten als eine einheitliche Währung eingeführt wird (Art. 4, früher Art. 3a Abs. 2, Art. 113, früher Art. 109b EG-Vertrag)[14] [15]. Damit ist Garant dieses Geldes nicht mehr der deutsche Staat und die in Deutschland vorhandene Wirtschaftskraft. Der nationale Garant ist vielmehr durch die Teilnehmerländer an der Währungsunion und die ihnen zugehörenden Volkswirtschaften ersetzt worden[16].

Nach herkömmlicher Auffassung handelt es sich aber bei der Währung um ein nationales Phänomen, weil sich die jeweilige Währungshoheit auf ein bestimmtes Staatsgebiet bezieht[17]. Mit dem Euro ist dagegen eine Währung für eine Vielzahl von Staaten geschaffen worden, die sich zu einer Währungsunion als einem supranational organisierten Staatenverbund verbunden haben[18]. Nach der Entscheidung des EU-Ministerrates vom 2. 5. 1998[19] gehören zu diesen Staaten Belgien, Deutschland, Finnland, Frankreich, Irland, Italien, Luxemburg, die Niederlande, Österreich, Portugal und Spanien[20]. Bei der Euro-Währung handelt es sich deshalb um eine „**supranationale**" **Währung** und damit um eine **Währung neuen Typs**[21]. 20.12

Die Einführung der Euro-Währung als eine einheitliche Währung für mehrere Staaten bedurfte deshalb der gemeinsamen Ausübung der vertraglich verbundenen nationalen Währungshoheitsrechte[22]. Die gemeinschaftsrechtliche Währungshoheit der Währungsunion ist also Ausfluß 20.13

---

14 Das Gesetz zur Umsetzung des Vertrages von Maastricht über die Europäische Union ist abgedruckt in BGBl. II 1992, S. 1251 ff.
15 BVerfG WM 1998, 807, 810; *Dierdorf,* NJW 1998, 3145; *Reimer von Borries/Reppburger-Hach,* NJW 1996, 3111, 3112; *Schefold* in Bankrechts-Handbuch, § 115 Rn 241 ff.; *ders.,* WM 1996, Sonderbeil. Nr. 4, S. 8.
16 BVerfG WM 1998, 807, 810.
17 *Reinhuber,* Grundbegriffe und internationaler Anwendungsbereich von Währungsrecht, Recht des Internationalen Wirtschaftsverkehrs 1995, Heft Nr. 15, S. 76.
18 BVerfG WM 1993, 2056, 2061.
19 Abgedruckt ABlEG Nr. L 139 vom 11. 5. 1998, S. 30, 35.
20 Zur Zurückweisung der gegen die Mitwirkung Deutschlands an der Wirtschafts- und Währungsunion gerichteten Verfassungsbeschwerde siehe BVerfG NJW 1998, 1934 = EuZW 1998, 279.
21 *Schefold* in Bankrechts-Handbuch, § 115 Rn 245; *ders.,* WM 1996, Sonderbeil. Nr. 4 S. 8 und ZEuP 1999, 271.
22 BVerfG WM 1993, 2056, 2062; nach *Schefold* sind die nationalen Währungshoheitsrechte auf die Währungsunion übertragen worden (WM 1996, Nr. 4 S. 8).

der nationalen Souveränitätsrechte der Mitgliedstaaten, die insoweit auf die Gemeinschaftsebene und damit auf eine supranationale Ebene übertragen worden sind[23]. Diese Vergemeinschaftung der nationalen Währungshoheiten[24] ist durch den Maastricht-Vertrag über die Europäische Union erfolgt. Mit diesem Vertrag, dessen Bestimmungen in den EG-Vertrag integriert worden sind, sind zugleich die rechtlichen Grundlagen für die Einführung der Euro-Währung gelegt worden[25]. Die für die Euro-Einführung erforderlichen Umrechnungskurse (Konversionsraten) für die nationalen Währungen hat der EG-Rat mit einer am 1. 1. 1999 (0.00 Uhr) in Kraft getretenen Verordnung unwiderruflich festgelegt, wie es der EG-Vertrag (Art. 4 Abs. 2, früher Art. 3a Abs. 2, Art. 121, früher Art. 109j Abs. 4 EG-Vertrag) vorsah. Der Kurs für die Umrechnung des Euro in unsere bisherige Währung wurde mit 1 Euro = 1,95583 D-Mark bestimmt.

II. Euro als Buchgeld während der Übergangszeit

20.14 Mit der EG-Verordnung Nr. 974/98 des EG-Rates vom 20. 5. 1998 über die Einführung des Euro (Euro-Einführungs-VO)[26] sind die Einzelheiten der Währungsumstellung geregelt worden. Rechnungs(Währungs)einheit der neuen europäischen Währung ist ein Euro, der in 100 Cent unterteilt ist. Der Euro tritt zu dem durch den vom Rat festgelegten Umrechnungskurs an die Stelle der Währungen der teilnehmenden Staaten (Art. 2 Euro-Einführungs-VO)[27]. Der Euro ist damit auch die Rechnungseinheit der EZB und der Zentralbanken der Teilnehmerstaaten (Art. 4 Euro-Einführungs-VO).

1. Nationales Bargeld als gesetzliches Zahlungsmittel der Eurowährung

20.15 Mit der Einführung des Euro haben die Währungen der Teilnehmerstaaten ihre bisherige rechtliche und wirtschaftliche Selbständigkeit verloren. Die bisherigen nationalen Währungen stellen also keine eigenständige Währung mehr dar. Vom 1. 1. 1999 an ist die neue Währung in Deutschland der Euro[28]. Bis zum **Ende der Übergangszeit** der Europäischen Wäh-

---

23 Nach *Wahlig* handelt es sich um eine Übertragung der nationalen Währungshoheit (WM 1985, 1053, 1056); ebenso *Samm*, FS Hahn, 1997, S. 241; *Beisse*, BB 1992, 645; *Schefold*, NJW 1998, 3155.
24 BVerfG WM 1993, 2056, 2058.
25 *Dierdorf*, NJW 1998, 3145.
26 AB1EG Nr. L 139/1 vom 11. 5. 1998.
27 AB1EG Nr. L 139 vom 11. 5. 1998, S. 1.
28 *Schmidt/Räntsch*, ZIP 1998, 2041.

rungsunion (31. 12. 2001) behalten jedoch die Banknoten und Münzen, die auf eine nationale Währungseinheit lauten, die Eigenschaft eines gesetzlichen Zahlungsmittels. Dieses Bargeld braucht aber nur innerhalb seines jeweiligen Gültigkeitsgebiets vom Gläubiger als Erfüllung seiner Geldforderung akzeptiert zu werden (Art. 9 Euro-Einführungs-VO).

Die weitere Gültigkeit der nationalen Banknoten und Münzen bedeutet freilich nicht, daß es in der **Übergangszeit** zwei Währungen in den teilnehmenden Staaten gäbe. Vielmehr ist der Euro alleinige Währung. Die bisherigen nationalen Währungseinheiten sind lediglich nicht-dezimale Bezeichnungen (Denominationen) für den Euro unter Beachtung des offiziell festgesetzten Umrechnungskurses. 20.16

Bei einer Zahlung unter Verwendung der auf DM lautenden Banknoten und Münzen handelt es sich also um in DM ausgedrückte Zahlungen in der neuen Währung Euro. Dieses Bargeld hat deshalb nicht mehr den Rechtscharakter der bisherigen Deutschen Mark als nationaler deutscher Währung. 20.17

Die neue europäische Währung ist somit in der Übergangszeit sowohl in eigenen Währungseinheiten (Euro, Cent) als auch in die bisherigen nationalen Währungseinheiten gemäß den offiziell festgestellten Umrechnungskursen unterteilt (Euro-Einführungs-VO). Dabei werden alle Untereinheiten beibehalten (Art. 6 Abs. 1 Euro-Einführungs-VO). Sie sind der Euro-Währungseinheit gleichwertig[29]. Infolgedessen besteht **kein Wechselkursrisiko** mehr zwischen der Euro-Währungseinheit und den nationalen Währungseinheiten sowie zwischen den nationalen Währungseinheiten der Teilnehmerstaaten[30]. 20.18

2. Auf Euro lautendes Bargeld ab 1. 1. 2002

In der **Übergangszeit** gibt es **kein auf Euro lautendes Bargeld**[31]. Erst vom 1. 1. 2002 an setzen die EZB und die nationalen Zentralbanken der teilnehmenden Mitgliedstaaten auf Euro lautende Banknoten in Umlauf (Art. 10 Euro-Einführungs-VO). Dabei hat die EZB das ausschließliche Recht, die Ausgabe von Banknoten innerhalb der Gemeinschaft zu genehmigen (Art. 106, früher Art. 105a Abs. 1 S. 1 EG-Vertrag). Diese Banknoten sind sodann die einzigen Banknoten, die in der Gemeinschaft als 20.19

---

29 8. Erwägungsgrund der Euro-Einführungs-VO.
30 6. Erwägungsgrund der Euro-Einführungs-VO.
31 *Dierdorf*, NJW 1998, 3145, 3146; *Rehbein*, WM 1998, 997, 999; *Reimer von Borries/Reppburger-Hach*, NJW 1996, 3111, 3112; *Schefold* in Bankrechts-Handbuch, § 115 Rn 243.

20. Teil: Das Europäische System der Zentralbanken (ESZB)

gesetzliche Zahlungsmittel gelten (Art. 106 Abs. 1 S. 3, früher Art. 105a Abs. 1 S. 3 EG-Vertrag; Art. 10 Euro-Einführungs-VO; Art. 16 Abs. 1 S. 3 ESZB/EZB-Satzung). Die teilnehmenden Mitgliedstaaten geben im übrigen vom selben Zeitpunkt an Münzen aus, die auf Euro oder Cent lauten (Art. 105a Abs. 1 EG-Vertrag; Art. 11 Euro-Einführungs-VO). Der Umfang dieser Ausgabe bedarf der Genehmigung durch die EZB (Art. 106 Abs. 2 S. 1, früher Art. 105a Abs. 2 S. 1 EG-Vertrag). Mit Ausnahme der ausgebenden Behörden und der speziell gesetzlich benannten Personen ist jedoch niemand verpflichtet, mehr als 50 Münzen bei einer einzelnen Zahlung anzunehmen (Art. 11 Euro-Einführungs-VO) – Rn 4.20.

20.20 In der Übergangszeit lauten somit auf Euro nur die Guthaben, die auf Girokonten bei Kreditinstituten und den Zentralbanken unterhalten werden und als Buchgeld bezeichnet werden. Insoweit kann – wenn auch mißverständlich – davon gesprochen werden, daß die Euro-Währung bis zum 1. 1. 2002 eine „Buchwährung" darstellt[32]. Das **auf Euro lautende Buchgeld** ist nach deutschem Recht kein Geld im Rechtssinne, weil Geld im rechtlichen Sinne lediglich gesetzliches Zahlungsmittel und damit nur Bargeld ist. Die zunächst erörterte Überlegung, auch (Euro-)Buchgeld als gesetzliches Zahlungsmittel zuzulassen, ist bei der Schaffung des europäischen Währungsrechts nicht mehr weiter verfolgt worden (Art. 9 Euro-Einführungs-VO)[33]. Deshalb sind in der Übergangszeit die auf nationale Währungseinheiten lautenden Zahlungsmittel die einzigen gesetzlichen Zahlungsmittel der bereits eingeführten Eurowährung und müssen demgemäß weiterhin vom Gläubiger als Erfüllung von Geldschulden (§ 362 BGB) entgegengenommen werden[34]. Dies gilt auch für in Deutschland zahlbare Euro-Verbindlichkeiten. Denn Art. 9 Euro-Einführungs-VO will Barzahlungen in jedem Fall mit den am Erfüllungsort gültigen gesetzlichen Zahlungsmitteln ermöglichen[35]. Dagegen braucht der Gläubiger grundsätzlich keine auf Euro lautenden bargeldlosen (Buchgeld-)Zahlungen anzunehmen, sofern nicht die Erfüllung durch Gutschrift auf ein Girokonto des Gläubigers vereinbart worden ist[36].

20.21 Dem widerspricht auch nicht, daß das Buchgeld heute das Bargeld als Zahlungsmittel weitgehend verdrängt hat und der Buchgeldempfänger durch eine Gutschrift auf seinem Girokonto eine ähnlich sichere Stellung

---

32 *Schefold* in Bankrechts-Handbuch, § 115 Rn 243, 268; *Nielsen* in Bankrecht und Bankpraxis, Rn 5/928.
33 *Klanten*, NJW 1998, 3152; vgl. weiter *Schneider*, DB 1996, 2477, 2479.
34 *Rehbein*, WM 1998, 997, 1000.
35 *Klanten*, NJW 1998, 3152, 3153 m.w.Nachw.; *Schneider*, DB 1996, 2477, 2481.
36 *Klanten*, ZBB 1996, 259; *Schefold*, WM 1996, Sonderbeil. Nr. 4, S. 9.

wie bei der Bargeldzahlung erlangt. Gleichwohl bedarf die Bezahlung einer Geldverbindlichkeit mit Buchgeld des Einverständnisses des Gläubigers, wenn sich der Schuldner von seiner Zahlungsverbindlichkeit wirksam befreien will. Denn eine Geldschuld kann nach der BGH-Rechtsprechung grundsätzlich nur in bar erfüllt werden, also durch Übereignung einer entsprechenden Anzahl von gesetzlichen Zahlungsmitteln[37] – Rn 4.26 ff.

Das Erfordernis eines solchen Einverständnisses mit der Buchgeldzahlung erklärt sich aus den Nachteilen, die mit dieser Form der Schuldentilgung für den Gläubiger im Einzelfall verbunden sein könnten[38]. Dies kann insbesondere der Fall sein, wenn das Girokonto, auf dem der überwiesene Geldbetrag verbucht wird, einen Schuldsaldo ausweist, so daß für den Kunden kein verfügbares Kontoguthaben entsteht. Nachteile für den Empfänger des Buchgeldes können sich auch ergeben, wenn sein Girokonto von einem Gläubiger gepfändet worden ist. In diesen Fällen kann der Buchgeldempfänger nicht ohne weiteres über den überwiesenen Betrag wieder verfügen, wie dies dem Gläubiger bei einer Erfüllung der Geldverbindlichkeit mit Bargeld stets möglich ist. Gegen die Gleichstellung des Buchgeldes mit dem Bargeld spricht im übrigen aus der Sicht des ausländischen Schrifttums, daß der Inhaber des Giroguthabens das Bonitätsrisiko seines kontoführenden Kreditinstituts zu tragen hat, soweit es nicht durch eine gesetzliche oder freiwillige Einlagensicherung ausgeschlossen erscheint[39].

20.22

III. Auswirkungen auf das Bankgeschäft[40]

Die Einführung des Euro hat aus der Sicht des Bankgeschäfts eine Vielzahl von Rechtsfragen aufgeworfen. Sie hat auch eine Anpassung der zu den Bankkunden unterhaltenen Vertragsbeziehungen, wie sie den verschiedenen bankgeschäftlichen Dienstleistungen und Kreditgewährungen zugrunde liegen, erforderlich gemacht. Überdies waren einzelne Bankformulare auf die neue Währung umzustellen. Dies soll an den folgenden Beispielen aus der Bankpraxis veranschaulicht werden[41].

20.23

---

37 BGH WM 1983, 559, 560; 1986, 875, 876.
38 BGH WM 1986, 875, 877; *Canaris*, Bankvertragsrecht[2], Rn 466 ff.
39 *Giavanoli*, FS Kleiner, S. 113 ff. m.w.Nachw.; *Schefold* in Bankrechts-Handbuch, § 115 Rn 10.
40 *Rehbein*, WM 1998, 997 ff.; *Hartenfels*, WM 1999, Sonderbeil. Nr. 1; *Nielsen* in Bankrecht und Bankpraxis, Rn 5/944 ff.; *Büschgen*, WM 1999, 929 ff.
41 Vgl. hierzu weiter *Rehbein*, WM 1998, 997, 1002; *Hartenfels*, WM 1999, Sonderbeil. Nr. 1.

1. Einlagengeschäft

20.24 Die Einführung des Euro zum 1. 1. 1999 hatte zunächst keine Auswirkungen auf die bei den Kreditinstituten unterhaltenen Konten. Für die am 31. 12. 2001 endende Übergangszeit bestimmt Art. 7 Euro-Einführungs-VO, daß die Ersetzung der nationalen Währung eines jeden teilnehmenden Mitgliedstaates durch den Euro nicht die Währungsbezeichnung der am Tag der Ersetzung (1. 1. 1999) bestehenden Rechtsinstrumente ändere. Zu diesen Instrumenten gehören insbesondere Verträge, wie sie auch der Kontoverbindung mit den Kreditinstituten zugrunde liegen (Art. 1 Euro-Einführungs-VO). So werden insbesondere auf DM lautende Spar- und Termingeldkonten in der Übergangszeit in DM fortgeführt, sofern der Bankkunde nicht eine Umstellung auf Euro wünscht. Mit **Ablauf der Übergangszeit** werden die zunächst in DM geführten Konten automatisch auf Euro umgestellt[42].

20.25 Eine **sofortige Umstellung auf Euro** ist auch nicht für die Girokonten erforderlich, die dem Kunden die Teilnahme am bargeldlosen Zahlungsverkehr ermöglichen. Denn die Kreditinstitute haben Vorkehrungen getroffen, damit schon in der Übergangszeit in Euro ausgedrückte Kontoverfügungen, insbesondere bei Überweisungsaufträgen über ein auf D-Mark lautendes Girokonto abgewickelt werden können.

2. Vermittlung bargeldloser Zahlungen (Girogeschäft)

20.26 Ein **Schwerpunkt** der von der Kreditwirtschaft zu bewältigenden Umstellungsmaßnahmen betraf das Girogeschäft. Die von den Kreditinstituten ermöglichten bargeldlosen Zahlungen bezwecken regelmäßig die Erfüllung von Geldverbindlichkeiten. Für die Übergangszeit bestimmt Art. 8 Abs. 1 S. 1 Euro-Ergänzungs-VO, daß die Handlungen, die aufgrund von Rechtsinstrumenten erfolgen, die die Verwendung einer nationalen Währungseinheit vorschreiben oder auf diese lauten, in dieser nationalen Währungseinheit ausgeführt werden. In DM ausgedrückte Zahlungsverbindlichkeiten können also bis zum 31. 12. 2001 mit auf DM lautendem Bargeld oder Buchgeldzahlungen erfüllt werden. Umgekehrt können in Euro denominierte Verbindlichkeiten im bargeldlosen Zahlungsverkehr mit Euro-Einheiten getilgt werden (Art. 8 Abs. 1 S. 2 Euro-Einführungs-VO). Diese **Sonderregelung** für den bargeldlosen Zahlungsverkehr trägt dem Umstand Rechnung, daß in der Übergangszeit sämtliche nationalen Währungen der Teilnehmerstaaten zu gleichwertigen Bezeichnungen der

---

42 *Rehbein*, WM 1998, 997, 1004.

einheitlichen Währung Euro werden[43]. Im übrigen gilt auch insoweit der für die Übergangszeit maßgebliche Grundsatz „Keine Behinderung – Kein Zwang"[44].

a) Überweisungs-, Scheck- und Lastschriftverkehr

Dementsprechend können die Zahlungspflichtigen bis zum 31. 12. 2001 ihre bargeldlosen Zahlungen auf ein inländisches Girokonto in DM und Euro bewirken und zwar unabhängig davon, ob ihr Konto auf DM oder Euro lautet (vgl. Art. 8 Abs. 3 S. 1 Euro-Einführungs-VO). Diese sog. Entkopplung von Konto- und Auftragswährung gilt auch für bargeldlose Zahlungen aus den anderen Mitgliedstaaten der Währungsunion[45]. Das kontoführende Kreditinstitut des Buchgeldempfängers hat den überwiesenen Betrag in der Währungseinheit seines Kontos gutzuschreiben (Art. 8 Abs. 3 S. 2 Euro-Einführungs-VO). Die **erforderlichen Umrechnungen** für die Verfügungen über das Giroguthaben und die dem Gläubiger zu erteilenden Gutschriften auf dem Girokonto werden von den Kreditinstituten zum offiziellen Umrechnungskurs vorgenommen (Art. 8 Abs. 3 S. 2 Euro-Einführungs-VO). Dem Schuldner wird also im bargeldlosen Zahlungsverkehr ermöglicht, die Währungseinheit, in der er seine Leistung erbringen will, ohne Rücksicht darauf zu bestimmen, welche Währungseinheit seiner Zahlungsverbindlichkeit zugrunde liegt[46].

20.27

Diese **sog. Zweiwährungsfähigkeit** des bargeldlosen Zahlungsverkehrs in der Übergangszeit ist durch eine **Rahmenvereinbarung** sichergestellt, die die Spitzenverbände des deutschen Kreditgewerbes im Jahre 1996 abgeschlossen haben. Danach werden bei den Datensätzen im automatisierten Interbankenverkehr sowohl der Betrag und die Währungseinheit des zugrunde liegenden Auftrages (DM bei DM-Überweisungen) als auch der umgerechnete Betrag in der jeweils korrespondierenden Währungseinheit (Euro-Betrag bei DM-Überweisungen) angegeben. Der kontoführenden Bank stehen damit alle erforderlichen Informationen für die zu erteilende Kontogutschrift zur Verfügung[47].

20.28

---

43 Nach *Schmidt-Räntsch* müßte eine in einer bestimmten nationalen Währungseinheit ausgedrückte Geldschuld stets auch in einer Währungseinheit eines anderen Teilnehmerstaates bezahlt werden können, da sämtliche nationalen Währungen der Teilnehmerstaaten zu gleichwertigen Bezeichnungen der einheitlichen Währung Euro werden (ZIP 1998, 2041, 2043).
44 *Klanten*, NJW 1998, 3152; *Rehbein*, WM 1998, 997, 1000.
45 120. Erwägungsgrund der Euro-Einführungs-VO; *Klanten*, NJW 1998, 3152, 3154.
46 *Dierdorf*, NJW 1998, 3145, 3147.
47 *Klanten*, NJW 1998, 3152, 3154; *Rehbein*, WM 1998, 997, 1004.

20.29 Die Alternative des zahlungspflichtigen Girokunden, seine Geldverbindlichkeit während der Übergangszeit in D-Mark oder Euro sowie D-Mark- wie Euro-(Buchgeld-)Zahlungen über ein DM- oder Eurokonto zu leisten, erfordert, daß der Kunde in seinem Überweisungsauftrag angibt, ob es sich bei dem Betrag um einen solchen in DM oder Euro handelt. Der Kunde muß deshalb das in den Überweisungsvordrucken vorgesehene freie Währungsfeld mit DM oder EUR ausfüllen. Bei **Nichtausfüllung** verletzt der Kunde seine Verpflichtung aus dem zugrunde liegenden Girovertragsverhältnis zur Währungsangabe. Bei fehlerhaften Überweisungen infolge fehlender Währungsangabe trifft den Kunden sodann ein mitwirkendes Verschulden an dem eingetretenen Schaden (§ 254 BGB)[48].

20.30 Die für die Banküberweisung geltenden Grundsätze gelten auch für die Fälle, in denen der Kunde über sein Giroguthaben durch Schecks oder Lastschrifteinzugs-Ermächtigungen verfügt. Bei diesen beiden Instrumenten des bargeldlosen Zahlungsverkehrs wird freilich die Buchgeldzahlung durch einen Auftrag des Gläubigers an seine kontoführende Bank zum Einzug des Schecks oder der Lastschrift im bargeldlosen Zahlungsverkehr initiiert. Die bei einer Banküberweisung bestehende Alternative des Zahlungspflichtigen, seiner Bank einen auf DM oder Euro lautenden Auftrag zu erteilen (§§ 665, 675 BGB), kann also bei der Ausstellung von Schecks oder Ermächtigungen zum Lastschrifteinzug nicht zum Tragen kommen[49].

b) Kartengestützte Zahlungssysteme[50]

20.31 Seit der Einführung des Euro können auch mit der Kreditkarte Zahlungen in Euro geleistet werden. Die terminalbezogenen Zahlungen erfordern eine Aufrüstung der Software, damit das Terminal neben dem Währungskennzeichen der DM-Einheit auch das der Euro-Einheit verarbeiten kann[51]. Eine Abweichung von der bisherigen Abwicklung der Kreditkartenzahlungen ist insoweit gegeben, als die Kartenemittenten Zahlungen, die auf die Währungseinheit eines Teilnehmerstaates lauten, nicht mehr als Fremdwährung nach dem Devisenbrief- oder Marktkurs, sondern nach den Umrechnungs- und Rundungsbestimmungen gemäß Art. 4, 5 Euro-Einführungs-VO vorzunehmen hat[52].

20.32 Auch beim Zahlen an automatisierten Kassen (POS-/POZ-Zahlungen) sind während der Übergangszeit Zahlungen nicht nur in DM, sondern

---

48 *Rehbein*, WM 1998, 997, 1004.
49 *Klanten*, NJW 1998, 3152, 3154; vgl. weiter *Rehbein*, WM 1998, 997, 1004.
50 *Hartenfels*, WM 1999, Sonderbeil. Nr. 1, 19 ff.
51 *Klanten*, NJW 1998, 3152, 3154.
52 *Klanten*, NJW 1998, 3152, 3154.

auch in der Euro-Einheit möglich, soweit die Software entsprechend aufgerüstet worden ist[53].

In der Übergangszeit kann der Kunde also seine eurocheque-Karte und Kreditkarte weiterhin als Instrumente des bargeldlosen Zahlungsverkehrs verwenden und dabei auch in Euro-Einheiten zahlen[54]. Dasselbe gilt für die GeldKarte, soweit die Software des Händlerterminals entsprechend aufgerüstet ist. Soweit der Chip in der GeldKarte das Währungskennzeichen der Euro-Einheit noch nicht aufweist, wird die jeweils erforderliche Konversion des eingegebenen Rechnungsbetrages vom Händlerterminal vor Belastung des Chips in der GeldKarte vorgenommen[55]. 20.33

3. Kreditgeschäft

Auswirkungen der neuen Währung auf das Kreditgeschäft ergeben sich vor allem daraus, daß die **Verantwortung für die Preisstabilität** von den nationalen Zentralbanken auf die EZB übergegangen ist und damit die Deutsche Bundesbank nicht mehr über die bisherigen geldpolitischen Befugnisse verfügt. Hierzu gehörten vor allem der **(Re)Diskontkredit** und der **Lombardkredit,** für die die Bundesbank zur Steuerung der umlaufenden Geldmenge als währungspolitisches Zwischenziel den erforderlichen Diskont- und Lombardsatz festsetzte (vgl. § 15 BBankG a.F.). 20.34

Entsprechend den vorgegebenen Leitlinien der EZB ist an die Stelle der bisherigen Rediskontierung der von den Kreditinstituten diskontierten Wechsel die Gewährung von sog. längerfristigen Refinanzierungsgeschäften (LRG) getreten, die zu dem geldpolitischen Instrumentarium der Europäischen Zentralbank gehören (Rn 20.176 ff.). Der Abschluß dieser Refinanzierungsgeschäfte erfolgt im sog. **Zinstenderverfahren,** bei dem die angebotene Liquidität wettbewerbsmäßig „versteigert" wird. Im Unterschied zum früheren Diskontsatz ist der Zinssatz für solche längerfristigen Refinanzierungsgeschäfte (LRG-Satz) nicht mehr subventioniert, sondern weicht nur unwesentlich vom vergleichbaren 3-Monate-Euribor (Euro Interbank Offered Rate) ab. 20.35

Weitere **Konsequenzen der Verlagerung der währungspolitischen Befugnisse** von der Bundesbank auf die EZB bestehen darin, daß bestimmte marktgängige DM-Referenzzinssätze, die auch in Kreditverträgen verwendet worden sind, ersetzt werden mußten[56]. Hierzu sind in dem sog. Diskontsatz- 20.36

---

53 *Klanten,* NJW 1998, 3152, 3154; *Rehbein,* WM 1998, 997, 1004.
54 *Rehbein,* WM 1998, 997, 1004.
55 *Klanten,* NJW 1998, 3152, 3154.
56 *Rehbein,* WM 1998, 997, 1005.

Überleitungs-Gesetz als Teil des Euro-Einführungs-Gesetzes die Rechtsgrundlagen dafür geschaffen worden, daß der Diskont- und Lombardsatz sowie der DM-FIBOR auf die neuen maßgeblichen Referenzzinsätze in Form des Basiszinssatzes und des Zinssatzes der Spitzenrefinanzierungsfazilität (SRF) und Euribor übergeleitet werden können (Rn 20.74 ff.).

4. Auslandsgeschäft

20.37 Bei den Bankgeschäften mit Auslandsberührung sind die Auswirkungen der neuen Währung von unterschiedlicher Art. Im **Akkreditivgeschäft** stellt sich die Frage, ob die Kreditinstitute künftig auch auf Euro lautende Zahlungsinstrumente oder Dokumente akzeptieren und honorieren können. Insoweit ist der das Auslandsgeschäft beherrschende Grundsatz der Dokumentenstrenge berührt. Diese Frage kann innerhalb der Teilnehmerstaaten der Europäischen Währungsunion aufgrund der Regelungen der Euro-Ergänzungs-VO zu bejahen sein[57]. Soweit **Drittstaaten** berührt sind, dürfte sich eine Klarstellung durch eine entsprechende Verlautbarung der Internationalen Handelskammer in Paris empfehlen, die für die Aktualisierung der Einheitlichen Richtlinien und Gebräuche für Dokumentenakkreditive zuständig ist. Ebenso sollte für das Inkassogeschäft verfahren werden[58]. Im übrigen besteht auch bei Garantien, deren Schuldner in einem nicht zur Europäischen Währungsunion gehörenden Drittstaat ansässig sind, eine dem Dokumentenakkreditiv vergleichbare Rechtsunsicherheit[59].

20.38 Zu Ertragseinbußen wird es im **Eigen-(Nostro-)Devisenhandel** kommen. Mit der Einführung der neuen Währung entfällt der Devisenhandel in den nationalen Währungen der Teilnehmerstaaten der Europäischen Währungsunion. Die nationalen Denominierungen des Euro sind aus dem Devisenhandel herausgenommen und werden auf dem Euro-Geldmarkt gehandelt[60].

20.39 Das **Sortengeschäft** wird in der Übergangszeit auch in dem nationalen Bargeld der Mitgliedstaaten der Europäischen Währungsunion weiter betrieben. Denn das nationale Bargeld bleibt weiterhin nur innerhalb seines bisherigen Gültigkeitsgebiets in Kraft (Art. 9 Euro-Einführungs-VO)[61].

---

57 *Rehbein*, WM 1998, 997, 1010.
58 *Rehbein*, WM 1998, 997, 1010.
59 *Hartenfels*, WM 1999, Sonderbeil. Nr. 1, 41; *Nielsen* in Bankrecht und Bankpraxis, Rn 5/944.
60 *Rehbein*, WM 1998, 997, 1010; *Hartenfels*, WM 1999, Sonderbeil. Nr. 1, 40.
61 Vgl. *Schneider*, DB 1996, 2477, 2479.

Eine Änderung ist freilich insoweit eingetreten, als der Umrechnungskurs für den Umtausch durch den offiziellen Umrechnungskurs vom 1. 1. 1999 unveränderlich feststeht. Die Kreditinstitute können jedoch weiterhin für den Sortentausch ein angemessenes Entgelt verlangen[62].

5. Wertpapiergeschäft

Seit dem 4. 1. 1999 erfolgen an den inländischen Wertpapierbörsen, an denen die Kauf- und Verkaufsaufträge der Effektenkundschaft ausgeführt werden, die Kursnotierungen im Euro. Hierzu hat das Euro-Einführungs-Gesetz (Art. 5 § 1) einen neuen § 98 BörsG geschaffen[63]. Danach können die Preise für Wertpapiere ab dem 1. 1. 1999 an der Börse in Euro festgestellt werden. Das Nähere regelt die Börsenordnung. Mit dieser Regelung hat die Bundesrepublik Deutschland ihrer Verpflichtung aus der Verordnung (EG) Nr. 97 des EU-Rates vom 20. 5. 1998 über die Einführung des Euro entsprochen, wonach den Wertpapierbörsen die Möglichkeit einzuräumen war, die Feststellung ihrer Preise (Kurse) von der nationalen Währungseinheit auf die Euro-Einheit umzustellen. 20.40

In beträchtlichem Umfang berührt die Einführung des Euro auch das Depotgeschäft der Kreditinstitute. Denn die über DM und den nationalen Währungen der anderen Mitgliedstaaten lautenden **Wertpapierurkunden** müssen auf Euro umgestellt werden[64]. Dies gilt auch für **Aktien,** weil auch das Grundkapital der Emittenten auf die neue Währung zu lauten hat[65]. Hierdurch kommt es zum Austausch von Urkunden in den Depots der Kunden, soweit die Kapitalmarkttitel nicht wie die Emissionen der öffentlichen Hand in Schuldbüchern registriert sind oder eine Dauerglobalurkunde bei der Deutsche Börse Clearing AG als Wertpapiersammelbank hinterlegt ist. 20.41

Auch stellt sich die Frage, ob die einzelnen Umstellungsvorgänge eine **Pflicht zur Benachrichtigung der Depotkunden** nach Nr. 16 der Sonderbedingungen für Wertpapiergeschäfte begründet. Danach trifft die Bank eine Benachrichtigungspflicht, wenn in den „Wertpapier-Mitteilungen" Informationen veröffentlicht werden, die sich auf die Rechtsposition des Kunden erheblich auswirken können und die Benachrichtigung des Kunden 20.42

---

62 *Schneider,* DB 1998, 1449; 1450; *Hartenfels,* WM 1999, Sonderbeil. Nr. 1, 25.
63 Gleichzeitig sind aufgehoben worden § 29 Abs. 4 BörsG und die Verordnung über die Feststellung des Börsenpreises von Wertpapieren in der Fassung der Bekanntmachung vom 17. 7. 1996 (BGBl. I, S. 1073).
64 Vgl. *Bartels,* WM 1997, 1313 ff.
65 *Rehbein,* WM 1998, 997, 1003.

zur Wahrung seiner Interessen erforderlich ist. Dies dürfte grundsätzlich zu verneinen sein, weil die Einführung des Euro nur eine Währungsumstellung bedeutet und die öffentlichen Medien hierüber ausführlich berichtet haben. Vorsorglich könnte es sich aber empfohlen haben, den Kunden vor Beginn der Währungsumstellung über deren Auswirkungen auf die Depotbestände zu unterrichten[66].

---

66 *Rehbein*, WM 1998, 997, 1009.

3. Abschnitt
Der Rechtsrahmen für den Euro

Geld ist ein Geschöpf der Rechtsordnung und bedarf deshalb eines rechtlichen Rahmens. Die für die Einführung des Euro als neuer Währung erforderlichen rechtlichen Bestimmungen sind durch gemeinschaftsrechtliche und nationale Währungsregelungen geschaffen worden. Die grundlegenden gemeinschaftsrechtlichen Regelungen sind neben den primärrechtlichen Bestimmungen des EG-Vertrages in der Verordnung (EG) Nr. 974/98 des Rates vom 3. 5. 1998 über die Einführung des Euro (**Euro-Einführungs-VO**)[67] und der Verordnung (EG) Nr. 1103/97 des Rates vom 17. 6. 1997 über bestimmte Vorschriften im Zusammenhang mit der Einführung des Euro (**Euro-Ergänzungs-VO**)[68] als sekundäres Gemeinschaftsrecht geschaffen worden. Diese beiden Verordnungen bilden den gemeinschaftsrechtlichen Rahmen für den Euro, wobei der Grundsatz für diesen Rahmen vom Europäischen Rat in Madrid vereinbart worden ist[69]. Diese Verordnungen gehen wie die sonstigen Verordnungen der Europäischen Gemeinschaft nationalen Gesetzesbestimmungen vor. Dem EG-Recht entgegenstehende deutsche Normen sind deshalb obsolet, ohne daß es einer förmlichen Aufhebung bedarf[70].

20.43

Die nach deutschem Recht zusätzlich erforderlichen Bestimmungen für die Einführung des Euro am 1. 1. 1999 sind durch das nationale Gesetz zur Einführung des Euro vom 9. 6. 1998 geschaffen worden[71]. Dieses Einführungsgesetz enthält ergänzende Regelungen zum europäischen supranationalen Währungsrecht[72].

20.44

I. Die Euro-Einführungs-VO vom 3. 5. 1998

Die zentralen währungs- und umstellungsrechtlichen Vorgaben für die Einführung des Euros enthält die Verordnung (EG) des Rates Nr. 974/98 vom 3. 5. 1998 (Euro-Einführungs-VO)[73].

20.45

---

67 AblEG Nr. L 139 vom 11.5.1998, S. 1; *Schefold*, ZEuP 1999, 271 ff.
68 AblEG Nr. L 162 vom 17.6.1997, S. 1; *Schefold*, ZEuP 1999, 271 ff.
69 5. Erwägungsgrund der Euro-Ergänzungs-VO.
70 *Hartenfels*, WM 1999, Sonderbeil. Nr. 1, 6.
71 BGBl. I 1998, S. 1242 ff.
72 RegBegr. des Euro-Einführungsgesetzes, BT-Drucksache 13/9347, S. 1.
73 *Waigel*, WM 1997, 1322.

20.46 Die Euro-Einführungs-VO gilt gemäß Art. 249, früher Art. 189 S. 2 EG-Vertrag unmittelbar in jedem Mitgliedstaat und bedarf deshalb keiner gesonderten Umsetzung durch den nationalen Gesetzgeber und hat Vorrang vor dem nationalen Recht[74]. Ermächtigungsgrundlage für diese Verordnung ist Art. 121 Abs. 4 S. 2, früher Art. 109j Abs. 4 S. 2 EG-Vertrag, der eine spezielle Norm zur Regelung währungsrechtlicher Fragen darstellt[75]. Danach kann der Rat auf Vorschlag der Kommission alle sonstigen Maßnahmen treffen, die für die rasche Einführung des Euro als einheitlicher Währung der Mitgliedstaaten erforderlich sind.

20.47 Die Euro-Einführungs-VO beschränkt sich im wesentlichen auf die unbedingt erforderlichen Bestimmungen für die Einführung der neuen Währung und die notwendigen Übergangsregelungen für die Übergangszeit, die am 31. 12. 2001 endet. So wird der Name Euro für die supranationale Währung und ihre Unterteilung in 100 Cent festgelegt (Art. 2 Euro-Einführungs-VO). Im übrigen wird klargestellt, daß der Euro zum offiziell festgelegten Umrechnungskurs an die Stelle der Währungseinheiten der teilnehmenden Staaten tritt, und der Euro die Rechnungseinheit der EZB und der dem ESZB angeschlossenen Zentralbanken ist (Art. 3, 4 Euro-Einführungs-VO). Im übrigen wird die Ausgabe von auf den Euro lautenden Banknoten und Münzen (Art. 10, 11) nach Ablauf der Übergangszeit am 31. 12. 2001 geregelt.

1. Regelungen für die Übergangszeit

20.48 Einen Schwerpunkt der Euro-Einführungs-VO bilden die Regelungen für die Übergangszeit, in der die nationalen Banknoten und Münzen Untereinheiten des Euro sind und für die neue Währung als gesetzliches Zahlungsmittel unter Beachtung der Umrechungskurse dienen. Im übrigen gilt für die Verwendung des Euro in der Übergangszeit der **Grundsatz „Keine Behinderung – Kein Zwang"**[76]. So ändert die Ersetzung der Währung eines jeden teilnehmenden Mitgliedstaates durch den Euro als solche nicht die Währungsbezeichnung der am Tag der Ersetzung bestehenden „Rechtsinstrumente" (Art. 7 Euro-Einführungs-VO). Unter diesen Rechtsinstrumenten sind zu verstehen Rechtsvorschriften, Verwaltungsakte, gerichtliche Entscheidungen, Verträge, einseitige Rechtsgeschäfte, Zahlungsmittel – außer Banknoten und Münzen - sowie sonstige Instrumente mit Rechtswirkung (Katalog der Begriffsdefinition in Art. 1 Euro-Einführungs-VO). Deshalb werden Handlungen aufgrund von Rechtsin-

---

74 *Dierdorf*, NJW 1998, 3145, 3146.
75 *Waigel*, WM 1997, 1322; *Schefold*, WM 1996, Sonderbeil. Nr. 4, S. 5.
76 *Waigel*, WM 1997, 1322; *Dierdorf*, NJW 1998, 3145, 3146; *Rehbein*, WM 1998, 997, 999; *Klanten*, NJW 1998, 3152.

strumenten, die auf einer nationalen Währungseinheit lauten, in dieser ausgeführt. Andererseits werden Handlungen aufgrund von Rechtsinstrumenten, die die Verwendung der Euro-Einheit vorschreiben oder auf sie lauten, in dieser Währungseinheit ausgeführt (Art. 8 Abs. 1 Euro-Einführungs-VO). Entgegenstehende Parteivereinbarungen haben aber Vorrang (Art. 8 Abs. 2 Euro-Einführungs-VO). Eine Sonderregelung gilt nur für Banküberweisungen im bargeldlosen Zahlungsverkehr (Rn 20.26).

Art. 8 Abs. 6 Euro-Einführungs-VO stellt auch klar, daß die **Aufrechnung** auch bei Forderungen unterschiedlicher Denominationen erfolgen werden kann, also z.B. DM-Forderungen gegen Euro-Forderungen. Dies kann nicht überraschen, weil die nationalen Währungseinheiten Ausdruck derselben Währung Euro sind und damit die für die Aufrechnung erforderliche Gleichartigkeit (§ 387 BGB) gegeben ist[77]. Bei der Verrechnung hat die hierfür erforderliche Umrechnung zu den offiziellen Umrechnungskursen zu erfolgen (Art. 8 Abs. 6 Euro-Einführungs-VO).

20.49

2. Regelungen für den Zeitraum ab Ende der Übergangszeit

Mit Ablauf der Übergangsfrist am 31. 12. 2001 können Verträge nur noch in Euro abgeschlossen werden. Dementsprechend wird, wenn in zu diesem Zeitpunkt noch bestehenden Rechtsinstrumenten auf nationale Währungseinheiten Bezug genommen wird, dies als Bezugnahme auf die Euro-Einheit entsprechend dem jeweiligen Umrechnungskurs verstanden. Dabei gelten die Rundungsregelungen der Euro-Ergänzungs-VO (Art. 14). Ab 1. 1. 2002 ist also statt „DM" stets „Euro" zu lesen[78].

20.50

Schließlich enthält die Euro-Einführungs-VO (Art. 15, 16) Regelungen für die Weiterverwendung und den Umtausch der auf eine nationale Währungseinheit lautenden Banknoten und Münzen ab Ende der Übergangszeit.

20.51

II. Euro-Ergänzungs-VO vom 17. 6. 1997

Schon vor Inkrafttreten der Euro-Einführungs-VO hat der Rat die Verordnung Nr. 1103/97 über bestimmte Vorschriften im Zusammenhang mit der Einführung des Euro erlassen, die bereits am 20. 6. 1997 in Kraft

20.52

---

77 Daneben müssen Fälligkeit und Gegenseitigkeit als weitere Voraussetzungen für die Aufrechnung vorliegen, weil Art. 8 Abs. 6 Euro-Einführungs-VO die materiellen Aufrechnungserfordernisse unberührt läßt *(Schmidt-Räntsch,* ZIP 1998, 2041, 2046; a.A. *Ritter,* DB 1998, 1219, 1221).
78 *Rehbein,* WM 1998, 997, 1000.

getreten ist (Euro-Ergänzungs-VO). Rechtsgrundlage war die Generalermächtigung des Art. 308, früher Art. 235[79] EG-Vertrag.

20.53 Die spezielle währungsrechtliche Ermächtigungsgrundlage des Art. 121, früher 109j Abs. 4 EG-Vertrag, auf die die spätere Euro-Einführungs-VO gestützt werden konnte, stand noch nicht zur Verfügung, weil die hierfür erforderliche Bestätigung, welche Mitgliedstaaten die Voraussetzung für die Teilnahme an der Währungsunion erfüllen (Art. 118, früher Art. 109g EG-Vertrag), noch ausstand. Auch die Euro-Ergänzungs-VO hat nach Art. 249, früher Art. 189 EG-Vertrag allgemeine Geltung. Sie gilt unmittelbar in jedem Mitgliedstaat, ohne daß es noch einer Umsetzung durch den nationalen Gesetzgeber bedurfte[80].

20.54 Nach den Erwägungsgründen der Nr. 4 der Euro-Ergänzungs-VO ist für das Funktionieren des Gemeinsamen Marktes und für den Übergang zur einheitlichen Währung erforderlich gewesen, daß die Bürger und die Unternehmen in allen Mitgliedstaaten bereits geraume Zeit vor Beginn der 3. Stufe der Währungsunion Rechtssicherheit im Hinblick auf bestimmte Vorschriften im Zusammenhang mit der Einführung des Euro bestand. Diese **frühzeitige Rechtssicherheit** ermöglicht den Bürgern wie den Unternehmen eine optimale Vorbereitung auf die neue Währung[81].

1. Kontinuität der Verträge

20.55 Bei den auf DM oder anderen nationalen Währungen lautenden Verträgen hat sich mit der Einführung des Euro die währungsrechtliche Grundlage geändert. Mit dieser Änderung ist jedoch die Gleichwertigkeit (Äquivalenz) der gegenseitig geschuldeten Leistungen nicht so nachhaltig gestört, daß wegen Wegfalls der Geschäftsgrundlage die Verträge anzupassen sind[82]. Aus heutiger Sicht kann die **Stabilität der neuen Währung** nicht mit der Zuverlässigkeit und Gewißheit prognostiziert werden, die notwendig wäre, um hieran so bedeutende Konsequenzen wie das Recht auf Vertragsanpassung oder gar zur einseitigen vorzeitigen Lösung der Verträge zu knüpfen[83]. Auch Nr. 7 der Erwägungsgründe der Euro-Ergänzungs-VO sprechen von einem allgemein anerkannten Rechtsgrundsatz, daß die Einführung einer neuen Währung die Kontinuität von Verträgen und anderen Rechtsinstrumenten nicht berührt. Dementsprechend stellt

---
79 5. Erwägungsgrund der Euro-Ergänzungs-VO vom 17. 6. 1997; *Dierdorf*, NJW 1998, 3146, 3147.
80 *Rehbein*, WM 1998, 997, 1000.
81 *Waigel*, WM 1997, 1322; *Dierdorf*, NJW 1998, 3145, 3147.
82 *Waigel*, WM 1997, 1322; *Dierdorf*, NJW 1998, 3145, 3147; *Schmidt-Räntsch*, ZIP, 1998, 2041, 2042; *Schefold*, WM 1996, Sonderbeil. Nr. 4, S. 13 ff.
83 *Rehbein*, WM 1998, 997, 1000.

Art. 3 dieser Verordnung klar, daß die Einführung des Euro weder eine Veränderung von Bestimmungen in Rechtsinstrumenten oder eine Schuldbefreiung bewirkt. Auch rechtfertigt sie nicht eine Nichterfüllung rechtlicher Verpflichtungen, noch gibt sie einer Partei das Recht, ein Rechtsinstrument einseitig zu ändern oder zu beenden.

Dieser **Grundsatz der Vertragskontinuität** soll nach Art. 3 S. 2 der Euro-Ergänzungs-VO nur vorbehaltlich etwaiger Vereinbarungen der Parteien gelten. Auch insoweit sollte der Grundsatz der Vertragsfreiheit gewährleistet bleiben[84]. Diese Regelung der Euro-Ergänzungs-VO könnte in der Praxis zum Anlaß genommen werden, von dem anderen Teil eine Anpassung des Vertrages zu verlangen und diesen Wunsch auch mit der Unsicherheit über das Fortbestehen der Verpflichtungen zu begründen[85]. 20.56

Nach den Erwägungsgründen (Nr. 8) der Euro-Ergänzungs-VO sollte diese ausdrückliche Bestätigung des Grundsatzes der Vertragskontinuität dazu führen, daß die Fortgeltung von Verträgen und anderen Rechtsinstrumenten auch in der Rechtsprechung von der Währungsunion nicht angeschlossener Drittstaaten anerkannt wird. Eine gewisse Unsicherheit an der strikten Kontinuität des Vertrages verbleibt freilich bei Sachverhalten, bei denen die Beurteilung der Vertragskontinuität nicht gemäß der Euro-Ergänzungs-VO, sondern nach dem auf den Vertrag anzuwendenden Vertrag (lex contractus) vorzunehmen ist und es sich hierbei um das Recht eines Staates handelt, der nicht der Europäischen Währungsunion angehört[86]. 20.57

2. Ersetzung des ECU durch den Euro

Mit der Einführung des Euro entfällt die Währungskorbeinheit ECU (European Currency Unit). 20.58

Der **(offizielle) ECU**, der keine Währung sondern nur eine **Rechnungseinheit** darstellte, war ein Bestandteil des Europäischen Währungssystems (EWS). Er bestand aus der Summe der Währungen von 12 EG-Mitgliedstaaten[87]. Jede in dem Währungskorb enthaltene Währung verkörperte einen festgesetzten Anteil an dem 20.59

---

84 7. Erwägungsgrund der Euro-Ergänzungs-VO; zu den Risiken solcher Klauseln vgl. *Clausius*, NJW 1998, 3148, 3150 ff.
85 *Schmidt/Räntsch*, ZIP 1998, 2041, 2042.
86 *Schefold*, WM 1996, Sonderbeil. Nr. 4, S. 15; vgl. weiter *Rehbein*, WM 1998, 997, 1000.
87 Belgien, Dänemark, Deutschland, Frankreich, Griechenland, Großbritannien, Irland, Italien, Luxemburg, Niederlande, Portugal, Spanien; vgl. Verordnung des Rates Nr. 3320/94 vom 22. 12. 1994 (ABlEG Nr. L 350, S. 27).

20. Teil: Das Europäische System der Zentralbanken (ESZB)

ECU, der den Beitrag eines Landes zum EG-Bruttosozialprodukt und den Anteil am gemeinsamen Handel widerspiegelte[88].

20.60 Nach dem Abkommen der Zentralbanken der Mitgliedstaaten waren dem ECU im EWS bestimmte Funktionen zugewiesen. Der ECU wurde im EWS verwendet **als Bezugsgröße** für die Wechselkurse, als Indikator für Wechselkursabweichungen, als Rechnungsgröße für Forderungen und Verbindlichkeiten im EWS und schließlich als – wenn auch nicht unbeschränktem – **Zahlungsmittel und Reserveeinheit der EG-Zentralbanken**[89].

20.61 Dieser offizielle ECU ist von der privaten Verwendung des ECU zu unterscheiden, der sich allein aufgrund der Initiative des Marktes entwickelt hatte[90]. Diese ECU-Verwendung diente zur Bezeichnung (Denomination) privatrechtlicher Geldverbindlichkeiten und war von der offiziellen Verwendung streng zu trennen[91]. Diese private Funktion ist weder vom Gemeinschaftsrecht noch von Regelungen der Mitgliedstaaten vorgegeben[92].

20.62 Mit Beginn der 3. Stufe der Währungsunion wird die Zusammensetzung des ECU-Währungskorbes nicht mehr geändert und der Wert des ECU unwiderruflich festgesetzt (Art. 118, 123 Abs. 4, früher Art. 109g, 1 Abs. 4 EG-Vertrag). Das bedeutet, daß ein ECU in seiner Zusammensetzung als Korb von Währungen zu einem Euro wird[93] und damit eine Ablösung (Ersetzung) des ECU durch den Euro erfolgt ist[94].

20.63 Die Euro-Ergänzungs-VO stellt in Art. 2 klar, daß jede Bezugnahme in einem Rechtsinstrument[95] auf die offizielle Währungskorbeinheit im Sinne des Art. 118, früher Art. 109g EG-Vertrag und der Verordnung des Rates Nr. 3320/94 durch eine Bezugnahme auf den Euro zum Kurs von 1 Euro für 1 ECU ersetzt wird. Diese normierte Ersetzung des offiziellen ECU durch den Euro im Verhältnis 1 : 1 hat aber nur deklaratorische Natur, da sie bereits im EG-Vertrag (Art. 118, früher Art. 109g) und damit durch Gemeinschaftsrecht angeordnet ist[96].

---

88 *Schefold* in Bankrechts-Handbuch, § 115 Rn 175.
89 *Wahlig*, WM 1985, 1053.
90 *Wahlig*, WM 1985, 1053; *Bürger*, Die Bank 1987, 606.
91 *Bürger*, DB 1987, 606.
92 *Schefold* in Bankrechts-Handbuch, § 115 Rn 181.
93 Vgl. 6. Erwägungsgrund der Euro-Ergänzungs-VO.
94 *Waigel*, WM 1997, S. 1322; *Dierdorf*, NJW 1998, 3145, 3147; *Schefold*, WM 1996, Sonderbeil. Nr. 4, S. 9.
95 Unter Rechtsinstrumente sind Rechtsvorschriften, Verwaltungsakte, gerichtliche Entscheidungen, Verträge, einseitige Rechtsgeschäfte, Zahlungsmittel – außer Banknoten und Münzen – sowie sonstige Instrumente mit Rechtswirkung zu verstehen (Art. 1 der Euro-Ergänzung-VO).
96 *Waigel*, WM 1997, 1322.

Konstitutiven Regelungscharakter hat dagegen Art. 2 Euro-Ergänzungs-VO in den Fällen, in denen bei Verwendung des ECU nicht ausdrücklich bestimmt worden ist, daß es sich um den Korb in der jeweiligen Zusammensetzung des offiziellen ECU handelt[97]. Hier wird nur eine **Bezugnahme auf den offiziellen ECU** vermutet. Diese Vermutung kann nach der Euro-Ergänzungs-VO (Art. 2 S. 2) widerlegt werden, wobei die Absicht der Vertragsparteien zu berücksichtigen sind. Ein solcher Nachweis dürfte sich jedoch im Regelfall nur schwer führen lassen, sofern es an ausdrücklichen Regelungen über eine abweichende Zusammensetzung des Währungskorbs („Währungscocktail") mangelt[98].

20.64

3. Umrechnungs- und Rundungsregeln

Im Interesse einer möglichst genauen Umrechnung enthält die Euro-Ergänzungs-VO detaillierte Regelungen für die Umrechnung sowohl der Euro-Einheit in nationale Währungseinheiten als auch für die umgekehrte Umrechnung. Die **Umrechnungskurse** werden als ein Euro, ausgedrückt in den einzelnen nationalen Währungen der Teilnehmerstaaten mit sechs signifikanten Stellen, festgelegt. Diese Umrechnungskurse werden bei Umrechnungen nicht gerundet oder um eine oder mehrere Stellen gekürzt (Art. 4 Abs. 1, 2 Euro-Ergänzungs-VO). Das bedeutet, daß der festgelegte Kurs von links nach rechts gezählt und ohne Berücksichtigung eines Kommas über sechs Stellen verfügen muß. Ist die erste Stelle eine Null, wird diese nicht mitgezählt[99]. Dementsprechend konnte der Umrechnungskurs Euro zur DM über fünf Nachkommastellen verfügen (z.B. 1 Euro: 1,97632 DM)[100].

20.65

Die Verwendung inversiver Umrechnungskurse z.B 1 DM = 0,505991 Euro sind unzulässig (Art. 4 Abs. 3 S. 2 Euro-Ergänzungs-VO). Auch werden zwischen den nationalen Währungseinheiten **keine bilateralen Währungskurse** festgelegt (Art. 4 Euro-Ergänzungs-VO). Die Geldbeträge sind also von einer nationalen Währungseinheit in eine andere in der Weise umzurechnen, daß sie zunächst in einen auf die Euro-Einheit bestimmten Betrag umgerechnet werden, der auf nicht weniger als drei Dezimalstellen gerundet werden darf, und dann erst in die andere nationale Währungseinheit umgerechnet wird[101]. Die Umrechnung von nationalen Wäh-

20.66

---

97 *Waigel*, WM 1997, 1322; *Schefold*, in WM 1996, Sonderbeil. Nr. 4, S. 10.
98 *Schefold*, WM 1996, Sonderbeil. Nr. 4, S. 10.
99 12. Erwägungsgrund der Euro-Ergänzungs-VO.
100 *Dierdorf*, NJW 1998, 3145, 3147; *Hartenfels*, WM 1999, Sonderbeil. Nr. 1, S. 22.
101 *Dierdorf*, NJW 1998, 3145, 3148.

rungen erfolgt somit nicht mehr unmittelbar untereinander, sondern stets über den Euro[102].

20.67 Die unwiderruflichen festen Umrechnungskurse für den Euro sind am 1. 1. 1999 vom EG-Rat aufgrund eines einstimmigen Beschlusses der Mitgliedstaaten auf Vorschlag der Kommission und nach Anhörung der EZB festgelegt worden (Art. 121 Abs. 4, früher Art. 109j Abs. 4 EG-Vertrag). Dabei wurden die **bisherigen Leitkurse** der Währungen der teilnehmenden Mitgliedstaaten für die Festlegung verwendet[103]. Die Zentralbanken dieser Teilnehmerstaaten hatten mit Hilfe geeigneter Markttechniken sicherzustellen, daß die am Devisenmarkt am 31. 12. 1998 geltenden Kurse den bilateralen Kursen entsprechen, die in einem bestimmten Paritätengitter festgelegt waren[104].

20.68 Die Einführung des Euro erfordert das **Runden von Geldbeträgen**[105]. Diese Rundungsdifferenzen bestanden, weil die Umrechnungskurse der nationalen Währungen nicht gerade, sondern ungerade sind. Dies hing wiederum damit zusammen, daß der Euro den ECU auch in den Vorschriften der Europäischen Union ersetzen sollte und dort schon bisher die ungeraden Umrechnungskurse üblich waren[106].

20.69 **Problematisch** ist, wie bei der Umrechnung von mehreren Beträgen verfahren werden soll. Handelt es sich um Beträge von selbständigen Forderungen, sind diese isoliert zu runden, nicht aber der Endbetrag, bei dem sich keine Problematik ergeben kann. Liegt der Gesamtsumme nur eine einheitliche Forderung zugrunde (wie z.B. beim Einkauf im Supermarkt) sind nicht die Preise der einzelnen Waren sondern die Gesamtsumme zu runden[107].

20.70 Die Umrechnung erfolgt nach der sog. **kaufmännischen Rundungsregelung**[108]. Bei einer Rundung, die nach einer Umrechnung in den Euro erfolgt, wird auf nächstliegende Cent auf- oder abgerundet. Werden Umrechnungen in nationaler Währung vorgenommen, so wird auf die jeweils nächste Untereinheit, z.B. Pfennig, auf- bzw. abgerundet[109]. Führt die Anwendung des Umrechnungskurses zu einem Ergebnis genau in der Mitte, hat eine Aufrundung zu erfolgen (Art. 5 Euro-Ergänzungs-VO).

---

102 *Rehbein*, WM 1998, 997, 1001.
103 Vgl. hierzu *Schneider*, DB 1998, 1449, 1450.
104 *Dierdorf*, NJW 1998, 3147, 3148.
105 11. Erwägungsgrund der Euro-Einführungs-VO.
106 *Schmidt-Räntsch*, ZIP 1998, 2041, 2048.
107 *Schmidt-Räntsch*, ZIP 1998, 2041, 2048, 2049, wo auch die Problematik der Rundungsdifferenzen nach Art. 4 Euro-Einführungs-VO behandelt wird. Vgl. weiter *Schneider*, DB 1998, 1449 ff.
108 *Klanten*, ZBB 1996, 260; *Schefold*, WM 1996, Sonderbeil. Nr. 4, S. 13.
109 Zur Problematik beim Fehlen einer Untereinheit wie bei der Peseta vgl. *Dierdorf*, NJW 1998, 3145, 3148.

III. Euro-Einführungsgesetz vom 9. 6. 1998

Mit dem Gesetz zur Einführung des Euro (Euro-Einführungsgesetz)[110] sollten die rechtlichen Voraussetzungen für die reibungslose Einführung des Euro am 1. 1. 1999 geschaffen werden[111]. Damit werden die Regelungen ergänzt, die durch das europäische Gemeinschaftsrecht vorgegeben sind. Insbesondere war eine Regelung für Rechtsvorschriften, Rechtsgeschäfte und Vollstreckungstitel erforderlich, die auf die Leitzinssätze der Deutschen Bundesbank Bezug nehmen, wie sie im Rahmen ihrer bisherigen Zuständigkeit für die nationale Geldpolitik festgesetzt worden waren. So treten an die Stelle des bisherigen Diskont- und Lombardsatzes die vergleichbaren Zinssätze, die die EZB im Rahmen ihrer geldpolitischen Verantwortung für die Mitgliedstaaten der NEWR festlegt. Auch waren Hemmnisse für die Verwendung des Euro zu beseitigen, die sich insbesondere für die Wirtschaftsunternehmen und dem Geld- und Kapitalmarkt daraus ergeben, daß deutsches Recht die Verwendung der DM bislang zwingend vorschrieb[112]. Außerdem war das deutsche Währungsrecht so anzupassen, daß es mit dem Recht der Gemeinschaft, auf die die währungspolitische Kompetenz übergegangen ist, im Einklang steht. Schließlich waren Bezugnahmen auf den ECU im deutschen Recht zu ersetzen.

20.71

Das Euro-Einführungsgesetz ist ein Artikelgesetz und enthält deshalb Regelungen für eine Vielzahl von Rechtsgebieten, die zum Bank- und Kapitalmarkt gehören oder zumindest starke Berührungspunkte hiermit aufweisen. Dies gilt insbesondere für die Änderungen auf dem Gebiet des Gesellschaftsrechts und des Börsenrechts (Art. 3, 4 Euro-Einführungsgesetz). Ein wesentlicher Bestandteil des Euro-Einführungsgesetzes (Art. 6) ist auch das **Gesetz zur Umstellung von Schuldverschreibungen** auf den Euro[113].

20.72

1. Diskontsatz-Überleitungs-Gesetz

Ein Schwerpunkt des Euro-Einführungsgesetzes ist das Diskontsatz-Überleitungs-Gesetz (DÜG). Mit Beginn der Stufe 3 der Währungsunion ist die bisherige währungspolitische Verantwortung der Bundesbank auf die EZB übergegangen und damit die geldpolitische Zuständigkeit der deutschen Zentralbank für die Festsetzung des Diskont- und Lombardsatzes weggefallen, die als geldpolitische Steuerungsinstrumente dienten. Eine Viel-

20.73

---

110 BGBl. I 1998, S. 1242 ff.
111 *Hakenberg*, BB 1998, 1491 ff.; *Hartenfels*, DB 1998, 302 ff., 377 ff.
112 Begr. des RegE des Euro-Einführungsgesetzes, BT-Drucksache 13/9347, S. 1.
113 *Renger*, WM 1997, 1873 ff.; *Gruson*, WM 1998, 1474.

zahl vertraglicher Schuldverhältnisse und zahlreiche gesetzliche Vorschriften enthalten aber für die Erfüllung von Geldverbindlichkeiten eine Bezugnahme auf den bisherigen Diskont-Lombardsatz als sog. Refinanzierungssatz[114].

20.74 Der Diskontsatz wird deshalb für eine **Übergangszeit** von drei Jahren durch den neuen „**Basiszinssatz**" ersetzt (§ 1 Abs. 1 DÜG)[115]. Ausgangswert für den Basiszinssatz war der am 31. 12. 1998 geltende Diskontsatz. Dieser wird von der Deutschen Bundesbank in der Folgezeit in zeitlichen Abständen von jeweils vier Monaten – erstmals am 1. 5. 1999 – auf seine Angemessenheit hin überprüft und gegebenenfalls angepaßt. Bezugsgröße für die **Überprüfung** des Basiszinssatzes soll gemäß § 1 Abs. 1 S. 2 DÜG dasjenige Steuerungsmittel der EZB sein, das nach seiner Aufgabe, Änderungshäufigkeit und Wirkungsweise dem Diskontsatz der Deutschen Bundesbank am ehesten entspricht. Die Bundesregierung ist gemäß § 1 Abs. 2 DÜG ermächtigt, die Bezugsgröße für den Basiszinsssatz durch Rechtsverordnung zu bestimmen.

a) Basiszinssatz-Bezugsgrößen-Verordnung

20.75 Diese Bestimmung der Bezugsgröße für den Basiszinssatz ist durch eine Basiszinssatz-Bezugsgrößen-Verordnung (BazBV) geschehen. Danach soll als Referenzwert für den Basiszinssatz der Zinssatz für das längerfristige Finanzierungsgeschäft als geldpolitisches Steuerungsinstrument der EZB dienen (sog. LRG-Satz). Das längerfristige Finanzierungsgeschäft wird – wie alle anderen Offenmarktgeschäfte auch – in Deutschland auf Basis von durch Pfandrechte besicherten Krediten durchgeführt werden. Die Darlehen, die nach geldpolitischen Vorgaben der EZB eine Laufzeit von drei Monaten aufweisen werden, sollen den interessierten Banken jeweils monatlich über ein Zinstenderverfahren zugeteilt werden. Dabei wird die **Bank,** die den **höchsten Zinssatz** bietet, im Rahmen der Zuteilung als erste berücksichtigt. Für die Bezugnahme auf den Zinssatz des längerfristigen Finanzierungsgeschäfts (LRG-Satz) spricht die relative Stetigkeit des Zinssatzes.

b) Lombardsatz-Überleitungs-Verordnung

20.76 Die vergleichbare Funktion eines Referenzzinssatzes hatte auch der bisherige Lombardsatz. Er soll durch den Zinssatz **ersetzt** werden, der ihm in seiner Funktion am ehesten entspricht. Das ist der **Zinssatz der Spitzenrefinanzierungsfazilität** der EZB (SRF-Satz) als einem weiteren geldpoliti-

---
114 *Schefold*, NJW 1998, 3155.
115 *Schmidt-Räntsch*, ZBB 1998, 389, 390.

schen Steuerungsinstrument[116]. Wie der Lombardsatz markiert auch dieser Zinssatz den oberen Rand des Zinskorridors der Leitzinsen.

Die Ersetzung des Lombardsatzes durch den SFR-Satz der EZB ist nach § 3 Abs. 2 Nr. 1 DÜG durch Rechtsverordnung möglich. Hierzu ist die Lombard-Überleitungs-Verordnung vom 18. 12. 1998 erlassen worden[117]. 20.77

c) Ersetzung des Fibor durch Euribor

§ 3 Abs. 2 Nr. 2 DÜG sieht im übrigen vor, daß die Frankfurt Interbank Offered Rate für die Geldbeschaffung von ersten Adressen auf dem deutschen Markt (FIBOR) durch den Zinssatz zu ersetzen ist, der dieser in ihrer Funktion am ehesten entspricht. Hierzu ist die FIBOR-Überleitungs-Verordnung vom 10. 7. 1998[118] ergangen. An die Stelle des ab 2. 7. 1990 verwendeten FIBOR wird der neue Referenzzinssatz Euribor für die Beschaffung von Ein- bis Zwölfmonatsgeld (Euribor-Sätze) ab 1. 1. 1998 treten (§ 1 Abs. 1 Fibor-Überleitungs-VO). An Stelle des Fibor-Overnight-Satzes gilt der „Euro Overnight Index Average-Satz (Eonia-Satz) für die Beschaffung von Tagesgeld (Overnight – § 1 Abs. 2 Fibor-Überleitungs-VO). Die beiden Sätze unterscheiden sich auch darin, daß es sich bei den Euribor-Sätzen für Ein- bis Zwölfmonatsgelder um Briefkurse handelt, hingegen der Eonia-Satz für Tagesgeld (Overnight) auf gehandelten Umsätzen beruht[119]. 20.78

An der Quotierung des neuen Euribor Referenzzinssatzes nehmen 57 Banken teil, die über das größte Geldgeschäft in der Euro Zone verfügen. Darunter sind auch Banken aus an der Währungsunion nicht von Anfang an teilnehmenden Mitgliedstaaten und sechs Banken aus Nicht-EU-Staaten. Sie werden täglich um 11 Uhr (Brüsseler Zeit) Briefkurse für Ein- bis Zwölfmonatsgelder quotieren, wovon jeweils 15% der höchsten und niedrigsten Quotierungen für die Errechnung des Durchschnittssatzes ausscheiden. Mit dem Euribor steht ein für die gesamte Euro-Zone täglich ermittelter marktgerechter Referenzzinssatz zur Verfügung, von dem erwartet wird, daß er sich als künftiger Referenzzinssatz an den Geld-, Kredit-, Wertpapier- und Emissionsmärkten rasch durchsetzen wird. Er stößt bereits heute auf weite Akzeptanz der Marktteilnehmer[120]. Der 20.79

---

116 Begr. des RegE der Lombardsatz-Überleitungs-Verordnung, S. 1.
117 BGBl. I 1998, S. 3819; *Schmidt-Räntsch*, ZBB 1998, 389, 391.
118 BGBl. I 1998, S. 1863; *Schmidt-Räntsch*, ZBB 1998, 389, 391.
119 *Schefold*, NJW 1998, 3157.
120 „Referenzzinssätze im Finanzplatzwettbewerb – Euribor versus Euro-Libor" in Frankfurter Finanzmarkt-Bericht (Hrsg. Landeszentralbank Hessen), Nr. 31, August 1998.

Bund hat angekündigt, variabel verzinsliche Bundesanleihen künftig auf Euribor umzustellen[121].

d) Die Kontinuitätsregelung für Referenzzinssätze

20.80 Haben die Parteien eines Vertrages keine besonderen Vereinbarungen im Hinblick auf dessen Kontinuität getroffen und gelten bei Wegfall eines Referenzzinssatzes die nach dem DÜG bestimmten Referenzzinssätze, begründet dies nach § 4 DÜG keinen Anspruch auf vorzeitige Kündigung, einseitige Aufhebung oder Abänderung von Verträgen oder Vollstreckungstiteln (§ 4 S. 1 DÜG). Die Ersetzung eines Referenzzinssatzes durch einen anderen Referenzzinssatz stellt eine zivilrechtliche Regelung dar. Dies hat zur Folge, daß eine Berufung auf das Rechtsinstitut des Wegfalls der Geschäftsgrundlage wegen des Wegfalls eines Referenzzinssatzes ausgeschlossen wird. Hierauf weist die Gesetzesbegründung ausdrücklich hin[122].

20.81 Durch den Wortlaut in § 4 DÜG wird klargestellt, daß sich diese Vorschrift nicht nur auf die Ersetzung des Diskontsatzes der Deutschen Bundesbank, sondern auf die Ersetzung aller im DÜG geregelten Referenzzinsätze bezieht. § 4 DÜG ist aber nur anwendbar, wenn es sich um einen dem deutschen Recht unterliegenden Vertrag handelt. Zu Problemen im Hinblick auf die **Vertragskontinuität bei Verträgen mit wegfallenden Referenzinssätzen** kann es jedoch kommen, wenn das Recht eines an der Währungsunion nicht teilnehmenden Mitgliedstaats vereinbart wurde (z.B. Recht des Staates New York) und der Vertrag im Hinblick auf den Wegfall des gewählten Referenzzinssatzes keine ausdrücklichen Regelungen vorsieht. Hier wird im Zweifel erst durch **Auslegung** ermittelt werden müssen, welche Regelungen die Parteien getroffen hätten, wenn sie von einem Wegfall ausgegangen wären. Im Hinblick auf internationale Verträge, die dem Recht eines Drittstaates unterliegen, empfiehlt es sich, rechtzeitig einvernehmliche Regelungen herbeizuführen, um die bestehende Vertragslücke auszufüllen[123].

2. Wertsicherungsklauseln[124]

20.82 Nach dem Währungsgesetz der Westalliierten von 1948 war die Vereinbarung von Wertsicherungsklauseln verboten (**sog. Indexierungsverbot**). Die

---
121 *Schefold*, NJW 1998, 3156.
122 Vgl. Begr. des RegE DÜG, BT-Drucksache 13/9347 v. 4. 12. 1997, S. 27.
123 Vgl. *Hartenfels*, DB 1998, 302, 303; *ders.*, WM 1999, Sonderbeil. Nr. 1, 45; *Schefold*, NJW 1998, 3158.
124 *Hafke*, WM 1997, 693 ff.

Verknüpfung eines geschuldeten DM-Betrages mit der Entwicklung des Preises oder dem Wert des Preises anderer Güter oder Leistungen bedurfte nach § 3 S. 2 WährG der Genehmigung. Nach der Interpretation dieser währungsrechtlichen Bestimmung durch den Bundesgerichtshof fallen in ihren Anwendungsbereich nur solche Klauseln, die eine automatische Anpassung der Schuld an den Geldwertverlust anhand eines außerhalb des Schuldverhältnisses liegenden Wertmaßstabes vorsehen[125].

Art. 9 § 1 Euro-Einführungsgesetz hat § 3 WährG aufgehoben. Der Versuch der Bundesregierung, im Zuge der Einführung des Euro ein europäisches Indexierungsverbot einzuführen, scheiterte, weil kein einziger Teilnehmerstaat ein solches Verbot nach deutschem Vorbild hatte[126]. Andererseits wurde die Aufhebung des Indexierungsverbots von fast allen Verbänden und politischen Parteien als Signal der Unsicherheit und als Schwächung des Euro angesehen. Dies sollte vermieden werden, damit keine Ängste der Bevölkerung geweckt würden. 20.83

Der Gesetzgeber hat sich deshalb für ein **neues Indexierungsverbot** ausgesprochen. Dieses Verbot dient aber nicht mehr dem Schutz der Währung. Es hat vielmehr den Schutz der nationalen Wirtschaft und ihrer Stabilität zum Ziele, für die die Mitgliedstaaten zuständig geblieben sind[127]. Das Indexierungsverbot ist deshalb in das Preisangabengesetz eingefügt worden, das zu diesem Zweck auch die neue Überschrift „Preisangaben- und Preisklauselgesetz" (PaPkG) erhalten hat (Art. 9 § 4 Euro-Einführungsgesetz). Der neu gefaßte § 2 PaPkG lautet nunmehr: 20.84

Der Betrag von Geldschulden darf nicht unmittelbar und selbsttätig durch den Preis oder Wert von anderen Gütern oder Leistungen bestimmt werden, die mit den vereinbarten Gütern oder Leistungen nicht vergleichbar sind." 20.85

Mit der Formulierung **„unmittelbar und selbsttätig"** sollte an die BGH-Rechtsprechung angeknüpft werden, wonach Wertsicherungsklauseln im Sinne des aufgehobenen § 3 WährG nur dann verboten waren, wenn sie zu einer automatischen Anpassung von Geldschulden führen, nicht jedoch, wenn mit der Klausel nur eine Pflicht oder ein Recht zur Anpassung begründet werden sollte[128]. 20.86

Die Bundesregierung kann durch Rechtsverordnung ohne Zustimmung des Bundesrates die Voraussetzungen näher bestimmen, unter denen Aus- 20.87

---

125 BGH NJW 1970, 2103; 1969, 91; *Hahn*, Währungsrecht, 1990, § 8 Rn 22.
126 *Schmidt-Räntsch*, NJW 1998, 3166.
127 *Schmidt-Räntsch*, NJW 1998, 3166.
128 *Schmidt-Räntsch*, NJW 1998, 3167.

20. Teil: Das Europäische System der Zentralbanken (ESZB)

nahmen von Preisklauselverboten einzeln oder allgemein genehmigt werden können (§ 2 Abs. 2 PaPkG). Im übrigen bleibt der Geld- und Kapitalverkehr, einschließlich der Finanzinstrumente im Sinne des § 1 Abs. 11 KWG[129] sowie die hierauf bezogenen Pensions- und Darlehensgeschäfte vom Indexierungsverbot ausgenommen (§ 2 Abs. 2 S. 2 PaPkG). Mit dieser umfassenden Regelung sind alle Finanzdienstleistungen aus dem Indexierungsverbot ausgenommen[130]. Dasselbe gilt für Verträge von gebietsansässigen Kaufleuten mit Gebietsfremden (§ 2 Abs. 1 S. 3 PaPkG).

---

129 Bei diesen Instrumenten handelt es sich um Wertpapiere, Geldmarktinstrumente, Devisen und Rechnungseinheiten sowie Derivaten, wie sie im KWG näher definiert sind.
130 *Schmidt-Räntsch*, NJW 1998, 3167, 3168.

4. Abschnitt
Die Europäische Zentralbank (EZB)

Die EZB ist eine eigenständige Institution der Gemeinschaft, gehört aber nicht zu ihren Organen[131]. Sie ist im Unterschied zu den Organen der Gemeinschaft mit eigener Rechtspersönlichkeit ausgestattet (Art. 107 Abs. 2, früher Art. 106 Abs. 2 EG-Vertrag). Sie besitzt in jedem Mitgliedstaat die weitestgehende Rechts- und Geschäftsfähigkeit, die juristischen Personen nach deren Rechtsvorschriften zuerkannt ist. Die EZB kann insbesondere bewegliche und unbewegliche Vermögen erwerben und veräußern sowie vor Gericht stehen (Art. 9 Abs. 1 ESZB/EZB-Satzung).   20.88

Umstritten ist, ob die EZB auch eine **Völkerrechtspersönlichkeit** im Sinne einer von den EWU-Mitgliedstaaten abgeleitete Völkerrechtsfähigkeit hat. Soweit dies im Schrifttum bejaht wird, wäre diese Rechtsfähigkeit sachlich auf den Bereich der Ziele des ESZB und in ihrer Rechtswirkung gegenüber Dritten auf den Kreis der sie anerkennenden Völkerrechtssubjekte beschränkt[132].   20.89

I. EZB-Status innerhalb der Währungsunion

Wesentliches Element des EZB-Status ist die Gewährleistung der Unabhängigkeit des ESZB, wie sie vor allem von deutscher Seite, insbesondere der Deutschen Bundesbank als unverzichtbar gefordert worden ist[133]. Diesem Petitum ist auf vielfältige Weise Rechnung getragen worden. So besteht eine **Weisungsfreiheit** und eine **finanzielle Unabhängigkeit.** Auch ist der Kreis der zulässigen Geschäfte mit öffentlichen Stellen stark eingeschränkt worden, um die Gefahr einer Aushöhlung der funktional-sachlichen Unabhängigkeit auszuschließen.   20.90

1. Weisungsfreiheit

Die Weisungsfreiheit im Sinne einer funktional-sachlichen Autonomie besteht vor allem beim Einsatz der geldpolitischen Instrumente. So darf   20.91

---
131 *Hahn*, Der Vertrag von Maastricht als völkerrechtliche Übereinkunft und Verfassung, 1992, S. 42, 73 f.; *Weber*, WM 1998, 1465.
132 Vgl. hierzu *Weber*, WM 1998, 1465, 1471.
133 *Hahn/Siebelt* in Dauses (Hrsg.), Handbuch des EG-Wirtschaftsrechts, 6/1993, Rn 74; *Häde*, EuZW 1992, 174; *Stark*, WM 1999, 125.

bei der Wahrnehmung der übertragenen Befugnisse, Aufgaben und Pflichten weder die EZB noch eine nationale Zentralbank noch ein Mitglied ihrer Beschlußorgane Weisungen von Organen oder Einrichtungen der Gemeinschaft, Regierungen der Mitgliedstaaten oder anderen Stellen einholen oder entgegennehmen. Die Organe und Einrichtungen der Gemeinschaft sowie die Regierungen der Mitgliedstaaten verpflichten sich, diesen Grundsatz zu beachten und nicht zu versuchen, die Mitglieder der Beschlußorgane der EZB oder der nationalen Zentralbanken bei der Wahrnehmung ihrer Aufgaben zu beeinflussen (Art. 108, früher Art. 107 EG-Vertrag; Art. 7 ESZB/EZB-Satzung). Diese funktional-sachliche Autonomie gilt darüber hinaus für sämtliche Aufgaben des ESZB in den Bereichen Geldpolitik, Devisenwirtschaft, Währungsreserven und Zahlungssystemen (Art. 105 Nr. 2 EG-Vertrag), während etwa die Unabhängigkeit der Deutschen Bundesbank (§ 12 S. 2 BBankG) auf den Bereich ihrer Eigenzuständigkeit beschränkt ist[134].

20.92 Eine **Ausnahme** gilt nur hinsichtlich der Entscheidung über ein förmliches Wechselkurssystem für den Euro gegenüber Drittlandswährungen (**"Wechselkurs-Zielzonen"**). Hier verbleibt die maßgebende währungspolitische Kompetenz bei dem aus den Wirtschafts- und Finanzministerien der Teilnehmerstaaten gebildeten ECOFIN Rat (Art. 111, früher Art. 109 EG-Vertrag). Die Festlegung bestimmter Wechselkurs-Zielzonen und damit einhergehende Devisenmarktinterventionen zur Verteidigung eines bestimmten Wechselkurses können jedoch zu einer Ausweitung der Geldmenge mit allen damit verbundenen inflationären Gefahren führen. Diese vorrangige Zuständigkeit des ECOFIN-Rates war deshalb nicht unumstritten[135].

20.93 Sofern jedoch wegen des Fehlens eines förmlich vereinbarten Wechselkurssystems der Kurs des Euro im Verhältnis zu Drittlandswährungen frei fluktuiert, ist die EZB keinerlei rechtlichen Bindungen bei der Durchführung ihrer Devisengeschäfte unterworfen. Sofern der Rat in der Zusammensetzung der Wirtschafts- und Finanzminister (ECOFIN-Rat) unter außergewöhnlichen Umständen, beispielsweise im Falle eindeutiger Wechselkursverzerrungen[136] gemäß Art. 111 Abs. 2 S. 1, früher Art. 109

---

134 *Weber*, WM 1998, 1465, 1468.
135 *Weber*, WM 1998, 1465, 1468.
136 So die Selbstbeschränkung des Europäischen Rates von Luxemburg, Entschließung über die wirtschaftspolitische Koordinierung in der dritten Stufe der WWU und zu den Artikeln 109 und 109 b des Vertrags, SN 400/97, Ziff. II.8.; kritisch dazu die Gemeinschaft zum Schutz der deutschen Sparer, Mitteilungen und Kommentare zur Geldwertstabilität, Nr. 1/1998, S. 2 f.; zum insoweit bestehenden Konfliktspotential Deutsche Bundesbank, Informationsbrief zur WWU Nr. 10, Februar 1998, S. 16.

Abs. 2 S. 1 EG-Vertrag allgemeine Orientierungen aufstellt, sollten diese stets die Unabhängigkeit des ESZB respektieren[137] und das vorrangige Stabilitätsziel nicht beeinträchtigen (Art. 111 Abs. 2 S. 2, früher Art. 109 Abs. 2 S. 2 EG-Vertrag). Diese Orientierungen stellten für das ESZB nur unverbindliche Richtwerte dar, an denen es seine Politik unter vorrangiger Beachtung des Stabilitätsziels auszurichten hat. Die allgemeinen Orientierungen begründen aber keine Interventionspflichten der EZB[138].

2. Finanzielle Unabhängigkeit

Das **Eigenkapital** der EZB halten nicht die Gemeinschaft oder die Mitgliedstaaten, sondern die **nationalen Zentralbanken.** Die Vorschriften über Kapitalaufbringung und Gewinn- und Verlustverteilung (Art. 28 ff. ESZB/EZB-Satzung) sollen insbesondere finanzielle Abhängigkeiten des ESZB von der Gemeinschaft und den Mitgliedstaaten verhindern[139]. 20.94

Dieser Status der nationalen Zentralbanken bedeutet aber nicht, daß sie der EZB in vollem Umfang funktional-sachlich untergeordnet sind, soweit es um die Wahrnehmung von Aufgaben des ESZB geht. Die nationalen Zentralbanken als integraler Bestandteil des ESZB handeln vielmehr gemäß den Leitlinien und Weisungen der EZB (Art. 14 Abs. 3 ESZB/EZB-Satzung). Überdies wurde zum ersten Male in der Geschichte der Europäischen Gemeinschaft einer supranationalen Institution gegenüber mitgliedstaatlichen Institutionen ein Weisungsrecht für den konkreten Einzelfall eingeräumt (Art. 1 Unterabs. 2 S. 2 ESZB/EZB-Satzung). Dies verdeutlicht die eigentliche Dimension der Verlagerung der Ausübung von Währungshoheit auf die supranationale Ebene und damit die funktional-sachliche Unterordnung der nationalen Zentralbanken. 20.95

Neben ihrer Leitungsfunktion kommt der EZB auch die Rolle der „**Hüterin der Europäischen Währungsverfassung**" zu. Denn ihr ist auch das Recht eingeräumt worden, gegen eine nationale Zentralbank im Wege der Vertragsverletzungsklage vorgehen zu können, sollte diese ihren gemeinschaftsrechtlichen Verpflichtungen nicht oder nur unzureichend nachkommen (Art. 237, früher Art. 180 lit. d EG-Vertrag, Art. 35 Abs. 6 ESZB/EZB-Satzung)[140]. 20.96

---

137 Europäischer Rat, Entschließung über die wirtschaftspolitische Koordinierung in der dritten Stufe der WWU und zu den Artikeln 109 und 109b des Vertrags, SN 400/97, Ziff. II. 8.; vgl. dazu auch Bundesregierung, BR-Drucksache 236/98, S. 21.
138 *Weber*, WM 1998, 1465, 1468.
139 *Hahn/Siebelt* in Dauses (Hrsg.), Handbuch des EG-Wirtschaftsrechts, 6/1993.
140 *Weber*, „Die Kompetenzverteilung im Europäischen System der Zentralbanken bei der Festlegung und Durchführung der Geldpolitik, S. 86 ff.

3. Beschränkter Kreis von Geschäften mit öffentlichen Stellen

20.97 Im Interesse einer weitestmöglichen Unabhängigkeit der EZB ist auch der Zugang der Gemeinschaft und der Mitgliedstaaten zum Notenbankkredit und damit zu einem der klassischen Fälle unfreiwilliger Zentralbankgeldschöpfung[141] verschlossen. Der EG-Vertrag (Art. 101, früher Art. 104 Abs. 1) wie die ESZB/EZB-Satzung (Art. 21 Abs. 1) untersagen sowohl der EZB als auch den nationalen Zentralbanken, Kredite gleich welcher Art an die dort genannten öffentlichen Stellen zu gewähren.

20.98 Die EZB wie auch die nationalen Zentralbanken sind aber befugt, bei Begebung von öffentlichen Schuldtiteln als „fiscal agent" tätig zu werden. Sie dürfen also für Rechnung der in der ESZB/EZB-Satzung (Art. 21 Abs. 1) bezeichneten Stellen öffentliche Schuldtitel verkaufen, deren Ausschreibung, Plazierung, Abwicklung sowie die Kurspflege übernehmen[142].

20.99 Sonstige Geschäfte mit öffentlichen Stellen sind der EZB und den nationalen Zentralbanken untersagt. Dies ergibt sich zwar nicht zwingend aus dem Wortlaut der ESZB/EZB-Satzung. Der Kreis der zulässigen Geschäfte mit öffentlichen Stellen ist aber nicht erweiterungsfähig, weil ansonsten die Gefahr einer Aushöhlung der funktional-sachlichen Unabhängigkeit des ESZB nicht auszuschließen ist[143].

4. Einbindung in die institutionelle Gemeinschaftsordnung

20.100 Die Unabhängigkeit der EZB in funktional-sachlicher und finanzieller Hinsicht schließt aber nicht aus, daß sie in die institutionelle Ordnung der EG eingebunden ist. Dort bildet sie allerdings gemäß Art. 105 ff., früher Art. 105 ff. EG-Vertrag zusammen mit den nationalen Zentralbanken ein **„gesondert organisiertes Subsystem"**, das weitgehend ein Eigenleben führt[144]. Gegen eine umfassend-institutionelle Unabhängigkeit der EZB spricht schließlich und entscheidend die außervertragliche Haftung der Gemeinschaft für den durch die EZB oder ihre Bediensteten in Ausübung ihrer Amtstätigkeit verursachten Schäden.

---

141 Vgl. Deutsche Bundesbank, Geldpolitische Aufgaben und Instrumente, 6. Aufl., 1993, S. 23; *Hahn*, Währungsrecht, 1990, § 19 Rn 50 m.w.Nachw.
142 Vgl. Deutsche Bundesbank, Geldpolitische Aufgaben und Instrumente, 6. Aufl., 1993, S. 23 f.; Oesterreichische Nationalbank, Die österreichische Währungspolitik und die Europäische Gemeinschaft, 1993, S. 44.
143 *Weber*, WM 1998, 1465, 1469.
144 *Weber*, WM 1998, 1465, 1471.

Die Handlungen und Unterlassungen der EZB unterliegen in allen Fällen der Überprüfung und Auslegung durch den EuGH (Art. 35 Abs. 1 ESZB/EZB-Satzung). Die Einbeziehung der Rechtsakte der EZB in das Rechtsschutzsystem des Gemeinschaftsrechtes war ungeachtet des in vielfältiger Hinsicht bestehenden weiteren Ermessens- und Beurteilungsspielraums erforderlich. Dies bildet ein notwendiges rechts- und demokratiestaatliches Äquivalent zur Unabhängigkeit der EZB gegenüber Regierung und Parlament[145].

20.101

II. Autonome Rechtsetzungsbefugnisse

Der EG-Vertrag (Art. 110, früher Art. 108a Abs. 1 EG-Vertrag) wie die ESZB/EZB-Satzung (Art. 34 Abs. 1) verleihen der EZB die Befugnis zum Erlaß von allgemein und unmittelbar in jedem Mitgliedstaat geltenden Verordnungen, soweit dies für die Erfüllung der Aufgaben des ESZB auf den Gebieten der Geldpolitik, Devisengeschäfte, Währungsreserven, Verrechnungs-/Zahlungssystemen und Bankaufsicht notwendig ist. Eine **Einschränkung** erfährt die grundsätzlich umfassende Regelungsbefugnis neben den inhaltlich-sachlichen primärrechtlichen Vorgaben dadurch, daß bei Regelungen mit Eingriffs- und Zwangscharakter[146] der ECOFIN-Rat zuständig ist für die Festlegung des sachlichen und persönlichen Anwendungsbereichs der Regelungen (Art. 107, früher Art. 106 Abs. 6 EG-Vertrag, Art. 19 Abs. 2, 20 Abs. 2, 42 ESZB/EZB-Satzung).

20.102

1. Organe der EZB

Das ESZB wird von den Beschlußorganen der EZB geleitet (Art. 8 ESZB/EZB-Satzung). Hierbei handelt es sich um den EZB-Rat und das Direktorium der EZB. Dabei werden die vielfältigen Leitungs- und Aufsichtsbefugnisse der EZB gegenüber den nationalen Zentralbanken und der an der Währungsunion teilnehmenden Mitgliedstaaten auf den EZB-Rat und das Direktorium verteilt. Diese Zweiteilung der Leitung des ESZB („Zwei-Organ-Prinzip") orientiert sich nicht nur hinsichtlich der

20.103

---

145 *Weber*, WM 1998, 1465, 1470.
146 Dies gilt z.B. für die Erhebung statistischer Daten, die Verhängung von Sanktionen, die Anordnung von Mindestreserven oder die Einführung und Anwendung anderer als in Art. 18, 19 ESZB-Satzung schon vorgesehener geldpolitischer Instrumente, soweit diese Verpflichtungen für Dritte etwa in Form von Meldepflichten, Genehmigungsvorbehalten etc. mit sich bringen *(Weber,* WM 1998, 1465, 1469).

Bezeichnung der Organe, sondern auch materiell weitgehend an den Bestimmungen des Bundesbankgesetzes (§§ 6, 7). Europarechtlicher Terminologie folgend, läßt sich sagen, daß sich hierdurch innerhalb des ESZB der **Grundsatz des institutionellen Gleichgewichts** konkretisiert. Durch die Zuweisung spezieller Befugnisse wird eine Machtbegrenzung der beiden leitenden Beschlußorgane erreicht[147].

20.104 Weitere Organe der EZB sind nach der ESZB/EZB-Satzung der Präsident (Art. 11 Abs. 1, 13), der Vizepräsident (Art. 11 Abs. 1, 13 Abs. 1, 45 Abs. 2, 50) und der Erweiterte Rat (Art. 45 ff.).

2. EZB-Rat

20.105 Der EZB-Rat setzt sich aus den **Mitgliedern des Direktoriums** und den **Präsidenten der nationalen Zentralbanken der Teilnehmerstaaten** zusammen (Art. 112 Abs. 2a, früher Art. 109a Abs. 1 EG-Vertrag, Art. 10 Abs. 1 ESZB/EZB-Satzung i.V.m. Art. 43 Abs. 4 ESZB/EZB-Satzung). Als oberstes Entscheidungsorgan ist der EZB-Rat befugt, alle mit den Aufgaben des ESZB zusammenhängenden Angelegenheiten zumindest in grundsätzlicher Form zu regeln. Dies gilt insbesondere für alle strategischen geldpolitischen (Grund-)Entscheidungen etwa über geldpolitische Zwischenziele und Leitzinssätze und die für ihre Ausführungen notwendigen Leitlinien (Art. 12 Abs. 1 ESZB/EZB-Satzung)[148]. Jedes Mitglied des EZB-Rates hat grundsätzlich nur **eine Stimme** („one member, one vote" – (Art. 10 Abs. 2 S. 1 ESZB/EZB-Satzung). Eine Stimmengewichtung etwa nach ökonomischer Bedeutung der Mitgliedstaaten wäre dem mit der Währungsunion verfolgten übergeordneten politischen Ziel, mittels Währungsintegration die bestehenden Grenzen aufzuheben und zu einer Einheit auf höherer Ebene zu gelangen, zuwidergelaufen.

3. Direktorium

20.106 Das Direktorium besteht als **Kollegialorgan** aus dem Präsidenten, dem Vizepräsidenten und vier weiteren Mitgliedern (Art. 112 Abs. 2a, früher Art. 109 a Abs. 2a EG-Vertrag, Art. 11 Abs. 1 ESZB/EZB-Satzung). Dieses **Beschlußorgan** trägt die alleinige und unentziehbare Verantwortung für die Ausführung der Geldpolitik gemäß den Richtlinien und Entscheidungen des EZB-Rates (Art. 12 Abs. 1 ESZB/EZB-Satzung). Zu den wichtig-

---

147 *Weber*, WM 1998, 1465, 1466.
148 Deutsche Bundesbank, Monatsbericht Februar 1992, S. 52; *Weber*, WM 1998, 1465, 1466 m.w.Nachw.

sten Befugnissen des Direktoriums gehört das Recht, den nationalen Zentralbanken der an der EWU teilnehmenden Mitgliedstaaten Weisungen zu erteilen (Art. 12 Abs. 1 S. 2 ESZB/EZB-Satzung). Deshalb nimmt das Direktorium bei der Durchführung der Geldpolitik die Stellung des **zentralen** und den nationalen Zentralbanken **übergeordneten Exekutivorgans** ein. Dem Direktorium obliegen darüber hinaus die Führung der laufenden Geschäfte der EZB, die Vorbereitung der Sitzungen des EZB-Rates, die Erstellung des Jahresabschlusses der EZB sowie die Erstellung einer konsolidierten Bilanz des ESZB (Art. 11 Abs. 6, 12 Abs. 2., 26 Abs. 2 S. 1, 26 Abs. 3 ESZB/EZB-Satzung). Des weiteren können dem Direktorium durch Beschluß des EZB-Rates bestimmte – an sich dem EZB-Rat zugewiesene – Befugnisse übertragen werden (Art. 12 Abs. 1 ESZB/EZB-Satzung).

Im übrigen gilt für die Abgrenzung der Kompetenzen zwischen den beiden Beschlußorganen der Grundsatz, daß alle strategischen, über den Einzelfall hinausgehenden **Grundsatzentscheidungen** dem **EZB-Rat** vorbehalten sind. Dagegen ist das Direktorium neben der laufenden Geschäftsführung verantwortlich für die immer wieder neu und anders zu treffenden konkreten Durchführungs- und Umsetzungsentscheidungen[149]. Der Präsident der EZB und bei seiner Verhinderung der Vizepräsident nimmt gegenüber den anderen Mitgliedern des Direktoriums (Art. 112 Abs. 2a, früher Art. 109a Abs. 2a EG-Vertrag, Art. 11 Abs. 1 ESZB/EZB-Satzung) insofern eine Sonderstellung ein, als er den Vorsitz im EZB-Rat, im Direktorium und im Erweiterten Rat[150] führt und bei Stimmengleichheit seine Stimme den Ausschlag gibt (Art. 10 Abs. 2, 11 Abs. 5 ESZB/EZB-Satzung). Im übrigen kann der Präsident oder eine von ihm benannte Person die EZB bei währungspolitischen Stellungnahmen nach außen vertreten und allein die EZB Dritten gegenüber rechtswirksam verpflichten (Art. 13 ESZB/EZB-Satzung). Schließlich enthält die ESZB/EZB-Satzung (Art. 39) eine spezielle Regelung für die „Unterschriftsberechtigung". Danach wird die EZB gegenüber Dritten durch den Präsidenten oder zwei Direktoriumsmitglieder oder durch die Unterschriften zweier von Präsidenten zur Zeichnung im Namen der EZB gehörig ermächtigter Bediensteter der EZB rechtswirksam verpflichtet.

20.107

---

149 *Weber,* WM 1998, 1465, 1467.
150 Die weiteren Mitglieder des Direktoriums können an den Sitzungen des Erweiterten Rates zwar teilnehmen, besitzen aber kein Stimmrecht (Art. 45 Abs. 2 ESZB/EZB-Satzung).

5. Abschnitt
Die Deutsche Bundesbank als integraler Bestandteil des ESZB

20.108 Die Deutsche Bundesbank ist als zentrale „Währungs- und Notenbank" im Sinne von Art. 88 S.1 GG errichtet worden. Ihre Funktion als Notenbank erwies sich darin, daß sie das ausschließliche Recht hatte, auf Deutsche Mark lautende Banknoten auszugeben (§ 14 Abs. 1 S. 1 BBankG). Im Rahmen ihrer damit verbundenen Funktion als **staatlicher Zentralbank** hatte die Bundesbank die Aufgaben der staatlichen Währungspolitik mit dem Ziel der Sicherung der Währung festzulegen und durchzusetzen.

20.109 Mit dem Beginn der Stufe 3 der Europäischen Wirtschafts- und Währungsunion (EWWU) am 1. 1. 1999 ist diese währungspolitische Aufgabe auf das Europäische System der Zentralbanken (ESZB) übergegangen. Dementsprechend ist § 3 BBankG, der ihre Aufgaben beschreibt, durch die 6. Novelle vom 22. 12. 1997[151] geändert worden. Danach ist die Deutsche Bundesbank als Zentralbank der Bundesrepublik Deutschland integraler Bestandteil des ESZB. Sie wirkt an der Erfüllung seiner Aufgaben mit dem vorrangigen Ziel mit, die Preisstabilität zu gewährleisten, und sorgt für die bankmäßige Abwicklung des Zahlungsverkehrs im Inland.

20.110 Nach Schaffung des ESZB ist kein Raum mehr für eine spezielle nationale Geldpolitik[152]. Das ESZB verfügt nach dem EG-Vertrag und seiner Satzung über alle geldpolitischen Instrumente, die zur Erfüllung seiner stabilitätspolitischen Aufgaben erforderlich sind. Darüberhinaus kann der EZB-Rat über weitere Instrumente der Geldpolitik entscheiden (Art. 20 ESZB/EZB-Satzung).

I. Mitwirkung bei der Umsetzung der ESZB-Geldpolitik

20.111 Die alleinige Zuständigkeit des ESZB für die Festlegung und Ausführung der Geldpolitik der Europäischen Währungsunion (Art. 4, früher Art. 3a, Art. 105 Abs. 2, früher Art. 105 Abs. 2 EG-Vertrag, Art. 3 Abs. 1

---
151 BGBl. I 1997, S. 3274.
152 RegBegr. der 6. Novelle zum Bundesbankgesetz, BT-Drucksache 13/7728, S. 6.

5. Abschnitt: Die Deutsche Bundesbank als integraler Bestandteil des ESZB

ESZB/EZB-Satzung) bedeutet freilich nicht, daß die Deutsche Bundesbank keine nennenswerten Aufgaben mehr im Rahmen der Geldpolitik hat. Entsprechend dem gemeinschaftsrechtlichen Subsidiaritätsprinzip[153] hat vielmehr die EZB die nationalen Zentralbanken zur Durchführung von Geschäften, die zu den Aufgaben des ESZB gehören, in Anspruch zu nehmen, soweit dies möglich und sachgerecht erscheint (Art. 12 Abs. 1 ESZB/EZB-Satzung). Dementsprechend hat der EZB-Rat als das hierfür zuständige Beschlußorgan der EZB bestimmt, daß die Umsetzung der von ihr festgelegten Geldpolitik (bis auf Feinsteuerungsmaßnahmen in Ausnahmefällen) weitgehend **dezentral** durch die nationalen Zentralbanken der an der Währungsunion teilnehmenden Mitgliedstaaten erfolgen soll. Dieses Prinzip der dezentralen Aufgabenerfüllung ist den von der EZB verlautbarten „Allgemeinen Regelungen für die geldpolitischen Instrumente und Verfahren des ESZB" zugrunde gelegt worden. Hierüber hat die EZB im September 1998 einen Bericht mit der Überschrift „Die einheitliche Geldpolitik in Stufe 3" veröffentlicht, der den Handlungsrahmen vorstellt, den das ESZB für die einheitliche Geldpolitik gewählt hat (nachfolgend auch Geldpolitikleitlinien-Bericht der EZB).

Infolge dieser dezentralen Aufgabenerfüllung im ESZB werden die geldpolitischen Geschäfte mit den Kreditinstituten durch die jeweils für sie zuständige nationale Zentralbank abgeschlossen. Auch verlangt die EZB von den Kreditinstituten, daß sie im Rahmen der Mindestreservevorschriften des ESZB die von ihnen zu leistenden **Mindestreserven** auf Konten bei der jeweiligen Nationalzentralbank unterhalten[154]. 20.112

Die in diesem Zuständigkeitsbereich der Deutschen Bundesbank angesiedelten sog. Geschäftspartner werden in den neugefaßten AGB der Bundesbank definiert (V. Abschnitt Nr. 1). Danach schließt die Bundesbank geldpolitische Geschäfte mit in Deutschland ansässigen oder niedergelassenen Kreditinstituten ab, die zur Unterhaltung von Mindestreserven verpflichtet sind. Die **Geschäftspartner** müssen grundsätzlich ein Girokonto bei der Bundesbank unterhalten. Für diese geldpolitischen Geschäfte gelten ausschließlich die AGB der Bundesbank. Bei der hierfür erforderlichen Neufassung der AGB sind die geldpolitischen Instrumente, die die Rechtsform zivilrechtlicher Verträge mit den Kreditinstituten haben, näher geregelt worden (V. Abschnitt der AGB der Bundesbank). Die Mindestreserve als einem hoheitlichen Instrument ist in den AGB nicht angesprochen. Hierüber ist ausführlich in dem Monatsbericht der Bundesbank vom November 1998 mit der Überschrift „Die Umsetzung der 20.113

---

[153] *Möschel*, NJW 1993, 3025 f.; *Goppel*, EuZW 1993, 367.
[154] Geldpolitikleitlinien-Bericht der EZB, S. 54.

2255

20. Teil: Das Europäische System der Zentralbanken (ESZB)

Geldpolitik der ESZB durch die Deutsche Bundesbank und ihre Ausformung in den Allgemeinen Geschäftsbedingungen" (nachfolgend Geldpolitik- Umsetzungsbericht der Bundesbank) berichtet worden.

II. Sonstige Aufgaben

20.114 Neben der Mitwirkung bei der Umsetzung der ESZB-Geldpolitik obliegen der Bundesbank die ihr schon bisher zugewiesenen Aufgaben (§ 3 S. 2 BBankG).

1. Vermittlung des bargeldlosen Zahlungsverkehrs

20.115 Wie bisher hat die Bundesbank die Aufgabe, für die Vermittlung des Zahlungsverkehrs im Inland und mit dem Ausland zu sorgen. Diese Vermittlungstätigkeit wird von den Kreditinstituten in weitem Umfang für den Zahlungsverkehr zwischen verschiedenen Instituten und den Gironetzen der einzelnen Gruppen der Kreditinstitute genutzt. Die Aufgabe der Bundesbank ist insoweit rein **zahlungstechnischer Natur**.

20.116 Zur Vermittlung des bargeldlosen Zahlungsverkehrs unterhalten die **Landeszentralbanken** als Außenstellen der Bundesbank sog. **Abrechnungsstellen**. Diese sind im Scheckgesetz (Art. 31) ausdrücklich erwähnt. Die am Abrechnungsverkehr teilnehmenden Kreditinstitute des Platzes, an dem sich die Abrechnungsstelle befindet, bilden mit der örtlichen Landeszentralbank einen sog. Skontro-Verband. Die hierfür geltenden Geschäftsbedingungen der Abrechnungsstellen sind für alle Teilnehmer verbindlich. Der Zahlungsausgleich vollzieht sich ohne Barzahlung durch bloße Verrechnung der Beträge, welche die Teilnehmer für die von ihnen eingelieferten Abrechnungspapiere fordern können und welche sie aufgrund der an sie ausgelieferten Abrechnungspapiere schulden.

20.117 Die Einführung des Euro erforderte die Schaffung eines leistungsfähigen und effizienten Großzahlungssystems für die neue Währung, um die wirksame Durchführung geldpolitischer Maßnahmen und die Verteilung von Zentralbankgeld über den europäischen Geldmarkt zu gewährleisten. Ein solches System steht mit dem **Echtzeit-Bruttoverfahren** TARGET (Trans-European-Automated-Real-Time-Gross Settlement-Express-Transfer-System) seit dem 4. 1. 1999 zur Verfügung[155].

20.118 Die Ausgestaltung als Echtzeit-Bruttoverfahren bedeutet, daß die Zahlungen einzeln ausgeführt werden, sobald Deckung zur Verfügung steht, und

---

155 *Hartenfels*, WM 1999, Sonderbeil. Nr. 1, 18.

damit sofort endgültig werden[156]. Die EZB, die nationalen Zentralbanken und Kreditinstitute können somit über dieses System **grenzüberschreitende Zahlungen** ebenso schnell und sicher von einem Teilnehmer zum anderen transferieren, wie dies Teilnehmer von ihren nationalen Systemen gewohnt sind. Entsprechend dem Grundsatz der dezentralen Aufgabenerfüllung im ESZB stellt das TARGET-System einen Verbund der jeweiligen nationalen Echtzeit-Bruttoverfahren dar. Diese RTGS-Systeme (Real-Time-Gross-Settlement-Systeme) sind durch eine sog. **Interlinking-Komponente** (Kommunikationsnetz sowie gemeinsame Einrichtungen und Verfahren) miteinander verknüpft. Damit ist sichergestellt, daß die Teilnehmer über den bestehenden Zugang zum nationalen System auch grenzüberschreitende Transfers durchführen können. Die Einbeziehung des Target-Systems in das ESZB entspricht dessen grundlegenden Aufgaben, wie sie in Art. 3 der ESZB-EZB-Satzung umschrieben sind. Danach gehört zu dem Aufgabenkreis des ESZB auch die Förderung des reibungslosen Funktionierens der Zahlungssysteme.

Die Bundesbank wird über ihr Echtzeit-Bruttoverfahren „Elektronischer Schalter (ELS)"[157] an das TARGET-System angeschlossen. Bei der Anpassung der AGB der Bundesbank an die Stufe 3 der Europäischen Währungsunion wurden auch die Möglichkeiten und Bedingungen für solche grenzüberschreitenden TARGET-Aufträge festgeschrieben. Danach kann die Bundesbank beleglose, auf Euro oder DM lautende Zahlungsaufträge in die EU-Mitgliedstaaten per Datenfernübertragung oder Diskette zur Ausführung über das Target-System zu den hierfür geltenden besonderen Bedingungen erteilen. Diese Aufträge werden am selben Geschäftstag ausgeführt. Für solche Target-Zahlungsaufträge übernimmt die Bundesbank die Haftung, bis sie eine positive Empfangsbestätigung von der empfangenden nationalen Zentralbank erhält[158].

20.119

2. Unterstützung der Bankenaufsicht

Die Bundesbank hat ferner die Aufgabe, bei der staatlichen Beaufsichtigung der Kreditinstitute nach Maßgabe des Kreditwesengesetzes mitzuwirken (§ 7 Abs. 1 S. 1 KWG). § 7 Abs. 1 S. 2 KWG sieht dazu einen Austausch von Informationen vor, die für die Erfüllung der jeweiligen

20.120

---

156 Geldpolitikumsetzungs-Bericht der Deutschen Bundesbank, S. 25.
157 Vgl. X. Abschnitt der AGB der Bundesbank, die die Zahlungsaufträge bei Devisen- und Auslandsgeschäften regelt.
158 X. Abschnitt „Devisen- und Auslandsgeschäfte", F. Zahlungsaufträge nach dem Ausland, Nr. 3 der AGB-Bundesbank.

Aufgaben der Bundesbank und des Bundesaufsichtsamts für das Kreditwesen von Bedeutung sein können.

20.121 Die Mitwirkung der Bundesbank bei der **Sicherung der Funktionsfähigkeit des Bankensystems** zeigt sich besonders daran, daß das Bundesaufsichtsamt für das Kreditwesen bei der Aufstellung der Grundsätze für Eigenkapital und Liquidität der Kreditinstitute an das Einvernehmen der Bundesbank gebunden ist (§§ 10 Abs. 1 S. 2; 11 Abs. 1 S. 2, 1. Hs. KWG).

20.122 An dieser bankaufsichtsrechtlichen Tätigkeit der Bundesbank ändert sich in der Europäischen Währungsunion grundsätzlich nichts. Die ESZB/EZB-Satzung stellt klar, daß die Europäische Zentralbank keine generellen Aufgaben in der Bankenaufsicht wahrnehmen kann[159].

III. Rechtsstellung und Organisation der Bundesbank

1. Stellung der Deutschen Bundesbank im Verfassungsgefüge

20.123 Die Bundesbank ist gemäß § 2 S. 1 BBankG eine **bundesunmittelbare juristische Person des öffentlichen Rechts** und als solche Teil der vollziehenden Gewalt im Sinne von Art. 20 Abs. 3 GG.

20.124 Im Verhältnis zu den Verfassungsorganen besitzt die Bundesbank eine von der rechtlichen Stellung anderer Verwaltungsträger abweichende **Sonderstellung**. Sie findet ihre Berechtigung in der Gewährleistung ihrer Unabhängigkeit, die auch in der Währungsunion gewährleistet sein muß (Art. 116, früher Art. 109 e Abs. 5 EG-Vertrag).

2. Bundesbank als Trägerin öffentlicher Verwaltung

20.125 Ungeachtet ihrer besonderen Stellung im Verfassungsgefüge nimmt die Bundesbank die ihr zugewiesenen öffentlichen Aufgaben – Rn 20.111, 20.120 – als Teil der staatlichen Verwaltung wahr.

20.126 Die Einordnung der Bundesbank in die Organisationsformen öffentlichrechtlicher Verwaltungsträger ist umstritten. § 2 S. 1 BBankG, wonach die Bundesbank eine „bundesunmittelbare juristische Person des öffentlichen Rechts" ist, enthält keine Aussage zu ihrer Körperschafts- oder Anstaltsnatur. Gewiß ist nur, daß die Bundesbank wegen ihrer rechtli-

---

[159] Frankfurter Finanzmarkt-Bericht (Hrsg. Landeszentralbank in Hessen), November 1998, Nr. 32, S. 6, 7.

chen Verselbständigung als **Teil der mittelbaren Staatsverwaltung** des Bundes anzusehen ist.

Die Formulierung des § 2 S. 1 BBankG widerspricht dem nicht. Sie knüpft insoweit an die Terminologie des Grundgesetzes (vgl. Art. 86 S. 1) an, die ebenfalls von bundesunmittelbaren Körperschaften und Anstalten spricht, obwohl es sich der Sache nach, wie allgemein anerkannt ist, um Rechtsträger der mittelbaren Bundesverwaltung handelt.

20.127

Nach überwiegender Auffassung ist die Bundesbank nicht als Körperschaft, sondern als Anstalt öffentlichen Rechts aufzufassen, weil bei ihr nicht das mitgliedschaftliche, sondern das sachliche Substrat im Vordergrund steht.

20.128

Diese juristische Person ist ein nicht verbandsmäßig organisierter rechtsfähiger Verwaltungsträger zur dauerhaften Verfolgung bestimmter Verwaltungszwecke des Anstaltsträgers[160]. Nach der ausführlichen Begriffsbestimmung durch *Wolff/ Bachof/Stober* ist die öffentliche Anstalt eine von einer Hoheitsperson getragene, regelmäßig mit Hoheitsgewalt ausgestattete, rechtlich subjektivierte und institutionalisierte, d.h. mit eigenen Personal- und Sachmitteln versehene Organisation, durch die der Träger (Anstaltsherr) eigene oder ihm gesetzlich auferlegte, sachlich zusammenhängende öffentliche Angelegenheiten wahrnimmt und auf die er daher – soweit dies (wie bei der Bundesbank) gesetzlich nicht ausgeschlossen ist – dauernd maßgebend Einfluß ausübt[161]. Dieser weit gefaßte Begriff umfaßt alle organisierten Subjekte öffentlicher Verwaltung, die keine Körperschaften und Stiftungen des öffentlichen Rechts sind. Der **Anstaltsbegriff** ist daher ein Sammelbegriff für unterschiedliche organisationsrechtliche Erscheinungen und besitzt insoweit eine Art **Auffangfunktion.**

20.129

Die Bundesbank weicht allerdings vom klassischen Anstaltsbegriff insoweit ab, als sie keinen Weisungen unterliegt (§ 12 S. 2 BBankG). Diese **Weisungsfreiheit** ist durch die Gewährleistung ihrer Unabhängigkeit als untypischer Bestandteil des Europäischen Systems der Zentralbanken bedingt. Trotz dieser Abweichung ist die organisationsrechtliche Stellung der Bundesbank mit dem Anstaltsbegriff noch am zutreffendsten zu erfassen.

20.130

Zudem hält die Bundesbank ein für eine Anstalt typisches Leistungsangebot bereit. Es besteht darin, daß die Kreditinstitute in großem Umfang Zentralbankgeld in Anspruch nehmen, das ihnen die Bundesbank im Einklang mit den geldpolitischen Leitlinien des ESZB zur Kreditversorgung der Wirtschaft anbietet. Ein weiteres Leistungsangebot der Bundesbank besteht in der Vermittlung des bargeldlosen Zahlungsverkehrs (§ 3

20.131

---

160 *Erichsen/Rudolf*, Allgemeines Verwaltungsrecht, 11. Aufl., 1998, § 52 Rn 9 f.
161 *Wolff/Bachof*, Verwaltungsrecht II, 5. Aufl., 1987, § 98 Rn 6.

BBankG). Diese der Bundesbank gesetzlich auferlegte Vermittlungsfunktion wird von den Kreditinstituten in großem Umfang genutzt.

20.132 Diese Einordnung der Bundesbank in die staatliche Organisation der Bundesrepublik Deutschland ist von der Einbindung in das ESZB im wesentlichen unberührt geblieben. Die nationalen **Zentralbanken** bleiben nach ganz herrschender Meinung trotz ihrer funktionalen Einbindung in das ESZB **eigene juristische Personen** mit eigener Rechts- und Geschäftsfähigkeit sowie Vollzugsbefugnissen, die ihnen nach dem jeweiligen mitgliedstaatlichen Recht zustehen. Soweit die nationalen Zentralbanken supranationale Aufgaben des ESZB wahrnehmen und Verordnungen der EZB oder des Rates der Wirtschafts- und Finanzminister (ECOFIN-Rat) ausführen, wenden sie unmittelbar geltendes primäres oder sekundäres Gemeinschaftsrecht an. Dabei üben sie aber keine Gemeinschaftshoheit aus, weil sie nach wie vor als öffentlich-rechtliche Institution zu ihrer bisherigen mitgliedstaatlichen Staatsorganisation gehören. Der Vollzug des Gemeinschaftsrechts erfolgt vielmehr in Ausübung nationaler mitgliedstaatlicher Staatsgewalt[162].

20.133 Dementsprechend stellt die ESZB/EZB-Satzung (Art. 35 Abs. 3) klar, daß sich die **Haftung der nationalen Zentralbanken** für ihre Handlungen und Unterlassungen als integraler Bestandteil des ESZB nach dem jeweiligen innerstaatlichen Recht richtet.

20.134 Die Einbindung der nationalen Zentralbanken in das ESZB ist ähnlich einem Bundesstaat föderativ dahingehend ausgestaltet, daß sie zwar ihre organisationsrechtliche Eigenständigkeit beibehalten, andererseits aber funktional uneingeschränkt gegenüber der EZB subordiniert sind, da sie in sachlicher Hinsicht streng weisungsgebunden sind (Art. 12 Abs. 1, 14 Abs. 3 ESZB/EZB-Satzung)[163]. Im Rahmen der Umsetzung der geldpolitischen Grundentscheidungen ist deshalb das Verhältnis der EZB zu den nationalen Zentralbanken der Bundesauftragsverwaltung im Sinne von Art. 85 GG sehr ähnlich[164]. Bei dieser Auftragsverwaltung bleibt die Einrichtung der Behörden grundsätzlich Angelegenheit der Bundesländer. Die Landesbehörden unterstehen aber den Weisungen der zuständigen obersten Bundesbehörde. Die organisatorische Grundstruktur des ESZB ähnelt im übrigen dem dezentral strukturierten westdeutschen Zentralbanksystem, das im Jahr 1948 von den drei Westalliierten mit der Errichtung der Bank deutscher Länder und der Beibehaltung der Landeszentral-

---
162 *Weber*, WM 1998, 1465, 1472 m.w.Nachw.
163 *Weber*, WM 1998, 1465, 1472.
164 *Weber*, WM 1998, 1465, 1473.

banken als organisationsrechtlich eigenständige Institutionen der Bundesländer geschaffen worden war.

Die **„Inanspruchnahme"** der nationalen Zentralbanken zur Durchführung der Geschäfte (Art. 12 Abs. 1 ESZB/EZB-Satzung) ist rechtlich nicht als eine Organleihe zu qualifizieren. Sie ist vielmehr als Einräumung der Wahrnehmungszuständigkeit zur selbständigen und eigenverantwortlichen Erledigung bestimmter Aufgaben und gleichzeitig als Übertragung der haftungsrechtlichen Verantwortung nach außen auf die nationalen Zentralbanken anzusehen. Dementsprechend stellt die ESZB/EZB-Satzung (Art. 35) klar, daß die Haftung der nationalen Zentralbanken sich nach dem jeweiligen innerstaatlichen Recht richtet. 20.135

Das **Tätigwerden** der nationalen Zentralbanken kann deshalb als (kommissionsähnliche) **Geschäftsbesorgung** für überwiegend fremde Rechnung (nationale Zentralbanken und EWU-Teilnehmerländer) im eigenen Namen rechtlich eingeordnet werden[165]. Infolgedessen wird bei einem Tätigwerden im abstrakt-generellen oder konkreten Auftrag der EZB (Art. 12 Abs. 1 ESZB/EZB-Satzung) im Außenverhältnis zu den Kreditinstituten ausschließlich die jeweilige nationale Zentralbank berechtigt und verpflichtet. Dies gilt selbst dann, wenn sie nur „buchstabengetreu" auf Weisung der EZB gehandelt hat und/oder nur widerwillig ihrer Pflicht aus Art. 14 Abs. 3 ESZB/EZB-Satzung nachgekommen ist, die Richtlinien und Weisungen der EZB strikt zu befolgen und ihren Vollzug sicherzustellen[166]. Wird eine nationale Zentralbank wegen des Vollzugs einer inhaltlich rechtswidrigen, für sie aber dennoch verbindlichen Weisung der EZB von ihrem Geschäftspartner erfolgreich in Anspruch genommen, ist die Gemeinschaft der nationalen Zentralbanken gemäß Art. 288 Abs. 2, früher Art. 215 Abs. 2 EG-Vertrag, Art. 35 Abs. 3 ESZB/EZB-Satzung zum Regreß verpflichtet[167]. 20.136

3. Organisation der Bundesbank

Die Organisationstruktur der Bundesbank ist in § 5 BBankG näher geregelt. Organe der Bundesbank sind demnach der Zentralbankrat, das Direktorium und die Vorstände der Landeszentralbanken. 20.137

Den **Landeszentralbanken** selbst kommt im Rahmen der Organisation der Bundesbank keine rechtliche Selbständigkeit zu (vgl. § 8 Abs. 1 BBankG). 20.138

---

165 *Weber*, WM 1998, 1465, 1473.
166 *Weber*, WM 1998, 1465, 1473.
167 *Weber*, WM 1998, 1465, 1473.

20.139 Bei der gesetzlichen Ausgestaltung des Zentralbankwesens hat sich der Gesetzgeber für eine einstufige Konzeption entschlossen. Hierzu wurden mit Erlaß des Bundesbankgesetzes die in den einzelnen Bundesländern schon früher vorhandenen Landeszentralbanken mit der Bank deutscher Länder zur Deutschen Bundesbank als einheitlicher Rechtspersönlichkeit verschmolzen.

20.140 Die Bundesbank unterhält neun Hauptverwaltungen, die die Bezeichnung Landeszentralbank tragen (§ 8 Abs. 1 BBankG). Den Landeszentralbanken unterstehen weitere Zweiganstalten der Bundesbank (Hauptstellen und Zweigstellen, § 10 S. 1 BBankG).

20.141 Die Bundesbank unterhält nach der 4. Novelle zum Bundesbankgesetz gemäß § 8 Abs. 1 BBankG je eine Landeszentralbank für den Bereich des Landes Baden-Württemberg (Stuttgart), des Freistaates Bayern (München), der Länder Berlin und Brandenburg (Berlin), der Freien Hansestadt Bremen und der Länder Niedersachsen und Sachsen-Anhalt (Hannover), der Freien und Hansestadt Hamburg und der Länder Mecklenburg-Vorpommern und Schleswig-Holstein (Hamburg), des Landes Hessen (Frankfurt), des Landes Nordrhein-Westfalen (Düsseldorf), der Länder Rheinland-Pfalz und Saarland (Saarbrücken) und des Freistaates Sachsen und des Freistaates Thüringen (Leipzig). Mit der Einrichtung von länderübergreifenden Landeszentralbanken sollen die Entscheidungsstrukturen verbessert und die Flexibilität in der Entscheidungsfindung erhöht werden[168].

20.142 Im deutschen Notenbanksystem werden die operativen Aufgaben grundsätzlich von den Landeszentralbanken einschließlich der ihnen unterstellten Zweiganstalten wahrgenommen. In dem Bereich der praktischen Geschäftsabwicklung geldpolitischer Operationen werden sich bei den Landeszentralbanken im Ergebnis keine gravierenden Veränderungen ergeben[169].

4. Zentralbankrat

20.143 **Oberstes Organ der Bundesbank** ist der Zentralbankrat. Der Zentralbankrat besteht aus dem Präsidenten und dem Vizepräsidenten der Bundesbank, den übrigen Mitgliedern des Direktoriums und den 9 Präsidenten der Landeszentralbanken (§ 6 Abs. 2 BBankG). Durch die Bundesbankgesetznovelle von 1992 ist die Anzahl der Mitglieder des Direktoriums auf insgesamt acht beschränkt worden (§ 7 Abs. 2 S. 1 BBankG). Er tagt in der

---

168 Begr. des RegE des Vierten Gesetzes zur Änderung des Gesetzes über die Deutsche Bundesbank, BT-Drucksache 12/1869, S. 7, 8.

169 „Die Rolle der Landeszentralbanken im Europäischen System der Zentralbanken" im Frankfurter Finanzmarkt-Bericht (Hrsg. Landeszentralbank Hessen), Nr. 32, November 1998, S. 4.

Regel alle zwei Wochen und faßt seine Beschlüsse mit einfacher Mehrheit der abgegebenen Stimmen (§ 6 Abs. 3 S. 2 BBankG; § 1 Abs. 1 S. 2 Bank-Satzung).

Der Zentralbankrat bestimmt die **Geschäftspolitik der Bundesbank** (§ 6 Abs. 1 S. 1 BBankG). Ferner stellt er allgemeine Richtlinien für die Geschäftsführung und Verwaltung auf und grenzt die Zuständigkeit der anderen Organe voneinander ab, sofern dies nicht bereits im Bundesbankgesetz geschehen ist. Der Zentralbankrat kann den anderen Organen auch Weisungen erteilen (§ 6 Abs. 1 S. 4, 5 BBankG).

20.144

Bei der Erfüllung der Aufgaben des ESZB handelt der Zentralbankrat im Rahmen der Leitlinien und Weisungen der EZB. Er erörtert die Auswirkungen der Geld- und Währungspolitik unbeschadet der Weisungsunabhängigkeit des Bundesbankpräsidenten in seiner Eigenschaft als Mitglied des Rates der EZB sowie der für die EZB geltenden Geheimhaltungsvorschriften (§ 6 Abs. 1 S. 2, 3 BBankG).

20.145

5. Direktorium

Das Direktorium ist das zentrale **Exekutivorgan** der Bundesbank. Es besteht aus dem Präsidenten und dem Vizepräsidenten der Deutschen Bundesbank sowie bis zu sechs weiteren Mitgliedern (§ 7 Abs. 2 S. 1 BBankG). Um ihre möglichst große persönliche Unabhängigkeit zu sichern, werden die Mitglieder des Direktoriums auf Vorschlag der Bundesregierung vom Bundespräsidenten für (im Regelfall) acht Jahre bestellt (§ 7 Abs. 3 S. 1, 3 BBankG). Die Bundesregierung hat bei ihren Vorschlägen den Zentralbankrat anzuhören (§ 7 Abs. 3 S.2 BBankG).

20.146

Das Direktorium ist insbesondere für die Durchführung der Beschlüsse des Zentralbankrates verantwortlich (§ 7 Abs. 1 S. 1 BBankG). Es leitet und verwaltet die Bank, soweit nicht die Vorstände der Landeszentralbanken zuständig sind (§ 7 Abs. 1 S. 2 BBankG).

20.147

a) Vorstände der Landeszentralbanken

Als **drittes Organ der Bundesbank** setzen sich die Vorstände der Landeszentralbanken zusammen aus ihrem Präsidenten, der zugleich Mitglied des Zentralbankrates ist, dem Vizepräsidenten sowie einem weiteren Vorstandsmitglied, falls sich der Bereich einer Landeszentralbank auf drei Bundesländer erstreckt (§ 8 Abs. 3 S. 1 BBankG).

20.148

Um dem föderativen Charakter der Bundesrepublik Rechnung zu tragen, werden die Präsidenten der Landeszentralbanken vom Bundespräsidenten auf Vorschlag

20.149

des Bundesrates bestellt (§ 8 Abs. 4 S. 1 BBankG). Der Bundesrat macht dabei seine Vorschläge aufgrund eines Vorschlages der nach Landesrecht zuständigen Stellen, wobei es sich meist um die jeweiligen Landesregierungen handelt, und nach Anhörung des Zentralbankrats (§ 8 Abs. 4 S. 2 BBankG).

20.150 Der Vorstand führt die in den Bereich der betreffenden Landeszentralbank fallenden Geschäfte und Verwaltungsangelegenheiten durch (§ 8 Abs. 2 S. 1 BBankG).

20.151 Um **kein Organ der Bundesbank** handelt es sich bei den bei jeder Landeszentralbank bestehenden Beiräten (§ 9 Abs. 1 BBankG). Die Bundesbank hält über sie Kontakt mit dem Kreditgewerbe sowie den übrigen Wirtschaftskreisen in dem Bereich der jeweiligen Landeszentralbank (vgl. § 9 Abs. 2 BBankG).

b) Stellung der Organe der Bundesbank

20.152 Nach § 29 Abs. 1 S. 1 BBankG haben der Zentralbankrat und das Direktorium als Organe der Bundesbank die „Stellung einer obersten Bundesbehörde", die durch das Fehlen einer Unterordnung unter irgendeine andere Bundesbehörde gekennzeichnet ist[170]. Die Landeszentralbanken und deren Hauptstellen als rechtlich unselbständige Teile des Zentralbanksystems haben dagegen die Stellung von (dekonzentrierten) Bundesbehörden (§ 29 Abs. 1 S. 2 BBankG).

20.153 Die sprachliche Fassung des § 29 Abs. 1 BBankG verdeutlicht, daß der Zentralbankrat und das Direktorium sowie die Landeszentralbanken mit ihren Hauptstellen nicht zur unmittelbaren Bundesverwaltung gehören. Die gesetzliche Klarstellung, daß der Zentralbankrat und das Direktorium die „Stellung" von Bundesoberbehörden haben, diesen also **gleichgestellt** sind, besagt, daß sie selbst keine solche Bundesoberbehörden „sind"[171].

---

170 *Maunz/Dürig/Herzog*, Komm. zum Grundgesetz, Stand: Nov. 1998, Art. 87 Rn 16.
171 *Beck*, Komm. zum BBankG, 1959, § 2 Anm. K 25.

6. Abschnitt
Das währungspolitische Instrumentarium

Das währungs(geld)politische Instrumentarium für die EWU ist in der Satzung des ESZB und der EZB – ESZB/EZB-Satzung – geregelt worden. Die ESZB/EZB-Satzung ist durch den Maastricht-Vertrag dem EG-Vertrag als Protokoll beigefügt worden (Art. 8, früher Art. 4a, Art. 107 Abs. 4, früher Art. 106 Abs. 4 EG-Vertrag) und damit **primäres Gemeinschaftsrecht** geworden[172]. In dieser Satzung sind dem ESZB und der EZB die Handlungsbefugnisse für die Ziele und Aufgaben der ESZB zugewiesen worden, soweit sie nicht bereits in den einschlägigen Bestimmungen des EG-Vertrages bestimmt worden sind (Art. 8, früher Art. 4a, Art. 106 ff., früher Art. 105 a ff. EG-Vertrag).

20.154

Nach Art. 18 der ESZB/EZB-Satzung kann die EZB wie auch die nationalen Zentralbanken zur Erreichung der Ziele des ESZB und zur Erfüllung seiner Aufgaben bestimmte Geschäfte am offenen Markt (Offenmarktgeschäfte)[173] tätigen und Kreditgeschäfte abschließen. Zusätzlich zu diesen geldpolitischen Geschäften und der Festsetzung von Mindestreserven (Art. 19 ESZB/EZB-Satzung) kann der EZB-Rat die Verwendung anderer geldpolitischer Instrumente beschließen (Art. 20 ESZB/EZB-Satzung).

20.155

Entsprechend dem in der ESZB/EZB-Satzung verankerten Prinzip der dezentralen Aufgabenerfüllung werden die von der EZB getroffenen geldpolitischen Entscheidungen durch die nationalen Zentralbanken durchgeführt. Die Kreditinstitute und andere an den Geld- und Kapitalmarktländern operierende Marktteilnehmer werden also nach wie vor in erster Linie mit der jeweiligen nationalen Zentralbank, in Deutschland also mit der Deutschen Bundesbank und den Landeszentralbanken „vor Ort" in vielfältige Beziehungen treten[174]. Die ESZB/EZB-Satzung (Art. 12 Abs. 1) bestimmt hierzu ausdrücklich, daß die EZB unbeschadet der geldpolitischen Zuständigkeit ihres Rates und des Direktoriums die nationalen Zentralbanken zur Durchführung von Geschäften, die zu den Aufgaben des ESZB gehören, in Anspruch nimmt, soweit dies möglich und sachgerecht erscheint. Der EZB-Rat hat noch vor Beginn der 3. Stufe der Wäh-

20.156

---

[172] Diese Satzung ist abgedruckt in BGBl. II 1992, S. 1297 ff.
[173] Solche Offenmarktgeschäfte regelt auch § 21 BBankG.
[174] *Weber*, WM 1998, 1465, 1472; vgl. weiter Frankfurter Finanzmarkt-Bericht (Hrsg. Landeszentralbank Hessen), Nr. 34 August 1999.

rungsunion beschlossen, daß die Umsetzung der von ihm festgelegten Geldpolitik bis auf Feinsteuerungsmaßnahmen in Ausnahmefällen weitestgehend dezentral durch die nationalen Zentralbanken erfolgen soll[175].

I. Die Ausformung des geldpolitischen Instrumentariums in den AGB der Bundesbank

20.157 Die Ausformung der rechtlichen Rahmenbedingungen für die geldpolitischen Geschäfte ist mit Ausnahme der hoheitlichen Instrumente der Mindestreserve in den AGB der Bundesbank (V. Abschnitt) erfolgt. Bei einer Gegenüberstellung der von den einzelnen nationalen Zentralbanken vorgesehenen Umsetzung in den Fachgremien des ESZB hat sich gezeigt, daß in neun von elf teilnehmenden Staaten für die Umsetzung der Geldpolitik durch währungspolitische Operationen ein rein vertraglicher Ansatz gilt, der zum Teil in AGB, zum Teil in an jeweiligem nationalen Recht ausgerichteten Musterverträgen ausgeformt ist. Angesichts dessen hat die Deutsche Bundesbank die Ausformung der Einzelheiten des Rechtsrahmens in ihren AGB beibehalten, wie es auch der für ihre Notenbankgeschäfte und der im gesamten deutschen Bankgewerbe geltenden Tradition entspricht[176]. Für die geldpolitischen Geschäfte der Bank mit den Geschäftspartnern gelten ausschließlich die AGB und die besonderen Bedingungen für bestimmte Geschäftsarten (Abschnitt V. Nr. 1 Abs. 2 AGB Bundesbank). Zu diesen Geschäftspartnern gehören die in Deutschland ansässigen oder niedergelassenen Kreditinstitute, die zur Unterhaltung von Mindestreserven verpflichtet sind (Abschnitt V. Nr. 1 Abs. 1 AGB Bundesbank).

1. Umsetzung der Geldpolitik auf zivilrechtlicher Ebene

20.158 Die Geldpolitik wird im wesentlichen durch zivilrechtliche Geschäftsabschlüsse umgesetzt. Die privatrechtliche Ausgestaltung der geldpolitischen Refinanzierungsgeschäfte der Bundesbank ist kein Novum. Sie wurde schon vor der Europäischen Wirtschafts- und Währungsunion praktiziert, als noch die Deutsche Bundesbank die währungspolitische Verantwortung hatte. Soweit die Bundesbank für die Refinanzierungskre-

---

175 Vgl. Monatsbericht der Deutschen Bundesbank vom November 1998 zur „Umsetzung der Geldpolitik der ESZB durch die Deutsche Bundesbank und ihre Ausformung in den Allgemeinen Geschäftsbedingungen – nachfolgend Geldpolitischer Umsetzungsbericht der Bundesbank, S. 19.
176 Geldpolitischer Umsetzungsbericht der Bundesbank, S. 20, 21.

dite die früheren Diskont- und Lombardzinssätze festsetzte, handelte es sich nach ganz herrschender Meinung um hoheitliche Maßnahmen[177]. Denn die Bundesbank nahm bei der Steuerung des Geldumlaufs zur Sicherung der Geldwertstabilität öffentliche Aufgaben wahr und handelte daher in **Ausübung hoheitlicher Befugnisse.**

Der öffentlich-rechtlichen Qualifizierung der kreditpolitischen Maßnahmen stand aber nicht entgegen, daß die Bundesbank zur Umsetzung ihrer geldpolitischen Beschlüsse privatrechtliche Geschäfte mit den Kreditinstituten in Gestalt von Kauf- und Darlehensverträgen auf der Grundlage der von ihr hoheitlich festgesetzten Diskont- und Lombardsätze tätigte. Der Staat wie auch andere juristische Personen des öffentlichen Rechts können sich der Handlungsformen des Privatrechts bedienen, soweit dies nicht gesetzlich ausgeschlossen ist[178]. Insbesondere die **staatliche Leistungsverwaltung** bedient sich privatrechtlicher Handlungsformen, um Leistungsbeziehungen zu den anspruchsberechtigten Personen inhaltlich auszugestalten. Die Entscheidung über die Leistungsgewährung als solche erfolgt dagegen durch hoheitliche Willenskundgebungen, insbesondere in Gestalt von Verwaltungsakten. Insoweit ist das Verwaltungshandeln dem öffentlichen Recht zuzuordnen. Dagegen erfolgt die **Leistungsgewährung** selbst auf **privatrechtlicher Grundlage,** indem entsprechende zivilrechtliche Verträge abgeschlossen werden[179]. Das Handeln der Bundesbank im Rahmen ihrer währungspolitischen Verantwortung vollzog sich deshalb sowohl auf öffentlich-rechtlicher als auch auf privatrechtlicher Ebene. Die von der Bundesbank getätigten geldpolitischen Refinanzierungsgeschäfte waren also zivilrechtliche Verträge, deren nähere rechtliche Ausgestaltung in den AGB der Bundesbank erfolgte.

20.159

2. Vorgaben der Europäischen Zentralbank

Bei der Ausgestaltung ihrer AGB hatte die Bundesbank die Vorgaben der EZB zu beachten. Nach Art. 12 Abs. 1 ESZB/EZB-Satzung erläßt der EZB-Rat die Leitlinien und Entscheidungen, die notwendig sind, um die Erfül-

20.160

---

177 *Maunz/Dürig/Herzog,* Komm. zum Grundgesetz, Stand: Nov. 1998, Art. 88 Rn 26 ff.; *von Münch/Kunig/Bauer,* Komm. zum Grundgesetz, Bd. 3, 3. Aufl., 1996, Art. 88 Rn 21; *Fröhlich,* Die währungspolitischen Instrumente der Deutschen Bundesbank und ihre Einordnung in die Regelungsbefugnisse des öffentlichen Rechts, 1983; *Coburger,* Die währungspolitischen Befugnisse der Deutschen Bundesbank, 1988; *ders.,* WM 1989, 1005; *Schönle,* Bank- und Börsenrecht, 2. Aufl., 1976, S. 385 ff.
178 *Erichsen,* Allgemeines Verwaltungsrecht, 11. Aufl., 1998, § 11 Rn 2.
179 *Erichsen,* Allgemeines Verwaltungsrecht, 11. Aufl., 1998, § 11 Rn 2.

lung der dem ESZB nach dem EG-Vertrag und seiner Satzung übertragenen Aufgaben zu gewährleisten. Die nationalen Zentralbanken als integraler Bestandteil des ESZB haben gemäß diesen Leitlinien und Weisungen der EZB zu handeln (Art. 14 Abs. 3 ESZB/EZB-Satzung; § 6 Abs. 1 S. 2 BBankG). Eine solche Leitlinie sind die „**Allgemeinen Regelungen für die geldpolitischen Instrumente und Verfahren des ESZB**", die die EZB aufgestellt hat, damit die geldpolitischen Geschäfte in allen Mitgliedstaaten zu einheitlichen Bedingungen durchgeführt werden. Diese „Allgemeinen Regelungen" bilden den Handlungsrahmen, den das ESZB für die einheitliche Geldpolitik in Stufe 3 der Wirtschafts- und Währungsunion gewählt hat.

20.161 Über diesen Handlungsrahmen hat die EZB im September 1998 einen Bericht mit der Überschrift „Die einheitliche Geldpolitik in Stufe 3" mit dem Untertitel „Allgemeine Regelungen für die geldpolitischen Instrumente und Verfahren des ESZB" veröffentlicht (nachfolgend **Geldpolitikleitlinien-Bericht der EZB**). Darin wird einleitend ausdrücklich festgestellt, daß diese Allgemeinen Regelungen keine Rechte der Geschäftspartner der ESZB begründen. Das Rechtsverhältnis zwischen dem ESZB und seinem Geschäftspartner ist vielmehr in geeigneten vertraglichen oder öffentlich-rechtlichen Regelungen niedergelegt.

20.162 Diese von der EZB vorgegebenen Allgemeinen Regelungen für die geldpolitischen Instrumente waren von den nationalen Zentralbanken umzusetzen, da diese nach dem Beschluß des EZB-Rates weitestmöglich die geldpolitischen Geschäfte mit ihren jeweiligen Geschäftspartnern abzuschließen haben. Hierbei hatten die nationalen Zentralbanken auch gestaltende Entscheidungen zu treffen[180]. Diese Konkretisierung des vorgegebenen geldpolitischen Handlungsrahmens betraf insbesondere die rechtliche Ausgestaltung der Offenmarktgeschäfte, die Definition der refinanzierungsfähigen Sicherheiten sowie die näheren Einzelheiten der Besicherung der von den Zentralbanken gewährten Darlehen. Die Umsetzung der geldpolitischen Leitlinien der ESZB durch die Bundesbank erfolgte durch eine Änderung ihrer AGB[181].

II. Ansatzpunkt der Währungs-(Geld-)Politik

20.163 Das Verständnis des geldpolitischen Instrumentariums, wie es in den AGB ausgeformt worden ist, wird erleichtert, wenn man sich zunächst die Ansatzpunkte der geldpolitischen Maßnahmen und ihre Wirkungsweise klar macht. Der Zweck dieser Maßnahmen besteht letztlich darin,

---

180 Geldpolitischer Umsetzungsbericht der Bundesbank, S. 19.
181 Geldpolitischer Umsetzungsbericht der Bundesbank, S. 19.

das Preisniveau und damit den güterwirtschaftlichen Bereich der Volkswirtschaft in der gewünschten Weise zu beeinflussen[182]. Dies kann jedoch nicht in der Weise geschehen, daß das für die Preisstabilität in der Währungsunion verantwortliche ESZB das Güter- und Leistungsangebot selbst durch Angebot und Nachfrage steuert. Dieser direkte Weg zur Sicherung der Geldwertstabilität ist dem ESZB verwehrt, weil es nicht selbst als Anbieter und Nachfrager von Gütern und Diensten am Markt auftritt.

Das ESZB steuert vielmehr die Geldwertstabilität auf indirektem Wege an[183], indem es auf die Ausgabeentscheidungen der Wirtschaft einschließlich der privaten Haushalte geldpolitisch einzuwirken sucht. Bei diesem Ansatzpunkt wird dem Preisanstieg dadurch entgegengewirkt, daß das ESZB die Geldmengenexpansion in engen Grenzen hält und hierdurch die Inlandsnachfrage abschwächt. Wie die Deutsche Bundesbank wird auch das ESZB die Geldmengensteuerung als Kernelement ihrer geldpolitischen Strategie umsetzen. Daneben kommt eine Politik der direkten Inflationssteuerung in Betracht[184]. 20.164

Die währungspolitische Beeinflussung des Preisniveaus im güterwirtschaftlichen Bereich erfolgt also über den **monetären Sektor.** Denn allgemein gesprochen hängt der Wert des Geldes mit seiner Knappheit im Verhältnis zum Güterangebot zusammen. Deshalb erfordert es die währungspolitische Verantwortung des ESZB, die Versorgung der Wirtschaft mit Geld möglichst „knapp zu halten"[185]. Es ist heute kaum mehr strittig, daß auf die Dauer nur durch eine übermäßige Ausweitung des Geldumlaufs allgemeine Preissteigerungen möglich sind, wenngleich diese regelmäßig auch andere Ursachen haben werden, wie insbesondere eine unsolide staatliche Haushaltspolitik oder übersteigerte Lohnforderungen. Die **umlaufende Geldmenge beschränkt** zumindest auf etwas längere Sicht den monetären Ausgabespielraum der Wirtschaft und beeinflußt damit deren nachfragewirksames Ausgabeverhalten[186] und hierdurch indirekt auch die Preisentwicklung. Zwischen monetärer Expansion und gesamtwirtschaftlicher Ausgabetätigkeit besteht eine längerfristige Grundbezie- 20.165

---

182 *Jarchow*, Theorie und Politik des Geldes, Bd. II, 5. Aufl., 1988, S. 71.
183 BVerwG WM 1973, 761, 767.
184 *Ruckriegel/Schleicher/Seitz*, ZGesKredW 1998, 842, 845.
185 Die Deutsche Bundesbank, Geldpolitische Aufgaben und Instrumente, Sonderdruck der Deutschen Bundesbank, Nr. 7, 6. Aufl., 1983 – Bundesbank-Broschüre, S. 13.
186 Nach *Schlesinger* ist heute die Verknüpfung von Geldmengen- und Preisentwicklung in der Geldtheorie Gemeingut, „Das Konzept der Deutschen Bundesbank" in Beihefte zu Kredit und Kapital, Heft 10 (1988), S. 5.

hung[187]. Die als Nachfrage auftretenden „**Geldströme**" und das zur Verfügung stehende Güterangebot sollten sich einigermaßen entsprechen[188].

1. Kreditwirtschaft als unmittelbarer Adressat des währungspolitischen Instrumentariums

20.166 Die **währungspolitisch erwünschte Geldknappheit** wird ganz allgemein dadurch erreicht, daß die Finanzierungsmöglichkeiten für den Nicht-Bankensektor in dem erforderlichen Maße erschwert wird[189]. Zur Erreichung dieses vorgelagerten Zwischenzieles der Währungspolitik wird mit dem geldpolitischen Instrumentarium auf das Kreditgeschäft des Bankensystems Einfluß genommen. Die Wirtschaft ist darauf angewiesen, Bankkredite zur Deckung ihrer Finanzierungsbedürfnisse in Anspruch zu nehmen. Die Möglichkeit größerer Ausweichreaktionen der Nicht-Banken auf in- oder ausländische Kreditmärkte außerhalb des Bankenapparates bestehen im allgemeinen nur für Großunternehmen.

20.167 Die Kreditinstitute ihrerseits können jedoch diese Kreditmittel nur in begrenztem Umfange zur Verfügung stellen. Denn sie müssen Vorsorge dafür treffen, daß ihre Kundschaft Bargeld abhebt oder ihre Kontoguthaben im bargeldlosen Zahlungsverkehr abverfügen. Auch müssen bei der Bundesbank **Mindestreserven** unterhalten werden. Die Kreditinstitute sind deshalb darauf angewiesen, daß ihnen die Bundesbank die hierfür benötigten Geldmittel zur Verfügung stellt[190].

20.168 Dies geschieht durch entsprechende Gutschriften auf unverzinslichen Girokonten, die die Kreditinstitute bei der Bundesbank unterhalten. Dieses Kontoguthaben gehört neben dem Bargeld zum sog. **Zentralbankgeld,** über das im bargeldlosen Zahlungsverkehr oder durch Barabhebungen jederzeit verfügt werden kann. Es ist insoweit vergleichbar den auf Girokonten verbuchten Bankguthaben der Bankkunden, die durch Kontogutschriften entstehen, mit denen Zahlungsansprüche aus Schuldversprechen (§ 780 BGB) begründet werden[191]. Auch über diese Guthaben kann im bargeldlosen Zahlungsverkehr durch Überweisungsaufträge und Schecks oder durch Barabhebungen verfügt werden.

20.169 Diese indirekte Abhängigkeit der Finanzierungsmöglichkeiten des Nicht-Bankensektors von der Geldpolitik des ESZB ist ein geeigneter Ansatzpunkt für die **Steuerung der umlaufenden Geldmenge.** Soll die Auswei-

---

187 Vgl. Bundesbank-Broschüre, S. 13.
188 *Spindler/Becker/Starke*, Die Deutsche Bundesbank, 1957, S. 174.
189 *Jarchow*, Theorie und Politik des Geldes, Bd. II, 5. Aufl., 1988, S. 71.
190 Bundesbank-Broschüre, S. 20 f.
191 BGH WM 1988, 321, 322.

tung des Kreditgeschäfts des Bankensystems gedämpft werden, wird das ESZB den Zugang zu den benötigten Geldmitteln durch Zinserhöhungen verteuern und notfalls sogar die Bereitstellung von Zentralbankgeld einschränken. Umgekehrt wird das ESZB, wenn das Kreditgeschäft stimuliert werden soll, ihre Geldmittel billig und reichlich anbieten.

Das ESZB beeinflußt daher mittelbar die **Kreditexpansion im Bankensystem**. Die währungspolitischen Impulse aus dieser Einflußnahme auf den monetären Sektor können sich sodann im Nicht-Bankensektor fortpflanzen, wo sie in die Ausgabe- und Preisentscheidungen der Wirtschaft einmünden. Auf diesen Geschäftsbeziehungen des ESZB zum Bankensektor ruht also der Mechanismus, der die währungspolitischen Impulse aus den geldpolitischen Maßnahmen des ESZB auf die Preisentwicklung überträgt. Die Instrumente einer solchen Geldpolitik beschränken sich somit auf Eingriffsmöglichkeiten, die das freie Spiel der Marktkräfte und des Wettbewerbs im monetären Sektor der Wirtschaft weitgehend unangetastet lassen. So verfügt das ESZB beispielsweise über keine Möglichkeit, die Geldaufnahme der Nichtbanken bei den Kreditinstituten unmittelbar durch sog. **Kreditplafondierungen** zu beschränken oder die Zinssätze an den Kredit- und Wertpapiermärkten im Wege der staatlich verordneten Zinsbindung festzulegen.

20.170

Die Geldpolitik des ESZB zielt vielmehr im wesentlichen darauf ab, die Kreditangebote der Kreditwirtschaft an die Wirtschaft und die Nachfrage der Wirtschaft nach Bankkrediten indirekt über Veränderungen der Bankenliquidität und über den Zinsmechanismus an den Finanzmärkten und damit letztlich über den Zins als Preis zu steuern[192].

20.171

2. Geldmenge als Indikator für geldpolitische Maßnahmen

Die Geldpolitik kann sich nach alledem nicht am Preisniveau als ihrem eigentlichen Ziel ausrichten, weil das **ESZB nicht selbst als Anbieter und Nachfrager** von Gütern und Dienstleistungen am Markt auftritt. Die Entscheidungsfindungen müssen sich vielmehr an einem Zwischenziel orientieren. Eine zielgerechte Beeinflussung dieses Zwischenziels soll sodann eine entsprechende Veränderung des Preisniveaus als dem eigentlichen geldpolitischen Ziel nach sich ziehen. Ein solches Zwischenziel ist auch für das ESZB das Wachstum der geldpolitisch maßgeblichen Geldmenge im kommenden Jahr. Hierdurch werden jährlich im voraus **bestimmte Prozentsätze als „Zielkorridor"** festge-

20.172

---
192 Bundesbank-Broschüre, S. 50.

legt[193]. Das ESZB verdeutlicht hierdurch seine stabilitätspolitischen Absichten gegenüber der Öffentlichkeit[194]. Für das Jahr 1999 hat die EZB einen Referenzwert von 4,5 % für das Geldmengenwachstum angekündigt.

20.173 Auch dieses Zwischenziel kann von dem ESZB nicht direkt und eindeutig gesteuert werden. Es bedarf daher eines geeigneten Indikators der Geldpolitik, an dem das ESZB die Wirkungen ihrer geldpolitischen Maßnahmen konkret messen kann. Die hauptsächlichen Anforderungen an einen guten Indikator sind, daß ein enger Zusammenhang mit dem gewählten Zwischenziel besteht und er auch von dem ESZB eindeutig steuerbar ist[195]. Auch müssen seine Veränderungen leicht und schnell meßbar sein, wie dies durch die laufenden statistischen Meldungen der Kreditinstitute an die Bundesbank über die geldpolitischen Meßgrößen gewährleistet ist.

20.174 Der Bundesbank diente seit 1988 als **geldpolitischer Indikator eine Geldmenge,** die mit **M 3** bezeichnet wurde[196]. M 3 wurde gebildet aus dem Bargeldumlauf in Gestalt der Banknoten und Geldmünzen und den Sichteinlagen der Kreditinstitute auf Girokonten im Zentralbanksystem, die in etwa dem Mindestreserve-Soll der Kreditinstitute auf inländische Verbindlichkeiten entspricht. Das Bargeld in Händen von Nichtbanken, also ohne die Kassenbestände der Kreditinstitute und das Mindestreserve-Soll der Kreditinstitute bilden die sog. Zentralbankgeldmenge[197].

20.175 Neben dieser Zentralbankgeldmenge wurden Sichteinlagen und bestimmte Spar- und Termineinlagen inländischer Nichtbanken bei inländischen Kreditinstituten einbezogen, die wirtschaftlich dem Bargeld gleichgestellt werden können oder zumindest dem Bargeld sehr nahe stehen (Quasigeld). Dem Bargeld gleichwertig waren die Guthaben der Bankkunden auf den Girokonten, mit denen im Rahmen des bargeldlosen Zahlungsverkehrs, insbesondere durch Überweisungsaufträge oder Scheckziehungen Geldschulden bezahlt werden können. Diese Giroguthaben werden auch als Sichtguthaben bezeichnet, weil der Bankkunde über sie jederzeit ver-

---

193 Bundesbank-Broschüre, S. 91 f.; *Schlesinger,* „Das Konzept der Deutschen Bundesbank" in Beihefte zu Kredit und Kapital, Heft 10 (1988), S. 5; *Förster,* Die Geldmenge als Zwischenzielgröße der Geldpolitik, Beihefte zu Kredit und Kapital, Heft 7, S. 160 ff.
194 *Schlesinger,* „Das Konzept der Deutschen Bundesbank" in Beihefte zu Kredit und Kapital, Heft 10 (1988), S. 8.
195 *Dickertmann/Siedenberg,* Instrumentarium der Geldpolitik, 4. Aufl., 1984, S. 32; Bundesbank-Broschüre, S. 91 f.; *Hahn,* Währungsrecht, 1990, § 19 Rn 2.
196 Bundesbank-Broschüre, S. 98; *Hahn,* Währungsrecht, 1990, § 19 Rn 3.
197 Bundesbank-Broschüre, S. 98.

fügen kann. Solches Buch-(Giral-)Geld wird heute durch seine Geldfunktion im modernen Zahlungsverkehr dem Geld im Rechtssinne zugeordnet[198]. Der Geldcharakter der Giroguthaben zeigt sich auch darin, daß sie jederzeit durch Barabhebungen in Banknoten und Geldmünzen umgewandelt werden können. Weitere Komponenten der Geldmenge M 3 waren die Spareinlagen mit gesetzlicher Kündigungsfrist von drei Monaten und die Termineinlagen mit einer Laufzeit unter vier Jahren; erfahrungsgemäß sind Laufzeiten von über einem Jahr in der Praxis recht selten. Auch solche kurzfristig fälligen und damit hochliquiden Spar- und Termineinlagen sind wegen ihres Quasi-Geldcharakters in die Geldmenge M 3 einbezogen worden. Der EZB-Rat hat sich in seiner Satzung am 1. 12. 1998 über die offenen Fragen hinsichtlich der geldpolitischen Strategie geeinigt und den quantitativen Referenzwert für das Geldmengenwachstum festgelegt. Dieser bezieht sich auf das breite monetäre Aggregat M 3[199].

III. Offenmarktkredite

Entsprechend der EZB-Leitlinie führt die Bundesbank geldpolitische Geschäfte insbesondere als Offenmarktgeschäfte durch. Hierzu gehören vor allem befristete Kreditgeschäfte gegen Verpfändung von refinanzierungsfähigen Sicherheiten (V. Abschnitt Nr. 2 AGB Bundesbank). Diese sog. Offenmarktkredite werden von der Bundesbank vor allem als **sog. Hauptrefinanzierungsgeschäfte** im wöchentlichen Abstand mit in der Regel jeweils vierzehntägiger Laufzeit durchgeführt. Sie entsprechen den bisherigen Pensionsgeschäften[200].

20.176

Daneben führt die Bundesbank **längerfristige Refinanzierungsgeschäfte** im monatlichen Abstand mit in der Regel dreimonatiger Laufzeit durch (V. Abschnitt Nr. 25 AGB Bundesbank). Diese Refinanzierungsgeschäfte entsprechen von der Laufzeit her dem Rahmen des bisherigen Diskontkredites und tragen zur Verstetigung des Geldmarktes bei[201]. Mit diesem geldpolitischen Instrument sollen dem **Finanzsektor zusätzlich längerfristige Refinanzierungsmittel** zur Verfügung stehen. Das ESZB verfolgt mit

20.177

---

198 *Staudinger/K.Schmidt*, Vorbem. zu §§ 244 ff. Rn A 18, wonach die Sichteinlagen zum Buchgeld gehören, während dies bei den Termineinlagen, Festgeldkonten und Spargutenhaben zweifelhaft erscheint.
199 Vgl. Pressemitteilung der EZB vom 1. 12. 1998 in Deutsche Bundesbank, Informationsbrief zur Europäischen Wirtschafts- und Währungsunion Nr. 17 vom Dezember 1998.
200 Geldpolitischer Umsetzungsbericht der Bundesbank, S. 21.
201 Geldpolitischer Umsetzungsbericht der Bundesbank, S. 21.

dem Einsatz dieses Refinanzierungsinstrumentes im allgemeinen nicht die Absicht, dem Markt Signale zu geben. Sie stellen im übrigen nur einen begrenzten Teil des gesamten Refinanzierungsvolumens dar[202].

20.178 Die geldpolitisch wichtigsten Offenmarktgeschäfte des ESZB sind vielmehr die Hauptrefinanzierungsgeschäfte. Diese Instrumente sollen die Zinssätze und Liquidität im Markt steuern und Signale bezüglich des geldpolitischen Kurses setzen. Den Hauptrefinanzierungsgeschäften kommt deshalb bei der Verfolgung der geldpolitischen Ziele eine Schlüsselrolle zu. Über diese Offenmarktgeschäfte wird dem Finanzsektor der größte Teil des Refinanzierungsvolumens zur Verfügung gestellt[203].

1. Tenderverfahren

20.179 Die Hauptfinanzierungsgeschäfte wie auch die längerfristigen Refinanzierungsgeschäfte werden im Tenderverfahren durchgeführt (Nr. 23 Abs. 1 AGB Bundesbank)[204]. Bei solchen Tendern sind den Abschlüssen der geldpolitischen Geschäfte **Ausschreibungsverfahren (sog. Tender) vorgeschaltet**. Das Tenderverfahren bedeutet, daß die Bundesbank auf der Basis konkurrierender Gebote der Geschäftspartner dem Markt Liquidität zuführt oder vom Markt abschöpft. Die für die Zentralbank günstigsten Gebote kommen vorrangig zum Zuge, bis der Gesamtbetrag an Liquidität, der von der Zentralbank zugeführt oder absorbiert werden soll, erreicht ist[205].

20.180 Bei diesen vorgeschalteten Ausschreibungsverfahren sind der **Standardtender** und der **Schnelltender** zu unterscheiden. Die Verfahren für Standard- und Schnelltender sind bis auf den zeitlichen Rahmen und den Kreis der Geschäftspartner identisch. So werden Standardtender innerhalb von 24 Stunden von der Tenderankündigung bis zur Bestätigung des Zuteilungsergebnisses durchgeführt. Dabei liegen zwischen dem Ablauf der Gebotsfrist und der Bekanntgabe des Zuteilungsergebnisses etwa zwei Stunden. Dagegen werden Schnelltender regelmäßig innerhalb von einer

---

202 Geldpolitikleitlinien-Bericht der EZB, S. 12, 13.
203 Geldpolitikleitlinien-Bericht der EZB, S. 12.
204 *Hartenfels*, WM 1999, Sonderbeil. Nr. 1, 44. Für die technische Abwicklung steht das „Automatische Bietungs-System ABS" zur Verfügung, das eine durchgehende elektronische Bearbeitung von der Geschäftsankündigung über die Abgabe und Entgegennahme der Gebote sowie ihre Weiterleitung bis zur Zuteilung und Kontogutschrift der individuellen Zuteilungsbeträge ermöglicht (Frankfurter Finanzmarkt-Bericht Nr. 34, August 1999).
205 Geldpolitikleitlinien-Bericht der EZB, S. 89.

Stunde von der Tenderankündigung bis zur Bestätigung des Zuteilungsergebnisses durchgeführt. Die längerfristigen Refinanzierungsgeschäfte wie auch die Hauptfinanzierungsgeschäfte werden stets im Standardtender ausgeführt (vgl. Nr. 25 Abs. 1 AGB Bundesbank)[206].

a) Zinstender

Bei den längerfristigen Refinanzierungsinstrumenten wird gewöhnlich die Form der **Zinstender (Tender mit variablem Zinssatz)** gewählt[207]. Hier haben die Teilnehmer am Tenderverfahren Gebote über die Beträge und Zinssätze abzugeben, zu denen sie Geschäfte abschließen wollen. Bei diesem Verfahren können die EZB und die nationalen Zentralbanken als Preisnehmer auftreten[208].

20.181

Bei solchen Zinstendern wird entsprechend der Ausschreibung entweder zu einem einheitlichen Satz (Zinssatz/Preis) zugeteilt (holländisches Verfahren), Gebote zu diesem Satz werden gegebenenfalls repartiert oder es wird zu den individuellen Bietungssätzen zugeteilt (amerikanisches Verfahren), Gebote zum marginalen Satz werden gegebenenfalls repartiert (Nr. 24 Abs. 1 AGB Bundesbank). Der marginale Zinssatz ist der Zinssatz, bei dem das gewünschte Zuteilungsverfahren im Tenderverfahren erreicht wird.

20.182

b) Mengentender

Bei einem **Mengen-(Festsatz-)Tender legt die EZB den Zinssatz fest.** Die Teilnehmer geben Gebote über den Betrag ab, den sie bereit sind, zu diesem Festsatz zu kaufen oder zu verkaufen[209].

20.183

2. Besicherung der geldpolitischen Kreditgeschäfte

Nach Art. 18 Abs. 1 der ESZB/EZB-Satzung sind für alle Kreditgeschäfte der ESZB **ausreichende Sicherheiten zu stellen.** Hierzu enthalten die „Allgemeinen Regelungen für die geldpolitischen Instrumente und Verfahren der ESZB" konkrete Vorgaben über die Arten der zugelassenen Sicherheiten, ihre Bewertung und die Besicherungsverfahren. Dabei ist der Weg der rechtlichen Absicherung in die Entscheidung der nationalen Zentralbanken gestellt worden. In Betracht kommt die **Vollrechtsübertra-**

20.184

---

206 Geldpolitikleitlinien-Bericht der EZB, S. 23.
207 Geldpolitischer Umsetzungsbericht der Bundesbank, S. 21.
208 Geldpolitikleitlinien-Bericht der EZB, S. 13.
209 Geldpolitikleitlinien-Bericht der EZB, S. 25.

gung, die üblicherweise bei den Pensionsgeschäften erfolgt. Zulässig ist aber auch die **Verpfändung der Sicherungsgegenstände**, wie sie sich für geldpolitische Operationen in Form von Kreditgeschäften anbietet[210]. Die **Deutsche Bundesbank** hat sich für eine **reine Pfandlösung** entschieden. Dementsprechend bestimmen die AGB der Bundesbank (V. Abschnitt Nr. 2), daß die geldpolitischen Offenmarktgeschäfte als befristete Kreditgeschäfte gegen Verpfändung von Sicherheiten getätigt werden. Bei diesen **Offenmarktkrediten** führt die Bundesbank im Standardtenderverfahren regelmäßig sog. Hauptrefinanzierungsgeschäfte in wöchentlichem Abstand mit in der Regel jeweils vierzehntägiger Laufzeit und längerfristigen Refinanzierungsgeschäften in monatlichem Abstand mit in der Regel dreimonatiger Laufzeit durch (V. Abschnitt Nr. 25 AGB Bundesbank). Die für diese Kredite zu bestellenden Sicherheiten werden der Bundesbank verpfändet.

20.185 Alle Pfandgegenstände werden mit ihren Beleihungswerten einem **sog. Pfandkonto** gutgeschrieben und damit zu einem **Pfand-Pool** zusammengeführt, der „en bloc" der Besicherung aller Notenbankkredite dient. Dieser Pfand-Lösung wurde wegen ihrer praktischen Vorteile der Vorzug gegeben. Die einzelnen Pfandgegenstände brauchen substantiell und zeitlich nicht bestimmten Refinanzierungsgeschäften zugeordnet zu werden. Sie können vielmehr zu einem Pool zusammengelegt werden, wobei der jeweilige Gesamtbeleihungswert auf dem Pfandkonto unter Beachtung der Sicherheitsmargen die maßgebliche Basis für die Besicherung aller Refinanzierungsgeschäfte abgibt. Der Pfandpool ermöglicht also, alle bestellten Sicherheiten während ihrer Laufzeit jeweils voll zur Besicherung einzusetzen. Außerdem kann der kreditnehmende Verpfänder die Sicherheiten flexibel disponieren und sie austauschen, solange der Gesamtpfandbestand zur Besicherung aller ausstehenden Offenmarktkredite ausreicht[211].

20.186 Für die Verpfändung von Wertpapieren sind grundsätzlich zwei Wege vorgesehen. So kann der Geschäftspartner der Bank aufgrund einer generellen Verpfändungserklärung der Bank geeignete Wertpapiere verpfänden, die in einem für den Geschäftspartner bei der zuständigen Landeszentralbank geführten offenen Depot (Dispositionsdepot) verwahrt werden. Die Wertpapiere müssen girosammelverwahrt sein und sich in einem Depot der Bank entweder bei der Deutsche Börse Clearing AG (Wertpapiersammelbank) oder einer inländischen Depotbank befinden (V. Abschnitt Nr. 7 AGB Bundesbank).

---

210 Geldpolitikleitlinien-Bericht der EZB, S. 39.
211 Geldpolitik-Umsetzungsbericht der Bundesbank, S. 24.

Der Geschäftspartner kann der Bank aber auch **geeignete Wertpapiere** in Höhe eines bestimmten Beleihungswertes verpfänden, die von der Deutsche Börse Clearing AG **im Rahmen des Sicherheitenverwaltungssystems (Xemac)** in einem sog. **Sicherheitenpool-Depot** des Geschäftspartners verwahrt werden. Der Geschäftspartner hat hier der Bank gegenüber eine generelle schriftliche Erklärung dahin abzugeben, daß alle von ihm für dieses Sicherheitenverwaltungssystem zur Verpfändung bereitgestellten Wertpapiere in seinem unbeschränkten Eigentum stehen oder daß er vom Eigentümer zur unbeschränkten Verpfändung ermächtigt ist (V. Abschnitt Nr. 8 AGB Bundesbank). Diese Alternative der Sicherheitsleistung ermöglicht eine besonders flexible Verfügungsmöglichkeit über die verpfändeten Wertpapiere.

20.187

Im übrigen besteht auch die Möglichkeit, daß Geschäftsbanken für Kreditgeschäfte mit der Bundesbank **im Ausland belegene Sicherheiten im Wege der „grenzüberschreitenden Nutzung" (cross-border-use)** einbringen können (V. Abschnitt Nr. 22 AGB Bundesbank). Bei Wertpapieren ist grundsätzlich Voraussetzung, daß diese der Bundesbank entweder bei der Deutsche Börse Clearing AG oder bei der betreffenden ausländischen Zentralbank angeschafft werden.

20.188

3. Kreis der refinanzierungsfähigen Sicherheiten

Die für die Besicherung der Offenmarktkredite geeigneten Sicherungsgegenstände sind in einem **Sicherheitenverzeichnis** bezeichnet, das von der EZB veröffentlicht wird (V. Abschnitt Nr. 3 Abs. 1 AGB Bundesbank)[212]. Als Sicherheiten eignen sich unter bestimmten Voraussetzungen auch Kreditforderungen der Geschäftspartner gegen deren Kreditschuldner. Dieses Novum der Kreditsicherungspraxis soll dem Anliegen gerecht werden, die Notenbankkredite möglichst weitgehend auf eine realwirtschaftliche Grundlage zu stellen[213]. Der Geschäftspartner ermächtigt im übrigen die Bundesbank, für ihn die zur Verpfändung erforderliche Anzeige (§ 1280 BGB) an den Kreditschuldner vorzunehmen (V. Abschnitt Nr. 21 Abs. 2 AGB Bundesbank). Schließlich können der Bundesbank auch **Handelswechsel** als Sicherheit verpfändet werden, wenn sie bestimmte Voraussetzungen erfüllen. Insoweit ergibt sich eine Parallele zu der früheren Rediskontierung solcher Handelswechsel, die der Geschäftspartner der Bundesbank seinem Kreditnehmer diskontiert hatte. Einer solchen Rediskontierung liegt ein Wechselankauf mit entsprechender Übertragung der

20.189

---

212 Geldpolitikleitlinien-Bericht der EZB S. 39 ff.
213 Geldpolitischer Umsetzungsbericht der Bundesbank, S. 23.

refinanzierten Wechselforderung zugrunde. Auch die Verpfändung solcher Handelswechsel dient dem Anliegen der Bundesbank, ihre Offenmarktkredite möglichst auf eine realwirtschaftliche Grundlage zu stellen. Die Voraussetzungen der Refinanzierungsfähigkeit solcher von den Geschäftspartnern diskontierter Wechsel sind in den AGB der Bundesbank näher geregelt (V. Abschnitt Nr. 9 ff.).

IV. Sonstige geldpolitische Geschäftsarten

20.190 Neben den im Vordergrund stehenden Offenmarktkrediten kann die Bundesbank entsprechend den währungspolitischen Leitlinien der EZB bestimmte andere geldpolitische Geschäfte tätigen (V. Abschnitt Nr. 2 AGB Bundesbank). Hierbei handelt es sich um die Hereinnahme von Termineinlagen, Emissionen von EZB-Schuldverschreibungen und Devisenswapgeschäfte, definitiver Kauf und Verkauf von Wertpapieren und sonstige Aktiva sowie Wertpapierpensionsgeschäfte in Form eines Verkaufes von Wertpapieren aus dem Eigenbestand mit fester Rückkaufsvereinbarung. Im übrigen werden ständige Fazilitäten in Form von Spitzenrefinanzierungsfazilitäten (Übernachtkredite) und der Einlagenfazilität angeboten.

1. Feinsteuerungsoperationen

20.191 Das ESZB-System kann Feinsteuerungsmaßnahmen **in Form von befristeten Offenmarktgeschäften** durchführen. Diese geldpolitischen Operationen werden zur Steuerung der Marktliquidität und der Zinssätze genutzt, insbesondere um die Auswirkungen unerwarteter Liquiditätsschwankungen auf die Zinssätze auszugleichen. Hierzu muß das ESZB bei der Durchführung der Geschäfte über ein hohes Maß an Flexibilität hinsichtlich der Verfahren und der operationalen Merkmale verfügen, weil unter Umständen bei unerwarteten Marktentwicklungen rasch zu handeln ist[214]. Bei diesen geldpolitischen Maßnahmen kann es sich entweder um **liquiditätszuführende oder liquiditätsabschöpfende Geschäfte** handeln. Sie finden unregelmäßig statt, auch ist ihre Laufzeit nicht standardisiert. Dabei eignen sich einige Geschäftsarten sowohl für die Bereitstellung als auch für die Abschöpfung von Liquidität. Dies gilt z.B. für die Devisenswaps und die definitiven Kaufverträge über Wertpapiere oder sonstige Aktiva. Befindet sich die Bundesbank in der Käuferrolle, so kommt es durch die Zahlung des vereinbarten Kaufpreises zu einer Liquiditätszuführung. Bei

---

214 Geldpolitikleitlinie-Bericht der EZB, S. 13.

Verkäufen der Bundesbank schuldet dagegen ihr Geschäftspartner die Kaufpreiszahlung, mit der Liquidität absorbiert wird.

a) Devisenswapgeschäfte

Bei diesen geldpolitischen Operationen schließt die Bundesbank mit ausgewählten Geschäftspartnern Geschäfte ab, bei denen sie zu einem bestimmten Übertragungstermin eine ausländische Währung zum Kassakurs gegen einen bestimmten Betrag in Euro kauft oder verkauft und diese gleichzeitig zu einem festgelegten Termin (Rückübertragungstermin) und (Termin)Kurs an den gleichen Geschäftspartner zurückverkauft oder von ihm zurückkauft. Der **Kassakurs** wird im Einzelfall vereinbart. Der **Terminkurs** wird dagegen auf der Grundlage des Kassakurses unter Berücksichtigung des jeweils vereinbarten Swapsatzes ermittelt (V. Abschnitt Nr. 28 Abs. 1 AGB Bundesbank). Bei solchen Swapgeschäften in ausländischen Zahlungsmitteln wird also wie bei den Pensionsgeschäften ein Kassakauf mit einem Terminverkauf kombiniert[215]. Die AGB der Bundesbank (V. Abschnitt Nr. 28 Abs. 3 und 4) enthalten detaillierte Regelungen über die Abwicklungsmodalitäten. Dies gilt insbesondere für den Fall, daß die Bundesbank die Swapgeschäfte aus wichtigem Grund während der Laufzeit kündigt oder ihr Geschäftspartner zahlungsunfähig wird.

20.192

b) Definitiver Kauf und Verkauf

Die Bundesbank kann am offenen Markt per Kassa oder Termin im Wege bilateraler Geschäfte hierfür zugelassene Wertpapiere und sonstige Aktiva kaufen und verkaufen (V. Abschnitt Nr. 29 AGB Bundesbank). Bei diesen Transaktionen geht das Eigentum an dem Kaufgegenstand vollständig und endgültig auf den Käufer über, ohne daß gleichzeitig eine Rückübertragung des Eigentums vereinbart wird. Solche definitiven Käufe und Verkäufe werden nur zur Feinsteuerung und Beeinflussung der strukturellen Liquidität getätigt[216]. Solche strukturellen Operationen werden durchgeführt, um die strukturelle Liquiditätsposition des Finanzsektors gegenüber dem ESZB anzupassen. Diese Geschäfte werden entsprechend den Marktgepflogenheiten abgewickelt, die für solche Transaktionen üblich sind. Bei der Gestaltung von Kursen und Preisen orientiert sich die Bundesbank nach den Marktgepflogenheiten, die für die bei dem Geschäft verwendeten Schuldtitel am verbreitetsten sind[217].

20.193

---

215 *Lipfert*, Devisenhandel und Devisenoptionshandel, 4. Aufl., 1992, S. 19; *Kümpel*, WM 1992, Sonderbeil. Nr. 1, 16.
216 Geldpolitikleitlinien-Bericht der EZB, S. 14, 88.
217 Geldpolitikleitlinien-Bericht der EZB, S. 14.

c) Hereinnahme von Termineinlagen

20.194 Die Bundesbank kann Geschäftspartnern die Hereinnahme von Einlagen anbieten (V. Abschnitt Nr. 26 AGB Bundesbank). Diese liquiditätsabsorbierenden Geschäfte dienen ausschließlich der Feinsteuerung[218]. Diese geldpolitische Maßnahme gehörte bislang nicht zu dem währungspolitischen Instrumentarium der Bundesbank.

20.195 Die hereingenommenen Einlagen haben eine feste Laufzeit und Verzinsung. Die Hereinnahme von Termineinlagen erfolgt über Schnelltender, ausnahmsweise auch im Wege bilateraler Geschäfte.

d) Emission von Schuldverschreibungen der EZB

20.196 Die Bundesbank kann Schuldverschreibungen der EZB im Standardtenderverfahren anbieten (V. Abschnitt Nr. 27 AGB Bundesbank). Sie werden emittiert, um die strukturelle Position des ESZB-Systems gegenüber dem Finanzsektor in einer Weise zu beeinflussen, daß am Markt ein Liquiditätsbedarf herbeigeführt oder vergrößert wird[219]. Diese Wertpapiere verbriefen eine Verbindlichkeit der EZB. Dabei wird die Bundesbank als Ausgabe- und Zahlstelle für die EZB tätig. Die Schuldverschreibungen werden in abgezinster Form begeben, die Einlösung erfolgt bei Fälligkeit zum Nennwert.

e) Wertpapierpensionsgeschäfte

20.197 Die Bundesbank kann zugelassene Wertpapiere im Wege bilateraler Geschäfte aus ihrem Eigenbestand verkaufen unter der Voraussetzung, daß der Geschäftspartner Papiere gleicher Wertpapier-Kennnummer per Termin zum festgelegten Datum (Rückkaufstag) an die Bank zurückverkauft. Die Modalitäten der Geschäftsabwicklung sind in den AGB der Bundesbank geregelt (V. Abschnitt Nr. 30).

20.198 Diese geldpolitischen Geschäfte stellen echte Pensionsgeschäfte dar, die die Bundesbank seit Ende der siebziger Jahre zur „Feinsteuerung" weiterentwickelt und aktiver als zuvor zur kurzfristigen Steuerung des Geldmarktes eingesetzt hatte. Diese Feinsteuerungsmaßnahmen verfolgen vor allem den Zweck, temporäre Schwankungen der Bankenliquidität auszugleichen und die Geldmarktsätze „geräuschlos", d.h. ohne unwillkommene Signalwirkungen, in die geldpolitisch erwünschte Richtung zu lenken.

---

218 Geldpolitikleitlinien-Bericht der EZB, S. 18.
219 Geldpolitikleitlinien-Bericht der EZB, S. 15.

Typisches Merkmal für ein echtes Pensionsgeschäft ist eine solche Verknüpfung von Verkauf und Rückkauf zu dem vereinbarten späteren Termin, wie sie die in den AGB der Bundesbank (V. Abschnitt Nr. 30) geregelten Wertpapierpensionsgeschäfte kennzeichnet. Diese unterscheiden sich von den unechten Pensionsgeschäften darin, daß sich der Pensionsgeber zugleich zur Rücknahme verpflichtet. Es liegt daher eine Kombination von Kauf- und Terminrückkauf vor. 20.199

Beim **unechten** Pensionsgeschäft ist dagegen der Pensionsgeber zu dieser Rücknahme nicht verpflichtet (§ 340 b HGB). Ihm steht lediglich ein Recht zur Rücknahme zu, das er nicht auszuüben braucht. Wertpapierpensionsgeschäfte sind aber nur in Gestalt von **echten** Pensionsgeschäften als geldpolitisches Instrument geeignet. Dies gilt insbesondere bei Verkäufen der Wertpapiere an die Bundesbank. Hier wären die Kreditinstitute nicht zur Rücknahme der bei der Bundesbank verpensionierten Wertpapiere verpflichtet. An einer solchen Rücknahmepflicht ist die Bundesbank aber gerade interessiert. Denn bei der Rücknahme ist der hierfür vereinbarte Kaufpreis von den Kreditinstituten zu zahlen; hierdurch verringert sich wieder die umlaufende Geldmenge. 20.200

Über die Rechtsnatur der Pensionsgeschäfte besteht kein Einvernehmen. Nach herrschender Meinung wird bei diesen Geschäften ein sofort zu erfüllendes Kaufgeschäft (Kassageschäft) mit einem gegenläufigen Kaufgeschäft verknüpft, das erst zu dem vereinbarten späteren Termin abzuwickeln ist. Diese Verknüpfung zweier gegenläufiger, zeitlich versetzter Kaufgeschäfte hat zur Folge, daß der Austausch der verpensionierten Wertpapiere gegen den ihren Marktwert widerspiegelnden Kaufpreis **nicht endgültig** ist. Die beiden Kontrahenten haben vielmehr die bei Abschluß des Kassageschäfts empfangenen Leistungen am vereinbarten Termin wieder zurückzugewähren. 20.201

Diese nur vorübergehende Überlassung der Wertpapiere und des hierfür gezahlten Geldbetrages ist aber für den Abschluß von Kaufverträgen untypisch. Ein Kaufvertrag bezweckt die endgültige Übertragung des Kaufgegenstandes aus dem Vermögen des Verkäufers in das Vermögen des Käufers, während die Gegenleistung in Gestalt des Kaufpreises endgültig dem Verkäufer verbleibt. Bei Pensionsgeschäften werden jedoch die verkauften Wertpapiere und der Kaufpreis nur zeitweilig überlassen. 20.202

Wegen dieser späteren Rückgewähr der empfangenen Leistungen an den Vertragspartner **ähneln** solche echten Pensionsgeschäfte in ihrer äußeren Erscheinungsform **Gelddarlehen.** Der Pensionsgeber hat den bei Abschluß des Pensionsgeschäfts empfangenen Kaufpreis wie ein Darlehensnehmer später beim Rückkauf der Wertpapiere seinem Kontrahenten wieder zurückzugewähren. Auch beim Darlehen kommt es nur zu einer solchen zeitweiligen Überlassung von Geld. 20.203

20.204 Ein Teil des Schrifttums sieht daher in den echten Pensionsgeschäften Darlehensgeschäfte auf abgesicherter Grundlage, die nur äußerlich (rechtsformal) in Kaufgeschäfte gekleidet worden sind[220]. Die Sicherheitsleistung wird in der Übertragung der Pensionspapiere erblickt. Hierin läge in Wirklichkeit eine Sicherungsübereignung, die als Sicherheit für den Rückzahlungsanspruch aus der späteren Rückabwicklung des Pensionsgeschäfts dient.

20.205 Ein solches Gelddarlehen gegen Sicherungsübereignung der verpensionierten Wertpapiere soll gegeben sein, wenn der Pensionsgeber den empfangenen Kaufpreis für die Wertpapiere wie bei Aufnahme eines Gelddarlehens zu verzinsen hat und der Pensionsnehmer gar kein Interesse an der Nutzung der verpensionierten Wertpapiere hat und daher das wirtschaftliche Interesse der Vertragskontrahenten allein auf die Überlassung des Geldbetrages gerichtet ist.

20.206 Die Einordnung dieser Pensionsgeschäfte als kombinierter Kassaverkauf und Terminrückkauf erscheint vor dem Hintergrund des Schrifttums insbesondere in Fällen problematisch, in denen sich die Bundesbank in der Rolle des Pensionsnehmers (Kassakäufer) befindet. Hier zahlt die Bundesbank in Gestalt des vereinbarten Kaufpreises einen Geldbetrag, den ihr Geschäftspartner bei der späteren Rückabwicklung des Pensionsgeschäfts wieder an sie zurückzugewähren hat. Die **Rechtsposition der Bundesbank ähnelt** in ihrer äußeren Erscheinungsform einem **Darlehensgeber,** der die spätere Rückgewähr des nur zeitweilig überlassenen Geldbetrages von seinem Vertragspartner verlangen kann. Darlehensgeschäfte sollen aber nach der Ausgestaltung der geldpolitischen Geschäfte für die Währungsunion grundsätzlich als befristete Kreditgeschäfte gegen Verpfändung von Sicherheiten (sog. Offenmarktkredite) durchgeführt werden (vgl. V. Abschnitt, Nr. 2 AGB Bundesbank). Bei den echten Wertpapierpensionsgeschäften kommt es aber zu einer Übereignung der verpensionierten Wertpapiere vom Pensionsgeber (Geschäftspartner) auf den Pensionsnehmer (Bundesbank), wenn sich die Bundesbank in der Rolle des Wertpapier-(Kassa-)Käufers befindet. Bei einer Einordnung solcher Pensionsgeschäfte als Darlehen würde in der Übertragung der Wertpapiere auf die Bundesbank als Darlehensgeber eine Sicherungsübereignung und keine Verpfändung zu erblicken sein.

20.207 Dieser **konzeptionelle Widerspruch** ist aber **vermieden worden.** Denn Wertpapierpensionsgeschäfte als geldpolitische Geschäfte tätigt die Bun-

---

220 *Wittkämper,* DB 1966, 1955; vgl. weiter für die Wechselpensionsgeschäfte *Canaris,* Bankvertragsrecht[2], Rn 1595; *Baumbach/Hefermehl,* Art. 11 WG Anh. Rn 13. Nach anderer Meinung handelt es sich beim echten Pensionsgeschäft um zwei Kaufverträge *(Staudinger/Hopt/Mülbert,* Vorbem. zu. § 607 Rn 709; Münchener Komm. zum BGB/*Westermann* § 607 Rn 88).

desbank nur als Kassaverkäufer (V. Abschnitt Nr. 30 Abs. 1 AGB Bundesbank). Befindet sich die Bundesbank in der Rolle des Pensionsgebers (Verkäufer), so verbietet sich eine Umdeutung des Pensionsgeschäfts in ein Gelddarlehen ganz offensichtlich. Mit der Zahlung des geschuldeten Kaufpreises gewährt der Pensionsnehmer (Käufer) der Bundesbank kein Gelddarlehen[221]. Denn der Zweck eines Gelddarlehens ist nach allgemeiner Meinung die Überlassung von Geld zur zeitweiligen Nutzung[222]. Eine solche Nutzung ist jedoch nicht möglich, wenn die Bundesbank mit dem Pensionsgeschäft vorübergehend Geld in Gestalt des empfangenen Kaufpreises abschöpft. Hier wird Geld dem Kreislauf entzogen. Dies geschieht durch Abbuchung des vereinbarten Kaufpreises von dem Guthaben, das der Pensionsnehmer auf einem Girokonto bei der Bundesbank unterhält. Solche aus dem Kreislauf abgeschöpften Geldbeträge kann die Bundesbank nicht anderweitig nutzen, wie es für das Gelddarlehen typisch ist.

Diese Pensionsgeschäfte eröffnen den Kreditinstituten als Pensionsnehmern (Kassakäufer) der Wertpapiere die Möglichkeit einer verzinslichen Anlage ihres überschüssigen Guthabens auf den im Zentralbanksystem unterhaltenen Konten, das ohne solche Pensionsgeschäfte auf diesen Girokonten unverzinslich bliebe. Auch das Ausland pflegt solche Liquiditätsüberschüsse, die anderenfalls als unverzinsliche Kontoguthaben gehalten werden müßten, durch Pensionsgeschäfte in eine zinstragende Anlage im Geldmarkt zu transformieren[223]. 20.208

2. Ständige Fazilitäten

Das geldpolitische Instrumentarium beschränkt sich nicht nur auf die Offenmarktgeschäfte in Form der Hauptrefinanzierungsgeschäfte und längerfristigen Refinanzierungsgeschäfte sowie der Feinsteuerungsoperationen und strukturellen Operationen. Ergänzend werden sog. Ständige Fazilitäten angeboten, die die Geschäftspartner auf eigene Initiative in Anspruch nehmen können. Hierbei handelt es sich um zwei **ständige „Übernacht"fazilitäten** in Form der **sog. Spitzenrefinanzierungsfazilität** und der **sog. Einlagenfazilität**. 20.209

Bei der **Spitzenrefinanzierungsfazilität (sog. Übernachtkredit)** gewährt die Bundesbank Geschäftspartnern gegen Besicherung im Rahmen des Pfandkontos Übernachtkredit bis zum Beginn des nächsten Geschäftstages zu 20.210

---
221 *Kümpel*, WM 1992, Sonderbeil. Nr. 1, S. 13.
222 RGZ 161, 56; *Larenz*, Lehrbuch des Schuldrechts, Bd. II, 1. Hbd., 13. Aufl., 1986, § 51 I; *Palandt/Putzo*, Einf. v. § 607 Rn 5.
223 *Kümpel*, FS Heinsius, 1991, S. 32; *ders.*, WM 1992, Sonderbeil. Nr. 1, S. 14.

einem vorgegebenen Zinssatz (V. Abschnitt Nr. 31 AGB Bundesbank). Eine am Ende eines Geschäftstages bestehende Kontoüberziehung gilt als Antrag des Geschäftspartners auf Inanspruchnahme eines Übernachtkredits in Höhe der Überziehung. Der Übernachtkredit ist mit Zinsen an dem auf die Inanspruchnahme folgenden Geschäftstag zur Rückzahlung fällig. Der entsprechende Gesamtbetrag wird dem Girokonto des Geschäftspartners zu Beginn dieses Geschäftstages belastet.

20.211 Dieser Übernachtkredit löst den bisherigen Lombardkredit ab, den die Bundesbank vor der 3. Stufe der Währungsunion im Rahmen ihrer geldpolitischen Verantwortung gewährt hat[224].

20.212 Die sog. **Einlagenfazilität** ermöglicht es dem Geschäftspartner, bei der Bundesbank Einlagen **bis zum Beginn des nächsten Geschäftstages** zu einem vorgegebenen Zinssatz anzulegen (V. Abschnitt Nr. 32 AGB Bundesbank). Auch hier handelt es sich um ein für die Bundesbank neues geldpolitisches Instrument.

20.213 Die Anlage kann geschäftstäglich bis zum festgesetzten Zeitpunkt beantragt werden. Die Einlage ist mit den aufgelaufenen Zinsen zu Beginn des auf die Anlage folgenden Geschäftstages fällig und wird dem Konto, von dem die Einlage abgebucht wurde, gutgeschrieben.

20.214 Die Zinssätze der ständigen Fazilitäten stecken gewissermaßen einen Zinskanal ab. Der Zinssatz für den Übernachtkredit bildet im allgemeinen die Obergrenze für den Tagesgeldsatz des Interbankengeldmarktes, während der Einlagefazilitätszinssatz die Untergrenze markiert[225]. Der „Leitzins" des zentralen Refinanzierungsinstruments, des „Hauptrefinanzierungsinstruments", bewegt sich in dem vorbezeichneten Zinskanal und wird auf den Tagesgeldzinssatz ausgerichtet sein[226]. Für die Inanspruchnahme der Fazilität gelten im gesamten Euro-Währungsraum die gleichen Bedingungen[227].

V. Unterhaltung von Mindestreserven

20.215 Zu den geldpolitischen Instrumenten des ESZB-Systems gehört auch das Unterhalten von Mindestreserven, wie sie die Bundesbank bis zum Beginn der 3. Stufe der EWU verlangen konnte. Diese Mindestreserven sind im

---

224 Geldpolitikumsetzungs-Bericht der Bundesbank, S. 22.
225 Geldpolitikleitlinien-Bericht der EZB, S. 21.
226 Geldpolitikleitlinien-Bericht der EZB, S. 34.
227 Geldpolitikleitlinien-Bericht der EZB, S. 21.

Rahmen der Mindestreservevorschriften des ESZB auf Konten bei den nationalen Zentralbanken zu unterhalten. Der rechtliche Rahmen für das ESZB-Mindestreservesystem ist durch Art. 19 der ESZB/EZB-Satzung, der Verordnung des Rats der EU über die Anwendung von Mindestreserven und in der EZB-Verordnung über Mindestreserven geschaffen worden. Die EZB-Verordnung über Mindestreserven gewährleistet, daß für das Mindestreservesystem des ESZB im gesamten Euro-Währungsraum einheitliche Bedingungen gelten.

Eine von der EZB erlassene **Verordnung** hat **allgemeine Geltung.** Sie ist in allen ihren Teilen verbindlich und gilt unmittelbar in jedem Mitgliedstaat (Art. 34 Abs. 2 ESZB/EZB-Satzung). Sie unterliegt der Überprüfung und Auslegung durch den Europäischen Gerichtshof (Art. 35 Abs. 1 ESZB/EZB-Satzung). Diese Eröffnung eines Rechtsweges gegen hoheitliche Akte der Geldmarktsteuerung einer Zentralbank bildet ein notwendiges rechts- und demokratiestaatliches Äquivalent zur Unabhängigkeit dieser Bank gegenüber Regierung und Parlament[228].

20.216

Wie die EZB übte auch die Deutsche Bundesbank hoheitliche geldpolitische Befugnisse aus, wenn sie durch **einseitige Anordnungen** die reservepflichtigen Verbindlichkeiten bestimmte und die jeweils für sie geltenden Reservesätze festsetzte[229]. Dies geschah in der „Anweisung über Mindestreserven (AMR)", die nach herrschender Meinung als Rechtsnorm qualifiziert worden ist[230]. Dabei war es umstritten, ob es sich bei dieser Mindestreserveregelung um eine Rechtsverordnung, eine autonome Satzung oder um einen Rechtssatz eigener Art handelte[231]. Nach dem nunmehr eindeutigen Wortlaut der ESZB/EZB-Satzung haben die Mindestreserveregelungen der Währungsunion die Rechtsnatur einer Rechtsverordnung als Rechtsquelle materieller Gesetze. Das währungshoheitliche Instrumentarium der Mindestreserve ist deshalb auch nicht in den AGB der Bundesbank angesprochen, die lediglich die auf privatrechtlicher Ebene durch Abschluß zivilrechtlicher Verträge eingesetzten Instrumente der Geldpolitik regeln[232].

20.217

Das Mindestreservesystem des ESZB bezweckt in erster Linie die Stabilisierung der Geldmarktsätze. Die Durchschnittserfüllung im Mindestreservesystem des ESZB soll zur Stabilisierung der Geldmarktsätze beitragen, indem sie den Instituten einen Anreiz gibt, die Auswirkungen von

20.218

---
228 *Weber*, WM 1998, S. 1465, 1470.
229 *Coburger*, WM 1989, 1005; *Kümpel*, WM 1992, Sonderbeil. Nr. 1, S. 18.
230 BVerwG WM 1973, 761; VG Frankfurt WM 1986, 611; Hess. VGH WM 1986, 1312; *Siebelt/Eckert*, ZBB 1991, 153, 155; *Möschel*, WM 1990, 958, 959.
231 *Siebelt/Eckert*, ZBB 1991, 153; *von Münch/Kunig/Bauer*, Komm. zum Grundgesetz, Bd. 3, 3. Aufl., 1996, Art. 88 Rn 21; *Kümpel*, WM 1992, Sonderbeil. Nr. 1, S. 19; *Hahn*, Währungsrecht, 1990, § 20 Rn 13; *Gramlich*, BBankG, § 16 Rn 74.
232 Geldpolitikumsetzungs-Bericht der Bundesbank, S. 21.

zeitweiligen Liquiditätsschwankungen abzufedern. Eine weitere geldpolitische Funktion der Mindestreserve besteht in der Herbeiführung oder Vergrößerung einer strukturellen Liquiditätsknappheit. Dies könnte dazu beitragen, das ESZB besser in die Lage zu versetzen, in effizienter Weise als Bereitsteller von Liquidität zu operieren. Die Höhe der von jedem Institut zu unterhaltenden Mindestreserven richtet sich nach seiner Mindestreservebasis. Hierfür sind die Einlagen, begebene Schuldverschreibungen und Geldmarktpapiere maßgeblich[233]. Dabei ist ein Mindestreservesatz von Null für Repogeschäfte und Einlagen sowie Schuldverschreibungen mit einer Laufzeit von über zwei Jahren vorgesehen. Dies entspricht der früheren Mindestreserveregelung der Deutschen Bundesbank.

20.219 Das Mindestreservesystem des ESZB erlaubt den Geschäftspartnern die Durchschnittserfüllung der Mindestreserve. Dies bedeutet, daß sich die Erfüllung der Mindestreservepflicht unter Zugrundelegung der durchschnittlichen Kalendertagesendguthaben auf den Reservekonten der Geschäftspartner innerhalb einer einmonatigen Mindestreserveerfüllungsperiode bemißt. Die Mindestreserveguthaben der Institute werden zum Satz für die Hauptfinanzierungsgeschäfte des ESZB verzinst. Die Mindestreserve entspricht im Ergebnis einer Steuer auf Bankeinlagen und ist deshalb mit nationalen und internationalen Effizienzverlusten verknüpft[234]. **Erfüllt ein Institut die Reservepflicht ganz oder teilweise nicht,** so ist die EZB gemäß der Verordnung des EU-Rats über die Anwendung von Mindestreserven durch die EZB befugt, verschiedenartige **Sanktionen** zu verhängen: In Betracht kommt eine Zahlung von bis zu fünf Prozentpunkten über dem Satz für die Spitzenrefinanzierungsfazilität auf den Mindestreservefehlbetrag oder eine Zahlung in Höhe von bis zur doppelten Höhe des Satzes für die Spitzenrefinanzierungsfazilität auf den Mindestreservefehlbetrag. Auch kann dem säumigen Institut die Auflage gemacht werden, unverzinsliche Einlagen bei der EZB oder den nationalen Zentralbanken in bis zu dreifacher Höhe seines Mindestreservefehlbetrages zu bilden.

20.220 Hält ein Kreditinstitut andere Verpflichtungen nach den EZB-Verordnungen und Entscheidungen der EZB im Zusammenhang mit dem ESZB-Mindestreservesystem nicht ein, etwa wenn die entsprechenden Daten nicht rechtzeitig übermittelt werden oder ungenau sind, so ist die EZB befugt, Sanktionen gemäß der Verordnung des EG-Rats über das Recht der Europäischen Zentralbank zur Verhängung von Sanktionen zu verhängen. Bei Nichteinhaltung der Verpflichtungen nach dem ESZB-Mindestreservesy-

---

233 *Ruckriegel/Schleicher/Seitz*, ZGesKredW 1998, S. 842.
234 *Ruckriegel/Schleicher/Seitz*, ZGesKredW 1998, S. 842.

stem kann das ESZB darüber hinaus gemäß den von den nationalen Zentralbanken angewandten vertraglichen und öffentlich-rechtlichen Regelungen den Zugang der Geschäftspartner zu den ständigen Fazilitäten und Offenmarktoperationen des ESZB aussetzen. Das ESZB kann von Instituten, die diese Verpflichtungen nicht erfüllen, außerdem verlangen, daß sie ihr Reserve-Soll täglich einhalten, und so die Möglichkeit der Durchschnittserfüllung aussetzen[235].

---

235 Vgl. zur Mindestreserve weiter den Geldpolitikleitlinien-Bericht der EZB, S. 54 ff.

Anhang

Allgemeine Geschäftsbedingungen*

Grundregeln für die Beziehung zwischen Kunde und Bank

1. Geltungsbereich und Änderungen dieser Geschäftsbedingungen und der Sonderbedingungen für einzelne Geschäftsbeziehungen

(1) Geltungsbereich

Die Allgemeinen Geschäftsbedingungen gelten für die gesamte Geschäftsverbindung zwischen dem Kunden und den inländischen Geschäftsstellen der Bank (im folgenden Bank genannt). Daneben gelten für einzelne Geschäftsbeziehungen (zum Beispiel für das Wertpapiergeschäft, für den ec-Service, für den Scheckverkehr, für den Sparverkehr, für den Überweisungsverkehr) Sonderbedingungen, die Abweichungen oder Ergänzungen zu diesen Allgemeinen Geschäftsbedingungen enthalten; sie werden bei der Kontoeröffnung oder bei Erteilung eines Auftrags mit dem Kunden vereinbart. Unterhält der Kunde auch Geschäftsverbindungen zu ausländischen Geschäftsstellen, sichert das Pfandrecht der Bank (Nr. 14 dieser Geschäftsbedingungen) auch die Ansprüche dieser ausländischen Geschäftsstellen.

(2) Änderungen

Änderungen dieser Geschäftsbedingungen und der Sonderbedingungen werden dem Kunden schriftlich bekanntgegeben. Sie gelten als genehmigt, wenn der Kunde nicht schriftlich Widerspruch erhebt. Auf diese Folge wird ihn die Bank bei der Bekanntgabe besonders hinweisen. Der Kunde muß den Widerspruch innerhalb von sechs Wochen nach Bekanntgabe der Änderungen an die Bank absenden.

2. Bankgeheimnis und Bankauskunft

(1) Bankgeheimnis

Die Bank ist zur Verschwiegenheit über alle kundenbezogenen Tatsachen und Wertungen verpflichtet, von denen sie Kenntnis erlangt (Bankgeheimnis). Informationen über den Kunden darf die Bank nur weitergeben, wenn gesetzliche Bestimmungen dies gebieten oder der Kunde eingewilligt hat oder die Bank zur Erteilung einer Bankauskunft befugt ist.

---

* Beim Bundeskartellamt angemeldete Neufassung (Stand Oktober 1999), die die Bank-Verlag GmbH, Köln, dankenswerterweise zur Verfügung gestellt hat.

Anhang

(2) Bankauskunft

Eine Bankauskunft enthält allgemein gehaltene Feststellungen und Bemerkungen über die wirtschaftlichen Verhältnisse des Kunden, seine Kreditwürdigkeit und Zahlungsfähigkeit; betragsmäßige Angaben über Kontostände, Spareguthaben, Depot- oder sonstige der Bank anvertraute Vermögenswerte sowie Angaben über die Höhe von Kreditinanspruchnahmen werden nicht gemacht.

(3) Voraussetzungen für die Erteilung einer Bankauskunft

Die Bank ist befugt, über juristische Personen und im Handelsregister eingetragene Kaufleute Bankauskünfte zu erteilen, sofern sich die Anfrage auf ihre geschäftliche Tätigkeit bezieht. Die Bank erteilt jedoch keine Auskünfte, wenn ihr eine anderslautende Weisung des Kunden vorliegt. Bankauskünfte über andere Personen, insbesondere über Privatkunden und Vereinigungen, erteilt die Bank nur dann, wenn diese generell oder im Einzelfall ausdrücklich zugestimmt haben. Eine Bankauskunft wird nur erteilt, wenn der Anfragende ein berechtigtes Interesse an der gewünschten Auskunft glaubhaft dargelegt hat und kein Grund zu der Annahme besteht, daß schutzwürdige Belange des Kunden der Auskunftserteilung entgegenstehen.

(4) Empfänger von Bankauskünften

Bankauskünfte erteilt die Bank nur eigenen Kunden sowie anderen Kreditinstituten für deren Zwecke oder die ihrer Kunden.

3. Haftung der Bank; Mitverschulden des Kunden

(1) Haftungsgrundsätze

Die Bank haftet bei der Erfüllung ihrer Verpflichtungen für jedes Verschulden ihrer Mitarbeiter und der Personen, die sie zur Erfüllung ihrer Verpflichtungen hinzuzieht. Soweit die Sonderbedingungen für einzelne Geschäftsbeziehungen oder sonstige Vereinbarungen etwas Abweichendes regeln, gehen diese Regelungen vor. Hat der Kunde durch ein schuldhaftes Verhalten (zum Beispiel durch Verletzung der in Nr. 11 dieser Geschäftsbedingungen aufgeführten Mitwirkungspflichten) zu der Entstehung eines Schadens beigetragen, bestimmt sich nach den Grundsätzen des Mitverschuldens, in welchem Umfang Bank und Kunde den Schaden zu tragen haben.

(2) Weitergeleitete Aufträge

Wenn ein Auftrag seinem Inhalt nach typischerweise in der Form ausgeführt wird, daß die Bank einen Dritten mit der weiteren Erledigung betraut, erfüllt die Bank den Auftrag dadurch, daß sie ihn im eigenen Namen an den Dritten weiterleitet (weitergeleiteter Auftrag). Dies betrifft zum Beispiel die Einholung von Bankauskünften bei anderen Kreditinstituten oder die Verwahrung und Verwaltung von Wertpapieren im Ausland. In diesen Fällen beschränkt sich die Haftung der Bank auf die sorgfältige Auswahl und Unterweisung des Dritten.

(3) Störung des Betriebs

Die Bank haftet nicht für Schäden, die durch höhere Gewalt, Aufruhr, Kriegs- und Naturereignisse oder durch sonstige von ihr nicht zu vertretende Vorkommnisse (zum Beispiel Streik, Aussperrung, Verkehrsstörung, Verfügungen von hoher Hand im In- oder Ausland) eintreten.

4. Grenzen der Aufrechnungsbefugnis des Kunden

Der Kunde kann gegen Forderungen der Bank nur aufrechnen, wenn seine Forderungen unbestritten oder rechtskräftig festgestellt sind.

5. Verfügungsberechtigung nach dem Tod des Kunden

Nach dem Tod des Kunden kann die Bank zur Klärung der Verfügungsberechtigung die Vorlegung eines Erbscheins, eines Testamentsvollstreckerzeugnisses oder weiterer hierfür notwendiger Unterlagen verlangen; fremdsprachige Urkunden sind auf Verlangen der Bank in deutscher Übersetzung vorzulegen. Die Bank kann auf die Vorlage eines Erbscheins oder eines Testamentsvollstreckerzeugnisses verzichten, wenn ihr eine Ausfertigung oder eine beglaubigte Abschrift der letztwilligen Verfügung (Testament, Erbvertrag) nebst zugehöriger Eröffnungsniederschrift vorgelegt wird. Die Bank darf denjenigen, der darin als Erbe oder Testamentsvollstrecker bezeichnet ist, als Berechtigten ansehen, ihn verfügen lassen und insbesondere mit befreiender Wirkung an ihn leisten. Dies gilt nicht, wenn der Bank bekannt ist, daß der dort Genannte (zum Beispiel nach Anfechtung oder wegen Nichtigkeit des Testaments) nicht verfügungsberechtigt ist, oder wenn ihr dies infolge Fahrlässigkeit nicht bekanntgeworden ist.

6. Maßgebliches Recht und Gerichtsstand bei kaufmännischen und öffentlich-rechtlichen Kunden

(1) Geltung deutschen Rechts

Für die Geschäftsverbindung zwischen dem Kunden und der Bank gilt deutsches Recht.

(2) Gerichtsstand für Inlandskunden

Ist der Kunde ein Kaufmann und ist die streitige Geschäftsbeziehung dem Betriebe seines Handelsgewerbes zuzurechnen, so kann die Bank diesen Kunden an dem für die kontoführende Stelle zuständigen Gericht oder bei einem anderen zuständigen Gericht verklagen; dasselbe gilt für eine juristische Person des öffentlichen Rechts und für öffentlich-rechtliche Sondervermögen. Die Bank selbst kann von diesen Kunden nur an dem für die kontoführende Stelle zuständigen Gericht verklagt werden.

(3) Gerichtsstand für Auslandskunden

Die Gerichtsstandsvereinbarung gilt auch für Kunden, die im Ausland eine vergleichbare gewerbliche Tätigkeit ausüben, sowie für ausländische Institutionen, die mit inländischen juristischen Personen des öffentlichen Rechts oder mit einem inländischen öffentlich-rechtlichen Sondervermögen vergleichbar sind.

Kontoführung

7. Rechnungsabschlüsse bei Kontokorrentkonten (Konten in laufender Rechnung)

(1) Erteilung der Rechnungsabschlüsse

Die Bank erteilt bei einem Kontokorrentkonto, sofern nicht etwas anderes vereinbart ist, jeweils zum Ende eines Kalenderquartals einen Rechnungsabschluß; dabei werden die in diesem Zeitraum entstandenen beiderseitigen Ansprüche (einschließlich der Zinsen und Entgelte der Bank) verrechnet. Die Bank kann auf den Saldo, der sich aus der Verrechnung ergibt, nach Nr. 12 dieser Geschäftsbedingungen oder nach der mit dem Kunden anderweitig getroffenen Vereinbarung Zinsen berechnen.

(2) Frist für Einwendungen; Genehmigung durch Schweigen

Einwendungen wegen Unrichtigkeit oder Unvollständigkeit eines Rechnungsabschlusses hat der Kunde spätestens innerhalb von sechs Wochen nach dessen Zugang zu erheben; macht er seine Einwendungen schriftlich geltend, genügt die Absendung innerhalb der Sechs-Wochen-Frist. Das Unterlassen rechtzeitiger Einwendungen gilt als Genehmigung. Auf diese Folge wird die Bank bei Erteilung des Rechnungsabschlusses besonders hinweisen. Der Kunde kann auch nach Fristablauf eine Berichtigung des Rechnungsabschlusses verlangen, muß dann aber beweisen, daß zu Unrecht sein Konto belastet oder eine ihm zustehende Gutschrift nicht erteilt wurde.

8. Storno- und Berichtigungsbuchungen der Bank

(1) Vor Rechnungsabschluß

Fehlerhafte Gutschriften auf Kontokorrentkonten (zum Beispiel wegen einer falschen Kontonummer) darf die Bank bis zum nächsten Rechnungsabschluß durch eine Belastungsbuchung rückgängig machen, soweit ihr ein Rückzahlungsanspruch gegen den Kunden zusteht; der Kunde kann in diesem Fall gegen die Belastungsbuchung nicht einwenden, daß er in Höhe der Gutschrift bereits verfügt hat (Stornobuchung).

(2) Nach Rechnungsabschluß

Stellt die Bank eine fehlerhafte Gutschrift erst nach einem Rechnungsabschluß fest und steht ihr ein Rückzahlungsanspruch gegen den Kunden zu, so wird sie in Höhe ihres Anspruchs sein Konto belasten (Berichtigungsbuchung). Erhebt der

Kunde gegen die Berichtigungsbuchung Einwendungen, so wird die Bank den Betrag dem Konto wieder gutschreiben und ihren Rückzahlungsanspruch gesondert geltend machen.

(3) Information des Kunden; Zinsberechnung

Über Storno- und Berichtigungsbuchungen wird die Bank den Kunden unverzüglich unterrichten. Die Buchungen nimmt die Bank hinsichtlich der Zinsberechnung rückwirkend zu dem Tag vor, an dem die fehlerhafte Buchung durchgeführt wurde.

9. Einzugsaufträge

(1) Erteilung von Vorbehaltsgutschriften bei der Einreichung

Schreibt die Bank den Gegenwert von Schecks und Lastschriften schon vor ihrer Einlösung gut, geschieht dies unter dem Vorbehalt ihrer Einlösung, und zwar auch dann, wenn diese Papiere bei der Bank selbst zahlbar sind. Reicht der Kunde andere Papiere mit dem Auftrag ein, von einem Zahlungspflichtigen einen Forderungsbetrag zu beschaffen (zum Beispiel Zinsscheine), und erteilt die Bank über den Betrag eine Gutschrift, so steht diese unter dem Vorbehalt, daß die Bank den Betrag erhält. Der Vorbehalt gilt auch dann, wenn die Papiere bei der Bank selbst zahlbar sind. Werden Schecks oder Lastschriften nicht eingelöst oder erhält die Bank den Betrag aus dem Einzugsauftrag nicht, macht die Bank die Vorbehaltsgutschrift rückgängig. Dies geschieht unabhängig davon, ob in der Zwischenzeit ein Rechnungsabschluß erteilt wurde.

(2) Einlösung von Lastschriften und vom Kunden ausgestellter Schecks

Lastschriften und Schecks sind eingelöst, wenn die Belastungsbuchung nicht spätestens am zweiten Bankarbeitstag nach ihrer Vornahme rückgängig gemacht wird. Barschecks sind bereits mit Zahlung an den Scheckvorleger eingelöst. Schecks sind auch schon dann eingelöst, wenn die Bank im Einzelfall eine Bezahltmeldung absendet. Lastschriften und Schecks, die über die Abrechnungsstelle einer Landeszentralbank vorgelegt werden, sind eingelöst, wenn sie nicht bis zu dem von der Landeszentralbank festgesetzten Zeitpunkt an die Abrechnungsstelle zurückgegeben werden.

10. Fremdwährungsgeschäfte und Risiken bei Fremdwährungskonten

(1) Auftragsausführung bei Fremdwährungskonten

Fremdwährungskonten des Kunden dienen dazu, Zahlungen an den Kunden und Verfügungen des Kunden in fremder Währung bargeldlos abzuwickeln. Verfügungen über Guthaben auf Fremdwährungskonten (zum Beispiel durch Überweisungsaufträge zu Lasten des Fremdwährungsguthabens) werden unter Einschaltung von Banken im Heimatland der Währung abgewickelt, wenn sie die Bank nicht vollständig innerhalb des eigenen Hauses ausführt.

(2) Gutschriften bei Fremdwährungsgeschäften mit dem Kunden

Schließt die Bank mit dem Kunden ein Geschäft (zum Beispiel ein Devisentermingeschäft) ab, aus dem sie die Verschaffung eines Betrages in fremder Währung schuldet, wird sie ihre Fremdwährungsverbindlichkeit durch Gutschrift auf dem Konto des Kunden in dieser Währung erfüllen, sofern nicht etwas anderes vereinbart ist.

(3) Vorübergehende Beschränkung der Leistung durch die Bank

Die Verpflichtung der Bank zur Ausführung einer Verfügung zu Lasten eines Fremdwährungsguthabens (Absatz 1) oder zur Erfüllung einer Fremdwährungsverbindlichkeit (Absatz 2) ist in dem Umfang und solange ausgesetzt, wie die Bank in der Währung, auf die das Fremdwährungsguthaben oder die Verbindlichkeit lautet, wegen politisch bedingter Maßnahmen oder Ereignisse im Lande dieser Währung nicht oder nur eingeschränkt verfügen kann. In dem Umfang und solange diese Maßnahmen oder Ereignisse andauern, ist die Bank auch nicht zu einer Erfüllung an einem anderen Ort außerhalb des Landes der Währung, in einer anderen Währung (auch nicht in Deutscher Mark) oder durch Anschaffung von Bargeld verpflichtet. Die Verpflichtung der Bank zur Ausführung einer Verfügung zu Lasten eines Fremdwährungsguthabens ist dagegen nicht ausgesetzt, wenn sie die Bank vollständig im eigenen Haus ausführen kann. Das Recht des Kunden und der Bank, fällige gegenseitige Forderungen in derselben Währung miteinander zu verrechnen, bleibt von den vorstehenden Regelungen unberührt.

(4) Umrechnungskurs

Die Bestimmung des Kurses bei Fremdwährungsgeschäften ergibt sich aus dem „Preis- und Leistungsverzeichnis".

Mitwirkungspflichten des Kunden

11. Mitwirkungspflichten des Kunden

(1) Änderungen von Name, Anschrift oder einer gegenüber der Bank erteilten Vertretungsmacht

Zur ordnungsgemäßen Abwicklung des Geschäftsverkehrs ist es erforderlich, daß der Kunde der Bank Änderungen seines Namens und seiner Anschrift sowie das Erlöschen oder die Änderung einer gegenüber der Bank erteilten Vertretungsmacht (insbesondere einer Vollmacht) unverzüglich mitteilt. Diese Mitteilungspflicht besteht auch dann, wenn die Vertretungsmacht in ein öffentliches Register (zum Beispiel in das Handelsregister) eingetragen ist und ihr Erlöschen oder ihre Änderung in dieses Register eingetragen wird.

(2) Klarheit von Aufträgen

Aufträge jeder Art müssen ihren Inhalt zweifelsfrei erkennen lassen. Nicht eindeutig formulierte Aufträge können Rückfragen zur Folge haben, die zu Verzögerungen führen können. Vor allem hat der Kunde bei Aufträgen zur Gutschrift auf einem Konto (zum Beispiel bei Überweisungsaufträgen) auf die Richtigkeit und Vollständigkeit des Namens des Zahlungsempfängers, der angegebenen Kontonummer, der angegebenen Bankleitzahl und der angegebenen Auftragswährung zu achten. Änderungen, Bestätigungen oder Wiederholungen von Aufträgen müssen als solche gekennzeichnet sein.

(3) Besonderer Hinweis bei Eilbedürftigkeit der Ausführung eines Auftrags

Hält der Kunde bei der Ausführung eines Auftrags besondere Eile für nötig (zum Beispiel weil ein Überweisungsbetrag dem Empfänger zu einem bestimmten Termin gutgeschrieben sein muß), hat er dies der Bank gesondert mitzuteilen. Bei formularmäßig erteilten Aufträgen muß dies außerhalb des Formulars erfolgen.

(4) Prüfung und Einwendungen bei Mitteilungen der Bank

Der Kunde hat Kontoauszüge, Wertpapierabrechnungen, Depot- und Erträgnisaufstellungen, sonstige Abrechnungen, Anzeigen über die Ausführung von Aufträgen sowie Informationen über erwartete Zahlungen und Sendungen (Avise) auf ihre Richtigkeit und Vollständigkeit unverzüglich zu überprüfen und etwaige Einwendungen unverzüglich zu erheben.

(5) Benachrichtigung der Bank bei Ausbleiben von Mitteilungen

Falls Rechnungsabschlüsse und Depotaufstellungen dem Kunden nicht zugehen, muß er die Bank unverzüglich benachrichtigen. Die Benachrichtigungspflicht besteht auch beim Ausbleiben anderer Mitteilungen, deren Eingang der Kunde erwartet (Wertpapierabrechnungen, Kontoauszüge nach der Ausführung von Aufträgen des Kunden oder über Zahlungen, die der Kunde erwartet).

Kosten der Bankdienstleistungen

12. Zinsen, Entgelte und Auslagen

(1) Zinsen und Entgelte im Privatkundengeschäft

Die Höhe der Zinsen und Entgelte für die im Privatkundengeschäft üblichen Kredite und Leistungen ergibt sich aus dem „Preisaushang – Regelsätze im standardisierten Privatkundengeschäft" und ergänzend aus dem „Preis- und Leistungsverzeichnis". Wenn ein Kunde einen dort aufgeführten Kredit oder eine dort aufgeführte Leistung in Anspruch nimmt und dabei keine abweichende Vereinbarung getroffen wurde, gelten die zu diesem Zeitpunkt im Preisaushang oder Preis- und Leistungsverzeichnis angegebenen Zinsen und Entgelte. Für die darin nicht aufgeführten Leistungen, die im Auftrag des Kunden oder in dessen mutmaßlichem Interesse erbracht werden und die, nach den Umständen zu urteilen, nur gegen eine Vergütung zu erwarten sind, kann die Bank die Höhe der Entgelte nach billigem Ermessen (§ 315 des Bürgerlichen Gesetzbuches) bestimmen.

(2) Zinsen und Entgelte außerhalb des Privatkundengeschäfts

Außerhalb des Privatkundengeschäfts bestimmt die Bank, wenn keine andere Vereinbarung getroffen ist, die Höhe von Zinsen und Entgelten nach billigem Ermessen (§ 315 des Bürgerlichen Gesetzbuches).

(3) Änderung von Zinsen und Entgelten

Die Änderung der Zinsen bei Krediten mit einem veränderlichen Zinssatz erfolgt aufgrund der jeweiligen Kreditvereinbarungen mit dem Kunden. Das Entgelt für Leistungen, die vom Kunden im Rahmen der Geschäftsverbindung typischerweise dauerhaft in Anspruch genommen werden (zum Beispiel Konto- und Depotführung), kann die Bank nach billigem Ermessen (§ 315 des Bürgerlichen Gesetzbuches) ändern.

(4) Kündigungsrecht des Kunden bei Erhöhung von Zinsen und Entgelten

Die Bank wird dem Kunden Änderungen von Zinsen und Entgelten nach Absatz 3 mitteilen. Bei einer Erhöhung kann der Kunde, sofern nichts anderes vereinbart ist, die davon betroffene Geschäftsbeziehung innerhalb von sechs Wochen nach Bekanntgabe der Änderung mit sofortiger Wirkung kündigen. Kündigt der Kunde, so werden die erhöhten Zinsen und Entgelte für die gekündigte Geschäftsbeziehung nicht zugrunde gelegt. Die Bank wird zur Abwicklung eine angemessene Frist einräumen.

(5) Auslagen

Die Bank ist berechtigt, dem Kunden Auslagen in Rechnung zu stellen, die anfallen, wenn die Bank in seinem Auftrag oder seinem mutmaßlichen Interesse tätig wird (insbesondere für Ferngespräche, Porti) oder wenn Sicherheiten bestellt, verwaltet, freigegeben oder verwertet werden (insbesondere Notarkosten, Lagergelder, Kosten der Bewachung von Sicherungsgut).

(6) Besonderheiten bei Verbraucherkrediten

Bei Kreditverträgen, die nach § 4 des Verbraucherkreditgesetzes der Schriftform bedürfen, richten sich die Zinsen und die Kosten (Entgelte, Auslagen) nach den Angaben in der Vertragsurkunde. Fehlt die Angabe eines Zinssatzes, gilt der gesetzliche Zinssatz; nicht angegebene Kosten werden nicht geschuldet (§ 6 Abs. 2 des Verbraucherkreditgesetzes). Bei Überziehungskrediten nach § 5 des Verbraucherkreditgesetzes richtet sich der maßgebliche Zinssatz nach dem Preisaushang und den Informationen, die die Bank dem Kunden übermittelt.

Sicherheiten für die Ansprüche der Bank gegen den Kunden

13. Bestellung oder Verstärkung von Sicherheiten

(1) Anspruch der Bank auf Bestellung von Sicherheiten

Die Bank kann für alle Ansprüche aus der bankmäßigen Geschäftsverbindung die Bestellung bankmäßiger Sicherheiten verlangen, und zwar auch dann, wenn die Ansprüche bedingt sind (zum Beispiel Aufwendungsersatzanspruch wegen der Inanspruchnahme aus einer für den Kunden übernommenen Bürgschaft). Hat der Kunde gegenüber der Bank eine Haftung für Verbindlichkeiten eines anderen Kunden der Bank übernommen (zum Beispiel als Bürge), so besteht für die Bank ein Anspruch auf Bestellung oder Verstärkung von Sicherheiten im Hinblick auf die aus der Haftungsübernahme folgende Schuld jedoch erst ab ihrer Fälligkeit.

(2) Veränderungen des Risikos

Hat die Bank bei der Entstehung von Ansprüchen gegen den Kunden zunächst ganz oder teilweise davon abgesehen, die Bestellung oder Verstärkung von Sicherheiten zu verlangen, kann sie auch später noch eine Besicerung fordern. Voraussetzung hierfür ist jedoch, daß Umstände eintreten oder bekanntwerden, die eine erhöhte Risikobewertung der Ansprüche gegen den Kunden rechtfertigen. Dies kann insbesondere der Fall sein, wenn

- sich die wirtschaftlichen Verhältnisse des Kunden nachteilig verändert haben oder sich zu verändern drohen oder
- sich die vorhandenen Sicherheiten wertmäßig verschlechtert haben oder zu verschlechtern drohen.

Der Besicherungsanspruch der Bank besteht nicht, wenn ausdrücklich vereinbart ist, daß der Kunde keine oder ausschließlich im einzelnen benannte Sicherheiten zu bestellen hat. Bei Krediten, die unter das Verbraucherkreditgesetz fallen, besteht ein Anspruch auf die Bestellung oder Verstärkung von Sicherheiten nur, soweit die Sicherheiten im Kreditvertrag angegeben sind; wenn der Nettokreditbetrag DM 100 000,- übersteigt, besteht der Anspruch auf Bestellung oder Verstärkung auch dann, wenn der Kreditvertrag keine oder keine abschließenden Angaben über Sicherheiten enthält.

(3) Fristsetzung für die Bestellung oder Verstärkung von Sicherheiten

Für die Bestellung oder Verstärkung von Sicherheiten wird die Bank eine angemessene Frist einräumen. Beabsichtigt die Bank, von ihrem Recht zur fristlosen Kündigung nach Nr. 19 Absatz 3 dieser Geschäftsbedingungen Gebrauch zu machen, falls der Kunde seiner Verpflichtung zur Bestellung oder Verstärkung von Sicherheiten nicht fristgerecht nachkommt, wird sie ihn zuvor hierauf hinweisen.

14. Vereinbarung eines Pfandrechts zugunsten der Bank

(1) Einigung über das Pfandrecht

Der Kunde und die Bank sind sich darüber einig, daß die Bank ein Pfandrecht an den Wertpapieren und Sachen erwirbt, an denen eine inländische Geschäftsstelle im bankmäßigen Geschäftsverkehr Besitz erlangt hat oder noch erlangen wird. Die Bank erwirbt ein Pfandrecht auch an den Ansprüchen, die dem Kunden gegen die Bank aus der bankmäßigen Geschäftsverbindung zustehen oder künftig zustehen werden (zum Beispiel Kontoguthaben).

(2) Gesicherte Ansprüche

Das Pfandrecht dient der Sicherung aller bestehenden, künftigen und bedingten Ansprüche, die der Bank mit ihren sämtlichen in- und ausländischen Geschäftsstellen aus der bankmäßigen Geschäftsverbindung gegen den Kunden zustehen. Hat der Kunde gegenüber der Bank eine Haftung für Verbindlichkeiten eines anderen Kunden der Bank übernommen (zum Beispiel als Bürge), so sichert das Pfandrecht die aus der Haftungsübernahme folgende Schuld jedoch erst ab ihrer Fälligkeit.

(3) Ausnahmen vom Pfandrecht

Gelangen Gelder oder andere Werte mit der Maßgabe in die Verfügungsgewalt der Bank, daß sie nur für einen bestimmten Zweck verwendet werden dürfen (zum Beispiel Bareinzahlung zur Einlösung eines Wechsels), erstreckt sich das Pfandrecht der Bank nicht auf diese Werte. Dasselbe gilt für die von der Bank selbst ausgegebenen Aktien (eigene Aktien) und für die Wertpapiere, die die Bank im Ausland für den Kunden verwahrt. Außerdem erstreckt sich das Pfandrecht nicht auf die von der Bank selbst ausgegebenen eigenen Genußrechte/Genußscheine und nicht auf die verbrieften und nicht verbrieften nachrangigen Verbindlichkeiten der Bank.

(4) Zins- und Gewinnanteilscheine

Unterliegen dem Pfandrecht der Bank Wertpapiere, ist der Kunde nicht berechtigt, die Herausgabe der zu diesen Papieren gehörenden Zins- und Gewinnanteilscheine zu verlangen.

15. Sicherungsrechte bei Einzugspapieren und diskontierten Wechseln

(1) Sicherungsübereignung

Die Bank erwirbt an den ihr zum Einzug eingereichten Schecks und Wechseln im Zeitpunkt der Einreichung Sicherungseigentum. An diskontierten Wechseln erwirbt die Bank im Zeitpunkt des Wechselankaufs uneingeschränktes Eigentum; belastet sie diskontierte Wechsel dem Konto zurück, so verbleibt ihr das Sicherungseigentum an diesen Wechseln.

(2) Sicherungsabtretung

Mit dem Erwerb des Eigentums an Schecks und Wechseln gehen auch die zugrundeliegenden Forderungen auf die Bank über; ein Forderungsübergang findet ferner statt, wenn andere Papiere zum Einzug eingereicht werden (zum Beispiel Lastschriften, kaufmännische Handelspapiere).

(3) Zweckgebundene Einzugspapiere

Werden der Bank Einzugspapiere mit der Maßgabe eingereicht, daß ihr Gegenwert nur für einen bestimmten Zweck verwendet werden darf, erstrecken sich die Sicherungsübereignung und die Sicherungsabtretung nicht auf diese Papiere.

(4) Gesicherte Ansprüche der Bank

Das Sicherungseigentum und die Sicherungsabtretung dienen der Sicherung aller Ansprüche, die der Bank gegen den Kunden bei Einreichung von Einzugspapieren aus seinen Kontokorrentkonten zustehen oder die infolge der Rückbelastung nicht eingelöster Einzugspapiere oder diskontierter Wechsel entstehen. Auf Anforderung des Kunden nimmt die Bank eine Rückübertragung des Sicherungseigentums an den Papieren und der auf sie übergegangenen Forderungen an den Kunden vor, falls ihr im Zeitpunkt der Anforderung keine zu sichernden Ansprüche gegen den Kunden zustehen oder sie ihn über den Gegenwert der Papiere vor deren endgültiger Bezahlung nicht verfügen läßt.

16. Begrenzung des Besicherungsanspruchs und Freigabeverpflichtung

(1) Deckungsgrenze

Die Bank kann ihren Anspruch auf Bestellung oder Verstärkung von Sicherheiten solange geltend machen, bis der realisierbare Wert aller Sicherheiten dem Gesamtbetrag aller Ansprüche aus der bankmäßigen Geschäftsverbindung (Deckungsgrenze) entspricht.

(2) Freigabe

Falls der realisierbare Wert aller Sicherheiten die Deckungsgrenze nicht nur vorübergehend übersteigt, hat die Bank auf Verlangen des Kunden Sicherheiten nach ihrer Wahl freizugeben, und zwar in Höhe des die Deckungsgrenze übersteigenden Betrages; sie wird bei der Auswahl der freizugebenden Sicherheiten auf die berechtigten Belange des Kunden und eines dritten Sicherungsgebers, der für die Verbindlichkeiten des Kunden Sicherheiten bestellt hat, Rücksicht nehmen. In diesem Rahmen ist die Bank auch verpflichtet, Aufträge des Kunden über die dem Pfandrecht unterliegenden Werte auszuführen (zum Beispiel Verkauf von Wertpapieren, Auszahlung von Spurguthaben).

Anhang

(3) Sondervereinbarungen

Ist für eine bestimmte Sicherheit ein anderer Bewertungsmaßstab als der realisierbare Wert oder ist eine andere Deckungsgrenze oder ist eine andere Grenze für die Freigabe von Sicherheiten vereinbart, so sind diese maßgeblich.

17. Verwertung von Sicherheiten

(1) Wahlrecht der Bank

Wenn die Bank verwertet, hat die Bank unter mehreren Sicherheiten die Wahl. Sie wird bei der Verwertung und bei der Auswahl der zu verwertenden Sicherheiten auf die berechtigten Belange des Kunden und eines dritten Sicherungsgebers, der für die Verbindlichkeiten des Kunden Sicherheiten bestellt hat, Rücksicht nehmen.

(2) Erlösgutschrift nach dem Umsatzsteuerrecht

Wenn der Verwertungsvorgang der Umsatzsteuer unterliegt, wird die Bank dem Kunden über den Erlös eine Gutschrift erteilen, die als Rechnung für die Lieferung der als Sicherheit dienenden Sache gilt und den Voraussetzungen des Umsatzsteuerrechts entspricht.

Kündigung

18. Kündigungsrechte des Kunden

(1) Jederzeitiges Kündigungsrecht

Der Kunde kann die gesamte Geschäftsverbindung oder einzelne Geschäftsbeziehungen (zum Beispiel den Scheckvertrag), für die weder eine Laufzeit noch eine abweichende Kündigungsregelung vereinbart ist, jederzeit ohne Einhaltung einer Kündigungsfrist kündigen.

(2) Kündigung aus wichtigem Grund

Ist für eine Geschäftsbeziehung eine Laufzeit oder eine abweichende Kündigungsregelung vereinbart, kann eine fristlose Kündigung nur dann ausgesprochen werden, wenn hierfür ein wichtiger Grund vorliegt, der es dem Kunden, auch unter angemessener Berücksichtigung der berechtigten Belange der Bank, unzumutbar werden läßt, die Geschäftsbeziehung fortzusetzen.

19. Kündigungsrechte der Bank

(1) Kündigung unter Einhaltung einer Kündigungsfrist

Die Bank kann die gesamte Geschäftsverbindung oder einzelne Geschäftsbeziehungen, für die weder eine Laufzeit noch eine abweichende Kündigungsregelung vereinbart ist, jederzeit unter Einhaltung einer angemessenen Kündigungsfrist kündigen (zum Beispiel den Scheckvertrag, der zur Nutzung der Scheckkarte und von Scheckvordrucken berechtigt). Bei der Bemessung der Kündigungsfrist wird die Bank auf die berechtigten Belange des Kunden Rücksicht nehmen. Für die Kündigung der Führung von laufenden Konten und Depots beträgt die Kündigungsfrist mindestens sechs Wochen.

(2) Kündigung unbefristeter Kredite

Kredite und Kreditzusagen, für die weder eine Laufzeit noch eine abweichende Kündigungsregelung vereinbart ist, kann die Bank jederzeit ohne Einhaltung einer Kündigungsfrist kündigen. Die Bank wird bei der Ausübung dieses Kündigungsrechts auf die berechtigten Belange des Kunden Rücksicht nehmen.

(3) Kündigung aus wichtigem Grund ohne Einhaltung einer Kündigungsfrist

Eine fristlose Kündigung der gesamten Geschäftsverbindung oder einzelner Geschäftsbeziehungen ist zulässig, wenn ein wichtiger Grund vorliegt, der der Bank, auch unter angemessener Berücksichtigung der berechtigten Belange des Kunden, deren Fortsetzung unzumutbar werden läßt. Ein solcher Grund liegt insbesondere vor, wenn der Kunde unrichtige Angaben über seine Vermögenslage gemacht hat, die für die Entscheidung der Bank über eine Kreditgewährung oder über andere mit Risiken für die Bank verbundene Geschäfte (zum Beispiel Aushändigung der Scheckkarte) von erheblicher Bedeutung waren, oder wenn eine wesentliche Verschlechterung seiner Vermögenslage eintritt oder einzutreten droht und dadurch die Erfüllung von Verbindlichkeiten gegenüber der Bank gefährdet ist. Die Bank darf auch fristlos kündigen, wenn der Kunde seiner Verpflichtung zur Bestellung oder Verstärkung von Sicherheiten nach Nr. 13 Absatz 2 dieser Geschäftsbedingungen oder aufgrund einer sonstigen Vereinbarung nicht innerhalb der von der Bank gesetzten angemessenen Frist nachkommt.

(4) Kündigung von Verbraucherkrediten bei Verzug

Soweit das Verbraucherkreditgesetz Sonderregelungen für die Kündigung wegen Verzuges mit der Rückzahlung eines Verbraucherkredits vorsieht, kann die Bank nur nach Maßgabe dieser Regelungen kündigen.

(5) Abwicklung nach einer Kündigung

Im Falle einer Kündigung ohne Kündigungsfrist wird die Bank dem Kunden für die Abwicklung (insbesondere für die Rückzahlung eines Kredits) eine angemessene Frist einräumen, soweit nicht eine sofortige Erledigung erforderlich ist (zum Beispiel bei der Kündigung des Scheckvertrages die Rückgabe der Scheckvordrucke).

Schutz der Einlagen

20. Einlagensicherungsfonds

(1) Schutzumfang

Die Bank ist dem Einlagensicherungsfonds des Bundesverbandes deutscher Banken e.V. angeschlossen. Der Einlagensicherungsfonds sichert alle Verbindlichkeiten, die in der Bilanzposition „Verbindlichkeiten gegenüber Kunden" auszuweisen sind. Hierzu zählen Sicht-, Termin- und Spareinlagen einschließlich der auf den Namen lautenden Sparbriefe. Die Sicherungsgrenze je Gläubiger beträgt 30% des für die Einlagensicherung maßgeblichen haftenden Eigenkapitals der Bank.

(2) Ausnahmen vom Einlegerschutz

Nicht geschützt sind Forderungen, über die die Bank Inhaberpapiere ausgestellt hat, wie z.B. Inhaberschuldverschreibungen und Inhabereinlagenzertifikate, sowie Verbindlichkeiten gegenüber Kreditinstituten.

(3) Ergänzende Geltung des Statuts des Einlagensicherungsfonds

Wegen weiterer Einzelheiten des Sicherungsumfanges wird auf § 6 des Statuts des Einlagensicherungsfonds verwiesen, das auf Verlangen zur Verfügung gestellt wird.

(4) Forderungsübergang

Soweit der Einlagensicherungsfonds oder ein von ihm Beauftragter Zahlungen an einen Kunden leistet, gehen dessen Forderungen gegen die Bank in entsprechender Höhe mit allen Nebenrechten Zug um Zug auf den Einlagensicherungsfonds über.

(5) Auskunftserteilung

Die Bank ist befugt, dem Einlagensicherungsfonds oder einem von ihm Beauftragten alle in diesem Zusammenhang erforderlichen Auskünfte zu erteilen und Unterlagen zur Verfügung zu stellen.

Sonderbedingungen für Wertpapiergeschäfte*

Diese Sonderbedingungen gelten für den Kauf oder Verkauf sowie für die Verwahrung von Wertpapieren, und zwar auch dann, wenn die Rechte nicht in Urkunden verbrieft sind (nachstehend: „Wertpapiere"). Für Börsentermingeschäfte, bei denen die Rechte nicht in Urkunden verbrieft sind, gelten andere Bedingungen (Sonderbedingungen für Termingeschäfte).

Ausführung von Kundenaufträgen zum Kauf oder Verkauf von Wertpapieren

Die Bank wird Kundenaufträge zum Kauf oder Verkauf von Wertpapieren entweder als Kommissionärin ausführen (Nrn. 1–8) oder mit dem Kunden Festpreisgeschäfte tätigen (Nr. 9).

Kommissionsgeschäfte

1. Ausführung des Kommissionsauftrages

(1) Ausführungsgeschäft/Beauftragung eines Zwischenkommissionärs

Die Bank führt Aufträge ihres Kunden zum Kauf oder Verkauf von Wertpapieren im In- und Ausland als Kommissionärin aus. Hierzu schließt die Bank für Rechnung des Kunden mit einem anderen Marktteilnehmer ein Kauf- oder Verkaufgeschäft (Ausführungsgeschäft) ab oder sie beauftragt einen anderen Kommissionär (Zwischenkommissionär), ein Ausführungsgeschäft abzuschließen.

(2) Geltung von Rechtsvorschriften/Usancen/Geschäftsbedingungen

Die Ausführungsgeschäfte unterliegen den für den Wertpapierhandel am Ausführungsplatz geltenden Rechtsvorschriften und Geschäftsbedingungen (Usancen); daneben gelten die Allgemeinen Geschäftsbedingungen des Vertragspartners der Bank.

(3) Preis des Ausführungsgeschäfts/Entgelt/Auslagen

Die Bank rechnet gegenüber dem Kunden den Preis des Ausführungsgeschäfts ab; sie ist berechtigt, ihr Entgelt und ihre Auslagen einschließlich fremder Kosten in Rechnung zu stellen.

---

* Die Bank-Verlag GmbH, Köln, hat die Bedingungen dankenswerterweise zur Verfügung gestellt.

2. Ausführungsplatz/Ausführungsart

(1) Weisung des Kunden

Der Kunde kann den Ausführungsplatz und die Ausführungsart für ein Einzelgeschäft oder generell bestimmen. Soweit der Kunde keine Weisung erteilt, gelten die folgenden Absätze 2–6.

(2) Ausführung im Inland oder Ausland

Soweit Wertpapiere inländischer Emittenten (**inländische Wertpapiere**) an einer inländischen Börse gehandelt werden, werden die Kundenaufträge im Inland ausgeführt. Andernfalls bestimmt die Bank nach pflichtgemäßem Ermessen, ob der Auftrag im In- oder Ausland ausgeführt wird. Soweit Wertpapiere ausländischer Emittenten (**ausländische Wertpapiere**) im amtlichen Handel oder im geregelten Markt einer inländischen Börse gehandelt werden, werden die Kundenaufträge im Inland ausgeführt. Dies gilt auch, wenn die Wertpapiere in den Freiverkehr einer inländischen Börse einbezogen sind, es sei denn, das Interesse des Kunden gebietet eine Ausführung im Ausland. Soweit ausländische Wertpapiere nicht an einer inländischen Börse gehandelt werden, bestimmt die Bank nach pflichtgemäßem Ermessen, ob der Auftrag im In- oder Ausland ausgeführt wird.

(3) Börsliche oder außerbörsliche Auftragsausführung

Aufträge werden über den Börsenhandel ausgeführt, wenn die Wertpapiere an einer inländischen Börse gehandelt werden. Bei Freiverkehrswerten kann die Ausführung auch über einen ausländischen Börsenhandel erfolgen, wenn das Interesse des Kunden dies gebietet.

Aufträge in verzinslichen Schuldverschreibungen aus einer Emission, deren jeweiliger Gesamtnennbetrag weniger als zwei Milliarden Deutsche Mark beträgt, können auch außerbörslich ausgeführt werden.

(4) Börsenplatz

Bei börslicher Auftragsausführung bestimmt die Bank den Börsenplatz unter Wahrung der Interessen des Kunden.

(5) Präsenzhandel oder elektronischer Börsenhandel

Die Bank führt den Auftrag im Börsensaal (Präsenzhandel) aus, es sei denn, das Interesse des Kunden gebietet eine Ausführung im elektronischen Börsenhandel.

(6) Unterrichtung

Über den Ausführungsplatz und die Ausführungsart wird die Bank den Kunden unverzüglich unterrichten.

3. Festsetzung von Preisgrenzen

Der Kunde kann der Bank bei der Erteilung von Aufträgen zum Kauf oder Verkauf von Wertpapieren Preisgrenzen für das Ausführungsgeschäft vorgeben (preislich limitierte Aufträge).

4. Gültigkeitsdauer von unbefristeten Kundenaufträgen

(1) Preislich unlimitierte Aufträge

Ein preislich unlimitierter Auftrag zum Kauf oder Verkauf von Wertpapieren gilt nur für einen Börsentag; ist der Auftrag für eine gleichtägige Ausführung nicht so rechtzeitig eingegangen, daß seine Berücksichtigung im Rahmen des ordnungsgemäßen Arbeitsablaufs möglich ist, so wird er für den nächsten Börsentag vorgemerkt. Wird der Auftrag nicht ausgeführt, so wird die Bank den Kunden hiervon unverzüglich benachrichtigen.

(2) Preislich limitierte Aufträge

Ein preislich limitierter Auftrag zum Kauf oder Verkauf von Wertpapieren ist bis zum letzten Börsentag des laufenden Monats gültig (Monats-Ultimo). Ein am letzten Börsentag eines Monats eingehender Auftrag wird, sofern er nicht am selben Tag ausgeführt wird, für den nächsten Monat vorgemerkt. Die Bank wird den Kunden über die Gültigkeitsdauer seines Auftrags unverzüglich unterrichten.

5. Gültigkeitsdauer von Aufträgen zum Kauf oder Verkauf von Bezugsrechten

Preislich unlimitierte Aufträge zum Kauf oder Verkauf von Bezugsrechten sind für die Dauer des Bezugsrechtshandels gültig. Preislich limitierte Aufträge zum Kauf oder Verkauf von Bezugsrechten erlöschen mit Ablauf des vorletzten Tages des Bezugsrechtshandels. Die Gültigkeitsdauer von Aufträgen zum Kauf oder Verkauf ausländischer Bezugsrechte bestimmt sich nach den maßgeblichen ausländischen Usancen.

Für die Behandlung von Bezugsrechten, die am letzten Tag des Bezugsrechtshandels zum Depotbestand des Kunden gehören, gilt Nr. 15 Abs. 1.

6. Kursaussetzung

Wenn an einer inländischen Börse die Preisfeststellung wegen besonderer Umstände im Bereich des Emittenten auf Veranlassung der Börsengeschäftsführung unterbleibt (Kursaussetzung), erlöschen sämtliche an dieser Börse auszuführenden Kundenaufträge für die betreffenden Wertpapiere; die Bank wird den Kunden hiervon unverzüglich benachrichtigen. Bei der Ausführung von Kundenaufträgen an ausländischen Börsen gelten insoweit die Usancen der ausländischen Börse.

7. Erfordernis eines ausreichenden Kontoguthabens/Depotbestandes

Die Bank ist zur Ausführung von Aufträgen zum Kauf oder Verkauf von Wertpapieren oder zur Ausübung von Bezugsrechten nur insoweit verpflichtet, als das

Guthaben des Kunden, ein für Wertpapiergeschäfte nutzbarer Kredit oder der Depotbestand des Kunden zur Ausführung ausreichen. Führt die Bank den Auftrag ganz oder teilweise nicht aus, so wird sie den Kunden unverzüglich unterrichten.

8. Haftung der Bank bei Kommissionsgeschäften

Die Bank haftet für die ordnungsgemäße Erfüllung des Ausführungsgeschäfts durch ihren Vertragspartner oder den Vertragspartner des Zwischenkommissionärs. Bis zum Abschluß eines Ausführungsgeschäfts haftet die Bank bei der Beauftragung eines Zwischenkommissionärs nur für dessen sorgfältige Auswahl und Unterweisung.

Kauf- und Verkaufgeschäfte mit der Bank

9. Festpreisgeschäfte

Vereinbaren Bank und Kunde für das einzelne Geschäft einen festen Preis (Festpreisgeschäft), so kommt ein Kaufvertrag zustande; dementsprechend übernimmt die Bank vom Kunden die Wertpapiere als Käuferin oder sie liefert die Wertpapiere an ihn als Verkäuferin. Die Bank berechnet dem Kunden den vereinbarten Preis, bei verzinslichen Schuldverschreibungen zuzüglich aufgelaufener Zinsen (Stückzinsen).

Erfüllung der Wertpapiergeschäfte

10. Erfüllung im Inland als Regelfall

Die Bank erfüllt Wertpapiergeschäfte im Inland, soweit nicht die nachfolgenden Bedingungen oder eine anderweitige Vereinbarung die Anschaffung im Ausland vorsehen.

11. Anschaffung im Inland

Bei der Erfüllung im Inland verschafft die Bank dem Kunden, sofern die Wertpapiere zur Girosammelverwahrung bei der deutschen Wertpapiersammelbank (Deutsche Börse Clearing AG) zugelassen sind, Miteigentum an diesem Sammelbestand – Girosammel-Depotgutschrift – **(GS-Gutschrift)**. Soweit Wertpapiere nicht zur Girosammelverwahrung zugelassen sind, wird dem Kunden Alleineigentum an Wertpapieren verschafft. Diese Wertpapiere verwahrt die Bank für den Kunden gesondert von ihren eigenen Beständen und von denen Dritter **(Streifbandverwahrung)**.

12. Anschaffung im Ausland

(1) Anschaffungsvereinbarung

Die Bank schafft Wertpapiere im Ausland an, wenn

- sie als Kommissionärin Kaufaufträge in in- oder ausländischen Wertpapieren im Ausland ausführt, oder
- sie dem Kunden im Wege eines Festpreisgeschäftes ausländische Wertpapiere verkauft, die im Inland weder börslich noch außerbörslich gehandelt werden, oder
- sie als Kommissionärin Kaufaufträge in ausländischen Wertpapieren ausführt oder dem Kunden ausländische Wertpapiere im Wege eines Festpreisgeschäftes verkauft, die zwar im Inland börslich oder außerbörslich gehandelt, üblicherweise aber im Ausland angeschafft werden.

(2) Einschaltung von Zwischenverwahrern

Die Bank wird die im Ausland angeschafften Wertpapiere im Ausland verwahren lassen. Hiermit wird sie einen anderen in- oder ausländischen Verwahrer (z.B. die Deutsche Börse Clearing AG) beauftragen oder eine eigene ausländische Geschäftsstelle damit betrauen. Die Verwahrung der Wertpapiere unterliegt den Rechtsvorschriften und Usancen des Verwahrungsorts und den für den oder die ausländischen Verwahrer geltenden Allgemeinen Geschäftsbedingungen.

(3) Gutschrift in Wertpapierrechnung

Die Bank wird sich nach pflichtgemäßem Ermessen unter Wahrung der Interessen des Kunden das Eigentum oder Miteigentum an den Wertpapieren oder eine andere im Lagerland übliche, gleichwertige Rechtsstellung verschaffen und diese Rechtsstellung treuhänderisch für den Kunden halten. Hierüber erteilt sie dem Kunden Gutschrift in Wertpapierrechnung (**WR-Gutschrift**) unter Angabe des ausländischen Staates, in dem sich die Wertpapiere befinden (Lagerland).

(4) Deckungsbestand

Die Bank braucht die Auslieferungsansprüche des Kunden aus der ihm erteilten WR-Gutschrift nur aus dem von ihr im Ausland unterhaltenen Deckungsbestand zu erfüllen. Der Deckungsbestand besteht aus den im Lagerland für die Kunden und für die Bank verwahrten Wertpapieren derselben Gattung. Ein Kunde, dem eine WR-Gutschrift erteilt worden ist, trägt daher anteilig alle wirtschaftlichen und rechtlichen Nachteile und Schäden, die den Deckungsbestand als Folge von höherer Gewalt, Aufruhr, Kriegs- und Naturereignissen oder durch sonstige von der Bank nicht zu vertretende Zugriffe Dritter im Ausland oder im Zusammenhang mit Verfügungen von hoher Hand des In- oder Auslands treffen sollten.

(5) Behandlung der Gegenleistung

Hat ein Kunde nach Absatz 4 Nachteile und Schäden am Deckungsbestand zu tragen, so ist die Bank nicht verpflichtet, dem Kunden den Kaufpreis zurückzuerstatten.

Anhang

Die Dienstleistungen im Rahmen der Verwahrung

13. Depotauszug

Die Bank erteilt mindestens einmal jährlich einen Depotauszug.

14. Einlösung von Wertpapieren/Bogenerneuerung

(1) Inlandsverwahrte Wertpapiere

Bei im Inland verwahrten Wertpapieren sorgt die Bank für die Einlösung von Zins-, Gewinnanteil- und Ertragsscheinen sowie von rückzahlbaren Wertpapieren bei deren Fälligkeit. Der Gegenwert von Zins-, Gewinnanteil- und Ertragsscheinen sowie von fälligen Wertpapieren jeder Art wird unter dem Vorbehalt gutgeschrieben, daß die Bank den Betrag erhält, und zwar auch dann, wenn die Papiere bei der Bank selbst zahlbar sind. Die Bank besorgt neue Zins-, Gewinnanteil- und Ertragscheinbogen (Bogenerneuerung).

(2) Auslandsverwahrte Wertpapiere

Diese Pflichten obliegen bei im Ausland verwahrten Wertpapieren dem ausländischen Verwahrer.

(3) Auslosung und Kündigung von Schuldverschreibungen

Bei im Inland verwahrten Schuldverschreibungen überwacht die Bank den Zeitpunkt der Rückzahlung infolge Auslosung und Kündigung anhand der Veröffentlichungen in den „Wertpapier-Mitteilungen". Bei einer Auslosung von im Ausland verwahrten rückzahlbaren Schuldverschreibungen, die anhand deren Urkundennummern erfolgt (Nummernauslosung), wird die Bank nach ihrer Wahl den Kunden für die ihm in Wertpapierrechnung gutgeschriebenen Wertpapiere entweder Urkundennummern für die Auslosungszwecke zuordnen oder in einer internen Auslosung die Aufteilung des auf den Deckungsbestand entfallenden Betrages auf die Kunden vornehmen. Diese interne Auslosung wird unter Aufsicht einer neutralen Prüfungsstelle vorgenommen; sie kann statt dessen unter Einsatz einer elektronischen Datenverarbeitungsanlage durchgeführt werden, sofern eine neutrale Auslosung gewährleistet ist.

(4) Einlösung in fremder Währung

Werden Zins-, Gewinnanteil- und Ertragscheine sowie fällige Wertpapiere in ausländischer Währung oder Rechnungseinheiten eingelöst, wird die Bank den Einlösungsbetrag auf dem Konto des Kunden in dieser Währung gutschreiben, sofern der Kunde ein Konto in dieser Währung unterhält. Andernfalls wird sie dem Kunden hierüber eine Gutschrift in Deutsche Mark erteilen, soweit nicht etwas anderes vereinbart ist.

15. Behandlung von Bezugsrechten/Optionsscheinen/Wandelschuldverschreibungen

(1) Bezugsrechte

Über die Einräumung von Bezugsrechten wird die Bank den Kunden benachrichtigen, wenn hierüber eine Bekanntmachung in den „Wertpapier-Mitteilungen" erschienen ist. Soweit die Bank bis zum Ablauf des vorletzten Tages des Bezugsrechtshandels keine andere Weisung des Kunden erhalten hat, wird sie sämtliche zum Depotbestand des Kunden gehörenden inländischen Bezugsrechte bestens verkaufen; ausländische Bezugsrechte darf die Bank gemäß den im Ausland geltenden Usancen bestens verwerten lassen.

(2) Options- und Wandlungsrechte

Über den Verfall von Rechten aus Optionsscheinen oder Wandlungsrechten aus Wandelschuldverschreibungen wird die Bank den Kunden mit der Bitte um Weisung benachrichtigen, wenn auf den Verfalltag in den „Wertpapier-Mitteilungen" hingewiesen worden ist.

16. Weitergabe von Nachrichten

Werden in den „Wertpapier-Mitteilungen" Informationen veröffentlicht, die die Wertpapiere des Kunden betreffen, oder werden der Bank solche Informationen vom Emittenten oder von ihrem ausländischen Verwahrer/Zwischenverwahrer übermittelt, so wird die Bank dem Kunden diese Informationen zur Kenntnis geben, soweit sich diese auf die Rechtsposition des Kunden erheblich auswirken können und die Benachrichtigung des Kunden zur Wahrung seiner Interessen erforderlich ist. So wird sie insbesondere Informationen über

- gesetzliche Abfindungs- und Umtauschangebote,
- freiwillige Kauf- und Umtauschangebote,
- Sanierungsverfahren

zur Kenntnis geben. Eine Benachrichtigung des Kunden kann unterbleiben, wenn die Information bei der Bank nicht rechtzeitig eingegangen ist oder die vom Kunden zu ergreifenden Maßnahmen wirtschaftlich nicht zu vertreten sind, weil die anfallenden Kosten in einem Mißverhältnis zu den möglichen Ansprüchen des Kunden stehen.

17. Prüfungspflicht der Bank

Die Bank prüft anhand der Bekanntmachungen in den „Wertpapier-Mitteilungen" einmalig bei der Einlieferung von Wertpapierurkunden, ob diese von Verlustmeldungen (Opposition), Zahlungssperren und dergleichen betroffen sind. Die Überprüfung auf Aufgebotsverfahren zur Kraftloserklärung von Wertpapierurkunden erfolgt auch nach Einlieferung.

Anhang

18. Umtausch sowie Ausbuchung und Vernichtung von Urkunden

(1) Urkundenumtausch

Die Bank darf ohne vorherige Benachrichtigung des Kunden einer in den „Wertpapier-Mitteilungen" bekanntgemachten Aufforderung zur Einreichung von Wertpapierurkunden Folge leisten, wenn diese Einreichung offensichtlich im Kundeninteresse liegt und damit auch keine Anlageentscheidung verbunden ist (wie z.B. nach der Fusion der Emittentin mit einer anderen Gesellschaft oder bei inhaltlicher Unrichtigkeit der Wertpapierurkunden). Der Kunde wird hierüber unterrichtet.

(2) Ausbuchung und Vernichtung nach Verlust der Wertpapiereigenschaft

Verlieren die für den Kunden verwahrten Wertpapierurkunden ihre Wertpapiereigenschaft durch Erlöschen der darin verbrieften Rechte, so können sie zum Zwecke der Vernichtung aus dem Depot des Kunden ausgebucht werden. Im Inland verwahrte Urkunden werden soweit möglich dem Kunden auf Verlangen zur Verfügung gestellt. Der Kunde wird über die Ausbuchung, die Möglichkeit der Auslieferung und die mögliche Vernichtung unterrichtet. Erteilt er keine Weisung, so kann die Bank die Urkunden nach Ablauf einer Frist von zwei Monaten nach Absendung der Mitteilung an den Kunden vernichten.

19. Haftung

(1) Inlandsverwahrung

Bei der Verwahrung von Wertpapieren im Inland haftet die Bank für jedes Verschulden ihrer Mitarbeiter und der Personen, die sie zur Erfüllung ihrer Verpflichtungen hinzuzieht. Soweit dem Kunden eine GS-Gutschrift erteilt wird, haftet die Bank auch für die Erfüllung der Pflichten der Deutsche Börse Clearing AG.

(2) Auslandsverwahrung

Bei der Verwahrung von Wertpapieren im Ausland beschränkt sich die Haftung der Bank auf die sorgfältige Auswahl und Unterweisung des von ihr beauftragten ausländischen Verwahrers oder Zwischenverwahrers. Bei einer Zwischenverwahrung durch die Deutsche Börse Clearing AG oder einen anderen inländischen Zwischenverwahrer sowie einer Verwahrung durch eine eigene ausländische Geschäftsstelle, haftet die Bank für deren Verschulden.

20. Sonstiges

(1) Auskunftsersuchen ausländischer Aktiengesellschaften

Ausländische Aktien, die ein Kunde von der Bank im Inland oder im Ausland verwahren läßt, unterliegen der Rechtsordnung des Staates, in dem die Aktiengesellschaft ihren Sitz hat. Die Rechte und Pflichten der Aktionäre bestimmen sich daher nach dieser Rechtsordnung. Danach ist die Aktiengesellschaft häufig berechtigt oder sogar verpflichtet, über ihre Aktionäre Informationen einzuholen. Soweit die Bank hiernach im Einzelfall zur Auskunftserteilung unter Offenlegung des Namens des Kunden verpflichtet ist, wird sie ihn benachrichtigen. Entsprechendes kann auch für andere Wertpapiere, insbesondere für Wandel- und Optionsanleihen, gelten.

(2) **Einlieferung/Überträge**

Diese Sonderbedingungen gelten auch, wenn der Kunde der Bank in- oder ausländische Wertpapiere zur Verwahrung effektiv einliefert oder Depotguthaben von einem anderen Verwahrer übertragen läßt. Verlangt der Kunde die Verwahrung im Ausland, wird ihm eine WR-Gutschrift nach Maßgabe dieser Sonderbedingungen erteilt.

Sachregister

Die Ziffern bezeichnen die Randnummern

A-Geschäft 5.104
– Abwicklung eines fehlerhaften Geschäftes 5.125
– Anschaffungsdarlehen 5.108
Abbuchungsauftrag 4.348; 4.367
Abbuchungsauftragsverfahren 4.348; 4.518
Abbuchungsverfahren bei Lastschriften
– Erfüllungswirkung im Valutaverhältnis 4.413
– Widerspruchsmöglichkeit des Lastschriftschuldners 4.360
– Zahlungsanweisung 4.367
– Zeitpunkt der Lastschrifteinlösung 4.368
Abfindungsanspruch 9.112
Abgestufter Besitz 11.279
Abgetrennte Optionsscheine 8.24
Abgrenzung von öffentlichem und privatem Recht 8.235
Abgrenzungskriterium 8.239
Abgrenzungstheorien 8.232
Abhandenkommen 4.580
Abhandenkommen von Kreditkarten 4.966
Abhandenkommen von Reiseschecks 4.983; 4.990
Abhandenkommen von Wertpapieren 4.580
– gutgläubiger Erwerb 9.82
– Kraftloserklärung 9.117
Abkaufsverpflichtung 6.586
Abkommen
– über das beleglose Scheckeinzugsverfahren (BSE) 4.468; 4.599; 4.628
– über den beleglosen Einzug von Reisescheckgegenwerten (BRS) 4.590
– Bretton Woods 7.41; 14.7
– Clearing 4.630

– über den Europäischen Wirtschaftsraum (EWR) 16.79; 16.417
– über den Lastschriftverkehr (LSA) 4.344; 4.421
– zum Überweisungsverkehr 4.172
– über die Umwandlung beleghaft erteilter Lastschriftaufträge in Datensätze und deren Bearbeitung (EZL) 4.421; 4.628; 4.636; 4.638; 4.643
– über die Umwandlung beleghaft erteilter Überweisungsaufträge in Datensätzen und deren Bearbeitung (EZÜ) 4.628; 4.636; 4.639
– über die Umwandlung beleghafter Überweisungen (Gutschriftsträger) mit prüfziffergesicherten Verwendungszweckangaben in Datensätze mittels Codierzeilenlesung und deren weitere Bearbeitung (BZÜ) 4.642
– Vertragsstaaten des EWR-Abk. 16.39
– Zahlungsverkehr (EZÜ, EZL) 4.638
Ablaufmechanismen 8.174
Ablauforganisation 8.260; 16.496
Abrechnungspapiere 4.182; 20.116
Abrechnungsstelle 2.461; 4.526; 4.593; 20.116
Abrechnungsverkehr 4.2; 4.181; 4.424; 4.592
Abrechnungsverkehr der Deutschen Bundesbank
– Durchführung 4.180
– Skontration 4.184
– Skontroverband 4.183
Abrufrecht 5.228
Abrufrisiko 19.117
Absatzfinanzierung 5.80; 5.329
Absatzgarantie 9.26
Absatzrisiko 7.296; 9.24; 16.33

2313

Abschlag (Deport) 14.191
Abschlußsaldo 3.45; 3.71
– Feststellung 3.60
Abschlußvermittlung 9.6; 9.12; 9.22; 19.53
Abschreibungsbedarf 16.491
Abschreibungsgesellschaften 9.341
– Beteiligungen 8.39
Absicherung (Hedging) 8.34; 14.8; 16.30
Absicherung passivischer Bilanzpositionen 14.74
Absolute Gültigkeitseinwendungen 9.94
Absonderungsrecht 7.244
Abspaltung 5.25
Abstimmung von Depotkonten 11.384
Abstrakte Konsortialquote 9.262
Abstrakte Schadensberechnung 5.203
Abstrakte Schuldumschaffung 5.48
Abstrakte Verpflichtung zur Schadloshaltung 4.1037
Abstrakter Zahlungsanspruch 4.754; 4.761; 4.812; 4.823; 4.886
Abstraktes Forderungsrecht 4.229
Abstraktes Schuldversprechen 4.765; 4.824; 6.229
Abstraktheit 4.22; 5.260
– der Bankgarantie 5.270
Abstraktionsprinzip 7.214
Abtretung 2.493; 4.785
– antizipierter Vertrag 2.553
– aufschiebend bedingte 3.304
– des Einlösungsanspruchs 4.985
– gesetzlicher Anspruch 6.296
– der Saldoforderung 6.429
Abtretung künftiger Forderungen 6.433
– Bestimmtheitsgrundsatz 6.361
– dingliche Verzichtsklausel 6.459
– Durchgangserwerb 6.436
– Kollision mit verlängertem Eigentumsvorbehalt 6.463
Abtretungsanzeige 9.71
Abtretungsausschluß 6.283

Abtretungsurkunde 9.87
Abtretungsverbot 2.678
Abtretungsvertrag 6.428
Abwicklungs- und Lieferrisiko 19.74
Abzahlungsgesetz 5.54
Abzahlungskauf (Abzahlungsgeschäft) 5.99
– finanzierter 5.101; 5.105
Adäquates Kursniveau 8.255
Ad-hoc-Publizität 8.151; 8.190; 8.200; 8.213; 8.249; 16.88; 16.213; 16.541; 17.16; 17.297
– Befreiung 16.297
– Beispielkatalog der Deutsche Börse AG 16.295
– Bewertungsmaßstäbe für Veröffentlichungspflicht 16.322
– Emittentenbezogenheit 16.88
– Entstehungszeitpunkt der Veröffentlichungspflicht 16.247
– Freiverkehrswerte 16.231
– insiderrechtliche Präventivmaßnahmen 16.220
– Kapitalmarktpublizität 16.213
– kein Schutzgesetz i.S. des § 823 II 16.225
– organisatorische Maßnahmen 16.330
– persönliche Haftung der Vorstandsmitglieder 16.327
– publizitätspflichtige Wertpapiere 16.229
– Schutzzweck 16.223
– unternehmensexterne Emittentenberater 16.331
– zeitliche Vorverlagerung 16.283
Adressenausfallrisiko 5.5; 14.72; 19.32; 19.74; 19.107
AGB s. Allgemeine Geschäftsbedingungen
AGB-Gesetz 4.893
Akkreditiv
– Änderungen 7.178
– Beanstandung der A.-Dokumente 7.204
– Derferred-Payment-A. 7.277

- Dokumentenakkreditiv s. dort
- Gegenakkreditiv 7.180
- Grundsatz der A.-Übertragung 7.176
- Hauptakkreditiv 7.180
- Negioziierungsakkreditiv 7.151
- Unwiderruflichkeit 7.170

Akkreditivauftrag
- Inhalt 7.161

Akkreditivbestätigung 7.186
Akkreditiv-Deckungs-Konto 7.268
Akkreditiveröffnende Bank 7.119
Akkreditivgeschäft 2.266; 20.37
Akkreditivstellung 7.60
Aktien 8.10; 8.19; 9.2
- eigene s. dort
- Globalaktie 11.187
- Gratisaktie 9.190; 11.64
- Namensaktien 8.16; 8.17
- nicht voll eingezahlte 10.272
- öffentliches Verkaufsangebot (IPO) 9.207
- Originalaktie (IPO) 9.39
- säumiger Aktionär bei nicht volleingezahlten Aktien
- verbotswidrige Anschaffung 10.321
- vinkulierte 2.610; 9.65; 11.142

Aktienbezogene Optionsscheine 15.23
Aktienbuch, Umschreibung 10.274
Aktienemissionen 9.175
Aktienfonds mit begrenzter Laufzeit 12.28; 12.89
Aktien-Indexfonds 12.28
Aktienleihe 13.33
Aktienrechtliche Meldepflichten 16.347
Aktienregister 8.18
Aktienverleiher
- Fruchtgenuß 13.5

Aktienzertifikate 8.16
Aktionäre
- Ausschluß 9.223
- Bezugsrecht 9.4; 9.179; 9.185

Aktionärsdemokratie 11.125
Aktiv/Aktiv-Methode 5.222
Aktiv-/Passivmanagement 3.27

Aktivgeschäft 3.3; 3.9
Aktivischer Unterschiedsbetrag 19.40
Aktivsalden 3.215; 3.221
Aktivvermögen 6.592
Akzeptantenwechsel 5.242
Akzeptanz 5.292
Akzeptanz der Kreditkarte 4.923
Akzeptbanken 5.316
Akzeptkredite 5.12; 5.315; 7.275
- als Bankgeschäft 5.318
- Begriff 5.315
- Darlehen 5.318
- Pflichten der Bank 5.319
- Pflichten des Kunden 5.320
- Rechtsnatur 5.317
- Verbindung mit Diskontkredit 5.318

Akzeptmeldung 7.117
Akzeptprovision 5.320
Akzeptverbot 4.551; 4.555
Akzeptvorschüsse 5.12
Akzessorietät 2.647; 4.770; 5.259; 6.106; 13.89
- Bürgschaft 6.93
- Pfandrecht 6.67

Akzessorietätsgrundsatz 6.106
Akzessorische Sicherheiten 6.472
Alleinbesitz 3.305
Alleineigentum 10.226
Alleinvertretungsmacht 9.247
Alles-oder-Nichts-Prinzip 10.328; 10.333
Allfinanzangebot 1.15; 2.799; 2.815
- Bankenaufsicht 2.801
- Entwicklung 2.801
- Folgen für das Bankgeschäft 2.821
- Gegenstand 2.815
- durch Konzernunternehmen 2.819
- Mergers and Acquisitions 2.823
- Unternehmensberatung 2.823
- Versicherungsgeschäft 2.819

Allfinanzkonzern 2.822
Allgemeine Betriebskosten 2.308
Allgemeine Geschäftsbedingungen 7.142
- Änderungen 2.118

2315

- Angemessenheitskontrolle s. dort
- Anleihebedingungen 9.147
- Anmeldung beim Bundeskartellamt 2.64
- Anwendungsbereich im Bankgeschäft 2.36
- Arten 2.45
- Aushöhlungsverbot 11.148
- Auslegung 2.79
- Banken AGB s. dort
- Bankformulare 2.47
- Bankpraxis 2.36
- Begriff 2.30; 2.42; 2.54
- Börsenusancen 2.51
- Bundesbank 20.113; 20.157
- Drittwirkung zu Lasten des Bankkunden 2.56
- EG-Richtlinie über mißbräuchliche Klauseln in Verbraucherverträgen 2.67
- ergänzende Vertragsauslegung bei Unwirksamkeit 2.92
- Formulierung 2.84
- Funktion 2.30
- Geltung fremder AGB bei der Ausführung von Kundenaufträgen 2.49, 2.55
- geltungserhaltende Reduktion 2.89
- Grund-AGB 2.45; 2.108
- Inhaltskontrolle 2.70; s. auch dort
- Klauseln s. Allgemeine Geschäftsbedingungen – Klauseln; s. auch Banken AGB
- Kündigungsrecht 5.150; 5.198; 5.199
- Lesbarkeit 2.80
- Normenqualität 2.30
- Rechtscharakter 2.30
- Sittenwidrigkeit 2.71
- staatliche Kontrolle 2.64
- Stornorecht 4.319
- Teilunwirksamkeit 2.88
- Transparenzgebot 2.80
- überraschende Klauseln 2.86; 6.2; 6.244

- unangemessene Benachteiligung 2.75
- unzulässige Rechtsausübung 2.99
- Verbandsklage 2.64
- Verbot der geltungserhaltenden Reduktion 2.93
- Verständlichkeit 2.81
- Vertragsgerechtigkeit 2.60
- Verwender 2.70
- Vorrang von Individualabreden s. dort
- Weiterverweisung auf andere AGB 2.53
- Wertpapiergeschäfte 2.109
- zumutbare Kenntnisnahme 2.114

Allgemeine Geschäftsbedingungen – Klauseln 4.717
- Bankauskunft 2.185
- Bankgeheimnis 2.129
- Berichtigungsbuchung 2.416
- besonderer Hinweis bei Eilbedürftigkeit der Ausführung eines Auftrages 2.236
- Effektengeschäft, weggefallene Klauseln 10.254
- Einzugsaufträge 2.105
- Entgelte 2.297
- Filialklausel 2.639
- Fremdwährungskonten 2.467
- Geltendmachung von Einwendungen gegen Rechnungsabschlüsse 2.381
- Geltung deutschen Rechts 2.332; 7.25
- Haftung für Erfüllungsgehilfen 2.274
- Haftung für leichte Fahrlässigkeit 2.250
- Klarheit von Aufträgen 2.232
- Kosten der Bankdienstleistungen 2.293 ff.
- Kündigungsrecht der Bank 2.353 ff.
- Kündigungsrecht des Kunden 2.324
- Mitwirkungspflichten des Kunden 2.131

- Pfandrecht s. Allgemeine Geschäftsbedingungen – Pfandrecht
- Pflicht zur Prüfung der Kontoauszüge 2.240
- Rechnungsabschlüsse 2.119
- Rechtswahl 7.20
- Sicherheitenbestellung 5.198
- Sicherungseigentum an Einzugspapieren und diskontierten Wechseln 2.667
- Stornierung von Kontogutschriften 4.320 ff.
- Substitutionsklausel 2.281
- überraschende 2.86; 6.2; 6.244
- untypische Ausnahmefälle 2.91
- Verfügungsberechtigung nach dem Tod des Kunden 2.480
- Weitergeleitete Aufträge 16.509
- Zinsbestimmungsklausel 2.298
- Zugangsfiktion 2.343

Allgemeine Geschäftsbedingungen – Pfandrecht 2.12; 2.587; 2.609; 2.746; 4.796; 6.342; 6.402; 6.425; 6.470; 7.241
- Altersvorzug 2.648
- auslandsaufbewahrte Wertpapiere 2.682; 11.137
- Ausschluß 2.617
- Ausnahmen 2.617
- der Depotbank 11.95
- der drittverwahrenden Bank 2.615
- eigene Aktien der Bank 2.589
- Einziehung 2.705; 6.479
- Filialklausel 2.639
- gesicherte Forderungen 2.637
- Kontoguthaben 3.2
- Kontoguthaben auf offene Treuhandkonten 2.627
- künftige Forderungen 2.646
- Vermögenswerte, die einer besonderen Zweckbestimmung dienen 2.618
- Verwertung des Pfandrechts an Wertpapieren 2.743
- Voraussetzungen 2.563
- Wechsel 2.106
- Wirksamkeit 2.560

Allgemeine Handlungsfreiheit 6.150
Allgemeine Verhaltenspflichten 4.148
Allgemeine Verhaltens- und Schutzpflichten 11.109
Allgemeine Verhaltensregeln 16.420; 16.531
Allgemeine zivilrechtliche Prospekthaftung 8.40; 9.286; 9.339; 9.340
Allgemeiner Wertpapierbegriff 9.51; s. auch Wertpapierbegriff
Allgemeines Deutsches Handelsgesetzbuch 17.9
Allgemeines Persönlichkeitsrecht 2.71
Allgemeinverfügung 11.371; 19.175
Allokation der Ressourcen 8.180
Allokative Funktionsfähigkeit des Kapitalmarktes 8.202
Altersversorgung 16.471
Altersvorsorge 12.118
Altersvorzug des AGB-Pfandrechts 2.648
Altkredite 5.96
Alturkunden 9.111
American Depositary Receipts (ADR) 9.64
American Express Traveler Cheque 4.977
Amerikanisches Verfahren 20.182
Amsterdamer Vertrag vom 2.10.1997 20.4
Amtliche Feststellung (Notierung) des Börsenpreises 8.79
Amtliche Preisfeststellung 10.187
Amtlicher Markt 8.79; 17.383
Amtshilfe 17.81; 18.54
Amtspflichten 17.115
Amtspflichtverletzung 11.371; 16.227; 17.165; 19.205
- Bundesaufsichtsamt für das Kreditwesen 19.153
- Bundesaufsichtsamt für den Wertpapierhandel 18.78

Amtstheorie 3.173
An- und Abwachsung 11.163
Analogie 4.143

2317

Sachregister

Analyse- und Researchbereich 16.544
Analysten 16.145
Anbietungs- oder Andienungsvertrag
5.347
Anderkonto 3.148; 5.175
Andeutungstheorie 6.126
**Androhung der Sicherheiten-
verwertung** 2.729; 2.730
Androhung der Zwangsregulierung
10.118
Aneignungsermächtigung 11.24; 13.26
Anfangsverdacht 18.96
Anfechtbarkeit 6.144
Anfechtung
– Gläubigeranfechtung 6.47
Anfechtungsklage 18.132
Angebot ad certas personas 6.601
Angebot- und Nachfragepotential 8.7
Angebotspalette 16.475
Angebotstheorie 10.177
Angemessenheitskontrolle 1.16;
2.562; 6.454; 10.277
Angloamerikanische Vertragspraxis
7.8
Angloamerikanisches Vertragsmuster
7.235; 7.300
Anhörungspflicht 5.292
Ankauf von Forderungen 2.552;
4.958; 5.342; 5.350
Anknüpfungspunkte 7.12
Ankündigung der Verwertung 6.508
Anlageausschuß 12.14; 12.127
Anlageberatung 10.13; 16.432; 16.480
Anlageberatung der Bank
– Aufklärungspflichten 16.430
– Beratungspflichten 16.430
– Professionalität des Kunden 16.445
– Risikobereitschaft des Kunden
16.452
– Schriftformerfordernis 16.456
– Standardisierung 16.446
Anlageentscheidung 9.301; 16.443
Anlagegrenzen 12.88; 12.92
Anlagekatalog 12.79
Anlageprogramm 16.444
Anlagerichtlinie 10.11; 10.19

Anlagestimmung 9.297; 9.322; 9.327
Anlagestrategie 8.37; 12.84; 16.441
Anlagevermittlung 19.52
Anlageziele 16.452; 16.471
Anleger als Marktteilnehmer 8.156
Anlegerentschädigungs-Richtlinie
19.146
Anlegerpublikum („Anlegerschaft")
8.7; 8.85; 8.234; 16.10; 16.58;
16.223; 16.520; 17.299
Anlegerschutz 8.173; 8.195; 8.205;
9.277; 12.99; 15.71; 16.407; 17.18;
17.44; 17.304; 17.395; 17.419;
17.502; 17.552
– Ablehnung der Börseneinführung
8.198
– Individualschutz 8.173
– Publikumsschutz 8.175
– überindividueller 8.173; 8.175;
16.10
Anlegerschutzprinzip 16.477
Anleihebedingungen 9.103; 9.142
– AGB-Charakter 9.147
– Einbeziehung 9.150
Anleiheformen 14.5
Anleihen 9.3
– strukturierte 14.49; 14.71
Anmeldepflicht der Käuferbank
10.291
Anmeldungen
– Rechte aus schwebenden A. 11.5
Annahmeerklärung 3.274
Annahmevermerk 4.549
Annahmeverzug 2.504; 4.26; 4.411;
4.574; 20.9
Annahmezwang 20.9
**Anonymisierung der Netzgeld-
zahlung** 4.1011
Anpassungsklauseln 2.320; 2.326
Anrechnung von Zahlungseingängen
6.181
Anschaffungsdarlehen 5.101; 5.108
Anschaffungsphase 11.293
Anscheinsvollmacht 2.556
Anschlußfinanzierung 5.323
Anschlußzession 6.485

2318

Anspruch auf Gutschrift 4.203
Anspruch aus der Gutschrift 4.211
Anspruch auf Nachbesicherung 6.573
Anspruch auf Rückübertragung der Grundschuld 6.266; 6.282
Anspruch auf Sicherheitsleistung 5.27
Anspruch auf Teilfreigabe von Sicherheiten 6.276; 6.384; 6.491
Ansprüche aus der Zubehörversicherung 6.256
Anspruchserwerb 4.887
Anstalt des öffentlichen Rechts 8.80; 8.271; 17.110; 17.116; 17.127; 18.136; 20.128
– Aufsicht 19.154
– nicht rechtsfähige 17.127
Anstaltsbegriff 20.129
Anstaltsgewalt 8.89
Anstaltsträger 20.129
Anstaltszweck 8.254; 17.209
Anstifter 16.153
Anteilscheine (Investmentzertifikate) 8.25; 9.45; 12.62
Antizipierende Pfandrechtsbestellung 2.595; 2.654
Antizipierte Übereignung 11.328
Antizipierte Verrechnungsvereinbarung 2.378
Antizipierter Abtretungsvertrag 2.553
Anwartschaft 9.220
Anwartschaftsrecht 6.347; 6.485; 9.194
– grundpfandrechtliche Zubehörhaftung 6.358
– Haftungszugriff Dritter 6.355
– Kapitalerhöhungen 9.194
– Kreditsicherungsinstrument 6.346
– Recht der Bank zur Leistung als Dritte 6.315
– Schutz vor Beeinträchtigungen Dritter 6.350
– Sicherungsübereignung 6.348
– Übertragung 6.346
– Vermieterpfandrecht 6.356
Anweisung 4.858; 4.1047; 4.1048
– im weiteren Sinne 7.196

Anweisungsurkunde 4.552
Anwendbares Recht 9.146
Anzahlungsgarantie 5.264
Anzeigepflicht 2.174; 3.115; 19.97; 19.98
Äquivalenz 20.55
Äquivalenzprinzip 17.278; 17.538
Arbeitseinkommen 3.210
Arbeitslosigkeit 5.214
Arbeitsrecht 2.26
Arbeitsverhältnis 10.45; 16.598
Arbitrage 8.35; 11.344
– grenzüberschreitender Handel 11.226
Arbitragegeschäfte 13.22; 14.65; 17.327; 17.481
Arbitrage-Instrumente 2.810
Arglisteinrede 2.582
Argumentum a majore ad minus 3.328
Arrangierte Geschäfte 16.491
Arrest 2.171; 3.209; 5.297; 5.303; 7.216; 7.218; 7.224; 11.160
Arrestpfändung 5.303
Artikelgesetz 4.647; 16.1
Asset-Backed-Securities (ABS) 14.44
– ABS-Technik 14.51
– Poolgesellschaft 14.52
– wirtschaftliche Vorteile 14.50
Asset Management 2.806
Asset/Liability-Management 14.196
Association of International Bond Dealers (AIBD) 8.109; 12.81
Atypische Verträge 14.203
Atypischer Mietvertrag 5.391
Aufbau- und Ablauforganisation 16.534
Aufbewahrungsfrist 3.99
Aufbewahrungspflicht 2.487
Aufforderung zur Abgabe von Angeboten 9.208
Aufgabegeschäfte 17.343; 17.354; 17.429; 18.145
Aufgebotsverfahren 11.112
Aufgedrängte Gutschrift 4.215
Aufgeld 9.182
Aufgenommene Gelder 3.20; 5.1

Sachregister

Aufklärungspflichten 4.717; 10.26; 10.337; 15.177
- gesetzliche 16.434; 16.482
- und Beratungspflichten 16.430; 16.435
- und Warnpflichten 2.132; 2.789; 4.508

Aufklärungspflichten der Bank 6.139
- Börsentermingeschäfte 15.174
- Effektengeschäfte 10.201
- Kontobevollmächtigter 15.188; 15.189
- s. auch Anlageberatung, Verhaltens- und Schutzpflichten

Aufladen der Wallet 4.1005
Aufladung 4.869
Auflage 3.282
Auflösende Bedingung 2.413; 2.445; 4.360; 4.481; 6.485
Auflösung des Konsortiums 9.259
Aufnahmefähigkeit (Liquidität) 8.185
Aufrechnung 6.585; 15.173
- eingeschränkte A.-Befugnis 5.303
- einseitige 3.79
- verhältnismäßige Gesamt- aufrechnung 3.59

Aufrechnungsbefugnis 3.127
Aufrechnungsklausel 2.394
Aufrechnungsmöglichkeit 5.127; 7.242
Aufrechnungsrecht 7.243
Aufrechnungsvertrag 2.522
Aufruhr 2.289
- als Haftungsausschließungsgrund 11.262; 11.295

Aufschiebend bedingte Abtretung 3.304
Aufschiebend bedingte Übereignung 6.349
Aufschiebende Bedingung 2.445; 4.63; 4.481; 15.19
Aufschiebende Befristung 5.49
Aufschlag (Report) 14.191
Aufsichtsbehörden 19.163
Aufsichtsratsmitglied 16.203
Aufsichtsrechtliche Normen 8.249

Aufspaltung 5.25; 5.100
Auftrag
- Gebot der schnellstmöglichen Ausführung 10.163
- weitergeleiteter s. dort

Auftragsangebot 4.371
Auftragsausführung
- außerbörsliche 10.66
- Interessenwahrung 10.97

Auftragsbestätigung 16.501
Auftragsketten 2.265
Auftragsrechtliche Benachrichtigungs- pflicht 11.104
Auftragsrechtliche Informations- pflicht 11.86
Auftragsrechtliche Vorschußleistung 4.1016
Auftragsrechtliche Weisung 3.255
- des Netzgeldzahlers 4.1008

Auftragsrechtlicher Herausgabean- spruch 3.42; 4.208; 11.294; 13.71
Auftragsrechtliches Weisungsrecht 4.827
Auftragsstimmrecht 11.118
Aufwendungsersatzanspruch 2.329; 2.430; 4.141; 4.527; 4.734; 4.795; 4.852; 4.937; 4.987; 7.192; 7.269
Aufzeichnungspflichten 8.258; 10.55; 10.171
- und Aufbewahrungspflichten 16.406; 16.498; 16.499

Auktionsbörse 17.325
Auktionsverfahren 17.83; 17.359; 17.368; 17.573
Ausbuchung 11.117
Ausfallbürgschaft 6.195
Ausfallgarantie 13.70; 13.90
Ausfallhaftung 5.125
Ausfallrisiko 2.677; 4.358; 6.566
Ausforschungs- oder Suchpfändungen 3.225
Ausfuhrbürgschaften 7.258
Ausfuhrgarantien 7.258
Ausfuhrgewährleistungen 7.259
Ausführungsanspruch der Markt- teilnehmer 17.350

Ausführungsanzeige 10.167
Ausführungsgeschäft 2.56; 10.31; 10.34
Ausführungsplatz
– Freiverkehr 10.76
– Wahl 10.57
Ausfuhrverbot 7.237
Ausfüllendes Gestaltungsrecht 4.38
Ausgabe von Wertpapieren 9.2
Ausgleichsansprüche 6.171; 6.174; 6.298
Ausgleichsfonds 8.44
Ausgleichspflicht 3.260; 10.316
Ausgleichszahlung 14.81; 14.160
Ausgliederung 5.25
– von Geschäftssparten 2.819
Aushandeln 2.44
Aushöhlung 6.475; 16.457
Aushöhlungsverbot 11.148
Auskünfte 8.151; 18.95
Auskunftsanspruch 16.433
Auskunftsersuchen 2.140; 2.158; 11.274
Auskunftspflichten 11.273; 11.274; 18.94, 18.95
– der Emittenten 8.151
Auskunftsvertrag 2.206; 4.567
Auslagenersatz 2.329
Ausländische Börse 10.66; 10.186
Ausländische Depotbank (Lagerstelle) 11.255
Ausländische Emittenten 16.324
Ausländische Geschäftsstelle 2.602
Ausländische Kooperationspartner 11.237
Ausländische Korrespondenzbanken 7.62
Ausländische Korrespondenzbank beim Dokumentenakkreditiv
– Avisbank 7.187
– Erfüllungsgehilfen der inländischen Akkreditivbank 7.188
– Zahl- und Abwicklungsstelle 7.185
– zusätzlicher Akkreditivschuldner 7.186
Ausländische Kunden 2.111

Ausländische Rechtsvorschriften 7.10
Ausländische Usancen 10.143
Ausländischer WR-Deckungsbestand 11.262
Ausländisches Buchgeld 8.54
Ausländisches Recht (lex cartae sitae) 7.4; 10.235
– Maßgeblichkeit 11.349
Auslandsberührung 7.4; 20.37
Auslandsbezogene Bankgeschäfte 7.4
Auslands-Factoring 5.336
Auslandsforderungen 6.502
Auslandsgeschäft 2.50; 7.1; 20.36
– anwendbares Recht 7.27
– Auslandsbezug 7.8
– Auslandskreditgeschäft s. dort
– bargeldloser Zahlungsverkehr 7.59
– Börsentermingeschäfte 15.202
– Effektengeschäft 10.234
– Geschäftsformen 7.1
– Internationales Privatrecht 7.11
– lex cartae sitae 7.35
– lex rei sitae 7.34
– ordre public 15.200
– Vertragsstatut 7.17
– Wertpapierrechtsstatut 7.36
– Wertpapiersachstatut 7.36
Auslandsinvestment-Gesetz 12.156
Auslandskreditgeschäft 7.229
– Bevorschussung des Inkassoerlöses bei Dokumenteninkasso 7.240
– Cross-Border-Leasing 7.256
– Eurokredite 7.235
– Export-Leasing 7.256
– Factoring 7.230
– Forfaitierung 7.230
– Projektfinanzierung 7.234
– Rembourskredit 7.275
– Risiken 7.238
– Wechselkredite 5.235
Auslandsrisiko 7.257
Auslandsscheck 2.444
Auslandsverwahrung 11.137; 11.241
Auslegung s. auch Vertragsauslegung
– gesetzliche Regel 3.262

2321

- richtlinienkonforme 16.71; 16.390
- des Sicherungsvertrages 2.91; 3.309; 6.128; 6.271; 6.390; 6.599

Auslegungsmethoden 16.130
Auslosung 11.93
Auslosungsrisiko 16.441
Ausnahmen vom AGB-Pfandrecht 2.617
Ausnutzen von Insidertatsachen 16.50; 16.150
Ausnutzung genehmigten Kapitals 16.251
Ausnutzungsverbot 16.156
Ausschluß von Einwendungen aus dem Valutaverhältnis 4.937
Ausschluß des Rückforderungsrechts 15.168
Ausschreibungsverfahren 20.179
Außengesellschaft 9.192; 9.240
Außenhaftung der Konsorten 9.251
Außenhandel 2.50; 5.316; 7.5; 7.60; 7.103; 7.229
Außenhandelsfinanzierung 7.7; 7.229; 7.256
Außenkonsortium 9.232
Außenwirtschaftsrecht 7.45
Außerbetrieblicher Überweisungsverkehr 4.130
Außerbörslich (Over The Counter = OTC) 15.46; s. auch Over the Counter
Außerbörsliche (Off-the-Exchange) Märkte 14.147
Außerbörsliche Auftragsausführung 10.66
Außerbörsliche Kapitalmärkte 10.2
Außerbörslicher Interbankenhandel (Telefonverkehr) 10.206
Außerdeckungsgeschäft 6.203
Außerordentliche Kündigung 2.586
Außervertragliche Schuldverhältnisse 2.128; 7.33
Aussetzung der amtlichen Kursfeststellung 8.254
Aussonderung 12.53

Aussonderungsrecht 11.215; 11.253; 11.254
Aussperrung 2.289
Ausstattungspflicht 6.596
Austauschbarkeit 8.15; s. auch Fungibilität
- (Fungibilität) der Terminkontrakte 14.91
- von Kapitalmarktpapieren (Fungibilität) 9.48

Austauschverträge 5.170
Ausübungskontrolle 2.99
Auswahl zwischen verschiedenen Inlandsbörsen 10.71
Auswahlrecht unter mehreren Sicherheiten 2.726; 2.732
Auswirkungen auf die Vermögens- oder Finanzlage 16.278
Auszahlungssperre nach Verlustmeldung 4.992
Authentizität 4.647
Automatisierung des Bankgeschäfts 4.46; 4.193; 4.627
Autonome Marktaufsicht 17.523
Autonome Rechtsetzungsbefugnis 2.34; 17.110; 17.271; 17.488; 17.504; 20.101
Autonome Rechtsvorschriften 17.104
Autonome Selbstverwaltung 17.492
Autonomer Gesetzgeber 17.272
Autonomie 17.104; 20.91
Autonomieermächtigung 17.107
Autonomieträger 17.491
Autonomieverleihung 17.108; 17.491; 17.508
Autorisierte Abrufpräsenz 4.54; 4.240
Autorisierung des Karteneinsatzes 4.932
Autorisierungsstelle 4.809
Autorisierungsvorgang 4.682; 4.828
Avalkredit (Garantiegeschäft) 5.11; 5.57; 5.252; 6.531
Avalkreditvertrag 5.266
Avalprovision 5.275
Avis 4.210

B-Geschäft
- Bauzwischenfinanzierungen 5.110
- Begriff 5.101

Back-up Fazilitäten (Linien) 14.34
Bagatell-Kreditverträge 5.60
Bandbreiten-(Range-)Optionen 14.172
Bandbreiten-(Range)-Optionsscheine 15.35; 15.104; 15.144; 15.215
Bank of Credit and Commerce International (BCCI) 19.78
- Folgerichtlinie 19.46

Bank für Internationalen Zahlungsausgleich (BIZ) 19.28

Bankauskunft
- AGB-Banken 2.193
- Aufwendungsersatzanspruch 2.184
- Auskunftsberechtigung 2.193
- Auskunftspflicht der Depotbank 11.273
- Auskunftsvertrag 2.206
- Bankgeheimnis 2.134
- Bank-zu-Bank-Auskunft 2.201
- Drittschadensliquidation 2.209
- Effektengeschäft 16.430
- Einverständnis des Kunden 2.154
- fehlerhafte 2.209
- Grundsätze über die Erteilung von Bankauskünften 2.201
- Haftung für fehlerhafte Auskünfte 2.204
- Inhalt 2.199
- und Raterteilung 2.186
- Scheckauskunft 4.559
- Schufa-Meldungen 2.211

Bankauskunftsverfahren 2.191
Bankaval 5.11; 5.311
Bankbestätigung 4.120
Bankbilanzrichtlinie 19.79
Bankbürgschaft 2.6
Bankeigene Verleihsysteme 13.93
Banken AGB
- Anmeldung beim Bundeskartellamt 2.64
- Anwendbarkeit 2.755
- Arten 2.45
- Bankformulare 2.47

- Geltung im Verkehr zwischen Banken 2.755
- Grund-AGB 2.108
- Kontoeröffnungsformulare 3.108
- Regelungsbereich 2.755
- Sonderbedingungen 2.46

Bankenaufsicht 2.801; 4.900; 4.902; 19.1; 20.119
- Allfinanzstrategie 2.821
- allgemeine 19.172
- Anzeigepflichten bei Beteiligungserwerb 2.820
- Ausgliederung von Geschäftssparten in Konzernunternehmen 2.819
- Bankgeschäfte, gesetzlicher Katalog 2.800
- Befreiungsverordnung 2.817
- Beteiligung an Nichtbanken 2.819
- Einlegerschutz 19.131
- einstweilige Maßnahmen 19.190
- institutsbezogene Maßnahmen 19.176
- verwaltungsgerichtlicher Rechtsschutz 19.196
- Verwarnung 19.192

Bankenaufsichtssystem 19.13
Bankenerlaß 2.177
Bankenkonsortium 2.598; 7.312
Bankenkrise 19.1
Bankfilialen als Verwahrer 11.151
Bankformulare 2.47; 20.23
Bankgarantie 2.266; 5.254; 7.6
- Abgrenzung zur Bürgschaft zahlbar auf erstes Anfordern 5.277
- Anhörung des Bankkunden 5.290
- Anzahlungsgarantie 5.264
- Arrest 5.297; 5.303
- Arten 5.264
- Aufrechnungsbefugnis der Garantiebank 5.304
- Avalprovision 5.275
- Befristung 5.271
- Bietungsgarantie 5.264
- direkte Garantie 5.265
- einheitliche Richtlinien für Demanded Guarantees 5.254

2323

Sachregister

- einstweilige Verfügung gegen die Garantiebank 5.229
- einstweilige Verfügung gegen den Garantiebegünstigten 5.298
- Einwendungsausschluß 5.294
- Erstattungsanspruch der Bank 5.290
- gerichtliche Eilmaßnahmen 5.297
- Inanspruchnahme 5.289
- indirekte Garantie 5.265
- Inhalt 5.260; 5.285
- Konnossementsgarantie 5.264
- Leistungsgarantie 5.264
- Liefergarantie 5.264
- Liquiditätsfunktion 5.261
- Sicherungsfunktion 5.257
- Vertragserfüllungsgarantie 5.264
- Voraussetzungen 5.270
- Vorschuß, Anspruch der Bank auf 5.268
- Zahlung auf erstes Anfordern 5.277
- Zahlungsgarantie 5.264

Bankgeheimnis 2.129; 7.98; 10.296; 11.275
- AGB Banken 2.134
- AGB Wertpapiergeschäfte 2.143
- Anzeigepflicht bei Verdacht der Geldwäsche 2.174
- Auskunftsersuchen aus dem Ausland 2.158
- Ausnahmen 2.152
- Aussageverweigerungsrecht 2.172
- Bankauskunft s. dort
- Bankenerlaß 2.177
- Befreiung 2.559
- Benachrichtigung des Kunden über Offenbarung 2.165
- Benennung des Erwerbers nicht voll eingezahlter Aktien 10.296
- Datenschutz 2.140; 2.191
- Dauer 2.136
- Drittschuldnererklärung 2.170
- Durchbrechung 2.167
- Einschränkungen 2.151
- Geheimhaltungswille des Kunden 2.144
- Geldwäsche, Anzeige 2.173

- geschützter Personenkreis 2.149
- Güter- und Interessenabwägung 2.165
- Inhalt 2.142
- inneres 2.151; 2.200; 2.261
- Notwehr/Nothilfe 2.160
- Offenbarungspflicht 2.142
- Steuerrecht 2.175
- strafrechtlicher Schutz 2.138
- Strafverfahren 2.172
- überwiegendes Eigeninteresse der Bank 2.165
- Umfang 2.140; 4.134; 7.98
- Vollstreckung in ein Bankguthaben 2.170
- Zivilprozeß 2.169

Bankgeschäfte
- Akzeptkredit 5.317
- Ankauf von Wechseln/Schecks 5.233
- Anzeigepflicht bei Nicht-Bankgeschäften 19.95
- Diskontgeschäft 5.342
- Erlaubnispflicht 4.898; 4.960; 19.85
- Erweiterung des gesetzlichen Katalogs 19.93
- gesetzlicher Katalog 2.800; 5.16; 19.91
- Revolvingkreditvermittlungsgeschäft 5.324
- Vermittlung des bargeldlosen Zahlungsverkehrs 4.11

Bankierkunden 2.659
Bankkunde
- Schutzbedürfnis 10.270

Bankinternes Sammelkonto 3.155
Bankleitzahl 2.233; 4.195; 4.632
Banklizenz 12.42; 19.161
Bankmäßige Geschäftsverbindung
- Abgrenzung zur Geschäftsbeziehung 2.752
- allgemeiner Bankvertrag 2.763
- Anwendbarkeit der Banken-AGB 2.755
- Beendigung 2.768

2324

- Begriff 2.752
- Kontrahierungszwang der Bank 2.769
- Kündigung 2.766
- Pflicht zur Durchführung von Bankgeschäften 2.769
- Rechtsnatur 2.762
- Verhaltens- und Schutzpflichten 2.780
- Voraussetzungen 2.753
- Zugang von Mitteilungen der Bank 2.385

Bankmäßige Sicherheit 2.568
Banknahe Geschäfte 2.817
Banknoten 4.20; 20.9; 20.108
Bankplatz 5.248
Bankprivatrecht 1.1; 2.2
Bankrecht
- Bankprivatrecht 1.1; 2.19
- Begriff 1.3
- Entwicklung 1.16
- europäische Rechtsangleichung 17.12
- öffentliches Recht 2.19
- Rechtsquellen 2.3

Bankrechtliche Komponente 10.201
Bankrechts-Koordinierungsrichtlinien
- erste 19.21
- zweite 19.19

Banküberweisung 4.99; 7.61; s. auch Überweisung
- Anspruch auf Deckung 4.174
- Anspruch auf Gutschrift des Überweisungsbetrages 4.204
- Aufwendungsersatzanspruch der Überweiserbank 4.141
- Avis 4.210
- Belastungsbuchung 4.8
- Benachrichtigungspflicht der Überweiserbank 4.137
- Bereicherungsansprüche bei gestörter Geschäftsabwicklung s. dort
- Berichtigungsbuchung 4.329
- Bestätigung 4.554
- Dauerauftrag 4.121
- Drittschadensliquidation 4.430
- einwendungsgeschützter Zahlungsanspruch aus der Gutschrift 4.22
- Fälschungsrisiko 4.125; 4.158; 4.536
- Fehlüberweisung 4.192; 4.270
- Filialüberweisung 4.14
- grenzüberschreitender Zahlungsverkehr 4.186
- Haftung der Überweiserbank 4.146
- Hausüberweisung 4.14
- Kontoanrufprüfung 4.193
- Kontonummer 4.193
- Minderjährige 4.114
- Name des Begünstigten 4.191
- Rückbuchung 4.323
- Rückfragepflicht der Überweiserbank 4.136
- Sammelüberweisung 4.123
- Schadensersatzpflicht bei fehlerhafter Auftragsausführung 4.146
- Überweisungskette 4.167
- Verhaltens- und Schutzpflichten von Bank und Kunden 4.150
- Vertrag mit Schutzwirkung für Dritte 4.256
- Vertragsbeziehung zwischen Überweisendem und seiner Bank 4.103 ff.
- Vertragsbeziehung zwischen Überweisungsbegünstigtem und seiner Bank 4.200 ff.
- Verwendungszweck 4.99
- Vorschußpflicht des Auftraggebers 4.139
- Warnpflicht der Bank 4.153
- Zurückweisungsrecht 4.215

Bankvertrag 2.135; 2.762
Bankvertragsrecht 1.19
Bank-zu-Bank-Auskunft 2.201
Bankzweigstellenrichtlinie 19.79
Bardeckung 7.136
Bardepot 5.261; 5.268; 5.285; 5.305; 6.104
Bargeld 1.10; 4.19; 5.6; 20.9; 20.15; 20.19
Bargeldauszahlung an bankeigenen Geldautomaten 4.847

Bargeldauszahlung an institutsfremden Geldautomaten 4.851
Bargeldgleiche Sicherung 4.923
Bargeldlose Zahlungsmittel 4.974
Bargeldloser Zahlungsverkehr 4.676; 19.5
– Abrechnungsverkehr der Deutschen Bundesbank 4.181
– Automation s. Datenfernübertragung, Magnetband-Clearing-Verfahren
– Bankgeschäft 4.1
– beleglose Zahlungsverkehrsabwicklung 4.627
– Bereicherungsansprüche bei gestörter Geschäftsabwicklung s. dort
– BSE-Abkommen 4.628
– BZÜ-Abkommen 4.642
– Datenfernübertragung 4.344
– Datenträgeraustausch s. Magnetband-Clearing-Verfahren
– Einverständnis des Buchgeldempfängers mit bargeldloser Zahlung 4.26
– Erfüllung von Geldschulden 4.26
– EZL-Abkommen 4.221
– EZÜ-Abkommen 4.628
– Filialüberweisung 4.141
– gestörte Geschäftsabwicklung s. Bereicherungsanspruch bei gestörter Geschäftsabwicklung
– Girovertrag s. dort
– grenzüberschreitender Zahlungsverkehr 4.186; 7.59
– Gutschrift s. dort
– Hausüberweisung 4.14
– Nachteile für den Gläubiger 4.27
– Rechtzeitigkeit der Buchgeldzahlung 4.92
– Richtlinien für einheitliche Zahlungsverkehrsvordrucke 4.119
– Skontration 4.425
– Transportgefahr 4.26; 4.85
– Zurückweisungsrecht des Gläubigers 4.219
Bargeldloses Telefonieren 4.915
Bargeldservice 4.913

Bargeschäft 7.249
Barkapitalerhöhung 9.188
Barrier-Optionen 14.166
Barter-Geschäfte 2.824
Basiselemente 14.1; 14.11
Basiswerte
– Börsenterminhandel 14.213
– Finanzaktiva 14.83
– Underlying 14.60; 14.63; 14.99
Basiszinssatz 5.205; 20.36; 20.74
– Bezugsgrößen-Verordnung 20.74
Baufinanzierungen 5.66
Bauherrenmodelle 3.11; 8.39
Baukastenprinzip 14.180; 19.73
Bauspardarlehen 5.66
Bausparverträge 1.15
Bauzwischenfinanzierungen 5.110
BCCI s. Bank of Credit and Commerce International
Beamte im haftungsrechtlichen Sinne 17.193
Beanstandung der Akkreditiv-Dokumente 7.204
Bedeutende Beteiligungen 19.25
Bedingte Forderungen 2.564
Bedingte Kapitalerhöhung 9.186
Bedingte Termingeschäfte 14.100
Bedingung 2.11; 3.269
– aufschiebende s. dort
Bedingungen für Datenfernübertragung (DFÜ) 4.635
Bedingungen für ec-Karten 4.774; 4.822; 4.845
Bedingungen für den ec-Service 4.696
Bedingungen für Geschäfte an den deutschen Wertpapierbörsen (Börsenusancen) 8.95
Bedingungen für den Scheckverkehr 4.752
Bedingungen für die Teilnahme am ec-System 4.821
Beendigung der Wertpapierwirkung 9.114
Befreiung von der Ad-hoc-Publizität 16.296
Befreiung vom Bankgeheimnis 2.559

Befreiungsanspruch 2.748; 5.268
Befriedigungsvorrecht 14.46
Befristete Aufträge 10.135
Befristete Forderungen 2.565; 5.409
Befristung 2.11; 3.269; 5.274; 15.19
– aufschiebende 5.49
– des Stornorechts 4.327
Begebung 9.107
– von Rückflußstücken 9.116
– von Wertpapieren 9.107
Begebungsvertrag 2.670; 8.62; 9.107
– Unwirksamkeit 4.803
Begrenzte Laufzeit 12.86
Begründung des Garantieanspruchs 4.953
Begünstigender Verwaltungsakt 17.312
Beherrschungsvertrag 6.605
Behördeneigenschaft 8.83; 17.177
Beitragspflicht 9.251
Belastende Verwaltungsakte 8.83; 17.180; 17.498; 19.184
Belastungsbeleg 4.930; 4.933
Belastungsbuchung 2.413; 2.424; 2.456; 2.476; 4.8; 4.68; 4.368; 4.392
– Anspruch auf Rückgängigmachung 3.248
– Rechtswirkung 4.368
Beleglose Abwicklung der Zahlungsvorgänge 4.627
Belegloser Datenträgeraustausch 4.56
– Richtlinien für den beleglosen Datenträgeraustausch 4.194
– Zeitpunkt der Gutschrift 4.599
Belegloser Scheckeinzug 4.468; 4.598
Belegloses Scheckeinzugsverfahren
– Abkommen s. dort
– Reiseschecks 4.590
– Vorlagepflicht 4.599
Beleihung 17.529
– Grenzen 17.527
Belieferbarkeit der Terminkontrakte 14.115
Beliehene 17.94
Beliehenes Unternehmen 17.152
Bemühungspflicht 10.194

Benachrichtigungspflicht 2.246; 2.421; 4.137; 4.404; 9.249; 11.111; 11.255; 20.42
Benachrichtigungspflicht der Bank
– Depotgeschäft 11.112
– Effektengeschäft 11.114
– Emissionsgeschäft 9.249
Beneficial owner 2.143
Benutzungsgebühr 17.229
Benutzungsverhältnis 17.13; 17.205; 17.510
Beratungsgespräch 16.449
Beratungspflicht 10.203; 15.177; 16.451
Beratungsvertrag 10.26; 16.449
Berechnung der Vorfälligkeitsentschädigung 5.215
Bereicherung, Wegfall 4.228
Bereicherungsanspruch 2.387; 3.317; 5.186; 5.281; 6.133; 10.314
– der Bank 4.226; 4.233; 4.296
Bereicherungsansprüche bei gestörter Geschäftsabwicklung
– Ausgleich innerhalb des fehlerhaften Leistungsverhältnisses 4.276
– Doppelmangel 4.296
– Durchgriffskondiktion 4.301
– fehlende Kenntnis des Zahlungsempfängers von Mängeln der Anweisung 4.291 ff.
– gefälschter Überweisungsauftrag 4.310
– Kenntnis des Zahlungsempfängers von dem Widerruf der Überweisung 4.306
– Kenntnis des Zahlungsempfängers von einer Zuvielzahlung 4.306
– Mangel im Deckungsverhältnis 4.291
– Mangel im Valutaverhältnis 4.282
– Sicht des Zahlungsempfängers 4.276
– von vornherein fehlende Anweisung 4.310
Bereicherungsausgleich
– im Deckungsverhältnis 4.294

- beim Girogeschäft 4.269; 4.281; 4.532
- im Mehrpersonenverhältnis 4.271

Bereicherungsfeste Schenkung 3.317
Bereicherungsgläubiger
- Buchgeldzahler als B. 4.287

Bereicherungsrechtliche Grundsätze 5.137; 5.213
Bereicherungsrechtliche Leistungsbeziehungen 4.286
Bereicherungsrechtliche Vermögensverschiebung 4.280
Bereicherungsrechtlicher Behaltensgrund 15.1
Bereichsöffentlichkeit 16.107; 16.189; 16.317; 16.323; 16.494; 17.302
Bereitstellung von Risikokapital 9.307
Bereitstellungsprovision 5.179
Berichtigungsaktien (Gratisaktien) 11.64
Berichtigungsbuchung 2.416; 4.329
Berliner Börse 17.116
Berliner Börsenstreit 17.143
Berliner System 5.102
Bermuda-Optionen 14.101
Berufliche Eignung 8.133
Berufsfreiheit 17.258
Beschaffungspflicht 11.264
Beschlagnahme 2.496; 3.218
Beschlagnahmewirkung 7.226
Beschränkt dingliches Recht 6.208
Beschränkte Geschäftsfähigkeit 4.800
- Kontoinhaber 3.180

Beschwerden der Kunden 16.536
Besicherung eigenkapitalersetzender Darlehen 6.72
- Bank als Pfandgläubigerin eines Gesellschaftsanteils 6.79
- Bankenprivileg 6.75
- Gesellschafterbesicherte Drittdarlehen 6.85
- Gesellschaftsanteile als Sicherheit 6.79
- Gewährung eigenkapitalersetzender Darlehen gegen Sicherheiten 6.72

Besicherungsanspruch
- der Bank 2.562; 2.699; 6.1; 6.13
- Nachbesicherungsanspruch 6.573
- originärer 2.562

Besicherungsklausel 2.564
Besitz 2.603
- abgestufter 11.279
- mehrstufiger Besitz 11.149
- mittelbarer Besitz 2.606; 6.339; 11.301
- Mitbesitz 3.305

Besitzdiener 6.334
Besitzer, bösgläubiger 4.609
Besitzkonstitut 11.328
Besitzleiter 11.149
Besitzlose Sachen 2.607; 11.178
Besitzmittler 4.607
Besitzmittlungsverhältnis 6.333; 11.315
Besitzrechtliche Voraussetzungen 6.331
Besitzübergabe 11.6
Besitzumstellende Depotgutschrift 11.340
Besitzumstellung 11.179; 11.298; 11.304
Besondere Verhaltensregeln 16.486
Besserungsschein 6.583
Best-effort des Kommissionärs 14.25; 14.43
Best-effort underwriting 9.20
Bestand der Forderung (Verität) 5.333
Bestandsliste 6.477
Bestandssicherung 2.540
Bestätigung eines nichtigen Geschäfts 15.2
Bestätigungsvermerk 4.554
Besteuerungsverfahren 2.176
Bestimmbarkeitsgrundsatz 2.597; 2.685; 6.131; 6.488
Bestimmtheit der Autonomieermächtigung 17.107
Bestimmtheitsgrundsatz 2.597; 2.685; 3.211; 3.225; 6.361; 6.438
- Depotgeschäft 11.171
- Effektengeschäft 11.131

- Pfändung von Kontoguthaben 3.211
- Sicherungsübereignung 2.685
- verlängerter Eigentumsvorbehalt 6.445
- Vorausabtretung künftiger Forderungen 6.438

Bestimmungsgemäße Kenntnisnahme von Insidertatsachen 16.140
Betagte Forderungen 5.409
Beteiligungen
- an Abschreibungsgesellschaften 8.39
- bedeutende 19.25

Beteiligungsfähigkeit für Verwaltungsverfahren 17.134
Beteiligungsgesellschaften 12.17
Betreuer 3.121; 17.82
- Aufgabenkreis 3.188
- Kontoverfügungen 3.1807

Betreuungsgesetz 3.184
Betreuungsverhältnisse 16.584
Betriebsabläufe 16.194
Betriebs- und Geschäftsgeheimnisse 16.203
Betriebsinterne Aufsicht 16.521
Betriebsinterne Regelungen 16.535
Betriebsinterner Informationsfluß 16.193
- Betriebskosten 2.308

Betriebsmittelkredite 5.181
Betriebspflichten 17.153
Beugestrafen 2.166
Beurteilungsspielraum 11.372; 16.308; 16.506; 18.89
Bevollmächtigtenkartei 3.113
Bevollmächtigung 2.229
- von Mitarbeiter 16.590

Bevorschussung 5.355
- bei Akkreditiven 7.279

Bevorschussung des Inkassoerlöses bei Dokumenteninkasso 7.240
- Aufrechnungsrecht der Einreicherbank 7.242
- Befriedigungsrecht der Bank ohne Erwerb der Inkassoforderung 7.246

Beweggrund 6.25

Beweis des ersten Anscheins 4.862
Beweislast 4.747; 6.162; 7.739; 9.329; 10.164; 10.188; 15.149
Beweislastregeln 6.499
Beweislastumkehr 2.390; 9.325
Beweislastverteilung 9.84
Beweismittel, liquide 5.296; 7.216; 7.225
Bewertung der Sicherheiten 2.713; 6.403
Bewertungsabschlag 2.719; 6.23; 6.411
Bewertungsmaßstäbe 6.275
Bewertungsmodelle 8.37
Bezahltmeldung 2.436; 2.466; 4.524; 7.117
- der Gateway-Betreiber 4.1007

Bezeichnung des Kontoinhabers 3.120
Bezugspreis 9.196; 9.202
Bezugsrecht 9.4; 9.179; 9.185; 9.202; 9.207; 9.217; 11.63; 11.103; 13.4
- Ausschluß 9.221
- mittelbares B. 9.218
- Wertverwässerung der Altaktien 9.227

Bezugsrechtsausschluß 9.221
Bezugsrechtshandel 10.142
BGB-Gesellschaft s. Gesellschaft des bürgerlichen Rechts
Bietergesellschaft 16.241
Bietungsgarantie 5.264
Big-ticket-Leasing 7.257
Bilanzausweis 13.55
Bilanzausweispflicht 6.591
Bilanzfälschung 16.93
Bilanzposition II 13.55
Bilanzrelationen 6.551
Bildschirmtext (Btx) 2.39; 4.683
- Abgabe von Willenserklärungen 4.663
- Anwendungsbereiche 4.644
- Berechtigungsmerkmale 4.657
- Btx-Abrede 4.655
- Haftung für mißbräuchliche Verwendung 4.667

- Identifikation des Verfügungsberechtigten 4.659
- persönliche Identifikationsnummer (PIN) 4.658
- Regelungen über die kontenbezogene Anwendung
- Sicherungskonzept 4.651
- Sperrbefugnis der Bank 4.668
- Transaktionsnummern (TAN) 4.659
- Verfahren 4.645; 4.651

Bildung von Sondervermögen 12.48
Billiges Ermessen 2.297
Billigkeit 6.177
Bindungswillen 2.765
Binnenmarkt 1.19
Blankobenachrichtigungsschreiben 6.512
Blankoindossierung 11.142
Blankokredit 2.578
Blankounterschrift 6.124
Blinddruckbrief 4.658
Blitzgiro 4.121
Blockade 7.237
Blockposten 16.169
Bodensatztheorie 19.115
Bogenerneuerung 11.87
Bond-Urteil 16.449
Bonifatius-Fall 3.300
Bonifikation 9.10
Bonität 1.6; 2.194; 4.352; 5.8; 14.71
Bonitätsgewichtungsfaktoren 19.106
Bonitätshaftung 5.239
Bonitätsprüfung 9.300; 16.454
Bonitätsrisiko 2.5; 4.357; 7.128; 8.88; 10.6; 10.218; 13.77; 16.441; 20.22
Bonitätsverschlechterungen 16.245
Bookbuilding-Verfahren 9.18; 9.198; 9.203
Bookrunners 9.204
Börse
- Einrichtungen 17.212
- öffentlich-rechtliche Organisationsstruktur s. dort
- Teilrechtsfähigkeit 17.125; 17.128
- vollelektronische 17.458

Börsenähnliche (proprietäre) Handelssysteme 17.514
Börsenähnliche Märkte 17.587
Börsenaufsicht 18.20
- Befugnisse 16.227; 17.69
- Ersatzmaßnahme 18.5

Börsenaufsichtsbehörde 8.264; 16.413; 17.155; 18.4
- Genehmigung 17.137

Börsenblatt, überregionales 16.334
Börseneinführung 9.33; 17.225
Börseneinführungskonsortium 9.34
Börseneinführungsprospekt 17.392
Börseneinrichtungen 17.156
Börsen-Enquête-Kommission 10.167; 17.7
Börsengang 9.207
Börsengebühren 8.201
Börsengeschäftsabwicklung (BOEGA) 11.376; 17.409; 17.569
Börsengeschäftsbedingungen 16.413
Börsengeschäftsführung 17.174; 18.137
Börsengesetzliche Prospekthaftung 9.292; 9.345
Börsengesetzliches Gleichbehandlungsgebot 8.211
Börsengesetznovelle 1986 17.11; 17.387
Börsenhandel 10.6; 10.206
- Börsenkulisse 8.138
- Direktgeschäft 17.285
- Einführung in den B. 8.86; 17.222; 17.386
- Handelsverbund s. dort
- Kassahandel 17.25; 17.358
- Marktsegmente 17.377
- Organisationsstruktur 17.111; 17.545
- Parketthandel 8.72; 17.39
- für Rechnung des Kunden 8.122
- Rückzug vom B. (going private) 17.241
- überregionaler 17.40
- Unterbrechung 8.254; 17.184; 17.291

– variabler 17.329
– vollautomatischer s. Computerbörse
Börseninfrastruktur 8.201
Börsenkulisse 8.138
Börsenleistungen 17.210
Börsenmakler 8.101; 8.134
Börsenmäßig organisierte Sekundärmärkte 8.69
Börsen-Order-Service-System (BOSS) 10.52; 10.105
– -Cube 16.551
Börsenordnung 10.77; 17.102
Börsenorgane 17.171
Börsenparkett (Handelsplattform) 8.73; 10.83; 17.40; 17.79; 17.83
– überregionales 17.40
Börsenpflichtblatt 16.202
Börsenplatz 7.30
Börsenpolitische Zielsetzung 10.82
Börsenpreis 8.170; 9.227; 10.80; 17.19; 17.83
– Begriff 17.19
– Direktgeschäfte 17.285
– Freiverkehrspreise 17.412; 17.413
– ordnungsmäßiges Zustandekommen 17.334
– Preisspanne 17.82
– XETRA-Preise 17.47; 17.83
Börsenrat 17.186
Börsenreform-Gutachten 17.484
Börsenselbstverwaltung 17.118; 17.171; 17.503
Börsentermingeschäfte 5.58; 14.111; 14.156; 14.159
– Anwendbarkeit des Verbraucherkreditgesetzes 5.58
– Auslandsbezug 15.202
– außerbörsliche 15.199
– Begriff 15.31; 15.52
– Hebelwirkung (Leverage-Effekt) 15.90
– Investmentfonds 12.98
– Mitwirkung von Vermittler 15.163
– offizielle 15.193
– prolongiertes Kassageschäft 15.113

– Wahl ausländischen Rechts 15.205
– Zeitraumbezogenheit 15.16; 15.82
Börsentermingeschäftsfähigkeit
– Herbeiführung 15.150
– Informationsmodell 15.137
– Personen 15.127
Börsenterminhandel 17.84
Börsenträger 17.148
Börsentrend 16.435
Börsenumsatzsteuer 14.28
Börsenusancen 2.51; 8.27; 8.229; 15.9; 17.210; 17.319; 17.337; 17.395
Börsenversammlung 17.358
Börsenzulassung, Verzicht auf 17.258
Börsenzulassungsgesetz vom 16. 12. 1986 8.90; 17.12
Börsenzulassungsrichtlinie 15.215
Börsenzulassungsverfahren 9.137
Börsenzulassungs-Verordnung (BörsZulV) 9.34; 17.111
Börsenzwang 8.181; 10.23; 17.2; 17.18; 17.328
– gesetzlicher 10.60
Börsliches Netzwerk 17.74
Bösgläubige Besitzer 4.609
Bösgläubigkeit 4.285; 4.905; 4.617
– der Bank 4.618
BOSS-Cube 16.551
Bote 3.300; 17.348
Bottom-up-Methode 9.128
Branchenüblicher verlängerter Eigentumsvorbehalt 6.458
Bretton Woods-Abkommen 7.41; 14.7
Briefkurse (Verkaufspreise) 17.326
BRS-Abkommen s. Abkommen
Bruchteilseigentum 9.246
Bruchteilsgemeinschaft 3.233; 3.246; 6.524; 12.153
Bruchteilsmiteigentum 11.161
Bruchteilsquote 11.161
Bruttosollzins
– gewichteter durchschnittlicher B. 5.135
– marktüblicher 5.135
Bruttosozialprodukt 20.59

BSE-Abkommen s. Abkommen
Bucheffekten 11.199
Buch-(Giral-)Geld 1.10; 2.380; 2.428;
2.429; 2.469; 3.33; 3.35; 4.5; 4.19;
4.99; 5.6; 20.9; 20.13; 20.14; 20.175
– ausländisches 8.54
Buchgeldempfänger 4.10
Buchgeldzahler 4.10; 4.99
– als Bereicherungsgläubiger 4.287
Buchgeldzahlung 4.4; 4.229; 4.462
Buchgläubiger 11.213; 11.221
Buchungsschnitt 4.70
Buchwährung 20.20
Bundesaufsicht 18.69
Bundesaufsichtsamt für das Kreditwesen (BAKred)
– Bundesoberbehörde 19.153
– EG-Harmonisierung 19.12
– Eingriffsbefugnisse 12.29
– grenzüberschreitende Aufsichtstätigkeit 19.158
– internationale Kooperation 18.102
– Schalterschließung 19.193
– Überwachung des Kreditgeschäfts 19.118
– verwaltungsgerichtlicher Rechtsschutz 19.196
– Zusammenarbeit mit Bundesbank 19.155
– Zuständigkeiten 19.172 ff.
Bundesaufsichtsamt für den Wertpapierhandel (BAWe) 8.167; 8.268; 18.18
– allgemeine Marktaufsicht 18.79
– Bundesoberbehörde 18.18
– Insider-Überwachung 18.90
– Kooperation mit dem Ausland 18.103
– Mitteilungspflichten für bedeutende Beteiligungen 18.102
– Prüfungsrichtlinien 15.511
– Schutz des Anlegerpublikums 18.82
– Zuständigkeiten 18.81
Bundesauftragsverwaltung 18.58; 20.134

Bundesbank 20.108
– Abrechnungsverkehr 20.116
– AGB 20.113
– Anstalt des öffentlichen Rechts 20.128
– Aufgaben 20.111
– bestätigter Scheck 4.554
– Direktorium 20.103
– Monatsberichte 5.221
– Monatsstatistik 5.136
– Stellung der Organe 20.152
– Stellung im Verfassungsgefüge 20.125
– Trägerin öffentlicher Verwaltung 20.125
– Unterstützung der Bankenaufsicht 20.120
– Vermittlung des bargeldlosen Zahlungsverkehrs 20.115
– Zentralbankrat 20.137
– Zweiganstalten 20.140
Bundesbankmodell 20.4
Bundesbankpräsident 20.145
Bundesdatenschutzgesetz 2.138; 2.214
Bundeskartellamt 2.64
Bundesministerium der Finanzen 8.167
Bundesoberbehörde 8.167; 18.18; 18.78
Bundesobligationen 8.51
Bundesrat
– Einspruchsrecht 18.38
– Zustimmungsgesetz 18.38
Bundesschatzbriefe 11.210
Bundesschuldbuch 11.337
Bundesverband deutscher Banken 19.10
Bundesverband deutscher Volksbanken und Raiffeisenbanken 19.10
– Sicherungsverband 19.135
Bundesverfassungsgericht 6.33; 6.148; 16.134
Bundesverwaltung 18.52
Bund-Future 14.115

2332

Sachregister

Bürgerlich-rechtliche Anweisung 7.196
Bürgerlich-rechtliche Innengesellschaft 5.182
Bürgschaft 4.770; 6.93
- Abgrenzung zum Schuldbeitritt 6.100
- Abgrenzung zur Garantie 6.102
- Abtretung der Bürgschaftsforderung 6.116
- Akzessorietätsgrundsatz 6.106
- Anrechnung von Zahlungseingängen 6.181
- auf erstes Anfordern s. dort
- Aufklärungspflicht der Bank 6.139
- Ausfallbürgschaft 6.195
- Ausgleichsansprüche zwischen mehreren Sicherungsgebern 6.177
- Bankpraxis 6.93
- Bereicherungsansprüche 6.164
- Bestimmbarkeitsgrundsatz 6.131
- Einrede der Anfechtbarkeit 6.164
- Einrede der Vorausklage 6.163
- Forderungsübergang 6.169
- Formularpraxis 6.156
- Freigabe von Sicherheiten 6.190
- Gläubigeridentität 6.113
- Haftung des Bürgen nach Kündigung 6.193
- Haftung mehrerer Bürgen 6.182
- Haustürwiderrufsgesetz 6.142
- Höchstbetragsbürgschaft 6.158
- Inanspruchnahme aus der Bürgschaft 6.161
- kumulative 6.187
- Kündigungsrecht des Bürgen 6.192
- Leitbild des B. 7.113
- Mitbürgschaft 6.183
- Prozeßbürgschaft s. dort
- Schriftform s. dort
- Sicherheitenbestellung durch den Bürgen 6.97
- Stundung der Hauptschuld 6.190
- tauglicher Bürge 5.310
- Teilbürgschaft 6.187
- Übergang von Sicherheiten 6.169
- Untergang des Hauptschuldners 6.117
- vermögensloser Verwandter 6.34
- Wegfall der Geschäftsgrundlage 6.111
- Zeitbürgschaft 5.271; 6.198

Bürgschaft auf erstes Anfordern 4.1044; 6.103
- Abgrenzung zur Bankgarantie 5.277
- Anhörung des Bankkunden 5.293
- Bedeutung 6.104
- Funktion 5.280
- Inhalt 5.280
- Inhaltskontrolle 5.287
- persönlicher Anwendungsbereich 5.287
- rechtsmißbräuchliche Inanspruchnahme 5.294
- Teilunwirksamkeit 6.138
- Vereinbarkeit mit dem Bürgschaftsrecht 5.279
- vorläufige verselbständigte Zahlungspflicht des Bürgen 6.103

Bürgschaftsformulare 6.156
Bürgschaftsverbindlichkeit 6.470
Bußgeldtatbestände 8.274
BZÜ-Abkommen 4.642

C-Geschäft 5.103
- Effektenkredite 5.112
- Einwendungsdurchgriff 5.118
- Finanzierungsleasingvertrag 5.115
- Tatbestand 5.103
- Widerrufsrecht 5.123
- wirtschaftliche Einheit 5.102

Caps 14.160
Cargosystem 11.145
Cash-Container 4.1004
Cash-Fonds 12.159
Causa 4.270
Cedel s. Centrale de Livraison de Valeurs Mobilières
Cent 20.14; 20.18
Centrale de Livraison de Valeurs Mobilières (Cedel) 10.249; 11.286
Certificates of Deposit (CDs) 14.30

2333

Chancengleichheit 16.62; 16.341; 17.49; 17.202; 17.243; 17.335
- der Anleger 16.167
- der Investoren 8.189
Chance-Risiko-Profile 14.173
Charakteristische Leistung 2.757; 7.24; 7.28
Charge-it-Verfahren 4.931
Charts 16.481
Check-Liste 16.470
Cherry picking 14.226
Chicago Board of Options Exchange (CBOE) 14.92
Chicago Board of Trade (CBOT) 14.92
Chicago Mercantile Exchange (CME) 14.92
Chinese walls 16.547; 16.552
Chip 4.6; 20.33
Chip-Geld 4.872; 4.889; 4.899; 4.996
Churning 16.489
Cirrus-System 4.841
Clearing 4.815
- Mitglieder 17.460
- Nicht-Mitglieder 17.466
Clearing-Abkommen 4.630
Clearingstelle 17.35
Closed End-Prinzip 12.56
Co-branding 4.971
Codierung 4.642
Codierzeile 4.642
Collars 14.162
Commercial Banking 2.804
- Begriff 2.804
- Entwicklung 2.807
Commercial Letter of Credit 7.156
Commercial Paper (CP) 8.42; 9.5; 14.22; 16.19
Commercial Paper-Programme 9.20; 9.56
- Euro-Commercial-Paper 14.42
- Informationsmemorandum 14.26
- Plazeure 14.25
Commission bancaire 19.170
Commoditisation von Finanzprodukten 14.16

Commodity-Produkt 14.195
Compliance
- Arbeitsrecht 16.601
- Begriff 16.516
- Beratungsfunktion 16.523
- Chinese Walls 16.547
- Insiderregeln 16.537
- Kommissionsgeschäft 16.526
- Need-to-know-Prinzip 16.555
- Organisation 8.270; 16.196; 16.511; 16.515; 16.531; 16.541; 16.562
- Personalausbildung 16.525
- Restricted-List 16.581
- Richtlinien 16.407; 16.497; 16.533; 16.567
- Überwachungstätigkeit 16.521
- Vertraulichkeitsbereich 16.547
- Wall-Crossing 16.554
- Watch-List 16.557
Compliance-Officer 16.560
Compliance-Organisationen 8.261; 16.516
Compliance-relevante Tatsachen 16.543
Compliance-Stelle 16.565
Compliancewesen 16.196
Computer 4.46
Computerbörse 17.54
- matchen 17.54
- On-Line-Ordererteilung 17.55
- Zentralrechner 17.54
Computerhandel 17.61; 17.359
Computerisierung 8.72
- des Börsenhandels 17.38
Computer-Zahlung 4.1020
Container 2.289
Control-Konzept 16.367
Cooke-Papier 19.28
Courtage 8.201
CpD-Konto (Conto pro Diverse) 4.201; 4.237
Crash-Situation 8.33
Cross-Border-Leasing 7.258
Cross-border-use 20.188
Cross-default-Klausel 9.139
Cross-Margening 17.463

Cross Selling 2.821
Culpa in contrahendo 2.782; 9.342; 16.435
Cyber cash-GmbH 4.1004
Cyber cash-System 4.1004
Cyber Coins 1.12; 4.996; 4.1003

Dachfonds 12.28; 12.69; 12.87
Dachskontro 17.333
Damnationslegat 3.281
Damnum 5.43
Darlehen, variabel verzinslich 5.193
Darlehensempfang 5.177
Darlehensgewährung 5.350
Darlehensvertrag 8.126; 13.2
Darmstädter Nationalbank 19.2
Datenfernübertragung 4.344; 4.627; 4.630; 4.633; 16.418; 20.119
- Bedingungen 4.635
Datennetze 4.649
Datenschutz
- Bankgeheimnis 2.200
- Schufa-Meldung 2.214
Datenschutzaufsichtsbehörden 2.191
Datenträger 3.106
Datenträgeraustausch 4.627
Dauerauftrag 4.121; 4.291
Dauerbestand 16.402
Daueremissionen 14.22; 14.29
Daueremittenten 8.63; 9.14; 9.96
Dauer-Globalurkunde 2.607; 8.18; 9.40; 11.177; 11.196; 20.41
Dauerschuldverhältnis 5.349
Dauerverwaltungsrechtsverhältnis 17.315
Dax-Optionsscheine 15.103
Debetsaldo 2.422
Debit-card-System 4.685; 4.762
Debitkarten-Service 4.679
Debitorenbuchhaltung 4.17; 4.340; 5.332; 5.352
Debt-equity-swaps 14.183
Debt-swaps 14.183
Deckung 4.9; 4.578
Deckungsbestand 2.515
- im Ausland 10.245

Deckungsgeschäft 7.125; 10.160; 10.171; 10.200; 16.414; 17.441
- Effektengeschäft 10.179
- im Handelsverbund 17.428
Deckungsgrenze 2.580; 2.698; 2.702; 2.706; 2.720; 6.8; 6.271; 6.364; 6.394; 6.448; 6.489
Deckungsguthaben 2.487; 2.491
- im Ausland 3.82
Deckungskauf 17.376
Deckungsprinzip 14.46
Deckungsregister 6.204
Deckungsstock 9.104; 11.38
Deckungsverhältnis 3.310; 4.282; 4.497; 4.562; 4.787; 5.304; 7.197; 11.48
Deferred payment 7.217
Deferred-Payment-Akkreditiv 7.277
Definitive Kaufverträge 20.191
Definitiver Kauf und Verkauf 20.192
Deklaratorische Bedeutung 4.357
Deklaratorische Rechtsnatur 2.141; 2.245; 4.47
Deklaratorische Wertpapiere 9.110; 12.67
Deklaratorische Wirkung 11.221
Delegation 17.154
Deliktsrechtliche Ansprüche 2.642
Deliktsrechtliche Haftungslücke 2.776
Delisting 17.234; 17.507
Delkederegebühr 5.331
Delkederehaftung 5.334; 13.74
Delkedererisiko 5.333
Delkedere-Übernahme 5.328
Delta-Faktor 12.101
Delta-Gewichtung 12.101
Denomination 20.49; 20.61
Depot
- A 11.78
- B 2.657
- besitzumstellende Gutschrift 11.340
- C 11.72
- D 11.75
- E 11.80

2335

– Sperrvermerk 11.37
– verschlossenes 11.6
– zugunsten Dritter 11.59
– zugunsten Dritter auf den Todesfall 11.45
Depotaufstellungen 2.119; 11.387
Depotbank, ausländische 11.255
Depotbankfunktion 11.95
Depotbankprüfung 11.360
Depotgeschäft 1.8; 11.1
– Anforderungen an die Ordnungsmäßigkeit 11.368
Depotgeschäftlicher Wertpapierbegriff 11.2
Depotgesetz 11.12
– Depotkonten, Abstimmung von 11.384
Depotprüfung 11.5; 16.513
Depotprüfungsbericht 11.366
Depotprüfungsrichtlinien 11.357; 18.88
Depotumbuchung als Übereignungstatbestand 11.317
Depotverwaltung 10.12
Deregulierung 3.84; 12.27; 14.10
Derivate 8.31; 10.3; 12.99; 15.4; 16.19; 16.75; 16.229
– Begriff 14.61
– Börsentermingeschäfte 15.185
– Festgeschäfte 15.5
– Hedging 14.74
– Optionen 14.149
– strukturierte D. 14.60; 14.179
– Terminspekulation 14.64
– der zweiten und dritten Generation 15.214
Derivative Finanzinstrumente 12.99
Deutsche Auslandskassenverein AG 8.16
Deutsche Börse AG 8.38; 11.134
Deutsche Börse Clearing AG 8.16; 8.120; 11.20; 11.133; 11.306; 17.216
– Leihsystem 13.25
– Verleihsystem s. dort
Deutsche Börse Systeme AG 11.136; 17.217; 18.92; 18.118

Deutsche Bundesbank s. Bundesbank
Deutsche Gesellschaft für die Ad-hoc-Publizität mbH (DGAP) 16.324
Deutsche Girozentrale/Deutsche Kommunalbank 4.165
Deutsche Schutzvereinigung für Wertpapierbesitz e.V. (DSW) 12.11
Deutsche Terminbörse (DTB) 17.89; 17.450
– Börsenmitglieder 17.460
– Clearingmitglieder 17.460
– Clearingstelle 17.462
– Parallelkontrakte 17.464
– Schutz der Terminkunden 17.474
– Verpfändungsermächtigung der Terminkunden 17.467
Deutscher Auslandskassenverein AG 11.138
Deutscher Kassenverein AG 8.16; 11.134
Deutscher Sparkassen- und Giroverband 19.10; 19.136
Deutsches Internationales Privatrecht (IPR) 2.757; 7.11
Devisen 2.470; 3.81; 10.3
Devisenarbitragegeschäfte 9.235
Devisenbeschränkungen 2.496
Devisenbörsen 8.53
Devisenforderungen 2.470; 8.54
Devisenfuturegeschäfte 8.57; 16.21
Devisenfutureoptionsgeschäfte 8.57; 16.21
Devisengeschäfte 20.7
Devisengesetze 7.41
Devisenhandel 2.471; 20.38
Devisenkontrakte 7.41
Devisenmarkt 8.9; 8.53; 16.2
Devisenmarktinterventionen 20.92
Devisenoptionsgeschäfte 8.57; 16.21
Devisenswap 14.191
Devisenswapgeschäfte 20.190; 20.191
Devisenswapoptionsgeschäfte 16.21
Devisentermingeschäft 3.78; 8.57; 15.196
Dezentrale Börsenaufsicht 18.36
Dezentrales Börsenwesen 17.520

Dienstleistungen 10.12
Dienstleistungsangebot 2.37
Dienstleistungsgeschäft 2.7
Differenzeinwand 14.120; 15.191
Differenzgeschäft 14.129; 14.130
- offenes D. 14.84
- Swap-Geschäft 14.218
- verdecktes D. 14.135
Digitale Signatur 4.648; 6.121
Digitaloptionen 14.169; 15.216
Dingliche Unterwerfungsklausel 6.228
Dingliche Verzichtsklausel 5.365; 6.459
Dinglicher Herausgabeanspruch 11.153; 11.168
Dingliches Verwertungsrecht 6.208
Direktbanking 2.39; 4.646; 16.476
Direkte Garantie 5.265
Direkte Kundenfinanzierung 5.101
Direkterwerb 6.443; 7.265
Direktgeschäfte 17.285; 17.288; 17.586
Direktionsrecht der Bank als Arbeitgeber 16.597
Direktionsrecht der Börsengeschäftsführung 18.138
Direktorium 20.103; 20.105; 20.145
Direktplazierung 8.62; 9.13
Direktwiderruf 4.240
Disagio 4.912
- Damnum 5.43; 5.182; 5.183; 8.50
- zeitanteiliges 5.186
Discount Brokerage 2.39
Disintermediation 2.807
Disketten 4.631
Diskonterlös 5.320
Diskontgeschäft 5.14; 5.239
- Akzeptantenwechsel 5.242
- Diskontkredit 5.234; 5.245
- Forfaitgeschäft 5.238
- Kaufvertrag 5.21; 5.237
- Kreditgewährung 5.18; 5.238; 5.243
- Rechtsnatur 5.237
- Rediskontierung 5.243
- Rückbelastung von Wechseln 5.240

- umgedrehter Wechsel 5.242
- Wechsel-/Scheck-Verfahren 5.242
- Wechselreiterei 5.251
Diskontierung 2.449; 2.662; 4.467; 4.481
- à forfait 5.238
Diskontkredit 5.235; 5.318; 20.34; 20.177
Diskontkrediteröffnungsvertrag 5.235
Diskontsatz 5.137; 20.74
Diskontsatz-Überleitungs-Gesetz 20.36; 20.72
Diskount-Broker 16.475
Disparischer Inhaberscheck 2.63; 2.258
Disparität 4.624
Dispositionsdepot 20.186
Dispositionsgrundlage 2.416
Dispositionskredit 1.13; 2.590; 5.46; 5.68; 5.69; 5.226; 5.228
Dispositionspapiere 7.105
Dispositives Gesetzesrecht 2.310
Diversified Closed-end Companies 12.37
Dividendenbogen (Talons) 9.136
Dividendenkupons 11.21
Dividendenscheinbögen 8.129
Dividendenzahlungen 8.101
DM-Auslandsanleihe 16.436
DM-Auslandsemissionen 9.128
DM-FIBOR 20.36
Documents against acceptance 7.275
Dokumentäre Inkassi 7.100; 7.105
Dokumentation 14.150
- des Geschäftsabschlusses 16.503
Dokumentationspflicht 8.258
Dokumentenakkreditiv 5.262; 5.303; 7.6; 7.119; 20.37
- Akkreditivauftrag 7.158
- Arrest 7.224
- ausländische Korrespondenzbank s. dort
- Avisbank 7.183
- Begriff 7.119
- Beteiligte 7.121

2337

- Deckungsgeschäft 7.190
- deferred-payment-Akkreditiv 7.217; 7.233; 7.279
- Dokumentenprüfung 7.199
- Dokumentenvorlage 7.139
- Einheitliche Richtlinien und Gebräuche für Dokumentenakkreditive 7.137
- einstweilige Verfügung 7.219
- Gegenakkreditiv 7.180
- gerichtliche Eilmaßnahmen 7.218
- Grundsatz der Auftrags- und Dokumentenstrenge 7.158
- mit hinausgeschobener Zahlung (deferred payment) 7.217; 7.233; 7.279
- Leistungsversprechen der akkreditiveröffnenden Bank 7.149
- Letter of credit 7.156
- Negoziierungsakkreditiv 7.151
- Rechtsgrundlagen 7.137
- Rechtsstellung der ausländischen Zweitbank 7.182
- Rückforderung der Akkreditivsumme durch die akkreditiveröffnende Bank 7.207
- unzulässige Rechtsausübung 7.210
- Übertragbarkeit 7.172
- Valutageschäft 7.125
- Verfalldatum 7.139
- Vorlagefrist bei Transportdokumenten 7.166
- Widerruf 7.279
- Wirtschaftliche Funktionen 7.123
- Zahlungsverweigerung durch die akkreditiveröffnende Bank 7.209
- Ziehung von Tratten 7.150
- Zweitbank 7.158

Dokumenteninkasso 7.100
- Bevorschussung des Inkassoerlöses 7.240
- grenzüberschreitende s. dort

Dokumentenmangel 7.206
Dokumentenstrenge 7.158; 7.193; 20.37
Dokumentenvorlagefrist 7.167

Dolo facit qui petit quod redditurus est 2.582
Dolus eventualis 16.182; 16.276
Doppelaufsicht 8.115; 11.36
Doppelbesteuerungsabkommen 2.226; 11.273
Doppelbuchung 2.405
Doppelermächtigung 4.387
Doppelkondiktion 4.300; 4.326
Doppelmangel 4.284; 4.296; 4.1041
Doppelstöckige Bruchteilsgemeinschaft 11.225
Doppelt begründete Lastschrift 4.382
Doppelwährungsemissionen 14.10
Dotationskapital 19.159
Dotationsmittel 11.94; 11.98
Double-spending Check 4.1003
Drei-Monats-Euribor (Euro Interbank Offered Rate) 5.246
Drei-Parteien-System 4.916
Drei-Punkte-Erklärung 11.272
Drei-Segmente-Prinzip 17.400
Dreiecksverhältnis 4.272; 4.287; 4.297; 5.380
Dreimonatsgeld 8.43
Dreistufige Aufsichtskompetenz 8.166
Dreistufige staatliche Marktaufsicht 17.520
Drittes Finanzmarktförderungsgesetz 9.292; 16.431; 16.459
Drittrangmittel 19.103
Drittschadensliquidation 4.152; 4.430; 4.449; 4.586; 4.596; 6.465; 10.297
- fehlerhafte Ausführung eines Überweisungsauftrages 4.152
- fehlerhafte Bankauskunft 2.209
- Lastschriftverfahren 4.430; 4.449
- verzögerte Veranlassung der Registerumschreibung 10.297

Drittschuldner 3.209
Drittschuldnererklärung 2.170
Drittschutzwirkung 4.267
Drittschutzwirkungen des Übernahmevertrages 9.165

Drittstaateneinlagenvermittlung 19.56
Drittstaatsüberweisungen 7.73
Drittverwahrung 11.146
- Filialen 11.151
- Zweigstellen 11.151
Drittwiderspruchsklage 6.329; 11.215; 11.253; 11.254; 12.53
Druck-Richtlinien der Wertpapierbörsen 11.188
DSW-Mustervertrag 12.11
Durchgangseigentum 10.315
Durchgangserwerb 6.356; 6.358; 6.436; 6.443; 7.265; 10.309; 10.323; 11.324; 16.159
Durchgriffskondiktion 4.285; 4.300; 4.303; 4.533; 4.1041
Durchhandelsgeschäft 8.125
Durchschnittskunde 2.85
Durchschnittskurse 10.197
Durchschnittszinssatz 5.135
- gewichteter 5.203

Ecash-System 4.1001
Echte Pensionsgeschäfte 13.6; 13.8; 20.200
Echte Realkredite 5.82
Echte Zeitbürgschaft 6.198
Echter Vertrag zugunsten Dritter 9.170; 12.141
Echtes Factoring-Geschäft 5.57; 5.333; 5.350; 6.475; 8.145
Echtheit 7.184; 9.88
Echtzeit-Brutto-Systeme (RTGS-Systeme = Real-Time-Gross-Settlement-Systems) 7.63
Echtzeit-Bruttoverfahren 20.118
Ec-Karte 4.678
- Bedingungen s. dort
- funktionswidrige Verwendung 4.807
- Garantiefunktion 4.753
- Sperre 4.709
ECOFIN-Rat 20.92; 20.102; 20.132
Ec-Scheckkartenvertrag 4.787
Ec-Schecks 4.676
Ec-Service, Bedingungen 4.696

Ec-System, Bedingungen 4.821
ECU (European Currency Unit) 20.58
ECU-Währungskorb 20.62
Edc-System 4.678
EDIFACT 4.17
EDV s. Elektronische Datenverarbeitung
Effekten 9.2
- Entmaterialisierung 11.202
Effektengeschäft 1.5; 8.118; 10.1
Effektengiroverkehr 8.120; 10.122; 10.251; 11.127; 11.179; 11.299
- Ferngiroverkehr 11.349
- grenzüberschreitender 11.341
- platzüberschreitender 11.345
Effektenkommissionsgeschäft 8.193; 8.240
Effektenkredite 5.112
Effektenorder 3.88
Effektenprovision 10.43; 10.50
Effektentechnisches Anforderungsprofil 10.31
Effektive Belieferung 10.123
Effektiver Jahreszins 5.87
Effektivklauseln 5.278
Effektivzins 5.188
Effizienz der Kapitalmärkte 2.24
Effizienz des Marktes 16.216
EFTA-Mitgliedstaat 16.40
EG-Richtlinien s. Richtlinien der EG
Eidesstattliche Versicherung 5.298; 7.216
Eigen-(Nostro-)Bestand 9.24; 10.4; 10.5
Eigenbestände 16.490; 17.344
Eigendepot 11.79
Eigendiskontierung 5.319
Eigene Aktien
- AGB-Pfandrecht 2.631
- Erwerbsverbot 2.631; 10.321
- Wertpapierleihe 13.97
Eigenemission von Kreditkarten durch Kreditinstitute 4.971
Eigengeschäft 17.2; 18.145
- der Bank 16.562; 18.145
- verbotenes 16.419

Eigenhaftung des Kommissionärs
13.74
Eigenhandel 19.55
– der Kursmakler 17.342
Eigenhändlergeschäft 10.23; 10.195;
10.213; 16.404
Eigeninteresse 2.166
– der Bank 8.195; 16.409; 16.574
Eigenkapital 6.592; 9.3
Eigenkapital der Kreditinstitute
– Begriff 19.98
– Eigenkapitalkomponente 19.26
– Ergänzungskaptial 19.27
– Kernkapital 19.27
– Pufferfunktion 19.98; 19.99
– Risikoaktiva 19.107
Eigenkapitalausstattung (Net Worth Requirement) 6.570; 8.90; 12.32; 19.100
Eigenkapitalcharakter 8.23
Eigenkapitalersetzendes Darlehen
6.7; 6.82
Eigenkapitalkomponenten 19.26
Eigenkonto 3.136; 3.139; 3.165
– Abgrenzung zum Fremdkonto 3.136
– Abgrenzung zum Treuhandkonto 3.136
Eigenmittelbegriff 19.100
Eigenmittelerfordernisse 19.72
Eigenmittelrichtlinie 19.19
Eigennütziges Treuhandverhältnis
6.327
Eigensüchtige Beweggründe 6.56
Eigentümer-Besitzer-Verhältnis 4.626
Eigentümerbörsen 17.53
Eigentümergrundschuld 6.262
Eigentumsübergang, Einigung 11.318
Eigentumsverschaffungspflicht 11.128
Eigentumsvorbehalt
– erweiterter 6.444
– Konzernvorbehalt 6.446
– verlängerter s. dort
– weitergeleiteter 6.449
Eilavis 4.136
Eilbedürftigkeit 4.160
Eilnachricht 4.437

Einbeziehung 2.56
– in den Freiverkehr 17.559
– von Warenterminkontrakten
15.123
Einbeziehungskontrolle 9.158
Einbeziehungsvereinbarung 2.31;
7.144
Einbeziehungsvoraussetzungen 2.113;
2.117
Ein-Cent-Methode 9.128
Einfache Inkassi 7.105
Einführung in den Börsenhandel
8.86; 17.222; 17.386
Eingang vorbehalten (E.v.) 4.59; 4.99;
4.239
– Gutschrift 2.413; 2.432; 2.449;
2.664; 3.107; 4.209; 4.352; 4.355;
4.360; 4.415; 4.516; 4.581; 11.94
Eingeschränkte Aufrechnungsbefugnis 5.303
Eingliederung 9.111; 9.114; 13.41
Eingriffsbefugnisse 12.29
Eingriffskondiktion 4.447
Eingriffsverwaltung 17.275
Einheitliche Regeln für ein Dokument des kombinierten Transportes 7.58
Einheitliche Richtlinien für Demand Guarantees (ERDG) 7.54
Einheitliche Richtlinien für Demanded Guarantees 5.255
Einheitliche Richtlinien und Gebräuche für Dokumentenakkreditive (ERA) 7.51; 7.137
Einheitliche Richtlinien für Inkassi (ERI) 7.104
Einheitliche Richtlinien für das Inkasso von Handelspapieren (ERI)
7.49
Einheitliche Richtlinien für Rembourse zwischen Banken unter Dokumenten-Akkreditive (ICC-Publikation Nr. 525) 7.189
Einheitliche Risikobetrachtung
14.151
Einheitskurs 10.85; 17.319
Einheitskursverfahren 10.91; 17.323

**Einigung über den Eigentums-
übergang** 11.318
Einkaufskommissionär 2.8
Einkaufspreis 6.406
Einlagen 2.758; 3.7
– Arten 3.22
– aufgenommene Gelder 3.20
– Ausgabe von Inhaberschuldver-
schreibungen durch Kreditinstitute
3.24
– Ausgabe von Namensgewinn-
schuldverschreibungen durch
Unternehmen 3.6
– Begriff 3.4 ff.
– Giroguthaben 3.74
– Nostroverpflichtungen 3.22
– Rechtsnatur 3.33
– Sichteinlagen 3.31
– Spareinlagen 3.32; 3.84
– Termingelder 3.31
Einlagenfazilität 20.190; 20.212
Einlagengeschäft 1.3; 20.23
– Bedeutung für Kreditinstitute 3.3
– Begriff 3.4
– Gelddisposition der Bank 3.25
– Geldhandelsgeschäfte 3.25
– Zinsspanne 3.3; 3.15
Einlagenkreditinstitute 19.15; 19.70
Einlagenrückgewähr 13.96
Einlagensicherung 2.539; 13.55;
20.22
Einlagensicherungsfonds 2.543;
2.547; 19.194
– beim Bundesverband deutscher
Banken e.V. 19.134
Einlagensicherungs-Richtlinie 19.146
**Einlagenzertifikate (Certificates of
Deposits)** 8.42, 16.19
Einlegerschutz 19.133
**Einlieferung in den ausländischen
Deckungsbestand** 11.245
Einlösung von Inkassopapieren 2.431;
2.452
Einlösung der Lastschrift s. Lastschrift-
einlösung
Einlösung der Wertpapiere 9.118

Einlösungsanspruch
– gegen den Emittenten 4.988
– gegen die Zahlstelle 4.982
Einlösungsgarantie 4.563
Einlösungs-Richtlinien 4.987
Einlösungsverpflichtungen 4.766;
4.855
Einlösungswille 2.453; 4.377; 4.431;
4.519
– der Schuldnerbank 4.385
Einlösungswirkung 4.374
Einlösungszeitpunkt 4.519; 4.526
Einlösungszusage 4.558; 4.559
Einreden 5.259; 7.173; 9.66
– Anfechtbarkeit 6.164
– Aufrechenbarkeit 6.165
– Besitzrecht 11.157
– nicht erfüllter Vertrag 9.91
– prozeßhindernde 7.42
– Vorausklage 6.163
– wertpapiermäßiger Ausschluß
9.72; 9.91
Einreicherbank 7.110
Einrichtungen der Börse 17.212
**Einschränkungen des Bank-
geheimnisses** 2.151
Einseitig verpflichtender Vertrag
6.118
Einseitige Aufrechnung 3.79
Einseitiges Leistungsversprechen
6.602
Einseitiges Preisbestimmungsrecht
10.23
Einsichtsrechte 5.363
Einspruchsgesetze 18.38
Einstandspflicht 4.951
Einstimmigkeitsprinzip 12.14
Einstweilige Verfügung 5.297;
5.298; 5.301; 6.481; 7.216; 7.219;
11.160
Einstweiliger Rechtsschutz 5.297;
7.225
Einverständniserklärung 2.118
Einwand fehlender Deckung 4.806
**Einwand des individuellen Rechts-
mißbrauchs** 2.99; 2.645

2341

Einwand unzulässiger Rechtsausübung 6.165; 7.210
Einwendungen 2.240; 2.382; 2.394; 4.799, 4.808; 5.127; 5.282; 7.173; 9.66; 9.91
– absolute 9.94
– Effektenabrechnung 10.148
– rechtsgeschäftlicher Ausschluß 9.103
– Unverzüglichkeit 10.148
– wertpapiermäßiger Ausschluß 9.71
Einwendungen bei Scheckkarte
– der Bank 4.799
– Deckungsverhältnis 4.805
– gegenüber dem zweiten Nehmer des Schecks 4.786
– unzulässige Rechtsausübung 4.806
– Valutaverhältnis 4.808
– zweckwidrige Verwendung der Scheckkarte 4.806
Einwendungsausschluß 5.103; 5.294; 9.82; 9.102
Einwendungsdurchgriff 5.117; 5.118
– gegenüber dem Kartenemittenten 4.942
Einwilligung 2.189
Einzelfallbetrachtung 16.445
Einzelschuldbuchforderungen 11.219
Einzelstücke 9.40
Einzeltatsache 16.264
Einzelvollmacht 3.191
– Lastschriftverfahren 4.347
– Sicherungszession 6.474
Einzugsermächtigungsverfahren bei Lastschriften
– Erfüllungswirkung von Valutaverhältnis 4.386
– Genehmigung durch den Schuldner 4.393
– Prüfpflicht der Bank 4.384
– Unterrichtung über Nichteinlösung 4.405
– Widerspruchsrecht des Lastschriftschuldners 4.388
– zeitliche Grenzen des Widerspruchsrechts 4.396

Electronic-Banking 2.39
Electronic cash 4.678; 4.685; 4.762; 4.809
Electronic cash-System
– Ablauf des Zahlungsvorganges 4.811
– Ausbreitung 4.679
– Autorisierung 4.682; 4.811
– electronic-debitcard-Verfahren 4.652
– Erfüllung der Schuld 4.823
– Funktionsweise 4.811
– Grundstruktur 4.676; 4.811
– Kartenprüfung 4.811
– Maestro-Verfahren 4.681
– Netzwerk 4.818
– Vorteile 4.810
– Widerspruch des Kunden nach Eingabe 4.831
– Zahlung des Gegenwertes durch die Bank des Käufers 4.812
Electronic cash-Vertragswerke 4.817
Elektronische Abrechnung Frankfurt 4.185
Elektronische Börsengeschäftsabwicklung (BOEGA) 11.376
Elektronische Datenträger 4.344
Elektronische Datenübermittlung 3.115
Elektronische Datenverarbeitung (EDV) 4.46; 4.240
– Anlage 17.212
– Buchung 4.48
– Medien 4.344
– Programme 6.480; 17.156
Elektronische Dokumente 4.647
Elektronische Geldbörse 4.678
Elektronische Handelssysteme 8.111
Elektronische Verfügungsgewalt über Netzgeld 4.1066
Elektronische Werteinheiten 4.869
Elektronische Zahlungsinstrumente 1.12
Elektronische Zugangsmedien 2.39
Elektronischer Datentausch 11.145
Elektronischer Kassahandel (Computerhandel) 17.358
Elektronischer Schalter (ELS) 20.119

Elektronisches Geld 4.6
Elektronisches Handelssystem Xetra
   (exchange electronic trading)
   s. XETRA
Elektronisches Netzgeld (cyber coins)
   4.996; 14.2
Elektronisches Orderbuch 10.52;
   10.106; 17.56
Elektronisierung 4.17
– des Wertpapierhandels 17.73
Embargo 7.237
Emerging markets 10.99
Emission von Wertpapieren
– Begriff 9.2
– best-effort underwriting 9.20
– Commercial Papers 9.5
– freihändiger Verkauf 9.31
– Fremdemission 9.15; 9.16
– internationale E. 9.132
– Pricing 9.17; 9.38
– private placement 9.27
– Selbstemission 9.14
– Selling-Group 9.25
– Subskription 9.30
– Tenderverfahren 9.32
– Übernahmevertrag 9.123; 9.131
– underwriting 9.13; 9.21
– Unterbeteiligung 9.237
– wirtschaftlicher Zweck 9.3
Emissionsbedingungen 9.40
Emissionsbegleitung 9.292; 9.321
Emissionsgenehmigung 9.277
Emissionsgeschäft 8.116; 9.121
– Bankenaufsichtsrecht 9.6
– Börseneinführung 9.55
– Zahlstellendienst 9.136
Emissionskonsortium 9.15; 16.544
– Auflösung 9.260
– Außenhaftung 9.252
– Außenkonsortium 9.232
– Innenkonsortium 9.233
– quotale Haftung 9.258
– Übernahmekonsortium 9.38; 9.192
– Vorvertrag 9.262
– Wiederaufleben 9.261
Emissionsliste (Netzgeld) 4.1012

Emissionsphase 8.141
Emissionspraxis 9.162
Emissionsprospekt 9.266
Emissionsrisiken 9.205
Emissionsstanding 9.7; 16.176
Emissionstechnik 9.152
Emittent 4.904
– ausländischer 16.324
– Einlösungsanspruch gegen 4.988
– als Marktteilnehmer 8.139
Emittentenbezogenheit 16.88
Emittenteninteresse 16.526
Empfangsbevollmächtigter 17.348
Empfangsbote 11.322
Empfangsermächtigung 3.122
Empfangsvertreter 11.321
Empfangszuständigkeit 3.126; 3.171;
   9.86
Empfehlungsverbot 16.210; 16.486
Endfinanzierung 5.66
Endgültige Gutschrift 2.448
Endkontrolle 4.56
Engerer Kreditbegriff 5.3
Englische share certificates 8.17
Enteignungen 2.496
Enteignungsgleicher Eingriff 11.371
Entgelte 2.297
– AGB Banken 2.293
– außerhalb des Privatkunden-
   geschäfts 2.300
– für Ein- und Auszahlung 2.309
– gesetzlicher Anspruch 5.202
– Inhaltskontrolle 2.305
– für Kontoführung 2.323
– Leistungsbestimmungsrecht der
   Bank 2.297
– Preisaushang/-verzeichnis 2.294
– Privatkundengeschäft 2.294
Entgeltklauseln 2.305
Entgeltkontrolle 2.313
Entgeltliche Geschäftsbesorgung
   4.787; 10.41; 12.32; 12.121; 13.71
Entgeltlicher Geschäftsbesorgungs-
   vertrag 4.499; 6.326
Entmaterialisierung
– der Effekten 11.202

– der Kapitalmarkttitel 2.492
– der Wertpapiere 8.11
Entschädigungseinrichtung deutscher Banken GmbH 2.546; 19.148; 19.149
Entscheidungsprozesse 16.93
Entscheidungsspielraum 10.8
Entwertung 9.115
Entwurf einer Gutschrift 4.49
Enumerativer Charakter 15.143
Equity swaps 16.25
Erben 2.523
Erbrechtliche Formerfordernisse 3.292; 3.315; 11.48
Erbschaftsteuer 11.248
Erbschein 2.526; 3.198
Erbscheinserbe 2.528
Erbvertrag 3.284
Erfordernis der Besitzübergabe 11.6
Erfordernis der Gläubigeridentität 6.113
Erfüllung 20.20
Erfüllungsgehilfe 2.250; 2.253; 4.254; 7.188; 17.169; 18.52
– der Bank 2.274
– Depotbank i.S.d. KAGG 12.129
– Haftung der Bank 2.104; 2.52
– Hauptzahlstelle 11.100
– persönliche Haftung 2.262
Erfüllungsgehilfenhaftung 2.274; 7.88
Erfüllungsort 3.227
Erfüllungssurrogat 2.427; 9.91; 11.293
Erfüllungsübernahme 14.201
Erfüllungsvereinbarung 4.412
Erfüllungswirkung 4.30; 4.386; 4.414; 4.553; 4.859
Erfüllungszeitpunkt (Valutierungszeitpunkt) 4.416; 10.216
– hinausgeschobener 15.21
Ergänzende Vertragsauslegung 2.92; 6.253
Ergänzungskapital 19.27; 19.103
Ergebnisoptimierung 12.99
Erheblichkeitsschwelle 16.120
Erhöhte Preisschwankungen (Volatilitäten) 14.74

Erklärungsvorbereitung 4.48
Erlaßvertrag 5.189
Erlaubnis mit Verbotsvorbehalt 16.561
Erlaubnispflichtige Bankgeschäfte 4.898; 4.960
Erlöschen der Vollmacht 2.229
Erlöschen des Widerspruchsrechts 4.395
Ermächtigung 3.123; 3.125; 11.319
– Treuhänder 11.212
Ermessen, billiges 2.297
Ermessensausübung 19.195; 19.204
– Preisbestimmungsrecht 10.197
– vinkulierte Aktien 9.65
– Wahl des Ausführungsplatzes 10.58
Ermessensentscheidung 17.239; 17.300
Ermessensspielraum 6.391; 10.8; 11.82
Ermessensunabhängige Freigabeverpflichtung 6.491
Ermessensunabhängiger Freigabeanspruch 6.17
Ermittlungsbefugnisse 8.264
Eröffnungskurs 10.95; 17.329
Eröffnungsniederschrift 2.533; 3.197
Eröffnungsvermerk 2.534
ERP-Sondervermögen 8.44
Erpressungen 2.164
Ersatzgeschäft 5.218
Ersatzkonstruktionen 6.586
Ersatzlieferung 5.121
Ersatzmaßnahmen 18.5
Ersatzsicherheiten 6.542
Ersatzvornahme 8.231; 17.275
Ersetzungsbefugnis (facultas alternativa) 10.232
– Verschaffung von Wertpapiereigentum 10.232
Erstattungsanspruch 9.332
Erstmalige Einführung der Wertpapiere 9.313
Erstplazierung 10.7; 17.1
Erteilung einer Kontogutschrift 4.956
Ertragsscheine 2.440

Erweiterter Eigentumsvorbehalt 6.444
Erweiterter Rat der EZB 20.104; 20.107
Erwerberschutz 9.99
– Gutglaubensschutz 9.76
– Verstärkung des zessionsrechtlichen 9.66
ESZB s. Europäisches System der Zentralbanken
ESZB/EZB-Satzung 20.154
EU s. Europäische Union
Eurex Clearing AG, Frankfurt 17.462
Eurex-Deutschland 14.93; 17.88
– dezentraler Zugang 17.451
– rechtlicher Organisationsrahmen 17.452
– vollelektronische Terminbörse 17.458
Eurex Frankfurt AG 17.452
Eurex-Terminhandel 17.451
Euribor 7.309; 20.35; 20.36; 20.79
EURIBOR-Satz 14.152
Euro 1.22; 2.468; 20.8
– nationales Bargeld 20.15
– supranationale Währung 20.11
– Teilnehmerstaaten 20.14; 20.65
– Übergangsregelung 20.48
– Umrechnungskurs 20.13; 20.48
– verschiedene Denominationen 20.49; 20.61
– Wertpapiere 9.279
Euro Interbank Offered Rate s. Euribor
Euro Overnight Index Average-Satz (Eonia-Satz) 20.78
Eurocard
– Bedingungen für den Eurocard-Service 4.972
– Emission 4.971
– Entwicklung 4.906
– Forderungskauf 4.958
– GZS (Gesellschaft für Zahlungssysteme mbH) 4.960; 4.971
– Kartenherausgeber 4.971
Eurocheque
– Fälschung 4.802
– Vordrucke 4.713; 4.748; 4.777

Euro-Clear 10.249; 11.284; 11.287
Euro-Einführungsgesetz 20.40; 20.71
Euro-Einführungs-VO 20.14; 20.43; 20.44
Euro-Einheiten 20.33
Euro-Ergänzungs-VO 20.37; 20.43
Eurofestsatzkredit 7.307
Euro-Geldmarkt 7.307; 9.5; 20.38
Eurohypothek 6.220
Eurokapitalmarkt 7.304
Eurokredite 5.59; 7.8; 7.235; 7.299
– Eurofestsatzkredit 7.307
– Preisbasis 7.309
– Roll-over-Kredite 7.311
Eurokreditinstitute 18.9
Eurokreditmarkt
– Entwicklung 7.313
– Marktteilnehmer 7.300
Euromarkt 7.8; 7.301
– Begriff 7.300
– Finanzplätze 7.303
– Kredite 6.565
– Marktsegmente 7.304
Euro-Medium Term Note-Programme 14.23
Euro-Note-Fazilitäten 14.31
Europäische Freihandelszone (EFTA) 16.78
Europäische Rechtsangleichung 2.67
Europäische Union 16.74; 16.77; 20.13
– Binnenmarkt 1.19
Europäische Währung s. Euro
Europäische Währungsunion 20.111
Europäische Zentralbank (EZB) 20.3; 20.88
– erweiterter Rat 20.104; 20.107
– Finanzielle Unabhängigkeit 20.90
– -Rat 20.103; 20.104; 20.107
– Rechtsstatus 20.88
– Satzung 20.154
– Weisungsfreiheit 20.91
Europäischer Gerichtshof 16.72; 20.101
Europäischer Paß 19.15; 19.49; 19.89; 19.162

Europäischer Wirtschaftsraum (EWR) 7.73; 16.78; 18.104
- Abkommen 16.76
Europäisches Parlament 4.101
Europäisches System der Zentralbanken (ESZB) 5.244; 20.3
- Aufgaben 20.2
- fehlende Rechtspersönlichkeit 20.8
- Satzung 20.154
- Vertretungsverhältnisse 20.107
- Währungspolitisches Instrumentarium 20.3
- Unabhängigkeit 20.4
- Ziele 20.5
Europäisches Währungssystem 20.59
Europaß 18.11
- europäische Kreditinstitute 19.15
- europäische Wertpapierhäuser 18.11
Europay International S.A., Brüssel 4.679; 4.841; 4.906
European Options Exchange (EOE) 14.93
Eurotunnelprojekt 7.284
E. v. s. Eingang vorbehalten
Eventualverbindlichkeit 5.11
Evidenzstelle 2.151
Evidenzzentrale 9.159
EWR s. Europäischer Wirtschaftsraum
Ex ante-Betrachtung 16.117
Execution-Only-Aufträge 16.474; 16.510
Existenzgründer 9.321
Existenzgründungsdarlehen 5.37; 5.168
Exoten des Terminhandels 14.60
Exotische Optionen 14.164; 15.214
Ex post-Kontrolle 16.543
Export-Factoring 5.339; 5.350
Exportförderung 7.258
Exportgeschäft 7.5; 7.232
Export-Sicherungsverträge 7.232; 7.250
Exportverbot 19.151
Exportversicherungen 7.298

Export-Vorfinanzierung 7.232
Exposés 17.561
Externe Verfügungssperre 2.592
EZB s. Europäische Zentralbank
EZL-Abkommen 4.421; 4.628; 4.636; 4.638; 4.643
EZÜ-Abkommen 4.628; 4.636; 4.639

Face-to-face-Geschäft 16.167
Fachaufsicht 17.122; 18.4
Fachwissen 16.452
Factoring 7.254
- Auslandskreditgeschäft 5.337
- Bankgeschäft 5.342
- Bonitätsrisiko 5.335
- Delkredererisiko 5.335; 5.339
- echtes F. 5.339; 5.350; 6.475; 8.145
- Export-Factoring 5.337
- -geschäft 5.16; 5.18; 5.327; 6.475
- Globalzession 5.347; 5.360; 5.364; 5.365
- Import-Factoring 5.340
- Ketten 5.338
- Kollision mit verlängertem Eigentumsvorbehalt 5.364
- Kreditwesengesetz 5.342
- Rahmenvertrag 5.348; 5.349
- Rechtsnatur 5.346
- unechtes F. 5.57; 5.335; 5.354
- -Vertrag 7.230
- wirtschaftlicher Zweck 5.327
Fahrlässigkeit 4.543; 4.740
Faire Preisbildung 10.79; 17.421; 17.543; 17.583
Fairneß 17.202
- des Handels 8.163
- und Integrität 16.4; 16.58; 16.341
Fakultativklausel 4.28; 4.198
Fälligkeit 15.19
- hinausgeschobene 16.164
- des Kaufpreises (Valutierungstag) 9.136
Fälschung 4.536; 9.94
- Eurocheque 4.802
- Scheck 4.536
- Überweisungsauftrag 4.125; 4.310

Fälschungsrisiko 4.125; 4.158; 11.188
- Banküberweisung 4.125; 4.158
- Scheck 4.536
Fälschungsschaden 4.127
Fälschungssicheres Papier 11.189
Familien-Pools 16.376
Federal Reserve Bank 3.81
Federführende Bank 9.248
Fehlendes Konsortialvermögen 9.243
Fehlerhafte Bankauskunft 2.209
Fehlgeschlagene Banküberweisungen 4.270
Fehlgeschlagene Leistung 4.309
Fehlüberweisung 4.192
Feinsteuerungsmaßnahmen 20.111
Feinsteuerungsoperationen 20.190
Ferngiroverkehr 11.345; 11.349
Festgeschäfte 10.215; 14.94; 16.21; 16.404
- außerbörsliche 14.112
- Börsentermingeschäfte 15.80
- Forward Rate Agreement (FRA) 14.152
- Financial Future s. dort
- Futures 14.112
Festplatte eines PC 4.6
Festpreisabsprache 10.194
Festpreisgeschäfte 10.23; 10.27; 10.189
Festpreisverfahren 9.198; 9.199
Festsatzkredite 5.193
Feststellung des Abschlußsaldos 3.60
Festübernahme (Underwriting) 9.7; 9.134
FIBOR 20.78
- DM 20.36
- Overnight-Satz 20.78
- Überleitungs-Verordnung 20.78
Fiduziarische Sicherheiten 6.89; 6.328; 6.485
Fiduziarische Treuhand 11.212
Fiduziarischer Charakter 6.390; 6.491
Fiktion 4.400
Fiktiver Zwischensaldo 4.65
Filial-Gutschrift 4.522
Filialklausel 2.639

Filialübergreifende Wissenszusammenrechnung 2.259
Filialüberweisungen 4.14; 4.141
Fill-or-kill 10.140; 17.363
Financial Covenants 6.564
Financial Futures 14.112; 17.87
- Begriff 14.112
- Bund-Futures 14.115
- synthetische Wertpapiere 14.117
Financial Services 2.815
Finanzanalysten 16.105; 16.190
Finanzdienstleistungsunternehmen 19.51
Finanzielle Nutzungsgrenze 4.921
Finanzielle Unabhängigkeit 20.93
Finanzierter Abzahlungskauf 5.101; 5.105
Finanzierung, strukturierte 2.806
Finanzierungsbedarf 8.180
Finanzierungsbestätigung 6.575
- Anwendungsbereich 6.577
- Inhalt 6.575
Finanzierungsdarlehen 5.99
Finanzierungshilfe 5.11; 5.42
Finanzierungsleasing 5.17; 5.56; 5.115; 5.375; 5.385
Finanzierungsleasingverträge 5.115
Finanzierungspools 6.521
Finanzierungspraxis 8.3
Finanzinnovationen 3.30; 16.495
- Begriff 14.1
- Certificate of Deposit 14.30
- Commercial Paper 14.22
- Floating Rate Notes 14.17
- Grundstruktur 14.11
Finanzinstitute 19.60
Finanzinstrumente 9.44; 19.97
Finanzintermediation 14.3
Finanzkapital 8.8
Finanzkommissionsgeschäft 9.6; 9.10; 10.3; 15.8; 19.93
Finanzmarkt 8.8; 17.583
- Futurisierung 2.810
Finanzmarktförderungsgesetz 8.9
- Erstes F. 12.25
- Zweites F. 8.9; 12.27

– Drittes F. 12.27
– Viertes F. 17.483
Finanzmarktkultur 16.343
Finanzplanung 9.181
Finanzplatz 8.38; 17.42; 17.482
– Deutschland 16.1; 16.49; 17.43
Finanzportfoliovermittlung 19.54
Finanzportfolioverwaltung 10.16
Finanzprodukte 16.20
Finanzswaps 19.43
Finanztransaktion 3.116; 3.117
Finanztransfergeschäft 19.56
Fingierte Erklärung 4.403; 10.257
Firmenkredite
– Bereitstellungsprovision 5.179
– Betriebsmittelkredite 5.181
– Kreditarten 5.169
– Krediteröffnungsvertrag 5.178
– Kreditlinie 5.178
– persönlicher Anwendungsbereich 5.168
Firmenkundengeschäft 2.319
Fiscal agent 20.98
Fixgeschäfte 17.45
Fixhandelskauf 17.45
Flexibilität 14.13
Floater 10.69
Floating Rate Notes (FRNs) 12.74; 14.17; 14.18
Floors 14.161
Fonds
– geschlossene 12.16
– Schutzbestimmungen zugunsten des Fondsvermögens 12.52
Fonds-Vermögensverwaltung 10.14; 12.24
Fördermittel 5.63
Forderungen
– bedingte 2.564
– Bestand (Verität) 5.333
– betagte 5.409
– Vorpfändung 2.171
Forderungseinziehung 6.511
Forderungskauf 2.552; 4.958; 5.342; 5.350
Forderungsrücktritt 6.579

Forderungsstatut 7.36
Forderungsverkauf 5.356; 5.405
Foreign and Colonial Trust 12.5
Forfaitierung 2.5; 5.238; 5.348; 7.230; 7.253
Formelle Berechtigung 4.515
Formelle Legitimation 4.619
Formeller Garantiefall 5.270; 5.281
Formeller Kontoinhaber 3.130
Formeller Widerspruch 17.533
Formerfordernisse 5.72; s. auch Formvorschriften
– Verletzung 5.85
Formerfordernisse bei Verbraucherkrediten
– Mindestangaben s. dort
– Rechtsfolgen bei Nichtbeachtung 5.86
– Schriftform 5.73
– Zinsanpassungen 2.138
Formerleichterungen 5.75
Formfehler 4.775
Formfreiheit 4.118
Formmangel
– Heilung s. dort
Formularmäßiger Rahmenvertrag 4.943
Formvorschriften 11.26
– Depotgeschäft 11.26
– Fondsvermögensverwaltung 10.14
Fortlaufende (variable) Notierung 17.318; 17.327; 17.370
Forum of European Commissions (FESCO) 18.106
Forward Rate Agreement (FRA) 14.68; 14.112; 14.152; 15.46; 15.47
Frankfurt Interbank Offered Rate s. FIBOR
Frankfurter Kassenverein AG 11.134
Frankfurter Wertpapierbörse 17.59
Französischer seconde marché 8.109; 12.81
Freibetrag 3.100
Freigabe
– ermessenunabhängige Verpflichtung 6.491

- ermessensunabhängiger 6.17
- von Sicherheiten 6.190
Freigabe von Zessionen
- Bewertungsmaßstab 6.499
- Deckungsgrenze 6.364
- Klausel 6.490
- Teilfreigabe 6.271
Freigabeanspruch 2.690; 6.15
Freigabegrenze 2.700
Freigabeklausel 6.490
Freigabepflicht der Bank 2.582; 2.687
Freigrenze 3.100
Freihandelszone 7.301
Freihändiger Verkauf 2.743; 6.304; 9.31
Freiheitsstrafen 2.166
Freimakler 8.131; 8.134; 17.49; 17.332
Freiposten 2.312; 2.314
Freischaltung 4.57
Freistellungsaufträge 2.313
Freiverkehr 9.273; 10.76; 17.396
- Ausführungsplatz für Kommissionsaufträge 10.76 ff.
- Eingriffsbefugnisse des Börsenvorstandes 17.402
- neuer Markt 17.417
- Neuordnung 17.397
- privatrechtliche Organisation 17.406
- Richtlinien 17.404, 17.407
- Untersagung 17.402
- an der Wertpapierbörse 8.96
Freiverkehrspreise als Börsenpreise 17.412
Freiverkehrs-Richtlinien 10.78; 16.84
Freiwillige Kauf- und Umtauschangebote 11.106
Freiwillige Selbstkontrolle 16.571
Freizeichnung 2.278
Fremdbestimmung 6.32
Fremdemission 8.62; 8.65; 9.13; 9.16
Fremdfinanzierungshöchstquoten 9.171
Fremdkapital 9.3
Fremdkonto 3.136; 3.140
- Abgrenzung zum Eigenkonto 3.136

- Abgrenzung zum Treuhandkonto 3.141
- Verfügungsbefugnis 3.140
Fremdvermutung 2.657; 11.272
Fremdwährung 4.708
Fremdwährungsforderungen 3.79
Fremdwährungsgeldschuld 2.499
Fremdwährungskonto 2.467; 3.78
- Verfügungen 3.82
- vorübergehende Verfügungsbeschränkung der Bank 3.82
Fremdwährungsrisiko 5.5
Fremdwährungsschuld 4.938
Fremdwährungsverbindlichkeiten 2.478
Friendly takeover 16.241
Fristentransformation 19.113
Front running 16.148; 16.242; 16.486; 16.492; 16.550
Fruchtgenuß des Aktienverleihers 13.5
Fungibilität 8.15; 9.160; 9.212; 11.140; 16.16; s. auch Austauschbarkeit
Funktionsfähigkeit 9.78
- der Börsen 18.113
- des Kapitalmarktes 1.7; 8.163; 8.172; 8.178; 10.31; 11.32; 16.223; 16.519; 17.43; 17.96; 17.237
- der Kreditwirtschaft 19.1; 19.7; 19.92
- der Märkte s. Funktionsfähigkeit der Märkte
- der Wertpapiermärkte 18.2, 18.82
Funktionsfähigkeit der Märkte 8.174
- Bankenmärkte 19.4
- Börsenmärkte 18.113
- Kapitalmärkte 8.185
Funktionsschutz des Kapitalmarktes 16.411
Funktionstests 16.514
Funktionsverlust des Erbrechts 3.313; 11.50
Funktionswidrige Verwendung der ec-Karte 4.807
Fusion 11.116
Futurisierung der Finanzmärkte 2.810

Gang an die Börse 9.207
Garantie 4.824; 4.891; 4.854; 6.102; 7.273
– Abgrenzung zur Bürgschaft 5.277; 6.101
– bei Emissionen 9.9; 9.169
– Kreditgewährung durch Bankenkonsortium 6.115
Garantieansprüche 4.117
– Begründung 4.953
– originäre 4.785
Garantiefunktion der ec-Karte 4.753
Garantiegeschäft
– Avalkreditvertrag s. dort
– Bankgarantie s. dort
– Bedeutung 5.256
– Bürgschaft 5.277
– direkte Garantie 5.265
– formeller Garantiefall 5.270; 5.281
– Garantiearten 5.264
– Garantiestrenge 5.289
– gesetzliche 17.438
– Hinterlegungsklausel 5.263
– indirekte Garantie 5.265
– Inhalt 5.253
– Prozeßbürgschaften s. dort
– Rechtsnatur 5.265
Garantiehaftung 4.134; 4.250; 4.773; 4.778
– verschuldensunabhängige 4.398
Garantieübernahme 7.24
Garantievertrag 2.286; 4.570; 4.765
Garantievertragliche Einlösungspflicht 4.560
Garantiezweck 5.304
Gateway 4.1004
– Bezahltmeldung 4.1007
Gattung 13.13
Gattungshandlungsschuld 2.480; 4.111
Gattungsschuld (Vorratsschuld) 2.501; 2.507; 11.100; 11.263
– beschränkte 11.264
– marktbezogene 11.264
Gebäudeversicherung 6.260
Gebot der bestmöglichen Verwertung 2.739

Gebot der Gesetzmäßigkeit der Verwaltung (Vorbehalt des Gesetzes) 17.180
Gebot der Gleichbehandlung 2.544; 2.548
Gebot des milderen Mittels 2.735
Gebot der Rechtssicherheit 15.152
Gebot der Rücksichtnahme 2.726; 2.735; 6.301
Gebot zur schnellstmöglichen Auftragsausführung 10.163
Gebot struktureller Transparenz 2.103
Gebrauchsgewährung 5.401
Gebrauchsüberlassung 5.410
Gebrauchsüberlassungsvertrag 5.388
Gebrauchsverschaffung 5.395
Gebührenordnung 17.271; 17.495
Gedeckte selbständige Optionsscheine (covered warrants) 15.102
Geduldete Überziehung 5.68; 5.70
Gefährdung des Kindesvermögens 15.158
Gefährdungspotential bei Netzgeld 4.1069
Gefahrenabwehr 19.177
Gefahrengemeinschaft 2.513
– Depot C 11.73
– der Depotkunden 11.262; 11.263
– Gutschrift in Wertpapierrechnung 11.262
Gefälschte eurocheques 4.802
Gefälschter Überweisungsauftrag 4.310
Gegenakkreditiv 7.180
Gegenbuchung 2.415; 4.327
Gegengeschäfte 17.344
Gegenkauf 2.825
Gegenmaßnahmen 16.270
Gegenseitiger Vertrag 4.755
Gegenseitigkeitsverhältnis 5.170
Gegenvormund 3.177
Gegenweisung 4.111; 4.234; 4.292
Gehaltskonto 4.502
Geheimhaltungsinteresse 16.305
Geheißerwerb 11.174; 11.179; 11.301; 11.312

Gehilfe 16.153
Geiselnahmen 2.164
Gekreuzter Scheck 4.512
Gekürzte Überweisung 7.84
Geldautomat 4.678; 4.839
– Ausübung des girovertraglichen Weisungsrechts 4.854; 4.881
– Bargeldauszahlung an bankeigenen Automaten 4.847
– Bargeldauszahlung an institutsfremden Automaten 4.851
– Bedienungsmedien 4.839
– Beweislastverteilung 4.862
– Funktionsstörung 4.844
– Rechtsbeziehung zwischen kartenausgebender Bank und Automatenbetreiber 4.852
Geldbörsen-Verrechnungskonto 4.878
Geldbuße 13.49; 16.327; 16.541; 19.175
Geldclearing der Wertpapiersammelbank 11.128; 11.306
Gelddisposition 3.25
Geldhandel
– Dreimonatsgeld 8.43
– Monatsgeld 3.31
Geldhandelsgeschäfte 2.758; 7.31
– anwendbares Recht bei Auslandsbezug 7.31
– Anwendbarkeit der AGB Banken 2.761
– als Einlagengeschäfte 2.758
– als Kreditgeschäft 2.760
– Rechtsnatur 2.760
Geldinstitute 1.3
GeldKarte 1.12; 4.678; 4.684; 4.699; 4.813; 20.33
– Chipkartentechnologie 4.682
– elektronische Geldbörse 4.872
– Garantieverbindlichkeit der emittierenden Bank 4.891
– Haftungsfragen 4.892
– rechtliche Grundstruktur 4.880
Geldkurse (Ankaufspreise) 17.326
Geldmarkt 8.9; 8.42; 9.5
Geldmarktfonds 12.27; 12.70

Geldmarktinstrumente 10.3; 12.74; 16.18
Geldmarktpapiere 8.44; 9.5
Geldmarktsatz 5.243
Geldmenge 20.172
Geldmengensteuerung 20.164
Geldmengenwachstum 20.172
Geldmünzen 4.20
Geldpolitik 5.245; 20.7; 20.71
Geldpolitisches Steuerungsinstrument 13.6
Geldsummenschuld 2.501; 2.521
Geldsystem 20.9
Geldwäsche 2.173; 19.24
Geldwäschegesetz 2.174; 3.114; 3.144
Geldwertstabilität 20.163
Gelegenheitsgesellschaft 9.260
Gemeines Recht 9.69
Gemeininteresse 8.234
Gemeinkosten 2.315
Gemeinsamer Markt 20.6
Gemeinschaftliche Verfügungsbefugnis 3.236
Gemeinschaftsebene 20.13
Gemeinschaftshoheit 20.132
Gemeinschaftskonforme Auslegung 6.144
Gemeinschaftskonto 3.152; 3.228
– Erscheinungsformen 3.230
– Gesamtgläubigerschaft 3.241; 3.252
– Mitgläubigerschaft 3.237
– Oder-Konto 3.251
– Teilgläubigerschaft 3.234
– Umwandlung eines Oder-Kontos in ein Und-Konto 3.265
– Und-Konto 3.243
– Zwangsvollstreckung 3.260
Gemeinschaftsrecht 18.16; 20.4; 20.43; 20.154
Gemeinwohl 8.179
Gemischte Wertpapier- und Grundstücks-Sondervermögen 12.117
Gemischt-typischer Geschäftsbesorgungsvertrag 4.104
Gemischt-typischer Vertrag 4.499; 5.353; 7.82; 11.9

2351

Genehmigung 2.241; 10.264
– Börsenaufsichtsbehörde 17.137
Genehmigungsfiktion 2.243; 2.383; 10.256; 10.271
– Effektenabrechnung 10.254; 10.265
– gesetzliche 10.260; 10.261
Genehmigungstheorie 4.388; 4.395; 4.419
Generaleinwilligung 3.182
Generalermächtigung 19.181
Generalklausel 2.284; 2.437; 2.711
– des AGB-Gesetzes 3.329; 6.19; 6.236; 6.486; 11.265
– zivilrechtliche 6.32
Generalnorm 2.61
Generalvollmacht 3.191
Genfer Einheitliches Wechselrecht 7.107
Genußrechte 2.632; 3.18; 8.23; 9.178
Genußscheine 2.632; 8.14; 9.45
– Bedingungen 9.148
Gerechtigkeitsgebot 2.78
Gerechtigkeitsvorstellungen 2.59; 7.23
Geregelte Umsatzstelle 8.74
Geregelter Markt 17.387
– öffentlich-rechtliche Struktur 17.389
– Preisfeststellung 17.390
– Zugangserleichterungen 17.387; 17.391
Gerichtliche Eilmaßnahmen 7.216
Gerichtliche Inhaltskontrolle 2.70
Gerichtliches Mahnverfahren 5.162
Gerichtliches Veräußerungsverbot 7.223
Gerichtsstandsklausel 9.146
Gesamtabrechnung 3.46
Gesamtbetragsangabepflicht 5.82
Gesamtfälligstellung 5.132
Gesamtgläubiger 3.305
Gesamtgläubigerschaft 3.251
Gesamtgläubigerverhältnis 11.159
Gesamthand 3.239
Gesamthänderische Bindung 3.248
Gesamthandseigentum 9.246; 11.161

Gesamthandsgemeinschaft 3.233; 3.246; 9.192
Gesamthandsgläubigerschaft 3.241
Gesamthandsschuld 3.159; 9.254
Gesamthandsvermögen 9.242
Gesamtheit der Anleger (Anlegerschaft) 8.7
Gesamtschuldner 5.40; 6.99
Gesamtschuldnerische Haftung 3.159; 3.257; 9.255
Gesamtschuldnerschaft 6.174
Gesamtschuldverhältnis 6.175
Gesamtvertretung 3.190
Gesamtvertretungsbefugnis 3.176
Gesamtverweisung 7.16
Geschäfte mit hinausgeschobener Fälligkeit 16.164
Geschäfte zu nicht marktgerechten Bedingungen 16.593
Geschäftsabrechnung 16.502
Geschäftsabschlüsse im Internet 4.996
Geschäftsbedingungen (Usancen) 10.221
Geschäftsbegleitende Beratung 16.525
Geschäftsbesorgung 2.269; 5.318; 9.22; 10.18
Geschäftsbesorgungskonsortien 9.11; 16.33
Geschäftsbesorgungsverhältnis 11.31
Geschäftsbesorgungsvertrag 4.12; 4.107; 7.78; 7.79; 10.212; 11.250
– gemischt-typischer 4.499; 5.353; 7.82; 11.9
Geschäftsbestätigung 16.502
Geschäftsbetrieb 10.17
Geschäftsbeziehung 2.752
Geschäftsfähigkeit, beschränkte 3.180
Geschäftsgewandtheit 6.33
Geschäftspraktiken 8.265
Geschäftssitz 7.3
Geschäftsstelle, ausländische 2.602
Geschäftsunerfahrenheit 6.148
Geschäftsunfähigkeit 4.801
Geschäftsverbindung 2.104; 2.107; 2.751

Geschlossene Fonds 12.16
Geschlossene Immobilienfonds 8.39
Geschlossenes Auftragsbuch 17.370
Gesellschaft des bürgerlichen Rechts
  3.158; 4.842; 6.523; 9.123; 9.192;
  9.240; 12.11; 12.132
– Bankenkonsortium 9.240
– Investmentclubs 12.14
– Investmentgeschäft 12.132
Gesellschafterbesicherte Drittdarlehen 6.85
Gesellschaft für Zahlungssysteme mbH (GZS) 4.774
Gesellschaftsgeheimnisse 16.204
Gesellschaftsrecht 2.27; 8.2; 8.177
Gesellschaftsrechtliche Typendehnung 9.242
Gesellschaftsrechtlicher Vorvertrag 9.262
Gesellschaftstyp 12.31; 12.37
Gesetz
– förmliches G. 17.180
– materielles G. 16.506; 17.180
– Vorbehalt des G. 8.83; 17.509; 19.184
Gesetz über die Bausparkassen 2.18
Gesetz über die Kapitalanlagegesellschaften (KAGG) 2.18
Gesetz zur Kontrolle und Transparenz im Unternehmensbereich (KonTraG) 11.122
Gesetz über Unternehmensbeteiligungsgesellschaften (UBGG) 16.180
Gesetzesumgehung 2.279
Gesetzesverstoß 6.457
Gesetzesvorbehalt 17.258; 17.499; 18.34
Gesetzgebungskompetenz 7.48
Gesetzliche Abfindungs- und Umtauschangebote 11.106
Gesetzliche Aufklärungspflicht 16.434; 16.482
Gesetzliche Auslegungsregel 3.262
Gesetzliche Eigentumsverschaffung 11.339

Gesetzliche Erkundigungspflicht 16.469
Gesetzliche Fiktion 11.209; 17.439
Gesetzliche Garantie 17.438
Gesetzliche Genehmigungsfiktion 10.260; 10.261
Gesetzliche Lieferfrist 10.210
Gesetzliche Pfandrechte 6.376
Gesetzliche Schadenspauschalierung 5.136; 5.137
Gesetzliche Vermutung 9.329
Gesetzliche Vertreter 3.174; 3.189
Gesetzliche Zahlungsmittel 20.9; 20.19
Gesetzlicher Abtretungsanspruch 6.296
Gesetzlicher Börsenzwang 10.60
Gesetzlicher Entschädigungsanspruch 2.544
Gesetzlicher Katalog der Bankgeschäfte 2.800; 5.16
Gesetzliches Kündigungsrecht 5.191
Gesetzliches Leistungsverweigerungsrecht 11.195
Gesetzliches Leitbild 2.584; 2.654
Gesetzliches Schuldverhältnis 2.762
– ohne primäre Leistungspflicht 10.335
Gesetzliches Zurückweisungsrecht 10.266
Gestaffelte Klauselwerke 2.53
Gestaltungsrecht 2.401; 10.177
– ausfüllendes 4.38
Gesteigerte Umlauffähigkeit 9.56
Gewährleistungsansprüche 5.306
Gewährleistungshaftung 9.302
Gewährleistungspflichten
– Back-up-Linie 14.34
– Underwriting 9.13; 9.21
Gewährleistungsvertrag 6.591
Gewaltenteilung 11.382
Gewerbeaufsichtsrechtliche Normen 8.208; 8.259
Gewerbeaufsichtsrechtliche Schutzbestimmungen 8.235
Gewerbeaufsichtsrechtliche Verhaltensregeln 8.244

Gewerbeordnung 8.71; 12.162
Gewerbsmäßige Verleitung 15.141
Gewichteter durchschnittlicher Bruttosollzins 5.135
Gewichteter Durchschnittszinssatz 5.203
Gewinnabführungsvertrag 6.605
Gewinnanteilscheine 2.440
Gewinnaufspürungsgesetz 19.24
Gewinnaussicht 14.137
Gewinnfluktuationen 16.426
Gewinnrealisierung 13.61
Gewinnschuldverschreibungen 9.178
Gewohnheitsrecht 2.783; 6.320; 7.48
Giralgeld 4.5; 4.21
Girogeschäft 1.3; 4.1; 20.25
– Bereicherungsausgleich 4.269; 4.281; 4.532
Giroguthaben 3.73
Girokette 4.9; 4.148; 4.251; 4.262; 4.272
Gironetze (Leitwege) 4.165; 20.115
Girosammelanteile
– Umstrukturierung 11.346
Girosammeldepot-(GS-)Anteile 10.230
Girosammelguthaben
– Umbuchung 11.313
Girosammel-(GS-)Gutschriften 8.120; 10.207; 10.242; 11.128; 17.217
Girosammelverwahrung 8.120; 11.23; 11.126
– Internationalisierung 11.223; 11.344
Girovertrag 7.78; 7.95
– Anspruch auf Gutschriftserteilung 2.436; 4.67
– Anspruch auf jederzeitige Verfügbarkeit des Giroguthabens 3.74
– Auszahlungsanspruch 4.851
– konkretisierende Weisung 4.112
– Kontokorrentverhältnis 3.45
– Pflichten der Bank 4.109
– Rechtsnatur 4.106
– Rückzahlungsanspruch des Kunden 3.37
– Stornorecht 4.320
– Überweisungsauftrag 4.109

– Verfügbarkeit des Giroguthabens 3.41
– Weisung 4.464
– Weisungsrecht 4.881
Girovertragsverhältnisse 4.103
Give up-Vereinbarungen 2.15; 17.476
Glass-Steagall-Act 2.812
Glattstellungsgeschäft 15.33; 15.89
Gläubiger des Rückgewährsanspruches 6.286
Gläubigeranfechtung 6.47
Gläubigerautonomie 6.91
Gläubigerbenachteiligung
– Insolvenzverschleppung 6.52
– Kredittäuschung 6.49
– Sanierungsfälle 6.41
Gläubigergefährdung 6.39; 6.46; 6.539
Gläubigeridentität 6.113
Gläubigermehrheit 3.230
– Gesamtgläubiger 3.241
– Teilgläubiger 3.234
Gläubigerschutz beim Abschluß eines Unternehmensvertrages 6.609
Gläubigerversammlung 9.173
Gleichartigkeit 2.521
Gleichbehandlung aller Gläubiger 9.171
Gleichbehandlung der Marktteilnehmer 16.58
Gleichbehandlungsgebot 8.225
– insiderrechtliches 8.188
Gleichgewichtspreis 8.186; 10.91
Gleichrangklausel 6.562
Gleichstellungsfiktion 11.216
Gleichstellungsverpflichtung 6.552
Gleichwertige Rechtsstellung 11.233
Globalaktie 11.187
Globalisierung 11.228
– der Kapitalmärkte 16.529
– der Märkte 14.9
Globalization 2.810
Globalurkunde 9.143; 11.145
– Dauerglobalurkunde 11.177
– technische 11.188; 11.196
Globalzession 5.360; 6.428
GmbH in Gründung 3.161

Going concern-Prinzip 9.297
Going Privat 17.243; 17.251
Going Public 9.18; 9.292; 17.392
Goldene Bankregel 19.112
Good-for-day 17.364
Good-till-date 17.364
Gratisaktien 9.190; 11.64
Grauer Kapitalmarkt 9.289; 19.47; 19.56
Grauer Markt 8.39
Greenshoe-Option 9.209; 13.23
Grenzen der Beleihung 17.527
Grenzen der Privatautonomie 7.20
Grenzüberschreitende Kreditgeschäfte 7.228
Grenzüberschreitender Arbitragehandel 11.226
Grenzüberschreitender bargeldloser Zahlungsverkehr 4.186; 7.59
Grenzüberschreitender Effektengiroverkehr 11.341
Grenzüberscheitendes Dokumenteninkasso
– Benachrichtigungspflicht der Inkassobank 7.117
– Dokumentenprüfung durch die Bank 7.115
– einfache Inkassi 8.105
– Einheitliche Richtlinien für Inkassi (ERI) 7.104
– Handelspapiere 7.105
– Inkassoauftrag 7.106
– Rechtsgrundlagen 7.103
– Rechtsverhältnis zwischen Einreicherbank und Inkassobank 7.111
– Sicherungsrechte der Einreicherbank 7.112
– Wahl der Inkassobank 7.110
– Weisungen des Inkassoauftraggebers 7.107
– wirtschaftliche Funktion 7.102
– Zahlungspapiere 7.105
Grenzüberschreitendes Transportwesen 7.43
Großaktionär 9.191; 9.311
Großbetrag-Schecks 4.605

Großfeuer als kursrelevante Tatsache 16.93; 16.247
Großkredite 19.121
Großkreditrichtlinie 19.35
Großzahlungen 7.63
Großzahlungssystem 20.117
Grund-AGB 2.45; 2.108
Grundgesetz 1.1
Grundkapital 9.223
Grundpfandrechte
– Freigabe 6.271
– in fremder Währung 6.219
– Gläubigerbefriedigung durch Geldzahlung 6.263
– Grundschuld 6.213
– Höchstbetragshypothek 6.215
– persönliche Haftung des Bestellers s. dort
– Rückgewährsanspruch s. dort
– Sicherungsgrundschuld 6.222
– Sicherungsvertrag 6.238
– Sicherungszweck 6.262
– Sicherungszweckerklärung als überraschende Klausel 6.243
– Übertragung auf zahlenden Bürgen 6.298
– Unterwerfungsklausel 6.228
– Verwertung 6.300
– Zubehörhaftung 6.258
Grundrecht 17.258
Grundsatz
– der Akkreditivübertragung 7.176
– der Akzessorietät 6.106
– ausgleichender Gerechtigkeit 6.176
– der Dokumentenstrenge 7.158; 7.193; 20.37
– eigenverantwortlicher Aufgabenwahrnehmung 18.70
– „erst zahlen, dann prozessieren" 5.280
– der formalen Auftragsstrenge 4.137
– der Formfreiheit 4.118; 16.456
– der freien Rechtswahl 7.20
– der Garantiestrenge 5.289
– der gelockerten Identität 11.169

2355

Sachregister

- des geschlossenen Kreises (numerus clausus) 6.319
- der Höchstpersönlichkeit 2.275
- know your customer 10.20
- der Parteiautonomie 7.18
- der Priorität 6.452
- der Privatautonomie 5.166
- der Risikomischung 12.2
- der skripturalen Haftung 9.92
- der Subsidiarität 5.119
- der Verhältnismäßigkeit s. Verhältnismäßigkeitsgrundsatz
- der Vertragsfreiheit 5.269
- des Vorrangs der Individualabrede 2.689

Grundsätze ordnungsgemäßer DV-gestützter Buchführungssysteme 11.381

Grundschuld
- Anspruch auf Rückübertragung 6.266; 6.282
- Verwertung s. dort

Grundschuldablösung 6.263
Grundschuldbestellung durch einen Dritten 6.249
Grundschuldbrief 6.287; 9.52
Grundschuldzinsen 6.218
Grundstrukturen des Investmentgeschäfts 12.30
Grund-(Rahmen-)Vertrag 5.178
GS-Gutschrift s. Girosammelgutschrift
Gültigkeitsdauer 7.198
- der Kundenaufträge 10.134

Güterabwägung 2.159; 2.193
- und Interessenabwägung 2.165

Gütermärkte 8.8
Gütesiegel 8.90; 16.419; 17.387; 17.414; 17.543; 18.79
Gutglaubensschutz 9.98; 9.105
- der Bank 10.205
- unabweisbares Bedürfnis 11.335

Gutgläubiger Erwerb 11.209
- Schutz des Erwerbers 11.334

Gutgläubigkeit 4.307
Gutschrift 4.5
- abstraktes Schuldversprechen 4.40
- Anspruch aus einer erteilten Gutschrift 4.212
- Anspruch auf Erteilung einer Gutschrift 4.204
- aufgedrängte 4.215
- ausfüllendes Gestaltungsrecht der Bank 4.38
- Avis 4.210
- Bareinzahlung auf das Konto 4.47
- Effektengiroverkehr 11.199
- Eingang vorbehalten s. dort
- einwendungsgeschützter Zahlungsanspruch 4.22
- endgültige 2.448
- Entstehen des Anspruchs aus der Gutschrift 4.35
- Entwurf 4.49
- Erfüllung von Geldschulden 4.26
- Filial-G. 4.552
- Konto pro Diverse 4.25
- Nachdisposition 4.48
- Rechtsnatur 4.33
- Valutierung 4.65
- Vordisposition 4.45
- Wertstellung 4.65
- Zeitpunkt des Wirksamwerdens 4.52

Gutschrift in Wertpapierrechnung (WR-Gutschrift) 2.491; 2.629; 8.123; 10.237; 11.31; 11.132; 11.247
- ausländische Lagerstelle 11.247
- Deckungsbestand 11.245
- fehlerhafte 11.353
- Vorteile 11.247

Gutschriftskette 4.337
Gutschriftsträger 4.642

Haftung (Obligo) 5.274
- Garantiehaftung s. dort
- mehrere Bürgen 6.183
- persönliche H. des Bankmitarbeiters 2.26
- Regreßhaftung des Effektenkunden 10.278
- Selbsthaftung des Kommissionärs 10.211

- skripturale 9.92
- unangemessene Haftungserweiterung 6.236
- verschärfte 2.776
- Verschulden bei Vertragsschluß s. dort
- Zufallshaftung 4.537

Haftung der Bank
- AGB Banken 2.252
- Eigenhaftung von Bankmitarbeitern 2.262
- Erfüllungsgehilfen 2.252
- fehlerhafte Auskünfte 2.204
- leichte Fahrlässigkeit 2.282
- nicht volleingezahlte Aktien 10.272
- Substitution 2.274
- weitergeleiteter Auftrag 2.274

Haftungsausschluß bei Dokumentenakkreditiven 7.201
Haftungsbegrenzung 4.894
Haftungsbegründende Amtspflichten 8.206
Haftungsbegründender Kausalzusammenhang 9.322
Haftungsklauseln 4.736
Haftungskredit 2.6; 2.564; 5.8; 5.169; 7.271
Haftungsrechtliches Verschuldensprinzip 4.727; 4.968
Haftungsregelungen 4.720; 4.748
Haftungsrisiken 4.637; 9.307; 16.602
Haftungsverteilung 4.720
Halbamtlicher Markt 8.94; 17.394
Hamburger Girobank 4.3
Hamburger Kaffeeterminhandel 17.5
Handel per Erscheinen 15.199; 16.82
Handel mit fortlaufender Notierung (variabler Handel) 10.85
Handelbarkeit 9.53; 9.72
Handeln für fremde Rechnung 13.16
Handelsaktivitäten 17.317
Handelsbeschränkungen 16.562
Handelsbestand 16.398
Handelsbrauch 2.194; 4.534; 7.37; 7.49; 7.51; 7.142; 8.220; 10.220; 16.52

Handelsbücher 3.105; 19.109
Handelsbuchinstitute 19.121
Handelsgeschäft 10.262
Handelsgesetzliche Rechtsformpublizität 8.226
Handelsgesetzliche rechtsformspezifische Publizität 8.226
Handelsmakler 2.743; 8.135
Handelspapiere 7.105
Handels-(Trading-)Periode 17.459
Handelsplattform 8.73; 10.83; 17.40; 17.79; 17.83
Handelsrechnungen 7.147
Handelsrechtsausschuß der Vereinten Nationen (Uncitral) 7.65
Handelsrechtsreformgesetz 11.232
Handelsregister 2.193; 3.167
Handelsregisterliche Eintragung 9.184
Handelsrichtlinien 10.79; 17.401; 17.553
Handelssegment 16.234
Handelsüberwachungsstelle 8.169; 8.253; 17.21; 17.114; 17.195; 17.520; 18.26; 18.135
- Aufgabenbereich 17.196
- Befugnisse 17.198
- Börsenorgan 17.195
- Kooperation mit Börsenaufsicht 17.195

Handelsunterbrechung (trading hold) 17.304
Handelsverbund 17.420; 18.146
Handelsverbund des Börsenhandels
- Aufgabegeschäfte 17.429
- aufsichtsrechtliche Erfordernisse 17.435
- börsenrechtliche Vorgaben 17.430
- Geschäftsablauf 17.424

Handelswechsel 5.247
Händler- und Beraterregeln 16.486
Händlerkarte 4.888
Händlerzettel 16.500
Handlungsbevollmächtigter 3.121
Handlungsfreiheit 6.32
Handschenkung 3.272; 3.273; 3.277; 11.43

Harmonisierung des Bankrechts 19.13
Harmonisierung des europäischen
 Investmentrechts 12.25
Harte Negativmerkmale 2.213
Harte Patronatserklärung 6.590
Hauptakkreditiv 7.180
Haupthandelsphase 17.360
Hauptleistung des Karteninhabers
 4.929
Hauptleistungspflicht 4.150
Hauptpflicht des Kartenemittenten
 4.928
Hauptrefinanzierungsgeschäfte 5.245;
 20.176
Hauptschuld 5.273
Hauptversammlungen 8.101
Hauptverwaltung 7.28; 20.140
Hauptzahlstelle 11.94
Haushaltsgesetz 7.259
Hausinternes Verleih-Sammeldepot
 13.98
Haussammeldepotanteile 10.231
Haussammelverwahrung 11.23;
 11.126
Haustürwiderrufsgesetz 6.142; 6.239
Hausüberweisung 2.791; 4.14
Hebelwirkung (Leverage-Effekt)
 15.90; 16.28; 16.75
Hedging 2.810; 17.481
Hedginggeschäfte 8.28; 14.182; 15.16;
 15.71; 15.191; 16.179; 17.445
– Börsentermingeschäfte 14.91
– Finanzinnovationen 14.8
– Investmentfonds 12.98 ff.
– Macro Hedge 14.90
– Micro Hedge 14.90
– OTC-Geschäfte 14.70; 14.145 ff.
– praktische Beispiele 14.75
– Swapgeschäfte 14.182
Heilung des Formmangels 3.276;
 3.288; 3.294; 3.298
Heimatbörse 10.235
Heimatlandaufsicht 19.164; 19.171
Heimatlandkontrolle 19.14; 19.160
Heimatrecht 7.21
Herausgabeanspruch 2.427; 6.335

Herbeiführung der Börsentermin-
 geschäftsfähigkeit 15.150
Herkunftslandprinzip 11.361
Hermes-Deckungen 7.258
Hermes-Kreditversicherungs-AG
 7.259
Hersteller 6.371
Herstellung der Öffentlichkeit 16.101
Herstellungspreis 6.407
Hierarchisches Verhältnis 8.270
Hilfspfändung 3.76; 3.221
Hilfsrecht 5.286; 6.472
Hinausgeschobener Erfüllungs-
 (Valutierungs-)Zeitpunkt 15.21
Hinausschieben einer Notierung
 17.285
Hinterlegung 2.526; 5.314
Hinterlegungsklausel 5.263
Hinterlegungsschein 11.238
Hinterlegungsstelle 9.88; 9.159; 17.255
Hit-or-Take-Systeme 8.113
Höchstbetragsbürgschaft 6.158
Höchstbetragshypothek 6.215
Hoffnungskauf (emptio spei) 14.137
Hoheitliche Befugnisse 17.113;
 17.228; 20.2
Hoheitliches Handeln 17.497
Höhere Gewalt 2.289; 11.262; 11.295
Holländisches Verfahren 20.182
Holschuld 3.44; 4.336; 4.406; 11.101
Homebanking 2.39; 4.643; 4.649
Homebanking Computer Interface
 (HBCI)-Verfahren 4.645
Hypothek, Höchstbetrags- 6.215
Hypothekenbank
– Außerdeckungsgeschäft 6.203
– Geschäftskreis 6.203
– Hypothekenpfandbriefe 6.203
– Refinanzierung 6.204
Hypothekenbankgesetz 2.18; 6.203
Hypothekenbrief 11.4
Hypothekendarlehen 5.39
Hypothekenpfandbriefe 6.203; 9.96;
 14.45
Hypothetischer Parteiwille 2.92;
 2.96; 4.436; 7.25

IBIS-Geschäft, überregionales 17.36
IBIS-Handel 17.59
IBIS-System 8.76; 17.31
Idealkredit 5.46
Identifizierungspflicht
– Abgabenordnung 3.111
– Geldwäschegesetz 3.114
Identitätskontrolle 3.111; 4.990
Immediate-or-cancel 17.363
Immobilienfonds, geschlossene 8.39
Immobilienklausel 6.551
Import-Factoring 5.340
Importfinanzierung 7.6; 7.263
Import-Sicherungsvertrag 7.263
Importgeschäft 5.321; 7.233
Inadäquate Marktpreise 16.223; 16.299; 16.305
Inanspruchnahme des Karteninhabers im Lastschriftverfahren 4.916
Incoterms 1990 7.58
Index-Futures 14.120
Indexierungsverbot 20.82
Index-Terminkontrakte (Index-Futures)
– Erwerb einer Gewinnchance 14.136
– Geschäftsstruktur 14.122
– Rechtsnatur 14.124
Indirekte Garantie 5.265
Indirekte Kundenfinanzierung 5.101
Indirektes Leasing 5.380; 5.393
Individualabrede
s. Vorrang der Individualabrede
Individual-(Privat-)Interesse 8.234; 19.207
– der Anleger 8.7; 8.208; 16.67
Individualisierungsmerkmale 6.440
Individualprozeß 2.100
Individualschutz 8.173; 8.204
– der Anleger 16.11; 16.61
Indizienlehre 14.224
Indizwirkung 3.305
Indossable Namenspapiere (Orderpapiere) 9.74
Indossament 9.81
Industrieobligationen 8.10; 9.179
Informationsdefizite 16.216; 17.295

Informationsmemorandum 14.26
Informationsmodell 15.122; 15.137; 15.143
Informationspflichten 2.133
– der Emittenten 17.16
Informationsquellen 16.443; 16.455
Informations- und Kommunikationssysteme 17.14; 17.31
Informationsüberfrachtung 15.144
Informationsverbreitungssystem 16.106; 16.202; 16.323; 17.302
Informationsvorsprung 16.100; 16.186; 16.305
Inhaber-Sammel-Zertifikate 8.16; 9.39
Inhaberscheck 4.763
– disparischer 2.63; 2.258
Inhaberpapiere 9.74
Inhalt des Akkreditivauftrags 7.161
Inhaltliche Abstraktheit 5.260
Inhaltskontrolle 2.61; 2.64; 2.305; 2.652; 5.199; 6.2; 6.167; 6.234; 7.145; 8.40; 10.266; 10.270
– gerichtliche 2.70
Initial Public Offering (IPO) 9.258
Inkasso 4.857; 4.994; 5.332
– einfaches 7.105
– fällige Dividenden 11.135
– innerbetriebliches 2.442
Inkassoauftrag 2.428; 7.106
Inkassogeschäft 2.661; 7.100
Inkassolegitimation 11.201
Inkassopapiere 2.423; 2.428; 2.436
– Einlösung 2.431; 2.452
Inkassotätigkeiten 11.86
Inkassowechsel 5.236
Inkassowesen 7.49
Inkongruentes Deckungsgeschäft 2.571
Inkonnexe Gegenforderung 7.249
Innengesellschaft 5.182; 6.526; 12.132
Innenhaftung 3.166
Innenkonsortium 9.233
Innenrevision 11.385
Innerbetriebliches Inkasso 2.442
Innerbundesstaatliches Kooperationsrecht 18.31

Inneres Bankgeheimnis 2.151; 2.200; 2.261
Innovationen 2.38; 17.505
Innovationskraft 15.30
Insichgeschäft 11.95
Insider
- Ausnutzen von I.-Tatsachen 16.50; 16.150
- Begriff 16.135
- Reichweite der I.-Regelung 8.251
- Sekundärinsider 16.57; 16.135; 16.149
- statusbezogener Primärinsider 16.137
- Straftatbestände 16.49
- tätigkeitsbezogener Primärinsider 16.139
- unternehmensexterne Dritte 16.143
- unternehmensinterne Personen 16.141
- unternehmensinterne Primärinsider 16.143

Insidergeschäfte 16.504; 18.44
Insiderinformationen 16.101
- Mißbrauch 2.166; 11.273

Insiderpapiere 16.74; 18.95
- Bezugsrechte 16.76
- Derivate 16.75
- Einbeziehung der Freiverkehrswerte 16.83
- Optionsscheine 16.76

Insiderrechtliche Präventivmaßnahme 16.221
Insiderrechtliches Ausnutzungsverbot
vgl. auch Ausnutzung
- Beteiligungserwerb durch Beteiligungsgesellschaft 16.180
- Kommissionsgeschäft 16.177
- Maklergeschäft 16.175
- Market Maker 16.175
- Marktpflege 16.176
- Pakethandel 16.169
- Unterlassen eines Geschäftsabschlusses 16.161
- Wertpapierleihe 16.165

Insiderrechtliches Gleichbehandlungsgebot 8.188
Insiderrechtliches Weitergabeverbot
- Anstiftung 16.153
- Aufsichtsratsmitglieder 16.203
- Beihilfe 16.153
- betriebsinterner Informationsfluß 16.194
- Gesetzeszweck 16.191
- Gespräche mit Finanzanalysten 16.101
- Pressegespräch 16.199

Insiderregelungen 16.519
- Auslegungsbedürftigkeit 16.72
- Gewährleistung der Chancengleichheit 16.58
- Grundkonzeption 16.53
- Insiderhandels-Richtlinien 16.51
- kein Individualschutz 16.67
- Marktbezogenheit 16.57
- Reichweite 8.251
- Schutzzweck 16.53

Insiderrichtlinie s. Richtlinien der EG
Insidertatsache 16.85
- bestimmungsgemäße Kenntnisnahme 16.140
- Bereichsöffentlichkeit 16.107
- Bewertungskriterien 16.86
- erhebliches Kursbeeinflussungspotential 16.110
- fehlende öffentliche Bekanntgabe 16.98
- Herstellung der Öffentlichkeit 16.102
- isolierte Betrachtungsweise 16.117
- marktbezogene 16.90
- Marktdaten 16.89
- Wertpapierbezogenheit 16.88

Insiderverbote 8.250
Insolvenz 3.264
Insolvenzanfechtung 2.649
Insolvenzordnung 5.161
Insolvenzplan 6.92
Insolvenzrechtsreform 6.6
Insolvenzrisiko 7.243; 8.29
- und Vollstreckungsrisiko 11.291

Insolvenzschutz 2.539
Insolvenzverwalter 2.710; 3.120; 3.140; 3.172; 3.264
Institutionelle Anleger 9.105; 17.545
Institutionelle Effizienz 16.66
Institutionelle Funktionsfähigkeit 8.185; 16.428
Institutionelle Investoren 9.209
Institutsbezogene Karten 4.691
Institutssicherung 2.539
Institutsspezifischer Durchschnittszinssatz 5.203
Instrumente des kartengesteuerten bargeldlosen Zahlungsverkehrs 4.952
Integration des Informationsmodells 15.240
Integrität des Kapitalmarktes 18.20
Integrität des Marktes 16.66; 16.167
Integritätsinteresse 2.125; 2.775; 11.109; 16.435
Interbankengeldmarkt 20.214
Interbankengeschäft 13.18
Interbankenhandel 8.158; 16.169; 17.2; 17.41
Interessenabwägung 17.248
Interessenausgleich 2.60; 6.32; 9.205
Interessenkonflikte 8.194; 8.241; 16.422; 16.496; 16.574
Interessenlage 11.109
Interessentheorie 2.21; 8.233
Interessenvertretung 8.195
Interessewahrende Auftragsausführung 10.99
Interessenwahrung 8.172
Interessenwahrungspflicht 9.10; 12.122
Interest Rate Guarantee 14.177
Intermediäre 16.411
International Organization of Securities Commissions (IOSCO) 19.65
International Primary Market Association (IPMA) 9.241
International Securities Market Association (ISMA) 8.109

Internationale Handelskammer (ICC), Paris 5.255
Internationale Kooperation 18.104
Internationale Projektfinanzierung 7.234
Internationale Verschuldungskrise 2.809
Internationale Wertpapier-Clearinginstitute 11.139; 11.283
Internationale Wettbewerbsfähigkeit 8.180; 12.88
Internationaler Handels- und Wirtschaftsverkehr 7.272
Internationaler Handelsverkehr 5.285; 5.300
Internationaler Währungsfonds (IWF) 7.41
Internationaler Warenverkehr 7.214
Internationaler Wirtschaftsverkehr 6.104
Internationales Kreditgeschäft 6.565
Internationales Privatrecht (IPR) 2.757; 7.11; 7.12
– Gesetz v. 25. 7. 1986 7.13
Internationales Sachenrecht 7.34
Internationalisierung der deutschen Girosammelverwahrung 11.223; 11.344
Interne Kontrollverfahren 16.497
Interne Margenkalkulation 5.221
Internes Kontrollsystem 11.382
Internet 16.324
Internet, Geschäftsabschlüsse 4.996
Inventarwert 12.46
Investment
– Harmonisierung des europäischen Rechts 12.25
Investment Banking 1.18; 2.803; 2.805; 8.3
– Begriff 2.805
– Entwicklung 2.807
Investmentaktiengesellschaften 12.39
Investmentanteilscheine 9.110
Investmentclubs 12.11; 16.596
Investmentdreiecks-Verhältnis 12.119
Investmentfonds 9.27

Investmentfondsaktiengesellschaften
  12.28
Investmentgeschäft (KAGG) 1.3
– Anlagegrenzen 12.92
– Anlagekatalog 12.80
– EG-Harmonisierung 12.25
– Gesellschaftstyp 12.37
– Grundstrukturen 12.30
– Investmentdreiecks-Verhältnis
  12.119
– Legaldefinition 12.9
– Miteigentumslösung 12.49
– Nebentätigkeiten 12.34
– Risikostreuung 12.3
– Schadensersatzansprüche der
  Anteilinhaber 12.128
– Treuhandlösung 12.49
– Vertragstyp 12.32
Investmentgesellschaften 8.25;
  16.370
Investmentsparen 12.5
Investmentzertifikate 12.23; s. auch
  Anteilscheine
IPR s. Internationales Privatrecht
Irrtumsanfechtung 3.67; 6.164
Isolierte Abtretung 6.306

Jahresabschlüsse 2.561; 3.23; 8.226;
  16.263
Jährliche aktienrechtliche Rechnungs-
  legung 8.226
Jährliche Pflichtveröffentlichungen
  8.199
Japanische Namensaktien 8.17
Joint-venture-Konto 3.133
Journalisten 16.105; 16.145; 16.190
Jungscheingiroverkehr 11.383
Juristische Person des öffentlichen
  Rechts 20.123; 20.129

KAGG s. Gesetz über die Kapitalanlagegesellschaften
Kalkulationsmethode 5.223
Kanadisches Girosammelverwahr-
  institut (The Canadian Depository
  for Securities Ltd) 11.239

Kapitaladäquanzrichtlinie 16.406;
  18.12; 19.46; 19.65; 17.345
– Lieferrisiko 19.74
– Markt- und Preisrisiken 19.71
– Trading-book 19.75
Kapitalanlagebetrug 8.216; 8.235
Kapitalanlagegesellschaften 12.31
Kapitalbeschaffungsmaßnahme 16.96
Kapitalbildung 2.24
Kapitalerhöhung 9.175; 16.96
– aus Gesellschaftsmitteln 9.190
– Barkapitalerhöhung 9.181
– bedingte 9.186
– Insidertatsache 16.96
– Sonderkonto 9.182
– Zeichnungsvertrag 9.193
Kapital-Lebensversicherungen 2.816
Kapitalmarkt 8.8; 9.78; 18.2
– Allokationsfunktion 8.202
– Begriff 8.8
– Deregulierung 3.84; 14.10
– Effizienz 2.24
– Funktionsfähigkeit 1.7; 8.174; 9.78;
  11.32; 16.223
– Funktionsschutz 16.411
– Globalisierung 16.529
– grauer K. 9.289; 19.47; 19.56
– institutionelle Funktionsfähigkeit
  8.185
– Liberalisierung 14.10; 18.3
– operationale Funktionsfähigkeit
  8.197
– Organisationsstrukturen 10.56;
  12.26; 12.81; 16.14; 16.84
– Primärmarkt 8.61; 9.7; 17.1
– Sekundärmarkt 9.7; 17.1
Kapitalmarktbezogene Publizitäts-
  pflichten 9.159
Kapitalmarktbezogene Transaktions-
  kosten 8.200
Kapitalmarktbezogene Verhaltens-
  pflichten 8.152
Kapitalmarktbezogenheit der Termin-
  märkte 8.27
Kapitalmarkt-(börsen-)rechtliche
  Publizität 8.226

Kapitalmarktpublizität 16.213
Kapitalmarktrecht 1.5; 1.17; 11.32
- Adressatenkreis 8.6; 16.343; 16.344
- Begriff 1.5; 1.17; 11.32
- drittschützende Wirkung 4.267
- Leitsätze für Mitarbeitergeschäfte 16.568; 16.570
- Reflexwirkung 8.217
- Schutzgesetze 8.235; 16.11
- Standards 8.220; 17.417
- Verhaltenspflichten der Kreditinstitute 2.774; 2.287
Kapitalmarktrechtliche Normenqualität 8.228
Kapitalmarktrechtliche Organisationspflichten 8.245
Kapitalmarktrechtliche Publizitätspflichten 8.147; 8.215
Kapitalmarktrechtliche Vertrauenshaftung 9.343
Kapitalmarktrechtliches Informationssystem 8.200
Kapitalmarkttheorie 8.37
Kapitalmarkttitel 8.3; 8.13
- Entmaterialisierung 2.492
Kapitalsammelstellen 9.27; 12.42; 14.29
Kapitaltransfer 9.292
Kapitalveränderungen 8.101
Kardinalpflicht 2.278; 2.282; 7.203; 16.457
Kartenemittent
- Hauptpflicht 4.928
- Pflichten 4.966
Kartengeld 4.6
Kartengesteuerte Zahlungssysteme
- Auszahlung durch Geldautomaten 4.678; 4.839
- Chipkarte 4.872; 4.889; 4.899; 4.996
- electronic cash-System s. dort
- eurocheque-Karte s. auch Scheckkarte 4.678
- Hybridkarte 4.870
- Offline-Autorisierung 4.682
- Online-Autorisierung 4.682; 4.1022

- POS-System s. electronic cash-System 4.679; 4.705; 4.809
Kartengestützte Zahlungssysteme 20.30
Karteninhaber
- Hauptleistungspflicht 4.929
- Schadensbeteiligung 4.967
- Willenserklärungen 4.953
Kaskadenfonds 12.69
Kassa-Devisengeschäft 2.485
Kassa-Devisenhandel 2.489
Kassageschäft 8.27; 15.207
Kassahandel, elektronischer 17.358
Kassakurs 10.89
Kassamarkt 13.68
Kassenobligationen 8.51; 11.210
Kassetten 4.631
Kauf- und Verkaufsangebote 10.196
Kaufkraft 5.4
Kaufkreditverträge 5.99
Kaufmännischer Verpflichtungsschein 9.78
- an Order 4.979
Kaufvertrag 10.27
Kaufvertrag mit Geschäftsbesorgungselementen 5.353
Kausale Saldoforderung 2.378; 3.56
Kausale Schuldumschaffung (Novation) 5.48
Kausaler Saldoanspruch 6.430
Kausalität 16.171
Kausalitätserfordernis 16.173
Kennummer 9.49
Kennung des zahlungspflichtigen Bankkunden 4.1006
Kernkapital 19.27; 19.103
Kettenüberweisung 4.16
Kick-back-Vereinbarungen 16.440
Kindesvermögen, Gefährdung 15.158
Kleinanleger 12.3
- Schutz 16.323
Kleinkredite 1.13; 5.101
Klöckner-Entscheidung 9.148
Knebelung und Aussaugung 6.44
Knock-out-Variante 15.35; 15.104; 15.144

Kollegialorgan 20.106
Kollision 2.161; 6.451; 6.522
– von Globalzession und verlängertem Eigentumsvorbehalt 6.451
Kollisionsnormen 7.12
– termingeschäftliche 15.203
Kombinierte Zins- und Währungsswaps 14.189
Kommanditgesellschaft 3.159
Kommanditrevers 6.580
Kommission der Vereinten Nationen für Internationales Handelsrecht (UNCITRAL) 7.52
Kommissionär 8.159; 13.72
– Eigenhaftung 10.211; 13.74
Kommissionsauftrag
– Bündelung von Aufträgen 10.91
– Emissionsgeschäft s. Emission von Wertpapieren
– Gültigkeitsdauer 7.198
– interessewahrende Ausführung 10.99
Kommissionsgeschäft 15.164; 16.404
– unechtes 7.190
– unentgeltliches 4.973
Kommissionsrechtliche Ausführungsgeschäfte 16.413
Kommissionsrechtliche Interessewahrungspflicht 10.131; 10.156; 10.173; 16.420
Kommissionsrechtliche Namhaftmachung 13.74
Kommissionsrechtliches Geschäftsbesorgungsverhältnis 13.17
Kommissionsrechtliches Selbsteintrittsrecht 10.23; 10.172
Kommissionsverhältnis 13.64
Kommissionsvertrag 9.21; 10.28
Kommunaldarlehen 6.203
Kommunalobligationen 9.96
Kommunalschuldverschreibungen 8.10; 9.14
Kommunikationstechniken 18.3
Kompensationsabrede 3.47
Kompensationsgeschäfte 2.824
Kompensationsmöglichkeit 5.200

Kondiktionsmöglichkeit bei Garantiepflicht 4.1040
Konditionen 5.78
Konditionenwettbewerb 2.82
Konfliktpotential 16.497
Konfliktsituationen 16.530
Konfliktsteuerung 16.527
Konfusion 6.425
Kongruente Refinanzierung 5.322
Königsberger System 5.104
Konjunkturrisiko 16.441
Konkludente Rechtswahl 7.25
Konkludente Weisung 4.854; 4.884
Konkludentes Einverständnis 2.116; 2.121
Konkludentes Verhalten 4.44
Konkrete Positiverklärung 6.559
Konkrete Schadensberechnung 15.13
Konkreter Wissensvorsprung 2.795
Konkretisierung des Sicherungsgutes 6.361
Konkursfestigkeit von Zessionen
– schuldrechtliche Teilverzichtsklausel 6.462
Konkursverschleppung 6.44; 6.52
Konkursvorrecht 10.238
Konnossement 7.251; 7.266
Konnossementsgarantie 5.264
Konsensualvertrag 11.10
Konsensualvertragstheorie 5.172
Konservative Anlagepolitik 16.482
Konsolidierungsrichtlinie 19.35
– aktivischer Unterschiedsbetrag 19.40
– Quotenkonsolidierung 19.40
Konsolidierungsverfahren 19.40
Konsortialführung
– federführende Konsortialbank 9.248
– Lead Manager 9.198; 9.247
– Mitführung 9.248
– Treuhänderfunktion 13.88
Konsortialkredit 5.182
Konsortialquote 9.251
Konsortialvertrag 9.243
Konsortium 9.123
Konsumentenkredit 2.212; 5.39

Kontinuität der Verträge 20.54
Konto
- Anderkonto 3.148; 5.175
- Begriff 3.104
- Belastungsbuchung 2.413; 4.368; 4.392
- Eigenkonto s. dort
- Fremdkonto s. dort
- Fremdwährungskonto 2.467; 3.78
- Gehaltskonto 4.502
- geschäftsunfähige Kontoinhaber 3.175
- Gemeinschaftskonto s. dort 3.152; 3.228
- Girokonto 3.35
- Inhaber s. Kontoinhaberschaft 3.109
- Kontoauszug, Pflicht des Kunden zur Prüfung 3.73
- Kontobezeichnung 3.129; 3.141
- Kontoeröffnungsformular 3.108; 3.331
- Kontonummer 4.193; 4.640
- Kontoüberziehung 4.504; 5.70; 5.231
- Lorokonto 4.175
- Nachlaßkonto 3.120, 3.245
- Nostrokonto 2.490; 4.175
- Oder-Konto 3.252
- offenes Treuhandkonto 3.141; 3.144
- Pfändung 3.210 s. auch Vollstreckung in Kontoguthaben
- pro Diverse 3.135; 3.154; 4.25; 4.474
- Rückbuchung 4.323
- Sonderkonto 3.135
- Sperrkonto 3.149; 3.244
- Und-Konto 3.243
- Verfügungs- und Vertretungsbefugnis Dritter 3.120
- Verfügungsbefugnis s. Kontoinhaberschaft
- Vertretungsmacht s. Kontovollmacht
- Vollmacht s. Kontovollmacht
- „Wertpapierrechnung" 11.383
- zugunsten Dritter auf den Todesfall s. dort
- Zwangsvollstreckung s. Vollstreckung in Kontoguthaben

Konto zugunsten Dritter auf den Todesfall 3.306
- Formerfordernisse 3.270; 3.315
- postmortaler Übermittlungsauftrag 3.320
- praktisches Bedürfnis 3.306
- rechtliche Behandlung 3.313
- Rechtsstellung des Begünstigten 3.310
- Rechtsstellung des Kontoinhabers 3.312
- Schenkungsabrede 3.317
- Überlebensbedingung 3.277; 3.310
- Valutaverhältnis 3.316
- Widerruf der Schenkungsofferte 11.58

Kontoauszugsdrucker 3.108
Kontobevollmächtigter 16.473
Kontobezogenes Online-Banking 4.643
Kontoeröffnungsformulare 3.108; 3.331
Kontoführung 2.329
Kontoguthaben 3.2
Kontogutschrift 4.176
- Zeitpunkt des Wirksamwerdens s. dort

Kontoinhaberschaft 3.109
- Anderkonto 3.148; 5.175
- Bestimmung des Kontoinhabers 3.109
- Bezeichnung 3.120
- Eigenkonto 3.136; 3.165
- formeller Inhaber 3.130
- Fremdkonto 3.136; 3.140
- Geschäftsunfähige 3.174
- Gesellschaft bürgerlichen Rechts 3.158
- GmbH in Gründung 3.161
- Haftung als Schuldner 3.128
- Identifizierungspflicht der Bank 3.111

Sachregister

- Konto pro Diverse 3.135; 3.154; 4.25; 4.474
- Kontobezeichnung 3.129
- Minderjährige 3.175
- Mitgläubigerschaft 3.235; 3.236
- offenes Treuhandkonto 3.141; 3.144
- Sonderkonto 3.135
- Sparkonto 3.32; 3.134; 3.305
- Sperrkonto 3.149; 3.244
- Tod des Kontoinhabers 3.195
- Verfügungsbefugnis Dritter 3.120
- Verfügungsbefugnis über das Konto 3.120; 3.170
- Vorgesellschaft 3.161
- Vorgründungsgesellschaft 3.162

Kontokorrent 2.373; 3.45
- Abschlußsalden 3.45; 3.71
- Begriff 3.45
- Girovertragsverhältnis 4.103
- kausaler Saldoanspruch 6.430
- Rechnungsabschluß 3.55; 5.140; 6.429
- Saldoanerkenntnis 3.55
- Tagessaldo 3.71
- Verfügbarkeit des Giroguthabens 3.73
- Verrechnungsvereinbarung 2.392
- Verzinsung des Saldos 3.60
- Wirkung 3.54

Kontokorrentabrede 3.45
Kontokorrentähnliche Kredite 5.46
Kontokorrentfähigkeit 3.47
Kontokorrentkonten 5.72
Kontokorrentkredite 5.180
Kontokorrentverhältnis 6.429
Kontonummer/Namensvergleich 4.193; 4.640
Kontopfändungen 3.210
Kontosperre 3.151
Kontoübertrag 2.517; 4.14
Kontoüberziehung 4.504; 5.231
Kontovollmacht 3.173; 3.188; 4.789
- gesamtvertretungsberechtigte Organmitglieder 3.189
- Inhaltskontrolle 5.199
- Mißbrauch 3.201

- Oder-Konto 3.252
- postmortale Vollmacht 3.198; 3.298
- transmortale Vollmacht 3.195
- Und-Konto 3.243

Kontrahierungszwang 8.88; 10.6
Kontraktwert 16.29
Kontrollierte Unternehmen 16.364
Kontrollinstrumentarium 8.266
Kontrollmitteilungen 2.177
Kontrollpflicht 4.228
Kontrollrechte 5.363
Konversionsraten 20.13
Konzentrator 4.836
Konzept Finanzplatz Deutschland 8.9
Konzernbegriff 16.367
Konzernfinanzierung 5.277
Konzernhaftung 6.611
Konzernmuttergesellschaft 9.311
Konzernunternehmen 16.240
Konzernvorbehalt 6.446
Kooperation 8.168
Koordinierte Verfügung 3.239
Körperschaften 8.80
Korrekturmeldung 4.568
Korrespondenzbanken 3.82; 7.182
Kostenerstattungsanspruch 2.567
Kraftloserklärung 4.576; 9.117; 11.112
- gesetzliche 9.117
- von Wertpapieren 9.117

Kredit
- Abrufsrecht 5.228
- Akzeptkredit 5.12; 5.315
- Anspruchsgrundlagen für den Rückzahlungsanspruch der Bank 5.20
- Begriff 5.3; 5.12; 5.343; 5.406; 13.52
- Betriebsmittelkredit 5.181
- Disagio 2.62; 4.885; 4.894; 4.918; 4.931; 5.43; 5.182; 8.49
- Diskontkredit 5.234; 5.245; 5.251; 5.318; 5.326; 20.177
- Factoring 5.43; 5.182; 5.183
- Garantie 2.286; 4.570; 6.102
- Gelddarlehen 2.5; 8.126; 13.2
- Haftungskredit 2.6; 5.8; 5.169; 7.271
- kontokorrentähnliche Kredite 5.46

2366

- Kündigung 5.145
- Leasing 5.17
- Pfändung von Ansprüchen auf Kreditgewährung 5.226
- Revolvingkredit 5.15
- Verbraucherkredit s. dort
- Vertragstypen 4.34
- Zahlungskredit 5.8; 5.169

Kreditapparat 19.7
Kreditauftrag 6.120
Kreditbanken 19.9
Kreditderivate (Credit Linked Notes) 14.6; 14.49; 14.71
Kredite bis auf weiteres (b.a.w.) 2.319
Krediteröffnungsvertrag 5.178
Kreditexpansion 20.170
Kreditgefährdung 16.115
Kreditgeschäft 2.5; 20.33
- Auslandskreditgeschäft s. dort
- Bedeutung 2.5
- Geldhandelsgeschäfte 7.31
- Haftungskredit 2.6; 5.8; 5.169
- Pflicht der Bank zur Kreditgewährung 5.178
- Rechtsnatur 5.9; 5.20; 5.346
- Verbraucherkredit s. dort
- Wertpapierleihe s. dort
- Zahlungskredit 5.8; 5.169

Kreditgewährung 4.357; 4.481
Kreditgewährungsverbot 19.191
Kreditierte Dienstleistungen 5.55
Kreditkarte 4.678
- Abhandenkommen 4.966
- Akzeptanz 4.923
- Bargeldauszahlung 4.913
- Bedienungsmedium für kartengesteuerte Zahlungssysteme 4.913
- Belastungsbeleg 4.930; 4.933
- Co-Branding 4.971
- Drei-Parteien-System 4.916
- Eurocard 4.678
- Familienzusatzkarte 4.927
- Funktionen 4.908
- GZS (Gesellschaft für Zahlungssysteme mbH) 4.774
- Konten 4.922

- Kreditfunktion 4.919
- Vertrag 4.926

Kreditkartenentscheidung des BGH 4.969
Kreditkartengeschäft 4.904; 4.923
Kreditkartenherausgeber und Karteninhaber
- Aufwendungserstattungsanspruch 4.937; 4.987
- Ausschluß von Einwendungen aus dem Valutaverhältnis 4.937
- Dispositionsrahmen des Karteninhabers 4.921
- Haftung des Karteninhabers 4.720; 4.894
- Widerruf der Weisung des Karteninhabers 4.933

Kreditkartenherausgeber und Vertragsunternehmen
- Forderungskauf 4.958
- Garantievertrag 4.765
- Pflicht des Vertragsunternehmens zur Einholung einer Genehmigung 4.932
- Rahmenvertrag 4.904
- Rückforderungsrecht 4.849
- Schuldversprechen 4.947
- unterschriftsloses Zahlen 4.931
- Verbreitung 4.910
- Vertrag zugunsten Dritter 4.943
- Vertragsunternehmen 4.966
- Zahlungszusage des Kartenherausgebers 4.946

Kreditlastschriften 4.459
Kreditleihe 5.8; 5.317; 5.387
Kreditlinie 4.504; 5.179; 5.226
Kreditnehmer
- Verpflichtungserklärungen 6.544
- vorzeitiges Kündigungsrecht 5.152

Kreditplafondierungen 20.170
Kreditrahmen 5.47
Kreditrisiken 5.325; 6.1; 19.72
Kreditsicherheiten s. auch Sicherheiten
- Abkaufsverpflichtung 6.586
- Anspruch auf Bestellung oder Verstärkung 6.1

Sachregister

- bankmäßige Sicherheit 2.568
- Besicherung eigenkapitalersetzender Darlehen 6.72
- Bürgschaften vermögensloser Verwandter 6.148
- Ersatzsicherheiten 6.542
- Finanzierungsbestätigung 6.575
- Gläubigerbenachteiligung 6.48
- Gleichrangklausel 6.562
- Gleichstellungsverpflichtung 6.552
- Grundpfandrechte 6.200
- Haftung wegen Vermögensübernahme 6.63
- Liquiditätshilfegarantie 6.592
- Negativerklärung 6.544; 6.548
- nicht bankmäßige 6.540
- Organschaftserklärung 6.604
- pari-passu-Klausel 6.652
- Patronatserklärung 6.588
- Positiverklärung 6.547
- Prüfung der Werthaltigkeit durch die Bank 2.572
- Sittenwidrigkeit der Sicherheitenbestellung 6.31; 6.148; 6.399
- Übersicherung s. dort
- Zurücktreten mit Forderungen 6.579

Kredittäuschung 6.44; 6.49
Kreditunterbeteiligungen 5.182
Kreditversicherern 6.520
- Kreditversorgung der Wirtschaft 1.3; 20.131

Kreditversorgung 1.3
- der Wirtschaft 20.131

Kreditwesengesetz (KWG)
- Eigenkapitalgrundsätze 19.116
- gewerberechtliches Spezialgesetz 19.80
- Kreditbegriff 5.12; 5.343
- Liquiditätsgrundsätze 19.115
- Novellen 1993 und 1994 19.18
- Regelungszweck 19.1
- Struktur- und Ordnungsvorschriften 5.387; 10.4

Kreditwirtschaft 19.1
Kreditwürdigkeit 5.4
Krieg 7.224; 7.237

Kriminalstrafe 8.274
Kumulative Bürgschaften 6.187
Kumulative Schuldübernahme 6.99
Kundenabrechnung 10.146
Kundeninteresse 8.195; 16.422; 16.526; 16.574
Kundenkarte 4.678; 4.840; 4.864
- Funktionen 4.678; 4.840; 4.864
- Haftung für mißbräuchliche Verwendung 4.743; 4.892; 4.963
- Rechtsbeziehungen zwischen Bank und Karteninhaber 4.867

Kundenrolle 2.112
Kundenschutz 2.58
Kündigung 4.793
- außerordentliche 2.586
- Bürgschaft 6.192
- Frist 4.163
- Geschäftsverbindung 2.104
- Konto 2.324; 3.87; 3.100;
- Schuldverschreibungen 11.91
- Teilzahlungskredit 5.145
- Verbot der K. zur Unzeit 5.199
- aus wichtigem Grund 5.147

Kündigungsrecht
- gesetzliches 5.191
- des Kunden 2.324
- vorzeitiges K. des Kreditnehmers 5.152

Künftige Ansprüche 2.566
Kupons 11.64
Kursänderungsrisiko 13.6
Kursausschläge 16.428
Kursaussetzung 16.303; 18.143
Kursbeeinflussung 16.427
Kursbeeinflussungspotential 16.92; 16.93; 16.117; 16.120; 16.249; 16.255; 16.292

Kursfeststellung 18.143
- Aussetzung 16.303
- Notierung 8.80

Kursmakler 2.743; 8.131; 8.134
- Aufgabegeschäft 17.343; 17.354; 18.145
- Börsenorgan 17.171
- Eigenengagements 17.341

- Kursmaklergesellschaft 17.345
- Maklerwerkvertrag 17.353
- Neutralitätspflicht 17.346
- Rechtstellung 8.134
- skontroführende 8.95
- Spitzen (Überhänge) 17.339
- Vermittlungsauftrag 17.347

Kursnotierung 10.143; 20.40
Kurspflege (Marktpflege) 9.36; 13.23
Kurspflegekosten 9.38
Kurspflegemaßnahmen 9.205
Kursrelevanz 16.109
Kursrisiko 5.112; 8.26; 16.112
Kursschnitte 10.163
Kursschwankungsbereich (Volatilität) 16.122
Kurssensitive Informationen 16.559
Kursspekulation 15.215
Kursstabilisierung 9.210
Kursstützung 9.37
Kursverluste 8.144
Kurzfristige Kredite 5.61
Kuxe 11.3
- alten Rechts 9.97
- neuen Rechts 9.97

KWG s. Kreditwesengesetz

Ladescheine 7.251
Lagebericht 8.226; 16.287
Lagerland 11.262
Lagerscheine 7.147
Lähmung kontokorrentgebundener Forderungen 2.396; 3.54
Länderrisiko 16.441
Landeseigene Verwaltung 18.58
Landesexekutive 18.41
Landesverwaltung 18.52
Landeszentralbank 2.461; 20.134; 20.147
- Abrechnungsstelle 20.116
- Beiräte 20.151

Längerfristige Refinanzierungsgeschäfte (LRG) 5.245; 20.35; 20.177

Lastschrift 4.884
- Abbuchungsverfahren s. dort
- doppelt begründet 4.382
- Inanspruchnahme des Karteninhabers 4.916
- Rückgabe von L. 4.430
- als rückläufige Überweisung 4.335
- unanbringliche 4.431
- Widerspruchsrecht s. dort
- Wiedervergütung eingelöster L. 4.432

Lastschriftabrede 4.408
Lastschrifteinzug 4.350
- vereinfachter L. 4.375; 4.424; 4.426

Lastschrifteinlösung 4.355; 4.360; 4.369; 4.446
- Anspruch des Lastschriftschuldners bei unberechtigten Lastschriften 4.384
- Erfüllungswirkung im Valutaverhältnis 4.414
- Genehmigung durch den Schuldner 4.393
- Prüfpflicht der Bank 4.364
- Unterrichtung über Nichteinlösung 4.405
- Widerspruchsrecht des Lastschriftschuldners 4.384
- zeitliche Grenzen des Widerspruchsrechts 4.384

Lastschrifteinzugs-Ermächtigungen 20.30
Lastschriftendatei 4.820
Lastschriftreiterei 4.453; 4.460
Lastschriftverfahren 2.266
- Abbuchungsauftragsverfahren 4.348; 4.518
- Ansprüche des Lastschriftgläubigers gegen die Schuldnerbank 4.437
- Eingang vorbehalten (E. v.) 4.59; 4.99; 4.239
- Einlösung der Lastschrift 4.355; 4.360; 4.369; 4.446
- Einzugsermächtigungsverfahren 4.348
- erste Inkassostelle 4.422
- Lastschriftabkommen 4.421

2369

Sachregister

- Nichteinlösung der Lastschrift 4.405
- Pflicht der Gläubiger zum Lastschrifteinzug 4.409
- Pflichten des Schuldners 4.413
- Prüfpflicht der Bank 4.438
- Risiken 4.431
- rückläufige Überweisung 4.336
- Schadensersatzansprüche der Gläubigerbank 4.422
- Schutzpflicht der Schuldnerbank gegenüber dem Lastschriftgläubiger 4.437
- Vereinbarung über den Einzug von Forderungen durch Lastschrift 4.406
- Vertrag mit Schutzwirkung für Dritte 4.256; 4.436
- Vorteile 4.343
- Widerspruchsrecht des Schuldners 4.388
- Wiedervergütung 4.432
- Zahlstelle 4.347; 4.355
- Zeitpunkt der Einlösung 4.414
- Zurückleitung nicht eingelöster Lastschriften 4.432

Laufende Kontrolle 16.603
Laufende Rechnung 3.45
Laufzeit 9.144
- begrenzte 12.86

Laufzeitkonforme Plazierung 5.322
Lead Manager 9.204
Leasing
- Abschlußzahlung 5.377
- Ankauf von Leasingforderungen 5.407
- Bankgeschäft 5.386; 5.406
- Cross-Border-Leasing 7.258
- Erscheinungsformen 5.375
- Export-Leasing 7.256
- Finanzierungsleasing s. dort
- Gewährleistungsansprüche des Leasingnehmers 5.306
- Hauptleistungspflicht 5.390
- indirektes Leasing 5.380; 5.393
- Operating-Leasing 5.382; 5.409

- Rechtsnatur 5.388
- Refinanzierung 5.1
- regreßloser Ankauf 5.407
- Wirksamkeit der Vorausabtretung der Leasingraten 5.409
- Sale-and-Lease-Back-Verträge 5.383
- Teilamortisationsleasing 5.377
- Verbraucherkreditgesetz 5.403
- wirtschaftlicher Zweck 5.373

Leasingforderungen à-forfait 5.407
Leasinggeschäft 5.18; 5.374
Leasingverträge 5.17; 5.56
Lebensversicherungen 1.15
Lebensversicherungspolicen 2.633
Leerverkauf (short sale) 15.38; 15.57; 15.108; 16.165
Leerverkäufer 14.126
Legal opinion 9.139
Legislativer Rahmen 7.71
Legitimationsfunktion 9.71; 9.80
- der Kreditkarte 4.954

Legitimationskraft 9.79; 9.84
- des Sparbuches 3.134

Legitimationsnachweis 9.82; 9.114
Legitimationspapiere 3.95; 3.103
Legitimationsprüfung 3.111; 3.160; 3.189; 4.834
Legitimationsurkunde 4.883; 4.954; 4.980
Legitimationswirkung 3.95; 4.606
- elektronischer Münzen 4.1055

Legitimationszession 2.671; 16.383
Leichte Fahrlässigkeit 4.543; 4.740
Leihprovision 13.9
Leihsystem der Deutsche Börse Clearing AG 13.25
Leihvertrag 13.2
Leistung an Erfüllung Statt 4.30; 4.406; 4.571; 9.135; 10.232; 11.292; 11.352
Leistungsbegriff 4.278
Leistungsbestimmungsrecht 2.320; 4.387; 4.956; 10.180
Leistungserfolg 4.509
Leistungsgefahr des Emittenten 11.98
Leistungshandlung 4.509; 4.582

Leistungsklage 19.200
Leistungskommission 13.65
Leistungskondiktion 2.551; 4.446
Leistungsmittler 2.404; 4.262; 4.287; 4.315; 4.446
Leistungsort 3.44
Leistungspflicht der Bank 4.1024
Leistungsstörung 4.116; 5.118; 7.84; 17.170
Leistungstreuepflicht 13.39
Leistungsverhältnis 4.299; 4.446
Leistungsverwaltung 17.208; 17.273; 19.82; 20.159
Leistungsverweigerungsrecht 5.49; 5.120; 6.167
– des Effektenkommissionärs 2.659
– der Wertpapiersammelbank 11.195
Leitbild der Bürgschaft 7.113
Leitbildfunktion 2.727
Leitkurse 20.67
Leitsätze für eigene Wertpapiergeschäfte der Bankmitarbeiter 16.568; 16.570
Leitsätze für Mitarbeitergeschäfte
– allgemeine Grundsätze 16.574
– Ausführung von Effektenorder 16.572
– Beteiligung an Geschäften von Dritten 16.595
– Bevollmächtigung von Mitarbeitern 16.590
– Geschäfte zu nicht marktgerechten Bedingungen 16.593
– Konten/Depots bei Drittinstituten 16.580
– Überwachung der Einhaltung 16.603
Leitzinssätze 20.71
Letztverbraucher 2.293
Leverage-Effekt 15.74
Lex cartae sitae 2.630; 11.242; 11.249
Lex contractus 20.57
Lex rei sitae 2.602
Liability-Swaps 14.185
Liberalisierung 12.27; 14.10; 18.3; 19.12

Liberalisierung des Kapitalverkehrs 15.121
Liberationswirkung 9.89; 9.90; 11.201
LIBOR 14.187
Lieferanten-Poolvertrag 6.517
Liefergarantie 5.264
Lieferlisten 17.217
Lieferscheine 7.147
Lieferungsanspruch 11.289
Lieferungsverzug 8.125; 13.20
Limitierte Aufträge (Limit Orders) 10.94; 17.330; 17.361
Limitierungen 16.501
Linoleumteppich-Fall 2.783
Liquidationsnetting 14.150
Liquidationstermin 15.33
Liquidationsüberschuß 6.583
Liquide Beweismittel 5.296; 7.216; 7.225
Liquide Wertpapiere 17.327
Liquidität 3.25; 13.9; 17.247; 17.415
– der Märkte 8.36; 8.138; 10.99; 16.428
Liquiditätsbedarf 6.616
Liquiditätsengpässe 5.323
Liquiditätsfunktion 5.261; 5.262; 5.307
Liquiditätsgrundsätze 19.115
Liquiditätshilfegarantie 6.592
Liquiditätsklausel (Current Ratio) 6.571
Liquiditätsrisiko 16.441
Liquiditätsschwankungen 20.191; 20.218
Liquiditätssicherung 19.165
Liquiditätstransfer 17.421
Liquiditätsüberwachung 19.165
Lizenzentzug 7.237
Lizenzpflichtige Bankgeschäfte 4.898
Lizenzvertrag mit der GZS 4.971
Lohn- oder Gehaltskonto 3.181; 4.31; 4.113
Lombardfähigkeit 11.215
Lombardkredit 5.39; 5.45; 20.34
Lombardsatz 20.34

**Lombardsatz-Überleitungs-
  Verordnung** 20.75
**London Interbank Offered Rate
  (LIBOR)** 14.187
**London International Financial
  Futures Exchange (LIFFE)** 14.93
Longposition 14.127
Loro-Konto 4.175
Loseblattbuchführung 3.106
LRG-Satz 20.35; 20.75
Lückenausfüllung 2.92
Lückenlosigkeit der Besicherung 7.263

M & A-Geschäfte 2.823; 16.544
Maastricht-Vertrag 20.1
Macro-Hedge 14.62; 14.90
Maestro-System 4.841
Magnetband-Clearing-Verfahren 4.55;
  4.56; 4.630; 4.642
– Anwendungsbereich 4.630
– Geschäftsbedingungen 4.633
– Sammelbuchung 4.633
– Verfahrensablauf 4.631
– Zeitpunkt der Gutschrift 4.633
Magnetbänder 4.631
Mahnschreiben 4.340
Mahnwesen 5.332; 5.339
Maklergeschäft 5.326
Makler-Schlußnoten 17.218
Maklerwerkvertrag 17.353
**Management von Risiken (Asset-/
  Liability-Management)** 14.8
Mandatsträger 16.544
Mängel des Sicherungsgutes 6.401
**Manipulationsfreies Zustandekom-
  men von Börsenpreisen** 8.252
Mantelzession 5.360; 6.431
**Marché à Terme d'Instruments
  Financiers (MATIF)** 14.93
Marge (Spread) 7.309
Margins 5.58
Market maker 16.175; 16.562; 17.82;
  17.326
Market Maker-Prinzip 17.326
Market-Maker-Tätigkeit 16.494
Market Making 16.31

Markt
– Begriff 17.402
– Effizienz 16.216
– Funktionsfähigkeit s. dort
– Geregelter s. dort
– Globalisierung 14.9
– Grauer 8.39
– halbamtlicher 8.94; 17.394
– Liquidität s. dort
Marktaufsicht 8.164; 8.168; 17.519;
  18.20
– autonome 17.523
– Börsenaufsicht 18.20
– dreistufiges Konzept 18.134
– Handelsüberwachungsstelle 18.26;
  18.135
Marktaufsichtsbehörde 18.79
Marktbezogene Gattungsschuld
  11.264
Marktbezogene Insidertatsache 16.90
Marktbezogenheit 8.5; 11.33; 16.57
Marktbreite 8.186
Marktdaten 16.241
Marktenge Wertpapiere 16.492
Marktgängigkeit 16.14
Marktgegenseite 17.465
Marktgerechte Kurse 17.83
Marktgerechter Ausgabepreis 8.67
Marktgeschäft 10.30
Marktintermediäre 1.7; 8.118; 8.133;
  8.160; 8.164; 8.181; 8.244; 9.70;
  10.6; 11.33; 16.409; 16.599; 17.51;
  17.253; 17.324
– Zuverlässigkeit 8.163
Marktkommentare 16.481
Marktkurs 20.31
Marktliquidität 8.186; 17.328;
  17.579; 20.191
Marktmäßige Veranstaltungen 8.71
Marktmechanismus 8.185
Marktorganisation 17.25
Marktpflege 9.123
Markt-(Kurs-)Pflege 16.176
Marktpreis 6.23
– oder Börsenpreis 14.242
– inadäquater 16.223; 16.299; 16.305

Marktpreisrisiken 14.63
Marktrisiken 19.37
Marktsegmente 8.59; 16.43
Markttechniken 20.67
Marktteilnehmer 8.131
Markttendenzen 17.331
Markttiefe 8.186; 17.247
Markttransparenz 2.82; 9.277; 17.31
Marktübliche Bruttosollzinsen 5.135
Marktveranstaltungen 17.96
Marktverfügungen 17.285
Marktversagen 2.82
Marktzersplitterung 17.578
Marktzugang 8.93
Marktzutrittsschranke 17.259
Massengeschäft 2.36; 4.4; 4.154; 4.442; 10.73
Massenhaftigkeit 2.432; 2.665; 16.470
Massen-Überweisungsauftrag 4.124
Massenvertrag 2.74
Master-Card 4.681
Maßgeblichkeit ausländischen Rechts 11.349
Maßgeblichkeit der Kontobezeichnung 3.129
Matching 17.40; 17.54; 17.266; 17.294; 17.371
Materielle Gesetze 8.83; 17.180; 17.497
Materielle Prüfungshinweise 11.359
Materielle Scheckberechtigung 4.515
Materieller Garantiefall 5.270; 5.281
Maximalfrist 15.161
Mehrerlös 6.413
Mehrfachnotierung 17.249
Mehrfachzeichnungen 16.581
Mehrstufiger Besitz 11.149
Meistausführungsprinzip 10.86; 10.91; 17.322; 17.383
Meldepflicht 8.257; 10.56; 16.417; 16.504; 16.513; 18.91
– Ad-hoc-Publizität 16.88; 16.213; 16.541; 17.16
– Beteiligungserwerb 16.332
– Wertpapiergeschäft 8.258

Member Integration System Server (MISS) 17.72
Memoranda of Understanding 18.105
Mengentender 20.182
Mensch-Maschine-Kommunikation 4.649
Merchant Banking 2.811
Mergers and Acquisitions 2.823
Messe 17.214
Metaverhältnis 9.235
Metisten 9.235
Micro-Hedge 14.62; 14.90
Mietvertrag 11.8
Mindererlös 6.397; 6.493
Minderheitenschutz 9.213; 9.214
Minderjährige 3.175; 4.114
– Banküberweisung 3.181
– beschränkt geschäftsfähige Kontoinhaber 3.180
– Generaleinwilligung des gesetzlichen Vertreters 3.182
– geschäftsunfähiger Kontoinhaber 3.175
– gesetzlicher Vertreter 3.189
– Kontoeröffnungsformulare 3.108; 3.331
– Vermögensgefährdung 15.158
– Vertretungsmacht des Vormundes 2.177
Minderung 5.402
Mindestangaben bei Verbraucherkrediten
– Art und Weise der Rückzahlung 5.77
– fiktiver anfänglicher Gesamtbetrag 5.78
– Kreditkosten 5.78
– Kredite mit veränderlichen Konditionen 5.79
– Nachbesicherung 5.85
– Nettokreditbetrag 5.77
– Rechtsfolgen bei Nichtbeachtung 5.86
– Sicherheiten 5.84
Mindestdeckung 6.364
Mindestdeckungsbestand 6.364; 6.431

Mindestkündigungsfrist 3.95; 3.97
Mindestreserven 3.24; 20.155; 20.214
Mindestreservepflicht 13.54
Mindestreservesystem 20.218
Mindestreservevorschriften 20.112; 20.215
Mindestschlußgrößen 17.362
Mindeststandard 16.508; 17.513; 17.545; 17.584
Minuspositionen 17.341
Mischfonds 12.21; 12.117
Mischverwaltung 18.66
Mißbrauch von Insiderinformationen 2.166; 11.273
Mißbräuchliche Ausnutzung 5.294
Mißbräuchliche Verwendung 4.743; 4.892; 4.963
Mißbräuchlicher Widerspruch 4.453
– Mißbrauchshaftung 4.968
Mißbrauchskontrolle 2.68
Mißstände 12.29; 16.513; 19.8; 19.172
– Freiverkehr 17.382
– Handel 17.402
– Wertpapierhandel 8.99; 8.265; 8.269
Mitantragstellung 5.40; 6.31
Mitarbeitergeschäfte 16.535; 16.562
– Begriff 16.573
Mitarbeiter-Leitsätze 16.546
Mitarbeiterschulungen 16.499
Mitarbeiterverhalten 16.572
Mitbürgschaft 6.183
Miteigentum 6.346; 10.230; 11.161; 11.300
Miteigentumskonstruktion 12.49
Mitführung 9.248
Mitgläubigerschaft 3.235; 3.236
Mitgliedschaft 9.211
Mit- oder Gegenlaufen 16.492
Mitteilungspflicht 16.310
Mittelbare Staatsverwaltung 8.81; 17.119; 17.267; 17.512; 18.6; 20.126
Mittelbare (indirekte) Stellvertretung 4.259; 4.262; 10.38; 13.73; 16.159
Mittelbarer Besitz 2.606; 6.339; 11.301

Mittelbarer Mitbesitz 11.173
Mittelbares Bezugsrecht 9.219
Mitverschulden 2.219; 2.221; 2.248; 3.207; 4.138; 4.149; 4.193; 4.625; 4.739; 4.744; 10.130; 10.333; 16.458
Mitwirkendes Verschulden 9.310; 9.325
Mitwirkungspflichten des Kunden 2.131
Mitzeichnungsberechtigung 3.244
Moderner Schuldturm 5.132
Modifizierter Schadensersatzanspruch 9.337
Monatsberichte der Deutschen Bundesbank 5.221
Monatsstatistik der Deutschen Bundesbank 5.136
Monetärer Sektor 20.165
Money-back-Garantie 4.187; 7.69; 7.73
Moody's 14.27
Moratorium 19.2; 19.193
Motivirrtum 3.67
Mündelsicherheit 11.215
– von Pfandbriefen 8.10
– Sammelschuldbuchforderung 11.215
Münzen 20.9
Musterprozeß 11.106
Mutmaßlicher Willen des Kunden 2.300
Mutmaßliches Einverständnis 2.194
Muttergesellschaft 10.322

Nachbesicherung 5.85
Nachbesserung 5.121
Nachbesserungsversuche 5.121
Nachdisposition 2.458; 4.48; 4.378
Nacherbe 4.108
Nacherfassung 16.500
Nachfrist 10.118
Nachhandelsphase 17.360
Nachlässe 6.115
Nachlaß 3.270; 4.108
Nachlaßkonto 3.120; 3.245
Nachlaßverwalter 3.172

Nachmann 10.309
Nachrangige Garantieverpflichtung 4.1030
Nachschußpflicht 19.142
Nachsicherungsanspruch 2.562; 2.573
Nachträgliche Herstellung von Sammelurkunden 11.191
Nachträgliche Stundung 5.49
Nachträgliche Übersicherung 2.692; 6.15; 6.489
Nachträgliche Verbindlichkeit 15.166
Nachweis des Versicherungsfalls bei entwendeten Sachen 4.983
Nachweismakler 16.32; 17.34; 17.549
Nachwirkende Vertragspflichten 2.797
Namensaktie 8.16; 8.17
Namens-Gewinnschuldverschreibungen 3.6; 3.10
Namenspapier, nichtindossables 9.74
Namensschutz 17.591
National Association of Securities Dealers Automated Quotation (NASDAQ) 8.109
Nationale Zentralbanken 20.3
Nationales Kollisionsrecht 7.12
Naturalobligation 15.1
Naturalrestitution 3.333
Naturereignisse als Haftungsausschließungsgrund 11.262; 11.295
Nebenleistungspflichten 4.150
Nebenpflichten 2.123; 4.736; 5.170; 11.14; 16.435
Nebenpflichten der Bank
– Aufbewahrungspflicht 2.487
– Verhaltens- und Schutzpflichten s. dort
Nebenrechte 6.472; 13.15
Nebentätigkeiten 12.34
Negativerklärung 6.544; 6.548
– Belastungsverbot für Grundstücke 6.551; 6.557
– Emissionsgeschäft 6.550
– Generalklausel 6.551
– Immobilienklausel 6.551
– Klauseltext 6.561

– Rechtsfolgen bei Verletzung 6.553
– Verbindung mit Gleichstellungsklausel 6.552
– Verbindung mit Positiverklärung 6.559
– Wert als Kreditsicherheit 6.556
– Wirkung gegenüber Dritten 6.553
Negativklausel 6.550; 9.139; 9.170
Negativtatsachen 2.145
Negoziierung 7.119
Negoziierungsakkreditive 7.151
Netting 14.218; 19.109
Netto-Zinsspanne 5.221
Nettokreditbetrag 5.37; 5.77
Netzbetreiber 4.816
Netzbetreibervertrag 4.819
Netzgeld 4.6; 4.899; 4.1064; 4.1068
– cyber cash-System 4.1004
– Ecash-System 4.1001
– elektronisches 4.996; 14.2
– Emmissionsliste 4.1012
– Funktion 4.998
– Garantieverbindlichkeit der emittierenden Bank 4.1021
– Gefährdungspotential 4.1069
– rechtliche Grundstruktur 4.1008
– Risiko der Nichtzahlung 4.1020
Netzgeldempfänger 4.1008
Netzgeldverwender 4.1008
Netzgeldzahlungen 4.996
– Anonymisierung 4.1011
Netzvertrag 4.173; 4.244
Netzwerktechnologie 17.76
Neuer Markt 9.316; 16.234; 17.417
Neugründung 9.191
Neutralität 17.338
Neutralitätsgrundsatz 18.145
Neuverbriefung 9.39
New York Depository Trust Company – DTC 11.237
Nicht organisierter Markt (OTC-Geschäfte) 8.15
Nichtakzeptierung 7.107
Nicht-akzessorische Sicherheiten 6.172; 6.487

2375

Sachregister

Nichtberechtigter 4.794
Nichtbezahltmeldung 7.117
Nicht-Clearing-Mitglieder 17.466
Nichteinlösung des Schecks 4.506;
 4.576; 4.588
Nichtigkeit 5.252; 6.27
Nichtindossable Namenspapiere
 (Rektapapiere) 9.74
Nicht-konnexe Forderungen 2.651;
 2.657
Nichtleistungskondiktion 4.304;
 4.533
Niederländischer Girosammelverwahrer NECIGEV (Amsterdam) 11.237
Niederlassungen einer Filialbank
 11.94
Nießbrauch an Aktien 16.384
Nominalzinssatz 5.87; 5.184
Nomineefunktion 9.41
Non-diversified Closed-end
 Companies 12.37
Normativbestimmungen 9.213
Normative Gestaltungskraft 17.272
Normativtypus 5.394
Normcharakter 7.48
Normen mit ambivalenter
 Rechtsnatur 8.237
Normenbegriff 2.33
Normzweck 8.209; 8.244
Nostrogeschäft 2.758
Nostrohandel 13.18
Nostro-Konto 2.490; 4.175
Nostroverpflichtungen 3.23
Notare 16.143
Note Issuance Facilities (NIF) 14.40
Notenbankkredit 20.97
Nothilfe 2.161
Notierung 17.320
– Handel mit fortlaufender N.
 (variabler Handel) 10.85
– Hinausschieben 17.285
– Verbot der Doppelnotierung
 16.234; 17.419
Notwehr 2.162
Novation 3.65
Novationstheorie 3.65

Novellierung des Investmentrechts
 12.28
Nulla poena sine lege 16.125; 16.246
Numerus clausus 3.246; 6.554
Nummernauslosung 11.93
Nutzenprinzip 17.278
Nutzungsgrenze 4.704

Obhutspflicht 11.13
Objektgestützte Finanzierungen 14.56
Obliegenheit 2.218; 2.238; 2.779;
 4.574
Obligatorische Zwischenberichterstattung 16.213; 17.391
Oder-Depot 3.262
Oder-Konto 3.252
– Ausgleichspflicht zwischen den
 Kontoinhabern 3.260
– Ehegatten 3.261
– Haftung für Verbindlichkeiten
 3.257
– Innenverhältnis 3.260
– Insolvenz eines Kontoinhabers
 3.260
– Kontoeröffnungsformular 3.256;
 3.265
– Kontovollmacht 3.256
– Kreditaufnahme 3.257
– Kündigung durch Kontoinhaber
 3.266
– Leistungsverpflichtung der Bank
 3.252
– Rechtsstellung der Kontoinhaber
 3.252
– Tod eines Kontoinhabers 3.267
– Umwandlung in ein Und-Konto
 3.265
– Weisungsbefugnis der Kontoinhaber 3.254
– Widerruf der Verfügungsbefugnis
 3.265
– Widerruf von Weisungen eines
 anderen Kontoinhabers 3.254
– Zwangsvollstreckung 3.260
Offenbarungspflicht 2.142
Offene Devisenpositionen 3.82

Offene Differenzgeschäfte 14.84; 15.40
Offene Rücklagen 9.190; 19.103
Offene Stellvertreter des Emittenten 4.975
Offene Stellvertretung 10.33; 15.165
Offenes Auftragsbuch 17.371
Offenes Treuhandkonto 3.141; 3.144
Offenkundigkeitsgrundsatz 6.314
Offenkundigkeitsprinzip 11.252
Offenlegung 2.676; 9.100
Offenlegung wesentlicher Beteiligungen
- Handelsverbund 17.420
- Verhältnis zur aktienrechtlichen Meldepflicht 17.243
- Zurechnung von Stimmrechten 16.360
Offenlegung der wirtschaftlichen Verhältnisse 19.129
Offenlegung der Zession 6.476; 6.506
Offenmarktgeschäfte 20.75; 20.155
Offenmarktkredite 5.245; 20.175
Offenmarktoperationen 20.220
Öffentlich gebundener Beruf 8.136
Öffentliche (Verwaltungs-)Aufgabe 8.80
Öffentliche Funktion 8.136
Öffentliche Versteigerung 2.743
Öffentliche Verwaltung
- Begriff 17.96
- eigenverantwortliche Aufgabenwahrnehmung 8.81
- Eingriffsverwaltung 17.275
- Leistungsverwaltung 17.273
- mittelbare Staatsverwaltung 17.119; 17.267; 17.512
- Ordnungsverwaltung 17.273
- Organisationsgewalt 17.140
- Organisationsnormen 8.267
- Verwaltungsökonomie 18.74
Öffentliche Zeichnung (Subskription) 9.29
Öffentlicher Glaube 2.527
- Schuldbuch 11.219
- Wertpapiere 9.76
Öffentlicher Vertrieb 9.28

Öffentliches Anbieten 9.278
Öffentliches Interesse 2.82; 3.1; 8.179; 16.225; 17.249; 19.4
- Funktionsfähigkeit des Kapitalmarktes 10.31
- Funktionsfähigkeit der Kreditwirtschaft 19.1; 19.7; 19.92
Öffentliches Recht 1.19; 2.19; 2.23; 8.221; 8.234
Öffentliches Register 11.221
Öffentliches Übernahmeangebot 16.241
Öffentliches Verkaufsangebot von Aktien (IPO) 9.207
Öffentlichkeit 16.101
Öffentlich-rechtliche Anstaltsaufsicht 19.154
Öffentlich-rechtliche Börse 17.90
Öffentlich-rechtliche Entschädigungseinrichtungen 2.547
Öffentlich-rechtliche Erlaubnis 17.235
Öffentlich-rechtliche Gebühren 17.277
Öffentlich-rechtliche Handlungsformen 8.84
Öffentlich-rechtliche Identifizierungspflichten 3.111
Öffentlich-rechtliche Kreditinstitute 2.138; 17.270
Öffentlich-rechtliche Normen 8.246
Öffentlich-rechtliche Organisationsnormen 8.272
Öffentlich-rechtliche Organisationsstruktur der Börse 8.94; 17.23; 17.90; 17.99; 17.487
Öffentlich-rechtliche Rechtssätze 17.99
Öffentlich-rechtliche Satzung 2.34; 8.83; 17.102; 17.488
- Börsenordnung 17.102
- Bundesbank 20.125
Öffentlich-rechtlicher Vertrag 19.199
Öffentlich-rechtliches Benutzungsverhältnis 8.89; 17.222
Öffentlich-rechtliches Leistungsverhältnis 17.158; 17.266

Öffentlich-rechtliches Synallagma 17.277
Offline-Autorisierung 4.682
Öffnungsklausel 9.54; 15.54
OGAW-Richtlinie 1.19
Ohne schuldhaftes Zögern 4.219
Ombudsmannsystem 2.66
On-Line 17.55
Online-Autorisierung 4.682; 4.1022
Online-Banking-Bedingungen 4.652
Online-Banking 4.649
OPEC-Ölpreisschock 14.7
Open Pricing 9.18
Open-End-Prinzip 12.54
Operating-Leasing 5.382; 5.409
Operationale Funktionsfähigkeit 8.197
Opposition 10.125
Optimale Risikomischung 12.125
Optionen
– amerikanischen Typs 14.101
– Bermuda-Optionen 14.101
– europäischen Typs 14.101
– exotische O. 14.164; 15.214
– als Gestaltungsrechte 14.103
– Greenshoe-O. 9.209; 13.23
– auf Zinsswaps (Swaptions) 14.68
Optionsanleihen 9.178
Optionsgeschäfte 16.21
– Vor- und Nachteile 14.104
Optionshandel 17.86; 17.448
Optionsrecht
– exotische Optionen 14.164; 15.214
– Investmentfonds 9.27
– Rechtskonstruktion 14.104
– Währungsoption 15.107
Optionsscheine (Warrants) 8.14; 8.24; 11.103; 14.110; 15.98
– aktienbezogene 15.23
– gedeckte selbständige 15.102
– selbständige 14.111
– selbständige Basketoptionsscheine 15.103
Orderbuch (Skontro) 10.90
– elektronisches 10.52; 10.106; 17.56
Ordererfassung 16.577

Orderlagerschein 7.251; 7.266
Orderpapiere 2.668; 9.74
Order-Routing 10.52
Order-Routing-System BOSS 17.245
Orderscheck 4.514; 4.620
Orderscheckabkommen 4.585
Orderschuldverschreibungen 3.13
Ordervolumen 16.242
Ordnungsgemäßer Börsenhandel 17.184
Ordnungsgemäßer Geschäftsgang 10.211
Ordnungsgewalt 8.89
Ordnungsmäßiges Zustandekommen von Börsenpreisen 17.334
Ordnungsverwaltung 17.273
– Eingriffsverwaltung 19.82
Ordnungswidrigkeit 8.215; 13.33
Ordre public 15.200; 15.201
Ordre public international 15.176
Organe 8.82; 17.172
Organisationsgewalt 17.140; 18.14
Organisationsgrad 8.108
Organisationspflichten der Banken 16.494; 16.531; 16.562
Organisationsrahmen der Börse 17.317
Organisationsrechtliche Normen 8.267
Organisationsverschulden 2.257; 4.616
– Zurechenbarkeit 2.256
Organisierter Markt 8.15; 8.104; 10.56; 12.26; 12.81; 16.14; 16.84
Organisiertes Leihsystem 12.115
Organleihe 8.168; 8.270; 18.19; 18.115; 20.135
– keine Mischverwaltung 18.66
– Rechtsnatur 18.48
– verfassungsrechtliche Grenzen 18.47; 18.63
Organschaft 6.605
Organschaftserklärung 6.604
– Bilanzausweis 6.604
– Inhalt 6.606; 6.613
– Klauseltext 6.616

Organwalter 8.82; 17.172
OrgKG 2.173
Originalaktien 9.39
Originärer Besicherungsanspruch 2.562
Originärer Garantieanspruch 4.785
Ortsgebundenheit 8.72; 17.38
Österreichische Kontrollbank 11.237
OTC s. Over-The-Counter 15.46
Over-The-Counter-Derivate 14.145; 14.146
Over-The-Counter-Geschäfte 8.58; 8.109; 16.16; 16.36
Over-The-Counter-Handel 11.232
Over-The-Counter-Märkte 14.70

Pactum de non petendo 5.49
Pakethandel 16.169
Parallelkontrakte 17.464
Parallelrunning 16.579
Pari-passu-Klausel 6.562
Paritätengitter 20.67
Parketthandel 8.72; 10.107; 17.39
Partiarische Darlehen 3.18
Partielle Gesamtrechtsnachfolge 5.26
Passives Weitergabeverbot 16.276
Patentanwalt 3.148
Patronatserklärung 6.588
– Auslegung 6.588
– Bilanzierung 6.591
– Erscheinungsformen 6.589
– gegenüber der Allgemeinheit 6.598
– Haftung der Muttergesellschaft 6.596
– harte P. 6.590
– Rechtsfolgen bei Pflichtverletzung 6.596
– unechter Vertrag zugunsten Dritter 6.595
– weiche P. 6.588
Pauschalierung 4.356
Penny stocks 16.441; 18.85
Pensionsgeschäfte
– Abgrenzung zur Wertpapierleihe 20.201

– echte P. 20.200
– geldpolitisches Instrumentarium 20.198
– Rechtsnatur 20.201
– unechte P. 20.200
Pensions-Sondervermögen 12.28; 12.118
Per Erscheinen 11.383
Periodenkontokorrent 2.373
Personal Computer (PC) 2.39
Personalausbildung 16.524
Personalsicherheit 2.714; 6.93; 6.99
Personenmäßige Identität 6.529
Persönliche Geheimzahl 4.644
Persönliche Haftung des Bankmitarbeiters 2.262
Persönliche Haftung des Grundpfandbestellers
– abstraktes Schuldversprechen 6.229
– AGB-mäßige Wirksamkeit 6.234
– Form 6.227
– Unterwerfungsklausel 6.228
– Verhältnis zur Grundschuldhaftung 6.232
Persönliche Identifikationsnummer (PIN) 4.658; 4.693; 4.715; 4.809
Persönliche Kleinkredite 5.108
Persönliche Unterwerfungsklausel 6.228
Persönlichkeitsrecht 2.216; 16.598
Persönlichkeitssphäre 16.598
Pfändbarkeit 5.228
– des Tagessaldos 3.75
Pfandbriefe 8.10; 9.14
Pfanddepot 11.60; 13.83
Pfandkonto 5.249
Pfandlösung 20.184
Pfand-Pool 20.185
Pfandrecht 6.67
– AGB s. Allgemeine Geschäftsbedingungen – Pfandrecht
– antizipierende Bestellung 2.595; 2.654
– depotmäßig aufbewahrte Wertpapiere 2.600

2379

– gesetzliches 2.659; 6.376
– GmbH-Geschäftsanteile 6.79
Pfandrechtsklausel 2.587; 2.609;
s. auch Allgemeine Geschäftsbedingungen – Pfandrecht
Pfandreife 2.728; 2.746
Pfändung 3.157; 6.479
– Hilfspfändung 3.76; 3.221
Pfändungsbeschluß 3.211; 3.249
– Anspruch auf Auszahlung des Tagesguthabens 3.222; 3.75
– künftige Aktivsalden aus Rechnungsabschlüssen 3.77
– Zustellsaldo 3.75; 3.215
Pflichten des Kartenemittenten 4.966
Pflichten des Scheckausstellers 4.576
Pflichtenkollision 2.159
Pflichtenniveau 10.12; 16.477
Pflichtveröffentlichung, jährliche 8.199
Planungen 16.271
Plazierung 8.66; 9.2; 9.201; 17.236
Plazierungserlös 9.209
Plazierungskraft 9.25
Plazierungsverpflichtung 14.25
Plus- oder Minusankündigung 16.120; 18.143
Politische Risiken 2.475; 2.496; 5.337
Poolführende Bank 6.527
Poolgesellschaft 14.54
Poolverträge 16.372
Portfolio Management 8.37
Portfolio-Theorie 12.125
POS-Grundvertrag 4.818
POS-System 4.679; 4.705; 4.809
POS-/POZ-Zahlungen 20.32
Positive Forderungsverletzung 2.244; 2.248; 3.73; 4.405; 4.430; 4.538; 4.578; 4.596; 4.640; 5.283; 6.165; 6.308; 6.328; 11.121; 15.175; 15.246
Positive Publizitätswirkung des Handelsregisters 2.221; 2.230
Positive Vertragsverletzung
s. Positive Forderungsverletzung

Positiverklärung 6.547
– enge P. 6.548
– Verbindung mit Negativerklärung 6.559
– weite P. 6.548
– Wert als Kreditsicherheit 6.549
Postbank 8.44
Postensaldo 3.72
Postlaufzeit 5.97
Postmortale Vollmacht 3.198; 3.298
Postmortaler Übermittlungsauftrag 3.320; 11.57
Postzustellungsvollmacht 16.592
Potestativ-Bedingung 5.313
POZ-System 4.686; 4.813; 4.825; 4.832
– Funktion 4.837
– Pflicht der Händler zur Abfrage der Sperrdateien 4.836
– Unterschied zum POS-System 4.834
– Verfahren 4.832
Praktikabilitätsgesichtspunkte 16.603
Prämie 2.237; 5.83
Prämiengeschäft 14.103
Präsenzbörse 8.72; 8.134; 17.38
Präsenzhandel 17.359
Präsenzmehrheit 16.368
Präventivmaßnahmen 18.100
Preisabsichernde Elemente in Gestalt von Optionen 14.12
Preisänderungsrisiko 9.18
Preisangaben- und Preisklauselgesetz (PaPkG) 20.84
Preisaushang 2.294; 16.440
Preisbestimmungsrecht 10.197
Preisbildende Faktoren 6.404
Preisbildung 17.19; 17.97; 18.143
– faire s. dort
Preisermittlung 17.365
Preisfeststellung 17.44; 17.206; 17.390; 17.571
– Aussetzung 17.228; 17.290; 17.320
– Börsenhandel 10.6; 10.206
– staatliche Aufsicht 18.28

Preisfindungsmechanismen 9.197
Preisfixierende Elemente (Forwards, Futures und Swaps) 14.12
Preisgrenzen (Limits) 16.492
Preiskalkulation 16.426
Preiskontinuität 17.322; 17.368
Preiskontrolle 2.296
Preiskorridore 17.366; 17.373
Preislich unlimitierter Auftrag 10.137
Preislimit 10.194; 10.261
Preisnebenabrede 2.306
Preisobergrenze 10.135
Preisqualität 17.591
Preisrisiko 9.230; 19.72
Preisschwankungen 14.47
Preisspanne (Spread) 9.208; 17.82
Preisspekulationen 14.64
Preisstabilität 20.4; 20.5; 20.34; 20.163
Preisverzeichnis 2.294; 16.440
Preis-Zeit-Priorität 17.371
Pre-Marketing-Phase 9.203
Preußische Börsen 17.115
Pricing 9.17; 9.38; 9.199; 9.200
Prima-facie-Beweis s. Beweis des ersten Anscheins
Primäre Leistungspflichten 2.123; 2.765
Primärinsider 16.135
Primärmarkt 8.60; 8.61; 9.7; 16.6; 17.1
Primary underwriting 9.233
Prinzip
– der ausgleichenden Vertragsgerechtigkeit 2.74
– der behördlichen Registrierung 12.158
– der Dienstleistungsfreiheit 15.121
– der gegenseitigen Anerkennung 19.50
– geschäftspolitischer Unabhängigkeit 16.555
– des Namenskontos 4.191
– des Need to know 16.555
– der Preiskontinuität 17.384
– der Risikostreuung 12.44; 12.126

– des Wirtschaftsverwaltungsrechts 8.247
Prioritätsgrundsatz 5.364; 5.365; 6.435
Prioritätsprinzip 3.252; 3.255; 3.263; 9.341
– Ausführung von Effektenorder 10.96; 10.101
– Forderungsabtretung 6.452
Privatautonomie 2.32; 2.71; 2.305; 6.31; 6.148; 16.485; 17.105
– Grenzen 7.20
Privatbörse 17.139
Private Altersversorgung 17.96
Private Handelssysteme 8.111
Private Plazierungen (privat placement) 9.27
Privatisierung 9.207
Privatkunden 2.293
Privatkundengeschäft 2.293; 2.318; 16.440
Privatrechtliche Börsenstruktur 17.536
Privatrechtliche Nutzungsentgelte 17.24; 17.159
Privatrechtliche Organisationsstruktur 17.545
Privatrechtlicher Nutzungsvertrag 17.280
Privatsphäre 2.137; 16.599
Produktenbörse 17.4
Produktinnovationen 14.3
Produktpalette 17.486
Professionalität 16.445; 16.469; 16.482
Professionelle Beratung 10.7
Professionelle Marktteilnehmer 16.485
Prognosen 9.296
Projektfinanzierung 6.587; 7.283
– Abnahmeverträge 7.296
– Anwendungsbereich 7.282
– Entwicklung 7.282
– rechtliche Struktur 7.286
– Risiken 7.293
– typische Vertragsgestaltung 7.290

Projektträger 7.294
Prolongationskredit 6.137
Promissory Notes 14.22
Proprietary Trading System (PTS) 17.53; 17.586
Prospekt, Unvollständigkeit 9.299
Prospektberichtigung 9.302
Prospekthaftung 9.28; 9.266
– börsengesetzliche 9.292; 9.345
– Haftungsbeschränkung 9.307
– Kausalzusammenhang 9.322
– Konkurrenzverhältnis zwischen den Haftungsnormen 9.348
– spezialgesetzliche 9.286
– Verschuldensmaßstab 9.306
– zivilrechtliche 8.40; 9.286; 9.339; 9.340
Prospektinhalt 9.280
Prospektpflichtige Emissionen 9.268
Prospektpflichtigkeit 9.28
Prospektpublizität 8.91; 9.28; 17.389
Prospektverantwortliche 9.327; 9.329
Prospektverantwortlichkeit 9.284
Prospektveröffentlichung 9.268
Protest 4.485
Protestvermerk 4.603
Provisionsgeschäft 2.821
Prozeßbürgschaft 5.308
– Anforderungen an den Inhalt 5.313
– durch Kreditinstitute 5.310
Prozeßführung 7.192
Prozeßhindernde Einrede 7.42
Prozeßinnovationen 14.2
Prozeßkosten 2.299
Prüfungsberichtsverordnung 11.357
Prüfungspflicht 3.73; 4.515; 4.545; 4.622
Prüfungspflicht der Bank
– Ausführung von Effektenorder 10.128
– und Benachrichtigungspflicht 10.128
– Depotgeschäft 11.112
Prüfungsrichtlinien des Bundesaufsichtsamtes für den Wertpapierhandel 16.511

Prüfungsverbände 18.87
Prüfzifferkontrolle 4.642
Publikumsfonds 12.58
Publikumsgelder 3.19
Publikums-Investmentfonds 12.60
Publikums-KG 9.341
Publizitäts- und Verhaltenspflichten des Emittenten 8.85
Publizitätspflichtige Tatsache 16.235
Pufferfunktion des Eigenkapitals 19.99

Qualifizierte Beratung 15.140
Qualifizierte Schickschuld 4.406; 4.571; 5.96
Qualitätsstandard 8.252; 17.413
Qualitätszertifikate 7.147
Quasigeld 20.175
Quasivertragliche Vertrauenshaftung 2.773
Quellensteuer 11.273
Quoten 9.31; 17.458

Rabatt 5.332
Rahmengesetz 17.485
Rahmenvereinbarung 2.771
Rahmenvertrag
– Finanztermingeschäfte 14.149
– formularmäßiger 4.943
– Grundvertrag 5.178
– mit Kartenherausgeber 4.904
– Swapgeschäfte 14.204
Rangordnung 10.81
Rangrücktritt 6.583
Rangverhältnis 2.655
Rat der Europäischen Union 4.101
Raterteilung 2.186
Rating 14.27
– -Agenturen 16.242
– Moody's Investors Service, Inc. 14.27
– Standards and Poor's 14.27
Ratingsymbole 14.27
Ratio der kommissionsrechtlichen Selbsthaftung 13.75
Rationalisierung 10.73
– der GS-Verwahrung 11.180

Rationalisierungseffekte 5.332; 8.121
Rationalisierungsfunktion 2.91
Rationalisierungsmaßnahmen 4.339
Raumsicherungsvertrag 6.359
Realakt 11.307; 15.156
Realisierbarer Wert der Sicherheit
  2.579; 2.580; 2.688; 6.8; 6.385;
  6.489; 6.493
Realkapital 8.8
Realkredite 5.64; 5.208
– echte 5.82
Realkreditinstitute 19.9
Realsicherheiten 2.714
Realvertrag 11.11
Realvertragstheorie 5.171
Rechenschaftspflicht 10.54; 10.170
Rechenzentrum 4.56; 4.379
Rechnungsabschluß 2.119; 2.372;
  3.55; 5.140; 6.429
– Einwendungen des Kunden 3.62
– Erteilung 3.62
– Genehmigung 3.62; 3.73
– Häufigkeit 3.62
– Novationstheorie 3.65
– Rechtswirkung 3.55
– Widerspruch des Kunden 3.62
– Zugangsfiktion 3.63
Rechnungseinheit 10.3; 20.9; 20.59
Rechnungskopien 5.339
Rechnungslegung 3.87
– jährliche aktienrechtliche 8.226
Rechnungslegung der Kreditinstitute
– EG-Harmonisierung 19.79
– Formblatt-Verordnung 19.80
Recht auf informationelle Selbstbestimmung 2.139
Recht der belegenen Sache (lex rei sitae) 2.640
Recht des Lageortes (lex rei sitae) 7.34
Recht und Billigkeit 16.530
Rechte aus schwebenden Anmeldungen 11.5
Rechtfertigungsgrund (causa) 3.317;
  3.273; 11.56
Recht- und Ordnungsmäßigkeit 8.165

Rechtliche Rahmenbedingungen 8.183
Rechtlicher Bestand (Verität) 5.350
Rechtsangleichung 18.10
Rechtsaufsicht 8.81; 8.168; 17.122;
  18.4
Rechtsbindungswille 4.43; 4.49; 4.56
Rechtsfortbildung 2.783; 6.177;
  6.298; 9.289; 17.479; 17.545
Rechtsgeltungswille 7.142
Rechtsgeschäfte von Todes wegen 3.285
Rechtsgeschäftliche Gestaltungserklärungen 4.112
Rechtsgeschäftliche Verfügungsverbote 6.553
Rechtsgütersphäre 2.775; 11.109
Rechtsharmonisierung 7.37
Rechtsinstitut sui generis 7.122
Rechtsinstrumente 20.48
Rechtsklarheit 2.35; 2.459; 4.54
Rechtskonstruktion der Belieferung 11.345
Rechtsmißbrauch 2.395; 5.283;
  5.284; 5.301; 6.500; 7.56; 7.115;
  7.157
Rechtsmißbräuchliche Inanspruchnahme 7.280
Rechtsmißbräuchliche Inanspruchnahme einer Bankgarantie
– Erkennbarkeit 5.295
– liquide Beweismittel 5.294
– Prüfpflicht 5.295
Rechtsnorm 2.30; 6.321
Rechtspersönlichkeit 20.8; 20.88
Rechtsprinzipien 2.781
Rechtsquellen 8.219
– des Bankrechts 1.24
Rechtsreflex 8.205; 16.71; 16.228;
  18.82; 18.113
Rechtsreflex einer Norm
– Börsenaufsicht 18.82
– insiderrechtlicher Individualschutz 16.67
– staatliche Marktaufsicht 18.82
Rechtsschein 4.778; 5.252

Rechtsscheinelement 11.336
Rechtsscheingrundlage 11.334
Rechtsscheinhaftung 4.782
Rechtsscheintheorie 9.109
Rechtsetzungsbefugnis 17.100
Rechtssichere Börsenrechtssphäre 15.211
Rechtssicherheit 2.63; 9.72
Rechtsstaatsprinzip 2.781
Rechtsverfolgung 5.298
Rechtsverordnung 2.33; 16.513; 17.491
Rechtswahl
– Banken AGB 7.20
– Grundsatz der freien R. 7.20
– konkludente 7.25
– Verbraucherverträge 7.21
Rechtswahlklausel 7.20
Rechtsweg 8.231
Rediskontierung 5.243; 20.35; 20.189
Rediskontlinien 5.243
Reeder 5.264
Referenzauskünfte 2.155
Referenznummer 8.161
Referenzpreis 17.366; 17.373
Referenzwert 20.75
Referenz-Zinssatz 14.18
Referenzzinssätze 7.309; 20.36
Refinanzierung 3.13; 5.1
Refinanzierungsfähige Sicherheiten 20.188
Refinanzierungsgeschäfte 5.246; 20.35; 20.159; 20.177; 20.179
Refinanzierungskosten 5.137
Refinanzierungskredite 5.247
Refinanzierungsrisiko 5.325; 19.117
Reflexwirkung 8.217
Reform des Börsengesetzes 17.482
Reform der terminrechtlichen Regelungen 15.208
Regelpublizität 8.148; 16.215
Regelungsdichte 8.59
Regelungsperspektive 8.5; 8.176; 16.5
Registerumschreibung 10.285
Regreßansprüche 11.114

Regreßhaftung des Effektenkunden 10.278
Regreßloser Ankauf von Leasingforderungen 5.407
Regreßverhältnis 4.452
Regulative 2.101
Regulierungsbehörde 4.647
Reichsmark 20.10
Reichweite der Insiderregelung 8.251
Reine Spekulation 14.96
Reine Terminspekulation 15.16
Reisepaß 3.119
Reisescheck 4.974; 4.977
– Abhandenkommen 4.983; 4.990
– Aussteller 4.974
– BRS-Abkommen 4.590; 4.994
– Einlösung durch Korrespondenzbank der Emittentin 4.982
– Einlösungsverpflichtung 4.981
– gutgläubiger Erwerb 4.991
– Rechtsfolgen bei Verlust 4.990
– Scheckqualität 4.977
– Übertragbarkeit 4.985
Reisescheckabkommen 4.590; 4.994
Reklamationspflichten 2.239
Rektapapiere 9.74; 9.95
Relative Termingeschäftsfähigkeit 15.150
Rembours 7.189
Remboursbank 7.189; 7.277
Remboursermächtigung 7.189
Rembourskredit 5.321; 7.275
Remote membership 17.40; 17.71; 17.581
Remote-Banking 2.39
Rendite 17.279
Rentabilitätsgarantie 6.593
Rentenfonds 12.86
Repackaging 14.49
Repartierung 2.513; 16.581
Repo-Geschäfte 8.117; 8.124; 13.11; 20.218
Repräsentationstheorie 7.251
Repurchase Agreement (Repo-Geschäfte) 8.127; 13.6
Researchergebnisse 16.494; 16.559

Sachregister

Ressourcen 16.426
Resteinlagen 10.314
Restliberalisierung 14.10
Restricted-List 16.546
Restschuldbefreiung 5.161
Restschuldbefreiungsverfahren 6.92
Restwert 5.381
Retouren 5.362
Reverse Repo-Geschäft 13.12
Revision 16.566
Revisionsberichte 11.365
Revisionstätigkeit 16.525; 16.528
Revolution als Arrestgrund 7.224
Revolution als Transferrisiko 7.237
Revolvierende Globalsicherheiten 2.712; 6.10; 6.386; 6.488
Revolvierende Inanspruchnahme 5.180
Revolving Underwriting Facilities (RUF) 14.37; 14.38
Revolvingkredit 5.15
Revolvingkreditvermittlung 5.322
Revolvingsystem 5.323
Richterliche Rechtsfortbildung 4.436; 6.317
Richtlinien
– für den beleglosen Datenträgeraustausch 4.194; 4.245; 4.599
– für einheitliche Zahlungsverkehrsdrucke 4.119
– Freiverkehr 10.78; 16.84
– für den Freiverkehr 8.100; 10.219; 17.407
– Insiderhandel 16.51
– der internationalen Handelskammer (ICC) 7.45
Richtlinien der EG
– Anlegerentschädigungs-R. 19.146
– Bankbilanz-R. 19.79
– Bankrechtskoordinierungs-R., erste 19.21
– Bankrechtskoordinierungs-R., zweite 18.8; 19.19
– Bankzweigstellen-R. 19.79
– BCCI-Folge-R. 19.46
– Börsenzulassungs-R. 15.215
– Eigenmittel-R. 19.19

– Einlagensicherungs-R. 19.146
– Großkredit-R. 19.35
– Insider-R. 16.3; 16.53; 18.7
– Kapitaladäquanz-R. s. dort
– Konsolidierungs-R. s. dort
– OGAW-R. 1.19
– Solvabilitätskoeffizienten-R. 18.12; 19.19
– Transparenz-R. 16.3; 17.256
– Überweisungs-R. 4.101; 7.67
– Verbraucherkredit-R. 5.30
– Verbraucherverträge, mißbräuchliche Klauseln 2.67
– Wertpapierdienstleistungs-R. 18.8
– Wohlverhaltens-R. s. dort
– Zahlungssicherungs-R. 7.70
Richtlinienkonforme Auslegung 16.71; 16.390
Ringtausch 2.824
Risiken der Projektfinanzierung 7.293
Risiko der Nichtberechtigung des Vorlegers 4.991
Risiko der Nichtzahlung (Netzgeld) 4.1020
Risiko des Totalverlustes 15.178
Risikoaufklärung 15.139; 16.510
– des Effektenkunden 10.25
Risikobegrenzung 14.226
Risikobereitschaft 10.14; 16.452; 16.471; 16.482
Risikobewertung 2.573
Risikogewichtung 19.32
Risikohaftung 4.893
Risikohinweise 16.441
– zu Derivaten 15.185
Risikokapital 12.18
– Bereitstellung 9.307
Risikoklassen 16.482
Risikomanagement 3.29
– als Treasury-Funktion 3.29
– Asset-/Liability-Management 14.196
Risikomeßmethoden 19.110
Risikoneutrale Geschäfte 2.769
Risikoprämie 5.221
Risikopuffer 13.76

2385

Risikosphäre 4.126
Risikosteuerung 14.63
– als Treasury-Funktion 14.88
Risikostreuung 12.3; 12.42; 12.94; 16.426
Risikotransfer 8.34
Risikoverteilung 4.639
Rohstoffprojekte 7.282
Roll-Over-Kredite 5.194; 7.313
Römisches Recht 9.61
Rotationsregelung 12.14
Round Lots 17.362
Routing-Funktion 4.816
Routing-System Boss-Cube 17.61
RTGS-Systeme 4.189; 20.118
Rückabwicklung 4.169; 4.247
Rückabwicklungsverhältnis 5.124
Rückbelastung 5.240
Rückbelastungsrecht 4.361; 4.398
Rückbuchungsrecht 4.323
Rückbürgschaft 6.196
Rückflußstücke 9.116
Rückfragepflicht 4.136
Rückgabe von Lastschriften 4.430
Rückgängigmachung von Willenserklärungen 2.402
Rückgewähr des Sicherungsgutes 6.382
Rückgewährsanspruch
– Gläubiger 6.286
– als Sicherungsinstrument 6.291; 6.277
Rückgewährsanspruch bei Grundpfandrecht 6.276
– Abtretungsausschluß 6.284
– Gläubiger 6.284; 6.286
– Rechtsformen 6.282
– als Sicherungsinstrument 6.291
– vertraglicher Ausschluß 6.284
Rückgriffsanspruch 2.671; 4.167; 7.107
Rückgriffshaftung 10.288
Rückgriffsmöglichkeit 10.272
Rückgriffsverbindlichkeit 10.315
Rückkaufswert einer Lebensversicherung 2.734

Rückkredit 11.66
Rücksichtslosigkeit 6.25
Rückstellungen 16.263
Rücktrittserklärung 5.156
Rücktrittsrecht 2.662; 5.156; 5.239; 9.138
Rückübertragungsanspruch 6.485
Rückverkaufsrecht 5.347
Rückverweisung 7.16
Rückwirkung 2.62
– unechte 2.63
Rückzahlungsanspruch 4.849
Rückzahlungsgarantie 9.265
Rückzug vom Börsenhandel (Going Privat) 17.241
Ruhen der Zulassung 17.314
Rumpfgeschäftsjahr 6.616
Rundungsdifferenzen 20.68
Rundungsregelung 20.50; 20.70

S.W.I.F.T.-Netz 4.189; 7.63
Sachenrecht 2.12
Sachenrechtliche Duldungspflicht 6.175
Sachenrechtlicher Bestimmtheitsgrundsatz 6.10; 11.170; 11.331
Sachenrechtliches Publizitätsprinzip 6.339
Sachgeld 4.19
Sachgesamtheit 6.360
Sachkenntnis 16.421; 16.536
Sachschuld 2.501; 2.521
Sachverständigen-Gutachten 6.495
Saitoris 17.56
Saldenausgleichsvereinbarung 6.530
Saldierung (Netting) 14.231
Saldoanerkenntnis 2.378; 3.55; 6.429
Sale-and-Lease-Back-Verfahren 5.383
Sammelaktie 11.187
Sammelbuchung 4.633
Sammeleinzugsauftrag 4.356
Sammelkonten 4.201
– bankinterne 3.155
Sammelschuldbuchforderungen 11.207
Sammelschuldverschreibung 11.187

Sammelüberweisung 4.123
Sammelurkunde 11.184
Sammelverwahrfähigkeit 11.140
Sammelzertifikat 11.187
Sanierungsfälle 6.41
Sanierungspool 6.522
Sanierungsverfahren 11.106
Sanierungsvorhaben 6.55
Sanktionen 5.86; 20.220
Sanktionsausschuß 17.114; 17.200
Satzungsautonomie 9.194
Satzungscharakter 17.100
Säumiger Aktionär bei nicht voll-
eingezahlten Aktien 10.278; 10.307
Scalping 16.167; 16.488
Scanner 4.634
Schadensaufteilung 4.547; 10.329
Schadensbeteiligung des Karten-
inhabers 4.967
Schadensersatzansprüche 4.556;
5.213
Schadensliquidation im Dritt-
interesse 2.209; 4.256; 10.318
Schadensminderungspflicht 9.337
Schadensrisiko 4.729
Schadensverlagerung 4.259
Schadensverteilung 4.725
Schädigungsvorsatz 6.47
Schadloshaltung 6.101; 9.137
Schalterschließung 19.195
Schatzanweisungen (U.-Schätze) 8.44;
16.19
- verzinsliche 8.51
Schatzwechsel 8.44; 8.47
Schätzwert 6.22; 6.408; 6.499
Scheck
- belegloser Einzug s. belegloser
Scheckeinzug
- bestätigter S. 4.554
- Einlösung s. Scheckinkasso
- Einverständnis des Gläubigers mit
Scheckzahlung 4.569
- Erfüllungswirkung der Scheck-
hingabe 4.579
- Fälschung 4.536
- Fälschungsrisiko 4.536

- gekreuzter 4.512
- Großbetrag 4.605
- Inkasso s. Scheckinkasso
- Nichteinlösung 4.506; 4.576;
4.588
- Pflichten des Ausstellers 4.576
- Reisescheck s. dort
- Scheckprozeß 4.603
- vereinfachter Einzug 4.375
- vordatierter 4.775
Scheckabkommen 4.585; 4.994
Scheckbestätigung 4.558; 4.559
Scheckeinlösung 4.469; 4.794
- Einlösung durch Einschaltung einer
Inkassobank 4.466
- Scheckvorlegung durch den Inhaber
bei der kontoführenden Zweig-
stelle 4.478
- Scheckvorlegung durch den Inhaber
bei einer nicht kontoführenden
Zweigstelle 4.478
- verspätete Rückgabe des Schecks an
die Abrechnungsstelle 4.586
Scheckgesetz 4.757
Scheckinkasso
- abhanden gekommene Schecks
4.606
- Abkommen über die Rückgabe
nicht eingelöster Schecks 4.585
- Aufwendungserstattungsanspruch
der Bank 4.528
- Bedingungen für den Scheck-
verkehr 4.504
- belegloses Scheckeinzugsverfahren
4.509; 4.599
- Einlösungswille 4.505
- Einreichung bei nicht-konto-
führender Filiale 4.478
- Filialgutschrift 4.522
- Gutschrift unter Vorbehalt der
Scheckeinlösung 4.516
- Haftung der Bank 4.606
- Haftung des Kunden 4.577
- Inanspruchnahme des Scheck-
ausstellers 4.577
- Inkassoauftragsverhältnis 4.496

2387

- Nichteinlösung des Schecks 4.506;
  4.576; 4.588
- Protesterhebung 4.485
- Scheckbestätigung 4.558; 4.559
- Scheckeinlösung 4.469
- Schecksperre 4.534
- Scheckvertrag 4.498
- Scheckwiderruf 4.530
- Schutzpflichten der Bank 4.508
- Sicherungstreuhandverhältnis 4.495
- Sicherungsübereignung des
  Schecks 2.667 ff.
- Sphärenhaftung 4.537
- vertragliche Einlösungszusage
  4.509

Scheckkarte 4.570
- Abschluß des Garantievertrages
  4.765
- Bedingungen für den ec-Service
  4.696
- Einwendungen s. dort
- Formfehler 4.775
- Funktionen 4.685
- garantievertragliche Einstands-
  pflicht der Bank 4.765
- gefälschte/verfälschte Schecks
  4.802
- Haftung für mißbräuchliche
  Verwendung 4.743
- Kundenkarte 4.678; 4.840; 4.864
- persönliche Geheimzahl 4.693
- Vordatierung des Schecks 4.775

Scheckkartengarantie 4.824
Scheckkredit 5.46
Scheckprozeß 4.603; 4.759
Scheckrechtliche Ausstellerhaftung
  4.977
Scheckrechtlicher Zahlungsanspruch
  4.758
Schecksperre 4.724; 4.797
Scheckverbote 5.130
Scheckvertrag 4.498
Scheckvorlage 2.462
Scheckwiderruf 4.530
Scheckzahlungsabrede 4.569
Scheingeschäft 9.67; 16.491

Schenkung
- bereicherungsfeste 3.317
- Handschenkung 3.272; 3.273; 3.277
- unter Lebenden 3.270
- auf den Tod befristete S. unter
  Lebenden 3.270; 3.286

Schenkung von Todes wegen 3.277
- aufschiebend bedingte Abtretung
  3.302
- Beauftragung eines Übermittlungs-
  boten 3.300
- Erteilung einer Bankvollmacht
  3.295
- Oder-Konto 3.304
- Sparkonto 3.305

Schenkungsabrede 3.317; 11.56
Schenkungsofferte 3.331; 11.57
Schenkungsversprechen 3.274; 3.277
**Schenkungsversprechen von Todes
wegen**
- Formerfordernisse 3.292
- Wirkung 3.289; 3.298

Schickschuld 3.44
- qualifizierte 4.406; 4.571; 5.96

**Schlichthoheitliche Leistungs-
verhältnisse** 17.169
**Schlicht-hoheitliches Verwaltungs-
handeln** 11.371; 16.507; 19.199
Schlüssiges Verhalten 2.98
Schlußkurs 10.95; 17.331
Schlußnoten 17.212
Schnelltender 20.180; 20.195
Schrankfach (Safe) 2.608; 11.7
Schriftenlesesystem 4.636
Schriftform bei Bürgschaft
- Andeutungstheorie 6.126
- Ausfüllungsermächtigung 6.129
- Auslegung 6.126
- Bezugnahme auf Umstände
  außerhalb der Urkunde 6.126
- Bürgschaftserklärung durch
  Vollkaufmann 6.127
- Telefax 6.121
- treuwidrige Berufung auf Mangel
  6.130
- Umfang 6.124

Schriftformerfordernis 6.122
Schriftformzwang 5.71
Schriftliche Belehrung 5.123
Schufa-Klausel 2.215; 3.108; 7.98
Schufa-Verfahren 2.157
Schuldanerkenntnis 2.400; 2.429; 4.21; 4.33; 4.280; 15.3
Schuldbefreiende Leistung 6.513; 9.90; 9.106
Schuldbefreiende Wirkung 4.26
Schuldbefreiung 4.227; 6.499
Schuldbeitritt 4.771; 5.40; 6.99
– Abgrenzung zur Bürgschaft 6.99
– Formerfordernis 6.100
Schuldbuch 11.219; 20.41
– der Bundesländer 9.62
– des Bundes 11.217; 9.62
– Einzelforderungen 11.219
Schuldbuchforderung 2.508; 8.11; 11.5
– Einzelschuldbuchforderung 11.219
– Sammelschuldbuchforderung (Wertrechte) 11.207
Schuldmitübernahme 5.126; 6.99
Schuldnerersetzung 9.146
Schuldnerschutz 9.72
Schuldnerwechsel 5.27
Schuldrechtliche Teilverzichtsklausel 6.462
Schuldrechtlicher Rückforderungsanspruch 11.153
Schuldsaldo 2.682
Schuldschein 9.120; 11.4
– Depotgeschäft 11.4
Schuldscheindarlehen 5.322; 5.323; 8.19; 12.74
Schuldturmproblematik 5.139
Schuldübernahme 4.230; 14.200
– kumulative 6.99
Schuldverschreibungen (Anleihen) 8.10; 8.19; 9.2; 16.243
Schuldverschreibungsgesetz 9.126; 9.173; 9.174
Schuldverschreibungs-Umstellungs-Gesetz 9.128

Schuldversprechen 2.7; 2.429; 4.21; 4.33; 4.280; 4.947; 4.1046; 7.122; 7.129
Schutz der Anlegerschaft 8.173
Schutz der Funktionsfähigkeit des Kapitalmarktes 8.7
Schutz der Kleinanleger 16.323
Schutz des Anlegerpublikums 8.204
Schutz des gutgläubigen Erwerbers 11.334
Schutzbedürfnis des Anlegerpublikums 17.303
Schutzbedürfnis des Bankkunden 10.270
Schutzbedürftigkeit des nichttermingeschäftsfähigen Publikums 15.72; 15.87
Schutzbestimmungen zugunsten des Fondsvermögens 12.52
Schutzgemeinschaft für Allgemeine Kreditsicherung (Schufa) 2.210
– Datenschutz 2.214
– Meldungen 2.210
– Schufa-Klausel 2.215; 3.108; 7.98
– Zulässigkeit von Meldungen 2.210
Schutzgesetz 8.205; 8.235; 13.46; 16.11; 16.346; 16.421; 16.498; 16.503
Schutzgesetzcharakter 8.209; 8.217; 8.238
Schutzgesetzeigenschaft 9.291
Schutzgut des Kapitalmarktrechts 1.7
Schutzpflichten 9.250
– der Bank s. Verhaltens- und Schutzpflichten
– der Depotbank i. S. des KAGG 12.132
Schutzwälle (Chinese Walls) 16.557
Schutzzweck 5.157
– des Transparenzgebotes 16.337
Schwankungen (Volatilitäten) 14.7
Schwebezustand 5.123; 10.210
Schweigen 10.29
– des Kunden 3.73
Schwerpunktzinssatz 5.66; 5.136; 5.203

2389

Sechsmonatsfrist 9.322
Sechste KWG-Novelle 19.18; 19.93
Securities and Exchange Commission
 (SEC) 2.166; 8.1; 11.273
Securitization (Wertpapier-
 finanzierung) 1.18; 2.809; 8.3
See-Konnossemente 7.147
Sekundäre Ausfallhaftung 4.947
Sekundäre Leistungspflichten 2.778
Sekundärinsider 16.57; 16.135; 16.149
Sekundärmärkte 9.7; 9.27; 16.6; 17.1
– als außerbörslicher Interbanken-
 handel 8.106
Selbständige Basketoptionsscheine
 15.103
Selbständige berufliche Tätigkeit 5.36
Selbständige Optionsscheine 14.111
Selbständiges (Bezugs-)Recht 9.220
Selbstbedienungskredite 5.46
Selbsteintrittsrecht 16.415; 17.357
Selbstemission 8.62; 9.13; 9.14
Selbsthaftung des Kommissionärs
 10.211
Selbsthilfe 2.406
Selbstkontrahieren 13.87
Selbstregulierung 17.484
Selbstregulierungsverfahren 16.52
Selbstschuldnerische Bürgschaft
 5.263
Selbstverwaltung der Börse 18.4
Selbstverwaltungsrecht 17.120
Selling 9.25
Selling-Group 9.25
Shortposition (Leerverkauf) 14.127
Sicherheit der Bankeinlagen 19.6
Sicherheiten (margins) 5.84; 15.186;
 17.463
– akzessorische 6.472
– Anspruch auf Teilfreigabe 6.276;
 6.384; 6.491
– bankmäßige 2.568
– Bewertung 2.713; 6.403
– Freigabe 6.190
– nicht-akzessorische 6.172; 6.478
– realisierbarer Wert s. dort
– Übergang von S. 6.169

Sicherheitenabgrenzungsverträge
 6.520
Sicherheitenbestellungsanspruch
 5.198
– AGB Banken 5.198
– Ausschluß 2.578
– Deckungsgrenze 6.8
– Geltendmachung 2.563 ff.
– Pflicht der Bank zur Rücksicht-
 nahme 2.585
– Rechtsgrundlage 6.1
– Verbraucherkredite 2.583 ff.
Sicherheitenklauseln 2.560
Sicherheitenpool-Depot 20.187
Sicherheiten-Poolvertrag 6.516
– BGB-Gesellschaft 6.523
– Bildung von Gesamthands-
 vermögen 6.525
– Erscheinungsformen 6.516
– Gläubigergefährdung 6.538
– Haftung der beteiligten Kredit-
 institute 6.535
– Vermögensübernahme 6.536
– insolvenzrechtliche Zulässigkeit
 6.532
– Lieferanten-Poolvertrag 6.517
– Saldenausgleichsvereinbarung
 6.530
– Sicherheitenverwertung,
 Androhung 2.729; 2.730
Sicherheitsleistungen (margins)
 11.80; 16.440
– Anspruch auf 5.27
– Einschuß 15.91
– Initial Margin 15.91; 5.58
– Variation Margin 5.58
Sicherheitsmargen 20.185
Sicherheitsstandard 11.131; 12.28
Sicherung, bargeldgleiche 4.923
Sicherungsabtretung 4.495; 6.313;
 6.419
Sicherungsbedürfnis 4.756; 6.1
Sicherungseigentum 2.663; 4.495;
 7.112
– an diskontierten Wechseln 2.662;
 2.667

- an Einzugspapieren 2.672; 2.660
- s. auch Sicherungsübereignung

Sicherungseinrichtungen 19.143
Sicherungsfunktion 5.257; 7.127
- der Leistungspflicht der Bank 4.1035

Sicherungsgrundschuld 6.222
Sicherungshypothek 6.212
Sicherungsinteresse der Bank 2.588; 2.703
Sicherungslücke 7.243; 7.241
Sicherungsobergrenze 2.579
Sicherungsrechte an Einzugspapieren 2.660
Sicherungsreserve der Landesbanken/Girozentralen 19.136
Sicherungstreuhand 2.670; 6.327
Sicherungstreuhandverhältnis 4.495
Sicherungsübereignung 6.313
- Aktien 16.379
- Anwartschaftsrechte 6.347; 6.485; 9.194
- Bestimmtheitsgrundsatz 6.361
- Deckungsgrenze 6.367; 6.395
- diskontierte Wechsel 5.240
- Einzugspapiere 2.660; 2.667
- gesicherter Forderungskreis 6.341
- Haftung wegen Vermögensübernahme 6.65
- Kontrollrechte der Bank 6.381
- Markierungsvertrag 6.361
- Mindestdeckungsbestand 6.364
- Pfandrechte Dritter 6.376
- Rückgewähr des Sicherungsgutes 6.382
- Sicherungszweck 6.324; 6.343; 6.276
- Teilfreigabe 6.491; 6.384
- Treuhandverhältnis 6.325
- Übersicherung 6.385
- Übertragung von Anwartschaftsrechten 6.346
- Verarbeitungsklausel 6.370
- Verhaltenspflichten des Sicherungsgebers 6.379
- Vermieterpfandrecht 6.359
- Versicherung des Sicherungsgebers 6.372
- Verwertung s. Verwertung sicherungsübereigneter Sachen
- Warenlager 6.10; 6.361

Sicherungsübertragung 6.312
Sicherungsverband beim Bundesverband deutscher Volksbanken und Raiffeisenbanken 19.135
Sicherungsvertrag 6.324; 6.341
- Auslegung s. dort

Sicherungsvertrag bei Grundschuld
- Form 6.241
- gesicherter Forderungskreis 6.242
- Verpfändung der Ansprüche aus der Zubehörversicherung 6.255; 6.256
- Verrechnung von Zahlungen 6.262
- Verwertung 2.739; 6.240

Sicherungswert 6.395
Sicherungszession
- Bankpraxis 2.626; 6.419
- Benachrichtigung des Drittschuldners 2.676
- Blankobenachrichtigungsschreiben 6.512
- dingliche Verzichtsklausel 6.459
- Einreichung von Bestandslisten 6.477
- Einziehungsermächtigung 6.474
- Forderungseinziehung durch Bankkunden 6.511
- Formularpraxis 6.464; 6.478; 6.483
- Freigabe 2.645; 6.14; 6.494; 6.489
- gesicherter Forderungskreis 6.341; 6.467
- Globalzession 2.643; 6.428
- Informationspflichten des Bankkunden 6.479
- Insolvenzfesigkeit 6.443
- Kontrollrechte der Bank 6.482
- künftiger Forderungen 2.646; 6.433
- Mantelzession 6.431
- Nebenrechtsübertragung 6.472
- Offenlegung der Abtretung 6.476; 6.506
- Prioritätsgrundsatz 6.435

2391

- Sicherheitenfreigabe 6.486; 6.489
- Sicherungszweck 2.637; 6.424; 6.324
- stille Zession 6.423; 6.506
- Verwertung s. dort
- Zahlstellenklausel 6.455

Sicherungszweck 2.643; 2.680; 6.138; 6.242; 6.341; 6.469
Sicherungszweckerklärung 6.238
Sichteinlagen 3.31; 3.39; 3.104
Sichtguthaben 3.87
Sicovam, Paris 11.237
Signaturgesetz 4.647
Simultanleistung 4.283; 4.319; 4.1049; 7.197
Singularsicherheiten 6.272
Sittenwidrige Kreditgewährung 6.61
Sittenwidrige Schädigung 4.436; 4.452; 4.458; 4.556; 4.598
Sittenwidriges Rechtsgeschäft 6.5
Sittenwidrigkeit 2.71; 5.125; 5.164; 5.166; 5.242; 5.365; 6.31; 6.58; 6.148; 6.399; 6.454
Skonto 5.332
Skontovergünstigungen 4.341
Skontration 2.461; 2.825; 4.184; 4.425; 4.427; 4.593
Skontrationsverband 4.183
Skontrobildung 17.182
Skontroführende Makler 8.95; 18.24; 18.121
Skontro-Verband 20.116
Skontroverteilung 17.408
Skripturakt 4.49; 9.107
Skripturale Haftung 11.201
Smurfing 3.117
Soffex (Swiss Options and Futures Exchange AG) 14.93; 17.451
Sofortigkeit 8.186
Solidität 12.28
- der Börsen 17.513

Solutionis causa adiectus 3.125
Solvabilitätskoeffizient 19.33; 19.108
Solvabilitätskoeffizienten-Richtlinie 18.12; 19.19
Solvenzaufsicht 8.164; 18.20

Sonderbedingungen 2.46
- Börsentermingeschäfte 2.109; 2.228
- ec-Service 2.109
- Teilnahme am Geldeinzugs- und Effekten-Durchlieferungsverkehr 11.306
- Wertpapiergeschäfte 2.103; 2.109; 2.158; 10.22; 17.10

Sonderkonto 3.135
- Kapitalerhöhung 9.182

Sondermasse 10.238
Sonderopfer 2.652
Sonderpfanddepot 11.77
Sondervermögen 3.239
- Bildung von S. 12.48

Sonderverwahrung 8.121; 11.20
Sorgfalts- und Mitwirkungspflichten 4.711
Sorten 2.472
Sortengeschäft 8.56; 20.39
Sortenhandel 2.485
Sortentausch 20.39
Souveränität 20.2
Sozialgesetzbuch 3.210
Sozialstaatsprinzip 2.781
Sozialversicherung 17.96
Spaltungs- und Übernahmevertrag 5.26
Spar Card 3.90
Sparbrief 3.307; 9.96; 16.19
Sparbuch 2.633; 11.4
- Kontoinhaberschaft 3.134
- Leistung an einen nichtberechtigten Inhaber 3.95
- Rechtsnatur 3.103
- Wertpapiercharakter 2.633; 3.103; 4.753

Spareckzins 3.93
Spareinlagen 3.84; 20.175
- Begriffsmerkmale 3.88
- Freibetrag 3.100
- gesetzliche Regelung 3.84
- Kündigung 3.86; 3.93; 20.175
- Spareckzins 3.93
- Vorschußzinsen 3.102
- Zinssatz 3.93

Sparkonto 3.32; 3.134; 3.305

Sachregister

Spätgeschäfte 16.500
Spekulation 14.96
Spekulationsgeschäfte 10.19
Spekulationszwecke 14.186
Sperrbegünstigter 3.149
Sperrdatei 4.836
Sperrdepot 11.38
Sperre der ec-Karte 4.709
Sperrkonto 3.149; 3.244
Sperr-/Stop-Liste (Restricted-List) 16.561
Sperrvermerk 3.96; 11.39
Spezialfonds 12.59
Spezialgesetzliche Prospekthaftung 9.286
Spezialitätsprinzip 2.596
Spezialkreditinstitute 12.29
Spezifisches Länderrisiko 7.237
Sphärenhaftung 4.537; 4.893
Sphärentheorie 4.126; 4.537; 4.968
Spiel- und Differenzeinwand 15.6
Spitzen (Überhänge) 17.339
Spitzenrefinanzierungsfazilität (SRF) 20.36; 20.190; 20.209
Spitzenverbände der Kreditwirtschaft 2.191; 2.202; 16.571
Spruchstellenverfahren 9.114
Sprungregreß 10.281
SRF-Satz 20.76
Staat 20.1; 20.2
Staatenverbund 20.1; 20.12
Staatliche Depotprüfung 11.354
Staatliche Marktaufsicht 8.163; 10.188; 17.20
– dezentrale Organisationsstruktur 18.44
– dreistufiges Aufsichtssystem 17.520
– EG-Vorgaben 10.3
– Preisbildung 8.252; 17.19; 17.197
– Rechtsaufsicht 8.168; 18.4; 18.19
– staatsanwaltliche Zuständigkeit 18.97
– Staatskommissariat 18.126
Staatliche Moratorien 2.496
Staatliche Organisationsgewalt 17.125
Staatliche Sozialversicherung 8.181

Staatsanwaltschaft 3.116; 18.97
Staatshaftung 8.207; 16.227; 17.115; 17.161
– Bankenaufsicht 19.208
– Börsenzulassungsstelle 19.209
Staatskommissar 18.126
Staatsverträge 7.38; 18.33
Stabilisierung des Börsenpreises 9.36; 9.209
Stabilisierungskäufe 9.209
Stabilisierungsphase 13.23
Stabilität 9.201
– und Integrität der Märkte 8.188
Stabsabteilung 16.548
Staffelkontokorrent 3.71
Stammeinlage 3.164
Standard 16.571
Standard Agreement 9.241
Standard internationaler Bankpraxis 7.200
Standardisierte Handelstechniken 14.16
Standardisierte Informationen 16.445; 16.482
Standardisierte Informationsbroschüren 15.183
Standardisierte Kommunikationsformen 4.16
Standardisierte Kreditprogramme 5.108
Standardisierte Kundenaufklärung 15.141
Standardisierte Risikoaufklärung 16.446
Standardisierte Terminkontrakte 14.112
Standardisierte Vermögensverwaltung 12.24
Standardisierung 2.50; 4.4; 10.73; 14.146; 16.16
– der Börsentermingeschäfte 15.45; 15.182
– der Kundenberatung 15.184
Standards 8.220; 17.417
Standards and Poor's 14.27
Standardtender 20.180

2393

Standby-Letter of credit 7.52; 7.153
Ständige Fazilitäten 20.208
Status quo (Rechtsgütersphäre) 16.435
Statusbezogene Primärinsider 16.137
Statusbildende Normen 17.511
Steigerung der Umlauffähigkeit 9.100
Stellvertreter 4.772
Stellvertretung 2.11
– Abschluß von Börsentermingeschäften 15.158
– mittelbare s. dort
– offene S. 10.33; 15.165
Steuerberater 16.143
Steuerfahndung 2.176
Steuerstrafverfahren 2.176
Stichprobenweise Einzelfallprüfungen 11.363
Stiftungen des öffentlichen Rechts 8.80
Stille Forderungsabtretung 2.493
Stille Geschäftsinhaberschaft 6.44
Stille Reserven 5.384
Stille Zession 6.423; 6.506
Stillhalten 6.60
Stillhalter 14.95; 14.103
Stillschweigende Kreditvereinbarung 5.232
Stimmrecht 11.65; 12.113
Stimmrechtsausübung 13.33
– Vorschläge für S. 11.120
Stimmrechtsausübung bei Wertpapierleihe
– Abschluß eines Unternehmensvertrages 13.30
– Beeinträchtigung des wirtschaftlichen Eigentums des Verleihers 13.35
– Eingliederung 13.41
– Ordnungswidrigkeit 13.33
– Schadensersatzpflicht des Entleihers 13.45
– Zulässigkeit 13.32
Stimmrechtslose Vorzugsaktien 16.352
Stimmrechtsvollmacht 11.119

Stornierung
– Abgrenzung zur Berichtigungsbuchung 2.416
– Abgrenzung zur Gegenbuchung 2.409; 2.415
– Anspruch auf St. 2.399
– Anwendungsbereich 2.397
– Bereicherungsanspruch der Bank 2.403
– Stornoklausel 2.397; 2.407; 4.320
– unechte 2.412
– vertraglicher Rückzahlungsanspruch 2.401
– weisungswidrige Kontogutschrift 2.406
– zeitliche Grenze 2.410; 2.411
Stornierungsvereinbarung 4.330
Stornoklausel 2.397; 2.407; 4.320
Störung der Vertragsparität 6.36
Störung des Bankbetriebs 2.289
Störung des Verhandlungsgleichgewichts 6.149
Strafähnliche Sanktion 8.274
Strafnormen 16.128
Strafverfolgungsbehörden 3.115; 18.97
Straf- und Bußgeldvorschriften 8.273
Straight bonds 14.17
Strategien 16.271
Streifbänder 11.21
Streifbandverwahrung 11.21
Streiks 2.496
Streuung der Aktienrechte 8.93
Strikte Gewaltenteilung 11.382
Strukturelle Unterlegenheit 2.71; 6.33
Strukturierte Anleihen 14.49; 14.71
Strukturierte Derivate 14.60; 14.179
Strukturierte Finanzierungen 2.806
Struktur- und Ordnungsvorschriften des Kreditwesengesetzes 5.387; 10.4
Stückelose Belieferung 11.298
Stückeverzeichnis 10.210; 10.227
Stückschuld 11.100
Stufenregreß 10.281
Stundung 6.515; 15.19
– nachträgliche 5.49

– der Zahlungsverbindlichkeit des Karteninhabers 4.911
Stützungsfonds der regionalen Sparkassen- und Giroverbände 19.136
Subjektiv-dingliches Recht 6.347
Subjektiv-öffentliches Recht 8.89; 17.155
Subsidiarität der Bürgenhaftung 6.99; 6.163
Subsidiäre Haftung 4.771
Subsidiaritätsprinzip 20.111
Subskription 9.30
Substitut 7.110; 18.52
Substitution 2.274; 7.188
– Abgrenzung zum weitergeleiteten Auftrag 2.274
– Haftung der Bank 2.281
Substitutionsklausel 2.251; 2.275
Sub-underwriting 9.233
Subventionierter Zins 5.243
Supranationale Organisationen 11.139
Supranationale Rechtsetzungshoheit 7.141
Supranationale Währung 20.10
Supranationales Recht 7.39
Surrogation 6.302; 6.453
Suspension 16.297
Swap 14.181
Swap-Buch 14.195
Swapgeschäfte 14.10
– Börsentermingeschäft 14.186; 14.209
– Geschäftsvermittlung durch Banken 14.194
– Rahmenvertrag 14.204; 14.226
– zivilrechtliche Einordnung 14.197
Swapmarkt 14.5
Swaption 14.178
Swiss Options and Financial Futures Exchange (SOFFEX) 14.93; 17.451
Synallagmatische Gegenleistung 17.208
Synallagmatische Verknüpfung 14.205
Synergieeffekte 17.73
Synthetic Repackaging 14.49

Synthetische (fiktive) Wertpapiere 14.115
Systemgebundenheit 8.74; 17.41; 17.55
System-immanente Autorisierungszentrale 4.1022

Tafelgeschäft 10.192
Tagebücher der Makler 10.78
Tagesauszug 4.42
Tagesgeld 3.25
Tageskurs 12.134
Tagessaldo 2.379; 2.429; 2.482; 2.504; 3.71; 4.66; 4.142
TARGET-System 4.189; 7.63; 20.118
Tätigkeitsbezogene Primärinsider 16.139
Tatrichterliche Würdigung 4.622
Tatsachenbegriff 16.86
Taugliche Bürgen 5.310
Tausch 14.199
Täuschungsabsicht 6.47
Technische Novelle zum Verbraucherkreditgesetz 5.32; 5.74
Teilamortisations-Erlaß vom 22. 12. 1975 5.396
Teilamortisations-Leasing 5.377
Teilaufträge 10.99
Teilbürgschaft 6.187
Teilentgelte 2.315
Teilfreigabe 2.697; 6.271
Teilfreigabeanspruch 6.448
Teilgeschäftsfähigkeit 4.114
Teilgläubiger 11.258
Teilgläubigerschaft 3.234; 11.260
Teilrechte 9.190
Teilrechtsfähigkeit der Börse 17.125; 17.128
Teilschuld 9.252
Teilunwirksamkeit 2.92
Teilverzichtsklausel 6.462
Teilzahlungsgeschäfte 5.54
Teilzahlungskredite 5.99
Telebanking 4.649; 16.476
Teledienstegesetz 4.647
Telefax 2.39; 4.245

Telefonbanking 4.649
Telefon-Chip 4.683
Telefonhandel 10.5
Telefonverkehr 17.2
– der Banken (Interbankenhandel) 8.60; 8.107; 8.108; 8.158
Telekommunikation 7.51; 7.206
Telekopie 6.121
Teleologische Reduktion 9.100; 16.168
Teletex 4.245
Temporäre Leistungsbefreiung 3.82
Tenderverfahren 5.246; 9.32; 20.178
Termin-Rückkauf 8.127
Termindirektgeschäft 15.32
Termineinlagen 20.175; 20.193
Termineinwand 7.22; 15.1; 15.117; 17.84
– Auslandsgeschäft 15.117
– Gutglaubensschutz 15.118; 15.120
– Informationsmerkblatt 15.143; 15.149; 15.154
– Informationsmodell 15.22; 15.166; 15.137
Termingelder 16.19
Termingeschäfte 8.28; 16.21
– bedingte 14.100
– warenbezogene 15.236
Termingeschäftliche Kollisionsnorm 15.203
Termingeschäftliches Risiko 15.86
Termingeschäftsfähigkeit kraft Information (Informationsmodell)
– Entstehungszeitpunkt 15.151
– Lebensdauer 15.159
Terminhandel 14.5; 17.4; 17.444
– Exoten 14.60
Terminkontrakte
– Belieferbarkeit 14.115
– standardisierte 14.112
Terminmarkt 8.9; 8.33
– börsenmäßig organisierter 15.42
– Optionshandel an der Wertpapierbörse 17.448
– OTC-Geschäfte 14.70; 14.214; 16.16; 16.36

Terminrisiko 19.117
Terminspekulation 5.58; 8.28; 15.16
– mittels Kassageschäft 15.94
Terminspezifische Grundrisiken 15.184
Terminspezifisches Risiko 15.63
Testamentarische Schriftform 3.291
Testamentsvollstrecker 3.120; 3.172; 3.200; 16.584
Testamentsvollstreckerzeugnis 2.526; 2.529; 3.197
Textschlüsselkennzeichnung 4.642
Theorie der realen Leistungsbewirkung 4.377
Tick-Größe 14.123
Tickermeldung 17.303
Tilgungsreihenfolge 3.53
Tilgungsverrechnungsregeln 5.145
Tilgungsverzug 14.72
Tilgungswirkung 4.26; 4.300
Tilgungszweck-Klausel 6.262
Timing 9.17
Tochtergesellschaft 10.322; 10.336
Tod des Kunden
– auf den Tod befristete Schenkung unter Lebenden 3.272
– Erbvertrag 3.284
– Konto zugunsten Dritter auf den Todesfall s. dort
– Kontovollmacht 3.195
– Nachlaßkonto 3.120; 3.245
– Oder-Konto 3.267
– postmortale Vollmacht 3.198; 3.298
– postmortaler Übermittlungsauftrag 3.320
– transmortale Vollmacht 3.195
– Schenkungsversprechen von Todes wegen 3.277
– Verfügungsberechtigung über das Konto 2.523
– Vermächtnis 3.278; 3.279
– vollzogene Schenkung von Todes wegen 3.287
Tombstone Advertisements 9.238
– T-Online 4.645
Topping-up 19.151

2396

Totalverlust 8.29
Trade Terms 7.58
Trading-book-Alternative 19.77
Tradingpositionen 16.576
Traditionelle Zahlungsmedien 4.1008
Traditionswirkung 7.251
Transaktionsgeschwindigkeit 17.32
Transaktionskosten 14.146; 17.249; 17.279
Transaktionsnummer 4.644; 4.659
Transaktionssatz 4.888
Transfer Agent 11.248
Transferrisiken 5.337; 5.362; 7.237
Transformation von Staatsverträgen 7.38
Transmortale Vollmacht 3.195
Transparenz 8.163; 17.202; 17.335
- AGB 2.80
- Aktionärsstruktur 8.191; 17.243
- Kosten 16.510
- Preisbildung 17.50
Transparenzgebot 2.81; 4.722; 8.191; 9.162; 16.332
- Schutzwseck 16.337
Transparenz-Richtlinie 16.3; 17.256
Transport von Buchgeld 4.207
Transportdokumente 7.147; 7.166
Transportfunktion 9.80; 9.93
Transportrechtsreformgesetz 7.44
Transportversicherung 7.252
Transportwege 7.7; 7.265
Transportwesen, grenzüberschreitendes 7.43
Tratte 7.132; 7.262; 7.276
Treasury 3.27
Treasury-bills 2.471; 8.55
Treasury-notes 2.471; 3.81; 8.55
Trennbankensystem 1.24; 2.811; 16.425; 18.9; 19.36; 19.67
Treu und Glauben 2.61; 2.70; 2.92; 2.123; 2.126; 2.280; 2.395; 2.574; 2.589; 2.724; 2.734; 2.775; 4.149; 4.737; 6.126; 6.130; 6.269; 6.415; 6.500; 7.159; 7.195; 7.280; 9.89; 15.118; 16.435
Treuepflicht 16.54

Treuhand
- Sicherungstreuhand 2.670; 6.327
- Treuhandkonto 2.627; 11.253
- uneigennützige 11.244
- Verwaltungstreuhand 6.327
Treuhanddepot 11.52
- Offenkundigkeitsprinzip 11.252
- Unmittelbarkeitsprinzip 11.251
Treuhandeigentum 10.237; 11.279
- Depotgeschäft 11.244; 11.261
- Effektengeschäft 10.238; 10.242
- fiduziarisches T. 10.237
- Verfügungsermächtigung 11.212
Treuhänder 3.172; 6.204; 11.138
- ermächtigter 11.212
Treuhänderfunktionen 13.88
Treuhänderische Stellung der Depotbank 12.136
Treuhänderisches Eigentum 11.31
Treuhandfunktion 8.16; 9.42
Treuhandgirokonten 11.351
Treuhandgiroverkehr in WR-Guthaben 11.137; 11.350
Treuhandkonten 2.627; 11.253
Treuhandlösung 12.49
Treuhandverhältnis 2.628; 2.663; 2.696; 3.147; 6.238; 6.325; 6.465; 11.54; 11.250; 13.36; 16.378
Trust-Geschäft 2.806
Typisches termingeschäftliches Risiko 8.29
Typisierende Betrachtungsweise 2.69
Typus 2.16

Über- und Unterordnungsverhältnis 17.498
Übereignung
- Angebot 4.861; 11.320
- antizipierte 11.328
- aufschiebend bedingte 6.349
Übererlös 6.483
Übergang von Sicherheiten 6.169
Übergangszeit 20.28
Überhang 17.322; 17.383
Überindividueller Anlegerschutz 8.173; 8.175; 16.10

Übernachtkredit 20.190; 20.210
Übernahme einer Einstandspflicht
4.951
Übernahmevertrag 9.123; 9.131
– Drittschutzwirkung 9.165
Überraschende Klausel 2.86; 6.2; 6.244
Überregionale elektronische Geschäfte 17.68
Überregionale IBIS-Geschäfte 17.63
Überregionales Börsenblatt 16.334
Überregionales Börsenparkett 17.40
Überrumpelung 6.142
Überrumpelungs- oder Übereilungsschutz 5.91
Überschuldung 6.592
Übersicherung 2.575; 6.2; 6.385; 6.448
– Deckungsgrenze 2.580; 2.698; 6.8; 6.271; 6.389; 6.394; 6.448; 6.489
– Freigabe 2.582; 6.190; 6.389; 6.483
– nachträgliche 2.692; 6.15; 6.489
– Teilfreigabeanspruch 6.271; 6.448
– ursprüngliche 6.23
– verlängerter Eigentumsvorbehalt 6.448
Übertragbarkeit des Dokumentenakkreditivs 7.139
– Abgrenzung zur Abtretung des Zahlungsanspruchs 7.173
– mittels Gegenakkreditiv 7.180
– Rechtsfolgen 7.177
– Voraussetzungen 7.174
Übertragung
– Annahmeerklärung 11.323
– an den, den es angeht 16.159
– von Reiseschecks 4.985
– eines Schuldverhältnisses 17.479
– von Wertpapiereigentum 9.220
Übertragung von Wertpapieren
– Wechsel 2.667
– wertpapierrechtliche 9.75
Übertragungsauftrag 7.70
Übertragungssteuern 11.247
Überwachung 12.47
– der Preisbildung 8.170

Überwachungspflicht 3.150
Überweisung s. auch Banküberweisung
– außerbetrieblicher Überweisungsverkehr 4.130
– Drittstaatsüberweisung 7.73
– gekürzte 7.84
– verlorene 7.84
– verspätete 7.84
Überweisungsauftrag 20.25
– Formulare 4.119
– gefälschter 4.310
– Unterschrift 4.119
– Verwendungszweckangabe 4.199
– Widerruf s. näher Widerruf des Überweisungsauftraggebers
Überweisungserfolg 7.88
Überweisungsgesetz 4.101; 4.167; 4.202; 4.253
Überweisungsketten 4.167; 4.178
Überweisungs-Richtlinie 4.101; 7.67
Überweisungsvertrag 4.105; 7.77; 7.81; 7.85
Überziehung, geduldete 5.68; 5.70
Überziehungskredit 2.318; 3.258; 5.67
Üblichkeit 2.304
Umbuchung auf virtuellen Konten 4.1004
Umbuchung des GS-Guthabens 11.313
Umgedrehter Wechsel 2.242; 5.242
Umlauffähigkeit 5.131
– elektronischen Netzgeldes 4.1056
Umlaufvermögen 6.368
Umrechnungskurse 20.13; 20.27; 20.65
Umsatzgeschäfte 15.15
Umsatzsteuer 6.398
Umsatzsteuerrechtliche Erlösgutschrift 2.749
Umschreibung des Aktienbuches 10.274
Umschreibungskosten 11.247
Umstrukturierung von GS-Anteilen 11.346
Umtausch 11.116

Umwandlungsgesetz 5.24
Umweltrisiken 5.5
Unabweisbares Bedürfnis für einen Gutglaubensschutz 11.335
Unanbringliche Lastschriften 4.431
Unangemessene Benachteiligung 2.75; 4.731; 6.2
Unangemessene Haftungserweiterung 6.236
Unbefristete Effektenorder 10.137
Unbefristete Gelder 3.88
Unbestimmter Rechtsbegriff 3.4
Underlying der Derivatgeschäfte 13.224
Underwriting
– Festübernahme 9.7; 9.134
– Risiko 9.11
– Verpflichtungen 14.36
Und-Konto 3.243
– Bruchteilsgemeinschaft 3.246
– Gesamthandsgemeinschaft 3.246
– Haftung für Verbindlichkeiten 3.257
– Kontoeröffnungsformular 3.250; 3.265
– Kontovollmacht 3.250
– kraft Gesetzes 3.245
– Nachlaßkonto 3.245
– Rechtsnatur 3.246
– Rechtsstellung der Kontoinhaber 3.243
– Sperrkonto 3.244
– Weisungsbefugnis der Kontoinhaber 3.248
– Zwangsvollstreckung 3.249
Unechte Pensionsgeschäfte 20.200
Unechte Rückwirkung 2.63
Unechte Stornierung 2.412
Unechter Sukzessivlieferungsvertrag 14.206
Unechter Vertrag zugunsten Dritter 6.595
Unechtes Factoring 5.57; 5.335; 5.354
Unechtes Kommissionsgeschäft 7.190
Uneigennützige (fiduziarische) Treuhand 11.244

Unentgeltliches Kommissionsgeschäft 4.973
Ungleichgewicht 6.12; 17.354
Unit Investment Trusts 12.37
Universalbanken 9.25
Universalbankprinzip 1.24; 2.811
Universalbanksystem 16.425; 19.36; 19.113
Universales Zahlungsmittel 4.910
Universalkreditinstitute 19.16
Universalsukzession 3.324; 3.327; 3.331
Unklarheitenregelung 2.91; 2.629
Unkörperlicher Erfolg 5.22; 5.266
Unlimitierte Aufträge (Market Orders) 17.361
Unmittelbare Staatsverwaltung 17.124
Unmittelbarer Besitz 2.606; 6.315; 11.149
Unmittelbarer Zwang (vis absoluta) 8.231; 9.94; 17.275
Unmittelbarkeitsprinzip 11.252
Unregelmäßige Aufbewahrung 2.483
Unregelmäßige Verwahrung 3.34; 3.38; 4.847; 4.999; 11.19; 11.24
Unterbeteiligung 9.237
Unterbrechung des Börsenhandels 8.254; 17.184; 17.291
Untergang des Hauptschuldners 6.107
Unterlassen rechtzeitiger Benachrichtigung 4.405
Unterlassungsanspruch 6.553
Unternehmensberater 16.143
Unternehmensbericht 8.149; 9.272; 17.392
Unternehmenseinheit 2.259; 4.614
Unternehmensexterne Primärinsider 16.143
Unternehmensfinanzierung 9.3
Unternehmensvertrag 6.614; 13.44
Unterprinzipien 2.781
Unterrichtungsschrift 15.143
Unterschriftenproben 16.592
Unterschriftenprobenblatt 2.231; 3.160; 3.189; 3.192

Unterschriftsvergleich 4.990
Untersuchungsbefugnisse 18.131
Untertägige Auktionen 17.372
Untypische Kaufverträge 14.124;
   14.127
Unverbriefte Rechte 2.492
Unvermögen 2.510
Unverzüglichkeit 10.150
Unvollkommene Forderungen 3.58
Unvollständigkeit des Prospektes
   9.299
Unwiderruflichkeit des Akkreditivs
   7.170
Unwirksamkeit des Begebungs-
   vertrages 4.803
Unzulässige Rechtsausübung 7.210;
   15.201
Urkundenprozeß 5.103; 5.130; 5.296
Ursprüngliche Übersicherung 6.23
Ursprungszeugnisse 7.147
US-amerikanische class actions
   11.106
US-amerikanische short sales 15.198
Usancen 18.25
– AGB-Charakter 8.220
– ausländische 15.21; 10.143

Validierung 4.1003
Valutagerechte Buchungen 2.422;
   4.332
Valutageschäft 7.125
Valutaverhältnis 2.430; 3.316; 4.22;
   4.152; 4.229; 4.284; 4.288; 4.415;
   4.562; 4.758; 5.281; 5.304; 7.197
– Ausschluß von Einwendungen
   4.937
Valutierung
– Effektengeschäft 10.223; 15.10
– Wertstellung 4.65; 4.238; 4.356;
   4.530
Valutierungstag 10.124
Variabel verzinsliche Darlehen 5.193
Vario-Kredit 5.46
Veranlassungspflicht 2.272
Veranlaßter Rechtsschein 4.127
Veranstalterfunktion 17.556

Verarbeitung 6.370
– Veräußerungsverbot 7.223
Verband deutscher Hypotheken-
   banken 19.10
Verband öffentlicher Banken 19.10
Verbandsklage 2.64
Verbindungselemente beim dritt-
   finanzierten Kreditgeschäft 5.106
Verbot der Doppelnotierung 16.234;
   17.419
Verbot der Kündigung zur Unzeit
   5.199
Verbot der mißbräuchlichen
   Rechtsausübung 5.199
Verbot der teleologischen Reduktion
   2.90
Verbot der Werksparkassen 3.10
Verbot von Zugangsfiktionen 2.385
Verbotene Eigengeschäfte 16.491
Verbotsprinzip mit Erlaubnis-
   vorbehalt 17.26
Verbotswidrige Anschaffung von
   Aktien 10.321
Verbraucherbegriff 5.35
Verbrauchereigenschaft 5.40
Verbraucherkredite
– Akzeptkredit 5.12; 5.315
– Anrechnung von Teilleistungen
   5.132
– Anschaffungsdarlehen 5.101; 5.108
– Arbeitgeberdarlehen 5.61
– Avalkredit 5.11; 5.57; 5.252
– Bagatellkredite 5.60
– Baufinanzierungen 5.66
– Börsentermingeschäfte 5.58
– Darlehen 5.31; 5.144; 5.152; 5.166
– Dispositionskredite 5.46; 5.68;
   5.226; 5.228
– Effektenkredite 5.112
– Einwendungsdurchgriff 5.117; 5.118
– Entgelt 5.43
– Existenzgründungsdarlehen 5.37;
   5.168
– Factoringverträge 5.16; 5.327
– Finanzierungsleasing 5.17; 5.56;
   5.375; 5.385

- Formerfordernisse s. dort
- Gesamtfälligstellung 5.132
- Kontoüberziehung 5.231
- Kreditaufnahme durch mehrere Personen 5.40
- Kreditbegriff 5.3; 5.406
- Kreditkartenverträge 4.926
- Kreditsicherheiten 5.84
- Kündigung von Teilzahlungskrediten 5.145
- kurzfristige Kredite 5.61
- Leasingverträge 5.17; 5.56
- Lieferverträge mit Teilleistungen 5.54
- Lombardkredite 5.39; 5.45
- Mahnverfahren 5.162
- Mindestangaben s. dort
- Rücktrittsrecht der Bank 5.153
- Schuldbeitritt 5.40
- Selbstbedienungskredit 5.46
- Sittenwidrigkeit 5.164; 5.166
- sonstige Finanzierungshilfen 5.56
- Stundung 5.49
- Teilleistungen 5.141; 5.153
- Teilwiderruf 5.95
- Überziehungskredite 5.67
- Verbraucherbegriff 5.35
- verbundene Geschäfte 5.98
- Vereinbarungsdarlehen 5.48
- Verzugsschadensberechnung 5.134
- Wechseldiskontkredite 5.57
- Wechsel-/Scheckverbot 5.131
- Wohnungsbauförderung 5.63
- Widerrufsrecht 5.31
- Zahlungsaufschub 5.50
- Zweckbestimmung 5.36
- Zwischenfinanzierungen 5.66

Verbraucherkreditgesetz 4.922; 5.10; 5.29; s. auch Verbraucherkredite
- technische Novelle 5.32; 5.74

Verbraucherkreditrichtlinie 5.30
Verbraucherschutz im Kreditbereich 5.30
Verbraucherschutzrecht 1.19
Verbraucherschutzstandard 5.59
Verbraucherschutzverbände 2.65; 2.68
Verbraucherverträge 2.68; 7.21
Verbriefte Optionen (Optionsscheine) 14.109
Verbriefung
- Abfindungsansprüche 9.112
- gesetzliche V. 9.111
- wertpapiermäßige V. 2.675; 8.11; 9.58

Verbriefung von Forderungsrechten (Securitization) 14.9
Verbundene Geschäfte 5.98
Verdachtsmoment 4.625
Verdeckte Verweisung 11.214
Verdingungsordnung für Bauleistungen (VOB) 2.55
Vereinbarung eines Besitzkonstituts 11.175
Vereinbarungsdarlehen 5.48; 15.113
Vereinfachter Lastschrifteinzug 4.424; 4.426
Vereinfachter Scheck- und Lastschrifteinzug 4.375
Vereinfachtes Zulassungsverfahren 17.507
Vereinigung Frankfurter Effektenhändler e.V. 17.407
Verfalldatum 7.164
Verfälschung 4.536; 9.94
Verfassungsrecht 2.137
Verfassungsrechtliches Bestimmtheitsgebot 16.113; 16.161; 16.124
Verfrachter 5.264
Verfügbarkeit des Giroguthabens 3.73
Verfügungen von hoher Hand 2.289; 11.262; 11.295
Verfügungen von Todes wegen 11.43
Verfügungsbefugnis 3.120; 3.170; 9.77; 11.41
- Investmentgesellschaften 12.51
- bei Wertpapieren 11.41

Verfügungsberechtigung 9.71
- des Netzgeldzahlers 4.1045

Verfügungsermächtigung 12.51
Verfügungsmacht 3.149
Verfügungsrahmen 4.704; 4.822

Verfügungsrecht 2.480
Vergemeinschaftung 20.13
Vergütung 4.921
Vergütungsanspruch 2.301
Vergütungs-(Preis-)Gefahr 11.296
Vergütungspflicht 2.300
Verhaltens- und Publizitätspflichten der Emittenten 8.211
Verhaltens- und Schutzpflichten 2.123; 2.218; 4.149; 4.158; 4.737; 6.13; 10.203; 10.333; 16.435
Verhaltens- und Schutzpflichten der Bank 2.774; 2.787; 4.227
– Aufklärungspflicht 2.787; 6.139
– bei Banküberweisungen 4.150
– nach Beendigung des Vertragsverhältnisses 2.797
– bargeldloser Zahlungsverkehr 2.791
– Beratung über Rechtsfragen 2.132
– Effektengeschäft 2.132; 10.203
– Einlagengeschäft 2.790
– Integritätsinteresse des Bankkunden 2.125; 2.775
– Kreditgeschäft 2.132; 2.792
– Rechtsgrundlage 2.735
– vorvertragliche Pflichten 2.788
Verhaltens- und Schutzpflichten des Kunden 2.798
– bei Banküberweisungen 4.150
– Eilbedürftigkeit der Ausführung eines Auftrages 2.798
– Geltendmachung von Einwendungen gegen Rechnungsabschlüsse 3.62
– Klarheit von Aufträgen 2.798
– Mitteilung der Änderung von Name, Anschrift oder Vertretungsmacht 2.798
– Überprüfung von Kontoauszügen 2.243
Verhaltenspflichten des Sicherungsgebers 6.379; 6.479
Verhaltensregeln 1.8; 16.48, 16.404
– besondere 16.486
– für Marktintermediäre 8.57; 8.193

Verhaltensregeln der Bank
– allgemeine 16.420
– besondere 16.486
– front running 16.148; 16.242; 16.492; 16.550
– Verbot des Scalping 16.167; 16.488
Verhaltensstandards 16.570
Verhältnismäßige Gesamtaufrechnung 3.59
Verhältnismäßigkeitsgrundsatz 2.736; 16.600; 17.258; 17.278; 17.300; 17.306
Veritätshaftung 5.408
Verjährung 3.94
Verjährungsbeginn 16.466
Verjährungsfrist 9.339; 16.431; 16.459; 16.467
Verkauf/Rückkaufs-Vereinbarung 13.10
Verkaufsgebote (Briefkurse) 17.82
Verkaufsprospekt 9.206
Verkehrsbedürfnisse 3.182
Verkehrsfähige Anlagetitel 8.187
Verkehrsfähigkeit 4.22; 9.157; 9.212
Verkehrsschutzinteresse 9.82
Verkehrssicherungspflicht 2.254
Verkehrssitte 2.123; 2.190; 2.280; 2.374; 4.534; 10.222
Verkehrstypische Verträge 5.269; 6.101; 14.203
Verkehrswert 6.406; 6.504
Verladedatum 7.167
Verladedokumente 7.105
Verlängerter Eigentumsvorbehalt 5.336; 6.29; 6.445; 6.447
– Bestimmtheitserfordernis 6.14; 6.450
– branchenüblicher 6.458
– Kollision mit Factoring 5.364
– Kollision mit Globalzession 6.451
– Übersicherung 6.448
– Vorrang 5.370
– Wirksamkeit 6.447
Verleihaufträge 13.26
Verleihkommissionen 13.26

Verleihsystem der Deutsche Börse
 Clearing AG 12.115; 13.62
– Abwicklung der Leihgeschäfte
 13.85
– Treuhandfunktion für die Sicherheiten 13.88
– verspätete Rückgabe der
 entliehenen Wertpapiere 13.92
Verleihungsrecht 17.154
Verletzung der Formerfordernisse 5.85
Verleumdung 16.115
Verlorene Überweisung 7.84
Verlustanzeige 4.964
Verlustausgleichspflicht 6.612
Verlustbeteiligung 9.258
Verlustgefahr 4.26; 4.571
Verlustmeldungen (Oppositionen)
 11.112
Verlustrisiko 4.361; 4.869
Verlustvorträge 6.615
Vermächtnis 3.278; 3.279
Vermächtnisnehmer 3.284
Vermeidungsstrategien 16.392
Vermieterpfandrecht 6.356
Vermittlungsauftrag 8.135; 17.347
Vermögensbildung 3.6
– in Arbeitnehmerhand 3.10
Vermögensgefährdung 16.466
Vermögenslosigkeit 6.610
– Angehöriger 6.34
Vermögensneutrales Bankgeschäft
 4.176
Vermögensopfer 3.304
Vermögensübernahme 6.6; 6.63; 6.536
Vermögensverlagerungen 6.154
Vermögensverschiebung 11.95
– im Valutaverhältnis 4.470
Vermögensverwaltung 10.8; 11.82;
 12.22; 16.562
Vermögensverwaltungsgeschäfte 16.544
Vermögensverwaltungsgesellschaften
 16.379
Vermutung 3.262; 16.508
– Echtheit 4.119
– Vollständigkeit 9.301
Veröffentlichungspflicht 16.310

Veröffentlichungszeitpunkt 16.258
Verpfändungsanzeige 2.594; 6.316;
 6.426
Verpfändungsermächtigung 11.67;
 13.82
– § 12 DepG 17.469
– Terminkunden 17.467
Verpflichtungserklärungen des
 Kreditnehmers 6.544
Verrechnung 2.375; 2.378
Verrechnungsklausel 6.270
Verrechnungsnetze 4.16
Verrechnungsscheck 4.511
Verrechnungsvereinbarung 2.392
– antizipierte 2.378
Verrichtungsgehilfe 2.254
Versanddokumente 5.339
Verschaffung von Wertpapiereigentum 10.225
Verschärfte Haftung 2.776
Verschlossene Depots 11.6
Verschulden gegen sich selbst 2.219;
 2.222
Verschulden bei Vertragsschluß
 (c.i.c.) 4.717; 15.175; 15.246
Verschulden bei Vertragsverhandlungen 9.289; 9.342
Verschuldensmaßstab 9.305
Verschuldensprinzip 4.537
Verschuldensunabhängige Garantiehaftung 4.398
Verschuldensunabhängige
 Mißbrauchshaftung 4.968
Verschuldungsgradklausel
 (Gearing Ratio) 6.569
Verschwiegenheitspflicht 2.129; 2.135
Versicherungsdokumente 7.147
Versicherungsscheine 11.4
Versicherungsschutz 6.372
Versicherungsunternehmen 9.104;
 11.38
Versicherungswirtschaft 2.36
Verspätete Überweisung 7.84
Verstärkungserklärung 2.592
Verstoß gegen die öffentliche
 Ordnung (ordre public) 7.23

Vertrag mit Schutzwirkung für Dritte 2.14; 4.256; 4.436; 12.143
- Banküberweisung 4.266; 4.435
- Investmentgeschäft 12.143
- Lastschriftverfahren 4.435
- Scheckinkasso 4.557

Vertrag sui generis 9.193

Vertrag zugunsten Dritter 2.208; 4.136; 4.500; 9.65; 9.167; 9.220
- echter 9.170; 12.141
- Emissionsgeschäft 9.65; 9.167; 9.220
- Investmentgeschäft 12.141
- unechter 6.595

Vertrag zugunsten Dritter auf den Todesfall 11.45

Vertrag zugunsten der Karteninhaber 4.943

Vertragliche Beratungspflicht 16.434

Vertragsabschlußermächtigung 10.178

Vertragsauslegung 6.155; s. auch Auslegung
- ergänzende 2.92; 6.253

Vertragsbeendigungs- und Nettingklausel 14.225

Vertragsbruchstheorie 5.365; 6.30

Vertragserfüllungs- oder Leistungsgarantie 5.264

Vertragsfreiheit 5.279; 16.477

Vertragsgerechtigkeit 2.60

Vertragskontinuität 20.56

Vertragsstaaten des Abkommens über den Europäischen Wirtschaftsraum (EWR) 16.39

Vertragsstatut 7.17

Vertragsstrafe 6.472

Vertragstyp 4.34; 12.31; 12.32

Vertragstypische Leistung 2.756

Vertragstypus 7.29

Vertragstypus sui generis 5.269

Vertragsunternehmen 4.966

Vertragswesentliche Pflicht 16.457

Vertragszins 5.201

Vertragszinssatz (FRA-Satz) 14.152

Vertragszweck 16.457

Vertrauensbildende Maßnahme 16.9; 16.71

Vertrauenshaftung 2.549; 9.109; 10.326; 10.337; 12.149
- gesetzliche 2.549; 9.109; 9.342
- kapitalmarktrechtliche V. 9.343

Vertrauensprinzip 2.780; 2.781; 4.151; 16.435; 16.437

Vertrauensschutz 8.175; 8.188; 16.9; 17.237

Vertrauenstatbestand 3.314

Vertrauensverhältnis 2.772

Vertrauenswürdige Stellen 4.647

Vertrauenswürdigkeit 5.7

Vertraulichkeitsbereiche (chinese walls) 16.196; 16.548; 16.552

Vertretbarkeit 8.15; 9.53; 11.140
- Austauschbarkeit 16.17

Vertretungsmacht 2.229; 3.174

Vertriebsnetz 8.66; 9.16; 10.7

Verwahrung
- durch Bankfiliale 11.151
- Drittverwahrung s. dort
- unregelmäßige s. dort

Verwahrungspflicht 11.9

Verwahrungsrechtlicher Rückzahlungsanspruch 4.999

Verwahrungsvertrag 2.9
- gemischt-typischer Vertrag 11.9
- Konsensualvertrag 11.10

Verwaltung der Wertpapiere 10.12; 11.82

Verwaltungsabkommen 18.33; 18.53

Verwaltungsakt 11.37; 16.506; 17.175; 17.201; 19.196
- Anordnung 11.370; 17.175; 17.179; 19.175; 19.184
- belastender 8.83; 17.180; 17.498; 19.184
- Begriff 18.117
- begünstigender 17.312
- Börsengeschäftsführung 17.174
- gebundener V. 16.308; 17.221

Verwaltungsökonomie 18.74

Verwaltungspraxis 16.506

Verwaltungsrechtliche Rechtsbehelfe 16.507
Verwaltungsrechtlicher Rechtsschutz 19.198
Verwaltungsrechtsdogmatik 17.136
Verwaltungsrechtsverhältnis 17.204
Verwaltungsstrategie 10.19
Verwaltungsträger 8.270
Verwaltungstreuhand 6.327
Verwaltungstypus 17.267; 18.47
Verwaltungsverfahrensgesetz 7.261; 19.204
Verwaltungsverfahrensrecht 17.498
– Beteiligungsfähigkeit 17.134
Verwaltungsvollstreckungsgesetz 17.179
Verwaltungsvorschrift 17.337; 19.69; 19.105
Verwaltungszwang 17.275; 17.501; 17.528; 19.175
Verweisung, verdeckte 11.214
Verweisungstechnik 2.53
Verwerfliche Gesinnung 6.25
Verwertung der Grundschuld
– freihändiger Verkauf 6.304
– isolierter Verkauf der Grundschuld 6.305
– Mitübertragung der gesicherten Forderung 6.306
– Sicherungsvertrag 6.301; 6.306
– Versteigerungserlös 6.302
– Zwangsversteigerung 6.301
– Zwangsverwaltung 6.303
Verwertung sicherungsübereigneter Sachen 6.210; 6.358; 6.412
– Androhung 6.416
– Formularpraxis 6.418
– Interessenwahrungspflicht der Bank 6.415
– Wartefrist 6.417
Verwertung von Sicherungszessionen 6.505
– Ankündigung 6.508
– Ermessensspielraum der Bank 6.515
– Rücksichtnahmepflichten der Bank 6.506

Verwertungsankündigung 6.508
Verwertungsbefugnis 6.90; 6.421
Verwertungserlös 6.8
Verwertungsklausel 6.509
Verzicht 3.326
– auf die Börsenzulassung 17.258
Verzichtserklärung 17.316
Verzinsliche Schatzanweisungen 8.51
Verzinsungspflicht 3.60
Verzug 11.195
– Lieferung 8.125; 13.20
Verzugsschaden 6.465
Verzugsschadenberechnung 5.133
Verzugsschadenklausel 5.134
Verzugsschadensersatz 5.139; 5.206
Verzugszinsen 4.120
Viertes Finanzmarktförderungsgesetz 1.17; 17.25; 17.483
Vindikationslegat 3.281
Vinkulierte Aktien 2.610; 9.65; 11.142
Vinkulierung 12.36
– Aktien von Investmentgesellschaften 12.36
– Namenspapiere 11.142
Virtuelles Banking 2.39
Volatile Märkte 10.101
Volatilität 8.34; 16.30; 16.428; 17.481
Volatilität der Märkte 3.29
Volatilitätsunterbrechungen 17.373
Völkerrechtspersönlichkeit 20.89
Volkswirtschaften 20.11
Vollamortisations-Erlaß vom 19. 4. 1971 5.396
Vollamortisationsprinzip 5.379
Vollamortisationsvertrag 5.376
Vollelektronische Börse 17.458
Vollkonsolidierung 19.40
Vollmacht 3.121
– auf den Todesfall 3.296
– Einzelvollmacht 3.191
– Erlöschen 2.229
– postmortale 3.198; 3.298
Vollmachtserteilung 4.781
Vollmachtsformular 2.48
Vollmachtsgeschäfte 16.600

Vollmachtsindossament 2.668
Vollmachtsmißbrauch 3.201; 4.370; 4.806
Vollmachtstheorie 4.387; 4.417
Vollmachtsurkunde 4.780
Vollstreckung 3.208
Vollstreckung in Kontoguthaben
– Ausforschungspfändung 3.225
– Auslandsguthaben bei inländischen Banken 3.226
– Bankgeheimnis 2.170
– Bestimmtheitsgrundsatz 3.211
– Bezeichnung der kontoführenden Stelle 3.212
– Girokonto 3.214
– Kontokorrentverhältnisse 3.214
– Oder-Konto 3.260
– Pfändung 3.208; 3.214
– Pfändungsschutz 3.210
– Suchpfändung 3.225
– Treuhandkonto 11.254
– Und-Konto 3.249
– Vorpfändung 2.171
Vollstreckungsmaßnahmen 11.156
– in Auslandsguthaben 3.226
Vollzug der Leistung 3.294
Vollzug der Schenkung 3.288
Vorausabtretung 3.54; 5.365; 5.409; 6.433; 6.448
Vorausbezahlte Zahlungsverkehrsinstrumente 4.976
Vorauserfüllung 15.172
Vorausklage 6.163
Vorausverfügungen 5.409
Vorbehalt des Gesetzes 8.83; 17.509; 19.184
Vorbehaltsgutschrift 2.436; 4.480
Vorbehaltsklausel 2.436
Vorbehaltslieferant 3.54; 5.368
Vorbörsen in Genf und Zürich 12.81
Vordatierter Scheck 4.775
Vordeckung 10.114
Vordisposition 2.458; 4.45; 4.378; 4.522
Vordrucke 3.107
Vorerben 4.108

Vorfälligkeitsentschädigung 5.188; 5.210; 5.213; 5.224
– Berechnung
Vorfinanzierung 6.577
Vor-GmbH 3.161
Vorgründungsgesellschaft 3.162
Vorhandelsphase 17.360
Vorlagefrist 7.166
Vor-, Mit- oder Gegenlaufen 16.542
Vorläufige Zahlungspflicht 6.103
Vorläufiges Zahlungsverbot (Vorpfändung) 3.216
Vorlegung 9.87
Vorlegungsfrist 4.574
Vorlegungszwang 3.103
Vorleistung 5.3; 7.102; 7.127
Vormann 10.306
Vormerkung 6.560
Vormund 3.177
– Gegenvormund 3.177
Vormundschaften 16.584
Vormundschaftsgericht 3.179; 15.158
Vormundschaftsgerichtliche Genehmigung 3.174
Vorpfändung von Forderungen 2.171
Vorrang der Individualabrede 2.96; 2.110; 2.252; 2.578; 2.689
Vorrang des verlängerten Eigentumsvorbehalts 5.370
Vorratsschuld 2.498; 2.511
Vorsätzliche sittenwidrige Handlung 6.4
Vorschalt-GmbH 16.379
Vorschläge für die Stimmrechtsausübung 11.120
Vorschuß 3.102; 4.68; 4.139; 4.248; 4.876; 5.268; 7.268; 10.109
Vorschußzinsberechnung 3.102
Vorsorgebedürfnisse 1.15
Vorteile des Lastschriftverfahrens 4.343
Vorteile der WR-Gutschrift 11.247
Vorteilsausgleichung 5.187
Vorverlegung des Tilgungszeitpunkts 4.231
Vorzeitige Beendigung 5.188

Vorzeitige Darlehensablösung 5.215
Vorzeitiges Kündigungsrecht des
  Kreditnehmers 5.152

Wahl des Ausführungsplatzes 10.57
Wahlrecht 14.227
– Bank 2.722
– Optionskäufer 14.106
Wahlschuld 2.569; 14.116
Wahlschuldverhältnis 6.282
Wahrnehmung berechtigter
  Interessen 2.165
Wahrscheinlichkeitsgrad 16.110;
  16.255; 16.256; 16.286
Wahrung des Kundeninteresses 16.469
Währung 20.9
– Begriff 20.9
– Rechnungseinheit 20.9
Währungsangabe 20.29
Währungscocktail 20.64
Währungs-Futures 14.140
Währungshoheitsrechte 20.13
Währungsoptionsscheine 15.23
Währungspolitik 20.3; 20.108
Währungsrecht 20.71
Währungsreform 20.10
Währungsreserven 20.7
Währungsrisiken 3.27; 16.441
Währungsswap 14.192
Währungsswapgeschäfte 16.21
Währungsumstellung 20.10; 20.42
Währungsunion 20.124
Währungsverfassung 20.9
Wall-crossing 16.554
Wallet 4.1005
Wandelschuldverschreibungen 9.178
Wandlung 5.401
Wandlungsrechte 5.407; 11.103
Warehousing 14.195
Warenbezogene Termingeschäfte
  15.236
Warenbörsen 17.4
Warenfonds 12.20
Warengutscheine 5.104
Warenlager mit wechselndem
  Bestand 6.10; 6.361

Warenterminbörse 15.125
Warentermingeschäfte 8.39
Warenterminkontrakt 15.126
Warnpflicht 2.153
– der Bank 4.153; 4.156
Wartefristen 6.418
Wartungsverträge 17.156
Watch-List 16.546; 16.558
Wechsel
– AGB-Pfandrecht 2.577; 2.587;
  2.747; 3.143; 5.241
– Akzeptantenwechsel 5.242
– Diskontierung 2.623; 5.233; 7.278
– Forfaitgeschäft 5.238; 5.326
– Rediskontierung 5.243; 20.35;
  20.189
– Sicherungseigentum der Bank
  2.583
– umgedrehter W. 2.242; 5.242
– Wechsel-/Scheck-Verfahren 5.242
– Wechselkredit 5.235; 5.315
– Wechselreiterei 4.460; 5.251
– Wechselverbot 5.130
Wechselakzept 5.12; 7.116
Wechselkredite 5.235
Wechselkurs 7.237
Wechselkursverzerrungen 20.93
Wechselkurs-Zielzonen 20.92
Wechselnde (alternierende)
  Federführung 9.248
Wechselprotest 7.107
Wechselreiterei 4.460; 5.251
Wechselseitige Abhängigkeit
  (Synallagma) 11.296
Wechselverbote 5.131
Wegfall der Bereicherung 4.228
Wegfall der Geschäftsgrundlage
  5.211; 20.55
Weggefallene AGB-Klauseln für das
  Effektengeschäft 10.254
Weiche Patronatserklärung 6.588
Weisung 3.254; 4.111; 4.847
– zur Erfüllungsübernahme 4.933
– des Kunden 10.263
Weisungsbefugnis 2.481
Weisungsfreiheit 20.90

Weisungswidrige Auftragsausführung 4.145
Weißbuch 18.10; 19.13
Weitergabeverbot 16.184; 16.193; 16.537
Weitergeleitete Aufträge 2.251; 2.263; 4.363; 4.477; 11.268; 16.509
– Abgrenzung zur Substitution 2.274
– Haftung der Bank 2.251; 2.268; 2.281
Weitergeleiteter Eigentumsvorbehalt 6.449
Weiterleitung der Geschäftsmitteilungen 11.388
Weiterleitungsvertrag 7.79
Weiterverpfändung 17.467
Weiterverweisung 7.16
Werksparkassen 3.6; 3.10
Werkspion 16.149
Werkvertrag 5.22
Wertberichtigungen 16.263
Wertbeschaffungsschuld 2.501; 2.504
Werthaltigkeit 2.572
Wertkette 2.815
Wertminderung 5.159
Wertpapier 4.954
– Abhandenkommen 4.580; 9.82; 9.117
– Ausgabe 9.2
– ausländisches W. 7.35
– Begriff s. Wertpapierbegriff
– deklaratorische 9.110; 12.67
– Einlösung 2.105; 2.621; 4.527; 4.707; 9.118; 11.87; 11.94
– Emission s. dort
– Entmaterialisierung 8.11
– Entwertung 9.115
– Erlöschen der Wertpapiereigenschaft 9.115
– erstmalige Einführung 9.313
– Euro 9.279
– indossables Namenspapier 9.74
– Inhaberpapier 9.70; 9.74; 9.83; 9.91; 9.105; 11.183
– konstitutives 9.110

– Legitimationsfunktion 9.71; 9.80; 9.86; 9.90
– Legitimationskraft 9.79; 9.84; 9.88; 9.106
– liquide 17.327
– marktenge 16.492
– Namenspapier 9.75; 9.84; 9.91; 9.98; 9.106; 9.120; 11.183
– Neubegebung von Rückflußstücken 9.116
– mit Opposition belegte W. 11.114
– Orderpapier 9.75; 9.93; 9.102; 9.118; 12.62
– Rektapapier 9.74; 9.85; 9.95; 9.120
– Verfälschung 9.94
– Verwaltung 10.12; 11.82
Wertpapierbegriff 9.46; 9.49; 9.57; 16.12
– allgemeiner 9.51
– Austauschbarkeit (Fungibilität) 9.48; 9.57
– Vertretbarkeit 9.52
Wertpapierbezogene Derivate 11.5; 11.362
Wertpapierbezogene Derivatgeschäfte 11.378
Wertpapierbörse
– Drei-Segment-Prinzip 17.400
– Druck-Richtlinien 11.118
– gerechneter Kurs s. Einheitskurs
– geregelte Umsatzstelle 8.74
– Meistausführungsprinzip 10.86; 17.56; 17.322; 17.574
– Präsenzbörse 17.38; 17.54
– Rechtssetzungsautonomie 17.100
– Selbstverwaltung 16.51; 17.23; 17.109; 17.492; 17.518; 17.541; 17.546; 18.4; 18.17; 18.140
– Träger öffentlicher Verwaltung 8.81; 17.94; 17.153; 17.172; 17.267; 17.277; 17.498
– Zentralisierung der Geschäftsabschlüsse 8.112; 17.30; 17.53
Wertpapierdefinition 8.13
Wertpapierdienstleistungen 8.114; 15.220

Sachregister

Wertpapierdienstleistungs-Richtlinie 16.31; 16.406; 18.8; 19.46
Wertpapiere des öffentlichen Glaubens 9.76
Wertpapierfinanzierung 1.18
Wertpapierfirmen 19.61
Wertpapiergeschäfte mit hinausgeschobener Valutierung 8.32; 15.17
Wertpapierhandel-Meldeverordnung 18.93
Wertpapierhandelsgesetz 8.114; 16.3
Wertpapierhäuser 18.9; 19.16; 19.61
Wertpapier-Kennummer 9.328
Wertpapierleihe 8.117; 8.124; 12.103; 16.165; 16.354
– Abgrenzung zu Pensionsgeschäften 8.126
– Ausfallgarantie 13.70; 13.90
– Bankgeschäft 5.169; 13.19; 13.28; 8.124
– Bedingungen für Wertpapier-Leihgeschäfte 13.35
– Bilanzierung 13.56
– Darlehensvertrag 13.2; 13.17; 13.38; 13.43
– Depotgesetz 8.122; 13.26
– Deutsche Börse Clearing AG 8.121; 13.25; 13.35; 13.53; 13.69
– Einlagensicherung 13.55
– Entwicklung 13.28
– Erwerb eigener Aktien 13.96
– institutseigene Verleihsysteme 13.94
– Mindestreservepflicht 13.54
– Rechtsnatur 13.26
– Stimmrechtsausübung durch den Entleiher 13.38
– Verleihsystem der Deutsche Börse Clearing AG 13.63
– Vertragsbeziehung Entleiher/Bank 13.84
– Vertragsbeziehung Entleiher/Depotbank 13.80
– Vertragsbeziehung Verleiher/Depotbank 13.64
– wirtschaftliche Zwecke 13.19
– zwischen Kreditinstituten 13.18
Wertpapierleihgeschäft 11.29
Wertpapiermarkt 8.9; 8.12
Wertpapiermäßige Verbriefung 2.675; 8.11; 9.58
Wertpapier-Mitteilungen (WM) 11.92; 11.103; 20.42
Wertpapiernebendienstleistungen 11.35; 16.34
Wertpapierpensionsgeschäfte 8.127; 12.28; 12.90; 20.190; 20.196; 20.199
Wertpapierrechtliche Übertragung 9.75
Wertpapierrechtlicher Erwerberschutz 9.66
Wertpapierrechtlicher Vorlegungszwang 9.97
Wertpapierrechtsstatut 7.36
Wertpapiersachstatut 7.36
Wertpapiersammelbank 6.339; 11.126
– Geldclearing 11.128; 11.303
Wertpapier-Stückenummer 11.170
Wertpapierurkunde
– Ausbuchung 11.86; 11.116
– Druck-Richtlinien 11.188
– Entmaterialisierung 11.202
– Großstück 11.185
– Vernichtung 11.86; 11.116
Wertpapierverkaufsprospektgesetz 3.14; 8.68; 9.19; 9.35; 9.273
– öffentliches Anbieten 9.278
– Prospektinhalt 9.280
Wertpapierwirkung 9.114
Wertrechte 9.62; 11.206; 11.337
Wertrechtsanleihen 8.11; 9.62; 11.211
Wertsicherungsklauseln 20.81
Wertstellung (Valutierung) 2.433; 4.65; 4.238; 4.356; 4.530
Wertstellungsdatum 4.70
Wertungsentscheidung 16.121
Werturteile 9.296
Wertverwässerung 9.216; 9.225
Wesentliche Verschlechterung der Vermögenslage 2.576

Wesentlichkeitstheorie 2.33; 17.508; 17.513
Wettbewerbsfähigkeit 18.3
Wetterstein-Urteil 19.206
Wichtiger Grund 5.197
Widerlegliche Vermutung 6.499
Widerruf 3.250; 5.94; 11.57
– Börsenzulassung 17.230; 17.234; 17.312; 17.507; 17.245
– Buchgeldzahler 4.232
– Einzelverfügungsbefugnis 3.265
– Kontovollmacht 4.790
– Schecksperre 4.534
– Schenkungsofferte s. dort
– Überweisungsauftrag s. dort
– Verwaltungsakt 17.231
Widerruf der Schenkungsofferte
– Bankformulare 3.320; 11.57
– Bindung der Erben an einen Verzicht 3.329
– Folgen für die Erben 3.329; 3.332
– Verpflichtung zur Nichtausübung des Widerrufsrechts 3.330
– Verzicht des Kunden 3.320
Widerruf des Überweisungsauftrages 4.111; 4.233
– Adressat des Widerrufs 4.241
– Direktwiderruf gegenüber der Empfängerbank 4.241
– Rechtsfolgen 4.246
– Rechtsnatur 4.234
– Zeitpunkt der Widerruflichkeit 4.237
Widerrufsrecht 3.254; 5.88; 10.136
Widerrufsrecht bei Verbraucherkrediten
– Aufklärungspflicht 5.92
– Auszahlung an Dritte 5.96
– Auszahlung des Kreditbetrages 5.95
– Frist 5.88
– Teilwiderruf 5.95
– verbundene Geschäfte 5.97
Widerrufsverzicht 3.323; 3.327; 11.58
Widerrufsvorbehalt 16.305
Widerspruch 2.118; 4.388; 18.132
– Erlöschen des W.-Rechts 4.395

– formeller 17.533
– mißbräuchlicher 4.453
Widerspruchsfrist 2.414; 4.397
Widerspruchsmöglichkeit 4.361; 4.389
Widerspruchsrecht bei Lastschriften
– Abbuchungsauftragsverfahren 4.380
– Berechtigung im Verhältnis zum Lastschriftgläubiger 4.391
– Einzugsermächtigungsverfahren 4.384
– Rechtsfolge 4.388
– Rechtsmißbrauch 4.459
– zeitliche Grenze 4.396
Widerspruchsverfahren 19.201
Wiederanlagezins 5.136
Wiederaufleben 9.119
Wiedervergütung eingelöster Lastschriften 4.432
Willenserklärung
– der Karteninhaber 4.953
– Rückgängigmachung 2.402
– zugangsbedürftige 3.320
Willensfiktionen 12.140
Willkür 2.59
– des Gesetzgebers 17.439
Wirkung ex nunc 4.145
Wirtschaftliche Bewegungsfreiheit 2.690; 2.703; 2.718; 6.2; 6.8; 6.385; 6.389; 6.405; 6.448; 6.486
Wirtschaftliche Einheit 5.100; 5.106
Wirtschaftlicher Eigentümer 5.374; 13.36
Wirtschaftliches Eigentum 11.244
Wirtschaftspolitik 20.5
Wirtschaftsprüfer 9.311; 18.83; 18.119
Wirtschaftsrecht 1.1; 8.222
Wirtschafts- und Währungsunion 20.6; s. auch Euro und Währungsunion
– Rechtsgrundlagen 20.154
– währungspolitisches Instrumentarium 20.154
Wirtschaftsverwaltungsrecht 7.261; 8.245

Wirtschaftsverwaltungsrechtliche Normen 8.262
Wissensvermittlung 15.183
Wissensvorsprung 2.790
Wissenszurechnung 2.255
Wissenszusammenrechnung 4.613
– filialübergreifende 2.259
Wohlverhaltensregeln 16.406; 16.530
– der EG-Wertpapierdienstleistungs-Richtlinie 8.193
Wohlverhaltensrichtlinie 16.407; 16.430; 16.509
Wohnsitzbestätigung 11.248
WR-Deckungsbestand, ausländischer 11.262
WR-Gutschrift s. Gutschrift in Wertpapierrechnung
WR-Treuhandgiroverkehr 2.519
Wuchereinwand 4.804

Xemac 20.187
XETRA 8.77; 17.360
XETRA-Geschäfte
– Quotes 17.458
– staatliche Marktaufsicht 17.73
– überregionale X.-Geschäfte 17.77
XETRA-Handel 10.83
XETRA-System 17.266; 17.293

Zahl- und Abwicklungsstelle 7.185
Zahl- und Hinterlegungsstelle 8.130
Zahlbar auf erstes Anfordern 5.277
Zahlstelle 2.432; 2.441; 4.347; 4.355; 4.407; 4.422; 11.94; 17.15
– am Börsenplatz 8.154
– Einlösungsanspruch gegen Z. 4.982
Zahlstellen- und Bogenerneuerungsdienst 8.117; 8.129
Zahlstellendienst 9.136; 9.191; 17.255
Zahlstellenfunktion 7.279; 11.95
Zahlstellenklausel 6.455
Zahlungsanweisung 4.464
Zahlungsaufschub 5.42; 5.50
Zahlungsauftrag 4.105; 4.167; 7.70; 7.79; 7.92
Zahlungseinstellung 4.155

Zahlungsfähigkeit des Drittschuldners (Bonität) 5.333
Zahlungsgarantie 4.706; 4.835; 4.856; 4.940; 4.946; 5.264
Zahlungskredit 5.8; 5.169
Zahlungspapiere 7.105
Zahlungssicherungs-Richtlinie 7.70
Zahlungssperre 11.112
Zahlungsströme 4.10
Zahlungsunfähigkeit 4.277; 4.754; 10.282
Zahlungsverbot 3.218
Zahlungsverkehr-Datenfernübertragung (ZV-DFÜ) 4.635
Zahlungsverkehrsabkommen (EZL, EZÜ) s. Abkommen
Zahlungsverkehrsnetz 2.238; 4.131
Zahlungsverzug 5.139
Zehnergruppe 19.31
Zeichnung 10.103
Zeichnungspreis 9.182
Zeichnungsschein 9.185
Zeichnungsvertrag 9.193
Zeitanteiliges Disagio 5.186
Zeitbürgschaft 5.271; 6.198
Zeitgeschäft
– Börsentermingeschäft 8.31; 15.22; 17.84
– Geschäft mit hinausgeschobener Valutierung 16.164
Zeitliche Vorverlagerung der Ad-hoc-Publizität 16.283
Zeitnahe Ausführung 10.101
Zeitpunkt der Ausführung 10.55
Zeitpunkt des Besitzüberganges 11.306
Zeitpunkt der Scheckeinlösung 4.483
Zeitpunkt des Wirksamwerdens einer Kontogutschrift
– Absenden oder Bereitstellen des Kontoauszuges 4.50; 4.51
– autorisierte Abrufpräsenz 4.52; 4.240
– Bareinzahlung auf das Konto 4.47
– belegloser Datenträgeraustausch 4.56

Sachregister

- Effektengiroverkehr 11.303 ff.
- Eingabe in die Datenerfassung 4.46
- Erklärungsvorbereitung 4.48
- Kontoauszugsdrucker 4.52
- Magnetband-Clearing-Verfahren 4.55; 4.56
- manuelle Verbuchung 4.45
- Selbstabholung der Kontoauszüge 4.52
- Versendung der Kontoauszüge durch ein Rechenzentrum 4.51

Zeitraumbezogenheit des Börsentermingeschäfts 15.16; 15.82
Zeitzonen 17.451
Zentralbankgeld 5.243; 20.131; 20.168
Zentralbankgeldmenge 20.174
Zentralbankgeldschöpfung 20.97
Zentralbankrat 20.137; 20.142
Zentralbanksystem 20.7; 20.134
Zentralcomputer 8.74; 17.55
Zentrale Aufsichtsbehörde 17.534
Zentrale Datei 2.204
Zentrale Kundendatei 3.213
Zentraler Kreditausschuß 4.18; 19.11
Zentraler Sperrannahmedienst 4.716; 4.742
Zentralisierung der Geschäftsabschlüsse 8.74; 8.112; 17.29; 17.32
Zentralrechner 17.40; 17.458
Zerobonds (Nullkupon-Anleihen) 10.69; 14.10; 14.17; 14.19
Zertifikate 17.507
Zertifizierungsstellen 4.647
Zession
- Anschlußzession 6.485
- Freigabe s. dort
- Konkursfestigkeit s. dort
- Offenlegung 6.476; 6.506

Zessionsanzeige 6.513; 11.311
Zessionsklausel 2.674
Zessionsliste 6.440
Zessionsrechtliche Grundsätze 11.221
Zessionsrechtlicher Bestimmbarkeitsgrundsatz 6.10

Zessionsrechtlicher Gutglaubensschutz 9.68
- Netzgeld 4.1059

Zielkorridor 20.172
Zins- und Dividendenanteilscheine 11.64
Zinsänderungsrisiko 5.5; 14.19; 14.158; 14.182
- und Kursänderungsrisiko 14.83

Zinsanpassungsregelungen 2.317
Zins- und Gewinnanteilscheine 2.611
Zinsausgleichsvereinbarung 14.152
Zinsbegrenzungsverträge (Zinsoptionen) 14.157
- Barrier-Optionen 14.167
- Caps 14.160
- Collars 14.163
- Digital-Optionen 14.169
- exotische Optionen 14.165
- Floors 14.162
- Range-Optionen 14.172

Zinsberechnung 4.71
Zinsdeckungsklausel (Interest Current Ratio) 6.570
Zinsen 2.296
Zinseszinsen 5.210
Zinseszinsverbot 2.376; 5.140
Zinsgeschäft 2.821
Zinskonditionen 2.321
Zinskorridor 20.76
Zinsmarge 5.1
Zinsmargenschaden 5.221
Zinsobergrenze (Cap-Satz) 14.160
Zinsoptionen 14.156
Zinsreagible Bilanzpositionen 14.74; 14.83
Zinsrisiko 16.441
Zinssatz 20.36
Zinssatzswaps 14.185
Zinsspanne 3.3; 3.15
Zinsstatistiken 5.67
Zinstender 5.246; 20.180
Zinstenderverfahren 20.35; 20.75
Zinsterminkontrakte (Zinsfutures) 14.113

Zinsuntergrenze (Floor-Satz) 14.162
Zinsverschlechterungsschaden 5.222
Zirkulationsmärkte 8.60
Zivilmakler 17.550
Zivilrechtliche Generalklausel 6.32
Zivilrechtsdogmatik 2.13; 2.16
Zu treuen Händen 7.115
Zubehör 6.357
Zubehör-Hypotheken-Sicherungsschein 6.256
Zubehörversicherung 6.256
Zufallsergebnisse 6.298
Zufallsfunde 16.419
Zufallshaftung 4.537
Zufallsmehrheiten 11.125
Zufallsschäden 2.290
Zug um Zug 5.7; 7.135; 7.217; 11.307; 15.9
Zugang einer Schenkungsofferte 11.57
Zugangsbedürftige Willenserklärungen 3.320
Zugangsfiktion, Verbot 2.385
Zug-um-Zug-Prinzip 10.208; 10.223; 11.128
– Netzgeld 4.1019
Zulassung (Einbeziehung) 17.219; 17.378
– Ruhen 17.314
Zulassung zum Börsenbesuch 17.262
Zulassung der Marktteilnehmer zum Börsenhandel 8.87
Zulassungsausschuß 17.194
Zulassungserfordernis 1.5
Zulassungsgebühr 8.198
Zulassungsstelle 8.85; 9.300; 17.114; 17.192; 17.219
Zulassungsverfahren 17.191; 17.385
Zumutbare Kenntnisnahme von AGB 2.114
Zumutbarer Arbeits- und Organisationsaufwand 10.73
Zuordnung der Ausführungsgeschäfte 10.51
Zurechenbarkeit wegen Organisationsverschuldens 2.256

Zurechnung
– filialübergreifende Wissenszusammenrechnung 2.261
– Stimmrechte s. Offenlegung wesentlicher Beteiligungen
– Verschulden s. Haftung der Bank
– Wissen 2.255
Zurechnung der Stimmrechte 16.360
Zurechnung schuldhaften Verhaltens 2.283
Zurückbehaltungsrecht 3.127; 9.91
Zurückweisungsrecht 2.242; 7.193; 10.267
Zurückweisungsrecht bei Kontogutschriften 4.214; 4.219; 4.221
Zusatzkarten 4.927
Zusätzliche Sicherheiten (Nachschüsse) 15.186
Zusätzliches Schuldversprechen der Bank 4.1027
Zusatzrendite 12.107
Zuständigkeitsakzessorietät 2.598; 6.113
Zustellungssaldo 3.75; 3.215
Zustimmungsgesetze 18.38
Zuteilung 9.204
Zuteilungsverfahren 10.103; 16.510
Zutrittsbeschränkungen 16.548
Zuverlässigkeit der Marktintermediäre 8.163
Zuwendungsverhältnis 4.282
Zwangsgeld 8.231; 17.275
Zwangsgiro 11.200
Zwangshypothek 6.214
Zwangslage 6.148
Zwangsregulierung 8.122; 10.115; 10.132; 11.34; 15.12; 17.375
– Androhung 10.118
Zwangsversteigerung 6.210; 6.230; 6.301
Zwangsversteigerungsgesetz 2.731
Zwangsverwaltung 6.210; 6.301; 6.303
Zwangsvollstreckung 2.570; 11.160
– Gutschriften in Wertpapierrechnung 11.5

2413

- Vollstreckung in Kontoguthaben s. dort
Zweckbestimmung 4.282; 4.295
Zweckerklärung 6.324
Zweckgebundene Inkassopapiere 2.679
Zweckgebundene Kredite 5.230
Zweckmäßigkeitserwägungen 2.78
Zweiganstalten der Bundesbank 20.140
Zwei-Parteien-System 4.917
Zweistufenmodell 15.174
Zweistufigkeit des Selbsteintritts 10.159
Zweitbank 7.30; 7.148
Zweite Bankrechtskoordinierungs-Richtlinie 18.8; 19.19
Zweites Finanzmarktförderungsgesetz 10.23; 16.1; 16.213; 17.3; 17.17; 17.521; 18.7
Zweitverbriefung 8.17
Zweiwährungsfähigkeit 20.28
Zwingendes Recht 8.231; 12.8
Zwischenbank 4.252
Zwischenbericht 8.148; 8.200; 17.14
Zwischenbilanz 6.616
Zwischenfinanzierung 5.66; 6.577
Zwischenkonto (CpD) 4.201; 4.237
Zwischensaldo, fiktiver 4.65
Zwischenscheine 11.3
Zwischenverwahrer 10.249; 10.251; 11.149
Zwischenverwahrung 8.121

Schick
Die Besteuerung von Optionsgeschäften

Von RA Dipl.-Kfm. Dr. jur. *Rainer Schick*. Band 9 der Schriftenreihe „Steuerfragen der Wirtschaft", 334 Seiten DIN A 5, 1998, brosch. 88,– DM / 44,99 €. ISBN 3-504-64109-6

Termingeschäfte und insbesondere Optionsgeschäfte sowohl zur Spekulation als auch zur Absicherung von Vermögen erleben einen andauernd rasanten Aufschwung. Weltweit befindet sich der Umsatz auf Rekordhöhe. Auch in Deutschland boomt der Handel mit Derivaten, insbesondere mit börsengehandelten Finanzkontrakten und Optionen, wie nie zuvor.

Angesichts der weiten Verbreitung derivativer Finanz-Instrumente stellt sich die Frage nach ihrer steuerlichen Behandlung immer drängender. Viele Einzelprobleme sind ungeklärt. Anleger können in dieser unsicheren Situation die zu erwartende Rendite nach Steuern nur schwer einschätzen.

Der Autor liefert Ihnen mit diesem Werk Lösungsvorschläge aus ökonomischem und rechtlichem Blickwinkel – für sämtliche relevanten Steuerarten, differenziert nach betrieblichen und privaten Optionsgeschäften. Ein besonderer Schwerpunkt liegt auf der Problematik der kompensatorischen Bewertung betrieblicher Optionsgeschäfte. Das Konzept ermöglicht eine einfache und gerechte Besteuerung.

Banken, Institutionen sowie privaten Anlegern und Ihren Beratern bietet die Neuerscheinung damit einen Katalog der Steuerfolgen Ihrer Optionsgeschäfte.

Verlag Dr. Otto Schmidt · Köln

Assmann / Uwe H. Schneider (Hrsg.)
Wertpapierhandelsgesetz
Kommentar

Herausgegeben von Prof. Dr. *Heinz-Dieter Assmann* und Prof. Dr. *Uwe H. Schneider*. Bearbeitet von Prof. Dr. *Heinz-Dieter Assmann*, LLM., Prof. Dr. Dr. h.c. *Peter Cramer*, *Georg Dreyling*, Prof. Dr. *Ingo Koller*, Prof. Dr. *Siegfried Kümpel* und Prof. Dr. *Uwe H. Schneider*. 2. neubearbeitete und wesentlich erweiterte Auflage 1999, 1.068 Seiten DIN A 5, gbd. 198,– DM / 101,23 €. ISBN 3-504-40053-6.

Rechtsprechung und Praxis haben inzwischen Erfahrungen mit der Anwendung des Wertpapierhandelsgesetzes gesammelt. Die zwischenzeitliche Entwicklung und die wissenschaftliche Auseinandersetzung mit den einzelnen Bestimmungen hat neue Auslegungsfragen aufgeworfen.

Die 2. Auflage des Kommentars verarbeitet die neuen Entwicklungen und die bisherigen Anwendungserfahrungen, entwickelt Lösungsvorschläge, die praktischen und wissenschaftlichen Ansprüchen gerecht werden, berücksichtigt den europarechtlichen Kontext der Bestimmungen und legt die zahlreichen unbestimmten Rechtsbegriffe in ihrem verbands-, kapitalmarkt-, straf- und ordnungswidrigkeitsrechtlichen Zusammenhang.

Die Einleitung enthält eine ausführliche, zusammenhängende Erläuterung aller Gesetzesänderungen sowie eine Übersicht zu den einzelnen Regelungskomplexen. So werden u.a. nicht nur die mehr als 60 Neuerungen im Wertpapierhandelsgesetz und die Änderungen durch das 3. Finanzmarktförderungsgesetz, sondern auch die vom Bundesaufsichtsamt für den Wertpapierhandel geschaffenen Rechtsquellen und Verlautbarungen berücksichtigt.

Verlag Dr. Otto Schmidt · Köln

Absender:

_____

_____

_____

_____

Antwortkarte

Verlag Dr. Otto Schmidt KG
– Lektorat –
Unter den Ulmen 96-98

50968 Köln

Absender:

_____

_____

_____

_____

Antwortkarte

Verlag Dr. Otto Schmidt KG
– Lektorat –
Unter den Ulmen 96-98

50968 Köln

Kümpel, Bank- und Kapitalmarktrecht

- Hinweise und Anregungen: _____
  _____
  _____
  _____
  _____

- Auf Seite _____ Rz. _____ Zeile _____ von oben/unten
  muß es statt _____
  _____
  _____

richtig heißen: _____
_____
_____

Kümpel, Bank- und Kapitalmarktrecht

- Hinweise und Anregungen: _____
  _____
  _____
  _____
  _____

- Auf Seite _____ Rz. _____ Zeile _____ von oben/unten
  muß es statt _____
  _____
  _____

richtig heißen: _____
_____
_____